Dieter Kreft | Ingrid Mielenz (Hrsg.)
Wörterbuch Soziale Arbeit

Dieter Kreft | Ingrid Mielenz (Hrsg.)

Wörterbuch Soziale Arbeit

Aufgaben, Praxisfelder, Begriffe und Methoden der Sozialarbeit und Sozialpädagogik

8., vollständig überarbeitete und aktualisierte Auflage

BELTZ JUVENTA

MIX
Papier aus verantwortungsvollen Quellen
FSC® C089473
FSC
www.fsc.org

Dieses Buch ist erhältlich als:
ISBN 978-3-7799-3163-8 Print
ISBN 978-3-7799-4342-6 E-Book (PDF)

8., vollständig überarbeitete und aktualisierte Auflage 2017

in der Verlagsgruppe Beltz • Weinheim Basel
Werderstraße 10, 69469 Weinheim

Herstellung: Ulrike Poppel
Satz: text plus form, Dresden
Druck und Bindung: Beltz Bad Langensalza GmbH, Bad Langensalza
Printed in Germany

Weitere Informationen zu unseren Autoren und Titeln finden Sie unter: www.beltz.de

Zur Erinnerung
an Wolfgang Bäuerle und Ilse Reichel-Koß

Inhalt

Vorwort zur achten Auflage 9
Vorwort zur siebten Auflage 14
Vorwort zur sechsten Auflage 19
Vorwort zur fünften Auflage 21
Vorwort zur vierten Auflage 24
Vorwort zur dritten Auflage 27
Vorwort zur ersten Auflage 30

Abkürzungsverzeichnis 33
Hinweise für die Benutzerinnen und Benutzer 41

Stichworte von A bis Z 43

Anhang 1113
- Anhang I: Organisationen und Institutionen der Alten-, Gesundheits-, Jugend- und Sozialhilfe in der Bundesrepublik 1116
- Anhang II: Zeitschriften der Sozialen Arbeit 1141
- Anhang III: Materialien zur Sozialen Arbeit 1150
- Anhang IV: Soziale Arbeit im Internet 1156

Die Herausgeber 1159
Verzeichnis der Autorinnen und Autoren 1161

Sachregister 1179

Vorwort zur achten Auflage

2015 teilte uns der BeltzJuventa-Verlag mit, dass die 7. Auflage 2013 im Laufe des Jahres 2016 ausverkauft sein würde.

Unsere intensiven Bemühungen, Nachfolger/Nachfolgerinnen für uns als Herausgeber zu finden, brachten zumeist sehr freundliche Reaktionen, aber schließlich wollten sich alle, die wir gefragt hatten – mit sehr unterschiedlichen Begründungen – nicht an diese Arbeit heranwagen, die wir seit nun fast vierzig Jahren leisten.

Wir haben uns schließlich doch entschlossen, wieder eine vollständig überarbeitete und aktualisierte (8.) Auflage zu beginnen – und blieben damit unserer Linie treu, das Wörterbuch Soziale Arbeit nicht in Nachdrucken „vergehen" zu lassen.

Und wir dachten zunächst auch, dass sich die Bearbeitungnotwendigkeiten bei einem zeitlichen Abstand von etwa 4 Jahren zwischen den Manuskripten der 7. Auflage 2013 und dem der 8. Auflage 2017 in Grenzen halten würden.

Wir haben uns geirrt:

1) Die Welt hat sich in den wenigen vergangenen Jahren so verändert, dass auch wir immer wieder Mühe hatten, den Überblick über das dramatische Geschehen zu behalten: Armut, Kriege weltweit, 65 Millionen Flüchtlinge, von denen viele inzwischen in Europa und Deutschland Schutz suchen.
2) Von der Globalisierung und ihren Folgen haben auch wir immer wieder gesprochen und geschrieben, aber im Grunde die ökonomische Globalisierung und ihre Folgen für die Soziale Arbeit im Blick gehabt. Die Bewältigung der Zuwanderung und ihrer Folgen ist viel unmittelbarer. Denn schon der Versuch, die vielen Flüchtlinge zu integrieren (Sprache, Bildung, Wohnen, Ausbildung/Arbeit), die Asyl erhalten und/oder bleiben werden, haben für alles, was wir in diesem Buch unter Sozialstaat, Sozialpolitik, Soziale Sicherung und Soziale Arbeit behandeln, eine zunehmende Bedeutung. Wir finden, dass es seit den sog. Hartz IV-,Reformen' keinen so dramatischen Veränderungsdruck mehr gab, der vielfältig bei den entsprechenden Beiträgen zu bedenken und zu behandeln war.
3) Seit der 7. Auflage haben sich weitere (nicht unbedingt ganz neue) Differenzierungen in der fachlichen Entwicklung der Sozialen Arbeit ergeben. Diese betreffen vor allem den Kinderschutz mit den Frühen Hilfen, die frühkindliche Bildung und die Qualifizierung des Personals durch den Ausbau der Kinderkrippen und der Kindertagespflege, die Thematisierung von Bildung, Integration und Inklusion als Zielsetzung in (fast) allen Aufgabenfeldern sowie die Neudefinition des Pflegebegriffs in der Altenhilfe. Andererseits bleiben soziale Probleme, die sich zum Teil besorgniserregend verfestigt oder sogar verschärft haben. Dazu zählen der Anstieg von Armut (Kinderarmut und die sich wieder entwickelnde Alters-

armut), Langzeitarbeitslosigkeit mit der andauernden Abhängigkeit von Transferleistungen sowie die fortwährende Benachteiligung armer Familien.

Trotzdem soll hier nicht unerwähnt bleiben, dass das Sozialsystem in Deutschland in den fast 40 Jahren, die wir in diesem Buch dokumentiert haben, einen hohen Entwicklungsstand erreicht hat: fachlich, rechtlich und im quantitativen Ausbau der Angebote. Daran hat die Zivilgesellschaft einen großen Anteil mit vielen ehrenamtlich engagierten Menschen, auf die sich die Politik mehr und mehr verlässt.

4) Auch die Dynamik des Rechts rund um die Soziale Arbeit ist ungebrochen. Viele kleinere und etliche große Veränderungen hatten unterschiedliche Auswirkungen auf die notwenige Überarbeitung. An dieser Stelle nur wenige Beispiele: Die Einführung des ElterngeldesPlus, das zum 1. Januar 2016 in Kraft getretene Gesetz zur Änderung des Unterhalts- und des Unterhaltsverfahrensrechts, die Änderungen durch das Pflegestärkungsgesetz I und II in der Pflegeversicherung mit einem neuen Pflegebegriff ab 2017. Mitbedacht und angemessen mitbehandelt werden mussten schließlich die Änderungsankündigungen des BMFSFJ zum SGB VIII.

   Überhaupt ist die normative ‚Regelungswut' ungebrochen und wird durch den Föderalismus in Deutschland noch verstärkt (Bundesgesetze, Landesgesetze und/oder Ausführungsgesetze, Richtlinien aller Art usw.). Transparenz muss für die Menschen in unserem Lande durch immer neue Beratungsorganisationen und Beratungsformen (z. B. Online-Beratungen) mühevoll hergestellt werden; der Erfolg ist durchaus fraglich.

   Bei vielen rechtlich relevanten Beiträgen hat uns wieder Prof. Dr. jur. Roland Proksch aus Nürnberg sehr unterstützt; ihm gilt unser besonderer Dank.

5) Im Übrigen ging es immer wieder nicht nur darum, zunächst die Daten und Fakten in vielen Beiträgen quantitativ zu aktualisieren, sondern sie anschließend auch qualitativ neu zu bewerten. Dazu nur diese wenigen Beispiele: Armut, Arbeitslosigkeit, Grundsicherung für Arbeitsuchende, Migration und Integration, das Ausländer- und Asylrecht, die Pflege, der Kinderschutz und die Frühen Hilfen, die Tageseinrichtungen für Kinder.

   Das gilt selbstverständlich für die ganze Themen-Breite des Wörterbuches und viele andere Beiträge.

Die Autorinnen und Autoren

Dieses Wörterbuch hat eine Grundstruktur, die wir entwickelt haben und verantworten. Aber ein Titel wie dieser wird erst durch die Arbeiten der Autorinnen und Autoren zu einem beachteten und geschätzten Werk.

Seit der 1. Auflage 1980 haben insgesamt knapp 400 Kolleginnen und Kollegen mitgewirkt, in der 8. Auflage 2017 sind es 180 (bei 299 Beiträgen).

Wir wollten immer, dass die Leserin/der Leser in dem jeweiligen Verzeichnis der Autorinnen und Autoren nachschauen und beurteilen konnte, warum diese Autorin/

dieser Autor ein oder mehrere Stichwörter behandelt hat, behandeln konnte. Und weil für uns Kompetenz eine Bündelung aus Qualifikation(en) und Berufs- und Lebenserfahrung(en) ist, weisen wir genau dazu die entsprechenden Informationen aus.

Den vielen Autorinnen und Autoren, die jemals Texte für eine der Auflagen geliefert haben, sind wir zu großem Dank verpflichtet, nur mit ihnen zusammen ist uns dieses Werk gelungen.

Natürlich sind die eine und/oder der andere Autor/in mit uns ‚in die Jahre gekommen'. Aber dazu haben wir in einer Kurzbesprechung von Denis Scheck im Berliner Tagesspiegel vom 20. Dezember 2015 – zu einem Titel von Peter Wohlleben: Das geheime Leben der Bäume –, in dem P. W. gegen den Altersrassismus im Wald argumentiert, diesen Text gefunden: „Alt bedeutet bei Bäumen nicht schwach, gebeugt und anfällig, sondern ganz im Gegenteil schwungvoll und leistungsstark. Baumgreise sind demnach deutlich produktiver als Jungspunde …“ – diese Metapher hat uns beiden sehr gefallen!

Einige andere Anmerkungen zu dieser 8. Auflage

1) Bei der Schreibweise in den Beiträgen findet sich eigentlich fast alles: Sozialarbeiter als Plural, Sozialarbeiter/Sozialarbeiterinnen, Sozialarbeiter/innen, gelegentlich auch SozialarbeiterInnen, aber an keiner Stelle eine Unterstrich- oder *-Formulierung (nur hier: Sozialarbeiter_Sozialarbeiterinnen bzw. Bürger*innen). Kurzum: wir meinen immer jede und jeden jeden Geschlechts; wichtig war uns vor allem, dass die Texte einigermaßen lesefreundlich blieben.
2) Immer wieder haben wir uns über das gelegentlich ‚Gewollte' in der Sozialen Arbeit beklagt, es sind leider wieder einige unnötige Begriffe hinzugekommen: age mates (statt gleichaltrig), nudging (‚anschubsen'), Doing Family, und zuletzt care leaving. Wir wissen beide aus der Literatur und unserer vieljährigen Berufserfahrung, dass etwa der Übergang vom Heim in das Leben danach seit Beginn der Heimerziehung für die damit Beschäftigten und die Jugendlichen ein großes, vielfach ungelöstes Problem war und weiterhin sein kann. Warum also ein so ‚aufgeblasener' Begriff für ein altes fachliches Problem? Das es auch anders geht, hat der BeltzJuventa-Verlag mit dem Titel ‚Handbuch Übergänge' von Wolfgang Schröer u. a. 2013 bewiesen.

Zum Schluss noch diese Informationen an unsere Leserinnen und Leser

Mit dieser 8. Auflage beenden wir unsere Herausgeberschaft.

Mit dem BeltzJuventa-Verlag ist vereinbart, dass diesmal das Wörterbuch auch als E-Book erscheinen wird – ein moderner Schluss für eine lange Arbeitstrecke.

Nur zur Erinnerung: Wir haben vor fast genau vierzig Jahren, damals noch in unserer Berliner Wohnung, mit Wolfgang Bäuerle, Richard Grübling, C. Wolfgang

Müller und Lothar Schweim dieses Projekt endgültig vereinbart. Die umfangreiche Vorstudie von Ingrid Mielenz wurde dann Anfang 1978 mit dem damaligen sozialpädagogischen Fachbeirat des Beltz-Verlages beraten: hochrangig besetzt, wir wissen aus dem Sitzungsprotokoll nur noch, dass sich Dankwart Danckwerts, Klaus Mollenhauer, C. Wolfgang Müller, Ingrid Kurz, Norbert Preußer, E. Jürgen Krauß, Konrad Leube und der Kollege von Kintzel an der Diskussion beteiligt haben. Jedenfalls wurde die Vorstudie als angemessene Grundlage für das geplante Wörterbuch ‚gebilligt', wir erhielten viel Unterstützung bei der Übernahme von Beiträgen, aber auch durch Hinweise auf denkbare Autorinnen und Autoren – es konnte also beginnen: die 1. Auflage erschien 1980 – noch in sozialarbeitergrau, was dann bald, wohl auch den Entwicklungen der Sozialen Arbeit folgend, zu einem durchaus lebendigen Gelb wurde und sich bis zur bunten Gestaltung der Umschlagseiten der 7. Auflage weiterentwickelte.

Die 2. Auflage war der einzige unveränderte Nachdruck, alle anderen sorgfältig überarbeitete und aktualisierte Fassungen.

Was heißt ‚überarbeit, ergänzt und aktualisiert'?

Ausnahmsweise, weil es das letzte Mal ist, eine kurze Skizze, was das für die 8. Auflage bedeutete: von der 7. Auflage waren die genau 1085 Seiten (incl. Anhänge) in einem ersten Arbeitsgang von uns durchzusehen und anschließend war zu entscheiden, ob die Beiträge/Texte wieder aufgenommen werden sollten, ob sie durch neue Stichwörter ergänzt und durch wen sie weiter zu bearbeiten wären.

Der zweite Arbeitsschritt bestand aus viel Organisationsarbeit: Autorinnen/Autoren waren zu gewinnen – auch für neue Stichwörter – oder davon zu überzeugen, wieder ihre Beiträge durchzusehen, alles natürlich intensive ‚Gespräche in der Sache': was sollte/musste verändert, aktualisiert und wie sollten welche neuen Entwicklungen berücksichtigt werden.

Der dritte Arbeitsschritt ist dann der längste und intensivste gewesen: alle Texte, alte, überarbeitete ebenso wie neue, wurden inhaltlich noch einmal sorgfältig von uns durchgesehen, auch redaktionell in einer gewissen Einheitlichkeit bearbeitet und immer wurde die Aktualität der aufgeführten Literatur geprüft: bis auf ganz wenige Ausnahmen ist es uns bei allen Beiträgen gelungen, zum Stichwort passende aktuelle Literatur ab 2013 aufzunehmen.

Etliche Tage haben wir allein in die Aktualisierung der Anhänge I–IV investiert. Herausgekommen ist – ohne den Anspruch auf Vollständigkeit zu erheben – wieder ein Überblick über die Vielfalt der Sozialen Arbeit, ihrer Organisationen und Publikationen.

Und wir haben großen Wert darauf gelegt, das Sachregister zu einer wirklichen Arbeitshilfe auszugestalten.

Insgesamt – mit der Fahnenkorrektur – waren es sieben Monate intensivste, tägliche Arbeit der Zweipersonen-Firma Kreft/Mielenz.

Wo wir uns sehen mit dieser 8. Auflage

Die 8. Auflage hat einen Manuskriptstand vom November 2016.

Wir legen also mit dieser Auflage ein Wörterbuch der Sozialen Arbeit vor, das in der zweiten Hälfte des zweiten Jahrzehnts des 21. Jahrhunderts den aktuellen Stand rund um die Soziale Arbeit in Deutschland präsentiert, aber auch Einblicke in das entsprechende Geschehen in Österreich und der Schweiz bereitstellt und viele europäische Konnotationen behandelt.

Wir verabschieden uns damit von unseren Leserinnen und Lesern in der Hoffnung, dass ihnen auch diese neue Auflage einige Jahre hilft, ihren Arbeitsalttag im Studium und in der Praxis zu unterstützen.

Zu guter Letzt

Der BeltzJuventa-Verlag beabsichtigt, in seinen Fachzeitschriften unsere Nachfolge als Herausgeber dieses Titels ausloben.

Wir sind sehr gespannt, wer sich ans Werk wagt und natürlich sehr daran interessiert, was daraus werden wird.

Und Tschüss – bleiben Sie uns gewogen,

Nürnberg, im Dezember 2016 *Dieter Kreft/Ingrid Mielenz*

Vorwort zur siebten Auflage

Im Herbst 2010 wies uns der Juventa Verlag darauf hin, dass die 6. Auflage 2008 mit Sicherheit in der 1. Hälfte 2011 verkauft sein würde. Was also tun?

Wie schon bei allen neuen Auflagen seit 1988 haben wir uns wieder gegen den einfachen Weg eines Nachdruckes und für eine neue – vollständig überarbeitete und aktualisierte – 7. Auflage entschieden.

Das Soziale Recht und seine Veränderungen: Die 6. Auflage hatte einen Manuskriptstand von Ende 2007/Anfang 2008 und seither hat sich das Recht um die Kernbereiche der Sozialen Arbeit herum geradezu atemberaubend verändert:

- Seit dem 1. Januar 2008 gilt ein neues Unterhaltsrecht;
- zum 1. September 2009 wurde das Recht der Freiwilligen Gerichtsbarkeit (FGG) durch das Gesetz über das Verfahren in Familiensachen und Angelegenheiten der Freiwilligen Gerichtsbarkeit/FamFG abgelöst. Manchenorts bereits als ‚Jahrhundertgesetz' bezeichnet, weil es das sog. ‚Große Familiengericht' einführte, das jetzt für alle Entscheidungen in Familien- und Lebenspartnerschaftssachen zuständig ist; eine Rechtsänderung von erheblicher Bedeutung für die Soziale Arbeit;
- infolge einer Entscheidung des Europäischen Gerichtshofes für Menschenrechte vom Dezember 2009 wurde das bisherige ‚Alleinsorge-Monopol' der nichtehelichen Mutter beendet. Der Aufforderung des BVerfG an den deutschen Gesetzgeber, die elterliche Sorge bei nichtehelichen Eltern demzufolge neu zu regeln, ist dieser bisher nicht nachgekommen; zurzeit liegt nur ein Regierungsentwurf vom 4. Juli 2012 vor. Allerdings ist bis dahin das Familiengericht bereits befugt, auf Antrag eines Elternteils die elterliche Sorge den Eltern gemeinsam zu übertragen;
- 2009/2011 wurde das Betreuungsrecht geändert;
- zum 1. Januar 2011 trat (rückwirkend) das ‚Gesetz zur Ermittlung von Regelbedarfen und zur Änderung des Zweiten und Zwölften Buches Sozialgesetzbuch' in Kraft;
- zum 1. Juli 2011 ist das neue Bundesfreiwilligengesetz in Kraft getreten;
- zum 1. Januar 2012 ist das Bundeskinderschutzgesetz, im Sommer 2012 das neue Mediationsgesetz in Kraft getreten.

Schon allein von diesen rechtlichen Veränderungen wurden viele Beiträge unseres Wörterbuches berührt bzw. mussten neu geschrieben werden. Wir haben deshalb für diesen Komplex die Unterstützung eines in den unterschiedlichen Rechtsmaterien der Sozialen Arbeit sehr erfahrenen und ausgewiesenen Juristen gesucht und ihn in Prof. Dr. iur. Roland Proksch, dem langjährigen Präsidenten der Ev. Hochschule in Nürnberg und Geschäftsführer des Instituts für soziale und kulturelle Arbeit Nürnberg, gefunden. Roland Proksch hat für diese Auflage eine große Zahl von rechtlich relevanten Beiträgen durchgesehen und aktualisiert – wir sind ihm dafür zu besonderem Dank verpflichtet.

Und weitere Veränderungen?

Die Kinderschutzdebatte hat seit 2005 zumindest in der Kinder- und Jugendhilfe zu einem deutlichen Professionalisierungsschub geführt. Im Übrigen hat sich fachlich demgegenüber in den vergangenen Jahren nicht viel bewegt. Uns fällt immer wieder auf, dass wohl ‚neue Begriffe' vorübergehend ‚in Mode' sind, geradezu Konjunktur haben und dann wieder untergehen, also keine nachhaltige Bedeutung für die Soziale Arbeit entfalten. Wer erinnert sich noch an die Diskussionen um ‚Konnotationen', und ‚Kolonialisierung von Lebenswelten'? Wie lange werden sich aktuelle neue Begriffe wie ‚Prekariat', ‚Agency-Ansatz', ‚libertärer Paternalismus (Nudge)', auch ‚Kohäsion' an der Diskussionsoberfläche halten? Fast kurios finden wir auch ‚sprachliches Unglück' wie etwa einen Bachelor Studiengang of Nursing an der Ev. Fachhochschule in Berlin und die Bezeichnung ‚Corporate giving' für Geld- und Sachspenden von Unternehmen.

Wie wir überhaupt meinen, dass der Disziplin/Profession zurzeit die Kraft für sog. ‚große Würfe' fehlt: wie etwa einst die Ablösung des doch schließlich zu einfachen Musters ‚Klasse/Schicht' durch Milieu, Lebenswelt und Einmischung, die Pluralisierung von Lebenslagen und die Individualisierung von Lebensführungen.

Die großen Veränderungen der Sozialen Arbeit seit Beginn der 1990er Jahren sind um den Begriff ‚Ökonomisierung' herum zu markieren, viele Beiträge unseres Wörterbuches beschäftigen sich damit und bilden zusammen den aktuellen Stand dieser ‚Neujustierung sozialen Handelns' ab. In der Fachbuch- und Fachzeitschriftenliteratur sind wir auf einen kleinen Text – ganze fünf Druckseiten – von Alfons Limbrunner gestoßen, der das, was sich vollzogen hat, treffsicher als eine ‚Wesensveränderung' des Sozialwesens bezeichnet, das „zur Sozialwirtschaft und zu Markte getragen wird" (in: sozialmagazin 12/2009, 21–25); prägnanter beschrieben haben wir ‚das neue Wesen der Sozialen Arbeit' nirgendwo gefunden.

‚Große Würfe' vs. ‚Kleine Themen': Unsere Disziplin/Profession beschäftigt sich inzwischen ‚groß mit kleinen Themen', die ‚großen Würfe' werden stetig mehr ‚ausgefranst' über die Behandlung von immer spezielleren oder Randthemen, Verfeinerungen der Betrachtung und das so lange, bis ‚die große Idee' dahinter beinahe unkenntlich wird.

Zwei Beispiele?

1) Irgendwann hatte sich die einfache Grundidee des Feminismus, dass Frauen gleichberechtigte Wesen sind und Anspruch auf gleichberechtigte Behandlung in

allen gesellschaftlichen Bereichen haben, so weit durchgesetzt, dass sie auch die Soziale Arbeit erreichte. § 9 SGB VIII forderte die Gleichberechtigung von Mädchen und Jungen, ein ganzer Jugendbericht (der 6. von 1984) widmete sich der ‚Verbesserung der Chancengleichheit von Mädchen in der BRD'. Gleichstellungsstellen, Mädchen-/Frauenbeauftragte wurden gewählt/beauftragt, überall gab es Mädchen- und Frauenprojekte – kurz: es tat sich viel. Bis das alles nicht mehr ausreichend erschien und Gender Mainstreaming als ‚Einbindung der Chancengleichheit in alle Maßnahmen' alles frühere überlagerte. Für uns war das immer ein wenig ‚von oben herab' verordnet (den UN oder der EU), zudem sehr formalisiert, ohne die ursprüngliche ‚Frauenpower von unten'. Und inzwischen ist auch das nicht mehr hinreichend. Im Archiv für Wissenschaft und Praxis der sozialen Arbeit (2/2010, 56–66) fanden wir einen Beitrag ‚Über Gender Mainstreaming hinaus: Diversitiy- und Queer-Ansätze in der offenen Kinder- und Jugendarbeit'.

2) Hilfe zur Selbsthilfe ist eine Grundausrichtung professionellen sozialen Handelns in der BRD: durch materielle und immaterielle Hilfen sollen Menschen befähigt werden, ein selbstbestimmtes, von fremder Hilfe/Unterstützung unabhängiges Leben zu führen, nach Wolfgang Heckmann ‚eine besonders liebevoll gepflegt Utopie', aber was wären wir ohne jede Hoffnung? Aus dieser fachpolitischen Selbsthilfe (durchaus in umfassendem Sinne gemeint), sind dann Empowerment, Resilienz und schließlich Capability Approach geworden. Das politische-solidarische-kollektive des ursprünglichen Kernbegriffes verlor sich in der Betrachtung des Einzelnen, seiner Befindlichkeiten, Stärken und Schwächen, ohne erkennbare fachpolitische Strategie im gesellschaftlichen Kontext.

Ungewisse Zukunft: Solche Entwicklungen bedauern wir genauso wie große sozialpolitische Veränderungen mit dramatischen Folgen für die Soziale Arbeit: die Armut von Kindern und Jugendlichen und ihren Familien, zunehmend auch wieder die der alten Menschen, die dadurch entsteht, dass das soziale Schutzsystem nicht mehr hinreichend absichert und sich wieder ‚Fürsorgeangebote' entwickeln (Tafeln und die völlig unzureichenden, almosenähnlichen Bildungsgutscheine als Beispiele), Angebote, die wir glaubten überwunden zu haben. Und das allseitig gepriesene und empfohlene Bürgerschaftliche Engagement hat doch u. a. auch deshalb Konjunktur, weil die staatlichen/kommunalen Hilfesysteme löchrig geworden sind.

Von Herbert Effinger stammt die Feststellung, die heutige Soziale Arbeit bewege sich in ‚unsicherem Gelände': die demographische Entwicklung, die Ökonomisierung, verbunden mit Rationalisierung als Rationierung und dem Generalverdacht gegenüber Bedürftigen, Armut und Reichtum, Verunsicherung und Entsolidarisierung, der zivilgesellschaftliche Selbstbetrug (in Bezug auf das Bürgerschaftliche Engagement gemeint), die Entkoppelung von Erwerbsarbeit und sozialer Sicherung sowie ‚just in time' – neue Lebens- und Partnerschaftsmodelle ist eine höchst aktuelle Beschreibung der relevanten sozialen Probleme für die nächsten Jahre (Jahrzehnte?) (nach: Effinger, in: Sozialmagazin 2/2011, 44–52); besser hätten wir unsere fachpolitischen Sorgen nicht zusammenfassen können.

Print oder Online?

Schließlich haben wir uns in den Monaten der ununterbrochenen Arbeit an dieser 7. Auflage auch gefragt, ob gedruckte Hand- und Wörterbücher für die Soziale Arbeit im Internetzeitalter nicht unnötig geworden sind. Auch wir haben selbstverständlich fortlaufend ‚gegoogelt', ohne das Internet hätte es eine ‚Zwei-Personen-Firma', wie wir sie sind, in der relativ kurzen Zeit eines halben Jahres nie geschafft, das Manuskript für eine vollständig überarbeitete und aktualisierte Auflage zu erstellen. Natürlich haben wir nicht alles selbst gemacht. Etwa 80 Beiträge wurden von den Autorinnen/Autoren durchgesehen bzw. neu geschrieben, Roland Proksch hat 25 Beiträge bearbeitet oder neu geschrieben. Aber auch für diese und alle restlichen Beiträge, die wir fachlich-literaturmäßig auf den neuesten Stand gebracht haben, liegt die Herausgeberverantwortung bei uns. So ist kein Beitrag in den Druck gegeben worden, den wir nicht sorgfältig gelesen, bedacht und ggf. redaktionell bearbeitet haben. Nur ganz wenige Beiträge sind fast unverändert geblieben: weil es ‚zeitlose Perlen' sind, aber auch aus Respekt vor ihren Verfassern (so beispielsweise die Erziehungswissenschaft von Klaus Mollenhauer und die Sozialtherapie von Horst-Eberhard Richter).

Ist nun eine Print-Ausgabe inzwischen überflüssig?

Nein, denn Wörterbücher können fachlich, politisch und persönlich wie gelungene Kompositionen sein – das war auch immer unser Ziel:

- **fachlich**, wenn dahinter ein Konzept steht. In unserem Falle wollten wir von Anfang an demonstrieren, welche gesellschaftliche Bedeutung Soziale Arbeit inzwischen hat, welches ihre Aufgaben sind (oder sein sollten), in welchen Feldern Sozialarbeiter/Sozialpädagogen im weitesten Sinne arbeiten (oder arbeiten sollten), wie das alles wurde und wie/wohin es sich wohl entwickeln wird. Wir wollten immer das Insgesamt der Sozialen Arbeit beschreiben, seine Geschichte, die Aufgaben, die zentralen Begriffe, das gewachsenen methodische Arsenal. Als qualifizierte Erstinformation und dann verdichtet für bestimmte Themenblöcke, aber auch als Einführung in die Soziale Arbeit nutzbar. So gibt es beispielsweise einen Informationsblock ‚Unterbringung außerhalb der Herkunftsfamilie' mit den Beiträgen Fremdunterbingung, Heimerziehung, Pflegekinder. So lässt sich das soziale Sicherungssystem bereits grundsätzlich aus den Beiträgen Sozialstaat, Sozialpolitik, Soziale Sicherung, Soziale Arbeit erschließen. Die Soziale Arbeit selbst wird genauer markiert durch Beiträge wie Sozialarbeit/Sozialpädagogik, Theorie der Sozialarbeit/Sozialpädagogik, Sozialarbeitswissenschaft, Professionalisierung, Handlungskompetenz usw.; diese Beispiele ließen sich in viele inhaltliche Richtungen verlängern;
- **politisch** ist für uns Soziale Arbeit immer ein wichtiger Bestandteil der sozialen Sicherung in der BRD gewesen, unverzichtbar für das Sozialstaatsgebot des

Art. 20 Abs. 1 GG. Politisch aber auch in einem bestimmten fachlichen Rahmen, der z. B. allgemein bereits durch diese Beiträge Gestalt erhält: Aufklärung, Bildung, Einmischungsstrategie, Chancengleichheit, Emanzipation, auch demokratischer Sozialismus, Gesellschaft, Gewerkschaften, Hilfe, Klasse/Schicht/Milieu, Kunst, Parteien, politische Bildung, Solidarität, Sozialdarwinismus, Soziale Arbeit im Nationalsozialismus, Sozialökologie, Sozialstaat – hierdurch sollte unser unverwechselbares Konzept erkennbar werden;
- **persönlich**, denn das gelungenste Konzept muss erst ausgefüllt werden und das geht nur in einem Netzwerk von Fachkolleginnen und Fachkollegen, die eine inhaltliche Nähe verbindet. Die sich wohl alle einer sozialen Arbeit verpflichtet fühlen, wie sie in allgemeinster Weise in § 1 SGB I beschrieben ist – und zudem mit ‚Bodenhaftung', theoretisch fundiert, aber immer möglichst nah an der Praxis (unser Autor C. Wolfgang Müller ist uns *das* Beispiel für diese Arbeitsweise). Das war übrigens immer eine inhaltliche, nie eine parteipolitische Abgrenzung. Es war und ist für uns stets eine gewisse Genugtuung, dass wir – und über so viele Jahre – immer wieder diese personalen Kompetenzen in unserem Wörterbuch bündeln konnten.

Diese 7. Auflage enthält 323 Beiträge von 207 Autorinnen/Autoren. Ihnen gilt wieder unser Dank, dass sie erneut das Wörterbuch Soziale Arbeit mitgestaltet haben und dafür sorgten, dass es seine Position als Standardwerk behalten wird – so hoffen wir jedenfalls.

Nach alledem ist die Antwort auf die zuvor gestellte Frage, ob Print-Ausgaben nicht überflüssig seien im Zeitalter des Internets, klar – jedenfalls für uns. Keine Google- oder Yahoo-Auskunft, kein Wikipedia-Eintrag liefert geordnete Auskünfte in der Komposition, wie wir sie hier anbieten: konzeptionell gerahmt, fachlich begründet, politisch-strategisch ausgerichtet und von kompetenten Kolleginnen und Kollegen verantwortet. Wir denken, das ist etwas anderes als u. U. zufällige Surfergebnisse im Netz.

Das Manuskript der 7. Auflage wurde Ende 2011 abgeschlossen, letzte Aktualisierungen waren dann noch in der Fahnenkorrektur im Juli 2012 möglich.

Wir bieten somit den Leserinnen und Lesern wieder das aktuellste Wörterbuch der Sozialen Arbeit an und hoffen, dass es wie bisher von Ausbildung und Praxis angenommen und als nützlich und hilfreich bewertet werden wird.

Nürnberg, im Juli 2012 *Dieter Kreft/Ingrid Mielenz*

Vorwort zur sechsten Auflage

Die 5., vollständig überarbeitete und erweiterte Auflage des Wörterbuches Soziale Arbeit erschien im Herbst 2005 mit einem Manuskriptstand vom März 2005 und war bereits Ende 2007 verkauft.

Unser besonderes Konzept, ein Wörterbuch zu gestalten, das die Leserinnen und Leser zugleich als Nachschlagewerk, als qualifizierte Erstinformation für bestimmte Themenkomplexe und als Einführung in die Soziale Arbeit nutzen können (vgl. dazu die genaueren Ausführungen im Vorwort zur fünften Auflage), wird offenbar – und nun schon seit fast 30 Jahren – akzeptiert und angenommen.

Wir haben nach dieser guten Resonanz bewusst nicht den einfachen Weg des unveränderten Nachdrucks gewählt, sondern die in weiten Teilen noch zeitnahen Artikel sorgfältig durchgesehen, erforderlichenfalls überarbeitet und aktualisiert – mit folgenden grundsätzlichen Orientierungen: Die gesetzlichen Änderungen seit März 2005 wurden erfasst und alle Daten und Fakten sowie die Literaturhinweise nach jedem Beitrag aktualisiert. Texterweiterungen und Textveränderungen haben wir immer dann vorgenommen, wenn dies inhaltlich geboten war. Das war allerdings vielfach erforderlich, denn es galt eine Reihe von wichtigen Veränderungen zu berücksichtigen:

- das Kinder- und Jugendhilfeweiterentwicklungsgesetz/KICK (2005) u.a. mit der wichtigen Konkretisierung des Schutzauftrages bei Kindeswohlgefährdung
- die zum 1.9.2006 in Kraft getretene Föderalismusreform I
- die Gesundheitsreform (überwiegend zum 1.4.2007 wirksam geworden)
- das Allgemeines Gleichbehandlungsgesetz (2006)
- das Gesetz zum Elterngeld und zur Elternzeit (2007)
- die Änderungen der sozialen Pflegeversicherung (2007)
- die Änderungen im Zuwanderungsrecht (2007)
- sowie die neueren, für die Soziale Arbeit relevanten Berichte der Bundesregierung (u.a. der 12. Kinder- und Jugendbericht 2005, der 7. Familienbericht von 2006 und der 6. Bericht über die Lage der Äusländerinnen und Ausländer von 2005).

Bei fast allen diesen Änderungen ging es wieder selten um fachliche Aspekte der Weiterentwicklung der Sozialen Arbeit, sondern regelmäßig um höchst differenzierende und zunehmend bürokratische Regelungen der Sozialen Sicherung, vielfach verbunden mit Leistungsbeschränkungen für die Adressatinnen und Adressaten.

Es hat sich viel getan in 2½ Jahren, wie sich überhaupt die Felder der Sozialen Arbeit in einem dauerhaften Entwicklungs- und Veränderungsprozess befinden. Wir haben versucht, in dieser 6. Auflage den neuesten Entwicklungsstand zu erfassen. Damit stellen wir den Leserinnen und Lesern das aktuellste Wörterbuch der Sozialen Arbeit in der Bundesrepublik zur Verfügung und hoffen, dass das Buch wie bisher sowohl für die Ausbildung als auch für die Praxis nützlich und hilfreich ist.

Nürnberg, im Januar 2008 *Dieter Kreft/Ingrid Mielenz*

Vorwort zur fünften Auflage

Wörterbücher als Zeitenspiegel: Seit nunmehr 25 Jahren legen wir in einem Rhythmus von etwa 8 Jahren neue oder vollständig überarbeitete und erweiterte Auflagen des Wörterbuches Soziale Arbeit vor. So auch diese 5. Auflage, mit der wir den fachlichen Stand und die Perspektiven der Sozialen Arbeit zu Anfang des 21. Jahrhunderts präsentieren.

Wir haben durch diese lange Herausgeberzeit hindurch auch den Wechsel der Hauptthemen erlebt, die vielen sich abwechselnden, teilweise auch wieder vergehenden Moden, Trends und Handlungsorientierungen, die Diskussionshits, die Flops und Irrtümer der Sozialen Arbeit in Deutschland – und inzwischen in Europa.

Knapp gebündelt sind u. a. folgende – diesen Weg markierende – Begriffe zu nennen: „Grundwiderspruch zwischen Kapital und Arbeit" (der noch in zahlreichen Beiträgen der 1. Auflage 1980 thematisiert wurde und dann „verging") und die „Pluralisierung von Lebenslagen/Individualisierung von Lebensführungen" (z. B. in der Kinder- und Jugendhilfe seit dem 8. Jugendbericht von 1990 eine zentrale Orientierung). Dann zeitlich dazwischen und danach die Begriffe „(fachliche) Reform" und „soziale Innovation" (prägend für die 1970er und 1980er Jahre) sowie schließlich die „Ökonomisierung der Sozialen Arbeit" (endgültig seit den 1990er Jahren das fachliche Handeln stark beeinflussend bis dominierend).

Was die 5. Auflage bestimmte: Die 5. Auflage ist in einer Zeit tief greifender sozialpolitischer Veränderungen entstanden. Vor dem Hintergrund ökonomischer, politischer, demografischer Veränderungen (gekennzeichnet z. B. durch Begriffe wie Globalisierung und technologischer Wandel in immer schnelleren Zyklen) wird das uns bislang bekannte System Sozialer Sicherung verändert (im Wesentlichen gesteuert als Leistungsabbau). Die Wirkungen dieser Veränderungen erreichen zunehmend die Soziale Arbeit. Die Schere zwischen Arm und Reich wird größer, immer mehr Menschen werden in ihrer soziokulturellen und ökonomischen Existenz verunsichert, viele sind zur Sicherung ihres Lebens auf Leistungen der Sozialen Arbeit angewiesen, die aber ihrerseits wiederum erheblichen (finanziellen und politischen) Einschränkungen unterliegt.

Nach unserer Auffassung wird dabei übersehen, dass Soziale Sicherung und Soziale Arbeit in der BRD (vor und nach der Vereinigung) stets einen wesentlichen Beitrag zur gesellschaftlichen Stabilität geleistet haben.

Wir haben versucht, die Veränderungen in der Denklinie der Agenda 2010 – also das, was sich im Kern hinter den Arbeitsmarkt-, Gesundheits- und Rentenreformen der letzten Zeit verbirgt – in zentralen Begriffen zu dokumentieren: unter Sozialstaat, Soziale Sicherung, Soziale Arbeit, Arbeitsförderung, Gesundheitsrecht (Gesundheitsreform), Sozialhilfe (das neue SGB XII), Grundsicherung für Arbeitsuchende (das neue SGB II) u. a. m.

Fachlichkeit und Wirtschaftlichkeit: Was schon bei den Arbeiten zur 4. Auflage 1996 auffiel, gilt weiter:

Neue fachliche Entwicklungen sind seit den 1990er Jahren nur wenige auszumachen (etwa die Hospizbewegung, Gender Mainstreaming, die Sozialraumrorientierung als fachliche Kategorie). Aber inzwischen muss sich alles „fachliche Gewollte" verstärkt Qualitäts- und Effektivitätsanforderungen stellen (vereinfacht: „mit weniger Geld mehr und bessere Leistung"). Wir meinen, dass dadurch die öffentliche Debatte wieder fachlicher geworden ist, weil genauer hingeschaut, nachgefragt wird („Handeln nach den Regeln der Kunst" auch in der Sozialen Arbeit: welche Standards sollen gelten, welche Qualitätsannahmen gibt es, welche Wirkungen sollen erzielt werden …). Diese – gewissermaßen „kopernikanische Wende der Sozialen Arbeit" –, die spätestens 1993 begonnen hat, ist unumkehrbar und nach unserer Auffassung auch richtig: In Zukunft muss jeder Anbieter genau benennen, welche Leistungen für welche Zielgruppe(n) er vorhält (und für wen eben nicht), was seine Leistungen kosten, wie er fortlaufend die Qualität seiner Angebote sichert bzw. überprüft und ob die mit der Leistung erwarteten Ergebnisse („Wirkungen") eingetreten sind.

Auch der damit verbundene Wechsel von der traditionellen bürokratisch-kameralistischen zur betriebswirtschaftlichen Steuerung (im Rahmen eines Sozial-Managements mit neuen Verfahren und Instrumenten) ist zu unterstützen. Aber nur, wenn dieses „anders gesteuerte Handeln" nicht zu einem (Tunnel-)Blick auf Kosten/Kostensenkung/Kostenvermeidung degeneriert, sondern immer wieder Fachlichkeit und Wirtschaftlichkeit meint.

Die zeitweilige Markt- und doch recht formale Steuerungsgläubigkeit der 1990er Jahre (Dienstleistungsorientierung in der Sozialen Arbeit, KGSt-Modell der Neuen Steuerung als deutscher Beitrag zum New Publik Management, Begriffe wie Kundenorientierung, auch Absichten größerer Verwaltungsmodernisierungen) haben dagegen keine umfassende und nachhaltige Veränderungskraft entwickelt.

Neue Leitorientierungen bieten sich z. B. unter den Stichwörtern Bürgerschaftliches Engagement, (aktivierender) Sozialstaat an; die einen setzen tendenziell eher auf Privatisierung der Lebensrisiken (etwa die CDU-Vorschläge der Herzog-Kommission), die anderen auf die (das klassische System erweiternde) Bürgerversicherung (so etwa das sozialdemokratisch-grüne politische Spektrum) – der Ausgang dieses großen politischen Linienstreites ist (noch) ergebnisoffen.

Wie dieses Wörterbuch genutzt werden kann: Grundsätzlich gilt: Wir hatten immer und haben weiterhin die Absicht, mit diesem Wörterbuch Lernenden, Lehrenden und Praktikern bei ihren Arbeiten fachliche Unterstützung zu geben, durchaus mit dem Ziel, sie in dem eskalierenden Streit Wirtschaftlichkeit vs. Fachlichkeit zu befähigen, der Fachlichkeit durch kompetentes Engagement „eine Chance zu sichern" – und auch mit einer sozialpolitischen Grundorientierung und Haltung, wie wir sie in dem von uns verantworteten Beitrag „Soziale Arbeit“ genauer beschrieben haben.

Dieser Grundhaltung folgend haben wir auch für die 5. Auflage unser Grundkonzept nicht verändern müssen. Die Leserinnen und Leser finden weiterhin (inzwischen 328) Beiträge aus den Bereichen Theoretische Grundlagen, Geschichte, Rechtsgrundlagen, Zielgruppen, Praxisfelder, Methoden, Sozialadministration/Sozialmanagement, Institutionen (Träger), Politik, Aus- und Weiterbildung. Wir dokumentieren, dass Soziale Arbeit über die Grenzen ihrer Kernbereiche hinaus (Alten-, Behinderten-, Familien-, Gesundheits-, Kinder- und Jugend- sowie Sozialhilfe) inzwischen (und häufig schon selbstverständlich) in anderen Fachfeldern (mit) tätig wird (z. B. Schule, Berufsausbildung, Arbeit, Wohnen, Stadtentwicklung).

So gegründet, kann dieses Wörterbuch zumindest in dreifacher Weise genutzt werden:

1) Wie ein Nachschlagewerk, aber mit dem Anspruch, mehr als ein Lexikon zu sein, sondern immer eine qualifizierte Erstinformation zu bewirken;
2) als Einführung in bestimmte Themenkomplexe durch die Bündelung mehrerer, sachlich zusammenhängender Beiträge (z. B. Fremdunterbringung mit Hilfe zur Erziehung, Heimerziehung, Pflegekinderwesen);
3) als Einführung in die Soziale Arbeit mit Auskünften zur Positionierung als Disziplin und Profession (z. B. Sozialarbeitswissenschaft, Theorie der Sozialarbeit/Sozialpädagogik), zu den Arbeitsfeldern, in denen SozialarbeiterInnen/SozialpädagogInnen tätig sind oder tätig sein sollten/könnten, zu den zentralen Zielen, zu arbeitsfeldübergreifenden zentralen Tätigkeiten (beraten, bilden, erziehen, helfen, pflegen), zu „eigenen“ Konzepten, Methoden und Verfahren und schließlich zu einem für alle Arbeitsfelder geltenden Steuerungssystem sozialpädagogischen/sozialarbeiterischen Handelns.

Wir bieten dazu im Stichwort „Soziale Arbeit“ eine Leseempfehlung an.

Das Wörterbuch Soziale Arbeit wird inzwischen als ein Standardwerk bezeichnet – was uns selbstverständlich freut. Unser Konzept wurde gestaltet von inzwischen 212 Autorinnen und Autoren, die zuletzt bis Ende März 2005 Gelegenheit hatten, ihre Beiträge zu aktualisieren. Ihnen gilt unser besonderer Dank.

Mit ihnen hoffen wir, dass Sie, die Leserinnen und Leser, auch diese 5. Auflage wieder interessant und nützlich für Ihre Arbeit finden werden.

Nürnberg, im April 2005 *Dieter Kreft/Ingrid Mielenz*

Vorwort zur vierten Auflage

Als wir 1987 die Manuskriptarbeiten für die dritte Auflage abgeschlossen hatten, gingen wir davon aus, diese erste vollständige Überarbeitung unseres Wörterbuches würde für viele Jahre Bestand haben.

Wir haben uns geirrt. Schon nach wenigen Jahren waren zuvor gegebene zentrale Rahmenbedingungen der Sozialen Arbeit in der BRD und darüber hinaus entscheidend verändert:

- Die deutsche Vereinigung führte seit 1990 zu grundlegenden rechtlichen, organisatorischen, fachlichen und sozioökonomischen Auswirkungen in beiden Teilen der neuen BRD.
- Zum 3.10.1990/1.1.1991 trat das neue Kinder- und Jugendhilfegesetz, zum 1.1.1992 das BtG in Kraft, das BSHG wird weiter regelmäßig und einschneidend verändert, 1994 ist nach mehr als 20-jähriger Diskussion das PflegeVG beschlossen worden. Fast kein wichtiger Rechtsbereich Sozialer Arbeit blieb seither ohne Veränderungen, auch europäisches Recht wird immer bedeutsamer für das Handeln in sozialarbeiterischen/sozialpädagogischen Arbeitsfeldern in Deutschland.

So entschlossen wir uns 1992 dazu, das Wörterbuch Soziale Arbeit erneut – und wieder umfassend – zu überarbeiten. Aber nicht nur politisch-rechtlich-strukturell, sondern wir wollten zugleich mit dieser Neufassung auch die theoretisch-fachlichen Entwicklungen seit der dritten Auflage 1988 berücksichtigen und die seither neu zu markierenden Praxisentwicklungen erfassen.

Eine vollständige Durchsicht aller relevanten Fach- und Literaturzeitschriften der Sozialen Arbeit und ihrer wichtigsten Unterstützungswissenschaften, unsere Teilnahme an vielen öffentlichen Foren, unsere regelmäßige Mitarbeit in Institutionen und Organisationen der Sozialen Arbeit, unsere eigenen Praxiserfahrungen in einer kommunalen Sozialverwaltung bzw. einem Praxisberatungs- und Praxisforschungsinstitut sowie als Lehrende an HS brachten uns viele Hinweise auf Stichwörter und auf AutorInnen:

In dieser vierten Auflage, in jetzt 318 Stichwörtern, präsentieren 209 AutorInnen den jeweils aktuellsten Diskussions- und Literaturstand zu allgemeinen und speziellen Themen der Sozialen Arbeit im Rahmen unseres seit der ersten Auflage 1980 unveränderten Grundkonzeptes (vgl. Vorwort zur 3. Auflage).

Diese vierte Auflage ist eine (fast) vollständige Neufassung: Für die meisten Beiträge (rd. 80 %) sind neue Manuskripte geschrieben worden, darunter für 77 neu aufgenommene Stichwörter. Alle übrigen Artikel sind sorgfältig durchgesehen, in notwendigem Umfange korrigiert und ergänzt (Manuskriptstand März 1995). Immer wurde der Literaturstand überprüft.

Wenige Anmerkungen zur vierten Auflage:

1) Es gibt neue dominierende Erklärungsmuster: War es bei den Manuskripten für die erste Auflage 1980 noch „der Grundwiderspruch zwischen Kapital und Arbeit", der in zahlreichen Beiträgen thematisiert wurde, ist es inzwischen das Begriffspaar „Pluralisierung von Lebenslagen und Individualisierung von Lebensführungen".

   Dem Alleinvertretungsanspruch wollten wir schon beim „Grundwiderspruch" nicht folgen; gleichermaßen zurückhaltend sind wir jetzt auch gegenüber der alleinigen Erklärungskraft von „Pluralisierung/Individualisierung".

   Die sozialen Lebenswelten vieler Menschen in der BRD werden zunehmend durch Armut und Ausgrenzungen bestimmt, und diese gesellschaftlichen Tendenzen werden mit „Pluralisierung/Individualisierung" und der behaupteten „neuen Unübersichtlichkeit" nicht deutlich genug erfasst, strukturell gegebene Ungleichheit wird darüber eher verschleiert. Uns geht es aber weiterhin darum, „Strukturen sozialer Ungleichheit" offenzulegen und allgemein erkennbar werden zu lassen, damit diesen Zuständen auch politisch und fachlich begegnet werden kann.
2) Es gibt in unserer Gesellschaft zunehmend eine Neigung zu einfachen Erklärungen und Lösungen, in der häufig auch die Ursache für Fremdenfeindlichkeit, Gewalt und Radikalismus begründet ist. Dagegen setzten und setzen wir auf Information und Aufklärung, um sich komplexe Zusammenhänge erschließen zu können. Einige neu aufgenommene Stichwörter sollen diese Auseinandersetzung stützen: z. B. Anthropologie, Aufklärung, Ethik, Ethnologie, Eugenik, Gewalt, Normalität, Sozialdarwinismus, Systemisches Denken und Handeln.
3) Wir mussten einerseits ein in Teilen noch der Sprache und den Erklärungsmodellen der 1970er und 1980er Jahre verpflichtetes Buch in eine den 1990er Jahren angemessene Fassung überführen, aber wir wollten andererseits auch deutlich bleiben: Weiterhin reformorientiert und vom Prinzip der betroffenenorientierten Parteilichkeit bestimmt. Darauf haben wir als Herausgeberin geachtet – von A (Abweichendes Verhalten) bis Z (Zivildienst).
4) Schließlich lässt sich über die Skala „Reform, Innovation, Standardsicherung" ein Verlust an fachlicher Entwicklungskraft erfassen. War es zuvor selbstverständlich bei bestimmten Gruppen, für fachpolitisch motivierte Reformen zu sein, wird seit den 1980er Jahren von Innovation gesprochen, ein eher neutrales Entwicklungsverständnis. Heute ist schon fortschrittlich, wer gegenüber Ressourcenbegrenzungen auf Standardsicherung beharrt. Für diese Standardsicherung wird neuerdings auf Normen und Verfahren zurückgegriffen: Datenschutz, Planung, besondere Mitwirkungsrechte in den Sozialgesetzen, Sozialmanagement, dezentrale Ressourcenverantwortung und Organisationsentwicklung.

Wir meinen, dass der Rückgriff auf Formales nicht Selbstzweck werden darf, dass der manchmal schon zu beobachtenden „Lust am Formalen" widersprochen werden muss. Gerade in Zeiten mit zunehmenden sozialen Problemen bei zugleich knappen öffentlichen Kassen sind Normen und Verfahren dafür einzusetzen, fachliche Entwicklungen zu befördern, zumindest entwickelte Standards zu sichern.

Wir danken den Autorinnen für ihre engagierte Mitarbeit, wir bedanken uns auch bei Richard Grübling, dem Lektor der Edition Sozial beim Beltz-Verlag für seine fortwährende, gelassene Unterstützung.

Und wir erinnern uns: Seit 1988 sind Autoren gestorben, denen wir vielfältig verbunden waren – Jürgen Egert, Hanns Eyferth, Manfred Henkel und Christian Marzahn. Ende 1993 auch unsere langjährige Chefin und Freundin Ilse Reichel-Koß, eine der bedeutenden Frauen der Sozialen Arbeit in Deutschland nach 1945. Neben Wolfgang Bäuerle widmen wir ihr dieses Buch. Beide sind uns wichtige Beispiele dafür, dass in bestimmten Situationen Personen der Sozialen Arbeit Richtung geben können.

Nürnberg, im Sommer 1995 *Dieter Kreft/Ingrid Mielenz*

Vorwort zur dritten Auflage

1976, bei Beginn der Vorarbeiten für die im Frühjahr 1980 erschienene 1. Auflage, betraten wir „Neuland“: Der Versuch, das systematisch in einem Wörterbuch zu erfassen, was Soziale Arbeit ausmacht, war seinerzeit noch ohne aktuelles Vorbild, an dem wir uns positiv-handlungsleitend oder kritisch hätten orientieren können.

Das ist heute anders, denn seit 1978 sind etliche vergleichbare Titel erschienen, wenn auch mit deutlich anderen Akzentuierungen und Schwerpunktsetzungen.

Wir mussten also für die 3. Auflage im Jahre 1986 zunächst prüfen, ob unser Grundkonzept weiter verwertbar ist:

- die Felder der Sozialen Arbeit zu erfassen, sowohl die traditionellen, in denen Absolventen sozialer Berufe unbestritten seit langem tätig sind (z. B. Alten-, Gesundheits-, Jugend- und Sozialhilfe), als auch die, in denen das noch nicht selbstverständlich ist (z. B. Schule, Berufsausbildung und Arbeit, Wohnen);
- einerseits nicht den Versuch zu unternehmen, zugleich ein Wörterbuch der (Sozial-)Medizin, Psychologie, Soziologie, Politik-, Rechts- und Verwaltungswissenschaft zu gestalten, andererseits aber zentrale Begriffe dieser Disziplinen aufzunehmen, die nach unserer Auffassung für den Handlungsalltag Sozialer Arbeit unverzichtbar sind;
- schließlich bei der Auswahl der Stichwörter und ihrer Bearbeitung darauf zu achten, dass die Bereiche Theoretische Grundlagen, Geschichte der Sozialarbeit/Sozialpädagogik, Rechtsgrundlagen, Zielgruppen, Praxisfelder, Methoden der Sozialarbeit/Sozialpädagogik, Sozialadministration/Institutionen/Politik, Ausbildung/Weiterbildung gleichberechtigt berücksichtigt werden.

Im Vorwort zur 1. Auflage sprachen wir bereits davon, „dass eine auf sich selbst bezogene, sich mit sich selbst beschäftigende Sozialarbeit/Sozialpädagogik kaum wirksame Hilfen zu leisten vermag und deshalb in zunehmendem Maße die Auseinandersetzung mit weniger traditionellen Bereichen stattfindet. Nicht Abgrenzung, sondern Integration pädagogischer Sozialer Arbeit in Aufgabenbereiche wie z. B. Gesundheitswesen, Arbeit und berufliche Bildung, Schule u. a. m. ist hier vielfach die Forderung“.

Heute ist dieser Denk- und Handlungsansatz unter dem Begriff „Einmischungsstrategie“ allgemein eingeführt.

Unsere Absicht war es, eine zwar begrenzte, aber in sich abgerundete Auswahl von Stichwörtern vorzulegen, bei der jedes Stichwort für sich, aber v. a. in der gebündelten Zusammenfassung mit Nachbarbegriffen zu einer qualifizierten Erstinformation führt, die zum vertiefenden Weiterarbeiten befähigt und anregt: eine bewusst gewählte Position zwischen einem Handbuch mit seiner themenverkürzenden Breite und der nur knappen Information eines Lexikons.

Dieses Grundkonzept hat sich offensichtlich bewährt. Wir haben es beibehalten, aber wesentlich ergänzt und erweitert. Die bisherigen Stichwörter wurden bis auf wenige Ausnahmen beibehalten, aktualisiert oder vollständig überarbeitet. Neu aufgenommen worden sind 49 Stichwörter.

Im Verlaufe des Bearbeitungsprozesses waren einige Punkte für uns so bemerkenswert, dass wir sie hier nennen wollen – denn sie sagen u. E. etwas aus über den Stand unseres Handlungsfeldes und über die Probleme, mit denen die Soziale Arbeit aktuell konfrontiert ist.

1) Die „alten“ Stichwörter hatten einen Manuskriptstand von Ende 1979/Anfang 1980. Diejenigen, die wir seinerzeit wegen ihres „Reformcharakters“ aufgenommen hatten, wurden uns von den Autorenlinnen in etlichen Fällen mit der Bemerkung zurückgesandt, es habe sich seither nichts wesentlich Neues ereignet, sie könnten weitgehend unverändert bleiben (z. B. Curriculumsentwicklung, Emanzipation, Handlungsforschung, kompensatorische Erziehung, Modellversuche, Planung, Prophylaxe).
2) Neue sozioökonomische und/oder ökologische sowie politisch-rechtliche Rahmenbedingungen führten hingegen zu zahlreichen Veränderungen des bisherigen Stichwortkataloges (z. B. Ausländerrecht einschließlich Asylrecht, Daten- und Geheimnisschutz, nichteheliche Lebensgemeinschaft, Schuldnerberatung, Soziale Arbeit und Arbeitsmarkt, Sozialökologie, Technologie).

   V. a. die Stichwörter im Leistungsbereich mussten erheblich überarbeitet oder völlig neu konzipiert werden. Diese Änd. sind im Wesentlichen durch die Verschlechterung der sozioökonomischen Lebensbedingungen sowie durch den Sozialabbau seit 1980 gekennzeichnet (z. B. AFG, Arbeitslosigkeit, Arbeitsschutz, Ausbildungsförderung, BSHG, Jugendarbeitsschutz, Sozialhilfe, Warenkorb, Wohnen).
3) Die fachliche Entwicklung der Sozialen Arbeit aus sich selbst heraus ist weniger deutlich auszuweisen. Sie zeigt sich wohl an zahlreichen Stellen in notwendigen Bearbeitungen schon in der 1. Auflage 1980 enthaltener Beiträge, aber sie führte nur in wenigen Fällen zur Aufnahme neuer Stichwörter (z. B. Selbsthilfe/Selbstorganisation, Sozialpädagogische Familienhilfe, Sozialstation).

Uns haben diese Tatsachen sehr provoziert, denn wir vertreten weiterhin die Auffassung, dass Soziale Arbeit nicht zu einer Reparaturanstalt für Fehler, Unzulänglichkeiten, falsche Weichenstellungen anderer Politikbereiche degenerieren darf: Man kann auch sagen, zu einem politischen Randbereich, der all das – und möglichst preiswert – zu leisten hat, was nicht marktförmig-gewinnbringend zu leisten ist. Damit der soziale Frieden nicht nachhaltig gestört wird und die ⅔ unserer Gesellschaft, für die soziale Not und soziales Elend weiterhin Fremdwörter sind, möglichst wenig in ihrem Alltag berührt werden.

Kompetentes Handeln und ein sozial geprägtes Politikverständnis sind u. E. die wichtigsten Grundvoraussetzungen einer wirkungsvollen Gegenwehr.

Dazu wollen wir v. a. mit dieser Neuauflage beitragen.

Selbstverständlich ist der „technische Apparat" (Abkürzungsverzeichnis und Sachregister) vollständig überarbeitet worden. Das gilt auch für die bisherigen Anhänge I und II (Organisationen und Institutionen der Gesundheits-, Jugend- und Sozialhilfe in der BRD/Zeitschriftenübersicht), die wir aufgrund zahlreicher Anregungen aus HS und Praxis um einen Anhang III (Materialien zur Sozialen Arbeit) erweitert haben.

Danken möchten wir zunächst den Autoren und Autorinnen für ihre engagierte Mitarbeit an den jetzt insgesamt 297 Stichwörtern, wir bedanken uns aber auch bei Monika Bärnklau, Dagmar Gohlke sowie Bertolt und Uta Kreft für ihre Unterstützung bei der Erstellung des Manuskriptes, das im Sommer 1987 abgeschlossen wurde.

Wolfgang Bäuerle, der uns bei der 1. Auflage nachhaltig unterstützt hat, ist 1982 verstorben. Er hat wie wenige andere die Entwicklung der Sozialen Arbeit nach 1945 anregend beeinflusst – in einer selbstverständlichen Verzahnung von theoretischen Überlegungen und praxisrelevantem Handeln, die für uns weiterhin vorbildlich bleibt. Deshalb haben wir ihm dieses Buch gewidmet. Mit dieser Widmung wollen wir aber auch auf die Bedeutung personeller Kontinuität für die Entwicklung der Sozialen Arbeit aufmerksam machen.

Berlin/Nürnberg, im Herbst 1987 *Dieter Kreft/Ingrid Mielenz*

Vorwort zur ersten Auflage

In den vergangenen Jahren ist das Interesse an Problemen der sozialen Arbeit deutlich gewachsen. Dieses Interesse hat sich nicht zufällig entwickelt. So haben weitgehend sozioökonomisch beeinflusste gesellschaftspolitische Veränderungsprozesse dazu geführt, dass der Staat in stärkerem Maße Aufgaben auch im Gesundheits-, Jugend- und Sozialhilfebereich übernommen hat. Hinzu kommt die Verschärfung der wirtschaftlichen Bedingungen in der BRD. Ein immer größer werdender Anteil der Bevölkerung ist auf Angebote der Sozialarbeit/Sozialpädagogik angewiesen. Existenzsicherung und Lebensqualität können zunehmend nur durch staatliche Sozialpolitik – i. w. S. – gewährleistet werden. Materielle (z. B. Arbeitslosigkeit) und immaterielle (z. B. Leistungs- und Konkurrenzdruck) Selektionsmechanismen erzeugen Probleme, die für Sozialarbeit/Sozialpädagogik unmittelbar spürbar werden. In dieser Situation darf sich Sozialarbeit/Sozialpädagogik nicht auf Defizitausgleich und Hilfen im Einzelfall beschränken. Sie muss unter Berücksichtigung der gesellschaftlichen Bedingungen sozialer Ungleichheit Partei ergreifen und über traditionelle Arbeitsfelder hinauswirken, um zur Verbesserung von Sozialisations- und Lebensbedingungen beizutragen.

Im Mittelpunkt der zz. geführten Diskussion stehen vorrangig (z. T. vordergründig) rechtliche Fragen (z. B. Jugendhilferechtsreform), gleichzeitig aber auch Ansätze, die theoretischen und methodischen Grundlagen unter Einbeziehung neuerer wissenschaftlicher Erkenntnisse und praktischer Erfahrungen zu systematisieren und weiterzuentwickeln. Daneben besteht nach wie vor ein großes Interesse v. a. von Praktikern an modellhaften, neuen Projekten. Ausgehend von aktiven Strategien pädagogisch orientierter sozialer Arbeit, wird diese Diskussion hauptsächlich im Rahmen von Fachtagungen, Seminaren und Fachzeitschriften geführt. Sowohl von einem offensiven Anspruch und Selbstverständnis abgeleitet als auch aus der Erkenntnis heraus, dass eine auf sich bezogene, sich mit sich selbst beschäftigende Sozialarbeit/Sozialpädagogik kaum wirksame Hilfen zu leisten vermag, findet in zunehmendem Maße die Auseinandersetzung mit weniger traditionellen Bereichen statt. Nicht Abgrenzung, sondern Integration pädagogischer sozialer Arbeit in Aufgabenbereiche wie z. B. Gesundheitswesen, Arbeit und berufliche Bildung, Schule u. a. m. ist hier vielfach die Forderung.

In diesem gesellschafts- und fachpolitischen Bezugsrahmen will dieses Wörterbuch einen Beitrag leisten. Es will in kritischer Auseinandersetzung mit den historischen Entwicklungen, theoretischen, methodischen und rechtlichen Grundlagen, den Zielen, Aufgaben und Praxisfeldern Studenten und Praktiker informieren und anregen.

Den Schwerpunkt der Stichwörter bilden Praxisfelder und Einrichtungen, in denen Sozialarbeiter und Sozialpädagogen tätig sind bzw. tätig sein sollten. Hierbei geht es wesentlich darum, Zielsetzungen, Inhalte, Methoden und Probleme sowie Perspektiven der Weiterentwicklung aufzuzeigen. Theoretische und rechtliche Grundlagen wurden als Stichwörter nur insoweit aufgenommen, als sie zum Verständnis der Aufgabenbereiche von grundsätzlicher Bedeutung sind. Insbesondere im Bereich der theoretischen Grundlagen gab es eine Reihe von Schwierigkeiten bei der Auswahl der Stichwörter. Da der Sozialarbeit/Sozialpädagogik eine „eigene" Theorie weitgehend fehlt, besteht leicht die Gefahr, insbesondere soziologische, pädagogische und psychologische Kategorien zu stark auszuweiten. Um ein Wörterbuch der Soziologie, Pädagogik und Psychologie in einem Band zu vermeiden, sind hierzu mittlere oder Grundsatzartikel verfasst worden, die auf die jeweilige Bedeutung für den Bereich der Sozialarbeit/Sozialpädagogik Bezug nehmen. Insgesamt umfasst das Wörterbuch folgende Bereiche: Theoretische Grundlagen, Geschichte der Sozialarbeit/Sozialpädagogik, Rechtsgrundlagen, Zielgruppen, Praxisfelder, Methoden der Sozialarbeit/Sozialpädagogik, Sozialadministration/Institutionen/Politik, Ausbildung/Weiterbildung.

Auf der Grundlage dieser Systematisierung sind die einzelnen Stichwörter ausgewählt worden. Wir wollen mit dieser Auswahl, die sich an Arbeitsfeldern von Sozialarbeitern/Sozialpädagogen in der Gesundheits-, Jugend- und Sozialhilfe, der Schule, Betrieben und außerinstitutionellen Arbeitsbereichen orientiert, auch dokumentieren, dass Sozialarbeit/Sozialpädagogik ihre enge Bindung an die JH aufgegeben hat. Künftige theoretische, methodische und praktische Fragestellungen sollten sich nach unserer Auffassung stärker daran orientieren, wo Erzieher, Sozialarbeiter/Sozialpädagogen, Erziehungswissenschaftler/Diplompädagogen heute bereits unbestritten tätig sind und u. U. morgen tätig sein könnten. Auch insoweit will dieses Wörterbuch einen Beitrag leisten.

Für alle Beiträge, die sich auf die Jugendhilferechtsreform beziehen, ist der Gesetzentwurf der BReg „Entwurf eines Sozialgesetzbuches (SGB) – Jugendhilfe" vom 8. November 1978, BT-Drs. 8/2571, zugrunde gelegt worden, die umfangreiche Gesetzgebung des Jahres 1979 (z. B. Neuregelung des Rechts der elterlichen Sorge, Unterhaltsvorschussgesetz, die Einführung des Mutterschaftsurlaubs, die Änd. des Arbeitsförderungs-, Bundesausbildungsförderungs- und des Mutterschutzgesetzes) ist bereits berücksichtigt.

Eine umfassende Arbeit dieser Art ist ohne eine lange Vorbereitungszeit, in der Ideen, Erfahrungen, Anregungen zusammengeführt werden, ohne intensive Diskussion, ohne vielfältigen Rat nicht möglich.

Beide Herausgeber arbeiten seit Jahren in einer Jugendhilfeadministration, funktional als Senatsdirektor (Vertreter des Senators) bzw. Leiter der Planungsgruppe. Wir haben uns immer darum bemüht, politische und fachliche Grundüberzeugungen nicht im Verwaltungsalltag, im technokratischen Handlungsvollzug degenerieren zu lassen. Wir haben sorgfältig beobachtet, viele Mängel registriert, unsere eigenen Arbeitsergebnisse selbstkritisch betrachtet bzw. der prüfenden Kritik unterworfen – sowohl in politischer und fachlicher Auseinandersetzung als auch in Lehr- und Fortbildungsveranstaltungen, die wir durchführen. Dabei sind uns besondere Mängellagen des fachwissenschaftlichen Gegenstandes „Sozialarbeit/Sozialpädagogik" deutlicher geworden: die spezifische – u. E. zu enge – Bindung an die JH, die seit langem nicht mehr das alleinige Praxisfeld von Sozialpädagogen ist, das Fehlen einer eigenen Theorie, die damit zusammenhängende unzureichende Grundlagenforschung, die auch die Arbeitsfelder eindeutiger herausarbeitet, schließlich der oftmals anzutreffende Mangel an Selbstbewusstsein sozialpädagogischer Kollegen, ihre uns immer wieder irritierende Frage, was denn nun Sozialarbeit/Sozialpädagogik eigentlich sei.

In dieser Situation entwickelte sich die Vorstellung, eine Antwort durch ein Wörterbuch der sozialen Arbeit zu versuchen, das in einem angemessenen Mittelweg zwischen lexikalischer Kürze und themenverkürzender Breite eines Handbuches die Arbeitsfelder von Erziehern, Sozialarbeitern/Sozialpädagogen, Erziehungswissenschaftlern beschreibt, das die doppelte Aufgabe erfüllt, Studenten umfassend an die Bereiche und Grundlagen ihrer künftigen Praxis heranzuführen und Praktikern zuverlässige und relativ breite Informationen zu vermitteln.

Ein erster vorläufiger Stichwortkatalog, im Sommer 1976 dem Beltz-Verlag zugeleitet, griff zu kurz, orientierte sich noch zu stark an der Sichtweite behördlicher Sozialarbeit. Wir begrüßten es daher sehr, dass sich der Beltz-Verlag nach einem sehr intensiven Gespräch zwischen Wolfgang Bäuerle, Richard Grübling, C. Wolfgang Müller, Lothar Schweim und den Herausgebern bereit erklärte, eine umfangreiche Vorstudie erarbeiten zu lassen, die im November 1977 von Ingrid Mielenz vorgelegt wurde. Im Januar 1978 wurde diese Vorstudie im Gewerkschaftshaus in Frankfurt/M. mit den Mitgliedern des Beirates für das sozialpädagogische Fachbuchprogramm des Beltz-Verlages, Vertretern aus Ausbildung, Forschung und Praxis, noch einmal sehr sorgfältig beraten und durch vielfältige Vorschläge und Ergänzungen erweitert und verbessert. Das danach vorliegende Konzept (Rahmenkonzept der fachpolitischen Position des Wörterbuches, Stichwortverzeichnis mit kurzer inhaltlicher Beschreibung, Autorenvorstellungen) musste dann im konkreten Vollzug nur geringfügig verändert werden.

Wir danken unseren zahlreichen Beratern und Förderern, ohne die diese Arbeit so nicht möglich gewesen wäre. Wir hoffen, mit ihnen und den Autoren, dass das Wörterbuch der sozialen Arbeit in Ausbildung und Praxis Zustimmung findet.

Berlin, im Herbst 1979 *Dieter Kreft/Ingrid Mielenz*

Abkürzungsverzeichnis

a. A.	anderer Ansicht
a. a. O.	am angegebenen Ort
AB	Arbeitsbereich
ABl.	Amtsblatt
ABM	Arbeitsbeschaffungsmaßnahme
AEUV	Vertrag über die Arbeitsweise der Europäischen Union
ÄndG	Änderungsgesetz
a. F.	alte Fassung
AFA	Allianz für Fortschritt und Aufbruch
AFD	Alternative für Deutschland
AFG	Arbeitsförderungsgesetz, jetzt: SGB III – Arbeitsförderung
AFET	Arbeitsgemeinschaft für Erziehungshilfe
AG	Amtsgericht, Arbeitsgemeinschaft, Ausführungsgesetz/e
AGAG	Aktionsprogramm des Bundes gegen Aggression und Gewalt
AGG	Allgemeines Gleichbehandlungsgesetz
AGJ	Arbeitsgemeinschaft für Kinder-Jugendhilfe
AK	Arbeitskreis
Akj	Arbeitskreis Jugendliteratur
amtl.	amtlich
Änd.	Änderung
AO	Abgabenordnung
APuZ	Aus Politik und Zeitgeschehen, Beilage ‚Das Parlament'
AQAS	Agentur für Qualitätssicherung durch Akkreditierung von Studiengängen
Arge	Arbeitsgemeinschaft
Art.	Artikel
ASD	Allgemeiner Sozialdienst/Allgemeiner Sozialer Dienst
AufenthG	Aufenthaltsgesetz
AuslG	Ausländergesetz
AsylbLG	Asylbewerberleistungsgesetz
AV	Allgemeine Verwaltungsvorschriften
AVAVG	Gesetz über Arbeitsvermittlung und Arbeitslosenversicherung
AVG	Angestelltenversicherungsgesetz
AVR	Arbeitsvertragsrichtlinien
AW/AWO	Arbeiterwohlfahrt
BA	Bundesanstalt für Arbeit/jetzt: Bundesagentur für Arbeit
BA	Bachelor
BAföG	Bundesausbildungsförderungsgesetz
BAG	Bundesarbeitsgemeinschaft
BAGFW	Bundesarbeitsgemeinschaft Freie Wohlfahrtspflege
BAGLJÄ	Bundesarbeitsgemeinschaft der Landesjugendämter
BAGSO	Bundesarbeitsgemeinschaft der Seniorenorganisationen
BAMF	Bundesamt für Migration und Flüchtlinge
BAT	Bundes-Angestellten-Tarifvertrag
BArbG	Bundesarbeitsgericht
BauGB	Baugesetzbuch
BBauG	Bundesbaugesetz
BBiG	Berufsbildungsgesetz
BBJ e. V./ BBJ-Consult AG Berlin	Verein zur Förderung der beruflichen und kulturellen Bildung von Jugendlichen und jungen Erwachsenen
bbs	Berufsfachverband betriebliche Sozialarbeit
Bd./Bde.	Band/Bände
BDI	Bund Deutscher Industrie
BDSG	Bundesdatenschutzgesetz
b:e	Betrifft: erziehung
BeamtVG	Beamtenversorgungsgesetz
BEEG	Gesetz zum Elterngeld und zur Elternzeit
BetrG	Betreuungsgericht
BetrVerfG/ BetrVG	Betriebsverfassungsgesetz
BerzGG	Bundeserziehungsgeldgesetz
BewH	Bewährungshilfe
BfA	Bundesversicherungsanstalt für Angestellte
BFD	Bundesfreiwilligendienst
BFH	Bundesfinanzhof
BFH/NV	Sammlung amtlich nicht veröffentlichter Entscheidungen des Bundesfinanzhofes
BfS	Bank für Sozialwirtschaft
BGA	Bundesgesundheitsamt

BGB	Bürgerliches Gesetzbuch
BGBl.	Bundesgesetzblatt
BGG	Gesetz zur Gleichstellung behinderter Menschen
BGH	Bundesgerichtshof
BHO	Bundeshaushaltsordnung
BhV	Beihilfenvorschrift
BiBB	Bundesinstitut für berufliche Bildung, Bonn
BiBhG	Bildungsbeihilfengesetz
BIP	Bruttoinlandsprodukt
BJK	Bundesjugendkuratiorium
BKA	Bundeskriminalamt
BKfE/bke	Bundeskonferenz für Erziehungsberatung
BKGG	Bundeskindergeldgesetz
BKSchG	Bundeskinderschutzgesetz
BKZ	Berufskennziffern/Behördenkennzahlen
BL	Bundesländer
BldWP	Blätter der Wohlfahrtspflege
BLK	Bund-Länder-Kommission zur Bildungsplanung
BM	Bundesminister(ium)
BMAO/ BMAS	Bundesminister(ium) für Arbeit und Sozialordnung
BMBF	Bundesminister(ium) für Bildung, Wissenschaft, Forschung und Technologie
BMBW	Bundesminister(ium) für Bildung und Wissenschaft
BMELV	Bundesminister (ium) für Ernährung und Landwirtschaft BMFJ
BMFT	Bundesminister(ium) für Forschung und Technologie
BMFSFJ	Bundesminister(ium) für Familie, Senioren, Frauen und Jugend
BMFuS	Bundesminister(ium) für Familie und Senioren
BMG	Bundesminister(ium) für Gesundheit
BMI	Bundesminister(rium) des Inneren
BMJ	Bundesminister(ium) für Justiz und Verbraucherschutz
BMJFFG	Bundesminister(ium) für Jugend, Familie, Frauen und Gesundheit (bis 1986 BMJFG)
BMP	Bundesminister(ium) für Post- und Fernmeldewesen
BMUB	Bundesministerium für Umwelt, Naturschutz, Bau und Reaktorsicherheit
BMVBS	Bundesminister (ium) für Verkehr, Bau und Stadtentwicklung
BMWi	Bundesministerium für Wirtschaft
BMZ	Bundesminister(ium) für wirtschaftliche Zusammenarbeit und Entwicklung
BORA	Berufsordnung für Rechtsanwälte
bpb	Bundeszentrale für politische Bildung
BPersVG	Bundespersonalvertretungsgesetz
BPjM	Bundesprüfstelle für jugendgefährdende Medien
BPjM-Aktuell	Amtliches Mitteilungsblatt der BPjM
BPS	Bundesprüfstelle für jugendgefährdende Schriften
BPthK	Bundespsychotherapeutenkammer
BR	Bundesrat/Betriebsrat
BRD	Bundesrepublik Deutschland
BReg	Bundesregierung
BSeuchG	Bundesseuchengesetz
BSHG	Bundessozialhilfegesetz
bspw.	beispielsweise
BStBl.	Bundessteuerblatt
BuFDi	Bundesfreiwilligendienst
BumF	Bundesvereinigung unbegleitete minderjährige Flüchtlinge
BVEB	Berufsverband für Verfahrensbeistände, Ergänzungspfleger und Berufsvormünder für Kinder und Jugendliche
BT	Bundestag
BT-Drs.	Bundestagsdrucksache
BtG	Betreuungsgesetz
BtBG	Betreuungsbehördengesetz
B. U. N. D.	Bund für Umwelt- und Naturschutz Deutschland
BU-Rente	Berufsunfähigkeitsrente
BVA	Bundesverwaltungsamt
BVerfG	Bundesverfassungsgericht
BVerwG	Bundesverwaltungsgericht
BVerfGE	Entscheidung des Bundesverfassungsgerichts
BVFG	Bundesvertriebenen- und Flüchtlingsgesetz
BzgA	Bundeszentrale für gesundheitliche Aufklärung
bzw.	beziehungsweise
ca.	circa
CD	Compact Disc
CD ROM	Compact Disc – read only memory
CDU	Christlich Demokratische Union
CEDEFOP	Europäisches Zentrum für die Förderung der Berufsbildung, Thessaloniki in Griechenland
CH	Schweiz
CSU	Christlich Soziale Union
CV/CVD	Caritasverband Deutschland

DAF	Deutsche Arbeitsfront
DAG	Deutsche Angestelltengewerkschaft (jetzt unter ver.di)
dbb	Beamtenbund und Tarifunion
DBH	Fachverband Deutsche Bewährungshilfe
DBJR	Deutscher Bundesjugendring
DBSH	Deutscher Berufsverband für Soziale Arbeit
DDR	Deutsche Demokratische Republik
DED	Deutscher Entwicklungsdienst
DeGEval	Deutsche Gesellschaft für Evaluation
ders.	derselbe
DFB	Deutscher Fußballbund
DGB	Deutscher Gewerkschaftsbund
DGGG	Deutsche Gesellschaft für Gerontologie und Geriatrie
DGSv	Deutsche Gesellschaft für Supervision
d. h.	das heißt
DHS	Deutsche Hauptstelle für Suchtfragen
dies.	dieselbe
DIfU	Deutsches Institut für Urbanistik
DIJuF	Deutsches Institut für Jugendhilfe und Familienrecht
Die LINKE	Partei die LINKE
dj	deutsche jugend
DJI	Deutsches Jugendinstitut
DJO	Deutsche Jugend des Ostens
DKN	Deutsches Nationalkomitee für internationale Jugendarbeit
DKP	Deutsche Kommunistische Partei
DL	Die Linke (Zusammenschluss aus Linkspartei, PDS und WASG)
DLRG	Deutsche Lebensrettungsgesellschaft
DLV	Deutscher Leichtathletikverband
DM	Deutsche Mark
DöV	Die öffentliche Verwaltung
DOSB	Deutscher Olympischer Sportbund
DPG	Deutsche Postgewerkschaft (jetzt unter ver.di)
DPWV/ DPW	Der Paritätische Wohlfahrtsverband, früher: Deutscher Paritätischer Wohlfahrtsverband (jetzt PWV)
DRK	Deutsches Rotes Kreuz
Drs.	Drucksache
DSB	Deutscher Sportbund
DStT	Deutscher Städtetag
DStGB	Deutscher Städte- und Gemeindebund
dt.	deutsch/deutsche/deutscher/deutsches
DtBT	Deutscher Bundestag
DV	Deutscher Verein für öffentliche und private Fürsorge, Berlin
DVBl.	Deutsches Verwaltungsblatt
DVD	Digital Versatile Disc (digitale vielseitige Scheibe)
DVJJ	Deutsche Vereinigung für Jugendgerichte und Jugendgerichtshilfen
DVSG	Deutsche Vereinigung für Soziale Arbeit im Gesundheitswesen
DW	Diakonisches Werk
DZA	Deutsches Zentrum für Altersfragen
EAP	Employee Assistance Anthology
ebd.	ebenda
ECTS	European Credit Transfer System
EG	Ergänzungsgesetz, Europäische Gemeinschaft
EGBGB	Einführungsgesetz zum BGB
EGMR	Europäischer Gerichtshof für Menschenrechte
EGStGB	Einführungsgesetz zum Strafgesetzbuch
EGV	Vertrag über die Europäische Union und Vertrag zur Europäischen Gemeinschaft
EheG	Ehegesetz
EheRG	Eherechtsreformgesetz
EinV	Einigungsvertrag
EKD	Evangelische Kirche in Deutschland
em.	emeritiert
E-Mail	electronic post (elektronische Post)
EMRK	Europäische Menschenrechtskonvention
entspr.	entsprechend
ErbStG	Erbschaftssteuer- und Schenkungssteuergesetz
ERP	European Recovery Program – Existenz-Gründungsprogramm der Ausgleichsbank
ESt	Einkommensteuer
EStDV	Einkommensteuer-Durchführungsverordnung
EStG	Einkommensteuergesetz
EStGB	Einführungsgesetz zum StGB
EStR	Einkommensteuer-Richtlinien
etc.	et cetera
EU	Europäische Union
EuGH	Europäischer Gerichtshof
EuGMR	Europäischer Gerichtshof für Menschenrechte
EU-Rente	Erwerbsunfähigkeitsrente

EUV	Vertrag über die Europäische Union (EUV) und Vertrag über die Arbeitsweise der Europäischen Union (AEUV)
evtl.	eventuell
EWG	Europäische Wirtschaftsgemeinschaft
f./ff.	folgende, für
FamFG	Gesetz über das Verfahren in Familiensachen und in Angelegenheiten der freiwilligen Gerichtsbarkeit – Familienverfahrensrecht
FamG	Familiengericht
FamRZ	Zeitschrift für das gesamte Familienrecht
FAO	Food and Agricultural Organization of the United Nations
FAZ	Frankfurter Allgemeine Zeitung
FB	Fachbereich
FDGB	Freier Deutscher Gewerkschaftsbund (der DDR)
FDP	Freie Demokratische Partei
FDJ	Freie Deutsche Jugend
FE	Fürsorgeerziehung
FEH	Freiwillige Erziehungshilfe
FGB	Familiengesetzbuch der DDR
FGG	Gesetz über die Angelegenheiten der freiwilligen Gerichtsbarkeit
FH/FHS	Fachhochschule(n)
FICE	Fédération Internationale des Communautés d'Enfants
FÖJ	Freiwilliges ökologisches Jahr
FPÖ	Freiheitliche Partei Österreich
FPR	Zeitschrift Familie, Partnerschaft, Recht
FR	Frankfurter Rundschau
FS	Fachschule
FSJ	Freiwilliges soziales Jahr
FSK	Freiwillige Selbstkontrolle der Filmwirtschaft
FU	Freie Universität
FuR	Familie und Recht
FuU	Fortbildung und Umschulung
GA	Gesundheitsausschuss
GAL	Gesetz über die Altershilfe für Landwirte
GdWZ	inzwischen: Weiterbildung – Zeitschrift für Grundlagen, Praxis und Trends Weiterbildung"
gef.	gefasst
GEW	Gewerkschaft für Erziehung und Wissenschaft
GewO	Gewerbeordnung
GewStG	Gewerbesteuergesetz
GF	Geschäftsführer
GG	Grundgesetz
ggf.	gegebenenfalls
gGmbH	gemeinnützige Gesellschaft mit beschränkter Haftung
GGVöD	Gemeinschaft von Gewerkschaften und Verbänden des öffentlichen Dienstes
GHS	Gesamthochschule
G. I. B.	Landesberatungsgesellschaft NRW
GIZ	Deutsche Gesellschaft für internationale Zusammenarbeit
GjS	Gesetz über die Verbreitung jugendgefährdender Schriften
GMBL	Gemeinsames Ministerialblatt
GRG	Gesundheitsreformgesetz
GrStG	Grundsteuergesetz
GSiG	Grundsicherungsgesetz
GTZ	Deutsche Gesellschaft für technische Zusammenarbeit
GVG	Gerichtsverfassungsgesetz/Gesetz zur Vereinheitlichung des Gesundheitswesens
GWA	Gemeinwesenarbeit
GYA	German Youth Activities Progamm der US-Armee nach 1945
H.	Heft
h. A.	herrschende Auffassung
HbL	Hilfen in besonderen Lebenslagen
HBV	Gewerkschaft Handel, Banken, Versicherung (jetzt unter ver.di)
Hb VerwR	Handbuch zur Verwaltungsreform
HHG	Häftlingsgesetz
HKStG	Heimkehrerstiftungsgesetz
HKÜ	Kindesrückführungen nach dem Haager Kindesentführungsübereinkommen
HLU	Hilfe zum Lebensunterhalt
h. M.	herrschende Meinung
HRG	Hochschulrahmengesetz
hrsg.	herausgegeben
Hrsg.	Herausgeber
HS	Hochschule
HW	Hilfswerk der EKD
HWST	Handwörterbuch der Staatswissenschaften
HwVG	Handwerksversicherungsgesetz
IAB	Institut für Arbeitsmarkt- und Berufsforschung
i. d. B.	in der Bekanntmachung
i. d. F.	in der Fassung
i. d. R.	in der Regel
i. d. S.	in diesem/dem Sinne
i. E.	im Einzelnen, im Erscheinen
i. e. S.	im engeren Sinne
IFF	Institut für Finanzdienstleistungen

IFFJ	Informations-, Fortbildungs- und Forschungsdienst Jugendgewaltprävention des Vereins für Kommunalwissenschaften, Berlin
IFSW	International Federation of Social Workers
IG	Industriegewerkschaft
IGfH	Internationale Gesellschaft für erzieherische Hilfen
IJAB	Internationaler Jugendaustausch- und Besucherdienst
IKT	Informations- und Kommunikationstechnologie
ILO	International Labour Organization
IM	Innere Mission
InsO	Insolvenzverordnung
Info	Information
int.	international
INTEGRA	Bundesmodell zur Neuorganisation der erzieherischen Hilfen in Regie der IGfH
InWent	Internationale Weiterbildung und Entwicklung gGmbH
i. R.	im Ruhestand
i. S.	im Sinne
ISA	Institut für soziale Arbeit, Münster
ISDN	Integrated Services Digital Network
ISKA	Institut für soziale und kulturelle Arbeit, Nürnberg
ISS	Institut für Sozialarbeit und Sozialpädagogik, Frankfurt/M.
i. V. m.	in Verbindung mit
i. W.	im Weiteren
i. w. S.	im weiteren Sinne/im weitesten Sinne
J.	Jahr
JA/JÄ	Jugendamt/Jugendämter
JArbSchG	Jugendarbeitsschutzgesetz
JAVollzO	Jugendarrestvollzugsordnung
JES	Bundesverband (Junkies/Ehemalige/Substituierte)
JGG	Jugendgerichtsgesetz
JH/KJH	Jugendhilfe und Kinder- und Jugendhilfe
Jh.	Jahrhundert
JHA	Jugendhilfeausschuss
JMStV	Jugendmedienschutz-Staatsvertrag
jpd	jugendpolitischer Dienst
JSchÖG	Gesetz zum Schutz der Jugend in der Öffentlichkeit
JVA	Justizvollzugsanstalt
JWA	Jugendwohlfahrtsausschuss
JWG	Gesetz für Jugendwohlfahrt/Jugendwohlfahrtsgesetz
Kap.	Kapitel
KDA	Kuratorium Deutsche Altershilfe
KfbG	Kriegsfolgenbeseitigungsgesetz
KFürV	Kriegsopferfürsorgeverordnung
KGG	Kindergeldgesetz
KGSt	Kommunale Gemeinschaftsstelle für Verwaltungsmanagement (früher: für Verwaltungsvereinfachung)
KICK	Kinder- und Jugendhilfeweiterentwicklungsgesetz
KindRG	Kindschaftsrechtsreformgesetz
KindUG	Kindesunterhaltsgesetz
KindVG	Gesetz zur Vereinheitlichung des Unterhaltsrechtes minderjähriger Kinder
Kita	Kindertagesstätte
KJ	Kritische Justiz
KJB	Kinder- und Jugendbericht
KJH	Kinder- und Jugendhilfe
KJHG	Kinder- und Jugendhilfegesetz
KJM	Kommission für Jugendmedienschutz der Landesmedienanstalten
KKG	Gesetz zur Kooperation und Information im Kinderschutz
KMK	Ständige Konferenz der Kultusminister der Länder der Bundesrepublik Deutschland
KritV	Kritische Vierteljahresschrift für Gesetzgebung und Rechtswissenschaft
KSchG	Kündigungsschutzgesetz
KStG	Körperschaftssteuergesetz
KVLG	Gesetz über die Krankenversicherung der Landwirte
KZfSS	Kölner Zeitschrift für Soziologie und Sozialpsychiatrie
LAG	Landesarbeitsgemeinschaft/Lastenausgleich
LHO	Landeshaushaltsordnung
LJA/LJÄ	Landesjugendamt/Landesjugendämter
LPartG	Lebenspartnerschaftsgesetz
LPK	Lehr- und Praxiskommentar
lt.	laut
m. a. W.	mit anderen Worten
MA	Master
M. A.	Magister Artium
MAGS	Ministerium für Arbeit, Gesundheit und Soziales, NRW
MatAB	Materialien für Arbeitsmarkt- und Berufsforschung
MdB	Mitglied des Bundestages
MDK	Medizinischer Dienst der Krankenkassen

MdL	Mitglied des Landtages
MedG	Mediationsgesetz
MEW	Marx-Engels-Werke
MitbestG	Gesetz über Mitbestimmung der Arbeitnehmer in den Aufsichtsräten und Vorständen der Unternehmen des Bergbaus und der Eisen und Stahl erzeugenden Industrie
Mia./Mrd.	Milliarde(n)
Mio.	Million(en)
ModFG	Modernisierungsförderungsgesetz
MSchG	Mutterschutzgesetz
mtl.	monatlich
nBL	neue Bundesländer
NDV	Nachrichtendienst des Deutschen Vereins für öffentliche und private Fürsorge
NEG	Gesetz über die Rechtsstellung nichtehelicher Kinder
NGO	Nicht-Regierungsorganisation/non government organization
n. F.	neue Fassung
NJW	Neue Juristische Wochenschrift
np	neue praxis
NPD	Nationaldemokratische Partei Deutschlands
NR	Neuer Rundbrief
NRO	Nichtregierungsorganisation
NRW	Nordrhein-Westfalen
NSDAP	Nationalsozialistische Deutsche Arbeiterpartei
NSV	Nationalsozialistische Volkswohlfahrt
NZFH	Nationales Zentrum Frühe Hilfen
o. Ä.	oder Ähnliches
OECD	Organisation für wirtschaftliche Zusammenarbeit und Entwicklung
öff.	öffentlich
ÖGD	Öffentlicher Gesundheitsdienst
ÖVP	Österreichische Volkspartei
o. g.	oben genannt
o. J.	ohne Jahresangabe
OLG	Oberlandesgericht
OLJB	Oberste Länderjugendbehörden
ÖTV	Gewerkschaft Öffentliche Dienste, Transport und Verkehr (jetzt unter ver.di)
Päd.	Pädagogik
PDS	Partei des Demokratischen Sozialismus (anschl.: Die Linkspartei PDS)
PEN	Poets,Essayists, Novellists (Schriftstellervereinigung)
PEPP	Pauschaliertes Entgeltsystem für Psychiatrie und Psychosomatik
PflEG	Pflegeleistungsergänzungsgesetz
PflegeVG	Pflegeversicherungsgesetz
PISA	Programme for International Student Assessment
PQsG	Pflegequalitätssicherungsgesetz
PR	Personalrat; auch: public relations (Öffentlichkeitsarbeit)
Prof.	Professorin/Professor
PsychKG	Gesetz über Hilfen und Schutzmaßnahmen bei psychischen Krankheiten
PWV	Paritätischer Wohlfahrtsverband (früher DPWV/DPW)
RAM	Reichsarbeitsministerium
RBerG	Rechtsberatungsgesetz
rd.	rund
RDG	Rechtsdienstleistungsgesetz
RdJB	Recht der Jugend und des Bildungswesens
RegE	Regierungsentwurf
RehaAnglG	Gesetz über die Angleichung der Leistungen zur Rehabilitation
RFV	Reichsfürsorgepflichtverordnung
RGBl.	Reichsgesetzblatt
RJGG	Reichsjugendgerichtsgesetz
RJWG	Reichsjugendwohlfahrtsgesetz
RKEG	Reichsgesetz über die religiöse Kindererziehung
RKG	Reichsknappschaftsgesetz
RL	Richtlinien
RLJGG	Richtlinien zum Jugendgerichtsgesetz
RMBl.	Reichsministerialblatt
Rn/Rn.	Randnummer
RsDE	Beiträge zum Recht der sozialen Dienste und Einrichtungen
RStGB	Reichsstrafgesetzbuch
RVO	Rechtsverordnung, Reichsversicherungsordnung
Rz/Rz.	Randziffer
S.	Seite, Satz
SchwbBAG	Gesetz zur Bekämpfung der Arbeitslosigkeit Schwerbehinderter
SchwBeschG	Schwerbeschädigtengesetz
SchwbG	Schwerbehindertengesetz
SED	Sozialistische Einheitspartei Deutschlands
SEKIS	Selbsthilfe-, Kontakt- und Informationsstelle, Berlin
SFHG	Schwangeren- und Familienhilfegesetz
SGB	Sozialgesetzbuch
SHA	Sozialhilfeausschuss

SIPRI	Stockholm International Peace Research Intitute
SJD	Sozialistische Jugend Deutschlands (Die Falken)
SjE	Sammlung jugendrechtlicher Entscheidungen
SLR	Sozialwissenschaftliche Literatur Rundschau
SMS	Short Message Services
s. o.	siehe oben
sog.	so genannte, so genannter, so genanntes
SozArb	Sozialarbeit/Sozialarbeiter, Sozialarbeiterin/Soziale Arbeit
SozPäd	Sozialpädagogik/Sozialpädagoge, Sozialpädagogin
SpA	Spätaussiedler
SPD	Sozialdemokratische Partei Deutschlands
SPFH	Sozialpädagogische Familienhilfe
spi	Stiftung Sozialpädagogisches Institut, Berlin
SPSS	Superior Performing Software Systems (Software für statistische Auswertungen); früher: Statistical Package for the Social Sciences
StA	Staatsanwalt/Staatsanwaltschaft
Stat.BA	Statistisches Bundesamt
Stat JB	Statistisches Jahrbuch
StBauFG	Städtebauförderungsgesetz
Std.	Stunde
StGB	Strafgesetzbuch
StPO	Strafprozessordnung
StVollzG	Strafvollzugsgesetz
s. u.	siehe unten
SVG	Soldatenversorgungsgesetz
SZ	Süddeutsche Zeitung
TAG	Tagesbetreuungsausbaugesetz
Tbc	Tuberkulose
TH	Technische Hochschule
TIMSS	Third International Mathematics and Science Study
Tsd.	Tausend
TU	Technische Universität
TuP	Theorie und Praxis der sozialen Arbeit
TV	Tarifvertrag
TVöD	Tarifvertrag für den öffentlichen Dienst
u. Ä.	und Ähnliches
u. a. O.	und andere Orte
UÄndG	Unterhaltsänderungsgesetz
UdSSR	Union der Sozialistischen Sowjetrepubliken
u. E.	unseres Erachtens
uj	unsere jugend
UmF	Unbegleitete minderjährige Flüchtlinge
UN	United Nations
UNESCO	United Nations Educational, Scientific and Cultural Organization
UÄndG	Unterhaltsänderungsgesetz
UNHCR	United Nations High Commissioner for Refugees
UNICEF	United Nations International Children's Emergency Fund
UNITAR	United Nations Institute for Training and Research
UNKRK	UN- Kinderrechtskonvention
UNO	United Nations Organization
UNRISD	United Nations Research Institute for Social Development
USA	United States of America
USG	Unterhaltssicherungsgesetz
UStG	Umsatzsteuergesetz
usw.	und so weiter
u. U.	unter Umständen
u. W.	unseres Wissens
v.	von, vom
v. a.	vor allem
V.	Verfahrensbeistand/Verfahrensbeistandschaft
v. a.	vor allem
ver.di	Vereinigte Dienstleistungsgewerkschaft
vgl.	vergleiche
VO	Verordnung
VormG	Vormundschaftsgericht
VPK	Bundesverband privater Träger der freien Kinder-, Jugend- und Sozialhilfe
vs.	versus
VV	Verwaltungsvorschriften
VWGO	Verwaltungsgerichtordnung
VwVfG	Verwaltungsverfahrensgesetz
VZÄ	Vollzeitäquivalent (Vollzeitstelle)
WASG	Wähleralternative für Arbeit und soziale Gerechtigkeit
WfbM	Werkstätten für behinderte Menschen
WFV	Wohlfahrtsverbände
WHO	World Heath Organization
WKG	Zweites Wohnraumkündigungsgesetz
WoBauG	Wohnungsbaugesetz
WoBindG	Wohnungsbindungsgesetz/Gesetz zur Sicherung der Zweckbestimmung von Sozialwohnungen
WoGG	Wohngeldgesetz

WoModG	Gesetz zur Förderung der Modernisierung von Wohnungen
WPP	World Population Plan
WR	Weimarer Republik
WRV	Weimarer Reichsverfassung
WSI	Wirtschafts- und Sozialwissenschaftliches Institut des Deutschen Gewerkschaftsbundes
WV	Weimarer Verfassung
WVO	Werkstättenverordnung
www	world wide web
Z.	Zeitschrift/Ziffer
z. B.	zum Beispiel
ZfE	Zeitschrift für Erziehungswissenschaft
ZfF	Zeitschrift für das Fürsorgewesen
ZfJ	Zentralblatt für Jugendrecht/Zeitschrift für Jugendrecht
ZfPäd	Zeitschrift für Pädagogik
ZfR Soz.	Zeitschrift für Rechtssoziologie
ZfSH	Zeitschrift für Sozialhilfe und Sozialgesetzbuch
ZfSp	Zeitschrift für Sozialpädagogik
ZIJ	Zentralinstitut für Jugendforschung, Leipzig
zit.	zitiert
ZiviZ	Zivilgesellschaft in Zahlen
ZKJ	Zeitschrift für Kindschaftsrecht und Jugendhilfe
ZMK	Zeitschrift für Konfliktmanagement
ZPO	Zivilprozessordnung
ZRP	Zeitschrift für Rechtspolitik
z. T.	zum Teil
z. Zt.	zur Zeit
ZVS	Zentralstelle für die Vergabe von Studienplätzen
ZWSt	Zentralwohlfahrtsstelle der Juden in Deutschland
zz.	zurzeit

Hinweise für die Benutzerinnen und Benutzer

- Innerhalb der einzelnen Beiträge sind die Hauptstichwörter in der Regel mit dem ersten Buchstaben abgekürzt, ansonsten ist die Abkürzung gesondert ausgewiesen.
- *Kursive Begriffe* innerhalb der Beiträge sind Verweise auf andere Hauptstichwörter.
- Im Sachregister sind die Hauptstichwörter für eine Erstübersicht **fett** markiert.
- In den Literaturangaben sind Folgeauflagen durch eine hoch gestellte Zahl vor der Jahreszahl gekennzeichnet (^{3}2015).

A

Abweichendes Verhalten

Ein schwieriger Begriff

Mit abweichendem Verhalten (a. V.) sind viele verschiedene Verhaltensweisen gemeint, die i. A. als irritierend, problematisch oder gar gesellschaftlich unerträglich eingestuft werden. So gelten etwa *Alkoholismus, Prostitution,* Krankheit, *Obdachlosigkeit* und *Kriminalität* als abweichend. Bemüht man sich jedoch darum, definitorisch zu erfassen, was ganz genau a. V. ist, so gerät man rasch in verwirrende Denkvorgänge. Es ist nicht einfach, die bloße Aufzählung von verschiedenen Verhaltensweisen verlassend, übergeordnete Kriterien zur Begriffsbestimmung zu finden. Dem reinen Wortsinn nach ist a. V. Verhalten, das abweicht. Jedoch: Wovon weicht dieses Verhalten ab? Man braucht eine Vorstellung davon, was „normal" ist, denn: kein Hochwasser ohne Normalnull, keine Kurskorrektur ohne ideale Umlaufbahn. Das „Normalnull" der menschlichen Verhaltensweisen bilden die gesellschaftlichen Vorstellungen davon, was als richtiges, vernünftiges, erwünschtes und/oder konformes Verhalten verstanden, also das, was unter Normen und Werten zusammengefasst wird. Wo aber ist die Norm als zentraler Vergleichswert anzusiedeln? Soll die Norm das feststellbare Durchschnittsverhalten sein, oder handelt es sich bei ihr um eine Art gesellschaftliche Idealvorstellung? Im ersten Fall müssen auch positiv abweichende Verhaltensweisen unter a. V. subsumiert werden, etwa überdurchschnittlicher Fleiß oder besondere Hilfsbereitschaft. Im zweiten Fall muss das Gros der menschlichen Verhaltensweisen insgesamt häufig im Bereich der Abweichung bleiben, da Ideale nicht oft erreicht werden.

Normalität und Abweichung

Hierbei handelt es sich in jedem Fall um ein historisch und sozial bestimmtes Verhältnis, denn was früher als normal galt, wird heute u. U. ganz anders bewertet, und was gegenwärtig in Mitteleuropa für unzweifelhaft richtig gilt, muss zur gleichen Zeit in einer anderen Region der Erde nicht genau dieselbe Einschätzung erfahren *(Normalität).* Aber nicht nur der Fortgang der Geschichte und die geographische Differenz demonstrieren, dass Norm und Abweichung keine festen Größen darstellen. Auch zur selben Zeit am selben Ort können in verschiedenen gesellschaftlichen Gruppen unterschiedliche, sogar sich widersprechende Normen gleichzeitig gelten. Und auch die verschiedenen Verpflichtungen, die ein und dieselbe Person übernimmt und übernehmen muss, können zu erheblichen Konflikten zwischen verschiedenen Normen führen, so dass er oder sie gezwungen ist, mindestens eine Norm nicht zu erfüllen. Insofern ist unser tägliches Leben von Normbrechungen, Unter- und Übererfüllungen durchzogen, zeigt jeder Mensch in den unterschiedlichsten Lebensbereichen und Situationen a. V. In diesem Sinne ist Abweichung normal. Gleichwohl ahnen wir, dass es sich, wenn im theoretischen wie im professionellen Kontext von a. V. die Rede ist und sein soll, es sich um Verhaltensweisen, Praktiken, Einstellungen handelt, denen wir eine bestimmte Qualität zuschreiben möchten und mit denen ein bestimmter Umgang angezeigt zu sein scheint. Definitorisch bereitet aber eine Konturierung und Spezifizierung erhebliche Mühe. Ein Versuch liegt darin, durch zusätzliche Kriterien das Gemeinte einzukreisen.

Abweichung und Sanktionen: So etwa, indem a. V. nicht nur als ein Verhalten verstanden wird, das den gesellschaftlichen Normen nicht entspricht, sondern das zugleich von *Sanktionen* bedroht sein soll. Aber bereits die weite Palette dessen, was unter Sanktionen zu verstehen ist, lässt eine Zuordnung vom missbilligenden Blick bis hin zur Todesstrafe zu und damit wiederum die ganze Bandbreite der möglichen Androhungen und der möglichen Abweichungen.

Verletzung von gesellschaftlichen Erwartungen: Ein anderer Ansatz beschreibt a. V. als Verletzung gesellschaftlich institutionalisierter Erwartungen. Bei bestimmten gesellschaftlichen Gruppen erwartet man aber a. V. Dieses Verhalten entspricht den gesellschaftlichen Erwartungen, indem es Normen bricht. Es handelt sich in diesen Fällen also zugleich um ein konformes und ein a. V. Eine Einengung nur auf im Strafrecht beschriebene Normen kann hingegen auch nicht befriedigen, denn damit werden wichtige Bereiche nicht erfasst: etwa Krankheit als Abweichung, bestimmte sexuelle Vorlieben, die als von der Norm differierend begriffen werden *(Sexualität/Sexualpädagogik). Armut, Sucht, Suizid* und psychiatrische Probleme wären von der Definition ausgeschlossen *(Psychiatrie).* Sie aber bilden gerade im Zusammenhang Sozialer Arbeit zentrale Formen von Verhaltensweisen, die zumindest als problematisch aufgefasst werden und häufig zur Legitimation von sozialarbeiterischer und/oder pädagogischer Intervention und *Prävention* dienen.

Theorien abweichenden Verhaltens

Die hier nur kurz geschilderten Schwierigkeiten, a. V. definitorisch eindeutig zu erfassen, spiegeln sich in der gesamten wissenschaftlichen Auseinandersetzung mit dem Themenkomplex wider. Ein großer Teil der Arbeiten im Bereich a. V. besteht denn auch aus Typisierungs- und Kategorisierungsversuchen. Neben sie tritt von Beginn an das Interesse an den Ursachen a. V.

In der Diskussion sind zwei Hauptstränge von Theorieansätzen zu unterscheiden.

Lebensumstände: Der eine Strang eint jene Konzepte, die Abweichung und Konformität auf die völlig verschiedenen Lebensumstände des Devianten und des Konformen, ihren jeweiligen physischen, psychischen oder sozialen Verhaltensdispositionen zurückführen. Damit wird der Abweichende als Träger bestimmter Merkmale zum Objekt einer an den Naturwissenschaften orientierten Forschung (Positivismus). Die verschiedenen Schulen dieses als ätiologisch bezeichneten Paradigmas unterscheiden sich in der Wahl des Zusammenhangs, in dem die Merkmale zur Unterscheidung von konform und abweichend zu suchen sind. Dabei enthalten die einzelnen Ansätze durchaus Erklärungselemente der jeweils anderen, betonen jedoch entweder biologische Ursachen für die gestaltete Persönlichkeit des Abweichenden oder die sozialkulturellen Bedingungen von Devianz. Zu letzteren gehören die vier prominenten nordamerikanischen Ansätze: Anomietheorie (Merton), Theorie der differentiellen Kontakte (Sutherland), Theorie der differentiellen Gelegenheiten (Cloward/Ohlin) und die Subkulturtheorie (A. Cohen). Sie alle suchen den Grund für das abweichende Verhalten nicht im Zufall eines erblichen Defekts oder in einer Gemütsverwirrung, sondern in der Mitgliedschaft in einer bestimmten gesellschaftlichen Schicht (Unterschicht) oder Kultur (Subkultur). Merton kommt bei seinen Arbeiten zu dem Ergebnis, dass a. V. als Produkt einer Differenz von kulturellen Zielsetzungen und schichtspezifisch beschränkten Ressourcen zu betrachten sei. Indem Gesellschaft bestimmte Ziele vorgibt und signalisiert, diese seien auch von allen Gesellschaftsmitgliedern legal zu erreichen, gleichzeitig aber bestimmte Bevölkerungsteile strukturell von dieser Verwirklichung ausschließt, entsteht auf die Betroffenen ein solcher Druck, dass sie eher dazu neigen, die gesellschaftlichen Ziele mit illegitimen Mitteln anzustreben als andere Menschen. Sutherlands grundlegende Annahme besteht darin, dass a. V. durch Kommunikation mit anderen gelernt wird. Insofern werde a. V. in bestimmten Bevölkerungsgruppen quasi als Kompetenz weitergegeben, in anderen nicht. Damit ließe sich auch erklären, weshalb bei gleichem Anomiedruck manche Individuen mit Devianz reagieren und andere nicht. Cloward und Ohlin erweitern Mertons Anomietheorie und Sutherlands Kontaktkonzept um die Idee der Gelegenheitsstruktur. Sie machen darauf aufmerksam, dass auch die unterschiedliche Gelegenheit des Zugangs zu illegitimen Mitteln eine Rolle bei der Ausprägung a. V. spielt. Während sowohl Merton als auch Sutherland als auch Cloward und Ohlin Abweichung immer noch als Ausdruck einer rationalen Orientierung an gesellschaftlich gültigen Zielen werten, betrachtet Cohen Devianz als Reaktion auf schichtspezifische Benachteiligung. Der Angriff auf zentrale gesellschaftliche Werte bringe innerhalb der Subkultur jenen Anerkennung, denen die Gesellschaft diese versagt. Abweichung kann demnach als Konformität zu bestimmten Verhaltensstandards eines gesellschaftlichen Subsystems verstanden werden. Diese die sozialstrukturellen Bedingungen von a. V. betonenden Theorien erklären zwar die Devianz aus gesellschaftlichen Zusammenhängen und erweitern damit die Perspektive über das Individuum und seine Familie hinaus auf die gesamte soziale Situation, ihr Augenmerk bleibt aber auf die Disposition des Abweichenden gerichtet und damit hinter der frühen klassischen Schule der Kriminologie, die in ihren Überlegungen Kriminalisierung bereits als gesellschaftlichen Prozess erkannt hatte (Beccaria, Bentham, A. V. Feuerbach), zurück.

Labeling approach: Die These, dass die Tat durch gesellschaftliche Übereinkunft erst zum Verbrechen wird, wurde erst wieder vom labeling approach (Etikettierungsansatz) aufgegriffen (u. a. Becker 2014). Er erkennt die informellen und formellen gesellschaftlichen Reaktionen als konstituierend für die Definition eines Verhaltens als abweichend. Durch diesen radikalen Perspektivenwandel wird a. V. seiner Qualität an sich beraubt und als Ergebnis menschlicher Normsetzung, *Interaktion* und Kontrolle verstanden. Als logische Konsequenz dieser Perspektive erwuchs ein großes Interesse an der Erforschung von Instanzen, an Fragen der Normgenese, der selektiven Strafverfolgung, der Anzeigebereitschaft usw. Der mit dem labeling approach eingeläutete Paradigmenwechsel blieb natürlich nicht ohne Widerspruch. So wurden v. a. Stimmen laut, die die Vernachlässigung der Subjektseite in diesem Ansatz kritisierten. Beckers Schule der Abweichung sehe den „Underdog" als jemanden, der nur manipuliert sei, nicht als jemanden, der denke, entscheide, leide, sich wehre. Andere Kritiker mahnten eine verstärkte Auseinandersetzung mit Machtkonstellationen an. Die Analyse des labeling bewege sich überwiegend auf der Mikroebene, beziehe lediglich den Handelnden und die soziale Kontrollinstanz ein, ohne den größeren gesellschaftlichstrukturellen Kontext anzusprechen. Das gesamte gesellschaftliche Gefüge sei aber von Fragen der ökonomischen und sozialen Macht durchzogen und bestimmt. Diese Aspekte wurden in der Folge v. a. von konflikttheoretischen Perspektiven bearbeitet. Zu ihnen gehören Erweiterungen der älteren Konzepte des Kulturkonfliktes, v. a. aber jene Ansätze, die, aufbauend auf der Idee des Klassenkonfliktes *(Klasse/Schicht/Milieu)* als bestimmendem Merkmal der Gesellschaft, a. V. und seine Kontrolle in einem marxistisch geprägten Kontext bewerten (zu den theoretischen Entwicklungen nach dem Labeling Boogaart/Seus 1991).

Das Geschlechterverhältnis: Trotz der besonderen Sensibilität dieser Perspektiven für ungleiche Verteilung von Macht ist es in ihrem Rahmen kaum gelungen, ein grundlegendes Machtverhältnis einzubeziehen: das Geschlechterverhältnis. Zumindest die deutschsprachige Debatte hat sich nur sehr marginal der Frage gestellt, ob es besondere Zusammenhänge zwischen Geschlecht und Etikettierung gibt, ob es ein Unterschied ist, wenn Männer oder „Wenn Frauen aus der Rolle fallen" (Gipser/Stein-Hilbers 1980). Dabei ist u. a. auch die SozArb historisch wie praktisch schon immer geschlechtsspezifisch vorgegangen, sowohl was die Festlegung von Norm und Abweichung anbetrifft als auch in der Auswahl dessen, auf welche Verhaltensweisen bei Jungen *(Jungenarbeit)* und bei *Mädchen* sowie bei *Frauen* und bei *Männern* gesehen und welche geschlechtspezifischen Interventions- und/oder Präventionsstrategien entwickelt wurden. Dieser Zusammenhang wurde v. a. im Rahmen feministisch orientierter Sozialer Arbeit aufgegriffen (Brückner/Holler 1990), deren Rückbindung in übergreifende theoretische Diskussionen und praktische Konzepte erst allmählich im Rahmen der seit einigen Jahren erstarkenden Gender-Mainstreaming-Debatte gelingt (Bothfeld u. a. 2002; *Gender Mainstreaming*).

Abweichendes Verhalten – Blick und Verständnis im Wandel

Insgesamt aber ist das professionelle Selbstverständnis in Bezug auf a. V. durch die Rezeption soziologischer Analysen grundlegend verändert worden. Die reine Identifikation mit der Tradition der *Hilfe* und ihrer unreflektierten Allianz mit den verschiedenen Formen und Instanzen der sozialen Kontrolle ist einer kritischen Betrachtung der eigenen Rolle bei der Definition von Abweichung gewichen. V. a. unter dem Eindruck der Stigmatisierungsdiskussion hat die SozArb in Theorie und Praxis eine Fülle von Konzepten und Ansätzen entwickelt, die mehr Hilfe mit weniger Kontrolle ermöglichen sollen, die die Perspektive der Betroffenen als handlungsleitend begreifen und sich deshalb einer parteilichen und staats- wie gesellschaftskritischen Arbeit verpflichtet fühlen.

A. V. und *Normalität* bleiben unzweifelhaft zwei zentrale Begriffe der Praxis und der Theorie der Sozialarbeit/Sozialpädagogik. Sowohl die Konturierung der Zusammenhänge und Prozesse, in die man präventiv oder intervenierend sich einzumischen gedenkt *(Einmischungsstrategie)*, als auch die Bestimmung einer entsprechenden Zielperspektive orientieren sich an Norm und Abweichung. Dies gilt auch dann, wenn sich im Kontext sozialarbeiterischer und sozialpädagogischer Diskussion und Praxis die Vorstellung dessen, was als normal zu gelten habe, verschoben hat. Es bleiben Vorstellungen vom „richtigen" Leben, vom „sinnvollen" Dasein, die nach wie vor Normen bilden. Nicht zuletzt auch deshalb, weil die Ausweisung bestimmter Gruppen als gefährdet oder gefährlich die Grundlage für finanzielle Zuwendungen bleibt (zu neuen Entwicklungen vgl. Dollinger u. a. 2015 und Dollinger/Oelkers 2015).

Hilde van den Boogaart

Literatur

R. Anhorn/F. Bettinger: Kritische Kriminologie und soziale Arbeit. Weinheim/München 2002 ◆ H. Becker: Außenseiter. Zur Soziologie abweichenden Verhaltens, Wiesbaden ²2014 ◆ L. Böhnisch: Abweichendes Verhalten. Weinheim/München ⁴2010 ◆ H. v. d. Boogaart/L. Seus: Radikale Kriminologie, Pfaffenweiler 1991 ◆ S. Bothfeld u. a. (Hrsg.): Gender Mainstreaming – eine Innovation in der Gleichstellungspolitik, Frankfurt/M. 2002 ◆ M. Brückner/S. Holler: Frauenprojekte und soziale Arbeit, Frankfurt/M. 1990 ◆ B. Dollinger/A. Groenemeyer/D. Rzepka (Hrsg.): Devianz als Risiko, Weinheim/Basel 2015 ◆ B. Dollinger/N. Oelkers (Hrsg.): Sozialpädagogische Perspektiven der Devianz, Weinheim/Basel 2015 ◆ D. Gipser/H. Stein-Hilbers (Hrsg.): Wenn Frauen aus der Rolle fallen, Weinheim/Basel 1980 ◆ H. Peters: Kriminalitätstheorien und ihre jeweiligen impliziten Handlungsempfehlungen. In: Janßen/Peters (Hrsg.): Kriminologie für soziale Arbeit. Münster ³2010.

Adoption (Annahme als Kind)

Die A., im BGB als Annahme als Kind bezeichnet, ist eine Hilfe für Kinder – gelegentlich auch Jugendliche –, die nicht in ihrer Herkunftsfamilie aufwachsen können. Die gesetzlichen Regelungen finden sich allerdings nicht im *Kinder- und Jugendhilfegesetz* (SGB VIII), sondern im BGB (§ 1741 ff.), in einem eigenständigen Adoptionsvermittlungsgesetz sowie in einem völkerrechtlichen Abkommen, dem Haager Übereinkommen über den Schutz von Kindern und die Zusammenarbeit auf dem Gebiet der internationalen Adoption (HAÜ) aus dem Jahr 1993. Für die A. Volljähriger gibt es daneben einige Sonderregelungen (§§ 1767–1772 BGB).

Zur Entwicklung: Das Jahrtausende alte Rechtsinstitut der A. war bis ins 20. Jh. hinein vorrangig ein Instrument alternativer Familienbildung zu Gunsten kinderloser Paare oder Alleinstehender, um diesen einen Erben zu verschaffen, der Haus oder Hof, Gewerbebetrieb oder Vermögen übernimmt oder – oftmals wichtiger noch – den Familiennamen fortführt, das „Geschlecht erhält". Zu Beginn des vergangenen Jh. fand ein Paradigmenwechsel statt, indem durch eine A. vorrangig „mittellosen, aber von Natur begabten Kindern eine große Wohltat in materieller wie in geistiger Hinsicht" erwiesen, also den Interessen der Kinder größeres Gewicht beigemessen werden sollte. Heute ist der Aspekt der Hilfe für elternlose Kinder, die tatsächlich oder sozial verwaist sind, in nahezu allen Rechtsordnungen der Welt in den Vordergrund getreten.

Belange der Adoptiveltern wie der leiblichen Eltern spielen nur eine untergeordnete Rolle. Generalklauselartig heißt es daher in der einleitenden Vorschrift des Adoptionsrechts, dass eine Annahme als Kind nur dann zulässig sei, „wenn sie dem Wohl des Kindes dient und zu erwarten ist, dass zwischen dem Annehmenden und dem Kind ein Eltern-Kind-Verhältnis entsteht".

Alle weiteren Regelungen des A.-Rechts sind mehr oder weniger stark an diesem Ziel ausgerichtet.

Die letzte grundlegende Reform des A.-Rechts fand 1977 statt. Spätere Neuregelungen, z. B. anlässlich der Reform des Kindschaftsrechts 1998, betrafen im Wesentlichen die Verfolgung illegaler Praktiken bei der A.-Vermittlung, insbes. der A. ausländischer Kinder und – auf Grund einer Entscheidung des BVerfG – die Stärkung der Beteiligungsrechte solcher Väter, die nicht mit der Mutter des Kindes verheiratet sind.

2002 sind in der Folge der Ratifizierung des HAÜ durch die BRD ein Ausführungsgesetz, das Adoptionswirkungsgesetz und ein wesentlich geändertes Adoptionsvermittlungsgesetz in Kraft gesetzt worden.

Seit Januar 2005 besteht für Partner in *eingetragenen Lebenspartnerschaften* die Möglichkeit, das leibliche Kind des anderen Partners zu adoptieren. Dabei gelten die Regelungen der Stiefkindadoption. Auf Grund einer Entscheidung des Bundesverfassungsgerichts (BVerfGE 133,59) ist seit Juni 2014 homosexuellen Paaren, die in einer eingetragenen Lebensgemeinschaft leben, die sog. Sukzessivadoption gesetzlich erlaubt (BGBl.I,786), d. h. Partner dürfen auch das adoptierte Kind des Partners (zeitlich versetzt) annehmen.

Die Gegenwart: Seit Mitte der 1970er Jahre hat sich ein erneuter Bedeutungswandel vollzogen. Die Zahl derjenigen, zumeist unfreiwillig kinderlosen, Ehepaare und Alleinstehenden, die ein Adoptivkind aufnehmen wollen, ist – bei gleichzeitig rückläufigen Adoptionszahlen – drastisch angestiegen. Medizinsoziologen und Ärzte schätzen den Anteil unfreiwillig kinderloser Ehepaare in der BRD auf etwa 15 %. Dies hatte zur Folge, dass auf einen zur A. freigegebenen Minderjährigen im Durchschnitt mindestens 7 wartende und von den A.-Vermittlungsstellen positiv auf ihre Eignung hin überprüfte A.-Bewerber kamen. Mittlerweile aber ist – bei weiterhin rückläufigen Adoptionszahlen – eine neue Entwicklung zu verzeichnen. Die Zahl der Bewerber ist im letzten Jahrzehnt drastisch zurückgegangen. Das Verhältnis von wartenden Bewerbern zur Anzahl der zur A. kommenden bzw. dafür vorgesehenen Kindern beträgt aktuell etwa 3 zu 1, so dass viele Vermittlungsstellen schon darüber klagen, keine hinreichende Auswahl an geeigneten Bewerbern mehr zu haben. 2015 wurden nur noch knapp 1 400 Minderjährige von familienfremden Personen adoptiert, weitere 2 400 hingegen von Stiefelternteilen oder Verwandten (Stat.BA, Adoption 2016). Zurückzuführen ist diese Veränderung im Wesentlichen auf die fortschreitenden Möglichkeiten der modernen Fertilitätsmedizin, die eine Vielzahl von Möglichkeiten bietet, der eigenen Kinderlosigkeit abzuhelfen (Samen- und Eizellenbanken, In-vitro-Befruchtung bis hin zur Organisation medizinisch überwachter Leihmutterschaften). Auch wenn etliche dieser Methoden nach dem deutschen Embryonenschutzgesetz verboten sind, lassen sich doch schon im unmittelbaren europäischen Ausland, v.a. aber auch in außereuropäischen Entwicklungsländern ohne große Schwierigkeiten darauf spezialisierte Kliniken und Ärzte finden. Angesichts des weltweiten Befruchtungstourismus wird nun auch in Deutschland über eine grundlegende Reform, d.h. über eine Liberalisierung, der einschlägigen Gesetze nachgedacht.

Probleme: Damit gleichen sich die Verhältnisse in der BRD zunehmend denen in anderen europäischen und nordamerikanischen Industriestaaten an, in denen die A. nur noch zu einer unter vielen Maßnahmen der Kinderbeschaffung für kinderlose Paare degeneriert ist.

Dies war und ist auch heute noch ein wesentlicher Grund dafür, dass die interstaatliche A. zunehmend ins Blickfeld frustrierter A.-Bewerber in den Industriestaaten gerät, die sich ihren Kinderwunsch in den verelendeten Regionen Mittel- und Südamerikas, Asiens und seit Anfang der 1990er Jahre auch Ost- und Südosteuropas erfüllen wollen. In einigen Staaten Westeuropas und Nordamerikas liegt der Anteil ausländischer Adoptivkinder bei weit über 50 %, gelegentlich (Skandinavien, Benelux-Staaten) über 80 %. In der BRD betrug der Anteil zu dieser Zeit rd. 30 %.

In enger Verbindung mit dieser Entwicklung steht der internationale Handel mit Adoptivkindern, der in den 1980er und 1990er Jahren als neues kriminologisches Phänomen nahezu weltweit – mit Ausnahme der islamischen Staaten – zu beobachten war.

Adoptivkinder wurden mit Hilfe massiver illegaler und krimineller Methoden wie Bestechung, Urkunden- und Personenstandsfälschung, Kindesentführung über Länder- und Kontinentgrenzen hinweg verschoben. In einigen Regionen Mittel- und Südamerikas, Süd- und Südostasiens sowie Ost- und Südosteuropas hatten sich regelrecht mafiose Strukturen herausgebildet, die am Kinderhandel partizipierten. Beträge zwischen 20 000 und 50 000 € wurden gefordert und bezahlt. Der Gesetzgeber hat darauf erst spät reagiert, indem er 1998 sowohl die Leitnorm des materiellen A.-Rechts (§ 1741 BGB) mit einem diesbezüglichen Vorbehalt versehen als auch – erstmalig in der deutschen Rechtsgeschichte – einen Straftatbestand des kommerziellen Kinderhandels (§ 236 StGB) eingeführt hat.

Darüber hinaus hatte sich die internationale Staatengemeinschaft 1993 auf das Haager Adoptionsübereinkommen verständigt. Dieses Abkommen enthält eine Vielzahl von Maßnahmen und Verfahrensregelungen, die den kommerziellen, illegalen und kriminellen Handel mit Adoptivkindern unterbinden sollen. Die Zahl der A. aus dem Ausland hat sich in Deutschland inzwischen stark verringert.

2015 waren es nur noch 264 A., rd. 6,9 % aller Verfahren. Dabei handelt es sich v.a. um Adoptionen von Kindern aus europäischen Staaten und einigen afrikanischen Staaten (Stat.BA, Adoption 2016). Viele der „klassischen" Herkunftsstaaten in Süd- und Südostasien, in Mittel- und Südamerika, aus denen jahrzehntelang Hunderte von Kindern jährlich adoptiert wurden, haben mittlerweile scharfe gesetzliche Regelungen gegen den vormals grassierenden Kinderhandel eingeführt. Andere, wie die Volksrepublik China Vietnam oder Russland, haben vorrangig aus innen- wie außenpolitischen Gründen A. durch Ausländer weitgehend unterbunden.

Das materielle Adoptionsrecht

Das adoptierte Kind wird durch die sog. Volladoption wie ein leibliches, eheliches Kind in die neue Familie integriert. Alle verwandtschaftlichen Beziehungen zur Herkunftsfamilie werden unwiderruflich beendet. Ehegatten können, von wenigen Ausnahmen abgesehen, nur gemeinsam adoptieren. Die A. durch einen Alleinstehenden ist von den rechtlichen Voraussetzungen her ebenfalls möglich. Sie stellt jedoch in der Praxis der A.-Vermittlung in Deutschland eher die Ausnahme dar.

Die Altersgrenze von Adoptiveltern ist auf 25 und 21 Jahre für Ehepaare bzw. 25 Jahre für Alleinstehende festgesetzt worden, um zu erreichen, dass Säuglinge und Kleinkinder zu möglichst jungen Eltern vermittelt werden (§ 1743 BGB). Eine obere Altersgrenze kennt das deutsche A.-Recht im Gegensatz zu vielen ausländischen Rechtsordnungen nicht. Die sozialpädagogische Praxis schließt jedoch aus der Forderung des Gesetzgebers nach einem natürlichen Eltern-Kind-Verhältnis, dass Säuglinge und Kleinkinder nicht zu Adoptiveltern vermittelt werden sollten, die wesentlich älter als 40 Jahre sind.

Unabhängig davon, ob ein anzunehmendes Kind innerhalb oder außerhalb einer bestehenden Ehe geboren worden ist, müssen seit einer Entscheidung des BVerfG im Jahre 1995 grundsätzlich beide leiblichen Elternteile in die A. einwilligen, auch wenn sie nicht Inhaber des Sorgerechts sind oder waren (§ 1747 BGB). Das Kind selbst muss vom 14. Lebensjahr an einwilligen.

Mit der Einwilligung verlieren die leiblichen Eltern das Recht auf den persönlichen Umgang mit dem Kind, ihr Sorgerecht ruht. Gleiches gilt für die Unterhaltsverpflichtung, die mit der Aufnahme des Kindes in den Haushalt der Adoptiveltern auf diese übergeht.

Sind Eltern eines Kindes trotz jugendamtl. und ordnungsbehördlicher Suche nicht aufzufinden oder auf Grund schwerer, v.a. geistiger Erkrankung nicht in der Lage, eine Einwilligungserklärung abzugeben, kann auf ihre Einwilligung gänzlich verzichtet werden (§ 1747 Abs. 4 BGB). Insbesondere zum Schutz von Müttern neugeborener Kinder ist für die Abgabe der Einwilligungserklärung eine Sperrfrist von 8 Wochen nach der Geburt obligatorisch.

Unter bestimmten Voraussetzungen kann die Einwilligung der Eltern oder eines Elternteils durch Beschluss des FamG ersetzt werden, wenn dem Kind durch das Unterbleiben der A. ein erheblicher Nachteil entstünde. Gründe für die gerichtliche Ersetzung der Einwilligung sind, dass sich leibliche Eltern ihrem Kind gegenüber gleichgültig verhalten, dass sie ihre elterlichen Pflichten über einen längeren Zeitraum hinweg oder aber in besonders schwerer Art und Weise verletzt haben, etwa in Form körperlicher Misshandlungen, sexuellen Missbrauchs oder mangelnder Versorgung (§ 1748 BGB). Die Einwilligung des Vaters eines Kindes, das außerhalb einer bestehenden Ehe geboren ist und der zu keiner Zeit Inhaber des Sorgerechts war, kann bereits dann ersetzt werden, wenn dem Kind ohne die A. erhebliche Nachteile entstehen, ohne dass es der übrigen im Gesetz genannten Voraussetzungen bedarf (§ 1748 Abs. 4 BGB).

Der Anteil der A., die durch ein Ersetzungsverfahren zu Stande kommen, liegt zz. im bundesweiten Durchschnitt bei rd. 7 %, nachdem er über viele Jahre hinweg deutlich geringer war. In der DDR, deren A.-Recht in weiten Teilen dem bundesdeutschen ähnlich war, reichte – wie auch in den meisten anderen ehemals kommunistischen Staaten – der Entzug des sog. Erziehungsrechts (Sorgerecht/*Elternrecht*) aus, um auf eine spätere Einwilligung in die A. des Kindes verzichten zu können. Von dieser Regelung ist vielfach Gebrauch gemacht worden. Auch in der aktuellen rechtspolitischen Diskussion in der BRD werden angesichts einer großen Zahl von – meist endgültigen – Sorgerechtsentzugsverfahren und einer Reihe von schweren Misshandlungs- und Todesfällen, die große öffentliche Aufmerksamkeit und Empörung hervorrufen, solche Überlegungen angestellt, zumal auch etliche andere europäische Staaten eine derartige Lösung praktizieren.

Im Zuge der Vereinigung der beiden deutschen Staaten sind von einigen betroffenen Eltern Fälle sog. Zwangsadoptionen durch staatliche Organe der DDR ans Licht der Öffentlichkeit gebracht worden, in denen der Entzug des Erziehungsrechts erkennbar auf politischen Gründen beruhte, keineswegs auf der mangelnden Erziehungsfähigkeit der Eltern. Dies betraf v.a. Oppositionelle und sog. Republikflüchtlinge. Insgesamt aber war die Zahl der Zwangsadoptionen aus politischen Gründen wesentlich geringer als die breite öffentliche Diskussion in den Medien und der Politik dies vermuten ließ.

Dem Prinzip der Volladoption tragen auch solche Vorschriften Rechnung, die mit Ausnahme gesetzlicher Rentenansprüche alle materiellen Ansprüche des Kindes, bspw. auf Unterhalt oder Erbschaften, aus der Zeit vor der A. erlöschen lassen, die dem Kind mit dem Ausspruch der A. den Familiennamen der Adoptiveltern verleihen und diesen die Möglichkeit einräumen, dem Kind einen neuen oder zusätzlichen Vornamen zu geben (§ 1754–1757 BGB). Die Praxis der FamG tendiert jedoch dazu, im Regelfall nur die Hinzufügung eines weiteren Vornamens zuzulassen, nicht hingegen einen vollständig neuen Namen. Im Interesse der Identitätsbildung und -findung des Kindes ist dies äußerst sinnvoll, wenngleich viele Adoptiveltern dafür wenig Verständnis hegen.

Eine spezielle Datenschutzregelung soll das Adoptionsgeheimnis wahren und die Adoptivfamilie vor Ausforschungen durch Dritte schützen. Nur mit Zustimmung der Adoptiveltern und des Kindes und in einigen eng begrenzten Ausnahmefällen darf davon abgewichen werden (§ 1758 BGB; *Sozialdatenschutz*).

Diese Norm wird nicht selten dahingehend missverstanden, dass Adoptiveltern auch gegenüber ihrem Kind die A. verschweigen oder dessen – oftmals in der Pubertät einsetzende – Versuche, etwas über die eigene Herkunft zu erfahren oder Kontakt zu leiblichen Verwandten aufzunehmen, unterbinden dürfen. Das BVerfG hat in den letzten Jahren mehrfach entschieden, dass jeder Mensch – auch der Minderjährige – ein Recht auf Kenntnis der eigenen Abstammung habe. Im novellierten AdVermG ist daher ein eigenständiges Recht des adoptierten Kindes auf Einsicht in die Vermittlungsakten eingeführt worden, sobald es das 16. Lebensjahr vollendet hat (§ 9b Abs. 2 AdVermiG).

Adoptionspflege bezeichnet die Zeit (regelhaft 1 Jahr), in der das zu adoptierende Kind bis zur Entscheidung des FamG im Haushalt der künftigen Adoptiveltern aufgenommen wird. In dieser Zeit gibt es gelegentlich auch Abbrüche des A.verfahrens.

Die Aufhebung einer gerichtlich ausgesprochenen A. ist nahezu unmöglich. Hat die Einwilligung der Eltern nicht vorgelegen oder ist sie durch Irrtum, Täuschung oder Drohung erwirkt worden, so kann zwar durch einen richterlichen Beschluss die A. wieder rückgängig gemacht werden, allerdings nur dann, wenn das Kindeswohl dem nicht entgegensteht (§§ 1760–1762 BGB). Zudem darf die A. nicht länger als 3 Jahre zurückliegen. Häufiger sind Aufhebungsverfahren, die auf Grund dauerhaft zerrütteter Verhältnisse in der Adoptivfamilie im Interesse des Kindes notwendig werden. Hinzukommen muss jedoch, dass durch die Aufhebung eine erneute A. ermöglicht werden oder das Kind in seine Herkunftsfamilie zurückkehren kann (§ 1763 BGB). Im Vergleich zur Gesamtzahl aller A., die einschließlich der Stief- und Verwandtenadoptionen derzeit bei 4 000 liegt, ist die jährliche Quote aufgehobener Adoptionen mit weniger als 0,5 % gering.

Adoptionsvermittlung

Das AdVermiG – zum 1. Januar 2002 umfassend novelliert – regelt v. a. die Frage, wer in der BRD Adoptivkinder vermitteln darf. Neben den Vermittlungsstellen der JÄ, die es in nahezu jedem Landkreis und jeder kreisfreien Stadt gibt, ist das ausschließlich staatlich anerkannten A.-Vermittlungsstellen der freien Träger *(Träger der sozialen Arbeit)* erlaubt, die in einem speziellen Anerkennungsverfahren nachweisen müssen, dass sie über die erforderliche Fachkompetenz und ausreichendes Personal verfügen.

Die – wenigen noch betriebenen – A.-Vermittlungsstellen freier Träger, deren Tätigkeit sich auf das Bundesgebiet beschränkt, gehören den Wohlfahrtsorganisationen der beiden großen christlichen Kirchen an. Ihr Arbeitsfeld ist überwiegend regional begrenzt. A.-Vermittlungsstellen, die Kinder aus dem Ausland vermitteln wollen, unterliegen seit Januar 2002 deutlich ausgeweiteten und verschärften Anerkennungs- und Beaufsichtigungsvorschriften. Derzeit existieren nur noch 10 Auslandsvermittlungsstellen. Sie dürfen nur gemeinnützig tätig sein, können allerdings Vermittlungsgebühren erheben, die zwischen 6 000 und 10 000 € liegen. Auf A.-Bewerber, die ein ausländisches Kind adoptieren wollen, kommen jedoch weitere Kosten in Form von Gerichtsgebühren, Übersetzungs-, Reise- und Aufenthaltskosten im Heimatland des Kindes sowie oftmals obligatorische Spendenerwartungen hinzu, so dass auch eine seriöse und legale A. eines Kindes aus dem Ausland ohne Weiteres 20 000–30 000 € kosten kann. Diese Kosten sind nicht steuerlich absetzbar.

Auch die Zentralen Adoptionsstellen der LJÄ dürfen und sollen Adoptivkinder vermitteln, v. a. solche, die von den örtlichen Vermittlungsstellen nicht vermittelt werden können, etwa weil sie unter schweren Behinderungen, chronischen Erkrankungen oder Verhaltensauffälligkeiten leiden. Als schwer vermittelbar gelten auch ältere, schulpflichtige oder Heimkinder, Geschwister, meist mehr als 2, und farbige Adoptivkinder, deren erste A. gescheitert ist. Die Zentralen A.-Stellen sind darüber hinaus kraft Gesetzes zu Auslandsvermittlungsstellen erklärt worden, was sie verpflichtet, grundsätzlich in allen Vertragsstaaten des Haager Übereinkommens über den Schutz von Kindern und die Zusammenarbeit auf dem Gebiet der internationalen A. tätig zu werden, während sie für Nichtvertragsstaaten zwar eine entsprechende Befugnis, jedoch keine Verpflichtung gegenüber A.-Bewerbern haben. Sie sind darüber hinaus auch Zentrale Behörde für Auslandsadoption nach diesem Abkommen und haben ihre Arbeit mit einer neu eingerichteten Bundeszentralstelle für Auslandsadoption beim Bundesamt für Justiz zu koordinieren (dazu Bundeszentralstelle 2014).

Die staatlichen oder staatlich anerkannten A.-Vermittlungsstellen haben ein Vermittlungsmonopol. Jeder anderen Person oder Institution ist die A.-Vermittlung ausdrücklich verboten. Bei einem Verstoß drohen Bußgelder bis zu 25 000 €. Werden kommerzielle, illegale oder kriminelle Praktiken bekannt, kann darüber hinaus der Straftatbestand des Kinderhandels vorliegen, für den im äußersten Fall Freiheitsstrafen bis zu 10 Jahren vorgesehen sind. Im AdVermiG sind außerdem das die Verbot der Vermittlung sog. Ersatz- oder Leihmütter sowie aller Umgehungsversuche normiert, die zum Ziel haben, dass eine fremde Person ein Kind auf Dauer bei sich aufnimmt, etwa als Pflegekind, oder – eine oftmals praktizierte Variante – durch wahrheitswidrige Anerkennung der Vaterschaft.

Das Gesetz enthält schließlich einige wenige Vorschriften über die Art und Weise, wie die Vermittlungsstellen die Vorbereitung der Vermittlung eines Kindes, die Prüfung und Auswahl von

Adoptiveltern, die Betreuung und Hilfe während der A.-Pflegezeit und nach abgeschlossener A. gestalten sollen. Wenig bekannt ist die gesetzliche Verpflichtung der JÄ, zu jedem Zeitpunkt – auch nach erfolgter A. – die notwendige Beratung und Unterstützung aller Beteiligten zu gewährleisten, was im Einzelfall auch finanzielle Hilfen beinhalten kann. D.h. allerdings nicht, dass Adoptiveltern regelmäßige und dauerhafte staatliche finanzielle Förderung wie etwa Pflegeeltern beanspruchen können.

Im AdVermiG findet sich zudem eine Verordnungsermächtigung, auf deren Grundlage Einzelheiten des Verfahrens sowie die Erhebung von Gebühren für einzelne Verfahrensschritte geregelt werden sollen. Diese VO ist im Mai 2005 in Kraft getreten und regelt lediglich Fragen der Anerkennung und Beaufsichtigung von Inlands- und Auslandsvermittlungsstellen in freier Trägerschaft. Sie enthält zudem eine Gebührenordnung für die Tätigkeit der staatlichen Vermittlungsstellen bei interstaatlichen Vermittlungen (max. 2 000 €). An Stelle detaillierter fachlicher Vorgaben, auf die der Verordnungsgeber bewusst verzichtet hat, sind seit vielen Jahren rechtlich nicht verbindliche „Empfehlungen zur Adoptionsvermittlung“ der BAG LJÄ getreten, die weitgehend befolgt werden, wenngleich sie erhebliche Spielräume offen lassen (zuletzt: BAG LJÄ: Empfehlungen zur Adoptionsvermittlung, München 2014).

Rolf P. Bach

Literatur

BAG LJÄ (Hrsg.): Empfehlungen zur Adoptionsvermittlung. München [7]2014 ◆ Bundeszentralstelle für Auslandsadoption (Hrsg.): Broschüre Internationale Adoption. Bonn [9]2014 ◆ Riedle/Gilling-Riedle: Adoption – Alles,was man wissen muss, Würzburg 2007 ◆ DV: Diskussionspapier zur Adoption, in: NDV 8/2014 ◆ J. Häbel: Adoption – eine neue Lebensperspektive für das Kind, Marburg 2005 ◆ H. Oberloskamp: Wir werden Adoptiv- oder Pflegeeltern, München 2006 ◆ H. Paulitz (Hrsg.): Adoption – Positionen, Impulse, Perspektiven, München [2]2006 ◆ J. Reinhardt/R. Kemper/W. Weitzel: Adoptionsrecht, Kommentar Baden-Baden [2]2015 ◆ Stat.BA (destatis): Statistiken der Kinder- und Jugendhilfe, Adoption, Wiesbaden 2016 ◆ C. Swientek: Was Adoptivkinder wissen sollten und wie man es ihnen sagen kann, Freiburg 2001 ◆ I. Wiemann: Ratgeber Adoptivkinder, Reinbek [6]2006.

Links

www.adoption.de
www.bagljae.de
www.bmfsfj.de
www.bundesjustizamt/auslandsadoption.de
www.dji.de/adoption/expertise- und forschungszentrum
www.familien-wegweiser.de

AIDS

Infektionswege

AIDS bedeutet „Aquired Immune Deficiency Syndrome“, also etwa: erworbenes Immun-Defekt-Syndrom. Was verbirgt sich hinter dieser Abkürzung?

Das Krankheitsbild, das mit A. bezeichnet wird, ist eigentlich nur das Endstadium der Erkrankung aufgrund einer Infektion mit dem HI-Virus. HIV ist die mittlerweile einheitlich verwendete Bezeichnung und ebenfalls eine Abkürzung für Human Immunodeficiency Virus. Sie hat ältere Begriffe (wie LAV – nach dem französischen Forscher Montagnier – und HTL V 3 nach dem amerikanischen Forscher Gallo) abgelöst.

Das Virus HIV ist deshalb so besonders gefährlich, weil es sich als Wirtszellen ausgerechnet die für das Immunsystem besonders wichtigen weißen Blutkörperchen namens T4-Helferzellen aussucht und sie funktionsuntüchtig macht. Die Folgen können langfristig der gesamte Zusammenbruch des Abwehrsystems und das Ausgeliefertsein gegenüber jedweder Infektion, die bei stabilem Immunsystem leicht abgewehrt würde, sein. Im Endstadium von A. sind deshalb Lungenentzündungen, Pilzerkrankungen und der gefürchtete Hautkrebs Kaposi-Sarkom die Krankheiten, die gegen ein völlig außer Kraft gesetztes Immunsystem die Oberhand gewinnen und zum Tode führen.

Diese dramatische Entwicklung muss nun aber nicht jede Infektion nehmen. Viele Infizierte sind seit Jahren unauffällig und entwickeln keine Symptome von schwindender Abwehrkraft. Andere Verläufe werden manchmal schon nach ein bis zwei Jahren, im Mittel aber erst nach etwa fünfzehn Jahren negativ und gehen in das so genannte Vollbild A. über. Dann tritt Gewichtsverlust ein und es bilden sich andere dauerhafte Symptome wie Nachtschweiß, Durchfälle und die opportunistischen Infektionen aus. Auch nach Erreichen dieses Stadiums kann es relativ lange Phasen geben, in denen sich das klinische Bild nicht verschlechtert und sogar eine außerklinische Betreuung oder eine selbständige Lebensführung möglich bleiben. Seit Mitte der 1990er Jahre wird routinemäßig weltweit (jedenfalls dort, wo es bezahlbar ist) eine Kombinationstherapie aus verschiedenen unterschiedlich wirksamen Medikamenten eingesetzt. Sie erhält bzw. verlängert das Leben und die Lebensqualität, stellt aber keine Heilung dar.

Das Virus HIV ist in fast allen Körperflüssigkeiten nachgewiesen. Die höchste Konzentration gewinnt es in Blut und Sperma, mit geringem Abstand gefolgt von Vaginalsekret. Schon deutlich geringer ist die Konzentration in der Muttermilch. Und in den Körperflüssigkeiten Urin, Speichel und Tränen ist die Konzentration so gering, dass sie für eine mögliche Infektion nicht von Bedeutung sind. Denn nach den bisher vorliegenden epidemiologischen Fakten ist eine größere Menge Virusmaterial vonnöten, um eine Infektion herbeizuführen. Diese kann in wenigen Blutstropfen, die in einen fremden Blutkreislauf eindringen, enthalten sein, während mehrere Liter Speichel erst die gleiche Menge an Virusmaterial enthalten.

Folglich sind der Austausch von Blut und das Eindringen von Sperma (und Vaginalsekret) in einen fremden Blutkreislauf die mit Abstand größten Risiken. Soweit Blutaustausch aus medizinischen Gründen geschieht (Blutspenden, Gamma-Globuline und Gerinnungsfaktoren), sind seit 1985 in Westeuropa die Risiken fast völlig ausgeschlossen, weil die Blutkonserven auf HIV-Antikörper getestet und die Blutprodukte unter starker Erhitzung hergestellt werden. Angesichts der Tatsache, dass sich mit Blut und Blutproduktion hervorragende Geschäfte machen lassen, sind auch in Westeuropa noch nach 1985 skandalöse Fehler unterlaufen, die zu vermeidbaren Infektionen geführt haben. Aber auch wenn man diese Fälle mit einrechnet, ist das Übertragungsrisiko in diesem Bereich noch extrem gering (Promillebereich). Bessere Sicherungen sind hier möglich, verteuern aber den Einsatz von Blut und Blutprodukten in der Medizin stark. Anders ist es mit dem Austausch von Blut etwa bei Fixern *(Drogenabhängigkeit, Sucht)*, die unmittelbar nacheinander dasselbe Injektionsbesteck benutzen, oder etwa bei Ritualen von Blutsbruderschaft. Der Hauptinfektionsweg aber ist – übrigens auch bei den intravenös konsumierenden Drogenabhängigen – die Sexualität und hierbei vorrangig der ungeschützte Anal- oder Vaginalverkehr, ferner der Oral-Genital-Verkehr, sofern es dabei zum Schlucken von Sperma oder von größeren Mengen an Vaginalsekret kommt. Dieser Katalog zeigt bereits, dass es sich im Bereich der *Sexualität* nicht allein um Risikoverhalten Homosexueller oder Bisexueller handelt, sondern in gleicher Weise auch um das Verhalten Heterosexueller, sofern sie eine der genannten Techniken ungeschützt, d. h. ohne Benutzung von Kondomen, anwenden. Dieses ist der Grund, weshalb der Anteil der Heterosexuellen in der Statistik weltweit ständig zunimmt.

Infektionsrisiken und Schutz

Angesichts der Hauptrisikosituation ist ein wirksamer Schutz (theoretisch) wenig problematisch: Man schütze sich vor dem Eindringen fremden Blutes in den eigenen Kreislauf und man benutze bei riskantem Sexualverhalten stets und technisch einwandfrei ein Kondom. Schwierig wird es in der Praxis, wenn nur einer der beiden Partner sich schützen will und hinter dem Wunsch des anderen die Untreue wittert; schwierig ist es, wenn der Mann, der bereit ist, ein Kondom zu benutzen, auf Ekel oder Abwehr des Partners/der Partnerin stößt; schwierig ist es auch für manchen, seine Männlichkeit nach der jahrzehntelangen Freiheit der empfängnisverhütenden Pillen nun wieder in Latex eingesperrt zu sehen; schwierig ist es v. a. für Ungeübte, z. B. für Jugendliche, in der entscheidenden Situation ohne Gesichts- und Lustverlust wie selbstverständlich nach dem technischen Schutz zu greifen. Es gibt nach der „Revolution" durch die Antibabypille kaum mehr eine Aufklärungskultur, geschweige denn eine Kultur der Sexualität, die in der Lage wäre, das Präservativ lustvoll in ihr Spiel zu integrieren.

Andererseits gibt es derzeit zum möglichst perfekten Schutz durch Kondome keine echte Alternative. Nach aktuellen Schätzungen machen die Hauptrisiken – Blut-zu-Blut und Sperma-zu-Blut – derzeit 99 % des Gesamtrisikos aus. Alle weiteren – in der Boulevardpresse oftmals aufgebauschten – Übertragungsrisiken sind demgegenüber praktisch zu vernachlässigen. Wer sich gegen die Hauptrisiken (z. B. im Bereich der Sexualität) schützt, ist fast hundertprozentig gegen die Infektion sicher. Wer diesen Schutz vernachlässigt, geht ein täglich wachsendes Risiko ein, sich zu infizieren.

Unter den in Deutschland am stärksten durch das Infektions-Risiko Betroffenen, den Männern, die Sex mit Männern haben, ist in den vergangenen Jahren eine weitere Präventions-Maßnahme recht populär geworden: die Virus-Last-Methode. Danach sinkt das Risiko der Übertragung von einer HIV-infizierten auf eine nicht infizierte Person, wenn die angemessene medikamentöse Behandlung („Kombinations-Therapie") regelmäßig stattfindet, innerhalb der vergangenen sechs Monate kein Virus nachgewiesenen werden konnte und keine anderen Infektionen vorliegen. Es liegt auf der Hand, dass hier eine ähnliche Überschätzung der Wirksamkeit medikamentöser Therapie vorliegen könnte wie bei der Therapie der an AIDS Erkrankten. Eine sorgfältige Analyse der weiteren epidemiologischen Entwicklung (s. u.) könnte hier Aufschluss geben.

Solange es keine Impfmöglichkeit gegen HIV gibt und solange kein wirksames Medikament gegen die Vermehrung der Viren in Infizierten gefunden ist, ist die AIDS-Prävention primär eine nicht-medizinische Aufgabe. Daraus ergibt sich eine Herausforderung der Sozialwissenschaft und der SozArb auf diesem Gebiet, die nicht abzuweisen ist: Zum einen werden durch die Existenz von A. und durch die Angst vor A. viele Felder der SozArb/SozPäd irritiert, verändert und neu definiert; andererseits tun sich ganz neue Felder der SozArb innerhalb einer psychosozialen Strategie gegen die HIV-Infektion und die Progression der Krankheit A. auf:

Mit A. sind für alle Menschen, die mit wechselnden Partnern Geschlechtsverkehr haben oder auf verschiedene Weise Blut austauschen, Veränderungen ihres Verhaltens objektiv und dringend notwendig geworden. Die Natur der potenziellen Risiko-Situationen (Intimbereich Sexualität und illegaler Drogenkonsum) macht Einflussnahme von außen i. S. von Zwang oder seuchenpolizeilichen Maßnahmen letztlich unwirksam. Helfen kann da nur Lernen aus eigenem Antrieb, das durch öffentliche Kampagnen, v. a. aber durch personale *Prävention* i. S. von SozArb auf den unterschiedlichsten Ebenen gebahnt werden kann.

Zahlenmäßige Entwicklungen

Der erste Fall von A. wurde in der BRD im Jahre 1981 bekannt. Seitdem hat sich die Situation ebenso dramatisch wie in anderen Ländern entwickelt. Seit 1982 werden systematisch neben der Grundlagenforschung auch epidemiologische Daten gesammelt: Eine zentrale Registrierung aller von niedergelassenen Ärzten in Kliniken oder Beratungsstellen diagnostizierten Fälle von A. erfolgt beim Robert-Koch-Institut (RKI) in Berlin. Dasselbe Institut unternimmt auch den Versuch, die epidemiologischen Daten über die Nachweise von HIV-Antikörpern zu sammeln und auszuwerten. Untersuchungen von Blutproben werden vom RKI, in vielen regionalen – über das Land verteilten – Zentren des ÖGD und von privaten Labors durchgeführt. Die Bestimmung auf Antikörper gegen HIV erfolgt überwiegend im enzymgebundenen Immunabsorbent-Test (ELISA) und mit der Western-Blot-Methode.

Das Robert Koch-Institut untersucht z. B. Seren, die aus Arztpraxen, Kliniken usw. eingesandt werden. Die dabei immer noch festgestellte relativ geringe „Durchseuchung" einer mehr oder weniger freiwilligen Testpopulation, die aber in jedem Einzelfall ein Risiko eingegangen war, das auch für den Untersucher bedeutsam war, sieht denn doch anders aus als manche Panikmache über die „Verseuchung der Nation" in der Boulevardpresse.

Bevor es nicht genauere, repräsentative oder randomisierte Stichprobenerhebungen gibt, bietet die Statistik der A.-Krankheit zwar ein genaueres, wenn auch zeitlich durch die nachfolgenden Infektionen stets überholtes Bild. Deshalb ist das für die Epidemiologie zuständige Robert-Koch-Institut dazu übergegangen, unter der Bezeichnung HIV/AIDS-Diagnose die Infizierten und die bereits Erkrankten zusammenzufassen. Auch bei dieser Zählweise bleibt es bei einer – wenn auch immer qualifizierter werdenden – Schätzung, weil die noch unerkannten Infektionen nicht aufgenommen werden können und vielfach Angaben, z. B. zu Infektions-Wegen und -Orten, fehlen.

Wesentliche Tendenzen in der BRD-Statistik lassen sich aus der mehrjährigen Übersicht nun ableiten:

Die Gesamtzahl der mit HIV oder AIDS Diagnostizierten hat in Deutschland die Zahl 80 000 überschritten. Davon bilden die Männer, die Sex mit Männern ausüben, mit 68 % bei weitem die größte Gruppe, an zweiter Stelle stehen die Personen mit heterosexuellem Übertragungs-Weg mit fast 28 %, an dritter Stelle die schwer Drogenabhängigen mit unter 5 %.

Die nachgewiesenen Neu-Infektionen liegen derzeit bei über 3 000 pro Jahr und verzeichnen dabei in den Jahren seit 2011 eine fast 30 %ige Steigerung. Diese geht hauptsächlich auf das Mann-zu-Mann-Risiko und auf heterosexuelle Infektionen im Ausland zurück. Neuinfektionen bei schwer Drogenabhängigen liegen stabil niedrig, Mutter-zu-Kind-Übertragungen liegen numerisch bei 10 pro Jahr, Infektionen durch Blut-Übertragungen kommen nicht mehr vor.

Nach der Vereinigung Deutschlands ergab sich auch für die HIV/AIDS-Epidemiologie eine komplizierte Aufgabe, nämlich die Daten aus einem Hochprävalenzland (BRD) mit denen aus einem Niedrigprävalenzland (DDR) zu verbinden, Methoden der Datengewinnung abzugleichen usw. Bis heute hat sich nicht die erwartete rapide Steigerung von Infektionszahlen in den neuen Bundesländern als mögliche Folge der vielfältigen „Vermischungen" der Ost- und Westdeutschen eingestellt. Die nBL liegen alle im unteren epidemiologischen Spektrum. Allerdings sind auch in den nBL erhebliche Neuinfektionsraten zu verzeichnen, so dass weitere Wachsamkeit erforderlich ist und eine Verminderung der Präventions-Bemühungen sich sehr schädlich auswirken könnte.

Seit Anfang des 21. Jh. blieben die Zahlen der Neuinfektionen und die Verteilung auf Risiko-Populationen zunächst fast unverändert. Allerdings sind in der öffentlichen Wahrnehmung des Problems erhebliche Veränderungen eingetreten: Die Aids-Krise wird kaum noch ernst genommen, eher bagatellisiert. Hier tickt eine Zeitbombe. Weniger öffentliche Aufmerksamkeit führt nicht nur zu einer Verminderung präventiver und kurativer Maßnahmen, sondern auch zu mehr Sorglosigkeit in gefährdenden Situationen. Schon die Entwicklung der vergangenen drei Jahre müsste als Warnsignal sehr ernst genommen werden.

Maßnahmen zur Prävention

Die Maßnahmen zur Prävention der HIV-Infektion werden auf verschiedenen Ebenen koordiniert: Das BMG hat ein Referat für diese Aufgabe gebildet, das Robert-Koch-Institut und weitere Institute mit Forschungsaufgaben betraut und einen Nationalen Beirat zum Problemfeld A. berufen. Auf Länderebene gibt es entsprechende Koordinations- und Kooperationsformen, KoordinatorInnen usw. Auch auf kommunaler Ebene haben sich, zumal in den Großstädten, Arbeitsgruppen von Mitarbeitern verschiedener Behörden (z. B. Gesundheit, Soziales, Jugend usw.) und von Hilfsorganisationen (z. B. AIDS-Hilfe) gebildet.

Neben der Forschung umfassen die Maßnahmen Aufklärungskampagnen, Aufgabenerweiterung bereits bestehender Einrichtungen, Förderung zusätzlicher Institutionen und Modellprogramme zur Erprobung neuer Wege in dem neuen Arbeitsbereich.

Auf die Erhöhung des Informations- und Wissensstandes der gesamten Bevölkerung wird besonders viel Wert gelegt. Deshalb wurde eine Vielzahl von Medien zur Aufklärung entwickelt. Dazu gehören zentral eingesetzte und im ganzen Land verbreitete Medien wie Faltblätter oder vorbereitete Informationen an die Presse, dazu gehören aber v. a. eine Vielzahl regional eingesetzter Medien wie Telefonservice, Anzeigen in Tageszeitungen, Plakate, Fernsehdiskussionen, öffentliche Veranstaltungen und Kurse. Besonders die privaten Organisationen wie AIDS-Hilfen, Homosexuellen-Gruppen und Organisationen Prostituierter haben viel Kreativität entfaltet, um Medien zu entwickeln, die einen hohen Aufmerksamkeitswert erhalten: Comic-strips, bedruckte Streichholzschachteln oder Kondom-Packungen, Plakate, Videos usw. Die Kampagne für „Safer Sex" ist sehr weit entwickelt und verbreitet und wird angesichts der geringen Wahrscheinlichkeit für die rasche Bereitstellung eines Impfstoffes allgemein als die einzig mögliche Prävention akzeptiert.

Die Probleme der Aufklärungsbemühungen liegen v. a. darin, dass noch zu wenig geschieht und oft eine viel zu zurückhaltende Sprache gewählt wird, weil viele für eine effektive Aufklärung wichtige Begriffe in der öffentlichen Sprache tabuisiert sind. Außerdem haben es nur wenige Regionen bisher geschafft, viele Aktivitäten gleichzeitig zu einer Kampagne zu bündeln, wie dies beispielhaft in Berlin geschehen ist, wo unter dem Motto „AIDS – das vermeidbare Risiko" öffentlichkeitswirksame Veranstaltungen durchgeführt werden, eine umfangreiche Plakataktion gelaufen ist, regelmäßig Erklärungen und Informationen an die Presse gegeben werden und eine Reihe neuer Ideen entstanden sind (z. B. werden Informationsblätter mit „Tipps für Tages- und Nachtschwärmer" durch Taxifahrer und Hotelportiers an Männer verteilt, die unzweideutig den Wunsch äußern, ein Bordell zu besuchen, und auf diese Weise auf die Bedeutung von „Safer Sex" für die HIV-Prävention hingewiesen werden). Solche Versuche, potenzielle Kunden von Prostituierten und Strichjungen direkt zu erreichen, werden aber – ebenso wie der gesamte Aufklärungsansatz – durch die in manchen Kommunen forcierte Repression gegen Gefährdete immer wieder in Frage gestellt. Wenn es nicht gelingt, den Vorrang von Information und Aufklärung vor seuchenpolizeilichen und anderen repressiven Maßnahmen zu erhalten, kann aufklärerischer Impetus nur noch ins Leere laufen.

Seit die „Sex-Arbeiterinnen" (Prostituierten: *Prostitution*) in deutschen Großstädten überwiegend aus osteuropäischen und Balkan-Staaten stammen, ist die für wirksame präventive Maßnahmen notwendige Toleranz der kommunalen Ordnungsbehörden deutlich gesunken.

Die Herausforderung A. hat in einigen Bereichen zu einer – teils freiwilligen, teils eher wohl genötigten – Aufgabenerweiterung in bereits bestehenden Einrichtungen geführt. Ganz selbstverständlich ist es, dass sich die Einrichtungen des ÖGD mit A.- und HIV-Prävention befassen müssen. Hier sind es v. a. die speziellen oder in andere Dienste integrierten Fürsorgeangebote für Geschlechtskranke, für Prostituierte usw. Diese Einrichtungen vereinen schon in ihrer tradierten Aufgabenstellung die beiden Aspekte: einerseits die Aufklärung über die Risiken promiskuitiven Sexualverhaltens, über die wichtigsten Übertragungswege von Krankheiten und die Möglichkeiten, sich dagegen zu schützen; andererseits die konkrete Hilfe medizinischer und sozialfürsorgerischer Art für von einer Infektion Betroffene. Ein großer Teil dieser Einrichtungen hat die zusätzliche Aufgabe der HIV-Prävention nach entsprechender Fortbildung übernommen; allerdings stellen die Mitarbeiterinnen und Mitarbeiter angesichts der Angst und der durch einen Teil der Massenmedien immer aufs Neue provozierten Panik vieler Menschen auch eine qualitative Veränderung ihrer Arbeit fest.

In ähnlicher Weise haben die Beratungsstellen und Kommunikationszentren der Homosexuellen auf die A.-Thematik reagiert. Sie waren überhaupt die ersten, die schon zu Beginn der Epidemie in vorbildlicher Weise Öffentlichkeitsarbeit und Aufklärung innerhalb der gay community und vielfach auch darüber hinaus betrieben haben. Von den Aktionen dieser subkulturellen Bewegung lernen noch heute viele andere Organisationen und Einrichtungen. In den Beratungsstellen werden nicht nur Veranstaltungen zur Aufklärung über A. und für die „Safer Sex"-Kampagne, sondern wird auch individuelle Beratung für Betroffene, z. B. für Antikörperpositive, durchgeführt.

AIDS-Beratung in der Drogenhilfe

Die Einrichtungen der Drogenhilfe gehören zu denen, die von den Aktivitäten der Homosexuellen gelernt haben. Heute wird innerhalb der Einrichtungen zur Beratung und Therapie Drogenabhängiger das Thema A. noch intensiver behandelt als früher die Themen Hepatitis und Geschlechtskrankheiten. Formen aufsuchender Arbeit, z. B. *Streetwork* oder Besuche in Haftanstalten werden v. a. auch zur Warnung vor den Risiken der HIV-Infektion und zur Information über alle damit zusammenhängenden Fragen genutzt. Anonyme Testmöglichkeiten werden vermittelt, und die Angst wird thematisiert. Entscheidend ist hier, dass Wege gefunden werden, um die Informationen innerhalb der Szene weit genug zu streuen – und was noch wichtiger ist: um aus der Kenntnis um die Risiken eine Vermeidung oder wenigstens Verminderung des riskanten Verhaltens heranzubilden. Angesichts des Charakters von *Sucht* ist dies eine sehr schwierige Aufgabe, und die Mitarbeiter brauchen neben der laufenden fachlichen Information über A. auch Hilfestellungen für den Umgang mit Menschen, die in Todesangst schweben und keine Zukunft sehen.

Schließlich haben auch die Träger der Drogenhilfe erkennen müssen, dass nicht nur die Arbeit differenzierter und qualifizierter, sondern dass auch zusätzliche Angebote zu entwickeln sind bzw. bereits vorhandene weiterentwickelt werden müssen. Das betrifft v. a. die Bemühungen um sogenannte niedrigschwellige Angebote. Seit Beginn der 1980er Jahre hat es in verschiedenen Regionen Bemühungen um derartige Angebote gegeben, d. h. um Maßnahmen, die nicht auf den Augenblick warten, in dem der/die Süchtige „am Ende" ist und vor der Sucht und ihren Folgen kapituliert, sondern die die Süchtigen dort abholen, wo sie stehen: in der Szene, in der Faszination der Devianz *(Abweichendes Verhalten)*, im Banne einer Droge. Diese Debatte hat zu Veränderungen in der Arbeit der bestehenden Einrichtungen, aber auch zu neuen Formen und Institutionen der Arbeit geführt: der Frankfurter „M 41", die Drogenberatungs- und -kontaktstelle inmitten des berüchtigten Bahnhofsviertels, der „MUDRA-Drogenhilfe" in Nürnberg oder dem „Cafe Banana" in Hofheim als Kontakt- und Kommunikationszentren oder des „Drogennotdienstes" in Berlin als rund um die Uhr auch an Wochenenden und Feiertagen erreichbares Angebot der Ersten Hilfe. Das Thema A. hat diesen Anstrengungen um die Erweiterung des innerhalb der Szene erreichbaren Kreises einen neuen Schub erteilt: Die unter den Drogenabhängigen durch die Existenz des HIV-Risikos noch verstärkte Depressivität und Endzeitstimmung zwingt die Helferszene mehr als je zuvor zur Aufhebung der klassischen Kommstruktur ihrer Angebote, zur Senkung der Eingangsschwellen zu Beratung und Therapie und zu neuen Formen aufsuchender Arbeit. Dies ist v. a. auch deshalb erforderlich, weil die immer noch weithin vorherrschende Hysterie und die Suche nach Schuldigen an der A.-Gefahr durchaus dazu führen kann, dass sich die Aggression der sog. Normalbevölkerung ein weiteres Mal an den ohnehin schon ausgegrenzten Abhängigen von illegalen Drogen entlädt.

Im Arbeitsbereich der Beratung, der Streetwork, der Kontaktarbeit und der Suchtbegleitung hat die HIV-Prävention inzwischen einen hohen Stellenwert. Sie findet in der täglichen Praxis der Beratung und Kommunikation mit der Szene statt; es wird über die Infektionsrisiken durch unsterile Spritzen ebenso gesprochen wie über Präventionsmaßnahmen beim sexuellen Verkehr und v.a. im Falle der Prostitution. Hier werden bereits Verhaltensänderungen berichtet. Innerhalb der Beratungs- und Kontaktarbeit hat sich die Situation auch in anderer Hinsicht aufgrund der A.-Gefahr gewandelt: Die Depressivität hat innerhalb der Szene zugenommen, und für einige Abhängige verstärkt sich die Faszination des alten Spruches, dass man lieber ein kurzes intensives Leben mit Drogen als ein langes und langweiliges Leben ohne Drogen leben will und deshalb auch eine HIV-Infektion ohne weiteres in Kauf nehmen kann. Auf der anderen Seite gibt es aber auch einige Abhängige, die so viel über ihr neues und zusätzliches Risiko nachgedacht und verstanden haben, dass sie eine Therapie beginnen, um ihm zu entgehen.

Im Arbeitsbereich der Behandlung (und das bedeutet in der BRD überwiegend drogenfreie Therapie) hat die HIV-Prävention ebenfalls große Bedeutung erhalten: Das bedeutet, dass sich viele Dinge in den Einrichtungen geändert haben. Regeln der Hygiene ebenso wie Einstellung zur Sexualität, die Bedeutung monogamer Beziehungen ebenso wie die Entscheidungen für oder gegen den Kinderwunsch. Was sich aber wirklich extrem verändert hat, ist das Verhältnis der Menschen in der Therapie zu Leben und Tod: Bevor wir über A. wussten, begann das Leben in einem drogenfreien Setting am Punkte Null – alles in der Zukunft ist möglich, jede Fantasie ist real, jede Hoffnung ist es wert, ihr zu folgen; nun aber beginnt das Leben nicht mehr wirklich – oder es beginnt nicht mehr so sicher: Da steht ein schwarzer Mann hinter dem Busch, da ist nur vielleicht, nur evtl. eine Chance für die Zukunft. Während bis zu Bekanntwerden des A.-Risikos in den vielen therapeutischen Gemeinschaften in der BRD eine optimistische Grundstimmung vorherrschte, haben wir jetzt vielfach auch mit Angst und Tod zu kämpfen. Wir können das Problem bisher nicht materiell lösen, aber wir hoffen, dass das gerade zu diesen Fragen verstärkte Training der Mitarbeiter einen Teil des Problems löst. Ein weiteres muss die stärkere Aktivierung der Szene durch die Therapie und eine Erhöhung der tatsächlichen Attraktivität der Einrichtungen leisten.

Modellprogramme

Da die Innovationsfähigkeit der vorhandenen behördlichen Sozial- und Gesundheitsdienste und auch der Freien Träger *(Träger der Sozialen Arbeit)* aber immer noch nicht ausreichte, um dem Problem zu begegnen, sind mehrere Modellprogramme durch die BReg durchgeführt worden. Durch die Modellversuche konnte festgestellt werden, welche Maßnahmen zur HIV-Prävention geeignet sind und zukünftig in größerem Maßstab entwickelt werden müssen.

Eines der Modellprogramme hat zum Einsatz von Ärzten und Psychologen zur psychosozialen Beratung und Betreuung HIV-infizierter oder in anderer Weise riskierter Personen geführt. In den meisten Fällen waren diese zusätzlichen Mitarbeiter innerhalb des ÖGD beschäftigt und führten telefonische und persönliche Beratung durch; außerdem arbeiten sie gruppentherapeutisch mit HIV-positiven Klienten.

An diesem Beispiel wird es besonders deutlich, aber es gilt eigentlich für das gesamte Programm zur HIV-Prävention, dass wesentlich stärker der Zugang zu den Risikogruppen durch personale Kommunikation (also durch den Einsatz zusätzlicher Mitarbeiter und Organisationen) als durch mediale Kommunikation (also Broschüren oder TV-Spots) gesucht wird und in Zukunft gesucht werden muss.

In ungefähr 50 bis 60 Großstädten wurden von 1983/84 an zusätzliche Institutionen und Einrichtungen gefördert. Das wichtigste Instrument sind derzeit aber die A.-Hilfen: Gruppen von engagierten Menschen aus den verschiedensten Berufszweigen, die sich zusammengefunden haben, um Informationen zu sammeln und weiterzutragen, Materialien und Aktionen zu entwickeln und Betroffenen Hilfestellung zu leisten. Die meisten dieser überall in der BRD verstreuten Gruppen stehen in engem organisatorischen und personellen Zusammenhang zur Bewegung der Homosexuellen gegen ihre gesellschaftliche Diskriminierung. Dennoch haben die A.-Hilfen eine weit über diese eigene Gruppe hinausgehende fachliche und soziale Kompetenz entwickelt. Über 70 regionale Gruppen gibt es derzeit, eine nationale Organisation, die Deutsche AIDS-Hilfe, leistet Koordinationsaufgaben und entwickelt weit verbreitete Materialien und Aktionstypen.

Im Rahmen eines weiteren Modellprogramms waren Sozialarbeiter bei Gesundheitsämtern oder anderen Organisationen beschäftigt, um vorrangig aufsuchende Arbeit innerhalb der Hauptrisikogruppen zu leisten. Diese Mitarbeiter waren und sind (sofern sie nach Auflaufen des Modells weiterbeschäftigt wurden) wesentliche Träger der „Safer Sex“-Kampagne innerhalb der Risikogruppen (Homosexuelle, Stricher, Drogenabhängige, Prostituierte), aber auch weit darüber hinaus. Sie sprechen die Menschen persönlich an, nehmen Kontakt zu den Betreibern von einschlägigen Saunen und Bordellen auf, verteilen Präservative, verbreiten Informationsmaterial, stehen aber auch für Auskünfte oder auch für Gespräche über ganz andere Themen als HIV-Prävention zur Verfügung. Und sie können schließlich auch bei konkreten sozialen Problemen oder bei Schwierigkeiten mit Behörden helfen.

In einen anderen und durch die bisherige *Gesundheitspolitik* eher vernachlässigten Bereich ist im Zusammenhang mit der A.-Problematik Bewegung gekommen: in die verschiedenen Formen von Selbstorganisation und Selbsthilfe Prostituierter *(Selbsthilfe/Selbstorganisation)*. Es gibt in einigen Großstädten Café-Treffpunkte, Kommunikationszentren oder Zeitungen von Prostituierten für Prostituierte. Das Engagement der Frauen im Berliner „Café Hydra" oder in der Hamburger „Kaffee-Klappe" wirkt in die HIV-Prävention hinein, weil es von jeher ein Interesse dieser Frauengruppen war, die Prostituierten nicht nur sozial und gesellschaftlich zu rehabilitieren, sondern auch für diejenigen, die auf Prostitution vorerst angewiesen bleiben, die Arbeitsbedingungen zu verbessern, Krankheiten zu vermeiden usw. Es war deshalb v. a. dieser Teil der im Rahmen von „Safer Sex"-Kampagnen Engagierten, der sehr früh bereits darauf aufmerksam machte, dass die wichtigere Zielgruppe der Aufklärung und Information nicht die Prostituierten, sondern die Freier, die Kunden, sind – denn sie bestimmen das Geschehen, die Art und das Ausmaß des Risikos beim Sexualkontakt. Für die Prostituierten-Hilfeeinrichtungen – das sagen sowohl die Vertreterinnen der freien Initiativen als auch die der behördlichen Einrichtungen – ist die HIV-Prävention bereits ein selbstverständlicher, wenn auch erschwerender Teil ihrer Arbeit geworden.

Die Bundes-Modell-Programme sind zum größten Teil sehr sorgfältig evaluiert worden und bieten deshalb auch für die Zukunft viele konkrete methodische Handreichungen für die Arbeit auf regionaler und kommunaler Ebene. Allerdings gilt hier dasselbe wie bei Modell-Programmen in anderen gesundheitspolitischen Bereichen (z. B. der sog. „Psychiatrie-Reform"): Nur wenige Modelle werden konsequent fortgeführt, aber der ÖGD und die Freien Träger können profitieren.

Normalisierung

Schon seit Mitte der 1990er Jahre war für Deutschland (und für ganz Nord-West-Europa) festzustellen, dass eine verheerende Epidemie, wie sie in Afrika, Teilen Asiens, Amerikas und Ost-Europas eingetreten ist, vermieden werden konnte. Die sehr früh einsetzenden, insbesondere die personal-kommunikativen Maßnahmen (AIDS-Hilfen, Beratungsdienste, Streetwork) und die Einbindung in ein System von „New Public Health" (Gesundheitsförderung statt rigider Kontrolle), aber auch die Bereitschaft und das Interesse der beiden Gruppen mit erhöhtem Infektionsrisiko (homosexuell aktive Männer und intravenös Drogen Konsumierende), ihr Verhalten auf das neue Risiko einzustellen, hat dies möglich gemacht. Von Fehlern im Detail, handwerklichen wie politischen, kann deshalb abgesehen werden.

Seitdem ist aber ein neuer Trend zu beobachten und als gesundheitspolitisches Risiko einzustufen: Die Politik hat die AIDS-Problematik nicht mehr im Fokus, neue Projekte zur Prävention können sich kaum etablieren, bewährte Präventionsmaßnahmen sind nicht über die Modellphase hinausgekommen oder werden bei allfälligen Sparhaushalten gekürzt. Die über die Risikogruppen hinausreichenden Präventionsmaßnahmen wurden vollständig auf Massenkommunikation zurückgefahren, statt die als hochwirksam erkannte personale Kommunikation fortzuführen. Hinzu kommt, dass medizinische Erfolge in der Verbesserung der Lebensqualität und in der Verlängerung der Überlebenszeit Infizierter öffentlich weithin als Heilbarkeit von AIDS missverstanden werden.

Das alles führt zu dem Ergebnis, dass in Wellen Neuinfektionen auftreten und immer wieder Warnungen von Seiten der Epidemiologen ausgesprochen werden müssen. Normalisierung heißt eben nicht nur, dass sich das kurative medizinische System auf die neue Krankheit eingestellt hat, sondern auch, dass sich andere dringliche Bedarfe in den Vorgrund der Gesundheits- und Sozialpolitik schieben. Schließlich tritt auch ein Gewöhnungs- und Entwarnungseffekt ein, der zur Vernachlässigung des Selbst- und Fremdschutzes führt.

Es reicht nicht aus, einige Jahrgänge von Schülerinnen und Schülern intensiv über HIV-Risiken und deren Vermeidung aufzuklären und eine Generation lang die AIDS-Selbsthilfe durchaus großzügig zu fördern. Die Verbreitung der wenigen schlichten Wahrheiten über HIV und AIDS bleibt eine Daueraufgabe von Elternhaus, Schule, Gesundheits- und Sozialsystemen.

Wolfgang Heckmann

Literatur

M. Bochow: Das kürzere Ende des Regenbogens, Berlin 2000 ◆ B. Gusy/G. Krauß/G. Schrott/W. Heckmann: Aufsuchende Sozialarbeit in der AIDS-Prävention. Das „Streetwork"-Modell, Baden-Baden 1994 ◆ Eidgenössische Kommission für Aidsfragen: HIVinfizierte Menschen ohne andere STD sind unter wirksamer antiretroviraler Therapie sexuell nicht infektiös, in: Schweizerische Ärztezeitung 5/2008 ◆ W. Heckmann/M. A. Koch (Hrsg.): Sexualverhalten in Zeiten von AIDS, Berlin 1994 ◆ C. Hoffmann/ J. K. Rocktrock: Hivbook, pdf-dowonload der Ausgabe 2014/2015 (www.hivbuch.de) ◆ U. Marcus (Hrsg.): Glück gehabt? Zwei Jahrzehnte AIDS in Deutschland, Wien 2000 ◆ Robert-Koch-Institut: HIV-Diagnosen und AIDS-Erkrankungen in Deutschland, Med. Bull. 27/2015 ◆ R. Rosenbrock/ D. Schaeffer (Hrsg.): Die Normalisierung von Aids. Politik – Prävention – Krankenversorgung, Berlin 2002 ◆ C. Weilandt/W. Heckmann/M. Kraus/ J. Lambrecht/C. Pervilhac: HIV-Prävention in Europa. Ein Überblick über Politik und Praxis in 25 Ländern, Berlin 2001.

Links

Deutsche AIDS-Hilfe e. V. (www.aidshilfe.de)
Robert-Koch-Institut Berlin (www.rki/HIVAIDS.de)
Bundeszentrale für gesundheitliche Aufklärung (www.bzga.de)
Bundeszentrale für politische Bildung (www.bpd.de) – alle mit vielen Broschüren, Informationsschriften und sonstigen Materialien zu AIDS.

Aktenführung

Prinzip der Aktenmäßigkeit

In fast allen bürokratisch organisierten Institutionen gehören Akten zu den unerlässlichen Hilfsmitteln, die den kontinuierlichen Betrieb garantieren sollen. So auch in der Sozialen Arbeit, für die das von Max Weber konstatierte „Prinzip der Aktenmäßigkeit der Verwaltung (gilt), auch da, wo mündliche Erörterung tatsächlich Regel oder geradezu Vorschrift ist: mindestens die Vorerörterungen und Anträge und die abschließenden Entscheidungen, Verfügungen und Anordnungen aller Art sind schriftlich fixiert" (Weber, 162).

Die Akte stellt nach der herrschenden Verwaltungslehre eines der wesentlichen Verwaltungsmittel dar. Sie wird als „Gedächtnis der Verwaltung" angesehen, die ihre Funktion unabhängig von einem Wechsel des Sachbearbeiters in zuverlässiger Weise erfüllen kann, sofern sie richtig geführt und organisiert ist. Hierbei sind organisationsinterne Vorgaben wie Aktenordnung, Aktenplan, Vorschriften für Aufbewahrung und Archivierung oder Dienstvorschriften zur A., etwa ob die Akten zentral als allgemeine Leistungsakten oder dezentral als besondere Leistungsakten („Arbeitsplatzakten") zu führen sind, maßgeblich.

Der Akteninhalt stellt eine den rechtlichen und den verwaltungstechnischen Erfordernissen angepasste Dokumentation über unterschiedliche Ebenen sozialer Interaktionen dar, etwa zwischen Vertretern von Institutionen *(Verwaltung, öffentliche)*, zwischen SozArb/SozPäd und den von ihnen betreuten *Klient*en und zwischen Klienten und anderen Personen. Auch wenn der Akte eine Beweismittelfunktion zukommt, so dient sie in der Alltagspraxis eher der Kontrolle des Handlungsvollzugs und der Selbstkontrolle des Sachbearbeiters sowie dazu, die Kontinuität der Bearbeitung bei einem Personalwechsel bzw. bei einer Weitergabe der Akte zu sichern. Sozusagen als Nebeneffekt der verwaltungsinternen Kontrolle entsteht somit eine personenbezogene Informationssammlung, die unter den Aspekten Inhalt, Umfang und Datenschutz zunehmend problematisiert wird.

Objektives Instrument?

Obwohl die Akte in Verwaltungslehre und -recht als objektives Dokument angesehen wird, sind bei näherer Betrachtung doch erhebliche Zweifel angebracht. Schriftlichkeit und Vollständigkeit gelten zwar als oberste Prinzipien der A., dennoch spiegelt die Akte die in ihr erfassten Ausschnitte der gesellschaftlichen Realität nicht in ihrer Totalität wider, da sie neben der sprachlichen Abstrahierung von Sachverhalten nur diejenigen Informationen enthält, die der aktenführenden Institution bekannt geworden bzw. vom Sachbearbeiter subjektiv wahrgenommen und als wichtig für die Akten erachtet worden sind.

Um die Vielzahl der „Fälle" bewältigen zu können, wird oftmals von den Besonderheiten des Einzelfalles abstrahiert, indem gesetzlich vorgegebene, jedoch inhaltlich wenig präzise und daher auslegungsfähige Begriffe verwendet werden (z. B. Verwahrlosung, Behinderung), die die Funktion von „Schlüsselbegriffen" haben, auf die Tatbestände gebracht werden müssen, um erforderliche Maßnahmen oder gewünschte Leistungen auslösen zu können. Das Prinzip der Vollständigkeit der Akte bleibt so lange formal, wie es dafür keine Kriterien gibt und damit die systematische Erfassung und die Dokumentation aller relevanten Informationen einerseits vom Einfluss subjektiver Faktoren wie dem Vorwissen des Sachbearbeiters, seiner rechtlichen Versiertheit, schriftlichen Ausdrucksfähigkeit und seinen Wertvorstellungen und andererseits von objektiven Arbeitsbedingungen wie Handlungsdruck oder Personalknappheit abhängig sind. Dennoch wird die Akte i. d. R. als „Basisinformation" genutzt, wobei eine

Korrektur einmal aktenkundig gemachter Tatbestände, Beurteilungen und darauf beruhender Entscheidungen kaum erfolgt und somit die Gefahr der *Stigmatisierung* von Betroffenen durch mangelnde Trennung von Sachverhalten und darauf bezogener Wertungen besteht.

Erfordernisse des Datenschutzes

Die Akte als Dokumentation personenbezogener Informationen ist nicht nur Gegenstand der fachlich-methodischen Auseinandersetzung, sondern angesichts der Tatsache, dass die A. den Erfordernissen des SGB oft nur mangelhaft genügt, auch der rechtlichen Diskussion *(Sozialdatenschutz)*. Diese erstreckt sich auf der Grundlage des Datenschutzrechts, das die Erhebung, Speicherung, Weitergabe und Sperrung bzw. Löschung personenbezogener Daten regelt, v. a. auf die Regelung der Offenbarungsbefugnisse (§ 35 SGB 1 insb. i. V. m. § 69 SGB X, § 64 SGB VIII), die Regelung der Akteneinsicht (§ 25 SGB X), die sich hier jedoch auf die Beteiligten in einem Verwaltungsverfahren beschränkt, während in § 83 SGB X lediglich ein Auskunftsanspruch der Betroffenen auf Aktendaten und kein Akteneinsichtsrecht begründet wird, und die Regelung der Mitwirkungspflichten (§§ 60 ff., SGB I).

Insbesondere gilt es, bei der Erhebung und Sammlung von personenbezogenen Informationen hinsichtlich der Erforderlichkeit strenge Maßstäbe anzulegen. In die Akte aufgenommene Informationen müssen einen konkreten Bezug zu der aktenführenden Institution aufweisen (Erfüllung der jeweiligen Aufgabe §§ 63, 64 SGB VIII). Die Sammlung personenbezogener Informationen „auf Vorrat" ist somit unzulässig. Vorschläge gehen etwa dahin, Auskunft und Leistungsberatung nach §§ 14, 15 SGB I in anderer Weise zu dokumentieren als sozialpädagogische Beratung und Betreuung. Die Weitergabe von Akten wird unter Datenschutzgesichtspunkten problematisch, wenn etwa eine Gesamtakte weitergegeben wird, obwohl bei Beachtung des Erforderlichkeitsprinzips nur ein Teil dieser Akte als Informations- und Entscheidungsgrundlage für die Gewährung von Leistungen oder für weiteres Handeln notwendig wäre. Auch in Fällen von Amtshilfe (zu den Voraussetzungen s. §§ 3 ff. SGB X) und Weitergabe von Akten innerhalb eines Rechtsträgers müssen hinsichtlich der in den Akten enthaltenen personenbezogenen Informationen die Voraussetzungen der §§ 67 ff. SGB X gegeben sein.

Ebenso darf eine Zusammenführung von getrennt geführten Akteninformationen, die zur Erfüllung unterschiedlicher Aufgaben etwa der öffentlichen JH erhoben wurden, nur erfolgen, wenn und so lange dies wegen eines unmittelbaren Sachzusammenhangs erforderlich ist (§ 63 Abs. 2 SGB VIII).

Wegen des besonderen Vertrauensschutzes von Sozialdaten und des daraus folgenden eingeschränkten Aktenzugangs sind in der Sozialarbeitsforschung empirische Untersuchungen mittels der Methode Aktenanalyse selten geworden.

Elektronische Aktenführung: Neben der Schaffung der erforderlichen Infrastruktur (Hard- und Software) werden spezifische fachliche Anforderungen an die elektronische Schriftgutverwaltung formuliert (Aktenrelevanz von Unterlagen und Bearbeitungsschritten, Formvorschriften, Vorgaben für eine Papierrestakte). Ziel ist die Implementierung eines umfassenden Dokumentenmanagementsystems (DMS) (vgl. BMI 2012). Für die eAkte gelten weiterhin das Prinzip der Aktenmäßigkeit des Verwaltungshandelns und der Schutz personenbezogener Daten insbesondere hinsichtlich des Berechtigungskonzepts und des Zugriffsschutzes. Die Rechtsgrundlagen für die Datenverarbeitung und die Rechte der Betroffenen von öffentlichen und nichtöffentlichen Stellen liefert das Bundesdatenschutzgesetz (§§ 12 ff. BDSG für öffentliche Stellen, §§ 27 ff. BDSG für nichtöffentliche Stellen).

Helmut Lukas

Literatur

BMI (Hrsg.): Organisationskonzept elektronischer Verwaltungsarbeit. Baustein E-Akte, Berlin 2012 ♦ R. Brack/K. Geiser (Hrsg.): Aktenführung in der Sozialarbeit. Vorschläge für die klientbezogene Dokumentation als Beitrag zur Qualitätssicherung, Bern/Stuttgart/Wien [4]2009 (Taschenbuch 2011) ♦ E. Gehlmann/F. Nieslony/V. Ildiko Petrov u. a.: Schriftsätze im Jugendamt. Ein Praxisleitfaden. Stuttgart 2012 ♦ J. Münder u. a.: Frankfurter Kommentar zum SGB VIII: Kinder- und Jugendhilfe, Baden-Baden [7]2013 ♦ M. Weber: Wirtschaft und Gesellschaft. Grundriss der verstehenden Soziologie, Tübingen 2014 (Studienausgabe).

Alkoholismus

Alkoholkonsum: Alkoholkonsum wird in unserer Gesellschaft überwiegend positiv bewertet. Das macht die Erkennung des Krankheitswertes eines Konsummusters so schwierig und reproduziert zugleich stets aufs Neue die nachrückenden Alkoholikergenerationen. Die Doppelmoral einer

Gesellschaft, die mäßigen oder zum Sozialklima einer Veranstaltung positiv beitragenden Konsum toleriert oder fördert, den auffälligen, aus der Kontrolle geratenden Konsum hingegen ausgrenzt, muss die auf Normorientierung angewiesene nachfolgende Generation verwirren.

Alkohol (Weingeist, Spiritus vini) ist eine farblose Flüssigkeit, die in allen sog. alkoholischen Getränken enthalten ist. Die selbstverständliche allgemeine Ursache des A. ist der Genuss solcher Getränke. Jedoch scheinen nicht alle Menschen in gleichem Maße dazu zu neigen, alkoholabhängig zu werden. Entscheidend ist die Vulnerabilität, die Anfälligkeit für eine *Sucht,* die sich aus biologischen, psychischen, sozialen und Situations-Bedingungen speist.

Von medizinischer Seite wird die Tatsache, dass die den Alkohol im Organismus abbauenden Enzyme und Metabolismen von Person zu Person verschieden sind („biologische Vulnerabilität"), hoch bewertet. Bestimmte ADH-Enzyme bei manchen Menschen können mehr Alkohol oxidieren als andere bei anderen Menschen. Zudem scheint durch Gewohnheit oder Erschöpfung eine Änderung des biologischen Systems möglich zu sein, so dass jemand, der Alkohol bis dahin vertragen hat, nunmehr auf seinen Genuss mit Krankheit reagiert. Ferner ist die über eine längere Zeit hinaus konsumierte tägliche Trinkmenge von Bedeutung, wobei die Gefährdungs-Grenze bei 60 g reinen Alkohols/Tag für Männer und bei 40 g/Tag für Frauen zu liegen scheint. Das bedeutet gleichzeitig dass eine „Harmlosigkeits-Grenze", wenn es sie denn gibt, deutlich darunter liegen müsste.

Alkoholabhängigkeit

Die eigentliche körperliche Abhängigkeit mit ihren zerstörerischen Folgen tritt relativ spät ein, i. d. R. beim Jugendlichen nach vier bis sechs Jahren regelmäßigen Konsums, beim Erwachsenen nach sechs bis acht Jahren des regelmäßigen Konsums.

Die Früherkennung des A. ist schwierig, weil geistige, seelische und körperliche Schädigungen im Frühstadium der Alkoholkrankheit nicht trennscharf auftreten. Für die SozArb/SozPäd sind folgende Hinweise von Bedeutung:

- Häufung von „Kleinkrankheiten" (Bagatellunfälle, Magenschleimhautentzündungen, vegetative Störungen und Beschwerden);
- Gangunsicherheit als Ausdruck einer beginnenden Nervenentzündung;
- Symptome des Alkoholentzugssyndroms: morgendlicher Brechreiz, Tremor (Schütteln), Angst, Verstimmungen;
- morgendlicher Alkoholkonsum, heimliches Trinken, unmotivierter Orts- und Berufswechsel.

Alkoholfolgekrankheiten sind alkoholische Fettleber, Leberentzündungen, Entzündung der Bauchspeicheldrüse, Herzmuskelerkrankung, Muskelschwäche, Nervenentzündung, Kleinhirnatrophie und Koordinationsstörungen, Alkoholdelirium (Trinkerwahnsinn), alkoholische Wesensveränderung, alkoholische Demenz (z. B. in Form der Korsakowschen Erkrankung).

Nach der von der WHO publizierten internationalen Klassifikation psychischer Störungen (ICD-10, Kap. V) soll die sichere Diagnose „Alkohol-Abhängigkeits-Syndrom" nur gestellt werden, wenn drei oder mehr der folgenden Merkmale im Vorjahreszeitraum zutrafen:

- eine Art Zwang, die psychotrope Substanz Alkohol zu konsumieren,
- verminderte Kontrollfähigkeit über das Ausmaß des Konsums,
- körperliche Entzugserscheinungen bei Beendigung/Verminderung des Konsums,
- Nachweis einer Toleranz, also höherer Verträglichkeit/Dosierung der Substanz,
- Vernachlässigung anderer Interessen, erhöhter Zeitaufwand für den Konsum,
- Fortsetzung des Konsums trotz des Nachweises schädlicher Folgen.

Typisierung der Alkoholerkrankten

Bei der Alkoholkrankheit werden nach der immer noch brauchbarsten Typeneinteilung von Jellinek unterschieden

- der Alpha-Typ, d. h. der Problem- und Erleichterungstrinker mit zeitweiliger seelischer Abhängigkeit, ohne Kontrollverlust;
- der Beta-Typ, d. h. der Gewohnheits- oder Situationstrinker mit bereits auftretenden Körperschäden, aber ohne Kontrollverlust;
- der Gamma-Typ, d. h. der Alkoholkranke mit erst seelischer, dann körperlicher Abhängigkeit, Toleranzsteigerung, Kontrollverlust und gelegentlichen Abstinenzphasen;
- der Delta-Typ, d. h. der Alkoholkranke mit langer, unauffälliger Gewöhnungsphase, Abstinenzunfähigkeit und Abstinenzerscheinungen, der sog. „Spiegel"-Trinker;
- der Epsilon-Typ, d. h. der sog. „Quartalssäufer", der in Abständen nach eher unauffälligen Phasen als „Ausbruch" tagelang mit Kontrollverlust trinkt.

Obwohl Jellinek die ersten beiden Typen als nicht-süchtige Alkoholiker bezeichnet, sind die Typen nicht als Steigerung konstruiert. Vielmehr hat jeder Typ seine speziellen sozialen und therapeutischen Probleme. Neben der Schädigung des eigenen Körpers – Funktionsstörungen und Veränderungen von Magen, Darm, Leber und Gehirn – sind bei Missbrauch während der Schwangerschaft Missbildungen und geistige Behinderungen nachgewiesene Folgen. Die Behandlungsbedürftigkeit ist ebenfalls nicht typabhängig, sondern definiert sich individuell und zu einem gehörigen Teil auch aus der sozialen Lage der AlkoholikerInnen.

Obwohl die Typen nach Jellinek weithin bekannt sind, gelten sie in der wissenschaftlichen Debatte als plausibel, aber nicht ausreichend empirisch belegt. In Deutschland wird deshalb das einfachere, klinisch jederzeit überprüfbare Zwei-Typen-Schema favorisiert: den jung verwahrlosenden Alkoholkranken und den erst nach langer gewohnheitsmäßiger Trinker-Biografie im höheren Alter (ab Mitte 50) alkoholkrank werdenden Menschen. Beide Typen sind eher männlich als weiblich ausgeprägt. Bei dem in der Geschichte häufiger auftretenden, aber als neu geltenden Phänomen des „Koma-Saufens" sind auch häufiger junge Mädchen und Frauen beteiligt. Da sich aus diesem Phänomen aber noch selten Alkoholismus von Krankheitswert entwickelt hat, muss es zunächst weiter beobachtet werden.

Die Gamma-Trinker stellen die Mehrheit der Alkoholkranken in Deutschland. Die Entwicklung des Gamma-Alkoholikers verläuft phasenhaft (nach Jellinek):

a) voralkoholische Phase: Erleichterungstrinken, Verlust der Toleranz für seelische Belastungen;
b) Prodromalphase (Frühphase): alkoholische Räusche mit Erinnerungslücken (Palimpseste), heimliches Trinken;
c) kritische Phase: Kontrollverlust, Alkoholiker-Alibis (Ausreden, warum getrunken wird), großspuriges oder aggressives Benehmen, Verlust von äußeren Interessen, Konzentration des Verhaltens auf den Alkohol, Verlust der Arbeitsstelle, Belastung des Familienlebens (alkoholische Eifersucht, Abnahme des sexuellen Triebes), regelmäßiges morgendliches Trinken;
d) chronische Phase: verlängerte, tagelange Räusche, ethischer Abbau, passagere alkoholische Psychosen, Angstzustände, Zittern, Einschränkung der intellektuellen Leistungsfähigkeit.

Beim Kontrollverlust handelt es sich um das bisher wissenschaftlich noch nicht genau erklärte – nicht unbedingt nur biologisch bedingte – Phänomen, dass der Alkoholiker unfähig wird, auch nur kleine Alkoholmengen in gesellschaftlich üblichem Rahmen („gepflegt") zu trinken, sondern schon ein kleiner Schluck zu einem alkoholischen Exzess führt, ohne dass der Betroffene noch imstande ist, diesem Prozess Einhalt zu gebieten. Es gibt jedoch auch gute Gründe, aus der Erforschung von unmittelbaren Konsummotiven anzunehmen, dass der Rausch als „kontrollierter Kontrollverlust" wegen der anxiolytischen Wirkung des Alkohols („enthemmende Wirkung") aufgesucht wird, um sich Verhaltensweisen zu gestatten, die bei vollem Bewusstsein tabuisiert oder angstbewehrt wären.

Soziale Arbeit mit Alkoholkranken

9,5 Mio Menschen in Deutschland konsumieren Alkohol in gesundheitlich riskanter Form. Etwa 1,3 Mio Menschen gelten als alkoholabhängig. Jedes Jahr sterben in Deutschland 74 000 Menschen an den direkten und indirekten Folgen ihres Alkoholmissbrauchs (nach: Drogenbericht der BReg 2015), damit bleibt der Alkoholmissbrauch – neben dem Tabakkonsum mit seinen Folgen –, beide sind sog. legale Drogen, das Kernproblem jeder Suchtprävention.

SozArb mit Alkoholkranken geht aus von der sozialen *Anamnese* (Erforschen des Problems, der sozialen Diagnose und dem sich daraus ergebenden Betreuungsbedarf). Die Hilfe gestaltet sich multidisziplinär, und stets werden *verschiedene Methoden der SozArb* gemeinsam oder nacheinander angewandt. Die soziale *Einzelfallhilfe* versucht, eine helfende Beziehung aufzubauen. Sie verwendet als Behandlungstechniken Ermutigung, Vermittlung von Informationen, gefühlsmäßige Entlastung und Abreaktion, Problembesprechung, Ausbau positiver Verhaltensweisen, Konfrontation mit unangepassten Verhaltensreaktionen, direktes Eingreifen zur Veränderung der Realsituation, Anweisen und Führen einschließlich des Setzens von Schranken. In der *Gruppenarbeit* gibt die SozArb keine Direktiven und enthält sich darüber hinaus jeder Interpretation und Wertung. Der Alkoholiker erkennt seine Verhaltensweisen an der Reaktion der Gruppenmitglieder, gewinnt dadurch neue Erfahrungen und erfährt eine Änderung von Erlebens- und Verhaltensweisen. Bei der sozialen Gruppenarbeit erfährt der Alkoholiker emotionale Zuwendung und Annahme. Der Alkoholiker lernt, sich in positiver Weise mit der Realität und deren Anforderungen auseinander zu setzen, er gewinnt Selbstvertrauen, Verständnis für andere und eine höhere Toleranz gegenüber Fehlschlägen und Enttäuschungen. Die spezifische psychosoziale Therapie kann in Deutschland an eine lange Tradition sog. Alkohol-Kur-Kliniken anknüpfen, die seit den 1970er

Jahren z. T. im Stile therapeutischer Gemeinschaften aus- und umgebaut werden konnten.

Angesichts solcher jugendkultureller Erscheinungen wie öffentliches, organisiertes Koma-Saufen („botellón“ in Südeuropa) ist auch die Methode der aufsuchenden Arbeit stärker gefragt – nicht mehr nur an den „klassischen“ Gesellungs-Orten der Alkohol-Kranken wie Bahnhofs-Vorplätzen oder Kiosken. Die behördliche Reaktion des Verbotes von Alkohol-Konsum im Freien an bestimmten Orten innerhalb des Stadtbildes ist ohne begleitende sozialarbeiterische street-work *(Straßensozialarbeit)* jedenfalls eine vollständig nutzlose Maßnahme.

Es hat verschiedene Versuche seitens pädagogischer, therapeutischer oder restriktiver Institutionen gegeben, die Alkoholkonsumenten – mit Blick auf ihren Betreuungsbedarf – in verschiedene Gruppen einzuteilen, etwa in Probierer, Benutzer, psychisch Abhängige, physisch Abhängige, Selbst- und/oder Fremdschädigende und Süchtige. Es empfiehlt sich – zumindest unter präventivem und therapeutischem Aspekt – zwischen Probierern und Gelegenheitskonsumenten, die den Konsum in ihren Lebensstil und ihr Lebenskonzept einpassen können, und den Abhängigen und Dauerkonsumenten, die umgekehrt ihren Lebensstil und ihr Lebenskonzept dem Konsum anpassen müssen, zu unterscheiden. Aus dieser Unterscheidung darf jedoch keine Bagatellisierung entstehen, zumal die Grenze zwischen beiden Konsum-Typen (auch „weichen“ und „harten“ Konsummustern) auf Grund oft lange verdeckter Übergangsphasen schwer zu ziehen ist. In den vergangenen zwanzig Jahren haben sich Konzepte durchgesetzt, die für diejenigen, deren Alkoholkrankheit sich noch nicht verfestigt hat und die noch nicht verelendet sind, auch die Möglichkeit bereitstellt, vom missbräuchlichen und sogar vom abhängigen Konsum in ein moderates Konsummuster zurückzufinden. Seitdem gewinnt die Vorstellung, dass Abstinenz nicht in jedem Fall erreichbar – und auch oft nicht erforderlich – ist, an Raum. Damit kommt die Debatte in Deutschland zurück zum Diskurs der hier vor 200 bis 250 Jahren sehr starken Temperenz-Bewegung, die das Heil für die Mehrheit der Bevölkerung nicht in der Abstinenz, sondern im temperenten, moderaten, mäßigen, ‚gepflegten‘ Konsum sah (Wassenberg/Schaller 2010).

Für Entscheidungen im praktischen Bereich der Suchthilfe – sei es in der Vorbeugung, Beratung, Therapie – sind nicht nur die Oberflächenphänomene wie Konsummuster und ihre Verbreitung, Epidemiologie oder Typus von Abhängigkeit von Bedeutung, sondern auch erheblich komplexere analytische, bis heute weitgehend unbeantwortete Fragen. Dazu gehört auch die Diskussion der Ursachen der Suchterkrankung. Je nachdem, welche Position zur Frage der Ursachen eingenommen wird, unterscheiden sich generelle Ansätze in der Behandlung des Problems in der einzelnen Therapieeinrichtung ebenso wie im gesellschaftlichen Maßstab.

Ursachen des Alkoholismus

Die wissenschaftlichen Beiträge zu den Ursachen des Alkoholismus/der *Sucht* lassen sich in vier z. T. miteinander konkurrierende, z. T. einander ergänzende Modelle zusammenfassen:

- Das **psychoanalytische Modell** sieht im Drogenkonsum, insbesondere im Rausch, ein Moment der Regression, das auf einer prämorbiden Persönlichkeitsstruktur beruht. Diese wiederum wird auf eine frühkindliche Störung der Mutter-Kind-Beziehung zurückgeführt. In diesem theoretischen Rahmen spielen Begriffe wie „pharmakogener Orgasmus“ und „Fetisch-Ersatz für die Mutterbrust“ (Jenner in: Fleisch/Haller/Heckmann 1997) sowie „Kannibalismus“, „Narzissmus“ und „Koprophagie“ eine bedeutende Rolle für die Erklärung des Phänomens.
- Das **lernpsychologische Modell** sieht im Drogenkonsum jeglicher Art ein in der sozialen Situation erworbenes Verhalten, das im Zusammenhang gesellschaftlicher oder subkultureller Normen verstärkt wird. Positive Erfahrungen mit dem Stoff im Anfangsstadium der Abhängigkeit wirken ebenfalls als Verstärker. In diesen theoretischen Rahmen gehören Begriffe wie „Lernmodell“, „Erreichbarkeit“ und „setting“ sowie „sozialer Druck“, „Selbstkontrolle“ und „Aufschiebenkönnen von Befriedigungen“ (Günther/Gritsch in: Fleisch u. a.).
- Das **soziologische oder sozialisationstheoretische Modell** sieht im Drogenkonsum einen Ausdruck (unter anderen) einer spezifischen gesellschaftlichen Situation und eines spezifischen Herkunftsmilieus. Hinzu kommen als übergreifende Bedingungsfaktoren kulturelle Veränderungen und gesellschaftspolitische Faktoren. In diesen theoretischen Rahmen fallen Begriffe wie „repressive/permissive Erziehung“, „sozioökonomischer Status“, „verwaltete Welt“, „Konsummoloch“ und „Anonymität“.
- Das **multifaktorielle Modell** sieht im Drogenkonsum das Zusammenwirken mehrerer Faktoren, die in unterschiedlicher Weise voneinander abhängen und sich gegenseitig bedingen.

Das Modell geht auf die Definitionsbemühungen der WHO zurück und wurde mit einiger Verzögerung für die europäische Fachliteratur adaptiert. Die vielen Einzelmerkmale der Entwicklung zur *Drogenabhängigkeit* werden in diesem theoretischen Rahmen in die drei Faktoren „Droge", „Persönlichkeit des Drogenkonsumenten" und „Gesellschaft" (oder „sozialer Nahraum und gesellschaftliches Umfeld") zusammengefasst.

Verständlicherweise hat sich das multifaktorielle Modell für die praktische Arbeit noch am ehesten als hilfreich erwiesen, da es die einheitliche Ursache für Drogenkonsum ebenso wenig gibt wie den immer gleichen Konsumententypus. Vielmehr finden sich in den Lebensgeschichten von Alkoholikern und anderen Suchtkranken vielfältige Faktoren, die zu einem Geflecht von Bedingungen kumulieren, deren einzig mögliche Konsequenz oder deren einzig möglicher Ausweg im Suchtverhalten liegt. Zugleich wird immer wieder deutlich, dass nur selten aus der Lebensgeschichte und Lebenswelt ableitbar ist, für welche Droge sich der Konsument entscheidet, sondern dies von eher zufälligen Angeboten und Begegnungen abhängt. So ergibt sich entgegen der verbreiteten Sicht, alle bedrückenden Phänomene eindimensional durch Schuldzuweisung erklären zu wollen, für die Abhängigkeit eine Dialektik von Zufall und Notwendigkeit: Notwendig entwickelt sich eine Persönlichkeit aus ihrer Lebenswelt zum *abweichenden Verhalten* oder zum *Sucht*verhalten, zufällig ist es der Alkohol- oder Heroin-Dealer, dem sie in der entscheidenden Krisensituation ausgeliefert ist.

Wolfgang Heckmann

Literatur

Akzept e. V./BV Deutsche AIDS-Hilfe/JES e. V. (Hrsg.): 2. Alternativer Drogen- und Suchtbericht, Berlin 2015 ♦ DHS e. V. (Hrsg.): Alkohol – Basisinformationen, Hamm [12]2015 ♦ Die Drogenbeauftragte der BReg: Drogen- und Suchtbericht. Berlin 2015 ♦ H. Dilling/W. Mombour: Internationale Klassifikation psychischer Störungen. ICD-10, Kapitel V (F), Göttingen [10]2015 ♦ Ev. Erziehungsverband e. V. (Hrsg.): Wenn Jugendliche Alkohol trinken. Hannover 2010 ♦ E. Fleisch/R. Haller/W. Heckmann (Hrsg.): Suchtkrankenhilfe. Lehrbuch zur Vorbeugung, Beratung und Therapie, Weinheim/Basel 1997 ♦ F. Fredersdorf/W. Heckmann: Der T-Faktor. Mäßigungskonzepte in der Sozialen Arbeit. Wiesbaden 2010 ♦ W. Heckmann: Koma-Saufen, in: R. Fikentscher (Hrsg.): Trinkkulturen in Europa. Halle/Saale 2008 ♦ K. ter Horst: Das Fetale Alkoholsyndrom (FAS) – Prävention, Diagnostik, Behandlung, Betreuung, in: uj 6/2010, 279–284 ♦ E. J. Jellinek The Disease Concept of Alcoholism, New Haven 1960 ♦ ders. Phases of Alcoholic Addiction, in: Quart. J. Stud. Alcohol 13 (1952), 673–684 ♦ G. Richter/H. Rommelspacher/C. Spies (Hrsg.): Alkohol, Nikotin, Kokain ... und kein Ende? Suchtforschung, Suchtmedizin und Suchttherapie am Beginn des neuen Jahrzehnts, Lengerich 2002 ♦ R. Schneider: Die Suchtfibel, Hohengehren 2015 ♦ K. Wassenberg/S. Schaller (Hrsg.): Der Geist der Deutschen Mäßigkeitsbewegung – Debatten um Alkohol und Trinken in Vergangenheit und Gegenwart. Magdeburger Reihe Bd. 22. Halle 2010.

Links

www.dhs.de (Deutsche Hauptstelle für Suchtfragen e. V., Hamm)

www.aa-kontakt@anoyme-alkoholiker.de (Hompage der AA im deutschsprachigen Raum)

Allein Erziehende

Begriff und Vorkommen

Allein Erziehende (A.) sind Mütter oder Väter, die ohne zweiten Elternteil mit einem oder mehreren eigenen Kind/ern in einem Haushalt leben. Es wird diskutiert, ob ein im Haushalt lebender Partner oder intensive Kontakte mit dem außerhalb des Haushalts lebenden Elternteil (bzw. das sog. „Wechselmodell") den Status „allein erziehend" relativieren. Diese Frage ist v. a. aus sozial- und unterhaltsrechtlicher Perspektive relevant. Die Begriffe A. und Ein-Eltern-Familie werden synonym verwandt, stehen jedoch in der Kritik, da der nicht im Haushalt lebende Elternteil weder in seiner Elternschaft noch in seiner Erziehungsleistung vorkommt.

2014 lebten in Deutschland 1,6 Mio. A. mit ca. 2,3 Mio. minderjährigen Kindern. Gut 90 % der A. sind weiblich. Die Zahl der A. ist seit 2000 fast unverändert, der Anteil der allein erziehenden Väter ist seitdem etwas gesunken. Der Anteil A. an allen Familienformen mit minderjährigen Kindern steigt kontinuierlich (2014 lag er bei 20 %), da die Gesamtzahl der Familien mit Kindern sinkt. Der größte Anteil der A. hat ein Kind.

Der Status A. ist zudem tendenziell eine Lebensform, die nicht auf Dauer angelegt ist. Viele A. gehen wieder eine Partnerschaft ein oder haben einen Partner, der aber nicht im gleichen Haushalt lebt („Living apart together").

Entwicklung und öffentliche Wahrnehmung

Die pauschal defizitäre Sicht auf A. hat sich im Laufe der Jahrzehnte gewandelt. Galt die ledige Mutterschaft noch bis in die 1970er Jahre hinein als gesellschaftlicher Makel, hat sich diese Ansicht seither grundlegend verändert (Buske 2004). Der Anstieg von Geburten unverheirateter Paare (2012: 37 %) lässt ledige Mutterschaft nicht mehr als Makel erscheinen. Ebenso werden Scheidungen insbesondere in Großstädten zur gesellschaftlichen Normalität. Beide gesellschaftlichen Veränderungen sowie familienrechtliche Anpassungen im Sorgerecht *(Elternrecht)* und im *Unterhaltsrecht* führen dazu, dass Trennung und *Scheidung* kaum noch gesellschaftlichen Ausschluss zur Folge haben. Andererseits kann insbesondere das geänderte Unterhaltsrecht massive wirtschaftliche Folgen für A. nach sich ziehen und damit auch infolge von *Armut* gesellschaftliche Ausschlusstendenzen. Im Sinne der hohen und persistenten Zahlen A., die von Armut und *Arbeitslosigkeit* betroffen sind, hat diese Lebensform Folgen, die auch mit gesellschaftlichen Stigmatisierungsprozessen verbunden sind.

Pro Jahr werden etwa 200 000 Ehen in Deutschland geschieden, in etwa der Hälfte der Fälle lebten minderjährige Kinder in der Beziehung. Mehr als ein Drittel aller Geburten sind heute „nichtehelich". Eltern, die nicht miteinander verheiratet sind, haben ein erhöhtes Trennungsrisiko, zudem lebt bei den „nicht-ehelichen" Geburten ein Teil der Eltern von Anfang an nicht in einer Partnerschaft, d. h. dass diese Eltern von Anfang an A. sind.

Der überwiegende Anteil der weiblichen A. ist geschieden oder ledig und lebt mit jüngeren Kindern zusammen, während allein erziehende Väter zu höheren Anteilen verwitwet sind und mit älteren Kindern zusammenleben. In ostdeutschen Bundesländern ist der Anteil lediger A. höher als in westdeutschen Bundesländern. Der Wandel der Familienformen ist in Ostdeutschland weiter fortgeschritten und resultiert aus einer geringeren normativen Bindung an die Ehe als Institution.

Die Familienform „alleinerziehend" geht mit einem deutlich erhöhten Armutsrisiko einher, dies ist jedoch auch abhängig vom Erwerbsstatus des Elternteils vor der Trennung oder Scheidung (Lenze 2014). Wenn zuvor ein vorwiegend traditionelles Ernährermodell gelebt wurde und die Mutter allenfalls in Teilzeit arbeitete, ist die Wahrscheinlichkeit, danach unter erschwerten Bedingungen Arbeit zu suchen, erhöht. Die Daten zu A. in den *Hilfen zur Erziehung* (Fendrich/Pothmann/Tabel 2012) und die Befunde zu gesundheitlichen Belastungen von A. deuten an, dass diese Lebensform besondere Herausforderungen in der Erziehung der Kinder und in der Stressbewältigung des Alltags mit sich bringt.

Rechtliche Rahmenbedingungen

Seit der Reform von 1998 hat das Kindschaftsrecht einige Änderungen erfahren, die für A. von Bedeutung sind. 1998 standen v. a. die gemeinsame Sorge als Regelfall nach einer Scheidung sowie der Umgang als Recht des Kindes im Zentrum der Änderungen. Über 90 % der Eltern behalten seither nach einer Scheidung die gemeinsame Sorge für ihre Kinder bei. Die Anzahl an Sorgerechtsstreitigkeiten vor Gericht ist seitdem gesunken, Umgangsrechtsstreitigkeiten sind dagegen gestiegen. In den auf 1998 folgenden Jahren war es v. a. die Rolle des nicht mit der Mutter verheirateten Vaters, die im Mittelpunkt des Regelungsbedarfes stand. Noch 2003 wurde vom BVerfG entschieden, dass die Alleinsorge allein erziehender Mütter verfassungskonform sei. Erst 2010 urteilte das BVerfG zum zweiten Mal über die Alleinsorge der nicht mit dem Vater verheirateten Mutter. Im Gegensatz zu 2003 wurde nun entschieden, dass nicht mit der Mutter verheiratete Väter ein Antragsrecht auf die gemeinsame elterliche Sorge haben müssten und der Gesetzgeber eine Neuregelung des Sorgerechts nicht miteinander verheirateter Eltern herbeiführen müsse. Für allein erziehende Mütter, die den überwiegenden Anteil der ledigen A. bilden, hat dies weitreichende Folgen, da sie nun nicht mehr automatisch die alleinige Sorge für ihr Kind behalten *(Elternrecht)*. Seit 2013 können ledige Väter das gemeinsame Sorgerecht beantragen und auch gegen den Willen der Mutter durchsetzen, wenn dies das Kindeswohl nicht beeinträchtigt.

2007 wurde das Unterhaltsrecht geändert. Für Kinder wurde ein Mindestunterhalt definiert, der sich am sächlichen Existenzminimum orientiert. Dies bedeutet, dass einige Kinder einen höheren Unterhaltsanspruch haben und auch die Höhe des Unterhaltsvorschusses sich geändert hat. Entsprechend wurden Selbstbehalte der Unterhaltspflichtigen und die Düsseldorfer Tabelle geändert, an der die meisten Gerichte ihre Unterhaltsentscheidungen bzw. -titulierungen orientieren. Seither sind die die Unterhaltsbeträge in Ost- und Westdeutschland einheitlich, die sog. Berliner Tabelle wurde mit der Düsseldorfer Tabelle zusammengeführt. Für betreuende Elternteile wurde der Unterhalt wegen der Betreuung eines Kindes unabhängig von einer vorangegangenen Ehe auf einen Zeitraum von drei Jahren nach der Geburt des Kindes festgelegt. Nachdem das Kind drei Jahre alt ist, muss ein besonderer Betreuungsbedarf des Kindes nachgewiesen werden, um weiterhin Unterhalt zu beziehen. Bei geschiedenen A. können andere Gründe zur Unterhaltszahlung führen (z. B. ehebedingte Nachteile). Für nicht verheiratete A. hat sich die Lage gebessert. Denn zum einen wird der Unterhalt einheitlich auf drei Jahre festgelegt, zum anderen hat sich die Rangfolge im Mangelfall geändert. Nicht verheiratete A. stehen nun mit geschiedenen A. gemeinsam im zweiten Rang. Das bedeutet, dass sie, wenn nicht ausreichend Unterhalt für alle Berechtigten vorhanden ist, gleichberechtigt mit geschiedenen oder verheirateten betreuenden Elternteilen zu behandeln sind. Unterhaltsansprüche entsprechen nicht immer der Realität tatsächlich gezahlten Unterhalts. Auf Basis des sozioökonomischen Panels (SOEP) hat Hartmann (2014) errechnet, dass gut 50 % der unterhaltsberechtigten Kinder keinen Barunterhalt bekommen.

Gut 500 000 Kinder nehmen pro Jahr Leistungen nach dem Unterhaltsvorschussgesetz (UVG) in Anspruch. Unterhaltsvorschuss wird bei vorübergehendem Ausfall oder Minderleistung von Unterhalt durch den unterhaltspflichtigen Elternteil von den regional zuständigen Jugendämtern gezahlt und ist auf 72 Monate, höchstens aber bis zum 12. Lebensjahr des Kindes begrenzt. Die Daten von Hartmann belegen, dass durch die Begrenzung des Unterhaltsvorschusses das dauerhafte Ausbleiben des Barunterhalts kaum abgefedert wird.

Steuerlich sind Ehepaare gegenüber A. im Vorteil. Der Entlastungsbetrag für A. wurde im Jahr 2000 verringert, so dass Ehepaare demgegenüber deutlicher vom Ehegattensplitting profitieren. Kinderbetreuungskosten sind seit 2005 in vollem Umfang bis zu einer Höhe von 4 000 Euro pro Jahr steuerlich absetzbar. Rückwirkend für das Jahr 2015 wurde der Entlastungsbetrag für Alleinerziehende angehoben.

Kinder von A. haben Anspruch auf Beratung und Unterstützung bei der Geltendmachung des Unterhalts sowie auf Beratung in Fragen des Umgangs durch das Jugendamt. Ledige Mütter haben beim Jugendamt Anspruch auf Unterstützung bei der Geltendmachung des Betreuungsunterhalts sowie in Fragen des Sorgerechts.

Finanzielle Situation und Hilfebedarf

Im Vergleich zum Bevölkerungsdurchschnitt und im Vergleich zu Paarfamilien sind A. überdurchschnittlich häufig arm. Gut 40 % der A. leben von Leistungen nach dem SGB II. Als arm gilt, wer weniger als 60 % des Medianeinkommens aller Haushalte in Deutschland zur Verfügung hat. Die Armutsgefährdungsschwelle für A. liegt auf Basis des Panels für Arbeitsmarkt und soziale Sicherung (PASS) für 2013 bei 1 144 € im Monat (Tophoven/Menzig/Lietzmann 2015). A. im Bezug von Leistungen nach dem SGB II erhalten 2013 durchschnittlich eine Regelleistung von 1 158 € und liegen damit knapp über der Armutsgefährdungsschwelle. Dennoch leben die Kinder von A. überdurchschnittlich häufig und lange Zeit in Armut.

Im März 2015 waren 627 264 Bedarfsgemeinschaften Alleinerziehendenhaushalte. Die Hilfequote liegt mit knapp 40 % viermal so hoch wie im Durchschnitt aller Haushalte. Von diesen ist etwa ein Drittel erwerbstätig und bezieht dennoch Leistungen zur Sicherung des Lebensunterhalts (Tophoven 2013).

Während knapp 70 % aller A. 2012 erwerbstätig waren, lag ihre Erwerbslosenquote mit 11,6 % deutlich über dem Durchschnitt. Die Hilfequote für A. lag in den Jahren 2007 bis 2013 jeweils bei etwa 40 %. A. sind damit die stabilste Gruppe im SGB-II-Bezug.

Die Jugendhilfestatistik (2012) zeigt, dass A. fast die Hälfte aller Fälle in den Hilfen zur Erziehung ausmachen. Sie haben ein deutlich erhöhtes Risiko, eine Hilfe zur Erziehung (HzE) in Anspruch zu nehmen, bei der das Kind in einer Pflegefamilie oder eine Wohngruppe oder einem Heim untergebracht wird, sog. „Fremdunterbringungen" oder „Inobhutnahmen". Es deutet sich an, dass familienunterstützende Hilfen eher bei zusammenlebenden Eltern erbracht werden, familienersetzende hingegen bei A. Wird dies mit dem Transferleistungsbezug in Zusammenhang gesetzt, so wird deutlich, dass fast 60 % der Familien, die eine HzE In Anspruch nehmen, Transferleistungen beziehen. In der Erziehungsberatung liegt der Anteil bei 17 %, in der Vollzeitpflege bei 73 %. Bei A. schwankt dieser Wert zwischen 58 und 78 % (Rauschenbach/Pothmann/Wilk 2009). A. beziehen zu überdurchschnittlichen Anteilen Transferleistungen. Dies kann sowohl auf eine Kumulierung von Negativerwartungen hindeuten als auch auf tatsächlich erhöhte Belastungssituationen, die aus dem Zusammenspiel von Nachtrennungs- und Nachscheidungskonflikten, Armut und Zeitnot oder Stress entstehen können.

Kinder in Einelternfamilien

Der überwiegende Anteil der Kinder von A. ist sechs Jahre alt oder älter. Nur 10 % der Kinder von A. sind unter drei Jahre alt.

Die Kinder von A. haben kaum Entwicklungsnachteile durch die Abwesenheit eines Elternteils. Es ist gut möglich, dass z. B. Vaterfiguren oder Geschlechtsrollenvorbilder seitens anderer nahestehender Personen erbracht werden. Es ist v. a. von Bedeutung, dass verlässliche Bezugspersonen vorhanden sind. Kinder, deren Eltern vor einer Trennung/Scheidung zahlreiche, intensive Konflikte hatten oder in denen anderen entwicklungsbenachteiligende Probleme wie Gewalt oder Sucht vorkommen, profitieren von einer Trennung und es geht ihnen mit dem allein erziehenden. Elternteil besser. Die Studienergebnisse deuten auf unterschiedliche Effekte der Familienform hin, dies hängt auch vom Kontakt und vom Konfliktniveau der Eltern nach einer Trennung zusammen.

Kinder berichten in Umfragen selbst, dass sie mit der Erziehung ihrer allein erziehenden Eltern zufrieden sind, und 100 % der Kinder geben an, dass der Elternteil immer für sie da ist (Ziegler 2011).

Übergreifend zeichnet sich ab, dass Kinder sich nach einer Krise, die durch die Trennung ausgelöst werden kann, wieder stabilisieren. Nachteile ergeben sich häufiger durch andauernde Nachtrennungs- und Nachscheidungskonflikte, wiederholte Gerichtsverfahren oder dauerhafte Armut. Kinder von A. haben ein dreimal so hohes Risiko in Armut zu geraten und leben durchschnittlich doppelt so lange in Armut wie Kinder aus Paarfamilien mit vergleichbaren Voraussetzungen. Die Folge dieser Armut kann sozialer Ausschluss sein. Kinder in Armut haben geringere Bildungschancen, weniger Unterstützung bei schulischen Problemen und sie verfügen über geringere Teilhabemöglichkeiten an Sport- und außerschulischen Bildungsangeboten.

Bei schwierigen Beziehungen zu den umgangsberechtigten Elternteilen oder bei Gefährdungssituationen können Kinder beim Umgangskontakt begleitet werden. Dies kann entweder durch nahestehende Personen oder durch Umgangsbegleiter erfolgen (z. B. Deutscher Kinderschutzbund). Ein Kind hat zwar ein Recht auf beide Eltern (UN Kinderrechtskonvention) und auf den Umgang mit beiden Elternteilen, das BVerfG hat jedoch entschieden (2007), dass ein Umgang, bei dem ein Elternteil zum Umgang gezwungen wird, nicht zum Wohle des Kindes ist. In diesem Sinne können zwar Kinder unter Umständen entgegen ihrem geäußerten Willen zu Umgangskontakten verpflichtet werden, dies gilt jedoch nicht für Eltern.

Unterstützung von allein Erziehenden

Wesentlich für das Wohlbefinden von A. ist die Frage, inwieweit die Situation des A. als selbst gewählt gedeutet wird oder inwieweit eine unfreiwillige Situation des A. im Nachhinein als freiwillig gedeutet wird. Wird die Trennung, Scheidung oder die Entscheidung für ein Kind ohne greifbaren zweiten Elternteil als eigene Wahl begriffen oder als bessere Option einer zuvor nicht erträglichen Situation, sind die A. zufriedener. Zudem sind soziale Netzwerke der Unterstützung in Fragen von Kinderbetreuung, bei finanziellen Engpässen oder bei der Abstimmung zu Erziehungsfragen relevant. Leben die Eltern der Herkunftsfamilie oder die Schwiegereltern in der Nähe und bieten Unterstützung an, kann dies entlastend wirken. A. mit einem neuen Partner oder einer neuen Partnerin leben durchschnittlich in besseren finanziellen Verhältnissen.

Existenzsichernde Erwerbstätigkeit trägt ebenfalls sowohl zur subjektiven Zufriedenheit wie zum Wohlbefinden der Kinder von A. bei. Hier erscheint subjektiv die Erfahrung der Selbstwirksamkeit entscheidend.

Allein erziehende Mütter geben nach Daten des Sozioökonomischen Panels (SOEP) eine durchschnittlich geringere allgemeine Zufriedenheit an als Mütter in Paarfamilien. Jedoch steigt ihre prospektive Erwartung zur Lebenszufriedenheit in fünf Jahren und sie geben hier ebenso hohe Werte an wie Mütter in Paarfamilien.

Wohnen

Wenngleich dies häufig als Wunsch geäußert wird, gibt es bundesweit nur wenige gemeinsame Wohnprojekte für allein erziehende Eltern. A. leben zu deutlich höheren Anteilen in Großstädten. In Berlin liegt der Anteil allein erziehender Eltern bei über 50 %. Sog. Mehrgenerationenwohnprojekte bringen Familien in unterschiedlichen Lebenslagen zusammen. A. können von diesen Projekte profitieren.

Migration

Über allein erziehende. Migrantinnen gibt es vergleichsweise wenig gesichertes Wissen. Sie sind zu höheren Anteilen weiblich und ihre Lebenssituation unterscheidet sich deutlich danach, aus welchen Herkunftsland sie kommen und inwieweit kulturelle Vorbehalte in der eigenen Herkunftsgesellschaft bestehen. Auch ist dies abhängig davon, in welchem Millieu A. mit Migrationshintergrund leben. Es gibt Migrations-Milieus, in denen das Alleinerziehen eher unüblich ist und allein erziehende Migrantinnen daher eher mit Diskrimi-

A

nierungen zu kämpfen haben. Andere erleben das ihre Situation genau wie deutsche A. als normale Lebensform neben anderen Familien. A. mit ungesichertem Aufenthaltsstatus können am ehesten in prekären Situationen leben, wenn sie z. B. aus einer Gewaltbeziehung ausbrechen und eine Abschiebung fürchten müssen.

Allein Erziehende im europäischen Vergleich

Nach Daten der OECD leben A. in allen europäischen Mitgliedsstaaten in tendenziell prekären Lebenslagen. Dennoch ist die Erwerbssituation von Müttern innerhalb und außerhalb von Partnerschaften entscheidend. Viele allein erziehende Mütter in Deutschland sind vor einer Trennung nicht oder nur geringfügig erwerbstätig. Ein Umstand der steuer- und sozialversicherungsrechtlich begünstigt wird. Dies führt nach einer Trennung oftmals zu Armut, denn nach langen Erwerbsunterbrechungen fällt der Wiedereinstieg schwerer. Im Zusammenspiel mit dem geänderten Unterhaltsrecht kann dies schnell in die Abhängigkeit von Sozialleistungen führen. Grund dafür ist u. a. auch die vorherrschende Orientierung des deutschen Wohlfahrtsstaates am Modell der verheirateten Paarfamilie mit gemeinsamen Kindern. A. wie auch Familien mit homosexuellen Eltern oder unverheiratete Paare mit Kindern stellt diese Orientierung vor Probleme der Existenzsicherung, der Sozialversicherung, der steuerrechtlichen und familienrechtlichen Benachteiligung. Neuere repräsentative Studien zu A., ihrer finanziellen Situation, zu Unterhaltszahlungen und Kontakten sowie zum nicht im Haushalt lebenden Elternteil stehen seit den Arbeiten von Schneider/Krüger 2001 aus und stellen einen notwendigen Forschungsbedarf dar.

Sabina Schutter

Literatur

S. Buske: Fräulein Mutter und ihr Bastard. Eine Geschichte der Unehelichkeit in Deutschland 1900–1970, Göttingen, 2004 ◆ DV: Empfehlungen des Deutschen Vereins zur Verbesserung der Erwerbsintegration von Alleinerziehenden, in: NDV Mai 2015 ◆ A. Lenze: Alleinerziehende unter Druck, Gütersloh 2014 ◆ T. Lietzmann: Warum Alleinerziehende es besonders schwer haben. IAB Kurzbericht 12/2009, Download unter www.iab.de, Nürnberg 2009 ◆ S. Tophoven/C. Wenzig/T. Lietzmann: Kinder- und Familienarmut: Lebensumstände von Kindern in der Grundsicherung, Gütersloh 2015 ◆ S. Fendrich/J. Pothmann/A. Tabel: Monitor Hilfen zur Erziehung, Dortmund 2012 ◆ B. Hartmann: Unterhaltsansprüche und deren Wirklichkeit. Wie groß ist das Problem nicht gezahlten Kindesunterhalts? in: SOEP_papers on Multidisciplinary Panel Data Research. Download unter www.diw.de ◆ N. F. Schneider/D. Krüger u. a.: Alleinerziehen. Vielfalt und Dynamik einer Lebensform, München 2001 ◆ BA: Analytik-Report. Arbeitsmarkt für Alleinerziehende, Download unter: www.arbeitsagentur.de, Nürnberg 2011 ◆ Stat.BA: Alleinerziehende in Deutschland. Ergebnisse des Mikrozensus 2014, Download unter www.destatis.de, Wiesbaden 2015 ◆ Stat. BA: Datenreport 2016: Familie, Lebensform, Kinder, Wiesbaden 2016 ◆ Stat. BA: Bevölkerung und Erwerbstätigkeit 2015, insbes. Kap. 3.4, Wiesbaden 2016 ◆ H. Ziegler: Auswirkungen von Alleinerziehung auf Kinder in prekärer Lage, Bielefeld 2011.

Links

www.bmfsfj.de
www.vamv.de
www.dji.de
www.destatis.de

Allgemeiner Sozialdienst

Funktion und Geschichte

Allgemeine Sozialdienste (ASD) sind bezirklich organisierte Basisdienste für die Versorgung einer Region mit sozialen Hilfeleistungen und öffentlichen Kontrollaufgaben in den Bereichen Jugend-, Sozial- und Gesundheitshilfe. Sie sind in der 2. Hälfte des 19. Jh. aus den stark expandierenden Armenpflege- und Fürsorge- und Aufsichtsaufgaben der Gemeinden entstanden und seitdem immer wieder Gegenstand organisatorischer Neugestaltung, fachlicher Reformen und kommunalpolitischer Positionierung: Streitbar war und ist v. a., wie viel soziale Verantwortung durch diese Dienste öffentlich wahrgenommen, welche Aufgaben dazu zusammengefasst werden sollen und welche Ausstattung und welche Qualifikationen hierfür erforderlich sind (ISS 2011 und Gissel-Palkovich 2011, Merchel 2015).

Große Erwartungen wurden dabei immer wieder an die ASDs gerichtet, sowohl sozialpolitisch innovativ als auch finanziell effektiv die sozialen Folgen gesellschaftlicher Modernisierung zu bearbeiten. V. a. in Umbruch- und Krisenzeiten ist daher besonders heftig um die richtigen Konzepte und Arbeitsweisen und die erforderlichen Ausstattungen und Strukturen eines ASD gerungen worden *(Geschichte der Sozialarbeit/Sozialpädagogik):*

- **1850–1910:** In den rasant wachsenden Industriestädten war die traditionelle Armenpflege mit ihrer weitgehend zufälligen Almosenabgabe völlig überfordert und wurde abgelöst von ehrenamtl. Besuchsdiensten in überschaubaren Bezirken, die im Außendienst Kontakt und Aufsicht verbanden, und hauptamtl. Beamten, die im Innendienst für Bewilligung und Kontrolle von Hilfen und Helfern zuständig waren. Als Elberfelder-System wurde schon 1853 diese Organisations- und Konzeptreform bekannt und sollte einen zielgenaueren und aktivierenden Hilfeeinsatz mit einem effektiveren und besser zu kontrollierenden Personal- und Kostenaufwand verbinden (Sachße/Tennstedt 1988).
- **1914–1930:** Schon während und v.a. nach dem Ersten Weltkrieg erschütterten zwei Entwicklungen die Armenpflege: Einerseits wuchs der Bedarf an öffentlicher Unterstützung auch „normaler" Familien kriegsbedingt sprunghaft an („Vater im Felde, Mutter in der Munitionsfabrik"), und andererseits brach die Basis der immer noch weitgehend ehrenamtl. getragenen Wohlfahrtsarbeit weg oder war völlig überfordert. Als Antwort auf diese Entwicklungen sollte aus der Armen- die Wohlfahrtspflege werden, die nicht mehr nur im außergewöhnlichen Notfall öffentlich eingreift, sondern daneben zunehmend Aufgaben der Beratung, ergänzenden Versorgung und befristeten Unterstützung für eine wachsende Zahl von *Familien* übernimmt. Die Basis dieser neuen Aufgaben wurde wiederum in einer Bündelung von Aufgaben und Zuständigkeiten in der neuen Familienfürsorge sowie im Einsatz speziell qualifizierter hauptamtl. Kräfte gesucht (Müller 2008).
- **1930–1950:** Trotz erheblicher Anstrengungen, z.B. durch neue Sozialgesetze (z.B. RJWG, RFV etc.) und eine rasante *Professionalisierung* Sozialer Arbeit, gelang es in der Zeit der WR kaum, eine „öffentliche Verantwortung für private Lebensschicksale" umfassender zu verankern; hierzu fehlten sowohl ein gesellschaftspolitischer Konsens als auch Geld in den öffentlichen Kassen. Eine Antwort auf die vermeintlichen Bedrohungen durch soziale Bedürftigkeit und Krisen war die konsequente Selektion der „erfolglosen Fälle". Mit der Aussonderung z.B. der sog. Unerziehbaren aus der Jugendfürsorge und der „Gemeinschaftsfremden und Wanderer" aus der Wohlfahrtspflege wurde schon Ende der 1920er Jahre begonnnen. Diese Strategie, soziale Probleme biologisch-medizinisch als Folge „minderwertiger Rassemerkmale" zu erklären, um die betroffenen Menschen scheinbar objektiv erkennen zu können, wurde von den Nationalsozialisten konsequent weitergeführt. Rassenhygiene und Erbgesundheitspflege waren ab 1933 die bevorzugten Instrumente dieser Selektion, von der alle Menschen betroffen waren, die nicht ins Bild des gesunden und kriegstauglichen Volksgenossen passten *(Eugenik, Soziale Arbeit im Nationalsozialismus).*

  Auf der anderen Seite wurde mit erheblichem Aufwand eine öffentliche Fürsorge als „Volkspflege" für die wertvollen „Glieder der Volksgemeinschaft" aufgebaut: Kraft durch Freude, Winterhilfswerk und Kinderlandverschickung sind Beispiele für diese öffentlichkeitswirksam inszenierte positive Wendung der alten Fürsorge.

  Der ASD befand sich genau im Zentrum dieser gegensätzlichen Entwicklungen; einerseits war er Ermittlungsdienst für die erbgesundheitliche Überwachung, andererseits konnte er die neuen Wohltaten an bedürftige Volksgenossen verteilen. Folge dieser bis heute auch für den ASD kaum aufgearbeiteten „Verstrickung" ist auch das in Praxis wie Theorie deutliche Misstrauen gegen die für diesen Dienst typische Verbindung von Kontroll- und Hilfeaufgaben (Schrapper 1993).
- **1960–1980:** In dieser Zeit gerieten Organisation und Konzept öffentlicher Fürsorge wiederum zunehmend unter den Druck sich verändernder gesellschaftlicher Erwartungen und Ansprüche: Wachsende Anforderungen an Bildung und Flexibilität der Menschen, neue Familienstrukturen und Lebensentwürfe, aber auch eine rechtsstaatliche Verankerung von Ansprüchen auf soziale Leistungen in neuen Sozialgesetzen (z.B. BSHG von 1961) sowie nicht zuletzt das wachsende professionelle Selbstverständnis sozialer Berufe verlangten nach neuen Konzepten und Strukturen. Durch eine Differenzierung und Spezialisierung von Aufgaben, z.B. in Erziehungs- und Drogenberatung, Beratung von Pflegefamilien oder Hilfen für Ausbildung, bei der Arbeitssuche, für Migrantenfamilien oder für ältere Menschen drohte der ASD zu einem Restdienst für die nicht spezialisierbaren Aufgaben zu verkommen. Diese Abwertung generalistischer Arbeitsformen wurde beschleunigt durch Professionalisierungsbemühungen, die sozialen Berufe durch spezialisierte Methoden v.a. der Beratung und Therapie aufzuwerten.
- **Seit 1990** wird der ASD wieder interessant; einerseits sind es erneut soziale Veränderungen und ökonomische Krisen, die deutlich mit

den Grenzen sozialstaatlicher Daseinsvorsorge konfrontieren, und andererseits neue Konzepte sozialer Arbeit, die nah an der Lebenswelt und mitten im *Sozialraum* das alte Dilemma zu lösen suchen, individuelle Lebensbedürfnisse mit gesellschaftlichen Normalisierungserwartungen in einen produktiven Einklang zu bringen. Die territoriale Bindung an einen überschaubaren Bezirk, der generalistische Blick auf Menschen, Familien und Milieus und die traditionsreiche Verknüpfung von Hilfe- und Kontrollaufgaben lassen den ASD geeignet erscheinen, die widersprüchlichen Erwartungen an eine ebenso fachlich qualifizierte Gestaltung wie ökonomisch effiziente Erbringung sozialstaatlicher Basisversorgung zu erfüllen (Kreft/Lukas 1993; Schrapper 1998; *Sozialraumorientierung*). In die Kritik gerät der ASD genau dort, wo sich diese Erwartungen zuspitzen: einerseits in der Verletzung von *Garantenpflichten* für den Schutz von Kindern und andererseits als Gewährleister teurer Hilfemaßnahmen der Sozial- und Jugendhilfen (Mörsberger u. a. 1999; ISS 2011).

Organisation und Aufgaben

ASDs haben heute vielfältige Aufgaben in der Jugend- und Sozialhilfe, der Sozialpsychiatrie, *Altenhilfe,* im Feld der Arbeitsförderung und für ältere Menschen sowie für Einzelpersonen und Familien mit Migrationserfahrung *(Soziale Arbeit und Psychiatrie, Ausländerinnen/Ausländer, Migration).* Es wird nach unterschiedlichen Arbeitskonzepten gearbeitet; im Vordergrund steht immer noch die Einzelfallhilfe und Beratung mit methodischen Vertiefungsgebieten oder spezialisiert für Probleme und Zielgruppen, aber auch Stadtteil- und *Gemeinwesenarbeit* gehören zum Handwerkszeug eines ASD. Und nicht zuletzt sind ASDs in die verschiedenartigsten Organisationsformen eingebunden: als Teil des Jugend- oder des Sozialamtes, als eigenes Amt, als Fachdienst, in regionalisierten Sozialzentren, -bürgerhäusern oder als Delegationsaufgabe eines freien Trägers. Immer wieder gab und gibt es Bemühungen, Standards zu formulieren und durchzusetzen (KGSt 1975, Deutscher Verein 1983 und 2002, ÖTV 1996). Doch es scheint sehr schwierig, allgemein anerkannte Aufgabenprofile und Organisationsformen zu vereinbaren; zu unterschiedlich sind die örtlichen Situationen und Traditionen, zu einflussreich das lokale Interesse, Einfluss und Spezialitäten nicht zu verlieren (zur rechtlich-fachlichen Problematik Schäfer, in: Münder u.a 2013, § 69 Rz 14 ff.).

Hinter dieser Vielfalt und Unterschiedlichkeit werden aber doch originäre und unverwechselbare Aufgaben eines ASD erkennbar:

- **Beraten und entscheiden**

Die Wahrnehmung und Deutung der Lebenssituation von Menschen in Belastungs-, Krisen- und Notsituationen ist eine wesentliche Aufgabe der MitarbeiterInnen eines ASD, immer verknüpft mit der Frage, ob ein Bedarf und ein Anspruch auf öffentliche Leistungen der Entlastung, Förderung oder Unterstützung besteht. Dabei sind verständnisvoller Zugang für Probleme und Wünsche und die korrekte Prüfung von Anspruchsvoraussetzungen zu verbinden. Martin Rudolf Vogel hat dieses Dilemma öffentlicher Hilfen als einen „immanenten Prinzipiengegensatz" charakterisiert „insofern, als hier zugleich die einander widerstreitenden Forderungen der subjektiven Einmaligkeit der Hilfsbedürftigkeit und der objektiven Rechtmäßigkeit der Hilfevoraussetzungen auf einen Nenner gebracht werden müssen" (Vogel 1966, 77). Das Besondere der Tätigkeiten in einem ASD z. B. im Unterschied zu einer Erziehungsberatungsstelle ist eben, dass die Beratung von Menschen i. d. R. verbunden ist mit einer Entscheidung über ihre Leistungsansprüche.

Dieser Arbeitsprozess der Verständigung über Probleme und Bedarfe auf der einen sowie Erwartungen und Leistungen auf der anderen Seite kann nicht auf einen administrativen Vorgang formaler Rechtsanwendung verkürzt werden. So unbestritten zur Qualität Sozialer Arbeit im ASD die kenntnisreiche und kompetente Anwendung von Recht und Gesetz gehören muss, so unverzichtbar ist für die Qualität dieser Sozialleistungserbringung auf dem eigenständigen Charakter sozialpädagogischer Beratungs- und Entscheidungsprozesse zu bestehen – und der liegt in der Verbindung subjektiver Kompetenzen mit objektivierenden Arbeitsweisen und Methoden *(Handlungskompetenz, Diagnostik, sozialpädagogische).*

- **Unterstützen, schützen und kontrollieren**

Der gesetzliche Handlungsauftrag sozialstaatlicher Leistungen für Menschen in Belastungs-, Krisen- und Notsituationen bewegt sich zwischen folgenden Polen:

- Unterstützung und Entlastung, z. B. der Eltern bei den Aufgaben der Versorgung und Erziehung ihrer Kinder oder psychisch belasteter oder alter Menschen bei der möglichst eigenständigen Bewältigung ihres Alltags;
- dem Schutz vor Gefahren, z. B. des Kindeswohls oder vor Selbst- und Fremdgefährdung

(PsychKG); diese Schutzpflicht ist häufig verbunden mit Kontrollkompetenzen, die aber im Unterschied zu technischen Überwachungs- oder polizeilichen Ermittlungsaufgaben an den Zweck der Schutzaufgaben gebunden sind (seit 1. 10. 2005 v. a. in § 8a SGB VIII geregelt).

Die beiden Aufgabenschwerpunkte sind gleichrangig, wobei der Schutz z. B. der Kinder vorrangig durch Entlastung, Unterstützung und Hilfe für die Eltern realisiert werden soll. Menschen müssen also erkennen können, dass alle öffentlichen Interventionen ihrer Unterstützung und *Hilfe* dienen sollen, und sie müssen das Vertrauen entwickeln können, dass Entlastung und Unterstützung nicht Vorwände sind, um Hinweise und Begründungen für Eingriffe sammeln zu können.

Öffentliche Sozialleistungen sind ohne Kontrolle nicht rational und rechtsstaatlich zu gestalten: sowohl die Berechtigung von Leistungsansprüchen als auch die Realisierung von Hilfeleistungen muss kontrolliert werden. Dabei benötigen auch die „Kontrolleure" ein sie kontrollierendes Gegenüber, institutionell und professionell, um sich sowohl vor Allmachtsphantasien wie auch vor Ohnmachts- und Überlastungsgefühlen zu schützen bzw. geschützt zu werden. Kollegiale Beratung und Reflexion *(Intervision)* sind Orte dieser Kontrolle, die methodisch gestaltet und institutionell abgesichert werden müssen.

- **Knappe Güter verteilen**

Der Bedarf von Menschen an Angeboten der Beratung, Entlastung, Unterstützung und Hilfe auf der einen sowie die verfügbaren oder beschaffbaren Ressourcen (Arbeitszeit, Kompetenz und Geld) für konkrete Leistungen öffentlicher Hilfen und Sozialleistungen auf der anderen Seite stehen immer in einem prekären Verhältnis zueinander: Es müssen grundsätzlich endliche und damit knappe Ressourcen auf eine prinzipiell unendliche Anzahl von Wünschen, Bedürfnissen und Ansprüchen verteilt werden.

Jede Leistungsentscheidung durch Mitarbeiterinnen und Mitarbeiter des ASD ist daher eine Entscheidung über die Verteilung nur begrenzt verfügbarer, „knapper" Güter: zuerst der Zeit und Aufmerksamkeit der Fachkräfte im ASD, dann der vorhandenen Hilfeangebote und materiellen Ressourcen. Der bedingungslose Bezug auf das Leistungsgesetz oder eine sozialpädagogische Ethik nach dem Motto, jedem das „Beste" geben zu wollen, verkennt die faktischen Begrenzungen der Menschen und materiellen Ressourcen: Wer für alle nur das „Beste" will, nimmt in Kauf, für viele nur noch das „Schlechtere" verfügbar zu haben.

Die Verteilung öffentlicher Sozialleistungen war und ist immer mit dem Problem der Verteilung begrenzter Ressourcen konfrontiert, in Krisenzeiten verschärft durch eine restriktive Sozial- und Finanzpolitik, die meist traditionsreichen Ungereimtheiten der kommunalen Organisation sowie die Defizite der fachlichen Planungen und Konzepte.

Die durch den ASD zu treffenden Entscheidungen über „geeignete und erforderliche" Leistungen müssen daher mit nachvollziehbaren Argumenten und Begründungen so getroffen werden, dass sie kontrolliert werden können. Nur durch „Verfahren" kann sichergestellt werden, dass sowohl fachlich qualifiziert entschieden und sozial „gerecht" verteilt als auch wirtschaftlich und sparsam gearbeitet wird. Hierzu gibt es keine ernsthaften Alternativen: Weder die Verstärkung hierarchischer Kontrollen durch Vorgesetzte, Beschlusskonferenzen oder Rechungsprüfungsämter noch der Appell an die fachliche Moral lösen zuverlässig das Dilemma von Leistungsauftrag und begrenzten Ressourcen.

ASD als Einzelfall- oder Sozialraummanager?

Ein zentrales Problem unserer sozialstaatlichen Systeme ist es, die Rationalität von Verteilungsentscheidungen zu sichern, also die Zuwendung auf der einen und die Ablehnung sozialstaatlicher Leistungen auf der anderen Seite sachlich, rechtlich und politisch zu legitimieren. Die zu beantwortenden Fragen lauten: Wann, warum, wofür und in welchem Umfang gibt es eine „öffentliche Verantwortung für private Lebensschicksale"? Die zielgerichtete und möglichst wirksame Verteilung sozialer Leistungen war und ist daher die Hauptaufgabe des ASD, vom Elberfelder Armenpfleger Ende des 19 Jh. (s. o.) bis zum modernen Fallmanager zu Beginn des 21. Jh., der für seinen Zuständigkeitsbezirk ein Sozialraumbudget steuert. Zwei z. T. widersprüchliche Aufgaben sind dabei zu lösen: Einmal soll nur der Hilfen bekommen, der sie „wirklich" benötigt, zum anderen soll die notwendige Hilfe aber auch schnell und wirksam zur Geltung kommen.

Waren es traditionell eher strenge Anspruchsprüfungen im Einzelfall, begleitet durch regelmäßige Kampagnen gegen sog. Leistungsmissbrauch, so wird heute daneben – nicht anstelle – eine andere Strategie verfolgt. Möglichst alle Unterstützungs- und Hilfebedürfnisse der Menschen aus einem Bezirk, Stadtteil oder Kreisgebiet sollen aus einem Budget bedient werden; als Vorteil wird gesehen, dass jenseits bestehender Zuständigkeits- und Finanzierungsregularien unkomplizierte und zugängliche Unterstützungen gestaltet werden können, die zudem die Selbst- und Nachbarschaftshilfe besser nutzen. Erhofft wird, so öffentliche Mittel effektiver einzusetzen und das begrenzte Budget besser auszunutzen. Nachteil ist, dass individuelle Rechtsansprüche einem ausgeschöpften Sozialraumbudget zum Opfer fallen könnten und die Pluralität der Hilfeangebote und Anbieter leidet, da sich neue Sozialraummonopole bilden (SOS 2001/Münder u. a. Einleitung, Rz 35, § 79, Rz 14).

Prävention oder Krisenintervention?

Gängige Auffassung ist, Schutz vor Gefahren biete v. a. die vorbeugende Verhütung *(Prävention).* Mit zielstrebiger Orientierung an den „Ressourcen des Sozialraumes" und nah an der „Lebenswelt" der Menschen sollen Belastungen, die eine positive Entwicklung und eigenständige Lebensführung gefährden, gar nicht erst entstehen können. Durch frühzeitige Unterstützung soll niederschwellig und kostengünstig entlastet und so eingriffs- und kostenintensive Intervention, z. B. durch stationäre Hilfen, möglichst verhindert werden.

So richtig diese Strategie ist, so falsch ist die Annahme, Prävention und Intervention könnten zwei alternative Handlungsstrategien sein, eine ausgebaute, sozialräumlich orientierte und integrierte Jugend- oder Sozialhilfe auf Interventionen, also auf machtvolle Eingriffe, gänzlich verzichten. Prävention könnte Intervention nur dann ersetzen, wenn sie total gelänge und jegliche Gefährdung durch Vorbeugung sicher auszuschließen wäre. Soll aber diese pädagogisch omnipotente und politisch totalitäre Vorstellung von einer Gefährdungen umfassend verhindernden Prävention nicht verfolgt werden, bleibt nur die Erfahrung, dass wirkungsvoller Schutz erst durch eine sowohl vorausschauende und vorbeugende Verhinderung der Entstehung potenzieller Gefahren als auch durch eine wirkungsvolle und zuverlässige Abwehr akuter Gefahren gestaltet werden kann.

Ein ASD muss im Rahmen des *Kinderschutzes* oder der Betreuung psychisch kranker Menschen seine Schutzaufgaben als eine qualifizierte und zuverlässige Krisenintervention ausgestalten, als notwendiges Pendant zu den anderen, Lebensbedingungen gestaltenden, präventiv wirksamen Aufgaben. Entgegen der häufig abwertend gemeinten Rede von der „Krisenfeuerwehr" kann hierfür gerade die moderne Feuerwehr mit ihren integrierten Aufgaben des Brandschutzes, der Brandbekämpfung, der Rettung und Bergung brauchbare Anregungen für die professionelle Entwicklung zuverlässiger *Krisenintervention* geben. Die insgesamt eher negative Konnotation der Aufgabe „Krisenintervention" in der Sozialen Arbeit hat dazu geführt, dass diese weder konzeptionell noch methodisch den Aufgaben der Beratung oder Erziehung vergleichbar ausgearbeitet und qualifiziert wurde (Brungs/Fritz 2000; *Krise, Krisenintervention*).

Qualitätsanforderungen an die Arbeit eines ASD

Vor dem Hintergrund der skizzierten Traditionen und Kontroversen sollen abschließend fünf Anforderungen an eine „gute" Arbeit im ASD zusammengefasst werden:

- Fachkräfte im ASD müssen die Menschen in der Komplexität ihrer Lebensverhältnisse und der Verbundenheit ihrer Lebensthemen in den Blick nehmen und verstehen können.

Gerade die bezirkliche Organisation und basale Zuständigkeit eines ASD eröffnet und erfordert einen verstehenden Blick auf Menschen und ihre Lebensumstände, der nicht zuerst nach den Defiziten und Störungen sucht, sondern Potenziale und Ressourcen ebenso wie Beeinträchtigungen und Verletzungen sieht. V. a. aber benötigt ein i. d. S. ganzheitlich denkender ASD Verstehen für den Eigensinn von Menschen und Systemen.

- SozArb im ASD muss an den Lebensräumen und Lebenswelten von Menschen orientiert sein.

Die Versorgung und Erziehung des Nachwuchses ist ebenso wie das Leben im Alter vielfach ein Geschehen, das sich im engeren regionalen Umfeld des Wohnsitzes abspielt. Auf der anderen Seite prägen soziale und kulturelle Zugehörigkeiten ganz wesentlich menschliche Existenz und Entwicklung. Oft gehen beide – räumliche Strukturen und soziale und kulturelle Zuordnung – eine enge Verbindung ein, werden ideelle Vorstellungen im äußeren Erscheinungsbild eines Wohnquartiers oder Stadtteils sichtbar und prägen umgekehrt die räumlichen Bedingungen und Strukturen Selbstverständnis und Lebensstil der Menschen. Die klassischen Bergbausiedlungen des Ruhrgebiets, sozial belastete Hochhaussiedlungen oder Altstadtviertel mit überwiegend türkischer Bevölkerung sind dafür traditionelle, aktuelle Beispiele.

An solchen inneren und äußeren Merkmalen und Prägungen der Lebensräume und Lebensvorstellungen muss sich SozArb im ASD orientieren, um Potenziale und Stärken ebenso zu sehen wie die Beeinträchtigungen, Gefährdungen und Verletzungen. Die lokalen Milieus der ökonomischen, kulturellen und sozialen Betätigung und Problembearbeitung soll nicht nur gekannt und respektiert werden, sie sind auch wesentlicher Ausgangspunkt für tragfähige Unterstützung und Konfliktbearbeitung.

Ebenso sind vorhandene regionale, politische und administrative Strukturen ein dritter wichtiger Bezugspunkt – von den Bezirkzuschnitten der sozialen Dienste und anderer örtlicher Ämter bis zu den unterschiedlichen Dienststellen und Wahlbezirken in einer Stadt oder den überregionalen Behörden, die für die regionalen und sozialen Angelegenheiten eines Stadtviertels zuständig sind.

- Soziale Hilfen müssen als zugängliche und zuverlässige Leistungen der Information und Beratung sowie Unterstützung und Hilfe ausgestaltet werden

Die modernen Sozialgesetze wie SGB II, VIII und XII begründen unter definierten Voraussetzungen sozialrechtliche Leistungsansprüche auf staatliche Angebote der Unterstützung, Beratung und Hilfe. Von der „obrigkeitsstaatlichen Fürsorge zur sozialpädagogischen Dienstleistung", so ist der grundlegende Konzept- und Paradigmenwechsel sozialer Hilfeleistungen charakterisiert worden (Kreft/Lukas 1993). Der ASD ist oft der erste Kontakt des Bürgers mit öffentlichen Hilfeinstanzen, auf ihn kommt daher in besonderer Weise die Anforderung zu, ebenso zugänglich wie kompetent und respektvoll Erwartungen und Situationen zu klären, zuverlässig Auskunft zu geben und verbindlich den Zugang zu Hilfeleistungen zu schaffen oder verständlich deren Ablehnung zu erklären.

- Fachkräfte und Institutionen einer Region müssen in verbindliche und belastbare Kooperationen eingebettet sein.

Zuverlässige Sozialleistungen lassen sich nicht losgelöst von den Lebensräumen und Lebensvorstellungen der Menschen betrachten, so die Erkenntnis der ersten beiden Aspekte. Sie lassen sich aber auch nicht in isolierten Arbeitsfeldern und schon gar nicht in hierarchischen Anordnungsverhältnissen gestalten. Der Komplexität der skizzierten Anforderungen und Arbeitsbezüge werden nur Arbeitsformen gerecht, die fachliche und organisatorische Zusammenarbeit unterstützen, dabei berechenbar und verbindlich bleiben und v. a. belastbar für die Herausforderungen der Klienten ebenso wie für die Friktionen der eigenen Systeme. Der ASD hat für diese Kooperationskultur eine besondere Verantwortung, steuert er doch durch seine Einzelfallentscheidungen die Tätigkeiten vieler Einrichtungen und Institutionen und hat durch seine exklusiven Kenntnisse der Strukturen und Verhältnisse im Bezirk eine besondere Verbindung zu vielen wichtigen Akteuren.

- Aufgaben und Organisation öffentlicher Sozialleistungen müssen politisch legitimierbar sein sowie sorgsam mit öffentlichem Geld umgehen.

Öffentliche Leistungen unterliegen in einem demokratischen Gemeinwesen grundsätzlich politischer Kontrolle, nicht nur, aber auch weil sie aus öffentlichen Mitteln bezahlt werden. Ebenso wie die Nützlichkeit dieser Hilfeleistungen für den Bürger im Einzelfall erkennbar werden muss, hat das Gemeinwesen einen Anspruch zu erfahren, in welcher Weise diese Leistungen dazu beitragen, den Erwartungen nach Sicherung der öffentlichen Ordnung auf der einen und den Ansprüchen einer zivilen Gesellschaft z. B. dem Schutz von Bürgerrechten, auf der anderen Seite gerecht werden zu können. Dem ASD kommt dabei die besondere Verantwortung zu, eine öffentliche Verantwortung für private Lebensschicksale immer wieder in beide Richtungen zu vermitteln.

Christian Schrapper

Literatur

AGJ (Hrsg.): ASD – mehr als Kinderschutz. Diskussionspapier in: FORUMJugendhilfe 4/2010, 70–75 ◆ M. Albrecht/S. Lattwein/U. Urban-Stahl: Der Hausbesuch im Kontext des Schutzauftrags bei Kindeswohlgefährung, in: np 2/2016, 107–124 ◆ BAG ASD/KSD: Weiterentwicklung und Steuerung der Hilfen zur Erziehung, in: NDV 1/2015, 33–37 (ein Positionspapier) ◆ M. Brungs/W. Fritz: Krisenintervention im Allgemeinen Sozialen Dienst (ASD) des Jugendamtes ◆ in: Theorie und Praxis der Sozialen Arbeit, Nr. 10/2000, 368–376 ◆ DV: Empfehlungen zur Organisation des kommunalen Allgemeinen Sozialdienstes, Frankfurt/M. 1983 ◆ DV: Profil für einen kommunalen Sozialdienst, Frankfurt/M. 2002 ◆ I. Gissel-Palkovich: Lehrbuch Allgemeiner Sozialer Dienst – ASD. Rahmenbedingungen, Aufgaben und Professionalität. Weinheim/München 2011 ◆ I. Gissel-Palkovich/H. Schubert: Der Allgemeines Soziale Dienst unter Reformdruck, Baden-Baden 2015 ◆ ISS e. V. (Hrsg.): Der Allgemeine Soziale Dienst. Aufgaben, Zielgruppen, Standards. München [2]2011 ◆ KGSt: Organisation des Jugendamtes, Allgemeiner Sozialdienst, Bericht Nr. 6/1975 ◆ D. Kreft/H. Lukas: Perspektivenwandel in der Jugendhilfe, 2 Bde., Frankfurt/M. ²1993 ◆ J. Merchel (Hrsg.): Handbuch Allgemeiner Sozialer Dienst (ASD), München, ²2015 ◆ T. Mörsberger/J. Restemeier (Hrsg.): Helfen mit Risiko. Zur Pflichtenstellung des Jugendamtes bei Kindeswohlvernachlässigung, Neuwied/Kriftel/Berlin 1997 ◆ C. W. Müller: Helfen und Erziehen. Soziale Arbeit im 20. Jh., Weinheim/Basel ²2008 ◆ J. Münder u. a.: Frankfurter Kommentar zum SGB VIII – Kinder- und Jugendhilfe, Baden-Baden ⁷2013 ◆ ÖTV (Hrsg.): Soziale Dienste, Soziale Arbeit, Neuorganisation und Weiterentwicklung, Stuttgart 1996 ◆ U. Petry: Die Last der Arbeit im ASD, Weinheim/München 2013 ◆ C. Sachße/F. Tennstedt: Geschichte der Armenfürsorge in Deutschland, Bd. 2: Fürsorge und Wohlfahrtspflege 1871 bis 1929, Stuttgart 1988 ◆ C. Schrapper: Hans Muthesius (1885–1997). Ein deutscher Fürsorgejurist und Sozialpolitiker zwischen Kaiserreich und Bundesrepublik, Münster 1993 ◆ C. Schrapper (Hrsg.): Qualität und Kosten im ASD. Konzepte zur Planung und Steuerung der Hilfen zur Erziehung durch kommunale soziale Dienste, Münster 1998 ◆ Schwerpunktheft ASD, in: uj 5/2013 ◆ SOS-Kinderdorf (Hrsg.): Sozialraumorientierung auf dem Prüfstand, München 2001 ◆ M. R. Vogel: Die kommunale Apparatur der öffentlichen Hilfe, Stuttgart 1966.

Altenhilfe (Altenarbeit)

Begriff und Gegenstandsbereich

Altenhilfe und Altenarbeit bezeichnen ein weites und differenziertes Spektrum an Leistungen und Angeboten, die alten Menschen Unterstützung bei der Gestaltung und Bewältigung dieser Lebensphase geben. Eine begriffliche Unterscheidung zwischen Altenhilfe und Altenarbeit (vormals „offene Altenhilfe“) ist angebracht. Altenhilfe zielt auf die Sicherstellung von Hilfen bei „abhängigen“ Lebenslagen (*Pflege, Armut,* Isolation usw.). Altenarbeit richtet sich auf die Gewährleistung zur Teilhabe am gesellschaftlichen Leben (Kultur, Begegnungsstätten u. a. m.). Die Grenzen zwischen den Angebotsformen sind vielfach fließend.

Altenhilfe und Altenarbeit sind Aufgabe der Kommunen (§ 71 SGB XII). Traditionell sind sie Teil des Sozialwesens *(Altenpolitik).* Infolge des demographischen Strukturwandels ist für die Altenhilfe eine Verschiebung in Richtung Gesundheitswesen festzustellen. Altenhilfe liegt auf der Schnittstelle des Sozial- und Gesundheitswesens *(Gesundheitshilfe).* Die damit verbundene Trennung in Zuständigkeiten und fachliches Selbstverständnis produziert im Tätigkeitsfeld Reibungsverluste. Die Dominanz sog. „harter Bedarfslagen“ hat im vergangenen Jahrzehnt zu einem strukturellen Bedeutungsverlust sozialer Bedarfslagen beigetragen. In der produktiven Zusammenführung der Segmente, die nicht zulasten des Sozialen geht, liegt eine der entscheidenden Gestaltungsaufgaben künftiger *Sozialpolitik* wie der *Sozialen Arbeit.*

Strukturwandel

Das Altern der Gesellschaften in den Industrienationen stellt eine in seinen Implikationen und Anforderungen an Sozial- und Versorgungsstrukturen gänzlich neue Aufgabe dar. Sie geht mit einem Strukturwandel des Alterns einher, der durch Verjüngung, Entberuflichung, Singularisierung, Feminisierung und Hochaltrigkeit (Tews 1993) beschrieben wird. Ein Fokus, der ausschließlich auf die Integration alter Menschen in die Gesellschaft, auf die Tragfähigkeit des Generationenvertrages und insbesondere die Wahrnehmung der Ressourcen und Kompetenzen alter Menschen setzt, greift dabei vermutlich absehbar zu kurz. Die Tatsache, dass wir in toto eine alternde Gesellschaft sind, muss den künftigen Fokus sozialpolitischer Fragestellungen bilden *(Alter, Gerontologie).* Die Auseinandersetzung um eine alternde Gesellschaft ist mit der Debatte um Zivilgesellschaft und *bürgerschaftlichem Engagement* eng verbunden.

Gesellschaftliche Entwicklungen zeigen Altern als kulturelle Konstruktion (Hoppe, Wulf 1997), die sich insbesondere in spezifischen Altersbildern niederschlägt. Defizitäre und eindimensionale Altersbilder sind überholt. Positiv diskriminierende Altersbilder sind zu vermeiden (6. Altenbericht 2010). Eine umfassende Differenzierung der Lebenslagen ist zu konstatieren. Die griffige Unterscheidung von „jungen Alten“ und „alten Alten“ verweist auf diese Realität, bildet sie jedoch nur fragmentarisch ab. Die Lebensphase Alter, die quantitativ eine Zeitspanne von mehr als 30 Jahren umfassen kann, weist auch qualitativ eine große Heterogenität in den Lebenslagen auf, die auch durch Hochaltrigkeit nicht nivelliert wird (4. Altenbericht 2002). Dies gilt auch für die materielle Position (3./5. Altenbericht 2000/2006). Für den Aufbau und die Sicherung zukunftsfähiger Gemeinschaften braucht es differenzierte Strukturen und Modelle zur Sorge und Mitverantwortung in den Kommunen (7. Altenbericht 2015, Kabinettsbeschluss v. 2. 11. 2016).

Funktion und Aufgabenstellung

Die Notwendigkeit einer reflexiven Neuorientierung und Formierung von Altenhilfe und Altenarbeit aufgrund des Strukturwandels ist vordergründig und unumstritten. Zur Disposition steht, wo ökonomische Ressourcen zu bündeln sind und welche Rolle dem Sozialwesen in der Gestaltung zukommt. Die Positionen reichen vom Standpunkt einer alternativlosen Zentrierung der Ressourcen auf die Bedarfe des „abhängigen Alters“ bis hin zu einer stärkeren Förderung des Gemeinwesens, um gesellschaftliche Ressourcen zu erschließen.

Eine „Avantgardeposition“ (Schmidt 1999) der Altenhilfe und damit der beteiligten Akteure ist insofern gegeben, als hier entscheidende Weichenstellungen für das Gesicht einer alternden Gesellschaft getroffen werden.

Gesetzliche Strukturbedingungen/ Finanzierung

Mit In-Kraft-Treten der gesetzlichen *Pflegeversicherung* (SGB XI) 1995 sind Steuerungsprinzipien installiert werden, die eine Abkehr vom Prinzip sozialstaatlicher Vollversorgung hin zu einer „Teilkasko-Absicherung“ etabliert haben. Das Leitbild basiert auf dem Prinzip „ambulant vor teilstationär vor stationär“. In der häuslichen Situation können Geldleistungen bei Bedarf mit Sachleistungen (durch professionelle Dienste) kombiniert werden. In der stationären Pflege werden nur mehr die pflegerischen Leistungen bezahlt, die Kosten für Unterkunft und Verpflegung („Hotelkosten“) müssen vom Betroffenen selbst aufgebracht werden. Im Bedarfsfall greifen das SGB XII (Hilfe zum Lebensunterhalt) und ggf. ergänzend § 61 SGB XII (Hilfe zur Pflege). § 71 SGB XII regelt die Altenhilfe als Aufgabe der Kommunen, alten Menschen einkommensunabhängig bei der Gestaltung dieser Lebensphase Unterstützung zu gewähren. Angesprochen sind hier Hilfen zum Wohnen, zur Inanspruchnahme altersgerechter Dienste, zur Teilhabe an Kultur und Bildung sowie zur Begegnung mit anderen.

Die notwendige Infrastruktur (Begegnungsstätten, Mobilitätsdienste, Essen auf Rädern usw.) wird auf der Basis von Bedarfsanalysen in kommunale Altenhilfepläne übersetzt, die kontinuierlich fortzuschreiben sind. Träger sind *Wohlfahrtsverbände*, Vereine und auch gewerbliche Träger, ggf. auch die Kommunen selbst.

Das 2001 verabschiedete SGB IX *(Rehabilitation)* zielt zwar vorrangig auf Menschen mit Behinderungen, produziert aber durch seine Definition von Behinderung (als „Abweichung vom für das Lebensalter typischen Zustand für länger als 6 Monate“, § 2) eine gemeinsame Schnittmenge mit der Altenhilfe. Besonderes Gewicht hat hier die künftige Verpflichtung zur Herstellung von Barrierefreiheit, die behinderten und alten Menschen in gleicher Weise zukommt. Mit dem SGB XI sind Markt- und Wettbewerbsprinzipien eingeführt worden, die weitreichende Konsequenzen für die Erbringung und die Qualität altenpflegerischer Dienstleistungen haben. Der gemeinsame Markt der EU wird absehbar trotz der Trennung von Wirtschafts- und Sozialordnung nicht ohne Auswirkungen auf Sozial- und Gesundheitsdienste bleiben (Enquêtekommission „Demographischer Wandel“ 2002). Europäische Anbieter, nicht nur in grenznahen Regionen, sind bereits in Deutschland am Markt *(Soziale Sicherung, europäische)*.

Gesetzliche Strukturbedingungen/Qualität

In den personenbezogenen Dienstleistungen wird die Qualität durch das Uno-actu-Prinzip bestimmt. „Erbringung und Verbrauch“ fallen zusammen. Eine i. d. S. schlechte Dienstleistung kann nicht zurückgeholt werden.

Qualitätsstandards ermitteln sich jedoch nicht nur aus der Prozess-, sondern auch aus der Struktur- und Ergebnisqualität. Was jeweils als Qualität definiert wird, steht in Abhängigkeit zu den entsprechenden Leistungsgesetzen. So ist unumstritten, dass die Pflegeversicherung den Bedarfen demenzieller Menschen qualitativ nur unzureichend gerecht wird. Leistungsgesetze geben also Mindeststandards vor, deren Überprüfung durch Heimaufsicht und den Medizinischen Dienst der Krankenkassen (MDK) erfolgt. Die 2001 zunächst im Pflege-Qualitätssicherungsgesetz (PQsG) sowie in der Novellierung des Heimgesetzes *(Heimrecht)* definierten Qualitätsanforderungen (jetzt Kap. 11 SGB XI) sowie Wohn- und Teilhabegesetze der Länder, haben die Anforderungen an zu erbringende Qualitätsnachweise der Leistungserbringer erhöht. Inwieweit damit Qualität faktisch erhöht wird, wird fachlich ambivalent bewertet. Einwände beziehen sich u. a. auf die unzureichende personelle Ausstattung der Heimaufsicht sowie auf ein mehr an Bürokratie, das bei gleich bleibenden Budgets in den Heimen Ressourcen zulasten der direkten Betreuung und Pflege abziehe. Festzustellen ist, dass akzeptierte Personalermittlungsverfahren fehlen.

Angebotsformen

Altenhilfe und Altenarbeit folgen aufgrund konjunktureller Entwicklungen und veränderter Altersbilder unterschiedlichen Entwicklungslogiken und damit Ausdifferenzierungen der Angebotsstruktur.

Altenhilfe: Für die Altenhilfe stellt sich der Bedarf wie folgt dar: Von den mehr als. 2,7 Mio. Pflegebedürftigen i. S. des SGB XI wurden 71 % zu Hause gepflegt. Die Pflegebedürftigkeit wächst mit steigendem Alter von etwa 1,9 % (60- bis 65-Jährige) auf 21 % (80- bis 84-Jährige) und 64,4 % (über 90-Jährige), wobei die Zahlen zwischen den Ländern differieren. Der Anteil der Frauen (zz. 65 %) erhöht sich entsprechend ihrer längeren durchschnittlichen Lebenserwartung (Stat.BA 2015). Anstrengungen, häusliche Pflege prioritär zu gewährleisten, haben zu einer Erweiterung von Wohnformen und Dienstleistungen geführt hat. Zu nennen sind u. a. für den Bereich des Wohnens

- Wohn-Pflege-Heime,
- Seniorenstifte mit oder ohne Pflegegarantie,
- Betreutes Wohnen,
- Wohngemeinschaften, hier vor allem für an Demenz erkrankte Menschen
- Mehrgenerationenwohnen,
- Beratungsstellen zur Wohnraumanpassung.

Merkmal neuer Wohnformen ist die Unterscheidung in Leistungen, die den Grundservice (Notruftelefon, Nutzung von Gemeinschaftseinrichtungen, Vermittlungsdienste u. a. m.) und den Wahlservice (hauswirtschaftliche Dienstleistungen, Verpflegung, Pflege u. a. m.) umfassen, womit die Bindung an einen „Pauschaldienstleister" entfällt.

Für den Bereich der ambulanten und teil-/stationären Pflege stehen Angebote wie

- Häusliche Pflege,
- Kurzzeitpflege,
- Tages-, Nachtpflege,
- Pflegehilfsmittelverleih,
- Mobilitätsdienste,
- Essen auf Rädern,
- Angehörigentelefon,
- Hospize und Hospizdienste,
- Notrufdienste,
- Koordinierungsstellen,
- Pflegestützpunkte

zur Verfügung.

Ein Manko wird für das Segment psychosozialer Beratung, ggf. auch psychotherapeutischer Hilfen konstatiert (Heuft u. a. 2006). Neben einer unzureichenden fachlichen Ausrichtung der entsprechenden Dienste sind dafür sicherlich auch psychologische Zugangsbarrieren älterer Menschen verantwortlich. Insgesamt gilt, dass für die Erfordernisse psychischer Problemlagen, exemplarisch sichtbar an den Versorgungsstrukturen für demenziell Erkrankte, nicht ausreichend Sorge getragen wird.

Altenarbeit: Gegenüber der vergleichsweise kleinen Gruppe pflegebedürftiger alter Menschen, gemessen an der Gesamtzahl von Menschen über 65 Jahren (2013 ca. 21 %, 2030 ca. 28 %, 13. Koordinierte Bevölkerungsprognose), spielt die Altenarbeit für eine weit größere Gruppe Älterer eher eine untergeordnete Rolle. Dies ist zum einen auf veränderte Altersbilder und damit auf ein anderes Rollenverständnis alter Menschen zurückzuführen, die sich weniger mit „Sonderangebots-Formen für Alte" identifizieren, als interessensgeleitete Entscheidungen treffen. Zum anderen ist dies Auswirkung eines Wirtschaftlichkeitsdrucks, der zunehmend die Finanzierung von Angeboten der Altenarbeit nicht mehr als Pflicht, sondern als Kür erachtet.

Dass dies den Anforderungen der Prävention (Sicherung und Aufbau sozialer Netzwerke etc.) nicht gerecht wird, ist offensichtlich. Das Spektrum von Initiativen und Angeboten der Altenarbeit ist weit und regional sehr unterschiedlich. Eine ganze Anzahl von Projekten ist im vergangenen Jahrzehnt über entsprechende Modellförderungen zustande gekommen, andere sind darüber nicht hinausgekommen bzw. durch Einstellung tragfähiger Zuschüsse eingestellt worden. Angebote der Altenarbeit umfassen u. a.

- Altenbegegnungsstätten,
- Sport und Reisen,
- Kreatives Gestalten,
- Seniorentheater,
- Seniorenbüros,
- Erzählcafes,
- Wissensbörsen,
- Senior-Services,
- Vorruhestandsprojekte,
- Altenbildung,
- Seniorenzeitungen/-magazine,
- Computerclubs.

Eine Vielzahl von Angeboten wird von alten Menschen selbst getragen, ist von ihnen ins Leben gerufen worden und generationen-übergreifend konzipiert. Der Anteil der *Selbsthilfe* und des *bürgerschaftlichen Engagements* besitzt einen großen Stellenwert. Besondere Bedeutung hat hier die *Bildung*. Auch institutionell spielt sie eine zunehmende Rolle an

- Volkshochschulen,
- HS und Akademien

sowie in verschiedenen Formen

- biografieorientierten Lernens

im Rahmen SozArb. Bildung im Alter ist *Erwachsenenbildung*. Sie zielt auf die Auseinandersetzung mit der Lebenswelt, dem eigenen Älterwerden und ggf. auf Einschränkungen der Autonomie, auf *Empowerment,* die Erweiterung von Kompetenz sowie die Weitergabe von Wissen und Erfahrung. Die Abkehr vom Leitbild des „betreuten Alters" hin zum „produktiven, aktiven Alter" wird hier besonders deutlich. Allerdings ist festzuhalten, dass gerade jene Angebote, die einem modernen Altersbild entsprechen, aufgrund ihres geringeren Institutionalisierungsgrades besonders von Kürzungen durch die öffentliche Hand betroffen sind.

Spezifische Bedarfslagen

Demenzielle Erkrankungen: Die Zahl der mittelschwer und schwer an Demenz erkrankten Menschen über 65 Jahren wird auf rd. 1,5 Mio., die jährlichen Neuerkrankungen insgesamt auf weitere 300 Tsd. geschätzt. Dieser Personenkreis und ihre Angehörigen stellen spezifische zeitliche und fachliche Anforderungen an das Personal und die Strukturen der Altenhilfe. Demgegenüber steht ein Pflegebedürftigkeitsbegriff des SGB XI, der mit seinem Fokus auf die körperlichen Hilfebedarfe eine unzureichende Einstufung in den Pflegestufen garantiert. Eine Änderung soll mit dem für 2017 in Kraft tretenden Pflegestärkungsgesetz II erreicht werden. Die notwendigen Angebote zur Alltagsgestaltung und Entlastung von Angehörigen sollen 2015 seit dem Pflegestärkungsgesetz I vermehrt über Betreuungsassistenzen nach § 87 SGB XI abgedeckt werden. Auch architektonische und konzeptionelle Spezialisierungen auf die Bedürfnisse demenziell Erkrankter sind nur teilweise vorhanden. Zentral ist hier die Herstellung von Sicherheit und emotionalem Wohlbefinden. Räumlich erfordert dies u. a.

- übersichtliche Räume,
- maximale Bewegungsfreiheit (inkl. Terrassen, Garten),
- Orientierung an der Biografie,
- Orientierungshilfen,
- Zugang, i. S. von zu Hause sein, zu allen Räumen,
- die Sinne wohltuend anregende Wohngestaltung,
- Rückzugs- und Ruheräume.

Im Umgang heißt dies

- das Vermitteln emotionaler Sicherheit und Geborgenheit,
- Vermeiden von Verboten und Kontrolle,
- Herstellung eines angstfreien und aggressionsarmen Klimas usf.

Die Unvereinbarkeit verschiedener Qualitätsmerkmale der Betreuung und Pflege Demenzkranker mit denen für somatisch pflegebedürftige Menschen legt nahe, spezielle Angebotsformen vorzuhalten und zu entwickeln. Diese reichen von Wohnetagen in Pflegeheimen bis zu betreuten Wohngemeinschaften, wahlweise trägergebunden oder in Kooperation mit einer Sozialstation. Zunehmend realisieren sich ergänzende Hilfeleistungen für Angehörige wie

- Entlastungspflege,
- gemeinsame Urlaubsreisen,
- Gesprächsgruppen,
- Beratungstelefone.

Das Ziel ambulant vor stationär kann absehbar für diesen Personenkreis nur durch den Aufbau einer entsprechenden Infrastruktur erreicht werden.

Menschen mit Behinderungen: Pluralisierung der Lebenslagen im Alter gilt auch für Menschen mit Behinderungen. Sie stellen keineswegs eine homogene Gruppe im Alter dar. Ihr Kompetenzprofil ist ebenso Ausdruck und Ergebnis des Lebenslaufs wie der nutzbaren Förder- und Betreuungsangebote (3. Altenbericht 2000). Werden jedoch notwendige Angebote im Alter nicht fortgesetzt, so ist mit einem schnelleren Verlust vorhandener Ressourcen zu rechnen. Die Kriterien für spezifische Angebote für ältere Menschen mit Behinderungen leiten sich aus der grundlegenden Orientierung der *Behindertenhilfe* her, d. h. aus

- Selbstbestimmung,
- Kompetenz,
- Selbstständigkeit,
- Umwelt und
- Gemeinschaft

Von einer Verknüpfung gerontologischer mit rehabilitations- und heilpädagogischen Wissens- und Methodenbeständen wäre eine produktive Schubwirkung für die Altenhilfe zu erwarten. Sie steht noch aus. Auch für die Gruppe älterer pflegebedürftiger Menschen mit Behinderung erweist sich der an körperorientierten Interventionen ausgerichtete Pflegebegriff des SGB XI für das Ziel einer gleichberechtigten Teilhabe als unzureichend.

Interkulturelle Angebotsstrukturen

Die besondere Situation alt gewordener Migranten in der BRD *(Ausländerinnen/Ausländer, Migration)* verlangt für die Zukunft bedarfsgerechte Altenhilfestrukturen, die i. S. biografieorientierter kultureller Kompetenz ausgestaltet sind. Das gilt für alle Elemente der Versorgungskette, wobei auf Unterstützungsnetzwerke im häuslichen Bereich ein besonderes Gewicht zu legen ist. In der Nutzung stationärer Angebote sind ältere Migranten unterrepräsentiert. Als Gründe werden ähnliche soziale Stigmatisierungen von Altenheimen wie bei der deutschen Bevölkerung sowie Defizite in den Bereichen

- Kommunikation und Verständigung,
- Ernährungsgewohnheiten,
- religiöser Bedürfnisse,
- Umgang mit Angehörigen,
- angemessener Pflegekonzepte

sowie eine (noch) höhere Pflegebereitschaft der Familien angeführt (3./5. Altenbericht 2000/2005). Interkulturelle Öffnung der Altenhilfe definiert aufsuchende und gemeinwesenorientierte Ansätze als zentrale Anforderung, vorhandene Zugangsbarrieren zu überwinden. In Ballungsräumen entwickeln sich zunehmend kulturspezifische Angebotsformen.

Soziale Netzwerke und Familien

Die Hauptlast der Pflege alter Menschen wird von ihren Angehörigen getragen, zu ca. 75 % sind dies Frauen: vorrangig Ehe-/Partnerinnen und Schwieger-/Töchter. Pflege durch Ehe-/Männer erfolgt im Westen in 11 %, in den nBL in 22 % der Fälle (4. Altenbericht 2002). „Informelle Pflegearrangements" bilden ein „hidden health care system" (Jansen 1999), das noch immer einer Geschlechterpolarisierung folgt. Eine systematische Sicherung dieser Konstellationen durch ergänzende Hilfen bzw. Ansätze einer *Gender-Mainstreaming*-Strategie liegen nicht vor. Die nach SGB XI § 37 (3) vorgeschriebenen Beratungsbesuche bieten hier keinen Ansatzpunkt. Sie werden von Angehörigen vielmehr als ein Eingriff in ihre Autonomie und Kontrolle erlebt, zumal damit eine Überprüfung der Erforderlichkeit der Leistungen assoziiert ist. Für das Feld der Altenhilfe insgesamt ist festzustellen, dass die dringliche und nur zögerlich in Gang gekommene Wahrnehmung der Angehörigen und übriger sozialer Netzwerke seitens der Professionellen gegenwärtig erneut stagniert, da die Debatten um die Unterstützung familialer Netze und die Zivilgesellschaft als Chiffren einer Laisierung in der Altenpflege gelesen werden, die zulasten der dort Lebenden und Tätigen ausgehen wird. Angehörige sind jedoch kein „sperriges Organisations-Problem" (Jansen), sondern existentieller Bestandteil der Lebenswelt alter Menschen mit Hilfebedarf. Eine Altenhilfe, die zunehmend auf die Verantwortung des Einzelnen für seine Lebenslage setzt und die Unterstützung auf das Notwendige zentriert, darf die sozialen Netze künftig hierbei nicht außer Acht lassen.

Personal- und Qualifikationsbedarf

Die Altenhilfe ist ein Wirtschaftsfaktor (5. Altenbericht 2005). Sie ist ein Markt, der expandiert und einen wachsenden Bedarf an Arbeitskräften nachweist. Für die SozArb ergibt sich hier ein Tätigkeitsfeld, das vielfältige Profilierungs- und Gestaltungsmöglichkeiten bietet auf den Ebenen der

- Administration,
- Leitung,
- fachlichen Gestaltung,

sei es in der Altenhilfe- bzw. Sozialplanung, als LeiterIn einer Altenhilfeeinrichtung, in der Koordinierung (Case- und Care-Management), der praktischen Altenarbeit oder in der ambulanten, teil-/stationären Altenhilfe.

Altenhilfe ist geprägt durch Multidisziplinarität und im Zuge ihrer Expansion durch Konkurrenzen unter den Berufen um Kompetenzen und Vorbehaltsaufgaben. Mit Ausnahme des Altenpflegeberufs bringt keine der Professionen eine Spezialisierung für das Tätigkeitsfeld bereits regelhaft mit. Entsprechende Weiterbildungen bzw. Aufbauqualifikationen (Soziale Gerontologie, *Sozialmanagement* etc.) werden damit erforderlich. Im berufspolitischen Wettbewerb um das Feld der Altenhilfe rangiert die SozArb zwischen Pflege- und Gesundheitswissenschaften. Die zahlenmäßige Dominanz der Alten-/Pflegefachkräfte in der Altenpflege, im ambulanten Sektor bspw. 46,8 % gegenüber 0,5 %, im stationären 34 % gegenüber 1,0 % Diplom-Sozialpädagogen/-arbeitern (Pflegestatistik 2013) sowie eine schleichende Paradigmenverschiebung der Altenhilfe vom Sozial- in Richtung Gesundheitswesen stellt SozArb unter Druck, ihre Kompetenzdomäne für *Gemeinwesenarbeit,* Beratung und Koordinierung im Segment Altenhilfe zu profilieren bzw. ggf. im Markt ihren Beitrag zum Unternehmenserfolg sichtbar zu machen.

Perspektiven und künftige Anforderungen

Altenhilfe/Altenarbeit ist eine Querschnittsaufgabe. Der Strukturwandel des Alters und die kommenden Strukturveränderungen durch die *Bevölkerungsentwicklung* machen nicht nur Multidisziplinarität, sondern auch eine Pluralisierung von Leitbildern unverzichtbar. Die Veränderung von einer Versorgungs- und Betreuungsperspektive, die sich wesentlich aus der Sicht der Experten speiste und durch diese definiert wurde, hin zu einer Beteiligungsperspektive, die Altenhilfe als Aushandlungsgeschehen zwischen den Bedürfnissen und Bedarfen alter Menschen, ihrer sozialen Netze und den Leistungserbringern definiert, ist weiter zu entwickeln. Für den Bereich *Wohnen* gibt es diese Verschiebung bereits. Hier kann zunehmend eher von einer verbraucherorientierten Steuerung, in der Pflege aber unverändert eher von einer expertendominierten Steuerung ausgegangen werden. Ob es im Zuge der Rationierung von Leistungen dazu kommt, dass Altenhilfe faktisch zur „Hochbetagtenhilfe mit Abweichung“ (Schmidt 1999) wird, hängt von künftiger sozialpolitischer Steuerung ab. Es mag jedenfalls bezweifelt werden, dass Wettbewerb und Ökonomisierung bei konkurrierenden und gedeckelten Budgets langfristig angemessene Antworten auf die Strukturveränderungen einer alternden Gesellschaft, hier für das Segment Altenhilfe, sicherstellen werden. Andererseits verweist der Druck auf eine Umgestaltung des Gesundheitswesens, das u.a. auf fallbezogene Vergütungsformen in den Kliniken setzt und weitere Differenzierungen in Grund- und Wahlleistungen ins Spiel bringt, dass eine Verengung für eine qualifizierte Dienstleistungserbringung nur bei somatischen Bedarfslagen weiter vorangetrieben wird.

Das Soziale wird damit potenziell zum Ausfallbürgen für unverzichtbare Leistungen, die nur begrenzt vergütet werden. Die prekäre Abhängigkeit der Infrastruktur sozialer Dienstleistungen von der öffentlichen Hand i. S. disponibler „Sollleistungen“ kann zur Gefahr inakzeptabler sozialstaatlicher Verteilungseffekte (Naegele 1999) führen. Eine Ausdifferenzierung in der Qualität personenbezogener Dienstleistungen, die auf Zukaufspotenziale von i. d. S. dann auch faktisch „Kunden“ setzt, wäre damit vorprogrammiert bzw. über den jetzigen Stand vorangetrieben. Dies widerspricht der kommunalen Verpflichtung zur Daseinsvorsorge, der Wahrung von Zugangsgerechtigkeit zu den sozialen Diensten. Ein bedarfsgerechter Wohlfahrtsmix muss auf eine Unterscheidung in sozialwirtschaftliche und sozialanwaltschaftliche Funktionen achten (Enquêtekommission).

Ob eine Lösung in einer Verrechtlichung kommunaler Altenhilfepolitik und -arbeit durch bundes- und landesgesetzliche Regelungen (etwa analog zum SGB VIII) liegt, wird diskutiert (Naegele). Anderen erscheint längst entschieden, dass die demographischen und konjunkturellen Entwicklungen keine andere Option bieten, als die kommunale Altenhilfe auf die Stützung von Pflegehaushalten zu zentrieren.

Insgesamt spricht jedoch einiges dafür, dass ein ausschließlich reaktiver Blick auf „harte Bedarfslagen“ kontraproduktiv ist. Er verstellt die Wahrnehmung, dass die sozialpolitischen und fachlichen Herausforderungen einer alternden Gesellschaft nicht nur das Sozial- und Gesundheitswesen betreffen, sondern quer liegen zur Kultur- und Bildungspolitik, der Verkehrs-, Stadtentwicklungs- und Arbeitsmarktpolitik. Ein integriertes Denken und Handeln aller Akteure ist erforderlich (Naegele), um neue Wege aufzuzeigen und vorhandene Ressourcen zu optimieren. SozArb muss ihren Beitrag zu diesem Paradigmenwechsel leisten.

Birgit Hoppe

Literatur

G. Backes/W. Clemens: Lebensphase Alter. Eine Einführung in die sozialwissenschaftliche Alternsforschung, Weinheim/München [4]2013 ◆ BMFSFJ (Hrsg.): 2. Altenbericht. Wohnen im Alter, Bonn 1998 ◆ BMFSFJ: 3. Bericht zur Lage der älteren Generation in der Bundesrepublik Deutschland. Alter und Gesellschaft, Berlin, 2000 ◆ BMFSFJ: 4. Altenbericht. Risiken, Lebensqualität und Versorgung Hochaltriger unter besonderer Berücksichtigung demenzieller Erkrankungen, Berlin, 2002 ◆ BMSFSJ: 5. Altenbericht. Potentiale des Alters in Wirtschaft und Gesellschaft. Der Beitrag älterer Menschen zum Zusammenhalt der Generationen, Berlin 2005 ◆ BMFSFJ: 6. Altenbericht. Altersbilder in der Gesellschaft, Berlin, 2010 ◆ BMFSFJ: 7. Altenbericht: Sorge und Mitverantwortung in der Kommune – Aufbau und Sicherung zukunftsfähiger Gemeinschaften, Berlin 2015 ◆ DStGB/Netzwerk SONG: Lebensräume zum Älterwerden. Anregungen und Praxisbeispiele für ein neues Miteinander im Quartier, Dokumentation, Nr. 110/2012 ◆ Enquêtekommission „Demographischer Wandel – Herausforderungen unserer älter werdenden Gesellschaft an den Einzelnen und die Politik“. 2002 ◆ G. Heuft u. a.: Lehrbuch Gerontopsychosomatik und Alterspsychotherapie, [2]2006 ◆ B. Hoppe/Ch. Wulf: Alter, in: Ch. Wulf (Hrsg.): Vom Menschen. Handbuch Historische Anthropologie, Weinheim/Basel 1997, 398 ff. ◆ B. Jansen: Informelle Pflege durch Angehörige, in: B. Jansen u. a. (Hrsg.): Soziale Gerontologie, Weinheim/Basel, 1999, S. 604 ff. ◆ B. Röttger-Liepmann: Pflegebedürftigkeit im Alter. Aktuelle Befunde und Konsequenzen für künftige Versorgungsstrukturen, Weinheim/München 2007 ◆ Schwerpunktheft „Soziale Arbeit und Demenz. Lebensbewältigung statt Verzweiflung“, in: sozialmagazin 9/2011 ◆ Stat.BA (Hrsg.): Pflegestatistik 2013, Wiesbaden 2015 ◆ Stat. Ämter des Bundes und der Länder (Hrsg.): Demographischer Wandel. Auswirkungen auf Krankenhausbehandlungen und Pflegebedürftige im Bund und in den Ländern, Heft 2, Wiesbaden 2010.

A

Links
www.destatis.de
www.dza.de
www.bagso.de
www.magazin66.de

Altenpolitik

Demografischer Wandel und Wandel der Lebenssituation älterer Menschen

Die größte gesellschaftliche und zugleich sozialpolitische Herausforderung der Zukunft ist der demografische Wandel in Europa und besonders in Deutschland. Dieser hat nicht nur rasante Veränderungen hinsichtlich der Bevölkerungs-, Familien- und Haushaltsstrukturen zur Folge, sondern wird auch Auswirkungen auf das gesellschaftliche Generationenverhältnis zwischen der jungen, mittleren und älteren Generation haben. Der demografische Wandel betrifft alle Bereiche (z. B. Wirtschaft, *Arbeit, bürgerschaftliches Engagement, Migration und Integration*) sowie alle sozialen Sicherungs- und Unterstützungssysteme (z. B. *Altenhilfe/Altenarbeit,* Alterssicherung, Gesundheits-/*Pflege*wesen, Soziale Dienste).

In den nächsten Jahrzehnten ist in Deutschland trotz erhöhter Zuwanderung von einer insgesamt abnehmenden Gesamtbevölkerung auszugehen. Nach Vorausberechnung des Stat. BA sinkt die Zahl von 80,8 Mio. in 2013 auf rund 67 bis 73 Mio. Menschen (je nach Modellvariante) in 2060. Es kommt zu einer starken Veränderung in der Altersstruktur der Bevölkerung: sind heute 21 % älter als 65 Jahre so wird dies 2060 jeder Dritte sein (Stat. BA 2015). Dabei nimmt die Gruppe der Hochbetagten (ab 80 Jahre) am stärksten zu *(Bevölkerungsentwicklung).*

Charakteristisch für die Seniorenbevölkerung sind:

- **Ein Frauenüberhang**, wenn auch die Aussage „das Alter in Deutschland ist weiblich" langsam an Bedeutung verliert. So lag 1990 das Geschlechterverhältnis bei den 60- bis 65-jährigen bei 162 (d. h. auf 100 Männer kamen 162 Frauen) und im Jahr 2011 nur noch bei 108. Bei den über 85-Jährigen lag das Geschlechterverhältnis 1990 bei 259 und 2011 bei 197 (BiB 2013).
- **Mehr Menschen mit Migrationshintergrund.** Derzeit leben rund 1,5 Mio. über 65-jährige Menschen mit Migrationshintergrund in Deutschland. Die Zahl wird kontinuierlich zunehmen. 2030 werden schätzungsweise rund 15 % aller 65-jährigen dieser Gruppe angehören (Die Beauftrage der Bundesregierung 2014).
- **Das Alleinleben in Ein-Personen-Haushalten** wird geprägt durch Frauen und Hochbetagte. 2014 lebten rund 45 % Frauen aber nur 19 % der Männer ab 65 Jahren alleine (Stat. BA 2015). Bei den über 75-Jährigen lag der Anteil bei den Frauen bei 59 % und bei den Männern bei 23 %. Der zunehmende Gendereffekt hängt mit dem Verlust des Partners zusammen. (DZA 2013). Insgesamt lebten 2014 rund 19 % der über 65-Jährigen in einem Single-Haushalt. (Stat. BA).
- **Die kontinuierlich steigende Lebenserwartung:** Damit verbunden ist die stetige steigende Anzahl alter und hochbetagter Menschen: Gegenwärtig liegt hierzulande die Lebenserwartung der Frauen bei 82 Jahre und 8 Monate und die der Männer bei 77 Jahre und 7 Monate. 2013 waren fast 4,4 Mio. Menschen über 80 Jahre alt und 2060 werden es voraussichtlich rund 9 Mio. oder 16 % der Gesamtbevölkerung sein (Stat.BA 13. Bevölkerungsprognose).
- **Die deutliche Zunahme an altersbedingten Demenzerkrankungen.** Diese Entwicklung geht mit dem Trend zur Hochaltrigkeit einher. Liegt in Deutschland derzeit die mittlere Prävalenzrate bei den 60- bis 65-Jährigen bei 1,5 % so beträgt sie bei den über 90-Jährigen knapp 41 %. 2012 lebten rd. 1,5 Mio. Menschen mit einer demenziellen Erkrankung, 2013 wurde mit einer geschätzten Neuerkrankung von rund 305 Tsd. Personen gerechnet. Bis 2050 soll sich die Gesamtzahl auf etwa 3 Mio. Menschen erhöhen (Deutsche Alzheimer Gesellschaft 2014).
- **Ein steigendes Renteneintrittsalter aber kürzere Erwerbsdauer.** Einerseits gehen Erwerbstätige zunehmend später in Rente: Das durchschnittliche Zugangsalter lag 2014 bei 64,0 Jahren (Männer) bzw. 64,3 Jahren (Frauen). Auch gewinnt der direkte Übergang von der Arbeit in die Rente langsam an Gewicht: 2013 waren 27 % der Männer und 24,9 % der Frauen vor Altersrenteneintritt versicherungspflichtig beschäftigt. Andererseits gibt es eine große Gruppe Menschen, die vor dem Rentenbeginn über lange Zeit erwerbslos waren: 2013 rund 37 % der Frauen und 28,3 % der Männer. Weiterhin zeigt sich, dass die Erwerbsdauer kürzer sowie die Erwerbsunterbrechungen häufiger und länger werden. Da sich sowohl die Erwerbsdauer als auch der Rentenübergang auf das individuelle Renteneinkommen auswirken, nimmt die Zahl der gut abgesicherten Älteren

zu aber auch die Zahl derjenigen, die auf die „Grundsicherung im Alter" (SGB XII) angewiesen sind (IAQ).

Neu ist, dass der Anteil von erwerbstätigen Menschen jenseits der Regelaltersgrenze wächst: Rund 10 % der 65- bis 69-Jährigen geht heute einer bezahlten Beschäftigung nach, damit hat sich die Erwerbsbeteiligung gegenüber 1996 verdoppelt. Dabei fällt auf, dass dies v.a die Hochgebildete sind: Bei Männern mit Hochschulabschluss ist jeder Fünfte (19,4 %) erwerbstätig, bei Männern mit niedrigem Bildungsniveau nur 6,9 %. Dieser bildungsspezifische Zusammenhang lässt sich auch für Frauen nachweisen (9,9 % bzw. 6,2 %), (BiB 2013).

- **Eine größer werdende räumliche Mobilität mit Wechsel in altersgerechtere Wohnungen** Mit dem demografischen Wandel zeigt sich ein veränderndes Mobilitäts- und Wanderungsverhalten der Bevölkerung. Zum einen weisen urbane Regionen einen insgesamt starken Zuzug und ländliche Regionen deutliche Abwanderungstendenzen auf. Daran beteiligt, wenn auch weniger intensiv, ist die Seniorenbevölkerung. Gründe für ihre Umzüge sind gesundheitliche Beeinträchtigungen, der Verlusts des Partners oder ungeeignete Wohnverhältnisse. Der Wechsel des Wohnorts zielt auf eine geeignete Wohnung oder ein geeignetes Wohnumfeld für das Alter bzw. den Umzug in die Nähe der Familie oder in ein Heim.

Insgesamt ist in den letzten Jahrzehnten ein deutlicher Wandel in der Lebenssituation älterer Menschen nachzuzeichnen. Sie bilden keine homogene Gruppe, sondern unterscheiden sich erheblich in ihren Lebenslagen. Dies drückt sich geschlechts- und migrationsspezifisch in den materiellen, gesundheitlichen, geistigen und sozialen Gegebenheiten, den biografischen Verläufen und in den Möglichkeiten zur gesellschaftlichen Teilhabe aus. Nicht zuletzt trägt die verschiedenartige Umgebung oder Lebenswelt älterer Menschen mit ihren unterschiedlichen Anforderungen zur Differenzierung des Alters bei.

In der alten- und sozialpolitischen Diskussion spielt der Begriff der Lebenslage eine zentrale Rolle. Weisser hat ihn in den 1950er Jahren in der wissenschaftlichen Diskussion definitorisch gefasst. Dieck fasst in Anlehnung daran Lebenslagen als „Spielraum, den der Einzelne für die Befriedigung der Gesamtheit aller materiellen und immateriellen Interessen nachhaltig besitzt. Die Lebenslagen von Individuen und Gruppen, die ähnlichen strukturellen Bedingungen in ihrer Lebenssituation unterliegen, setzen sich aus einer Vielzahl von Merkmalen zusammen ..." (Dieck 1991, 24). Dazu zählen folgende Merkmale:

- Versorgungs- und Einkommensspielraum;
- Wohn- und Lebensspielraum;
- Kontakt- und Kooperationsspielraum;
- Lern- und Erfahrungsspielraum;
- Dispositions- und Partizipationsspielraum;
- Identifikationsspielraum.

A. richtet sich demnach auf die gewollte und gezielte Gestaltung der Lebenslagen der verschiedenen Gruppen älterer Menschen und nicht ausschließlich auf Hilfeaspekte. Sie muss berücksichtigen, dass der weitaus überwiegende Anteil Älterer, die „autonomen SeniorInnen", sich durch eine eigenständige Lebensführung, gute materielle und immaterielle Ressourcen sowie vielfältige Kompetenzen auszeichnet. Gleichzeitig ist aber eine nicht unerhebliche Gruppe Älterer, die „abhängigen SeniorInnen", in ihrem Leben nach wie vor durch finanzielle, gesundheitliche, soziale oder psychische Faktoren eingeschränkt. Hierzu zählen überdurchschnittlich häufig Frauen und MigrantInnen.

Entwicklung des Handlungsfeldes Altenpolitik in der Bundesrepublik Deutschland

A. ist als Begriff noch jung und findet erst seit Mitte der 1980er Jahre Eingang in die öffentliche und wissenschaftliche Diskussion. Hervorgegangen aus der Fürsorge und den aus dem Fürsorgeprinzip entstandenen öffentlichen Maßnahmen zur Beeinflussung der Lebenslage der Betroffenen verzeichnete sie einen spezifischen Politisierungsprozess in der alten BRD und im wiedervereinten Deutschland. Eine systematische Analyse für die DDR liegt bisher nicht vor.

Der bis heute sieben Phasen umfassende Prozess äußerte sich in seiner **ersten Phase** (1945–1950) durch Wiederaufnahme der klassischen Altenfürsorge mit seinen seit dem Mittelalter ungebrochen wirkenden Fürsorge- und Kontrollprinzipien durch Staat und WFV *(Wohlfahrtsverbände)*. Im Mittelpunkt der öffentlichen Bemühungen jener Phase steht die Bewältigung der kriegsbedingten Notlagen der (Alten-)Bevölkerung durch Absicherung der materiellen Existenz, durch Einrichtung von Notwohnungen und Wärmestuben, durch notdürftige Unterbringung in Siechenheimen sowie durch Re-Installation der bis zum Ende der WR geltenden Hilfe- und Rechtsstrukturen.

Die **zweite Phase** (1950–1962) kann als Hinwendung zur Altenhilfe verstanden werden. Ohne

Änd. des geltenden Fürsorgeprinzips stehen der Auf- und Ausbau der stationären Altenpflege im Zentrum des öffentlichen Interesses und Engagements. Gleichzeitig, von den Bestrebungen der Altenhilfe jedoch kaum beachtet, werden wichtige sozialpolitische Entscheidungen wie z. B. die Rentenreform (1957) getroffen. Mit Einführung der lohnbezogenen Rente und der dynamischen Rentenanpassung verbessert sich unter anderem die materielle Lebenssituation der Älteren erheblich. Obwohl diese und alle weiteren rentenpolitischen Entscheidungen zentrale Rahmensetzungen für die Lebenslage der SeniorInnen sind und ganz konkrete Auswirkungen auf den Bedarf an *Altenhilfe* implizieren, werden in dieser Phase in Politik und Praxis keine Verknüpfungen zwischen beiden Handlungsfeldern gesehen. Beide Politikbereiche agieren völlig unabhängig voneinander.

Die **dritte Phase** (1962–1971) gilt als Phase der Stabilisierung der Altenhilfe. Wichtigstes Datum ist das In-Kraft-Treten des BSHG 1962. Das geltende Fürsorgeprinzip wird durch den Rechtsanspruch auf Hilfe ersetzt. Der Gesetzgeber erkennt durch Aufnahme des § 75 BSHG (Altenhilfe) eine besondere staatliche Hilfeverpflichtung gegenüber alten Menschen an. Er schafft zudem die strukturellen Voraussetzungen zur umfassenden Absicherung des v. a. wohlfahrtsverbandlich getragenen Altenhilfesystems unter Beteiligung der öffentlichen Hand. Altenhilfe liegt nun explizit in kommunaler Zuständigkeit. Dort beginnen der systematische Auf- und Ausbau der Altenhilfe. Es zeigen sich erste Ansätze kommunaler Planung. Gleichfalls wenden sich verschiedene BL über Finanzierungsprogramme einerseits und politische Diskussionen andererseits dem Thema zu. Die 1971 beginnenden parlamentarischen Diskussionen um ein Heimgesetz auf Bundesebene setzen den Schlusspunkt dieser Epoche.

Die **vierte Phase** (1972 bis Mitte der 1980er Jahre) ist die Phase der Etablierung der Altenhilfepolitik. Diese Zeit ist durch strukturelle und inhaltliche Präzisierung der Altenhilfe als Politikfeld gekennzeichnet. Besonders auf kommunaler Ebene wird die Altenversorgung zum politischen Thema. Es ist die erste bundesweite Welle kommunaler Altenhilfeplanung festzustellen. Im Mittelpunkt steht die statistische Ermittlung fester Bedarfszahlen – basierend auf den demografischen Daten – zum Ausbau der Angebote in der offenen, ambulanten und stationären Altenhilfe. Hingegen finden Fragen zu den Bedürfnissen und dem Bedarf der Älteren kaum Beachtung. Gleichzeitig intensivieren fast alle BL ihre Bemühungen in Altersfragen und erarbeiten eigene Landes-Altenhilfepläne, Förderpläne zum Ausbau der stationären und ambulanten Altenhilfe, des Wohnungsbaus für Ältere oder der Gesundheitsversorgung in geriatrischen Einrichtungen. Die wissenschaftliche und praxisbezogene Diskussion über das Alter weitet sich aus, wobei die Bedeutung der Lebenslage immer stärkere Beachtung findet. Die Ziele der Politik konzentrieren sich deutlicher auf die Gestaltung der Lebenslage und Lebenssituation der Älteren durch Unterstützung und Hilfe.

Die **fünfte Phase** (1985–1992) ist die Phase der Einführung der A. Es findet ein erneuter Wechsel der Begrifflichkeiten statt, und es zeichnet sich eine differenziertere, zugleich aber auch komplexere staatliche und politische Auseinandersetzung mit dem Thema ab. Nunmehr wird von A. oder Politik für ältere Menschen gesprochen. Alle Parteien definieren ihre Vorstellungen vom Alter und einer adäquaten A. Politische Alten-Selbstinitiativen gründen sich, wobei SeniorInnen nicht mehr nur als Objekt, sondern als Subjekt der Politik gesehen werden. Neben den traditionellen „politischen Sprachrohren alter Menschen“, den WFV, treten andere gesellschaftliche Organisationen (z. B. Gewerkschaften) und Gruppen (z. B. Seniorenverbände, Zusammenschlüsse von Seniorenbeiräten) in die Diskussion ein. 1986 befasst sich die BReg im Vierten Familienbericht – in dieser Ausführlichkeit erstmalig auf Bundesebene – mit der Situation älterer Menschen in der Familie. Der Bericht skizziert die Neuorientierung hin zu einer die Lebenslagen und die Eigenständigkeit der SeniorInnen stärker berücksichtigenden Politik. Gleichfalls wird die Altersproblematik Bestandteil unterschiedlichster sozialpolitischer Handlungsfelder. Mehr und mehr definieren sich alle staatlichen Ebenen als Träger von A., wobei – wie später zu skizzieren sein wird – unterschiedlichste Zuständigkeiten gelten. Bis Anfang der 1990er Jahre weisen alle Landesregierungen das Ressort „Altenpolitik“ aus. Mit der Einrichtung des BMFuS sowie dem gleichnamigen Bundestagsausschuss im Jahr 1991 dokumentiert schließlich auch die höchste staatliche Ebene die Existenz einer eigenständigen A. Damit weist das Handlungsfeld A. im Wesentlichen alle für ein Politikfeld charakteristischen Merkmale aus: sich festigende Kommunikations-, Mitbestimmungs- und Entscheidungsstrukturen, horizontale und vertikale Aufgliederungen im staatlichen und öffentlichen Raum, definierte Politikakteure und -institutionen, finanzielle und rechtliche Rahmenbestimmungen usw.

Die **sechste Phase** der A. (1992–2005) umfasst

divergierende Prozesse: eine Rückkehr zur Altenhilfepolitik bei gleichzeitiger Gerontologisierung der Sozialpolitik *(Gerontologie).* Herausragend sind vier Entwicklungen:

1) Es etabliert sich ein gesamtdeutsches Hilfesystem für SeniorInnen nach westdeutschem Muster. Das geschieht auf einem nach wie vor niedrigeren Strukturniveau als in anderen sozialpolitischen Handlungsfeldern (z. B. Jugend-, Behinderten- oder Familienpolitik). So liegt bisher kein Bundes-Altengesetz als zentrales Strukturgesetz vor, trotz jahrelanger fachpolitischer Bemühungen.
2) Das herausragende Datum ist die Einführung der *Pflegeversicherung* im Jahr 1993. Einerseits wird nach fast 20-jähriger Diskussion eine neue Säule sozialer Absicherung eines zentralen Lebensrisikos etabliert *(Soziale Sicherung).* Andererseits werden grundlegende Systemeinschnitte und Paradigmenwechsel vollzogen. So erfolgt die Abkehr von der paritätischen Finanzierung durch Arbeitnehmer und -geber, die gesetzliche Festschreibung von Leistungshöchstgrenzen unabhängig vom medizinischen/pflegerischen Bedarf wird umgesetzt und das Prinzip der Basisversorgung anstatt der Vollabsicherung wird installiert. Die Pflegeversicherung wird zudem zum Vorreiter nachfolgender Änd. im gesamten sozialen Sicherungssystem. Hinsichtlich der Bedarfslage der Älteren sind getrennt nach individuell kaum trennbarem Hilfe-, Pflege- und medizinischem Bedarf jeweils eigene Systeme zuständig. Die sozialen Belange, als solche werden alle diejenigen ordnungspolitisch erfasst, die keine Pflege- oder Krankheitsbedarfe sind, gehen in die alleinige Zuständigkeit der Altenhilfe über. Deren zentrale Rechtsgrundlage ist § 75 BSHG (bzw. § 71 SGBXII seit 01. 01. 2005) mit Verantwortung bei den Kommunen, der untersten staatlichen Ebene. Das ordnungspolitische Muster der 1970er/1980er Jahre greift wieder. Die Pflegeversicherung – angelehnt an das Krankenversicherungssystem – liegt dagegen in Bundesverantwortung und bei einem neuen mächtigen Akteur, der Pflegekasse, die von jeder Krankenkasse einzurichten ist.
3) Die staatlichen Bemühungen zum generellen Umbau der sozialen Sicherung in Deutschland erfahren vor dem Hintergrund des demografischen Wandels immer größere Bedeutung. Im Zentrum stehen verschiedene Rentenreformen bis hin zur Einführung der „Riester-Rente" als gesetzlich geregelter privater Alterssicherung im Jahr 2002. Damit verbunden ist auch hier eine Korrektur politischer Orientierung: Die Lebensarbeitszeit wird wieder verlängert; die in den 1980er Jahren gesetzlich geschaffenen und von Wirtschaft und Staat intensiv genutzten Instrumente zum frühzeitigen Ausstieg aus dem Erwerbsleben (Vorruhestand und Frühverrentung) werden begrenzt. Nun ist das Erwerbspotenzial der Älteren wieder wichtig.
4) Hinsichtlich der gesellschaftlichen Einstellung älteren Menschen gegenüber setzt sich ein breiter öffentlicher und politischer Paradigmenwechsel durch. Das Leitmotto lautet nun: „Das (Erfahrungs-)Wissen und das Engagement der Älteren nutzen zum individuellen und zum Wohle der Gemeinschaft". Die bisher besonders in der Fachdiskussion beschriebene Produktivität und die Bedeutung der Älteren zur Sicherung und Gestaltung des Gemeinwesens werden nun allgemein als eigener bedeutsamer Wert zur gesellschaftlichen Zukunftssicherung begriffen. Eingebettet ist dieser Wechsel in eine breite Diskussion über die Zivilgesellschaft und das *bürgerschaftliche Engagement* von Jung bis Alt. SeniorInnen werden jetzt zielgruppenspezifisch neben allen anderen Bevölkerungsgruppen angesprochen.

Die **siebte Phase** (ab 2006) lässt sich am besten mit dem Begriff „Demografischer Wandel" überschreiben. Bereits durch die gleichnamige Enquête-Kommission des Deutschen Bundestages (1992–2002) im Grundsatz skizziert, nimmt nun die Diskussion zur alternden Gesellschaft v. a. in den Kommunen ebenso wie zu den Folgen für Wirtschaft und Arbeitswelt kontinuierlich zu. Der Blick ist dabei vorrangig auf die Gesamt- und nicht allein auf die Altenbevölkerung gerichtet. Im Fokus stehen die Aufrechterhaltung bzw. die drängende Anpassung wirtschaftlicher und sozialer Rahmenbedingungen, nicht zuletzt auch im Kontext europäischer und globaler Entwicklungen. Inhaltlich geht es nun um drei Aspekte: 1. Es sind die Altersbilder in der Gesellschaft neu zu definieren, um „eine selbst- und mitverantwortliche Lebensführung zu ermöglichen" und „die Vielfalt des Alters zu beachten" (vgl. 6. Altenbericht). 2. Es ist der produktive Beitrag der Älteren für die Gesellschaft auszuweiten. Dafür stehen z. B. die „Rente ab 67 plus" und der 2011 eingeführte Bundesfreiwilligendienst, der nun „bezahltes" Engagement für alle Generationen und damit auch für SeniorInnen ermöglicht. 3. Es sind die sozialen Folgen des demografischen Wandels verbunden mit den grundlegenden wirtschaftlichen Umbrüchen/Krisen und sozialrechtlichen Einschnitten des vergangenen Jahrzehnts für Altenbevölkerung so zu gestalten, dass sie noch öffentlich finanzierbar sind. Beispiele sind das ab 2012 geltende Familienpflegezeitgesetz oder die beiden seit 2015/16 geltenden Pflegestärkungsgesetze. Letztere modifizieren die 1993 eingeführte *Pflegeversicherung* (SGB XI) mit dem Ziel einer bedarfsadäquateren Pflegeversorgung. Mit dem ersten Pflegestärkungsgesetz wurden die Leistungen für Pflegebedürftige und ihre Angehörigen ausgeweitet sowie die Zahl der zusätzlichen Betreuungskräfte in stationären Pflegeeinrichtungen erhöht. Zudem wurde ein Pflegevorsorgefonds eingerichtet. Mit dem zweiten Pflegestärkungsgesetz gelten ein neuer Pflegebedürftigkeitsbegriff und ein neues Begutachtungsverfahren.

Begriffsbestimmung: Altenpolitik

Es bestehen enge Bezüge zur Gesellschaftspolitik, zur *Sozialpolitik* und zur Altenhilfepolitik. A. lässt sich definieren als Gesamtheit der entweder real oder in einem theoretischen Konstrukt auf die Personengruppe der älteren und alten Menschen gerichteten Maßnahmen mit dem Ziel der Gestaltung der Rahmenbedingungen ihrer individuellen Lebenssituation. A. ist ein Teilbereich der *Sozialpolitik,* nämlich Sozialpolitik für ältere Menschen. Kernbereich der A. ist die Altenhilfepolitik, deren Ursprung und Prägung in der historischen Entwicklung durch die Armenfürsorge und die in enger Verbindung stehende Freie Wohlfahrtspflege liegen *(Soziale Arbeit).* Daneben gewinnen Rentenpolitik sowie Gesundheits-, Pflege-, Wohn- oder auch die Kulturpolitik für Ältere stetig an Bedeutung. Konzentrierte sich Altenhilfepolitik ausschließlich auf Personengruppen mit besonderen Problemlagen, so versucht A. alle Bedarfs- und Lebensbelange der Altenbevölkerung in Abgrenzung zu anderen Bevölkerungsgruppen umfassend zu gestalten. Damit erweitern sich auch Zielgruppen und Handlungsfelder.

Die für die A. relevanten Personengruppen sind in erste Linie jene, die wegen ihres Alters Problemsituationen begegnen und spezifischen gesellschaftlichen Rahmensetzungen unterliegen. Eine solche Gruppe stellen bspw. ältere ArbeitnehmerInnen dar, die sich in einer Sondersituation zwischen Erwerbsleben und Ruhestand bewegen. Eine zweite relevante Personengruppe sind die aufgrund eingeschränkter Lebenslagen sozial schwachen Älteren. Eine dritte Gruppe bilden die Pflegebedürftigen. Darüber hinaus gewinnen diejenigen Gruppen an Bedeutung, die aufgrund guter materieller Ressourcen, vielfacher lebenslang erworbener Kompetenzen und einer stark selbstbestimmten Lebensführung weitgehend autonom und unabhängig von öffentlicher Unterstützung sind und dennoch über altenpolitische Maßnahmen in die Gesellschaft zu integrieren sind. Allen Gruppen ist gemeinsam, dass ihre Situation durch lebenslang wirkende individuelle und gesellschaftliche Faktoren sowie durch die spezifischen Besonderheiten des Alters bestimmt wird. Darauf muss A. noch differenzierter eingehen. Dabei können sich zukünftig die traditionellen Aufgaben- und Ressortzuständigkeiten als hinderlich erweisen, denn altersrelevante Themen bestimmen mehr und mehr alle gesellschaftlichen Bereiche.

Gesetzgebungs- und Rahmenkompetenzen in der Altenpolitik

Politik für ältere Menschen ist nur zu einem Teil Angelegenheit des Bundes. Hauptsächlich liegen die Zuständigkeiten und Aufgaben in den Händen der Länder und Kommunen. Eine enge Zusammenarbeit mit den BL, den Sozialversicherungsträgern und kommunalen Spitzenverbänden wie auch mit den freigemeinnützigen und privaten Organisationen ist daher Grundlage für eine dem Wohl der älteren Menschen dienenden A. Dieses Verständnis von einer allseits verantwortlich zu gestaltenden A. impliziert zugleich eine hohe Zuständigkeitsverwirrung, die weiter wachsen wird, wenn die verschiedenen Schwerpunkte moderner A. – finanzielle Absicherung/Rente, Gesundheit/Gesundheitshilfe, Pflege, Wohnen, Kultur und Bildung, Sport/Freizeit und Geselligkeit sowie Altenhilfe – mit einbezogen werden. Den Vorgaben des GG und dem föderativen Staatsaufbau folgend sowie gesetzliche und sonstige strukturelle Regelungen beachtend lässt sich grob gefasst die folgende Zuständigkeitsverteilung der einzelnen Staatsebenen festhalten (s. Tabelle).

Die zergliederten Zuständigkeiten zeigen dennoch eine klare Systematik. Zum einen liegt eine Vielzahl der lebenslang wirkenden und die Alterssituation entscheidend prägenden Faktoren in ausschließlicher Bundesverantwortung (und allenfalls davon abgeleitet in der Zuständigkeit der Länder). Hierzu zählen alle Fragen der finanziellen Absicherung im Alter. Das politische Handeln ist dabei nicht auf die Altenbevölkerung, sondern auf den Erwerbsbereich und damit auf Arbeitnehmer und Arbeitgeber ausgerichtet; ähnlich ist es im Gesundheits- und daran angelehnt im Pflegeversicherungsbereich. Zum anderen liegen die Verantwortlichkeiten für die gesellschaftliche Rahmengestaltung des Lebens im Alter bei der Kommune. Nicht selten hat sie kompensatorisch die Folgen lebenslang wirkender individueller

Schwerpunkt	Zuständigkeit, Steuerungs- und Entscheidungskompetenzen
Finanzielle Absicherung a) Rente	**Gesetzgebungskompetenz: Bund** (zuständig: BMAS)
b) Sozialhilfe/-geld	**Gesetzgebungskompetenz: Bund** (zuständig: BMAS) Richtlinienkompetenz: Land (zuständig: jeweils Ministerium für Soziales)
Gesundheit a) Krankenversicherung	**Gesetzgebungskompetenz: Bund** (zuständig: BMG)
b) Gesundheitsversorgung – ambulant – stationär	**Gesetzgebungskompetenz: Bund** (zuständig: BMG) **Gesetzgebungskompetenz: Land;** begrenzt einbezogen: Bund (zuständig: jeweils Ministerium für Gesundheit)
Pflegeversicherung	**Gesetzgebungskompetenz: Bund** (zuständig: BMG)
Heimgesetzgebung a) für den Bereich Heimvertrag	**Gesetzgebungskompetenz: Land** (zuständig: jeweils Ministerium für Soziales/Gesundheit)
b) für den Bereich Heimgesetz	**Gesetzgebungskompetenz: Bund** (zuständig:BMFSFJ)
Wohnen	**Rahmenkompetenz: Kommune** (zuständig: Dezernent für Wohnungswesen) Richtlinienkompetenz: Land Gesetzgebungskompetenz: teilweise Land, teilweise Bund (zuständig: jeweils Ministerium für Wohnungsbau)
Kultur und Bildung	**Rahmenkompetenz: Kommune** (zuständig: Dezernent für Kultur) Richlinienkompetenz für auswählte Bereiche: Land (zuständig: jeweils Kultusministerium, teilweise Ministerium für Soziales)
Sport/Freizeit und Geselligkeit	**Rahmenkompetenz: Kommune** (zuständig: Dezernent für Sport, Dezernent für Soziales)
Altenhilfe a)	**Rahmenkompetenz: Kommune** (zuständig: jeweils Dezernent für Soziales)
b)	**Rahmenkompetenz: Kommune** Richtlinienkompetenz: Land Gesetzgebungskompetenz: Bund (zuständig: jeweils Dezernent bzw. Ministerium für Soziales, BMFSFJ)

und gesellschaftlicher Beeinträchtigungen durch vermehrte Unterstützungsanstrengungen im Einzelfall aufzufangen. Zunehmend finden hier aber Verhandlungen zum Finanzausgleich zwischen Bund, Ländern und Kommunen statt. Die Kosten für die Grundsicherung im Alter trägt inzwischen der Bund.

Instrumente der Altenpolitik

In einem demokratischen Rechts- und Sozialstaat wie der BRD stellen die politischen Partizipationsmöglichkeiten des Einzelnen bzw. der verschiedenen Gruppen die wichtigsten Politikinstrumente dar. Dies gilt entspr. für die A. Die BürgerInnen besitzen Partizipationsmöglichkeiten bei Wahlen, in Parteien und sonstigen politischen Gruppierungen sowie über eigene Interessenvertretungen. In der A. fungieren die WFV nach wie vor als wichtiges politisches Sprachrohr der Älteren, insbesondere der sozial schwachen SeniorInnen. Gleichwohl gewinnen Seniorenbeiräte mehr und mehr an Bedeutung. Zwischenzeitlich finden sich kommunale Seniorenbeiräte oder Seniorenvertretungen in einer Vielzahl von Kommunen. Landes-Seniorenbeiräte oder Landes-Seniorenvertretungen sind z. B. in Baden-Württemberg, NRW, Schleswig-Holstein oder Berlin installiert. Auf Bundesebene agiert u. a. die 1990 gegründete Bundesarbeitsgemeinschaft der Seniorenorganisationen (BAGSO). Zu ihren Aufgaben zählen:

- Verbesserung der Zusammenarbeit und des Gedankenaustausches zwischen den Altenorganisationen;
- Erarbeitung gemeinsamer Zielvorstellungen zu Fragen der A., Altenbetreuung, Altenförderung, Altersversorgung und Altenhilfe;
- Stärkung des politischen Einflusses der älteren Generation;
- Beteiligung der älteren Generation bei der Vorbereitung und Durchführung von Entscheidungsprozessen auf allen Ebenen von Politik und Verwaltung.

Ähnliche Aufgabenstellungen finden sich für die kommunalen und Landes-Seniorenbeiräte resp. -vertretungen. Die Strukturen und Möglichkeiten der politischen *Partizipation* älterer Menschen sind aber immer noch äußerst schwach ausgeprägt, gilt doch nach wie vor, dass a) *Alter* ein schwierig zu gestaltendes politisches Thema ist, b) alte Menschen eine im Vergleich zu anderen gesellschaftlichen Gruppen geringe Lobby besitzen und c) selber nur selten politisch aktiv werden und eine aktive Interessenpolitik betreiben. Hier deuten sich für die Zukunft Veränderungen an, wobei sich eine Politisierung über kommunale Interessenwahrnehmung und Engagement in Seniorenorganisationen abzeichnet.

Ein weiteres wichtiges Instrument der A. ist die Altenplanung und damit die Erarbeitung von Altenplänen. Bis Mitte der 1990er Jahre zeigte sich ein klarer Trend zur kommunalen Altenplanung, die als zweite große Planungswelle in Deutschland bezeichnet werden kann. Diese endete mit der Einführung der Pflegeversicherung, die wiederum zu einem Prozess der Neuorientierung kommunaler Infrastrukturentwicklung führte. Verstärkt durch wachsende Haushaltsdefizite gehen seitdem die kommunalen Bemühungen um die Altenhilfe auf ein Mindestmaß zurück. Altenhilfeplanung wird eher als Berichterstattung betrieben. Sie richtet sich zunehmend auf eine neue Gruppe, die älteren MigrantInnen, und das Ziel, die interkulturelle Öffnung der Altenhilfe zu ermöglichen. Es zeigt sich ein Gefälle zwischen Groß-, Mittel- und Kleinstädten: Führen Großstädte wie z. B. Nürnberg, München, Stuttgart, Köln und Hannover weiterhin differenzierte Teilplanungen durch, weisen Kleinstädte häufiger gar keine Planung aus oder beschränken sich auf Berichterstattung. Die Kreise wiederum führen aufgrund ihrer spezifischen Aufgabenstellungen, besonders im Kontext der Pflegebedarfsplanung und in Fragen der Wohnraumversorgung im Alter, eigene Planungen durch. Hier ragt Baden-Württemberg mit der Vorlage von Altenplänen in fast allen Landkreisen heraus. Die BL verfügen über Landesaltenpläne in unterschiedlicher Gestaltung und Schwerpunktsetzung. In den letzten Jahren erfolgt eine Neuausrichtung durch Erarbeitung von Konzepten, die über dialogische Prozesse entwickelt und regelmäßig an neue gesellschaftliche Herausforderungen angepasst werden. Neben den „Seniorenkonzepten“ stellen Finanzierungs- und Investitionsprogramme ein weiteres Planungs- und Politikinstrument dar. Sie können dabei sowohl fester Bestandteil des Altenplans sein als auch als Teilauftrag zur Altenplanung gesondert erarbeitet werden. Dabei sind sowohl die Kommune und der Kreis als auch das Land in die Finanzierung eingebunden. Schließlich steht seit 1992 mit dem Bundesaltenplan dem zuständigen Ministerium ein freiwilliges und verwaltungsintern ausgerichtetes Planungsinstrument zur Verfügung, das v. a. der Förderung von nationalen und internationalen Projekten zur Sicherung der gesellschaftlichen Teilhabe Älterer dient. Die bekanntesten Aktivitäten sind: die Altenberichte der BReg, die Unterstützung der BAGSO sowie Modellprojekte wie „Gemeinschaftlich Wohnen, selbstbestimmt leben“, „Lokale Allianzen für Menschen mit Demenz" oder auch der Runde Tisch „Aktives Alter" (BMFSFJ).

Auf kommunaler Ebene gewinnt ein sekundäres Politikinstrument an Bedeutung, die Einrichtung von Fachbeiräten in der Altenhilfe, Seniorenkonferenzen, „Runden Tischen" oder „Tagen der älteren BürgerInnen". Ihnen gemeinsam ist, dass sie einerseits fachlich informieren, diskutieren und gegenseitig vernetzend tätig sein und andererseits fachpolitisch die öffentliche Diskussion über das Thema Alter in der Kommune und in der bundesdeutschen Gesellschaft vorantreiben wollen. Mitglieder solcher Gremien sind sowohl Fachkräfte der Alten-/Sozialarbeit und der Kommunalverwaltung als auch engagierte Ältere. Charakteristisch für dieses Politikinstrument ist, dass weniger sozialarbeiterische als vielmehr sozialpolitische Absichten dominieren und Fragen der gesellschaftlichen und politischen Partizipation ausdrücklich angesprochen werden. Ziel ist nicht zuletzt, eine von den Älteren mitbestimmte Gemeinschaft zu erreichen. Dazu tragen auch immer mehr Aktivitäten im Bereich des Bürgerschaftlichem Engagements bei.

Gerda Holz

Literatur

Die Beauftragte der Bundesregierung für Migration, Flüchtlinge und Integration: 10. Bericht der Beauftragten der Bundesregierung für Migration, Flüchtlinge und Integration über die Lage der Ausländerinnen und Ausländer in Deutschland: Berlin 2014 (www. bundesregierung.de) ◆ BiB = Bundesinstitut für Bevölkerungsforschung (Hrsg.): Bevölkerungsentwicklung – Daten, Fakten, Trends zum demografischen Wandel 2013, Wiesbaden 2013 (www. bib-demografie.de) ◆ BMFSFJ : Der Deutsche Alterssurvey (DEAS)- Eine Langzeitstudie über die zweite Lebenshälfte in Deutschland. Kurzfassung, Berlin 2013, www.bmfsj.de) ◆ BMFSFJ: Altersbilder in der Gesellschaft. 6. Altenbericht, Dt.BT, Berlin 2011 ◆ C. Bischof/B. Weigl: Handbuch innovativer Kommunalpolitik für ältere Menschen. Berlin 2010 ◆ Deutsche Alzheimer Gesellschaft: Das Wichtigste. Die Häufigkeit von Demenzerkrankungen, Berlin 2014 (www.deutsche-alzheimer.de) ◆ M. Dieck: Altenpolitik, in: W. D. Oswald u. a. (Hrsg.): Gerontologie, Stuttgart 1991, 15 ff ◆ DZA laufende Jahrgänge: informationsdienst altersfragen, Berlin ◆ DZA = Deutsches Zentrum für Altersfragen: report altersdaten. Heft 3/2013, Berlin. (www.dza.de) ◆ R. G. Heinze u. a.: Wirtschaftliche Potentiale des Alters, Stuttgart 2011 ◆ IAQ = Institut Arbeit und Qualifikation der Universität Duisburg-Essen: Sozialpolitik in Deutschland. Alter, Alterssicherung, Rentenversicherung (www.sozialpolitik-aktuell.de) ◆ H. Rüßler: Die Zukunft des Alter(n)s. Kommunale Seniorenpolitik im Reformprozess, in: TuP 5/2009, 324–332 ◆ H. Stöger: Rentensysteme und Altersarmut im internationalen Vergleich, Berlin 2011 ◆ Stat. BA: Bevölkerung Deutschlands bis 2060. 13. koordinierte Bevölkerungsvorausberechnung, Wiesbaden 2015 (www.destatis.de). ◆ Stat. BA: Die Generation 65+ in Deutschland, Wiesbaden 2015.

Links

www.bmfsfj.de
www.bagso.de
www.destatis.de
www.dza.de
www.bmg.de

Alter

Welche Lebensphase ist gemeint?

A. und Altern sind mehrdimensionale Erscheinungen. Altern wird als ein lebenslang andauernder komplexer Prozess der biologischen, sozialen und psychologischen Entwicklung des Menschen verstanden, der sich unter konkreten Lebensbedingungen und innerhalb bestimmter gesellschaftlicher Verhältnisse vollzieht *(Gerontologie)*. Altern wird weiterhin durch die sozioökonomischen und soziokulturellen Charakteristika einer Gesellschaft mitbestimmt. Das A. stellt dabei eine Lebensphase ohne genau definierbare Altersgrenzen dar. Diese werden durch Richtwerte in Abweichung vom normalen Alterungsprozess gekennzeichnet. Von zentraler Bedeutung sind hier das kalendarische A. und eine durch arbeits- und rentenrechtliche Bestimmungen vorgegebene Zäsur mit seit neuestem wieder 67 Jahren. Diese Spanne kennzeichnet das reguläre Ausscheiden aus dem Produktionsprozess und den Anspruch auf verschiedene Formen von Altersruhegeldern. Hierbei handelt es sich um rechtliche Definitionen, die wiederum auf der Berechnung der Altersstruktur und der zu erwartenden Entwicklung des Altersaufbaus der Bevölkerung basieren *(Bevölkerungsentwicklung)*. Vor dem Hintergrund des demografischen Wandels ist mit der Rentenreform 2000 die Kehrtwendung zur Verlängerung der Erwerbsphase nach hinten hinaus zumindest rechtlich eingeläutet. Unter ökonomischen Gesichtspunkten wird das A. zum Ende der Berufstätigkeit und mit dem Ausscheiden aus dem Erwerbsleben relevant. Dies gilt für den Einzelnen, der i. d. R. erhebliche Einbußen seiner materiellen Absicherung in Kauf nehmen muss, wie für die Gesellschaft, die u. a. Übergangshilfen für ältere ArbeitnehmerInnen und Rentenzahlungen für die endgültig berenteten Personen finanzieren muss.

Theorien des Alterns: Die gerontologische Forschung vermittelt mit ihren Erkenntnissen Vorstellungen darüber, was A. und Altern bedeutet, wie sie sich für Individuen und Gruppen konkretisieren und welche gesellschaftlichen Probleme aus dem individuellen Altern einer großen Zahl von Menschen resultieren. Dabei finden unterschiedliche Theorien des Alterns ihren Niederschlag. Zu nennen ist die Disengagement-Theorie, in der v. a. die Herauslösung des älteren Menschen aus den gesellschaftlichen/sozialen Bezügen im Vordergrund steht. Weiter sind zu nennen die Entwicklungstheorie, die von einem Konzept der Lebenskontinuität ausgeht, und die Aktivitätstheorie, die primär auf die aktive Gestaltung von Freizeit und die sozialen Aktivitäten als Qualitätsgewinn im A. abzielt. Entwicklungs- und Aktivitätsansätze stellen die Kompetenz und den gesellschaftlichen Nutzen des Wissens älterer Menschen in den Vordergrund. Als vornehmlich auf die biologischen und psychologischen Prozesse individuellen Alterns ausgerichteten Theorie-Ansätzen ist ihnen gemein, dass sie strukturelle Bedingungen des Alterns in unserer Gesellschaft außer Acht lassen. Seit Ende der 1970er Jahre festigen sich die Konturen des Konzeptes der sozialen Ungleichheit, das – basierend auf der Existenz sozialer und ökonomischer Ungleichheiten, d. h. unterschiedlicher Lebenslagen, in modernen privatwirtschaftlich organisierten Industriegesellschaften – auch von Ungleichheiten im A. ausgeht *(Sozialstruktur, Armut).* Die Lebenslage älterer Menschen ist gekennzeichnet durch soziale Ungleichheiten, die auf zwei voneinander unabhängigen Ebenen wirksam werden: (a) strukturelle Benachteiligungen der Älteren im Vergleich zu anderen Bevölkerungsgruppen (z. B. negatives Altersbild, Rollenverluste im A.) und (b) klassen- und schichtenspezifische Verteilung von sozialen Problemlagen (z. B. schichtenspezifischer Zugang zu sozialen Hilfen, Gefährdung von gering qualifizierten Personen, die meist frühzeitig aus dem Erwerbsleben herausgedrängt werden, Zunahme von Armut). In beiden Ebenen erfahren *Frauen* aufgrund ihrer Geschlechtszugehörigkeit eine Potenzierung der Benachteilungen.

Altersforschung: In Deutschland dominiert die psychologische Alternsforschung. Erheblich an Gewicht gewonnen haben medizinische und biologische Forschungen. Eine Theorie-Diskussion im sozialwissenschaftlich-gerontologischen Bereich zum sozialen A. und zum sozialen Alterswandel fand dagegen bisher kaum statt. Die vorfindbaren Ansätze basieren v. a. auf dem Lebenslagen-Konzept. Es zeigt sich ein Bedeutungsgewinn sozialer Aspekte, nicht zuletzt mitverursacht durch die steigende Zahl älterer Menschen, den Wandel von gesellschaftlichen Strukturen und eine immer stärkere soziale Differenzierung der Altenbevölkerung. Wurde dieser Strukturwandel des A., der sich durch verschiedene Trends auszeichnete, Anfang der 1990er Jahre erstmals konstatiert, so zeigen die Entwicklungen am Anfang des neuen Jahrtausends deutliche Anzeichen einer politischen Umsteuerung.

Trends des Alters

Trend zur Verjüngung des Alters: Zu unterscheiden ist zwischen positiven (z. B. sind die Älteren in ihrer Selbsteinschätzung jünger geworden, 60-Jährige definieren sich nicht als alt), negativen (z. B. werden ältere ArbeitnehmerInnen seltener umgeschult oder neu eingestellt) und neutralen Verjüngungstendenzen (z. B. bei Frauen nach einer früher beendeten Familienphase und gleichzeitiger Auseinandersetzung mit dem Altern von Frauen in unserer Gesellschaft).

Trend zur zeitlichen Ausdehnung der Arbeitsphase: Galt über Jahrzehnte hinweg der „Trend zur Entberuflichung des Alters", also eine Verlängerung der Alterszeit ohne Berufstätigkeit infolge von frühzeitiger, auch (un-)freiwilliger Berufsaufgabe oder als Folge von Langzeitarbeitslosigkeit bei über 50-Jährigen, so ist heute vom umgekehrten Trend auszugehen. Dieser wurde durch die Rentenreform 2000 eingeläutet. Das Ziel lautete: möglichst langer Verbleib älterer Menschen im Berufsleben, um die Rentenkassen zu entlasten. Dieser Trend setzte sich 2005 mit den Sozialreformen und ihren massiven Einschnitten in die finanzielle Absicherung bei Erwerbslosigkeit fort. Schließlich äußerte er sich in einem Wandel der Haltungen im Erwerbssektor und in den Betrieben. In den letzten Jahren ist in allen gesellschaftlichen Bereichen der demografische Wandel – stets verbunden mit dem Hinweis auf die sinkende Zahl (junger) Fachkräfte und der Wichtigkeit des Verbleibs von Älteren und Frauen im Erwerbsleben – zum zentralen Argument von Diskussionen um die soziale und wirtschaftliche Zukunft des Landes geworden. Zwischen 2001 und 2011 stieg die Erwerbsquote der 55- bis 64-jährigen Männer von 46 % auf 67 % und die der gleichaltrigen Frauen von 29 % auf 53 %. Das durchschnittliche Zugangsalter zur Altersrente ist deutlich gestiegen.

Trend zur Feminisierung des Alters: Das Geschlechterverhältnis bleibt unausgeglichen. Die Altersgesellschaft ist zu zwei Dritteln eine Frauengesellschaft. Damit gehen geschlechtsspezifische Folgen einher, die in ihrer Bedeutung und Wirkung für die Betroffenen öffentlich oder politisch bisher kaum wahrgenommen werden: Die Heirats- und die spezifischen Lebenserwartungsquoten führen dazu, dass alte Frauen meist ohne Lebenspartner leben müssen. Frauen prägen überproportional die *Altenhilfe*. Altersarmut ist ein Frauenproblem. Soziale Gefährdungen und Abhängigkeiten von öffentlichen Hilfen treffen überdurchschnittlich häufig alte Frauen.

Trend zur Singularisierung des Alters: Mit zunehmendem A. nimmt der Anteil Alleinstehender stetig zu. Damit geht eine Veränderung der Wohnformen älterer Menschen einher. Das Leben in Mehr-Generationen-Haushalten oder Partner-Haushalten wird im A. mehr und mehr zur Ausnahme. Davon sind zukünftig auch die Männer stärker betroffen. Hier zeigen sich Bestrebungen, neue Formen (z. B. Mehrgenerationen-Wohnen, Wohnen in Hausgemeinschaften) zu etablieren, die den Verlust naher familiärer Netzwerke individuell auffangen durch den Aufbau außerfamiliärer Netzwerke und tragfähiger Nachbarschaften.

Trend zur Multikulturalität des Alters: Die BRD ist seit ihrem Bestehen ein Einwanderungsland mit sehr unterschiedlichen Phasen. Die Einwanderung erfolgte dabei immer aus humanitär-menschenrechtlichen und ökonomischen Gründen seitens der Zuwanderer und der Aufnahmegesellschaft. Zwischen 1950 und 2000 sind rd. 32 Mio. Menschen zu- und knapp 24 Mio. Menschen abgewandert, d. h. rd. 8 Mio. deutscher oder nichtdeutscher Menschen wurden in dieser Zeitspanne hierzulande heimisch. In der Seniorenbevölkerung sind zwei Gruppen bedeutsam: (a) die nichtdeutschen ArbeitsmigrantInnen, die seit Mitte der 1960er Jahre als Arbeitskräfte angeworben wurden, im weiteren hier ihre Familie gründeten bzw. nachholten und heute mit der zweiten oder dritten Generation in Deutschland leben, sowie (b) die so genannten (Spät-)AussiedlerInnen, die oft erst im A. als deutsche Staatsangehörige mit ihren Familien v. a. aus den östlichen Staaten zugezogen sind *(Migration und Integration)*.

2014 hatten 20,3 % der Gesamtbevölkerung einen Migrationshintergrund, davon waren rund 1,5 Mio. älter als 65 Jahre. Darunter waren 680 Tsd. Personen ohne deutschen Pass. Die Seniorengruppe ist eine sehr heterogene Gruppe, wobei etwa 60 % aus den ehemaligen Anwerbeländern (z. B. Türkei, Griechenland) und etwa 40 % aus den Anrainerstaaten (z. B. Niederlande, Österreich) kommen.

Bereits heute prägen die älteren MigrantInnen das gesellschaftliche Altersbild mit, wobei der überwiegende Teil von ihnen eher migrationsspezifische Problemlagen (z. B. geringe Renteneinkünfte, schlechte Wohnbedingungen, häufigere Erkrankungen, soziale Ausgrenzung) bewältigen muss. Gleichzeitig zeigen sich verstärkt Ansätze einer interkulturellen Öffnung der Altenhilfe im Besonderen und des sozialen Hilfesystems im Allgemeinen. Diese Entwicklung wird in den nächsten Jahren an Tempo gewinnen (müssen).

Trend zur Zunahme von sozialen Ungleichheiten im Alter: „Die Entwicklung sozialer Ungleichheiten auch im A. ist einerseits gesellschaftliches Produkt – andererseits auch Indikator gesellschaftlicher Entwicklung." (Naegele/Tews 1993: 36) Ein Vergleich zu früheren Jahrzehnten ist nicht ohne weiteres möglich, zumal hierzu Analysen fehlen. Wohl lassen sich im A. Kumulationen von Vor- und Nachteilen feststellen, die den Einzelnen wie die verschiedenen sozialen Gruppen alter Menschen treffen. Kumulationen von Nachteilen finden sich z. B. bei Personen/Gruppen mit niedrigem Schul- und Bildungsniveau, einem geringen Berufsstatus, geringem Arbeitseinkommen und damit geringen zukünftigen Renteneinkünften, einem schlechteren Gesundheitszustand usw. Lebenslang wirkende Ungleichheiten führen im A. zu kumulierten Ungleichheiten und damit höheren Abhängigkeiten. Diese Gruppen werden mehr und mehr als die „abhängigen Alten" bezeichnet. Betroffen sind v. a. Frauen und MigrantInnen. Kumulationen von Vorteilen zeigen sich in der Akkumulation von Vermögenswerten, durch im Rentenrecht verankerte Vorteile aufgrund ganz spezifischer Lebens- und Erwerbsformen (z. B. bei verheirateten berufstätigen Paaren ohne Kinder), durch umfangreiche selbstbestimmbare immaterielle Lebensspielräume usw. Diese Gruppen werden als „autonome Alte" definiert. Mit einer stark divergierenden materiellen und immateriellen Existenzgrundlage geht eine ebenso verschiedenartige Nutzung öffentlicher Hilfen auf unterschiedlichem Niveau einher. Hiermit müssen sich insbes. die Altenhilfe und die *Altenpolitik* der Zukunft auseinandersetzen.

A

Trend zur Hochaltrigkeit und Multimorbidität: Galt früher, dass die über 75-Jährigen zu den „richtigen Alten" zählen, so hat der ungebrochene Anstieg der Lebenserwartung dazu geführt, dass heute die über 80-Jährigen und in Ansätzen die über 85-Jährigen zu den Hochaltrigen zählen. Mit dem hohen A. sind häufig verbunden:

- familiäre Isolierung, Verringerung des sozialen Kontaktnetzes, soziale Isolierung;
- Krankheit, zunehmend in Form von Multimorbidität (Zunahme der Zahl der durchschnittlichen Diagnosen, d. h. Mehrfacherkrankungen), chronischer körperlicher Erkrankungen (etwa 30 % der über 70-Jährigen haben fünf und mehr Diagnosen) und geronto-psychiatrischer Beeinträchtigungen;
- periodische oder anhaltende Hilfe- und Pflegebedürftigkeit.

Hochaltrigkeit bedeutet keineswegs nur die beschriebenen Beeinträchtigungen. Sogar unter den 100-Jährigen waren in entsprechenden Untersuchungen noch rd. 30 % rüstig und psychisch und physisch in vergleichsweise guter Verfassung. Durch Prävention und Gesundheitsförderung im mittleren Lebensalter ließe sich der Anteil der Personen deutlich erhöhen, die das hohe A. in einem guten Gesundheitszustand erreichen. Durch kontinuierliches Engagement und soziale Aktivitäten, auch außerhalb von Familie und Beruf, sowie lebenslanges Lernen bis ins hohe Seniorenalter bieten sich heute vielfältige Möglichkeiten, ein selbstbestimmtes Alter(n) in Gemeinschaft zu sichern.

Verbunden mit dem zunehmenden A. steigt zugleich das Demenzrisiko. Demenz (lat. demens = unvernünftig) bedeutet als klinisches Syndrom eine Einengung der kognitiven, emotionalen und sozialen Fähigkeiten. Nach psychiatrischen Einteilungsprinzipien wird unterschieden zwischen primärer Demenz (dazu zählen die Alzheimer-Krankheit als degenerative Demenz mit 50 bis 60 % aller Fälle oder Demenz bei Parkinsonkrankheit und die Creutzfeldt-Jakob-Demenz) und sekundärer Demenz (meist die Folge von Herz-Kreislauf-Erkrankungen, Alkohol- und Arzneimittelmissbrauch oder schweren Depressionen). Mit einer Demenz gehen wesentliche Veränderungen der Persönlichkeit einher. Die Betroffenen werden in ihrer Fähigkeit, ein unabhängiges und selbständiges Leben zu führen, eingeschränkt und sind in hohem Maß auf Hilfe und Pflege angewiesen. Oft führt dies zu einer Verschlechterung der Lebensqualität der Betroffenen sowie zu sehr hohen Belastungen von pflegenden Angehörigen und Betreuenden, die z. B. durch ambulante Dienste oder nachbarschaftliche Netze stets nur begrenzt entlastet werden können. Demenzpatienten haben einen erhöhten Versorgungsbedarf. Darauf wurde nach langen Jahren intensiver Diskussionen mit einer Reform der *Pflegeversicherung* (SGB XI) reagiert. Ab 2016 gelten ein neuer Pflegebedürftigkeitsbegriff und ein verändertes Begutachtungsverfahren, wodurch die Unterscheidung zwischen Pflegebedürftigen mit körperlichen Einschränkungen und Demenzkranken wegfällt.

Im hohen A. zeigt sich das Problem beeinträchtigter Wahrnehmungs-, Erinnerungs- und Denkfähigkeit in besonderer Schärfe. Aufgrund der Zunahme v. a. der hochaltrigen Menschen ist mit einem beträchtlichen Anstieg der Zahl Demenzerkrankter zu rechnen. Bis 2050 soll die Zahl auf ca. 3 Mio. steigen. Etwa ⅔ von ihnen leiden an einer Alzheimer-Krankheit.

Das Altern der Gesellschaft und die Bewältigung des A. sind nicht nur in und für Deutschland wichtige Zukunftsfragen. Europaweit befassen sich damit sowohl die EU im Rahmen eigener Programme als auch universitäre Forschungsverbünde und Facheinrichtungen. So forderte das Europäische Parlament die Mitgliedstaaten auf, Demenz zu einer gesundheitspolitischen Priorität der EU zu machen und spezifische nationale Strategien zu entwickeln. Deutschland verabschiedete eine „Allianz für Menschen mit Demenz" und will bis 2018 die Strategie „Gemeinsam für Menschen mit Demenz" umsetzen. Ein weiteres Beispiel: Schon 2012 wurde als „Europäisches Jahr für aktives Altern" ausgerufen. Diese Initiative soll zur Schaffung besserer Beschäftigungsmöglichkeiten und Arbeitsbedingungen für die zunehmende Zahl älterer Menschen in Europa beitragen, ihnen helfen, eine aktive Rolle in der Gesellschaft zu übernehmen, und ein gesundes Altern fördern. Hintergrund ist, dass sich die europäische Politik mit einer stetigen demografischen Alterung und deren Auswirkungen auf die öffentlichen Dienstleistungen und Finanzen auseinanderzusetzen hat.

Gerda Holz

Literatur

H. Bachmeier/R. Künzli: Am Anfang steht das Alter: L. Amrhein: Drehbücher des Alter(n)s: Die soziale Konstruktion von Modellen und Formen der Lebensführung und -stilisierung älterer Menschen, Wiesbaden 2008 ◆ S. van Dyk/S. Lessenich (Hrsg.): Die jungen Alten. Analysen einer neuen Sozialfigur, Frankfurt/M. 2009 ◆ Bundeszentrale für gesundheitliche Aufklärung (BZgA): Die Hochaltrigen. Expertise zur Lebenslage von Menschen im Alter über 80 Jahre. Köln 2015 ◆ S.Exner u. a. Silver Age, Versorgungsfall oder doch ganz anders? Perspektiven auf Altern und Altsein erweitern. Baden-Baden 2015 ◆ G. Naegele: (Hrsg.): Soziale Lebenslaufpolitik. Wiesbaden 2010 ◆ A. Motel-Klingebiel u. a.: Altern im Wandel. Befunde des Deutschen Alterssurveys (DEAS). Stuttgart 2010 ◆ J.Panel. u. a.: Praxishandbuch Altersmedizin: Geriatrie – Gerontopsychiatrie – Gerontologie. Stuttgart 2014 ◆ W. Voges: Soziologie des höheren Lebensalters. Ein Studienbuch zur Gerontologie. Augsburg 2007 ◆ W. Voges u. a.: Methoden und Grundlagen des Lebenslagenansatzes. Bremen 2005 ◆ C. Zippel/S. Kraus (Hrsg.): Soziale Arbeit für alte Menschen. Frankfurt/M. 2009.

Links

s. *Altenpolitik*

Altruismus

A. – von lateinisch *alter,* „der andere" – ist die dem Egoismus entgegengesetzte Denk- und Handlungsweise, Selbstlosigkeit, Uneigennützigkeit, im Französischen Nächstenliebe. Seit A. Comte bezeichnet A. die Gesinnung des einzelnen, unter Außerachtlassung des eigenen Nutzens das Wohl anderer durch sein Handeln zu fördern. A. gehört zum Wertesystem humanistisch und christlich geprägter Tradition. In den demokratisch verfassten kapitalistischen Gesellschaften, in denen nach den Prinzipien von Eigennutz und Konkurrenz gewirtschaftet wird, erhielt A. einen umso höheren ethischen Stellenwert und wurde zur normativen Forderung, nach der die Gesellschaft das Zusammenleben ihrer Mitglieder regeln soll. Mit der unzureichenden Erfüllung dieser Forderung entstand „professioneller A.": d. h. die helfenden Berufe *(soziale Berufe, Professionalisierung).* Nach einer Phase individuell-karitativ verstandenen Handelns und dessen Idealisierung hatte *Sozialarbeit/Sozialpädagogik* sich an gesellschaftskritischen Analysen und sozialstrukturellen Handlungsmodellen *(Sozialstruktur)* orientiert. Aggressions- und Konfliktforschung wurden Schwerpunkte der Sozialpsychologie. Seit dem Ende der 1960er Jahre wandte sich das Interesse wieder dem „prosozialen" Verhalten zu, es entstand eine Art „Altruismusforschung". Die für SozPäd interessante Untersuchung prosozialen Verhaltens im Alltag (z. B. Hilfeleistung in Notfällen, *Spenden)* wurde bisher wesentlich in empirischen Einzelstudien durchgeführt und hat, wahrscheinlich auch wegen dieser methodischen Einengung, noch kaum nennenswerte Ergebnisse erzielt. Die psychoanalytisch orientierte Untersuchung der Motive und subjektiven Strukturen professioneller Altruisten verfolgte dagegen einen hermeneutischen und kritischen Ansatz und führte zum Erkennen des „Helfersyndroms" (Schmidbauer), in dem die Psychodynamik altruistischen Handelns offen gelegt und der unbewusste Eigennutz in der helfenden Beziehung problematisiert wird. Christliche Nächstenliebe vertraute auf „Gotteslohn". In der säkularisierten Bedeutung ist A. so definiert, dass die Erwartung eines „Lohns" als widersprüchlich zu A. ausgeschlossen wird. Aber diese Definition erfolgte in der Zeit des beginnenden Idealismus, und A. wird noch heute mit idealistischen Vorstellungen verknüpft: Die Erwartung eines immateriellen „Lohnes" sollte nicht per definitionem diskriminiert werden.

Helga von Flemming

Literatur

H. Dießenbacher: Altruismus und helfende Berufe – Zur Problematik alltäglicher und professioneller Altruisten, in: Literaturrundschau 1979, 7 ff. ◆ C. W. Müller: Wie Helfen zum Beruf wurde, Weinheim/München [6]2013 ◆ C. W. Müller: Helfen und Erziehen, Weinheim/München [2]2008 ◆ W. Schmidbauer: Das Helfersyndrom. Hilfe für die Helfer. Hamburg [2]2007 ◆ G. Wahrig: Deutsches Wörterbuch, Gütersloh [9]2011.

Anamnese

Verständnis

Unter einer A. versteht man das Sammeln, Systematisieren und Dokumentieren von klientenbezogenen Informationen. Primäres Ziel ist die Datengewinnung zum biographischen Hintergrund, der „Vorgeschichte" des Klienten, zu gegenwärtigen und früheren Verhaltensweisen und Erfahrungen in seinem sozialen Umfeld. Die dabei gewonnenen Informationen dienen in erster Linie zur Hypothesenbildung auf beschreibendem Niveau, zur anschließenden Formulierung einer Diagnose *(Diagnostik)* sowie u. U. einer Prognose und der Vorbereitung und Durchführung von Einzelfallhilfe und Einzeltherapie, aber auch von Gruppenarbeit und -therapie. Der Prozess der Anamneseerhebung selbst kann bereits therapeutische „Nebenwirkungen" erzeugen *(Psychotherapie).* Umfang und Bedeutung anamnestischer Erhebungen differieren zwischen den unterschiedlichen Anwendungsbereichen, etwa der Medizin, Psychologie oder Sozialarbeit/Sozialpädagogik und theoretischen Schulen, etwa zwischen einer tiefenpsychologisch und einer verhaltenstheoretisch fundierten Vorgehensweise, für die i. d. R. die subjektiv gefärbten Anamnesedaten von unterschiedlichem Gewicht sind *(Psychologie)*. Dabei können die Informationen, die mittels A. gewonnen werden, von dem Klienten/Hilfesuchenden selbst (Eigenanamnese) und/oder von seinen Eltern, Angehörigen oder sonstigen Bezugspersonen (Fremdanamnese) erhoben werden. Häufig ergänzen Zusatzinformationen aus Akten *(Aktenführung)*, Tests u. a. m. die anamnestischen Daten, wobei divergente Aussagen zu erwarten sind. In der diagnostisch-therapeutischen bzw. in der Beratungsarbeit muss dann der Versuch der Integration der sich widersprechenden Informationen gemacht werden.

Erhebung anamnestischer Daten

Zur Erhebung anamnestischer Daten liegt eine Vielzahl von Strukturierungsversuchen (Anamneseschemata) für die unterschiedlichen Arbeitsfelder von Medizin, Psychologie und SozArb/SozPäd vor mit der Tendenz zu einer immer stärkeren Systematisierung und Standardisierung, die eine direkte EDV-Eingabe und -Verarbeitung ermöglichen (Datenverarbeitung). Der Grad der Strukturierung reicht von weitgehend unstrukturiert, etwa durch bloße Aufzählung der zu erfragenden Themen, über halb strukturiert bis zu voll strukturiert. Trotz der Vielzahl veröffentlichter Anamneseschemata finden in der Praxis häufig selbsterstellte Schemata Verwendung, in denen die der Beratungsarbeit zugrunde gelegten theoretischen Ansätze und praktischen Zielsetzungen in Fragen und häufig auch in Antwortvorgaben umgesetzt werden. Die unkritische Verwendung vorliegender Anamneseschemata ist auch deshalb problematisch, weil theoretische Hintergründe und die Art der Symptomatik, die den jeweiligen Fragenkatalog bestimmen, nicht immer explizit gemacht sind.

Die in den Arbeitsfeldern von SozArb/SozPäd verwendeten Anamneseschemata gliedern sich i. d. R. in die personale und soziale A. (biographische A.) und die Familien-A. Die Fragen beziehen sich v. a. auf die Bereiche körperliche und seelische Verfassung, familiäre und soziale Beziehungen des Klienten, seine schulische und berufliche Situation sowie seine finanziellen Verhältnisse. Häufig werden auch entwicklungsbiologisch und -psychologisch bedeutsame Daten zur individuellen Lebensgeschichte erhoben.

Gültigkeit und Zuverlässigkeit

Gültigkeit und Zuverlässigkeit anamnestischer Daten können durch unterschiedliche Fehlerquellen beeinträchtigt sein, etwa durch den *Klienten* (Voreinstellungen; Erwartungen; Wahrnehmung, Interpretation, Behalten und Wiedergabe von Sachverhalten), den Explorator/Befrager (Person, Voreinstellung, Gesprächsstil) oder die äußere Situation, in der das anamnestische Gespräch stattfindet. Die (selbst)kritische Bewertung von Anamnesedaten sollte ihrer Verarbeitung stets vorausgehen. Über die Funktion als Erkenntnis- und Behandlungsinstrument hinaus wird die Anamneseerhebung auch als Instrument der Praxisforschung in der SozArb/SozPäd gesehen (Kähler). Durch Fortschreibungen von Anamnesedaten im Betreuungsprozess lassen sich in Form einer Sekundäranalyse unterschiedliche Fragen etwa nach der Effektivität der Arbeit *(Evaluation)*, nach der Zusammensetzung und Veränderung der Klientel oder nach Problemen und deren Ursachen auch ohne zusätzliche Primärerhebungen beantworten.

Neben der Erkenntnisgewinnung durch Anamnesen stehen die im Rahmen der *empirischen Sozialforschung* entwickelten methodischen Ansätze der Biographieforschung. Die Selbstthematisierung von Lebensgeschichte in der Form detailreichen autobiographischen Erzählens kann durch anschließende Interpretation und Analyse auch für die SozArb wichtige Erkenntnisse und Ansatzpunkte liefern. Mit Hilfe des biographischen Ansatzes bzw. von Biographiearbeit wird versucht, Denk- und Handlungsweisen von Menschen aus ihrer Biographie und Lebenswelt heraus zu verstehen mit dem Ziel, individuell angemessene Problemlösungen zu finden.

Helmut Lukas

Literatur

W. Fuchs-Heinritz: Biographische Forschung: Eine Einführung in Praxis und Methoden, Wiesbaden [4]2009 ◆ H. D. Kähler: Anamneseerhebung und Praxisforschung: Perspektiven eines beruflichen Routineverfahrens, in: M. Heiner (Hrsg.): Praxisforschung in der sozialen Arbeit, Freiburg i.Br. 1988, 215 ff. ◆ H.-H. Krüger/W. Marotzki (Hrsg.): Handbuch erziehungswissenschaftliche Biographieforschung, Wiesbaden [2]2006 ◆ K. D. Kubinger/G. Deegener: Psychologische Anamnese bei Kindern und Jugendlichen, Göttingen 2001 ◆ N. Wyssen-Kaufmann: Bedeutung der Anamnese in der Sozialen Arbeit, Leverkusen 2015.

A

Angst

Unterschiedliche Erklärungen

Allgemein: A. geht sprachlich auf das indogermanische enĝh, „eng", zurück, ist ein mit Beengung verbundenes unangenehmes Spannungsgefühl. Entwicklungsgeschichtlich gehört A. neben Sexualität *(Sexualität/Sexualpädagogik)* zu den ältesten Triebkräften. Physiologisch bewirkt das Wahrnehmen einer Bedrohung einen erhöhten Adrenalinausstoß, der über Verengung der Gefäße Herzschlag und Atmung zunächst stocken lässt (Schrecksekunde) und dann stark beschleunigt. A. löst auf instinktiver Ebene Flucht oder Angriff aus, eine motorische Handlung, die der Gefahr entgegenwirkt. In dieser Funktion ist A. dem Schmerz verwandt und ebenso unentbehrlich zur Erhaltung von Leben und Gesundheit. Der menschliche Instinkt wurde in der Evolution zurückgebildet und durch *Sozialisation* überformt; er wurde überlagert durch das Gewissen als innere Repräsentanz äußerer Regulierungsinstanzen wie Sitten, Normen und Gesetze *(Sanktion).* Gewissen und Gesetz wirken aber, außer über Vernunft und Liebe, wesentlich über A.: vor Liebesentzug, Vergeltung, Bestrafung.

Philosophisch: In philosophischer Betrachtung wird A. auf den Tod bezogen, der mit Ohnmacht und Nichtwissen verbunden ist.

Psychoanalytisch: In psychoanalytischer Betrachtung wird A. auf die Geburt, d. h. auf Trennungsangst als früheste Erfahrung von A. und Hilflosigkeit, zurückgeführt. „Die Angst hat eine unverkennbare Beziehung zur Erwartung; sie ist Angst vor etwas. Es haftet ihr ein Charakter von Unbestimmtheit und Objektlosigkeit an; der korrekte Sprachgebrauch ändert selbst ihren Namen, wenn sie ein Objekt gefunden hat und ersetzt ihn dann durch Furcht" (Freud; die Unterscheidung hat sich alltagssprachlich nicht durchgesetzt). Ein weiteres Kennzeichen von A. ist „die Aufhebung der willensmäßigen und verstandesmäßigen ‚Steuerung' der Persönlichkeit" (Dorsch). A. kann – wie Liebe – blind, krank, wahnsinnig machen, aber auch vorsichtig. Freud unterschied Realangst als Reaktion auf die Wahrnehmung einer äußeren Gefahr, d. h. einer erwarteten vorhergesehenen Schädigung, von neurotischer A., die eine äußere Gefährdung, als Strafe aufgrund von Gewissensängsten, Tabus verletzt zu haben, nur phantasiert. Realangst gilt als rational, neurotische A. als irrational. Neurotische A. sollte durch Therapie *(Psychotherapie)* abgebaut werden, Realangst nur, soweit aus Unwissenheit falsche Erwartungen bestehen, durch Information. In anderen Fällen wäre ihr Abbau unvernünftig, denn sie ist ein lebensschützendes Warnsignal, auslösende und vorantreibende Kraft zur Bewältigung von Gefahr und Not. A. vor dem Unerklärlichen, Unbeherrschbaren (Natur, Gott) trieb Erkenntnis, Technik und Wissenschaft voran. Jeder Fortschritt brachte einen Zuwachs an Freiheit und Macht, an Beherrschung und Ausbeutung der Natur, aber auch derer, die nicht am Fortschritt teilhatten.

Angst heute: Heute besteht A. überwiegend vor dem von Menschen Machbaren und Verursachten: Krieg, Terrorismus, Atomkraft, Zerstörung der Erde, Krebs, AIDS, *Arbeitslosigkeit,* der Globalisierung und einem bedrohlichen Finanzkapitalismus, Entwicklungen, die als nicht mehr steuerbar und beherrschbar erlebt werden. Information wirkt hier u. U. angststeigernd, da sie die Bedrohung im ganzen Ausmaß erkennen lässt. A., die nicht mehr in Handlung umgesetzt werden kann, wird verdrängt und äußert sich in einer Kombination von Lethargie und Spannung, in ständigem Ressentiment, in neurotischen Symptomen oder in explosiver Aggression.

Angst und Aggression: Sie stehen in ungemein komplexer Wechselbeziehung. „Angst einschließlich Furcht vor Bestrafung ist aggressionshemmend, andererseits ist Angst (und Angst vor Angst) eine der wichtigsten Aggressionsursachen, so dass Angstabbau, die Beseitigung angstauslösender, verunsichernder Faktoren und die Herstellung von Sicherheit durch Einübung nichtaggressiver Konfliktlösungsmethoden als bedeutsame Mittel zum Abbau von Aggressionen und zur Vermeidung von Gewalteskalation empfohlen werden" (Hacker). Dieser Satz gilt im individuellen ebenso wie im innen- und außenpolitischen Bereich, wo aus A. vor *Gewalt* Gewalt angedroht und ausgeübt wird, was beim Gegner die gleichen Reaktionen auslöst, wodurch wiederum A. und Gewalt eskalieren *(Friedenserziehung/Friedenspädagogik).*

Helga von Flemming

Literatur

W. Bonss: Risiko und Angst. Zum Funktionswandel der Angst in der Risikogesellschaft, in: sowi 21, 95 ff. ♦ A. Bochert: Angst im Sozialstaat. Herausforderungen für die Jugendhilfe, in: U. Gintzel/U. Hirschfeld/ M. Lindenberg (Hg.): Sozialpolitik und Jugendhilfe, Frankfurt/M. 2011 ♦ P. Bourdieu: Der Lohn der

Angst. Flexibilität und Kriminalität in der neuen Arbeitsgesellschaft, in: Libre International, Jahrbuch für Literatur und Kultur 1999–2000 ◆ Dorsch: Lexikon der Psychologie, Hogrefe [17]2014 ◆ S. Freud: Hysterie und Angst, Studienausgabe Bd. 6, Frankfurt/M. 1982 ◆ F. Hacker: Aggression, Düsseldorf/Wien 1985 ◆ S. Kierkegaard, Werke I: Der Begriff der Angst. In neuer Übertragung und mit Kommentar von Liselotte Richter, Reinbek 1960 ◆ O. Lück: Keine Angst! Über die alltägliche Gewalt und wie man richtig reagiert. München 2010 ◆ F. Riemann: Grundformen der Angst, München [42]2017 ◆ A. Szczypiorski: Lager, in: Die ZEIT v. 24. 3. 95.

Anpassung

Begriffsvarianten

Anpassung (A.) ist einerseits ein Begriff, auf den aus einer evolutionstheoretischen Perspektive kaum verzichtet werden kann. Aus einer sozialisationstheoretischen und kritischen Perspektive sind mit dem Begriff andererseits aber auch problematische Implikationen verbunden. Klassisch sind mit A. in Bezug auf menschliches Verhalten und Handelns mindestens zwei unterschiedlichen Bedeutungen verbunden. Einmal bezeichnet dieser Begriff den Prozess der Veränderung menschlichen Verhaltens in Abhängigkeit von den je gegebenen äußeren Bedingungen. In diesem – aus der Biologie und der Abstammungslehre übernommenen – Bedeutungsinhalt schließt der Prozess der A. den Prozess des Lernens ein. Jede Veränderung menschlichen Bewusstseins und Handelns ist in diesem Verständnis Resultat eines Anpassungsprozesses. Zum anderen wird der Begriff – überwiegend alltagssprachlich – in wertender Weise benutzt. A. bezeichnet dann den Prozess, in dem sich das *Individuum* gesellschaftlichen Erwartungen und Anforderungen quasi passiv „unterwirft". Das Verhalten des Individuums wird so als ausschließlich reaktiv auf äußere Bedingungen verstanden. In diesen biologistisch gefärbten Bedeutungen wird die Besonderheit menschlichen Lernens – im Vergleich zum Lernen von Tieren – nicht berücksichtigt. Wenn davon ausgegangen wird, dass Menschen bewusst, aktiv und zielgerichtet sich verhalten und handeln, ist die Beziehung Mensch-Umwelt eine qualitativ andere, als sie sich in den oben dargestellten Bedeutungen des Begriffs A. niederschlägt: Denn

- der Mensch ist – im Gegensatz zum Tier – in der Lage, die Bedingungen, unter denen er lebt, bewusst zu verändern – er produziert durch gesellschaftliche Arbeit seine eigenen Lebensbedingungen und
- die gesellschaftlich-historische Entwicklung menschlicher Erfahrungen und Fähigkeiten, menschlichen Wissens und Könnens, ist in den Produkten der menschlichen Tätigkeit – z. B. Werkzeugen, Sprache, soziale Normen – vergegenständlicht – die Umwelt des Menschen ist also vergegenständlichte gesellschaftliche Erfahrung.

A. N. Leontjew hat – vor dem Hintergrund der Besonderheit der Beziehung Mensch-Umwelt – die Besonderheit menschlichen Lernens herausgearbeitet und beschreibt diesen Lernprozess als „Aneignung gesellschaftlicher Erfahrung". Der Mensch passt sich im Ablauf seiner physischen und psychischen Entwicklung nicht einfach den – überwiegend von Menschen gemachten – Bedingungen an, sondern macht sie sich zu Eigen und gestaltet sie entsprechend seiner Möglichkeiten und den jeweils gegebenen gesellschaftlichen Rahmenbedingungen neu. Dieser Aneignungsprozess ist dadurch gekennzeichnet, dass der „lernende" Mensch mit den Produkten der gesellschaftlichen Erfahrungen „tätig ist", „handelt" und deren Bedeutung – vermittelt durch andere Menschen – im Handeln erfährt.

Bedeutung für die Soziale Arbeit

Die allgemeine, theoriegeleitete Klärung ist nicht ohne Relevanz für die sozialpädagogische Praxis und Theorie. Insbesondere im Zusammenhang mit der Frage, ob Soziale Arbeit mehr zu sein hat als über Kontrolle und soziale Disziplinierung hergestellte A. an das Gegebene, stellt sich das Problem der Anpassung konkret dann, wenn das sozialpädagogische Anliegen in der Förderung von Autonomie gesehen wird, das durch Helfen initiiert werden soll (Thole/Hunold 2011). Und auch die leicht polemische Frage „Erziehung zur Anpassung oder Erziehung zum Widerstand" ist zumindest angesichts der oben entworfenen Perspektive nicht kurz und knapp zu beantworten. Im Aneignungsprozess sind beide Momente – Ausrichten des Handelns nach gegebenen äußeren Bedingungen und Veränderung der äußeren Bedingungen selbst – enthalten. Im Begriff der „aktiven A.", wie er von Mollenhauer benutzt wurde, ist ebenfalls neben der „Angleichung an Gegebenes" der Prozess der „Aneignung der Veränderung des Gegebenen" mitgedacht.

SozArb müsste – unter der Zielvorstellung einer humaneren Welt für alle – Menschen befähigen, in konkreten Lebenssituationen in Bezug auf ihre gemeinsame Interessenlage bewusst zu handeln, d. h., Menschen anregen, ihre Umwelt anzueignen und sie zu verändern. Das sozialpädagogische Projekt einer Hilfe zur Lebensbewältigung und -gestaltung hätte kontinuierlich diese Dialektik zwischen Realisierung autonomer Bildungsansprüche und Anpassung auszubalancieren und hierbei das Problem der Normabweichung, der sozialen Desintegration und Exklusion im Vollzug der Reproduktion sozialer Ungleichheiten zu reflektieren.

Werner Thole
(bis zur 4. Auflage Christine Holzkamp)

Literatur

K. Hurrelmann/U. Bauer: Einführung in die Sozialisationstheorie, Weinheim/Basel [11]2015 ◆ A. N. Leontjew: Probleme der Entwicklung des Psychischen, Frankfurt/M. [6]1985 ◆ A. Mitscherlich: Aggression und Anpassung, in: H. Marcuse (Hrsg.): Aggression und Anpassung in der Industriegesellschaft, Frankfurt/M. [2]1969 ◆ K. Mollenhauer: Einführung in die Sozialpädagogik, Weinheim [10]1993 ◆ W. Thole/M. Hunold: Helfen. In: J. Kade/W. Helsper/C. Lüders/B. Egloff/F.-O. Radtke/W. Thole (Hrsg.): Pädagogisches Wissen. Erziehungswissenschaft in Grundbegriffen. Stuttgart 2011, 147–154.

Anthropologie

Zum Gegenstand

A. ist die Wissenschaft vom Menschen und seiner Entwicklung in natur- und geisteswissenschaftlicher Hinsicht: Jedes soziale Handeln wird durch implizite anthropologische Annahmen beeinflusst. Meist sind die dem sozialen oder pädagogischen Handeln zugrunde liegenden anthropologischen Werte und Überzeugungen den Handelnden nicht bewusst und werden daher besonders wirksam. Doch nicht nur im sozialen und pädagogischen Handeln sind anthropologische Bezugnahmen unerlässlich. Auch soziale Institutionen enthalten in ihren Strukturen und Zielen anthropologische Setzungen und Normen. Daher stellt anthropologisches Wissen einen zentralen Bereich sozialen und pädagogischen Wissens dar.

Pädagogisch-anthropologisches Wissen gewinnt weiter an Bedeutung. Dies ist umso mehr der Fall, als die festen Bezugspunkte der *Erziehung* ins Gleiten geraten sind und normative Unsicherheit infolge der Erschütterung religiöser Vorstellungen, überkommener Menschenbilder und gesellschaftlicher Utopien verbreitet ist. Wenn geschichtsphilosophische, auf gesellschaftliche Veränderungen drängende Positionen ihre Kraft verlieren, besteht die Gefahr, dass mit dem Rückgriff auf anthropologisches Wissen das „Unveränderbare“ der menschlichen Natur gesucht wird. Durch die Einbeziehung der Geschichtlichkeit anthropologischen Wissens, der anthropologischen Selbstreflexion und der Anthropologiekritik muss dieser Erwartung entgegengewirkt werden. Bevor dieses Konzept einer reflexiven historisch-pädagogischen A. weiter spezifiziert wird (Wulf 2013; Wulf/Zirfas 2013), soll zunächst ein Überblick über wichtige anthropologische Positionen gegeben werden.

Anthropologische Positionen

Als **naturwissenschaftliche Disziplin** geht es der A. darum, Aussagen über die biologische, physiologische und morphologische Entwicklung des Menschen zu erarbeiten. Die dabei zugrunde gelegten zeitlichen Parameter reichen weit über die geschichtliche Zeit in die Vorgeschichte des Menschen hinein.

Philosophische Anthropologie: Als Teil der Philosophie war auch die Philosophische A. an der Erkenntnis des Menschen interessiert. In den Schriften Schelers, Plessners und Gehlens ging es vorwiegend um die Erkenntnis des Menschen bzw. um die Erkenntnis von für den Menschen charakteristischen Bedingungen (conditiones humanae). Bei Scheler war es die „Sonderstellung des Menschen im Kosmos“ (1962), bei Plessner die „exzentrische Positionalität“ (1969), bei Gehlen die Handlung des „Mängelwesens“ (1972) Mensch. So wichtig die Erkenntnis der Bedingungen des Menschen für die Humanwissenschaften ist, diese Betrachtungsweise greift insofern zu kurz, als sie lediglich allgemeine Aussagen über den Menschen zu machen versucht und dabei von den konkreten historischen Bedingungen menschlichen Lebens zu verschiedenen Zeiten und in verschiedenen Kulturen abstrahiert. Infolge dieser Ausrichtung ist die Philosophische A. nicht in der Lage, die Differenzen zwischen den Kulturen und Zeiten angemessen auf den Begriff zu bringen. Unter dem Einfluss der Philosophischen A. erfolgten in den 1960er und 1970er Jahren zahlreiche Versuche, innerhalb der wissenschaftlichen Disziplinen spezifische Bedingungen des Menschseins, „conditiones humanae“, zu identifizieren. So fragte man in der Soziologie nach dem gesellschaftlichen Menschen, dem „homo sociologicus“, in der Theologie nach dem religiösen Menschen, dem „homo religiosus“, in der *Erziehungswissenschaft* nach dem zu erziehenden Menschen, dem „homo educandus“. Jede Wissenschaft entdeckte, dass ihr eine „conditio humana" zugrunde lag. So kam es zu einer Behandlung anthropologischer Fragestellungen und Themen, die von den Voraussetzungen der Wissenschaftsdisziplinen her angegangen wurden. Der Schwerpunkt dieser Bemühungen lag in der Suche nach allgemeinen anthropologischen Aussagen.

Historische Anthropologie: In der Geschichtswissenschaft, die sich herkömmlicherweise um die Erkenntnis des Besonderen bemühte, fanden unter dem Einfluss der Schule der Annales und der Mentalitätsgeschichte anthropologische Themen im Laufe der 1980er Jahre zunehmend Beachtung. Mit der Aufnahme anthropologischer Themen in die Geschichtswissenschaft erfolgte eine wichtige Erweiterung ihrer Fragestellungen und methodischen Ansätze. In der Folge begann man sogar von „historischer Anthropologie" zu sprechen (Dressel 1996). Charakteristisch war hier die Eingrenzung der anthropologischen Fragestellung auf einen bestimmten Zeitraum. Auch in methodischer Hinsicht blieb man relativ streng. Wenig ließ man sich durch ein philosophisches oder gar zeitgenössisches Interesse irritieren.

A. kann heute nicht nur auf die Erforschung des Menschen als Gattungswesen gerichtet sein. Nicht zuletzt die Kulturanthropologie (cultural anthropology) angelsächsischer Prägung hat deutlich gemacht, wie stark die historischen und kulturellen Unterschiede die Menschen differieren lassen. Daher erscheint es im Bewusstsein eines von der A. kaum überwindbaren, jedoch kontrollierbaren Ethnozentrismus *(Ethnologie)* notwendig, A. als reflexive historische A. zu entwickeln, die ihre Entstehungs- und Erkenntnisbedingungen mitbedenkt (Wulf 1997 und 2013). Historische A. wird als Bezeichnung für vielfältige, transdisziplinäre Bemühungen verwendet, die auch nach dem Ende der Verbindlichkeit einer abstrakten anthropologischen Norm weiterhin Phänomene und Strukturen des Menschlichen erforschen. Historische A. steht so in der Spannung zwischen Geschichte und Humanwissenschaften. Aber sie erschöpft sich weder in einer Geschichte der A. als Disziplin noch im Beitrag der Geschichte als Disziplin zur A. Sie versucht vielmehr, die Geschichtlichkeit ihrer Perspektiven und Methoden und die Geschichtlichkeit ihres Gegenstandes aufeinander zu beziehen. Historische A. kann daher die Ergebnisse der Humanwissenschaften, aber auch diejenigen einer geschichtsphilosophisch fundierten Anthropologiekritik zusammenfassen und für neuartige paradigmatische Fragestellungen fruchtbar machen.

Im Kern ihrer Bemühungen steht eine Unruhe des Denkens, die nicht stillgestellt werden kann. Historische A. ist weder auf bestimmte kulturelle Räume noch auf einzelne Epochen beschränkt. In der Reflexion ihrer eigenen Geschichtlichkeit vermag sie sowohl den Eurozentrismus der Humanwissenschaften als auch das lediglich antiquarische Interesse an Geschichte hinter sich zu lassen und offenen Problemen der Gegenwart wie der Zukunft den Vorzug zu geben.

Anthropologie heute: Wie wurden diese Überlegungen zur Situation der A. heute bisher konkretisiert? Unter dem Rahmenthema „Logik und Leidenschaft" entstanden in den 1980er Jahren zwölf internationale transdisziplinäre Studien zur Historischen A. (Kamper/Wulf 1982 ff.; Wulf/Kamper 2002). Innerhalb dieses Rahmens lassen sich drei Arbeitsschwerpunkte unterscheiden:

- In einem aus vier Bänden bestehenden Schwerpunkt wurde von Fragen ausgegangen wie: Warum wurde der *Körper* des Menschen in den Sozialwissenschaften der 1970er und 1980er Jahre zugunsten eher abstrakter Konzepte vom Menschen verdrängt und nicht thematisiert? Wie lassen sich der menschliche Körper und seine Veränderungen im Verlauf des Zivilisationsprozesses begreifen, und welches Verhältnis haben die Humanwissenschaften zu ihm? Welche Bedeutung hat der menschliche Körper für Sozialisations- und Enkulturationsprozesse und die individuelle Lebensführung?
- In einem zweiten, drei Bde. umfassenden Schwerpunkt wurde an den menschlichen Ausdrucksformen Lachen, Lächeln und Gelächter und an einer A. der Sinne gearbeitet. Dabei wurde die unterschiedliche Entwicklung der menschlichen Sinne im Verlauf des Zivilisationsprozesses herausgearbeitet. So ließ sich z. B. eine deutliche Unterbewertung des Hörens feststellen, dem für die Entwicklung menschlicher Sozietät eine konstitutive Bedeutung zukommt (auch Paragrana 1993). Neben Fragen der Wahrnehmung, der Aisthesis, wurden auch Probleme der Ästhetik und der ästhetischen Bildung thematisiert (auch Gebauer/Wulf 1992; Gebauer/Wulf 1993; Wulf/Kamper/Gumbrecht 1994; auch Mollenhauer/Wulf 1996; Schäfer/Wulf 1999).
- In einem dritten, ebenfalls mehrere Bde. umfassenden Schwerpunkt war Ausgangspunkt der Forschungen die Reduzierung menschlicher Komplexität infolge des Positivismus und unzureichender Orientierungen einiger Teile der Sozialwissenschaften. Hier wurde eine histori-

sche Rekonstruktion des von der Psychologie aufgegebenen Begriffs der Seele unternommen (auch Jüttemann/Sonntag/Wulf 1991). Desgleichen wurde in nicht theologischer Absicht die historische und gesellschaftliche Bedeutung des Sakralen untersucht (Kamper/Wulf 1987). Schließlich galt es das Verhältnis unserer Kultur zur Zeit und zur Welt im emphatischen Sinn des Begriffes herauszuarbeiten.

In Anerkennung der großen epistemologischen Leistungen der wissenschaftlichen Disziplinen ging es bei der Bearbeitung dieser Themen um die Überwindung der Disziplingrenzen und die Konstituierung transdisziplinärer Fragestellungen, Themen und methodischer Zugänge. Daher wirkten an diesen Studien Autoren aus mehr als 30 Disziplinen mit. Eine weitere Zielsetzung dieser Untersuchungen bestand in der Internationalisierung anthropologischer Erkenntnisinteressen, Fragestellungen und Wissenszusammenhänge und in der Entwicklung transnationaler Diskurse durch die Beteiligung von Wissenschaftlern aus mehr als zehn Ländern.

Seit dem Beginn der 1990er Jahre finden sich auch in der Erziehungswissenschaft verstärkte Bemühungen um die Wiederaufnahme der anthropologischen Betrachtungsweise. Dabei wird deutlich: Pädagogische A. kann es nicht als ein geschlossenes normatives Wissenssystem geben. Sie kann auch nicht als eine auf die *Erziehung* bezogene Philosophische A. entwickelt werden. Da das humanwissenschaftliche Wissen inzwischen so heterogen und komplex, different und pluralistisch geworden ist, kann Pädagogische A. ebenfalls nicht als Integrationswissenschaft bestimmt werden (Roth 1966 u. 1971). Schließlich darf sie auch nicht eine die Möglichkeiten und Grenzen der anthropologisches Wissen reflektierenden Anthropologiekritik ausschließen. Nach der hier vertretenen Auffassung besteht die Aufgabe in der Entwicklung einer konstruktiv-reflexiv verfahrenden historisch-pädagogischen A., in deren Zentrum das Spannungsverhältnis von Vervollkommnung und Unverbesserlichkeit steht (Kamper/Wulf 1994; Wulf 2001, 2013).

Christoph Wulf

Literatur

E. Bohlen/Chr. Thies (Hrsg.): Handbuch Anthropologie. Der Mensch zwischen Natur, Kultur und Technik, Stuttgart 2009 ◆ G. Dressel: Historische Anthropologie, Wien 1996 ◆ G. Gebauer/Ch. Wulf (Hrsg.): Praxis und Ästhetik, Frankfurt/M. 1993 ◆ G. Gebauer/Ch. Wulf: Spiel, Ritual, Geste, Reinbek 1998 ◆ A. Gehlen: Der Mensch. Seine Natur und seine Stellung in der Welt, Wiebelsheim [16]2013 ◆ G. Jüttemann/M. Sonntag/Chr. Wulf (Hrsg.): Die Seele. Ihre Geschichte im Abendland, Göttingen 2005 ◆ D. Kamper/Ch. Wulf (Hrsg.): 12 Bde. unter dem Rahmenthema „Logik und Leidenschaft". Internationale interdisziplinäre Studien zur Historischen Anthropologie unterschiedliche Erscheinungsorte 1982–1992 ◆ D. Kamper/Ch. Wulf (Hrsg.): Anthropologie nach dem Tod des Menschen. Vervollkommnung und Unverbesserlichkeit, Frankfurt/M. 1994 ◆ K. Mollenhauer/Ch. Wulf (Hrsg.): Aisthesis/Ästhetik, Weinheim 1996 ◆ Paragrana. Internationale Zeitschrift für Historische Anthropologie 2 (1993), Themenschwerpunkt: Das Ohr als Erkenntnisorgan ◆ H. Plessner: Homo absonditus. Für eine postmarxistische Anthropologie, in: Merkur 23 (1969), 11, 259 ◆ Reihe „Historische Anthropologie", Bd. 1–32, Berlin 1988 ff. ◆ H. Roth: Pädagogische Anthropologie. Bd. 1 u. 2, Hannover 1966 u. 1971 ◆ G. Schäfer/Ch. Wulf (Hrsg.): Bild, Bilder, Bildung, Weinheim 1999 ◆ M. Scheler: Die Stellung des Menschen im Kosmos, Bern 1962 ◆ Ch. Wulf: Das Rätsel des Humanen. Einführung in die historische Anthropologie, Heidelberg 2013 ◆ Ch. Wulf (Hrsg.): Vom Menschen. Handbuch Historische Anthropologie, Weinheim/Basel 1997 ◆ Ch. Wulf: Anthropologie der Erziehung. Eine Einführung, Weinheim/Basel 2001 ◆ Ch. Wulf u. a.: Anthropologie. Geschichte, Kultur, Philosophie, Köln 2009 (Neuausgabe im Erscheinen) ◆ Ch. Wulf u. a.: Das Soziale als Ritual, Opladen 2001 ◆ Ch. Wulf u. a.: Bildung im Ritual. Schule, Familie, Jugend, Medien, Heidelberg 2013 ◆ Ch. Wulf/J. Zirfas (Hrsg.): Handbuch Pädagogische Anthropologie, Heidelberg 2013 ◆ Ch. Wulf/D. Kamper (Hrsg.): Logik und Leidenschaft. Erträge Historischer Anthropologie, Berlin 2002.

Anthroposophie

Anthroposophische Geisteswissenschaft

Rudolf Steiner (1861–1925), Begründer der A., beschreibt diese als einen Erkenntnisweg, der „das Geistige im Menschwerden zum Geistigen im Weltall führen möchte, (denn) … es schlummern in jedem Menschen die Fähigkeiten, durch die er sich Erkenntnisse über höhere Welten erwerben kann" (Steiner zit. n. Wehr, 1). Da die A. den Menschen als Teil einer übersinnlichen Welt begreift, will sie auch alles dasjenige erfassen, „was an übersinnlichem Wesen innerhalb dieses Lebens zwischen Geburt und Tod sich auslebt als Zeuge davon, dass der Mensch einer übersinnlichen Welt angehört" (a. a. O., 11). Hierzu gehört

A

auch die Vorstellung von der Reinkarnation (Seelenwanderung) des Menschen. Steiner sagte, dass das „wiederholte Erdenleben" des Menschen nicht etwa ein „Vorurteilsdogma" sei, sondern gesicherte Erkenntnis der anthroposophischen Geisteswissenschaft. „Im Sinne dieser Erkenntnis leben wir z. B. jetzt in diesem Leben zwischen Geburt und Tod so, dass wir auf der einen Seite in uns haben die Impulse der physischen Vererbung …, aber wir haben außerdem in uns die Impulse, welche den früheren Lebensläufen angehören und dem Leben zwischen dem Tod und einer neuen Geburt. Die Welt, in der wir leben zwischen dem Tod und einer neuen Geburt, schließt nun Fakten ein, die nicht unter dem Gesetz von der Erhaltung des Stoffes und der Erhaltung der Kraft sind" (Steiner 1956, 11). Diese Bereiche könnten mit naturwissenschaftlichen Methoden nicht erforscht und erkannt werden. Die anthroposophische Geisteswissenschaft respektiert die Erkenntnisse der modernen Naturwissenschaft, akzeptiert aber nicht die durch sie gesetzten methodologischen Erkenntnisgrenzen. Für die „Menschenerkenntnis", die die wesentliche Voraussetzung jeder Erziehung sei, gilt das naturwissenschaftliche Denken als unzulänglich, weil es das „spirituelle Leben" nicht erkennen könne. „Diese Naturwissenschaft, sie kann uns Aufschluss geben über das Körperliche des Menschen, sie kann uns Aufschluss geben über den Verlauf der körperlichen, physiologischen Funktionen während des physischen Lebens des Menschen. Aber diese naturwissenschaftliche Erkenntnis, so wie wir sie treiben, indem wir mit äußeren Werkzeugen experimentieren, indem wir mit äußeren Sinnen beobachten, sie hat gerade in der Zeit, in der sie so groß geworden ist, nicht vermocht, in das eigentliche spirituelle Leben des Menschen tiefer hineinzudringen. Das ist kein Tadel, das war die große Aufgabe der Naturwissenschaft" (Steiner a. a. O.).

Intuitives Denken und eine bildhafte Auffassung von der Wirklichkeit gehören zu den Grundzügen der anthroposophischen Geisteswissenschaft, wobei Steiner das Leiblich-Materielle des Mikrokosmos als einen Ausdruck des Übersinnlichen interpretiert. Durch systematische und konzentrierte Meditationsübungen soll der Mensch zu einer höheren Erkenntnis des Weltganzen gelangen. Dabei versteht Steiner die Meditation als eine „innerliche Forschungsmethode", die ebenso ausgebildet werden könne wie „die äußerliche chemische oder astronomische Versuchsmethode" (Steiner 1985, 75). Imagination, Inspiration und Intuition sind dabei aufeinander aufbauende Stufen der „übersinnlichen Erkenntnis" (ebd., 73). Steiner lehnt logisches, naturwissenschaftliches Denken nicht ab, „aber aufgebaut werden soll auf dieser Intellektualität, auf diesem scharfen Denken, dasjenige, was dann in die spirituelle Welt hineinführt" (ebd., 42). Die anthroposophische Geisteswissenschaft will die Kluft zwischen Leben und Erkennen, zwischen Wissenschaft und Kunst, Technik und Ethik überwinden. „Grundsätzliche Grenzen der Erkenntnis gibt es für den Anthroposophen schon deshalb nicht, weil der Mensch mit seiner Fähigkeit zur Geist-Erkenntnis selbst zum Reich des Geistes gehört" (Ullrich 1986, 79).

Das anthroposophische Menschenbild: Steiners „Menschenkunde" liegt ein dreigliedriges Menschenbild zugrunde: Leib, Seele und Geist. „So ist der Mensch Bürger dreier Welten. Durch seinen Leib gehört er der Welt an, die er auch mit seinem Leibe wahrnimmt; durch seine Seele baut er sich seine eigne Welt auf; durch seinen Geist offenbart sich ihm eine Welt, die über die beiden anderen erhaben ist" (Steiner 1955, 29).

Entwicklungslehre

Die Entwicklung des Menschen vollzieht sich in dreimal sieben Jahresstufen, in denen sich die leiblichen, seelischen und geistigen Anlagen des Menschen entfalten. Das Erziehungsalter umfasst drei Jahrsiebente mit den Übergängen Schulreife (Zahnwechsel), „Erdreife" (Pubertät) und „Lebens- und Schicksalsreife" (Mündigkeit). Diese Entwicklung wird als „Metamorphose der Seelenkräfte" beschrieben. Die Bedeutung des ersten Jahrsiebts liegt darin, dass alle über die Sinne vermittelten Eindrücke „einverleibt" werden durch das nachahmende, im Spiel tätig werdende Lernen, weil der Leib, das „Instrument" der Seele und des Geistes, gesund heranwachsen sollen. Seele und Geist sind vorhanden, aber entfalten sich über die Selbstfindung in der Kindheit und Jugend erst nach und nach. Die erste Lebensperiode wird charakterisiert durch die „große Offenheit gegenüber der Welt … Mit unbegrenztem Vertrauen tritt es (das Kind) der Welt entgegen (Lievegoed,12). Im Unterschied dazu erschafft sich das Kind in der mittleren Kindheit eine eigene Welt, „die Außenwelt dringt höchstens bruchstückweise herein, und die Elemente der Außenwelt werden in die eigene Welt aufgenommen und darin umgeformt, bis sie in diese hineinpassen" (ebd.). Erst in der dritten Periode sucht das Kind die Wirklichkeit, die es erobern will. Die A. geht von einer „geschichteten Struktur der menschlichen Seele“ aus, wobei auch im Erwachsenen die früheren Stufen der Entwicklung weiter bestehen bleiben. Die seelische Reife wird mit der Entfaltung der Empfindungsseele und der Bewusstseinskraft im Jahrsiebt der Lebensmitte beschrieben. Die mögliche Entwicklung der geistigen Kräfte wird wiederum bis in das Pensionsalter in drei Stufen untergliedert.

Waldorfpädagogik

Die Päd. der Waldorfschulen und -kindergärten: R. Steiner hatte schon vor dem 1. Weltkrieg die theoretischen Grundlagen seiner Päd. formuliert, eine Gelegenheit der praktischen Umsetzung jedoch ergab sich erst 1919, als er die Leitung der von Emil Molt (Inhaber der Waldorf-Astoria Zigarettenfabrik) gegründeten Waldorfschule übernahm, die auch von zahlreichen Kindern der dort beschäftigten Arbeiter besucht wurde. Als Privatschule sollte sie frei von staatlichen Einflüssen sein. Bis in die Gegenwart orientieren sich die inzwischen zahlreichen Waldorfschulen an dem von Steiner entwickelten Modell:

- Waldorfschulen sind äußerlich nicht differenzierte Einheits-/Gesamtschulen.
- Als Privatschulen mit besonderer pädagogischer Prägung haben sie eigene Lehrpläne und Unterrichtsmethoden entwickelt, in denen sie sich am anthroposophischen Menschenbild orientieren.
- Die Schüler sollen ganzheitlich gefördert werden; d.h. theoretische, künstlerisch-musische und handwerklich-praktische Fächer stehen gleichberechtigt nebeneinander.
- In der 12-jährigen Waldorfschule gibt es keine Zensuren und keine Versetzungen im herkömmlichen Sinne.
- Lehrer und Erzieher werden in eigenen Ausbildungsstätten ausgebildet. Die Ausbildung orientiert sich an der Lehre R. Steiners.

Das Spiel

Dem Spiel misst Steiner für die Entwicklung der Intelligenz und des Gefühls große Bedeutung bei, und deshalb ist die Spielförderung eines der wichtigsten Anliegen des Waldorfkindergartens *(Spielpädagogik)*. Im Spiel ahmt das Kind vielfach Erlebnisse und Erfahrungen seiner Umwelt nach, „und nachahmend ergreift es die Arbeitsfähigkeit des Erwachsenen und gestaltet daraus ein zweckfreies Spiel“ (Jaffke, 50). Die Waldorfpädagogik geht davon aus, dass Kinder einen Nachahmungstrieb haben, wobei sie nicht nur die Handlungen nachahmen, sondern auch die Stimmungen, Gefühle und Einstellungen der Erwachsenen übernehmen. Folglich soll der Erwachsene sich stets bewusst sein, dass er ein Vorbild ist.

Das Spielzeug soll aus organischen Stoffen gefertigt, naturbelassen oder wenig geformt sein. Plastikspielzeug wird grundsätzlich abgelehnt, denn dadurch werde „der Tastsinn belogen und findet keine Anregung“ (Barz, 53). Vorgefertigtes Spielzeug ist nicht erwünscht, weil es das produktive, problemlösende Lernen zu wenig fördert. Um die Phantasie anzuregen, soll das Spielzeug nur andeutungsweise realistisch gestaltet sein, dies gilt insbesondere für Puppen. Die erste Puppe des Kindes soll eine einfache, aus einem Tuch geknotete Puppe sein, denn „je weniger ein Kind an perfektionierten Dingen bekommt, desto mehr muss es mit eigner Kraft leisten“ (Kranich, 57).

Vom Leben lernen

Kinder sollen an möglichst vielen Tätigkeiten aus dem Lebenszusammenhang teilnehmen. Deshalb sollen die notwendigen Arbeiten in den Tagesablauf integriert werden. Hierzu gehören die häuslichen Arbeiten (Kochen, Backen, Spülen etc.), Spielzeugherstellung und -pflege, Gartenarbeit und Erlebnisse auf Spaziergängen (z.B. Müllautos, Straßenarbeiter).

Heilpädagogik

Steiner selbst hat bereits in seinen Schriften und Vorträgen in Grundzügen ein heilpädagogisches Konzept für die Arbeit mit „seelenpflege-bedürftigen“ Kindern und Jugendlichen formuliert, die auf seinen Erfahrungen als Hauslehrer eines als nicht bildbar geltenden hydrozephalen (wasserköpfigen) Kindes basieren. Die erste heilpädagogische Einrichtung, das „Heil- und Erziehungsinstitut für seelenpflege-bedürftige Kinder“, entstand Mitte der 1920er Jahre in Lauenstein bei Jena, und etwa zeitgleich begann die Ärztin Ita Wegmann auf dem Sonnenhof bei Arlesheim ebenfalls mit heilpädagogischer Arbeit. Weitere Gründungen folgten bis zum Verbot durch die Nationalsozialisten.

Nach dem 2. Weltkrieg bildeten sich unterschiedliche Formen der anthroposophischen *Heilpädagogik* heraus. Eine zentrale Forderung hierbei war die Schaffung eines angemessenen Erziehungs- und Lebenszusammenhanges für das Kind bzw. die anvertrauten Menschen. Der wichtigste Pfeiler der Heilpädagogik ist die Schaffung einer wahren Gemeinschaft, um eine angemessene soziale Hilfe mit den entsprechenden Bereichen des gemeinschaftlichen Zusammenlebens für behinderte Menschen zu schaffen.

Seit etwa Mitte der 1970er Jahre entwickelte

sich neben der Heilpädagogik und *Sozialtherapie* die SozArb als ein eigenständiger Bereich mit einer breiten Palette unterschiedlicher Zielsetzungen und Einrichtungen.

Wilma Aden-Grossmann

Literatur

W. Aden-Grossmann: Der Waldorfkindergarten. In: W. Aden-Grossmann: Kindergarten: Geschichte-Entwicklung- Konzepte, Weinheim 2011, 128–139 ◆ H. Barz: Der Waldorfkindergarten, Weinheim [4]1993 ◆ I. Hansen-Schaberg/B. Schonig: Basiswissen Pädagogik: Reformpädagogik. Band 6 Waldorf-Pädagogik, Baltmannsweiler 2002 ◆ J. Hemleben: Rudolf Steiner in Selbstzeugnis und Bilddokumenten. Reinbek 1983 ◆ F. Jaffke: Spielzeug von Eltern selbstgemacht. Arbeitsmaterial aus den Waldorfkindergärten, Stuttgart erw. Neuausgabe 2000 ◆ L. Kowal-Summek: Die Pädagogik Rudolf Steiners im Spiegel der Kritik, Herbolzheim 2001 ◆ E. M. Kranich: Vorschulerziehung aus den Anforderungen des Kindes, in: H. von Kügelgen (Hrsg.): Plan und Praxis des Waldorfkindergartens, Stuttgart 1979, 7–19 ◆ B. C. Lievegoed: Entwicklungsphasen des Kindes, Stuttgart [6]1995 ◆ S. Lippert: Rudolf Steiner und die Waldorfpädagogik. Mythos und Wirklichkeit, Neuwied 2001 ◆ J. Schieren: Handbuch Waldorfpädagogik und Erziehungswissenschaft, Weinheim/Basel 2016 ◆J. R. Steiner: Die Waldorfschule und ihr Geist (1921), Dornach [4]1980 ◆ R. Steiner: Anthroposophie. Drei Perspektiven für das neue Jahrtausend, hrsg. v. Jean-Claude Lin, Stuttgart 2000 ◆ R. Steiner: Praxis der Waldorfpädagogik. Neun Vorträge, zwei Aufsätze und zwei Ansprachen ausgew. u. hrsg. von W. M. Götte, Stuttgart 2004 ◆ H. Ullrich: Waldorfpädagogik und okkulte Weltanschauung, Weinheim/München 1986.

Neue Biografien über R. Steiner zu dessen 150. Geburtstag: M. Gebhardt: R. Steiner. München 2011 und H. Zander: R. Steiner: München 2011.

Anti-Aggressivitäts-Training/ Coolness-Training

Beim Anti-Aggressivitäts- (AAT) und Coolness-Training (CT) handelt es sich um eine delikt- und defizitspezifische Behandlungsmaßnahme für gewaltbereite Mehrfachtäter. Die Trainingsdauer beträgt 6 Monate bei einer mehrstündigen Gruppensitzung pro Woche, flankiert von Einzelgesprächen. Das AAT wird primär in der Justiz, das CT primär in JH und *Schule* als spezialisierte Form des Sozialen Trainings eingesetzt. AAT/CT orientieren sich an einem lerntheoretisch-kognitiven Paradigma und werden theoretisch dem Begriff der Konfrontativen Pädagogik zugeordnet. Seit 1987 wird dieser Behandlungsansatz praktiziert, mittlerweile in über 60 deutschen Städten und der Schweiz. Die Begriffe AAT/CT sind beim Marken- und Patentamt München geschützt, um eine seriöse Praxisumsetzung sicher zu stellen.

Theoretischer Rahmen: Konfrontative Pädagogik

Beim Begriff der „Konfrontativen Sozialen Pädagogik" (KP) geht es um eine Wiederbelebung der konfrontativen Methodik in der Alltagspraxis Sozialer Arbeit und Päd. KP versteht sich als Ergänzung, nicht als Alternative, zu einem lebensweltorientierten Verständnis. KP begreift sich als sozialpädagogische Ultima Ratio im Umgang mit Mehrfachauffälligen. Sie ist interventionistisch, denn abwarten und gewähren lassen, das bedeutet bei gewalttätigen Auseinandersetzungen sich pseudotolerant zu verhalten, d. h. auch Opfer billigend in Kauf zu nehmen. Für Professionelle ein unverzeihlicher Fauxpas (Colla/Scholz/Weidner 2008).

Politische und pädagogische Hardliner seien darauf hingewiesen: Hier geht es nicht um die Wiederbelebung autoritärer Strukturen in einem neuen terminologischen Gewand. Die Professionellen, die hinter jedem konfrontativen Handeln Ansätze „Schwarzer Päd." vermuten, seien darauf hingewiesen, dass vor jeder Konfrontation der Beziehungsaufbau steht. Voraussetzung für eine Konfrontation ist die Interventionserlaubnis der konkret Betroffenen! D. h., auf der Grundlage einer von Sympathie und Respekt geprägten Beziehung gilt es, das wiederholt aggressive oder abweichende Verhalten ins Kreuzfeuer der Kritik zu nehmen. Das Ziel ist eine Einstellungs- und Verhaltensveränderung beim Betroffenen. Entsprechend ist konfrontatives Handeln nur für Settings bzw. Schonräume geeignet, in denen Kontinuität gelebt werden kann.

Sozialisationstheoretische Bezüge: Der Mehrfachauffällige wird sozialisationstheoretisch als produktiver Realitätsverarbeiter begriffen. Kernpunkt der Sozialisation ist die Entwicklung und Förderung von Handlungskompetenz. Auffällig ist der interaktive Kompetenzmangel bei wiederholt aggressiv Agierenden, die körpersprachlich zwar imposant bis einschüchternd auftreten, aber außer einem fulminanten Beleidigungsrepertoire wenig Konfliktbewältigungsstrategien zu bieten haben. Hier setzen AAT und CT an, in dem sie folgende zentrale Dimensionen der Handlungskompetenz fördern: Empathie, Frustrationstoleranz, Ambiguitäts- oder Ambivalenztoleranz sowie Rollendistanz.

Bezogen auf aggressive Mehrfachauffällige ergibt sich hier ein ernüchterndes Bild: Empathie in Bezug auf Opferfolgen ist nur marginal ausgeprägt. Die Frustrationstoleranz scheint bei Aggressiven, die biografieanalytisch meist auch mehrfach frustriert wurden, nahezu aufgebraucht. Der Ambivalenztoleranz und ihrer mehrdeutigen Rollenerwartung werden Aggressive kaum gerecht, wenn sie etwa dem Werkstatt-Meister mit den Interaktionsritualen und dem Szene-Slang der eigenen Subkultur begegnen. „‚Noch so'n Spruch – Kiefernbruch' – das ist bei meinen Kumpels ein Lacher, bei meinem Meister eine Abmahnung", so die nicht sehr überraschende Erkenntnis des 17-jährigen Wolfram. Auch die Rollendistanz, also die Fähigkeit, mit Ironie und Humor auf Abstand zur eigenen Rolle zu gehen, ist bei aggressiven Mehrfachauffälligen förderungswürdig, die mit großem Ernst in ihrer, z. T. martialischen Rolle verhaftet sind. Neben dem Ausbau der Handlungskompetenz verfolgt die KP als weitere Sozialisationsziele die Festigung moralischen Bewusstseins sowie die Förderung pro sozialen Verhaltens, d. h. willentlich für andere Personen, gerade auch die ehemaligen Opfer, einen Vorteil anstreben, bspw. durch Helfen, Teilen, Spenden oder Unterstützen.

Erziehungsstil und methodische Bezüge: KP umschreibt prononciert folgendes professionelles Verständnis im Umgang mit Aggressiven: Danach sollten 80 % der professionellen Persönlichkeit einfühlsam, verständnisvoll, verzeihend und non-direktiv bleiben, aber um 20 % Biss, Konflikt- und Grenzziehungsbereitschaft ergänzt werden. KP grenzt sich von einem autoritär-patriarchalischen Erziehungsstil ab, ebenso von einem ausschließlich akzeptierenden Begleiten und einem rein permissiven Verständnis, das die Ursachen abweichenden Verhaltens primär im gesellschaftlichen Kontext bzw. als Ausdruck von Labeling-Prozessen sieht. KP orientiert sich an einem „autoritativen" Erziehungsstil, wie er von Silbereisen/Schuhler definiert wird (1993, 278 ff.): Wärme, Zuwendung, verständlich begründete, klare Strukturen und Grenzen, entwicklungsgerechte Aufgaben und Herausforderungen. Die Vorteile dieses Stils, in Abgrenzung zum autoritären und permissiven Verständnis, werden mit pro sozialerem Verhalten der Betroffenen, größerer Aufgeschlossenheit und sozialerer Kompetenz, sowie einem angemessen – durchsetzungsfähigen Alltagsverhalten beschrieben. Besonders Letzteres ist bedeutend für aggressive Mehrfachauffällige, die sich auch nach einem Resozialisierungs-Prozess als durchsetzungsstark definieren möchten. Mit dem Satz „nicht mehr totschlagen, aber tot labern" brachte das ein AAT-Absolvent auf den Punkt. Der autoritative Ansatz impliziert eine pädagogisch gelenkte Streitkultur im sozialen Schonraum. Motto: aggressives Verhalten verstehen, aber nicht einverstanden sein.

KP – und hier ist der Begriff entlehnt – ist geprägt durch die kognitionspsychologisch orientierte konfrontative Therapie (Corsini 1994, 555 ff.) sowie die provokative Therapie Farrellys (1994, 956 ff.), deren verblüffende, humorvolle, paradox-interventionistische Alltagsarbeit gerade bei sozialarbeitsgesättigten Abweichlern auf Neugier und Interesse stößt, wenn u. a. Übertreibung, Verzerrung, Spott oder Ironie zum Vorteil des Betroffenen verwandt werden, um dessen Gewalt-Rechtfertigungen in Frage zu stellen. Farrelly folgt zehn Postulaten, von denen eines für das vorliegende Thema besonders bedeutend ist: die Angst der Professionellen, dass Jugendliche zusammenbrechen, wenn SozArb/SozPäd diese mit den Tatfolgen konfrontieren. Ein zurückhaltender Mitarbeiter der JH formulierte das auf sehr bildhafte Weise: „Wissen Sie, wenn Sie (der Verfasser) aggressive Täter mit ihren Straftaten so hart konfrontieren, besteht die Gefahr, dass diese aus Verzweiflung in die Elbe springen." Diese Verantwortung wolle er nicht tragen. Aggressive Jugendliche, die von diesen Bedenken hörten, konterten nicht weniger pointiert: „Wir springen bestimmt nicht in die Elbe, wir schmeißen den in die Elbe!" Farrelly kommentiert diesen schwarzen Humor sehr realistisch: Die psychische Fragilität der Betroffenen werde weit überschätzt!

Die konfrontative Therapie Corsinis strebt einen schlagartigen, schnellen Erkenntnisgewinn des Menschen an, methodisch orientiert an Perls „hot seat" und Morenos „Hinter-dem-Rücken-Technik": Der abweichende Jugendliche erklärt und rechtfertigt sein Verhalten. Danach „verlässt" der Protagonist den Raum symbolisch, in dem er sich aus der Gruppe heraus begibt und nach außen blickt. Der Rest der Gruppe diskutiert „hinter seinem Rücken" über ihn. Die so gehörten offenen Statements der anderen Gruppenmitglieder werden im Anschluss zusammen mit dem Betroffenen reflektiert: zuhören, aber nicht zuschlagen wird da zum Lernprinzip.

Zusammenfassend favorisiert die KP folgenden Leitsatz: Professionelle der SozArb sollten pädagogisch (nicht juristisch) auf Kleinigkeiten reagieren, damit Großes erst gar nicht passiert. In Deutschland wurde in den 1970er bis 1990er Jahren des letzten Jh. eher umgekehrt gearbeitet: Kleines wurde als jugendtypisch entschuldigt und nur bei Großem wurde interveniert. Dies scheint kein zukunftsweisender Weg zu sein, denn gerade die kleinen Auseinandersetzungen sind Erfolg versprechend auflösbar und derart beziehungsfördernd, dass sie eine gute Basis zur Lösung auch großer Konflikte darstellen. In diesem Sinne plädiert die KP für eine Paradigmenverschiebung (Kilb/Weidner 2013).

Die Methode: Anti-Aggressivitäts- (AAT) und Coolness Training (CT)

Aggression gilt als ubiquitäres Phänomen, d. h. als art- und kulturvergleichend vorhanden. Aggression kann zu aggressivem Verhalten führen, das sublim oder offen sein kann. Aggressivität – und um die soll es hier gehen – ist vom offenen Verhalten ableitbar und kann als eine relativ überdauernde Bereitschaft zu aggressivem Verhalten verstanden werden (Selg 1974, 14 ff.). Wiederholt gewalttätig agierende Menschen sind dabei häufig durch folgende verhaltensprägende kognitive Hypothese zu erfassen: Aggressivität macht unberührbar und signalisiert Macht, Überlegenheit und Respekt. Friedfertigkeit dagegen signalisiert Schwäche, Feigheit und wird als „weibisch“ diffamiert. Diese Einstellung gilt es zu verändern.

Rahmenbedingungen: Die Umsetzung des AAT/CT in die Praxis von SozArb ist durch folgende Charakteristika geprägt (Weidner/Kilb/Kreft 2009):

1) Das AAT ist im Bereich tertiärer Prävention, bei der Bewährungs- und Jugendgerichtshilfe, beim § 10 JGG und im Strafvollzug anzusiedeln. Behandlung unter Zwang wird als sekundäre Einstiegsmotivation akzeptiert. Das CT wird im Bereich der sekundären Prävention angewandt und setzt in Schule, Streetwork, JH auf Freiwilligkeit.
2) Die Zielgruppe umfasst Menschen, die sich gerne und häufig schlagen und Spaß an der Gewalt zeigen. Sie müssen kognitiv und sprachlich dem Programm folgen können.
3) Die Gruppenleitung besteht aus zwei geisteswissenschaftlichen Hochschulabsolventen, davon einem mit qualifizierter AAT/CT-Zusatzausbildung, incl. Selbsterfahrung auf dem „heißen Stuhl“.
4) Der Trainingseinstieg betont die Motivationsarbeit durch Tätergespräche und erlebnispädagogisches „Locken“, sowie eine spannende, konfrontative Gesprächsführung. Der zeitliche Rahmen beträgt bei einer Gruppe von fünf Teilnehmern ca. 60 Stunden.
5) Die Trainingsinhalte umfassen folgende Eckpfeiler: Einzelinterviews, Analyse der Aggressivitätsauslöser und Gewaltrechtfertigungen, Tatkonfrontation und Provokationstests auf dem „heißen Stuhl“, Opferbriefe, -filme, -aufsätze zur Einmassierung des Opferleids, Distanzierungsbrief an die gewaltverherrlichende Clique.
6) Die Schlusssequenzen der Konfrontationssitzungen gilt es besonders zu beachten: eine Nachbereitung mit den Elementen Entspannung und Reflexion ist unverzichtbar.
7) AAT/CT folgen einem optimistischen Menschenbild: den Täter mögen, bei gleichzeitiger massiver Ablehnung seiner Gewaltbereitschaft.

Methodenvermittlung: Die Methodik von AAT/CT wird am ISS in Frankfurt/M. und dem Deutschen Institut für Konfrontative Pädagogik (IKD), Hamburg vermittelt. Die berufsbegleitende Zusatzausbildung dauert 14 Monate und umfasst 7 × 2 Tage.

Forschungsergebnisse: AAT/CT sind intensiv beforscht worden (Weidner/Kilb 2011). Die Ergebnisse: Die Rückfalluntersuchung des Kriminologischen Forschungsinstituts Niedersachsens für die Zeit von 1987–1997 ergibt, dass 63 % der behandelten, ehemals inhaftierten Gewalttäter nicht wieder einschlägig rückfällig wurden. Von den Rückfälligen agierte die Hälfte deliktschwächer. Testpsychologische Pre-Post-Untersuchungen (Fragebogen zur Erfassung von Aggressivitätsfaktoren) bestätigen eine Reduzierung von Aggressivität und Erregbarkeit bei den Behandelten (Weidner 2001). Praktikerbefragungen ergeben eine hohe methodische Akzeptanz der Methode etwa durch die Reduzierung aggressiver Konflikte vor Ort.

Resümee: Erfolgreiche Gewalttäterbehandlung ist auch erstklassiger Opferschutz. AAT/CT können hierbei einen wichtigen Beitrag leisten (www.prof-jens-weidner.de).

Jens Weidner

Literatur

A. Bandura: Aggression, Stuttgart 1979 ◆ S. Barth: Konfrontative Pädagogik – Ein Paradigmenwechsel?

In: TuP 6/2006, 13–19 ◆ H. Colla/C. Scholz/J. Weidner (Hrsg.): Konfrontative Pädagogik, Mönchengladbach 2008 ◆ R. Corsini: Konfrontative Therapie, in: R. Corsini (Hrsg.): Handbuch der Psychotherapie, Bd. 1, Weinheim [4]1994, 555–570 ◆ F. Farrelly/J. Brandsma: Provokative Therapie, Berlin [2]1986 ◆ M. Galuske: Konfrontative Pädagogik. In: Methoden der Sozialen Arbeit, Weinheim/München [10]2013, 273–291 ◆ B. Glock: Gewaltpräventive Angebote für Jugendliche. Eine Meta-Evaluation und Evaluationssynthese, in: uj 2/2015, 59–70 ◆ R. Kilb/J. Weidner: Einführung in die Konfrontative Pädagogik, München/Basel 2013 ◆ F. J. Krafeld: Konfrontative Pädagogik oder akzeptierender Ansatz? Eine Gegenüberstellung von Stärken und Schwächen, in: Sozialmagazin 6/2009, 25–33 ◆ H. Melzer u. a.: Handbuch Aggression, Gewalt, Kriminalität bei Kindern und Jugendlichen, Bad Heilbrunn 2014 ◆ Schwerpunktheft Jugendgewaltprävention, in: uj 7–8/2015 ◆H. Selg: Menschliche Aggressivität, Göttingen, Toronto 1974 ◆ T. Ruttert: Konfrontative – eine sozialpädagogische ultima ration? In: np 4/2013, 353–367 ◆J. Weidner: Anti-Aggressivitäts-Training für Gewalttäter, Mönchengladbach [8]2008 ◆ J. Weidner/R. Kilb/D. Kreft (Hrsg.): Gewalt im Griff 1: Neue Formen des Anti-Aggressivitäts-Trainings, Weinheim/München, [5]2009, J: Weidner/R. Kilb/O. Jehn (Hrsg.): Gewalt im Griff, Bd. 3., Weinheim 2003 ◆ J. Weidner/R. Kilb (Hrsg.): Handbuch Konfrontative Pädagogik. Weinheim/München 2011.

Antiautoritäre Erziehung

Historisches

Das Verständnis von Antiautoritärer Erziehung (AE), die in Vertretern des linken Flügels der reformpädagogischen Bewegung, der „Päd. vom Kinde aus", zu Beginn des 20. Jh. (u. a. Otto, Montessori, Wyneken, Bernfeld) ihre Vorläufer hat *(Erziehung)*, ist durch polemische Auseinandersetzungen erschwert, die seit Jahren über Begriff und Praxis der AE geführt werden. Das von konservativer Seite produzierte Zerrbild AE als einer chaotischen, Kultur und Gesellschaft zerstörenden Erziehungsideologie ist ein Produkt blinder Abwehr; die Kritik repressiver Erziehung und Verhältnisse soll abgewiesen werden.

Als pädagogische Theorie, als Methode und als Bewegung gehört AE in den Zusammenhang der radikaloppositionellen „antiautoritären" Studentenbewegung der späten 1960er Jahre. Mit deren Zerfall wird AE von dogmatischer, marxistisch-leninistischer Position als kleinbürgerlich und utopisch denunziert, ohne dass damit die Sache erledigt wäre. Über die Kinderladenbewegung ist der Einfluss antiautoritärer Erziehungskonzeptionen bis heute v. a. im Bereich der Kindertageserziehung erheblich.

Begriff

Begrifflich ist AE von der Konzeption der Laisser-faire-Erziehung, dem Kind einfach völlig freie Hand zu lassen, abzugrenzen. AE ist vielmehr zu verstehen als der erzieherische Versuch der „Sicherung, Beeinflussung und Veränderung einer bestimmten körperlichen, geistigen und sozialen Entwicklung des Kindes" (S. Bernfeld) bei gleichzeitiger Zurücknahme der Übermacht des Erziehers über das Kind. I. S. „negativer Erziehung" (Rousseau) ist in der AE insofern das Prinzip der Selbstregulierung des Kindes zentral. AE heißt Partei ergreifen für das Kind, für die Entfaltung seiner Kräfte, für die Befriedigung seiner Bedürfnisse. Mit der Durchsetzung der Rechte des Kindes *(Kindesrecht)* wird ein neues Erzieher-Kind-Verhältnis notwendig: die Beendigung erzieherischer (autoritärer) Besatzungsmacht der Erwachsenen über den Nachwuchs als Voraussetzung für *Emanzipation*, die Erziehung der Erzieher, die Infragestellung der Erziehung als Machtverhältnis. Das ist die konzeptuelle Grundlage der AE. AE stellt insbesondere das Zwanghafte, Einengende, Triebrepressive an der Familienerziehung in Frage (wichtig in diesem Zusammenhang die familienkritischen Beiträge von Horkheimer, Fromm und Reich). Statt Sexualangst und -feindschaft blind auszuleben, bemüht sich AE um eine die (Sexual-)Lust bejahende, Gefühle, Verstand und Aktivität des Kindes unterstützende, fördernde Haltung *(Sexualität/Sexualpädagogik)*. Ein kritischer Bezug zum gesellschaftlichen Umfeld ist für AE konstitutiv. Sie zielt nicht allein auf nichtautoritäre (nichthierarchische) pädagogische Paarbeziehungen. Die Frontstellung gegenüber gesellschaftlichen und geschlechtsspezifischen Ungleichheits-, Ausbeutungs- und Machtverhältnissen hat AE mit kritischen sozialistischen bzw. anarchistischen Erziehungskonzeptionen gemeinsam. Die Zurückweisung triebrepressiver Erziehung verbindet AE mit der Psychoanalyse. Psychoanalytische und sozialistische Päd. haben auch die im Rahmen der antiautoritären Erziehungsbewegung der Kinderläden entwickelte Konzeption kollektiver Erziehung beeinflusst (V. Schmidt, S. Bernfeld).

Neue Entwicklung

Neue Anstöße hat AE v. a. durch französische Arbeiten zur Sozialgeschichte des Kindes *(Kindheit)*

A

und zum Konstitutionsprozess von Erziehung als einer Erfindung der Moderne, als einem Moment des Prozesses der Zivilisation (Elias, Ariès) erhalten, was sich praktisch in einer alternativen therapeutischen Arbeit mit Kindern insbesondere in der neuen Kinderschutzbewegung mit dem nichtstrafeorientierten Hilfeangebot der Kinderschutz-Zentren (Bernecker/Wolff) niedergeschlagen hat.

Die Zuspitzung der Fragestellung der AE zur Antipädagogik (u. a. v. Braunmühl) stellt einen modernen Erziehungsmythos dar, der auf eine scheinhafte Versöhnung von Widersprüchen im Generationsverhältnis hinausläuft, deren Balancierung ein Kennzeichen kritischer Erziehung ist.

Die Irritationen, die sich im Zuge der grundlegenden Veränderung des Generationsverhältnisses (vom rechtlosen Kind zum Kind als Grundrechtsträger, vom Respekt vor den Erwachsenen zum Respekt vor Kindern) in der Diskussion über Erziehung ergeben haben (mit der Skandalisierung einer angeblichen „Erziehungskatastrophe"), haben erneut dazu geführt, dass – gestützt von einem massenmedialen „Pädotainment" – autoritären Erziehungskonzepten wieder das Wort geredet wird (vgl. Bueb 2008) und es wird verstärkt die Vermutung geäußert, AE habe nicht nur zur Unsicherheit und Ratlosigkeit von Eltern und pädagogischen Fachleuten beigetragen, sondern sie geradezu verschuldet. Das Gegenteil ist richtig: Autoritäre Erziehungspraktiken im Verbund mit Vernachlässigungen sind neben gesellschaftlichen und politischen Rahmenbedingungen der Benachteiligung (wie sozialer Abstieg, Arbeitslosigkeit und *Armut*) ursächlich für Terror und Gewalt. Alle wertepädagogischen Aufrüstungsbemühungen, wie sie z. B. die Kampagnen „Mut zur Erziehung" oder „Lob der Disziplin" darstellen, sind nur schlecht verhüllte Versuche, mit autoritären und moralistischen Konzepten aus der pädagogischen Mottenkiste moderne pädagogische Probleme zu verdrängen.

Neue Forschungen haben inzwischen gezeigt, dass die antiautoritäre Reformbewegung wichtige Anstöße insbesondere zur Weiterentwicklung der modernen Kindertageserziehung gegeben hat (vgl. vor allem: Baader 2008; Baader & Herrmann, 2011; Bernd 1995; Bock & Schäfer, 2010; Gödderitz 2015; Mauritz 2015; Schäfer 2015; Aden-Grossmann 2014, Iseler 2010, auch Reichardt 2014 und zuletzt der sehr informative Rezensionsaufsatz von M. Vester in SLR 2/2015, 16–22).

Reinhart Wolff

Literatur

W. Aden-Grossmann: Monika Seifert – Pädagogin der antiautoritären Erziehung. Eine Biografie. Frankfurt/M 2014 ◆ Autorenkollektiv: Berliner Kinderläden. Antiautoritäre Erziehung und sozialistischer Kampf, Köln/Berlin 1980 ◆ M. S. Baader: Von der sozialistischen Erziehung bis zum buddhistischen Om. Kinderläden zwischen Gegen- und Elitekulturen. In: M. S. Baader (Hrsg.), „Seid realistisch, verlangt das Unmögliche!". Wie 1968 die Pädagogik bewegte, Weinheim/Basel 2008, 16–35 ◆ M. S. Baader/C. Sager: Die pädagogische Konstitution des Kindes als Akteur im Zuge der 68-Bewegung. In: *Diskurs Kindheits- und Jugendforschung,* H. 3/2010, 255–267 ◆ M. S. Baader/U. Herrmann (Hrsg.): 68 – Engagierte Jugend und kritische Pädagogik. Impulse und Folgen eines kulturellen Umbruchs in der Geschichte der Geschichte der Bundesrepublik. Weinheim/München 2011 ◆ H. Bernd: Zu den politischen Motiven bei der Gründung erster antiautoritärer Kinderläden. (S. 231–250). In: *Jahrbuch für Pädagogik* 1995: Auschwitz und die Pädagogik, 231–250 ◆ S. Bernfeld: Antiautoritäre Erziehung und Psychoanalyse. Ausgewählte Schriften, Bd. 1–3, hrsg. v. L. v. Werder/R. Wolff, Frankfurt/M./Berlin ◆ Wien 1974 ◆ G. Bott (Hrsg.): Erziehung zum Ungehorsam. Frankfurt/M. 1970 ◆ A. Bernecker/R. Wolff: Kinder im Familienkonflikt. Verstehen und Helfen, hrsg. v. Kinderschutz-Zentrum Berlin, Berlin 1985 ◆ E. v. Braunmühl: Antipädagogik, Weinheim/Basel 1993 ◆ K. Bock/F. Schäfer: Die NachwuchsforscherInnengruppe „Die Kinderladenbewegung: Biographische Auswirkungen und gesellschaftspolitische Einflüsse institutioneller Erziehungsarrangements". In: *Soziale Passagen.* 1/2010, 149–153 ◆ B. Bueb: Lob der Disziplin, Berlin 2008 ◆ I. Classen: Bibliographie zur antiautoritären Erziehung, Heidelberg 1971 ◆ I. Classen (Hrsg.): Antiautoritäre Erziehung in der wissenschaftlichen Diskussion, Heidelberg 1973 ◆ N. Göddertz: „Erziehung zur Mündigkeit" – rekonstruktive Analysen biographischer Entwürfe von Zwei-Generationen-Familien im Kontext der Kinderladenbewegung. Dissertation. Dresden (Hochschulschrift) 2015 ◆ K. Iseler: Kinderläden. Fallstudien zum Fortbestand sozialpädagogischer Organisationen: Münster/New York/München/ ◆ Berlin (zugleich: Erlangen, Nürnberg Univ.) Diss., 2009) ◆ F. W. Kron (Hrsg.): Antiautoritäre Erziehung, Bad Heilbrunn 1982 ◆ M. Mauritz: ‚Das Private wird politisch.' Biographische Emanzipationsprozesse in Mütter-Töchter-Beziehungen der Kinderladenbewegung. Dissertation. Dresden (Hochschulschrift) 2015 ◆ A. S. Neill: Erziehung in Summerhill, Neudruck: Theorie und Praxis antiautoritärer Erziehung oder die Erziehung der Erzieher, Stuttgart 1972 ◆ S. Reichardt: Authentizität und Gemeinschaft. Linksalternatives Leben in den siebziger und frühen achtziger Jahren. Berlin: 2014 ◆ H.-W. Sass (Hrsg.): Antiautoritäre Erziehung oder Die Erziehung der Erzieher. Stuttgart 1984 ◆ F. Schäfer: Lebensgeschichtliche Bedeutung des Kinderladens. Eine biographische Studie zu (früh)kindlicher Pädagogik. Dissertation. Dresden (Hochschulschrift) 2015 ◆ T. Schroedter: Antiautoritäre Pädagogik. Zur Geschichte und Wiederaneignung eines verfemten Begriffs, Leipzig 2007 ◆ R. Wolff: Nach Auschwitz: Antiautoritäre Kinderladenbewegung oder die Erziehung der Erzieher, in: Beller, K. (Hrsg.): Berlin – Stadt pädagogischer Reformen, Berlin 1991, 71–80 ◆ R. Wolff: Die Kinderladenerziehung als Wurzel moderner Kindertageserziehung, in: Becker, U./ Hermann, A./Stanek, M. (Hrsg.): Chaos und Entwicklung. Theorie und Praxis psychoanalytisch orientierter sozialer Arbeit, Gießen 1999, 98–116.

Arbeit

Arbeit und Selbstwert

A. hat in allen Entwicklungsstadien der Ideengeschichte wie auch der Praxis der sozialen Bewegungen seit der Frühindustrialisierung und der *Aufklärung* eine zentrale legitimierende wie handlungsleitende Rolle gespielt. In der frühbürgerlichen politischen Philosophie (J. Locke) wird die Legitimation des privaten Eigentums noch darin erblickt, dass dieses Eigentum eben durch eigene A. erzeugt sei. Mit der Entwicklung und Strukturierung des Klassenverhältnisses zwischen A. und Kapital, der „socialen Frage", wird A. zunehmend zum Anknüpfungspunkt der revolutionären Ansprüche des Proletariats gegen das Kapital: Da allein A. Wert schaffe, alles Kapital aber nichts anderes als geronnene A. sei, gebühren die Mittel wie Ergebnisse der Produktion allein den Arbeitenden. In beiden Varianten genoss A. das Pathos, Konstitutionselement einer gesamten Gesellschaftsordnung zu sein.

Spätestens mit der Etablierung sog. „sozialistischer Länder" haben wir erfahren, wie der Lack vom Pathos der A. abfällt. Die Praxis der staatssozialistischen Länder hat erwiesen, dass die Befreiung vom Kapital noch längst nicht die Befreiung vom „Joch der Arbeit" ist, ja geradezu noch zu einer Steigerung des Arbeitszwanges – und dabei noch bei geringerer Konsummasse als in den westlich kapitalistischen Ländern – führen kann. Sie hat dazu noch belegt, dass Herrschaft der A. – wenn man die ehemaligen staatssozialistischen Länder denn so charakterisieren will – keineswegs mit der Demokratisierung aller gesellschaftlichen Bereiche, einschließlich des Betriebes selbst, einhergehen muss, vielmehr offenbar selbst mit Herrschaftsformen vordemokratischer Zeit vereinbar zu sein scheint. Diese Erfahrungen haben – das hat der Untergang des „realen Sozialismus" bestätigt – auf Befreiung der A. gestützte gesellschaftliche Utopien allerorten in der Welt geschwächt, wenn nicht ausgelöscht.

In den westlichen Industrienationen erfährt A. derzeit einen Bedeutungswandel, der mit dem Schwinden der Industriegesellschaft und dem Übergang zur Dienstleistungs-, Wissens- oder (wie Castells postulierte) Netzwerkgesellschaft zusammenhängt. Feminisierung und Digitalisierung der A. („Industrie 4.0") gehen damit einher. Das Bedingungsgefüge dieses Bedeutungswandels ist vielschichtig, es ist nicht eindeutig kausal herleitbar, somit auch nicht zuverlässig prognostizierbar. Die meist noch mit Erwerbsarbeit (inkl. Lohnarbeit) identifizierte A. verliert – von den Rändern der Gesellschaft aus zunehmend – an gesamtgesellschaftlicher Integrationskraft. Viele arbeitswillige Personen finden keine Erwerbsarbeit *(Arbeitslosigkeit, Jugendarbeitslosigkeit, Arbeitsförderungsgesetz)* mehr, und es besteht Grund zu der Annahme, dass dies andauert, d. h., dass die Vollbeschäftigungsoption derzeit nicht besteht. Erst andeutungsweise können wir heute ermessen, was der Zusammenbruch der ehemals „sozialistischen" Ökonomien sowie die derzeitige Destabilisierung des Weltsystems für Prozesse der Arbeitsmigration auslösen und wie sich diese auf die Arbeitsmärkte der westlichen Industrienationen auswirken werden. Jedenfalls ist auch hiervon eher eine weitere Anspannung der Beschäftigungssituation zu erwarten. Die verbleibende Erwerbsarbeit selbst gerät ins Zwielicht, wo sie die Arbeitenden – den gegebenen Möglichkeiten gerade der Informationstechnologien zum Trotz – physischer und psychischer Deformation aussetzt, keinerlei Identifikation mit dem Arbeitsprozess oder gar dem Arbeitsprodukt mehr erlaubt, v. a., wo in paradoxer Weise mit scheinbar bedürfnisbefriedigender Produktionstätigkeit gesellschaftliche Destruktion, Ressourcenverschleuderung, Umweltverschmutzung usw. einhergehen, die in keinem Verhältnis mehr zu der tatsächlichen Bedürfnisbefriedigung stehen. Zunehmend wird auch sichtbar, dass mit der im gewohnten Arbeitsverhältnis verrichteten Tätigkeit bestimmte gesellschaftliche Bedarfe strukturell unterbefriedigt bleiben (Infrastruktur, Gesundheitswesen *(Gesundheitshilfe)*, Bildungswesen, Erziehung, Kultur *(Kulturarbeit)*) bzw. dass diese Bedarfe nur dadurch notdürftig befriedigt werden, dass für sie unbezahlte – und nach kapitalistischen Marktgesetzen daher strukturell diskriminierte – A. (v.a. *Frauen*arbeit) zur Verfügung steht. Deshalb wird A. heute längst nicht mehr einfach mit Erwerbsarbeit gleichgesetzt – vielmehr wird für gesellschaftlich notwendige, nicht erwerbliche A. zunehmend Zeit, Geld und eine der Erwerbsarbeit wenigstens gleichwertige Anerkennung gefordert.

Im Gefolge solcher Entwicklungen – wie auch der Tatsache, dass über gesellschaftliche Transferprozesse vermittelte „Sozialeinkommen" neben den Erwerbseinkommen trotz zunehmender Tendenzen zur Kürzung und Segmentierung wachsende Bedeutung *(Grundsicherung für Arbeitssuchende)* erlangen – scheinen mehr und mehr – v.a. jüngere – Menschen nicht mehr bereit zu sein, ihren gesellschaftlichen Status primär oder gar ausschließlich über ihren erwerblichen Status zu definieren bzw. definieren zu lassen *(Jugend)*. Andere wiederum beginnen – auch wo sie sich der prinzipiellen Notwendigkeit der Verrichtung von Erwerbsarbeit nicht entziehen wollen und können – gleichwohl diese A. ihren außerberuflichen Bedürfnissen nach Selbstentfaltung, Zeitsouveränität sowie nach kreativer und gesellschaftlich sinnhafter Tätigkeit, nach neuen Formen der Arbeitsverteilung zwischen Mann und Frau in Beruf und *Familie* usw. unterzuordnen, insofern gleichfalls ihr gesellschaftliches Selbstbild nicht mehr mit dem durch Erwerbsarbeit im Beruf erworbenen Status gleichzusetzen *(Bürgerschaftliches Engagement)*.

A. befindet sich so in einem schwer durchschaubaren Wandlungsprozess, der Gefahren, der aber wohl auch Chancen gesellschaftlicher Einflussnahme aufweist. Konservative wie Progressive, Etablierte wie Alternative, Industrialisten wie Ökologen versuchen allesamt, sich des mit der Erosion des traditionellen Arbeitsverständnisses und Arbeitspathos entstandenen Vakuums zu ihren Zwecken zu bemächtigen. Konservative meinen mit der Aufwertung nichterwerblicher A., v.a. auch der häuslichen A., meist nur eine immaterielle Aufwertung, praktisch gesehen oft lediglich ein Sichabfinden mit unfreiwilliger *Arbeitslosigkeit*. Innerhalb der fortschrittlichen Richtungen entbrannte in den vergangenen beiden Jahrzehnten die Auseinandersetzung darüber, ob gesellschaftliche Emanzipation vorwiegend als „Befreiung in der Arbeit" (so die traditionell-sozialdemokratische wie auch die pragmatisch-libertäre Richtung) und/oder als „Befreiung von der Arbeit" (so verschiedene grüne und alternative Richtungen sowie neuere Arbeitszeitverkürzungsinitiativen) zu entwerfen und gestalten sei. Ob Erwerbsarbeit und Einkommen voneinander zu entkoppeln seien, kann – entgegen traditionalistischen Positionen – heute nicht mehr umstritten sein: Denn diese Entkoppelung ist, wie das steigende Ausmaß von Sozialeinkommen beweist, längst eingetreten. Mit dieser Entkoppelung ist die Frage nach einer sinnvollen Neuorganisation von A. aber noch nicht hinreichend beantwortet.

Arbeit als Last?

Wenden wir uns den Wurzeln der kulturellen Dimension von A. zu, so gibt die Etymologie einen – wenngleich nie sicheren, so doch tentativen – Aufschluss. Ein Stamm des Wortes A. wird im indogermanischen *orbho-*, im germanischen *arb-* („verwaist") gesehen: *Arbejo* bedeutet so viel wie „ich bin ein verwaistes (und darum zu harter A. verdingtes) Kind". Daraus entsteht mittelhochdeutsch *ar(e)beit* – so viel wie „Mühsal, Bedrängnis, Not". In einer zweiten Version wird A. auf *robü* (Knecht, Sklave) zurückgeführt, was noch in den polnischen Worten *robota* (Knechtsarbeit) und *robotnik* (Arbeiter) lebt. Diese Wurzel führt zu Roboter: „Mensch als phantastische Maschine". Besonders die erste Version weist eine Nähe zur lutherischen Ehrung der A. („Mühsal") als allgemeines Priestertum auf. Max Weber hat diese Gleichsetzung von Mühsal und allgemeinem Priestertum mit der „innerweltlichen Askese" bezeichnet: „Für diese innerweltliche Askese haben die asketischen Denominationen des Protestantismus die adäquate Ethik geschaffen." Besonders der Calvinismus betrachtet den Menschen als „Verwalter des ihm von Gott Geschenkten …; er verpönte den Genuss, aber er ließ keine Flucht von der Welt zu, sondern erachtete die Mitarbeit an ihrer rationalen Bezwingung als eine religiöse Aufgabe jedes Einzelnen. Aus dieser Gedankenwelt stammt unser heutiges Wort ‚Beruf'. … Diese Ausprägung des Berufsbegriffs hat zunächst dem modernen Unternehmer ein fabelhaft gutes Gewissen und außerdem ebenso arbeitswillige Arbeiter geliefert, indem er der Arbeiterschaft als Lohn ihrer asketischen Hingabe an den Beruf und ihrer Zustimmung zu rücksichtsloser Verwertung durch den Kapitalismus die ewige Seligkeit in Aussicht stellte, die in Zeiten, wo die kirchliche Disziplin das gesamte Leben in einem uns jetzt unfassbaren Grade in ihre Zucht nahm, eine ganz andere Realität darstellte als heute." Auch wenn angesichts der säkularisierten Entwicklungen von heute eine solche Gleichsetzung von Mühsal und allgemeinem Priestertum kaum mehr verfängt, so bleibt doch zu konstatieren, dass das Ethos der A., das Ethos der Mühsal also, noch keineswegs generell das

Feld geräumt hat – auf ganz moderne Tendenzen zum „Workaholism“ und zur „Entgrenzung von Arbeit“ wird zurückzukommen sein.

In demselben kulturellen Zusammenhang ist das Erbe der utilitaristischen Moralphilosophie bedeutsam, die den Menschen als „Homo oeconomicus“ identifizierte. Demzufolge war A. notwendig mit Unlust verbunden, und das Ausmaß an Unlust bestimmte den Wert der A. (hierin liegt die Wurzel der Arbeitswertlehre). Lust wurde nur der Sphäre der Konsumtion, nicht derjenigen der Produktion zugeschrieben. In der Anerkennung dieser Trennung, auch innerhalb der Arbeiterbewegung, ist bereits die Preisgabe eines gesamtgesellschaftlich orientierten utopischen Arbeitsbegriffes, ist die Kompensation der entfremdeten Produzentenrolle durch eine angeblich entfremdungsfreie Konsumentenrolle (J. Habermas) angelegt. Diese Trennung geht einher mit der Gleichgültigkeit der Arbeitenden gegenüber dem Gegenstand der Produktion, damit aber auch der gesellschaftlichen Bedeutung des Produkts. Karl Marx hat in den Grundrissen zur Kritik der politischen Ökonomie als Grundlage dieser Gleichgültigkeit den Abstraktifizierungsprozess menschlicher Arbeit bezeichnet, der es von einer bestimmten Entwicklungsstufe der Verallgemeinerung und Entstofflichung des Arbeitsprozesses erlaubt, von „Arbeit an sich“ zu sprechen, einer allgemeinen A., die den je unterschiedlich erscheinenden beruflichen Tätigkeiten gemeinsam ist und die dann zur wissenschaftlichen Basis der Arbeitswertlehre wird.

Wir wissen heute, dass die Trennung von A. als Unlust und Konsum als Lust eine für die kapitalistische Produktion unabdingbare Konstellation war. Wir wissen aber auch, dass sie Ausgangspunkt von Entfremdungsprozessen wurde, deren Erscheinungsformen wir heute als immer gravierender empfinden. Eine Identifikation mit der mit Unlust gleichgesetzten A. muss ebenso sozialpsychologisch neurotisch erscheinen wie die undifferenzierte Forderung nach einem „Recht auf Arbeit“ (= Recht auf Unlust). Wenn man dieser Trennung eingedenk wird, wird man auch finden, dass eine nur auf A. gerichtete Befreiungsstrategie zu kurz greift. Denn so wie A. und Konsum in ihrer kompensatorischen Bezugnahme aufeinander allemal Ausdruck von gesellschaftlicher Entfremdung sind, so ist Aufhebung solcher Entfremdung doch nur dann vorzustellen, wenn A. und Leben, Produktion und Reproduktion als prozessierende Einheit begriffen und gestaltet werden.

In einer semantisch höchst aufschlussreichen Umschreibung desselben Tatbestandes hat Hannah Arendt schon 1960 darauf hingewiesen, dass alle unsere westlichen Sprachen eine Zweiteilung des Arbeitsbegriffes kennen. Der eine betont die Mühsal (Arbeit, labour, travail), der andere die Frucht der Arbeit (Werk, work, oeuvre). Arbeit wird heute meist nur noch in der erstgenannten Version wahrgenommen. Dies indiziert den Verlust eines selbstbestimmten Verhältnisses zum gesellschaftlichen Arbeitsprodukt durch die Arbeitenden, der einen Teil der heutigen arbeitspolitischen Probleme ausmacht. Wo es nur darum geht, überhaupt A. zu haben, die vorhandene A. („knappe Ressource Arbeit“) gerechter zu verteilen, müssen notgedrungen Widersprüche zwischen Produzentenrolle und sonstigen gesellschaftlichen Rollen auftauchen, wie sie typisch sind für die gegenwärtigen Konflikte um Kernkraftwerke, Automobilproduktion, chemische Produktion usw. Eine Reformulierung des Arbeitsbegriffes muss deshalb notwendig den gesellschaftlichen Funktions- und Sinnbezug von A. mit in den Begriff selbst nehmen.

Umbau, nicht Ende der Arbeitsgesellschaft

Die materielle Basis der Entwicklung und Dominanz des entfremdeten abstrakten Arbeitsbegriffes ist bekanntlich die Entwicklung des kapitalistischen Industriesystems, die sich etappenförmig auf den Systemen der Heimindustrie/des Verlagssystems, der Manufaktur und der großen Industrie vollzog. Wesentlich in der großen Industrie begann jener Prozess – von Marx als reelle Subsumtion der A. unter das Kapital und als Produktion des relativen Mehrwerts bezeichnet –, der mit systematischer Arbeitsteilung, Kombination von Teilarbeitern und Teilarbeitsmaschinen, der Substitution menschlicher Arbeitskraft im Zuge der Mechanisierung und Automatisierung jene Trennungen auslöste, deren Resultate das 20. Jh. prägten: die Trennung des Arbeiters vom Inhalt seiner A., die Trennung von Hand- und Kopfarbeit, die Ausbildung einer wissenschaftlichen Betriebsführung, eines getrennten Managements. Damit verbunden war ein neues Zeitregime, eine fremdbestimmte Regelhaftigkeit von Zeit-, Raum- und Kooperationsstrukturen im Betrieb, ein Prozess der fortwährenden Enteignung der A. durch das Kapital. Diese Entwicklungen können auf der genetischen Ebene hier nicht weiterverfolgt werden.

Wohl aber interessieren die erwerbsarbeitsspezifischen Voraussetzungen, die zu der einleitend genannten Krise des Arbeitsbegriffes geführt haben. Offenbar hängen diese mit der „informationellen Revolution“ zusammen, die ich im Folgenden – anschließend an die Untersuchungen von

Manuel Castells (2001–2003) – kontrastierend zur „industriellen Revolution" skizzieren möchte. Die industrielle Revolution hat mit Jahrhunderte langem Atem v. a. die körperliche Arbeit mechanisiert und automatisiert, sie ist bis heute nicht abgeschlossen. Die informationelle Revolution vergegenständlicht nunmehr die vormals „geistige", kommunikative, innovative, inspirative A. Die Schlüsseltechnologie der zweiten industriellen Revolution ist die Informationstechnik. Derselbe Prozess der Teilung und Zergliederung der A., der Standardisierung einzelner Arbeitsvollzüge, die Ersetzung lebendiger durch tote A. (durch Maschinen), der sich schon auf dem Bereich der körperlichen A. abgespielt hat, spielt sich heute auf dem Gebiet der geistigen A. ab – nur unglaublich viel schneller, als es in der ersten industriellen Revolution der Fall gewesen ist. Umgekehrt setzt die informationstechnologische Umstrukturierung Kommunikations-, Interaktions- und Innovationsprozesse frei (wenn man etwa an Industrie 4.0 denkt), die sich grenzenlos – lokal wie global – vollziehen können.

Sprunghafte soziale Umschichtungen finden statt. Die Zahl der Arbeiter sinkt, die der Angestellten und Beamten steigt. Überall auf der Welt strömen Frauen – keineswegs ungehindert, meist unmittelbar oder mittelbar diskriminiert – auf den Arbeitsmarkt, wohingegen die maskuline Erwerbsquote sinkt. Gegenüber Angestellten und Beamten sind Arbeiter längst in der Minderzahl. Funktionell gesehen sind über ⅔ der abhängig Beschäftigten nicht mehr dem tradierten Arbeitertyp, an dem noch viele Vorstellungen ansetzen, sondern dem tertiären Bereich zugeordnet.

Vor unseren Augen spielt sich der Ausstieg aus der tradierten Arbeitsgesellschaft ab, freilich nicht der Arbeitsgesellschaft als solcher. Wir suchen noch nach einem angemessenen Begriff, der diesen Ausstieg trifft. Arbeitspolitisch wird vertreten, dass der überkommene fordistisch-tayloristische Regulierungstyp in die Krise geraten sei: Die unflexible Massenproduktion sei dem Typ der „flexiblen Spezialisierung" (Piore/Sabel 1983) gewichen, bei dem hohe, vielseitig verwendbare Ausgangsqualifikationen erforderlich sind und der stark interaktiv-kommunikative Anteile von A. enthält. Gewiss ist dieser neue Arbeitstyp – auch in Gestalt der „lean production" – im Vordringen. Welche Reichweite er hat und erlangen kann, ist ungewiss. Jedenfalls wird er nicht alle arbeitenden Individuen gleichermaßen erfassen. Im Zeitalter der Produktion und der ökonomischen Globalisierung gewinnen in der Ökonomie das „Netzwerk-Unternehmen" und die weltweite virtuelle Vernetzung von Unternehmung an Boden. Gerade die informationelle Revolution hat aber die Rede vom „Ende der Arbeitsgesellschaft" Lügen gestraft. Sie hat neue Produktivitätsmuster, Arbeitsmärkte und Tätigkeitsfelder hervorgerufen, die zwar die industriegesellschaftlichen Muster von A. rapide über den Haufen werfen, aber das Volumen auch von erwerblicher A. durchaus erhöhen. Bei den Entwicklungen zu Industrie 4.0 steuern sich Produktions- und Dienstleistungsprozesse digital entlang von Wertschöpfungsketten und Nachfragediversität selbst – A. wird da nicht beseitigt, sondern zu flexibel eingreifender Supervision gewandelt. Freilich ist auch hier ungewiss, wie segmentierend, polarisierend und diskriminierend sich die Expansion „neuer" A. vollziehen wird (s. Hoffmann/Bogedan 2015).

Andere sprechen heute von der „Risikogesellschaft" (Beck 1986), die auch das Koordinatensystem von Arbeit verändert. Ich werde dies mit dem Begriff der Entkoppelung von Mensch und Arbeit zu charakterisieren versuchen. Die Verkoppelung von Mensch und Arbeit war ein zentraler Parameter des bisherigen gesellschaftlichen Selbstverständnisses. Daran hingen, wie wir gesehen haben, die Wertigkeitspyramiden dieser Gesellschaft: Wer A. hat und wer arbeitet, ist etwas wert, wer keine A. hat, ist nichts wert oder weniger wert. An der Verkoppelung hängen die Einkommensverhältnisse, die kulturellen Formen, die Geschlechterbeziehungen, die psychischen Verarbeitungen, Selbst- und Fremdbilder. Die Verkoppelung von Menschen und Arbeit scheint immer noch der zentrale Orientierungspunkt unserer Gesellschaft zu sein. Auch dem betrieblichen und gewerkschaftlichen Bild von Normalität, Normalalltag, Normalarbeitsverhältnis, Normalbiographie liegt diese Verkoppelung von Mensch und A. zugrunde.

Demgegenüber führt die informationelle Revolution zu einschneidenden Entkoppelungsprozessen. Entkoppelt werden – in einem ganz zynischen Sinne – Menschen von Arbeitsplätzen. Entkoppelt werden auch in der Produktion die Menschen von ihrer konkreten A. Zwischen Mensch und A. schiebt sich zunehmend das abstraktifizierende Moment der Maschinerie. A. wird ihres Charakters als sinnliche Erfahrung von Natur entkleidet. Man kann sogar weiter gehen zu sagen, dass A. tendenziell arbeitsplatzlos wird, vergleichbar dem bargeldlosen Geldverkehr. Arbeitsplatzlose A. – in Gestalt neuer Heimarbeitsplätze oder der in Nachbarschaftsbüros externalisierten Schreibdienste – sind zwar nicht häufig, aber möglich. Die sinnliche Erfahrbarkeit des Arbeitsplatzes und des Kollektives am Arbeitsplatz bleibt somit auch nicht mehr selbstverständlich. Entkoppelt werden so auch die Sinne und die Identität der Arbeitenden vom Arbeitssystem, seinen Identifikations- und Selbstverwirklichungsanreizen.

Das Ausmaß dieser Entkoppelung ist wahrscheinlich größer, als die Statistiken ahnen lassen. Nach neueren Schätzungen beträgt der Anteil der Gesamterwerbsarbeitszeit an der Gesamtlebenszeit – durchschnittlich gesehen – heute um 10 %, wenn nicht sogar 8 %. 8–10 % der Zeit, die ein (fiktiver) Durchschnittsmensch in seinem Leben zur Verfügung hat, verbringt er formell mit A. im Erwerbssinne, 90–92 % mit anderen Tätigkeiten. Diese Zahl lässt keine Aussage darüber zu, wie sehr ein Mensch in diesen 8–10 % seiner Arbeitszeit geschunden wird. Zunehmende Arbeitsunfähigkeit durch gesundheitliche Beeinträchtigungen wie physische und psychische Erschöpfung sowie aufgrund depressiver Erkrankungen im Rahmen von Burnout belegen diese These. Andererseits werden auch die anderen 90–92 % durch Kommerz funktionalisiert und entfremdet. Aber die Zahl dimensioniert das Problem, von dem wir sprechen: dass die Probleme, die wir mit Erwerbsarbeit zu bewältigen haben, sich auf einen immer geringeren Teil der zur Verfügung stehenden Lebenszeit konzentrieren. Dazu kontrastieren Befunde, die gleichfalls von der informationellen Ökonomie heraufbeschworen werden. Dass Menschen (auch Nicht-Selbständige) zunehmend für Produkte (nicht mehr für Verrichtungen) be- und entlohnt werden, dass sie für ihr Arbeitsresultat und dessen Vermarktung Verantwortung übernehmen, macht sie stärker als zuvor zu „Arbeitskraft-Unternehmern" (salopp „Ich-AG" genannt). Damit einhergeht, dass oft die Grenzen zwischen Erwerbsarbeit und sonstigem Leben verwischen, dass A. „alles wird" (Beiträge in Steinrücke, 2001). Dies ist durchaus eine ambivalente Kehrseite der Entkopplung von Mensch und A.

Eine weitere Schätzung bezieht sich auf die sog. Schattenwirtschaft, also A., die nicht erwerblich erbracht wird (allerdings ohne Hausarbeit). Dieser Anteil wird für die BRD auf mittlerweile etwa 30 % aller erbrachten Arbeiten, für Frankreich und Italien noch höher angesetzt. Ein solch hohes Arbeitsvolumen gehört also überhaupt nicht dem erwerbswirtschaftlichen System zu, auf das unser Begriff von A. noch so zentriert ist. Schließlich ist deutlich ein Anstieg sog. atypischer Arbeitsverhältnisse zu verzeichnen, also Arbeitsverhältnisse wie Teilzeitarbeit, befristete Beschäftigung, Leiharbeit, Werk- und Honorarverträge, subunternehmensvertragliche Konstruktionen usw. Über all diesen Formen von A. liegen nur kaum verlässliche Schätzwerte vor. Aber nach allem, was wir über die Informationswirtschaft wissen, ist ein weiteres Ansteigen zu erwarten.

Zu den skizzierten Veränderungen tragen die Transformationsprozesse in Mittel- und Osteuropa, auch in den neuen deutschen BL, sowie die weltweiten Umschichtungs- und Destabilisierungsprozesse in vielschichtiger Weise bei. Sicherlich haben sie eine Aufbaunotwendigkeit mit sich gebracht, die westliche Fortschrittsmodelle erst einmal gebremst hat. Sie bringen aber auch Entregelungen von Arbeitsmärkten und Beschäftigungsformen hervor, die vorgreifen auf eine Situation, die auf den Westen erst noch zukommt. Ob sie damit insgesamt eine arbeits- und gesellschaftspolitische Trendwende einleiten, lässt sich nicht zulänglich beurteilen.

Krise des Normalarbeitsverhältnisses

Ich habe den zuvor vermerkten Befund mit dem Begriff „Krise des Normalarbeitsverhältnisses" zu kennzeichnen und einzuschätzen versucht. Mit Normalarbeitsverhältnis ist ein Arbeitsverhältnis gemeint, das optimalen sozialen (tariflichen wie gesetzlichen) Schutz genießt, d. h. typischerweise ein Arbeitsverhältnis, das dauerhaft und kontinuierlich im (möglichst groß-)betrieblichen Zusammenhang auf Vollzeitbasis erfolgt und Qualifikation voraussetzt. Auf diese Art von Arbeitsverhältnissen sind noch immer unsere Normalitätsvorstellungen bezogen. Die Wertigkeit von Biographien, von Erfolg, die Gravitationspunkte des Lebens werden daran ausgerichtet. Krise des Normalarbeitsverhältnisses bedeutet demgegenüber, dass dieser Bezugspunkt aus verschiedenen objektiven wie subjektiven Bedingungen nicht mehr aufrechterhalten werden kann. Wie oben beschrieben, hat sich Erwerbsarbeit strukturell derartig gewandelt, dass die Erwartung von Vollbeschäftigung in traditionellem Verständnis (konzentriert etwa gar auf den industriellen Sektor) unrealistisch erscheint, dass eine dahin gehende Wachstumsoption in einen strukturellen Widerspruch zu ökologischen Notwendigkeiten führen müsste und dass schließlich eine vorrangige Orientierung auf Erwerbsarbeit im Vordringen befindliche andere Lebensoptionen (z. B. zugunsten von Sorgearbeit) eher behindern als erleichtern würde.

Angesichts dieser Krise des Normalarbeitsverhältnisses allein an Strategien festzuhalten, die auf die Produktionssphäre oder die Erwerbsarbeit zentriert sind, ist im besten Falle sinnlos, realistisch betrachtet aber sogar schädlich. Denn eine solche ausschließliche Orientierung verschließt – abgesehen davon, dass sie hinsichtlich der Realisierung eher auf Illusionen als auf realen Prognosen beruht – den Blick v.a. auf die Spaltungsprobleme, die die Krise des Normalarbeitsverhältnisses für betriebliche und überbetriebliche Arbeitsmärkte, für Regionen und Branchen, letztlich aber für die gesamte Gesellschaft (nicht nur in den entwickelten westlichen Gesellschaften) und den staatlichen Umverteilungsapparat mit sich bringt. Selbst eine noch so weit gehende Strategie der Arbeitszeitverkürzung und der betrieblichen Humanisierung wird aller Voraussicht nach nicht verhindern können, dass bestimmte Bevölkerungsgruppen – durch neue technische Basisinnovationen mit begünstigt – aus der Erwerbssphäre entweder ganz ausgegrenzt oder in ungeschützte Segmente abgedrängt werden und dadurch auf Dauer einen gesellschaftlichen Status minderen Ranges einzunehmen gewärtigen müssen. Dass dabei Frauen vorrangig betroffen sind, wurde bereits erwähnt. Nach wie vor werden auch die nBL verstärkt von diesen Ausgrenzungsprozessen betroffen.

Zu unterstützen sind Bestrebungen, auf die strukturellen Veränderungen im kapitalistischen Industriesystem und die Transformationen der ehemals „sozialistischen" Ökonomien nicht nur mit produktions-, sondern auch mit reproduktionsbezogenen Strategien zu reagieren (Hoffmann u.a. 1993). Allein wenn es gelingt, die Reproduktionssicherung der Menschen wenigstens teilweise aus der Verklammerung mit Erwerbsarbeit zu entkoppeln – was in einzelnen Bereichen ja bereits geschieht, aber meist unter diskriminierenden und stigmatisierenden Bedingungen –, ist auch denkbar, „Arbeit" aus ihrer entfremdeten Form bloßer fremdbestimmter Mühsal zu befreien und sie in einen gesellschaftlichen Sinnzusammenhang zurückzugewinnen. Die Utopie von einer auf A. gegründeten Gesellschaft ist erst dann wieder glaubwürdig, wenn A. als Element des Produktions- wie des Reproduktionszusammenhangs von Menschen erkennbar und gestaltbar wird, wenn auch die Überlebenssicherung der Menschen ihrer Teilhabe an der gesellschaftlich notwendigen und sinnvollen Gesamtarbeit folgt, nicht nur ihrer je partikularen „Leistung" in einem abhängigen Erwerbsarbeitsverhältnis. Dieser Zusammenhang wird heute an dem zunehmend wichtigeren Problem des Umgangs von Menschen mit ihrer *„Zeit"* thematisiert. In einer Gesellschaft, in der A. zunehmend als Dienstleistung verrichtet wird, kommt es zu neuartigen „Zeitkonflikten" zwischen Dienstleistungen Anbietenden und Nachfragenden. Oft ist der Konflikt in ein und derselben Person, die Zeit mal anbietet, mal nachfragt. Der in Deutschland bis zur 2. Föderalismusreform nicht enden wollende Ladenschlusskonflikt ist hier nur ein kleines Symptom eines tiefer liegenden gesellschaftlichen Konflikts. Arbeitende und Gewerkschaften können sich da nicht länger auf Strategien der Verteidigung von Besitzständen zurückziehen, sondern müssen sich auf eine gesellschaftliche Gestaltungs- und Beteiligungsinitiative einlassen, die die „Zeiten der Stadt" und ihre Beziehung zu Bedürfnissen guten Lebens betrifft und aktiv aufgreift (Steinrücke u.a. 2001; Mückenberger 2004 und 2012).

Es gibt weitere Ansatzpunkte einer solchen auf den Zusammenhang von A. und Leben gerichteten Strategie:

- Arbeitszeitverkürzung dient tendenziell, wenn auch nicht notwendigerweise, der Unterordnung von Erwerbsarbeit unter Lebensbedürfnisse. Die Einsicht, dass Arbeitszeitverkürzung – und sei es auch um den Preis einer Einkommensminderung – Entlassungen verhindern und somit ein Akt der Solidarität mit Arbeitslosen oder von Arbeitslosigkeit Bedrohten sein kann, hat neuerlich an Boden gewonnen. Die Arbeitszeitpolitik bedarf aber noch der „Qualifizierung", d.h. Teile der Arbeitszeit selbst müssten zunehmend für gesellschaftlich nützliche – qualifikatorische, kommunikative, infrastrukturelle, ökologische – Ziele verfügbar gemacht werden (durch Freistellungsansprüche usw.) (Jurczyk 2015).
- Auf dem Gebiet der Humanisierung des Arbeitslebens zeichnen sich – zaghafte – Tendenzen ab, nicht nur den Prozess der Verausgabung von Arbeitszeit zu humanisieren, sondern auch das Arbeitsprodukt menschlichen Anforderungen zu unterwerfen (Hoffmann u.a. 1992; Matthies u.a. 1994). Mit diesen Ansätzen (Produktkonversion usw.) zeichnet sich die Chance ab, dass A. aus der gewaltsamen Trennung vom übrigen Leben befreit wird, dass zwischen Produzenten und Konsumenten Kommunikationen eröffnet werden, die die bekannten Widersprüche zwischen diesen Rollen (z.B. bei Arbeitern in Kernkraftwerken oder Chemiefabriken usw.) thematisieren lassen.

Wichtig sind aber auch – neben diesen produktionspolitischen – reproduktionspolitische Bestrebungen, die auf die Krise des Normalarbeitsverhältnisses zu reagieren versuchen.

- Zunehmend gewinnen angesichts massenhafter Dauerarbeitslosigkeit experimentelle Formen selbstbestimmter Alternativarbeit *(Selbst-*

hilfe/Selbstorganisation) an Boden. Sowohl auf dem Berufsausbildungs- wie auf dem Erwerbsarbeitssektor dringen Initiativen – oft aus der Not geboren, wie im Falle vieler Qualifizierungs- und Beschäftigungsgesellschaften – vor, die sich weder dem traditionellen Fremdbestimmungsdogma kapitalistischer Produktion noch der strukturellen Gleichgültigkeit der Arbeitenden gegenüber dem Arbeitsprodukt und dessen gesellschaftlichen Folgen einfach fügen. So wenig Versuche dieser Art idealisiert werden sollen, sie thematisieren überhaupt, dass Arbeit wieder in einer utopischen Dimension gedacht und erlebt werden könnte.

- Ein letzter sozialpolitischer Ansatzpunkt ist schließlich die Diskussion um eine allgemeine, staatlich garantierte Grundsicherung. Gewiss werden mit der Strategie der Grundsicherung unterschiedlichste, z. T. auch reaktionäre Motive verfolgt. Sieht man sie jedoch im Zusammenhang mit den bereits genannten Strategieebenen, so gewinnt die Grundsicherung eine neue, unabdingbare Funktion. Soll auch A. im außererwerblichen Sektor attraktiv werden, soll es möglich werden, selbstbestimmte, ökologisch bewusste und geschlechterpolitisch fortschrittliche Tätigkeit zu verrichten, ohne dass damit notwendig materielle *Armut* und dauerhafte Ausgrenzung verbunden sein müsste, so muss ein zunehmender Anteil des gesellschaftlichen Reichtums für Einkommen vorgehalten werden, die nicht an traditionelle Erwerbsarbeit gekoppelt sind. Ohne den Gedanken an eine solche Grundsicherung bleiben Hinweise auf die Notwendigkeit ehrenamtl. Arbeit in Städten und Gemeinden, bleiben auch Rufe nach einer „Aufwertung" von Haus- und Familienarbeit – wie sie von konservativer Seite heute überaus populär sind – unglaubwürdig, setzen sie doch letztlich bei den angesprochenen Personen (meist Frauen) die Bereitschaft und Fähigkeit zum schlichten materiellen Verzicht voraus.

Ulrich Mückenberger

Literatur

H. Arendt: Vita activa oder Vom tätigen Leben, Stuttgart 1960 ◆ U. Beck: Risikogesellschaft, Frankfurt/M. 1986 ◆ M. Castells: Das Informationszeitalter, 3 Bde., Opladen 2001–2003 ◆ BMAS: Weißbuch Arbeit 4.0, Berlin November 2016 ◆ K. Gottschall/G. Voß (Hrsg.): Entgrenzung von Arbeit und Leben. Zum Wandel der Beziehung von Erwerbstätigkeit und Privatsphäre im Alltag, München 2005 ◆ H. Hinte/K. Zimmermann: Zeitenwende auf dem Arbeitsmarkt. Wie der demografische Wandel die Erwerbsgesellschaft verändert, bpb Schriftenreihe, Bd.1292, Bonn 2013 ◆ J. Habermas: Theorie des Kommunikativen Handelns, 2 Bde., Frankfurt/M: 1981 ◆ J. Hoffmann u. a.: Der Betrieb als Ort ökologischer Politik, Münster 1992 ◆ J. Hoffmann u. a.: Jenseits der Beschlusslage. Gewerkschaft als Zukunftswerkstatt, Köln [2]1993 ◆ R. Hoffmann/C. Bogedan (Hrsg.), Arbeit der Zukunft, Frankfurt/N. Y. 2015 ◆ K. Jurczyk: Zeit für Care, in: Hoffmann/Bogedan a. a. O., 260–88 ◆ H. Matthies/U. Mückenberger/C. Offe/E. Peter/S. Raasch: Arbeit 2000, Reinbek 1994 ◆ U. Mückenberger: Die Krise des Normalarbeitsverhältnisses, in: ZfSR 1985, 415 ff., 457 ff. ◆ U. Mückenberger: Metronome des Alltag, Berlin 2004 ◆ U. Mückenberger: Lebensqualität durch Zeitpolitik, Berlin 2012 ◆ M. Piore/Ch. Sabel: Das Ende der Massenproduktion, Frankfurt/M. 1989 ◆ Stat.BA (destatis): Qualität der Arbeit – Geld verdienen und was sonst noch zählt, Wiesbaden 2015 ◆ M. Steinrücke u. a. (Hrsg.): Neue Zeiten – neue Gewerkschaften, Berlin 2001 ◆ M. Weber: Die protestantische Ethik (hrsg. von J. Winckelmann), Bd. 1, München/Hamburg 1969.

Links

www.bmas.de (z. B. zur Arbeit 4.0)

Arbeitsförderung (SGB II und SGB III)

Regelungsbereiche

Das SGB II vom 24. 12. 2003 (BGBl. I S. 2954) und das SGB III vom 24. 3. 1997 (BGBl. I S. 594) regeln

- die Prävention von *Arbeitslosigkeit* und die Integration in den Arbeitsmarkt durch Information, Beratung und umfassende Unterstützung, insbesondere im Wege von Eingliederungsvereinbarungen nach § 15 SGB II, durch die Förderung der Berufsausbildung (§§ 59 ff. SGB III) und *Weiterbildung* (§§ 77 SGB III) sowie durch die Förderung der Rehabilitation (§§ 97 ff. SGB III) und
- die Kompensation des Arbeitslohns im Fall von Arbeitslosigkeit oder beruflicher Weiterbildung, insbesondere durch die *Grundsicherung für Arbeitsuchende* (Arbeitslosengeld II nach §§ 19 ff. SGB II), durch das Arbeitslosengeld (§§ 117 ff. SGB III), die Berufsausbildungsbeihilfe (§§ 59 ff. SGB III), das Teilarbeitslosengeld (§§ 150 ff. SGB III), das Kurzarbeitergeld (§§ 169 ff. SGB III), das Insolvenzgeld (§§ 183 ff. SGB III) sowie die Finanzierung von ABM (§§ 260 ff. SGB III) u. a. m.

A

Durch das SGB II von 2003 (Hartz IV) wurde die Grundsicherung für Arbeitsuchende aus dem SGB III herausgelöst, verselbständigt und grundlegend umgestaltet. Das SGB III von 1997 löste das Arbeitsförderungsgesetz von 1969 ab, das wiederum das Arbeitsvermittlungs- und Arbeitslosenversicherungsgesetz (AVAVG) von 1927 ablöste. Dieses Gesetz, nach den drei Sozialversicherungssystemen der RVO das vierte Sozialversicherungsgesetz *(Sozialpolitik/Soziale Sicherung)*, war im Wesentlichen ein Gesetz über die Arbeitslosigkeit, das die Arbeitsvermittlung in einer Reichs-, später Bundesanstalt zentralisierte und monopolisierte und die Versicherungsleistungen regelte. Das AFG von 1969 sollte demgegenüber ein Gesetz der aktiven Arbeitsmarktpolitik sein, das nicht allein auf Arbeitslosigkeit reagieren, sondern Arbeitslosigkeit aktiv verhindern sollte. Hierfür sah das Gesetz insbesondere Maßnahmen der Arbeitsförderung vor. Das Gesetz stand im Zusammenhang der sog. Globalsteuerung der Wirtschaft, der sich die Große Koalition von 1966 verschrieben hatte. Demgemäß lauteten seine Ziele: Wachstum und Vollbeschäftigung (§ 1). Obwohl diese Ziele in der 25-jährigen Geschichte des Gesetzes im Ergebnis nicht erreicht wurden, hielt der Gesetzgeber an den Grundsätzen des Gesetzes fest und versuchte es durch eine Vielzahl von Änderungen an die Entwicklung anzupassen und wirksamer zu machen, bis er – angeregt durch die sog. Hartz-Kommission – im Jahre 2003 die Konzeption des AFG weitgehend aufgab und den gesamten Bereich von Arbeitsförderung und *Sozialhilfe* neu gestaltete. § 1 SGB II formuliert jetzt als Ziel des neuen Gesetzes die Vermeidung von Hilfebedürftigkeit und die Verkürzung der Dauer von Hilfebedürftigkeit der erwerbsfähigen Hilfebedürftigen. Die Abschaffung der Arbeitslosenhilfe sowie die Abschaffung der kommunalen Beschäftigungsförderung nach dem früheren Bundessozialhilfegesetz (Hilfen zur Arbeit) durch Einführung einer neuen Grundsicherung für Arbeitsuchende im SGB II dient deutlich dazu, die erwerbsfähigen Sozialhilfeempfänger aus der Sozialhilfe auszugliedern und in den Arbeitsmarkt zu integrieren. Ob dieses gelingt, ist eine offene Frage. Das SGB III blieb dagegen im Übrigen in seiner Struktur erhalten, auch wenn es im einzelnen umgestaltet wurde. Die kommunale Beschäftigungsförderung bleibt nach §§ 67,68 SGB XII auf Personen in besonderen sozialen Schwierigkeiten und eher arbeitstherapeutische Maßnahmen (Hilfe zur Erlangung und Sicherung eines Arbeitsplatzes) reduziert.

Grundsätze und Leistungen

Die wichtigsten Leistungen des SGB II und III lassen sich durch die folgenden Grundsätze kennzeichnen:

1) Die Leistungen nach dem SGB II erhalten Hilfebedürftige, die ihren Lebensunterhalt nicht durch die Aufnahme einer zumutbaren Arbeit decken können (§ 9 SGB II). Die Leistungen nach dem SGB III werden grundsätzlich nur bei Arbeitslosigkeit gewährt, d. h. nach § 118 SGB III nur denjenigen, die entweder in keinem Beschäftigungsverhältnis stehen oder lediglich eine Beschäftigung von weniger als 15 Stunden wöchentlich ausüben (§ 119 SGB III).
2) Die Leistungen werden jedoch nur im Falle offizieller, d. h. gemeldeter Arbeitslosigkeit (§§ 31 SGB II und 118 SGB III) gewährt; die sog. verdeckte Arbeitslosigkeit wird durch das SGB nicht erfasst.
3) Das Arbeitslosengeld zeichnet sich durch einen Arbeitsmarktbezug aus, d. h. es wird nur gewährt, wenn der Arbeitslose fähig und bereit ist, eine zumutbare Ausbildung oder Beschäftigung aufzunehmen (Verfügbarkeit), wobei jetzt im Unterschied zu früher fast jede Ausbildung oder Beschäftigung als zumutbar gilt (§§ 119 und 121 SGB III).
4) Als erwerbsfähig im Sinne der Grundsicherung für Arbeitslose gilt jeder der mindestens drei Stunden täglich arbeiten kann, wobei ebenfalls fast jede Arbeit als zumutbar gilt (§§ 8 und 10 SGB II).
5) Das Arbeitslosengeld weist einen Bezug zu einem versicherungspflichtigen Arbeitsverhältnis auf, denn es wird erst nach dem Ablauf einer sog. Anwartschaftszeit in einem solchen Arbeitsverhältnis gezahlt und richtet sich in seinem Umfang nach der Lohnhöhe (§ 124 SGB III).
6) Dieser Bezug besteht beim Arbeitslosengeld II im Unterschied zur früheren Arbeitslosenhilfe nicht mehr; hierin zeigt sich die Nähe des Arbeitslosengeldes II zur Sozialhilfe. Diese Nähe zeigt sich auch darin, dass nicht nur der Hilfebedürftige selber, sondern auch die mit ihm in einer sog. Bedarfsgemeinschaft Lebenden Leistungen erhalten, insbesondere der Ehegatte, die Eltern und Kinder des Hilfebedürftigen, aber auch die mit ihm in einer eheähnlichen Gemeinschaft lebende Person (§ 7 SGB II).
7) Pflichtverletzungen der Leistungsberechtigten, insbesondere die Verletzung der Pflicht, zumutbare Arbeit anzunehmen, werden sanktioniert, und zwar durch Sperren oder Entzug der Leistungen (§§ 31 SGB II, 144 SGB III).

8) Es besteht ein Rechtsanspruch auf die Leistungen, es sei denn, der BA wird durch das SGB ausdrücklich ein Ermessen eingeräumt.

Die wichtigsten Leistungen nach dem SGB II und III sind:

1) Das Arbeitslosengeld (§ 136 SGB III) in Höhe von 60 % (ohne Kind) des Arbeitslohns (§ 149 SGB III), das bei Arbeitslosigkeit – je nach der Dauer der versicherungspflichtigen Beschäftigung – bis zu höchstens 24 Monaten gezahlt wird (§ 147 SGB III) und das jetzt auch während der beruflichen Weiterbildung infrage kommt,
2) das Arbeitslosengeld II (§ 19 SGB II) in Höhe von zz. 399 (2015) Euro als Regelleistung Plus Unterkunft und Heizung (§§ 20 f. SGB II), das an erwerbsfähige Hilfebedürftige grundsätzlich zeitlich unbeschränkt gewährt wird,
3) das Sozialgeld (§ 28 SGB II), das die nicht erwerbsfähigen Mitglieder von Bedarfgemeinschaften erhalten, und zwar in Höhe des Arbeitslosengeldes II als Regelleistung,
4) das Teilarbeitslosengeld (§ 150 SGB III) für 6 Monate,
5) das Kurzarbeitergeld (§ 169 SGB III) in Höhe von 60 % (ohne Kind) des Arbeitslohns (§ 178 SGB III), das bei aus wirtschaftlichen Gründen unvermeidbarem Arbeitsausfall zur Vermeidung von Arbeitslosigkeit bis zu 6 Monaten gewährt wird (Verlängerung in Krisenzeiten bis zu 24 Monate, wie in der Krise 2008 ff.), und
6) der Zuschuss zum Arbeitslohn in Höhe von 900–1300 Euro monatlich, der bei ABM im Falle von Arbeitslosigkeit bis zu einer Dauer von höchstens 3 Jahren gezahlt werden kann (§§ 260 ff. SGB III)

Die Bezieher der Leistungen sind sozialversichert. Eine Vielzahl weiterer Leistungen kennen das SGB II und III seit langer Zeit oder sie wurden im Rahmen der letzten Reformen neu geschaffen.

Die Leistungen nach dem SGB III werden im Wesentlichen durch die Beiträge der Arbeitgeber und der Arbeitnehmer je zur Hälfte finanziert (§ 346 SGB III), die z. Z. 3 % des Arbeitslohns betragen (§ 341 SGB III). Das Arbeitslosengeld II wird aus Steuermitteln vom Bund finanziert (§ 46 SGB II). Der Bund ist gehalten, die Defizite der BA aus Steuermitteln auszugleichen (§ 363 SGB III). Die BA (jetzt Bundesagentur für Arbeit) ist nach § 367 SGB III eine rechtsfähige Körperschaft des Öffentlichen Rechts; sie besitzt jedoch im Unterschied zu den anderen Sozialversicherungsträgern keine Mitglieder mit Wahlrechten, wohl aber das Recht der Selbstverwaltung. Die Selbstverwaltung erfolgt nach § 371 SGB III drittelparitätisch durch Vertreter der Arbeitgeber, der Arbeitnehmer und der „öffentlichen Hand“. Sie ist dreistufig aufgebaut, nämlich aus den örtlichen Agenturen für Arbeit, den Regionaldirektionen und eben der Bundesagentur für Arbeit in Nürnberg. Sie steht nach § 393 SGB III unter der Aufsicht des Bundesministers für Arbeit und Soziales.

Vor der Einführung des Arbeitslosengeldes II durch die sog. Reform Hartz IV, brachten die Reformen Hartz I–III eine Vielzahl vor allem organisatorischer Veränderungen der Arbeitsverwaltung, nämlich, die Personal-Service-Agenturen für die Vermittlung von Zeitarbeit, die sog. Ich-AGs zur Förderung von Existenzgründungen, den sog. Job-Floater für die Einstellung von Arbeitslosen in Klein- und Mittelbetrieben und die sog. Mini-Jobs zur Legalisierung der Schwarzarbeit.

Wenn auch das alte SGB III seine hochgesteckten Ziele nicht erreicht hat, und wenn sich auch noch nicht sagen lässt, ob Hartz I–IV, d. h. insbesondere die Schaffung des SGB II die Ziele erreichen wird, weil der Rückgang der Arbeitslosigkeit z. Z. deutlich auf konjunkturellen und nicht auf arbeitsmarktlichen Entwicklungen beruht, so bleiben die Gesetze doch unverzichtbare Instrumente zur Förderung der Integration in den Arbeitsmarkt und zur Kompensation von Einkommen bei Arbeitslosigkeit, und zwar

- aus ökonomischen Gründen, weil sie die Arbeitskräfte an den Arbeitmarkt binden, auch wenn durch das Arbeitslosengeld II diese Bindung gekappt worden ist,
- aus sozialen Gründen, weil sie Arbeitslosigkeit bis zu einem gewissen Grade kompensieren,
- aus pädagogischen Gründen, weil sie der Qualifikationsentwicklung dienen und
- aus juristischen Gründen, weil nach § 3 SGB I jeder, der am Arbeitsleben teilnehmen will, ein Recht auf die Leistungen nach dem SGB hat.

Ingo Richter

Literatur

A. Gagel (Hrsg.): SGB II und III. Kommentar. München [62]2016 • J. Kruse (Hrsg.): SGB III. Baden-Baden 2008 • J. Münder (Hrsg.): SGB II. Kommentar. Baden-Baden [6]2016 • Textausgaben zum SGB II und XII. München [11]2015 und zum SGB III. München [15]2012.

A

Arbeitsgemeinschaften

A. sind „Orte der Meinungsbildung“ auf allen Ebenen (Bund, Länder, Kommunen), über die das Handeln in der *Sozialen Arbeit* wesentlich beeinflusst oder direkt mitgestaltet wird. Sie sind regelmäßig freiwillige Zusammenschlüsse natürlicher und/oder juristischer Personen unter den verschiedensten Bezeichnungen, die mit und ohne Rechtsgrundlage sowie als unterschiedlichste Rechtsfiguren gestaltet handeln.

Bei den *Trägern der Sozialen Arbeit* wird zunächst zwischen öffentlichen und freien (privaten) Trägern unterschieden; Letztere werden weiter als privat-gemeinnützige *(Jugend-* und *WFV* und i. d. R. selbst organisierte/Selbsthilfe-Gruppen: *Selbsthilfe/Selbstorganisation)* sowie als privat-gewerbliche Träger geordnet. Mit Ausnahme der selbstorganisierten/Selbsthilfe-Gruppen (sie gehören regelmäßig zum PWV oder einem anderen WFV) existieren die anderen als selbständige Trägersäulen nebeneinander: mit eigenem vertikalen Aufbau über Kommunen, Länder bis zum Bund, mit eigener Organisation, eigenen Gremien zur Meinungsbildung, häufig eigenen Publikationen/Fachzeitschriften (vgl. *Anhang I und II*): so z. B. rd. 560 JÄ, 18 LJÄ/OLJB, das BMFSFJ für den Bereich der öffentlichen Träger der Jugend- und Familienhilfe. Für die WFV gibt es allein bei der AWO (AWO Homepage 09. 11. 2016) 3 514 Ortsvereine, 411 Kreisverbände, 30 Bezirks- und Landesverbände, ein Bundesverband (zum System genauer bei Münder u. a. SGB VIII: Vor §§ 69–71 Rz. 1–14: Träger der Jugendhilfe: Überblick des Trägernetzes/ihre vertikale und horizontale Vernetzung). Ohne ein System von „Abstimmungsorten“ gäbe es in diesem Trägerlabyrinth keine wirksame und regelmäßige Meinungsbildung und Entscheidungsfindung.

A. bestehen in den verschiedensten Formen: auf gesetzlicher Grundlage (z. B. auf der Grundlage der §§ 78 SGB VIII und § 4 Abs. 2 SGB XII), als Vereinskonstruktion (etwa die BAG Freie Wohlfahrtspflege, die ein e. V. ist), als freiwillige Zusammenschlüsse ohne besondere Rechtsgrundlage und/oder ohne Rechtsform (so als wichtigstes Beispiel die einflussreiche BAG LJÄ).

Für den Bereich der Jugend- und Sozialhilfe sind das dann bspw.:

- auf der kommunalen Ebene A. mit unterschiedlichen Bezeichnungen (A. der JÄ einer bestimmten Region, A. der JÄ eines Landes, Liga der freien Wohlfahrtspflege, Kreisarbeitsgemeinschaften öffentlicher und freier Träger, A. nach § 78 SGB VIII bzw. § 4 Abs. 2 SGB XII): entweder nur auf bestimmte Träger(gruppen) begrenzt (so i. d. R. die Liga-Zusammenschlüsse nur für WFV und ihre Anschlussorganisationen) oder öffentliche und freie Träger (zumeist allerdings nur privat-gemeinnützige) umfassend;
- auf der Landesebene die Liga-Zusammenschlüsse (die Spitzenverbände der freien Wohlfahrtspflege des Landes umfassend), die BAG LJÄ, die AG der OLJB bzw. für die Sozialhilfe die LAGs der örtlichen und die BAG der überörtlichen Sozialhilfeträger;
- für die Bundesebene sind dann zu unterscheiden: a) fachgebietsbezogene A. (auch als Fachorganisation bezeichnet; u. a. A. für Erziehungshilfe/AFET, Internationale Gesellschaft für erzieherische Hilfe/IGfH, BAG für Rehabilitation/BAR, BAG Aktion Jugendschutz, BAG der Seniorenorganisationen (BAGSO), BAG Hilfe für Behinderte/BAGH, BAG Wohnungslosenhilfe; weiter in Anhang I) und b) fachgebietsübergreifende: Die wichtigsten sind der Deutsche Verein (DV) für öffentliche und private Fürsorge in Berlin mit seinem Nachrichtendienst und die Arbeitsgemeinschaft für Kinder- und Jugendhilfe (AGJ) in Berlin mit der Zeitschrift FORUM-Jugendhilfe (für die meisten der genannten Beispiele vgl. die Kurzdarstellungen im Fachlexikon des DV 2016 und Anhang I).

Nicht zu den A. werden die *Kommunalen Spitzenverbände* gezählt, obwohl sie von ihrer Konstruktion her („freiwillige Vereinigungen“) und Zielsetzungen (Information, Erfahrungsaustausch zwischen den Mitgliedern) und gewollten Einflussnahme auf kommunale/staatliche Entscheidungen geradezu typisch sind für das, was alle A. auszeichnet.

Ebenfalls zu unterscheiden von den hier beschriebenen A. sind die Arbeitsgemeinschaften nach § 44b SGB II. Sie sind vielmehr angelegt als selbständige, sowohl von der Sozial- als auch Arbeitsverwaltung getrennte Organisationseinheiten mit operativen Aufgaben einer hoheitlichen Leistungsverwaltung (genauer bei Münder SGB II 2016 Rz 1 ff.)

Ohne Kenntnis dieses Gesamtsystems vertikaler und horizontaler Vernetzung ist jedenfalls der Meinungsbildungs- und Entscheidungsprozess in der SozArb kaum nachzuvollziehen.

Dieter Kreft

Literatur

DV (Hrsg.): Fachlexikon der sozialen Arbeit, Frankfurt/M. [8]2016 ◆ J. Münder u. a.: Frankfurter Kommentar zum SGB VIII Kinder- und Jugendhilfe, Weinheim/München [7]2013 ◆ J. Münder (Hrsg.): Sozialgesetzbuch II. Kommentar, Baden-Baden [6]2016 ◆ Wiesner u. a.: SGB VIII. Kinder- und Jugendhilfe. Kommentar, München [5]2015.

Arbeitslosigkeit und Arbeitsmarkt

Die Arbeitnehmerinnen und Arbeitnehmer suchen einen Arbeitsplatz, die Arbeitgeber suchen Arbeitskräfte. Zwischen diesen Interessen muss ein Ausgleich geschaffen werden. Dies ist vereinfacht gesagt der Arbeitsmarkt (Arb.M). Ideal ist, wenn Arbeitskräftenachfragen und Arbeitskräfteangebote in einem Gleichgewicht sind. Das ist jedoch nur selten der Fall. Häufig kommt es zu Arbeitslosigkeit (Arb.L), es gibt aber auch Phasen des Fachkräftemangels; in der BRD zuerst in den 1960er Jahren, als im großen Stil sog. Gastarbeiter angeworben wurden, aber auch aktuell wird wieder über Fachkräftemangel gesprochen. In diesem Fall überwiegend verursacht durch den demografischen Wandel, mangelnde Qualifizierung von Beschäftigten und Arbeitsuchenden und z. T. auch durch ein anderes Ausbildungsverhalten der jungen Menschen.

Der Arb.M wird durch zahlreiche Akteure beeinflusst. Da sind zu nennen die Bildungspolitik, aber auch die staatliche Arbeitsmarkt- und Sozialpolitik, die Wirtschafts- und Strukturpolitik sowie das Agieren weiterer Akteure wie der Gewerkschaften und Arbeitgebervertretungen. Darüber hinaus spielt die berufliche Bildung, die Regulierung des Arb.M durch Arbeitsgesetze sowie die Struktur der sozialen Sicherung eine Rolle. Um den Arb.M optimal zu entwickeln ist es notwendig und sinnvoll, dass diese Politiken aufeinander angestimmt werden. Allerdings sind die Interessen der Gruppen nicht identisch, so dass Arbeitsmarktpolitik auch immer in einem Spannungsfeld der verschiedenen Interessen steht.

Arbeitsmarktpolitik i. e. S. hat das Ziel, den Ausgleich am Arb.M optimal zu gestalten. Die Herausforderung ist dabei v. a. die Eingliederung von Arbeitslosen. Hier ist der wichtigste Akteur die Bundesagentur für Arbeit (BA) und seit einigen Jahren die Jobcenter, die die Empfänger der Grundsicherung für Arbeitssuchende betreuen.

Den Agenturen und Jobcentern stehen verschiedene Instrumente zur Verfügung. Neben der Ausbildungs- und Arbeitsvermittlung auch die Berufsberatung sowie die Fort- und Weiterbildung, aber auch die Möglichkeit, direkt öffentlich geförderte Beschäftigung zu initiieren. Die Arbeitslosenversicherung hat das Ziel, die Ausgleichsprozesse des Arb.M durch soziale Sicherung zu unterstützen. Das wichtigste Element ist die Zahlung von Arbeitslosengeld, das Arbeitslose erhalten, wenn sie ihren Arbeitsplatz verloren haben. Das Arbeitslosengeld soll nicht nur soziale Not mindern, sondern soll auch die Arbeitnehmerinnen und Arbeitnehmer von dem Druck befreien, jede mögliche Stelle sofort annehmen zu müssen. Hier soll insbes. auch die Qualifikation der Beschäftigten geschützt werden.

Auch aus Sicht der Arbeitgeber hat die Arbeitslosenversicherung eine wichtige Funktion. Es wird verhindert, dass Beschäftigte unmittelbar in Existenznot geraten. Hierdurch werden die Konflikte bei Entlassungsprozessen gemindert, die Arbeitgeber verlagern einen Teil ihrer Verantwortung auf das Versicherungssystem. Deswegen ist es auch richtig, dass sowohl die Beschäftigten als auch die Arbeitgeber sich an den Kosten beteiligen. Gleichzeitig sorgt die Arbeitslosenversicherung dafür, dass die Qualifikation der Arbeitsuchenden aktuell gehalten wird und so weitere Fachkräfte zur Verfügung stehen, auch dies ist im Interesse der Arbeitgeber.

Statistik der Arbeitslosenversicherung:

Die Statistik der Arbeitslosenversicherung führt immer wieder zu politischem Streit. So wird der Politik vorgeworfen, Arb.L künstlich niedrig zu rechnen. Dieser Vorwurf ist nicht ganz aus der Luft gegriffen. So werden bei den Arbeitslosen, z. B. die Teilnehmer an Weiterbildungen, die Teilnehmer in geförderter Beschäftigung sowie die Teilnehmer in anderen geförderten Maßnahmen nicht mitgerechnet, obwohl sie derzeit keiner bezahlten Beschäftigung nachgehen. Bei einer realistischen Betrachtung würde im Juli 2015 die Arb.L nicht 2,8 Mio., sondern 3,5 Mio. betragen.

Andererseits ist bei der Berechnung im Nenner (Zahl der Beschäftigten) jede Form von Beschäftigung eingerechnet. Das sind neben den sozialversicherungspflichtig Beschäftigten auch die geringfügig Beschäftigten (Minijobber ohne soziale Sicherung), Beamte, arbeitslose Personen in öffentlich geförderter Beschäftigung, sowie Grenzpendler aus dem Ausland. Hinzu kommen noch Selbständige und mithelfende Familienangehörige, so dass im Jahr 2015 eine Gesamtbeschäftigung von 43,8 Mio. angenommen wird. Wenn man diese beiden Daten in Relation setzt, ergibt sich für Sommer 2015 eine Arbeitslosenquote von 6,3 %. Wenn man die erweitere Arbeitslosenzahl von 3,5 Mio. zugrunde legen würde, läge die Quote bei 8,1 %.

International bedient man sich einer standardisierten Erwerbslosenquote, die von der internationalen Arbeitsorganisation (ILO) festgelegt wurde. Während die nationalen Daten aus den Verwaltungsdaten der Arbeitsagenturen ermittelt werden, beruht die ILO-Erwerblosenstatistik auf Befragungsdaten. Diese werden ebenfalls monatlich in Deutschland erhoben, um die internationale Vergleichbarkeit sicher zu stellen. Nach der ILO Statistik gilt eine Person bereits als erwerbstätig, wenn sie mehr als eine Stunde in der Woche zur Wertschöpfung beiträgt. Arbeitslos hingegen ist jemand, der in den letzten vier Wochen aktiv nach Arbeit gesucht hat und innerhalb von zwei Wochen für eine Beschäftigung verfügbar ist.

Nach nationalen Regeln gilt man erst dann als erwerbstätig, wenn man mehr als 15 Stunden in der Woche arbeitet und als arbeitslos, wenn man ohne Beschäftigung ist bzw. eine Beschäftigung unter 15 Stunden in der Woche ausübt. Das hat z. B. zur Folge, dass ein Minijobber weiterhin als arbeitslos gelten kann, wenn er eine Beschäftigung über 15 Stunden sucht. Der Unterschied ist beachtlich. Nach den Ergebnissen der Arbeitskräfteerhebung des Stat.BA lag die Zahl der Erwerbslosen im Juni 2015 bei 1,94 Mio. Personen, während nach der Zählung der Arbeitsagenturen 2,7 Mio. Personen arbeitslos waren.

Entwicklung des Arbeitsmarktes

1. Die Erwerbstätigkeit steigt

Im Jahr 2016 erreicht die Erwerbstätigkeit in Deutschland mit 43,4 Mio. den höchsten Stand in der Geschichte. Seit dem Jahr 2010 ist damit die Erwerbstätigkeit um fast 1,5 Mio. angestiegen. Aktuell sind damit 72 % der Frauen und 82 % der Männer zwischen 15 bis 65 Jahren am Arb.M aktiv. Darin sind alle Beschäftigungsformen enthalten also auch Selbstständige, Minijobber und Teilzeitkräfte. Deutlich aufgeholt haben dabei in den letzten Jahren ältere Arbeitnehmerinnen und Arbeitnehmer. Immerhin 69 % der Frauen und 81 % der Männer im Alter von 50 bis 65 Jahren sind erwerbstätig. 10 Jahre zuvor waren es noch 50 % der Frauen und 69 % der Männer.

Die EU hat sich im Rahmen der Strategie 2020 das Ziel gesetzt, dass sowohl Männer als auch Frauen zu 75 % erwerbstätig sein sollen. Bei den Männern hat Deutschland das Ziel erreicht, bei den Frauen noch nicht. Mit Schweden gibt es lediglich ein Land der EU, das dieses Ziel insgesamt erreicht hat. Bei der Frauenerwerbstätigkeit gibt es also noch ein erhebliches Arbeitskräftepotential in der EU und auch in Deutschland.

Der deutsche Arb.M weist allerdings einige Besonderheiten auf. So sind insbes. die Zahl der Teilzeitbeschäftigten und v. a. die Zahl derjenigen mit einer geringen Teilzeit ungewöhnlich hoch. Im Jahr 2014 sind 29 Mio. Personen sozialversicherungspflichtig beschäftigt (31,4 Mio. im August 2016), davon allerdings fast 10,1 Mio. in sozialversicherungspflichtiger Teilzeit. Die Zahl der Teilzeitbeschäftigung ist damit von 4,7 Mio. im Jahr 2004 auf 10,1 Mio. im Jahr 2014 gestiegen.

Zusätzlich üben noch rd. 5 Mio. eine geringfügige Beschäftigung (Minijob) als einzige Beschäftigung aus, weitere 2,5 Mio. üben den Minijob in Nebenbeschäftigung aus. Bei den ausschließlich geringfügig entlohnten Beschäftigungsverhältnissen liegt der Frauenanteil bei rund 65 % in einigen Regionen sogar noch höher. Bei einem Minijob darf man maximal 450 € im Monat verdienen: In diesem Fall gibt es besondere Regelungen in der sozialen Sicherung, die diese Arbeitsverhältnisse für Beschäftigte besonders attraktiv machen.

Somit sind auch die Unterschiede bezüglich der Arbeitszeit erheblich. 2014 arbeiten mehr als viermal so viele Frauen wie Männer in Teilzeit. V. a. im Bereich Erziehung und Unterricht, im Gesundheits- und Sozialwesen sowie im Handel und Hotel- und Gaststättengewerbe war Teilzeitbeschäftigung von Frauen weit verbreitet. Dabei gibt es noch immer deutliche Unterschiede zwischen Ost und West. Die gewünschte Arbeitszeit geht teilweise auf die Wünsche der Beschäftigten zurück, z. T. ist sie aber auch unfreiwillig. Das Stat.BA weist in der Arbeitskräfteerhebung die unfreiwillige Teilzeit aus. 2013 waren ca. 1,1 Mio. Frauen und 407 000 Männer unfreiwillig teilzeitbeschäftigt. Dies entsprach einem Anteil an allen Teilzeitbeschäftigten von 13,7 % bei den Frauen und 21,7 % bei den Männern.

Eine immer geringere Rolle spielt hingegen die geförderte Beschäftigung. Mit der letzten Reform des Arbeitsförderungsgesetzes im Jahr 2011 wurden die sog. Arbeitsbeschaffungsmaßnahmen (ABM) vollständig beendet. Mit der ABM Förderung hatten die Arbeitsagenturen die Möglichkeit, bei Trägern sozialversicherungspflichtige Arbeitsverhältnisse für Langzeitarbeitslose zu fördern. Das war für Arbeitslose vergleichsweise attraktiv und kam vor allem im Zuge der deutschen Wiedervereinigung massenhaft zum Einsatz. Geförderte Arbeit für Langzeitarbeitslose gibt es seitdem in Form der Arbeitsgelegenheiten und als Förderung von Beschäftigung am allgemeinen Arb. M. Während sich im Juni 2015 noch rd. 100 000 Personen in geförderter Beschäftigung befanden, waren es im Jahresdurchschnitt des Jahres 2010 noch 344 000 Personen. Ursache für diese Entwicklung ist, dass die Mittel für aktive Arbeitsmarktpolitik in den letzten Jahren deutlich reduziert wurden, das betrifft sowohl den Rechtskreis SGB III (Arbeitslosenversicherung) als auch den Rechtskreis SGB II (Grundsicherung für Arbeitsuchende). Seit dem Jahr 2010 wurden die Mittel der aktiven Arbeitsmarktpolitik um 40 % reduziert.

2. Die Entwicklung der Arbeitslosigkeit

Historisch gesehen sind Arbeitskräfteangebot und Arbeitskräftenachfrage nur in wenigen Phasen tatsächlich ausgeglichen gewesen. Während es in den 1950ern und 1960ern eher zu einem Arbeitskräftemangel kam, war danach die Arb.L hoch. V. a. auch im Zuge der deutschen Vereinigung haben viele Menschen ihren Arbeitsplatz verloren. Die strukturellen Probleme und Herausforderungen waren enorm. Erst seit 2005 geht die Arb.L wieder zurück. Umstritten ist, wann tatsächlich von Vollbeschäftigung gesprochen werden kann. Der niedrigste Stand der Arb.L war im September 1965 mit 85 000 Arbeitslosen (nur Westdeutschland), die Quote lag zum Teil unter 1 %. Diese Daten werden heute nicht mehr erreichbar sein, v. a. weil die Sockelarbeitslosigkeit hoch ist. Gesundheitliche Einschränkungen, mangelnde Qualifizierung oder eine höheres Alter behindern die Rückkehr in den Arb. M.

Ein Hinweis, wann Vollbeschäftigung vorliegt, könnten die Regionen mit der niedrigsten Arb.L geben. In einigen süddeutschen Regionen liegt die Arb.L bei 2,5 %, was darauf hindeutet, dass hier die Potenziale des Arb.M weitgehend ausgeschöpft sein dürften. Vollständig beseitigen lässt sich die Arb.L nicht, weil allein die Suchprozesse am Arb.M immer einen gewissen Sockel bilden. Auf das ganze Bundesgebiet hochgerechnet, würden die Werte der niedrigsten Regionen etwa eine Arb.L von rd. 1 Mio. bedeuten. Das käme dem Ziel der Vollbeschäftigung schon sehr nahe.

Aktuell sind wir von diesen Werten noch weit entfernt. Im Jahresdurchschnitt des Jahres 2015 sind rund 2,8 Mio. Menschen als arbeitslos registriert. Dieser Wert hat sich gegenüber den drei Vorjahren nur geringfügig verbessert, obwohl in dieser Zeit 1,5 Mio. neue sozialversicherungspflichtige Arbeitsplätze entstanden sind. Es gelingt der Politik also immer weniger, Arbeitslose und v. a. Langzeitarbeitslose in den Arb.M zu integrieren.

Nach der deutschen Vereinigung erreichte die Arb.L im Januar 2005 mit 5,04 Mio. Arbeitsuchenden seinen negativen Höhepunkt. Im Jahre 2005 trat das vierte Gesetz für moderne Dienstleistungen Arbeitsmarkt (kurz Hartz IV) in Kraft. Durch dieses Gesetz wurde die frühere Arbeitslosenhilfe aufgelöst und zum Teil mit der Sozialhilfe verschmolzen. Hierdurch kamen auch Leistungsempfänger in das System der Grundsicherung (Hartz IV), die vorher Sozialhilfe bezogen haben und nicht als Arbeitslose registriert waren. Dadurch allein stieg zu Beginn des Jahres 2005 die Arb.L um rund 500 000 Personen.

Die Grundsicherung (SGB II) kümmert sich um alle Personen, die erwerbfähig sind, während die Sozialhilfe (SGB XII) nichterwerbsfähige Personen betreut. Dabei ist – auch im internationalen Vergleich – die Definition der Erwerbsfähigkeit weit gefasst. In § 8 SGB II steht „Erwerbsfähig ist, wer nicht wegen Krankheit oder Behinderung auf absehbare Zeit außerstande ist, unter den üblichen Bedingungen des allgemeinen Arbeitsmarktes mindestens drei Stunden täglich erwerbstätig zu sein." Diese Definition sorgt dafür, dass in Deutschland viele Personen, die nur begrenzt dem Arb.M zur Verfügung stehen, im System der Grundsicherung bleiben und nicht durch andere Systeme wie Rentenversicherung, Sozialhilfe oder der Krankenversicherung aufgefangen werden.

Die Betreuung der Arbeitslosen erfolgt seitdem in zwei unterschiedlichen Systemen, obwohl die Hartz-Kommission empfohlen hatte, alle Arbeitslosen aus einer Hand zu betreuen. Diejenigen, die Leistungen der beitragsfinanzierten Arbeitslosenversicherung erhalten, werden von den Agenturen für Arbeit betreut, diejenigen, die Grundsicherung Hartz IV erhalten, werden durch die Jobcenter betreut, i. d. R. gemeinsame Einrichtungen der Agentur für Arbeit und der jeweiligen Kommune. 303 Jobcenter werden als gemeinsame Einrichtungen geführt, daneben gibt es 105 Kommunen, die die Betreuung der Langzeitarbeitslosen als zugelassene kommunale Träger allein betreiben. Diese werden auch als Optionskommunen oder Optionskreise bezeichnet. Die Bedeutung der Arbeitslosenversicherung hat damit tendenziell abgenommen. Aktuell werden nur rd. 40 % der Arbeitslosen von einer Agentur für Arbeit betreut, während 60 % durch ein Jobcenter oder eine Kommune in eigener Trägerschaft betreut wurden.

Seit dem Höchststand im Jahre 2005 ist die Arb.L deutlich zurückgegangen, so dass im Jahresdurchschnitt 2015 noch rd. 2,8 Mio. Arbeitslose zu verzeichnen waren. Allerdings ist der

Rückgang im System der Arbeitslosenversicherung mit minus 44 % deutlich höher als im System der Grundsicherung mit minus 30 %.

46 % der Arbeitslosen sind Frauen. Die Arbeitslosenquote liegt bei Frauen bei 6 %, die der Männer liegt nur geringfügig höher bei 6,3 Prozent. Gravierender ist der Unterschied zwischen West- und Ostdeutschland. Während im Westen nur 5,5 % der Frauen und 5,6 % der Männer arbeitslos sind, sind es in Ostdeutschland 8,4 % der Frauen und sogar 9,2 % der Männer.

Allerdings hat sich in den letzten Jahren die Arb.L in den östlichen Bundesländern deutlich positiver entwickelt. Von Juni 2014 bis Juni 2015 ging sie z. B. in Mecklenburg-Vorpommern um 9 % zurück, in Brandenburg um 8,6 % und in Sachsen-Anhalt um 7,4 %. In der gleichen Zeit in allen westdeutschen Bundesländern nur um 4,3 %. Eine Ursache dürfte sein, dass die Zahl der Dienstleistungsarbeitsplätze auch in den östlichen Bundesländern zunimmt und ein Teil der Personen, die nach der deutschen Vereinigung nicht stabil in den Arb.M integriert werden konnten, inzwischen das Rentenalter erreichen.

Ursache für den Rückgang der Arb.L ist, dass die deutsche Wirtschaft mit der Einführung des Euroraumes über sehr vorteilhafte Rahmenbedingungen verfügt. Hinzu kommen ein koordiniertes Handeln der Sozialpartner in der Finanzkrise im Jahr 2009, eine moderate Lohnentwicklung und die Reform des Arb.M, welche den Druck auf Arbeitslose deutlich erhöht hat. Der Arb.M ist dadurch flexibler geworden, andererseits wurden aber auch zunehmend Risiken von den Arbeitgebern oder dem Staat auf die Beschäftigten verlagert. Die Reformen sind deswegen bis heute hoch umstritten. Auch die Lohnentwicklung war in Deutschland im internationalen Vergleich relativ moderat. Dies wurde v. a. verursacht durch eine zunehmende Lohnspreizung zulasten der unteren Einkommensgruppen und der gering Qualifizierten. Auch atypische Beschäftigung wie Leiharbeit, Minijobs oder Teilzeitarbeit haben dazu beigetragen. Aktuell steigen die Löhne wieder stärker, was die Binnennachfrage positiv beeinflusst und so den Aufschwung stabilisiert.

Im europäischen Vergleich ist die Jugendarbeitslosigkeit in Deutschland niedrig. Während in den Staaten der EU fast 23 % der jugendlichen schon am Arb.M aktive Erwerbspersonen, arbeitslos sind, sind es in Deutschland lediglich 8 %. Das Risiko für Jugendliche arbeitslos zu werden, ist deutlich höher als bei Erwachsenen. Ursache ist, dass viele nach der Ausbildung zunächst einen Einstieg finden müssen. Dies geschieht häufig über befristete Beschäftigung oder andere Formen der atypischen Beschäftigung. Das Risiko arbeitslos zu bleiben hingegen ist für Jugendliche geringer.

Der Arb.M ist ständig in Bewegung. Innerhalb von 12 Monaten melden sich zwischen 4 Mio. und 4,5 Mio. Personen neu arbeitslos. Diese kommen auch aus Qualifizierung, beruflicher Ausbildung oder Nichterwerbstätigkeit. Ähnlich viele gehen aus Arb.L wieder ab. D. h. aber nicht, dass alle diese Personen Arbeit finden. Nur rd. 36 % gehen tatsächlich in Arbeit. Die anderen in Qualifizierung oder Nichterwerbstätigkeit.

Die Arbeitsagenturen haben verschiedene Möglichkeiten, Arbeitsuchende zu fördern. Zentral ist zunächst die Arbeitsvermittlung. Wenn diese nicht sofort gelingt, können die Agenturen oder Jobcenter berufliche Weiterbildung fördern, Eingliederungszuschüsse zahlen, den Einstieg in Selbstständigkeit fördern oder für behinderte Menschen spezifische Hilfen anbieten.

Eine Hauptursache für Arb.L ist eine fehlende Qualifikation. Mehr als 1,3 Mio. arbeitslose Menschen hatten 2014 keine abgeschlossene Berufsausbildung. Das waren bei den Frauen 47 % und bei den Männern 45 %. Auch bei Personen, die nicht die deutsche Staatangehörigkeit besitzen, ist das Risiko arbeitslos zu sein deutlich höher. 20 % der Frauen und 17 % der Männer, die arbeitslos sind, kommen aus dem Ausland, während es in der Wohnbevölkerung nur rd. 10 % sind.

Die Zuwanderung von Flüchtlingen wird weiterhin nicht ohne Folgen für die Wirtschaft und den Arb.M in Deutschland bleiben. Gerechnet wird mit einer höheren Wirtschaftsleistung, aber auch mit einem Anstieg der Arbeitslosenzahlen. Es wird darauf ankommen, durch gezielte Sprachförderung und geeignete Qualifikationsmaßnahmen eine möglichst schnelle Arbeitsintegration zu erreichen. Die BA geht 2016 im Jahresdurchschnitt von 130 000 mehr arbeitslosen Flüchtlingen aus, die eine Beschäftigungserlaubnis haben.

3. Entwicklung der Langzeitarbeitslosigkeit

Unter den 2,8 Mio. Arbeitslosen gelten gut 1,1 Mio. als langzeitarbeitslos, sie suchen seit mehr als einem Jahr eine neue Beschäftigung. Dies entspricht einem Anteil an allen Arbeitslosen von rund 37 %. Die Zahl der Langzeitarbeitslosen verändert sich derzeit nur wenig, obwohl die Rahmenbedingungen am Arb.M vergleichsweise gut sind. Allerdings ist die Statistik der Langzeitarbeitslosen nicht besonders aussagekräftig, weil Langzeitarbeitslosigkeit auch durch eine kurzfristige Beschäftigung unterbrochen werden kann.

Als Langzeitarbeitslose werden nur die gezählt, die durchgehend ein Jahr und länger arbeitslos sind. Nur wenn die Arb.L z. B. wegen Krankheit oder Sperrzeit für weniger als 6 Wochen unterbrochen wird, werden Phasen der Arb.L zusammengerechnet, dauert die Unterbrechung länger, beginnt die Frist für die Zählung der Langzeitarbeitslosigkeit von vorne.

Viele Bewegungen in und aus Arb.L sind deswegen eher statistischer Natur. Hinzu kommen rd. 150 000 ältere Bezieher der Grundsicherung, die in der Statistik nicht mehr erfasst werden, obwohl sie arbeitsuchend sind. Ein Drittel der Leistungsbezieher gehen einer Erwerbstätigkeit nach, deren Lohn aber nicht existenzsichernd ist. Als sog. „Aufstocker" beziehen sie ergänzend zu ihrem Einkommen Hartz-IV-Leistungen.

Die Langzeitarbeitslosigkeit sagt nichts darüber aus, wie lange eine Person oder ein Haushalt im Leistungsbezug ist. Die Betrachtung des Leistungsbezuges sagt mehr über die soziale Notlage aus, als das Merkmal Langzeitarbeitslosigkeit. Die Zahl der Dauerbezieher von Leistungen der Grundsicherung ist erschreckend hoch. So waren zwischen 2005 und 2012 1,3 Mio. Personen in 660 000 Bedarfsgemeinschaften durchgängig auf Leistungen angewiesen. Damit befanden sich im Jahr 2012 rund 22 % der Leistungsberechtigten seit Einführung des Systems durchgängig im Leistungsbezug. Allerdings heißt das nicht unbedingt, dass diese Menschen durchgängig arbeitslos waren. Rd. die Hälfte geht einer Erwerbstätigkeit nach oder nimmt an verschiedenen Fördermaßnahmen teil oder betreut Kinder. Dabei war es ein zentrales Ziel, den Dauerbezug von Leistungen zu verringern. Dieses Ziel ist durch die Reform nicht erreicht worden.Ursache ist auch, dass das System enorm verwaltungsaufwändig und kompliziert ist. Im Wesentlichen wurde die Struktur der früheren Sozialhilfe für die Grundsicherung übernommen. Das heißt, das System ist bedarfsorientiert und alle Einkommen und Vermögen werden – bis auf geringe Freibeträge – angerechnet. Das führt dazu, dass jede Veränderung in den persönlichen Verhältnissen bei allen Mitgliedern der Bedarfsgemeinschaft jeweils Änderungsbescheide, Anrechnungen und ggf. Nachzahlungen oder Rückforderungen zur Folge haben. Auch die Aufgabenteilung zwischen den Jobcentern und den Kommunen, die ergänzende Leistungen anbieten müssen, funktioniert nicht immer reibungslos. (siehe dazu DGB Arbeitsmarkt aktuell 01/2014)

Bei Langzeitarbeitslosen sind die Risiken ungleich verteilt. So sind Frauen im Schnitt länger arbeitslos als Männer und zählen häufiger zu den Langzeitarbeitslosen mit einer Dauer von mehr als zwei Jahren. Ein besonderes Risiko ist der fehlende Berufsabschluss. Rd. die Hälfte der Langzeitarbeitslosen hat keine abgeschlossene Berufsausbildung. Die Arb.L ist aber auch durch regionale Einflüsse bestimmt. So ist in den süddeutschen Regionen die Langzeitarbeitslosigkeit deutlich geringer als z. B. in Ostdeutschland. Aber auch einige Regionen in Westdeutschland, wie z. B. das nördliche Ruhrgebiet, weisen einen hohen Anteil von Langzeitarbeitslosen auf.

Obwohl in den letzten Jahren die Beschäftigung erheblich angestiegen ist, ist es nicht gelungen, die Zahl der Langzeitarbeitslosen weiter zu senken. Besorgniserregend ist die Tatsache, dass nur 20 % derjenigen, die aus Langzeitarbeitslosigkeit abgehen, im allgemeinen Arb.M unterkommen. Über 80 % der Abgänge aus Langzeitarbeitslosigkeit sind auf andere Gründe zurückzuführen, wie ein Rückzug vom Arb.M (die sog. stille Reserve) oder Rente, eine längere Krankheit oder die Teilnahme an einer arbeitsmarktpolitischen Fördermaßnahme.

Wenn Langzeitarbeitslose in den Arb.M eingegliedert werden, ist die Beschäftigung häufig von kurzer Dauer und oft niedrig bezahlt, so dass ergänzende Leistungen der Grundsicherung weiterhin erforderlich sind. Eine Auswertung der Daten des Jahres 2013 zeigt, dass von den 130 000 Langzeitarbeitslosen, die in Beschäftigung gingen, nach einem Monat bereits ein Viertel nicht mehr beschäftigt ist. Nach Ablauf von sechs Monaten sind bereits rd. 50 % der Langzeitarbeitslosen nicht mehr in ihrem sozialversicherten Job tätig.

Bei der Bekämpfung der Langzeitarbeitslosigkeit wirkt sich auch die starke Kürzung der Haushaltsmittel aus. V. a. der starke Rückgang der öffentlich geförderten Beschäftigung wirkt sich negativ auf die Beschäftigungschancen von Langzeitarbeitslosen aus. Kritiker werfen der BReg. vor, zu einseitig auf die konjunkturelle Entwicklung zu setzen und dabei strukturelle Probleme des Arb.M zu übersehen. Arbeitslose konnten in jedem Fall nur sehr unterdurchschnittlich von der starken Entwicklung am Arb.M profitieren.

4. Nachfrage nach Arbeit steigt

Parallel zur sinkenden Arb.L steigt die Nachfrage nach Arbeitskräften. Die Agentur für Arbeit hat für die Nachfrage nach Arbeitskräften einen eigenen Index (BA-X) geschafften. Der BA-X, bildet die Entwicklung der Arbeitskräftenachfrage am allgemeinen Arb.M ab. Die Basis für den BA-

A

Stellenindex bilden die der BA gemeldeten ungeförderten Arbeitsstellen sowie die bei der BA gemeldeten Stellen für Freiberufler, Selbständige und Stellen, die private Arbeitsvermittler gemeldet haben. An diesem Index kann folglich die Entwicklung der Arbeitskräftenachfrage abgelesen werden, nicht die absolute Zahl der Stellen. Im Sommer 2015 weißt der BA-X einen Wert von 190 aus, als Basiswert 100 wurde der Durchschnitt des Jahres 2004 angenommen. Seitdem ist die Arbeitskräftenachfrage kontinuierlich – mit kleinen Schwankungen – gestiegen. Im Sommer 2015 waren insgesamt 572 000 offene Stellen gemeldet. An der Spitze lagen die Berufe der Metallerzeugung und Bearbeitung, Verkaufsberufe und Verkehrs- und Logistikberufe. Hoch ist auch weiterhin die Nachfrage nach Pflege- und Gesundheitsberufen.

5. Wandel der Erwerbsformen

Ein Merkmal der aktuellen Arbeitsmarktentwicklung ist, dass die Arbeitsformen immer differenzierter werden. Während die unbefristete Vollzeitbeschäftigung (außerhalb der Leiharbeit) tendenziell an Bedeutung verliert, nehmen alle anderen Formen von Erwerbstätigkeit zu.

Von den rd. 30 Mio. sozialversicherungspflichtig Beschäftigten sind rd. drei Viertel in Vollzeit beschäftigt. Tendenziell hat die Vollzeitbeschäftigung aber Bedeutung verloren, weil andere Formen der Erwerbstätigkeit zugenommen haben. So ist auch die Zahl der Soloselbständigen (ohne Beschäftigte) von 1,8 Mio. im Jahr 2003 auf 2,2 Mio. im Jahr 2013 angestiegen. 2015 waren 5 % der Erwerbstätigen Selbständige ohne weitere Mitarbeiter. In diesem Zeitraum hat sich die Zahl der Leiharbeiter von 330 000 auf knapp 1 Mio. 2015 fast verdreifacht, an deren prekärer Lage wird auch das neue Gesetz der BReg zur Regelung der Leiharbeit und der Werkverträge (Mai 2016) kaum was ändern. Die Zahl der Teilzeitbeschäftigten stieg von 4,3 Mio. auf 10,1 Mio. Gleichzeitig gab es noch 7,8 Mio. Minijobber, deren Einkommen unter 450 € im Monat liegt. Davon haben rd. 4,8 Mio. diesen Job als einzige Beschäftigung. Die anderen üben den Minijob neben einer anderen sozialversicherungspflichtigen Beschäftigung aus.

Soloselbständigkeit, Leiharbeit, (unfreiwillige) Teilzeitarbeit und v. a. geringfügige Beschäftigung sind Fehlentwicklungen der Erwerbsformen, die es arbeitsmarktpolitisch zu lösen gilt.

Johannes Jakob

Literatur

Bundesagentur für Arbeit (BA): Analyse des Arbeitsmarktes für Frauen und Männer, Juni 2015 ♦ BA: Arbeitsmarkt in Deutschland, Zeitreihen bis 2014 ♦ BA Statistik: Grundsicherung für Arbeitsuchende, Oktober 2015 (Aktualisierungen unter www.statistik.arbeitsagentur.de) ♦ DGB „Für eine sozialstaatliche Arbeitsmarktpolitik". DGB Vorschläge zur Neuausrichtung der Arbeitsförderung (www.dgb.de/-/7ic) ♦ DGB Arbeitsmarkt aktuell 06/2015, Zur Situation Geringqualifizierter auf dem Arbeitsmarkt (www.dgb.de/-/90O) ♦ DGB Arbeitsmarkt aktuell 02/2015: Beschäftigungschancen von Langzeitarbeitslosen im Hartz-IV-System nicht verbessert (www.dgb.de/-/eRt) ♦ DGB Arbeitsmarkt aktuell 01/2015 Zehn Jahre Hartz IV: Ein Grund zum Feiern? (www.dgb.de/-/e9V) ♦ DGB Arbeitsmarkt aktuell 01/2014: Studie zu sozialintegrativen Leistungen der Kommunen im Hartz-IV-System – Ziele wurden nicht erreicht (www.dgb.de/-/FCG) ♦ IAB Zentrale Befunde zu aktuellen Arbeitsmarktthemen, Nürnberg 2015 ♦ IAB: Wasserstand – Der deutsche Arbeitsmarkt 25 Jahre nach der Wiedervereinigung. Forum 1/2015 ♦ Stat. BA: Arbeitsmarkt auf einen Blick. Deutschland und Europa, Wiesbaden 2016.

Links

www. statistik.arbeitsagentur.de
www.dgb.de
www.dstatis.de

Arbeitsschutz

Begriffliches

Unter A. wird die Gesamtheit der Rechtsnormen verstanden, die öffentlich-rechtliche Pflichten des Arbeitgebers begründen, um die dem Arbeitnehmer von der Arbeit drohenden Gefahren zu beseitigen oder zu vermindern. Dieser Definition ist zu entnehmen, dass der A. in der gegenwärtigen Gesellschaftsordnung ein öffentlich-rechtliches Institut ist. Er hat das Verhältnis von Staat und Bürger zum Gegenstand, nicht das Verhältnis der Bürger untereinander. Dass eine solche Organisationsform des A. historisch nicht alternativlos war, wird noch anhand des Konzepts der „Arbeiterkontrolleure" kurz gestreift werden.

Im historischen Entstehungsprozess wurde A. als „Arbeiterschutz" gefordert und verstanden (Lederer/Marschak, 260 ff.). Heute ist nicht mehr von Arbeiterschutz, sondern von A. die Rede. Darin kommt zum Ausdruck, dass der Schutzbereich von Arbeitsschutznormen und -institutionen gezielt der Arbeitskraft gilt, bisweilen sogar diese Arbeitskraft gegen die Person des Arbeiters selbst in Schutz nimmt.

Üblicherweise wird zwischen sozialem und technischem A. (auch Betriebsschutz genannt) unterschieden. Unter sozialem A. wird daher jener Bereich verstanden, der sich auf die Person des Arbeitenden selbst sowie seine Lebensbedingungen richtet (z. B. Arbeitszeitrecht, Urlaubsrecht, Lohnfortzahlung im Krankheitsfall usw.). Demgegenüber wird mit technischem A. jener Bereich bezeichnet, der sich auf die vergegenständlichten betrieblichen Arbeitsbedingungen – Fabrikanlagen, Gerätesicherheit, Schutzvorrichtungen usw. – bezieht. Freilich ist im historischen Ausgangspunkt wie auch nach der vom Europarecht geprägten Konzeption des Arbeitsschutzgesetzes von 1996 (ArbSchG) jeder A. sozialer Arbeitsschutz – ob er die persönlich Arbeitenden nun von der sozialen oder von der technischen Seite her zu schützen versucht.

Technischer Arbeitsschutz

Der sog. technische A. wird durch das Nebeneinander zweier verschiedenartiger Organisationsformen und Regelungsbereiche geprägt. Auf der einen Seite steht der staatliche A., der von der Gewerbeaufsicht (GA) ausgeübt wird und schwerpunktmäßig in der Gewerbeordnung (GewO) geregelt ist. Auf der anderen Seite steht der A. durch die Berufsgenossenschaften (BG), der in der Reichsversicherungsordnung (RVO) geregelt war und seit 1. 1. 1997 im Sozialgesetzbuch Siebtes Buch (SGB VII) geregelt ist. Dieses Nebeneinander ist eine Quelle von allgemein bekannter Ineffizienz des A. Die Ursachen bedürfen der Erklärung:

Der staatliche Arbeitsschutz: Historisch gesehen ist der staatliche, auf der GewO ruhende A. die früheste Form staatlichen Eingreifens zur Abwehr übermäßigen Verschleißes der Arbeitskraft. Während sich der soziale A. – in Gestalt von Verbot bzw. zeitlicher Begrenzung von Kinder-/Jugend- und Frauenarbeit – schon seit Mitte des vergangenen Jh. in Deutschland durchzusetzen begann, begegnete der technische A. starken Widerständen. Technischer A. wurde damals weithin gleichgesetzt mit der Forderung nach Fabrikinspektion, d. h. der Befugnis für staatliche Funktionsträger, die betrieblichen Arbeitsbedingungen zu kontrollieren und auf Abstellung gefährdender Arbeitsbedingungen hinzuwirken. Wurde 1839 in Preußen die Fabrikinspektion noch verhindert, so wurde dies in der GewO des Norddeutschen Bundes 1869 zunächst zögernd fakultativ eingerichtet und erst mit der Gewerbeordnungsnovelle 1878 im Deutschen Reich obligatorisch.

Das heutige System des staatlichen A. hat seine Rechtsgrundlage nach wie vor in den Bestimmungen der GewO sowie – seit 1996 – des ArbSchG. Die materiell-rechtlichen Grundnormen für den technischen A. sind im ArbSchG sowie der GewO geregelt.

Der berufsgenossenschaftliche Arbeitsschutz: Der A. durch BG ist seit 1997 im SGB VII geregelt, deren Ursprünge in der bismarckschen Sozialversicherungsgesetzgebung – v. a. dem Unfallversicherungsgesetz von 1884 – liegen. Diese zweite Säule des A. hat sich also zu einer Zeit entwickelt, als der Ausbau des staatlichen A. stagnierte. Die BG sind die Träger der allgemeinen Unfallversicherung nach § 114 SGB VII. Sie sind Zwangszusammenschlüsse der Unternehmen eines bestimmten Wirtschaftsbereichs; Mitglieder sind nicht die Beschäftigten, sondern allein die Unternehmen, die gem. § 150 SGB VII auch allein die Versicherungsbeiträge entrichten.

Das Unfallversicherungsgesetz von 1884 führte die Zwangsversicherung der Unternehmen in BG ein und leitete die Schadenersatzverpflichtung für Arbeitsunfälle von den Unternehmen auf die BG über (s. Stolleis, 126). Mit diesem Verpflichtungsübergang war die Vorstufe des Haftungsausschlusses des Unternehmens bei Arbeitsunfällen nach § 104 SGB VII geschaffen. Nicht nur den Unternehmer, sondern auch andere Beschäftigte, die einen Arbeitsunfall verursacht haben, stellt das SGB VII von der Haftung für nicht vorsätzliches Schädigungshandeln frei (§ 105 SGB VII).

Mit der Einführung des berufsgenossenschaftlichen A. war mehrerlei erreicht. Unternehmerische Ersatzansprüche bei Arbeitsunfällen sind durch die Beiträge zur Berufsgenossenschaft „abgegolten". Risikobewältigung und Schadensabwicklung bei Arbeitsunfällen sind verlagert von einerseits dem Verhältnis Arbeitgeber-Arbeitnehmer, andererseits dem Verhältnis Arbeitgeber-Staat auf das Verhältnis zwischen Arbeitgeber und Berufsgenossenschaft; der Unternehmenszwangsverband BG entwickelt aufgrund des Versicherungsmechanismus ein eigenes Interesse an der Geringhaltung von Beiträgen, damit aber auch der Versicherungsleistungen und der sie verursachenden Schadensfälle. Gegenüber dem staatlichen entfaltet darüber hinaus der berufsgenossenschaftliche A. den Vorteil, branchenspezifisch organisiert zu sein, potenziell über höhere Sachkunde im jeweiligen Gewerbe zu verfügen und dadurch effektiver zu arbeiten. Schließlich bedeutet die wenn auch zwangsweise hergestellte Partizipation der Unternehmen an der Schadensverhütung die politisch erwünschte Entstaatlichung des Arbeitsschutzwesens.

Der berufsgenossenschaftliche A. hat seine Rechtsgrundlage im 7. Buch des SGB. Die materielle Normsetzungsbefugnis innerhalb der BG überließ und überlässt (vgl. § 15 SGB VII) das Gesetz deren Selbstverwaltung. Lediglich die Zusammensetzung der Selbstverwaltungsorgane wird heute gesetzlich geregelt – und zwar paritätisch zwischen Vertretern der Arbeitgeber und der Versicherten. Der wichtigste Normsetzungsbereich der Berufsgenossenschaft besteht im Erlass von Unfallverhütungsvorschriften. Die Rechtsgrundlage hierfür bildet § 15 SGB VII.

Während beim staatlichen A. die Vollzugsbeamten Gewerbeaufsichtsbeamte heißen, heißen diese auf dem Gebiet des berufsgenossenschaftlichen A. „Aufsichtspersonen" (§ 18 SGB VII) oder „technische Aufsichtsbeamte". Die technischen Aufsichtsbeamten dürfen kontrollieren, beraten und Anordnungen für Unfallverhütung treffen, die notfalls sofort vollziehbar sind (vgl. §§ 19 und 20 SGB VII). Zum berufsgenossenschaftlichen A. gehört ferner die Bestellung von Sicherheitsbeauftragten in Betrieben mit mehr als 20 Beschäftigten (§ 22 SGB VII), zu deren Aufgaben gehört, die Unternehmer bei der Durchführung des Unfallschutzes zu unterstützen (§ 22 Abs. 2). Ferner können die BG überbetriebliche arbeitsmedizinische und sicherheitstechnische Dienste einrichten (§ 24 SGB VII).

Zuwiderhandlungen gegenüber Unfallverhütungsvorschriften wie auch Anordnungen der technischen Aufsichtsbeamten können ggf. als Ordnungswidrigkeit geahndet werden (§§ 209 SGB VII). Auffällig an diesen Sanktionsbestimmungen ist, dass sie sich sowohl gegen Beschäftigte als auch gegen Arbeitgeber richten, was zeigt, dass diese Form des A. primär der Arbeitskraft und nur mittelbar dem Beschäftigten selbst dient. Zum anderen fällt auf, dass für die Ordnungswidrigkeiten eine Geldbuße bis zu 10 000 Euro vorgesehen ist – dieser gleiche Sanktionsrahmen für Beschäftigte wie Arbeitgeber trägt überhaupt nicht deren unterschiedlicher wirtschaftlicher Lage als auch Unfallbedrohtheit Rechnung, erschöpft vielmehr seine Bedeutung im Wesentlichen darin, das unternehmerische Sanktionsrisiko nach oben hin zu begrenzen.

Eine empirische Erhebung der Bundesanstalt für Arbeitsschutz und Unfallforschung aus dem Jahre 1980 hat ergeben, dass der A. in der BRD höchst ineffektiv verläuft. Dies liege nicht nur an der unzulänglichen personellen Ausstattung beider Zweige des A. Vielmehr würde zunehmend die Arbeit der Beamten von Verwaltungs- und interner Arbeit gebunden und damit von der notwendigen Revisionsarbeit abgelenkt. Schließlich führe auch das Nebeneinander beider Arbeitsschutzinstitutionen zu einer gegenseitigen Blockierung, da sich die Aufsichtsbeamten gegenseitig aufeinander verließen und Kompetenzabgrenzungen die Folge seien. Heute, wo der betriebliche A. wieder zunehmende gesellschaftliche und politische Aufmerksamkeit erlangt, wäre es an der Zeit, grundlegende Organisationsreformen des Arbeitsschutzwesens zu überdenken und zu betreiben. Aktuellen Anlass dazu bietet Art. 30 des deutschen EinV, der vom gesamtdeutschen Gesetzgeber ein Arbeitsschutzgesetz verlangt, aber auch das Recht der EU, das zahlreiche Arbeitsschutzrichtlinien enthält, die der nationalen Umsetzung bedürfen. Zwar hat der Gesetzgeber mit Erlass des ArbSchG den europarechtlichen Vorgaben Rechnung getragen, dabei auch dem Vorbeugungs-/Präventions-Prinzip stärker als bisher Raum gegeben – jedoch hat er die Zweispurigkeit des A.-Systems unangetastet gelassen.

Eine verschüttete Alternative zum gegenwärtigen A. in der Geschichte der Arbeiterbewegung war die Forderung nach „Arbeiterkontrolleuren". Gemäß dieser Konzeption sollten Arbeiter aus den Betrieben für die Kontrolle und Durchführung des A. gewählt und staatlicherseits ernannt und bestallt werden, um i. d. S. tätig zu werden. Diese Arbeiterkontrolleure sollten dieselben Kontroll- und Sanktionsmöglichkeiten wie die staatlichen Gewerbeaufsichtsbeamten haben. Mit einem solchen Konzept wäre verbunden gewesen, dass die Durchführung des A. von größter Sachnähe begleitet gewesen wäre, dass die Betroffenen selbst – und nicht nur betriebsexterne Staats- und Berufsgenossenschaftsbeamte – für ihre Gesundheit am Arbeitsplatz tätig geworden wären. Solche Konzepte sind heute weithin vergessen.

Sozialer Arbeitsschutz

Die Arbeitszeit – AZ – war lange in der Arbeitszeitordnung – AZO – (RGBI. I 1938 S. 447) und ist seit 1994 im Arbeitszeitgesetz – ArbZG – (BGBl. I 1994 S. 1170) geregelt. Dies gilt für die erwachsenen Arbeitnehmer in fast allen Wirtschaftszweigen sowie in der öffentlichen Verwaltung. Das ArbZG begrenzt die AZ an Werktagen auf 8 Stunden (§ 3). Da es den Samstag noch als Werktag versteht, besteht somit gesetzlich die 48-Stunden-Woche. Im Kontrast dazu gilt heute für über 95 % aller Arbeitnehmer eine unter 40 Stunden liegende tarifliche Wochenarbeitszeit. Nicht nur dieser quantitative Zeitrahmen macht das ArbZG jetzt schon wieder reformierungsbedürftig, sondern v. a., dass es wie zuvor die AZO noch weitestgehende und unübersichtliche Ausnahmen vom 8-Stunden-Tag – einem der wichtigsten Resultate der Revolution von 1918 – vorsieht. Eine ungleichmäßige Verteilung der AZ auf die einzelnen Werktage, z. B. zur Schaffung des freien Sonnabends, ist zulässig. § 3 ArbZG verlangt lediglich, dass sich die Arbeitszeit innerhalb eines Zeitraums von 6 Monaten auf 8 Stunden pro Werktag (oder 48 Stunden pro Arbeitswoche) ausgeglichen haben muss. Darüber hinaus kann die Höchstdauer von 8 Stunden in einer Reihe von Fällen überschritten werden, z. B. aufgrund eines TV oder – bei dringendem Bedürfnis – mit Genehmigung der Aufsichtsbehörde. I. d. R. ist aber dann die 10-Stunden-Grenze einzuhalten; man kann somit sagen, dass das ArbZG aufgrund der zahlreichen Durchbrechungen des Prinzips des 8-Stunden-Tags über weite Zeiträume die 60-Stunden-Woche erlaubt – ein humanisierungs- wie arbeitsmarktpolitisch skandalöser Umstand. Die Ruhezeit zwischen dem Ende der täglichen AZ und dem Wiederbeginn muss 11 Std. betragen. Arbeitnehmern muss bei einer AZ von mehr als 6 Std. eine Pause gewährt werden. Die Pausenzeit muss mindestens 30 Minuten, bei Arbeit über 9 Stunden 45 Minuten betragen. Ein Nachtarbeitsverbot mit Ausnahmen für zahlreiche Wirtschaftszweige enthielt die AZO nur zugunsten der Arbeiterinnen; eine Bestimmung, die aufgrund ihres frauendiskriminierenden Charakters nicht aufrechterhalten werden konnte. Das durch zahlreiche Ausnahmen durchlöcherte Verbot der Beschäftigung von Arbeitnehmern an Sonn- und Feiertagen ist heute gleichfalls im ArbZG (§§ 9 ff.) geregelt.

Die AZO enthielt auch Beschäftigungsverbote für Frauen. Diese durften z. B. nicht in Bergwerken oder auf Baustellen beschäftigt werden. Im Hinblick auf die Gleichbehandlung sind diese Verbote ebenso wie das auf gewerbliche Arbeitnehmerinnen begrenzte Nachtarbeitsverbot 1994 beseitigt worden. Zu warnen ist freilich vor dem neokonservativen Trend, diese gruppenspezifischen Schutzvorschriften einfach nur zu beseitigen. Gleichbehandlung kann vielmehr auch (und besser) in der allgemeinen (geschlechts- und statusunspezifischen) Ausdehnung des Arbeitsschutzes bestehen: z. B. Verbote mit engen Ausnahmen für Nachtarbeit und gesundheitsschädliche Arbeiten. Weiter gehende Schutzvorschriften zugunsten bestimmter Personengruppen enthalten das MSchG *(Mutterschutz)*, das JArbSchG *(Jugendarbeitsschutz)* und das SchwbG *(Schwerbehindertengesetz)*.

Gegenwärtig befindet sich der soziale A. in einem Umwandlungsprozess, der stark von der Philosophie der „Deregulierung" bestimmt ist. Angeblich, um „ausbildungs- und beschäftigungshemmende" Regelungen zu beseitigen, in Wirklichkeit aber wohl eher, um Arbeitskräfte für Unternehmer flexibler und billiger zu machen, sind auf den Gebieten des Jugendarbeits-, des Kündigungs-, des Schwerbehinderten-, des Arbeitnehmerüberlassungsgesetzes gravierende Einschnitte eingetreten bzw. angekündigt. Das flexibilitätsorientierte AZG ist verabschiedet worden. Auch wenn davon kaum positive Arbeitsmarkteffekte zu erwarten sind, ist doch abzusehen, dass die körperliche und moralische Integrität der arbeitenden Menschen unter diesen Einschnitten zu leiden haben wird. Und selbst diese lückenhafte Regelung wird derzeit noch als zu starr kritisiert.

Es zeigt sich in der gegenwärtigen Krise jener paradoxe Zusammenhang zwischen Ökonomie und *Sozialpolitik*, der kapitalistische Gesellschaften immer schon prägte. Die ökonomische Krise, die eine sozialstaatliche Intervention gerade notwendig macht, erschwert zugleich die sozialen und politischen Möglichkeiten der Durchsetzung einer solchen Intervention. So wäre auf dem Gebiet des A. gerade heute nötig, verstärkte Sicherungsvorkehrungen gegen die sinnlose Vernutzung menschlicher Arbeitsfähigkeit zu schaffen, die Arbeitszeit zur Beseitigung von Massenarbeitslosigkeit und zur Behebung der Care-Krise radikal zu humanisieren, Arbeits- und Umweltschutz derart miteinander zu verbinden, dass Arbeitsschutz zur „Ökologie im Betrieb" würde, die Kompetenz der Betroffenen zum Schutz ihrer eigenen Gesundheit zu verstärken (Stichwort: Arbeitermedizin) – insgesamt: Erwerbsarbeit mehr als je zuvor in den Dienst von Lebensbedürfnissen zu stellen (Mückenberger 2015), nicht umgekehrt.

Ulrich Mückenberger

Literatur

BMAS (Hrsg.) Übersicht über das Arbeitsrecht/Arbeitsschutzrecht 2016/2017. Berlin Juni 2016 ◆ R. Buschmann/J. Ulber: Arbeitszeitgesetz, Frankfurt/M. 2015 ◆ Lederer/Marschak: Arbeitsschutz, in: Grundriss der Sozialökonomik 1927, Bd. IV/2, 250 ff., Tübingen ◆ St. Bauer: Arbeitsschutzgesetzgebung, in: HWST, Bd. l, Jena ^{4}1923, 401–701 ◆ R. Pieper: Arbeitsschutzrecht, Frankfurt/M ^{6}2016 ◆ U. Mückenberger: Entwicklung und Funktion des Arbeitszeitrechts, in: C. Offe u. a.: Arbeitszeitpolitik,

Frankfurt/M./New York 1982 ◆ U. Mückenberger: Arbeit vom Menschen her denken – was wäre heute unter ‚Humanisierung der Arbeit' zu verstehen? in R. Hoffmann/C. Bogedan (Hrsg.) Arbeit der Zukunft, Frankfurt/N. Y., Campus 2015, S. 247–59 ◆ M. Stolleis: Quellen zur Geschichte des Sozialrechts, Göttingen 1976 ◆ Bundesanstalt für Arbeitsschutz: Arbeitsschutzsystem, 5 Bde., Dortmund 1980.

Armut

Krisen, Krieg, Katastrophen, Verfolgung und ungerechte Verteilung sind die wesentlichen Gründe für A. als globales Phänomen, das die Welthungerhilfe in bestürzenden Fakten und Daten beschreibt. 2014 hungerten 725 Mio. Menschen, 3,1 Mio. Kinder sterben jährlich (mehr als 8 500 täglich) an Unterernährung (www.welthungerhilfe.de). 65,3 Mio. Menschen waren 2015 weltweit unter erheblichen Entbehrungen auf der Flucht. Die Mitgliedsstaaten der Vereinten Nationen haben im Jahr 2000 vereinbart, die Zahl der in extremer A. lebenden und hungernden Menschen bis 2015 zu halbieren, ein Ziel, das nach dem derzeitigen Stand trotz positiver Entwicklungen nicht erreicht wurde. Am 1. Sept. 2015 hat die Generalversammlung der UN ihre Ziele in einer Resolution fortgeschrieben und beschlossen, bis 2030 extreme A. und Hunger vollständig zu beseitigen.

A. in Europa als einer der reichsten Region der Welt ist mit globaler A. nicht vergleichbar. Dennoch gibt es in der EU erschreckende Ausmaße von A. Nach der Erhebung LEBEN IN EUROPA (SILC) und der Mitteilung des Stat. BA (Nov. 2015) lag der Durchschnitt von A. bedrohter Menschen 2014 in allen EU-Mitgliedsstaaten bei 17,2 %, von erheblicher materieller Entbehrung waren 9 % betroffen und 11 % lebten in Haushalten mit sehr niedriger Erwerbsbeteiligung. Unter Berücksichtigung von A. oder sozialer Ausgrenzung lag der Wert sogar bei 24,4 %. Es gibt allerdings große Unterschiede zwischen den einzelnen EU-Mitgliedsstaaten und ein deutliches Nord-Südgefälle.

Mit dem Titel „Europa Strategie 2020" sollte die Zahl in A. lebender Menschen um 20 Mio. reduziert werden. Durch die Verwerfungen auf den Finanzmärkten haben sich die Armutsquoten in einigen EU-Ländern, wie z. B. Griechenland und Italien, drastisch erhöht, so dass verstärkte Anstrengungen der EU notwendig wären, um eine wirksame und nachhaltige Verbesserung der Lebenssituation der von A. Betroffenen zu erreichen.

Deutschland liegt mit 20,6 % von A. oder sozialer Ausgrenzung bedrohter Menschen im Jahr 2014 unter dem EU-Durchschnitt. 16,7 % sind armutsgefährdet, 5,0 % erheblich materiell depriviert und 10 % leben in einem Haushalt mit sehr geringer Erwerbsbeteiligung. Fast jede sechste Person ist in Deutschland von A. bedroht (Stat. BA, Nov.2015).

Das Risiko, arm zu werden, betrifft zunehmend mehr Menschen und entsprechend ausgeprägt sind Sorgen und Ängste, in die „Armutsfalle" zu geraten.

Definitionen von Armut

Es gibt in Wissenschaft und Politik viele Definitionen von A., eine allgemeingültige gibt es nicht.

Es ist immer zu klären, (1) welche Aspekte bzw. Dimensionen wie z. B. Einkommen, Wohnen, Bildung berücksichtigt werden sollen und (2) ab welcher Mangellage oder Höhe A: beginnt. Meistens wird aber – so auch in Deutschland – ausschließlich die Einkommenssituation zur Festlegung der Armutsgrenzen bestimmt. Die methodischen Erläuterungen und Indikatorenmodelle des Stat. BA., um A. und soziale Ausgrenzung messbar zu machen, sind entsprechend komplex und nicht einfach nachzuvollziehen.

Allgemein wird zwischen absoluter und relativer A. unterschieden. Absolute A. bedeutet, dass das physische Existenzminimum und damit das Überleben eines Menschen bedroht ist. Diese absolute A. hat in modernen westlichen Nationen weitgehend an Bedeutung verloren.

Relative A. leitet sich aus der materiellen Lebenssituation Einzelner ab und wird auf den Lebensstandard der Bevölkerung insgesamt bezogen. Relative A. wird v. a. als Einkommensarmut definiert. Nach den Vorgaben der EU (die auch Grundlage für Armutsstatistiken und nationale Vergleiche sind), gelten Personen als arm, die über so geringe materielle, kulturelle und soziale Mittel verfügen, dass sie von der Lebensweise ausgeschlossen sind, die in dem Mitgliedsstaat, in dem sie leben, als Minimum hinnehmbar ist (Stat. BA. 2012). Letztlich dient jedoch die Einkommenssituation als Grundlage der (statistischen) Armutsschätzung. Nach einer seit 2001 bestehenden EU-Konvention gilt eine Einzelperson als arm bzw. armutsgefährdet, wenn sie über weniger als 60 % des mittleren Einkommens der Gesamtbevölkerung (Median) verfügen kann. 2014 lag dieser Schwellenwert der Armutsgefährdung im Monat bei 987 € für alleinstehende Personen und bei 2072 € für 2 Erwachsene mit 2 Kindern. In weiteren Differenzierungen der Einkommenssituation geht man bei 50 % des Durchschnittseinkommens von einem mittleren Armutspotenzial aus, 40 % gelten als strenge Einkommensarmut. (Stat. BA). Da mit diesen 40 % der Bezug von Transferleistungen vorwiegend nach dem SGB II oder nach dem SGB XII gemeint ist und diese Regelsätze das absolute Existenzminimum ausmachen, kann man in Deutschland mit diesem „Einkommen" nicht noch „ärmer" werden.

Weiterentwicklungen in der differenzierenden, mehrdimensionalen Betrachtung von A. gibt es im sog. Lebenslagenkonzept, das über das materielle Einkommen hinaus v. a. Bildung, Arbeit/Erwerbstätigkeit, Wohnsituation, Gesundheit und die Verfügbarkeit infrastruktureller Dienstleistungen einbezieht (Lebenslagenarmut, Unterversorgungsarmut) und in dem auf Amartya Sen beruhenden Ansatz über Verwirklichungschancen. (capabilities). Zum Armutsbegriff, zu Armutsgrenzen und zur Messung von A. vgl. z. B. Hauser 2012).

Zur Geschichte der Armut

In den meisten Gesellschaften unserer Vorzeit waren Barmherzigkeit, Mildtätigkeit und Wohltätigkeit mit den Kranken, den Alten und Armen normative Forderungen, wie es z. B. die Geschichte des barmherzigen Samariters aus dem Lukas-Evangelium beschreibt (C. W. Müller, 2009, 11). Sachße und Tennstedt (1980, 1988, 1992, 2012) haben den schwierigen Weg von der barmherzigen Wohltätigkeit zur modernen *Sozialen Arbeit* in einer Geschichte der Armenfürsorge in vier Bänden nachgezeichnet. Insbes. im ersten Band wird deutlich, ‚wie, zu welchen Zwecken und nach welchen Prinzipien aus der kirchlichen, durch das Gebot der Nächstenliebe bestimmten privaten Armenfürsorge des Mittelalters die öffentliche Armenfürsorge entstanden ist. Knapp skizziert wird im ausgehenden 14. Jh. die traditionelle mittelalterliche Almosenpraxis durch eine allmähliche Ächtung des Bettelns abgelöst, während es im Mittelalter lange durchaus als legitim angesehen wurde, seinen Lebensunterhalt durch Betteln zu bestreiten.

Die Armenfürsorge wird „verweltlicht" (Kommunalisierung), feste Kriterien (Kontrolle) für die Almosengewährung bilden sich heraus (Rationalisierung), eine „Sozialbürokratie" entsteht und schließlich beinhalten die Programme der Armenfürsorge zunehmend auch einen Lernzielkatalog (der Arme soll arbeitsam und ordentlich sein … (Pädagogisierung)). Die Armenfürsorge wird zu einem Instrument der Arbeitserziehung (‚Zurichtung des Lohnarbeiters'), der Lohnarbeiter der industriellen Zeit wird vorbereitet (Chr. Sachße/F. Tennstedt: Geschichte der Armenfürsorge in Deutschland [1]1980 – in der Zusammenfassung v. D. Kreft 1981).

Ergänzend haben S. Hering und R. Münchmeier noch einmal belegt, dass Soziale Arbeit von heute ohne die Provokationen, die Revolten, Kämpfe und Erfolge der Arbeiterbewegung nicht denkbar ist und dass in dieser Zeit auch die individuelle „Liebestätigkeit" ihr Ende findet *(Geschichte der Sozialarbeit/Sozialpädagogik)*.

Die Entwicklung von Armut in Deutschland nach 1945

Nach dem 2. Weltkrieg: Am Ende des 2. Weltkriegs war Deutschland in jeder Hinsicht zerstört: Die Grundlagen der Sozialversicherung waren zugrunde gerichtet und selbst eine existenzerhaltende minimale Grundversorgung der Bevölkerung konnte nicht gewährleistet werden. Zu den besonders Betroffenen zählten die Witwen und Waisen als Kriegsopfer und die Vertriebenen, Flüchtlinge und Ausgebombten als Kriegsgeschädigte. Andere Arme wie Arbeitslose und Kinderreiche traten in den Hintergrund (vgl. Huster 2008).

Die Existenznot konnte in den 1950er Jahren relativ schnell gemildert werden, A. war jedoch weiterhin verbreitet. Betroffene Bevölkerungsgruppen waren v. a. Sozialrentner, vaterlose Familien und Alleinstehende.

Durch amerikanische Finanzhilfen (Marshall-Plan), aber auch durch die große Nachfrage nach deutschen Investitionsgütern als Folge des Korea-Krieges, kam es sehr rasch zu einem wirtschaftlichen Aufschwung, dem „Wirtschaftswunder" und es setzte eine sozialpolitische Diskussion darüber ein, wie das soziale Sicherungssystem an die allgemeine Wirtschaftsentwicklung angepasst werden soll.

Die ersten Reformen: 1957 wurde als erste große Reform die Rentenversicherung neu geregelt: Neben den Beitragszeiten wurden als wichtige Grundsatzentscheidung auch sog. Ersatzzeiten wie z. B. Zeiten als Soldat und in der Kriegsgefangenschaft in die Berechung der Rentenhöhe einbezogen. Damit konnte ein großer Teil der durch Kriegsfolgen betroffenen Armutsbevölkerung finanziell abgesichert werden. Die Rentenzahlungen wurden dabei dynamisch an die allgemeine wirtschaftliche Entwicklung angepasst. In ähnlicher Weise wurden die Kriegsopferrenten, d. h. in erster Linie die Witwen- und Waisenrenten, 1963 geregelt, die eine große frauenpolitische Bedeutung hatten, da die meisten Kriegsopfer

Frauen waren, die ihren Mann oder ihre Kinder im Krieg verloren hatten (vgl. Huster 2008, 259).

Einen weiteren sozialpolitischen Meilenstein in der Armutsbekämpfung stellt das 1961 verabschiedete Bundessozialhilfegesetz (BSHG) dar: Die bisherige, weitgehend durch armenpolizeiliches Denken geprägte Fürsorge wurde durch den Rechtsanspruch auf *Sozialhilfe* abgelöst. Die „laufende Hilfe zum Lebensunterhalt (HLU)" wurde nach einem Warenkorbprinzip erweitert und die „Hilfe in besonderen Lebenslagen (HbL)" ebenfalls verbessert.

Gleichzeitig setzte sich in den 1960er Jahren nicht zuletzt durch die rasante Steigerung des Wohlstandes die allgemeine Auffassung durch, dass es keine Existenz bedrohende A. mehr gäbe. Soziale Problemlagen seien vielmehr in individuellen psychosozialen Defiziten begründet. Der Soziologe Schelsky prägte damals das Bild der „nivellierten Mittelstandsgesellschaft".

Diese Ansicht verfestigte sich in den 1970er Jahren und sowohl die Armuts-Thematik wie auch der Begriff „Armut" wurden für die BRD als nicht mehr zutreffend angesehen. Stattdessen benannte man sog. soziale Randgruppen wie Obdachlose, Nichtsesshafte, Strafentlassene sowie Alkohol- und andere Drogenabhängige, deren A. allein nicht auf geringes Einkommen, sondern auf vielfältige Deprivationserscheinungen, Diskriminierungs- und Stigmatisierungsprozesse zurückführbar war. Die damalige Große Koalition aus CDU/CSU und SPD, gefolgt von einer sozialliberalen Regierung (SPD/FDP) führte im Rahmen der „Politik der inneren Reformen" weitere Sozialleistungen wie Wohngeld, BAföG und die Rente nach Mindesteinkommen ein.

„Neue Armut": Seit Mitte der 1970er Jahre waren immer stärkere wirtschaftliche Konjunktureinbrüche und als Folge Massenarbeitslosigkeit zu verzeichnen. Jugendarbeitslosigkeit wurde erstmals in größerem Umfang deutlich. Für die Armutsdiskussion in Deutschland sind dabei zwei Ereignisse von besonderer Bedeutung:

- 1976 thematisierte Heiner Geißler als CDU-Sozialexperte in der Opposition die „Neue Soziale Frage" gegenüber der sozialliberalen Koalition. Mit dem Begriff der „Neuen Armut" wies er auf die benachteiligten Bevölkerungsgruppen „Alte Menschen", „Frauen" und „Kinderreiche" hin.
- Die Europäische Gemeinschaft begann ein erstes Programm zur Bekämpfung der A., an dem sich die Bundesrepublik mit drei Programmen beteiligte (vgl. Hauser, Cremer-Schäfer, Nouvertné 1981).

Damit begann in Deutschland eine neue Phase der Beschäftigung mit A. Soziale Indikatoren und Armutsmessung in der Einkommensdimension traten in den Vordergrund. Es wurde versucht, mit verschiedenen Konzepten das Armutspotenzial in der Bundesrepublik auszuloten. U. a. wurde die „verschämte" oder „verdeckte" A. berechnet, wobei man davon ausging, dass diese „latente" A. bei ca. 50 % der Sozialhilfeberechtigten lag, eine Zahl die sich auch später als realistisch herausstellen sollte.

In den 1980er Jahren konnte trotz wirtschaftlichen Wachstums die Zahl der Arbeitslosen nicht reduziert werden. Es verdichteten sich gesellschaftliche Veränderungen wie Geburtenrückgang, Zunahme *Alleinerziehender,* veränderte Familienformen und Alleinlebende. U. Beck beschrieb in seiner „Risikogesellschaft" diese Prozesse gesellschaftlichen Wandels mit den Begriffen der „Individualisierung" und der „Pluralisierung" von Lebensbedingungen.

In den Mittelpunkt der Armutsdiskussion geriet die Gruppe Arbeitsloser, deren materielle Lage sich durch Einschnitte in ihre Förderung verschlechtert hatte und die zur Sicherung ihrer Existenz auf Sozialhilfe angewiesen waren. Ende der 1980er Jahre wurde A. mit den Schlagworten „Armut im Reichtum" und „Zwei-Drittel-Gesellschaft" thematisiert.

Daneben war zu beobachten, dass – und das trifft heute noch ebenso zu – das Armutsrisiko von Menschen mit Migrationshintergrund, Kindern und Alleinerziehenden besonders angestiegen war.

Armut nach 1990: Die 1990er Jahre waren in Deutschland von der „Wende" geprägt. Die damalige DDR trat der BRD bei und das gesamte westdeutsche Sozial- und Wirtschaftssystem wurde in kürzester Zeit in Ostdeutschland etabliert. Folgen waren das Wegbrechen der im Vergleich zu Westdeutschland weniger produktiven Industrien und damit von Arbeitsplätzen. Es wurden (bis heute) große Wanderungsbewegungen in den Westen ausgelöst, v. a. von jungen Menschen und von Qualifizierten, die zu sehr problematischen Entwicklungen in Ostdeutschland führten (und noch führen), wie z. B. die Verödung von Dörfern und Städten, die zunehmende Überalterung und die defizitäre Infrastruktur *(Einigungsvertrag, Soziale Arbeit in der DDR).*

Wohlfahrtsverbände, Gewerkschaften und Kirchen veröffentlichten zum ersten Mal deutschlandweite Armutsberichte, die zu einer intensiven politischen Diskussion über A. und Armutsgefährdung führten. Eine nationale Armutskonferenz wurde gegründet und die ersten Tafeln zur Versorgung von Armen mit Lebensmitteln in verschiedenen Großstädten eingerichtet.

Ende der 1990er Jahre übernahm eine rot-grüne Regierung unter dem Bundeskanzler Gerhard Schröder ihre Arbeit auf und orientierte sich an der damaligen Debatte über den sog. „mittleren Weg", bei dem der Wohlfahrtsstaat in neoliberaler Art und Weise umgestaltet werden sollte, um damit einen Weg aus der mittlerweile als strukturell anerkannten Wirtschaftskrise aufzuzeigen *(Sozialstaat)*. Wirtschaftliche Globalisierungsprozesse beschleunigten sich und Unternehmen verlagerten ihre Produktionsstandorte ins Ausland, mit der Folge, dass insbes. Arbeitsplätze für Gering- und Unqualifizierte wegrationalisiert wurden, weil die Produktionskosten woanders billiger waren. Die Folge waren immer mehr Langzeitarbeitslose, die von Sozialhilfe leben mussten und die trotz umfangreicher Umschulungs-, Qualifizierungs- und Beschäftigungsprogramme nur geringe Chancen hatten, sich wieder dauerhaft in den Arbeitsmarkt einzugliedern.

Eine neue arme Personengruppe wurde ausgemacht, die „Working Poors", also Arbeitnehmer die so wenig verdienen, dass sie unter die Armutsgrenze fallen und als sog. „Aufstocker" ergänzend zum Arbeitseinkommen Sozialhilfeleistungen beziehen mussten. Die Verarmung von Familien mit Kindern und von Alleinerziehenden wurde größer, mit der „Kinderarmut" wurde eine weitere Armutsgruppe identifiziert, die bis heute in der Armutsdiskussion in Deutschland einen herausragenden Stellenwert hat.

In der rot-grünen Regierung wurde als Reaktion auf die hohe Arbeitslosigkeit und die steigenden Sozialhilfekosten der Kommunen 2005 (auf der Grundlage der „Agenda 2010") das SGB II eingeführt, das das bisherige soziale Sicherungssystem und die Arbeitsverwaltung grundlegend veränderte *(Grundsicherung für Arbeitsuchende)*. In den Folgejahren wird die Armutsdiskussion v. a. im Hinblick auf die Leistungen des SGB II bestimmt, das von vielen Betroffenen bis heute als „Armut per Gesetz" kritisiert wird.

Armut in Deutschland

Armutsberichterstattung

Statistische Quellen: Für die Berechnung von Armutsquoten werden in Deutschland unterschiedliche Erhebungen verwendet, die zu jeweils differerierenden Schätzungen kommen können: die EU-weite Erhebung EU-SILC (Statistics on Income and Life Conditions) seit 2005, das SOEP (Sozio-Oekonomische Panel) und den Mikrozensus bzw. die EVS (Einkommens- und Verbrauchsstichprobe). Seit 2001 gilt in der EU die Konvention, die Armutsgrenze bei 60 % unterhalb des Medians des Haushaltsnettoeinkommens nach der (neuen) bedarfsgewichteten OECD-Äquivalenzskala zu ziehen. Die Armutsquote errechnet sich aus dem Anteil der Personen, die unterhalb dieser Armutsgrenzen leben.

Weitere wichtige Quellen für die Verbreitung von A. in Deutschland liefern die Statistiken des Stat.BA und der BA über den Bezug von Grundsicherung (SGB II) und von Sozialhilfe (SGB XII) ebenso wie die vom Stat.BA in regelmäßigen Zeitabständen fortgeschriebenen Sozialberichte für Deutschland, zuletzt der Datenreport 2013 (www.destatis.de). In diesen Sozialberichten mit statistischen Angaben und sozialwissenschaftlichen Analysen werden nicht nur die Verteilung des materiellen Wohlstands, sondern auch die gesellschaftlichen Lebensverhältnisse (z. B. Bildung, Erwerbstätigkeit und *Wohnen*) erfasst.

Nach neueren Berechnungen (Stat.BA) betrug die Armutsquote in Deutschland 2014 durchschnittlich 16,7 % (13, 3 Mio. Menschen), d. h., jeder sechste Deutsche ist als arm zu bezeichnen. Mehrfache und dauerhafte Armutserfahrungen haben zugenommen oder sich verfestigt.

Dabei bestehen nach BL differenziert sehr große Unterschiede. Am höchsten sind die Armutsquoten in Ostdeutschland (Mecklenburg-Vorpommern, Sachsen-Anhalt) und Bremen, am niedrigsten in Baden-Württemberg und Bayern (Stat. Ämter des Bundes und der Länder 2015).

Aus diesen Untersuchungen kann auch entnommen werden, dass in Städten bzw. Ballungsgebieten durchweg höhere Armutsquoten festzustellen sind als auf dem Land. Es wird in den Städten ebenfalls eine zunehmende soziale Segregation der Armutsbevölkerung festgestellt. (vgl. z. B. Prigge/Böhme 2013).

Armutsberichte: 2001 wurde zum ersten Mal ein seit den 1990er Jahren geforderter Armuts- und Reichtumsbericht in Deutschland von der BReg herausgegeben (vgl. BMAS 2001). Dieser Bericht verdeutlichte, dass sich A. im reichen Deutschland wesentlich verändert hat. Zu den „klassischen" Armutsgruppen wie Obdachlose, Nichtsesshafte (Wohnungslose), alte Menschen, Menschen mit Behinderung und chronisch Kranken kamen neue und zahlenmäßig größere Gruppen von Armen hinzu, nämlich Erwerbslose, Beschäftigte mit geringfügigem Einkommen, Alleinerziehende, Familien mit Kindern und Migranten. Einen besonderen Stellenwert nahm bereits zu dieser Zeit die A. von Kindern ein.

Der 2. Armuts- und Reichtumsbericht wurde 2005 herausgegeben, der die Ergebnisse des 1. Armuts- und Reichtumsberichts bekräftigte und in dem festgestellt wurde, dass sowohl die Armutsbetroffenheit als auch die Armutsintensität in der Zwischenzeit deutlich gestiegen sind. Besonders wurde dies wieder für die Kinderarmut festgestellt (vgl. BMAS 2005).

Der 3. Armuts- und Reichtumsbericht der BReg wurde 2008 vorgelegt (vgl. BMAS 2008). In ihm wird dargestellt, dass jeder achte Deutsche von A. betroffen ist (unterhalb des 60%-Medianeinkommens). Die Schere zwischen Arm und Reich hatte sich weiter geöffnet, die Einkünfte der Reichen nahmen zu, die Einkommen im unteren Bereich der Einkommensskala stagnierten oder sanken leicht. Hauptursache für das Abrutschen in A. war v. a. Arbeitslosigkeit.

Der 4. Armuts- und Reichtumsbericht der BReg erschien 2013 und befasst sich v. a. mit der Dynamik gesellschaftlicher Teilhabe sowohl zwischen den Generationen als auch im Lebenslauf einer Person.

Der 5. Armuts- und Reichtumsbericht wird voraussichtlich 2017 dem Bundestag vorgelegt werden.

Armuts- (und Reichtums-/Sozial-)berichte werden inzwischen auch von verschiedenen BL (z. B. Bayern, Brandenburg, NRW), Wohlfahrtsverbänden (DPWV, AWO, Caritas) und verschiedenen Städten (z. B. Bielefeld, Düsseldorf, Nürnberg) erstellt. Ein aktueller Bericht wurde vom DPWV 2015 vorgelegt, in dem resümierend eine „Zerklüftete Republik" konstatiert wird (DPWV 2015).

Forschung und Analysen zur A. in Deutschland werden ebenfalls von verschiedenen wissenschaftlichen Instituten durchgeführt, so z. B. vom ISS e. V. Frankfurt/M. (v. a. zur Kinderarmut) und dem DIW Berlin.

Weiterhin soll auf die Armutsberichterstattung und Armutsforschung in Europa und weltweit durch die OECD hingewiesen werden. Europäische Armutsberichte gibt es seit 1981, zuletzt 2015 (LEBEN IN EUROPA (SILC)).

Von Armut besonders betroffene Personengruppen

Arbeitslose: Von A. sind in Deutschland insbes. Personen dann betroffen, wenn es ihnen nicht (mehr) gelingt, eine Beschäftigung auszuüben und sie deshalb auf Leistungen nach dem SGB III (Arbeitslosengeld) oder nach dem SGB II (Grundsicherung für Arbeitsuchende) oder bei Nicht-Erwerbsfähigkeit auf Sozialhilfe (SGB XII) zur Sicherung ihrer materiellen Existenz angewiesen sind. Arbeitslosigkeit ist die Hauptursache für soziale Ausgrenzung und prekäre Lebensbedingungen. Ohne geringfügig Beschäftigte und Personen, die Kinder betreuen oder Angehörige pflegen waren im März 2016 knapp 2 Mio. Menschen in der Grundsicherung für Arbeitssuchende arbeitslos gemeldet (Statistik der BA, Grundsicherung für Arbeitsuchende, März 2016). Jedoch können auch Erwerbstätige in den Leistungsbezug des SGB II fallen, obwohl sie arbeiten: im Juni 2015 waren 13% der Leistungsbezieher in einer sozialversicherungspflichtigen Beschäftigung und 12% in geringfügigen Beschäftigungsverhältnissen (BA Statistik, Oktober 2015.).

Mehr als jeder 2. Arbeitslose ist als arm zu bezeichnen. Über die Stellung im *Arbeitsmarkt* sind auch die anderen beschriebenen, besonders von A. betroffenen Personengruppen zu charakterisieren: Un-/angelernte Arbeiter, Personen niedrigem oder ohne Schulabschluss und Migranten sind häufiger von Arbeitslosigkeit bedroht. Sie haben darüber hinaus – wie das auch für Alleinlebende (insbes. für Frauen) zutrifft – häufig geringfügig entlohnte Beschäftigungsverhältnisse, die unterhalb dem definierten Existenzminimum liegen. Die Einführung des Mindestlohns hat an der Situation geringfügig Beschäftigter nur wenig geändert (BA Statistik, Oktober 2015). Das neue Gesetz der BReg zur Regelung der Leiharbeit und der Werkverträge (Gesetz zur Regelung der Arbeitnehmerüberlassung v. 18. 7. 2016) wird für die Betroffenen wegen der vielen Ausnahme- und Sonderregelungen kaum Verbesserungen ihrer Lage bringen. Zur Statistik der ausschließlich geringfügig Beschäftigten sowie die der sog. „Aufstocker" (nach SGB II) können die jeweils aktuellen Berichte der BA und des Stat.BA herangezogen werden.

Menschen mit Migrationshintergrund haben ein höheres Armutsrisiko als Deutsche ohne Migrationshintergrund. Die Gründe dafür liegen oftmals in mangelhaften Deutschkenntnissen, in geringen schulischen und/oder beruflichen Qualifikationen sowie in der Nicht-Anerkennung ihrer im Herkunftsland erworbenen beruflichen Abschlüsse *(Migration und Integration)*. Die Armutsgefährdungsquote von Migranten lag 2013 bei 26,8% (BAMF Migrationsbericht 2015). Es ist zu befürchten, dass sich durch den Zuzug von Flüchtlingen und Asylbewerbern A. von Menschen mit Migrationshintergrund (wie in Deutschland insgesamt) deutlich verschärfen wird.

Familien mit Kindern: Ein besonderes Armutsrisiko besteht in Deutschland für Familien mit Kindern, v.a. mit mehreren Kindern. Mehr als jede 10. Familie mit Kindern lebt von Leistungen nach dem SGB II. Ihnen reichen ein Familieneinkommen und das staatliche *Kindergeld* kaum zur Versorgung der Kinder aus. Trennung oder Scheidung der Eltern bedingen darüber hinaus ein noch höheres Armutsrisiko. Mehr als jede dritte Alleinerziehende ist arm, weil sie wegen ihrer (betreuungsbedürftigen) Kinder nicht oder nur eingeschränkt erwerbstätig sein kann. Auch wenn sich die dafür notwendige Infrastruktur *(Tageseinrichtungen für Kinder)* generell verbessert hat, sind Kinderbetreuung und berufliche Erfordernisse für Alleinerziehende nur schwer zu vereinbaren. V.a. mangelt es an „passenden" Arbeitsgelegenheiten und flexiblen Arbeitszeitmöglichkeiten. Bezogen auf alle Familien mit einem und mehr Kindern erhalten 7, 3 % der Paarfamilien Leistungen nach dem SGB II, aber 37,5 % aller Alleinerziehenden. Je mehr Kinder in der Familie leben, desto höher wird dieser Anteil und der Unterschied zwischen Paarfamilien und Alleinerziehenden (BA Statistik, Grundsicherung März 2016).

Kinder: Kinderarmut bleibt das zentrale politische Problem in Deutschland. Wenn die Eltern arm sind, sind auch die Kinder arm. Im Juni 2015 lebten in Familien 2 Mio. Kinder unter 18 Jahren, die Sozialgeld nach dem SGB II erhielten (BA Statistik, Grundsicherung 2015 mit weiteren Differenzierungen nach dem Alter der Kinder). Die Regelsätze, die auch das Existenzminimum für Kinder definieren, sind nach der vom BVerfG verlangten Reform des SGB II nicht erhöht worden. In diesem Zusammenhang entstand 2011 das sog. Bildungs- und Teilhabepaket (BuT) der BReg., das zusätzlich zum Regelsatz für Kinder (auf Antrag der Eltern) sog. Bildungsgutscheine und andere finanzielle Unterstützungen vorsieht, z.B. Mittagessen in Kindertageseinrichtungen oder Schulen, Ausflüge und Schulbedarf. Das pauschale Erziehungsgeld für Leistungsberechtigte nach dem SGB II ist eingestellt worden und das Kindergeld wird bei Familien im Leistungsbezug des SGB II auf die Regelsätze der Kinder angerechnet.

Jugendarmut: 18,8 % aller arbeitsfähigen Leistungsberechtigten sind zwischen 15 und 25 Jahren alt und stehen im Leistungsbezug nach dem SGB II (Stat. des Bundes und der Länder, Mai 2015). Obwohl Jugendarbeitslosigkeit in Deutschland (im europäischen Vergleich) eher gering ausgeprägt ist, sind junge Menschen auch in Deutschland die am stärksten von A. betroffene Altersgruppe. A ist v.a. ein Problem der in den großen Städten lebenden Jugendlichen. Diese Jugendlichen sind materiell und damit oft auch sozial ausgegrenzt, sie haben kaum Zugang zu Bildung, Berufsausbildung und kulturellen Ereignissen.

Für **alte Menschen** wird künftig mit einem erhöhten Armutsrisiko gerechnet. Bislang sind „nur" etwa 4 bis 6 % der Rentnerinnen und Rentner auf die Grundsicherung nach dem SGB XII *(Sozialhilfe)* angewiesen – allerdings bei durchaus großen regionalen Disparitäten und durch die Absenkung des Rentenniveaus in wachsendem Ausmaß. Rentnerinnen und Rentner nehmen allerdings eher „zurückhaltend" Leistungen der Sozialen Sicherung in Anspruch, auch wenn ihre Rentenbezüge ein nur geringes Einkommen sichern. Da die Renten von der Höhe und der Dauer der Einzahlungen abhängig sind, immer mehr Menschen unterbrochene Erwerbsbiografien haben und das Einkommen aus einer Erwerbstätigkeit für viele geringer wird (u.a. durch Teilzeit- oder geringfügige Beschäftigung), wird für die Zukunft eine zunehmende Altersarmut vorausgesagt. 2015 bezogen mehr als 500 000 Personen im Rentenalter Grundsicherung nach dem SGB XII, davon 61 % Frauen und 39 % Männer (BA Statistik, Grundsicherung 2015)

Überdies sind Kranke und Menschen mit Behinderungen erheblich armutsgefährdet. In extremer A. leben Obdachlose/Wohnungslose, Kinder und Jugendliche auf der Straße, Straffällige und ehemals Strafgefangene, chronisch Kranke und AIDS-Kranke.

Ursachen und Folgen von A. sind oft nur schwer auseinander zu halten. So führt Arbeitslosigkeit und der Bezug von öffentlichen Transferleistungen zu materiellen, aber auch zu physischen und psychischen Belastungen. Folge können körperliche Erkrankungen, Drogenabhängigkeit oder Depressionen sein, aber auch Schulden und Wohnungsnot, die wiederum eine erneute Arbeitsaufnahme (und damit die Beendigung der Arbeitslosigkeit) verhindern. G. Trabert (2008) nennt diesen „Teufelskreis" das „Bermudadreck der sozialen Benachteiligung".

Wege aus der Armut?

Armutsprävention und Armutsbekämpfung

Armutsforschung und Armutsberichterstattung unterschiedlicher Organisationen und Institutionen gibt es für Europa und (später) auch für

Deutschland seit den 1970er Jahren. Mit der Sensibilisierung für A und einer weiteren Differenzierung der Erhebungsmethoden liegt heute eine Fülle von Daten und Fakten zur Entstehung, zu Ausformungen und Zusammenhängen von A. vor. Lebensbedingungen, materielle Existenznot und soziale Unterversorgung in A. lebender Menschen werden ausführlich beschrieben und geben ein in Zahlen gefasstes Bild von Armutsursachen und ihren Folgen. Darüber hinaus wird A. der Entwicklung von Reichtum gegenübergestellt.

A. wird als eine soziale Situation von den Betroffenen erlebt, die ihre individuelle Lebenssituation sowie ihre Perspektiven und Zukunftschancen prägen, aber auch die von Gesellschaft und Wirtschaft. Armutsprävention und Armutsbekämpfung werden als Frage nach *sozialer Gerechtigkeit* und gesellschaftlicher *Solidarität* politisch eingefordert ebenso wie eine konsequente und koordinierte Armutspolitik (z. B. von der Nationalen Armutskonferenz).

Die Politikebenen lassen sich nach internationalen, nationalen und kommunalen Ebenen unterscheiden. Im Folgenden werden Armutsprävention und Armutsbekämpfung für die Politikebenen Europa und Deutschland (Bund, Länder und Gemeinden) betrachtet:

Europa

Auf EU-Ebene wurden von 1974 bis 1994 drei Aktionsprogramme zur Bekämpfung der A. in Europa konzipiert und durchgeführt. Diese Modellvorhaben bildeten die Grundlage für die Formulierungen von Zielvereinbarungen des Europäischen Rates für die Bekämpfung von A. und sozialer Ausgrenzung im Rahmen der Beschlüsse von Lissabon im Frühjahr 2000.

Allgemeine Handlungsinstrumente sind der Europäische Fonds für regionale Entwicklung (EFRE), der Europäische Sozialfonds (ESF) und der Kohäsionsfonds, die zusammen regionale Wettbewerbsfähigkeit und die Verbesserung der Beschäftigung als zentrale Ziele finanziell unterstützen. Spezifische Instrumente sind u. a. eine vergleichende europäische Armutsberichterstattung mit der Vereinbarung gemeinsamer Indikatoren und die (Selbst-)Verpflichtung der EU-Mitgliedsstaaten, Nationale Aktionspläne zur Bekämpfung von Armut und sozialer Ausgrenzung vorzulegen. *Sozialpolitik* bleibt nach wie vor in der Zuständigkeit der Mitgliedsstaaten.

Das Europäische Jahr 2010 gegen Armut und soziale Ausgrenzung ist in Deutschland weitgehend ohne politische Resonanz und konsequente Armutspolitik geblieben. Der Nationale Aktionsplan gegen Armut und Ausgrenzung ist in Deutschland seit 2005 nicht mehr fortgeschrieben worden.

Deutschland

Der Bund ist für alle Politikfelder (Wirtschaft, Arbeit, Bildung, Gesundheit, Soziales) zuständig, die A. vermeiden oder verhindern können (oder zumindest könnten). Nationale präventive Armutspolitik ist also in erster Linie Aufgabe der BReg. Diese Zuständigkeit konkretisiert sich v. a. in der Gesetzgebung.

Arbeitslosigkeit: Zur Armutsprävention. kommt der Vermeidung/Bekämpfung von Arbeitslosigkeit nach wie vor die entscheidende Bedeutung zu. Arbeitsmarktpolitik *(Arbeitslosigkeit und Arbeitsmarkt)* und Ausbildungspolitik können den Zugang zu qualifizierten Arbeitsplätzen mit einem für den Lebensunterhalt ausreichenden Einkommen verbessern und individuelle Armutsrisiken mindern. Bildung, Berufsausbildung, Sozial-, Wirtschafts- und Arbeitsmarktpolitik müssen aufeinanderbezogen werden, um für die von Armut Betroffenen wirksame dauerhafte Effekte zu erzielen. Gerade in der Arbeitsmarktpolitik gibt es jedoch widerstreitende Meinungen und Vorschläge zum „richtigen" Weg. Während die „arbeitgeberfreundlichen" Vorschläge (mit teilweise schon in Kraft getretenen Gesetzesänderungen) eher auf individuelle Einschränkungen für Arbeitnehmer setzen (z. B. befristete, untertarifliche Beschäftigung, Reduzierung des Kündigungsschutzes, Entlastung der Unternehmen von Steuern und Arbeitgeberanteilen in der Sozialversicherung, Leiharbeit), beziehen sich „arbeitnehmerfreundliche" Vorschläge zur Armutsprävention auf die Erhöhung des Mindestlohns (d. h. wirksam A. vermeidend) in allen Branchen und Schutz vor dem Verlust des Arbeitsplatzes in Krisensituationen (z. B. Kurzarbeitergeld, Auffanggesellschaften). Erste Schritte in diese Richtung sind durchaus erkennbar, aber längst nicht ausreichend, um durch Arbeitslosigkeit und geringfügige Beschäftigung verursachte A. wirkungsvoll zu bekämpfen.

Seit Inkrafttreten des SGB II (und dem Außerkrafttreten des BSHG mit den „Hilfen zur Arbeit") haben Kommunen keine eigenen originären Handlungsmöglichkeiten mehr, gegen Arbeitslosigkeit, Minderqualifizierung und aussichtslose Vermittlung auf dem Arbeitsmarkt ihrer von A. betroffenen Bürger vorzugehen.

Die sog. Reform arbeitsmarktpolitischer Instrumente (in Kraft seit dem 1. 1. 2012) war mit erheblichen Einsparungen und Reduzierungen der arbeitsmarktpolitischen Handlungsmöglichkeiten verbunden. Diese „Reform" der Arbeitsmarktpolitik war für Armutsprävention und Armutsbekämpfung eher „kontraproduktiv". Da Langzeitarbeitslose im Leistungsbezug des SGB II kaum Chancen haben, auf dem Arbeitsmarkt vermittelt zu werden, wird (wieder) öffentlich geförderte Beschäftigung gefordert.

Bildungsarmut, Kinderarmut: Bildung, Arbeit/ Beruf, Einkommen und Gesundheit sind in der Armutsprävention eng miteinander verbunden. Bildung gilt als der „Schlüssel" für die Entwicklung individueller Lebenslagen und Lebensperspektiven. A. geht sehr oft mit Bildungsarmut und dadurch mit verpassten Bildungschancen *(Chancengleichheit)* einher. Der Zusammenhang zwischen Bildung und sozialer Herkunft erweist sich immer wieder erneut als prägend für den Bildungserfolg (d. h. zunächst für qualifizierte Schulabschlüsse). Wenn aber die soziale Herkunft über den schulischen Bildungserfolg entscheidet (wie es die PISA-Studien mehrfach herausgestellt haben) und Bildung aber andererseits der Schlüssel dazu ist, schichtspezifische Ungleichheiten („angeborene Armut") zu beseitigen, dann hat sich Bildungspolitik frühzeitig in ihren Angeboten auf die soziale Situation ihrer Adressaten einzustellen. Das gilt für die frühkindliche Bildung (in Kinderkrippen und Kindergärten), aller Kinder, insbes. aber für Kinder in Armut und sozialer Ausgrenzung.

In der kindbezogenen Armutsprävention stellt sich die Frage, was wirklich hilft, Kindern bessere Lebensbedingungen sowie Lebensperspektive und gesellschaftliche Teilhabe zu ermöglichen (Richter-Kornweitz/Holz). Erforderlich ist ein komplexes Bündel an Handlungsstrategien in allen Politikbereichen, bei denen Kinder im Vordergrund stehen. Im kommunalen Kontext eröffnen sich dafür die meisten Chancen (vgl. Hopfengärtner 2008, 2014).

Kommunen: Seit Inkrafttreten des SGB II (und dem Außerkrafttreten des BSHG mit den „Hilfen zur Arbeit") haben Kommunen keine eigenen originären Handlungsmöglichkeiten mehr, gegen Arbeitslosigkeit, Minderqualifizierung und aussichtslose Vermittlung auf dem Arbeitsmarkt ihrer von A. betroffenen Bürger vorzugehen (Mielenz 1996).

Kommunale Armutspolitik hat enge Grenzen und keinen direkten Einfluss auf den durch die Gesetzgebung gesetzten Rahmen. Dennoch sind Kommunen in der Armutsprävention und in der Bekämpfung von A. gefordert. Verwirklichungschancen können verbessert werden, z. B. durch ein „armutsfestes" Netz sozialer Infrastruktur (von Kindertagesstätten, bezahlbarem Wohnraum bis zur *Schuldnerberatung*) und darüber hinaus durch die Einbeziehung ehrenamtlichen Engagements und die Vernetzung der Akteure. Soziale Vergünstigungen ermöglichen gesellschaftliche Teilhabe v. a. bei kulturellen und sportlichen Aktivitäten.

Insgesamt existiert eine Vielzahl unterschiedlicher Initiativen und Hilfestellungen, eine gezielte, nachhaltige Armutsprävention und eine auch so bezeichnete konsequente Armutspolitik gibt es in Deutschland jedoch nicht. Armutsprävention und Armutsbekämpfung bleiben nach wie vor eine politische Herausforderung.

Ingrid Mielenz/Werner Wüstendörfer

Literatur

AWO//ISS: Langzeitstudie zur Kinderarmut, Kinderarmut I (2000), II (2005), III (2006), IV 2010 ◆ BA: Der Arbeitsmarkt in Zahlen (jährlich) und Arbeitsmarktstatistiken (monatlich), BA Statistik: Analyse der Grundsicherung für Arbeitssuchende, Nürnberg Oktober 2015 und März 2016 ◆ BAMF: Migrationsbericht 2013, Nürnberg 2015 ◆ BMAS: Lebenslagen in Deutschland. Armuts- und Reichtumsberichte der BReg., Bonn/Berlin www.bmas.de ◆ BMAS: Nationaler Aktionsplan zur Bekämpfung von Armut und Ausgrenzung 2003 bis 2005, Berlin 2003 ◆ Chr. Butterwegge: Armut in einem reichen Land. Wie das Problem verharmlost und verdrängt wird, Frankfurt/M. [2]2011 ◆ ders.: Hartz IV und die Folgen, Weinheim/München 2015 ◆ DPWV: Die zerklüftete Republik. Bericht zur regionalen Armutsentwicklung in Deutschland 2014, Berlin 2015 (www.paritaet.org): M. R. Grabka/J. R. Frick: Weiterhin hohes Armutsrisiko in Deutschland: Kinder und Jugendliche sind besonders betroffen, in: DIW Wochenbericht 7/2010, 2–11 ◆ R. Hauser: Das Maß der Armut: Armutsgrenzen im sozialstaatlichen Kontext – Der sozialstatistische Diskurs, in: E. U. Huster/J. Boeckh/ H. Mogge-Grotjahn (Hrsg.), 2012, 122–146 s. u. ◆ R. Hauser/H. Cremer-Schäfer/U. Nouvertné: Armut, Niedrigeinkommen und Unterversorgung in der Bundesrepublik Deutschland. Bestandsaufnahme und sozialpolitische Perspektiven, Frankfurt/M./New York 1981 ◆ S. Hering/R. Münchmeier: Geschichte der Sozialen Arbeit. Eine Einführung. Weinheim/München [5]2014 ◆ G. Holz/A. Richter-Kornweitz: Kinderarmut und ihre Folgen, München 2010 ◆ G. Hopfengärtner (Hrsg.): Armut in der Großstadt, Nürnberg 2008 ◆ ders.: Kinderarmut in der Erwerbsgesellschaft, Armutsprävention in Wissenschaft, Politik und Praxis, Nürnberg 2014 ◆ E. U. Huster/J. Boeckh/H. Mogge-Grotjahn (Hrsg.): Handbuch Armut und Soziale Ausgrenzung, Wiesbaden ²2012 ◆ D. Kreft: Von der Bettelei zur Sozialbürokratie. Sachße und Tennstedts „Geschichte der Armenfürsorge in Deutschland". Eine Rezension, in: Frankfurter Rundschau v. 2. Juni 1981 ◆ R. Lutz: Jugendarmut: Ursachen und ihre Folgen, in: sozialmagazin 2/2011 ◆ I. Mielenz: Beschäftigungsprogramme gegen Armut, in: J. Münder/E. Jordan (Hrsg.): Mut zur Veränderung. Festschrift für Dieter Kreft, Münster 1996 ◆ C. W. Müller: Wie Helfen zum Beruf wurde. Eine Methodengeschichte der Sozialen Arbeit. Weinheim/München ⁵2009 ◆ OECD (Hrsg.): Growing Unequal? Income Distribution and Poverty in OECD Countries, 2008 (download unter: www.oecd.org/els/social/inequality) 15.01.2010 ◆ R. Prigge/R.Böhme: Soziale Stadtpolitik in Dortmund, Bremen und Nürnberg, Soziale Spaltung, Armutsprävention und Chancengerechtigkeit als politische Herausforderung, Bremen u. Boston 2013 ◆ T. Rhein: Arbeit und Armut im transatlantischen Vergleich. „Working poor", in: Sozialbericht für die Bundesrepublik Deutschland. Bonn 2009 ◆ U. Schneider: Armes Deutschland. Neue Perspektiven für einen anderen Wohlstand, Frankfurt/M. 2010 ◆ Stat. Ämter des Bundes und der Länder: Armut und soziale Ausgrenzung nach Bundesländern, Stand 2014 (www.amtliche sozialberichterstattung.de) ◆ Stat. BA (Destatis): Leben in Europa (EU-SILC) – Einkommen und Lebensbedingungen in der EU, Fachserie 15, Reihe 3, 2013, Wiesbaden 2015 (erscheint jährlich) ◆ dies.: Stat. Jahrbuch 2016, Wiesbaden 2016 ◆ dies.: Datenreport 2016. Ein Sozialbericht für die Bundesrepublik Deutschland, Wiesbaden 2016 ◆ G. Trabert: Armut und Krankheit, in: G. Hopfengärtner (Hrsg.): Armut in der Großstadt, Nürnberg 2008, 20–29 ◆ W. Wüstendörfer: Kinderarmut von Anfang an?, in: G. Hopfengärtner s. o., 54–101 ◆ W. Wüstendörfer: Armut in Deutschland, in: B. Wandeler/P. Stade (Hrsg.), Werkstattheft Armut und soziale Ausgrenzung, Hochschule Luzern-Soziale Arbeit 2010 (insbes. das Kapitel „Geschichte der Armut" nach 1945 ist eine überarbeitete Version dieses Beitrags).

Links

www.armut.de (Deutsches Institut für Armutsbekämpfung)
www.politische-bildung.de/armut in deutschland (Bundeszentrale für politische Bildung)
www.nak.de (Nationale Armutskonferenz)
www.bmas. de
www.sozialpolitik-aktuell.de www.arbeitsagentur.de
www.destatis.de
www.welthungerhilfe.de www.ec.europa.eu/eurostat

Ästhetik

Ästhetik im engeren Sinne: Begrenzt auf die Wertsphäre von Kunst

SozArb/SozPäd sind mit Themen der Ä. immer dann befasst, wenn es um Geschmacksfragen, um Symboldeutung, um Fragen der Wahrnehmung und Bewertung von Formen, der Sinnenbildung durch kulturelle Praktiken oder allgemein um die Gestaltung von Gegenständen oder Ereignissen geht. In jüngerer Zeit ist bspw. die in Massenmedien verbreitete Ä. im Hinblick auf Einstellungen und Bereitschaft zur physischen Gewalt bei Kindern und Jugendlichen aktuell geworden: Sie impliziert die Frage nach den ästhetischen Wahrnehmungsgewohnheiten, dem Ausmaß und den Wirkungen von medialen Darstellungen einerseits sowie nach den Form- und Inhaltsprinzipien der Medienproduktion andererseits *(Medien).* I. e. S. spricht man von Ä. (von griech. aisthesis – Wahrnehmung) im Zusammenhang mit darstellender und bildender *Kunst.* Da jedoch fast alle Formen des Alltags (Raumstrukturen, Ausstattung) und viele alltägliche Ereignisse (Video, Computer, Spiele) Elemente des Gestalteten aufweisen, da symbolischer Ausdruck, die Orientierung an Design oder die eigenständige Kreation ein unverzichtbares Ferment für individuelle und gemeinsame Lebensführung, für Stilbastelei oder Gestaltung ist (etwa bei Jugendgruppen), ist eine Beschränkung des Begriffs Ä. auf die Wertsphäre von Kunst kaum aufrechtzuerhalten.

Ästhetik und Alltag

Vielmehr hat sich seit der Laienbildungsbewegung der Jahrhundertwende durchgesetzt, von einem Spannungsverhältnis zwischen künstlerisch-gestaltender Professionalität und alltäglicher Aneignung auszugehen. Fragen des Ästhetischen verweisen häufig auf Fragen der Lebensbewältigung, der Lebensqualität und der Gestaltung von Umwelten. Wie ein Begegnungszentrum für Ältere aussehen und welche Bildungsmöglichkeiten es aufweisen soll (Architektur), welche Möglichkeiten für symbolischen Ausdruck und Gestaltung *(Musik,* Tanz, Medien) ein Jugendhaus bietet – oder ablehnt –, welche Formelemente ein Videofilm aufweist, mit welchen pantomimischen Ausdrucksmitteln eine Suchtkrankenhilfe *(Sucht)* arbeitet, welche Unterschiede zwischen Stilmitteln eine Theaterwerkstatt mit Drogenabhängigen *(Drogenabhängigkeit)* verwirklicht, aber auch welche Gestaltungselemente in den Gebräuchen fremder Kulturen typisch sind, in weltanschaulich-verzerrender Absicht politisch missbraucht werden – stets handelt es sich immer auch um Probleme der Ä. Dabei geht es keineswegs nur um Vorstellungen vom zweckfrei „Schönen", in denen allgemeine Ordnungsvorstellungen durchgesetzt werden sollen, sondern auch um die Beziehung, die zwischen unterschiedlichen Auffassungen von Form und Inhalt, von Wahrheit und Protest, von Humanität und Provokation hier sowie Manipulation, Verschleierung und Gewaltverherrlichung dort besteht. Ebenso wenig wie es unstrittig ist, Fragen der Ä. als etwas von Politik völlig Abgetrenntes zu behandeln, kann nicht immer zwingend von einem bruchlosen Zusammenhang zwischen Ä. und Politik ausgegangen werden.

Ästhetik und Soziale Arbeit

Dieses Problem zeigt sich auch in der von Berufsfeld zu Berufsfeld unterschiedlichen Praxis der SozArb/SozPäd – z. B. in den an verschiedenen Orten entstandenen Erfahrungsfeldern der Sinne, in der Theaterarbeit mit Kindern, in der Musikarbeit mit Jungen, in der Tanz- und Bewegungsarbeit mit Mädchen, eigenständige Ausdrucksfähigkeit von Adressaten zu fördern, aber auch Differenzerfahrung zu ermöglichen, Geschmacksorientierungen im Lichte von Alternativen zu sehen, die Herstellung von Effekten zu verstehen und eigene Gestaltungskompetenzen zu stärken. Die institutionellen Möglichkeiten hierzu liegen in der Jugendkulturarbeit *(Jugendarbeit, kulturelle)*, die insofern eine Querschnittsaufgabe ist, als sie in anderen Formen der Jugendarbeit auftritt, zugleich aber ein besonders spezialisiertes Element ästhetisch-medialer Praxis bezeichnet. In weiteres Feld einer bildungsbezogenen SozPäd ist Kulturarbeit *(Kulturarbeit, soziale)* in der Altenarbeit. Hier sind Vorträge und Reisen, Museumsbesuche und eigene gestaltende Tätigkeit im Bereich von Malerei, Textilgestaltung, Theater oder Musik von besonderer Bedeutung, deren Zweck keineswegs nur auf helferische Absichten zurückgeführt werden kann, sondern die die Kontinuität der Bildungsinteressen bis in die letzte Lebensphase hinein respektiert.

Rainer Treptow

Literatur

D. Baacke/U. Sander/R. Vollbrecht: Lebenswelten sind Medienwelten. Lebenswelten Jugendlicher. Bd. I, Opladen 1990 ◆ H. Glaser/Th. Röbke (Hrsg.): Dem Alter einen Sinn geben. Wie Senioren kulturell aktiv sein können. Heidelberg 1992 ◆ J. Jäger/R. Kuckhermann (Hrsg.): Ästhetische Praxis in der sozialen Arbeit. Weinheim 2004 ◆ H. Küchelhaus: Entfaltung der Sinne. Ein Erfahrungsfeld zur Bewegung und Besinnung, Wiesbaden 2008 ◆ M.-S. Meis/G.-A. Mies (Hrsg.): Künstlerisch-ästhetische Methoden in der Sozialen Arbeit, Stuttgart 2012 ◆ K. Mollenhauer: Umwege. Über Bildung, Kunst und Interaktion. Weinheim/München 1986 ◆ G. Selle: Gebrauch der Sinne. Eine kulturpädagogische Praxis. Reinbek 1988 ◆ R. Staege (Hrsg.): Ästhetische Bildung in der frühen Kindheit, Weinheim/Basel 2016 ◆ R. Treptow: Kultur und Soziale Arbeit. Aufsätze, Münster 2001 ◆ W. Zacharias/G. Grüneisl: Die Kinderstadt. Eine Schule des Lebens. Handbuch für Spiel, Kultur, Umwelt. Reinbek 1989.

Aufklärung

Ein neues Weltbild entsteht

Die A. als geistes-, kultur- und literaturgeschichtliche Epoche entwickelte sich in Rückgriff auf den verstandesorientierten Humanismus der Renaissance, welche die Herrschaft der mittelalterlichen Theologie und das auf die „vertikale" Spannung zwischen Himmel und Hölle ausgerichtete vorneuzeitliche Weltbild abgelöst hatte. Die Welt wurde zum „Bauplatz für alles erdenklich Nützliche, Wohltätige und Lebensfordernde, für Werkstätten der Heilkunst, der Messkunst, der Scheidekunst, für Institute und Apparate zur Verfeinerung, Erleichterung und Erhöhung des Daseins, für babylonische Türme, die sich zum Himmel recken, um ihm sein Geheimnis zu entreißen, ein unermesslich weites, unerschöpflich reiches Operationsfeld für die Betätigung und Steigerung der Kräfte des reinen Verstandes, des Verstandes, der sich ganz auf sich selbst stellt, sich alles zutraut, vor nichts zurückschreckt, durch nichts zu enttäuschen ist" (Egon Friedell).

Die A. will barockes Lebensgefühl in seiner Zwiespältigkeit (ausgeliefert den göttlichen und teuflischen Mächten, der Sinnenfreude und Lebensangst) mit Hilfe wissenschaftlicher Vernunft überwinden; Rationalität ermögliche Gelassenheit und harmonische Ausgeglichenheit. Weltgläubigkeit geht einher mit der Idee der Theodizee: dass es sich bei einer von Gott geschaffenen, von Gott bewegten und belebten Welt nur um die beste aller Welten handeln könne. Für Gottfried Wilhelm Leibniz ist die Welt aus lauter Monaden (Urkörperchen) zusammengesetzt, die – in sich gestuft und selbständig (vom Niedrigsten bis zur Ultima Ratio rerum, Gott selbst, reichend) – Spiegel des Universums sind. Da jede Monade in sich vernünftig ist (von göttlicher Vernunft durchdrungen), stehen alle Monaden in Beziehung zueinander, stimmen sie in „prästabilierter Harmonie" überein.

Empirismus und Rationalismus: Die der A. zugrunde liegenden erkenntnistheoretischen philosophischen Strömungen, die im Verstand das Organ des Welterlebens und Weltverstehens sehen, lassen sich als Empirismus und Rationalismus bezeichnen. Der Empirismus, der in England seinen Ursprung hat (John Locke, 1632–1704; David Hume, 1711–1776), legt besonderen Wert auf „Beobachtung", welche die Seele mit Erfahrungen bereichere, Empfindungen hervorrufe und Vorstellungen wecke. Diese ordne dann der Geist und verwende sie für seine „Urteile": Nihil est in intellectu, quod non antea fuerit in sensu. Der Rationalismus betont mehr die ordnende Verstandesarbeit, d.h. er untersucht die Kategorien und Prinzipien, nach denen der Geist das durch die Erfahrung gewonnene Material sichtet, gliedert und verarbeitet. Immanuel Kant (1724–1804) geht in seiner Kritik der reinen Vernunft (1781) so weit, dass er die Empirie von der Ratio abhängig macht, d.h., Erfahrungen, nach denen wir später (a posteriori) zu Urteilen gelangen, nur deshalb für möglich hält, weil sie schon von vornherein (a priori) in uns kategorial angelegt sind. Das „Ding an sich" ist zwar nicht erkennbar; wir benötigen aber seine Anschauung auch nicht, da wir seine „Beurteilung" bereits in uns tragen.

Die Kant'sche Definition

Kant hat die bekannteste und eingängigste Antwort auf die selbstgestellte Frage „Was ist Aufklärung?" gegeben: „Aufklärung ist der Ausgang des Menschen aus seiner selbst verschuldeten Unmündigkeit. Unmündigkeit ist das Unvermögen, sich seines Verstandes ohne Leitung eines anderen zu bedienen. Selbst verschuldet ist diese Unmündigkeit, wenn die Ursache derselben nicht am Mangel des Verstandes, sondern der Entschließung und des Mutes liegt, sich seiner ohne Leitung eines andern zu bedienen. Sapere aude! Habe Mut, dich deines eigenen Verstandes zu bedienen! ist also der Wahlspruch der Aufklärung."

Vom Zweifel an der Vernunft

Trotz aller Selbstzweifel ist die A. geschichtsphilosophisch optimistisch: „Sie wird gewiss kommen, die Zeit eines neuen ewigen Evangeliums, die uns in den Elementarbüchern des Neuen Bundes versprochen wird" (Gotthold Ephraim Lessing). Doch ist nach den historischen Erfahrungen des 19. und 20. Jh. der Glaube an die Vernunft brüchig geworden (als „Mythos Vernunft" mag er weiterbestehen). Max Horkheimer/Theodor W. Adorno nennen den Umschlag von Aufklärung in ihr Gegenteil „Dialektik der Aufklärung". „Die Vernunft ist für uns, Zeugen einer dramatisch unvernünftig verlaufenden Geschichte, problematisch geworden" (Wolfgang de Boer). Wenn es das Programm der A. war, den Menschen aus religiösen Abhängigkeiten, von irrationalen Bindungen mit Hilfe profaner Vernunft zu befreien, dann sei die A. gescheitert. In ihrem rationalistischen Pathos habe sie das rational weder erklärbare noch auflösbare Lebensproblem der menschlichen Natur übersehen. Wie viel die alten religiösen Bindungen dafür geleistet hatten, sei erst offenbar geworden, nachdem sie von der neuen Zeit verschüttet worden waren. Und je weniger die A. das Gewicht dieser Bindungen anerkennen mochte, umso unbeirrbarer hätten die Menschen nach einem Ersatz für sie gesucht und ihn im technischen Fortschritt mit seiner ungeheuren lebenserfüllenden Dynamik gefunden. Die Alten hätten mit der Vernunft übrigens weniger gemeint, was wir damit im Auge haben: rationales Denken und Argumentieren, den Verstand, der nach den Regeln der Logik verfährt; für sie sei Vernunft in erster Linie „beglückende Schaukraft" gewesen (logos, nous, lumen naturale), die das göttliche Gute erkennen lasse.

Im Zeitalter der Industrialisierung beförderte jeder Modernisierungsschub analytische Vernunft. Die Maschinisierung von *Arbeit* wie der Arbeitsteilung entsprachen dem Geist der Zeit, der sich immer mehr spezialisierte und auf die Entwicklung von Subsystemen konzentrierte. In den jeweiligen „Apparat" wurden die Subjekte installiert und dann verdinglicht; Arbeit erwies sich nicht mehr als „Selbsterzeugungsprozess des Menschen" (Georg W.F. Hegel), sondern als Vehikel für die mit der Verwissenschaftlichung und Rationalisierung des Denkens einhergehende Entfremdung: Die Umwelt, als Produkt menschlicher Tätigkeit, trat dem Individuum als etwas Fremdes, in dem es sich nicht wieder erkennen konnte, entgegen und ließ Arbeit als inhalts-, sinn- und beziehungslos erscheinen.

Von der „Einfachwahrheit" zu „Doppel- und Mehrfachwahrheiten"

Der Homo sapiens – im Gegensatz zum Homo faber – ist jedoch zu begreifen als ein Mensch, der kognitive wie intuitive, intellektuelle wie emotionale „Vernunft„ als Ganzheit besitzt. Dabei ergibt sich eine Interdependenz der verschiedensten „Vernunftarten": der analytischen, „synthetischen", prinzipiellen, okkasionellen, aleatorischen Vernunft – und auch zynische Vernunft mag von Fall zu Fall ihre Berechtigung haben. Will die Moderne aus dem Käfig ihres Vernunftbegriffs, der weitgehend mit okkasioneller und analytischer Vernunft gleichzusetzen ist, ausbrechen, wird sie eine neue Sensibilität für Doppel- und Mehrfachwahrheiten entwickeln müssen – wobei freilich die Komplexität vernünftigen Denkens und Handelns in Widerspruch steht zu der Eindeutigkeit binärer Kodierung. Anzukämpfen ist verstärkt gegen die durch zunehmendes Computerdenken auferlegte lebensweltliche Verengung, die als „Einfachwahrheit" (null oder eins, richtig oder falsch, wahr oder unwahr) Ambivalenzen, Antinomien, Aporien nicht mehr zur Kenntnis nimmt. Auch im Lager der Naturwissenschaften ist freilich das Verhältnis zur Vernunft nicht mehr so ungebrochen-positiv, wie es einst innerhalb des Subsystems einer auf unreflektierten Fortschritt setzenden Rationalität der Fall war.

Aufklärung heute

Für Jürgen Habermas ist das „Vertrauen der westlichen Kultur in sich selbst" identisch mit dem Vertrauen in die regenerationsfähige Kraft von A. – einer A., die sich auf ihren „Grund" zurückbesinnt und damit Arnold Gehlens Diktum, dass die Prämissen der A. tot seien und nur ihre Konsequenzen weiterliefen, widerlegt. Die von Habermas „in Sachen Aufklärung" eingenommene Position kann man als „empathischen Rigorismus" bezeichnen. Einfühlend verfolgt der Philosoph die Argumentation (soweit es sich um eine solche und nicht um antiaufklärerische Ressentiments handelt), die sich gegen A. und Vernunft, gegen das Projekt der Moderne, wendet. Unbeugsam hält er jedoch am „Prinzip Aufklärung" fest: Deren Weg mag verdunkelt sein, die Leuchtkraft des Ziels – Vorschein der Idee eines vernünftigen menschenwürdigen Daseins – sei ungebrochen. Habermas stützt sich dabei auch auf die immanente Logik kritischer Axiomatik: Die Moderne sei nicht aufschlussreich thematisierbar, geschweige denn wirkungsvoll kritisierbar, ohne ihre beste Errungenschaft, die Vernunft nämlich, neu in Gebrauch zu nehmen.

„Vernunft" bedeutet für Umberto Eco, dessen semiotisches wie literarisches Werk von großem Einfluss auf die deutsche Bewusstseinslage der 1980er Jahre war,

- die dem Menschen eigene Art der Naturerkenntnis, die sich einerseits von den bloßen Instinktreaktionen, andererseits von der nichtdiskursiven Erkenntnis (mystische Erleuchtungen, Glaube, sprachlich nicht mitteilbare subjektive Erfahrungen etc.) unterscheidet; in diesem Falle meint Vernunft, dass der Mensch fähig ist, Abstraktionen zu produzieren und mittels Abstraktionen zu kommunizieren;
- die spezielle Fähigkeit, das Absolute unmittelbar zu erkennen (Selbsterkenntnis des idealistischen Ich, die Ahnung der Urprinzipien, von denen sowohl der Kosmos wie der menschliche und göttliche Geist bestimmt seien);
- die Möglichkeit des richtigen Urteilens und Unterscheidens (gut oder schlecht, wahr oder falsch), Ausdruck des gesunden Menschenverstandes i. S. Descartes'.

Solche Vernunft umfassender Art befindet sich in der Krise, was aber nicht gegen die Vernunft als solche spricht. Zu lange hat man geglaubt, dass das, was gut funktioniere, auch gut sei. Das hypothetische Bewusstsein der Wissenschaft, dass die ganze Welt in Wenn-dann-Beziehungen aufzulösen sei, reduzierte die Erfahrung ganzheitlicher Sinnhaftigkeit und Sinnfälligkeit. Emanzipation versäumte, neue Möglichkeiten der Bindung und Identifikation zu erschließen und zu verbreiten. Die Hoffnung, dass mit der Ausbeutung der Natur die Ausbeutung des Menschen beendet werden könne, ist gescheitert.

Vernunft verweist auf das „Prinzip Verantwortung"; von der Sorge ums „Ganze" bestimmt, will es Mitbürgerlichkeit, gegenseitige *Hilfe, Solidarität* und Individualität *(Individuum)* wie Selbstentfaltung in ein dialektisch-ausgewogenes Verhältnis bringen. Der Mensch kann Verantwortung haben, also hat er sie. Für Hans Jonas ergibt sich der ethische Anspruch unmittelbar aus dem tatsächlichen Befund – das Können führt das Sollen mit sich. Der Dualismus von Innen und Außen, von Mensch und Natur, von Sein und Sollen wird zwar auf diese Weise vornehmlich in Form des Appellativen überwunden – was den Vorwurf des Moralisierens auf sich ziehen mag. Doch erfolgt zumindest eine Option auf „Einheit" – als Versuch, das Gesetz menschlichen Verhaltens aus der Ganzheit von theoretischer wie praktischer Vernunft abzuleiten.

Hermann Glaser

Literatur

T. Assheuer: Der Vorwärtsverteidiger. J. Habermas zum 80. Geb., in: Die ZEIT 25/2009 ◆ U. Eco: Über die Krise der Vernunft, in: Merkur Nr. 436/1985 ◆ Ein solches Jahrhundert vergisst sich nicht mehr. Lieblingstexte aus dem 18. Jahrhundert. Ausgewählt und vorgestellt von Autorinnen und Autoren des Verlages C. H. Beck, München 2000 ◆ E. Friedell: Kulturgeschichte der Neuzeit. 3 Bde., München 1930

(Neudruck) ◆ H. Glaser: Adolf Hitlers Hetzschrift „Mein Kampf“, München 2014 ◆ J. Habermas: Der philosophische Diskurs der Moderne, Frankfurt/M. 11 1988 ◆ J. Habermas: Die neue Unübersichtlichkeit, Frankfurt/M. 8 1985 ◆ M. Horkheimer/Th. W. Adorno: Dialektik der Aufklärung (1947), Frankfurt/M. Nachdruck als TB 1988 ◆ J. I. Israel/M. Mulsow (Hrsg.): Radikalaufklärung, Frankfurt/M. 2014 ◆ H. Jonas: Das Prinzip Verantwortung. Versuch einer Ethik für die technologische Zivilisation, Frankfurt/M. 1984 ◆ J. Rüsen/E. Lämmert/P. Glotz (Hrsg.): Die Zukunft der Aufklärung, Frankfurt/M. 1988 ◆ W. Schneider (Hrsg.): Lexikon der Aufklärung, München 2001 ◆ P. Sloterdijk: Kritik der zynischen Vernunft, Frankfurt/M. 1983 ◆ M. Vovelle: Der Mensch der Aufklärung, Frankfurt/M./New York 1996.

Ausbildung/Ausbildungen

Bis in die frühen 1960er-Jahre des letzten Jahrhunderts galt die *Sozialarbeit/Sozialpädagogik* als Arbeitsfeld mit geringen fachlichen Anforderungen, einem hohen Anteil unausgebildeter oder fachfremd ausgebildeter Personen, v. a. *Frauen,* sowie einer geringen Zahl an qualifizierten Fachkräften. Soziale, pflegende, fürsorgliche und erziehende Tätigkeiten wurden als haushalts- und hausarbeitsnahe Sorgearbeit (in neuerer Begrifflichkeit: „care“) dem Erfahrungs- und Kompetenzbereich der Frauen und Mütter zugeschrieben (Rabe-Kleberg 1993). „Mütterlichkeit als Beruf“ (Sachße 1986) wurde infolgedessen und in Anbetracht eines breiten ehrenamtlichen Engagements erst nach und nach im Zuge der Industrialisierung, Modernisierung und Professionalisierung der Gesellschaft zu einer eigenständigen und selbstverständlichen A. *(Geschichte der Sozialen Arbeit).*

Idee und Konzept der Ausbildung

Als A. wird eine formalisierte, öffentlich organisierte, befristete und zumeist staatlich reglementierte oder anerkannte Zeit der Vermittlung und des Erwerbs von thematisch ausgewählten, arbeitsplatzspezifischen Wissensbeständen, Fertigkeiten und Fähigkeiten an eigens dafür vorgesehenen Ausbildungsstätten verstanden. In einem Ausbildungskonzept (Lehrplan, Richtlinien, Studienordnung) und einer Prüfungsordnung werden die jeweiligen Anforderungen systematisiert, wird eine vergleichbare Stoffmenge festgelegt und in ein Ausbildungscurriculum umgesetzt. Mit dem erfolgreichen Abschluss der A., der i. d. R. durch schriftliche und mündliche Prüfungen festgestellt wird (evtl. ergänzt durch eine praktische Prüfung), erhält der/die Auszubildende ein Zeugnis, das den Zugang zu einer begrenzten Menge an beruflichen Tätigkeiten und Arbeitsfeldern eröffnet und mit dem i. d. R. zugleich die Berechtigung erworben wird, ggf. eine weitere, höherwertige A. aufzunehmen.

In der *Sozialen Arbeit* lassen sich A. danach unterscheiden,

a) ob es sich um eine träger-, einrichtungs- bzw. arbeitsfeldinterne Kurzausbildung handelt – oft auch als Lehrgänge, Schulungen, Kurse bezeichnet – oder um eine Qualifizierung an eigens dafür eingerichteten staatlichen Ausbildungsstätten, vor allem an berufsbildenden Schulen und Hochschulen, aber auch an staatlich anerkannten Schulen und Hochschulen in privater Trägerschaft;
b) ob hier eine fachlich und tariflich anerkannte Erstausbildung vorliegt oder eine A. im Kontext der zahlreichen Fort- und Weiterbildungsmöglichkeiten, etwa in Form einer Zusatzausbildung.

Schule, A., Unterricht und systematisierte Formen des Lernens gehören längst zum selbstverständlichen kulturellen Inventar moderner *Gesellschaften.* Vereinfacht und idealtypisch lassen sich dabei schulische, berufliche und wissenschaftliche A. unterscheiden.

Während die schulische A. vorrangig auf die Vermittlung von allgemeinen, berufs- und arbeitsplatzunspezifischen Fähigkeiten und Fertigkeiten zielt, ist eine berufliche A. sehr viel enger auf die Entwicklung und Einübung von eingrenzbaren beruflichen Fähigkeiten und Fertigkeiten ausgerichtet, mit dem Ziel, eine möglichst konkrete Berufs- und Arbeitsplatztauglichkeit zu erreichen. Die wissenschaftliche A. strebt im Vergleich dazu weniger das Erlernen typisierbarer, routinisierten Handlungsabläufe an, als vielmehr eine umfassende, handlungsentlastete Auseinandersetzung mit den komplexen Bestandteilen und Zusammenhängen, die die einzelnen Handlungsabläufe beeinflussen, um so auch selbst an der Entwicklung neuer Lösungen und Vorgehensweisen mitarbeiten zu können.

Steht bei der beruflichen A. die Einübung und Beherrschung einer begrenzten Zahl von Handlungsschritten im Vordergrund (Fertigkeiten), geht es bei der wissenschaftlichen A. insbesondere um den Erwerb eines möglichst komplexen Wissenshorizontes, der nicht allein auf die Bewältigung gegebener Handlungssituationen, sondern auf situations- und fallübergreifende Perspektiven ausgerichtet ist (Fähigkeiten).

Struktur der Ausbildung

In der *Sozialen Arbeit* gibt es – vor dem Hintergrund dieser Dreiteilung – keine schulische A. i. S. einer allgemeinen, arbeitsplatzunspezifischen Vermittlung basaler sozialer Wissensbestände für alle Schüler und Schülerinnen wie etwa in den Unterrichtsfächern Geschichte, Geographie, Sport, Chemie oder Physik. Obgleich nach wie vor davon auszugehen ist, dass eine nicht unerhebliche Anzahl an Menschen sich freiwillig, ehrenamtlich oder in Selbsthilfegruppen für soziale Belange engagiert *(bürgerschaftliches Engagement, Selbsthilfe/ Selbstorganisation)* und dass zudem „soziale Fragen“ zu den Grundtatbeständen des menschlichen Lebens gehören, existiert keine dementsprechend allgemeinbildende Vermittlung derartiger Themenstellungen.

Im Unterschied dazu gibt es bereits vergleichsweise lange eine berufliche A. in SozPäd/SozArb, sei es im Bereich der Kindertagesbetreuung, in der Jugendpflege, in der Armen- und Jugendfürsorge, in der Behindertenhilfe und *Heilpädagogik* sowie in der *Altenhilfe.* Heutzutage werden sozialpädagogische und sozialpflegerische Berufsausbildungen vor allem an Berufsfachschulen und Fachschulen angeboten, z. B. an den Fachschulen die Ausbildungen zum/zur staatlich anerkannten Erzieher/in, zur Heilpädagogen/in, zur Heilerziehungs- oder zur Altenpflege, an den Berufsfachschulen die Ausbildungen für Kinderpflege/Kinderpfleger/innen, Sozialassistenten/innen oder für andere Helferberufe.

Erst Anfang der 1970er-Jahre wurden einschlägige akademische A. in Form von Diplomstudiengängen an FHS, Gesamthochschulen, Pädagogischen Hochschulen und Universitäten eingeführt. An den FHS wurden Abschlüsse in SozPäd und/ oder SozArb mit staatlicher Anerkennung möglich, seit den 1990er-Jahren auch im Bereich Pflege sowie seit 2005 in frühkindlicher Bildung. Bis zum Jahr 2010 wurden diese Studiengänge sukzessive auf Bachelor-Master-Studiengänge umgestellt. An den Universitäten dominierte lange Zeit der erziehungswissenschaftliche Diplomstudiengang vor allem mit der Studienrichtung Sozialpädagogik, aber auch mit Sonderpädagogik/Rehabilitationswissenschaft und Erwachsenenbildung. Auch diese Studiengänge wurden nach und nach auf Bachelor- und Masterabschlüsse umgestellt.

Insgesamt stellt die Ausbildungslandschaft in SozPäd/SozArb ein zerklüftetes und unübersichtliches Bild dar, für das Trägervielfalt und föderale Zuständigkeit der Bundesländer ebenso kennzeichnend sind wie die Eigengesetzlichkeiten der einzelnen Arbeitsfelder.

Geschichte der Ausbildungen

Die Wurzeln der heutigen A. im Feld der SozArb reichen bis in die erste Hälfte des 19. Jh. zurück. Als Vorläufer der heutigen Erzieher-Ausbildung wurden im Zuge der Industrialisierung Kinderbewahranstalten, Kleinkindschulen und schließlich Kindergärten eingerichtet. Mit diesen ersten privaten, zumeist christlich orientierten Angeboten lassen sich vor allem Namen wie J. Fölsing, T. Fliedner und F. Fröbel in Verbindung bringen.

Nahezu gleichzeitig gründete J. H. Wichern in Hamburg das „Rauhe Haus“, in dem männliche Erzieher (Diakone) auf die Arbeit mit schwierigen Jugendlichen vorbereitet wurden. In dieser Tradition der konfessionellen Aktivitäten im Rahmen der Anstaltsarbeit kann der Beginn der Heimerzieherausbildung und des Engagements der freien Träger für die A. im Sozialwesen gesehen werden (Dießenbacher 1984).

Erst gegen Ende des vorletzten Jh., in Anlehnung an die Weiterentwicklung der Kindergartenausbildung im Rahmen des Pestalozzi-Fröbel-Hauses und aus der Kritik an dem „gefährlichen Dilettantismus“ in der Armenfürsorge und der freitätigen Hilfe für andere Menschen, entstanden ab 1899 einjährige Kurse, in denen Mädchen und junge Frauen für soziale Aufgaben qualifiziert werden sollten (vgl. Sachße 1986). Aus den Erfahrungen mit diesen Kursen entwickelten sich dann in den Anfängen des 20. Jh. eigenständige A. an sozialen Frauenschulen, den Vorläufern der heutigen A. in Sozialarbeit. So gründete schließlich im Jahre 1908 Alice Salomon die erste soziale Frauenschule in Berlin, in der junge Frauen in einer 2-jährigen A. für den Bereich Fürsorge und Wohlfahrtspflege qualifiziert wurden.

A. Salomon selbst beschrieb diese Gründungschronologie sozialer Ausbildungsstätten so, dass „zuerst innerhalb der Mädchen- und Frauengruppen für soziale Hilfsarbeit in Berlin aus den Unterweisungskursen für ehrenamtliche Arbeitskräfte im Jahre 1899 ein Jahreskursus zur Ausbildung von Berufsarbeiterinnen für die Wohlfahrtspflege herauswuchs, der 1908 mit der Unterstützung des Pestalozzi-Fröbel-Hauses zu einer zweiklassigen sozialen Frauenschule umgestaltet wurde. Es folgt die Gründung von drei ähnlichen Anstalten auf konfessioneller Grundlage: der christlich-sozialen Frauenschule (später Seminar genannt) des Deutsch-Evangelischen Frauenbundes in Hannover (1905), der Frauenschule der Inneren Mission in Berlin (1909), des Evangelisch-sozialen Frauenseminars in Elberfeld (1910). Später entstanden weitere interkonfessionelle Anstalten: das Frauenseminar für soziale Berufsarbeit in Frankfurt a. M. (1913), die Wohlfahrtsschule der Stadt Köln (1915)" (Salomon 1917).

Einen gewissen Abschluss findet diese erste Phase der Qualifizierung von Auszubildenden, v. a. von Frauen, im Bereich der SozArb in dem erstmals 1911 in einem Preußischen Ministerialerlass enthaltenen Recht einer staatlichen Abschlussprüfung für Kindergärtnerinnen und für Jugendleiterinnen (der Vorläuferausbildung im Bereich Sozialpädagogik), in der staatlichen Anerkennung der Prüfungsordnung für Hortnerinnen in Preußen 1915, in der Gründung der „Konferenz Sozialer Frauenschulen Deutschlands" im Jahre 1917 (dem heutigen Fachbereichstag) sowie in den 1918 bzw. 1920 nochmals neu geregelten Bestimmungen über die staatliche Prüfung von „Fürsorgerinnen" bzw., wie sie dann ab 1920 hießen, „Wohlfahrtspflegerinnen" (Mayer-Kulenkampff 1928).

Durch die Prüfungsordnung von 1920 wurden die Ausbildungsaktivitäten im Bereich der Fürsorge und der SozArb neu geordnet und entscheidend stabilisiert: Nach 2-jähriger A. und bestandener Prüfung an der Wohlfahrtsschule sowie nach Bewährung in einem anschließenden Berufsjahr wurde die staatliche Anerkennung als Wohlfahrtspflegerin im Falle der Vollendung des 24. Lebensjahres ausgesprochen (Salomon 1927). Das damit implementierte Ausbildungsmuster für SozArb sollte die spätere Entwicklung dauerhaft prägen: eine A. außerhalb der Universitäten, zunächst nur – und bis heute ganz überwiegend – für Frauen sowie mit einem formalisierten Berufsübergang – dem Berufsanerkennungsjahr –, an dessen Ende die „staatliche Anerkennung" steht. Ab 1931 wurde dieses Muster einer 2-jährigen A. mit einem sich daran anschließenden berufspraktischen Jahr im sozialen Bereich zur reichseinheitlichen Ausbildungsform.

Nach dieser Phase des Aufbaus und einer ersten Konsolidierung der Wohlfahrtsschulen in den ersten 25 Jahren ihrer Existenz, die noch zusätzlich unterstützt wurde durch das Inkrafttreten des RJWG und durch die damit einhergehende Einrichtung von kommunalen Jugendämtern ab Mitte der 1920er-Jahre, erlitt das Ausbildungswesen für soziale Berufe ab 1933 einen Rückschlag und wurde in seiner Entwicklung nicht unwesentlich zurückgeworfen. Durch die Auflösung einzelner Wohlfahrtsschulen (etwa der der Arbeiterwohlfahrt in Berlin), die Umbenennung in „Nationalsozialistische Frauenschulen zur Volkspflege" und die Entlassung von Teilen des Lehrkörpers wurde vor allem die gewachsene Identität der Frauenschulen zerstört und durch eine „nationalsozialistische Geisteserhaltung" ersetzt *(Soziale Arbeit im Nationalsozialismus).*

Sozialpolitik, Soziologie und *Psychologie* verschwanden ebenso aus den Lehrplänen wie allgemeinbildende, theoretische und historische Anteile. Pflegende Tätigkeiten und eine ideologisierte Familienorientierung wurden zu neuen Maßstäben einer nationalsozialistischen Volkspflege; die Anbindung des *Jugendamtes* an die *Gesundheitsämter* und die Unterordnung der „Volkspflege" unter ärztliche Regie verstärkten den Prozess einer sozialpädagogischen Entfachlichung und einer größeren Distanz zu den theoretisch-wissenschaftlichen Ausbildungsanteilen der ehemaligen Wohlfahrtsschulen. Diese Akzentverlagerungen sollten Auswirkungen bis weit in die 1950er-Jahre haben.

Nach dem Zusammenbruch der nationalsozialistischen Diktatur kam es im Bereich der SozArb in der ehemaligen BRD zu einer Reorganisation der A., wobei auch Einflüsse der amerikanischen SozArb zum Tragen kamen. Nach einer anhaltenden Diskussion um die Aufwertung der bundesdeutschen SozArb im Horizont der internationalen Entwicklungen wurde dementsprechend 1958 eine Weiterentwicklung und Vereinheitlichung der A. beschlossen und zwischen 1959 und 1964 – mit Auftakt in NRW – in allen Bundesländern außer B-W eingeführt. Das modifizierte Konzept sah nunmehr eine 3-jährige A. an den neu eingeführten „Höheren Fachschulen" sowie ein viertes berufspraktisches Jahr, ebenfalls in Regie der Ausbildungsstätten, vor. Aus den ehemaligen Wohlfahrtsschulen wurden Höhere Fachschulen für Sozialarbeit, aus den Wohlfahrtspflegern und -pflegerinnen der Nachkriegsjahre wurden „graduierte Sozialarbeiterinnen".

Mit dieser modernisierten Grundstruktur waren die Weichen für ein verbessertes Image der A. für SozArb gestellt. Dennoch wurde mit der Errichtung von Fachhochschulen und dem damit verbundenen Aufstieg der SozArb in den Hochschulbereich zu Beginn der 1970er-Jahre nochmals eine deutliche Attraktivitätssteigerung erreicht. In diesem Kontext kam es zu einem starken institutionellen Ausbau und zu Neugründungen sowie zu einer verstärkten Annäherung von SozPäd und SozArb, etwa in gemeinsamen Fachbereichen oder in eigenständigen, vor allem konfessionellen, FHS für Sozialwesen.

Einen ähnlichen Verlauf nahm die Entwicklung der Ausbildung von dem/der Jugendleiter/in zum/zur Sozialpädagogen/in. Lange Zeit handelte es sich bei der ab 1911 staatlich geregelten Jugendleiterinnenausbildung um einen einjährigen Weiterbildungskursus für examinierte Kindergärtnerinnen im Anschluss an eine mindestens ein-, ab 1929 zweijährige Berufstätigkeit. Ziel war die Befähigung, einen Kindergarten, einen Hort, ein Kinderheim o. ä. zu leiten.

Ende der 1940er-Jahre wurde die Ausbildung auf 1,5 Jahre und Mitte der 1950er-Jahre dann auf 2 Jahre verlängert. In dieser Phase wurden auch die Weichen gestellt für eine grundsätzliche Neukonzipierung der Ausbildung jenseits einer Zusatzqualifikation für Kindergärtnerinnen im Anschluss an ihre A. und Berufstätigkeit.

In Verknüpfung mit der damals noch getrennten und nicht staatlich geregelten Heimerzieherausbildung, die seit Wichern eine mehr oder weniger innerkirchliche Entwicklung hinter sich hatte, wurde ab Mitte der 1960er-Jahre in einzelnen Bundesländern nach und nach die Jugendleiter/innen-Ausbildung zu einer 4-jährigen A. (3 Jahre Schule plus einjährigem Berufsanerkennungsjahr) an den – wie sie inzwischen analog zur Sozialarbeit hießen – Höheren Fachschulen für Sozialpädagogik mit dem Abschluss „Sozialpädagoge (grad.)" aufgewertet. Mit der Überführung der Höheren Fachschulen in FHS bzw. deren Neugründung ab dem Jahr 1971 erreichte auch die Neuordnung dieser A. ihren vorläufigen Abschluss und ihre organisatorische und statusmäßige Annäherung an die A. von Sozialarbeiterinnen.

Erst zu diesem Zeitpunkt kam – nach einer längeren Vorgeschichte (dazu Gängler 1994) – eine sozpäd A. an Universitäten hinzu. Im Rahmen des neu eingeführten Diplomstudiengangs Erziehungswissenschaft wurde ab Anfang der 1970er-Jahre eine eigene Studienrichtung Sozialpädagogik angeboten, die in diesem Studiengang überdurchschnittlich stark nachgefragt wurde, um die Arbeitsfelder und das Aufgabengebiet der SozArb auf universitärer Ebene abzudecken (vgl. Rauschenbach 2002; Otto/Rauschenbach 2002).

Aktuelle Ausbildungslandschaft

Heute stellt sich die Ausbildungslandschaft in der SozPäd/SozArb so dar, dass auf allen Ebenen des berufsqualifizierenden Bildungssystems – der Berufsfachschule, der Fachschule, der Fachhochschule (einschließlich der Dualen Hochschule) und der Universität – einschlägige Ausbildungen und Studiengänge angeboten werden.

Erzieher/innen: An zuletzt 626 Fachschulen für Sozialpädagogik, davon knapp 47 Prozent in privater Trägerschaft, werden gegenwärtig pro Jahr mehr als 20 000 Erzieher/innen erfolgreich ausgebildet (vgl. FKB 2014), zu über 95 Prozent Frauen. Damit stellt die A. zur/zum Erzieher/in nach wie vor die zahlenmäßig mit Abstand größte Gruppe an Ausgebildeten wie an berufstätigen Fachkräften in der SozArb dar.

Erzieher/innen werden an den Fachschulen für Sozialpädagogik (in Bayern: Fachakademien) in aller Regel in einer 2-jährigen schulischen Phase sowie einem daran anschließenden berufspraktischen Anerkennungsjahr ausgebildet, zu dem – sofern keine einschlägige Berufsausbildung vorliegt – meist noch ein einjähriges Vorpraktikum als Ausbildungsvoraussetzung vor Schulbeginn hinzukommt (Janssen 2011). Daraus folgt, dass die gesamte Ausbildungsdauer vier bis fünf Jahre beträgt, obgleich es sich hierbei nicht um eine Hochschulausbildung handelt.

Die A. zur Erzieherin/zum Erzieher soll die Auszubildenden befähigen, in verschiedenen sozialpädagogischen Arbeitsfeldern selbstständig tätig zu werden. Dennoch sind nach wie vor rund 84 % der fachlich tätigen Erzieherinnen im *Elementarbereich (Tageseinrichtungen für Kinder)* oder in den Hilfen zur Erziehung (8 %) beschäftigt (Statistisches Bundesamt 2010). Basis der A. von Erziehern/innen ist bis heute die 2002 in Kraft getretene Rahmenordnung der Kultusministerkonferenz (KMK).

Kinderpflegerinnen: Neben Erziehern/innen werden gegenwärtig jährlich 9 700 Kinderpflegerinnen vor allem an öffentlichen Berufsfachschulen ausgebildet; Männer sind hierbei so gut wie nicht zu finden (WiFF-Recherche 2015). Bis heute umstritten ist unterdessen, inwieweit die A. der Kinderpflegerinnen – ebenso wie die der Sozialassistent/innen – unter fachlichen Gesichtspunkten überhaupt als qualifizierte Fachkraftausbildung gelten kann.

Altenpfleger/innen: Nach einer Entscheidung des BVerfG im Oktober 2002 trat am 01.08.03 eine bundeseinheitlich geregelte Altenpflegeausbildung (Altenpflegegesetz) in Kraft. Diese A. an Fachschulen dauert vom Grundsatz her drei Jahre, kann ohne Mindestalterbegrenzung aufgenommen werden und ist als Erstausbildung möglich. Während der gesamten Zeit besteht ein Anspruch auf Ausbildungsvergütung. Inhaltlich lässt sich eine stärkere Hinwendung zu medizinisch-pflegerischen Aufgaben im Rahmen der A. erkennen *(Altenhilfe/Altenarbeit)*. Mit dem RegE für ein Pflegeberufsreformgesetz sollen die Ausbildungen in der Kinderkrankenpflege sowie der Kranken- und Altenpflege zu einer Ausbildung zusammengefasst werden. Die damit beabsichtige Reform ist höchst umstritten (Stand: Ende 2016).

Die praktische Ausbildung erfolgt verpflichtend in Altenheimen bzw. stationären Pflegeeinrichtungen und in ambulanten Pflegediensten; zusätzlich können weitere Ausbildungsabschnitte in anderen Einrichtungen für alte Menschen stattfinden. Es muss jedoch einen Träger der praktischen Ausbildung geben, der den Ausbildungsvertrag mit der Schülerin bzw. dem Schüler abschließt. Diese Aufgabe kann von einer stationären Pflegeeinrichtung bzw. einem Altenheim oder einem ambulanten Pflegedienst wahrgenommen werden. Die Einrichtung muss mit einer Altenpflegeschule einen Kooperationsvertrag abschließen oder selbst eine staatlich anerkannte Altenpflegeschule führen. Insgesamt werden derzeit ca. 66 000 Altenpflegerinnen an Berufsfachschulen, Fachschulen und Schulen des Gesundheitswesens ausgebildet (Statistisches Bundesamt 2015).

Sozialpädagogen/innen, -arbeiter/innen (FH): In den 1980er-Jahren schlossen an damals knapp 60 FHS bzw. Universitäten mit Fachhochschulstudiengängen und Gesamthochschulen etwa 7 000 und – in der zweiten Hälfte der 1990er-Jahre – ca. 8 500 Diplom-Sozialpädagoginnen/Sozialarbeiterinnen (FH) – ebenfalls mehrheitlich Frauen – pro Jahr ihr 6- bis 7-semestriges Studium ab, zu dem entweder noch ein Berufsanerkennungsjahr oder aber zwei integrierte halbjährige Praktika hinzukamen (sog. ein- oder zweiphasige Ausbildung).

Seit Beginn dieses Jahrhunderts wurden im Rahmen des Bologna-Prozesses die bisherigen Diplomstudiengänge sukzessive auf Bachelor-Studiengänge umgestellt. Zum Wintersemester 2015/16 bestand an fast 70 Standorten die Möglichkeit, ein Bachelor-Vollzeitstudium im Bereich der Sozialen Arbeit aufzunehmen. Dabei überschreitet die Zahl der Studiengänge die Zahl der Standorte um ein Vielfaches und hat sich durch die Bologna-Reform stark ausdifferenziert. Zuletzt wurden im Schnitt rund 11 000 Absolventen/innen pro Jahr ausgebildet.

Zusätzlich werden an FHS Studiengänge mit Master-Abschluss angeboten. Hierbei sind konsekutive Masterstudiengänge von sogenannten weiterbildenden Masterstudiengängen zu unterscheiden, die meist als (kostenpflichtige) Zusatz-, Ergänzungs- oder Aufbaustudiengänge konzipiert sind. Die Hochschulrektorenkonferenz wies in ihrem „Hochschulkompass" für das Wintersemester 2015/16 über 80 Masterstudiengänge im weiteren Bereich der Sozialen Arbeit aus, davon 50 konsekutive Master (‚nachfolgend', ‚aufbauend'), also Studiengänge, die auf einer Erstausbildung mit einem BA-Abschluss aufbauen. Darunter befinden sich zusehends auch spezialisierte Masterabschlüsse im Bereich der Therapie und Beratung, der Gerontologie, des Managements u. a.

Früh- und Kindheitspädagogen/innen (BA): In den vergangenen Jahren wurden Bachelor-Studiengänge zur frühkindlichen Bildung vor allem an Fachhochschulen eingerichtet. An mittlerweile 41 Fachhochschulen werden einschlägige Bachelor-Studiengänge für den frühpädagogischen Bereich angeboten, weitere 11 an Universitäten, Pädagogischen Hochschulen und Dualen Hochschulen. Der Ausbau dieses Studiengangsprofils an Hochschulen ist weitgehend abgeschlossen.

Dabei bestehen unterschiedliche Zugangsvoraussetzungen: Einige Studiengänge setzen eine abgeschlossene Erzieherausbildung sowie einschlägige Berufserfahrung voraus, andere sind als grundständige Studiengänge konzipiert. Die Jugend- und Familienministerkonferenz (JFMK) empfahl 2011 die Bezeichnung des Abschlusses als „staatlich anerkannte Kindheitspädagogin/staatlich anerkannter Kindheitspädagoge". Grundlage für die Anerkennungsverfahren soll der am 14. Dezember 2010 von der JFMK beschlossene „Orientierungsrahmen Bildung und Erziehung in der Kindheit" sein.

Die ersten Absolventinnen eines frühpädagogischen Studiengangs schlossen ihr Studium im Sommer 2007 ab. Verglichen mit den FS wird an FHS immer noch eine geringe Anzahl an Fachkräften der frühkindlichen Bildung ausgebildet, auch wenn die Zahl der Abschlüsse sich in den letzten fünf Jahren mehr als verdoppelte. Im Jahr 2014 waren rund 2 000 Absolventen dieser Fachrichtung zu verzeichnen (WiFF-Studiengangsmonitoring 2015).

Neben der wissenschaftlichen Ausbildung an FHS werden an einzelnen Universitäten ebenfalls BA-Studiengänge zur Pädagogik der frühen Kindheit angeboten. In Baden-Württemberg sind einschlägige Bachelor-Ausbildungen auch an den dortigen Pädagogischen Hochschulen angesiedelt.

Erziehungswissenschaftler/innen (Uni): Auf universitärer Ebene beendeten in den 1980er-Jahren jährlich etwa zwischen 800 und 1 200 sowie in den 1990er-Jahren bis zu 2 000 Diplom-Pädagogen mit dem Schwerpunkt Sozialpädagogik ihr Studium in einer Regelstudienzeit von 8 bis 9 Semestern (zuzüglich Prüfung und evtl. Praktika).

Seit dem Jahr 2000 liegen die Zahlen durchgängig bei jährlich weit über 4 000 Absolventen mit diesem Schwerpunkt. Für 2014 wies der Datenreport Erziehungswissenschaft 6 000 Prüfungen für BA-Studiengänge an Universitäten und 4 000 MA-/Dipl-./Magister-Abschlussprüfungen aus. Dabei war bei den Abschlüssen auf MA-Niveau ein Rückgang um 30 % zu beobachten (Kerst u. a. 2016).

Auch an den Universitäten ist die Umwandlung der Diplom- und Magister-Studiengänge in Bachelor- und Masterstudiengänge abgeschlossen. Zum WS 2014/15 wurden an 56 Universitäten Erziehungswissenschaft als Hauptfach-Bachelor-Studiengang und an 61 Hochschulen entsprechende Masterangebote angeboten. In den letzten Jahren wurden Masterstudiengänge verstärkt ausgebaut. An insgesamt 63 Hochschulen sind insgesamt 190 BA- und Masterstudiengänge zu finden, die allerdings vielfach nicht für den Bereich der SozPäd/SozArb qualifizieren (Grunert u. a. 2016).

Dem allgemeinen Trend einer begrifflichen und inhaltlichen Ausdifferenzierung folgend, finden sich Bezeichnungen wie z. B. BA „Bildungswissenschaft“, BA „Außerschulische Bildung“ oder auch BA „Sozialarbeit/Sozialpädagogik“. Bei den Masterstudiengängen verstärkt sich diese Entwicklung noch. Gegenwärtig findet ein Umbau der Studiengänge und der disziplinären Ausrichtungen statt, dessen Auswirkungen auf die Vergleichbarkeit von Studiengängen und die jeweiligen Anschlussmöglichkeiten von BA- und MA-Studiengängen noch nicht abzusehen ist.

Perspektiven

Seit Beginn der 1990er-Jahre veränderte sich das Spektrum der A. in SozPäd/SozArb und deren Stellung in Ausbildung und Beruf. Ein Potenzial von jährlich 40 000 bis 50 000 Neuausgebildeten auf den verschiedenen A.-Ebenen für SozArb stand zuletzt dem Arbeitsmarkt zur Verfügung. Durch die anhaltend starken Berufseinmündungszahlen in den *sozialen Berufen* haben sich langfristig auch die Akzeptanz und die Bedeutung dieser Ausbildungsberufe verändert. Sie gehören heute mehr denn je zu den wichtigsten Qualifizierungsmöglichkeiten auf akademischer und nichtakademischer Ebene für junge Frauen.

Vermutlich gibt es keine A., die den „Praktikern“ zufolge die Auszubildenden praxisnah genug ausbildet, aber auch keine A., die die Ansprüche der „Ausbilder“ zufriedenstellen könnte. Und dennoch wird es auch in Zukunft für die SozArb keine Alternative zu (hoch-)schulisch eigenständigen Formen der A. geben. Eine gewisse Spannung zwischen den Praxiserwartungen und den Ausbildungsmöglichkeiten – das sog. „Qualifikationsparadoxon“ – ist infolgedessen auch in Zukunft zu erwarten.

Die Auswirkungen der Bologna-Reform auf den disziplinären Ort der Sozialen Arbeit als Wissenschaft erscheinen derzeit ungewisser denn je, dürften aber eher zu weiteren Erosionsprozessen beitragen. So zeigt etwa das Beispiel der Kindheitspädagogik, dass dieser Bereich zwar akademischer werden soll, die disziplinäre und wissenschaftsstrategische Verortung dieses Teilgebietes zugleich aber ungeklärt ist und erst noch nachgeholt werden muss (dazu: AGJ 2010).

Dieser Klärungsprozess könnte als nichtintendierte Nebenwirkung gleichermaßen zu einem Bedeutungsverlust der Sozialpädagogik an Fachhochschulen und Universitäten führen wie zu einer Fragmentierung der Sozialen Arbeit. Etwas gelockert haben sich darüber hinaus die bisherigen formalen Hierarchien zwischen Fachhochschulen und Universitäten auf der einen und zwischen Hochschulen und Fachschulen im Lichte des Deutschen Qualifikationsrahmens (DQR) auf der anderen Seite (Berth u. a. 2013).

Mit Blick auf die nahe Zukunft zeichnen sich Entwicklungen und Herausforderungen ab, die es zu beobachten und zu prüfen gilt:

- die bessere Abstimmung und Verzahnung der vorhandenen Formen und Niveaus der A. im Nebeneinander von FS, FHS und Universitäten – dies gilt künftig vor allem auch für die Erzieher-Ausbildung bzw. die frühpädagogischen Hochschulstudiengänge;
- die institutionell und konzeptionell verbesserte Abstimmung von Erstausbildung, angewandter Forschung sowie der großen Zahl an Fort- und Weiterbildungsangeboten;
- die Folgen und Nebenwirkungen der massenhaften Umstellung von Diplomstudiengängen auf BA- und MA-Abschlüsse. Hierbei sind insbesondere an den Hochschulen auch die fachlich-disziplinären Folgen zu beachten.

Die A. in der SozArb haben im letzten Jh. den langen Weg eines mühsamen Aufstiegs, einer internen Ausdifferenzierung und einer qualitativen Reform hinter sich gebracht. Diese Reform- und Innovationsfähigkeit auch in Zukunft unter Beweis zu stellen, ohne sich in ungeprüften Modernisierungen zu verlieren, wird die Aufgabe in der ersten Hälfte des 21. Jahrhunderts sein.

Thomas Rauschenbach

Literatur

AGJ: Stellungnahme der Arbeitsgemeinschaft für Kinder- und Jugendhilfe: Frühpädagogische Studiengänge im Spannungsfeld von Spezialisierung und Generalisierung. Berlin 2010 • S. Borrmann: Bachelorstudiengänge Sozialer Arbeit an Hochschulen für angewandte Wissenschaften. Ergebnisse einer Curriculaanalyse., in: np 1/2016, 83–97 • FKB: Autorengruppe Fachkräftebarometer: Fachkräftebarometer Frühe Bildung 2014. Weiterbildungsinitiative Frühpädagogische Fachkräfte. München 2014 • F. Berth/A. Diller/C. Nürnberg/Th. Rauschenbach (Hrsg.): Gleich und doch nicht gleich. Der Deutsche Qualifikationsrahmen und seine Folgen für frühpädagogische Ausbildungen. München 2013 • H. Dießenbacher: Nehmen – Verteilen – Geben. Die Geburt des modernen Sozialarbeiters aus dem Geist der Heuchelei, in: np 4/1984, 374–380 • C. Grunert/K. Ludwig/M. Radhoff/C. Ruberg: Studiengänge und Standorte. In: H.-C. Koller/H. Faulstich-Wieland/H. Weishaupt/I. Züchner (Hrsg.): Datenreport Erziehungswissenschaft 2016. Opladen u. a. 2016, 19–69 • H. Gängler: Akademisierung auf Raten? Zur Entwicklung wissenschaftlicher Ausbildung zwischen Erziehungswissenschaft und Sozialpädagogik. In: H.-H. Krüger/Th. Rauschenbach, (Hrsg.): Erziehungswissenschaft. Die Disziplin am Beginn einer neuen Epoche. Weinheim/München 1994, 229 ff. • H. Janssen: Das Profil sozialpädagogischer Fachschulen. Ergebnisse einer qualitativen Befragung von Schulleitungen. Eine Studie der Weiterbildungsinitiative Frühpädagogische Fachkräfte (WiFF). WiFF Studie Nr. 9., München 2011 • C. Kerst/A. Wolter/I. Züchner: Studienabschlüsse und Arbeitsmarkt. In: H.-C. Koller/H. Faulstich-Wieland/H. Weishaupt/I. Züchner (Hrsg.): Datenreport Erziehungswissenschaft 2016. Opladen u. a. 2016, 99–134 • L. Mayer-Kulenkampff: Ausbildungsstätten für weibliche soziale Berufe. In: H. Nohl/L. Pallat (Hrsg.): Handbuch der Pädagogik, Bd. IV. Langensalza 1928, 282 ff. • H.-U. Otto/Th. Rauschenbach: Der Diplomstudiengang. In: H.-U. Otto/Rauschenbach/P. Vogel (Hrsg.): Erziehungswissenschaft: Lehre und Studium. Eine Einführung in vier Bänden, Bd. 2. Opladen 2002, 21 ff. • U. Rabe-Kleberg: Verantwortlichkeit und Macht. Ein Beitrag zum Verhältnis von Geschlecht und Beruf angesichts der Krise traditioneller Frauenberufe. Bielefeld 1993 • Th. Rauschenbach: Diplom-PädagogInnen – Gewinner oder Verlierer auf dem Arbeitsmarkt? In: H.-U. Otto/Th. Rauschenbach/P. Vogel (Hrsg.): Erziehungswissenschaft: Arbeitsmarkt und Beruf. Eine Einführung in vier Bänden, Bd. 4. Opladen 2002, 31 ff. • Ch. Sachße: Mütterlichkeit als Beruf. Frankfurt/M. 1986 • A. Salomon: Soziale Frauenbildung und soziale Berufsarbeit. Leipzig/Berlin 1917, 58 • A. Salomon: Die Ausbildung zum sozialen Beruf. Berlin 1927 • Statistisches Bundesamt: Fachserie 11, Reihe 2, Bildung Kultur – Berufliche Schulen, Schuljahr 2014/15. Wiesbaden 2015 • Statistisches Bundesamt: Sonderauswertung vom Januar 2016. Studierende und Prüfungen an Hochschulen (Fachserie 11, Reihen 4.1 und 4.2). Wiesbaden 2016 • Statistisches Bundesamt: Statistiken der Kinder- und Jugendhilfe. Kinder und tätige Personen in Tageseinrichtungen und in öffentlich geförderter Kindertagespflege, verschiedene Jahrgänge • Statistisches Bundesamt: Statistiken der Kinder- und Jugendhilfe. Einrichtungen und tätige Personen (ohne Tageseinrichtungen für Kinder). Wiesbaden 2010 • WiFF-Recherche: Statistisches Bundesamt: Fachserie 11, Reihe 2, Bildung Kultur – Berufliche Schulen, Schuljahr 2013/14 Wiesbaden 2014 • sowie ergänzende Tabellen zur Fachserie • Ländergebnisse der Statistischen Landesämter. Dortmund 2015 • WiFF-Studiengangsmonitoring 2015: URL: http://www.fachkraeftebarometer.de/ausbildung/kindheitspaedagoginnen (14.01.2016).

Ausbildungsförderung

Über Jahrzehnte hat sich die individuelle finanzielle Förderung des Lebensunterhalts während der *Ausbildung* ausgeweitet bei gleichzeitigem Wegfall finanzieller Beiträge der Auszubildenden zu den Kosten der Ausbildung. Diese Entwicklung führte zur Abschaffung von Lehr-, Schul- und Hörgeld.

A. soll den Lebensunterhalt während der jahrlangen Ausbildung ganz oder teilweise sichern. Unterhaltsrechtlich ist die Deckung des Lebensbedarfs durch § 1610 Abs. 2 BGB klar geregelt. Danach umfasst der von den Eltern geschuldete Unterhalt „die Kosten einer angemessenen Vorbildung zu einem Beruf …“ *(Unterhaltsrecht)*. Mangelnde wirtschaftliche Leistungsfähigkeit vieler Unterhaltspflichtiger bzw. deren langjährige Überforderung im Verhältnis zu Personen ohne Unterhaltspflichten verlangen A. zur Schaffung von *Chancengleichheit,* von sozialem Ausgleich, aber auch zur Sicherung des gesellschaftlichen Bedarfs an einer ausreichenden Zahl an gut ausgebildeten Fachkräften.

In der beruflichen Ausbildung decken Rechtsansprüche auf Ausbildungsvergütung nach den §§ 10 und 18 des Berufsbildungsgesetzes, ausgefüllt durch tarifvertragliche Vergütung, weitgehend die Kosten des Lebensunterhalts der Auszubildenden. Die berufliche Ausbildung dauert etwa drei Jahre; die Auszubildenden sind vielfach erst gegen Ende der Ausbildung volljährig *(Volljährigkeit)*.

Für den Bereich der *Arbeitsförderung* werden nach den §§ 59–87 SGB III mit erheblichen Mitteln Berufsausbildung *(Berufliche Bildung)* und berufliche *Weiterbildung* gefördert.

Der Bund subventioniert Begabtenförderungswerke der Kirchen, Cusanuswerk Bischöfliche Studienförderung, Evangelisches Studienwerk Villigst und Studienwerke der parteinahen Stiftungen: Konrad-Adenauer-Stiftung (CDU-nah), Heinrich-Böll-Stiftung (Grünen-nah), Friedrich-Ebert-Stiftung (SPD-nah), Rosa-Luxemburg-Stiftung (Die Linke-nah), Hanns-Seidl-Stiftung (CSU-nah) sowie die gewerkschaftliche Hans Böckler Stiftung und unterhält die Studienstiftung des Deutschen Volkes als Begabtenförderung. Auf Landesebene kommen zahlreiche weitere Einrichtungen der A. hinzu, nicht nur auf Hochschulebene, sondern auch zur Förderung der beruflichen Ausbildung.

Rechtsgrundlagen der Ausbildungsförderung

Die Rechtsvorschriften der A. i. w. S. sind nicht in einem einheitlichen Gesetz zusammengefasst, sondern finden sich in einer Vielzahl von Gesetzen.

A. i. e. S. wird geleistet nach dem Bundesausbildungsförderungsgesetz (BAföG) v. 26. 8. 1971 (BGBl. I S. 1409) zuletzt geändert am 27. 07. 2015 (BGBl. I, S. 1386) und nach dem Aufstiegsfortbildungsförderungsgesetz (AFBG) v. 23. 4. 1996 (BGBl. I S. 623), besser bekannt als „Meister-BAföG", wie es fortan bezeichnet wird.

1971 löste das BAföG an Hochschulen das „Honnefer Modell" von 1955 ab und erfasste den Sekundär- und Tertiärbereich des Bildungswesens Das Meister-BaföG übertrug 25 Jahre später das bewährte System des BAföG auf den Bereich der beruflichen Aufstiegsfortbildung.

Leistungsumfang/Leistungsdauer

Während beim BAföG die Kosten des Lebensunterhalts im Vordergrund stehen, fördert das Meister-BAföG zusätzlich die Kosten der Fortbildung. Beide Förderungen werden durch Kreditprogramme ergänzt.

Bundesausbildungsförderungsgesetz (BAföG)

Nach der 20. Sozialerhebung des Deutschen Studentenwerks (www.studentenwerk.de) verfügte bundesweit der „Normalstudent" 2012 durchschnittlich über 881/778 € (alte/neue Bundesländer).

BAföG war 2012 für 32 % der Studierenden eine der Finanzierungsquellen neben Elternleistung für 87 % und Erwerbstätigkeit für 63 %, wobei die Studierenden durchschnittlich mehr als zwei Finanzierungsquellen in Anspruch nehmen.

Der Regelbedarf beträgt ab 01. 10. 2016 für einen in Deutschland oder in der EU auswärts wohnenden Studierenden 649 €, die Maximalförderung wegen hoher Miete, selbst zu zahlender Kranken- und Pflegeversicherung beläuft sich auf 735 €. Hinzu kommt ein gestaffelter Kinderbetreuungszuschuss von 130 € für jedes Kind. Die Förderung besteht zu 50 % aus Zuschuss und zu 50 % aus unverzinslichem Darlehen.

Die Förderungshöchstdauer entspricht der Regelstudienzeit. Bei Universitätsstudiengängen sind dies i. d. R. 8–9 Semester, bei Fachhochschulstudiengängen i. d. R. 7–8 Semester. Zeiten in der Studentenvertretung verlängern die Förderungshöchstdauer.

Seit 2001 hat die BReg das Bildungskreditprogramm für Ausbildung und Studium aufgelegt, bei dem Einkommen und Vermögen des Antragstellers nicht berücksichtigt werden. Der monatliche Betrag beläuft sich auf maximal 300 € und wird für maximal 2 Jahre, also bis zu 7 200 €, gewährt. Es besteht kein Anspruch auf Gewährung des zinsgünstigen Darlehens. Ziel ist die Beschleunigung des Ausbildungsabschlusses.

Aufstiegsfortbildungsgesetz – „Meister-BAföG" (AFGB)

Am 1. August 2016 trat die Novelle zum Aufstiegsfortbildungsförderungsgesetz (AFGB) in Kraft. Mit dieser Novelle wird auch das „Meisterbafög" neu geregelt und erhält auch eine neue Bezeichnung als „Aufstiegsbafög". Es sieht eine Reihe von Verbesserungen für Meister-Schüler vor, u. a. werden die monatlichen Zuschüsse angehoben und die Darlehensschulden gesenkt (Einzelheiten unter www.aufstiegsbafög.de)

Reiner Kühnel

Literatur

E.-A. Blanke/R. Deres (Hrsg.): Ausbildungsförderungsrecht, Köln [39]2016 ◆ BM für Bildung und Forschung (Hrsg.): Die wirtschaftliche und soziale Lage der Studierenden in der Bundesrepublik Deutschland 2012,20. Sozialerhebung des Deutschen Studentenwerks, Bonn 2013 ◆ G. Stephany: Das Honnefer Modell, Berlin 1968 ◆ Verbraucherzentrale: Clever studieren – mit der richtigen Finanzierung [5]2014.

Links
www.meister-bafoeg. de
www.studentenwerke.de

Ausländer- und Asylrecht

Bisherige Entwicklung

Kaum ein Rechtsbereich hat in den letzten Jahren so viele Pro- und Contra-Stimmen provoziert wie der Bereich des Ausländerrechts. Der Begriff sammelt völlig unterschiedliche rechtliche Situationen von Menschen, die alle nur Eines gemeinsam haben: sie sind keine deutschen Staatsangehörigen. Unter dem Sammelbegriff des Ausländerrechts werden Einreise- und Aufenthaltssituationen von Einzelnen und ganzen Familien (Familiennachzug) sowie von Flüchtlingen und Asylsuchenden geregelt.

Neben der Vielzahl höchst unterschiedlicher Tatbestände kommt eine ebenso unterschiedliche Regelungsdichte in den einzelnen Bereichen zum Tragen.

Es gibt internationale Regelungen (Abkommen über die Rechtsstellung der Flüchtlinge-Genfer Flüchtlingskonvention vom 28. Juli 1951, UN-Kinderrechtekonvention, Regelungen auf der europäischen Ebene (EU-Vertrag, Schengener Durchführungsübereinkommen vom 19. Juli 1990-SDÜ), Unionsrecht wie Dublin III-Verordnung, Aufnahme- und Verfahrensrichtlinie, Rückführungsrichtlinie) sowie bundesrechtliche Regelungen (Gesetz über den Aufenthalt, die Erwerbstätigkeit und die Integration von Ausländern im Bundesgebiet, Aufenthaltsgesetz (AufenthG), Gesetz über die allgemeine Freizügigkeit von Unionsbürgern, Freizügigkeitsgesetz/EU FreizügG/EU), Asylgesetz, Asylbewerberleistungsgesetz, Gesetz zur Neubestimmung des Bleiberechts und der Aufenthaltsbeendigung vom 01. August 2015, sowie das Gesetz über die Rechtsstellung heimatloser Ausländer im Bundesgebiet zur Steuerung und Begrenzung der Zuwanderung und zur Regelung des Aufenthalts und der Integration von Unionsbürgern und Ausländern), die jeweils einzelne Bereiche der genannten Tatbestände regeln. Aber auch hier bleibt festzuhalten: der Regelungsbereich ist nicht immer deckungsgleich, nicht immer erschöpfend und nicht immer von der gleichen rechtlichen Wirkung. Dies zeigt sich insbes. im Verhältnis internationaler Abkommen zum nationalen deutschen Recht.

Rechtliche Bestimmungen für Flüchtlinge und Asylsuchende

Zur Feststellung von Flüchtlingsschutz nach der Genfer Flüchtlingskonvention oder Asyl nach Art. 16a GG durchlaufen alle Flüchtlinge ein Asylverfahren. Asylberechtigte genießen im Bundesgebiet die Rechtsstellung nach dem Abkommen über die Rechtsstellung der Flüchtlinge. Sie sind gleichgestellt.

Internationaler Schutz (Zuerkennung der Flüchtlingseigenschaft) ist in § 3 AsylG und subsidiärer Schutz in § 4 AsylG geregelt.

Ein Ausländer ist Flüchtling im Sinne des Abkommens über die Rechtstellung der Flüchtlinge, wenn er sich aus begründeter Furcht vor Verfolgung wegen seiner Rasse, Religion, Nationalität, politischen Überzeugung oder Zugehörigkeit zu einer bestimmten sozialen Gruppe außerhalb des Landes (Herkunftsland) befindet, dessen Staatsangehörigkeit er besitzt und dessen Schutz er nicht in Anspruch nehmen kann oder wegen dieser Furcht nicht in Anspruch nehmen will oder in dem er als Staatenloser seinen vorherigen gewöhnlichen Aufenthalt hatte und in das er nicht zurückkehren kann oder wegen dieser Furcht nicht zurückkehren will.

Subsidiärer Schutz ist zu gewähren, wenn der Ausländer stichhaltige Gründe für die Annahme vorgebracht hat, dass ihm in seinem Herkunftsland ein ernsthafter Schaden droht. Als ernsthafter Schaden gilt die Verhängung oder Vollstreckung der Todesstrafe; Folter oder unmenschliche oder erniedrigende Behandlung oder Bestrafung oder eine ernsthafte individuelle Bedrohung des Lebens oder der Unversehrtheit einer Zivilperson infolge willkürlicher Gewalt im Rahmen eines internationalen oder innerstaatlichen bewaffneten Konflikts.

Art. 16a GG gewährt Ausländern, die politisch verfolgt werden, Asyl. Dieses Grundrecht auf Asyl wurde durch den Asylkompromiss 1993 in zweifacher Hinsicht eingeschränkt. Bei einreise über einen sicheren Drittstaat wird kein Asyl gewährt. Bei Flucht aus einem sicheren Herkunftsland kann auch ein Asylantrag gestellt werden. Ein positiver Bescheid ist aber nur dann möglich, wenn entsprechende Tatsachen vorgetragen werden, aus denen sich ein Verfolgungsgrund oder Gründe für subsidiären Schutz ergeben. Es findet grundsätzlich eine Einzelfallprüfung und eine Anhörung statt.

Flüchtlinge, denen weder internationaler noch subsidiärer Schutz bzw. Asyl zuerkannt wird, können in Deutschland eine Aufenthaltserlaubnis aus humanitären Gründen § 25 AufenthG bekommen, wenn bspw. ein Abschiebungsverbot nach § 60 Abs. 5 oder § 60 Abs.7 AufenthG (§ 25 Abs. 3 AufenthG) vorliegt oder die Abschiebung aus rechtlichen oder tatsächlichen Gründen unmöglich ist und mit dem Wegfall der Ausreisehindernisse in absehbarer Zeit nicht zu rechnen ist (§ 25 Abs.5 AufenthG).

Dies kommt in der Praxis sehr häufig vor, etwa wenn Ausländer aus gesundheitlichen Gründen nicht ausreisen können oder wenn sich Herkunftsländer weigern, ihre Staatsangehörigen zurückzunehmen, wenn z. B. Dokumente abhandengekommen sind.

Die Entwicklung eines Gemeinsamen Europäischen Asylsystems (GEAS) und eines europäischen Einwanderungs- und Aufenthaltsrechts sowie die Auswirkungen auf die nationale Gesetzgebung

Die EU ist ein Raum der Freiheit, der Sicherheit und des Rechts. Dies zeigt sich auch darin, dass Arbeitnehmern Freizügigkeit und Asylsuchenden Schutz gewährt wird. Ebenso ist auf der europäischen Ebene ein funktionierendes Rechtsschutzsystem etabliert, das auch gerade von Asylsuchenden immer öfter in Anspruch genommen wird. Über Klagen, in denen es um die Einhaltung der Regelungen aus den Richtlinien geht, wird vor dem EuGH entschieden. Beschwerden, die eine Verletzung der Rechte der Antragsteller aus der EMRK (Europäische Menschenrechtskonvention) rügen, werden vor dem Europäischen Gerichtshof für Menschenrechte in Straßburg verhandelt.

Darüber hinaus haben Unionsbürger das Recht, sich in jedem anderen Mitgliedstaat unter den gleichen Voraussetzungen wie Inländer wirtschaftlich zu betätigen, also selbständig oder unselbständig tätig zu sein sowie Dienstleistungen anzubieten oder zu empfangen.

Auch für Staatsangehörige von Kroatien gelten seit dem 1. Juli 2015 keine Beschränkungen der Arbeitnehmerfreizügigkeit mehr. Damit bestehen für keinen Mitgliedstaat mehr Einschränkungen beim Arbeitsmarktzugang.

Die seit Jahren geforderte Neuregelung des Ausländerrechts muss sich der Herausforderung einer geregelten dauerhaften Zuwanderung stellen. Seit Inkrafttreten des Zuwanderungsgesetzes in Deutschland im Jahr 2005 wird immer wieder über ein Einwanderungsgesetz diskutiert. Ein solches Einwanderungsgesetz soll insbes. die Einwanderung in den Arbeitsmarkt regeln und so einen legalen Zugang nach Deutschland schaffen. Sehr wahrscheinlich würde die Einführung eines solchen Gesetzes auch das Asylverfahren entlasten, da viele Antragsteller v. a. aus wirtschaftlichen Gründen nach Deutschland einreisen, weil sie für sich gute Chancen auf dem Arbeitsmarkt insbes. in sog. Mangelberufen sehen. Häufig ist es jedoch so, dass diese Antragsteller einen ablehnenden Asylbescheid erhalten, da keine Asylgründe vorliegen und sie deshalb wieder ausreisen müssen – mit der Konsequenz, dass sie dem deutschen Arbeitsmarkt nicht zur Verfügung stehen können, weil das Asylverfahren der falsche Weg für eine Arbeitsmigration ist. Dies trifft aktuell besonders auf Flüchtlinge aus den Westbalkanstaaten zu, die aufgrund mangelnder EU-Mitgliedschaft noch keine Freizügigkeit genießen und als Asylbewerber keine Chance auf Anerkennung als Flüchtling haben, weil sie aus sicheren Herkunftsstaaten kommen.

In den letzten drei Jahren ist allerdings nicht nur die Arbeitsmigration in die öffentliche Wahrnehmung gerückt, sondern aufgrund steigender Flüchtlingszahlen v. a. das Thema Asyl.

Im Bereich des Asyl- und Flüchtlingsschutzes sind auf europäischer Ebene seit 2003 zahlreiche Rechtsakte erlassen worden, die heute die Grundlagen für einen Raum des Flüchtlingsschutzes und der Solidarität in der EU bilden. Deutschland hat sich hieran aktiv beteiligt.

Die Entwicklung eines Gemeinsamen Europäischen Asylsystems (GEAS) ist Voraussetzung für die Umsetzung eines gemeinsamen Asylverfahrens sowie eines einheitlichen Schutzstatus für Flüchtlinge in der gesamten EU.

Seinen Ursprung hat das GEAS in der Entwicklung des Schengen-Raums mit der Abschaffung der Grenzkontrollen an den Binnengrenzen und dem dadurch erforderlichen Schutz der inneren Sicherheit. Damit sowohl die Freizügigkeit als auch die Sicherheit der Menschen gewährleistet werden konnte, musste die Zusammenarbeit in der EU in vielen Bereichen, darunter auch Einwanderung und Asyl, verbessert werden.

Zum GEAS gehört auch die Einrichtung des Europäischen Unterstützungsbüros für Asylfragen (EASO), das am 19. Juni 2011 seine Tätigkeit auf Malta aufgenommen hat. EASO ist eine Agentur der EU, die die praktische Zusammenarbeit der Mitgliedstaaten im Bereich Asyl, insbes. die Umsetzung des GEAS, unterstützt und koordiniert.

Die erste Harmonisierungsphase des Asyl- und Flüchtlingsrechts war im Wesentlichen in 2005 mit der Verabschiedung von Mindestnormen abgeschlossen. Fünf Rechtsinstrumente gelten heute als Bausteine der europäischen Asylpolitik und bilden zusammen den „Asyl-Besitzstand“: die Aufnahmerichtlinie, die Anerkennungsrichtlinie, die Asylverfahrensrichtlinie, die Dublin-III-Verordnung und die Eurodac-Verordnung.

Bis Mitte 2013 sind neugefasste Regelungen zu einem GEAS in Kraft getreten, mit denen die bestehenden Rechtsinstrumente weiter entwickelt worden sind. Die Änderungen betreffen die Asylzuständigkeit der Mitgliedstaaten, das Asyl- und Anerkennungsverfahren und die Aufnahmebedingungen. Das Ziel sind gerechte und effiziente Verfahren mit hohen Schutzstandards, mit denen auch Missbrauch verhindert werden kann.

Unabhängig davon, in welchem Mitgliedstaat sich Schutzsuchende aufhalten, sollen sie eine gleichwertige Behandlung bei den Aufnahmebedingungen und den Verfahrensgarantien sowie hinsichtlich der Festlegung des Schutzstatus erhalten. Leider ist dies in noch nicht allen Mitgliedstaaten der Fall, was dazu führt, dass Flüchtlinge zwar – wie nach der Dublin-III-Verordnung vorgesehen – oft in dem Mitgliedstaat einen Asylantrag stellen, in dem sie zuerst europäischen Boden betreten haben, anschließend aber weiterreisen und in ihrem eigentlichen Zielstaat (häufig Deutschland oder Schweden) einen erneuten Antrag auf Asyl stellen. Dies führt in der Praxis zu langwierigen Verfahren und häufig auch zu unbefriedigenden Lösungen, da es tatsächlich auf den Einzelfall ankommt, ob jemand in den zuständigen Mitgliedstaat zurückgeführt wird oder nicht.

Besonders problematisch in diesem Zusammenhang sind nicht einmal so sehr die noch nicht vollständig angeglichenen Bedingungen im Asylverfahren, sondern die sehr unterschiedlichen Lebensbedingungen von anerkannten Flüchtlingen nach Abschluss des Asylverfahrens im jeweiligen Mitgliedstaat. Von europäischer Seite ist nur Gleichbehandlung mit eigenen Staatsangehörigen vorgesehen. Die Möglichkeiten für anerkannte Schutzberechtigte, sich tatsächlich in dem Land zu integrieren, das ihnen Schutz gewährt hat, hängt sehr stark von der wirtschaftlichen Leistungsfähigkeit und dem Ausbau des Sozialstaats in dem jeweiligen Land ab. So kann der Zugang zu medizinischer Versorgung, zu Bildung, zum Wohnungs- und Arbeitsmarkt aufgrund fehlender Integrationsmaßnahmen und fehlender finanzieller Unterstützung derart erschwert sein, dass Schutzberechtigte mit Obdachlosigkeit und Perspektivlosigkeit konfrontiert sind. Gerade die unterschiedlichen sozialstaatlichen Bedingungen in den Mitgliedstaaten sind das größte Hindernis auf dem Weg zu einer europäischen Lösung der Flüchtlingskrise, da auch die oft diskutierte Kontingentlösung daran scheitern kann, dass Flüchtlinge genau wie im Dublin-System nicht in dem für sie vorgesehenen Mitgliedstaat bleiben wollen und deshalb in ihr „Wunschland" weiterreisen werden.

Neueste Rechtsentwicklungen im nationalen Recht

1) Asylverfahrensbeschleunigungsgesetz. Aufgrund der hohen Flüchtlingszahlen sah sich die BReg in der Pflicht, gesetzgeberisch tätig zu werden. Asylverfahren sollen künftig schneller durchgeführt, Integrationsangebote verstärkt und Anreize, das Asylverfahren in Deutschland zu beantragen, gesenkt werden.

Am 24. Oktober 2015 ist daher das Asylverfahrensbeschleunigungsgesetz in seinen wesentlichen Regelungen in Kraft getreten. Das Gesetz beinhaltet neben Änderungen des Asylverfahrensgesetzes (jetzt AsylG), des Aufenthaltsgesetzes und des Asylbewerberleistungsgesetzes auch die Änderung der Beschäftigungsverordnung und der Integrationskursverordnung.

Mit dem Regelwerk werden die Asylverfahren beschleunigt, die Unterbringung und Versorgung von Asylbewerbern und Flüchtlingen erleichtert sowie die Integration von Flüchtlingen und Asylbewerbern mit guter Bleibeperspektive in die Gesellschaft und den Arbeitsmarkt verbessert. Gleichzeitig werden mögliche Fehlanreize für unberechtigte Asylanträge reduziert, indem z. B. die Bundesländer entscheiden können, ob sie statt Geldleistungen auch Sachleistungen ausgeben.

Die Liste der sicheren Herkunftsstaaten (bisher Ghana, Senegal, Serbien, Mazedonien und Bosnien-Herzegowina) wird um Albanien, Kosovo und Montenegro erweitert. Kommt ein Asylbewerber aus einem sog. sicheren Herkunftsland, wird zunächst davon ausgegangen, dass in diesem Land keine politische Verfolgung stattfindet. Dennoch wird der Asylbewerber angehört und es findet eine Einzelfallprüfung statt.

Die Liste der sicheren Herkunftsstaaten ist im GEAS nicht einheitlich festgelegt. Sie variiert von Mitgliedstaat zu Mitgliedstaat. Für die Zukunft ist eine solche einheitliche Liste von der EU-Kommission aber geplant und auch sinnvoll.

Zudem entlastet der Bund die Länder und Kommunen finanziell, indem er sich an den Kosten für Asyl- und Schutzsuchende, für unbegleitete Minderjährige und die Kinderbetreuung beteiligt. Im Einzelnen erhalten die Länder 670 € pro Monat pro Asylbewerber vom Tag der Erstregistrierung bis zum Abschluss des Asylverfahrens. Außerdem werden die Leistungen des Bundes für den sozialen Wohnungsbau im Rahmen der Entflechtungsmittel aufgestockt.

2) Gesetz zur Einführung beschleunigter Asylverfahren. Am 17. März 2016 trat das Gesetz zur Einführung beschleunigter Asylverfahren (sog. „Asylpaket II") in Kraft. Ziel war nicht nur die Einführung beschleunigter Asylverfahren in besonderen Erstaufnahme-Einrichtungen, sondern auch die Einschränkung von Familienzusammenführungen für subsidiär Schutzberechtigte, sowie eine Verschärfung der Regelungen zu krankheitsbedingten Abschiebungsverboten.

In den besonderen Erstaufnahme-Einrichtungen werden jetzt v.a. die Verfahren von Schutzsuchenden aus sog. sicheren Herkunftsstaaten und Folgeanträge bearbeitet. Die Regelungen zu beschleunigten Verfahren nach der Einreise in das Bundesgebiet dienen dem Ziel, schneller Klarheit zu haben, ob ein Schutzsuchender bleiben kann oder nicht. Diese Klarheit liegt nicht nur im Interesse der Asylbewerber und ihrer Unterstützer, sondern v.a. auch der Länder und Kommunen. Die beschleunigten Verfahren sind zeitlich und in ihrem Anwendungsbereich begrenzt.

Desweiteren wurde der Familiennachzug zu Flüchtlingen, die nach ihrem Asylverfahren „subsidiären Schutz" erhalten haben, für zwei Jahre („Wartezeit") eingeschränkt. Alle anderen Flüchtlinge und ihre Familien sind von dieser Regelung nicht erfasst – also weder Flüchtlinge, die Schutz nach der Genfer Flüchtlingskonvention erhalten haben noch anerkannte Asylberechtigte. Ebenfalls nicht betroffen sind Flüchtlinge, die bereits jetzt schon subsidiären Schutz haben.

Die jetzt verabschiedete Regelung für subsidiär Geschützte ist mit dem EU-Recht vereinbar, weil auch die Familienzusammenführungsrichtlinie eine Wartezeit von höchstens zwei Jahren vorsieht. Die Neuregelung ist zudem befristet und sieht folgende Einschränkungen vor:

Die Regelung tritt automatisch nach zwei Jahren wieder außer Kraft, sie ist also der Sondersituation der aktuell sehr hohen Zugangszahlen geschuldet. Die Wartefrist gilt nur für zwei Jahre nach Inkrafttreten des Gesetzes: Wer also z.B. ein Jahr nach Inkrafttreten subsidiären Schutz bekommt, hat dann auch nur ein Jahr Wartezeit. Ebenso wurde im Gesetzgebungsverfahren klargestellt, dass Ausnahmen für Härtefälle nach §§ 22 und 23 Aufenthaltsgesetz weiterhin möglich sind.

In den letzten Monaten hat sich gezeigt, dass von der Regelung hauptsächlich Asylbewerber aus Syrien betroffen sind. Da das schriftliche Verfahren für Antragsteller aus Syrien, Eritrea und Irak mit Inkrafttreten des Asylpaket II wieder abgeschafft wurde, wird auch bei Antragstellern aus diesen Ländern wieder angehört, was dazu führt, dass in vielen Fällen mangels Vorliegen von Verfolgungsgründen nur der subsidiäre Schutz zuerkannt werden kann. Diese Praxis hat aktuell zu einer Klagewelle bei den Verwaltungsgerichten geführt, weil die Kläger wegen der Einschränkung beim Familiennachzug den vollen internationalen Schutz nach der Genfer Konvention begehren.

Der Streit vor Gericht dreht sich v.a. darum, ob Antragsteller aufgrund ihres Asylgesuchs in Deutschland bei einer Rückkehr nach Syrien als Regimekritiker politischer Verfolgung ausgesetzt wären oder nicht. Einzelne Verwaltungsgerichte sehen eine Verfolgung als gegeben und sprechen den Klägern den vollen internationalen Flüchtlingsschutz zu.

Durch das Asylpaket II wurde darüber hinaus der Versuch unternommen, die Regelungen im Bereich der krankheitsbedingten Abschiebungshindernisse (§ 60 Abs. 7 AufenthG) zu verschärfen. So soll eine posttraumatische Belastungsstörung (PTBS), die besonders häufig vorgetragen wird, regelmäßig keine schwerwiegende Erkrankung sein und grundsätzlich einer Abschiebung nicht entgegenstehen. Allerdings spricht der Gesetzeswortlaut nach wie vor von schwerwiegenden oder lebensbedrohlichen Erkrankungen, die sich im Zielstaat nicht wesentlich verschlechtern dürfen, wobei im Zielstaat aber keine gleichwertige medizinische Versorgung gegeben sein muss.

Dies bedeutet, dass eine PTBS, wenn ein entsprechendes Attest/Gutachten vorgelegt wird, dennoch schwerwiegend oder lebensbedrohlich sein kann (Suizidgefahr) und demnach ein medizinisches Abschiebungshindernis vorliegt. Die vorgelegten ärztlichen Stellungnahmen müssen die Kriterien der Rechtsprechung des BVerwG (BVerwGE 10 C 8.07 v. 11.09.2007) erfüllen. Dies ist aber keine Neuerung, sondern wurde schon vorher so gehandhabt.

Eine weitere Verschärfung wurde mit § 60a Abs. 2c AufenthG vorgenommen. So muss bei Geltendmachung eines medizinischen Abschiebungshindernisses unverzüglich eine qualifizierte ärztliche Bescheinigung vorgelegt werden. Demnach sind ärztliche Bescheinigungen von fachfremden Ärzten (bspw. ein Internist bescheinigt eine psychische Erkrankung) nicht geeignet, ebenso Bescheinigungen von Psychologen oder Therapeuten, die keine Approbation vorweisen können

3) Gesetz zur Neubestimmung des Bleiberechts und der Aufenthaltsbeendigung. Das Gesetz zur Neubestimmung des Bleiberechts und der Aufenthaltsbeendigung ist am 1. August 2015 in Kraft getreten. Erstmalig ist es damit in Deutschland möglich, ein Bleiberecht für nachhaltige Integrationsleistungen zu erhalten. Ebenso wird – neben weiteren humanitären Verbesserungen – die Bleibeperspektive für gut integrierte jugendliche und heranwachsende Ausländer ohne sicheren Aufenthaltsstatus deutlich verbessert. Daneben hilft das Gesetz, bestehende Ausreisepflichten schneller und konsequenter als bisher durchzusetzen. Nicht schutzbedürftige Ausländer, die unter keinem Aspekt für ein Bleiberecht in Betracht kommen, müssen zügiger als bisher in ihre Heimatländer zurückkehren. Auch das Ausweisungsrecht wird in diesem Zusammenhang umfassend überarbeitet. So ist z. B. das Bundesamt für Migration und Flüchtlinge auch zuständig für die Anordnung eines Einreise- und Aufenthaltsverbots in Fällen einer freiwilligen Ausreise. Die Dauer eines solchen Einreise- und Aufenthaltsverbots hängt stark vom Einzelfall ab. So kann der Antragsteller Gründe für eine kürzere Frist (z. B. familiäre Gründe oder hohes Lebensalter) geltend machen.

Die Möglichkeit, ein solches Einreise- und Aufenthaltsverbot auszusprechen, wird den Mitgliedstaaten auch ausdrücklich in Art. 11 der Rückführungsrichtlinie 2008/115/EG vom 16. Dezember 2008 eingeräumt.

Ziel dieser Rechtsänderungen ist es auch, die Akzeptanz für die Aufnahme von Schutzbedürftigen und für die legale Zuwanderung nach Deutschland langfristig zu stärken.

4) Gesetz zur Verbesserung der Rechtsstellung von asylsuchenden und geduldeten Ausländern. Das Gesetz vom 23. Dezember 2014 (BGBl. 2439) ist am 1. Januar 2015 in Kraft getreten. Es enthält zum einen Anpassungen im Asylverfahrensgesetz (jetzt AsylG) und im Aufenthaltsgesetz bei der räumlichen Beschränkung für Asylbewerber und Geduldete, der so genannten Residenzpflicht. Die Residenzpflicht wird nach drei Monaten Aufenthalt im Bundesgebiet grundsätzlich angeschafft. Um dabei weiterhin eine gerechte Verteilung der Sozialkosten zwischen den Ländern zu gewährleisten, wird eine Wohnsitzauflage für solche Asylbewerber und Geduldete eingeführt, deren Lebensunterhalt nicht gesichert ist. Des Weiteren sieht das Gesetz Anpassungen im Asylbewerberleistungsgesetz vor (Inkrafttreten: 1. März 2015). Diese bestimmen, dass das Sachleistungsprinzip in seiner bisherigen Form zukünftig nur noch während der Zeit gilt, in der sich Asylbewerber in einer Erstaufnahmeeinrichtung aufhalten. Im Anschluss daran sollen die Länder und Kommunen Leistungen an den anspruchsberechtigten Personenkreis zukünftig vorrangig als Geldleistungen erbringen.

5) Änderung des Freizügigkeitsgesetzes/EU 2013 und 2014. Unionsbürger, Staatsangehörige eines Mitgliedstaates der EU, haben das Recht, sich in der EU frei zu bewegen, in jeden Mitgliedstaat einzureisen und sich dort aufzuhalten (EU-Freizügigkeitsrichtlinie, RL 2004/38/EG).

Dieses Recht auf Freizügigkeit ist auch in Artikel 21 des Vertrages über die Arbeitsweise der EU garantiert. Das Freizügigkeitsrecht als Unionsbürger ist jedoch nicht voraussetzungslos: Es kann unter den Bedingungen und Beschränkungen des europäischen Gemeinschaftsrechts ausgeübt werden.

Mit dem Gesetz zur Änderung des Freizügigkeitsgesetzes/EU und weiterer aufenthaltsrechtlicher Vorschriften vom 22. Januar 2013 sind verschiedene Änderungen im nationalen Freizügigkeitsrecht vorgenommen worden: Um die Betroffenen von Bürokratie-Aufwand zu entlasten, wurde die deklaratorische Freizügigkeitsbescheinigung abgeschafft. Lebenspartner sind Ehegatten im Freizügigkeitsgesetz/EU in vollem Umfang gleichgestellt worden. Außerdem wurde eine Bestimmung in das Gesetz aufgenommen, wonach das Freizügigkeitsrecht in Fällen von Rechtsmissbrauch oder Betrug aberkannt werden kann.

Am 2. Dezember 2014 wurde das Freizügigkeitsgesetz/EU erneut angepasst, um Fälle von Rechtsmissbrauch wirkungsvoller ahnden und eine unberechtigte Inanspruchnahme dieses Rechts unterbinden zu können. Zu diesem Zweck wurden u. a. die Beschaffung von Aufenthaltsbescheinigungen nach dem Freizügigkeitsrecht durch falsche Angaben unter Strafe gestellt und ein befristetes Wiedereinreiseverbot in Fällen von Rechtsmissbrauch oder Betrug eingeführt.

6) Gesetz zur Einstufung weiterer Staaten als sichere Herkunftsstaaten und zur Erleichterung des Arbeitsmarktzugangs für Asylbewerber und geduldete Ausländer. Das Gesetz zur Einstufung weiterer Staaten als sichere Herkunftsstaaten und zur Erleichterung des Arbeitsmarktzugangs für Asylbewerber und geduldete Ausländer vom 31. Oktober 2014 (BGBl. I S. 1649) ist am 6. November 2014 in Kraft getreten. Mit dem diesem Gesetz wurden die Westbalkanstaaten Bosnien und Herzegowina, ehemalige jugoslawische Republik Mazedonien und Serbien als sichere Herkunftsstaaten im Sinne von § 29a AsylVfG eingestuft, um aussichtslose Asylanträge von Angehörigen dieser Staaten schneller bearbeiten zu können. Des Weiteren wurde durch das Gesetz die Wartefrist, nach der Asylbewerbern und Ausländern, die eine Duldung besitzen, die Ausübung einer Beschäftigung grundsätzlich erlaubt werden kann, auf drei Monate verkürzt. Hierdurch erhalten sie früher die Möglichkeit, durch Aufnahme einer Beschäftigung ihren Lebensunterhalt selbst zu bestreiten.

7) **Integrationsgesetz.** Am 1. August 2016 ist das Integrationsgesetz in Kraft getreten. Es enthält nach dem Leitgedanken „Fördern und Fordern" einige Verbesserungen zur Integration von Flüchtlingen, z.B. sollen Flüchtlinge frühzeitig Integrationskurse besuchen können, Auszubildende werden für die Dauer ihrer Ausbildung geduldet und können danach bis zu 2 Jahren im Betrieb bleiben (wenn sie dort eine Weiterbeschäftigung haben), während des Asylverfahrens kann einer Betätigung nachgegangen werden, auf die Vorrangprüfung verzichtet die BA die nächsten 3 Jahre (www.bundesregierung.de).

Mit dem Integrationsgesetz sind allerdings auch umfangreiche (einschränkende) Änderungen und Neuregelungen im Aufenthaltsrecht und im Asylbewerberleistungsgesetz verbunden. Wenn Asylbewerber ihre Mitwirkungspflichten nicht erfüllen, kann auch das Existenzminimum gekürzt werden. Die Einführung einer Wohnsitzauflage durch das Integrationsgesetz betrifft v.a. Flüchtlinge, die nach dem 1. Januar 2016 eine Anerkennung oder Aufenthaltserlaubnis erhalten haben. Die Zuteilung zu einem bestimmten Wohnort erfolgt durch die Bundesländer und gilt für 3 Jahre. Unter bestimmten Voraussetzungen (z.B. Beschäftigung, Einkommen, Ausbildung) gelten Ausnahmeregelungen.

Visum-Politik

Das Visum als Aufenthaltsvoraussetzung gehört zu den Ausgleichsmaßnahmen für den Wegfall der Binnengrenzkontrollen nach dem Schengener Übereinkommen und dem Schengener Durchführungsübereinkommen. Die erstmalige Einreise von Ausländern ist in der Form eines Visums zu beantragen. Aufenthalte von bis zu 90 Tagen sind in einem Schengen-Staat wie Deutschland durch das Recht der EU geregelt. Kernstück der EU-Visumpolitik ist das einheitliche Schengen-Visum, mit dem sich der Inhaber während des Gültigkeitszeitraums, längstens jedoch 90 Tage je Zeitraum von 180 Tagen, im Schengen- Raum aufhalten darf. Damit sind Aufenthalte z.B. zu touristischen Zwecken, zum Besuch von Freunden oder Familie und zu Geschäftszwecken grundsätzlich möglich. Zu der gemeinschaftlich geregelten europäischen Visumpolitik gehören v.a. eine gemeinsame Liste von Drittstaaten, deren Staatsangehörige der Visumpflicht unterliegen bzw. deren Staatsangehörige visumfrei sind, eine hochsichere einheitliche Visummarke, die Fälschungen und Missbrauch vorbeugen soll, sowie einheitliche Kriterien der Antragstellung, Prüfung und Entscheidung über ein Visum. Ein zentraler Bestandteil der europäischen Visumpolitik sind außerdem Visumerleichterungsabkommen mit einigen Drittstaaten, die mit Rückübernahmeabkommen gekoppelt werden sowie Visumdialoge mit einzelnen Drittstatten mit der Perspektive, die Visumfreiheit einzuführen.

Aufenthalte von über drei Monaten sind hingegen durch das nationale Recht geregelt. Solche Aufenthalte kommen nur für bestimmte Zwecke in Betracht, wie bspw Nachzug zum/zur Ehepartner/in, zum Studium oder zur Beschäftigung (insbes. für Forscher und Hochqualifizierte). Die Aufenthaltserlaubnis stellt nach dem Aufenthaltsgesetz den eigentlich materiellen Aufenthaltstitel dar. Sie kann nach den gleichen Kriterien ihrer erstmaligen Ausstellung verlängert werden, solange nicht einer der in § 8 AufenthG genannten Gründe dagegen spricht.

Am 1. Juni 2013 wurde die Visa-Warndatei in Betrieb genommen. Sie unterstützt die Behörden bei der Bekämpfung der illegalen Einreise, indem u.a. falsche Angaben im Visumverfahren und bestimmte Verurteilungen mit Bezug zum Visumverfahren oder sonstigem Auslandsbezug in ihr dokumentiert und diese Informationen in einem späteren Visumverfahren dem Bearbeiter zur Verfügung gestellt werden.

Einreise und Aufenthalt von EU-Bürgern

Die Einreise und der Aufenthalt eines Unionsbürgers im Hoheitsgebiet eines anderen Mitgliedstaats unterliegen für eine Dauer von bis zu drei Monaten keinen Bedingungen oder Voraussetzungen. Der Unionsbürger muss lediglich im Besitz eines gültigen Ausweisdokuments sein.

Das Recht zum Aufenthalt von mehr als drei Monaten genießen Unionsbürger, die

- Arbeitnehmer oder Selbständige im Aufnahmemitgliedstaat sind sowie Arbeitsuchende (für eine gewisse Zeitdauer),
- nicht erwerbstätige Unionsbürger sowie Studierende oder Auszubildende, die über ausreichende eigene Existenzmittel und Krankenversicherungsschutz verfügen,

- Daueraufenthaltsberechtigte (nach einem rechtmäßigen Aufenthalt von fünf Jahren) sowie
- die Familienangehörigen dieser Unionsbürger ungeachtet ihrer Staatsangehörigkeit.

Grundgedanke ist also, dass Unionsbürger für einen Aufenthalt von mehr als drei Monaten in der Regel in der Lage sein müssen, sich und ihre Familienangehörigen wirtschaftlich zu erhalten.

Familiennachzug

Die Regelungen des AufenthG zum Familiennachzug müssen vor dem Hintergrund der Richtlinie zur Familienzusammenführung (RL 2003/86/EG vom 22.09.2003) ausgelegt werden. Die Richtlinie findet Anwendung auf Drittstaatsangehörige (Nicht-Unionsbürger), die sich rechtmäßig in einem Mitgliedstaat aufhalten und im Besitz eines auf mindestens ein Jahr ausgestellten Aufenthaltstitels sind und begründete Aussicht auf einen Daueraufenthaltstitel haben.

Recht auf Familiennachzug hat nach Art. 4 Abs. 1 der Richtlinie nur die Kernfamilie (Ehegatte, minderjährige Kinder und adoptierte Kinder.

Auch unbegleitete Minderjährige haben das Recht, ihren sorgeberechtigten Elternteil nachzuholen. Des Weiteren haben ausländische Ehegatten eines Deutschen, minderjährige im Ausland lebende Kinder eines Deutschen sowie der sorgeberechtigte Elternteil eines minderjährigen Deutschen ein Recht auf Familiennachzug, sofern der Deutsche seinen gewöhnlichen Aufenthalt in Deutschland hat (§ 28).

Im Falle des Familiennachzugs zu einem hier lebenden Ausländer muss dieser eine Niederlassungs- oder Aufenthaltserlaubnis besitzen und ausreichenden Wohnraum zur Verfügung stellen.

Familiennachzug ist aber auch in Fällen des Aufenthalts aus völkerrechtlichen, humanitären oder politischen Gründen möglich (§ 29).

Ehegatten mit einer Niederlassungs- oder Aufenthaltserlaubnis aus humanitären Gründen im Sinne von § 25 haben einen Anspruch auf Gestattung des Ehegattennachzugs gem. § 30. Dieses Nachzugsrecht des Ehegatten wird entsprechend den Bestimmungen von § 31 in bestimmten Fällen ein eigenständiges Aufenthaltsrecht (Aufhebung der ehelichen Lebensgemeinschaft, Tod des Ehegatten) und berechtigt zur Ausübung einer Erwerbstätigkeit (§ 31 Abs.1). Darüber hinaus sind im Gesetz für besondere Härtefälle noch Ausnahmeregelungen vorgesehen.

Für die minderjährigen ledigen Kinder gelten Altersbeschränkungen: Anspruch auf Aufenthaltserlaubnis nach Vollendung des 16. Lebensjahres, wenn es die deutsche Sprache beherrscht oder seine Integration in die hiesigen Lebensverhältnisse gewährleistet erscheint. Dies ergibt sich insbes. auch aus den Erfordernissen der aufenthaltsrechtlichen Sicherung der Eltern (§ 32).

Kinder unter dem 16. Lebensjahr haben ein Recht auf eine Aufenthaltserlaubnis, wenn beide Eltern oder der allein sorgeberechtigte Teil eine Aufenthalts- oder eine Niederlassungserlaubnis besitzen.

Das Aufenthaltsrecht eines minderjährigen Ausländers ist als Niederlassungserlaubnis zu erteilen, wenn der Ausländer sein 16. Lebensjahr vollendet hat und seit fünf Jahren in Besitz der Aufenthaltserlaubnis ist. Gleiches gilt bei einem volljährigem Ausländer (§ 35). Um die Aufenthaltsperspektive für gut integrierte ausländische Jugendliche oder Heranwachsende zu fördern, normiert § 25a AufenthG für geduldete Ausländer die Voraussetzungen einer Aufenthaltserlaubnis. Eine Besonderheit stellt das gesetzlich verankerte Recht auf Wiederkehr nach § 37 dar. Sie erlaubt in bestimmten Fällen unter Beachtung bestimmter Fristen (Antragstellung nach dem 15. und vor Vollendung des 21. Lebensjahres sowie vor Ablauf von fünf Jahren seit der Ausreise) und inhaltlicher Tatbestände (keine Ausweisung) jungen erwachsenen Ausländern eine Rückkehr nach Deutschland, wenn sie als Minderjährige hier gelebt und später das Bundesgebiet verlassen haben. Für Opfer von Zwangsverheiratungen sieht § 37 Abs. 2a AufenthG ein besonderes eigenständiges Wiederkehrrecht vor.

Rückkehr-Politik

Rückkehrpolitik ist ein wirksames und bewährtes Steuerungsinstrument der Migrationspolitik. Zur Rückkehrpolitik gehören die Grundsatzfragen der freiwilligen Rückkehr, der Rückkehrförderung, der Reintegration, der Rückführung und der Rückübernahme ausreisepflichtiger Personen durch ihre Herkunftsstaaten.

Beim BAMF wurde eine Bund-Länder-Koordinierungsstelle „Integriertes Rückkehrmanagement" eingerichtet.

Freiwillige Rückkehr und Rückkehrförderung

Die freiwillige Rückkehr hat dabei als humane Alternative einer Aufenthaltsbeendigung stets Vorrang vor einer zwangsweisen Rückführung.

Seit über 35 Jahren fördern Bund und Länder über die Programme „Reintegration and Emigration Programme for Asylum-Seekers in Germany" (REAG) und „Government Assisted Repatriation Programme" (GARP) gemeinsam die freiwillige Ausreise (oder ggf. Weiterwanderung) insbes. von ausreisepflichtigen Ausländern durch die Übernahme der Reisekosten, einer Reisebeihilfe und einer Starthilfe des Bundesinnenministers mit dem Generaldirektor der Internationalen Organisation für Migration (Quelle: BMI).

Seit deren Bestehen ist die freiwillige Rückkehr von mehr als 550 000 Menschen aus aller Welt in ihr Heimatland oder die Weiterwanderung in ein aufnahmebereites Drittland finanziell und organisatorisch unterstützt worden.

Die Programme werden von der Internationalen Organisation für Migration (IOM, BGBl II, 2014, S. 161) im Auftrag des Bundes und der Länder durchgeführt. Mit der Verwaltung der Fördermittel für die freiwillige Rückkehr ist die Bund-Länder-Koordinierungsstelle im BAMF betraut.

Die ebenfalls beim BAMF eingerichtete Zentralstelle für Informationsvermittlung zur Rückkehrförderung (ZIRF) stellt Informationen zur Rückkehrförderung sowie zu bestehenden Länderangeboten und Beratungsmöglichkeiten im Vorfeld einer Rückkehr bereit.

Reintegration

Im Rahmen der Rückkehrpolitik gewinnt die Reintegration von Rückkehrern in ihrer Heimat zunehmend an Bedeutung. Durch eine wirtschaftliche und soziale Verwurzelung vor Ort soll den Rückkehrern ein Neuanfang in ihrem Herkunftsstaat ermöglicht werden. Gleichzeitig kann durch eine solche Perspektive der Anreiz zur (erneuten) illegalen Einreise aus allein wirtschaftlichen Gründen genommen werden (Beratungsgespräch zur Reintegration im URA-2-Zentrum in Kosovo, Quelle: BAMF).

So unterstützen der Bund und die Länder Baden-Württemberg, Niedersachsen, Nordrhein-Westfalen, Sachsen, Sachsen-Anhalt und Thüringen in Kosovo das Rückkehrprojekt „URA 2" (Albanisch: „Brücke"). Es bietet allen Rückkehren aus den beteiligten Bundesländern, unabhängig von der ethnischen Zugehörigkeit oder den Umständen ihrer Rückkehr, eine konkrete, praktische Unterstützung vor Ort bei ihrer Wiedereingliederung in die kosovarische Gesellschaft durch soziale und psychologische Beratung. Darüber hinaus werden auch finanzielle Hilfen und Zuschüsse etwa für eine Wohnungserstausstattung, Miet- oder Lohnkosten und Existenzgründungen oder für spezielle Sprachkurse und Schulmaterialien gewährt.

Seit dem 01. Oktober 2012 führt die IOM mit Mitteln des Bundes (BAMF) und des Europäischen Rückkehrfonds/AMIF ein Projekt zur Unterstützung der freiwilligen Rückkehr und langfristigen beruflichen und sozialen Reintegration von irakischen Staatsangehörigen in der Autonomen Region Kurdistan (ARK) im Nordirak durch.

Gefördert werden irakische Staatsangehörige mit starken und intakten familiären Bindungen in der ARK und die in das Gebiet der ARK freiwillig zurückkehren. Besonders berücksichtigt werden dabei schutzbedürftige Personen (z. B. Kinder, Jugendliche, alleinstehende Frauen und ältere Menschen) sowie Personen mit großen Familien oder Personen, die für finanziell abhängige Angehörige verantwortlich sind.

Ein individueller Reintegrationsplan wird zusammen mit jedem Rückkehrer unter Berücksichtigung der individuellen Bedürfnisse und einer etwaigen Schutzbedürftigkeit bereits vor der Abreise erarbeitet und nach erfolgter Rückkehr in die ARK schrittweise umgesetzt.

Im europäischen Verbund haben sich Deutschland und Frankreich auf eine verstärkte Zusammenarbeit bei Projekten der sozialen und wirtschaftlichen Wiedereingliederung verständigt. Anlässlich des deutsch-französischen Jubiläumstreffens zum 50. Jahrestag des Élysée-Vertrages am 22. Januar 2013 unterzeichneten beide Innenminister in Berlin eine „Gemeinsame Absichtserklärung zur Zusammenarbeit in Reintegrationsfragen". Eine erste Umsetzung der politischen Absicht erfolgt bereits zwischen BAMF und dessen französischer Partnerbehörde OFII (Office Français de l'Immigration et de l'Intégration) mit dem gemeinsamen Projekt „RACOB" (Return Assistance in Armenia – Cooperation OFII-BAMF) im Herkunftsstaat Armenien.

Europäischer Rückkehrfonds/AMIF

Um auch auf europäischer Ebene die migrationspolitischen Herausforderungen im Bereich der Rückkehr bewältigen zu können, hat die EU ihren Mitgliedstaaten mit dem Europäischen Rückkehrfonds finanzielle Mittel zur Verfügung gestellt.

In den Jahren 2008 bis 2013 wurden Projekte der internationalen Rückkehrpolitik mehrerer EU-Mitgliedsstaaten oder nationale Rückkehrprojekte unterstützt. Seit 2014 ist der Europäische Rückkehrfonds ein Teil des gemeinsamen europäischen Asyl- und Migrationsfonds (AMIF).

Rückübernahme

Die Durchsetzung der Ausreisepflicht obliegt den Ausländerbehörden der Länder. Rückübernahmeabkommen sind völkerrechtlich verbindliche Vereinbarungen und beschränken sich auf verfahrensmäßige Regelungen. Durch sie wird die bestehende völkergewohnheitsrechtliche Verpflichtung zur Rückübernahme eigener Staatsangehöriger konkretisiert.

Darüber hinaus enthalten die in den letzten Jahren geschlossenen Abkommen regelmäßig die an bestimmte Voraussetzungen geknüpfte Verpflichtung zur Übernahme und Weiterbeförderung von ausreisepflichtigen Personen, die nicht Staatsangehörige der jeweiligen Vertragspartner sind (Drittstaatsangehörige und staatenlose Personen). Damit entsprechen diese Abkommen den aktuellen EU-Standards.

Das AufenthG unterscheidet drei unterschiedliche Arten von Ausweistatbeständen: zwingende Ausweisung nach § 53, Regelausweisung nach § 54 und Kann-Ausweisung nach § 55.

Ausländer mit einem verstärkten Aufenthaltsstatus besitzen gem. § 56 einen besonderen Ausweisungsschutz. Dieser gilt insbes. für Ausländer mit einer Niederlassungserlaubnis und rechtmäßigem fünfjährigen Aufenthalt in Deutschland, für Ausländer mit einer Aufenthaltserlaubnis, die hier geboren oder als Minderjährige eingereist sind und sich mindestens fünf Jahre hier aufgehalten haben oder für Ausländer mit einer Aufenthaltserlaubnis, die mit einer anderen ausländischen Person, deren eigener Status mit einer Niederlassungserlaubnis oder durch die Geburt bzw. Einreise als Kind gekennzeichnet ist, in ehelicher oder lebenspartnerschaftlicher Verbindung stehen und für Asylberechtigte oder Flüchtlinge.

Die Ausweisung kann durch die Abschiebung zwangsweise durchgesetzt werden. Voraussetzung nach § 58 ist die Vollstreckbarkeit der Ausreisepflicht aus Gründen der öffentlichen Sicherheit und Ordnung oder Unsicherheit hinsichtlich der freiwilligen Ausreise. Die Abschiebung ist anzudrohen (§ 59) und ist für politisch Verfolgte in Bezug auf solche Staaten, in denen ihr Leben oder ihre Freiheit wegen ihrer Rasse, Religion, Staatsangehörigkeit oder Zugehörigkeit zu einer bestimmten sozialen Gruppe oder wegen ihrer politischen Überzeugung bedroht ist, verboten (§ 60).

Einbürgerung

In § 10 Staatsangehörigkeitsgesetz wird eine erleichterte Einbürgerung geregelt. Sie betrifft insbes. Ehegatten und minderjährige Kinder, wenn sie sich noch nicht acht Jahre rechtmäßig im Inland aufhalten (§ 10 Abs. 2). Voraussetzung sind grundsätzlich ausreichende deutsche Sprachkenntnisse sowie ein Bekenntnis zur freiheitlich demokratischen Grundordnung § 10 Abs. 1,6. Das Staatsangehörigkeitsgesetz nimmt entsprechend den Bestimmungen von § 12 unter bestimmten Voraussetzungen eine Mehrstaatlichkeit in Kauf.

Sozialrecht

Mit der Gewährung eines rechtmäßigen Aufenthaltes werden Ausländer in breitem Ausmaß in die geltende Sozialrechtsordnung einbezogen. Sie können Ansprüche nach dem SGB VIII geltend machen und haben Ansprüche auf Hilfe nach dem SGB II und SGB XII, wenngleich der Bezug von Jugendhilfe oder Sozialhilfe der Erteilung der Niederlassungserlaubnis nach § 35 Abs. 3 AufenthG entgegenstehen kann.

Hinzu kommt, dass das BVerfG mit Urteil vom 18. Juli 2012 eine Anhebung der Leistungen nach Asylbewerberleistungsgesetz verlangt hat, da diese Leistungen seit 1993 nicht mehr angehoben worden waren und somit nicht mehr dem Existenzminimum entsprochen haben. Begründet hat das BVerfG dies wie folgt: „Art. 1 Abs. 1 GG in Verbindung mit dem Sozialstaatsprinzip des Art. 20 Abs. 1 GG garantiert ein Grundrecht auf Gewährleistung eines menschenwürdigen Existenzminimums. Art. 1 Abs.1 GG begründet diesen Anspruch als Menschenrecht. Er umfasst sowohl die physische Existenz des Menschen als auch die Sicherung der Möglichkeit zur Pflege zwischenmenschlicher Beziehungen und ein Mindestmaß an Teilhabe am gesellschaftlichen, kulturellen und politischen Leben. Das Grundrecht steht deutschen und ausländischen Staatsangehörigen, die sich in der Bundesrepublik Deutschland aufhalten, gleichermaßen zu" (BVerfGE 125, 175).

Derzeit ist eine Ausweitung der Sachleistungen wieder in der politischen Diskussion, ebenso eine Angleichung der Leistungen für Asylbewerber zwischen den Mitgliedstaaten, was aufgrund der unterschiedlich großen Leistungsfähigkeit der jeweiligen sozialen Sicherungssysteme auch nur durch eine verstärkte Gewährung von Sachleistungen erreicht werden könnte.

Stephanie Schäfer

Literatur

BAMF/BReg: Migrationsbericht 2014, Nürberg 2016 (werden jährlich fortgeschrieben) ♦ A. Dietz: Ausländer- und Asylrecht. Eine Einführung, Baden-Baden 2016 ♦ R. M. Hofmann u. a.: Das neue Migrationsrecht. Handbuch, Baden-Baden 2017 ♦ W. Kluth/A. Heusch: Ausländerrecht, München 2016 ♦ H.-P. Welte: ABC des Asylrechts. Leitfaden für die Praxis, Neuwied 2016.

A

Links
www.bamf.de
www.bmi.de
www.bundesregierung.de/beauftragte für integration
www.uno-flüchtlingshilfe.de

Ausländerinnen/Ausländer

Zur Problematik des Begriffs

Der rechtliche Begriff „Ausländerin/Ausländer" zeigt nur ein unvollständiges und verzerrtes Bild der heterogenen Migrationssituation, da eingebürgerte Personen und *Aussiedlerinnen/Aussiedler* ihrer deutschen Staatsbürgerschaft wegen nicht erfasst werden. Zudem akzentuiert der Begriff zu stark das „Nichtdazugehören" und passt nicht zu Personen mit längerem Aufenthalt bzw. zu Personen, die sich inzwischen in Deutschland eingebürgert haben. Es hat sich der international gültige Begriff „Migrantin/Migrant" durchgesetzt *(Migration und Integration)*. Der Begriff umfasst nicht nur die Migrantinnen/Migranten der ersten Generation, sondern auch die Nachfolge-Generationen, die in Deutschland geboren wurden. Unter internationaler „Migration" wollen wir hier die Wanderung von Individuen und Gruppen mit einem ständigen oder vorübergehenden Wechsel des Wohnsitzes und des Lebensmittelpunktes in ein anderes Land verstehen. Der Begriff „Ausländerin/Ausländer" wird hier allein in rechtlichen und statistischen Zusammenhängen verwendet.

Zuwanderung

Unter dem Oberbegriff „Zuwanderung" werden alle Arten der Migration verstanden. Es werden v.a. folgende Formen von Migration unterschieden: Arbeitsmigrantinnen/-migranten (ehemalige Gastarbeiterinnen/Gastarbeiter und deren Familien sowie die überwiegend aus osteuropäischen Ländern kommenden Saison-, Gast- und Werkvertragsarbeitnehmer), Flüchtlinge (Asylbewerber, Asylberechtigte, Konventionsflüchtlinge, Kontingentflüchtlinge, Kriegs- und Bürgerkriegsflüchtlinge, jüdische Einwanderer aus der ehemaligen Sowjetunion sowie de-facto-Flüchtlinge) und Aussiedlerinnen/Aussiedler.

Migration

Personen mit Migrationshintergrund zeigen eine außerordentliche Heterogenität auf. Die Differenzierungen beziehen sich auf: nationale Herkunft und Herkunftskultur, Migrationsziel, Migrationserfahrungen, Dauer und rechtlicher Status des Aufenthaltes, Bildung und Ausbildung, sozioökonomische Lage, familiäre Lebensformen, Ausmaß der sozialen *Integration*, Rückkehrorientierung usw. Die zwischenzeitlich stattgefundene Ausdifferenzierung der Einwanderung hat zu einer vielschichtigen und differenzierten Sozialstruktur der Migrantinnen/Migranten geführt.

Im Hinblick auf die Gruppe der Menschen mit Migrationshintergrund können nur Tendenzen und Trends nachgezeichnet werden. In vielen Bereichen müssen weitere Differenzierungen der Lebensverhältnisse vorgenommen werden.

Einwanderungsland: Ende 2015 lebten in Deutschland 9,1 Mio. Menschen mit einer ausschließlich ausländischen Staatszugehörigkeit. Dies entspricht einem Bevölkerungsanteil von 11,1 % (Stat.BA, Ende 2015). Damit ist im Vergleich zu den Vorjahren mit einem Plus von 12 % eine der höchsten Zuwanderung in der Geschichte Deutschlands zu verzeichnen. Durch die Aufnahme von Flüchtlingen und Asylbewerbern werden diese Zuwanderungsquoten weiterhin voraussichtlich hoch ausfallen.

Die genannten „Ausländerzahlen" werden den Aufgaben der Integrationspolitik allerdings nicht gerecht, denn laut Mikrozensus lag 2015 die Zahl der Menschen mit Migrationshintergrund bei insgesamt 17,1 Mio. Dies entspricht einem Bevölkerungsanteil von 21 %. Zu Personen mit Migrationshintergrund gehören u.a. Menschen mit einer ausländischen Staatsangehörigkeit, Spätaussiedler und eingebürgerte Ausländer. 27 % der Personen mit Migrationshintergrund sind Kinder und Jugendliche bis 25 Jahre, unter 5-jährige Kinder haben zu mehr als einem Drittel einen Migrationshintergrund (36 %).

Deutschland ist schon lange ein Einwanderungsland und eine multikulturelle Gesellschaft. Die jahrelange politische Leugnung dieser Realität führte zu einer widersprüchlichen Integrationspolitik und hat gravierende Folgen für die strukturelle Integration der Menschen mit Migrationshintergrund.

45,0 % der A. waren EU-Bürger, 55 % kommen aus Nicht-EU-Staaten. Die größte ausländische Bevölkerungsgruppe sind Türken (1,5 Mio.) gefolgt von Polen (741 Tsd.) und Italienern (596 Tsd.). 2015 gab es 108 Tsd. Einbürgerungen (Stat. BA, 2015).

Die ausländische Wohnbevölkerung ist nicht gleichmäßig auf das Bundesgebiet verteilt, sie konzentriert sich auf die alten BL und hier v.a. auf Großstädte und Ballungszentren. In den nBL sind die Ausländeranteile sehr gering und liegen durchschnittlich bei 4,5 %.

Die ausländische Wohnbevölkerung bildet aufgrund ihrer langen Aufenthaltsdauer einen festen Bestandteil der Bevölkerung. So lebten mehr als zwei Drittel aller A. mindestens 10 Jahre, 40 % seit mehr als 20 Jahren und ein Viertel seit 30 Jahren und länger in Deutschland. Von den in Deutschland lebenden Ausländern wurden 20,5 % in Deutschland geboren. Bei den Türken sind es rd. 35 % (Integrationsbeauftragte 2014).

Die bundesrepublikanische Gesellschaft ist auf Einwanderung angewiesen. Die Geburtenrate ist niedrig, die deutsche Bevölkerung schrumpft. Dadurch erhöht sich der Altersdurchschnitt und der Anteil der erwerbsfähigen Bevölkerung sinkt. Der Druck auf die sozialen Sicherungssysteme (z. B. auf die Rentenversicherung) nimmt zu. Migration kann diese Prozesse „abmildern". Migration ist ein Dauerphänomen, das im Kontext der Globalisierung und v. a. im Kontext der weltweiten Ursachen für Flucht und Vertreibung auch weiter an Bedeutung gewinnen wird.

Lebenslagen: Migration bietet spezifische Risiken, aber auch Chancen. Im Vergleich zur einheimischen ist die ausländische Bevölkerung jedoch in einer Vielzahl von Dimensionen der Lebenslage erheblich benachteiligt und unterversorgt. Die Armuts- und Reichtumsberichte der BReg belegen, dass A. im Vergleich zur deutschen Wohnbevölkerung stärker von Lebenslagenarmut betroffen sind.

Erwerbstätigkeit: Im Juni 2014 waren 2,71 Mio. A. sozialversicherungspflichtig beschäftigt, was einen Anteil von 8,9 % an allen Beschäftigten ausmachte (BA, Nov. 2015). Hinzu kommt die illegale Migration und Ausländerbeschäftigung Belastbare Daten dazu gibt es allerdings nicht. Die Erwerbsquote ausländischer Arbeitnehmer lag im November 2015 mit 69,1 % deutlich unter der der Deutschen (78,6 %). Obwohl die Struktur der Ausländerbeschäftigung sich gewandelt hat, unterscheidet sie sich noch immer erheblich von der der deutschen Erwerbstätigen. Besorgniserregend ist z. B. die überproportionale Beschäftigung der MigrantInnen im informellen Sektor und in geringfügigen Beschäftigungsverhältnissen. A. stehen sozial abgesicherte Arbeitsplätze immer weniger zur Verfügung. Die Schere zwischen sozialversicherungspflichtiger und geringfügiger Beschäftigung bei Deutschen und A. hat sich immer weiter geöffnet.

Stellung im Beruf: Hinsichtlich der Stellung im Beruf hat sich die Situation von ausländischen und deutschen Erwerbstätigen seit 1990 zwar deutlich angenähert, es gibt jedoch nach wie vor große Unterschiede. A. waren überwiegend als Arbeiterinnen und Arbeiter und weit weniger als Angestellte beschäftigt. Bei den Deutschen ist die Relation umgekehrt. Die Selbständigenquote bei A. zeigt eine steigende Tendenz und hat sich der der Deutschen angepasst.

Die Mehrheit der hier lebenden MigrantInnen konzentriert sich auch heute noch auf schlecht bezahlte Arbeitsplätze und verrichtet deutlich häufiger als deutsche Arbeitskräfte körperlich schwere und gesundheitlich belastende Tätigkeiten. Es gibt weiterhin eine überproportionale Beschäftigung in Krisenbranchen mit besonders hohem Arbeitslosigkeitsrisiko und Rationalisierungsdruck. Besonders viele MigrantInnen zählen nicht zur Stamm-, sondern zur Randbelegschaft. Konjunkturelle Schwankungen treffen sie zuallererst.

Arbeitslosenquote: Die benachteiligte Situation am Arbeitsmarkt spiegelt sich in der Arbeitslosenquote wider: Die Ausländerarbeitslosenquote lag im Mai 2016 bei 14,7 % Die Arbeitslosenquote der Deutschen betrug 5,5 % Höhere Arbeitslosenquoten gab es bei türkischen Migranten/innen und bei ausländischen Alleinerziehenden. Es gibt Kommunen, in denen 40 % der Ausländer ohne Beschäftigung sind. Die beunruhigende Diskrepanz der Arbeitslosenquote wird von sehr unterschiedlichen Faktoren beeinflusst: Strukturwandel der deutschen Wirtschaft, Abbau von Industrie- und Einfacharbeitsplätzen, ethnische Diskriminierung, ausländerrechtliche Barrieren für Drittstaatangehörige, unzureichende Deutschkenntnisse, Nichtanerkennung von im Ausland erworbenen Qualifikationen, niedrige oder fehlende Schul- und Berufsabschlüsse. Zentrale Ursachen für das Qualifizierungsproblem sind die nach wie vor unzureichenden schulischen und beruflichen Bildungsabschlüsse: Während die Ausbildungsbeteiligung der deutschen Jugendlichen bei 65 % lag, beträgt sie bei ausländischen Jugendlichen lediglich 33 % (Berufsbildungsbericht 2014). Die Tatsache, dass eine hohe Zahl Jugendlicher aus Zuwanderungsfamilien nach wie vor ohne berufliche Qualifikation bleibt, ist ein Alarmzeichen.

Einkommenssituation: A. sind stärker von Einkommensarmut betroffen. So sind ausländische Haushalte in den unteren Einkommensklassen stärker vertreten und verfügen über weniger Geld als Haushalte mit einer deutschen Bezugsperson, obwohl sie i. d. R. mehr Haushaltsmitglieder zählten.

In den Einkommensgruppen bis 2 000 Euro sind ausländische Haushalte überproportional vertreten (68 % gegenüber 58 % der Haushalte mit deutschem Haushaltsvorstand).

Das Armutsrisiko von Menschen mit Migrationshintergrund ist etwa doppelt so hoch wie das der deutschen Bevölkerung. Die Armutsgefährdungsquote gibt das Stat.BA für 2015 mit 16,7 % der Bevölkerung insgesamt an (Stat.BA 2015).

Transferleistungen: A. sind aufgrund ihres niedrigeren Erwerbseinkommens und der höheren Arbeitslosigkeit häufiger als Deutsche auf soziale Transferleistungen angewiesen. 40 % der Leistungsempfänger nach dem SGB II und 26,1 % der Leistungsempfänger nach dem SGB III sind Menschen mit Migrationshintergrund (Integrationsbeauftragte 2014). Im Rechtskreis des SGB II lag die Hilfsquote der A. fast doppelt so hoch wie die der Deutschen (BA). Der Bezug von Alg II bietet keine Möglichkeit zur Erlangung einer Niederlassungserlaubnis und hat somit aufenthaltsrechtliche Konsequenzen.

Wohnsituation: Bei einigen Migrantengruppen ist die Wohnraumversorgung im Hinblick auf Wohnfläche, Ausstattung und Mietpreis deutlich ungünstiger als bei den deutschen Haushalten. In einigen Großstädten gibt es große räumliche Ungleichverteilungen von Deutschen und Ausländern. Der Grad der räumlichen Konzentration ist im Vergleich zu anderen Ländern allerdings relativ niedrig und die Entwicklung in Deutschland zeigt eine Abnahme der Segregation bei A. (Strohmeier 2006). Ethnische Segregation ist nicht an sich problematisch, sie wird erst zum Problem, wenn eine soziale Segregation (geringe Bildungschancen, schlechtere Arbeitsmarktchancen, höheres Armutsrisiko, geringe gesellschaftliche Teilhabemöglichkeiten) hinzukommt. Nicht zuletzt ist die räumliche Konzentration der A. eine Folge der Diskriminierung auf dem Wohnungsmarkt. Die Konzentration von Problemlagen führt zu einer Verfestigung der *Armut* und zur Marginalisierung von Stadtteilen (s. *Stadtentwicklungsplanung*).

Gesundheit: Entsprechend der besonderen Lebenslagen, v. a. der Arbeitsplatzbedingungen und der Migrationssituation, tragen MigrantInnen spezifische gesundheitliche Risiken.

Es gibt weiterhin erhebliche Schwellen bei der Inanspruchnahme von Diensten und Einrichtungen. Verständigungsschwierigkeiten sprachlicher und kultureller Art haben sich zwar verringert, behindern aber nach wie vor Diagnose, Beratung und Therapie (Integrationsbeauftragte 2014).

Obwohl die sozialstrukturelle Differenzierung der Migrantenbevölkerung voranschreitet sind leben größere Teile der MigrantInnen im Vergleich zur deutschen Wohnbevölkerung am unteren Ende der gesellschaftlichen Status- und Ungleichheitshierarchie. Ökonomische Benachteiligungen und kulturelle Verwerfungen führen häufig zur Marginalisierung.

Ausländerrecht und Ausländerpolitik: Auch mit dem Inkrafttreten des Zuwanderungsgesetzes am 1. 1. 2005 bleibt die Ausländerpolitik defensiv und ausländerabwehrend. Es gibt nach wie vor keine offensive, nachhaltige und auf Gleichberechtigung zielende Integrationspolitik.

Trotz einiger Verbesserungen führt das Ausländerrecht zur Unsicherheit der Aufenthaltsperspektive und zu Behinderung der Eigeninitiative und langfristigen Investitionen *(Ausländer- und Asylrecht)*.

Im August 2007 trat die Reform des Zuwanderungsgesetzes in Kraft. Mit Ausnahme einiger Verbesserungen enthält die Gesetzesnovelle weitgehend Verschärfungen (Einschränkung des Familiennachzugs, Erschwerung der Einbürgerung, die Nichtbeseitigung von Kettenduldungen usw.) und ist von Misstrauen gegenüber Migranten und Flüchtlingen geprägt. Inzwischen gibt es eine Vielzahl von gesetzlichen Regelungen zur Zuwanderung, Einwanderung, zu Asyl und zur Flüchtlingspolitik. Ende Juli 2016 hat der Bundestag das „Integrationsgesetz“ beschlossen, das die Integration von Flüchtlingen erleichtern soll. Das Integrationsgesetz ist am 1. 8. 2016 in Kraft getreten.

Ausländerfeindlichkeit: Fremdenfeindlichkeit und Rassismus sowie fremdenfeindliche Straftaten führen nach wie vor zu einer starken Verunsicherung bei Menschen mit Migrationshintergrund. MigrantInnen nennen häufig „Ausländerfeindlichkeit“ an erster Stelle der Sorgen und Schwierigkeiten in Deutschland. Insbes. im Zusammenhang mit der Zuwanderung von Asylsuchenden haben ausländerfeindliche Anschläge auf Unterkünfte und Einzelpersonen deutlich zugenommen, andererseits aber auch eine selbstlose Hilfsbereitschaft Ehrenamtlicher in der Versorgung und Betreuung der Schutzsuchenden.

Die Lage der Familien

Die Migration hat die Familienstruktur verändert. Die Heterogenität der Lebenslagen zwischen und innerhalb der verschiedenen Migrantengruppen hat zu differenten Entwicklungsprozessen und zu einer Vielfalt von Lebensentwürfen geführt. Langandauernde Trennungen und das Leben in zwei Gesellschaften können für Migrantenfamilien allerdings außerordentlich belastend sein.

Folgende Entwicklungsprozesse scheinen für einen erheblichen Teil von Migrantenfamilien zuzutreffen: Die Familienbindung ist bei Migrantenfamilien i. d. R. stärker ausgeprägt als bei einheimischen Familien. Die *Familie* fungiert als materieller und emotionaler Rückhalt und als Unterstützung in der Migrationssituation.

Die normativen Leitbilder von Migrantenfamilien verändern sich und orientieren sich sowohl an einer, in vielen Herkunftskulturen verbreiteten, kollektivistischen Wir-Kultur (hohe Gruppenrechte, soziale Interdependenz) als auch an einer individualisierten Ich-Kultur (hohe Individualrechte, Selbstverwirklichung, Autonomie). In den unterschiedlichen normativen Leitbildern werden diese beiden Grundorientierungen unterschiedlich stark akzentuiert.

Es gibt starke Veränderungen der innerfamilialen Interaktionsstruktur im Hinblick auf Aufgabenverteilung und Entscheidungskompetenz. Ausgesprochen patriarchalische Strukturen herrschen kaum noch vor, stattdessen gibt es eine zunehmende Tendenz zu egalitären und kooperativen Interaktionsstrukturen, innerhalb der Ethnien allerdings unterschiedlich ausgeprägt (Kohlmann 2000, 298). Eine wichtige Ursache für diese Veränderungsprozesse sind die zunehmenden Ressourcen der Ehefrau und die tendenziell abnehmenden Ressourcen des Ehemannes.

Ehefrauen und Mütter sind die wesentlichen Ressourcen für das Gelingen der Migration, die tragende Kraft in dem Akkulturationsprozess der Familie. Diese zentrale „Mittlerrolle" wird von vielen Untersuchungen bestätigt (BMFSFJ 2000, 94 ff.).

Die intergenerativen Beziehungen werden in der Migrationssituation häufig gestärkt. Generationskonflikte sind seltener als häufig vermutet. Es zeigt sich eine intergenerative Stabilität von grundlegenden Einstellungen und Handlungspräferenzen, sowie die Bereitschaft zu wechselseitigen Hilfestellungen und materieller Unterstützung (Nauck 2000, 380). Intergenerative Unterschiede in Einstellungen und Verhaltensweisen zwischen den Generationen müssen gesehen werden vor dem Hintergrund einer dichten Interaktionsstruktur der Migrantenfamilien, die höher ist als bei einheimischen Familien.

Das Erziehungsverhalten befindet sich im Wandel. Es enthält, in unterschiedlicher Gewichtung, sowohl autoritär-bestimmende als auch zärtlich-behütende Elemente. Viele Einwandererfamilien entwickeln einen kontrollierenden und behütenden Erziehungsstil. Das elterliche Kontrollverhalten ist auf das Sorge- und Schutzbedürfnis der Kinder in der Migrationssituation zurückzuführen (BMFSFJ 2000, 108). Erziehungsprozesse sind in den meisten Einwanderungsfamilien geschlechtsspezifisch ausgerichtet, gleichzeitig zeigt sich eine flexible Handhabung traditioneller Geschlechterrollen. Familie ist der Ort der Verhandlung und Unterstützung und eine Gegenwelt zur deutschen Gesellschaft (Herwartz-Emden, Westphal 2000, 249).

Verwandtschaftliche Beziehungen und Netzwerke – oft nicht an räumliche Nähe gebunden – sind von außerordentlicher Bedeutung und erbringen wesentliche Integrationsleistungen in die Aufnahmegesellschaft (BMFSFJ 2000, 201).

Soziale Arbeit und Migration

Das Handlungsfeld besteht aus drei Teilfeldern: SozArb mit Arbeitsmigrantinnen und -migranten, SozArb mit Flüchtlingen und SozArb mit AussiedlerInnen.

Die Arbeit vollzieht sich auf zwei Ebenen: Einerseits gibt es Sonderdienste mit einem speziellen Angebot (Migrationssozialdienste, Integrationskurse für Frauen und Mädchen, Erziehungsberatungsstellen für türkische Familien usw.), andererseits vollzieht sich Migrationssozialarbeit im Regelangebot der sozialen Dienste (*Schuldnerberatung, Schwangerenberatung,* offene *Jugendarbeit, Altenhilfe* usw.).

Die Trägerschaft der Migrationssozialarbeit ist sehr vielfältig und vieldimensional. Es gibt vier wichtige Trägergruppen: WFV und andere freie Träger unterhalten v. a. Sonderdienste, leisten jedoch auch Querschnittsarbeit in ihren Regeleinrichtungen. Die öffentlichen Träger (Kommunen) betreiben Migrationssozialarbeit als Querschnittsaufgabe in den Allgemeinen Diensten der Jugend- und Sozialämter (ASD). Hinzu kommen migrationsspezifische Beratungsdienste und eine migrationsbezogene Infrastruktur (Ausländerbeauftragte, Ausländerbeiräte, Netzwerke usw.). Deutsche oder internationale Bürgerinitiativen sind v. a. in den 1970er Jahren entstanden und haben sich z. T. zu eigenen Organisationen weiterentwickelt. Auch ausländische Selbstorganisationen bemühen sich in unterschiedlicher

Weise um die Integration ihrer Landsleute. Es gibt eine breite Palette an nationalitätenspezifischen Gruppen und Vereinen, die Schutzräume und Begegnungsorte zur Unterstützung bereitstellen (Mutter-Kind-Gruppen, Jugendgruppen, Frauen-Selbsthilfegruppen, Elternvereine, Moscheevereine, Sportvereine usw.).

Migrationssozialdienste: Von besonderer Bedeutung sind die Migrationssozialdienste, die v. a. seit 1962 mit Beginn der „Gastarbeiter"-Anwerbung als muttersprachliche Dienste eingerichtet wurden. Sie wurden „nationalitätenspezifisch" organisiert und mit ausländischen Sozialberaterinnen und Sozialberatern besetzt. Ausgehend von der Religionszugehörigkeit wurden die Nationalitäten drei WFV „zugeordnet": CV (Italiener, Spanier, Portugiesen, kath. Kroaten); DW (Griechen); AWO (Türken, Marokkaner, Tunesier, Jugoslawen). Die Finanzierung erfolgte über den Bund und über die BL. „Grundsätze der Sozialberatung für Ausländer" bildeten einen Orientierungsrahmen für die Migrationssozialarbeit und wurden regelmäßig fortgeschrieben. Im Jahre 1999 trat eine Neufassung der „Grundsätze" in Kraft. Die wesentlichsten Veränderungen: Aufhebung der Zuweisung der Nationalitätengruppen zu bestimmten Verbänden; die Einrichtung von nationalitäten- und zielgruppenübergreifenden Fachdiensten für Migration als Ergänzung zu der muttersprachlichen Beratung; Ausdehnung der Beratung auf Zuwanderergruppen, die nicht aus den ehemaligen Anwerbestaaten kommen; Delegation von spezifischen Beratungsbedarfen an die dafür vorgesehenen Regeldienste; Unterstützung der interkulturellen Öffnung der sozialen Regelversorgung durch enge Kooperation und Vernetzung. (s. dazu auch Integrationsbeauftragte 2014)

Neuorganisation der Integration: Erstmalig wird seit Inkrafttreten des Zuwanderungsgesetzes im Januar 2005 der Grundsatz der Integration bundesgesetzlich geregelt. Die Förderung verschiedener Aktivitäten durch die Behörden verliert damit ihren Charakter als freiwillige Leistung: Die Integration wird zur Staatsaufgabe erklärt.

Es findet eine weitreichende Neukonzeptionierung und -strukturierung statt. Neben der Neuverteilung von Zuständigkeiten zwischen Bund und Ländern, erfolgt eine Umstrukturierung und eine Konzentration von Integrationsförderangeboten des Bundes. Ein Großteil der auf die verschiedenen Bundesministerien verteilten und getrennt laufenden Integrationsförderprogramme wird verknüpft und im Zuständigkeitsbereich des BMI konzentriert. Daraus ergibt sich eine Verlagerung von beträchtlichen Haushaltsmitteln aus verschiedenen Bundesministerien. Die Federführung staatlicher Integrationsmaßnahmen ist damit vom Sozialministerium auf das Innenministerium übergegangen. Das BMI beauftragte mit der Durchführung als obere Bundesbehörde das Bundesamt für Migration und Flüchtlinge (BAMF), das aus dem Bundesamt für die Anerkennung ausländischer Flüchtlinge hervorgegangen ist. Mit dem Aufgabenzuwachs des Bundesamtes (§ 75 AufentG) verändert sich ebenfalls die Trägerlandschaft. Neue Akteure sind z. B. die Außenstellen des Bundesamtes, die kommunalen Ausländerbehörden, die Arbeitsagenturen. Ziel ist die Steuerung der Erstintegration von Neuzuwanderern mit Aussicht auf einen dauerhaften Aufenthalt und die „nachholende Integration" sog. „Bestandsausländer". Bei den Programmen wird eine Ziel- und Statusgruppenübergreifende Öffnung angestrebt (Integrationsbeauftragte 2014).

Integrationskurse lehnen sich stark an das in den Niederlanden bereits 1998 eingeführte Modell an. Sie werden ausschließlich vom BAMF finanziert und gesteuert und von örtlichen Trägern durchgeführt (§ 43 AufentG). Eine Teilnahmepflicht besteht für Neuzuwanderer, die sich rechtmäßig und langfristig in Deutschland aufhalten (werden). Personen, die schon länger in Deutschland leben („Bestandsausländer") und Sozialleistungen nach SGB II erhalten oder in besonderer Weise integrationsbedürftig sind, können von der Ausländerbehörde zur Kursteilnahme verpflichtet werden. Eng mit Integrationskursen verzahnt sind „Verbundprojekte" mit vorlaufenden, flankierenden und Anschlussmaßnahmen.

Nach der Geschäftsstatistik zu Integrationskursen ist die Zahl der TeilnehmerInnen durch berechtigte Neuzuwanderer um 28 % gestiegen (BAMF in Zahlen, Nov.2015).

Kritisiert wird in Fachkreisen die unzureichende Stundenzahl im Hinblick auf das angestrebte Sprachniveau, die unzureichende zielgruppenspezifische Differenzierung, die Heterogenität der Lerngruppen, die niedrig angesetzten Kostensätze, der Lernumfang der Orientierungskurse im Verhältnis zu der Stundenzahl und ihre unzureichende alltagsbezogene Erstorientierung, die unzureichende Vermittlung in Ausbildung und Beschäftigung.

Die **Migrationserstberatung (MEB)** steht in der Zuständigkeit des BMI und in seiner alleinigen

Finanzierungszuständigkeit, (unter Verzicht auf die frühere Mischfinanzierung von Bund und Ländern). Die aus der Zusammenlegung der Ausländersozialberatung und der Spätaussiedlerberatung entstandene Erstberatung wird über die freien Träger angeboten (§ 75 Nr. 14 AufenthG). Sie ist eng mit den Integrationskursen verzahnt und soll sich schwerpunktmäßig auf Neuzuwandererlinnen (A. und Spätaussiedler) über 27 Jahre konzentrieren, die sich dauerhaft im Bundesgebiet aufhalten. Mit den Neuzuwanderern soll ein individueller Integrationsplan erarbeitet werden.

Dies geschieht durch eine bedarfsorientierte Einzelfallbegleitung (Case-Management). Zuwanderer, die bereits länger in Deutschland leben, können das Angebot im Rahmen freier Beratungskapazitäten wahrnehmen. Kritisiert wird die Unterschätzung des (muttersprachlichen) Beratungsbedarfes der „Bestandsausländer" und die Verweisung auf die Regeleinrichtungen, die interkulturell noch nicht qualifiziert sind (s. auch Integrationsbeauftragte 2014).

Der **Jugendmigrationsdienst (JMD)** verschiedener Trägergruppen berät und begleitet alle jungen A. und Spätaussiedler mit einer dauerhaften Aufenthaltsperspektive bis Vollendung des 27. Lebensjahres. Der JMD (früher: Jugendgemeinschaftswerk für Aussiedler) erarbeitet einen individuellen Integrationsplan und vermittelt zu anderen Diensten und Einrichtungen *(Jugendsozialarbeit).*

Zur Aufgabe des BMAF gehört ebenfalls ein **bundesweites Integrationsprogramm** zu entwickeln (§ 45 AufentG), um die Integrationsangebote verschiedener Einrichtungen und freier Träger besser aufeinander abzustimmen und zu koordinieren. Diese Aufgabe folgt dem Streben nach einem integrationspolitischen Gesamtkonzept und zielt auf eine Einbindung aller Akteure, sowie auf eine nachhaltige Integrationsförderung. Dieses bundesweite Integrationsprogramm wurde im September 2010 vom Bundeskabinett verabschiedet. Bei der Erarbeitung des Integrationsprogramms sind Bund, Länder, Ausländerbeauftragte, Gemeinden und Verbände zu beteiligen. Es handelt sich um einen kontinuierlichen Prozess der Qualitätsentwicklung der Integrationsförderung, nicht um ein abgeschlossenes Programm. Das bundesweite Integrationsprogramm ist eine „Kannvorschrift" und nicht mit einem Rechtsanspruch verbunden. Die Koordination gestaltet sich allerdings angesichts der Zersplitterung der Zuständigkeiten nicht ohne Schwierigkeiten.

Das Integrationsgesetz von 2016 sieht eine Ausweitung der Integrationskurse, der Ausbildungs- und Arbeitsmöglichkeiten für Flüchtlinge vor. Allerdings werden gleichzeitig nach dem Prinzip „Fördern und Fordern" eine Reihe von Pflichten beschrieben und die Zuweisung des Wohnsitzes geregelt.

Zeitlich befristete **Integrationsprojekte** für Spätaussiedler, Ausländer und ausländische Frauen, vor allem gemeinwesenorientierte Vorhaben und Netzwerke, werden vom Bundesamt in Zusammenarbeit mit Verbänden und Behörden (§ 75 Nr. 2 AufenthG) gefördert um das bundesweite Integrationsprogramm zu unterstützen.

Der **Nationale Integrationsplan,** der in Arbeitsgruppen erarbeitet worden ist, wurde im Juli 2007 auf einem zweiten „Integrationsgipfel" verabschiedet und enthält 400 Selbstverpflichtungen von Bund, Ländern, Kommunen, Gewerkschaften, Wirtschaft, gesellschaftlichen Gruppen und Migrantenverbänden zu oft bekannten, aber nicht umgesetzten Forderungen aus verschiedensten Bereichen wie: Sprachförderung, frühkindliche Bildung, Ausbildung, Quartiersmanagement, Medienarbeit usw. Mit dem Nationalen Aktionsplan Integration, der im Januar 2012 auf dem inzwischen fünften Integrationsgipfel vorgestellt wurde, ist der Aktionsplan von 2007 weiterentwickelt worden. Darin haben Bund und Länder gemeinsame Ziele vereinbart, u. a. die Verbesserung der Anerkennung von im Ausland erworbenen Berufsabschlüssen sowie die Erhöhung des Anteils von Migranten im öffentlichen Dienst.

Die Schaffung von Diskussions- und Abstimmungsforen unter Einbeziehung von Migrantengruppen, wie der Integrationsgipfel oder der Islamkonferenz wird in Fachkreisen als Fortschritt im Dialog bezeichnet. Gleichzeitig wird im Hinblick auf den Integrationsplan auf die mangelnde zeitliche, rechtliche und finanzielle Absicherung der Umsetzung und auf das Ausblenden von Fragen der politischen Partizipation (kommunales Wahlrecht) hingewiesen.

Das Grundangebot des Bundes wird auf Länderebene durch eigene, aus Landesmitteln oder Drittmitteln finanzierte Strukturen ergänzt.

Auf **kommunaler Ebene** – als zentraler Ort der Integration – existiert eine breite Vielfalt von zielgruppenspezifischen Angeboten. In manchen Kommunen (z. B. Essen, Nürnberg, München, Stuttgart) werden Bemühungen im Bereich der interkulturellen Orientierung und Öffnung sozialer Dienste und Verwaltungen verstärkt, wobei Integrationsförderung als Querschnittsaufgabe („migrant mainstreaming") verstanden wird. Aus kommunaler Sicht vernachlässigt die Neuorganisation der Integration die vor Ort gewachsenen Integrationsnetzwerke, die Finanzierung von Beratungsangeboten für Flüchtlinge mit ungesichertem Rechtsstatus, die Unterstützung der Arbeit mit Menschen ohne Papiere und die gezielte Förderung von Selbstorganisationen der Migranten.

Interkulturelle Öffnung sozialer Dienste: Menschen mit Migrationshintergrund nehmen die deutschen Regel- und Spezialdienste, v. a. im präventiven Bereich, deutlich weniger in Anspruch, als es ihrem Anteil an der Gesamtbevölkerung entspricht. So sind zugewanderte Personen – v. a. ausländische Mädchen und junge Frauen – bei der Inanspruchnahme von Hilfen zur Erziehung in den präventiven Bereichen deutlich unterrepräsentiert. In manchen korrektiven Maßnahmen jedoch kann man eine Überrepräsentation von ausländischen Kindern und Jugendlichen feststellen (Späth 1999). Die Hauptursache für die Unterrepräsentation liegt in der einseitigen Ausrichtung sozialer Dienstleistungen auf die Mehrheitsgesellschaft.

Seit Mitte der 1990er Jahre wird denn auch verstärkt über die interkulturelle Öffnung von Sozialen Diensten und Sozialverwaltung diskutiert (Handschuck/Schröer 2001). Migrationssozialarbeit soll als umfassende Querschnittsaufgabe verstanden werden. Die Entwicklung von bedarfsgerechten Strukturen soll die gleichberechtigte Berücksichtigung von Bedürfnissen und Interessen von MigrantInnen ermöglichen. Die Diskussion hat insgesamt eine hohe Affinität zu dem Diskurs um eine qualitätsorientierte Kundenorientierung in der Sozialen Arbeit *(Sozialmanagement).*

Im Hinblick auf die interkulturelle Öffnung werden i. d. R. folgende Empfehlungen formuliert:

1) Öffnung in symbolischer Hinsicht (Leitbild, Selbstverständnis, Zielprojektion).
2) Erhöhung und Qualifizierung des Anteils von MitarbeiterInnen mit einem Migrationshintergrund.
3) Qualifizierung deutscher Fachkräfte.
4) Abbau von Zugangsbarrieren (fremdsprachliche Hinweise, Niedrigschwelligkeit usw.).
5) Zusammenarbeit von Migrationsdiensten und der Regelversorgung.

Die Umsetzung des Anspruches nach interkultureller Öffnung kommt aber nur langsam voran.

Interkulturelle Kompetenz: In einer Einwanderungsgesellschaft müssen interkulturelle Kompetenzen zu den Basisqualifikationen der SozArb gehören. Interkulturelle Kompetenz besteht aus einem Bündel von Wissensbeständen, Fähigkeiten und Fertigkeiten, die einen produktiven Umgang mit kulturellen Überschneidungssituationen erlaubt (Leenen/Groß/Grosch 2002, 90). Es handelt sich weniger um eine kulturspezifische (nationalitätsbezogene), sondern eher um eine allgemeine kulturübergreifende (transkulturelle) Kompetenz, die für die Arbeit mit allen Angehörigen der multikulturellen Gesellschaft qualifizieren soll (Simon-Hohm 2002, 40).

Der Begriff „interkulturelle Kompetenz" ist nicht unumstritten. In der Diskussion werden zwei Grundpositionen vertreten: Zum einen wird die kulturelle Dimension überbewertet, zum anderen wird die Bedeutung kultureller Differenzen unterschätzt.

Ausgangspunkt der ersten Position ist häufig ein statisches Konzept von Kultur und Interkulturalität, mit dem die Herkunftskultur unhistorisch festgeschrieben und als „traditionalistisch" in scharfen Kontrast zu der „Modernität" des Aufnahmelandes gestellt wird (Gaitanides 2000, 132). Im Hinblick auf den Einzelnen erfolgt eine deterministische Interpretation der Herkunftskultur und eine schematische Zuschreibung von kulturellen Zugehörigkeiten und Identitäten, die das Individuum zum Objekt und zum bloßen „Kulturträger" macht, das in seiner Kultur eingeschlossen ist. Die einseitige Fokussierung der kulturellen Dimension kann zu ethnisierenden Fehldeutungen politischer, sozialstruktureller oder sozialpsychologischer Verursachung von Problemlagen führen (Kulturalisierung). Dabei wird übersehen, dass wesentliche Ursachen von gesellschaftlichen und interpersonalen Konflikten nicht auf kulturelle Differenzen und mangelndes Verstehen zwischen den Kulturen, sondern auf soziale Ungleichheiten und Machtasymmetrien zurückzuführen sind.

Die zweite Grundposition leugnet die Relevanz kultureller Differenzen. Die Herkunftskultur hätte auf dem Hintergrund der individualisierenden Modernisierung keinen Gebrauchswert mehr für die Alltagspraxis. MigrantInnen hätten sich an die hiesigen Lebensverhältnisse angepasst und nur noch einen symbolischen Bezug zur Herkunftskultur. Kulturelle Identifikationen werden einseitig „nur" als regressive Reaktion auf soziale Ausgrenzung und damit als Effekt von Machtstrukturen interpretiert. Schließlich, so wird argumentiert, führe die Hervorhebung kultureller Unterschiede eher zur Ausgrenzung.

A

Demgegenüber ist festzuhalten, dass kulturelle Orientierungssysteme eine Auseinandersetzung mit unterschiedlichen Lebenslagen produziert und nicht nur in Reaktion auf politische und soziale Konstellationen entstehen (Auernheimer 2002, 191).

Die Weiterentwicklung des Konzeptes zur interkulturellen Kompetenz muss Kulturalisierungen vermeiden, ethnische Differenzen wie andere Arten von Differenzen behandeln (z. B. soziale Schicht, Geschlecht, Behinderung) und Machtasymmetrien in der Beratung berücksichtigen.

Interkulturelles Profil: In der Literatur gibt es zahlreiche Versuche zur Präzisierung und Konkretisierung eines Profils interkultureller Kompetenz in der SozArb (Leenen/Groß/Grosch 2002; Auernheimer 2002; Simon/Hohm 2002). Der Zuschnitt der verschiedenen Kompetenzbereiche, die jeweilige Gewichtung und die Formulierung von Teilkompetenzen sind sehr unterschiedlich und z. T. widersprüchlich. Strittig ist außerdem, auf welche Bereiche sich der Begriff „interkulturelle Kompetenz" beziehen soll. In diesem Kontext ist eine Unterscheidung von Leenen, Groß und Grosch (2002, 88 ff.) hilfreich. Im Hinblick auf die Migrationssozialarbeit unterscheiden die Autoren zwei Differenzperspektiven: In der Verteilungsdimension geht es zunächst um das Recht auf Gleichheit und den Ausgleich von Unterversorgung und sozialer Benachteiligung (vertikale Differenz). Die Verständigungsdimension bezieht sich auf das Recht auf Verschiedenheit und auf den Austausch über unterschiedliche Lebensformen und Identitätsentwürfe in der Kommunikation (horizontale Differenz).

Da die SozArb auf die Mitwirkung der Klientel angewiesen ist, stehen beide Problemperspektiven in einem komplexen Wechselspiel, so dass es zwischen den beiden Differenzperspektiven zahlreiche Überlagerungen gibt.

Trotz unterschiedlicher theoretischer Hintergründe, Profilschneidungen und Gewichtungen werden folgende Kompetenzbereiche immer wieder hervorgehoben:

a) Selbstreflexion (Sensibilisierung für die eigene kulturgebundene Wahrnehmung und Identität; selbstkritische Reflexion stereotyper Fremdbilder);
b) Haltungen und Einstellungen (reflektierte Toleranz; Akzeptanz von Differenz; politisches Bewusstsein);
c) Sensibilität für Kommunikationsprozesse und Machtasymmetrien (Fähigkeit zur Metakommunikation);
d) Personale Fähigkeiten (Empathie, interkulturelle Konfliktfähigkeit, Aushandlungsfähigkeit, Abgrenzungsfähigkeit);
e) Grundlagenwissen (Migration und Zuwanderung, Diskriminierung und Rassismus, Ausländerrecht, verallgemeinerbares Wissen über Kulturen und Kulturstandards).

Dies und ähnliche Kompetenzbereiche müssten für die jeweiligen konkreten Arbeitsfelder konkretisiert und operationalisiert werden.

Die Kompetenzanforderungen richten sich nicht nur an die Mitarbeiterinnen und Mitarbeiter, sondern das interkulturelle Profil resultiert aus einem komplexen Bedingungsgefüge: Gesellschaftliche politische Rahmenbedingungen für die gelebte Multikulturalität, interkulturelle Ausrichtung der Organisation, multikulturell zusammengesetzte Teams und die persönliche Qualifizierung der Fachkräfte.

Ingrid Mielenz
(bis zur 7. Auflage Jan Vink)

Literatur

G. Auernheimer: Interkulturelle Kompetenz – ein neues Element pädagogischer Professionalität?, in: G. Auernheimer (Hrsg.): Interkulturelle Kompetenz und pädagogische Professionalität, Opladen 2002, 183–205, BA: Analyse des Arbeitsmarktes für Ausländer, Nürnberg Nov. 2015 ♦ BA: Auswirkungen der Migration auf den deutschen Arbeitsmarkt, Nürnberg Nov. 2015 ♦ BA: Analyse des Arbeitsmarktes für Ausländer, Mai 2016 ♦ Beauftragte der BReg. für Migration, Flüchtlinge und Integration (Integrationsbeauftragte): 10. Bericht über die Lage der Ausländerinnen und Ausländer in Deutschland, zuletzt Berlin 2014 ♦ dies.: Nationaler Aktionsplan Integration, Berlin 2012 ♦ Bundesamt für Migration und Flüchtlinge (BMAF): Migrationsbericht 2013, Nürnberg 2015 ♦ BAMF: Das Bundesamt in Zahlen 2014, Asyl, Migration, Integration, Nürnberg Nov. 2015 ♦ BAMF: Geschäftsstatistik zu Integrationskursen, 1. Halbjahr 2015, Nürnberg 2015 ♦ BReg.: Lebenslagen im Wandel, Berlin 2005 ♦ BMFSFJ: Familien ausländischer Herkunft in Deutschland. 6. Familienbericht, Berlin 2000 ♦ S. Gaitanides: Arbeit mit Migrantenfamilien – Aktivitäten der Wahlfahrtsverbände und der Selbstorganisationen, in: Sachverständigenkommission 6. Familienbericht (Hrsg.): Familien ausländischer Herkunft in Deutschland: Lebensalltag, Opladen 2000 ♦ S. Handschuck/W. Klawe: Interkulturelle Verständigung in der Sozialen Arbeit, München 2004 ♦ L. Herwartz-Emden/M. Westphal: Akkulturationsstrategien im Generationen- und Geschlechtervergleich bei eingewanderten Familien, in: Sachverständigenkommission 6. Familienbericht (Hrsg.): Familien ausländischer Herkunft in Deutschland. Empirische Beiträge zur Familienentwicklung und Akkulturation, Opladen 2000, 229–271 ◆ T.Kunz/R.Puhl (Hrsg.): Arbeitsfeld Interkulturarbeit, Weinheim, München 2011 ◆ W. R. Leenen/A. Groß/H. Grosch: Interkulturelle Kompetenz in der Sozialen Arbeit, in: G. Auernheimer (Hrsg.): Interkulturelle Kompetenz und pädagogische Professionalität, Opladen 2002, 81–102 ◆ A. M. Nohl: Konzepte interkultureller Pädagogik ◆ Bad Heilbrunn 2006 ◆ J. Nowak: Leitkultur und Parallelgesellschaft, Frankfurt/M. 2006 ◆ H.-U. Otto/M. Schrödter (Hrsg.): Soziale Arbeit in der Migrationsgesellschaft, Lahnstein 2006 ◆ N.Schirilla: Migration und Flucht, Stuttgart 2016 ◆ K. P. Strohmeier: Segregation in den Städten, Bonn 2006 ◆ A. Treichler/N. Cyrus (Hrsg.): Handbuch Soziale Arbeit in der Einwanderungsgesellschaft, Frankfurt/M. 2004 ◆ Stat.BA: Erwerbstätigkeit in Deutschland. Ergebnisse des Mikrozensus 2011, Wiesbaden 2014.

Links

www.bamf.de
www.bildungsbericht.de
www.destatis.de
www.intergrationsbeauftragte.de

Ausreißer und Trebegänger

A. sind Kinder und Jugendliche, die aus sehr unterschiedlichen Motiven ihre bisherigen Lebens- und Beziehungssysteme (Familie, Heim/Heimerziehung, Schule etc.) verlassen. Anlässe dieser Ausbruchsversuche können sein: Konflikte und Spannungen mit Elternhaus und/oder Heim, Beziehungsenttäuschungen, Angst vor Strafe, Suche nach neuen Orientierungen, Intensivierung bzw. Erfüllung von Beziehungs- und Kontaktwünschen. Damit kann mit dem Weglaufen Verschiedenes verbunden sein: Es kann ein Signal sein an Eltern, Verselbständigungstendenzen zu registrieren und zu akzeptieren; es kann die Bedeutung einer Spannungsreduktion haben; bei ambivalenten und ausstoßenden familiären Beziehungsmustern kann darin auch der Versuch der Realisierung einer Alternativorientierung gesehen werden.

Jugendliche, die über längere Zeit „untertauchen" und dann i. d. R. ohne festen Wohnsitz und ohne regelmäßige Einkünfte in subkulturelle Lebensmilieus ausweichen, werden auch als Straßenkinder, Trebegänger und Trebegängerinnen bezeichnet.

Zur Kennzeichnung der Größenordnung dieses Phänomens kann nur auf die recht unzulänglichen polizeilichen Vermisstenstatistiken zurückgegriffen werden. Inzwischen wird – v. a. aus Großstädten – berichtet, dass immer mehr Kinder sich in den Szenen als Straßenkinder aufhalten.

Der Verein KARUNA sowie das Bündnis für Straßenkinder in Deutschland sprechen von 20 000 Jugendlichen, die bindungslos zum Elternhaus ihren Lebensmittelpunkt zwar nicht vollständig, aber überwiegend auf der Straße haben (KARUNA e. V. 2015, zitiert nach Mögeling/Beierle 2015, 4). A. sind für die *Kinder- und Jugendhilfe* eine doppelte Herausforderung. Einmal signalisieren sie durch ihr Verhalten, dass sie sich in einer Krisensituation befinden und entsprechende flexible sozialpädagogische Hilfen *(Krise/Krisenintervention)* erforderlich wären. Die gesetzliche Grundlage für das Tätigwerden des JA ist § 42 SGB VIII (Inobhutnahme; sehr genau dazu Münder u. a. § 42 Rz 1–66). Das SGB VIII eröffnet damit neue Perspektiven für sozialpädagogische Hilfen. Voraussetzung für eine wirksame Hilfe ist der Aufbau niedrigschwelliger und vernetzter sozialpädagogischer Angebote, von der *Straßensozialarbeit* bis zur intensiven Einzelbetreuung, von der *Beratung* über die Arbeitsvermittlung und Unterbringungen in einem Sleep-in. In den letzten Jahren ist in der fachlichen Diskussion um dieses Thema ein Zugewinn an Sensibilität und Problembewusstsein zu verzeichnen. Es gibt eine Reihe von privaten und öffentlichen Initiativen, die versuchen, zu angemesseneren Hilfen unter primär pädagogischer Zielsetzung zu gelangen.

FORUM Jugendhilfe 2/2015 hat nach Jahren des Desinteresses an der Situation von Kindern und Jugendlichen auf der Straße in einem ausführlichen Schwerpunkt (unter ‚Im Fokus – Straßenjugendliche in Deutschland' in immerhin sechs Beiträgen aus unterschiedlichen Blickwinkeln) berichtet sowie den neuesten Stand zu diesem besonderen sozialpädagogischen Phänomen erfasst und erläutert (einen ausgezeichneten Gesamtüberblick bieten darin Mögling/Beierle 2015, 4–11).

Erwin Jordan

Literatur

FORUM Jugendhilfe 2/2015: Schwerpunktheft Straßenjugendliche in Deutschland ◆ Gangway e. V. (Hrsg.): Down Town Berlin. Geschichten aus der Unterstadt. 20 Jahre Straßensozialarbeit in Berlin. Berlin 2010 ◆ P. Hansbauer (Hrsg.): Kinder und Jugendliche auf der Straße – Analysen, Strategien und Lösungsansätze, Münster 1998 ◆ E. Jordan/G. Trauernicht: Ausreißer und Trebegänger. Grenzsituation

A

sozialpädagogischen Handelns, München 1981 ◆ T. Mögling/S. Beierle: Einmal Straße, immer Straße? Handlungsbedarfe und Unterstützungsstrukturen für Straßenjugendliche, in: FORUM Jugendhilfe 2/2015, 4–11 ◆ J. Münder u. a.: Frankfurter Kommentar SGB VIII. Baden-Baden [7]2013 ◆ Schwerpunktheft Junge Menschen auf der Straße: uj 9/2011.

Aussiedlerinnen/Aussiedler

Rechtlicher Status/Definitionen

Seit dem 1. 1. 1993 gilt für Aussiedler (A.) die Bezeichnung Spätaussiedler (SpA.). Nach Art. 116 GG ist Deutscher, wer die deutsche Staatsangehörigkeit besitzt oder als Flüchtling oder Vertriebener deutscher Volkszugehörigkeit in dem Gebiet des Deutschen Reiches nach dem Stand v. 31. 12. 1937 Aufnahme gefunden hat. Für Ehegatten und Abkömmlinge gilt gleiches.

In § 6 Abs. 1 BVFG vom 19. 5. 1953 wurde geregelt, wer deutscher Volkszugehöriger ist. Voraussetzung ist, dass man sich in seiner Heimat zum deutschen Volkstum bekannt hat und dieses Bekenntnis durch bestimmte Merkmale wie Abstammung, Sprache, Erziehung, Kultur bestätigt wurde.

Mit In-Kraft-Treten des Kriegsfolgenbereinigungsgesetzes (KfbG) v. 1. 1. 1993, das das Bundesvertriebenengesetz (BVFG) geändert und angepasst hat, ist der § 6 weiter gefasst worden. Danach ist deutscher Volkszugehöriger, wer nach dem 31. 12. 1923 geboren wurde, die Abstammungsmerkmale erfüllt und nach dem Recht des Herkunftslandes zur deutschen Nationalität gehörte.

A. ist, wer nach Abschluss der allgemeinen Vertreibungsmaßnahmen vor dem 1. 7. 1990 oder danach im Wege des Aufnahmeverfahrens vor dem 1. 1. 1993 die unter fremder Verwaltung stehenden deutschen Ostgebiete, Danzig, Estland, Lettland, die ehem. Sowjetunion, Polen, die ehem. ČSSR, Ungarn, Rumänien, Bulgarien, das ehem. Jugoslawien, Albanien oder China verlassen hat oder verlässt. Es sei denn, dass er, ohne aus diesen Gebieten vertrieben und bis zum 31. 3. 1952 dorthin zurückgekehrt zu sein, nach dem 8. 5. 1945 einen Wohnsitz in diesen Gebieten begründet hat (§ 1 Abs. 2 Ziff. 3 BVFG).

Das BVFG enthält auch eine neue Definition, wer als SpA. gelten kann. SpA ist i. d. R. ein deutscher Volkszugehöriger, der die vorgenannten Länder nach dem 31. 12. 1992 im Wege des Aufnahmeverfahrens verlassen und innerhalb von sechs Monaten im Geltungsbereich des Gesetzes seinen ständigen Aufenthalt genommen hat. Die zeitlichen Stichtage 8. 5. 1945, 31. 3. 1952, und 1. 1. 1993 gelten auch hier (§ 4 BVFG).

Am 14. 9. 2013 ist das Zehnte Änderungsgesetz zum BVFG in Kraft getreten mit gewissen Erleichterungen. Nunmehr kann als SpA. aufgenommen werden, wer von einem deutschen Staats- oder Volkszugehörigen abstammt und sich zum deutschen Volkstum bekennt, insbes. durch den Nachweis deutscher Sprachkenntnisse. Der Nachweis einer Härte ist entfallen. Auch der Familiennachzug ist erleichtert worden, deutsche Sprachkenntnisse müssen nur noch die Ehegatten haben.

Der geschichtliche Hintergrund und die Aussiedlung

SpA. die heute zu uns kommen, sind eingebunden in die bewegte Geschichte ihrer Vorfahren. Mitte des 12. Jh. siedelte der ungarische König Geysa II. Deutsche im Karpatenbogen an. Kaiserin Maria Theresia warb in der 2. Hälfte des 18. Jh. deutsche Siedler für das Banat, Zarin Katharina II. (aus dem Hause Anhalt-Zerbst) holte mit ihrem Edikt vom 22. 7. 1763 deutsche Siedler ins Land. Sie sollten die weitgehend menschenleeren Gebiete in der Ukraine, am Schwarzen Meer und an der Wolga erschließen. Wirtschaftliche Not und die Unterdrückung des Glaubens waren die Ausreisemotive. Bereits Peter der Große hatte zuvor im 17. Jh. Deutsche ins Land geholt.

Im 2. Weltkrieg wurde von Stalin 1941 die Wolgarepublik aufgelöst, und die rd. 800 000 Deutschen wurden nach Sibirien und Asien deportiert. Sie galten als Kollaborateure, wurden als Faschisten beschimpft und 100 000 mussten in der Trud-Armee dienen (Rehabilitierung erst durch das Dekret v. 21. 2. 1992).

Vor 1939 lebten über 8,6 Mio. Deutsche außerhalb der Reichsgrenzen, um 1950 (nach Flucht und Vertreibung) noch immer ca. 4 Mio., teilweise in der Verbannung und Zerstreuung. Die politische Entspannung in den osteuropäischen Ländern ermöglichte den Deutschen dann ab Mitte 1987 ein leichteres Aussiedeln.

Die größten Zuzugswellen lagen in den Jahren 1989 (377 055) und 1990 (397 073). Sie führten zu starken finanziellen Transferleistungen, arbeitsmarktpolitischen und gesellschaftlichen Belastungen, die Akzeptanz und Integration erheblich erschwerten. Aufgrund des politischen Drucks kam es 1990 zur Korrektur des Aussiedleraufnahmegesetzes. Die Zuzugszahlen wurden damals auf 225 000 A. pro Jahr festgelegt. Das Bundesverwaltungsamt (BVA) konnte davon 10 % nach oben abweichen. Die veränderten Bestimmungen führten auch zu einer Verlagerung in den Aussiedlungsgebieten von Polen und Rumänien auf die ehem. Sowjetunion. Mittlerweile liegt die Aufnahmegrenze bei 100 000 SpA. pro Jahr. Im Jahre 2001 sind noch 98 484 SpA. einschließlich ihrer einreiseberechtigten Familienangehörigen in die BRD gekommen.

Zuwanderung und ihre Rahmenbedingungen

Seit 2005 sind mit der Einführung von Sprachtests für Familienangehörige die Zuwanderungszahlen stark rückläufig. 2012 kamen nur noch 1 817 SpA., 2013 gab es einen leichten Anstieg auf 2 427 zugewanderte Personen, zu 98 % aus der Russischen Föderation. Der Rückgang der Zuwanderung aus Polen und Rumänien wird im Wesentlichen darauf zurückgeführt, dass die Gründe für eine Auswanderung als beseitigt gelten können und die finanziellen Bleibehilfen des Bundes „wirken".

Zwischen 1950 und 2013 sind insgesamt 4,5 Mio. A. bzw. SpA. in die BRD eingereist. Die stärkste Gruppe ist seit Jahren die der 20- bis unter 45-Jährigen (42,3 %), gefolgt von den unter 20-Jährigen (27,0 %) und den 45- bis unter 60-Jährigen (23,0 %). Im Rentenalter (65 und älter) sind 6,5 % der SpA (Migrationsbericht 2013).

SpA. erhalten einen Aufnahmebescheid gemäß § 26 BVFG, den sie bereits im Herkunftsland beantragen müssen. Ein Bundesland hat zuvor seine Aufnahmebereitschaft zu erklären. Vorausgegangen ist ein zu bestehender Deutsch-Sprachtest, weil zusehends nur noch rudimentäre Deutschkenntnisse vorhanden sind. Im Spätaussiedlerstatusgesetz v. 6. 9. 2001 sind die sprachlichen Anforderungen klargestellt worden. Das Zuwanderungsgesetz v. 1. 1. 2005 (§§ 43–45) verstärkt diese Sicht. Der Aufnahmebescheid wird vom BVA in Köln über die Auslandsvertretungen zugestellt.

SpA. werden zunächst in der Erstaufnahme-Einrichtung Friedland untergebracht, mit 11 € Bargeld für den ersten notwendigen Bedarf und Sachleistungen in Höhe von 25 € ausgestattet. Die Rückführungskosten in Höhe von 102 € (aus Russland), 51 € (Rumänien) und 25 € (Polen) werden im Registrierschein vermerkt und nur ausgezahlt, wenn keine Abtretungserklärung vorliegt (z. B. vom Reiseunternehmen).Von dort erfolgt die Verteilung nach einem Länderschlüssel zu den Landesaufnahme-Stellen (NRW z. B. 21,8 %, Bremen 0,9 %), wo die SpA. maximal vier Wochen bleiben. Danach geht es weiter zu den Übergangswohnheimen der jeweiligen Wohnorte.

Die Aufnahmequote bemisst sich für Kommunen mit hoher Einwohnerdichte nach einem Einwohner-Flächen-Quotienten, um Großstädte nicht allzu sehr zu belasten. Das „Wohnortzuweisungsgesetz", das bis Ende 2009 befristet war, ist ersatzlos außer Kraft getreten. Damit entfiel auch die Wohnungsbindung für SpA, die vor dem 1. 1. 2010 eingereist sind.

Hilfen für Spätaussiedler und Integrationsprobleme

Hilfen für SpA umfassen

- persönliche Hilfen,
- Hilfen zur schulischen und beruflichen Integration,
- Hilfen zur sozialen und kulturellen Integration,
- Eingliederung in die Unfall-, Kranken- und Rentenversicherung.

SpA. aus der ehem. Sowjetunion, die vor dem 1. 4. 1956 bzw. vor dem 1. 1. 1946 geboren sind, erhalten zum Ausgleich für den erlittenen Gewahrsam eine einmalige pauschale Eingliederungshilfe in Höhe von 2 045 € bzw. 3 068 €.

Es kommen mehr junge SpA. zu uns, die auch einer stärkeren sprachlichen Deutsch-Förderung bedürfen, v. a. in der schulischen und beruflichen Ausbildung. Hier setzt die A.-Politik ihren Schwerpunkt, um eine sozialverträgliche Integration zu gewährleisten. Denn SpA. sollen möglichst schnell und dauerhaft auf das soziale, berufliche und kulturelle Leben – v. a. in der örtlichen Gemeinschaft – vorbereitet werden.

Soziale Arbeit mit Spätaussiedlern: Die Praxis ist mittlerweile sehr vielfältig, phantasiereich und effizient. Sie wird neben der kommunalen SozArb, der *Sozial-* und *Jugendhilfe* in hohem Maße von Wohlfahrtsverbänden, Spätaussiedlerorganisationen und Jugendverbänden (Jugendmigrationsdienste) getragen und realisiert. Bewährte Methoden sind Casework, Gruppenarbeit, Community-organization sowie unterschiedliche Ansätze der aufsuchenden Sozialarbeit, *Streetwork*/ Mobile Jugendarbeit und die psycho-soziale und soziale Beratung (Migrationsberatung). Es gibt Gruppenangebote allgemeiner und thematischer Art, z. B. Theater, Musik, Folklore, Malerei, Sport, Fahrradwerkstätten, Jugendabende, Sprach-, Näh- und Computerkurse, Hausaufgabenhilfen, aber auch Erlebnispädagogische Ansätze *(Erlebnispädagogik)*. Die Kommunen haben dem oftmals sehr hohen Anteil von A. (in einigen Städten) durch die Einrichtung von Aussiedlerbeiräten, Aussiedlerbeauftragten und/oder Häusern der Heimat Rechnung getragen. Damit sollen (selbstorganisierte) landsmannschaftliche Kulturarbeit, aber auch Beratung und *bürgerschaftliches Engagement* gestärkt werden. Einige Städte haben für Ausländer und Aussiedler gemeinsam zuständige Integrationsbeirate und in den parlamentarischen Gremien Integrationskommisionen gegründet *(Migration und Integration).*

Durch ein aktivierendes Miteinander im Stadtteil (z. B. Spielplatzgestaltung von Einheimischen und SpA) wird die *Integration* wirksam verbessert.

BVA und BAMF fördern und unterstützen bürgerschaftliches Engagement in gemeinwesenorientierten Projekten von und für A. Gefördert werden insbes. Projekte, an denen neben SozArb/SozPäd auch ehrenamtl. Kräfte mitwirken. Durch die Übernahme von Patenschaften soll v. a. die Eingliederung der Russlanddeutschen erleichtert werden. Deren Problemlage zeigt sich wie folgt:

- fehlende Deutschkenntnisse und fehlende Schulabschlüsse,
- unterschiedliche Kultur- und Religionserfahrungen,
- kultureller Abstand,
- schlechtere Chancen auf dem Arbeitsmarkt,
- Wohngebiete mit hoher Aussiedler-Konzentration (Ghettoisierung).

Hier auftretende Normen- und Kulturkonflikte zwischen Kindern und Eltern belasten die Aussiedler-Familien.

Für den Einsatz der Integrationsmittel des BMI gilt der Grundsatz „Fördern und Fordern". Hohe Priorität hat die Integration junger SpA., damit sie nicht zu Außenseitern und Verlierern unserer Gesellschaft werden. SpA. haben Anspruch auf kostenlose Teilnahme an einem Integrationskurs. Sprachlehrgänge werden allerdings nach wie vor nur noch für sechs Monate bewilligt, was keinesfalls ausreicht. Auch die berufliche Integration leidet darunter.

Weitere Hilfen haben ihre Grundlage neben dem BVFG in den verschiedenen Gesetzen zur sozialen Sicherung, im Europäischen Sozialfonds und den ERP-Vergaberichtlinien für zinsgünstige Darlehen. Sofortprogramme zum Abbau der Jugendarbeitslosigkeit und aufzubauende Netzwerke zwischen den beteiligten Organisationen sollen die Integration in Deutschland optimieren.

Migration und Integration von A. spielen in Deutschland allerdings kaum noch eine Rolle. Die Studie des Berlin-Instituts (2014) stellt dazu fest: A. haben i. d. R. gute Startbedingungen, sie haben meist schon vor der Einreise gute Deutschkenntnisse und eine Vorbildung, (Schulabschlüsse, Berufsausbildung) und sie haben in Deutschland eine hohe Erwerbsquote. Von gelungener Integration wird man trotzdem nicht reden können. A. haben eine starke Familienbindung und bleiben eher in der Gemeinschaft ihres Herkunftslandes verhaftet. Mehr als 80 % heiraten „unter sich" und viele junge A. haben Schwierigkeiten, sich in Deutschland heimisch zu fühlen.

Siegfried Kosubek

Literatur

K. J. Bade/J. Ottmer: Aussiedler: deutsche Einwanderer aus Osteuropa, Göttingen 2003 ◆ BAMF: (Spät-) Aussiedler in Deutschland. Eine Analyse aktueller Daten und Forschungsergebnisse, Nürnberg Nov. 2013 ◆ D.-J. Bauer: Aussiedlerfamilien zwischen Tradition und Moderne, Saarbrücken 2007 ◆ Beauftragter der BReg für Aussiedlerfragen und nationale Minderheiten (Hrsg.): Info-Dienst Deutsche Aussiedler, Berlin ◆ Berlin-Institut für Bevölkerung und Entwicklung: Neue Potenziale. Zur Lage der Integration in Deutschland, Berlin 2014 ◆ F. Blask/B. Binding/F. Gelnhausen (Hrsg.): Ich packe meinen Koffer. Eine ethnologische Spurensuche um Ost-West-Ausreisende und Spätaussiedler, Berlin 2009 ◆ BMI: Migrationsbericht 2013, Berlin März 2015 ◆ G. Gugel: Ausländer, Aussiedler, Übersiedler, Tübingen 1992 ◆ J. Haberland: Eingliederung von Aussiedlern und Zuwanderern, Leverkusen [6]1994 ◆ S. Kosubek: Asylbewerber und Aussiedler. Rechte, Leistungen, Hilfen – Handbuch für Helfer, Weinheim 1998 ◆ B. Mies-van Engelshoven: Jugendsozialarbeit mit zugewanderten jungen Menschen, in: P. Fülbier/R. Münchmeier (Hrsg.): Handbuch Jugendsozialarbeit, Bd. 1, Münster 2001, 613 ff. ◆ L.Vorobyova: Deutsche aus Russland zwischen Identitätssuche und Integrationswunsch, Leverkusen 2015.

Links

www.bmi.de
www.bamf.de
www.aussiedlerbeauftragter.de

B

Baugesetzbuch

Öffentliches und privates Baurecht

Das B. ist der wichtigste Teil des öffentlichen Städtebaurechts. Während das private Baurecht die zivilrechtlichen Beziehungen zwischen den am konkreten Baugeschehen Beteiligten und die Landesbauordnungen die individuelle Nutzung des Eigentums an einem konkreten Grundstück regeln, umfasst das öffentliche Städtebaurecht alle Rechtsvorschriften, mit denen aus städtebaulichem Interesse die Grundstücksnutzung und das Baugeschehen geordnet und gelenkt werden.

Bestandteile des Städtebaurechts: Das B. gliedert sich in vier Kapitel. Das Allgemeine Städtebaurecht im 1. Kap. enthält die Vorschriften über die Bauleitplanung und die zu ihrer Sicherung und Verwirklichung vorgesehenen Instrumente wie die Veränderungssperre und das Vorkaufsrecht, die Regelung der Zulässigkeit von Vorhaben in beplanten und unbeplanten Gebieten sowie Planungsschadensrecht, die Umlegung und die vereinfachte Umlegung, die Enteignung sowie die Erschließung und die Erschließungsbeiträge. Das 2. Kap., das Besondere Städtebaurecht, enthält v. a. die Vorschriften über die Sanierung *(Stadterneuerung)*, die städtebauliche Entwicklungsmaßnahme *(Stadtentwicklungsplanung)*, den Stadtumbau und die Soziale Stadt, die Erhaltungssatzung, die städtebaulichen Gebote sowie den Sozialplan und den Härteausgleich. Im 3. Kap. mit den Sonstigen Vorschriften sind insbesondere die Regelungen über die Wertermittlung, das Verwaltungsverfahren, die Wirksamkeitsvoraussetzungen von städtebaulichen Satzungen sowie das gerichtliche Verfahren vor den Kammern und Senaten für Baulandsachen geregelt. Das 4. Kap. enthält die Überleitungs- und Schlussvorschriften.

Bauleitplanung

Schwerpunkt der Regelungen des B. sind die Vorschriften über die Bauleitplanung. Sie ist der wichtigste Bestandteil der von Art. 28 Abs. 2 GG als Teil der kommunalen Selbstverwaltung garantierten kommunalen Planungshoheit:

- Die Bauleitplanung nach dem B. ist zweistufig angelegt: Aus dem das ganze Gemeindegebiet umfassenden und die beabsichtigte städtebauliche Entwicklung in den Grundzügen darstellenden Flächennutzungsplan (§ 5 BauGB) sind die für einen Teilbereich des Gemeindegebiets aufzustellenden Bebauungspläne (§§ 9, 13, 13a BauGB) zu entwickeln. Während der Flächennutzungsplan lediglich für Behörden verbindlich ist und auch öffentliche Planungsträger bindet die ihm nicht widersprochen haben, ist der Bebauungsplan als Satzung auch für den Bürger verbindlich. Enthält er, wie regelmäßig, mindestens Festsetzungen über die Art und das Maß der baulichen Nutzung, die überbaubaren Grundstücksflächen und die örtlichen Verkehrsflächen (qualifizierter Bebauungsplan nach § 30 Abs. 1 BauGB), so bestimmt er in seinem Geltungsbereich allein, welche Nutzung auf einem Grundstück städtebaurechtlich zulässig ist. § 9 Abs. 1–3 BauGB enthält eine abschließende Regelung möglicher Festsetzungen; § 9 Abs. 4 BauGB ermächtigt die Länder zu bestimmen, dass auf Landesrecht beruhende Regelungen als Festsetzungen in einen Bebauungsplan aufgenommen werden können (z. B. Gestaltung baulicher Anlagen). Während § 9 Abs. 1 BauGB einen 26 Punkte umfassenden Katalog möglicher Festsetzungen enthält (z. B. Art und Maß der baulichen Nutzung, Verkehrsflächen), enthalten Abs. 1a Regelungen zu Ausgleichsflächen und -maßnahmen für Eingriffe in Natur und Landschaft, Abs. 2 Bestimmungen über den Zeitraum der Zulässigkeit der festgesetzten Nutzung, Abs. 2a Bestimmungen zur Innenentwicklung von Städten und Gemeinden sowie zur verbrauchernahen Versorgung Abs. 2b Regelungen zur Einschränkung der Zulässigkeit von Vergnügungsstätten und Abs. 3 Bestimmungen zur Höhenlage und zur Übereinanderschichtung von Nutzungen. Nach § 9 Abs. 1 festgesetzt werden können u. a. Flächen, in denen ganz oder teilweise nur Wohngebäude zulässig sind, die mit Mitteln der sozialen Wohnraumförderung gefördert werden könnten (Nr. 7), sowie Flächen, auf denen ganz oder teilweise nur Wohngebäude errichtet werden dürfen, die für Personengruppen mit besonderem Wohnbedarf bestimmt sind (Nr. 8), Flächen für Gemeinschaftsanlagen für bestimmte räumliche Bereiche wie z. B. Kinderspielplätze und Freizeiteinrichtungen (Nr. 22), öffentliche und private Grünflächen wie z. B. Parkanlagen, Dauerkleingärten, Sport-, Spiel-, Zelt- und Badeplätze (Nr. 15).
- Die Bauleitplanung kann weitreichende Auswirkungen auf das Leben der von ihr betroffenen Bürgerinnen und Bürger hervorrufen. Das B. sieht daher eine intensive Bürgerbeteiligung im Rahmen der Aufstellung oder Änd. von Bauleitplänen vor. Die Regel ist die Beteiligung (§ 3 Abs. 1 BauGB), die Ausnahme nur der „Betroffenen" (§ 13 Abs. 2 Satz 1, Nr. 1, § 13a Abs. 2, Nr. 1 BauGB). Nach § 3 Abs. 1 BauGB ist die Öffentlichkeit der gesamten Gemeinde möglichst frühzeitig über die allgemeinen Ziele und Zwecke der Planung und ihre voraussichtlichen Auswirkungen öffentlich zu unterrichten. Hierbei sind auch realistische Alternativen vorzustellen. Wichtig ist v. a., dass Gelegenheit

B

zur Äußerung und Erörterung der Pläne und Planalternativen gegeben wird. Üblich ist hier die Durchführung einer Bürgerversammlung; aber auch weitergehende Beteiligungsformen, wie die Bildung von Beiräten, Bürgerforen oder Planungszellen sind möglich. Im Rahmen ihrer planerischen Verantwortung ist die Gemeinde hier frei, jedes geeignete Verfahren zu wählen. Dabei wird es v.a. darauf ankommen, die von der Planung tatsächlich Betroffenen zu Wort kommen zu lassen, auch jene, die nicht von allein in der Lage sind, ihre Interessen zu artikulieren. Während die frühzeitige Bürgerbeteiligung in einem noch inhaltlich offenen Planungsstadium erfolgt, liegt bei der 2. Phase der Bürgerbeteiligung, der Planauslage nach § 3 Abs. 2 BauGB, bereits ein beschlussfähiger Planentwurf mit Begründung vor. Ort und Dauer der Auslegung sind mindestens eine Woche vorher ortsüblich bekannt zu machen. Diese Bekanntmachung soll die BürgerInnen dazu bewegen, Stellungnahmen, d.h. Anregungen und Bedenken zur Planung vorzutragen. Die Gemeinde hat alle vorgebrachten Anregungen und Bedenken zu prüfen und in ihre endgültige Abwägung einzubeziehen. Hat bei der Änderung oder Ergänzung eines Bebauungsplans eine frühzeitige und umfassende Beteiligung der Öffentlichkeit bereits stattgefunden oder wird in einem neuen Bebauungsplan für einen bisher unbeplanten Innenbereich (vgl. Abschnitt „Gebiete ohne Bebauungsplan") der Maßstab für die Zulässigkeit von Bauvorhaben nicht wesentlich geändert (Vereinfachtes Verfahren nach § 13 Abs. 1 BauGB), kann die Bürgerbeteiligung auf die von dem Bebauungsplan betroffene Öffentlichkeit (Mieter, Pächter, Gewerbetreibende, Eigentümer) beschränkt werden. Dasselbe gilt, wenn die Aufstellung eines Bebauungsplans der Wiedernutzbarmachung brachliegender Flächen, einer Nachverdichtung oder sonstiger Maßnahmen der innerörtlichen Entwicklung und Erneuerung (Innenentwicklung) dient (Beschleunigtes Verfahren nach § 13a Abs. 1 BauGB). Von einer Umweltprüfung wird bei diesen Verfahren im Regelfall abgesehen, weil Umweltbelange durch die vorgesehene Planung nicht in relevanter Weise berührt werden. Die Beteiligung der wirklich Betroffenen wird dagegen intensiviert, weil ihre Mitwirkung gerade in innerörtlichen Bereichen von besonderer Bedeutung ist.

- Neben der Bürgerbeteiligung ist die Beteiligung der Träger öffentlicher Belange nach § 4 BauGB wichtig für die Zusammenstellung des notwendigen Abwägungsmaterials. Träger öffentlicher Belange sind alle Behörden, Dienststellen und öffentlichen Verbände, die von der Planung berührt sein können. Hierzu gehören etwa Nachbargemeinden, die Gewerbeaufsicht, die Straßenbauämter, die Naturschutz-, Denkmalschutz- und Wasserschutzämter, die Energieversorgungsunternehmen, die Verkehrsbetriebe, die Post, die Bundeswehr, Industrie- und Handwerkskammern, die Kirchen. Für die Beteiligung der Behörden und Träger öffentlicher Belange gilt dasselbe wie bei der Bürgerbeteiligung. Im vereinfachten und im beschleunigten Verfahren sind nur die von der Planung berührten Behörden und Träger öffentlicher Belange zu beteiligen.
- Nicht zu den Trägern öffentlicher Belange gehören die Sozialämter und die JÄ, da sie wie das Planungsamt Bestandteil der Gemeindeverwaltung sind. Da Stadtplanung aber gerade für ihre Adressaten weitreichende Auswirkungen haben kann, etwa im Hinblick auf die Wohnungsversorgung für Einkommensschwache oder die Gestaltung des *Sozialraums,* in dem Jugendliche aufwachsen, sollten beide Ämter sich im Rahmen der innergemeindlichen Koordinierung intensiv und frühzeitig an der Bauleitplanung beteiligen und ihre Belange für die Abwägung mit Nachdruck einbringen. Auch hier gilt, dass Vorsorge viel effektiver und billiger ist als Nachsorge (vgl. auch den in § 1 Abs. 3 Nr. 4 SGB VIII normierten „Einmischungsauftrag" der JH, *Einmischungsstrategie*). Es ist für die Durchsetzung der eigenen Bedarfe zweckmäßig, wenn aus dem vielfältigen Sozialbereich eine einheitliche Stellungnahme abgegeben wird und nicht mehrere, eventuell sogar widersprüchliche Positionen vertreten werden. Sozialämter und JÄ sind auch beim vereinfachten und beschleunigten Verfahren in aller Regel zu beteiligen.
- Die gerechte Abwägung ist das zentrale Element bei der Aufstellung oder Änd. eines Bauleitplans. Nach § 1 Abs. 7 BauGB sind bei der Aufstellung der Bauleitpläne die öffentlichen und privaten Belange gegeneinander und untereinander gerecht abzuwägen. § 1 Abs. 5 BauGB enthält hierzu allgemeine Ziele der Bauleitplanung, § 1 Abs. 6 13 Planungsleitlinien. In Nr. 3 sind besonders hervorgehoben die sozialen und kulturellen Bedürfnisse der Bevölkerung, insbesondere die Bedürfnisse der Familien, der jungen und alten Menschen und der Behinderten, die Belange des Bildungswesens und von Sport, Freizeit und Erholung. Auch besteht die

Notwendigkeit, unterschiedliche Auswirkungen auf Frauen und Männer zu berücksichtigen. Dabei geht es letztlich nicht um einen weiteren spezifischen Belang, sondern darum, die soziale Brauchbarkeit von Wohngebieten etwa im Hinblick auf verkehrliche Erschließung, Einkaufsmöglichkeiten für den täglichen Bedarf, Kinderbetreuung und -spiel, Fußläufigkeit und Sicherheit und damit die Vereinbarkeit von Familie und Beruf zu bedenken. Neu hinzugekommen sind mit der Novelle 2014 die Belange von Flüchtlingen und Asylbegehrenden und ihrer Unterbringung. Besonders geregelt ist die Berücksichtigung umweltschützender Belange in den §§ 1a und 2a BauGB.

- Mit dem Gesetz zur Stärkung der klimagerechten Entwicklung in den Städten und Gemeinden vom 22. Juli 2011 ist § 1a Abs. 5 neu in das BauGB eingefügt worden. Damit wurde die Notwendigkeit besonders herausgestellt, den Erfordernissen des Klimaschutzes sowohl durch Maßnahmen, die dem Klimawandel entgegenwirken, als auch durch Maßnahmen, die der Anpassung an den Klimawandel dienen, Rechnung zu tragen. Die allgemeinen Ziele der Bauleitplanung in § 1 Abs. 5 Satz 2 BauGB wurden entsprechend ergänzt. Die Anpassung an den Klimawandel erfordert etwa in eng bebauten Gebieten, dass hier z. B. durch Anpflanzung von Straßenbäumen, Anlage von Grünflächen und deren Vernetzung sowie Schaffung von Frischluftschneisen besonders die nächtlichen Temperaturen bei den häufiger vorkommenden Hitzeperioden etwas gesenkt und so die Lebensqualität der Bevölkerung dort verbessert und die Gesundheitsgefahren v. a. für Kleinkinder und Alte verringert werden. Dem Klimawandel entgegengewirkt werden soll v. a. durch den verstärkten Einsatz erneuerbarer Energie (vgl. etwa § 5 Abs. 2 Nr. 2 b, § 9 Abs. 1 Nr. 12 und 23 b, § 11 Abs. 1 Nr. 4 und 5, § 35 Abs. 1 Nr. 8, § 148 Abs. 2 Satz 1 Nr. 5, §§ 248 und 249 BauGB; vgl. auch das Erneuerbare-Energien-Wärmegesetz v. 2008).

Gebiete ohne Bebauungsplan

In Gebieten, in denen kein Bebauungsplan mit den o. g. Mindestfestsetzungen gilt, richtet sich die Zulässigkeit von Vorhaben nach § 34 BauGB, wenn es sich um im Zusammenhang bebaute Ortsteile (Innenbereich) handelt, oder nach § 35 BauGB, wenn es sich um den Außenbereich handelt, also um den Bereich außerhalb von Bebauungsplangebieten und Gebieten nach § 34 BauGB. Während in im Zusammenhang bebauten Gebieten das Bauen grundsätzlich erlaubt ist, wenn sich das beabsichtigte Vorhaben in die nähere Umgebung einfügt, so ist im Außenbereich das Bauen grundsätzlich verboten, wenn nicht spezielle Privilegierungsgründe vorliegen. Während im Westen Deutschlands über Jahrzehnte hinweg und im Osten nach der Wiedervereinigung die Entwicklung in den unbebauten Außenbereich hinein (Außenentwicklung) im Vordergrund stand, versucht der Gesetzgeber mit den Regelungen in § 13a BauBG zur Reduzierung des Flächenverbrauchs im Außenbereich und zur Erhöhung der Lebensqualität im Innenbereich die Entwicklung innerhalb der besiedelten Ortsteile oder auf innergemeindlichen Brachflächen (Innenentwicklung) durch die Erleichterung der Bebauungsplanung in diesen Gebieten und für diese Zwecke zu fördern, etwa indem von der regelmäßig erforderlichen Umweltprüfung abgesehen wird (§ 13a Abs. 2 Nr. 1).

Erhaltungssatzung

Mit der Erhaltungssatzung nach § 172 BauGB steht den Gemeinden ein wichtiges und wirksames Instrument zur Erhaltung der städtebaulichen Eigenart eines Gebiets aufgrund seiner städtebaulichen Gestalt, zur Erhaltung der Zusammensetzung der Wohnbevölkerung (Milieuschutz) oder zur Ermöglichung eines sozialverträglichen städtebaulichen Umstrukturierungsprozesses zur Verfügung. Eine Milieuschutzsatzung kann angezeigt sein bei der drohenden Verdrängung der ansässigen Wohnbevölkerung infolge hochwertiger Modernisierung, der Umwandlung von Miet- in Eigentumswohnungen, bei der Beseitigung alter Gebäude mit billigem Wohnraum durch hochwertige Gebäude oder der Verdrängung der ortsansässigen Wohnbevölkerung durch bauliche Veränderungen zur Errichtung von Zweit- oder Ferienwohnungen. Voraussetzung für den Erlass einer Milieuschutzsatzung ist z. B., dass die Erhaltung der Zusammensetzung der Wohnbevölkerung aus besonderen städtebaulichen Gründen erforderlich ist. Dies kann gegeben sein, wenn eine Veränderung der Zusammensetzung der Wohnbevölkerung nachteilige Folgen etwa für die Auslastung der Infrastruktur, die im Gebiet vorhandenen und auf eine bestimmte Wohnbevölkerung zugeschnittenen Geschäfte oder die Entstehung von Abwanderungsbewegungen vor allem einkommensschwächerer Haushalte in andere Gebiete hätte, die dort Verdrängungen oder eine einseitige Bevölkerungsstruktur hervorrufen würden. Allerdings dient die Erhaltungssatzung der Kontrolle der baulichen Entwick-

B

lung in einem Gebiet und kann nicht allein aus sozialen Gründen erlassen werden. Jedoch werden die städtebaulichen und die sozialen Gründe in solchen Gebieten häufig zusammenfallen. Einer Genehmigung bedürfen in Gebieten mit einer Erhaltungssatzung der Rückbau, die Änd. oder die Nutzungsänderung baulicher Anlagen, sofern die Erhaltung der baulichen Anlage auch unter Berücksichtigung des Allgemeinwohls wirtschaftlich nicht unzumutbar ist. Eine Modernisierung, die sich an bauordnungsrechtlichen Mindestanforderungen orientiert, kann danach nicht untersagt werden, auch wenn sie durchaus zu erheblichen Mieterhöhungen führen kann. Bei städtebaulichen Umstrukturierungen, die etwa aufgrund einer betrieblichen Erweiterung notwendig werden, kann die Erhaltungssatzung für den vorübergehenden Erhalt von Wohnraum eingesetzt werden. Auf diese Weise kann Menschen der Wohnraum erhalten werden, bis endgültig Ersatz geschaffen ist. Basis für eine solche Erhaltungssatzung ist die Aufstellung eines Sozialplans nach § 180 BauGB.

Sozialplan

Ist absehbar, dass sich die Verwirklichung eines Bebauungsplans oder die Umsetzung einer städtebaulichen Sanierungsmaßnahme nachteilig auf die persönlichen Lebensumstände, also auf die Berufs-, Erwerbs- und Familienverhältnisse, die Wohnung, soziale Verflechtungen und örtliche Bindungen auswirken, ist die Gemeinde nach § 180 BauGB verpflichtet, mit den Betroffenen, d.h. den im Gebiet wohnenden und arbeitenden Menschen, zu erörtern, wie nachteilige Auswirkungen vermieden oder gemildert werden können. Die Gemeinde ist verpflichtet, die Betroffenen bei ihren eigenen Bemühungen zur Begrenzung der nachteiligen Auswirkungen zu beraten und ihnen zu helfen. V.a. hat sie auf öffentliche Leistungen hinzuweisen, die die Betroffenen in Anspruch nehmen könnten, wie z.B. Leistungen nach dem SGB II bzw. SGB XII, dem WoGG oder staatlichen Förderprogrammen für die gewerbliche Wirtschaft und auf den Härteausgleich nach § 181 BauGB *(Wohnen/Wohngeld)*. Sind die Betroffenen, z.B. wegen Alters oder Sprachschwierigkeiten, nicht imstande, sich selbst zu helfen, ist die Gemeinde verpflichtet, selbst geeignete Maßnahmen zu prüfen und, wenn möglich, den Betroffenen eine Wohnung zuzuweisen, einen Platz in einem Altersheim zu verschaffen oder eine Betreuung nach dem Kinder- und Jugendhilfegesetz zu organisieren. Einen Anspruch auf solche Leistungen verschafft § 180 BauGB den Betroffenen nicht; solche Ansprüche können sich nur aus den einschlägigen Gesetzen ergeben *(Soziale Sicherung)*.

Das Ergebnis dieser Erörterungen, Beratungen und Belehrungen ist im Sozialplan schriftlich festzuhalten. Da in dem Sozialplan u.U. weitreichende Aussagen über die persönlichen Lebensumstände der Betroffenen enthalten sind, darf der Sozialplan weder veröffentlicht noch Dritten zur Einsichtnahme gegeben werden. Ändern sich die dem Sozialplan zugrunde liegenden Umstände im Laufe des Verfahrens, ist der Sozialplan fortzuschreiben. Für Sanierungsverfahren ist dies in § 140 Nr. 6 BauGB ausdrücklich vorgeschrieben. Dies gilt aber auch dann, wenn bei der Verwirklichung eines Bebauungsplans ein längerer Zeitraum verstreicht und anderweitige Maßnahmen erforderlich werden könnten. Hieran wird zugleich deutlich, dass der Sozialplan das letzte Mittel ist, um die sozialen Belange der Bevölkerung zu berücksichtigen. Viel wirkungsvoller ist es i.d.R., die sozialen Belange der Bevölkerung entspr. dem allgemeinen Ziel der Bauleitplanung nach § 1 Abs. 5 S. 1 BauGB, eine dem Wohl der Allgemeinheit entsprechende sozialgerechte Bodennutzung zu gewährleisten und dazu beizutragen, eine menschenwürdige Umwelt zu sichern, bei der frühzeitigen Bürgerbeteiligung offensiv zur Geltung zu bringen.

Städtebaulicher Vertrag

Zunehmend an Bedeutung neben der Bauleitplanung gewinnt der städtebauliche Vertrag. Er hat in § 11 eine gesetzliche Regelung erfahren. Die Kooperation mit privaten Vorhabenträgern bietet den Gemeinden die Chance, deren Investitionsbereitschaft u.a. zur Erfüllung öffentlicher Gemeinwohlaufgaben zu nutzen. So kann mit städtebaulichen Verträgen erreicht werden z.B. die Bereitstellung von Bauland für auf dem Wohnungsmarkt nicht konkurrenzfähige Nachfragegruppen oder die Finanzierung von sozialen Einrichtungen wie Kindergärten, Jugendzentren und sonstigen Infrastruktureinrichtungen, die durch die beabsichtigten Baumaßnahmen erforderlich werden. Stehen diese städtebaulichen Verträge, wie häufig, im Zusammenhang mit der Aufstellung von Bauleitplänen, so können sie Einfluss haben auf den Inhalt der Bauleitpläne und die Abwägung. Hier ist daher im besonderen Maße darauf zu achten, dass die abwägungsrelevanten Sachverhalte städtebaulicher Verträge hinreichend transparent und öffentlich werden. V.a. gilt dies für den Vorhaben- und Erschließungsplan nach § 12, der auf Initiative eines privaten Investors zustande kommt, der auch den Plan zur Durchführung der Vorhaben und Erschließungsmaßnahmen erstellt. Der Vorhaben- und Erschließungsplan ist im Übrigen, wie auch ein Bebauungsplan, aus dem Flächennutzungsplan zu entwickeln.

Unterbringung von Flüchtlingen und Asylbegehrenden

„Seit 2014 ist Deutschland Ziel einer präzedenzlosen Zahl von Asylbewerbern, die Sicherheit vor Krieg, Verfolgung und Not suchen". So beginnt die Problembeschreibung des Gesetzentwurfs eines Asylverfahrensbeschleunigungsgesetzes von CDU/CSU und SPD v. 29.9.2015 (BT-Drs. 18/6185), das in Art. 6 auch eine Änderung des BauGB vorsieht. Eine erste Änderung des BauGB in diesem Zusammenhang erfolgte in diesem Zusammenhang bereits im November 2014 auf Initiative der Länder (BGBl. S. 1748). Um die sehr große Zahl der Asylbegehrenden möglichst rasch in Flüchtlingsunterkünften und Erstaufnahmeeinrichtungen unterbringen zu können, soll bis zum 31.12.2019 u. a. auch von den Standards des BauGB abgewichen werden können. Dessen städtebaulichen Ziele und Grundsätze (§ 1 Abs. 5 u. 6 BauGB) wie v. a. gesunde Wohn- und Arbeitsverhältnisse sollen aber gewahrt bleiben.

Bei der Neuregelung geht es darum, in Anknüpfung an bestehende Bestimmungen des Allgemeinen Städtebaurechts die Zulässigkeit von Bauvorhaben und Nutzungsänderungen für Flüchtlingsunterkünfte und sonstige Einrichtungen für Flüchtlinge in allen Baugebieten nach der Baunutzungsverordnung, im Innenbereich nach § 34 und im Außenbereich nach § 35 BauGB, zu begründen. Das Prinzip der Nutzungstrennung und teilweise das der Innenentwicklung werden also für diesen Zweck aufgegeben. Auch der Nachbarschutz wird hierfür gelockert. Erreicht wird dieses Ziel durch Einrichtung von Befreiungs-, Abweichens- und Ausnahmemöglichkeiten sowie durch Vorzeichnungen der Ermessensausübung. Die Regelungen finden sich in § 246 Abs. 8 bis 17 BauGB.

Einen Sondertatbestand enthält in Anlehnung an § 37 BauGB der § 246 Abs. 14 BauGB. In dringenden Notfällen kann das Land durch seine höhere Verwaltungsbehörde bei der Genehmigung von Flüchtlingsunterkünften oder -einrichtungen in dem erforderlichen Umfang generell von den Vorschriften des BauGB abweichen. Da es sich bei den neuen Regelungen um Änderungen bei Baugenehmigungen und nicht bei der Bauleitplanung handelt, ist eine formelle Bürgerbeteiligung nicht vorgesehen. Daher wird den Behörden empfohlen, „informelle Möglichkeiten der Öffentlichkeitsbeteiligung zu nutzen" (BT-drs.18/6185, S. 75). Diese Bürgerbeteiligung sollte schon bei den ersten Überlegungen zur Errichtung von Einrichtungen für Flüchtlinge einsetzen.

Für die zukünftig nötige Schaffung von dauerhaften Wohnraum für Flüchtlinge bleibt es wie bei der einheimischen Bevölkerung beim grundsätzlichen Planungserfordernis (a. a. O., S. 38).

Rolf-Peter Löhr

Literatur

U. Battis/M. Krautzberger/R.-P. Löhr, Baugesetzbuch, München [13]2016 • R.-P. Löhr: Stadtplanung und ihre Bedeutung für den Sozialraum, in: T. Maas u. a. (Hrsg.): Community living – Bausteine für eine Bürgergesellschaft, Hamburg 2007, 37–42 • R.-P. Löhr: Recht der kommunalen Bauleitplanung und gesundheitliche Belange, in: C. Böhme/C. Kliemke/B. Reimann/W. Süß (Hrsg.): Stadtplanung und Gesundheit, Bern 2012.

Behindertenhilfe

Zentrale Begriffe und ihre Reichweite

Als behindert wird ein Mensch bezeichnet mit einer dauerhaften, sichtbaren und/oder spürbaren Beeinträchtigung in körperlicher, geistiger oder seelischer Hinsicht. Ursprünglich war der Begriff auf das Individuum und seine Leistungsdefizite bezogen; der soziale Kontext, Möglichkeiten und Aktivitäten rückten erst in den 1990er Jahren ins Blickfeld der Definition. In Deutschland wird – im Unterschied zu einigen anderen Ländern – nach wie vor unterschieden zwischen körperlich, geistig, sprach-, lern- und verhaltensbehinderten sowie zwischen blinden/sehbehinderten und gehörlosen/schwerhörigen Menschen; gelegentlich werden chronisch Kranke hinzugezählt. In neueren Erörterungen gilt Behinderung weder als Form noch als Folge von Krankheit. Diese Klassifikation ist mittlerweile umstritten, weil sie Mehrfachbehinderung und fachübergreifenden Fragen der Betreuung nicht gerecht werde.

Nach Angaben des Stat. BA (2015) lebten Ende 2013 in Deutschland 10,2 Mio. Menschen mit einer amtlich anerkannten Behinderung (13 % der Bevölkerung). Davon waren mit einem Behinderungsgrad von 50 und mehr (Leistungsberechtigte nach SGB IX) 7,5 Mio. Menschen schwerbehindert (9,3 % der Bevölkerung). Verlässliche Auskunft gibt darüber hinaus die Sonderschulstatistik, differenziert nach Schultypen; 2014 besuchten 4,08 % aller schulpflichtigen Kinder Förderschulen *(Heil- und Sonderpädagogik)*. Die Gesamtzahl behinderter Kinder liegt deutlich höher, kann jedoch nur geschätzt werden.

Auf europäischer Ebene weichen die Zahlen behinderter Menschen stark voneinander ab aufgrund unterschiedlicher Definitionen. Statistische Angaben sind also mit großer Vorsicht zu interpretieren.

B. ist die Gesamtheit der gesellschaftlich bereit gestellten sozialen Dienste für Menschen mit besonderem Unterstützungsbedarf – B. als Oberbegriff für alle staatlich garantierten, öffentlich oder privat organisierten Strategien, Maßnahmen und Leistungen der *Rehabilitation*, der Eingliederung (SGB XII, *Sozialhilfe*) und der Behindertenarbeit, die geeignet sind, behinderungsbedingte Nachteile zu vermeiden bzw. auszugleichen sowie Selbstbestimmung und Teilhabe von Menschen mit Behinderungen am Leben in der Gesellschaft sicher zu stellen (SGB I § 10; SBG IX § 1; AGG § 2): Förderung, Beratung, Betreuung, Assistenz, Pflege und Entlastung bei Alltagsbewältigung, Beruf und Freizeit. B. ist das gesellschaftliche Zugeständnis sozialer Leistungen (Hilfeangebot) als Antwort auf den individuellen, persönlichen Bedarf (Hilfebedarf).

Zur Geschichte

Die Geschichte der B. ist keineswegs die einer linearen Entwicklung zu mehr Menschlichkeit und selbstverständlicher Gleichbehandlung von Menschen mit Behinderung. Der Beginn systematisierter B. wurde mit der Schaffung spezieller Anstalten im 19. Jh. eingeleitet, die behinderte Menschen erstmals von privater Mildtätigkeit unabhängig machten. Im Dritten Reich wurden die Anstalten entweder geschlossen, für Kriegszwecke um genutzt oder für Euthanasieverbrechen missbraucht *(Eugenik)*. Die Bilanz von zigtausend ermordeten bzw. durch wissenschaftliche Experimente und medizinische Eingriffe wie Sterilisation verstümmelten behinderten Menschen haben die Herausbildung eines auf Schutz und Besonderung ausgerichteten spezialisierten Systems der B. nach 1945 befördert. Unterschiedliche theoretische Annahmen über die Natur des Menschen, Therapierbarkeit von Behinderung, über den Umgang mit Andersartigkeit sowie politische Ordnungsvorstellungen prägen die Handlungskonzepte der B. In den Fachdisziplinen werden verschiedene Begriffe und Umgangsformen vorgeschlagen. Sozialwissenschaftliche Erkenntnis ist, dass Behinderung relativ und relational sei: relativ hinsichtlich der subjektiven Erfahrung der Auswirkungen einer Funktionseinschränkung durch den Einzelnen; relational hinsichtlich der situativen Reaktionen der Umwelt auf die Nichterfüllung gesellschaftlicher Erwartungen durch den behinderten Menschen. Behinderung entstehe, wenn Merkmale eines Menschen als unerwünscht diskreditiert *(Stigmatisierung)*, aus Schädigungen und Funktionsbeeinträchtigungen resultierendes Verhalten als abweichend von der Norm *(Abweichendes Verhalten)* etikettiert und Lebenschancen entsprechend der Norm-(nicht-)erfüllung verteilt würden.

Theorien von Behinderung

Die Sozialwissenschaften unterscheiden fünf Theorieansätze zur Erklärung von Behinderung: das personenorientierte, das interaktionistische, das systemtheoretische, das ökologische und das gesellschaftstheoretische Paradigma. Die alle Ansätze verbindenden Merkmale von Behinderung sind: Dauerhaftigkeit einer Schädigung oder Störung, Auffälligkeit/Sichtbarkeit, soziale Negativbewertung und Auswirkungen auf Lebensbereiche wie Familie, Schule, Beruf, Freizeit.

Neuere Entwicklungen

Die internationale Debatte unter Sonder- und Heilpädagogen um Paradigmata und Zielsetzungen dauert an. Waren die Konzepte der B. nach dem 2. Weltkrieg orientiert an den (mutmaßlichen) Ursachen einer Behinderung (Kausalitätsprinzip), so hat sich mittlerweile die sozialpolitische Ausrichtung der B. an Ziel und Zweck der Unterstützung (Finalitätsprinzip) durchgesetzt. Eine zweite konzeptionelle Veränderung geht ab vom „medical model" und orientiert auf ein „social model" von Behinderung. Handlungsorientierung der B. seit den 1960er Jahren war zunächst das Normalisierungsprinzip, gefolgt vom Integrations- (bzw. Eingliederungs-/Teilhabe-)Prinzip, das aktuell abgelöst wird vom Prinzip der Inklusion (bzw. Selbstbestimmung). Der Begriff Behinderung resultiert aus einem individualistischen anthropologischen Idealkonzept westlicher Prägung von körperlicher und geistiger Perfektion und Fitness. Es gibt keine umfassende allgemeine Definition von Behinderung. Der Begriff kommt nicht aus der Medizin, sondern wurde erstmals in den 1920er Jahren in der deutschen Heilpädagogik und in der Fürsorgeverwaltung verwendet und hat sich v. a. innerhalb der Sonderschul- und der Heilpädagogik etabliert. 1961 wird er in das BSHG aufgenommen im Zusammenhang der Eingliederungshilfe. Behinderung wird von Lobbyisten als „besondere Form von Gesundheit" bezeichnet, weder pathologisch noch normabweichend, sondern als „menschliche Seinsweise", die durchaus mit Wohlbefinden einhergehen könne. Die Weltgesundheitsorganisation WHO hat 1995 eine aktualisierte Fassung der dreistufigen Klassifikation von Behinderung (International Classification of Impairment, Disability, Handicap – ICIDH) formuliert, die weggeht von individueller Defizitzuschreibung: Impairment (Schädigung) – Disability (Einschränkung) – Handicap (Behinderung), die die soziale, ökonomische, ökologische und räumliche Kontextabhängigkeit von Behinderung berücksichtigt und die auf das Leben in der Gesellschaft zielt: Impairment (Schädigung) – Activity (Fähigkeits-/Aktivitätsmöglichkeiten) – Participation (Teilhabe) (International Classification of Functioning, Disability and Health – ICF).

Funktionen des Behinderungsbegriffs: Für die B. lassen sich drei Funktionen unterscheiden: Schutz vor Übergriffen Dritter, Einschränkung der Verantwortlichkeit für eigenes Handeln, Anspruchsgrundlage für soziale Leistungen.

Grundsätze der Behindertenhilfe sind aktuell: Eigen- statt Fremdbestimmung, eigenständige Lebensführung, Eigenverantwortung und Mitwirkung, Verminderung von Benachteiligung, Gleichwertigkeit der Hilfeangebote, Verfügbarkeit und Zugänglichkeit der Hilfen, Individualisierung, nicht Typisierung der Angebote – Entwicklung vor Struktur und seit der UN-Konvention von 2006 auch das Leitprinzip *Inklusion.* Dabei geht es nicht mehr (nur) um Integration, sondern um die selbstverständliche Offenheit aller gesellschaftlichen Bereiche für die Bedürfnisse von Menschen mit Behinderung unter Wahrung ihrer Selbstständigkeit und Unabhängigkeit.

Allgemeine Rechtsgrundlage der B. ist das Benachteiligungsverbot in Art. 3 Abs. 3 S. 2 GG. Anstoß auf internationaler Ebene haben UN-Rahmenbestimmungen für die Herstellung der *Chancengleichheit* für Behinderte (Standard Rules) von 1993 gegeben. Maßgebliche Regelungen auf europäischer Ebene sind die Europäische Sozialcharta von 1961, die Gemeinschaftscharta der sozialen Grundrechte der Arbeitnehmer von 1989, die Nichtdiskriminierungsregelung im Vertrag von Amsterdam 1997 und die UN-Behindertenrechtskonvention von 2006, in Deutschland im Februar 2009 ratifiziert. Zum Behindertengleichstellungsgesetz (in Kraft getreten im Mai 2002) ist am 12.5.2016 gegen den Protest von Behindertenverbänden im BT eine Neufassung beschlossen worden, die die Teilhabe von Menschen mit Behinderung verbessern soll (s. www.bmas.de). V. a. wird von den Behindertenverbänden die fehlende gesetzliche Verpflichtung der Privatwirtschaft zur Barrierefreiheit kritisiert.

Die sozialen Leistungen der B. sind insbes. im SGB IX und im SGB XII geregelt. Grundlage für seelisch behinderte oder von Behinderung bedrohte Kinder ist (noch) das SGB VIII.

Die sozialen Dienste der Behindertenhilfe (Rehabilitationsleistungen, Leistungen zur Teilhabe und Behindertenarbeit) werden von Öffentlichen Trägern (kommunal und staatlich), von Freien Trägern der Wohlfahrtspflege (sog. Spitzenverbände, Behindertenverbände), von Selbsthilfeorganisationen und -initiativen und von privaten Anbietern erbracht *(Wohlfahrtsverbände; Träger der Sozialen Arbeit).* Fast ⅔ aller Dienste und Einrichtungen der B. werden von Trägern der Freien Wohlfahrtspflege betrieben. Die Wohlfahrtsverbände sind i. d. R. Leistungsanbieter und Einrichtungsträger. Sie verstehen sich zugleich als (sozial-)politische Interessenvertretung. Vor dem Hintergrund der Tradition der Freien Wohlfahrt in Deutschland stellen die Verbände in der Behindertenpolitik in Deutschland einen starken politischen Machtfaktor dar. Aus der Behinderten-Bewegung kommen Skepsis und Distanz gegenüber dieser machtvollen Allzuständigkeit. Nicht wenige sprechen den Verbänden das selbst definierte advokatorische Mandat („Wächteramt") ab und reklamieren Selbstbestimmung und uneingeschränkten Selbstvertretungsanspruch für alle Menschen mit Behinderung – auch für solche mit umfassenden Beeinträchtigungen. Die Aushandlung von Selbstbestimmungsspielräumen gestaltet sich als mühsames Ringen um „Gebietsanteile". In vielen Großeinrichtungen hat eine Öffnung hin zu Konzepten wie „Orte zum Leben" mit differenzierten Wohnformen und Außenwohngruppen stattgefunden. In Wohneinrichtungen und Werkstätten für Menschen mit Behinderung (WfbM) sind Mitwirkungsorgane – Heimbeiräte bzw. Werkstatträte – für die Menschen mit Behinderung auf den Weg gebracht worden *(Heimrecht).*

Selbstbestimmung vs. Pädagogik?

Die Selbstbestimmung behinderter Menschen ist häufig eingeschränkt, infolge der eigenen Beeinträchtigungen der Menschen selbst, aufgrund der Hilflosigkeit und des Unwissens Dritter, des Missbrauchs von Abhängigkeitsverhältnissen oder materieller und institutioneller Barrieren. Zwei Entwicklungslinien lassen sich unterscheiden: auf der einen Seite die bürgerrechtlichen Konzepte der Behindertenbewegung („Krüppel"-Bewegung, Autonom leben, Selbstbestimmt leben), die Selbstkompetenz der politischen Interessenvertretung und der persönlichen Lebensführung beanspruchen – verbunden mit der Anforderung an die Gesellschaft, die Rahmenbedingungen bedürfnisadäquat zu schaffen, ohne in die Gestaltung des Lebensvollzugs der behinderten Menschen steuernd und reglementierend einzugreifen. Auf der anderen Seite stehen die Bemühungen pädagogischer und sozialrechtlicher Art. Sozialwissenschaftlich wird Selbstbestimmung als „realisierte Unabhängigkeit", als unabdingbare „Voraussetzung für menschliches Wohlbefinden" begriffen. Die Behindertenpädagogik hat die Forderung „Autonom leben" gerne aufgegriffen. Aus sozialwissenschaftlicher Sicht wird eingewendet, dass die Behinderten- und Heilpädagogik im Bestreben, die Umbruchsituation in der eigenen Profession zu bewältigen, sich unkritisch auf das Schlagwort Selbstbestimmung werfe, ohne die gesellschaftlichen Negativwirkungen der Individualisierung und die „besonderen Risikokonstellationen" der Freisetzung insbes. geistig behinderter Menschen in Selbstbestimmung und Selbstverantwortung zu bedenken. Selbstbestimmung solle als eine Dimension in einem „umfassenden Konzept von Lebenschancen" (Thimm) begriffen werden, auch um das Risiko des Misslingens für behinderte Menschen zu minimieren. Eingliederung und Teilhabe sind die Begriffe, mit denen Selbstbestimmung programmatisch in das Sozialrecht eingeführt wurde.

Praxisfelder

Entsprechend einem ganzheitlichen Verständnis erfassen die Praxisfelder der B. alle Lebensphasen, alle Lebensbereiche und Bedürfnisse behinderter Menschen. Angebote und Dienstleistungen reichen von der Früherkennung und Frühförderung über vorschulische Betreuung, schulische und berufliche Bildung, Arbeit und Beschäftigung, Wohnen bis zu Lebensberatung und medizinischer Versorgung.

Frühförderung, frühzeitige Förderung und Betreuung behinderter Kinder, sind angezeigt, um Folgewirkungen zu begrenzen. Es gibt in Deutschland ein weites Netz regionaler, ambulanter Frühförderstellen und überregionaler sozialpädiatrischer Zentren (SPZ) in freier und öffentlicher Trägerschaft, die ein interdisziplinäres Angebot an medizinischen, psychologischen, pädagogischen und sozialen Hilfen – Frühdiagnostik, -beratung und -hilfe – vorhalten. Während die Frühförderstellen, vorwiegend (heil-)pädagogisch-sozial orientiert, insbesondere mobile, familienorientierte Hausfrühförderung anbieten, liegt der Schwerpunkt der i. d. R. von Ärzten geleiteten SPZ bei breit gefächerten diagnostischen und medizinisch-therapeutischen Leistungen, v. a. in schwierigen Fällen. Für behinderte Kleinkinder unter drei Jahren gibt es – länderspezifisch finanziert und organisiert – institutionalisierte vorschulische Tagesangebote mit familien-ergänzender, -entlastender und -erhaltender Funktion. Für behinderte Kinder im Kindergartenalter haben sich unterschiedliche integrative Organisationsformen entwickelt *(Tageseinrichtungen für Kinder)*. Bereits 1994 hat die KMK „Empfehlungen zur sonderpädagogischen Förderung in den Schulen" herausgegeben. Behinderte Kinder sollen die Bildungsziele der allgemeinen Schulen, falls erforderlich, mit heil-, sonderpädagogischer und pflegerischer Unterstützung (finanziert durch Eingliederungshilfe) erreichen können. Handlungsmaximen sind Bedarfsorientierung, Förderdiagnostik anstelle von medizinisch ausgerichteter Statusdiagnostik und psychologischer Entwicklungsdiagnostik, Vielfalt von Schulformen und -ausstattung. Dennoch besucht in Deutschland nach wie vor die Mehrheit, v. a. geistig und lernbehinderter Kinder Sonderschulen. Nach dem Behindertenbericht der BReg von 2013 besuchten im Schuljahr 2010/2011 rd. 380 000 behinderte Kinder mit sonderpädagogischem Förderbedarf eine Förderschule, nur 107 000 behinderte Kinder wurden in allgemeinbildenden Schulen unterrichtet. Die Vorstellungen über Formen und Methoden einer optimalen schulischen Integration/Inklusion bei Lehrern, Kostenträgern und Eltern gehen weit auseinander. Die länderspezifisch unterschiedlichen rechtlichen Regelungen tragen kaum zur Klärung bei.

Behinderte Menschen im Beruf

In den Anfängen steckt das Angebot an Aus- und Weiterbildung insbes. für geistig behinderte Menschen, obwohl einzelfallbezogen ein Anspruch darauf durch die Eingliederungshilfe gedeckt ist. Die Beschäftigungssituation behinderter Menschen ist deutlich schlechter als die sog. Nichtbehinderter. Behinderte Frauen und Mädchen sind stärker betroffen als Jungen und Männer. ¾ der Arbeitgeber kommen ihrer Beschäftigungspflicht nicht oder nicht in vollem Umfang nach. Beschäftigungshindernisse wie mangelnde Qualifikation, Langzeitarbeitslosigkeit, fortgeschrittenes Alter und geringe Mobilität, aber auch Informationsmangel und Vorurteile bei Arbeitgebern, verschlechtern die Beschäftigungschancen behinderter Menschen zusätzlich. Neben vorläufigen behördlichen Empfehlungen gibt es eine Reihe von konzeptionellen Vorschlägen für die Integration von behinderten Menschen in das Arbeitsleben aus der Selbstbestimmt-Leben-Bewegung. Mit Institutionen wie z. B. Arbeitgebermodell, persönliches Budget, Assistenzmodell, Assistenzgenossenschaften werden neue klare Leitlinien formuliert. Die Persönliche Assistenz steht für Selbstbestimmung, das Persönliche Budget für umfassende Teilhabeleistung – im Beruf wie im Wohnbereich. Organisations-, Anleitungs-, Raum- und Differenzierungskompetenz bleiben bei dem Assistenz nehmenden Menschen. Für die B. tut sich hier ein neues Arbeitsfeld auf i. S. von Vermittlungs-, Verständigungs- und Koordinations-Diensten. Zur Verbesserung der Ausbildungs- und Erwerbstätigkeitschancen von jugendlichen und älteren langzeitarbeitslosen behinderten Menschen werden berufliche Bildungsmaßnahmen in Berufsbildungswerken (BBW), Berufsförderungszentren (BFW) und vergleichbaren Einrichtungen angeboten. Eine weitere Möglichkeit, die Benachteiligung von behinderten Menschen am Arbeitsmarkt auszugleichen, sind die in den letzten Jahren zunehmend gegründeten Integrationsfirmen, die in den verschiedensten Branchen tätig sind. Das Spektrum reicht von industrieller Fertigung bis zu Dienstleistungen, z. B. in Handel, Handwerk sowie im Hotel- und Gaststättengewerbe. Die inzwischen fast 800 Integrationsfirmen mit mehr als 22 000 Beschäftigten (mindestens 50 % der Beschäftigten müssen Menschen mit einer schweren Behinderung sein) stehen aufgrund ihrer besonderen Förderung de facto zwischen beschützenden Werkstätten und dem allgemeinen *Arbeitsmarkt*.

Darüber hinaus bleibt i. d. R. nur die Werkstatt für behinderte Menschen (WfbM). Es besteht ein Rechtsanspruch auf Aufnahme in die WfbM, unabhängig von Ursache, Art, Schwere und besonderem Förder- und Pflegebedarf. Die WfbM hat die Eignung ihres Angebots für die behinderten Menschen festzustellen (obligatorisches Eingangsverfahren von i. d. R. 12-wöchiger Dauer), die Rahmenbedingungen zu schaffen, um die Leistungs- und Erwerbsfähigkeit des einzelnen zu entwickeln und zu stützen, um „ein Mindestmaß an wirtschaftlich verwertbarer Arbeitsleistung" zu erreichen, seine Persönlichkeit weiter zu entwickeln und angemessene berufliche Bildung (Berufsbildungsbereich – i. d. R. 2 Jahre) und Beschäftigung anzubieten (in einem arbeitnehmerähnlichen Status mit einem hohen Schutzcharakter für Menschen mit Behinderung) sowie den Übergang zum allgemeinen Arbeitsmarkt zu fördern. Zusätzlich sind soziale Leistungen zu erbringen, die geeignet sind, die Bildungs-, Kompetenz- und Entwicklungsvoraussetzungen für Arbeitstätigkeit zu schaffen bzw. zu verbessern. Grundsätzlich stehen die WfbM in der Verpflichtung, ein breites Angebot an Arbeitstrainings- und Arbeitsplätzen bereitzustellen, um die Leistungsfähigkeit behinderter Menschen zu entwickeln.

In den WfbM wird zwischen beschäftigungsbezogenen und begleitenden Maßnahmen differenziert; – eine Unterscheidung, die einerseits geeignet ist, individuellen Bedürfnissen entgegen zu kommen, andererseits in der Praxis zu einer Trennung von arbeitsbezogenen „fachlichen" Angeboten und einzelfallbezogenen „sozialen" Begleitmaßnahmen tendiert. Der Soziale bzw. Begleitende Dienst gem. § 10 WVO hat oftmals eine Randstellung. Die Vorgaben des SGB IX – etwa die neue Aufgabe, einen Eingliederungsplan im Eingangsverfahren zu erstellen, die Verpflichtung, in der Berufsbildungsphase praktisch eine Prognoseentscheidung über die Entwicklung, Verbesserung oder (Wieder-)Herstellung der Arbeitsfähigkeit jedes einzelnen in der WfbM beschäftigten Menschen mit weitreichenden Konsequenzen für seine weitere Lebensgestaltung zu treffen, – stellen erhöhte Anforderungen an die Soziale Arbeit in der WfbM, v. a. unter verschärften Arbeitsmarktbedingungen. Für die B. in der WfbM besteht eine vordringliche Aufgabe darin, gezielt Konzepte für den Übergang vom Erwerbsleben zum Ruhestand gemeinsam mit behinderten Menschen zu entwickeln.

Wohnen behinderter Menschen

Die Gestaltung des *Wohnens* bestimmt wesentlich Art und Grad der Teilhabe und der sozialen Integration behinderter Menschen, da die Wohneinrichtungen für die Mehrzahl von ihnen über lange Jahre den Lebensmittelpunkt darstellen. Das derzeitige Wohn-Angebot ist oft noch versorgungsorientiert, kollektiv strukturiert (Einrichtungen der stationären Eingliederungshilfe) in gruppengegliedertem Wohnen, Gruppenwohnungen, Einzel- und Paar-Wohnungen und Eltern-Kind-Wohnungen, überwiegend gekoppelt an Einrichtungen zur Arbeit und Beschäftigung – analog zu Werkswohnungen – und i. d. R. ohne Einfluss von Betroffenen zustande gekommen und gestaltet. Für kranke, altersbedingt Teilzeit arbeitende BewohnerInnen gibt es erst wenige

Unterstützungsangebote. Unbekannt ist die Zahl der sog. geistig und seelisch behinderten Menschen, die trotz „Enthospitalisierung in mehreren BL immer noch – fehlplatziert – in Krankenhäusern, Altenheimen, psychiatrischen und neurologischen Einrichtungen untergebracht sind. Es geht darum, baulich-räumliche und funktionale Behinderungen zu beseitigen und so Rahmenbedingungen zu schaffen für vielfältige Wohnformen und für möglichst eigenständige Lebensgestaltung. Barrierefreiheit und sozialräumliche Funktionsmischung sind die Stichworte einer entsprechenden Handlungs-Orientierung für die B. Behinderte Menschen selbst (nicht Familienangehörige) haben einen Anspruch auf ambulante Hilfe (als soziale Eingliederungsmaßnahme) nach Prüfung des Einzelfalls und in Abhängigkeit von den familiären Einkommensverhältnissen. Hier hat sich in den letzten Jahren einiges auf rechtlicher und sozialpolitischer Ebene getan. Persönliches Budget, persönliche Assistenz, individuelle Hilfeplanung und Unterstützungsmanagement bieten den Rahmen für inklusive B. Die Mitwirkung der behinderten Menschen selbst ist eine Herausforderung ebenso wie die Wünsche nach differenzierten, Bedürfnis bezogenen Angeboten für ältere behinderte Menschen.

Ambulante Hilfen, Dienste, Beratung

Seit Ende der 1980er Jahre wurde über das Angebot von Einrichtungen der B. hinaus eine Fülle von ambulanten Hilfen, familienentlastenden und -unterstützenden Diensten, Assistenzgenossenschaften und Mobilitätshilfediensten etabliert. Viele, v.a. in körperlichen Funktionen beeinträchtigte Menschen, lehnen die ambulante Sachleistung von Trägerverbänden oder Agenturen ab. Sie wollen selbstbestimmt ihre Lebensbewältigung managen. Beim sog. Arbeitgebermodell ist der behinderte Mensch Arbeitgeber. Er beschäftigt eine oder mehrere Personen, die ihn bei der Alltagsbewältigung, sozialer Interaktion und ggf. bei der Arbeit unterstützen. Er schließt den Arbeitsvertrag ab, regelt die Umsetzung und bezahlt die Angestellten aus eigenen Mitteln oder aus dem persönlichen Budget (Rechtsanspruch seit dem 1.1.2008). Für Menschen mit Unterstützungsbedarf in mehreren Bereichen des alltäglichen Lebensvollzugs und der Lebensplanung wird die persönliche Assistenz konkretisiert durch den Einsatz von sog. Unterstützungspersonen. Die Sicherstellung kompetenter Beratung über die sozialen Leistungsansprüche ist Aufgabe der Sozialleistungsträger. Zur Durchführung sollen sie bestehende Strukturen nutzen und an Freie Träger und Selbsthilfeorganisationen und -gruppen delegieren. Beratungsstellen der B. haben fachlich kompetent über Rechtsansprüche, über den Umgang mit Ermessensspielräumen und die Nutzung von Kann-Leistungen der Rehabilitation aktiv zu informieren und aufzuklären. Ärzte, Krankenhäuser, Gesundheitsämter, Sozial- und JÄ haben besondere Beratungsverpflichtungen. Die bestehenden Beratungsmöglichkeiten sind unzureichend. Eine Verbesserung könnte bei den Trägern der Wohlfahrtspflege erfolgen. Konsequenter i.S. der Umsetzung des Selbstbestimmungsparadigmas wäre hingegen eine regelhafte, nachhaltige Sicherung und Qualifizierung von Beratungsangeboten der Behinderten-Selbsthilfe, die bisher zumeist unter kurzatmigen Haushaltsvorbehalten arbeiten muss, oder die Integration qualifizierter Beratung für Menschen mit Behinderungen in die allgemeinen Beratungsstrukturen. Bedürfnisgenaue Beratung spielt eine große Rolle auch im Zusammenhang mit der persönlichen Betreuung in rechtlich bedeutsamen Angelegenheiten (z.B. Personensorge, ärztliche Maßnahmen, Unterbringung, Sterilisation) gem. Betreuungsgesetz (BtG; *Betreuungsrecht*). Dem liegt der grundrechtlich orientierte Ansatz zugrunde, freie Entscheidung und Einwilligung zu respektieren und die stellvertretende Wahrnehmung von Interessen nur in den Lebensbereichen und in dem Maße zuzulassen, wie es für das Wohl des Betroffenen erforderlich ist. Was das Wohl behinderter Menschen sei, darüber – oft pauschal und kollektiv – zu befinden, sehen sich auch in der B. viele sog. Nichtbehinderte legitimiert. Seit 1992 sind in vielen Regionen und Kommunen sog. Betreuungsvereine, häufig unter Beteiligung von behinderten Menschen, entstanden. In der Praxis der Beratung und Betreuung spielt Einwilligungsfähigkeit bzw. -unfähigkeit eine große Rolle. Diese Rechtsfigur knüpft an die Erfahrung eingeschränkter Selbstbestimmung und die umfassende gesellschaftlichen Schutzfunktion des Rechts. Entscheidungsunfähigkeit wird zum Anlass, die Handlungslegitimation von Dritten zu erweitern, soweit das stellvertretende Handeln nicht dem „natürlichen Willen" widerspricht. Die Feststellung von Einwilligungsunfähigkeit dient einerseits dem Schutz vor Übervorteilung, Schaden und Verletzung; andererseits kann sie bevormundend wirken, Entwicklungspotenziale verschleiern, persönlichen Abhängigkeitsverhältnissen und Drittinteressen Vorschub leisten. In das *Betreuungsgesetz* aufgenommene Instrumente wie die Betreuungsverfügung und die Vorsorgevollmacht sollen dazu beitragen, in so elementaren

Angelegenheiten wie Unterbringung und medizinische Behandlung die eigenständige Entscheidung des einzelnen Menschen weitestgehend zu wahren. Auch dies ist ein Feld, in dem B. gefragt ist, kompetent zu beraten. Dies ist umso wichtiger, je höher der Anteile von Betreuungsverhältnissen wird, die viele oder alle Aufgabenbereiche umfassen – entgegen der Intention des BetrG.

Moderne Medizin und Behinderung

Die moderne Medizin sieht ihre Aufgabe darin, Lebensbedingungen und Lebensqualität zum Wohl der Menschheit zu verbessern, Behinderung – als Leiden unterstellt – zu verhindern. Sie gerät umso mehr unter Handlungsdruck, je mehr Behandlungs- und Heilungserwartungen an sie gerichtet werden. Ihr Legitimationsdruck steigt in dem Maße wie die Techniken nicht in der Lage sind, Schädigungen und Funktionsbeeinträchtigungen zu verhindern oder zu beseitigen. Für die B. relevante Bereiche der Medizin sind die Gesundheitsversorgung und die Eingriffsmöglichkeiten der sog. Biomedizin *(Gesundheitshilfe/ Gentechnologie)*. In der Gesundheitsversorgung kommt es darauf an, diskriminierende Zugangsregelungen für Behandlungen vermeiden bzw. abzubauen, die auf einem engen Rehabilitationsverständnis beruhen. In der Biomedizin gilt es zu verhindern, dass die Grundsätze von Prävention und enhancement zu Stigmatisierung führen: pränatal zu Instrumentalisierung und Selektion und postnatal zu Diskriminierung (etwa beim Abschluss einer Kranken- oder Lebensversicherung oder beim Zugang zum allgemeinen Arbeitsmarkt), möglicherweise auch zu Intervention und Manipulation, die nicht dem Wohl des Betroffenen, sondern Eltern- oder Forschungsinteressen dienen. Letztlich wird es darum gehen, ob der Absolutheitscharakter der Menschenwürde und der Vorrang der allgemeinen Persönlichkeitsrechte bestehen bleiben soll, oder ob eine Relativierung dieser Prinzipien bzw. eine „Abwägung von Grundrechten“ begründet werden kann. Keine Beruhigung für behinderte Menschen ist das Argument, der modernen Medizin gehe es nicht um Behinderung, sondern um Krankheit; denn die Abgrenzung von Krankheit und Behinderung verschwimmt in dem Maße, wie Eingriffs- und Veränderungsmöglichkeiten erwartbar werden. Die Folgen für die Betroffenen selbst und die gesellschaftlichen Konsequenzen eines neuen Umgangs mit behinderten Menschen öffentlich zu bedenken und in den Diskurs und die Entscheidungen über biomedizinische Zulässigkeiten und Grenzverschiebungen einzubringen, ist vorrangige Aufgabe einer sich menschenrechtlich verstehenden B.

Behinderte Frauen

Die Beseitigung von Benachteiligungen behinderter *Frauen* und die Durchsetzung der Gleichberechtigung sind prominent im SGB IX (§ 1) und im BGG (§ 2) verankert – offenbar, weil es regulativer Flankenhilfe bedarf. Die Lebenslage vieler behinderter Frauen ist nach neueren Untersuchungen des Bundesfamilienministeriums gekennzeichnet durch schlechte berufliche Qualifikation, durch fehlende persönliche und berufliche Assistenz, durch erhöhte gesundheitliche Risiken, hohe Arbeitslosigkeit, unzureichende finanzielle Absicherung und häufiges Single-Dasein. Hinzu kommen Verletzungen und Diskriminierungen wie (sexuelle) Gewalt, unfreiwillige Sterilisation, Verweigerung von Mutterschaft (insbes. sog. geistig und seelisch behinderter Frauen) und sozialer Druck infolge der diagnostischen und therapeutischen Verheißungen der modernen Biomedizin. Angeregt durch amerikanische Diskussionen und Aktionen haben sich in Deutschland in den 1980er Jahren Interessengruppen behinderter Frauen (z. B. „Krüppelfrauen“, Bundesorganisationsstelle behinderte Frauen – bifos) organisiert zur Vergewisserung der eigenen Identität, Rolle und zur Abwehr von Diskriminierung, Stellvertretung und Bevormundung. Ein Netz von Information, Beratung und Erfahrungsaustausch wurde aufgebaut. Nach dem Prinzip des Peer Counseling wird zurzeit die Verbesserung von Beratungsangeboten für behinderte Frauen erprobt. „Anstößig“ für die B. sollte die Erfahrung sein, dass das herrschende Frauenbild behinderten Frauen weitgehend verweigert wird. Der B. kommt die Rolle zu, sich mit den Bedürfnissen auseinander zu setzen, Rahmenbedingungen für tatsächliche Chancengleichheit bereit zu stellen beim Zugang zu und der Praxis von medizinischen und beruflichen Maßnahmen sowie bei der Bewältigung des Alltagslebens, der Elternschaft Information und Vermittlungsdienste anzubieten und „*Empowerment*“-Strategien gemeinsam mit Frauen zu entwickeln in dem Maße, wie diese Unterstützung annehmen möchten.

Menschen mit Behinderung im Alter

Das Altwerden von Menschen mit Behinderung hat die B. jahrzehntelang nicht zur Kenntnis genommen (mehr als die Hälfte behinderter Menschen ist mittlerweile über 65 Jahre alt) und wurde geradezu überraschend konfrontiert mit den Bedürfnissen nach Ruhestand im vertrauten So-

B

zialraum, nach Teilzeitarbeit, nach Betätigungsmöglichkeiten in der vermehrten Freizeit und mit erhöhtem Bedarf an *Pflege* und gesundheitlicher Versorgung *(Alter)*. Minimalanforderung an B. ist es zu verhindern, dass der Radius von behinderten Menschen, der i. d. R. ohnehin begrenzt ist, noch schneller schrumpft als bei anderen Alten. Ein verlässliches, für alle zugängliches qualifiziertes Angebot zu entwickeln, ist eine der vorrangigen Aufgaben der B. in den nächsten Jahren. Erste Ansätze bei Behindertenverbänden und in Einrichtungen der B. weisen in diese Richtung.

MigrantInnen mit Behinderung

AusländerInnen und MigrantInnen spielen in der B. konzeptionell kaum eine Rolle, weder in Bereich der (Sonder-)Päd. noch im Bereich der Rehabilitation. Nicht einmal ein Überblick besteht über das Ausmaß der Bedürfnisse. Weitgehend stillschweigend wird auf die Selbsthilfekraft von Familie und engen sozialen Beziehungen gesetzt. Vorrangige Aufgaben einer inklusiven B. sind die Information über bestehende Angebote, das Kennenlernen von Bedürfnissen, die Beseitigung von Sprachbarrieren, insbes. für AusländerInnen, die auf Kommunikationshilfen angewiesen sind sowie die Erarbeitung von Konzepten zur Beseitigung schul- und beschäftigungsbezogener Benachteiligungen von Kindern und Jugendlichen.

Berufsgruppen in der Behindertenhilfe: neue Anforderungen an die Professionalität

Während die Tätigkeiten der medizinischen und der Vorbereitung der beruflichen Rehabilitation i. d. R. von medizinischen Berufsgruppen ausgeführt werden, sind die vielfältigen Tätigkeiten sozialer und persönlicher Betreuung und Förderung – die alltägliche Arbeit mit behinderten Menschen das Feld, das gängiger Weise sozialen Berufen überlassen wird. Verstärkt gefragt ist die unmittelbare Gestaltung des Beratungs- und Vermittlungsprozesses gemeinsam mit den behinderten Menschen, die Begleitung durch psychosoziale Leistungen i. S. v. Angebot und Assistenz zur Wahrnehmung der eigenen Belange unter Veränderung traditioneller Auffassungen von Professionalität *(Professionalisierung)*. Einige HS und Verbände bieten inzwischen einschlägige Weiterbildungen und Vertiefungslehrgänge an. Ein Prozess des Umdenkens auch wohl gemeinter, solidarischer Parteilichkeit bei den in der B. Tätigen ist notwendig, in dem Fachlichkeit neu definiert wird durch ein permanentes Aushandeln von Zielen, Strategien und Methoden der Verfügbarkeit von sozialen Ressourcen und der Ausgestaltung von sozialen Diensten. Soziale Arbeit sollte sich anbieten als fachliche und methodische Unterstützung zur Lebensbewältigung und Teilhabe und sich als Lobby betätigen zum Abbau von Barrieren ideologischer, sozialer, rechtlicher, finanzieller und baulich-räumlicher Art – soweit und solange dies von behinderten Menschen gewünscht wird. Eigenständigkeit, Eigenverantwortung und Selbstbestimmung behinderter Menschen verlangen von der Profession Soziale Arbeit mehr Wissen, bessere fachliche, soziale und persönliche Kompetenz und ein flexibel einsetzbares methodisches Repertoire. Im Idealfall von Inklusion wird B. der Pool an gesellschaftlich bereitgestellten sozialen Diensten von der Art sein, wie sie von Menschen nachgefragt werden, die infolge einer Schädigung oder Beeinträchtigung speziellen Unterstützungsbedarf und -bedürfnisse in einem oder mehreren Lebensbereichen haben, um am gesellschaftlichen Leben teilnehmen zu können: personen- und nicht systemorientiert. Ein so akzentuiertes inhaltliches Verständnis von B. ist zugleich Programm und Ziel einer sich solidarisch und gerecht verstehenden Gesellschaft. Es sollte sich in einer entsprechenden Aktualisierung des Begriffs B. niederschlagen. Paradigmenwechsel in der B., Verwirklichung des allgemeinen Persönlichkeitsrechts und des Benachteiligungsverbots, gesellschaftliche *Integration* und *Inklusion* behinderter Menschen am Leben in der Gesellschaft – das sind programmatische Schlagworte, deren Umsetzung weder kostenneutral noch ohne Bewusstseinsveränderung zu machen ist. Menschen mit Behinderung als beteiligte Bürger bei der Gestaltung einer Gesellschaft, die Lebenschancen zulässt: Das kann nur gelingen, wenn die B. sich als Agentur begreift, die persönlichen, finanziellen und sozialen Ressourcen dafür zu organisieren und neu zu strukturieren. Der Weg in eine inklusive Gesellschaft wird trotz der aktuellen „Weichenstellungen“ durch das neue Bundesteilhabegesetz, das Behindertengleichstellungsgesetz und durch den Nationalen Aktionsplan 2.0 nach wie vor eine Herausforderung bleiben.

Therese Neuer-Miebach

Literatur

AGJ: Inklusive Organisation von Bildung, Erziehung und Sorge, in: FORUMJugendhilfe 3/2011 ◆ U. Becker: Exklusionen im Inklusionszeitalter, in: NDV 3/2015 ◆ H.Biermann: Inklusion im Beruf, Stuttgart 2015 ◆ U. Bleidick (Hrsg.): Allgemeine Behindertenpädagogik, Bd. 1 der Studientexte zur

Geschichte der Behindertenpädagogik, Neuwied 1999 • BMAS (Hrsg.): Teilhabebericht der BReg. über die Lebenslagen der Menschen mit Beeinträchtigungen, Bonn 2013 • BMAS: Nationaler Aktionsplan zur Umsetzung der UN-Konvention über die Rechte von Menschen mit Behinderung, Juni 2011 und Juni 2016 • BMAS/Prognos: Evaluation des Nationalen Aktionsplans der BReg. zur Umsetzung der UN-Behindertenrechtskonvention, Berlin 2014 • destatis: Behinderte Menschen 2013 (2015) und Schwerbehinderte Menschen 2015 (2016) • DV: Erstes Diskussionspapier des Deutschen Vereins zu inklusiver Bildung, NDV Mai 2011 • N. Eiermann/M. Häußler/C. Helferich: LIVE – Leben und Interessen vertreten. Frauen mit Behinderung. Schriftenreihe des BMFSFJ, Stuttgart 2000 • E. Fischer u. a. (Hrsg.): Perspektiven beruflicher Teilhabe. Konzepte zur Integration und Inklusion von Menschen mit geistiger Behinderung, Marburg 2010 • M. Gehrmann: Betriebe auf der Grenze: Integrationsfirmen und Behindertenwerkstätten zwischen Markt und Sozialorientierung, Frankfurt/M. 2015 • U. Hensle/M. A. Vernooij: Einführung in die Arbeit mit behinderten Menschen I, Wiebelsheim [7]2002 • D. Mattner: Behinderte Menschen in der Gesellschaft, Stuttgart 2000 • T. Meyer: Potenzial des Persönlichen Budgets, Weinheim 2011 • Stat.BA (destatis): Eingliederungshilfe für behinderte Menschen 2013, Wiesbaden 2015 • G. Theunissen: Inklusion als gesellschaftliche Zugehörigkeit – Zum neuen Leitprinzip der Behindertenhilfe, in: np 2/2011 • E. Wacker u. a.: Personenbezogene Unterstützung und Lebensqualität: Teilhabe mit einem persönlichen Budget, Wiesbaden 2009 • H. Weinbach: Soziale Arbeit mit Menschen mit Behinderung, Weinheim, München 2016 • N. Wohlfahrt: Inklusion als neues Leitbild einer die Ausgabendynamik eingrenzenden Sozialpolitik, in: TuP 1/2014.

Links

www.who.int/icf (World Health Organization – ICF-Classification)
www.bmas.de
www.destatis.de

Beistandschaft

Ist einem Kind kein Vater zugeordnet, hat es regelmäßig ein Interesse an der Feststellung der Vaterschaft. Hat es Vater und Mutter, lebt aber mit (zumindest) einem von ihnen nicht zusammen, stellt sich die Frage nach einer Geltendmachung von Unterhaltsansprüchen. Damit der allein sorgeberechtigte oder betreuende Elternteil mit diesen Fragen nicht alleine gelassen wird, hat der Gesetzgeber ihm die Möglichkeit eingeräumt, sich kostenlose staatliche Unterstützung im JA zu holen: den Beistand.

Von der Bevormundung zur Unterstützung

Die Wurzeln der B. reichen weit zurück. Seit dem ausgehenden 18. Jh. standen „uneheliche" oder „verlassene" Kinder im deutschsprachigen Raum unter Vormundschaft. Der Gesetzgeber hat den „unehelichen Müttern" die Ausübung der elterlichen Sorge für ihre Kinder nicht zugetraut. In Deutschland blieb auch noch beim In-Kraft-Treten des Nichtehelichengesetzes (NEG) zum 1. Januar 1970 ein Rest Skepsis zurück. Zwar war den „nichtehelichen Müttern" grundsätzlich die – damals noch – „elterliche Gewalt" über ihre Kinder eingeräumt. Den Kindern war jedoch zumindest in Bezug auf die Vaterschaftsfeststellung und die Unterhaltsrealisierung ein Amtspfleger zur Seite gestellt, der insoweit anstelle der Mutter das alleinige Sorgerecht für das Kind hatte *(Familie)*.

Eine Emanzipation nicht verheirateter Mütter wurde erst durch die Wiedervereinigung möglich. In der DDR war die Möglichkeit der Unterstützung bei der Abstammungsklärung und der Regelung der Unterhaltsansprüche freiwillig. Der *Einigungsvertrag* enthielt einen Vorbehalt, wonach dieses Modell in den nBL fortgalt. Nach zähen und vehement geführten Auseinandersetzungen hat sich die Freiwilligkeit letztlich durchgesetzt und Eingang in das Beistandschaftsgesetz gefunden, das im Zuge der KindRG verabschiedet und am 1. Juli 1998 in Kraft getreten ist. Die fakultative Unterstützung durch einen Beistand stand ursprünglich nur allein sorgeberechtigten Müttern (und Vätern) zur Verfügung, wurde aber mit dem Kinderrechteverbesserungsgesetz vom 1. Februar 2002 konsequenterweise ausgedehnt als Angebot auch für die Elternteile mit gemeinsamer Sorge, bei denen das Kind lebt.

Das Rechtsinstitut der Beistandschaft

Die B. wird begründet durch einen schriftlichen Antrag beim JA (§ 1712 Abs. 1 BGB). Bei Vorliegen der Voraussetzungen erfolgt der Eintritt der B. mit dem Antrag automatisch und ist nicht von einer Entscheidung des JA abhängig. Zuständig ist das JA, in dessen Bezirk der antragstellende Elternteil seinen gewöhnlichen (oder in Ermangelung eines solchen seinen tatsächlichen) Aufenthalt hat (§ 87c Abs. 5 SGB VIII). Berechtigt, eine B. zu beantragen, sind allein sorgeberechtigte Elternteile oder gemeinsam sorgeberechtigte Elternteile, in deren Obhut sich das Kind befindet (§ 1713 Abs. 1 S. 1 BGB). Die B. endet u. a. mit *Volljährigkeit,* mit der Begründung eines gewöhnlichen Aufenthalts des Kindes im Ausland (§ 1717 BGB), wenn der Antragsteller dies schriftlich verlangt (§ 1715 Abs. 1 BGB) oder wenn er, bspw. weil er mit dem anderen Elternteil wieder zusammenzieht, nicht mehr antragsberechtigt wäre.

Aufgaben des Beistands sind die Feststellung der Vaterschaft – nicht aber deren Anfechtung – und die Geltendmachung von Unterhaltsansprüchen (§ 1712 Abs. 1 Nr. 1 u. 2 BGB). Die Unterstützung bezieht sich sowohl auf den außergerichtlichen Bereich als auch das Vorgehen im Klageweg und die Vollstreckung. Die B. kann in ihrem Antrag auf einzelne Aufgaben beschränkt werden (§ 1712 Abs. 2 BGB).

Damit der Beistand dem antragstellenden Elternteil auch wirkungsvoll zur Seite stehen kann, steht ihm für seine Aufgabenbereiche die elterliche (Mit-)Sorge zu. Aber auch ohne Übertragung des (Mit-)Sorgerechts durch Einrichtung einer B. erhalten die Elternteile, die für ihr Kind tatsächlich sorgen, entsprechende Beratung und Unterstützung durch das JA (§ 18 Abs. 1 SGB VIII). Nicht verheiratete Mütter werden mit der Geburt vom JA verpflichtend über diese Unterstützungsangebote und die rechtlichen Fragen im Zusammenhang mit der Elternschaft informiert (§ 52a SGB VIII).

Entscheidet sich eine Mutter oder ein Vater für die Beantragung einer B., verbleibt ihr/ihm trotzdem die letztverbindliche Bestimmungsmacht über die Vaterschaftsfeststellung und Geltendmachung von Kindesunterhalt. Sie/er kann bei dieser Doppelung der elterlichen Sorge neben dem Beistand einen Anwalt beauftragen oder selbst initiativ werden. Nur wenn der Beistand klagt, ist dieser im Prozess allein vertretungsberechtigt (§ 234 FamFG). Aber auch dann bleibt die B. freiwillig, kann also stets wieder aufgehoben werden. Damit ist eine Vaterschaftsfeststellung und Unterhaltsrealisierung nicht wie früher (notfalls) gegen den Willen der unverheirateten Mutter möglich. Dem Beistand kommt eine Rolle zu, in der er grundsätzlich die Wertungen des antragstellenden Elternteils, was für sein Kind das Beste wäre, zu beachten hat. Die Ausübung der elterlichen Sorge durch den Beistand erfolgt nicht anstelle des Elternteils, sondern in Abstimmung und zusammen mit diesem.

Für das Gelingen der Unterstützungsleistung ist somit die Tragfähigkeit der Arbeitsbeziehung zwischen Beistand und Mutter/Vater entscheidend. Ist der antragstellende Elternteil durch Rückkoppelung konsequent in die Beratung und Unterstützung einbezogen, bekommen automatisch auch psycho-sozialen Aspekte mehr Gewicht. Dadurch intensivieren sich notwendig die Beratungsaufgaben und erweitert sich das Blickfeld auf die gesamte Familiensituation. Für diese soll der Beistand in einem Teilbereich zu einer möglichst tragfähigen Lösung und nachhaltigen Zufriedenheit seinen Beitrag leisten.

Ausblick

Rechtliches Handwerkszeug des Beistands ist das Abstammungs- und *Unterhaltsrecht.* Letzteres ist in Deutschland komplex. Selbst den Fachleuten fällt es schwer, den Klienten die Rechenvorgänge zu vermitteln. Die betroffenen Eltern können vielfach die schwierigen Rechenvorgänge – wie etwa bei der Verrechnung von Unterhalt und *Kindergeld* – nicht nachvollziehen. Damit wird nicht nur die Akzeptanz der Beteiligten, sondern auch das mit der B. intendierte kooperative Entstehen der Unterstützungsleistung deutlich erschwert. Die Änderungen des Unterhaltsrechts haben grundsätzlich Fortschritte gebracht, jedoch an der fragwürdigen Verknüpfung von Steuerrecht *(Kindergeld)* und Unterhaltsrecht festgehalten.

In der Wahrnehmung von Eltern sind Fragen des Unterhalts und des Umgangs sowie der elterlichen Sorge oft eng miteinander verflochten. Fragen des Unterhalts sind für die Betroffenen wichtiger Teilaspekt der Trennungs- und Scheidungsberatung *(Scheidung, Scheidungsfolgen).* Dies wird bestätigt von repräsentativen Forschungen, nach denen je nach Zufriedenheit mit der Umgangs- und Sorgerechtsregelung auch die Zahlungsbereitschaft in Bezug auf den Unterhalt zunimmt. Es dürfte sich daher lohnen, die schlummernden Potenziale einer Verzahnung und Vernetzung der rechtlichen und sozialpädagogischen Beratungsinhalte und Unterstützungsangebote vermehrt zu nutzen, das Umgangsrecht im Rahmen der Beratung zum Unterhalt (und umgekehrt) anzusprechen und eine Konfliktvermeidung zu erörtern. Ein Weg könnte das Hinterfragen der Stellung des Beistands als gesetzlicher Vertreter des Kindes sein. Alternativ dürfte – mit Blick auf funktional-effektive Systeme im Ausland – an behördliche Aufgaben und Kompetenzen in der Beratung und Unterstützung bei der Vaterschaftsfeststellung und bei der Geltendmachung und Durchsetzung von Unterhaltsansprüchen zu denken sein.

Unterhaltsfragen sind für viele Kindern in prekären Lebensverhältnissen relevant, so dass Beistände früh Kontakt zu den Familien haben und damit Potenziale als Türöffner für weitergehende Frühe Hilfen. Erst das Erkennen und Ausschöpfen der Synergien im Interesse der betroffenen Familien gibt der B. den Stellenwert, den sie verdient und macht sie zu dem, was sie ist: integrativer Bestandteil der *Kinder- und Jugendhilfe.*

Thomas Meysen

Literatur

P. Birnstengel/H. Katzenstein: Beistandschaft oder Beratung und Unterstützung, in: Das Jugendamt (JAmt) 2015, 230–233 ◆ B. Hoffmann: Beistandschaft, Vormundschaft, Pflegschaft, in: Münder/Wiesner/Meysen (Hrsg.): Handbuch Kinder- und Jugendhilferecht, Baden-Baden ²2011, 326–338 ◆ DIJuF: Berater, Unterstützer und Beistand. Profil eines modernen Dienstleisters im Jugendamt, Heidelberg 2006 ◆ H. Klinkhardt: Zum automatischen Eintritt der Amtspflegschaft, in: Das Standesamt (StAZ) 1990, 181–194 ◆ Th. Meysen: Beistandschaft – mehr als eine umbenannte Amtspflegschaft. Zögerliche Umsetzung einer Integration in die Kinder- und Jugendhilfe, in: Das Jugendamt (JAmt) 2001, 261–264 ◆ B. Mutke/B. Tammen: Die Beistandschaft, in: uj 2008, 129–140

Beratung

Als Vorläufer von B. gelten der „sokratische Dialog" wie auch beruflichen Rollen, z.B. als Arzt, Priester, Lehrer oder Jurist. Seit den 1920er Jahren kennen wir die Anfänge spezialisierter B. für Erziehung, Familien, berufliche oder soziale Fragen. B. ist heute ebenso wie Erziehen, Helfen, Vermitteln, Organisieren, Arrangieren, Informieren, Planen oder Betreuen eine zentrale Tätigkeit der SozArb. Angebote und Varianten von B. haben sich immer mehr verbreitet.

Entwicklung: Seit den 1970er Jahren kamen weitere Zielgruppen hinzu: Jugend-, Drogen-, Migranten-, Trennungsberatung bzw. *Mediation* oder B. bei sexuellem Missbrauch. Durch das SGB VIII ist die B. – v.a. die *Erziehungsberatung* – ein Angebot der KJH im Rahmen der „Hilfen zur Erziehung" (§§ 1, 8, 11, 16, 17, 18, 27ff., 53).

Psychosoziale Problemlagen: Beratungsanlässe ergeben sich oft aus mehrfachen Problemen in Partnerschaft, *Familie,* Schule und Beruf. Heute muss der Alltag zwischen den Partnern und Generationen immer mehr „ausgehandelt" werden. Jede dritte Ehe scheitert und jedes fünfte Kind wächst zeitweise in einer Ein-Eltern-Familie auf. Die hierdurch entstandenen Beziehungsprobleme und psychischen Erkrankungen sind gewaltig. Etwa ⅓ der deutschen Bevölkerung hat irgendwann im Leben ein psychisches Problem, welches zumindest einer fachlichen Abklärung bedarf. Zwischen 5 und 10% der Bevölkerung sind behandlungsbedürftig; davon nehmen jedoch nur etwa 1%, durchschnittlich erst sieben Jahre später, wirklich eine professionelle Hilfe in Anspruch (Meyer 1991, 17). Oftmals leiden die Ratsuchenden nicht nur unter Kommunikations- und Beziehungsproblemen, sondern sie gehören auch den sozial benachteiligten Schichten an. Sie haben materielle Sorgen (Arbeitsplatz, Schulden). Die Kinder haben Schulprobleme, suchen eine Lehrstelle oder orientieren sich an problematischen Subkulturen, Elternpaare leben in Trennung; viele kompensieren ihre Schwierigkeiten mit einem Suchtmittel.

Abgrenzung zur Psychotherapie: Das Psychotherapie-Gesetz von 1999 verkürzt die B. auf „Anhören", „Befragen", „Veranschaulichen" oder „Informieren". Das entspricht nicht der Realität in der SozArb. Faktisch ist die Grenzziehung zwischen B. und *Psychotherapie* v.a. eine standespolitisch-formale: Wer wie approbierte Ärzte, Psychologische Psychotherapeuten oder Heilpraktiker für Psychotherapie die Erlaubnis zur heilkundlichen Krankenbehandlung hat, therapiert. Wer das nicht darf, muss seine Hilfe als B. und Lebensorientierung definieren. In der täglichen Beratungspraxis lässt sich eine solche idealtypische Trennung kaum durchhalten. Was als „normale" B. beginnt, führt oftmals an tiefergehende Lebensprobleme heran. „Jedem Kundigen ist klar, dass die Grenzlinie zwischen ‚heilkundlicher Psychotherapie' und ‚sonstigen psychologischen Tätigkeiten' nur auf dem Papier steht" (Bittner 2000, 18). In der Praxis ist B. zeitlich eher kürzer und weniger häufig („niedrigfrequent") als die Psychotherapie, die u.U. über mehrere Jahre geht. Manchmal reicht ein Gespräch im Kindergarten, dem Jugendhaus, beim JA oder bei einem freien Träger, um etwas zu bewegen. Oft wird danach an spezialisierte Beratungsstellen verwiesen.

Anwendungen: Beiträge zu Theorie und Praxis von B. kommen vorwiegend aus unterschiedlichen psychotherapeutischen Richtungen. Schon die Vielfalt der psychosozialen Probleme erfordert eine interdisziplinäre Sichtweise und methodenübergreifende Anwendung. Professionelle B. als personenbezogene, soziale Dienstleistung liegt vor, wenn die Berater ihre Ziele und ihr Handeln mit wissenschaftlichen Ansätzen rational und nachvollziehbar begründen können. Die funktionale B. ist ein Teil der üblichen Tätigkeit von SozArb. B. kommt kaum allein vor; oft ist sie mit den vorgenannten anderen Tätigkeiten verknüpft, nicht selten als Handlungsbereich eines übergeordneten Feldes (*Einzelfallhilfe, Jugendgerichtshilfe, Bewährungshilfe* (BewH), SPFH u.a.); teilweise auch längerfristig und planvoll (§ 36 SGB VIII). Sie findet mehr oder weniger ausschließlich in den sozialen Einrichtungen statt. Von der funktionalen B. als „Querschnittsfunktion" der Sozialen Arbeit ist die institutionale B. zu unterscheiden. In spezialisierten Beratungsstellen mit Leitthemen wie z.B. Erziehung, Familie, Sucht oder Schulden stellt B. einen Hauptteil der beruflichen Aktivitäten dar. Allerdings ist B. wegen der psychosozialen Problemlagen nicht nur psychologische B. (als Hilfe bei Lebenskonflikten), sondern auch B. zur Sicherung von materiellen und rechtlichen Ansprüchen (z.B. Sozialhilfe; Rentenfragen, *Arbeitslosigkeit*). Oft bewegt sich die B. im Spannungsfeld eines doppelten Mandats zwischen Hilfe und Kontrolle – allerdings in je unterschiedlicher Ausprägung. So ist die Kontrolle bei der BwH und *Gerichtshilfe* stark. Zielt B. idealerweise als Interventionsform auf Freiwilligkeit, Motivation, Aufklärung und aktive Mitarbeit des Ratsuchenden, so kennt die SozArb doch auch Situationen einer erzwungenen B.: Schwangerschaftskonfliktberatung/*Schwangerenberatung*, Jugendgerichtshilfe und BwH. Gleiches gilt für „totale Institutionen" (z.B. Psychiatrie, Haftanstalt). Die Vorstellung, dass B. immer persönlich und direkt erfolgen müsste, ist falsch. Sehr verbreitet und erfolgreich ist die anonyme B. der Telefonseelsorge bzw. Telefonberatung. Man kann sich sehr wohl auch zeitversetzt (brieflich) oder über Medien (Internet) beraten lassen. Seit dem Jahre 2000 bietet die Bundeskonferenz für Erziehungsberatung eine Online-Beratung an: www.bke.de.

Konzepte: Viele Theorien und Konzepte von B. entstammen den Richtungen der Psychotherapie. In den USA geben etwa 40 % der Beratungspsychologen an, eklektisch zu arbeiten, also Teile aus verschiedenen Beratungstheorien mit- und nebeneinander zu verwenden (Nestmann 1997, 166). In Deutschland dominiert an den Beratungsstellen die klientenzentrierte B. nach Rogers, danach kommen Familientherapie und Verhaltenstherapie. Viele Berater/innen verwenden unterschiedliche Methoden oder integrieren diese. Die meisten Untersuchungen zeigen keine signifikanten Unterschiede zwischen den verschiedenen Beratungs- bzw. Therapierichtungen (Grawe u.a. 1994; Hubble u.a. 2001, 49; Huf 1992, 115). V.a. die systemische Familientherapie bzw. *Familienberatung* wird für die B. (und die SozArb allgemein) immer wichtiger. Nach der systemischen Sichtweise ist kein Problem nur individuell bedingt, sondern hat oft eine Ursache und Folge im Familien- und Beziehungszusammenhang. Entsprechend erklärt man sich Probleme nicht linear durch eine logische „Ursache-Wirkungs-Folge". Sondern man sieht diese eher durch defizitäre Kommunikation zwischen verschiedenen Partnern zirkulär begründet. Das Tun des einen bewirkt dann das Tun des anderen.

Prozess: B. ist mehr als nur eine Auskunft, ein technischer Hinweis oder ein einmaliger „Ratschlag"; sie ist ein dynamischer und ergebnisoffener Prozess. Ziel des Erstgespräches ist eine gemeinsame Klärung der Frage, ob und wie eine Zusammenarbeit mit welchen Zielen und Mitteln zur Behebung der vorhandenen Probleme zustande kommen kann. Das Erstgespräch hat v.a. zwei Aufgaben: (1) Vorläufige Diagnose sowie (2) Aufbau einer Beratungsbeziehung. Etwa die Hälfte der Zeit entfällt auf das Erfragen des Anliegens sowie die Untersuchung zusätzlicher biographischer und sozialer Daten (Alter, Familie, Beruf, soziales Umfeld) sowie der Vorgeschichte des Problems (Anamnese). Die restliche Zeit kann zur Vertiefung und genaueren Erörterung der Problematik genutzt werden („Probeberatung"). Dabei kann man herausfinden, ob die Ratsuchenden flexibel sind und Problembewusstsein haben; ob Ratsuchende und Beratungsperson zusammen „passen". Schon im Erstgespräch lassen sich Anzeichen einer Lebensproblematik und Charakterstruktur erkennen. Hypothesenbildung: Nach einiger Zeit entwickelt man Vermutungen über mögliche Zusammenhänge, Hintergründe oder Lösungen. Selbstexploration: Der Ratsuchende beschäftigt sich mit sich selbst, seinen Gefühlen, seiner Vergangenheit, Gegenwart und Zukunft in einer Weise, wie er es bisher noch nicht getan hat. Alleine das verändert seine Gefühlswelt, Einsicht und Handlungsfähigkeit.

Ängste (Angst): Wenn für den Ratsuchenden problematische Themen oder unangenehme Gefühle aufkommen, machen sich Ängste breit. Ängste zeigen sich durch Schutzverhalten. Sie „stören" den Prozess und weisen aber gleichzeitig darauf hin, wo die tieferen Probleme liegen können. Verantwortung: In der B. gilt der Satz: Der Klient besitzt das Problem. Die Ratsuchenden haben die

Verantwortung für ihr gegenwärtiges und zukünftiges Leben. Die Beraterinnen haben die Verantwortung für den Beratungsprozess. Ratsuchende kommen in zeitlicher Hinsicht oft „zu spät". Die Probleme haben sich dann so angehäuft, dass sie nun mit hohem Problemdruck eine B. beginnen. Welche realisierbaren Ziele sollen erreicht werden? Anzahl, Dauer und Termine der Sitzungen? Weitere Absprachen: Vertraulichkeit, Erreichbarkeit bei Abwesenheit oder im Krisenfall. Typische Beratungsfehler können sein: „Rat-Schläge" erteilen, unrealistische Lösungsvorschläge, Bewertungen, ungenügende Einfühlung, Missachtung des Beratungskontextes, Unkenntnis der Beziehungsdynamik, Verletzung des Schutzverhaltens oder Machtkämpfe. Häufig werden Krisen durch die Bedrohung des Beziehungssystems und des Selbstwertgefühls verursacht. Viele Krisen sind „multidimensional" und haben Mischformen, wie z. B. „Pubertät plus Lehrstellenmangel" (Rahm u. a. 1993, 517 f.; *Krise/Krisenintervention*).

Beratungsende: Je nach Dauer und Intensität sollte entspr. früh auf das Beratungsende vorbereitet werden. Das nahe Ende der Beratungszeit kann dann zu regressiven Rückfällen führen. Längst verschwundene Symptome und Probleme kehren plötzlich wieder. Es scheint so, als ob die Betroffenen sagen möchten, „wir sind noch nicht so weit".

Evaluierung: Auch die Beratungstätigkeit unterliegt, wie andere Bereiche der SozArb rechtlichen Vorschriften. Zur Erfolgskontrolle gehören statistische Dokumentation, Erfolgsnachweis, *Supervision* des Beratungsteams sowie Qualitätskontrolle. In der institutionalen B., speziell bei der Erziehungs- und Familienberatung wissen wir, dass es etwa 70 % der Ratsuchenden nach einer B. (oder Therapie) „besser" geht als dem Durchschnitt der Nichtbehandelten. Empirische Untersuchungen haben gezeigt, dass der Erfolg in der B. umso höher ist, je mehr die Ratsuchenden folgende Merkmale aufweisen: Mittelschichtherkunft, höhere Schul- und Berufsausbildung, vollständige Familie, Fähigkeit zu psychologischem Denken und die Tatsache, dass man sich selbst um die B. bemüht hat. Demgegenüber scheinen Geschlecht und Alter den Erfolg nicht zu beeinflussen (Huf 1992, 153 ff.).

Professionalisierung: In Deutschland erlernt man B. (teilweise wie Psychotherapie) meistens bei psychotherapeutischen Instituten; zunehmend auch im Rahmen von Aufbaustudiengängen an den HS. In den USA hat sich die B. als professionalisierte, spezialisierte Versorgungsinstitution stärker von der Psychotherapie befreit als bei uns. Dort werden an den HS Ausbildungsprogramme für B. (Counseling, Counseling Psychology) angeboten. Auch ist die Abgrenzung und Eigenständigkeit zur Psychotherapie bzw. Psychiatrie in den USA weiter fortgeschritten (Nestmann 1997, 164 ff.). Abgesehen von den Konsequenzen des erwähnten Psychotherapiegesetzes wird B. als Berufsfeld in Deutschland für die sozialen Berufe wichtiger. Gemäß § 92 SGB V traten am 1. 1. 2002 die „Soziotherapie-RL" in Kraft *(Soziale Arbeit in der Psychiatrie)*. Damit wurde ein neues Berufsbild für SozArb, SozPäd und Pflegepersonal geschaffen, um neue Leistungen für Versicherte der Krankenkassen zu erbringen. Insgesamt sind vermutlich nicht mehr als 5 % aller SozArb im Sektor der B. beschäftigt. Dort stellen sie je nach Orientierung dieser Beratungsstellen zwischen 50 % *(Erziehungsberatung)* und 90 % (Drogen-, *Schuldnerberatung*) des Fachpersonals.

Nando Belardi

Literatur

P. Bauer/M. Weinhardt (Hrsg.): Perspektiven sozialpädagogischer Beratung. Empirische Befunde und aktuelle Entwicklungen, Weinheim/Basel 2014 ◆ N. Belardi/L. Akgün, u. a.: Beratung. Eine sozialpädagogische Einführung. Weinheim [6]2011 ◆ G. Bittner: Erziehungsberatung – „Kleine Psychotherapie" oder spezifisches Angebot der Jugendhilfe? In: Informationen für Erziehungsberatungsstellen 3/2000, 18–22 ◆ H. O. Freitag: Beratung in der sozialen Arbeit, in: TuP 1/2012, 28–33 ◆ K. Grawe/R. Donati u. a.: Psychotherapie im Wandel. Von der Konfession zur Profession, Göttingen [2]1994 ◆ K. Gröning: Beratung und Reflexivität – zur Geschichte und Ethik psychosozialer und pädagogischer Beratungsformate, in: np 6/2015, 593–602 ◆ T. Hoff/R. Zwicker-Pelzer: Kompendium Beratung und Beratungswissenschaft, Baden-Baden 2015 ◆ M. E. Hubble/B. L. Duncan: So wirkt Psychotherapie, Dortmund 2001 ◆ A. Huf: Psychotherapeutische Wirkfaktoren, Weinheim 1992 ◆ A. E. Meyer: Forschungsgutachten zu Fragen eines Psychotherapeutengesetzes (i. A. des BMJFFG), Hamburg 1991 ◆ F. Nestmann: Big Sister is Inviting You. Counseling und Counseling Psychology, in: F. Nestmann (Hrsg.): Beratung. Bausteine für eine interdisziplinäre Wissenschaft und Praxis, Tübingen 1997, 161–177 ◆ F. Nestmann/F. Engel/U. Sickendiek (Hrsg.): Das Handbuch der Beratung. Zwei Bände, Tübingen 2004 ◆ D. Rahm/H. Otte u. a.: Einführung in die Integrative Therapie, Paderborn 1993 ◆ D. Rohr/A. Hummelsheim/M. Höcker (Hrsg.): Beratung lehren, Weinheim/Basel 2016.

B

Beratung für Bildung, Beruf und Beschäftigung (BBB-Beratung)

Definitionen und Begriffe

Die Begriffe Bildungsberatung und Berufsberatung bezeichnen eine soziale Dienstleistung, die Menschen bei ihren Fragen zu *Bildung*, Beruf und Beschäftigung sowie bei der Gestaltung ihrer individuellen Bildungs- und Erwerbsbiographie, bei Berufs- und Arbeitsplatzwahl und den damit verbundenen Entscheidungsproblemen Orientierung und Unterstützung gibt. Darüber hinaus stehen diese Begriffe vielfach auch für die institutionelle Verortung und organisatorische Ausgestaltung dieser Dienstleistung, z. B. als Organisationseinheit in den Agenturen für Arbeit (AA) oder als Bezeichnung für eine kommunale Einrichtung. In der neueren Literatur setzt sich immer mehr die umfassendere Bezeichnung „Beratung für Bildung, Beruf und Beschäftigung" („BBB-Beratung" oder „3 B-Beratung") durch (BMBF 2007), die darauf verweist, dass es zwischen diesen Beratungsfeldern keine trennscharfe Unterscheidung gibt. Wer sich in Bildungsangelegenheiten beraten lassen will, hat i. d. R. auch deren Verwertungsmöglichkeiten im Beschäftigungssystem im Blick, und wer eine Beratung über Berufs- und Beschäftigungsmöglichkeiten nachfragt, benötigt auch Informationen über Qualifikationsanforderungen und eine *Beratung* zum jeweils individuellen Qualifizierungsbedarf. Und schließlich sind auch Lebensentwürfe und die individuelle Lebensplanung untrennbar mit Fragen von Bildung, Beruf und Beschäftigung verbunden.

Das bedeutet aber auch, dass Angebote zur Bildungs- und Berufsberatung als Elemente staatlicher Daseinsfürsorge sich nicht ausschließlich auf punktuelle Interventionen an den jeweiligen Übergängen zwischen Bildungs- und Beschäftigungssystem oder bei krisenhaften Ereignissen, z. B. *Arbeitslosigkeit,* beschränken können, sondern dass Bildungs- und Berufsberatung als ein kontinuierliches, lebensbegleitendes Angebot zur Verfügung stehen muss. Diesen Aspekt der lebensbegleitenden Beratung betont auch die EU-Ratsresolution, auf die sich die EU-Bildungsminister 2004 vor dem Hintergrund des lebenslangen Lernens verständigt haben und die seither auch in Deutschland Eingang in einschlägige Politik- und Praxisdokumente gefunden hat.

Beratungsverständnis und ethische Prinzipien in der BBB-Beratung

Bildungs- und Berufsberatung findet in den verschiedenen Bereichen des Bildungs- und Beschäftigungssystems für unterschiedliche Zielgruppen und in sehr verschiedenen Kontexten, Settings und institutionellen Rahmungen statt und unterliegt unterschiedlichen gesetzlichen Vorgaben. Insoweit unterscheiden sich auch die in den jeweiligen Leitbildern oder Zielsetzungen formulierten Beratungsverständnisse der verschiedenen Träger oder Einrichtungen. Dennoch gibt es einen gemeinsamen Kern des professionellen Selbstverständnisses, der von der Mehrzahl der Beratungsanbieter und Berater in diesem Handlungsfeld geteilt wird: „Beratung stellt ein Angebot dar, das Individuen in allen Bildungs-, Berufs- und Beschäftigungsphasen ihres Lebens darin unterstützt, ihre Interessen, Fähigkeiten und Kompetenzen zu erkennen, Handlungsproblematiken zu bearbeiten und Entscheidungen zu treffen, um eigenverantwortlich ihre Bildungs- und Berufsbiografien zu gestalten. Dabei beschränkt sich Beratung nicht nur auf Übergänge, Sondersituationen und Krisen im Lebenslauf, sondern ist auch ausgerichtet auf Potenziale und Möglichkeiten, kann präventiv angelegt sein und ist dementsprechend als kontinuierliches, begleitendes Angebot zu verstehen (nfb 2014, vgl. auch EU 2004).

Dieses Beratungsverständnis basiert auf den folgenden Eckpunkten:

- Der/die Berater/in agiert professionell. Dies beinhaltet, dass ein explizites Beratungssetting mit Rahmung, Auftragsklärung, Kontrakt und Transparenz geschaffen wird.
- Es handelt sich i. d. R. um eine freiwillige, zeitlich umrissene, prozesshafte, interessensensible und ergebnisoffene Interaktion zwischen Ratsuchenden und Beratern/innen, in die aber auch Pflichtberatungen einbezogen werden können.
- Im Zentrum der Beratung steht die Rat suchende Person mit ihren Interessen, Ressourcen und Lebensumständen, wobei Beratung immer in einem geteilten Verantwortungskontext stattfindet, in dem alle Beteiligten gleichermaßen Verantwortung für den Beratungsprozess übernehmen.
- Die Interaktion zwischen Ratsuchenden und Beratern/innen geht über Informationsvermittlung hinaus und umfasst eine subjektiv relevante Reflexion von Sachverhalten, die Ratsuchenden eine begründete Entscheidungsfindung ermöglicht.

- Beratung umfasst eine Vielzahl von teilweise ineinander übergehenden Aktivitäten und Formen. Neben der individuellen Beratung gibt es bspw. auch Gruppen-, Online- oder aufsuchende Angebote, um möglichst allen Bevölkerungsgruppen ein einfach zugängliches Beratungsangebot zur Verfügung zu stellen.

Ziele: Beratung trägt zunächst dazu bei, die individuelle bildungs- und berufsbiographische Gestaltungskompetenz und damit u. a. die persönlichen Möglichkeiten von Bildungsbeteiligung und Beschäftigungsfähigkeit zu erhöhen. Darüber hinaus spielen auch bildungs- und arbeitsmarktpolitische Ziele eine Rolle: Eine gute Bildungs- und Berufsberatung kann die Effektivität und Effizienz des Bildungssystems erhöhen, z. B. indem sie Fehlallokationen und Abbruchquoten verringern hilft und sie stärkt die Funktionsfähigkeit des *Arbeitsmarkt*es durch die Förderung eines optimal qualifizierten Arbeitskräftepotentials. Überdies kann sie die Chancen zur gesellschaftlichen Teilhabe erhöhen und die soziale Integration tendenziell ausgegrenzter Gruppen fördern (Zusammenfassung nach nfb/Forschungsgruppe Beratungsqualität 2011, 10 ff.)

Beratungsfelder und Anbieter – Ziele, Inhalte und gesetzlicher Auftrag

Anbieter: Die heterogene Beratungslandschaft für Bildung, Beruf und Beschäftigung in Deutschland ist gekennzeichnet durch die föderale Struktur des Bildungssystems und die stark zersplitterten Zuständigkeiten für die Bildungs- und Berufsberatung zwischen Bund, Ländern und Kommunen sowie weiteren Akteuren, wie z. B. der BA, den Kammern, den Trägern der Jugend(berufs)hilfe *(Jugendsozialarbeit)* oder der beruflichen *Rehabilitation*, und darüber hinaus durch eine Vielfalt an zeitlich befristeten Programmen und Projekten sowie eine unübersichtliche Trägerlandschaft.

Die Beratungsfelder in der BBB-Beratung reichen von der Schul- und Schullaufbahnberatung über die („klassische“) Berufsberatung und Berufsorientierung der AA, die Ausbildungsberatung der Kammern, die Studienberatungen der Hochschulen und die Weiterbildungsberatung der Bildungsträger und Kommunen bis hin zur (meist privaten) Laufbahn- und Karriereberatung. Beratungen zu *Arbeit* und Beschäftigung, Wiedereingliederung, Existenzgründung und Outplacement gehören ebenso dazu wie die Vielzahl an zielgruppenspezifischen Beratungsangeboten (z. B. für Frauen, Menschen mit Migrationshintergrund, Ältere, benachteiligte Jugendliche, Menschen mit Behinderungen). Vom Gesetzgeber klar definiert ist lediglich die Berufsberatung als Pflichtleistung der AA im SGB III (§§ 29–33). Für Bildungsberatung gibt es hingegen keinen übergreifenden gesetzlichen Auftrag oder eine für alle Anwendungsfelder verbindliche Definition, sondern eine Vielzahl von Einzelgesetzen und Programmen in Bund, Ländern und Kommunen.

Schul- und Schullaufbahnberatung: In allen 16 BL ist das Angebot von Schul- und Schullaufbahnberatung gesetzliche Pflicht allgemeinbildender Bildungseinrichtungen. Dabei werden in den verschiedenen Stufen der Schullaufbahn unterschiedliche Formen von Beratung angeboten. Diese beinhalten Beratung zu Bildungsgängen, Schultypen und Schulniveaus sowie Fächerkombinationen, Unterstützung bei Lernschwierigkeiten, psychologische Beratung und Begutachtung durch den Schulpsychologischen Dienst sowie Berufsorientierung im Unterricht. Von besonderer Bedeutung sind Beratungsangebote an den jeweiligen Übergängen von einem Schultyp zu einem anderen sowie beim Übergang in Ausbildung oder Studium. Schul- und Schullaufbahnberatung richtet sich auch an die Eltern, die i. d. R. über die Schullaufbahn ihrer Kinder entscheiden. Die Beratung in Schulen wird durch Beratungslehrer/innen, SozArb/SozPäd, Schulpsychologen/innen und durch Berufsberater/innen der AA durchgeführt.

Ein wichtiger Bestandteil der Bildungs- und Berufsberatung in Schulen sind Berufsorientierung und Berufswahlvorbereitung, die ab Klasse 7 oder 8 entweder als eigenständiges Fach angeboten werden oder in andere Fächer integriert sind (z. B. in Sozialkunde, Wirtschaft und Recht). Dabei kooperiert die Schule i. d. R. mit externen Partnern (Berufsberatung der AA, Kammern, Betrieben, Hochschulen, freien Trägern). Betriebspraktika und Klassenbesuche im Berufsinformationszentrum der AA (BIZ) sind fester Bestandteil der Berufswahlvorbereitung.

Berufsberatung durch die Agenturen für Arbeit (SGB III) und Jobcenter (SGB II): Der Berufsberatungsauftrag als Pflichtaufgabe der AA ist seit 1927 gesetzlich verankert und hat sich substanziell seither kaum verändert (SGB III, §§ 29–34). Bis Ende 1997 hatte die Bundesanstalt für Arbeit (heute Bundesagentur für Arbeit – BA) ein Alleinrecht für Berufsberatung und die Vermittlung in berufliche Ausbildungsstellen (AFG, § 4). Damit sollte dem besonderen Schutzbedürfnis Jugendlicher und dem Grundrecht auf freie Wahl des Berufs und der Ausbildungs- und Arbeitsstätte durch eine neutrale, unabhängige Beratung Rechnung getragen werden. Der Wegfall dieses Monopols mit Einführung des SGB III ab 1. 1. 1998 führte zu einer deutlichen Ausweitung entsprechender Beratungsangebote bei anderen öffentlichen und freien Trägern. Bei der BA verblieb allerdings das Recht auf Untersagung der Berufsberatung durch Dritte bei Missbrauch (SGB III, § 288a).

Auch wenn im landläufigen Verständnis Berufsberatung häufig immer noch mit der Beratung von Jugendlichen am Schulende beim Übergang in eine Ausbildung, in ein Studium oder in eine Beschäftigung in Verbindung gebracht wird, ist der Berufsberatungsauftrag der BA immer schon ein viel umfassenderer gewesen, der altersübergreifend alle Bevölkerungsgruppen und alle Fragen der (Berufs-)Bildungsberatung einschließt: Berufsberatung richtet sich an „junge Menschen und Erwachsene, die am Arbeitsleben teilnehmen oder teilnehmen wollen" und „richtet sich nach dem Beratungsbedarf der oder des Ratsuchenden." (SGB III, § 29). Sie „umfasst die Erteilung von Auskunft und Rat

- zur Berufswahl, zur beruflichen Entwicklung und zum Berufswechsel,
- zur Lage und Entwicklung des Arbeitsmarktes und der Berufe,
- zu den Möglichkeiten der *beruflichen Bildung,*
- zur Ausbildungs- und Arbeitsstellensuche,
- zu Leistungen der Arbeitsförderung,
- zu Fragen der Ausbildungsförderung und der schulischen Bildung, soweit sie für die Berufswahl und die berufliche Bildung von Bedeutung sind" (§ 30 SGB III).

Die Berufsberatung beinhaltet auch die Möglichkeit einer psychologischen oder ärztlichen Begutachtung, soweit dies zur Feststellung der Eignung erforderlich ist (§ 32 SGB III).

Zu den Pflichtleistungen der Berufsberatung gehören auch Angebote zur Berufsorientierung für junge Menschen und Erwachsene (§ 33 SGB III) sowie Informations- und Selbstinformationsangebote (§ 40 SGB III), wie z. B. Print- und Online-Medien, Info-Portale zu Berufen und Weiterbildungen, eine Jobbörse zur Arbeits- und Ausbildungsstellenvermittlung, Tests und Selbsteinschätzungsprogramme sowie unterschiedliche Formen von Gruppenmaßnahmen (Vortragsveranstaltungen, Seminare, Messen/Börsen). Diese Angebote werden i. d. R. in den Berufsinformationszentren (BIZ) der AA, an Schulen und Hochschulen oder anderen Orten durchgeführt.

Im Zuge der Reform der Arbeitsverwaltung wurden auch Zuständigkeiten in der Berufsberatung neu geregelt. Die bisherige Abteilung Berufsberatung wurde neu strukturiert, heißt nun „Team U25" und ist nunmehr für alle Jugendlichen unter 25 Jahren ohne Berufsausbildung zuständig, also auch für Arbeitslose unter 25 Jahre ohne abgeschlossene Berufsausbildung. Damit wurde einer langjährigen Forderung nach einer ganzheitlichen Betreuung aller Jugendlichen Rechnung getragen mit dem Ziel, junge Menschen, die den Start in eine berufliche Erstausbildung – aus welchen Gründen auch immer – nicht geschafft hatten und als Ungelernte arbeiten oder arbeitslos sind, für eine Berufsausbildung zu gewinnen und dies ggf. auch mit Fördermitteln zu unterstützen. Auch nach Inkrafttreten des SGB II im Jahr 2005, mit dem die Zuständigkeit für Langzeitarbeitslose und Jugendliche aus sog. Bedarfsgemeinschaften auf die Jobcenter überging, erfolgt die Berufsberatung und Berufsorientierung dieser Jugendlichen i. d. R. durch die AA *(Grundsicherung für Arbeitsuchende).*

Zusammengeführt wurde auch die Beratung und vermittelnde Betreuung von Studierenden, Hochschulabsolventen und Akademikern in den „Teams Akademische Berufe". In einem weiteren zielgruppenspezifischen Team wurde die bisher getrennt nach Jugendlichen und Erwachsenen organisierte Beratung und Betreuung von Menschen mit Behinderungen zusammengeführt in einem „Reha-Team".

Die Bildungs- und Berufsberatung für Erwachsene erfolgt in den Teams Arbeitsvermittlung der AA oder Jobcenter nach dem sog. „4 Phasen-Modell" zur Integration, das eine bestimmte Abfolge von Beratungs- und Integrationsschritten und den Abschluss einer Eingliederungsvereinbarung zwingend vorschreibt. Häufig wird bemängelt, dass für Erwachsene, die unabhängig von ihrem Beschäftigungsstatus den gleichen gesetzlichen Anspruch auf eine Berufsberatung haben, kein ausreichendes Angebot zur Verfügung steht und dass sich die Bemühungen der AA vornehmlich auf die arbeitslos gemeldeten Kunden und Leistungsbezieher konzentrieren. Allerdings haben die demographische Entwicklung und der zu erwartende Fachkräftemangel die BA veranlasst, seit 2010 wieder verstärkt in Angebote zur Weiterbildungsberatung nicht nur von Arbeitslosen, sondern auch von Beschäftigten, insbes. Älteren und Geringqualifizierten sowie Frauen und Berufsrückkehrern zu investieren.

Kritik wird häufig auch an der Koppelung von Beratungsauftrag und Vermittlungsaufgaben geübt, weil damit die Gefahr besteht, dass die Beratung zu stark unter dem Einfluss aktueller Ausbildungs- und Arbeitsmarktlagen und der Vermittlungsmöglichkeiten erfolgt und sich zu wenig an den Interessen und Bedürfnissen der Ratsuchenden orientiert. Im Zuge der Arbeitsmarktreformen und der Reform der Arbeitsverwaltung seit dem Jahr 2000 und einer „Konzentration auf das Kerngeschäft" der Vermittlung und der Reduzierung von Arbeitslosigkeit und Leistungsbezug geriet in der Geschäftspolitik der BA die Berufsberatung mit ihrem umfassenden gesetzlichen Beratungsauftrag immer mehr ins Hintertreffen. Die Angebote und die dafür zur Verfügung stehenden Ressourcen wurden vielfach eingeschränkt. Auch die im Zuge der Hartz-Reformen forcierte Strategie des „Förderns und Forderns", mit dem auch Jugendliche aus dem SGB II – Bezug zunehmend unter den Druck einer sanktionsbewehrten, „regulativen Beratung" (Käpplinger 2015) gerieten, verstärkte den Eindruck, dass die Beratung in den AA und Jobcentern zunehmend weniger dem Leitbild einer neutralen und ergebnisoffenen Beratung gerecht wird. Profiling, Kundensegmentierung und vorstrukturierte Handlungsprogramme sowie ein Vier-Phasen Modell zur Integration traten an die Stelle des bisherigen, nicht-direktiven Beratungskonzepts, das auf der umfassenden professionellen Beratungskompetenz der Berufs- und Arbeitsberater der BA fußte (Schober 2015).

Die massive Kritik von innen und außen veranlasste die BA zur Entwicklung einer neuen Beratungskonzeption, in der zwischen „Orientierungsberatung" und „Integrationsbegleitender Beratung" unterschieden wird (BA 2010) Danach erhalten Ratsuchende, die nicht arbeitslos sind und keine Vermittlung in Ausbildung oder Arbeit wünschen, eine Orientierungsberatung. Ratsuchende, die eine Ausbildungs- oder Arbeitsstelle suchen und eine Vermittlung durch die AA wünschen, erhalten eine Integrationsbegleitende Beratung, die bestimmten Vorgaben unterliegt. Dazu gehören u. a. ein Profiling, eine Eingliederungsvereinbarung und bestimmte weitere Mitwirkungspflichten.

Ergänzend zu den Regelangeboten der AA zur Berufsberatung Jugendlicher gibt es eine Reihe von Bundesprogrammen, die den Übergang Schule – Beruf wirkungsvoller gestalten sollen. Dazu gehören das Programm „Berufseinstiegsbegleitung" des BMAS (mittlerweile ins SGB III § 49 übernommen) und das Programm „Bildungsketten" des BMBF, das darauf abzielt, Schülern, deren Schulabschluss gefährdet ist, durch eine „Kette" von Maßnahmen zu einem erfolgreichen Ausbildungsabschluss zu bringen (www.bildungsketten.de/).

Beratung durch Einrichtungen/Maßnahmen der Jugendberufshilfe: Auch wenn Bildungs- und Berufsberatung nicht im Fokus der Kinder- und Jugendhilfe stehen, so werden im Rahmen der Jugendhilfe natürlich auch sozialpädagogische Hilfen und Beratung für benachteiligte Jugendliche angeboten, um deren schulische und berufliche Ausbildung sowie ihre Eingliederung in die Arbeitswelt und soziale *Integration* zu fördern (SGB VIII, § 13). Die Maßnahmen werden von einer Vielzahl öffentlicher und freier Träger der Jugendhilfe angeboten und durch Programme des Bundes, der Länder, der Kommunen, häufig durch Kofinanzierung der EU gefördert (z. B. das Programm „Jugend stärken" des BMFSFJ, www.jugend-staerken.de, das eine Reihe von Einzelprogrammen zur Beratung und Betreuung benachteiligter Jugendlicher bündelt). Entsprechend der Heterogenität der Träger gibt es jedoch auch in diesem Bereich keine allgemeingültige, verbindliche Definition von Bildungsberatung oder von arbeitsweltbezogener Beratung, und sozialpädagogische Fachkräfte verfügen nicht immer über die dafür erforderlichen Fachkompetenzen. Eine gute Vernetzung und Zusammenarbeit mit den entsprechenden Beratungsdiensten der Bildungs- und Berufsberatung ist daher unerlässlich.

Einen neuartigen Ansatz von Bildungsberatung verfolgt das Bundesprogramm „Elternchance ist Kinderchance", das sich über die Qualifizierung von sozialpädagogischen Fachkräften zu „Elternbegleitern" an Eltern als die wichtigsten Bildungsbegleiter ihrer Kinder wendet und sie zu allen Fragen der Schulbildung und der Ausbildung ihrer Kinder sowie späterer Berufsmöglichkeiten berät (www.elternchance.de/).

Studienberatung: Die Hochschulgesetze der Länder verpflichten i. d. R. staatliche Hochschulen, die Studierenden über alle im Zusammenhang mit einem Hochschulstudium relevanten Fragen zu informieren und zu beraten und dabei mit relevanten Akteuren außerhalb der Hochschulen zusammenzuarbeiten. Dies erfolgt v. a. über die Zentrale Studienberatung der Hochschule, in der akademisch vorgebildete Studienberater/innen tätig sind. Eine spezifische Beraterausbildung ist allerdings nicht vorgeschrieben. Die Beratung bezieht sich u. a. auf die Auswahl der Hochschule, des Studiengangs oder Studienfachs, auf Prüfungsbestimmungen, Lernschwierigkeiten und persönliche Probleme. Darüber hinaus bieten die Studienberatungen spezielle Kurse zu Themen wie Prüfungsvorbereitung, Arbeitsorganisation, Stressbewältigung, Zeitmanagement etc. an. Ergänzend besteht an vielen Hochschulen auch eine psychologische oder psychotherapeutische Beratungseinrichtung. Die Studentenwerke unterhalten ebenfalls Beratungsdienste, die sich überwiegend auf die soziale Studiensituation beziehen, z. T. aber auch zu Fragen von Bildung und Beruf beraten. An vielen Hochschulen bestehen Career Services nach angelsächsischem Vorbild, die mit ihren vielfältigen Angeboten zur Berufsvorbereitung, Praktika und Vermittlung von Schlüsselqualifikationen sowie Arbeitgeberkontakten Studierende beim Übergang von der Hochschule in den Beruf unterstützen (www.csnd.de). Auch die AA bieten für Studierende und Hochschulabsolventen an den Hochschulen Beratung und Vermittlung an und kooperieren i. d. R. mit den Studienberatungen und Career Services. Und schließlich sind auch private Laufbahn- und Karriereberatungen an den Hochschulen mit ihren Angeboten präsent. Insgesamt gesehen besteht an den Hochschulen ein sehr vielfältiges, wenn auch nicht immer gut koordiniertes und aufeinander abgestimmtes Beratungsangebot.

Weiterbildungsberatung: Weiterbildungsberatung kann sich sowohl auf die allgemeine Erwachsenenbildung und die politische Bildung als auch auf die berufliche Fort- oder *Weiterbildung* beziehen. Häufig wird darunter allerdings die Beratung zu Fragen der beruflichen oder berufsbezogenen Weiterbildung verstanden. Denn mit den gestiegenen Anforderungen an das lebenslange Lernen erhält auch eine professionelle und trägerneutrale Weiterbildungsberatung zunehmende Bedeutung.

Weiterbildungsberatung durch die AA/Jobcenter: Beschäftigte und Arbeitslose können, wenn dies zur Verbesserung ihrer Chancen auf dem Arbeitsmarkt erforderlich ist, einen Bildungsgutschein für eine berufliche Weiterbildung oder Umschulung von der AA bzw. dem Jobcenter erhalten (SGB III, § 81). Voraussetzung dafür ist eine Beratung über die persönlichen Umstände, Motivation und Eignung sowie das angestrebte Bildungsziel und dessen arbeitsmarktpolitische Zweckmäßigkeit. Da die AA/Jobcenter keinen bestimmten Bildungsanbieter oder Kurs empfehlen dürfen, müssen die Inhaber eines Bildungsgutscheins einen akkreditierten Anbieter und Kurs entweder über die bundesweite Datenbank KURSNET selbst finden oder mithilfe einer externen Beratungseinrichtung auswählen.

Weiterbildungsberatung außerhalb der AA/Jobcenter ist ein weitgehend ungeregeltes Handlungsfeld mit einer Vielzahl von Anbietern, darunter kommunale Bildungsberatungen, Volkshochschulen, Kammern, Bildungswerke der Wirtschaft, Gewerkschaften, andere öffentliche und private Bildungsträger, caritative Organisationen und private Laufbahn- und Karriereberater. Unter den öffentlichen Anbietern kommt den Volkshochschulen die größte Bedeutung zu (Deutscher Weiterbildungsatlas 2015). Zunehmend unterhalten Kommunen daneben auch unabhängige Bildungs- und Weiterbildungsberatungsstellen, die z. T. durch Bundes- oder Länderprogramme initiiert und gefördert werden und jedermann offenstehen (z. B. das BMBF-Programm „Lernende Regionen – Förderung von Netzwerken" (2001–2007) und „Lernen vor Ort" (2009–2014)). Dadurch sind vielfältige Bildungsberatungsangebote in den Kommunen und unterstützende Netzwerke entstanden. Im Kontext dieser Programme förderte die BReg. bis 2009 auch die Professionalisierung des Personals, u. a. durch die Qualifizierung von Bildungsberatern/innen in dem Verbund der Regionalen Qualifizierungszentren (RQZ) (www.bildungsberatung-verbund.de).

Seit Anfang 2015 gibt es das bundesweite Servicetelefon zur Beratung von Weiterbildungsinteressierten, das vom BMBF gemeinsam mit derzeit 5 Bundesländern realisiert wird (www.bmbf.de/de/servicetelefon-zur-weiterbildung). Sofern möglich, wird das Anliegen abschließend beantwortet oder bei Bedarf an eine spezialisierte Beratungsfachkraft in einer der kooperierenden Beratungseinrichtungen weitergeleitet (z. B. VHS, Kammer oder kommunale Bildungsberatung). Die Bearbeitung der Anrufe erfolgt durch speziell für die telefonische Beratung geschulte Fachkräfte. Eine Ausweitung auf weitere Bundesländer ist geplant. Derzeit unterhalten einige Bundesländer aber auch eigene Hotlines und Portale.

Bildungs- und Berufsberatung für Menschen mit Behinderung: Deutschland hat sich verpflichtet, mit entsprechenden Maßnahmen die UN-Konvention über die Rechte der Menschen mit Behinderung aktiv zu unterstützen. Eine fachgerechte Beratung spielt hierbei eine entscheidende Rolle, um „Menschen mit Behinderungen wirksamen Zugang zu allgemeinen, fachlichen und beruflichen Beratungsprogrammen, Stellenvermittlung sowie Berufsausbildung und Weiterbildung zu ermöglichen" (§ 27 des Gesetzes zu dem Übereinkommen über die Rechte von Menschen mit Behinderung der UN). An der Bildungs- und Berufsberatung für Menschen mit Behinderung sind entsprechend der Komplexität der Problemlagen eine Vielzahl von gesetzlich zuständigen Institutionen beteiligt: Neben Schulen/Förderschulen und speziellen Diensten an Hochschulen/bei Studentenwerken sind dies die AA mit einem speziellen Reha-Team, die Integrationsfachdienste und die jeweiligen Träger der medizinischen und beruflichen Rehabilitation (Kranken-, Renten- und Unfallversicherungen). Da es sich bei der Beratung zur beruflichen Rehabilitation i. d. R. immer auch um Zuständigkeits- und Finanzierungsfragen handelt, sind Interessenkonflikte zwischen den verschiedenen Trägern und zwischen Trägern und den betroffenen Menschen an der Tagesordnung. Sie spielen nicht selten in der Beratung eine wichtigere Rolle als die Interessen und Bedürfnisse der Ratsuchenden. Das SGB IX (§§ 22–25) verpflichtet die verschiedenen Träger, örtliche Gemeinsame Servicestellen zu unterhalten, die als Anlaufstelle für die Betroffenen in allen Fragen der medizinischen und beruflichen Rehabilitation agieren und ggf. an die jeweils zuständigen Dienste weiterleiten.

Beratungsangebote für Menschen mit besonderem Beratungsbedarf: Außer den hier aufgeführten Regelangeboten der Bildungs- und Berufsberatung gibt es eine Vielzahl von weiteren zielgruppenspezifischen Beratungsangeboten, z. B. für die berufliche (Wieder-)Eingliederung/Rückkehr von Frauen ins Erwerbsleben, für die soziale und berufliche Integration von Menschen mit Migrationshintergrund (u. a. die Jugendmigrationsdienste), für Hochbegabte, für die berufliche Resozialisierung von Straffälligen u. a. Gruppen. Besondere Aufmerksamkeit erhält aktuell angesichts der Flüchtlingsproblematik auch die Bildungs- und Berufsberatung für Flüchtlinge und Asylbewerber, für die es allerdings noch keine Konzepte gibt.

Qualität und Professionalität in der Bildungs- und Berufsberatung

Hinsichtlich der Anforderungen an die Qualität und Professionalität der Beratung und des dort tätigen Personals ist die Bildungs- und Berufsberatung in Deutschland ein weitgehend ungeregeltes Handlungsfeld. Es gibt weder übergreifende gesetzliche Regulierungen in diesem Bereich noch von der Mehrzahl der Akteure als verbindlich anerkannte Standards für die Durchführung dieser Dienstleistung oder für die Zugangsvoraussetzungen zu dieser Tätigkeit. Vielmehr existiert eine Vielzahl von sektor- oder anbieterspezifischen Qualitätsstandards, Qualitätssicherungsansätzen und Ausbildungskonzepten, deren Verbindlichkeit häufig nicht über den jeweiligen Bereich hinaus reicht. Damit ist weder für Ratsuchende noch für Fördermittelgeber eine hinreichende Transparenz und Vergleichbarkeit über die Qualität der angebotenen Beratungsdienstleistungen gewährleistet.

Um hier im Interesse des Verbraucherschutzes für Ratsuchende, aber auch für politisch und administrativ Verantwortliche mehr Transparenz und Vergleichbarkeit zu erreichen, hat das Nationale Forum Beratung (nfb) gemeinsam mit dem Institut für Bildungswissenschaft der Universität Heidelberg (IBW) in dem o. g. „Offenen Koordinierungsprozess Qualitätsentwicklung für die Beratung in Bildung, Beruf und Beschäftigung“ unter breiter Beteiligung zahlreicher Akteure aus der BBB-Beratung gemeinsam getragene Qualitätsstandards für gute Beratung und ein Kompetenzprofil für Beratende entwickelt und verabschiedet (www.beratungsqualitaet.net). Dabei zeigte sich trotz aller Unterschiede eine breite Übereinstimmung in den beratungsspezifischen Qualitäts- und Kompetenzanforderungen der verschiedenen Anbieter und Akteure, d. h. über den Kern von Qualität und Professionalität in der Beratung sind sich die Beteiligten weitgehend einig. Größere Unterschiede gibt es hingegen beim Qualitätsmanagement und den Verfahren zur Qualitätssicherung sowie bei Fragen der Qualitätstestierung/Zertifizierung.

Qualitätsstandards: Zu den gemeinsam getragenen Qualitätsstandards der BBB-Beratung, die – und das ist besonders wichtig – nicht nur von den Beratenden, sondern auch von den Anbieterorganisationen und von den für die jeweiligen Beratungsangebote politisch Verantwortlichen zu beachten sind, gehören u. a.:

- Übergreifende Standards, wie z. B. die Orientierung am Ratsuchenden, die Freiwilligkeit der Inanspruchnahme, die Transparenz und Zugänglichkeit des Beratungsangebots, gewisse ethische Prinzipen und die Verpflichtung zur kontinuierlichen Qualitätsentwicklung;
- **Prozessbezogene Qualitätsstandards,** wie z. B. eine beratungsförderliche Beziehungsgestaltung, die Klärung des Anliegens und die Vereinbarung eines Beratungskontrakts, eine sach- und individuell gerechte Situationsanalyse sowie eine lösungsorientierte Gestaltung des Beratungsprozesses;

- **Organisationsbezogene Qualitätsstandards**, wie z. B. die Orientierung an einem Leitbild, klare Strukturen und Prozesse innerhalb der Organisation, eine beratungsförderliche Organisations- und Kommunikationskultur, angemessene personelle und finanzielle Ressourcen, eine für die Beratungsaufgaben förderliche Kooperation und Vernetzung mit relevanten Akteuren im Umfeld;
- **Gesellschaftsbezogene Qualitätsstandards** und Ziele, wie z. B. die Orientierung an übergreifenden gesellschaftlichen Rahmenbedingungen (Bildung, Beruf, Arbeitsmarkt), an dem Ziel der Förderung der Selbstorganisationsfähigkeit der Ratsuchenden und ihrer (berufs-)biografischen Gestaltungskompetenz, am Ziel einer erfolgreichen Bildungs- und Berufsentwicklung sowie an dem Ziel der Förderung von Chancengleichheit und gesellschaftlicher Teilhabe tendenziell benachteiligter oder von sozialer Ausgrenzung bedrohter Bevölkerungsgruppen.

Professionalität: Diesen Qualitätsstandards, die in dem Konzept ausführlich mit Indikatoren, möglichen Messinstrumenten und praktischen Beispielen hinterlegt sind, sind in dem Kompetenzprofil entsprechende Beraterkompetenzen zugeordnet, über die professionell Beratende verfügen sollten. Das Kompetenzprofil stellt zugleich einen Orientierungsrahmen für die Qualifizierung von Beratungsfachkräften, für die Rekrutierung von Beraterinnen und Beratern und für politisch Verantwortliche in Bezug auf die Festlegung der Zugangsvoraussetzungen zu Beratungstätigkeiten im Bereich von Bildung, Beruf und Beschäftigung dar. Denn der Kern der Qualität und Professionalität von Beratung sind die Kompetenzen der Beratenden. Für den Bereich der BBB-Beratung gibt es jedoch bislang keine verbindlichen Vorgaben, sondern lediglich eine Vielzahl an von Berufsverbänden empfohlenen Standards: so z. B. des Deutschen Verbands für Bildungs- und Berufsberatung (dvb) für die Registrierung im BerufsBeratungsRegister (www.bbregister.de) oder für den Bereich der Studienberatung das Fortbildungscurriculum der Gesellschaft für Beratung, Information und Therapie an Hochschulen (www.gibet.de). An Hochschulen gibt es eine Reihe von Studiengängen mit den Schwerpunkten Soziale Arbeit und Counselling, aber speziell auf die Beratung in Bildung, Beruf und Beschäftigung ausgerichtet sind lediglich die akkreditierten Bachelor- und Master-Studiengänge an der Hochschule der BA in Mannheim (www.hdba.de; nur für Studierende, die bei der BA beschäftigt sind) und der berufsbegleitende akkreditierte Masterstudiengang „Berufs- und organisationsbezogene Beratungswissenschaft" an der Universität Heidelberg (www.beratungswissenschaft.de). Im nicht-akademischen Bereich ist es in erster Linie der Verbund der acht Regionalen Qualifizierungszentren (RQZ), der eine berufsbegleitende, 6monatige modulare Qualifizierung „Bildungsberatung und Kompetenzentwicklung" für Fachkräfte mit Beratungsaufgaben anbietet (www.bildungsberatung-verbund.de).

Angesichts der wachsenden Bedeutung von Bildung, lebenslangem Lernen und einer zufriedenstellenden, auskömmlichen Erwerbsarbeit für den wirtschaftlichen Wohlstand und Fachkräftesicherung, Chancengleichheit, gesellschaftliche Teilhabe und für den sozialen Zusammenhalt in der Gesellschaft sind ein qualitativ hochwertiges Angebot lebensbegleitender Bildungs- und Berufsberatung und eine weitere Professionalisierung dieses Handlungsfeldes unerlässlich.

Karen Schober

Literatur

BA (Hrsg.): Beratungskonzeption der Bundesagentur für Arbeit. Handbuch für Berufsberaterinnen und Berufsberater, Nürnberg 2010 ♦ BMBF (Hrsg.): Bestandsaufnahme in der Bildungs-, Berufs- und Beschäftigungsberatung und Entwicklung grundlegender Qualitätsstandards. Abschlussbericht, Berlin 2007 ♦ BMBF (Hrsg.): Empfehlungen des Innovationskreises Weiterbildung für eine Strategie zur Gestaltung des Lernens im Lebenslauf, Berlin/Bonn 2008 ♦ Deutscher Weiterbildungsatlas. Zusammenfassung der Ergebnisse, hrsg. von der Bertelsmann Stiftung, Gütersloh 2015 ♦EU: Rat der EU, Entschließung des Rates und der im Rat vereinigten Vertreter der Regierungen der Mitgliedstaaten über den Ausbau der Politiken, Systeme und Praktiken auf dem Gebiet der lebensbegleitenden Beratung in Europa. Doc 9286/04. Brüssel 2004 ♦ B. Käpplinger/C. Maier-Gutheil: Ansätze und Ergebnisse zur Beratung(sforschung) in der Erwachsenen- und Weiterbildung: Eine Systematisierung, in: Zeitschrift für Weiterbildungsforschung – Report, 2015 Nr. 2, 163–181 (www.die-bonn.de/id/31650) ♦ nfb/Forschungsgruppe Beratungsqualität: Qualitätsmerkmale guter Beratung. Erste Ergebnisse aus dem Verbundprojekt: Koordinierungsprozess Qualitätsentwicklung in der Beratung in Bildung, Berlin/Heidelberg 2011 (www.forum-beratung.de/wissenswertes/qualitaet-und-professionalitaet/nfb-forschungsgruppe-beratungsqualitaet-qualitaetsmerkmale-guter-beratung-kopie) • Dies.: Professionell beraten mit dem BeQu-Konzept – Instrumente zur Qualitätsentwicklung der Beratung in Bildung, Beruf und Beschäftigung, Berlin/Heidelberg 2014 • nfb (Hrsg.): Lebensbegleitende Bildungs- und Berufsberatung in Deutschland. Strukturen und Angebote, Berlin 2014 • Schober, Karen: (Berufs-)Beratung in der Bundesagentur für Arbeit (BA) im Spiegel ihrer Beratungskonzeptionen vor dem Hintergrund sich wandelnder geschäftspolitischer, bildungs- und arbeitsmarktpolitischer Rahmenbedingungen, in: B.-J. Ertelt/A. Frey, M. Scharpf (Hrsg.): Berufsberatung als Wissenschaft. Vier Jahrzehnte akademische Ausbildung für Berufsberaterinnen und Berufsberater in Mannheim, Hamburg 2015, 199–224.

Berufliche Bildung

Inhalte und Ziele

Unter beruflicher Bildung (b. B.) versteht man die für die Ausübung eines Berufes notwendigen qualifizierenden Maßnahmen, die die Kompetenzen der Erwerbstätigen im fachlichen, personalen and sozialen Bereich ausbilden. B. B. ist im Bildungswesen die dritte Säule neben Schule und Hochschule. In Deutschland umfasst sie i. S. des Berufsbildungsgesetzes (BBiG) von 1969 sowie nach der grundlegenden Neufassung 2005 die Berufsausbildung (im Dualen System), die berufliche Fortbildung (Weiterbildung) und die berufliche Umschulung, soweit nach dem GG nicht die BL zuständig sind (Ausbildung an beruflichen Schulen, Heilberufe). Zur b. B. gehören auch berufsvorbereitende, -erhaltende sowie -erweiternde Maßnahmen. In den letzten Jahren spielt berufliche *Weiterbildung* in ihrer arbeitsmarktpolitischen Bedeutung und insofern auch im Zusammenhang mit der Notwendigkeit lebenslangen Lernens eine stetig wachsende Rolle. Nicht zuletzt deshalb wird Weiterbildung zunehmend als vierte Säule des Bildungswesens definiert.

Die Erstausbildung zielt auf das Erlernen eines anerkannten Ausbildungsberufes und hat neben einer breit angelegten beruflichen Grundbildung die für die Ausübung einer qualifizierten beruflichen Tätigkeit notwendigen fachlichen Fertigkeiten und Kenntnisse zu vermitteln sowie den Erwerb von Berufserfahrung zu ermöglichen (§ 1 Abs. 2 BBiG). In Deutschland findet diese Ausbildung zum überwiegenden Teil innerhalb des dualen Systems (Betrieb und Berufsschule) statt, zum geringeren Teil im Rahmen vollzeitschulischer Ausbildungsgänge. Eine Ausbildung in einem anerkannten Ausbildungsberuf durchlaufen mehr als die Hälfte eines jeden Altersjahrgangs (Duales System und Absolventen von Berufsfachschulen, Schulen des Gesundheitswesens, Assistenten- und Beamtenberufe). Nur leicht fallend ist die Zahl derjenigen, die ohne Schul- bzw. Berufsabschluss bleiben (von 11 % in 2009 auf 10 % in 2013).

Fortbildung soll den beruflichen (Wieder-)Eintritt, aber auch den beruflichen Aufstieg erleichtern, indem Kenntnisse und Fertigkeiten vermittelt werden, die sich an den stetig und immer schneller verändernden beruflichen Anforderungen orientieren und diesen angepasst werden. Ggf. sind diese Angebote zertifikats- bzw. abschlussbezogen organisiert (z. B. Meisterqualifikation).

Umschulung ist eine besondere Form der beruflichen Weiterbildung. Sie soll nach einer Berufsausbildung den Übergang in eine (andere) berufliche Tätigkeit ermöglichen, um v. a. die berufliche Flexibilität und den Fachkräftebedarf zu sichern. Die Gründe für eine Umschulung sind u. a. eine geringe Nachfrage im erlernten Beruf, längere Abwesenheiten und strukturelle Veränderungen des erlernten Berufsbereichs, bei denen ein Wiedereinstieg nicht mehr möglich ist.

Berufsbildungsgesetz

Mit der Neufassung des BBiG von 2005 wurde der Versuch unternommen, die betriebliche Berufsbildung weiter zu systematisieren und umfassende, bundeseinheitliche Regelungen zu schaffen, um damit dem technologischen und strukturellen Wandel in der Arbeitswelt gerecht zu werden. Im Einzelnen werden die rechtlichen Voraussetzungen für die Begründung eines Berufsausbildungsverhältnisses (Ausbildungsvertrag) und dessen Inhalte, die Ordnung der Berufsausbildung und hier v. a. die Voraussetzungen zum Einstellen und Ausbilden, das Prüfungswesen, die Überwachung der Berufsbildung und die b. B. von Menschen mit Behinderung geregelt. Gesonderte Abschnitte befassen sich mit den Aufgaben und Mitwirkungsrechten paritätisch besetzter Ausschüsse für Berufsbildung. Das BiBB gilt nicht für die Berufsbildung, die in berufsqualifizierenden oder vergleichbaren Studiengängen an Hochschulen auf der Grundlage des Hochschulrahmengesetzes und der Hochschulgesetze der Länder durchgeführt wird; es gilt auch nicht für die Berufsbildung in einem öffentlich-rechtlichen Dienstverhältnis.

In enger Verbindung zur SozArb/SozPäd steht insbes. die Überwachung der Berufsbildung. Sie geschieht durch Ausbildungsberater der Kammern, z. T. auch durch Lehrlingswarte der Handwerksinnungen, die Auszubildende und Ausbildende beraten. Die Überwachung erstreckt sich sowohl auf die persönliche und fachliche Eignung der Ausbilder als auch auf die Eignung der Ausbildungsstätten. Sie steht daher auch in Zusammenhang mit der Arbeit der Gewerbeaufsichtsämter, der Berufsberatung (BA), der Berufsschule, Gewerkschaften, Jugendämter und der Vormundschaftsgerichte. Die Ausbildungsberater können auch bei der Vermittlung von Ausbildungsplätzen mitwirken sowie bei der Klärung von Problemen zwischen Auszubildenden und Ausbildenden. Solche Schwierigkeiten führen v. a. in Kleinbetrieben häufig zu Vertragslösungen oder Ausbildungsabbrüchen.

In Beziehung zur SozArb/SozPäd steht auch die Berufsbildung von Menschen mit Behinderung (§§ 64, 65 BBiG). Für sie können je nach Art und Schwere der Behinderung die sachliche und zeitliche Gliederung der Ausbildungsinhalte sowie die Prüfungsbedingungen durch die Kammern modifiziert werden. Im Rahmen der Regelungsbefugnisse der Kammern wurde im Laufe der Jahre allerdings eine unübersichtliche Vielzahl von Regelungen für sog. ‚Behindertenberufe' erlassen, darunter für zweijährige Berufe. Um dieser Unübersichtlichkeit entgegen zu wirken, hat der Hauptausschuss BIBB Rahmenrichtlinien für Ausbildungsregelungen nach § 66 BBiG für Menschen mit Behinderung mit dem Ziel beschlossen, die Zahl dieser Regelungen der zuständigen Stellen/Kammern zu verringern und zu vereinheitlichen.

Junge Menschen mit Behinderung absolvieren allerdings eher selten eine Berufsausbildung in einem Betrieb. Ihr Rechtsanspruch auf eine berufliche Erstausbildung wird hauptsächlich in außerbetrieblichen Einrichtungen der beruflichen Rehabilitation realisiert.

Kompetenzen – Ziele und Inhalt

Ziele der b. B. aus Sicht des Einzelnen sind neben der Vermittlung der zur Ausübung eines Berufes notwendigen fachlichen Kompetenzen die Herstellung von *Chancengleichheit (Arbeitsmarkt, Gesellschaft)* und die Sicherung der *Emanzipation* der abhängig Beschäftigten (i. S. einer Unabhängigkeit von einzelbetrieblichen Interessen). Im Zusammenhang mit der Diskussion eines lebenslangen Lernens wurden als gleichberechtigte Zielsetzungen von *Bildung* persönliche Entfaltung, aktive, mündige Staatsbürgerschaft, soziale Integration und Beschäftigungsfähigkeit definiert. Inhaltlich-fachlich hat eine zeitgemäße, an den Erfordernissen der Wirtschaft und Gesellschaft, aber auch an den Bedürfnissen der Erwerbstätigen orientierte b. B. drei zentrale Kompetenzen zu vermitteln: fachliche Fertigkeiten und Kenntnisse, Methodenkompetenzen wie selbständiges Planen, Durchführen und Kontrollieren und Schlüsselqualifikationen (Kreativität, Teamfähigkeit, soziale Kompetenzen, Kooperations- und Kommunikationsvermögen, etc.).

Da die moderne Arbeitswelt mit ihrer flexiblen Arbeitsorganisation, aber auch die sich bis in die Privatsphäre auswirkende Wissensgesellschaft ganz andere Qualifikationsanforderungen v. a. im persönlichen und Verhaltensbereich stellen, spielen die Schlüsselqualifikationen heute eine gleichberechtigte Rolle. Als notwendige Basisqualifikationen werden in der europäischen Debatte um das lebenslange Lernen neben den Grundvoraussetzungen Lesen, Schreiben, Rechnen als weitere Anforderungen IT-Kompetenzen, Fremdsprachen, technologische Kultur, Unternehmergeist und soziale Kompetenzen genannt.

Weil eine formale Vermittlung der komplexen Anforderungen alleine nicht mehr ausreicht, wird zunehmend auch informellem und nicht-formalem Lernen eine größere Beachtung geschenkt. Für die b. B. ist v. a. das Lernen im Prozess der *Arbeit* von Bedeutung; aber auch das Lernen im sozialen Umfeld, etwa in zivilgesellschaftlichen Aktivitäten, im Rahmen freiwilligen Engagements *(Bürgerschaftliches Engagement)* oder auch in der *Jugendarbeit* spielt eine wachsende Rolle gerade im Zusammenhang mit der Bedeutung sozialer und kommunikativer Kompetenzen. Die Unterscheidung zwischen nicht-formalem Lernen und informellem Lernen ist insofern von Relevanz, als sie einmal intentional, basierend auf Curricula geschieht (in nicht-formalen Lernumgebungen), andererseits aber auch im Rahmen des Tuns und Erlebens, durch ‚learning by doing' (informell). Dabei stellt sich zunehmend die Frage der Messung, Bewertung und Anerkennung (Validierung) der nicht formal erworbenen Kompetenzen.

Rahmenbedingungen

Konstituierend für die b. B. in Deutschland ist das dreiteilige System des Zusammenwirkens von Sozialpartnern und Staat, wobei das BIBB als Plattform dieser Kooperation fungiert. Hier sind Ordnungsfragen, die Entwicklung neuer und die Reform bestehender Berufsbilder, Forschung und Beratung als zentrale Aufgaben angesiedelt.

Das berufliche Bildungswesen selbst wird von öffentlichen und privaten Trägern in Form von unterschiedlichen Bildungsangeboten organisiert. Lernorte sind nicht nur die öffentlichen und privaten beruflichen Schulen, sondern v.a. die Betriebe. Hinzu kommen über- und außerbetriebliche Lehr- und Übungswerkstätten, Rehabilitationszentren für Menschen mit Behinderung sowie eine Vielzahl freier privater Bildungsträger, die insbes. im Weiterbildungssektor verankert sind. Angesichts dieser Vielfalt beruflicher Lernorte, die häufig kombiniert zu besuchen sind, ist es wichtig, zwischen den verschiedenen Lernorten eine didaktisch hinreichend gesicherte Abstimmung herzustellen.

Der stetig steigende Bedarf an b.B. hat zunehmend zu einem Bildungsmarkt geführt, der ergänzend zum staatlich und betrieblich organisierten Bildungsangebot existiert. Durch diesen wachsenden Stellenwert von b.B. und den zugleich immer unüberschaubarer werdenden Weiterbildungsmarkt bekommt Bildungsberatung und -information eine zunehmend wichtige Funktion. Die mit der Diskussion um arbeitsmarktpolitische Reformen (Bündnis für Arbeit; Hartz-Kommission) entwickelte Idee der Einrichtung lokaler Kompetenzzentren greift dies auf, um Transparenz und Qualität in die lokalen Weiterbildungsangebote zu bringen und zugleich zu erwartende Qualifikationsbedarfe festzustellen.

Methodisch-didaktisch hat sich die b.B. in den letzten Jahren erheblich verändert und weiterentwickelt. Während in der traditionellen b.B. die sog. Beistelllehre dominierte, in der der Ausbilder im Mittelpunkt stand, sind die Aufgaben des heutigen Ausbilders vielfältiger und anspruchsvoller. Dem Idealbild folgend steht heute der Lernende im Zentrum. Selbständiges Planen, Durchführen und Kontrollieren als zentrale Anforderungen des Arbeitslebens finden sich methodisch bereits in der Aus- und Weiterbildung wieder (Projektmethode, Leittextmethode), die Selbststeuerung des Lernprozesses durch den Lernenden gilt als Leitprinzip. Dabei ändert sich die Rolle des Ausbilders; er wird zunehmend zum Coach und Navigator des Lernprozesses.

Quantitätsprobleme

Das quantitativ-kapazitive Ziel der b.B. besteht zum einen in der Sicherung eines ausreichenden Angebots von Ausbildungsplätzen, zum anderen im steten Ausbau der Fort- und Weiterbildungsinstrumente i.R. des SGB III, aber auch anderer Qualifizierungsmaßnahmen. Dies soll sowohl arbeitsmarktentlastend wirken und dem Arbeitsmarkt die nötigen (in manchen Branchen und Regionen dringend gesuchten) Fachkräfte zu führen, als auch bestimmten Risikogruppen des Arbeitsmarktes (Un- und Angelernte) Integrationschancen eröffnen. Allerdings haben sich die Passungsprobleme auf dem Ausbildungsstellenmarkt in 2014 und 2015 weiter vergrößert. Gemäß einer Erhebung des BIBB über neu abgeschlossene Ausbildungsverträge konnten – obwohl sich die Zahl der angebotenen Ausbildungsplätze leicht erhöhte – insgesamt 37 000 (2014) bzw. 41 000 (2015) der von der BA registrierten Ausbildungsstellen bis zum Stichtag 30. September nicht besetzt werden, während nach wie vor 81 000 (2014 und 2015 quasi gleichbleibend) Ausbildungsstellenbewerber unversorgt waren. Zudem ist die Quote aufgelöster dualer Ausbildungsverhältnisse mit fast 27,5 % (2015) sehr hoch. Die duale Berufsbildung steht damit vor der doppelten Aufgabe: einerseits schwächere Bewerberinnen und Bewerber zu integrieren, andererseits leistungsstärkeren jungen Menschen attraktive Angebote zu machen. Hier spielen trotz einer zahlenmäßigen Entspannung vor allem diejenigen (jungen) Menschen eine Rolle, die ohne Schul- bzw. Berufsabschluss bleiben. Immerhin hatten im Jahr 2015 3,7 % der 15-jährigen und älteren Bevölkerung keinen allgemeinen Schulabschluss – das entsprach rund 2,6 Mio. Personen (ohne die Personen, die sich noch in schulischer Ausbildung befinden); nach Angaben des Stat.BA beendeten im Abgangsjahr 2014 5,5 % der Schüler ihre Schullaufbahn ohne einen Hauptschulabschluss. Noch gravierender sind die Zahlen in Bezug auf berufliche Abschlüsse: im Jahr 2015 hatten 22,7 % der 25- bis unter 65-jährigen Bevölkerung keinen beruflichen Bildungsabschluss (ohne Personen in schulischer oder berufsqualifizierender Ausbildung); und von der 25- bis unter 65-jährigen Bevölkerung mit Migrationshintergrund hatte im Jahr 2015 fast die Hälfte keinen Berufsabschluss (46,4 Prozent) (destatis 2016).

Bereits im Zuge der Bildungsreformdiskussion in den 1970er Jahren und der damals immer spürbarer werdenden Jugendarbeitslosigkeit in den Folgejahren entstand die Forderung nach einer „Berufsausbildung für alle“, die u.a. dazu führte, dass in wachsendem Maße staatlich finanzierte Sondermaßnahmen zur Qualifizierung sozial benachteiligter Jugendlicher und junger Erwachsener, die nicht zum Klientel klassischer Jugendhilfeangebote (gem. § 13 SGB VIII – KJHG) gehörten, angeboten wurden. Im Rahmen des sog. Benachteiligtenprogramms (ab 1980), das (nach einer anfänglichen Modellphase in Verantwortung des damaligen BMBW) Bestandteil des SGB III ist, wurden Elemente einer durchgän-

B

gig sozialpädagogisch orientierten Berufsausbildung *(Jugendsozialarbeit)* entwickelt. Dieses Programm wurde nach 1990 auch für andere, sog. marktbenachteiligte Jugendliche in Ostdeutschland geöffnet, um den Kapazitätsproblemen zu begegnen, die nicht nur durch die Vielzahl der „abgewickelten", bzw. in Konkurs gegangenen Betriebe entstanden, sondern v.a. auch durch die Tendenz, Berufsausbildung und Qualifizierung nicht mehr als Aufgabe der Wirtschaft und Verwaltung, sondern der öffentlichen Förderung zu sehen. Abzuwarten bleibt in nächster Zukunft, wie die in Deutschland über die Jahre entwickelten Instrumente der b. B. genutzt werden können, um die nach wie vor hohe Zahl ungelernter arbeitsloser Jugendlicher sowie unvorhergesehen große Zahl an (jungen) Flüchtlingen und Migranten zu qualifizieren und so zu ihrer beruflichen und sozialen Integration beizutragen – und zugleich den zunehmend auftretenden Fachkräftemangel zu mindern.

Qualitätsprobleme und Reformbedarf

Dem über die Jahre entstandenen Reformbedarf in der b. B. wurde in jüngster Zeit verstärkt Rechnung getragen. Neben dem Ziel der Schaffung neuer Berufsbilder als Antwort auf neu entstandene Bedarfe in der Wirtschaft ist die Novellierung der bestehenden Ausbildungsverordnungen in der Erstausbildung eine regelmäßige Aufgabe, wobei auch ein erweiterter Qualifikationsbegriff zugrunde gelegt werden muss. Das Augenmerk wird dabei darauf gerichtet, v.a. durch eine breite Grundbildung die steigenden Polyvalenzanforderungen zu erfüllen und gleichzeitig die Voraussetzungen für ein lebenslanges Lernen zu schaffen. Berufsqualifizierende Vollzeitschulen als Alternative zum dualen System und die Möglichkeit Doppelabschlüsse (Berufsabschluss und Abitur, Duales Studium) zu erwerben, bleiben ebenso auf der Tagesordnung. Bei sich weiter verengenden Arbeitsmarktchancen für Un- und Angelernte, aber auch einem erkennbar hohen Bedarf der Unternehmen nach gut ausgebildeten Arbeitskräften wird es darüber hinaus notwendig sein, alle Qualifizierungspotenziale zu erschließen und mittlerweile erfolgreich erprobte Konzepte der abschlussbezogenen (Nach-) Qualifizierung flächendeckend umzusetzen und zuzulassen. Auch hier rückt die Zielgruppe der Flüchtlinge vermehrt in den Blickpunkt, wobei die Herausforderungen von der Vergleichbarkeit und Anerkennung in Herkunftsländern erworbener Kompetenzen, über ausreichenden Spracherwerb und Bildungsberatung bis hin zu An- und Nachqualifizierungen reicht. Die inzwischen durch das „Anerkennungsgesetz" v. 2015 vereinfachten und nicht mehr so zeitintensiven Verfahren zur Anerkennung ausländischer Bildungsabschlüsse sind ein erster Schritt.

Generell, für alle Zielgruppen, ist die mangelnde Durchlässigkeit zwischen den verschiedenen Elementen des Bildungssystems nach wie vor grundlegend zu verbessern. Die Anrechenbarkeit einer Ausbildung beim Aufstieg in weiterführende Bildungsgänge oder auch bei einem Umstieg und verkürzte Studiengänge für Hochschulanfänger mit Lehrabschluss sind weitere Beispiele für die Notwendigkeit grundlegender Reformen der b. B., die zu einer größeren Flexibilität und Durchlässigkeit führen. Schließlich ist im Zusammenhang mit der europäischen Integration und der damit einhergehenden grenzüberschreitenden Mobilität intensiv an der Vergleichbarkeit und Transparenz der Berufsbildungssysteme sowie der Validierung informell erworbener Kompetenzen und der Berufsbefähigungsnachweise zu arbeiten. Auch spielen individuelle Lernkonten und Laufbahnberatung eine zunehmend wichtige Rolle. Ziel ist nicht die Vereinheitlichung der europäischen (Berufs-) Bildungspolitik, nicht die „Europäisierung der nationalen Bildungssysteme", sondern vielmehr die Herstellung der „Europafähigkeit" der einzelnen Bildungssysteme.

Berufsbildungspolitik

Die b. B. wird immer mehr zu einem wichtigen Instrument politischen Handelns zur Realisierung unterschiedlicher wirtschaftlicher und politischer Ziele. Sie soll zu einer hohen Beschäftigungsquote, zum sozialen Zusammenhalt und zur Sicherung der Wettbewerbsfähigkeit beitragen und damit eine nachhaltige wirtschaftliche Entwicklung fördern. B. B. wird zunehmend zu einem ausschlaggebenden Instrument der Beschäftigungspolitik, das die Anpassung an sich verändernde Arbeitsstrukturen und Tätigkeitsprofile erleichtern, Jugendliche sowie andere Gruppen in den Arbeitsmarkt eingliedern und die Chancengleichheit fördern soll.

In der bildungstheoretischen Begründung der b. B. kommen unterschiedliche Einschätzungen des beruflichen Bildungswesens zum Ausdruck, die jeweils Einfluss auf die Berufsbildungspolitik zu nehmen suchen. Dabei verlaufen die Trennlinien v.a. zwischen Betrieben und Branchen sowie zwischen Arbeitgeber- und Arbeitnehmerlager, während es im allgemeinbildenden Bereich um Zuständigkeitsfragen von Bund und Ländern und um Länderspezifika der Bildungssysteme geht („Kulturhoheit der Länder"). Allerdings wird b. B. zunehmend als Teil des gesamten Bildungssystems verstanden, wenn es um Fragen zukünftiger Anforderungen an die Bildungssysteme geht. Die vom Dt. BT eingesetzte Enquête-Kommission „Zukünftige Bildungspolitik – Bildung 2000" kam bereits 1990 zu dem Ergebnis, dass mit Blick auf die europäische Integration die Steigerung des Qualifikationsniveaus immer wichtiger wird und die gestiegenen Ansprüche an Arbeit und Beruf zu einem erweiterten Qualifikationsbegriff und zu mehr Weiterbildung führen müssen. Das Forum Bildung (www.forum-bildung.de), 1999 von der BReg eingesetzt, um zukünftige Bildungsziele, -inhalte und -methoden zu identifizieren, kommt in seinen 2001 vorgelegten Empfehlungen zu dem Ergebnis, dass Bildung den Veränderungen in Gesellschaft und Arbeitswelt, dem Ziel der Chancengleichheit von Frauen und Männern, unterschiedlichen Begabungen und deren spezifischen Lernbedürfnissen, der europäischen Einigung und den wachsenden internationalen Verflechtungen, den ökologischen Erfordernissen sowie den Umwälzungen durch neue Informations- und Kommunikationstechnologien gerecht werden muss. Daraus ergeben sich einige zentrale Empfehlungen an die Bildungspolitik wie etwa frühe und individuelle Förderung, lebenslanges Lernen, bessere Aus- und Weiterbildung der Lehrenden, solides Fachwissen und fachübergreifende Kompetenzen, Vermeidung von Ausgrenzung und Öffnung der Lernorte.

Um die berufliche Ausbildung in Deutschland zu stärken, haben das BMBF und das BMWi in 2014 gemeinsam mit Vertretern der Wirtschaft, der Gewerkschaften und der Länder die „Allianz für Aus- und Weiterbildung" beschlossen, die auf den „Nationalen Pakt für Ausbildung und Fachkräftenachwuchs" folgt, der Ende 2014 ausgelaufen ist. Das BMBF, maßgeblich verantwortlich für die Gesetzgebung in Bereichen wie der außerschulischen beruflichen Bildung und Weiterbildung und der Ausbildungsförderung, hat in diesem Rahmen u. a. zwei Bildungsinitiativen gestartet, die in den seit Jahren existierenden zentralen Problemfeldern Lösungen anbieten sollen: die Initiative „Bildungsketten" ermöglicht die Betreuung von Schülern bereits vor dem Einstieg ins Berufsleben, um den Übergang nach der Schule in Ausbildung und Beruf problemlos zu gestalten; die Initiative „Jobstarter plus" ist ein Ausbildungsstrukturprogramm mit dem Ziel, den Fachkräftenachwuchs zu sichern und regionale Ausbildungsstrukturen zu verbessern, indem neue Ausbildungsplätze in Unternehmen erschlossen und diese an junge Menschen vermittelt werden.

Europäische Entwicklungen

Auch auf Seiten der EU wird dem Bildungs- und Berufsbildungsbereich eine immer größere Bedeutung beigemessen. Seit den Beschlüssen des Europäischen Rates von Lissabon im Jahr 2000, Europa zur wettbewerbsfähigsten und dynamischsten Wissensgesellschaft in der Welt zu machen, sind die politischen Initiativen erheblich ausgeweitet worden. Dabei tragen die Sozialpolitiken, inklusive Bildung und Berufsbildung eine tragende Rolle bei der Verwirklichung dieses Ziels. Seither sind v. a. die Identifizierung und Festlegung der „zukünftigen Ziele der Bildungs- und Berufsbildungssysteme" und die Strategien zum lebenslangen Lernen zu nennen, ebenso der sog. Brügge-Prozess, der eine verstärkte Zusammenarbeit der Mitgliedstaaten der EU im Bereich der Berufsbildung vorsieht, mit dem Ziel die Transparenz der beruflichen Qualifikationen und Kompetenzen zu verbessern und die Kooperation in der b. B. zu verstärken. Mit dem „Strategischen Rahmen für die europäische Zusammenarbeit auf dem Gebiet der allgemeinen und beruflichen Bildung" (ET 2020) von 2009 wurden vier strategische Ziele festgelegt; diese sind: 1. Verwirklichung von lebenslangem Lernen und Mobilität, 2. Verbesserung der Qualität und Effizienz der allgemeinen und beruflichen Bildung, 3. Förderung der Gerechtigkeit, des sozialen Zusammenhalts und des bürgerschaftlichen Engagements, 4. Förderung von Innovation und Kreativität – einschließlich unternehmerischen Denkens – auf allen Ebenen der allgemeinen und beruflichen Bildung. Nach einer Halbzeitbilanz haben die Europäische Kommission und der Rat der Europäischen Union mittlerweile (2015) neue prioritäre Bereiche festgelegt, die die verstärkte europäische Kooperation bis 2020 fortführen sollen. Die neuen prioritären Bereiche sind folgende:

a) Wissen, Fähigkeiten und Kompetenzen von hoher Relevanz und hohem Wert, mit besonderem Fokus auf Beschäftigungsfähigkeit, Innovation, bürgerschaftlichem Engagement und Wohlbefinden,
b) inklusive Bildung, Chancengleichheit, Gerechtigkeit, Nichtdiskriminierung und die Förderung von Bürgerkompetenz,
c) offene und innovative allgemeine und b. B., die sich die Errungenschaften des digitalen Zeitalters zu eigen macht,
d) verstärkte Unterstützung der Lehrkräfte, Ausbilder, Schulleiter und sonstiges pädagogisches Personal,

B

e) Transparenz und Anerkennung von Kompetenzen und Qualifikationen zur Erleichterung der Lern- und Arbeitsmobilität,
f) nachhaltige Investitionen sowie Qualität und Effizienz des Systeme der allgemeinen und beruflichen Bildung.

Im Rahmen dieser Prioritäten sollen die Qualität und Relevanz der Lernergebnisse für die Entwicklung von Qualifikationen und Kompetenzen gesichert sowie der soziale Zusammenhalt, Chancengleichheit, Nichtdiskriminierung und Bürgerkompetenz gestärkt werden. Diese prioritären Bereiche werden in konkrete Themen zur Umsetzung untergliedert.

Das BiBB beteiligt sich aktiv an der Gestaltung des europäischen Bildungsraums. Konkret implementiert und erprobt das Institut die europäischen Instrumente Europäischer Qualifikationsrahmen (European Qualification Framework, EQF), das Europäische Leistungspunktesystem für die Berufsbildung (European Credit System for Vocational Education and Training, ECVET), und den Europäischen Qualitätssicherungsreferenzrahmen (European Quality Assurance in Vocational Education and Training, EQAVET) sowie die Validierung informellen und nicht-formalen Lernens.

Kritiker werfen den Konzepten, die den EU-Strategien rd. um die Wissensgesellschaft und ET 2020 zugrunde liegen, vor, sich v. a. dem Einfluss mächtiger Unternehmenslobbys und der Anpassung an die Märkte zu unterwerfen und unter dem Druck der ökonomischen Krise einem reinem Wettbewerbs- und Wachstumsdenken zum Opfer zu fallen. Veränderte aktuelle Problemlagen und Herausforderungen, wie die Integration neu angekommener (und bereits hier lebender) Migranten sowie anderer am stärksten benachteiligter Personen mit unterschiedlichen Hintergründen rücken dabei wieder verstärkt in den Blickpunkt, die zudem nicht zuletzt geprägt sind von den gewalttätigen Ausbrüchen in jüngster Zeit. Einmal mehr werden Bildung und b. B. eine Schlüsselrolle in der Problembewältigung zugewiesen. Die Debatten um das Lebenslange Lernen und die zukünftigen Ziele der Bildungssysteme zeigen indes, dass nicht allein die ökonomische Dimension eine Rolle spielen darf, sondern das Beharren auf der sozialen Dimension der Bildung und Berufsbildung (aktive Staatsbürgerschaft, Chancengleichheit, soziale Integration) genauso wie persönliche und individuelle Aspekte (persönliche Entfaltung, Emanzipation) nicht aufgegeben werden dürfen.

So kann als Fazit festgehalten werden, dass der Europäische Raum für Lebenslanges Lernen zwei zentrale Ziele zu verfolgen hat:

- Stärkung der Menschen für die Herausforderungen einer Wissensgesellschaft, in der sie sich zwischen Institutionen und Staaten frei bewegen können;
- Verwirklichung der Zielvorstellungen von EU und Beitrittsländern nach mehr Wohlstand, Zusammenhalt, Toleranz und Demokratie.

Hanjo Schild

Literatur

H. Althoff: Berufsbildungsgesetz, in: Kreft/Mielenz (Hrsg.): Wörterbuch Soziale Arbeit, Weinheim/München [7]2013, 171 ◆ Amtsblatt der Europäischen Union C 417/25: Gemeinsamer Bericht des Rates und der Kommission über die Umsetzung des strategischen Rahmens für die europäische Zusammenarbeit auf dem Gebiet der allgemeinen und beruflichen Bildung (ET 2020) – Neue Prioritäten für die europäische Zusammenarbeit auf dem Gebiet der allgemeinen und beruflichen Bildung (2015/C 417/04) ◆ BIBB (Hrsg.): Datenreport zur beruflichen Bildung, Bonn 2015 ◆ (www.bibb.de/ausbildungsmarkt2015) ◆ BMBF: Berufsbildungsbericht (jährlich), Berlin (www.bmbf.de) ◆ Bundeszentrale für Politische Bildung: Qualitätssicherung in der betrieblichen Bildung und Bevölkerung ohne Abschluss (www.bpb.de) ◆ CEDEFOP mit vielen Dokumenten und Veröffentlichungen zur europäischen Berufsbildungspolitik ◆ destatis: Bildungsstand der Bevölkerung, Wiesbaden 2016 ◆ Th. Lakies: BBiG-Berufsbildungsgesetz, Kommentar für die Praxis, Frankfurt/M. [5]2016 ◆ Stat.BA: Statistisches Jahrbuch 2015, Kap. Schulen, Wiesbaden 2015.

Links

www.bibb.de
www.bpb.de
www.bmbf.de
www.destatis.de

Berufsverbände

Erste Organisationen

1916 riefen Hedwig Wachenheim und Gertrud Israel zur Gründung von B. für den jungen Frauenberuf der Sozialarbeiterinnen (öffentliche und freie Wohlfahrtspflege) auf. Im Oktober 1916 erfolgte die Gründung des Deutschen Verbandes der Sozialbeamtinnen, im November 1916 die des Vereins katholischer deutscher Sozialbeamtinnen. 1921 wurde der 1902 gegründete Verband der Berufsarbeiterinnen der Inneren Mission in Verband evangelischer Wohlfahrtspflegerinnen Deutschlands umbenannt. 1920 gründeten alle drei Verbände die Arbeitsgemeinschaft der Berufsverbände der Wohlfahrtspflegerinnen Deutschlands, die bis 1933 bestand. Ihre Zeitschrift war die „Soziale Berufsarbeit", die eine Auflage von rd. 10 000 Exemplaren erreichte. B. für Männer entwickelten sich später. 1925 wurde der Bund Deutscher Sozialbeamten, 1928 der Verband katholischer deutscher Sozialbeamten, 1930 der Verband evangelischer Wohlfahrtspfleger und 1931 die Fachgruppe evangelischer Wohlfahrtspfleger im Deutschen Diakonen-Verband gegründet. In *Gewerkschaften* waren SozArb/SozPäd vor 1933 kaum organisiert. 1933 mussten alle B. ihre berufspolitische, gewerkschaftliche Arbeit einstellen. Sie lösten sich fast alle auf, einzelne versuchten, als Gesinnungsverband weiter zu arbeiten.

Entwicklung nach 1945

Nach 1945 wurden neue B. nach konfessionellen und überkonfessionellen Gesichtspunkten gegründet, selbst die Trennung nach Geschlechtern wurde anfangs noch beachtet. In der DDR gab es keine B., die Gesundheits-, Jugend-, Sozialfürsorgerinnen waren im Freien Deutschen Gewerkschaftsbund (FDGB) organisiert *(Soziale Arbeit in der DDR)*. Nach der Wende gab es zunächst in den nBL Bemühungen, eigene B. zu gründen, diese Verbände lösten sich aber wieder auf. Die in der alten BRD bestehenden B. der SozArb/SozPäd, der Deutsche Berufsverband der Sozialarbeiter, Sozialpädagogen e. V. (DBS) und der Berufsverband der Sozialarbeiter, Heilpädagoginnen (BSH), schlossen sich schließlich am 24. 7. 1993 in Frankfurt/M. zu einem Verband zusammen, dem Deutschen Berufsverband der Sozialarbeiter/Sozialarbeiterinnen/Sozialpädagogen/Sozialpädagoginnen/Heilpädagogen/Heilpädagoginnen.

Berufsständische Organisation heute

Inzwischen führt der B. den Namen Deutscher Berufsverband für Soziale Arbeit (DBSH). Der DBSH – mit Sitz in Berlin – ist zugleich Berufsverband und vertritt die berufsständischen Interessen seiner Mitglieder, ist zugleich aber als Mitglied im dbb (Beamtenbund und Tarifunion) auch tariffähige Gewerkschaft. Der DBSH hat heute ca. 6 000 Mitglieder und ist damit der größte B. für Soziale Arbeit in Deutschland.

Aufgaben und Ziele des Berufsverbandes

Neben SozArb, SozPäd, Heilpädagogen können u. a. Erzieher, Diplompädagogen mit dem Schwerpunkt Sozialarbeit, Sozialpädagogik, Heilpädagogik Mitglied werden. Der B. gliedert sich in Landes- und Bezirksverbände. Auf Bundesebene gibt es Fachgruppen/AG/Kommissionen, die spezielle Arbeitsgebiete betreuen.

Seine Ziele will der DBSH u. a. dadurch befördern, dass er mit seinen Aktivitäten zur Klärung des beruflichen Selbstverständnisses und der Funktion *Sozialer Arbeit* gegenüber der Fachöffentlichkeit und der *Gesellschaft* beiträgt. Der DBSH hat dazu u. a. Verlautbarungen/Aktivitäten zur Professionalisierung Sozialer Arbeit entwickelt und vorgestellt: – berufsethische Prinzipien (DBSH 2014); – Qualitätskriterien Sozialer Arbeit (aktuell unter dbsh-nrw.de); – und – besonders beachtet – die Zusammenstellung von Schlüsselkompetenzen der Sozialen Arbeit (Maus u. a. 2010/*Handlungskompetenz*). Auch das bereits im Jahre 2002 eingeführte Berufsregister für Soziale Arbeit versteht der DBSH als Beitrag zur Qualitätssicherung in der Sozialen Arbeit. Die Registrierung setzt als Mindestqualifizierung ein Hochschulstudium voraus (FH/BA, Uni), das für eine Tätigkeit in den Feldern der Sozialen Arbeit befähigt. Wichtig ist dabei, dass alle in diesem Register Geführten verpflichtet sind, mindestens alle fünf Jahre Nachweise der regelmäßigen beruflichen Weiterbildung zu erbringen.

Die Fachzeitschrift des DBSH FORUMsozial ist eine der auflagenstärksten Fachzeitschriften der Sozialen Arbeit in Deutschland.

Peter Reinicke

Literatur

I. Bohrer: Die Stimme der Sozialen Arbeit. In: Sozial Aktuell 7-8/2010, 26–29 ◆ DBSH (Hrsg.): Berufsethik des DBSH. Ethik und Werte, in: FORUMsozial 4/2014 ◆ F. Maus/W. Nodes/D. Röh: Schlüsselkompetenzen der Sozialen Arbeit für die Tätigkeitsfelder der Sozialarbeit und Sozialpädagogik. Schwalbach/Ts. [4]2013 ◆ P. Reinicke: Berufsverbandsarbeit in der DDR, in: Die Berufliche Sozialarbeit 5/1990, 85–89 ◆ P. Reinicke: Die Berufsverbände der Sozialarbeit und ihre Geschichte – Von den Anfängen bis zum Ende des zweiten Weltkrieges, Frankfurt/M. [2]1990.

Link

www.dbsh.de

Betreuungsrecht

Mit der Einführung des B. zum 1. 1. 1992 wurde Abschied von dem aus dem 19. Jh. stammenden diskriminierenden (und entrechtenden) Recht der *Vormundschaft*, *Pflegschaft* und Entmündigung für erwachsene Menschen genommen. Das B. hat seither verschiedene Änderungen erfahren:

- Das 1. ÄndG v. 25.6.1998, in Kraft seit 1.1. 1999, vollzog insbes. durchgreifende Änderungen bei der Betreuervergütung.
- Das 2. ÄndG, in Kraft ab 1.7.2005, pauschalierte die Vergütung und den Auslagenersatz für Berufsbetreuer und verbesserte die Bedingungen für eine Vorsorgevollmacht und das 3. ÄndG, in Kraft ab 1.9.2009, mit der Verbesserung der Rechtsstellung von Betreuten und Betreuern sowie mit grundlegenden Verfahrensänderungen durch die Einrichtung von Betreuungsgerichten.
- Das Gesetz zur Regelung der ärztlichen Zwangsbehandlung vom 18.02.2013, in Kraft getreten am 26.02.2013, das die Behandlung eines Patienten gegen seinen Willen auch in der geschlossenen Unterbringung regelte.
- Das Gesetz zur Stärkung der Funktion der Betreuungsbehörde vom 28.08.13, in Kraft seit dem 01.07.2014, mit dem der Vorrang von Hilfen für den Betroffenen vor der Einrichtung einer Betreuung ausgebaut und dadurch ein weiteres Steigen der Betreuungszahlen verhindert werden sollte.

Regelungsbereiche

Das durch das BtG eingeführte Rechtsinstitut der Betreuung ist seinem Wesen nach Interessenwahrnehmung für einen Volljährigen, der aufgrund einer psychischen Krankheit oder einer körperlichen, geistigen oder seelischen Behinderung seine Angelegenheiten ganz oder teilweise nicht besorgen kann. Die Schwerpunkte des B. liegen materiellrechtlich im bürgerlichen Recht (§§ 1896–1908f. BGB) und verfahrensrechtlich im Familienverfahrensrecht, in dem neben dem Verfahren zur Bestellung einer Betreuung insbes. das Verfahren zur geschlossenen Unterbringung und zur medizinischen Zwangsbehandlung Betroffener rechtsstaatlich von Bedeutung sind. (§§ 271 ff. und §§ 312 ff. FamFG). Das B. lässt die herkömmliche Regelung der sog. natürlichen Geschäftsunfähigkeit des § 104 Nr. 2 BGB unberührt. Das BtG trat am 1.1.1992 in Kraft, sah aber Übergangsfristen bis zur endgültigen Umsetzung vor. Die Verwirklichung der Intentionen des B. ist im Hinblick auf die Rechtsstellung der Betroffenen und dem Erhalt ihrer Teilhabe an der Gesellschaft besonders bedeutsam. Durch die demografische Entwicklung und die damit einhergehenden Krankheitsbilder (z.B. Altersdemenz) ist mit einer ständigen Zunahme von Betreuungen zu rechnen.

Kernpunkte des B. sind: Beseitigung der früheren Entmündigung; die frühere Vormundschaft und Gebrechlichkeitspflegschaft über Volljährige wurde durch ein einheitliches Rechtsinstitut der „Betreuung“ ersetzt. Die Betreuung wird vom Erforderlichkeitsgrundsatz beherrscht. Der Eingriff in die Rechte des Betroffenen ist immer auf das notwendige zu beschränken, das gilt für die Bestellung einer Betreuung, die insbes. durch andere Hilfen und private Vollmachten vermieden werden soll, ebenso wie für die Anordnung der Aufgabenkreise des Betreuers. Durch ein rechtsstaatlich ausgeprägtes Verfahren soll der Schutz des Betroffenen vor übereilten und ungerechtfertigten Eingriffen in seine Rechte vermieden werden. Die Betreuung hat keine Auswirkungen auf die rechtliche Handlungsfähigkeit, insbes. nicht auf die Geschäftsfähigkeit des Betreuten; ein sog. Einwilligungsvorbehalt muss gerichtlich besonders angeordnet werden (§ 1903 BGB). Auch das Wahlrecht bleibt ihm erhalten, es sei denn, die Betreuung ist für alle Angelegenheiten angeordnet.

Leitbild der Betreuung ist die persönliche Betreuung. Vor allen anderen Möglichkeiten ist die Betreuung einer „natürlichen Person“ zu übertragen. Bei der Auswahl des Betreuers ist primär den Wünschen des Betreuten, hilfsweise seinen sonstigen persönlichen Bindungen Rechnung zu tragen. Vorrang hat die Betreuung durch natürliche Personen, und hier v.a. durch ehrenamtliche Betreuer. Erst wenn ein geeigneter ehrenamtlicher Betreuer nicht vorhanden ist, darf ein beruflicher Betreuer als Einzelperson bestellt werden. Trotz dieser restriktiven Regelung hat die Bestellung von Berufsbetreuern kontinuierlich zugenommen. Nur wenn die Betreuung durch eine natürliche Person nicht gewährleistet ist, darf – hilfsweise – ein anerkannter Betreuungsverein („Vereinsbetreuung“) zum Betreuer bestellt werden. Wenn auch dies nicht möglich ist, wird die zuständige Behörde, die nach dem Betreuungsbehördengesetz (BtBG) gebildete Betreuungsbehörde, zum Betreuer bestellt („Behördenbetreuung“). Der Betreuer ist verpflichtet, wichtige Angelegenheiten vor deren Erledigung i.d.R. mit dem Betreuten zu besprechen.

Das B. hat der Personensorge gegenüber der Vermögenssorge mehr Gewicht als früher eingeräumt und die materiellrechtlichen Voraussetzungen im Bereich der Personensorge besonders konkretisiert, und zwar v.a. bei Maßnahmen, die sich auf die Gesundheit des Betreuten und seine persönliche Freiheit im Zusammenhang mit einer Unterbringung und einer ärztlichen Zwangsbehandlung beziehen. Mit einbezogen sind sog. unterbringungsähnliche Maßnahmen, die dann vorliegen, wenn der Betreute zwar nicht untergebracht ist, jedoch in seine Freiheit erheblich durch mechanische Vorrichtungen, Medikamente oder auf andere Weise eingegriffen wird. Bereits bei der Bestellung eines Betreuers oder der Anordnung eines Einwilligungsvorbehaltes ist der Zeitpunkt festzulegen, zu dem das Gericht spätestens über die Aufhebung oder Verlängerung der Maßnahmen zu entscheiden hat. Die Frist darf längstens 5 Jahre betragen. Die Betreuung darf nicht länger als notwendig dauern und ist sofort aufzuheben, wenn ihre Voraussetzungen wegfallen.

Ein zentrales Anliegen des BtG ist die Schaffung verbesserter Anreize für die Gewinnung geeigneter Betreuer. Das BtG enthält deshalb Regelungen zum Aufwendungsersatz, zur Vergütung und zur Aufwandsentschädigung sowie zur Übernahme der Kosten für eine Haftpflichtversicherung. Das 2. ÄndG (ab 1.7.2005) pauschaliert Vergütung und Auslagenersatz des Berufsbetreuers durch Inklusivstundensätze, die Vergütung und Auslagen sowie Umsatzsteuer enthalten. Auch die Anzahl der zu vergütenden Stunden wird pauschaliert und hängt davon ab, ob die Betreuten zuhause oder im Heim leben.

Der zweite große Schwerpunkt des B. sind die verfahrensmäßigen Absicherungen im Rahmen eines einheitlichen Verfahrens vor dem Betreuungsgericht. Die Rechtsstellung des Betroffenen im gerichtlichen Verfahren wurde durch das B. erheblich gestärkt, z. T. wurden besondere Schutzvorkehrungen getroffen, etwa im Zusammenhang mit Eingriffen in die körperliche Integrität. Durch das B. werden weitreichende Verfahrensgarantien begründet: Anhörung des Betroffenen, Verfahrensbeistände, Anhörung weiterer Personen, rechtliches Gehör. Vor besonders eingreifenden Entscheidungen des BetrG (z.B. Genehmigung der Einwilligung des Betreuers in die Sterilisation) ist die verfahrensmäßige Absicherung des Betroffenen nochmals besonders verstärkt. Auch in Unterbringungssachen ist das BetrG, unabhängig von der jeweiligen Rechtsgrundlage der Unterbringung, einheitlich zuständig; dies gilt neben der Unterbringung Betreuter (§ 1906 BGB) auch für die Unterbringung nach den Unterbringungsgesetzen oder Psychisch-Kranken-Gesetzen (PsychKG) der Länder.

Vormundschaft/Pflegschaft über Minderjährige

Unter Vormundschaft wird nach § 1773 i. V. m. § 1793 BGB die gesetzliche Vertretung Minderjähriger in allen Angelegenheiten der Personen- und Vermögenssorge verstanden, während die Pflegschaft sich nur auf Einzelne oder einen Kreis von Angelegenheiten bezieht.

In Deutschland stehen zurzeit ca. 65 000 junge Menschen unter Vormundschaft, wobei sich die Anlässe für die Einrichtung einer Vormundschaft grundlegend geändert haben. Wurden früher im Wesentlichen Waisenkinder nach dem Tod ihrer Eltern zu Mündeln, so überwiegt heute der Fall, dass die elterlichen Sorge per Gerichtsentscheid entzogen wird. Dadurch verändert sich auch das Wesen der Aufgabenstellung des Vormunds. Während früher die Verwaltung und Sicherung des Vermögens, insbesondere der Unterhaltsansprüche des Mündels im Vordergrund standen, so ist es heute vorrangige Aufgabe des Vormunds, die Erziehung des Mündels anstelle der Eltern zu gewährleisten und seine Rechte vor Gericht zu vertreten. Da Voraussetzung der Vormundschaft in diesen Fällen die Gefährdung des Kindeswohls ist, besteht die wichtigste Aufgabe des Vormunds darin, Hilfen nach dem Kinder- und Jugendhilfegesetz für den Mündel zu beantragen, die geeignet sind, die Gefährdung abzuwenden. Darüber hinaus hat der Vormund seine Betreuungsarbeit an einer optimalen Förderung des Mündels auszurichten. Er ist verpflichtet, alle wesentlichen Fragen der Erziehung mit dem Mündel zu besprechen und Einvernehmen anzustreben. Dafür muss er die Lebenssituation der betroffenen jungen Menschen genau kennen. Er muss Bedürfnisse, Wünsche und Interessen seines Mündels wahrnehmen, sich mit diesen auseinandersetzen und sie transportieren.

Es besteht heute Einigkeit darüber, dass zur Vormundschaft im Kern die persönliche Beziehung zum Mündel gehört. Skandale wie die Führung der Vormundschaft im Fall Kevin in Bremen, bei dem der Vormund 250 Mündel zu verwalten hatte, können so weitgehend vermieden werden. Neben einer kontinuierlichen Erreichbarkeit für den Mündel sind regelmäßige Kontakte zwischen Vormund und Mündel essentielle Bedingungen für eine qualitativ gute Vormundschaft. Dadurch verschiebt sich das Anforderungsprofil der Vormünder deutlich zugunsten sozialpädagogischer Kompetenzen. Die daraus folgenden strukturellen Veränderungen werden in der Praxis der Jugendämter allerdings nur zögernd gezogen. Noch immer überwiegt der Vormund mit verwaltungsrechtlicher Ausbildung, der nur zufällig auch eine persönliche Beziehung zum Mündel herstellen kann.

Seit dem 05.07.11 ist das BGB mit dem Ziel geändert worden, den persönlichen Kontakt zwischen Vormund und Mündel zu stärken. Dies soll durch Verpflichtungen erreicht werden, die der Vormund nicht (mehr) übertragen kann. Er muss monatlichen Kontakt mit dem Mündel halten, dessen Erziehung persönlich fördern, jährlich dem Familiengericht über seine Besuchskontakte mit dem Mündel berichten. Die Aufsicht des Gerichts bezieht sich nun ausdrücklich auch auf den persönlichen Kontakt zwischen Mündel und Vormund.

Ab dem 05.07.12 wurden die Jugendämter im SGB VIII verpflichtet, die Fallzahl von Amtsvormündern auf 50 Mündel zu begrenzen.

Mit diesen Änderungen der Rechtsgrundlagen hat eine konzeptionelle und inhaltliche Diskussion über die Aufgabenstellung und organisatorische Anbindung der Vormünder eingesetzt. Es zeichnet sich ab, dass die Vormundschaft stärker als in der bisherigen Praxis ein Mittel zur persönlichen Vertretung von Kindern und Jugendlichen und zur Stärkung ihrer Rechte werden wird.

Weitere Entwicklungsnotwendigkeiten

Das Betreuungsrecht hat sich trotz bestehender Mängel in der Anwendungspraxis in seinem Kern in den mehr als 20 Jahren seines Bestehens bewährt und grundsätzlich ein geeignetes Instrument dargestellt, behinderte oder psychisch erkranke Menschen bei der Ausübung ihrer Rechte zu unterstützen und sie vor krankheitsbedingter Selbstschädigung zu schützen. Solange die rechtliche Betreuung ausschließlich an der Selbstbestimmung der Einzelnen und deren individuellen Wünschen und Interessen orientiert bleibt, steht sie auch im Einklang mit der UN-Behindertenrechtskonvention (in Deutschland in Kraft getreten am 26.03.09). Da Betreuung aber immer auch einen Eingriff in die Autonomie der Betreuten bedeutet, ist ihre Subsidiarität gegenüber anderen Formen der Unterstützung und Assistenz, wie sie im Erforderlichkeitsgrundsatz in § 1896 BGB materiellrechtlich verankert ist, strikt zu beachten. Obwohl der Erforderlichkeitsgrundsatz und die Subsidiarität der rechtlichen Betreuung zentrale Strukturprinzipien des Betreuungsrechtes sind, wird in der gerichtlichen Praxis die Prüfung der Erforderlichkeit zu häufig vernachlässigt. Daher war es eine sinnvolle Maßnahme, die Prüfung dieser Voraussetzung im Verfahrensrecht zu stärken. Daneben ist die Eignung der Betreuer ein wesentliches, in der Zukunft zu regelndes Problem. Nur geeignete Betreuer, die besonderen Qualifizierungsanforderungen unterliegen, garantieren, dass die schwierige Lebenssituation der Betroffenen durch die Bestellung einer Betreuung verbessert werden kann.

Zentrales Forum für die Arbeit im Betreuungswesen ist der durch die Reform mit initiierte Betreuungsgerichtstag; i. V. m. ihm wird als zentrales Publikationsorgan die Zeitschrift „Betreuungsrechtliche Praxis" herausgegeben.

Seit Inkrafttreten des B. ist die Zahl der Betreuungsverfahren leicht gesunken. Ende 2013 gab es fast 1,3 Mio. Betreuungsverfahren, (nach einer älteren Studie des BMFSFJ) waren dies überwiegend Frauen (70 %), älter als 75 Jahre und zu mehr als der Hälfte stationär untergebracht. Betreuungen wurden zu 57 % von ehrenamtlichen und zu 43 % von beruflichen Betreuern geleistet. Angesichts immer schwierigerer Betreuungsverhältnisse, einer zunehmend komplizierter werdenden Rechtsmaterie, umfangreichen Verpflichtungen der Betreuer und bei einer Aufwandspauschale von 399 € im Jahr für ehrenamtliche Betreuungen, ist fraglich, ob sich das (bislang noch) starke ehrenamtliche Engagement fortsetzen wird.

Hans-Jürgen Schimke
(bis zur 7. Auflage Manfred Wienand)

Literatur

H. Böhm u. a.: Betreuungsrecht, Betreuungspraxis, Ausgabe 2015, Regensburg 2015 ♦ A. Jurgeleit (Hrsg.): Betreuungsrecht. Handkommentar, Baden-Baden [3]2013 ♦ S. M. Meier/H. Deinert: Handbuch Betreuungsrecht, Heidelberg [2]2016 ♦ W. Raack/J. Thar: Leitfaden Betreuungsrecht, Köln, [6]2014 ♦ H.-J. Schimke, Vormundschaft, Pflegschaft, Beistandschaft, in: Jordan, E./Maykus, St./Stuckstätte, E., Kinder- und Jugendhilfe, Weinheim/München. [4]2015, S. 358 ff.

Links

www.bmj.de
www.bgt-ev.de

Betriebliche Sozialarbeit

Definition und Inhalte

Während in der sozialarbeiterischen Ausbildung immer noch von „Betriebssozialarbeit" gesprochen wird, hat sich in der Praxis der Terminus „Betriebliche Sozialberatung" durchgesetzt.

Betriebliche Sozialarbeit (BSA) ist SozArb in

(i. d. R. Groß-)Unternehmen, Behörden/Verwaltungen und vergleichbar strukturierten Organisationen. Ihr umfangreicher Katalog von Aufgaben und Maßnahmen wird den Beschäftigten als freiwillige, betriebsinterne oder extern eingekaufte Sozialleistung angeboten.

Zu den Kerngeschäften von BSA zählen: a) Beratung von Einzelpersonen z. B. bei kommunikativen, zwischenmenschlichen Konflikten am Arbeitsplatz, bei persönlichen, familiären, sozialen und psychischen Problemen, bei Suchtverhalten, bei der Erschließung inner- wie außerbetrieblicher Hilfen (Netzwerkarbeit, Case-Management/ *Einzelfallhilfe*), bei Wiedereingliederung nach Rehabilitationen, bei Überschuldung, bei der Vorbereitung auf den Ruhestand, der Integration von Migranten und bei Führungsfragen (Coaching); b) Maßnahmen der Personalentwicklung, z. B. Information, Aufklärung und Schulung, u. a. im Rahmen der Suchtprävention, des Führungskräftetrainings u. Ä.; c) organisationsbezogene Maßnahmen, z. B. Begleitung von Team-, Organisationsentwicklungs- und Qualitätsmanagementprozessen, inner- und überbetriebliche Gremienarbeit. In jüngster Zeit und in zunehmendem Maße wirkt BSA auch bei Projekten zur Gesundheitsförderung (z. B. Stressbewältigungsprogramme, Suchtprävention, Fehlzeitenreduzierung o. a.) mit und wird bei der *Mobbing*- und Konfliktberatung hinzugezogen.

Das Setting erstreckt sich von Sprechstunden im Unternehmen über Besuche am Arbeitsplatz, Durchführung von in- und externen Fortbildungen und Vorträgen bis zu Haus- und Krankenbesuchen.

Funktionsbestimmung

Der interdependente Prozess, in dem Leistungsbereitschaft und Arbeitsbedingungen stehen, wird maßgeblich von körperlichen, psychischen und sozialen Befindlichkeiten determiniert. Aufgabe der BSA ist es, mittels geeigneter Maßnahmen die durch persönliche Belastung gebundenen, den Unternehmensprozess und das Betriebsergebnis beeinträchtigenden Mitarbeiterpotenziale wieder verfügbar zu machen bzw. zu verbessern. Folgerichtig überwiegen lösungsorientierte Handlungsansätze gegenüber analytischen.

Qualifikation

Die Regel ist ein abgeschlossenes Hochschulstudium der SozArb/SozPäd, in besonderen Fällen auch das einer vergleichbaren Fachrichtung.

Darüber hinaus sind persönliche Belastbarkeit und psychische Stabilität essenzielle Standards. Erforderlich ist u. a. auch die Fähigkeit zu konzeptionellem und vernetztem Denken, zu Abstraktions- und Integrationsvermögen sowie die Bereitschaft zu eigenen qualitätssichernden Maßnahmen (*Evaluation, Supervision,* Fortbildung/ *Weiterbildung* u. a.).

Rahmenbedingungen

Die seit Mitte der 1980er Jahre zunehmende Rationalisierung und Technisierung, wirtschaftliche Rezession, internationale Kapitalverflechtung, der Abbau von Arbeitsplätzen und neue Organisations- und Managementphilosophien (KPV/Kontinuierlicher Verbesserungsprozess, Lean Management etc.) stecken makrostrukturell den unternehmenspolitischen Rahmen für BSA ab. Durch den damit einhergehenden Legitimationsdruck haben Qualitätsmanagementstrategien, monetäre Kosten-Nutzen-Analysen und ein offensiv betriebenes Selbstmarketing in der BSA an Bedeutung gewonnen.

Das wesentliche mikrostrukturelle Merkmal wird durch das Spannungsfeld gekennzeichnet, in dem einerseits Unternehmensziele verfolgt und daraus abzuleitende Aufgaben erledigt und andererseits persönliche Belange, Bedürfnisse und Befindlichkeiten von Beschäftigten eingebracht werden. BSA als harmonisierende und koordinierende Instanz steht deshalb oft im Brenn- und Schnittpunkt sowohl divergierender Interessenlagen als auch konträrer Erwartungshaltungen von z. B. Unternehmensleitung, Betriebs-/Personalrat, ggf. weiterer am Prozess beteiligter Gremien, öffentlicher Sozialgesetzgebung und Beschäftigten. Um Reibungspunkte im Vorfeld zu vermeiden, ist die konzeptionelle Berücksichtigung dieser Determinanten unverzichtbar.

In Deutschland sind BetriebssozialarbeiterInnen nahezu ausschließlich unternehmensintern beschäftigt. Insofern entspricht ihr Status einer strukturellen Paradoxie: Sie beraten abhängig Beschäftigte des Unternehmens, innerhalb dessen sie selbst abhängig beschäftigt sind. Um hier evtl. Loyalitätskonflikten vorzubeugen und die für die Arbeit notwendige Vertrauensbasis herzustellen, werden Status, Kompetenzen und Aufgaben in präzisen Stellenbeschreibungen festgelegt.

Innerhalb der Unternehmenshierarchie sind BetriebssozialarbeiterInnen üblicherweise einer Stabsstelle im Personal-/Sozial- bzw. Gesundheitswesen zugeordnet. Die Einhaltung der Datenschutzverordnung und das Recht auf Verschwiegenheit sind Standards *(Sozialdatenschutz, Schweigepflicht, Zeugnisverweigerungsrecht).*

Freiberuflich bzw. überbetrieblich umgesetzte

Konzepte analog EAP-Programmen in den USA finden sich hier zu Lande nur in seltenen Fällen.

B

Geschichte

Die erste Fabrikpflegerin wurde um 1900 von Pastor Friedrich Zimmer in einer Textilfabrik in Gummersbach angestellt. Die Entwicklung während bzw. zwischen den beiden Weltkriegen vollzog sich schleppend; die Bezeichnungen wechselten des Öfteren (Fabrik- bzw. Wohlfahrtspflege, Werksfürsorge, Volkspflege). Nach 1948, nicht zuletzt auch unter dem Einfluss aus der Emigration zurückkehrender lehrender SozArb expandierte und etablierte sich das Berufsfeld zunehmend. Nachdem der methodische Schwerpunkt zunächst auf reagierender Einzelfallarbeit lag, akzentuierten sich seit den 1980er Jahren auf der Grundlage systemtheoretischer Konzepte auch offensive Bildungsmodelle (Gruppenarbeit/Gesundheitsprävention/Verbesserung sozialer Kompetenzen/Motivations- und Qualitätssicherungsarbeit).

Innerhalb Deutschlands sind die in der BSA Beschäftigten seit 1994 im Bundesfachverband Betriebliche Sozialarbeit e. V. (bbs) organisiert. Auf europäischer Ebene bestehen über das European Network of Occupational Social Work (ENOS) informelle Kontakte.

Hans-Jürgen Appelt

Literatur

AK Stalking Hamburg (Bearbeiter: Krebs-Dobberstein/Lühr/Tietze): Stalking am Arbeitsplatz. Ein Leitfaden für den betrieblichen Kontext, Hamburg ²2015 ◆ H.-J. Appelt: EAP's in Germany, in: International Employee Assistance Anthology, Washington ²2000 ◆ E. Baumgartner/P. Sommerfeld: Betriebliche Soziale Arbeit: Empirische Analyse und theoretische Verortung, Wiesbaden 2016 ◆ M. Cordemann: Werksfürsorge, Berlin 1955 ◆ Ch. von Caemmerer: Die Fabrikpflegerin, in: Archiv für Sozialwissenschaft und Sozialpolitik, 1/1919, 214–224 ◆ S. Klein/H.-J. Appelt (Hrsg.): Praxishandbuch betriebliche Sozialarbeit. Kröning ⁵2016 ◆ B. Stoll: Betriebliche Sozialarbeit: Aufgaben und Bedeutung ◆ Praktische Umsetzung, Regensburg ²2012.

Link

www.bbs-ev.de (Bundesverband Betriebliche Sozialarbeit)

Betriebserlaubnis

Entwicklung und Gegenstand

Die institutionelle Heimaufsicht wurde durch die §§ 45–49 SGB VIII 1990/1991 neu geregelt, § 45 dann 2012 durch das BKiSchG neu gefasst. Anstoß für diese letzte Neufassung waren letztlich die Empfehlungen des Runden Tisches ‚Heimerziehung in den 50er und 60er Jahren'. Erstmalig wurde explizit gesetzlich herausgestellt, dass Einrichtungskonzeptionen zu entwickeln und zu implementieren sind, die zur Sicherung der Rechte von Kindern und Jugendlichen in der Einrichtung geeignete Verfahren der Beteiligung sowie die Möglichkeit der Beschwerde in persönlichen Angelegenheiten vorsehen. Diese Anforderungen werden als Voraussetzung für die Erlaubnis aufgestellt (§ 45 Abs. 2 S. 2 Nr. 3 und bei Münder u. a. 2013 Rz 6f) (zum Beschwerdeverfahren Urban-Stahl 2012 und Urban-Stahl/Jann 2014; umfassend zur Kinderinteressenvertretung Liebel/Masing 2013).

Die Betriebserlaubnis ist einrichtungs- und nicht personenbezogen (Münder u. a. § 45 Rz 1). Bestimmend ist nicht primär der Aufsichts- und Kontrollgedanke. Der Schutz der Minderjährigen in Einrichtungen wird vielmehr durch einen im Wesentlichen präventiv ausgerichteten Erlaubnisvorbehalt für die Betriebsaufnahme einer Einrichtung sichergestellt. Möglichen Gefahren für das Wohl der Minderjährigen sollen möglichst im Vorfeld, im Rahmen des Erlaubniserteilungsverfahrens, im Übrigen durch die Überprüfung der Einrichtung begegnet werden. Die Schließung von Einrichtungen und der damit notwendige Wechsel der Umgebung und der sozialen Beziehungen der Minderjährigen soll damit möglichst vermieden werden.

Erlaubnisvorbehalt: Ausgangspunkt und zentrales Instrumentarium, mit dem der Schutz von Minderjährigen in Einrichtungen primär gesichert werden soll, ist die B. in der Form eines „Verbotes mit Erlaubnisvorbehalt". Der Träger einer Einrichtung, in der Kinder oder Jugendliche ganztägig oder für einen Teil des Tages betreut werden oder Unterkunft erhalten, bedarf für den Betrieb der Einrichtung grundsätzlich der (vorherigen) Erlaubnis, § 45 Abs. 1 Satz 1 SGB VIII. Dabei ist der Begriff der Einrichtung im Interesse des Wohls der Minderjährigen möglichst weit auszulegen, es genügt jede irgendwie geartete Betreuung oder auch die bloße Unterkunftsgewährung. Auf die Dauer der Betreuung oder Unterkunftsgewährung kommt es nicht an. Unter den Begriff der Einrichtung fallen daher nicht nur Heime *(Heimerziehung)*, sondern z. B. auch *Kinderkrippen*, -gärten, -tagesstätten, Horte *(Tageseinrichtungen für Kinder)*. Erfasst werden auch sonstige betreute Wohnformen (§ 48a SGB VIII), z. B. Jugendwohngemeinschaften. Eltern-Kinder-Gruppen *(Familienselbsthilfe)*, die überwiegend in der Verantwortung der Eltern geführt werden, fallen allerdings nicht unter den Erlaubnisvorbehalt. Weitere Ausnahmen vom Erlaubnisvorbehalt (z. B. für Jugendherbergen, Schullandheime) sind in § 45 Abs. 1 Nrn. 1–3 SGB VIII ausdrücklich geregelt. Die Erlaubnis ist zurückzunehmen oder zu widerrufen, wenn das Wohl des Kindes oder der Jugendlichen in der Einrichtung gefährdet und der Träger der Einrichtung nicht bereit oder nicht in der Lage ist, die Gefährdung abzuwenden, § 45 Abs. 7 Satz 1 SGB VIII. Die Voraussetzungen für die Erlaubniserteilung wurden erheblich verändert. Der Erlaubnistatbestand wird in Abs. 2 Satz 1 positiv formuliert. „Die Erlaubnis ist zu erteilen, wenn das Wohl der Kinder und Jugendlichen in der Einrichtung gewährleistet ist." Dies ist i. d. R. anzunehmen, wenn die räumlichen, fachlichen, wirtschaftlichen und personellen Voraussetzungen für den Betrieb erfüllt sind, die gesellschaftliche und sprachliche Integration unterstützt sowie die gesundheitliche Vorsorge und die medizinische Betreuung nicht erschwert werden (Abs. 2 Satz 2 Nr. 1, 2 SGB VIII. Weiter wird in Abs. 2 Satz 2 Nr. 3 SGB VIII erstmals der Aspekt der Sicherung der Kinderrechte und der *Partizipation* eingeführt (Urban-Stahl 2012).

Diese Regelung wird vom Gesetzgeber auch als Beitrag zur Umsetzung des Rechts auf Berücksichtigung des Kindeswillens nach Art. 12 Kinderrechtskonvention und der Empfehlungen des UN-Ausschusses für die Rechte des Kindes zu verstanden.

Mit dem neuen Absatz 3 wird die Erlaubniserteilung von der Anwendung von Instrumenten zur Qualitätsentwicklung und -sicherung abhängig gemacht (Nr. 1). Dazu zählen auch Instrumente zur Sicherung der Rechte von Kindern und Jugendlichen in Einrichtungen und ihren Schutz vor Gewalt, vor allem vor Machtmissbrauch, z. B. die Vorlage aufgabenspezifischer Ausbildungsnachweise sowie erweiterter Führungszeugnisse (Nr. 2). Damit wird auch eine Forderung des Abschlussberichtes „Heimerziehung in den 50er und 60er Jahren" umgesetzt nach einer bundeseinheitlichen Handhabung der Prüfung des Personals zu seiner fachlichen und persönlichen Eignung.

Standardsicherung: Zwar handelt es sich bei den Regelungen zur B. um eine „andere Aufgabe" der *Kinder- und Jugendhilfe* (§ 2 Abs. 3 Nr. 4 SGB VIII) und damit um eine ordnungsrechtliche Tätigkeit, doch die B. hat wesentlich auch eine sozialpädagogische Funktion: nämlich dafür zu sorgen, dass qualifizierte, den pädagogischen Standards von Kinder- und Jugendhilfe entsprechende Leistungen erbracht und das Wohl und die Rechte der Minderjährigen in den Einrichtungen gesichert werden (§ 45 Abs. 2, 3; 72, 72a SGB VIII). Dabei ist nach der Art der Einrichtung und der konkret auszuübenden Tätigkeit („Zweck und Konzeption") zu differenzieren.

Neben der sozialpädagogischen Funktion der Erlaubniserteilung darf nicht übersehen werden, dass die öffentlichen Träger der Kinder- und Jugendhilfe als Träger der Letztverantwortung (§ 79 SGB VIII) ein legitimes Informationsrecht gegenüber den Einrichtungsträgern haben. Der öffentliche Träger kann seine Aufgabe, die Rechte der Minderjährigen zu schützen und zu sichern, nur erfüllen, wenn er die Möglichkeit gegenüber den Trägern von Jugendhilfeeinrichtungen hat, bei eventuellen Fehlentwicklungen korrigierend einzugreifen. Eine Bedarfssteuerung über Erlaubniserteilung ist allerdings unzulässig. Der Rechtsanspruch der Träger auf die Erteilung einer B. hängt von den im Gesetz geregelten Voraussetzungen ab, nicht davon, ob tatsächlich oder vermeintlich ein Bedarf besteht. Auch wenn im Rahmen der *Jugendhilfeplanung* ein bestimmter Bedarf festgestellt oder nicht festgestellt wird, hat dies keine Bedeutung für die Frage der Erlaubniserteilung.

Meldepflichten: Der Erlaubnisvorbehalt wird ergänzt durch die §§ 46, 47 und 48 SGB VIII. Nach § 47 SGB VIII haben die Träger einer erlaubnispflichtigen Einrichtung bestimmte unverzügliche Anzeigepflichten. Gemäß § 46 SGB VIII soll die zuständige Behörde nach den Erfordernissen des Einzelfalls an Ort und Stelle überprüfen, ob die Voraussetzungen für die Erteilung der Erlaubnis weiterbestehen. Eine regelmäßige, routinemäßige Überprüfung wird damit nicht verlangt und ist auch nicht zulässig. Überhaupt sollte die Überprüfung, so sie denn im Einzelfall notwendig ist, weniger als eine eingreifende Maßnahme verstanden werden. Vielmehr hat sie eher den Charakter von fachlicher Beratung und Unterstützung. Werden bei der Überprüfung Mängel festgestellt, die das Wohl der Minderjährigen tangieren, so richten sich die Folgen nach Art und Umfang der Mängel.

Neben Beratungs- und Unterstützungsmaßnahmen kommen in Betracht: Tätigkeitsuntersagung in Bezug auf einzelne Beschäftigte (§ 48 SGB VIII), … nachträgliche Auflagen zur B. (§ 45 Abs. 2, Abs. 4 Satz 2 SGB VIII), Rücknahme der B. (§ 45 Abs. 7 Satz 1 SGB VIII).

Zuständigkeit: Gemäß § 49 SGB VIII können die näheren Einzelheiten durch das Landesrecht geregelt werden. Zuständig für die Erteilung der B. und die weiteren Aufgaben ist i. d. R. das LJA (zu den Einzelheiten § 85 i. V. m. § 69 Abs. 3 SGB VIII). Auch die Beratung der Träger von Einrichtungen während der Planung und der Betriebsführung gehört zum Aufgabenbereich (§ 85 Abs. 2 Nr. 7 SGB VIII). Die Zuständigkeit der überörtlichen Träger findet ihre Rechtfertigung darin, dass nicht selten kommunale Gebietskörperschaften selbst Träger von Einrichtungen sind oder die Inanspruchnahme solcher Einrichtungen finanzieren und deshalb eine neutrale Kontrollinstanz notwendig ist. Eine Verlagerung auf die örtliche Ebene, wie sie insbesondere von kommunalen Spitzenverbänden gefordert wird, ist deshalb nicht sinnvoll.

Thomas Lakies

Literatur

DV: Empfehlungen des DV zur Sicherung der Rechte von Kindern und Jugendlichen in Einrichtungen, in: NDV 7/2012, 315–321 ♦ T. Lakies: Zum Schutz von Minderjährigen in Einrichtungen, in: NDV 1991, 226 ff. ♦ T. Lakies: Zu Funktion und Inhalt der Pflege- und Betriebserlaubnis, in: ZfJ 1995, 9 ff. ♦ M. Liebel/V. Masing: Kinderinteressenvertretung in Deutschland, in: np 6/2013, 497–519 ♦ Münder/T. Meysen/T. Trenczek (Hrsg.).: Frankfurter Lehr- und Praxiskommentar zum SGB VIII, Baden-Baden [7]2013 ♦ U. Urban-Stahl: Beschwerde- und Ombudsstellen in der Kinder- und Jugendhilfe, in: FORUM Jugendhilfe 1/2012, 5–11 ♦ U. Urban-Stahl/N. Jann: Beschwerdeverfahren in Einrichtungen der Kinder- und Jugendhilfe, München/Basel 2014 ♦ R. Wiesner u. a.: SGB VIII. Kommentar, München [5]2015.

Betriebsverfassungsgesetz

Begriffliches

Die betriebliche Interessenvertretung in privaten Betrieben nennt man Betriebsrat – BR – (in Kleinstbetrieben: Betriebsobmann/-frau), in öffentlichen Dienststellen Personalrat (PR) *(Personalvertretungsgesetz)*. Wie sie gebildet wird und sich zusammensetzt, wie und in welchen Angelegenheiten sie auf betriebliche Entscheidungen Einfluss nehmen, im Konfliktfall Interessen und Rechte durchsetzen kann, wird im B. von 1972 geregelt.

Das Sozialmodell der deutschen Betriebsverfassung

Das „Sozialmodell" dieses Gesetz ist dreifach charakterisiert:

- Betriebliche Konflikte sind partnerschaftlich auszutragen. Ein reiner „Herr-im-Hause"-Standpunkt des Unternehmers wird abgelehnt. Der Unternehmer ist in wichtigen Fragen auf Kooperation und Beteiligung verpflichtet. Aber auch die Beschäftigten und ihre Vertretung sind auf Partnerschaftlichkeit verpflichtet. Sie sollen vertrauensvoll zusammenarbeiten, den Betriebskonflikt nicht mit Arbeitskämpfen austragen, sie sollen in vertraulichen Angelegenheiten Stillschweigen bewahren.
- Das Gegenüber der Betriebsleitung ist die gewählte Vertretung aller Beschäftigten des Betriebes (der BR), nicht der Zusammenschluss der Arbeitnehmer (die Gewerkschaft). Der dadurch begründete „Dualismus" von BR und Gewerkschaft, prägendes Merkmal der Sozialordnung der BRD, ist der Grund zahlreicher rechtlicher Streitpunkte, in welchen Fällen und in welchem Umfang die Gewerkschaft im Betrieb handeln kann.
- Betriebliche Mitbestimmung soll die Rahmenbedingungen der unternehmerischen Gewerbefreiheit beeinflussen, nicht an deren Stelle treten. Deshalb fällt die BR-Beteiligung schwächer aus, wenn wirtschaftliche Grundentscheidungen – etwa Standortentscheidungen, Investitionen, Produktpalette – im Spiel sind.

Das Sozialmodell der deutschen Betriebsverfassung (zum internationalen Vergleich Mückenberger 2009) verbleibt somit in einer ungelösten Spannungslage zwischen „wirklicher" Gleichberechtigung der Beschäftigtenvertretung und Vorrang der Unternehmensautonomie – einer Spannungslage, die sich in zahllosen juristischen Einzelkonflikten niederschlägt. Sie dürfte der Grund dafür sein, dass der BR von den Beschäftigten oft als „Vermittler" zur Geschäftsleitung, als Organ der „Abfederung" wirtschaftlich notwendiger Unternehmensmaßnahmen wahrgenommen wird. Bedeutsam für die Realität der deutschen Betriebsverfassung erscheinen zwei statistische Tatsachen:

- Rd. 80 % aller Betriebsratsmitglieder – sogar rd. 95 % der Betriebsratsvorsitzenden – gehören den DGB-*Gewerkschaften* an. So bleibt das Modell des BetrVG zwar für die Handlungsspielräume des BR bestimmend, entkräftet wird aber faktisch der Dualismus von BR und Gewerkschaft.

- Von allen Betrieben mit mindestens 5 Beschäftigten (die nach § 1 BetrVG einen BR errichten müssen) haben weniger als 20 % tatsächlich einen BR. Legt man Beschäftigtenzahlen zugrunde, so stellt man fest, dass ca. ⅔ aller Beschäftigten, die in einem Betrieb mit 5 und mehr Beschäftigten arbeiten, durch einen BR vertreten werden. Insgesamt arbeitet wohl etwa die Hälfte aller Beschäftigten in einem Betrieb mit BR. Beide Zahlen machen in der Gesamtsicht deutlich, dass mit wachsender Betriebsgröße die Aussicht auf die (gesetzlich gebotene) betriebliche Interessenvertretung steigt. Wo kein BR existiert, sind die Beteiligungsrechte des BetrVG bedeutungslos – allenfalls bestehen gewisse „Ausstrahlungswirkungen". Demnach hat in zahllosen kleineren und mittleren Betrieben der BRD das Modell der Betriebsverfassung keine reale Geltung: Dort ist klar, wer Herr im Haus ist. Insofern ist zu begrüßen, dass die BetrVG-Reform von 2001 ein vereinfachtes Wahlverfahren für BR in Kleinbetrieben eingeführt hat (§§ 14a, 17a BetrVG).

Bei der Bildung eines BR sind zwei Gesichtspunkte zu berücksichtigen, die sich manchmal schwer miteinander vereinbaren lassen. Einmal müssen im BR die vielfältigen in einer Belegschaft vorhandenen Interessen repräsentiert sein, um überhaupt vertreten werden zu können. Zum anderen müssen sich diese Interessen bündeln, um sich im Konfliktfall behaupten zu können. Über beide Gesichtspunkte – Vielfalt und Einheit – wird praktisch bereits bei der Betriebsratswahl entschieden. Besondere Interessenvertretungen sind für Jugendliche und Auszubildende (§§ 60 ff. BetrVG) wie für Schwerbehinderte (§§ 21 ff. SchwbG) vorgesehen.

Dass der BR repräsentativ zusammengesetzt ist, wird vom BetrVG nicht sehr konsequent geregelt. Früher verlangte das Gesetz strikt, dass Arbeiter und Angestellte entspr. ihrem zahlenmäßigen Verhältnis im BR vertreten sein müssen. Diese Vorschrift ist 2001 zu Recht beseitigt, jedoch zugleich durch eine schwammige Vorschrift (§ 15 Abs. 1) ersetzt worden, die die Repräsentanz der vielfältigen Belegschaftsinteressen im BR zum unverbindlichen Ziel erhebt. Für die gleichmäßige Vertretung der Geschlechter galt bis dahin nur eine Sollvorschrift. Als gesichert kann unter diesen Bedingungen – auch nach der Reform von 2001 – die Präsenz von VertreterInnen der Betriebsteile und Beschäftigungsarten nicht gelten. Für Ausländer gibt es nicht einmal eine solche Sollvorschrift. Ob eine betriebliche Interessenvertretung wirklich der Vielfalt der zu vertretenden Interessen entspricht, also repräsentativ ist, wird somit vom Recht nicht garantiert. Es hängt vielmehr von der politischen Willensbildung im Betrieb ab.

Auch hinsichtlich der Einheitlichkeit der Interessenvertretung gegenüber Geschäfts- oder Dienststellenleitung weist das geltende Recht Lücken auf. Auf den „Dualismus" zwischen BR und Gewerkschaft wurde schon hingewiesen. Das Sprecherausschussgesetz von 1988 hat die Gruppe der leitenden Angestellten ausgedehnt und von der einheitlichen betrieblichen Interessenvertretung abgespalten.

Mitwirkung und Mitbestimmung des BR

Die Rechte des BR sind Beschränkungen der einseitigen Weisungsmacht des Arbeitgebers im Betrieb – so weit sie reichen, darf der Arbeitgeber keine einseitigen Entscheidungen treffen. Man unterscheidet zwischen Mitbestimmungs- und sonstigen Mitwirkungsrechten des BR. Im Falle wirklicher Mitbestimmungsrechte (vgl. § 87 Abs. 1 und 2 BetrVG) steht der BR dem Arbeitgeber i. A. rechtlich gleich stark gegenüber: Er darf die Initiative ergreifen, um mit dem Arbeitgeber eine Betriebsvereinbarung abzuschließen – etwa um ein neues Entlohnungssystem einzuführen –; er kann verhindern – z. B. durch eine Verfügung des Arbeitsgerichts –, dass der Arbeitgeber ohne Verhandlungen einseitig entscheidet; er kann die Entscheidung eines paritätisch mit neutralem Vorsitzenden besetzten nichtstaatlichen Spruchkörpers – der sog. „Einigungsstelle" (§ 76 BetrVG) – herbeiführen, die innerhalb ihrer Kompetenz abschließend entscheidet. Von Mitwirkungsrechten wird gesprochen, wenn der BR nur ein Informationsrecht (z. B. das allgemeine Unterrichtungsrecht § 80 Abs. 2 BetrVG), ein Anhörungs- oder Konsultationsrecht (z. B. vor Kündigungen § 102 BetrVG, vor sog. „Betriebsänderungen" § 111 BetrVG) oder ein Widerspruchsrecht hat, das sich auf im Gesetz aufgezählte Gründe beschränkt (z. B. bei Versetzungen § 99 Abs. 2 oder Kündigungen § 102 Abs. 3 BetrVG). In diesen Fällen kann der Arbeitgeber, wenn er den Mitwirkungsbefugnissen entsprochen hat und Widerspruchsgründe nicht vorlagen, einseitig entscheiden.

Praktisch wichtig ist daher zu wissen, wo das Gesetz dem BR Mitbestimmungs- und wo es nur Mitwirkungsrechte einräumt. Das Zentrum der Mitbestimmung sind die sog. sozialen Angelegenheiten (vgl. § 87 BetrVG). Sie umfassen die wichtigsten kollektiv regelungsbedürftigen Fragen während laufender Arbeitsbeziehungen: Lohn-, Arbeitszeit-, Urlaubsgestaltung, Betriebsbußen, Werkswohnungen, betriebliches Vorschlagswesen, Berufsbildung, neuerlich auch Gruppenarbeit u. v. m. Stark ist auch der Gesundheitsschutz am Arbeitsplatz abgesichert. Wo der Fortbestand der Arbeitsverhältnisse auf dem Spiel steht, bestehen demgegenüber nur Widerspruchsrechte, die praktisch voraussetzen, dass der BR nachweist, dass eine personelle Maßnahme personalwirtschaftlich sinnlos oder sozialwidrig ist. Bei wirtschaftlichen Angelegenheiten, Investitionen, Betriebsänderungen u. Ä. ist das Einzige, was der BR mittels der Einigungsstelle erzwingen kann, der „Sozialplan", eine Einigung über Ausgleich oder Milderung der wirtschaftlichen Nachteile einer Betriebsänderung für Arbeitnehmer (s. § 112 Abs. 1 und 4 BetrVG). So wichtig Sozialpläne für die Betroffenen sind – die Betriebsänderung selbst bleibt, vor wie nach der BetrVG-Reform 2001, mitbestimmungsfrei.

Diese Gewichtung des Gesetzes wird bei sog. Tendenzbetrieben verstärkt. Das sind Betriebe mit z. B. (meist nichtkommerziellen) politischen, konfessionellen, karitativen, erzieherischen Zielen oder Betriebe der Medien (§ 118 Abs. 1 BetrVG). Karitative und erzieherische Einrichtungen der Religionsgemeinschaften sind wie diese selbst vom BetrVG ausgenommen (§ 118 Abs. 2 BetrVG: *Kirchen und Religionsgemeinschaften, Träger der Sozialen Arbeit, Wohlfahrtsverbände*). In Tendenzbetrieben gilt soziale Mitbestimmung meist fort, die personelle Mitwirkung besonders im Falle sog. Tendenzträger ist ausgedünnt, zahlreiche wirtschaftliche Informationsrechte bestehen nicht (vgl. § 118 Abs. 1 BetrVG). Von der Sozialplanpflicht bei Betriebsänderungen sind aber auch Tendenzbetriebe nicht befreit (Einzelheiten und Streitfragen bei Däubler u. a. sowie Fitting u. a.).

Das BetrVG beschränkt die Beteiligung der Beschäftigten auf die gewählte betriebliche Interessenvertretung. Die Praxis zeigt, dass partizipative Politik betrieblicher Repräsentanten sich im Laufe der Jahre verstärkt hat; war sie Ende der 1970er Jahre eher die Ausnahme, so hat sie danach deutlich zugenommen; siehe den Vergleich von Kotthoff 1981 und Kotthoff 1994. Direkte Beteiligung der Beschäftigten ist im Vorfeld der BetrVG-Reform gefordert (Matthies u. a. 1994), aber von ihr nicht verwirklicht worden. Tarifvertraglich können Arbeitnehmervertretungen unterhalb der BR-Ebene installiert werden (§ 1 Abs. 1 Ziff. 5 BetrVG) – aber das setzt den nicht allzu wahrscheinlichen Willen der Tarif- oder Betriebsparteien zur Machtdelegation voraus. Direkte Beschäftigtenbeteiligung besteht also weiterhin nur ganz individualisiert (vgl. §§ 82, 83, 84–86 BetrVG). Betriebs-, Abteilungs- und Teilversammlungen (§ 42 Abs. 1 und 2 BetrVG) – besonders in der Form der Teilversammlungen – bieten den Beschäftigten die Chance einer arbeitsplatznahen Kommunikation: sowohl untereinander als auch im Verhältnis zu den gewählten Vertretern. Auch für diese Versammlungen gilt allerdings, dass sie dem BR nur Anträge unterbreiten und zu seinen Beschlüssen Stellung nehmen können (§ 45 S. 2 BetrVG). Eine wirkliche Beteiligung der Beschäftigten selbst bleibt eine Forderung nach „citizenship at work" (Bürgerstellung am Arbeitspaltz) (Mückenberger 2015/16).

Hinsichtlich der Arbeitsorganisation besteht nur ein abgeschwächtes Partizipationsrecht des BR: Es besteht aus Informations- und Anhörungsrechten (§ 80 BetrVG) sowie aus einer eng umgrenzten Partizipation in Fragen der Ergonomie (§§ 90 und 91 BetrVG). Große praktische Wirkung hat diese *Partizipation* nicht erzielen können. Das betriebliche Vorschlagswesen (gemäß § 87 Abs. 1 Ziff. 12 BetrVG) enthält ein kollektives Beteiligungsrecht bei betrieblichen Verbesserungsvorschlägen der Beschäftigten. Von dem Mittel des betrieblichen Vorschlagswesens wird sehr viel Gebrauch gemacht. Hinzugetreten ist 2001 das Mitbestimmungsrecht bei Grundsätzen über die Durchführung von Gruppenarbeit (§ 87 Abs. 1 Ziff. 13 BetrVG).

Krise oder Erneuerung der Repräsentation?

Der technisch-organisatorische Wandel stellt das überkommene Repräsentationsprinzip in Frage. Formen von Beschäftigungspartizipation dringen vor, die informell, oft stark individualisiert und an den institutionalisierten Formen der Interessenvertretung vorbei verläuft. Neue Produktionskonzepte (Kern/Schumann 1984), Konzepte der „Flexiblen Spezialisierung" (Piore/Sabel 1989), erst recht die Produktions- und Dienstleistungsorganisation der „Netzwerk-Ökonomie" mit ihren informationstechnologischen Umwälzungen (Castells, 2001–2003) verlagern Verantwortungs- und Entscheidungsprozesse „nach unten" und bilden dadurch oft eine informelle neben einer formellen betrieblichen Partizipation *(Arbeit)*.

Auf die Ebene der Regulierung der betrieblichen Sozialbeziehungen transformiert, bedeutet das, dass die hierarchische, in Befehls- und

Gehorsamsketten bestehende betriebliche Sozialbeziehung (die sog. „fordistische" Organisation) durch kooperative Netzwerke und Diskursbeziehungen zu ersetzen wäre (s. o. citizenship at work). Insoweit müsste das Direktionsrecht des Arbeitgebers zugunsten eines Kommunikationszwanges eingeschränkt werden (s. Matthies u. a. 1994). Notwendig würden ferner partizipative Netzwerke, die sozusagen „auf der Mitte" zwischen individualisierter und kollektiv-mediatisierter Teilhabe anzusiedeln wären. Die Vorstellung der „Arbeitsgruppen", also funktioneller Kooperationsbeziehungen, und der „Mitbestimmung am Arbeitsplatz" könnte hier eine neue Bedeutung gewinnen. Die Verankerung von Informations-, Kommunikations-, Beschwerde- und Anregungsrechten von Arbeitsgruppen ist zwar von der BetrVG-Reform 2001 vernachlässigt worden, sie könnte aber mithilfe moderner tariflicher und betrieblicher Praxis verwirklicht werden, da § 3 Abs. 1 BetrVG sie durchaus zulässt. Umgekehrt stellt der Prozess der ökonomischen Globalisierung das Repräsentationsprinzip in Frage, da Beschäftigte nicht global, sondern lokal organisiert sind (Castells). Dem versucht das Europarecht durch Schaffung supranationaler Interessenvertretung (Europäische Betriebsräte, Europäische Aktiengesellschaft, Informations- und Anhörungs-Richtlinie 2002) Rechnung zu tragen (Mückenberger 2009, 258 ff.). Das europäische Betriebsrätegesetz ist ein Ausdruck davon.

Ulrich Mückenberger

Literatur

T. Blanke u. a.: Europäisches Betriebsrätegesetz, Baden-Baden ³2015 ◆ M. Castells: das Informationszeitalter, 3 Bde., Opladen 2001–03 ◆ W. Däubler/ M. Kittner/T. Klebe/P. Wedde: Betriebsverfassungsgesetz. Kommentar, Frankfurt/M. ¹⁵2016 ◆ K. Fitting u. a.: Betriebsverfassungsgesetz. Handkommentar, München ²⁷2014 ◆ H. Kern/M. Schumann: Das Ende der Arbeitsteilung?, München 1984 ◆ M. Kittner: Arbeits- und Sozialordnung, Frankfurt/M. ⁴¹2016 ◆ H. Kotthoff: Betriebsräte und betriebliche Herrschaft, Frankfurt/New York 1981 ◆ H. Kotthoff: Betriebsräte und Bürgerstatus, München 1994 ◆ H. Matthies u. a.: Arbeit 2000, Reinbek 1994 ◆ W. Müller-Jentsch (Hrsg.): Konfliktpartnerschaft. Akteure und Institutionen der industriellen Beziehungen, München ³1999 ◆ U. Mückenberger: Workers Representation at the Plant and Enterprise Level, in: B. Hepple/B. Veneziani (Hrsg.): The Transformation of Labour Law in Europe, London 2009, 233–262 ◆ U. Mückenberger: Bürger am Arbeitsplatz. Ein gewerkschafts- und gesellschaftspolitisches Leitbild, in: W. Schröder/C. Bogedan (Hrsg.) Gute Arbeit und soziale Gerechtigkeit im 21. Jahrhundert, Baden-Baden 2015, 51–87 ◆ engl. Fassung Transfer 2016, H. 1, 1–20 ◆ M. J. Piore/Ch. Sabel: Das Ende der Massenproduktion, Frankfurt/M. 1989.

Bevölkerungsentwicklung

Grundlagen

Unter Bevölkerung versteht man die Gesamtheit der in definierten geographischen Räumen oder deren administrativ abgegrenzten Teilräumen lebenden Menschen. Struktur und Entwicklung einer Bevölkerung sowie die sie beeinflussenden Prozesse sind Gegenstand systematischer Analysen der multidisziplinär angelegten Bevölkerungswissenschaft (Demographie). Die Gliederung einer Bevölkerung nach einzelnen demographischen Merkmalen wie Alter, Geschlecht, Familienstand, Erwerbsbeteiligung oder nach der räumlichen Verteilung bezeichnet man als demographische Strukturen; in diesen schlagen sich demographische Prozesse nieder, unter denen Ereignisse und Vorgänge wie Geburten, Sterbefälle, Eheschließungen und Zu- und Fortzüge verstanden werden. Der gesamte Prozess einer B. ergibt sich aus dem Zusammenwirken von Fruchtbarkeit und Sterblichkeit (sog. natürliche Bevölkerungsbewegung) auf der einen Seite sowie Ein- und Auswanderungen über die Gebietsgrenzen (sog. räumliche Bevölkerungsbewegung) auf der anderen Seite.

Zwischen Bevölkerungsstruktur und demographischen Prozessen bestehen tief greifende Wechselwirkungen: So beeinflussen die demographischen Prozesse aus der Vergangenheit maßgeblich die gegenwärtige Struktur einer Bevölkerung, so wird z. B. deren Altersaufbau durch Fruchtbarkeit und Sterblichkeit auf Jahrzehnte geprägt. Hier wirkt sich das oft vernachlässigte sog. Gesetz der demographischen Trägheit aus, aus dem sich die Gefährlichkeit nicht rechtzeitig erkannter oder verharmloster Veränderungen in den Bestimmungsfaktoren der B. ergibt. Der Bevölkerungsprozess auf der Makroebene steht dabei in vielfältigen Wechselbeziehungen zu den auf der Mikroebene von den Einzelnen getroffenen Entscheidungen über Eheschließung, Familiengründung und Weitergabe des Lebens.

Gleichzeitig können Wanderungsbewegungen über die Grenzen eines Gebietes hinweg auch Altersstruktur (und damit das Gewicht des Arbeitskräftepotenzials) sowie durchschnittliche

Fruchtbarkeit und Sterblichkeit in diesem Gebiet verändern. Langfristige demographische Trends werden dadurch i. d. R. nicht außer Kraft gesetzt, sondern nur modifiziert.

Die B. ist politikbereichsübergreifend und insofern den einzelnen gesellschaftlichen Handlungs- und Problemfeldern vorgelagert, aber sie schlägt in fast alle bereichsspezifischen Felder durch. Die Auswirkungen z. B. auf Wirtschaftswachstum, *Arbeitsmarkt,* Alterssicherung, Bildungs- und Gesundheitswesen sind Anlass für möglichst vorausschauende Berücksichtigung in der *Sozialplanung.* Eine problemangemessene Bewältigung der Aufgaben in *Sozialpolitik* und *Sozialer Arbeit* macht eine rechtzeitige Anpassung an sich abzeichnende demographische Veränderungen wie u. U. auch eine politisch-gestalterische Auseinandersetzung mit dem demographischen Prozess selbst dringlich. Die Veränderungen von Bevölkerungsgrößen und – meist noch bedeutsamer – von Bevölkerungsstrukturen können in ihrer auch sozialpolitischen Tragweite kaum überschätzt werden. Besondere Beachtung verdient dabei die „Unmerklichkeit der Vorgänge", die deren politische Relevanz lange Zeit über verdecken kann. Der demographische Strukturwandel stellt ein ausgesprochenes Langfristproblem dar; die Zusammenhänge um die Bevölkerung verlangen ein Denken in Generationen. Hier werden für ein Gemeinwesen wichtige Fragen der *Generationen*verhältnisse berührt, die – über die rein zahlenmäßigen Größenordnungen (wie in der Tabelle ausgewiesen) hinaus – v. a. die „Generationengerechtigkeit" betreffen, die in jüngerer Zeit verstärkt in den Vordergrund der gesellschaftspolitischen Diskussion gerückt ist. Darunter kann verstanden werden, dass jede Generation der nächsten mindestens genau so viele Chancen und Handlungsspielräume hinterlassen sollte, wie sie selbst vorgefunden hat. Die Orientierung an einer solch grundlegenden Zielvorstellung setzt – ebenso wie etwa die dauerhafte Absicherung der Sozialstaatlichkeit und die Sicherung der Humanvermögensbildung in unserer Gesellschaft – einen demographischen Prozess voraus, der nicht durch drastischen Verwerfungen gekennzeichnet ist.

Demographisches Szenario für Deutschland

In den westeuropäischen Industriegesellschaften, insbesondere auch in Deutschland, ist aufgrund des in den vergangenen Jahrzehnten eingetretenen starken Fruchtbarkeitsrückgangs und der gleichzeitigen tendenziellen Verlängerung der Lebenserwartung in den nächsten Jahrzehnten mit drastischen Strukturveränderungen in der Bevölkerung zu rechnen. Im Rahmen der dreizehnten koordinierten (d. h. zwischen den Stat. Landesämtern und dem Stat. BA abgestimmten) Bevölkerungsvorausberechnung wurde errechnet, wie sich die Bevölkerung in Deutschland nach unterschiedlichen Annahmen entwickelt. Variiert wurden die Berechnungen durch die Annahme unterschiedlicher Geburtenhäufigkeit, unterschiedlicher Entwicklung der Lebenserwartung und unterschiedlicher durchschnittlicher Außenwanderungssalden.

Die zentralen Ergebnisse der Bevölkerungsvorausberechnung für die Variante „Kontinuität bei stärkerer Zuwanderung", d. h. unter den Annahmen annähernd konstanter Geburtenhäufigkeit, einem moderaten Anstieg der Lebenserwartung um 6 bis 7 Jahre und einem Wanderungssaldo von durchschnittlich 230 000 Personen pro Jahr bis 2060, werden in den unten stehenden Tabellen 1 und 2 wiedergegeben.

Hinsichtlich der Sterblichkeit wird (in der Basisannahme L1) ein Anstieg der durchschnittlichen Lebenserwartung bei Geburt für Jungen auf 84,8 Jahre und für Mädchen auf 88,8 Jahre bis zum Jahr 2060 angenommen (ein Zuwachs von 7,1 bzw. 6,0 Jahren gegenüber der Ausgangsbasis 2010–2012).

Hinsichtlich der sehr schwer einzuschätzenden Wanderungsbewegungen wird über den gesamten Vorausberechnungszeitraum mit Zuwanderungsüberschüssen gerechnet. Die unterschiedlichen Varianten der Vorausberechnung gehen von einer schrittweisen Anpassung der jährlichen Nettozuwanderung nach Deutschland von 500 000 Personen im Jahr 2014 auf 100 000 (Annahme W1) bzw. 200 000 (Annahme W2) im Jahr 2021 und danach einer konstanten Entwicklung bis 2060 aus, das bedeutet für den Zeitraum 2014 bis 2060 eine Nettozuwanderung in der Annahme W1 von 6,3 Millionen Personen (durchschnittlich 130 000 Personen pro Jahr) und in der Annahme W2 von 10,8 Millionen Personen (durchschnittlich 230 000 Personen pro Jahr).

Hier muss jedoch mit großen Unsicherheiten in den zugrunde liegenden Annahmen gerechnet werden; die Wanderungsbewegung dürfte in den nächsten Jahren nicht nur der wichtigste Bestimmungsfaktor für die Veränderungen in der B. in Deutschland, sondern auch die „große Unbekannte" sein.

Die auf absehbare Zeit zunehmend negative natürliche Bevölkerungsentwicklung (höhere Zahl Gestorbener als Geborener) wird durch den zu erwartenden langfristig positiven Wanderungs-

Tabelle 1 Entwicklung der Bevölkerung Deutschlands bis 2060 (Ergebnisse der 13. koordinierten Bevölkerungsvorausberechnung) (in 1000 Personen), Variante 2: Kontinuität bei stärkerer Zuwanderung (Geburtenrate 1,4 Kinder je Frau, Lebenserwartung bei Geburt 2060 für Jungen 84,8/Mädchen 88,8 Jahre, langfristiger Wanderungssaldo 200 000 Personen/Jahr)

Alter von … bis unter … Jahren	31.12. des Jahres					
	2013	2020	2030	2040	2050	2060
unter 20	14 684	14 411	14 240	13 271	12 308	11 989
20–30	9 708	9 208	8 001	8 053	7 837	7 092
30–50	22 031	20 828	20 743	18 548	17 426	17 285
50–65	17 493	19 158	16 091	15 676	15 374	13 533
20–65 zusammen	49 232	49 194	44 831	42 280	40 642	37 909
65 und älter	16 851	18 348	21 848	23 355	23 166	23 181
insgesamt	80 767	81 953	80 919	78 906	76 115	73 079

Quelle: Statistisches Bundesamt, April 2015

Differenzen in den Summen sind rundungsbedingt.

Tabelle 2 Jugend-, Alten- und Gesamtquotient bis 2060 (mit Altersgrenze 65 Jahre) (Ergebnisse der 13. koordinierten Bevölkerungsvorausberechnung, Variante 2: Kontinuität bei stärkerer Zuwanderung)

Art der Nachweisung		31.12. des Jahres					
		2013	2020	2030	2040	2050	2060
Bevölkerungsstand	in 1000	80 767	81 953	80 919	78 906	76 115	73 079
	2013 = 100	100	101,5	100,2	97,7	94,2	90,5
unter 20 Jahre	in 1000	14 684	14 411	14 240	13 271	12 308	11 989
	%	18,2	17,6	17,6	16,8	16,2	16,4
	2013 = 100	100	98,1	97,0	90,4	83,8	81,6
20 bis unter 65 Jahre	in 1000	49 232	49 194	44 831	42 280	40 642	37 909
	%	61,0	60,0	55,4	53,6	53,4	51,9
	2013 = 100	100	99,9	91,1	85,9	82,6	77,0
65 Jahre und älter	in 1000	16 851	18 348	21 848	23 355	23 166	23 181
	%	20,9	22,4	27,0	29,6	30,4	31,7
	2013 = 100	100	108,9	129,7	138,6	137,5	137,6
Jugend-, Alten-, Gesamtquotient							
Auf 100 20- bis unter 65-Jährige kommen							
unter 20-Jährige		29,8	29,3	31,8	31,4	30,3	31,6
65-Jährige und Ältere		34,2	37,3	48,7	55,2	57,0	61,1
zusammen		64,1	66,6	80,5	86,6	87,3	92,8

Quelle: Statistisches Bundesamt, April 2015

Differenzen in den Summen sind rundungsbedingt.

saldo gegenüber dem Ausland wohl nur zum Teil ausgeglichen. Hohe Nettozuwanderung nach Deutschland erfolgt bei besonderen Entwicklungen immer wieder (etwa um 1992 infolge der Balkankriege, nach 2008 aufgrund der Finanzkrise, ab 2014 wegen der Kriege z. B. in Afghanistan und in Syrien), sie ist langfristig wohl nicht kontinuierlich so hoch, wie es für einen Ausgleich des Geburtendefizits erforderlich wäre. Allerdings ist aktuell bei Redaktionsschluss für diesen Text unabsehbar, wie die Zahl der Flüchtlinge in Deutschland sich weiter entwickelt.

Die Möglichkeiten und Grenzen der Zuwanderung wurden in jüngerer Zeit mit Recht eingehend diskutiert, wobei die sozialpolitische Integration als zuwanderungspolitisches Steuerungsinstrument besondere Aufmerksamkeit verdient.

Demographie, Gesellschaft, Soziale Arbeit

Das Szenario unserer Gesellschaft lässt sich von der demographischen Seite her durch folgende Stichworte skizzieren, die jeweils unterschiedliche Problemlagen für SozArb und Sozialpolitik bezeichnen:

1) auf der Makroebene ein mit Beginn des 20. Jh. sich abzeichnender zahlenmäßig rückläufiger Prozess auch in der Gesamtbevölkerung, erst recht aber besonders ausgeprägt in der deutschen Bevölkerung, womit je nach Ausmaß weiterer Zuwanderung ein entspr. ansteigender Anteil von Menschen mit Migrationshintergrund an der Gesamtbevölkerung verbunden ist *(Ausländerinnen/Ausländer/Migration und Integration);*
2) auf der Mikroebene von Ehe und Familie relativ niedrige und stark nivellierte Kinderzahlen, wobei – ausgehend von der bisherigen Entwicklung – von etwa 45 % der jungen Ehen auf die gesamte Ehedauer gesehen keine Kinder oder nur ein Kind zu erwarten sein dürften, von den anderen 55 % zwei oder mehr Kinder;
3) das Gewicht der kleineren Haushalte dürfte besonders stark zunehmen, besonders der Einpersonenhaushalte, wobei der absehbare weitere Rückgang der durchschnittlichen Zahl der Haushaltsmitglieder von Bedeutung gerade auch für die Versorgungslage der Haushalte ist;
4) eine voraussichtlich größere Pluralisierung von Familien- und Haushaltsformen i. V. m. höheren Scheidungs- und geringeren Wiederverheiratungsraten und möglicherweise noch weiter verbreiteten Formen nichtehelichen Zusammenlebens *(Scheidung/Scheidungsfolgen, Nichteheliche Lebensgemeinschaften);*
5) eine deutliche Veränderung in der Familienstandsgliederung i. S. eines stark wachsenden Anteils Lediger in der Bevölkerung *(Familie);*
6) eine auf längere Sicht tendenziell gegenläufige Entwicklung des Anteils der unter 20-Jährigen und demgegenüber des Anteils der 60-Jährigen und Älteren als Ausdruck des ausgeprägten Alterungsprozesses, der durch verstärkte Zuwanderungen nur tendenziell abgeschwächt, aber nicht aufgehalten werden kann, so dass in den kommenden Jahrzehnten die ältere Generation der über 65-Jährigen das Bild der Gesellschaft mehr und mehr bestimmen dürfte *(Alter, Altenpolitik);*
7) innerhalb der Gruppe der älteren Menschen tendenzielle Zunahme des Gewichts der „alten Alten", was z. B. unmittelbar Bedeutung für den Pflegebedarf hat, der nachweislich mit steigendem Alter positiv korreliert *(Pflege);*
8) eine Abnahme des Gewichts auch der Bevölkerung im erwerbsfähigen Alter, was sowohl für das zu erwartende Erwerbspersonenpotenzial wie auch z. B. für die Bewältigung der sozialen Pflegedienste von Bedeutung ist;
9) eine Zunahme des zahlenmäßigen Gewichts der allein stehenden älteren Menschen, bei denen es sich v. a. um Frauen handelt;
10) eine in Zukunft voraussichtlich noch wachsende Neigung der Einzelnen zu einer möglichst unabhängigen und vom Einzelnen und seinen individuellen Bedürfnissen her bestimmten Lebensführung (Tendenz der „Individualisierung", so auch von elterlichen Lebensstilen).

In diesem demographischen Szenario ist die sich abzeichnende drastische Veränderung der Altersstruktur, die im Übrigen auch europaweit vorgezeichnet ist, in ihrer sozialpolitischen Tragweite im Verschiebungen in der Altersstruktur der Bevölkerung bilden auch die Alten- und Jugendquotienten, in denen das Verhältnis der älteren bzw. der jüngeren Generationen zur mittleren Generation im erwerbsfähigen Alter dargestellt wird (s. Tabelle 2). Die demographischen Quotienten dürfen allerdings nicht ohne weiteres mit wirtschaftlichen Belastungsquotienten gleichgesetzt werden, sie bilden aber einen wichtigen Orientierungsmaßstab auch für wirtschaftliche Belastungsverschiebungen. Die Betrachtung der Abhängigkeitsverhältnisse zwischen den noch nicht bzw. nicht mehr und den erwerbstätigen Altersgruppen darf nicht nur auf den monetären Aspekt der Einkommensverteilung eingeengt werden;

daneben sagen diese Quotienten auch etwas aus über die Anforderungen, die sich im Bereich der sozialen Dienstleistungen stellen, und zwar sowohl in der Versorgung und Erziehung von Kindern und Jugendlichen als auch in der Betreuung und Pflege alter Menschen.Grunde noch gewichtiger einzuschätzen als ein Rückgang der absoluten Bevölkerungszahlen. Wichtige Indikatoren für die Die Veränderungen der demographischen Quotienten hin zu einem geringeren Anteil der erwerbsfähigen Altersgruppen stellen allerdings nur einen von mehreren Einflussfaktoren zukünftiger Einkommensverteilung und Betreuungserfordernisse dar. Die allgemeine Steigerung der Produktivität und damit einhergehendes Wachstum ließen z. B. eine (Um-)Verteilung der Reichtumsproduktion ohne Kürzungen für einzelne Bevölkerungsgruppen (z. B. Rentner/-innen) oder für Betreuung und Pflege zu.

Schlussfolgerungen für die SozArb und die kommunale Sozialpolitik aus der B. müssen die jeweilige kleinräumige Entwicklung berücksichtigen. Die B. in Deutschland setzt sich nämlich zusammen aus unterschiedlichen, z. T. sogar gegenläufigen Entwicklungen in den einzelnen Teilgebieten des betrachteten Raumes. Auch innerhalb einer Kommune unterscheiden sich die einzelnen Stadtteile oft hinsichtlich der Altersstruktur, des Anteils von Menschen mit Migrationshintergrund usw. und der Entwicklung dieser Merkmale und erfordern deshalb auch unterschiedliche Maßnahmen der SozArb.

Weltweite Entwicklung

Weltweit ist die Bevölkerung durch ausgesprochen gegenläufige – sich im Endeffekt angesichts der ungewöhnlich großen Unterschiede in den Größenordnungen aber keineswegs kompensierende – Tendenzen gekennzeichnet: Den deutlich rückläufigen Bevölkerungszuwächsen und teilweise auf Rückgang vorprogrammierten Bevölkerungsprozessen in zahlreichen Industrieländern („Bevölkerungsimplosion") steht ein nach wie vor starkes Wachstum der Bevölkerungszahlen in weiten Teilen der Dritten Welt („Bevölkerungsexplosion") gegenüber. Daraus resultiert eine ausgeprägte Gewichtsverschiebung in der Verteilung der Weltbevölkerung auf die verschiedenen Regionen der Erde.

Der sog. „demographische Übergang" aus einer Situation mit relativ hohen Geburten- und Sterberaten zu einer solchen mit relativ niedrigen Geburten- und Sterberaten, den die westeuropäischen Industriegesellschaften hinter sich haben, ist bisher weltweit nicht so verlaufen wie in der Vergangenheit in Westeuropa, was die Problemlage zusätzlich verschärft hat.

Damit sind insgesamt – in je unterschiedlichen Problemlagen – innovative Politikansätze gefordert; die Lösung v. a. der menschheitsbedrohenden Problemlagen in den Ländern der Dritten Welt duldet keinen Aufschub. Alle für die Änd. der gesellschaftlichen Verhältnisse und für die Bewusstseinslage der Menschen (mit-)verantwortlichen Instanzen und Kräftegruppierungen sind hier gefordert. Dabei sind Denkmuster – ohne dogmatische Verhärtungen – und Wirklichkeit – ohne ideologische Blickverengungen – immer neu in Übereinstimmung zu bringen. Die Bevölkerung ist nicht nur (insbesondere auf kürzere Sicht) ein Datum für die Politik, sondern ihre Rahmensteuerung ist eine bedeutsame ordnungspolitische Aufgabe als ein zentraler Aspekt der dem Menschen aufgegebenen personalen Steuerung seiner Lebensvorgänge.

Wolf Schäfer
(bis zur 4. Auflage Max Wingen)

Literatur

BMI (Hrsg.): Jedes Alter zählt. Weiterentwicklung der Demographiestrategie der BReg., Berlin 2015 ◆ BMI: Demografiebericht der BReg, Berlin 2011 ◆ destatis: Bevölkerung in Deutschland, Wiesbaden 2016 ◆ G. Gans: Bevölkerung, Darmstadt 2011 ◆ G. Naegele: Demografischer Wandel, Mega-Herausforderungen für die Sozialpolitik, in: TuP 2/2012 ◆ Stat.BA: Bevölkerung Deutschlands bis 2060 – 13. koordinierte Bevölkerungsvorausberechnung, Wiesbaden 2015 ◆ M. Wingen: Notwendigkeit, Möglichkeiten und Grenzen einer bevölkerungsbewussten Familienpolitik – ein erneutes Plädoyer, in: M. Wingen: Familienpolitische Denkanstöße – Sieben Abhandlungen, Grafschaft 2001, 147–208 ◆ Schlussbericht der Enquetekommission „Demographischer Wandel – Herausforderungen unserer älter werdenden Gesellschaft an den Einzelnen und die Politik", BT Drs. 14/8800, 2002.

Links

www.destatis.de
www.demographie-portal.de

Bewährungshilfe

Die B. ist seit 1953 im deutschen *Strafrecht* gesetzlich verankert. Sie ist vorgesehen für Straftäter mit guter Sozialprognose, deren Strafe zur Bewährung ausgesetzt ist. Mit der 1975 erfolgten Einführung der Führungsaufsicht – einer Maßregel für Straftäter mit schlechter Sozialprognose, insbesondere Verurteilte, die eine Freiheits- oder Jugendstrafe von mindestens zwei Jahren voll verbüßt haben – erhielt die B. eine zusätzliche Aufgabe. 200 000 Probanden bei ca. 3 000 Bewährungshelfern bundesweit (1975 waren es noch etwa 75 000) zeigen die zahlenmäßige Bedeutung der B. Wichtig ist auch, dass etwa ⅔ aller Bewährungsverläufe mit einem Straferlass oder der Einbeziehung in eine neue Verurteilung enden, d. h. nicht mit dem Widerruf der B. (nach Reckling 2006; übereinstimmend die Angaben des DBH für das Jahr 2011).

Anwendungsbereich

Die Anordnung einer B. kommt in folgenden Fällen in Betracht:

1) Bei Erwachsenen oder nach Erwachsenenstrafrecht verurteilten Heranwachsenden, deren (bis zu zweijährige, im Strafbefehlsverfahren bis zu einjährige aussprechbare) Strafe zur Bewährung ausgesetzt ist (sog. Primärbewährung), bestellt das Gericht für die Dauer der Bewährungszeit (zwei bis fünf Jahre) oder einen Teil davon einen – haupt- oder ehrenamtl. – Bewährungshelfer, falls das angezeigt ist, um den Verurteilten von Straftaten abzuhalten; dies ist i. d. R. der Fall, wenn das Gericht eine Freiheitsstrafe von mehr als neun Monaten aussetzt und der Verurteilte noch nicht 27 Jahre alt ist (§§ 56d Abs. 1, 2 StGB, 56–56c StGB). Wird die Reststrafe nach teilweiser Verbüßung zur Bewährung ausgesetzt (sog. sekundäre Bewährung), so soll das Gericht einen Bewährungshelfer für die Dauer oder einen Teil der Bewährungszeit bestellen, wenn der Verurteilte mindestens ein Jahr seiner Strafe verbüßt hat, bevor der Rest zur Bewährung ausgesetzt wird (§ 57 Abs. 3 S. 2 StGB, § 57a StGB bei lebenslanger Freiheitsstrafe); die Anforderungen sind durch das Gesetz zur Bekämpfung von Sexualdelikten und anderen gefährlichen Straftaten von 1998 insoweit verändert worden, als eine Strafrestaussetzung nur erfolgt, wenn sie unter Berücksichtigung des Sicherheitsinteresses der Allgemeinheit verantwortet werden kann (§§ 57 Abs. 1 S. 1 Nr. 2, 57a Abs. 1 S. 1 Nr. 3 StGB, sog. Verantwortungsklausel statt der davor maßgeblichen Erprobungsklausel, ebenso nach Therapie statt Strafvollzug bei Betäubungsmitteldelikten, s. § 36 BtMG), wobei Sexualstraftäter und zu lebenslanger Freiheitsstrafe Verurteilte sich vorher einer Begutachtung unterziehen müssen (§ 454 Abs. 2 StPO).
2) Für alle Jugendlichen und nach *Jugendstrafrecht* behandelten Heranwachsenden, die zu einem Schuldspruch mit Bewährung verurteilt sind, Jugendstrafe zur Bewährung erhalten haben oder bei denen der Rest der Jugendstrafe nach teilweiser Verbüßung zur Bewährung ausgesetzt wurde, ist in der Bewährungszeit von zwei bis drei Jahren für höchstens zwei Jahre ein Bewährungshelfer zu bestellen (§§ 22 Abs. l, 24 Abs. l, 29, 88 Abs. 6 S. 1, 105 Abs. l, 110 Abs. 1 JGG, ebenso nach Therapie statt Jugendstrafvollzug, s. § 38 Abs. 1 BtMG).
3) Verurteilte, die unter Führungsaufsicht stehen (v. a. primär neben Freiheitsstrafe oder der Maßregel Unterbringung in psychiatrischem Krankenhaus/Entziehungsanstalt auf Bewährung bzw. sekundär nach Vollverbüßung von zwei – bei Sexualstraftätern einem – Jahren Freiheitsstrafe oder Vollstreckung freiheitsentziehender Maßregeln), erhalten für deren Dauer einen Bewährungshelfer; daneben unterstehen sie einer Aufsichtsstelle (§§ 68 ff. StGB). Außerdem kann ein Bewährungshelfer bei Aussetzung eines Berufsverbots bestellt werden (§ 70a Abs. 3 S. 1 StGB). Für Jugendliche und nach Jugendstrafrecht verurteilte Heranwachsende kommt nur Führungsaufsicht, aber kein Berufsverbot in Betracht (§ 7 JGG).
4) Schließlich kann B. angeordnet werden, wenn eine Strafe gnadenweise zur Bewährung ausgesetzt wird (gemäß den Gnadenordnungen des Bundes und der Länder).

Rechtstatsächlich ist die Strafaussetzung zur Bewährung neben der Geldstrafe die wichtigste (und wesentlich preiswertere) Alternative zum isolierenden und die kriminelle Karriere tendenziell fördernden Freiheitsentzug, die auch eine Einbeziehung der Opferbelange v. a. im Weg der Wiedergutmachung ermöglicht. Zunehmend geschieht dies nicht nur bei prognostisch günstig beurteilten Ersttätern, sondern auch bei dem risikobelasteten Kreis der schon wiederholt Vorbestraften, wobei auch die Aussetzung mehrerer Strafen vorkommt (sog. Mehrfachbestellung). Umso bemerkenswerter ist es, dass die große Mehrzahl der Bewährungen ohne Widerruf abgeschlossen werden kann (etwa 2/3).

Aufgaben

Die Aufgaben des Bewährungshelfers sind bezüglich der zu Freiheitsstrafe verurteilten Probanden im StGB (§ 56d Abs. 3 S. 1–4, Abs. 4 S. 2) dahin umschrieben, dass er dem Verurteilten helfend und betreuend zur Seite steht. Er überwacht im Einvernehmen mit dem Gericht die Erfüllung der Auflagen und Weisungen sowie der Anerbieten und Zusagen. Gröbliche oder beharrliche Verstöße teilt er dem Gericht mit. Der Bewährungshelfer muss Anweisungen des Gerichts befolgen, dem er in bestimmten Zeitabständen über die Lebensführung des Verurteilten zu berichten hat, so dass es die Funktion einer Fachaufsicht wahrnimmt.

Zusätzlich über das Erwachsenenstrafrecht hinaus ist bezüglich Jugendlichen bestimmt (§§ 24 Abs. 3, 25 JGG), dass der Bewährungshelfer die Erziehung des Jugendlichen fördern und möglichst mit dem Erziehungsberechtigten und dem gesetzlichen Vertreter vertrauensvoll zusammenwirken soll. Er kann von ihnen, der Schule, dem Lehrherrn oder dem sonstigen Leiter der Berufsausbildung Auskunft über die Lebensführung des Jugendlichen verlangen. Bei der Ausübung seines Amtes hat er ein Recht auf Zutritt zu dem Jugendlichen.

Während der Führungsaufsicht stehen Bewährungshelfer und Aufsichtsstellen im Einvernehmen miteinander dem Verurteilten helfend und betreuend zur Seite. Die Aufsichtsstelle überwacht im Einvernehmen mit dem Gericht und mit Unterstützung des Bewährungshelfers das Verhalten des Verurteilten und die Erfüllung der Weisungen; besteht zwischen der Aufsichtsstelle und dem Bewährungshelfer in Fragen, welche die Hilfe für den Verurteilten und seine Betreuung berühren, kein Einvernehmen, so entscheidet das Gericht, das ihnen auch für ihre Tätigkeit Anweisungen erteilen kann (§ 68a Abs. 2–5 StGB).

Aus diesen Vorschriften ergibt sich, dass die Aufgabe der B. in erster Linie in der Hilfe und Betreuung für den Verurteilten zu sehen ist, v.a. in den Bereichen rechtliche und persönliche Beratung, Wohnung, Arbeit, wirtschaftliche Lage. Über die Einzelfallberatung und -hilfe hinaus haben Bewährungshelfer eine Reihe übergreifender Projekte initiiert (z.B. Arbeits-, Freizeit- und Gruppenangebote, Fördervereine, Wohneinrichtungen). Spezialisierungen erfolgen bezüglich elektronisch überwachtem Hausarrest, Intensiv-Hilfe, Schuldnerberatung und Sexualstraftätern.

Deutlich sind freilich auch die Grenzen, die den Hilfsmöglichkeiten des Bewährungshelfers gesetzt sind. Sie zeigen sich v.a. in der untergeordneten Stellung gegenüber dem Gericht. Seine Anweisungen muss der Bewährungshelfer befolgen, ihm gegenüber hat er Überwachungs-, Berichts- und Mitteilungspflichten, die ihm die Befugnis zur Verletzung der grundsätzlich bestehenden *Schweigepflicht* (§ 203 Abs. 1 Nr. 5 StGB) geben (vgl. zum Datenschutz in der B. die Stellungnahme des Landesbeauftragten für den Datenschutz und die Informationsfreiheit Rheinland-Pfalz vom 23.02.2015).

Kaum eine strafrechtliche Debatte wird so emotional geführt wie die Frage, wie man mit Sexualtätern umgehen soll – vor allem, wenn ihre Opfer Kinder sind. In den meisten Bundesländern gibt es inzwischen spezielle Programme, um rückfallgefährdete Vergewaltiger und andere Gewaltverbrecher zu überwachen. Eine wichtige Rolle fällt dabei den Bewährungshelfern zu. Doch die sind bisher durch ihre Schweigepflicht gebunden und dürfen keine Informationen direkt an die Polizei weitergehen. Der Gesetzentwurf des Bundesrates „Entwurf eines Gesetzes zur Stärkung de Bewährungshilfe und der Straffälligenarbeit" (BT-Drs. 18/2012 vom 02.07.2014) sollte das ändern. Er sah die Einfügung des § 496 in die StPO vor und sollte normieren, dass Bewährungshelfer personenbezogene Daten von Verurteilten immer dann ohne Umwege an die Polizei oder die Justizvollzugsbehörden weitergeben dürfen, „wenn dies zur Abwehr einer Gefahr für Leib, Leben, die persönliche Freiheit, die sexuelle Selbstbestimmung Dritter oder zur Sicherung der Zwecke der Bewährungshilfe erforderlich ist". Denn bisher dürfen die Bewährungshelfer ihre Erkenntnisse nur mit dem Richter, der die Bewährungsauflagen angeordnet hat, teilen oder mit der sog. Führungsaufsichtsstelle (Näheres zur Rechtslage, Gesetzentwurf des Bundesrates, (BT-Drs. 18/2012 vom 02.07.2014, S. 6–7; ferner die Stellungnahme des Landesbeauftragten für den Datenschutz und die Informationsfreiheit Rheinland-Pfalz vom 23.02.2015, 3 ff.).

Der DBH setzte sich in seiner Stellungnahme vom 9.12.2014 kritisch mit dem Gesetzentwurf auseinander. Einerseits tritt er für die Verbesserung der Kooperation der B. mit dem Strafvollzug und der Polizei ein, andererseits wird befürchtet, dass die vorgesehenen Regelungen über dieses Ziel hinausschießen und Nebenwirkungen nach sich ziehen, die die B. und die Straffälligenarbeit schwächen werden. Letztlich wurde der Entwurf wegen des Prinzips der Diskontinuität (BT-Wahl 9/2014) nicht mehr weiter verfolgt.

Zwar muss das Gericht den Bewährungshelfer bei nachträglichen gerichtlichen Entscheidungen, die infolge der Strafaussetzung erforderlich werden (z.B. Widerruf der Bewährung) anhören (§§ 58 Abs. 1 JGG, 453 Abs. 1 S. 4 StPO), doch hat er keine Anfechtungsmöglichkeit gegenüber der Gerichtsentscheidung. Kommt es zu einem neuen Strafverfahren, ist das Gericht nicht einmal verpflichtet, den Bewährungshelfer zur Hauptverhandlung zu laden oder vom Termin zu unterrich-

B

ten; ihm ist lediglich das Recht eingeräumt, an den nichtöffentlichen Sitzungen des Jugendgerichts teilzunehmen (§ 48 Abs. 2 S. 1 JGG). Bei einer Anhörung im neuen Verfahren wird der Bewährungshelfer als Zeuge behandelt, der kein eigenständiges *Zeugnisverweigerungsrecht* hat, sondern lediglich die Aussagegenehmigung des Dienstherrn (§ 54 StPO) braucht.

Dienstrechtliche und organisatorische Stellung

Die hauptamtl. Bewährungshelfer – ehrenamtl. werden nur in etwa 2 % der Fälle eingesetzt – sind dienstrechtlich gemäß den jeweiligen landesrechtlichen Bestimmungen (Landesgesetze und/oder VV) in die Justiz (Dienstaufsicht meist durch den Präsidenten des Landgerichts) eingegliedert. Ihre Büros haben sie jedoch vorwiegend außerhalb der Gebäude der Gerichte und Staatsanwaltschaften. Voraussetzung für eine Anstellung als Bewährungshelfer ist regelmäßig die Ausbildung zum SozArb oder SozPäd mit staatlicher Anerkennung. Die Fallbelastung wechselt von Land zu Land und kann auch innerhalb eines Landes unterschiedlich ausfallen. Im Bundesdurchschnitt kommen auf einen Bewährungshelfer ca. 80 Probanden.

Für die organisatorische Struktur der B. ist prägend, ob sie sich ihre Eingeständigkeit erhalten hat (wie in den meisten alten BL) oder in einem – v. a. mit der *Gerichtshilfe* – zusammengefassten Sozialdienst der Justiz aufgegangen ist; damit verbindet sich eine nach dem Kollegialprinzip gestaltete weitgehende Selbstbestimmung – mit einer Außenvertretung auf Zeit – oder eine Dienststellenleitung durch einen Vorgesetzten auf Dauer. I. E. unterscheiden sich – nach jahrzehntelang geführten Diskussionen um das Pro und Kontra (z. B. Jehle/Sohn 1994 mit Vertretern beider Positionen) – die Regelungen der Länder in vielen Details, wobei der Sozialdienst der Justiz von einer bloßen Zusammenfassung der Tätigkeitsbereiche bis hin zu einer Allzuständigkeit eines Mitarbeiters i. S. einer durchgehenden Betreuung reicht.

Selbstverständnis

In einem aufwändigen Projekt ist erstmalig im deutschsprachigen Raum untersucht worden, wie die bundesgesetzlich einheitlich geregelten Aufgaben angesichts der organisatorisch unterschiedlichen landesrechtlichen Ausgestaltungen umgesetzt werden (Kurze 1999, 235 ff., zur Führungsaufsicht 459 ff., zu vorangegangenen empirischen Untersuchungen Sohn in Jehle/Sohn 1994, 59 ff.). Dabei führte die Befragung der Bewährungshelfer zu dem Ergebnis, dass sie v. a. darauf pochen, ihre Aufgaben selbständig, geradezu eigensinnig ohne jede Einbindung anderer erledigen zu können („im Endeffekt macht jeder das, was er für richtig hält"). Zwar werde einerseits professionelles Vorgehen mit modernen Methoden der SozArb wie *Teamarbeit* gefordert, andererseits dies aber in der Praxis nicht eingelöst; berufliche Qualitätsstandards (abgedruckt in Zeitschrift Bewährungshilfe 1994, 155 ff., und Riekenbrauk 2004, 121 ff.; zur Qualitätssicherung s. Zeitschrift Bewährungshilfe 3/1997 und van Hove 2001 am Beispiel Niedersachsen) seien zwar von verschiedenen Gremien verabschiedet worden, würden aber nicht angewendet. Beherrschendes Ziel und Erfolgskriterium des beruflichen Handelns sei die Herstellung von Vertrauen (dazu Zeitschrift Bewährungshilfe 4/2000) zum Probanden, was bedeutsamer eingestuft werde als professionelles Vorgehen. Die Implementierung einheitlicher Sozialer Dienste der Justiz habe bisher nicht zu anderen Arbeitsformen oder mehr Professionalisierungsbestrebungen geführt.

Insgesamt erweist sich demnach die Arbeit der Bewährungshelfer als derart stark individualisiert, dass zentrale Punkte – etwa Leitbild, Stellung im Justizgefüge, Rolle der Ausbildung, Methoden, gemeinsame fachliche Kriterien, Qualität – gar nicht problematisiert werden. Daran hat auch ihre berufsständische Vertretung im Dachverband Bewährungshilfe (DBH e. V.; Jubelorgien zu 50 Jahren Verbandsarbeit in Zeitschrift Bewährungshilfe 1/2002) und die von ihm herausgegebene Fachzeitschrift Bewährungshilfe nichts geändert. In einem solchen Umfeld stößt die Frage nach der Privatisierung (dazu Zeitschrift Bewährungshilfe 1/2001) gemäß österreichischem Vorbild auf Unverständnis. Die in Baden-Württemberg mit der entsprechenden Beauftragung der Neustart gGmbH zur (privaten) Übernahme Aufgaben der Bewährungs- und Gerichtshilfe ab dem 01.01.2007 wurde 2015 beendet. Dazu gab am 6. März 2015 die Baden-Württembergische Landesregierung bekannt, dass die Bewährungs- und Gerichtshilfe Baden-Württembergs wieder staatlich organisiert werde. Hintergrund ist der Beschluss des BVerwG vom 27.11.2014, das unter anderem festgestellt hatte, dass keine Weisungsbefugnisse des privaten Trägers Neustart gGmbH gegenüber beamteten Bewährungs- und Gerichtshelfern bestehen.

Roland Proksch

Literatur
A. Brühl/W. Deichsel/G. Nothacker: Strafrecht und Soziale Praxis, Stuttgart 2005, Rn. 782 ff. ♦ A. von Hove: Qualitätsentwicklung in den Sozialen Diensten der Justiz – Standards der Bewährungshilfe in Niedersachsen, in: Bewährungshilfe 2001, 69–85 ♦ Th. Fischer: StGB-Kommentar, München [63]2016 ♦ J.-M. Jehle/W. Sohn (Hrsg.): Organisation und Kooperation der Sozialen Dienste in der Justiz, Wiesbaden 1994 ♦ U. Kleinert: Soziale Arbeit im Bereich der Justiz, in np 4/2006, 413–434 ♦ M. Kurze: Soziale Arbeit und Strafjustiz, Wiesbaden 1999 ♦ B.-D. Meier/D. Rösser/G. Trüg/R. Wulf (Hrsg.): Jugendgerichtsgesetz. Handkommentar. Baden-Baden [2]2014 ♦ C. Nix/W. Möller/C. Schütz: Einführung in das Jugendstrafrecht für die Soziale Arbeit. München 2011 ♦ P. Reckling: Bewährungshilfe – unter sich wandelnden Bedingungen zukunftsfähig? In: Justizministerialblatt SH, Oktober 2006 ♦ K. Riekenbrauk: Einführung in das Strafrecht für Studium und Praxis der Sozialen Arbeit, Baden-Baden [4]2011 ♦ Stat. Bundesamt, Fachserie 10, Reihe 5, 2011 Rechtspflege – Bewährungshilfe, Wiesbaden 2013 ♦ Schönke/Schröder: Strafgesetzbuch. Kommentar. München [29]2014 ♦ W. Stein/W. Krämer: Intensivhilfe Köln, in: Bewährungshilfe 2001, 193–197.

Link
Zeitschrift für Bewährungshilfe, hrsg. vom DBH-Fachverband für Soziale Arbeit, Strafrecht und Kriminalpolitik (www.dbh-online.de)

Bildung

B. war lange Zeit kein Schlüsselbegriff der *Sozialen Arbeit.* In den theoretischen Debatten wie in der Fachpraxis wurde B. meist mit Schule, mit einer personenzentrierten Sichtweise und einer allzu schnellen Pädagogisierung sozialer Probleme gleichgesetzt. SozArb grenzte sich infolgedessen von einem Bildungssystem ab, das sie als primär leistungs- und selektionsinteressiert kritisierte. In Anbetracht dessen verstand sich die sozialpädagogische Fachpraxis häufig als Gegenentwurf zur Schule. Allerdings betonten einzelne Vertreter der SozPäd wie K. Mollenhauer oder W. Hornstein im wissenschaftlichen Diskurs durchaus die Relevanz der Bildung im Kontext der SozArb. Auch entstand seit den 1970er-Jahren in einzelnen Arbeitsfeldern der Kinder- und Jugendhilfe ein Interesse an Bildungsfragen (bei gleichbleibend hoher Distanz zu schulischen Formen des Lernens).

Diese Situation änderte sich nach der Jahrhundertwende grundlegend. Die Veröffentlichung der ersten PISA-Studie 2000 löste in Deutschland eine ungewöhnlich intensive Bildungsdebatte aus, die auch die SozArb erfasste. Sowohl die Figur des herkunftsabhängigen Bildungserfolgs als auch die konkreten empirischen Befunde der PISA-Studien waren für die SozArb weitaus anschlussfähiger als ältere Arbeiten der Schul- und Bildungsforschung:

1) Der **Kompetenzbegriff** von PISA richtete das Forschungsinteresse auf die individuelle Befähigung junger Menschen. Damit lag der Fokus deutlich weniger auf abstrakten Bildungsideen und -idealen und auch nicht auf einer Ausrichtung an Abschlüssen und Zertifikaten, sondern auf empirisch überprüfbaren Ergebnissen von Befähigungen und Bildungsprozessen. Es wurden mithin nicht mehr die abstrakten Ziele von Bildungsprozessen, sondern die realen Ergebnisse organisierter B. in den Mittelpunkt gestellt. Diese Perspektive war für eine pragmatisch ausgerichtete, lebensweltliche SozArb wesentlich näherliegend.
2) Die **Befunde** der systematisch und international vergleichenden PISA-Erhebungen rückten verstärkt die Zusammenhänge zwischen individuellen Kompetenzen und der sozialen Herkunft junger Menschen ins Blickfeld. Der sichtbare Einfluss der Herkunftsfamilie auf die gemessenen individuellen Kompetenzen von 15-Jährigen wies sowohl auf dessen bedeutende Rolle hin als auch auf die Ungleichheit stabilisierenden Facetten des deutschen Bildungssystems. Der von der SozArb seit jeher postulierte enge Zusammenhang zwischen pädagogischen Erfolgen und der sozialen Lebenslage wurde damit bestätigt.
3) Die **Debatten** rund um das Thema B. im Anschluss an PISA nahmen verstärkt auch jene Orte und Prozesse in den Blick, die sich dem Kernbereich der SozArb zurechnen lassen, etwa die *Tageseinrichtungen für Kinder,* die *Jugendarbeit* oder die Schulsozialarbeit *(Jugendhilfe und Schule),* aber auch dem sozialpädagogischen Blick auf *Familie* als Bildungsort. Damit wurden der SozArb in wachsendem Maße auch von außen inhaltliche und thematische Zuständigkeiten in punkto B. zugestanden oder zugeschrieben.

Der andere Blick auf Bildung – begriffliche Neuvermessungen

Diese Rahmenbedingungen führten zu einer neuen Bildungsdebatte im Umfeld der SozArb, etwa in den „Leipziger Thesen" des Bundesjugendkura-

B

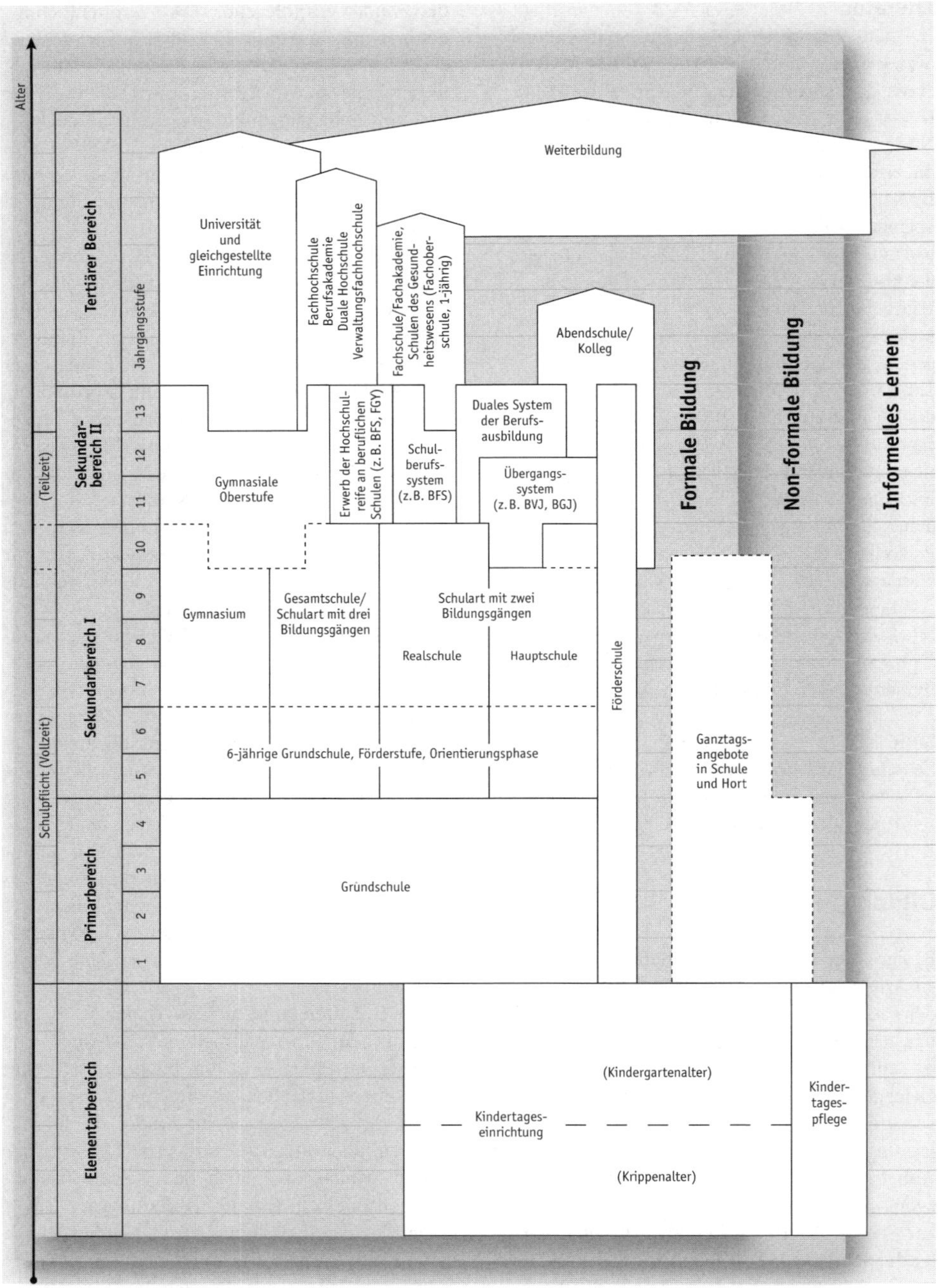

Quelle: Autorengruppe Bildungsberichterstattung, Bildung in Deutschland 2014

toriums und in der Sachverständigenkommission für den 11. Kinder- und Jugendbericht. Es begann eine breitere Erörterung der „anderen Seiten der Bildung", grundlegend etwa im Bundesjugendkuratorium, im Vorfeld der nationalen Bildungsberichterstattung oder im 12. Kinder- und Jugendbericht, der daher auch folgerichtig den Titel „Bildung, Betreuung und Erziehung vor und neben der Schule" trug. Dabei plädierte die SozArb dezidiert für eine kategoriale Ausweitung des Bildungsbegriffs. Zugleich erfolgte – in Anlehnung an den Grundgedanken „Bildung ist mehr als Schule" – eine Horizonterweiterung auf die Vielfalt von Bildungsorten, Bildungsmodalitäten und Bildungsinhalten:

- **Formale Bildung** findet in präzise umgrenzten, teilweise verpflichtenden Bildungs- und Ausbildungssettings statt und führt im Rahmen curricular standardisierter Unterrichtsfächer gezielt zu benoteten und anerkannten Zertifikaten.
- **Non-formale Bildung** findet ebenfalls in institutionellen Settings statt (z. B. Kindertageseinrichtungen, Erwachsenenbildung), diese liegen jedoch außerhalb der anerkannten Bildungs- und Ausbildungseinrichtungen für die allgemeine und berufliche B. Im Unterschied zu formaler B. ist non-formale B. weitaus weniger verpflichtend und führt in der Regel auch nicht zum Erwerb anerkannter Abschlüsse (wenngleich Zertifizierungen denkbar sind).
- **Informelle Bildung** schließlich wird als schwach oder gar nicht organisierte Form des Lernens in alltäglichen Lebenszusammenhängen begriffen – ohne Curricula, ohne Programme, ohne Zertifikate –, das sich erst im Nachhinein als erfolgreicher Lernprozess herausstellt und das von den Lernenden möglicherweise gar nicht dezidiert als Erweiterung ihres Wissens und ihrer Kompetenzen wahrgenommen wird.

Diese kategoriale Neufassung, die an internationale Debatten zur Weiterbildung anknüpfte, ermöglichte es, den Blick auf andere Bildungsorte und Lernwelten vor, neben und nach der Schule zu lenken. In diesem erweiterten Bildungsverständnis, das der 12. Kinder- und Jugendbericht seinen Ausführungen zugrunde legte, erweiterte sich zugleich das inhaltliche Profil dessen, was unter B. zu verstehen ist und das deutlich über den Horizont eines schulischen Bildungsbegriffs hinausweist. Dieses umfasst vier Dimensionen:

- **Kulturelle Kompetenzen,** mit deren Hilfe Menschen die Wissensbestände und das kulturelle Erbe einer Gesellschaft erschließen können.
- **Personale Kompetenzen,** die den Menschen Identität und Selbstwertgefühl verleihen und zugleich dem Einzelnen ermöglichen, mit sich selbst und seiner eigenen Gedanken- und Gefühlswelt, seiner Körperlichkeit und seiner Emotionalität zurechtzukommen.
- **Instrumentelle Kompetenzen,** die Menschen in die Lage versetzen, sich als konkret Handelnde in der physikalisch-stofflichen Welt der Materie, der Natur, der Waren und der Produkte zu bewegen.
- **Soziale Kompetenzen,** die Menschen befähigen, sich zu anderen in Beziehung zu setzen, am Gemeinwesen teilzuhaben und soziale Verantwortung zu übernehmen.

Um diesen anderen, oft unterbelichteten Seiten der B. eine eigene Dignität zu verleihen, wird vermehrt der Begriff der Alltagsbildung verwendet, der in Abgrenzung von Formen der formalisierten B. die lebensweltliche Seite allenfalls schwach gestalteter Lern- und Bildungsprozesse für die Herstellung von individueller Handlungsfähigkeit und Lebensführungskompetenz betont.

Die neue Bildungsorientierung der Praxis der Sozialen Arbeit

Parallel zu diesen begrifflichen Neuformatierungen erweiterte sich auch der Aufgaben- und Zuständigkeitsbereich der SozArb, insbes. der *Kinder- und Jugendhilfe.* Das damit verbundene Wachstum und die darin liegenden Akzentsetzungen auf die bildungsbezogenen Potenziale des Aufwachsens drückten sich v. a. in einer generellen Zunahme des „Aufwachsens in öffentlicher Verantwortung" aus. Dies lässt sich etwa im raschen und nachhaltigen Ausbau der Kindertagesbetreuung ebenso veranschaulichen wie in der wachsenden Bedeutung der Frühen Hilfen und des *Kinderschutz*es oder in der anhaltenden Umstellung der (west-)deutschen Halbtagsschule auf ganztägige Angebote. Weil Kinder und Jugendliche sich hierzulande verstärkt in institutionalisierten Settings aufhalten, die – wie etwa die Kindertagesbetreuung – der SozArb zugerechnet oder von ihr mitgeprägt werden, kommt den Prozessen der B. und Befähigung auch in der Praxis der SozArb eine wachsende Bedeutung zu.

Damit entstehen mehr und zum Teil neue Schnittstellen zum Bildungssystem. So werden Kindertageseinrichtungen heutzutage bspw. viel dezidierter als frühe öffentliche Bildungsorte verstanden. Auch ist in Schulen die Schulsozialarbeit als ergänzendes Element weitaus selbstverständlicher geworden, und der Ausbau der Ganztagsschulen erfolgt vielerorts unter aktiver

Beteiligung der Kinder- und Jugendhilfe. In der *beruflichen Bildung* ist die *Jugendsozialarbeit* v.a. innerhalb des Übergangssystems längst zu einem unverzichtbaren Bestandteil geworden, und im Kontext der aktuellen Themen Inklusion und Integration sind Bildungsfragen ebenfalls von hoher Relevanz. Insofern beeinflussen Bestandteile und Elemente eines breit verstandenen Bildungsbegriffs immer stärker das Profil der heutigen SozArb insbes. im Kindes- und Jugendalter.

Die neue Bildungsorientierung – Chancen und Herausforderungen

Die Hinwendung der SozArb zum Bildungsbegriff ist mit Chancen, aber auch mit Herausforderungen verbunden. Auf einer gesellschaftspolitischen Ebene ist es als Chance zu bewerten, dass sich die SozArb mit ihrer Öffnung hin zu Bildungsfragen zu einem der zentralen aktuellen gesellschaftlichen Schlüsselthemen ins Verhältnis setzt. Oder anders formuliert: Ein Schweigen zu Bildungsfragen würde unweigerlich mit einem Bedeutungsverlust einhergehen. Auf einer disziplinär-wissenschaftlichen Ebene kann man davon ausgehen, dass die Beachtung und Beobachtung von Bildungsfragen auch ein umfassenderes kategoriales Verständnis von SozArb hervorruft. Auf der Ebene der Adressatenorientierung schließlich erhöht die SozArb zudem ihre Gelingenswahrscheinlichkeit, da Fragen der B. und der Befähigung bei allen Versuchen einer Verbesserung der jeweils individuellen Handlungskompetenz zentral sind: B. kann Menschen individuell in die Lage versetzen, ihre persönliche und berufliche Zukunft besser in die Hand zu nehmen.

Allerdings sind in punkto B. zugleich auch überhöhte Erwartungen zu beachten. So wird sich die diffuse Hoffnung, einkommens- und arbeitsmarktbedingte Armuts- und Verteilungsprobleme durch B. zu überwinden, bestenfalls in Ansätzen erfüllen. Darüber hinaus lassen sich die Prozesse des Aufwachsens im Kindes- und Jugendalter nicht auf Bildungsprozesse reduzieren, da die ersten Lebensjahrzehnte auch stark von einer Gegenwartsorientierung und dem Eigenleben junger Menschen jenseits funktionaler Erwartungen geprägt werden. Deshalb sind für Kinder und Jugendliche Zeiten und Räume wichtig, in denen sie sich eigenständig bewegen und entfalten können, was sich möglicherweise erst im Nachhinein als Prozess der Selbstbildung erweist.

Schließlich muss beachtet werden, dass die SozArb als „Juniorpartner" in einer Kooperation mit dem etablierten Bildungssystem einiges an Eigenständigkeit, Eigensinn und Identität einbüßen kann. Entsprechende Befürchtungen werden in vielen Auseinandersetzungen an den Schnittstellen zum Bildungssystem erkennbar, an denen die sozialpädagogische Praxis beteiligt ist. Dennoch dürfte es unter dem Strich trotz dieser Einwände kaum Alternativen zu einer bildungsbezogenen „Öffnung" der SozArb in Wissenschaft und Praxis geben.

Thomas Rauschenbach

Literatur

Autorengruppe Fachkräftebarometer (Hrsg.): Fachkräftebarometer Frühe Bildung 2014. München 2014 ♦ BJK/Sachverständigenkommission für den 12. Kinder- und Jugendbericht/AGJ: Bildung ist mehr als Schule – Leipziger Thesen zu den Voraussetzungen für eine bildungspolitische Wende, np 32/2003, 317 ff. ♦ BMFSFJ: 12. Kinder- und Jugendbericht. Bildung, Betreuung und Erziehung vor und neben der Schule. Berlin 2005 ♦ BMFSFJ: 14. Kinder- und Jugendbericht. Kinder- und Jugendhilfe in neuer Verantwortung. Berlin 2013 ♦ M. R. Busemeyer: Bildungspolitik im internationalen Vergleich, München 2015 ♦ T. Coelen/H.-U. Otto (Hrsg.): Grundbegriffe Ganztagsbildung. Ein Handbuch. Wiesbaden 2008 ♦ Deutsches PISA-Konsortium (Hrsg.): PISA 2000. Basiskompetenzen von Schülerinnen und Schülern im internationalen Vergleich. Opladen 2001 ♦ G. Dohmen: Das informelle Lernen. Die internationale Erschließung einer bisher vernachlässigten Grundform menschlichen Lernens für das lebenslange Lernen. Bonn/Berlin 2001 ♦ M. Harring/M. D. Witte/T. Burger (Hrsg.):Handbuch informelles Lernen, Weinheim/München 2016 ♦W. Hornstein/W. Bäuerle/D. Greese (Hrsg.): Situation und Perspektiven der Jugend. Problemlagen und gesellschaftliche Maßnahmen. 5. Jugendbericht der Bundesregierung. Weinheim 1982 ♦ K. Mollenhauer: Theorien zum Erziehungsprozeß. Zur Einführung in erziehungswissenschaftliche Fragestellungen. München 1972 ♦ R. Münchmeier/H.-U. Otto/U. Rabe-Kleberg (Hrsg.): Bildung und Lebenskompetenz. Kinder- und Jugendhilfe vor neuen Aufgaben. Opladen 2002 ♦ H.-U. Otto/Th. Rauschenbach (Hrsg.): Die andere Seite der Bildung. Zum Verhältnis von formellen und informellen Bildungsprozessen. Wiesbaden 2004 ♦ Th. Rauschenbach: Informelles Lernen – Bilanz und Perspektiven, in: M. Harring/M. Witte/T. Burger (Hrsg.): Handbuch informelles Lernen. Weinheim/Basel 2016, 803 ff. ♦ Th. Rauschenbach: Zukunftschance Bildung. Familie, Jugendhilfe und Schule in neuer Allianz. München 2009 ♦ Th. Rauschenbach: Im Schatten der formalen Bildung – Alltagsbildung als Schlüsselfrage der Zukunft, in: Diskurs Kindheits- und Jugendforschung 2/2007, H. 4, 439 ff. ♦

Th. Rauschenbach et al.: Non-formale und informelle Bildung im Kindes- und Jugendalter. Konzeptionelle Grundlagen für einen Nationalen Bildungsbericht (hrsg. vom Bundesministerium für Bildung und Forschung, Reihe Bildungsreform, Bd. 6). Bonn 2004 ♦ Th. Rauschenbach/I. Züchner: Theorie der Sozialen Arbeit, in: W. Thole (Hrsg.): Grundriss Soziale Arbeit, Wiesbaden [4]2012, 151 ff.

Links

www.bmfsfj.de/kinder-und jugendberichte
www.bundesjugendkuratorium.de/stellungnahmen
www.dji.de
ww.kmk.org/Grundstruktur des Bildungswesens
www.bildungsbericht.de

Bildungsurlaub

Zur Rechtsentwicklung

B. heißt „befristete Freistellung von ArbeitnehmerInnen zum Zweck der Teilnahme an Bildungsveranstaltungen". Eine wesentliche Ergänzung dieser Definition ist – für den Fall, dass es sich um bezahlte Freistellung handelt – „unter Fortzahlung des Arbeitsentgelts".

Seit Beginn der 1960er Jahre wird in der BRD die Forderung nach Einführung eines bezahlten B. diskutiert: erstmalig bei Trägern der politischen Weiterbildung *(Politische Bildung)*, dann Initiativen der Parteien ab 1964, Vorlage von Gesetzentwürfen 1966, Ablehnung einer bundeseinheitlichen Regelung des B. durch die BReg 1967 mit Hinweis auf die aktuelle wirtschaftliche Situation, allerdings bei grundsätzlicher Befürwortung der späteren Verabschiedung eines Bundesgesetzes. Da der Bund in Fragen eines B. bis heute nicht initiativ geworden ist und die Materie zur konkurrierenden Gesetzgebung gehört, haben einzelne BL wie Berlin, Hamburg, Hessen, Niedersachsen und Bremen in den 1970er Jahren Gesetze zum B. erlassen, NRW folgte mit einem Freistellungsgesetz Mitte der 1980er Jahre. Mit der Schaffung von Freistellungsgesetzen in Brandenburg, Rheinland-Pfalz, dem Saarland und Schleswig-Holstein Anfang der 1990er Jahre sowie in Sachsen-Anhalt, Mecklenburg-Vorpommern und in Baden-Württemberg in jüngerer Zeit hat nun die Mehrzahl der ArbeitnehmerInnen einen Rechtsanspruch auf B. Gesetzliche Regelungen zur Bildungsfreistellung fehlen noch in Bayern, Sachsen und Thüringen (in Vorbereitung).

Zu den Inhalten

Die Gesetze unterscheiden sich hinsichtlich der Festlegung der Anspruchsberechtigten, der Zweckbestimmung, der Träger, der Bemessung des Entgeltsund der Anerkennung der Veranstaltungen, für die B. beantragt wird. I. d. R. können den Anspruch auf B. geltend machen: alle ArbeitnehmerInnen, Auszubildende (außer NRW, in Rheinland-Pfalz nur eingeschränkt) und arbeitnehmerähnliche Personen. Die Dauer des B. beträgt 5 Arbeitstage im Jahr bzw. 10 innerhalb zweier aufeinander folgender Jahre, in Berlin bis zum 25. Lebensjahr 10 Arbeitstage pro Kalenderjahr. Überwiegend soll der B. der politischen oder beruflichen Weiterbildung dienen. In Bremen und Schleswig-Holstein ist die allgemeine Weiterbildung Bestandteil der Regelungsbereiche, das niedersächsische Gesetz spricht lediglich von Weiterbildung *(Erwachsenenbildung)*. In Brandenburg besteht ein Freistellungsanspruch für politische, berufliche und kulturelle Bildung. In Sachsen-Anhalt kann Freistellung nur noch für berufliche Weiterbildung beansprucht werden. Allgemein erfolgt die Entgeltfortzahlung ohne Minderung, allerdings auf Grundlage unterschiedlicher Regelungen. Ein Anspruch entsteht erstmalig nach 6-monatigem Bestehen des Arbeitsverhältnisses (Ausnahme Rheinland-Pfalz: 2 Jahre bzw. 1 Jahr für Auszubildende). Unbeschadet vom Fortbestehen der Ansprüche kann Bildungsfreistellung i. d. R. nur aus dringenden betrieblichen Gründen abgelehnt werden. Allerdings sehen die in jüngerer Zeit verabschiedeten Gesetze, mit Ausnahme von Schleswig-Holstein, eine Quotierung der Inanspruchnahme vor. Im Saarland muss seit 2004 zu dem gesetzlichen Anspruch in gleichem Umfang arbeitsfreie Zeit (z. B. unbezahlter Urlaub) eingebracht werden.

Besondere Anspruchsgruppen: Neben den erwähnten Landesgesetzen bestehen gesetzliche Ansprüche auf B. bzw. VO für einzelne Personengruppen: so im BetrVerfG bzw. den Personalvertretungsgesetzen für Schulungs- und Bildungsveranstaltungen; für Beamte und Richter, Angestellte und Arbeiter im Bundesdienst und dem öffentlichen Dienst der Länder und Gemeinden; für Soldaten auf Zeit und Polizeibeamte im Bundesgrenzschutz sowie für Werksärzte und Sicherheitsbeauftragte (Arbeitsstättengesetz); für JugendgruppenleiterInnen zur Qualifizierung ihrer nebenamtl. Tätigkeit. Eine dritte Anspruchsgrundlage für B. bilden Tarifverträge und Betriebsvereinbarungen, die Regelungen für bezahlte wie nicht bezahlte Freistellung enthalten

B

und für mehrere Mio. ArbeitnehmerInnen gelten. Dies sagt allerdings nichts über Regelungsbereiche, Dauer, Entgeltfortzahlung etc. aus.

Aus der unterschiedlichen gesetzlichen Entwicklung in verschiedenen BL folgt eine bildungspolitisch umstrittene Ungleichheit der Chancen der ArbeitnehmerInnen, sich politisch, beruflich oder allgemein weiterzubilden. Die Befürworter einer bundesweiten Regelung des B. argumentieren u.a. mit dem Grundgesetzauftrag, demnach der Bund die Verpflichtung habe, im Bundesgebiet für annähernd gleiche Lebensverhältnisse Sorge zu tragen. Darüber hinaus sei die BReg mit der Ratifizierung eines entsprechenden ILO-Übereinkommens im Jahre 1974 die Verpflichtung eingegangen, Bildungsurlaubsregelungen für alle ArbeitnehmerInnen zu schaffen. Als besonders wichtig wird die Einführung des bezahlten B. für ArbeitnehmerInnen angesehen, die aufgrund von bisheriger Bildungsbenachteiligung wenig weiterbildungsbereit sind bzw. denen ihre soziale Lage wenig Raum für die Aktualisierung und Erweiterung ihrer Kenntnisse und Fähigkeiten gibt. Die Gegner einer bundesweiten Einführung des B. führen insbesondere die hohen Kosten, die der Wirtschaft durch Arbeitsausfall und Lohnfortzahlung entstehen, sowie die nicht ausreichenden Kapazitäten, die ebenfalls durch hohe Investitionen geschaffen werden müssten, an. Umstritten sind des Weiteren die Zweckbestimmung des B. (ob primär für politische Bildung oder auch für berufliche oder allgemeine *Weiterbildung*), die Dauer und Kumulierungsmöglichkeiten über mehrere Jahre, das Anerkennungsverfahren und die Anrechenbarkeit von Ansprüchen aus anderen Freistellungsregelungen.

Heftige Auseinandersetzungen um den B. wurden nach der Neufassung des B. in Hessen und der Gesetzgebung in NRW im Jahre 1984 geführt. In der Folge hatten die Vereinigung der hessischen Unternehmerverbände und die Landesvereinigung der Arbeitgeberverbände NRW Verfassungsbeschwerden beim BVerfG in Karlsruhe gegen die beiden Gesetze eingelegt. Mit seinem Beschluss vom Dez. 1987 hat das Gericht die Einwendungen gegen das hessische Bildungsurlaubsgesetz und das nordrhein-westfälisches Arbeitnehmerweiterbildungsgesetz zurückgewiesen und in diesem Zusammenhang neben der beruflichen auch der politischen Weiterbildung als Regelungsbereich die Verfassungskonformität bestätigt. Allerdings gingen die arbeitsgerichtlichen Auseinandersetzungen mit Schwerpunkt in NRW auch nach dem BVerfG-Beschluss weiter. Mehrfach hat sich inzwischen auch das BArbG in Kassel mit dem B. beschäftigt, um bei Inanspruchnahme mehr Rechtssicherheit zu schaffen.

Die zentrale Frage in der Diskussion um den B. ist die nach der Gesamtzahl der freigestellten Teilnehmerinnen und damit der Quote der Inanspruchnahme. Bei allen methodischen Problemen der Berechnung ist davon auszugehen, dass die Inanspruchnahme zz. zwischen 0,6 % (NRW) und 2,0 % in den Stadtstaaten (Bremen, Hamburg) liegt. Diskussionen der 1970er/1980er Jahre über gesetzliche Instrumentarien zur Anhebung dieser Quote (z.B. Ausgleichsabgabe für Betriebe mit unterdurchschnittlicher Freistellungsquote) sind nicht mehr relevant.

Wo gibt es Bildungsurlaub?

Bundesland	Bildungsurlaub
Baden-Württemberg	5 Tage pro Jahr
Bayern	–
Berlin	10 Tage in 2 Jahren
Brandenburg	10 Tage in 2 Jahren
Bremen	10 Tage in 2 Jahren
Hamburg	10 Tage in 2 Jahren
Hessen	5 Tage pro Jahr
Mecklenburg-Vorpommern	5 Tage pro Jahr
Niedersachsen	5 Tage pro Jahr
NRW	5 Tage pro Jahr
Rheinland-Pfalz	10 Tage in 2 Jahren
Saarland	3 Tage pro Jahr
Sachsen	–
Sachsen-Anhalt	5 Tage pro Jahr
Schleswig-Holstein	5 Tage pro Jahr
Thüringen	–

B. gibt es auch in anderen europäischen Ländern, u.a. in Frankreich, Belgien, Italien und in den skandinavischen Ländern. Die rechtlichen Grundlagen, Intentionen und Bildungsbereiche, Dauer und Zeitorganisation sowie Finanzierung und Steuerung sind jedoch höchst unterschiedlich geregelt.

Mechthild Merfeld/Lothar Jansen

Literatur

L. Jansen/T. W. Länge: Bildungsurlaub – Instrument zur Lösung von Lernzeitproblemen?, in: Hessische Blätter für Volksbildung 2/2000 ◆ P. Faulstich (Hrsg.): Lernzeiten – Für ein Recht auf Weiterbildung, Hamburg 2002 ◆ S. Robak/H. Rippien/L. Heidemann/C. Pohlmann (Hrsg.): Bildungsurlaub – Planung, Programm, Partizipation, Frankfurt/M. 2015.

Links

www.bildungsurlaub.de
www. arbeitundleben.de

Bundesjugendkuratorium

Aufgaben

1961 hatte der Bundesgesetzgeber – in Anknüpfung an das 1950 eingerichtete Kuratorium für Jugendfragen – mit der Novellierung des JWG beschlossen, dass „die Bundesregierung in grundsätzlichen Fragen der JH von einem Sachverständigengremium (Bundesjugendkuratorium) beraten wird". Diese Vorgabe hat das *Kinder- und Jugendhilfegesetz* von 1990/1991 ohne Einschränkungen beibehalten (§ 83 Abs. 2 SGB VIII).

Frühere Arbeitsergebnisse

In den 1970er Jahren bildeten die Erörterungen im B. die Grundlage für das wegweisende Konzept der „Offensiven Jugendhilfe" (BMJFG 1974). Später gab es Symposien, z. B. zu den Themen „Geschlossene Unterbringung" und „Terrorismus", die in der Fachöffentlichkeit auf große Resonanz stießen (Bundesjugendkuratorium 1979). In den 1990er Jahren verabschiedete das B. auf Nachfrage der damaligen Bundesjugendministerin eine wegweisende Stellungnahme zur Weiterentwicklung des Bundesjugendplans/*Kinder- und Jugendplans des Bundes* (Bundesjugendkuratorium 1993). Im Jahre 1999 veröffentlichte das DJI die Ergebnisse eines Hearings des B. unter dem Titel „Der Mythos der Monsterkids – strafunmündige, Mehrfach- und Intensivtäter" (DJI 1999).

Neuordnung der Struktur und Aufgaben

Im Rahmen der Neuberufung für die 14. Legislaturperiode (1999–2002) hat das BMJFSJ wichtige Weichen gestellt: U. a. erhielt das B. erhielt die Aufgabe, Vorschläge für eine inhaltliche und strukturelle Weiterentwicklung des B. zu erarbeiten.

Mit der Veröffentlichung der Neufassung der „Allgemeinen Verwaltungsvorschrift über das Bundesjugendkuratorium gemäß § 83 Abs. 2 Achtes Buch Sozialgesetzbuch (SGB VIII) – Kinder- und Jugendhilfe" im Bundesanzeiger Nr. 109 vom 18. 6. 2002 ist die seit 1969 unverändert gebliebene a. F. abgelöst worden. Die wesentlichen Regelungen sind nunmehr:

- Das B. berät die BReg in grundsätzlichen Fragen der *Kinder- und Jugendhilfe* und in Querschnittsfragen der *Kinder- und Jugendpolitik*.
- Es bezieht junge Menschen in geeigneter Weise in seine Beratungen ein.
- Dem B. gehören bis zu 15 unabhängige Sachverständige an.
- Die Mitglieder werden durch die Bundesjugendministerin bzw. den Bundesjugendminister nach Anhörung der übrigen BM für die Dauer der laufenden Legislaturperiode berufen. Wiederberufung ist zulässig.
- Das B. gibt sich umgehend nach seiner Berufung eine Geschäftsordnung. Die Geschäftsordnung bedarf der Zustimmung des BMFSFJ.
- Die Sitzungen des B. sind nicht öffentlich.
- Die VwV tritt am 1. Januar 2003 in Kraft.
- Die Geschäftsordnung sieht als zentrale Neuerung eine eigene Geschäftsstelle für das B. vor (seit 2006 Arbeitsstelle Kinder- und Jugendpolitik beim DJI).

Inhaltliche Schwerpunkte

Das B. hat im Rahmen seiner Neustrukturierung zunächst Thesen „Gegen den irrationalen Umgang der Gesellschaft mit der nachwachsenden Generation" (2000) vorgelegt und sich dann u. a. in vielfältiger Form mit dem Thema Bildung und Jugendhilfe befasst (z. B. Streitschrift „Zukunftsfähigkeit sichern! Für ein neues Verhältnis von Jugendhilfe und Bildung" (2002)) außerdem zum Schutz vor Kindeswohlgefährdung (2009) und weiteren Themen der Kinder- und Jugendhilfe. Neuere Stellungnahmen des B. befassten sich mit Themen wie z. B. Betreuungsgeld (2012), Jugendhilfeplanung (2012), Inklusion in der Kinder- und Jugendhilfe (2012), Migration (2013) und der gesellschaftlichen Verantwortung für junge Flüchtlinge (2015) (Einzelheiten unter www.bundesjugend-kuratorium.de).

Die Wirksamkeit des B. hängt wesentlich vom Zusammenspiel der folgenden Faktoren ab:

- Äußerung von Beratungsbedarf durch die BReg und Respekt gegenüber den Antworten des B.
- Auswahl der Beratungsgegenstände, die i. d. R. ressortübergreifend sind bzw. Schnittstellen zu anderen Ressorts thematisieren (z. B. Bildung) sowie die internationale Perspektive von Kinder- und Jugendpolitik einbeziehen;
- Souveränität der Mitglieder des B. bezüglich

ihrer professionellen Herkunft und Bereitschaft zu gemeinsamen Agieren;

- Relevanz der Beratungsergebnisse und deren Akzeptanz durch die Fachöffentlichkeit
- funktionsfähige Geschäftsstelle.

Überlegungen zur Weiterentwicklung des B. zu einem „Rat der Jugend-Weisen“ (Hornstein) sind bisher nicht aufgegriffen worden.

Sven Borsche

Literatur

BMFSFJ (Hrsg.): Mehr Chancen für die Jugend – zu Inhalt und Begriff einer offensiven Jugendhilfe, Stuttgart u. a. O. 1974 ◆ BMFSFJ: Das Bundesjugendkuratorium, Berlin 2009 ◆ W. Hornstein: Jugendpolitik – wider ihren Ruf verteidigt, in: Diskurs 2/2004, 45 ff. ◆ H. Junge: Patient Bundesjugendkuratorium, in: Jugendwohl 1982, 413 f. ◆ R. Münchmeier u. a. (Hrsg. im Auftrag des Bundesjugendkuratoriums): Bildung und Lebenskompetenz – Kinder- und Jugendhilfe vor neuen Aufgaben ◆ Opladen 2002, 184 ff.

Link

www.bkj.de

Weiter die aktuelle Kommentar-Literatur unter *Kinder- und Jugendhilfegesetz.*

Bürgerschaftliches Engagement

Begriff

Der Begriff des bürgerschaftlichen Engagements (b. E.) bezeichnet ein breites Spektrum unterschiedlicher Formen des freiwilligen, überwiegend unentgeltlichen und gemeinwohlorientierten Engagements in prinzipiell allen Bereichen der modernen Gesellschaft (Sport, Freizeit, Kultur, Gesundheit und Soziales, Ökologie, Politik, berufliche Interessenvertretung etc.). In diesem weitgefassten Sinne tritt der Begriff des b. E. z. T. an die Stelle bisher gebräuchlicher Begrifflichkeiten und gibt den hiermit bezeichneten Aktivitätsformen einen neuen Bedeutungsakzent. Z. T. umfasst der Begriff vielfältigere Aktivitäten als herkömmliche Begriffe; dies gilt insbes. für die Termini Ehrenamt und Selbsthilfe. Der Begriff des Ehrenamts bezeichnet stärker formalisierte, in Regeln eingebundene und zumeist dauerhafte Formen des Engagements. In seiner Verlässlichkeit ist das Ehrenamt in vielen Bereichen nach wie vor ein wichtiger Stabilisierungsfaktor. Aber gerade die Diskussionen und Forschungen zu einem „Strukturwandel des Engagements“ (Olk 1989, Beher u. a. 2000) verweisen darauf, dass weniger verbindlich organisierte und zeitlich befristete Formen des Engagements jenseits des herkömmlichen Ehrenamts in den letzten Jahren an gesellschaftlicher Bedeutung gewonnen haben. Auch Selbsthilfe als Engagementform ist lediglich ein Ausschnitt aus dem gesamten Spektrum des b. E. Hier geht es um die wechselseitige Unterstützung und Hilfe auf der Basis von Selbst- und Gleichbetroffenheit in Gruppen, wie sie sich v. a. im Gesundheitsbereich seit den 1970er Jahren herausgebildet haben. Ebenfalls zum b. E. gehören Formen der Selbstorganisation der kritischen Öffentlichkeit, wie sie in Bürgerinitiativen, neuen sozialen Bewegungen und Nichtregierungsorganisationen in den letzten Jahrzehnten zum Ausdruck kommen *(Selbsthilfe/Selbstorganisation).* Gerade diese Formen des gesellschaftlichen Engagements zeigen, dass Dabei-Sein und Dagegen-Sein gleichermaßen zum Bürgerengagement in einem demokratischen Gemeinwesen gehören und auf diese Weise dessen Produktivität und Innovationskraft ausmachen.

Obwohl der Begriff des b. E. empirisch diese Vielfalt der Formen, Tätigkeiten und Organisationen umfasst, ist er mehr als ein Ober- und Sammelbegriff. Er ist eng verknüpft mit gesellschaftstheoretischen und politischen Diskursen wie etwa Bürgergesellschaft, Gemeinsinn, Selbstermächtigung und Selbstorganisation etc., die ihm über den analytischen hinaus auch noch einen besonderen normativen Gehalt verleihen. Der Begriff des b. E. verweist nämlich auf die Leitfigur des Bürgers, der Bürgerin, die sich jenseits sonstiger Unterschiede (soziale Herkunft, Geschlecht, Beruf etc.) als gleichberechtigte Mitglieder eines politischen Gemeinwesens anerkennen und auf der Grundlage liberaler Grund- und Freiheitsrechte in mit-bürgerschaftlicher Verantwortung ihr Gemeinwesen aktiv mitgestalten. Konkreter Ausdruck dieser Form des Engagements sind Bürgervereinigungen, Initiativen, politische Bewegungen und *Parteien.* Dem entspricht, dass auch in der politischen Philosophie und Ideengeschichte das bürgerschaftliche Handeln als ein Ausdruck von Bürgertugend i. S. des pflichtbewussten gemeinwohlorientierten Sicheinbringens in die gemeinsame Sphäre des Politischen verstanden wurde.

Diese Engführung des b. E. ist unter den Bedingungen der modernen, funktional differenzierten Gesellschaft nicht mehr plausibel. In Absetzung von klassischen republikanischen Auffassungen, wonach nur selbstbestimmten Aktivitäten im politischen Bereich das Attribut der Bürgerschaftlichkeit zukommen kann, geht es heute vielmehr um jede Form freiwilliger und gemeinschaftsbezogener Aktivität, die nicht ausschließlich den individuellen Eigeninteressen der beteiligten Individuen dient, sondern auch zur Erzeugung und Vermehrung öffentlicher Güter beiträgt. Dementsprechend können auch Handlungsformen wie z. B. die selbstorganisierte Betreibung eines Kindergartens, die Organisation einer Straßensammlung für wohltätige Organisationen oder die Beteiligung an einem Bürgerhaus Aktivitäten darstellen, in denen – mehr oder weniger nebenbei – die *Solidarität* und das lebendige Zusammenleben im Gemeinwesen befördert und zivile Tugenden wie Verantwortungsbereitschaft, Toleranz und Rücksichtnahme praktisch eingeübt werden. Damit verweist der Begriff des b. E. zugleich auf das Leitbild der Bürgergesellschaft (oder auch der Zivilgesellschaft) als die Vision einer politischen Gemeinschaft, in der Bürgerinnen und Bürger in hohem Maße für die Geschicke des Gemeinwesens Sorge tragen und damit dessen Zukunft nicht vorrangig vom Staat und seinen Institutionen abhängig machen.

Geschichte

Der Blick zurück in die historischen Ursprünge und Vorläufer der SozArb zeigt, dass *Soziale Arbeit* selbst das Ergebnis b. E. individueller und kollektiver Akteure ist. Auch diese frühen Formen und Spielarten des b. E. gehen weit über das Ehrenamt hinaus und kommen in einer breiten Palette von Organisations- und Handlungsformen zum Ausdruck: Das Spenden von Geld für soziale Einrichtungen, Anstalten und Aktivitäten und die Begründung von mildtätigen Stiftungen für spezielle Nöte und Hilfsbedürftigkeiten gehörten ebenso dazu wie die Bereitstellung von Geld und Engagement für die Aufrechterhaltung der Arbeit lokal und regional wirkender Organisationen und Vereine *(Spenden und Social Sponsoring)*. Auf der Grundlage dieses konfessionell wie nicht-konfessionell gebundenen b. E. bildet sich im 18. und 19. Jh. neben der öffentlichen Fürsorge eine breit angelegte Infrastruktur wohltätiger Vereine, Stiftungen und Einrichtungen für verschiedenste Problemlagen und Adressatengruppen heraus, die das Rückgrat einer lokalen Vereins- und Wohlfahrtskultur darstellt.

Dieses b. E. – vornehmlich der gehobenen bürgerlichen Schichten – beschränkt sich keineswegs auf das klassische kommunale Ehrenamt, wie es sich z. B. im sog. Elberfelder System seit 1853 herausgebildet hat. Dieses System, das in den folgenden Jahrzehnten in den meisten deutschen Großstädten übernommen wurde, organisiert die Armenfürsorge in der Form des öffentlichen Ehrenamtes, wie es mit der preußischen Reform der Kommunalverfassung bzw. Städteordnung durch den Freiherrn vom Stein im Jahre 1808 institutionalisiert worden ist. Jenseits solcher klassischen Formen eines öffentlichen Ehrenamtes umfasst das b. E. bereits im 19. Jh. auch Handlungs- und Aktivitätsformen wie das Spenden von Geld, die Entwicklung lokaler Netzwerke und Partnerschaften und die Beteiligung an eher locker organisierten und informellen Aktivitäten im Bereich von Stadtentwicklung, Sozialhygiene, Bildung und Wohlfahrtspflege. Wichtige Bestandteile bürgergesellschaftlicher Reformaktivitäten im unmittelbaren Kontext von SozArb sind die durch Jane Addams (1860–1935) gegründete Settlement-Bewegung sowie das Community Organizing, wie es insbes. von Saul Alinsky (1906–1972) entwickelt und praktiziert wurde (auch Elsen 2001).

Mit der Entwicklung des Wohlfahrtsstaates *(Sozialstaat)* und der Demokratisierung der Gesellschaft nach dem 1. Weltkrieg wurden die klassisch-bürgerschaftlichen Organisationsformen privater Wohlfahrtspflege und Sozialreformen zunehmend bedeutungslos. Im Zuge der Verberuflichung sozialer Arbeit, der Zentralisierungstendenzen in der freien Wohlfahrtspflege und der Herausbildung und Ausweitung kommunaler Fürsorgeapparaturen verlor das lokal verankerte b. E. seine Entfaltungs- und Legitimationschancen, wurde allmählich aus dem Bereich der öffentlichen Fürsorge herausgedrängt und zunehmend – nun in der Form der ehrenamtl. Mitwirkung – auf den Bereich der verbandlichen Wohlfahrtspflege (Wohlfahrtsverbände) verlagert.

Nach dem 2. Weltkrieg – und hier insbes. in den 1960er und frühen 1970er Jahren – ist die SozArb durch enorme quantitative Expansion und qualitative Verfachlichung geprägt. Im Verlaufe der zügig voranschreitenden *Professionalisierung* werden alle Formen des b. E. faktisch marginalisiert und damit fachpolitisch an den Rand der Aufmerksamkeit gedrängt. Auch die freien Träger der Wohlfahrtspflege *(Wohlfahrtsverbände)* sind von Verrechtlichungs-, Bürokratisierungs- und Professionalisierungstendenzen betroffen. Angestoßen durch die politischen und konzeptionellen Impulse der Studentenbewegung Mitte der 1960er Jahre und angetrieben durch die Kritik am expandierenden Wohlfahrtsstaat und seinen entmündigenden Folgen im Verlaufe der 1970er Jahre bilden sich unterschiedliche Formen und Spielarten eines „bürgergesellschaftlichen Aufbruchs", die als neuartige Ausdrucksformen einer mit-bürgerschaftlichen Solidarität gelten können (Evers/Olk 2002). Zu diesen bürgerschaftlichen Aktionsformen gehören die vielfältigen Spielarten der neuen Selbsthilfebewegung, die neue lokale Vereins- und Initiativenkultur im Kontext der Frauen-, Alternativ- und Ökologiebewegung sowie unterschiedliche Ausdrucksformen bürgerschaftlicher Selbstorganisation in Form von Bürgerinitiativen. Betrachtet man die praktischen Auswirkungen sowohl der Selbsthilfebewegung als auch der alternativen Initiativen- und Projekteszene – auch im Bereich der SozArb –, so muss festgestellt werden, dass es allen diesen Strömungen bis heute nicht gelungen ist, das bestehende System bürokratisierter und professionalisierter Leistungserbringung i. S. einer Stärkung von Klienten- und Adressatenrechten und des Einbaus des Selbsthilfe- und Selbstorganisationsgedankens grundlegend zu verändern. Vielmehr erhalten diese bürgerschaftlichen Aktivitäten und Organisationsformen bestenfalls einen Platz an den Rändern und in den Nischen des bestehenden Institutionensystems, wodurch eine nachhaltige Einflussnahme auf zentrale Gestaltungsprinzipien des Systems der SozArb und der sozialen Sicherung bislang ausgeblieben ist.

Empirische Befunde

Das empirische Wissen über Umfang und Entwicklung des b. E. ist nach wie vor nicht zufriedenstellend. Inzwischen liegen allerdings zwei empirische Untersuchungen vor, die eine aktuelle Bestandsaufnahme des b. E. erlauben: Es handelt sich zum einen um die vom BMFSFJ beauftragte, seit 1999 alle 5 Jahre durchgeführte repräsentative Bevölkerungsbefragung zum freiwilligen Engagement und zum anderen um die Auswertungen der Daten des Sozioökonomischen Panels (SOEP), die auf einer seit 1985 regelmäßig durchgeführten Haushaltsbefragung basieren. Beide Untersuchungen kommen zu ähnlich hohen Anteilen engagierter Bürgerinnen und Bürger in Deutschland. Nach der Studie des „Freiwilligensurveys" 2009 engagieren sich mit 36 % der über 14-Jährigen mehr als ⅓ der bundesdeutschen Bevölkerung in irgendeiner Form und in irgendeinem Bereich i. S. des „freiwilligen Engagements"; dies entspricht knapp 23 Mio. Menschen. Der nächste Freiwilligensurvey wird für 2016 erwartet.

Begriffsdefinition und methodisches Vorgehen des Freiwilligensurveys von 1999–2004–2009 stimmen mit der hier vorgeschlagenen weiten Fassung des Begriffs des b. E. weitgehend überein. Dementsprechend wird hervorgehoben, dass die ermittelte Engagementquote nicht mit politisch-sozialem Engagement i. e. S. gleichzusetzen ist, sondern dass es sich zu einem hohen Anteil um „Gemeinschaftsaktivität im persönlichen Lebensumfeld" handelt. Freiwillige Tätigkeiten in den Bereichen Sport und Bewegung, Freizeit und Geselligkeit, Kultur und Musik tragen ebenso wie politisch-soziale Formen des Engagements zur Erzeugung öffentlicher Güter bei und sind damit aktive Beiträge zum Gemeinwohl. Der Freiwilligensurvey zeigt, dass die Beteiligung an freiwilligen und gemeinwohlorientierten Aktivitäten mit steigendem Schul- und Berufsabschluss – also mit der sozialen Stellung in der Gesellschaft – zunimmt. Darüber hinaus gilt, dass das Ausmaß des Engagements eng mit der sozialen Einbindung zusammenhängt. Dies ist der Grund dafür, warum Erwerbslose im Vergleich zu Erwerbstätigen weniger stark engagiert sind. Eine Integration durch Erwerbsarbeit trägt offensichtlich zu einer Stärkung der Engagementbereitschaft bei und ermöglicht Zugänge zu Engagementmöglichkeiten. Demgegenüber verringert der Ausschluss aus Erwerbsarbeit durch *Arbeitslosigkeit* die Möglichkeiten und Bereitschaften, sich zu engagieren (Erlinghagen u. a. 2000). B. E. findet in praktisch allen gesellschaftlichen Bereichen statt. Nach dem Freiwilligensurvey 2009 stehen die Bereiche Sport und Bewegung, Freizeit und Geselligkeit sowie Kultur und Musik an der Spitze der freiwilligen Tätigkeitsbereiche. Der soziale Bereich folgt erst danach.

Dass die heutigen Formen von b. E. weit über das herkömmliche Ehrenamt hinausreichen, zeigen auch die unterschiedlichen Formalisierungsgrade des Engagements. So spielen in den Bereichen der politischen und beruflichen Interessenvertretung, in Schule und Kindergärten zwar Ämter und Funktionen, für die der Einzelne ein Mandat bekommt, eine große Rolle; in Bereichen wie Umwelt-, Natur- und Tierschutz sowie im sozialen und Gesundheitsbereich dominieren aber eher informelle Formen der Mitarbeit (Rosenbladt 2000, 75 f.). Informelle Formen des Engagements sind keineswegs weniger verbindlich oder verlässlich; es fehlt lediglich die formale Aufgabenzuweisung in Form eines Amtes oder einer Vorstands- oder Leitungsfunktion. Auch die Organisationsformen des Engagements sind vielfältig: Neben Kirchen und religiösen Vereinigungen, Selbsthilfegruppen, Initiativen und Projekten, staatlichen und kommunalen Einrichtungen, Verbänden, Parteien und Gewerkschaften, wird das b. E. zu fast 50 % hauptsächlich im Rahmen eines Vereins ausgeübt. Dies verweist auf die hohe Bedeutung des eingetragenen Vereins als rechtliche

Organisationsform bürgerschaftlicher Aktivitäten in Deutschland.

Perspektiven

Die künftigen Entwicklungschancen des b. E. aus heutiger Sicht zu prognostizieren ist schwierig. Dies liegt daran, dass sich sowohl hemmende als auch befördernde Bedingungen erkennen lassen. So scheint der weitreichende Prozess der „Durchmarktung" und „Ökonomisierung" der SozArb für die Entfaltung und Ausbreitung von b. E. wenig förderlich zu sein. Mit dem Umbau freier Träger von „Wertegemeinschaften" zu „kundenorientierten Dienstleistungsunternehmen" und der Übertragung betriebswirtschaftlicher Managementstrategien auf die *öffentliche* (Sozial-)*Verwaltung* werden marktähnliche Strukturen auch innerhalb des professionell-bürokratischen Leistungssystems verankert und damit betriebswirtschaftliche Effizienz zur wichtigsten Qualitätsdimension sozialer Dienste und Einrichtungen erhoben. Bürgerschaftliche Handlungsformen wie vertrauensvolle Kooperation, Solidarität und mitbürgerliche Anteilnahme werden angesichts der Propagierung marktrationalen Verhaltens an den Rand gedrängt.

Andererseits lassen sich viele Beispiele und Bereiche benennen, in denen auch unter dem Druck einer „Ökonomisierung„ des Sozialsektors unterschiedliche Formen von b. E. zur Entfaltung kommen. Manchmal entsteht der Eindruck, als sei das b. E. praktisch für die Lösung aller Probleme geeignet, die sich in modernen Gesellschaften ergeben. So werden Vereine und Organisationen, die besonders schwache Konsumentengruppen vertreten (z. B. Initiativen zugunsten von Kindern, Heimbewohnern und Demenzerkrankten) durchaus wertgeschätzt, werden lokale Hilfe- und Selbsthilfeeinrichtungen im Gesundheitsbereich (wie etwa die Hospiz-Bewegung und *Sterbebegleitung*) positiv bewertet und soziale Initiativen und Projekte, die – wie etwa in der Familienhilfe, Drogenarbeit oder *Altenhilfe* – bislang nicht anerkannte Anliegen und Problemlagen spezifischer Bevölkerungsgruppen in die Aufmerksamkeit der Öffentlichkeit befördern, ebenso geschätzt wie Initiativen und Projekte, die in Versorgungslücken tätig werden, in die Markt und Staat nicht hineinreichen (wie etwa Tafelbewegung, Projekte mit Bewohnern sozialer Brennpunkte, Versorgung und Betreuung von Flüchtlingen etc.). Ohne diese Innovations- und Integrationskraft des b. E. würde SozArb und manch anderer Potikbereich wohl kaum funktionieren.

Wenn sich allerdings im Kernbereich etablierter (Sozial-)Politik und sozialer Einrichtungen kein grundlegender Wandel der Leitbilder und Organisationsformen durchsetzen lässt, dann ist zu befürchten, dass die bunte Vielfalt kleinteiliger bürgerschaftlicher Handlungs- und Organisationsformen auch in Zukunft überwiegend einen Platz außerhalb etablierter Versorgungsstrukturen – gewissermaßen als Schutz-, Mahn- und Warninstitution – zugewiesen bekommt, ohne die professionalisierten Institutionen des wettbewerblich und marktwirtschaftlich organisierten Kernbereichs von SozArb nennenswert beeinflussen zu können. Ob sich strategische Alternativen (mit den Prinzipien des b. E. von Basisdemokratie, Selbstverantwortung, Adressatennähe und Selbstvertretung) zu den vorherrschenden marktorientierten Modernisierungsperspektiven durchsetzen können, wird aber nicht zuletzt davon abhängen, ob es gelingt, sowohl übergreifende Politikkonzepte als auch institutionelle Reformstrategien zu entwickeln, die unterschiedliche Formen von b. E. zu einem zentralen Element auch der Kernbereiche sozialstaatlicher Einrichtungen und Dienste erheben. Eine wichtige Voraussetzung hierfür wäre allerdings, die Frage nach einer Öffnung von sozialen Einrichtungen und Diensten für bürgerschaftliche Mitwirkung nicht auf das Ziel einer Erhöhung der Anzahl ehrenamtl. Mitarbeiter oder auf die Akquisition zusätzlicher Spendenmittel zu verkürzen. B. E. umfasst vielmehr eine breite Palette von Aktivitätsformen wie etwa der Aufbau lokaler Vernetzungsstrukturen mit anderen Akteuren und Einrichtungen, die Öffnung von Einrichtungen und Diensten für die Mitwirkung von Vereinen, Institutionen und Schlüsselpersonen des Stadtteils, der Aufbau intensiver Kooperationsbeziehungen zu lokalen Partnern, der Aufbau und die Entwicklung von Fördervereinen – etwa von Kitas, Schulen und Alteneinrichtungen – sowie die Mitwirkung von Angehörigen und Adressaten/Patienten in stationären Einrichtungen etc. Professionelle und finanzielle Unterstützung des b. E. sind dabei eine wesentliche Voraussetzung.

Ob b. E. in Einrichtungen und Diensten von SozArb eine Zukunft hat, hängt also davon ab, ob das Element des b. E. einen zentralen und konstitutiven Stellenwert im Kontext von Prozessen der Leitbild- und Konzeptentwicklung erhält. Dabei geht es insbes. um die Entwicklung einer Management- und Organisationskultur sowie einer Fachlichkeit, die nicht fixiert bleibt auf Fragen innerbetrieblicher Optimierung, sondern die für sozialunternehmerische Aufgaben aufgeschlossen und qualifiziert ist. Das könnte sich u. a. ausdrücken im Knüpfen von Versorgungsnetzwerken zwischen Krankenkassen, Krankenhäusern und Selbsthilfegruppen, in der Entwicklung von Projektverbünden bei der Pflege und Unterstützung alter Menschen oder in der Profilierung einer Jugendeinrichtung durch Partnerschaften vor Ort. Ermutigende Ansätze für eine solche „bürgerschaftliche Reformstrategie" sozialer Einrichtungen und Dienste gibt es sowohl im Bereich freier Träger als auch im Bereich kommunaler Politik und Verwaltung. Ob es den entsprechenden Reformakteuren auf unterschiedlichen Ebenen und in unterschiedlichen Bereichen der SozArb gelingen wird, für das b.E. wirklich förderliche Rahmenbedingungen über die derzeitige „Engagementförderung" in Bund, Ländern und Kommunen hinaus in dem hier verstandenen erweiterten Sinne zu schaffen, ist allerdings eine Frage, immer wieder neu gestellt werden muss.

Thomas Olk

Literatur

BMFSFJ: Monitor Engagement. Hauptbericht des Freiwilligensurveys 2009, Berlin 2010 (und 2016) ♦ K. Beher/R. Liebig/T. Rauschenbach: Strukturwandel des Ehrenamtes. Gemeinwohlorientierung im Modernisierungsprozess, Weinheim/München 2000 ♦ H.J. Dahme/N. Wohlfahrt: Freie Wohlfahrtspflege und bürgerschaftliches Engagement – eine Zwischenbilanz, in: TuP 2/2011 ♦ S. Elsen: Bürgerschaftliches Engagement, Zivilgesellschaft und Soziale Arbeit, in: ForumSozial 2001, 1/18 ♦ Enquêtekommission „Zukunft des Bürgerschaftlichen Engagements": Bürgerschaftliches Engagement und Zivilgesellschaft, Berlin 2013 ♦ M. Erlinghagen/K. Rinne/J. Schwarze: Arbeitslosigkeit und ehrenamtliche Tätigkeit im Zeitverlauf. Eine Längsschnittanalyse der westdeutschen Stichprobe des Sozio-Ökonomischen Panels (SOEP) für die Jahre 1982 und 1996, in: Kölner Zeitschrift für Soziologie und Sozialpsychologie 2000, 52/2, 291 ♦ A. Evers/U. Rauch/U. Stitz: Von öffentlichen Einrichtungen zu sozialen Unternehmen. Hybride Organisationsformen im Schul-, Kultur- und Altenpflegebereich, Berlin 2002 ♦ R.G. Heinze/T. Olk: Bürgerengagement in Deutschland – Zum Stand der wissenschaftlichen und politischen Diskussion, in: R.G. Heinze/T. Olk (Hrsg.): Bürgerengagement in Deutschland, Bestandsaufnahmen und Perspektiven, Opladen 2001, 11 ♦ W. Hinte: Von der Gemeinwesenarbeit über die Stadtteilarbeit zum Quartiermanagement, in: W. Thole (Hrsg.): Grundriss Soziale Arbeit. Ein einführendes Handbuch, Opladen [4]2012, 663–676 ♦ H. Keupp/F. Straus: Bürgerschaftliches Engagement in der reflexiven Moderne, Leverkusen 2017 ♦ T. Olk: Bürgerschaftliches Engagement ermutigen und fördern – Eckpunkte einer Politik der Unterstützung freiwilliger und gemeinwohlorientierter Aktivitäten in Staat und Gesellschaft, in: Zeitschrift psychosozial, Nr. 88, II/2002 ♦ T. Olk: Politische Rahmenbedingungen – Was muss sich ändern, damit bürgerschaftliches Engagement in der Sozialen Arbeit ein größere Bedeutung erhält?, in: K. Möller (Hrsg.): Auf dem Weg in die Bürgergesellschaft? Soziale Arbeit als Unterstützung bürgerschaftlichen Engagements, Opladen 2002, 249 ♦ T. Olk: Sozialstaat und Bürgergesellschaft, in: R.G. Heinze/T. Olk (Hrsg.): Bürgerengagement in Deutschland. Bestandsaufnahmen und Perspektiven, Opladen 2001, 29 ♦ T. Olk: Entwicklungsbedarf in der Freiwilligenarbeit mit Kindern, Jugendlichen und ihren Familien heute, in: V. Birtsch/S. Behn/G. Bindel-Kögel (Hrsg.): Freiwilligenarbeit gestalten, München 2014 ♦ T. Olk/B. Hartnuß (Hrsg.): Handbuch Bürgerschaftliches Engagement, Weinheim/München 2011 ♦ B. v. Rosenbladt: Freiwilliges Engagement in Deutschland – Freiwilligensurvey 1999, Bd. 1: Gesamtbericht. BMFSFJ, Schriftenreihe Bd. 194.1, Stuttgart u.a.O. 2000.

Links

www.bmfsfj.de
www.diw.de/soep
www.b-b-e.de

C

Chancengleichheit

Der Begriff und seine Ausgestaltung

C. ist ein Begriff, der der Philosophie der *Aufklärung* entstammt. Er ist als normativer Anspruch aufgenommen worden in die „Allgemeine Erklärung der Menschenrechte" der Vereinten Nationen und ist impliziter oder expliziter Bestandteil des Grundrechtskatalogs fast aller sozialstaatlicher Verfassungen. So heißt es bspw. im deutschen GG unter der Überschrift „Gleichheit vor dem Gesetz" in Art. 3 (3): „Niemand darf wegen seines Geschlechts, seiner Abstammung, seiner Rasse, seiner Sprache, seiner Heimat und Herkunft, seines Glaubens, seiner religiösen oder politischen Anschauungen benachteiligt oder bevorzugt werden." Niemand darf wegen seiner Behinderung benachteiligt werden.

Die Gleichheitsbestrebung gelangte v.a. als Forderung nach „Gleichheit der Bildungschancen" zur Aktualität, als in den 1960er Jahren in der westlichen Welt empirische Untersuchungen über sog. Bildungsreserven diskutiert wurden, die nachwiesen, dass die Bildungschancen höchst ungleich verteilt sind und Schüler und Studenten durchaus wegen ihres Geschlechts, ihrer Herkunft, ihrer Rasse usw. benachteiligt oder bevorzugt wurden (OECD 1961, 1967). V.a. soziologisch orientierte Analysen belegten detailliert die Mechanismen der Auslese durch das Bildungssystem *(Ausbildung, Bildung, Schule)* und zeigten die Barrieren auf, die einer Realisierung der Gleichheit der Bildungschancen im Wege stehen (Rolff 2000).

Der Nachweis der Ungleichheit der Chancen blieb nicht ohne Einfluss auf die Legitimationsprobleme der Gesellschaftspolitik, die zunehmend Reformmaßnahmen zum Zwecke der Verbesserung der C. propagierte und z.T. auch einleitete, so z.B. Ausbau der Vorschulerziehung, der *Ausbildungsförderung*, der *Behindertenhilfe*, der *Erziehungsberatung*, der *Erwachsenenbildung*, der *GWA*, der außerschulischen Jugendbildung/*Jugendarbeit*, der Gesellschaftshilfe und etlicher anderer Bereiche. In der daraufhin einsetzenden Debatte um die Art und Angemessenheit der Reformmaßnahmen zeigte sich allerdings sehr bald, dass mit der Forderung nach mehr C. unterschiedliche Zielvorstellungen verbunden sind, hinter denen sich unterschiedliche Interessen und Gesellschaftsbilder verbergen.

Idealtypisch stilisiert lassen sie sich zwei Positionen zuordnen: einer liberalen und einer sozialdemokratischen Position:

Chancengerechtigkeit: Die liberale Position bezieht sich im Kern auf die juristische und politische Gleichheit jedes Einzelnen. Sie lässt sich zugespitzt als Chancengerechtigkeit verstehen, was auf die Forderung nach Verbesserung der Startchancen hinausläuft, also auf die Verbesserung der Chancen des Einzelnen als Konkurrent im Wettbewerb. Dies bedeutet für den in diesem Zusammenhang zentral wichtigen Bildungsbereich v.a. Zugang zu guten Noten und weiterführenden Abschlüssen, z.B. durch Förderunterricht, Angleichung der örtlichen und regionalen Versorgung mit Bildungseinrichtungen, gleichmäßige Ausstattung aller Bildungseinrichtungen mit Lehrpersonal und Sachmitteln usw. C. meint dann das Recht auf begabungsmäßige Bildung und individuelle Begabungsförderung (Nunner-Winkler 1971, 11f.) oder das „Bürgerrecht auf Bildung" (Dahrendorf 1965).

Gegen die konkurrenzorientierte liberale Position ist anhand empirischer Untersuchungen (Jencks) kritisch eingewandt worden, dass mehr Chancengerechtigkeit nicht zu C. führt, solange gesamtgesellschaftliche Ungleichheit herrscht – zumal sich belegen lässt, dass die Ungleichheit im Bildungs- und Sozialwesen wesentlich Ausdruck gesamtgesellschaftlicher Ungleichheit ist, die sich insbesondere über ungleiche „Chancen" am Arbeitsplatz, ungleiche Teilhabe an gesellschaftlichen Prozessen und ungleiche Verteilung der Produktionsmittel und Produkte vermittelt *(Gesellschaft, Klasse/Schicht/Milieu, Sozialstruktur)*. Herbeiführung von mehr Startgerechtigkeit erweist sich mithin als „Herstellung von Wettbewerbsgleichheit unter Ungleichen", die den „latente(n) Konflikt zwischen Privilegierten und Unterdrückten kanalisiert" (Hänsel/Ortmann 1971, 432). Realisierung von mehr C. i.S. des liberalen Credos „Freie Bahn jedem Tüchtigen" (Tews 1916) bedeutet zwar mehr Förderung der „Tüchtigen", nicht aber Herstellung tatsächlich gleicher Lern- und Lebensbedingungen für alle Mitglieder einer Gesellschaft. Sie bedeutet zudem eine Verschärfung der Leistungskonkurrenz jeder gegen jeden, solange privilegierte Positionen knapp bleiben. Diese Kritik betont zudem, dass Leistungserbringung im Wesentlichen auf kapitalistische Verwertungsinteressen bezogen bleibt und dass das Leistungsprinzip nicht nur als Norm fungiert, „die Gleichheit gewährleistet, sondern ebenso als Legitimationsprinzip, das gesellschaftliche Ungleichheit rechtfertigt; indem es den Anspruch auf soziale Gleichheit propagiert, engt es ihn ein. Es sanktioniert solche Formen der Ungleichheit, die durch individuelle Leistung zustande gekommen sind. Insofern ist das Leistungsprinzip auch eine Norm der Ungleichheit" (Offe 1970, 43f.).

Solidarität: Diese Kritik begründet zugleich die zweite – traditionell sozialdemokratische – Position. Diese geht davon aus, dass die Gleichheitsforderung nicht durch individualistische Konkurrenz, sondern vielmehr durch solidarisches Handeln eingelöst werden kann *(Solidarität)*. C. bedeutet nach diesem Verständnis v.a. Gleichheit der Lebensbedingungen, Beteiligung an allen die Lebenslage betreffenden Entscheidungen und Teilhabe an allen Ressourcen von Natur und Gesellschaft. C. heißt ferner Abbau aller Vorrechte und Benachteiligungen in der Gesellschaft: Sie beinhaltet auch ein „Recht auf Kompensation" für vorübergehend oder dauernd Behinderte *(Behindertenhilfe)*.

Die Position unterliegt dem Einwand, sie führe

zu Gleichmacherei und Kollektivierung i. S. von Vermassung. Dagegen wird zu Recht argumentiert, es gebe auf der Welt nicht zwei Schüler, die sich in allen Merkmalen völlig gleichen – und es gibt mithin keinen vernünftigen Grund dafür, absolute Gleichheit herbeizuführen. Dies erkennt diese Position allerdings auch an. Bekanntermaßen hatten die sozialistischen Väter der Sozialdemokratie formuliert: „Jeder nach seinen Fähigkeiten, jedem nach seiner Leistung". Dieser Satz, der sich scharf von Gleichmacherei absetzt, wird häufig einseitig ausgelegt. Er ist als Verteilungsprinzip gedacht und eindeutig auf die Aneignung von Arbeitsentgelt und Gütern bezogen. Er bezieht sich gerade nicht auf Lernen und Bildung, also die Aneignung von kulturellen Traditionen, Wissensbeständen und Techniken. Hier gilt das Teilhabeprinzip: dass jeder unabhängig von seinen bisher ausgebildeten Fähigkeiten und Leistungen das Recht hat, sich weiterzuentwickeln, d. h. Lernangebote in Anspruch zu nehmen, die seine bisherigen Rückstände auszugleichen in der Lage sind. Weiterentwicklung ist dabei auf die ganze Persönlichkeit zu beziehen, nicht nur auf durch Zensuren messbare Lernfortschritte. Das traditionell sozialdemokratische Konzept der Chancengleichheit intendiert also nicht, Persönlichkeiten dem Kollektiv zu opfern, sondern, gerade umgekehrt, die Lernpotenziale von Kollektiven (oder vertrauter: Gruppen) nutzbar zu machen für die umfassende Entwicklung aller Talente, Bedürfnisse und Interessen, was erst die Voraussetzung für die Herausbildung unverwechselbarer Individualität ist.

Die Kontinuität von Chancenungleichheit

Besonders in Deutschland ist die Frage umstritten, inwieweit und unter welchen Bedingungen Sozial- und Bildungspolitik dazu beitragen können, die Idee von C. konsequenter zu verwirklichen. Dem Anspruch des demokratischen Sozialstaates, jedem seiner Mitglieder unabhängig von seiner Herkunft gleiche Lebenschancen zu bieten, stand die empirisch gesicherte Feststellung einer schichtspezifischen Zuteilung von Bildungs- und damit Lebenschancen entgegen. Diese Ungleichheit ist auch über 50 Jahre nach Beginn der Reformdebatte erheblich: Für das Jahr 1989 – seither wird dies nicht mehr erhoben – weist der Mikrozensus aus, dass von allen Arbeiterkindern im Alter von 13 und 14 Jahren 58 % eine Hauptschule, 26 % eine Realschule und nur 11 % ein Gymnasium besuchten. Dem stehen folgende Bildungsbeteiligungsquoten bei Beamtenkindern gegenüber: Hauptschule – 13 %; Realschule – 24 %; Gymnasium – 58 % (Klemm/Rolff 2002, 24). Dieses hohe Ausmaß von schichtspezifischer Chancenungleichheit setzt sich in den Bildungswegen der Sekundarstufe II und schließlich beim Übergang in die Universitäten fort: 1996 wechselten jeweils lediglich 6 %, also insgesamt 12 % der Arbeiterkinder nach dem Erwerb der Hochschulreife in FH bzw. in Universitäten – bei den Beamtenkindern besuchten dagegen 64 % HS, 49 % unter ihnen fanden den Weg zu Universitäten, 15 % den zu FH (Klemm/Rolff 2002).

Dass die schichtspezifische Ausprägung der Bildungsbeteiligung in dem in Deutschland zu beobachtenden Ausmaß kein unveränderbarer Tatbestand sein muss, belegte bereits die Ende 2000 vorgelegte Pisa-Studie. Bei den 15-Jährigen, bei Jugendlichen am Ende ihrer Schulpflichtzeit im allgemein bildenden Schulwesen also, findet sich in jedem der 31 an der ersten Pisa-Untersuchung teilnehmenden Länder ein unverkennbarer Zusammenhang zwischen der sozialen Herkunft und den individuell erreichten Testleistungen. In keinem der 31 Länder ist dieser Zusammenhang aber so eng wie in Deutschland, also die C. so gering. Im Kompetenzbereich „Leseverständnis" z. B. beträgt der Unterschied zwischen der durchschnittlichen Lesekompetenz aus Familien des oberen Viertels und der aus Familien des unteren Viertels der Sozialstruktur 111 Testpunkte. In Finnland, dem Land mit den „lesestärksten" Jugendlichen, liegt dieser Unterschied bei nur 53, in Japan sogar bei nur 27 Punkten. Die Bedeutung dieses innerdeutschen Unterschiedes von 111 Punkten wird deutlich, wenn man sich vergegenwärtigt, dass dieser Abstand dem zwischen dem finnischen Durchschnittswert und dem der beiden „Schlusslichter" Mexiko und Brasilien in etwa entspricht (Baumert u. a. 2000, 385).

Die Autoren der deutschen Pisa-Studie machen für das schichtspezifische Auseinanderklaffen der Testleistungen auch die deutsche Schulstruktur mit ihrer frühen Aufteilung der Schülerinnen und Schüler auf unterschiedliche Schultypen verantwortlich. Sie formulieren: „Die Analyse sozialer Disparitäten auf der Grundlage der Pisa-Ergebnisse ergibt, dass es am Ende der Grundschulzeit beim Übergang in die weiterführenden Schulformen zu gravierenden sekundären sozialen Disparitäten der Bildungsbeteiligung kommt. Sie treten in Folge der differenziellen Förderung in den einzelnen Bildungsgängen am Ende der Sekundarschulzeit als verstärkter Zusammenhang zwischen Sozialschicht und den gemessenen Kompetenzen in Erscheinung" (Baumert u. a. 2000, 360). Mit Blick auf die Mathematikleistungen wird der hier angesprochene Zusammenhang konkretisiert: „Auch bei gleichen kognitiven Grundfähigkeiten und identischem sozioökonomischem Status ist die Leistung eines Gymnasiasten um 49 Punkte höher als die Leistung eines Hauptschülers" (ebd., 182) (die weiteren Pisa-Studien bestätigen, dass in der BRD der Zusammenhang zwischen Herkunftfamilie (sozialer Status) und Bildungserfolg besonders wirksam ist).

Geschlechterdifferenzen

In den 1960er Jahren, während der Startphase der Bildungsreform, waren *Mädchen* im deutschen Schulsystem eindeutig benachteiligt, wenn Benachteiligung am Erreichen von Schulabschlüssen gemessen wird. Ein wichtiger Ertrag der Reformjahre ist immerhin, dass Mädchen im allgemein bildenden Schulsystem mit den Jungen gleichgezogen und dass sie diese z. T. auch deutlich überholt haben. Mädchen sind in Deutschland unter den Absolventen ohne Schulabschluss und mit Hauptschulabschluss deutlich unterrepräsentiert. Bei den Absolventen mit einem mittleren Schulabschluss stellen sie ebenso wie bei denen mit Allgemeiner Hochschulreife die Mehrheit, bei denen mit Fachhochschulreife haben die jungen Frauen inzwischen mit den jungen Männern mehr als gleichgezogen. Der für die Mädchen insgesamt zu beobachtende Prozess des Gleichziehens und Überholens hat sich in allen sozialen Schichten vollzogen – und zwar so signifikant, dass inzwischen eine Benachteiligung von Jungen diskutiert wird *(Gender Mainstreaming)*.

Diesen Erfolg, den Mädchen und junge Frauen im allgemein bildenden Schulsystem erlangen, können sie allerdings beim Wechsel in die berufliche Ausbildung nur z. T. umsetzen: Ihr Anteil an den universitären Erstsemestern betrug im WS 2009/2010 50,4 %. Im Dualen System der Berufsausbildung finden sich geschlechtsspezifische Unterschiede bis heute am ausgeprägtesten.

Chancengleichheit der MigrantInnen

Auch wenn C. für Mädchen im allgemein bildenden Schulsystem deutlich besser geworden ist, hat sich seit Ende der 1960er Jahre eine zusätzliche Gruppe gebildet, die im Schulsystem insgesamt benachteiligt ist: Dies sind ausländische Kinder und Jugendliche, die im Schuljahr 2012/2013 7 % aller Schülerinnen und Schüler in Deutschlands Schulen stellen. Sie sind überproportional in Förder- und Hauptschulen und unterproportional in Realschulen und Gymnasien vertreten. Im Schuljahr 2012/2013 besuchten im Sekundarbereich I 32 % der ausländischen Schülerinnen und Schüler die Hauptschule, 24 % die Realschule, 18 % die integrierte Gesamtschule und 17 % ein Gymnasium (destatis 2014). Dieses im Vergleich zur deutschen Bevölkerung insgesamt zu beobachtende Zurückbleiben beim Erlangen von Schulabschlüssen führt – auch in Zeiten verfügbarer Ausbildungsplätze – zu einem hohen Anteil junger Ausländer ohne abgeschlossene Berufsausbildung.

Auch wenn die aktuellen Daten zum Übergang ausländischer Jugendlicher zu den weiterführenden Schulen erwarten lassen, dass es in dieser Bevölkerungsgruppe weiterhin zu einem Anstieg der Bildungsbeteiligung kommen wird, so ist gleichwohl noch auf Jahre hinaus mit einer massiven Ungleichheit zu rechnen: Gerade wegen der erwarteten Zuwanderung wird es einen stetigen Strom junger Menschen geben, die im deutschen Qualifikationssystem jeweils „ganz unten" einsteigen müssen. Daher wird es auf Jahrzehnte hinaus notwendig bleiben, immer wieder neu junge ausländische Menschen an Bildungsabschlüsse heranzuführen, die ihnen in Deutschland erst allgemeine und dann berufliche Lebenschancen erschließen werden *(Ausländerinnen/Ausländer, Migration)*.

Hans-Günter Rolff

Literatur

BAMF: Schulische Bildung von Migranten in Deutschland, Nürnberg 2014 J. Baumert u. a.: Pisa 2000, Opladen 2002 ◆ R. Dahrendorf: Bildung ist Bürgerrecht, Stuttgart 1965 ◆ Beauftragte der BReg für Migration, Flüchtlinge und Integration: 10. Bericht über die Lage der Ausländer und Ausländerinnen in Deutschland, Berlin 2014 ◆ Bundesjugendkuratorium: Schlaue Mädchen – Dumme Jungen? In: Sozialmagazin 12/2009 ◆ Ch. Jencks u. a.: Chancengleichheit, Reinbek 1973 ◆ K. Klemm/H.-G. Rolff: Chancengleichheit – eine unabgegoltene Forderung zur Schulreform, in: M. Kampshoff/B. Lumer (Hrsg.): Chancenungleichheit im Bildungswesen, Berlin 2013 ◆ M. C. Merkel: Bildungsungleichheit am Übergang in die Hochschule, Weinheim/München 2015 ◆ G. Nunner-Winkler: Chancengleichheit und individuelle Förderung, Stuttgart 1971 ◆ OECD (Hrsg.): Bildung auf einen Blick 2015 (www.oecd.org/berlin/publikation/bildung) ◆ C. Offe: Leistungsprinzip und industrielle Arbeit, Frankfurt/M. 1970 ◆ H.-G. Rolff: Sozialisation und Auslese durch die Schule, Weinheim [10]2000 ◆ J. Tews: Die deutsche Einheitsschule. Freie Bahn jedem Tüchtigen, Leipzig 1916.

D

Diagnostik, sozialpädagogische und Fallverstehen

Begriff und Aufgaben

Durchblicken und unterscheiden können (Bedeutung des griech. diágnosis), was Menschen prägt und Situationen ausmacht, gehört zu den Kernaufgaben sozialpädagogischer Fachkräfte. Mittels fundierter Beurteilungen von Lebensumständen, Entwicklungspotentialen oder Gefährdungsmomenten sollen sowohl psychische und soziale Faktoren für Entwicklung und *Gefährdung* kenntnisreich erkundet als auch Vorstellungen, Wünsche und Ängste der Menschen selbst respektvoll berücksichtigt werden. Ziel dieser durchblickenden Anstrengungen ist es, zu realisierbaren Vorschlägen für sozialpädagogisches Handeln, also z. B. für geeignete Hilfen oder notwendige Interventionen zu kommen (kritisch: Langhanky 2010).

SozArb/SozPäd sind in vielen Arbeitsfeldern gefordert, in mehrfacher Hinsicht folgenreiche Einschätzungen zu treffen: Sie begründen oder verweigern damit sozialstaatliche Leistungen, ermöglichen Schutz vor Gefahr und Bedrohung oder lösen massive Eingriffe in die Privatsphäre von Menschen aus. Nicht selten sind die genannten Aspekte sozialpädagogischer Einschätzungen komplex und widersprüchlich miteinander verwoben. Und in den letzten Jahren ist die sozialpädagogische Profession zudem so häufig wie nie zuvor damit konfrontiert worden, dass ihre Einschätzungen strafrechtlich überprüft wurden (Mörsberger/Restemeyer 1997, SOS-Kinderdorf 2001).

Mit geliehener Autorität aber ist der Anspruch, begründete Einschätzungen im Hinblick auf Möglichkeiten und Grenzen des eigenen professionellen Handelns treffen zu können, kaum glaubwürdig einzulösen *(Handlungskompetenz)*. Bisher hat sich die sozialpädagogische Profession allerdings gerne und reichlich der Einschätzungs-Autorität anderer Professionen bedient: Zuerst bei den Theologen und schon bald den Juristen, dann bei den Medizinern und zuletzt immer häufiger den Psychologen, eher selten bei Pädagogen, Ethnologen oder Soziologen.

Allerdings sind in der *Sozialen Arbeit* die Diagnosen anderer Disziplinen auch aus guten Gründen maßgeblich:

- **Medizinisch** ist der gesundheitliche Zustand einzuschätzen, um ggf. somatische Schädigungen/Abweichungen als Ursache für soziale Beeinträchtigungen auszuschließen bzw. eine gezielte Behandlung zu veranlassen;
- **Psychologisch** ist zu untersuchen, ob die seelische oder psycho-soziale Entwicklung eines (jungen) Menschen vom altersgemäßen Entwicklungsstand abweicht; für sozialpädagogische Interventionen ist dies bedeutsam, um seelische Verletzungen und Schädigungen (Traumata) als Ursache für aktuelle Beeinträchtigung auszuschließen bzw. näher einzugrenzen und ggf. eine therapeutische oder pädagogische Intervention zu veranlassen.
- **Juristisch** ist zu beurteilen, ob Leistungsansprüche z. B. nach den Sozialgesetzen (z. B. SGB II, III, VIII – *Sozialgesetzbuch*) oder Eingriffsbefugnisse z. B. nach dem BGB oder PsychKG gegeben sind, um konkrete Leistungen und ggf. sozialpädagogische Handlungsbefugnisse zu klären.

Sozialpädagogisches Handeln kann aber in nahezu allen psychosozialen Arbeitsfeldern kaum auf eine, die Handlungsanweisungen anderer Profis ausführende „Hilfstätigkeit" begrenzt werden und ist daher neben fremden auch auf eigene Einschätzungen und Handlungsvorstellungen angewiesen.

Geschichte und Traditionen sozialpädagogischer Diagnostik

Die Beschäftigung mit Fallverstehen und Diagnostik in der SozArb hat eine lange und wechselvolle Geschichte. Auf der einen Seite kann die SozArb mit der Hermeneutik auf eine Tradition explizit pädagogischer Verstehens- und Deutungsmethoden menschlicher Lebenswirklichkeiten zurückgreifen. Gerade der hermeneutische Zirkel als Modell für ein Erkenntnisverfahren, das sowohl sorgfältig Einzelaspekte analysiert als auch das Ganze in den Blick nimmt, das regelgeleitete methodische Strenge mit intuitivem Verstehen zu vermitteln und wechselseitig zu kontrollieren sucht, bietet viel Nähe zu den Erhebungs- und Erkenntnisprozessen sozialpädagogischer Handlungsfelder.

Andererseits gibt es gemeinsame Wurzeln mit der modernen Medizin und *Psychologie*, gegründet in der Suche nach rationalen Erklärungen für menschliches Verhalten als Emanzipation von theologischen oder philosophischen Deutungen. Schon bei den Aufklärungspädagogen *(Aufklärung)* ersetzten empirische Beobachtung die normative Interpretation menschlicher Handlungen und Orientierungen (Pestalozzi, z. B. im ersten Teil des Stanser Briefes) aber vor allem die Entwicklung der modernen *Heil- und Sonderpädagogik* sowie der Sozialarbeit in den ersten 30 Jahren des 20. Jh. waren geprägt von zahlreichen Versuchen, wissenschaftlich begründetes systematisches Wissen und methodische Konzepte der praktischen Anwendung zu entwickeln, die durch fundierte Diagnosen einen besseren Einblick und sichere Vorhersagen erlauben sollten. So entstehen aus der gemeinsamen Arbeit von Medizinern und Pädagogen mit sog. idiotischen und schwachsinnigen Kindern umfangreiche Forschungen und Methodenentwicklungen, die z. B. in der 1895 von dem Jenaer Heilpädagogen Johannes Trüper gegründeten Zeitschrift „Die Kinderfehler. Zeitschrift für pädagogische Pathologie und Therapie in Haus, Schule und sozialem Leben" veröffentlicht wurden. Vor allem aber muss Alice Salomon erwähnt werden, die 1926 mit ihrer Übertragung des amerikanischen Lehrbuches von Mary E. Richmond (zuerst erschienen 1917) auch den Begriff der Sozialen Diagnose in die deutsche SozArb/SozPäd einführte (Kuhlmann 2004).

Einen auch für die sozialpädagogische Methodenentwicklung bis heute kaum überwundenen Bruch bedeutete die schon in den 1920er Jahren erstarkende Selektionsdiagnostik der Rassehygieniker und Euthanasieverfechter, konsequent zu Ende gedacht und praktiziert in der Aussonderung der nationalsozialistischen Fürsorge. Nach scheinbar objektiven, weil biologischen Merkmalen sollten die psychischen Dispositionen und Entwicklungspotentiale von Menschen durchblickt werden, um die „rassisch Wertvollen" und Förderungswürdigen von den Wertlosen und Gefährlichen zu unterscheiden. Dieser Selektion folgte immer die Aussonderung und sehr häufig auch die Ermordung (Dahl 2001).

Die skizzierten Traditionslinien sozialpädagogischer Methodenentwicklung wurden nach Zerstörung und Zusammenbruch 1945 zuerst aufgehoben und überformt durch den (Re-)Import amerikanischer Sozialarbeitsmethoden nach (West-)Deutschland. Es waren vielfach die zurückgekehrten Emigrantinnen, die in dieser Lage mittels Methodenlehre eine neue fachliche Qualifikation begründen wollten. Die diagnostischen Traditionen der „pädagogischen Pathologie und Therapie" sind vor allem in den Konzepten und Arbeitsweisen der entstehenden Kinder- und Jugendpsychiatrie weitergeführt worden, die bis in die 1970er Jahre hinein die fachliche Bezugsdisziplin für Diagnose- und Beurteilungsprozesse im bis heute größten sozialpädagogischen Handlungsfeld, der Jugendfürsorge, war und es zum Teil noch ist (du Bois 2004).

Die skizzierten Wurzeln diagnostischer Konzepte und Methoden und die Erfahrung von Perversion und Missbrauch prägen und erklären das ambivalente Verhältnis der Sozialarbeit/Sozialpädagogik zu Konzepten und Methoden der Diagnostik in ihren Feldern bis heute: Einerseits werden Diagnosen gefordert und mit zum Teil naiver Gläubigkeit bei Psychologen und Medizinern bestellt und andererseits werden sie als unzulässige Psychologisierung oder Medizinisierung gesellschaftlicher Bedingungen und sozialer Prozesse abgelehnt.

Theoretische Grundlagen und Probleme

Wie jeder Prozess empirischer Erkenntnisgewinnung, so haben auch Prozesse des Fallverstehens und der Diagnose in der SozArb vor allem zwei erkenntnislogische Probleme „zu lösen", d. h. anzugeben, wie diese methodisch einigermaßen zuverlässig gestaltet werden können:

- Zuerst muss „der Blick erweitert", d. h. die Komplexität der Wahrnehmung erhöht werden, damit überhaupt etwas Neues gesehen und wahrgenommen werden kann und nicht nur schon Bekanntes bestätigt wird. Dabei ist der „erste Eindruck" bedeutsam, denn dieser „lenkt den Blick" und ermöglicht überhaupt, in der Fülle komplexer Eindrücke etwas zu erkennen; gleichzeitig jedoch verstellt dieser erste Eindruck den Zugang zu neuen, verunsichernden Wahrnehmungen. Methodisch geht es also darum, Vorwissen und Vorannahmen explizit zu machen, damit sie für eine gezielte Suche genutzt und nicht als Vor-Urteile den Blick verengen und verfälschen, sondern diese irritierenden Wahrnehmungen erst ermöglichen.
- Ist auf diese Weise ausreichend Material für erweiternde Erkenntnisse gewonnen, muss der Blick wieder enggeführt werden, um aus der Vielfalt der Wahrnehmungen die für zentral gehaltenen Zusammenhänge herauszuarbeiten. Problem dieser Arbeitsphase ist vor allem, die hierzu unvermeidliche Reduktion so begründet zu gestalten und zu dokumentieren, dass es weder zu unangemessenen Vereinfachungen noch zu nicht überprüfbaren Schlussfolgerungen kommt. Gelingt allerdings die Reduktion von Komplexität aus Angst vor Verkürzungen nicht, so verschwinden mögliche Befunde in einer Vielzahl unverbundener und unverstandener Beobachtungen, wird der „Wald vor lauter Bäumen nicht gesehen".

Wie oben angedeutet, kann auch die SozArb zur praktischen Gestaltung dieser grundlegenden Erkenntnisprobleme auf substanzielle Theorie- und Methoden-Traditionen zurückgreifen. In jüngerer Zeit sind es vor allem die Arbeiten von Fritz Schütze (1993), Burkhard Müller (1993/2012) sowie Klaus Mollenhauer/Uwe Uhlendorff (1992, 1995), die die Entwicklung einer eigenständigen sozialpädagogischen Diagnostik (sp. D.) oder Fallanalyse vorangetrieben haben. Ebenfalls bedeutsam, aber nicht so einfach für die sozialpädagogische Methodenentwicklung *(Methoden der Sozialen Arbeit)* zu vereinnahmen, sind die Arbeiten von Ulrich Oevermann zur Professionalisierung sowie zu Theorie und Methodik der Objektiven Hermeneutik (Oevermann 2000).

Verfahren und Konzepte

Aktuell lassen sich drei Gruppen von Konzepten und Verfahren sp. D. oder sozialpädagogischen Fallverstehens ausmachen:

- entscheidungsorientiert-legitimatorische Verfahren: In diesen Verfahren basiert die Diagnose vor allem auf einer regelgeleiteten Informationssammlung über Vorgeschichte und Verläufe *(Anamnese)* sowie systematischer Beobachtung und Befragung, z. T. auch mittels psychodiagnostischer Testverfahren (Überblick in Heiner 2004). Hierdurch sollen relevante Fakten und Einschätzungen z. B. über psychische Belastungssituationen oder familiäre Konflikte so zusammengetragen und ausgewertet werden, dass alle wesentlichen Aspekte berücksichtigt sind. Die Analyse dieses Materials orientiert sich vor allem an theoretischen Konzepten für psychische und soziale Normalität. Defizite und Störungen einzelner Personen oder familiärer Systeme sollen ebenso wie Stärken und Potentiale erkannt und entsprechender (Be-)Handlungsbedarf begründet werden.
- Der Verwendungszweck diagnostischer Erkenntnisse im Rahmen sozialrechtlicher Entscheidungsprozeduren oder Interventionen (z. B. *Kinderschutz*) steuert die Prozesse der Erkenntnisgewinnung, d. h. die Auswahl relevanter Informationen und deren Verwertung für die Experten-Deutung (Harnach-Beck 1999, 2003). Kontrovers werden solche Diagnose Konzepte n der Jugendhilfe im Zusammenhang mit der Hilfeplanung diskutiert. Die diesen Arbeitsweisen zugeschriebene „Expertendiagnostik" wird einer „Aushandlungsphilosophie" gegenübergestellt und entweder kritisiert oder vehement verteidigt (zusammenfassend: Urban, 2004).

  Die wesentliche Leistung systematischer Informationssammlung liegt unzweifelhaft darin, dass z. T. durch Bezug auf theoretische Modelle von Entwicklung oder Konfliktstrukturen, z. T. durch Systematisierung praktischer Erfahrungen „nichts Wichtiges" vergessen und alles Bedeutsame dokumentiert werden soll (Bayrisches Landesjugendamt 2001, Stadt Recklinghausen 2001, Hillmeier 2004).
- biographisch-rekonstruktive Verfahren: Das Material für biographische Fallanalysen wird aus den Selbstdeutungen von Menschen in möglichst offenen, wenig oder nur zu zentralen Themen durch Fragen strukturierten Erzählungen gewonnen. Mittels hermeneutischer Interpretationstechniken werden die meist transkribierten Gesprächsaufzeichnungen z. T. auch in Gruppen durchgearbeitet und interpretiert Theoretische Grundlagen sind vor allem Erkenntnisse über gesellschaftliche Rahmenbedingungen, lebensgeschichtliche Themen und deren Widerspieglung in biographischen Erzählungen (zusammenfassend Kraimer 2000). Ziel der Diagnose ist es, solche subjektiven Prozesse und Muster zu rekonstruieren, die im Verlauf der Lebensgeschichte eines Menschen seine Wahrnehmungen, Deutungen und Handlungsorientierungen geprägt haben. Getragen sein soll die professionelle Wahrnehmung und Deutung durch eine „ethnographische Haltung", die ein respektvolles Interesse ebenso auszeichnet wie eine distanzierte, der eigenen Fremdheit bewusste Haltung (Glinka 2001).

  Die im biographischen Material vermittelten Selbstauskünfte der Menschen steuern die Erkenntnismöglichkeiten der Diagnose. Gewonnen werden können so Erkenntnisse über Selbstbilder und Selbsterklärungen sowie deren Bedeutung für zukünftige Handlungsorientierungen z. B. in Krisen, weniger objektivierbare Anzeiger z. B. für akute Gefährdungen.
- beziehungsanalytisch-inszenierende Verfahren: In kontinuierlich arbeitenden Gruppen, z. B. den Teams eines ASD oder Psychosozialen Dienstes werden Fälle vorgestellt und beraten. Kern der verstehenden und fallanalytischen Leistung ist eine stellvertretende Identifikation einzelner Gruppenmitglieder mit den im Fall handelnden Personen. In der Gruppe soll so die affektive Dynamik eines Falles re-inszeniert und einem distanzierenden Deutungsprozess zugänglich gemacht werden. Durch strukturierte Arbeitsphasen und geschulte Moderation soll sowohl der Identifikationsprozess geschützt als auch die Gruppentendenz zur Harmonisie-

rung begrenzt werden (zuerst: Fallner/Gräßlin 1990). Die Dynamik der Beratergruppe hingegen wird als ein wichtiges Material zum Verständnis der Falldynamik genutzt. In der Perspektive dieser Konzepte gehören zu einem Fall neben der Biographie und Hilfegeschichte eines Klienten immer auch die Beziehungs- und Maßnahmengeschichten der professionellen Helfer. Dem Fallverstehen zugänglich gemacht werden sollen vor allem die Deutungsmuster der Professionellen und die Wechselwirkungen zwischen Helfer- und Klientensystem(en) (Ader/Schrapper 2002). Diese Techniken orientieren sich an der Gruppenarbeit, wie sie von Michael Balint für Mediziner und Therapeuten zum besseren Verstehen ihres Klientensystems und der Beziehungsbedeutungen entwickelt wurde, sowie an Konzepten und Methoden psychoanalytischer Pädagogik und der angewandten Gruppendynamik.

Gegenüber solchen gruppenorientierten Arbeitsformen wird häufig eingewandt, sie nähmen zu unkontrolliert die negativen Effekte vor allem harmonisierender Gruppenprozesse in Kauf und würden damit zu wenig differenzierenden und nachprüfbaren Entscheidungen führen. (Klatetzki 2001) Auch steuern in diesen Verfahren vor allem die realen oder vermeintlichen Handlungsoptionen der zuständigen Fachkräfte und ihrer Institutionen die diagnostische Erkenntnisgewinnung mit der Leitfrage: Was folgt für das professionelle und institutionelle Handeln im konkreten Fall aus dem Verstehen der Dynamik von Klienten und Helfersystem?

Profil und Besonderheiten einer sozialpädagogischen Diagnostik

Von einer sp. D. zu sprechen macht nur Sinn, wenn auch spezifische Merkmale und Besonderheiten angeführt werden können, die die Zugänge und Erträge von anderen abgrenzen; drei besondere Merkmale sollen skizziert werden:

- Sozialpädagogische Diagnostik/Fallverstehen müssen vorrangig darauf ausgerichtet sein, subjektive Sinnzusammenhänge zu verstehen sowie Erziehung und Bildung zu ermöglichen.

Sp. D. ist im Kern keine „technische" Informationsauswertung und Verdichtung, sondern immer ein „hermeneutische" Anstrengung der schrittweisen Annäherung an eine Vorstellung darüber, wie es einem anderen Menschen geht und vor allem wie dieser Andere sich selbst und die Welt um ihn herum sieht und begreift (vgl.: Mollenhauer/Uhlendorff, 1992, Hanses 2000). Es macht daher nur Sinn von einer (sozial-)pädagogischen D. zu sprechen, wenn auch etwas genuin Pädagogisches, also etwas über Prozesse der *Erziehung* und *Bildung* von Menschen durchblickt und verstanden wird. Pädagoginnen und Pädagogen kann daher in ihren diagnostischen Bemühungen nicht zuerst die Frage interessieren, wie defizitär oder unnormal ein Verhalten oder eine Einstellung ist. In einer pädagogischen Diagnostik ist vielmehr die Frage in den Mittelpunkt zu stellen, welche Funktionen und welche subjektive Logik eine bestimmte Handlungsstrategie in der Lebens- und Bildungsgeschichte eines Kindes hatte und aktuell hat. So können kritische, gefährliche oder belastende Verhaltensweisen und Haltungen von Kindern sozialpädagogisch vor allem über ihre Funktion verstanden werden, d. h. Handlungen wie stehlen, weglaufen, aggressiv reagieren, sich entziehen oder lügen sind zuerst so zu verstehen, dass deutlich wird, welche subjektiv sinnvolle Funktion sie in der Überlebensidee und im Handlungsrepertoire eines (jungen) Menschen hatten und haben. Den Eigen-Sinn, die Widersprüche, Spannungen und Brüche in der Lebens- und Lerngeschichte eines Menschen zu „entschlüsseln", ist der entscheidende Zugang einer pädagogischen Diagnostik. Denn nur an solche individuellen Sinnkonstruktionen junger Menschen anknüpfend kann Erziehung Kindern Angebote zum Um- und Neulernen erfolgreicher und sozial respektierter Überlebensstrategien machen.

- Sozialpädagogische Diagnostik/Fallverstehen beziehen sich sowohl auf das Klienten- als auch auf das Hilfesystem.

Ein Fall ist immer mehr als eine Biographie oder Familiengeschichte. Das Hilfesystem ist Teil jedes Falles, sobald es die Lebensumstände eines Menschen oder einer Familie als „Fall" definiert. Dabei sind die Helfer nicht selten wirkungsmächtig aber unverstanden verstrickt, in ihren Systemen und mit den Systemen der Klienten (vgl. für die Jugendhilfe: Ader/Schrapper 2002). Gerade in der SozArb muss deshalb immer wieder ein Bewusstsein dafür entwickelt werden, dass solche Verwicklungen in komplexen psychosozialen Arbeitsprozessen die „andere Seite" sensibler Aufmerksamkeit sind und nicht unbedingt das Ergebnis schlechter Arbeit. Nur durch die Bereitschaft, sich verwickeln zu lassen, entstehen Identifikation und Mitgefühl und diese sind Voraussetzung für menschliche Entwicklung und Selbständigkeit fördernde personale Hilfebeziehungen. Entscheidend ist, dass diese notwendigen Verstrickungen nicht unbewusst bleiben, naiv als „Parteilichkeit" interpretiert oder als zu anstrengend abgewehrt werden müssen.

Die Verbindungen zwischen Hilfe- und Klientensystem ist grundsätzlich unter zwei Aspekten kritisch zu reflektieren: Zum einen ist danach zu fragen, mit welchen institutionellen und persönlichen Normen und Werten die Fachkräfte ihren Fällen begegnen und welche eigenen Konflikte und Streitfragen die Helfer „auf dem Rücken" der Klienten „austragen". Zum anderen gilt es Spiegelungs- oder Übertragungsphänomene, die vor allem in der Psychoanalyse, der systemischen Familienanalyse oder der Gruppendynamik als wichtiges diagnostisches Mittel beschrieben werden zu nutzen, um z.B. die sich in den Affekten der Helfer widerspiegelnden Ängste, Abwehrstrategien oder Überforderungsgefühle des Klientensystems zu erkennen (vgl. zusammenfassend Henkel u.a. 2002).

- Sozialpädagogische Arbeitsprozesse der Diagnose, Intervention und Evaluation folgen nicht immer linear aufeinander, sondern sind meist zirkulär aufeinander bezogen.

  Rationale Arbeitsprozesse werden in der Regel als eine geordnete Abfolge von Anamnese, Diagnose, Intervention und Evaluation verstanden werden, auch in der Sozialpädagogik (Müller 2012); zuerst muss genau analysiert werden „was los ist" oder „wo das Problem liegt", dann kann auf dieser Grundlage eingeschätzt werden, welche professionellen Handlungen oder sozialstaatlichen Maßnahmen Erfolg versprechend eingesetzt werden sollen, der Einsatz wird dokumentiert und ausgewertet usw. Auch in sozialpädagogischen Arbeitsprozessen kann dies die sinnvolle Reihenfolge sein, es kann aber auch die Diagnose der Intervention folgen, wenn zuerst etwas „getan werden muss" um auszuloten, was z.B. erforderlich und möglich ist.

Rahmenkonzept sozialpädagogischer Diagnostik und Fallverstehen

Trotz der skizzierten Eigenheiten kann sp.D. nicht als ein abgegrenztes Konzept oder geschlossenes System diagnostischer Instrumente und Verfahren vorgestellt werden, dazu ist sowohl der Gegenstand als auch die Entwicklung theoretischer Grundlegungen, professionelle Positionierungen und methodische Umsetzung zu offen und ungewiss (vgl. z.B. Widersprüche 2003, Merchel 2003, Schreiber 2003, Heiner/Schrapper 2004, Possehl 2004, Neue Praxis Sonderheft 2005).

Gleichwohl soll auf dem aktuellen Stand dieser Debatten ein Rahmenkonzept vorgestellt werden, in dem wesentliche Zugänge, Bausteine und Instrumente einer explizit sozialpädagogischen Diagnostik zusammengefasst sind. Das spezifisch sozialpädagogische wird dabei neben den vorhergehend skizzierten Besonderheiten in der gestalteten Balance von professioneller Expertise und respektvoller Verständigungsbereitschaft gesehen. Konzeptionell und methodisch werden dazu Aspekte und Arbeitsweisen aller drei dargestellten Diagnoserichtungen verarbeitet (Ader/Schrapper 2016).

1) Der erste Baustein sp.D. und in der Regel auch der erste Arbeitsschritt ist die systematische Sammlung und Verarbeitung bedeutsamer Daten und Fakten sowie Einschätzungen und Bewertungen zur Lebenssituation, Lebensbedingungen und Lebensgeschichte, zu den Ressourcen und Potentialen ebenso wie zu Risiken und Gefährdungen, soweit vorliegend auch anderer Stellen und Fachkräfte. Hauptproblem ist, „die Spreu vom Weizen zu trennen", also das Bedeutsame vom Nebensächlichen zu unterscheiden, aber auch nicht wesentliches zu übersehen.; Instrumente hierzu sind z.B. Erfassungs- und Auswertungsraster, Genogramme oder Fragenkataloge, Ressourcen- und Netzwerkkarte.
2) Der zweite Baustein und Zugang gilt den Erfahrungen und Deutungen der Menschen, um die es geht. Es muss die Perspektive gewechselt und deutlich eine andere Sichtweise „zur Sprache gebracht" werden. Instrumente können das klassische Erstgespräch und der Hausbesuch oder verschiedene Formen des Interviews sein. Bedeutsam ist, dass die gewählten Gesprächsformen Raum für Erzählungen eröffnen und nicht ausfragen. Nur so kann der Eigen-Sinn und die Funktion biographischer Strategien und Muster der Lebensbewältigung gemeinsam „rekonstruiert" werden. Wichtig ist auch, dies in der Sprache der AdressatInnen zu dokumentieren und nicht in den „Sprachformeln" der Profis.
3) Damit aber nicht genug, ein Drittes muss hinzukommen: Die Selbstreflexion des Helfersystems. Informationen und Bewertungen der „Hilfegeschichte" z.B. in einer tabellarischen Gegenüberstellung von Lebens- und Hilfegeschichte mit wichtigen Stationen, Diagnosen, Interventionen, Konflikten, Erfolgen und Misserfolgen. Dies öffnet den Blick auf die Themen

Schaubild: Bausteine, Instrumente und Arbeitsweisen sozialpädagogischer Diagnostik

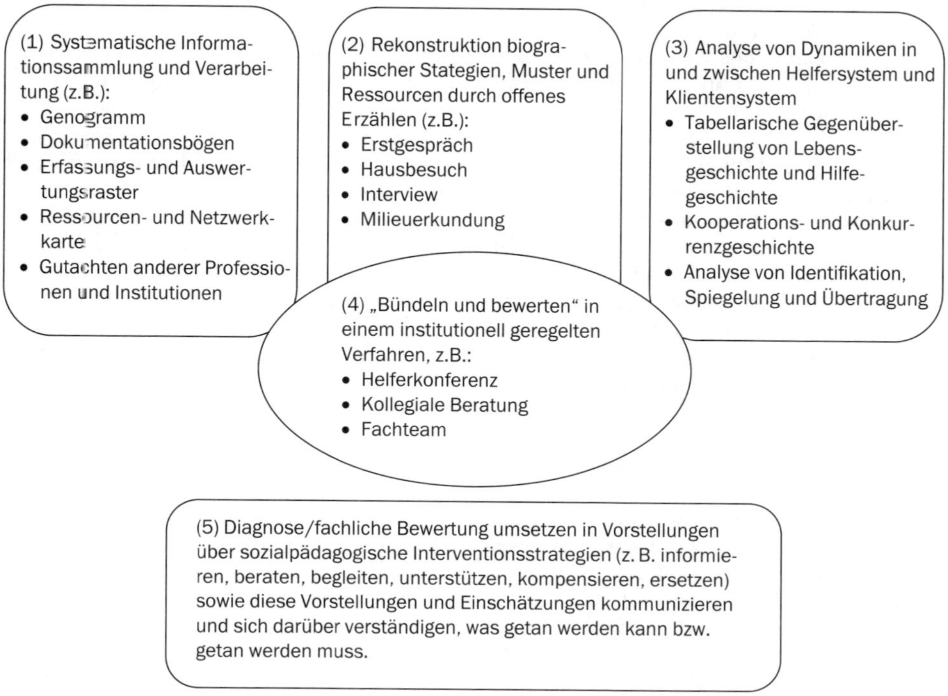

und Konflikte des Helfersystems, die durch einen „Fall" und seine Dynamiken angeregt und verstärkt werden. Dieser selbstkritische Blick schützt einerseits die Klienten vor den „Stellvertreter-Konflikten" ihrer Helfer und eröffnet dem Helfersystem andererseits diagnostische Zugänge über das Entschlüsseln von Gegenübertragung und Spiegelung. Schwierige Lebenssituationen anderer regen vor allem die eigenen Schwierigkeiten an, bei Menschen nicht anders als bei Organisationen. Wenn man aber von den eigenen Schwierigkeiten etwas versteht, dann gibt es auch Chancen, von denen der anderen etwas zu begreifen.

4) Weiter gilt es, die gewonnenen Einsichten und Deutungen „auf den Punkt zu bringen" und Konsequenzen zu ziehen. Die zuvor gesammelten Informationen und Sichtweisen müssen zusammengeführt, bewertet und darauf hin ausgewertet werden, welche Schlussfolgerungen für sozialpädagogische Handlungsvorschläge oder Interventionen zu ziehen und zu konkretisieren sind. Zu diesem Zweck ist es wichtig, über ein institutionell geregeltes Verfahren der „Urteilsbildung" zu verfügen, um gerade die Frage der Deutung und Bewertung nicht der Beliebigkeit zu überlassen.
5) Und schließlich sind die sozialpädagogischen Deutungen und Beurteilungen den Menschen zurückzugeben, von denen und über die sie etwas erfahren und durchblicken wollten. Verstehen ist erst der Anfang, danach folgt die meist größere Anstrengung der Verständigung und Aushandlung. Sozialpädagogische Diagnosen haben wesentlich die „Stimme der Adressaten" zu Gehör zu bringen. Nun sind diese Stimmen gerade in Problem- und Krisensituationen weder einfach zu hören noch simpel als das zu verstehen, was auf der Oberfläche der Worte und Gesten gesagt und gezeigt wird. In angemessener Weise erzählende Selbstdeutung der Menschen herausfordern, in stellvertretend Deutungen anbieten und beides in dialogischen Prozessen zu tragfähigen Bildern für ein „Sich-selbst-besser-verstehen" aller Beteiligten zu verdichten, ist die Herausforderung.
6) Zuletzt und wiederum zuerst ist gut zu dokumentieren und vor allem systematisch auszuwerten und zu reflektieren, also kurz zu evaluieren, welche Einschätzungen und Vorschläge

sich als tragfähig für Entwicklung oder Schutz, Bildung oder Unterstützung erwiesen haben. Diese Evaluation ist die unverzichtbare Grundlage für Kontrolle und Weiterentwicklung, und damit für die Legitimation der skizzierten „sozialpädagogischen Diagnostik".

D

Fallverstehen und Diagnose – eine anstrengende Balance widerstreitender Anforderungen

Prozesse des Verstehens und der Diagnose in der SozArb sind für die verantwortlichen Fachkräfte immer eine emotionale Anstrengung, z. T. auch eine erhebliche Zumutung. Perspektivübernahme und Identifikation gelingen nicht ohne Mit-Fühlen und dies bedeutet meist auch, nicht ohne Mit-Leiden. Die Fähigkeit, sich vorstellen zu können, wie es einem anderen Menschen in Not und Bedrängnis geht, wie sich Bedrohung und seelische Verletzungen „anfühlen", ist der Kern aller sozialpädagogischen Verstehensanstrengungen. Hierbei geht es immer um eine Balance zwischen widerstreitenden Anforderungen im doppelten Sinne: einerseits die Gefahr, zu nahe zu kommen und sich zu sehr zu verstricken oder auf der anderen Seite zu distanziert und fremd zu bleiben und nichts zu verstehen. Gleichzeitig geht es auch um die Balance von respektvollem Mitgefühl gegenüber Klienten auf der einen und konfrontativem „Eindringen in fremde Lebenswelten" auf der anderen Seite. Von den Methoden und Instrumenten deutender oder diagnostischer Verfahren wird daher häufig erwartet, sie könnten von diesen Anstrengungen entlasten und den Fachkräften eine von der eigenen Person und Organisation unabhängige, die persönliche und berufliche Biographie und Situation nicht berührende Erkenntnis über einen anderen Menschen eröffnen. Beurteilungen und Diagnosen könnten, so die Erwartung, wie technische Prozesse ablaufen und zu „objektiven" und „richtigen" Ergebnissen führen. Wie wenig diese Hoffnung trägt, spiegelt die häufig wiederkehrende Ent-Täuschung in der Auseinandersetzung mit professionellen Methoden sozialer Arbeit – und doch kann auf Methoden, also auf systematisches und regelgeleitetes Arbeiten, nicht verzichtet werden.

Christian Schrapper

Literatur

S. Ader/C. Schrapper/M. Thiesmeier (Hrsg.): Sozialpädagogisches Fallverstehen und sozialpädagogische Diagnostik in Forschung und Praxis. In: Koblenzer Schriften zur Sozialpädagogik und Weiterbildung. Bd. 1, Münster 2001 ◆ S. Ader/C. Schrapper: Wie aus Kindern in Schwierigkeiten „schwierige Fälle" werden. – Erfahrungen und Befunde aus einem neuen Forschungsprojekt zu einem alten Thema. In: Forum Erziehungshilfen, H. 1/2002, 27–34 ◆ S. Ader/C. Schrapper (Hrsg): Sozialpädagogische Diagnostik und Fallverstehen. Eine Einführung für Ausbildung und Praxis, München 2016 (i. E.) ◆ Bayrisches Landesjugendamt (Hrsg.): Sozialpädagogische Diagnose. Arbeitshilfe zur Feststellung des erzieherischen Bedarfs, München 2001 ◆ M. Dahl: Diagnostik, Selektion, Ausgrenzung – Die unheilige Allianz von Jugendhilfe und Jugendpsychiatrie in der NS-Zeit am Beispiel des Jugend-KZ Mohringen ◆ in: J. Fegert/L. Salgo/K. Späth (Hrsg.): Freiheitsentziehende Maßnahmen, Münster 2001 ◆ R. du Bois: Historische Trennlinien und Berührungspunkte zwischen Jugendhilfe und Kinder- und Jugendpsychiatrie, in: J. Fegert/C. Schrapper (Hrsg.): Handbuch Jugendhilfe-Jugendpsychiatrie, Weinheim, München 2004, 421–428 ◆ H. Fallner/H.-M. Gräßlin: Kollegiale Beratung. Eine Systematik zur Reflexion des beruflichen Alltags. Hille 1990 ◆ H.-J. Glinka: Ethnographische Fallarbeit. In: Ader u. a. 2001, 45–61 ◆ A. Hanses: Biographische Diagnostik in der Sozialen Arbeit ◆ in: Neue Praxis 4/2000, 357–379 ◆ V. Harnach-Beck: Psychosoziale Diagnostik in der Jugendhilfe – Grundlagen und Methoden für Hilfeplan, Bericht und Stellungnahme. Weinheim, München ([1]1995) [4]2003 ◆ V. Harnach-Beck: Ohne Prozessqualität keine Ergebnisqualität. Sorgfältige Diagnostik als Voraussetzung für erfolgreiche Hilfe zur Erziehung. In: Peters 1999 (Hrsg.), 27–48 ◆ M. Heiner (Hrsg.): Diagnostik und Diagnosen in der sozialen Arbeit. Ein Handbuch. Frankfurt/M. 2004 ◆ M. Heiner/C. Schrapper: Diagnostisches Fallverstehen in der Sozialen Arbeit. Ein Rahmenkonzept ◆ in: Schrapper 2004, 201–222 ◆ J. Henkel/M. Schnapka/C. Schrapper (Hrsg.): Was tun mit schwierigen Kindern? Sozialpädagogisches Verstehen und Handeln in der Jugendhilfe, Münster 2002 ◆ H. Hillmeier: Sozialpädagogische Diagnose. Eine Arbeitshilfe des Bayrischen Landesjugendamtes, in: Heiner 2004, 203–217 ◆ T. Klatetzki: Kollegiale Beratung als Problem, sozialpädagogische Diagnostik ohne Organisation. In: Ader u. a. 2001, 22–30 ◆ K. Kraimer (Hrsg.): Die Fallrekonstruktion. Sinnverstehen in der sozialwissenschaftlichen Forschung. Frankfurt/Main 2000 ◆ C. Kuhlmann: Zur historischen Dimension der Diagnostik am Beispiel Alice Salomon ◆ in Heiner 2004, 11–25 ◆ M. Langhanky: Handeln ohne Diagnostik ◆ in: Schrapper 2010, 39–48 ◆ J. Merchel: „Diagnose" in der Hilfeplanung: Anforderungen und Problemstellungen ◆ in: Neue Praxis, H. 6/2003, 527–542 ◆ K. Mollenhauer/U. Uhlendorff: Sozialpädagogische Diagnosen I. Über Jugendliche in schwierigen Lebenslagen, Weinheim,

München 1992 • K. Mollenhauer/U. Uhlendorff: Sozialpädagogische Diagnosen II. Selbstdeutungen verhaltensschwieriger Jugendlicher als empirische Grundlage für Erziehungspläne, Weinheim, München 1995 • T. Mörsberger/J. Restemeyer (Hrsg.): Helfen mit Risiko. Zur Pflichtenstellung des Jugendamtes bei Kindeswohlvernachlässigung, Neuwied 1997 • B. Müller: Sozialpädagogisches Können. Ein Lehrbuch zur multiperspektivischen Fallarbeit, Freiburg 1993/^{7}2012) • Neue Praxis, Sonderheft zum 28. Tübinger Sozialpädagogentag zum Thema: Sozialpädagogische Diagnostik 2005 • U. Oevermann: Die Methode der Fallrekonstruktion in der Grundlagenforschung sowie der klinischen und pädagogischen Praxis, in: Kraimer 2000, 58–155 • H.-U. Otto/H. Thiersch (Hrsg.): Handbuch Soziale Arbeit, München ^{5}2015 • K. Possehl: Struktur und Logik professioneller diagnostischer Informationsarbeit in der Sozialen Arbeit. Theoretische Vorklärungen, in: Archiv für Wissenschaft und Praxis der sozialen Arbeit 3/2004, 29–67 • A. Salomon: Soziale Diagnose, Berlin 1926 • C. Schrapper (Hrsg.): Sozialpädagogische Diagnostik und Fallverstehen in der Jugendhilfe. Anforderungen, Konzepte, Perspektiven, Weinheim, München ^{2}2010 • W. Schreiber: Sozialpädagogische Diagnosen und Intervention. Ansätze in der Arbeit mit psychosozial geschädigter Klientel, in: Neue Praxis 6/2003, 515–526 • F. Schütze: Die Fallanalyse. Zur wissenschaftlichen Fundierung einer klassischen Methode der Sozialen Arbeit. In: Rauschenbach 1993, 191–221 • SOS-Kinderdorf (Hrsg.): Jugendämter zwischen Hilfe und Kontrolle, München 2001 • Stadt Recklinghausen, Fachbereich Kinder, Jugend und Familie (Hrsg.) 2001: Qualitätsentwicklung im Allgemeinen Sozialen Dienst, Recklinghausen, darin gute Dokumentations- und Auswertungsraster, zu bestellen über: Stadt Recklinghausen, ASD, 45655 Recklinghausen • U. Urban: Professionelles Handeln zwischen Hilfe und Kontrolle. Sozialpädagogische Entscheidung in der Hilfeplanung • Weinheim, München 2004 • Widersprüche – Zeitschrift für sozialistische Politik im Bildung-, Gesundheits- und Sozialbereich, Themenheft Neo-Diagnostik – Modernisierung klinischer Professionalität, H. 88, Juni 2003.

Didaktik

D. ist ein in der Sozialen Arbeit lange nicht sehr häufig gebrauchter Begriff. Das hängt damit zusammen, dass sozialpädagogische Einrichtungen und Verfahren gegen die Traditionen schulischer Unterweisung entwickelt worden sind und dass Maßnahmen und Einrichtungen der SozArb erst in einem langen und langsamen Prozess ihre ehemals dominanten kontrollierenden Funktionen im Hinblick auf die Armutsbevölkerung durch unterstützende und den Sozialisationsprozess befördernde Vorgehensweisen ergänzen und teilweise ersetzen konnten. Dadurch erst wurden sie erziehungswissenschaftlicher Fachterminologie zugänglich. D. aber ist ein erziehungswissenschaftlicher (lehr-lern-theoretischer) Begriff.

D. war ursprünglich die Lehre von den Bildungsinhalten. Sie wurde von der Methodik als Lehre von den Bildungsverfahren getrennt. Erst durch die Berliner Schule der Didaktik *(Soziales Lernen)* wurde diese unfruchtbare Unterscheidung überwunden. D. i. w. S. ist heute die Lehre von der Organisation von Lehr- und Lernprozessen im Hinblick auf kognitive, soziale und emotionale menschliche Tätigkeiten.

Inzwischen verwendet auch die Soziale Arbeit die Begriffe Didaktik und Methodik vorurteilslos. Nach der Pionierarbeit von Nando Belardi (1980) sind etliche Titel dazu entstanden, die einen spezifischen Blick – aus der Sozialen Arbeit heraus – entwickelt haben (u. a. Martin 2005, z. T. auch Kron u. a. 2015). In der Lehre an Hochschulen für Sozialwesen hat sich die Arbeit von Johannes Schilling durchgesetzt ‚Didaktik/Methodik Sozialer Arbeit' (^{1}1983/^{6}2013): sehr pragmatisch und klar, das Buch selbst ‚klug didaktisch gestaltet' (Texte wechseln mit Aufgaben/Lernfragen, Checklisten bieten Lernhilfen, Kernaussagen komprimieren Texte). Immer werden Probleme/Situationen aus der Sozialen Arbeit zur Lösung/zum Lernen angeboten. Und er trennt zwar in der Darstellung Didaktik und Methodik: D. als Wissenschaft vom Lehren und Lernen, M. als die Wissenschaft vom zielgerichteten Handeln, aber wohl wissend, dass diese Trennung im praktischen Tun fast immer unrealistisch bis unwirksam ist.

Unter diesem Blickwinkel betrachtet haben die verschiedenen Bereiche der SozPäd *(Tageseinrichtungen für Kinder, Jugendarbeit, Hilfen zur Erziehung, Erwachsenenbildung)* ihre jeweils spezifische D. hervorgebracht und weiterentwickelt. Aber auch im Hinblick auf Maßnahmen der SozArb kann die Forderung nach methodischem Arbeiten als eine didaktische Forderung interpretiert werden. Denn schon A. Salomon hat 1926 darauf hingewiesen, eine bedeutsame Aufgabe der Wohlfahrtspflegerin sei es, die Kunst des Lebens zu lehren. Auch zeitgenössische sozialtherapeutische und familientherapeutische Verfahren können als didaktische Verfahren angesehen werden. Schließlich ist es offensichtlich, dass die klassischen *Methoden Sozialer Arbeit (Einzelfall-*

hilfe, Gruppenarbeit, Gemeinwesenarbeit, Methodisches Handeln) didaktische Arrangements und Verfahren darstellen, die darauf gerichtet sind, Menschen zu befähigen, sich aktiv und schöpferisch mit ihrer sozialen Umwelt, mit anderen Menschen in sozialen Kleingruppen und mit den Problemen von Nachbarschaft und Stadtteil auseinander zu setzen *(Netzwerke, soziale, Sozialraumorientierung)* und dabei kompetent für die eigenständige Gestaltung ihres Lebens zu werden.

C. Wolfgang Müller

Literatur

N. Belardi (Hrsg.): Didaktik und Methodik Sozialer Arbeit, Frankfurt/M. 1980 ◆ K. A. Geißler/M. Hege: Konzepte sozialpädadgogischen Handelns, Weinheim [11]2007 ◆ F. W. Kron/E. Jürgens/J. Standop: Grundwissen Didaktik, München [6]2015 ◆ E. Martin: Didaktik der sozialpädagogischen Arbeit, Weinheim/Basel [6]2005 ◆ R. Porsch: Einführung in die allgemeine Didaktik, Münster 2016 ◆ A. Salomon: Soziale Diagnose, Berlin 1926 ◆ J. Schilling: Didaktik/Methodik der Sozialpädagogik, Neuwied [6]2013 ◆ H. v. Spiegel: Methodisches Handeln in der Sozialen Arbeit, München/Basel [5]2013.

Dienstrecht

Zur Reichweite des Begriffs

Der Begriff umfasst den öffentlichen und den privaten Dienst, das öffentlich-rechtliche Beamten- wie das privatrechtliche Arbeitsrecht, die nichtselbständige wie die selbständige Tätigkeit.

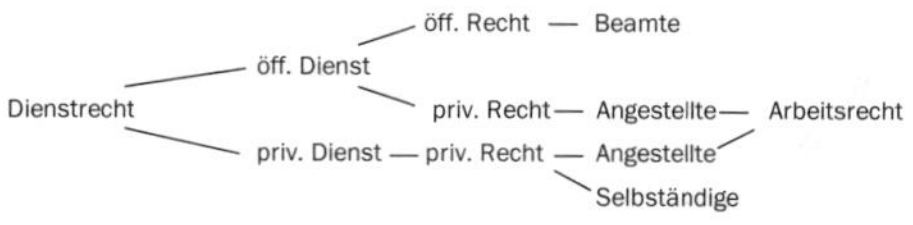

Die Grenze von öffentlichem und privatem D. verläuft nicht entlang der Unterscheidung von öffentlichem und privatem Dienst, sondern innerhalb des öffentlichen Dienstes zwischen Beamten einerseits und Angestellten (und Arbeitern) andererseits. D. ist auch der juristische Oberbegriff für nichtselbständige Tätigkeit der Angestellten und der selbständigen Tätigkeit freier Berufe. Unterscheidungskriterium sind nicht die von den Vertragsparteien gewählten Bezeichnungen („freier Mitarbeiter"). Entscheidend ist die Weisungsgebundenheit oder Weisungsfreiheit der Tätigkeit. Die wirtschaftliche Abhängigkeit des Dienstleistenden ist unbeachtlich.

Die Darlegungen beziehen sich v. a. auf das D. in der SozArb, die von Absolventen der FS, FH und Universitäten in Ausbildung und Beruf geleistet wird *(Ausbildung, Soziale Berufe)*. Ein besonderes D. für diese Berufsgruppen gibt es nicht; gemeinsame Fragestellungen in den Berufsvollzügen dieser Berufsgruppen lassen sich jedoch unter dienstrechtlichen Gesichtspunkten bearbeiten.

Eine geschlossene, allerdings zahlreiche Gesetze umfassende bundes- und landesrechtliche Regelung hat das Beamtenrecht gefunden; für Beamte der Gemeinden gilt das jeweilige Landesbeamtenrecht. Das privatrechtliche Arbeitsverhältnis hat keine entsprechende gesetzliche Regelung, etwa in Form eines Arbeitsgesetzbuches, erfahren. Zahlreiche Gesetze, Richterrecht, Tarifverträge und Kirchenrecht *(Rechtsquellen)* bestimmen das Arbeitsrecht der Angestellten.

Rechte und Pflichten: D. regelt die Rechte und Pflichten zwischen nichtselbständig Tätigem und Arbeitgeber (bei Angestellten) bzw. Dienstherrn (bei Beamten).

Die Rechte und Pflichten der Klienten folgen aus privatrechtlichen Verträgen bzw. öffentlichrechtlichen Verwaltungsrechtsverhältnissen zu den Trägern sozialer Einrichtungen. D. findet zwischen Klienten und freiberuflich Tätigkeiten Anwendung, z. B. in einigen Modellen der sozialpädagogischen Familienhilfe oder bei freiberuflichen Beratungs- und Therapieangeboten.

Hauptpflichten sind die Leistung von Diensten gegen die Zahlung des vereinbarten bzw. gesetzlichen Entgelts. Nebenpflichten, wie Verschwiegenheit, Obhuts- und Sorgfaltspflichten, werden auf der Seite des Arbeitnehmers bzw. Beamten unter der Treuepflicht, auf Seiten des Arbeitgebers bzw. des Dienstherrn unter der Fürsorgepflicht zusammengefasst.

Für das D. in der SozArb ist ein Spannungsverhältnis zwischen nichtselbständiger Tätigkeit und beruflich-fachlichem Handeln (Berufsauftrag) von Bedeutung, m. a. W., Arbeitnehmerpflichten und Arbeitgeberinteressen einerseits sowie an Interessen und Rechten des Klienten orientierte SozArb andererseits können Konfliktlagen schaffen (Kühnel u. a. 1985; Trenk-Hinterberger 1979). Der Arbeitnehmer in der SozArb ist verpflichtet, seinen Dienst entspr. der erworbenen Sachkunde, den anerkannten beruflichen Regeln sowie den Zielen und Aufgaben der Einrichtung (z. B. Strafvollzug, Datenschutz) seinen Dienst zu verrichten. Der Arbeitgeber/Dienstherr hat das Recht, ihm allgemeine Richtlinien oder Einzelweisungen für seine Tätigkeit zu erteilen, denen er nach arbeitsvertraglichen bzw. beamtenrechtlichen Pflichten bis zur Grenze der Begehung von Straftaten oder Ordnungswidrigkeiten zu folgen hat (Weisungsgebundenheit). Der Arbeitnehmer/Beamte ist verpflichtet, den Arbeitgeber/Dienstherrn auf Bedenken gegen die Recht- und Zweckmäßigkeit einer Weisung hinzuweisen (Remonstration). Bei Weisungen gegenüber Angestellten geht die Verantwortung für die Folgen des Handelns auf den Anweisenden über; bei Beamten erst nach Bestätigung der Weisung durch den Vorgesetzten.

D. erfasst grundsätzlich nur dienstliches, nicht auch privates Verhalten. Die Grundrechte (Verfassungsrecht) gelten sowohl für den Dienst der Beamten als auch der Angestellten (z.B. Meinungs-, Vereinigungsfreiheit), soweit durch ihre Ausübung der Betriebsfrieden nicht gestört wird. Anders das kirchliche Arbeitsrecht, das auch außerdienstliches Verhalten sanktioniert (Richardi 2015).

Tendenzschutz: WFV und kirchliche Arbeitgeber (Kirchen) genießen Tendenzschutz. Als Einrichtungen mit politischen, konfessionellen, karitativen oder erzieherischen Bestimmungen sind sie entweder ganz (Kirchen und konfessionelle WFV) oder weitgehend (WFV, private Erziehungseinrichtungen) dem BetrVerfG entzogen (§ 118 BetrVG). Sozial Tätige sind regelmäßig Tendenzträger, also Arbeitnehmer, die die vorgenannten Bestimmungen der Einrichtungen verwirklichen sollen. Für sie gilt als Kündigungsgrund auch, wenn ihr dienstliches und teilweise auch ihr außerdienstliches Verhalten gegen die Tendenz der Einrichtung verstößt, z.B. Meinungsäußerung, Kirchenaustritt, Scheidung. Die Kirchen und die konfessionellen Einrichtungen haben ein für ihre Mitarbeiter um wesentliche Elemente des allgemeinen Arbeitsrechts vermindertes Sonderarbeitsrecht geschaffen.

Bestandsschutz: Für die im sozialen Bereich nicht seltenen Einrichtungen mit höchstens 10 Arbeitnehmern gilt das KSchG nicht (§ 23 KSchG). Ein Beamter auf Lebenszeit kann nur in einem förmlichen Disziplinarverfahren durch Urteil eines Verwaltungsgerichts aus dem Dienst entfernt werden. Ein Beamter ist u.a. dann zu entlassen, wenn er wegen vorsätzlicher Tat rechtskräftig durch ein deutsches Gericht zu einer Freiheitsstrafe von mindestens einem Jahr verurteilt worden ist oder wenn er durch Urteil des BVerfG ein Grundrecht verwirkt hat.

Haftung: Die Haftung für Schäden, die Dritten (z.B. Klienten) oder dem Arbeitgeber/Dienstherrn durch Verschulden des Bediensteten entstehen, ist differenziert geregelt. Im öffentlichen Dienst haftet der Staat für den Bediensteten und darf bei diesem nur Rückgriff nehmen, wenn der Schaden grob fahrlässig oder vorsätzlich verursacht worden ist. Im übrigen Arbeitsrecht ist die Rechtsprechung zur Arbeitnehmerhaftung abweichend vom Gesetzeswortlaut zu Haftungseinschränkungen gelangt durch Entwicklung der Begriffe „gefahrgeneigte Arbeit“ und „Betriebsrisiko“, das der Arbeitgeber zu tragen hat. Auch das Verhältnis von Schadenshöhe und Monatseinkommen sowie alle Umstände des Einzelfalles schränken die Höhe der Haftung ein mit folgenden Ergebnissen: volle Haftung bei Vorsatz und Haftungsausschluss bei leichter Fahrlässigkeit. Bei grober Fahrlässigkeit muss der Arbeitnehmer mit einer Belastung zwischen einem und drei, bei mittlerer Fahrlässigkeit zwischen einem halben und einem vollen Monatsbruttogehalt rechnen (zu den Rechtsfolgen bei Verletzungen fachlicher Standards Münder u.a. 2013, § 1 Rz 31 ff.).

Gerichtszuständigkeit: Für arbeitsrechtliche Streitigkeiten der Angestellten sind die Arbeitsgerichte, für beamtenrechtliche Streitigkeiten die Verwaltungsgerichte zuständig *(Gerichtsbarkeit/ Kirchen und Religionsgemeinschaften).*

Handeln „nach den Regeln der Kunst“: Die rechtlich gesicherte Einhaltung beruflicher Standards hat für Klienten Sozialer Arbeit großes Gewicht *(Professionalisierung).* Daran knüpfen Forderungen aus der Berufspraxis und Überlegungen aus der Wissenschaft zur Entwicklung eines Berufsrechts für professionell sozial Tätige. Hoch professionalisierten Berufen der Ärzte, der Rechtsanwälte und der Architekten dient das Berufsrecht, neben der Wahrung berufsständischer Interessen, auch zur Durchsetzung gewissenhafter Berufsausübung „nach den Regeln der Kunst“. Für die Berufsausübung in der SozArb liegen Vorschläge zu einer berufsethischen Fundierung und zu einer auf den sozialstaatlichen Anspruch des Klienten nach annahmefähigen Sozialleistungen gestützten Berufsrechts seit langem vor (Kühnel u.a. 1985). Unbestreitbar mehren sich die Vorgaben des Gesetzgebers, wonach bestimmte (Sozial-)Leistungen unter Mitwirkung professionell sozial Tätiger zu erbringen sind, z.B.: Adoptionsvermittlung, Strafvollzug, Werkstätten für Behinderte *(Behindertenhilfe),* BewH. Zu neueren Anforderungen an die Einhaltung fachlicher

Standards und ihren möglichen Folgen: Jordan 2001 und Münder 2001.

Die anfänglichen Besonderheiten des Arbeitsrechts der nBL sind praktisch seit 1993 ausgelaufen.

Reiner Kühnel

Literatur

E. Jordan: Zwischen Kunst und Fertigkeit – Sozialpädagogisches Können auf dem Prüfstand, in: ZfJ 2/2001, 48 ff. • R. Kühnel/J. Randzio/F. Roscher: Dienstrecht für die Soziale Arbeit, Weinheim/Basel 1985 • J. Münder u. a.: Frankfurter Kommentar zum SGB VIII: Kinder und Jugendhilfe, Baden-Baden [7]2013 • J. Münder: Rechtsfolgen bei Verletzung professioneller Standards, in: ZfJ 11/2001, 401 ff. • R. Richardi: Arbeitsrecht in der Kirche, München [7]2015 • G. Schaub: Arbeitsrechts-Handbuch, München [16]2015 • H. Schnellenbach: Beamtenrecht in der Praxis, München [8]2013 • P. Trenk-Hinterberger: Zur „Treuepflicht" des Sozialarbeiters im Strafvollzug – Anmerkungen zu zwei Grundsatzurteilen, in: np, 4/1979, 428–437.

Drogenabhängigkeit

Das Drogenproblem wurde häufig als eine „Welle" oder eine möglicherweise vorübergehende „Mode" bezeichnet. Historische Untersuchungen haben jedoch inzwischen erwiesen, dass es sich bei diesem Problem um eine „Dauerwelle" der bürgerlichen Gesellschaft handelt. Und nicht nur dieser. Denn das Problem des Missbrauchs von Drogen trat und tritt in allen Gesellschaften auf, in denen Drogen aus dem Bereich kultischer Handlungen wie Orakel, Initiationsriten, Abendmahl usw. heraustreten, profanisiert und zur Ware werden. Drogen als Modeerscheinung anzusehen ist nur dann möglich, wenn man jeweils nur eine oder einige wenige Sorten von Drogen betrachtet, die gerade neu in Erscheinung getreten sind. Bezieht man dagegen das gesamte Spektrum bekannter missbrauchsfähiger Stoffe in die historische Betrachtung mit ein, so wird deutlich, dass es Drogen in allen Gesellschaften gibt, seit ihr Handelswert erkannt wurde, und dass „Moden" nur der Ausdruck von gezielten Marktoffensiven sind.

Unter Drogen werden hier alle Stoffe angesehen, die dem Körper weder zur Ernährung noch aus medizinischen Gründen zugeführt werden. Das bedeutet, dass diese Stoffe missbraucht, d. h. in einer Menge und Häufigkeit konsumiert werden, dass sie zu körperlichen, seelischen oder sozialen Folgeschäden führen können. D. liegt dann vor, wenn der Konsum von Drogen zum physischen oder zum psychischen Drang nach Wiederholung des Konsums geführt hat. I. d. R. führt schon der einmalige Konsum von Drogen mindestens zum Wunsch nach Wiederholung und damit zum Beginn psychischer Abhängigkeit, weshalb der Begriff des Gebrauchs oder des nicht abhängigen Missbrauchs von Drogen eigentlich mehr definitorischen, weniger praktischen Wert hat.

Klassifikation der Drogen

Es hat zahlreiche Versuche gegeben, die verschiedenen Drogen zu systematisieren: Rauschgift und Genussgifte, landwirtschaftliche und chemische Drogen, weiche und harte Drogen (ohne und mit körperlicher Abhängigkeit), gesellschaftlich tolerierte und gesellschaftlich unangepasste Drogen, legale und illegale Drogen, Alkohol, Medikamente und Drogen usw. Alle diese Systematisierungen weisen Mängel auf, da sie entweder nur ein bestimmtes Kriterium (wie z. B. die Wirkung auf den menschlichen Körper) oder nur bestimmte nationale Besonderheiten (wie z. B. die Gesetzgebung) berücksichtigen.

Praktikabel erscheint demgegenüber die Klassifizierung der WHO, die von empirisch vorfindbaren Konsumententypen ausging und damit eine große Zahl der Konsumenten trifft. Im Folgenden orientiert sich deshalb die Darstellung der einzelnen Drogen, ihrer Anwendung, Wirkung und Folgen weitgehend an der WHO-Klassifikation. Ausgeklammert bleibt dabei der Alkohol *(Alkoholismus)*, hinzugefügt werden die sog. Schnüffelstoffe, die bisher keine Aufnahme in die Klassifikation der WHO gefunden haben. Es muss jedoch betont werden, dass unter dem Begriff der Drogen auch Alkohol, Nikotin und Schnüffelstoffe zu verstehen sind, dass eine Trennung also von der Sache her nur als Artefakt angesehen werden kann.

1. Nikotin. Gewöhnlich wird Tabak als Zigarette, Zigarre oder in der Pfeife geraucht, seltener sind heute die Formen des Schnupfens oder Kauens von Tabak. Der Genussraucher konsumiert nur gelegentlich, meist Zigarre oder Pfeife. Der Verkauf von E- oder Liquid-Zigaretten an Jugendliche ist inzwischen verboten.

Folgen des Tabakkonsums können psychische Abhängigkeit, die insbesondere situationsbedingt (Stress, Nervosität) ist, oder auch physische Abhängigkeit sein. Körperliche Folgen des Rauchens sind v. a. Herzerkrankungen und Erkrankungen der oberen Luftwege. Soziale Folgen ergeben sich für den körperlich abhängigen Raucher, der nicht mehr in der Lage ist, auf seine Umgebung Rücksicht zu nehmen.

2. Cannabis, Marihuana oder Haschisch werden pur oder unter Beimengung von Tabak geraucht, gelegentlich auch als Tee aufgebrüht oder Backwaren zugesetzt. Das Interesse vieler Konsument/innen, die Wirkung zu intensivieren, hat zu Applikationsformen wie „Bong-" und „Eimer-Rauchen" geführt. Sie stellen die Parallele zum Übergang vom Schnupfen auf das Injizieren von Heroin oder Kokain dar. Eimer-Rauchen, also das Einatmen von hoch-komprimiertem Cannabis-Rauch, ist gewissermaßen die Antwort darauf, dass man Cannabis nicht injizieren kann. Die Wirkung besteht in einer gewissen Lockerung, Enthemmung und erhöhten Sinneswahrnehmung. Über körperliche Folgen gibt es widersprüchliche wissenschaftliche Aussagen, wahrscheinlich sind die körperlichen Schädigungen gering. Seelische Folgen dauerhaften Konsums sind Gewöhnung, psychische Abhängigkeit, Interesselosigkeit, Gleichgültigkeit. Soziale Folgen bestehen in der Vernachlässigung von Pflichten, geringer Erfüllung von Leistungsanforderungen und in der Anfälligkeit für andere, gefährlichere Drogen.

3. Halluzinogene. Sie werden üblicherweise geschluckt. Trips erscheinen auf dem illegalen Drogenmarkt als Minitabletten, getränkte Löschpapiere oder Zuckerstückchen. Ihre Wirkung besteht in erster Linie in unwirklichen Halluzinationen, einer gewissen körperlichen Leichtigkeit und verstärkten Sinneswahrnehmungen. Erheblich häufiger als bei Cannabis kann bei Halluzinogenen jedoch auch eine negative Wirkung eintreten: der Horrortrip, der i. w. durch Angst und angstbesetzte Bilder bestimmt ist. Mit einiger Wahrscheinlichkeit kann nach dem Konsum von Halluzinogenen mit Chromosomenschäden gerechnet werden. Die psychischen und sozialen Folgen entsprechen dem des Cannabiskonsums.

4. Barbiturate. Die Tabletten werden meist in überhöhten Dosen geschluckt, gelegentlich auch i. V. m. Alkohol. Ihre Wirkung besteht in einer starken Beruhigung, die bis zur Dämpfung oder Sedierung reichen kann. Es entsteht eine körperliche Abhängigkeit. Seelische Folgen sind erhöhte Reizbarkeit und Konzentrationsstörungen. Körperliche Folgen bestehen in erster Linie in einer Belastung der Leber. Soziale Folgen sind wegen der Unauffälligkeit der Droge, ihrer leichten Erreichbarkeit und ihres geringen Preises (jedenfalls bei der – häufig zu beobachtenden – ärztlichen Verordnung) selten, jedoch wirkt sich die Gleichgültigkeit, die als allgemeine Haltung entsteht, im sozialen Nahraum aus.

5. Amphetamine. Aufputschende Medikamente, aber auch Stimulanzien wie Koffein werden gewöhnlich geschluckt, amphetaminhaltige Medikamente jedoch häufig auch – wegen der rascheren Wirkung – aufgelöst und injiziert. Ihre Wirkung besteht in einer gesteigerten Wachheit, Aktivität und Leistungsfähigkeit. Die Wirkung kann auch „kippen" und zu einer starken Beruhigung bis hin zur Sedierung führen. Psychische Folgen sind Aggressivität und Unruhe zwischen den einzelnen Konsumzeitpunkten. Physische Folgen sind Appetitlosigkeit und Bedarf nach ständig höheren Dosen. Längerfristig entsteht erheblicher Gewichtsverlust. Wegen der schwierigeren legalen Beschaffung von Amphetaminen spielt hierbei bereits die Beschaffungskriminalität eine wichtige Rolle.

D

6. Kokain. Diese Droge wird in der Anfangsphase des Konsums fast ausschließlich geschnupft, nur äußerst selten einmal gespritzt. Sie führt ein starkes Glücksgefühl bei gleichzeitigem amphetaminähnlichen Aktivitätsdrang herbei. Die körperlichen Folgen sind in erster Linie Gewichtsverlust und Kreislaufstörungen. Psychische Folgen bestehen in starker Erregbarkeit und Reizbarkeit, in eher chemisch induziertem manisch-depressiven Zirkeln und einem Verfall der Urteils- und Leistungsfähigkeit. Wegen des rasch erreichten hohen psychischen Abhängigkeitsgrades kommt es sehr schnell zu verheerenden sozialen Folgen wie ausschließlicher Ausrichtung auf die Beschaffung des Mittels, hohe Verschuldung und damit verbundener Kriminalität. Bei langdauernder Abhängigkeit wird eine Dosissteigerung beobachtet, die zu weitaus höheren Tagesdosen führt als bspw. beim Heroin. Die Folge ist ein erheblicher Anstieg der Beschaffungskosten. Deshalb wird (zur Beibehaltung der Wirkung und Senkung der Kosten) schließlich doch auf Spritzen umgestiegen. Andere Formen der Intensivierung der Kokainwirkung bestehen im „free-basing" (Verdampfen und Einatmung der Kokainbase) oder im „Crack"-Rauchen. „Crack" enthält nur einen sehr geringen Kokainanteil, weshalb schon nach sehr kurzer Zeit erneuter Bedarf entsteht. Dadurch wird der zunächst niedrige „Einstiegspreis" für die Slum- und Straßendroge „Crack" am Ende doch sehr hoch.

7. Opiate. Rohopium wird geraucht oder gegessen, Morphin geschluckt, Heroin geschnupft. I. d. R. jedoch werden Opiate wegen der höheren Wirksamkeit – zumindest bei längerem Konsum – injiziert. Ihre Wirkung besteht in einer anfänglich starken, schockartigen Euphorisierung („flash"), die schon nach kurzer Zeit in ein Gefühl der Entspannung, der Mattigkeit („feeling"), beim Heroin verbunden mit einem („heroischen") Gefühl der Einmaligkeit, Besonderheit übergeht. Psychische Folgen bestehen in einer erheblichen Verringerung der Leistungsfähigkeit und des Antriebs. Aktivitäten richten sich nach kürzester Zeit nur noch auf Erreichung des Suchtstoffes. Körperliche Folgen sind neben der schon nach kurzer Gewöhnung bestehenden Abhängigkeit Magen-, Kreislauf- sowie Leberbeschwerden. Soziale Folgen sind identisch mit denen des „drop-out", der schlagartig aus Lebenszusammenhängen wie Familie, Ausbildung, Beruf usw. herausfällt. Alle Lebensfunktionen sind auf die Befriedigung der *Sucht* ausgerichtet, für die soziale Umgebung wird der Drogenabhängige ein Fremder.

8. Schnüffelstoffe. Leichtflüchtige Lösungsmittel für Klebstoffe und Farben werden aus damit getränkten Lappen oder aus eng um den Kopf abgeschlossenen Behältern, Plastiktüten usw. eingeatmet. Ihre Wirkung ähnelt der des Alkohols, führt zu Enthemmung, Freiheitsgefühl und gelegentlich auch zu Veränderungen der Sinneswahrnehmungen. Psychische und soziale Folgen sind mit denen des Cannabiskonsums vergleichbar. Die körperlichen Folgen sind noch weitgehend ungeklärt, jedoch sind bereits Nebenwirkungen wie Erstickungs- und Lähmungsanfälle aufgetreten.

Seit Mitte der 1980er Jahre ist das Spektrum der auf dem illegalen Markt angebotenen Stoffe erheblich erweitert – zu sog. „Designerdrogen". Dabei handelt es sich i. d. R. um synthetisch hergestellte Drogen aus privaten Labors, die die Wirkung bekannter Drogen nachahmen, aber aus Stoffen zusammengesetzt sind, die (noch) nicht unter die Drogenkontrolle fallen. Sie werden also unmittelbar für die Bedürfnisse der Drogensubkultur „designed" und ggf. in einigen Molekülen noch einmal verändert, wenn ihr Verbot droht. Bekanntestes Produkt in Europa wie in den USA ist „Ecstasy", ursprünglich gemischt aus gleichzeitig dämpfender (wie bei den Opiaten) und aufputschender Wirkung (wie beim Kokain). Inzwischen dürften die meisten als „E" verkauften Drogen reine Aufputschmittel sein. Sie werden im Zusammenhang mit Techno- oder Rave-Partys konsumiert und – wie früher Cannabis – mit hoher ritueller Bewertung bedacht.

Im Schatten des weltweiten Erfolgs von „Ecstasy" ist – v. a. in West-Europa, also dicht an den illegalen Produktionsstätten von Amphetaminen in Mittel-Europa – ein sich rasant entwickelnder Markt für Designer-Drogen auf Amphetamin-Basis entstanden. Die Markennamen werden von den Dealern ausgetauscht – als Schnee, Ice, Chrystal Meth usw. – als handele es sich immer wieder um etwas ganz besonders Neues, was von einigen Medien auch verkaufsfördernd so aufgegriffen wird. In Wahrheit geht es um eine ganz alte Bekannte: Methamphetamin, als Pervitin, den deutschen Landsern schon in den Schützengräben des 2. Weltkrieges verabreicht. Der Irrsinn des Krieges verbreitet sich als Irrsinn in der Drogen-Szene.

Ursachen der Drogenabhängigkeit

Eine einheitliche Ursache für das Phänomen der D. i. S. eines Virus oder eines anderen Krankheitserregers wurde bisher nicht aufgefunden. Die WHO spricht von D. als einer Form der *Interaktion* zwischen Individuum, Droge und Gesellschaft, die Grundauffassung in der deutschsprachigen Literatur geht von der ätiologischen Trias von Droge, Persönlichkeit und Umwelt aus. Die verschiedenen Forschungsdisziplinen behandeln jedoch gewöhnlich nur einen dieser Aspekte und gewichten entsprechend. So werden vererbbare physiologische Faktoren der Persönlichkeit, frühkindlich erworbene Dispositionen, soziale Strukturen usw. für eine spezielle Bereitschaft zur D. verantwortlich gemacht. Dem nicht enden wollenden Meinungsstreit um die Ursachen der D. stellt sich neuerdings eine Tendenz entgegen, nach der die Ursachen weniger bedeutungsvoll sind als die aktuellen Verhaltensweisen des Drogenabhängigen, die es durch gezielte therapeutische Maßnahmen abzubauen gilt. Diese Tendenz hat für den Bereich der Therapie durchaus ihre Berechtigung, da es hier ja um die bereits manifeste D. und nicht mehr um deren Gewordenheit geht. Für den ebenso wichtigen Bereich der Vorbeugung aber hat die Ursachenforschung weiterhin zentrale Bedeutung. Allerdings müsste dabei stärker als bisher die Methode der Längsschnittanalyse, d. h. der systematischen Verfolgung der Biografien Drogenabhängiger, in den Vordergrund treten. Überdies sollte Ursachenforschung nicht – wie bisher überwiegend geschehen – von speziellen Therapieeinrichtungen aus, die immer nur eine bestimmte Selektion von Drogenabhängigen erfassen, durchgeführt werden, sondern schon im Vorfeld, d. h. auf der Drogenszene selbst bzw. in den Beratungseinrichtungen.

Aus den Biografien zahlreicher Drogenabhängiger ergeben sich zur Frage der Entstehungsbedingungen einer individuellen „Drogenkarriere" folgende Kategorien, deren Bedeutung in jedem Einzelfall unterschiedlich zu bewerten ist:

1. Die gesellschaftlichen Ursachen:

- Die Notwendigkeit der Produktion von „dropouts" in einer am Leistungsprinzip orientierten Gesellschaft, die auch schlechte Beispiele benötigt;
- der Prozess der Ausgrenzung und *Stigmatisierung abweichenden Verhaltens* und der dadurch fortschreitende Prozess der Randgruppenbildung;
- die Doppelmoral gegenüber der Produktion, dem Vertrieb und dem Konsum legaler Drogen einerseits, illegaler Drogen andererseits;
- die Konkurrenz der Kapitale, die in den legalen oder illegalen Drogenmarkt fließen und unterschiedliche Marktoffensiven provozieren;
- die in diesem Bereich kaum wirkungsvollen Einschränkungen unterworfene allgegenwärtige Macht der Werbung und der geheimen Verführer;
- die Verschlechterung der Lebensbedingungen im Gefolge einer (krisenhaften) ökonomischen Entwicklung, die Realitätsflucht als eine Möglichkeit der Bewältigung des Alltags erscheinen lässt;
- die Entwicklung eines spezifischen Marktes *„Jugend"*, auf dem eine Vielzahl von Anbietern Waren für die Bereiche Mode, Freizeit, Musik usw. verkaufen und auf dem Drogen nur als eine weitere Ware unter vielen erscheinen.

Die Reihe der gesellschaftlichen Ursachen für Drogenkonsum oder auch andere Formen der Realitätsflucht lässt sich ohne weiteres fortsetzen, ohne dass damit allein ein Begründungsrahmen für die Entstehung von D. gegeben wäre. Vielmehr bedarf es weiterer Erklärungsebenen, denn schließlich wird nicht jeder Arbeitslose drogenabhängig und nicht jedermann wird von den Werbern erreicht.

2. Die Entstehungszusammenhänge: Auffällig ist sowohl an einschlägigen Statistiken als auch an den Lebensgeschichten Drogenabhängiger, dass das Haupteinstiegsalter zumindest in den Konsum illegaler Drogen etwa beim 16. Lebensjahr liegt. Erklärt wird dies häufig mit den Identitätskrisen, Verwirrungen und Frustrationen der Pubertät. Wichtiger als die Probleme der psychosexuellen Entwicklung erscheint jedoch bei genauerem Hinsehen die Problematik, die als der materielle Kern der Pubertätskrise anzusehen ist: Die Jugendlichen verlassen i. d. R. im Alter von 14 bis 16 Jahren zwei relativ sichere Orte bzw. bereiten sich darauf vor, sie zu verlassen: *Familie* und *Schule*. Mit 16 beginnt für viele Jugendliche der „Ernst des Lebens", Lehrstellensuche, Berufsausbildung, Arbeitsplatzsuche, Distanzierung vom Elternhaus. Dieser Prozess ist auch unter Bedingungen, die nicht von Jugendarbeitslosigkeit bestimmt werden, problematisch: Welchen Beruf wählen? Der Neigung oder der Fähigkeit folgen? Auf den Rat des Nachbarn hören oder die Tradition der Familie fortsetzen?

Fragen, bei deren Beantwortung niemand wirklich hilft. Mangelnde Vorbereitung auf den Beruf, falsche Berufswahl, keine Wahl – das sind die Probleme, denen aus der Schule entlassene Jugendliche ausgesetzt sind. Statusunsicherheit, in der Kindlichkeit nicht mehr zugelassen und das Erwachsensein noch nicht respektiert wird – das sind die psychischen Erfahrungen, die das Ende der Kindheit begleiten. Drogenkonsum ist in dieser Lebenssituation nur eine vieler scheinhafter Formen des Erwachsenwerdens.

3. Die Voraussetzungen: Allgemeine gesellschaftliche Ursachen des „Ausflippens" und der Lebenszusammenhang der 16-Jährigen können zu den unterschiedlichsten Formen *abweichenden Verhaltens* führen: Sie können Rocker, Punker, Diebe *(Jugendkriminalität)* oder *Ausreißer* und *Trebegänger* werden. Für die Entwicklung zum Drogenkonsumenten müssen spezifische Voraussetzungen erfüllt sein:

- Wichtigste Voraussetzung ist ein Angebot an Drogen, d. h., es muss ein subjektives oder objektives Interesse dafür vorliegen, dass Drogen konsumiert werden und ein Markt entsteht;
- dadurch ist für den potenziellen Konsumenten die Möglichkeit zum Konsum gegeben, der Stoff ist erreichbar; niemand entschließt sich selbständig, Drogen zu erwerben, sondern reagiert wird auf ein Angebot;
- für den Erstkonsum muss ein Vorbild zur Verfügung stehen, das den Konsum anregen kann und als Modell für die Vermittlung von Kenntnissen und Fertigkeiten, die für den Drogengebrauch notwendig sind, dient;
- das Lernmodell muss für den Drogenkonsum eine positive Perspektive bieten – entweder dadurch, dass der Erstkonsument durch seinen Konsum dem Modell ähnlich wird, oder da-

durch, dass das Modell glaubwürdig ist, wenn es positive Wirkungen des Konsums verspricht;
- der Konsum selbst muss leisten, dass eine positive Gefühlslage erzeugt wird oder dass negative Emotionen zumindest für den Zeitraum des Konsums an Bedeutung verlieren; tritt dies ein, so wird jede Situation, in der positive Emotionen gewünscht oder negativen Emotionen entgangen werden soll, zu erneutem Konsum anregen.

Diese Voraussetzungen müssen vollständig erfüllt sein, um gefährdeten Jugendlichen Drogenkonsum als Verhaltensmöglichkeit erscheinen zu lassen. Ohne Verfügbarkeit von Drogen, ohne Lernmodell (sei es in der Realität, sei es in der Scheinwelt der Popidole), ohne erwünschte Wirkung einer Droge gibt es keinen Drogenkonsum.

4. Die Anlässe: Zur Einführung einer neuen Droge gehört gewöhnlich ein Ritual. So sind v. a. die exotischen Drogen auf dem Markt i. V. m. Situationen voller exotischer Reize durchgesetzt worden: Zum Konsum von Haschisch gehören Räucherstäbchen, Kerzenlicht und Tee ebenso wie indische Kleidungsstücke und allerlei importierte Gerätschaften. Auf diese Weise kann aus allgemeiner Orientierung an ungewöhnlichen Accessoires, wie sie bei Gruppen Jugendlicher häufig vorkommen und durch die sie sich von der genormten Häuslichkeit der elterlichen Wohnung absetzen, unversehens eine Orientierung an Drogenkonsum werden. Der Konsum von Haschisch hat dann keine gewichtigere Bedeutung als die Verwendung von indischem Parfüm oder Räucherstäbchen. Die Absetzung vom häuslichen Milieu ist zugleich eine Absetzung von den dort legal konsumierten Drogen wie Alkohol, Noikotin und Medikamenten.

Von besonderer Bedeutung für den Beginn einer Drogenkarriere ist die soziale Gruppe. Zugleich mit der räumlichen wie psychischen Ablösung vom Elternhaus gewinnt die Gruppe der Gleichaltrigen enorm an Bedeutung. Die Erfahrungen und Meinungen Gleichaltriger oder nur wenig Älterer sind als Orientierung wichtiger als die der Eltern und Lehrer. Gehört zu den Erfahrungen innerhalb der Peer-group auch der Umgang mit Drogen, so ist die Anregung zum Konsum ständig präsent. Gruppenzugehörigkeit und Abstinenz schließen einander aus. Eine Gruppe kann ebenso sehr durch ein neu hinzukommendes Mitglied, das als Drogenkonsument als negatives Vorbild wirkt, infiziert werden, wie umgekehrt ein neues Gruppenmitglied in einer Konsumentengruppe seine Zugehörigkeit durch Teilnahme am Drogenkonsum unter Beweis stellen muss. In derartigen Gruppen wird nicht nur jede Feier (wie bei der gesellschaftlich integrierten Droge Alkohol) zum Konsumanlass, sondern das bloße Zusammentreffen der Gruppenmitglieder. Ähnliches gilt für Partnerbeziehungen unter Jugendlichen, bei denen zunächst nur ein Partner Konsument ist, den anderen jedoch in der Hoffnung auf eine Vertiefung der Beziehung schließlich beteiligt.

Neben dem Konsumbeginn aufgrund einer Gruppenbindung gewinnt immer stärker auch der Einstieg in eine Drogenkarriere ohne entsprechende soziale Beziehung an Bedeutung. Dies ist auf die aggressiver werdenden Verkaufstechniken der Händler zurückzuführen, die völlig uninteressierte Jugendliche bei einem harmlosen Diskothekenbesuch „anfixen" oder unaufgeklärte Kinder zum Konsum verleiten.

Im Fall des Konsumbeginns mit Gruppenbindung liegt häufig das Motiv in der durch die Gruppe (und nicht durch den Konsum) überwindbaren Isolation oder Isolationsangst. Im Fall des isolierten Konsumbeginns steht häufig das gleiche Motiv bei der Fortsetzung des Konsums im Vordergrund. In allen Fällen handelt es sich um Selbstheilungsversuche gegenüber bestimmten sozialen (Isolation) oder psychischen (Verlusterlebnisse, Lebensängste) Problemen.

5. Die begünstigenden Faktoren: In der Biografie von Drogenabhängigen finden sich gewöhnlich zahlreiche Hinweise, warum gerade dieser Mensch auf die Verlockungen und Angebote der Drogenszene hereingefallen ist. Im Vergleich vieler Lebensgeschichten verdichten sich einige Faktoren, die offensichtlich von allgemeinerer Bedeutung sind. Die wichtigsten seien hier genannt:
- Das Vorhandensein eines Lernmodells im sozialen Nahraum des Kindes. Wenn bspw. der Vater Alkoholiker oder die Mutter medikamentenabhängig ist, kann darin für das Kind eine Vorbildfunktion liegen, auch wenn es sich protestierend anderen Drogen zuwendet.
- Das Verleiten von Kindern zum Drogenkonsum. Viele Eltern geben ihren Kindern schon in sehr frühem Alter, bspw. aus Anlass von Familienfeiern, Alkohol zu trinken und freuen sich über die Wirkung. Gerade in den letzten Jahren mehren sich auch die Fälle von Eltern, die ihren Kindern beruhigende oder anregende Mittel als „Intelligenzpillen" verabreichen, damit sie den Anforderungen der Schule gewachsen sind.
- Eine allgemeine liberale Haltung gegenüber dem Drogenkonsum. Wenn Kinder jahre-

lang erlebt haben, dass bei jedem Schmerz zur Schmerztablette, bei Müdigkeit zu Aufputschmitteln und bei Nervosität oder Schlafstörung zu Beruhigungsmitteln wie selbstverständlich gegriffen wird, können sie kaum Abwehrkräfte gegen das Angebot von Drogen entwickeln.

- Die Befriedigung von Bedürfnissen überwiegend durch apersonale Mittel. Die Zivilisation stellt zunehmend Instrumente bereit, die Bedürfnisse wie Anregung, Ablenkung, Beschäftigung, Entspannung durch Instrumente statt durch persönlichen Einsatz, Fantasie, Kreativität, Fertigkeiten usw. befriedigen. Je stärker die Gewöhnung an apersonale Mittel wie vorgefertigtes Spielzeug, Fernsehen oder andere Formen der Bedürfnisbefriedigung „durch Knopfdruck" ist, desto stärker ist die Anfälligkeit für die Beseitigung von Unlustgefühlen o. Ä. durch das apersonale Mittel Droge. Konsumerziehung muss auch unter diesem Gesichtspunkt gesehen werden.
- Die Erziehung zur Unselbständigkeit. Kinder, die bspw. durch eine überfürsorgliche Mutter von jeder unangenehmen Aufgabe entlastet werden, die es nicht gelernt haben, für sich selbst zu sorgen und selbständig Entscheidungen zu treffen, können allzu leicht zum Drogenkonsum verleitet werden oder sich einer sozialen Beziehung überlassen, in der andere entscheiden, was sie konsumieren. Eine meist mit der Überfürsorglichkeit im Ergebnis verbundene allgemeine Konsumhaltung, die keinen Bedürfnisaufschub zulässt, verstärkt die Gefährdung.

Über diese wohl wichtigsten Faktoren hinaus lassen sich noch andere Erziehungsfehler in Verbindung zum Drogenkonsum bringen wie z. B. Laisser-faire-Haltung, Widersprüchlichkeit im Erziehungsverhalten usw. Die Zusammenhänge sind hier jedoch weniger deutlich. Die Beispiele sind i. W. aus dem familiären Bereich gewählt. Dies ist nicht i. S. einer Schuldzuweisung zu sehen. Das Verhalten von Mutter und Vater als begünstigender Faktor ist in allen Punkten austauschbar durch das Verhalten von Nachbarn, Lehrern, Freizeitpädagogen usw. Umgekehrt ergibt sich aus der Kenntnis dieser Faktoren die Notwendigkeit einer sorgsam durchdachten Drogenerziehung in allen pädagogischen Bereichen.

Aufgaben Sozialer Arbeit

Die Einsicht in möglichst alle Entstehungsbedingungen von D. ist für die SozArb/SozPäd allein schon deshalb wichtig, damit nicht die Illusion Raum greift, allein durch soziale und pädagogische Arbeit sei das Drogenproblem zu lösen oder D. zu verhindern. Umgekehrt kann daraus jedoch auch abgelesen werden, in welchen Bereichen SozArb/SozPäd sinnvoll eingreifen kann. Dies sind v. a.

- die Anlässe, die für die SozArb solide Kenntnisse der Anzeichen und Erscheinungsformen fordern, zugleich die pädagogische Fähigkeit, auf dem schwierigen Grat zwischen Autonomie und Kontrolle, Liebe und Feindseligkeit zu wandern – und den Mut, Kinder und Jugendliche auch Umwege und Abwege in ihrer Entwicklung machen zu lassen, ohne selbst gleich das Schlimmste zu befürchten;
- die begünstigenden Faktoren, die zunächst einmal eine Selbstreflexion des sozialen Arbeiters bezüglich eines eigenen Suchtverhaltens, seiner Vorbildwirkung, seiner aktiven oder passiven Begünstigung von D. erfordern, darüber hinaus aber auch die Untersuchung und Beeinflussung des pädagogischen Umfeldes;
- die Entstehungszusammenhänge, die es von Seiten der SozArb/SozPäd auch unter dem Gesichtspunkt der Entstehung von D. erforderlich machen, den Übergang von Schule/Elternhaus in die Lehre oder Leere zu erleichtern, Konflikte zu bearbeiten und konkrete Angebote zur Qualifikation und Selbsthilfe der Jugendlichen zu entwickeln und voranzutreiben.

Da D. insgesamt weit mehr ein soziales als ein medizinisches Problem darstellt, hat SozPäd und Sozialtherapie für die Betroffenen Vorrang vor medizinisch orientierten Maßnahmen. Für SozArb/SozPäd ergibt sich hier ein umfangreiches Arbeitsfeld in Vorbeugung, Beratung und Therapie, das in der Ausbildung seine Entsprechung finden muss.

Seit Beginn der 1980er Jahre wird die praktische Vorherrschaft und der praktische Erfolg psychosozialer Maßnahmen auf diesem Gebiet allerdings durch eine standespolitisch und ökonomisch motivierte Remedizinisierung gefährdet. Eine weitere Quelle für diese Tendenz ist die seit dem Auftreten von AIDS in der Drogenszene geführte Diskussion über die Wirksamkeit „traditioneller" Drogentherapie. Bemerkenswert ist, dass sich die heutige Drogentherapie, d. h. im Wesentlichen sozialarbeiterische Beratung und sozialtherapeutische Behandlung in Therapeutischen Gemeinschaften, seit Ende der 1960er Jahre gegen die medizinische (vorrangig) psychiatrische Domäne der Suchtkrankenbehandlung durchgesetzt hatte. Solange es praktisch keine medizinischen Komplikationen gab, überließ man den sozialen Arbeitern auch gern das Feld und die „schmuddeligen"

Patienten. AIDS stellte dies noch einmal in Frage und erlaubte eine Dominanz der Medizin durch die Hintertür. Die Hoffnung auf eine Befriedung der Szene und auf eine Vermeidung weiterer Infektionen durch Ersatzdrogenprogramme bildet dafür einen wesentlichen Hebel (zur Reaktion des Systems der Drogenhilfe auf die Herausforderung durch HIV s. unter dem Stichwort *AIDS*).

Die Debatte bezog zur Jahrhundertwende die Frage der „Originalstoff-Vergabe", d.h. der Zulassung und Verschreibung von Heroin als Medikament mit ein. Wenn es nach den Plänen einiger BL geht, wird dies auch in absehbarer Zeit durchgesetzt. Dann könnte es eine Sektorisierung der Betreuung der harten Drogen-Szene geben, die etwa wie folgt aussieht: Ein Drittel der Betroffenen erhält die Chance, in einem auf Drogenfreiheit ausgerichteten Betreuungs-System diese mühsame Entwicklungs-Aufgabe zu lösen, etwa die Hälfte der schwer Drogenabhängigen wird in einem Setting aus ambulanter ärztlicher Substitution mit der Ersatzdroge Methadon/Polamidon o.a. und einer zwar vorgeschriebenen, aber selten eingehaltenen psycho-sozialen Begleitung betreut, ein weiterer Teil erhält das Privileg, die eigentliche Droge der Wahl, Heroin, auf Krankenschein zu bekommen. Es muss davon ausgegangen werden, dass ein derartiges Szenario schon mittelfristig zur weiteren Einschränkung der Entwicklungsmöglichkeiten drogenfreier Therapie führt und die Bedeutung Sozialer Arbeit in der Drogenhilfe wieder marginal wird. Die volkswirtschaftlichen Auswirkungen und die Kosten derartiger Veränderungen für das Gesundheitssystem sind bisher ungeprüft.

Inzwischen ist diese Debatte allerdings wieder verstummt, wahrscheinlich v.a. wegen der uneinheitlichen Haltung der Bundesländer, derentwegen die „Vorreiter" zurecht „Wanderungsgewinne" aus den Drogen-Subkulturen der Nachbarländer befürchten müssten, womöglich aber auch wegen der immensen – und unpopulären – Kosten, die schon das entsprechende Modell-Programm verursacht hatte.

Stattdessen hat eine andere Debatte erneut eine Themen-Karriere begonnen: Nach angeblichen drogenpolitischen Erfolgen mit staatlich lizenziertem (und besteuertem) Verkauf von Cannabis-Produkten in einigen Staaten der USA wird auch hierzulande wieder eine Überprüfung bzw. Revision der Cannabis-Politik gefordert. Bemerkenswert ist, dass diesmal auch Verbände der Suchtkrankenhilfe in den Chor einstimmen, denen offensichtlich die Liberalisierung des Betäubungsmittelrechtes durch die Möglichkeit, dass bei einer geringen Menge von Cannabis zum Eigenverbrauch keine Anklage erfolgen muss, nicht mehr ausreicht. Andere Verbände, z.B. aus dem Bereich der Sozial-Psychiatrie, halten strikt dagegen – wegen der immensen Schäden, die sie an Cannabis-KonsumentInnen täglich zu diagnostizieren haben. Die Debatte ist vorerst noch offen. Womöglich wird sie von der Verbreitung des „legal highs" „spice" (enthält synthetisch produzierte Cannabinoide) überholt.

Wolfgang Heckmann

Literatur

akzept. V./BV Deutsche AIDS-Hilfe/JES BV (Hrsg.): 2. Alternativer Drogen- und Suchtbericht 2015 ♦ BMG (Hrsg.): Drogenberatung – wo? Bonn 2008 ♦ G. Amendt/U. Stiehler: Sucht – Profit – Sucht. Politische Ökonomie des Drogenhandels, Frankfurt/M. 2002 ♦ DHS: Cannabispolitik in Deutschland – Maßnahmen überprüfen, Ziele erreichen, Hamm 2015 ♦ Die Drogenbeauftragte der BReg.: Drogen- und Suchtbericht 2014, 2015 und 2016, Berlin ♦ C. Fahrmbacher-Lutz (Hrsg.): Suchtberatung in der Apotheke, Stuttgart 2004 ♦ Fachverband Drogen und Rauschmittel (FDR): Neue psychoaktive Substanzen – Research Chemicals, Legal Highs und Methamphetamin, Berlin 2014 ♦ F. Fredersdorf/W. Heckmann: Der T-Faktor. Mäßigungskonzepte in der Sozialen Arbeit, Wiesbaden 2010 ♦ W. Heckmann: Drogentherapie in der Praxis, Weinheim/Basel 1991 ♦ W. Heckmann: Berliner Methadon-Colloquium, Weinheim/Basel 1985 ♦ W. Hollstein/M. Matzner (Hrsg.): Soziale Arbeit mit Jungen und Männern, München/Basel 2007 ♦ L. Kraus/K. Püschel (Hrsg.): Prävention von drogenbedingten Not- und Todesfällen, Freiburg 2002 ♦ H. Kuntz: Drogen & Sucht. Alles was sie wissen müssen. Weinheim/Basel [5]2016 (Neuausgabe).

Links

www.dhs.de (Deutsche Hauptstelle für Suchtfragen)
www.bzga.de (Bundeszentrale für gesundheitliche Aufklärung);
www.drogenbeauftragte.de (Die Drogenbeauftragte der Bundesregierung)

E

Einigungsvertrag

1. Der E. (genau: Vertrag zwischen der BRD und der DDR über die Herstellung der Einheit Deutschlands vom 31. 8. 1990 – BGBl.11 S. 889) ist gleichsam das GG der Wiedervereinigung.

Er regelt nahezu alle Rechtsfragen und Rechtsfolgen des Beitritts der DDR zur BRD gem. Art. 33 GG. Er ist einer der 4 Verträge, mit denen völkerrechtlich und staatsrechtlich die Einheit Deutschlands organisiert wurde. Die anderen drei sind

- der Staatsvertrag über die Schaffung einer Währungs-, Wirtschafts- und Sozialunion vom 18. 5. 1990;
- der Wahlvertrag zur Vorbereitung und Durchführung der ersten gesamtdeutschen Wahlen des Dt. BT vom 3. 8. 1990 (Wahl am 2. 12. 1990);
- der völkerrechtliche Zwei-plus-Vier-Vertrag über die abschließende Regelung in Bezug auf Deutschland vom 12. 9. 1990.

2. Schon der Währungs- und Wirtschaftsunionsvertrag enthielt auch Bestimmungen zur Schaffung einer Sozialunion. Die DDR verpflichtete sich darin bereits,

- ein gegliedertes System der Sozialversicherung und der Sozialhilfe zu schaffen,
- ein der BRD entsprechendes System der Arbeitslosenversicherung und der *Arbeitsförderung* einzuführen,
- Rentenversicherung, Krankenversicherung und Unfallversicherung dem Recht der BRD anzugleichen *(Soziale Sicherung).*

3. Der E. selbst besteht aus

- dem Vertrag zwischen der DDR und der BRD,
- dem Gesetz zum E. und
- 3 Anlagen (die der für die Verwaltungspraxis wichtigste und umfassendste Teil des E. sind): Anlage I: Besondere Bestimmungen zur Überleitung von Bundesrecht; Anlage Il: Besondere Bestimmungen für fortgeltendes Recht der DDR; Anlage 111: Gemeinsame Erklärung zur Regelung offener Vermögensfragen.

4. Zentrale Vertragsinhalte sind

- der Beitritt der DDR zur BRD,
- der Status der sog. neuen Länder Brandenburg, Mecklenburg-Vorpommern, Sachsen, Sachsen-Anhalt, Thüringen,
- der Zusammenschluss der beiden Teile Berlins zu einem Land,
- die Erklärung Berlins zur Hauptstadt (bei Ausklammerung der Frage des Sitzes von Parlament und Regierung),
- die Erklärung des 3. Oktober zum Tag der Deutschen Einheit und zum gesetzlichen Feiertag,
- das gesamte Bundesrecht tritt zum 3. 10. 1990 in den neuen Ländern in Kraft, soweit der E. selbst in Anlage 1 nichts anderes bestimmt,
- Recht der DDR, das nach dem GG die Qualität von Landesrecht hat, bleibt in den neuen Ländern in Kraft,
- das schon von der DDR erlassene Treuhand-Gesetz vom 17. 6. 1990 gilt weiter.

Der E. regelt weiter die Geltung völkerrechtlicher Verträge, die Überleitung der öffentlichen Verwaltung und der Rechtspflege, die Überleitung von öffentlichem Vermögen und Schulden.

E

5. Die Einzelbestimmungen zur Übernahme des Sozialrechts der (alten) BRD (Sozialversicherung, Versorgung, Sozialhilfe, Jugendhilfe) und zur Aufrechterhaltung einzelner sozialrechtlicher Vorschriften der DDR sind heute nicht mehr von Belang (in der 4. Auflage 1996 wurden sie genauer dargestellt).

Der E. ist praktisch zu einem historischen Dokument geworden.

6. Der E. ist von den traditionellen *Parteien* in der BRD (CDU, FDP, SPD) gebilligt, von den GRÜNEN in der BRD und dem Bündnis 90 in der DDR abgelehnt worden.

Unabhängig von der Zustimmung oder Ablehnung der politischen Parteien hat es viel Kritik am E gegeben.

Wesentliche Punkte dieser Kritik waren (und sind es z. T. noch):

a) V. a. von den Kräften der Bürgerbewegung, aber auch Teilen der SPD in der BRD wurde ein Beitritt nach Art. 146 GG, d. h. unter einer neuen gesamtdeutschen Verfassung, gefordert.
b) Längere Übergangsfristen für die Angleichung der Sozialordnungen beider Seiten wurden gewünscht und stärkere Garantien für bewährte sozialpolitische und gesundheitspolitische Institutionen, aber auch für Dienste des Umweltschutzes (z. B. Kindertageseinrichtungen, Polikliniken, Dispensaires, SERO (Sekundär-Rohstoff-Erfassungssystem).
c) Sehr umstritten aus westdeutscher Sicht war die Anerkennung der Enteignungen durch die sowjetische Besatzungsmacht 1945–1949.

d) Die stärkste Kritik richtete und richtet sich gegen die zentrale Privatisierung aller volkseigenen Produktions- und Dienstleistungsbetriebe durch die Treuhand und gegen die Restitution von Enteignungen nach dem Grundsatz Rückgabe vor Entschädigung.

Über den erreichten Stand der Deutschen Einheit informieren Jahresberichte der BReg, zuletzt der Bericht vom September 2016 (https://www.beauftragte-neue-laender.de/BNL/Redaktion/DE/Downloads/Publikationen/Berichte/jahresbericht_de_2016).

Otto Fichtner

Literatur

Die Verträge zur Einheit Deutschlands – Textausgabe, Beck-Texte im dtv 5564, München 1990 (dort auch eine ausführliche Einführung des Hrsg. Ingo v. Münch). Darüber hinaus hat insbesondere der NDV seit 1989 regelmäßig die zunächst noch eigenständige Rechtsentwicklung der DDR publizistisch begleitet, das frühere DDR-Sozialsystem in Beiträgen behandelt und zu der einmaligen Transformation des Sozialrechtssystems der (alten) BRD in das Beitrittsgebiet – die neuen Länder – Stellung genommen.

T. Damme u. a.: „So geht Einheit“ – wie weit das einst geteilte Deutschland zusammengewachsen ist. Eine Studie, hrsg. Vom Berlin-Institut für Bevölkerung und Entwicklung, Berlin 2015.

Einmischungsstrategie

Das Konzept der E. verbindet sich mit dem Namen Ingrid Mielenz. Sie hat es theoretisch wie kommunalpolitisch begründet (Mielenz 1981). Für die Anwendung des Konzepts auf den Bereich der Jugendberufshilfe hat sie 1984 den Hermine-Albers-Preis (heute: Jugendhilfepreis) der AGJ erhalten (Mielenz 1985). E. wendet sich gegen die vorherrschende defensive Einstellung, mangelnden Mut und falsche Bescheidenheit der JH, die ihre Ohnmacht, Grenzen und Nichtzuständigkeiten beklagt, statt sie zu überschreiten und sich einzumischen, und gehört heute fast unbestritten zu den Essentials einer offensiven KJH. Die Perspektiven und Postulate, die Mielenz neu auf den Begriff gebracht hat, sind freilich älter und lassen sich auf Grundfragen zurückführen, die die *Geschichte der Sozialarbeit* begleiten.

Grundorientierungen

Das Konzept der E. greift das alte Grundorientierungsproblem der JH zwischen sozialer Reformpolitik einerseits und pädagogischem Handlungsfeld andererseits auf und fordert eine Erweiterung der Handlungsfelder und Methoden. Als im beginnenden Jahrzehnt des 20. Jh. erste Forderungen nach einem eigenständigen JA diskutiert wurden, begann gleichzeitig eine Diskussion über den Aufgabenzuschnitt, den staatliche *Jugendpolitik* und kommunale JÄ haben sollten. Zu den Entstehungsbedingungen der JH in unserem heutigen Verständnis gehörte die Abgrenzung eines pädagogisch ausgerichteten Praxisbereichs im Unterschied zu den sozialpolitischen Leistungssystemen. Diese Abgrenzung hatte den großen Vorteil, einheitliche Rechtsgrundlagen eines einheitlichen Praxisbereiches zu ermöglichen. Sie hatte jedoch auch den Nachteil, dass JH in der Folge auf fürsorgerisch-sozialpädagogische Maßnahmen begrenzt blieb, von den anderen Ressorts der kommunalen Politik also ausgegrenzt wurde. E. plädiert dagegen entschieden für die Verbindung und Kooperation von sozialer Päd. mit sozialer Politik und Reform im Interesse der Klienten und der präventiven Verhinderung von Benachteiligungen und sozialen Problemen.

Ziele

E. geschieht weder aus Status- oder Machtgesichtspunkten, noch maßt sie sich nicht vorhandenes Expertenwissen über fremde gesellschaftliche Bereiche an. Sie plädiert vielmehr dafür, dass SozArb ihren ureigenen Auftrag verfolgt, sich ihrer eigenen Verantwortung stellt und von ihrem eigenen fachlichen Wissen Gebrauch macht, indem sie es in jenen Feldern zur Geltung bringt, in denen die sie beschäftigenden Problemlagen (mit-)entstehen und verursacht werden. I. d. S. verlangt sie, dass ihre sozialpädagogischen Kompetenzen in die Entscheidungslogiken etwa von Flächennutzungsplanung, Wohnungsbau, Verkehrs- und Infrastrukturpolitik, Arbeits- und Beschäftigungspolitik, Bildungs- und Ausbildungswesen einbezogen und berücksichtigt werden. Damit verbinden sich folgende Ziele:

- Verbesserung der Lebenslagen und Ressourcen von Kindern, Jugendlichen und Familien und damit der Möglichkeiten zur eigenverantwortlichen *Selbsthilfe;*
- effektivere Gestaltung der Maßnahmen und Angebote der SozArb durch den Versuch, Einfluss auf die Verursachungsfaktoren von Problemsituationen zu nehmen; dies zielt zugleich auf eine neue Qualität sozialer Arbeit, die einhergeht „mit der Verbesserung ihrer Wirksamkeit und der Verstärkung ihrer Einflussmöglichkeiten … nicht durch Abgrenzung

und Wahrung von Eigenständigkeit" (Mielenz 1981), sondern durch Auseinandersetzung mit den für soziale Arbeit weniger traditionellen Aufgabenbereichen;
- dies bedeutet mittelfristig auch eine Verbesserung der Kostenstruktur, wenn es gelingt, durch die Berücksichtigung von sozialpädagogischen Erfahrungen in den verschiedenen kommunalen Politikfeldern und durch die Stärkung der Selbsthilfepotenziale Probleme gar nicht erst entstehen zu lassen.

Erweitertes Verständnis von Jugendhilfe

E. plädiert für ein erweitertes Verständnis von JH. Sie erinnert daran, dass JH sich nicht einsperren lassen darf auf ein eng gefasstes Verständnis ihrer Aufgaben, auf ein abgegrenztes Terrain ihrer Handlungsmöglichkeiten (wie es etwa in den Leistungskatalogen des SGB VIII gefasst ist). Sie reklamiert eine breitere Zuständigkeit wie sie in § 1, 3.4 SGB VIII skizziert wurde: Danach soll die *Kinder- und Jugendhilfe* „dazu beitragen, gedeihliche Lebensverhältnisse für Familien, Kinder und Jugendliche sowie eine gesunde Umwelt zu schaffen oder zu erhalten". Anders also als im RJWG enthält das KJHG ein rechtliches Mandat zur Einmischung der KJH in kommunale Politikfelder, wenn es um gedeihliche Lebensverhältnisse oder eine gesunde Umwelt für Familien geht. E. erinnert daran, dass KJH (angesichts der typischen Doppelstruktur des sozialen Bereichs zwischen *Sozialpolitik* und *Sozialpädagogik*) angewiesen ist auf flankierende Unterstützung durch Sozial-, Wohnungs-, Schul- und Arbeitsmarktpolitik. Verliert sie diese Unterstützung, kann sie ihre Aufgabe nicht erfüllen, läuft sie Gefahr, auf Nothilfe verkürzt zu werden. Deshalb benötigt sie die Kooperation mit anderen Instanzen wie es etwa § 81 KJHG als (allerdings leider einseitige und nicht wechselseitige) Verpflichtung normiert ist. E. erinnert daran, dass sich die Praxis, das Handeln der KJH nicht in der „face-to-face-Arbeit" mit Klienten erschöpfen kann, sondern die Arbeit an Strukturen, am Gemeinwesen, im Stadtteil, mit Institutionen, Ämtern und politischen Gremien einschließt. Entsprechend forderte der 8. Jugendbericht „sozialpolitische und kommunalpolitische Aktivitäten zur Gestaltung von Lebensverhältnissen, z. B. Hilfen und Unterstützung der Institutionen, die die heutigen Lebenslagen bestimmen, also der Familie, der Schule, des Arbeitsmarktes", um frühzeitig die Entstehung von Problemsituationen zu vermeiden (BMJFFG 1990, 85). Will die SozArb solche Einmischungsaktivitäten glaubhaft unternehmen, braucht sie erweiterte professionelle Handlungskompetenzen und darf sich auf diesem Gebiet keineswegs im Dilettantismus erschöpfen. Hierzu gehören insbes. Kompetenzen im Bereich von Sozial- und *Jugendhilfeplanung* sowie von *Sozialraumorientierung*.

Einmischungsstrategie als kommunale Sozialpolitik

Generell bezieht sich „lebensweltorientierte" SozArb auf die alltäglichen Lebenslagen und Lebensverhältnisse von Kindern, Jugendlichen und Familien im sozialräumlichen, kommunalen Umfeld. Von daher kommen insbes. die folgenden kommunalen Politikfelder als Einmischungsbereiche in den Blick:

E

„Die Entwicklung von *Wohnen* und Wohnumfeld ... als Teil einer generationen-, familien- und geschlechterbezogenen sozialen Strukturpolitik" (BMFSFJ 1998, VIII): Hier haben sich seit längerem Einmischungsformen wie z. B. Kinderbeauftragte (Arnold/Wüstendörfer 1994), Kinderbüros, Büros zur Prüfung von Familienverträglichkeit, Aktionen wie „Bündnis für Familie" und Ähnliches herausgebildet, die anwaltschaftlich versuchen, die räumliche Lebensumgebung von Kindern und Familien positiv zu beeinflussen *(Stadtentwicklungsplanung)* bzw. Betroffenenbeteiligung bei Stadt- und Sozialplanungen herzustellen (Schröder 1995; Winklhofer/Schneider 1998). „Während der Bereich der Spielraumentwicklung mittlerweile sehr intensiv bearbeitet wird, fehlt eine Auseinandersetzung und frühzeitige Einmischung der KJH in die Bereiche der Flächennutzungs- und Bauleitplanung, der Verkehrsplanung, der Straßenausbauplanung und der Freiflächenentwicklung (Bartscher/Kriemer 2001).

Notwendig ist v. a. eine Einmischung der SozArb in alle raumbezogenen Planungs- und Gestaltungsprozesse. Dies ist auch das Anliegen der Bund-Länder-Initiative „Soziale Stadt", das inzwischen zu einem integrierten, ressortübergreifenden Konzept für städtebaulich, wirtschaftlich und sozial benachteiligte Orts- und Stadtteile entwickelt wurde. Neben der Verbesserung der Qualität des Wohnens und der Infrastruktur geht es um Generationengerechtigkeit, Familienfreundlichkeit, lebendige Nachbarschaften, *Integration* und *Inklusion.* Bei der Vernetzung der Akteure und der Bündelung der Maßnahmen in diesem „VorOrtGeschehen" hat die SozArb eine tragende Rolle *(Quartiersmanagement):* Ein Erfolg für Einmischung und für die E. als Handlungsprinzip.

Jugendarbeitslosigkeit und Ausbildungsnot: Die Krisen im Erwerbsarbeitssektor, die *Arbeitslosigkeit,* Globalisierung, Rationalisierung und Abbau oder Verlagerung von Beschäftigung sind inzwischen nicht mehr bloß eine Randbedingung des Aufwachsens. Sie haben vielmehr das Zentrum der Jugendphase erreicht, indem sie ihren Sinn in Frage stellen *(Armut, Jugendsozialarbeit).* Wenn die Arbeitsgesellschaft zum Problem wird, dann muss auch die Jugendphase als Phase der biografischen Vorbereitung auf diese Gesellschaft zum Problem werden. Es kann deshalb nicht verwundern, dass das Konzept der E. ganz besonders bei der Bekämpfung der Jugendarbeitslosigkeit wirksam wurde und neue Ansätze auf Seiten der JH hervorbrachte (so Mielenz schon 1985). Solche neuen Ansätze mussten zugleich die sozialpädagogische Begrenzung der alten Jugendberufshilfe überspringen und sich sowohl in die Felder Berufsausbildung und Beschäftigung einmischen: durch Schaffung und Förderung von betrieblichen Ausbildungsplätzen und Unterstützung bei der Berufseinmündung; durch die Übernahme einer Anwaltsfunktion für Mädchen und Jungen, die Ausbildungsangebote nicht annehmen oder abbrechen (BMJFFG 1990, 130); durch die Orientierung und Abstimmung der Aus-/Bildungsberatungen, der Ausbildungen und der Förderungs- und Qualifizierungsangebote auf die Bedürfnisse unterschiedlicher Zielgruppen (z. B. Migranten/innen, junge Mütter); durch die Begleitung und Unterstützung bei der Suche nach und Ausprobieren von neuen Formen der Lebensgestaltung und Existenzsicherung angesichts erodierender „Normalarbeitsverläufe" (Verbindung von Arbeiten, Leben und Wohnen).

Seit Inkrafttreten des SGB II und der festgestellten Nachrangigkeit der in § 13 KJHG möglichen Handlungsinstrumente, fördern viele JÄ kaum noch eigene Maßnahmen zur Berufsausbildung und Beschäftigung von benachteiligten Jugendlichen. Umso wichtiger wird es in der KJH, sich mit dem Ziel beruflicher Integration von jungen Menschen in die Ressorts einzumischen, die über die notwenigen Ressourcen und Handlungsinstrumente verfügen.

An Möglichkeiten im „Dschungel" der verschiedensten Maßnahmen mangelt es nicht. Einen neuen Ansatz bietet das Programm des BMSFJ und des BMUB „Jugend stärken im Quartier", das der Jugendsozialarbeit im Rahmen der „Sozialen Stadt" neue Aufgaben zuschreibt. Soziale, schulische und berufliche (Re-)Integration von Jugendlichen mit schlechten Startchancen kann allerdings nur mit einer offensiven E. gelingen.

Sozial- und Infrastrukturplaung: Angesichts der Probleme alltäglicher Lebensbewältigung spielt heute die sozialräumlich ungleiche Verteilung und Qualität von sozialer Infrastruktur (Kindergärten, Schulen, außerschulische Bildungs- und Erfahrungsmöglichkeiten, Sport- und Kultureinrichtungen usw.) und deren Zugänglichkeit (Öffnungszeiten, Zutrittskosten) eine entscheidende Rolle für die Lebensführung der Menschen (Löhr 2001). Gerade in fiskalisch schwierigen Zeiten erfordert das Leitbild der „Sozialen Stadt" einen öffentlichen Diskurs über die Prioritätensetzungen in den Budgets wie über die künftige Gestaltung städtischer Infrastrukturen und deren bedarfsgerechter Weiterentwicklung. Soll die drohende bzw. bereits eingetretene Spaltung der Lebensbedingungen verhindert werden, muss eine Strategie des „sozialen Ausgleichs", die gleichwertige Lebensbedingungen für alle Stadtteile und Bevölkerungsgruppen aufrecht erhält oder wieder herstellt, verfolgt werden. Die hier aufbrechenden Interessenskonflikte müssen i. S. von Bürgerpartizipation öffentlich ausgetragen und dürfen nicht im geschlossenen Raum der Verwaltung oder Kommunalausschüsse gehalten werden. E. ist hier erforderlich, z. B. als Initiierung öffentlicher Foren (Armutskonferenzen, Sozialgipfel, Bündnisse für Familien etc.), als sozialpolitische Aktionsbündnisse zwischen WFV, Gewerkschaften, Kirchen, HS und Betroffeneninitiativen. Eine solche E. wird nur dann wirksam sein, wenn die SozArb zuvor ihre eigenen fachlichen Vorstellungen für bedarfsgerechte(re) Maßnahmen und Leistungen entwickelt, Berührungsängste abbaut und nachhaltige Verbesserungen öffentlich einfordert.

Richard Münchmeier

Literatur

Th. Arnold/W. Wüstendörfer: Auf der Seite der Kinder. Kinderbeauftragte in Deutschland, Frankfurt/M. 1994 ◆ M. Bartscher/M. Kriener: Rechte von Kindern und Jugendlichen als Herausforderung an die Jugendhilfe, in: W. Schröer/N. Struck/M. Wolff (Hrsg.): Handbuch der Kinder- und Jugendhilfe, Weinheim 2002 ◆ BMJFFG (Hrsg.): 8. Jugendbericht. Bericht über Bestrebungen und Leistungen der Jugendhilfe, Bonn 1990 ◆ BMFSFJ (Hrsg.): 10. Kinder und Jugendbericht – Bericht über die Lebenssituation von Kindern und die Leistungen der Kinderhilfen in Deutschland, Bonn 1998 ◆ DIfU (Hrsg.): Die Soziale Stadt. Eine erste Bilanz des Bund-Länder-Programms „Stadtteile mit besonderem Entwicklungsbedarf – die soziale Stadt", Berlin 2002 ◆ R.-P. Löhr: Wider die sozialräumliche Spaltung. Das Programm „Soziale

Stadt" und seine Bedeutung für die Soziale Arbeit, in: BldWP 148 (2001) Nr. 5+6, 109–112 ◆ I. Mielenz: Die Strategie der Einmischung. Sozialarbeit zwischen sozialer Kommunalpolitik und Selbsthilfe, in: np, Sonderheft 6, 1981 ◆ I. Mielenz: Aufgaben der Jugendhilfe bei Jugendarbeitslosigkeit und Berufsnot junger Menschen, hrsg. von der AGJ, Bonn 1985 ◆ R. Schröder: Kinder reden mit! Beteiligung an Politik, Stadtplanung und Stadtgestaltung, Weinheim 1995 ◆ U. Winklhofer/H. Schneider: Partizipation von Kindern und Jugendlichen. Ein Literaturbericht, in: DJI (Hrsg.): Literaturreport 1997, München 1998 mit weiteren aktuellen Veröffentlichungen, 123–191 ◆ 12. Shell Jugendstudie, hrsg. vom Jugendwerk der Deutschen Shell: Jugend '97. Zukunftsperspektiven – Gesellschaftliches Engagement – Politische Orientierungen, Opladen 1997.

Weitere Literatur s. *Arbeit, Berufliche Bildung, Partizipation, Stadtentwicklung* und *Wohnen.*

Einzelfallhilfe

Der Begriff E. (auch: Soziale Einzelhilfe) wird in zwei Bedeutungen gebraucht. Er bezeichnet unspezifisch den Handlungsbereich der direkten SozArb mit einzelnen Menschen. Die Betonung liegt hier auf der dienstlichen „Hilfe im Einzelfall". Als spezifischer Begriff bezeichnet E. die professionelle Arbeitsform (Methode i. S. einer planmäßigen Vorgehensweise) in personenbezogenen Sozialdiensten. Die Betonung liegt hier auf dem handlungsleitenden Konzept, wie SozArb mit ihren Klienten in einer helfenden Beziehung verfahren *(Methodisches Handeln).*

Die Entwicklung der Methode

E. als erste der klassischen *Methoden Sozialer Arbeit* weist historisch zurück auf die Individualisierung der Armenpflege.1788 begann die Hamburgische Armenanstalt damit. Ausführlich dargestellt wurde die Hinwendung zum einzelnen Armen erstmals 1820 in dem Buch „Le Visiteur du pauvre" („Der Armenbesucher") des Pariser Armeninspektors Baron de Gérando. Er postulierte für die Unterstützung, dass vor der „gebenden Hand" das „forschende Auge" walten müsse, um wahre Bedürftigkeit zu erkennen. Weitere Handlungsansätze finden wir in der familienbezogenen diakonischen Arbeit des Schotten Thomas Chalmers (ab 1819) und in der zugehenden persönlichen Betreuung, welche die katholischen Vinzenzkonferenzen (ab 1834) organisierten. Von ihnen übernahm die angelsächsische Privatwohltätigkeit den Leitspruch „not alms, but a friend". Ihre aufsuchende und kontrollierende Fürsorge des „friendly visiting" ging ab 1869 in eine „wissenschaftliche Wohltätigkeit" über, der sich zunächst die britischen, dann auch die amerikanischen „Charity Organisation Societies" verschrieben. Deren systematische Untersuchung und differenzierende Bewertung des Einzelfalles mit überlegter Hilfezumessung in „Fallkonferenzen" und wiederholten Kontrollbesuchen bei den Unterstützten begründete das „Casework". In ihm sahen die Vorkämpferinnen einer eigenständigen Profession Sozialarbeit die Methode der Berufstätigkeit schlechthin. Mit Anleihen aus der medizinischen und der juristischen Praxis für eine systematische Ermittlungstätigkeit stellte 1917 Mary Richmond diese Methode in ihrem Buch „Social Diagnosis" musterhaft vor.

Die Problemlagen, in denen das Casework zum Einsatz kam, änderten sich. Nach dem 1. Weltkrieg hatten nicht mehr allein mittellose Arme einen Anspruch auf soziale Hilfe. Die professionelle Methode musste daher auf die Erfordernisse einer je nach Problematik und persönlichem Hintergrund unterschiedlichen, nicht mehr in erster Linie materiellen, Bedürftigkeit hin konzipiert werden. Für die wissenschaftliche Aufrüstung einer E., welche die Probleme von Personen in ihnen selber zu bearbeiten suchte, bot sich die Psychoanalyse an. Es erfolgte eine Psychologisierung der Methode. In den USA entstanden nacheinander vier „Schulen" oder Richtungen des Vorgehens:

- Die diagnostische Schule setzte auf eine ausführliche *Anamnese* und Einordnung des gewonnenen Bildes in eine (psychoanalytische oder entwicklungspsychologische) Klassifikation von Störungen oder Krankheiten. Von der Anamnese über die Diagnose geht es zur Therapie voran, geleitet vom Experten und seinem klinischen Urteil.
- Die funktionale Richtung interpretierte das professionelle Handeln als eine vom Klienten gewünschte oder ihm zuträgliche Dienstleistung. Zu fördern sind (i. S. der humanistischen Psychologie) Wandlungs- und Wachstumsprozesse von Personen. Die Vermittlung der Hilfe hat über die personale Beziehung des Professionellen zum Klienten zu erfolgen. Auf das Verständnis der E. als „Beziehungsarbeit" nahm der klientenzentrierte, nichtdirektive Beratungs- und Therapieansatz nach Carl Rogers großen Einfluss.
- Der psychosoziale Ansatz besteht in einer Weiterentwicklung der diagnostischen Richtung.

E

Probleme werden nicht isolierten Personen zugerechnet, sondern der „Person-in-der-Situation". Lösungen sind in diesem Kontext zu suchen. Ein systemisches Vorgehen liegt nahe und wird besonders in Formen der (systemischen) Familientherapie praktiziert.
- Der Problemlösungsansatz bezieht Momente aus den vorherigen Konzepten ein und setzt auf eine Stärkung der Fähigkeit von Personen und Familien, in ihrem Leben zurechtzukommen und Schwierigkeiten zu bewältigen. Der Professionelle unterstützt die Klienten darin; er leistet Ich-Unterstützung und erreicht eine Ich-Stärkung.

Casework

Die Methode Casework wurde in Deutschland zuerst von Alice Salomon rezipiert und verbreitete sich in den 1950er und 1960er Jahren in Deutschland als Standard klientzentrierten Vorgehens in der SozArb. Gerade eingeführt, erwuchs der professionellen E. Konkurrenz in der methodischen Arbeit mit Gruppen und im Gemeinwesen *(Gruppenarbeit, soziale; Gemeinwesenarbeit).* Wissenschaftlich wurden bald alle Formen von Casework kritisch betrachtet: sie vernachlässigten die überindividuell wirksamen sozioökonomischen Bedingungen und rechneten dem Verhalten von Einzelpersonen die Probleme zu, die sich aus schicht- und randgruppenspezifischer Benachteiligung und Not ergeben. Die Methode sei ineffektiv; sie greife vorwiegend auf, was in die Schublade des jeweiligen theoretischen (psychologischen) Konzepts passe.

In Reaktion auf diese Kritik veränderten sich die Theorie und die Praxis der E. in den 1970er und 1980er Jahren. Zunächst lehnten Protagonisten einer politisch bewussten, parteilichen SozArb überhaupt eine methodische Intervention in die individuelle Lebensweise ab und suchten eine Solidarisierung der Betroffenen über Gruppen- und Gemeinwesenarbeit und eine gemeinschaftliche Selbsthilfe zu erreichen. Wer professionell bei der E. blieb, wandte sich pädagogischen und insbesondere neuen psychotherapeutischen Verfahren zu, um mit ihnen die Probleme von Klienten effektiver anzugehen (und um mit solchen Verfahren mehr berufliche Anerkennung zu finden). E. konzentrierte sich methodisch auf Beratung oder auf ein spezielles Therapieangebot. Im Gegenzug zu dieser Spezialisierung und Therapeutisierung wurde (i. V. m. der Schaffung von allgemeinzuständigen, polyvalenten Sozialdiensten, in Deutschland des *Allgemeinen Sozialdienstes*) ein vereinheitlichtes und möglichst ganzheitliches Vorgehen angestrebt. Ein systematischer, lebensweltbezogener und ökosozialer Begriffs- und Handlungsrahmen empfahl sich, um in der Unterstützung von Einzelpersonen und Familien alle Seiten der Problematik und der Lebensumstände berücksichtigen und eine Bewältigung im Feld des Zusammenlebens mittels seiner formellen und informellen Ressourcen erreichen zu können.

Zur Neukonzipierung der E. trugen auch die erweiterten sozialen Rechte der Bürger (nach dem *Sozialgesetzbuch*) bei, u. a. im *Sozialdatenschutz,* im Recht auf Akteneinsicht, in der Mitwirkung der Leistungsberechtigten bei der Hilfeplanung und bei Ausführung von Sozialleistungen, in der Wahl von Leistungen und Mitwirkung bei der Evaluation ihrer Erbringung. Während einerseits mehr Rechte der Person (auch eines Kindes oder eines behinderten Menschen) Geltung beanspruchen, gewinnen andererseits die Organisation und das Management der Hilfe gegenüber dem persönlichen Einsatz des einen oder anderen professionell Helfenden an Gewicht. Das System der Versorgung soll im Einzelfall wirksam und wirtschaftlich zum Zuge kommen.

Ressourcenaktivierung

E. besteht in Beiträgen zur selbstaktiven Lebensführung. Komplementär und kompensatorisch werden Ressourcen herangezogen, gebündelt und koordiniert, die informell und formell vorhanden sind *(Empowerment).* Verwirklichungschancen (Capabilities) sollen realisiert werden. Die Aktivierung von Ressourcen erfolgt in informellen sozialen *Netzwerken* im familiären und nachbarschaftlichen Umkreis, in den Kontexten des *Sozialraums,* mit freiwilliger Hilfe und indem die professionell Helfenden auf Ressourcen formeller Netze zurückgreifen. Folglich beschränken sich in der E. tätige SozArb nicht auf den direkten Dienst „am Menschen". Die „helfende Beziehung" zum Klienten bleibt zentral, aber mehr Gewicht ist auf die Kommunikation im Dienstleistungssystem und in der lokalen Lebenswelt zu legen. Bei zunehmender Individualisierung von Lebenslagen brauchen v. a. Alleinstehende und isolierte Familien informelle Kontakte, eine verständnisvolle Begleitung und eine ihrer Situation angemessene Unterstützung. Auf der anderen Seite sind einzelne Helfende überfordert, wenn sie sich nicht einem Netz von Diensten angehörig wissen und in einer ständigen Kommunikation aufgehoben finden. Während diese Einbindung bei stationärer Hilfe immer gegeben war (so sehr, dass von E. in Heimen etc. kaum gesprochen wurde), hat man sie beim Ausbau ambulanter Hilfen besonders zu bedenken.

Von der akuten Hilfe im Einzelfall in Form von Beratung, einer unterstützenden Maßnahme, Konfliktlösung oder Krisenintervention ist die Bearbeitung chronischer Probleme von Personen und Familien zu unterscheiden. Andauernde gesundheitliche, psychische und erzieherische Problemlagen bedingen den größten Teil des Aufwandes an Humandienstleistungen. Hier wird die Orientierung an vorhandenen Ressourcen anstelle einer Defizitorientierung favorisiert, um zu mehr Erfolgen und Wirtschaftlichkeit zu kommen. Vorhandene Stärken sollen genutzt werden, statt dass man ständig versucht, Schwächen zu beheben oder auszugleichen. Jeder Mensch hat Selbsthilfepotenziale. Zu fördern ist die Fähigkeit, bei Problemen zu eigenen Lösungen zu gelangen. In persönlichen Dispositionen liegen interne Ressourcen der Lebensbewältigung vor, zu denen externe Ressourcen unterstützend herangezogen werden können.

Die Schwierigkeiten, in die heute Menschen geraten, sind oft komplex und sehr unterschiedlich. Hilfemöglichkeiten kommen verstreut und für den Unterstützungsbedürftigen nicht leicht erreichbar vor. Methodisch wird die E. in ihrer Fallorientierung um eine Feldorientierung („Fall im Feld") ergänzt bzw. in eine *Sozialraumorientierung* einbezogen. Unterstützung soll im Sozialraum als dem Milieu der individuellen und familiären Lebensbewältigung gesucht, im Umfeld unter Beiziehung verschiedener informeller und formeller Hilfen arrangiert und im System (im Netzwerk) der Dienste und zuständigen Stellen in die Wege geleitet werden.

Handeln nach Indikation vs. Ratsuche und Aushandlung

Was in der SozArb im Einzelfall zu tun nötig (indiziert) ist, liegt selten auf der Hand. Sowohl die Fachkräfte als auch die Hilfesuchenden und andere Mitbeteiligte verstehen eine Problematik unterschiedlich und haben diverse Vorstellungen von der Problemlösung. Medizinisch, pflegefachlich, psychotherapeutisch oder sozialberuflich ausgebildete Fachkräfte verankern ihr Vorgehen in diagnostischen Feststellungen *(Diagnostik, sozialpädagogische)*, während ihre Klientel entweder alltagspraktische Hilfen will oder eine Heilserwartung hegt, die ein profaner Dienst kaum erfüllen kann. In Rücksicht auf solche Differenzen erfolgt die Situationsklärung und die Auswahl der richtigen Hilfe in einem Aushandlungsprozess. Je nach Problematik können fachliche Gutachten beigezogen werden, die eine Indikation (Heilanzeige) angeben; die Ratsuche und Entscheidungsfindung in der sozialen Einzelhilfe unterscheidet sich aber von einer (ärztlichen) Verordnungspraxis durch ihren offenen Charakter, angelegt auf Verständigung und auf Kooperation. Selbst wenn Klienten nicht motiviert sind (Gehrmann/Müller 2015) oder wegen *Gefährdung* (etwa des Kindeswohls) eine eingreifende Maßnahme erfolgt, wird Zusammenarbeit angestrebt.

In der E. ist *Beratung* von zentraler Bedeutung. Sie kann in der Regel von den Sorgen ausgehen, die Menschen haben, und zu einer angemessenen Versorgung hinführen. Eine darauf gerichtete Beratung (care counselling, Sorgeberatung) unterscheidet sich von spezialisierter fachlicher Beratung durch ein offenes Erschließen von Rat und Aushandeln von Lösungen. Gemeinsame Ratsuche und Kooperation sind im Einzelfall schon deshalb geboten, weil sich eine soziale Bewältigungsaufgabe im Zusammenleben stellt und häufig mehrere Menschen betrifft. Von chronischen Problemen (bei *Arbeitslosigkeit,* in der *Behindertenhilfe,* in der *Erziehung,* in der *Pflege*) ist i. d. R. die *Familie* mindestens so sehr wie die einzelne Person betroffen. *Kinder- und Jugendhilfe* besteht wesentlich in der Unterstützung und Beratung von Eltern. Bei Pflegebedürftigkeit hat Angehörigenarbeit einen hohen Stellenwert. Generell geht soziale Einzelhilfe in Formen von Familienhilfe über (Woog 2006, Rothe 2011). Das trifft auch auf kurzzeitige und intensive Kriseninterventionen zu. Um die Herausnahme von Kindern aus Problemfamilien möglichst zu vermeiden, sind Programme der Familienaktivierung entwickelt worden („Families First", „Familie im Mittelpunkt", „Familienrat"), bei denen mit den Familienangehörigen auf eine Krisenbereinigung und familieninterne Lösungen hingearbeitet wird. Analog werden Angehörige bei psychiatrischen Krisensituationen in die Behandlung einbezogen. Gemeint ist mit dem individuellen „Fall" in der E. eine Problemlage und nicht der Mensch als Subjekt in dieser Situation. Er soll an der Bearbeitung „seines Falles" stets beteiligt bleiben.

Case Management

Die E. ist in ihrer Beziehung auf das formelle und informelle Netzwerk der Unterstützung oder Versorgung bei einer gegebenen vielseitigen Problematik in der individuellen Lebenslage auf Kooperation und Koordination angewiesen. Die Erarbeitung und Wegleitung hin zu einer Lösung stellt bei länger dauernder Unterstützung eine komplexe Steuerungsaufgabe dar. Die Fallführung hat informelle und formelle Bewältigungsmöglichkeiten in einem Kontinuum der Versorgung zielorientiert zu verknüpfen. Im Verbund sozialer Dienste verteilt sich eine ganzheitliche E. auf von verschiedenen Seiten zu erbringende Leistungen (z. B. per *Suchtberatung, Schuldnerberatung, Mediation,* Qualifizierungsmaßnahmen in der Beschäftigungsförderung und therapeutische Behandlungen). Für das Programm der Fallführung in Koordination und Kooperation der Beteiligten steht der Begriff Case Management. Er bezeichnet ein Handlungskonzept, das in verschiedenen Bereichen des Sozial- und Gesundheitswesens sowie zur Eingliederung in Arbeit angewandt wird (Wendt 2014, Wendt/Löcherbach 2011).

Case Management ist eine, zuerst in der Praxis der amerikanischen SozArb entwickelte, Verfahrensweise in Humandiensten, mit der im Einzelfall die nötige Unterstützung, Behandlung und Versorgung von Menschen organisiert und durchgeführt wird. Sie soll möglichst effektiv und effizient erfolgen. Das Case Management betrifft die Ablauforganisation der E. bei einer nicht nur kurzzeitig nötigen und vielseitigen Hilfestellung für eine Person oder Familie (und wird daher im sozialen Kontext auch Unterstützungsmanagement genannt). Im Management der Fälle einer dienstleistenden Organisation werden der individuellen Fallführung die Funktionen der Klärung, Zielstellung, Planung, Durchführung und Kontrolle zugewiesen. Die Arbeit verschiedener Stellen und Fachkräfte, formelle und informelle Hilfen sind zu koordinieren bzw. in einem Versorgungszusammenhang (continuum of care) zu vernetzen. Kernelemente bzw. Dimensionen im Case Management sind

- die Zugangseröffnung (outreach),
- die Situationsklärung und Bedarfseinschätzung (assessment),
- die Hilfeplanung (planning),
- ihre koordinierte und kontrollierte Umsetzung (monitoring),
- Evaluation und Rechenschaftslegung.

Ein zentrales Steuerungsinstrument für Humandienstleistungen stellt im Case Management die individuelle Leistungsabsprache und Hilfeplanung dar. Gesetzliche Vorgaben verlangen die Erstellung von Hilfeplänen in der Kinder- und Jugendhilfe, zur Beschäftigungsförderung, zur Rehabilitation und Eingliederung von behinderten Menschen und in der Pflege. Der Prozess der Hilfeplanung bezieht Betroffene und Beteiligte in ein Klärungs- und Aushandlungsverfahren ein. Das geschieht auch, wenn sie nicht motiviert sind (Gehrmann/Müller 2015) oder z. B. bei Bewährungshilfe in einem Zwangskontext zu aktivieren sind. Um in der Vielfalt der personenbezogenen Dienstleistungen im Sozial- und Gesundheitswesen und anderen möglichen Maßnahmen den richtigen Weg zu gehen, muss dieser sorgfältig erkundet und abgesprochen werden. Von Hilfeplänen, die zur Gewährung von Leistungen führen, sind Pläne der Ausführung (Erziehungs-, Therapie-, Pflegepläne, usw.) zu unterscheiden, welche die Leistungserbringer in eigener Verantwortung erstellen.

Fachkräfte, die sich zu zertifizierten Case Manager/innen weitergebildet haben, übernehmen die Fallführung. Das Case Management bleibt indes immer auch eine Organisationsaufgabe. Bei wachsender Komplexität dessen, was in der E. zu tun ist, verschränkt sich die Methodik des professionellen Handelns mehr und mehr mit Fragen der Systemsteuerung in Humandiensten – z. B. zur strukturellen Bahnung von Schritten im „Fördern und Fordern“ (nach SGB II), der Prozess- und Behandlungssteuerung in der Krankenversorgung (disease management), der zwischen Leistungsträgern und Leistungserbringern verteilten bzw. zu vereinbarenden Fallführung. Dabei bleiben alle Seiten gefordert, ihren Einsatz in einer Versorgung rechtlich, wirtschaftlich und fachlich begründet darzustellen und fallbezogen zu verantworten.

Wolf Rainer Wendt

Literatur

A. Braun/G. Graßhoff/C. Schweppe: Sozialpädagogische Fallarbeit, München 2011 ◆ G. Gehrmann/K. D. Müller: Aktivierende Soziale Arbeit mit nicht-motivierten Klienten, Regensburg 2015 ◆ H. D. Kähler/P. Gregusch: Erstgespräche in der fallbezogenen Sozialen Arbeit, Freiburg 2014 ◆ B. Müller: Sozialpädagogisches Können, Freiburg [7]2012 ◆ M. Rothe: Sozialpädagogische Familien- und Erziehungshilfe, Stuttgart 2011 ◆ W. R. Wendt: Case Management im Sozial- und Gesundheitswesen, Freiburg [6]2014 ◆ W. R. Wendt/P. Löcherbach (Hrsg.): Case Management in der Entwicklung, Heidelberg 2011 ◆ A. Woog: Soziale Arbeit in Familien, Weinheim 2006

Elternarbeit

Begriff

Unter E. versteht man die Einbeziehung von Eltern in ganz unterschiedliche Aktivitäten der SozArb und der Bildungsarbeit für Kinder, Jugendliche und junge Erwachsene mit dem Ziel, den Erfolg der professionellen Bemühungen für alle

Beteiligten zu erhöhen. Eine Kliniksozialarbeiterin z. B. betreibt demgemäß E., wenn sie für Eltern chronisch kranker jugendlicher Patienten einen Gesprächskreis anbietet; als E. können Elternabende im Kindergarten und Tür-und-Angel-Gespräche der Erzieherinnen mit Eltern bezeichnet werden; der SozPäd einer Heimgruppe betreibt E. in Form von Elterngesprächen, Hausbesuchen und der Organisation von Elternfreizeiten; oder es ist E., wenn eine Gemeinwesenarbeiterin eine Versammlung einberuft, um mit Eltern ein Sommerprogramm für Kinder aus dem Stadtteil zu planen. Wegen abwesender oder nicht erreichbarer Väter ist E. häufig Mütterarbeit, hieraus resultiert die große Herausforderung an SozArb, Aktivitäten der E. auch für Väter attraktiv zu gestalten. Da sich E. nicht ausschließlich an die leiblichen Mütter und Väter richtet, sondern an die gesamte Familie (Geschwister, Großeltern), müsste häufig eher von Familienarbeit gesprochen werden.

Abzugrenzen ist E. von Leistungen der Jugendhilfe, die sich ausschließlich und unmittelbar an Eltern und Familien richten wie z. B. Angebote der *Familienbildung*, die *Erziehungsberatung*, die Beratung in Fragen der Partnerschaft oder die Sozialpädagogische Familienhilfe. Auch ist E. zu unterscheiden von *Familienselbsthilfe*. Freilich gibt es zu all diesen Hilfen, Aktivitäten und Programmen Überschneidungen: Wenn bspw. MitarbeiterInnen einer Tagesgruppe gem. § 32 SGB VIII der allein erziehenden Mutter eines betreuten Kindes beim Umzug helfen, wenn dort regelmäßige Besuche stattfinden und eine Müttergruppe organisiert wird, dann unterscheidet sich dies nur wenig von den Aktivitäten einer Sozialpädagogischen Familienhelferin. Ein Grenzfall von E. sind schließlich auch Hilfeleistungen für junge Mütter in Mutter-Kind-Einrichtungen.

Eltern oder, noch allgemeiner, Angehörige in Leistungen der SozArb einzubeziehen, ihre Mitwirkung und Beteiligung sicherzustellen, gehört zu den Grundstandards guter fachlicher Arbeit. Gleichwohl hinkt die praktische Umsetzung von E. häufig dem konzeptionellen Anspruch weit hinterher. E. erscheint als ein prekäres Arbeitsfeld, weil sie häufig strukturell schlecht abgesichert ist und inhaltlich im widersprüchlichen Gelände zwischen familiärer Innenwelt mit ihren emotionalen Verstrickungen, Überlastungen sowie Schuldgefühlen und der öffentlichen SozArb mit ihren Kontrollfunktionen agiert.

Elternarbeit in der Jugendhilfe

Einen besonderen Stellenwert nimmt die E. in der *Jugendhilfe* ein, gewinnen die sozialpädagogischen Hilfen für junge Menschen ihre Funktion doch überhaupt erst durch den Bezug zur Familienerziehung: In ihrer klassischen Definition wirken sie familienunterstützend, familienergänzend oder familienersetzend. Entsprechend finden sich im *Kinder- und Jugendhilfegesetz* (SGB VIII) eine Fülle von Hinweisen auf die Bedeutung der Einbeziehung von Eltern in die sozialpädagogische Arbeit, die sich grundlegend von Art. 6 GG ableiten, demzufolge die Erziehung der Kinder das „natürliche Recht der Eltern und die zuvörderst ihnen obliegende Pflicht" sei, über deren Betätigung die staatliche Gemeinschaft wache („staatliches Wächteramt"). Nach § 5 SGB VIII haben Leistungsberechtigte ein Wunsch- und Wahlrecht in Bezug auf in frage kommende Einrichtungen bzw. die Ausgestaltung von Hilfen. Weiterhin müssen Jugendhilfeangebote nach § 9 SGB VIII „die von den Personensorgeberechtigten bestimmte Grundrichtung der Erziehung sowie die Rechte der Personensorgeberechtigten und des Kindes oder des Jugendlichen bei der Bestimmung der religiösen Erziehung" beachten. Sowohl bei der pädagogischen Betreuung in *Tageseinrichtungen für Kinder* als auch bei den *Hilfen zur Erziehung* wird die Beteiligung und Einbeziehung der Personensorgeberechtigten, i. d. R. also der Eltern, gesetzlich vorgeschrieben. Die „Öffnung" von Kindertagesstätten für Eltern und die Einbeziehung verschiedener Angebote der Jugendhilfe haben in den Einrichtungen zu neuen Formen der E. geführt.

Die auf partnerschaftliches Handeln abzielende Hilfephilosophie des SGB VIII wird besonders bei den Hilfen zur Erziehung deutlich, die dann gewährt werden müssen, wenn eine dem Kindeswohl entsprechende Erziehung nicht gewährleistet ist, die Eltern also mit ihren erzieherischen Bemühungen zumindest partiell gescheitert sind. Adressaten der Hilfe sind die Eltern. E. soll insbesondere im Falle einer *Fremdunterbringung* zum konstitutiven Bestandteil der Hilfe werden (§ 37 Abs. 1 SGB VIII). Im Falle dieser stark in eine jugendliche Biografie und in eine Familie eingreifenden Maßnahmen werden die ambivalenten Anforderungen an E. besonders augenfällig: E. muss Eltern an der Ausgestaltung von Hilfen beteiligen, obwohl die Notwendigkeit dieser Hilfen permanent ihr eigenes Scheitern dokumentiert, ja die sie – im Falle der Fremdunterbringung – ihrer Elternrolle partiell beraubt. Gerade deswegen ist E. jedoch wichtig. Denn nur die ernsthafte und mit einer möglichst wertschätzenden Haltung betriebene Einbeziehung der Eltern kann diesen Widerspruch auflösen, indem die aufgrund von Erziehungsproblemen gewünschte Hilfe zur Erziehung als Ausdruck einer verantwortlichen elterlichen Sorge interpretierbar wird.

Anforderungen an die Soziale Arbeit
Fachkräfte der SozArb müssen sich im Rahmen von E. den zu bearbeitenden Problemen und Krisen aus der Sicht bzw. der Position der Eltern nähern können. Sie müssen deren explizite und implizite Aufträge an ihr Kind verstehen lernen, um erfolgreiche E., aber auch erfolgreiche Arbeit mit dem Kind leisten zu können. Der E. mit Eltern mit Migrationshintergrund kommt besondere Bedeutung zu. Nur so können Loyalitätskonflikte des Kindes begriffen und bearbeitet werden. Ein Verständnis der verschiedenen Systeme, die im Rahmen SozArb zusammenwirken, z. B. Familie, JA und Heim mit ihren Binnenlogiken und unterschiedlichen Aufträgen, kann hierbei hilfreich sein *(Systemtheorie)*. Letztlich sind die leiblichen Eltern die einzigen, die ein Kind hat. Sie sind, wie problematisch sie auch agiert haben, seine biografischen Wurzeln. Diese existenziellen Bindungen müssen insbesondere für eine positive Entwicklung des jungen Menschen aufgearbeitet werden. Daher ist E. auch zu leisten, wenn Eltern erheblich beeinträchtigt sind, sei es durch Suchtkrankheiten, psychische Erkrankungen oder aufgrund kognitiver Einschränkungen. Sie ist selbst i. S. einer indirekten Einbeziehung der Eltern in Gesprächen mit den Kindern oder Jugendlichen zu leisten, wenn Eltern sich verweigern, gestorben sind oder aus anderen Gründen nicht präsent sind.

Eine große Anzahl empirischer Befunde belegt, dass die möglichst frühzeitige Einbeziehung und Beteiligung von Eltern in Hilfe- und Betreuungsprozesse SozArb großen Anteil am Erfolg einer Maßnahme hat. Oftmals scheint mangelndes Verständnis der Dynamik des Familien- und Helfersystems auf Seiten der Professionellen zu bewirken, dass „aus Kindern in Schwierigkeiten schwierige Fälle“ werden (Ader/Schrapper 2002). Obwohl, fast 44 % der außerhalb des Elternhauses betreuten jungen Menschen später wieder ins Elternhaus zurückkehren (so bereits akj.stat 2011)), die kontinuierliche Zusammenarbeit mit den Herkunftseltern also auch mit Blick auf die Zeit nach einer Jugendhilfemaßnahme wichtig wäre, scheint E. nach wie vor nicht zum selbstverständlichen Bestandteil pädagogischer Arbeit zu gehören. Wie bedeutsam die Stärkung der Sichtweise der Herkunftseltern im Feld der Vollzeitpflege ist, wo die Konkurrenz zwischen der „gescheiterten“ Herkunftsfamilie und der „guten“ Pflegefamilie besonders brisant ist, hat Faltermeier (2001) in einer qualitativen Studie herausgearbeitet.

Formen von Elternarbeit
In Anlehnung an Adler (2001) lassen sich drei grundlegende Formen von E. unterscheiden, denen verschiedene Methoden zugeordnet werden können:

1) E. als Zusammenarbeit mit den Eltern geht davon aus, dass Eltern und Fachkräfte der SozArb „Hand in Hand“ die Erziehung gestalten. Kooperationen mit Eltern können die unterschiedlichsten Formen vom telefonischen Kurzkontakt bis zur Elternfreizeit annehmen. Ziele von Kooperationen sind der Informationsaustausch, die Koordination von Alltagssituationen und Erziehungsstilen, die gemeinsame Planung, die Bewältigung von Krisen aber auch soziales Lernen.
2) E. als systematische Elternberatung bzw. als strukturiertes Elterntraining intendiert eine Veränderung einzelner Aspekte elterlichen Verhaltens, i. d. R. aufgrund eines konkreten Auftrags der Eltern oder einer Vereinbarung im Rahmen der Hilfeplanung.
3) E. als therapeutische Intervention zielt auf die tief greifendere Veränderung des Verhaltens und der Einstellungen einzelner Familienmitglieder oder des Familiensystems. Hier gibt es fließende Übergänge zu den die Familie direkt adressierenden Hilfen wie die Erziehungsberatung, die SPFH oder die intensive Familienkrisenhilfe (z. B. „Familienaktivierungsmanagement“).

Für die meisten Felder SozArb wird sich E. auf die vielfältigen Formen der Zusammenarbeit mit den Eltern bzw. der Herkunftsfamilie beschränken. Sie muss hierbei, ausgehend von einer wertschätzenden und partizipativen Haltung der Fachkräfte, Eltern frühzeitig und durchgängig beteiligen, sie einbeziehen und die Erziehungsverantwortung weitestmöglich bei ihnen belassen, sie „empowern“ und *soziales Lernen* ermöglichen. E. kann hier nur dann erfolgreich agieren, wenn sie sich der Vielfalt und Fragilität familiärer Lebensformen (Stieffamilien, Ein-Eltern-Familien) und der problematischen gesellschaftlichen Rahmenbedingungen familiären Alltags (zwischen Isolierung, Überforderung, begrenzten sozioökonomischen Ressourcen und fehlenden informellen, verwandtschaftlichen Hilfenetzwerken) bewusst ist und diese zum Ausgangspunkt einer offensiven SozArb macht.

Wolfgang Trede

Literatur

S. Ader/C. Schrapper: Wie aus Kindern in Schwierigkeiten „schwierige Fälle“ werden, in: Forum Erziehungshilfen 1/2002, 27–34 ◆ H. Adler: Formen der Eltern- und Familienarbeit in der Jugendhilfe (2 Teile), in: Unsere Jugend 4/2001, 149–158, und 5/2001, 194–204 ◆ S. Behn: Elterntrainings – eine Übersicht, in: uj 11-12/2006, 476–480 ◆ M.-L. Conen: Elternarbeit in der Heimerziehung, Frankfurt/M. [4]2002 ◆ H. Dusolt: Elternarbeit als Erziehungspartnerschaft. Ein Leitfaden für den Vorschul- und Grundschulbereich, Weinheim [3]2008 ◆ J. Faltermeier: Verwirkte Elternschaft? Fremdunterbringung – Herkunftseltern – Neue Handlungsansätze, Münster 2001 ◆ H. Funk: Elternarbeit, in: W. Schröer/N. Struck/M. Wolff (Hrsg.): Handbuch Kinder- und Jugendhilfe, Weinheim/München [2]2016 ◆ H.G. Homfeldt/J. Schulze-Krüdener (Hrsg.): Elternarbeit in der Heimerziehung, München 2007 ◆ E. Schlösser: Zusammenarbeit mit Eltern – interkulturell, Münster 2004 ◆ W. Sacher: Elternarbeit als Erziehungs- und Bildungspartnerschaft, Bad Heilbrunn [2]2014 ◆Schwerpunktheft: Arbeit mit Eltern in migrantischen Milieus, uj 11+12/2011.

Links

www.bildungsserver.de/elternarbeit
www.elternarbeit.info
www.kindergartenpaedagogik.de

Elterngeld und Elternzeit

Rechtliche Grundlage für Elterngeld (EG) und Elternzeit (EZ) ist das Bundeselterngeld- und Elternzeitgesetz (BEEG) von 2006, das in einer Neufassung zum 1.7.2015 in Kraft getreten ist. Neu eingeführt werden das ElterngeldPlus (einschließlich Partnerschaftsbonus) und eine flexiblere Elternzeit für Geburten ab dem 1.7.2015. Mit der flexiblen Kombination von Elternzeit (EZ) und Elterngeld (EG), soll es Eltern (wie auch Adoptiv- und Pflegeeltern, die Kinder in Vollzeitzeitpflege betreuen) ermöglicht werden, Erwerbsarbeit und Familie individuell entsprechend ihrer Lebenssituation miteinander zu verbinden. Eltern können sich frei entscheiden, ob die Mutter und/oder der Vater die Betreuung des Kindes übernimmt. EZ und EG sollen Paaren die Entscheidung für ein Kind erleichtern und Einkommenseinbrüche durch die Geburt eines Kindes vermeiden. Für die Inanspruchnahme von EZ und EG spielt es keine Rolle, ob die Eltern verheiratet sind. Großeltern und Verwandte dritten Grades haben nur unter bestimmten Voraussetzungen, d.h. in Notsituationen der Eltern, Ansprüche auf EZ und EG.

Nach heftigen politischen Auseinandersetzungen wurde am 15.2.2013 das BEEG mit der Einführung eines Betreuungsgeldes (zuletzt 150 € im Monat) geändert für Eltern, die keinen Krippenplatz in Anspruch nehmen. Seit dem Urteil des BVerfG v. 21.7.2015, mit dem die Zuständigkeit des Bundes für verfassungswidrig erklärt wurde, besteht nach diesem Zeitpunkt kein Anspruch mehr. Im 3. Quartal 2015 gibt es aus Gründen des Vertrauensschutzes allerdings noch mehr als 570 Tsd. Bezieher des Betreuungsgeldes. EG und Betreuungsgeld konnten nur nach einander bezogen werden (Faßhauer/Münch 2015).

Elternzeit (EZ)

EZ bezeichnet den Zeitraum unbezahlter Freistellung von der Arbeit nach der Geburt eines Kindes. Mütter und Väter haben einen Rechtsanspruch auf EZ bis zur Vollendung des dritten Lebensjahres ihres Kindes. Jedem Elternteil stehen drei Jahre EZ zu – unabhängig davon, wie der Partner die EZ nutzt. Die Zeit der Mutterschutzfrist nach der Geburt (acht Wochen) wird auf die EZ angerechnet. Am häufigsten nehmen Mütter mit Kindern unter 3 Jahren EZ in Anspruch, mit zunehmendem Alter der Kinder (und der Mütter) sinkt dieser Anteil deutlich. 2014 betrug der Anteil der Eltern in EZ an allen erwerbstätigen Eltern für Mütter mit Kindern u. 3 Jahren 41,5 % und der Väter 2,0 % (www.destatis/elternzeit).

Je nach Wunsch der Eltern können für Kinder, die ab dem 1.7.2015 geboren sind, vom 3. bis zum 8. Lebensjahr des Kindes 24 Monate übertragen werden. EZ kann auch anteilig von jedem Elternteil allein oder von beiden Elternteilen gemeinsam in Anspruch genommen werden. Teilzeitarbeit ist möglich. Während der EZ besteht Kündigungsschutz.

Elterngeld (EG)

EG ist eine staatliche Leistung für Familien, die ihr Kind nach der Geburt selbst betreuen wollen und daher nicht voll erwerbstätig sein können. *(Familienleistungs- und -lastenausgleich).*

Die Höhe des EG beträgt bei Erwerbseinkommen für Normal- und Gutverdienende zwischen 65 bis 67 % des zuvor bezogenen monatlichen Nettoeinkommens. Das EG beträgt mindestens 300 € und höchstens 1 800 € im Monat. Für Geringverdienende, Mehrkindfamilien und Familien mit Mehrlingen wird das EG auf maximal 100 % des ausgefallenen Verdienstes erhöht.

Das EG wird für maximal 12 und für zwei Partnermonate geleistet. Das neu eingeführte ElterngeldPlus für nach dem 1.7.2015 geborene Kinder, lohnt sich für Familien, die EZ und Teilzeitarbeit kombinieren und den Zeitraum über die 14 Monate verlängern möchten. Sie erhalten dann nur die Hälfte des EG, aber doppelt so lange (24 Monate). Der Partnerschaftsbonus verlängert den Bezug des EG nochmal um 4 Monate, wenn sich die Eltern die Betreuung des Kindes teilen und beide 4 Monate lang 25 bis 30 Stunden in Teilzeit arbeiten. Mitte 2015 bezogen mehr als 836 Tsd. Eltern EG, 724 Tsd. Mütter und knapp 112 Tsd. Väter.

Seit dem 1.1.2011 wird das EG beim Arbeitslosengeld II, bei der Sozialhilfe und beim Kinderzuschlag als „Einkommen" vollständig angerechnet. Ausnahmen gibt es nur, wenn Eltern vor der Geburt ihres Kindes erwerbstätig waren. Das EG von höchstens 300 € bleibt dann anrechnungsfrei. Für nicht berufstätige Mütter und Väter gibt es weiterhin pauschal 300 €.

Zuständig für die Ausführung des Gesetzes und die Auszahlung von EG sind die von den Landesregierungen bestimmten Stellen. Landeserziehungsgeld im Anschluss an das EG als Bundesleistung wird als freiwillige Leistung noch in Bayern, Sachsen und Thüringen gezahlt.

Familienpolitische Zusammenhänge

Von besonderer Bedeutung für Reformen in der *Familienpolitik* war der 7. Familienbericht „Zukunft der Familie – Gesellschaft und sozialer Zusammenhalt" (2005), der die Situation von Familien eingehend beschrieben hat. Die Expertenkommission hat neben vielen detaillierten Vorschlägen drei zentrale Handlungsbedarfe zur Verbesserung der Situation von Familien herausgearbeitet: Familien brauchen mehr Zeit, Geld und eine verbesserte Infrastruktur.

Um Familien mehr gemeinsame Zeit zu ermöglichen, wurden von der BReg. in den letzten Jahren besondere Anstrengungen zur Verbesserung der Infrastruktur unternommen. Dazu gehört v.a. der Ausbau der Tageseinrichtungen für unter Dreijährige und der Rechtsanspruch auf einen Platz in einer *Kinderkrippe* oder in der Tagespflege. Allerdings ist auch ein gewisser Handlungsdruck entstanden im Zusammenhang mit der Diskussion zur besseren Vereinbarkeit von Familie und Beruf. Die entsprechenden Vorgaben der EU Richtlinie zum individuellen Recht auf Elternurlaub (Rat der EUR, Richtlinie 96/34 vom 3. Juni 1996) waren dazu handlungsleitend.

Zur Verbesserung der Zeit- und der Finanzsituation von Eltern nach der Geburt eines Kindes tragen als familienpolitische Leistungen auch EZ und EG bei, insbes. mit der weiteren Flexibilisierung, die wohl den jeweiligen Anforderungen und Wünschen junger Familien entgegenkommen wird. Die „Bewährung" des ElterngeldesPlus steht allerdings noch aus.

Der Versuch, durch die beiden Partnermonate die familieninterne Aufgabenverteilung zwischen Müttern und Vätern staatlich zu beeinflussen, ist nach Auffassung einiger Kritiker verfassungsrechtlich problematisch. Sie sehen den Art. 6 Abs. 2 des Grundgesetzes verletzt, der die Pflege und Erziehung der Kinder als das „natürliche Recht der Eltern" garantiere. Außerdem schütze Art. 6 Abs. 1 GG die Entscheidung von Eheleuten über die Arbeitsteilung während der Ehe, frei von staatlicher Beeinflussung. Beiden Argumenten wurde entgegengehalten, dass Art. 3 Abs. 2 GG den Staat verpflichtet, Maßnahmen zur tatsächlichen Verwirklichung der Gleichstellung von Frauen und Männern zu treffen. Mit seinem Urteil im September 2011 hat das BVerfG die sog. „Vatermonate" indirekt bestätigt. Immerhin nutzen 80 % der Väter EZ und EG für diese 2 Partnermonate (destatis, Pressemitteilung v. 25.3.2015).

Während das Erziehungsgeld als kindbezogene Leistung konzipiert war, stellt das EG eine elternbezogene Entgeltleistung dar. Für nicht Berufstätige, Geringverdienende, Auszubildende und Studenten hatte diese Umstellung z.T. erhebliche Verschlechterungen zur Folge, da sie vorher das Erziehungsgeld (300 €/Monat) bis zu zwei Jahre erhalten haben. Mit der Anrechnung auf Transfereinkommen ist das EG v.a. für Normal- und Gutverdienende attraktiv. Damit mag vielleicht der familienpolitisch intendierte Anreiz zur Familiengründung bei gutverdienenden Paaren greifen, aus Gründen der *Chancengleichheit* und der geforderten Minderung von Kinderarmut *(Armut)* muss diese Gewichtung jedoch kritisch hinterfragt werden.

Bei allen Vorteilen, die das BEEG Familien bringt, wird auch an diesem Beispiel deutlich, dass das Verständnis von *Familie,* die Rollenaufteilung der Geschlechter und die Vorstellung über die Zuständigkeit von Erziehungsauftrag und -leistung in Deutschland noch auseinandergehen. Zu den weiteren Kritikpunkten am BEEG zählen v.a. die ungerechte soziale Verteilung, die steuerliche Anrechnung auf das Familieneinkommen (obwohl das EG steuerfrei ist), die mangelnde Transparenz, die komplizierte Ausgestaltung der Anträge und die generell fehlende Einbeziehung von Großeltern. Manchmal sorgt schon die Unterscheidung von EZ und EG für Verwirrung.

Obwohl Deutschland mit den finanziellen Leistungen für Familien im oberen Drittel der Rangfolge der europäischen Staaten liegt, haben diese Leistungen, insbes. für arme Familien keine zufriedenstellende Wirkung. Es ist bisher auch nicht gelungen, die vielfältigen Familienleistungen zu wenigen zentralen, transparenten und eindeutigen Leistungen zu bündeln. Zu solch einer umfassenden Reform scheint es aber ein noch ein langer Weg zu sein.

Zu den Einzelheiten von EZ und EG, z. B. zu den Anspruchsvoraussetzungen und zur bestmöglichen Aufgabenteilung zwischen Müttern und Vätern, zur Aufrechterhaltung von Rentenanwartschaften sowie zu Versicherungsfragen informieren verschiedene Internetportale (und eine gute Beratung).

Ingrid Mielenz
(bis zur 7. Auflage Magda Göller)

Literatur

BMFSFJ: Zukunft der Familie – gesellschaftlicher Wandel und sozialer Zusammenhalt. 7. Familienbericht, Berlin 2005 und 8. Familienbericht, Berlin 2011 ◆ F. Brosius-Gersdorf, NJW, München 04/2007 ◆ M. Faßbauer/M. Th. Münch: Never Ending Story deutscher Familienpolitik: Das Betreuungsgeld, in: NDV 10/2015 ◆ J. Gernhuber/D. Coester-Waltjen, Familienrecht, München 2010 ◆ Institut für Demoskopie: Familienmonitor, Allensbach 2011 ◆ Rat der EU: Richtlinie 96/34, Rahmenbedingungen zum Elternurlaub, Brüssel, 1996 ◆ K. Scheiwe (Hrsg.) Soziale Sicherungs-Systeme revisited – Existenzsicherung durch Sozial- und Familienrecht und ihre Geschlechterdimension, Baden Baden 2007 ◆ Stat.BA (destatis): Statistik zum Elterngeld, Wiesbaden 2015 ◆ R. J. Wabnitz: Grundkurs Familienrecht für die Soziale Arbeit, München [4]2014.

Links

www.bmfsfj.de
www.familien-wegweiser.de

Elternrecht

E. ist die verfassungsrechtliche Gewährleistung einer in der natürlichen Eltern-Kind-Beziehung angelegten, pflichtbestimmten Rechtsstellung herrschaftlich-treuhänderischer Art, die eine mit der Kindesentwicklung allmählich schwindende Pflege- und Erziehungsbefugnis sowie ein Abwehrrecht gegen Übergriffe des Staates in diese Befugnis zum Gegenstand hat.

Elternrecht i. S. des Grundgesetzes

Mit dem E. verleiht das GG (Art. 6 Abs. 2 S. 1 GG) den Eltern ein Recht auf „Fremdbestimmung", verbunden mit der Pflicht, diese in Kindeswohl gerechter Weise auszuüben. Das E. ist primär ein Recht im Interesse und zum Wohl des Kindes. Es bezieht seine Rechtfertigung und seinen Inhalt aus der Notwendigkeit für die Freiheits- und Persönlichkeitsentwicklung des Kindes, für seine Hinführung zur Selbstbestimmung und Selbstverantwortung. Oberste Richtschnur der elterlichen Erziehung ist das Kindeswohl, dessen Bestimmung Aufgabe der Eltern ist. Sie umfasst Recht und Pflicht der Eltern, Pflege und Erziehung ihrer Kinder nach eigenen Vorstellungen zu gestalten. Pflege und Erziehung i. S. des Art. 6 Abs. 2 S. 1 GG ist die umfassende Verantwortung für die Lebens- und Entwicklungsbedingungen des Kindes. Sie erstreckt sich auf alle Einflüsse und Einflussmöglichkeiten und geht über den Binnenbereich der Familie hinaus. (Funktionale) Grenzen des E. ergeben sich aus seiner Zielsetzung, Kinder zu einer eigenverantwortlichen und gemeinschaftsfähigen Persönlichkeit heranzubilden.

Elternrecht und Kindesgrundrechte

Aus der Konzeption des E. als Recht zur Hinführung des Kindes zur Selbstbestimmung und Selbstverantwortung folgt, dass E. und Kindesgrundrechte nicht miteinander konkurrieren und kollidieren, vielmehr komplementäre Geltung beanspruchen:

Zunächst ist es Aufgabe der Eltern, die Grundrechte des Kindes wahrzunehmen. Das E. hat aus sich heraus die Tendenz, mit zunehmender Mündigkeit des Kindes gegenstandslos zu werden. Erziehungsbedürftigkeit des Kindes und erreichte Fähigkeit zur Selbstbestimmung stehen dabei einander gegenüber. Dem tragen abgestufte gesetzlich Mündigkeitsregelungen Rechnung (Wachsendes Kindesrecht – weichendes E.; *Kindesrecht*).

Elternrecht und Schule

Schließlich wird das E. durch den Erziehungsauftrag der Schule (Art. 7 Abs. 1 GG) begrenzt, wobei – je nach Sachbereich – in einem Fall das E., im anderen der schulische Erziehungsauftrag den Vorrang beansprucht. So hat der Staat die Verantwortung der Eltern für den Gesamtplan der Kindeserziehung zu achten, andererseits ist die Bereitstellung eines unterschiedlichen Begabungen und Neigungen entsprechenden Schulsystems Aufgabe des Staates.

Elternrecht und staatliches Wächteramt

Wenn und soweit die Eltern nicht willens oder in der Lage sind, ihrer Elternverantwortung für das Wohl des Kindes nachzukommen, tritt die staatliche Schutzpflicht zugunsten des Kindes (sog. staatliches Wächteramt-Art. 6 Abs. 2 S. 2 GG) ein. Es beruht in erster Linie auf dem Schutzbedürfnis des Kindes, dem als Grundrechtsträger eigene Menschenwürde und ein eigenes Recht auf Entfaltung seiner Persönlichkeit zukommt. Es hat gegenüber dem E. subsidiären Charakter und befugt nicht zu einer autonomen Erziehungssteuerung. Es beinhaltet die Befugnis zur Gefahrenvorsorge und -abwehr sowie zur Missbrauchsverhütung. Das staatliche Wächteramt hat damit subsidiären Charakter. Es tritt erst dann ein, wenn die Eltern selbst, aus eigener Kraft und Fähigkeit nicht mehr in der Lage sind, die Erziehungsaufgabe angemessen zu erfüllen und daraus Schaden für das Kind droht oder bereits eingetreten ist. Mit dem Begriff Wächteramt wird nur eine Aufgabe, keine spezifische Institution bezeichnet. Der Gesetzgeber hat die Aufgabe im Wesentlichen den *Jugendämtern* (über das SGB VIII) sowie den *Familiengerichten* (insbes. auf der Grundlage der §§ 1666, 1666a BGB 156, 157 FamFG) zugewiesen.

Aus dem E. des GG folgt nicht unmittelbar ein Recht auf Leistungen oder Teilhabeansprüche. Diese ergeben sich erst und nur aus den einzelnen Gesetzen (z. B. Rechtsanspruch auf Hilfe zur Erziehung aus § 27 SGB VIII).

Folgen für das Gesetzesrecht (BGB, SGB VIII)

Die grundgesetzlichen Regelungen zum E. und zum staatlichen Wächteramt sind Vorgaben für die Gestaltung des Gesetzesrechts durch den Gesetzgeber. Am nachhaltigsten wirkt sich das E. des Art. 6 Abs. 2 GG im Recht der elterlichen Sorge (§§ 1626 ff., 1671 ff. BGB) aus. Dieses ursprünglich aus dem Ende des 19. Jh. stammende Kindschaftsrecht des BGB hat durch das GG wesentliche Reformanstöße erhalten, die in Etappen realisiert worden sind. Zu nennen ist insbesondere das Gleichberechtigungsgesetz von 1957, das Nichtehelichengesetz von 1969, das Sorgerechtsänderungsgesetz von 1979„ die KindRG von 1998 und das Kinderrechteverbesserungsgesetz von 2001 *(Familienrecht).* Aus dem internationalen Recht thematisiert die UN-Kinderrechte-Konvention die Rechte und Bedürfnisse des Kindes, während die EMRK das Recht auf Achtung des Familienlebens (Art. 8 EMRK) in den Vordergrund rückt.

Kindschaftsrechtsreform

Mit dem KindRG vom 16. 12. 1997 hat der Gesetzgeber insbesondere das Recht der elterliche Sorge (§§ 1626a, 1671 BGB) und das Recht des Kindes auf Umgang mit seinen Eltern als sein subjektives Recht, und zwar identisch für eheliche wie für nichteheliche Kinder neu geregelt (§ 1626 Abs. 3, 1684 BGB). Ferner hat er den grundsätzlichen Vorrang der Elternautonomie vor gerichtlicher Regelung normiert (§§ 1627 ff. BGB, §§ 36, 36a, 135, 156, 163, 165 FamFG. Die gemeinsame elterliche Sorge nach Trennung oder Scheidung ist (in der Praxis) seitdem zum Regelfall geworden. Das KindRG sah erstmals auch die Möglichkeit der gemeinsamen elterlichen Sorge für Eltern von nichtehelicher Kindern vor (§§ 1626a ff. BGB – dazu Proksch 2002, 108 ff.). Das ‚Alleinsorge-Monopol' der nichtehelichen Mutter blieb jedoch weiter grundsätzlich unangetastet (§§ 1626a, 1672 BGB). Erst Entscheidungen des EGMR (z. B. Urteil des EGMR vom 3. 12. 2009 in Sachen Zaunegger ./. Deutschland, Beschwerde Nr. 22028, FamRZ 2010, S. 103 ff.) veranlassten das BVerfG zu einer Revision seiner bisherigen Rechtsauffassung.

Zur verfassungskonformen Anpassung der vom EMGR und BVerfG verworfenen Regelungen normierte das „Gesetz zur Reform der elterlichen Sorge nicht miteinander verheirateter Eltern" (BGBl.I S. 795 vom 16. 4. 2013, in Kraft 19. Mai 2013) die §§ 1626a–e BGB, 155a FamFG. Die neuen Regelungen ermöglichen die gemeinsame elterliche Sorge auch für „nichteheliche Vater", auch gegen den Willen der Mutter, wenn die Übertragung der „Mitsorge" dem Kindeswohl nicht widerspricht. Erklärt die Mutter nicht von selbst ihr Einverständnis zur gemeinsamen Sorge, kann der Vater entweder beim JA eine Einigung mit der Mutter zu erreichen versuchen oder er kann das FamG anrufen. Das FamG entscheidet in einem beschleunigten Verfahren, § 155a Abs. 3 FamFG, und überträgt auf Antrag eines Elternteils die elterliche Sorge (oder einen Teil davon) beiden Eltern gemeinsam, wenn die Übertragung dem Kindeswohl nicht widerspricht (§ 1626a Abs. 2 Satz 1 BGB, sog. negative Kindeswohlprüfung).

Auch zum Recht des Kindes auf Umgang korrigierte der EGMR ablehnende Entscheidungen deutscher Gerichte (EGMR v. 21. 12. 2010 – Beschwerde Nr. 20578/07 L – A ./. Deutschland; EGMR v. 15. 9. 2011 – Beschwerde Nr. 17080/07) auf Umgang mit und Auskunft des nichtrechtlichen, (auch mutmaßlichen) biologischen Vaters über sein Kind, der zwar die Absicht und tätiges

Interesse gezeigt, aber nicht die Möglichkeit hatte, mit dem Kind eine sozial-familiäre Beziehung aufzubauen, weil z. B. die Mutter des Kindes und der rechtliche Vater jeden Kontakt des leiblichen Vaters mit seinem Kind ablehnen. Zur EMRK-gemäßen Anpassung des deutschen Rechts trat am 13. Juli 2013 das „Gesetz zur Stärkung der Rechte des leiblichen, nichtrechtlichen Vaters" vom 4. Juli 2013 (BGBl I 2013 vom 12.7.2013, S. 2176), in Kraft.

Nach dem neuen § 1686a BGB erhält der biologische Vater eines Kindes, welches bereits einen rechtlichen Vater hat, unter bestimmten Voraussetzungen auch gegen den Willen der Mutter ein Umgangs- und Auskunftsrecht sowie im Zuge dieser Verfahren die Möglichkeit, seine leibliche Vaterschaft feststellen zu lassen. Dies auch dann, wenn sein Kind mit dessen rechtlichem Vater in einer (intakten) sozialen Familie lebt und er zu seinem Kind (bisher noch) keine enge persönliche Beziehung hatte. Danach soll es für das Umgangs- und Auskunftsrecht des leiblichen Vaters künftig nicht mehr (wie bisher) darauf ankommen, dass eine enge Beziehung zum Kind besteht oder bereits bestanden hat. Entscheidend soll vielmehr sein, ob der Vater durch sein Verhalten gezeigt hat, dass er für das Kind tatsächliche Verantwortung tragen will und ob der Umgang mit ihm dem Kindeswohl dient, unabhängig davon, ob zum Kind bereits eine sozial-familiäre Beziehung besteht oder bestanden hat.

Berechtigt, diese Rechte geltend zu machen, ist der Mann, der an Eides statt versichert, der Mutter des Kindes während der Empfängniszeit beigewohnt zu haben (§ 167a Absatz 1 FamFG). Zur Sicherung dieser Rechte hat jede Person Untersuchungen, insbesondere die Entnahme von Blutproben zu dulden, soweit es in einem das Umgangs- und Auskunftsrecht nach § 1686a BGB betreffenden Verfahren zur Feststellung der leiblichen (biologischen) Vaterschaft erforderlich ist, es sei denn, dass die Untersuchung nicht zugemutet werden kann (§ 167a Abs. 2 FamFG).

Kinder- und Jugendhilfe

Die *Kinder und Jugendhilfe* hat den verfassungsrechtlichen Vorrang der elterlichen Erziehungsverantwortung zu beachten (§ 1 Abs. 2 SGB VIII). Zur Unterstützung der elterlichen Erziehung enthält das SGB VIII ein breites Leistungsspektrum, das von allgemeinen Angeboten der Elternbildung (§ 16 SGB VIII) über die Förderung von Kindern in Tageseinrichtungen und in Tagespflege (§ 24 SGB VIII) bis hin zu den verschiedenen Formen der Hilfe zur Erziehung (§ 27 SGB VIII) reicht. Alle diese Leistungen dürfen nur auf Antrag der Eltern bzw. mit ihrem Einverständnis erbracht werden. Vor allem die Hilfe zur Erziehung dient nicht dem Zweck, das Kind ersatzweise durch dritte Personen erziehen zu lassen, sondern dazu, die Eltern wieder in die Lage zu versetzen, ihre Erziehungsverantwortung ohne Hilfe wahrzunehmen (Refunktionalisierung). Lehnen Eltern Leistungen ab und wird dadurch das Wohl des Kindes oder Jugendlichen gefährdet, hat das JA keine rechtliche Befugnis zur „Zwangshilfe". Der Gesetzgeber hat Eingriffe in das Elternrecht beim FamG konzentriert. Das JA muss in solchen Fällen das FamG anrufen, damit dieses die notwendigen Maßnahmen zur Abwendung der Kindeswohlgefährdung trifft (§§ 1666, 1666a BGB), wenn es dessen Tätigwerden für erforderlich hält bzw. die Erziehungs- oder die Sorgeberechtigten nicht bereit oder in der Lage sind, mitzuwirken (§§ 8a SGB VIII, 157 FamFG). In Fällen dringender Gefahr und wenn die Entscheidung des FamG nicht abgewartet werden kann, ist das JA verpflichtet, das Kind oder den Jugendlichen in Obhut zu nehmen (§ 42 SGB VIII). In akuten Krisenfällen hat aber auch das Kind oder Jugendliche selbst einen Anspruch auf Beratung (§ 8 Abs. 3 SGB VIII) oder auf Inobhutnahme (§ 42 Abs. 1 SGB VIII). Mit dem „Bundeskinderschutzgesetz vom 20.12.2011 (BGBl I S. 2975) wurde der Kindesschutz weiter entwickelt. Dessen Art. 1 normiert mit dem „Gesetz zur Kooperation und zur Kommunikation im Kinderschutz/KKG insbesondere in § 3 Rahmenbedingungen für verbindliche Netzwerkstrukturen im Kinderschutz und in § 4 Beratung- und Informationspflichten von Geheimnisträgern bei Kindeswohlgefährdung *(Kinderschutz)*.

Sozialpolitische Bewertung

Sozialpolitisch ist die starke Ausgestaltung des E. mit der Bestimmungsbefugnis gegenüber dem Kind lange Zeit kritisiert, dabei aber das verfassungsrechtliche Konzept der elterlichen Erziehungsverantwortung und der fremdnützige Charakter des E. nicht immer ausreichend gewürdigt worden. Die Forderung nach einem staatlichen Erziehungsauftrag der KJH – konkurrierend zu dem der Eltern – wird zunehmend seltener erhoben, wohl auch, weil sich (auch) die KJH ihrer begrenzten Einflussmöglichkeiten auf biographisch belastete Kinder und Jugendliche zunehmend bewusst wird („Was tun mit den Schwierigsten?"). Andererseits wird vor dem Hintergrund wachsender Erziehungseinflüsse von außen *(Medien)* und steigender Anforderungen an

Eltern durch Beruf und Partnerschaft(en) zunehmend die Diskrepanz zwischen dem normativen Konzept der Elternverantwortung und seiner faktischen Einlösung deutlich. Von daher hat in den letzten Jahren der Ausbau elternunterstützender und elternergänzender Beratungs- und Unterstützungsangebote (der Kinder- und Jugendhilfe) laufend an Bedeutung gewonnen. Dazu zählt neben niederschwelligen Angeboten zur Förderung der elterlichen Erziehungskompetenz in Kooperation mit dem Gesundheitssystem (Frühe Hilfen) v. a. der bedarfsgerechte Ausbau qualifizierter Tagesbetreuung in Tageseinrichtungen und Tagespflege (zu neueren Entwicklungen s. bei *Kinderhorten, Kinderkrippen* und *Tageseinrichtungen für Kinder*).

Reinhard Wiesner

Literatur

M. Coester: Nichteheliche Elternschaft und Sorgerecht, in: NJW 2010, 482 ◆ H. Dettenborn, Kindeswohl und Kindeswille, München [4]2014 ◆ J. Jestaedt: Das Kinder- und Jugendhilferecht und das Verfassungsrecht, in: Münder/Wiesner/Meysen 2011, 101–128 ◆ E. Jordan (Hrsg.): Kindeswohlgefährdung. Rechtliche Neuregelungen und Konsequenzen für den Schutzauftrag der Kinder- und Jugendhilfe, Weinheim/München [3]2008 ◆ K. Jurczyk/S. Walper: Vorgezogener Endbericht für das Projekt Gemeinsames Sorgerecht nicht miteinander verheirateter Eltern, München 2010 ◆ P.-Chr. Kunkel, Jugendhilferecht. Systematische Darstellung für Studium und Praxis,. Baden-Baden [8]2015 ◆ J. Münder u. a.: Frankfurter Kommentar SGB VIII, Baden-Baden [7]2013 ◆ J. Münder/T. Trenczek, Kinder- und Jugendhilferecht. Eine sozialwissenschaftlich orientierte Darstellung, Baden-Baden [8]2015 ◆ J. Münder/R. Ernst/ W. Behlert: Familienrecht, Köln, [7]2013 ◆ R. Proksch: Rechtstatsächliche Untersuchung zur Reform des Kindschaftsrechts, Köln 2002 ◆ J. Salzgeber: Familienpsychologische Gutachten. Rechtliche Vorgaben und sachverständiges Vorgehen,. München [6]2015 ◆ F. Wapler:, Kinderrechte und Kindeswohl, Tübingen 2015 ◆ R. Wiesner u. a.: SGB VIII. Kinder- und Jugendhilfe. Kommentar. München [5]2015

Emanzipation

Begriff

„Das Problem der E. in seinen individuellen und überindividuellen Aspekten ist das Zentralproblem im Zusammenhang von Demokratie und *Erziehung;* trotz der Gefahr modischer Überbeanspruchung des Terminus verweist die Leitidee der E. auf pädagogische und gesellschaftspolitische Aufgaben, die bisher unzureichend gelöst sind", schrieb bereits Horst Scarbath 1970 (Scarbath 1970). Und diese Aussage hat noch heute Gültigkeit, selbst wenn der Begriff inzwischen den Charakter eines sozialpädagogischen Modewortes wieder verloren hat.

E. stammt als Begriff aus dem römischen Recht und ist mit „aus der Hand herausgewachsen" zu übersetzen. E. bedeutete Freilassung aus der Hausgewalt des Familienoberhauptes (mancipium), auch Freilassung von Sklaven. Seinen ursprünglichen rein rechtlichen Wortsinn verliert der Begriff im Zusammenhang mit dem Aufstieg und den Befreiungsbewegungen des Bürgertums. Die Grundidee von E. ist aber weiterhin Freilassung i. d. S., dass eine bestimmte Gruppe innerhalb einer Rechtsgemeinschaft die Grundrechte aller Mitglieder dieser Rechtsgemeinschaft erhält (Gleichberechtigung). Hinzu kommt nun aber auch ein Emanzipationsverständnis, das sich auf die Entwicklung des *Individuums* bezieht (Mündigkeit). So können wir nun zwei Aspekte von E. unterscheiden:

- die Befreiung unterdrückter, unterprivilegierter und unselbständiger Individuen und Gruppen (Minderheiten, Proletariat, Frauen …)
- den pädagogisch unterstützten, schrittweisen Lernprozess des (jungen) Menschen in Richtung auf seine Mündigkeit.

Gesellschaftspolitische Deutungen

Klassisch formuliert wurde der bürgerliche Emanzipationsbegriff durch Kant in der Schrift „Beantwortung der Frage: Was ist Aufklärung?" vom September 1783: „Aufklärung ist der Ausgang des Menschen aus seiner selbstverschuldeten Unmündigkeit. Unmündigkeit ist das Unvermögen, sich seines Verstandes ohne Leitung eines anderen zu bedienen. Selbstverschuldet ist diese Unmündigkeit, wenn die Ursachen derselben nicht am Mangel des Verstandes, sondern der Entschließung des Mutes liegt, sich seiner ohne Leitung eines anderen zu bedienen … Habe den Mut, dich deines eigenen Verstandes zu bedienen" (Kant 1965, 1). E. ist hier die individuelle Anstrengung, über Erkenntnisprozess und Einstellungsänderungen mündig zu werden *(Aufklärung).*

Auf dieses Konzept von E. als dem Ergebnis individueller Bemühung, sich von unbegriffenen Zwängen, Erkenntnisschranken und Verhaltenszwängen zu befreien, lässt sich auch der Strang der *Erziehungswissenschaft* zurückführen, die E. als Kennzeichnung gegenüber normativen oder pragmatischen Konzepten bezeichnet (Mollenhauer 1968; Giesecke 1973 u.a.). Mollenhauer formuliert, dass das erkenntnisleitende Interesse der Erziehungswissenschaft E. sei. Emanzipatorische Erziehung ist deshalb immer über den Status quo hinausgehend: Emanzipatorische Päd. und SozArb streben die Erweiterung der Wahrnehmungs- und Handlungsspielräume – unter der Perspektive der Beendigung von Herrschaft – an. Das kann nicht mehr nur individuell verhandelt werden. Emanzipatorische Päd. lässt sich nicht vornehmlich auf das personale Verhältnis einengen, sondern muss dessen soziale und politische Bedingtheiten mitreflektieren.

„Emanzipation heißt die Befreiung der Subjekte – in unserem Fall der Heranwachsenden in dieser Gesellschaft – aus Bedingungen, die ihre Rationalität und das mit ihr verbundene gesellschaftliche Handeln beschränken" (Mollenhauer 1968, 27).

Diese Position wurde als „halbierte Emanzipation" kritisiert, „weil sie sich den gesellschaftlichen Bedingungen für ihre Möglichkeit zwar nicht verschließt, aber dennoch und letztendlich die Beweislast für ihre Existenz dem Einzelnen aufbürdet und noch dazu an das Vorhandensein kritisch rationalen Argumentierens bindet, ohne zu fragen, woraus sich dieses kritische Argumentieren bezieht, wofür und wogegen es gerichtet ist und welche Interessen es dabei vertritt" (Müller/0elschlägel 1975). Ihr wurde ein Emanzipationsverständnis entgegengehalten, das sich auf Marx und Engels berief: „Alle Emanzipation ist die Rückführung der Verhältnisse auf den Menschen selbst." Der Mensch als ein produzierendes Wesen produziert zugleich sich selbst, indem er seine Sinne und seine Vernunft in der Auseinandersetzung mit der Natur entwickelt. Dabei tritt er in Beziehung zu anderen Menschen, wird zum gesellschaftlichen Wesen. Dieser Aneignungsprozess ist ein allseitiger Prozess, umfasst Wissen, Denken, Fühlen, Anschauen, Empfinden ... Nun ist es eine zentrale Einsicht der marxschen Analysen, dass dieser allseitige Aneignungsprozess des Menschen und seiner gesellschaftlichen Natur Einschränkungen erhält, ja, verhindert wird unter den Bedingungen der gegebenen gesellschaftlichen Verhältnisse, die bestimmt sind vom Grundwiderspruch zwischen Lohnarbeit und Kapital. Diese Einschränkungen, die an die Stelle der allseitigen Entwicklung des Menschen getreten sind, nennt Marx Entfremdung.

Entfremdung kann auf drei Ebenen gezeigt werden:

- im Verhältnis des Arbeiters zum Produkt seiner Arbeit, das den Charakter einer Ware angenommen hat und ihm als fremdes Produkt gegenübertritt (z.B. das er kaufen muss),
- im Verhältnis des Arbeiters zur Arbeit selbst als zu einer fremden Tätigkeit,
- im Verhältnis der Menschen zueinander, die von den Verhältnissen des Warentauschs geprägt und „entmenschlicht" werden.

Die Entfremdung zeigt sich nicht mehr nur in materieller Ausbeutung und politischer Unterdrückung, sondern zunehmend auch in erstarrten Verkehrsformen, in neurotischen oder psychotischen Symptomen etc. SozArb/SozPäd hat es in vielen Feldern ihrer Arbeit gerade mit solchen Erscheinungsweisen der Entfremdung zu tun.

In einem marxistischen Emanzipationskonzept, von dem viele Impulse für die SozArb ausgegangen sind, bedeutet nun E. konsequenterweise Aufhebung von Entfremdung, Herausführung aus „allen versklavenden Verhältnissen"; bedeutet gleichermaßen jeden Schritt und jede Bemühung, die auf dieses Ziel gerichtet sind. Grundlage dafür ist E. als gesellschaftlicher Prozess, zu verstehen als „positive Aufhebung des Privateigentums als menschliche Selbstentfremdung und darum als wirkliche Aneignung des menschlichen Wesens durch und für den Menschen: darum als vollständige bewusst und innerhalb des ganzen Reichtums der bisherigen Entwicklung gewordene Rückkehr des Menschen für sich als eines gesellschaftlichen, d.h. menschlichen Menschen" (Marx, in: H. Wittig 1968, 65). So ist die marxsche Auffassung von E. die von einer universellen Befreiung: Die Aufhebung ökonomisch-struktureller Abhängigkeitsverhältnisse soll die Überwindung politischer Herrschaftsverhältnisse bewirken, so dass selbstbestimmtes, autonomes, solidarisches Handeln *(Solidarität)* in einer befreiten Gesellschaft möglich wird. Dieses wiederum wäre die Voraussetzung der individuellen Selbstverwirklichung des Menschen. Dieses Ziel einer umfassenden E. kann nicht von einem Individuum oder einer Gruppe erreicht werden, sondern ist an eine Klasse gebunden, „die selbständige Bewegung der ungeheuren Mehrzahl im Interesse der ungeheuren Mehrzahl", wie Marx und Engels es im Kommunistischen Manifest formulierten.

Weitere Entwicklungen

Bei der weiteren Entwicklung des Emanzipationsgedankens ist dann ein weiterer Schritt gegangen worden: Es genügt nicht als E., lediglich die Gesellschaftsstruktur kritisieren und umwälzen zu wollen, sondern es muss erkannt werden, „dass diese Gesellschaft die Subjektive konstituiert" (Horn), dass sich Herrschaft im Menschen verinnerlicht und verfestigt. Demzufolge geht E. nicht auf im kollektiven Prozess gesellschaftlicher Veränderungen: Jede Handlung und jede Erkenntnis, die Menschen materiell, sozial und psychisch freier macht, sie vom entfremdeten Bewusstsein zum Bewusstsein der Entfremdung bewegt, individuelle Verhaltenszwänge und Kommunikationsstörungen soweit als möglich beseitigt, ist ein Bestandteil von E., insbes. dann, wenn dadurch die Bedingungen für solidarisches und politisches Handeln gefördert werden. Hier könnte der Emanzipationsbegriff seine. Bedeutung für SozArb als eine für deren Arbeit in allen Bereichen noch zu konkretisierende Zielbestimmung gewinnen.

Allerdings ist mit dem Zerfall der „großen Entwürfe" in den 1980er Jahren auch E. aus der gesellschaftlichen und pädagogischen Diskussion verschwunden. Individualität, Subjektivität, Erfahrung, Alltag wurden zu Leitbegriffen. Ansätze, die an einem politischen Kern der Emanzipationsidee festhalten, werden an den Rand auch der sozialarbeiterischen Diskussion gedrängt. Offenbar traut man einem an lineare Fortschrittsmodelle und Weltentwürfe gebundenen Emanzipationsgedanken wenig Potenzial zur Lösung gesellschaftlicher Probleme zu. Aber mit der zunehmenden Individualisierung, Pluralisierung und Differenzierung von Gesellschaft und Lebenslagen wird E. nicht überflüssig, wie es der Stand der Diskussion suggerieren könnte, denn weder ist für alle gesellschaftlichen Gruppierungen die Gleichberechtigung noch für alle Menschen die Mündigkeit und die Möglichkeit zur selbstbestimmten Gestaltung ihrer Lebensverhältnisse gegeben. Es scheint so, als sei der Prozess der E. nicht mehr an eine gesellschaftliche Klasse zu binden, sondern es geht wohl darum, E. in lebensweltlichen Formen der Vergesellschaftung (z. B. sozialen Netzen) zu realisieren. „Jenseits der blinden Versprechen fertiger utopischer Entwürfe sind Antworten eher dort zu suchen, wo die Vielfalt möglicher Emanzipationsprozesse, die irgendwo zwischen Alltagszwängen und Befreiungsträumen geschehen, erforscht wird, wo ungenutzte Möglichkeiten besseren Lebens und größerer Autonomie aufgewiesen werden und der Beitrag realistisch bestimmt wird, den Bildungs- (und Sozial-)arbeit in diesem Zusammenhang leisten kann" (Kade 1993, 23).

Emanzipatorische Soziale Arbeit

Der ethisch-moralische Impuls, das abzuschaffen, was den Menschen entmündigt, bleibt Grundanliegen einer „emanzipatorischen" SozArb. E. als Prozess und Perspektive in der SozArb heißt Erweiterung von Handlungsspielräumen, so dass die Menschen nicht im Zustand der Abhängigkeit von vorgegebenen Lebensbedingungen bleiben müssen, sondern bewusst durch Teilnahme an gesellschaftlichen Prozessen Einfluss auf die eigenen Lebensbedingungen zu nehmen suchen. Dies muss bezogen werden auf die Behinderungen und Möglichkeiten der jeweiligen Lebenswelt und des jeweiligen gesellschaftlichen Standortes der Menschen und ist umzusetzen

- auf der Ebene der Lebenslage der jeweils Betroffenen (u. a. durch materielle Hilfen),
- auf der Ebene der psychischen Befreiung und der politischen Lernprozesse,
- auf der Ebene der Auseinandersetzung mit der Gesellschaft (*Aufklärung,* politische Aktion) über die Folgen und Auswirkungen der Entfremdung bei den Zielgruppen der SozArb/SozPäd.

Die Realisierung des Emanzipationsgedankens in der SozArb bedeutet für diese in Theorie und Praxis die befriedigende Vermittlung der politischen, pädagogischen und therapeutischen Dimension professionellen sozialen Handelns.

Dieter Oelschlägel

Literatur

A. Aßmann: Klaus Mollenhauer, Vordenker der 68er – Begründer der emanzipatorischen Pädagogik, Paderborn 2015 ◆ C. Dietrich u. a. (Hrsg.): Bildung und Emanzipation. Klaus Mollenhauer Weiterdenken, Weinheim 2000 ◆ H. Giesecke: Bildungsreform und Emanzipation. Ideologiekritische Skizzen, München 1973 ◆ J. Kade: Was ist aus der Theorie emanzipatorischer Erwachsenenbildung geworden?, in: GdWZ 4/1993/4, 233–236 ◆ M. Kappeler: Rückblicke auf ein sozialpädagogisches Jahrhundert. Essays zur Dialektik von Herrschaft und Emanzipation im sozialpädagogischen Handeln, Frankfurt/M. 1999 ◆ E. Laclau: Emanzipation und Differenz. Wien/Berlin 2008 ◆ K. Marx: Bildung und Erziehung. Studientexte zur marxschen Bildungskonzeption, Paderborn 1968 ◆ K. Mollenhauer: Erziehung und Emanzipation, München 1968 ◆ C. W. Müller/D. Oelschlägel: Gruppendynamik und Emanzipation, in: Hartfiel 1975 ◆ H. Scarbath: Emanzipation, in: Horney/Ruppert/Schulze (Hrsg.): Pädagogisches Lexikon in 2 Bänden, Gütersloh 1970.

Vgl. auch *Bürgerschaftliches Engagement* und *Partizipation.*

Empirische Sozialforschung

Grundsätzlich geht es der empirischen Sozialforschung (e.S.) um die systematische Erfassung und Deutung sozialer Tatbestände, um die Gewinnung von Tatsachenwissen über die soziale Wirklichkeit. Untersuchungsgegenstände können Gesellschaften und deren Institutionen, Personengruppen oder einzelne Personen, deren Handeln, Verhalten, Interaktionen, Einstellungen, Meinungen u.a.m. sein. Fragestellungen der e.S. können sich somit auf die soziale Makro-, Meso- oder Mikroebene beziehen. Die e.S. als wissenschaftliche Erkenntnismethode mit nachvollziehbaren Erkenntniswegen und überprüfbaren Ergebnissen unterscheidet sich diametral von der Spekulation über die soziale Wirklichkeit. Dennoch kann auch im empirischen Forschungsprozess die Spekulation als wissenschaftliche Spekulation mit dem Ziel der Hypothesenbildung wichtig sein, wenn sie dazu dient, Vermutungen über die soziale Wirklichkeit zu formulieren, die anschließend durch e.S. bestätigt oder widerlegt werden können.

Quantitative und qualitative empirische Sozialforschung

In der e.S. haben sich zwei unterschiedliche Forschungsansätze (-paradigmen) herauskristallisiert, die als quantitative (auch quantifizierende) und als qualitative Sozialforschung bezeichnet werden. Prinzipielle Gegensätze zeigen sich u.a. in folgenden für die Forschungspraxis wichtigen Aspekten:

Erklären vs. Verstehen: Dem naturwissenschaftlichen Vorbild entspr. ist Ziel quantitativer Sozialforschung die Entdeckung allgemeiner Gesetzmäßigkeiten, die das Handeln und Verhalten von Personen erklären und in der Folge auch prognostizieren lassen. Dies werden in der sozialen Wirklichkeit allerdings nicht kausale, sondern eher probabilistische (mehr oder weniger wahrscheinliche) Zusammenhänge sein. Nach Auffassung der qualitativen Sozialforschung reicht eine solche Erklärung nicht aus, denn die Motive des Handelns und Verhaltens von Individuen müssen verstanden werden. Ein solches Verstehen kann allerdings nicht ohne (bewusste oder unbewusste) Verwendung allgemeiner Theorien erfolgen.

Geschlossenheit vs. Offenheit des Vorgehens: In der quantitativen Sozialforschung ist lediglich in der explorativen (Vor-)Phase einer Untersuchung ein offener Zugang zum Untersuchungsgegenstand üblich, weil danach mit der Formulierung von Forschungshypothesen und entsprechenden Operationalisierungen (etwa in Form von Fragen) das Untersuchungsfeld als hinreichend bekannt angesehen wird und damit auch der weitere Ablauf der Untersuchung bis hin zur Auswertung festgelegt ist. Mithin kann im Forschungsprozess nur das erfasst werden, was die ForscherInnen vorher theoretisch durchdacht haben. Im Gegensatz dazu zeichnet sich die qualitative Sozialforschung durch Flexibilität des Vorgehens aus. Es gilt eine prinzipielle Offenheit gegenüber dem Untersuchungsfeld und den darin handelnden Personen, deren Relevanzsysteme Forschungsgegenstand, -ablauf und -ergebnisse weitgehend mitbestimmen.

Distanz vs. Identifikation: In der quantitativen Sozialforschung können die ForscherInnen auch ohne direkten Kontakt zum Untersuchungsfeld bleiben, indem sie z.B. InterviewerInnen einsetzen, was wiederum Verständnis- und Interpretationsfehler bei der Auswertung zur Folge haben kann. Dagegen arbeiten qualitativ orientierte ForscherInnen unmittelbar im Untersuchungsfeld, d.h. sie führen i.d.R. Interviews oder Beobachtungen selbst durch.

Zufallsstichprobe vs. theoretisch geleitete Auswahl: Mit Hilfe quantitativer Sozialforschung sollen mittels einer zufallsgesteuerte Auswahl (Stichprobe) von Untersuchungspersonen bzw. -einheiten repräsentative Aussagen für eine definierte Grundgesamtheit von Menschen oder sozialen Gebilden gewonnen werden. In der qualitativen Sozialforschung erfolgt eher eine gezielte Auswahl von Untersuchungspersonen nach voraussichtlicher Eignung für die Beantwortung der Forschungsfrage(n).

Hohes vs. niedriges Messniveau: Während in der quantitativen Sozialforschung i.d.R. ein hohes Messniveau angestrebt wird, um möglichst hochwertige statistische Analyseverfahren zur Dateninterpretation anwenden zu können, gewinnt die qualitative Sozialforschung Daten auf einem zumeist niedrigen Messniveau.

Statistische Datenanalyse vs. Auslegung und Interpretation der Daten: In der quantitativen Sozialforschung wird die erhobene Datenmenge der Untersuchungspopulation (Proband/innen) mit Hilfe statistischer Methoden zum einen reduziert (z.B. durch die Berechnung von Mittelwerten) und zum anderen zur Bestätigung (Verifizierung) der forschungsleitenden Hypothesen in ihren Zusammenhängen analysiert (z. B. durch die Berechnung von Korrelationskoeffizienten). In der qualitativen Sozialforschung erfolgt die Datenanalyse durch Auslegung, Deutung und Interpretation der erhobenen (verbalen) Datenmenge, die in Form von Texten, Interview- oder Interaktionsprotokollen vorliegt.

Forschungspraxis: Hier wird häufig eine grundsätzliche Entscheidung für einen der beiden Forschungsansätze umgangen, indem man im Untersuchungsdesign die Stärken beider Forschungsansätze zu kombinieren versucht. So werden häufig qualitative Methoden in der explorativen Phase vor und/oder in einer vertiefenden Phase nach Durchführung einer ggf. repräsentativen quantitativen Untersuchung eingesetzt (z. B. in den Shell-Jugendstudien).

Forschung als Prozess

Der empirische Forschungsprozess folgt einer Forschungslogik und lässt sich in drei grundlegende Phasen gliedern:

- Entdeckungsphase: Hierzu gehören Kenntnisstand und Werthaltung der ForscherInnen, von denen die Wahrnehmung sozialer Probleme oder Missstände abhängen, die Forschungsfragen aufwerfen, sowie der Anlass bzw. Auftrag für das Forschungsvorhaben.
- Begründungsphase: Hierzu gehören die Planung der Untersuchung bzw. des Untersuchungsdesigns, die Formulierung von Hypothesen, die Ermittlung des Forschungsstandes, die Auswahl von geeigneten Forschungsmethoden und die Erstellung der entsprechenden Erhebungsinstrumente, deren Erprobung (Pretest), die Datenerhebung selbst (Feldphase) und die Datenauswertung/-analyse, bei der quantitativen Sozialforschung vorwiegend mit Hilfe statistischer Methoden, bei der qualitativen Sozialforschung durch Ausdeutung und Interpretation.
- Verwertungsphase: Hierzu gehören die Publizierung der Ergebnisse, die Formulierung von Handlungsanleitungen und ggf. die Neukonzipierung von Praxis.

Forschungsthemen und Forschungsfragen: Am Beginn des empirische Forschungsprozesses stehen die Entdeckung, Formulierung und Begründung eines Forschungsthemas. So können sich aus der Wahrnehmung sozialer Probleme (etwa der Kinderdelinquenz) und sozialer Entwicklungen (etwa des Wandels familiärer Lebensformen) spezifische Forschungsfragen ergeben, die einen mehr oder weniger deutlich ausgeprägten Praxisbezug aufweisen. Andererseits gibt es auch ein praxisfernes Erkenntnisinteresse mit eher indirektem Praxisbezug, etwa wenn Bezug genommen wird auf bestehende Theorien oder wenn eine eher abstrakte Neugier die Forschungsfragen bestimmt. Letztlich enthält jede forschungsleitende Fragestellung, ob bewusst oder unbewusst, ein theoretisches Element insofern, als Vermutungen über bestehende Zusammenhänge angestellt oder Erwartungen an die Beschaffenheit eines Untersuchungsgegenstandes gerichtet werden. Die Auswahl von Forschungsfragen kann aus den persönlichen Interessen des Forschers/der Forscherin, aus Interessen bestimmter sozialer Gruppen oder der Subkultur der Wissenschaft resultieren. Darüber hinaus spielt häufig auch das Verwertungsinteresse eine Rolle, etwa bei der Formulierung von Fragestellungen durch staatliche Institutionen und Stiftungen oder bei Qualifizierungsinteressen von Forscherinnen *(Forschung)*.

Hypothesenbildung: Sie geschieht durch Umformulierung der Forschungsfragen in forschungsleitende Behauptungen. Unterschieden wird zwischen deskriptiver Hypothese, in der die Beschaffenheit eines Sachverhalts erforscht werden soll („Die Kriminalität bei Jugendlichen nimmt zu."), und verifizierender Hypothese, die als höherwertig gilt, da die den Zusammenhang mehrerer Variablen formuliert („Je älter Jugendliche werden, desto stärker orientieren sie sich an Gleichaltrigen."). Das Forschungsergebnis besteht dann entweder in der Bestätigung der Hypothese (Verifikation) oder in ihrer Verwerfung (Falsifikation).

Begriffe und deren Operationalisierung: Eine wichtige Funktion für die Formulierung von Forschungsfragen und entsprechenden Forschungshypothesen spielen Begriffe. Viele Begriffe sind unmittelbar beobachtbar, sie weisen damit einen direkten empirischen Bezug auf, sie sind „quasi-operationell" (etwa die Größe eines Jugendverbandes, die durch das Auszählen der Mitgliederkartei oder den Besuch einer Veranstaltung ermittelt werden kann). Häufig finden jedoch Begriffe mit indirektem empirischen Bezug wie etwa soziale Schicht, Verhaltensdispositionen, Werte oder Einstellungen in der e. S. Verwendung. Für solche Begriffe müssen Indikatoren gefunden werden, die das Vorliegen eines Sachverhalts anzeigen, der selbst nicht unmittelbar wahrgenommen werden kann. Der Begriff muss also für eine Messoperation verfügbar gemacht werden (Operationalisierung). So lassen sich z. B. die Zugehörigkeit zu einer bestimmten „sozialen Schicht“ oder zu einer „bildungsfernen Bevölkerungsschicht“ erst anhand von mehreren Indikatoren wie z. B. höchster Schulabschluss, berufliche Stellung der Eltern, Besitz von Wohneigentum bestimmen. Jede untersuchte Person weist für jeden einzelnen dieser Indikatoren (Merkmale) einen Wert bzw. eine Merkmalsausprägung auf. Die Werte bzw. Merkmalsausprägungen einer Person für die einzelnen Indikatoren können zu einem einzigen Wert, dem Indexwert, verdichtet werden. Der Index ist somit eine aus mehreren Indikatoren bzw. Merkmalen gebildete eindimensionale Variable, die einen mehrdimensionalen Eigenschaftsraum abbildet.

Messen und Messniveaus: Ein wichtiges Kriterium der empirischen Erfassung von Wirklichkeit ist deren Messbarkeit. Von daher gilt die Aufmerksamkeit im Forschungsprozess ganz besonders den Möglichkeiten, soziale Wirklichkeit nicht nur begrifflich und hypothetisch zu „begreifen“, sondern auch Messoperationen zu entwerfen, mit deren Hilfe diese soziale Wirklichkeit auch für andere überprüfbar wird. Der Informationsgehalt von Daten wird durch das Messniveau festgelegt. Messniveaus sind formale Eigenschaften von Daten, die bei der späteren Datenanalyse die möglichen statistischen Auswertungsverfahren bestimmen. Unterschieden wird zwischen vier Skalen bzw. Messniveaus:

1) **Nominalskala:** Sie gilt als die einfachste Form des Messens und misst das Vorhandensein einer bestimmten (qualitativen) Merkmalsausprägung bei einer Untersuchungseinheit/-person. Es bestehen keine metrischen Beziehungen zwischen den einzelnen Merkmalsausprägungen (Beispiel: Geschlecht: männlich/weiblich)
2) **Ordinalskala:** Ermittelt werden mit ihr vor allem a) Häufigkeit, Größe, Intensität oder Stärke, mit der Eigenschaften bzw. Merkmale bei einer Untersuchungseinheit/-person auftreten, b) die Stärke der Zustimmung bzw. Ablehnung von Aussagesätzen zu Meinungen und Einstellungen (Items), c) die Rangplätze für die Erstellung einer Rangordnung (z. B. einer vorgegebenen Liste sozialer Berufe hinsichtlich ihres Berufsprestiges). Ziel ist dabei die Klassifizierung durch die Zuordnung von ordinalen Zahlen. Bei diesen wird aber keine Aussage über die Abstände zwischen den einzelnen Rangwerten gemacht, weshalb die Berechnung des arithmetischen Mittels nicht möglich ist. (Beispiel: Häufigkeitsskala: nie = 1/selten = 2/gelegentlich = 3/oft = 4/immer = 5)
3) **Intervallskala:** Im Gegensatz zur Ordinalskala sind die Abstände zwischen zwei Messpunkten auf der Intervallskala gleich, was mathematische Operationen wie Addition und Subtraktion ermöglicht (Beispiel: Intelligenzpunktwerte).
4) **Verhältnisskala:** Sie weist zusätzlich zur Intervallskala einen natürlichen Nullpunkt auf; sämtliche mathematischen Operationen sind möglich (Beispiel: Alter).

Grundgesamtheit und Stichprobe – Auswahlverfahren: I. d. R. wird schon mit der Formulierung der Forschungsfrage(n) die Grundgesamtheit derjenigen Elemente (Personen oder Institutionen) festgelegt, über die man Informationen gewinnen und Aussagen machen will. Werden alle Elemente einer Grundgesamtheit in die Erhebung einbezogen, handelt es sich um eine Vollerhebung. Sie wird häufig bei kleinen Grundgesamtheiten und ausreichenden Forschungskapazitäten praktiziert. Größere Grundgesamtheiten erlauben i. d. R. nur eine Teilerhebung. Eine Auswahl bzw. Stichprobe von Elementen soll ein verkleinertes Abbild der Grundgesamtheit herstellen. Dazu sind Auswahlverfahren und -umfang festzulegen, um ggf. die Repräsentativität, d. h. eine Verallgemeinerung der Aussagen aus der Stichprobe auf die Grundgesamtheit zu gewährleisten. Mit welchem Sicherheitsgrad (Wahrscheinlichkeit) der wahre Wert der Grundgesamtheit in einem Streuungsbereich (Vertrauens- oder Konfidenzintervall) um den in der Teilerhebung gefundenen Wert liegt, lässt sich mit Hilfe der mathematisch-statistischen Stichprobentheorie berechnen. Voraussetzung, um den Abbildungs- bzw. Auswahlfehler einer Stichprobe statistisch berechnen und kontrollieren zu können, ist jedoch die Verwendung eines zufallsgesteuerten Auswahlverfahrens bei der Stichprobenziehung, das die annähernd identische Verteilung von Merkmalen in Grundgesamtheit und Stichprobe sichern soll. Daneben hat auch die Größe der Stichprobe entscheidenden Einfluss auf die Abbildungsqualität einer Stichprobenaussage, denn je kleiner der akzeptable Bereich ist, innerhalb dessen der wahre Wert der Grundgesamtheit liegen soll, und je höher der Sicherheitsgrad einer Aussage sein soll, desto größer muss die Stichprobe sein.

Abhängig von den Forschungsfragen und -hypothesen sowie von der Kenntnis und Beschaffenheit der Grundgesamtheit sind unterschiedliche **Formen der zufallsgesteuerten Auswahl** möglich:

- Einfache Wahrscheinlichkeitsauswahl aus einer physisch oder symbolisch (z.B. als Datei oder Kartei) vorliegenden Grundgesamtheit;
- Komplexe Wahrscheinlichkeitsauswahl:
  a) mehrstufige Auswahl: häufig als Kombination einer Flächenstichprobe mit einer Personenstichprobe (Klumpenstichprobe)
  b) geschichtete Auswahl: vor der Auswahl Herstellung von homogenen Teilgesamtheiten, aus denen ihrem Anteil an der Grundgesamtheit entsprechende (proportionale Schichtung) oder nicht entsprechende Teilstichproben (disproportionale Schichtung) gezogen werden.

Neben diesen relativ aufwendigen zufallsgesteuerten Auswahlverfahren, die in der quantitativen Sozialforschung die Regel sind, existieren **nicht zufallsgesteuerte Auswahlverfahren,** die nicht dem mathematisch-statistischen Kalkül unterliegen:

- Quotenauswahl (geschichtete willkürliche Auswahl): bestimmte Merkmale der Grundgesamtheit, oft demographische Merkmale wie Geschlecht und Alter, sind bekannt und werden entspr. ihrem Anteil für die Stichprobe quotiert und den InterviewerInnen als Quoten bzw. Quotenkombinationen für die Zielpersonenauswahl vorgegeben. Dieses Verfahren wird überwiegend in der Markt- und Meinungsforschung angewendet.
- Bewusste Auswahl: entweder ohne Auswahlkriterien als Ad-hoc- bzw. willkürliche Auswahl oder nach festgelegten Kriterien, z.B. Auswahl von Extremgruppen, seltenen oder typischen Fällen. Dieses Verfahren wird überwiegend in der qualitativen Sozialforschung angewendet.

Primärerhebungen und Sekundäranalysen: Grundsätzlich existieren zwei unterschiedliche Zugangswege zu neuen Erkenntnissen über die soziale Wirklichkeit:

- Primärerhebungen stehen in der Forschungspraxis eindeutig im Vordergrund. Dabei werden drei Möglichkeiten unterschieden:
  a) Primärerhebungen ohne Selbstäußerungen, z.B. mittels Zählungen etwa von Beratungsanliegen, Eingaben, Anfragen, Inanspruchnahme von Leistungen,
  b) Primärerhebungen mit vermittelten Selbstäußerungen, z.B. mittels Beobachtungsmethoden oder Schlüsselpersonen- und Experteninterviews,
  c) Primärerhebungen mit Selbstäußerungen, z.B. mittels Befragungsmethoden, Gruppendiskussionen oder Text-/Bildanalysen.
- Sekundäranalysen: Da Primärerhebungen zeit-, kosten- und personalaufwendig sind, ist die Überlegung durchaus legitim, vorhandene Untersuchungen daraufhin zu prüfen, ob deren Ergebnisse für die Beantwortung der eigenen Fragestellung relevant sind. Mit Hilfe einer Sekundäranalyse werden demnach vorliegende Primärerhebungen unabhängig von ihrem ursprünglichen Zweck und Bezugsrahmen anhand eigener Fragestellungen neu ausgewertet. Voraussetzung sind allerdings ausführliche Informationen zu Fragestellung, verwendeten Methode(n), Forschungsinstrument(en), Grundgesamtheit und Stichprobe, Zeitpunkt/-raum der Feldphase u.a.m. über jede der einbezogenen Untersuchungen. Ist ein Zugriff auf die Datensätze der Untersuchungen möglich und werden diese anhand der eigenen Fragestellungen neu analysiert und bewertet, spricht man auch von einer „Reanalyse".

Forschungsmethoden: Die e.S. hat im Laufe ihrer Entwicklung die der menschlichen Alltagpraxis entlehnten Methoden der Beobachtung und der Befragung entspr. ihren unterschiedlichen Untersuchungsgegenständen und Fragestellungen ausdifferenziert und verfeinert. Anders als in den Naturwissenschaften sind der Entwicklung von neuen Erkenntniswegen und -methoden in der e.S. relativ enge Grenzen gesetzt, hier verläuft die Methodenentwicklung eher in Richtung Ausdifferenzierung und Spezifizierung des bereits vorhandenen Methodenspektrums. Die Wahl einer geeigneten Forschungsmethode hängt in erster Linie vom Forschungsproblem selbst ab. In der Forschungspraxis ist jedoch auch der zu erwartende Aufwand an Kosten und Zeit ein wichtiges Entscheidungskriterium.

Befragung: Sie ist die bekannteste und am häufigsten genutzte Methode und kann mündlich als persönliches (face-to-face) und telefonisches Interview oder schriftlich (z.B. auf postalischem Wege) durchgeführt werden. Es können einzelne Personen (Proband/innen) oder Personengruppen befragt werden und schließlich kann die Befragung einer Person bzw. Personengruppe einmalig oder mehrmals im zeitlichen Verlauf stattfinden (Panel-Befragung). Die Befragungsform selbst kann unterschiedlich stark standardisiert bzw. strukturiert sein:

- hoch standardisiert, indem Anzahl, Inhalt, Formulierung, Reihenfolge der Fragen und häufig

auch die Antwortmöglichkeiten im Fragebogen fest vorgegeben sind, was bei schriftlichen Befragungen die Regel ist;
- halb- oder teilstandardisiert, indem nur bestimmte Bereiche in Form eines differenzierten Gesprächsleitfadens wie z. B. im biographischen Interview fest vorgegeben sind;
- nicht standardisiert bzw. unstrukturiert, d. h. der Interviewablauf ist weitgehend (nur an einem Leitfaden orientiert) oder völlig offen und stellt damit hohe Anforderungen an die InterviewerInnen. Diese Form findet in erster Linie in der qualitativen Sozialforschung Anwendung, wobei eine Reihe von Unterformen wie das narrative, das problemzentrierte, das fokussierte, das rezeptive und das Tiefeninterview als Reaktion auf unterschiedliche Forschungsbedürfnisse entwickelt wurde.

Gruppendiskussion: Sie stellt eine spezielle Form der Befragung dar, die v. a. der Erhebung von Meinungen und Einstellungen und der Untersuchung von Meinungsbildungsprozessen in bestehenden (natürlichen) oder in künstlich zusammengesetzten Gruppen dient. Die Qualität der Ergebnisse hängt von der Gruppenzusammensetzung, dem Geschick bzw. der Kompetenz des Diskussionsleiters (Moderators) sowie der Reflexionsfähigkeit und Kommunikationsbereitschaft der Beteiligten ab. Die Gruppe von 5 bis 12 TeilnehmerInnen kann bezüglich ihrer sozialen Merkmale homogen oder heterogen zusammengesetzt sein, dies hängt letztlich von der zu behandelnden Fragestellung ab. Nach einem einleitenden Statement des Diskussionsleiters/Moderators, in dem der Gesprächsrahmen abgesteckt wird, sollen die TeilnehmerInnen miteinander diskutieren. Für die Gesprächsführung des Diskussionsleiters gilt völlige Neutralität gegenüber dem Thema und den DiskussionsteilnehmerInnen. I. d. R. wird der Verlauf der Diskussion auf Ton- oder Videoband aufgenommen und später transkribiert. Die Auswertung der Diskussion im Hinblick auf die Herausbildung einer informellen Gruppenmeinung erfordert i. d. R. den Einsatz hermeneutischer (sinnverstehender) Interpretationsverfahren. Gruppendiskussionen werden in der quantitativen Sozialforschung zur Vorbereitung von Untersuchungen und zur Absicherung und Vertiefung von Erkenntnissen, die mit Hilfe anderer Methoden gewonnen wurden, genutzt. In der qualitativen Sozialforschung wird die Gruppendiskussion als eigenständige und gleichberechtigte Quelle der Datengewinnung angesehen.

Beobachtung: Sie ist die wohl am stärksten an der Alltagspraxis orientierte Forschungsmethode, die jedoch wegen ihrer Durchführungsprobleme weniger häufig angewendet wird. Sie hat das systematische Erfassen, Festhalten und Deuten sinnlich wahrnehmbaren Verhaltens zum Ziel, was die Festlegung des Beobachtungsfeldes („Wo, wann und unter welchen Rahmenbedingungen wird beobachtet?") und der Beobachtungseinheiten („Wer und was wird wann beobachtet?") voraussetzt. Die Formen der Beobachtung lassen sich nach folgenden Kriterien unterscheiden:
- Beobachtungsinstrument: nicht standardisiert/unstrukturiert, halbstandardisiert oder hoch standardisiert,
- Transparenz der Durchführung: offen/unverdeckt oder verdeckt,
- Beobachterrolle: teilnehmend (als Teil der beobachteten sozialen Situation) oder nicht teilnehmend,
- Beobachtungssituation: natürlich oder „künstlich" (experimentell erzeugt),
- Beziehung zum Beobachtungsgegenstand: Selbstbeobachtung (Introspektion) oder Fremdbeobachtung (Verhaltensbeobachtung).
- Zeitlicher Bezug: unmittelbar (simultan) oder vermittelt (im Nachhinein).

Quantitativ orientierte Beobachtungsstudien sind durch eine theoriegeleitete, hochstandardisierte und kontrollierte Wahrnehmung, Aufzeichnung in Beobachtungsbögen und statistische Auswertung gekennzeichnet, qualitative Beobachtungsstudien hingegen durch ein gering standardisiertes Instrument, Aufzeichnung in Beobachtungsprotokollen, teilnehmende Beobachterrolle und offene Durchführung.

Inhaltsanalyse: Sie ist ursprünglich eine Forschungsmethode der Literatur- und der Kommunikationswissenschaft. In der e. S. wird sie i. d. R. in Form der Dokumentenanalyse durchgeführt. In der empirischen Sozialarbeitsforschung hat sie in der speziellen Form der Aktenanalyse Tradition. Mit ihr werden die Schriftstücke aus Akten (Anträge, Schriftverkehr, Gutachten, Hilfepläne, Selbstzeugnisse von Betroffenen u. a. m.) mit Hilfe eines Aktenanalyseinstruments ausgewertet *(Aktenführung)*. Dies kann in qualitativer Form als Fallstudie oder in quantitativer Form als Auswertung von mehreren Akten mit Hilfe von Auswertungsbögen geschehen. Die Aussagekraft der Ergebnisse von Aktenanalysen ist dadurch eingeschränkt, dass die Wirklichkeit etwa einer Klientenfamilie (Datenmenge A) aus der Perspektive der Sozialarbeit für die Akte reduziert

E

wurde (Datenmenge B) und dieser Akteninhalt wiederum mit Hilfe der an einer Forschungsfrage orientierten Aktenanalyse nochmals auf die Datenmenge C, das Aktenanalyseergebnis, reduziert wird.

Experiment: Es wird nicht als eigenständige Methode der e. S. angesehen, sondern als eine Untersuchungsanordnung, mit deren Hilfe die ursächliche Beziehung zwischen mehreren Variablen überprüft werden kann, nämlich der Einfluss einer oder mehrerer manipulierbarer unabhängiger Variablen (Stimulus) auf eine oder mehrere zu messende abhängige Variablen. Voraussetzung dafür ist ein experimentelles Untersuchungsdesign, d. h. das Vorhandensein von mindestens zwei experimentellen Gruppen, der Experimental- und der Kontrollgruppe, denen die Versuchspersonen nach einem Zufallsverfahren zugewiesen werden (Randomisierung). „Quasi- Experimente" folgen ebenfalls der experimentellen Logik, erfüllen jedoch nicht deren strenge Anforderungen, indem etwa die Versuchspersonen nicht nach dem Zufallsverfahren den Gruppen zugeteilt werden.

Auswertungsphase: Das mit Hilfe der unterschiedlichen Forschungsmethoden und Messniveaus gewonnene Datenmaterial der quantitativen Sozialforschung kann aus numerischen Daten oder verbalen/alphanumerischen Daten bestehen, etwa bei Antworten auf offen gestellte Fragen, d. h. Fragen ohne eine Antwortvorgabe. Beide Arten von Daten können in statistische Auswertungsprogramme wie z. B. SPSS eingegeben werden, wobei die verbalen Daten später kodiert, d. h. durch Zuordnung von Zahlen in numerische Daten umgewandelt werden müssen, wenn statistische Auswertungsverfahren zur Anwendung kommen sollen. Die Auswertungsstrategie sollte bereits in der Planungsphase der Untersuchung im Zusammenhang mit der Formulierung der Hypothesen festgelegt werden. Anders sieht das Vorgehen bei der qualitativen Analyse von verbalem Datenmaterial aus, das mit Forschungsmethoden wie narrativen Interviews oder Gruppendiskussionen gewonnen wurde. Hier werden folgende Auswertungsphasen unterschieden:

1) Transkription: die gesprochenen Texte werden nach bestimmten Regeln vollständig in Schriftform gebracht.
2) Einzelanalyse: das Material wird durch die Suche nach zentralen Passagen und prägnanten Stellen konzentriert.
3) Vergleichende Einzelanalyse und generalisierende Analyse: Erarbeitung von Gemeinsamkeiten und Unterschieden in den Interviews (Kontrastierung); Bildung von Typen von Befragten (Typisierung); mit Hilfe neuerer Analyseprogramme lassen sich Textsegmente aus unterschiedlichen Interviews thematischen Kategorien (Codewörtern) zuordnen, neu zusammenstellen und interpretieren (Themenanalyse).
4) Kontrollphase unter Heranziehung der vollständigen Transkripte.

Statistik

Die Statistik ist eine von einer speziellen Anwendung unabhängige Wissenschaft, deren Analyseverfahren zur Auswertung und Bewertung empirischer Daten insbesondere für die quantitative Sozialforschung eine wichtige Rolle spielen.

Statistik befasst sich zum einen mit der Zusammenfassung und Darstellung von Beobachtungen (deskriptive Statistik) und zum anderen mit der Überprüfung von Hypothesen und der Verallgemeinerung von Beobachtungen (Inferenzstatistik).

Ein weiteres Kriterium, nach dem sich beide Statistikbereiche einteilen lassen, ist die Unterscheidung nach der Zahl der Variablen, die in die statistische Analyse einbezogen werden. Wird lediglich eine Variable einbezogen, handelt es sich um eine univariate Statistik, bei zwei Variablen um eine bivariate und bei zwei und mehr Variablen, die gemeinsam analysiert werden, um eine multivariate Statistik.

Deskriptive (beschreibende) Statistik: I. d. R. steht am Anfang einer statistischen Analyse die Zusammenfassung von Individualdaten durch Ordnung als uni-, bi- oder multivariate Häufigkeitsverteilungen sowie Darstellung in Form von (Kreuz-)Tabellen und Grafiken. Darüber hinaus lassen sich zum Zwecke der Informationsverdichtung Kennzahlen (Verteilungsparameter) für die Gesamtheit aller Beobachtungen berechnen. Hierfür spielt das Messniveau, mit dem die Daten erhoben wurden, eine entscheidende Rolle. So lassen sich Untersuchungspopulationen durch Lagemaße, wie den Modalwert (häufigsten Wert) bei nominalskalierten Daten, den Median bei ordinalskalierten Daten und das arithmetische Mittel bei intervallskalierten Daten, und durch Streuungsmaße, wie z. B. Standardabweichung und Varianz, für einzelne Variablen kennzeichnen. Auf diese Weise gewinnt man einen schnellen Überblick über die Verteilungen in einer Untersuchungspopulation. Verallgemeinernde Aussagen oder Interpretationen, die über die untersuchte Stichprobenpopulation hinausgehen, sind auf der Basis einer deskriptiven statistischen Analyse jedoch spekulativ.

Inferenzstatistik bzw. schließende Statistik: Sie umfasst zum einen die Verfahren zur Prüfung der Brauchbarkeit einer vor Untersuchungsbeginn formulierten Hypothese (z. B. zum Zusammenhang von Geschlecht, sozialer Schicht und delinquenten Handeln bei Kindern) anhand der erhobenen empirischen Daten. Für die Auswahl der hierfür geeigneten statistischen korrelations- oder regressionsanalytischen Verfahren spielt das Messniveau, die Skalenqualität der einbezogenen Variablen, eine entscheidende Rolle. Bivariate Zusammenhangsmaße (Kontingenz- und Korrelationskoeffizienten) für Daten mit nominaler und ordinaler Skalenqualität sind problematischer und schwieriger zu interpretieren als solche Maße für intervallskalierte (metrische) Daten. Deshalb versucht man ein höheres Messniveau von Variablen zu erreichen, indem man z. B. statt einer verbalen Häufigkeitsskala (ordinales Messniveau) eine numerische Skala für die Beantwortung einer Frage vorgibt. Unabhängig vom Messniveau der einbezogenen Variablen sind insbesondere multivariate Methoden zur Untersuchung von Zusammenhängen (z. B. Multiple Korrelation, Faktorenanalyse, Clusteranalyse, Diskriminanzanalyse) rechnerisch so aufwendig, dass sie nur computergestützt mit Hilfe spezieller statistischer Auswertungsprogramme (z. B. SPSS) möglich sind.

Zur Inferenzstatistik zählen zum anderen Verfahren, die verallgemeinernde (generalisierende), über die untersuchte Stichprobenpopulation hinausgehende Schlüsse auf die Grundgesamtheit zulassen (Induktionsschluss). Hierbei kommt der Statistik eine wichtige Rolle zu, da sie auf der Grundlage der Wahrscheinlichkeitstheorie das Fehlerrisiko (die Irrtumswahrscheinlichkeit) einer generalisierenden Behauptung anhand der Verteilung von Stichprobenkennwerten und des Stichprobenumfangs berechnen kann. Bei einer Irrtumswahrscheinlichkeit von weniger als 5 % (bei 100 derartigen Behauptungen irrt man sich höchstens fünfmal) gilt eine Behauptung als gesichert (signifikant), bei weniger als 1 % als hochsignifikant.

Empirische Sozialforschung und Soziale Arbeit

Nachdem lange Zeit ein Defizit an empirischer Forschung im Handlungsfeld der SozArb reklamiert wurde, was u. a. mit fehlenden eigenen Forschungsinstitutionen und -geldern begründet wurde, hat sich in den letzten Jahren eine spezifische empirische Sozialarbeitsforschung bzw. empirische sozialpädagogische Forschung entwickelt, die sich direkt auf den Gegenstandsbereich der SozArb bezieht und hieraus ihre Forschungsfragen entwickelt. Obwohl auch in der empirischen Sozialarbeitsforschung das gesamte Spektrum an Forschungsmethodologien und -methoden zum Einsatz kommt, gibt es doch gewisse Sonderentwicklungen. So werden keine „künstlichen" Experimente durchgeführt, experimentelle Designs beschränken sich auf „Feldexperimente" oder quasi-experimentelle Designs in Evaluationsstudien. Empirische Sozialarbeitsforschung fokussiert schwerpunktmäßig vier Aspekte ihres Gegenstandbereiches:

- Institutionen der Sozialen Arbeit,
- Personal: Ausbildung und Professionalisierungsprozesse,
- AdressatInnen und NutzerInnen von Sozialer Arbeit,
- Kooperation und Kooperationsmöglichkeiten mit anderen Sozialisationsfeldern wie z. B. Schule und Ausbildungs- und Arbeitsmarkt.

Analog zur Breite des Handlungsfeldes der SozArb und seiner Gliederung in unterschiedliche Arbeitsfelder wie z. B. die *Kinder- und Jugendhilfe,* die Hilfe für Menschen mit Behinderung *(Behindertenhilfe)* oder die *Altenhilfe* hat sich auch die empirische Sozialarbeitsforschung ausdifferenziert, so dass man heute von Jugendhilfeforschung oder Altenhilfeforschung spricht. Im Gegensatz etwa zur soziologischen oder psychologischen Jugendforschung beziehen sich die Fragestellungen der Jugendhilfeforschung auf das Leistungssystem der Jugenhilfe. Im Mittelpunkt stehen demnach Probleme der institutionellen und professionellen Leistungen der Jugendhilfe, Bedürfnisse der Adressat/innen und NutzerInnen oder evaluative Fragestellungen zur Durchführung und Akzeptanz von Angeboten *(Evaluation).*

Die Frage der spezifischen Wertigkeit von quantitativem und qualitativem Forschungsparadigma durchzieht auch die Diskussion um die empirische Sozialarbeitsforschung. Favorisiert werden z. Z. eher qualitative Forschungsansätze, was zur Etablierung einer „Rekonstruktiven Sozialpädagogik" geführt hat, die sich inhaltlich und methodisch v. a. mit der Biographieforschung befasst, da aus ihrer Sicht nur durch Fallverstehen und Sinnrekonstruktion individuelle Lebensläufe, Bildungsprozesse, Problemkarrieren und lebensweltliche Potenziale empirisch erfasst werden könnten.

Ziel von quantitativ wie auch qualitativ orientierter empirischer Sozialarbeitsforschung ist die kritische Reflexion der konkreten Sozialarbeitspraxis auf der Basis wissenschaftlichen Erfahrungswissens, was – handlungstheoretisch betrachtet – letztlich dazu beitragen soll, das Gegenstands-, Erklärungs- und Verfahrenswissen der Sozialen Arbeit weiter zu entwickeln.

Helmut Lukas

Literatur

Qualitative Sozialforschung: U. Flick: Qualitative Sozialforschung. Eine Einführung. Reinbek [2]2009 (Neuausgabe) ♦ U. Flick/E. von Kardoff u. a. (Hrsg.): Handbuch qualitative Sozialforschung. Grundlagen, Konzepte, Methoden und Anwendungen, Weinheim/Basel [3]2012: B. Friebertshäuser/H. Langer/A. Prengel (Hrsg.): Handbuch qualitative Forschungsmethoden in der Erziehungswissenschaft, Weinheim/München [4]2013 ♦ S. Lamnek: Qualitative Sozialforschung: Lehrbuch, Weinheim/Basel [5]2010 ♦ P. Mayring: Einführung in die qualitative Sozialforschung, Weinheim/Basel [11]2010 ♦

Quantitative Sozialforschung: A. Diekmann: Empirische Sozialforschung. Grundlagen, Methoden, Anwendungen, Reinbek [20]2009 H. Kromrey: Empirische Sozialforschung. Opladen [12]2009; M. Wosnitza/R. S. Jäger (Hrsg.): Daten erfassen, auswerten und präsentieren – aber wie?, Landau [4]2006

Statistik: J. Bortz: Statistik für Human- und Sozialwissenschaftler, Berlin u. a. O. [7]2010; A. Bühl: SPSS. 22. Einführung in die moderne Datenanalyse, München u. a. O. [14]2014; U. Kuckartz/S. Rädiker u. a.: Statistik. Eine verständliche Einführung, Wiesbaden [2]2013.

Empowerment

Definition und Begründungen

Die Veränderungsdynamik, die deutliche Spuren in der psychosozialen Architektur unserer Gesellschaft hinterlässt, ist als ein Prozess der Auflösung von festen sozialen Einbindungen zu verstehen. Das Subjekt wird zunehmend und notwendigerweise zum Baumeister des Sozialen, seiner eigenen Gemeinde oder Lebenswelt. Statt Einpassung von Subjekten in vorhandene soziale Zusammenhänge kommt es deshalb darauf an, Menschen dazu zu befähigen, sich selbst solche Zusammenhänge zu schaffen. Das Konzept des E., das seit etwa 30 Jahren den fachlichen Diskurs von Gemeindepsychologie und SozPäd in den USA prägt und mit einer gewissen Verzögerung auch in die bundesrepublikanische Diskussion eingezogen ist, hat genau an dieser Stelle seinen Wert. E. meint den Prozess, innerhalb dessen Menschen sich ermutigt fühlen, ihre eigenen Angelegenheiten in die Hand zu nehmen, ihre eigenen Kräfte und Kompetenzen zu entdecken und ernst zu nehmen und den Wert selbst erarbeiteter Lösungen schätzen zu lernen. E. bezieht sich auf einen Prozess, in dem die Kooperation von gleichen oder ähnlichen Problemen betroffene Personen durch ihre Zusammenarbeit zu synergetischen Effekten führt. Aus der Sicht professioneller und institutioneller Hilfen bedeutet die Empowerment-Perspektive die aktive Förderung solcher solidarischer Formen der *Selbstorganisation.*

Die Empowerment-Perspektive

Sie bündelt wichtige Lernprozesse der letzten Jahrzehnte. Sie knüpft ein Netz von Ideen zu einer neuen Orientierung psychosozialen Handelns. Es sind v. a. die folgenden Lernprozesse:

1) Von der Defizit- oder Krankheitsperspektive zur Ressourcen- oder Kompetenzperspektive. Das Wissen um die Stärken der Menschen und der Glaube an ihre Fähigkeiten, in eigener Regie eine lebenswerte Lebenswelt und einen gelingenden Alltag herzustellen, führt mit Notwendigkeit zu einer anderen beruflichen Perspektive als im Falle eines professionellen Szenarios der Hilfebedürftigkeit.
2) Nur jene Art von professionellem Angebot kann letztlich wirksam werden, das in das System des Selbst- und Weltverständnisses der *KlientInnen* integrierbar ist und das persönlich glaubwürdig und überzeugend vermittelt wird. Solche Einsichten führen mit Notwendigkeit zur Überwindung einer einseitigen Betonung professioneller Lösungskompetenzen und von der Orientierung an der Allmacht der Experten zu einer partnerschaftlichen Kooperation von Betroffenen und Fachleuten. Von Dauer können nur Veränderungen sein, die den Grundsatz „Hilfe zur Selbsthilfe" realisieren.
3) Jede professionelle Aktivität, der es nicht gelingt, zur Überwindung des Erfahrungskomplexes der „gelernten Hilflosigkeit" oder „Demoralisierung" beizutragen, wird wirkungslos bleiben. Die Wirksamkeit professioneller Hilfe wird davon abhängen, ob das Gefühl gefördert werden kann, mehr Kontrolle über die eigenen Lebensbedingungen zu erlangen.
4) Soziale Unterstützung im eigenen sozialen Beziehungsgefüge ist von großer Bedeutung bei der Bewältigung von *Krisen,* Krankheiten und

Behinderungen sowie bei der Formulierung und Realisierung selbstbestimmter Lebensentwürfe. Gerade die Kräfte, die durch die Vernetzung von gleich Betroffenen entstehen können, sind von besonderer Qualität.

5) Psychosoziale Praxis lässt sich nicht in Kategorien von Widerspruchsfreiheit oder im Funktionskreis instrumentellen Denkens adäquat erfassen. Anstelle eines Diskurses, der von der Unterstellung eines hehren Allgemeinwohl ausgeht, ist es notwendig, Widersprüche, Interessenunterschiede und unterschiedliche Bedürfnisse zum Thema zu machen. Hierzu gehören auch Themen wie die Janusköpfigkeit von Hilfe und Kontrolle in allen Formen psychosozialen Handelns; die Analyse unerwünschter Nebenfolgen „fürsorglicher Belagerung" und ihrer institutionellen Eigenlogiken und schließlich auch die Anerkennung unterschiedlicher und teilweise widersprüchlicher Interessen von KlientInnen und Professionellen.

6) Die wichtigste Erkenntnis, die auf solchen Pfaden divergenten Denkens zu gewinnen ist, ist die Einsicht in die Dialektik von Rechten und Bedürftigkeiten. Die klassische wohlfahrtstaatliche Philosophie war ausschließlich von einer Definition von Bedürftigkeiten und auf sie bezogener sozialstaatlicher Hilfe- oder Präventionsprogramme bestimmt. Die meisten Therapie- und Präventionsprogramme gehen – i. d. R. mit guten und nachvollziehbaren Gründen – von einer Annahme spezifischer Defizite und Bedürftigkeiten aus, die im wohlverstandenen Interesse der Betroffenen verhindert, kompensiert oder verändert werden sollen. Erst in den 1970er Jahren wurde – nicht zuletzt in Folge heftiger Konflikte zwischen wohl wollenden HelferInnen und zunehmend eigene Ansprüche formulierender KlientInnen – die Ebene der Rechte als unabhängiger Begründungsinstanz für Handeln oder dessen Unterlassung „entdeckt". Es war sicher kein Zufall, dass diese Entdeckung in die Zeit der sich abzeichnenden Krise des Wohlfahrtsstaates fiel. In Zeiten wachsender Sozialbudgets ist eher die Vorstellung gewachsen, dass bei uns Professionellen die Angelegenheiten der Betroffenen in guten Händen seien. Die Segnungen immer neuer Spezialprogramme und -einrichtungen ließen sich beweiskräftig so verstehen. Die von uns so bereitgestellte „fürsorgliche Belagerung" hatte eine Qualität der tendenziellen Rundumversorgung, bei der der Gedanke der Einschränkung von KlientInnen-Rechten und der Kontrolle von Lebenssouveränität weniger Nahrung erhielt. Die Krise des Sozialstaats hat auch für viele Betroffene sichtbar gemacht, dass ihre Rechte keineswegs in Wohlfahrtsleistungen gesichert sind und mit deren Abbau auch gefährdet sind und eigenständig vertreten und abgesichert werden müssen. Rappaport bringt die beiden Sichtweisen auf die Formel von „Kinder in Not" oder „Bürger mit Rechten". Es handelt sich nicht um Entweder-oder-Perspektiven, sie müssen in dem Spannungsverhältnis, in dem sie zueinander stehen, erhalten bleiben. Gerade an der Reaganschen Kahlschlagpolitik im Sozialbereich kann das aufgezeigt werden. Sie hat sich gerne mit Schlagworten wie Bürgerrechte oder „Freiheit" vom Staat drapiert und gleichzeitig wohlfahrtsstaatliche Leistungen abgebaut. Dazu bemerkt Rappaport treffend: „Rechte ohne Ressourcen zu besitzen, ist ein grausamer Scherz" (268).

Aus diesen Grundgedanken folgt für die Soziale Arbeit dreierlei:

1) Verzicht auf professionelle Fertigprodukte. Die Versorgung mit vorgefertigten Standardlösungen für spezifische soziale Notsituationen, die von einzelnen Hilfesuchenden als durchaus entlastend erlebt werden mögen, können jedoch zugleich passive Erwartungshaltungen verfestigen. „Phantasie und Kreativität im Umgang mit Lebensproblemen werden verschüttet, der Klient ist nur noch Konsument von mundgerecht abgepackten Versorgungsleistungen" (Herriger 1991, 227/2014). Solche Dienstleistungsroutinen werden natürlich häufig durch eine vorgegebene institutionelle Logik bestimmt (z. B. Einzelfallabrechnung, Notwendigkeit der Diagnosestellung, von Kassen definierte Therapiestunden, die allein abrechnungsfähig sind). Insofern ist es notwendig, die institutionellen Arbeitsbedingungen für gestaltbare Strukturen zu öffnen.

2) Öffnung für aktives Handeln in Lebenswelten: Präventionsstrategien, so in der psychosozialen Praxis überhaupt entwickelt, gehen häufig davon aus, dass Menschen antizipatorisch für spezifische Krisenerfahrung „immunisiert" werden sollten. Dazu werden problemzentrierte Trainingsprogramme angeboten. Charles Kieffer, einer der wichtigsten Vertreter der Empowerment-Perspektive, ist skeptisch gegenüber Planspielen ohne Realkontext und plädiert für ein Handeln und Erfahrungen sammeln in der Alltagswelt. Für ihn ist „reflektierte Eigenerfahrung die zentrale Quelle für persönliches Wachstum. Der Einzelne muss lernen, verinnerlichte Vorstellungen von der

E

eigenen Hilflosigkeit zu überwinden, die Konflikte beim Aufbau von kollektiven Unterstützungsnetzwerken zu bewältigen ... und die politischen Einschüchterungsversuche zu ertragen. Diese Fähigkeiten aber erwachsen nur aus der Praxis ... Es gibt keinen Ersatz für das Lernen durch Erfahrung im Ernstfall" (1984, 27 f.). Professionelle Arbeit soll die Möglichkeiten für „reflektierte Eigenerfahrung" aktiv im jeweiligen Lebenskontext unterstützen. Dazu gehört etwa, Gleichbetroffene miteinander ins Gespräch zu bringen, eigen-initiierten Projekten organisatorische Hilfe vermitteln (z. B. räumliche Infrastruktur), in gruppeninternen Situationen des Konfliktes und der Interessenkollision moderierend zu wirken und gruppendynamisches Wissen einbringen oder Wege kommunalpolitischer Initiative zu öffnen. Professionelle können hier wichtige Funktionen der Initiierung und Förderung von Selbstorganisation übernehmen.

3) Stiften von sozialen Zusammenhängen: Psychosoziale Praxis soll dabei unterstützend wirken, dass sich Betroffene neue Ressourcen schaffen, neue „Kräfte entdecken". Wolfgang Stark spricht von dem Ziel „einen schöpferischen Umgang mit Situationen und Problemen durch das Stiften von Zusammenhängen zu ermöglichen und zu erleichtern" (1996, 8). Im neuen Fachjargon heißt das „networking", also Netzwerkarbeit oder Netzwerkförderung. Sie kann sich auf einzelne Personen und Familien beziehen oder die Einbindung von Gruppen in das bestehende Feld von Selbsthilfeinitiativen i. S. einer „Vernetzung der Netzwerke" *(Netzwerke, soziale).*

Weitere Entwicklungen

Bewältigungsstrategien. Vor allem amerikanische Forschungen haben sich in den letzten Jahren verstärkt mit ‚Bewältigungsstrategien' von Menschen in Konfliktsituationen befasst und dafür unterschiedliche ‚Zugänge' definiert.

In den Forschungen zur Resilienz geht es um die Fähigkeiten von Menschen (insbes. von Kindern und Jugendlichen), erfolgreich erschwerte, belastende Lebenssituationen, Probleme und Krisen zu bewältigen (ISS e. V. 2010).

Aus dem Gesundheitsbereich und entsprechenden Forschungen entwickelte sich der Begriff der Salutogenese, der inzwischen auf soziale Gruppen (z. B. Familie, Betrieb) ausgeweitet wurde. Auch hierbei stehen individuelle Bewältigungsstrategien im Mittelpunkt und die Frage nach den Ressourcen und Eigenschaften von Menschen, um (gesund) mit belastenden Konfliktsituationen umzugehen (BMFSFJ, 13. Kinder- und Jugendbericht 2009/Lorenz 2016).

Capability Approach schließlich fragt nach der Befähigung und den Verwirklichungschancen von Menschen, ein gelingendes, erfolgreiches, ‚gutes' Leben zu führen und nach den Bedingungen, die dafür erfüllt sein müssen (Otto/Ziegler 2010).

Heiner Keupp

Literatur

BMFSFJ: 13. Kinder- und Jugendbericht, Berlin 2009 ◆ K. Fröhlich-Gildhoff/M. Rönnau-Böse: Resilienz, München [4]2015 ◆ N. Herriger: Empowerment – Annäherungen an ein neues Fortschrittsprogramm der sozialen Arbeit, in: np, 21/1991, 221–229 ◆ N. Herriger: Empowerment in der Sozialen Arbeit. Eine Einführung, Stuttgart [5]2014 ◆ H. Keupp: Ermutigung zum aufrechten Gang, Tübingen 1997 ◆ ISS e. V.: Ergebnis der Studie „Zur Förderung von Resilienzfaktoren", in: Sozialmagazin 6/2010 ◆ C. Kieffer: Citizen Empoerment, NewYork 1984 ◆ B. Leipold: Resilienz im Erwachsenenalter, München 2015 ◆ A. Lenz/W. Stark (Hrsg.): Empowerment. Neue Perspektiven für psychosoziale Praxis und Organisation, Tübingen 2002 ◆ R. F. Lorenz: Salutogenese, München [3]2016 ◆ H. U. Otto/H. Ziegler: Capabilities – Handlungsbefähigung und Verwirklichungschancen in der Erziehungswissenschaft, Wiesbaden [2]2010 ◆ J. Rappaport: In praise of paradox: A social policy of empowerment over prevention, in: American Journal of Community Psychology, 9/1981, 337–356, deutsch: Ein Plädoyer für die Widersprüchlichkeit, in: Verhaltenstherapie und psychosoziale Praxis, 17/1985, 257–278 ◆ J. Rappaport: The power of empowerment language, in: Social Policy, 16/1985, 15–21 ◆ J. Rappaport: Terms of empowerment/exemplars of prevention. Toward a theory for community psychology, in: American Journal of Community Psychology, 15/1987, 121–148 ◆ W. Stark: Empowerment. Neue Handlungskompetenzen in der psychosozialen Praxis, Freiburg 1996 ◆ uj: Resilienz, 4/2010 ◆ M. Zander (Hrsg.): Handbuch Resilienzförderung, Wiesbaden 2011 ◆ M. A. Zimmerman: Taking aim on empowerment research: On the distinction between individual and psychological conceptions, in: American Journal of Community Psychology, 18/1990, S. 169–177.

Entwicklungshilfe

Historie

Am 23. März 1956 – also elf Jahre nach dem größten Zusammenbruch, den ein deutscher Staat erlebt hatte – gab es einen Antrag im BT: „Der Bundestag wolle beschließen, zum Zwecke der Förderungsmaßnahmen für wirtschaftlich unterentwickelte Länder in den Bundeshaushaltsplan für das Rechnungsjahr 1956 bei Kap. 0501 (Auswärtiges Amt) einen Titel 962 mit einem Beitrag von 50 Millionen einzusetzen".

Dieser Antrag war der Beginn dessen, was wir die deutsche E. nannten. Zum ersten Mal tauchte ein ähnliches Wort auf, das in der weiteren Abfolge pfleglich vermieden wurde: „Unterentwicklung". War das Wort nicht eine Beleidigung für die betroffenen Staaten, die sich – wie wir damals gewahr wurden – in den drei Kontinenten Lateinamerika, Afrika und Asien ballten? War der Ausdruck nicht allein Ausdruck unseres heimlichen kolonialen und imperialen, in jedem Fall eurozentrischen Bewusstseins?

Die Semantik-Debatte hat in diesem Politikbereich nie mehr aufgehört.

Typischerweise wurde die Förderung „unterentwickelter Länder" damals als Teil der deutschen Außenpolitik, also auch der Wahrung deutscher Interessen gesehen, und so blieb es bis heute. Im November 1961 kam es zur Gründung des BM für wirtschaftliche Zusammenarbeit (BMZ). Der Name hatte eine kameralistische Herleitung: Weil es nach 1949 ein ERP Programm gab, das sich darum bemühte, die Marshall-Plan-Mittel der US-Regierung dem deutschen wirtschaftlichen Wiederaufbau nutzbar zu machen, wurde dieser englisch-amerikanische Titel ERP – „European Recovery Program" – für das neue Ministerium übernommen. „Die ERP Organisation wurde dann von der Verwaltung für Wirtschaft in das neu gegründete Marshall Plan Ministerium übernommen, das den Namen BM für wirtschaftliche Zusammenarbeit erhielt." (Dumke in: Neudeck/Gerhardt 1987)

Die Dritte Welt, der Dritte Stand?

Nicht gelungen ist es bis heute, die Dritte Welt Länder als die zukünftigen Länder und Völker auszuzeichnen, die künftig die ganze Menschheit darstellen, einschließlich des „alten Europa" und des mittlerweile auch alten „Amerika-Nord". Diese Bezeichnung hat einen mächtigen geschichtlichen Vorläufer in dem revolutionären Geistlichen Abbé Sieyes, der die revolutionäre Lunte mit folgenden selbstgestellten Fragen 1789 legte: „Was war der Dritte Stand? Nichts! Was ist er heute? Etwas! Was will er werden? Alles!"

Das Wort „Dritte Welt" wurde auch von den glühendsten Apologeten und Fans der E. immer als diminutiv (verkleinernd) verstanden. Heute meinen wir, die Dritte Welt ist die an dritter Stelle platzierte Welt. Dazu hat auch noch die semantische Erfindung der „Vierten Welt" beigetragen, die am untersten Skalaende von Bruttosozialprodukt und Einkommen pro Kopf und Jahr stehen.

Entwicklungshilfe als Exportförderung?

Für deutsche E. entschied sich die deutsche BRD zunächst wegen des in den 1950er Jahren gewachsenen deutschen Wirtschaftswunders. Der eigene Reichtum lässt bis heute Überschüsse frei, mit denen das Land den Ärmsten und den Armen in der Völkerfamilie beistehen kann. Zugleich entwickelten sich andere weniger klare Motive.

In der BRD wurde unter dem BM Hans Jürgen Wischnewski die Wendung zur E. als einer besseren anderen Form der eigenen Exportförderung gemacht. Alles, was wir in die von Jahrzehnt zu Jahrzehnt mächtiger und üppiger werdenden Großapparate der E. geben, kommt in zwiefacher Form zu uns zurück. Einmal als gebundene Aufträge, zum anderen als sichere und gut dotierte deutsche Arbeitsplätze für die Helfer.

Die Budgetmittel des BMZ werden gebunden an deutsche Firmen, denen diese Aufträge gegeben werden müssen. Deutsche E. kauft Mercedes, nicht Toyota.

Die Gemeinschaft der Kooperanten und Helfer, die in den staatlichen Diensten in der ganzen Welt arbeiten und leben, darf zu einer gut bezahlten deutschen Gehaltsgruppe zählen.

Für manche Länder wurde E. ein macht- und geo-politisches Instrument. Das kommunistische (Rot-)China und Taiwan machten sich auf dem afrikanischen Kontinent Konkurrenz und wollten sich gegeneinander ausspielen. Oder wenn das bettelarme Nordkorea Militär- und Militärausbildungs-Hilfe in alle Länder Afrikas und Lateinamerikas gab, dann hatte das nichts mit den Motiven der reichen Länder in Europa zu tun.

„Small is beautiful"

Dieser Grundsatz einer behutsamen und vorsichtigen Partnerschaft und einer auf Wirkung eingestellten Hilfe wurde allemal in den 1960er und 1970er Jahren sträflich missachtet. Es wurden überall die weiß leuchtenden Elefanten der E. buchstäblich in den Sand gesetzt. Vielleicht damals schon mehr in Afrika, weniger in Asien. In Asiens Ländern entwickelten sich Projekte, die von fleißigen und disziplinierten Gesellschaften bis heute weitergeführt werden. Das Rourkela-Stahlwerk in Indien ist weiter intakt. Indien braucht keine E. mehr, das ist in ganz Afrika nicht am Horizont zu erkennen. Die Länder sind oft Sozialfälle, die als Staaten der internationalen Fürsorge anheim gestellt sind.

In Afrika wurden Fabriken, Hospitäler, Deiche, Flughäfen, Landmaschinen, Sumpfeindämmungen durch Kanäle (Sudan: Jonglei-Kanal) zu bauen angefangen, deren Ruinen und Trümmer uns heute in Afrika nicht mal mehr auffallen, so stark hat sich das Bild als normal eingeprägt.

„Trade not Aid"

Das war der Satz, mit dem der Präsident Ugandas Yoweri Museveni sich 1988 in Deutschland als Präsident der Organisation Afrikanischer Einheit einführte. Museveni war überzeugt, dass Afrika aus der Mauerblümchen Lage nur durch heftige Exportförderung und Steigerung herauskommt, auch durch die Entwicklung einer die eigenen Landwirtschaftsprodukte verarbeitenden Industrie.

Aber die EG setzt ihr Werk fort: Sie gibt Subventionen und verletzt damit die Grundsätze der *sozialen* und freien *Marktwirtschaft* täglich. Es war nur unter großem politischem Druck einer kleinen entwicklungspolitischen Lobby im BT möglich, etwas außerhalb der EU Marktordnung an Überschussgütern in Afrika aufzukaufen. Die deutsche BReg hat mal heimlich an den EU Marktordnungen vorbei Nahrungsmittel (Überschussgetreide) und Hirse in Afrika (Zimbabwe, Malawi, Ghana) eingekauft, um sie als Hilfslieferung nach Niger, in den Sudan sowie in den Tschad zu bringen. Daraus leitet sich die Forderung ab: Wenn es überhaupt in den nächsten Jahren noch eine Hilfe geben soll, die den Namen E. verdienen könnte, dann müssten vorher die Subventionen zugunsten unserer teuren landwirtschaftlichen Produkte fallen.

Die Peace-Corps-Idee ist schon gestorben

Die Entwicklungshelfer sind schrittweise den Weg der Anpassung an die Luxusbedingungen ihrer Ausgangsländer gegangen, so dass es ihnen nicht mal mehr klar wird, in welchen Luxusbedingungen sie in den Habenichtsländern leben. Wer einmal z. B. 3 Jahre für den staatlichen Entwicklungsdienst in einem Land Afrikas oder gar in Saudi-Arabien gearbeitet hat, wird für die nächsten 6 Jahre nicht mehr arbeiten müssen, so viel hat er dabei verdient.

Die radikale Idee des Peace Corps, wie John F. Kennedy sie diesem Institut damals mitgegeben hat, ist längst auf ganz angepasste Weise geprägt. Auch der DED, der „Deutsche Entwicklungs-Dienst" (seit 2011 Teil der GIZ) ist ein verbeamteter Dienst geworden, der die Interessen der deutschen Politik vertritt und so lebt, wie wir in den höheren Ständen in Deutschland.

Die Hallstein-Doktrin

Die deutsche E. hatte ein ganz besonders schwieriges zeitgeschichtliches Geschick. Sie wurde über zwei Jahrzehnte für den einzigen Zweck missbraucht, mehr als 120 Länder dieser drei genannten Kontinente politisch zu belohnen oder zu bestrafen. Die Doktrin der Entwicklungs- und Außenpolitik wurde nach dem Staatsekretär für Auswärtige Beziehungen, Prof. Walter Hallstein benannt. E. bekamen alle Länder, die uns Deutschen den Gefallen taten, die DDR, die sog. DDR, nicht wahrzunehmen und keine Beziehungen dorthin aufzunehmen. Wer das dennoch tat, wurde durch den Entzug der E. heftig bestraft. Manche schafften einen Spagat, das war denn der Trapezakt des „Kambodschierens". Kambodscha hatte sich nicht der Doktrin gemäß benommen, aber Deutschland brach die Beziehungen nicht ab, weil der Präsident König Norodom Sihanouk eben eine so wichtige Gestalt der Blockfreien Bewegung war.

Die letzte Chance für die Entwicklungshilfe

Eine europäische E. hat sich ebenso wenig ausgebildet wie bislang eine EU-Außenpolitik. Damit unsere deutsche Entwicklungspolitik noch so etwas wie eine ansehnliche Zukunft hat, müsste sie sich im Verbund der Staaten Europas auf die starke Privilegierung auf fünf bis sechs Länder einigen, mit denen man starke und große Beziehungen hat.

Beziehungen zwischen Staaten sind wie die zwischen Menschen. Freundschaft bedeutet für einen Menschen: er möchte von dem Freund gemeint sein. Das gilt auch für Völker und Staaten.

Dabei könnten diese Länder sich gegenseitig aussuchen und auch bestimmte Bedingungen akzeptieren. Das Prinzip der entwicklungspolitischen Gießkanne würde ab sofort aufhören. Die Staaten Europas könnten dabei arbeitsteilig verfahren, so dass der unsägliche nationale Entwicklungspolitik-Egoismus keinen Nährboden mehr hätte.

Die deutsche BReg könnte dann das gesamte Ministerium entweder so umbauen, dass es schlank und klein würde oder seine gesamten Fachressorts aufgeben und auflösen und das Notwendige für die Betreuung von fünf Ländern in das Auswärtige Amt geben.

Die Non-governmental organizations sind zu Quangos geworden

Franz Nuscheler ist der Erste gewesen, der den Schweigering durchbrochen hat, der um eine immer wildere Veränderung der entwicklungspolitischen Szene herum gebaut wurde. Die NGOs wurden Anfang der 1980er Jahre das Lieblingskind der deutschen Politik. Sie wurden repressiv gelobt und es begann seit Anfang der 1990er Jahre eine Welle der Vereinnahmung dieser NGOs, die man sich zwanzig Jahre vorher nicht hätte vorstellen können. Zumal die EU-Subventionsbedingungen für NGOs es zulassen, dass solche Organisationen auch Gewinne machen, indem ihnen 7 % der Projektsumme für die eigene Organisation gegeben wird. Das bedeutet: eine neue Organisation muss heute gar nicht mehr die Anstrengung unternehmen, sich an die Gesellschaft zu wenden und Spendenmittel einwerben.

Doch hat sich dieser Politik Bereich so verselbständigt, dass es als berechtigte Forderung gilt, wenn NGOs vom Staat Gelder beantragen und bekommen müssen.

Franz Nuscheler hat diese neue Realität durch zwei neue Abkürzungen bereichert. Die Mehrzahl der NGOs seien mittlerweile „Quangos", d. h. Quasi Non-Governmental Agencies oder: G-NGOs, Governmental Non-Governmental Organizations.

Aktion 2015

Die entscheidenden Aufgaben werden in Resolutionen festgehalten, aber nie beaufsichtigt. Das allerwichtigste Programm, den radikalen Hunger und die erschöpfende Armut für 1,3 Mrd. Menschen werden wir nur beseitigen, wenn wir in jedem Jahr klare Zielvorgaben geben, die erreicht werden müssen. „Die Entwicklungspolitik hat versagt. Der Beweis sind die 1,3 Mrd. Menschen in extremer Armut nach über 40 Jahren Entwicklungszusammenarbeit. Enorme finanzielle Mittel sind in die falschen Hände von ‚Eliten' gelangt, haben korrupte Staatsbürokratien geschaffen und Entwicklungsruinen hinterlassen. Bei den Ärmsten kam die Hilfe nicht an. Der erhoffte Sickereffekt trat nicht ein" (W. Pinger 2003, 8 Jahre entwicklungspolitischer Sprecher der CDU Bundestagsfraktion in einem Papier zur Aktion 2015: Die Halbierung der Zahl der Armen auf der Welt). Die Weltkonferenzen zur Umorientierung der E. seit 1986 (Harare) bis Johannesburg 2002 (The Johannesburg Declaration on Sustainable Development mit einem ausführlichen Plan of Implementation) haben daran bisher wenig verändert.

Rupert Neudeck

Die deutsche Entwicklungshilfepolitik ist in der BReg vor allem Angelegenheit des BMZ, dort werden die Leitlinien und Konzepte für die internationale Zusammenarbeit i. R. der E. festgelegt (bmz.de).

Das BMZ beauftragt sog. Durchführungsorganisationen (DVOs) mit der konkreten Umsetzung entwicklungspolitischer Vorhaben der BReg. Hauptpartner ist die Deutsche Gesellschaft für internationale Zusammenarbeit (GIZ), die 2011 durch Fusion von drei DVOs entstand: der GTZ, dem DED, der InWEnt. Die GIZ ist in mehr als 130 Ländern aktiv, beschäftigt mehr als 17 000 Mitarbeiterinnen und Mitarbeiter, etwa 70 % davon sind einheimische Kräfte. Hinzu kommen rd. 1 300 Entwicklungshelferinnen und -helfer. Das Geschäftsvolumen der GIZ betrug zuletzt 2015 mehr als 2,1 Mrd. € (GIZ – Internt-Aufruf vom 13. 11. 2016). Überall, vor allem in den Projekt, arbeiten inzwischen SozArSozPäd.

Dem BMZ wird immer wieder vorgeworfen, E. zuförderst zu einem Instrument der deutschen Wirtschaftsförderung umzugestalten, die Zusammenlegung der drei bisherigen Entwicklungshilfeorganisationen sei ein Ausdruck der fortschreitenden Hierarchisierung deutscher E. Die dem BMZ zur Verfügung stehenden Mittel (2016: 7.4 Mrd. Euro) seien immer noch viel zu niedrig und erreichten nicht das schon vor Jahren von den EU-Staaten ausgegebene Ziel, 0,7 % des BIP für die Entwicklungshilfe bereitzustellen (2013 knapp 0,4 %).

Anmerkung der Herausgeber

Literatur

BMZ: Deutsche Entwicklungspolitik auf einen Blick. Bonn/Berlin 2014 ◆ S. George: Der Lugano-Report, Reinbek 2001 ◆ G. Myrdal: Politisches Manifest über die Armut in der Welt, Frankfurt/M. 1970 ◆ R. Neudeck/K. Gerhardt: Sorgenkind Entwicklungshilfe, Bergisch Gladbach 1987 ◆ R. Neudeck: Die Kraft Afrikas – Warum der Kontinent nicht verloren ist. München 2010 ◆ F. Nuscheler: Lern- und Arbeitsbuch Entwicklungspolitik, Bonn 1995 ◆ W. Pinger: Armutsbekämpfung. Herausforderung für die deutsche Entwicklungspolitik, Bad Honnef 1998 ◆ R. Treptow (Hrsg.): Katastrophenhilfe und Humanitäre Hilfe, München 2007 ◆ J. Ziegler: Ändere die Welt! Warum wir die kannibalistische Weltordnung stürzen müssen, München 2015.

E

Link
www.gruenhelm.de

Erlebnispädagogik

Begriff und Reichweite

E. verfügt über keine eigenständige Theorie und keine eindeutig beschreibbare Praxisform. Neben den klassischen erlebnispädagogischen Medien Felsklettern, Kanu und Segeln werden auch Mountainbiking, Höhlentouren, Übungen im Seilgarten (Ropes Course), City Bound, Reiten, Theater, künstlerische Aktivitäten und die Erschließung technischer Bereiche genannt. Dadurch eröffnet sich, so heißt es, (Fischer/Ziegenspeck 2008, 20) für E. ein bisher kaum erschlossenes Angebot an Entwicklungs- und Gestaltungsmöglichkeiten. Die an reformpädagogische Traditionen anknüpfende und vorwiegend auf Natursportarten ausgelegte E. findet jedoch nach wie vor große Beachtung (so bereits Dilcher/Stüwe 1998, 71 ff.). Häufig werden erlebnispädagogische Angebote als spektakuläre und teilweise exotisch wirkende Aktionen im Bereich der *Jugendhilfe* beschrieben und realisiert, es besteht jedoch zunehmend der Trend, E. für die Alltagspädagogik nutzbar zu machen (aktuell dazu Michl 2015).

Obwohl es inzwischen verschiedene Ansätze gibt, die den Versuch unternehmen, die Bedeutung von Erlebnis und Abenteuer für den erzieherischen Prozess konzeptionell zu vertiefen, wurde v. a. von Seiten der Erlebnispädagogen selbst ein Theoriedefizit reklamiert, denn ohne Theorie – so die Befürchtung – bleibt die Reputation aus. Als Begründung für die fehlende Theorie werden unter anderem die latente Lustfeindlichkeit in der Päd., die Unschärfe und Vieldeutigkeit des Erlebnis- und Abenteuerbegriffs und die vermeintliche Nähe von Abenteuer und Erlebnis zu dem Bereich des Illegalen (Schleske 1977, 24 ff.) angeführt. Zugleich wird auf die Entwicklung von *Jugendarbeit* nach 1945 verwiesen, die sich von der sport- und aktionsorientierten Jugendarbeit der Nationalsozialisten abgrenzen musste (Kreft 2001) und nach dem Zeitgeist der sozialen 68er-Bewegung eher eine kopfgesteuerte Jugendarbeit war, die *Sport* den Beigeschmack des Primitiven, Normierten und Bornierten gab (Heckmair/Michl 2012). E. ist in der sozialpädagogischen Landschaft als Schlagwort inzwischen relativ bekannt. Der Begriff ist in Mode gekommen und wird inflationär benutzt. E. wird zur effektivsten, modernsten Methode erklärt, heute bei der zunehmenden Individualisierung und Pluralisierung einen Weg zur *Jugend* zu finden. Die vorschnelle Adaption von E. führte vielerorts zu der Auffassung, alles, was aus dem Alltagsrahmen fällt, sei bereits E., andererseits wird E. als Schlagwort benutzt, um Angebote attraktiver zu verkaufen. Diese Entwicklung kennzeichnen Heckmair/Michl (2012) mit einem spöttischen Bild des modischen Sozialarbeiters.

Erlebnispädagogik heute

Das Verhältnis von Erlebnis und *Erziehung* wird mit einer Vielzahl von Begriffen benannt: Erlebnis-, Abenteuer-, Aktionspädagogik, handlungsorientierte Methoden, Erfahrungslernen und neuerdings auch etwas breiter gefasst als Bewegungspädagogik. Im englischsprachigen Raum kennen wir die Begriffe learning by doing, outdoor education und experiential education. Diese Art von Päd. wird i. d. R. in der Natur ausgeübt (Natursportarten). Bei näherem Hinsehen zeigt sich, dass E. sehr viel Gemeinsamkeiten mit anderen handlungsorientierten Methoden in der Bildungsarbeit hat, wie z. B. dem Planspiel, den Selbsterfahrungsübungen, der Theater- und der Reisepädagogik (Heckmair/Michl 2012). Von einem Erlebnis wird gesprochen wenn etwas Besonderes, Einmaliges erlebt wurde und diese Situation zu einer psychischen Disposition führt, die meist gefühlsmäßiger und affektiver Art ist. Es geht dabei um ein inneres Erleben, also ein intrinsisches Geschehen (Csikszentmihalyi 2010). Was als Erlebnis definiert wird, ist individuell unterschiedlich und hängt von der persönlichen Erlebnisfähigkeit ab.

Obwohl ein Erlebnis ebenso wenig wie ein Abenteuer planbar ist, kann von E. gesprochen werden, wenn die Elemente Natur, Individuum, Gemeinschaft und Erlebnis im Rahmen von Natursportarten pädagogisch zielgerichtet miteinander verbunden werden (Heckmair/Michl 2012). Dabei hängt von der jeweiligen pädagogischen Zielsetzung ab, welches Element Priorität hat. Zwar kann gemeinhin davon ausgegangen werden, dass die Gemeinschaft (Gruppe) im Zentrum steht, jedoch nimmt offenbar die Bedeutung des *Individuums* zu.

Abenteuer wird als Steigerung von Erlebnis definiert und kennzeichnet sich durch das Zusammenwirken von bestimmten Erlebnismerkmalen und Situationsfaktoren (Schleske 1977, 33). Thiersch (1993, 43) bezeichnet das Abenteuer in der heutigen *Gesellschaft* als Ausbruch aus und Kompensation zu den gegebenen Strukturen unserer Moderne. Für ihn ist evident, dass dies für Heranwachsende in der Gegenwart in besonderem Maße gilt. Abenteuerliche Situationen führen zu einer Steigerung des erlebten Augenblicks und verhelfen zu einer im Alltag nicht vorhandenen Lebensunmittelbarkeit (Schleske 1977, 33). Der Erlebnispädagoge hat dabei die Funktion, Erlebnisse in der Natur zu arrangieren und die Jugendlichen für diese Erlebnisse zu sensibilisieren. Das heißt, er hat nicht nur die Aufgabe, die Jugendlichen vorzubereiten, sondern auch nach einem intensiven Erleben gemeinsam mit ihnen zu reflektieren und die Jugendlichen zu motivieren, das Erlebnis in Worte zu fassen. Das Erleben und Reflektieren bezieht sich auf das Individuum (Handlungskompetenz erweitern, wie z. B. Klettern, Segeln können etc./Grenzerfahrungen machen – Selbstwertgefühl entwickeln/Schwierigkeiten bewältigen – Vertrauen zu sich selbst finden/körperliche Leistungsfähigkeit, Körperlichkeit entwickeln – sensory awareness) und die Gemeinschaft (*soziales Lernen,* Rollenverteilung, aufeinander Angewiesensein) sowie die Natur (Natur wahrnehmen, mit Natur umgehen, ökologisches Bewusstsein).

Geschichte der Erlebnispädagogik

Theoretisch wird Bezug auf Kurt Hahn (Erlebnistherapie) und die Reformpädagogen der pädagogischen Epoche von 1890 bis 1933 (aus grauer Städte Mauern) genommen, für die die Begriffe Erlebnis, Augenblick, Unmittelbarkeit, Gemeinschaft, Natur, Echtheit und Einfachheit von zentraler Bedeutung waren. Aber auch auf Philosophen wie Dilthey (Verhältnis von Erleben und Dichtung), Bergson (Erlebnis als Wirklichkeitskontrolle), den Individualpsychologen Adler (Erleben zwischen Minderwertigkeits- und Gemeinschaftsgefühl) und den Soziologen Simmel (aktives Auseinandersetzen mit der Natur) wird unter anderem verwiesen (Heckmair/Michl 2012).

Die Spuren der E. lassen sich bis weit in die Geschichte der Päd. zurückverfolgen (Fischer/Ziegenspeck 2010); sie werden bei Rousseau und Thoreau verortet. Rousseau wird als Vordenker der E. gekürt. Sein Hauptwerk, der Roman „Emile, über die Erziehung" fördert, mit den Augen des Erlebnispädagogen gelesen, so heißt es, erstaunliche und aktuelle Parallelen zutage. Mit Rousseaus Appell „Zurück zur Natur" und seinem Anspruch „Leben ist nicht Atmen, Leben ist Handeln" wird die Erziehung durch die Natur und das Lernen durch Handeln als die Ultima Ratio angesehen. Während Rousseau das Konzept und die theoretische Basis lieferte, sorgte der Amerikaner Thoreau für praktisches Anschauungsmaterial durch sein Leben in den Wäldern (walden experiment) und seine „Reise nach innen" (Heckmair/Michl 2012). Der eigentliche Gründungsvater der E. ist jedoch Kurt Hahn, der sein Erziehungsmodell als Lebenstherapie bezeichnet und als Begründer der Landeserziehungsheime der Outward-Bound-Bildungsstätten gilt. Den Verfallserscheinungen und Mängeln der Zivilisation will Kurt Hahn durch sein erlebnistherapeutisches Konzept begegnen. Dieses Konzept besteht aus vier Elementen:

- dem körperlichen Training: körperliche Übungen und Natursportarten;
- der Expedition: mehrtägige Touren in herausfordernden Naturlandschaften mit intensiver Planungs- und Vorbereitungsphase;
- dem Projekt: eine thematisch und zeitlich abgeschlossene Aktion, die handwerklich-technische bzw. künstlerische Anforderungen an die Teilnehmer stellt;
- dem Dienst am Nächsten: Je nach Standort wird darunter die erste Hilfe, Berg- und Seenotrettung verstanden (Heckmair/Michl 2008).

Die Praxis der Erlebnispädagogik

Die Einbeziehung von Erlebnis und Abenteuer in die Praxis der SozArb hat zu einer Ausweitung und Ausdifferenzierung erlebnispädagogischer Angebote geführt (vgl. u. a. Michl 2015). Die Palette der Angebote reicht von langzeitpädagogischen Maßnahmen (Reiseprojekte und Standortprojekte im In- und Ausland), die meist in kleinen Gruppen oder mit einzelnen Personen durchgeführt werden, sowie pädagogisch-therapeutische Segelfahrten (Heimjugendliche und Jugendliche aus dem Strafvollzug), die sich auf einen Zeitraum von sechs Monaten erstrecken können, bis zu kurzen erlebnispädagogischen Aktionen im Rahmen von *sozialer Gruppenarbeit,* von heim- oder freizeitpädagogischen Maßnahmen, die i. d. R. als Freizeiten bzw. andere Kurzzeitmaßnahmen *(Jugendarbeit)* häufig nicht länger als zwei bis drei Wochen dauern. Aber auch Schulprojekte (Gewaltprävention als Gruppenarbeit mit erlebnispädagogischen Schwerpunkten, Kooperation Schule – JH, Schulsozialarbeit), Ausbildungsmaßnahmen für Jugendliche und Managerkurse beziehen vermehrt Elemente der E. in ihre Programme ein.

Das SGB VIII ermöglicht eine Vielzahl von Zugängen. So z. B. beim § 11 SGB VIII, in dem unter anderem über außerschulische Jugendbildung mit sozialer, kultureller und naturkundlicher Bildung Jugendliche zur Selbstbestimmung befähigt und zu gesellschaftlicher Mitverantwortung sowie sozialem Engagement hingeführt werden sollen.

Im Rahmen der offenen Jugendarbeit, aber

auch der *Jugendverbandsarbeit* (§ 12 SGB VIII) gibt es inzwischen Ansätze, E. durch eine Verbindung von Highlights und kontinuierlicher Arbeit in den Alltag einzubetten (alpine Bergtouren werden an Übungswänden vorbereitet, für Bootstouren werden Boote gebaut etc.). Im Rahmen der *„Hilfen zur Erziehung“* (§§ 27–35 SGB VIII) besteht die Möglichkeit, über einen längeren Zeitraum mit festen Gruppen zu arbeiten, und zwar über soziale Trainingskurse, über E. in der *Heimerziehung* und sonstigen betreuten Wohnformen. Im Frankfurter Kommentar zum SGB VIII (Münder u. a. 2013) wird E. auch als ein Angebot zur intensiven sozialpädagogischen Einzelbetreuung (§ 35) genannt.

E

Angebote für schwierige Jugendliche: E. wurde auch als „Spezialpädagogik“ (finales Rettungskonzept) für besonders schwierige, gewaltbereite Jugendliche und junge Straftäter, die mit anderen pädagogischen Mitteln nicht mehr erreichbar sind, verstanden. Die Kosten und die in einigen (wenigen) Fällen problematischen Verläufe, v. a. von erlebnispädagogischen Maßnahmen im Ausland (im Rahmen der Hilfen zur Erziehung) haben in der Öffentlichkeit zu einer Verunglimpfung dieses päd. Ansatzes geführt (Urlaub auf Staatskosten, Pädagogik unter Palmen, Belohnung von Straftätern: dazu: Münder u. a. 2013, § 27 Rz 21 und Wiesner u. a. 2015, § 27 Rz 30a–c).

Rechts- und Sicherheitsprobleme: Als Einwand gegen die E. in der JH werden häufig Rechtsfragen und Sicherheitsstandards angeführt. Insofern ist es angebracht, die zivilrechtlichen und strafrechtlichen Konsequenzen eines Unfalls, die Sicherheitstauglichkeit der Ausrüstung sowie die technische und fachliche Qualifikation der Leitung vorher zu klären. Träger der JH orientieren sich in Rechts- und Sicherheitsfragen inzwischen an den Bestimmungen der Sportverbände (z. B. Deutscher Alpenverein/Deutscher Kanuverband).

Dem Einwand, E. sei vom Aufwand und vom Material her zu arbeitsintensiv und zu teuer, wird über einen Kooperationsverbund lokaler Träger und einen gemeinsamen Materialpool begegnet.

Eine Zusammenarbeit mit E.-Projekten und E.-Trägern, wie z. B. Outward Bound (sieben Bildungsstätten), Verein zur Förderung bewegungs- und sportorientierter Jugendsozialarbeit (bsj) Marburg, Erlebnistage Harz in Braunlage und Verein für sozialpädagogisches Segeln in Radolfzell, ist hilfreich. E. ist sicherlich männlich dominiert, denn während der *Junge* durch E. seine *Sozialisation* fortsetzen kann, müssen sich *Mädchen* zunächst einmal mit Rollenwidersprüchen auseinander setzen. Es werden E.-Projekte für Mädchen durchgeführt; eine mädchenspezifische Konzeptionsdebatte in der E. entwickelt sich zunehmend (Rose 1998).

E. sollte sich generell nicht auf exotische Ziele und extreme Aktionen konzentrieren. Es kommt vielmehr darauf an, Aktionen zu planen, die einen pädagogischen Wert haben und zugleich Spannung und Wagnis beinhalten. Ein Transferhemmnis im handwerklich-körperlichen Bereich kann in der nicht adäquaten Auswahl der Medien liegen. Die klassischen E.-Sportarten wie Felsklettern, Segeln und Kajakfahren lassen sich aufgrund der regionalen Gegebenheiten nicht überall durchführen, und es kommt darauf an, bei den E.-Aktivitäten eine gewisse Kontinuität zu entwickeln und die Aktionen in die Alltagspraxis einzubetten; dieses wird jedoch nicht machbar, wenn ein Medium mangels Möglichkeiten zu selten genutzt werden kann. Des Weiteren ist es auch notwendig, immer wieder zu prüfen, welches Medium und welcher Schwierigkeitsgrad für die entsprechenden Jugendlichen angebracht sind.

Fachkräfte: Der Bedeutungsgewinn der E. hat einen zunehmenden Bedarf an Fachkräften zur Folge, die über vielfältige Qualifikationen verfügen müssen, um die erlebnispädagogischen Maßnahmen erfolgreich durchführen zu können. Vor diesem Hintergrund wurde das Problem unzureichender Qualifikationen von „Erlebnispädagogen“ bzw. „Erlebnispädagoginnen“ in der fachlichen Diskussion zum Thema und zugleich zu einer Herausforderung für die FHS für Sozialwesen, Qualifikationsstandards zu definieren und Ausbildungsmöglichkeiten zu schaffen, in denen die notwendigen Qualifikationen erworben werden können. So wurde an der FH Frankfurt/M. schon früh ein Weiterbildungsstudiengang „Erlebnispädagogik in der sozialen Arbeit“ entwickelt (inzwischen als ‚Abenteuer- und Erlebnispädagogik in der soziale Arbeit‘); andere FHS sind diesem Beispiel gefolgt. Daneben bieten u. a. der Bayrische Jugendring (Trägerverbund) sowie Outward Bound Deutschland gGmbH u. a. Zusatzqualifikationen an.

Gerd Stüwe

Literatur

C. Csikszentmihalyi: Das Flow-Erlebnis. Jenseits von Angst und Langeweile. Stuttgart [11]2010 ◆ T. Fischer/J. Ziegenspeck: Handbuch Erlebnispädagogik. Von den Ursprüngen bis zur Gegenwart, Bad Heilbrunn/Obb. [2]2010 ◆ B. Heckmair/W. Michl: Erleben und

Lernen. Einstieg in die Erlebnispädagogik, München [7]2012 sowie weitere Veröffentlichungen in der Buchreihe zur Erlebnispädagogik (Ernst Reinhardt Verlag) ◆ D. Kreft: Sport im Rechtsrahmen der Kinder- und Jugendhilfe, in: ZfJ 9/2001, 327 ff. ◆ W. Michl: Erlebnispädagogik, München [3]2015 ◆ J. Münder/T. Meysen/T. Trenczek (Hrsg.): Frankfurter Lehr- und Praxiskommentar zum SGB VIII, Baden-Baden [7]2013 ◆ L. Rose: Mädchenabenteuer – Jungenabenteuer, in: G. Stüwe/R. Dilcher: Tatort Erlebnispädagogik, Frankfurt/M. 1998 ◆ W. Schleske: Abenteuer, Wagnis, Risiko im Sport, Schorndorf 1977 ◆ Schwerpunktheft Erlebnispädagogik, in uj 4/2007 ◆ G. Stüwe/R. Dilcher: Tatort Erlebnispädagogik. Frankfurt/M. 1998 ◆ H. Thiersch: Abenteuer – ein Weg zur Jugend, in: Tagungsdokumentation Abenteuer – ein Weg zur Jugend?, Marburg 1993 ◆ R. Wiesner u. a.: SGB VIII. Kommentar, München [5]2015.

Links etc.

bundesverband-erlebnispaedagogik.de
www.erlebnispaedagogik.de (Informationsdienst Erlebnispädagogik & Soziale Trainings)
ZfE – Zeitschrift für Erlebnispädagogik

Erwachsenenbildung

Begriff und Abgrenzungen

E. wird zumeist verstanden als Oberbegriff organisierter allgemeiner, beruflicher, politischer, personenbezogener, wissenschaftlicher und kultureller Bildung Erwachsener, wobei die Mehrzahl der Autorinnen und Autoren dazu neigt, die *Weiterbildung* als formalisierte berufliche Qualifikation, die Fortbildung als arbeitsplatzbezogene und im Arbeitgeberinteresse durchgeführte Qualifizierungsmaßnahme zu beschreiben. Spätestens seit den Überlegungen der Bildungskommission des Deutschen Bildungsrates (1970) wird die Trennung zwischen E. und Weiterbildung nicht mehr scharf vollzogen bzw. kontrovers diskutiert. Ein Teil der Autorinnen und Autoren benutzt seitdem den Begriff Weiterbildung als Oberbegriff. Der Bildungsgesamtplan (1973) setzte E./Weiterbildung in einer sich immer schneller technisch und sozial wandelnden Gesellschaft als „vierte Säule" des Bildungswesens auf die Tagesordnung.

Die traditionellen Träger der E. (Volkshochschulen, Gewerkschaften, Arbeitgeberverbände, Kirchen und Religionsgemeinschaften, parteinahe Stiftungen und Betriebe) erfuhren seit dem Beginn der 1970er Jahre eine Ergänzung durch eine zunehmende Zahl von zielgruppenspezifischen Trägern und Initiativen aus der Frauen-, Arbeitslosenbildung und Obdachlosenarbeit. Auch Lesben- und Schwulenbewegung, die Antiatom-, die Gesundheitsbewegung und verschiedene politische Gruppierungen entwickelten alternative Bildungsangebote als Bereicherung der Angebote staatlicher/kommunaler und freier Träger.

Die Methoden der E. veränderten sich in der alten BRD in den 1970er und 1980er Jahren zugunsten stärkerer Teilnehmerorientierung. Gemeinsam ist den Ansätzen der E. der Versuch, Beteiligungs- und Handlungsmöglichkeiten der Teilnehmer/innen an der Gesellschaft in allen Bereichen zu verbessern, nicht zuletzt unter dem Einfluss von O. Negt und P. Freire.

Erwachsenenbildung und Soziale Arbeit

In der *Sozialen Arbeit* ist die E. neben der beruflichen und auf schulische Abschlüsse gerichteten Weiterbildung/Fortbildung v. a. in der Elternbildung *(Elternarbeit, Familienbildung)* von Bedeutung. Daneben ist die E. selbst ein wesentlicher Teil der SozArb, z. B. in der Altenbildung und in zahlreichen Orientierungsangeboten für Menschen in sozialen Umbruchsituationen. Dies gilt insbesondere für die Arbeit mit Zielgruppen, die aus dem Arbeitsmarkt herausgefallen sind, wie z. B. Langzeitarbeitslose, Vorruheständler.

In der SozArb spielt die E. aber auch in Form der Fort- und Weiterbildung der MitarbeiterInnen eine besondere Rolle. Die Arbeit mit Menschen erfordert zum einen die beständige Aktualisierung der eigenen Kenntnisse und Fähigkeiten, zum anderen die beständige Reflexion der Methoden und des persönlichen Agierens im Berufsfeld. Die Sozialpädagogische Fortbildung hat deshalb eine besondere Stellung im Fortbildungssektor, vergleichbar der Lehrerfortbildung. Die zunehmende Bedeutung des Wissens und der Fähigkeit, sich Wissen anzueignen in Zuge der Professionalisierung der SozArb steigert die Wichtigkeit des Aufgabenfeldes Fort- und Weiterbildung.

Europäische Einflüsse

Die Bedeutung der E. verändert sich auch im Prozess der europäischen Integration. Zum einen stellt die internationale Zusammenarbeit neue Anforderungen an die Bürger/innen, so z. B. Kenntnisse der Geschichte, Politik, Kultur, Gesellschaft der europäischen Nachbarn, Kenntnisse in Fremdsprachen, Kompetenzen in internationaler Zusammenarbeit. Zum anderen entwickelt die EU-Kommission in der Folge der Zielsetzung von Lissabon, Europa zur dynamischsten und wettbewerbsfähigsten Region zu entwickeln, eigene internationale Standards für einen europäischen Raum des lebenslangen Lernens, in dem die Bürgerinnen und Bürger „frei zwischen Lernumgebungen, Arbeitsstellen, Regionen und Ländern wählen" können. Ziele dieser europäischen Politik sind aktive und demokratische Bürger/innen, deren persönliche Entfaltung, die soziale Eingliederung und die Beschäftigungsaspekte. Gerade die Aspekte der demokratischen Teilhabe, der Beschäftigungsrelevanz und des Fremdsprachenlernens liegen im Kern der Aufgabenfelder der E., die sich zukünftig auf eine verstärkte internationale Zusammenarbeit einstellen muss. Die europäische Diskussion des „lebenslangen Lernens" eröffnet aber auch den Aspekt der Anerkennung von Lernleistungen im nicht-formalen und informellen Bereich. Damit stellt die Kommission die traditionelle Trennung zwischen den formal qualifizierenden Säulen des Bildungswesens und den formal nicht-qualifizierenden in Frage und baut auf Kompetenzen auf, die es zu zertifizieren gilt.

Lebenslanges Lernen

Wenn E. als Fortsetzung oder Wiederaufnahme organisierten Lernens nach Abschluss vorheriger Bildungsabschlüsse verstanden wird, passt sie genau in das auch seit langem von internationalen Organisationen (UNESCO/OECD) propagierte Konzept des lebenslangen Lernens: vor dem Hintergrund, dass moderne Gesellschaften den Übergang zu einer Wissensgesellschaft zu vollziehen hätten, um nicht den Anschluss an die jeweils neuesten sozialen und ökonomischen Entwicklungen zu verlieren (nach Brödel 2011).

Das hat auch Auswirkungen auf die Art und Weise (das methodische Vorgehen) der E.-Angebote. Stichworte sind: kooperative E., Entdeckendes Lernen, Lernen durch tun, Projektunterricht, Lernen durch Lehren. Dazu haben sich inzwischen Lernmethoden des selbstgesteuerten Lernens entwickelt: Coaching, Handlungsorientierter Unterricht, Planspiele, Zukunftswerkstätten u. a. m. (nach Erwachsenen- und Weiterbildung, in: Wikipedia – Internetaufruf vom 13. 11. 2016).

Die E. wird in der BRD seit den frühen 1970er Jahren häufig in enger Verbindung mit der Jugendbildung gesehen. Dieser Zusammenhang, der sich v. a. aus der bildungsoptimistischen Hoffnung der gesellschaftlichen Veränderung über emanzipatorische Bildungsprozesse speiste *(Emanzipation)*, erfährt mit dem demografischen Wandel und den sich beständig verändernden Anforderungen moderner Gesellschaften eine Veränderung. Der Begriff des „Lebenslangen Lernens" umfasst in zunehmendem Maße die Aufgabe, lebensältere Menschen zu befähigen, den Anforderungen der Arbeits- und Lebensprozesse zu genügen *(Berufliche Bildung)*.

Die Zukunft der E. in Deutschland wird vor allen von der Ausgestaltung des Anspruchs auf bezahlte Freistellung für E. und von der Basisfinanzierung staatlicher/kommunaler und freier Angebote abhängen, aber auch davon, ob die Facetten der E. weiter die Utopie als das Bewusstsein, das sich nicht mit dem Sein in Deckung befindet (K. Mannheim), beleben können.

Gerd Harms

Literatur

R. Arnold/S. Nolda/E. Nuisse (Hrsg.): Wörterbuch Erwachsenenbildung, München ²2010 ◆ R. Brödel: Lebenslanges Lernen, in: T. Fuhr/P. Gonon/C. Hof (Hrsg.): Handbuch Erziehungswissenschaft, Bd. 4, Paderborn 2011, 236 ff. ◆ P. Faulstich/Ch. Zeuner: Erwachsenenbildung – eine handlungsorientierte Einführung Theorie, Didaktik und Adressaten, Weinheim 2010 ◆ P. Freire: Pädagogik der Unterdrückten, Stuttgart 1972 ◆ K.-P. Hufer/D. Lange (Hrsg.): Handbuch politische Erwachsenenbildung, Schwalbach/T. 2016 ◆ B. Schellhammer: Wie lernen Erwachsene (heute)?, Weinheim 2017 ◆ H. Siebert: Rückkehr zum Begriff „Erwachsenenbildung", in: Bildung und Erziehung 41/1988 ◆ R. Tippelt/A. v. Hippel (Hrsg.): Handbuch Erwachsenenbildung/Weiterbildung, Wiesbaden ⁵2011 ◆ J. Wittpoth: Einführung in die Erwachsenenbildung, Opladen ⁴2013.

Links

Deutsches Institut für Erwachsenbildung – Leibnitz-Zentrum für Lebenslanges Lernen (leibnitz-gemeinschaft.de)

Erziehung

Generationenverhältnis

E. ist – ähnlich wie die Organausstattung des Menschen oder seine Arbeit – ein anthropologischer Grundsachverhalt menschlicher Existenz. Der Mensch kommt nicht fertig auf die Welt; seine eigentümliche „Instinktoffenheit" begründet seine Bildsamkeit und damit die Notwendigkeit der E. Nicht durch Reifung wird der Mensch erwachsen, sondern durch angeleitetes Lernen. Die Gattung wäre ohne E. so wenig überlebensfähig wie ohne *Arbeit*. E. nennen wir infolgedessen das Insgesamt von Handlungen zwischen Erwachsenen und Unerwachsenen, die die kompetente

Beteiligung am gesellschaftlichen Lebenszusammenhang zum Ziel haben. Dieses Generationenverhältnis ist mindestens durch drei Momente bestimmt – und zwar in jeder Kultur: durch das Angewiesensein des menschlichen Organismus auf Unterstützung in einem relativ (im Vergleich zum Tier) langen und gebrochenen Bildungsprozess (Pleßner); durch die prinzipielle (nicht faktische) Offenheit dieses Prozesses im Hinblick auf seine „Bestimmung" (Roth); durch die Nötigung der Erwachsenen, das Insgesamt der herrschenden Kultur durch ihre Person und ihre Handlungen in verstehbarer, sinnvoller Form der nachwachsenden Generation zu repräsentieren (Buber). Darin ist enthalten, dass E. nicht nur – je nach historischer und soziokultureller Situation – verschieden ist, sondern auch misslingen kann: Die Unterstützung kann ausbleiben oder fehlgehen, die Bestimmung kann zur Dressur entarten oder in Formlosigkeit zerfließen, die Repräsentation der Kultur kann dem Erwachsenen missglücken (Mollenhauer 1983).

Erziehungsmittel

In der E. stehen sich die Angehörigen der *Generationen* indessen nicht „rein" gegenüber: Das Erziehungsverhältnis ist vielfältig instrumentiert, hat eine gesellschaftliche Organisationsform. Die Mittel dieser Organisation sind: die Tätigkeiten der Erwachsenen; die Werkzeuge ihrer Tätigkeiten; die speziell für Kinder oder von Kindern hergestellten Materialien des Lernens; die Räume für das erzieherische Handeln; die Zeitperspektiven, die das erzieherische Verhältnis strukturieren; die Sprache bzw. besondere pädagogische Sprachspiele; die Körpergesten *(Körper)* usw. Dazu kommen schließlich die „Repräsentanten" der Erwachsenenkultur wie v. a. die elektronischen Medien (geheime Miterzieher). Diese Mittel können auch die Medien der pädagogischen Interaktion genannt werden. E. ist also zu einem wesentlichen Teil Instrumentieren der *Interaktion* zwischen den Generationen. Dabei haben solche Medien oder Instrumente eine dreifache Funktion: Sie fordern die Bildsamkeit des Educandus heraus, sie verweisen auf die Bestimmung des Erziehungsvorganges, und sie konstruieren die Erziehungswirklichkeit, die Welt, die der nachwachsenden Generation im Erziehungsverhältnis präsentiert wird. Dieser Zusammenhang ist der erziehenden Generation teils ausdrücklich bewusst und von ihr gewollt, teils gehört er zum latenten Hintergrundwissen bzw. zur Gewohnheit, Überlieferung, Selbstverständlichkeit gewordene Lebensform. Die alte Unterscheidung zwischen „intentionalen" (absichtlich gewollter, geplanter) und „funktionaler" (unabsichtlicher, durch die Lernumwelt geschehender) E. bezeichnet diesen Sachverhalt (Schleiermacher). Die nichtintentionalen Bestandteile des Erziehungsvorganges sind indessen dadurch nicht aus der pädagogischen Verantwortung entlassen; die erziehende Generation ist legitimationspflichtig für das Gesamt ihrer Lebensformen, für deren pädagogische „Glaubwürdigkeit". E. braucht „positive Lebensbedingungen" und eine „kinder- und familienfreundliche Umwelt" (§ 1.Abs. 3, 4 SGB VIII).

Historische Bedingungen

Es ist evident, dass Struktur und Inhalte der E. in der Geschichte nach Klassen/Schichten *(Klasse, Schicht, Milieu)* und nach pädagogischen Institutionen variieren. Die Unterscheidung nach intentionalen und nichtintentionalen Bestandteilen des Erziehungsfeldes, ebenso das differenzierte Nachdenken über die Medien/Instrumente der E., schließlich auch die Behauptung einer Legitimationspflicht des Erziehers sind geschichtlich jüngeren Datums. Ihre historische Bedingung liegt u. a. in der Absonderung einer Erziehungswirklichkeit aus der Welt des Erwachsenen, der gesellschaftlichen Konstruktion von eigens für den Nachwuchs gemachten Lernwelten – in der europäischen Geschichte mit Renaissance und Humanismus einsetzend, von der Pädagogik der bürgerlichen Gesellschaft entfaltet und durch die weitere Entwicklung der kapitalistischen Industriegesellschaft gestützt. Die weiteren Entwicklungen waren: die Differenzierung des Haushalts in die Arbeitswelt der Erwachsenen und die Kommunikationswelt der Familie; die innere Differenzierung der Familien nach pädagogisch relevanten Rollen (Kinderzimmer); die Differenzierung von Unterricht und Schule in Jahrgänge (Klassen), Bildungstypen (dreigliedrigen Schulwesen) und Lernfähigkeiten (Sonderschulen); die Differenzierung der Erziehungsinstrumente (Spielzeug, Lernmaterial, Kommunikationscodes usw.). Die Differenzierung im Zwischenfeld von *Familie* und Schule brachte das verzweigte Feld der Erziehungseinrichtungen der KJH hervor, das wiederum in sich nach je besonderen Arrangements unterschieden ist: ambulante und stationäre Formen der „Behandlung"; offene und geschlossene Heime; pädagogische und therapeutische Verfahren; Gesprächstherapie, analytische Therapie, Spieltherapie usw. – Die E. zersplittert auf diese Weise zu einem Kabinett von Techniken; das erzieherische Verhältnis zwischen den Generationen zerfällt in Expertenbeziehungen professioneller Berufssparten; die Sinnorientierung (die Frage nach der „Bestimmung" des Educandus) wird reduziert auf die Effektivität spezialisierter Arrangements, ein Sachverhalt, der bspw. von Habermas (1981) als das Auseinandertreten von „System" und „Lebenswelt" beschrieben wird. Deshalb wird seit einiger Zeit erneut über das Verhältnis von E. und Sozialdisziplinierung (Peukert 1986) bzw. über das Programm einer „gewaltfreien Erziehung" diskutiert. Gewaltanwendung in der E. ist freilich nur ein – nicht tolerabler – Extremfall *(Gewalt/Gewalt in Familien).* Im Kern geht es bei diesen Debatten um die Frage, wie es möglich und praktisch einlösbar ist, den Subjektstatus und die Autonomie des Zöglings bzw. des Klienten durch Erziehung nicht einzuschränken, sondern zu stärken (vgl. die Ansätze zum sog. *Empowerment,* Herriger 2006). Seit 1980 wurde das „Recht der elterlichen Gewalt" durch die Norm der partnerschaftlichen E. („Elterliche Sorge") abgelöst: Eltern sollen demgemäß „die wachsende Fähigkeit und das wachsende Bedürfnis des Kindes zu selbstständigem, verantwortungsbewusstem Handeln" in ihrer Erziehungspraxis berücksichtigen und insbes. „entwürdigende Erziehungsmaßnahmen" vermeiden (§§ 1626 Abs. 2/1631 Abs. 2 BGB).

Erziehung in der postmodernen Welt

Dieses – vermutlich – epochale Dilemma der E. in modernen Industriegesellschaften wurde verstärkt durch die sozioökonomische Differenzierung im Europa der bürgerlichen Gesellschaften nach bürgerlicher und proletarischer E. Die zuvor skizzierten Tendenzen neuzeitlicher E. setzen sich indessen in beiden Erziehungsformen mehr durch i. S. einer Angleichung (Bronfenbrenner). Die moderne Erziehungsstilforschung zeichnet diese Angleichung in dem Trend nach: vom „Befehlshaushalt" zum „Verhandlungshaushalt" (Ecarius).

Vor diesem Hintergrund werden die Erziehungspraktiken der bildungsfernen sozialen Schichten werden zunehmend delegitimiert und als defizitär bzw. dysfunktional bewertet. Kindern aus solchen Milieus versuchte die *Kinder- und Jugendhilfe* durch Angebote „kompensatorischer Erziehung" (k. E.) zu helfen. Sie wurden in den USA im Rahmen des „Kampfes gegen Armut" entwickelt und zielten auf den Ausgleich von Erziehungsdefiziten nicht nur im Bereich der Kompetenz-, sondern auch der Persönlichkeitsentwicklung. Ein gegenwärtiges Beispiel hierfür ist das in Israel entwickelte Programm HIPPY (Home Instruction for Parents of Pre-School Youngsters). Die Wirkung kompensatorischer Erziehungsprogramme war freilich von Anfang an umstritten (Bronfenbrenner).

Der Begriff k. E. spielt seit langem in der *Erziehungwissenschaft* keine Rolle mehr (dazu auch Iben 2013). Die Aufgabe, soziale und bildungsmäßige Benachteiligungen auszugleichen („zu kompensieren") ist allerdings geblieben. Die Ergebnisse der PISA-Studien, dass die soziale Herkunft in hohem Maße über den Bildungserfolg entscheidet, belegen das deutlich. In der Gegenwart wird durch die Frühe Erziehung – v. a. durch die ausgebauten Angebote der *Tageseinrichtungen für Kinder* – versucht, bestehende Benachteiligungen auszugleichen (weitere Versuche sind unter *Jugendhilfe und Schule* beschrieben).

Daneben haben aber auch die Differenzen geschlechtsspezifischer, ethnisch-kultureller oder auch regionaler Erziehungsformen immer noch ihre Bedeutung, nachdem lange Zeit Nivellierungstendenzen nicht nur faktisch, sondern auch propagandistisch das Feld beherrschten.

Die Koedukation (K.) (co-education) bezeichnet ganz allgemein die gemeinsame Erziehung von Jungen und Mädchen in Sozialisationsinstanzen außerhalb der *Familie.* Von K. ist Ko-Instruktion zu unterscheiden, die lediglich den gemeinsamen Unterricht in gemischten Klassen meint. Weil beide Begriffe immer wieder synonym verwendet wurden, kam es zu dem Missverständnis, Koinstruktion von Jungen und Mädchen sei bereits Koedukation. K. meint aber immer ein Mehr an pädagogischem Nutzen, das über den gemeinsamen Unterricht hinausgeht. Mit Blick auf die seit dem Ende des 19. Jh. praktizierte schulische K. (der gemeinsamen, einheitlichen Erziehung von Mädchen und Jungen) scheint das Ziel gleicher Chancen durch K. nicht im erwarteten Maß erreicht worden zu sein, wie besonders an den immer noch sehr ungleichen Berufswahlentscheidungen und Berufswegen, welche immer noch klassische Rollenmuster widerspiegeln, ablesbar ist. Die neuere Forschung stellt deshalb zunehmend die Frage, ob durch eine koedukative Organisation des Bildungswesens diese Rollenmuster effektiv zu beseitigen sind und *Chancengleichheit* hergestellt werden kann. So die Programme zur „Relexiven Koedukation" (vgl. Klimek/Kirfel 2013), die die pädagogischen Bedingungen und Aktivitäten des Unterrichts und des allgemeinen Schullebens darauf hinterfragen, ob sie die bestehenden Geschlechterverhältnisse eher stabilisieren oder eine kritische Auseinandersetzung und damit die Veränderung fördern (Faulstich-Wieland 2006): mit dem Ziel, Geschlechterhierarchien im Schulalltag abzubauen und mittelfristig die Ungleichbehandlung von Männern und Frauen zu beenden. Letzlich geht es um die Gestaltung einer Schule, in der Jungen und Mädchen ‚geschlechtergerecht' gleich gute Rahmenbedingungen vorfinden, um sich bilden und entwickeln zu können (nach Müller 2013).

Es scheint so, als gäbe es für die Überzeugungskraft von Lebensformen (geschlechtsspezifischer, sozioökonomischer, ethnischer, regionaler Art) und ihrer Erziehungsverhältnisse eine Legitimationsschwelle: Werden die Orientierungsdaten für den Bildungsprozess der nachwachsenden Generation (Erziehungsziele, Bildungsabschlüsse, Berufskarrieren usw.) derart abstrakt und werden die Lebenswelten derart diffus, dass sie nicht mehr als gestalteter sinnvoller Zusammenhang erfahren werden können, dann wird nicht nur die Repräsentanz der sozial-kulturellen Welt im Erziehungsprozess zu einer in der Tendenz unlösbaren Aufgabe, sondern es zerbröckelt auch die Legitimation der erziehenden Generation (PFV 1997). Diese Schwierigkeit greift die „Antipädagogik" auf und radikalisiert das Problem zur Empfehlung pädagogischer Enthaltsamkeit (v. Braunmühl). Ob darin eine theoretische und geschichtspraktische Lösung liegt, ist mindestens strittig (Flitner, Mollenhauer). In jüngster Zeit artikuliert sich jedenfalls deutlich eine „Gegenbewegung", die eine Wiederbesinnung auf Disziplin und Erziehung fordert (Bueb 2006; kritisch dagegen: Brumlik 2007). Wichtiger ist demgegenüber, die neuere Debatte über das Verhältnis der Begriffe „Erziehung" und „Bildung" zueinander sowie über die Möglichkeit, Erziehungs- und Bildungswirkungen zu erfassen oder gar zu messen (Autorengruppe Bildungsberichterstattung 2010). 2001 hat das Bundesjugendkuratorium in einer Streitschrift bereits für ein neues Verhältnis von *Bildung* und *Kinder- und Jugendhilfe* und für ein zeitangemessenes Bildungsverständnis geworben, das nicht nur auf formelle Bildung setze, sondern die (erzieherischen) Wirkungen und die Bedeutung der nichtformellen und informellen Bildung zur Kenntnis nehme (BJK 2001, 22 ff.: ‚Bildung ist mehr als Schule'). Der 12. Kinder- und Jugendbericht (2006) hat diese Hinweise aufgegriffen und verortete die Felder der Kinder- und Jugendhilfe in der Gesamtheit der Bildungslandschaft.

Richard Münchmeier
(bis zur 4. Auflage Klaus Mollenhauer)

Literatur

S. Andresen u. a.: Handwörterbuch Erziehungswissenschaft, Weinheim/Basel 2009 ◆ E. von Braunmühl: Antipädagogik, Neuauflage (der ersten Auflage von 1975) ◆ Leipzig 2006 ◆ U. Bronfenbrenner: Wie wirksam ist kompensatorische Erziehung?, Stuttgart 1974 ◆ M. Buber: Reden über Erziehung ◆ Heidelberg 1960 ◆ BMFSFJ (Hrsg.): Zwölfter Kinder- und Jugendbericht, BT Drs. 15/6014, Berlin 2006 ◆ Brumlik, M. (Hrsg.): Vom Missbrauch der Disziplin. Antworten der Wissenschaft auf Bernhard Bueb, Weinheim/Basel 2007 ◆ B. Bueb: Lob der Disziplin: Eine Streitschrift, Berlin 2006 (E-Book 2011) ◆ Bundesjugendkuratorium/BMFSFJ: Zukunftsfähigkeit sichern! Für ein neues Verständnis von Bildung und Jugendhilfe, Berlin 2001 ◆ J. Ecarius: Familienerziehung im historischen Wandel. Eine qualitative Studie über Erziehung und Erziehungserfahrungen von drei Generationen, Opladen 2002 ◆ H. Faulstich-Wieland: Reflexive Koedukation als zeitgemäße Bildung, in: H.-U. Otto: Zeitgemäße Bildung, München 2006, 261–274 ◆ H. Fend: Sozialgeschichte des Aufwachsens. Bedingungen des Aufwachsens und Jugendgestalten im zwanzigsten Jahrhundert, Frankfurt/M. [2]1996 ◆ A. Flitner: Konrad, sprach die Frau Mama … Über Erziehung und Nichterziehung, Berlin 1982 ◆ J. Habermas: Theorie des kommunikativen Handelns, Bd. 2, Frankfurt/M. [8]1995 ◆ G. Iben: Kompensatorische Erziehung, in: Kreft/Mielenz (Hrsg.): Wörterbuch Soziale Arbeit, Weinheim/Basel [7]2013, 572 f. ◆ B. Klimeck/M. Kirfel: Reflexive Koedukation. Mädchen und Jungen auf dem Weg ins Leben: Getrennt? Gemeinsam? Verschieden? Gleich? In: Schule NRW (Fachzeitschrift für Lehrerinnen und Lehrer) 7/2013, 310–313 ◆ KMK/BMBW (Hrsg.): Bildung in Deutschland. Ein indikatorengestützter Bericht mit einer Analyse zu Perspektiven des Bildungswesens im demografischen Wandel (verfasst von einer Autorengruppe), Berlin 2010, zuletzt BMBW: Bildung in Deutschland 2015 ◆ F. J. Krafeld: Jenseits von Erziehung, Weinheim/Basel 2016 ◆ M. Kunert-Zier: Erziehung der Geschlechter: Entwicklungen, Konzepte und Genderkompetenz in sozialpädagogischen Feldern, Wiesbaden 2005 ◆ N. Luhmann: Das Erziehungssystem der Gesellschaft (hrsg. v. D. Lenzen), Frankfurt/M. 2003 ◆ G. Miller-Kipp/J. Oelkers: Erziehung, in: Tenorth/Tippelt (Hrsg.): Lexikon Pädagogik. Weinheim/Basel 2007, 204 ff. ◆ K. Mollenhauer: Vergessenen Zusammenhänge. Über Kultur und Erziehung, Weinheim/München [5]1998 ◆ E. Müller: Koedukation, in: Kreft/Mielenz (Hrsg.): Wörterbuch Soziale Arbeit, Weinheim/Basel [7]2013, 565 f. ◆ D. Peukert: Grenzen der Sozialdisziplinierung, Köln 1986 ◆ PFV – Pestalozzi-Fröbel-Verband (Hrsg.): Erziehen in der Risikogesellschaft. Sozialpädagogische

Blätter, Jahrbuch 1, Weinheim/Basel 1997 ♦ H. Roth: Pädagogische Anthropologie, 2 Bde., Hannover 1966 und 1971.

Erziehungsberatung

Auftrag und Ziele

E. ist eine *Hilfe zur Erziehung* (§§ 27 ff. SGB VIII). Sie soll Kinder, Jugendliche, Eltern und andere Erziehungsberechtigte bei der Klärung und Bewältigung von individuellen und familienbezogenen Problemen unterstützen (§ 28 SGB VIII). Dazu zählen Verhaltensauffälligkeiten, Entwicklungsstörungen sowie Lernschwierigkeiten von Kindern und Jugendlichen einschließlich damit zusammenhängender psychosomatischer Probleme, Erziehungsfragen sowie Konflikte und Krisen in der Familie einschließlich von Trennung und *Scheidung*. Nicht selten handelt es sich um Mehrfachbelastungen. Aufgabe der E. ist es, zum einen, die elterliche Erziehungskompetenz zu stärken, und zum anderen die seelische Entwicklung von Kindern und Jugendlichen zu fördern, auftretende Störungen und Gefährdungen zu klären und zu behandeln bevor sie sich zu dauernden Beeinträchtigungen verfestigen.

Heute sind in der E. sechs unterschiedliche Aufgabenbereiche zu unterscheiden: Grundaufgaben der Beratung, spezielle Beratungsaufgaben, fachdienstliche Aufgaben, präventive Aufgaben, Vernetzungsaufgaben und Leitungsaufgaben. Ihnen können mehr als 50 Einzelaufgaben zugeordnet werden, die zur Bearbeitung unterschiedliche Kompetenzniveaus erfordern (bke 2009b).

Gründe für die Hilfe durch E. sind bei jedem zweiten jungen Menschen/j. M. seine Belastung durch familiäre Konflikte. Bei jeweils etwa jedem vierten j. M. werden Entwicklungsauffälligkeiten oder seelische Probleme (27,4 %) oder eine eingeschränkte Erziehungskompetenz der Eltern (23,2 %) gesehen. Bei jedem fünften sind Auffälligkeiten im sozialen Verhalten (20,4 %) oder schulische bzw. berufliche Probleme (19,0 %) Grund der Beratung (Stat. Bundesamt 2014, Tab_4.1_a).

Das *Familiengericht* kann auch die Teilnahme von Eltern an E. anordnen, um in sorge- und umgangsrechtlichen Fragen ein Einvernehmen zwischen ihnen herzustellen.

Multidisziplinäres Team

Für E. ist die Arbeit in einem multidisziplinären Fachteam konstitutiv, um der multifaktoriellen Verursachung der vorgestellten Probleme entsprechen zu können.

§ 28 SGB VIII schreibt daher das „Zusammenwirken verschiedener Fachrichtungen" für die Leistungserbringung vor (Wiesner 2015, § 28 Rz 14–15b; Maas/Jans/Happe/Saurbier 2011, § 28 Rz 32). Zu den Fachrichtungen des Teams gehören heute: *Psychologie, Sozialarbeit/Sozialpädagogik,* Pädagogik/*Erziehungswissenschaft,* Kinder- und Jugendlichenpsychotherapie sowie andere beratend-therapeutische Fachkräfte. Als andere Fachkräfte kommen in Betracht: Heilpädagogen, Logopäden, Psychologische Psychotherapeuten (bke 2009b, 17 ff.).

Die praktische Arbeit mit Kindern und Jugendlichen, ihren Eltern und *Familien* setzt in der E. neben den Grundberufen eine auf das Arbeitsfeld bezogene Zusatzqualifikation voraus. Die Fachkräfte sollen deshalb „mit unterschiedlichen methodischen Ansätzen vertraut" sein (§ 28 S. 2 SGB VIII). Hierzu zählen feldspezifische Weiterbildungen wie Erziehungs- und Familienberater/in bke und Integrierte Familienorientierte Beratung IFB sowie therapeutische Qualifizierungen, z. B. Familientherapie, Gesprächspsychotherapie, Verhaltenstherapie und Psychoanalyse *(Psychotherapien),* aber auch Qualifizierungen zur Modifikation *sozialer Netzwerke* oder Systeme, z. B. Methoden sozialer Gruppenarbeit, *Gemeinwesenarbeit (Methoden der Sozialer Arbeit, Methodisches Handeln).* Eine Approbation zum Kinder- und Jugendlichenpsychotherapeuten oder Psychologischen Psychotherapeuten ist nicht erforderlich.

Die Fachkräfte der E. sind zudem gehalten, sich kontinuierlich fortzubilden. Dies betrifft sowohl die Zielgruppen (*Alleinerziehende,* Stiefeltern, Pflegeeltern, Familien mit Migrationshintergrund, Multiproblemfamilien) als auch die Problemlagen wie Trennung und *Scheidung, Gewalt in der Familie,* insbesondere sexuellem Missbrauch oder psychosomatische Auffälligkeiten sowie therapeutische Methoden *(Kinderschutz).*

Ein zeitgemäßes multidisziplinäres Fachteam ist am Deutschen Qualifikationsrahmen für lebenslanges Lernen (DQR 2011) orientiert. Es umfasst Fachkräfte mit Bachelor- (180 ECTS) ebenso wie mit Masterabschluss (300 ECTS). Dabei soll mindestens die Hälfte der VZÄ über einen Masterabschluss verfügen. Die Weiterbildungen sollen mit mindestens 90 ECTS bewertet sein. Insgesamt soll das multidisziplinäre Fachteam der Zukunft zur Wahrnehmung seiner differenzierten Aufgaben über mindestens 1 650 Kompetenzpunkte verfügen (bke 2009b, 31).

Methoden

E. wird also in einem Team von Fachkräften erbracht das aus verschiedenen Fachrichtungen zusammengesetzt ist, über unterschiedliche Zusatzqualifikationen verfügt und sich problem- und zielgruppenspezifisch qualifiziert. Die möglichen Interventionen der E. reichen von informatorischer Beratung, diagnostischer Klärung und psychologischem Test über mediative Elemente, Gruppenarbeit und Spieltherapie bis hin zu psychotherapeutischen Interventionen und Arbeit im sozialen Umfeld. E. zeichnet sich dabei durch eine Vielfalt möglicher „Settings" (Arbeit mit dem einzelnen Kind, mit dem Elternpaar, einem Elternteil, der Familie sowie Kinder- und Erwachsenengruppen) und einen flexiblen Settingwechsel aus.

Schutz des Privatgeheimnisses

Medium der E. ist die individuelle Beziehung zwischen Berater und *Klient.* E. setzt die freiwillige Inanspruchnahme durch die Ratsuchenden und ihre Selbstoffenbarung in persönlichsten Angelegenheiten voraus. Sie muss deshalb den Schutz der Vertrauensbeziehung zum Berater garantieren (Stähr u.a. § 28 Rz 15; Maas/Jans/Happe) Saurbier § 28 Rz 7b; bke 2009a, 228 ff.). Ihre Fachkräfte sind zur Wahrung des Privatgeheimnisses ihrer Klienten verpflichtet (§ 203 Abs. 1 Nr. 4 StGB) *(Sozialdatenschutz, Schweigepflicht, Zeugnisverweigerungsrecht).* Eine Weitergabe anvertrauter Daten setzt die Einwilligung des Betroffenen oder eine gesetzliche Offenbarungsbefugnis voraus (§ 4 Abs. 3 KKG).

Die Einrichtung stellt eine eigene Organisationseinheit dar und soll (auch als Abteilung des *Jugendamtes*) räumlich getrennt von der Behörde oder Organisation untergebracht sein (bke 2000, 205 ff.)

Fachliche Entwicklungen

E. hat nach Inkrafttreten des SGB VIII ihre fachliche Identität als Leistung der Kinder- und Jugendhilfe herausgearbeitet.

Qualität. In Reaktion auf das Konzept der Neuen Steuerung hat die *Kinder- und Jugendhilfe* in den 1990er Jahren eine breite Diskussion zur Qualität und Qualitätssicherung ihrer Leistungen geführt. In diesem Rahmen wurden für die E. Empfehlungen zu Leistungen, Qualitätsmerkmalen und Kennziffern erarbeitet, die E. in den Dimensionen Struktur-, Prozess- und Ergebnisqualität differenziert beschreiben (bke 1999). Auf dieser Grundlage ist ein Qualitätssiegel für Erziehungsberatungsstellen entwickelt worden *(Qualitätsentwicklung).*

Psychotherapie. E. hat ihre fachlichen Wurzeln in der *Psychotherapie* (Psychoanalyse). Ihre *Professionalisierung* wurde daher lange Zeit durch das „medizinische Modell" bestimmt. Das Psychotherapeutengesetz (1998) hat eine Klärung des Bezugs der E. auf Psychotherapie befördert: E. bringt Erfahrungen und Kompetenzen der Psychotherapie in die Beratung von Kindern und ihren Familien ein. Sie teilt mit der Psychotherapie die gezielte Gestaltung der Beziehung zum Klienten in der Beratung. Psychotherapeutische Interventionen im engeren Sinne werden erforderlich, wenn Probleme eines Kindes oder Jugendlichen sich chronifiziert haben oder wenn mit Eltern an deren eigenen seelischen Problemen gearbeitet werden muss, um ihre Erziehungsfähigkeit wieder herzustellen (bke; BPtK 2008).

Trennung und Scheidung. Seit Inkrafttreten des SGB VIII (1990) bildet das Thema Trennung und Scheidung einen Schwerpunkt der Arbeit. Die Bundesstatistik bildet für die Zeit von 1993 bis 2006 einen Anstieg der Inanspruchnahme aus Anlass von Trennung und Scheidung um 125 % ab. Die Beratungsstellen haben darauf mit differenzierten Konzepten der Beratung von Kindern und Eltern in der Einzelarbeit und in Gruppen reagiert. Neuerdings bildet die Beratung von hoch strittigen Eltern eine besondere Herausforderung (bke, DJI, IFK 2010). Die bke hat fachliche Standards für die Beratung von Hochkonflikt-Familien erarbeitet (bke 2013).

Fachdienstliche Aufgaben. E. nimmt neben der Beratung von jungen Menschen und ihren Familien auch fachdienstliche Aufgaben für das Jugendamt wahr. Dies betrifft die Beteiligung an der Hilfeplanung nach § 36 SGB VIII für andere Hilfen zur Erziehung durch diagnostische Einschätzung, die Beurteilung der Leistungsvoraussetzungen für die Eingliederungshilfe nach § 35a SGB VIII und ihre Tätigkeit als im Kinderschutz erfahrene Fachkraft für andere Dienste und Einrichtungen (bke 2009c).

Familienverfahrensgesetz (FamFG). Seit der Kindschaftsrechtsreform haben Mütter und Väter, die für ein Kind zu sorgen haben oder tatsächlich sorgen, einen Rechtsanspruch auf Beratung (§ 17 SGB VIII). Damit ist die eigene Entscheidung der Eltern über das künftige Sorge- und Umgangsrecht an die Stelle der familiengerichtlichen Entscheidung getreten. Das Familiengericht hat seit dem nur noch dann zu entscheiden, wenn ein Elternteil dies beantragt. Die praktische Erfahrung hat jedoch gezeigt, dass diese strittigen Fälle durch eine rechtliche Entscheidung oftmals nicht befriedet werden können.

Mit der FGG-Reform ist daher in § 156 FamFG für das Gericht u. a. die Möglichkeit geschafften worden, die Teilnahme von Eltern an einer Beratung der Jugendhilfe anzuordnen. E. ist damit in die Verantwortungsgemeinschaft von Familiengericht und Jugendamt eingerückt worden (bke 2010; Menne; Weber (Hg.) 2010).

Frühe Hilfen. Mit dem Ziel, Kindeswohlgefährdungen insbesondere im Kleinkindalter vorzubeugen, sind von den Jugendämtern in den letzten Jahren Netzwerke Früher Hilfen aufgebaut worden. Erziehungsberatungsstellen beteiligen sich an vielen Netzwerken mit eigenen Leistungsangeboten. Oft haben sie sich insbesondere für die Beratung von Familien mit Säugling und Kleinkindern spezifisch qualifiziert (Scheuerer-Englisch; Fröhlich 2010). Eine systematische Darstellung des Beitrags der EB zu den frühen Hilfen bietet bke 2014.

Onlineberatung für Jugendliche und Eltern

Jugendliche und Eltern suchen heute auch im Internet aktiv nach Unterstützung bei ihren persönlichen und familiären Problemen. Die Jugendministerkonferenz hat daher 2003 die Errichtung einer Erziehungs- und Familienberatung im Internet beschlossen (www.bke-jugendberatung.de und www.bke-elternberatung.de). Sie soll Hilfe für jungen Menschen und Eltern anbieten, für die die bestehenden Erziehungsberatungsstellen schwer erreichbar sind oder bei denen Hemmschwellen bestehen, diese Stellen aufzusuchen.

Beide Websites bieten webbasierte Mailberatung, Gruppen- und Themenchats sowie Diskussionsforen an. Offene Sprechstunden ermöglichen Beratung in Krisensituationen. Eine „Offene Tür" zwischen beiden Websites steht für Gespräche zwischen Jugendlichen und Eltern, stellvertretend für eine fehlende familiäre Kommunikation, zur Verfügung. Die Anonymität des Internet erleichtert die Kontaktaufnahme. Sie ist aber auch mit besonderen Anforderungen an die Beratung verbunden (bke 2003). Inzwischen haben sich über 70 000 Nutzerinnen und Nutzer für eine aktive Beteiligung an dem Beratungsangebot registriert.

Erziehungsberatung als Hilfe zur Erziehung

Durch die Einbeziehung der E. in die Hilfen zur Erziehung besteht gemäß § 27 SGB VIII ein Rechtsanspruch der Personensorgeberechtigten auf E. Dies beeinträchtigt jedoch nicht den unmittelbaren Zugang zur E. (§ 17 Abs. 1 Nr. 3 SGB I) und setzt keinen förmlichen Verwaltungsakt voraus (§ 33 Abs. 2 SGB X). Der Gesetzgeber hat dies durch § 36a Abs. 2 SGB VIII ausdrücklich klargestellt. Danach soll die „niedrigschwellige unmittelbare Inanspruchnahme ... der Erziehungsberatung" zugelassen werden. Voraussetzung sind Vereinbarungen des JA mit den Leistungserbringern über die Ausgestaltung der Leistung und die Übernahme der Kosten (S. 2).

Die direkte Inanspruchnahme der E. hat zur Folge, dass für sie eine Hilfeplanung des öffentlichen Trägers auch bei längerfristiger Hilfe entfällt (bke 2011; Jans/Happe/Saurbier/Maas, § 36a Rz 26). Dies ist auch sachgerecht, da E. auch bei längerer Dauer nur in einem zeitlichen Umfang auf das Kind und/oder die Familie einwirkt wie andere Hilfen zur Erziehung, wenn sie kurzfristig geleistet werden (bke 2011). Diese Privilegierung der Ratsuchenden macht auf der anderen Seite eine klare Strukturierung der Zusammenarbeit von Erziehungsberatungsstellen und JA erforderlich (bke; DIJuF 2012)

Erziehungsberatung im Kontext der Hilfen zur Erziehung

E. ist im System der Hilfen zur Erziehung diejenige Hilfe, die von den Familien direkt nachgesucht wird. Sie hat daher einen besonderen präventiven Auftrag *(Prävention)*. Systematisch eingesetzt kann E. Kindern und Jugendlichen insbesondere eine mit Fremdplatzierungen verbundene Trennung von den Eltern ersparen. Erfahrungen in Berlin haben gezeigt, dass vorgesehene Fremdplatzierungen bei Über-15-Jährigen zu je einem Drittel durch E. oder durch ambulante Hilfen ersetzt werden können (Michelsen 2006). Durch systematische Präsenz von E. an Schulen können Überweisungen an die Schule für Erziehungshilfe reduziert werden (Englert u. a. 2006). E. trägt damit zur Kostenreduktion bei den stationären Hilfen zur Erziehung bei.

Die Unterstützung von Kindern aus armen Familien ist ein besonderes Anliegen der Kinder- und Jugendhilfe. Von allen 161 436 jungen Menschen aus Familien mit Bezug sozialer Transferleistungen, die 2013 Hilfe zur Erziehung/Hilfe für junge Volljährige erhalten haben, haben 58 192, das sind 36 %, E. i. d. R. durch eigene Entscheidung direkt aufgesucht. Damit ist diese

Gruppe in der E. gegenüber der Bevölkerung um 40 % überrepräsentiert.

38 159 Hilfen zur Erziehung/Hilfen für junge Volljährige wurden 2013 wegen Kindeswohlgefährdung begonnen. Davon entfielen 13 745 oder 36 % auf die Erziehungsberatung.

Inanspruchnahme

Im Jahr 2013 wurden 310 082 Beratungen nach § 28 SGB VIII neu begonnen. Davon entfielen 53,2 % auf männliche und 46,8 % auf weibliche junge Menschen. Das Maximum der Inanspruchnahme lag in den Altersgruppen 6 bis 15 Jahre. Bis zum Alter von 15 Jahren überwiegen Jungen; ab 15 Jahren und bei den jungen Volljährigen überwiegen Mädchen/junge Frauen. Nur noch 43 % der jungen Menschen lebten bei ihren beiden leiblichen Eltern. 38 % lebten dagegen bei einem allein erziehenden Elternteil, weitere 16 % lebten in einer Stieffamilie. Erziehungsberatung wird damit zunehmend zu einer Leistung, die in Anspruch genommen wird, wenn sich die Herkunftsfamilie des Kindes aufgelöst hat. Diese Entwicklung unterstreicht die Notwendigkeit, E. wieder stärker als präventive Leistung, die Familien bei der Bewältigung eines konflikthaften Erziehungsalltags unterstützt, zur Geltung zu bringen.

Gegenüber dem Jahr 1993 ist die Inanspruchnahme in absoluten Zahlen um 56,7 % gestiegen. Bei Säuglingen und Kleinkindern betrug die Steigerung sogar 233 %. Standardisiert wurde E. im Jahr 2010 für 234 je 10 000 Minderjährige in Anspruch genommen. Damit hat sich die Inanspruchnahme der E. bei bzw. wegen sinkenden/r Kinderzahlen bezogen auf alle Minderjährigen verdoppelt. In den letzten 18 Jahren hat E. nach den Erhebungen des Stat. Bundesamtes beinahe jeden dritten Minderjährigen im Verlaufe des Aufwachsens unterstützt. E. ist damit Teil der allgemeinen Infrastruktur, die für das Aufwachsen von Kindern und Jugendlichen in Familien zur Verfügung stehen muss.

Versorgungsgrad

In Deutschland bestehen derzeit ca. 1 050 Erziehungsberatungsstellen. Sie befinden sich zu einem Drittel in öffentlicher und zu zwei Dritteln in freier Trägerschaft. Die Beratungsstellen verfügen über ca 3 650 Planstellen für Beratungsfachkräfte. Damit entfallen im Bundesdurchschnitt 2,2 Fachkräfte (VZÄ) auf je 10 000 Minderjährige. Nach der Empfehlung von Weltgesundheitsorganisation (WHO) und Bundeskonferenz für Erziehungsberatung (bke) sollen mindestens vier Fachkräfte je 10 000 Minderjährige zur Verfügung stehen.

Die personelle Ausstattung der E. ist seit Anfang der 1980er Jahre praktisch unverändert geblieben. In den nBL wurde das Niveau der westlichen Bundesländer erreicht. Doch der Ausbau der ambulanten Hilfen zur Erziehung ist in den letzten beiden Jahrzehnten an der EB vorbeigegangen (BMFSFJ 2013, 306). Angesichts der ständig steigenden Inanspruchnahme der E. ist ein Ausbau um 1 500 Personalstellen dringend erforderlich.

Geschichte

1906 wurde mit der Medico-pädagogischen Poliklinik für Kinderforschung, Erziehungsberatung und ärztliche Behandlung in Berlin die erste Erziehungsberatungsstelle gegründet. In den 1920er Jahren errichtete August Aichhorn in Wien erstmals unter dem Titel „Erziehungsberatungsstelle“ ein Netz von Einrichtungen. In der Zeit des Nationalsozialismus wurde die Institutionelle E. abgebaut. An ihre Stelle trat die – ehrenamtlich betriebene – Erziehungsberatung der Nationalensozialistischen Volkswohlfahrt *(Wohlfahrtsverbände)*. Nach dem Zweiten Weltkrieg erfolgte unter dem High Commissioner for Germany der Wiederaufbau der E. nach dem Muster der angelsächsischen Child Guidance Clinics. Ein verstärkter Ausbau der E. fand in den 1970er Jahren statt. Seit den 1980er Jahren stagniert der Personalstand.

Fachverband der E. ist die Bundeskonferenz für Erziehungsberatung e. V. (bke), Herrnstr. 53, 90763 Fürth. www.bke.de.

Klaus Menne

Literatur

Bundeskonferenz für Erziehungsberatung (bke) (1999): Qualitätsprodukt Erziehungsberatung. Empfehlungen zu Leistungen, Qualitätsmerkmalen und Kennziffern. In: BMFSFJ (Hg.): Materialien zur Qualitätssicherung in der Kinder- und Jugendhilfe, Heft 22 ♦ bke/Bundeskonferenz Erziehungsberatung: Online-Beratung. Hilfe im Internet für Jugendliche und Eltern. Fürth 2003 ♦ bke : Rechtsgrundlagen der Beratung. Fürth 2009a ♦ bke: Bachelor und Master. Konsequenzen der Hochschulreform für das multidisziplinäre Fachteam der Erziehungsberatung. Fürth 2009b ♦ bke : Fachdienstliche Aufgaben der Erziehungsberatung, Fürth 2009c. In: bke 2015, 263–268 ♦ bke: Das Kind im Mittelpunkt. Das FamFG in der Praxis. Fürth 2010 ♦ bke: Vertrauen und Fachkompetenz als Grundlagen der Zusammenarbeit, Fürth 2011. In: bke 2015, 250–257 ♦ bke: Fachliche Standards der Beratung von Hochkonflikt-Familien im Kontext des FamFG, Fürth 2013.

In: bke 2015, 151–164 ◆ Bke: Der Beitrag der Erziehungsberatung zu den Frühen Hilfen. Hrsg. vom Nationalen Zentrum Frühe Hilfen. Köln 2014 ◆ bke: Fachliche Grundlagen der Beratung. Fürth 2015 ◆ bke/PKtK: Psychotherapeutische Kompetenz in der Erziehungs- und Familienberatung. In: Informationen für Erziehungsberatungsstellen, PPtK 2008. In: bke 2015, 219–223 ◆ bke; DIJuF (2012): Zusammenarbeit von Erziehungsberatungsstelle und Jugendamt bei den Hilfen zur Erziehung, DIJuF 2012. In: bke (2015), 241–249 ◆ bke; DJI ◆ IFK: Arbeit mit hochkonflikthaften Trennungs- und Scheidungsfamilien. Eine Handreichung für die Praxis. München 2010 ◆ Bundesministerium für Familie, Senioren, Frauen und Jugend (BMFSFJ): Bericht über die Lebenssituation junger Menschen und die Leistungen der Kinder- und Jugendhilfe in Deutschland. 14. Kinder- und Jugendbericht. Drucksache 17/12200. Berlin 2013 ◆ DQR: Deutscher Qualifikationsrahmen für lebenslanges Lernen, Berlin 2011 ◆ E. Englert u. a.: Sprechstunde an der Schule. In: K. Menne/A. Hundsalz (Hg.): Jahrbuch für Erziehungsberatung. Band 6, Weinheim und München 2006, 177–190 ◆ K.-W. Jans/G. Happe/H. Saurbier/U. Maas (Hg.): Kinder- und Jugendhilferecht. Stuttgart 2011 ◆ K. Menne/M. Weber(Hg.): Professionelle Kooperation zum Wohle des Kindes. Weinheim und München 2010 ◆ H. Michelsen: Umsteuerung der Hilfen zur Erziehung. In: Menne, K./Hundsalz, A. (Hg.): Jahrbuch für Erziehungsberatung. Band 6, Weinheim und München 2006, 51–61 ◆ H. Scheuerer-Englisch/H. Fröhlich: Frühe Hilfen. Möglichkeiten und Angebote im Rahmen der Erziehungsberatung. In: R. Kißgen/N. Heinen (Hg.): Frühe Risiken und Frühe Hilfen. Grundlagen, Diagnostik, Prävention. Stuttgart 2010, 246–271 ◆ A. Stähr u. a. : SGB VIII – Kinder- und Jugendhilfe. Berlin 2011 ◆ Wiesner, R. (2015): SGB VIII – Kinder- und Jugendhilfe – Kommentar. München [5]2015.

E

Erziehungswissenschaft

Begriff

E. nennen wir das Insgesamt der methodisch kontrollierten Erkenntnisbemühungen, die sich *„Erziehung"* und *„Bildung"* zum Gegenstand machen. Diese Gegenstandsbestimmung ist indessen nicht eindeutig. Durch die vielfältigen Formen der Institutionalisierung deckt der ursprüngliche Wortsinn von Erziehung längst nicht mehr die Thematik der E. ab. Gleiches gilt für den älteren Ausdruck „Pädagogik„ (in der urspr. griech. Bedeutung: Lehre von der Führung der Knaben). Pädagogik bezeichnet den viel engeren Gegenstandsbereich von (schulischem) Lehren und Lernen, wird aber in Verbindungen wie Erwachsenenpädagogik oder *Sozialpädagogik* mit anderer Bedeutung immer noch gebraucht. Der Begriff E. ist demgegenüber weiter und praxisbereichsübergreifender, allgemeiner. Zieht man die Forschung zu Rate, die heute unter dem Namen E. oder Pädagogik geschieht, dann kann man den Gegenstand bestimmen als: alle Handlungen, die die Funktion haben, die nachwachsende Generation zum Status des Erwachsenen zu führen, und zwar je nach Maßgabe des gesellschaftlich geltenden Begriffs von „Erwachsensein"; ferner alle Handlungen, die sich an den Erwachsenen wenden, sofern er als Lernender erscheint; das schließt Prozesse der Selbstbildung ebenso ein wie die Prozesse nachholenden Lernens, des Umlernens, der „Resozialisierung", also v. a. jene Vorgänge, die sich innerhalb des heranwachsenden *Individuums* abspielen, als Formierung seines Selbst- und Weltverhältnisses. In der durch internationale Leistungsvergleiche (z. B. PISA-Studien) angestoßenen gegenwärtigen Diskussion in Öffentlichkeit und Politik drohen erneut nicht brauchbare Verkürzungen auf jenen Ausschnitt von *Sozialisation,* in dem es um Erwerb verwertbarer beruflicher Qualifikationen geht (Bundesjugendkuratorium 2002). Ebenso würde die Fokussierung von E. auf die z. Zt. vielerorts präferierte „Empirische Bildungsforschung" eine Verkürzung der Erziehungsprobleme auf den engen Bereich der Lehr-Lern-Forschung bedeuten.

Geschichte

Das Nachdenken über Erziehung und ein entsprechender Bestand gesellschaftlichen Wissens sind vermutlich integraler Bestandteil jeder Kultur, da die Bildung des Nachwuchses zu den Basisfunktionen der Überlebensfähigkeit gattungsspezifisch gehört. Wie andere Teilsysteme unseres Wissenskorpus auch, hat sich das Erziehungswissen über verschiedene Stufen hinweg erst allmählich zu seiner gegenwärtigen i. e. S. wissenschaftlichen Gestalt entwickelt. Bis in die beginnende Neuzeit hinein war das Nachdenken über Erziehung und Bildung zunächst Teil der mythischen Erzählungen, dann Teil des Nachdenkens über den Oikos (Haushalt), dann auch pädagogisch interessierte Essayistik, schließlich auch Teil der praktischen Philosophie – so in der Antike, in der Kirchenväterliteratur, der mittelalterlichen Philosophie, im Humanismus bis zu Comenius, Locke, Rousseau und Kant. Im 17. und 18. Jh. setzt mit Entschiedenheit das ein, was Foucault die Differenzierung der „Humanwissenschaften" genannt hat und was ein wesentliches Merkmal der bürgerlichen Gesellschaft ist: Es entsteht – zunächst durch Comenius, dann durch Rousseau am pointiertesten – die Frage nach der Bildsamkeit des Menschen; sie enthält drei Teilfragen: die historisch-empirische Frage nach dem, was der erzogene Mensch ist, unter welchen Bedingungen er zu dem geworden ist, was er ist; die anthropologische Frage nach dem, was der zu erziehende Mensch sein kann, nach den Bedingungen seiner Bildung, die gattungsspezifisch in seiner Natur als „animal educandum" liegen *(Anthropologie);* die praktisch-ethische Frage nach dem, was der Mensch sein soll und welche Handlungsziele sich also der Erzieher, an Vernunftgründen orientiert, setzen soll. I. d. S. sagt wenig später Kant, „der Mensch kann nur Mensch werden durch Erziehung". Und Schleiermacher (1826) präzisiert die durch Rousseau eingeleitete Trennung der Erziehungstheorie von weltanschaulichen bzw. ethischen Systemen mit dem Argument, dass faktisch eine noch wissenschaftlich zu nennende Reflexion von Erziehungsproblemen ihre Postulate aus keiner *Ethik* mehr deduzieren dürfte, da mit einer Pluralität von Ethiken gerechnet werden müsse. Fortan – und dies ist z. B. von Pestalozzi, Schleiermacher und Herbart bereits ausgeführt worden – entfaltet sich die E. als eine teils empirische, teils der praktischen Philosophie sich anschließende Disziplin. In der zugleich resümierenden und programmatischen Formulierung Roths, „Pädagogische Anthropologie: Bildsamkeit und Bestimmung", ist das ausgedrückt.

Methodologie und Wissenschaft

Angesichts dieser verschiedenartigen Anforderungen an die E. entstand spätestens seit Diltheys Umriss einer Pädagogik als „Geisteswissenschaft" eine prinzipielle Kontroverse, die sich in den 1950er Jahren – auch unter dem Eindruck des „Positivismusstreits„ in den Sozialwissenschaften (Adorno, Albert, Habermas, Popper) – zuspitzte. In dieser Kontroverse spielen die Methodenprobleme eine Schlüsselrolle; es sind die Folgenden:

- Der Gegenstand der E. ist ein Teil sozialer Wirklichkeit, dessen Sinn verstanden werden muss; das bedeutet methodisch: an den Regeln kontrollierter Interpretation orientiertes Verstehen (Hermeneutik) von „Texten" der Erziehungswirklichkeit (Ausdrucksformen der handelnden Personen, Selbstzeugnisse, Handlungen, schriftliche Dokumente, Programme, Selbstdeutungen von Praktikern usw.).
- Diese Erziehungswirklichkeit, d. h. besonders der Umgang der *Generationen* miteinander, folgt zwar eigentümlichen, von anderen gesellschaftlichen Bereichen relativ unabhängigen Regeln (Bourdieu), ist aber dennoch z. B. mit dem System gesellschaftlicher Arbeitsteilung, den gesellschaftlich geltenden Verkehrsformen, den Wissens- und Glaubenssystemen eng verknüpft; kurz: Sie ist eine historische Wirklichkeit, die mit den Methoden der Geschichtsforschung und der Gesellschaftswissenschaften aufgeklärt werden muss.
- Innerhalb der Erziehungswirklichkeit spielen empirische Annahmen über Bedingungen, Ursachen und Folgen des Beziehungshandelns eine konstitutive Rolle; die E. greift deshalb solche in der Praxis enthaltenen Annahmen auf und überprüft sie mit den Methoden der *empirischen Sozialforschung* auf ihre Gültigkeit.
- Zu solchen Annahmen gehören auch die Zwecksetzungen oder Zielvorstellungen des praktischen Handelns; diese aber sind empirisch zugänglich nur insofern, als sie beschrieben, nach ihrer Herkunft befragt (Ideologien, Interessen usw.) und auf ihre Realisierbarkeit hin geprüft werden können; ihr Geltungsgrund ist kein möglicher empirischer Gegenstand, aber dennoch „argumentationszugänglich"; der Geltungsgrund pädagogischer Handlungsnormen muss begründungsfähig sein, wenn die pädagogischen Handlungsziele letztlich nicht dezisionistisch gesetzt werden sollen – dazu bedarf es der Methode ethischer Argumentation.

Das soll am Beispiel der *Familienberatung* erläutert werden:

- An der *Beratung* (als einem Handlungszusammenhang) sind Menschen aus verschiedenen Kontexten, also auch aus verschiedenen Sinnzusammenhängen beteiligt: die Rat suchende Familie mit ihren Problemen und der SozArb mit seiner institutionell verankerten Berufsrolle; die damit in den Blick genommene Wirklichkeit muss zunächst dokumentiert, beschrieben und verstanden werden.
- Beides – die Familie wie die Berufsrolle – ist Teil komplexerer Umwelten, größerer sozialer Systeme *(Systemtheorie)* und ihrer Geschichten, aus der wir einiges über die gesellschaftliche Bedeutung der familialen Erziehung erfahren können, über die *Professionalisierung* des Berufsstandes der SozArb/SozPäd, der institutionalisierten Hilfeformen, die darin offensichtlichen oder verdeckten Kontrollinteressen usw.
- Die Beratung soll ihr Ziel erreichen; sie hat den Zweck, etwas zu bessern (die Beziehung der Eltern zu ihren Kindern, die Fähigkeit der Kinder, Probleme lösen zu können, die Beziehungen der Familien zur Nachbarschaft usw.); sie

wird also offenbar als geeignetes Mittel zur Erreichung jener Zwecke angesehen. Ist sie das? Liegen die Ursachen für die Beratungsbedürftigkeit dort, wo die Berater oder wo die Planer von Beratungseinrichtungen, die „Erfinder" von Beratungsmethoden sie vermuten? Fragen dieser Art sind nur durch empirische Forschung zu beantworten.

- Aber soll überhaupt die Familie als der primäre Ort der Erziehung erhalten bleiben? Diese Frage ist nur noch teilweise der empirischen Beantwortung fähig *(Familienpolitik)*. Wer die Familie „für sich selbst" als einen Wert betrachtet, ohne Rücksicht auf die Aufgaben, die sie erfüllt, die Wirkungen, die sie erzeugt, verlässt hier schon den Kreis erfahrungswissenschaftlicher Argumentation. Es kann gefragt werden, wie denn dieser Wert und damit auch die mit ihm verbundenen Handlungsnormen begründet werden können. Aber auch wer den Wert der Familien mit dem Hinweis auf ihre besondere pädagogische Leistungsfähigkeit begründet (also noch empirisch argumentiert), käme im nächsten oder einem späteren Schritt in Schwierigkeiten: Er müsste sagen, welches Kriterium er für „pädagogische Leistungsfähigkeit" wählt und mit welchem Grund er das tut, zu welcher Form die Kinder in der Familie sich bilden sollen und warum. Die Warumfrage könnte so weit getrieben werden, dass schließlich ein empirischer Verweis nicht mehr möglich ist oder in einen Zirkelschluss gerät; dann kann nur noch das Gespräch abgebrochen – oder praktisch (ethisch) argumentiert werden.

Theorie und Praxis

Die Eigentümlichkeit erziehungswissenschaftlicher Fragestellungen (ihre „Autonomie" in Bezug auf andere wissenschaftliche Disziplinen) entsteht aus der Tatsache, dass E. die Theorie eines Handelns und dass überdies dieses Handeln pädagogisch ist, d. h. bspw. vom ökonomischen und politischen Handeln unterschieden. Die Vorstellung, die wir (die „Praktiker" und „Theoretiker") uns von diesem Handeln machen, ist also folgenreich für die Art, in der wir einerseits erziehen und andererseits theoretisieren. Diese Vorstellungen sind indessen ihrerseits geschichtlich: Nicht nur die angestrebten Handlungsziele (Erziehungsziele) sind verschieden, sondern auch die anderen Momente der Erziehungshandlung und der Vorstellung, die sich Erzieher von dieser Handlung machen. Trotz dieser Geschichtlichkeit gibt es indessen unhintergehbare Prinzipien, die eine pädagogische Handlung – ihrem Begriff nach – immer vor anderen Handlungen auszeichnen: In ihr wird das Kind (der Jugendliche, der Klient, allgemein der „Educandus") nach Maßgabe seiner „Bildsamkeit und Bestimmung" (Roth), der Erziehungsvorgang als – freilich asymmetrischer – Dialog, die zu bewältigende Handlungsaufgabe als Herausforderung oder mögliche Produktivität, der Handlungszusammenhang als sinnstiftend, darin sowohl Sinn tradierend als auch modifizierend, begriffen.

Das so skizzierte Verhältnis von Praxis und Theorie hat mehrer Aspekte:

- Zunächst gibt es überhaupt keine Form von Praxis, die nicht Theorie in irgendeiner Weise enthielte, mindestens in Gestalt der Vorstellungen, Begriffe, Annahmen, die die Bedingung dafür sind, dass eine Handlung überhaupt zustande kommt; insofern ist das Verhältnis von Theorie und Praxis das Verhältnis von Denken und Handeln (Erweiterung der Erfahrung über die je eigene, besondere hinaus).
- So entsteht ein gesellschaftliches Wissen über pädagogische Praxis, das sich teils als pragmatische Theorie (Alltagswissen), teils als wissenschaftliche Theorie niederschlägt und wiederum auf das Handeln zurück wirkt.
- Wählt die E. eine „praxeologische" Begründung für ihre eigenen Begriffe, Verfahren und Aussageformen, dann ergibt sich für sie die Aufgabe, diese Spirale aufzuklären (von der besonderen pädagogischen Handlungssituation und ihren theoretischen Elementen ausgehend, über generalisierendes Alltagswissen zum wissenschaftlichen Wissensbestand, seiner Leistungsfähigkeit und Funktion führend und als Aufklärung über diesen Zusammenhang wieder zur besonderen pädagogischen Handlung zurückkehrend).
- Bei dem Aufklärungsversuch stößt man auf eine epochal wesentliche Hypothese: Die Wissenssysteme industrieller Gesellschaften tendieren offenbar dazu, technologische Begründungen den praxeologischen vorzuziehen, d. h. die pädagogische Praxis nicht als Handlungsort für Sinnproduktion zu verstehen, sondern als Anwendungsfall für Wissen über Zweck-Mittel-Relationen bei gleichsam konstant gehaltenen Sinnentscheidungen; Erziehen wird dann nicht verstanden als eine fundamentale Form der Konfrontation mit dem Problem der Menschwerdung, sondern als ein Ensemble von Sozial- oder Lerntechniken, das zur Aufrechterhaltung eines kulturell eingespielten Sinnes zweckentsprechend eingesetzt wird; der Begriff „Bildsamkeit" umfasst dann nur noch das Ins-

gesamt der empirischen (anthropologischen, psychologischen, soziologischen, psychiatrischen) Kenntnisse über im Regelfall erwartbare Ausgangslagen, der Begriff „Bestimmung" nur noch Handlungsziele, die im Rahmen des je herrschenden Status- und Kompetenzsystems definierbar sind.

- Sollte diese Hypothese zutreffen, dann ließe sich das Theorie-Praxis-Problem wesentlich als betreffende Vorgänge der pädagogischen Wirklichkeit interpretieren: Einerseits können wir gegenwärtig beobachten, dass pädagogische Felder immer dichter mit technologischen Handlungsmodellen besiedelt werden (Curriculumkonstruktionen, Schulleistungskontrollen, Spezialheime, Verhaltenstherapie, Beratungstechniken usw.), sich dabei wissenschaftlicher Konstrukte bedienen, im Typus aber eine „praxislose Theorie" (Kamper) darstellen, folgt man dem oben angedeuteten Begriff von Praxis; andererseits zeigt sich eine Flucht in „theorielose Praxis", in Formen spontanen, unaufgeklärten Handelns, eine „falsche Unmittelbarkeit", in der das Übergewicht technologischer Wissensbestände gleichsam unterlaufen werden soll. Auf SozArb/SozPäd angewendet, bedeutet – der Möglichkeit nach – das Plädoyer für „Selbstorganisation" eine Verstärkung der theoretisch unaufgeklärten Attitüde der Aktion. Innerhalb dieses Dilemmas muss die E. ihren Weg einer praxeologisch orientierten und in Hinsicht auf ihre Erkenntnisse verlässlichen Theorie finden.

Gliederung der Erziehungswissenschaft

Der Ausbau der E. als eine umfangreiche, mit vielerlei Methoden und Theorien operierenden, einem breiten Spektrum von Forschungsgegenständen sich zuwendende und deshalb auch in sich relativ differenzierten Disziplin erfolgte erst in jüngster Zeit. Noch bis weit in die 1950er Jahre hinein gab es an Universitäten i. d. R. nur einen Lehrstuhl für dieses Fach, zu dessen Verpflichtungen die Lehre der Pädagogik in ihrer ganzen Breite gehörte. Eine Änd. trat zunächst durch den Ausbau der Pädagogischen Hochschulen zu wissenschaftlichen HS für die Ausbildung des Volksschullehrers, dann durch das meist obligatorische Studium der Pädagigik für die Lehrer an weiterführenden Schulen, den sprunghaften Anstieg der Studentenzahlen in den 1960er Jahren, v. a. aber durch die Reformen im Bildungswesen und den dadurch entstandenen Bedarf an Bildung und Erziehungsforschung, schließlich auch durch die Einführung von Magister- und Diplomstudiengängen an den HS ein. Die dadurch um ein Vielfaches erweiterte Lehr- und Forschungskapazität brachte nun auch eine stärkere Differenzierung nach Schwerpunkten oder Einzel-„Pädagogiken" mit sich. Während es – der auf die Schule konzentrierten öffentlichen Aufmerksamkeiten für pädagogische Fragen wegen – bis etwa 1962 nur eine allgemeine und eine Schulpädagogik gab mit ersten, aber spärlichen Andeutungen einer Sozialpädagogik und einer Theorie der Erwachsenenbildung, konnten schon wenige Jahre später Diplomstudiengänge an den Universitäten angeboten werden mit den Schwerpunkten Schulpädagogik, Erwachsenenbildung, Sozialpädagogik, Berufsbildung und Heilpädagogik *(Ausbildung, Soziale Berufe)*. Obwohl diese Gliederung – durch das Diplom nahe gelegt – plausibel ist im Hinblick auf die gegenwärtig institutionalisierten Berufsfelder, scheint doch fraglich, ob sie i. S. einer logischen Gliederung der Sache und i. S. einer Antizipation auch künftiger Aufgaben von professionellen Lehrern, Beratern usw. überzeugend genug ist. Nimmt man die Forschungsprobleme, die gegenwärtig diskutiert werden, zum Ausgangspunkt, dann ließe sich eine andere Gliederung denken:

- In der allgemeinen Theorie der Erziehung/Bildung innerhalb der E. werden solche Probleme bearbeitet, die sich auf die gemeinsamen Merkmale aller Situationen beziehen, in denen Menschen – allerdings vorzugsweise unerwachsene – sich in Bildungsprozessen befinden. Darüber hinaus werden für die E. im Ganzen die Fragen nach der angemessenen Forschungsmethode, nach den begründbaren leitenden Begriffen, der praxeologischen (auch ethischen) Orientierung aufgeworfen.
- Die Erziehungs- und Bildungsgeschichtsforschung verfolgt solche Fragen in die Geschichte hinein und überprüft damit zugleich auch historisch-gesellschaftlich konkret Sinn und Funktion der Problemstellungen, die in der allgemeinen Pädagogik aufgeworfen wurden. Der nicht nur aufs Allgemeine, sondern auch aufs Konkrete und Besondere bezogenen Arbeitsweise historischer Forschung wegen richtet die historische Pädagogik ihre Aufmerksamkeit – nach einer längeren ideengeschichtlichen Phase – vornehmlich auf die institutionellen Ausprägungsformen des Erziehungs- und Bildungswesens im Verlauf der europäischen Geschichte; das bedeutet gegenwärtig noch vornehmlich die Geschichte des Schulwesens, aber auch Geschichte der Familie, der KJH, der Sozialisation des Jugendalters und bestimmter Teilgruppen der Bevölkerung (Arme, Irre,

Delinquente etc.) samt der damit verbundenen segregierenden Einstellungen und Institutionen.
- Die didaktische Forschung bzw. Theorie befasst sich mit den Formen geplanten Lernens in verschiedenen pädagogischen „Settings" (Schule, Jugendarbeit, Erwachsenenbildung, Free School, Pädagogik der Entwicklungsländer, Museumsdidaktik, Heimerziehung usw.). Dabei steht gegenwärtig noch die Unterrichts- und fachdidaktische Forschung (Curriculumforschung) im Vordergrund; eine durch wissenschaftliche Forschung gestützte *Didaktik* der außerschulischen Bildung bspw. gibt es ebenso nur in ersten Ansätzen wie eine Didaktik der Heimerziehung oder eine didaktische Reflexion der nicht oder nur schwach institutionalisierten Formen der Bildung (Familie, Straße, Subkultur etc.).
- Auch die Theorie der Mittel, Medien und Methoden, der Instrumente der Erziehung, befindet sich erst in den Anfängen. Eine erste Systematisierung hat Schulze versucht. Forschungsgegenstand ist hier die breite Skala der „Werkzeuge": Körpergesten, Sprache, Spielzeuge, Lernmaterialien, Mittel der Unterstützung und Gegenwirkung, pädagogische Alltagsstrategien usw.
- Die Theorie der Lebensalter und des Lebenslaufs wird immer wichtiger. Besondere Kindheits- und Jugendforschung gibt es auch im internationalen Rahmen umfänglich und verlässlich; die pädagogischen Fragestellungen aber kommen, wegen der i. d. R. nur psychologischen und soziologischen Orientierung solcher Forschung, häufig zu kurz *(Kindheit/Jugend).*
- Die Devianz- und Therapieforschung hat sich im letzten Jahrzehnt kräftig entwickelt. Ihr geht es – als pädagogische Forschung – v. a. um die Frage, nach welchen Regeln die pädagogisch relevanten Klassifikationen von „normal" und „anormal", „verhaltensgestört", „kriminell" usw. vorgenommen werden *(Abweichendes Verhalten),* wie das so klassifizierte Verhalten im Bildungsprozess entsteht, welche Probleme das für den Educandus mit sich bringt, welches die angemessenen Formen pädagogischen Umgangs (Therapie) wären.

Die institutionelle Gliederung der E. folgt gegenwärtig jedoch eher einer Differenzierung nach Ausbildungsgängen. Das hat eine nicht immer nützliche Spezialisierung zur Folge, die dazu führt, dass bspw. Lehrer wenig über Devianz, Sozialpädagogen wenig über Didaktik, Berater wenig oder nichts über Bildungsprozesse wissen, sehr zum Nachteil ihrer wissenschaftlich-beruflichen Kompetenz. Diese Ausdifferenzierung in eng umgrenzte Teilproblematiken hat durch die Umorganisation und Modularisierung der Studiengänge im Zuge des Bolognaprozesses nochmals erheblich zugenommen.

Eine Gliederung oder Arbeitsteilung der E. wird sich gegenwärtig kaum festschreiben lassen. Kulturtheoretische Problemstellungen gewinnen an Gewicht, damit auch die kulturvergleichende Forschung. Skepsis gegenüber dem „Eurozentrismus" der theoretischen Bemühungen nimmt zu. Das Verhältnis von Erziehung und Ökonomie muss neu bedacht werden. Die „Professionalisierung" pädagogisch relevanter Berufe bewegt sich teils von der E. weg. Wie also künftig eine Wissenschaft beschaffen sein wird, die sich um die Aufklärung der Frage bemüht, wie die Generationen in verschiedenen Gesellschaften faktisch miteinander umgehen und wie sie miteinander umgehen sollten, lässt sich gegenwärtig nicht zuverlässig sagen.

Richard Münchmeier
(bis zur 4. Auflage Klaus Mollenhauer)

Literatur

S. Andresen/R. Casale/T. Gabriel/R. Horlacher/S. Larcher Klee/J. Oelkers: Handwörterbuch Erziehungswissenschaft, Weinheim/Basel 2009 • A. Bernhard: Erziehungswissenschaft, Gegenaufklärung und Entdemokratisierung. Von der wissenschaftlichen Phantasie zur Herrschaft der beschränkten Empirie, in: SLR 58/2009, 99–113 • Bundesjugendkuratorium: Zukunftsfähigkeit sichern! – Für ein neues Verhältnis von Bildung und Jugendhilfe. Eine Streitschrift des Bundesjugendkuratoriums, Berlin 2002 • R. Fatke/J. Oelkers (Hrsg.): Das Selbstverständnis der Erziehungswissenschaft: Geschichte und Gegenwart, 60. Beiheft der ZfPäd, 2014 • H. Giesecke: Pädagogik als Beruf, Weinheim/Basel [12]2015 • F. W. Kron/E. Jürgens/J. Standop: Grundwissen Pädagogik, München [8]2013 • H.-H. Krüger/W. Helper (Hrsg.): : Einführung in Grundbegriffe und Grundfragen der Erziehungswissenschaft, Stuttgart [9]2010 • D. Lenzen (Hrsg.): Erziehungswissenschaft. Ein Grundkurs, Reinbek [6]2004 • W. Marotzki/A.-M. Nohl/W. Ortlepp: Einführung in die Erziehungswissenschaft, Wiesbaden 2006 • K. Mollenhauer: Theorien zum Erziehungsprozess. Zur Einführung in erziehungswissenschaftliche Fragestellungen, Weinheim/München [4]1982 • D. Lenzen/K. Mollenhauer (Hrsg.): Enzyklopädie Erziehungswissenschaft in 12 Bänden, Bd.1: Theorien und Grundbegriffe der Erziehung und Bildung,

Stuttgart 1992 • H. Roth: Pädagogische Anthropologie, 2 Bde., Hannover 1966 • Th. Schulze: Methoden und Medien der Erziehung, München 1987 • H.-E. Tenorth u. a. (Hrsg.): Bildung und Emanzipation. Klaus Mollenhauer weiterdenken, Weinheim/München 2000.

Ethik

Unter E. versteht man im philosophischen Sprachgebrauch ein System von Handlungsaufforderungen (Sollensaussagen) und Handlungsorientierungen (Wert- und Zielaussagen), die es dem Menschen ermöglichen sollen, ihre Praxis an übergreifenden Sinn- und Wertzusammenhängen auszurichten bzw. die gegebenen Handlungsalternativen nach Kriterien von gut und böse, angemessen und unangemessen, verantwortbar und unverantwortbar usw. auszuwählen. Die ethische Reflexion richtet sich demgemäß zum einen auf die Begründung (Legitimation) der Praxis (eines Staates, einer Institution, einer Gruppe, eines Einzelmenschen) allgemein und insgesamt und zum anderen auf die Anleitung und Überprüfung einer konkreten Einzelaktion. Der ethischen Kritik kann also sowohl das System der *Sozialen Arbeit* insgesamt, das Handlungsprofil einer Sozialarbeitsinstitution wie das Handeln eines Praktikers unterzogen werden.

Geschichtliche Traditionen

In den klassischen Ausbildungsordnungen für *Soziale Berufe* seit den 1920er Jahren bis weit in die 1960er Jahre gehörte die Auseinandersetzung mit gesellschaftsmoralischen und berufsethischen Fragen zu den selbstverständlichen Lehrgebieten. Alice Salomon und viele andere verstanden SozArb als eine Profession, die an der Verwirklichung *sozialer Gerechtigkeit* arbeiten sollte und deshalb ethische Grundlagen und berufliches Ethos brauchte. Der vom preußischen Ministerium für Volkswohlfahrt genehmigte Lehrplan der Sozialen Frauenschulen aus dem Jahr 1930 zählt als Lehrgegenstände des Faches „Berufskunde" auf: „Innere Berufsprobleme; Eignung für den Beruf; der Begriff des Erwerbsberufs und der Berufung; das Berufsethos; Hingabe und Selbsterhaltung".

Für die Etablierung des sozialen Berufs hatte die Ausformulierung eines Berufsethos eine doppelte Funktion: Es sollte einmal die unentbehrliche „Überschussmotivation" bei den Fürsorgerinnen sicherstellen, die unter unzureichenden Bedingungen und bei schlechter Bezahlung eine von nur geringem äußeren Erfolg gekennzeichnete Arbeit verrichten mussten. Es diente andererseits der „Disziplinierung" der Emotionalität bürgerlicher Mildtätigkeit und sozialkaritativer Hingabe. Es verwies darauf, dass „Hingabe" und „mitfühlendes Herz" (modern gesagt: akzeptierende Haltung) allein nicht für eine qualifizierende soziale Arbeit ausreichen. Es betonte andererseits aber auch, dass Wissen und Kenntnisse allein ebenso wenig genügen ohne die Hingabe des Herzens und die Aufopferung persönlicher Interessen, kurz: ohne sozialen Idealismus.

Der ethische Grundsatz, dass jeder Mensch in seiner Eigen- und Besonderheit zu achten sei, verband sich in diesem Zusammenhang mit der methodischen Forderung nach einer „akzeptierenden Haltung". Die Hinwendungen zum Klienten sollte als Motivierungsstrategie eingesetzt werden, um den Klienten aufzuschließen und zugänglich zu machen für die „sanfte Gewalt" des Helfers und für die ihm zugemuteten Verhaltenskontrollen und -änderungen. Diese „Instrumentalisierung" diente also dazu, das Grundproblem jeder SozArb zu verschleiern, nämlich den Widerspruch zwischen *Hilfe* und Kontrolle.

An solchen Widersprüchen aber wird die Ideologieanfälligkeit der Postulate der „beruflich-sittlichen Haltung" besonders deutlich. Sie idealisiert die Person des Helfers, überschätzt die Autonomie des *Klienten* und verzeichnet die gesellschaftliche Realität oft genug ins kritiklos Positive. Mit der seit Ende der 1960er Jahre einsetzenden Politisierung der SozArb und der ideologiekritischen Rekonstruktion ihrer gesellschaftlichen Funktion traten deshalb die Postulate der Berufsethik zunächst fast völlig in den Hintergrund zugunsten von gesellschafts- und professionstheoretischen Konzepten.

Ein weiterer Grund für die Distanzierung gegenüber berufsethischen Normen lag im Bestreben einer modernen, sich wissenschaftlich und gesellschaftskritisch ausrichtenden SozArb, den ideologieverdächtigen Boden ethischer Postulate (die oft als Leerformeln geschmäht oder als für die Praxis untaugliche, weil uneinlösbare Idealisierungen verdächtigt wurden) zu verlassen und sich auf das sichere Gelände empirisch überprüfbarer Handlungsmethoden, fachlich begründeter und trainierbarer *Handlungskompetenz* und gesellschaftspolitisch und sozialisationstheoretisch ausgewiesener Handlungsziele zu retten.

Anlässe der gegenwärtigen Debatte

In den letzten Jahren lebt jedoch die Diskussion ethisch-moralischer Aspekte der SozArb wieder auf (Wilken 2000; zum aktuellen Literaturstand Hildebrandt/Retkowski 2014). Dafür gibt es verschiedene Anstöße und Gründe. Ein Anstoß kommt aus den wieder aufbrechenden gesellschaftlichen Grundsatzfragen nach sozialer Gerechtigkeit, nach dem Verhältnis von Hilfe und Autonomie, nach den Merkmalen einer „gerechten Gesellschaft" (Rawls) und einer auf Werten wie *Solidarität* ruhenden Zivilgesellschaft (Etzioni). Die Krise des *Sozialstaats* angesichts der Herausforderungen durch Globalisierung, Dauerarbeitslosigkeit, Entsolidarisierung und Finanzierungsproblemen wirft die – scheinbar bereits gelösten – Grundfragen nach Menschenrechten, der Verteilung von Ressourcen, sozialer Gerechtigkeit, Inklusion und Exklusion wieder auf und zwingt auch die SozArb, die es mit den Folgen der Krisenerscheinungen zu tun bekommt, zu ethischer Reflexion und politisch-moralischer Positionierung, will sie nicht auf die Rolle des unreflektierten „Sanitäters am Wegesrand" zurückgeworfen werden. Im Rahmen der Sozialstaatskritik werden die die SozArb in ihren Eingriffen gesellschaftlich legitimierenden Postulate einer sozial gerechten, chancengleichen und offenen *Gesellschaft* als in der Realität nicht eingelöste Überhöhungen bzw. als Legitimationsfloskeln zur ideologischen Rechtfertigung faktisch ungerechter Verhältnisse denunziert und damit erneut die Frage nach dem notwendigen und möglichen Verhältnis von SozArb und *sozialer Gerechtigkeit* gestellt.

Zum anderen zeigt es sich in der theoretischen Durchdringung der *Professionalisierung* sozialberuflichen Handelns, dass sich auch einer kritisch fundierten und professionalisierten SozArb/SozPäd ethisch-moralische Probleme stellen. Bei genauem Hinsehen werden selbst in der ideologiekritischen Demontage tradierter ethischer Setzungen die weiterbestehenden ethisch-moralischen Grundprobleme moderner SozArb/SozPäd sichtbar. So hat etwa die *Selbsthilfe*bewegung die Legitimation professioneller Problemdefinitionen und Interventionsstrategien im Vergleich zu alltagsweltlichen Klientensichtweisen als „Entmündigung" und „Klientifizierung" kritisiert und damit implizit wieder an die ethischen Kategorien von Eigenrecht und Integrität der Person appelliert. Im Kontext der Professionalisierungskritik wurden gerade die modernen Ansätze einer „lebensweltorientierten SozArb" als ambivalente „Kolonialisierung" der Lebenswelt der Klienten zu einem ethischen Problem der beruflichen Vollzüge gemacht (Thiersch 2014).

Und schließlich haben gravierende Einzelfälle von Kindesverwahrlosung (einige davon mit Todesfolge) eine öffentliche Debatte über die – auch rechtlich sanktionierbare – Verantwortung des JA bzw. der Sozialarbeiter unter dem ethischen Stichwort „Verantwortung für das Kindeswohl" ausgelöst mit entsprechenden Folgen für die verantwortungsethische wie auch rechtliche Konkretisierung des Eingriffsauftrags der KJH (Münder u. a. 2000) *(Kinderschutz/Kindesrecht).*

Reflexive Diskursethik

Die in solcher Kritik aufgeworfenen Fragen nach der Rechtfertigungsmöglichkeit einer sozialarbeiterischen Praxis, die nicht einfach nur Hilfe ist, sondern immer auch Zwang, die nicht einfach nur das Beste für den Klienten suchen kann, sondern immer auch gesellschaftliche Spielregeln und oft genug ungerechte Faktizitäten berücksichtigen muss, die nicht auf die Gerechtigkeit und Integrationsfähigkeit der Gesellschaft vertrauen kann, sondern – sogar durch ihre eigene Praxis – mit Ausgrenzung, Marginalisierung und Sozialdisziplinierung konfrontiert wird, werden in neueren Beiträgen zu einer ausformulierten „Berufsethik" stärker als früher berücksichtigt und reflektiert.

Entsprechend hat sich in der neueren Diskussion die Forderung durchgesetzt nach einer „kommunikativen", d. h. nur im Dialog mit den Betroffenen (und deshalb „diskursiven") sowie im kritischen Rückbezug auf sich selbst (und darin „reflexiven") Diskursethik. Diese Grundlinie hat sich auch in den Bestimmungen des SGB VIII zu den Mitwirkungsrechten von Eltern bzw. jungen Menschen niedergeschlagen, insbesondere in den Bestimmungen zur Hilfeplanung nach § 36 SGB VIII *(Hilfe(n) zur Erziehung).*

Verantwortungsethik

Im Unterschied zur Gesinnungsethik stellt das auf M. Weber zurückgehende und von H. Jonas (1979) weiter entwickelte Konzept von Verantwortungsethik darauf ab, dass der Handelnde nicht nur für die Richtigkeit (etwa die fachliche Stimmigkeit) seiner Aktionen Verantwortung trägt, sondern auch für die Folgen seines Handelns für die Betroffenen, einschließlich der nichtintendierten Nebenfolgen. Danach reicht es also nicht, das Gute oder Richtige getan zu haben. Vielmehr muss aus der Perspektive des Klienten danach gefragt werden, was das jeweilige Handeln für ihn bedeutet und welche Folgen es für sein Selbstverständnis und seine Lebenspraxis hat (Perspektivenverschränkung). Eine SozArb, die sich dem Prinzip der Lebensweltorientierung verpflichtet fühlt, ist in besonderem Maß auf eine solche verantwortungsethische Reflexion angewiesen (Thiersch 2014).

Selbstreflexion

Alle diese Konzeptionen von E. tragen dem Umstand Rechnung, dass unter den Vorzeichen von „Pluralisierung" und „Individualisierung" ethische Probleme prinzipiell als offene Fragen zu verstehen sind (Sandvors 1999), die sich nicht durch den Rückgriff auf vermeintliche Wahrheiten „beantworten" lassen und deshalb als eigene kritische Lernaufgaben gefasst werden müssen. Übertragen auf die SozArb/SozPäd, ergeben sich aus der Offenheit und der Unabschließbarkeit berufsethischer Fragen folgende zentrale Reflexions- und Lernaufgaben, deren Wesen gerade darin liegt, nicht ein für alle Mal durch eine bestimmte Praxis eingelöst werden zu können, sondern kritische Selbstreflexion in Gang zu halten und auf Dauer zu stellen:

- Der ethische Grundsatz von der Einmaligkeit eines jeden Menschen soll die Einsicht in die Bedeutung der Autonomie und Integrität der Adressaten und ihre „Gleichberechtigtheit" im Hilfeprozess schärfen.
- Ethische Reflexion des eigenen Verhältnisses zum Klienten soll pädagogischen „Takt" (Nohl) und Respekt lehren gegenüber dem unbedingten Verstehenwollen (Brumlik 2004).
- Sie soll Bereitschaft erzeugen zur „Verständigung" mit den Betroffenen und zur Transparenz und Begründung der sozialpädagogischen Strategien gegenüber den Klienten.
- Sie soll widerstandsfähig machen gegenüber der impliziten „Institutionenmoral", die Routine gleichsetzt mit dem Richtigen und fachlich Verantwortbaren.
- Sie soll professionelle Selbstgenügsamkeit aufbrechen, die im engen Bereich des pädagogisch Erreichbaren verbleibt, und für die „Einmischung" (Mielenz 1981) in gesellschaftliche Probleme von sozialer Gerechtigkeit und gedeihlichen Lebensverhältnissen sensibilisieren *(Einmischungsstrategie)*.
- Sie soll auf Seiten des SozArb die insgeheim eigenen Motive und Intentionen des Helfens bewusst und reflektierbar machen, um „Klientifizierungen" der Adressaten zu vermeiden.

Richard Münchmeier

Literatur

M. Brumlik: Advokatorische Ethik. Zur Legitimation pädagogischer Eingriffe, Berlin 2004 ◆ B. Dollinger: Ethik und Soziale Arbeit, in: W. Thole (Hrsg.): Grundriss Soziale Arbeit, Wiesbaden [4]2012, 987–997 ◆ J. Hildebrandt/A. Retkowski: Ethik in der Sozialen Arbeit, sozialpädagogische Ethik und die Frage des Normativen, in: SLR 69/2014, 84–96 (eine Sammelrezension) ◆ H. Jonas: Das Prinzip Verantwortung. Versuch einer Ethik für die technologische Zivilisation, Frankfurt/M. 1979 (Neuausgabe 1984) ◆ A. Lob-Hüdepol/W. Lesch (Hrsg.): Ethik Sozialer Arbeit, Paderborn u. a. O. 2007 ◆ W. Maaser: Lehrbuch Ethik. Grundlagen. Problemfelder und Perspektiven Weinheim/Basel [2]2015 ◆ I. Mielenz: Die Strategie der Einmischung. Sozialarbeit zwischen Kommunalpolitik und Selbsthilfe, in: np Sonderheft 6/1981 ◆ J. Münder u. a.: Kindeswohl zwischen Jugendhilfe und Justiz. Professionelles Handeln in Kindeswohlverfahren, Münster 2000 ◆ J. Nida-Rümelin/I. Spiegel/M. Tiedemann (Hg.): Handbuch Philosophie und Ethik, 2 Bde, Schöningh 2015 ◆ E. R. Sandvors: Ethik im globalen Zeitalter, Frankfurt/M. 1999 ◆ T. Schumacher: Lehrbuch Ethik in der Sozialen Arbeit, Weinheim/Basel 2013 ◆ H. Thiersch: Lebensweltorientierte Soziale Arbeit. Aufgaben der Praxis im Wandel, Weinheim/Basel [9]2014 ◆ U. Wilken (Hrsg.): Soziale Arbeit zwischen Ethik und Ökonomie, Freiburg i.Br. 2000.

Links

Deutscher Berufsverband für Soziale Arbeit (dbsh.de/berliner.erklaerung.pdf)

Deutsche Gesellschaft für Erziehungswissenschaft – Sektion Sozialpädagogik (www.dgfe/sektion-8-sozialpaedagogik-und-der-fruehen-kindheit)

Ethnologie

Zum Begriff

Die E. oder Völkerkunde erforscht und vergleicht die Kulturen der weltweit rund 1300 ethnischen Gruppen und indigenen Völker (nach Ethnografic Atlas by G. P. Murdoch – Stand Ende 2012); sie wird international auch als Sozialanthropologie sowie Kulturanthropologie (für die europäische Völkerkunde) bezeichnet.

Der erweiterte Blick

Das durch die amerikanische (auch französische) E. geförderte umfassende Wissenschaftsverständnis der E. bewirkt freilich eine begriffliche „Fließstruktur", ein Übergreifen in andere bzw. eine Vermischung mit anderen Wissens- und Wissenschaftsgebieten – was der Sache dient, aber die methodische Arbeit erschwert. So gibt es große Schnittflächen zwischen E. und Volkskunde, E. und Kulturanthropologie wie allgemeiner *Anthro-*

pologie, E. und *Psychologie* bzw. Psychoanalyse, E. und Geographie, E. und Historiographie etc. E. könnte verstanden werden als zusammenfassende Menschheitsanthropologie, die über Komparatistik das Besondere im Allgemeinen und das Allgemeine im Besonderen menschlicher Existenz zu entdecken trachtet. Damit wird sie besonders wichtig für das Problem der multikulturellen Gesellschaft – durch theoretische Analyse das Handlungsmuster für Interkulturalität fundierend.

Berichte über „fremde Völker" sind Teil des Enkulturationsprozesses: Man interessiert sich, aus verschiedenen Gründen, für die außerhalb und jenseits des eigenen Kulturkreises angesiedelten „Anderen" (z. B. Tacitus für die Germanen). Das Wort „ethnographisch" wurde gefunden bzw. geschaffen, „als man es wirklich brauchte, d. h. als man die Beschäftigung mit Volk und Völkern als ein thematisch eigenständiges Feld, als ein wissenschaftliches Fach, erkannt hatte und entspr. benennen wollte. Dies aber geschieht erst im 18. Jh. Die Entwicklungen, in deren Verlauf das vor sich geht, sind Teil und Konsequenz der Aufklärung" (Lutz). Zum einen geht es um den für die *Aufklärung* charakteristischen Versuch, die vielen vorliegenden Fakten und Kenntnisse enzyklopädisch zusammenzufassen; zum anderen will Aufklärung auch jeweils den „Sinn" der Weltenfülle – z. B. als Theodizee (die Toleranzidee implizierend) – deuten. „Je mehr Menschen ich gesehen habe aus unterschiedlichen Klimazonen und mit unterschiedlichen Sitten, Sprachen, Gesetzen, Religionen und unterschiedlichem Intelligenzgrad, desto mehr fiel mir auf, dass sie alle die gleichen moralischen Grundsätze haben" (Voltaire). Der Dialektik der Aufklärung (ins Gegenteil sich verkehrend) entspricht die Verengung und Vereinseitigung eines universalistisch angelegten E.-Begriffs. Dem Leitbild der eigenen Nation folgend, wurde der Blick auf das eigene Volk und seine Geschichte gelenkt, wodurch allerdings auch historische Tiefe gewonnen werden konnte. Zugleich aber hat man die „Stimmen der Völker" (Herder) „hierarchisiert": die Lehre von den Völkern dazu benutzt – in der nationalsozialistischen Volks- und Rassenkunde gipfelnd –, die Qualität des eigenen Volkstums überheblich herauszustellen.

Vom Ende der Völkerkunde

Mit dem Niedergang der völkischen Ideologie wurde auch die E. (Völkerkunde, Volkskunde) aus den selbstverschuldeten Banden befreit. Über einen Selbstklärungsprozess („Ethnographie der Ethnographen") konnte sie sich in eine „Begegnungswissenschaft" wandeln; die vielfach sich als Projektionen eigener Kulturmuster erweisenden ethnologischen Feldstudien werden ersetzt durch „Writing Culture", bei der „Kultur als Text" die hermeneutische Ausgangsmetapher darstellt. Die Formel fordert ein „Lesevermögen", das sich vom ethnologischen Herrschaftsdiskurs früherer Zeiten radikal abwendet. „Die Einbindung der Ethnographie in das globale Netz multikultureller Beziehungen und die gleichzeitigen Auflösungs- und Angleichungserscheinungen traditioneller Gesellschaften lassen die Dichotomien von Selbst und Anderen, Eigenem und Fremdem, Wilden und Zivilisierten auseinander brechen. Kultur ist für die Vertreter der ‚Writing Culture' keine empirische Wirklichkeit, die sich durch Beobachtung dekodieren ließe, sondern eine vielschichtige Konfiguration von Diskursen: Fiktion, Erfindung und die Wiederholung des immer schon Gesagten in einem Geflecht von Machtbeziehungen" (Bachmann-Medick).

Ethnologie und Sozialarbeit: Für die E. als Teil des Theoriesystems *Sozialer Arbeit* könnten diese Grundsätze gelten:

„Ethnologie als Diskurs über Anderssein und Ethnographie als die Praxis des Dialogs mit dem Anderssein sind untrennbar miteinander verbunden." Da das Anderssein ein Ergebnis komplexer Entwicklungen und Zusammenhänge ist und auch das Miss- oder Unverständnis des Andersseins als komplexes Syndrom sich erweist, wird es darauf ankommen, dass der Diskurs nicht nur von der E. allein, sondern interdisziplinär geführt wird, v. a. zusammen mit Wissenschaften, die sich dem Menschen und seinen Befindlichkeiten wie Bedingtheiten widmen.

Die Freude am anderen und die Irritation, auch Störung, die vom anderen ausgeht, sind für Selbstfindung entscheidend; v. a. *Psychologie, Anthropologie* und *Soziologie* haben dabei die Aufgabe, die Interaktionsstruktur sowohl auf analytische Weise wie mit Empathie nachvollziehbar zu machen, die Wechselwirkungen von Anderssein und Selbstidentität als Wurzelgeflecht zu begreifen (vgl. dazu auch Teiber/Grießenbacher/Heider 2015).

Zur künftigen Position der Ethnologie

Heute ist für die E. das wichtigste Verfahren zur Datenerhebung die Feldforschung (teilnehmende Beobachtung, ethnographische Interviews).

Die E. als Wissenschaft teilnehmender Beobachtung wird also genau zu prüfen haben, wo sie teilnimmt und beobachtet und wo sie kritisiert und eingreift. Dort, wo die Würde des Menschen in Gefahr ist, muss die E. eine parteinehmende Wissenschaft sein, um der v. a. auch in der Postmoderne drohenden Gleichgültigkeit zu entgehen: denn Soziale Arbeit wird heute zu Recht als Menschenrechtsprofession verstanden (nach Krennerich 2013).

Hermann Glaser

Literatur

C. Antweiler: Ethnologie lesen. Ein Führer durch den Bücher-Dschungel, Berlin [3]2004 ◆ D. Bachmann-Medick: Kultur als Text. Marburg [2]2004 ◆ H.-P. Hahn: Ethnologie. Eine Einführung, Berlin 2013 ◆ D. Haller: DTV-Atlas Ethnologie. München [2]2010 ◆ D. Haller: Die Suche nach dem Fremden. Geschichte der Ethnologie in der BRD 1945–1990, Frankfurt/New York 2012 (ausführliche Rezension von V. Harms in: SLR, H. 68/2014, 68–80) ◆ W. Heitmeyer/R. Dollase (Hrsg.): Die bedrängte Toleranz. Ethnisch-kulturelle Konflikte, religiöse Differenzen und die Gefahren politisierter Gewalt, Frankfurt/M. 1996 ◆ G. Lutz: Volkskunde und Ethnologie, in: Zeitschrift für Volkskunde 65/1969 ◆ M. Treiber/N. Grießbacher/C. Heider (Hrsg.): Ethnologie und Soziale Arbeit. Fremde Disziplinen, gemeinsame Fragen, Wiesbaden 2015 ◆ M. Krennerich: Soziale Menschenrechte, Wiesbaden 2013 ◆ K. Wahl/Chr. Tramitz: Fremdenfeindlichkeit, Opladen 2001 ◆ Unesco Publishing: World Culture Report 2000 – Kulturelle Vielfalt, Konflikt und Pluralismus, Paris 2000 ◆ Han F. Vermeulen: Before Boas: the genesis of ethnography an ethnology in the German Enlightenment. Lincoln 2015 ◆ Schwerpunktheft Sozialmanagement 9-10/2015: Diversity und Soziale Arbeit.

Eugenik

Der Begriff E. wurde 1883 von dem Engländer Francis Galton geprägt. Er bedeutet so viel wie „Fortpflanzunghygiene" oder „Erbgesundheitspflege"; das Adjektiv „eugenisch" meint „von der Abstammung her gut; mit erblich guten Eigenschaften". In Deutschland war auch der Ausdruck „Rassenhygiene" (R.) gebräuchlich; eingeführt hat ihn 1895 der Mediziner Alfred Ploetz in seiner Schrift „Die Tüchtigkeit unserer Rasse und der Schutz der Schwachen". E./R. war keineswegs auf Deutschland beschränkt, sondern eine internationale Bewegung des 20. Jh.; es handelt sich auch nicht um ein Phänomen, das der Vergangenheit angehört, sondern das mit der Gentechnologie und Reproduktionsmedizin in eine qualitativ neue Phase eingetreten ist, dessen gesellschaftliche Brisanz nicht hoch genug eingeschätzt werden kann.

Historisches

Die Begriffe E./R. stehen für sozial-, bevölkerungs- und gesundheitspolitische Konzeptionen, die gegen Ende des 19. Jh. auf dem ideologischen Boden des *Sozialdarwinismus* und der Sozialbiologie entstanden. Der allen Spielarten der E./R. gemeinsame Grundgedanke war das Theorem von der „Entartung" höherentwickelter Gesellschaften; die zivilisatorischen Errungenschaften hätten dazu geführt, dass sich Menschen fortpflanzen können, die früher der evolutionären Ausmerze anheim gefallen wären. Auf der Grundlage der Erforschung der erbbiologischen Basisprozesse sollte dieser Verfallsprozess gestoppt und ein Prozess der „Aufartung" durch Kontrolle der Fortpflanzungsprozesse in der *Gesellschaft* eingeleitet werden. Mittel- und langfristig wurde ein eugenischer und sozialbiologischer Umbau aller für die „Güte" der kollektiven Keimbahn (heute: Gen-Pool) als bedeutsam angesehenen Bereiche der sozialen Infrastruktur gefordert. Gemeint war v. a. das System der medizinischen und *sozialen Sicherungen,* nicht zuletzt auch die moderne Fürsorge und Wohlfahrtspflege, die ja, so die eugenische Kritik, nicht einfach nur den „erbschwachen" Menschen das Überleben ermöglichten, sondern damit auch die Fortpflanzung und die Weitergabe ihres vermeintlich „minderwertigen Erbgutes".

Die Programmatik der E./R. stieß, wenn auch mit unterschiedlichen Gewichtungen, auf Akzeptanz in den gesellschaftlichen Großmilieus, so in der Frauenbewegung, im Katholizismus und Protestantismus, wie auch in der Arbeiterbewegung. Und ihre Botschaft war stark genug, nationale eugenische Bewegungen entstehen zu lassen und international besetzte Kongresse zu veranstalten. Schon 1907 wurde in England die „Eugenics Education Society" gegründet (1926 umbenannt in „Eugenic Society"); 1910: „Deutsche Gesellschaft für Rassenhygiene". Der erste internationale eugenische Kongress wurde 1912 in London abgehalten, der zweite 1921 in New York.

Bei der praktischen Umsetzung lassen sich die Konzepte in sog. „negative" und „positive E./R." unterscheiden. Die „positive E./R." läuft auf Züchtung, die „negative" auf Ausmerzung und Selektion hinaus. Maßnahmen der „negativen E./R." sollten solchen Bevölkerungsgruppen die Fortpflanzung erschweren oder unmöglich machen, die als „erbminderwertig" galten. Als Träger solch „minderwertigen Erbgutes" galten: „Geisteskranke und Geistesschwache", „Psychopathen und

Epileptiker", „Schwachsinnige und Taubstumme", „Trunk- und Giftsüchtige", „Irre", „Krüppel", „Fürsorgezöglinge", „Hilfsschüler", „konstitutionelle Verbrecher" … In der Weimarer Zeit bildete sich ein – auch in wissenschaftlichen Publikationen – allseits gebräuchlicher Sammelbegriff heraus: „die Minderwertigen". Nahezu alle Kontinuitäten in der Generationenfolge – Begabungen und Unzulänglichkeiten, *Kriminalität* und sozial auffälliges Verhalten, *Armut* und Fürsorgebedürftigkeit, *Alkoholismus* u. a. – waren nach eugenischer Auffassung v. a. durch die Erbanlagen bestimmt. Maßnahmen der „negativen E./R." waren: Eheberatung, Austausch von Heiratszeugnissen, Asylierung, freiwillige und zwangsweise Sterilisierung. In Deutschland wurden schon in der Weimarer Zeit eugenisch motivierte Sterilisierungen durchgeführt. Auf der Grundlage des „Gesetzes zur Verhütung erbkranken Nachwuchses. Sterilisierungsgesetz" von 1933 wurden 300 000 bis 400 000 Menschen mit oder ohne Einwilligung sterilisiert. In der amtl. Begründung wurde nicht nur mit der drohenden „Entartung" argumentiert, sondern auch mit der Notwendigkeit wirkungsvoller Maßnahmen zur Senkung der Soziallasten. Aber auch andere Länder erließen Sterilisationsgesetze, so Norwegen 1934, Schweden 1934, Island 1934, Finnland 1935, Estland 1936. Dänemark hatte 1929 die freiwillige Sterilisierung legalisiert und 1934 auch die Zwangssterilisierung eingeführt. In den USA hatten schon bis 1918 zwölf Staaten Sterilisierungsgesetze erlassen, von denen dann aber sieben vom Verfassungsgericht kassiert wurden. Bis 1929 wurden allein im Bundesstaat Kalifornien 6255 Menschen sterilisiert. Gegenüber der „negativen E./R." sollte die „positive" auf dem Wege pro-natalistischer Familien- und Steuerpolitik die Fortpflanzung der „Erbtüchtigen" fördern. Angewandt wurden aber – und dies nicht nur in Deutschland – v. a. die Instrumente der „negativen E./R.".

Auch wenn die Auffassung vertretbar ist, dass die theoretische Substanz der E. auf rassenanthropologische Prämissen verzichten konnte, hat sich der Mainstream der eugenischen Bewegung als „Internationale der Rassisten" (Kühl) entwickelt, d. h. einer Bewegung mit dem Anspruch der Vorherrschaft der „weißen Rasse". Doch auch ihrer eigenen Rasse gegenüber sind alle populationseugenischen Konzepte „sozialrassistisch", weil sie Fortpflanzungsgemeinschaften vertikal in genetisch „Höherwertige" und „Minderwertige" differenzieren.

E

Die neuen „Lebenswissenschaften" und die Eugenik

In dem für viele kaum noch zu überblickenden Feld der sog. „neuen Lebenswissenschaften" beginnen sich die Konturen einer neuen E. abzuzeichnen. Themen und Entwicklungen mit eugenischer Relevanz sind dabei: die groß angelegte wissenschaftliche Entschlüsselung der menschlichen Erbausstattung (des Genoms); Gen-Tests; Präimplantationsdiagnostik (nach künstlicher Befruchtung genetische Tests im Achtzeller-Stadium); Keimbahntherapie; Kosten-Nutzen-Rechnungen im Zusammenhang mit präventivmedizinischen Programmen; Samenbanken; Klonierung; Stammzellen-Forschung *(Gentechnologie)* … Zwar gibt es kein bevölkerungseugenisches Programm, das gegenwärtig in demokratisch verfassten Gesellschaften politikfähig wäre; aber die Argumente, die es plausibel machen sollen, sind keineswegs aus der Welt. Alle seriösen Stimmen, die sich an der kritischen Diskussion beteiligen, stimmen in ihrer Einschätzung darin überein, dass die interne Logik der Reproduktionsmedizin und Humangenetik auf eine eugenische Praxis ausgerichtet sei. Das Neue, das gesamtgesellschaftlich Brisante an den naturwissenschaftlichen Erkenntnisschüben besteht darin, dass die Erfüllung eines alten Menschheitstraumes in greifbare Nähe gerückt zu sein scheint, der Traum von der planbaren und kontrollierbaren Verbesserung der menschlichen Art („human betterment") auf dem Wege der Erforschung und Manipulierung der Vererbungsprozesse auf humangenetischer Erkenntnisgrundlage. Betrachtet man die Entwicklungen und die sozialethischen Begleitdebatten im internationalen Rahmen, werden erhebliche gesellschaftliche Akzeptanzunterschiede deutlich. Während etwa in Deutschland mit „normativ gesättigten Personenbegriffen und metaphysisch aufgeladenen Naturkonzeptionen" die gentechnische Entwicklung eher skeptisch kommentiert wird, geht es in den USA kaum noch um das Ob, sondern „überwiegend um das Wie der Implementierung einer im Grundsatz gar nicht mehr infrage gestellten Entwicklung" (Habermas 2002, S. 283).

Die alten Unterscheidungen zwischen negativer E. und positiver E. sind keineswegs obsolet. Die neuen thematischen Zusammenhänge kreisen nun um treatment und enhancement, also um den heilenden oder verbessernden Eingriff in die menschliche Keimbahn. Damit wird die Unterscheidung zwischen negativer und positiver E. zunehmend schwieriger, denn was soll als unzumutbare Krankheit gelten, die durch einen genetischen Eingriff verhindert werden soll? Das Problem tritt schon bei der Präimplantationsdiagnostik auf. Umgekehrt stellt sich die Frage, an welchen Maßstäben verbessernde Eingriffe auf der Keimbahnebene ausgerichtet sein sollen.

Von der autoritären zur „liberalen Eugenik"?

Die alte E. war autoritär; die heutige hingegen ist nachgefragte E., vielleicht eine „Eugenik ohne Eugeniker" (Kühl 2014). Die wissenschaftlichen Grundlagen der alten E. waren mehr als zweifelhaft; die neue E. hingegen entsteht inmitten der boomenden Wissensproduktion der Bio-Wissenschaften. In der sozialethischen Begleitdebatte geht es schon seit etwa fünfzehn Jahren um die prospektive Vergegenwärtigung des reproduktionsmedizinisch und gentechnisch optimierten Menschen, um das Ende der Natürlichkeit (Kontingenz) in der generativen Reproduktion und damit auch darum, ob die gattungsethischen Grundlagen menschlichen Zusammenlebens zur Disposition stehen. Welchen Status kann eine *Ethik*, deren letzte Prämissen sich zivilisationsgeschichtlich auf der Unverfügbarkeit der menschlichen Natur gründen, gegenüber Fragen haben, die sich aus der Verfügbarkeit dieser Natur ergeben? Schon die Reproduktionsmedizin stellt natürliche Geburtlichkeit und Elternschaft in Frage. Aber mit dem nicht nur diagnostizierenden, sondern auch therapeutischen Zugriff auf die menschliche Keimbahn sind qualitativ ganz neue Möglichkeiten gegeben; denn mit der Entwicklung der Keimbahn-Gentherapie wird gleichzeitig das wissenschaftliche und technische Potenzial für eine „Nachbesserung" der biologischen Konstitution des Menschen, also für merkmalsverändernde Eingriffe bereitgestellt: „Engineering the Human Germline". Es ist zwar in Vielem eine Auseinandersetzung um Möglichkeiten, deren praktische Umsetzung heute noch außer Reichweite liegt, die aber „keine müßige Spekulation" ist (Habermas 2002, S. 296), weil sich mit der Forschungsdynamik in der Humangenetik und der Reproduktionsmedizin jetzt schon neue Entscheidungsspielräume absehen lassen, die unübersehbare Implikationen für die Pädagogik haben.

Unter dem Titel „liberale Eugenik" wird gegenwärtig eine sozialethische Diskussion darüber geführt, welche Konsequenzen es haben wird, wenn potenzielle Eltern in Ausübung ihrer generativen Reproduktionsfreiheit („reproductive freedom") merkmalsverändernde Eingriffe an der genetischen Ausstattung ihrer noch nicht geborenen Kinder vornehmen lassen. Wird dem Menschen, der sich dann entwickelt, nicht das fundamentale Recht beschnitten, autonomer „Autor seiner eigenen Lebensgeschichte" (Habermas) zu sein? Der sozialethische Kernbestand der neuzeitlichen Päd. besteht in der Annahme, dass die individuellen Anlagen eines Kindes kontingent zustande kommen, und dass die Erziehung die Aufgabe hat, dem Kind bei der selbsttätigen Entfaltung seiner Anlagen zu helfen. Nun besteht die theoretische Möglichkeit, dass die Päd. zur Designer-Päd. funktionalisiert wird, dass ihr nämlich die Aufgabe gestellt wird, eine dem genetischen Design entsprechende Umwelt zurecht zu schneidern: „Tailoring Environments to Special Genetic Needs" (Buchanan u. a. 2000, 99). Damit ist eine andere sozialethische Prämisse neuzeitlicher Päd. betroffen: *Chancengleichheit* und -gerechtigkeit. Wird eine über den Markt regulierte liberale E. („shopping in the genetic super market") diese so mühsam zur Anerkennung gebrachte Prämisse nicht unterlaufen? Und wenn ein eugenischer Gesamtakteur, und sei er noch so demokratisch legitimiert, die Verteilungsgerechtigkeit sicherstellen soll, wird das nicht wieder zur Populationseugenik führen? Als Einfallstor bietet sich der Gesundheits- und Versicherungssektor mit seiner Kosten-Nutzen-Logik geradezu an.

Jürgen Reyer

Literatur

N. Agar: Liberal Eugenics, in: H. Kuhse/P. Singer (Hrsg.): Bioethics. An Anthology. London ³2001 ♦ A. Buchanan/D. W. Brock/N. Daniels/D. Wikler: From Chance to Choice. Genetics and Justice, Cambridge 2000 ♦ G. K. Chesterton: Eugenik und andere Übel, Berlin 2014 ♦ J. Habermas: Die Zukunft der menschlichen Natur. Auf dem Weg zu einer liberalen Eugenik?, Frankfurt/M. 2001 ♦ J. Habermas: Replik auf Einwände, in: Deutsche Zeitschrift f. Philosophie 2/2002, 283–298 ♦ S. Kühl: Die Internationale der Rassisten. Aufstieg und Niedergang der internationalen eugenischen Bewegung, Frankfurt/M./New York 1997/2014 (Taschenbuch) ♦ J. Reyer: Eugenik und Pädagogik. Erziehungswissenschaft in einer eugenisierten Gesellschaft. Weinheim/München 2003 ♦ P. Weingart/J. Kroll/K. Bayertz: Rasse, Blut und Gene. Geschichte der Eugenik und Rassenhygiene in Deutschland, Frankfurt/M. ⁴1992.

E

Evaluation

Zum Begriff

Wer evaluiert, trägt systematisch und schriftlich Daten zusammen und analysiert diese, um Sachverhalte bewerten zu können. Die Bewertung geschieht z. B. im Hinblick auf die Angemessenheit, die Wirksamkeit oder die Wirtschaftlichkeit eines Projektes oder einer Maßnahme. Sie erfolgt „kriteriengeleitet", also mit Blick auf die intendierten Ziele oder mit Hilfe fachlich legitimierter Maßstäbe (Qualitätskriterien oder -standards). E. ist überwiegend Auftragsforschung, die von sozialwissenschaftlich ausgebildeten Fachleuten durchgeführt wird (Fremdevaluation). Zunehmend evaluieren jedoch auch Fach- und Leitungskräfte Aspekte ihrer eigenen Arbeit (Selbstevaluation).

Der Zweck einer E. besteht darin, Steuerungsinformationen für die Optimierung der weiteren Arbeit zu gewinnen. Eine klassische Unterscheidung von Evaluationstypen ist die nach „summativer" und „formativer" E. Der erste Typ ist wie ein sozialwissenschaftliches Forschungsprojekt angelegt und sucht möglichst „neutral" nach Wirkungen. Der zweite Typ kombiniert die Einführung einer Innovation mit der Untersuchung ihrer Auswirkungen: formative, prozessorientierte EvaluatorInnen beobachten und bewerten nicht nur, sondern sie entwickeln auch selbst Implementationshilfen und beraten die Fachkräfte bei der Umsetzung und bei auftauchenden Praxisproblemen.

Alles, was für die jeweilige Aufgabenstellung relevant ist, kann zum Evaluationsgegenstand werden: Konzepte oder Projekte und ihre Umsetzung, Interventionen, berufliche Haltungen von Personen, Organisationsroutinen, aber auch erzielte Effekte im *Sozialraum* oder in Kooperationsbeziehungen, Nutzeneinschätzungen der jeweiligen AdressatInnen oder Kosten-Nutzen-Relationen einer Einrichtung. Der Untersuchungsfokus richtet sich auf einzelne, teilweise kleinste Elemente des Arbeitsprozesses (Mikroevaluation) oder auf umfassende Fragestellungen eines ganzen Projektes oder einer Organisation (Makroevaluation). Die Bewertung kann durch den Vergleich von Gruppen oder Projekten erfolgen; es ist aber auch möglich, ein einzelnes Projekt immanent auf seine Qualität hin zu untersuchen (aktuell: Stimmer 2012/v. Spiegel 2013/Merchel 2015).

Entwicklungstendenzen

Erste Evaluierungsbemühungen gab es in den USA im frühen 19. Jh. im Gesundheitswesen und im Strafvollzug sowie um die Jahrhundertwende in der Landwirtschaft. E. als sozialwissenschaftliche *Forschung* wurde zuerst im Erziehungswesen entwickelt. Protagonisten waren Thorndike und Giddings, die um 1918 mit Hilfe quantifizierter Leistungsindices in New Yorker Oberschulen die Wirkung einer neuen Lehrmethode (des sog. Gary Plan) untersuchten. Systematische Ansätze fanden sich erst in den 1930er Jahren, in der Zeit des „New Deal", in der erstmalig Reformprogramme im großen Stil aufgelegt wurden. Im 2. Weltkrieg wuchs der Bedarf an interdisziplinär angelegter Großforschung, was auch die Nachfrage nach Fachleuten für E. und geeigneten Techniken förderte. Nach dem Krieg nutzte man das entstandene Forschungspotenzial überwiegend im Bereich der Marketingforschung sowie der Medien- und Wahlforschung. In den 1950er Jahren vergab die UNESCO Aufträge zur E. von Entwicklungshilfeprojekten und gab auch 1959 das erste Handbuch zur Evaluationsforschung heraus. Den Weg in den politischen Sektor fand die E. in den 1960er Jahren. Die amerikanische Regierung wollte gegenüber Parlament und Öffentlichkeit legitimieren, dass die aufgelegten sozialen Programme effektiv und effizient waren (Rossi 1984, 657; Hellstern, Wollmann 1984, 22). In dieser Zeit wurden auch Evaluierungsklauseln in die Sozialgesetzgebung eingearbeitet und SozialwissenschaftlerInnen versuchten zu zeigen, dass soziale Programme durch Evaluierungen effektiver gestaltet werden könnten. Mit den politischen, sozialen und ökonomischen Umbrüchen der 1970er Jahre, und dem verlangsamten Wirtschaftswachstum trat das Interesse an E. als Entscheidungsgrundlage in den Vordergrund. E. sollte rationale Grundlagen für Subventionsentscheidungen und -verteilungen liefern, was i. W. zur Entwicklung einer neuen „Forschungsindustrie" führte.

In der BRD war Evaluationsforschung als sozialwissenschaftliche Disziplin bis in die frühen 1970er Jahre weitgehend unbekannt. Es dominierten die disziplinäre und die Grundlagenforschung. Da anwendungsorientierte Forschung wenig Wertschätzung erfuhr, wurden Evaluationsprojekte überwiegend außerhalb der Universitäten entwickelt und erprobt. Seit Mitte der 1970er Jahre prosperierte die E. auch in Deutschland, zunächst begrenzt auf einige politische Felder und kaum interdisziplinär. Die deutsche Soziale Arbeit begegnete der E. zum ersten Mal im größeren Umfang in den späten 1960er Jahren, als die sozialliberale Koalition ihre sozialen Reformen (z. B. die Ansätze kompensatorischer Erziehung) anleiten, begleiten und evaluieren ließ. Die damals s. g. wissenschaftliche Begleitung der neuen Bildungs- und Erziehungsprogramme in den Bereichen Elementarerziehung, *Schule* und außerschulische Kinder- und *Jugendarbeit* wurde von der BReg finanziert, und alle am damaligen Diskurs Beteiligten schätzten die Chancen gesellschaftlicher Veränderung durch soziale Reformprogramme optimistisch ein. Sie hofften auf kurzfristige und deshalb auch messbare Wirkungen der Innovationen. Doch schon in den Jahren 1973/74 schränkte der Bund die Modellförderung wieder ein, womit auch das Thema E. in den Hintergrund geriet. Zwar expandierte die Soziale Arbeit in den 1970er Jahren enorm, Legitimationsfragen stellten aber sich kaum. Im damaligen sozialpolitischen Klima, das wesentlich durch die Folgen der Studentenbewegung geprägt war, fehlte auch die Akzeptanz für ein bewertendes und letztlich auch Kontrolle ermöglichendes Verfahren.

Der steigende Finanzdruck und die sog. Qualitätsdebatte *(Qualitätsentwicklung)*, die die öffentliche Verwaltung und damit auch die *Träger der Sozialen Arbeit* seit den 1990er Jahren sehr intensiv beschäftigen, verhalfen der E. zu einer neuen Blüte. Die meisten Sozialverwaltungen sind inzwischen damit befasst, die Effektivität und die Effizienz ihrer Arbeit zu verbessern. Durch verschiedene gesetzliche Regelungen (§ 112 ff. SGB XI, § 61 SGB XII, § 78a ff. SGB VIII) wurden Ende 1990er Jahre die interne Qualitätsentwicklung und damit verknüpft auch die (Selbst-)E. für viele Einrichtungen und Soziale Dienste verbindlich vorgeschrieben. E. sollen eine Grundlage für die Beurteilung der Leistungen und der Wirkungen von Einrichtungen und Sozialen Diensten bilden; sie sind daher konstitutive Elemente aller derzeit eingeführten Steuerungsmodelle (z. B. der *Jugendhilfeplanung*) des Neuen Steuerungsmodelles *(Verwaltungsmodernisierung)* und auch der verschiedenen Formen des Qualitätsmanagements, v. Spiegel 1997).

Wirksamkeitsideen und Evaluationsansätze

Evaluationsfragestellungen und favorisierte Untersuchungsstrategien korrespondieren mit Ideen darüber, wie SozArb „wirkt" und wie man diese Wirkungen daher erfassen sollte. Die amerikanischen EvaluatorInnen orientierten sich in den 1960er und frühen 1970er Jahren überwiegend am naturwissenschaftlichen Ideal. Nach dieser Vorstellung besteht auch das Sozialgefüge aus einer Vielzahl linearer Beziehungen zwischen unabhängigen und abhängigen Variablen, die sich vielfältig überlagern. Eine Intervention (oder ein Bündel von Interventionen) zeitigt demnach eine prinzipiell messbare Wirkung und man sucht daher nach quasi gesetzmäßigen Beziehungen zwischen Intervention und Wirkung. Der methodische Weg dieses Forschungsansatzes besteht in der Prüfung von Hypothesen über vermutete Zusammenhänge. Die so durchgeführten E. erbrachten jedoch kaum verwertbare Ergebnisse, was in den USA eine umfassende Debatte darüber auslöste, ob die SozArb womöglich unwirksam sei. Später wurde aber auch die Angemessenheit und Brauchbarkeit der positivistischen Forschungsmethoden für die Erfassung der tatsächlichen Wirkungen in Frage gestellt (v. Spiegel 1993). In der Folge ist das Forschungsinstrumentarium verfeinert worden, und es entstanden pluralistische Evaluationskonzepte. Als herausragend und auch befruchtend für die deutsche Diskussion gelten z. B. die Arbeiten von Patton (1997).

Inzwischen ist unbestritten, dass man nicht annehmen kann, dass ein gut geplanter und implementierter „Input" (also ein Konzept oder eine Maßnahme) einen messbaren „Output" hervorruft und dass Letzterer zweifelsfrei auf Ersteren zurückzuführen sei. Es ist in der gesamten SozArb/SozPäd nicht möglich, stabile und eindeutige Zusammenhänge zwischen einer methodischen Vorgehensweise und einem präzisierten Ziel herzustellen (und auf dieser Grundlage soziale Technologien zu entwickeln). Alle Komponenten einer Situation können auf vielfältige Weise mit anderen Komponenten verknüpft sein. Sie wandeln sich wegen der Komplexität und Kontextgebundenheit sozialer Prozesse und sind daher prinzipiell kaum vorhersehbar. Selbst wenn sich ein gewünschter Zustand (Wirkung) einstellt, kann man nicht mit Sicherheit sagen, ob sich dieser Zustand auf Grund einer Intervention oder trotz dieser eingestellt hat. Für die SozArb gilt daher ein „Technologiedefizit", das die Systemtheoretiker Luhmann und Schorr (1982) formuliert haben und das strukturell in dieser Komplexität begründet liegt *(Systemtheorie)*. Wirkungen können demnach immer nur mit Blick auf den Kontext und die Verknüpftheit der einzelnen Komponenten beurteilt werden und Ergebnisse von Prozessen sind nur mit großen Einschränkungen generalisierbar. Wirkungen sollten auch als Resultate von Koproduktionsprozessen aufgefasst werden. Die SozArb kann nur Angebote der Unterstützung unterbreiten, und auch in sog, Zwangskontexten ist sie darauf angewiesen, dass ihre AdressatInnen die ausgehandelten Ziele und Wege als die ihren annehmen und realisieren. Zudem wechselt ein Sachverhalt seine Beschaffenheit, je nach der Perspektive, aus der man ihn betrachtet. Er kann also von verschiedenen Personen und in verschiedenen Perspektiven völlig verschieden ausgedeutet werden, ohne dass es eine „richtige" oder „gültige" Deutung gibt.

Was bleibt für die Evaluation?

Aus diesen Erkenntnissen folgt nicht, dass E. nicht möglich sind. Man muss aber sehr genau herausarbeiten, was man messen und bewerten möchte und welche Kriterien der Bewertung man anlegt *(Empirische Sozialforschung)*. Grundsätzlich ist zu unterscheiden zwischen einer E. der Leistungen („Output") und der Wirkungen („Outcome").

Output-Orientierung: Nimmt man die Leistungen in den Blick, ist zu unterscheiden zwischen der Beurteilung des Leistungsangebotes der Einrichtungen/Fachkräfte nach Kriterien der Angemessenheit und Erreichung der intendierten Ziele sowie fachlicher Standards einerseits und der Leistungsnachfrage andererseits, wobei hier die Perspektive der NutzerInnen eingeholt werden sollte. Output-Evaluationen sind „forschungstechnisch" problemlos durchführbar; hierbei taucht lediglich die Frage auf, ob z. B. Konzeptionen oder Leistungsbeschreibungen, so wie sie „auf dem Papier" stehen, auch tatsächlich im beruflichen Alltag realisiert werden. Auch eine fehlende Umsetzung kann der Grund für die „Unwirksamkeit" einer Maßnahme sein.

Outcome-Orientierung: Interessiert man sich eher für Wirkungen, sind zunächst beabsichtigte „individuelle" Wirkungen bei den AdressatInnen zu nennen, die man unterscheiden kann nach gesellschaftlich wünschenswerten Wirkungen (die meist „für" die AdressatInnen formuliert sind) und solchen, die diese für sich selbst gesetzt haben. Darüber hinaus kommen gesellschaftlich erwünschte Wirkungen in den Blick, die eher auf ein Gemeinwesen bezogen sind, z. B. auf den Rückgang von Gewalt und Jugendkriminalität, auf Übergänge möglichst vieler Jugendlicher in Arbeitsverhältnisse, auf die Verringerung der Sozialhilfefälle usw. Letztere kann man über die statistische Erfassung sog. Sozialindikatoren einschätzen und auch Hypothesen über mögliche Zusammenhänge bilden. Eine zweifelsfreie Zuordnung von Maßnahmen und Interventionen zu den Wirkungen ist jedoch kaum möglich. Die Messung individueller Wirkungen ist die aufwändigste, weil Erfolge von den Menschen im Wesentlichen selbstreferenziell beurteilt werden. Das bedeutet für die Erfassung solcher Wirkungen, dass man sie eigentlich nur im Nachhinein (retrospektiv) erheben kann, z. B. über Interviews – und selbst dann gewinnt man lediglich subjektive Einschätzungen, die sich mit der Zeit und dem Kontext auch wieder ändern können (vgl. dazu inzwischen Macsenere/Esser 2015).

Perspektiven der Evaluation

Die Evaluationsforschung hat sich im Laufe der letzten 40 Jahre weiter ausdifferenziert. Es gibt ein großes Spektrum umsetzungsorientierter Evaluationsansätze, die direkt auf Innovation und Optimierung der Praxis zielen und sich lediglich bezüglich ihrer präferierten Methoden, der Art der Auftragsvergabe, der Finanzierung und der Beteiligung der Fachkräfte unterscheiden. Einen Überblick geben bereits die von Heiner (1996 und 1998) herausgegebenen Sammelbände sowie die Sammlung von Heil/Heiner/Urban (2002). Die E. aus der NutzerInnenperspektive wurde hauptsächlich von Müller-Kohlenberg (1997, 2000) ausgearbeitet, und auch das von Beywl entwickelte Modell der responsiven E. (1988) ist hier einzuordnen. Auch das Forschungsinstrumentarium hat sich erweitert. Neben den quantitativen und qualitativen Methoden der empirischen Sozialforschung (u. a. Fragebögen, strukturierte Beobachtungen, Leitfadeninterviews, narrative Interviews, Gruppendiskussionen, Ratingskalen) werden offene Verfahren eingesetzt, die das Relevanzsystem der NutzerInnen sensibel erfassen können, vgl. z. B. die Erfahrungsberichte mit direkten und indirekten, verbalen und nonverbalen, retrospektiven und in-actu-Verfahren sowie einer speziell hierfür entwickelten Methode (Delphi) in Müller-Kohlenberg/Kammann (2000).

Selbstevaluation

Parallel zur (Fremd-)E. etabliert sich seit Ende der 1980er Jahre das Konzept der Selbstevaluation. Maja Heiner hat es 1988 und 1994 einer größeren Fachöffentlichkeit vorgestellt und es wurde u. a. von v. Spiegel (1993) weiterentwickelt (vgl. z. B. den Leitfaden für die Selbstevaluation bei v. Spiegel, in: Heil/Heiner/Urban 2002) sowie den Leitfaden für die zielgeführte E. von Beywl/Schepp-Winter (2000). Das Konzept setzt an einigen Schwierigkeiten der Fremdevaluation an: die Güte der Evaluationsergebnisse hängt z. B. von der Güte der Daten über Prozesse und Ergebnisse der SozArb ab, und EvaluatorInnen müssen viel Energie und Zeit investieren, um diese von den Fachkräften zu erhalten. Viele der neueren Evaluationskonzepte beziehen daher die Fachkräfte stark in den Forschungsprozess ein. Die Selbstevaluation übergibt den Fachkräften selbst die Verantwortung für den gesamten Prozess der Datensammlung und -bewertung. Obwohl die Ähnlichkeiten zwischen beiden Konzepten recht hoch sind, dient die Selbstevaluation eher der Qualifizierung der Fachkräfte und der Optimierung des methodischen Handelns.

Die Professionalisierung der Berufsgruppe der EvaluatorInnen schreitet ebenfalls voran, was sich an der Gründung der Deutschen Gesellschaft für E. (DeGEval) und der Herausgabe eines Handbuches der Evaluationsstandards (Sanders 2006) ablesen lässt.

Die DeGEval hat zudem sowohl Standards für die E. entwickelt, die vier grundlegende Eigenschaften aufweisen (Nützlichkeit – Durchführbarkeit – Fairness – Genauigkeit) als Anforderungsprofile für Evaluatoren/innen vorgestellt (ausführlich unter www.degeval.de)

Zur sozialpolitischen Bedeutung der Evaluation für die Soziale Arbeit

Die neue Aufmerksamkeit für die Leistungen und „Ergebnisse" der SozArb und in ihrem Gefolge die Konjunktur der E. stärkt unbestreitbar die Profession. Zum einen werden durch E. (als Praxisforschung) Informationen über Prozesse und Entwicklungen gewonnen, die das disziplinäre Wissen für die SozArb erweitern. Zum anderen entwickeln Fachkräfte – zumindest wenn sie in die E. einbezogen werden – eine forschende, selbstreflexive, experimentierende Haltung und damit eine professionelle Distanz zu ihrer eigenen Arbeit. Sie gewinnen Einsichten über das, was sie wie und mit welchem Ziel tun, und können auf diese Weise ihre Professionalität erkennen und darstellen. Fremd- und Selbstevaluation, v.a. in ihren „nutzerfokussierten" Varianten, rücken auch die AdressatInnen der SozArb stärker ins Blickfeld. Deren Status als KoproduzentInnen wird durch das Erforschen ihrer Bedürfnisse, die Untersuchung ihrer Lebenswelt und ihrer Lebenslagen und das Einholen von Rückmeldungen zur Beurteilung der ihnen angebotenen „Hilfen" gefestigt, und sie gelten nicht länger als Objekte zielorientierter Einwirkung.

Problematisch erscheint, dass die sozialpolitische Debatte um Wirksamkeit und die Fixierung von Politik und Verwaltung auf fiskalisch verwertbare „Ergebnisse" von SozArb die Diskussion hinter die theoretischen und praktischen Einsichten der SozArb zurückdreht und dem „technologischen" Paradigma zu einer Renaissance verhelfen könnte. E. können demgegenüber zeigen, dass frühere Versprechen, die SozArb könne alle denkbaren Probleme lösen (Kriminalität senken, *Arbeitslosigkeit* und *Armut* bekämpfen usw.), wenn sie nur genügend Ressourcen zur Verfügung hätten, unseriös sind. Wenn man „beweisen" muss, dass Wirkungsversprechungen auch eingelöst werden, werden die Zielmarken realistischer. Die Aufgabe, diese Erkenntnis nachhaltig an kommunal- bzw. sozialpolitische Entscheidungsträger und Finanziers zu vermitteln, muss noch geleistet werden.

Umgekehrt ist auch vor falschen Hoffnungen der Träger bezüglich des Instrumentes E. zu warnen. Schon amerikanische EvaluationsforscherInnen stellten fest, dass die Idee der rationalen, durch E. fundierten Planung eine Schimäre ist und dass Entscheidungen häufig auf Grund ganz anderer Ereignisse und Prioritäten getroffen werden (v. Spiegel 1993). Auch eine nachgewiesen fachlich gute Arbeit schützt letztlich nicht vor Kürzungen, einem Wechsel der Zielvorgaben und anderer politisch motivierter Unbill.

Hiltrud von Spiegel

Literatur

W. Beywl: Zur Weiterentwicklung der Evaluationsmethodologie. Grundlegung, Konzeption und Anwendung eines Modells der responsiven Evaluation, Frankfurt/M./Bern/New York/Paris 1988 ◆ W. Beywl/G. Schepp-Winter: Zielgeführte Evaluation von Programmen – ein Leitfaden. Materialien zur Qualitätssicherung in der Kinder- und Jugendhilfe (QS), 29/2000 ◆ Deutsche Gesellschaft für Evaluation: Geschäftsstelle, Postfach 260129, 50514 Köln, info@degeval.de ◆ K. Heil/M. Heiner/P. Urban (Hrsg.): Evaluation Sozialer Arbeit – eine Arbeitshilfe mit Beispielen, Frankfurt/M. 2001 ◆ M. Heiner (Hrsg.): Selbstevaluation in der sozialen Arbeit. Fallbeispiele zur Dokumentation und Reflexion beruflichen Handelns, Freiburg i.Br. 1988 ◆ M. Heiner (Hrsg.): Selbstevaluation als Qualifizierung in der Sozialen Arbeit. Fallstudien aus der Praxis, Freiburg i.Br. 1994 ◆ M. Heiner (Hrsg.): Qualitätsentwicklung durch Evaluation, Freiburg i.Br. 1996 ◆ M. Heiner (Hrsg.): Experimentierende Evaluation. Ansätze zur Entwicklung lernender Organisationen. Weinheim/München 1998 ◆ G.-M. Hellstern/H. Wollmann: Evaluierung und Evaluierungsforschung – ein Entwicklungsbericht, in: G.-M. Hellstern/H. Wollmann (Hrsg.): Handbuch zur Evaluierungsforschung, Bd. 1, Opladen 1984, 17 ff. ◆ J. Merchel: Evaluation in der sozialen Arbeit. München [2]2015 ◆ H. Müller-Kohlenberg/O. Autrata: Evaluation von sozialpädagogischen Maßnahmen aus unterschiedlicher Perspektive: Die Sicht der Träger, der ProgrammmanagerInnen und der NutzerInnen, in: BMFSFJ (Hrsg.): Qs – Materialien zur Qualitätssicherung in der Kinder- und Jugendhilfe, H. 11, 1997, S. 8 ff. ♦ H. Müller-Kohlenberg/C. Kammann: Die NutzerInnenperspektive in der Evaluationsforschung: Innovationsquelle oder opportunistische Falle?, in: H. Müller-Kohlenberg/K. Münstermann (Hrsg.): Qualität von Humandienstleistungen. Evaluation und Qualitätsmanagement in Sozialer Arbeit und Gesundheitswesen, Opladen 2000 ♦ M. Q. Patton: Utilization-Focused-Evaluation. The New Century Text, London [3]1997 ♦ P. H. Rossi: Professionalisierung der Evaluierungsforschung? Beobachtungen zu Entwicklungstrends in den USA, in: G.-M. Hellstern/H. Wollmann (Hrsg.): Handbuch zur Evaluierungsforschung, Bd. 1, Opladen 1984, 655 ff. ♦ J. R. Sanders (Hrsg.): Handbuch der Evaluationsstandards. Die Standards des „Joint Committee on Standards for Educational Evaluation", Opladen [3]2006 ♦ Schwerpunktheft Selbstevaluation, in: uj 1/2006 ♦ H. v. Spiegel: Aus Erfahrung lernen. Qualifizierung durch Selbstevaluation, Münster 1993 ♦ H. v. Spiegel: Perspektiven der Selbstevaluation, in: Qs-Materialien des BMFSFJ 11/1997, 32 ff. ♦ H. v. Spiegel: Methodisches Handeln in der Sozialen Arbeit, München/Basel [5]2013 ♦ F. Stimmer: Grundlagen des methodischen Handelns in der Sozialen Arbeit, Stuttgart [3]2012.

F

Familie(n)

Der Begriff

Eine einheitliche Auffassung darüber, was man als „F." bezeichnet, gibt es weder im Alltag noch in der Wissenschaft, obwohl das Wort seit dem 16. Jh. in die deutsche Sprache aufgenommen wurde. So werden häufig F. und Verwandtschaft synonym gebraucht oder auch die kinderlose Ehe als F. bezeichnet. Heute wird überwiegend das Zusammenleben von einem oder mehreren Erwachsenen mit Kindern als F. bezeichnet. Die Familienformen haben sich stark differenziert in die F. im traditionellen Sinn, in *Allein Erziehende,* Stieffamilien (Patchwork-Familien) und Regenbogenfamilien.

Überblickt man die in der Wissenschaft üblichen Definitionen von F., so betonen zumeist ihre Autoren, entspr. dem von ihnen jeweils bevorzugten wissenschaftstheoretischen Paradigma, entweder die gesamtgesellschaftliche Bedeutung der F. oder ihren Gruppencharakter.

Unter makrosoziologischer Perspektive wird F. als eine soziale Institution bezeichnet, die bestimmte gesellschaftliche Leistungen erbringt bzw. zu erbringen hat. In diesem Zusammenhang wird zuweilen ein Funktionsverlust der modernen F. im Vergleich zur vorindustriellen konstatiert, da sie bestimmte Funktionen an den Staat oder an andere gesellschaftliche Gruppierungen abgetreten hat. So verlor sie z. B. als erstes die Kult- und Gerichtsfunktion, später, durch die Etablierung des Militärs, von Krankenhäuser u. a. m., reduzierte sich ihre Schutz- und Fürsorgefunktion für ihre Mitglieder. Dagegen hat sie die Reproduktions- und Sozialisationsfunktion (und damit auch eine gesellschaftliche Platzierungsfunktion) immer inne gehabt, wobei die Pflege und Erziehung während der Säuglings- und Kleinkinderzeit erst in diesem Jh. in einem derartigen Umfang von ihr allein wahrgenommen wird. Hinzu kommt, dass andere Funktionen neu hinzugekommen sind, nämlich die Freizeitfunktion und die „Spannungsausgleichsfunktion", d. h. es wird ihr die Aufgabe zugeschrieben, einen psychischen Ausgleich zur gesteigerten Anonymität und Zweckrationalität sowie zur hochspezialisierten, -organisierten und -bürokratisierten Arbeitswelt zu gewährleisten. Insofern ist es angemessener, nicht von Funktionsverlust, sondern von Funktionswandel zu sprechen.

Mikroperspektivisch gilt die F. als „eine Gruppe besonderer Art", die gekennzeichnet ist durch eine spezifische Binnenstruktur, nämlich durch genau festgelegte *soziale Rollen* und durch eine bestimmte Qualität ihrer Beziehungen zwischen den Mitgliedern. Die meisten aus dieser Theorietradition stammenden Definitionen beziehen sich – zum Teil implizit – auf die moderne (west-)europäische Kern-F., weil sie als Kennzeichen von F. den „F.-Sinn" herausstellen, d. h. die Emotionalisierung, Intimisierung und Exklusivität der innerfamilialen Binnenstruktur. Sie sind damit F.-Begriffe „mittlerer Reichweite". Denn dieser F.-Typ entwickelte sich erst ab dem 16./17. Jh. in unserem Kulturbereich und zwar begann dieser Prozess der Herausbildung eines „F.-Sinnes" in den städtischen Bürger-F., den reichen Kaufmanns- und Handelshäusern, und griff erst im 18. und 19. Jh. auch auf alle übrigen Stände über und „verschaffte sich tyrannisch Gehör" (Mitterauer). Voraussetzung für die Entstehung dieses F.-Sinnes, wodurch die F. zu einer eigenen geschlossenen Gemeinschaft mit Exklusivcharakter wurde, waren Distanzierungsprozesse zwischen den F.-Mitgliedern und familienfremden Personen, die ausgelöst wurden durch ökonomische Bedingungen, durch Veränderungen der Produktionsverhältnisse und durch einen Wandel von gesellschaftlichen Leitideen. Auf die vielen Fakten, die an diesem Veränderungsprozess mitgewirkt haben, kann in dieser Abhandlung nicht eingegangen werden; infolge ihrer gegenseitigen Verflechtung ist es auch kaum auszumachen, welche als verursachende, auslösende oder bedingte Faktoren anzusehen sind.

Wenn man nach den Kriterien fragt, die F. von anderen sozialen Systemen unterscheiden und man sowohl die Makro- als auch die Mikro-Ebene berücksichtigen will, dann sind F. – gleichgültig, welche spezifische historische oder regionale Ausprägungsform sie besitzen – gekennzeichnet: a) durch die Übernahme bestimmter gesellschaftlicher Funktionen, und zwar zumindest der Reproduktions- und der Sozialisationsfunktion neben anderen, die kulturell variabel sind, b) durch die Generationsdifferenzierung und c) durch ein spezifisches Kooperations- und Solidaritätsverhältnis zwischen ihren Mitgliedern.

Familie und Ehe

Lange Zeit galt in der F.-Soziologie das Ehesubsystem als essentielles Kriterium für den Begriff „F.“. Zwar wurden und werden F. zumeist durch eine zeremonielle Eheschließung begründet oder ergänzt (im Falle von Verwitwung oder Scheidung) bzw. erweitert (im Hinblick auf die Mehrgenerationen- oder die polygame F.), aber zu allen Zeiten und in allen Kulturen gab es auch F. (zumeist Mutter-Kind-Einheiten), die nie auf einem Ehesystem beruht haben und deren Ehesystem im Laufe der F.-Biografie durch Rollenausfall infolge von Tod, Trennung oder Scheidung entfallen ist. Sie werden heute nicht mehr als „unvollständige F.“ bezeichnet wegen des damit verbundenen wertenden Aspektes, sondern als „Ein-Eltern-F.“ oder als „Vater-“ bzw. „Mutter-F.“.

Familie in Wissenschaft und Forschung

Wissenschaftliche Abhandlungen über die F. sind schon in der Antike und im Mittelalter verfasst worden. So haben bereits Aristoteles und viele andere Philosophen (wie Locke, Bacon), die politischen Arithmetiker, ferner die Autoren der „Hausväterliteratur“ und die der frühen Haushaltsstudien wichtige familienwissenschaftliche Erkenntnisse gebracht, aber die F. war nicht zentraler Gegenstand ihrer wissenschaftlichen Analysen, sondern sie wurde als „Mittel zum Zweck“, nämlich im Hinblick auf die Staatsbildung, die Kirche und eine christliche Lebensführung, die Bevölkerungsentwicklung u. a. m., der wissenschaftlichen Reflexion unterzogen. Erst in der ersten Hälfte des vorigen Jh. und schließlich mit der Entstehung der Soziologie setzte sich die Absicht durch, systematisch und überprüfbares Wissen über die F. selbst, über ihre Mitglieder und über die Transferwirkungen zwischen ihr und anderen gesellschaftlichen Teilbereichen methodisch zu gewinnen.

Geschichte der Familie

Trotz der über hundertjährigen Forschung ist bislang keine Theorie über die historische Entstehung von F. und über die hierfür verantwortlichen verursachenden Bedingungen allgemein anerkannt. Es besteht aber heute kein Zweifel mehr darüber, dass die F. historisch älteren Ursprungs ist als der Staat und dass es in unserem Kulturbereich zu allen Zeiten, über die wir einigermaßen verlässliche Daten besitzen, immer verschiedene Formen von F. nebeneinander gegeben hat. So lebte die Mehrheit der Bevölkerung in der vorindustriellen Zeit nicht in den großen Haushalts-F. mit Produktionsfunktion, deren Hauptkennzeichen und Zentrum die Erstellung von Gütern und Waren, der Handel oder sonstiges Gewerbe war und die neben F.-Mitgliedern zumeist auch familienfremde Personen umfassten, sondern in Kern-F. (= Eltern/Einelternteil – Kind(ern)-Einheiten). Diese unterschieden sich von unseren heutigen F. nicht durch ihre Größe, sondern dass diese zum Teil in großfamilialen Verbänden zusammen wohnten und v. a. durch eine Öffnung nach außen gekennzeichnet waren und keine „Zufluchtsstätten vor der Öffentlichkeit“, wie unsere heutigen, darstellten. Sie waren eigentumslos und zählten somit überwiegend zu den unteren Schichten. Ihre F.-Mitglieder gingen einer außerhäuslichen Erwerbstätigkeit nach. Denn außerhalb des Hauses geleistete Lohnarbeit ist nicht erst eine neuartige, sondern eine sehr alte Erscheinung. Trotz ihrer zahlenmäßigen Stärke ist ihre Existenz lange Zeit von der Wissenschaft fast vergessen worden, jedenfalls sind unsere Kenntnisse über sie selbst heute noch sehr dürftig.

Ferner gab es auch in der vorindustriellen Zeit neben den Eltern-F., v. a. wegen der geringen Lebenserwartung Ein-Eltern-F. und zwar überwiegend aufgrund von Verwitwung (heute v. a. durch Scheidung). Diese Mutter- und Vater-F. blieben in jener Zeit nur in der Unterschicht, also bei der eigentumslosen Bevölkerung längere Zeit bestehen.

Ansonsten musste aus ökonomischen Gründen möglichst schnell wieder geheiratet werden, weil mit dem Ausfall der F.-Rolle die Nichtbesetzung einer Berufsrolle verbunden war, nämlich bei den städtischen Handwerks- und Handelsbetrieben sowie bei den Bauern auf dem Lande. Dieser Grundsatz galt gleichermaßen für das Kleinbürgertum und für die vermögenden Schichten. Insofern waren Stief-F. in der vorindustriellen Zeit weit verbreiteter als heute.

Die soziale Bewertung der Ein-Eltern-F. war in der Vergangenheit von ihrer Entstehungsursache abhängig: Mitleid bei Verwitwung, Diskriminierung und Schuldzuschreibungen bei Nichtehelichkeit und Scheidung. Die Diskriminierung hat – wie neuere empirische Untersuchungen zeigen – stark abgenommen, dagegen bestehen Vorurteile gegenüber einer Alleinerzieherschaft weiterhin.

Die Großfamilie

Genügend wurde in den letzten Jahren durch die historische F.-Soziologie auf den „Mythos der Groß-F." hingewiesen, d.h. die Vorstellung revidiert, dass im Mittelalter und weit bis in die Neuzeit hinein die vorherrschende Familienform die Drei-Generationen-F. mit einer hohen Kinderzahl gewesen wäre. Durch die geringe Lebenserwartung, die hohe Säuglingssterblichkeit, durch die fast zyklisch wiederkehrenden Seuchen, Hunger- und durch andere Notzeiten, zuweilen auch durch spätes Heiraten, nämlich dann, wenn beide Eltern noch lebten und voll arbeiteten, war de facto die Drei-Generationen-F. und – trotz hoher Geburtenzahl – eine hohe Kinderzahl in der F. Seltenheit und allerhöchstens in vermögenden Schichten vorfindbar. Auch auf dem Lande waren nur bei wohlhabenden Bauern-F., die ohne große ökonomische Belastung ein „Ausgedinge" einrichten konnten, ein höherer Anteil Mehr-Generationen-F. gegeben. Dagegen nimmt heute die Drei- sogar Vier-Generationen-F. – wenn auch nicht unter einem Dach wohnend – stetig zu, und noch nie in der Geschichte unseres Kulturkreises hatten so viele Kinder die Chance, ihre Großeltern und sogar ihre Urgroßeltern zu erleben.

Familie heute

In den 40,7 Mio. Privathaushalten 2015 in der BRD lebten im Durchschnitt 2 Personen (Stat. BA, Jahrbuch 2016). Die Durchschnittsgröße der Haushalte ist regional sehr unterschiedlich: in kleinen Gemeinden unter 5000 Einwohner gab es 31,9 % Einpersonenhaushalte und 67,8 % Mehrpersonenhaushalte. In Gemeinden ab 100 000 Einwohner verkehrt sich das Verhältnis in 50,7 % Einpersonenhaushalte und 49,3 % Mehrpersonenhaushalte.

Die Zahl der Familienhaushalte (Eltern/Erwachsene mit minderjährigen Kindern) hat in den letzten Jahren abgenommen. was vor allem eine Folge des starken Anstiegs von Ein-Personen-Haushalten ist. Immer mehr alte Menschen und Jugendliche besitzen heute ihren eigenen Haushalt. Nur noch in 8 Mio. Haushalten lebten 2015 minderjährige Kinder (20 % aller Haushalte). Auch die Familienformen haben sich stark gewandelt: 69 % waren Ehepaare, 10,5 % Lebensgemeinschaften und 20,5 % allein Erziehende (Stat. Jahrbuch 2015, vgl. auch Datenreport 2016, Kap. 2).

Der Anteil alter Menschen steigt in allen Industriestaaten stetig an, so dass das nächste Jh. im Zeichen des demografischen Alterns steht, ein Phänomen, das in Europa ein nie gekanntes Ausmaß erreichen wird: im Jahre 2020 werden die über 60-jährigen in der BRD fast 30 % der Bevölkerung ausmachen, 2030 wird ihr Anteil 34 % betragen *(Altenpolitik/Alter/Altenhilfe).* Noch 1990 betrug der Anteil der über 60-Jährigen 20,4 %, 2011 bereits 26,4 % (www.bpb.de/Bevölkerung).

Ebenso ist der Anteil der Haushalte von allein Erziehenden angestiegen. Dennoch wächst weiterhin in der BRD die Mehrzahl der Kinder in Eltern-F. auf. (= 69 % und 10,5 % in nichtehelichen Lebensgemeinschaften).

Ferner nehmen die Eheschließungen zwar wellenförmig, aber stetig seit fast dreißig Jahren ab. Das durchschnittliche Erstheiratsalter ist seit Mitte der 1970er Jahre bei Männern und Frauen um vier Jahre in den alten BL und um sechs Jahre bei beiden Geschlechtern in den neuen BL gestiegen und ist im Vergleich zu anderen europäischen Staaten relativ hoch. 2014 betrug das Alter bei der Erstehe bei Männern 33,7 und bei Frauen 31 Jahre.

Ebenso steigen seit dem vorigen Jh. die Ehescheidungszahlen – wenn auch in Wellen und Sprüngen. Etwa 35 % aller in einem Jahr geschlossenen Ehen werden im Verlauf von 25 Jahren geschieden *(Scheidung/Scheidungsfolgen).*

Der vieldiskutierte Geburtenrückgang ist in der BRD weiterhin festzustellen; er wird kompensiert durch die Geburten von Ausländerinnen; hieraus erklärt sich der geringe Aufwärtstrend in den letzten Jahren, also während der Zeit als gerade in den neuen BL die Geburtenquote sprunghaft zurückgegangen ist. Die Geburtenziffer liegt zz. bei 1,47 (1,41 deutsche, 1,86 ausländische Frauen) und ist somit weiterhin eine der niedrigsten in Europa.

Diese familienstatistischen Veränderungen der letzten Jahrzehnte sind auf eine Vielzahl von Faktoren zurückzuführen: auf die besseren ökonomischen Verhältnisse, die Verbesserung der Wohnungsversorgung, auf längere Ausbildungszeiten, auf einen Wertewandel u. a. m.

Aus diesen statistischen Trendverläufen wird vielfach auf eine „Krise der F." geschlossen, gestützt durch die Diskussion über die Individualisierungsthese und über die zugenommene Pluralität von Lebensformen. Doch statistische Verlaufsdaten-Reihen stellen keine Motivanalysen dar; und so zeigen Ergebnisse empirischer Erhebungen, dass die F. – etwas weniger als die Ehe – noch immer bei der Bevölkerung (und v. a. bei jungen Menschen) in der Wertschätzung die oberste Priorität belegt. Allerdings heiraten viele heute erst – wie gezeigt – in einem höheren Alter, eine Folge der Zunahme von nichtehelichen Lebensgemeinschaften, die bei uns vorwiegend eine neue Lebensform während der Postadoleszenz darstellen. Erst dann, wenn ein Kind gewünscht bzw. erwartet wird oder geboren wurde, gehen viele Partner die Ehe mit ihrem gegenseitigen Verpflichtungscharakter ein. Insofern kann nicht von der Krise der F. gesprochen werden, sondern nur von einem Bedeutungswandel der Ehe.

Selbst die hohen Scheidungszahlen weisen nicht auf einen Bedeutungsverlust, auf ein Infragestellen oder gar auf eine Krise von Ehe und F. hin, sondern auf die hohe psychische Bedeutung der Ehe für den einzelnen, so dass die Partner eine unharmonische eheliche Beziehung heute weniger als früher ertragen können und sie deshalb ihre Ehe schneller auflösen. Gleichzeitig verstärkte die abnehmende Notwendigkeit, Ehen – mehr oder weniger allein – aufgrund zwanghafter Kohäsion, z. B. infolge der ökonomischen Lage, des sozialen Ansehens, v. a. für die Ehefrauen u. a. m. zu erhalten, diesen Prozess. Wie stark gerade diese beiden Faktoren das Ehescheidungsrisiko erhöht haben (ohne damit etwa zu unterstellen, dass alle Partnertrennungen nur hierauf zurückzuführen sind), wird auch an der noch höheren Scheidungsrate in den – jetzt – nBL deutlich.

Die gestiegenen psychischen Erwartungen an die Ehe haben also zu einem verstärkten Leistungsdruck in der Partnerbeziehung geführt. Außerdem wurden auch durch die Anforderungen seitens anderer gesellschaftlicher Teilsysteme (Schule, Freizeitbereich, Gesundheitsvorsorge, Arbeitswelt u. a. m.) die Leistungsanforderungen an die Elternrolle erhöht. Hinzu kommt, dass sich heute mehr Eltern ihrer Bedeutung für den Entwicklungsprozess ihrer Kinder bewusst sind als noch vor ca.40 Jahren, was z. T. aber häufig zu erhöhter Verunsicherung im Erziehungsverhalten geführt hat und nicht zu der Einsicht in die Notwendigkeit einer Vorbildung für alle Eltern und ihre Erziehungsaufgaben. Die Forderung nach einer Erziehungskompetenz der Eltern hat sich bisher bei ihnen selbst, aber auch in der Öffentlichkeit, nicht durchgesetzt.

Rosemarie Nave-Herz

Literatur

BMFSFJ: Familienreport 2014, Berlin 2015 ◆ destatis: Statistisches Jahrbuch 2015 sowie alle weiteren aktuellen Daten unter www.destatis.de ◆ F. K. Barabas/M. Erler: Die Familie – Lehr- und Arbeitsbuch für die Familiensoziologie und Familienrecht, Weinheim 2002 ◆ C. Beckmann/H.-U. Otto/M. Richter/M. Schröter (Hrsg.): Neue Familialität als Herausforderung der Jugendhilfe, in: np Sonderheft 9/2009 ◆ K. Jurczyk/A. Lange/B. Theissen (Hrsg.): Doing familiy. Warum Familienleben heute nicht mehr selbstverständlich ist, Weinheim, München 2014 ◆ T. A. Kläser: Regenbogenfamilien, in: Sozialmagazin 5/2011 ◆ H.-G. Krüsselberg/H. Reichmann (Hrsg.): Zukunftsperspektive Familie und Wirtschaft – Vom Wert von Familie für Wirtschaft, Staat und Gesellschaft, Grafschaft 2002 ◆ M. Mitterauer: Sozialgeschichte der Familie, Wien 2009 ◆ H.-R. Müller/D. Krinninger: Familienstile, Weinheim 2016 ◆ R. Nave-Herz (Hrsg.): Kontinuität und Wandel der Familien in Deutschland, Reihe: Der Mensch als soziales und personales Wesen, Band. 19, Stuttgart 2002 ◆ R. Nave-Herz (Hrsg.): Familie Heute – Wandel der Familienstrukturen und Folgen für die Erziehung, Darmstadt [6]2015 ◆ R. Nave-Herz: Ehe- und Familiensoziologie – Eine Einführung in Geschichte, theoretische Ansätze und Befunde, Weinheim, München [3]2013 ◆ R. Nave-Herz: Familiensoziologie, Oldenburg 2014.

Familienberatung

Unter F. versteht man eine Vielzahl von institutionellen Angeboten zur psychosozialen Unterstützung von *Familien.* Die Finanzierung erfolgt oft auf der Grundlage des SGB VIII. Ergänzend zu *Beratung, Erziehungsberatung* und *Psychotherapie* soll hier vorwiegend auf die große Bedeutung der Familientherapie für die Soziale Arbeit eingegangen werden.

Einflüsse der Familientherapie: Als Vorläufer gelten Adlers Studien über den Einfluss der Geschwisterkonstellation auf die Persönlichkeitsentwicklung, die Einbeziehung von Eltern bei der Kindertherapie, Gruppenpsychotherapie sowie die vielen Erfahrungen aus Familienfürsorge sowie Mütter- und Erziehungsberatung. Im Jahre 1963 erschien von Richter „Eltern, Kind und Neurose"; später betrachtet er in „Patient Familie" die Familie als ein System *(Systemtheorie).* Etwa zeitgleich war mit den Forschungen der Gruppe um Stierlin eine zweite Richtung der Familientherapie entstanden. 1976 erschien die erste deutschsprachige Fachzeitschrift „Familiendynamik". Neben diesen psychoanalytisch geprägten Untersuchungen kamen auch Arbeiten, die von der Systemtheorie oder der Kommunikationstheorie beeinflusst waren. Hierzu gehören Beiträge der amerikanischen Sozialarbeiterin Satir, das Sammelwerk „Menschliche Kommunikation" von Watzlawick u. a. oder psychoanalytisch-systemische Ansätze der „Mailänder Gruppe" um Selvini Palazzoli. Die familienbezogenen Konzepte haben mindestens drei Merkmale gemeinsam: (1) Sie gehen alle über den ursprünglichen Ansatz einer einzigen psychotherapeutischen Richtung hinaus und erweitern sich in eine systemische Sichtweise. (2) Es existieren fließende Grenzen zwischen F. und Familientherapie. Je nach Dauer, Intensität und Motivation dominiert eher Beratung oder Therapie. (3) Gemeinsam ist diesen in sich sehr verschiedenen Strömungen von F. bzw. Familientherapie, dass eine neue Sichtweise menschlicher Probleme aufkam (Paradigmenwechsel). Nicht mehr der Einzelne hat das Problem; er ist vielmehr Symptom- oder Problemträger („identifizierter Klient", „Indexpatient") eines tiefer liegenden familiären Konflikts. Hintergrund dieses Konflikts sind verborgene familiäre Spannungen. So kann ein Kind aufgrund elterlicher Probleme in eine krankmachende Rolle gedrängt werden. Etwa indem es ein elterliches Ideal zu erfüllen hat, Sündenbock ist (Projektion) oder in irgendeiner Weise für eine Person aus dem Leben eines Elternteils steht (Übertragung). Eltern können ihre Kinder zu Delegierten ihrer Wünsche oder zu Koalitionspartnern machen. Die F. sieht die Familie als ein weitgehend unbewusstes System von Beziehungen und Loyalitäten auf der Suche nach Ausgleich und Gerechtigkeit, aber auch in der Auseinandersetzung um Bedürfnisse, Vorwürfe, Schuld und Verdienst. Wenn das familiäre Beziehungsnetz durch interne Konflikte zu sehr ins Ungleichgewicht gerät, ist Hilfe von außerhalb angesagt. Die familiäre Kommunikation kann man mit den Betroffenen untersuchen und verändern. Viele Kenntnisse und Techniken der F. sind auch von der SozArb übernommen worden: Notwendigkeit von klaren Regelungen und Grenzen; Umdeutung eines Problems dahingehend, wonach jedes Verhalten oder Erleben einen Sinn macht, wenn man den Zusammenhang kennt; zirkuläres Befragen einer Person über das vermutete Erleben und Empfinden eines anderen Familienmitglieds; paradoxe Intervention, indem das Gegenteil vom Erwarteten vorgeschlagen wird. Familiäre Defizite und Probleme können sich über mehrere Generationen fortsetzen, diese kann man in einer „Mehr-Generationen-Perspektive" untersuchen (alle vorgenannten Quellen bei v. Schlippe 2010). Aus dieser sehr differenzierten Theorie und Praxis der F. haben sich für den Alltag der SozArb eine Fülle von Konzepten ergeben. Etwa der Ansatz der „Problemfamilie" (Goldbrunner 1994) oder „Familie im Mittelpunkt" (Family First). Bei Letzterem handelt es sich um ein aus den USA stammendes Programm zur Krisenintervention, um bei Gewalt, Missbrauch oder schwerer Vernachlässigung direkt eingreifen zu können (Gehrmann/Müller 2013). Die Angebote sind von kurzer Dauer und können evtl. von anderen Maßnahmen ergänzt bzw. fortgesetzt werden. In der Arbeit mit Problemfamilien muss zu den Familien hingegangen werden (Geh-Struktur), um die Zugangsbarrieren zu überwinden. Wenn man Ergebnisse der Familientherapie auf die vielfältige Praxis der SozArb i. S. von F. anwendet, muss das auf die jeweilige Zielgruppe bezogen und modifiziert werden, etwa für den ASD oder den Sozialpsychiatrischen Dienst. V. a. die SPFH als Teil der *„Hilfen zur Erziehung"* nach dem SGB VIII stellt ein Anwendungsfeld der F. für einen Praxisbereich der SozArb dar.

Sozialpädagogische Familienhilfe/SPFH: Nach Vorläufern in der Familienfürsorge begann die SPFH mit Modellprojekten etwa ab 1970. Seit 1990/1991 hat die SPFH mit den §§ 27 ff., insbesondere § 31 des SGB VIII, eine gesetzliche Grundlage. SPFH ist eine ambulante, vorbeugende Hilfe und soll *Fremdunterbringung* vermeiden sowie die Familie in kritischen Lebenssituationen (Krisen, Krankheit, Trennung) unterstützen. Familien mit schweren Strukturproblemen (Gewalt, Sucht, psychiatrische Erkrankung, geistige Behinderung) oder fehlender Motivation scheinen für die SPFH weniger geeignet. Allerdings lässt sich diese Trennung in der Praxis nicht immer aufrechterhalten. Die SPFH nimmt eine Zwischenstellung bei den Hilfen für Kinder und Jugendliche sowie den Beratungs- und Therapieangeboten ein. Wichtige Instrumente der SPFH sind ein regelmäßig unter Mitarbeit aller Beteiligten fortzuschreibender „Hilfeplan" (§ 36 SGB VIII) i. S. eines Aushandlungsprozesses sowie mehrstündige wöchentliche Zusammenarbeit. SPFH wird v. a. von Angehörigen sozial benachteiligter Schichten wahrgenommen und hat sich zahlenmäßig seit 1991 auf über 100 000 Nutzer verzehnfacht. Die SPFH wird in den meisten Fälle vom JA (dem *Allgemeinen Sozialdienst*) angeregt. In der Fachliteratur werden viele Klienten der SPFH oft als „Problemfamilien" oder „Multiproblemfamilien" bezeichnet. Damit ist zumindest eine doppelte Problemstruktur gemeint: (1) äußere (materielle, finanzielle) und (2) innere (psychische, soziale) Probleme. Entsprechend müssen die Arbeitskontakte auf diesen beiden Ebenen vonstatten gehen. Dabei kommt es nicht selten zur Verwechslung beider Ebenen. Wenn die SozArb materielle Hilfe verschaffen wollen, brechen plötzlich psychische Probleme aus. Werden innerfamiliäre Themen angesprochen, so kann es sein, dass die Familie sich in der einheitlichen Meinung zusammenschließt, es liege alles daran, dass kein Geld oder keine Arbeit vorhanden seien. Ein Großteil des Zeitaufwandes der SozArb wird damit verbracht, diese fremde Familienwelt zu verstehen. Die in der Statistik genannten drei häufigsten Ursachen für SPFH sind begrifflich unscharf: Erziehungsschwierigkeiten, Entwicklungsauffälligkeiten und Beziehungsprobleme. Mit der SPFH soll das Problemlösungspotenzial der Familie gestärkt, sollen verschüttete Kompetenzen aktiviert sowie ein produktiver Umgang mit Konflikten gefördert werden. Die Familie sollte freiwillig mitarbeiten. Teilweise müssen Familien jedoch zu dieser „Freiwilligkeit" gedrängt werden. Inhaltlich kann die SPFH unterschiedliche, sich überschneidende, Schwerpunkte setzen: Verbesserung der Familiendynamik, praktische Lebensbewältigung wie z. B. Hilfen für Haushalt und Schule, materielle Existenzsicherung, Stärkung der (traditionellen) Rollenstruktur, Stützung des schwächsten Familienmitglieds. Angeboten wird die SPFH vom JA, freien oder privaten Trägern. Manchmal kann es zu Spannungen zwischen dem JA (ASD) sowie den die SPFH anbietenden Trägereinrichtungen kommen; v. a. dort, wo mehrere Träger um SPFH-Klienten konkurrieren. Die Mehrzahl der Familienhelferinnen verfügt mindestens über einen Fachhochschulabschluss. In der Vergangenheit wurde immer wieder kritisiert, dass fachlich gering qualifizierte Honorarkräfte in der SPFH tätig sind. Für die Qualitätssicherung sind nicht nur Dokumentation, sondern auch Teambesprechung und *Supervision* notwendig, um die Nachteile des „Einzelkämpfertums" zu verringern. Die Arbeitsbedingungen in der SPFH sind schwierig: hohe Fallzahlen, Überstunden, Gleitzeit, personelle Fluktuation.

Nando Belardi

Literatur

P. Bauer/M. Weinhardt (Hrsg.): Perspektiven sozialpädagogischer Beratung. Empirische Befunde und aktuelle Entwicklungen, Weinheim/Basel 2014 ◆ N. Belardi, u. a.: Beratung. Eine sozialpädagogische Einführung. Weinheim/München [6]2011 ◆ DJI/TU Dortmund: Monitor Hilfen zur Erziehung 2014. Dortmund 2014 (Internet) ◆ BMFSFJ und DJI (Hg): (E. Helming, u. a.): Handbuch Sozialpädagogische Familienhilfe, Baden-Baden [4]2005 ◆ F. Gehrmann/K. D. Müller: Familie im Mittelpunkt, Regensburg [3]2013 ◆ H. Goldbrunner: Arbeit mit Problemfamilien, Mainz [4]2000 ◆ A. v. Schlippe: Familientherapie im Überblick, Neuauflage, Paderborn 2010 ◆ Zeitschrift: Familiendynamik, Stuttgart.

Familienbildung

Definition

F. ist Bildungsarbeit zur Stärkung familialer Ressourcen und der Erziehungskraft in Familien. Sie dient der Förderung eines gelingenden Zusammenlebens als *Familie* sowie der Stärkung elterlicher Erziehungskompetenz, d. h. der Unterstützung von Eltern bzw. Elternteilen bei der Wahrnehmung ihrer Erziehungsverantwortung. Dazu gehört es, Eltern bzw. Familienmitglieder auf die Herausforderungen des Familienlebens vorzubereiten, sie bei der Bewältigung ihres Familienalltags zu begleiten und sie bei allen damit zusammenhängenden Fragen, wie z. B. nach der Gestaltung von Beziehungen, der Haushaltsorganisation, der Kinder- und Säuglingspflege, der Gesundheitsvorsorge, der Ernährung zu unterstützen. Darüber hinaus fördert F. die gesellschaftliche Partizipation und Mitwirkung von Eltern und Familien.

F. richtet sich an alle Familien, unabhängig von bestimmten Bedarfslagen oder Lebenssituationen, sowie an das System Familie als Ganzes. Entsprechend gehören alle Familienmitglieder zu den Adressaten. Durch die Stärkung familialer Ressourcen bereitet F. auf Phasen in der Familienentwicklung (z. B. auf den Übergang zur Elternschaft) sowie auf die Bewältigung schwieriger Situationen oder Übergänge (z. B. bei Trennung und *Scheidung*) vor. Dadurch soll der Entstehung von Problem- und Belastungssituationen mit negativen Auswirkungen auf das familiale Zusammenleben sowie auf das Aufwachsen von Kindern frühzeitig entgegengewirkt werden. Angebote der F. haben vielfältige Formen, setzen an den Interessen und Ressourcen der Familien an und können zielgruppenspezifisch ausgerichtet sein, z. B. für bestimmte Familienformen, Lebenslagen oder Belastungssituationen konzipiert sein. F. ist von Angeboten der Unterhaltung sowie reinen Freizeitaktivitäten einerseits sowie von therapeutischer Intervention andererseits abzugrenzen, soll jedoch Übergänge in andere Formen der Unterstützung von Familien schaffen und ermöglichen.

Rechtliche Grundlagen

Als eine Aufgabe der präventiven *Kinder- und Jugendhilfe* ist F. als eine Leistung zur allgemeinen Förderung der *Erziehung* in der Familie im § 16 SGB VIII verankert. Ziel der allgemeinen Förderung der Erziehung in der Familie „ist die Vermittlung erzieherischer Kompetenz sowie die Stärkung der Erziehungskraft und des Selbsthilfepotentials durch Bildungs-, Beratungs- und Erholungsangebote für Eltern und ihre Kinder" (Schindler 2011, 212). Die Inanspruchnahme der Leistungen ist an keinerlei Voraussetzungen und Bedingungen gebunden, sondern steht allen Familien offen. Mit Inkrafttretens des Bundeskinderschutzgesetzes und der damit verbundenen Änderung des SGB VIII wurde die allgemeine Förderung der Erziehung in der Familie erweitert: (Werdenden) Müttern und Vätern sind Beratung und Hilfe in Partnerschaftsfragen sowie zum Aufbau elterlicher Erziehungs- und Beziehungskompetenzen anzubieten.

Gesetzlich werden drei Leistungen zur allgemeinen Förderung der Erziehung in der Familie unterschieden: Neben der F. als „basalem Element" (Rupp u. a. 2010, 46), Beratungsangebote zu allgemeinen Fragen der Erziehung und Entwicklung junger Menschen sowie Angebote der Familienfreizeit und der Familienerholung. Den gesetzlichen Vorgaben zufolge soll F. auf die „Bedürfnisse und Interessen sowie auf Erfahrungen von Familien in unterschiedlichen Lebenslagen und Erziehungssituationen eingehen, die Familien in ihrer Gesundheitskompetenz stärken, die Familie zur Mitarbeit in Erziehungseinrichtungen und in Formen der Selbst- und Nachbarschaftshilfe besser befähigen sowie junge Menschen auf Ehe, Partnerschaft und das Zusammenleben mit Kindern vorbereiten" (§ 16 SGBVIII Abs. 2 Satz 1). Dabei wird auf kein bestimmtes Familienbild abgestellt, Adressaten des § 16 SGB VIII sind „Mütter, Väter, andere Erziehungsberechtigte und junge Menschen". Dieser weite Familienbegriff entspricht den sich stetig wandelnden Familienstrukturen und Lebenswirklichkeiten von Familien.

Die Bereitstellung familienbildender Angebote wird als eine allgemeine Pflichtaufgabe des Trägers der öffentlichen Jugendhilfe verstanden. Im Rahmen seiner Gesamt- und Planungsverantwortung (§§ 3 Abs. 2 S. 2, 79, 80 SGB VIII) ist er dazu verpflichtet, eine bedarfs- und flächendeckende Angebotsstruktur sicherzustellen. Er hat dafür zu sorgen, dass Einrichtungen, Dienste und Veranstaltungen rechtzeitig und ausreichend zur Verfügung stehen, wobei die konkreten familienbildenden Angebote vorrangig von freien Trägern der Jugendhilfe erbracht werden. Dem öffentlichen Träger der Jugendhilfe kommen „koordinierende, strukturierende und überwachende Aufgaben zu" (Rupp u. a. 2010, 49). Für über das bundesweit geltende SGB VIII hinausgehende Regelungen zur F. sind die Bundesländer zuständig.

Neben der Kinder- und Jugendhilfe hat F. auch in der *Erwachsenenbildung* eine lange Tradition. Für die Einrichtungs- und Angebotsstruktur sind damit auch die Weiterbildungs- oder Erwachsenenbildungsgesetze der einzelnen Bundesländer von Relevanz, wobei ihre Bedeutung in den einzelnen Bundesländern unterschiedlich hoch ist.

Formen, Angebote und Einrichtungen der Familienbildung

F. findet in unterschiedlichen Formen statt. Analytisch lassen sich drei unterscheiden, wobei familienbildende Angebote i. d. R. mehrere Formen integrieren und sich nur tendenziell bzw. schwerpunktmäßig zuordnen lassen.

- **Institutionelle Familienbildung** erfolgt auf der Basis eines festen Curriculums bzw. Konzepts. I. d. R. wird die Wissensvermittlung von einer Fachkraft übernommen und strukturiert. Klassische Angebotsbeispiele sind Elternkurse oder Elterntrainings, zunehmend auch Hausbesuchsprogramme bzw. strukturierte Programme mit Gehstruktur.
- **Informelle Familienbildung** bzw. *Familienselbsthilfe* ist dadurch gekennzeichnet, dass der Wissens- und Erfahrungsaustausch ohne professionelle Begleitung oder Curriculum stattfindet, auch die Weitergabe von Erfahrungswissen über die Generationen zählt dazu. Klassische Angebotsbeispiele hierfür sind offene Elterntreffs oder Stammtische. Der Übergang zur institutionellen F. ist jedoch fließend, so kann bspw.ein Elternstammtisch institutionell geplant und organisiert werden, jedoch ohne fachliche Begleitung stattfinden.

- **Mediale Familienbildung** umfasst Wissensvermittlung über Kommunikationsmittel im weiteren Sinne, wie z B. Bücher und andere Printmedien, elektronische oder digitale Medien. Klassische Angebotsbeispiele sind Elternbriefe, Erziehungsratgeber, Chats und Foren für Eltern im Internet, Smartphone-Apps oder Online-Elternkurse.

Angebote der F. werden von zahlreichen Einrichtungstypen, in unterschiedlicher Trägerschaft und damit unter verschiedenen Rahmenbedingungen erbracht. Die Einrichtungen lassen sich grob in zwei Kategorien unterteilen: Den institutionellen und den nicht-institutionellen Bereich. Die folgende Übersicht beschränkt sich auf die wesentlichsten Akteure, wobei sich die für das lokale familienbildende Angebot bedeutsamen Einrichtungen von Kommune zu Kommune deutlich unterscheiden können.

Zu den zentralen Einrichtungen der institutionellen F. gehören die Familienbildungsstätten, die Einrichtungen der Erwachsenenbildung, wie z. B. Volkshochschulen oder Bildungswerke kirchlicher Träger, sowie zahlreiche Beratungsstellen wie z. B. die Ehe- und Familienberatung oder Schwangerenberatung. F. ist zudem integrierter Bestandteil in zahlreichen Handlungsfeldern der institutionellen Kinder- und Jugendhilfe, d. h. Elemente der Eltern- und Familienbildung laufen quasi mit und sind vielfach in die Leistungserbringung eingebunden, so z. B. bei den Leistungen des *Allgemeinen Sozialdienstes*, der Kindertagesbetreuung, der Familien- *und Erziehungsberatung* sowie der *Jugend(sozial)arbeit* und dem Jugendschutz. Darüber hinaus gewinnen in einigen Regionen auch privatwirtschaftlich organisierte Anbieter zunehmende Bedeutung. Zur nicht-institutionellen F. zählen alle Akteure, die auf der Grundlage von Selbstorganisation, Selbstverwaltung und Hilfe zur Selbsthilfe organisiert sind, z. B. (Eltern-)Vereine, Familien oder *Mütterzentren*.

Aktuelle Herausforderungen

F. muss auf gesellschaftliche Wandlungsprozesse, Veränderungen der Lebensbedingungen sowie die daraus erwachsenden Bedürfnisse von Eltern und Familien angemessen reagieren. Sozialwissenschaftliche Studien zeigen, dass außerfamiliale Betreuungs- und Freizeiteinrichtungen im Alltag von Kindern zunehmend an Bedeutung gewinnen, Familienleben (wieder) vielfältiger wird, die kulturelle Heterogenität durch den Zuzug von Familien mit Migrationshintergrund stetig zunimmt, sich die Lebenslagen von Familien sowie die familialen Ressourcen zur Bewältigung des Alltags zunehmend auseinanderentwickeln und das subjektive Belastungsempfinden von Eltern ansteigt (Jurczyk/Klinkhardt 2014). So zeigen aktuelle Elternbefragungen, dass sich Eltern heutzutage zeitlich sehr belastet fühlen, hohe Ansprüche an sich stellen und sich damit vielfach selbst unter Druck setzen. Sie definieren ihre eigene Rolle als Eltern und Erziehende sehr aktiv, emotional unterstützend und bringen sich stark in den Alltag ihrer Kinder ein (Lewicki/Greiner-Zwarg 2015). Gleichzeitig ist die Angst vor dem sozialen Abstieg weit verbreitet und führt zu einer deutlichen Zunahme des schulischen Erfolgsdrucks, unter dem die Kinder stehen (Henry-Huthmacher/Borchard 2008).

Diese Entwicklungen haben die strukturelle und inhaltliche Weiterentwicklung der institutionellen F. in den letzten Jahren forciert, dennoch hat sich der Leistungsbereich weitergehenden Herausforderungen zu stellen. Diese beziehen sich insbesondere auf die Aspekte Bedarfsgerechtigkeit, Angebotszugänge sowie die Wirksamkeitsmessung. Der Prozess der bedarfsgerechten Erweiterung des familienbildenden Angebots sowie die Öffnung für bislang schwer erreichte Zielgruppen, wie z. B. benachteiligte Familien, Migranten oder Väter ist weiter voranzutreiben. Als präventive Leistung muss F. ein attraktives Angebot für alle gesellschaftlichen Milieus sein. Auch die Schaffung niederschwelliger Zugänge ist für die Erreichung weiterer Zielgruppen (Migranten, Väter, Eltern pubertierender junger Menschen) von großer Bedeutung. Die institutionelle F. sollte in Einrichtungen, die im Alltag von Familien eine große Bedeutung haben bzw. gerne und häufig aufgesucht werden, (noch) präsenter werden, so bspw. in Kindertageseinrichtungen und Familienzentren, Schulen, auf Spielplätzen oder auch in Freizeiteinrichtungen. In Anbetracht des subjektiven Belastungsempfindens der Eltern darf F. jedoch nicht dazu beitragen, den (Perfektions-)Druck weiter zu erhöhen, vielmehr muss sie für Familien mit einer Entlastung verbunden werden und Privatisierungstendenzen bei der Lösung gesellschaftlicher Probleme entgegenwirken (Pettinger/Rollik: 2005). Gestärkt werden muss zudem die Evaluation der F., denn die Effekte familienbildender Angebote wurden bislang in Deutschland kaum untersucht, so liegen nur wenige empirisch belastbare Evaluationsstudien vor. Diese zeichnen jedoch ein recht optimistisches Bild.

Lena Friedrich-Hubert/Bernd Kammerer

Literatur
M. Heitkötter/B. Thiessen: Entwicklungen und Herausforderungen, in: H. Macha/M. Witzke (Hrsg.): Familie, Handbuch der Erziehungswissenschaft, Band III,1: Familie – Kindheit – Jugend – Gender, Paderborn 2009 ◆ C. Henry-Huthmacher/M. Borchard (2008): Eltern unter Druck. Selbstverständnisse, Befindlichkeiten und Bedürfnisse von Eltern in verschiedenen Lebenswelten, Stuttgart 2008 ◆ K. Jurczyk/J. Klinkhardt: Vater, Mutter, Kind? Acht Trends in Familien, die Politik heute kennen sollte, Gütersloh 2014 ◆ M.-L. Lewicki/C. Greiner-Zwarg: Eltern 2015 – wie geht es uns? Und unseren Kindern? Berlin 2015 ◆ M. Rupp/M. Mengel/A. Smolka: Handbuch zur Familienbildung im Rahmen der Kinder- und Jugendhilfe in Bayern, Bamberg 2010 ◆ G. Schindler: Förderung der Erziehungskompetenz, in: J. Münder/R. Wiesner/T. Meysen (Hrsg.): Kinder- und Jugendhilferecht, Handbuch, Baden-Baden 2011 ◆ R. Pettinger/H. Rollik: Familienbildung als Angebot der Jugendhilfe, Rechtliche Grundlagen – familiale Problemlagen – Innovationen, Elmshorn 2005 ◆ Stadt Nürnberg, Amt für Kinder, Jugendliche und Familien – Jugendamt: Konzept Familienbildung in Nürnberg, Fortschreibung 2015.

Familiengericht

Das F. ist eine Abteilung des Amtsgerichts (§ 23b Abs. 1 GVG), besetzt mit einem (berufsmäßigen) Familienrichter als Einzelrichter (§ 22 Abs. 1 GVG). Es ist zuständig für die Entscheidung von Familiensachen sowie in Angelegenheiten der freiwilligen Gerichtsbarkeit, soweit nicht durch gesetzliche Vorschriften eine anderweitige Zuständigkeit begründet ist

(§ 23a Abs. 1 Sätze 1 und 2 GVG). Richter auf Probe dürfen im ersten Jahr nach ihrer Ernennung Geschäfte eines Familienrichters nicht wahrnehmen (§ 23b Abs. 3 GVG).

Nächsthöhere Instanz zum F. ist ein mit drei Berufsrichtern besetzter Familiensenat beim zuständigen OLG (§ 122 Abs. 1 GVG). Das OLG ist zuständig für die Verhandlung und Entscheidung von Beschwerden gegen Entscheidungen von F. (§§ 119 Abs. 1 Nr. 1a GVG, 58 ff. FamFG). Zuständig für die Verhandlung und Entscheidung über Rechtsbeschwerden gegen Entscheidungen der OLG bzw. über Sprungrechtsbeschwerden gegen die im ersten Rechtszug erlassenen Beschlüsse, die ohne Zulassung der Beschwerde unterliegen, ist der BGH (§§ 133 GVG, 70 ff., 75 FamFG).

Der Reformweg

Das F. wurde durch das Erste Gesetz zur Reform des Ehe- und Familienrechts vom 14.6.1976 (1. EheRG) ab 1.7.1977 als neue Instanz eingeführt, damals zunächst (nur) zuständig für Familien-, insbesondere Scheidungs- und Scheidungsfolgesachen. Damit wurde die Zersplitterung des Scheidungsverfahrens auf Landgericht (Scheidung), Amtsgericht (Unterhalt) und Vormundschaftsgericht (elterliche Sorge für die Kinder) aufgehoben.

Mit dem Kindschaftsrechtreformgesetz von 1998, dem Kindesunterhaltsgesetz von 1998, dem Lebenspartnerschaftsgesetz von 2001 und dem Gewaltschutzgesetz 2002 erfolgte eine deutliche Ausweitung der Zuständigkeiten des F. und eine gleichzeitige Verlagerung der Kompetenzen vom Zivil- und Vormundschaftsgericht auf das F. Das schon im Rahmen der Arbeiten zum 1. EheRG geforderte ‚große' F. wurde jedoch noch nicht verwirklicht. Das ist erst durch das ‚Gesetz zur Reform des Verfahrens in Familiensachen und in den Angelegenheiten der freiwilligen Gerichtsbarkeit' (FGG-RG) vom 17.12.2008 (BGBL I, S. 2586), in Kraft ab 1.9.2009, mit den entsprechenden Änderungen der §§ 23 a, b, c GVG (Art. 22 Nr. 7–10 FGG-RG) erfolgt.

F. entscheiden demnach gleichermaßen in Ehesachen, Kindschafts-, Abstammungs-, Adoptions-, Ehewohnungs- und Haushaltssachen, in Gewaltschutzsachen, Unterhalts-, Güterrechts- und Versorgungsausgleichssachen, in Lebenspartnerschaftssachen und sonstigen Familiensachen (§ 111 FamFG). Das F. ist somit für einen Großteil aller juristischen Probleme zuständig, die innerhalb einer Familie bzw. einer Lebenspartnerschaft auftreten.

Das neue Familienverfahrensgesetz – FamFG

Kernstück des FGG-RG ist nach dessen Art. 1 das „Gesetz über das Verfahren in Familiensachen und in den Angelegenheiten der freiwilligen Gerichtsbarkeit" (FamFG). Das FamFG ist das für F. maßgebliche Verfahrensgesetz. Das FamFG regelt nunmehr in seinen neun Büchern und 491 Paragraphen das gesamte Verfahren in Familiensachen und in den Materien der freiwilligen Gerichtsbarkeit. Das bisherige FGG und die Bücher 6 (Verfahren in Familiensachen §§ 606–661) und 9 der Zivilprozessordnung (Aufgebotsverfahren §§ 946–1024) wurden aufgehoben.

Mit dem FGG-RG wurden die Zuständigkeiten der F. deutlich ausgeweitet. Das Vormundschaftsgericht wurde abgeschafft (Art. 22 Nrn. 7, 8

FGG-RG). Dessen bisherige Zuständigkeiten insbesondere für Adoptions-, Vormundschafts- und Pflegschaftssachen für Minderjährige wurden dem F. zugeordnet (§§ 111 Nr. 4, 186–199; §§ 111 Nr. 2, 151 Nr. 4, 5 FamFG). Für Betreuungs-, Unterbringungs- sowie betreuungsrechtliche Zuweisungssachen sind die neu bei den Amtsgerichten geschaffenen Betreuungsgerichte zuständig (§§ 23a Abs. 2 Nr. 1, 23c GVG; *Betreuungsrecht*). Eine weitere Ausweitung der Zuständigkeiten des F. erfolgte durch den Zuständigkeitswechsel von bisher zivilrechtlichen Streitigkeiten der Amts- und Landgerichte auf das F. als ‚sonstige Familiensachen' (§§ 266 ff. FamFG). Damit sind jetzt alle Sachverhalte, die im Zusammenhang mit Ehe, Familie, Trennung, Scheidung, Eltern minderjähriger Kinder stehen, dem ‚großen' F." zugeordnet.

Das FamFG regelt das familiengerichtliche Verfahren vor den F. grundsätzlich neu und einheitlich für alle Familiensachen (§ 111 FamFG). Lediglich für „Familienstreitsachen", das sind aus dem Katalog der Familiensachen die in § 112 FamFG benannten Unterhalts-. Güterrechts- und sonstige Familiensachen (§ 112 FamFG) gelten grundsätzlich die Regelungen der ZPO entsprechend (§ 113 FamFG). Für diese Verfahren besteht grundsätzlich auch Rechtsanwaltszwang vor dem F.

Freiwillige Gerichtsbarkeit
Die Verfahren vor dem F. nach dem FamFG sind Teil der sog. Freiwilligen Gerichtsbarkeit. Die Freiwillige Gerichtsbarkeit ist neben der streitigen Gerichtsbarkeit der zweite Teil der ordentlichen Gerichtsbarkeit. Dabei handelt es sich nicht um einen gesonderten Rechtsweg oder eine gesonderte sachliche Zuständigkeit, sondern lediglich um eine andere Verfahrensart. Sie unterscheidet sich von der streitigen Gerichtsbarkeit insbesondere dadurch, dass das Verfahren freier gestaltet ist. Das ermöglicht dem F., den Bedürfnissen der jeweils zu erledigenden Streitsachen auch verfahrensmäßig angemessen Rechnung zu tragen.

Auch der Sprachgebrauch ist gegenüber den Verfahren der ordentlichen Gerichtsbarkeit verändert und vereinheitlicht. Es heißt Beteiligte statt Parteien, Antrag statt Klage, Antragsteller/in statt Kläger/in, Verfahren statt Prozess, Verfahrenskostenhilfe statt Prozesskostenhilfe *(Rechtsverwirklichung), Verfahrensbeistand* statt Verfahrenspfleger, Beschluss statt Urteil, soweit durch die Entscheidung das Verfahren ganz oder teilweise erledigt wird (Endentscheidung, § 38 Abs. 1 FamFG). Verfahren können ‚von Amts wegen eingeleitet werden', also auch ohne einen verfahrenseinleitenden Antrag (§§ 24, 23 FamFG). Es gilt grundsätzlich das Amtsermittlungsprinzip (§ 26 FamFG). Ob eine mündliche Verhandlung durchzuführen ist, liegt im Ermessen des Richters (§ 32 FamFG). Mündliche Verhandlung sind nicht öffentlich (§ 170. Abs. 1 GVG). Um die Flexibilität der familiengerichtlichen Verfahrens zu erhalten, wurden die Bestimmungen über die Protokollierung von Vorgängen eines Termins entsprechend §§ 159 ff. ZPO nicht übernommen. Das F. hat über Termine oder persönliche Anhörungen lediglich einen Vermerk zu verfassen, § 28 Abs. 4 FamFG. Minderjährige haben in allen ihre Person betreffenden Angelegenheiten ein Beschwerderecht (§ 60 FamFG).

Das Rechtsmittelrecht gegen Entscheidungen der F. wurde durch das FamFG völlig neu konzipiert. Statt der bisherigen Vielzahl unterschiedlicher Rechtsmittel von ZPO/FGG gilt eine einheitliche Regelung, die grundsätzlich nur noch die befristete Beschwerde kennt. Sie ist gegen Endentscheidungen des F. binnen eines Monats ab schriftlicher Bekanntgabe des Beschlusses an die Beteiligten zulässig. Sie ist bei dem Gericht einzulegen, dessen Beschluss angefochten wird (§§ 58 ff., 63 ff. FamFG). Beschlüsse der Beschwerdegerichte und erstinstanzliche Entscheidungen können mit der (zulassungsabhängigen) Rechtsbeschwerde bzw. der Sprungrechtsbeschwerde zum BGH angefochten werden (§§ 70 ff., 75 FamFG).

Neu ist die Einführung von Ordnungsmitteln (§ 89 FamFG) bei der Vollstreckung von Herausgabe- und Umgangssachen anstelle der bisherigen Zwangsmittel in § 33 FGG. Ordnungsmittel können insbesondere zur Durchsetzung von Umgangsbeschlüssen Bedeutung haben. Anders als Zwangsmittel dienen Ordnungsmittel nicht vornehmlich dazu, auf ein zukünftiges Tun der verpflichteten Person einzuwirken, z. B. Umgang mit dem Kind zuzulassen. Sie dienen vielmehr der Sanktion nicht erfolgten Handelns, z. B. nicht gewährten Umgangs. Sie können auch noch dann verhängt und vollstreckt werden, wenn die zu vollstreckende Handlung (z. B. Umgang) wegen Zeitablaufs nicht mehr vorgenommen werden kann.

Der einheitlichen Verfahrensordnung nach dem FamFG stellt Art. 2 FGG-RG mit dem „Gesetz über Gerichtskosten in Familiensachen (FamGKG)" ein einheitliches Gerichtskostenrecht zur Seite. Das FamGKG bietet Anreize für eine konsensuale Streitbeilegung durch eine kostenmäßige Privilegierung einer Einigung in Folgesachen einer Scheidungssache und in isolierten Familiensachen und für das Verbundverfahren. Damit unterstützt der Gesetzgeber finanzielle die ent-

F

sprechenden verfahrensrechtlichen Regelungen im FamFG, die Beteiligten für eine gütliche Einigung zu motivieren (§§ 36, 36a, 135, 156, 165, 81 Abs. 2 Nr. 5 FamFG).

Das F. steht aufgrund der ihm zugewiesenen Prüfungs- und Entscheidungskompetenz im Mittelpunkt des familiengerichtlichen Verfahrens. Dies wird besonders in Amtsverfahren (§ 24 FamFG) deutlich, in denen es vorrangig um Pflege und Erziehung und um die Vermeidung oder Abwehr von Kindeswohlgefährdungen in Ausübung des staatlichen Wächteramtes gemäß Art. 6 Abs. 2 Satz 2 GG geht *(Garantenpflicht)*. Durch die Pflicht, auf elterliches Einvernehmen (§ 156 FamFG) hinzuwirken, wird an das F. wesentlich andere (höhere) Anforderungen gestellt als bei Vergleichsverhandlungen in sonstigen Verfahren. Gefordert sind hier besondere Kenntnisse von der psycho-sozialen Struktur elterlicher (familiärer) Konflikte und das Einvernehmen fördernde spezifische Kommunikationskompetenzen. Dies setzt nicht nur eine gewisse (Berufs-)Erfahrung voraus, sondern auch eine spezifische Aus- und regelmäßige Fort- und Weiterbildung von Familienrichter/innen. Unverständlich erscheint daher, dass dies mit Hinweis auf die richterliche Unabhängigkeit (Art. 97 GG) von der Dienstaufsicht nicht verbindlich vorgeschrieben wird.

Das F. wird bei allen Maßnahmen, die die Sorge für die Person von Kindern und Jugendlichen betreffen, vom *Jugendamt* unterstützt (§ 50 Abs. 1 S. 1 SGB VIII). Dementsprechend hat das JA in Kindschaftssachen, Abstammungssachen, Adoptionssachen, Ehewohnungssachen und Gewaltschutzsachen mitzuwirken (§§ 50 Abs. 1 S. 2 SGB VIII, 162 FamFG). Das JA bringt dort psychosoziale, sozialpädagogische Aspekte ein, die zur familiengerichtlichen Perspektiventwicklung in der betroffenen Familie hilfreich sein können (§ 50 Abs. 2 SGB VIII). Diese Unterstützungstätigkeit übt das JA als autonome Fachbehörde in eigener Verantwortung aus. Das F. hat gegenüber dem JA keinerlei Weisungsbefugnisse. Es verfügt nicht über Zwangsmittel, das JA zu einer bestimmten Handlung oder Aufgabenerledigung anzuhalten. Die gerichtliche Kontrolle der JÄ ist Sache der Verwaltungsgerichte. Um hier mit Blick auf das Kindeswohl und das staatliche Wächteramt eine reibungslose Zusammenarbeit zwischen F. und JÄ zu praktizieren, haben sich in der Praxis die Institutionen übergreifende und interdisziplinäre Kooperationen (Verantwortungsgemeinschaft) gebildet und bewährt *(Familiengerichtsverfahren)*.

Roland Proksch

Literatur

R. Balloff: Kinder vor dem Familiengericht, Baden-Baden [2]2014 • L. Kroiß/Chr. Seiler: FamFG. Verfahrensformularbuch, Baden-Baden 2014 • Th. Meysen u. a.: Das Familienverfahrensrecht – FamFG. Praxiskommentar. Köln [2]2014 • J. Münder/T. Meysen/T. Trenczek (Hrsg.): Frankfurter Kommentar SGB VIII. Baden-Baden, [7]2013. Münder/B. Mutke u. a.: Die Praxis des Kindschaftsrechts in Jugendhilfe und Justiz, München 2007 • R. Proksch: Rechtstatsächliche Untersuchung zur Reform des Kindschaftsrechts, Köln 2002 • R. Wiesner u. a.: SGB VIII Kinder- und Jugendhilfe. Kommentar. München [5]2015.

Weitere Literatur bei *Familienrecht*.

Familiengerichtsverfahren (Mitwirkung im familiengerichtlichen Verfahren nach § 50 SGB VIII)

1 Einleitung

Seit Inkrafttreten des SGB VIII haben sich vordringlich in Bezug auf die Aufgabenstellung des JA nach §§ 17, 18 und 50 SGB VIII bei der Regelung der elterlichen Sorge und des Umgangs (§§ 1671, 1884, 1685 BGB) anlässlich einer Elterntrennung oder Scheidung und beim Sorgerechtsentzug gemäß §§ 1666, 1666a BGB neue Schwerpunktsetzungen, Veränderungen, Neuerungen ergeben.

Im dritten Abschnitt des SGB VIII (§§ 50 bis 52) werden die Aufgaben des JA angeführt, die aus Anlass gerichtlicher Verfahren vor dem FamG wahrzunehmen sind.

Dabei dient die Mitwirkung im gerichtlichen Verfahren (§ 50 SGB VIII) u. a. dazu, den kinder- und jugendhilferechtlichen Auftrag des JA, das Kindeswohl sicherzustellen und in den entsprechenden gerichtlichen Verfahren zur Geltung zu bringen (vgl. Trenczek in: Münder u. a. 2013, Vor § 50 Rz 1).

Das JA ist somit fachlich eine vom Gericht unabhängige sozialpädagogische Fachbehörde, die auch vor Rechtshängigkeit gemäß §§ 50 Abs. 3 oder 52 Abs. 2 SGB VIII Aufgaben zum Wohle des Kindes wahrzunehmen hat.

Die Mitwirkung des JA im Gerichtsverfahren gehört zu den ‚anderen Aufgaben‘ (§ 2 Abs. 3 SGB VIII), die nicht zur Disposition der Betroffenen bzw. Ratsuchenden stehen. Allerdings hat hierbei das JA im Rahmen einer nach Möglichkeit anzustrebenden Akzeptanz mit dem betreffenden

Personenkreis dann über das Ob und Wie der Mitwirkung selbst zu entscheiden, wobei auch die Durchführung der ‚anderen Aufgaben', also auch die Mitwirkung im Gerichtsverfahren, immer zu Gunsten junger Menschen und Familien erbracht werden muss (vgl. § 2 Abs. 1 SGB VIII). Dabei wird die Zielbestimmung und der Zweck der JH – Verwirklichung des Wohlergehens junger Menschen – nicht den gänzlich anders gelagerten Aufgaben des Gerichts – Streitentscheidung oder Sanktionierung – untergeordnet. Vielmehr handelt es sich bei der JH insgesamt um Hilfe für junge Menschen und ihre Familien durch Gewährung von Leistungen und die Erfüllung anderer Aufgaben in sozialanwaltlicher Funktion, nicht aber um *Sanktionen* (ausführlich Trenczek in: Münder u. a. 2013, Vor § 50–52 Rz 3 ff.).

Das hat zur Folge, dass das JA weder Hilfsorgan des jeweiligen Gerichts ist noch dessen Erfüllungshilfe oder Ermittlungsbehörde. Dementsprechend unterliegt das JA grundsätzlich auch keinen gerichtlichen Weisungen, Fristen, Ladungen oder Zwangsmitteln (Schleicher 2014, 118–120).

In Kindschaftssachen kann das JA nach § 162 Abs. 2 FamFG Beteiligter sein, wenn es z. B. bei Trennungen und Scheidungen die Beteiligtenstellung beantragt hat. Bei Verfahren nach den §§ 1666, 1666a BGB ist das Jugendamt zu beteiligen (§ 162 Abs. 2 S. 1 FamFG).In Kindschaftssachen, die nach § 155 FamFG den Aufenthalt des Kindes, das Umgangsrecht oder die Herausgabe des Kindes betreffen sowie in Verfahren wegen einer Gefährdung des Kindeswohls, erörtert das Gericht die Sache mit den Beteiligten in einem Termin. Hier kann nach Abs. 3 das persönliche Erscheinen der verfahrensfähigen Personen zu dem Termin angeordnet werden.

Anzahl der erledigte Familiengerichtsverfahren mit Verfahrenspfleger/Verfahrensbeistandsbestellungen (letztere nach § 158 FamFG)

	Deutschland	Früheres Bundesgebiet	Neue Länder
1999	2544	1977	567
2009	14409	11575	2834
2013*	73078	Keine Angaben	Keine Angaben

* Statistisches Bundesamt 2014, Fachserie 10, Reihe 2.2, 33

Das JA ist eine eigenständige Fachbehörde, so dass auch die Terminologie ‚Familiengerichtshilfe' oder ‚Jugendgerichtshilfe' seit dem Inkrafttreten des SGB VIII immer wieder kritisiert wurde, da dieser Sprachgebrauch eine Unterordnung des JA suggeriere und auf die allgemeine *Gerichtshilfe* nach §§ 160 Abs. 3, 463d StPO deute (Trenczek in: Münder u. a. 2013, Vor § 50 bis 52 Rz 12).

Dennoch bleibt mit Inkrafttreten des FamFG festzuhalten, dass das JA wieder weitaus mehr in eine Art Unterordnung und Abhängigkeit des FamG geraten ist (a. A. wohl Schleicher 2014, 1180).

Ob die Mitwirkung im Gerichtsverfahren eine Art sachverständige Amtshilfe darstellt (so Oberloskamp u. a. 2009), also keine Amtshilfe ist, da das JA keine Aufgaben des Gerichts wahrnimmt), ist nach wie vor umstritten (Trenczek in: Münder u. a. 2013, Rz 7,9). Gleichwohl scheinen die Argumente, die gegen eine Amtshilfe sprechen, gewichtiger zu sein:

1) Bei der Mitwirkung handelt es sich um eine originäre Aufgabe des JA. Das JA ist nicht Hilfsorgan des Gerichts, wie etwa der Sachverständige, vielmehr ist es Träger eigener Aufgaben, die sich aus dem SGB VIII ergeben.
2) Das JA nimmt somit keine Aufgaben des Gerichts wahr, die sich grundlegend von den Aufgaben des JA unterscheiden.
3) Grundsätzlich besteht eine Amtshilfeverpflichtung nur zwischen Behörden mit vergleichbaren Befugnissen (vgl. Art 35 GG).
4) Die Gerichte haben durch richterliche Entscheidungen vielfältige Eingriffsbefugnisse, während das JA bis auf das Recht des ersten Zugriffs in akuten Not- und Gefahrensituationen nach §§ 8a, 42 SGB VIII keine Eingriffsbefugnisse hat.

2 Fragen der Mitwirkung im Gerichtsverfahren im Einzelnen

Das JA hat nach § 50 SGB VIII u. § 162 Abs. 1 FamFG im familiengerichtlichen Verfahren, die die Person des Kindes betreffen, mitzuwirken. Ausdrücklich wird nun auch die Anhörung des JA nach § 162 Abs. 1 FamFG im Familienverfahrensrecht als Mitwirkung des JA bezeichnet. Nach § 157 Abs. 1 S. 2 FamFG hat das JA ebenso bei der Erörterung der Kindeswohlgefährdung mitzuwirken, wenn es vom FamG geladen wurde. Die stärkere Einbindung des JA in das Verfahren wird auch durch die Anhörung im Rahmen des Vorrang- und Beschleunigungsgebotes nach § 155 FamFG deutlich. § 162 FamFG wurde somit dem erweiterten Zuständigkeitskatalog der Kindschaftssachen nach § 151 FamFG angepasst (Musielak/Borth § 161 RdNr. 2).

Gleichzeitig ist das JA auf seinen Antrag an dem Verfahren zu beteiligen (§ 162 Abs. 2 FamFG). Nach wie vor Unklarheit herrscht in etlichen JÄ, ob und warum das JA auf Antrag beteiligt sein sollte. Erlangt es von Amtswegen oder auf Antrag die formelle Beteiligtenstellung, muss es vom FamG über alle Verfahrensschritte, Beweisergebnisse und sonstige Schriftwechsel informiert werden (z. B. auch die Überlassung von im Auftrag des Gerichts erstellten Sachverständigengutachtens). Darüber hinaus kann das JA formelle Beweisanträge stellen, Akteneinsicht nehmen. Eine Kostenübernahmepflicht besteht nur dann, wenn der Beteiligte durch schuldhaftes Verletzen seiner Mitwirkungspflichten das Verfahren erheblich verzögert hat (§ 81 Abs. 2 Nr. 4 FamFG).

2.1 Die Mitwirkung als Unterstützung

Die in § 50 Abs. 1 und 2 SGB VIII verankerten Verpflichtungen des JA, die FamG zu unterstützen (§ 50 Abs. 1 S. 1 SGB VIII) und mitzuwirken (§ 50 Abs. 1 S. 2 SGB VIII), stellen eigenständige sozialpädagogische Aufgaben dar, die keine gerichtliche bzw. keine vom Gericht auferlegte Tätigkeit beinhaltet.

Im Rahmen der Mitwirkung gemäß § 50 Abs. 1 S. 2 SGB VIII i. V. m. § 162 FamFG hat das JA allerdings keine Entscheidungsbefugnis, ob es in diesen Verfahren mitwirkt.

Indes bestimmt und legt das JA fest, wie es im Rahmen sozialpädagogisch ausgewiesener Fachlichkeit mitzuwirken gedenkt. Das schließt eine Wahlfreiheit des JA ein, beispielsweise den Umfang der Mitwirkung zu bestimmen, die Schriftform zu wählen oder den mündlichen Vortrag, eine gutachtlich wertende Äußerung bzw. einen oder keinen Entscheidungsvorschlag abzugeben, wobei die persönliche Anwesenheit der Mitarbeiter des JA im Gerichtsverfahren grundsätzlich, bis auf die bereits erwähnten Ausnahmen (z. B. § 157 Abs. 1 S. 2 FamFG), in deren pflichtgemäßen Ermessen steht. Ist jedoch das JA beispielsweise nach § 157 FamFG zum Termin eingeladen worden, sollte der Sachbearbeiter an der Anhörung des Familiengerichts teilnehmen.

Entscheidend bei einzelnen Handlungsschritten des JA ist immer die Analyse und Berücksichtigung des Einzelfalls im Kontext der handlungsleitenden Kindeswohlprämisse, wobei im Übrigen eine entsprechende Datensammlung nur insoweit möglich ist, als dies zur Wahrnehmung sachgerechter Aufgaben des Jugendamtes erforderlich ist (§ 62 Abs. 1 SGB VIII).

2.2 Die Mitwirkung im Rahmen der Unterrichtung

Die Mitwirkung des JA umfasst ferner nach § 50 Abs. 2 SGB VIII die Unterrichtung des Gerichts. Hierbei hat das JA

1) insbesondere über die angebotenen und bereits erbrachten Leistungen zu unterrichten,
2) die Entwicklungsperspektiven des Kindes oder Jugendlichen einzubringen,
3) auf weitere Hilfsmöglichkeiten hinzuweisen und
4) in Kindschaftssachen nach § 155 Abs. 2 FamFG informiert das JA das FamG über den Stand des Beratungsprozesses.

Um diesen gesetzlichen Auftrag fachlich angemessen nach Kindeswohlgesichtspunkten nachkommen zu können, sollten regelmäßig Gespräche mit den Eltern und dem Kind geführt und wenn nötig auch Interaktionsbeobachtungen durchgeführt sowie die Meinung, Einstellung, die Wünsche und Vorstellungen sowie der Wille des Kindes in Erfahrung gebracht werden (vgl. § 159 FamFG). Das JA kann sich somit bei Trennungen und Scheidungen im Rahmen der Mitwirkung nach § 50 SGB VIII nicht nur auf eine sozialpädagogische Beratung oder Mediation gemäß § 17 SGB VIII der Eltern beschränken. Bedeutsam ist ferner, dass die inhaltliche Mitwirkung des JA (andere) Leistungen der JH nicht gefährden darf. Dieses Argument spricht u. U. im konkreten Einzelfall gegen eine bewertende Stellungnahme und einen Entscheidungsvorschlag. Sollte aber eine schriftliche Stellungnahme mit einer Bewertung des Gesamtsachverhalts abgegeben werden, sind aus fachlich-methodischer Sicht folgende vier Hauptgliederungsgesichtspunkte zu berücksichtigen:

1) Datenerhebung bzw. Datensammlung, auch als Tatsachenerhebung bezeichnet (strikt ohne Bewertung).
2) Zusammenstellung der erhobenen Daten (Befund) (ohne Bewertung).
3) Ggf. bewertende Stellungnahme.
4) Ggf. Entscheidungsvorschlag (vgl. auch Harnach 2011; Oberloskamp u. a. 2009; Trenczek/Tammen/Behlert/v. Bötticher 2014, 489).

Nach wie vor favorisiert der Verf. eine personelle Trennung von Leistungserbringung (z. B. Beratung nach § 17 SGB VIII) und der Mitwirkung im Gerichtsverfahren (§ 50 SGB VIII), vordringlich um die ‚Schwellenangst' der Ratsuchenden herabzusetzen und das Vertrauen in die Arbeit des JA zu stärken, indem das Beratungsgeheimnis einen besonders hervorgehobenen Stellenwert bekommt (vgl. § 203 StGB).

Erst wenn eine Beratung abgebrochen wird oder sonst erfolglos geblieben ist, sollte eine Gerichtsmitwirkung durch den die ‚anderen Aufgaben' wahrnehmenden Sachbearbeiter in die Wege geleitet werden, wobei den Ratsuchenden vor vornherein beide Möglichkeit der Zusammenarbeit – Beratung und/oder Wahrnehmung anderer Aufgaben (Mitwirkung nach § 50 SGB VIII) – offen gelegt und verdeutlicht werden sollten.

Ist beispielsweise die Beratung erfolgreich und die Eltern finden eine kindeswohlverträgliche Lösung, kann diese Lösung vom ‚Berater' im Einvernehmen mit den Eltern und dem Kind ohne weiteres dem Gericht mitgeteilt werden. In diesem Fall wäre in letzter Konsequenz die Beratung gleichzeitig auch die Mitwirkung im Gerichtsverfahren. Nur in den anderen Fällen einer „erfolglosen" Beratung würde nunmehr eine weitere sozialpädagogische Fachkraft die diagnostische und insofern auch die im Gerichtsverfahren mitwirkende Arbeit mit den Eltern und dem Kind gemäß § 50 Abs. SGB VIII aufnehmen (a. A. Trenczek in: Münder u. a. 2009, § 50 Rz 19).

2.3 Die Mitwirkung im Rahmen der Anrufung des Gerichts

Mit der Reform des Kinder- und Jugendhilferechts *(Kinder- und Jugendhilfegesetz)* wurde die *Kinder- und Jugendhilfe* nicht aus ihrer Verantwortung zum Schutz des Kindes bei entsprechenden Gefährdungen entlassen. Über derartige Hilfen entscheiden somit nicht die Eltern (allein), sondern u. U. primär das JA, die mit Eingriffen in die Elternrechte einhergehen. Scheitern Hilfen nach §§ 17, 18, 28 SGB VIII, ist das JA u. U. verpflichtet, von Amts wegen Maßnahmen auch ohne Zustimmung der Eltern in die Wege zu leiten. Hervorzuheben ist, dass eine derartige strukturelle Ambivalenz, wie es Wiesner (2011, § 8a Rz 1) betont bzw. doppelte Aufgabenstellung – Hilfen anzubieten und gegebenenfalls Wahrnehmung anderer Aufgaben, z. B. nach §§ 8a, 50 SGB VIII – sich von allen anderen Sozialleistungsträgern unterscheidet.

Eine weitere Form der Mitwirkung gemäß § 8a SGB VIII (vgl. auch die alte Fassung nach § 50 Abs. 3 SGB VIII) beinhaltet die Anrufung des Gerichts im Gefährdungsfall, wobei bei dieser Konstellation der Schutz von Kindern und Jugendlichen Vorrang im Sinne eines Vorrechts staatlicher Eingriffe vor anderen Leistungen der JH hat. Wenn also die Anrufung des Gerichts zur Abwendung einer Kindeswohlgefährdung seitens des JA für erforderlich gehalten wird, dann ist das Gericht einzuschalten. Insofern steht dem JA auch kein Ermessenspielraum zur Verfügung, sondern lediglich ein fachlich ausgewiesener Beurteilungsspielraum (a. A. Kunkel 2010, der dem Jugendamt keinen Ermessens- oder Beurteilungsspielraum einräumt, sondern eine „Entscheidungsprärogative, die nur beschränkt gerichtlich nachprüfbar ist").

Vor der Anrufung des Gerichts hat das JA in eigener Fachkompetenz zu prüfen, ob

1) eine Gefährdungslage nach § 8a SGB VIII, § 1666 BGB vorliegt,
2) die Eltern nicht gewillt oder nicht in der Lage sind, die Gefährdungen selbst abzuwenden,
3) die Gefahr nicht auf andere Weise abgewandt werden, wie z. B. durch Leistungen und Angebote der Jugendhilfe (Meysen in: Münder u. a. 2009, § 8a).

Die Pflicht zur Anrufung des Gerichts nach § 8a SGB VIII gilt nur gegenüber dem FamG. Die Benachrichtigung der Polizei, Staatsanwaltschaft oder des Strafgerichts ist auch angesichts einer bereits erfolgten Kindesmisshandlung oder eines sexuellen Missbrauchs nun nach § 8a Abs. 4 S. 2 SGB VIII möglich, insbesondere, wenn noch andere im Katalog des § 138 StGB (Nichtanzeige geplanter Straftaten) angeführte Straftaten vorliegen (wie z. B. Straftaten gegen die persönliche Freiheit, Raub, räuberische Erpressung etc.).

2.4 Mitwirkung und Datenrecht

Auch im Rahmen der Mitwirkung im Gerichtsverfahren sind die benötigten Daten grundsätzlich bei den Betroffenen selbst zu erheben (§ 62 Abs. 2 S. 1 SGB III).

Die Weitergabe dieser Daten bedarf regelmäßig der ausdrücklichen Zustimmung der Betroffenen. Allerdings ist die Anrufung des Gerichts auch dann zulässig, wenn die Weitergabe der Daten zur Erfüllung der Aufgaben des JA erforderlich ist und ohne die Mitteilung eine für die Gewährung von Leistungen notwendige gerichtliche Entscheidung nicht möglich wäre (Zulässigkeitsvorbehalt) (§§ 61 ff., 64 Abs. 1 u. 2 SGB VIII).

Darüber hinaus darf die Weitergabe der Daten nicht den Erfolg einer zu gewährenden Leistung in Frage stellen (§ 64 Abs. 2 SGB VIII), es sei denn, es liegt eine Kindeswohlgefährdung vor und die Zustimmung zur Weitergabe der Daten wird verweigert, dann ist das Jugendamt berechtigt, zur Abwendung der Gefahr, die Daten an das Gericht zu übermitteln (§ 65 Abs. 1 Nr. 2 SGB VIII).

Das JA hat darüber hinaus – im Gegensatz zum Sachverständigen, der nach den Regeln der ZPO (vgl. etwa § 404a ZPO) eine in Bezug auf das FamG weisungsgebundene Tätigkeit ausübt –, dem FamG gegenüber ein eigenständiges Beschwerderecht, gleichgültig ob das JA Beteiligte war oder nicht (§§ 59, 162 Abs. 3 S. 2 FamFG). (Meysen u. a., 2009, § 7 Rn 11; § 157 Rn 17; § 162 Rn 6 ff.)

Auch dies betont die grundsätzliche Eigenständigkeit des JA als Fachbehörde. Das Beschwerderecht des JA kommt zum Tragen, wenn beispielsweise eine gerichtliche Entscheidung ohne seine Anhörung ergangen ist oder nach Auffassung des JA die Interessen des Kindes oder Jugendlichen nicht hinreichend berücksichtigt worden sind (vgl. etwa §§ 159, 160, 162 FamFG, §§ 19, 57 Abs. 1 Nr. 9, 60, 70d Abs. 1, 64 Abs. 3 S. 3 SGB VIII).

Rainer Balloff

F

Literatur

Deutscher Verein (Hrsg.): Empfehlungen des DV zur Umsetzung gesetzlicher Änderungen im familiengerichtlichen Verfahren. In: NDV 5/2010, 206–214 ◆ V. Harnach: Psychosoziale Diagnostik in der Jugendhilfe. Grundlagen und Methoden für Hilfeplan, Bericht und Stellungnahme. Weinheim/München [6]2011 ◆ P.-C. Kunkel: Grundlagen des Jugendhilferechts. Systematische Darstellung für Studium und Praxis. Baden-Baden [6]2010 ◆ T. Meysen, u. a.: Das Familienverfahrensrecht – FamFG. Praxiskommentar mit Einführungen, Erläuterungen, Arbeitshilfen. Köln 2009 ◆ J. Münder u. a.: Frankfurter Kommentar zum SGB VIII: Kinder- und Jugendhilfe. Baden-Baden [7]2013 ◆ J. Münder/R. Wiesner/T. Meysen (Hrsg.): Kinder- und Jugendhilferecht. Handbuch. Baden-Baden [2]2011 ◆ H.-J. Musielak/H. Borth/M. Grandel: Familiengerichtliches Verfahren 1. und 2. Buch, München [5]2015 ◆ H. Oberloskamp/M. Borg-Laufs/B. Mutke: Gutachtliche Stellungnahme in der sozialen Arbeit. Köln [7]2009 ◆ H. Schleicher: Jugend- und Familienrecht, München [14]2014 ◆ T. Trenczek/B. Tammen/W. Behlert/A. v. Bötticher: Grundzüge des Rechts, München [4]2014 ◆ R. Wiesner u. a.: SGB VIII. Kinder und Jugendhilfe. Kommentar. München [5]2015.

Familienleistungs- und -lastenausgleich

Zum Wandel des Begriffs

Der erste Kanzler der BRD soll angeblich gesagt haben: „Kinder kriegen die Leute doch von alleine“, um damit die Notwendigkeit einer *Familienpolitik* überhaupt zu bestreiten. Diese Einstellung hat sich in den vergangenen 50 Jahren grundsätzlich und vollständig gewandelt, denn Familienpolitik ist heute ein Grundpfeiler der Gesellschaftspolitik und in erster Linie die Politik des Familienleistungs- und -lastenausgleichs (FLLA). Der Wandel der Familienpolitik kommt auch im Wandel der zentralen Begrifflichkeit zum Ausdruck: Vom Familienlastenausgleich (FLA) zum FLLA. Die ursprüngliche Konzeption des FLA war demographisch natalistisch bestimmt: Die *Familien* werden durch die Kinderbetreuung und Kindererziehung belastet, und der FLA trägt zu einer Entlastung bei und bewirkt einen Anstieg der Geburtenrate in einem geburtenschwachen Land. Die neuere Konzeption des FLLA ist sozialethisch bestimmt: Familien erbringen durch die Kinderbetreuung und Kindererziehung Leistung für die Gesamtgesellschaft, die aus Gründen der Gerechtigkeit zumindest teilweise im Wege eines Familienleistungsausgleichs entgolten werden müssen. Dieser Familienleistungsausgleich gilt für alle Familien, und zwar unabhängig von ihrer sozialen Lage; soweit es unabhängig hiervon Gründe gibt, Familien, die besonders belastet sind, durch finanzielle oder andere Hilfen zu unterstützen, soll ein Familienlastenausgleich stattfinden, der bedarfsabhängig ist (BMFSFJ Gerechtigkeit für Familien, 2001). Im Übrigen machen Begriffe auch Politik: Kinder zu haben soll keine Last, sondern Lust und Leistung sein. In jüngster Zeit hat die Familienpolitik eine erneute Wende erfahren, denn die lange verpönte natalistische Tendenz hat mit der Einführung des *Elterngeldes* eine Wiederauferstehung gefeiert.

Grundsätze des FLLA

Die Durchsetzung des FLLA beruht auf der Rechtsprechung des BVerfG, der die Politik nur zögerlich gefolgt ist. Aus dieser Rechtsprechung ergeben sich die folgenden auf Art. 3 (1) und 6 (1) GG gleichermaßen gestützten Grundsätze:

1) Da der Staat als sozialer Staat (Art. 20 (1), 28 (1) GG; Sozialstaat) das Existenzminimum der Menschen gewährleisten muss und da Art. 6 (1) GG die Familie als Lebensform schützt, berechnet sich das Existenzminimum nach den Lebensbedürfnissen der Familie, d. h. dass durch sozialrechtliche *(Kindergeld)* oder steuerrechtliche (Freibetrag) Maßnahmen sichergestellt werden muss, dass das Existenzminimum der Familie gesichert ist (BVerfG Bd. 82, 60; 87, 153; 99, 216), Kindergeld und Freibetrag sind also zunächst einmal keine Maßnahmen des FLLA, sondern Maßnahmen der Existenzsicherung.
2) Da der Staat seine Ausgaben aus Abgaben der Menschen finanzieren muss und da sich aus

Gründen der Gerechtigkeit (Art. 3 (1) GG) die Abgabenbelastung nach der Leistungsfähigkeit richten muss, dürfen „Reiche" stärker belastet werden als „Arme" (vertikale Steuergerechtigkeit). Die Gewährleistung eines (steuerfreien) gleichen Existenzminimums für alle hat nun aber aufgrund der mit dem Einkommen steigenden Steuerbelastung die Wirkung, dass die „Reichen" von Steuerfreibeträgen mehr profitieren als die „Armen". Dies entspricht im Steuersystem nun durchaus einer horizontalen Steuergerechtigkeit, weil ungleiche Freibeträge der gleichen Steuerfreistellung des Existenzminimums nicht entsprechen würden.

3) Das Existenzminimum umfasst die notwendigen Aufwendungen für die Kinder sowie angemessene Beträge für die Betreuung und die Erziehung der Kinder. Jenseits des Existenzminimums beginnt der FLLA, der durch sozialrechtliche Leistungen und/oder steuerrechtliche Maßnahmen verwirklicht werden kann. Hierbei gilt es, den Gleichheitssatz zu berücksichtigen.
4) *Familien* dürfen nicht schlechter gestellt werden als Kinderlose, d.h. Vorteile, die der Gesetzgeber Kinderlosen einräumt, müssen auch den Familien zugute kommen. Das sollte an sich selbstverständlich sein, wird aber nicht immer beherzigt.
5) Familien dürfen nicht nur besser gestellt werden als Kinderlose, sondern sie müssen besser gestellt werden, denn die Familie steht nach Art. 6 (1) GG unter dem „besonderen Schutz" der staatlichen Ordnung. Dabei steht die Wahl der Mittel dem Gesetzgeber im Prinzip frei (s.u. den Überblick über die Maßnahmen zur Besserstellung von Familien).
6) Werden Menschen mit Kindern und Menschen ohne Kinder vom Gesetzgeber gleich behandelt, dann fragt sich, ob der Gesetzgeber die Leistung der Familien für die Gesellschaft nicht durch eine Besserstellung berücksichtigen müsste. Dies hat das BVerfG in mehreren Fällen angeordnet, wie z.B. bei der Anrechnung von Kindererziehungszeiten in der Rentenversicherung oder bei der Festlegung der Beitragshöhe der Pflegeversicherung, in anderen Fällen bisher jedoch nicht, z.B. bei der viel diskutierten Umwandlung des sog. Ehegatten-Splittings in ein Familien-Splitting im Einkommenssteuerrecht.

Die Leistungen des FLLA

Zur Umsetzung dieser Grundsätze hat der Gesetzgeber eine Vielzahl sozial- und steuerrechtlicher Maßnahmen vorgesehen. Die wichtigsten sind:

1) Kindererziehungszeiten (§ 56 SGB VI): Seit 1992 werden drei Jahre Kindererziehung pro Kind für die Rente angerechnet und wirken insoweit rentensteigernd.
2) Familienkranken- und -pflegeversicherung (§ 10 SGB V, § 25 SGB XI): Kinder sind beitragsfrei in der Kranken- und Pflegeversicherung mitversichert, und zwar grundsätzlich bis zum 18. Lebensjahr, u.U. auch noch darüber hinaus.
3) Arbeitslosenversicherung (§ 129 SGB III): Arbeitslose mit Kindern erhalten höhere Leistungen aus der Arbeitslosenversicherung, z.B. ein erhöhtes Arbeitslosengeld.
4) Unfallversicherung (§ 2 1 Nr. 8 SGB VII): Kinder sind in den öffentlichen Einrichtungen, z.B. in Kindergärten und Schulen, unfallversichert.
5) Mutterschaftsurlaub und Mutterschaftsgeld (§§ 3, 13 II, 14 MSchG): Schwangere bzw. Mütter werden sechs Wochen vor und acht Wochen nach der Geburt innerhalb ihrer Arbeitsverhältnisse freigestellt, haben eine Weiterbeschäftigungsgarantie und erhalten während dieser Zeit Mutterschaftsgeld in Höhe ihres durchschnittlichen Netto-Arbeitsverdienstes *(Mutterschutz).*
6) Erziehungszeit und Erziehungsgeld (BEEGG): Eltern können anteilsmäßig bis zu drei Jahren von ihrer Arbeit freigestellt werden, haben einen Anspruch auf Weiterbeschäftigung und erhalten für eine Zeit von bis zu 14 Monaten ein einkommensabhängiges Elterngeld in Höhe von 65–67 % des Einkommens, und zwar von mindestens 300 Euro und höchstens 1 800 Euro sowie nach dieser Zeit in Höhe von 300 Euro *(Elterngeld/Elternzeit).*
7) *Ausbildungsförderung* (BAföG): Studierende können je hälftig Zuschüsse und Darlehen als Ausbildungsförderung erhalten, wenn sie bzw. ihre Eltern die Kosten nicht selbst aufbringen können.
8) *Kindergeld* (KGG): Kindergeld wird auf Antrag an alle Eltern gezahlt.
9) Einkommensteuerrecht (§ 32 EStG): Steuerpflichtige erhalten für jedes Kind einen Kinderfreibetrag sowie einen Freibetrag für den Betreuungs-, Erziehungs- und Ausbildungsbedarf des Kindes.
10) Da die Umsetzung der Grundsatzentscheidungen des BVerfG vom 10.11.1998 noch nicht abgeschlossen ist, ist der Gesetzgeber aufgefordert, die Leistungen für Familien weiter zu er-

F

höhen. In der familienpolitischen Diskussion gibt es darüber hinausgehende, weitreichende Vorstellungen zur Umgestaltung des gesamten FLLA (BMFSFJ Gerechtigkeit für Familien, 2001). Die Eltern können zwischen Kindergeld und Freibetrag wählen, (sog. Optionsmodell). In der familienpolitischen Diskussion wird aufgrund der Entscheidungen des BVerfG eine Verdoppelung des Kindergeldes bzw. der Freibeträge gefordert.

Zu den vielen verschiedenen Maßnahmen und Leistungen für Familien in Deutschland gibt es immer wieder erneut politische Auseinandersetzungen, die wohl längst noch nicht abgeschlossen sind. Aus der Absicht, die (verwirrende) Zahl von Familienleistungen zu systematisieren und zu überprüfen, ist immerhin eine Studie zu ihrer Wirksamkeit geworden, die Prognos 2014 vorgelegt hat. Den in der Öffentlichkeit immer wieder zitierten 200 Mrd. für Familienleistungen in Bund, Ländern und Kommunen geht Martin Bujard nach und stellt fest, dass für Familien (z. B. unter Abzug der ehebezogenen Leistungen) weitaus weniger Leistungen zur Verfügung stehen als dies der hohe Geldbetrag signalisiert. Nur so erklärt sich, dass Deutschland in europäischen Vergleich keinen Spitzenplatz einnimmt.

Ingo Richter

Literatur

BMFSFJ: Gerechtigkeit für Familien. Zur Begründung und Weiterentwicklung des Familienlasten- und Familienleistungsausgleichs (Wissenschaftlicher Beirat für Familienfragen), Stuttgart 2001 ◆ BMFSFJ: Familie zwischen Flexibilität und Verlässlichkeit, 7. Familienbericht, Berlin 2006, M. Bujard: Familienpolitische Leistungen, Bundeszentrale für politische Aufklärung(www.bpb/politik/innenpolitik/familienpolitik) ◆ Prognos: Endbericht zur Gesamtevaluation der ehe- und familienbezogenen Maßnahmen und Leistungen in Deutschland, Berlin 2. 6. 2014.

Weitere Literaturhinweise unter *Familienpolitik.*

Link

www.familien-wegweiser.de

Familienpolitik

Geschichte

Ansätze der F. werden in Deutschland mit der Industrialisierung seit dem 19. Jh. sichtbar: beginnend mit dem bürgerlichen *Familienrecht,* den Einschränkungen der Kinder- und der Frauenarbeit einschließlich der *Mutterschutz*gesetze, über die Maßnahmen zur Unterstützung bedürftiger Familien wie Familienzulagen in der WR bis zur spezifisch nationalsozialistischen F. mit Ehestandsdarlehen, Geburtenprämierung und rassistischen Eheverboten. Dabei wurden *Frauen* je nach (kriegs-)wirtschaftlichem Bedarf vom Arbeitsmarkt fern gehalten oder ihm zugeführt. Bis zum Ende des 2. Weltkriegs gab sich die F. v. a. als punktuelle Bevölkerungs-, Geschlechter-, Sozial- und Arbeitsmarktpolitik.

Eine Systematisierung der Hilfen für Familien, die F. als eigenständige Gestalt erkennen lassen, begann in der BRD erst in der Nachkriegszeit. Dabei standen Maßnahmen der Einkommensverteilung zugunsten von Familien im Vordergrund (Kinderfreibeträge, *Kindergeld,* Wohnungsbauförderung, Ehegattensplitting usw.), die später durch pädagogische und soziale Hilfen ergänzt wurden. Institutionell verankert wurde F. 1953 mit der Einrichtung eines BM für Familienfragen. Folie der F. war bis in die 1970er Jahre die Beibehaltung traditioneller Geschlechterrollen und Arbeitsteilung. Bis zu diesem Zeitraum wurde das Thema *Familie* weitgehend konservativen Akteuren überlassen, die v. a. die Förderung der Familie als Institution und die Bewahrung ihrer traditionellen Form betonten. Gegenüber Westdeutschland dominierten in der DDR Maßnahmen zur Einbeziehung der Frauen in die Erwerbsarbeit und zur Geburtenförderung, begleitet vom Ausbau eines breiten Systems der Kinderbetreuung, durch Geburtenprämien, Wohnungsvergabe bei Familiengründung usw.

Im vereinigten Deutschland haben sich in den vergangenen Jahrzehnten die Zielsetzungen und das Maßnahmenspektrum von F. in Reaktion auf veränderte soziale und wirtschaftliche Bedingungen sowie auf den demographischen Wandel ausdifferenziert und modernisiert (Auth 2007). Im Vordergrund stehen derzeit vielfältige Strategien zur Unterstützung und Anerkennung der Leistungen von Familien für eine moderne Gesellschaft und Wirtschaft sowie zur besseren Vereinbarkeit von Familie und Beruf. Dabei geraten die Armutsvermeidung und die Stärkung von Familien in prekären Lebenslagen in den Hintergrund.

Definition

F. in einem umfassenderen Sinne kann als zielorientiert-geplantes Einwirken staatlicher und anderer Träger öffentlicher Verantwortung auf die Struktur und die Funktionen von Eltern-Kind-Gemeinschaften betrachtet werden, die von diesen Maßnahmenträgern als Familie definiert werden. Träger familienpolitischer Maßnahmen sind Bund, Länder und Gemeinden, teilweise auch Tarifpartner (Gestaltung der Erwerbswelt), freie und frei-gewerbliche Träger (soziale und pädagogische Dienste) sowie zivilgesellschaftliche Akteure. F. soll die wirtschaftlichen, sozialen, kulturellen und ökologischen Lebensbedingungen von Familien sichern, unterstützen, ergänzen oder kompensieren. Bezieht man die auf Familien bezogene Rechtspolitik ein, wirkt F. auch auf die Formen von Familie, denn diesen werden unterschiedliche Rechte und Pflichten zugestanden, wie bspw. mit Blick auf das Umgangs- und Unterhaltsrecht. Eine solche Auffassung sieht F. als Teil einer umfassenderen Gesellschaftspolitik und als Querschnittspolitik *(Einmischungsstrategie)*, da Familien von unterschiedlichsten politischen und gesellschaftlichen Bereichen beeinflusst werden können. Dabei ist jedoch die faktische Wirksamkeit von Maßnahmen meist ungeprüft, auch müssen die nicht-intendierten, teils paradoxen Nebenfolgen der F. berücksichtigt werden. Aktuell hat die Gesamtevaluation der familienbezogenen Leistungen die Folgen und Effekte der einzelnen Maßnahmen empirisch überprüft, Konsequenzen dieser Prüfung bleiben jedoch bislang aus (Prognos AG 2014).

Ihre Legitimation nimmt F. aus dem Umstand, dass Familien basale gesellschaftliche Funktionen erfüllen und alltägliche Herstellungsleistungen erbringen: Nachwuchssicherung, Betreuung, Förderung und *Erziehung* der Kinder, Reproduktion von Arbeitskraft, Bildung von Humanvermögen, Platzierung der Kinder im Bildungs- und Berufssystem, Hauswirtschaft sowie sozial-emotional-körperliche Versorgung der Partner, Kinder, kranken und alten Angehörigen u.a.m. Je nach soziohistorischem Kontext und politischen Akteuren variiert die Bedeutung dieser Funktionen der Familie und damit auch die Legitimationen von F. Konsens besteht jedoch darüber, dass Familien entscheidend zur Prägung der heranwachsenden Gesellschaftsmitglieder sowie der Vermittlung zwischen Individuen und den verschiedenen gesellschaftlichen Bereichen auch hinsichtlich der Verteilung von Lebenschancen beitragen. F. zielt demgemäß auf die nachhaltige Unterstützung von Familie bei der Erfüllung ihrer gesellschaftlichen Leistungen als strukturell notwendigem und gerade in seiner Andersartigkeit komplementärem Bereich zum Erwerbssystem und zum Wohlfahrtsstaat. In Bezug hierauf werden auch die zentralen Motive der F. unterschieden in ein bevölkerungspolitisches, emanzipatorisches, sozialpolitisches und familial-institutionelles Motiv (Herlth/Kaufmann 1982).

Als Hintergrund der F. kann die sozialwissenschaftlich untermauerte Einsicht gelten, dass das Wirtschafts- und Gesellschaftssystem der BRD gegenüber Familien „strukturelle Rücksichtslosigkeit" walten lässt. Kritisiert wird, dass Familie gleichsam als „Knautschzone" für andere gesellschaftliche Bereiche (Wirtschafts-, Bildungs-, Gesundheitssystem usw.) dient, um dort produzierte Probleme flexibel aufzufangen und zu verarbeiten, ohne ihre sonstigen eigenen Funktionen zu vernachlässigen. Mit dieser Aufgabenfülle sind Familien – zumal mit ihr oft idealistisch überhöhte Vorstellungen des Familienlebens verbunden sind sowie bei Benachteiligungslagen – nicht selten überfordert, mit Konsequenzen wie z.B. psychosomatischen Krankheiten, *Gewalt in Familien* oder Kindeswohlgefährdung. Dergestalt in Bedrängnis geratene Familien – so der Minimalkonsens quer durch die *Parteien* – brauchen Hilfen bei der Bewältigung ihrer komplexen Aufgaben, zumal traditionelle Unterstützungssysteme (Verwandtschaft, Nachbarschaft usw.) sich verändern. Bislang ist jedoch die Durchsetzungsmacht von F., um die Bedürfnisse von Familien zu decken, gegenüber anderen, insbesondere wirtschaftspolitischen Prioritätensetzungen meist schwächer.

Familienbilder

Der zu Grunde gelegten Definition von *Familie*, dem normativen Familienbild, kommt eine entscheidende Rolle für die Zielrichtung und die Mittelwahl der F. zu. In der heutigen *Gesellschaft*, die durch beschleunigten kulturellen und sozialen Wandel und durch ein pluralistisches Werte-Spektrum gekennzeichnet ist und in der Elternschaft, Ehe, Liebe und Zusammenleben im Haushalt zunehmend entkoppelt sind, kommt es zu Diskrepanzen zwischen tradierten Leitbildern und Normen hinsichtlich Struktur und Zweck von Familien einerseits und den aktuell gelebten vielfältigen Formen beim ‚doing family' andererseits (Jurczyk/Lange/Thiessen 2014). Insbesondere werden hierarchische Geschlechter- und Generationenverhältnisse hinterfragt, an deren Stelle tritt teilweise die „Aushandlungsfamilie".

In der Familiensoziologie wie in der familienpolitischen Theorie setzen sich dementsprechend relativ „weiche" Definitionen von *Familie* durch, in deren Mittelpunkt Eltern-Kind-Gemeinschaften stehen, die gewöhnlich, aber keineswegs immer, auf biologischer Elternschaft sowie auf einer Ehe beruhen. Somit werden unter „Familie" heute auch *allein Erziehende* verstanden, wo ein

Elternteil durch Tod oder Scheidung bzw. Trennung ausgeschieden ist, Stief- bzw. Folgefamilien (Patchwork-Familien), Familien mit gleichgeschlechtlichen Eltern (Regenbogenfamilien), Pflege- und Adoptivfamilien sowie nicht-eheliche Lebensgemeinschaften mit Kindern. Inwieweit dieser weite Familienbegriff – als verbindlich angelegte, generational strukturierte Fürsorgegemeinschaft – auch dem des GG entspricht, wird je nach weltanschaulicher Perspektive kontrovers diskutiert und ist entsprechend umstritten, zuletzt mit Blick auf die Eheschließung homosexueller Paare. Art. 6, Abs. 1 GG, der Ehe und Familie i. S. einer Institutsgarantie unter den besonderen Schutz der staatlichen Ordnung stellt, basiert auf einer „pessimistischen Familiensoziologie", die eine historische Kontraktion von der Großfamilie zur Kernfamilie und einen Funktionsverlust der Familie unterstellt sowie die weitere Zunahme nichtehelicher Lebensgemeinschaften befürchtet. Diese Entwicklungshypothesen sind jedoch empirisch nur teilweise eingetroffen, vor allem lässt sich ihre negative Konnotation nicht halten. Der rechtliche Gehalt der Begriffe Ehe und Familie ist im Verfassungsrecht wie im bürgerlichen Recht unbestimmt und gibt unter sich verändernden gesellschaftlichen Verhältnissen eine gewisse Gestaltungsfreiheit. So sind allein Erziehende verfassungsrechtlich „vollständigen" Familien gleichgestellt, bislang fallen jedoch *nichteheliche Lebensgemeinschaften* nicht analog unter den Schutz des Art. 6 GG, wenngleich auch hier – etwa im kindbezogenen Erbrecht und im Sorgerecht – starre Grenzen aufweichen. Ähnliche Entwicklungen zeigen sich hinsichtlich gleichgeschlechtlicher Lebensgemeinschaften mit Kindern. Eine neue Gestaltungsaufgabe ist hingegen die Regelung von Eltern- und Kindschaftsbeziehungen angesichts von *Gentechnologie* und Reproduktionsmedizin (wie Leihmutterschaften, Samenbanken etc.). Zuletzt wurde dem mit dem Anspruch auf Klärung der genetischen Vaterschaft (§ 1598a BGB) Rechnung getragen (Schutter 2011).

Seit einigen Jahrzehnten ist das Verhältnis von staatlichem Familienleitbild, familienpolitischen Maßnahmen, sonstiger familienbezogener Politik und gelebtem Familienalltag von modernisierungsbedingten Widersprüchen geprägt. Zwar wird vielerorts das Leitbild der Wahlfreiheit favorisiert, die Bedingungen für seine Realisierung sind jedoch nicht gegeben. Auch wenn staatlicherseits konzediert wird, dass Familie eine dynamische und soziokulturell geprägte Form menschlichen Zusammenlebens ist, so wird doch dem dynamischen Wandel privaten Lebens in der familienpolitischen Praxis der BRD nur partiell und selektiv Rechnung getragen.

So gelten die meisten Maßnahmen des Familientransfers nur für Linienverwandte 1. Grades bzw. für verheiratet Zusammenlebende, etwa das Ehegattensplitting bei der ESt, welches die Tatsache des Verheiratetseins als solche prämiert. Demgegenüber hat die Reform des Unterhaltsrechts im Jahr 2008 die Ansprüche (meist: der Mütter) auf Unterhalt wegen Betreuung eines Kindes auf drei Jahre reduziert sowie verheiratete und ledige betreuende Elternteile gleichgestellt. Dies gilt vor dem Hintergrund einer nach wie vor begrenzten Erwerbsbeteiligung von Müttern, die sowohl Vereinbarkeitsproblemen als auch tradierten Leitbildern geschuldet ist. Auf der anderen Seite werden jedoch z. B. im SGB II und im SGB XII weitere Verwandte, Verschwägerte und selbst Partner in nichtehelichen Lebensgemeinschaften im selben Haushalt herangezogen, wenn es um die Unterstützung bedürftiger Personen geht. Das hier wirksame Familienleitbild des Staates bevorteilt also nach wie vor Ehe und Kernfamilie und weist nichtehelichen Lebensgemeinschaften und alternativen Familienformen demgegenüber bislang kaum Rechte, aber die gleichen Pflichten zu.

Einzelziele und Maßnahmen

Gemäß den o. g. verschiedenen gesellschaftlichen Funktionen von Familien lassen sich familienpolitische Einzelziele entlang der Trias der Ressourcen Zeit, Geld und Infrastruktur differenzieren. Die daran orientierten Ziele werden nach wie vor nicht in systematischer Verknüpfung sondern in Einzelmaßnahmen umgesetzt, die ihrerseits fiskalischen Erwägungen unterliegen. Neben dem erwähnten „basalen" rechtlichen Schutz von Ehe und Familie und der rechtlichen Gestaltung des Zusammenlebens umfassen sie Maßnahmen zugunsten der Freistellung von Eltern für die Kindererziehung, wirtschaftliche Hilfen und den Ausbau außerfamilialer Kinderbetreuung. Zur Infrastrukturpolitik gehören darüber hinaus passgenaue pädagogische und soziale Hilfen sowie Schutz gegen (sexuelle) Gewalt, Vernachlässigung, Missbrauch, die Stärkung der Rechte von Kindern sowie gleichstellungspolitische Maßnahmen.

So lässt sich bspw. die Unterstützung von Familien bei der *Sozialisation* ihrer Kinder bzw. bei der Bildung von Humanvermögen durch entsprechende Einzelziele und Teilpolitiken umsetzen: durch Sicherung eines entsprechenden Familieneinkommens, gemeinsamer Zeit für Familien, durch Bereitstellung oder Förderung familiengerechter Wohnungen sowie durch *Bildung* und *Beratung* von Eltern (Familienbildung, Beratung zu Familienplanung und Schwangerschaftskonflikten, Partnerschafts-, Ehe-, Trennungs- und *Familienberatung*, Medien- und Verbraucherberatung). Am Problem zu geringer Ressourcen für die Bewältigung einzelner familialer Aufgaben setzen pädagogische und psychologische Hilfen für Eltern, Kinder und Jugendliche an. Auf der Agenda der F. steht aufgrund veränderter gesellschaftlicher Bedingungen und Werte, familialer Strukturen und individualisierter Lebensführungen die Stärkung von Erziehungskompetenzen der Eltern. Dabei wird dem Problem, dass sozial benachteiligte Familien „klassischer" Familienbildung wenig zugänglich sind, vermehrt mit speziellen, niederschwelligen Angeboten begegnet, wozu auch Frühförderung und Frühe Hilfen innerhalb und außerhalb der Familie als weichenstellende Intervention zählt.

Die PISA-Untersuchung hat nochmals den Zusammenhang von familialem Milieu, sozialer Benachteiligung und Bildungserfolg betont. F. hat dies insbesondere für Familien mit Migrationshintergrund zu berücksichtigen, die in vielen Städten inzwischen einen großen Teil der Familien stellen. Das breite Spektrum von Hilfen, die Familien bei der Erziehung ihrer Kinder unterstützen sollen und ggf. auch zeitweise oder andauernde Fremdunterbringung einschließen, sind seit den 1990er Jahren im *Kinder- und Jugendhilfegesetz* (SGB VIII) zusammengefasst. Darüber hinaus sind inzwischen (niederschwellige) Programme und Hilfen für (Migranten- und sozial benachteiligte) Familien entwickelt worden, die zusammengefasst als Elternbildungsprogramme bezeichnet werden können: HIPPY (Home Instruction for Parents of Preschool Youngsters), Opstapje und PAT (Parents as teachers, „Mit Eltern lernen", „Elternchance ist Kinderchance"). Zur Stärkung des Lernortes Familie werden Familien bis zur Einschulung der Kinder begleitet sowie Hausbesuche und Gruppentreffen durchgeführt *(Familienbildung)*.

Angesichts nach wie vor bestehender sozialer Ungleichheit und insbesondere der verbreiteten Kinderarmut haben auch wirtschaftliche Hilfen für Familien eine große Bedeutung (Andresen/Galic 2015). Sie setzen an zwei Stellen an: bei der Beeinflussung des verfügbaren Familieneinkommens und der Familienausgaben. Das erste Bündel von Maßnahmen versucht, die marktmäßige, Familienbelange ignorierende Einkommensverteilung zugunsten des Bedarfes von Familien (nach ihrer unterschiedlichen Größe) zu korrigieren. Dies geschieht in der BRD durch ein duales System des *Familienlastenausgleichs* in Form von *Kindergeld* als direkter Transferleistung sowie durch Kinderfreibeträge.

Weitere familienpolitisch akzentuierte Maßnahmen sind nach dem elterlichen Einkommen gestufte Freibeträge und Darlehen für Kinder in Ausbildung (BAföG), begrenzte finanzielle Unterstützungen im Rahmen der Schwangerschaftskonfliktberatung sowie Kinderzuschläge für Familien mit geringem Einkommen, um zu vermeiden, dass sie auf Leistungen nach dem SGB II *(Grundsicherung für Arbeitssuchende)* angewiesen sind. Für Kinder aus Familien, die Transferleistungen nach dem SGB II oder dem SGB XII *(Sozialhilfe)* beziehen, gibt es seit 2011 zur Förderung gesellschaftlicher Teilhabe Leistungen nach dem Bildungs- und Teilhabepaket. Das Kindergeld wird allerdings auf die Regelsätze für Kinder angerechnet und das pauschale Erziehungsgeld für nicht berufstätige Eltern im Transferbezug ist schon vor Jahren eingestellt worden.

Zum „unsichtbaren Familienlastenausgleich" gehört die Mitversicherung von einkommenslosen Familienangehörigen in der gesetzlichen Krankenversicherung und die Kostenfreiheit bzw. Ermäßigung bei der Nutzung von Bildungseinrichtungen, öffentlichen Verkehrsmitteln usw., etwa in Form eines „Familienpasses". Da der *Armut* von Kindern und Familien nicht allein ökonomisch begegnet werden kann, sind Ansätze der *Familienselbsthilfe,* eine Stärkung innerfamilialer Ressourcen und Alltagskompetenzen sowie eine umfassende Sozialraumpolitik notwendig, da das Aufwachsen in armen Stadtvierteln, beengtem Wohnraum und der Besuch der quartiersgebundenen Bildungsinstitutionen Armutseffekte verstärkt (Groos/Jehles 2015).

Das Ziel wirtschaftlicher Unterstützung wird z. T. mit Maßnahmen verbunden, die eine Balance von familialen, beruflichen und auch bürgerschaftlichen Aufgaben für Eltern fördern (Vereinbarkeit): Hier geht es bspw. um die Freistellung für *Elternzeit* bei Geburt eines Kindes und deren finanzielle Unterstützung durch das Elterngeld, um eine familienorientierte Zusammenarbeit von Wirtschaft, Politik und Verbänden (Public-Private-Partnership), um qualitativ und quantitativ ausreichende Kinderbetreuungsmöglichkeiten (Kinderförderungsgesetz KiFöG), um familiengerechte kommunale Politik und Arbeitszeitpolitik, um familiennahe Dienstleistungen usw. Darüber hinaus steht berufstätigen Eltern, abhängig von Tarifvertrag und Versicherungsart, zur Versorgung kranker Kinder eine Freistellung von der

Arbeit zu, auch werden Kindererziehungszeiten mit einem geringen Betrag in der Rentenversicherung angerechnet.

Als Vereinbarkeitspolitik zählen auch die Ansätze zu familienorientierten flexiblen Arbeitszeiten für Mütter und Väter. Im Kontext der Vereinbarkeit von Beruf und Familie sind auch Väter vermehrt Thema der F.: zum einen durch die diskursive Betonung der Bedeutung des Vaters für die Sozialisation der Kinder, zum andern durch konkrete Maßnahmen wie der Reservierung von zwei Monaten Elterngeld für den zweiten Elternteil, meist den Vater (Possinger 2013) sowie die Neugestaltung des Elterngeldes, wenn beide Elternteile in Teilzeit arbeiten (Elterngeld plus). Die Reform des Sorgerechts bei nicht miteinander verheirateten Eltern zeitigt ebenfalls eine breitere gesellschaftliche Anerkennung der Rolle des Vaters. Die Ambivalenzen gegenwärtiger F. zeigen sich in der Schaffung des Betreuungsgeldes, einer Zahlung an Eltern, die ihr unter-dreijähriges Kind nicht in öffentlich geförderten Einrichtungen betreuen lassen. Als Bundesleistung ist das Betreuungsgeld allerdings aus verfassungsrechtlichen Gründen eingestellt worden. Bislang hat nur Bayern ein eigenes Landesgesetz auf den Weg gebracht.

Bei der Vielzahl und den unterschiedlichen Richtungen solcher familienpolitischer Einzelziele ist es offenkundig, dass es zu Zielkonflikten, insbesondere auch mit Zielen anderer Politikbereiche kommen kann. Im Hintergrund geht es dabei häufig um Grundwerte wie Freiheit, Gerechtigkeit und Solidarität. So können etwa das Ziel der Sicherung oder Förderung der Entfaltung der individuellen Persönlichkeit und Gleichberechtigung von Müttern und Vätern mit dem Ziel der auch qualitativ hochwertigen Versorgung und Erziehung von Kindern in Widerstreit geraten (z. B. Gleichstellungs- vs. Familien- oder Kinderpolitik). In Widerspruch zueinander stehen tendenziell auch die Interessen von Wirtschaft und Wirtschaftspolitik an Ausnutzung von Produktivitätsreserven, Deregulierung, zeitlicher und räumlicher Entgrenzung und die Interessen von Familien an der Ermöglichung eines gemeinsamen Familienalltags. „Care“ in der Familie wird dabei zur knappen Ressource (Jurczyk 2010).

Ein anderer Zielkonflikt bewegt sich zwischen den Interessen an selbstbestimmter Lebensplanung und -führung mit entsprechender Einkommens- und Ausgabengestaltung von Alleinstehenden und dem ökonomischen Bedarf von Familien, die mit dem Großziehen von Kindern materiell erhebliche Lasten auf sich nehmen. Insbesondere angesichts der *Bevölkerungsentwicklung* gibt es immer wieder teilweise umstrittene Querverbindungen zwischen F. und Bevölkerungspolitik, bei denen es um Anreize zur Geburtenförderung geht, inzwischen allerdings auch um die Potenziale einer alternden Gesellschaft und die Gestaltung neuer Generationenbeziehungen und -verhältnisse etwa durch Mehrgenerationenhäuser.

Parteienspektrum

Im politischen *Parteien*spektrum der BRD werden unterschiedliche Akzente in der F. gesetzt, die sich jedoch zunehmend angleichen. Gemäß einer langen Tradition unterscheidet sich christdemokratische von sozialdemokratischer F. v. a. vereinfacht formuliert darin, dass erstere Familie als eigenwertige Institution in ihrer traditionellen, ehebasierten Form unterstützt, letztere eher einzelne Familienleistungen, die ggf. auch in anderen Institutionen, besonders im Bereich der Kinderbetreuung und -erziehung, erbracht werden können. Auch bzgl. der Geschlechter- bzw. Frauenpolitik, die aufgrund der in Deutschland historisch gewachsenen Familienform eng mit F. verknüpft ist, zeigen sich typische Unterschiede: CDU/CSU favorisieren zwar nicht mehr den „natürlichen“ Mutter-Beruf, sie akzeptieren auch mütterliche Erwerbstätigkeit, betonen jedoch das Konzept der Wahlfreiheit zwischen Beruf und Familie für diejenigen (Frauen), die sich ausschließlich der Familie widmen wollen. Da dies jedoch mit allen biografischen und finanziellen Risiken auf Kosten von Müttern geht, sind die Rahmenbedingungen für eine wirkliche Wahlfreiheit damit nicht gegeben.

Die SPD formuliert dagegen verstärkt die Notwendigkeit der Erwerbsintegration von Frauen sowie das Ziel der Geschlechtergerechtigkeit. Hiermit verbunden ist die wirtschaftliche Unterstützung von Familien u. a. durch den Ausbau der Kinderbetreuung, auch in Ganztagesform. Ebenso wie Bündnis 90/Die Grünen und die FDP sieht sie Familie als generationale Verantwortungsgemeinschaft; gemeinsam ist ihnen auch die Stärkung von Kinderrechten. Die FDP betont v. a. die Individualrechte der Familienmitglieder, sie hält an den Regelungen des Familienleistungsausgleichs fest und favorisiert darüber hinaus „Gutscheinmodelle“, bei denen Eltern als Nachfrager auf dem Markt sich selbst die gewünschte Leistung aussuchen. Bündnis 90/Die Grünen betonen die Vielfalt geschlechtergerechter privater Lebensformen und deren Gleichwertigkeit auch jenseits der Ehe, sie setzen – ebenso wie Die Linke – auf das Modell einer Kindergrundsicherung, wobei

Kinderfreibetrag und Ehegattensplitting entfallen sollen. Die Linke hat mit dem Schlagwort „Familie, ist da wo Nähe ist" den weitesten Begriff von Familie.

Trotz dieser Unterschiede lässt sich eine Annäherung der großen Parteien feststellen: Der latente Anti-Feminismus der CDU/CSU verlagert sich in Richtung einer an Wirtschaftsinteressen orientierten Förderung von Müttererwerbstätigkeit ebenso wie der latente Anti-Familialismus der SPD in Richtung des gemeinsamen Ziels der Vereinbarkeit von Beruf und Familie. Bei allen politischen Parteien stellt sich eine gewisse pragmatisch-programmatische Offenheit gegenüber neuen Formen des Zusammenlebens ein, auch wenn dies bei den Maßnahmen der F. nicht immer konsequent eingelöst wird (Böllert/Oelkers 2010).

Gegenwärtige Tendenzen der Familienpolitik

Getragen von einem weitgehenden parteienübergreifenden Konsens entwickelt sich die Tendenz der Verrechtlichung von Familie bei gleichzeitiger Stärkung von Individualrechten. Hierzu gehören etwa die Reform des Kindschaftsrechts 1998 und die Neuregelung des Umgangsrechts, das dem getrennt lebenden bzw. geschiedenen Elternteil (i. d. R. dem Vater) mehr Rechte im Kontakt zum Kind einräumt sowie bei dem Fortbestand des gemeinsamen Sorgerechts zuvor verheirateter Eltern bei Trennung und Scheidung als Regelfall (1998) und das Antragsrecht des nicht mit der Mutter verheirateten Vaters auf das gemeinsame Sorgerecht.

Generell lässt sich eine Verschiebung von Mütter- zu Elternrechten beobachten. Das Gesetz zur Strafbarkeit von Vergewaltigung in der Ehe betont die Vorrangigkeit von Individualrechten gegenüber dem Schutz der Privatheit der Institution Familie. Hieran wie auch am Gesetz zur Ächtung der Gewalt in der Erziehung und dem Kinderschutzgesetz von 2011/2012 zeigt sich, dass Privatheit und Öffentlichkeit gegenwärtig neu zueinander ins Verhältnis gesetzt werden.

Als perspektivische Aufgabenstellung der F. erweist sich die kohärente Umsetzung der familienpolitischen Trias der Ressourcen Zeit, Geld, und Infrastruktur, die durch die systematische Verankerung von Geschlechtergerechtigkeit als Leitbild verknüpft werden muss (Bertram/Bujard 2012). Elternhaus, Kindergarten, Schule, Jugendhilfeeinrichtungen u. a. m. müssen unter Berücksichtigung sozialer Ungleichheit und Migrationsgeschichten neue Formen der Zusammenarbeit finden und sich als Lernorte für Eltern, ErzieherInnen und Kinder wechselseitig anerkennen. Familienergänzende pädagogische und soziale Hilfen (wie Tagespflege, Kindertageseinrichtungen) sind nicht nur unter dem Aspekt quantitativer Bedarfsdeckung, sondern auch qualitativ weiterzuentwickeln – hierzu gehören auch Familienbildungsangebote, die die Familie als Bildungsort unterstützen. Diesem Ziel gilt auch der Rechtsanspruch auf Kindertagesbetreuung für unter Dreijährige, der seit August 2013 in Kraft ist. Der Ausbau der Kindertagesbetreuung wird zudem weiter gefördert und unterstützt *(Kinderkrippen, Tageseinrichtungen für Kinder)*.

F

Europäisierung – Lokalisierung

Nationalstaatliche Politik ist zunehmend eingebunden in Prozesse der Europäisierung. Im Hinblick auf F. ist jedoch seit Ende der 1990er Jahre sogar ein Rückwärtstrend zu beobachten, nachdem die BRD und Großbritannien als Länder mit einer ausgeprägten Tendenz zur Subsidiarität auf Klarstellung der Kompetenzen der EU-Gremien gedrängt haben. Danach darf die EU nur Themen behandeln, die in Verträgen an sie delegiert wurden. F. ist explizit nicht Thema solcher Verträge und damit nicht Gegenstand von EU-Politik. Auch wenn in der grundsätzlichen Programmatik der Europäischen Sozialcharta des Europarates das Recht der Familie auf wirtschaftlichen, gesetzlichen und sozialen Schutz nach wie vor hervorgehoben wird, gibt es keine europäische Abstimmung von F. durch EU-Politik. Eine Europäisierung der F. verläuft deshalb derzeit allenfalls implizit über familienrelevante Themen der EU-Sozialpolitik, wie Demografie, Migration, Gesundheit, Gleichstellung sowie die Vereinbarkeit von Familie und Beruf, die in der Gemeinschaftscharta der Sozialen Grundrechte der Arbeitnehmer behandelt wird. Darüber hinaus spielen NGO und Netzwerke (etwa Family Platform siehe http://www.familyplatform.eu/) eine wichtige Rolle, ebenso wie die vergleichende F.forschung (www.familiesandsocieties.eu, Ostner 2008), die Hinweise auf die Vielfalt der Gestaltungsmöglichkeiten von F. gibt. So ist deutlich, dass insbesondere die EU-Länder, wo F. als Politik für erwerbstätige Mütter und Väter mit Kleinkindern lange Tradition hat (z. B. Frankreich, Skandinavien), eine vergleichsweise hohe Geburtenrate verzeichnen. Im Ländervergleich erweist sich, dass das in (West)Deutschland lange vorherrschende Idealbild von Mütterlichkeit eine Besonderheit ist, welches die Politik prägt, in den Strukturen von Arbeitsmarkt und Wohlfahrtsstaat tief verankert ist und die Möglichkeiten der Vereinbarkeit von Familie und Beruf einschränkt (Aulenbacher et al. 2014).

An unmittelbarer Bedeutung gewonnen hat dagegen eine Lokalisierung von F., denn nahräumliche, kommunale und regionale F. kann trotz struktureller Barrieren und wirtschaftlicher Engpässe flexibel und passgenau auf die Bedarfe von Familien reagieren. Seit 2004 vom BMFSFJ unterstützt (begonnen in Nürnberg 2000), mit gefördert vom ESF sind inzwischen bundesweit 650 lokale „Bündnisse für Familie" entstanden, in denen wichtige gesellschaftliche Akteure mit ihren unterschiedlichen Potenzialen „vor Ort", insbesondere Politik, Wirtschaft, Kirchen, Verbände und bürgerschaftliche Organisationen zusammenwirken. Dabei geht es v. a. darum, die Lebensbedingungen von Familien stärker in den Blickpunkt kommunalen Handelns zu rücken, verschiedene familienorientierte Aktivitäten zu verzahnen, Familien-Netzwerke zu entwickeln und bedarfsorientierte, passgenaue Projekte mit und für Familien zu initiieren und auszubauen. Ein aktueller Schwerpunkt ist die kommunale Familienzeitpolitik.

Karin Jurczyk/Sabina Schutter

F

Literatur

R. Ahrens: Nachhaltigkeit in der deutschen Familienpolitik. Grundlagen – Analysen – Konzeptualisierung, Wiesbaden 2012 ♦ D. Auth: Pronatalistischer Aktionismus: Von der bevölkerungspolitischen Instrumentalisierung und Ökonomisierung der Familienpolitik in Deutschland, in: D. Auth/B. Holland-Cunz: Grenzen der Bevölkerungspolitik, Opladen 2007, 81–102 ♦ S. Andresen/D. Galic: Kinder.Armut.Familie. Alltagsbewältigung und Wege zu wirksamer Unterstützung, Gütersloh 2015 ♦ H. Bertram/M. Bujard: Zeit, Geld, Infrastruktur – zur Zukunft der Familienpolitik, Baden-Baden 2012 ♦ BMAS (Hrsg.): Lebenslagen in Deutschland. Der 3. Armuts- und Reichtumsbericht der Bundesregierung, Berlin 2008 ♦ BMFSFJ (Hrsg.): 7. Familienbericht. Familie zwischen Flexibilität und Verlässlichkeit. Perspektiven für eine lebenslaufbezogene Familienpolitik, Berlin 2006 ♦ BMFSFJ: 8. Familienbericht. Zeit für Familien, Berlin 2012 ♦ I. Gerlach: Familienpolitik. Lehrbuch, Wiesbaden 2010 ♦ A. Herlth/F.-X. Kaufmann (1982): Familiale Probleme und sozialpolitische Intervention, in: F.-X. Kaufmann (Hrsg.): Soziologie und Sozialpolitik. München 1982, 1–22 ♦ K. Jurczyk/A. Lange/B. Thiessen (Hrsg.): Doing Family – Familienalltag heute. Warum Familienleben nicht mehr selbstverständlich ist, Weinheim 2014 ♦ K. Jurczyk/J. Klinkhardt: Vater, Mutter, Kind? Acht Trends in Familien, die Politik heute kennen sollte, Gütersloh 2014 ♦ H. Krüger: Geschlechterrollen im Wandel – Modernisierung der Familienpolitik, in: H. Bertram/H. Krüger/C. K. Spieß (Hrsg.): Wem gehört die Familie der Zukunft, Opladen 2006, 191–206 ♦ I. Ostner/C. Schmitt (Hrsg.): Family Policies in the Context of Family Change – The Nordic Countries in Comparative Perspective, Wiesbaden 2008 ♦ J. Possinger: Vaterschaft im Spannungsfeld von Erwerbs- und Familienleben. „Neuen Vätern" auf der Spur, Wiesbaden 2013 ♦ Prognos AG: Gesamtevaluation der ehe- und familienbezogenen Maßnahmen und Leistungen in Deutschland, Berlin 2014 ♦ R. Schäfer/A. Sann: Frühe Hilfen zwischen (gesundheitlicher) Familienförderung und Kinderschutz, in: B. Bütow/M. Pomey/M. Rutschmann/C. Schär/T. Studer (Hrsg.): Sozialpädagogik zwischen Staat und Familie. Alte und neue Politiken des Eingreifens, Wiesbaden 2014, 75–89 ♦ B. Aulenbacher/B. Riegraf/H. Theobald (Hrsg.): Sorge: Arbeit, Verhältnisse, Regime. Soziale Welt, Sonderband 20, Baden-Baden, 2014 ♦ N. Schmidt: Handbuch Kommunale Familienpolitik, Berlin 2006 ♦ H. Wunderlich: Familienpolitik vor Ort, Berlin 2014.

Links

www.bmfsfj.de
www.dji.de
www.familiesandsocieties.eu
www.familyplatform.eu
www.lokale-buendnisse-fuer-familie.de
www.hippy-deutschland.de
http://www.oecd.org/els/family/database.htm
http://www.coe.int/t/dg3/familypolicy/Database/default_en.asp
http://www.fruehehilfen.de/

Familienrecht

Begriff

Unter F. i. e. S. versteht man das 4. Buch des BGB (§§ 1297–1921 BGB), also die privatrechtlichen Regelungen der Verhältnisse zwischen Verlobten, Ehegatten und Verwandten (insbesondere zwischen Eltern und Kindern) sowie die Rechtsbestimmungen über die Vormundschaft, rechtliche Betreuung und Pflegschaft. Zum F. i. w. S. zählen alle Regelungen, die sich auf Ehe, eingetragene (gleichgeschlechtliche) Lebenspartnerschaften, nichtformale Lebensgemeinschaften, Eltern und Kinder, Familie usw. beziehen. Das sind einerseits einige ergänzende privatrechtliche Bestimmungen (insbesondere das Lebenspartnerschaftsgesetz – LPartG), andererseits das einschlägige Verfahrensrecht (FamFG, ZPO) und sonstige öffentliche-rechtliche, insbesondere sozialrechtliche Regelungen.

Entwicklungen und Veränderungen

Das Familien-Konzept: Vom Patriarchat zur Gleichberechtigung

Kern des F. Ist das F. des BGB, das am 1.1.1900 in Kraft getreten ist. Der damalige Gesetzgeber ging von einem institutionellen, geschlossenen, patriarchalischen Familienkonzept aus. So war das historische F. weltanschaulich und ökonomisch ausgerichtet: weltanschaulich auf den Ehemann und Vater, der als Herr der Familie für die „Seinen" zuständig war und dem die väterliche Gewalt über die Kinder allein zustand, ökonomisch auf den Mann als Vermögensverwalter. Er hatte insofern die rechtliche und ökonomische Verfügungsgewalt. Schon im Zeitpunkt des In-Kraft-Tretens des BGB entsprach das F. ökonomisch nicht mehr der entstehenden Arbeitnehmergesellschaft. Und es war auch sonst nur auf einen Teil der Bevölkerung nämlich die obere Mittelschicht, ausgerichtet. Deshalb verwundert es nicht, dass das F. in den letzten 115 Jahren der am häufigsten und tiefgreifendsten geänderte Teil des gesamten BGB war.

Allerdings dauere es zunächst. Denn wenn auch schon die WRV bestimmte, dass die Ehe auf der Gleichberechtigung beider Geschlechter beruht (Art. 119 Abs. 1 Satz 2 WRV), wenn auch in den 1920er Jahren intensive Diskussionen um eine grundlegende Reform des F. geführt wurden, so wurden derartige Ansätze durch den Nationalsozialismus abrupt beendet. Ehe, Familie, Erziehung der Kinder wurden von ihm zur Erreichung seiner Zwecke instrumentalisiert. Dazu bedurfte es wegen der zahlreichen Generalklauseln im F. grundsätzich keiner gesetzlichen Änderungen. Allerdings griffen die Nationasozialisten auch mit gesetzgeberischen Mitteln in das F. ein, und zwar zunächst 1935 mit den Nürnberger Gesetzen (Eheschließungsverbote) und sodann nach der Annexion Österreichs 1938 mit der Ausgliederung des Eheschließungs- und Eheauflösungsrechts aus dem BGB und der Schaffung eines eigenständigen EheG.

Die Zeit der meisten gesetzlichen Änderungen des F. hob nach 1945 an. Gleichzeitig begann die Teilung des deutschen Familienrechts. Die F.-Rechtsentwicklung der DDR brach mit dem F. des BGB von 1900 durch die konsequente Beseitigung der gleichberechtigungswidrigen und der die nichtehelichen Kinder diskriminierenden Vorschriften (FGB von 1965). Verhaftet blieb das F. der DDR einem institutionellen und weltanschaulich gebundenen Verständnis, allerdings inhaltlich verändert. Die institutionellen Auffassungen vom Wesen der Ehe bzw. der Familie wurden in verändertem Gewande konzeptionell beibehalten und nunmehr mit sozialistischen Wert- und Moralvorstellungen aufgefüllt; individualrechtliche Vorstellungen spielten keine Rolle.

In der BRD ging die Veränderung des F. langsamer vonstatten. Motoren der Veränderung waren die verfassungsrechtlichen Vorgaben des GG mit der Rechtsprechung des BVerfG sowie der tatsächliche Wandel gesellschaftlicher und familialer Verhältnisse. Das GG hatte mit der Gleichberechtigungsforderung des Art. 3 Abs. 2 GG und mit der Forderung des Art. 6 Abs. 5 GG nach Schaffung gleicher Bedingungen für nichteheliche Kinder verbindliche Vorgaben geliefert. Zudem hat die Verfassung mit dem jedermann garantierten Grundrecht auf freie Entfaltung der Persönlichkeit (Art. 2 Abs. 1 GG) und dem Schutz von Ehe, Familie und den dort zu erziehenden Kindern (Art. 6 GG) einen generellen Rahmen gesetzt. Eine besondere Verpflichtung für den Gesetzgeber enthielt Art. 117 Abs. 1 GG, wonach gleichberechtigungswidriges Recht nicht länger als bis zum 31.3.1953 in Kraft blieb. Allerdings schuf der Gesetzgeber erst mit Verspätung Abhilfe; am 1.7.1958 trat das so genannte Gleichberechtiungsgesetz in Kraft. Vieles bliebt jedoch beim Alten: der Mannesname war der Ehe- und Familienname, die ehelichen Pflichten waren nach Geschlecht verteilt, die Frau hatte den Haushalt zu führen, zur Aufnahme einer eigenständigen Erwerbstätigkeit war sie nur berechtigt, soweit dies mit ihren Pflichten in Ehe und Familie vereinbar war. Zwar erhielten die Eltern ein gemeinsames Sorgerecht. Die gesetzliche Vertretung des Kindes oblag jedoch dem Vater. Und bei Meinungsverschiedenheiten zwischen den Eltern hatte der Vater den so genannten Stichentscheid. Kein Wunder, dass das BVerfG schon 1959 den Stichentscheid und das alleinige gesetzliche Vertretungsrecht der Vaters für verfassungswidrig erklärte. Erst das 1. EheRG (in Kraft getreten am 1.7.1977) ging einen entscheidenden Schritt nach vorn. Das gesetzliche Leitbild der Hausfrauenehe wurde aufgegeben, die Ehegatten hatten die Möglichkeit, einen Ehenamen zu vereinbaren. Aber: konnten sie sich nicht einigen, wurde der Geburtsname des Mannes Ehename. Auch hier musste das BVverfG intervenieren. Es erklärte diese Regelung 1991 für mit Art. 3

Abs. 2 GG unvereinbar. Seit dem Familiennamenänderungsgesetz kann nun jeder Ehegatte seinen Namen beibehalten. Im Kindschaftsrecht brachte das Reformgesetz von 1997 einen großen Schritt nach vorn.

Gleichstellung von ehelichen und nichtehelichen Kindern

Sie kam fast noch langsamer voran. Art. 6 Abs. 5 GG wiederholte 1949 nahezu wortgleich die Verpflichtung des Art. 121 WRV des Gesetzgebers, den unehelichen Kindern die gleichen Bedingungen für ihre leibliche und seelische Entwicklung und ihre Stellung in der Gesellschaft zu schaffen wie den ehelichen Kindern. Dennoch geschah nichts. So bedurfte es erst einer Entscheidung des BVerfG, die dem Gesetzgeber eine Frist zur Neuregelung bis zum Ablauf der 5. Legislaturperiode (20. 10. 1969) setzte und androhte, nach Ablauf dieser Frist sei der Wille der Verfassung soweit wie möglich von der Rechtsprechung zu verwirklichen. Am 19. 8. 1969 wurde das Nichtehlichengesetz verabschiedet. Es trat erst am 1. 7. 1970 in Kraft. Die Amtsvormundschaft wurde abgeschafft. Dennoch blieb die elterliche Sorge der Mutter für ihr nichteheliches Kind eingeschränkt, nämlich durch die Amtspflegschaft des JA. Das nichteheliche Kind ist nunmehr mit dem Vater verwandt, es bestehen jedoch Sonderregelungen für den gesetzlichen Unterhaltsanspruch. Und im Erbrecht wurde ein – schwächer als das volle Erbrecht ausgestalteter – Erbersatzanspruch geschaffen. Unzweifelhaft unterschieden sich diese Bestimmungen von den Regelungen für eheliche Kinder ganz erheblich, weswegen ihre Geltung beim Beitritt der DDR für das Beitrittsgebiet ausgesetzt wurde. Letztlich dauerte es bis zum In-Kraft-Treten des Beistandschaftsgesetzes, des KindUG und des KindRG (1. 7. 1998) sowie der Entscheidung des BVerfG vom 21. 7. 2010 – zur Verfassungswidrigkeit der Regelung der Alleinsorge der Mutter gemäß § 1626a BGB, wonach der Vater ohne Zustimmung der Mutter generell von der elterlichen Sorge für sein Kind ausgeschlossen war und nicht gerichtich überprüfen lassen konnte, ob es aus Gründen des Kindeswohls angezeigt ist, ihm zusammen mit der Mutter die gemeinsame Sorge einzuräumen oder ihm anstelle der Mutter die Alleinsorge zu übertragen –, bis diese Unterschiede zwischen ehelichen und nichtehelichen Kindern eingeebnet wurden.

Kindesrechte

Mühsam war auch der Weg zur Etablierung eigenständiger Rechte von Minderjährigen, wohl auch dadurch bedingt, dass die Verfassung dazu keine konkreten Vorgaben liefert. Außerdem stand, geprägt durch die Erfahrungen des Nationalsozialismus, die Betonung des Elternrechts in Abgrenzung zum Recht des Staates, auf die Erziehung der Kinder einzuwirken, im Vordergrund. Ausgehend von der Annahme, dass in aller Regel den Eltern das Wohl des Kindes am Herzen liege, setzte sich deswegen zunächst die Auffassung durch, dass durch Sicherung von Elternautonomie zugleich das Kindeswohl am besten gesichert sei. Zwar wurde betont, dass das Elternrecht ein fremdnütziges Recht sei, pflichtgebunden und ihnen nur eingeräumt, um die Interessen und die Entwicklung des Kindes realisieren zu können. Erst allmählich setzte sich der Gedanke durch, dass es auch darum geht, Minderjährigen selbst eigene Rechte einzuräumen. Die ausdrückliche Zuerkennung eigenständiger, aus Art. 2 Abs. 1 GG entwickelter Rechte von Minderjährigen ist so dem Gesetzgeber überlassen, der hierbei einen Gestaltungsspielraum hat, sich an der Aussage des BVerfG (9. 2. 1982) orientieren muss, wonach „für die Ausübung höchstpersönlicher Rechte der Grundsatz zu gelten (hat), dass der zwar noch Unmündige, aber schon Urteilsfähige die ihm um seiner Persönlichkeit willen zustehenden Rechte soll eigenständig ausüben können" *(Kindesrecht)*.

Gleichgeschlechtliche Partnerschaften

Die Ehe war das einzige familienrechtliche Institut für auf Dauer angelegte Lebensgemeinschaften – und die Ehe war lange Zeit auch sozial die fast ausschließliche Lebensform von Lebensgemeinschaften. Diese weitgehende Ausschließlichkeit hat sich in der sozialen Realität seit den 1970er Jahren aufgelöst. Im Rahmen des Gesetzes zur Beendigung der Diskriminierung gleichgeschlechtlicher Lebensgemeinschaften (16. 2. 2001) wurde für gleichgeschlechtliche Paare das familienrechtliche Institut der eingetragenen Lebenspartnerschaft geschaffen. Es trat am 1. 8. 2001 in Kraft. Dieses Gesetzesvorhaben hatte eine lange Vorgeschichte und war heftig umstritten. 1994 forderte das Europäische Parlament die Mitgliedstaaten der EU auf, sich für eine Gleichberechtigung von Lesben und Schwulen einzusetzen, und zwar auch im Familienrecht. Noch in der 12. und 13. Legislaturperiode brachten Bündnis 90/Die Grünen je einen Gesetzentwurf für die Einführung eines Rechts auf Eheschließung für Personen gleichen Geschlechs ein, die jedoch keine Mehrheit fanden. Am 4. 7. 2000 legte die rot-grüne Regierungskoalition ihren Entwurf eines LPartG vor. Außer Änderungen im Familienrecht, Erbrecht, Mietrecht, Unterhaltsrecht u. a. sah der Entwurf auch Verfahrensvorschriften (etwa die Bestimmung der für die Eintragung der Lebenspartnerschaft zuständigen Stelle) und andere öffentlich-rechtliche (etwa das Beamtenbesoldungsrecht betreffende) Regelungen vor, die der Zustimmung des Bundesrates – in dem die Regierungskoalition nicht die Mehrheit hatte – bedurft hätten. Aus taktischen Gründen wurde das Gesetz deshalb in ein zustimmungsfreies LPartG und ein zustimmungsbedürftiges Lebenspartnerschaftsergänzungsgesetz aufgeteilt. Letzteres fand erwartungsgemäß nicht die Zustimmung des Bundesrates. Gegen das LPartG wurden vornehmlich auf Art. 6 Abs. 1 GG gestützte verfassungsrechtliche Bedenken vorgebracht. Das BVerfG hat auf die gegen das LPartG erhobenen Normenkontrollanträge dreier Landesregierungen das Gesetz für verfassungsgemäß erklärt. Zentrale Argumentation des BVerfG war die Aussage, dass durch das LPartG enerseits das Institut der Ehe keine Einschränkung erfahre, andererseits aus dem Schutz der Ehe kein Benachteiligungsgebot zulasten anderer Lebensformen folge, die „mit der Ehe als Gemeinschaft verschiedengeschlechtlicher Partner nicht in Konkurrenz treten können". Damit war auch der Weg frei für ein Gesetz zur Überarbeitung des LPartG (15. 12. 2004). Insgesamt hat die Rechtsprechung des BVerfG sowie des EuGMR und des EuGH die bisherige Entwicklung der Gesetzgebung maßgeblich vorangebracht. Eine Ungleichbehandlung besteht nach wie vor hinsichtlich der (nicht möglichen) gemeinsamen Adoption von Kindern. 2013 lebten in Deutschland 78 000 Paare in einer gleichgeschlechtlichen Lebensgemeinschaft, davon 35 000 in einer eingetragenen Lebenspartnerschaft (54 % Männerpaare, 46 % Frauenpaare) (destatis 27. 5. 2015).

Erwachsenenschutz: Von der Entmündigung zur rechtlichen Betreuung

Auch bei Volljährigen kann sich ein Bedürfnis nach Hilfe und Unterstützung ergeben. Das gilt besonders bei psychischen Störungen, körperlicher, geistiger, seelischer Behinderung, bei Abbauerscheinungen im Alter usw. Für derartige Fälle sah das BGB die Vormundschaft über Volljährige vor. Mit ihr ging eine förmliche Entmündigung einher. Entmündigte Personen waren weder wahlberechtigt noch testierfähig. Erfolgte die Entmündigung wegen Geisteskrankheit, so konnte der Betreffende auch keine Ehe eingehen oder Rechtsgeschäfte abschließen; er war geschäftsunfähig. Die Kritik daran führt dazu, dass die Vormundschaft über Volljährige zum 1. 1. 1992 durch die Betreuung abgelöst wurde (§§ 1896 ff. BGB i. d. F. des Betreuungsgesetzes). Die noch vom Betreuungsgesetz betonte persönliche Betreuung ist mit dem Betreuungsrechtsänderungsgesetz (1. 1. 1999) auf die rechtliche Betreuung reduziert worden, um die vergütungspflichtige eigentliche Betreuertätigkeit von rein karitativen Tätigkeiten abzugrenzen *(Betreuungsrecht)*.

Nichtformale Lebensgemeinschaften

Außerhalb der rechtlichen Vorgaben für die Ehe und die eingetragene Lebenspartnerschaft stehen die nichtehelichen (verschiedengeschlechtlichen) bzw. Nichteingetragenen (gleichgeschlechtlichen) Lebensgemeinschaften. Für diese gibt es keine ausdrücklichen familienrechtlichen Regelungen. Heute lässt sich die Frage, ob das Recht die nichteheliche bzw. Die nichteingetragene Lebensgemeinschaft diskriminiert, klar beantworten: nein. Das war nicht immer so. Wenn man nämlich die Ehe als Institution sichern will, dann ist es „folgerichtig", dass rechtlich versucht wird, Lebensgemeinschaften außerhalb der Ehe zu verhindern und zu diskriminieren. Lange Zeit wurden Vereinbarungen der Partner der nichtehelichen Lebensgemeinschaft untereinander rechtlich nicht akzeptiert. Der Bundesgerichtshof hielt noch bis 1970 die letzwillige Verfügung (z. B. in einem Testament) des in nichtehelicher Lebensgemeinschaft lebenden Erblassers zugunsten des anderen Partners grundsätzlich für sittenwidrig und damit nichtig. Und was die Rechtsstellung der nichtehelichen Lebensgemeinschaft im allgemeinen Rechtsverkehr angeht, gab es in den 1970er Jahren noch heftige Kontroversen, ob der Vermieter wegen Aufnahme ihres Lebensgefährten durch die Mieterin den Mietvertrag kündigen könne.

Inhalte (eine abschließende Übersicht)

Nach all diesen Enwicklungen und Veränderungen stellt sich das F. wie folgt dar: Zentrum ist nach wie vor das F. i. e. S., also die Summe der privatrechtlichen Bestimmungen, die sich im 4. Buch des BGB finden (§§ 1297–1921). Dieses 4. Buch ist in drei große Abschnitte gegliedert: 1. Bürgerliche Ehe, 2. Verwandtschaft, 3. Vormundschaft, Rechtliche Betreuung, Pflegschaft.

Das **Eherecht** umfasst neben dem Verlöbnis (§§ 1297–1302 BGB) die Regelungen über die Eingehung der Ehe (§§ 1303–1312 BGB), über die Auflösung der Ehe (§§ 1313–1318 BGB), über die Wirkungen der Ehe im Allgemeinen und das Ehegüterrecht (§§ 1353–1563 BGB) sowie über die Scheidung der Ehe mit den Scheidungsgründen, dem Scheidungsunterhalt und dem Versorgungsausgleich (§§ 1564–1587 BGB/*Scheidung und Scheidungsfolgen*).

Das **Verwandtschaftsrecht** (§§ 1589–1772 BGB) befasst sich inbesondere mit dem Abstammungsrecht, also den Regeln dazu, wer im Rechtssinne Vater bzw. Mutter eines Kindes ist (§§ 1591–1600d BGB), dem Verwandtenunterhalt (§§ 1601–1615n BGB/*Unterhaltsrecht*) und den Rechtsbestimmungen über das Eltern-Kind-Verhältnis (§§ 1616–1698b BGB) – mit dem Schwerpunkt der elterlichen Sorge (§§ 1626–1698b BGB/*Elternrecht*) – sowie der Beistandschaft (§§ 1712–1717 BGB) und der Annahme als Kind, also der Adoption (§§ 1741–1772 BGB/*Adoption*).

F

Das **Lebenspartnerschaftsrecht** regelt die Begründung und die Wirkungen der gleichgeschlechtlichen Lebenspartnerschaft, das Getrenntleben der Lebenspartner und die Aufhebung der Lebenspartnerschaft. Die wechselseitigen Rechte und Pflichten der Lebenspartner entsprechen weitgehend dem Eherecht. In zahlreichen Vorschriften verweist das LPartG auf die entsprechenden Vorschriften für Ehegatten im BGB (so z. B. zum Güterstand in § 6 LPartG, zum Unterhalt bei Getrenntleben bzw. nach Aufhebung der Lebenspartnerschaft in § 12 bzw. § 16 LpPrtG und zum Versorgungsausgleich in § 20 LpartG).

Neben diesem Kernbereich des F. sind auch **andere Bestimmungen des BGB** von Bedeutung, so die §§ 1 ff. BGB mit der Definition der Rechtsfähigkeit, der Volljährigkeit und der Festlegung des Wohnsitzes des minderjährigen Kindes, die §§ 104 ff. BGB mit den Regelungen über die Geschäftsfähigkeit, Wirkungen von Rechtshandlungen Minderjähriger und die §§ 823 ff. BGB mit den Sonderregelungen über Schadensersatzansprübe bei Minderjährigen. Zu den wichtigsten zum F. gehörenden Regelungen außerhalb des BGB zählen das **Versorungsausgleichsgesetz,** also inbesondere die Regelungen über den Ausgleich der Rentenanwartschaften der Eheleute bei der Scheidung (vgl. § 1587 BGB), und das **Gewaltschutzgesetz.**

Internationales Recht

Wenn ein Familiengericht in Deutschland über einen Fall zu entscheiden hat, der Bezüge zum Ausland aufweist (z. B. ausländische Staatsangehörigkeit eines Ehegatten oder gewöhnlicher Aufenthalt von Familienmitgliedern außerhalb Deutschlands), muss es stets zuerst prüfen, ob überhaupt deutsches F. auf den Fall anzuwenden ist oder vielleicht ausländisches Recht (z. B. spanisches Scheidungsrecht oder indonesisches Sorgerecht). Die Normen, die über diese Fragen entscheiden, nennt man – missverständlich – Internationales Familienrecht. Sie finden sich traditionell im EGBGB (Art. 13–24 EGBGB). Von zunehmender Bedeutung sind allerdings internationale Abkommen (z. B. das Haager Unterhaltsprotokoll) und Rechtsverordnungen der EU (z. B. die so genannte Rom III-Verordnung mit den Regeln über das auf die Scheidung anzuwendende Recht), die gegenüber den Bestimmungen des EGBGB vorrangig zu beachten sind. Hinzu kommen internationale Abkommen und EU-Verordnungen, die sich nicht (nur) mit der Frage des anwendbaren Rechts, sonden mit Fragen der Anerkennung und Vollstreckung von Entscheidungen in einem anderen Staat befassen (z. B. die Europäische Unterhaltsverordnung). Bedeutsam sind außerdem zwei Konventionen der Vereinten Nationen: das Übereinkommen über die Beseitigung aller Formen der Diskriminierung der Frauen (1979) und das Übereinkommen über die Rechte des Kindes (UN-Kinderrechtskonvention), letzteres in Deutschland in Kraft seit dem 1. 1. 2011. Effektiven Rechtsschutz für den Fall, dass ein Elternteil das gemeinsame Kind in einen anderen Staat entführt oder dort zurückhält, bietet das Haager Kindesentführungsabkommen.

Verfahrensrecht

Neben diesem so genannten materiell-rechtlichen Teil des privatrechtlichen F sind die Regelungen über das familiengerichtliche Verfahren von großer praktischer Bedeutung (FamFG, ZPO) *(Familiengericht/Familiengerichtsverfahren).*

Familienrecht im weiteren Sinne

Zum F. i. w. S. gehören vielfältige Bestimmungen des allgemeinen öffentlichen Rechts (etwa das Personenstandsgesetz), des Sozialrechts und auch des Steuerrechts. Ein besonderes Gewicht haben sozialrechtliche Regelungen, weil sie z. T. erheblichen Einfluss auf die Konzeption des privatrechtlichen F. haben. Zu erwähnen sind das Bundeselterngeld- und Elternzeitgesetz *(Elterngeld und Elternzeit),* das Unterhaltsvorschussgesetz, das Bundesausbildungsförderungsgesetz (BaföG: *Ausbildungsförderung*), aber auch andere sozialrechtliche Regelungen, wie z. B. das SGB XII (Grundsicherung, §§ 41 ff.), und zwar insbesondere mit ihren Bezügen zum Unterhaltsrecht des BGB. Von herausragender Bedeutung ist auch das *Kinder- und Jugendhilferecht* des SGB VIII. Es konkretisiert nicht nur die etwa im Kindschaftsrecht oder im Vormundschaftsrecht angelegten Bestimmungen hinsichtlich der Verpflichtung der

Träger der öffentlichen KJH, sondern schafft umfangreiche Regelungen für Eltern, Minderjährige, Erziehungsberechtigte. Selbst steuerrechtliche Bestimmungen sind für das F. von Bedeutung, nicht nur wegen Freibeträgen usw., sondern insbesondere weil unter dem Begriff *Familienlastenausgleich* (§ 31 EstG) das *Kindergeld* (§§ 62 ff. EstG) und der Kinderfreibetrag (§ 32 EstG) geregelt sind.

Die Verbindungen zwischen diesen vielfältigen auf die sozialen Sachverhalte Ehe, Partnerschaft, Familie, Eltern, Kinder bezogenen Rechtsregelungen haben in der Rechtsrealität erhebliche Auswirkungen und gestalten die Lebensverhältnisse der Betroffenen oft anders, als sich aus der Lektüre der gesetzlichen Bestimmungen des F. i. e. S. (4. Buch des BGB) ergibt.

Bedeutung für die Soziale Arbeit

Das F. i. e. S. ist für die *Soziale Arbeit* von großer Bedeutung, weil es die materiellen Lebensverhältnisse, die Beziehungen zwischen Erwachsenen, zwischen Eltern und Kindern sowie die individuellen Lebenslagen junger, erwachsener und alter Menschen beeinflusst. Im Rahmen der Beratungsarbeit ist vornehmlich das Scheidungsrecht, insbesondere das Scheidungsfolgenrecht (Scheidungsunterhalt, Regelung der elterlichen Sorge, Regelung des Umgangs) relevant. Einschlägig ist das gesamte Gebiet des Verwandtenunterhalts, weil häufig andere Sozialleistungen (*Sozialhilfe*, Grundsicherung, KJH, Familienförderung, Ausbildungsförderung) hieran anknüpfen. Von herausgehobener Bedeutung für die Soziale Arbeit sind die Regelungen über die elterliche Sorge und des Umgangsrechts, sei es bei der Beratungstätigkeit, sei es zur Sicherung des Kindeswohls *(Kinderschutz)*, bei Trennung und Scheidung, bei nicht miteinander verheirateten Eltern usw. Abstammungsrecht und Unterhaltsrecht spielen ferner eine Rolle bei der vom JA wahrzunehmenden *Beistandschaft*. Die Einschaltung der Sozialen Arbeit bei der Adoptionsvermittlung bewirkt, dass das gesamte Adoptionsrecht relevant wird. Die rechtliche Betreuung bestimmt die Arbeit mit psychisch kranken, behinderten, dementen Menschen.

Ausblick

Fast das ganze 20. Jh. durch und auch zu Beginn des 21. Jh. war das Familienrecht eine große, wenn nicht die größte Baustelle der deutschen Rechtsordnung. Und auch in nächster Zeit werden die Reformarbeiten weitergehen. Zwei Beispiele: So fordern die modernen Fortpflanzunstechniken einerseits und die Regenbogenfamilien andererseits ein grundlegendes Überdenken des Abstammungsrechts als des Rechts der Eltern-Kind-Zuordnung. Und auch über eine rechtliche Aufwertung des Pflegekindschaftsverhältnisses *(Pflegekinderwesen)* wird diskutiert.

Rüdiger Ernst
(bis zur 7. Auflage Johannes Münder)

Literatur

J. Gernhuber/D. Coester-Waltjen: Lehrbuch des Familienrechts, München [6]2010 ♦ N. Dethloff: Familienrecht. Ein Studienbuch, München [31]2015 ♦ J. Münder/R. Ernst/W. Behlert: Familienrecht. Eine sozialwissenschaftlich orientierte Darstellung, Baden-Baden [7]2014 ♦ Th. Meysen (Hrsg.): Praxiskommentar Familienverfahrensrecht, Köln [2]2014.

Familienselbsthilfe

Gesellschaftliche Bedingungen von Familienselbsthilfe

Zwischen privatem und öffentlichem Raum, zwischen den Alltagsstrategien in privaten und nachbarschaftlichen Netzwerken und den (sozial-) staatlich gelenkten Agenturen zur Betreuung und *Erziehung* von Kindern haben sich kollektive Formen der Selbstorganisation von Eltern entwickelt, für die seit fast 30 Jahren der Begriff „Familienselbsthilfe" (FSH) gefunden wurde. Durch die Bildung kleinräumiger, selbstorganisierter Solidarnetze werden kommunikative und problemlösende Möglichkeiten für *Familien* im Wohnumfeld angeboten *(Selbsthilfe/Selbstorganisation)*.

Die Initiativen aus dem FSH-Bereich spiegeln besondere Lebensphasen im Familienverlauf wider, so z. B. den Übergang von der Kinderlosen- zur Paarsituation (Stillgruppen, Mütter-, Familien- und Nachbarschaftszentren, Spielgruppen), den Übergang von der Familienbetreuung in die institutionelle Betreuung *(Tageseinrichtungen für Kinder)*, oder den Übergang in eine neu zusammengesetzte Familie (Stiefelterngruppen). Bisher sind diese Übergänge eher als Krisenpotenzial gesehen worden, die sozialpädagogischer oder therapeutischer Hilfen bedürfen, weniger aber unter dem Aspekt der Freisetzung von Potenzialen für Engagement und Selbstgestaltung. Für alle Initiativen und Projekte der FSH lässt sich feststellen, dass sie sich längst zu einem festen Bestandteil SozArb entwickelt haben.

Gründe für die Familienselbsthilfe

Ausgangspunkt der Aktivitäten von Stillgruppen, Elterninitiativen, Mütter-, Familien- und Nachbarschaftszentren und auch Stiefelterngruppen sind v. a. gesellschaftlich bedingte Problemlagen, wie die Evaluation zur FSH gezeigt hat (BMFSFJ 2001). Weitere Beispiele für inzwischen auf spezielle Familiensituationen ausgerichtete FSH sind die Initiativen von Angehörigen psychisch Kranker und die FSH in verschiedenen Selbsthilfegruppen älterer Menschen.

F

Entwertung des häuslichen Nahbereichs im Rahmen steigender Berufsorientierung: Aktivitäten der Mütter-, Familien- und Nachbarschaftszentren haben einen neuen Raum zwischen der Privatheit der *Familie* und der Öffentlichkeit im Beruf geschaffen, in dem das Leben mit Kindern und die darin liegende Verantwortung eine eigene Wertigkeit hat. Durch den Aufbau einer nachbarschaftlich orientierten sozialen Infrastruktur, durch die auch neue Dienstleistungsfelder erschlossen werden, wird die Lebensqualität für Familien verbessert. V. a. durch niederschwellige Angebote wird die Integration auch von belasteten Familien ermöglicht.

Ausschließlichkeit der Mutter-Kind-Dyade: Diese stellt einerseits eine Über-, aber auch eine Unterforderung für Mutter und Kind dar. Die Aktivitäten der Still-, Krabbel- und Spielgruppen, der Elterninitiativen, aber auch der Mütter-, Familien- und Nachbarschaftszentren sowie den Einrichtungen der *Familienbildung* schaffen Entlastung und Unterstützung durch die Erweiterung des sozialen Netzes und des Transfers von Erfahrungsbereichen innerhalb der Familien. Gerade die Bewegung der Stillgruppen verkörpert auch die Wiederaneignung des Erfahrungswissens früherer Müttergenerationen über Geburt, Säuglingspflege und den Umgang mit Babys. Es gibt ca. 1 500 bis 2 000 freie Stillgruppen, die sich teilweise in der AG Freier Stillgruppen zusammengeschlossen haben. Die sich oft aus solchen Gruppen weiterentwickelnden Mutter-Kind-Gruppen, bzw. Spielgruppen gehören zu den größten Wachstumsbereichen in der FSH.

Familienselbsthilfe und institutionelle, professionell ausgerichtete Leistungsangebote für Familien: Professionelle Leistungsangebote gehen eher von einem Defizitansatz der Familie aus. Darauf reagieren insbes. Elterninitiativen, die das professionelle System durch ihre eigenen, selbstbestimmten pädagogischen Konzeptionen und Rahmenbedingungen herausfordern. Mit dem Begriff Elterninitiativen werden alle Formen selbstorganisierter Kinderbetreuung in den Altersstufen von 0–12, z. B. Kinderläden, Krabbelstuben, Eltern-Kind-Gruppen, Schülerhorte, Kinderhäuser u. a. zusammengefasst.

Der Ursprung von Elterninitiativen geht auf die Kinderladenbewegung der 1968er Jahre zurück. Inzwischen sind Elterninitiativen nach dem SGB VIII anerkannte Träger von *Tageseinrichtungen für Kinder.* In etwa 7 000 Elterninitiativen tragen Eltern die pädagogische, konzeptionelle und organisatorische Verantwortung und sind somit auch Arbeitgeber für pädagogische Fachkräfte. Dabei gestalten die Eltern den außerhäuslichen Betreuungsalltag ihrer Kinder aktiv mit, über Elterndienste bis hin zu Diensten als Ergänzung zu einer pädagogischen Fachkraft.

Mütterzentren sind Treffpunkte für Frauen mit Kindern während der Familienzeit. Mit 400 Einrichtungen in der BRD gehören sie seit der Modellphase 1981 zu den erfolgreichsten Projekten der FSH. Inzwischen haben sich einige Mütterzentren zu stadtteilbezogenen Familienzentren mit altersübergreifenden Angeboten entwickelt, z. B. in Verbindung mit Mehrgenerationenhäusern. Überdies sind Mütterzentren weit über die Grenzen Deutschlands verbreitet. (M. Jaeckel, Mütterzentren, in: Kreft/Mielenz: Wörterbuch Soziale Arbeit [7]2013, 626).

Stiefelterngruppen ermöglichen durch die Bildung neuer Solidarnetze nicht nur die Bewältigung ihrer speziellen Problemlagen, sie regen auch Gesetzgebungsverfahren in diesem Bereich an. Seit der Gründung 1983 entstanden Gruppen in vielfältigen Konstellationen wie z. B. Selbsthilfegruppen für Stiefmütter, Stiefväter, gemischte Gruppen mit Stiefmüttern, -vätern und den leiblichen Elternteilen.

In den letzten zehn Jahren sind viele Großelterninitiativen vor Ort zu einem bedeutsamen Teil der FSH geworden. Diese Dienste vermitteln Großeltern an Familien mit Kindern, die keine eigenen Großeltern (in der Nähe) haben. Stichworte zu den Diensten sind: die Vermittlung von Wunsch- oder Wahlgroßeltern, Leihgroßeltern und Wunschenkel. Neben der Unterstützung der Familien gehören zu den Zielen die Stärkung lokaler Netze und die Entwicklung lebendiger Nachbarschaften (ISS 2014).

Die Aktivitäten aller FSH-Initiativen bauen auf den Fähigkeiten und Eigenkompetenzen derjenigen auf, die sich in den verschiedenen Projekten engagieren. Im Rahmen von gemeinschaftlicher Stärke *(Empowerment)* entwickeln sie ihre Kompetenzen weiter, d.h. FSH wächst nicht aus Defiziten, sondern aus Potenzialen.

Unterschiedliches Engagement von Müttern und Vätern

Mütter und Väter haben ein sehr unterschiedliches zeitliches Engagement in der FHS. Diese Differenz ist nur zu einem geringen Teil auf die unterschiedliche Erwerbsstruktur oder Bildungsstruktur der Mütter und Väter zurückzuführen, entscheidend sind die Motive, sich zu engagieren. Den größten Effekt zeigten dabei die Motive „mehr am Aufwachsen der Kinder beteiligt zu sein" und „Kontakt zu anderen Eltern" zu haben. Konkret heißt dies, je wichtiger eines dieser beiden Motive für die Eltern ist, desto mehr beteiligen sie sich an der Initiativarbeit. Insgesamt zeigt sich im gesamten FSH-Bereich, dass das Engagement mehrheitlich von Müttern getragen wird. Diese Aktivierung von Frauen lässt sich auch fassen als Aneignung und Ausgestaltung eines „dritten Weges" zwischen den herrschenden gesellschaftlichen Alternativen von privat oder öffentlich, Hausfrauen- oder Berufsstatus, Amt oder Ehrenamt, Professionalität oder Praxiskompetenz, Selbsthilfe oder wohlfahrtsstaatliche Leistungen (Jaeckel 2001).

Bildung von sozialem Kapital in Familienselbsthilfe-Initiativen

Dabei zeigt sich, dass die für die Initiativen aufgebrachte *Zeit* ganz wesentlich zur Bildung von sozialem Kapital beiträgt. Zeit bedeutet in diesem Fall nicht nur den Zeitaufwand für die Erledigung bestimmter Aufgaben, sondern steht auch für die Häufigkeit des Beziehungsaustausches und der Interaktionsdichte. Nachweisen lässt sich dies u.a. an der Bedeutung der Elternabende z.B. bei den Elterninitiativen, aber auch bei den Mütterzentren und anderen Initiativen als einem zentralen Kommunikations- und Interaktionsort. Obwohl oder gerade weil dies aufgrund der Selbstbetroffenheit über die eigenen Kinder auch sehr emotional ablaufen kann, wird über die Vertrauensbildung „soziales Kapital" gebildet, das nicht nur der kognitiven und sozialen Entwicklung der Kinder zugutekommt, sondern auch als Gewinn für die persönliche Entwicklung der Eltern wahrgenommen wird. Die dabei entstehenden Netzwerke und Freundschaften sind oft über mehrere Jahre hinweg tragfähig (Sass, Tschilschke 2001, BMFSFJ 2001). Es hat sich auch gezeigt, je mehr die Eltern Zeit hierfür investieren, desto mehr profitieren sie davon und zwar auf allen Ebenen. Sie erfahren einen Kompetenzzuwachs, den sie in Familie, Beruf und Öffentlichkeit nutzen können und der zu einer Verbesserung der Erziehungs- und Handlungskompetenzen beiträgt.

Kompetenzzugewinne durch das Engagement

Das Engagement bildet eine Brücke zwischen den bisher getrennten Bereichen von Privatheit und Öffentlichkeit, Familie und Beruf. Die Übergänge werden fließender; Kompetenzen, die in der Initiative erworben werden, können in den komplexer werdenden Anforderungen der Arbeitswelt genutzt werden, Zeiten der Unterbrechung von Erwerbstätigkeit können durch ein Engagement in der Initiative als sinnstiftende Tätigkeit die Biographie bereichern. Die in der Initiativarbeit erworbenen Kompetenzen, die als „weiche Kompetenzen" umschrieben werden können, wie „im Team arbeiten können", „konfliktfähig sein", „gut ausgleichen können", „Verantwortung übernehmen", „eigeninitiativ sein", „gut organisieren können", sind Fähigkeiten, die von der Forschung als „selbstschärfende Qualifikationen" benannt werden. Dabei hat sich gezeigt, dass der Erwerb dieser Qualifikationen vom zeitlichen Engagement abhängig ist und nicht von den soziostrukturellen Bedingungen wie Bildung oder Einkommen.

Väter nutzen ebenfalls – wenn auch auf einem zahlenmäßig niedrigeren Niveau als Mütter – viele der o.g. Kompetenzen für ihren Beruf, Kompetenzen, die zunehmend in Einstellungsgesprächen abgefragt werden.

Die Erfahrung aus sog. Schlüsselqualifikationsprojekten verdeutlichen, dass diese Kompetenzen nicht in Crash-Kursen gleichsam nebenbei vermittelt werden können, sondern nur in einer lebendigen Lernkultur wachsen. Nichts liegt daher näher, als in Initiativen der FSH eine lebendige Lernkultur zu sehen, deren Vorteil im Vergleich zu Seminaren, Fortbildungsveranstaltungen v.a. darin liegt, ein Praxisfeld zu haben, in dem bestimmte Fähigkeiten nicht nur erlernt, sondern in dem sie in der konkreten Situation auch erprobt und weiterentwickelt werden können.

Wertschöpfungspotenziale von Familienselbsthilfe

Biographieverläufe von Eltern, die sich in FSH-Initiativen engagieren, zeigen, dass ihre zusätzlich gewonnenen Kompetenzen nicht nur für Familie, Beruf und andere ehrenamtliche Tätigkeiten genutzt werden, sondern auch für ein weitergehendes Engagement in der Kommune. V.a. Mütterzentren zeigen ein hohes Ausmaß an kommunalpolitischer Involvierung in der Gemeinde.

F

So geben 57 % der darin engagierten Frauen an, seit ihrer Beteiligung im Mütterzentrum stärker als vorher kommunalpolitisch engagiert zu sein. Dies betrifft Aktivitäten in Elternbeiräten, in lokalpolitischen Gremien, öffentlichen Veranstaltungen, in Gemeinderatssitzungen und Bezirksversammlungen sowie in anderen Initiativen und Vereinen.

Die besondere Qualität dieser Dienstleistungen, die allerdings auf Honorarbasis oder im Rahmen einer geringfügigen Beschäftigung erbracht werden, korrespondiert mit der besonderen Qualität der Arbeitsbedingungen wie Selbstorganisation, Selbstverwaltung und Selbstreflexion.

Personenbezogene Dienstleistungen (z. B. Beratungsangebote, offene Treffpunkte, individuelle Kinderbetreuung) beziehen den Konsumenten als „Ko-Produzenten" ein. Gerade in diesen personenbezogenen Dienstleistungen, die außerhalb des Markt-Preis-Systems erbracht werden, ist ein anhaltendes Wachstum entstanden.

Allen Initiativen gemeinsam ist der demokratische Anspruch auf eine aktive bürgerschaftliche Teilhabe *(Partizipation)*. Jenseits von großen WFV und Institutionen liefern sie einen Beitrag zur notwendigen Konstruktion von „unten" und zeigen, dass in den verschiedenen Phasen der Familienlebens eine große politische Gestaltungskraft innewohnt. Aus der Unmittelbarkeit der Betroffenheit heraus werden für die Gestaltung zur Verbesserung der Lebensbedingungen mit Kindern Energien freigesetzt, die einen wesentlichen Teil von bürgerschaftlichem Engagement ausmachen. In diesen „halböffentlichen Räumen" ist ein Aktionsfeld entstanden, auf dem neue Interaktionsformen innerhalb der Familien und zwischen Familien und ihrem sozialen Umfeld erprobt werden. Zwar trifft es zu, dass sich insgesamt in den Initiativen eher Familien mit höherem Bildungsgrad und mehrheitlich Familien deutscher Herkunft finden. Aber gerade in Mütter- und Familienzentren findet durch die niederschwelligen Angebote sowohl eine Integration niederer Bildungsschichten als auch Familien mit Migrationshintergrund statt.

Förderbedarf der Familienselbsthilfe

Trotz entwickelter Förderstrukturen in einigen BL mit sog. Sockelfinanzierungen bleibt die Förderung (mit Ausnahme der Elterninitiativen in der Kindertagesbetreuung) in der „Beliebigkeit" von jährlichen kommunalen Haushaltsentscheidungen. Erschwerend kommt hinzu, dass der integrierte Handlungsansatz der FSH der Logik spezialisierter Förderprogramme widerspricht, auch wenn dafür einige größere Kommunen spezielle Förderinstrumente entwickelt haben. Somit gelingt die Förderung dann besonders gut, wenn ein eigener Haushaltstitel eingerichtet wird, der nach den Erfordernissen der FSH ausgestaltet ist. Ebenso bedarf es einer Vernetzungsstruktur auf regionaler Ebene, die kaum gefördert wird. Der Zusammenschluss aller FSH-Gruppen in einer BAG Elterninitiativen (BAGE) 1986 dient zwar als einheitliche Vertretung gegenüber Familienverbänden und Politik, kann aber die geforderte regionale Vernetzungsstruktur nicht ersetzen.

FHS hat die bisherige Stoßrichtung der *Familienpolitik*, durch die Familien mehr oder weniger als Empfänger familienpolitischer Leistungen wahrgenommen wurden, verändert. Vielmehr präsentieren sich die Initiativen als Akteure, die Familienpolitik selbst mitgestalten. Zwar kann nicht auf professionelle Unterstützung verzichtet werden, die dafür benötigte Hilfe muss aber auf einem anderen Selbstverständnis aufbauen als bisher.

Annemarie Gerzer-Sass

Literatur

BMFSFJ: Familienselbsthilfe und ihr Potential für eine Reformpolitik von unten, in: Materialien zur Familienpolitik, Nr. 15, Berlin 2001 ◆ W. Erler: Leipzig nach der Wende: eine Stadt im Umbruch in: BMFSFJ: Materialien zur Familienpolitik, Nr. 15, Berlin 2001 ◆ A. Gerzer-Sass: Private und öffentliche Ressourcen neu gemischt – Entstandardisierung heißt nicht Qualitätsverlust, in: DJI (Hrsg.): Orte für Kinder, München 1994 ◆ A. Gerzer-Sass: Initiativen und ihr Potential für die künftige Arbeitsgesellschaft, in: BMFSFJ Materialien zur Familienpolitik, Nr. 15, Berlin 2001 ◆ ISS e. V.: Großelterndienste – Zur Weiterentwicklung eines Generationenprojektes, Frankfurt/M. 2014 ◆ M. Jaeckel: Förderung und Unterstützung der Handlungskompetenz von Eltern in: BMFSFJ, Materialien zur Familienpolitik, Nr. 15, Berlin 2001 ◆ R. Reinders: Service Learning – Theoretische Überlegungen und empirische Studien zu Lernen durch Engagement, Weinheim/München 2016 ◆ J. Sass/B. v. Tschilschke: Soziales Kapital und Humankapital – die gesellschaftlichen Wertschöpfungspotentiale von Familienselbsthilfeinitiativen, in: BMFSFJ, Materialien zur Familienpolitik, Nr. 15, Berlin 2001.

Links

BAG Elterninitiativen www.bage.de
BV der Mütterzentren www.muetterzentren-bv.de

Fan-Clubs

Begriff und Bedeutungshorizont

Fan ist das englische Kürzel des deutschen Begriffes „Fanatiker". Verstanden wird darunter ein überschwänglicher Verehrer, ein begeisterter Schwärmer.

Jugendliche *(Jugend)* – involviert in Prozesse von Identitätsbildung und Persönlichkeitsentwicklung *(Jugendsoziologie)* – zeichnen sich u. a. durch Abgrenzung, oppositionelle Haltungen zur Erwachsenenkultur, kollektive Identifikations- und symbolische Aneignungsversuche von Umwelt im Kreis von Gleichaltrigen aus. Temporären „Rohstoff" zur entsprechenden Bearbeitung, Leitbilder und Orientierungen liefern Produkte der Freizeit- und Kulturindustrie.

Musik und *Sport* als zwei der beliebtesten Freizeitbeschäftigungen *(Freizeit/Freizeitpädagogik)* von Jugendlichen kommt in dem Kontext eine große Bedeutung zu.

Rock- und Popmusik kann je nach Aufnahme und Verwendung seitens der Rezipienten unterschiedliche Bedürfnisse und Wünsche befriedigen. Sie kann das bindende Glied einer Clique sein, zur Unterstützung von Idolkulturen beitragen.

Seit dem Ende der 1950er Jahre galten die zahlreichen Schlagerfanclubs als Popularitätsindex der Musikbranche. Sie bestimmten lange Zeit als „Pressure-group" entscheidend über die Hitparaden der Rundfunk- und Fernsehanstalten mit. Entsprechend wurden sie von Stars und Plattenfirmen protegiert. Heute ist die Bedeutung der Fan-Clubs (F. C.) wie auch das Interesse der Firmen an ihnen stark rückläufig. Gruppen der kritischen deutschen Szene verweigerten sich schon seit geraumer Zeit der Gründung von F. C.

Individuelle Betreuung von Abnehmern erübrigt sich inzwischen. Während früher die Mitgliedschaft im F. C. u. a. zum Erhalt von persönlichen Informationen berechtigte, übernehmen heute Homepages und E-Mail-Verteiler diese Funktionen. Hinzu kommt eine erkleckliche Zahl von Fachzeitschriften. Sie bieten eine wahre Flut von Informationen zu den Stars und Top-Acts. Das gilt im Übrigen auch für Fernsehserien wie „Gute Zeiten, schlechte Zeiten", die schon seit Jahren nicht nur bei Jugendlichen eine große Zuschauergemeinde vor dem Fernseher vereinen.

F. C. schon früher in den jüngeren Altersklassen überrepräsentiert, sind heute v. a. noch im „Pop"- und „Heavy-Metal" anzutreffen. Die Funktion der Absatzförderung durch F. C. ist durch den Verkauf von Accessoires und sonstigen Utensilien (Poster, T-Shirts u. a.), Schallplatten, CDs und DVDs, auch Merchandise genannt, ersetzt. Weitere verkaufsfördernde Instrumente sind Videoclips, die auf Musiksendern wie MTV oder Viva laufen.

F. C. i. S. von treuen Hörern und Anhängern finden sich im Musikbereich zumeist noch im Independent- und Szenebereich. Die gleichen Gruppen werden auch nach Jahren gehört, jede Platte von den Fans erstanden. Liebhaber und Anhänger geben auch sog. Fanzines heraus. Sie sind jedoch i. d. R. nur Szeneangehörigen bekannt und kaum an einem Kiosk zu erstehen.

Entsprechende Entwicklungen haben inzwischen auch in einem Feld Einzug gehalten, das als „Rechtsrock" beschrieben wird. Es handelt sich um einen Musikbereich, dessen Texte zu Rassenhass und Fremdenfeindlichkeit aufstacheln. Etliche der in der ersten Hälfte der 1990er Jahre erschienenen Produktionen sind indiziert worden. Inzwischen werden viele Texte am Rande der Legalität geschrieben. Die Produktionen sind professioneller, von Gewalt wird sich vordergründig distanziert und mit staatlichen Verfolgungsmaßnahmen kokettiert. Radiostationen und normale Plattenvertriebe boykottieren die Verbreitung und den Verkauf. Entsprechend haben sich Vertriebswege über szeneeigene Labels oder per Post aus dem europäischen Ausland eingeschliffen. Aufnahmen werden bspw. in Deutschland gefertigt, die Pressung erfolgt in Anrainerländern. Eine interne Szene kennt sich ziemlich gut.

Man sieht sich auf Partys und illegalen Konzerten abseits der großstädtischen Zentren, die bspw. von der inzwischen verbotenen „Blood & Honour"-Bewegung organisiert wurden. Interne Kritik macht sich inzwischen an den kommerziellen Strukturen fest. Entsprechenden Managern bzw. Besitzern von Labels in diesem nicht mehr nur Nischenmarkt wird „Geschäftemacherei" vorgeworfen.

100 bis 140 Bands existieren aktuell. Einige dieser Gruppen sind – nicht zuletzt aufgrund des zweischneidigen Schwerts öffentlicher Berichterstattungen und Indizierungen – zu zweifelhaftem Ruhm gekommen. Der überwiegende Teil aber hat einen beschränkten Zuhörerkreis. Zu unterschätzen ist deshalb der gefährdende Charakter dieses Musikbereichs auf keinen Fall. Die Musik ist Bindeglied der Szene und Agitationsinstrument zugleich. Und nicht nur die Texte selber transportieren die abstoßenden und widerlichen Botschaften. Etwa 10 000 Fans, so Schätzungen, konsumieren regelmäßig diese Musik. Dazu kommen viele „Zweit"- und „Dritt"-Hörer. Je-

doch ist bei weitem nicht jeder, der die einschlägigen Bands hört, dem rechtsextremen Lager zuzuschlagen. Die Härte der Musik, der „rebellische" Duktus, das Spiel mit der Provokation und dem offiziell Verbotenen trifft Geschmack und Empfindungen so mancher Jugendlicher. Die widerwärtigsten Texte stoßen dagegen bei ihnen auf Ablehnung. So ist es mitunter nicht verwunderlich, wenn sich auf den Cassetten oder selbst gebrannten CDs der Heranwachsenden eindeutige Rechtsrock-Bands neben solchen aus ganz anderen Spektren finden.

Fan-Clubs der Bundesligavereine

Das Spiel mit dem Riskanten, der Kitzel des Verbotenen, die Attitüde des Rebellischen, die überschwängliche Hingabe und nicht zuletzt die gewalttätige Konfliktaustragung zeichnet im Übrigen eine oft geringschätzig gesehene Freizeitbetätigung und Szene aus: das Fußballfantum bzw. die F. C. im Umfeld der Bundesligavereine (Fan-Clubs und Fan-Projekte gibt es allerdings auch im Amateurbereich).

Sie haben eine lange Historie. Spätestens mit Beginn der 1970er Jahre gerieten sie jedoch zunehmend in ein negatives Licht der Öffentlichkeit.

Zentral für Aufenthalts- und Handlungsfelder sind die Spielbesuche, aber der Zusammenhalt in der Fan-Szene und die Bindung an den Verein haben weit darüber hinaus Bedeutung.

Gleichsam eine Fortsetzung der Begegnungen auf dem Rasen stellen für manche F. C. die Auseinandersetzungen auf den An- und Abfahrtswegen zu den Begegnungen statt, mitunter auch nach zeitlicher und örtlicher Absprache. Zuweilen erhebliche Verletzungen werden dabei von den Beteiligten in Kauf genommen.

Die Mitgliedszahlen bewegen sich zwischen 5 und 100 Personen, mitunter auch noch mehr. Einige Gruppierungen haben bis zu 4 000 Mitglieder. Das Alter reicht von 10 bis 50 Jahren. Mädchen sind deutlich unterrepräsentiert. Insgesamt geht die Zahl der Fans in die Hunderttausende.

Im Umfeld von manchen Bundesligavereinen haben sich einzelne F. C. zu Dachverbänden bzw. gemeinsamen Vertretungen zusammengeschlossen.

Daneben gibt es regionale und überregionale Initiativen, die sich für die Interessen von Fußballfans und Zuschauern einsetzten. Sie tragen Namen wie „Sitzen ist für'n Arsch" oder „Pro 15.30 Uhr". Sie wehren sich gegen die Abschaffung der kostengünstigen und für Bewegung wie für Stimmung sorgenden Stehplatzränge oder gegen die vom Fernsehen bestimmten und über das ganze Wochenende verteilten Anstoßzeiten der Fußball-Bundesliga. Sie machen es vielen Fans unmöglich, rechtzeitig zu den Spielen im Stadion zu kommen bzw. bei Spielen am Sonntag-Abend noch nach Hause zurück kehren zu können.

Auch ein so genanntes Bündnis Aktiver Fußballfans (BAFF) hat sich inzwischen gegründet. Es setzt sich sozialkritisch mit den Konnotationen des Fußballsports auseinander und zeichnet sich u. a. für eine Wanderausstellung zum Thema „Tatort Stadion, Rassismus und Diskriminierung im Fußball" verantwortlich.

Eine kleine, aber offensichtlich wachsende Gemeinde von Fußballliebhabern sind die sog. „Groundhoppers". Die erste Groundhoppers-Organisation geht auf die 1970er Jahre zurück, den legendären „92 Club" in England. Groundhoppers geht es darum, möglichst viele Stadien und Spiele zu sehen. Woche für Woche fahren sie dafür kreuz und quer durchs Land und besuchen auch die Spiele unterer Spielklassen. Für jeden Besuch gibt es einen Ground-Punkt, für Besuche im Ausland einen Länderpunkt. Die Kommunikation untereinander läuft u. a. über das Internet. Dort finden sich auch Spielpläne, Stadionlisten und Anfahrtsbeschreibungen.

Trotz offensichtlicher Imageverbesserung von Fußballfans durch die genannten Initiativen lässt die Unterstützung der F. C. durch Vereine und Verbände weiterhin zu wünschen übrig. Fans werden nach wie vor benötigt: bspw. für eine stimmgewaltige und farbenfrohe Kulisse. Bindeglied zu den Vereinen sind so genannte Fan-Beauftragte bei den Vereinen, die sich um Fan-Pflege oder die Organisation von Auswärtsfahrten kümmern.

Grundsätzlich gilt aber die Einschätzung, dass Fans funktionalisiert werden. Angesichts einer augenscheinlich unaufhaltsamen Ökonomisierung des bezahlten Fußballsports – allein die Spielergehälter haben sich in den letzten Jahren vervielfacht – richtet sich das Interesse der Vereine auf neue Stadionbauten, Sponsoren und Firmen. Der Dialog mit den originären jugendlichen Fans ist von Verein zu Verein unterschiedlich. Die Spanne reicht von ‚wichtig für die Vereinskultur' bis ‚eher nicht akzeptable (nützliche) Gesprächspartner.

Hooligans: Hintergrund dafür ist sicherlich auch die Eskalation von Konflikten und Auseinandersetzungen zwischen jugendlichen Fans. Traurige Höhepunkte waren in dem Zusammenhang die Ereignisse von Brüssel 1985, bei denen 39 Menschen ums Leben kamen, und die von Lens während der Fußballweltmeisterschaft in Frankreich im Jahre 2000, bei denen aufgrund eines gezielten Angriffs deutscher Hooligans ein französischer Polizist schwer verletzt und zum Pflegefall wurde.

Hooligans (englisch: Radaubrüder) wird der gewalttätige Kreis der Fans seit den 1980er Jahren genannt. Hooligans suchen explizit die gewalttätige Auseinandersetzung und verabreden sich u.a. mit den entsprechenden Gruppierungen anderer Vereine zu Schlägereien im Umfeld der Fußballspiele. Die Auseinandersetzungen mit gegnerischen Hooligans oder auch der Polizei werden oft im Internet (u.a. online-Plattform „Gewalttäter Sport") dokumentiert Die Unterstützung der eigenen Mannschaft ist nicht ihr vorrangiges Ziel.

Ultras: Dies unterscheidet sie von den Ultras, denen der Support der jeweiligen Mannschaft mit Gesängen und Choreografien im Stadion Hauptziel ihrer Vereinigung ist. In einigen Vereinen (u.a. Hamburger SV, Eintracht Frankfurt, 1. FC Nürnberg) versuchen die Ultras, massiven Einfluss auf die Vereinspolitik zu nehmen. Sie lehnen Gewalt zur Durchsetzung ihrer Interessen nicht ab, verstehen ihre Anwendung aber nicht als Selbstzweck. Die Ultras lehnen eine Finanzierung durch die Vereine (regelmäßig) ab und finanzieren sich über den Verkauf von Fanutensilien und Fanzines (überregional u.a. „Blickfang Ultra") (genauer: Dembowski 2014).

Dahinter steht eine Entwicklung, die sich in Deutschland schon seit den 1980er Jahren vollzog.

Phänomenologisch gesehen lässt sich für den Zeitraum festhalten: Gruppenzusammenhänge und damit gegenseitige Verantwortlichkeiten wurden instabiler. Der klassische „Kuttenfan" und der dazugehörige F.C. verloren sich im Bild der Fan-Kurve. Es setzte eine große Fluktuation und Abgrenzungen bis hin zu Selbstausgrenzungen unter den Fans ein. Auseinandersetzungen verlagerten sich zeitlich wie örtlich vom Fußballgeschehen weg, ohne jedoch den Bezug zum Fußballsport völlig zu verlieren. Selbstbegrenzungen zur Regulation von Konflikten (Ritual) fanden sich seitdem gerade unter den jüngeren „nachwachsenden" Fans immer weniger. Eine weitere Gefahr bei zunehmender Verlagerung der Konflikte bestand und besteht darin, dass originär vom Fußballgeschehen nicht betroffene Jugendszenen (auch unterschiedlicher ethnischer Zugehörigkeit) aktiv in die Auseinandersetzungen involviert wurden und werden bzw. inzwischen auch selber die Initiative ergreifen. Eine andere Folge ist die Verlagerung von Auseinandersetzungen in untere Spielklassen. Fans wandern zu den Amateurligen ab, nicht nur auf der Suche nach von Kontrolle und Observation möglichst unbehelligten Auseinandersetzungen, sondern weil der Fußball dort das Ursprüngliche besser zu bewahren scheint. Die Atmosphäre ist dichter, Spieler danken für die Unterstützung. Die anderen Zuschauer auf den Bundesliga-Rängen sind nach Meinung dieser Fans die sog. „Neckermänner". Sie geben willig und gerne Geld aus, machen nichts schmutzig, beschweren sich nicht und gehen anständig wieder nach Hause.

Nicht ganz unbedeutend beim Thema *Gewalt* und Fußballfans ist die Rolle der Ordnungshüter. Staatlicherseits mit der Aufgabe der Konfliktverhinderung und Strafverfolgung versehen, avancierten sie für manche Szenen unter den Fans zu einer Art „Mitspielpartner". Inzwischen werden die Fan-Kurven fast lückenlos observiert. Auch auf den An- und Abfahrtswegen gibt es eine permanente Polizeipräsenz. Seit 1994 unterhält die Polizei auch eine so genannte Gewalt-Datei Sport. Sie enthält (Stand 12/2013) ca. 13 000 Eintragungen. Gewaltbereite bzw. gewaltsuchende Fans und Hooligans werden den Kategorien B und C zugerechnet. Kandidaten dieser Kategorie kann es passieren, dass sie sich bei brisanten Spielen auf dem örtlichen Polizeirevier melden müssen bzw. bei Spielen der Nationalelf an der Grenze zurück gewiesen werden bzw. praktisch ein Ausreise-Verbot erhalten.

Fans werfen diesen Regelungen vor, real und präventiv wie „Schwer-Kriminelle" behandelt zu werden. Es scheint unklar, wenn einmal in der Datei erfasst, wie man – auch bei entsprechendem Wohlverhalten – aus dieser wieder heraus kommt. Auch Stadionverbote werden häufiger und schneller und in vielen Fällen ohne Prüfung der Einzelfälle ausgesprochen.

Vermutungen von einer allgemeinen rechtsextremistischen Unterwanderung von F.C. haben sich bislang nicht bestätigt. Festzustellen sind jedoch in dem Kontext deutliche regionale Unterschiede. Rassistische Schmähgesänge und kurzzeitig in die Öffentlichkeit gehaltene entsprechende Symbole kommen leider immer noch viel zu häufig vor. Ein stärkeres signifikantes Engagement der Vereine gegen solche Rufe, Schmähgesänge oder Zeichen wäre sehr sinnvoll. Offensichtlich aber macht sich innerhalb der Fanszene selber – wie das bereits erwähnte BAFF-Bündnis zeigt – Gegenwehr breit.

Fans lassen sich nicht einfach für fremdenfeindliche Positionen instrumentalisieren. Vorsicht mit schnellen Verdikten ist auch deshalb

F

geboten, weil Tausende von jungen sportbegeisterten Menschen in Verruf gebracht werden. Andererseits gibt es zweifellos Affinitäten bei gewaltbereiten Fans im Bezug auf Fremdenfeindlichkeit und gewalttätigen Konfliktlösungsmustern. Der weiteren Entwicklung, gerade auch in den unteren Ligen, ist in der Beziehung große Aufmerksamkeit zu widmen.

Fans lassen sich nicht auf ein ordnungs- und sicherheitstechnisches Problem reduzieren *(Abweichendes Verhalten).* Es dringt nach wie vor zu wenig ins Bewusstsein, dass sich in den Fußball-F. C. massenhaft Jugendliche eigenständig und außerhalb pädagogisch vorstrukturierter Orte (Jugendfreizeitstätten) eine Lebenswelt schaffen, die gekennzeichnet ist von Popularität, Spannung, Zugehörigkeit, Erlebnis und praktisch erfahrbarer Zusammengehörigkeit in Gruppen.

Fußballfandasein ist für männliche Jugendliche verbunden mit Erregung, Möglichkeiten der Identifikation und Vergemeinschaftungsprozessen, mit Selbstvergewisserungen und Mutproben für maskuline Selbstbehauptungsformen und Körpererfahrungen. Fußballfans überschreiten Konventionen, kehren turnusmäßig am Wochenende leidige Raum-Zeit-Strukturen um.

Angesichts des Fehlens „besetzbarer" Räume in der Großstadt, des Mangels an Lokalorientierung treibt es viele Jugendliche auf „Wanderschaft" und der Suche nach (risikobehafteten) Wirklichkeiten, die sich gemäß der eigenen Fähigkeiten noch erkennbar beeinflussen und bewegen lassen. Das Spektakel der Begegnungen der Fußballbundesliga, das Stadion, die Atmosphäre und die sozialräumliche Umgebung dieses Ortes zusammen mit den An- und Abfahrtswegen sind in diesem Kontext die letzten großstädtischen Felder, die hierfür noch die Möglichkeit bereithalten. Und die mediale Berichterstattung verlängert das eigene Tun bzw. das Objekt der Begierde, den Verein als Vertretung der eigenen Lokalborniertheit, in den eigenen Alltag.

Nationales Konzept Sport und Sicherheit

Aufgrund von gewalttätigen Ausschreitungen Anfang der 1990er Jahre – insbesondere auch in den nBL – wurde unter Hinzuziehung verschiedener Institutionen (u. a. DFB, Innenministerkonferenz, BMFSFJ, DStT u. a.) ein „Nationales Konzept Sport und Sicherheit" erarbeitet. Neben der Forcierung sicherheitstechnischer, ordnungspolitischer und baulicher kurzum repressiver Maßnahmen wurde auch die Forderung nach Unterstützung und besserer Ausstattung von Fan-Projekten erhoben. Ihr wurde teilweise entsprochen. Inzwischen unterstützen auch der DFB und die DFL mit einem namhaften Betrag die Arbeit der Fan-Projekte in der BRD.

Fan-Projekte: Die ersten Fan-Projekte gehen auf die Anfänge der 1980er Jahre zurück. Das erste wurde in Bremen gegründet. Inzwischen existieren bundesweit mehr als 50 Projekte (aktuell – 1/2016 – genau sind es 56).

Sie sind zusammengeschlossen in einer BAG. Seit 1993 existiert auch eine „Koordinierungsstelle Fan-Projekte" (KOS) bei der Deutschen Sportjugend in Frankfurt/M. Sie bietet den Projekten fachliche Unterstützung und hilft beim Aufbau neuer Projekte. Sie unterhält zudem sog. Fan-Botschaften bei internationalen Turnieren wie Europa- und Weltmeisterschaften und arbeitet mit Initiativen in anderen Ländern zusammen. D. h. sie fungiert bei den Großveranstaltungen in den jeweiligen Ausrichter-Ländern als Ansprechpartner für Fans, organisiert Rahmenprogramme wie Fußball-Turniere und Zeltlager und ist bemüht, örtliche Probleme zu lösen, und zu helfen, ggf. in vermittelnder Rolle bei Konflikten. Beteiligt an der Finanzierung der KOS ist neben dem BMFSFJ auch der DFB.

Die Inhalte der Fan-Projekte leiten sich aus den Prinzipien der offenen und aufsuchenden Jugendarbeit ab – in bewusster Abkehr des Verständnisses einer reinen Interventionsstrategie. Pate des Engagements bei vielen Mitarbeitern ist die eigene Nähe zum Fußballsport. Sie erleichtert zudem Kontakt und Zugang zu den F. C. Zum Gradmesser für Glaubwürdigkeit und Integrität der Pädagogen avanciert das Verhalten in Konfliktsituationen und die ständige Präsenz am Ort des Geschehens. Der Fußball und die Spielbesuche der Fans sind Ausgangspunkt und Eckpfeiler für die Arbeit. Das bedeutet zunächst sorgsames Zuschauen, das Sich-zur-Verfügung-Halten als Dialog-Partner, (kritisches) Lobbytum, Verhinderung von Ausgrenzungen und Eskalationen durch angemessene Mäßigungs- und Schlichtungsversuche. Vor dem Hintergrund einer tragbaren Vertrauensbasis sind weitere Angebote (erst) realisierbar. Mehrheitlich sind das neben der aufsuchenden Arbeit *(Straßensozialarbeit)* sportbezogene und erlebnisorientierte Freizeitangebote *(Erlebnispädagogik),* Alltags- und Einzelfallhilfen, Öffentlichkeitsarbeit- und Vermittlungsarbeit, die Bearbeitung gravierender Ausgrenzungsproblematiken sowie das Bereitstellen von Formen der Mit- und Selbstbestimmung. So hat das Fan-Projekt in Bremen bspw. immer wieder darauf hin gewirkt, dass die Fans beim Stadionumbau darauf Einfluss nehmen konnten, wie der Bereich gestaltet werden sollte, der die Fan-Kurve betraf.

Von den Fan-Projekten nicht bezweckt und gewollt ist eine bewusste Konterkarierung des Fan-Daseins. Vielmehr mögen sich – bspw. bei erlebnispädagogischen Fahrten – Möglichkeiten bieten, die abseits von Spannung und situativem Druck des Bundesliga-Spektakels ebenso als Mittel dienen könnten, um Vergemeinschaftungsprozessen und sozialen Zusammenhalt zu erfahren.

Fan-Projekte sind dort, wo sie bereits längerfristig existieren, zu einer festen Größe geworden. Beständig werden sie um Hilfeleistungen angegangen. Sie sind i.S. einer „Drehpunkteinrichtung" Ansprechpartner für Institutionen, Verbände, Medien, Fans und F.C. u.a. Die Fan-Projekte werden inzwischen (auskömmlich) finanziert: 50 Prozent DFB/DFL, 50 Prozent andere öffentliche Mittel von Ländern und Kommunen, Mindestetat pro Fanprojekt 120 000 Euro jährlich, Höchstförderung 300 000 Euro.

Fans und Computer

Ein weiteres Beispiel für eine F.C.-Bewegung fand sich geraume Zeit im Zusammenhang mit Computern *(Medien)*. Mit Beginn der 1980er Jahre trat sie erstmalig in Erscheinung. Inzwischen lässt sich aber nur noch von eher lockeren Zusammenschlüssen und Bewegungen sprechen. Je nach Zweck und Charakter handelt es sich um Gruppierungen, die den Computer subversiv nutzen (Hacker), durch Datennetze reisen (Cybernauten) und Dialoge über spezifische Themen wie bspw. Science-Fiction-Phantasien führen. Ähnliches gilt für Computer-Nutzer, die besondere Sympathien für bestimmte Computer-Spiele entwickelt haben. In die kritische Diskussion sind die Spiele im Kontext einer allgemeinen Gewalt-Debatte geraten. Immer wieder diskutiert wird ein Zusammenhang zwischen Spielen wie bspw. „Counterstrike" und erhöhter Aggressivität unter Jugendlichen.

Wettkämpfe finden auch direkt über das digitale Netz statt. Das Internet wurde in den letzten Jahren immer schneller. Das macht es möglich, komplexe Spiele, die große Datenmengen benötigen, online zu spielen. Dabei gehören zu Service von Software-Herstellern der so genannte Multiplayer-Modus und das Angebot, firmeneigene Server für die Spiele zur Verfügung zu stellen. Der Zugang wird über die Spiele-Software ermöglicht. Die Bedienung ist einfach und erfordert keine besonderen Kompetenzen. Über Internet-Telefon können weltweit Spieler sich über Strategie und Verlauf austauschen.

Die Altersspanne liegt für das gesamte Spektrum zwischen 12 und 30 Jahren. Überwiegend finden sich in ihnen Vertreter des männlichen Geschlechts.

Helmut Heitmann

Literatur

M. Annas/R. Cristopf: Neue Soundtracks für den Volksempfänger, Berlin [3]1994 ◆ Archiv der Jugendkulturen: Reaktionäre Rebellen – Rechtsextreme Musik in Deutschland, Berlin 2001 ◆ Arbeiterwohlfahrt: Sozialpädagogische Fan-Projekte in der AWO, in: TuP 4/2015, 307–312 ◆ R. Blaschke: Angriff von Rechtsaußen, Göttingen 2015 ◆N. Cürten/G. Stüwe: Fußballfans: mehr Spaß mit weniger Gewalt. Fanarbeit als Gewaltprävention. In: Sozialmagazin 4/2011, 45 ff. ◆ G. Dembowski: Zur Dialektik der Ultras. Potentiale und Konflikte eines Jugendphänomens zwischen Aufrühren und Partizipation, in: uj 6/2014, 260–270 ◆ T. Feltes: Fußballgewalt als misslungene Kommunikation. Lösungsansätze abseits von Repression. In: np 4/2010, 405 ff. ◆ E. Hebecker: Die Netzgeneration, Frankfurt/M./New York 2001 ◆ H. Heitmann: Jugendliche Fußballfans als gesellschaftliches Phänomen, in: Beilage zur Wochenzeitung „Das Parlament" B 21/84 v. 26.5.1984 ◆ F. Lösel u.a.: Hooliganismus in Deutschland: Ursachen, Entwicklung, Prävention und Intervention, in: Texte zur inneren Sicherheit (BM des Innern) Bd. II/1, Berlin 2000 ◆ G.A. Pilz/F. Wölki: Ultras: Zuneigungs-, Protest- und Provokationskultur im Fußball, in: uj 6/2006, 270 ff. ◆ C-Ruf: Kurvenrebellen: Die Ultras. Einblicke in eine widersprüchliche Szene, Göttingen [2]2013 ◆ V. Schwenzer/S. Behn: Rassismus und Rechtsextremismus im Zuschauerverhalten im Profifußball und Entwicklung von Gegenstrategien, in: uj 1/2007, 33–38 ◆ Schwerpunktheft ‚Fußball, Gesellschaft und Soziale Arbeit: uj 6/2014 ◆ P.K. Warndorf: Perspektivenwechsel und Gewalt in Fußballstadien. Für ein neues Spielsystem, in: TuP 2/2015, 137–147.

Link

www.aktive-fans.de und www.11freunde.de (Magazin 11 Freunde

Finanzierung freier Träger der Sozialen Arbeit

Vorbemerkung

Das Verhältnis zwischen der öffentlichen und der freien *Jugend-* und *Sozialhilfe* war lange Zeit umstritten: inzwischen wandelt sich diese Beziehung im Zuge der Ökonomisierung sozialer Dienstleistungen. Der alte Subsidiaritätsstreit *(Subsidia-*

rität) wird bedeutungslos, das bislang korporatistisch geordnete Trägersystem verändert sich (bis zur Auflösung) in „marktförmige" Beziehungen („von der Subsidiarität über den Korporatismus zum Markt": Münder 1998).

Infolge/parallel zu diesem aus verschiedenen Gründen eingeleiteten Wandels (dazu genauer bei Münder u. a. 2013 § 4 Rz 8 ff.) verschieben sich in etlichen Bereichen der *Sozialen Arbeit* die Förderungs-/Finanzierungsschwerpunkte der öffentlichen Träger gegenüber freien Trägern (die inzwischen z. T. schon angemessener als Anbieter zu bezeichnen sind) von der traditionellen Zuwendungs- zur Entgelt-(Vereinbarungs-)Finanzierung (der Wandel begann in der Sozialhilfe, inzwischen auch im SGB V – Soziale Krankenversicherung –, im SGB XI – Soziale Pflegeversicherung – und seit 1. 1. 1999 im SGB VIII – Kinder- und Jugendhilfe).

Besteht bei den Zuwendungen (Sozialsubventionen) immer ein Über-/Unterordnungsverhältnis, stärkt die Entgeltfinanzierung den Leistungsberechtigten: dieser kann im Rahmen des sog. sozialrechtlichen Dreiecksverhältnisses seine (vom öffentlichen Träger bestätigten) Ansprüche über sein Wunsch- und Wahlrecht umsetzten (indem er sich einen Träger/Anbieter seiner Wahl sucht); der freie Träger/Anbieter wiederum weiß aufgrund der mit dem öffentlichen Träger geschlossenen Vereinbarung, welches Entgelt er für welche Leistung(en) erwarten kann – also ein von Gleichberechtigung bestimmtes Verfahren, das (idealtypisch) den/die Leistungsberechtigten stärkt und zugleich „wettbewerbsfördernd" ist.

Die Realität ist allerdings in dieser Übergangsphase immer wieder diffus, häufig von Mischfinanzierungen bestimmt, die in ihrer Vielfalt im Folgenden behandelt werden.

Allgemeine Voraussetzungen

Fragen der Finanzierung sind bei knappen Ressourcen ein zentrales Problem der Existenz der freien Träger *(Träger der Sozialen Arbeit)*. Sie entfalten ihre Tätigkeit zunächst unabhängig von einem gesetzlichen Leistungsanspruch. Die Allgemeinheit hat zu ihren Dienstleistungen nur dann Zugang, wenn dies dem Willen des Trägers entspricht, es sei denn, dass an die Entgegennahme von öffentlichen Zuwendungen dieser Zugang geknüpft ist.

Wir unterscheiden privat-gemeinnützige und privat-gewerbliche freie Träger. Bei den gemeinnützigen kommen sowohl öffentlich anerkannte als auch öffentlich nicht anerkannte Träger vor. Bei der Gemeinnützigkeit handelt es sich um einen steuerrechtlichen Begriff, der seine Grundlage im 3. Abschnitt der AO findet. Gemeinnützige Zwecke werden dann angenommen, wenn die Tätigkeit einer Körperschaft darauf gerichtet ist, die Allgemeinheit auf materiellem, geistigen oder sittlichen Gebiet selbstlos zu fördern. Die Anerkennung der Gemeinnützigkeit erfolgt durch die örtlich zuständigen Finanzämter. Sie führt zu weitgehender Steuerbefreiung *(Gemeinnützigkeit, steuerliche)*.

Zu beachten bleibt, dass in einigen Bereichen der SozArb kein Anerkennungsverfahren vorgesehen ist. I. d. R. sind auch die Rechtsformen der freien Träger nicht vorgeschrieben. Bundesrechtlich gibt es ein öffentliches Anerkennungsverfahren nur im Bereich des SGB VIII, bei den Betreuungs- und den Vormundschaftsvereinen sowie den Werkstätten für Behinderte. So erwerben Jugendhilfeträger einen Rechtsanspruch auf öffentliche Anerkennung nach mindestens 3-jähriger Tätigkeit nach Vorliegen der Gemeinnützigkeit, wenn sie einen (im Gesetz nicht genau definierten) fachlichen Mindeststandard erfüllen sowie die Gewähr für eine Zielkonformität mit dem GG bieten. Es ist in der Vergangenheit immer wieder versucht worden, das Anerkennungsverfahren dazu zu benutzen, politisch unliebsame Träger auszugrenzen (Münder u. a. 2013 § 74 Rz 15). Auf Dauer angelegte öffentliche Förderung setzt die öffentliche Anerkennung voraus. Eine Förderung nicht anerkannter Träger ist nach Ermessen zulässig. Die Anerkennung führt nicht zu einer Förderungsverpflichtung. Betreuungs- und Vormundschaftsvereine bedürfen für ihr Tätigwerden einer besonderen Erlaubnis. Voraussetzung hierfür ist das Vorhandensein einer ausreichenden Anzahl geeigneter Mitarbeiter, das Bemühen um Gewinnung, Fortbildung und Beratung ehrenamtl. Mitarbeiter sowie die Ermöglichung eines Erfahrungsaustausches zwischen den Mitarbeitern. Als Werkstätten für Behinderte können nur solche Einrichtungen anerkannt werden, die die Voraussetzungen der §§ 136 ff. SGB IX und der zu § 144 SGB IX ergangenen VO erfüllen.

Finanzierungsquellen

Es gibt unterschiedliche Finanzquellen für die freien Träger.

Finanzierung aus Sozialleistungsgesetzen und dem BGB: Die Wege des Finanztransfers können sehr unterschiedlich sein. Hierzu folgende Grafik:

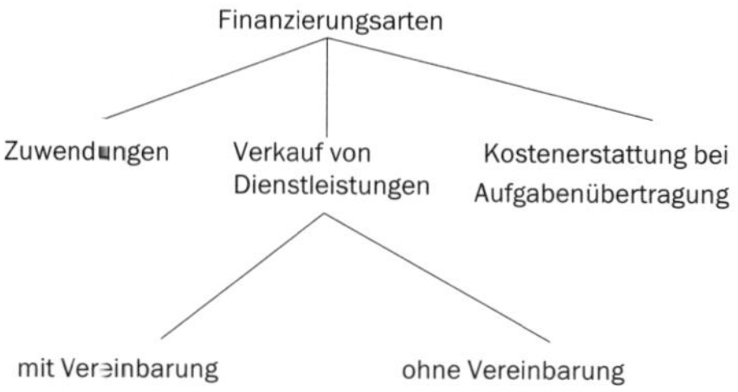

Ein nur scheinbarer Sonderfall ist die sog. **Budgetfinanzierung.** Abgesehen von dem Bereich der Eingliederungshilfe für behinderte Menschen, in dem das trägerübergreifende Budget als Leistung an den behinderten Menschen unter engen Voraussetzungen zulässig ist (Persönliches Budget gem. § 17 SGB IX und BudgetVO), sind Budgetfinanzierungen von personenbezogenen Dienstleistungen, auf die ein subjektiv-öffentlicher Rechtsanspruch besteht, grundsätzlich rechtswidrig (u. a. OVG Lüneburg: Beschluss vom 9. 7. 2010–4 ME 306/09; Münder u. a. 2013 § 79 Rz. 14).

In anderen Finanzierungsbereichen ist diese Finanzierungsform grundsätzlich zulässig. Allerdings ist der Budgetbegriff dann nur aus der Perspektive des öffentlichen Träger korrekt. Aus der Perspektive des Freien Trägers erscheinen diese Finanzmittel dann entweder als Zuwendung oder als Kostenerstattung bei einer Aufgaben Übertragung (zur *Sozialraumorientierung* insgesamt vgl. Münder u. a. 2013 Einleitung Rz 35).

Zuwendungen

Auf Zuwendungen besteht grundsätzlich kein Rechtsanspruch. Der Zuwendungsgeber hat jedoch immer den Gleichheitsgrundsatz aus Art. 3 GG bzw. aus den entsprechenden Vorschriften der Leistungsgesetze zu beachten. Vergleichbare Maßnahmen und Einrichtungen sind innerhalb eines angemessenen Zeitrahmens gleich zu behandeln. Allerdings können Träger mit geringer eigener Leistungsfähigkeit durchaus höher subventioniert werden als andere. Der Gleichheitsgrundsatz gilt auch im Verhältnis zu den öffentlichen Trägern. Zuwendungen decken i. d. R. nie die tatsächlichen Kosten einer Maßnahme. Die freien Träger müssen also immer wieder ergänzend weitere Mittel aufbringen. Zuwendungen werden in den Bereichen gewährt, in denen es keinen individuell einklagbaren Rechtsanspruch des einzelnen Leistungsempfängers gibt.

Zuwendungen werden i. d. R. als Zuschuss gewährt. In wenigen Bereichen der SozArb sind sie auch als Darlehen möglich. Sie beziehen sich entweder auf ein einzeln abgrenzbares Projekt oder auf eine Institution. Sehr selten nehmen sie die Form der Vollfinanzierung an. Üblich ist die Teilfinanzierung entweder als Anteilsfinanzierung (Zuschussgeber gewährt einen bestimmten Bruchteil der Gesamtkosten) oder als Fehlbedarfsfinanzierung (Zuschussgeber deckt die Finanzierungslücke, die nach Ausschöpfung aller Finanzierungsquellen verbleibt) oder als Festbetragsfinanzierung (Zuschussgeber gewährt einen bestimmten Betrag unabhängig von den tatsächlichen Kosten einer Maßnahme). Zuwendungen werden entweder durch zustimmungsbedürftigen Verwaltungsakt oder durch öffentlich rechtlichen Vertrag gewährt.

Zuwendungen werden i. d. R. mit der Auflage erteilt, dass nach Ende, ggf. auch schon zwischendurch, ein sog. Verwendungsnachweis vorzulegen ist. Bezüglich der Form des Nachweises wird regelmäßig auf die LHO oder BHO verwiesen. Daneben können auch Förderrichtlinien entsprechende Bestimmungen enthalten.

Doppelfinanzierungen auf gleicher Förderebene sind grundsätzlich ausgeschlossen. Es ist allerdings nicht verboten, ein Gesamtvorhaben in verschiedene Teilprojekte aufzuteilen und sie über verschiedene Fördermöglichkeiten zu finanzieren.

Verkauf von Dienstleistungen

Liegt ein individueller Rechtsanspruch vor, so verkaufen die freien Träger ihre Dienstleistungen. Es kommt ein rechtliches Dreiecksverhältnis zwischen Hilfeempfänger/Leistungsberechtigten, freiem Träger und öffentlichem Träger zustande. Die Kosten der Maßnahme werden entweder vom freien Träger frei kalkuliert oder durch einen öffentlich-rechtlichen Vertrag zwischen öffentlichem und freiem Träger vereinbart. Freie Träger, die so einen Vertrag abgeschlossen haben, genießen eine rechtliche Privilegierung im Hinblick auf Belegung. Rahmenvereinbarungen regeln darüber hinaus Strukturen und Verfahren der Vertragsgestaltung, so z. B. die Nds. Rahmenvereinbarung zu § 77 SGB VIII.

Verträge/Vereinbarungen/ Leistungsentgelte

Die Verträge sollen Umfang, Inhalt und Qualität der Leistung festlegen sowie das Leistungsentgelt vereinbaren. Es gilt also nicht mehr das früher übliche Selbstkostendeckungsprinzip. Die Leistungsentgelte werden jeweils für die Zukunft festgelegt. Ein späterer Ausgleich von einer möglichen Unter- oder Überdeckung findet nicht statt. Durch diese sog. prospektiven Leistungsentgelte wird auch im Bereich der SozArb eine größere Marktnähe geschaffen, da sie sowohl Verlustrisiken als auch Gewinnmöglichkeiten beinhalten.

F

Neben den privat-gemeinnützigen freien Trägern werden in diesem Finanzierungsbereich der SozArb auch zunehmend die privat-gewerblichen Träger tätig. Das Schaubild erläutert die Zusammenhänge.

Grundsätzlich ist darauf hinzuweisen, dass der öffentliche Träger nicht berechtigt ist, einem Leistungsberechtigten einen bestimmten freien Träger zuzuweisen. Vielmehr ist dieser bei der Wahrnehmung seines Wunsch- und Wahlrechtes (so für die Jugendhilfe in § 5 SGB VIII ausdrücklich normiert) zu unterstützen. Den Wünschen ist so lange zu folgen, wie keine unvertretbaren Mehrkosten entstehen.

Abrechnungsverfahren

Die konkreten Abrechungsverfahren der personenbezogenen sozialen Dienstleistungen sind nicht gesetzlich geregelt. Es haben sich jedoch in den letzten Jahren in der Praxis immer wieder vorfindbare Regelungsstrukturen herausgebildet. Im stationären und teilstationären Bereich ist dies der so genannte Tagessatz, selten auch eine Monatspauschale, im ambulanten Bereich hat sich die Abrechnung über so genannte Fachleistungsstunden durchgesetzt.

Tagessätze bzw. Monatspauschalen: Sie berechnen sich wie folgt: Zunächst werden alle Kosten der Einrichtung bezogen auf ein Jahr addiert und dann durch 365 bzw. 12 und durch die Platzzahl dividiert.

Fachleistungsstunde: Bei der Errechnung des Preises einer Fachleistungsstunde wird zunächst die Jahresbruttoarbeitszeit einer Fachkraft in Stunden ermittelt. Hiervon sind dann allgemeine Minderzeiten, wie Urlaub, Feiertage, Krankheit (fiktiv) und Fortbildungszeiten zu subtrahieren. Ein weiterer Abzug erfolgt für berufsspezifische Minderzeiten, wie z. B. Teamzeiten, Supervision, AK, betriebliche Versammlungen und sonstige einrichtungs- oder trägerspezifische Aufgaben. Es ergibt sich die Nettojahresarbeitszeit, also die Zeit, die unmittelbar fallbezogen Tätigkeiten für und an zu Betreuenden beschreibt.

Nun werden die auf das Jahr und eine Fachkraft bezogenen betriebsnotwendigen Aufwendungen ermittelt.

Dies sind zunächst die Personalkosten

- Vergütung der Fachkraft,
- Vergütung der Einrichtungsleitung, umgelegt auf eine Fachkraft (z. B. mit einem Schlüssel von 1:10),
- Vergütung der Verwaltung, umgelegt auf eine Fachkraft (z. B. mit einem Schlüssel von 1:20),
- Vergütung anderer Mitarbeiter, umgelegt auf eine Fachkraft (z. B. Wirtschafts- oder Therapiepersonal).

Zu den Personalkosten addiert wird dann der auf eine Fachkraft pro Jahr entfallende Sachkosten-

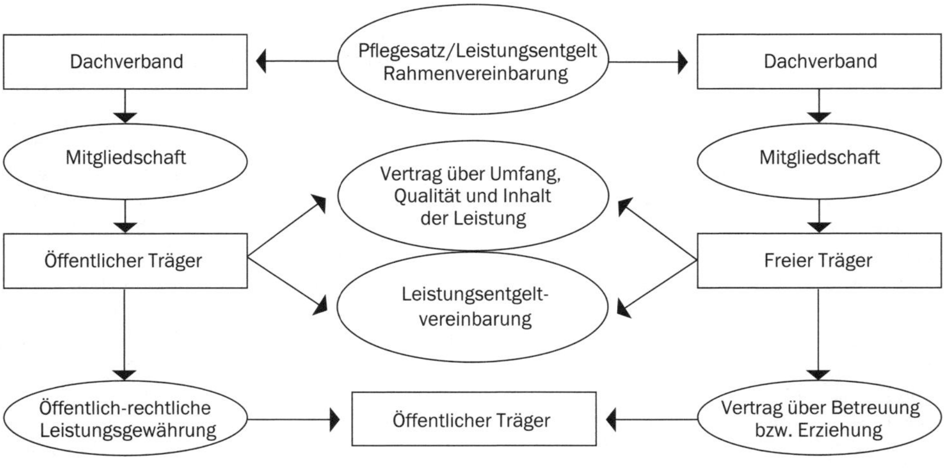

anteil. Für seine Ermittlung stehen verschiedene Modelle zur Verfügung

- Individuelle Berechnung
- Die tatsächlich entstehenden Sachkosten einer Einrichtung werden ermittelt und dann auf den einzelnen Mitarbeiter umgelegt. Bei dem relativ geringen Sachkostenanteil an den Gesamtkosten ist diese arbeitsaufwändige Ermittlungsmethode jedoch nicht ratsam.
- Pauschalbetrag
- Pauschalierter Betrag, der z.B. von der Kommunalen Gemeinschaftsstelle (KGSt) in Höhe von zz. ca. 5 500 Euro pro Arbeitsplatz vorgeschlagen wird.

Die hier ermittelte Zahl bezieht sich nicht auf einen sozialpädagogischen Mitarbeiter, sondern ist ganz allgemein gehalten, weswegen sie nur bedingt geeignet ist.

- Pauschalierter Prozentbetrag. In einer individuell vereinbarten Prozentgröße der ermittelten Personalkosten (z.B. 10%). Diese favorisierte Berechnungsmethode beinhaltet einen allgemein anerkannten Sachkostenanteil pro Arbeitsplatz von 10%

Dividiert man nun die Summe der Jahres-, Personal- und -Sachkosten durch die Nettojahresarbeitszeit, so erhält man das Entgelt einer Fachleistungsstunde.

Die Berechnungsmodalitäten von Tagessatz/Monatspauschale und Fachleistungsstunde unterstellen zunächst eine Belegung von 100% Üblicherweise werden jedoch geringere Belegungen vertraglich vereinbart. Die Endbeträge sind dann entspr. umzurechnen.

Kostenerstattung bei Auftragsübertragung: Bestimmte Aufgaben können die öffentlichen Träger durch zustimmungsbedürftigen Verwaltungsakt oder durch öffentlich-rechtlichen Vertrag auch an freie Träger zur Durchführung übertragen. Verantwortlich gegenüber dem Hilfeempfänger bleibt allerdings immer der öffentliche Träger. In den Fällen der Aufgabenübertragung sind dem freien Träger die angemessenen Selbstkosten zu erstatten.

Dies ergibt sich mangels ausdrücklicher gesetzlicher Regelungen aus einer Entscheidung des BVerfG aus dem Jahr 1980 (BVerfGE 54, S. 251 ff.).

Auftragsübertragung nach § 1896 BGB: Einen Sonderfall der Aufgabenübertragung von staatlichen Angelegenheiten ist die Wahrnehmung der rechtlichen Betreuung nach § 1896 BGB durch Mitarbeiter eines Betreuungsvereins bzw. durch selbstständige so genannte Berufsbetreuer *(Betreuungsrecht).*

Die Vergütung wird durch Entscheidung des Betreuungsgerichtes festgesetzt und hat folgende rechtliche Strukturen:

Vergütung des Berufsbetreuers

Ermessensvergütung nach § 1836 Abs. 3 BGB nur bei nicht mittellosen Betroffenen und wenn Umfang und Schwierigkeit der Geschäfte die Vergütung rechtfertigen, kann auch ehrenamtl. Betreuung gewährt werden	Vergütung bei nicht mittellosen Betroffenen nach Stundensätzen, die vom Gericht festgelegt werden, i.d.R. die Stundensätze des Berufsvormündervergütungsgesetzes	Vergütung aus der Staatskasse nach dem Berufsvormündervergütungsgesetz. Je nach nutzbaren Fachkenntnissen Stundensätze für Hochschulabsolventen zz. 31 Euro plus Mwst.

Rechtsquellen für den Empfang von Zuwendungen

Dies sind im Bereich des SGB VIII die §§ 12 i.V.m. 74, 25, 4 i.V.m. 74, 89 Abs. 2 Nr. 3, im Bereich des SGB XII § 5 § 10 Abs. 3, im SGB III § 248, im Betreuungsrecht § 6 BtBG.

Beim Verkauf von Dienstleistungen kommen u.a. die §§ 27 ff. SGB VIII, die §§ 53 ff., 61 ff., 67 ff. und § 71 SGB XII, der § 16 Abs. 2 SGB III, die §§ 37, 38 SGB V, den §§ 97 ff. und § 241 SGB III zum Tragen.

Die Aufgaben aus §§ 42, 43, 50–52 und 53 Abs. 2–4 SGB VIII sind an freie Träger übertragungsfähig.

Das SGB XII kennt keine echte Übertragungsfähigkeit von Aufgaben. Die Aufgabenübertragung im Betreuungsrecht beruht auf §§ 1835 und 1896 BGB i.V.m. dem Berufsvormündervergütungsgesetz.

Durch die Schaffung des SGB II sind weitere Finanzierungsquellen hinzugekommen, deren technische Abwicklung nicht in jeder Beziehung den bisher dargestellten Logiken folgen. Es handelt sich um Eingliederungsleistungen nach § 16 SGB II. Sie können nach einer Aussschreibung an freie Träger zur Durchführung übertragen werden. Weitere (Kann)Leistungen sind im § 16a SGB II geregelt. Es handelt sich um *Schuldnerberatung,* psychosoziale Betreuung und um Suchtberatung *(Sucht).* Diese Leistungen können über das sozialrechtliche Dreiecksverhältnis – § 17 SGB II – oder auch im Wege der Übertragung realisiert werden.

F

Sonstige Finanzierungsquellen

Programmfinanzierungen durch Gemeinden, Länder und den Bund: Unabhängig von Sozialleistungsgesetzen können die jeweiligen Gebietskörperschaften durch Haushaltsgesetz bzw. Haushaltssatzung weitere Bereiche der SozArb finanzieren. Bei Bund und Ländern ergibt sich dies aus den allgemeinen Verfassungsaufträgen zur Sozialstaatlichkeit, bei den Gemeinden und Gemeindeverbänden aus der in allen Gemeinde- bzw. Landkreisordnungen vorgesehenen Verpflichtung zur allgemeinen Daseinsvorsorge für die Einwohner. Diese Form der Finanzierung nennt man Programmfinanzierung.

Das Zustandekommen der jeweiligen Programme ist letztlich von den gerade vorfindbaren politischen Mehrheitsverhältnissen abhängig. Die Abwicklung der Maßnahmen wird meistens in VV geregelt (z. B. *Bundesjugendplan,* Garantiefonds).

Typische Bereiche der SozArb, die im Wege der Programmfinanzierung aufrechterhalten werden, sind die Sozialarbeit mit Flüchtlingen, Arbeitsmigranten und *Aussiedlern.*

Programme der EU: Weitere Finanzierungsmöglichkeiten ergeben sich aus den Programmen der EU. Derzeit existieren vier große Förderschwerpunkte:

- die Strukturfonds,
- die Gemeinschaftsinitiativen,
- die Aktionsprogramme und die
- Netzwerke.

Jeder Förderschwerpunkt verfügt über eine kaum überschaubare Anzahl von Einzelprogrammen. Um einen Überblick zu gewinnen, bietet es sich an, auf qualifizierte Beratungsinstitutionen zurückzugreifen (z. B. bei den Landessozialministerien oder privaten kostenpflichtigen Beratungseinrichtungen wie BBJ-Consult). Die Unwägbarkeiten der EU-Finanzierung sind relativ groß; so wird häufig die Zusammenarbeit mit Partnern in anderen EU-Ländern vorausgesetzt. Die Planungsvorlaufzeiten sind relativ umfangreich *(Wettbewerb, europäischer).*

Weitere Finanzierungsquellen

Bei den nun folgenden Finanzierungsquellen ist eine Systematisierung kaum möglich, sie werden deshalb lediglich aufgelistet:

- Zuwendungen aus den Abgaben, die die **Lotto-/Totounternehmen** an die Länder abzuführen haben, können die freien Träger aufgrund landesrechtlicher Bestimmungen erhalten, ähnliches gilt auch für **Spielbanken.** Durch Satzungsrecht oder vertragliche Vorschriften müssen häufig öffentlich-rechtliche **Sparkassen** und manchmal auch monopolartige Energieversorgungsunternehmen einen Teil ihres Gewinns gemeinnützigen Zwecken zuführen. Diese Verteilung erfolgt i. d. R. nicht über objektiv nachprüfbare RL, sondern insbesondere im kommunalen Bereich über die Affinität zwischen bestimmten politischen *Parteien* einerseits und bestimmten *Wohlfahrtsverbänden* andererseits.

Finanzierungen aus **Geldauflagen der Strafjustiz,** die aufgrund gerichtlicher oder staatsanwaltschaftlicher Ahndung von strafrechtlichem Fehlverhalten festgesetzt werden, spielen besonders bei kleinen Trägern eine nicht unerhebliche Rolle. Die Geldauflagen (sog. Bußgelder) werden aus den Bestimmungen von drei strafrechtlich relevanten Gesetzen gespeist, nämlich dem JGG, dem StGB und der StPO. Jugendrichter und Jugendstaatsanwälte können im Jugendstrafverfahren Geldauflagen festsetzen. Nach § 153 StPO kann der STA gegen Zahlung einer Geldauflage bei Straftaten mit geringem Schuldvorwurf ein Verfahren vorläufig einstellen. Geldauflagen sind auch als Bewährungsauflagen möglich. Grundsätzlich sind die Richter wegen der Weisungsfreiheit selbständig in ihrer Entscheidung, welcher freie Träger Zahlungen erhält. Die Länder haben jedoch jeweils Verwaltungsverfahren entwickelt, in denen geregelt ist, unter welchen Voraussetzungen freie Träger in den Genuss von Zuweisungen kommen können. In der Praxis fällt auf, dass Träger mit einer gewissen Justiznähe (z. B. Bewährungshilfevereine, Betreuungsvereine) bevorteilt werden.

- **Mitgliedsbeiträge, Spenden und Sammlungen** sind immer noch ein wichtiges Mittel, die Eigenkapitaldecke freier Träger zu verbessern. Über Mitgliedsbeiträge kommen größere Finanzmengen allerdings nur bei großen vereinsrechtlich verfassten WFV zusammen. Für die freien Träger besteht außerdem die Möglichkeit der für den Spender steuerverkürzenden Spendenentgegennahme.

Um Spenden zu akquirieren (Fundraising, *Spenden,* social sponsering), haben sich in den letzten Jahren verschiedene Formen der bereits bekannten Verfahren ergänzend herausgebildet, dies sind z. B.

- „Aktien" und Bausteine
- Hierbei werden symbolisch „Aktien" oder auch Bausteine gegen eine Spende herausgegeben.
- Ereignisspende
- Anlässlich größerer Ereignisse wird die Gelegenheit für eine Spende eröffnet. Geeignete Er-

eignisse sind u. a. Geburtstage, Jubiläen, Hochzeiten, Bestattungen.

- Haus- und Straßensammlungen
- Herkömmliche Spendensammelform.
- Spendenbrief/Mailing: Spendenaufrufe werden durch Postwurfsendung oder über das Internet versandt (mehr in: DZI Spendenalmanach 2015: www.dzi.de).
- **Wohlfahrtslotterien** können in eigener Regie durchgeführt werden, es besteht aber auch die Möglichkeit, Zuwendungen aus den großen Wohlfahrtslotterien wie „Aktion Mensch", zu beantragen. I. d. R. besteht allerdings zu diesen nur eine Zugangsmöglichkeit über die Spitzenverbände der Wohlfahrtspflege.

Social-Sponsoring ist nicht zu verwechseln mit der Entgegennahme von Spenden. Es geht hier vielmehr um eine Leistung auf Gegenseitigkeit, die üblicherweise vertraglich geregelt wird. Der Sponsor – i. d. R. ein Wirtschaftsunternehmen – erwartet gegen Zahlung eines Geldbetrages einen Werbeeffekt durch die Mitnutzung des positiven Image des gesponserten freien Trägers. Er kann die Kosten dieses Imagetransfers als Betriebsausgaben steuermindernd geltend machen. Der Gesponserte hat in der Öffentlichkeit deutlich zu machen, von wem er gesponsert wird. Hier ist nicht zu übersehen, dass das Sponsorship sich nur eignet für Träger mit einem positiven öffentlichen Image, das wird bei einer Tätigkeit für gesellschaftliche Randgruppen keineswegs immer zu erreichen sein. Umgekehrt kann auch der Zusammenhang mit einem Wirtschaftsunternehmen problematisch sein, wenn dessen mögliches verbraucherunfreundliches Verhalten auch dem freien Träger zugeschrieben wird. Auf der Seite der freien Träger bereitet das Social-Sponsoring daneben auch steuerrechtliche Probleme. Es wird sich i. d R. um einen wirtschaftlichen Geschäftsbetrieb handeln, der nicht vom gemeinnützigen Zweck des freien Trägers gedeckt ist. Er unterliegt deshalb der Besteuerung.

Eine weitere Finanzierungsmöglichkeit ist das **Einwerben von Stiftungsmitteln.** In der Datenbank des Bundesverbandes deutscher Stiftungen sind über 8 300 Stiftungen (ohne Kirchenstiftungen) erfasst. Wir unterscheiden operative und fördernde Stiftungen. Operative Stiftungen werden selber unmittelbar tätig. Für unseren Zusammenhang sind deshalb nur die fördernden Stiftungen von Interesse. Zunächst gilt es eine geeignete Stiftung zu finden. Hierzu dienen z. B. Stiftungsdatenbanken, die im Internet oder auch als CD-ROM verfügbar sind. Auch Stiftungshandbücher können hilfreich sein. Nun besorgt man sich von den Stiftungen, die prinzipiell in Frage kommen, deren Förderrichtlinien, um dann entsprechende Anträge – häufig auf Vordrucken – zu formulieren.

Ein neuer Modetrend sind die sog. **Bürgerstiftungen.** Meist wird von einem größeren Träger oder Trägerdachverband eine Stiftung gegründet, in die dann stiftungswillige Bürger weitere Stiftungsgelder einbringen können.

Auch **Erbschaften und Vermächtnisse** sind geeignet, die Finanzlage freier Träger zu verbessern. Eine Erbschaft bezieht sich auf die gesamte Finanzmasse eines Erben, sie kann auch Schuldanteile enthalten. Ein Vermächtnis ist ein fester Anteil der Erbschaft und i. d. R. in einem Geldbetrag ausgedrückt. Die richtige Form mit zukünftigen Erblassern in Kontakt zu treten, ist nicht ganz leicht zu finden. Es empfiehlt sich eine besondere Vorbereitung durch weiterführende Literatur.

Rolf Krüger

Literatur

V. Brinkmann: Sozialwirtschaft. Grundlagen – Modelle – Finanzierung. Wiesbaden 2010 ◆ C. Fedke: Zwischen (Neo) Korporatismus und Markt. Soziale Dienste in Deutschland auf ihrem Weg in den Wettbewerbsmarkt, in: Sozialmagazin 2/2010, 44 ff. ◆ B. Halfar (Hrsg.): Finanzierung sozialer Dienste und Einrichtungen. Baden-Baden 1999 ◆ R. Krüger: Organisation und Finanzierung Freier Träger der Sozialarbeit, Berlin ^{2}2007 ◆ J. Münder: Von der Subsidiarität über den Korporatismus zum Markt, in: neue praxis 1998, 3 ff. ◆ J. Münder/T. Meysen/T. Trenczek (Hrsg.): Frankfurter Kommentar zum SGB VIII. Baden-Baden ^{7}2013 ◆ J. Priemer/A. Labigne/H. Krimmer: Wie finanzieren sich zivilgesellschaftliche Organisationen in Deutschland? Eine Sonderauswertung des ZiviZ-Surveys, Hamburg 2015 (www.zivisz.info/publikationen) ◆ F.-J. Sauer (Hrsg.): Grundsicherung für Arbeitsuchende. Kommentar zum SGB II. Freiburg 2011 ◆ R. J. Wabnitz: Von der Zuwendung zum Entgelt, in: uj 10/2005, 429 ff. ◆ Wiesner: SGB VIII – Kommentar, München ^{5}2015.

Finanzwesen, öffentliches

Für ihre Aufgaben benötigen der Bund, die BL sowie die Kommunen erhebliche Finanzmittel *(Verwaltung, öffentliche)*. Auf die Frage, wie die sog. öffentliche Hand zu ihren Einnahmen kommt, nach welchen Verfahren und Zuständigkeiten und für welche Zwecke die öffentlichen Mittel ausgegeben werden, gibt das öffentliche Finanzwesen Antwort. Auch wenn es als wissenschaftliche Disziplin traditionell stark juristisch geprägt ist, erlangen volks- und finanzwirtschaftliche Analysen zunehmende Bedeutung. Sowohl die juristische Betrachtung der Rechtmäßigkeit als auch die ökonomische Frage nach der Rationalität und den Wirkungen des öffentlichen Finanzwesens zeigen die Bedeutsamkeit des Satzes „Pecunia nervus rerum" auch im öffentlichen Bereich.

Die Einnahmen der öffentlichen Hand

F

Die Einnahmen der öffentlichen Hand stammen im Prinzip aus Abgaben auf die Einkommen der privaten Haushalte und Erträge der Unternehmen. Die im gesellschaftlichen Produktionsprozess entstandene „primäre Einkommensverteilung" wird durch die öffentliche Hand nach politischen Kriterien korrigiert. Der Staat schöpft einen Teil der Einkommen ab (aus Sicht der privaten Haushalte und Unternehmen sind das „negative Transfers") und gibt diese Finanzmittel für Infrastrukturmaßnahmen (reale Transfers) und Einkommensleistungen (aus Sicht der privaten Haushalte und Unternehmen sind das „positive Transfers") – und für eigene Organisationszwecke – wieder aus. Neben Erträgen aus eigener wirtschaftlicher Tätigkeit und neben den Einnahmen aus Krediten bestehen die Einnahmen des Staates wesentlich aus negativen Transfers, die unter dem Begriff der öffentlichen Abgaben zusammengefasst werden: Steuern, Beiträge, Gebühren und Sonderabgaben. Zur Begründung dieser Abgaben lassen sich zwei Arten unterscheiden: Abgaben, die mit einer konkreten Gegenleistung verbunden sind, und Abgaben, die für die Erstellung kollektiver Güter verwendet werden.

Steuern: Steuern dienen zur Deckung des allgemeinen Finanzbedarfs des öffentlich-rechtlichen Gemeinwesens. Steuern sind Geldleistungen, die nicht eine Gegenleistung für eine besondere Leistung darstellen (Non-Affektations-Prinzip). Mit den Steuern steuert die öffentliche Hand die Bereitstellung und Inanspruchnahme öffentlicher Güter. Diese Steuerungsfähigkeit wird dadurch unterstützt, dass die Ausgaben des Staates nicht an die jeweilige Steuerquelle gebunden sind, sondern an die Entscheidungen politischer Gremien. Hierbei lassen sich ferner direkte Steuern (z. B. Gewerbesteuer, Lohnsteuer), die an das Einkommen gebunden sind, und indirekte Steuern (z. B. Umsatzsteuer, Mineralölsteuer), die an den Verbrauch geknüpft sind, unterscheiden.

Gebühren: Gebühren sind Geldleistungen, die als Gegenleistung für eine besondere Leistung der Verwaltung oder für die Inanspruchnahme öffentlicher Einrichtungen und Anlagen erhoben werden. Solchen Zahlungen stehen direkt zurechenbare Leistungen der öffentlichen Hand gegenüber. Zu unterscheiden sind Nutzungsgebühren (z. B. für öffentliche Bibliotheken oder Abwasserkanäle) und Verwaltungsgebühren (z. B. für die Ausstellung einer Urkunde).

Im Gegensatz zu Steuern haben Gebühren die Zweckbestimmung, die Kosten für individuell zurechenbare öffentliche Leistungen ganz oder teilweise zu decken.

Beiträge: Beiträge sind Geldleistungen, die sich auf das Nutzungsrecht bzw. die Möglichkeit der Nutzung öffentlicher Einrichtungen und Anlagen beziehen, und – im Gegensatz zu Gebühren – nicht auf die tatsächliche Inanspruchnahme. Zwischen Beitrag und Gegenleistung der öffentlichen Hand besteht zwar ein Zusammenhang, aber dieser ist schon durch die Option auf Nutzung geknüpft. So wird für die Verbesserung einer Straße von den Anliegern ein Erschließungsbeitrag erhoben, unabhängig von der tatsächlichen Straßennutzung. Und auch die von Urlaubsgästen zu zahlende Fremdenverkehrsabgabe entsteht nicht erst bei der konkreten Nutzung von Fremdenverkehrseinrichtungen, sondern schon beim Aufenthalt im Fremdenverkehrsort.

Sonderabgaben: Sonderabgaben unterscheiden sich sowohl von den Gebühren und Beiträgen, weil sie nicht mit einer bestimmten Gegenleistung verknüpft sind, als auch von den Steuern, weil sie nicht in den allgemeinen Finanztopf der öffentlichen Hand fließen dürfen. Sonderabgaben können von einer bestimmten Gruppe von Bürgern für besondere Finanzbedarfe erhoben werden und werden dann einem Sonderfonds außerhalb des Haushaltsplans zugeführt. Mit Sonderabgaben belastet werden dürfen nur solche Bürgergruppen, denen der politische Zweck der Sonderabgabe besonders zugerechnet werden kann, weil für den Abgabezweck eine besondere Verantwortlichkeit besteht. Ein Beispiel hierfür bietet die Schwerbehindertenabgabe, die als Sonderabgabe von denjenigen Betrieben zu bezahlen ist, die ihre Pflichtquote zur Beschäftigung Schwerbehinderter nicht erfüllen. Die entsprechenden Einnahmen werden dann für die Schaffung von Arbeitsplätzen für schwerbehinderte ArbeitnehmerInnen eingesetzt *(Schwerbehindertenrecht)*.

Die Verteilung der öffentlichen Einnahmen

Je nach Analysestandpunkt beläuft sich die öffentliche Abgabenquote, also der Anteil am Sozialprodukt, den der Staat für seine Zwecke aus der primären Einkommensverteilung abzweigt, auf ca. 50 %. Wie verteilen sich diese Mittel auf die Haushalte des Bundes, der Länder und der Kommunen? Gebühren und Abgaben stehen derjenigen juristischen Person zu, die die Gegenleistung erbringt. Ähnlich unkompliziert ist auch die Zuständigkeit bei Sonderabgaben, die demjenigen Fonds einer Gebietskörperschaft zustehen, der die entsprechenden Nutzungsrechte ermöglicht. Kompliziert ist die Ertragszuständigkeit bei Steuern.

Finanzausgleich zwischen Bund und Ländern

Nach Art. 104a I GG gilt, dass die Finanzierungszuständigkeit der Aufgabenzuständigkeit folgt. Doch wie die Steuereinnahmen des Staates auf den Bund und die einzelnen Länder verteilt werden, behandeln Art. 106 bis 107 GG.

Zu unterscheiden sind der primäre vertikale Finanzausgleich, der primäre horizontale Finanzausgleich, der sekundäre horizontale Finanzausgleich und der sekundäre vertikale Finanzausgleich.

Der primäre vertikale Finanzausgleich: Er regelt die Verteilung der Steuern zwischen dem Bund und der Gesamtheit der Länder. Hierbei kommen zwei Systeme zur Anwendung: Manche Steuern werden dem Bund, manche den Ländern zugewiesen, sodass bei diesem „Trennsystem" zwar Streit über die Verteilung vermieden wird, aber die Risiken unterschiedlicher Steueraufkommen auch nicht ausgeglichen werden. Anders beim „Verbundsystem", das für gewisse Steuern für Bund und Länder einen gemeinsamen Einnahmetopf vorsieht. Bei diesem System ist zwar das Einnahmerisiko gleich verteilt, aber dafür sind regelmäßig Verteilungskonflikte programmiert.

Beispiele für Steuern nach dem Trennsystem sind die Mineralölsteuer, die vollständig dem Bund zufließt, und die Erbschaftssteuer, die bei den Ländern bleibt; oder auch die Gewerbe- und Grundsteuer, die den Gemeinden zufließt.

Beispiele für Steuern nach dem Verbundsystem sind die Einkommenssteuer, die Lohnsteuer und die Umsatzsteuer. Diese Steuereinnahmen können im Verbundsystem nach einem festen Schlüssel verteilt werden (z. B. Einkommenssteuer) oder nach aktueller Aufgabenverteilung zwischen Bund und Ländern verhandelt werden (z. B. Umsatzsteuer).

Der primäre horizontale Finanzausgleich: Er betrifft dann die anschließende Verteilung der Mittel auf die einzelnen Länder. Nach Art. 107 Abs. 1 GG ist hier für den Zuteilungsanteil das örtliche Steueraufkommen entscheidend. Im Prinzip gilt also, dass derjenige Anteil am Steueraufkommen, der den Ländern zusteht, zwischen diesen nach der wirtschaftlichen Leistungsfähigkeit bzw. (z. B. bei der Umsatzsteuer) nach der Einwohnerzahl verteilt wird.

Der sekundäre horizontale Finanzausgleich: Hier wird die vorgenommene Steuerverteilung zwischen den Ländern korrigiert, um die unterschiedliche Finanzkraft der Länder nach Art. 107 Abs. 2 S. 1 GG auszugleichen, damit die Gleichheit der Lebensbedingungen gesichert wird. Dieser Länderfinanzausgleich ist bei den „Geberländern" in der Höhe umstritten, da deren Ausgleichszahlungen nach dem Finanzausgleichsgesetz dafür sorgen müssen, dass die ärmeren „Nehmerländer" auf 95 % des Länderdurchschnitts gehoben werden.

Der sekundäre vertikale Finanzausgleich: Je größer die Streuung der Steuereinnahmen zwischen den einzelnen Ländern ist, desto größer müssten die Ausgleichszahlungen sein. Um die reicheren BL wiederum durch den Länderfinanzausgleich nicht zu überfordern, findet ein sekundärer vertikaler Finanzausgleich statt, in dem der Bund ärmeren Ländern sog. „Bundesergänzungszuweisungen" gewährt.

Der Finanzausgleich zwischen Ländern und Kommunen

Im Rahmen des kommunalen Finanzausgleichs wird von den so ermittelten Steuereinnahmen der Länder ein Teil den Gemeinden (das sind Städte und Gemeinden) zugewiesen. Diese Zuweisungen durch die Länder beinhalten u. a. einen 15 %igen Anteil an der Einkommenssteuer und orientierten sich in ihrer Verteilung einerseits an objektiven Kriterien (Steuerkraft, Einwohnerzahl etc.) und andererseits an gewissen Bedarfen und Zweckvorhaben. Neben diesen Landeszuweisungen finanzieren sich die Gemeinden aus der Gewerbe- und Grundsteuer sowie durch Gebühren und Beiträge. Die Landkreise wiederum finanzieren sich dann aus einer Umlage, die von den jeweiligen Gemeinden des Landkreises aufgebracht wird.

Gemeindefinanzreform

Zu einer umfassenden Gemeindefinanzreform ist es bisher nicht gekommen. Die Einführung

F

der sog. Schuldenbremse (Art. 109 und 115 GG) verpflichtet den Bund und die Länder, künftig grundsätzlich ohne Kreditaufnahmen auszukommen. Die Gemeinden unterliegen den Schuldengrenzen nur indirekt, weil die Länder insgesamt für eine korrekte Haushaltsführung verantwortlich sind.

Probleme für die Soziale Arbeit

Aus der Sicht der *Sozialen Arbeit* entstehen durch die Organisation des öffentlichen Finanzwesens einige besondere Probleme. So gilt der Grundsatz, dass die Verantwortung für eine öffentliche Aufgabe auch mit der Finanzverantwortung für diese Aufgabe verbunden sein soll. Die Gemeinden und Kreise als örtliche Träger haben zwar die Verantwortung und Finanzverantwortung für große Teile der Sozial- sowie Kinder- und Jugendhilfe, aber die Qualitäts- und Leistungsstandards werden zumeist auf Bundes- oder Landesebene festgelegt. Insofern sind die kommunalen Gebietskörperschaften finanziell besonders betroffen, wenn Bund bzw. Länder die Leistungsqualität (z. B. Personalschlüssel, Mindestbauverordnungen) und/oder die Leistungsmenge (z. B. Rechtsanspruch auf einen Kindergartenplatz) sozialer Hilfen ausweiten oder die Leistungsart verändern (z. B. Integration von Arbeitslosen- und Sozialhilfe).

Dem soll mit Hilfe des sog. Konnexitätsprinzips begegnet werden: der beauftragte Gesetzgeber hat für den finanziellen Ausgleich der von ihm übertragenen Aufgaben zu sorgen (Verursacherprinzip). Allerdings bleiben die Gemeinden weiter das schwächste Glied des öffentlichen Finanzwesens.

Tatsächlich führt das weiter zu einer Vielzahl von länderspezifischen Regelungen, wie die investiven und laufenden Kosten sozialer Einrichtungen zwischen überörtlichen und örtlichen Trägern zu finanzieren sind, die überörtlichen Charakter haben.

Bernd Halfar

Literatur

Ch. B. Blankart: Föderalismus in Deutschland und in Europa, Baden-Baden 2007 ◆ Ch. Bräuer: Finanzausgleich und Finanzbeziehungen im wiedervereinten Deutschland, Wiesbaden 2005 ◆ H. G. Henneke: Öffentliches Finanzwesen, Finanzverfassung: eine systematische Darstellung, Heidelberg [3]2015 ◆ M. Thye: Die neue „Schuldenbremse". Zur neuen Gestalt der Finanzverfassung nach der Föderalismusreform II. Halle 2010.

Die bisherigen Regeln für die Finanzbeziehungen zwischen dem Bund und den Ländern untereinander laufen Ende 2019 aus (§ 20 des Finanzausgleichsgesetzte von 2001). Das zwingt alle Beteiligten, die Ausgestaltung des bundesstaatlichen Finanzausgleichs ab dem Jahr 2020 (neu) zu regeln.

Anfang Dezember 2015 haben sich die 16 Bundesländer darauf verständigt, die Umverteilung zwischen finanzstarken und -schwächeren Ländern neu zu regeln. Nach jahrelangen und überaus komplizierten Verhandlungen haben inzwischen Bund und Länder am 14. Oktober 2016 eine Grundsatzeinigung über die Reform der Bund-Länder-Finanzbeziehungen getroffen. Ab 2020 sollen bei der Umverteilung der Milliarden-Hilfen unter ‚reichen' und ‚armen' Ländern sowie zwischen Bund und Ländern neue Regeln gelten. Der Kompromiss bildet im Wesentlichen das Ländermodell ab, auf das sich die Ministerpräsidentinnen und -präsidenten im Dezember 2015 geeinigt hatten. Die Vereinbarung sieht jährlich steigende Hilfen des Bundes und eine Entlastung der Geberländer vor (so spart z. B. Bayern künftig jährlich 1 Mrd. Euro). Ab 2020 wird der Bund den Ländern jährlich rd. 9.5 Mrd. Euro überweisen. Die Länder konnten sich auch mit ihrer Forderung nach jährlich steigenden Ausgleichzahlungen des Bundes durchsetzen, allerdings wird die Dynamisierung begrenzt. Im Gegenzug zu den Ausgleichszahlungen erhält der Bund etliche neue Kompetenzen (Einzelheiten unter www.bundesrat.de/finanzausgleich). Der Bundesrat muss der Reform zustimmen, damit sie in Kraft treten kann – so sieht es Art. 107 GG vor. Zum Zeitpunkt der Fahnenkorrektur (November 2016) war das Gesetzgebungsverfahren noch nicht abgeschlossen.

Anmerkung der Herausgeber

Forschung

Zum Begriff

F. ist der Sonderfall einer allgemeinen menschlichen Tätigkeit: der Widerspiegelung von Personen und Sachen, Verhältnissen und Beziehungen, Erscheinungen und Prozessen im Bewusstsein. Ziel dieser Tätigkeit ist es, die von ihr bearbeiteten Phänomene zu beschreiben, zu begreifen (Begriff), zu erklären und vorherzusagen. Dabei bedienen sich Forscher derselben Erkenntnisinstrumente, die auch andere Menschen in ihren alltäglichen Verrichtungen benutzen: Wahrnehmung, Speicherung (Gedächtnis), Vergleich, Bewertung. F. ist eine Spezialform menschlichen Denkens und Urteilens. Sie unterscheidet sich von unserem Alltagsdenken durch zwei einfache, aber folgenreiche Vorkehrungen: Der Forschungsprozess ist für die Forschenden immer ein bewusster Prozess, und er folgt formulierten und öffentlich bekannt gemachten Regeln (Methoden: Beispiele bei Noack 2009). Dadurch soll gesichert werden, dass Forschungsgegenstände, Probleme und Prozesse vollständig (und nicht selektiv) bearbeitet werden und dass ein Gedankenaustausch verschiedener Forscher über Gemeinsamkeiten und Unterschiede ihrer Ergebnisse stattfinden kann.

Forschungsorte

Institutioneller Ort von F. ist die Wissenschaft. Sie ist im geschichtlichen Prozess der Entfaltung abendländischen Denkens in verschiedene Disziplinen zerlegt worden, die in die Bereiche Naturwissenschaften, Ingenieurwissenschaften, Geistes- und Kulturwissenschaften und Sozial- (oder Gesellschafts-)wissenschaften eingeordnet werden. Jeder dieser Wissenschaftsbereiche hat im Laufe seiner Entwicklung eigene Wege der Informationssammlung, Informationsdeutung und Erkenntnisgewinnung entwickelt, die einen sinnvollen Dialog zwischen den Wissenschaftsbereichen – und häufig auch innerhalb eines Wissenschaftsbereichs – erschweren (Methodenstreit). Bedeutsamer Ort der Tradierung und Entfaltung von Wissenschaft sind Hochschulen, vor allem Universitäten. In ihnen fließen die Tätigkeiten von Forschung und Lehre zusammen und beeinflussen sich wechselseitig. Je bewusster sich Universitäten und andere HS der Aufgabe stellen, Lehre zum Zwecke gezielter Berufsausbildung zu betreiben (Hochschulreform), umso größer wird die Rolle, welche die Entfaltung von Wissenschaften für die Berufspraxis spielt *(Professionalisierung).*

Vorgehensweisen

Zum Zwecke der Berufsausbildung hat es sich als wenig sinnvoll erwiesen, Forschungsprozesse isoliert innerhalb einzelner Wissenschaftsdisziplinen (*Soziologie, Psychologie, Erziehungswissenschaft,* Wirtschaftswissenschaft) zu organisieren, zumal diese Disziplinen immer weniger in der Lage sind, separate Forschungsgegenstände für sich zu reklamieren. Gerade die Disziplinen, die für die Ausbildung von SozArb/SozPäd von besonderer Bedeutung sind, beschäftigen sich überwiegend mit Phänomenen der Entfaltung menschlichen Lebens in gesellschaftlichen Zusammenhängen, die von verschiedenen Wissenschaftsdisziplinen erforscht werden – nur unter unterschiedlichen Fragestellungen, Forschungsinteressen und Vorgehensweisen. Das bedeutet keine Verengung auf Projekte quantitativer empirischer Sozialforschung. Der jahrzehntelange Streit über die Relevanz „qualitativer“ Methoden gegenüber „quantifizierenden“ Methoden hat sich Anfang des 21. Jh. beruhigt. Inhaltsanalysen, die Analysen verbaler Daten, Handlungsforschung und Lebenslaufforschung haben Ergebnisse und Erkenntnisse gebracht, die gerade für die SozArb/SozPäd von besonderer Bedeutung sind. Aber auch hermeneutisch-interpretierende und ideologiekritische Forschungsarbeiten tragen wesentlich zum Verständnis von Grundlagen, Problemen, Prozessen und Wirkungen von SozArb/SozPäd bei und werfen Licht auf deren ideologische Rechtfertigungen, Verwerfungen und Verzerrungen. Es erscheint deshalb als erfolgversprechend, dass zeitgenössische F. und Lehre mehr und mehr interdisziplinär, also nicht nur disziplinenorientiert, sondern auch problemzentriert betrieben wird (Sozialisationsforschung, Jugendforschung, *Kriminologie, Armuts*forschung, Erforschung ethnischer Traditionen). Dabei reicht es nicht aus, dass Forscher aus verschiedenen Wissenschaftsdisziplinen ihren Sachverstand einfach addieren. Sie müssen vielmehr eine doppelte Loyalität gegenüber ihrer Disziplin und gegenüber den interdisziplinär zu bearbeitenden Forschungsgegenständen entwickeln. Sie sind dabei in der gleichen Lage wie SozArb/SozPäd, die durch das Gebot methodischen Arbeitens ebenfalls dazu angehalten werden, die Probleme und Aufgaben ihrer Alters- und Zielgruppen bewusst, methodisch und ganzheitlich zu bearbeiten. Es gibt Forscher, die daraus die Forderung nach einer eigenständigen *Sozialarbeitswissenschaft* ableiten. Dem wird entgegengehalten, dass eine solche Verengung auf berufsspezifische Gegenstandsbereiche und Problemstellungen den Blick auf Erkenntnisfortschritte in anderen gesellschaftlich bedeutsamen Forschungsbereichen und Wissenschaftsdisziplinen verstelle und die Selbstkorrektur durch diskursive wissenschaftliche Austauschprozesse erschwere. Einigkeit scheint darüber zu bestehen, dass Forschungen, die für SozArb/SozPäd relevant sind, interdisziplinär, methodenplural und erfahrungswissenschaftlich abgesichert sein müssen *(Empirische Sozialforschung, Evaluation).*

Ein besonderes Problem traditioneller Sozialforschung besteht in der analytischen und diagnostischen Ausrichtung insbesondere der Grundlagenforschung. Sie erbringt für den beruflichen Alltag von SozArb/SozPäd im besten Falle Erkenntnisleistungen, aber i. d. R. keine Handlungsanleitungen. Die Berufspraxis ist deshalb auf einen Forschungstyp angewiesen, dem der in die USA emigrierte Gestaltpsychologe Kurt Lewin (1890–1947) den Namen Handlungsforschung (action research) gegeben hat. Die Philosophie dieser Forschung hat Lewin 1946 in dem Negativ-Satz zusammengefasst: „Eine Forschung, die nichts anderes als Bücher hervorbringt, genügt nicht". Prinzipien von Handlungsforschung entwickelte Lewin aus kreativen Feldexperimenten, mit denen er gesellschaftliche und politische Tatbestände (wie den Einfluss des Nationalsozialismus auf die junge Generation) besser erklären, gleichzeitig aber auch alternative Wege zu einer neuen Praxis eröffnen wollte (*Gruppenarbeit*, Gruppendynamik, Organisationsentwicklung). Eine solche handlungsrelevante Sozialforschung setzt eine enge, vertrauensvolle Zusammenarbeit von Sozialforschern und Berufspraktikern voraus, eine Zusammenarbeit, die im besten Fall dazu führen kann, dass Berufspraktiker von Sozialforschern zu eigenständiger ‚Praxisforschung' angeleitet werden.

C. Wolfgang Müller

Literatur

M. Blanz: Forschungsmethoden und Statistik für die Soziale Arbeit, Stuttgart 2015 ◆ J. Jungbauer: Auf Augenhöhe mit der scientific community. Notwendigkeit und Erfordernisse einer empirischen Sozialarbeitsforschung. In: sozialmagazin 1/2009, 43–47 ◆ K. Lewin: Die Lösung sozialer Konflikte. Ausgewählte Abhandlungen über Gruppendynamik, Nauheim 1953 ◆ A. J. Marrow: Kurt Lewin. Leben und Werk, Weinheim 2002 ◆ W. Noack: Forschungsmethoden in der Sozialen Arbeit. In: TuP 3/2009, 214–221 ◆ W. Schefold: Sozialpädagogische Forschung. Stand und Perspektiven, in: W. Thole (Hrsg.): Grundriss Soziale Arbeit, Wiesbaden [4]2012, 1123–1144 ◆ A. Schneider/D. Molnar/S. Link/M. Köttig (Hrsg.): Forschung in der Sozialen Arbeit. Grundlagen – Konzepte – Perspektiven, Wiesbaden 2015.

Weitere Literatur bei *Empirische Sozialforschung*.

Frauen

Frauen- und Männerwelten sind unterschiedlich; sie werden durch Kultur und Tradition geformt. Unter Geschlechterdifferenz wird heute eine grundsätzliche Struktur verstanden, die jede Geschichte und jede Gesellschaft überlagert.

Weibliche Identität

Die Bemühungen, die Prozesse gesellschaftlicher Ausdifferenzierungen und ihre Folgen für F. herauszuarbeiten, werden wohl am deutlichsten, wenn es darum geht, die „weibliche Identität" zu beschreiben. Die Frage der F. nach dem, was ihre Identität ausmacht, ist historisch relativ neu: denn sie reflektiert ein Selbstbewusstsein und einen Aufbruch in eine öffentlich gewordene Eigenständigkeit aus einer gesellschaftlich stark auf die Polarisierung von *Männern* und F. angelegten Welt. Mit der philosophisch-politischen Festigung der bürgerlichen Gesellschaft in Deutschland zu Beginn des 19. Jh. entstanden Bilder von der „Polarisierung der Geschlechtscharaktere", in denen Männern der „öffentliche Bereich" der Berufsarbeit und F. der „private Bereich" der Familien- und Hausarbeit zugeschrieben wurde. Weiblichkeit gerann in dieser Polarisierung zum Gegenpol für Macht, Durchsetzungsfähigkeit, Selbstbewusstsein: Beziehungsfähigkeit, Bescheidenheit, Güte und Fürsorge sind die historisch festgeschriebenen Eigenschaften, die F. zur idealen Kompensation männlicher Macht machen sollte. Ein solches Denken in Polarisierungen ist heute – durch die Veränderungen im Bildungsbereich, die mittlerweile selbstverständliche Teilnahme der F. im Bildungswesen und durch die veränderten Strukturen des Arbeitsmarktes in der spätindustriellen Gesellschaft – nicht mehr möglich, auch wenn es durchaus weiterhin politische Versuche gibt, F. in den „stillen Bereich" des Privaten zurückzudrängen. Weiblichkeit ist dem heutigen Verständnis nach nicht als bloßer Gegenpol zu männlichen Eigenschaften zu verstehen, und sie ist auch nicht als eine Art „defizitäre Männlichkeit" zu beschreiben i. S. von Eigenschaften, die F. im Gegensatz zu Männern nicht haben. Die Polarisierungen, die durch eine solche Gegenüberstellung entstehen, entsprechen nicht der komplexen sozialen Wirklichkeit, in der – wie Forschungen belegen (Hagemann-White 1984, Braun/Stange 2006) – Männer und F. sich empirisch kaum durch ihre Eigenschaften unterscheiden lassen. Vielmehr zeigt sich, dass Männer wie F. diese unterschiedlichen Eigenschaften je nach Lebensphase und je nach gesellschaftlichen Zuschreibungsformen annehmen und dass Weiblichkeit daher auch etwas ist, was der Zeit, der Geschichte und der Veränderbarkeit von gesellschaftlichen Diskursen und Pluralisierungstendenzen unterliegt. Daher wird heute in der Bestimmung dessen, was weibliche Identität ist, immer darauf verwiesen, dass Identität kein geschlossenes Modell mehr sein kann. Aus heutiger

Sicht kann die große „Gleichheits- und Differenzkontroverse“ der späten 1980er Jahre „so verstanden werden, dass als Reaktion auf die tradierte ‚Zweitrangigkeit‘ von Frauen versucht wurde, ‚Weiblichkeit‘ aufzuwerten, nicht Gleichbehandlung unter unveränderten (männlich) geprägten Bedingungen zu erreichen, sondern eine Eigenwertigkeit und darin bisweilen Überlegenheit von Frauen aufzuweisen“ (Gildemeister 2005).

Weibliche Lebensentwürfe

Mit den gesellschaftlichen Pluralisierungsprozessen, also der Zunahme an Lebensformen und möglichen Lebensentwürfen in den westlichen Industriestaaten, haben sich auch Lebensformen und Lebensentwürfe der F. ausdifferenziert: Neben die „weibliche Normalbiografie“, die Abfolge von Ausbildung, Beruf, Kinderphase und späterer Wiederaufnahme der Berufstätigkeit, sind so viele andere, „patchworkartige“ Lebensentwürfe getreten, dass von einer gleichförmigen und globalen „Unterdrückung“ oder Benachteiligung der F., aber auch von der neuen Frauenbewegung längst nicht mehr ausgegangen werden kann: Zu unterschiedlich und zu spezifisch sind die Interessen und die Strukturen heute geworden, in denen F. leben und die sie auch mitgestalten. Mit den Prozessen gesellschaftlicher Differenzierungen haben sich auch die politischen Interessen und Orientierungen der F. vervielfacht.

Zentrales Ziel der Frauenpolitik ist es, dass unterschiedliche Lebenswelten von F. und Männern nicht zur Rechtfertigung von Diskriminierung dienen dürfen. 1979 wurde von der Generalversammlung der Vereinten Nationen die Konvention über die Beseitigung jeder Form von Diskriminierung der F. beschlossen und trat 1981 in Kraft. Am 1. April 2000 hatten 165 Staaten die Konvention ratifiziert oder waren ihr beigetreten; damit ist dies nach der Konvention über die Rechte des Kindes das am häufigsten ratifizierte internationale Menschenrechtsabkommen. Regierungen, die die Konvention ratifizieren, verpflichten sich, alle geeigneten Maßnahmen zur Änd. der sozialen und kulturellen Verhaltensweisen von F. und Männern im Hinblick auf die Beseitigung von Vorurteilen, Sitten und jeglichen sonstigen Praktiken zu ergreifen, die auf der Vorstellung von der Unter- oder Überlegenheit eines Geschlechts, oder auf Klischeevorstellungen bzgl. der Rollen von F. und Männern, beruhen. Die Konvention definiert Diskriminierung von F. als jegliche Unterscheidung, Ausgrenzung oder Einschränkung, die auf der Grundlage des Geschlechts geschieht und die die Wirkung oder den Zweck hat, die Anerkennung, Inanspruchnahme und Ausübung von Menschenrechten und Grundfreiheiten auf politischem, wirtschaftlichem, sozialem, kulturellem, zivilem oder einem anderen Gebiet durch die F. auf der Basis der Gleichheit von F. und Mann einzuschränken oder aufzuheben. Die Art. der Konvention nennen bestimmte Maßnahmen, die von den Staaten, die die Konvention ratifizieren oder ihr beitreten, im Namen der F. zu ergreifen sind, darunter die Beseitigung des Menschenhandels mit F. und ihre Ausbeutung durch Prostitution, das Erreichen der Gleichstellung im politischen und öffentlichen Leben und in der Vertretung in internationalen Gremien sowie die Sicherstellung der Gleichheit hinsichtlich des Rechts auf Bildung, Beschäftigung, Gesundheit und wirtschaftliche und soziale Leistungen.

Auf dieser Basis haben die die Konvention unterzeichnenden Staaten, so auch die BRD, auf nationaler Ebene verschiedene Maßnahmen ergriffen:

- Erstellung oder Verstärkung nationaler Maßnahmepläne zur Frauenförderung und Gleichstellung;
- Schaffung des Amtes von Frauenministerinnen, Koordinierung staatlicher Maßnahmen oder Einrichtungen von Gleichstellungsressorts in bereits bestehenden Ministerien sowie kommunale Gleichstellungsstellen;
- Zusammenstellung von Statistiken zur Überwachung der Auswirkungen von Maßnahmen und Programmen auf Mädchen und F.;
- Erweiterung ihrer Verfassungen und Bestimmungen, die die Ausübung der Menschenrechte ohne geschlechtsbezogene Diskriminierung garantieren;
- Verabschiedung von Rechtsvorschriften, die die wirtschaftlichen, sozialen, zivilen und politischen Rechte der F. garantieren;
- Einführung von Rechtsreformen und Politikänderungen in Bezug auf das Problem der Gewalt gegen F.

Das gesellschaftliche Problembewusstsein zur Diskriminierung von F. ist in den letzten Jahrzehnten deutlich gestiegen. Aktuell wird in Deutschland die Ungleichbehandlung der Geschlechter von etwa zwei Dritteln der Bevölkerung als „sehr“ oder „ziemlich“ verbreitet angenommen (Fuchs/Bothfeld 2011).

Geschichte der Frauenpolitik

Meilensteine der Gleichstellungspolitik für F. in Deutschland waren die Einführung des Wahlrechts für F. im Jahre 1919 sowie die Verankerung der Gleichberechtigung von F. und Männern im

F

GG der BRD im Mai 1949. Für die Formulierung „Männer und F. sind gleichberechtigt“ in Art. 3, Abs. 2 des GG mussten insbes. die vier F. des 65 Mitglieder umfassenden parlamentarischen Rates zur Erarbeitung einer demokratischen Verfassung für die BRD Elisabeth Selbert und Friederike Nadich (beide SPD-Abgeordnete), Helene Weber und Helene Wessel (CDU-Abgeordnete und Zentrumsabgeordnete) lange kämpfen. Es ist der Juristin und Sozialdemokratin Elisabeth Selbert zu verdanken, dass dieser bahnbrechende Satz in die Verfassung aufgenommen wurde. Sie wusste aus ihrer Erfahrung als Anwältin über die konkreten rechtlichen Benachteiligungen von F. im privatrechtlichen Bereich, v. a. im Ehe-, Familien- und Arbeitsrecht, und wollte den Gesetzgeber zum Handeln zwingen. Auf dieser Basis wurden in den darauf folgenden Jahrzehnten entscheidende gesetzliche und rechtliche Veränderungen auf den Weg gebracht. Dies war notwendig, denn zentrale Gesetze richteten sich primär an männlichen Bürgern aus und räumten ihnen eine Vormachtstellung ein: so im Steuerrecht, Staatsangehörigkeitsrecht, Erbrecht, Familienrecht, Beamtenrecht, Sozialversicherungsrecht etc. Beispielhaft erwähnt sei hier die alleinige Erziehungsgewalt des Vaters in der Familie und das Bestimmungsrecht des Ehemannes über die Berufstätigkeit seiner Ehefrau.

Wichtige Maßnahmen und Gesetze für Frauen in der BRD seit 1949

Zu den die tatsächliche und rechtliche Gleichstellung von F. verbessernden Gesetzen gehörten u. a. das MSchG 1952 *(Mutterschutz)*, das Familienrechtsänderungsgesetz 1961 mit der Verbesserung der Rechtsstellung lediger Mütter und der Unterhaltspflicht des Vaters bis zur Volljährigkeit des Kindes sowie die Verbesserung der Rechtsstellung der Ehefrau bei Zerrüttung der Ehe, das MSchG von 1968, das Gesetz zur Regelung der Teilzeitbeschäftigung und langfristigen Beurlaubung von BeamtInnen und RichterInnen sowie das Gesetz über die rechtliche Stellung der nichtehelichen Kinder 1969 mit entsprechenden Änd. und Ergänzungen des JWG im Jahre 1970 (hier steht im Zentrum, dass der Mutter von Geburt an die volle elterliche Sorge zusteht und die gesetzliche Amtsvormundschaft auf solche Fälle beschränkt wird, bei dem die Mutter noch minderjährig ist).

Bis in die 1970er Jahre hinein waren diese Gesetzesänderungen noch deutlich an der Ausrichtung der F. als Mutter und der damit verbundenen Arbeitsteilung in der *Familie* gebunden, auch wenn hier grundsätzlich ihre Rolle und ihr Vertretungsanspruch gestärkt wurden.

Im Gefolge der Frauenbewegung werden in den 1970er Jahren weitere Gesetze zur Reform des Ehe- und *Familienrechts* und des Strafrechtsänderungsgesetzes verabschiedet. Diese bewirken rechtliche Gleichstellungen im Bereich der persönlichen Ehewirkungen: das Partnerschaftsprinzip wird eingeführt, d. h. keine gesetzlich vorgeschriebene Aufgabenteilung in der Ehe, das Scheidungsrecht wird vom Schuld- auf das Zerrüttungsprinzip umgestellt, der Unterhaltsanspruch für Ehepartner die nach der Scheidung nicht für sich selbst sorgen können, wird zeitlich befristet, die Anrechte auf Altersversorgung gleichmäßig auf beide Ehepartner verteilt und der Schwangerschaftsabbruch nicht unter Strafe gestellt, wenn medizinische, eugenische, kriminologische Indikationen vorliegen oder sonstige schwere Notlagen.

Die 1980er Jahre sind geprägt von der politischen Bewertung, dass die rechtliche Gleichstellung von F. zwar zwingende Voraussetzung, aber keine hinreichende Bedingung für tatsächliche Gleichstellung ist. So werden Institutionen wie z. B. der Arbeitsstab Frauenpolitik des BMJFG im Jahre 1979 eingerichtet, es werden Enquetekommissionen wie z. B. „Frau und Gesellschaft“ eingesetzt. Diese hat Empfehlungen für die Aufhebung der Benachteiligung von *Mädchen* und F. in der beruflichen Bildung und auf dem Arbeitsmarkt, für die Schaffung der Voraussetzungen der Wahlfreiheit von F. und Männern bei der Verteilung ihrer Aufgaben in Familie, Gesellschaft und Beruf ausgesprochen. Sie hat über 100 Vorschläge zur Durchsetzung der Gleichberechtigung unterbreitet. Die Aufhebung der Bildungsbenachteiligung von Mädchen und F. in Schule und HS wurden in den 1980er Jahren u. a. auch durch Gesetze zur Änd. des HRG etc. weitgehend bearbeitet. Auch die Benachteiligung von F. auf dem Arbeitsmarkt wurde durch die siebte Novelle zum AFG im Jahre 1986 in Angriff genommen. Berufliche Förderung von F. in Bundes- und Landesverwaltungen waren Gegenstand zahlreicher RL in den 1980er Jahren. Frauenpolitik wird zum unverzichtbaren Bestandteil der Organisation von Politik auf Bund- und Länderebenen; so wird auf Bundesebene eine neue Abteilung Frauenpolitik im BMJFFG gegründet. Mit der Einsetzung eines wissenschaftlichen Beirates für Frauenpolitik beim BMJFFG sollen die bereits vorhandenen Instrumentarien zur Gleichberechtigung ergänzt und das zuständige BM in Fragen der Frauenforschung und Frauenpolitik unabhängig beraten werden.

In den 1980er Jahren wurden überdies kommunale Frauenbeauftragte, Gleichstellungs- bzw. Frauenberatungsstellen eingerichtet, zunächst mit dem Ziel, Gleichberechtigung in der kommunalen Verwaltung zu fördern. Später sind darüber hinaus die Entwicklung einer Fraueninfrastuktur und die Unterstützung und Vernetzung sich organisierender Frauengruppen vor Ort dazugekommen.

Ebenfalls in den 1980er Jahren wurde damit begonnen, zur Durchsetzung gleichberechtigter Teilhabe von F. in politischen Parteien und parlamentarischen Vertretungen eine Frauenquote einzuführen.

Zu den auch in den 1990er Jahren zahlreichen gesetzlichen Verbesserungen für die Gleichstellung von F. gehört das im Jahre 1992 vom Dt. BT beschlossene SFHG *(Schwangerenberatung).* Das Gesetz soll dem Schutz des vorgeburtlichen/werdenden Lebens und zur Förderung einer kinderfreundlichen Gesellschaft dienen, für Hilfen im Schwangerschaftskonflikt sorgen, Regelungen des Schwangerschaftsabbruchs definieren und durch eine weitere Reform 1996 den Rechtsanspruch auf einen Kindergartenplatz für Kinder ab Vollendung des 3. Lebensjahres regeln. Etliche Gesetze und RL der 1990er Jahre betreffen zudem das Thema Gewaltschutz für F. und Kinder *(Gewalt in Familien).*

2002 wurde nach langem politischen Ringen das sog. Wegweisungsgesetz/Gewaltschutzgesetz beschlossen, das bei Gewalttaten eine Ausweisung aus der ehelichen Wohnung erleichtert und ausdrücklich Regelungen für ein Kontakt-, Belästigungs- und Näherungsverbot enthält.

Von grundsätzlicher frauenpolitischer Bedeutung ist seit dem Amsterdamer Vertrag von 1999 die Implementation des *„Gender mainstreaming"* in Politik, Administration, Wissenschaft und Praxis seit Mitte der 1990er Jahre. Darunter wird eine Strategie zur nachhaltigen Förderung der Chancengleichheit von F. und Männern bezeichnet, der Geschlechtergerechtigkeit durch die grundsätzliche Änd. der Strukturen selbst, die die Ungleichheit produzieren, herstellen will (Pinl 2002).

Am 18.8.2006 ist das „Gesetz zur Umsetzung europäischer Richtlinien zur Verwirklichung des Grundsatzes der Gleichbehandlung" (AGG) in Kraft getreten. Es enthält Regelungen zur Verhinderung oder Beseitigung von Benachteiligungen im Arbeitsrecht und im Privatrecht hinsichtlich des Geschlechts und anderer Merkmale (Rasse, ethnische Herkunft, Religion, Behinderung, Alter, sexuelle Identität). Inhaltlich bezieht sich das AGG u.a. auf die Bedingungen für den Zugang zur Erwerbstätigkeit, den beruflichen Aufstieg, die Beschäftigungs- und Arbeitsbedingungen (einschließlich des Arbeitsentgelts) und der Entlassungsbedingungen (ohne Kündigungen) sowie Belästigungen, insbes. sexuelle Belästigungen. Gegen Benachteiligungen gibt es ein Beschwerderecht und ein Klagerecht für Betroffene, allerdings noch immer wenig praktische Erfahrungen.

Die weiteren frauenpolitischen Entwicklungen: der erste Gleichstellungsbericht des BMFSFJ 2011 (der zweite wird für 2017 erwartet) und das Gesetz zur gleichberechtigten Teilhabe von Frauen in Führungspositionen in der Privatwirtschaft und im öffentlichen Dienst vom 1.5.2015 mit einer zu erreichenden Frauenquote in den Aufsichtsräten von Großunternehmen von 30% ab dem 1.1.2016 (zz. 18,4%, in den Vorständen nur 5,9%).

Frauen und Beruf

Die Beteiligung der F. am Bildungs- und Erwerbsleben mit der entsprechenden Forderung nach *Chancengleichheit* in Schule, Ausbildung und Beruf ist nach wie vor eines der zentralen Themen der Frauenbewegungen und der Frauenpolitik. Dabei ist dieses Thema in der Geschichte der neuen Frauenbewegung seit der 1968er-Zeit unterschiedlich akzentuiert worden: Während in den 1970er Jahren eher versucht wurde, objektive Strukturen für einen erleichterten Zugang der F. zu Berufschancen zu schaffen, lag der Akzent in den 1980er Jahre in den Lebensbedingungen der F. In den Vordergrund trat das Interesse nach dem „doppelten weiblichen Lebensentwurf", also die Frage, wie F. Beruf und Familie vereinbaren können, welche Schwierigkeiten sich ergeben, zwischen welche Widersprüche sie geraten und wie diese gesellschaftlich und politisch gelöst werden können.

In der alten BRD ist das Thema F. und Beruf in der Öffentlichkeit bis heute zwiespältig diskutiert worden. Berufstätige Mütter haben diesen Zwiespalt wohl am deutlichsten bei der Kinderbetreuung zu spüren bekommen: Bis heute ist die Betreuungssituation für Kinder unter 3 Jahren gekennzeichnet von regionalen Versorgungslücken und schwierigen Finanzierungsverhältnissen *(Kinderkrippen).* Bis heute müssen in der alten BRD erwerbstätige F. die Kinderbetreuung größtenteils individuell regeln. Die Frage „F. und Beruf" ist daher nicht ohne Überlegungen zur Vereinbarkeit von Familie und Beruf zu denken: Die Erwerbsbiografien der F. sind – im Gegensatz zu den bruchlosen Biografien der Männer – in den alten BL nach wie vor gekennzeichnet von Sprüngen und Brüchen, von zufälligen Entscheidungen, aber auch vom Risiko der Dequalifizierung beim Wiedereinstieg ins Berufsleben nach der Kinderphase. Die Gleichberechtigung der F. im Bildungsbereich hat auch heute noch nicht dazu geführt, dass F. im Beruf auch gleiche Chancen haben (Allmendinger 2011).

Die Bilanz dazu sieht heute wie folgt aus:

1) Junge F. haben von der Bildungsexpansion profitiert und mittlerweile die gleichaltrigen Männer bei Schul- und Berufsabschlüssen überholt. Sie verfügen im Durchschnitt über einen höheren Bildungsabschluss als gleichaltrige Schüler. In der *beruflichen Bildung* haben F. gegenüber Männern ebenfalls aufgeholt, sie münden allerdings nach wie vor in ein engeres Spektrum von Ausbildungsberufen. Das gestiegene Bildungsniveau der F. zeigt am *Arbeitsmarkt* noch keine Wirkung. So verdienen F. in etlichen Berufen trotz gleichwertiger Leistungen weniger Geld und haben deutlich größere Schwierigkeiten Leitungsfunktionen zu übernehmen. 2016 betrug der Frauenanteil in Führungspositionen in kleinen Unternehmen 25,3 %, in Unternehmen mit mehr als 10 000 Mitarbeitern 16,9 %. Zur Lohngleichheit von Frauen und Männern hat das BMFSFJ einen Gesetzentwurf vorgelegt. Damit soll in Betrieben mit mehr als 200 Mitarbeitern/Mitarbeiterinnen v. a. mehr Lohntransparenz erreicht werden. Es ist vorgesehen, das Gesetz im Sommer 2017 zu verabschieden.
2) Die Erwerbsbeteiligung von F. hat im langfristigen Trend jedoch deutlich zugenommen. F. stellen mit zz. 49,2 % fast die Hälfte aller Erwerbstätigen. Bezogen auf alle F. in Deutschland sind etwa 71,5 % der F. zwischen 15 und 65 Jahren erwerbstätig.
3) Die Zunahme der Zahl erwerbstätiger F. geht mit einer Umverteilung des Arbeitszeitvolumens unter F. einher. F. mit minderjährigen Kindern sind in steigendem Maße in Teilzeit beschäftigt, aber relativ weniger in Vollzeit. Ihre Teilzeitquote beträgt 47 %, die Teilzeitbeschäftigung von Männern spielt mit etwa 9,0 % nach wie vor eine nur marginale Rolle.
4) F. weisen eine weniger stabile Integration in den Arbeitsmarkt als Männer auf. Für F. sind die Übergänge von der Ausbildung in den Arbeitsmarkt und aus der *Arbeitslosigkeit* zurück in die Beschäftigung immer noch problematischer als für Männer. Ein zentrales Risiko stellt nach wie vor die familienbedingte Erwerbsunterbrechung dar, die fast unverändert ausschließlich Sache der F. ist.
5) Der weit überwiegende Teil der erwerbstätigen F. in Deutschland ist abhängig beschäftigt, allerdings steigt die Zahl der Selbständigen. Selbständig arbeiten etwa 25 % der erwerbstätigen F. (ohne mithelfende Familienangehörige). F. sind überwiegend als Angestellte tätig. Insbes. ist der Frauenanteil bei den ausschließlich geringfügig entlohnten Beschäftigungsverhältnissen hoch, d. h. 64 % der F. sind geringfügig beschäftigt.
6) Etwa 46 % der F. sind sozialversicherungspflichtig beschäftigt. Es gibt eine vielschichtige Tariflandschaft und damit auch der Tarifeinkommen: Relativ gut bezahlte „Männerbranchen“ (z. B. Chemie, Bau, Druck) und schlechter bezahlte „Frauenbranchen“ (z. B. Hotel und Gaststätten, Bekleidung, Nahrungsmittel). Niedriglohntätigkeiten finden sich überdurchschnittlich in stark mit F. besetzten Berufen (z. B. Friseurin, Floristin, Verkäuferin) (Daten nach BA 2015, 2016 und S. Wagner 2015).

Leitbild Wahlfreiheit

Die soziale Ungleichheit der Geschlechter hat weit in die Geschichte zurückreichende Wurzeln und ist tief in der Gesellschaft verankert. Die allmählichen rechtlichen Gleichstellungsprozesse, die Zunahme der Frauenerwerbsarbeit, auch politische und kulturelle Veränderungen waren im 20. Jh. mit weitreichenden Modernisierungen und Verbesserung für die soziale Lage der F. verbunden. Doch bis heute wirken traditionelle Leitbilder und Rollenvorstellungen über die Geschlechter fort und die geschlechtshierarchische Arbeitsteilung erweist sich als zäh. F. wenden im Durchschnitt die 2,3-fache Zeit für hauswirtschaftliche Tätigkeiten auf als Männer. Diese geschlechtsspezifische Arbeitsteilung zementiert auch zugleich die hierarchische Arbeitsteilung auf dem Arbeitsmarkt und schränkt berufliche Entwicklungsmöglichkeiten und Verdienstchancen ein. Das normative Leitbild der Wahlfreiheit hat nicht die Rahmenbedingungen für eine tatsächliche Selbstbestimmung von F. geschaffen. Es mangelt nach wie vor an ausreichenden und flexiblen Kindertagesbetreuungsmöglichkeiten und Ganztagsschulen. Die Vereinbarkeit von Familie und Beruf ist das weiterhin zu lösende Schlüsselthema für die *Emanzipation* von F. in unserer Gesellschaft und ist nach wie vor ein zentrales politisches Thema. Der Ausbau der Tagesbetreuung für unter 3-Jährige und die Einrichtung von Ganztagesschulen gehen deutlich voran. Kritisch zu bewerten ist jedoch die Ausgestaltung dieser Angebote, die häufig genug nicht mit den Zeitfördernissen berufstätiger Mütter (und Väter) in Einklang zu bringen ist. Überdies bleibt die Finanzierung der Angebote nicht nur für die öffentliche Hand, sondern auch für die Familien ein Problem.

Diese Rahmenbedingungen und der allgemeine Wandel in den Einstellungen der Menschen zu Ehe, zu Kindern und zur Rolle der F. haben zu einer weitreichenden, die Funktionsfähigkeit der staatlichen Sozialsysteme beeinträchtigenden demografischen Krise in Deutschland geführt. 1965 bekam eine F. in Deutschland rein rechnerisch noch 2,5 Kinder. F. des Geburtsjahrganges 1965 sind zu 17 % kinderlos, Akademikerinnen sogar zu 22 %. Auch wenn es zz. wieder mehr Geburten gibt und 2016 die Geburtenziffer auf 1,5 gestiegen ist, im EU-Vergleich nimmt Deutschland bei den Geburten nach wie vor einen der letzten Plätze ein.

Auch vor diesem Hintergrund sind frauen- und familienpolitische Aktivitäten von grundsätzlicher Bedeutung für die weitere Entwicklung unseres demokratischen und sozialstaatlichen Systems.

Diese Entwicklung bezeichnen einige Frauenpolitikerinnen als Verdrängung der Frauenpolitik durch die *Familienpolitik*. Dies ist allerdings eine verkürzte Sichtweise, denn es entspricht durchaus auch den Wünschen von jungen F., Beruf und Familie mit Kindern miteinander vereinbaren zu können und tradierte Rollenzuweisungen in der Familie zu verändern. Eine zukunftsorientierte Familienpolitik sollte deshalb drei Leitlinien folgen: die Ermöglichung von Vielfalt (Diversity), von Geschlechtergerechtigkeit (Democrazy) und Zuwendung (Caring) (Jurczyk/Lange 2002).

Dass F. nach langem Kampf und hartnäckigen Schwierigkeiten, gleichberechtigt sind, scheint heute in Deutschland unbestritten für viele selbstverständlich zu sein. Dennoch belegen viele Daten und Fakten, dass trotz (wohlgemeinter) Gesetze und Aktionspläne zur Gleichstellung von F., insbes. in Beruf, Arbeit und in der Entlohnung noch immer erhebliche Benachteiligungen bestehen. Daran hat auch die Vielzahl von Gleichstellungskommissionen, Frauenbeauftragten und die Einführung von Frauenquoten nichts Grundlegendes geändert. Ob nun per Gesetz Lohngerechtigkeit zwischen Männern und F. hergestellt werden kann, wird zz. diskutiert. Gleichberechtigung und Geschlechtergerechtigkeit bleiben vom Gestaltungswillen in Politik und Wirtschaft abhängig, genauso wie von sozialen Bewegungen der F. selbst.

Gitta Trauernicht

Literatur

J. Allmendinger: Geschlecht als wichtige Kategorie der Sozialstrukturanalyse, in: Bundeszentrale für politische Bildung, Bonn 2011 ◆ BA: Frauen und Männer am Arbeitsmarkt, Nürnberg 2015 und 2016 ◆ R. Becker/B. Kortendiek (Hrsg.): Handbuch Frauen- und Geschlechterforschung, Wiesbaden [3]2010 ◆ M. Bitzan: Genderpolitik, in: H. U. Otto/H. Thiersch: Handbuch Soziale Arbeit, München [5]2015, 552–562 ◆ BMFSFJ (Hrsg.): Erster Gleichstellungsbericht. Neue Wege – gleiche Chancen, Berlin 2011 (der zweite wird für 2017 erartet) ◆ C. v. Braun/J. Stange (Hrsg.): Genderstudies: Eine Einführung, Stuttgart 2006 ◆ G. Fuchs/S. Bothfeld: Gleichstellung in Deutschland im europäischen Vergleich, in: bpb, APuZ Bonn 2011 ◆ C. Hagemann-White: Sozialisation: Weiblich – männlich?, Opladen 1984 ◆ K. Jurczyk/A. Lange: Familie und die Vereinbarkeit von Arbeit und Leben, in: DJI (Hrsg.): Diskurs 3/2002, München 2002 ◆ C. Pinl: Gender Mainstreaming – ein unterschätztes Konzept, in: bpb (Hrsg.): APuZ, Bonn 2002, 3 ff. ◆ Stat.BA: Daten zu Geburten, Familien und Kinderlosigkeit, Ergebnisse des Mikrozensus 2012, Ausgabe 2015, Wiesbaden 2015 ◆ S. Wagner: Frauen und Männer am Arbeitsmarkt. Traditionelle Erwerbs- und Arbeitszeitmuster sind nach wie vor verbreitet, IAB Kurzbericht 4/2015, Nürnberg 2015.

Frauenhäuser

F. sind Zufluchtstätten (Häuser oder Wohnungen) für körperlich oder psychisch misshandelte oder von Misshandlung bedrohte Frauen und ihre Kinder. Im F. finden sie Schutz vor weiterer Misshandlung und eine vorübergehende Unterkunft. Zudem erhalten sie professionelle Beratung und Unterstützung. F. engagieren sich außerdem in der Anti-Gewalt- und Öffentlichkeitsarbeit, um über die Einzelhilfe hinaus Gewalt gegen Frauen in der Gesellschaft abzubauen.

Zur Entwicklung

Die Einrichtung von F. ist ein Verdienst der internationalen Frauenbewegung, die seit Ende der 1960er Jahre die Misshandlung von Frauen in Ehe und Partnerschaft als extreme Form ihrer gesellschaftlichen Unterdrückung begriffen und öffentlich gemacht hat *(Gewalt in Familien)*. Die Frauenbewegung in Deutschland hat sich seither für die Gründung von F. eingesetzt. Das erste F. für geschlagene Frauen wurde 1976 in West-Berlin (gegen erblichen Widerstand) eröffnet. Viele wurden als autonome F. von unabhängigen Fraueninitiativen (in der Rechtsform eingetragener Vereine, oft mit der Bezeichnung „Frauen helfen Frauen") gegründet. In den 1980er Jahren richteten zunehmend auch Verbände der Freien Wohlfahrtspflege F. ein *(Wohlfahrtsverbände)*. Die ursprünglich je nach Trägerschaft unterschiedlichen Konzeptionen haben sich inzwischen in der Praxis weitgehend angeglichen.

Im Osten vollzog sich der Aufbau der F. nach der Wende innerhalb weniger Jahre. Dabei erwies sich Männergewalt gegen Frauen in engen sozialen Beziehungen nicht nur als gesellschaftliches Phänomen im wieder vereinigten Deutschland, sondern rückblickend auch als ein – wenn auch tabuisiertes – Problem in der DDR.

Frauen und Kinder im Frauenhaus

2014 gab es in der BRD 386 F. und Zufluchtswohnungen mit mehr als 6 500 Plätzen für misshandelte Frauen und ihre Kinder, aufgenommen wurden 17 404 Frauen und 16 892 Kinder (GFMK 2015, eigene Berechnungen). Dazu kommen etwa 750 Fachberatungsstellen, die von Gewalt betroffene Frauen beraten und unterstützen (BMFSFJ 2012). Die Aufenthaltsdauer der Frauen in F. reicht von einem Tag bis über mehrere Wochen oder Monate und hängt in starkem Maße von ihrer jeweiligen sozialen und psychischen Situation ab, aber auch von der Lage auf dem regionalen Wohnungsmarkt. In den letzten Jahren halten sich Frauen im Durchschnitt eher kürzer in F. auf, nehmen im Anschluss an den Aufenthalt aber verstärkt sog. nachgehende Beratung in Anspruch. Dennoch konnten nach dem Bericht der BReg zur Lage der F. 2012 etwa 9 000 Fälle nicht aufgenommen werden. Überdies werden in diesem Bericht u. a. gravierende regionale Versorgungsprobleme festgestellt. Die steigende Nachfrage seit Anfang 2002 wird mit verstärkter Öffentlichkeitsarbeit u. a. zur Einführung des Gewaltschutzgesetzes in Zusammenhang gebracht. Seit einigen Jahren geht die Nachfrage wieder geringfügig zurück.

Frauenhausarbeit: Bei den Frauen haben – oft jahrelange – körperliche und psychische Misshandlungen, sexuelle Gewalt, Drohungen und Demütigungen dazu geführt, dass – neben gesundheitlichen Beeinträchtigungen, sozialer Isolation und anderen Folgen der Gewalt – ihr Selbstwertgefühl geschwächt ist. In F. werden sie bestärkt und unterstützt, sich aus der Gewaltsituation zu befreien, ihre Gewalterfahrungen zu überwinden, ihr Selbstwertgefühl und ihre Handlungsfähigkeit wiederzugewinnen und sich ein selbstbestimmtes Leben aufzubauen. I. d. S. praktizieren alle F. einen frauenparteilichen, d. h. an den Interessen und dem Bedarf der Frauen ausgerichteten Ansatz. Hilfe im F. wird als „Hilfe zur Selbsthilfe" im erweiterten Sinne des *Empowerment*-Konzepts verstanden. So kommt dem Zusammenleben der Bewohnerinnen und der Begegnung untereinander besondere Bedeutung zu. Auch Gruppenangebote sollen der Isolierung der Frauen und der Individualisierung der Gewalterfahrungen entgegenwirken.

In der Krisenintervention und in der längerfristigen praktischen Arbeit mit den Bewohnerinnen sind neben der individuellen psychosozialen Beratung v. a. Informationen und Hilfen zur wirtschaftlichen und rechtlichen Absicherung der Frauen (einschl. Begleitung zu Ämtern und Gerichten) wesentlich. Einen weiteren Schwerpunkt ist die Beratung der Frauen bei Problemen, die mit Stalking durch die verlassenen Männer verbunden sind und die Beratung bei der Erziehung und Betreuung der Kinder sowie die Unterstützung in Fragen des Umgangs- und Sorgerechtes dar – Probleme, die häufig zu neuer Gewalt gegen Frauen führen.

Migrantinnen: Der Anteil Zuflucht suchender Migrantinnen ist in den letzten Jahren gestiegen und liegt in F. v. a. in Westdeutschland je nach Bevölkerungsstruktur der jeweiligen Region teilweise über 50 %. Der unterschiedliche kulturelle und sprachliche Hintergrund der Bewohnerinnen und ihr z. T. ungesicherter, meist von der Ehe abhängiger Aufenthaltsstatus stellen an die Mitarbeiterinnen besondere Anforderungen in der Beratung und bei der Gestaltung des Zusammenlebens im Haus.

Kinder im Frauenhaus: Zu einem eigenständigen Arbeitsbereich in F. hat sich die pädagogische Arbeit mit Kindern entwickelt. Kinder, die die Misshandlung ihrer Mütter miterleben, sind ebenfalls Opfer von Gewalt, auch wenn sie nicht selbst misshandelt wurden, und brauchen Unterstützung bei der Verarbeitung dieser Gewalterfahrungen. Angebote geschlechtssensibler Mädchen- und Jungenarbeit sind Bestandteil des Frauenhauskonzepts, können mangels Ressourcen jedoch oft nur bedingt realisiert werden.

Beratung: An Bedeutung gewonnen hat die vorausgehende und nachgehende Beratung von Frauen, die noch nicht oder nicht mehr in F. leben oder Alternativen zum Frauenhausaufenthalt suchen. Sie umfasst im Prinzip das gesamte Themenspektrum der Arbeit mit den Bewohnerinnen und wird in den letzten Jahren durchgängig verstärkt nachgefragt. Inwieweit F. ambulante Beratungsarbeit leisten können, wird jedoch v. a. von den jeweiligen landesspezifischen und kommunalen Förderstrukturen bestimmt. Etwa ⅓ der Frauenhausträger verfügt über eigene angegliederte Beratungsstellen. Das BMFSJ hat 2013 ein Hilfetelefon für von Gewalt betroffene Frauen eingerichtet.

Kooperation: Über die Einzelhilfe hinaus hat sich – neben Öffentlichkeits-, Präventions- und Aufklärungsarbeit – die übergreifende Kooperation in Form von Mitwirkung an Runden Tischen, AK gegen häusliche Gewalt, Interventionsprojekten und Ähnlichem zu einem weiteren Handlungsfeld der F. entwickelt. Ziel dieser Kooperation zwischen Polizei, Justiz u. a. Behörden sowie den Hilfeeinrichtungen ist, durch die Abstimmung von Interventionen und Maßnahmen Schutz und Hilfe für die Opfer häuslicher Gewalt zu effektiveren und Gewalttäter zur Verantwortung zu ziehen. Der erste Aktionsplan der BReg zur Bekämpfung von Gewalt gegen *Frauen* (1999) hat diese Zielsetzungen und Ansätze durch ein umfassendes Konzept und vielfältige Maßnahmen, v. a. durch das zum 1. 1. 2002 in Kraft getretene Gewaltschutzgesetz, nachhaltig gefördert. Im September 2007 hat die BReg den Aktionsplan II zur Bekämpfung von Gewalt gegen Frauen vorgelegt, in dem weitere Unterstützungsmaßnahmen vorgesehen sind.

Gewaltschutzgesetz: Nachdem F. jahrzehntelang das einzige Schutz- und Hilfeangebot für misshandelte Frauen waren, hat mit dem Gewaltschutzgesetz ein Paradigmenwechsel stattgefunden: Zivilrechtliche Schutzmaßnahmen und polizeiliche Interventionen (im Vorfeld oder bei Verstößen gegen gerichtliche Anordnungen) verdeutlichen, dass häusliche Gewalt vom Staat nicht toleriert wird, dass Opfer Schutz erfahren und Täter mit Sanktionen rechnen müssen. So kann das Gericht auf Antrag einer verletzten/gefährdeten Person nach dem Prinzip „Der Schläger geht, die Geschlagene bleibt" dieser Person die gemeinsam genutzte Wohnung zuweisen sowie gegenüber der gefährdenden Person Betretungs-, Kontakt- und Näherungsverbote anordnen. In etlichen BL kann zudem die Polizei in akuten Gefahrensituationen die gewalttätige Person vorübergehend aus der gemeinsamen Wohnung verweisen. Inwieweit die von häuslicher Gewalt betroffenen Frauen die im Gewaltschutzgesetz vorgesehenen Möglichkeiten in Anspruch nehmen, lässt sich nur schwer beurteilen. Sicher ist aber, dass die betroffenen Frauen weitere Gewalt befürchten, oft auch psychisch und wirtschaftlich nicht in der Lage sind, in der Wohnung zu bleiben oder dorthin zurückzukehren.

Diese zusätzlichen Optionen führen nach den bisherigen Erfahrungen nicht dazu, dass F. überflüssig werden, im Gegenteil: Offenbar fühlen sich mehr Frauen als früher ermutigt, gewaltgeprägte Beziehungen zu verlassen, ziehen aber den Schutz des F. (zunächst) rechtlichen Schritten vor. Auch bei einer Wegweisung können objektive und subjektive Sicherheitsgründe, aber auch ein individueller Bedarf an Begleitung und Beratung für den Frauenhausaufenthalt sprechen.

Frauenhausfinanzierung: Obwohl die Notwendigkeit von F. allgemein anerkannt ist, hat dies bis heute nicht zu einer befriedigenden, einheitlichen öffentlichen Finanzierung geführt. Zwar gibt es in allen BL Förderprogramme, nach denen, meist im Rahmen von RL, Zuschüsse zu den Personal-, z. T. auch zu den Sachkosten vergeben werden. Die notwendige Komplementärfinanzierung ist von den Kommunen zu leisten und muss vom jeweiligen Träger meist von Jahr zu Jahr neu eingeworben werden; nur Schleswig-Holstein hat bisher die kommunale Finanzierungsbeteiligung gesetzlich geregelt. Auch müssen die in der Mehrzahl kleinen „armen" Träger meist mit Eigenmitteln zur Finanzierung beitragen und Spenden einwerben *(Finanzierung freier Träger)*.

Durch die Abhängigkeit von der Situation der Landes- und Kommunalhaushalte kam es in den letzten Jahren zu realen und nominalen Kürzungen, was die F. bei gleichzeitig wachsenden Anforderungen vor erhebliche Probleme stellt. Ein Teil der Kommunen finanziert Frauenhausaufenthalte zudem nur bei nachgewiesener Bedürftigkeit der Frau nach Tagessätzen im Rahmen des SGB XII und anderer Sozialgesetze. Dieses Verfahrensprinzip wird von den F. wegen der bürokratischen Hürden für die Frauen und der Nachteile für Selbstzahlerinnen grundsätzlich abgelehnt; zudem führte es bei den für Kriseneinrichtungen charakteristischen Belegungsschwankungen z. T. zu erheblichen Finanzierungsproblemen. Mangelnde Ressourcen stellen v. a. immer wieder den Teil der Frauenhausarbeit in Frage, der nicht unmittelbar den Bewohnerinnen zugeordnet ist; gerade die ambulante Beratung, Kooperations- und Öffentlichkeitsarbeit werden aber durch das Gewaltschutzgesetz verstärkt nachgefragt und gefordert (detailliert: Finanzierung von F. im Ländervergleich unter paritaet-alsopfleg.de).

Vernetzung: In den letzten Jahren haben F., auch über Trägergrenzen hinweg, ihre Vernetzung verstärkt und sich auch bundesweit in die öffentliche Debatte zu den Aktionsplänen der BReg. und zum Gewaltschutzgesetz eingebracht. Die Umsetzung des Gewaltschutzgesetzes wird von ihnen kritisch und konstruktiv u. a. in der Bund-Länder-Arbeitsgruppe „Häusliche Gewalt" begleitet, in der sie mit ihrem Trägerspektrum vertreten sind.

Die autonomen F. haben sich bereits 1979 mit der Zentralen Informationsstelle für autonome Frauenhäuser (ZIF) einen bundesweiten Vernetzungszusammenhang geschaffen; sie sind außerdem im Westen in LAG zusammengeschlossen. Im Osten sind die LAG durchgängig trägerübergreifend organisiert. Auf Bundesebene haben Verbände der freien Wohlfahrtspflege ihre langjährige Kooperation durch die Gründung des Vereins Frauenhauskoordinierung e. V. verfestigt. Seit 2002 ist der Verein Träger der Frauenhauskoordinierungsstelle, ein vom BMFSFJ gefördertes Projekt. Die Koordinierungsstelle bietet nicht nur der Mehrzahl der F., die den Verbänden angeschlossen sind, sondern allen Trägern ein Forum für den fachlichen und fachpolitischen Austausch, erarbeitet gemeinsame Stellungnahmen und Positionspapiere. Zudem erstellt sie Materialien und Arbeitshilfen für die Frauenhauspraxis.

Eva-Maria Bordt

Literatur

BMFSFJ (Hrsg.): Neue Fortbildungsmaterialien für Mitarbeiterinnen im Frauenhaus ◆ Schriftenreihe Bd. 191.1–191.4, Stuttgart u. a. O. 2000 ◆ BMFSFJ: Aktionsplan II der BReg zur Bekämpfung von Gewalt gegen Frauen, Berlin 2007 ◆ BMFSFJ: Bericht der BReg. zur Situation der Frauenhäuser, Fachberatungsstellen und anderer Unterstützungsangebote für gewaltbetroffene Frauen und deren Kinder, Berlin 2012 ◆ Brandau/Hagemann-White/H. del Mestre: Wege aus Misshandlungsbeziehungen, Pfaffenweiler 1990 ◆ Bremische Bürgerschaft: Wenn eine Familie keine (mehr) ist. Sorgerecht und Umgangsregelungen bei Konflikten und Gewalt, Bremen 2014 ◆ DV: Diskussionspapier zur Finanzierung von Frauenhäusern, in: NDV 9/2010 ◆ Frauenhauskoordinierung e. V.: Bewohnerinnenstatistik 2014, Berlin 2015 ◆ Konferenz der Gleichstellungs- und Frauenministerinnen… (GFMK): Bestandsaufnahme Frauenhäuser und Opferunterstützungseinrichtungen, Stand Juni 2015, www.gleichstellungsministerkonferenz.de) ◆ N. Leisha-Stephan: Frauenhäuser – erforderlicher Schutz für Frauen und Kinder in Gewaltsituationen, in: NDV 11/2009 ◆ M. Loheide: Gewalt gegen Frauen und Ihre Kinder – Plädoyer für eine bundeseinheitliche Regelung der Schutz- und Hilfeleistungen, in: NDV 6/2014.

Links

www.autinome-frauenhaeuser-zif.de
www.bmfsfj.de
www.frauenhauskoordinierung.de
www.hilfetelefon.de

Freiwilligendienste

F. sind Dienste, die vor allem für junge Menschen unter 27 Jahren angeboten werden und die von diesen ohne Gewinnerzielungsabsicht, außerhalb einer Berufsausbildung und vergleichbar einer Vollzeit- oder Hauptbeschäftigung geleistet werden.

Freiwilliges Soziales Jahr (FSJ), Freiwilliges Ökologisches Jahr (FÖJ) und Bundesfreiwilligendienst (BFD)

Gesetzlich geregelt sind das FSJ – (Gesetz zur Förderung des freiwilligen sozialen Jahres vom 17. 08. 1964),und das FÖJ – (Gesetz zur Förderung des freiwilligen ökologischen Jahres vom 17. 12. 1993) sowie der Bundesfreiwilligendienst (Gesetz über den Bundesfreiwilligendienst vom 28. 04. 2011) zuletzt geändert am 20. 10. 2015.

Das FSJ bietet jungen Menschen im Alter von 15 bzw. 16 Jahren (nach Erfüllung der Vollzeitschulpflicht) bis zur Vollendung des 27. Lebensjahres die Möglichkeit, überwiegend im Feld *Sozialer Arbeit* ganztägig praktische Hilfstätigkeit in gemeinwohlorientierten Einrichtungen zu leisten, insbesondere in Einrichtungen der Wohlfahrtspflege und der Kinder- und Jugendhilfe, einschließlich der Einrichtungen für außerschulische Jugendbildung und Einrichtungen für *Jugendarbeit* oder in Einrichtungen der Gesundheitspflege und der Kultur, der Denkmalpflege und des *Sports.* FSJ-Einsatzstellen sind z. B. Krankenhäuser, Altersheime, Kinderheime, Kindertagesstätten, Erholungsheime, Sportvereine (im Bereich des Sports für Kinder und Jugendliche), kulturelle Einrichtungen wie z. B. Bibliotheken und Museen sowie Einsatzstellen im Bereich der Denkmalpflege (Jugendbauhütten).

Das FÖJ bietet jungen Menschen die Möglichkeit zum freiwilligen ganztägigen Einsatz im Bereich des Natur- und Umweltschutzes, z. B. in Nationalparks, in der ökologischen Landwirtschaft, in Vogelschutzstationen und Umweltämtern. Es ist nicht auf gemeinwohlorientierte Einrichtungen beschränkt.

Der BFD bietet Menschen (nach Erfüllung der Vollzeitschulpflicht) die Möglichkeit zum freiwilligen Engagement für das Allgemeinwohl in sozialen, ökologischen und kulturellen Bereichen, im Sport und im Zivil- und Katastrophenschutz sowie in der Integration in Deutschland. Grundsätzlich wird der BFD in Vollzeit geleistet; Freiwillige über 27 Jahren sowie Freiwillige, die einen BFD mit Flüchtlingsbezug leisten, können den BFD auch in Teilzeit mit mindestens mehr als 20 Stunden wöchentlich leisten.

Ziel dieser gesetzlichen Regelungen, die den allgemeinpädagogischen und gesellschaftsbezogenen Gedanken des freiwilligen Engagements in den Vordergrund stellen, ist, Härten und materielle Nachteile zu beseitigen, die vor allem junge Menschen – und auch deren Eltern – auf sich nehmen, wenn sie sich freiwillig engagieren. Insbesondere hinsichtlich der sozialen Sicherheit sind die jungen Freiwilligen, die einen solchen Freiwilligendienst leisten, annähernd so gestellt wie junge Menschen, die in einer Berufsausbildung stehen *(berufliche Bildung)*; ältere sind im BFD ebenfalls in die gesetzliche Sozialversicherung integriert.

Die Träger – im BFD der Bund, der seinerseits damit Zentralstellen und Einsatzstellen beauftragt – sorgen für Taschengeld, Unterkunft, Verpflegung und Arbeitskleidung oder stellen eine entsprechende Pauschale als Ersatz dafür zur Verfügung. Die Teilnehmerinnen und Teilnehmer an gesetzlich geregelten Freiwilligendiensten sind in vollem Umfang sozialversichert (gesetzliche Renten-, Unfall-, Kranken- und Arbeitslosenversicherung), erhalten *Kindergeld* und Kinderfreibeträge sowie Fahrkostenermäßigung im öffentlichen Personennahverkehr. FSJ, FÖJ und BFD werden von der Stiftung für Hochschulzulassung (www.hochschulstart.de) als Wartezeit anerkannt.

In der Regel werden FSJ, FÖJ und BFD für 12 zusammenhängende Monate geleistet. Die Mindestdauer der Verpflichtung beträgt 6 Monate; eine Verlängerung ist auf 18 Monate – bei Vorliegen eines besonderen pädagogischen Konzepts auf bis zu 24 Monate – möglich. Eine mehrmalige Ableistung eines FSJ oder FÖJ und die Ableistung sowohl eines FSJ als auch eines FÖJ ist nicht zulässig, wohl aber eine Kombination von FSJ/FÖJ und BFD in verschiedenen Lebensphasen. Ein FSJ oder FÖJ kann auch kombiniert im In- und Ausland in bis zu 18 zusammenhängenden Monaten geleistet werden; dabei sind die Einzelabschnitte sowohl im In- wie Ausland mindestens drei und höchstens zwölf Monate lang. Der BFD kann nur im Inland geleistet werden.

Im Jahr 2011 wurde mit der Aussetzung der allgemeinen Wehrpflicht und damit des Zivildienstes der Bundesfreiwilligendienst neu geschaffen. Anders als das FSJ und FÖJ können ihn auch Erwachsene leisten. Die Rahmenbedingungen insbesondere hinsichtlich der gesetzlichen Sozialversicherung und der materiellen Absicherung wurden so ausgestaltet, dass Freiwillige in den unterschiedlichen Diensten möglichst gleich behandelt werden. Anders als im FSJ oder FÖJ besteht für Einsatzstellen im BFD kein Zwang – wohl aber die Möglichkeit –, sich einem Träger anzuschließen; für Einsatzstellen, die sich nicht verbandlich organisieren möchten, ist im Bundesamt für Familie und zivilgesellschaftliche Aufgaben (BAFzA) eine eigene Zentralstelle geschaffen worden. Das BAFzA ist auch darüber hinaus mit der Durchführung des BFD gesetzlich beauftragt. Ebenfalls erstmals gesetzlich geregelt wurde die Beteiligung der Freiwilligen, die Sprecherinnen und Sprecher zur Vertretung ihrer Interessen wählen. Die von den Freiwilligen im BFD bundesweit elektronisch gewählten sieben Bundessprecherinnen und -sprecher sind Mitglieder im Beirat des Bundesfreiwilligendienstes.

Von 1999 bis 2004 wurde vom Bundesministerium für Familie, Senioren, Frauen und Jugend (BMFSFJ) in Zusammenarbeit mit der Bundesagentur für Arbeit (BA) mit dem sog. Freiwilligen Sozialen Trainingsjahr (FSTJ) modellhaft erprobt, ob die positiven berufsorientierenden und persönlichkeitsbildenden Effekte des freiwilligen Engagements im FSJ auch für die soziale und berufliche Integration besonders benachteiligter Jugendlicher nutzbar sind. Ende 2015 wurden im BFD für drei Jahre 10 000 zusätzliche Stellen für die Flüchtlingshilfe geschaffen; aber auch in allen anderen Bereichen kann ein BFD auch von Flüchtlingen geleistet werden.

Insbesondere durch den neuen BFD und die deutliche Ausweitung der Jugendfreiwilligendienste im Kontext der Aussetzung der allgemeinen Wehrpflicht und des Zivildienstes wurde mit etwa 100 000 Freiwilligen jährlich ein historischer Höchststand erreicht. Die Ende 2015 abgeschlossene Evaluation dieser gesetzlich geregelten Freiwilligendienste (FSJ, FÖJ und BFD) stellt fest, dass davon etwa 45 % ein FSJ, 44 % einen BFD (30 % einen BFD für unter 27jährige) und 11 % ein FÖJ ableisten. Die meisten Freiwilligen (86 %) waren im sozialen Bereich (einschließlich Sport, Kultur und Denkmalpflege) und etwa 14 % im ökologischen Bereich tätig. Von den Freiwilligen waren 60 % Frauen, einen Migrationshintergrund hatten 17 %.

Die gesetzlich geregelten F. sollen zu einem verantwortlichen Verhalten gegenüber den Mitmenschen und gegenüber der Gemeinschaft anregen. Darüber hinaus bieten diese freiwilligen Dienste die Möglichkeit zu prüfen, ob diese Tätigkeiten in den entsprechenden Arbeitsbereichen für ein späteres berufliches Engagement geeignet sind.

Der Bildungs- und Orientierungscharakter dieser Freiwilligendienste wird in der gesetzlichen Verpflichtung zur pädagogischen Betreuung und in der pädagogischen Begleitung im Rahmen von mindestens 25 Seminartagen für unter 27jährige Freiwillige deutlich. Die pädagogische Begleitung ist verpflichtend und gesetzlich festgeschrieben. Sie wird von den Trägern bzw. den Zentralstellen im BFD sichergestellt.

Heute hat sich das Selbstverständnis der Teilnehmerinnen und Teilnehmer dahingehend geändert, dass der Orientierungs- und Persönlichkeitsbildungscharakter der Freiwilligendienste immer wichtiger wird. In der Praxis bedeutet dies, dass die Seminare, der Erfahrungsaustausch untereinander und die Aufarbeitung der Erfahrungen unter pädagogischer Anleitung in den Vordergrund getreten sind.

Das FSJ begann mit dem Aufruf der Diakonie (1954) zu einem sog. „Diakonischen Jahr", der insbesondere an junge Frauen erging, sich ein Jahr zur Verfügung zu stellen, um dem großen Personalmangel in den pflegerischen und sozialen Einrichtungen abzuhelfen. Die katholische Kirche und die *Wohlfahrtsverbände* folgten. Mit dem Gesetz zur Förderung eines freiwilligen sozialen Jahres vom 17. 08. 1964 wurde die rechtliche Grundlage für ein jugendpolitisches Bildungsangebot geschaffen. Im Gesetz zur Förderung eines freiwilligen ökologischen Jahres vom 17. 12. 1993 wurde ein weiteres Angebot im Umweltbereich geregelt und zugleich das FSJ reformiert. Durch das Änderungsgesetz vom 27. Mai 2002 wurden die Einsatzfelder im Rahmen eines freiwilligen sozialen Jahres erweitert, das Mindestalter für einen Freiwilligendienst im Rahmen des FSJ und FÖJ herabgesetzt, so dass nunmehr die Ableistung eines freiwilligen sozialen oder freiwilligen ökologischen Jahres direkt im Anschluss an den Schulabschluss (Erfüllung der Vollzeitschulpflicht) möglich ist und die Förderung des Freiwilligendienstes im Rahmen eines freiwilligen sozialen oder ökologischen Jahres auch auf das außereuropäische Ausland erweitert, so dass die Förderung der gesetzlich geregelten Freiwilligendienste im europäischen und außereuropäischen Ausland möglich ist.

Auslandsfreiwilligendienste

Diese F. sind außer dem FSJ und FÖJ nicht gesetzlich geregelt. Auslandsfreiwilligendienste können auf dem Weg zum eigenverantwortlichen Verhalten gegenüber den Menschen und gegenüber der Gesellschaft unterstützen. Dabei soll der in diesem Rahmen geleistete freiwillige soziale Dienst die Persönlichkeitsentwicklung fördern und interkulturelles Lernen ermöglichen.

Staatlich gefördert und damit einer besonderen Kontrolle unterliegen weltwärts, kulturweit, FSJ, FÖJ, Internationaler Jugendfreiwilligendienst (IJFD) und der Europäische Freiwilligendienst (EFD). In einem bisher wenig bearbeiteten Spannungsverhältnis zu den geregelten Freiwilligendiensten stehen andere Möglichkeiten für junge Menschen, eine Zeit im Ausland zu verbringen wie Work and Travel, Workcamps und weitere Projekte.

Weltwärts ist ein entwicklungspolitisch ausgerichteter Freiwilligendienst, gefördert vom BM für wirtschaftliche Zusammenarbeit und Entwicklung (BMZ), organisiert und betreut von Engagement Global, der zwischen 6 und 24 Monaten von 18- bis 28jährigen in Entwicklungsländern von anerkannten Entsendeorganisationen durchgeführt wird.

Der Internationale Jugendfreiwilligendienst (IJFD) ist ein jugendpolitisch ausgerichteter Freiwilligendienst, gefördert vom BMFSFJ, der zwischen 6 und 18 Monaten von 18- bis 26jährigen im Ausland von anerkannten Entsendeorganisationen durchgeführt wird.

Im Arbeitskreis Lernen und Helfen in Übersee e. V. (AKLHÜ) sind die größeren Entsendeorganisationen für diese Freiwilligendienste vertreten; dort werden weitere detaillierte Informationen angeboten (www.entwicklungsdienst.de).

Kulturweit ist ein kulturpolitischer Freiwilligendienst, gefördert vom Auswärtigen Amt (AA), organisiert und betreut von der deutschen UNESCO-Kommission, der zwischen 6 und 12 Monaten von 18- bis 26jährigen in Einrichtungen der auswärtigen Kultur- und Bildungspolitik in Entwicklungsländern und osteuropäischen Ländern geleistet werden kann. Durchführende Organisationen sind u. a. der Deutsche Akademische Austauschdienst (DAAD), das Deutsche Archäologische Institut, das Goethe-Institut und die Deutsche Welle Akademie.

Peter Kupferschmid

Literatur

T. Arnold/W. Wüstendörfer: Abschlussbericht zum Freiwilligen Ökologischen Jahr, Bd. 133 der Schriftenreihe des BMFSFJ, Stuttgart 1996 • A. Rahrbach/ W. Wüstendörfer/T. Arnold: Untersuchung zum Freiwilligen Sozialen Jahr, Bd. 157 der Schriftenreihe des BMFSFJ, Stuttgart, 1998 • D. Engels/M. Leucht/ G. Machalowski: Evaluation des FSJ und FÖJ, Wiesbaden 2008 • S. Huth/E. Aram/S. Wagner/D. Engels/ C. Maur: Abschlussbericht der gemeinsamen Evaluation des Gesetzes über den Bundesfreiwilligendienst (BFDG) und des Gesetzes zur Förderung von Jugendfreiwilligendiensten (JFDG), Frankfurt am Main/Offenbach/Köln, November 2015 (zu den genauen Ergebnissen: NDV 7/2016, 315–323) • C. Becker/L. Böhnisch: Zivildienst als Sozialisationsinstanz für junge Männer, BMFSFJ, Berlin 2011 • P. Kupferschmid: Modellprogramm Freiwilliges Soziales Trainingsjahr, in: Zeitschrift für Jugendsozialarbeit, 1/2000, 51 ff.

Freizeit/Freizeitpädagogik

Definition

Zur Klärung des gesellschaftlichen und damit auch sozialpädagogisch aktuellen Problembereichs der Freizeit (F.) erweist sich – trotz fließender Übergänge, Überschneidungen und Abgrenzungsschwierigkeiten – die Unterscheidung von „Freizeit", „Halb-Freizeit" und beruflicher (bzw. schulischer) „Arbeitszeit" als zweckmäßig; eine Unterscheidung, die auch als „produktive Zeit" – „rekreative Zeit" – „verhaltensbeliebige Zeit" oder „abhängige Zeit (Determinationszeit) – gebundene Zeit (Obligationszeit) – freie Zeit (Dispositionszeit)" bezeichnet wird. F. und Halb-F. können auch als „freie Zeit" zusammengefasst werden *(Zeit)*. In ihnen stellt dann F. das eigentlich postmoderne Verhaltenssystem als innovatives Potenzial und Grundlage für „Wertwandel" (Inglehart 1989) zur „Risikogesellschaft" (Beck 1988) und „Erlebnisgesellschaft" (Schulze 1993), seit den 1990er Jahren dann zur „Wissensgesellschaft" (Brinkmann 2000) und schließlich im neuen Millenium zur „Wellness-Gesellschaft" (Mühlhausen 2002), dar. Arbeitslosigkeit wird dabei als „schlechte" bzw. „erzwungene" F. mit besonderer arbeitsmarktpolitischer und sozialpädagogischer Relevanz aufgefasst. Gesellschaftliche Kernfrage wird künftig sein, inwieweit es gelingt, durch gerechtere Verteilung der *Arbeit* „schlechte" in „eigentliche" F. zu verwandeln.

Die seit 1978 andauernden Bemühungen der Gewerkschaften um die Durchsetzung der 35-Stunden-Woche sowie neue Modelle der Arbeitszeitverkürzung, die 4-Tage-Woche (VW ab 1994) und Jahresarbeitszeitverträge mit z. B. 3 bis 6 Monaten Urlaub haben die F. von Arbeitnehmern weiter erhöht. Von 1980 bis 1991 sank im früheren Bundesgebiet die durchschnittliche tarifliche Wochenarbeitszeit der Arbeiter und Angestellten weiter von 40 auf 38 Std. 1994 wurde mit Pilotfunktion bei VW die 35-Stunden-Woche mit faktisch 28,8 Arbeitsstunden eingeführt, allerdings bei 10 % Lohnverzicht. Die Urlaubsdauer bewegt sich auf durchschnittlich etwas mehr als 6 Wochen zu. Die Jahresarbeitszeit, Anfang der 1970er Jahre noch über 2000 Std., sinkt auf 1 700 Std., die Jahresgesamtfreizeit (F. plus Halb-F.), Anfang der 1970er Jahre etwa 3000 Std., steigt gegen 4000 Std. Damit wird eine „Pädagogik der Zeit" mit dem Lernziel der „Zeitkompetenz" erforderlich (Nahrstedt 1990). Allerdings sind diese Entwicklungen gegenwärtig zum Stillstand gekommen. Wirtschaftskrisen, Globalisierung der Märkte führten in den westlichen Gesellschaften zu einer Stagnation am Güter-, Dienstleistungs- und Arbeitsmarkt. Anfang des 21. Jh. erfolgt sogar – wenn auch nicht unwidersprochen – von Arbeitgeberseite der Ruf nach Urlaubskürzung, Arbeitszeitverlängerung und Streichung von Feiertagen. Dennoch bleibt in Initiativen zur Überwindung der Arbeitslosigkeit wie denen der Hartz-Kommission (2002) mit dem Ziel einer Schaffung u. a. von mehr Teilzeitarbeitsplätzen der Freizeitgedanke zur Lösung sozialer Aufgaben lebendig.

Freizeit/Freizeitpädagogik und Soziale Arbeit

Maßnahmen der SozArb/SozPäd können danach unterschieden werden, ob sie sich auf die F., Halb-F. oder berufliche (schulische) Arbeitszeit beziehen. Auch wenn Probleme der einzelnen Bereiche i. d. R. einen Bezug zum Lebensgesamtzusammenhang zeigen und nur von einem integrativen „holistischen" Ansatz aus angemessen angegangen werden können, sind die erforderlichen konzeptionellen und organisatorischen Formen für Maßnahmen in den drei Bereichen sehr unterschiedlich. Als strukturell neues Aufgabengebiet auch der SozArb/SozPäd treten dabei gegenwärtig v. a. Maßnahmen für die „eigentliche" oder „wirkliche" F. hervor, die in strukturell unterschiedliche „Freizeitblöcke" differenziert erscheint wie Tagesfreizeit vor und/oder nach der täglichen Schul- bzw. Arbeitszeit, Wochenfreizeit, Urlaub, Bildungsurlaub, Kurzurlaub, Kururlaub, Altersfreizeit. Dieser zeitlichen Gliederung der F. entsprechen die unterschiedlichen strukturierten räumlichen Freizeitbereiche des Wohnumfeldes, des Naherholungsgebiets (der Region) und des Urlaubsgebiets, in denen die unterschiedlichen „Freizeiten" zu einem großen Teil verbracht werden. Wohnung und Wohnumfeld *(Wohnen)* kommen große Bedeutung zu, da in ihnen der Hauptanteil der Gesamtfreizeit (etwa 2/3), insbes. der Tagesfreizeit, verlebt wird. Dies gilt v. a. für die einkommensschwachen Bevölkerungsgruppen, die in paradoxer Parallelität zur Verlängerung der freien Zeit ebenfalls zunehmen werden. Freizeitpolitik, Freizeitplanung und F. Päd. haben deshalb im Wohnumfeld anzusetzen. Weitere Arbeitszeitverkürzungen bei Lohnminderung sowie gesellschaftliche Trends zur Einkindfamilie, Einelternfamilie *(Allein Erziehende)* und zum Einpersonenhaushalt werden die Bedeutung wohnungsnaher Freizeitgestaltung zur Sicherung von Öffentlichkeit und Kommunikation weiter erhöhen, aber auch Tages-, Kurz- und Langzeitreisen (Tourismus) werden zunehmen. Reiseberatung und Animation, Umweltinterpretation und interkulturelles Lernen werden wichtige neue Aufgaben auch für SozPäd. Die gegenwärtige Tendenz zur Entstaatlichung des Freizeitbereichs erfordert dabei neue Finanzierungs- und Trägermodelle (Selbstfinanzierung, Public-Private-Partnership), eine Reaktivierung der *Selbstorganisation,* aber auch einen neuen, der freizeitorientierten Risiko- und Erlebnisgesellschaft entsprechenden Staatsbegriff. Für SozArb/SozPäd relevante Freizeitmaßnahmen sind: *Spielplätze,* Abenteuerspielplätze, Spielmobile, Jugendclubs, Häuser der offenen Tür, selbstverwaltete Jugendzentren *(Jugendarbeit),* Freizeit-, Bürger-, Soziokultur-, Kommunikationszentren, Bürgerinitiativen, Altenclubs (Tagesfreizeit/*Altenhilfe*); Freizeithäuser, Museen, freie Theater, Musikgruppen, Kunsthäuser *(Kulturarbeit, soziale),* Freizeitparks, Angebote auf Campingplätzen und in der (Naherholungs-)Region (Wochenfreizeit); Ferienspiele, Stadtranderholung, Ferienfahrten, Feriendörfer, Ferienparks, Ferienzentren, Ferienclubs, Urlaubsorte, Urlaubsläden, Urlauberinitiativen, Reisemittler, Reiseveranstalter, Kurorte, Besichtigungs- und Informationsfahrten, Bildungsreisen, Animation im Tourismus (Jahresfreizeit). Für die nach 1945 in steigendem Umfang in diesen Freizeitbereichen entwickelten Maßnahmen und Einrichtungen öffentlicher, freier wie kommerzieller Träger wurden SozArb/SozPäd neben Sportpädagogen, Erwachsenenbildnern, Kunsterziehern, Freizeitpädagogen, Kulturpädagogen und Absolventen anderer Ausbildungsgänge herangezogen. Seit den 1970er Jahren ist die Tendenz zu erkennen, in bestehenden Studiengängen (auch sozialpädagogische: Nahrstedt 1978; Fromme/Kahlen 1990) freizeitbezogene Studienrichtungen aufzunehmen und nach ausländischem Vorbild (USA, Schweden, Frankreich, Polen) auch grundständige freizeitbezogene Ausbildungsgänge zu konzipieren. 1985 wurden 53 „Freizeit-Curricula", 1989 bereits 142, davon 53 an HS mit den 5 Schwerpunkten Freizeitpädagogik, Tourismus, Sozialwesen, Kunst/Kulturpädagogik und Sportwissenschaft registriert (Fromme/Kahlen 1990, 21). An der Hochschule Bremen wird seit Beginn des neuen Millenniums im FB Sozialwesen ein eigenständiger Internationaler Studiengang Angewandte Freizeitwissenschaft (ISAF) und im FB Wirtschaftswissenschaft ein eigenständiger Internationaler Studiengang Tourismusmanagement (ISTM) angeboten. Studierende können dabei Elemente beider Studiengänge verbinden. Für die Orientierung der Tätigkeit sowie als Grundlage für die Aus- und Weiterbildung von sozialpädagogischen und anderen Mitarbeitern in diesen Freizeiteinrichtungen ist eine freizeittheoretische Abklärung erforderlich, da sich die bisherigen theoretischen Konzepte der SozArb/SozPäd für die freizeitorientierten Aufgaben einer Dienstleistungsgesellschaft als nicht mehr zureichend erweisen (Nahrstedt 1974, 1975, 1993). Auch die bisherigen Konzepte der *Erwachsenenbildung,* außerschulischen Jugendbildung, Sport- und Kunstpädagogik sind für diesen Freizeitzusammenhang unzureichend. Eine freizeittheoretische Klärung der Tätigkeit von Mitarbeitern in Freizeiteinrichtungen ist deshalb nicht nur für SozArb/SozPäd (und Erwachsenenbildner, Jugendbildner, Sportpädagogen, Kulturarbeiter, Freizeitpädagogen) in Freizeiteinrichtungen erforderlich, sondern die Herausbildung von F. hat Lebensgefüge und Gesellschaftsstruktur insgesamt verändert. Im Folgenden sollen Grundelemente für eine freizeitpädagogische Theoriebildung skizziert werden.

Freizeit/Freizeitpädagogik und Gesellschaft

Das Verhältnis von Arbeitszeit, Halb-F. und F. sowie der Freiheitsbegriff der F. sind Produkt gesellschaftspolitischer Auseinandersetzungen. Maßgebend ist im Gesellschaftssystem der BRD der Widerstreit profitorientierter und emanzipatorischer Tendenzen. Im Hinblick auf profitorientierte Interessen stellt F. einen neuen, expandierfähigen Markt dar, der sich nach steigender Expansion automatisierter Produktivität bei zunehmender internationaler Konkurrenz und Einengung der Absatzmöglichkeiten im Inland selbst

F

entwickeln lässt. Entsprechend setzt sich immer stärker der Begriff „Freizeitwirtschaft" durch. Mit rd. 231 Mrd. Euro (2009) sind die Umsätze in diesem neuen Wirtschaftsbereich innerhalb der letzten 30 Jahre rasant gestiegen. Rd. 15 % des Bruttoinlandprodukts (BIP) sowie rd. 14 % der Arbeitsplätze sind hier inzwischen entstanden, jeweils die Hälfte davon im Tourismus (Nahrstedt 2002b). Damit hat sich der Akzent der freizeitorientierten Bildungsdiskussion von der (emanzipatorischen) F. Päd. auf die (marktwirtschaftliche) Ausbildung von Freizeitberufen verschoben. Freizeitartikel für den privaten Gebrauch, öffentliche Freizeiteinrichtungen, private Freizeitgärten wie öffentliche Freizeitparks, touristische Reisen usw. öffnen neue Bedarfs-, Investitions- und Absatzchancen, schaffen damit aber eben auch neue Arbeitsplätze und Berufsfelder. Absatzstrategien prägen daher in starkem Maße Freizeiterwartungen, -verhalten, -rollen, -interessen. Dingliche Ausgestaltung von Freizeiträumen wird zu einem bestimmenden Faktor der Freizeitplanung. Freizeitverhalten wird so durch eine „geheime", indirekte, kommerzielle „Päd." geformt. Markt und Marketing übernehmen über F. wesentliche Sozialisationsleistungen. Dem steht eine emanzipatorische Zielsetzung für die F. gegenüber. Der Zusammenbruch der Ost-West-Bipolarität hat die internationale Konkurrenz um die Freizeit- und Reisemärkte erhöht, die Ökonomisierung der F. vorangetrieben, damit aber auch die pädagogische Aufgabe der Stärkung von Innenleitung, Ichstärke und Orientierungsfähigkeit gegenüber zunehmendem Angebotsdruck außerordentlich vergrößert. Der funktionalen „Päd." durch Marketing steht so eine intentionale Päd. mit Blick auf Persönlichkeitsbildung und Ichidentität gegenüber. Sie erhofft Völkerverständigung und Friedenssicherung durch interkulturelles Lernen und Reisepädagogik im wachsenden Tourismus. Sie erhofft sich über die Reduzierung der Arbeitszeit eine Vergrößerung des individuellen Freizeitspielraums des Bürgers zur Entwicklung der eigenen Bedürfnisse, zum gesteigerten Lebensgenuss in Spiel, Geselligkeit, Muße, Bildung, in sozialer, kultureller und politischer Selbstbestimmung. Sie erwartet eine Demokratisierung der Gesellschaft durch erhöhte *Partizipation* des Bürgers an ökonomischen, sozialen, kulturellen wie politischen Entscheidungsprozessen *(Bürgerschaftliches Engagement)*. Dieser Gedanke ist eine Triebfeder für die gewerkschaftlichen Kämpfe um die Reduktion der Arbeitszeit seit Ende des 19. Jh. gewesen. Allerdings ist dieser emanzipatorischen Zielsetzung seitdem die politische Unterstützung weitgehend versagt geblieben, durch die sie allein die notwendige Gleichrangigkeit oder sogar Überlegenheit über profitorientierte Ausbeutung der F. erlangen und zu einem Faktor der Gesellschaftsveränderung werden könnte. Emanzipatorische Ansätze insbesondere im sozialpädagogischen Raum, Freizeit als Ort vergrößerter Mündigkeit und gesellschaftlicher Veränderung zu entwickeln (z. B. selbstverwaltete Jugend-, Bürger-, Soziokultur- und Urlaubszentren), konnten sich deshalb bisher nur in geringem Maße mit kurzer Lebensdauer entwickeln. Diese Zielsetzung ist daher im politischen Raum erneut zu aktivieren. Soziokultur- und Ökobewegung sowie die Thematisierung von „Freizeitkultur" schaffen dafür in Auseinandersetzung mit der „Neuen Technologie" seit Mitte der 1970er Jahre veränderte Voraussetzungen, die sich seit Anfang der 1980er Jahre durch sich verstärkende neokonservative „Wende"-Tendenzen konfrontiert sehen. Der im Freizeitbereich tätige SozPäd wird ein Bewusstsein des Spannungsfeldes zwischen profitorientierter und emanzipatorischer Interessenlage haben müssen. In diesem Spannungsfeld wird er sowohl in staatlichen, privaten wie kommerziellen Freizeiteinrichtungen tätig. In diesem Spannungsfeld zeichnen sich für das neue Millennium dabei folgende drei innovative Perspektiven ab: 1) Verstärkt durch Impulse der Informations- und Wissensgesellschaft lässt sich bei den Betreibern wie bei den Besuchern der inzwischen über 200 in Deutschland entstandenen Freizeit-Erlebniswelten (Freizeit-, Erlebnis- und Themenparks) die Bereitschaft und das Interesse zu einer Weiterentwicklung in „Erlebnisorientierte Lernorte der Wissensgesellschaft" erkennen (Nahrstedt u. a. 2002a und 2002b). Diese Tendenz zu nutzen ermöglicht und erfordert eine kreative Thematisierung aktueller gesellschaftlicher Fragestellungen. 2) Der „Megatrend Asia" (Naisbitt 1996) mit einer Verschiebung der ökonomischen wie kulturellen Akzente von „West to East" erfordert einen Weg vom „Kampf der Kulturen" (Huntington 1996) zum „Tanz der Kulturen" (Breidenbach/Zumriegel 1998). Die Förderung interkulturellen Lernens insbes. im Hinblick auf die fernöstlichen (und doch bereits so nahen) Kulturen im Bereich F. und Tourismus wird ebenfalls verstärkt zu einer neuen Aufgabe für „Freizeitwelten als globale(n) Lernorte(n)" und damit für Freizeitpädagogen, Kulturarbeiter und Reisepädagogen (Nahrstedt 2002a). 3) Die für die nächsten Jahrzehnte insbes. durch die sog. „Langwellentheorie" prognostizierte Gesundheitsoffensive (Nefiodow 2001) mit einer starken Wellnessbewegung wird auch die Bereitschaft zu starken meditativen Freizeitbedürfnissen wie die Öffnung für asiatische Gesundheitsansätze stärken. Gesundheitsbildung wird zu einem zentralen Thema im Freizeit- und Tourismusbereich (Nahrstedt 2002c).

Neue Chancenungleichheit

Die neue gesellschaftliche Zeitstruktur hat den hierarchischen Aufbau der *Gesellschaft* im Hinblick auf ökonomische, bildungsmäßige, berufliche usw. Lebensbedingungen verschoben, aber nicht aufgehoben. F. wird zu einem neuen Feld gesellschaftlicher Ungleichheit etwa im Bereich des sozialen und kulturellen Kapitals (Bourdieu 1987), aber auch der „Erlebnisrationalität" (Schulze 1993) und der Risikokompetenz (Beck 1988). Aufgabe von Politik und Päd. wird es sein, an der Überwindung von Chancenungleichheit im Freizeitbereich zu arbeiten und F. selbst als ein Feld der Überwindung gesellschaftlicher Ungleichheit zu entwickeln. Staatliche und private Initiative hat hier zumindest korrigierend und ausgleichend, wenn nicht verändernd gegenüber kommerziellen Freizeitmaßnahmen zu wirken, umgekehrt aber auch neue privatwirtschaftliche Modelle und eine neue Wirtschaftsethik mit Rückwirkung auf staatliches und gemeinnütziges Handeln zu entwickeln.

Freizeitpädagogik

F. Päd. stellt zusammen mit Freizeitplanung ein Element der Freizeitpolitik dar. Als „Freizeitpolitik (kann) verstanden (werden) ... die Vielfalt von Maßnahmen staatlicher, kommunaler und privater Träger zur Verbesserung der Freizeitsituation aller Altersstufen und Bevölkerungsgruppen" (Freizeitpolitik 1976, 33). „Aufgabe der Freizeitpolitik (ist es ...) räumliche, zeitliche, soziale Benachteiligungen und Mangel an Informationen abzubauen und so die freien Wahlmöglichkeiten in der Gestaltung der Freizeit zu vergrößern" (1. Freizeitbericht 1983, 9). F. Päd. stellt dabei ein entscheidendes Element zur „Verbesserung der Freizeitsituation" insofern dar, als erst durch die Befähigung der Bürger zur selbstbestimmten Gestaltung die individuellen wie gesellschaftlichen „freien Wahlmöglichkeiten" der F. in demokratischer Form realisierbar werden. Der Begriff F. Päd. umfasst:

1) Angebote, Beratung, Unterstützung, Anregung des Bürgers zur Selbstgestaltung der F. im Freizeitbereich selbst, i. d. R. in Freizeiteinrichtungen wie Bürgerzentren, Jugendclubs, Altentreffs, Urlaubsläden; Animation; Reiseleitung, Stadtführung, Gästebetreuung; aber auch Freizeitarrangements; Freizeitgebieten als Lernlandschaften; Reiseregionen als Bildungsenvironments; Natur- und Kultur-Lehrpfaden (Selfguided Natural and Cultural Trails).
2) Vorbereitung auf die Selbstgestaltung von F. im Rahmen des Bildungswesens außerhalb der eigentlichen F., insbes. durch die Schule.
3) Aus- und Fortbildung von ehrenamtl., halbamtl. und vollamtl. Personal für eine Tätigkeit im Freizeitbereich (Freizeitberater, Animateur, Freizeitlehrer, Freizeitadministrator, Freizeitplaner u. Ä.).

F. ist dabei ein frühes Beispiel für die Neuentdeckung des informellen selbst gesteuerten Lernens durch die Päd. zunächst v. a. für den Bereich der (Weiter-)Bildung (Dohmen 1996, 2001). Die PISA-2000-Studie hat schließlich diese Kompetenz des „selbst regulierten Lernens" als grundlegend auch für schulisches Lernen akzeptiert (Baumert 2001, 22) und damit die Bedeutung des Lernens in der Freizeit für die Kompetenzentwicklung anerkannt: „Schülerinnen und Schüler, die in ihrer Freizeit besonders aktiv sind, zeigen auch die besseren Lese[sprich: Lern]leistungen" (ebd. 486). Dabei erweist sich insbes. für Angebote zur Lernförderung im Freizeitbereich ein dreistufige pädagogische Struktur als optimal: 1) Das informelle selbst gesteuerte Lernen z. B. von Besuchern in Freizeiteinrichtungen (und die Fähigkeit dazu) ist grundlegend. 2) Ein lernförderndes Arrangement z. B. durch experimentelle Exponate in einem Science Center animiert zum (Weiter-) Lernen durch „hands on" – Angebote zum selbstbestimmten Erproben etwa eines Phänomens optischer „Täuschung". 3) Informationsangebote, Führungen und (Kurz-)Vorträge durch fachkundige „Scouts" ergänzen und qualifizieren auf Wunsch des Besuchers schließlich diesen Prozess selbst gesteuerter (Weiter-)Bildung.

Freizeitorientierte Methoden

Die besondere, auf Freiwilligkeit der Teilnahme hin angelegte „offene" Struktur des Bereichs der F. erfordert für die Hilfestellung durch Freizeitdienste besondere Methoden. Dies lässt sich v. a. für den Bereich der F. Päd. deutlich erkennen. Die Entwicklung besonderer freizeitpädagogischer Methoden stellt dabei ein Zeichen für die relative Verselbständigung der F. Päd. dar. Als Methoden lassen sich bereits erkennen: Freizeitberatung (Leisure Counseling, insbesondere in den USA seit den 1960er Jahren entwickelt); Animation (von Frankreich aus über den Europarat als eine vom Freizeitbereich ausgehende, sich aber auf die Gesamtgesellschaft beziehende Methode wie Zielsetzung seit den 1960er Jahren diskutiert); Umweltinterpretation (seit den 1960er Jahren in den USA insbesondere für den Bereich des Tourismus und der Museumspädagogik entwickelt); Gestaltung offener Situationen; Freizeitinstruktion, Programmgestaltung, Freizeitaktion, Freizeitdidaktik; Beteiligung am Entscheidungs-, Planungs-, Durchführungs- und Evaluationsprozess; Freizeitadministration/Freizeitmarketing und Freizeitpolitik/Freizeitplanung zur Entwicklung der Rahmenbedingungen für F. Päd. (s. das freizeitpädagogische Strategiemodell mit 4 Handlungsebenen in: Nahrstedt/Fromme u. a. 1986; Nahrstedt 1990, 1993).

Wolfgang Nahrstedt

Literatur

J. Baumert u. a. (Deutsches PISA-Konsortium) (Hrsg.): PISA 2000. Basiskompetenzen von Schülerinnen und Schülern im internationalen Vergleich, Opladen 2001 ♦ U. Beck: Risikogesellschaft. Auf dem Weg in eine andere Moderne, Frankfurt/M. 1988 ♦ P. Bourdieu: Die feinen Unterschiede. Kritik der gesellschaftlichen Urteilskraft, Frankfurt/M. 1987 ♦ J. Breidenbach/I. Zukrigl: Tanz der Kulturen. Kulturelle Identität in einer globalisierten Welt, München 1998 ♦ D. Brinkmann: Moderne Lernformen und Lerntechniken in der Erwachsenenbildung. Formen selbstgesteuerten Lernens, gefördert vom BMBF, IFKA-Schriftenreihe 17, Bielefeld 2000 ♦ destatis: Auszug aus dem Datenreport 2013, Kap. 13 Freizeit und gesellschaftliche Partizipation, Bonn 2013 ♦ G. Dohmen: Das informelle Lernen. Die internationale Erschließung einer bisher vernachlässigten Grundform menschlichen Lernens für das lebenslange Lernen aller, hrsg. v. BMBF, Bonn 2001 ♦ J. Fromme/B. Kahlen: Berufsfeld Freizeit. Aus-, Fort- und Weiterbildungsangebote im tertiären Bildungsbereich, Bielefeld (IFKA-Schriftenreihe 11) 1990 ♦ S. P. Huntington: Der Kampf der Kulturen. The Clash of Civilizations. Die Neugestaltung der Weltpolitik im 21. Jahrhundert, München 1996 ♦ R. Inglehart: Kultureller Umbruch. Wertwandel in der westlichen Welt, Frankfurt/M. 1989 ♦ Landesregierung NRW: 1. Freizeitbericht der Landesregierung NRW, Düsseldorf 1983 ♦ C. Mühlhausen: Future Health. Der Megatrend Gesundheit und die Wellness-Gesellschaft, in: K. Weiermair: Leisure Futures. Shaping the Future of the Tourism and Leisure Industry, Innsbruck 2002, 294 ♦ W. Nahrstedt: Freizeitpädagogik in der nachindustriellen Gesellschaft. 2 Bde., Neuwied 1974 ♦ W. Nahrstedt: Freizeitberatung, Göttingen 1975 ♦ W. Nahrstedt/D. Brinkmann/H. Theile/G. Roecken: Lernort Erlebniswelt. Neue Formen informeller Bildung in der Wissensgesellschaft. Endbericht des Forschungsprojektes: Erlebnisorientierte Lernorte der Wissensgesellschaft, gefördert vom BMBF, IFKA-Schriftenreihe 20, Bielefeld 2002a ♦ W. Nahrstedt/D. Brinkmann/H. Theile/G. Roecken (Hrsg.): Lernen in Erlebniswelten. Perspektiven für Politik, Management und Wissenschaft, Proceedings einer Fachtagung, gefördert vom BMBF, IFKA-Schriftenreihe 22, Bielefeld 2002b ♦ W. Nahrstedt/J. Fromme u. a.: Strategien offener Kinderarbeit. Zur Theorie und Praxis freizeitpädagogischen Handelns, Opladen 1986 ♦ W. Nahrstedt: Die Wiederentdeckung der Muße. Freizeit und Bildung in der 35-Stunden-Gesellschaft, Baltmannsweiler 1989 ♦ W. Nahrstedt: Leben in freier Zeit. Grundlagen und Aufgaben der Freizeitpädagogik, Darmstadt 1990 ♦ W. Nahrstedt: Wellness: Gesundheitsbildung als neue Herausforderung der Wissensgesellschaft, in: Saunabetrieb und Bäderpraxis, 2/2002, 10–17 (2002c) ♦ W. Nahrstedt: Zur Freizeit berufen. Berufsperspektiven, Handlungsfelder, Ausbildungsgänge für Freizeit- und Kulturpädagogen im internationalen Vergleich, Bielefeld: Institut für Freizeitwissenschaft und Kulturarbeit (IFKA) 1993 ♦ W. Nahrstedt: 25 Jahre Freizeitpädagogik, in: Spektrum Freizeit, 1/2004, 15–19 ♦ J. Naisbitt: Megatrends. 10 Perspektiven, die unser Leben verändern werden, Bayreuth [2]1996b ♦ L. A. Nefiodow: Der sechste Kondratieff. Wege zur Produktivität und Vollbeschäftigung im Zeitalter der Information, St. Augustin [4]2001 ♦ H. W. Opaschewski: Einführung in die Freizeitwissenschaft, Wiesbaden [5]2008 ♦ W. Tokarski (Hrsg.): Freizeit im neuen Europa. Perspektiven in Wissenschaft, Freizeit und Politik, Aachen 1993 ♦ G. Schulze: Die Erlebnisgesellschaft. Kultursoziologie der Gegenwart, Frankfurt/M. 2005.

Link

www.ifka.de

Fremdunterbringung

Definition und Formen der Fremdunterbringung

F. bezeichnet die Unterbringung, Versorgung und *Erziehung* von Kindern und Jugendlichen außerhalb der eigenen *Familie*. Sie bietet Hilfen bei Erziehungsproblemen und Schwierigkeiten in der Lebensbewältigung, sie ermöglicht einen neuen Lebensort und beinhaltet bei älteren Jugendlichen und jungen Volljährigen v. a. eine Begleitung in die Selbständigkeit (Birtsch u. a. 2001).

Die Unterbringung findet entweder in einer anderen Familie oder einer Institution statt und kann kurzzeitig (z. B. bei Krankheit oder Kuraufenthalt der Eltern) oder auf Dauer angelegt sein,

F

und zwar immer dann, wenn eine dem Wohl des Kindes oder Jugendlichen entsprechende Erziehung in der Familie nicht gewährleistet ist. Die Unterbringungen werden entweder von den personensorgeberechtigten Eltern selbst oder durch *Jugendämter* initiiert.

Neue Lebensorte oder kurzzeitige Unterbringung finden Kinder und Jugendliche bei Adoptionseltern, Erziehungsstellen, in Pflegefamilien *(Adoption, Pflegekinderwesen, Hilfen zur Erziehung),* in Bereitschaftspflege- und Jugendschutzstellen, in Heimen und anderen betreuten Wohnformen *(Heimerziehung),* (jugendpsychiatrischen) Kliniken *(Psychiatrie)* oder in Internaten.

Unterbringungen für Kinder und Jugendliche außerhalb des gewohnten Lebensortes können auch zusammen mit einem oder beiden Elternteilen erfolgen, wenn diese sich aus einer Notsituation heraus oder auf Grund staatlicher Interventionen in einer Institution aufhalten müssen: Mütter und Kinder können in *Frauenhäusern* Schutz suchen. Mütter können mit ihren Kindern in Drogentherapieeinrichtungen oder in Mutter-Kind-Einrichtungen des Strafvollzugs für die Dauer der Therapie oder des Vollzugs leben, aber auch in Mutter-Kind-Einrichtungen der *Kinder- und Jugendhilfe.* Diese betreuen im trägereigenen Wohnraum in jüngerer Zeit zunehmend drogenkonsumierende und psychisch kranke Mütter und ihre Kinder.

Kurzfristige Unterbringungen zum Schutz der Minderjährigen vor Gefahren werden von den JÄ nach gesetzlichen Bestimmungen der Inobhutnahme vorgenommen (ISS 2011/ausführlich Trenczek, in: Münder u. a. 2013 zu § 42 SGB VIII). Sie können bei geeigneten Einzelpersonen, in Einrichtungen oder betreuten Wohnformen stattfinden. Das Spektrum der Unterbringungsformen reicht von Bereitschaftspflegestellen für Kinder über Kinder- und Jugendnotdienste, Krisenhäuser und mädchenspezifische Zufluchten bis zu Sleep-Ins und Jugendschutzstellen klassischen Typs.

Rechtliche Grundlagen für eine F. bietet in erster Linie das *Kinder- und Jugendhilfegesetz* (SGB VIII) mit den §§ zum Schutzauftrag des Jugendamtes bei Kinderwohlgefährdung (§§ 8a, 8b) zur Vollzeitpflege in Familien (§ 33), zur Hilfe zur Erziehung in Heimen und sonstigen betreuten Wohnformen (§ 34), zur intensiven sozialpädagogischen Einzelbetreuung (§ 35) und zur Inobhutnahme (§ 42). Über weitere Einzelparagraphen sind Hilfen für junge Volljährige (§ 41) und Eingliederungshilfen (§ 35a) für „seelisch behinderte" Kinder und Jugendliche beschrieben. Die F. körperlich und geistig behinderter Kinder und Jugendlicher wird im Falle von Teilhabeleistungen über §§ 53 ff. SGB XII *(Behindertenhilfe)* geregelt. Unterbringungen in Verbindung mit dem SGB IX in Institutionen des *Strafvollzugs* oder der Drogentherapie *(Drogenhilfe)* sind gesetzlich nicht eigenständig definiert. *Adoptionen* erfolgen auf der Basis des Adoptionsvermittlungsgesetzes. Die Unterbringung in Internaten wird von den Eltern eigenverantwortlich und z. T. als Maßnahme der JH vorgenommen.

Entwicklungsbedarf und neue Formen

F. ist im Rahmen der JH der gravierendste Eingriff in die Lebensverhältnisse von Kindern und deren Familien. Sie schafft durch den Wechsel des vertrauten Lebensumfeldes nicht nur Chancen, sondern auch Risiken für die weitere biographische Entwicklung der Kinder und Jugendlichen. Im Wissen um die Risiken und Belastungen werden immer wieder alternative Formen erprobt und F. wird im Spektrum aller Jugendhilfeleistungen oft erst nach der Erprobung ambulanter Hilfen gewährt, obwohl sie nach dem SGB VIII als gleichrangig gilt. Ferner unterliegt sie über die „Hilfeplanung" einer fachlichen Prüfung *(Einzelfallhilfe).*

Effektivitätsuntersuchungen zeigen, dass die vorgegebenen Standards allerdings nicht umfassend genug eingehalten wurden. Nicht ausreichende Ergebnisse, Betreuungsabbrüche und -wechsel der F. in Institutionen und Pflegefamilien wurden mit mangelnder Beteiligung von Kindern und Eltern und mit nicht stringenter Hilfeplanung und Hilfecontrolling in Zusammenhang gebracht (JULE 1998). Außerdem erfahren Pflegefamilien in Krisensituationen nicht die erforderliche Beratung und Unterstützung.

Den Schwächen des Unterbringungssystems stehen Strategien der *Qualitätsentwicklung* gegenüber (Merchel 2004), die vor allem in den letzten Jahren deutlich verstärkt wurden, wie z. B. zur Hilfeplanung (BAGLJÄ 2015), zu Beteiligungs- und Beschwerdeverfahren (Urban-Stahl/Jann 2014) oder zur Prozess- und Strukturqualität im ASD (Merchel 2015). Noch nicht ausreichend sind die Bemühungen um die Feststellung der Konzept- und der Ergebnisqualität bei den Kindern/Jugendlichen wie auch den Eltern/Familien. Auch Konzeptentwicklung dient der Qualitätssteigerung. Um Lebensortwechsel abzumildern und Entfremdungen zu vermeiden, wird die institutionelle F. konzeptionell mehr auf die Lebenswelt der Kinder, Jugendlichen und Familien hin ausgerichtet. Einrichtungen der Heimerziehung sind heute vielfach dezentralisiert, d. h. verkleinert und in das Gemeinwesen integriert worden. In einer auf diesem Wege regionalisierten Heimerziehung kann an Erfahrungen, Orientierungen und Lebenszusammenhängen der Kinder, Jugendlichen und ihrer Eltern angeknüpft und können Hilfen zur Lebensbewältigung leichter entwickelt werden. In neuerer Zeit wird F. auch im Kontext der sozialräumlich orientierten Jugendhilfe gesehen *(Sozialraumorientierung)*. Das Ziel dabei ist, v. a. die Arbeit mehr mit ambulanten Hilfen zur Erziehung, aber auch mit den Angeboten, Dienstleistungen, Ressourcen der sozialräumlichen Umgebung zu verknüpfen. Hilfsangebote für Familien zur Vermeidung der F. werden vor allem unter dem Stichwort „Frühe Hilfen" diskutiert.

Die unterschiedlichen Formen der F. werden, bezogen auf einzelne Zielgruppen, auch hinsichtlich ihrer zeitlichen Dauer unterschieden. V. a. bei jüngeren Kindern und langfristigen Unterbringungen wird den familiären Settings der Vorzug gegeben, d. h. den Pflege- und Adoptionsstellen (Blandow 2004). Für ältere oder als schwierig eingeschätzte Kinder werden eher die pädagogisch speziell qualifizierten „Erziehungsstellen" bzw. „Sonder- oder Heilpädagogische Pflegestellen" ausgewählt. Bei komplizierten rechtlichen Situationen (z. B. bei langwierigen vormundschaftsgerichtlichen Sorgerechtsverfahren), bei der Ablehnung der Pflegestellenunterbringung durch die Eltern oder bei Kindern mit besonderen Problembelastungen sind Heimunterbringungen oft unverzichtbar. In diesen Fällen werden von den JÄ möglichst familienorientiert arbeitende Kleinstheime bzw. sozialpädagogische Lebensgemeinschaften in Anspruch genommen. Insgesamt hat die Unterbringungsdauer allerdings in den letzten Jahren abgenommen, da Fremdunterbringungen wegen ihrer häufig riskanten Folgen, aber auch aus Kostengründen, vermieden oder hinausgezögert werden. Hilfen nach § 34 wurden 2013 im Durchschnitt bereits nach 20 Monaten beendet (AkjStat 2015). Die Pflegekinderunterbringung ist mit durchschnittlich 43 Monaten die am längsten dauernde erzieherische Hilfe, allerdings keineswegs mehr eine überwiegend auf Dauer angelegte Hilfe. Jugendliche werden v. a. in Jugendwohngruppen, Jugendwohnungen, Jugendwohngemeinschaften untergebracht. Diese haben sich aus den als Alternativen zur früheren Heimerziehung konzipierten Jugendwohnkollektiven entwickelt. Die damaligen Konzepte der selbstbestimmten Form des Zusammenlebens und der von außen kommenden sozialpädagogischen Beratung sind heute in unterschiedliche Formen des betreuten Wohnens überführt worden.

Das Leben von Kindern und Jugendlichen gemeinsam mit ihren Müttern in *Frauenhäusern*, mit Müttern – und in Einzelfällen auch mit Vätern – in Institutionen des Strafvollzugs oder der Drogentherapie steht i. d. R. unter dem Aspekt der Vermeidung einer Trennung von Kind und Eltern. In Situationen, die für die Kinder insgesamt beeinträchtigend sind, wird diese Form der Unterbringung als eine am wenigsten schädliche Alternative angesehen, wobei man negative Einflüsse institutioneller Sozialisationserfahrungen der Kinder in Kauf nimmt (Birtsch/Rosenkranz 1988).

Bei allen Bemühungen, die Akzeptanz und Erreichbarkeit der Hilfen für Kinder, Jugendliche und ihre Familien zu verbessern, bleibt F. in Heimen und Pflegefamilien aus der Sicht der Betroffenen doch mit einem gesellschaftlichen Makel behaftet, nicht jedoch die Unterbringung in Internaten. Ein Versagen in der Elternschaft wird nicht nur von den Betroffenen selbst erlebt, sondern es wird ihnen oftmals immer noch von den Fachkräften der zuständigen Behörden vermittelt, auch wenn die mit der vergangenen „Fürsorgeerziehung" verknüpfte *Stigmatisierung* deutlich abgebaut werden konnte (Krause/Peters 2002). Zukünftig wird es mehr darum gehen müssen, die entwickelten Formen intensiver Eltern- und Familienarbeit um qualifizierte Beteiligungsformen anzureichern, die sozialräumliche Orientierung insgesamt auszubauen und damit z. B. auch Formen des *bürgerschaftlichen Engagements* in die Arbeit integrieren zu können (BMFSFJ 2013).

F

Fremdunterbringung in Zahlen

F. hat nicht nur qualitativ, sondern auch quantitativ Veränderungen erfahren. Nach einem Anstieg zu Beginn der 1990er Jahre war der Trend seit 2000 zunächst rückläufig. Seit 2008 ist die Zahl wieder kontinuierlich auf gut 189 000 junge Menschen unter 21 Jahren in 2013 angestiegen (AkjStat 2015), die ganzjährig oder zumindest für einen Teil des Jahres außerhalb der eigenen Familie im Rahmen des SGB VIII lebten. Die Inanspruchnahmequote allein bei familienersetzenden Maßnahmen (Vollzeitpflege und Heimerziehung) ist von ca. 85 Fällen pro 10 000 zwischen 1995 und 20013 auf nunmehr 118 gestiegen (AkjStat 2015). Ein sprunghafter Anstieg (7 %) der neuen Hilfen erfolgte noch einmal allein in 2014. Überwiegend ging die Steigerung auf die Unterbringung männlicher unbegleiteter Flüchtlinge in der Heimerziehung zurück (AkjStat 2015). Um einen Überblick über die insgesamt fremduntergebrachten jungen Menschen zu erhalten, müssten diejenigen hinzu gerechnet werden, die im Rahmen des SGB XII, SGB IX und des JGG untergebracht sind, hierzu liegen jedoch keine genauen Angaben vor. Auf der Basis früherer Schätzungen sind dies vermutlich etwa 20 000. Die in Internaten lebenden Kinder und Jugendlichen sind dabei noch nicht berücksichtigt. Auch Kinder und Jugendliche, die adoptiert wurden, sind bei quantitativen Schätzungen der F. mit einzubeziehen *(Adoption)* (Paulitz 2000).

Vera Birtsch

F

Literatur

Arbeitsstelle Kinder- und Jugendhilfestatistik (AkjStat): Monitor 2015 Hilfen zur Erziehung – Datenbasis 2013, http://www.hzemonitor.akjstat.tu-dortmund.de ◆ AkjStat (Hrsg.): KomDat 3/2015, 3/2015, 1 ff. ◆ Bundesarbeitsgemeinschaft der Landesjugendämter (BAGLJÄ): Qualitätsmaßstäbe und Gelingensfaktoren für die Hilfeplanung gemäß § 36 SGB VIII, 2015, http://www.bagljä.de/empfehlungen/index.php ◆ V. Birtsch/K. Münstermann/W. Trede (Hrsg.): Handbuch Erziehungshilfen. Leitfaden für Ausbildung, Praxis und Forschung, Münster 2001 ◆ V. Birtsch/J. Rosenkranz (Hrsg.): Mütter und Kinder im Gefängnis, Weinheim/München 1988 ◆ J. Blandow: Pflegekinder und ihre beiden Familien. Geschichte, Situation und Perspektiven des Pflegekinderwesens, Weinheim/München 2004 ◆ BMFSFJ: 14. Kinder- und Jugendbericht. Bericht über die Lebenssituation junger Menschen und die Leistungen der Kinder- und Jugendhilfe in Deutschland, 2013, http://www.bmfsfj.de/RedaktionBMFSFJ/Broschuerenstelle/Pdf-Anlagen/14-Kinder-und-Jugendbericht ◆ Institut für Sozialarbeit und Sozialpädagogik e. V./ISS (Hrsg.): Vernachlässigte Kinder besser schützen. Sozialpädagogisches Handeln bei Kindeswohlgefährdung, München [2]2012 ◆ JULE: Leistungen und Grenzen von Heimerziehung: Ergebnisse einer Evaluationsstudie stationärer und teilstationärer Erziehungshilfen, Bonn 1998 ◆ H. U. Krause/ F. Peters (Hrsg.): Grundwissen Erzieherische Hilfen. Ausgangsfragen, Schlüsselthemen, Herausforderungen, Münster 2002 ◆ J. Merchel (Hrsg.): Handbuch allgemeiner Sozialer Dienst. München/Basel [2]2015 ◆ J. Merchel: Qualitätsentwicklung in Einrichtungen und Diensten der Erziehungshilfe, Frankfurt/M. 2004 ◆ J. Münder/Th. Meysen/Th. Trenczek (Hrsg.): Frankfurter Kommentar zum SGB VIII, Baden-Baden [7]2013 ◆ H. Paulitz (Hrsg.): Adoption. Positionen, Impulse, Perspektiven, München 2000 ◆ U. Urban-Stahl/N. Jann: Beschwerdeverfahren in Einrichtungen der Kinder- und Jugendhilfe, München/Basel 2014.

Links

www.destatis.de
www.akjstat.tu-dortmund.de
www.fruehehilfen.de

Friedenserziehung/ Friedenspädagogik

Der Begriff und seine Bedeutung

Friedenserziehung ergänzt mit ihren praxisbezogenen Handlungskonzepten für Zielgruppen die theorieentwickelten Basisaspekte und Vermittlungsfragen der Friedenspädagogik (F.). Des Weiteren gehören zum begrifflichen und inhaltlichen Gesamtrahmen der F. unumstritten und jenseits aller Ideologisierung Erörterungen über politische und gesellschaftliche Gewaltrealitäten, Unfriedensentwicklungen sowie neue problematische soziale und politische Bedrohungen *(Gewalt, Sanktionen)*. An emanzipatorischen *(Emanzipation)* und demokratischen Zieldimensionen, Methoden und Problemen einer offensiven und fortschrittlichen Erziehung, die richtungsweisende Erkenntnis- und Handlungsschritte mit Entwicklungen des gesellschaftlichen Wertewandels verknüpft, sollen Kinder, Jugendliche, Erwachsene im Kontext von pädagogisch-politischer *Aufklärung* und Veränderung Selbstbestimmung, Konfliktfähigkeit, Freiheits- und Handlungsräume zur Gewaltreduzierung gestalten lernen. Sie sollen Friedensfähigkeit und Alltagsengagements zur Widerspruchs- und Solidaritätsarbeit gegen materielle Not, soziale Ungerechtigkeit und politische Fehlentwicklung auf den verschiedenen Ebenen umsetzen können.

Frieden als Grundbedürfnis

Theoretische und handlungsorientierte Ansätze und Konzepte der F. sind mit einem positiven Friedensbegriff verschränkt, bei dem Frieden als unverzichtbares Lebensbedürfnis sowie als Lebens- und Gestaltungsprinzip eingestuft wird. Als Basisposition von F. ist dabei anzusehen, dass sich sowohl subjektiv gewaltträchtige Alltags- und Lebenssituationen als auch objektiv lokale und überregionale Ausgrenzung, Zerstörung von Lebensperspektiven und Zukunft wie auch Krieg durch veränderte politische Verhältnisse von Menschen grundsätzlich vermindern bzw. aufheben lassen. Der kooperativen und öffentlichen Erarbeitung und Bewusstmachung der Ursachen der traditionellen und der neuen Bedrohungen sowie der wachsenden gesellschaftlichen Gewaltpotenziale kommt deshalb im Kontext von politischer (Friedens-)Pädagogik eine besondere Bedeutung zu.

Zur Geschichte der Friedenserziehung

Die Geschichte von F., die mit der Friedensforschung verzahnt ist, kann in einer kurzen Übersicht durch vier Phasen skizziert werden, die ineinander greifen.

- Die erste Phase konzentriert sich nach dem 2. Weltkrieg auf grundsätzliche Überlegungen zur F., wobei Fragen nach dem gesellschaftlichen und kulturellen Stellenwert der Erziehung, nach der individuellen Friedfertigkeit, nach den Friedensaufgaben der Pädagogik *(Erziehungswissenschaft)* sowie nach den Grundbedingungen einer kollektiven Friedensfähigkeit erörtert werden. Das Konzept der Erziehung zur Völkerverständigung und internationalen Kooperation gewinnt an Beachtung.
- Die zweite Phase der F. wird seit Beginn der 1970er Jahre inhaltlich durch Forschungsergebnisse der inzwischen institutionell verankerten Friedensforschung über die internationale Militärpolitik, durch damit verzahnte Probleme des Nord-Süd-Konflikts, durch Feindbildstrategien, durch dramatische Hochrüstungsentwicklungen sowie durch die (immer noch nicht aufgehobenen) atomaren Gefahren des Ost-West-Konflikts bestimmt. F. versucht des Weiteren in dieser Zeit in mehreren Ansätzen am Konzept der strukturellen Gewalt einen gesellschaftskritischen Arbeitsansatz sowie in heftigem fachwissenschaftlichen Diskurs Theorien der Konfliktpädagogik zu entwickeln, damit ineinander greifende internationale, innergesellschaftliche und institutionelle Machtsysteme und Gewaltpotenziale als Bedrohungssysteme transparent werden.
- Die dritte Phase der F. fällt mit dem Ende des Ost-West-Konflikts zusammen, das weltweit zu einer ungewöhnlichen Häufigkeit von Kriegen und Bürgerkriegen, bewaffneten Konflikten und nationalistischen Auseinandersetzungen führt. Zusätzlich entwickeln sich internationale, gesellschaftliche und regionale Unübersichtlichkeiten, massive soziale und politische Risikosituationen sowie demokratische Instabilitäten und Politikkrisen.
- Zur vierten Phase der F. zu Beginn der 1990er Jahre zählt v. a. das Aufklärungs- und Bewusstmachungspostulat, an lokalen, gesellschaftlichen und internationalen Fakten und Konflikten entwicklungsfeindliche Situationen und Strukturen zu erfassen und nachdrücklich friedensfördernde Konzepte zu thematisieren. Im Einzelnen sind für die theoretische und praxisnahe Lernarbeit mindestens diese Schwerpunkte von Relevanz: Aufarbeitung vielfältigster traditioneller Gewaltprobleme mit den dazugehörigen physischen, psychischen, kommunikativen, strukturellen, kulturellen Formen, die je nach Situation massiv zur Brutalisierung des Alltags beitragen können; des Weiteren innovative Denkmuster und Ansätze zu Grundlagen der Gewaltprävention, zur Problematisierung der alten und der neuen europäischen und internationalen Rüstungs- und Militärpolitik, und zwar in der Interessenlage der „Festung Europa"; dann Strukturierungen von Chancen und Hindernissen für eine multikulturelle Gesellschaft; ferner Basisaspekte zur Umsetzung von Partizipationsschritten und zur Förderung von Bewusstsein einer „Demokratie von unten" durch *Schule* und *Jugendarbeit;* schließlich Modelle für eine gewaltfreie Konfliktbearbeitung als lebenspraktische Hilfen und als Ansatz zur Überwindung alter und neuer Hassformen und Feindbilder in der Kommune. Beispielgebende und friedensorientierte öffentliche Zeichen, Anregungen und Konzepte von Erziehungseinrichtungen für den Aufbau einer vernetzten und stabilisierten Friedensarbeit und für einen wegweisenden gewaltfreien Alltag in der Kommune sind aber längst nicht die Regel. Praktizierte Zivilcourage ist nicht zuletzt mit öffentlichem und mit subjektivem Rückhalt verschränkt.

Die Chancen der Friedenserziehung

Die Weiterentwicklung der F. wird durch internationale Kriegsbereitschaften, durch Aufrüstung, durch Gefahren des Internationalen Terrorismus, durch alte und neue Menschenrechtsverletzungen, durch andere Gewalt- und Friedensprobleme massiv beeinträchtigt. Sie muss im neuen Jahrtausend verstärkt die Globalisierung und die weltweit gefährlichen ökonomischen, sozialen, ökologischen und politischen Bedrohungen aufgreifen.

Diese umfangreiche Auseinandersetzung sollte im pädagogisch-politischen Kontext als Faktum berücksichtigen, dass die Vereinten Nationen am 13. September 1999 den Zeitraum 2001 bis 2010 als „Dekade für eine Kultur des Friedens und der Gewaltlosigkeit für die Kinder dieser Welt" deklariert haben.

Erkenntnis- und handlungsleitend gehören dazu v. a. die Anstrengungen zur Überwindung von Gewalt mit ihren vielfältigen Facetten und auf allen Ebenen. Bewährte und neue Arbeitskonzepte zur Gewaltreduzierung, zur Gewaltbeseitigung, zur Gewaltprävention erhalten hier einen drängenden lebensperspektivischen, einen überlebenswichtigen Stellenwert. Denn Gewalt in ihrer Komplexität kann Menschen und ihre Lebensbedingungen, ihre Lebensgrundlagen, ihre Lebensplanung, ihre Zukunft, ihre Lebenssicherheit zerstören.

Gewalt ist der Gegenbegriff zu Frieden. Für Lernprozesse und Handlungsentscheidungen ist dies im Blick zu behalten. Transparente, stimmige, überzeugende Strategien und korrigierende Maßnahmen zur Gewaltüberwindung bzw. zur Gewaltprävention definieren jedoch das Verständnis von Frieden nicht als einen starren Zustand der Friedhofsruhe. Vielmehr wird hier Frieden als dynamischer Lern- und Entwicklungsprozess verstanden, für den konkrete Partizipationen, Konflikte und Auseinandersetzungen durchaus typisch und „normal" sind.

Erwartungen an die realistischen Chancen und konkreten Ergebnisse der F. sollten bei der theoretischen Arbeit und handlungsbezogenen Praxis hinsichtlich der Empathie bzw. der Sensibilisierungsmöglichkeiten gegenüber Gewalt- und Konfliktsituationen nicht zu kurz greifen.

Kenntnisse und Erfahrungen über den konkreten Umgang mit Gewalt und aggressiven Konflikten in diversen Ebenen sowie ergebnisorientierte Deeskalationskonzepte können nicht zuletzt bei unterschiedlichen Problemschwerpunkten als richtungsweisende Veränderungspraxis der F. angesehen werden.

Johannes Esser

Literatur

E. Dácz/C. Griessler/H. Kovácz: Der Traum vom Frieden – Utopie oder Realität? Baden-Baden 2016 ◆ Deutsche UNESCO-Kommission (Hrsg.): Kultur des Friedens. UNESCO-Projekt zur Erhaltung des Weltfriedens, Bonn 1998 ◆ J. Esser/D. von Kietzell/B. Ketelhut/J. Romppel: Frieden vor Ort. Alltagsfriedensforschung – Subjektentwicklung – Partizipationspraxis, Münster/Westf. 1999 ◆ J. Esser/Th. Dominikowski: Die Lust an der Gewalttätigkeit bei Jugendlichen, Frankfurt/M. ³1997 ◆ J. Galtung: Frieden mit friedlichen Mitteln. Friede und Konflikt, Entwicklung und Kultur, Opladen 1998 ◆ J. Galtung: Die Zukunft der Menschenrechte. Verständigung zwischen den Kulturen, Frankfurt/M. 2000 ◆ B. Gasteiger-Klicpera/G. Klein: Das Friedensstiftertraining. Grundschulprogramm zur Gewaltprävention, München ³2016 ◆ B. Grasse/B. Gruber/G. Gugel (Hrsg.): Friedenspädagogik, Reinbek 2008 ◆ K. H. Koppe: Der vergessene Frieden. Friedensvorstellungen von der Antike bis zur Gegenwart, Opladen 2001 ◆ D. Lünse u. a.: Zivilcourage. Anleitung zum kreativen Umgang mit Konflikten und Gewalt, Münster/Westf. 1998 ◆ L. R. Martin: Gewalt in Schule und Erziehung. Grundformen der Prävention und Intervention, Bad Heilbrunn ²2003 ◆ B. Meyer: Konfliktregelungen und Friedensstrategien, Wiesbaden 2011 ◆ G. Müller-Fohrbrodt: Konflikte konstruktiv bearbeiten lernen. Zielsetzungen und Methodenvorschläge, Opladen 1999 ◆ H. Münkler: Die neuen Kriege, Berlin ⁴2004 ◆ P. Schlotter/S. Wisotzki (Hrsg.): Friedens- und Konfliktforschung. Baden-Baden 2011 ◆ K. Wahl u. a.: Fremdenfeindlichkeit. Auf den Spuren extremer Emotionen, Opladen 2001.

Friedenserziehung, so definiert der Duden in seiner Online-Fassung, ist die „auf eine friedliche Lösung von Konflikten ausgerichtete Erziehung".

Im pädagogischen Alltag, gleich ob in der Familie oder in Institutionen (Schule, Einrichtungen der Kinder- und Jugendhilfe aller Art) geht es inzwischen selbstverständlich auch immer darum, Kinder-, Jugendliche und junge Erwachsene zu gewaltfreiem Umgang anzuhalten (‚zu erziehen').

Insofern hat sich auch in der Sozialen Arbeit viel verändert:

- im Großen gestützt durch die Ächtung von Gewalt in der Erziehung über § 1631 Abs. 2 BGB bis hin zu einer Sozialarbeit, die gefährdete Minderjährige schützt, also erforderlichenfalls auch ihr Staatliches Wächteramt (Art. 6 Abs. 2 GG) ausübt.
- Im Kleinen durch die vielen, meist unspektakulären, vorbildlichen Versuche, gewaltfrei zu erziehen bzw. zu lehren und zu lernen, Konflikte friedlich zu lösen (z. B. Grasse u. a. 2008/Gasteiger-Klicpera/Klein 2016).

Beim Erscheinen dieser Auflage ist es allerdings schwer, an einen Frieden in der Welt zu glauben: so viele Kriege oder kriegerische Auseinandersetzungen, so viel Fundamentalismus und Terrorismus, so viele gewalttätige Grausamkeiten in der Welt.

Das Stockholm International Peace Research Institute (SIPRI) hat (12/2015) das ‚Yearbook 2015. Armaments, Disarmament and International Security' veröffentlicht. Die weltweiten Militärausgaben beliefen sich danach im Jahre 2014 auf schätzungsweise 1 776 Mia US-Dollar, etwa 2,3 Prozent des weltweiten Bruttoinlandsproduktes!

Wir haben deshalb einen Moment daran gedacht, diesen Beitrag nicht wieder in die 8. Auflage aufzunehmen. Aber dann haben wir uns an das Prinzip Hoffnung von Ernst Bloch erinnert und daran, dass uns Egon Bahr in einem

Buch über Willy Brandt diesen Satz hinterlassen hat: „Frieden ist nicht alles, ohne Frieden ist alles nichts".

Und deshalb haben wir den kleinen Beitrag ‚Friedenserziehung/Friedenspädagogik' nur wenig verändert und aktualisiert wieder in die neue Auflage aufgenommen. Auch als Erinnerung daran, dass für Friedensarbeit im Großen und im Kleinen immer Zeit und Raum sein muss.

Anmerkung der Herausgeber

Frühkindliche Entwicklung, Erziehung und Bildung

Begriffe

Unter früher *Kindheit* wird die Lebensphase von der Geburt bis zur Einschulung oder i.e.S. bis zum Alter von drei Jahren verstanden. Entwicklung meint die Veränderung der menschlichen Persönlichkeit (Leiblichkeit, Fähigkeiten, Wissen, Einstellungen, Verhalten) in der Zeit; sie folgt allgemeinen biologischen Gesetzmäßigkeiten (z.B. Stufen der motorischen, sprachlichen, kognitiven und sozialen Fähigkeiten), weist aber auch eine große individuelle Variationsbreite sowie geschlechtstypische Unterschiede auf. Entwicklung beruht auf Reifung, aber auch auf Erfahrung und Lernen. Der Begriff *Erziehung* beschreibt den wechselseitigen Zusammenhang von vermittelnder und aneignender Tätigkeit; Erziehung ermöglicht die Tradierung von Kultur von Generation zu Generation und führt zur Selbst-Konstitution der Person; Erziehung als vermittelnde Tätigkeit kann entweder direkt und absichtsvoll („intentional") oder indirekt und unabsichtlich („funktional", z.B. die Lebensverhältnisse und Beziehungen in Familien) oder indirekt und absichtsvoll („extensional", z.B. die Planung von Spiel- und Lernumwelten) erfolgen (Treml 2000). Unter *Bildung* wird im Folgenden die aneignende Tätigkeit verstanden, kraft derer sich das Subjekt in ein Verhältnis zur Welt der Dinge und der Personen setzt und zu inneren Vorstellungen über die Welt sowie über sein Verhältnis zur Welt und zu sich selber gelangt (Laewen/Andres 2002; Liegle/Treptow 2002).

Entwicklung und Erziehung

Entwicklung baut zwar auf Reifung auf, kann jedoch nur unter der Voraussetzung von „Erziehung" gelingen. Wie eine Pflanze auf Licht und Nahrung angewiesen ist, um reifen zu können, so ist der neu geborene Mensch angewiesen auf Pflege sowie auf seelische und geistige „Nahrung". Erziehung ist zugleich Reaktion bzw. Antwort auf die kindliche Entwicklung und Entwicklungs-, Lern- und Bildungshilfe (Liegle 1999). Z.B.: Das Lächeln der Eltern ist Antwort auf das Augenspiel des Kindes, zugleich aber ist es Anregung zur Entwicklung von Vertrauen; das Sprechen ist Antwort auf die ersten Laute des Kindes, zugleich aber Anrede und Anregung zur Entwicklung von Sprachfähigkeit und Verständigung; mit der Ausstattung der Umwelt mit Spiel- und Lernmaterialien wird auf den Tätigkeitsdrang des Kindes reagiert, zugleich wird damit aber das Kind zur Exploration und Manipulation der Dinge sowie zur Entwicklung eines Bewusstseins der Selbstwirksamkeit angeregt. Damit die Entwicklung normal verlaufen kann, müssen die Grundbedürfnisse des Kindes befriedigt werden. Als die wichtigsten Grundbedürfnisse gelten Verbundenheit (Bindung) und Autonomie. Sie stehen in einem spannungsreichen Zusammenhang: Nur wenn sie miteinander verbunden werden und sich gegenseitig begrenzen, kann es zur Entwicklung einer „eigenverantwortlichen" (autonomen) und zugleich „gemeinschaftsfähigen" (mit sicherer Bindung ausgestatteten) Persönlichkeit (§ 1 SGB VIII) kommen. Dementsprechend liegen die wichtigsten Aufgaben der Erziehung im Erfahrbarmachen von Verbundenheit (vgl. die Beispiele des Lächelns und Sprechens) und im Erfahrbarmachen von Autonomie bzw. Selbstwirksamkeit (vgl. das Beispiel der Manipulation der Dinge).

Bindung und Bildung

Da Bindung v.a. die emotionale Seite, *Bildung* jedoch eher die geistige Seite der Persönlichkeit betrifft, sind die mit diesen Begriffen bezeichneten Prozesse lange Zeit im Rahmen getrennter Forschungsrichtungen untersucht worden. In der neueren Forschung sind demgegenüber enge wechselseitige Zusammenhänge zwischen Bindung und Bildung erkannt worden. So zeigt die Bindungsforschung, dass der Erwerb einer sicheren Bindung in den ersten Lebensjahren nicht nur die Entwicklung von Vertrauen und Gemeinschaftsfähigkeit, sondern auch frühkindliche Bildungsprozesse (z.B. die aktive Erkundung der Umwelt) begünstigt (Grossmann/Grossmann 2001); und aus der neurologischen Forschung gibt es Hinweise darauf, dass emotionale Sicherheit die Entwicklung des Gehirns positiv beeinflusst (Hüther 2001). Entsprechend zeigen Befunde der neueren Bildungsforschung, dass der Erwerb von Kompetenzen (z.B. Lesekompetenzen) nicht zuletzt von der Qualität des sozial-emotionalen Beziehungsnetzes, des sog. „sozialen Kapitals", abhängig ist, unter dessen Einfluss ein Kind aufwächst und seine Motivation zum Erwerb von Kompetenzen, z. B. der Lesekompetenz, entwickelt (Deutsches PISA-Konsortium, zuletzt 2015).

Besondere Strukturmerkmale frühkindlicher Bildungsprozesse: Selbstbildung im Medium von Leiblichkeit und Sinnestätigkeit

Bildung als aneignende Tätigkeit begleitet den gesamten Lebenslauf, sie weist jedoch in verschiedenen Lebensphasen unterschiedliche Strukturmerkmale (Modi der Aneignung) auf. Für die ersten Lebensjahre ist kennzeichnend, dass Bildung im Wesentlichen Selbstbildung meint: „Das kleine Kind ist in ungleich höherem Maße sein eigener Lehrmeister als es später der Schüler sein wird" (Hentig 1996, 64). Der Psychologe und Spielforscher Karl Groos hat eine Systematik der menschlichen Entwicklung vorgeschlagen, welche die Elemente der (unabsichtlichen und absichtsvollen) Selbstausbildung und der (unabsichtlichen und absichtsvollen) Fremdausbildung (vgl. zu letzterem die Unterscheidung von funktionaler und intentionaler Erziehung); in den Anfängen des Lebenslaufs ist nach Groos (1913) die unabsichtliche Selbstausbildung – insbes. in Gestalt des Kinderspiels – bestimmend. Entsprechende Beschreibungen der aneignenden Selbsttätigkeit des Kleinkindes liefern die moderne Säuglingsforschung (z. B. Dornes 1993) und die Hirnforschung (z. B. Singer 1999): Das „auftauchende Selbst" (Dornes) gelangt schon in den ersten Lebensmonaten zu einer je individuellen Koordination der Sinne, und das Gehirn eines jeden Kindes tritt „von sich aus aktiv an die Umwelt heran und stellt seine Fragen" (Singer). Man spricht in diesem Zusammenhang auch von „Autopoiesis" („Sich-Selber-Hervorbringen", Liegle 1999). Der Vorrang von Selbstbildung steht in engem Zusammenhang mit einem zweiten besonderen Strukturmerkmal frühkindlicher Bildungsprozesse: der Leib- und Sinnesgebundenheit der Weltaneignung: Haut, Mund, Augen, Ohren, Hand, Körperbewegung usw. bestimmen die Erkenntnistätigkeit des Kindes in den ersten Lebensjahren. „Begreifen" meint hier noch nicht die Herstellung einer systematischen (begrifflichen) Ordnung in der Vorstellungswelt, sondern die Einheit von sinnlichen (Händen, Augen etc.) und geistiger Wahrnehmung und Exploration. In der Tradition des pädagogischen Denkens wird in diesem Zusammenhang von anschauender Erkenntnis und ästhetischer Bildung *(Ästhetik)*, in der Entwicklungspsychologie von sensomotorischem Denken (Jean Piaget) gesprochen.

Von der anschauenden zur symbolischen Erkenntnis

Zwar stellen auch bei den 3- bis 6-jährigen Kindern unabsichtliche Selbstausbildung und anschauende Erkenntnis die wichtigsten Strukturmerkmale der Bildung dar. Kinder in dieser Lebensphase entwickeln aber auch neue Formen der Selbsttätigkeit und des *sozialen Lernens* in der Aneignung der Welt: Die unabsichtliche Selbstausbildung im Spiel wird komplexer und umfasst Rollen-, Symbol- und Phantasiespiele (das „Tun-als-ob"). Insbes. die Beherrschung der Muttersprache lässt neben die anschauende die symbolische Erkenntnis treten, die den Aufbau einer inneren Vorstellungswelt und erster Begriffe erlaubt. Die sprachliche Entwicklung gehört außerdem zu den wichtigen Voraussetzungen für den Eintritt des Kindes in eine soziale Kinderwelt und für seine Mitwirkung an der Schaffung einer von Gleichaltrigen bestimmten Kinderkultur. Auch die Grundbedürfnisse erfahren eine weitere Entwicklung: Das Bedürfnis nach Verbundenheit gerät in ein Spannungsverhältnis zum Bedürfnis nach Loslösung und Trennung; Beides zusammen bildet die Voraussetzung des Selbstwerdens und der Integration in die Gruppe der Kinder; umgekehrt ermöglicht die Erfahrung der Beziehungen zu Gleichaltrigen sowie zu außerfamilialen Erwachsenen (z. B. in Kindertageseinrichtungen oder zu Kinderpflegepersonen) eine neue Balance von Nähe und Distanz im Verhältnis zu den Eltern und verstärkt die Potenziale und Chancen sozialen Lernens. Das Bedürfnis nach Autonomie erstreckt sich nicht mehr allein auf Selbstwirksamkeit in der Manipulation der Dinge, es umfasst die Erprobung des eigenen Willens (Trotzalter).

Folgerungen für die Pädagogik der frühen Kindheit: Die Gestaltung der personalen und dinglich-räumlichen Umwelt als Anregungspotenzial für Selbstbildungsprozesse

Die Päd. der frühen Kindheit stellt zum einen eine Subdisziplin der *Erziehungswissenschaft* dar. Sie erforscht durch Empirie und Theorie die Entwicklungs- und Bildungsprozesse der Kinder und deren individuelle, soziale und institutionelle Voraussetzungen sowie die Erziehungsprogramme und die berufliche Ausbildung und Tätigkeit der pädagogischen Fachkräfte (Fried/Dippelhofer-Stiem/

Honig/Liegle 2003). Dabei sind die Erfassung und Sicherung von pädagogischer Qualität zu zentralen Fragen der internationalen Forschung geworden (Fthenakis/Textor 1998). Zum anderen meint Päd. der frühen Kindheit die Praxis der Erziehung in *Tageseinrichtungen für Kinder* als organisierte *Sozialisation.* Erziehungswissenschaftlicher Forschung, Frühpädagogik sowie der Qualifikation des pädagogischen Fachpersonals wird nach jahrzehntelangem „Stillstand" wieder erhöhte Aufmerksamkeit gewidmet (Liegle 2013).

In den folgenden Bemerkungen werden aus dem wissenschaftlichen Wissen über Entwicklungs- und Bildungsprozesse Folgerungen für die frühpädagogische Praxis abgeleitet. Die Erziehung in früher Kindheit sollte verstanden und gestaltet werden als angemessene Antwort auf die Tatsache der unabsichtlichen Selbstbildung und der leib-lich-sinnlichen Weltaneignung des Kindes sowie als unterstützende und anregende Entwicklungs- und Bildungshilfe. Die Art und Weise, wie die Umwelt in den Tageseinrichtungen für die Selbstbildungsprozesse des Kindes vorbereitet wird, bewirkt in dieser Sichtweise mehr als alle Versuche einer direkten Erziehung im Medium des pädagogischen Bezugs. Die Welt der Dinge eignet sich das Kind auf der Grundlage der Sicherheit an, die es durch die Erfahrung verlässlicher Verbundenheit gewinnt; es erkundet und „erschafft" die Dinge zusammen mit den ihm vertrauten Personen, zunehmend aber auch eigenständig für sich sowie im Umgang mit anderen Kindern; die ErzieherInnen sollten sich bewusst sein, dass sie für die Kinder, insbes. für die 0- bis 3-Jährigen neben den Eltern wichtige Bezugspersonen darstellen. Die Bindungen, die Kinder mit den ErzieherInnen eingehen, wirken als Anregung (oder, im negativen Fall, als Hemmnis) von (Selbst-)Bildungsprozessen. Die Welt der Dinge sollte – in einem umfassenderen Sinne als die personale Umwelt – vorbereitet und mit Rücksicht auf die Bildungsbedürfnisse, Entwicklungsaufgaben und besonderen Strukturmerkmale der Bildungsprozesse der Kinder gestaltet werden, z. B. durch eine Ausstattung der Räume mit anregungsreichen Materialien zur Förderung der Sinnestätigkeit und ästhetischer Ausdrucksformen. Dieser Typus der „extensionalen" Erziehung stellt in allen Lebensphasen einen einflussreichen Faktor dar. Angesichts der besonderen Strukturmerkmale frühkindlicher Bildungsprozesse kommt ihm jedoch in den Anfängen des Lebenslaufs eine besonders große Bedeutung zu. Es ist daher kein Zufall, dass die international wirksamsten Konzepte der Päd. der frühen Kindheit – diejenigen von Friedrich Fröbel und Maria Montessori sowie die Reggio-Pädagogik – dem Modell der „extensionalen" Erziehung folgen. Für die Pädagogiken späterer Lebensalter fällt es schwer, derart wirksame Modelle „extensionaler" Erziehung zu finden.

Ludwig Liegle

Literatur

I. Bodenburg u. a.: Grundwissen Krippenpädagogik, Nürnberg [3]2014 ◆ R. Braches-Chyrek (Hrsg.): Handbuch frühe Kindheit, Leverkusen 2014 ◆ Deutsches PISA-Konsortium (Hrsg.): Basiskompetenzen von Schülerinnen und Schülern im internationalen Vergleich, Opladen, zuletzt 2015 ◆ M. Dornes: Der kompetente Säugling, Frankfurt/M. 1993 ◆ L. Fried/B. Dippelhofer-Stiem/M.-S. Honig/L. Liegle: Einführung in die Pädagogik der frühen Kindheit, Weinheim 2003 ◆ W. E. Fthenakis/M. R. Textor (Hrsg.): Qualität von Kinderbetreuung. Konzepte, Forschungsergebnisse, Internationaler Vergleich, Weinheim/Basel 1998 ◆ K. Gebauer/G. Hüther (Hrsg.): Kinder brauchen Wurzeln. Neue Perspektiven für eine gelingende Entwicklung, Düsseldorf/Zürich 2001 ◆ K. E. Grossmann/K. Grossmann: Das eingeschränkte Leben. Folgen mangelnder und traumatischer Bindungserfahrungen, in: Gebauer/Hüther 2001, 35–63 ◆ H. von Hentig: Bildung. Ein Essay, München 1996 ◆ G. Hüther: Die Bedeutung emotionaler Sicherheit für die Entwicklung des kindlichen Gehirns, in: Gebauer/Hüther 2001, 15–34 ◆ H. J. Laewen/B. Andres (Hrsg.): Bildung und Erziehung in früher Kindheit, Neuwied 2002 ◆ L. Liegle: Erziehung als Reaktion auf die kindliche Entwicklung und als Entwicklungshilfe, in: Neue Sammlung 1999, 199–212 ◆ L. Liege: Bildung und Erziehung in früher Kindheit, Stuttgart 2006 ◆ L. Liegle: Frühpädagogik: Erziehung und Bildung kleiner Kinder – Ein dialogischer Ansatz, Stuttgart 2013 ◆ L. Liegle/R. Treptow (Hrsg.): Welten der Bildung in der Pädagogik der frühen Kindheit und in der Sozialpädagogik, Freiburg 2002 ◆ G. Schäfer: Was ist frühkindliche Bildung?: Kindlicher Anfängergeist in einer Kultur des Lernens, Weinheim/München 2014 ◆ W. Singer „In der Bildung gilt: Je früher, desto besser", in: Psychologie heute, Dezember 1999, 60–65 ◆ Schwerpunktheft „Frühkindliche Bildung", uj 5/2010 (mit weiteren Literaturhinweisen) ◆ M. Stamm/D. Edelmann: Handbuch frühkindliche Bildungsforschung, Berlin 2013 ◆ A. K. Treml: Allgemeine Pädagogik, Stuttgart 2000.

F

G

Garantenpflicht

Der Begriff ist zusammen mit dem der „Garantenstellung" ein strafrechtlicher Terminus und hat im Bereich der sog. unechten Unterlassungsdelikte straftat- und strafbegründende Funktion. Er hat Eingang in die Fachdiskussion der SozArb auf Grund von Strafverfahren gegen SozArb/SozPäd gefunden, die sich im Zusammenhang mit dem Tod von Säuglingen und Kleinkindern wegen des Unterlassens gebotener Maßnahmen zur Abwendung einer Rechtsgutsverletzung (Tod, Körperverletzung durch Misshandlung) strafrechtlich verantworten mussten. Seit diesen Verfahren wird das Spannungsverhältnis zwischen strafrechtlichen Anforderungen und fachlichen Standards in der *Sozialen Arbeit* in der Literatur kontrovers diskutiert (zusammenfassend bei Wiesner u.a. 2015, § 8a Rn 88–92; Münder u.a. 2013, § 1 Rz 39–43 und Wiesner 2004).

Garantenstellung

Der Begriff der Garantenstellung dient dazu, aus dem Kreis aller in Betracht kommenden Personen diejenigen zu erfassen, die Täter eines sog. unechten Unterlassungsdelikts sein können, d.h. eines strafrechtlichen Tatbestands, der als aktives Tun formuliert ist, aber auch durch Unterlassen erfüllt werden kann. Eine solche Garantenstellung haben sog. Beschützer- und sog. Überwachungs- und Sicherungsgaranten. Im Hinblick auf den der *Kinder- und Jugendhilfe* nach § 1 Abs. 3 Nr. 3 SGB VIII i.V. mit Art. 6 Abs. 2 S. 2 GG obliegenden Schutzauftrag zählen Fachkräfte sozialer Dienste zu den sog. Beschützergaranten.

Garantenpflicht

Eine G. als normative Kehrseite der Garantenstellung, nämlich eine individuell persönliche Pflicht zur Abwehr einer Rechtsgutsverletzung ergibt sich unabhängig von der Dauer und Intensität einer bisher erbrachten personenbezogenen sozialen Dienstleistung. Strittig ist angesichts der oft sehr abstrakt formulierten Pflichtenstellung im Jugendhilferecht, wann für die einzelnen Fachkräfte davon auszugehen ist, dass sie eine konkrete und individuell bestimmbare Verpflichtung zur Verhinderung von Rechtsgutsverletzungen haben. Alleine die Verpflichtung, auf Grund einer (unspezifischen) Meldung den Prozess einer Gefährdungseinschätzung einzuleiten (§ 8a Abs. 1 SGB VIII), lässt noch nicht den Schluss zu, dass im Hinblick auf ein bestimmtes Kind oder einen Jugendlichen tatsächlich von „gewichtigen Anhaltspunkten" für eine Kindeswohlgefährdung auszugehen ist. Dementsprechend dürfte der Erstkontakt mit einer Familie i.d.R. noch keine „Garantenstellung" begründen. Vielmehr muss der Prozess der Gefährdungseinschätzung ein Stadium erreicht haben, in dem konkrete Handlungsschritte zur Abwehr einer Kindeswohlgefährdung geboten sind (bzw. ein Unterlassen dieser Schritte als pflichtwidrig zu werten wäre). Die aus der G. resultierenden, konkreten Handlungspflichten richten sich nach der Funktion der einzelnen Fachkraft und den ihr obliegenden Aufgaben. Mit der Beteiligung eines Trägers der freien JH *(Träger der Sozialen Arbeit)* an der Erbringung einer Leistung rücken dessen Fachkräfte in eine eigenständige Garantenstellung auf Grund der tatsächlichen Betreuungsübernahme ein. Die Garantenstellung der fallzuständigen Fachkraft im JA bleibt dann bestehen, ihre Handlungspflichten wandeln sich in solche der Auswahl und Überwachung der beteiligten Fachkraft.

Wichtig erscheint es, im Einzelfall die beiderseitigen Erwartungen und Situationseinschätzungen von Eltern(teil) und Fachkraft transparent zu machen, den Inhalt von Vereinbarungen und Aufträgen zwischen Fachkraft und Eltern sowie die Folgen der Nichterfüllung zu besprechen und den gesamten Prozess nachvollziehbar zu dokumentieren. Hilfreich können auch Kriterienkataloge zur Feststellung einer Gefährdungssituation sein. Sie ersetzen aber nicht die konkrete Einschätzung im Einzelfall.

Das strafrechtliche Risiko einer Verurteilung wegen pflichtwidrigen Unterlassens einer gebotenen Handlung lässt sich in der SozArb ebenso wenig ausschalten wie in der ärztlichen oder polizeilichen Tätigkeit. Es kann aber durch Verbesserung der fachlichen Kompetenzen, durch Erarbeitung und Einhaltung von Verfahrensregelungen sowie durch organisatorische Maßnahmen minimiert werden (detailliert bei Wiesner 2015, Anhang 1/ Kinderschutz)). Insoweit gehen von der Diskussion um die Garantenstellung wichtige Impulse für die *Qualitätsentwicklung* in der KJH aus, die diese aber aufgreifen muss, um zu verhindern, dass „Fachlichkeit (letztendlich) durch Strafgerichte bestimmt wird" (Wiesner 2004, 164 und Wiesner 2008, 9ff.).

Reinhard Wiesner

Literatur
P. Bringewat: Tod eines Kindes – Soziale Arbeit und strafrechtliche Risiken, Baden-Baden [2]2001 ◆ DST-Arbeitspapier des Sozialausschusses: Strafrechtliche Relevanz sozialarbeiterischen Handelns, Manuskript, 2002 ◆ A. Dießner: Die Unterlassungsstrafbarkeit der Kinder- und Jugendhilfe bei familiärer Kindeswohlgefährdung, Berlin 2008 ◆ M. Hundt: Kindeswohlgefährdung erkennen und vermeiden, Kronach 2014 ◆ T. Mörsberger, Das Strafrecht als prima ratio des SGB VIII? In: ZKJ 2013, 21 und 61 ◆ T. Mörsberger/J. Restemeier (Hrsg.): Helfen mit Risiko. Zur Pflichtenstellung des JA bei Kindesvernachlässigung, Neuwied 1997 ◆ J. Münder u. a.: Frankfurter Kommentar zum SGB VIII – Kinder- und Jugendhilfe, Baden-Baden [7]2013 ◆ uj: Schwerpunktheft: Kindeswohlgefährdung – Staatliches Wächteramt – Garantenpflicht, München 10/2001 ◆ R. Wiesner: Das Wächteramt des Staates und die Garantenstellung der Sozialarbeiterin/des Sozialarbeiters zur Abwehr von Gefahren für das Kindeswohl, in: ZfJ 5/2004, 161–172 ◆ R. Wiesner: Die Verbesserung des Schutzes von Kindern und Jugendlichen vor Gefahren für ihr Wohl durch das KICK, in: E. Jordan (Hrsg.): Kindeswohlgefährdung, Weinheim/München 2008, 9–21 ◆ R. Wiesner u. a.: SGB VIII. Kinder- und Jugendhilfe. Kommentar. München [5]2015.

Gefährdung

Allgemeines zum Begriff

Der G.begriff steht in einem doppelten Spannungsverhältnis: Er ist, auch wenn nach seiner Eliminierung aus dem Kinder-, Jugend- und Sozialhilferecht nur noch selten benutzt, ein Grundbegriff der SozArb/SozPäd (Mollenhauer [10]1993), mit dem sozialpädagogische Interventionen begründet und legitimiert werden (so z. B. im Begriff der Kindeswohlgefährdung), ist inhaltlich jedoch ein unbestimmter, ein der Auslegung bedürftiger Begriff. Dem Begriff zu Eigen ist ferner eine schillernde Stellung zwischen einem transitiven und einem intransitiven Gebrauch. Er bezeichnet sowohl Zustände, Ereignisse und Personen, die auf etwas Drittes gefährdend einwirken und für ein Drittes eine Gefahr darstellen (gefährdende Orte – Umwelt-, Sozialisationsbedingungen), als auch das „Opfer" solcher gefährdenden Wirkungen (das „gefährdete Kind").

Geschichte des Begriffs

Historisch wurde der Begriff entlang von drei sich überlappenden Diskursen entfaltet. Im Kontext der kulturpessimistischen bzw. gesellschaftskritischen Diskurse des 19. Jh. stellte er insbesondere auf kollektiv gefährdende Momente durch ökonomische, politische und gesellschaftliche Entwicklungen ab, insbesondere auf die G. von Leben und Lebensqualität durch die „Ausbeutung" von Kindern und Müttern in der Fabrikarbeit, durch desolate Wohnverhältnisse, durch die Gleichgültigkeit des Staats gegenüber „proletarischen" Lebensbedingungen und durch hiermit verbundene Tendenzen von „Familienauflösung" und „Werteverfall". G. i. d. S. ist eng an die soziale Frage des 19. Jh. gebunden; mit unterschiedlicher Stoßrichtung war der „Kampf" gegen sie zentrales Anliegen der Kirchen, der Arbeiterbewegung und national-liberaler Kreise des Bürgertums.

Hiermit eng verbunden war ein sich gleichzeitig durchsetzender Diskurs, nach dem die G. von Menschen nicht in kollektiven Momenten, sondern im individuellen Versagen von anderen Menschen gesucht wurde. Historisch gesehen im Mittelpunkt standen „uneheliche" und „proletarische" Kinder, deren Eltern als nicht erziehungsfähig betrachtet wurden und die von ihren trinkenden und gewalttätigen Männern drangsalisierten proletarischen Frauen. Die Sorge um deren Schicksal beschäftigte Generationen von „bürgerlichen" Reformern und der „bürgerlichen Frauenbewegung"; über diesen G.begriff wurden die Vormundschaft über die proletarische Familie, der Pflegekinderschutz und große Teile der Sozialreformen seit dem ausgehenden 19. Jh. begründet *(Pflegekinderwesen)*.

In einem dritten Diskurs wurde der Spieß gewissermaßen umgedreht. Nicht mehr das kollektiv gefährdende System und nicht mehr die individuell gefährdende Person standen im Mittelpunkt der Betrachtung, sondern „der Gefährdete" als eine der Nachsozialisation, Resozialisierung oder Therapie bedürftige Person. Die „G.fürsorge" (für „verwahrloste" Jugendliche, „sexuell verwahrloste Mädchen", Prostituierte, „Arbeitsscheue" und „Trinker") baute um sie herum ein eigenes Institutionensystem der „vorbeugenden", „rettenden", geschlossenen und der „bewahrenden" Fürsorge auf; im Nationalsozialismus, dort mit dem Begriff des „Asozialen" oder „Gemeinschaftsfremden" assoziiert, galten auch Maßnahmen der „Unfruchtbarmachung" bis hin zur Tötung als legitim *(Geschichte der Sozialarbeit/Sozialpädagogik/Eugenik)*.

Dieser „essentialistische" G.begriff, – ein Begriff, der G. und Gefährlichkeit in eins setzte und G. als eine das „Wesen" eines Menschen ausmachende Eigenschaft interpretierte, wurde erst seit etwa 1970 in Frage gestellt und einer kritischen Betrachtung unterzogen, wobei vier Momente ins Feld geführt wurden: a) Die herrschende Orientierung des G.begriffs an Durchschnitts- und Idealnormen negiere die Existenz verschiedener schicht- und lebenslagenspezifisch geprägter Normalitätsvorstellungen *(Normalität)*. b) Er individualisiere gesellschaftlich verursachte Problemlagen; er mache die/den als „gefährdet" Bezeichneten zum Sündenbock für gesellschaftliche Missstände. c) Der Begriff sei zu statisch, indem er sowohl die Prozesshaftigkeit jedes G.geschehens als auch die aktive Rolle der Instanzen sozialer Kontrolle an der Konstruktion von G.karrieren negiere. d) Er sei ein Kampfbegriff der Erwachsenen gegenüber Jugendlichen, die sich dem Normalitätskonzept der Erwachsenen widersetzten. Rechtlich-institutionellen Ausdruck hat solche Kritik in der Eliminierung des G.begriffs aus dem BSHG (Umbenennung der „Hilfe für Gefährdete" in „Hilfe zur Überwindung besonderer sozialer Schwierigkeiten": Specht 2016) und erst mit Einführung des KJHG aus dem Erziehungshilferecht gefunden.

Gegenwärtiger Gebrauch

Obwohl es insgesamt um den G.begriff stiller geworden ist, steht er als Denkfigur weiterhin in vielerlei Kontexten zur Verfügung. Die an kollektiven Lebensvoraussetzungen und deren kulturpessimistische Interpretation anknüpfende Argumentation findet sich z. B. in der Anprangerung von gesundheitsgefährdenden Wohnverhältnissen in den modernen Ghettos, in den Klagen über die Gefahren, die von *Medien* und Werbung, von sexueller Libertinage, von der Straße und dem Verkehr, und allgemein, von „postmodernen" Lebensformen, ausgehen; Gegenstand sowohl des erzieherischen Jugendschutzes als auch umfassender *Präventions*programme in der Tradition von *Gemeinwesenarbeit* und lokaler Sozialarbeitspolitik. In den Jugendschutzgesetzen geht es weiterhin darum, Jugendliche von gefährdenden Orten fernzuhalten und sie vor überfordernden Arbeitsbedingungen zu schützen *(Arbeitsschutz; Jugendschutz)*, wobei aber auch hier ein „positiver", auf Einsicht und Akzeptanz setzender Schutzbegriff die Diskussion bestimmt (Böhnisch 2012). Auch in den Debatten um die Kindeswohlgefährdung lebt der Begriff fort, ist in seiner modernen Interpretation aber nicht mehr mit der Kategorie „schuldhaftes Verhalten" verbunden und eher auf objektiv gefährdende Momente in der Umwelt eines Kindes bezogen (vgl. § 1666 BGB). An die Stelle von Vormundschaft und Bestrafung ist in Folge dessen auch hier die Idee eines positiven *Kinderschutzes* durch die Unterstützung von überforderten Eltern durch Beratung *(Familienberatung)*, Entlastung und *Krisenintervention* getreten. Ein neuerlicher Perspektivenwechsel deutet sich in der Verschiebung der Diskussion weg vom Kinderschutz hin zu Kinderrechten an *(Kindesrecht)*.

Zur Aktualität des Begriffs am Beispiel Kindesvernachlässigung

Die Modernisierung der Interpretation kann allerdings nicht verwischen, dass Kinder weiterhin in vielfältiger Weise in ihrer Entwicklung beeinträchtigt und gefährdet werden. Insbesondere die Vernachlässigung von Kindern und familiäre Gewaltverhältnisse *(Gewalt in Familien)* haben ihre traumatisierende Wirkung auf Kinder nicht verloren und nehmen angesichts sich verbreitender Syndrome psychischer und sozialer Verelendung in der *Armut*sbevölkerung quantitativ und qualitativ zu. (Zenz/Blächer/Blum-Maurice 2002). Die Vernachlässigung von Kindern im frühen Kindesalter (Schone u. a. 2003/ISS 2012) und Formen chronifizierter Vernachlässigung in Familien mit suchtkranken oder psychisch leidenden, aus chaotisch-zerstrittenen und aus „Multiproblem"-Familien (Wolff 2002) ist der gegenwärtig verbreitetste Anlass für erzieherische Hilfen, Hintergrund von „Straßenkarrieren" und gleichzeitig jener Anlass, der Kindergärtner/innen, Familienhelfer/innen, Heimpädagogen/innen und Pflegepersonen die meisten Probleme aufgibt und sie am häufigsten überfordert. Zumal die chronischer Vernachlässigung folgenden lebenslangen, oft irreparablen Verletzungen erst nach und nach erkannt wurden, wurde die Suche nach wirksamen präventiven und therapeutischen Möglichkeiten erst spät zum Gegenstand klinischer und sozialpädagogischer Diskussionen, wobei auch die Rolle sozialpädagogischer Hilfeinstanzen als frühzeitige Hilfen verhindernde und Vernachlässigungs-„Karrieren" verstärkende in den Blick geraten sind (Blandow 1996). Gerade das Thema „Vernachlässigung" demonstriert damit die enge Verknüpfung von Armut und Unterversorgung und von familiärer Desintegration als gleichzeitig deren Folge und Ursache, zwischen leidenden Erwachsenen und leidenden Kindern, zwischen psychosozialen Notlagen und dem Grad, in dem sich gesellschaftliche Instanzen verantwortlich für deren Behebung oder doch Linderung fühlen.

G., wie immer interpretiert oder rücksichtsvoll umschrieben, bleibt somit Grundkategorie der Soz Arb/SozPäd. Das sich durch die Geschichte ziehende Spannungsverhältnis zwischen gefährdender Welt und gefährdetem, als solchem auch immer „gefährlichem", Individuum, lässt sich nicht aufheben. Menschen leiden an der Gesellschaft, sie fügen Anderen Leid zu und der leidende Mensch ist häufig jemand, der Leid weiter gibt. Eine Humanisierung des G.begriffs ist an diese Einsicht gebunden, also an den Einsatz für eine humanere Gesellschaft.

Jürgen Blandow

Literatur

J. Blandow: Über Erziehungshilfekarrieren. Stricke und Fallen der postmodernen Jugendhilfe, in: U. Gintzel/R. Schone (Hrsg.): Jahrbuch der Sozialen Arbeit, Münster 1996, 172–188 ◆ I. Bode/H. Turba: Organisierter Kinderschutz in Deutschland, Wiesbaden 2014 ◆ L. Böhnisch: Sozialpädagogik der Lebensalter, Weinheim/München [6]2012 ◆ ISS e. V. (Hrsg.): Vernachlässigte Kinder besser schützen. Sozialpädagogisches Handeln bei Kindeswohlgefährdung, München/Basel [2]2012 ◆ K. Mollenhauer: Einführung in die Sozialpädagogik, Weinheim [10]1993 ◆ R. Schone u. a.: Kinder in Not. Vernachlässigung im frühen Kindesalter und Perspektiven sozialer Arbeit, Münster 2003 ◆ T. Specht: Gefährdetenhilfe, in: DV Fachlexikon [8]2016, 333 f. ◆ R. Wolff: Kindesvernachlässigung, in: W. M. Zenz u. a., in: W. M. Zenz/K. Bächer ◆ R. Blum-Maurice (Hrsg.): Die vergessenen Kinder. Vernachlässigung, Armut und Unterversorgung in Deutschland, Köln 2002, 70–87.

Gemeinnützigkeit, steuerliche

Das Steuerrecht begünstigt gemeinnütziges Handeln mit zahlreichen Steuerermäßigungen. Steuervorteile werden gemeinnützigen Körperschaften gewährt, aber auch allen anderen Personen, die Vermögenswerte, also insbesondere Geld, an eine solche gemeinnützige Körperschaft zuwenden (*Spenden*, Social Sponsoring).

Wann gilt eine Körperschaft als gemeinnützig?

Voraussetzung für alle Steuerbegünstigungen ist es, dass eine Körperschaft als gemeinnützig anerkannt wird. Das regeln i. E. die §§ 51–68 der Abgabenordnung (AO).

Jede Körperschaft, Personenvereinigung oder Vermögensmasse i. S. d. Körperschaftsteuergesetzes (KStG) kann gemeinnützig sein (vgl. § 51 S. 2 AO). In der Praxis trifft man am häufigsten auf gemeinnützige eingetragene Vereine (e. V.), GmbHs und auch auf Stiftungen *(Organisationsrecht)*. Eine Körperschaft gilt dann als gemeinnützig i. w. S., wenn sie

- einen gemeinnützigen, mildtätigen oder kirchlichen Zweck verfolgt,
- diesen Zweck selbstlos, ausschließlich und unmittelbar fördert,
- das so in ihrer Satzung bestimmt hat
- und ihre tatsächliche Geschäftführung entspr. ausübt (vgl. § 59 AO).

Gemeinnützige, mildtätige oder kirchliche Zwecke (§§ 52–54 AO): Eine Tätigkeit verfolgt einen gemeinnützigen Zweck, wenn sie darauf gerichtet ist, die Allgemeinheit auf materiellem, geistigem oder sittlichem Gebiet zu fördern (§ 52 Abs. 1 S. 1 AO). Im Einzelnen sind die Zwecke in § 52 Abs. 2 AO numerisch aufgeführt, etwa die Förderung von Wissenschaft und Forschung, Jugend und Altenhilfe, Kunst und Kultur, Tier- und Pflanzenzucht oder das traditionelle Brauchtum (z. B. Karneval). Nicht ausdrücklich genannte, aber gleichsam förderungswürdige Zwecke können von der Finanzverwaltung als gemeinnützig erklärt werden (§ 52 Abs. 2 S. 2 Nr. 25 AO). Wichtig ist stets, dass der Kreis der Personen, denen die Förderung zugute kommt, nicht fest geschlossen ist, sei es rechtlich durch Satzung oder faktisch durch hohe Mitgliedsbeiträge (jährliche Höchstgrenze: 1023 Euro [gesamt] und 1534 Euro [Neumitglieder]; ausführlicher BStBl. I 1998, S. 1424; 2005, S. 786).

Einen mildtätigen Zweck verfolgt eine Körperschaft, wenn Personen gefördert werden, die bedürftig sind, sei es aus persönlichen Gründen infolge ihres körperlichen, geistigen oder seelischen Zustandes (§ 53 Nr. 1 AO) oder aus wirtschaftlichen Gründen (§ 53 Nr. 2 AO).

Die kirchlichen Zwecke (§ 54 AO) beschränken sich auf eine Förderung der Religionsgemeinschaften, die den Status „Körperschaft des öffentlichen Rechts" haben. Das sind die evangelische und katholische Kirche, sowie die jüdischen Gemeinden. Eine Förderung einer anderen Religion zählt lediglich als ein gemeinnütziger Zweck i. S. d. § 52 Abs. 2 Nr. 1 AO *(Kirchen und Religionsgemeinschaften des öffentlichen Rechts)*.

Selbstlosigkeit der Förderung (§ 55 AO): Der steuerbegünstigte Zweck muss von der Körperschaft selbstlos gefördert werden. Das setzt insbesondere voraus, dass

- die Mittel der Körperschaft zeitnah und nur für die steuerbegünstigten satzungsmäßigen Zwecke verwendet werden (vgl. §§ 55 Nr. 1, Nr. 2, Nr. 4, Nr. 5 AO)

G

- und keine unverhältnismäßig hohen Vergütungen bezahlt werden (§ 55 Nr. 3 AO).

Die Selbstlosigkeit entfällt auch, wenn ein wirtschaftlicher Geschäftsbetrieb (§ 64 AO) der gemeinnützigen Körperschaft das Gepräge gibt, also eigenwirtschaftliches Handeln und Eigennutz in den Vordergrund tritt und die eigene Opferwilligkeit zugunsten anderer wegfällt oder in den Hintergrund gedrängt wird (BFH, BStBl. II 2002, S. 162; BMF, BStBl. I 2002, S. 267 auch zu den Grenzen der Rücklagenbildung im wirtschaftlichen Geschäftsbetrieb).

G

Ausschließlichkeit der Förderung (§ 56 AO): Der steuerbegünstigte satzungsmäßige Zweck wird ausschließlich gefördert, wenn eine Körperschaft nur ihre steuerbegünstigten satzungsmäßigen Zwecke verfolgt. Ausnahmen sind insbesondere durch wirtschaftliche Geschäftsbetriebe § 64 AO und im Bereich der Vermögensverwaltung der gemeinnützigen Körperschaft möglich.

Unmittelbarkeit der Förderung (§ 57 AO): Die Körperschaft muss die satzungsmäßigen steuerbegünstigten Zwecke selbst verwirklichen, darf sich aber Hilfspersonen bedienen, deren Wirken wie eigenes Handeln der Körperschaft anzusehen ist. Eine Ausnahme wird insbesondere bei Förder- und Spendensammelvereinen gemacht (§ 58 Nr. 1 und Nr. 2 AO).

Satzung (§§ 60, 61 AO) und tatsächliche Geschäftsführung (§ 63 AO): In der Satzung der Körperschaft müssen die steuerbegünstigten Zwecke ausdrücklich aufgeführt werden. Eine Mustersatzung ist in der Anlage 1 zu § 60 AO abgedruckt. Die tatsächliche Geschäftsführung muss den satzungsmäßigen steuerbegünstigten Zwecken entsprechen; sonst droht Verlust der Gemeinnützigkeit, der i. d. R. mit hohen Steuernachzahlungen und einem persönlichen Haftungsrisiko für den Vorstand verbunden ist.

Die wichtigsten Steuerbegünstigungen einer gemeinnützigen Körperschaft

Der Umfang der Steuerbegünstigungen, die eine gemeinnützige Körperschaft erhält, hängt von den einzelnen Bereichen der Körperschaft ab. Unterschieden wird zwischen dem ideellen Bereich, in dem die Körperschaft die steuerbegünstigten satzungsmäßigen Zwecke unmittelbar fördert (z. B. Betreuung von Jugendlichen), wirtschaftlichen Geschäftsbetrieben (§ 64 AO), mit denen Einnahmen erzielt werden, um die steuerbegünstigten Zwecke zu finanzieren (z. B. Betreiben einer Gaststätte), Zweckbetrieben (§§ 65–68 AO), mit denen die steuerbegünstigten satzungsmäßigen Zwecke gegen Entgelt erreicht werden (z. B. ein Kindergarten) und dem Bereich der Vermögensverwaltung, in dem das Vermögen der Körperschaft genutzt wird (z. B. durch Vermietung und Verpachtung eines Grundstücks oder verzinsliche Anlage von Kapitalvermögen; vgl. § 14 S. 3 AO).

Die Befreiungen von der Körperschaftsteuer (§ 5 Abs. 1 Nr. 9 KStG) und der Gewerbesteuer (§ 3 Nr. 6 GewStG) gelten nur im ideellen Bereich, im Zweckbetrieb und bei der Vermögensverwaltung; nicht hingegen im wirtschaftlichen Zweckbetrieb, der jährlich Einnahmen von mehr als 35 000 Euro erzielt. Die Befreiung von der Grundsteuer (§ 3 Abs. 1 Nr. 3 lit. b, § 7 GrStG) besteht nur im ideellen Bereich und im Zweckbetrieb. Allgemein sind gemeinnützige Körperschaften von der Erbschafts- und Schenkungsteuer befreit (vgl. § 13 Abs. 1 Nr. 16 lit. b ErbStG). Für Leistungen der gemeinnützigen Körperschaften gilt eine von 19 % auf 7 % ermäßigte Umsatzsteuer; Ausnahme: Leistungen von wirtschaftlichen Geschäfts- und wettbewerbsorientierten Zweckbetrieben (§ 12 Abs. 2 Nr. 8 lit. a UstG). Amtlich anerkannte Wohlfahrtsverbände und ihre Untergliederungen sind gänzlich von der Umsatzsteuer befreit (vgl. § 4 Nr. 18 UstG, § 23 UstDV).

Die wichtigsten Steuerbegünstigungen für Zuwendungen an eine gemeinnützige Körperschaft

Zuwendungen (Spenden und Mitgliedsbeiträge) an die meisten gemeinnützigem Körperschaften können als Sonderausgaben von der ESt abgesetzt werden, höchstens jedoch 20 % des Gesamtbetrages der Einkünfte (§ 10b Abs. 1 S. 1 Nr. 1 EstG).

In nahezu gleichem Umfang kann auch eine Körperschaft Zuwendungen an eine gemeinnützige Körperschaft von der Körperschaftsteuer absetzen (§ 9 Abs. 1 Nr. 2 KStG). Gleiches gilt für die Gewerbesteuer (§ 9 Nr. 5 GewStG). Spendet ein Unternehmen, weil es sich wirtschaftliche Vorteile verspricht (etwa auch die Sicherung oder Erhöhung des Ansehens oder einen Werbeeffekt), kann die Zuwendung als Betriebsausgabe voll absetzbar sein (zur steuerlichen Behandlung von Sponsoring: BMF, BStBl. I 1998, 212).

Marc Desens

Literatur

D. Birk/M. Desens/H. Tappe: Steuerrecht, Nürnberg [19]2016 ♦ J. Buchna/C. Leichinger/A. Seeger/W. Brox: Gemeinnützigkeit im Steuerrecht, Achim [11]2015 ♦

M. Maier/J. Holdenrieder: Wirtschaftlicher Geschäftsbetrieb und Ausgliederung im Gemeinnützigkeitsrecht, in: TuP 4/2013, 287–294 ◆S. Schauhoff: Handbuch der Gemeinnützigkeit, München ³2010 ◆ S. Schick: Rechtliche und steuerliche Grundlagen in der Sozialwirtschaft, Baden-Baden 2012 ◆ M. Troll/R. Wallenhorst/R. Halaczinsky: Die Besteuerung gemeinnütziger Vereine, Stiftungen und der juristischen Personen des öffentlichen Rechts, München ⁶2009 ◆ S. Winheller/S. J. Geibel/M. Jachmann-Michel: Gesamtes Gemeinnützigkeitsrecht, Baden-Baden 2017.

Gemeinwesenarbeit

Zum Begriff

In der Fachliteratur wird Gemeinwesenarbeit (GWA) gemeinhin als eine der drei *Methoden* der *Sozialen Arbeit* verstanden – und an den FH wird sie als Vertiefungsfach neben *Einzelhilfe, sozialer Gruppenarbeit* gelehrt –, die im Gegensatz zu den anderen Methoden ganze Nachbarschaften, Stadtteile und Gemeinden zum Gegenstand sozialpädagogischer Einflussnahme macht. Einige Autoren machen dabei einen Unterschied zwischen GWA als Methode der SozArb und GWA als methodenübergreifendem Prinzip. Sie unterscheiden ferner zwischen GWA als Steuerungsinstrument „von oben" und Stadtteilarbeit als basisverpflichteter *Einmischungsstrategie* „von unten" (Kreft/Müller 2017).

Zur Geschichte

1884 gründete der Pfarrer S. A. Barnett in London das settlement (die Niederlassung) Toynbee Hall. D. h., er zog zusammen mit seiner Familie und mit Studenten in ein Elendsquartier der Hauptstadt, um den Leuten zu helfen, gemeinsam als eine informierte und aktive Bürgerschaft für die Verbesserung ihrer Lebensumstände und ihrer Lebensqualität tätig zu werden. Die Siedler sorgten zusammen mit ehrenamtl. tätigen Bürgern dafür, dass Sozialgesetze eingehalten wurden, sie halfen, Selbsthilfekindergärten, Spielplätze und Kinderkliniken einzurichten, sie kümmerten sich um Müttererholung und versuchten sich mit stadtteilbezogenen Erwachsenenbildungsprogrammen und Reformen im Wohnungsbau. St. Coit exportierte die Nachbarschaftsidee nach New York, wo noch heute die Neighborhood Guild als University Settlement existiert; weitere Gründungen in Chicago und Boston folgten. Bevor die Einwanderungsströme in die USA gesetzlich beschränkt wurden (quota laws von 1921 und 1924), sammelten sich v. a. in den großen Hafenstädten der Ostküste Zehntausende von Immigranten, die wenig Chancen hatten, nordamerikanische Staatsbürger zu werden, eine Wohnung zu bekommen und Arbeit zu finden. Um ihre Überlebenschancen zu erhöhen, gründeten ihre Gemeindepfarrer und sie Nachbarschaftsheime in den ethnischen und religiösen Ghettos, in denen die Einwanderer erste Orientierungshilfen erhielten und in die basalen Kulturtechniken des neuen Heimatlandes eingewiesen wurden.

Im Gegensatz zu der ökonomischen und sozialen Situation, welche in den urbanen Ballungszentren Großbritanniens und der nordamerikanischen Ostküste die settlement movements provoziert hatte, stand die Situation im Mittleren Westen der USA: Dorthin lockte der Homestead Act vom 20. 5. 1862 zahllose landlose Einwanderer, denen bis zu 160 acres unbebauten Landes versprochen wurden, wenn sie es innerhalb von 5 Jahren bebauen und kultivieren würden. Hinter diesem Gesetz standen die wirtschaftlichen Expansionsinteressen der Länder westlich der Appalachians; erbitterten Widerstand leisteten die Großgrundbesitzer und Fabrikherren der Ostküste, die von teurem Land und billigen Arbeitskräften profitieren wollten. Um die Besiedlung des Westens erwachsenenpädagogisch zu unterstützen, erließ die nordamerikanische BReg mitten im Bürgerkrieg den Morrill Act, dem zufolge jeder Bundesstaat kostenloses Land erhielt, um landwirtschaftliche HS zu gründen, welche sich zu Zentren der Landwirtschaftswissenschaft, der Ingenieurwissenschaft und der Gemeindeentwicklung ausbilden sollten. Im Gefolge des Morrill Act wurden 69 agricultural colleges gegründet, die nicht nur Landwirte wissenschaftlich aus- und fortbilden, sondern die ganz allgemein das wirtschaftliche, kulturelle und soziale Niveau des dörflichen Lebens heben und entwickeln sollten.

Diesen beiden unterschiedlichen Ansätzen von GWA – der Entwicklungshilfe für unterbevölkerte, landwirtschaftlich unergiebige Gebiete im Mittleren Westen und der Rekonstruktion großstädtischer Wohnquartiere in den überbevölkerten Elendsquartieren der Ostküste – entsprachen zwei Begriffe, die später häufig synonym verwendet wurden: community organization für Gemeindereform und community development für Gemeindeaufbau.

In den sozialen Krisen nach dem 1. und v. a. nach dem 2. Weltkrieg erhielt GWA eine zusätzliche Dimension. Im Krieg gegen die Armut (war on poverty) investierte die Johnson-Administration in den 1960er Jahren Mrd. Dollars, um regionale infrastrukturelle Disparitäten durch

Gemeindekampagnen (community action programs) auszugleichen (nach Müller 2013).

Zur Entwicklung in der BRD

Anders als in Großbritannien und Nordamerika, wo GWA eine reale, praktische Tradition besitzt, ist GWA in der BRD in den 1960er Jahren rein literarisch rezipiert worden – wenn man von der Praxis der Sozialen Arbeitsgemeinschaft Berlin-Ost (SAG), dem Hamburger Volksheim und dem Jüdischen Volksheim in Berlin zu Beginn des 20. Jh. und in den 1920er Jahren absieht. Sie stützte sich nicht auf historisch gemachte, politisch und ökonomisch ableitbare Erfahrungen, sondern auf die Übernahme der literarischen Verallgemeinerung dieser (fremden) Erfahrungen in Gestalt von Lehrbüchern über GWA (M. Ross; J. Boer u. a.). Träger dieser literarischen Rezeption waren zunächst (ähnlich wie im Hinblick auf soziale Gruppenarbeit) die FH für SozPäd und SozArb. Sie übersahen häufig, dass es neben der religiös verbrämten GWA von J. Boer und der sozialpädagogisch-idealistischen GWA von M. Ross auch eine Praxis aggressiver, quasiklassenkämpferischer GWA in der Tradition von S. Alinsky und D. Dolci gegeben hatte. Erst der mit großer Verspätung auch in der BRD wahrnehmbare Verfall innerstädtischer Sanierungsgebiete einerseits, die infrastrukturelle Unterversorgung neuer Schlafstädte an der Peripherie der urbanen Ballungszentren andererseits und schließlich die nicht auf individuelle Einzelfälle zurückführbare soziale Problematik sog. Problemgruppen (*Ausländer,* Obdachlose/*Obdachlosenhilfe,* Randgruppen) sowie die Verschlechterung der Lebensbedingungen im Reproduktionsbereich allgemein (*Wohnen, Stadtentwicklungsplanung,* Sozialplan) führte Ende der 1960er Jahre zu einer der literarischen Rezeption von GWA folgenden Praxis, die allerdings zunächst meist nicht von der Sozialverwaltung selbst initiiert wurde, sondern von Bürgerinitiativen und Stadtteilgruppen mit tatkräftiger Unterstützung von Kirchengemeinden und Parteiorganisationen. In dieser Phase stand GWA für viele engagierte Studenten und Praktiker der SozArb/SozPäd als Synonym für eine systemdehnende Praxis, die weder den individualisierenden Irritationen der Einzelhilfe noch den harmonisierenden Hoffnungen der sozialen Gruppenarbeit auf den Leim gehe.

Gleichzeitig entdeckte allerdings auch die Sozialverwaltung GWA als Frühwarnsystem sozialer und regionaler Disparitäten. I. S. vorausschauender *Planung, Sozialplanung,* Stadtentwicklungsplanung und Betroffenenbeteiligung setzten Stadtverwaltungen wie Hamburg, Berlin, Frankfurt/M., Stuttgart und München GWA als ein globales soziales Steuerungsinstrument ein, mit dem besonders gravierende soziale Probleme im Vorfeld aktueller Konflikte abgefangen und bearbeitet werden sollten. Auf diese Weise standen sich häufig (hauptamtl.) Gemeinwesenarbeiter und die (ehrenamtl. tätigen) Vertreter von Bürgerinitiativen gegenüber und versuchten, ihre je eigene Identität zu entwickeln und zu bewahren.

Von der Methode zum Arbeitsprinzip

Im Zuge eines allgemeinen Abbaus reformerischer Aktivitäten des sozialliberalen Sozialstaates der BRD ist GWA spätestens seit Mitte der 1970er Jahre als eine Methode der SozArb ins Gerede gekommen, die mehr Konflikte produziert, als sie zu lösen vermag. Im Zuge dieser Entwicklung sind viele GWA-Projekte beschnitten, gekürzt oder eingestellt worden. Andererseits hat sich das Konzept einer GWA als Strukturprinzip der Organisation sozialer Dienste auf regionaler Grundlage mehr und mehr durchgesetzt *(Sozialraumorientierung).* Bürgernähe, Betroffenenbeteiligung und regionale Transparenz von Einrichtungen und Maßnahmen der SozArb/SozPäd sind Reizworte, die nicht so schnell aus der öffentlichen Diskussion verschwinden werden, zumal Bürgerinitiativen und neue soziale Bewegungen sich anschickten, den etablierten politischen Großorganisationen den Anspruch auf alleinige Repräsentation und Massenloyalität streitig zu machen. Heute ist „gemeinwesenorientiertes Handeln" ein zentrales Arbeitsprinzip Sozialer Arbeit (Hinte u. a. 2011/Hinte 2017/*Sozialraumorientierung*).

In den 1990er Jahren haben zentrifugale Tendenzen in den großen Städten und die Abwanderung/der Zuzug von Bewohnern der DDR und der neuen Bundesländer zu einer neuen Krise deutscher Großstädte geführt. Die BReg versucht, dieser Krise durch Förderungsprogramme für „Stadtteile mit besonderem Entwicklungsbedarf – Die soziale Stadt" zu begegnen. Der neue, an betriebswirtschaftlichen Termini orientierte Fachbegriff heißt *„Quartiersmanagement".* Er enthält viele Teilziele, methodische Vorgaben und Strategie-Elemente, die schon in der alten GWA eine entscheidende Rolle spielten. Aber während GWA auf eine Steigerung der Selbsthilfekräfte der Stadtbewohner zielte, legt das zeitgenössische Quartiersmanagement besonderen Wert auf die Vernetzung von Einrichtungen und Maßnahmen im Stadtteil und die Förderung lokaler Ökonomie. Beiden methodischen Ansätzen gemeinsam ist die besondere Betonung der *Partizipation* (also

Teilnahme und Teilhabe) der betroffenen Bevölkerung (vgl. auch Thies 2017).

Im Übrigen hat sich der Partizipationsgedanke in der Kommunalpolitik zumindest literarisch weitgehend durchgesetzt und ist im Konzept der *„Einmischungsstrategie“* sogar zu einem Recht aller in der JH Handelnden festgeschrieben worden (§ 1 (3) Nr. 4 SGB VIII) (Mielenz 1981 und Münder u. a. 2013, § 1 Rz. 30.

C. Wolfgang Müller

Literatur

Arbeitsgruppe Gemeinwesenarbeit der Victor Gollancz-Stiftung (Hrsg.): Reader zur Theorie und Strategie von Gemeinwesenarbeit. Materialien zur Jugend- und Sozialarbeit 8, Frankfurt/M. [2]1975, Reprint AGJ, Bonn 1978 ◆ S. Alinsky: Leidenschaft für den Nächsten. Strategien und Methoden der Gemeinwesenarbeit, New York 1946, Gelnhausen 1973 ◆ J. Boer/K. Utermann: Gemeinwesenarbeit, Stuttgart 1970 ◆ D. Dolci: Vergeudung. Bericht über die Vergeudung im westlichen Sizilien, Zürich 1965 ◆ M. Galuske: Methoden der Sozialen Arbeit, Weinheim/München [10]2013 ◆ W. Hinte: Von der Gemeinwesenarbeit zum sozialräumlichen Handeln, in: Kreft/Müller 2017, 2.3 ◆ W. Hinte/M. Lüttringhaus/ D. Oelschlägel: Grundlagen und Standards der GWA, Weinheim/München [3]2011 ◆ D. Kreft/C. W. Müller Methodenlehre in der Sozialen Arbeit. München [2]2017 ◆ D. Kreft/I. Mielenz: Das Kinder- und Jugendhilfegesetz/SGB VIII und Gemeinwesenarbeit, in: S. Müller u. a.: Soziale Arbeit, Neuwied 2000, 363–372 ◆ I. Mielenz: Die Strategie der Einmischung. Sozialarbeit zwischen sozialer Kommunalpolitik und Selbsthilfe, in: np, Sonderheft 6/1981, 57–66 ◆ C. W. Müller/P. Nimmermann: Stadtplanung und Gemeinwesenarbeit, München 1971 ◆ C. W. Müller: Das Dilemma des Gemeinwesenarbeiters, in: K.-U. Otto/ S. Schneider (Hrsg.): Gesellschaftliche Perspektiven der Sozialarbeit. 2. Halbbd., Neuwied 1973 ◆ C. W. Müller Wie Helfen zum Beruf wurde, Weinheim/ München [6]2013 ◆ J. Münder u. a.: Frankfurter Kommentar zum SGB VIII, Baden-Baden [7]2013 ◆ M. Ross: Gemeinwesenarbeit. Theorie, Prinzipien, Praxis, New York 1955, Freiburg 1968 ◆ W. Noack: Gemeinwesenarbeit – eine (fast) vergessene Grundform sozialen Handelns, in: TuP 4/2011, 278–284 ◆ Schwerpunktheft Gemeinwesenarbeit: sm 7-8/2012 ◆ R. Thies: Quartiermanagement, in: Kreft/Müller 2017, 3.11.

Gender Mainstreaming

Der Begriff als politisches Programm

Gender Mainstreaming (GM) wurde in den 1980er Jahren als eine neue Strategie zur Erhöhung der geschlechtsspezifischen Sensibilität und insbesondere auch Wirkung von politischem und administrativem Handeln entworfen. Gender bezeichnet die gesellschaftlich, sozial und kulturell geprägten Geschlechterrollen im Gegensatz zum biologischen Geschlecht. Mainstream ist die englische Bezeichnung für Hauptstrom und bedeutet, eine inhaltliche Vorgabe zum zentralen Bestandteil von Entscheidungsprozessen zu machen. Insofern bedeutet GM, in alle Entscheidungsprozesse die Perspektive des Geschlechterverhältnisses einzubeziehen und diese für die Gleichstellung von Frauen und Männern nutzbar zu machen.

GM wurde bereits auf der 3. Weltfrauenkonferenz der Vereinten Nationen in Nairobi im Jahr 1985 vorgestellt. Entwickelt und erprobt wurde GM zuvor im Kontext der internationalen Entwicklungshilfe. Zehn Jahre später, auf der 4. Weltfrauenkonferenz in Bejing, wurde GM als Querschnittsanforderung an das gesamte politische Handeln in der globalen Aktionsplattform verankert Regierungen und Entscheidungsträger wurden aufgefordert, GM in allen politischen Aktivitäten und Programmen umzusetzen.

In die BRD gelangte GM nicht als Appell der Weltfrauenkonferenz, sondern durch das In-Kraft-Treten des Amsterdamer Vertrages im Jahr 1999. Art. 3 Abs. 2 des EG-Vertrages legt fest, dass „bei allen in diesem Art. genannten Tätigkeiten die Gemeinschaft darauf hin(wirkt), Ungleichheiten zu beseitigen und die Gleichstellung von Männern und Frauen zu fördern“. In ihren beschäftigungspolitischen RL hat im selben Jahr die EU das Vorgehen auf den Ansatz des GM hin konkretisiert, der dann auch in den entsprechenden Aktionsplänen in BRD Umsetzung fand.

Auf nationaler Ebene gewann die Strategie des GM auch jenseits der Beschäftigungspolitik an Bedeutung, als das Bundeskabinett in seinem Beschluss vom 23. Juni 1999 die Gleichstellung von Männern und Frauen als durchgängiges Leitprinzip anerkannte und sich dafür aussprach, diese Aufgabe als Querschnittsaufgabe unter dem Begriff GM zu fördern. Am 26. Juli 2000 beschloss das Bundeskabinett die Gemeinsame Geschäftsordnung der BM, die in § 2 festlegt, dass „die Gleichstellung von Frauen und Männern durchgängiges Leitprinzip ist und bei allen politischen, normgebenden und verwaltenden Maßnahmen

G

der BM in ihren Bereichen gefördert werden soll" (BM des Innern 26. Juli 2000, § 2 GGO). Seitdem sind auf bundes-, landes- und kommunaler Ebene unterschiedliche Bemühungen aufgenommen worden, GM zu implementieren (Weg 2002), es wurden seither zahlreiche Instrumente zur Umsetzung von Gender Mainstreaming in Strukturen und Programmen der öffentlichen Verwaltung erarbeitet (z. B. „Gender Mainstreaming in Forschungsvorhaben", „Gender Mainstreaming bei der Vorbereitung von Rechtsvorschriften", „Gender Mainstreaming im Berichtswesen" sowie die „Checkliste Gender Mainstreaming bei Maßnahmen der Presse- und Öffentlichkeitsarbeit"). Seit 2001 besteht bereits die Vorgabe zur Umsetzung von GM im *Kinder- und Jugendplan des Bundes*, die mit einer Verpflichtung zur geschlechterdifferenzierten Planung, Durchführung sowie Auswertung der geförderten Projekte einhergeht.

GM wurde in einem Sachverständigenbericht des Europarates wie folgt definiert: „GM besteht in der (Re-)Organisation, Verbesserung, Entwicklung und Evaluierung der Entscheidungsprozesse, mit dem Ziel, dass die an politischer Gestaltung beteiligten AkteurInnen den Blickwinkel der Gleichstellung zwischen Frauen und Männern in allen Bereichen und auf allen Ebenen einnehmen" (Übersetzung durch Krell/Mückenberger/Tondorf 2000, 3).

GM stellt eine gezielte Fortschreibung der bisherigen Frauenförderpolitik *(Frauen)* dar. Basierend auf den Erfahrungen, dass in der Vergangenheit weder mit Sonderprogrammen noch mit gesetzlichen Regelungen eine grundlegende Veränderung im Geschlechterverhältnis herbeizuführen war und eine zunehmende Marginalisierung der Frauenpolitik erfolgte, verankert sich GM nun im Zentrum allen politischen und staatlichen, wirtschaftlichen und sozialen Handelns.

Paradigmenwechsel in der Gleichstellungspolitik

GM ist ein Auftrag an die politische Führung und die Leitung von Verwaltungen, Organisationen und Unternehmen, dafür Sorge zu tragen, dass die unterschiedlichen Interessen und Belange von Frauen und Männern

- in der Struktur ihrer Organisationen,
- in der Gestaltung von Prozessen und Arbeitsabläufen,
- in den Ergebnissen und Produkten,
- in der Kommunikation und Öffentlichkeitsarbeit und in der
- Evaluation und Steuerung

in der Weise Berücksichtigung finden, dass das Ziel der Gleichstellung von Frauen und Männern effektiv wirklich werden kann (BMFSFJ 2004, 195).

Wesentlich ist bei diesem Paradigmenwechsel in der Gleichstellungspolitik, dass GM als Querschnittsaufgabe verstanden wird. Die Interessen und Belange von Frauen sind nicht mehr ein gesondertes Handlungsfeld neben vielen anderen, sondern elementarer Teil aller staatlichen und gesellschaftlichen Aktivitäten. Ebenso elementar ist. dass die Verantwortung für die Herstellung von Gleichstellung nicht mehr allein frauenpolitischen Lobbygruppen auferlegt wird, sondern bei allen Entscheidungsträgern in politischen. sozialen und wirtschaftlichen Organisationen liegt. GM ist nicht ausschließlich, aber im Wesentlichen, eine top down Strategie.

GM verändert aber auch die fundamentale Logik der bisherigen Gleichstellungspolitik. GM fokussiert nicht mehr allein die gesellschaftliche Position von *Frauen* im Geschlechterverhältnis, sondern nimmt die Entwicklungspotenziale beider Geschlechter in den Blick. *Männer* werden als verantwortliche Akteure bei der Herstellung von Gleichstellung gesehen und sind ebenso Zielgruppe. GM entfernt sich vom bisherigen Defizitansatz. Es wird davon ausgegangen, dass in allen gesellschaftlichen Handlungsfeldern geschlechterspezifische Implikationen zum Tragen kommen, die bei der Bewertung, Planung und Umsetzung von Maßnahmen Berücksichtigung finden müssen.

Damit entwickelt sich Gleichstellungspolitik vom Ansatz der Parteilichkeit weg zum Prinzip der gemeinsamen Verantwortung von Frauen und Männern für eine gerechte Gesellschaft.

Zur Umsetzung von Gender Mainstreaming

Zur Umsetzung von GM liegen unterschiedliche Instrumentarien vor. Im Wesentlichen beinhalten diese folgenden Elemente (Bohn 2002):

- Qualifizierung (z. B. Gender-Trainings);
- Organisations- und Personalentwicklung;
- analytische Verfahren (z. B. GIA Gender-Impact-Assessment; 3-R-Methode);
- konsultative Verfahren;
- standardisierende Ablaufverfahren (z. B. Check-Listen für Kabinettsvorlagen; GenderBudgets);
- evaluative Verfahren.

Im Bereich der *Sozialen Arbeit* hat die Einführung von GM Gleichstellungspolitik erneut in das Bewusstsein der Akteure geholt und lange überfällige Suchbewegungen ausgelöst. Zunächst beschränkten sich die Bemühungen zur Umsetzung von GM insbesondere in der Qualifizierung von Fachkräften und der organisatorischen Verankerung von Verantwortlichkeiten und Handlungsvorgaben, die nach und nach von einzelnen fachspezifischen Konzepten (Kindertagesstätten; *Jugendarbeit; Jugendsozialarbeit; Jungen*arbeit) komplettiert wurden. Zu einer kräftigen Wiederbelebung und Erweiterung des Themenfeldes Gleichstellung hat GM bislang dennoch nicht geführt, was sich institutionell z. B. auch in der Einstellung der Bundesförderung für das GenderKompetenzZentrum im Jahr 2010 ablesen lässt. Insofern sollten die kritischen Stimmen nicht ungehört bleiben, die darauf hinweisen, dass GM ein Instrumentarium des neoliberalen politischen Wandels ist, das dazu beitragen könnte, die Verteilungskonflikte zwischen den Geschlechtern verwaltungstechnisch zu harmonisieren statt abzubauen. Ebenso mündete die Praxis, Funktionsbereiche der Frauenförderung (z. B. Frauen- oder Mädchenbeauftragte) mit dem Auftrag zur Umsetzung von GM zu versehen, in keine grundlegende Veränderung relevanter Entscheidungsprozesse. Letztlich hat sich gezeigt, dass Gleichstellung noch immer vom politischen Gestaltungswillen abhängt oder von sozialen Bewegungen, die Druck von unten machen; durch das Instrument GM konnte das nicht umfassend eingelöst werden kann. Es fehlte dem ‚Topdown-Ansatz' GM immer wieder die realistische Ausrichtung (Konzentration) auf politisch zentrale Probleme: z. B. gleicher Lohn für gleiche Arbeit, Frauenbenachteiligung in Beruf und Arbeit, als grundlegende Voraussetzung der Gleichstellung von Frau und Mann in allen Formen des gesellschaftlichen Lebens.

Die GM-Strategie wird inzwischen von Ansätzen des Managing-Diversity überlagert, einer Strategie mit einem unternehmensbezogenen Hintergrund, die darauf abzielt, die Verschiedenheit von Menschen als gewinnbringend für Unternehmen anzusehen (vgl. Stiegler 2014). Diese Strategie ist breiter angelegt als Gender Mainstreaming und bezieht neben der Kategorie Geschlecht weitere personenbezogene Unterschiede (wie z. B. Alter, Bildungsstand, ethnische Herkunft, sexuelle Orientierung etc.) ein. Insofern besteht berechtigter Grund zur Feststellung, dass die Umsetzung von GM bislang in der Entwicklung von Voraussetzungen und einzelnen Instrumenten steckengeblieben ist, in zentralen Reformwerken des Bundes (Arbeitsmarkt/Sozialversicherung) keine Rolle gespielt hat und flankiert vom Managing-Diversity Ansatz möglicherweise auf den Bereich der Beschäftigungspolitik begrenzt bleiben wird (Döge/Stiegler 2004; aktuell für die Kinder- und Jugendhilfe: Schwerpunktheft Archiv für Wissenschaft und Praxis der sozialen Arbeit 2/2010, darin Weinbach 2010).

Irina Bohn

Literatur

Arbeiterwohlfahrt, Bundesverband: Gleichstellung in Sprache und Schrift. Leitfaden zu geschlechtergerechtem Formulieren, in: TuP 3/2013, 205–211 ◆ S. Baer: Gender works! Gender Mainstreaming: Gute Beispiele aus der Facharbeit, Frankfurt/M./Berlin 2007 ◆ A. Bakka/G. Posselt: Gender und Dekonstruktion, Wien (UTB) 2016 ◆ I. Bohn: Gender Mainstreaming und Jugendhilfeplanung, Münster 2002 ◆ BMFSFJ: Frauen in Deutschland. Von der Frauen- zur Gleichstellungspolitik, Berlin 2004 ◆ P. Döge/B. Stiegler: Gender Mainstreaming in Deutschland, in: M. Meuser/C. Neusüß (Hrsg.): Gender Mainstreaming. Konzepte, Handlungsfelder, Instrumente. Bundeszentrale für politische Bildung Schriftenreihe Bd. 418, Bonn 2004, 135–157 ◆ G. Ehlert: Gender in der Sozialen Arbeit. Konzepte, Perspektiven, Basiswissen, Schwalbach/Ts. 2012 ◆ R. Frey/S. Scheele: Eine kurze Geschichte der Demontage. Institutionelle Mechanismen im Sinne der Aktionsplattform gibt es in Deutschland nicht mehr. In: FrauenRat Nr. 1/2015, S. 24–25 ◆ G. Krell/V. Mückenberger/K. Tondorf: Gender-Mainstreaming – Informationen und Impulse, Hannover 2000 ◆ Ministerium für Arbeit, Frauen, Gesundheit und Soziales Sachsen-Anhalt: Gender Mainstreaming in Sachsen-Anhalt, Magdeburg (o. J.) ◆ I. Pimminger: Was bedeutet Geschlechtergerechtigkeit? Normative Klärung und soziologische Konkretisierung. Leverkusen 2012 ◆ Schwerpunktheft ‚Die Kategorie ‚Geschlecht' in der Kinder- und Jugendhilfe, Archiv für Wissenschaft und Praxis der sozialen Arbeit 2/2010 ◆ B. Stiegler (Hg.): Erfolgreiche Geschlechterpolitik: Ansprüche – Entwicklungen – Ergebnisse, in: Friedrich-Ebert-Stiftung (Hg.): WISO-Diskurs 2014 ◆ M. Weg: Gender Mainstreaming in den Bundesländern: Zwischenbilanz und Perspektive, Berlin 2002 ◆ H. Weinbach: Über Gender Mainstreaming hinaus: Diversity- und Queer-Ansätze in der offenen Kinder- und Jugendarbeit, in: Archiv für Wissenschaft und Praxis der sozialen Arbeit 2/2010, 56–66.

Link

www.bpb.de/gesellschaft/gender/gender-mainstreaming/

Generation(en)

Begriff

G. wurde im 17. Jh. aus dem lat. „generatio" [Zeugung(sfähigkeit)] entlehnt. Abgeleitet von „genus" [Geschlecht; Gesamtheit der Nachkommenschaft; Art, Gattung] und identisch mit dem griechischen „genos" steht er im allg. Sprachgebrauch für die „Gesamtheit aller etwa zur gleichen Zeit geborenen Menschen; Menschenalter".

Die gesellschaftliche Bestimmung

Mit dem Begriff der G. werden einerseits biologische Abstammungsfolgen im Horizont von familialen Zusammenhängen bezeichnet (Großeltern, Eltern, Kinder, Enkel etc.) und zumeist durch eine historisch-gesellschaftliche Komponente eingebettet und ergänzt. Andererseits verweist der G.-Begriff auf eine sozialwissenschaftliche Kategorie, die analytisch für gesellschaftliche G.-Abfolgen steht. Eine gesellschaftliche Bestimmung des G.-Begriffs bezeichnet dann die „relative Gleichartigkeit von etwa Gleichaltrigen, die aus gemeinsamen, lebensgeschichtlich relevanten und spezifisch prägenden gesellschaftlichen Erfahrungen entsteht". Unterstellt wird dabei, dass durch die relative Altersgleichheit sozialgeschichtliche ‚Schlüsselereignisse' als generationsformende Erfahrungszusammenhänge wirken, in deren Ergebnis eine Generation entsteht. Jede G. ist dann durch ihren sozialgeschichtlichen, ereignisspezifischen Erfahrungszusammenhang bestimmbar und lässt sich dadurch zugleich von anderen G. als andersartig identifizieren. Allerdings ist die sozialwissenschaftliche Verwendung des G.-Begriffs kontrovers, da er als analytische Kategorie nicht eindeutig, sondern jeweils nur relativ mit Bezug zum jeweiligen Forschungsthema verstehbar ist.

Generations-Verhältnisse und Beziehungen

Die G.-Kategorie hat eine relativ lange Tradition in den Sozialwissenschaften und wird grundsätzlich mehrdimensional verstanden: Als pädagogisch-anthropologische Grundbedingung stellt die Kategorie der G. den Ausgangspunkt in klassisch-pädagogischen Ansätzen dar (etwa bei F. D. E. Schleiermacher, W. Dilthey, E. Spranger, Th. Litt, H. Nohl, S. Bernfeld). Die anthropologische Tatsache, dass Jüngere und Ältere zur selben (historischen) Zeit in unterschiedlichen (sozialgeschichtlichen) Erfahrungszusammenhängen leben, wird als Voraussetzung für die Möglichkeit von *Erziehung* der Jüngeren durch die Älteren betrachtet *(Anthropologie)*.

Der historisch-soziologische G.-Begriff geht auf die Überlegungen von K. Mannheim (1928) zurück, der G. als Grundlage der gesellschaftlichen Entwicklung herausarbeitete. Eine G. wird hierbei als eine spezifische, kollektive Erlebnisgemeinschaft verstanden, die ganz bestimmte politische und soziale Haltungen besitzt und einen ‚jeweils eigenen Gegner in der Welt und in sich bekämpft' und identifiziert, d. h. eine jeweilige G. kann durch die gemeinsame Lage(rung) im historischen Raum (G.-Lagerung), durch gemeinsame prägende Erlebnisse (G.-Zusammenhang) und durch gemeinsame Verarbeitungs- und Handlungsformen (G.-Einheit) charakterisiert werden. Somit besitzt jede Generation eine (eigene) historische Gestalt. Diese gesellschaftliche Dimension des G.-Begriffs findet sich im Konzept der politischen G. wieder, in der die historische Gestalt einer Generation Ausdruck der jeweiligen politischen Orientierungen ihrer Angehörigen ist.

Jugendgenerationen

Der Blick auf einzelne historische G.-Gestalten und politische G. wurde insb. in der Jugendforschung aufgegriffen und führte dazu, Bilder für einzelne G. nachzuzeichnen. Zumeist stand dabei die Analyse einer jeweils ‚herausragenden' Jugendgeneration im Zentrum, die mit einprägsamen G.-Etiketten beschrieben wurden und zugleich versuchte, die jeweilige *Jugend* in ihren jeweiligen historischen Rahmen einzuordnen. Diese G.-Etiketten der jeweiligen Jugend werden im Hinblick auf Sozial- und/oder Zeitgeschichte formuliert, etwa die Jugend der Weimarer Republik, die Flakhelfer-G., die 68er- oder die 89er-G., Etikettierungen wie skeptische G., Protest-, Null-Bock-, No-Future-, APO-G. oder ‚G. @' sollen gesellschaftliche Wandlungs- sowie soziale Differenzierungsprozesse versinnbildlichen und zielen zumeist auf die politischen Orientierungen, die sich aus dem G.-Zusammenhang über ‚prägende Schlüsselereignisse' rekonstruieren lassen. Hieraus wurden auch die G.-Konflikte zwischen Älteren und Jüngeren im gesellschaftlichen Zusammenhang thematisiert. Allerdings kann die Charakterisierung und Identifizierung der jeweiligen Jugend-G. streng genommen nur in Relation zu anderen (historisch-politisch identifizierten, älteren) Generationen vorgenommen werden, woraus sich eine eigentümliche Rhythmisierung und Beschränkung auf biologischer Grundlage als Kohortenkategorisierung ergibt. Äußerst umstritten sind hierbei auch die zeitlichen Abfolgen von Generationen, d. h. wann eine Jugendgeneration entsteht (im 5er, 10er, 15er oder 20er Jahre-Rhythmus) und wie sie von den älteren G. differenziert wird. Zumeist werden dann doch biologische Abstammungsfolgen von Familien-G. herangezogen, um die jeweilige Jugend-G. zu identifizieren (etwa: die Jugend-G. d. Weimarer Republik und die 68-G.). Ein alternativer Zugriff auf die Identifikation von Jugend-G. wird seit den 1950er-Jahren zumeist durch künstlich angelegte Längsschnitte erzeugt, etwa wenn im 5-Jahre-Rhythmus Jugendliche in einer bestimmten Altersspanne befragt und etikettiert werden (vgl. hierzu insbesondere die Shell-Studien oder die Jugendstudien des ZIJ).

Weitere Differenzierungen

Beziehungen und Verhältnisse zwischen G. werden unterschieden in kollektive Generationsschicksale, die sich aus der historischen Lagerung und den gesellschaftlichen Wandlungsprozessen ergeben (Generationenverhältnisse) und direkt beobachtbare Folgen sozialer Interaktionen zwischen Angehörigen verschiedener (auch familialer) Generationen (Generationsbeziehungen). Zudem lassen sich intragenerationale und intergenerationale Perspektiven auf Angehörige derselben bzw. verschiedener G. auf der Makro- und Mikroebene differenzieren: Intragenerationale Perspektiven erfassen die Beziehungen und Verhältnisse zwischen den Angehörigen einer G., deren Selbstidentifikation (Teilnehmerperspektive) und deren gesellschaftliche bzw. sozialwissenschaftliche. Einordnungen (Beobachterperspektive); intergenerationale Beziehungen und Verhältnisse dimensionieren dies zwischen Angehörigen verschiedener G.

Wichtig werden solche Perspektiven im Hinblick auf Diskurse um G.-Solidarität, wechselseitige G.-Unterstützung und soziale Beziehungsnetzwerke zwischen Angehörigen derselben und verschiedener G.

Hieraus ergeben sich weitere gesell. G. Konzepte, etwa die Manifestation von politischen, kulturellen und ökonomischen G.: politische G. werden danach bestimmt über historische Lagerungen und den daraus entstehenden Generationszusammenhang, durch den personale Identitäten ausgebildet werden (z. B. die G. der Kriegskinder des 2. Weltkrieges, die politisch nicht dieselben Überzeugungen und Einstellungen haben, sich aber im selben G.-Schicksal biographisch verorten). Kulturelle G. würden dann solche Kohorten umfassen, die ähnliche Lebensorientierungen, Einstellungen und Stile ausbilden und deren Umgang mit bestimmten Kulturgütern und technischen Errungenschaften dauerhaft (d. h. über die Lebensspanne hinweg) als spezifisch und nachhaltig (d. h. generationsprägend) identifiziert werden können (etwa Techno-, Cyber-, Internet-G. oder Generation Y). Ökonomische G. manifestieren sich primär über gemeinsam erfahrene ökonomische Chancen und Risiken, die sich aus den strukturellen Lebensbedingungen ergeben (etwa: der Eintritt in den Arbeitsmarkt und Berufsverläufe, demographische Konstellationen, spezifische Wirtschaftsverfassungen des Staates etc.).

Generationen und Soziale Arbeit

Für die *Soziale Arbeit* ergeben sich aus der mehrdimensionalen G.-Kategorie grundlegende wie ergänzende Sichtweisen auf sozialpädagogische, sozialarbeiterische und wohlfahrtsstaatliche Zusammenhänge. Insbesondere in der Debatte um die Erosion privater und öffentlicher. G.-Verträge und der Neuorganisation von sozialen Diensten gewann das G.-Thema sozialpolitisch an Bedeutung. Durch die veränderten familialen Lebensbedingungen *(Familie)*, stark an Leistung orientierten Lebensverhältnissen und arbeitsmarktpolitischen Interessen werden G.-Fragen im Kontext öffentlicher *Erziehung*, *Bildung* und Betreuung (*Kitas*, Schule, *Kinder- und Jugendhilfe*, aber auch *Altenpflege* bzw. *Pflege* von Angehörigen mit Behinderung) wie im Theoriediskurs der *Sozialen Arbeit* bedeutsam.

Politische Einstellungen und Orientierungen, Muster der alltäglichen Lebensbewältigung und Lebensführung sowie Möglichkeiten und Beschränkungen gesellschaftlicher Teilhabe und Teilnahme verbinden sich im Horizont des G.-Begriffs mit spezifischen Dimensionierungen im Hinblick auf Geschlecht, *Migration*, *Milieu*, *Alter*, sozialer Ungleichheit und Intersektionalität.

Insbesondere im Horizont einer ‚Sozialpädagogik der Lebensalter' wird der G.-Begriff zu einer weiterführenden Kategorie, da spezifische Bewältigungsmechanismen intra- wie intergenerational sozialgeschichtlich und sozialpolitisch rückgekoppelt werden können. Im Horizont einer ‚helfenden Profession' können zudem Mechanismen in helfenden Beziehungen offengelegt, Interventionsstrategien und Präventionsmodi genauer spezifiziert werden. Zudem lassen sich über intra- und intergenerationale Perspektiven familiale wie gesellschaftliche Problemlagen genauer rekonstruieren. Für die Logik wohlfahrtsstaatlicher Politiken sind vor allem die (Re-)Konstruktion und Förderung/Benachteiligung von familialen und öffentlichen G.-Beziehungen und G.-Verhältnissen bedeutsam.

Karin Bock

Literatur

A. Bramberger: Intersektionalität von „generation" und „gender". In: C. Brunnauer/G. Hörl/I. Schmutzhart, I. (Hrsg.): Geschlecht und Altern. Wiesbaden 2014: 51–67 ◆ P. Büchner: Generation und Generationsverhältnis. In: H. H. Krüger/W. Helsper (Hrsg.): Einführung in Grundbegriffe und Grundfragen der Erziehungswissenschaft. Opladen 1995, 237 ff. ◆ H. Fogt: Politische Generationen. Opladen 1982 ◆ K. Hurrelmann/E. Albrecht: Die heimlichen Revolutionäre. Weinheim/Basel 2014 ◆ F. X. Kaufmann: Generationsbeziehungen und Generationenverhältnisse im Wohlfahrtsstaat. In: K. Lüscher/F. Schultheiss (Hrsg.): Generationenbeziehungen in „postmodernen" Gesellschaften. Konstanz 1993, 95 ff. ◆ M. Kohli/ M. Szydlik (Hrsg.): Generationen in Familie und Gesellschaft. Opladen 2000 ◆ K. Mannheim: Das Problem der Generationen. In: Kölner Vierteljahreshefte für Soziologie, 1928/H. 7: 157–185 und 303–330 ◆ K. Mollenhauer: Einführung in die Sozialpädagogik. Weinheim ([1]1964) [10]1993 ◆ R. Nave-Herz.: Jugend: Historische Gestalt, Generation. In: R. Nave-Herz/ M. Markefka (Hrsg.): Handbuch der Familien- und Jugendforschung. B.2, Frankfurt/Neuwied 1989, 135 ff. ◆ Shell (Hrsg.): 17. Shell-Jugendstudie. Frankfurt a. M. 2015 ◆ C. Schweppe.(Hrsg.): Generation und Sozialpädagogik. Weinheim/München 2002.

Gentechnologie

Begriff und Reichweite

Gentechnologie (engl. genetic engineering), Wissenschaft vom technischen Umgang mit definierten DNA-Fragmenten. Gene bestimmen als Träger der Erbinformation den biologischen Bauplan und die Funktion eines Lebewesens. Die Information der Gene wird in fadenförmigen Molekülen, der Desoxyribonukleinsäure (DNA), konserviert. Die Bausteine der DNA, die Basen Adenin (A), Cytosin (C), Guanin (G) und Thymin (T), sind für alle Lebewesen gleich; ihre Sequenz (Reihenfolge) spezifiziert die genetische Information. Der universelle Code ermöglicht die Kombination genetischer Informationen aller existierenden Organismen durch gentechnische Verfahren. Die in der Natur vorhandenen Schranken, die den Austausch von genetischen Informationen zwischen unterschiedlichen Arten verhindern, werden damit überwunden. Durch Verknüpfung mit technisch synthetisierten neuartigen DNA-Sequenzen werden die Möglichkeiten zur Neukombination weiter erhöht. Neben der Neukombination von Genstrukturen gehören auch das Aufspüren von Genen, die Ermittlung von Genstrukturen, die Vervielfältigung (Klonierung), und das Einschleusen von Genstrukturen in fremde Zellen (Transformation, Transduktion, Transfektion) mit der damit verbundenen Herstellung neuartiger Lebewesen (gentechnisch veränderter Organismus, GVO) zu den Verfahren der G.

Seit 2003 gilt des menschliche Genom als vollständig sequenziert. Mit Nachfolgeprojekten sollen die funktionellen Elemente des Genoms identifiziert und gesellschaftliche Auswirkungen untersucht werden (Nationales Genforschungsnetz 2014; Wenn die Welt an einem Strang zieht: Das Humangenomprojekt (HGP).

Es kann befürchtet werden, dass die G. dazu beitragen wird, dass sich die Medizin weiter von einer einst leib-seelischen ganzheitlichen Heilkunst *(Sozialmedizin)* zu einer auf naturwissenschaftliche Prinzipien reduzierende Geräte- und Wissenschafts-Technologie entwickelt. Psychische und soziale Verursachungsfaktoren von Krankheiten werden dabei ausgeblendet (Ackerknecht 1992).

Möglichkeiten und Probleme

Gentechnische Verfahren können medizinisch in den Bereichen Diagnose, Ursachenforschung von Krankheiten, Bereitstellung von Medikamenten, oder Einschleusung bzw. Veränderung von genetischem Material eingesetzt werden.

Diagnostische Einsätze erfolgen in der Fortpflanzungsdiagnostik, im Nachweis von auf genetischen Defekten beruhenden Krankheiten, und im Nachweis von krankheitserregenden Mikroorganismen und Viren.

Der schnelle und sichere Nachweis von krankheitserregenden Mikroorganismen und Viren durch gentechnische Verfahren lässt für den Patienten hauptsächlich Vorteile in Form von frühzeitigeren und gezielteren Behandlungsverfahren erwarten.

Der Nutzen beim Nachweis von auf genetischen Defekten beruhenden Krankheiten sowie in der Fortpflanzungsdiagnostik muss jedoch differenzierter betrachtet werden. Liegen keine Defekte vor, geben diese Erkenntnisse weiteres Selbstvertrauen und Zuversicht; diese können sich positiv auf die allgemeine Lebensqualität auswirken. Im Falle eines vorliegenden Defekts kann das seelische Gleichgewicht betroffener Personen negativ beeinflusst werden. In solchen Fällen ist eine intensive psychologische und ärztliche Betreuung erforderlich.

Das Beispiel Schwangerschaftsuntersuchungen

Vor einer Schwangerschaft ermittelte Gendefekte bei einem oder beiden Elternteilen und einer damit verbundenen möglichen Weitergabe an den Nachwuchs stellen betroffene Paare vor eine schwierige Entscheidung: Da das Auftreten von genetisch bedingten Krankheiten meist nur mit bestimmten Wahrscheinlichkeiten vorhersagbar ist, besteht i. d. R. immer noch Hoffnung auf gesunden Nachwuchs. Sollen sich mögliche Eltern diese Chance durch auf Gentests beruhende statistische Berechnungen nehmen lassen? Wären diese Eltern nicht vielleicht auch unabhängig vom gesundheitlichen Zustand ihrer Kinder mit ihnen glücklich, wie viele andere Elternpaare auch? Hier zeigt sich das Dilemma der genetischen Diagnostik, die trotz richtiger Antworten, die betroffenen Paare in schwierige Entscheidungskonflikte stürzt und diese damit allein lässt, ja sogar allein lassen muss, da die Entscheidung für oder gegen eine Schwangerschaft den potenziellen Eltern niemand abnehmen kann.

Die psychischen Belastungen einer bereits schwangeren Frau, der ein Befund mitgeteilt werden muss, der ihre Hoffnung auf gesunden Nachwuchs durch die genetische Diagnose einer tatsächlich vorhandenen Anomalie (z. B. Down-Syndrom) direkt zerstört, sind jedoch ungleich größer. Der nahezu unlösbare Konflikt zwischen der Entscheidung über Leben und Tod, zwischen der Angst vor Leid und Behinderung, vor den Auswirkungen auf das eigene Leben einerseits und den Schuldgefühlen, die Trauer um das Kind andererseits, stellt besonders schwangere Frauen in höherem Alter mit der womöglich letzten Chance auf Nachwuchs vor eine Zerreißprobe. Das technisch beschränkte Wissen der Gendiagnostik liefert auch hier keine Antwort auf die emotionalen Konflikte der Klientinnen, auf ihren Schmerz, ihre Verzweiflung, ihre Ratlosigkeit.

- **Die Präimplantationsdiagnostik (PID):** Abhilfe aus dem Dilemma dieser Ohnmacht vor dem Ergebnis der gentechnischen Diagnose könnte die PID schaffen. Hierbei werden künstlich befruchtete (in vitro Fertilisation, ivF) Embryonen im Frühstadium vor dem Einsetzen in die Gebärmutter auf vorhandene Gendefekte untersucht. Erst, wenn sichergestellt ist, dass die Embryonen keinen Gendefekt tragen, werden sie auf die werdende Mutter übertragen. Befürworter der PID stellen gegenüber der Pränataldiagnostik (PD), bei der erst während des Heranwachsens des Embryos im Mutterleib genetische Untersuchungen möglich sind, den Vorteil heraus, dass im Falle eines genetischen Defektes kein psychisch und physisch stark belastender Schwangerschaftsabbruch notwendig ist. Inzwischen wurden viele tausend Kinder weltweit nach einer PID geboren worden. Die meisten Ethikbeiräte der Länder der EU befürworten eine PID nach medizinischer Indikation. Der in einigen anderen Ländern praktizierte Einsatz der PID zur Geschlechtsbestimmung bei Embryonen wird jedoch meist scharf kritisiert. In Deutschland wurde bis Mitte 2010 aus dem Gesetz zum Schutze von Embryonen von 1990 das Verbot der PID abgeleitet. Nach der Entscheidung des BGH vom 6. Juli 2010, dass die nach extrakorporaler Befruchtung beabsichtigte PID mittels Blastozystenbiopsie und anschließender Untersuchung der entnommenen pluripotenten Trophoblastzellen auf schwere genetische Schäden keine Straftat nach dem Embryonengesetz begründe, begann erneut eine sehr ernsthafte, z. T. leidenschaftlich geführte öffentliche Diskussion. Schließlich stimmte der BT am 7. Juli 2011 in dritter Lesung einem überparteilichen Gesetzentwurf zu, der die PID im Grundsatz verbietet, sie aber zulässt, wenn aufgrund der genetischen Veranlagung der Eltern eine schwerwiegende Erbkrankheit beim Kind droht oder eine Tot- oder Fehlgeburt wahrscheinlich ist (bei 326 Ja-, 260 Nein-Stimmen und 8 Enthaltungen: BT-Drs. 17/5451 und 17/6400).
- **Embryopathische Indikation:** Neben der PID ist in Deutschland seit 1995 nach der Novelle des § 218 StGB auch ein Schwangerschaftsabbruch aufgrund von Fehlbildungen am Embryo oder dem Vorliegen einer schweren Erkrankung des Embryos verboten. Trotzdem wird sich der v. a. in anderen Ländern zu beobachtende Trend zu einem „legalen" Schwangerschaftsabbruch nach embryopathischer Indikation mittels genetischer Diagnostik, selbst wenn aus ethischer Sicht hier erhebliche Einwände vorgetragen werden können, auch in Deutschland kaum aufhalten lassen *(Schwangerenberatung).*

Weitere Gebiete genetischer Diagnostik

- **Postnatale Detektionen:** Ein weiteres Teilgebiet genetischer Diagnostik beschäftigt sich mit der postnatalen Detektion von „Genfehlern". Diese können entweder diagnostischen oder prädiktiven Charakter haben. Diagnostische Bestimmungen dienen dazu, klinische Diagnosen zu verifizieren bzw. Krankheiten zu identifizieren, die im aktuellen Stadium klinisch noch nicht

G

sichtbar sind (präsymptomatische Diagnose). Mit den prädiktiven Diagnosen werden statistische Vorhersagen gewonnen, mit welchen Wahrscheinlichkeiten bestimmte Krankheiten im Falle eines positiven Tests auftreten.

- **Humangenetische Tests:** Sie setzen bereits im Vorfeld eine intensive medizinische, humangenetische und psychosoziale Beratung voraus. Positiv mit einem Gendefekt getestete Personen bedürfen außerdem akzeptable Optionen zur Krankheitsbewältigung. Dies gilt umso mehr für Personen mit derzeit nicht-therapierbaren Erkrankungen.

Festgestellte Gendefekte bei therapierbaren Krankheiten ermöglichen es den Betroffenen, sich entspr. zu verhalten, z. B. durch Änderungen in der Lebensweise oder durch Verkürzung der Intervalle zwischen den Vorsorgeuntersuchungen. Insofern leben die Betroffenen auf der einen Seite mit dem Druck des Wissens um ihre Krankheit, bzw. des Wissens um eine bestimmte Wahrscheinlichkeit des Ausbruchs, auf der anderen Seite bietet ihnen die Erkenntnis aber auch die Möglichkeit zu besseren Vorsorgemaßnahmen. Gefahren drohen hier v. a. durch Panikmache und Überbewertung der genetischen Faktoren. So lassen sich v. a. in den USA Frauen mit Defekten in den Brustkrebs (BRCA)-Genen vorsorglich beide Brüste amputieren, um einer Entstehung des Mamma-Karzinoms vorzubeugen. Anders als z. B. bei der familiären adenomatösen Polyposis, die mit absoluter Sicherheit bösartige Colon-Karzinome entwickelt, und die vorbeugend durch Entfernen des Mastdarms behandelt wird, kann ein Ausbruch von Brustkrebs durch BRCA-Gendefekte lediglich mit Wahrscheinlichkeiten vorhergesagt werden. Statistisch gesehen lassen sich die meisten Frauen ihre Brüste umsonst abnehmen und büßen dadurch einen großen Teil ihrer Lebensqualität ein.

Datenschutz: Nicht unproblematisch bei genetischen Untersuchungen ist weiterhin die Sicherstellung des persönlichen Datenschutzes. Versicherungen und Arbeitgeber haben ein stark wirtschaftlich geprägtes Interesse, über den genetischen Gesundheitszustand ihrer Versicherten bzw. Angestellten Kenntnis zu erlangen.

Gentechnologie und soziale Ausgrenzung

Äußerst problematisch sind weiterhin genetische Untersuchungen, außerhalb von medizinischen Fragestellungen. In zunehmendem Maße wird nach Genen gesucht, die für bestimmte menschliche Eigenschaften verantwortlich sind, Homosexualität, Kriminalität oder Asozialität z. B. Nach einer Forsa-Umfrage hätte vor einigen Jahren nahezu jeder siebte Deutsche einer Abtreibung zugestimmt, wenn sich mit einem Gentest spätere homosexuelle Neigungen des Kindes nachweisen ließen (Huth 1997). Auch wissenschaftlich anerkannte Experten lassen sich zu problematischen Äußerungen hinreißen. Daniel Koshland z. B., der Herausgeber des Magazins „Science“, hielt *Obdachlosigkeit* für genetisch bedingt und therapierbar (Greffrath 1990).

Bedeutung in der Gerichtsmedizin

In der Gerichtsmedizin tragen genetische Untersuchungen in verstärktem Masse dazu bei, Schuld und Unschuld zu beweisen. Zahlreiche Gewaltverbrechen wurden mittels DNA-Analyse aufgeklärt, im Bundesstaat Illinois dagegen trug die Gentechnologie dazu bei, unschuldige Menschen vor der Todesstrafe zu bewahren. Nachdem DNA-Tests zeigten, dass mehr als 100 Beschuldigte unschuldig verurteilt worden waren, wurden sämtliche Todesstrafen in Freiheitsstrafen umgewandelt. In Argentinien fanden Großeltern nach langer Suche durch Gentests ihre Enkelkinder wieder, die zur Zeit der damaligen Militärregierung nach Ermordung der Mütter zu Unrecht zur Adoption freigegeben worden waren.

Heilserwartungen und Grenzüberschreitungen

Neben der genetischen Diagnostik trat die moderne Biotechnologie mit dem Versprechen an, den Körper mit seinen eigenen Mitteln zu heilen. Dazu werden naturidentische Biomoleküle als Medikamente ohne Nebenwirkungen von gentechnisch veränderten Bakterien, Zellkulturen, Pflanzen und Tieren produziert.

Krankheiten und Leiden, für die es bis vor wenigen Jahren keine oder kaum ausreichende Behandlungsmöglichkeiten gab, können heute durch gentechnologisch hergestellte Medikamente erfolgreich behandelt werden. Mit gentechnisch hergestelltem Insulin wurde der Beginn dieser Biopharma-Revolution eingeleitet. Auf Insulin, das aus Schweinen und Rindern isoliert wird und nach Applikation häufig mit gefährlichen allergischen Reaktionen verbunden ist, kann vielfach verzichtet werden.

Neben Insulin sind heute zahlreiche andere Biopharmaka wie Interferone, Erythropoietin (EPO) oder Wachstumshormone gentechnisch herstellbar (Brix 2014) und stehen so in ausreichender Menge zur Verfügung.

Die gentechnische Herstellung möglichst genauer Kopien humaner Biomoleküle trägt jedoch nicht nur zur deutlichen Erhöhung der Lebensqualität erkrankter Personen bei, sondern fördert auch den Missbrauch außerhalb der Behandlung nach medizinischer Indikation. Die Hemmschwelle zum Einsatz von regelwidrigen und gesundheitsschädlichen leistungsfördernden Substanzen z. B. im Sport (Doping) wird durch die Möglichkeit der gentechnologischen Herstellung möglichst genauer Kopien natürlicher Biomoleküle durch den nicht oder nur schwer möglichen Nachweis solcher Substanzen deutlich erniedrigt (Deutsche Presse-Agentur 2000, Ärzte-Zeitung 2000). Die G. könnte so mit dazu beitragen, dass der beim Sport schon im Kindesalter vorliegende Leistungsdruck und die Möglichkeit, sich unerkannt einen regelwidrigen Wettbewerbsvorteil zu verschaffen, das gesellschaftliche Problem des Dopings erhöht (vgl. zur aktuellen Diskussion unter *Sport*).

Ein soziales Problem wirft die generelle Verfügbarkeit von gentechnisch hergestellten Biopharmaka auf. Da das Know-how zur Produktion von Biopharmaka ständig wächst und die Bedeutung solcher Arzneistoffe zur Behandlung von Krankheiten ständig steigt, wächst die Gefahr einer verstärkten Ungleichbehandlung in der medizinischen Versorgung zwischen Arm und Reich. Je höher die Preise, desto geringer die Zugangsmöglichkeiten für sozial schwache Schichten oder Bevölkerungsgruppen und arme Regionen der Welt.

Die Behandlung und „genetische Krankheiten"

Zur direkten Behandlung genetisch bedingter Krankheiten stehen zwei unterschiedliche Ansätze zur Verfügung: Bei der somatischen Gentherapie wird in Körperzellen zusätzliches genetisches Material eingeschleust, das die für eine bestehende oder zu erwartende Krankheit verantwortlichen defekten Gene z. B. ergänzt.

Erste Erfolge mit somatischer Gentherapie wurden bei der Behandlung der schweren familiären Hypercholesterinämie erzielt (Grossmann 1994). Der bei Gentherapien übliche Einsatz von Retroviren als Gensonden scheint jedoch nicht unproblematisch, da behandelte Patienten eine verstärkte Tendenz zur Anfälligkeit für Krebserkrankungen aufweisen (wissenschaft-online 2002).

Im Unterschied zur somatischen Gentherapie ist eine Keimbahntherapie vererbbar. Für eine solche Therapie müssen deshalb absolut sichere Methoden zur Verfügung stehen, da Fehler während der Therapie auf alle Nachkommen übertragen werden würden.

Versuche zur Keimbahntherapie beim Menschen werden bis heute jedoch aus ethischen Gründen grundsätzlich abgelehnt. Bei Kenntnis der entsprechenden Genfunktion sowie der Verfügbarkeit von sicheren Methoden wäre hier theoretisch jedoch alles denkbar: von der Therapie genetisch bedingter Krankheiten über die Verbesserung von inneren menschlichen Eigenschaften bis hin zu kosmetischen „Korrekturen" äußerlicher Körpermerkmale.

Neben der bereits gängigen Geschlechts-Selektion mittels PID könnte dem Wunsch nach einem gesunden Kind in letzter Konsequenz der Wunsch nach einem Kind mit speziellen Eigenschaften folgen.

Denkbar wäre eine vollständige Kommerzialisierung der Gene, mit der die Spezies Homo sapiens nach einem Bauplan mit gewünschten Eigenschaften „produziert" werden könnte. Der Einbau von Genen mit besonders wertvollen oder nachgefragten Eigenschaften wäre dann entsprechend teuer.

Der Einsatz embryonaler Stammzellen

Wenn bisher auch nur zu Forschungszwecken zugelassen, beschäftigen sich die neuesten gentechnologischen Trends in der angewandten Medizin der Gegenwart jedoch mit dem Einsatz von embryonalen Stammzellen (ES). Mit ES lassen sich zerstörte Körpergewebe spezifisch ersetzen oder erneuern. Im Tierexperiment konnte bereits durch Schlaganfall zerstörtes (Höhn u. a. 2002) oder bei Multipler Sklerose fehlerhaftes (Pluchino u. a. 2003) Nervengewebe regeneriert werden.

Die von einigen Wissenschaftlern diskutierten geklonten, lebenden menschlichen Ersatzteillager zur persönlichen Versorgung mit Ersatzorganen werden damit weniger interessant. Zumal das Klonen, wie der frühe Tod des mit Alterserscheinungen geplagten Schafes Dolly zeigte, nach dem heutigen Stand der Technik mit vorzeitiger Alterung einhergeht und die Methode an sich mit zahlreichen Schwierigkeiten verbunden ist. Trotzdem behaupten Wissenschaftler, insbesondere um den italienischen Arzt Antinori und die Firma Clonaids der Sekte Raelians, bereits geklonte Babys auf die Welt gebracht zu haben. Bisher wurden jedoch noch keine Beweise für diese Art der Menschenzeugung vorgelegt.

Die Grüne Gentechnologie

Mit der sog. Grünen Gentechnologie sollte der Hunger in der Welt bekämpft und sollten wertvollere Lebensmittel hergestellt werden. Bisher nützten die GVOs (gentechnisch veränderte Organismen) jedoch v.a. den Patentinhabern. Die Ziele bei der Herstellung von pflanzlichen GVOs, deren Vertreter meist durch künstliche Einführung zusätzlicher Gene aus Kulturpflanzen hervorgehen, sind i. d. R. die Schaffung einer Resistenz gegen einen Schädling oder gegen ein Herbizid bzw. das Schaffen einer zusätzlichen Eigenschaft wie Betacarotin-haltigen Reis („golden Rice") oder allergenfreier Weizen. Die Auswirkungen auf Mensch und Umwelt beim Verzehr bzw. bei der Freisetzung dieser Organismen sind jedoch nach wie vor nicht geklärt und bergen nach dem heutigen Wissensstand ein nicht kalkulierbares Risiko.

G

Gefahren experimenteller Gentechnologie

Aber auch die experimentelle G. an sich birgt Risiken und Gefahren. DNA-Veränderungen sind ohne viel Aufwand im Labor möglich. Gentechnisch hergestellte Kombinationen aus tödlichen, aber schwer zu übertragenden Viren mit harmlosen, aber einfach zu übertragenden Viren wären bei einer ungewollten oder bewussten Freisetzung an Dramatik kaum noch zu überbieten.

Die von der Gentechnik zunehmend zu erwartenden starken Einflüsse werden zu einer starken Veränderung des gesellschaftlichen Lebens führen. Durch ihre außergewöhnliche Macht und ihre außergewöhnlichen Fähigkeiten weckt die G. zugleich Hoffnung und Angst. Allein der Umgang mit dieser Technologie wird über Fluch oder Segen entscheiden.

Roger Petersen

Literatur

E. H. Ackerknecht: Kurze Geschichte der Medizin, Stuttgart 1992 ◆ Ärzte-Zeitung: Doping der Zukunft? Schon jetzt haben Sportler mit Mutationen die Nase vorn (27. 9. 2000) ◆ M. Behnisch/M. Winkler (Hrsg.): Soziale Arbeit und Naturwissenschaft. Einflüsse, Diskurse, Perspektiven. München/Basel 2009 ◆ J. Brix/P. C. Heinrich/H. G. Koch/G. Löffler: Gentechnik, in: P. C. Heinrich/M. Müller/L. Graeve (Hrsg.): Löffler/Petrides Biochemie und Pathobiochemie, Berlin u. a. O. 2014 ◆ Deutsche Presse-Agentur: Mediziner warnen: Missbrauch der Gentechnik im Sport längst Realität (29. Oktober 2000) ◆ M. Greffrath: Der lange Arm von Chromosom NI. 7. Visionen und Ambitionen der Top-Genforscher, in: Transatlantik 1990, 14–28 ◆ M. Grossman: Successful ex vivo gene therapy directed to liver in a patient with familal hypercholesterolaemia, in: Nature Genetics 6/1994, 335–341 ◆ M. Hoehn/E. Küstermann/J. Blunk/D. Wiedermann/ T. Trapp/S. Wecker/M. Föcking/H. Arnold/ J. Henscheler/B. K. Fleischmann/W. Schwindt/ C. Bührle: Monitoring of implanted stem cell migration in vivo: A highly resolved in vivo magnetic resonance imaging investigation of experimental stroke in rat, in: Proceedings of the National Academy of Science USA, 99/2002, 16267–16272 ◆ A. Huth: Schöne neue Welt, in: LUST 39/1997 ◆ Nationales Genforschungsnetz 2014 Wenn die Welt an einem Strang zieht: Das Humangenomprojekt (HGP). Online im Internet: URL: http://www.ngfn.de/de/verstehen_der_menschlichen_erbsubstanz.html (abgerufen am 11. 11. 2015) ◆ S. Pluchino/A. Quattrini/E. Brambilla/A. Gritti/ G. Salani/G. Dina/R. Galli/U. Del Carro/S. Amadio/ A. Bergami/R. Furlan/G. Comi/A. L. Vescovi/ G. Martino: Injection of adult neurospheres induces recovery in a chronic model of multiple sclerosis, in: Nature 422/2003, 688–694 ◆ O. Speck: Biotechnik und ihre Folgen. Soll der Mensch biotechnisch machbar werden? Eugenik, Behinderung und Pädagogik, München 2005 ◆ wissenschaft-online: Leukämie durch Gentherapie mit Retroviren?, Ausgabe vom 4. 10. 2002.

Gerechtigkeit, soziale

Begriffswandel

Nachdem in der SozArb in den 1980er und zu Beginn der 1990er Jahre in der Diskussion um soziale Gerechtigkeit (s. G.) v. a. sozialphilosophische und kommunitaristische Überlegungen dominierten, werden diese am Anfang des 20. Jh. wieder stärker in den Horizont sozialpolitischer und sozialstaatlicher Kontroversen gerückt. Dabei wird die Frage nach der s. G. durch neuere Untersuchungen zur sozialen Ungleichheit auf die Empirie der sozialen Segmentierungs- und Entgrenzungsprozesse und eine Ausweitung der „Zonen der Verwundbarkeit" (Castel 2000) im globalen und digitalen Kapitalismus verwiesen. Auch die SozArb hat sich über viele Jahre auf das sozialstaatliche Integrationsprinzip verlassen und dabei mitunter übersehen, dass sie die Gerechtigkeitspolitik des *Sozialstaats* mit zu gestalten hat. Sie hat diesbezüglich, als gesellschaftlicher Bereich ihre Aufgabe als „sozialer Seismograph" wieder zu profilieren und sich in die sozialpolitische Diskussion um s. G. aus der Perspektive der Bewältigungsherausforderungen der Menschen einzumischen *(Einmischungsstrategie)*.

Zur historischen Entwicklung

In der frühkapitalistischen Phase war der Gerechtigkeitsdiskurs gleichsam „neben dem Markt" angesiedelt. Dem Unternehmer war es auferlegt – so formulierte es z. B. A. Smith –, aus christlicher Verantwortung sozialethisch zu handeln. Im Laufe des 19. Jh. wird dagegen die Herstellung von Gerechtigkeit zunehmend in die sozialökonomischen Prozesse eingebunden. Die industrielle Arbeitsteilung mit ihren Problemen sozialer Desintegration und der ungleichen Verteilung von Besitz und Einkommen bildeten den sozialökonomischen Bezugspunkt der Gerechtigkeitsdiskussion. Gerechtigkeit wird als gesellschaftlich herzustellendes Gut, also als s. G. erkannt. Gesellschaftliche Gruppen streiten seither um s. G. und sehen Ungerechtigkeit als von der Gesellschaft ausgelöstes (produziertes) Problem an. Im letzten Drittel des 19. Jh. wurde schließlich Gerechtigkeit in das Wirtschafts- und Sozialsystem eingebaut und erhielt nicht nur die Funktion eines sozialökonomischen Steuerungsprinzips, sondern wurde auch in die damals sich entwickelnde Gesellschaftstheorie integriert. In der Sozialstaatsdiskussion der Weimarer Zeit wurde dann das Problem der Balance zwischen institutionalisierter Gerechtigkeit und Herstellung von Gerechtigkeit als politischem Prozess deutlich. Es ging nun um soziale Rechte im Sozialstaat, um zur sozialen Institution verfestigte Gerechtigkeit. Anspruchs- und Verteilungsgerechtigkeit als zentrale Aspekte institutionalisierter Gerechtigkeit traten in den Vordergrund der sozialpolitischen Diskussion. Verteilungsgerechtigkeit bezieht sich primär auf Einkommensgerechtigkeit (Marktprinzip) und in sekundärer Hinsicht auf Bedarfsgerechtigkeit (Bedürftigkeitsprinzip). Anspruchsgerechtigkeit verwirklicht sich im Versicherungsprinzip des sozialen Sicherungssystems (*Soziale Sicherung;* Böhnisch/Arnold/Schröer 1999).

Der *Sozialstaat* ist bis heute nicht nur Kompensator marktausgelöster sozialer Ungerechtigkeit, sondern betreibt eine aktive Verteilungspolitik i. S. der Sicherung der Sozialintegration als Grundvoraussetzung des ökonomisch-technischen Wandels der Industriegesellschaft. Diese zielgerichtete Gerechtigkeitspolitik des Sozialstaates, wie sie sich seit der WR in Deutschland entwickelt hat, erhielt in der westdeutschen Bildungspolitik der 1970er und 1980er Jahre eine zentrale Erweiterung: Der Sozialstaat ist über seine Schul- und Ausbildungspolitik *(Schule, Ausbildung)* zuständig für die Chancengerechtigkeit *(Chancengleichheit),* die dann auch von der jungen Generation beansprucht werden kann. Mit den Segmentierungs- und Entgrenzungstendenzen der Arbeitsgesellschaft und der Neuformierung ungleicher Verteilungsprozesse im Prozess der Globalisierung läuft der Sozialstaat aber gegenwärtig Gefahr, seine Glaubwürdigkeit als Hüter s. G. einzubüßen. Die sozialstaatlich gewährleistete Erreichbarkeit von Gerechtigkeit, z. B. im Bildungswesen, ist brüchig: Dies wiederum schwächt nicht nur das allgemeine Vertrauen in die „Gerechtigkeitskompetenz" des Sozialstaates, sondern begünstigt auch die individualistische Suche nach subjektiven, wenn nicht gar ausgrenzenden Erreichbarkeiten.

Bürger- und Menschenrechte

Im Bedeutungskreis s. G. liegt zudem die Frage der sozialen Bürger- und Menschenrechte (Marshall 1992), wie sie insbesondere in den Diskussionen um die Zivilgesellschaft seit den 1980er Jahren diskutiert werden. Sie bilden die Grunddimension von Gerechtigkeitsbegriffen, die sich an naturrechtlich begründeten Freiheitsrechten orientieren. Während sich in der ständischen Gesellschaft die Frage der Gerechtigkeit im Rahmen von subjektiven Freiheitspostulaten nicht stellte (wegen der „gottgewollten" Schichtung der Gesellschaft), wurde diese in der Zeit der bürgerlichen *Aufklärung* zum Problem von Gerechtigkeitsüberlegungen: Der Anspruch, den Menschen bürgerliche Freiheitsrechte zu ermöglichen, widersprach dem Herr-Knecht-Verhältnis, das der industrielle Kapitalismus geschaffen hatte. Dem Herr-Knecht-Verhältnis musste entgegengewirkt werden, um den Freiheitsansprüchen der Menschen gerecht werden zu können. Gleichzeitig wurde kritisiert, dass mit jeder regulierenden Politik im Auftrag der s. G. auch eine Einschränkung von Freiheitsansprüchen anderer einhergehe.

Der aktuelle Diskurs

An der damit grundgelegten Spannung von Freiheit und Gerechtigkeit entzünden sich bis heute Kontroversen im Gerechtigkeitsdiskurs: Inwieweit darf ein umfassender Entwurf des gerechten Zusammenlebens individuelle Freiheitsrechte einschränken oder wird man den Freiheitsansprüchen nicht besser dadurch gerecht, dass die sozialen Gerechtigkeitsmaßstäbe von lokalen Gruppen und Gemeinschaften reguliert und plurale Gerechtigkeitsvorstellungen miteinander vermittelt bzw. in ein Verhältnis zueinander gebracht werden? In diesem Zusammenhang wird im Kontext der sog. neuen Egalitarismuskritik einerseits gefordert, sich von globalen Gleichheitspostulaten zu verabschieden und ausgehend von den Menschenrechten Gerechtigkeit im Rahmen lokaler Anerkennungs- und Sozialkulturen auszugestalten (Krebs 2000). Andererseits wird darauf verwiesen, dass die Ausgestaltung von Gerechtigkeit in lokalen Anerkennungs- und Sozialkulturen gerade von einer ermöglichenden Sozialpolitik abhängig ist, die wiederum der sozialen Ungleichheitsdynamik im globalen und digitalen Kapitalismus entgegenwirkt.

In amerikanischen Forschungen zum Capability Approach wird nach den Befähigungen und Verwirklichungschancen von Menschen gefragt, ein gelingendes, „gutes" Leben zu führen. S.G. spielt in diesem Konzept ebenso eine Rolle wie die Bedingungen, die erfüllt sein müssen, um erfolgreich zu sein (Otto/Ziegler 2010). Der Begriff Capability Approach hat seinen Ursprung in der Ökonomie und einen eher sozialphilosophischen Zusammenhang, dessen sozialpolitische Bedeutung für die SozArb allerdings nicht unumstritten ist.

Wolfgang Schröer

G

Literatur

Bertelsmann Stiftung: Soziale Gerechtigkeit in der OECD – Wo steht Deutschland?, Gütersloh 2011 ◆ dies.: Soziale Gerechtigekit in der EU, Index Report 2016, Gütersloh 2016 ◆ L. Böhnisch/H. Arnold/ W. Schröer: Sozialpolitik, Weinheim/München 1999 ◆ R. Castel: Die Metamorphosen der sozialen Frage, Konstanz 2000 ◆ T. Ebert: Soziale Gerechtigkeit. Bonn 2010 (Bd. 1088 der Bundeszentrale f. pol. Bildung) ◆ A. Honneth: Das Recht der Freiheit. Grundriss einer demokratischen Sittlichkeit, Berlin 2013 ◆ A. Krebs (Hrsg.): Gleichheit oder Gerechtigkeit. Texte der neuen Egalitarismuskritik, Frankfurt/M. ³2000 ◆ T.H. Marshall: Bürgerrechte und soziale Klassen. Zur Soziologie des Wohlfahrtsstaates, Frankfurt/M./ New York 1992 ◆ H.U. Otto/H. Ziegler: Capabilities – Handlungsbefähigung und Verwirklichungschancen in der Erziehungswissenschaft, Wiesbaden ²2010 ◆ J. Stieglitz: Arm und Reich. Sie wachsende Ungleichheit in unserer Gesellschaft, München ²2015.

Geriatrie

Die Altersmedizin oder Geriatrie (von griech. geron, Greis, und iatros, Arzt) ist eine vergleichsweise junge Disziplin, jedoch mit wachsender Bedeutung im Zuge des demografischen Wandels.

Historisches

Der Begriff G. wurde 1909 von dem in einem New Yorker Pflegeheim tätigen Wiener Arzt Ignaz Nasher geprägt. Das wachsende naturwissenschaftlich-medizinische Interesse an Alterns- und Krankheitsprozessen im 19. Jh. regte Ärzte in der ersten Hälfte des 20. Jh. an, neue medizinische Erkenntnisse auch bei älteren Kranken und Pflegebedürftigen einzusetzen. Bis dahin unbekannte Behandlungserfolge, selbst bei Hochbetagten, veranlasste in den 1940er Jahren Marjory Warren in England zur Forderung nach systematischer Forschung, Diagnostik und Therapie bei älteren und chronisch Kranken, und zwar mit den Mitteln des Krankenhauses. Medizinstudenten und Pflegekräfte sollten die G. in ihrer Ausbildung kennen lernen. Während in West- und Nordeuropa effiziente Netzwerke geriatrischer Versorgung aufgebaut wurden, konzentrierte sich Max Bürger in Leipzig auf den Einfluss von Alternsveränderungen auf Innere Krankheiten (Lang 1999). Nach Gründung der Deutschen Gesellschaft für Gerontologie Mitte der 1960er Jahre entstanden die ersten geriatrischen Kliniken (mit rehabilitativem Schwerpunkt) nach angelsächsischen, skandinavischen und Schweizer Vorbildern. Anfang der 1970er Jahre folgte die erste deutsche geriatrische Tagesklinik. Mit gezielter Förderung durch die Gesundheitspolitik, insbesondere durch die damalige BM und Gerontopsychologin Ursula Lehr (Dt. BT 1993) kam es gemäß der sozialgesetzlichen Forderung „Rehabilitation vor Pflege" zu einem Boom geriatrischer Einrichtungen: Ihre Zahl stieg von 84 im Jahr 1993 auf 318 bis zur Jahrtausendwende, die der Tageskliniken von 13 auf 136 (Fuhrmann 2001). Einen genauen Überblick über die in den einzelnen BuLä vorhandenen geriatrischen Einrichtungen bietet das Kompetenzzentrum Geriatrie Hamburg. Die Mehrheit dieser Einrichtungen ist in einer 1993 gegründeten BAG zusammengeschlossen (www.kcgeriatrie.de).

Aufgaben

Mittlerweile ist G. ein hoch spezialisiertes medizinisches Fachgebiet. Es beschäftigt sich mit typischen Krankheiten im *Alter*, ihrer Prävention, angemessenen Diagnostik, Behandlung, Rehabilitation und speziellen Pflege.

Früherkennung: Da Beschwerden des Körpers im Alter oft falsch interpretiert werden, ist eine wichtige Aufgabe des Altersmediziners und anderer Gesundheitsberufe das sog. „case finding". Es dient der rechtzeitigen Identifikation relevanter Gesundheitsstörungen mit Hilfe des „geriatrischen Screenings", das gezielt nach Seh- und Hörstörungen, Mobilität, Kontinenz, Gewicht, Kognition, Depression, sozialer Unterstützung, Sturzneigung und anderen Risikoindikatoren fragt.

Degenerative Erkrankungen: Veränderungen des Bewegungsapparats (Osteoporose, Arthrosen), des Stoffwechsels (Ernährungsstörungen, Diabetes), der inneren Organe, besonders des Herz-Kreislaufsystems (Arteriosklerose, Schlaganfall Herzinfarkt), des Nervensystems (Sinnesorgane, Parkinson, Demenz), des Immunsystems (Infektneigung, Tumoren) sind im hohen Alter häufig Grund für eine geriatrische Behandlung, v. a. wegen ihrer Auswirkungen auf alltagsrelevante Funktionen (Alltagsbewältigung, Mobilität, Orientierung, Selbsthilfe) und den Erhalt der Selbständigkeit.

Multimorbidität, geriatrische Syndrome: Besondere Bedeutung hat das gleichzeitige Auftreten mehrerer – akuter und chronischer – Krankheiten. Die Kombination mit (alters- oder krankheitsbedingten) funktionellen Störungen führt oft zu komplexen Beeinträchtigungen. Dazu zählen die die „4 I" (Immobilität, Instabilität, Inkontinenz, intellektueller Abbau), die sog. Sturzkrankheit, Kommunikationsstörungen u. a., die sämtlich einer speziellen Abklärung und Behandlung bedürfen.

Depressionen und Demenz stellen wegen ihrer hohen Prävalenz und der neuerdings besseren medikamentösen Behandelbarkeit für Psychiatrie und G gleichermaßen besondere Herausforderungen dar, insbesondere wenn andere (organische) Erkrankungen hinzukommen. Fortschritte in der *Rehabilitation* und *Pflege* sind hier nicht zuletzt durch neue Konzepte der Sozio-, Musik- und Psychotherapie zu verzeichnen.

Konsile: Geriater können nicht Spezialisten für alle im Alter vorkommenden Krankheiten sein. Insofern sind sie nach wie vor auf die konsiliarische Beratung und Mitbehandlung durch andere Fachärzte angewiesen. Dies umso mehr, als moderne Behandlungstechniken gerade vielen Alten und selbst Hochbetagten zugute kommen. Andererseits ist die Indikationsstellung für medizinische Eingriffe im hohen Alter kritisch zu stellen. Es geht nicht allein um die Machbarkeit, sondern um das Abwägen von Nutzen und Risiko einer Maßnahme. Umgekehrt sollten sich Ärzte anderer Fachgebiete mit Hilfe eines geriatrischen Konsils (Krauf 1999) über ein sinnvolles Vorgehen, auch mit Blick auf die geriatrische Weiterbehandlung und soziale Reintegration, mit dem Geriater verständigen.

Medikamente: Eine weitere Aufgabe ist die korrekte, dem Alter angepasste medikamentöse Behandlung im Sinn der evidenzbasierten Medizin, soweit hierzu Erkenntnisse aus kontrollierten Studien vorliegen. Die simple Regel, Medikamente im Alter niedriger zu dosieren, reicht z. B. bei schwer einstellbarem Bluthochdruck oder schwerer Herzinsuffizienz nicht mehr aus. Veränderte Wirkungsweise (Pharmakokinetik und -dynamik), Interaktionen und Nebenwirkungen sind bei der oft notwendigen Einnahme zahlreicher hoch wirksamer Arzneistoffe kaum vorauszusehen und erfordern daher eine besonders sorgfältige Überwachung. Hinzu kommt, dass ältere Menschen den Arzt bei Nebenwirkungen von Medikamenten kaum konsultieren, weil sie dazu neigen, sie als normale Alterserscheinungen fehlzudeuten. Verwechslungen, Unter- und Überdosierungen und andere Fehler der sog. Therapietreue (compliance) mit teilweise schwer wiegenden Folgen sind leider häufig (v. Renteln-Kruse, 2000).

Qualitätssicherung: Da die G. akutmedizinische wie rehabilitative Maßnahmen durchführt und den Verlauf mittels standardisiertem Assessment dokumentiert, gehört sie zu den Disziplinen, in der schon früh interne und externe Qualitätssicherung eingeführt wurden (Borchelt 1999). Sie erfüllt damit eine berufsrechtliche Pflicht, die gerade für komplexe Leistungen ärztlich geleiteter Teams gelten muss. Kontinuierliche Dokumentation der Ergebnisqualität in Einrichtungen mit vergleichbarer Strukturqualität ermöglicht ständige Weiterentwicklung der Prozessqualität und damit die Sicherung hoher Qualitätsstandards – auch in Zeiten begrenzter Mittel und demographischen Wandels. Des Weiteren sind Geriater auch verantwortlich für die Umsetzung des sozialrechtlichen Gebots „Rehabilitation vor Pflege" (vgl. § 11 SGB V und § 5 SGB XI) und damit im Gesundheitswesen wie in der *Altenhilfe* für Kosteneffizienz, die allein mit den Gesetzen des Marktes nicht erreicht werden kann.

Arbeitsweise

Teamstruktur: G. vollzieht sich grundsätzlich als multiprofessionelle *Teamarbeit,* wobei der Arzt zwingend auf Mitarbeiter(innen) der Pflege, Physio-, Ergo- und Sprachtherapie, SozArb, Psychologie und Seelsorge angewiesen ist. Zusammen mit diesem Team ermittelt der Arzt im Rahmen des „geriatrischen Assessments" in standardisierter Form die krankheits-, aber auch funktionell und psychosozial relevanten Daten zur Situation des geriatrischen Patienten, um diese durch geeignete multidisziplinäre Interventionen zu verbessern.

Ziel- und Ergebnisorientierung: Bei leichteren, heilbaren Einzelerkrankungen besteht das Ziel in der vollständigen Wiederherstellung der Gesundheit und Selbständigkeit (restitutio ad integrum), bei Mehrfacherkrankungen mit vielfältigen, evtl. vorbestehenden Behinderungen geht es um die Stabilisierung der Gesundheit und die bestmögliche Selbständigkeit (restitutio ad optimum). Das geriatrische Team definiert hierzu ein individuelles Behandlungs- und Rehabilitationsziel und modifiziert es ggf. unter genauer Verlaufsbeobachtung (Assessment als therapiebegleitender Prozess). Dies geschieht in enger Absprache mit Patienten und deren Familien bzw. der Personen, die für sie i. S. des Betreuungsrechts Verantwortung tragen.

Die Lernfähigkeit (bei Plastizität des Gehirns und Förderung neuronaler Netzwerke durch Motivation und Übung) sowie die physische Trainierbarkeit bis ins höchste Alter erlauben auch nach schwersten Schädigungen (Schlaganfall, multiple Frakturen, Amputationen etc.) oft erstaunliche Besserungen mit Vermeidung bzw. Verminderung von Pflegebedürftigkeit. Hierfür sind allerdings oft mehrwöchige, personalintensive stationäre Aufenthalte und ggf. individuell verordnete Hilfsmittel erforderlich.

Geriatrisches Versorgungsnetz

Geriatrische Patienten werden je nach Bedarf durch vorbehandelnde Haus- und Klinikärzte einer geeigneten ambulanten oder (teil-)stationären geriatrischen Behandlung zugewiesen, evtl. vermittelt über Sozialarbeiter im Krankenhaus, Sozialstationen, oder Einrichtungen gesundheitlicher oder sozialer Beratung. Der Zugang muss niederschwellig, d. h. ohne Zeitverlust oder bürokratische Hürden möglich sein, eine Forderung, die im geltenden Leistungs- und Sozialrecht leider an Grenzen stößt (Schulz-Nieswandt 2002). Die Verankerung der geriatrischen Versorgung als Regelleistung im Krankenhaus einschließlich Akutbehandlung und frühzeitigen Rehabilitation hat in diesem Zusammenhang entscheidende Vorteile mit erwiesenen nachhaltigen Erfolgen (Vogel 2000). Wo geeignete Versorgungsstrukturen fehlen, sind Geriater oft gefragt, bei der Bedarfsermittlung und ihrer Errichtung im Rahmen des Geriatriekonzepts des jeweiligen Landes beratend mitzuwirken bzw. in herkömmlichen Einrichtungen konsiliarisch tätig zu werden. Die „Geriatrisierung der Medizin", von der Ausbildung der Mediziner und der ärztlichen Assistenzberufe über die Fortbildung niedergelassener Kollegen in speziellen Curricula und Qualitätszirkeln bis hin zu fachübergreifenden universitären Lehrangeboten (*Gerontologie* und G. für Sozialarbeiter) ist ein Erfolg versprechender Ansatz zur qualitativen Stärkung des Netzwerks.

Rechtliche und ethische Aspekte

Wie jeder ärztliche Eingriff ist auch die Tätigkeit des Geriaters eine strafbare Körperverletzung, die allein durch die Einwilligung des Patienten nach entsprechender Aufklärung gerechtfertigt und damit straffrei ist. Wo die Einwilligung (z. B. Bei Sprachstörung, Bewusstlosigkeit, Verwirrtheit oder Demenz) nicht vermittelt werden kann, helfen eine (aktuelle) Patientenverfügung und Aussagen der Familie oder des gesetzlichen Betreuers, den mutmaßlichen Willen des Kranken zu erfahren. Das Lebensrecht und die unantastbare Würde des Menschen sind oberstes Gebot, jede Wertediskussion belastet die Arzt-Patienten-Beziehung, die Familie und die Kommunikation im therapeutischen Team. In Grenzfragen (Gefahr für den Patienten, Freiheitsentzug, Zwangsernährung) sind Entscheidungen letztlich dem VormG vorbehalten. Ist der Sterbevorgang eingetreten, entscheidet der Arzt im Rahmen der *Sterbebegleitung*, evtl. Hospizarbeit, über Fortsetzung oder Abbruch der Maßnahmen im Sinn der (dann erlaubten) passiven Sterbehilfe.

Werner Vogel

Literatur

M. Borchelt/W. Vogel/E. Steinhagen-Thiessen: Das Geriatrische Minimum Data Set (Gemidas) der BAG Klinisch-Geriatrischer Einrichtungen e. V. als Instrument der Qualitätssicherung in der stationären G. Zeitschrift für Gerontologie und Geriatrie 1999, 11–22, vgl. auch www.bag-geriatrie.de ♦ 1.–7. Bericht zur Lage der älteren Generation in der Bundesrepublik Deutschland, zuletzt Berlin 2016 ♦ Bundesverband Geriatrie e. V. (Hrsg.): Weißbuch Geriatrie, Stuttgart 2010 ♦ S. Dettmers: Kompetenzen in der gesundheitsbezogenen Sozialen Arbeit, in: sozialmagazin 7-8/2015, 92–96 ♦ R. Fuhrmann: Übersicht über die Versorgungsstrukturen der klinischen und rehabilitativen Geriatrie und ihre Entwicklung in der BRD, Zeitschrift für Gerontologie und Geriatrie. Suppl. 1, 2001, I/16–I/20 ♦ W. Knauf: Erfahrungen mit externen geriatrischen Konsilen an einem Krankenhaus der Regelversorgung, Geriatrie-Forschung 9/1999, 121–126 ♦ E. Lang: Altersmedizin, in: B. Jansen/F. Karl/H. Radebold/R. Schmitz-Scherzer (Hrsg.): Soziale Gerontologie, Weinheim 1999, 256 ff. ♦ H. P. Meier-Baumgartner/G. Hain/P. Oster/ E. Steinhagen-Thiessen/W. Vogel: Empfehlungen für die Klinisch-Geriatrische Behandlung, Jena 1998, vgl. www.bag-geriatrie.de ◆ J. Pantel u. a.: Praxishandbuch Altersmedizin. Geriatrie-Gerontologie-Gerontopsychiatrie, Stuttgart 2014 ◆ W. v. Renteln-Kruse: Medikamentencompliance, in: T. Nikolaus: Klinische Geriatrie, Berlin u. a. O. 2000 ◆ F. Schulz-Nieswandt: DRG-Finanzierung der Krankenhäuser, in: ZfSR 48/2002, 109–112 ◆ W. Vogel/B. Braun: Qualitätssicherung geriatrisch-rehabilitativer Krankenhausbehandlung, in: Zeitschrift für ärztliche Fortbildung und Qualitätssicherung 94/2000, 95–100.

Gerichtsbarkeit

Aufgaben, Aufgabenwahrnehmung

G. ist Ausübung der Rechtspflege, insbesondere der Rechtsprechung durch Gerichte, die über Streitigkeiten zwischen Bürgern, zwischen Bürgern und Staat und zwischen Staatsorganen entscheiden. Die Rechtsprechung ist von den anderen staatlichen Funktionen abgesondert, um die verfassungsrechtliche Unabhängigkeit der Gerichte zu sichern. Diese Unabhängigkeit (geregelt in Art. 97 GG) ist in zweifacher Hinsicht gegeben: die sachliche Unabhängigkeit dadurch, dass dem Richter keine Weisungen erteilt werden dürfen; die persönliche Unabhängigkeit durch die Unabsetzbarkeit des Richters. Um diese Unabsetzbarkeit eines Richters und seine Unbeeinflussbarkeit zu gewährleisten, wird die Rechtsprechung in der BRD ganz überwiegend von Berufsrichtern vorgenommen. Die Richter werden auf Lebenszeit berufen. Mit zur Unabhängigkeit der Gerichte gehört die Garantie des gesetzlichen Richters (Art. 101 GG). Das bedeutet, dass das zuständige Gericht vorher durch Gesetz und dass der zuständige Richter innerhalb des Gerichts vorher durch Geschäftsverteilung festgelegt sind. Das Gericht darf nicht erst gebildet werden, wenn ein konkreter Fall zu behandeln ansteht, denn dies wäre ein verfassungsrechtlich unzulässiges Ausnahmegericht. Die Zusammensetzung eines Gerichts darf auch nicht im Hinblick auf einen Einzelfall geändert werden, das wäre sonst eine Entziehung eines gesetzlichen Richters. Neben den Berufsrichtern urteilen in einer Reihe von Fällen ehrenamtl. Richter (Schöffen), die auf Zeit berufen werden.

Die Gliederung der Gerichtsbarkeit

Die G. gliedert sich im Rahmen der deutschen Gerichtsverfassung dem Wesen nach in die Verfassungs-, Zivil-, Straf- und Verwaltungsgerichtsbarkeit; nach Gerichtszweigen in die ordentliche G., die Arbeitsgerichtsbarkeit, die allgemeine Verwaltungsgerichtsbarkeit und die besondere Verwaltungsgerichtsbarkeit (Finanz-, Sozial-, Disziplinar- und Wehrdienstgerichtsbarkeit) sowie die Patentgerichtsbarkeit und die Ehrengerichtsbarkeit (Berufsgerichte). Eine Sonderstellung nimmt die Verfassungsgerichtsbarkeit ein (Verfassungsgerichte in den meisten Ländern, das BVerfG im Bereich des Bundes).

Ordentliche Gerichtsbarkeit: Die ordentlichen Gerichte entscheiden in Zivilsachen und Strafsachen. Zivilsachen sind insbesondere Rechtsstreitigkeiten aus Kauf, Miete, wegen Schadenersatzansprüchen aus unerlaubten Handlungen und Grundstücksstreitigkeiten, alle Familien-, Ehe-, Kindschafts und Betreuungssachen, Erbrechtsstreitigkeiten und alle Fragen des Handelsrechts. Die ordentlichen Gerichte entscheiden auch in allen Strafsachen. In Zivilsachen von geringerem Streitwert entscheidet in erster Instanz das AG mit einem Einzelrichter, in der Berufungsinstanz i. d. R. das Landgericht entweder durch den Einzelrichter oder in der Besetzung mit drei Berufsrichtern. Nach der am 1. 1. 2002 in Kraft getretenen Zivilprozessreform können Landesgesetzgeber abweichend davon bestimmen, dass das OLG für alle Berufungen gegen amtsgerichtliche Entscheidungen zuständig ist. Bei höheren Streitwerten entscheidet in erster Instanz das Landgericht entweder durch Einzelrichter oder durch die Kammer (Besetzung mit drei Richtern), in der Berufungsinstanz das OLG, das z. T. andere, historische Bezeichnungen hat (Kammergericht in Berlin), durch den Einzelrichter oder in der Besetzung mit drei Berufsrichtern und in der Revisionsinstanz der BGH in der Besetzung mit 5 Richtern. Familien-, Betreuungs-, Vollstreckungs-, Insolvenz- und Nachlassgerichte sind besondere Abteilungen der AG mit besonderer Aufgabenzuweisung.

In der ersten Instanz erfolgt eine vollständige Überprüfung des Streites, und zwar sowohl in tatsächlicher Hinsicht wie auch in rechtlicher Hinsicht. Nach In-Kraft-Treten der Zivilprozessreform ist in Berufungsverfahren neuer Tatsachenvortrag nur noch eingeschränkt zulässig, die Überprüfung ist im Wesentlichen auf rechtliche Überprüfungen beschränkt. Die Revision ist dagegen eine rein rechtliche Überprüfung. Neue tatsächliche Untersuchungen sind hier ausgeschlossen.

Strafgerichtsbarkeit: In Strafsachen werden meist ehrenamtl. Richter an der Urteilsfindung beteiligt.

Ordentliche Gerichtsbarkeit

Zivilgerichtsbarkeit | Strafgerichtsbarkeit

Bundesgerichtshof

●●●●● Zivilsenat

●●●●● Strafsenat

Bundespatentgericht

Oberlandesgerichte

●●● Zivilsenat

●●●●● Strafsenat (als Gericht erster Instanz)

●●● Strafsenat

Landgerichte

●●● Zivilkammer

○●○ Kammer für Handelssachen

●●● Schwurgericht

○●●●○ Große Strafkammer

●●● Große Jugendkammer

○●○ Kleine Strafkammer

○●○ Kleine Jugendkammer

Amtsgerichte

● Einzelrichter

u. a. Betreuungsgericht, Familiengericht, Nachlassgericht

○●●○ Erweitertes Schöffengericht

○●○ Schöffengericht

○●○ Jugendschöffengericht

● Strafrichter

● Jugendrichter

● Berufsrichter
○ Ehrenamtlicher Richter

G

Bundesverfassungsgericht				Verfassungsgerichte der Länder		
	Ordentliche Gerichtsbarkeit		Arbeitsgerichtsbarkeit	Sozialgerichtsbarkeit	Verwaltungsgerichtsbarkeit	Finanzgerichtsbarkeit
Oberste Instanz	Bundesgerichtshof		Bundesarbeitsgericht	Bundessozialgericht	Bundesverwaltungsgericht	Bundesfinanzhof
Mittlere und untere Instanz	Bundespatentgericht	Oberlandesgericht	Landesarbeitsgerichte Arbeitsgerichte	Landessozialgerichte Sozialgericht	Oberverwaltungsgericht Verwaltungsgericht	Finanzgericht
		Landgericht Amtsgericht				

In Strafsachen, die Straftaten mit geringerem Schweregrad zum Gegenstand haben, entscheidet in erster Instanz das AG mit einem Richter, sog. Strafrichter. Bei Straftaten mit höherem Schweregrad entscheidet das AG als erste Instanz mit einem Berufsrichter bzw. bei umfangbedingter Notwendigkeit mit zwei Berufsrichtern und 2 ehrenamtl. Richtern, die Schöffen genannt werden (Schöffen- bzw. erweitertes Schöffengericht). In der Berufungsinstanz entscheidet das Landgericht mit einem Berufsrichter und 2 ehrenamtl. Richtern, sog. kleine Strafkammer. Die sog. große Strafkammer des Landgerichts (3 Berufsrichter und 2 ehrenamtl. Richter) entscheidet in erster Instanz über Verbrechen; für bestimmte Verbrechen ist das Schwurgericht beim Landgericht zuständig (ebenfalls mit 3 Berufsrichtern und 2 ehrenamtl. Richtern besetzt). Die Strafsenate der OLG, die im ersten Rechtzug i. d. R. mit 5 Richtern, im Übrigen mit 3 Richtern besetzt sind, entscheiden als erste Instanz in bestimmten Staatsschutzsachen und über Revisionen der Berufungsurteile der Strafkammern. Erstinanzliche Urteile des Landgerichts sind nur unter bestimmten Voraussetzungen mit der Revision bei dem OLG angreifbar, ansonsten beim BGH. Erstinstanzliche Urteile des OLG können ebenfalls mit der Revision bei den mit 5 Berufsrichtern besetzten Senaten des BGH angegriffen werden.

Probleme der Vielfalt

Die Darstellung der ordentlichen G. zeigt die komplizierte Verästelung der rechtsprechenden Gewalt auf, wobei zusätzliche Besonderheiten, wie bei den Streitigkeiten im Handelsrecht, auftreten können. Die G. mit ihrem komplizierten Aufbau ist für den betroffenen Bürger nur schwer durchschaubar. Nicht selten fühlt er sich gegenüber den Gerichten deshalb nicht als ernst genommener Beteiligter an einem Rechtsstreit, sondern als bloßes Objekt. Die Inanspruchnahme der ordentlichen Gerichte durch den Bürger geschieht daher häufig nur über Rechtsanwälte *(Rechtsverwirklichung).* Eine weitere Erschwernis für den Recht suchenden Bürger stellt es dar, dass die Gerichte für ihre Tätigkeit nach dem Streitwert berechnete Gebühren verlangen. In verschiedenen gerichtlichen Verfahren (insbesondere zivilrechtlichen Streitigkeiten) wird die Tätigkeit des Gerichts von einem Gerichtskostenvorschuss abhängig gemacht, den derjenige, der sein Recht sucht, erst einmal vorstrecken muss, auch wenn im Ergebnis dafür der unterlegene Teil aufzukommen hat. Hinzu kommen die Kosten für einen Rechtsanwalt, die der Unterliegende ebenfalls zahlen muss. Das erhebliche Kostenrisiko verhindert nicht selten ein Anrufen des Gerichts. Parteien mit geringem Einkommen erhalten deswegen unter bestimmten Voraussetzungen auf Antrag vom Gericht Prozesskostenhilfe bzw. Verfahrenskostenhilfe in Familiensachen. Bewilligung von Prozess-/Verfahrenskostenhilfe bewirkt, dass die Staatskasse die Gerichtskosten nur nach Maßgabe der gerichtlichen Entscheidung (z. B. Raten) geltend machen kann und, soweit eine Vertretung durch Anwälte vorgeschrieben ist, ggf. auch sonst, der Partei ein von ihr gewählter, zur Vertretung bereiter, sonst ein vom Gericht bestellter Rechtsanwalt beigeordnet wird, der durch die Staatskasse vergütet wird, soweit seine Vergütungsansprüche gegen die von ihm vertretene Partei betroffen sind.

Verwaltungsgerichtsbarkeit: Die Verwaltungsgerichte entscheiden in Streitigkeiten zwischen dem Bürger und dem Staat, so in Baufragen, in Fragen der Zulassung zu einer Schule oder Universität, in Streitigkeiten nach dem BAföG oder in Streitigkeiten des Beamtenrechts. Der Gerichtsaufbau der Verwaltungsgerichtsbarkeit ist ähnlich wie bei den ordentlichen Gerichten, wenn auch klarer. Auch hier wirken in der ersten und zweiten Instanz ehrenamtl. Richter mit. In der ersten Instanz entscheidet das Verwaltungsgericht, in der Berufungsinstanz das Oberverwaltungsgericht (in den süddeutschen Ländern Verwaltungsgerichtshof) und als Revisionsinstanz das BVerwG.

Finanzgerichtsbarkeit: Die Finanzgerichte entscheiden in allen Steuerstreitigkeiten, also beim Streit des Bürgers mit seinem Finanzamt. In der ersten Instanz entscheidet das Finanzgericht, eine Berufungsinstanz gibt es nicht. Die Entscheidungen des Finanzgerichts werden in rechtlicher Hinsicht vom BFH als Revisionsinstanz überprüft.

Sozialgerichtsbarkeit: Die Sozialgerichte entscheiden insbesondere in allen sozialversicherungsrechtlichen Fällen wie Arbeitslosenunterstützungs- und Rentenfragen, aber auch in Angelegenheiten der *Grundsicherung für Arbeitsuchende,* der *Sozialhilfe* und des Asylbewerberleistungsgesetzes. Auch hier wirken neben den Berufsrichtern ehrenamtl. Richter mit. In erster Instanz entscheidet das Sozialgericht, in zweiter Instanz das Landessozialgericht und als Revisionsinstanz das Bundessozialgericht.

Arbeitsgerichtsbarkeit: Die Arbeitsgerichte entscheiden u. a. in allen Rechtsstreitigkeiten zwischen Arbeitnehmer und Arbeitgeber, ferner in Streitigkeiten nach dem *Betriebsverfassungsgesetz* und dem Mitbestimmungsgesetz. In erster Instanz entscheidet das Arbeitsgericht mit einem Berufsrichter und je einem ehrenamtl. Richter aus Kreisen der Arbeitnehmer und der Arbeitgeber. In der Berufungsinstanz entscheidet das Landesarbeitsgericht mit einem Berufsrichter und ebenfalls je einem ehrenamtl. Richter aus den Kreisen der Arbeitnehmer und der Arbeitgeber. In Revisionssachen entscheidet das BArbG mit 3 Berufsrichtern und wiederum je einem ehrenamtl. Richter aus Kreisen der Arbeitnehmer und der Arbeitgeber.

G

Verfassungsgerichtsbarkeit: Die Verfassungsgerichte der Länder sind unterschiedlich zusammengesetzt. Neben den Verfassungsgerichten der Länder gibt es das Bundesverfassungsgericht (BVerfG), dessen 16 Richter je zur Hälfte vom BT und vom BR jeweils mit 2/3 Mehrheit für die Dauer von 12 Jahren gewählt werden *(Verfassungsrecht)*. Das BVerfG besteht aus 2 Senaten mit je 8 Richtern. Es entscheidet in erster Linie über Verfassungsbeschwerden von Bürgern. Um eine zu starke Inanspruchnahme des Gerichts zu verhindern, entscheidet das BVerfG nur, wenn der Rechtsweg erschöpft ist. Das bedeutet, dass ein Recht suchender Bürger erst alle Instanzen der für seine Rechtsstreitigkeit zuständigen G. durchlaufen muss, bevor er das BVerfG anrufen kann. Das BVerfG entscheidet außerdem bei Streitigkeiten zwischen Bundesorganen, wie dem BT, dem BR, der BReg und dem Bundespräsidenten. Auch in Streitigkeiten über die Verfassungsmäßigkeit einer Partei ist ausschließlich das BVerfG zuständig (Art. 21 Abs. 2 Satz 2 GG).

In jüngster Zeit ist das BVerfG immer wieder mit in der Politik umstrittenen Entscheidungen befasst, z. B. zur Griechenlandhilfe/Euro-Rettungsschirm am 7. 9. 2011, erneut am 10. 7. 2012; Lissabon-Europa Vertrag 30. 6. 2009; zur Sitzverteilung bei der BT-Wahl 3. 7. 2008, erneut am 25. 7. 2012; zur Hartz-IV-Regelung 9. 2. 2010; zur Äußerungsbefugnis des Bundespräsidenten in Bezug auf politische Parteien 10. 6. 2014, zum Parlamentsvorbehalt für den Einsatz bewaffneter Streitkräfte im Ausland, 23. 9. 2015; es wird bereits von einem „Ersatz-Gesetzgeber" BVerfG gesprochen.

Catharina Hübner/Erhart Körting

Literatur

U. Wesel: Fast alles, was Recht ist. JURA für Nicht-Juristen, München [9]2014

Im Übrigen Kommentare zu GG, GVG, FamFG, StPO, VwGO, VwVfg, ZPO.

Gerichtshilfe

G. (§ 160 Abs. 3 S. 2 StPO) ist ein sozialer Dienst der Justiz für Erwachsene. Sie gehört zum Geschäftsbereich der Landesjustizverwaltungen. Die Landesregierungen können durch Rechtsverordnung eine andere Behörde aus dem Bereich der Sozialverwaltung bestimmen (Art. 294 EGStGB). G war früher organisatorisch den Staatsanwaltschaften zugeordnet. Im Zuge der Umstrukturierung der Sozialen Dienste in der Justiz in den 1970er Jahren wurden *Bewährungshilfe*, Gerichtshilfe und Führungsaufsicht in den meisten Bundesländern zu einer Organisation zusammen geführt (vgl. Hering2014). Gerichtshelfer üben deshalb häufig auch Aufgaben der Bewährungshilfe und der Führungsaufsicht aus. Zu unterscheiden von der Gerichtshilfe ist die *Jugendgerichtshilfe*/JGH (§§ 38 JGG, 52 SGB VIII). Diese ist beim *Jugendamt* angesiedelt und gehört organisatorisch zur Kommune. Die JGH ist ausschließlich für Jugendliche bzw. Heranwachsende zuständig, für die das Jugendstrafrecht gilt (§§ 1, 2, 105 ff. JGG).

G wird eingesetzt im Ermittlungs- und Strafverfahren, zur Haftentscheidungshilfe, für Opferberichte, im Vollstreckungsverfahren, im Bewährungsverfahren, im Gnadenverfahren (Bamberger 2009, 10).

Zielgruppe von G sind insbesondere Täter, die vornehmlich mit persönlichen und sozialen Schwierigkeiten belastet sind, z. B. mit psychischen Auffälligkeiten, Drogenkonsum, Alkoholmissbrauch, mangelnder sozialer Integration, verringerter sozialer Kompetenz, Langzeitarbeitslosigkeit und Verschuldung, ferner Opfer von Straftaten, vornehmlich von sexualisierter und häuslicher Gewalt.

G wird tätig zur Vorbereitung von personen- und situationsbezogenen Sach- und Rechtsfolgenentscheidungen durch Gerichte, Staatsanwaltschaften, Führungsaufsichtsstellen und Vollzugseinrichtungen.

Aufgabe der G dabei ist in erster Linie die sozialarbeiterische Untersuchung und Darstellung der persönlichen Verhältnisse und der sozialen Lage bei beschuldigten, angeschuldigten, angeklagten Erwachsenen oder nach allgemeinem Strafrecht Verurteilten sowie bei Opfern von Straftaten. Durch die sozialarbeiterischen *Anamnesen*, Diagnosen und Prognosen sollen die Entscheidungen im Interesse sozialer Strafrechtspflege und verbesserter prognostischer Grundlagen vorbereitet werden.

Über die diagnostischen Tätigkeiten hinaus hat G. zunehmend neue Aufgabenbereiche übertragen erhalten, insbesondere Haftentscheidungs- und Haftvermeidungshilfe („gemeinnützige oder freie Arbeit statt Ersatzfreiheitsstrafe").

Dies ist bei Entscheidungen über U-Haft, einer Strafaussetzung zur Bewährung oder bei Gnadenentscheidungen von Bedeutung. Die Ermittlungen können sich auf Zeugen und Opfer der Straftat erstrecken. Häufig gehört zu den Aufgaben der Gerichtshilfe auch die Durchführung eines *Täter-Opfer-Ausgleiches,* soweit diese Aufgaben nicht durch einen freien Träger wahrgenommen werden. Weitere Aufgabe ist die Vermittlung von Opfern und Tätern in bestehende Hilfesysteme.

Im Ermittlungsverfahren kann G. von der StA herangezogen werden, um die Umstände zu ermitteln, die für die Bestimmung der Rechtsfolgen der Tat von Bedeutung sind (§ 160 Abs. 3 S. 2 StPO); das erscheint besonders angebracht bei Erstbeschuldigten, Jungerwachsenen bis zum 27. Lebensjahr, älteren Beschuldigten, Personen mit psychischen Auffälligkeiten und in allen Fällen, in denen die Verhängung einer freiheitsentziehenden *Sanktion* zu erwägen ist. Im Vollstreckungsverfahren kann sich das Gericht oder die Vollstreckungsbehörde der G. zur Vorbereitung von Entscheidungen bedienen, die dem Urteil nachfolgen; dies kommt insbesondere vor einer Entscheidung über den Widerruf der Strafaussetzung oder der Aussetzung des Strafrestes in Betracht, sofern nicht ein Bewährungshelfer bestellt ist (§ 463d StPO; *Bewährungshilfe*). Außerdem kann G. zur Vorbereitung von Gnadenentscheidungen (gemäß den Gnadenordnungen des Bundes und der Länder) eingeschaltet werden.

Die unbefriedigende Stellung der G. wird dadurch verstärkt, dass den Ländern die tatsächliche Einführung und Organisation überlassen bleibt (Art. 294 EGStGB; zu den Länderregelungen eingehend Hering 2014, 2–6). Zwar haben alle Länder inzwischen G. eingerichtet und mit SozArb/SozPäd besetzt, die Zahl der Stellen aber sehr gering bemessen. Organisatorisch ist die G. der Justizverwaltung zugeordnet worden, und zwar bezeichnenderweise den StA bei den Landgerichten, so dass sie eher die Bezeichnung „staatsanwaltliche Ermittlungshilfe" verdient, v. a. bezüglich Informationen zu den persönlichen und sozialen Umständen.

Kennzeichnend für die Rolle der G. insgesamt ist es, dass ihr Einsatz im Belieben der Justizorgane steht, ohne dass sie über nachfolgende Entscheidungen zu informieren ist. Gesetzliche Angaben, wann und wie die G. tätig wird und welche verfahrensrechtliche Stellung sie hat, fehlen fast vollständig. Lediglich in länderinternen VV sind z. T. Aufgabenbeschreibungen enthalten (z. B. in der Gerichtshelferdienstordnung von Baden-Württemberg).

Nach eigener Selbstdarstellung durch den Vorsitzenden der AG Deutscher Gerichtshelfer (Hering 2000) ist die „allzu häufig in das Nach- und Gnadenverfahren abgedrängte" G. in erster Linie SozArb im Bereich der psychosozialen Diagnose, in deren Mittelpunkt das gezielte methodische Gespräch mit dem Beschuldigten/Angeklagten und Personen seines sozialen Umfeld steht; ihre „Ermittlungen und Erkenntnisse" werden der Strafjustiz berichtet „ohne Rücksicht darauf, ob ent- oder belastende Tatsachen und Beurteilungskriterien überwiegen".

Eine umfassende Untersuchung über die G. mittels Befragung und Falldokumentation (Kurze 1999, 81 ff.) hat ergeben, dass ca. 40 % der Aufträge an die G. in Vor- oder Hauptverfahren, über 50 % in Vollstreckungsverfahren und ca. 5 % in Gnadensachen erfolgen. Danach tut sich G. bezüglich ihres beruflichen Selbstbildes schwer; die Frage, inwieweit sie Betreuung in den ihr übertragenen Fällen zu leisten habe, wird äußerst strittig beurteilt. Mit der Implementierung eines einheitlichen Sozialen Dienstes ist jedoch keine neue Fachlichkeit i. S. einer sozialpädagogischen Ausrichtung und einer besseren Ausschöpfung des kriminalpolitischen Potenzials der G. einhergegangen (zu den beruflichen Anforderungen vgl z. B. Bamberger 2009, 18 f.).

Roland Proksch
(bis zur 6. Auflage Albrecht Brühl)

Literatur

H. G. Bamberger, Standards der Gerichtshilfe Rheinland-Pfalz, Mainz 2009 ◆ R. D. Hering: Entwicklung der Gerichtshilfe. Gemeinsamkeiten und Unterschiede zu anderen Sozialdiensten der Justiz/Festvortrag v. 14. 12. 2000 (abgedruckt unter www.adg-gerichtshilfe.de) ◆ R. D. Hering: Stand und Perspektive der Gerichtshilfe in Deutschland, Arbeitsgemeinschaft Deutsche Gerichtshilfe/ADG, 6. 4. 2014 ◆ K. Huchting: Bewährungs- und Gerichtshilfe, in: Bewährungshilfe 1997, 328–334 ◆ U. Kleinert: Soziale Arbeit im Bereich der Justiz, in: np 4/2006, 413–434 ◆ M. Kurze: Sozialarbeit und Justiz: Eine Untersuchung zur Arbeit von Gerichtshilfe, Bewährungshilfe, Führungsaufsicht, Kriminologische Zentralstelle Wiesbaden 1999 ◆ H. Meyer: Die Gerichtshilfe. Der Sozialarbei-

G

ter als Vermittlungsorgan der Staatsanwaltschaft, München 2006.

Link

ADG: AG Deutsche Gerichtshilfe e. V. (www.adg-gerichtshilfe.de)

Gerontologie

Der Gegenstand

Die G. als Wissenschaft vom Altern ist eine relativ junge Disziplin. Ihr Gegenstand ist das Altern – nicht „das *Alter*" oder der ältere Mensch, wie oft missverständlich angenommen wird. Vielmehr sprechen Gerontologen primär vom Altern als Prozess, von individueller und kollektiver Entwicklung und Veränderung im Rahmen des Strukturwandels der Gesellschaft. Gerontologische Untersuchungen haben dabei aufgezeigt, dass nicht von einem universell (für alle Menschen) und generell (für alle Lebensfähigkeiten und -bereiche) verlaufenden Alternsprozess auszugehen ist. Vielmehr wird vom differentiellen Altern gesprochen, je nach sozialer Lage und Geschlechtszugehörigkeit, gesundheitlicher Situation, Lebensform, Art des Erlebens und Verhaltens im Rahmen der Lebensgeschichte und nach weiteren mikro- und makrosozialen Kriterien. Im Folgenden wird die gerontologische Sichtweise beschrieben als Analyse intra- und interindividueller Veränderungen, als multidimensionales Geschehen mit multidirektionalen Verläufen unter multikausaler Rahmung im sozialen und strukturellen Kontext.

Das Älterwerden: Grundsätzlich ist Altern als ein das ganze Leben begleitender Vorgang des Älterwerdens zu verstehen und ist nicht identisch mit einem durchgehenden Abbauprozess, wie es negative Stereotype des Alters nahe legen. Vielmehr hat die G. in allen Altersgruppen eine breite Varianz intra- und interindividueller Merkmalsausprägungen aufgezeigt. Die Unterschiedlichkeit menschlichen Verhaltens und von Erlebens- und Bewältigungsmustern nimmt mit wachsendem Alter sogar noch zu. Intraindividuell, also in den vielfältigen Eigenschaften und Merkmalen einer Person, verlaufen organische, physiologische und psychische Alternsprozesse unterschiedlich in Intensität und Tempo. Leistungsstärken bei einem Teil der Fähigkeiten, die aufrechterhalten oder ausgebaut werden können, und Leistungsschwächen oder Leistungsabnahmen bei einem anderen Bereich von Fähigkeiten existieren nebeneinander. Interindividuelle Veränderungen beziehen sich auf Alternsverläufe beim Vergleich mehrerer Personen, z. B. Mitgliedern verschiedener Altersgruppen, der Geschlechter, von Stadt- und Landbewohnern, Armen und Reichen, Mitgliedern unterschiedlicher Familien- und Verwandtschaftsnetze und verschiedenen Kulturen und Ethnien *(Migration)*. Dabei variiert nicht nur das Altern von Personen oder Personengruppen einer Jahrgangsgruppe, auch im historischen Ablauf verläuft das Altern ganzer Generationen ungleichmäßig.

Altern als multidimensionaler Prozess: G. versteht Altern des Weiteren als multidimensionalen Prozess. Alternsverläufe sind in vielfachen Facetten des Lebens zu beobachten: in der körperlichen Dimension, im psychischen Bereich, in der Art sozialer Beziehungen, den Alltagsbeschäftigungen usw. Es existieren vielfältige Kombinationen zwischen diesen Dimensionen. Das Spektrum reicht von der Kumulation privilegierender Lebensumstände, Kompensation von Verlusten durch Konstanz oder Ausbau anderer Lebensbereiche und Aktivitäten bis hin zur Kumulation von Benachteiligungen und zum Rückzugsverhalten.

Altern als multidirektionaler Prozess: Schließlich wird Altern von der G. als multidirektionaler Prozess gesehen. Dies bedeutet Entwicklung in verschiedene Richtungen: Die Dynamik von Alternsverläufen kann bei einem Teil individueller Fähigkeiten (z. B. der Bewegungsfähigkeit und Reaktionsschnelligkeit) in negative Richtung (zeigt also Einbußen und Verluste), in anderen Dimensionen (z. B. Erfahrungswissen) in die Richtung von Ausdifferenzierung und Reifung weisen. Altersbilder hängen davon ab, was von den alternden Menschen, ihren Bezugspersonen sowie von der Öffentlichkeit und *Altenpolitik* als wichtig erachtet wird: Ist die Blickrichtung auf Verluste fixiert, oder werden auch Reserven, Entwicklungschancen wahrgenommen?

Altern als multikausaler Prozess: Die Wissenschaft vom Altern sucht nach Ursachen und Bedingungen von Alternsverläufen und versteht Altern als multikausalen Prozess. Wie Menschen altern, stellt eine vielfache Verknüpfung aus biologischen, sozialen, individuellen Ausprägungen der Person und Bedingungen der physikalischen, ökologischen Verfasstheit der Umgebung dar. G. als Wissenschaft vom Altern ist deshalb wesentlich multidisziplinäre Querschnittswissenschaft, sie hat Beiträge vieler Einzelwissenschaften im

Rahmen einer interdisziplinären Anstrengung zu integrieren (hierbei und bei der Entwicklung übergreifender theoretischer Ansätze steht die G. noch in den Anfängen). Die genannten Person-Umwelt-Bedingungen wirken nicht nur in der aktuellen Situation; Alternsprozesse sind wesentlich auch von der Entwicklung in früheren Lebensphasen beeinflusst, sind Teil der Biographie. Altern hängt zudem von historischen und epochalen Bedingungen ab sowie davon, in welcher Kultur und Region, mit welchen Werten Menschen einer Gesellschaftsform altern. Dabei darf nicht vergessen werden, dass die Menschen durch ihr Tun eben diese Ursachen, diese Bedingungen und Verhältnisse selbst mit beeinflussen. Dieser Aspekt verweist auf die Rolle der G. als anzuwendende und angewandte, praxisorientierte Wissenschaft. Der Anwendungsbezug der Alternswissenschaft wird z. B. in der Entwicklung von Konzepten und Maßnahmen einer „Interventionsgerontologie" deutlich, die versucht, sämtliche optimierenden, rehabilitativen, korrigierenden und präventiven Maßnahmen zur Beeinflussung des Alternsprozesses und Management von Problemsituationen konzeptionell zu entwickeln, praktisch umzusetzen und mit Hilfe geeigneter Forschungsinstrumente zu evaluieren.

Gerontologie als sich entwickelnde Disziplin

G. als Versuch, Individuen und soziale Gruppen in ihren „biologisch-psychologisch-sozialen" Bezügen integriert zu betrachten, stellt also ein multidisziplinäres Fach dar, in das auf Alternsprozesse und Alternsformen bezogenes Grundlagenwissen und empirische Ergebnisse von verschiedenen Einzeldisziplinen aus dem Bereich der Natur-, Geistes- und Sozialwissenschaft eingehen. Damit von einer eigenständigen Disziplin mit interdisziplinärer Ausrichtung gesprochen werden kann, müssen ein eigener Begriffsapparat und ein dem Prozesscharakter des Alterns angemessenes Methodenarsenal entwickelt werden. Dieser Anspruch konnte bisher nur ansatzweise eingelöst werden, zumal unter den beteiligten Disziplinen (v. a. zwischen Natur- und Sozialwissenschaft) unterschiedliche wissenschaftstheoretische Vorstellungen und Paradigmata bestehen. Ebenso fehlt eine Theorie des Alterns, sofern es sie überhaupt geben kann. Gegenwärtig liegen einige bereichsspezifische Theorieansätze (Kompetenzansatz, Aktivitätsthese, Disengagementtheorie u. a.) vor.

Im Entstehungsprozess der Disziplin entwickelte sich die G. zunächst als Absplitterung aus dominierenden Einzelwissenschaften, z. B. im Rahmen der Medizin oder Entwicklungspsychologie. Nach der Durchführung multidisziplinär besetzter Forschungsprogramme seit den 1960er Jahren und der Gründung interdisziplinärer Arbeitsgruppen seit Ende der 1970er Jahre, in denen Vertreter verschiedener Fächer miteinander kooperieren, ist ein Kommunikationsnetz gerontologisch arbeitender Wissenschaftler und Praktiker entstanden, das sich auf Tagungen, in Zeitschriften und Publikationen sowie in der Deutschen Gesellschaft für Gerontologie und Geriatrie (DGGG) und in der Teilnahme an internationalen Wissenschaftlervereinigungen manifestiert. Seit den 1980er Jahren sind an einigen HS des weiteren Aufbaustudiengänge in Sozialer Gerontologie (Kassel, Dortmund), Psychogerontologie (Erlangen-Nürnberg) und Gerontologie (Heidelberg, Vechta) mit entsprechenden Diplomabschlüssen entstanden. Sie werden derzeit in Master-Studiengänge umgewandelt, an Fachhochschulen entstehen zusätzliche Lehrangebote. Europaweit entwickelt sich ein „European Master of Gerontology" in Kooperation mehrerer Universitäten aus Deutschland, den Niederlanden, Spanien und anderen Ländern. Eindeutige, gegenüber anderen Berufsgruppen abgrenzbare Berufsprofile des Gerontologen/der Gerontologin bzw. des Sozialgerontologen/der Sozialgerontologin stehen ebenso aus wie abgestufte und sich ergänzende, gerontologisch begründete Tätigkeitsbeschreibungen und Qualifikationserfordernisse verschiedener Berufsgruppen (Pflegeberufe, soziale Berufe, Professionen im Rahmen von Prävention und Rehabilitation; Beratung, Therapie, Planung und Leitung).

Gerontologie und Soziale Arbeit

Die fachliche Aufgabe der Sozialen G., Wissensbestände mehrerer Disziplinen zu integrieren und nicht nur additiv aneinander zu reihen, ist mit ähnlichen Herausforderungen zu vergleichen, wie sie sich angesichts der Pluralität vieler Fachzugänge auch für eine „Sozialarbeit als Wissenschaft" *(Sozialarbeit/Sozialpädagogik, Soziale Arbeit, Sozialarbeitswissenschaft)* ergeben. Während es schwierig sein dürfte, auf der Basis von Einzeldisziplinen (z. B. der Psychologie, Soziologie, Päd. oder Medizin) eine multidisziplinäre Ausrichtung zu begründen, bestehen Entfaltungschancen für eine sozialwissenschaftlich und anwendungsorientierte G. im Rahmen der SozArb. Der Beitrag von SozArb in der Altenarbeit ist mehrdimensional; er zielt nicht nur unmittelbar auf Individuen, sondern auch auf deren Umfeld und Netzwerke sowie auf die institutionellen Rahmenbedingungen. SozArb kann gegenüber spezialisierten Berufsgruppen eine umfassendere Gesamtsicht entwickeln, sie berücksichtigt die Auswirkungen gesellschaftlicher Bedingungen und lebenslanger Sozialisationsprozesse auf das Altern und die Alterssituation.

Weil und wenn SozArb/SozPäd sich nicht auf Einzelaspekte von sozialen und individuellen Problemlagen und Entwicklungspotenzialen eingrenzt, sondern sozialwissenschaftliches Wissen mehrerer Fächer mit methodischen Prinzipien von Casework, Gruppenarbeit und Gemeinwesenorientierung verknüpft *(Methoden der Sozialarbeit und Sozialpädagogik)*, sollte sie mit ihrer generalistischen Kompetenz und der konkreten Anwendung auf Brennpunkte der Praxis zur Integration verschiedener Wissenstraditionen und Praxiskonzepte in der Sozialen G. beitragen können. Ob die Integration einer angewandten G. bereits in der grundständigen Ausbildung von SozArb/SozPäd geleistet werden kann, ist strittig.

G

Praktiker und Lehrende der SozArb brauchen institutionell verankerte Handlungsspielräume (z. B. durch Forschungsmöglichkeiten an den FHS), um den Rückkopplungsprozess zwischen Hochschule und Praxisfeld organisieren und evaluieren zu können. Im Kasseler Aufbaustudiengang Soziale G. wird solches versucht: wissenschaftliche Erkenntnisse der Sozialen G. in berufliches Handeln zu transformieren, Felderfahrungen der Praktiker in Wissenschaft und Forschung aufzunehmen und damit letztlich auch die strukturellen Rahmenbedingungen der Arbeit mit älteren Menschen zu verändern.

Dies geschieht auf Basis der in den Arbeitsfeldern real stattgefundenen Veränderungen. In den letzten 20 Jahren gerontologisierten sich Berufsfelder der SozArb. In Krankenhäusern, Sozialen und Sozialpsychiatrischen Diensten *(Psychiatrie)* und der Ausländerarbeit haben SozArb immer öfter mit älteren Menschen zu tun. Weiterhin hat sich ein neues sozialpädagogisches Betätigungsfeld zur Vorbereitung auf das Alter, für Bildungs- und Freizeitaktivitäten und für die Gestaltung der „dritten Lebensphase" erschlossen. Schließlich werden im Rahmen von Reformmaßnahmen und Modellversuchen im Bereich der Altenhilfe SozArb eingesetzt, da sie besonders dafür geeignet sind, sowohl mit der Zielgruppe zu arbeiten, begleitende und unterstützende Netzwerke aufzubauen als auch Ressourcen aus dem Gemeinwesen zu erschließen. Ziel sozialer Altenarbeit ist dabei letztlich die Erhaltung der menschlichen Würde und der individuellen Persönlichkeit im Alternsprozess. Dies erfordert sowohl eine globale Absicherung von Lebensrisiken durch Sozialpolitik als auch mikrosoziale Unterstützung für die Aufrechterhaltung eines selbstgewählten, selbständigen Lebens in der eigenen Wohnung und die Bereitstellung von außerhäuslichen Handlungsspielräumen *(Altenhilfe/Altenarbeit, Geriatrie)*.

Es lassen sich somit Arbeits- und Einsatzfelder gerontologisierter SozArb in der Arbeit mit und für ältere Menschen in folgenden Bereichen aufzeigen: in der Lebensbegleitung und gemeindlichen Arbeit; hinsichtlich stadtteil- und raumbezogener sowie zugehender Angebote; im Rahmen vermittelnder, koordinierender und leitender Funktionen; in offenen und ambulanten Diensten für hilfs- und pflegebedürftige Menschen; in Akut-, Rehabilitations- und psychiatrischen Krankenhäusern; in teilstationären Einrichtungen wie der Tagespflege und Kurzzeitpflege; im Alten- und Pflegeheim auf bewohner-, mitarbeiter- und milieubezogener Ebene. Eine besondere Herausforderung stellen die nach wie vor existierenden Defizite in der Versorgung psychisch erkrankter alter Menschen (v. a. mit dem Krankheitsbild der Demenz) dar, obwohl seit längerem Konzepte für Verbundsysteme inklusive Wohn- und Betreuungsformen für diese Personengruppe vorliegen (Gerontopsychiatrie). Auch das Phänomen des Älterwerdens und damit der Langlebigkeit von körperlich, geistig und seelisch Behinderten ist historisch neu und verlangt Antworten auch seitens der SozArb *(Behindertenhilfe)*.

Auch wenn quantitativ gesehen SozArb/SozPäd in den Einrichtungen der Altenarbeit und des Gesundheitswesens sowie in weiteren mit dem Alternsprozess befassten gesellschaftlichen Institutionen eine Minderheitenposition einnimmt, so kommt ihr inhaltlich doch eine wichtige verbindende Rolle im intergenerationellen Handlungszusammenhang zwischen Klienten bzw. Nachfragern, Angehörigen, Mitarbeitern und Gemeindemitgliedern zu. Im Zuge der Professionalisierung einer SozArb in diesem Arbeitsfeld müssen dabei auch Grenzen des Zugriffs von „Experten" auf die Lebensgestaltung von Menschen am Ende ihrer Lebensspanne aufgezeigt werden. Gerade die SozArb stellt eine Profession dar, die neben ihrem Beitrag zur Unterstützung sozial benachteiligter, hilfsbedürftiger und bedrohter Menschen die subjektive Lebenswelt und Autonomie ihrer Klientel zu bewahren und aufrechtzuerhalten sucht.

Fred Karl

Literatur
BMGS: 6. Bericht zur Lage der älteren Generation in Deutschland. Altersbilder in der Gesellschaft, Berlin 2010 (der 7. Altenbericht ist Ende 2016 erschienen) ◆ B. Jansen/F. Karl/H. Radebold/R. Schmitz-Scherzer (Hrsg.): Soziale Gerontologie. Ein Handbuch für Lehre und Praxis, Weinheim 1999 ◆ B. Godde/ C. Voelker-Rehage/B. Olk: Einführung in die Gerontopsychologie, München 2016 ◆F. Karl: Sozialarbeit in der Altenhilfe, Freiburg 1993 ◆ F. Karl (Hrsg.): Sozial- und verhaltenswissenschaftliche Gerontologie, Weinheim 2003 ◆ F. Karl: Soziale Arbeit, in: A. Kruse/ M. Martin (Hrsg.): Enzyklopädie der Gerontologie, Bern/Göttingen 2004, 437–448 ◆ C. Kricheldorff/ J. Himmelsbach: Gerontologie und Soziale Arbeit, Stuttgart 2016 ◆ W. D. Oswald/U. Lehr/C. Sieber/ J. Kornhuber: Gerontologie, Stuttgart [3]2006 ◆ S. Pohlmann: Sozialgerontologie, München 2011 ◆ G. Thiele: Soziale Arbeit mit alten Menschen, Köln 2001 ◆ H. W. Wahl/C. Tesch-Römer (Hrsg.): Angewandte Gerontologie in Schlüsselbegriffen, Stuttgart 2000.

Links
www.soziale-gerontologie.de
www.dggg-online.de
sowie bei *Altenpolitik* und *Altenhilfe*

Geschichte der Sozialarbeit/ Sozialpädagogik

Anfänge

Die Anfänge der Geschichte der *Sozialarbeit/Sozialpädagogik* sind in Deutschland – anders als in der Geschichte der Mildtätigkeit oder des Armenhauses – in der zweiten Hälfte des 19. Jh. zu suchen. Voraussetzung für ihre Entstehung sind die tief greifenden Umwälzungen der bürgerlichen Gesellschaft durch die industrielle Revolution und ihre sozialen Begleiterscheinungen. Diese verwandelten das Armutsproblem in die sog. „soziale Frage" und ließen die althergebrachten polizei- und ordnungspolitischen Repressionsstrategien als ungenügend erscheinen (Hering/ Münchmeier 2014). So setzte sich allmählich ein neues Denken durch, nämlich dass man auf die entstandenen Probleme mit neuen Strategien individuell ausgerichteter Hilfen und Erziehung reagieren müsse.

Soziale Ausgestaltung der Armenpflege

Elberfelder System: Die staatliche Armenpflege ist ein repressives System gewesen. Sie unterstand lange Zeit der Armenpolizei. Die sozialen Verwerfungen und die Wandlung der *Armut* in Massenarmut leiteten seit der Mitte des 19. Jh. Reformen des mit diesen Erscheinungen überforderten Armenwesens ein. Vorbildlich hierfür wurde v. a. das berühmte „Elberfelder System". Die seit 1852 in der Stadt Elberfeld praktizierten neuen Grundsätze waren: (1) strikte Individualisierung der Unterstützung (Einzelfall); (2) Dezentralisierung der Entscheidungskompetenzen zugunsten von vor Ort arbeitenden ehrenamtl. Armenpflegern; (3) Beauftragung ehrenamtl. Kräfte (Armenpfleger) mit der Durchführung; (4) Aufteilung des Stadtgebiets in gut überschaubare Bezirke („Quartierssystem"). Diese neuen Prinzipien – v. a. das Prinzip der Individualisierung und Einzelfallorientierung, sowie das auf einer persönlichen Beziehung zwischen Helfer und Hilfeempfänger beruhende Handlungsprinzip – bedeuteten eine Abkehr von einer nur auf äußere, materielle Sicherung bezogenen Hilfe.

Sozialversicherungen: Der Abschied von liberalistischen Konzepten des Nicht-Interventions-Staats („Nachtwächterstaat") ermöglichte den Durchbruch zu den Anfängen einer staatlichen *Sozialpolitik*. Die wichtigsten Daseinsrisiken der proletarischen Existenz, Invalidität (Arbeitsunfähigkeit), Krankheit, Alter und Arbeitslosigkeit wurden durch Versicherungsleistungen (die sog. „Sozialversicherungen") abgedeckt: 1883 Krankenversicherung, 1884 Unfallversicherung, 1889 Invaliden- und Altersversicherung (Rente). Erst 1927 kam die Arbeitslosigkeitsversicherung hinzu. Das ermöglichte es der Armenpflege, mit der Sozialpolitik zu einer Art Aufgabenaufteilung zu kommen und sich nach Prinzipien zu reorganisieren, die nicht länger ordnungspolitisch sondern sozialpädagogisch orientiert waren. Das Bestreben, bestimmte Armutsrisiken aus der allgemeinen Armenfürsorge auszugliedern – besonders jene, deren Zusammenhang mit ökonomisch-sozialen Ursachen oder schicksalhaften biographischen Krisen deutlich war – und in Form von sog. „Spezialfürsorgen" zu organisieren, wurde bereits um die Wende zum 20. Jh. ein bestimmender Trend. Es vollzog sich eine „problemgruppenbezogene Ausdifferenzierung", die man damals „sociale Ausgestaltung" der Fürsorge nannte: Gesundheits-, Jugend-, Familien-, Wohnungs- und Erwerbslosenfürsorge.

Erziehungsnotstand: Besondere Bedeutung bekam die Jugendfürsorge. Der „Erziehungsnotstand" der Jugend war um die Jahrhundertwende ein die Gemüter bewegendes Thema. 1878 trat

G

in Preußen das sog. „Zwangserziehungsgesetz" in Kraft, das die FE für Minderjährige zum ersten Mal außerhalb der Armenfürsorge regelte. Das Bürgerliche Gesetzbuch von 1900 (BGB) sah öffentliche Erziehung für Minderjährige vor, wenn ein Missbrauch der elterlichen Gewalt (§ 1666) oder Versagen eines Vormunds (§ 1838) vorlag. Das EGBGB ließ die Möglichkeit offen, FE auch in den Fällen zu verhängen, wenn sie „zur Abwendung des völligen sittlichen Verderbens" notwendig war. In der Praxis entwickelte sich ein buntes Feld vom Pflegekinderwesen, Vormundschaftswesen, Säuglingsfürsorge, Schulspeisungen, Schülererholung, Kinderhorten u. Ä. bis zu Jugendpflegemaßnahmen und aus der Jugendbewegung hervorgehenden verbandlichen Gruppen. Diese organisatorische Zersplitterung brachte Anstrengungen zur Vereinheitlichung und Zusammenschlüsse hervor: „Archiv Deutscher Berufsvormünder" (gegr. 1906), „Deutsche Centrale für Jugendfürsorge" (1907). Auf einer Tagung des „Deutschen Vereins für Armenpflege und Wohltätigkeit" (heute: DV) 1910 wurde erstmals die Forderung nach einem kommunalen JA als einer Art „städtischer Zentrale für Jugendfürsorge" laut.

Einfluss Sozialer Bewegungen

Von Anfang an entwickelte sich die *Soziale Arbeit* nicht vorrangig aus staatlichen Impulsen, sondern aus Anstößen von Sozialen Bewegungen, deren wichtigste (unter manchen weiteren) die Frauen- und Jugendbewegung waren.

Frauenbewegung: Ihr ging es nicht nur um die Forderung nach „Gleichberechtigung", sondern auch darum, das spezifisch weibliche Wesen der Frau in der Gesellschaft zur Geltung und Wirksamkeit zu bringen. Unter „Wesen" der Frau verstand man ihre Fähigkeiten und Begabungen im Bereich von Erziehung, Pflege, Fürsorge, Emotionalität und Zuwendung, zusammengefasst unter dem Begriff „Mütterlichkeit". Henriette Schrader-Breymann (Großnichte Fröbels und Begründerin des Pestalozzi-Fröbel-Hauses in Berlin) forderte hierzu auf mit der Parole „Übet geistige Mütterlichkeit!". Die neu entstehenden Bereiche der „Socialen Fürsorge" (außerhalb der männlich dominierten Armenfürsorge) boten sich als ideales Feld zur Erreichung dieser Ziele an. 1893 wurden in Berlin die „Mädchen- und Frauengruppen für soziale Hilfsarbeit" begründet. Sie sollten praktische soziale Hilfe und persönliche Fürsorge leisten. Aber dies sollte planvoll, systematisch und auf wissenschaftlicher Grundlage geschehen. Deshalb wurde die praktische Tätigkeit von Anfang an mit Schulung verbunden. Alice Salomon hat hierfür maßgebliche Konzepte entwickelt. Aus ersten „Jahreskursen" für ehrenamtl. arbeitende „höhere Töchter" wuchsen die „sozialen Frauenschulen" und schufen die fachlichen Voraussetzungen für die Verberuflichung der SozArb. Der soziale Beruf begann also als Frauenberuf. Bei Kriegsausbruch 1914 gab es bereits 12 Soziale Frauenschulen, bis zum Ende der 1920er Jahre 35. Sie schlossen sich seit 1917 unter Führung von A. Salomon zur „Konferenz der Sozialen Frauenschulen" zusammen.

Jugendbewegung: Viele der ersten Berufsgeneration, auch die ersten Theoretiker/innen der SozArb (wie Bondy, Herrmann, Nohl, Bäumer, Wyneken u. a.) sind aus der Jugendbewegung hervorgegangen und haben deren Reformideen umzusetzen versucht. Deren Gruppen zeichneten sich durch kritische Haltung gegenüber der Massengesellschaft und Verstädterung aus, suchten Unmittelbarkeit durch Naturnähe, Expressivität durch Tanz und Musik und entwickelten Ansätze einer neuen Gleichaltrigenpädagogik: „Jugend wird durch Jugend geführt". Hier bildete sich die Gruppenpädagogik als neue Form der Jugenderziehung heraus und lieferte damit das Modell für die Jugendpflege. Es fanden sich aber auch Versuche, die Gruppe als Selbstregulativ in der Heimerziehung (z. B. Wilker 1921) oder im Jugendstrafvollzug (z. B. Bondy 1925) einzusetzen.

Schon um 1890 herum begannen öffentliche Diskussionen über die nachteiligen Folgen von Verstädterung und Industrialisierung für die Jugend. Militärs schlugen Alarm wegen der wachsenden Zahl von dienstuntauglichen Rekruten. Man entdeckte eine „Kontrolllücke zwischen Schulbank und Kasernentor" (Peukert 1986, 54–67), die durch eine „außer- bzw. nachschulische Jugendpädagogik" geschlossen werden sollte. 1891 wurde in Berlin der „Zentralausschuss zur Förderung der Volks- und Jugendspiele" gegründet, mit der Aufgabe, ehrenamtl. Jugendspielleiter zu rekrutieren und für körperertüchtigende und persönlichkeitsstärkende Freizeitarbeit (Spiel, *Sport,* Leibesübungen) zu schulen. Aus diesem Kontext heraus entstanden (nach mehreren kleineren) die berühmt gewordenen großen „Preußischen Erlasse zur Jugendpflege" von 1911 und 1913. Sie wollten die zersplitterten Einzelinitiativen sammeln und – bei Wahrung der Selbständigkeit der einzelnen Organisationen und Verbände – nach einheitlichen pädagogischen Zielen (in „vaterländischem Geist") ausrichten. In Maßen wurde auch finanzielle Unterstützung zugesagt. Grundkonzept war eine außerschulische *Jugendarbeit,* die von ehrenamtl. tätigen, „lebenserfahrenen Bürgern" nach dem Prinzip der freiwilligen Teilnahme angeboten und auf Orts-, Kreis- und Bezirksebene durch sog. „Jugendpflegeausschüsse" koordiniert wurde. Diese Strukturen prägen heute noch die kommunale Jugendpflege.

Soziale Arbeit im 1. Weltkrieg

Militärdienst, kriegsbedingte Invalidität, Verwaisung und Witwenschaft bewirkten eine unverschuldete, in vaterländischer Pflichterfüllung erlittene, „neue Armut" und gaben den Anstoß dazu, in der Kriegsfürsorge das in der Armenpflege übliche „Elendsniveau" zu verlassen und dem „gehobenen" Niveau des bisherigen Lebensstandards der Betroffenen Rechnung zu tragen. Es entwickelte sich eine besser ausgestattete, von den Makeln der Armenfürsorge befreite „gehobene" Fürsorge, was die Sozialpädagogisierung der Familienfürsorge weiter beförderte, weil zu den Leistungen nicht nur materielle Hilfen, sondern regelmäßig auch Beratung, Beistand, familienunterstützende Maßnahmen – also eher personenbezogene und sozialpädagogische – Angebote gehörten. 1914 wurde der „Nationale Frauendienst" gegründet, dessen Aufgabe die Linderung kriegsbedingter Not in allen Formen war. An ihm beteiligten sich auch die sozialdemokratischen und andere proletarische Frauenverbände, so dass es hier zu einer für die Zukunft besonders wichtigen Durchbrechung der schichtspezifischen Begrenzung wohlfahrtspflegerischer Betätigung auf die Frauen und Töchter des Bürgertums kam. Ferner bedeutete die kriegsbedingte Abwesenheit vieler Männer, dass immer mehr Frauen in die Felder des Sozial- und Armenwesens einzogen und „ihren Mann" standen. Um die weiblichen Berufskräfte qualifizieren zu können, kam es zu einem wahren Gründungsboom Sozialer Frauenschulen.

Soziale Arbeit in der Weimarer Republik

Verrechtlichung: Am Beginn der WR wurden drei zentrale Reichsgesetze erlassen: das „Reichsjugendwohlfahrtsgesetz" (RJWG, 1922), das „Jugendgerichtsgesetz" (JGG, 1923), die „Fürsorgepflichtverordnung" (RFV, 1924) zusammen mit den „Reichsgrundsätzen über Voraussetzung, Art und Maß der öffentlichen Fürsorge" (RGr). Damit erhielt die SozArb einheitliche Rechtsgrundlagen. Die zukunftsweisende Bedeutung des RJWG für die Verselbständigung der SozArb, insbesondere für die JH, liegt in der Zusammenfassung ehedem zerstreuter oder fehlender gesetzlicher Grundlagen und damit in der endgültigen gesetzlichen Normierung eines fest umrissenen Praxisbereichs, der in der Folge als Aufgaben des JA ausdifferenziert werden konnte.

Öffentliche und freie Träger: Die Schaffung kommunaler *Jugendämter* warf Fragen nach dem Verhältnis von freier und öffentlicher SozArb auf. Die freien Träger versuchten mit Hilfe der (katholischen) Zentrumspartei auf die Sozialgesetzgebung Einfluss zu nehmen und den Vorrang der privaten Wohlfahrtsorganisationen festzuschreiben (Prinzip der „*Subsidiarität*"). Boten die freien Träger (mit Hilfe der staatlichen Finanzzuschüsse) ausreichende Maßnahmen auf einem bestimmten Fürsorgegebiet an, so sollte der Staat von eigenen Angeboten absehen. Im RJWG finden sich zwar keine eindeutigen Subsidiaritätsklauseln, aber es hebt „die eigenständige Position der freien Vereinigungen der Jugendhilfe an mehreren Stellen hervor" (Sachße/Tennstedt 1988, 107). Das Nebeneinander von Kommune und freien Verbänden wurde damit zu einem bis heute die SozArb prägenden Strukturprinzip *(Träger der Sozialen Arbeit).* 1923 gab es sieben nationale „Spitzenverbände": IM – heute: DW (gegr. 1849), Caritas (1897), Zentralwohlfahrtsstelle der deutschen Juden (1917), Hauptausschuss für AWO (1919), Fünfter Wohlfahrtsverband – heute: PWV – (1924), Zentralwohlfahrtsausschuss der christlichen Arbeiterschaft (1921). 1919 schlossen sich IM, Caritas, Zentralwohlfahrtsstelle der deutschen Juden, DRK und der Fünfte Wohlfahrtsverband zum „Reichsverband", 1925 zur sog. „Liga der freien Wohlfahrtspflege" zusammen; sie existiert bis heute. Um der Zersplitterung privater Träger entgegen zu wirken, wurden „Fachvereinigungen" und „Dachverbände" gegründet: 1889 Allgemeiner Fürsorgeerziehungstag (AFET), 1907 Archiv der deutschen Berufsvormünder, 1912 Deutsche Zentrale für Jugendfürsorge, 1920 Evangelische Reichserziehungsverband (EREV), 1924 Verband der katholischen Waisen- und Fürsorgeerziehungsanstalten, um nur die wichtigsten zu nennen.

Reformpädagogik: Das RJWG trat durch Notverordnung zum 1. April 1924 in Kraft, allerdings unter Streichung bzw. Einschränkung aller Bestimmungen, die neue Finanzlasten für die Kommunen bedeutet hätten. Das Geburtsmal der „neuen" Jugendfürsorge war die Knappheit der Mittel, die jeden Reformansatz belasten musste. Dennoch gab es reformpädagogische Versuche in

G

Fürsorgeheimen wie Berlin-Lindenhof (Wilker), Frankfurt-Westendheim (Verleger) oder in der Jugendstrafanstalt Hahnöfersand bei Hamburg (Bondy und Herrmann). Aber diese scheiterten alle an mangelnder öffentlicher Unterstützung und/oder an inneren Konflikten. Die wirkliche Leistung der Reformpädagogen (neben den bereits genannten: Nohl, Aichhorn, Bernfeld, Wyneken) bestand deshalb nicht in einer alternativen Praxis, sondern in der Sensibilisierung von Pädagogen und Öffentlichkeit für die Probleme der FE und Verwahrlostenpädagogik.

Krise der Fürsorgeerziehung: Das Theaterstück „Revolte im Erziehungshaus" (Lampel 1929a) und die Dokumentation „Jungen in Not" (Lampel 1929b) über die Missstände in den Fürsorgeheimen lösten eine erregte Debatte unter Sozialpädagogen, in der Öffentlichkeit, vor Gericht und nicht zuletzt bei betroffenen Jugendlichen selbst aus. Th. Litt hatte 1926 konstatiert, dass sich nach Jahrzehnten des pädagogischen Optimismus nunmehr „die Glut des pädagogischen Eros an dem Eigensinn des Wirklichen erprobt und gekühlt" (Litt 1926, 9) habe. Der „pädagogischen Hybris" sei durch das „Eigenrecht des werdenden Geschlechts" (Litt 1926, 10) eine Grenze zu setzen. Das Wort von den „Grenzen der Erziehung" machte schnell die Runde. Die meisten Reformpädagogen plädierten für eine Beschränkung der Anstaltserziehung auf einen möglichst kleinen Kreis, bei gleichzeitiger Stärkung der Hilfsmöglichkeiten in der präventiven Jugend- und Familienfürsorge. Man wollte zwischen Leicht- und Schwererziehbaren, zwischen „Psychopathen" und „Normalen" differenzieren. Es fehlten jedoch noch die „wissenschaftlichen" Grundlagen solcher Auslesepolitik. Die sich dazu anbietende eugenische und rassenbiologische Theorie blieb in der WR unter Sozialpädagogen noch in der Minderheit *(Eugenik)*. Um dem Kostendruck und dem inneren Problemdruck der FE durch eine Revision des RJWG zu begegnen, verbot eine Notverordnung von 1932 die Anordnung der FE, „wenn sie offenbar keine Aussicht auf Erfolg bietet", verlegte das Ende der FE auf den 18. Geburtstag vor und erlaubte durch Neufassung des § 73 RJWG die vorzeitige Entlassung wegen Unerziehbarkeit, „wenn der Minderjährige an erheblichen geistigen oder seelischen Regelwidrigkeiten leidet".

Soziale Arbeit im Nationalsozialismus

Wie alle anderen gesellschaftlichen Institutionen wurde auch das Sozialwesen in den Dienst der nationalsozialistischen Ziele genommen und „gleichgeschaltet", d.h. an der NS-Ideologie ausgerichtet sowie organisatorisch dem Führungsanspruch der Partei unterworfen *(Soziale Arbeit im Nationalsozialismus)*. Für die NS-Wohlfahrtsideologie war die Pflege und Gestaltung des „Volkskörpers" zentral. Um den Volkskörper gesund zu erhalten, mussten (wie beim menschlichen Körper) störende Einflüsse fern gehalten und Schädlinge „ausgemerzt" werden. Dies erklärt die Vorrangstellung der „Gesundheitsfürsorge", die seit 1934/35 als „öffentlicher Gesundheitsdienst" (ÖGD) konsequent verstaatlicht wurde. Adressat der Gesundheitsdienstleistungen war nicht nur der einzelne Patient, sondern das Volk als ganzes durch Förderung der „Wertvollen", der „Erbgesunden" und nicht durch Integration von Minderwertigen oder Schmarotzern. Die für die SozArb wichtigste organisatorisch-strukturelle Veränderung war der Aufbau der „Nationalsozialistischen Volkswohlfahrt" (NSV) und die Unterwerfung der WFV unter deren Führung (sofern sie nicht wie die sozialistischen und jüdischen Verbände verboten wurden). Sie bildete „das" nationalsozialistische wohlfahrtspolitische Machtzentrum. Jugendpflege und Jugendverbände hingegen wurden weitgehend durch die Hitlerjugend „aufgesogen". Mit der Annahme der Erbbiologie als wissenschaftlicher Grundlage begann – wenn auch vielleicht nur bei einer Minderheit von Sozialpädagogen – die Grenze zwischen Auslese und Ausmerze brüchig zu werden. Landesrat Hecker, der 1931 bereits die „Reinigung" der FE von Renitenten gefordert hatte, formulierte 1936: „Die große Zahl der Fälle mit zweifelhaftem oder vorläufig negativem Erfolg stellt die FE aber immer wieder vor die Frage, ob noch eine Besserung von der Zukunft zu erwarten ist oder nicht. Hier aber zeitigt das früher so stark vernachlässigte erbbiologische (Hervorhebung i. Orig.) Unterscheidungsmerkmal ganz neue Gesichtspunkte und praktische Ergebnisse: Zeigt sich … keine aufsteigende Entwicklungslinie, so prüft die Fürsorgeerziehungsbehörde … die Erbwertigkeit des Elternhauses" (Peukert 1986, 276 f.).

Soziale Arbeit in der Nachkriegs-Bundesrepublik (Westdeutschland)

Der 2. Weltkrieg bedeutete nicht nur Zerstörungen ungeahnten Ausmaßes, sondern auch Auflösung traditioneller Lebensformen. Etwa 1,6 Mio. Kinder und Jugendliche hatten durch Kriegseinwirkung ein oder beide Elternteile verloren. Die Zahl der eltern- oder heimatlos vagabundierenden Kinder wurde auf 80 000 bis 100 000 geschätzt. Millionen von Menschen waren unterwegs auf der Suche nach einem Aufenthaltsort und einer Zufluchtsstätte. Von 1945 bis 1950 übersiedelten fast 11 Mio. Menschen in die beiden Teile „Restdeutschlands" bzw. die neuen Staaten von 1949. 22 % der westdeutschen Bevölkerung waren Vertriebene und Flüchtlinge. Auf dem Gebiet der späteren BRD lebten 1946 gut 2 Mio. Menschen mehr als 1939, und dies angesichts von großen Zerstörungen des Wohnraums (vgl. auch Sachße/Tennstedt 2014 – Kap. 1)

Sozialer Wiederaufbau: Für die SozArb bedeuteten diese Verhältnisse eine enorme Herausforderung und zugleich große Unübersichtlichkeit. Die Maßstäbe von Normalität, ordentlicher Lebensführung, von positivem Familienleben und tüchtiger Erziehung waren durcheinander geraten, es fehlten ausgebildete Fachkräfte, am meisten aber die notwendigen materiellen Mittel: Wohnraum, Kleidung, Nahrung, Arbeit. Man ging deshalb sogleich nach dem Zusammenbruch an den „sozialen Wiederaufbau". Das JA mit erweiterten Handlungsmöglichkeiten zu rekonstruieren, war wichtigstes Ziel. Schon im Oktober 1946 legte der Deutsche Verein den „Modellentwurf einer Novelle zum RJWG" vor. In der Novelle zum RJWG von 1953 wurden Vorstellungen des DV und der AGJJ aufgegriffen, jedoch im Wesentlichen darauf beschränkt, die Eingriffe durch die Notverordnung von 1924 sowie durch das Führungs-Gesetz von 1939 wieder zu beseitigen. Zur Reorganisation der Fürsorge gehörte auch die Bildung von überregionalen Zusammenschlüssen. Neben dem 1945 neu belebten Deutschen Verein wurde im Mai 1949 die „Arbeitsgemeinschaft für Jugendfürsorge und Jugendpflege" gegründet (heute: Arbeitsgemeinschaft für Kinder- und Jugendhilfe, AGJ). Im August 1949 schlossen sich die Jugendverbände zum DBJR zusammen; im Mai 1949 wurde die AG Jugendaufbauwerk gegründet. Im Dezember 1950 wurde zum ersten Mal ein „Kuratorium für Jugendfragen" durch die BReg berufen.

Jugendberufshilfe: Die durch die amerikanische GYA-Arbeit entstandenen „Häuser der offenen Tür" hatten in ihrer infrastrukturellen Ausrichtung („überdachte Straßenecke"), ihrem pluralistischen Angebot und ihrer charakteristischen Mischung aus Programm und „offenem Bereich" für die Jugendpflegeaktivitäten der Jugendämter Signal- und Vorbildwirkung (Müller 2008). Der Furcht, dass junge Menschen nicht nur bindungslos, sondern auch „arbeitsscheu" werden könnten, suchte man durch Jugendberufshilfe zu begegnen. Jugendaufbauwerke, Jugenddörfer u. Ä. sollten die „wandernden Jugendlichen" an Arbeit gewöhnen, beruflich qualifizieren, v. a. in feste Arbeitsverhältnisse vermitteln *(Jugendsozialarbeit).* Der 1950 beschlossene und seit 1951 finanzierte „Bundesjugendplan" (das als *Kinder- und Jugendplan* heute noch das wichtigste jugendpolitische Förderungsinstrument der BReg) hatte in den ersten Jahren ganz überwiegend hier seinen Finanzierungsschwerpunkt (96,7 Mio. DM von insgesamt 111,55 Mio. DM, die im Wege der Länderzuteilung vergeben wurden).

Stärkung der Familie: Während des Krieges hatte die Frauenerwerbstätigkeit rapide zugenommen. Konservative Politiker, kirchliche Organe und WFV sahen in dieser Entwicklung gefährliche Tendenzen zur Auflösung der Ordnung der Familie, eine Gefährdung ihrer Erziehungskraft und damit der gesellschaftlichen Zukunft. Zurückgreifend auf die große Weimarer Tradition der „Familienfürsorge" entstanden in der ersten Nachkriegszeit Abteilungen für Familienfürsorge sowohl bei den Jugend- und Sozialämtern als auch (auf NS-Regelungen zurückgehend) bei Gesundheitsämtern. Diese boten Erziehungs-, Wirtschafts- und Gesundheitsberatung an und sollten durch Kurse in Nähen, Hauswirtschaft und Gesundheitspflege die Mütter und Familien stärken. Es mangelte aber weithin an außerfamiliären Kinderbetreuungsmöglichkeiten. Die Kirchen sprachen sich für familienpolitische Anreize aus, die den Verzicht auf Berufstätigkeit erleichtern sollten. Hierfür gründeten sie 1950 bzw. 1954 Familienorganisationen: Familienbund der Deutschen Katholiken, Evangelische Aktionsgemeinschaft für Familienfragen. Hinzu kamen als überkonfessionelle Verbände der Deutsche Familien-Verband und der Bund der Kinderreichen Deutschlands. 1953 wurde das „BM für Familienfragen" eingerichtet, das ab 1957 auch für Jugendfragen zuständig wurde. Es wurde bis 1962 von dem stark katholisch geprägten CDU-Politiker Wuermeling geleitet.

Soziale Arbeit im Wohlfahrtsstaat

Eigenständiges Sozialisationsfeld: Das Urteil des BVerfG von 1967 zum JWG von 1961 befasste sich nicht nur mit den Subsidiaritätsklauseln, sondern auch mit der Frage, ob eine sozialpädagogisch und präventiv ausgerichtete SozArb überhaupt eine öffentliche Aufgabe neben und ergänzend zur Familienerziehung sein könne. Dies wurde durch das Urteil explizit positiv bestätigt. Damit vollzog die Rechtsprechung eine Realität nach, die seit 1945 gewachsen war: Nicht mehr bloß

Rand- und Sondergruppen, sondern tendenziell alle Familien und die gesamte junge Generation sollten Adressaten ihrer Angebote sein. Ein solches Selbstverständnis als „eigenständiges Sozialisationsfeld“ konnte aufgebaut werden, weil sich die SozArb durch den Ausbau von Rechtsansprüchen im Rahmen von Versicherungs- und Versorgungsleistungen sukzessiv von fürsorgerischen Aufgaben (also Aufgaben der materiellen Unterstützung und in deren Gefolge von sozialer Kontrolle und Eingriffen) entlasten konnte. Dies zeigt sich in der Ablösung des Fürsorgerechts durch das BSHG (1961). Dem sozialpädagogischen Selbstverständnis entsprach die Vorliebe für Gruppenpädagogik. Trotz der Vorrangstellung des einzelfallorientierten „case work“ in Theorie und Ausbildung *(Einzelfallhilfe)* wurde die Gruppenpädagogik zu der zentralen Methode der Sozialpädagogik schlechthin *(Gruppenarbeit, soziale).* Von der „reflektierten Gruppe“ sollten Impulse ausgehen für die Neugestaltung des Zusammenlebens der Menschen in einer demokratischen Gesellschaft. Umso kritischer wurden jene Arbeitsfelder betrachtet, in denen Erziehung mit Zwang verbunden wurde, wie der Bereich der FE. Er erschien den Kritikern als Relikt aus einer vergangenen obrigkeitsstaatlichen Tradition. Im Bereich der FE gingen nicht nur die Fallzahlen rapide zurück (von 11 224 Zöglingen 1969 auf 2 248 1980). Nach den Heimkampagnen um das Jahr 1970 (in denen Studenten der Sozialpädagogik die skandalösen Zustände in einigen Großheimen veröffentlichten) wurde eine Reihe von Alternativen zur Heimerziehung entwickelt: Großheime wurden differenziert oder durch Kleinheime und Außenwohngruppen ergänzt, die pädagogische Ausbildung der Heimerzieher verbessert, Mitbestimmungsmodelle erprobt, die Aufenthaltsdauer nach Möglichkeit verkürzt sowie die Erziehung im Heim durch Eltern- und Stadtteilarbeit ergänzt (vgl. Kreft 2008).

Soziale Arbeit im gesellschaftlichen Reformprozess

Einheit der Jugendhilfe: Die Zeit der sozialliberalen Koalition (v. a. die 1970er Jahre) ist oft als Zeit einer Gesellschafts- und Sozialreform bezeichnet worden. Im Bereich des Bildungs- und Hochschulwesens, der Berufsausbildung, der sozialen Dienste und sozialen Sicherung wurden Reformen angestoßen. Dies erzwang auch für die SozArb einen Prozess der Modernisierung und der Neudefinition ihres gesellschaftlichen Standorts. Vorschläge, die Jugendpflege und -arbeit in den Bildungsgesamtplan einzubeziehen, gefährdeten die „Einheit“ und „Eigenständigkeit“ der JH und provozierten Abgrenzungsversuche. Zum Leitwort der Abgrenzung wurde der Begriff der „ganzheitlichen Erziehung“ oder des „ganzheitlichen Lernens“ (bzw. *„sozialen Lernens“*). Für die Behauptung der Eigenständigkeit war es besonders hinderlich, dass sich die Einrichtungen, Maßnahmen und Konzepte der SozArb als „außerordentlich heterogene Erziehungsfelder“ (K. Mollenhauer) darstellten. Bundesjugendministerium und Bundesjugendkuratorium verständigten sich deshalb 1971 darauf, „grundlegende Vorstellungen über Inhalt und Begriff moderner Jugendhilfe“ durch eine Kommission erarbeiten zu lassen, um damit die „Einheit der Jugendhilfe“ als notwendige Begründung für ihre Eigenständigkeit als Sozialisationsbereich dokumentieren zu können („Mehr Chancen für die Jugend“ 1974; AGJ 2009).

Anhebung des Ausbildungsniveaus: Um ein ernsthafter Partner im Prozess der sozialen Reform sein zu können, waren höhere fachliche Standards der Praxis und qualifizierte Ausbildung notwendig. Ende der 1960er/Anfang der 1970er Jahre lässt sich deshalb ein enorm anwachsender Professionalisierungs- und Verberuflichungsschub konstatieren. Die soziale Ausbildung wurde neu geordnet und in FH (für Sozialwesen) hochschulmäßig organisiert. An den Universitäten und Pädagogischen Hochschulen wurde – zum ersten Mal in Deutschland – ein Universitätsstudium der Sozialpädagogik (Diplompädagogik in der Studienrichtung Sozialpädagogik) eingerichtet. Die Zahl der Berufskräfte wuchs von einem Bestand von 67 000 im Jahr 1950 auf 155 000 in 1970, 410 000 1987 bis 2006 auf rd. 2,15 Mio. sozialversicherungspflichtige Beschäftigte in sozialen Berufen (vgl. i. E. zu den weiteren Entwicklungen unter *Ausbildung, Ausbildungen/Soziale Berufe.*

Reform des Kinder- und Jugendhilferechts: Impulse zur Reform und Erweiterung des Jugendhilferechts begannen sich neu zu artikulieren. Das inhaltlich auf dem RJWG von 1922 beruhende JWG von 1961 schien den Vertretern einer modernen SozArb kaum mehr angemessen und von der Praxis in vielen Fällen überholt zu sein. Eine 1970 vom Bundesjugendministerium eingesetzte Sachverständigenkommission legte 1973 einen ersten „Diskussionsentwurf“ vor. Mit Rücksicht auf die daraus entstehende Kostenbelastung v. a. für die Kommunen wurde der auf dieser Grundlage entwickelte „Referentenentwurf“ jedoch nicht in das Gesetzgebungsverfahren eingebracht. Ein ähnliches Schicksal nahmen die weiteren Anläufe in den Jahren 1978, 1980 und 1985. Erst der Referentenentwurf von 1988 wurde beschlossen und 3. Oktober 1990 in den nBL, am 1. 1. 1991 in den alten BL als „Buch VIII des Sozialgesetzbuches (Kinder- und Jugendhilfegesetz, KJHG)" in Kraft gesetzt *(Kinder- und Jugendhilfegesetz).*

Bilanz und Ausblick

Bei dem Versuch, am Anfang des 21. Jh. rückblickend die Entwicklung der *Sozialen Arbeit* zu bilanzieren, stellt sich deren Lage widersprüchlich dar. So könnte man einerseits eine „Erfolgsgeschichte" erzählen, vielleicht sogar von einem „sozialpädagogischen Jahrhundert" (Thiersch 1992; dazu auch Müller 2008) sprechen. Die moderne SozArb ist zu einer öffentlichen, sozialstaatlichen Institution der Sozialintegration geworden. Sie soll dazu beitragen, eine soziale Balance zwischen individuellen Lebenswelten und dem Prozess der Modernisierung zu finden.

Andererseits ist unübersehbar, dass am Beginn des 21. Jh. auch jene Widersprüche wieder neu aufbrechen, die ihre Geschichte von Anfang an begleitet haben: der Widerspruch zwischen sozialpädagogischer Ausrichtung und sozialpolitischer Inpflichtnahme, das Spannungsverhältnis zwischen öffentlich-staatlichen Aufgaben und privatpartikularen Praxisorganisationen, der Konflikt zwischen fachlichen Erfordernissen und finanzpolitischen Rahmenbedingungen.

Richard Münchmeier

Literatur

Arbeitsgemeinschaft für Kinder- und Jugendhilfe/AGJ (Hrsg.): Übergänge – Kinder- und Jugendhilfe in Deutschland. Vorgelegt anl. 60 Jahre AGJ, Berlin 2009 ◆ C. Bondy: Pädagogische Probleme im Jugend-Strafvollzug, Mannheim u. a. O. 1925 ◆ S. Hering/R. Münchmeier: Geschichte der Sozialen Arbeit. Eine Einführung, Weinheim/München [5]2014 ◆ S. Hering/R. Münchmeier: Geschichte der Sozialen Arbeit – Quellentexte, Weinheim/Basel 2015 ◆ D. Kreft: 1968 und die Soziale Arbeit, in: uj 6/2008, 218–223 ◆ P. M. Lampel: Revolte im Erziehungshaus. Schauspiel der Gegenwart in drei Akten, Berlin 1929 (1929a) ◆ P. M. Lampel (Hrsg.): Jungen in Not. Berichte von Fürsorgezöglingen, Berlin 1929 (1929b) ◆ Th. Litt: Möglichkeiten und Grenzen der Pädagogik. Abhandlungen zur gegenwärtigen Lage von Erziehung und Erziehungstheorie, Leipzig/Berlin 1926 ◆ Mehr Chancen für die Jugend. Zu Inhalt und Begriff einer offensiven Jugendhilfe (Schriftenreihe des BM für Jugend, Familie und Gesundheit, Bd. 13), Stuttgart u. a. O. 1974 ◆ C. W. Müller: Helfen und Erziehen. Soziale Arbeit im 20. Jahrhundert, Weinheim/Basel [2]2008 ◆ D. J. K. Peukert: Grenzen der Sozialdisziplinierung. Aufstieg und Krise der deutschen Jugendfürsorge 1878 bis 1932, Köln 1986 ◆ Ch. Sachße/F. Tennstedt: Geschichte der Armenfürsorge in Deutschland, Bd. 2: Fürsorge und Wohlfahrtspflege 1871 bis 1929, Stuttgart u. a. O. 1988 ◆ Ch. Sachße/F. Tennstedt, Bd. 4: Fürsorge und Wohlfahrtspflege in der Nachkriegszeit 1945–1953, Stuttgart 2012 ◆ H. Thiersch: Das sozialpädagogische Jahrhundert, in: Th. Rauschenbach/H. Gängler (Hrsg.): Soziale Arbeit und Erziehung in der Risikogesellschaft, Neuwied 1992 ◆ W. R. Wendt: Geschichte der Sozialen Arbeit. 2 Bde., Stuttgart [5]2008 ◆ K. Wilker: Der Lindenhof – Werden und Wollen, Heilbronn [2]1921.

Gesellschaft

Begriff und Typisierungen

G. ist der Begriff für die wichtigste Ebene der Konstitution sozialer Wirklichkeit, die vielfältige Strukturebenen wie Interaktionen, Gruppen, Organisationen, Institutionen, soziale Bewegungen umfasst, bestimmt und zugleich von ihnen bestimmt wird; G. ist der Leitbegriff für die Reflexion komplexer Zusammenhänge der unterschiedlichen Bereiche des sozialen Lebens *(Soziologie).*

Trotz wachsender internationaler Verflechtungen und Globalisierungen wird, wenn von G. die Rede ist, immer noch Bezug auf die historisch überwiegend als Nationalstaaten entstandenen bzw. verfassten Gebilde genommen, die territorial abgrenzbar und durch eigene Mitglieds-Populationen und Institutionen (Gewaltmonopol) gekennzeichnet sind, etwa die BRD. Die Vereinigung der beiden deutschen Staaten ebenso wie die vielfältigen Konflikte zwischen Staaten nach der Auflösung der alten Antagonismen bringen dabei die Komplexität der mit „G." umschriebenen Wirklichkeit ins Bewusstsein: sie umfasst Geschichte, Religionen und Weltanschauungen, Herrschaftssysteme, Wirtschaftsordnungen, Institutionen, Alltagskulturen, *Milieus,* Mentalitäten und Persönlichkeitsformen, die untereinander in vielfältigen Zusammenhängen stehen und sich wechselseitig bestimmen. Mikro- wie mesosoziale Strukturen (z. B. Gruppen, Verbände) werden in ihren Eigenheiten auch von makrosozialen Strukturen, Herrschafts- oder Wirtschaftsformen von Wert- oder Glaubenssystemen wechselseitig bestimmt.

Gesellschaftsformationen können heute nicht mehr als eine klar bestimmbare Totalität (die kapitalistische oder moderne westliche G.) verstanden werden, sie sind in sich vielfältig und widersprüchlich. G. als Konzept beinhaltet die Aufforderung, über das „Ganze“ nachzudenken, ohne das „Wesen“ dieses Ganzen in Begriffssystemen allgemein, abschließend und konsensuell fixieren zu können. Dies macht Gesellschaftstheorie wichtig.

Typisierungen der G. dienen der Vergewisserung der historischen Qualität sozialen Zusammenlebens. Stammesgesellschaften, ständische G., bürgerliche, früh-, hoch- und spätkapitalistische G. kennzeichnen Hegemonien von Produktionsweisen, Institutionen und Gruppen. Typisierungen sind immer stark von gesellschaftlichen Programmatiken beeinflusst, von Selbstthematisierungen von historischen Akteuren im Rahmen von Ideologien. Allgemeine Gesellschaftstheorien, wie sie der Marxismus, die Evolutionstheorie oder Systemtheorie darstellen, werden unter der Konkurrenz unterschiedlicher sozialwissenschaftlicher Paradigmen selbst Gegenstand wissenschaftlichen Diskurses. Gesellschaftstypisierungen haben eine zunehmende Fülle widersprüchlicher Befunde über soziale Sachverhalte zu berücksichtigen und zu integrieren.

Die G. der BRD gilt als moderne, als marktwirtschaftlich regulierte, wohlfahrtsstaatlich orientierte, parlamentarisch-demokratische Erwerbs- oder Industriegesellschaft. Moderne G. ist im Zuge fortlaufender funktionaler und sozialer Differenzierung entstanden. Sie ist gekennzeichnet durch relativ autonome Teilbereiche: durch eine an Produktivität und Profit orientierte Ökonomie, durch ein den demokratischen Werten, der Erhaltung der Loyalität der Bürger und zugleich den Reproduktionserfordernissen anderer Teilsysteme (etwa der Ökonomie) verpflichtetes politisch-administratives System, durch ein durch Verfassung und fortlaufende Rechtssetzung garantiertes Rechtssystem: durch in Grenzen autonome und eigenlogisch funktionierende Bereiche wie Wissenschaft, Erziehung und Bildung, Religion, den sozialen Sektor von Einrichtungen und Diensten, die private, gleichwohl massiv durch die Politik der Teilsysteme bestimmte Sphäre der *Familie*. Moderne G. umfassen Lebenswelten, Milieus, Mentalitäten.

Gesellschaftstheorien

G. versucht, die Faktizität und Bedeutung vieler Einzelbefunde für das Ganze zu deuten. Sie ist Rahmen der kritischen Reflexion über „Gesellschaftsbilder“ und -programmatiken. Die marxistische Gesellschaftstheorie fasst G. als Totalität, bestimmt durch Produktionsverhältnisse, deren Struktur sich in den Formen der Herrschaft (Staat), in Lebensverhältnissen, die letztlich durch Klassenzugehörigkeit bestimmt sind, wie in sozialen Beziehungen und Persönlichkeitsformationen vermittelt. Die Differenzierung der modernen Industriegesellschaften in allen Bereichen, insbesondere die auf die Folgen kapitalistischer Produktion bezogene staatliche Wohlfahrtspolitik, kulturelle Eigendynamiken haben die Vorstellung einer G. als Totalität freilich entleert. Marxistische Gesellschaftstheorie behält als Fundus kritischer Thematisierung der auch von der Systemtheorie zugestandenen Priorität der Ökonomie in modernen G. ihre Bedeutung.

Die systemtheoretisch fundierte Gesellschaftstheorie (z. B. Luhmann 1999; Willke 1989) betont die evolutionären Eigenschaften gegenwärtiger G.: ihren hohen Differenzierungsgrad mit der Folge der Steigerung systemischer wie persönlicher Optionen, die gestiegene Machbarkeit der Welt in der Reichweite der Teilsysteme (z. B. Ökonomie, Recht), zugleich die Tendenz zum selbstbezogenen, nur noch dem eigenen „Code“ der Systeme (Macht, Besitz u. a.) folgenden Strategien. Sie betont und bearbeitet die Folgeprobleme, die aus dieser Entwicklung entstehen: wie die durch die Teilsysteme vorangetriebenen Entwicklungen sozial- und naturverträglich eingebunden werden können; ob und wie Exklusionsdriften (der globalisierten Ökonomie) durch andere Teilsysteme (Politik, auch Soziale Arbeit) bearbeitet werden können; wie eine zukunftssichernde Ordnung trotz aller Differenzierung und Komplexität erreicht werden kann.

Die These, dass kommunikativer, in zwischenmenschlichem Gespräch und Diskurs verankerter Rationalität zur Bearbeitung dieser Fragen unabweisbare Bedeutung zukommt, ist Kern der gesellschaftstheoretischen Arbeiten von J. Habermas. G. ist demnach als systemischer und lebensweltlicher Zusammenhang zu konzipieren, sie reproduziert sich über die Leistungen funktional differenzierter Systeme wie die Ökonomie, Politik, das Rechtssystem und den Austausch dieser Leistungen (systemische Integration) ebenso wie über verständigungsorientiertes Handeln, das in Lebenswelten eingelagert ist (soziale *Integration*). Gesellschaftstheorie umfasst notwendigerweise einzelne Systeme (etwa die Theorie politischer Institutionen, politischer Kultur oder eine Theorie des sozialen Sektors, der Wohlfahrtsproduktion), die Formen der Vergesellschaftung der Natur, des Austausches zwischen den Teilbereichen (die Bezüge des sozialen Sektors zur Ökonomie, Politik, zum Bildungswesen u. a.). Sie umfasst daneben, aus lebensweltlicher Sicht, die Vorgänge der kulturellen Reproduktion, der Sozialisation von Personen und deren soziale Integration durch Anschluss an die Leistungssysteme und kommunikatives Handeln.

Probleme moderner Gesellschaft

Die Probleme moderner G., so der G. der BRD konzentrieren sich um folgende Punkte: die Basisinstitutionen; die *Sozialstruktur;* den sozialen Ausgleich; die Entwicklung von Lebenswelten; die Internationalisierung der G.; die zentralen Überlebens- und Entwicklungsprobleme.

Die Basisinstitutionen: G. kann durch ihre Grundinstitutionen gekennzeichnet werden. Zapf nennt als solche für „moderne" Gesellschaften: Konkurrenzdemokratie (politische Systeme, in denen in einer geregelten Auseinandersetzung von Parteien etc. Macht auf Zeit erworben wird); *Marktwirtschaft* (ökonomische Systeme, in denen Entscheidungen über Investitionen und Beschäftigung dezentral getroffen werden und „Arbeitnehmer frei über das Angebot ihrer Arbeitskraft entscheiden" (Zapf 1991, 186); Wohlfahrtsgesellschaft mit Massenkonsum und Wohlfahrtsstaat (moderne G. sind letztlich an der Wohlfahrt ihrer Bürger zu messen, diese umfasst Massenkonsum, Wahlmöglichkeiten und soziale Sicherheit für alle). Im Zuge der Globalisierung ist die Ökonomie dominierendes Schlüsselsystem der gesellschaftlichen Entwicklung geworden. Neben ökonomischen Steigerungen ergeben sich daraus massive Abhängigkeiten von internationalen Märkten, neue soziale Ungleichheiten, deutlich erschwerter sozialer Ausgleich.

Offen ist, ob die Basisinstitutionen der modernen Gesellschaft die Folgeprobleme der digitalkapitalistischen Entwicklung im Rahmen der normativen Vorgaben der „Moderne" – Individualismus, Rationalität, allgemeine, konsensfähige Moral – noch bewältigen können. Das Etikett der „postmodernen G.", der Diskurs um die „Modernisierung der Moderne" (Beck/Bonss) thematisieren die Prozesse und Chancen einer „reflexiven Modernisierung", in der sich Basisprinzipien, Grundunterscheidungen und Schlüsselinstitutionen der modernen Industriegesellschaft auflösen und die Ordnungen der Politik, der Arbeit, des Sozialen und Privaten neu bedacht und restrukturiert werden müssen.

Die Sozialstruktur: Neben den Institutionen umfasst die Sozialstruktur der modernen G. v. a. die Verteilung von Ressourcen wie Einkommen, Vermögen, Bildung, Erwerbsarbeit *(Arbeit),* Lebenschancen in der G., die sich in *Klassen, Schichten,* Lebenslagen und *Milieus* niederschlagen. Sie weist bedeutsame Ungleichheiten hinsichtlich des Einkommens und Vermögens, der *Bildung,* der Teilhabe an Macht, des Prestiges, der sozialen Sicherheit, der Arbeitsbedingungen, des Zugangs zu öffentlichen Einrichtungen aus. Diese Ungleichheiten verfestigen sich zunehmend in alten und neuen Formen von *Armut,* in der Bildung von Randgruppen.

Die ökonomischen Entwicklungen, die mit dem Konzept der „Globalisierung" gefasst werden, erhöhen die Anforderungen an die soziale Steuerung von Ressourcenerwirtschaftung und -verteilung und den sozialen Ausgleich und beschränken zugleich die Ressourcen für *Sozialpolitik.* Monetäre Sicherungssysteme und der Sektor sozialer Dienstleistungen stehen vor der Herausforderung radikaler Reformen, um ihre sozialstaatlichen Prinzipien nicht preisgeben zu müssen.

Aus der Handlungsperspektive ist G. Anforderungsstruktur wie Möglichkeitsraum individueller Lebensführung. Der soziale Wandel, der mit den Begriffen der Pluralisierung der Lebenslagen und Lebensformen umschrieben ist, verändert über die Vermehrung von Chancen und Risiken Anforderungen an moderne Lebensführung. Die Institutionen und Traditionen, die Erwerbsarbeit, soziale Sicherung, Geschlechterverhältnis, privates Leben gesichert und beschränkt haben, erodieren und setzen neue Optionen und Risiken gleichzeitig frei. Individualisierung beschreibt einen Wandel der Sozialstruktur wie der lebensweltlichen Integration. Ihr Kern liegt in der Erwartung an den Einzelnen, das eigene Leben durch den Umgang mit komplexen Institutionen, unter ungleich verteilten Ressourcen und unter pluralen Orientierungsmöglichkeiten führen zu können und zu müssen und das Zustandekommen einer eigenen Biographie immer weniger Institutionen, Gruppen oder Milieus überantworten zu können. Individualisierung bedeutet so immer Chance der Selbstentfaltung und Risiko des Scheiterns.

Lebenswelt und Gesellschaft: G. umfasst eine Reihe unterschiedlicher sozialer Lebenswelten und Milieus, die insgesamt ein vielfältiges Bild von Lebensweisen zeigen und sich im Alltagsleben, in unterschiedlichen Werthaltungen,

Orientierungen und politischen Präferenzen zeigen. Die sozialwissenschaftliche Forschung geht von unterschiedlichen Lebensstilen aus, die sowohl durch Lebenslagen, durch Zugänge zu den Handlungs-, Erlebnis- und Sinngebungsmöglichkeiten von Kunst, Kultur, Medien als auch durch selbstbestimmte Praxis, durch Gruppen- und Milieubildung bestimmt werden und sich in unterschiedlichen Lebensformen niederschlagen.

Wandlungsprozesse und Problemstellungen

Die Komplexität der gegenwärtigen G. bringt viele Gesellschaftsbilder hervor, in denen sich Wandlungsprozesse und Problemstellungen der Gegenwart spiegeln, die für SozArb bedeutsam sind.

Die ungleiche soziale Konstitution der Handlungskontexte für Geschlechter als Ordnungsprinzip der Industriegesellschaft, als „patriarchalische G." beschreiben, wandelt sich, ohne an Relevanz zu verlieren. Das Konzept des *„gender mainstreaming"* zielt auf eine alle Ebenen der G. umfassende der Differenzen bewusste Praxis.

Die spätestens seit Tschernobyl 1986 und Fukuschima 2011 deutlich gewordene Dimension einer Gefährdung der Industriegesellschaften durch die Folgen ihrer eigenen, wissenschaftlich-technologischen Entwicklung und ihr Einfluss auf die Lebensverhältnisse findet im ökologischen Diskurs Ausdruck. Gefährdungslagen der „Risikogesellschaft" (Beck) relativieren Lebenslagen, auch wenn deren Bewältigung durch sozialstrukturell verteilte Ressourcen wie Einkommen oder Bildung mitbestimmt wird.

Moderne G. als Wertegemeinschaft wird dadurch wichtig, als der technologische Fortschritt (z.B. in der *Gentechnologie*) soziokulturell konstituierte Selbstverständlichkeiten über das Wesen menschlicher Existenz freisetzt und von den G. in ihrer Pluralität neuen Konsens im Diskurs fordert.

Die Begriffe der Wissensgesellschaft und damit in Zusammenhang der Bildungsgesellschaft thematisieren die Abhängigkeit der modernen G. von Wissenschaft und Wissen und deren Transfer in handlungsrelevante Kompetenzen von Menschen. Dass Teilhabe an Institutionen und soziale Integration dafür Voraussetzungen sind und gegen Tendenzen der Exklusion durch Teilsysteme wie der Ökonomie, aber auch des Bildungswesens gesichert werden wollen, ist Thema Sozialer Arbeit.

Gegen vielfältige Irritationen der Gegenwart durch den Staat, durch Teilsysteme wie v.a. der Ökonomie oder die Folgeprobleme freigesetzter, sozial entbundener Individualität *(Individuum)* wird der Begriff der Zivilgesellschaft hochgehalten: Er schließt an die aufklärerischen Visionen allgemeiner politischer Beteiligung, Recht, individueller Selbstbestimmung im Rahmen einer klaren Gemeinwohlverpflichtung und bürgerlicher Selbstverantwortung an.

Parallel dazu und für SozArb besonders bedeutsam werden im Diskurs über die Bürgergesellschaft programmatische Vorstellungen über die moderne G. propagiert, die auf stärkeres Engagement der Bürger für sich selbst und ihre sozialen Belange, aber auch in freiwilligen und ehrenamtl. Zusammenhängen für andere (Bedürftige) zielen *(Bürgerschaftliches Engagement)*. Gegen hier mitschwingende Vorstellungen einer Transformation sozialstaatlicher Politik in bürgerschaftliche Unterstützung steht das Modell einer sozialen Bürgergesellschaft (Böhnisch/Schröer), die das Engagement der Bürger nicht nur im Ausgleich ökonomisch verursachter Defizite in Lebenslagen, sondern in deren aktiver Gestaltung sieht.

Die Komplexität der modernen G. führt dazu, dass die Einbettung der SozArb in den globalen dynamischen Wandel immer stärker wird und genauer zu bedenken ist, aber auch Einsichten aus dem Sozialen Sektor immer wichtiger werden. Die Standortbestimmung der SozArb in der „reflexiven Moderne" wird zur Daueraufgabe der Reflexion.

Weltgesellschaft

In all diesen Fragen lässt sich G. immer weniger als nationalstaatliche, durch ein einziges politisches System verkörperte und gesteuerte Größe verstehen. Die ökonomische Verflechtung der Volkswirtschaften, die Entstehung supranationaler Wirtschafträume und -akteure, die Institutionalisierung regulierender Politik in der EU etc. verlagert Steuerungsmöglichkeiten aus dem nationalen Rahmen hinaus und schafft Vernetzungen, welche die Handlungsmöglichkeiten zugleich erweitern und, vom lokalen Standpunkt aus gesehen, beschneiden. „Globalisierung" umfasst die epochalen Entgrenzungen der Märkte, der Wissensproduktion und -nutzung und zugleich die neuen Spaltungen der Welt um die Achsen von Wohlstand und Armut, Menschenrechte, ökologischer Bewahrung und Zerstörung. Nachhaltigkeit von Entwicklungen und „global governance" stehen für Hoffnungen auf politische Bewältigung dieser Prozesse.

Im Zuge der Globalisierung erfahren lokale und regionale Räume und gemeinwirtschaftliche Akteure für die Gestaltung von Formen der Reproduktion und des sozialen Ausgleichs zugleich

Abwertungen und Aufwertungen, sie agieren zugleich mit und gegen die globalen und makrosozialen Entwicklungen. Ihre Basis, die Selbsthilfefähigkeiten von Menschen, verbindet sie mit SozArb.

Über die Dynamik der marktwirtschaftlichen Vernetzung hinaus geben die Konflikte, die zu Beginn des dritten Jahrtausends um weltweite Ungleichheit und Ungerechtigkeit, flankiert von religiös-weltanschaulichen Differenzen aufbrechen, ebenso wie die grenzüberschreitende, globale Gefährdung der natürlichen Ressourcen allen Anlass, G. als Weltgesellschaft zu verstehen. Diese ist freilich institutionell nur sehr unbefriedigend entwickelt. Dennoch sind die Rückbezüge zu den einzelnen nationalen G. unabweisbar – Politik steht als „Erdpolitik" an (v. Weizsäcker). Weltgesellschaft ist letztlich der Bezugsrahmen auf den das Nachdenken über G. gerade auch im sozialen Bereich verwiesen ist, auch wenn die Probleme hier kaum verursacht sind, aber dennoch bearbeitet werden müssen. Die Flüchtlingsströme in unserer Zeit zeigen dies überdeutlich.

Werner Schefold

Literatur

E. Barlösius/H.-P. Müller/S. Sigmund (Hrsg.): Gesellschaftsbilder im Umbruch. Soziologische Perspektiven in Deutschland, Opladen 2001 ◆ U. Beck: Risikogesellschaft, Frankfurt/M. 1986 ◆ U. Beck/W. Bonss (Hrsg.): Die Modernisierung der Moderne, Frankfurt/M. 2001 ◆ L. Böhnisch/W. Schröer: Pädagogik und Arbeitgesellschaft, Weinheim/München 2001 ◆ M. Burawoy: Public Sociology. Öffentliche Soziologie gegen Marktfundamentalismus und globale Ungleichheit, Weinheim/München 2015 ◆ N. Elias: Was ist Soziologie? Weinheim/München [12]2014 ◆ A. Giddens: Die Konstitution der Gesellschaft, Frankfurt/New York 1992 ◆ J. Habermas: Theorie kommunikativen Handelns, 2 Bde., Frankfurt/M. 1981 ◆ J. Kopp/B. Schäfers: Grundbegriffe der Soziologie, Wiesbaden [11]2015 ◆ H. Korte/B. Schäfers (Hrsg.): Einführung in die Hauptbegriffe der Soziologie, Wiesbaden [10]2010 ◆ N. Luhmann: Soziale Systeme, Frankfurt/M. 1984/2001 ◆ N. Luhmann: Die Gesellschaft der Gesellschaft, Frankfurt/M. 1998 ◆ L. Pries: Soziologie, Schlüsselbegriffe – Herangehensweisen – Perspektiven, Weinheim [2]2016 ◆ A. Scherr: Systemtheorie und Differenzierungstheorie als Kritik. Weinheim/München 2015 ◆ E.-U. v. Weizsäcker: Erdpolitik, Darmstadt 1992 ◆ H. Willke: Systemtheorie entwickelter Gesellschaften, Weinheim/München [2]1993 ◆ W. Zapf: Die Modernisierung moderner Gesellschaften. Frankfurt/New York 1991.

Gesundheitsamt/Soziale Arbeit im öffentlichen Gesundheitsdienst

Organisation und statistische Angaben

Gesundheitsämter sind Einrichtungen des öffentlichen Gesundheitsdienstes (ÖGD) in der Trägerschaft von Kommunen oder Länder. Sie gehören zur öffentlichen Verwaltung und bilden auf der Ebene der Kreisfreien Städte und der Landkreise als Fachbehörden der unteren Verwaltungsebene mit rd. 400 Ämtern ein flächendeckendes Versorgungsnetz. In einzelnen BL wurden auch Landesgesundheitsämter eingerichtet, die übergeordnete Aufgaben übernehmen und den G. beratend zur Seite stehen.

Der ÖGD berät andere Behörden, erstellt Gutachten und wird als Vollzugsbehörde tätig, wenn dies aufgrund eines Gesetzes bestimmt ist. Für die Einrichtungen und Aufgabenstellungen von G. haben die einzelnen Bundesländer für ihren Geltungsbereich Gesundheitsdienstgesetze erlassen, mit in Teilbereichen differierendem Inhalt. G. werden tätig auf der Grundlage von Bundesgesetzen (z. B. Infektionsschutzgesetz, Betäubungsmittelgesetz), Ländergesetzen (z. B. Gesundheitsdienstgesetz, Unterbringungsgesetz) und erfüllen damit hoheitliche Aufgaben. I. d. R. werden G. von einem Arzt geleitet, der eine Weiterbildung an einer Akademie für das öffentliche Gesundheitswesen erfolgreich absolviert hat, verbeamtet ist und als Amtsarzt bezeichnet wird. G. in kommunaler Trägerschaft erfüllen auch, allerdings in sehr unterschiedlichem Umfang, Aufgaben der Gesundheitsförderung, der Gesundheitsvor- und -fürsorge in der Gemeinde, d. h. der Primär-, Sekundär- und Tertiärprävention.

Nach den Angaben des Stat. BA waren 2013 im gesamten Gesundheitswesen der BRD 5,1 Mio. Personen (in allen Berufssparten) beschäftigt. Darunter hat der ÖGD mit seinen Beschäftigten (Ärzte, Zahnärzte, SozialarbeiterInnen, Sozialmedizinische AssistentInnen, Gesundheitsingenieure und GesundheitsaufseherInnen) einen nur sehr geringen Anteil.

Historie

Als historische Vorläufer des heutigen ÖGD gelten die Stadtärzte, deren Berufung bis ins 13. Jh. zurück nachweisbar ist. Ihre Aufgabe, seit Ende des 16. Jh. auch in Medizinalordnungen geregelt, war die öffentliche Gesundheitspflege, das hieß in erster Linie Seuchen- und Medizinalaufsicht, aber auch die ärztliche Behandlung armer Bürger. Die Zeit der *Aufklärung* mit ihren Vorstellungen vom weltlichen Staat, in Deutschland politisch durch einer Vielstaaterei gekennzeichnet, entwickelte auch Konzepte für einen ÖGD. Johann Peter Frank publizierte 1784 ein „System einer vollständigen medicinischen Policey". Danach hat die Wissenschaft der Medizin das Gemeinwohl aller in einer Gesellschaft lebenden Menschen zu befördern.

Auch in den Territorialstaaten wie in Preußen, wurde, nach dem Vorbild der großen Städte, Anfang des 17. Jh. eine Medizinal- und Sanitätsaufsicht eingeführt (Medizinaledikt 1685). Pflichtaufgabe der Land-, Kreis- und Stadtphysici war die Bekämpfung ansteckender Krankheiten (Sanitätspolizei), die Aufsicht über Personen und Einrichtungen im Gesundheitsbereich (Medizinalpolizei), die Tätigkeit als Berater und Gutachter der staatlichen Ordnungsverwaltung und die gerichtliche Arzneikunde einschließlich psychischer Begutachtungen. Das preußische Kreisarztgesetz (1899) und die Dienstanweisung von 1909 nennt neben der Medizinal- und Sanitätsaufsicht auch sozialhygienische Aufgaben (Fürsorge für Schulkinder, Mutter und Kind, Behinderte, Geisteskranke, Sieche und Süchtige) sowie gerichts- und vertrauensärztliche Gutachtertätigkeit als Aufgaben der Kreisärzte.

Die Industrialisierung im 19. Jh. und die sich daraus ergebende Gesamtheit sozialpolitischer Probleme, als „soziale Frage" bezeichnet, mit der Landflucht und der Verelendung des Proletariats in den schnell wachsenden Städten zwang die Kommunen zur Einrichtung einer Gesundheitsfürsorge für bedürftige Bürger. Die medizinischen Aufgaben erfüllten die dafür verpflichteten Stadtärzte. Nach der Reichsgründung von 1871 und der mit dem Namen Bismarck verbundenen Sozialgesetzgebung (Staatliche Sozialversicherung mit den Bereichen Invaliden-, Kranken- und Rentenversicherung) entfaltete sich auch die Gesundheitsfürsorge, allerdings mit regionalen Unterschieden in Aufgaben und Struktur.

Hier liegen die Anfänge der Schwangeren- und Säuglingsfürsorge, in Städten z. T. auch von Vereinen und Stiftungen getragen, weiter der Tuberkulosefürsorge und der Beratung für psychisch Kranke („Psychopathenfürsorge"), Behinderte („Krüppelfürsorge"), für Trinker und Geschlechtskranke sowie für Geschwulstkranke. Die Anfänge sozialer Berufsarbeit liegen in der christlichen Liebestätigkeit (Charitas, IM, Diakonie) und bei der Freien Wohlfahrt. Die berufliche Ausbildung für diese Tätigkeiten erfolgte in Wohlfahrtsschulen und in sozialen Frauenschulen. Zudem entwickelte sich das Fach Sozialpädagogik an den FH.

In Köln wurde 1905 und in Frankfurt/Main 1917 ein Stadtgesundheitsamt gegründet. Als Blütezeit der öffentlichen (kommunalen) Wohlfahrts- und Gesundheitspflege in Deutschland, insbesondere in Berlin, wird die Zeit nach dem 1. Weltkrieg bis zum Ende der WR (1918–1933) gesehen, eine Entwicklung aus den Folgen von Krieg und Weltwirtschaftskrisen der damaligen Zeit. Als ihre Leitwissenschaft entwickelte sich die Sozialhygiene, deren Anfänge mit den Leitideen der Bürgerlichen Revolution von 1848 und Namen wie Salomon Neumann (1819–1908) und Rudolf Virchow (1821–1902) eng verknüpft sind. 1920 wurde an der Berliner Universität der erste Lehrstuhl für Sozialhygiene gegründet, den Alfred Grotjahn erhielt. Gleichzeitig entstanden „Sozialhygienische Akademien", Vorläufer der heutigen „Akademien für das öffentliche Gesundheitswesen" in Düsseldorf und München.

Der historisch gewachsene Dualismus von staatlichem Gesundheitsschutz, in erster Linie Abwehr von Gefahren durch übertragbare Krankheiten und Medizinsaufsicht sowie kommunaler Gesundheitsfürsorge (kommunaler Hygiene, Sozialhygiene, *Sozialmedizin*) wurde 1934 durch das Gesetz über die Vereinheitlichung des Gesundheitswesens (GVG) und seine drei Durchführungsverordnungen aus dem Jahr 1935 aufgehoben. Danach waren in allen Stadt- und Landkreisen, in Anlehnung an die untere Verwaltungsbehörde, Staatliche G. (1935 insgesamt 745 Ämter) zu gründen. Diese Gleichschaltung der Ämter ermöglichte der Nazi-Regierung in erster Linie die durchgreifende, zentralistisch organisierte Wahrnehmung der Aufgaben der Gesundheitspolizei mit Erbgut- und Rassenpflege, mit gesundheitlicher Volksbelehrung einschließlich amts- und gerichtsärztlicher Tätigkeit *(Soziale Arbeit im Nationalsozialismus, Eugenik).*

Das GVG konnte allerdings nicht verhindern, dass in Großstädten wie z. B. Frankfurt, Stuttgart, Leipzig, München, Nürnberg und Augsburg die G. in kommunaler Trägerschaft blieben und die NS-Zeit überlebten. Nachwirkungen des GVG hatten allerdings das Verständnis für Gesundheitsfürsorge und -vorsorge durch den ÖGD als Aufgabe kommunaler Selbstverwaltung in der sozialstaatlich orientierten BRD nachhaltig gestört, obwohl es beachtliche Erfolge gab, wie bspw. die Beseitigung der Kinderlähmung durch öffentlich organisierte Impfungen. Erst in den 1980er Jahren, mit steigendem Reformdruck im gesamten Gesundheitssystem einschließlich der Sozialversicherung, wurden Tradition, Leistungen und Möglichkeiten eines ÖGD wieder stärker erinnert und seither wird an einer Neuorientierung gearbeitet, auch unter dem Einfluss von New Public Health.

In den ersten Jahren der BRD mit einem als Wirtschaftswunder bezeichneten Aufschwung war die Situation des ÖGD durch Verlust an Zuständigkeit und Kompetenz gekennzeichnet. Den Vätern des GG war die Bildung föderaler Strukturen ein wichtiges Anliegen als Abkehr von Zentralismus und Gleichschaltung der Verwaltung, auch der Gesundheitsverwaltung, in der Nazizeit (1933–1945). Staatlich organisierte Gesundheitsaufsicht und Gesundheitsförderungen wurden zurückgenommen und gesundheitsfürsorgerische Aufgaben auf frei praktizierende Ärzte (z. B. *Jugendarbeitsschutz, Schwangerenberatung,* Säuglingsfürsorge, Gesundheitsvorsorge, Krankheitsfrüherkennung usw.) oder auf Träger der Freien Wohlfahrt und andere Einrichtungen (Suchtberatungsstellen, Sozialpsychiatrische Dienste, Ehe- und *Familienberatung,* Sozialstationen usw.) übertragen. Während die Individualmedizin mit den Einrichtungen der ambulanten und stationären Versorgung stetig wuchs, wurde der bevölkerungsorientierte ÖGD in eine Randposition gedrängt, Personal und Einrichtungen wurden abgebaut.

Aufgaben

Die Aufgabenfelder des ÖGD haben in den letzten Jahren nach Art und jeweiligem Anteil an der zur Verfügung stehenden Kapazität einen erheblichen Wandel erfahren. Dieser Prozess ist auch derzeit in vollem Gange. Aufgabenfelder der G. sind heute insbesondere:

- Gesundheitsschutz und Hygieneüberwachung (Infektionsschutzgesetz) einschließlich Risikokommunikation mit der Bevölkerung,
- gesundheitlicher Umweltschutz und Umweltberatung einschließlich Verbraucherschutz (Ernährung, Zoonosen),
- Gesundheitsförderung und Hygiene,
- Medizinalaufsicht,
- medizinische Gutachterfunktion,
- Kinder- und Jugendgesundheitspflege einschließlich der Frühen Hilfen,
- sozialmedizinische und sozialpsychiatrische Aufgaben,
- Gesundheitsberichterstattung und Epidemiologie,
- Moderation von Gesundheitsaufgaben in der Gemeinde, z. B. auch im Rahmen der Verhältnisprävention und der gesundheitlichen Selbsthilfe,
- Gesundheitsberichterstattung und Epidemiologie als Steuerungsinstrumente für kommunale Planungen und *Gesundheitspolitik.*

Spezielle Aufgaben der Gesundheitsfürsorge, im Vorgehen häufig auch als Setting-Ansatz, sind dabei die Beratung von Bevölkerungsgruppen mit besonderen gesundheitlichen Risiken wie psychisch Kranke, Suchtkranke, Infektionsgefährdete, Asylbewerber und Prostituierte, aber auch die Beratung von Müttern, Schwangeren, Jugendlichen und Kindern. Sozialpädagogen spielen in dieser Beratung eine wesentliche Rolle. Hinzu kommt die Aufsicht über Einhaltung der Hygiene und des Gesundheitsrechtes in Einrichtungen wie Krankenhäuser, Pflegeheime, Altenheime und anlassbezogen auch in Arztpraxen.

Kommunale G. werden in Zeiten guter Finanzlage öffentlicher Haushalte von ihren Trägern Aufgaben der freiwilligen Gesundheitsfürsorge übertragen, die dann in Zeiten niedriger Steuereinnahmen oft zurückgenommen werden, obwohl gerade bei ungünstiger Wirtschaftslage mit hoher *Arbeitslosigkeit* erhöhter Bedarf besteht. Der Aufgabenkatalog des ÖGD richtet sich also auch nach der jeweiligen wirtschaftlichen Situation und wird auch von den herrschenden gesundheitspolitischen Vorstellungen beeinflusst.

Die öffentliche Gesundheitspflege und mit ihr der ÖGD kann in Deutschland auf eine lange sozialmedizinische Tradition mit beachtlichen Leistungen in der Gesundheitsfürsorge zurückblicken *(Sozialmedizin).* Neben der Fortführung der Aufgaben Gesundheitsschutz und Medizinalaufsicht steht heute die Notwendigkeit zur Neuorientierung öffentlicher Gesundheitsfürsorge. Sie ergibt sich aus der offensichtlich zunehmenden sozialen Ungleichheit in der Gesellschaft bei sinkender Leistungsfähigkeit des *Sozialstaates* mit der daraus folgenden Ungleichheit in der medizinischen Versorgung einzelner Bevölkerungsgruppen. Hinzu kommen Aufgaben, die sich aus der Bildung der EU und der Globalisierung ergeben.

Johannes G. Gostomzyk

Literatur

J. G. Gostomzyk: Angewandte Sozialmedizin, Handbuch für Weiterbildung und Praxis, Loseblattsammlung, Landsberg, Stand 12/2015 ◆ R. Steen: Soziale Arbeit im öffentlichen Gesundheitsdienst, München/Basel 2005.

S. auch die Literatur bei *Gesundheitshilfe, Gesundheitsrecht, Sozialmedizin*

G

Gesundheitshilfe

Definition

G. umfasst alle Maßnahmen im Rahmen der SozArb, die darauf gerichtet sind, Gesundheit zu fördern, zu erhalten, zu schützen und – im Falle einer Krankheit – wiederherzustellen. Der Begriff G. kennzeichnet den spezifischen Beitrag der SozArb (analog zur *Altenhilfe, JH,* Familienhilfe usw.).

Orte der Gesundheitshilfe

G. findet innerhalb und außerhalb des Gesundheitswesens statt.

Gesundheitshilfe im Gesundheitswesen findet in Einrichtungen des Gesundheitswesens statt: im Allgemeinen Krankenhaus *(Sozialdienst im Krankenhaus),* im Rehabilitationskrankenhaus, im *Gesundheitsamt,* bei Krankenkassen, in der Suchtkrankenhilfe *(Sucht),* in ambulanten und komplementären psychiatrischen Einrichtungen *(Sozialarbeit in der Psychiatrie)* sowie – viel zu selten – in Arztpraxen.

Ziel der G. im Gesundheitswesen ist die Vermeidung bzw. Verminderung krankheitsbedingter sozialer Probleme.

G. innerhalb des Gesundheitswesens hat eine lange Tradition. Dies trifft insbesondere für den Krankenhausbereich zu, wo die SozArb bereits vor über 100 Jahren Fuß fassen konnte, was zugleich auch einen Professionalisierungsschub für sie bedeutete. Später erfolgte dann die Einbeziehung der SozArb in das öffentliche Gesundheitswesen. Die Modernisierung und Humanisierung der Suchtkrankenhilfe und insbesondere der psychiatrischen Versorgung durch die Psychiatrie-Enquête erfolgte auch auf der Grundlage sozialarbeiterischer Konzepte (z. B. Gemeindepsychiatrie als angewandte *Gemeinwesenarbeit*). Dies führte in den genannten Bereichen – insbesondere in der Folge der VO zur Personalbemessung im stationären und später im komplementären Bereich- zur Einstellung vieler SozArb/SozPäd. G. im Rahmen von Krankenkassen haben sich dagegen nicht flächendeckend, G. in Arztpraxen – wegen der auf ärztliche Leistungen begrenzten Honorierungssysteme – überhaupt nicht etablieren können – sieht man von einzelnen Modellvorhaben ab. Erst im Jahr 2000 hat das SGB V im § 37a („Soziotherapie") eine durch SozArb (oder Krankenpflege) zu erbringende Leistung der G. in Nervenarztpraxen aufgenommen.

Gesundheitshilfe außerhalb des Gesundheitswesens findet in Einrichtungen des Sozialwesens – also in sozialen Diensten – statt. Ziel der G. in sozialen Diensten ist die Vermeidung bzw. Verminderung sozialbedingter gesundheitlicher Probleme. G. ist somit Teil einer ganzheitlich verstandenen SozArb. Sie erweitert den Blick von den traditionell im Mittelpunkt der SozArb stehenden sozialen Problemen der KlientInnen auf die mit ihnen verbundenen Probleme von Gesundheit und Krankheit.

G. kann in den meisten Handlungsfeldern der *Sozialen Arbeit* realisiert werden. In der folgenden Auflistung wurden den Handlungsfeldern der SozArb beispielhaft einige für die G. besonders geeignete soziale Dienste zugeordnet:

- *ASD;* Erziehungshilfen (z. B. SPFH, *Heimerziehung,* betreutes Wohnen),
- *Jugendarbeit* (z. B. Jugendzentren, Ferienmaßnahmen, Bildungsstätten),
- SozArb im Rahmen der *Behindertenhilfe* (z. B. Wohnheime und Werkstätten für Behinderte),
- *Altenarbeit* (z. B. Alten- und Pflegeheime, Sozialstationen),
- SozArb mit Personen mit besonderen sozialen Schwierigkeiten (z. B. Beratungsstellen und ambulante Hilfen für Wohnungslose/*Wohnungslosenhilfe*),
- Psychosoziale Beratungs- und Betreuungseinrichtungen (z. B. Erziehungsberatungsstellen, *Frauenhäuser,* Kinderschutzzentren),
- *Ausländer-, Aussiedler-* und Flüchtlingsberatung.

Aus der Sozialepidemiologie ist bekannt, dass sozial benachteiligte Bevölkerungsgruppen – also der Kern der Klienten der SozArb – die meisten Gesundheitsprobleme und auch die meisten unzureichend behandelten Krankheiten aufweisen (z. B. Mielck 2000). Zusätzlich wissen wir aus der Versorgungsforschung, dass insbesondere Angebote der Gesundheitsförderung und *Prävention* diese Bevölkerungsgruppen kaum erreichen (Blättner/Waller 2011).

Obwohl § 20 Abs. 1 SGB V seit Januar 2000 gesundheitliche Chancengleichheit zur expliziten Aufgabe der Primärprävention durch gesetzliche Krankenkassen macht, gibt es bislang nur wenige Handlungsstrategien in diese Richtung.

Die SozArb hingegen erreicht diese Bevölkerungsgruppen i. d. R. im Rahmen ihrer sozialen Dienste. Sie kann somit gezielt dazu beitragen, dass aus der sozialen nicht zusätzlich auch noch eine gesundheitliche Benachteiligung wird.

Mackenbach (1993) unerschied 4 Strategien

zur Bekämpfung sozial bedingter gesundheitlicher Ungleichheit:

- Reduktion sozialer Unterschiede,
- Minimierung krankheitsbedingter sozialer Ungleichheit,
- Reduzierung ungesunder Lebensstile in unteren Sozialschichten,
- Kompensatorische G. für untere soziale Schichten.

Die SozArb ist in der Lage, zu allen vier genannten Strategien einen wesentlichen Beitrag zu leisten. Was die G. außerhalb des Gesundheitswesens betrifft, ist sie jedoch erst am Anfang, sich zu profilieren. Die Deutsche Vereinigung für Soziale Arbeit hat inzwischen ein Qualifikationskonzept für die gesundheitsbezogene Soziale Arbeit/QGSA entwickelt. Darin werden exemplarisch fünfzehn Bereiche in der Gesundheitsversorgung und in gesundheitsbezogenen Praxisfeldern benannt und der Gegenstand definiert (Dettmers 2015, 95 ff.; detailliert auch unter *Soziale Arbeit im Gesundheitswesen*).

Klinische Sozialarbeit

Der Terminus „klinische SozArb" wurde aus dem amerikanischen „Clinical Social Work" übernommen. Es ist das Ziel der klinischen SozArb, die skizzierten, eher therapeutisch ausgerichteten Beiträge der G. innerhalb und außerhalb des Gesundheitswesens als genuine Aufgaben der SozArb weiter zu qualifizieren und zu professionalisieren (vgl. dazu die Stellungnahme der DGfS: Plädoyer für klinische SozArb als Fachgebiet der SozArb unter www.fh-fulda.de/dgs/mitt45.htm sowie Gödecker-Geenen/Nau 2002).

Klinische SozArb befasst sich mit der Erkennung, Behandlung und *Rehabilitation* solcher Krankheitszustände, die eng mit komplexen psychosozialen Problemen vergesellschaftet sind. Die Praxis klinischer SozArb wendet bei Assessment und Diagnose, Behandlungsplanung, Intervention und Ergebnisevaluation spezifische Kenntnisse, Theorien und Methoden an.

Vertreter der sozialarbeiterischen Praxis in klinischen Handlungsfeldern (Krankenhaussozialarbeit, *Psychiatrie*, Rehabilitation etc) sehen einen großen, bislang weitgehend ungedeckten Bedarf an einer sozialarbeitswissenschaftlich fundierten Weiterqualifizierung in diesem Feld. Zur Weiterqualifizierung haben einige FHS Aufbaustudiengänge (mit dem Abschluss „Master") eingerichtet. Ziel der Professionalisierung im Rahmen klinischer SozArb/SozPäd ist es, die Zuständigkeit für die Behandlung spezifischer mit Krankheit verbundener komplexer psychosozialer Problemlagen an qualifizierte SozArb als „FachsozialarbeiterInnen" zu binden. Als Beispiel für eine erfolgreiche Professionalisierung kann die fachpsychologische Herausbildung der klinischen *Psychologie* dienen.

Gesundheit

G. findet – theoretisch wie praktisch – im Schnittpunkt von Gesundheits- und *Sozialarbeitswissenschaft* statt. G. ist – insbesondere außerhalb des Gesundheitswesens – konsequent auf Gesundheit bezogen. Dies setzt auch einen erweiterten Gesundheitsbegriff voraus (zu den folgenden Ausführungen Blättner/Waller 2011). Die vielfältigen Möglichkeiten, Gesundheit zu definieren und zu charakterisieren, lassen sich danach unterteilen, ob es sich um Laien- oder um wissenschaftliche Konzepte handelt, ob es sich – bei den wissenschaftlichen Konzepten – um Konzepte einzelner wissenschaftlicher Disziplinen (wie z. B. der Medizin, *Psychologie, Soziologie*) oder um integrierte (oder auch umfassend, ganzheitlich, holistisch genannte) Konzepte/Modelle handelt.

Unter Laienkonzepten (auch „subjektive Konzepte" oder „Alltagskonzepte" genannt) von Gesundheit werden

- die persönlichen Auffassungen und Definitionen von Gesundheit sowie
- die persönlichen Sichtweisen über Ursachen und Kontextbedingungen von Gesundheit verstanden (Letztere werden auch als „subjektive Theorien" von Gesundheit bezeichnet). In verschiedenen empirischen Untersuchungen haben sich folgende vier – nach Geschlecht und Sozialschicht in ihrer Häufigkeit variierende – Laiendefinitionen abgrenzen lassen:
- Gesundheit als Abwesenheit von Krankheit,
- Gesundheit als körperliche Energie und Stärke,
- Gesundheit als funktionale Leistungsfähigkeit,
- Gesundheit als psychisches und körperliches Wohlbefinden.

Das wohl bekannteste wissenschaftliche Gesundheitskonzept stammt von dem Medizinsoziologen Antonovsky (1997). Im Unterschied zu der üblichen pathogenetisch-orientierten Frage nach den Ursachen von Krankheiten interessierte sich Antonovsky für das Phänomen, dass Menschen trotz der Konfrontation mit einer Vielzahl von Gesundheitsrisiken gesund bleiben und nicht erkranken. Dies ist eine frappierend einfache wie bahnbrechende Änd. der Sichtweise auf Gesundheit und Krankheit, ein Paradigmenwechsel im wahrsten Sinne des Wortes. Antonovsky bezeichnete diese neue Sichtweise als „Salutogenese" (Gesundheitsentstehung). Ein weiterer wichtiger

Baustein seines salutogenetischen Modells beinhaltet die Vorstellung von einem „Gesundheits-Krankheits-Kontinuum". Damit ist gemeint, dass es keine klare Grenzlinie zwischen Gesundheit und Krankheit gibt, sondern dass vielmehr von einem Kontinuum mit den beiden Endpunkten Gesundheit und Krankheit auszugehen ist. Die Frage, wo auf diesem Kontinuum eine Person anzusiedeln ist, stellt sich als Ergebnis eines interaktiven Prozesses zwischen belastenden Faktoren (Stressoren) und schützenden Faktoren (Widerstandsressourcen) im Kontext der Lebenserfahrungen einer Person heraus. Zu den belastenden Faktoren zählt Antonovsky die ganze Palette potenzieller psychosozialer, physischer und biochemischer Stressoren. Zu den Widerstandsressourcen rechnet Antonovsky ebenfalls umfassend körperliche, psychische, materielle, soziale, kulturelle und makrostrukturelle Faktoren. Als zentrale Widerstandsressource entwirft Antonovsky das Konzept des Kohärenzsinns mit den Merkmalen Verstehbarkeit, Bewältigbarkeit und Sinnhaftigkeit. Verstehbarkeit umschreibt das Ausmaß, in dem die Reize und Situationen, mit denen man alltäglich konfrontiert wird, kognitiv als klare, geordnete Informationen verstanden werden können. Bewältigbarkeit meint das Ausmaß, in dem man die Anforderungen, die auf einen zukommen, mit den verfügbaren Ressourcen als bewältigbar wahrnimmt. Sinnhaftigkeit schließlich stellt das motivationale Moment dar und bezieht sich auf das Ausmaß, in dem ein Leben emotional Sinn macht, d. h. in dem die Probleme und Anforderungen des Lebens als solche erlebt werden, für die es sich einzusetzen lohnt.

G

Gesundheitswissenschaft(en)/ Public Health

Gesundheitswissenschaft (im Singular) beinhaltet den Versuch, Elemente einer Wissenschaft von der Gesundheit zu formulieren. Ihre wichtigsten theoretischen Elemente beziehen sich auf die Themen Gesundheitskonzepte, Gesundheitsressourcen, Gesundheitsrisiken und Gesundheitssysteme. Die darauf bezogenen anwendungsorientierten Themen sind Gesundheitssystemgestaltung, Gesundheitsförderung und Prävention (Blättner/Waller 2011).

Mit dem Begriff **Gesundheitswissenschaften (im Plural)** werden dagegen diejenigen Wissenschaften bezeichnet, die sich – aus jeweils unterschiedlicher Perspektive – mit Gesundheit beschäftigen, wie insbesondere Gesundheitssoziologie, -psychologie, -pädagogik, -ökonomie (Hurrelmann/Razum 2016).

Wir sprechen von **„Public Health"**, wenn diese und weitere Wissensgebiete – wie z. B. die *Sozialmedizin* und die Umweltmedizin – gezielt auf die Verbesserung der Gesundheit und der Gesundheitsversorgung der Bevölkerung angewandt werden. Public Health lässt sich gut definieren, aber schlecht ins Deutsche übersetzen. Die folgende Definition, die auf Winslow (1920) zurückgeht, wird heute am meisten zitiert: „Public health is the science and art of preventing disease, prolonging life and promoting health through the organized efforts of society". Public Health und Gesundheitswissenschaft(en) beschäftigen sich also mit ähnlichen Fragestellungen. Das wird auch aus der folgenden Definition deutlich, die Schwartz in dem von ihm herausgegebenen „Public Health Buch" mit dem Untertitel „Gesundheit und Gesundheitswesen" vorgeschlagen hat: „Public Health umfasst alle Analysen und Management-Ansätze, die sich vorwiegend auf ganze Populationen oder größere Subpopulationen beziehen, und zwar organisierbare Ansätze bzw. Systeme der Gesundheitsförderung, der Krankheitsverhütung und der Krankheitsbekämpfung unter Einsatz kulturell und medizinisch angemessener, wirksamer, ethisch und ökonomisch vertretbarer Mittel" (Schwartz 2003, 4).

Die Versuche, „Public Health" ins Deutsche zu übersetzen, sind genauso zahlreich wie unbefriedigend, sprachlich wie inhaltlich: „Öffentliche Gesundheit", „Volksgesundheit", „Bevölkerungsgesundheit", „Bevölkerungsmedizin" sind die häufigsten Übersetzungsversuche. Aufgrund dieses sprachlichen Dilemmas wird der Begriff Public Health in Deutschland in der englischen Originalversion benutzt, z. T. auch in der deutsch-englischen Doppelversion „Gesundheitswissenschaften/Public Health".

Schließlich soll noch auf die gelegentlich vorgenommene Unterscheidung in „Old Public Health" und „New Public Health" hingewiesen werden. Zu „Old Public Health" – also dem „alten" Verständnis von Public Health -gehören die Fachgebiete Hygiene, Mikrobiologie, Epidemiologie und Prävention. Neu hinzugekommen („New Public Health") sind Umweltmedizin, Sozialmedizin, Gesundheitssystemforschung, Versorgungsforschung und Gesundheitsförderung (Hurrelmann/Razum 2016).

Heiko Waller

Literatur

A. Antonovsky: Salutogenese. Zur Entmystifizierung der Gesundheit, Tübingen 1997 ♦ B. Blättner/ H. Waller: Gesundheitswissenschaft, Stuttgart [5]2011:

M. Cassens: Einführung in die Gesundheitspädagogik, Stuttgart 2014 • S. Dettmers: Kompetenzen in der gesundheitsbezogenen Sozialen Arbeit. Zur Notwendigkeit eines spezifischen Qualifikationskonzeptes, in: sozialmagazin 7-8/2015, 92–97 • N. Gödecker-Geenen/H. Nau: Klinische Sozialarbeit. Eine Positionsbestimmung, Münster 2002 • K. Hurrelmann/O. Razum (Hrsg.): Handbuch Gesundheitswissenschaften, Weinheim [6]2016 • R. F. Lorenz: Salutogenese, München [3]2016 • J. P. Mackenbach: Inequalities in health in the Netherlands, European Journal of Public Health 3/1993, 112–118 • A. Mielck (Hrsg.): Soziale Ungleichheit und Gesundheit, Bern u. a. O. 2000 • K.-H. Ortmann/H. Waller (Hrsg.): Gesundheitsbezogene Sozialarbeit, Baltmannsweiler 2005 • F. W. Schwartz (Hrsg.): Das Public Health Buch, München u. a. O. 2003 • Schwerpunktheft ‚Gesundheit und Soziale Arbeit', in: sozialmagazin 7-8/2015 • C.-E. A. Winslow: The untilled fields of public health, in: Science 51/1920, 23.

Link
www.dvsg.org

Gesundheitspolitik

Der Gegenstand: Das Ob und das Wie
Während die Gesundheitswissenschaften einschließlich der Medizin Antworten auf die Frage zu geben versuchen: „Was ist gut, und was ist schlecht für die Gesundheit?", geht es in der G. um das „Ob" und „Wie" der Umsetzung dieser Erkenntnisse in Regelungen (policy) über Strukturen und Prozesse sowie um die auf dem Wege dahin stattfindenden Auseinandersetzungen (politics) im Rahmen der dafür maßgeblichen Normen, Institutionen und kulturellen Orientierungen (polity).

G. ist demnach die Gesamtheit der – keineswegs nur staatlichen – organisierten Anstrengungen und Auseinandersetzungen im Hinblick auf die Zielformulierung, Maßnahmengestaltung und Qualitätssicherung bevölkerungs- bzw. gruppen- und individuenbezogener Interventionen zum Zwecke der Förderung, Erhaltung und (Wieder-)Herstellung von Gesundheit einschließlich der Bewältigung von Krankheit sowie ihrer Folgen. Dazu gehört auch die Gestaltung, Steuerung, Qualifizierung und Finanzierung der damit befassten Institutionen bzw. Berufsgruppen. G. ist das bevölkerungsbezogene Management von Gesundheitsrisiken vor und nach ihrem Eintritt. G. findet überall dort statt, wo durch die Gestaltung von Verhältnissen, Verhaltensbedingungen oder Verhaltensanreizen Wahrscheinlichkeiten von Erkrankung, Progredienz, Chronifizierung, Bewältigung oder krankheitsbedingter Einschränkung der Lebensqualität und Tod – positiv oder negativ – beeinflusst werden. Alle Akteure, die gesundheitsrelevante Entscheidungen über die Gestaltung von Lebens-, Arbeits-, Konsum- und Umweltbedingungen treffen, aber auch Berufsgruppen und Institutionen der Krankenversorgung sowie direkt die Bevölkerung können sowohl Subjekte (Absender) als auch Adressaten (Empfänger) solcher Setzungen sein. G. geschieht auf nationaler bzw. supranationaler Ebene (Makro-Ebene), in regionalen bzw. verbandlich-institutionellen Strukturen (Meso-Ebene) und im direkten Wechselspiel zwischen Akteuren und Betroffenen (Mikro-Ebene).

Das normative Ziel von G. ist die Verbesserung der gesundheitlichen Lage der Bevölkerung *(Gesundheitshilfe).* Das schließt Interventionen zur Senkung von Erkrankungswahrscheinlichkeiten *(Prävention)* durch Minderung (pathogener) Belastungen und die Förderung (salutogener) Ressourcen ebenso ein wie die Gestaltung und Steuerung der Krankenversorgung einschl. der *Rehabilitation.* Gesundheitsförderung, Krankheitsverhütung, medizinische Behandlung, Betreuung und Rehabilitation sind dabei zunächst gleichrangige Felder der G. Soll die gesundheitliche Wirksamkeit von G. bevölkerungsbezogen optimiert werden, so hängt die Auswahl und Gewichtung der Interventionsfelder und Instrumente von der Beantwortung der je nach Zielbereich, Gesundheitsproblem und Zielgruppe von den Gesundheitswissenschaften unterschiedlich zu beantwortenden Leitfrage ab: In welchem Verursachungsbereich oder auf welcher Strecke des Kontinuums zwischen Gesundheitsrisiko und Erkrankung und vorzeitigem Tod ist mit welchem Interventionstyp und möglichst kostengünstig der epidemiologisch abschätzbar größte Gesundheitsgewinn zu erzielen? Wie in der Medizin soll dabei eine Maßnahme dann und nur dann ergriffen werden, wenn die erwünschten Wirkungen hinreichend sicher eintreten und die unerwünschten Wirkungen eindeutig überwiegen und wenn die unerwünschten Wirkungen insgesamt tolerabel sind. Darüber hinaus sollen die Grundsätze der Selbstbestimmung des Individuums (z. B. durch „informed consent"), des Schutzes der Schwachen (ggf. durch „positive Diskriminierung") sowie die Bevorzugung von Selbststeuerung gegenüber Fremdsteuerung (d. h. z. B. möglichst wenig professionelle Intervention) gelten.

G

Die andere Realität

Die Ergebnisse der empirisch vorfindlichen G. weisen nur zufällige Übereinstimmungen mit diesem normativ durchweg konsensfähigen Programm auf. Unter den Gründen hierfür sind hervorzuheben:

Sozial bedingte Ungleichheit von Gesundheitschancen: Den wichtigsten Einfluss auf die Gesundheit von Bevölkerungen nehmen die *Bildung*, die Verteilung von Einkommen und Vermögen, der Zugang zu bezahlter Arbeit sowie die Arbeitssituation sowie die Wohn- und Erholungsmöglichkeiten. Die dafür „zuständigen", überwiegend nach mächtigen Wirtschaftsinteressen strukturierten Politikfelder und ihre Akteure werden aber in Fremd- und Selbstwahrnehmung nicht zur G. gezählt und infolgedessen auch nicht nach gesundheitlichen Kriterien gestaltet bzw. beurteilt („implizite G."). Die gesundheitlich überwiegend auf größere Ungleichheit gerichteten Entwicklungen auf diesen Gebieten führen in den letzten Jahrzehnten sowohl global als auch in nahezu allen Ländern der Erde zur Vergrößerung der sozial bedingten Ungleichheit von Gesundheitschancen.

Medikalisierung sozialer Probleme: Durch Strategien der v.a. nicht-medizinischen Primärprävention kann ein Teil der Gesundheitsprobleme, die aus diesen Verhältnissen und dem – weitgehend durch sie mitbestimmten – Verhalten resultieren, verhütet bzw. in spätere Lebensphasen verschoben werden. Von diesen Möglichkeiten wird auch in reichen Ländern in nur sehr geringem Umfang Gebrauch gemacht, der größere Teil der präventiven Potenziale bleibt also ungenutzt. Z.T. ist dies das Ergebnis einer Entwicklung, in deren Verlauf G. in Selbst- und Fremdwahrnehmung der Akteure immer mehr auf Fragen der Steuerung und Finanzierung der Krankenversorgung reduziert wurde und der medizinisch-industrielle Komplex – z.T. ohne empirische Fundierung – eine immer weiter gehende Kompetenz für Fragen von Gesundheit und Krankheit für sich in Anspruch nimmt.

Prävention und strukturierte Intervention: Innerhalb der insofern stark defizitären Bemühungen um Prävention dominieren Versuche der am Individuum ansetzenden Modifikation gesundheitsriskanten Verhaltens („Gesundheitserziehung", v.a. im Hinblick auf Zigarettenrauchen, Bewegung, Ernährung, Stressverarbeitung). Auch wenn deren Wirksamkeit infolge der Ausbreitung neuerer Sozialtechnologien (z.B. „Social Marketing", positive Motivierung) in den letzten Jahren zugenommen hat, ist sie bei den ‚schwierigsten' Gruppen am geringsten (‚Präventionsdilemma') und bleibt wesentlich hinter den Ergebnissen zurück, die mit Interventionen zu erzielen sind, die an technischen und organisatorischen Strukturen sowie Verhaltensanreizen („Verhältnissen") ansetzen und dabei insbesondere den auch von der WHO propagierten „Setting"-Ansatz (Prävention in ‚Lebenswelten') wählen. Ein Setting ist ein durch formale Organisation, regionale Situation, ähnliche Lebenslage und/oder gemeinsame Werte bzw. Präferenzen definierter, relativ dauerhafter Sozialzusammenhang, von dem wichtige Einflüsse auf die Wahrnehmung von Gesundheit, auf Gesundheitsbelastungen und/oder Gesundheitsressourcen sowie auf (alle Formen der) Bewältigung von Gesundheitsrisiken ausgehen (z.B. *Tageseinrichtungen für Kinder,* Schule, Betrieb, Pflegeheim, Stadtteil). Durch partizipativ gestaltete, systemische Interventionen in Settings kann die Bilanz aus Belastungen und Ressourcen nachhaltig günstig beeinflusst werden. Die Unternutzung dieses zukunftsweisenden Präventionsansatzes erklärt sich aus seiner relativ großen Komplexität, die hohe Anforderungen an die Akteure stellt, sowie aus dem Umstand, dass derartige Interventionen häufig mit wirtschaftlichen und anderen Interessen im Interventionsfeld kollidieren würden (z.B. Arbeitswelt, Straßenverkehr, Tabak- und Ernährungsindustrie). Durch das Präventionsgesetz 2015 soll diesem Interventionstyp in der überwiegend von der GKV finanzierten nicht-medizinischen Primärprävention (§ 20a–h SGB V) der Vorrang vor verhaltensbezogener Prävention (‚Kurse') gewährleistet werden.

Organisation und Finanzierung – Erfolge und Missstände: Nur maximal 30% der im Bevölkerungsdurchschnitt kontinuierlich anfallenden Gesundheitsgewinne (steigende Lebenserwartung, behinderungsfreie Jahre) sind auf das Wirken bzw. Verbesserungen der klinischen Medizin und der Krankenversorgung zurückzuführen.

Im Hinblick auf die Organisation und Finanzierung der Krankenversorgung existieren die Alternativen staatlich-steuerfinanziert (v.a. Skandinavien, Großbritannien), beitragsfinanzierte Sozialversicherung (v.a. Zentraleuropa einschl. BRD) und marktwirtschaftlich (v.a. USA). Kein System besteht in reiner Form. Nur primär staatliche und sozialversicherungsförmige Systeme haben bislang die Zivilisationsstufe erreicht, auf der jeder Mensch unabhängig von seinem sozialen Status und seinen finanziellen Ressourcen Zugang zu einer hochwertigen und vollständigen Krankenversorgung haben soll. Ungelöst ist v.a. das gesundheitspolitische Steuerungsproblem, dass die für die Akutversorgung gewachsenen Strukturen und Prozesse der Krankenversorgung den Notwendigkeiten der weiter zunehmenden Dominanz chronischer Erkrankungen immer weniger gerecht werden. Kritisiert wird die Dominanz der Interessen der Leistungsanbieter (z.B. Pharmaindustrie) im System und insbesondere die Arztzentrierung, durch die die Wirkungsmöglichkeiten anderer Gesundheitsberufe (v.a. *Pflege, Sozialarbeit/Sozialpädagogik*) z.T. blockiert werden. Dies führt zu einer unangemessenen Konzentration auf die somatischen und zur Vernachlässigung der psychosozialen Aspekte von Gesundheit und Krankheit. Die Ressourcen der Patienten als Koproduzenten ihrer Gesundheit werden sehr oft zugunsten einer Passivierung nicht hinreichend aktiviert; die Möglichkeiten einer kontinuierlichen interdisziplinären Betreuung, sowie jene der Gesundheitsförderung und der *Rehabilitation* werden nur unzureichend genutzt. Infolgedessen kommt es zu einem gleichzeitigen Nebeneinander von Über-, Unter- und Fehlversorgung, das Ziel einer bedarfsgerechten und wirtschaftlichen Versorgung wird dauerhaft verfehlt. Möglichkeiten zur Überwindung dieser Defizite werden in einer besseren wissenschaftlichen und kommunikativen Qualifizierung der Gesundheitsberufe und namentlich der Ärzte gesehen sowie in einer Veränderung der materiellen Anreize, die gegenwärtig chronisch kranke Patienten sowohl für die Leistungserbringer als auch für die Krankenkassen zu ökonomisch „schlechten Risiken" (‚negativer Deckungsbeitrag') machen, anstatt positive Anreize für ihre optimale Versorgung zu setzen. Ein Teil der Missstände ist auch auf die gewachsene Sektorisierung des Versorgungssystems (Medizin-System – ‚Laien'-System (z.B. *Selbsthilfe*); Hausarzt – Facharzt; Medizin – andere Gesundheitsberufe; ambulant – stationär; Kuration – Rehabilitation etc.) zurückzuführen, die einer nahtlosen und integrierten Versorgung entgegensteht. Eine nach anderen Kriterien organisierte, aber nicht weniger wirkungsmächtige Sektorisierung findet sich auch im Sozialrecht (SGB I–XI).

Die Krankenversicherung: Die Gesetzliche Krankenversicherung (GKV) als Teil der sozialen Sicherung versichert in Deutschland ca. 90 % der Wohnbevölkerung, lediglich Selbständige, Beamte und Menschen mit hohem Einkommen unterliegen nicht dieser Versicherungspflicht. Die im 19. Jh. wesentlich von Bismarck konzipierte GKV beruht auf einem Steuerungsmodell, das auf fünf Grundentscheidungen aufbaut:

1) Der Staat übernimmt die (Letzt-)Verantwortung für die materielle Bewältigung gesundheitlicher und sozialer Notlagen, er fungiert gewissermaßen als Ausfallbürge.
2) Zugleich entlastet sich der Staat weitgehend von Steuerung- und Gestaltungsaufgaben in der GKV durch Delegation an die Selbstverwaltung der dafür besonders legitimierten Akteure „Kapital" und „Arbeit", die die Aufsicht über die GKV führen.
3) Die Beiträge werden – im Gegensatz zur Privaten Krankenversicherung – nicht nach dem individuellen Risiko, sondern nach der wirtschaftlichen Leistungsfähigkeit (in Form eines festen Prozentsatzes vom Bruttoeinkommen) erhoben (Solidarprinzip), die – seit 1951 im wesentlichen paritätisch – von den Versicherten und vom Arbeitgeber zu zahlen sind. Dadurch entsteht ein dauernder Ausgleich nicht nur zwischen Gesunden und Kranken, sondern auch zwischen Arm und Reich, Jung und Alt, Männern und Frauen, Singles und Familien mit Kindern.
4) Im direkten Verkehr zwischen Trägern der Krankenversorgung und Patienten soll Geld keine Rolle spielen, auch ist die GKV mit ihrer Nachfragemacht (und nicht der Patient) Vertragspartner der Leistungserbringer und damit auch zuständig für den Leistungskatalog und die Qualitätssicherung (Sachleistungsprinzip).
5) Inhalt, Mengen und Preise der Leistungen des Krankenversorgungssystems werden in Verhandlungen zwischen den Verbänden der Leistungserbringer und der Krankenkassen festgelegt (Gemeinsame Selbstverwaltung, Korporatismus). Kommen sie nicht zu einer Einigung, entscheidet der Staat.

Trotz vielerlei Modifikationen und Beschädigungen hat sich dieses Modell als außerordentlich robust und entwicklungsfähig erwiesen. Seit 2011 ist der Mechanismus des dritten Elements außer Kraft gesetzt: der Beitragsteil der Arbeitgeber wurde bei 7,3 % ‚eingefroren'; Beitragssteigerungen werden seither allein von den Versicherten bezahlt (Durchschnittsbeitrag 2015 bei 8,2 %). Neben dem verteilungspolitischen ist der Aspekt der Anreizwirkung besonders problematisch: die Arbeitgeberseite in der Selbstverwaltung hat kein eigenes Interesse mehr an Kostendämpfung bzw. -senkung. Damit verliert auch die Mitwirkung der Arbeitgeberseite in der Selbstverwaltung der GKV an Legitimation.

Seit jeher die größten Probleme gibt es im

Hinblick auf das fünfte Element: Der Mechanismus der Aushandlung zwischen den Verbänden hat sich gegenüber der Bewältigung neuer Herausforderungen bislang als ziemlich ineffektiv erwiesen, es zeigen sich starke Tendenzen der Selbstblockade. Dies hat besonders gravierende Konsequenzen, weil mit den Entscheidungen der „gemeinsamen Selbstverwaltung" (Kassen und Leistungserbringer) das Medizinsystem als mittlerweile größte Branche der Volkswirtschaft gesteuert wird. Bei den Kassen ist das Steuerungsdefizit v.a. dadurch verursacht, dass der Gesetzgeber sie seit den 1990er Jahren zunehmend aus der Rolle parafiskalischer Institutionen der Finanzierung und Leistungsteuerung entlässt und sie in die Rolle miteinander konkurrierender Wirtschaftssubjekte überführt. Dabei konkurrieren die Kassen – trotz eines – über den Gesundheitsfonds vorgenommenen – Risikostrukturausgleichs, der auch die unterschiedlichen Morbiditäten zwischen den Kassen zum Teil berücksichtigt – anreizgemäß nicht primär um gute Qualität, sondern um „gute Risiken" bzw. um niedrige Beitragssätze. Bei den Leistungserbringern kollidieren an Qualitätsverbesserungen und sparsamem Mitteleinsatz orientierte Strategien v.a. mit ihrem eigenen ökonomischen Interesse. Diese Defizite führen dazu, dass gesundheitlich zielführende Entwicklungen, z.B. zu einer echten hausärztlichen Versorgung oder z.B. zu einer Sektoren und Berufsgruppen übergreifenden Integration der Versorgung kaum in Gang kommen.

Reformprobleme

Erschwert werden gesundheitspolitische Reformversuche zur Verringerung bzw. Lösung dieser Probleme v.a. durch zwei übergeordnete Trends:

1) Infolge einer kontinuierlichen Abnahme der Lohn- und Gehaltseinkommen am Bruttoinlandsprodukt (und nicht etwa wegen einer ‚Kostenexplosion) steigen die Versicherungsbeiträge, die v.a. im Hinblick auf die Beitragsanteile der Arbeitgeber („Lohnnebenkosten", „Standortsicherung") thematisiert werden. Obgleich die infolge der Alterung der Bevölkerung und des medizinisch-technischen Fortschritts auftretenden Kostensteigerungen grundsätzlich als beherrschbar angesehen werden können, verstärkt sich die Tendenz, die Kosten durch Streichung auch medizinisch notwendiger Leistungen, also durch Rationierung, bzw. durch erhöhte Direktzahlungen der Patienten zu senken, wodurch sozial benachteiligte Gruppen, die ohnehin ein wesentlich erhöhtes Erkrankungsrisiko aufweisen, weiter benachteiligt werden und der Markt für – gewinnwirtschaftlich organisierte – Zusatzversicherungen wächst.
2) Seit den letzten Jahrzehnten des 20. Jh. werden dem Markt und der wirtschaftlichen Konkurrenz in den dominanten Sektoren von Wissenschaft, Politik und Gesellschaft nahezu unbegrenzte Problemlösungskapazitäten zugeschrieben. In der Gesundheitssicherung einschließlich der Prävention besteht das zentrale Verteilungsproblem aber darin, dass Menschen mit der geringsten Kaufkraft zugleich auch den höchsten Bedarf an Gesundheitsleistungen haben, weshalb Marktsteuerung in einem grundsätzlichen Konflikt mit dem gesundheitspolitischen Ziel der Chancengleichheit („equity") steht. Die zunehmende Implantation marktförmiger Elemente in das korporatistische Regulierungsmodell gefährdet deshalb den in der Krankenversorgung erreichten Zivilisationsstand des ökonomisch und sozial undiskriminierten Zugangs und bietet auch kaum positive Perspektiven in Hinblick auf die Entwicklung bevölkerungsbezogener und zielgruppenspezifischer Prävention.

Entwicklungstendenzen

Zur Beurteilung von Chancen und Risiken gesundheitspolitischer Entwicklungstendenzen ist von der historisch und aktuell vielfach belegten Erfahrung auszugehen, dass „Gesundheit" zwar ein moralisch stark klingendes Motiv ist, das sich aber in der politischen Auseinandersetzung nur selten gegen konkurrierende Werte wie Gewerbefreiheit, Wirtschaftswachstum etc. durchsetzen kann. Nur vereinzelt und bislang ohne wesentliche praktische Erfolge wird daran gearbeitet, die gesundheitlichen Folgen expliziter und auch impliziter G. bei der Entscheidungsfindung und Gestaltung mit dem Ziel der Gesundheitsverträglichkeit bzw. -förderlichkeit zu berücksichtigen (‚healthy public policy', ‚health in all policies'"). Die Geschichte der G. zeigt, dass es zu gesundheitspolitischen Fortschritten und zielführenden Innovationen regelmäßig v.a. dann kommt, wenn sich das Gesundheitsmotiv mit einem anderen, handlungsmächtigeren Motiv (z.B. Produktivität, Bürgerrechte) verbindet und/oder wenn sich starke soziale Bewegungen des Themas annehmen und in möglichst breiten Koalitionen „gegentendenzielle" Projekte oder Politiken durchsetzen.

Rolf Rosenbrock

Literatur

K. Hurrelmann/O. Razum (Hrsg.): Handbuch Gesundheitswissenschaften, Weinheim/Basel [6]2016 ◆ A. Labisch: Homo Hygienicus. Gesundheit und Medizin in der Neuzeit, Frankfurt/M./New York 1992 ◆ H. Reiners: Mythen der Gesundheitspolitik, Bern [2]2011, R. Rosenbrock/Th. Gerlinger: Gesundheitspolitik. Eine systematische Einführung, Bern [3]2014 ◆ R. Rosenbrock/C. Michel: Primäre Prävention, Berlin 2007 ◆ Sachverständigenrat zur Begutachtung der Entwicklung im Gesundheitswesen: Gutachten und Sondergutachten, zweijährlich, Baden-Baden (Nomos) bzw. Bern (Huber) lfd. ◆ F. W. Schwartz/U. Walter et al. (Hrsg.): Das Public Health Buch, München/Jena [3]2012 ◆ J. Siegrist/M. Marmot (eds): Social Inequalities in Health. New Evidence and Policy Implications, Oxford 2006.

Links

www.forum-gesundheitspolitik.de/
www.gerechte-gesundheit.de/
www.gesundheitliche-chancengleichheit.de/
www.sozialpolitik-aktuell.de/
www.svr-gesundheit.de (Sachverständigenrat zur Begutachtung der Entwicklung im Gesundheitswesen)
www.who.int (World Health Organization)
www.who.dk (World Health Organization, Regionalbüro Europa, Kopenhagen)

Gesundheitsrecht

Begriff

Der Begriff des G. orientiert sich an seinem Gegenstandsbereich, der Gesundheit, und hängt inhaltlich und umfangmäßig von diesem Gegenstand und seiner Umschreibung ab *(Gesundheitshilfe/Gesundheitspolitik)*. Wird Gesundheit i. S. der WHO als Zustand des vollständigen geistigen, körperlichen und sozialen Wohlbefindens beschrieben, fasst Gesundheitsrecht verschiedene Regelungen der Teilrechtsordnungen (Öffentliches Recht, Zivilrecht und Strafrecht) zusammen. Diese rechtlichen Regelungen dienen dazu, Gesundheit in diesem umfassenden Sinn zu erhalten, das Eintreten von Gesundheitsstörungen, also *Krankheit* zu verhindern sowie eingetretene Erkrankungen zu heilen oder zu lindern. Es beinhaltet zwei Funktionskreise, die Gesunderhaltung und die Krankenbehandlung, die in ihren Übergängen fließend sein können.

Beim Funktionskreis der Krankenbehandlung geht es im Wesentlichen um medizinische Produkte und Dienstleistungen. Demgegenüber weist der Funktionskreis der Gesunderhaltung Schnittstellen zu den verschiedensten gesundheitsrelevanten Regelungsbereichen auf, so dass Abgrenzungen erforderlich sind (z. B. zum allgemeinen und besonderen Recht der Gefahrenabwehr), die in der Literatur (die sich mehr und mehr dieses Themas bewusst wird) auf unterschiedliche Weise vorgenommen werden. Hier erfolgt die Abgrenzung mit Hilfe eines Fokus auf Medizin. Für das G. (für den Funktionskreis Gesunderhaltung ebenso wie für Krankenbehandlung) relevant sind danach die Bereiche, die medizinische Verfahren und Erkenntnisse regeln. G. auf seinen Gegenstand bezogen umfasst damit nach wie vor öffentliches Recht, Privates und Wirtschafts-Recht sowie Strafrecht.

Öffentlichrechtlich enthält das G. das Sozialrecht – soweit es auf die Gesundheit bezogene Regelungen zum Gegenstand hat, also insbesondere das Recht der gesetzlichen Krankenversicherung (GKV) und der Sozialen *Pflegeversicherung* –, das Krankenhausrecht, (Heil-)Berufsrecht, Apothekenrecht, Arzneimittelrecht, Medizinprodukterecht, Biomedizinrecht, Heilmittelwerberecht, das Recht des öffentlichen Gesundheitsdienstes wie das Infektionsschutzrecht. Einzelne Normen oder Kodifikationen aus den genannten Gebieten gehören dem Strafrecht an. Privatrechtlich sind insbesondere das (Arzt-)Haftungs- und das Wettbewerbsrecht zu nennen. Aufgrund der Orientierung auf den Gegenstandsbereich der Gesundheit bezeichnet der Begriff des G.s also ein Querschnittsgebiet des Rechts, der übliche Gebietstrennungen überspringt. Politisch sind alle diese Bereich immer wieder in der Debatte, in den letzten Jahren vor allem dort, wo es um das Biomedizinrecht *(Gentechnolgie)* und das Recht am Lebensende geht *(Sterbebegleitung)*, sowie dort, wo es um das gesundheitliche Versorgungssystem und seine Finanzierung geht. Letzteres wird am Schluss dieses Beitrages unter dem Stichwort Gesundheitsreform ausgeführt.

Verfassungsrechtliche Vorgaben

Dort, wo der Gesetzgeber Regelungen im Bereich des G. trifft, muss er verfassungsrechtliche Vorgaben beachten. Diese ergeben sich zum einen aus der Kompetenzordnung, die das GG in Bezug auf die Gesetzgebung und die Verwaltung, aber auch im Rahmen der Finanzverfassung normiert, zum anderen beinhalten die Grundrechte sowie die Staatszielbestimmungen und darunter namentlich das Sozialstaatsgebot materielle Gewährleistungen.

Kompetenzen. Der Bund hat keine Gesetzgebungszuständigkeit für das G. schlechthin. Er kann sich bei seiner Rechtsetzung im Bereich Gesundheit aber auf verschiedene Kompetenztitel des GG aus seiner konkurrierenden Gesetzgebungszuständigkeit berufen, die ihm gem. Art. 70 Abs. 2, Art. 72 Abs. 1 und Abs. 2 in Verbindung mit Art. 74 Abs. 1 GG zusteht. Gesundheitsrechtliche Regelungen kann er insbesondere auf seine Kompetenz zur Regelung der Sozialversicherung (Art. 74 Abs. 1 Nr. 12 GG), der öffentlichen Fürsorge (ohne das Heimrecht, Art. 74 Abs. 1 Nr. 7 GG), der Maßnahmen gegen gemeingefährliche und übertragbare Krankheiten bei Menschen und Tieren, der Zulassung zu ärztlichen und anderen Heilberufen und zum Heilgewerbe, des Verkehrs mit Arzneien, Heil- und Betäubungsmitteln und Giften (Art. 74 Abs. 1 Nr. 19 GG), der wirtschaftlichen Sicherung der Krankenhäuser und der Krankenhauspflegesätze (Art. 74 Abs. 1 Nr. 19a GG) sowie der künstlichen Befruchtung beim Menschen, der Untersuchung und der künstlichen Veränderung von Erbinformationen wie zur Transplantation von Organen und Geweben (Art. 74 Abs. 1 Nr. 26 GG) stützen. In allen gesundheitsrechtlichen Bereichen, in denen der Bund sich nicht auf einen der Kompetenztitel stützen kann oder da, wo er von seiner Gesetzgebungszuständigkeit keinen Gebrauch gemacht hat, liegt die Regelungskompetenz bei den Ländern. So sind die Länder z. B. primär zur Regelung des öffentlichen Gesundheitsdienstes befugt (Art. 70 GG) *(Gesundheitsamt/Gesundheitshilfe)*.

Materiell-verfassungsrechtliche Vorgaben. Während die Frage der Kompetenzen eine formelle Frage ist, die etwas darüber aussagt, ob der Bund bestimmte gesundheitsrechtliche Regelungen im Rahmen seiner Zuständigkeit treffen darf oder die Länder zuständig wären, enthalten die Grundrechte und Staatszielbestimmungen des GG inhaltliche Vorgaben, die zum einen Handlungsgebote (Regelungsgebote) und subjektive Rechte, teils als Teilhaberechte, enthalten, zum anderen aber auch der gesetzgeberischen Tätigkeit inhaltliche Grenzen setzen können. Das Grundrecht auf körperliche Unversehrtheit gem. Art. 2 Abs. 2 Satz 1 GG enthält ein „Recht auf Gesundheit" im Sinne eines Rechts auf Abwehr von und Schutz vor krankmachenden Umständen und als Recht auf Zugang zu Krankenbehandlungsmethoden. Das Recht auf körperliche Unversehrtheit aus Art. 2 Abs. 2 Satz 1 GG in Verbindung mit dem Recht auf allgemeine Handlungsfreiheit gem. Art. 2 Abs. 1 GG und dem Sozialstaatsgebot gebietet, dass im Rahmen einer öffentlich-rechtlichen gesundheitlichen Pflichtversicherung, wie der GKV, der Zugang zu wirksamen, auch teuren, im Einzelfall armmachenden Behandlungen jedenfalls bei schweren, lebensbedrohlichen Erkrankungen über die GKV gewährleistet sein muss. Ausgehend vom sog. Nikolaus-Beschluss des BVerfG (1 BvR 347/98 vom 06.12.2005, Rn. (1–69), http://www.bverfg.de/e/rs20051206_1bvr034798.html) hat sich hierzu eine Kasuistik des Bundessozialgerichts (BSG) entwickelt (s. hierzu die informative Seite des Instituts für Sozial- und Gesundheitsrecht der Ruhr-Universität Bochum www.nicolaus-beschluss.de). Für Bedürftige ist der Zugang zu dem notwendigen Mindestmaß an Krankenbehandlungsressourcen durch das Sozialstaatsgebot i. V. m. dem Grundrecht der Menschenwürde gem. Art. 1 Abs. 1 GG und dem Grundrecht auf Leben und körperliche Unversehrtheit gem. Art. 2 Abs. 2 Satz 1 GG gewährleistet. Medizinische Leistungserbringer oder private Krankenversicherungsunternehmen können sich auf die wirtschaftlichen Freiheitsrechte, das Grundrecht der Berufsfreiheit aus Art. 12 GG und die Eigentumsfreiheit gem. 14 GG berufen. Bei gesundheitsrechtlichen Regelungen muss der Gesetzgeber sowohl die Schutz- und Informationsrechte der Patientinnen und Patienten als auch die wirtschaftlichen Grundrechte der Leistungserbringer beachten und diese in einen angemessenen Ausgleich bringen.

Europarechtlicher Einfluss

Die gesundheitsrechtliche Entwicklung wird zunehmend – in einigen Bereichen stärker, in anderen schwächer – vom europäischen Recht beeinflusst *(Sozialpolitik/Soziale Sicherung, europäische)*. Stärkeren Einfluss haben europarechtliche Regelungen in den Bereichen, wo G. Produkt- und Dienstleistungsrecht enthält, schwächeren Einfluss dort, wo die Gesundheitsversorgung als Teil des sozialen Sicherungssystems geregelt wird. Beispielhaft für die europäische Harmonisierung des gesundheitsrechtlichen Produktrechts steht das Arzneimittelrecht. So gibt es seit 1993 ein zentrales europäisches Arzneimittelzulassungsverfahren, durch das nationales Recht und Verfahren teilweise ersetzt wurde (Verordnung (EWG) Nr. 2309/93 vom 22.07.1993, abgelöst durch VO (EG) Nr. 726/2004 vom 31.3.2004). Für die Regelung der Gesundheitsversorgung als Teil des sozialen Sicherungssystems hat die EU keine harmonisierende Rechtsetzungskompetenz. Einfluss gewinnt das europäische Recht über die primärrechtlichen Grundfreiheiten aber auch hier und zwar z. B., wenn innerhalb des Versorgungssystems Dienstleistungen erbracht werden (vgl. Art. 56 AEUV). Dies hat den Gesetzgeber u. a. dazu veranlasst, Regelungen ins SGB V über die Inanspruchnahme medizinischer Leistungen in anderen Mitgliedstaaten der EU aufzunehmen (vgl. § 13 Abs. 4 und 5 SGB V).

Bereiche

Im Folgenden werden einzelne Regelungsbereiche des öffentlich-rechtlichen Gesundheitsrechts vorgestellt und dabei die bundesrechtlichen Regelungen in Bezug genommen:

Sozialrecht. Systematisch zu unterscheiden sind die Regelungen der Sozialversicherung, für die der Bund die konkurrierende Gesetzgebungskompetenz gem. Art. 74 Nr. 12 GG hat, und der sozialen Hilfen, die der Bund gem. Art. 74 Nr. 7 GG erlassen kann. Im Bereich der Sozialversicherung bedeutsam ist das Recht der gesetzlichen Krankenversicherung (GKV), im Wesentlichen normiert im SGB V, das den institutionellen Rahmen für die gesundheitliche ambulante und stationäre Versorgung von über 90 % der Bevölkerung regelt, und einen Wirtschaftszweig etabliert hat, in dem von über fünf Millionen Beschäftigten elf Prozent des Bruttoinlandsprodukts erarbeitet werden.

Die GKV ist eine öffentlich-rechtliche soziale Pflichtversicherung, die überwiegend über Beiträge ihrer Mitglieder finanziert wird; die Beiträge der versicherungspflichtig Beschäftigten werden von den Arbeitnehmern und den Arbeitgebern je zur Hälfte gezahlt und sind in ihrer Höhe nicht von dem gesundheitlichen Risiko der Versicherten, sondern ihrer wirtschaftlichen Leistungsfähigkeit, d. h. der Höhe ihres Einkommens abhängig. Daneben werden Zusatzbeiträge und bei bestimmten Leistungen Zuzahlungen erhoben, die nur von den Versicherten zu zahlen sind. Die Versicherten haben bei Krankheit Anspruch auf medizinische Leistungen, die dem allgemeinen Stand der medizinischen Erkenntnisse entsprechen sowie wirksam und wirtschaftlich sind. Neben die Leistungen im Krankheitsfall treten Leistungen zur Vorsorge und Früherkennung von Krankheiten. Die medizinischen Leistungen werden ambulant von zugelassenen Haus- und Fachärzten sowie auf Veranlassung dieser von anderen (Heil-)Berufsgruppen wie denen der Krankenpflege oder den Physiotherapeuten, stationär von zugelassenen Krankenhäusern erbracht, wobei hier mittlerweile auch andere, teils vernetzte Versorgungsmodelle existieren (wie z. B. die Öffnung der Krankenhäuser für die ambulante Versorgung). Diese Leistungserbringer und die Krankenkassen als Trägerinnen der GKV stehen in Beziehungen zueinander, im Rahmen derer sie insbesondere Näheres über die Vergütung der Leistungen regeln, aber auch neue Untersuchungs- und Behandlungsmethoden bewerten und Maßnahmen der Qualitätssicherung festlegen. Für dieses Miteinander von bzw. diese gemeinsame Regulierung durch Leistungserbringer und Krankenkassen hat sich der Begriff der gemeinsamen Selbstverwaltung etabliert. Das System der GKV steht seit längerer Zeit in der politischen und öffentlichen Aufmerksamkeit (vgl. dazu unten bei Gesundheitsreform).

Aus dem Bereich der Sozialversicherung zu erwähnen sind auch das SGB XI, das die soziale Pflegeversicherung regelt wie das SGB IX, in dem das Rehabilitationsrecht als Recht auf Teilhabe behinderter oder von Behinderung bedrohter Menschen zusammengefasst ist. Das Gesetz zur Weiterentwicklung des Behindertengleichstellungsrechts (Behindertengleichstellungsgesetz, BGG) ist am 27. Juli 2016 in Kraft getreten. Im Bereich der sozialen Hilfe normiert § 48 SGB XII einen Anspruch auf Krankenhilfe, der sich an den Leistungen des SGB V orientiert. Asylbewerber haben einen eingeschränkten Anspruch auf Krankenbehandlung, der in § 4 Asylbewerberleistungsgesetz (AsylbLG) normiert ist.

Krankenhausrecht. Im Bereich des Krankenhausrechts treffen bundes- und landesrechtliche Regelungen aufeinander. Der Bund hat gem. Art. 74 Nr. 19a GG die konkurrierende Gesetzgebungskompetenz zur Regelung der wirtschaftlichen Sicherung der Krankenhäuser sowie der Krankenhauspflegesätze. Bundesrechtlich relevant sind das Gesetz zur wirtschaftlichen Sicherung der Krankenhäuser und zur Regelung der Krankenhauspflegesätze (Krankenhausfinanzierungsgesetz – KHG), das Gesetz über die Entgelte für voll- und teilstationäre Krankenhausleistungen (Krankenhausentgeltgesetz – KHEntgG), die Verordnung zum Fallpauschalensystem für Krankenhäuser für das Jahr 2004 (Fallpauschalenverordnung 2004 – KFPV 2004), die Verordnung zur Regelung der Krankenhauspflegesätze (Bundespflegesatzverordnung – BPflV) sowie die Regelungen des SGB V, §§ 107–123 SGB V.

(Heil-)Berufsrecht. Das Heilberufsrecht betrifft die Berufszulassung, für die der Bund die konkurrierende Gesetzgebungskompetenz gem. Art. 74

Nr. 19 GG hat, und die Berufsausübung, deren Regelung den Ländern obliegt. Die Berufszulassung regeln u. a. die Bundesärzteordnung, die Approbationsordnung für Ärzte, das Gesetz über die berufsmäßige Ausübung der Heilkunde ohne Bestallung (Heilpraktikergesetz), das Gesetz über die Berufe in der Krankenpflege (Krankenpflegegesetz), das Gesetz über den Beruf der Hebamme und des Entbindungspflegers (Hebammengesetz – HebG), das Gesetz über die Berufe des psychologischen Psychotherapeuten und des Kinder- und Jugendlichentherapeuten (Psychotherapeutengesetz – PsychThG), die Ausbildungs- und Prüfungsverordnung für Psychologische Psychotherapeuten (PsychTh-AprV), das Gesetz über das Apothekenwesen (ApothG) und die Approbationsordnung für Apotheker (AappO), das Gesetz über die Berufe in der Altenpflege (Altenpflegegesetz).

Arzneimittelrecht. Das Arzneimittelrecht ist Produktsicherheitsrecht, für das der Bund die Gesetzgebungskompetenz gem. Art. 74 Abs. 1 Nr. 19 GG hat. Es soll die Arzneimittelsicherheit, also insbesondere Qualität, Wirksamkeit und Unbedenklichkeit eines Arzneimittels gewährleisten. Es ist wesentlich im Gesetz über den Verkehr mit Arzneimitteln (Arzneimittelgesetz – AMG) geregelt, das u. a. den Begriff des Arzneimittels, die Anforderungen an die Zulassung eines Arzneimittels und das Zulassungsverfahren, die Anforderungen an klinische Studien, die Herstellung von Arzneimitteln und die Nachmarktkontrolle bestimmt. Weiterhin ist das Gesetz über den Verkehr mit Betäubungsmitteln (Betäubungsmittelgesetz – BtMG) zu nennen *(Drogenabhängigkeit/ Sucht)*.

Medizinprodukterecht. Der Produktsicherheit dient ebenso wie das Arzneimittelgesetz das Gesetz über Medizinprodukte (Medizinproduktegesetz – MPG), das die Anforderungen an ausgewählte Medizinprodukte regelt. Weitere Regelungen insbesondere über die Kontrolle des Medizinprodukteverkehrs und die Instandhaltung von Medizinprodukten enthält die Verordnung über das Errichten, Betreiben und Anwenden von Medizinprodukten.

Biomedizinrecht. Unter dem Stichwort Biomedizinrecht lassen sich verschiedene Regelungen zusammen fassen, die Interventionen an menschlichen Lebewesen auf dem Gebiet der Biomedizin, und hier insbesondere Forschung, Zulassung, Überwachung, Ressourcenverteilung und Patientenschutz betreffen, und die der Bund im wesentlichen auf Art. 74 Abs. 1 Nr. 26 GG stützen kann *(Gentechnologie)*. Das Gesetz zum Schutz von Embryonen (Embryonenschutzgesetz – EschG) ist Strafrecht. Es regelt die Tatbestandsvoraussetzungen und strafrechtlichen Folgen u. a. bei missbräuchlicher Verwendung von Fortpflanzungstechniken oder solcher menschlicher Embryonen. Das Gesetz zur Regelung der Gentechnik (GentechnikG – GenTG) soll einerseits einen rechtlichen Rahmen für die Erforschung, Entwicklung und Nutzung gentechnischer Verfahren schaffen, andererseits Mensch, Tier, Pflanze und Umwelt schützen. Das Gesetz zur Regelung des Transfusionswesens (Transfusionsgesetz – TFG) dient dazu, für eine sichere Gewinnung von Blut und Blutprodukten und eine gesicherte wie sichere Versorgung der Bevölkerung mit Blutprodukten zu sorgen. Das Gesetz über die Spende, Entnahme und Übertragung von Organen (Transplantationsgesetz – TPG) gilt für die Spende und die Entnahme von menschlichen Organen, Organteilen und Geweben zum Zwecke der Übertragung auf andere Menschen sowie für die Übertragung der Organe einschließlich der Vorbereitung dieser Maßnahmen. Außerdem normiert es das Verbot, mit menschlichen Organen zu handeln.

Heilmittelwerberecht. Das Gesetz über die Werbung auf dem Gebiet des Heilwesens regelt die Werbung für Arzneimittel und andere Mittel, Verfahren, Behandlungen und Gegenstände, die sich auf die Erkennung, Beseitigung oder Linderung von Krankheiten bezieht. Es verbietet Heilmittelwerbung nicht allgemein, sondern normiert detaillierte spezifische Verhaltensvorgaben. So verbietet es beispielsweise irreführende Werbung und schreibt bestimmte Auflagen für die Arzneimittelwerbung fest.

Infektionsschutzrecht. Das Infektionsschutzgesetz novelliert das alte Seuchenrecht und hat seit 2001 neben dem Bundesseuchengesetz das Geschlechtskrankheitengesetz mit den dazu gehörigen Durchführungsverordnungen sowie die Laborberichtsverordnung abgelöst. Es soll den Schutz der Bevölkerung vor Infektionskrankheiten verbessern. Dazu begründet es v. a. Befugnisse zur Informationserhebung und -verarbeitung und zu gesundheitsbezogenen Eingriffen bei übertragbaren Krankheiten. Erweitert wurden 2011 die Regelungen zur Krankenhaushygiene, mit denen v. a. der rationale Einsatz von Antibiotika gefördert sowie die Umsetzung bestehender Empfehlungen zur Hygiene erreicht werden sollen.

Gesundheitsreform

Die bundesrepublikanischen Debatten um die Steuerung des Gesundheitswesens durch das Recht der gesetzlichen Krankenversicherung lassen sich bis in die 1960er Jahre zurückverfolgen. Sie wurden überlagert durch das Streben nach einem einheitlichen SGB, mündeten in die Kostendämpfungsgesetzgebung der 1970er Jahre und haben auch mit der Eingliederung des Rechts der gesetzlichen Krankenversicherung in das SGB als SGB V durch das Gesundheits-Reformgesetz (GRG) zum 1. 1. 1989 kein Ende gefunden. Vielmehr hat der Begriff der „Gesundheitsreform" seither in den öffentlichen und politischen Diskussionen seinen festen Platz. Stets fällt er im Zusammenhang mit vorgenommenen und geplanten gesetzlichen Änderungen; von den größeren Reformgesetzen seit Schaffung des SGB V sollen genannt sein: das Gesundheitsstrukturgesetz (GSG) vom 21. 12. 1992, das 1. GKV-Neuordnungsgesetz (1. NOG) vom 23. 6. 1997, das 2. GKV-Neuordnungsgesetz (2. GKV-NOG) vom 23. 6. 1997, das GKV-Solidaritätsstärkungsgesetz (GKV-SolG) vom 19. 12. 1998, das GKV-Gesundheitsreformgesetz 2000 (GKV RefG 2000) vom 22. 12. 1999, das GKV-Modernisierungsgesetz (GMG) vom 14. 11. 2003, das Vertragsarztrechtsänderungsgesetz (VÄndG) vom 22. 12. 2006, das GKV-Wettbewerbsstärkungsgesetz (GKV-WSG) vom 26. 3. 2007, das GKV-Versorgungsstrukturgesetz vom 22. 12. 2011, das GKV-Finanzstruktur- und Qualitäts-Weiterentwicklungsgesetz (GKV-FQWG) vom 21. 7. 2014, das GKV-Versorgungsstärkungsgesetz (GKV-VSG) vom 16. 7. 2015 sowie das Präventionsgesetz (PrävG) vom 17. 7. 2015. Daneben treten zahlreiche weitere Änderungsgesetze, darunter z. B. solche zur Arzneimittelversorgung, wie zuletzt das Arzneimittelmarktneuordnungsgesetz (AMNOG) vom 22. 12. 2010.

Dabei geht es unter dem Begriff der Gesundheitsreform um verschiedene Regulierungs- und Steuerungsansätze, die jeweils die im Rahmen der GKV bestehenden, häufig kollidierenden Interessen unter sich wandelnden gesellschaftlichen Bedingungen verarbeiten müssen.

Bezugspunkte waren und sind im Wesentlichen folgende Entwicklungen und Erwägungen. Die Einnahmen, die der GKV über die Beiträge der Mitglieder zufließen, sind nicht konstant. Sie sanken über Jahre aus verschiedenen Gründen, einer davon war lange Jahre die hohe Zahl der Erwerbslosen; dies hat sich zu Beginn der 2010er Jahre gewandelt. Die Ausgaben und Kosten der GKV haben eine steigende Tendenz. Der Zahl der älteren Menschen steht nach wie vor eine abnehmende Zahl jüngerer Menschen gegenüber und dieser Trend wird sich, stimmen die Annahmen, weiter fortsetzen *(Bevölkerungsentwicklung)*.

Innerhalb der Versorgungsstrukturen treten Qualitätsdefizite, Unter-/Über- und Fehlversorgung auf; nach wie vor ist z. B. die medizinische Versorgung in ländlichen Gebieten eine Herausforderung. Angesichts dieser Entwicklungen setzten und setzen die Reformüberlegungen bzw. Reformen an den verschiedenen strukturellen Stellschrauben der GKV an: bei Finanzierung und Organisation, bei den Leistungen und ihrer Vergütung, bei der Art und Weise der Leistungserbringung, den Versorgungsstrukturen also, die eng verknüpft sind mit der gemeinsamen Selbstverwaltung von Ärzten und Kassen. Sie zielten und zielen darauf, für eine nachhaltige Finanzierung zu sorgen, die Leistungen/den Leistungsumfang vor allem auf der untergesetzlichen Ebene, auch hinsichtlich der Qualität, besser zu regulieren sowie die Versorgungsstrukturen so zu verändern, dass für alle Versicherten Zugang zu den wirksamen und notwendigen medizinischen Leistungen in guter Qualität, angemessener Zeit und möglichst wohnortnah bestehen bleibt bzw. besteht. Bislang hat sich dabei ein Konsens gehalten, an der GKV als öffentlich-rechtlich regulierter sozialer Versicherung festzuhalten, die auf einkommensbasierten Beiträgen basiert und für die die gesundheitlichen Risiken der Versicherten grundsätzlich keine Rolle spielen sollen.

Dies mag ein Blick auf einzelne Reformschritte verdeutlichen. Mit dem GSG 1992 wurde allen Versicherungsberechtigten das Recht eingeräumt, ihre Krankenkasse frei zu wählen; die berufsständische Gliederung der GKV in Pflicht- und Wahlkassen wurde aufgehoben. Hierdurch auftretende Verwerfungen sollten durch den Risikostrukturausgleich, der mit der Reform 2007 um das Morbiditätsrisiko erweitert wurde, abgefedert werden. Mit dem GMG hat der Gesetzgeber ab 2004 zum einen versucht, die Einnahmebasis durch eine Erhöhung der Zuzahlungen, eine Beschränkung der Härtefallregelungen, einen zusätzlichen Beitrag der Mitglieder für das Krankengeld ab 2006, die ebenfalls von den Mitgliedern zu zahlende Zahnersatzversicherung ab 2005 und die Einführung der Praxisgebühr (die inzwischen wieder abgeschafft ist) zu stabilisieren. Daneben hat er Leistungen v. a. im Arzneimittelbereich ausgegrenzt. Zum anderen wollte er, die Versorgungsstrukturen effektivieren und hat die hausarztzentrierte Versorgung („Hausarztmodelle"), die Bildung von Gesundheitszentren, Modelle zur integrier-

G

ten Versorgung und eine stärkere Verzahnung von ambulanter und stationärer Versorgung angeregt. Diese sog. neuen Versorgungsformen erforderten auch eine Revision der kollektivvertraglichen Regulierung, die insoweit aufgelöst wurde, als in der Folge Selektivverträge für bestimmte Versorgungsformen ermöglicht wurden. Außerdem wurde die gemeinsame Selbstverwaltung mit Instrumenten zur Bewertung von Kosten und Nutzen medizinischer Innovationen ausgestattet. Im Rahmen der Gesundheitsreform 2007 hat der Gesetzgeber eine Versicherungspflicht für alle begründet und die neuen Versorgungsformen gestärkt, v.a. aber wesentliche Änderungen bei der Finanzierung der GKV eingeleitet. Der Beitragssatz wird seit 1.1.2009 nicht mehr wie bisher von der einzelnen Krankenkasse nach dem Prinzip der eigenen Bedarfsdeckung wie es dem klassischen Bild der selbstverwalteten Sozialversicherung entspricht, sondern einheitlich für alle Kassen von der BReg durch Rechtsverordnung festgelegt. D.h. die Einschätzung der Kostenentwicklung ist von den Kassen zur Bundesregierung und damit ins Feld der Politik übergegangen. Die Beiträge fließen auch nicht mehr der einzelnen Kasse (ausgeglichen durch den Risikostrukturausgleich), sondern dem Gesundheitsfonds zu und aus diesem erhalten die Kassen zu einem Teil alters-, geschlechts- und risikoadjustierte Beitragszuweisungen zur Deckung standardisierter Leistungsausgaben.

Weitere organisatorische Änderung war die Etablierung eines einheitlichen Spitzenverbandes der Krankenkassen, der die Kassen auf Bundesebene im Gemeinsamen Bundesausschuss als Gremium der gemeinsamen Selbstverwaltung vertritt und auch das Beschlussgremium des Gemeinsamen Bundesausschusses wurde neu formiert.

Mit dem GKV-VSG, das zum 1.1.2016 in Kraft getreten ist, will der Gesetzgeber u.a. dafür sorgen, dass die ambulante ärztliche Versorgung auch in strukturschwachen Gebieten flächendeckend erhalten bleibt. Dazu werden bspw. Ärzte, die sich in diesen Gebieten niederlassen, eine bessere Vergütung erhalten. Die Versorgung soll durch das GKV-VSG u.a. dadurch verbessert werden, dass die Versicherten einen Rechtsanspruch auf eine ärztliche Zweitmeinung vor bestimmten planbaren medizinischen Eingriffen oder in der medizinischen Rehabilitation erhalten. Die neuen Versorgungsformen sollen dadurch Aufwind erhalten, dass die Krankenkassen und ihre Vertragspartner mehr Gestaltungsspielraum erhalten und innovative Versorgungsprojekte und die Versorgungsforschung über einen Innovationsfonds mit jährlich 300 Mio. Euro gefördert werden können.

Mit dem PrävG, dessen Änderungen im Juli 2015 in Kraft getreten sind, endet vorläufig eine lange Debatte um die Stärkung von *Prävention* und Gesundheitsförderung und den Beitrag, den die GKV dazu leisten kann.

Sonja Reimer

Literatur

J. Berchtold/S. Huster/M. Rehborn: Gesundheitsrecht. Kommentar SGB V/SGB XI, Baden-Baden 2015 ◆ H.-U. Dettling/A. Gerlach, Krankenhausrecht. Kommentar, München 2014 ◆ D. Ehlers/M. Fehling/H. Pünder (Hrsg.), Besonderes Verwaltungsrecht, Bd. 2 (dort das 8. Kapitel Gesundheitsrecht mit Beiträgen von H. Sodan, J. Kersten, A.-M. Fuerst) Heidelberg ³2013 ◆ A. Hänlein/R. Schuler: Gesetzliche Krankenversicherung, Baden-Baden 2016 ◆ G. Igl/F. Welti, Gesundheitsrecht, Vahlen ²2014 ◆ G. Klinger, Gesundheitsrecht, in: K. Hurrelmann/O. Razum (Hrsg.), Handbuch Gesundheitswissenschaften, Weinheim/Basel ⁶2016, 1053–1081 ◆ F. Knieps/H. Reiners, Gesundheitsreformen in Deutschland. Geschichte – Intentionen – Kontroversen, Bern 2015 ◆ B. B. v. Maydell/F. Ruland/U. Becker (Hrsg.), Sozialrechtshandbuch (SRH), Baden-Baden ⁵2012 ◆ O. Müller/H. Reiners, Die Reformfibel. Gesundheitsgesetze von Blüm bis Bahr, Bonn 2012 ◆ Sachverständigenrat für die Konzertierte Aktion im Gesundheitswesen, Sondergutachten Gesundheitswesen in Deutschland. Kostenfaktor und Zukunftsbranche. Bd. I (1996): Demographie, Morbidität, Wirtschaftlichkeitsreserven und Beschäftigung, Baden-Baden, 1996 ◆ Bd. II (1997): Fortschritt, Wachstumsmärkte, Finanzierung und Vergütung, Baden-Baden 1998 ◆ ders.: Gutachten 2003 Finanzierung, Nutzerorientierung und Qualität. Bd. I: Finanzierung und Nutzerorientierung ◆ Bd. II: Qualität und Versorgungsstrukturen, Baden-Baden 2003 ◆ J. Schnitzler, Das Recht der Heilberufe. Übersicht, Begriff, Verfassungsfragen, Baden-Baden 2003 ◆ H. Sodan, Gesundheitsrecht, in: M. Wille/E. Koch, Gesundheitsreform 2007, München 2007.

Gewalt

Gewaltdefinitionen

Über Gewalttaten wird in den Massenmedien fast täglich berichtet, wobei sie i.d.R. als strafgesetzlich zu sanktionierende Tatbestände gesehen werden. Es handelt sich bei den Begriffen Aggression und Gewalt/G. jedoch um emotional aufgeladene Begriffe, über deren inhaltliche Definitionen in den mit ihnen befassten unterschiedlichen Berufen und Wissenschaften kein Konsens besteht. Denn Polizisten, Juristen, Pädagogen oder Psychiater, die alltäglich in ihrem beruflichen Handeln mit realer Gewalt und ihren Folgen zu tun haben, und Soziologen, Kriminologen, Psychologen und Historiker, die zur Geschichte, zur Entstehung, zu den Formen und Auswirkungen von Gewalthandeln forschen, nehmen G. und Aggression in unterschiedlichen Kontexten wahr. G. und Aggression sind letztlich soziale Konstruktionen, die daher kaum allgemeingültig und trennscharf zu definieren sind. Wahl (2012, S. 10) sieht Aggressionen als naturgeschichtlich bedingte „bio-psycho-soziale Mechanismen, die der Selbstbehauptung oder Durchsetzung gegen andere mit schädigenden Mitteln dienen. Form und Stärke der Aggression werden durch die genetische Ausstattung des Individuums, seine *Sozialisation* und gesellschaftliche Umstände gestaltet, aktiviert oder gehemmt." Aggressivität dagegen wird als individuelles Potenzial für aggressives Verhalten begriffen, während G. als „gesellschaftlich normierte Aggression" (ebd.) definiert wird, die je nach Situation geboten, gewünscht, geduldet oder geächtet ist. Diese eher umfassende Bestimmung des Gewaltbegriffes wird aus anderer Perspektive auf den Handlungs- bzw. Aktionsbegriff von G. eingeschränkt, bei dem mit Zwang ein Widerstand gebrochen werden soll. Die Frage, ob Gewaltanwendung die Verletzung der körperlichen Integrität des Opfers voraussetzt oder bereits psychischer Zwang als Gewaltanwendung zu sehen ist, wird unterschiedlich beantwortet.

Die im ‚Aktionsbegriff' der G. gefassten (strafrechtlich relevanten) Formen von Konfliktaustragung werden unterschieden vom ‚Kompetenzbegriff' der G., der in Art. 19 GG als öffentliche Gewalt und in Art. 20 GG als Staatsgewalt mit vollziehender und rechtsprechender Funktion umrissen ist.

Polizeiliche Definition von Gewaltkriminalität: Die jährliche Polizeiliche Kriminalitätsstatistik (PKS) erfasst als Gewaltkriminalität die Straftatbestände Mord, Totschlag und Tötung auf Verlangen, Vergewaltigung und sexuelle Nötigung, Raubdelikte (schwerer Raub, Raub mit Todesfolge, räuberischer Diebstahl, räuberische Erpressung, räuberischer Angriff auf Kraftfahrer), Körperverletzung mit Todesfolge, gefährliche und schwere Körperverletzung, erpresserischer Menschenraub, Geiselnahme und Angriff auf den Luft- und Seeverkehr. Diese Delikte stellen jedoch nur einen Teilbereich der personenbezogenen Gewaltkriminalität dar, da weitere gegen Personen gerichtete Aggressions- und Gewalttaten wie einfache Körperverletzung, Nötigung oder sexueller Kindesmissbrauch in der PKS nicht erfasst werden.

Extensive Definition von Gewalt: Von dieser restriktiven Eingrenzung von Gewaltkriminalität in der PKS unterscheidet sich eine extensivere Definition von Gewalt, die auch psychische G. (z. B. durch Liebesentzug in der Erziehung, Drohungen), sexuelle G. (z. B. durch sexuelle Belästigung) und G. gegen Sachen, wie Sachbeschädigung etwa durch Graffiti, Zerstörung durch Brandstiftung und Beeinträchtigung durch Hausfriedensbruch umfasst. Galtung (1988) hat zusätzlich der Begriff der strukturellen G. eingeführt, mit der gesellschaftliche Verhältnisse beschrieben werden, in denen soziale Ungleichheit oder *Armut* dem Einzelnen die Verwirklichung von potenziellen Entwicklungsmöglichkeiten vorenthalten.

Neben den genannten Gewaltformen wird die virtuelle bzw. medial vermittelte G. etwa in Computerspielen und filmischen Gewaltdarstellungen im Fernsehen, Kino und Internet und ihr Verhältnis zu realem Gewalthandeln insbesondere von jugendlichen Konsumenten thematisiert. Ein Wirkungszusammenhang von medialer Gewaltrezeption mit Gewaltbereitschaft und Gewalthandeln wird vermutet, jedoch sind eine Vielzahl intervenierender Variablen wie individuelle Persönlichkeitsmerkmale und Einflussfaktoren wie eigene Gewalterfahrungen, erlernte Bewältigungsstrategien und familiäre und Peer-Group-Einbindung zu berücksichtigen (Fuchs 2003).

Letztlich folgt aus der mangelnden Übereinstimmung von Gewaltdefinitionen die pragmatische Forderung, jede Abhandlung zur G. müsse den in ihr zugrunde gelegten Gewaltbegriff operational definieren.

Erklärung von Gewalthandeln

G. als soziales Handeln wird in vielfältigen Formen und Situationen ausgeübt und erlitten, mit denen sich die biologische, die psychologische und psychiatrische sowie die soziologische und kriminologische Aggressions- und Gewaltforschung intensiv auseinandersetzen. Schwerpunkte bilden zum einen die Ursachen von G. aufgrund individueller Persönlichkeitsdefizite und gruppenbezogener, gesellschaftlicher und kultureller Kontexte und zum anderen die Ursachen für quantitative Entwicklungen unterschiedlicher Erscheinungsformen von Gewalthandeln. Insbesondere für Präventions- und Interventionskonzepte in der sozialpädagogischen Praxis spielen psychologische und soziologische Erklärungsansätze eine wichtige Rolle *(Prävention)*.

Die psychologische Aggressionsforschung hat in ihrer theoretischen Analyse für Gewalthandeln eine Vielzahl von ganz unterschiedlichen Erklärungsversuchen geliefert. Ausgehend von den Triebtheorien von Freud und Adler spielen heute insbesondere lerntheoretische Erklärungsversuche wie das klassische und das operante Konditionieren, das Lernen am Modell und die Frustrations-Aggressions-Theorie eine wichtige Rolle. Angesichts dieser Erklärungsvielfalt stellt sich für die Psychologie die Frage der Integration der unterschiedlichen Theorien (ausführlich dazu Selg/Mees/Berg 1997).

In der Soziologie wird zur Erklärung von Gewalthandeln auf makro-, meso- und mikrosoziologischer Ebene argumentiert. Danach können strukturell bedingte soziale Ungleichheit, Desintegration, Exklusion u. a. m. und deren subjektive Wahrnehmung frustrierend wirken und in der Folge zu Gewalthandeln motivieren. Vor dem Hintergrund der Anomietheorie von Durkheim und ihrer Weiterentwicklung bei Merton wird in der aktuellen soziologischen Diskussion die Ursache für Gewalthandeln in den Rationalisierungs- und Differenzierungsprozessen der modernen Arbeitsgesellschaft gesehen, die zum partiellen Verfall des gesellschaftlichen Zusammenhalts und des Gemeinschaftsbewusstseins führten. Diese Entwicklung hat zur Folge, dass „anomische" (sozial regellose) Zustände und daraus resultierende dissoziale Verhaltensweisen insbesondere von Jugendlichen zunehmen. Diese gesellschaftliche Entwicklung der „Desintegration" ist ausgehend von der Theorie der „gesellschaftlichen Individualisierung" (Beck 1986) weiterentwickelt und in der Folge explizit auf den Verursachungszusammenhang von G. bezogen worden (Heitmeyer 1994). Desintegrationspotenziale sind nach Heitmeyer (1992) die Auflösung von Beziehungen zu anderen Personen und Lebenszusammenhängen, die Auflösung der Verständigung über gemeinsame Wert- und Normvorstellungen und die Auflösung der faktischen Teilnahme an gesellschaftlichen Institutionen.

Offene und verdeckte Desintegrationspotenziale können durch tatsächliche Desintegrationserfahrungen zu Handlungskonsequenzen führen, in denen sich Gewaltformen wiederfinden. Zur Begründung und Legitimierung von gewalttätigem Handeln wird dieses dann mit subjektivem Sinn verbunden und als Gegengewalt, als „ultima ratio", als Ordnungsfaktor oder schließlich als normales Handlungsmuster gesehen mit der Konsequenz, dass die Gewaltschwelle abgesenkt und die Attraktivität von Gewaltanwendung gesteigert wird. Als Faktoren, die Desintegration fördern und zu gewaltförmigem Verhalten führen können, wurden in empirischen Untersuchungen u. a. eigene Gewalterfahrungen in und außerhalb der Familie (G. als erlerntes Verhalten), erlebtes Desinteresse, Instabilität und Gleichgültigkeit in der *Familie*, berufliche Integrationsprobleme und Mitgliedschaft in Gruppen mit ähnlichen Erfahrungen, in denen ein hoher Konformitätsdruck herrscht, identifiziert. Dabei kann Gewaltanwendung die Folge einer Eskalation konkreter Konflikte (situative G.), ideologisch, etwa politisch (z. B. rechts- bzw. linksextrem) bzw. religiös (z. B. islamistisch) motivierte und begründete instrumentelle G. oder einfach als expressive G. die Folge von Streitlust sein. Die geschlechtsspezifische Differenz von Gewalthandeln wird mit der männlichen Dominanzkultur erklärt. *Jungen* lernen andere Konfliktlösungsmuster als *Mädchen*, denn Schwäche zu zeigen spielt im männlichen Sozialisationsprozess eine untergeordnete Rolle. Die eigenen Schwächen und Misserfolge werden dann an körperlich Unterlegenen, anders Denkenden oder Aussehenden gewaltförmig ausagiert. Denn während auf der Ebene abwertender Ansichten gegenüber anderen Personen (etwa Migranten) kaum Unterschiede zwischen den Geschlechtern bestehen, zeigen sich bei der Ausübung von physischer G. sehr deutliche Unterschiede, wie die jährliche PKS ausweist.

Orte von Gewaltausübung

Untersuchungen weisen nach, dass physische und psychische G. in allen Lebensbezügen erlitten werden kann. Häufiger thematisiert werden häusliche G. gegen Kinder (Kindesmisshandlung, sexueller Missbrauch) und/oder Partnerin (Tatort Familie: *Gewalt in Familien*), Diskriminierung und Gewaltübergriffe in vorschulischen und schulischen Einrichtungen (Tatort Schule) und in stationären Einrichtungen der Jugend-, Behinderten- und Altenhilfe (Tatort Heim) (viele Beispiele in Heitmeyer/Schröttle 2006).

In öffentlichen und halböffentlichen Räumen (Straßen, Parks, Fußballstadien, Bahnhöfen) sind als Gewalttäter männliche Jugendliche und junge Erwachsene überproportional beteiligt. Gewalttaten finden dabei häufig aus Gruppen heraus und unter Alkoholeinfluss statt (Hooligans, Jugendgruppengewalt: *Fan-Clubs*).

Opfer von Gewalt
Neben der Täterseite spielt die Opferseite im Diskurs über Gewalthandeln eine zunehmende Rolle *(Täter-Opfer-Ausgleich)*. Das Erleben und Verarbeiten von physischen und psychischen Gewalterfahrungen (Viktimisierung) sind Thema der Viktimologie (Mansel 2001). Die Bearbeitung von Traumatisierungen der Opfer durch erlittene Gewalt hat sich inzwischen als ein therapeutisches Aufgabenfeld etabliert. Hilfe und Unterstützung bei der Durchsetzung ihrer Behandlungs- und Entschädigungsansprüche können Gewaltopfer durch den „Weißen Ring", Opfer sexueller G. vor allem durch spezialisierte Beratungseinrichtungen erhalten.

Sozialpädagogische Diagnostik
In der *sozialpädagogischen Diagnostik* steht die subjektive Bedeutung von Gewalthandeln für die Lebensbewältigung von Kindern und Jugendlichen im Mittelpunkt. Dabei müssen mehrere Aspekte beachtet werden. So kann G. ein Mittel zur Selbstwertsteigerung und -demonstration oder eine Reaktion auf Überforderung in sozialen Beziehungen und Problemkontexten sein. Sie kann aber auch zur Herstellung von Eindeutigkeit in einer unübersichtlich und widersprüchlich gewordenen sozialen Umwelt dienen oder als Ausweg aus sozialer Isolation, indem mangels kommunikativer und sozialemotionaler Kompetenzen soziale Beziehungen mit G. erzwungen werden.

Sozialpädagogische Angebote
Die Befassung mit Aggression und G. insbesondere bei jungen Menschen stellt angesichts der gesellschaftlichen Entwicklung ein wichtiges Aufgabenfeld der *Kinder- und Jugendhilfe* dar. Sozialpädagogische Angebote und Programme zur Ächtung von und Auseinandersetzung mit G. wurden in ihren unterschiedlichen Handlungsfeldern und -kontexten entwickelt und erprobt.

So finden primärpräventive Angebote in Form von Elterntrainings statt, die der Durchsetzung von gewaltfreier Erziehung in der Familie dienen, wie sie in § 1631 (2) BGB normiert ist: „Kinder haben ein Recht auf gewaltfreie Erziehung. Körperliche Bestrafungen, seelische Verletzungen und andere entwürdigende Maßnahmen sind unzulässig."

Primärpräventive Angebote für Kinder und Jugendliche zur Auseinandersetzung mit Aggression und G. finden in Kindertagestätten *(Tageseinrichtungen für Kinder/Kinderhorte)*, Schulen und in der *Jugendarbeit* statt. Sie dienen dazu, ein soziales Milieu zu schaffen, in dem G. als Handlungsform verpönt ist und der Selbstwert der Beteiligten durch eigenverantwortliche Aktionen und Projekte erlebt und gesteigert werden kann. Vielfältige Formen der Einzel- und Gruppenarbeit werden in der Kinder- und Jugendarbeit (z.T. in Zusammenarbeit mit Sportvereinen/*Sport*) gepflegt, hierzu zählen auch die im Rahmen des Aktionsprogramms gegen Aggression und Gewalt (AGAG) entwickelten sozialpädagogischen Arbeitsformen (zahlreiche Beispiele bei Bohn/Kreft/Segel 1997). Darüber hinaus werden in Schulen und in der Jugendarbeit soziale Gruppentrainings angeboten, deren Teilnahme freiwillig ist. Zu diesen zählen das „Coolness-Training" (CT) oder das „Be-Cool-Training" (BCT).

Sekundärpräventive Angebote zielen auf gewaltbereite Kinder und Jugendliche und deren Sozialräume. Sie finden häufig erst dann statt, wenn es bereits zu Gewaltereignissen gekommen ist. Zu diesem Angebotssegment zählen

- die *Mediation* bzw. Konfliktregelung durch ausgebildete Schülermediatoren in Schulen,
- das „Gruppendynamische Aggressionsschwellentraining" (GAT) als sozialer Trainingskurs (nach § 10 JGG) bzw. als soziale Gruppenarbeit (nach § 29 SGB VIII),
- das „Anti-Aggressions-Training bei Hoch-Risiko-Jugendlichen" als präventiv ausgerichtetes Angebot im Rahmen der Heimerziehung,
- das „Konfrontative Soziale Training" (KST) mit betont konfrontativer Ausrichtung der pädagogischen Haltung der Trainer und Einsatz konfrontativer Techniken,
- das Anti-Aggressions-Training „GAG – Was ist geiler als Gewalt?"

Verurteilte jugendliche und erwachsene Gewalttäter sind die Zielgruppe tertiärpräventiver Gruppenangebote im Strafvollzug, die sich seit den ersten Versuchen in den 1980er Jahren in unterschiedlichen Formen entwickelt haben. Ausgehend von dem *Anti-Aggressivitäts-Training* (AAT) in der JVA Hameln (Weidner [6]2008), das auf dem Grundkonzept einer konfrontativen Pädagogik beruht, seitdem weiterentwickelt wurde und als AAT heute markengeschützt ist, haben sich in den letzten Jahren Varianten ausdifferenziert wie

- „Sporttherapeutisch orientiertes Anti-Aggressivitäts-Training", mit dessen Hilfe die Körper-, Situations- und Selbstbeherrschung der Teilnehmer gefördert werden soll,
- „Leben ohne Gewalt organisieren" (LoGo), das auf die Sensibilisierung für die Ursachen und Folgen des eigenen Gewalthandelns zielt,
- Anti-Gewalt-Trainings (AGT) als Varianten des AAT mit ähnlichem modularen Aufbau.

Im Gegensatz zu diesen konfrontativen pädagogischen Trainings basiert das Trainingsprogramm „Verantwortung übernehmen – Abschied von Hass und Gewalt“ auf dem Konzept der „Verantwortungspädagogik“. Es verknüpft pädagogische Arbeit mit politischer Bildung und zielt insbesondere auf ideologisch motivierte (rechtsextremistische bzw. fundamentalistische) Gewalttäter. Es bietet als zusätzliches Modul die Möglichkeit des Coaching nach der Entlassung aus dem Jugendarrest bzw. der JVA an.

Seit dem AGAG (1992–1996) hat sich der Schwerpunkt nachfolgender Programme des Bundes von der direkten Bekämpfung von Rechtsradikalismus, Fremdenfeindlichkeit und Antisemitismus (z. B. CIVITAS, Entimon, Xenos) verlagert hin zur Förderung von Demokratie, Toleranz und Vielfalt (siehe Bundesprogramm „Vielfalt tut gut“). Die Einbindung und Vernetzung der kommunalen Ebene (z. B. im Rahmen der „Lokalen Aktionspläne“) und der unterschiedlichen zivilgesellschaftlichen Akteure spielen eine zunehmend wichtigere Rolle. Bezogen auf die Arbeit mit rechtsextremistisch gefährdeten Jugendlichen geht es auch verstärkt darum, Ansätze niedrigschwelliger und lebensweltbezogener Bildungsarbeit zur „Demokratieerziehung“ zu entwickeln, von denen eine gewaltpräventive Wirkung erwartet wird.

Helmut Lukas

Literatur

Arbeitsstelle Kinder- und Jugendkriminalitätsprävention (Hrsg.): Strategien der Gewaltprävention im Kindes- und Jugendalter. Eine Zwischenbilanz in sechs Handlungsfeldern, München 2007 • U. Beck: Risikogesellschaft, Frankfurt/M. 1986 • I. Bohn/D. Kreft/G. Segel (Hrsg.): Kommunale Gewaltprävention. Eine Handreichung für die Praxis, München 1997 (Bd. 5 der Reihe zum AGAG) • M. Fuchs: Bewirkt Mediengewalt Jugendgewalt? In: uj 4/2003, 170–178 • J. Galtung: Strukturelle Gewalt. Beiträge zur Friedens- und Konfliktforschung, Reinbek 1988 • B. Glock: Gewaltpräventive Angebote für Jugendliche. Eine Meta-Evaluation und Evaluationssynthese, in: uj 2/2015, 59–70 • W. Heitmeyer: Soziale Desintegration und Gewalt, in: deutsche jugend 3/1992, 109–122 • W. Heitmeyer (Hrsg.): Das Gewalt-Dilemma. Frankfurt/M. 1994 • Jugendgewaltprävention: Schwerpunktheft uj 7+8/2015 • J. Korn/T. Mücke: Gewalt im Griff (Bd. 2): Deeskalations- und Mediationstraining, Weinheim/Basel [3]2010 • H. Lukas: Trainings, Kurse und Seminare für junge Gewalttäter/innen – eine kritische Bestandsaufnahme. In: Berliner Forum Gewaltprävention Nr. 38, 8–16 (www.fes.de/forumpug/inhalt/dokuments/Prof.HelmutLukas.pdf) • J. Mansel: Angst vor Gewalt, Weinheim/München 2001 • Melzer u. a. (Hrsg.): Handbuch Aggression Gewalt und Kriminalität bei Kindern und Jugendlichen, Bad Heilbrunn 2014 • H. Selg/U. Mees/D. Berg: Psychologie der Aggressivität, Göttingen [2]1997 • K. Wahl: Aggression und Gewalt: Ein biologischer, psychologischer und sozialwissenschaftlicher Überblick, Heidelberg [7]2012 • K. Wahl/K. Hees: Täter oder Opfer? Jugendgewalt: Ursachen und Prävention, München 2009 • J. Weidner: Anti-Aggressivitäts-Training für Gewalttäter. Bonn [7]2011 • J. Weidner/R. Kilb (Hrsg.): Handbuch Konfrontative Pädagogik, Weinheim/München 2011.

Gewalt in Familien

Machtmissbrauch und körperliche Übergriffe

Innerhalb einer Gesellschaft, die ein staatliches Gewaltmonopol dem Anspruch nach sicherstellt (s. dazu auch *Gewalt*), bestehen Reservate der zugelassenen, legitimen G., der körperlichen und/oder sexuellen Verletzung. Die *Familie* nimmt dabei eine Schlüsselstellung ein, weil sich in ihr zwei fundamentale Abhängigkeitsverhältnisse treffen: das Geschlechter- und das Generationenverhältnis. Beide erlauben in besonderem Maße Machtmissbrauch und körperliche Übergriffe. In ihrer traditionellen Ausprägung sind beide, Geschlechter- wie Generationenverhältnis, hierarchisch angelegt; als Ort der Nähe und der Bedürfnisbefriedigung bietet die Familie daher Raum für das einseitige Ausleben der Impulse des Stärkeren. Nur schwer setzt sich das neuere Ideal der Ehe als Partnerschaft gegen die Tradition männlicher Dominanz ansatzweise durch.

In der Familie werden auch heute noch Primärerfahrungen davon vermittelt, wer gegen wen G. anwenden kann oder darf. Sie kumulieren nicht selten bei *Mädchen,* die in beiden Machtachsen unterlegen und ausbeutbar sind. Als Folge erscheinen sie später wie prädestiniert dafür, Übergriffe am eigenen *Körper* in der Schule, am Arbeitsplatz oder in Beziehungen hinzunehmen; zuweilen hat es sogar den Anschein, als würden sie Übergriffe als Bestätigung ihrer Weiblichkeit empfinden, oder sie bieten sich dafür an *(Prostitution).* Repräsentative Studien deuten darauf hin, dass etwa ¼ aller Mädchen bis zum 16. Lebensjahr (und ein Zehntel aller *Jungen*) sexuelle G., meist in der Familie oder im nahen Familienumfeld, erlebt haben; dies muss zum Verständnis des oft zwiespältigen Verhaltens von weiblichen Jugendlichen gegenüber männlichem Dominanzgebaren bedacht werden.

Ist die Familie strukturell ein Ort möglicher G., so ist die inhaltliche Seite – die fatale Vermengung von G. und männlicher *Sexualität* – in unserer Kultur angesiedelt und durchdringt alle Bereiche des Lebens. „Die gängige Liebesordnung ist offenbar mit Besitzansprüchen und Machtübergriffen verknüpft" (Godenzi); das bedeutet, dass „ganz normale" Sexualität mit einem Potenzial an Männergewalt versehen ist, das ebenso gut eigenständig und ohne Beimischung von „Liebe" auftreten kann – als Vergewaltigung, als G. an Prostituierten oder als Sextourismus. Umgekehrt erleben wir täglich in der Ersatzwirklichkeit der *Medien,* wie G. geradezu sexualisiert wird: Kriegsvorbereitung und Waffensysteme werden in Bildern und Fantasien von Potenz gekleidet, Sieger in der Armee wie in der privaten Prügelei werden als begehrenswerte Männer dargestellt. Pornographie und Werbung neigen beide dazu, kindlich wirkende Mädchen erotisch herzurichten: Die Botschaft, dass der kindliche Körper für männliche sexuelle Wünsche bereitsteht, legitimiert unterschwellig den sexuellen Missbrauch. Kurzum: Die sexuelle G., die in Familien ungehindert stattfindet, hat ihre Ursachen in einer Kultur, die Vergewaltigung als Möglichkeit vorsieht.

Begriffsbestimmung

Die Bemühung um eine Begriffsbestimmung von G., die seelische Verletzungen berücksichtigt, unterliegt einer Täuschung von Objektivität: G. so zu definieren, dass sie für einen unbeteiligten Dritten erkennbar ist. In Wirklichkeit gibt es jedoch keinen unbeteiligten Dritten bei Misshandlung, besonders in der Familie. Hat nur ein Elternteil das Kind geschlagen, so hat der andere zugesehen, davon gewusst, ohne zu verhindern und vielleicht ohne zu trösten – wenn auch nur aus Angst um die eigene Haut. Im Erleben des Kindes sind alle, die stärker als es selbst sind, an dem eigenen Ausgeliefertsein mitbeteiligt. Es gibt nicht wenige *Frauen,* die deshalb selbst misshandelt werden, weil sie sich schützend vor ihre Kinder stellen. Aber auch Kinder können beteiligt sein an der Misshandlung der Mutter: Es kann z. B. ein 3-jähriges Mädchen in die Lage kommen, darüber zu bestimmen, wie lange die Mutter geschlagen wird, weil Papa erst aufhört, wenn seine Tochter ihn darum bittet.

Es gibt keinen unbeteiligten Beobachter, solange das Gewaltverhältnis fortbesteht. Jeder, der von Misshandlung erfährt, ohne dagegen Stellung zu beziehen, Schutz oder Hilfe anzubieten, trägt dazu bei, dass das Opfer sich wertlos und schuldig fühlt. Das Problem der G. im Geschlechterverhältnis verweist auf das Versagen des Gemeinwesens, auf die Fragmentierung und Isolierung der Paare und der Familien. Solange es möglich ist, die G. selbst oder ihre unmittelbaren Auswirkungen zu beobachten, kann nur parteilich geurteilt werden, inwiefern es sich um G. gehandelt hat. Daher wird jede empirisch brauchbare Definition von G. entweder den Standpunkt des Misshandlers oder den Standpunkt des Misshandelten widerspiegeln.

- Vom Standpunkt des Misshandlers liegt dann G. vor, wenn eine gewalttätige Absicht eingestanden wird oder wenn die Auswirkungen (etwa Blut oder Knochenbrüche) unübersehbar darauf verweisen. Diese Sichtweise ist vorherrschend in unserer Gesellschaft: eine Denkweise, die eine Ohrfeige nicht als G. begreift, die Verständnis erheischt, wenn „nur" im Affekt geschlagen wird, die Schläge in erzieherischer Absicht anerkennt.
- Vom Standpunkt der Misshandelten ist G. grundsätzlich anders zu fassen: Sie ist durch die Unmöglichkeit bestimmt, sich gegen eine Grenzverletzung zu wehren oder überhaupt erst Grenzen zu setzen. Und wir gelangen dabei zu unterschiedlichen Begriffen von G., je nachdem, welche Art von Solidarität wir mit den Opfern halten.

Ein Begriff von G., die nicht auf Rechtfertigung und Verständnis für Misshandler fußt – ein parteilicher Begriff gegen G. –, entsteht in der praktischen Stellungnahme. Emanzipatorische Solidarität mit den Opfern heißt dann: Unterstützung zur Eigenständigkeit, Bekräftigung darin, sich aus dem Ausgeliefertsein zu lösen; nicht aber Unterstützung zum Selbstmitleid und zur Suche nach einem milderen Herrn. Wenn in einem ausgeweiteten Gewaltbegriff alles, was Wut, Stärke oder Durchsetzung ausdrückt, einbegriffen und verpönt wird, so entspricht dies einer bloß karitativen Praxis der Wehklage. Nicht die Ausdrucksformen machen die G. aus, sondern die eingeschränkten Reaktionsmöglichkeiten der Betroffenen. Zur Überwindung der G. und zur Heilung der Verletzungen benötigen sie Erfahrungen eines sozialen Umfeldes, das G. unmissverständlich ablehnt.

Solidarität steht vor besonderen Schwierigkeiten bei sexuellem Missbrauch, da hier gezielte Verheimlichung die Regel ist. Missbrauchende Männer – dies hat sich bei der Arbeit mit Tätern bestätigt – gehen i. d. R. planmäßig vor und legen es darauf an – oft lange Zeit mit Erfolg –, dass niemand davon erfährt; verängstigt und verwirrt trägt das betroffene Kind das Schweigen mit. Für Helfer ist die Gefahr groß, aus Identifikation mit dem Kind zu unterstellen, die Mutter habe den Missbrauch wissentlich zugelassen. Sie werden dabei von einer Kultur beeinflusst, die bei sexueller G. die Schuld überall sucht, nur nicht beim Täter selbst. Das tun die Opfer auch selbst: Misshandelte Frauen schreiben die G. des Mannes seiner Kindheit oder den Umständen zu oder geben den Kindern die Schuld dafür, dass sie ihm ausgeliefert waren; missbrauchte Kinder sind vom Mitwissen der Mutter überzeugt. Es wäre keine Solidarität und keine Hilfe, diese den Täter entlastenden Hilfskonstruktionen zu übernehmen. Die Definition davon, was G. war, muss zwar aus der Perspektive des Opfers geschehen; aber Ziel der Hilfe ist es, auf jene innere und äußere Freiheit hinzuarbeiten, die es erlaubt, die Verantwortung dafür beim Täter anzusiedeln. Dies ist individuell und allein nicht zu leisten: Die soziale *Hilfe* hat daher eine unabdingbare Pflicht zur gesellschaftlichen Aufklärung.

Frauenmisshandlung

Seitdem es selbstverwaltete Zufluchtsstätten für misshandelte Frauen gibt *(Frauenhäuser)*, wissen wir, dass die Gruppe der misshandelten Frauen sich nicht wesentlich anders zusammensetzt als die weibliche Bevölkerung insgesamt, dass es Männer aus allen sozialen Schichten gibt, die ihre Frauen schlagen. Frauen werden jahrelang in der Ehe oder im Zusammenleben vom Mann geschlagen, getreten, gedemütigt und bedroht; sie werden mit Gegenständen traktiert, eingesperrt und überwacht, bis zur Bewusstlosigkeit gewürgt; Knochenbrüche und innere Verletzungen sind häufige Folgen. Männer, die unter Alkoholeinfluss zuschlagen, tun dies auch nüchtern. Vielfach ist eine Schwangerschaft Anlass für den Beginn oder eine Steigerung der Misshandlungen. Männer beschimpfen und schlagen „ihre" Frauen vor den Kindern, damit diese ihre Mutter verachten lernen. Doch Schläge sind nicht alles. ⅓ der Frauen im ersten Berliner Frauenhaus waren zuvor erwerbstätig; doch als Folge der Prügel haben viele Frauen keinen Arbeitsplatz lange halten können. Oft erhalten sie vom Mann kaum Geld, auch wenn er gut verdient, es kommt vor, dass eine Frau nicht einmal eigene Wohnungsschlüssel hat. So wird deutlich, dass Misshandlung Teil einer Strategie der Beherrschung ist, die nach und nach das ganze Leben einer Frau der Kontrolle des Mannes unterwirft.

Dabei hat die Misshandlungsbeziehung offenbar eine Eigendynamik der Steigerung. Tradierte Vorstellungen, dass der Mann der Herr im Hause sei und die Frau seine Bedürfnisse zu erfüllen habe, stehen am Anfang, doch die G. verstärkt wiederum diese Rollenvorstellungen. Innerhalb der Beziehung verschwindet immer mehr die konkrete Person hinter abstrakte Bilder der Frau, des Mannes, wie sie zu sein haben. Frauen klammern sich oft an die Hoffnung, durch eigene Bemühungen diesen Erwartungen zu genügen, erleben aber, dass Rollenerfüllung und Unterwerfung nur noch die G. steigern. Es bedarf daher eines inneren Wendepunktes, einer völligen Umorientierung, damit eine Frau die Misshandlungssituation verlässt. Daher, aber auch aufgrund der erschwerenden materiellen Hindernisse, kommen Frauen oft mehrmals für kurze Zeit in Notsituationen ins Frauenhaus und kehren erst einmal zum misshandelnden Mann zurück. Nachgehende Befragungen zeigen, dass diese Frauen teilweise später die Trennung schaffen.

Misshandlung wird gelernt. Misshandler wurden immer wieder darin bestärkt, ihre Bedürfnisse gewaltsam durchzusetzen. Damit mag zusammenhängen, dass sie selten Beratung oder Hilfe suchen, um ihr eigenes Verhalten zu verändern, sondern am ehesten dann, wenn die gewohnte G. nicht mehr „greift", die Frau sich trennt. Das Anliegen des verlassenen Mannes an einer Beratungsstelle ist zumeist, ihm zu der gewohnten Wirksamkeit seiner G. zu verhelfen: dafür zu sorgen, dass die Frau ihm wieder verfügbar ist. Für den Misshandler hat die G. zunächst nicht den Stellenwert eines Problems, sondern den einer Lösung: und man trennt sich ungern von eingeübten Lösungen. Jede beratende Hilfe für Misshandler muss daher zuallererst die Hilfe zur erneuten Verfügung über Misshandlungsopfer verweigern.

Die individuelle G. gilt im öffentlichen Bewusstsein als bedauerliche Ausnahme, erklärbar durch das Fehlverhalten einzelner. Möglich ist diese G. jedoch, weil gesellschaftliche Institutionen sie fördern. Bis vor kurzem fehlte Frauen jeder rechtliche oder polizeiliche Schutz bei Gewaltdelikten aller Art, einschließlich der intimen Erniedrigung der Vergewaltigung, sofern sie zuvor mit dem Täter zusammengelebt haben. Bis 1997 galt eine juristische Definition der Vergewaltigung als erzwungener Beischlaf „außerhalb der Ehe". Bis 1988 legten RL der StA fest, dass bei Körperverletzung im privaten Lebenskreis das Opfer auf den Privatklageweg zu verweisen ist. Zehn Jahre nach dem ersten Frauenhaus-Erfahrungsbericht haben die Justizminister der Länder dies geändert, doch weder Politik noch Justiz, noch Polizei zog zunächst daraus praktische Konsequenzen. Hilfreicher scheint die Einrichtung von Sonderdezernaten in der StA: Die kontinuierliche Begegnung mit Fällen sexueller G. qualifiziert und motiviert zur aktiven Intervention.

Wege gegen häusliche Gewalt

Seit 1995 prägen, zunächst in Form von lokalen Runden Tischen, dann mit einem aus Bundesmitteln geförderten Modellprojekt, kommunale Interventionsprojekte zunehmend den Umgang mit häuslichen G. Insbes. die Unzufriedenheit der Frauenschutzorganisationen und der Polizei mit der begrenzten Reichweite ihrer bisherigen Handlungsmöglichkeiten haben den Weg zur interinstitutionellen Kooperation gewiesen. In einem breiten Verbund u. a. mit Justiz, sozialen Diensten, Kinderschutz-, Frauen- und auch Männerprojekten hat das Berliner Modellprojekt „Beendet häusliche Gewalt" des BIG e. V. gezeigt, wie Intervention im Rahmen der bestehenden Gesetze effektiver werden kann, hat aber auch Vorarbeit für Änd. in Gesetzen und VO geleistet. Hierbei entstehen auch neue Arbeitsansätze, die flankierend die bewährte und weiterhin unverzichtbare Arbeit der *Frauenhäuser* ergänzen und zudem auch andere Zielgruppen erreichen: in Berlin eine zentrale „Hotline" mit Übersetzungsdienst für Migrantinnen und eine mobile aufsuchende Intervention, in mehreren Flächenstaaten Interventionsstellen, die nach Polizeieinsätzen informiert werden und proaktiv der betroffenen Frau Beratung und Unterstützung anbieten, verschiedene Modelle der „Täterarbeit" mit misshandelnden Männern, denen Sanktionen durch Gerichte oder JA drohen oder die wegen G. von der Polizei aus der Wohnung gewiesen wurden. Trotz unvermeidlicher Kontroversen zeichnet sich dieses Arbeitsfeld durch Dynamik und vielseitiges Engagement aus.

Besondere Brisanz hat dabei die „Täterarbeit", die generell weniger als „Therapie" denn als Gruppenarbeit i. S. eines sozialen Trainingskurses befürwortet wird. Umstritten ist zum einen, ob tiefere Ursachen in er Lebensgeschichte des Mannes Thema sein sollten oder allein sein gegenwärtiges Verhalten, in der Familie und gegen Frauen (und eben nicht beliebig) mit G. seine Bedürfnisse durchzusetzen. Zum anderen ist kontrovers, inwiefern die Männerberatung in einem Kooperations- und Verpflichtungszusammenhang mit anderen Instanzen (mit der Justiz, aber auch mit den Frauenschutzprojekten) eingebunden sein sollte. Die internationale Erfahrung weist darauf hin, dass es Frauen und Kinder ernsthaft gefährden kann, wenn die Beratung gewalttätiger Männer von anderer Intervention abgekoppelt verläuft. Der Grundsatz der Freiwilligkeit in der Beratung steht in diesem Feld konträr zur Tatsache, dass es um wiederholte strafbare Handlungen mit Gefahr für Leib und Leben geht. Überwiegend führt die Praxis zu einem abgestuften und pragmatischen Umgang mit der Freiwilligkeit der Teilnahme. Auch wird begonnen, Muster des Gewaltverhaltens stärker zu unterscheiden und Indikatoren für die Gefahrenabschätzung zu identifizieren.

Die BReg hat im November 1999 einen ersten umfassenden Aktionsplan zur Bekämpfung von G. gegen Frauen verabschiedet und im Aktionsplan II 2012 fortgeschrieben. Das am 1. 1. 2002 in Kraft getretene Gewaltschutzgesetz (§ 1631 BGB) erleichtert eine schnelle Intervention bei häuslicher G. Ergänzt durch erforderliche Novellierungen der Landespolizeigesetze ermöglicht es der Polizei, bei aktueller G. oder Bedrohung den Täter sofort aus der Wohnung zu weisen und ihm die Rückkehr für eine festgelegte Zeit zu verbieten. Der Frau wird es erleichtert, eine Schutzanordnung zu erhalten, die es dem Mann untersagt, die Wohnung oder deren Umkreis zu betreten oder Verbindung zur verletzten Person aufzunehmen; erleichtert ist ferner die gerichtliche Wohnungszuweisung zur alleinigen Nutzung. Zum ersten Mal werden Nachstellungen (stalking) unter Strafe gestellt, die für misshandelte Frauen nach einer Trennung häufig eine große Belastung darstellen: Die Forschung belegt, dass Trennung bzw. Scheidung das Risiko von G. einschließlich von Tötungsdelikten erhöht.

Kindesmisshandlung

Zeitlich parallel zu Frauenhäusern entstanden Kinderschutzzentren mit einem neuen Konzept der Hilfe für Familien, in denen Kinder misshandelt werden. Deren Ausrichtung war von Anfang an stärker pädagogisch-therapeutisch, die Betroffenenperspektive spielt eine geringere Rolle. Die Definition von G. geht von feststellbaren objektiven Folgeschäden aus, die schutzwillige Erwachsene erkennen sollen. Das hat Gründe: Misshandelte Kinder sind oft weder subjektiv noch objektiv in der Lage, „Erziehung" als G. zu benennen oder Hilfe zu suchen.

Kindesmisshandlung scheint sowohl vom Geschlecht des Kindes als auch von der sozialen Lage der Familie beeinflusst zu werden. Obwohl frühe Misshandlung im Säuglingsalter unabhängig vom Geschlecht des Kindes vorkommt, ändert sich dies mit dem Alter und den Herausforderungen, erziehen zu müssen. Söhne werden härter und häufiger gezüchtigt als Töchter; bei ärmeren Familien kommen Schläge als Erziehungsmittel häufiger vor. Sexueller Missbrauch trifft hingegen eher Töchter und ist sozial gleichmäßig verbreitet, möglicherweise sogar vermehrt in den höheren sozialen Schichten zu finden. Die Unterschiede sind allerdings nicht sehr groß, insbes. wenn körperliche und seelische Misshandlung sowie Vernachlässigung zusammen betrachtet werden.

Die Aufmerksamkeit des heutigen *Kinderschutzes* gilt der Familie als ganzer. Die Wurzeln der Kindesmisshandlung scheinen oft in die Kindheit der Eltern zurückzureichen. Sie können die Bedürftigkeit ihres Kindes nicht ertragen, weil sie selber noch bedürftig sind. Deshalb ist eine relativ große Bereitschaft erkennbar, wenn die Angst vor Strafe abgebaut wird, Hilfe zu suchen und anzunehmen. Demgegenüber sind, auch nach dem Stand der heutigen Fachkenntnis, bei sexuellem Missbrauch andere Interventionsstrategien erforderlich, u. a. weil die Gefahr der Verleugnung und der Abschottung des Kindes gegen jede Hilfe viel größer ist.

Neuere Studien belegen, dass körperliche und auch sexuelle G. gegen Kinder häufiger dann vorkommt, wenn eine Frau vom Partner misshandelt wird. Prospektive Studien zeigen, dass häusliche G. gegen die Mutter während der ersten sechs Lebensmonate des Kindes das Risiko von Kindesmisshandlung oder Vernachlässigung während der folgenden fünf Lebensjahre um das Zwei- oder Dreifache erhöht. Retrospektive Befragungen ergeben, dass Jugendliche, die G. gegen die Mutter erlebt haben, bis zu 8-mal häufiger als andere von einem oder beiden Elternteilen misshandelt worden sind.

So gilt es einerseits zu erkennen, dass Frauen selbst Täterinnen sein können; gerade gegenüber Kindern sind sie zu G. fähig: seelisch, körperlich und auch sexuell. Andererseits ist es für Kinder stark belastend, direkt oder indirekt (z. B.: vom Nebenraum aus) mitzuerleben, dass die Mutter, die zumeist die erste und wichtigste Quelle von Schutz und Geborgenheit für sie war, vom Partner geschlagen oder gedemütigt wird und dem hilflos ausgeliefert ist.

Dadurch, dass Kinderschutz und Arbeit gegen G. gegen Frauen lange Zeit getrennte Wege gingen, wurden die Zusammenhänge nach beiden Seiten hin ausgeblendet. Neuere Gesetzesänderungen und Begleitmaßnahmen, aber auch neuere Kooperationsformen in den Kommunen haben eine Reihe von Veränderungen gebracht. Seit dem 2. 11. 2000 haben Kinder nach § 1631 BGB ein Recht auf gewaltfreie Erziehung. Nach § 223 StGB machen sich Eltern (und andere Personen) strafbar, wenn sie ihre Kinder schlagen. Überdies weisen die Ergebnisse der Begleitforschung zu Interventionsprojekten darauf hin, dass JÄ und Polizei deutlich häufiger tätig werden, wenn Kinder betroffen oder bei G. gegen die Mutter anwesend sind. Neue Interventionsstellen, proaktive und mobile Beratungsansätze für häusliche G. wurden verstärkt in den Kinderschutz einbezogen. Das am 1. 1. 2012 in Kraft getretene Bundeskinderschutzgesetz hat weitere Verbesserungen des Kinderschutzes gebracht. Dazu zählen insbes. die „Frühen Hilfen“ als präventives Angebot für belastete Familien, die Fachberatung für (werdende) Eltern durch Ärzte und Hebammen sowie die fachübergreifende Kooperation von Fachkräften.

Sexueller Missbrauch

Jede einem Kind aufgedrängte sexuelle Intimität, die auf die Befriedigung der Bedürfnisse eines Erwachsenen angelegt ist, muss als sexueller Missbrauch betrachtet werden. In der erwachsenen Sexualität sind zärtliche und aggressive Anteile miteinander verwoben, die bei Kindern noch je für sich bestehen; daher ist die sexuelle Begegnung mit den Begierden der Erwachsenen immer – auch wenn die eigene erotische Aktivität des Kindes im Vorfeld hineingespielt hat – für Kinder bedrohlich und verletzend. Wird dazu noch Vertrauen oder Autorität ausgenutzt, um sexuelle Übergriffe fortzusetzen, so ist eine Traumatisierung wahrscheinlich. Die Folgen können das Opfer ein Leben lang begleiten; sie ähneln in vielem den seit längerem erforschten Wirkungen von Trauma durch Krieg oder Katastrophe, u. a. darin, dass sie typisch psychosomatisch sind und dass die Erinnerung daran fragmentarisch und abgespalten ist. Sexuelle G. greift in besonderem Maße schädigend in das Körpererleben ein: Die „Flucht aus dem Körper“ als Überlebensweg, der Wiederholungszwang und der Selbsthass führen teilweise zu Magersucht, Prostitution oder Drogengebrauch.

Durch die oft erhitzte öffentliche Diskussion seit Mitte der 1980er Jahre wurden soziale und pädagogische Fachkräfte zunehmend aufmerksam und informiert. Die Alltäglichkeit gewaltförmiger Sexualität, wie sie insbes. an Mädchen verübt wird, tritt ins Bewusstsein und auch, dass diese G. meist weit vor der Pubertät und oft schon im Säuglings- und Kleinkindalter beginnt. Jungen werden eher außerhalb der Familie missbraucht; auch bei ihnen sind die Täter zumeist Männer.

Wenn Frauen missbrauchen, steht dies oft im Zusammenhang mit Pflege; sie wenden weniger physischen Zwang an, die Übergriffe sind seltener mit Körperverletzung verbunden. Nur eine Minderheit der Missbrauchsopfer üben als Erwachsene selbst G. an Kindern aus; diese Verarbeitung ist eher bei Männern zu finden. Missbrauchte Mädchen haben jedoch als Frauen eine höhere Wahrscheinlichkeit, erneut sexualisierte G. zu erleiden.

Die erheblich häufigere Betroffenheit, das Eindringende und Verletzende der typischen Missbrauchsformen sowie der vorrangige Tatort Familie rechtfertigen die besondere Sorge um sexuelle G. an Mädchen. Hinzu kommt, dass das Kindheitstrauma auf so viele Weisen im Leben von Frauen sich wiederholen kann: Alltagserfahrungen von sexueller Nötigung und Belästigung vermitteln auf diesem Hintergrund das Gefühl der Unausweichlichkeit. Andererseits ist es für Männer extrem schwer, über erlittenen Missbrauch zu sprechen oder in ihrem Erleben, Opfer von G. zu sein, ernst genommen zu werden.

Der aktuelle sexuelle Missbrauch ist ein schwieriges Feld der Intervention. Die Betroffenen können meist nicht, oder erst nach Jahren, aus eigenem Antrieb Schutz und Hilfe suchen und nicht klar darstellen, was geschehen ist; die ersten Signale und Mitteilungsversuche sind oft nonverbal, bspw. durch Zeichnungen oder sexualisiertes Agieren. Verdachtsmomente richtig einzuschätzen erfordert Fachwissen, aber auch persönliche Aufgeschlossenheit und die Fähigkeit, die mitgeteilte G. auszuhalten. Inzwischen bieten sich Fachkräften eine Vielzahl Beratungs- oder Fortbildungsmöglichkeiten, die zum Handeln befähigen. In Arbeitskreisen und verschiedenen Berufsgruppen werden Weiterbildungen sowie Empfehlungen zur Verbesserung der Zusammenarbeit verschiedener Institutionen erarbeitet.

Die Erkenntnisse der Psychotraumatologie zeigen, dass Gewalterfahrungen, d.h. physische und psychische Verletzungen, Angst und Hilflosigkeit bei den Betroffenen lange nachwirken und dass das Sich- Wiedererinnern das Leben prägt. Oft ist die Scham Betroffener so groß, dass sie erst Jahre nach ihren Gewalterfahrungen darüber sprechen können.

Die Kontroverse über den sexuellen Missbrauch macht deutlich, dass es nicht ausreichend war, das Recht auf „Nein" – für Frauen und Kinder – geltend zu machen. Denn die schlimmste Verlassenheit erfahren die, die gar nicht erst nein sagen können. Wir werden in Zukunft nicht nur über Macht, sondern auch über Sexualität reden müssen, und dies nicht wertfrei, sondern in der Verpflichtung auf die Vision eines gewaltfreien Geschlechterverhältnisses.

Carol Hagemann-White

Literatur

Aktuelle Daten (2014/2015) zur Gewalt in Familien, zu Kindesmisshandlung und -vernachlässigung s. www.fruehehilfen.de/Forschung ◆ P. Bastian/A. Diepholz/E. Lindner (Hrsg.): Frühe Hilfen für Familien und soziale Frühwarnsysteme, Münster 2014 ◆ Bundeskriminalamt: Gewalt in Paarbeziehungen, online www.bka.de vom 22. 11. 2016 ◆ BMFSFJ: Gemeinsam gegen häusliche Gewalt. Kooperation, Intervention, Begleitforschung. Forschungsergebnisse, Berlin 2006 ◆ BMFSFJ: Mehr Schutz bei häuslicher Gewalt, Berlin ³2010 ◆ BMFSFJ: Aktionsplan II der BReg. zur Bekämpfung der Gewalt gegen Frauen, Berlin ⁴2012 ◆ M. Brückner: Wege aus der Gewalt gegen Frauen und Mädchen, Frankfurt/M. ²2002 ◆ G. Deegener/W. Körner: Kindesmisshandlung und Vernachlässigung. Ein Handbuch, Göttingen 2005 ◆ U. Egle u. a. (Hrsg.): Sexueller Missbrauch, Misshandlung, Vernachlässigung, Erkennung und Therapie psychischer und psychosomatischer Folgen früher Traumatisierungen, Stuttgart ⁴2015 ◆ J. M. Fegert u. a.: Sexueller Missbrauch. Zeugnisse-Botschaften-Konsequenzen, Weinheim/München 2013 ◆ C. Hagemann-White u. a.: Parteilichkeit und Solidarität: Praxiserfahrungen und Streitfragen zur Gewalt im Geschlechterverhältnis, Bielefeld 1997 ◆ ISS e. V. (Hrsg.): Vernachlässigte Kinder besser schützen. Sozialpädagogisches Handeln bei Kindeswohlgefährdung, München ²2012 ◆ C. Knödler: „Das hat noch keinem geschadet". Vom Mythos der zulässigen elterlichen Gewalt gegenüber Kindern, in: ZKJ 2/2007, 58–67 ◆ H.-J. Lenz (Hrsg.): Männliche Opfererfahrungen. Problemlagen und Hilfeansätze in der Männerberatung, Weinheim 2000 ◆ C. Spitzer/H.-J. Grabe: Kindesmisshandlung: Psychische und körperliche Folgen im Erwachsenenalter, Stuttgart 2012 ◆ Th. Meysen/P. Eschelbach: Das neue Bundeskinderschutzgesetz, Baden-Baden 2012.

Gewerkschaften

Definition

G. sind freiwillige, freie, demokratische, auf Dauer angelegte überbetriebliche Vereinigungen von abhängig Beschäftigten zur Wahrung und Förderung der wirtschaftlichen, sozialen, beruflichen, ökologischen und kulturellen Interessen ihrer Mitglieder und darüber hinaus aller abhängig Beschäftigten. In den G. nehmen die abhängig Beschäftigten ihr Grundrecht auf kollektive Durchsetzung besserer Arbeits- und Wirtschaftsbedingungen (Koalitionsrecht) gemäß Art. 9 (3) GG wahr, erforderlichenfalls auch durch Arbeitskampfmaßnahmen (Streikrecht, vgl. Art. 9 (3) GG). Zu den wesentlichen Merkmalen einer G. gehören deshalb die Fähigkeit der Organisation zur Ausübung eines sinnvollen Druckes auf die Arbeitgeber, die Bereitschaft zur Durchführung von Arbeitskämpfen und die Unabhängigkeit von Arbeitgebern, Parteien, Kirchen und staatlichen Organen. Nur Organisationen mit diesen Merkmalen sind tariffähig, d. h. auf Arbeitnehmerseite können verbindliche Tarifverträge nur von G. abgeschlossen werden.

Solidarität und soziale Gerechtigkeit

Gewerkschaftliche Interessenvertretung stützt sich auf die *Solidarität* aller Arbeitnehmer und Beamten, die aus deren Interessengleichheit als abhängig Beschäftigte erwächst. Zudem schließen sich immer mehr arbeitnehmerähnlich Beschäftigte und Scheinselbständige, die oft in erheblicher wirtschaftlicher Abhängigkeit von Unternehmen stehen, den G. an.

Die G. waren lange Zeit durch Formen einer Solidarität geprägt, die sich stark auf männliche Facharbeiter in Großbetrieben konzentrierte – in Industrie- stärker als in Dienstleistungsgewerkschaften. In die gewerkschaftliche Solidarität sind heute jedoch tendenziell alle auf Erwerbsarbeit angewiesenen Frauen und Männer einbezogen, gleichgültig, ob sie sich in Normalarbeitsverhältnissen, in ungeschützten Arbeitsverhältnissen, im Status der Schein- oder der riskanten Selbständigkeit in Firmen der New Economy befinden, oder ob sie derzeit arbeitslos sind *(Arbeit/Arbeitsmarkt)*. „Alle diese Menschen haben drei Dinge gemeinsam:

- Sie müssen ihre Arbeitskraft oder ihre Arbeitsprodukte stetig verkaufen, um ein menschenwürdiges Leben führen zu können;
- Sie sind in ihren Lebenschancen durch die Zufälle des Marktes und durch aggressive Strategien von Kapital und Management bedroht;
- Sie sind allein auf Dauer nicht stark genug, diese Bedrohungen abzuwehren, brauchen also Hilfe, Stützung, Solidarität.

Die Chance, diese sehr verschiedenen Gruppen solidarisch zusammenzubringen, erfordert von den G. organisatorische Fantasie, Experimentierfreudigkeit und Bündnisfähigkeit, etwa mit Arbeitslosengruppen" (Kurz-Scherf/Zeuner).

Die Reformen dieses Jahrzehnts in den G. und im DGB orientieren sich an den Grundsätzen verstärkter Solidarität, Mitgliederbeteiligung und Bündnisorientierung, an der Notwendigkeit gemeinsamer Durchsetzung sozialer Gerechtigkeit *(Gerechtigkeit, soziale)*.

Grundfunktionen der Gewerkschaften

Nach eigenem, in demokratischen Gesellschaften akzeptiertem Selbstverständnis erfüllen die G. drei historisch gewachsene Grundfunktionen:

1) Die ursprüngliche Funktion der G. war (und ist) die Schutzfunktion. Abhängig Beschäftigte schützen sich und ihre Familien durch die Vereinigung in G. gemeinsam vor den Risiken und Gefährdungen des beruflichen und privaten Lebens, insbes. vor den Folgen wirtschaftlicher und sozialer Ungleichheit, einseitigen Gewinnstrebens und der Diskriminierung Schwächerer.
2) Mit der Anerkennung der G. als Koalition der abhängig Beschäftigten, als Tarifvertragspartei und Verhandlungspartner der Arbeitgeber sowie als Interessenvertretung abhängig Beschäftigter im System der *Sozialen Sicherung* trat neben die Schutzfunktion der G. ihre Ordnungsfunktion *(Sozialpolitik)*. Diese Funktion ist rechtlich ausgestaltet im Tarifvertragsrecht, im BetrVerfG, in den Personalvertretungsgesetzen des Bundes und der Länder, in den Mitbestimmungsgesetzen von 1951 und 1976 sowie in den gesetzlichen Regelungen über die Mitwirkung der G. in der sozialen Selbstverwaltung der gesetzlichen Kranken-, Renten-, Unfall- und Arbeitslosenversicherung.
3) Aus dem erweiterten gewerkschaftlichen Selbstverständnis und dem größeren Aktionsraum der G. als Gegenmacht in kapitalistischen Wirtschaftsordnungen erwächst schließlich ihre Gestaltungsfunktion. Diese Aufgabe reicht über die Gestaltung der unmittelbaren Arbeits- und Lebensbedingungen hinaus bis hin zur Verwirklichung von sozialer Gerechtigkeit und Freiheit für alle in einem demokratischen, rechtsstaatlichen und sozialen Gemeinwesen (Art. 9 (3) i. V. m. Art. 20 und 28 GG). Politik und Praxis der G. ist an dem Leitbild der vollgültigen demokratischen Mitwirkung und Mitbestimmung aller Beschäftigten an der Gestaltung von Wirtschaft, Arbeit, Gesellschaft und Staat ausgerichtet. Im Spannungsfeld zwischen Ordnungs- und Gestaltungsfunktion erweisen sich die G. immer wieder als Motor einer sozialen Bewegung, als Kraft, die gemeinsam mit allen Betroffenen den sozialen Fehlentwicklungen in Politik und Wirtschaft entgegentritt und soziale Gerechtigkeit einfordert.

Entwicklung der Gewerkschaften

Die deutschen G. sind Mitte des 19. Jh. im Zusammenhang mit der Industrialisierung entstanden – von Anfang an als solidarische Selbsthilfe-, Unterstützungs- und Widerstandsorganisationen, jedoch bis in die Zeit der Weimarer Republik (WR) hinein berufsständisch und weltanschaulich zersplittert. Die erste berufs- und branchenübergreifende Organisation wurde 1880 gebildet. Sie berief 1892 den ersten allgemeinen Gewerkschaftskongress in Halberstadt ein. Durch die gegen die Arbeiterbewegung gerichteten Sozialistengesetze von 1878 wurden die G. zwar erheblich behindert, aber nach dem Massenstreik der Bergarbeiter 1889 war ihre Position nicht mehr zu erschüttern. Die G. wuchsen rasch von 300 000 Mitgliedern im Jahr 1892 auf über 600 000 im Jahr 1899 und auf über 2,5 Mio. im Jahr 1912.

- **Tarifverträge:** Die gewerkschaftliche Tarifpolitik sorgte und sorgt seit dem Ende des 19. Jh. dafür, dass die Einkommens- und Arbeitsbedingungen der abhängig Beschäftigten nicht staatlichem oder einseitigem Arbeitgeberdiktat unterworfen sind. Dies geschieht heute in fast 50 000 zwischen Arbeitgebern und DGB-G. abgeschlossenen Tarifverträgen, die in Westdeutschland über 80 % und in Ostdeutschland etwa 60 % der Arbeitsverhältnisse aller ArbeitnehmerInnen gestalten. Das von den abhängig Beschäftigten erkämpfte Streikrecht machte und macht die G. stark genug, um die Lage der ArbeitnehmerInnen trotz ökonomischer Übermacht der Arbeitgeber zu sichern und zu verbessern. Auf der Grundlage von Solidarität und gemeinsamer Kraftentfaltung konnten die in den G. organisierten abhängig Beschäftigten wesentliche soziale und politische Fortschritte erkämpfen. Der Achtstundentag und das allgemeine Wahlrecht gehören ebenso dazu wie die Grundlagen unseres heutigen Systems der sozialen Sicherung *(Sozialstaat)*. Die G. führten die ersten Ansätze der Kranken-, Renten-, Unfall- und Arbeitslosenversicherung zunächst sogar in eigener Regie durch. Dann nahm sich der Staat mit der Sozialgesetzgebung von 1881 dieser Aufgaben an, nicht zuletzt um den wachsenden Einfluss der Arbeiterbewegung zurückzudrängen.
- **Einheitsgewerkschaften:** Die Kraft gewerkschaftlicher Interessendurchsetzung hängt in hohem Maße auch von dem in Deutschland fast vollständig realisierten Prinzip der – weltanschaulich und parteipolitisch grundsätzlich unabhängigen – Einheitsgewerkschaft ab. Noch in der WR existierten mehrere ideologisch und parteipolitisch unterschiedlich ausgerichtete G. und Gewerkschaftsbünde nebeneinander. Die Einheitsgewerkschaften sind seit 1945 nach den leidvollen Erfahrungen der ArbeitnehmerInnen vor und während der WR und der Verfolgung durch die Nazi-Diktatur entstanden; sie haben die historischen Traditionen, geistigen Ströme und politischen Richtungen der Arbeiterbewegung, insbes. die christliche, sozialistische und sozialdemokratische Bewegung in gemeinsamen Organisationen zusammengeführt. Im Jahr 1949 gründeten diese G. den Deutschen Gewerkschaftsbund (DGB) als gemeinsamen Dachverband.

Mitglieder, Organisationen, Einrichtungen

In Deutschland sind im DGB – im Jahr 2015 – knapp 6,1 Mio. Beschäftigte in G. organisiert. Die acht DGB-G. sind nach dem sog. Industrieverbandsprinzip organisiert, d.h. für jede Branche, für jeden Betrieb ist jeweils nur eine G. zuständig („ein Betrieb/eine Dienststelle eine G.“).

Die mitgliederstärksten DGB-G. sind die Vereinte Dienstleistungsgewerkschaft ver.di (2,0 Mio. Mitglieder) und die IG Metall (2,28 Mio.), neben der IG Bergbau, Chemie, Energie (IGBCE), IG Bauen, Agrar, Umwelt (IGBAU), Eisenbahn- und VerkehrsG (EVG), G. Nahrung, Genuss, Gaststätten (NGG), G. Erziehung und Wissenschaft (GEW) und der G. der Polizei (GdP).

Die nicht dem DGB angehörenden, stärker berufsständisch bzw. konfessionell ausgerichteten G., der Deutsche Beamtenbund (DBB) und der Christliche Gewerkschaftsbund (CGB), zählen zusammen ca. 1,56 Mio. Mitglieder. Insgesamt waren 2015 ca. 7,7 Mio. Menschen gewerkschaftlich organisiert. Damit liegt der Anteil gewerkschaftlich organisierter Arbeitnehmer bei rd. 20 %. Nach z.T. drastischem Rückgang der Mitgliederzahlen in den Gewerkschaften, sind seit einiger Zeit die Mitgliederzahlen stabil geblieben. Der Organisationsgrad ist mit 36,1 % bei Beamten am höchsten.

Den acht Mitgliedsgewerkschaften des DGB obliegt die unmittelbare Interessenvertretung der abhängig Beschäftigten insbes. in der Tarifpolitik und in den Betrieben bzw. Dienststellen oder Einrichtungen.

Deutscher Gewerkschaftsbund: Kernaufgabe des DGB als Dachverband ist die Zusammenführung übergreifender Mitgliederinteressen der DGB-G. Er koordiniert in den 94 DGB-Regionen, in den neun DGB-Bezirken sowie auf Bundesebene mit Sitz in Berlin die gemeinsamen Forderungen, Themen und Aktionen der DGB-G. z.B. in der Sozial-, Gleichstellungs- und Umweltpolitik. In den Regionen werden zusätzlich ehrenamtl. arbeitende DGB-Kreise gebildet. Eine besonders wichtige Aufgabe vor Ort ist der DGB-Rechtsschutz, der den Rechtsschutz der G. z.B. von ver.di ergänzt und für die kleineren G. in der Fläche sicherstellt (Arbeitsrecht, Dienstrecht, Gerichtsbarkeit).

Der DGB und seine G. offerieren und fördern auch ein beträchtliches Bildungs- und Kulturangebot, z.B. die Ruhrfestspiele in Recklinghausen, die Büchergilde Gutenberg, das Berufsfortbildungswerk (BFW) des DGB *(Berufliche Bildung, Weiterbildung)*, zahlreiche Gewerkschaftsschulen, das DGB-Bildungswerk, zwei Akademien in Dortmund und Frankfurt am Main, die Hans-Böckler-Stiftung des DGB mit den Bereichen Forschung, Wissenschafts- und Studienförderung sowie die vom DGB und von Volkshochschulen (VHS) gemeinsam getragene AG „Arbeit und Leben" für politische Bildung, die über ca. 400 Kreis- und örtliche AG verfügt.

Dienstleistungsgewerkschaften: Die meisten in der SozArb tätigen Gewerkschaftsmitglieder sind in der G. ver.di (Vereinigte Dienstleistungsgewerkschaft) organisiert. Im Bereich der Heil- und Sonderpädagogik tätige Pädagogen sind häufig Mitglied der G. Erziehung und Wissenschaft (GEW). Keine G. sind die *Berufsverbände* der Sozialarbeiter und -pädagogen. Indessen gibt es zwischen den G. und den – selbst nicht tariffähigen – Berufsverbänden Kooperationsformen bis hin zu Kooperationsverträgen mit der G. ver.di.

Die Solidarität der 2,0 Mio. ver.di-Mitglieder garantiert eine große Durchsetzungskraft der Vereinten Dienstleistungsgesellschaft, die im März 2001 aus dem Zusammenschluss der früheren DGB-G. ÖTV, HBV, DPG und IG Medien sowie der Deutschen Angestelltengewerkschaft DAG hervorgegangen ist. Ver.di ist in 13 FB gegliedert. Allein der FB 3 – Gesundheit, Soziale Dienste, Wohlfahrt und Kirchen – zählt ca. 350 000 Mitglieder. Weitere ver.di-FB sind: Gemeinden, Bund und Länder, Sozialversicherung, Medien, Kunst und Kultur, Wissenschaft und Forschung, Telekommunikation, IT und DV, Handel, Postdienste usw.

Die 13 ver.di-FB und die in ihnen jeweils gebildeten Fachgruppen und -kommissionen bündeln die Fachkompetenz der jeweiligen Dienstleistungsbereiche und nehmen die fachbezogene, mitgliedernahe und betriebliche Interessenvertretung der Beschäftigten wahr, insbes. die fachbereichsbezogene Tarif-, Betriebs-, Frauen- und Gleichstellungspolitik, die Berufs- und Berufsbildungspolitik. Die ver.di-Arbeit findet statt auf den Ebenen

- der Ortsvereine, der betrieblichen und örtlichen Fachbereichsarbeit,
- der Bezirke und Landesbezirke,
- des Bundes mit Sitz in Berlin.

Im FB Gesundheit, Soziale Dienste, Wohlfahrt und Kirchen gibt es die acht Fachgruppen Krankenhäuser, WFV und Soziale Dienste, Einrichtungen der Rehabilitation, Einzelne Berufsgruppen (z.B. Pflegeberufe, Ärzte, MTA), Kirchen, Diakonie und Caritas, Einrichtungen und Dienste der ambulanten, teilstationären und stationären Pflege, Einrichtungen der Rettungsdienste sowie Psychiatrische Einrichtungen.

Die Durchsetzung sozialer Gerechtigkeit für die in der SozArb Tätigen wird besonders erschwert durch den Personalabbau bei sozialen Diensten, durch den Rückzug der öffentlichen Hände aus der Refinanzierung notwendiger Personalkosten, durch die unzureichende Verankerung tarifvertraglichen Schutze in weiten Bereichen der sozialen Organisationen sowie durch Tarifflucht einiger Verbände aus Flächentarifen mit Hilfe von Ausgründungen und Teilprivatisierungen. Gravierend ist auch die bisher fast durchgängige Weigerung der Kirchen und kirchlichen WFV *(Kirchen und Religionsgemeinschaften des öffentlichen Rechts)*, verbindliche Tarifverträge abzuschließen und die Mitbestimmungsstandards des Betriebsverfassungs- bzw. Personalvertretungsrechts im kirchlichen Bereich anzuerkennen (Arbeitsrechtssetzung und Mitbestimmung im kirchlichen Bereich). Die G. ver.di fordert deshalb von den kirchlichen Wohlfahrtsverbänden u.a.

- die Rückkehr zum Tarifniveau des öffentlichen Dienstes im Rahmen eines reformierten und modernisierten Tarifrechts („100-Punkte-Diskussionspapier"),
- den Abschluss kirchengemäßer Tarifverträge,
- gemeinsame politische Initiativen für die kostendeckende Refinanzierung qualitativ hochwertiger Gesundheits- und Sozialer Dienste.

Einige Landeskirchen prüfen derzeit „Möglichkeiten kirchengemäßer Tarifverträge" und erörtern mit dem ver.di-FB Gesundheit, Soziale Dienste, Wohlfahrt und Kirchen dafür gemeinsame Handlungsmöglichkeiten.

Im Übrigen gilt das Koalitionsrecht des Art. 9 (3) GG, insbes. das Recht auf gewerkschaftliche Betätigung in Betrieben, Dienststellen und Einrichtungen auch für die mehr als 1,3 Mio. in Kirchen und kirchlichen Einrichtungen beschäftigten Menschen. Den abhängig Beschäftigten im

Bereich Kirchen und kirchliche Einrichtungen kann ein gleichwertiger arbeits- und sozialrechtlicher Schutz auf Dauer nicht vorenthalten werden. Die soziale Gestaltungskraft kooperativer Tarifvertragsparteien wird v. a. deutlich in dem neuen, umfassenden Tarifvertragswerk für den öffentlichen Dienst, das im Oktober 2005 für die 4,6 Mio. Beschäftigten des Bundes, der Länder und der Kommunen in Kraft trat *(Dienstrecht)*.

Deutsche, europäische und internationale Solidarität

Mit der 1989/1990 begonnenen deutschen Vereinigung wurden die G. und der DGB auch in den nBL stark und handlungsfähig. Die Gefahr einer Entsolidarisierung der Menschen in West und Ost ist indessen noch nicht überwunden. Die G. leisten für den Prozess des Zusammenwachsens einen wesentlichen Beitrag.

Die G. und der DGB setzen sich intensiv für eine soziale Gestaltung des werdenden Europa ein. Der EU-Vertrag eröffnet ihnen die Möglichkeit, an der Entwicklung von Mindeststandards in der europäischen Sozialpolitik mitzuwirken. Der DGB arbeitet mit im Europäischen Gewerkschaftsbund (EGB), dem 82 nationale Gewerkschaftsbünde sowie 12 europäische Gewerkschaftsverbände mit 60 Mio. Mitgliedern angehören. Der EGB vertritt die Arbeitnehmerinteressen gegenüber den EG-Institutionen und den europäischen Arbeitgeberverbänden.

Ebenso arbeitet der DGB im Internationalen Gewerkschaftsbund (IGB) mit, der etwa 180 Mio. Mitglieder in 200 Gewerkschaftsbünden hat und dem auch internationale Gewerkschaftsverbände wie die Internationale der öffentlichen Dienste (IÖD) angeschlossen sind. Der IGB tritt weltweit für die Achtung der Menschen- und Gewerkschaftsrechte ein und vertritt die Interessen abhängig Beschäftigter in den Machtzentren der Weltwirtschaft, in den multinationalen Unternehmen und z. B. gegenüber dem Internationalen Währungsfonds (IWF), der Weltbank und der Welthandelsorganisation (WTO). Der IGB setzt sich weltweit für eine energische soziale Korrektur marktradikaler, neoliberaler Internationalisierung und Globalisierung der Unternehmen und Finanzmärkte ein.

Auf nationaler und internationaler Ebene arbeiten der DGB und die DGB-G., der EGB und der IGB mit sozial engagierten Gruppen, Verbänden und Nicht-Regierungsorganisationen (NGO) zusammen, z. B. mit amnesty international, medico international, Terre des hommes, attac, transfair, dem Verein zur Förderung des fairen Handels. G. und Gewerkschaftsmitglieder nehmen teil an nationalen und internationalen Kampagnen für bessere Arbeitsbedingungen in den Entwicklungsländern, gegen Sklaverei und Kinderarbeit.

Der beharrliche Einsatz der G. für soziale Gerechtigkeit für alle Menschen ist untrennbar verbunden mit dem gewerkschaftlichen Einsatz für Frieden und Toleranz zwischen Nationen, Bevölkerungsgruppen, Religionen und Weltanschauungen. Die G. und Gewerkschaftsbünde sind wichtige Stützpfeiler eines regionalen, nationalen und weltweiten Gerechtigkeits- und Friedenswerkes gerade auch in Zeiten ökonomischer und finanzieller Krisen.

Aktuelle Entwicklungen

G. haben nach den Protesten gegen die Agenda 2010 und den Folgewirkungen der Finanzkrise 2007/2008 auf die Beschäftigung von Arbeitnehmern wieder mit stärkerem Einfluss (und mit leicht steigenden Mitgliederzahlen) aus dem politischen Abseits zurück gefunden.

Am 16. 8. 2014 ist mit dem Gesetz zur Stärkung der Tarifautonomie das lang von den G. erkämpfte und lange politisch umstrittene Mindestlohngesetz in Kraft getreten. Seit dem 1. 1. 2015 gilt in Deutschland für alle Arbeitnehmer flächendeckend ein Mindestlohn von 8,50 Euro. Der Mindestlohn ist ohne Zweifel ein großer Erfolg gewerkschaftlicher Interessenvertretung, auch wenn dieser Mindestlohn aus heutiger Sicht in der Höhe neu verhandelt werden muss, um ein auskömmliches Leben zu führen und von ergänzenden Transferleistungen unabhängig zu sein. Dass die politischen Debatten um den Mindestlohn allerdings immer wieder neu geführt werden (müssen), zeigt zz. die neuerliche Forderung der Arbeitgeber überdeutlich, den Mindestlohn für die Beschäftigung von Flüchtlingen und Asylbewerbern auszusetzen.

Bis etwa 2010 galt der Rechtsgrundsatz, dass in einem Betrieb nur ein Tarifvertrag für die Löhne der Beschäftigten zugrunde zu legen ist. Danach hat das Bundesarbeitsgericht seine bis dahin geltende Rechtsprechung geändert und zugelassen, dass es im Rahmen der Koalitionsfreiheit und den Vertretungsrechten kleinerer Gewerkschaften durchaus auch Tarifpluralität geben kann. Mit den Arbeitskämpfen insbes. im Gesundheitswesen, bei der Lufthansa und v. a. bei der Bahn wurde die Situation zunehmend problematisch, schließlich sollten diese G. nicht ganze Betriebe „stilllegen" können. Seit dem 1. 7. 2015 ist das sog. Tarifeinheitsgesetz in Kraft getreten, das nunmehr vorsieht, dass bei Nichteinigung der verschiedenen Tarifparteien in einem Betrieb der Tarifvertrag der G. gilt, die die meisten Mitglieder hat. In dieser Regelung wird ein staatlicher Eingriff in die Koalitionsfreiheit und v. a. in das Streikrecht gesehen. Gegen das Tarifeinheitsgesetz haben bislang fünf G. Klage vor dem BVerfG erhoben. Die Entscheidung in der Hauptsache steht noch aus.

Aktuelle Schwerpunkte gewerkschaftlicher Arbeit werden nach wie vor die Verbesserung der Arbeitnehmerlöhne und der Arbeitsbedingungen sein, aber auch die Vertretung von Arbeitnehmerinteressen zu den zz. verhandelte Freihandelsabkommen und anderen gesellschafts- und sozialpolitischen Themen, wie z. B. die paritätische Krankenversicherung und die Integration von Langzeitarbeitslosen und Flüchtlingen in den Arbeitsmarkt.

G

Auch wenn die Digitalisierung des industriellen Sektors (Industrie 4.0) und der unternehmensnahen Dienstleistungen (Dienstleistung 4.0) noch am Anfang der Entwicklung steht, sehen die G. in diesem Zusammenhang neue Aufgaben der Arbeitnehmervertretung. Schließlich geht es um wirtschaftlichen Strukturwandel durch digitalisierte Wertschöpfungsnetzwerke, z. B durch sich selbst steuernde Maschinen und Anlagen, sowie um die Optimierung des Ressourceneinsatzes und damit auch um den Erhalt von Arbeitsplätzen.

Norbert Möller-Lücking

Literatur

DGB: Geschäftsbericht 2010–2015, Berlin 2016 • DGB: Grundsatzprogramm des Deutschen Gewerkschaftsbundes, Dresden 1996 • K. Dörre: Globalisierung und Globalisierungskritiker, Düsseldorf 2002, in: Gewerkschaftliche Monatshefte (GewMH) 8/2002, 486 ff. • S. Greef/V. Kalass/W. Schroeder: Gewerkschaften und die Politik der Erneuerung, Düsseldorf 2010 • I. Kurz-Scherf/B. Zeuner: Politische Perspektiven der Gewerkschaften zwischen Opposition und Kooperation, Düsseldorf 2001, in: GewMH 3/2001, 161 ff. • R. Hoffmann/C. Bogedan: Arbeit der Zukunft: Möglichkeiten nutzen – Grenzen setzen, Frankfurt/M. 2015 • S. Körzell/C. Falk: Kommt der Mindestlohn überall an? Eine Zwischenbilanz, Hamburg 2015 • T. Lakies: Basiskommentar zum Mindestlohngesetz, Frankfurt/M. [2]2015 • S. Schmalz/K. Dörrie: Comeback der Gewerkschaften? Machtressourcen, innovative Praktiken, internationale Perspektiven, Frankfurt/M. 2013 • W. Schroeder: Handbuch Gewerkschaften in Deutschland, Berlin 2013 • L. Schröder/H.-J. Urban (Hrsg.): Digitale Arbeitswelt – Trends und Anforderungen, Gute Arbeit, Ausgabe 2016, Frankfurt/M. 2015 • ver.di, FB Gesundheit, Soziale Dienste, Wohlfahrt und Kirchen: Gemeinsam. Mehr bewegen, Berlin 2002 • ver.di: Das neue Tarifrecht für den öffentlichen Dienst, in: ver.di PUBLIK extra, Berlin, Februar 2005 (www.ver.di-publik.de).

Grundsicherung für Arbeitsuchende (SGB II)

Übersicht

Bis Ende 2004 bestanden in Deutschland drei verschiedene Systeme der *sozialen Sicherung* bei Arbeitslosigkeit: das Arbeitslosengeld (als Versicherungsleistung), die Arbeitslosenhilfe (als staatliche Leistung) und die *Sozialhilfe* (als kommunale Leistung). Politische Vorstellungen zur Zusammenlegung von Arbeitslosenhilfe und Sozialhilfe gab es schon etwa seit Mitte der 1990er Jahre. Anhaltend hohe Arbeitslosigkeit und dadurch immens gestiegene Sozialhilfekosten in den Kommunen begründeten Ende der 1990er Jahre einige Modellvorhaben zur Verbesserung der Zusammenarbeit der unterschiedlichen Akteure und schließlich im Februar 2002 die Einsetzung einer Kommission mit dem Vorsitz von Peter Hartz zur Reform der arbeitsmarkt- und sozialpolitischen Leistungssysteme.

Mit der Grundsicherung für Arbeitsuchende (SGB II) wurden ab 1. 1. 2005 Sozialhilfe und Arbeitslosenhilfe zum Arbeitslosengeld II (Alg. II) zusammengeführt. Mit der gleichzeitigen Änderung des SGB XII wurde eine der umfangreichsten Sozialreformen in Deutschland durchgeführt, die allerdings seit ihrer Einführung nach wie vor in ihren Wirkungen für die Betroffenen kritisiert wird *(Armut)*.

Nach dem SGB II sind Personen zwischen 15 und 65 Jahren anspruchsberechtigt, die erwerbsfähig (§ 8) und hilfebedürftig (§ 9) sind und ihren gewöhnlichen Aufenthalt in Deutschland haben, sowie ihre mit ihnen in einer Bedarfsgemeinschaft lebenden, nicht erwerbsfähigen Angehörigen. Die Leistungen nach dem SGB II sollen es Berechtigten ermöglichen, ein Leben zu führen, das der Würde des Menschen entspricht (§ 1). Erwerbsfähige Leistungsberechtigte erhalten nach § 16 SGB II Eingliederungsleistungen nach dem SGB III *(Arbeitsförderung)* und Leistungen zum Lebensunterhalt nach dem SGB II mit den Schwerpunkten der Unterkunftskosten und der Regelleistung, die mit dem Regelbedarf der Sozialhilfe identisch sind. Das Gesetz beruht auf dem Grundsatz von Fördern und Fordern und sieht bei Zuwiderhandlungen einschneidende Sanktionsregelungen vor. Die Leistungsträgerschaft haben Bundesagentur für Arbeit (BA) und Kommunen in gemeinsamen Einrichtungen (Jobcenter) sowie in zurzeit 108 optierenden Kommunen. Im März 2016 erhielten 6,1 Mio. Menschen Leistungen nach dem SGB II (Alg II und Sozialgeld). Es ist zu erwarten, dass künftig mehr Menschen auf Leistungen des SGB II angewiesen sein werden *(Migration und Integration).*

Das vierte Gesetz für moderne Dienstleistungen am Arbeitsmarkt: Die Einführung des SGB II und die Änderung anderer Gesetze

Das SGB II – Grundsicherung für Arbeitsuchende – ist in Art. 1 des Vierten Gesetztes für moderne Dienstleistungen am Arbeitsmarkt (Hartz IV) normiert. Es beruhte, wie die vorhergehenden drei (Hartz-)Gesetze, auf dem Bericht der Kommission für moderne Dienstleistungen am Arbeitsmarkt.

Das Erste und das Zweite Gesetz für moderne Dienstleistungen wurden allerdings schnell wieder abgeschafft, die Personalservice-Agenturen (Hartz I) 2008 und die Ich-AGs (Hartz II) schon 2006. Das Dritte Gesetz bezog sich auf die Neuorganisation der BA und die Zusammenarbeit mit den Kommunen, die 2007 vom BVerfG als verfassungswidrig zurückgewiesen wurde.

Das gesamte Vierte Gesetz trat grundsätzlich zum 1.1.2005 in Kraft. Noch vor dem In-Kraft-Treten kam es durch das „Gesetz zur optionalen Trägerschaft von Kommunen nach dem Zweiten Sozialgesetzbuch (Kommunales Optionsgesetz)" zu Änderungen, insbes. im organisatorischen und im finanziellen Bereich.

Auch nach Inkrafttreten des SGB II wurden mehrfache Änderungen vorgenommen. Besonders bedeutsam waren Leistungseinschränkungen (Gesetz zur Änderung des SGB II v. 1.7.2006) für Jugendliche unter 25 Jahren. Auch im sog. Fortentwicklungsgesetz (das im Wesentlichen zum 1.8.2006 in Kraft trat) lag der Schwerpunkt in der Kostenreduzierung, z.B. durch den Ausbau der sog. „Missbrauchskontrolle", durch die Erweiterung der Anrechnung von Einkommen bei Partnern und Kindern, die Verschärfung des Sanktionsinstrumentariums sowie durch die Einbeziehung von eheähnlichen bzw. partnerschaftsähnlichen Gemeinschaften durch Vermutungsregelungen.

Als Artikelgesetz hat das Vierte Gesetz für moderne Dienstleistungen zahlreiche andere Gesetze geändert. Für das SGB II sind v.a. die sozialrechtlichen Änderungen von Bedeutung.

Für Bezieher von Alg II wurde die Versicherungspflicht in der Krankenversicherung, in der Pflegeversicherung und in der Rentenversicherung eingeführt. In § 24 SGB VIII wurde bestimmt, dass Plätze in Tageseinrichtungen vorrangig für Kinder von erwerbstätigen oder arbeitsuchenden Erziehungsberechtigten zur Verfügung zu stellen sind. § 10 Abs. 1 SGG legt die Zuständigkeit der Sozialgerichte für das SGB II fest.

Mit der Einführung des SGB II und dem Wechsel von der Arbeitslosenhilfe zum Alg. II war für viele Berechtigte eine Kürzung der materiellen Leistungen verbunden. Da dadurch Zahl der Wohngeldempfänger deutlich angestiegen und die Zuständigkeit von zwei Behörden mit erheblichem Verwaltungsaufwand verbunden gewesen wäre, erhalten nach § 1 Abs. 2 Nr. 1 WoGG Empfänger von Alg II bzw. Sozialgeld kein *Wohngeld* mehr. Die Kosten für (angemessenen) Wohnraum und Heizung werden in § 22 SGB II geregelt und in Höhe des tatsächlichen Bedarfs erbracht.

Um zu erreichen, dass Eltern wegen der Unterhaltsverpflichtung für ihre im Haushalt lebenden Kinder nicht auf Leistungen des SGB II angewiesen sind, wurde in § 6a BKGG ergänzend zu § 11 Abs. 1 SGB II ein sog. Kinderzuschlag eingeführt. Dieser wird ab Juli 2016 bis zu 160 € monatlich längstens bis zur Vollendung des 25. Lebensjahres der Kinder gezahlt, wenn ein Mindesteinkommen der Eltern gegeben ist, d.h. wenn die Eltern wohl für sich selbst sorgen können, nicht aber für den Unterhalt ihrer Kinder. Die Höhe des Mindesteinkommens richtet sich nach den Regelsätzen des SGB II. Durch das *Kindergeld,* den Kinderzuschlag und den auf das Kind entfallenden Wohngeldanteil soll in diesen Fällen der Bedarf des Kindes gedeckt werden.

Reformen des SGB II

Gesetz zur Ermittlung von Regelbedarfen und zur Änderung des SGB II und SGB XII

Mit Beschluss vom 9.2.2010 stellte das BVerfG die Verfassungswidrigkeit der im SGB II gemäß §§ 20, 24a, 28 SGB II normierten Regelleistungen fest. Es sei mit Art. 1 Abs. 1 GG in Verbindung mit Art. 20 Abs. 1 GG unvereinbar, dass im SGB II eine Regelung fehle, die einen Anspruch auf Leistungen zur Sicherstellung eines zur Deckung des menschenwürdigen Existenzminimums unabweisbaren, laufenden, nicht nur einmaligen, besonderen Bedarfs vorsieht. Das BVerfG beanstandete insbes. die Art der Bemessung und den Anpassungsmechanismus der Regelleistung sowie das Fehlen einer Härtefallklausel im SGB II. Es kritisierte, dass die altersbezogenen schulischen, kulturellen und sozialen Bedarfe von Kindern bei der Regelsatzbemessung außer Acht geblieben seien. Dadurch bestehe die Gefahr, dass Kinder Einschnitte in Bezug auf ihre Lebenschancen hinnehmen müssten, mit der Folge, dass sie in der Zukunft nicht in der Lage sein würden, ihren Lebensunterhalt aus eigenen Kräften zu bestreiten. Das Gericht verpflichtete deshalb den Gesetzgeber, in einem verfassungsgemäßen Verfahren bis zum 31. Dezember 2010 den Vorgaben entsprechende Regelungen für verfassungskonforme Regelleistungen und für Leistungen für besonderen Bedarf aufgrund atypischer Bedarfslagen einzuführen.

Mit dem „Gesetz zur Ermittlung von Regelbedarfen und zur Änderung des Zweiten und Zwölften Buches Sozialgesetzbuch" vom 24. 3. 2011 hat der Gesetzgeber (zeitlich verspätet) die Vorgaben des BVerfG umgesetzt. Das Gesetz trat teilweise rückwirkend zum 1. 1. 2011, im Übrigen zum 1. 4. 2011 in Kraft.

Zweifel an der Verfassungsmäßigkeit der gefundenen Lösung wurden bereits im Rahmen der Arbeiten zu dem Gesetz wiederholt angemerkt und durch Gutachten vertieft (I. Becker 2011; J. Münder 2011). Ein neuerlicher Gang zum BVerfG scheint deshalb nicht ausgeschlossen.

Ebenfalls rückwirkend zum 1. 1. 2011 traten in Kraft das 7. Gesetz zur Änderung des § 46 Abs. 6 SGB II vom 29. 3. 2011 zur Finanzierung der Grundsicherung und das „Gesetz zur Ermittlung der Regelbedarfe nach § 28 des SGB XII (Regelbedarf-Ermittlungsgesetz-RBEG)" v. 24. 3. 2011. Dieses Gesetz sieht die Berechnung und die Höhe der Regelsätze im Einzelnen vor, wobei das Ermittlungsverfahren auf der Grundlage der Einkommens- und Verbraucherstichprobe (EVS) durch die BA und damit die so ermittelten Regelsätze immer wieder als zu niedrig kritisiert werden.

Wesentliche Neuerungen im SGB II

Neuerungen des SGB II seit 2011 betreffen v. a. die Art der Bemessung, die Höhe und die Fortschreibung der Regelbedarfe. Nach dem neuen Bemessungsmodell sind seither die Regelsätze für Alleinstehende (2017 409 €), und entsprechend gestaffelt für Partner und Kinder in einer Bedarfsgemeinschaft jährlich (geringfügig) erhöht worden (zu den aktuell geltenden Regelsätzen www.arbeitsagentur.de). Ebenfalls seit 2011 wurde für Kinder ein Bildungs- und Teilhabepaket (§ 28 SGB II) zusätzlich zum Regelsatz eingeführt, u.a mit sog. Bildungsgutscheinen (10 €/Monat) sowie weiteren finanziellen Unterstützungen in Kindertagesstätten und Schulen.

Außerdem sind die Hinzuverdienstmöglichkeiten für Leistungsberechtigte verbessert worden (§ 11 b).

Weiterhin wurde beabsichtigt, die Zahl der Widerspruchs- und Klageverfahren im SGB II zu verringern, indem die Angemessenheit der Leistungen für Unterkunft und Heizung durch Rechtsverordnung örtlich festgelegt werden kann. Dem Bürokratieabbau sollte der Versuch dienen, verschiedene Sozialleistungen besser zueinander zu koordinieren. Es wurde die Möglichkeit eingeräumt, Schülerbeförderungskosten und Leistungen für Auszubildende (§ 27) unter bestimmten Voraussetzungen zu übernehmen.

Wesentlich sind noch die Einführung eines bundesweiten Zielvereinbarungssystems und bundesweite Kennzahlenvergleiche (§ 48b) sowie die Ausweitung optierender Kommunen von bisher 69 auf 110.

Am 1. August 2016 ist das Neunte Gesetz zur Änderung des SGB II (überwiegend) in Kraft getreten, das von einer Arbeitsgruppe (Bund, Länder, BA und kommunale Spitzenverbände (ASMK)) seit 2013 ausgearbeitet wurde. Mit nun wiederum etlichen Änderungen des SGB II soll die Arbeit in den Jobcentern leichter werden und Betroffene sollen schneller über ihre Rechtsansprüche Klarheit erhalten. Einschnitte gibt es im Leistungsrecht, v. a. bei den Bedarfen für Unterkunft und Heizung sowie im Verfahrensrecht. Heftige Kritik gibt es inbes. zur Rückzahlungspflicht bei „sozialwidrigem Verhalten" (§ 34 Abs. 1 SGB II neu) und zur „Zwangsverrentung" (§ 5 Abs. 3 Satz 6 SGB II neu).

Die Konzeption des SGB II

Zusammenführung von Arbeitslosenhilfe und Sozialhilfe: Die Gründe hierfür waren vornehmlich, dass die unterschiedliche Art des Leistungsbezugs den Zugang zu den arbeitsmarktpolitischen Maßnahmen prägte sowie zu unterschiedlicher sozialer Sicherung (Krankenversicherung, Pflegeversicherung, Rente), zu unterschiedlichen *Gerichtsbarkeiten* (Sozialgerichte/Verwaltungsgerichte) und immer wieder zu Versuchen der Lastenverschiebung insbes. zwischen Gebietskörperschaften und den Agenturen für Arbeit führte.

Bei den aktiven Leistungen, den Leistungen zur Eingliederung in Arbeit, findet durch Verweis (§ 16) eine Anwendung des Leistungsrechts des SGB III statt. Bei den passiven Leistungen, den Leistungen zur Sicherung des Lebensunterhalts, erfolgt kein Verweis auf das SGB XII. Aber mit den Prinzipien der Bedürftigkeit, der Bedarfsdeckung durch pauschale Regelleistungen und der nur ausnahmsweisen Zulassung ergänzender Leistungen nach dem SGB XII, der Anrechnung von Einkommen und Vermögen sowie dem Übergang von Ansprüchen gegen Dritte besteht strukturelle Identität. An einer Stelle besteht volle Übereinstimmung: Alg II und Sozialgeld des SGB II (§§ 19, 28) sind identisch mit dem Regelbedarf des § 28 SGB XII.

Die Abgrenzung des SGB II zum SGB III ist relativ unproblematisch. Die Abgrenzung zur Sozialhilfe erfolgt durch § 5 Abs. 2: Bei einem Anspruch auf Leistungen nach §§ 19 ff. ist HLU nach §§ 27 ff. SGB XII ausgeschlossen. Ein solcher radikaler Ausschluss ist (verfassungs-)rechtlich unbedenklich, wenn die Leistungen nach dem SGB II selbst bedarfsdeckend sind.

Fördern und Fordern: Dieser Grundsatz macht die Grundlinie des SGB II deutlich, er beruht auf dem Gedanken von Leistungen, die mit der Verpflichtung zur Gegenleistung verbunden werden. Nach § 2 Abs. 1 haben erwerbsfähige Leistungsberechtigte alle Möglichkeiten zur Beendigung oder Verringerung des Leistungsbezugs auszuschöpfen. Umgesetzt wird diese Verpflichtung dadurch, dass nach § 10 erwerbsfähigen Leistungsberechtigten jede Arbeit zumutbar ist – flankiert durch ein System von Anreizen und Sanktionen. Diese Regelungen gehen davon aus, dass die Beeinflussung der Motivation erwerbsfähiger Arbeitsloser ein geeignetes Instrumentarium zur Bekämpfung von *Arbeitslosigkeit* sei. Damit wird das Problem der Arbeitslosigkeit allerdings den Arbeitslosen und nicht der Situation am *Arbeitsmarkt* zugeordnet. So ergänzen sich die motivationalen Ansätze des SGB II und die Deregulierung des Arbeitsmarkts, wie die Änderungen des Kündigungsschutzes, der Teilzeitarbeitsbestimmungen, der Befristung von Arbeitsverhältnissen, des *Betriebsverfassungsgesetzes* und der Handwerksordnung. Zugleich verstärkt das SGB II, insbes. mit der Zumutbarkeitsregelung des § 10, geringfügig entlohnte Beschäftigung.

Das bisherige traditionelle Konzept des Wohlfahrtsstaates beruhte auf Schutzregelungen am Arbeitsmarkt und auf Sozialer Sicherung durch Transferleistungen. Dieses Konzept ist nicht nur wegen der Ressourcenverknappung, sondern auch wegen seiner bedingten Steuerungs- und Legitimationsfähigkeiten an seine Grenzen gestoßen. Mit dem Konzept des aktivierenden *Sozialstaates* (Giddens 1999, Dahme u. a. 2003) wird versucht, einen Weg zwischen dem traditionell auf Transferleistungen konzentrierten Wohlfahrtsstaat und einer Privatisierungsstrategie, die die Bewältigung sozialer Probleme individuell zuordnet, zu finden. Sozialpolitisch ist ein aktivierender Ansatz sinnvoll, wenn er gezielt die Kompetenz von Leistungsempfängern fördert, um sie zu befähigen, ihre Problemsituation (hier: ihre Arbeitslosigkeit) zu überwinden. Werden aktivierende Konzepte jedoch i. S. eines privatisierenden Wohlfahrtsverständnisses verstanden, so sind sie die euphemistische Umschreibung des Abbaus von Leistungen.

Wesentliche Inhalte

Leistungsvoraussetzungen – Erwerbsfähigkeit und Hilfebedürftigkeit: § 7 nennt die Anspruchsvoraussetzungen für Leistungen nach dem SGB II, zentrale Bedeutung haben Erwerbsfähigkeit und Hilfebedürftigkeit (§§ 8, 9), die kumulativ vorliegen müssen. Auch das Sozialgeld (§ 23) für im Haushalt lebende nicht erwerbsfähige Angehörige setzt einen erwerbsfähigen Leistungsberechtigten als Bezugsperson voraus.

Erwerbsfähigkeit liegt gem. § 8 Abs. 1 vor, wenn die arbeitslose Person mindestens 3 Stunden täglich erwerbstätig sein kann. Die Definition ist abgestimmt auf die volle Erwerbsminderung nach § 43 Abs. 2 SGB VI und § 41 SGB XII (Grundsicherung im Alter und bei Erwerbsminderung).

Nach § 10 ist grundsätzlich jede Arbeit erwerbsfähigen Leistungsberechtigten zumutbar, einige wenige, eng definierte Ausnahmen finden sich in § 10 Abs. 1.

Hilfebedürftigkeit ist nach § 9 gegeben, wenn kein zu berücksichtigendes Einkommen oder Vermögen vorliegt, die Aufnahme einer zumutbaren Arbeit nicht möglich ist und die Hilfe nicht von anderen, auch nicht von anderen Sozialleistungsträgern (z. B. Krankenversicherung, Rentenversicherung), erlangt werden kann. Bei Einkommen und Vermögen ist auch Einkommen und Vermögen der Mitglieder einer Bedarfsgemeinschaft (definiert in § 7 Abs. 3) zu berücksichtigen. Ausgegangen wird davon, dass solche Gemeinschaften aus nicht hilfebedürftigen und hilfebedürftigen Personen „aus einem Topf wirtschaften". Die Begriffe Erwerbsfähigkeit und Hilfebedürftigkeit sind Schlüsselbegriffe für Anspruchsvoraussetzungen nach dem SGB II, sie begründen die Zuständigkeit der SGB II-Leistungsträger. Die Agentur für Arbeit stellt fest, ob Erwerbsfähigkeit und Hilfebedürftigkeit vorliegen.

Die Leistungen: Die Leistungen umfassen zwei Komplexe. Zunächst die durch § 16 Abs. 1 in Bezug genommenen Leistungen des SGB III zur Eingliederung in Arbeit. Dies sind vornehmlich Beratung und Vermittlung, Leistungen für Arbeitnehmer, verschiedene Förderungen zur Aufnahme einer Beschäftigung oder einer selbständigen Tätigkeit, einer Berufsausbildung *(berufliche Bildung)*, einer *Weiterbildung* und zur Teilhabe behinderter Menschen am Arbeitsleben, entsprechende Leistungen an Arbeitgeber sowie die Förderung von Trägern bei Berufsausbildungsmaßnahmen, außerdem verschiedene Arbeitsmarktprogramme. Diese Leistungen stehen jedoch nach § 16 Abs. 1 im Ermessen des Leistungsträgers, Rechtsansprüche auf diese Leistungen bestehen nicht. Flankierend sieht § 16a (kommunale) Leistungen vor, die für die Eingliederung in das Erwerbsleben unterstützenden Charakter haben, wie z. B. die Betreuung minderjähriger oder behinderter Kinder, Schuldnerberatung, Suchtberatung sowie die psychosoziale Beratung.

G

Die Leistungen zur Sicherung des Lebensunterhalts sind im SGB II geregelt, sie bestehen aus:

- dem pauschalierten Regelbedarf des Alg II und ggf. dem Sozialgeld für im Haushalt lebende Angehörige (§§ 20 ff.),
- den tatsächlichen Leistungen für Unterkunft und Heizung (§ 22),
- ggf. Mehrbedarfsleistungen (§ 21) für werdende Mütter, allein erziehende Personen, behinderte Leistungsberechtigte und für kostenaufwändige Ernährung),
- außerdem sind die Bezieher von Alg II in der Kranken-, Pflege- und Rentenversicherung versichert oder erhalten entsprechende Zuschüsse nach § 26,
- der neben dem Regelbedarf die gesonderte Berücksichtigung der Bedarfe für Bildung und Teilhabe für Kinder bis zum 25. Lebensjahr (§ 28).

Der befristete Zuschlag beim Übergang vom Arbeitslosengeld in das Alg II ist seit 2011 weggefallen. Das Arbeitslosengeld nach SGB III soll künftig in diesem Regelungskreis aufgestockt werden, wenn es unter den Regelsätzen des SGB II liegen sollte.

Die Struktur der Leistungen im SGB II ist stark an die Leistungen der *Sozialhilfe* angelehnt. Die Regelleistung (§ 20) sowie das Sozialgeld (§ 24) stellen jeweils – in Abweichung zum alten BSHG und in Parallelität zum neuen SGB XII – eine Pauschale für den gesamten Lebensunterhalt (ohne Wohnkosten) dar. Damit wurde die bisherige Aufteilung in einmalige und laufende Leistungen in der Sozialhilfe aufgegeben. Abweichungen sind nur unter den sehr einschränkenden Bedingungen des § 24 Abs. 1 möglich („unabweisbarer Bedarf zur Sicherung des Lebensunterhalts"). In diesen Fällen wird ein Darlehen gewährt, das von den erwerbsfähigen Leistungsberechtigten in Monatsraten zurückzuzahlen ist.

Leistungen für Unterkunft und Heizung sind von den Kommunen in Höhe der tatsächlichen Aufwendungen zu erbringen. Allerdings besteht auch hier die Möglichkeit zur Pauschalierung (§ 27 Nr. 1), die jedoch vom Grundsatz der Bedarfsdeckung und den erheblichen Preisunterschieden auf dem Wohnungsmarkt nur schwer vorstellbar ist.

Die Pauschalierung wirft Probleme auf. Die Regelleistung nach § 20 hat – wie bei der HLU nach § 28 SGB XII – die in Abs. 1 genannten Bedarfe abzudecken, sie bildet das „soziokulturelle" Existenzminimum. Andere Leistungen sind – abgesehen von § 24 Abs. 3 – nicht möglich, auch nicht Leistungen der Hilfe zum Lebensunterhalt nach dem SGB XII, die nach § 5 Abs. 2 ausgeschlossen sind. Eine Pauschalierung ist grundsätzlich möglich, sie muss aber darauf Bedacht nehmen, mit grundlegenden (verfassungs-)rechtlichen Vorgaben, insbes. mit dem verfassungsrechtlich verbürgten Bedarfsdeckungsgrundsatz (BVerfG 82, 60, 80) nicht in Konflikt zu kommen. Dieser im Sozialhilferecht entwickelt Grundsatz, ist auch für das SGB II von Bedeutung, denn wegen des Ausschlusses von Sozialhilfeleistungen muss das SGB II selbst bedarfsdeckende Leistungen bereitstellen. Der Bedarfsdeckungsgrundsatz hat zu entsprechenden Anforderungen an eine Pauschalierung geführt. Eine Pauschalierung muss mit der gebotenen Sorgfalt, vollständig und genau ermittelt werden, die Ermittlungen müssen auf ausreichenden Erfahrungswerten beruhen und schließlich müssen Abweichungen von den pauschalierten Bedarfslagen (z. B. durch Öffnungsklauseln) möglich sein. Ob die im SGB II vorgenommenen Pauschalierungen der Regelleistungen diesen Anforderungen entsprechen, bleibt weiterhin fraglich.

Anreize und Sanktionen – Fordern statt Fördern

Dem Grundsatz von Leistung und Gegenleistung entspricht es, dass erwerbsfähigen Leistungsberechtigten grundsätzlich jede Arbeit nach § 10 zumutbar ist. Um die Aufnahme von Arbeit zu erreichen, wird dieser Ansatz durch Anreize und Sanktionen unterstützt. Als Anreiz kann ein Einstiegsgeld nach § 16b erbracht (Ermessensleistung) werden, wenn es zur Eingliederung in den

Arbeitsmarkt erforderlich ist. Das Einstiegsgeld ist eine Beihilfeleistung, die vor der Aufnahme einer selbständigen oder sozialversicherungspflichtigen Tätigkeit als Zuschuss zum Alg. II gewährt werden kann. Die Einzelheiten regelt eine Verordnung zum Einstiegsgeld. Zentraler Anreiz ist auch die Freibetragsregelung des § 11b.

Schwerpunkt des Sanktionssystems sind die §§ 31 f. Weigert sich ein erwerbsfähiger Leistungsberechtigter, die in der Eingliederungsvereinbarung (§ 15 SGB II) festgelegten Pflichten zu erfüllen, sich um eine zumutbare Arbeit zu bemühen oder aufzunehmen, eine Arbeitsgelegenheit gegen Mehraufwandsentschädigung auszuführen oder bricht er eine Eingliederungsmaßnahme ab, so erfolgt für 3 Monate eine 30%-ige Absenkung der nach § 20 maßgeblichen Regelleistung (§ 31a Abs. 1). Bei wiederholter Pflichtverletzung sind weitere Absenkungen vorgesehen. Diese Absenkungen beziehen sich nicht nur auf die Regelleistungen nach § 20, sondern auf das Alg II insgesamt. Die Absenkung kann bis zum völligen Einstellung des Alg II führen. Bei einer Minderung von mehr als 30% der Regelleistung hat der Leistungsträger Ermessen, ob er Sachleistungen erbringt. Wegen des verfassungsrechtlich verbürgten Existenzminimums (BVerfGE 82, 60, 80) ist dieses Ermessen auf Null reduziert, d.h. es sind Sachleistungen zu erbringen, wenn z.B. Obdachlosigkeit oder andere gravierende Gefährdungen des sozialen Existenzminimums drohen. Bei der Ermessensausübung ist auch zu berücksichtigen, dass es nach dem SGB II kein weiteres Auffangnetz gibt. Die Absenkung nach § 31 hat unmittelbare, nur im Rahmen einer korrekten Ermessensausübung auffangbare Auswirkungen auf die Sicherstellung des sozialkulturellen Existenzminimums.

Dabei scheint die „Vereinbarung" nach § 15 SGB II auf Gleichrangigkeit, auf gleiche Augenhöhe hinzuweisen. Dem ist jedoch nicht so: Kommt es zu keiner Eingliederungsvereinbarung, so können die entsprechenden Regelungen durch Verwaltungsakt erlassen werden. Auch der Abschluss einer Vereinbarung ist nicht „freiwillig": nach § 31 Abs. 1 führt schon die Weigerung des Erwerbsfähigen, eine ihm angebotene Eingliederungsvereinbarung abzuschließen führt zu Sanktionen.

Die Situation bei 15- bis 25-Jährigen stellt sich etwas anders dar: Nach § 3 Abs. 2 haben diese Leistungsberechtigten einen Rechtsanspruch, unverzüglich nach der Antragstellung in eine Arbeit, in eine Ausbildung oder in eine Arbeitsgelegenheit vermittelt zu werden. Dieser Förderungsverpflichtung des Leistungsträgers steht allerdings ein verstärktes Fordern gegenüber: Weigern sich u. 25-jährige, z.B. eine Arbeit aufzunehmen und verstoßen damit gegen ihre Verhaltenspflichten, kann u.U. sofort das gesamte Alg II für 3 Monate eingestellt werden. Nach wiederholter Pflichtverletzung kann auch die Leistung für die Unterkunft entfallen. Meldeversäumnisse, d.h. die Nichteinhaltung von Terminvereinbarungen werden bei u. 25-jährigen nicht so streng sanktioniert.

Bei älteren Leistungsbeziehern erfolgen Sanktionen in mehreren Stufen und sind zudem weniger einschneidend als bei den u. 25-jährigen. Dem Gleichheitsgrundsatz des GG entspricht das nicht.

Insgesamt steht Fördern und Fordern eher nicht in einem durch den Wortlaut signalisierten, gleichwertigen Verhältnis, Fordern überwiegt.

Leistungsträger, Finanzierung

Der Gesetzesentwurf zum SGB II sah in § 6 zunächst die ausschließliche Leistungsträgerschaft der BA vor. Um die Kommunen zu berücksichtigen, brachte § 6 die geteilte Zuständigkeit. Danach bliebt im Grundsatz die BA zuständig, die kommunalen Träger sind für die in § 6 Abs. 1 Nr. 2 genannten Leistungen zuständig, deren finanzieller Schwerpunkt die Leistungen für Unterkunft und Heizung nach § 22 sind. Erst im Vermittlungsausschuss wurde in § 6a die Option der kommunalen Trägerschaft eröffnet, die durch das kommunale Optionsgesetz umgesetzt wurde. Danach wurden kommunale Träger (festgelegt waren 69 optierende Gebietskörperschaften) auf Antrag vom BMAS anstelle der BA als Träger zugelassen. Werden sie zugelassen, sind die „zugelassenen kommunalen Träger" alleinige Träger der Grundsicherung für Arbeitssuchende zunächst für 5 Jahre, danach für jeweils weitere 3 Jahre.

Nach dem Urteil des BVerfG vom 20.12.2007 sind die zwischen der BA und den Kommunen gebildeten Arbeitsagenturen (Argen) als Mischverwaltung nicht mit dem GG vereinbar. Bis Ende 2010 musste eine neue Regelung gefunden werden. Nach z.T. sehr kontroversen Vorstellungen zu diesem Regelungsbereich kam es im Juli 2010 (doch) zu einer Änderung des GG (Art. 91e) nach der zur Ausführung des SGB II der Bund, die Länder und die Kommunen zusammenwirken können. Im August 2010 wurde dann schließlich (zeitlich verspätet) das „Gesetz zur Weiterentwicklung der Organisation der Grundsicherung für Arbeitssuchende" verabschiedet und für optierende Kommunen eine „Kommunalträger-Eignungsverordnung" erlassen mit eingehenden Prüfverfahren. Die Zahl optierender Kommunen ist auf 110 Gebietskörperschaften festgelegt worden.

Für die Arbeit in gemeinsamen Einrichtungen, die seit dem 1.1.2011 nicht mehr Argen, sondern nun Jobcenter heißen (2015 gab es davon 303), haben BA und Kommune Verträge abzuschließen. Jobcenter haben einen Geschäftsführer und können Verwaltungsakte und Widerspruchsbescheide erlassen. Die Aufsicht über die BA und über die Jobcenter führt das BMAS, optierende Kommunen werden durch die Länder beaufsichtigt. Eingliederungsleistungen und Verwaltungskosten der Jobcenter trägt der Bund, die Kosten für Unterkunft und Heizung tragen die Kommunen (mit einer immer wieder neu verhandelten prozentualen Beteiligung des Bundes).

Weitere Entwicklungen

Das SGB II ist seit Inkrafttreten 2005 vielfach und auch grundlegend geändert sowie durch Rechtsverordnungen und Verwaltungsvorschriften ergänzt worden. Neuerliche „Reformen" finden sich im Neunten Gesetz zur Änderung des SGB II.

Unbürokratischer, transparenter und für die Betroffenen nachvollziehbarer ist es bis jetzt nicht geworden, im Gegenteil.

Bis zum Juni 2015 wurden im zurückliegenden Jahr etwas mehr als 1 Mio. Sanktionen verhängt, darunter zu 76 % wegen Versäumnissen von Terminen bei ihren Arbeitsvermittlern. 10 % haben ihre Verpflichtungen nach der Eingliederungsvereinbarung nicht erfüllt und 11 % haben die Aufnahme einer Arbeit oder Ausbildung verweigert. Die Sanktionsquote lag durchschnittlich bei 3,0 % (www.bundesagentur.de). Dass Sanktionen für Jugendliche so viel härter ausfallen als für Ältere, wird mit dem Hinweis auf das Gebot der Gleichbehandlung seit Langem kritisiert.

Die Klageflut, mit der sich die Sozialgerichte befassen müssen, ist etwas zurückgegangen, aber nach wie vor hoch. Etwa die Hälfte der Klagen ist erfolgreich. Nach wie vor werden die Intensität und Qualität der Betreuung sowie die Arbeitsvermittlung bemängelt.

Im März 2016 zählte die BA 6,1 Mio. Personen im Leistungsbezug des SGB II. Davon waren 4,3 Mio. erwerbsfähig und wiederum davon 42 % ohne Arbeit, 70 % länger als 21 Monate und mehr. In 3,3 Mio. Bedarfsgemeinschaften lebten etwa 2 Mio. Kinder unter 18 Jahren. 68 % aller Arbeitslosen wurden im Rechtskreis des SGB II betreut. Mehr als jeder zehnte Haushalt in Deutschland war auf Leistungen nach dem SGB II angewiesen. Zwar ist die Zahl der Leistungsbezieher im Vergleich zum Vorjahr leicht gesunken, sie hat sich in den vergangenen Jahren jedoch nicht grundlegend verändert. Schon allein diese wenigen Zahlen verdeutlichen, mit welchen wohl dauerhaften sozialpolitischen Problemen sich die Grundsicherung für Arbeitssuchende zu befassen hat.

Arbeitslosigkeit und prekäre Beschäftigung sind die Hauptursachen für den Bezug von Leistungen nach dem SGB II. Daran hat sich auch nach der Einführung eines Mindestlohns nichts geändert. Die Neuordnung der arbeitsmarktpolitischen Instrumente, die mit dem „Gesetz zur Verbesserung der Eingliederungschancen am Arbeitsmarkt", die am 1.1.2012 und in weiteren Teilen am 1.4.2012 in Kraft getreten ist, ist ihrem Titel nicht gerecht geworden. Verbunden mit erheblichen Einsparungen und „Effizienzverbesserungen" in den Eingliederungsleistungen nach dem SGB II und SGB III ist eher das Gegenteil eingetreten: die Qualität der Leistungen zur Eingliederung in Arbeit hat sich verschlechtert und Langzeitarbeitslosigkeit verfestigt. Trotz aller Änderungsgesetze und Verordnungen zum SBG II bleibt Hartz IV auch 10 Jahre nach dem Inkrafttreten so umstritten wie eh und je (vgl. Butterwege 2015).

Ingrid Mielenz

Literatur

Arbeitslosenprojekt TuWas (Hrsg.): Leitfaden zum Arbeitslosengeld II, Frankfurt/M. [12]2016 ◆ BA: Der Arbeits- und Ausbildungsmarkt in Deutschland, Nürnberg Oktober 2015 ◆ BA: Analyse der Grundsicherung für Arbeitssuchende, Nürnberg März 2016 und Grundsicherung in Zahlen, März 2016 ◆ J. Becker: Gutachten 1: Bewertung der Neuregelungen des SGB II, in: Soziale Sicherheit Extra 9/2011 ◆ Chr. Butterwegge: Hartz IV und die Folgen. Auf dem Weg in eine andere Republik?, Weinheim, München 2015 ◆ H. J. Dahme u. a.: Soziale Arbeit für den aktivierenden Staat, Opladen 2003 ◆ Dt. Caritasverband: Grundsicherung für Arbeitsuchende nach der Rechtsvereinfachung, Freiburg 2016 ◆ A. Giddens: Der dritte Weg. Die Erneuerung der sozialen Demokratie, Frankfurt/M. 1999 ◆ J. Hüttenbrink: Sozialhilfe und Arbeitslosengeld II, München [13]2016 ◆ J. Münder: Gutachten 2: Verfassungsrechtliche Bewertung des Gesetzes zur Ermittlung von Regelbedarfen und zur Änderung des SGB II und SGB XII, in: Soziale Sicherheit Extra 9/2011.

Links

www.bmas.de
www.bundesagentur.de
www.hartziv.de
www.harald-thome.de

Gruppenarbeit, soziale

Zum Begriff

In der Fachliteratur wird unter G. gemeinhin eine der drei Methoden der Sozialarbeit/Sozialpädagogik *(Methoden der Sozialen Arbeit)* verstanden – und an den FH wird sie als Vertiefungsfach gelehrt –, bei der Kenntnisse, Meinungen und Verhaltensweisen von Individuen in Kleingruppen zum Gegenstand und gleichzeitig zum Medium sozialpädagogischer Einflussnahme gemacht werden. Einige Autoren machen dabei einen Unterschied zwischen G. (sich selbst überlassenen Interaktionen in Gruppen) und sozialer Gruppenarbeit (s. G.) oder Gruppenpädagogik (pädagogisch angeleiteter und verantworteter Arbeit mit Gruppen) (Kreft/Müller 2017).

Die Entdeckung der Gruppe

Es wird gesagt, die Entdeckung der Gruppe als einer besonderen Organisationsform menschlicher Tätigkeit sei ebenso bahnbrechend gewesen wie die Entdeckung des Feuers als Energiequelle oder die Erfindung des Rades als Transportmittel. Allerdings muss die Fähigkeit, sich in Gruppen zu verhalten und mit ihnen tätig zu werden, von jeder Generation und von jedem Individuum neu angeeignet werden. Zu Beginn des 20. Jh. ist die Tätigkeit von Menschen in Gruppen und mit Gruppen als Ergebnis sozialen Lernens v. a. innerhalb der Jugendbewegung und der Reformpädagogik thematisiert worden. Gleichzeitig entdeckten in Nordamerika Sozialforscher die Kleingruppe und ihre Bedeutung für Sozialisation und Sozialstruktur. Insbesondere in der nordamerikanischen Freizeitpädagogik (recreation movement) der 1920er und 1930er Jahre wurde die Organisation sozialen Lernens in Gruppen und mit Gruppen gepflegt. Ende der 1930er Jahre entdeckten K. Lewin und seine Mitarbeiter R. Lippitt und R. K. White den Einfluss des Erziehungsstils Erwachsener auf das Sozialverhalten nordamerikanischer Kinder. Jugendbewegung, Reformpädagogik und Kleingruppenforschung gehören zu den Wurzeln s. G. 1946 entschieden sich die nordamerikanischen Gruppenpädagogen für ihre Integration in die damals schon weitgehend professionalisierte, aber von den Methoden der Einzelhilfe beherrschte National Conference of Social Work und damit für eine weniger freizeitpädagogische, sondern eher therapeutische Orientierung.

Nach dem Zusammenbruch des Nationalsozialismus in Deutschland wurde insbesondere von den amerikanischen Besatzungstruppen die s. G. als Instrument der politischen Umerziehung der deutschen Jugend eingesetzt. Fortbildungsstätten wie das von den Engländern gegründete Institut für Jugendgruppenarbeit/Haus am Rupenhorn (Berlin-West) oder das von den Amerikanern gegründete Haus Schwalbach (Wiesbaden) versuchten in den 1950er und 1960er Jahren, s. G. als einen pädagogisch angeleiteten und verantworteten Lehr-Lern-Prozess nicht nur in der SozPäd, sondern auch in Erwachsenenbildung, betrieblichem Aus- und Fortbildungswesen und in Kindergarten, Hort und Schulklasse populär zu machen. V. a. aber von den Ausbildungsstätten für SozArb und SozPäd wurde s. G. als amerikanische Methode der SozArb rezipiert und dabei häufig von ihren europäischen Wurzeln in Jugendbewegung und Reformpädagogik abgeschnitten. In den 1950er und 1960er Jahren war in Nordamerika eine andere pädagogische Tradition des Umgangs in und mit Gruppen entwickelt worden, die, ebenso wie Kleingruppenforschung und Erziehungsstilexperimente, von K. Lewin angeregt und ausgelöst wurde: die Gruppendynamik. Ursprünglich als ein Mittel in der *Erwachsenenbildung* konzipiert, gemeinsam über rationale wie emotionale Erfahrungen und Prozesse in Kleingruppen nachzudenken, wurde sie, v. a. im Westen der USA, mehr und mehr zu einem Entlastungserlebnis für frustrierte Individuen, die trainieren wollten, sich ohne schlechtes Gewissen gegenüber ihren Mitmenschen durchzusetzen.

Wie andere Praktiken der internationalen Reformpädagogik auch, enthält die s. G. wichtige didaktische Erkenntnisse über die Organisation von Lehrprozessen in Gruppen *(Didaktik)*. Die G. betont z. B. die Bedeutung individueller und situativer Motivationen für das menschliche Lernen („Anfangen, wo die Gruppe steht, und sich mit ihr in Bewegung setzen"), die Notwendigkeit, Lehrprozesse von den Gruppenmitgliedern her zu konstruieren und nicht vom Gruppenpädagogen, die Gruppe langfristig gesehen vom Gruppenpädagogen zu emanzipieren („sich überflüssig machen"; „Raum für Entscheidungen geben"), und das Gebot, v. a. anderen das Vertrauen der Gruppenmitglieder in ihre eigenen Fähigkeiten zu stärken („nicht mit den Schwächen der Gruppenmitglieder arbeiten, sondern mit ihren Stärken"; „Zusammenarbeit mehr pflegen als Einzelwettbewerb").

Kritik und aktuelle Zuordnung

Kritisch ist gegen die s. G. eingewandt worden, sie kultiviere Gruppenprozesse „an sich", ohne zu fragen, welche Gegenstände in diesen Gruppenprozessen vermittelt würden – und sie wirke als

G

pädagogisches Instrument der Dämpfung berechtigten Widerstandes von Kindern, Jugendlichen und Erwachsenen gegen unberechtigte gesellschaftliche Ansprüche und Forderungen (G. Weber). Schließlich wird s. G. von materialistisch orientierten Pädagogen in einen deutlichen Gegensatz zur Kollektiverziehung (A. Makarenko) gerückt.

Die Einschätzung einer didaktischen Tradition hängt von der Wahl des Maßstabes ab, gegen den man diese Tradition misst. Gemessen an der Entwicklung einer allgemeinen Didaktik des Schulunterrichtes, enthalten die gesammelten Erfahrungen und Erkenntnisse der G. wichtige Hinweise über die Selbstorganisation von Lernprozessen und über die Möglichkeiten erwachsener Pädagogen, diese Lernprozesse durch vernünftiges und sensibles Lehrverhalten zu unterstützen (und nicht etwa zu zerstören). Gemessen an einer allgemeinen Didaktik als Einheit von Aneignung und Vergegenständlichung gesellschaftlicher Erfahrungen und Erkenntnisse durch menschliche Tätigkeit in Gestalt von Arbeit, verbleibt G. im Vorraum der Unverbindlichkeit liberaler *Freizeitpädagogik.* Während s. G. in den letzten Jahrzehnten im Zuge der Methodenabstinenz von FH und Universitäten nur noch in wenigen Fällen systematisch gelehrt und gelernt worden ist, haben sich sowohl Bürgerinitiativen und Selbsthilfegruppen als auch Wirtschaftsunternehmen in Produktion und Verwaltung Strategien der Gruppenarbeit für ihre eigenen Zwecke zunutze gemacht. Die Arbeiten von Gerth/Sing (1992), Schwäbisch/Siems (1995) und der Sammelband von Antoni (1994) sind beredte Beispiele.

Es ist wahrscheinlich fair, den meisten Vertretern s. G. zu bescheinigen, dass sie die individuelle *Emanzipation* von Menschen didaktisch befördern möchten. Sie gehen dabei allerdings meist von einer (unausgesprochenen) Unterstellung aus: dass die gesellschaftlichen Umstände, unter denen Gruppen arbeiten und G. geschieht, einer solchen individuellen Emanzipation freundlich gesonnen seien. Deshalb ist G. keine sinnvolle Konfliktpädagogik, weil in ihr Konflikte nicht oder immer nur als zwischenmenschliche Missverständnisse vorkommen. Deshalb kann s. G. verwendet werden, um zwischenmenschliche Dysfunktionalitäten innerhalb vorgegebener Hierarchien (beim Militär, im Krankenhaus, im Großbetrieb) abzubauen. Gleichzeitig stellt s. G. jedoch, radikal betrachtet, diese vorgegebenen Hierarchien nicht in Frage, weil sie ihnen per se menschliche und menschenfreundliche Zwecke unterstellt.

C. Wolfgang Müller

Literatur

C. H. Antoni (Hrsg.): Gruppenarbeit in Unternehmen. Konzepte, Erfahrungen, Perspektiven, Weinheim 1994 ◆ M. Behnisch/W. Lotz/G. Maierhof: Soziale Gruppenarbeit mit Kindern und Jugendlichen, Weinheim/Basel 2013 ◆ C. Edding/K. Schattenhofer: Handbuch : Alles über Gruppen. Theorie, Anwendung, Praxis, Wiesbaden 2015 ◆ A. Gerth/E. Sing: Knatsch, Zoff und Keilerei, München 1992 ◆ D. Kreft/C. W. Müller: Methodenlehre in der Sozialen Arbeit. München ²2017 ◆ A. Makarenko: Gesammelte Werke. Marburger Ausgabe, Ravensburg 1976 ff. ◆ A. Metzinger: Arbeit mit Gruppen, Freiburg i.Br. ²2010 ◆ C. W. Müller: Gruppenarbeit (Social Group Work) und die Folgen, in: Kreft/Müller 2017, 2.3 ◆C. W. Müller: Wie Helfen zum Beruf wurde. Weinheim/München ⁶2013 ◆ H. Schiller: Gruppenpädagogik als Methode der Sozialarbeit, Wiesbaden 1963 ◆ L. Schwäbisch/M. Siems: Anleitung zum sozialen Lernen für Paare, Gruppen und Erzieher, Reinbek (1974) 1995 ◆ Schwalbacher Haus: Auswahl vier in 2 Bänden, Wiesbaden 1978 ◆ G. Weber: Kritische Anmerkungen zur sozialpädagogischen Gruppenarbeit, in: H.-U. Otto/S. Schneider (Hrsg.): Gesellschaftliche Perspektiven der Sozialarbeit. 2. Halbbd., Neuwied 1973.

H

Haftung

Haftung bedeutet, für etwas einstehen zu müssen. Diese Verantwortlichkeit kann sich aus einem Vertrag oder einem gesetzlichen Rechte-Pflichten-Verhältnis ergeben. Sie berührt sehr unterschiedliche Ebenen und Rechtsgebiete. Fragen der Haftung spiegeln Verantwortlichkeiten für die Verletzung von Pflichten oder die Nichterfüllung von Ansprüchen auf einer primären Leistungsebene. Sie kann auf Folgenbeseitigung oder Schadenersatz gerichtet sein, kann Versicherungsleistungen, arbeits-, dienst- oder strafrechtliche Konsequenzen auslösen.

Bei Aufsichtspflichtverletzung

Wird jemand von Gesetzes wegen als aufsichtsbedürftig angesehen (z. B. bei Minderjährigkeit oder wegen seines geistigen oder körperlichen Zustands) und einem Anderen zur Erziehung, Betreuung oder Behandlung anvertraut, so ist es dessen Aufgabe, den Aufsichtsbedürftigen vor Schaden zu bewahren. Die Pflicht zur Aufsicht kann sich aus dem Gesetz ergeben (z. B. für Eltern) oder durch Vertrag übernommen werden, der ausdrücklich (schriftlich oder mündlich) oder stillschweigend (konkludent) geschlossen werden kann (z. B. bei der Tagespflege).

Die übergebene bzw. übernommene Aufsichtspflicht kann auch übertragen werden. Eine solche Übertragung ist jedoch dann pflichtwidrig und entlässt den Pflichtigen nicht aus seiner Verantwortung, wenn die mit der Übernahme betraute Person erkennbar zur Aufsicht nicht geeignet oder überfordert sein würde. Dies ist insbesondere zu beachten beim Einsatz von Praktikanten oder Ehrenamtl., aber auch bei fachlich nicht ausreichend qualifizierten Betreuungspersonen. Werden die personellen und sachlichen Rahmenbedingungen nicht beachtet, die für die geforderte Betreuung notwendig sind, kann auch ein Träger der Sozialen Arbeit insofern die Aufsichtspflicht verletzen und haftungspflichtig werden.

Kommen die betreute Person oder durch Sie andere Personen bzw. Sachen zu Schaden, so haftet der Aufsichtspflichtige nur, wenn er seine Pflichten verletzt hat und diese Pflichtverletzung für den Eintritt des Schadens ursächlich war. Welche Handlungsanforderungen im Einzelfall zu erfüllen sind, lässt sich nur allgemein umschreiben und hängt von den Umständen im Einzelfall ab. Gleiches gilt für den Maßstab der Sorgfalt, der angelegt werden muss (z. B. Fahrlässigkeit, grobe Fahrlässigkeit oder Vorsatz). Pädagogische und juristische Kriterien stehen hier in einem Wechselverhältnis. Weder entspricht es dem pädagogischen, pflegerischen o. ä. Auftrag, wenn sich Verantwortliche unter dem Hinweis auf drohende Haftungsrisiken der Verantwortung entziehen. Noch ist es legitim oder dient es der Fachlichkeit, wenn der sozialarbeiterische Auftrag mit der Drohung möglicher Haftungsfolgen fachfremdem Einfluss ausgesetzt wird.

Für das sozialarbeiterische Handeln gelten die allgemeinen Maßstäbe der Hilfe bzw. der pädagogischen Ziele. Es ist die Entwicklung zur Selbstständigkeit und zu sozialem Handeln, die Entfaltung individueller Fähigkeiten, der Respekt vor der allgemeinen Handlungsfreiheit i. S. von Art. 2 Abs. 1 GG ebenso zu berücksichtigen wie die äußeren Bestimmungsfaktoren wie Alter der Aufsichtsbedürftigen, ihre körperliche und psychische Verfassung, die Gruppensituation bzw. -dynamik, die örtlichen und räumlichen Gegebenheiten, die Gefährlichkeit von Gegenständen, Aktionen oder Spielformen. Die Rechtsprechung hat insoweit immer wieder hervorgehoben, dass besonders belastende oder gefährliche Situationen – soweit absehbar – in geeigneter Weise vorbereitet werden müssen. Je nach Konstellation kann dies erfolgen durch Information, Warnung, Ermahnung, evtl. können aber auch Stichprobenkontrollen o. Ä. das geeignete Sicherungsinstrument sein.

Maßgeblich für die Bestimmung der Aufsichtspflichten ist im Wesentlichen das fachliche Handlungskonzept, das den Schutz vor Gefahren als integrierten Bestandteil hat. Es ist eine sach- und aufgabengerechte Risikoabwägung notwendig, die selbstverständlich situativ geprägt sein muss. Die Aufsichtspflicht reicht dabei nur so weit, wie die entsprechenden Handlungen machbar und zumutbar sind. Der Betreuer kann seine Augen nicht überall haben und nicht gleichzeitig an mehreren Stellen anwesend sein. Aufsichtspflicht ist daher nicht zwingend mit Anwesenheitspflicht gleichzusetzen. Es wird allerdings verlangt, dass der Aufsichtspflichtige je nach Alter oder Aufsichtsbedürftigkeit der beaufsichtigten Person(en) einen ausreichenden Überblick über das Geschehen hat, um ggf. bei drohender Gefahr eingreifen zu können. Ein bedeutender Risikofaktor, der so weit wie möglich minimiert werden sollte, sind mangelhafte Absprachen, insbesondere zu der Frage, wer wann welche Aufgabe/Verantwortung hat.

Von besonderer Bedeutung ist praktisch wie juristisch, dass für einen möglichen Unglücksfall Vorkehrungen getroffen werden. Dazu zählen Erste-Hilfe-Fähigkeiten, Kenntnis der örtlichen Verhältnisse, ausreichende Personalstärke usw. Gelegentlich ergeben sich die Schutzvorkehrungen auch aus speziellen Vorschriften (z. B. beim *Sport*, insbesondere beim Schwimmen). Dienstliche bzw. arbeitsrechtliche Anweisungen sind zu beachten. Verfolgen diese jedoch nur den Zweck der Absicherung der anweisenden Stelle und engen sie damit den Aufsichtspflichtigen vor Ort situationsunangemessen ein, so können sie nach Erkenntnissen des modernen *Arbeitsschutzes* ihrerseits zu Risiken führen und steigern mitunter auch unnötig das persönliche Haftungsrisiko derer, die die praktische Aufsicht führen („Wir hatten Ihnen doch verboten, dass …"). Andererseits ist wichtig, dass die Leitungskräfte – in angemessenem Umfang – Vorgaben machen, damit Missverständnisse vermieden und Sicherheiten gegeben werden. Werden keine entsprechenden Handlungsorientierungen gegeben, kann es zu einem sog. Organisationsverschulden kommen.

Konsequenz: Schadenersatz und Rückgriff
Verletzt ein Beamter oder Angestellter eines öffentlichen Sozialleistungsträgers eine Pflicht gegenüber einem Bürger, so haftet seine Anstellungskörperschaft aus Amtshaftung (§ 839 BGB i. V. m. Art. 34 S. 1 GG). Die Amtspflichtverletzung kann sowohl in der rechtswidrig, schuldhaften Nicht- oder Falschauskunft, in der rechtswidrigen Versagung einer Sozialleistung als auch in der Verletzung der Aufsichtspflicht liegen. Der Anspruch ist auf Schadenersatz in Geld gerichtet.

Besteht mit einem Leistungsempfänger oder einem freien Träger ein privatrechtlicher Vertrag, so ist haftungsrechtlich die Verletzung von Vertragspflichten sanktioniert. Es haftet (auch) die juristische Person, der der vertragsverletzende Beschäftigte angehört (§ 278 BGB). Daneben kann eine deliktische Haftung aus so genannter unerlaubter Handlung (§§ 823 ff. BGB) gegeben sein, wenn unabhängig vom Bestehen eines Vertrags absolute Rechte eines Betroffenen verletzt werden. Eine Haftungsausweitung findet hier über § 831 BGB statt.

Das persönliche, zivilrechtliche Haftungsrisiko wird dem Aufsichtspflichtigen meist durch eine gesetzliche (z. B. für Kindergarten und Schule) oder private (i. d. R. durch den Träger abzuschließende) Unfallversicherung abgenommen. Bei Vorsatz oder grober Fahrlässigkeit des Aufsichtspflichtigen besteht für die Versicherung allerdings die Möglichkeit, diesen in Regress zu nehmen. Ähnliches gilt bei der Amtshaftung, wenn eine Fachkraft, die bei einem öffentlichen Träger angestellt ist, bei der Ausübung ihrer Tätigkeit ihre Amtspflichten verletzt. Zur Minderung des Haftungsrisikos bei Schäden, die durch einzelne Beschäftigte verursacht sind, wird daher häufig zusätzlich eine Haftpflichtversicherung abgeschlossen.

Konsequenz: Strafrechtliche Verantwortung
Haben in der SozArb Tätige eine gesetzliche oder vertragliche Pflicht, über Rechtsgüter wie Leben und Gesundheit von betreuten Personen zu wachen, so kann sich daraus eine strafrechtliche Haftbarkeit ergeben. Obwohl im Strafrecht vom Grundsatz her ein Unterlassen nicht strafbar ist, kann ein für die Folgen Verantwortlicher gleichwohl bestraft werden, „wenn das Unterlassen der Verwirklichung des gesetzlichen Tatbestandes durch ein Tun entspricht“ (§ 13StGB). Inwieweit jeweils von einer Entsprechung ausgegangen werden kann, bedarf der detaillierten juristischen Bewertung. Hat eine Fachkraft eine strafrechtliche Garantenstellung und wurde nach der Übernahme eines Betreuungsauftrages oder eines Hilfefalls ihren gesetzlichen bzw. vertraglichen Pflichten nicht nachgekommen, so kann sie eine strafrechtliche Verantwortlichkeit *(Garantenpflicht)* treffen. Institutionen als solche können keine Garantenstellung haben bzw. eine Garantenpflicht verletzen, da im Strafrecht nur natürliche Personen haftbar gemacht werden können.

Rechtsprechung und Lehre haben zum Thema Garantenpflicht typische Fallgruppen entwickelt. Es kommt aber maßgeblich darauf an, ob bzw. inwieweit angesichts der Besonderheiten des Einzelfalls und den konkreten Anforderungen an die jeweilige Fachkraft eine Strafbarkeit in Betracht kommt. In der sozialen Arbeit reichen allgemeine gesetzliche Schutzpflichten nicht aus, muss die Pflichtenstellung je nach Aufgabe und Situation beurteilt werden. Das gilt für pflege- oder aufsichtsbedürftige Menschen in der Alten- und Behindertenhilfe ebenso wie in der Kinder- und Jugendhilfe.

Zu der Frage, wann im Arbeitsfeld des ASD – aber auch bei freien Trägern für den Bereich der Hilfen zur Erziehung – von einer Garantenstellung bzw. Garantenpflicht auszugehen ist, gibt es bislang keine höchstrichterliche Rechtsprechung. Die Frage wird in der Literatur kontrovers diskutiert. Jedenfalls aber kann eine Strafbarkeit nur in Betracht kommen, wenn die betreffende Fachkraft eine entsprechende Einsichts- und insbesondere Einwirkungsmöglichkeit in das Geschehen hatte. Bei den Einwirkungsmöglichkeiten sind fachliche Kriterien maßgeblich, sind also auch Entscheidungsspielräume zu respektieren. Erst wenn das fachliche Ermessen auf Null reduziert war und deshalb zwingend zugunsten des betreffenden Kindes hätte gehandelt werden müssen, kann im strafrechtlichen Sinne von einer möglichen Strafbarkeit die Rede sein.

Das Unterlassen eines objektiv notwendigen Tätigwerdens muss im Hinblick auf eine spätere (potenziell strafbewehrte) Rechtsgutverletzung vorsätzlich oder fahrlässig gewesen sein. Bei Vorsatz muss die Fachkraft ernstlich für möglich gehalten haben, dass der straftatbestandliche „Erfolg“ eintritt, wenn sie ihre Handlung zur Abwendung unterlässt, und sie muss sich damit abgefunden haben (Eventualvorsatz). Eine fahrlässige Sorgfaltspflichtverletzung kann in fehlender Kenntnis der eigenen Handlungspflichten und -möglichkeiten oder im vorwerfbaren Nichterkennen der bevorstehenden Gefahrverwirklichung liegen. Maßgeblich für die Beurteilung ist dabei der Sachverhalt, wie er sich für die betreffende Fachkraft zum Zeitpunkt der Schädigung dargestellt hat bzw. hätte darstellen müssen. Eine Mentalität der Absicherung bietet deshalb keinen guten Schutz vor strafrechtlicher Verantwortung, Stattdessen ist eine Schärfung sozialarbeiterischer/sozialpädagogischer Fachlichkeit zu empfehlen.

Haftung im Sozialleistungsrecht

Sucht ein Hilfebedürftiger bei der Sozialverwaltung um Leistungen nach oder wird dort ein Hilfebedarf bekannt, so entsteht mit dem Leistungsberechtigten ein Sozialrechtsverhältnis. Für den Sozialleistungs- oder Versicherungsträger ergeben sich hieraus Nebenpflichten insbesondere zur Auskunft und Beratung (vgl. §§ 13 ff. SGB I). Werden diese verletzt, etwa indem eine Auskunft nicht oder falsch erteilt wird, kann dem Leistungsberechtigten ein Schaden dadurch entstehen, dass keine, eine in der Höhe geringere oder erst später einsetzende Leistung erbracht wird, dass er trotz Befreiungsmöglichkeit einer Versicherungspflicht unterworfen oder dass er umgekehrt von einem Beitritt zu einer Versicherung abgehalten wird. Der Leistungsverpflichtete haftet in diesen Fällen auf Folgenbeseitigung. Als Anspruchsgrundlage dient der von der Rechtsprechung entwickelte sozialrechtliche Herstellungsanspruch. Der Geschädigte ist so zu stellen, wie er stehen würde, wenn er die betreffende Auskunft oder Beratung erhalten und die unterlassene Handlung doch rechtzeitig sowie ordnungsgemäß vorgenommen hätte.

Um eine ähnlich gelagerte Haftung handelt es sich bei dem Anspruch auf Ersatz von Aufwendungen für selbstbeschaffte Sozialleistungen. Dieses ebenfalls ursprünglich rein richterrechtlich entwickelte Institut umfasst die Fälle von Systemversagen, in denen bei einem Sozialleistungsträger nachdrücklich um Leistungsgewährung nachgesucht, die Anspruchsbefriedigung aus Gründen, die beim Sozialleistungsträger liegen, versagt wurde und der Leistungsberechtigte seinen Bedarf selbst gedeckt hat. In diesen Fällen kann ein Anspruch auf Ersatz der Aufwendungen für die selbstbeschaffte Sozialleistung bestehen. Im Rehabilitationsrecht (§ 15 Abs. 1 SGB IX) und im Kinder- und Jugendhilferecht (§ 36a Abs. 3 SGB VIII) findet diese Anspruchsgrundlage eine Verankerung unmittelbar im Gesetz.

Arbeitsrechtliche Konsequenzen

Verletzt ein Arbeitnehmer seine Dienstpflichten, kann dies – auch unabhängig davon, ob Haftungsansprüche wegen eines benennbaren Schadens entstanden sind oder eine strafrechtliche Verurteilung erfolgt ist – zu dienst- oder arbeitsrechtlichen Konsequenzen kommen. Die arbeits- und dienstrechtlichen Reaktionen sind am Grundsatz der Verhältnismäßigkeit auszurichten. Die Alternativen des Arbeitgebers reichen dabei von der informellen Ermahnung, über den Eintrag in die Personalakte, die Abmahnung, die Versetzung an einen anderen Arbeitsplatz bis hin zur (fristlosen) Kündigung, weshalb die Maßnahme des Arbeitgebers für die Betroffenen oftmals von existenziellerer Bedeutung sein kann als die Bedrohung von sozialrechtlicher, schadensersatzrechtlicher oder strafrechtlicher Haftung.

Thomas Meysen/Thomas Mörsberger

Literatur

H.-J. Albrecht: Sozialarbeit und Strafrecht: Strafbarkeitsrisiken in der Arbeit mit Problemfamilien, in: Dt. Institut für Jugendhilfe und Familienrecht e. V. (DIJuF): Verantwortlich handeln – Schutz und Hilfe bei Kindeswohlgefährdung (Saarbrücker Memorandum), Köln 2004, 183–228 ◆ M. Bänfer/B. Tammen: Aufsichtspflicht. Schutz von Kindern und Jugendlichen in der Erziehungshilfe, AFET (Hrsg.), Hannover 2006 ◆ P. Bringewat: Tod eines Kindes. Soziale Arbeit und strafrechtliche Risiken, Baden-Baden 1997 ◆ P. Bringewat: Strafrechtlich relevante Fehler bei der „Einschätzung des Gefährdungsrisikos" nach § 8a SGB VIII, in: Zeitschrift für Kindschaftsrecht und Jugendhilfe (ZKJ) 2012, 330–336 ◆ F. v. Koch: Auskunfts- und Beratungspflichten im Sozialrecht. Inhalt, Folgen bei Verletzung, Rechtsprechung, Berlin 2000 ◆ Th. Meysen: Rechtsfolgen bei der Verletzung fachlicher Standards, in: Münder/Wiesner/Meysen (Hrsg.): Handbuch Kinder- und Jugendhilferecht, Baden-Baden ²2011, 406–418 ◆ Th. Meysen/S. Nonninger: ASD-Tätigkeit und strafrechtliche Verantwortung, in: J. Merchel (Hrsg.): Handbuch Allgemeiner Sozialer Dienst, München, ²2015, 134–138 ◆ Th. Mörsberger/J. Restemeier: Helfen mit Risiko. Zur Pflichtenstellung des JA bei Kindesvernachlässigung, Neuwied 1997 ◆ Th. Mörsberger: Das Strafrecht als prima ratio des SGB VIII? in: Zeitschrift für Kindschaftsrecht und Jugendhilfe (ZKJ) 2013, 21–24 und 61–67 ◆ Th. Mörsberger/F. Wapler, Jugendamt und Justiz, in: Wiesner, SGB VIII, ⁵2015, Anhang 2, 1701 ff. ◆ J. Münder: Rechtsfolgen bei Verletzung professioneller Standards. Zentralblatt für Jugendrecht (ZfJ) 2001, 401–408G. Weitzmann: Aufsichtspflichten in der Jugendarbeit: Grundsätze, Themeneinführung TE-1115, www.kijuf-online.de, hrsg. vom DIJuF.

Handlungskompetenz

Berufliche Handlungskompetenz

H. i.S. dieses Beitrages meint die Fähigkeiten hauptberuflich Handelnder in der *Sozialen Arbeit,* den jeweils zeitgemäßen fachlich-methodischen Standards entspr. tätig zu sein *(Professionalisierung):* in den unterschiedlichen Arbeitsfeldern *(Sozialarbeit/Sozialpädagogik)* und in den verschiedenen Handlungsebenen.

Die allgemeinen Rahmenbedingungen beruflichen Handelns in der Sozialen Arbeit

Es gelten heute allgemeine Rahmenbedingungen, in die sich berufliches Handeln in der SozArb einzuordnen hat – sie sind politischer, rechtlicher, organisatorischer und fachlicher Art:

H

- So hat SozArb im System der *Sozialen Sicherung* in der BRD die besondere sozialpolitische Aufgabe, sozial zu integrieren, soziale Teilhabe zu befördern bzw. zu ermöglichen. Ziel ist allerdings nicht „schlichte Anpassung und/oder soziale Beruhigung", sondern „Hilfe zur Selbsthilfe" soll geleistet werden (in den verschiedenen Diskussionsvarianten: *Selbsthilfe/Selbstorganisation, Empowerment,* Resilienz). Und: Diese Angebote haben häufig einen materiellen Kern: es gibt unverzichtbare Voraussetzungen, um (überhaupt) ein selbstbestimmtes Leben führen zu können – wie Schulabschlüsse, Berufsausbildung, Wohnen, eine die eigene und/oder die der Familie Existenz sichernde Arbeit. SozArb hat mit dafür zu sorgen, auch diese i.w.S. materiellen Grundvoraussetzungen zu sichern, weil sonst die Forderung nach selbstbestimmter Teilhabe an einem „normalen Leben" für die *Klienten* zu einer „Schimäre" wird und für die Professionellen eine „Sprechblase" bleibt (Kreft 2001, 155/*Einmischungsstrategie*).
- So arbeiten wohl Menschen mit den unterschiedlichsten berufsqualifizierenden Abschlüssen *(Ausbildung, Soziale Berufe)* in den verschiedenen Arbeitsfeldern der SozArb, aber sie arbeiten immer noch überwiegend „abhängig" (als Angestellte/Beamte) bei öffentlichen und freien (privaten) *Trägern der Sozialen Arbeit* (wenngleich selbständige Tätigkeiten zunehmen: Zuletzt BMWi: GründerZeiten 22, Berlin 2/2014 und Schaub/Trappe 2015). Sie sind daher regelmäßig eingebunden in das (Handlungs-)System und die (Handlungs-)Logiken der öffentlichen und freien Wohlfahrtspflege, die immer noch durch die klassischen Steuerungselemente sozialstaatlichen Handelns bestimmt werden: Recht *(Rechtsquellen),* Finanzen *(Finanzwesen, öffentliches/Finanzierung freier Träger),* Personal (i.d.R. inzwischen der TVöD oder diesem nachgebildete AVR der *Wohlfahrtsverbände*), Organisationsvorgaben *(Organisationsrecht* – z.B. mit vorgegebenen Ämterstrukturen: *Gesundheits-, Jugend-, Sozialamt,* Träger der *Grundsicherung für Arbeitsuchende)* und *Planung (Jugendhilfe-/Sozialplanung).*
- Andererseits ist moderne Soziale Arbeit sowohl partizipativ *(Partizipation)* als auch interaktiv *(Interaktion, soziale)* angelegt. Im Bild „des Ko-Produzenten„ (nur die Angebote und Dienste können Bestand haben, sind also fachlich angemessen, die mit den Adressaten/Leistungsberechtigten zusammen und in ihrem Lebensraum/ihrer Lebenswelt entwickelt wurden: *Sozialraum/Sozialraumorientierung*) wird heute die frühere Forderung nach „verlässlichen Kooperationen bei helfend-erzieherischen Absichten" (so schon Müller 1982) konkretisiert.

Bindung und Gestaltungsfreiräume – ein unauflösbarer Widerspruch?

SozArb entwickelte sich mit der Industrialisierung und deren sozialen Folgen (Hering/Münchmeier 2014/*Geschichte der Sozialpädagogik/Sozialarbeit*). Und bis heute „reagiert sie auf Zustände", die sozial-politisch als nicht zuträglich gekennzeichnet werden. Gegen „diese Zustände" richten sich regelmäßig zuerst die für die SozArb konstitutiven Handlungen: *Beratung, Bildung, Erziehung, Hilfe, Pflege;* insofern ist alles Handeln in der SozArb politisch – rechtlich – organisatorisch stark gebunden. Diese Bindungen aber als Verlust sämtlicher Gestaltungsmöglichkeiten zu deuten, hieße den Entwicklungsstand moderner SozArb außer Acht zu lassen: Denn für die Entscheidungen im sozarb/sozpäd Handlungsalltag (und auf allen Handlungsebenen) müssen diese allgemeinen Rahmenbedingungen fachlich ausgefüllt werden. Im Vieleck unterschiedlicher Lebensbedingungen und Interessen (Lebensräume, Politik, Träger/Anbieter, Adressaten/Leistungsberechtigte) wächst den hauptberuflich in der SozArb Handelnden a) die anspruchsvolle (und reizvolle) Aufgabe zu, soziale Teilhabe zu befördern oder zu ermöglichen und b) gegenüber den unterschiedlichen Meinungsbildnern (z.B. Verbände, Räte, Partizipanten, andere Fachkollegen/innen) die Standards zeitgemäßen Handelns in der SozArb zu kennen, sie zu vertreten, sie in die Diskussionen einzuführen und fachliche Regelverletzungen stets aufs Neue zu thematisieren.

Allerdings setzt die Fähigkeit, in der SozArb bestehende Gestaltungsspielräume – zuförderst zu Gunsten von Menschen in besonderen Lebenssituationen – zu nutzen, ein mehrdimensionales Handlungsprofil voraus.

Wissen – Können – Haltungen

Handeln nach den Regeln der Kunst (schon früh Jordan 2001/Münder 2001; aktuell Wiesner 2015: Haftungsrisiken von Fachkräften/*Garantenpflicht*, Anh. 2, 3.5)), also standardgebundenes professionelles Handeln, ist demnach zunächst immer zu unterscheiden von der ‚Kompetenz für alltägliches soziales und pädagogisches Handeln', die jedermann hat. Gemeint ist auch nicht eine durch die Bedingungen des jeweiligen Anstellungsträgers vorgegebene Kompetenz (i. S. einer begrenzten Aufgabenzuweisung und -wahrnehmung, auf die verweisend sich die Handelnden „zurückziehen" können), sondern gemeint ist hier eine begründete, beleg- und nachweisbare personale Fähigkeit.

Mit Hilfe der Begriffe Wissen – Können – Haltungen soll genauer markiert werden, welche Kompetenzprofile unverzichtbar sind, um in Arbeitsfeldern der SozArb hauptberuflich tätig zu sein:

Wissen: Wissen meint hier die reflektierte Kenntnis wissenschaftlich begründeten Fachwissens der SozArb, sowohl ihrer eigenen Grundlegungen (*Theorie der Sozialarbeit/Sozialpädagogik)* als auch ihrer fachlichen Teilbereiche (*Alten-, Gesundheits-, Kinder- und Jugend-, Sozialhilfe* u. a. m.) als auch der sie stützenden Nebendisziplinen (z. B. *Psychologie, Soziologie*).

Die Wissensanforderungen sind in den zu unterscheidenden Handlungsebenen durchaus unterschiedlich. So wird in der politischen Entscheidungsebene (z. B. bei Dezernenten/Beigeordneten sowie für die relevanten Entscheider in Räten und Fachausschüssen wie dem *Jugendhilfeausschuss*) hinreichend fachliches Orientierungswissen zu erwarten sein (insb. des Fach-Teilbereiches, den sie vertreten), so sind für die Bearbeitungsebene (das ist die mittlere/höhere Hierarchieebene der öffentlichen und freien Träger/Anbieter der SozArb: Arbeitsgruppenleiter, Planer, Abteilungs-/Amtsleiter) bereits dichte allgemeine und spezielle Fachkenntnisse Handlungsvoraussetzung.

Am umfassendsten ist der Anspruch an die Fachkompetenz in der Handlungsebene (mit i. d. R. *Klienten*bezug). In der Ebene der pädagogischen Intervention muss das gesamte Fachwissen immer wieder angemessen gebündelt, auf die Bedingungen der Praxis eines bestimmten Arbeitsfeldes und der in ihnen lebenden Menschen hin konkretisiert werden (*Einzelfallhilfe* – dort mit Hinweisen auf Case Management und individuelle Hilfeplanung).

Können: Hier ist die Anwendung sozarb/sozpäd Wissens gemeint. Das setzt zunächst wieder Wissen/Kenntnisse von/über Methoden und Verfahren (auch als Konzepte bezeichnet: Geißler/Hege 2007/Kreft/C. W. Müller 2017) voraus; wie sie etwa Galuske in seinen 19 Überblicken angesprochen hat (Galuske 2013, die meisten davon sind auch in diesem Wörterbuch eigenständig behandelt: *Beratung, Diagnostik, sozialpädagogische, Einzelfallhilfe*/Case-Management, *Mediation, Erlebnispädagogik, Interaktion, Empowerment, Streetwork, Supervision, Selbstevaluation, Sozialmanagement, Jugendhilfeplanung*). Aber das Wissen um Methoden und Verfahren ist nur die (allerdings unverzichtbare) Geschäftsgrundlage wissenschaftlich gestützten Handelns von Professionellen in der SozArb. Methoden/Verfahren sind keine Rezepte, die 1:1 übertragbar sind in den Handlungsalltag, methodengestützt zu handeln heißt vielmehr, „von Aufgaben und Problemen auszugehen, die sich in der alltäglichen Berufspraxis stellen und für die man sich aus dem Reservoir der Methodenkonzepte passgerechte methodische Vorgehensweisen zusammenstellt oder auch neue konstruiert" (v. Spiegel 2013/*Methodisches Handeln in der Sozialen Arbeit,* mit weiteren Hinweisen bis zu (Fall-)Arbeitshilfen).

Methoden-/Verfahrenskenntnisse werden im gelingenden Handlungsalltag regelmäßig durch zwei weitere Befähigungen („Können") ergänzt/erweitert:

Die kommunikative Kompetenz: Das ist „(zunächst und sehr allgemein) die Fähigkeit zur Kommunikation in verschiedenen Lebenssituationen wie auf Zweck gerichtetes Handeln ..." (so schon der Deutsche Bildungsrat 1974, 49). In Konzepten sozarb/sozpäd Handelns dann z. B. die Fähigkeit, mit Punks in einem besetzten Haus oder Jugendlichen in einem Freizeitheim „zu verhandeln", die mit ihnen gemeinsam bestimmten/erfassten Interessen dann am nächsten Tag im (Amts-/Träger-)Kollegenkreis zu vertreten/abzustimmen, sie bei der Kämmerei oder in politischen Gremien zu erläutern/durchzusetzen – das ist hier gemeint (zur Praxis als zeitloses Dokument für das „sozialpädagogische Handwerk" Brocke 1985).

Kommunikative Kompetenz meint in diesem Argumentationskontext die Fähigkeit und Bereitschaft, in den verschiedensten Lebenswelten in mindestens drei Ebenen betroffenenorientiert (ko-produzierend also) zu agieren und zu koordinieren (im Verhältnis zu Adressaten/Leistungsberechtigten, trägerintern, trägerübergreifend).

Die administrative/Management-Kompetenz: Gemeint ist hier die Fähigkeit, den in einem kommunikativen Prozess zwischen allen Beteiligten (also auch den Adressaten/Leistungsberechtigten) in einer bestimmten Situation „als richtig erkannten Inhalt" auch umzusetzen. Denn gleichgültig, ob SozArb/SozPäd bei öffentlichen oder freien Trägern/Anbietern arbeiten, immer wird ihnen ein Mindestmaß administrativer H. abverlangt. Dabei gilt zudem: Je ungesicherter die Existenz (etwa auf der Linie Staat/Kommune/freie Träger/selbstorganisierte Projekte/Initiativen), umso stärker der Druck, auch administrativ-kompetent zu handeln (d.h. Fachkräfte werden bei freien Trägern/Anbietern von diesem Zwang durchaus nicht befreit). Einseitig allein auf den Inhalt ausgerichtet, ist das Scheitern häufig vorprogrammiert. Wer nicht die politischen/rechtlichen/administrativen/finanziellen Rahmenbedingungen seines Handelns kennt, gibt immer wieder frustriert auf (zur Einbindung in das staatlich/kommunale Steuerungssystem und deren Handlungslogiken vgl. zu Beginn des Beitrages und die sehr praxisorientierte Einführung vom Limbrunner 2004) (zur Unterscheidung von administrativer H. und *Sozialmanagement:* Kreft bereits 1992; aktuell: Merchel 2015).

Administrative oder Management-Kompetenz meint die Fähigkeit, gewollte Inhalte in gegebenen Handlungsstrukturen zu realisieren. SozArb ist (und bleibt) fachlich fundierte Beziehungsarbeit. Aber: „Im Unterschied zum privaten familiären Handeln ist berufliches pädagogisches Handeln öffentliches Handeln und insoweit in gesellschaftliche Institutionen eingebunden. Deren Erwartungen z.B. ökonomischer und administrativer Art müssen deshalb in das pädagogische Handeln mit übernommen werden. Es gibt also kein „reines", d.h. nur auf Lernhilfe orientiertes pädagogisches Handeln" (Giesecke 2015, 13f.). Weil aber in Zeiten knapper Kassen immer wieder die Reduzierung „auf das Machbare" droht, werden administrative/Management-Kenntnisse immer wichtiger; um „fachliche Arbeit" zu sichern oder zu ermöglichen. Gesucht wird daher die kommunikative Fachkraft mit Sozialmanagement-Kenntnissen, nicht aber der/die Sozialbürokrat/in *(Sozialwirtschaft, Verwaltungsmodernisierung).*

Haltungen: Von allen, die als Professionelle in der SozArb tätig werden sollen, ist eine sozialpolitische Grundeinstellung zu erwarten, wie sie in § 1 Abs. 1 SGB I normiert wurde (... soll zur Verwirklichung sozialer Gerechtigkeit und sozialer Sicherheit einschl. sozialer und erzieherischer Hilfen ... (beitragen)) – gewissermaßen die allgemeinste geforderte Grundhaltung. Schwieriger ist die Antwort auf die Frage nach der gebotenen (höchst-)persönlichen Berufseinstellung. Wohl ist Empathie, also die Bereitschaft und Fähigkeit, sich in die Einstellung anderer Menschen einzufühlen, für professionelle SozArb eine wichtige Voraussetzung, aber nicht das stete Miterleiden *(Mitleid).*

Also „engagiert zu Gunsten" (anders ist eine gelingende Ko-Produktion wohl auch schwer vorzustellen) (aber selbst die (betroffenenorientierte) Parteilichkeit ist inzwischen „als unprofessionell markiert": Hartwig/Merchel 2000; eine Entgegnung von Kreft 2001, 255f.). Jedenfalls handelt wohl der/die unprofessionell (i.S. von Haltung haben), der/die ohne Engagement tätig ist („Es ist mir egal", „Ich denke, es geht sowieso nicht" ...), ohne die „professionelle Lust", sein/ihr Wissen und Können beharrlich und zielgerichtet gemeinsam mit/zu Gunsten von Adressaten/Leistungsberechtigten einzusetzen.

Es sind vor allem drei Publikationen, die die Diskussion um das Wissen und Können in der Sozialen Arbeit bereichert haben: die ‚Soziale Arbeit als Beruf' von Maja Heiner (zuletzt ²2010), der weiterhin unübertroffene Titel ‚Methodisches Handeln in der Sozialen Arbeit' von Hiltrud v. Spiegel (zuletzt ⁵2013) und der sehr pragmatische Versuch des DBSH, die Schlüsselkompetenzen der Sozialen Arbeit zu erfassen (Maus/Nodes/Röh 2013). In diesen Schriften zeigt die Profession Soziale Arbeit sehr komprimiert ihr modernes Profil als praxisorientierte Handlungswissenschaft.

Statt einer Zusammenfassung: Entwurf eines „hippokratischen Eides in der Sozialen Arbeit"

In Anlehnung an die Genfer Deklaration (auch als Genfer Gelöbnis bezeichnet) der Generalversammlung des Weltärztebundes von 1948 (inzwischen mehrfach revidiert) – und (wiederum in Anlehnung an den hippokratischen Eid – und dessen so unerhört wirkungsvolle Schlichtheit als Vorbild nehmend, könnte vergleichbares für die SozArb so formuliert werden (vgl. auch bei *Ethik*):

1) Ich bin Mitglied der Profession/Disziplin SozArb/Sozialpädagogik und werde deren Eigensinn (Eigenart) verteidigen.

2) Innerhalb und außerhalb meiner Berufsarbeit werde ich mich allein und gemeinsam mit anderen dafür einsetzen, dass zur Verwirklichung sozialer Gerechtigkeit geeignete Sozialleistungen i. S. des § 1 des Sozialgesetzbuches I rechtzeitig und ausreichend zur Verfügung stehen.
3) Ziel meiner Arbeit ist es, Menschen eine – nach ihren individuellen Möglichkeiten weitestgehende selbstbestimmbare soziale Teilhabe am gesellschaftlichen Leben zu ermöglichen: ohne Unterschied des Geschlechtes, der Religion, der Nationalität/ethnischen Zugehörigkeit, ihrer politischen Meinung und ihrer sozialen Stellung.
4) Ich werde allen Menschen im Rahmen meiner Arbeit mit Respekt vor ihrer eigenständigen Persönlichkeit begegnen und mich darum bemühen, mit ihnen gemeinsam die notwendigen Leistungen zu gestalten.
5) Ich werde die mir von ihnen gegebenen Informationen nicht unbefugt weitergeben.
6) Ich werde nach den Regeln der sozialpädagogischen/sozialarbeiterischen Kunst handeln und ich werde über die gesamte Zeit meiner Berufstätigkeit in geeigneter Weise und auch in eigener Verantwortung dafür sorgen, dass ich die jeweils aktuellen fachlichen Handlungsstandards meiner Profession im Allgemeinen und meines Teilarbeitsfeldes im Besonderen kenne und beherzige.

Professionelles Tun („Handlungskompetenz in einem umfassenden Sinne") umfasst also Wissen, Können und Haltungen – anders ist eine zur *Partizipation* verpflichtete, an der Lebenswelt und der Lebensart der Adressaten/Leistungsberechtigten orientierte SozArb nicht möglich.

Dieter Kreft

Literatur

H. Brocke: Sozialarbeit in der Stadterneuerung. Erfahrungen eines sozialpädagogischen Sanierungsträgers, in: np 1/1985, 45–56 ◆ M. Galuske: Methoden der Sozialen Arbeit, Weinheim/München [10]2013 ◆ K. A. Geißler/M. Hege: Konzepte sozialpädagogischen Handelns. Ein Leitfaden für soziale Berufe, München/Weinheim [11]2007 ◆ H. Giesecke: Pädagogik als Beruf. Grundformen pädagogischen Handelns, Weinheim/München [12]2015 ◆ L. Hartwig/J. Merchel (Hrsg.): Parteilichkeit in der Sozialen Arbeit, Münster 2000 ◆ M. Heiner: Soziale Arbeit als Beruf. Fälle – Felder – Fähigkeiten. München [2]2010 ◆ A. Goy: Vielfältige Kompetenzmodelle? Ein Kompetenzmodell der Vielfalt, in: NDV 4/2013, 177–180 ◆ S. Hering/R. Münchmeier: Geschichte der Sozialen Arbeit. Eine Einführung, Weinheim/München [5]2014 ◆ E. Jordan: Zwischen Kunst und Fertigkeit – Sozialpädagogisches Können auf dem Prüfstand, in: ZfJ 2/2001, 48–53 ◆ D. Kreft: Hat soziale Arbeit ein politisches Mandat? Oder: Was müsste wohl Inhalt eines hippokratischen Eides für die Professionellen der Sozialen Arbeit sein?, In: R. Merten (Hrsg.): Hat soziale Arbeit ein politisches Mandat?, Opladen 2001, 153–158 ◆ D. Kreft: Sozialmanagement oder administrative Handlungskompetenz?, in: socialmanagement 4/1992, 51–54 ◆ D. Kreft/C. W. Müller (Hg.): Methodenlehre in der Sozialen Arbeit. München [2]2017 ◆ F. Maus/W. Nodes/D. Röh: Schlüsselkompetenzen der Sozialen Arbeit. Schwalbach [4]2013 ◆ J. Merchel: Management in Organisationen der Sozialen Arbeit. Eine Einführung, Weinheim/Basel 2015 ◆ A. Limbrunner: Soziale Arbeit als Beruf, Weinheim/Basel [2]2004 ◆ S. Müller/H.-U. Otto/H. Peter/H. Sünker (Hrsg.): Handlungskompetenz in der Sozialarbeit/Sozialpädagogik, Bd. I: Interventionsmuster und Praxisanalysen, Bielefeld 1982, und Bd. II: Theoretische Konzepte und gesellschaftliche Strukturen, Bielefeld 1984 ◆ J. Münder: Rechtsfolgen bei Verletzung professioneller Standards, in: ZfJ 11/2001, 401–408 ◆ S. Schaub/H. Trappe: Unternehmerische Selbstständigkeit in der Sozialen Arbeit. Ein Handbuch für die Praxis, Baden-Baden 2015 ◆ H. v. Spiegel: Methodisches Handeln in der Sozialen Arbeit, München/Basel [5]2013 ◆ Wiesner u. a.: SGB VIII. Kinder- und Jugendhilfe. Kommentar. München [5]2015.

Heil- und Sonderpädagogik

Begrifflichkeit

Die Hilfen für Menschen mit Beeinträchtigung lassen sich bis in vorchristliche Zeiten und Kulturen belegen. Gleichzeitig sind gesellschaftliche Abwehrhaltungen, Feindseligkeiten und Diskriminierungen bis hin zur Verfolgung von beeinträchtigten Menschen nachweisbar.

Den Einsatz von Heilmitteln empfiehlt Comenius (1592–1670), um Unartigkeiten und Ungezogenheiten bei Kindern zu heilen. Das Heilen im pädagogischen Verständnis des 17. und 18. Jh. bestand in der Beseitigung von kindlichen Untugenden wie Eigensinn, Weinerlichkeit, Neugier, Habsucht, Eitelkeit. In diesem Zeitraum entstanden die ersten Einrichtungen für Taubstumme (1770) und Blinde (1784). Im 19. Jh. werden diese kindlichen Untugenden mit starken Beeinträchtigungen wie Blindheit und geistiger Behinderung vermischt. Der Begriff „Heilpädagogik" wird zum ersten Mal 1861 von Georgens und Deinhardt in Verbindung mit der Erziehung von Geistigbehinderten verwendet. Sie gingen davon aus, dass

H

durch ein geeignetes Gehirntraining die geistigen Mängel heilbar seien. Einige Autoren verknüpften den Begriff „Heilpädagogik" (H.) mit religiösen Interpretationen (z. B. Heiland, Heilsbringung, Heilen als christliche Hilfe). Dieses unklare Begriffsverständnis führte dazu, dass führende Wissenschaftler darauf drängten, auf die Vorsilbe „heil" zu verzichten und andere, eindeutigere Bezeichnungen zu verwenden. Eine „Heilung" im medizinischen Verständnis, eine „Heilbringung" im theologischen Verständnis sowie die Deutung als „Heilsein" im Sinne von Unversehrtheit sind irreführend.

Diskutiert wurden die Begriffsalternativen Sondererziehung, Sonderpädagogik, Behindertenpädagogik (Bleidick 1972) und Spezielle Pädagogik. Gegen den Begriff „Sonderpädagogik" wird eingewandt, dass diese Begrifflichkeit auf eine Pädagogik der Abnormität hinweist und das Aussondern nahe legt. In Deutschland wird im universitären Bereich häufig der Doppelbegriff „Heil- und Sonderpädagogik" verwendet oder von der Pädagogik der Menschen mit Behinderung gesprochen.

In den osteuropäischen Staaten wird der Begriff Rehabilitationspädagogik verwendet, im angelsächsichen Sprachgebiet haben sich die Begriffe Special Education und Education on the Handicaped durchgesetzt. In Frankreich in den Niederlanden kann man den Begriff Orthopädagogik (griech. ortho = gerade, aufrecht, richtig) finden.

Theorie

In der Zeit der Aufklärung (17. bis 18. Jh.) werden weltliche und kirchliche Autoritäten infrage gestellt und die allgemeine Menschenwürde sowie Bürger- und Menschenrechte hervorgehoben. Aus diesem Verständnis gewinnen die Selbstverantwortung des Menschen und die Formen der Selbstgestaltung an Bedeutung. Erziehungsprozesse werden analysiert und die Möglichkeiten der Bildung und *Erziehung* von Menschen mit Beeinträchtigungen werden erprobt. In dieser Zeitperiode liegen die Wurzeln der H. Die Errichtung von Schulen und Betreuungseinrichtungen für Menschen mit Beeinträchtigungen sind Ausdruck des neuen Menschenbildes.

Im 20. Jh. steht die Auseinandersetzung im Mittelpunkt, ob die H. eine Teildisziplin der Medizin (vor allem der Psychiatrie) oder der Pädagogik darstellt. Im Verlauf der wissenschaftlichen Diskussion setzt sich die von Paul Moor und Heinrich Hanselmann vertretene Auffassung durch, dass der pädagogische Aspekt im Vordergrund steht und die Erziehung der Beeinträchtigten als die zentrale Aufgabe zu sehen ist.

Nach dem 2. Weltkrieg und der Beendigung der nationalsozialistischen Willkürherrschaft beginnt in Deutschland die erforderliche Neuausrichtung in der H. Zum einen werden ethisch begründete Forderungen umgesetzt (z. B. die Integration von Menschen mit Behinderung in das gesellschaftliche Leben und die Förderung eines selbstbestimmten Lebens), zum anderen beeinflussen Forschungsergebnisse die empirisch begründete Theorienbildung. Die erforderliche Vernetzung mit benachbarten Wissenschaften (z. B. Neurobiologie, Genetik, *Soziologie* und *Psychologie*) führt zu neuen Erkenntnissen und Sichtweisen.

Bleidick (1976) unterscheidet zwischen vier konkurrierenden Paradigmen in der Heil- und Sonderpädagogik:

- **Personenbezogenes Paradigma**
  Die Beeinträchtigung wird als medizinisch fassbarer Sachverhalt (organische Störung) gesehen. Diese medizinische Sichtweise ordnet die individuellen Abweichungen definierten Krankheitskategorien zu. Krankheiten sind im Hinblick auf Erscheinungsformen, Ursachen und Verläufen beschreibbar. Der Mensch mit Behinderung wird zum Objekt und erfährt eine eher unpersönliche Distanz zum Helfer.
- **Interaktionistisches Paradigma**
  Die Beeinträchtigungen werden als Abweichungen von sozial definierten Erwartungshaltungen verstanden (Etikettierung, Typisierung mit eingehender Stigmatisierung). Zwischen Menschen mit und ohne Behinderung besteht eine zirkuläre Interaktion, bei der jeder auf den anderen einwirkt. Der Mensch mit Behinderung wird vom unpersönlichen Objekt zum Subjekt, mit dem auf Augenhöhe kommuniziert werden kann.
- **Systemtheoretisches Paradigma**
  Die Behinderung steht in Beziehung mit gesellschaftlichen Selektionsprozessen, wie sie im Bildungs- und Ausbildungssystem zu finden sind. Die individuelle Leistung als Qualitäts- und Selektionsmaßstab führt bspw. zur schulischen Platzierung.
- **Politökonomisches Paradigma**
  Die Behinderung erfährt eine gesellschaftliche Einordnung. Eine materialistisch ausgerichtete Gesellschaft verweist Menschen mit Behinderung in minderqualifizierende Schulen und gering entlohnte Beschäftigungsverhältnisse.

Diese Paradigmen stellen verschiedene Aspekte der Beeinträchtigung in den Mittelpunkt der Betrachtung.

In der aktuellen Diskussion rückt die Befindlichkeit des Betroffenen stärker in den Mittelpunkt. Die Aktivierungsmöglichkeiten, die Partizipation und Teilhabe am gesellschaftlichen Leben und die Selbstbestimmung erfahren stärkere Beachtung und zeigen den Beginn eines Paradigmenwechsels an (s. Vernooij 2007).

Diagnostik

Die heilpädagogische Diagnostik beabsichtigt die umfassende Beurteilung von Menschen mit Beeinträchtigung, damit Entscheidungshilfen für die Ermittlung von Ursachen und für den Einsatz von geeigneten therapeutischen Maßnahmen gegeben werden können. Die Urteilsbildung des Diagnostikers steht am Ende des diagnostischen Prozesses.

Die diagnostischen Informationen tragen dazu bei, den Menschen mit Behinderung in seiner Lebens- und Lernsituation besser zu verstehen (s. Breitenbach 2006).

Die **deskriptive Diagnostik** führt zu einer möglichst objektiven, umfassenden und präzisen Darstellung der Beeinträchtigung. Aufgrund der Daten kann eine nachvollziehbare Zuordnung zu einer definierten Kategorie (z. B. Dyskalkulie, Phobie) erfolgen. Bei der deskriptiven Diagnostik bleiben Ursachen und Fördermöglichkeiten unbeachtet.

Die **Selektions- und Platzierungsdiagnostik** vergleicht die diagnostischen Werte mit den Anforderungsprofilen z. B. von Schulformen und führt beispielsweise zu einer Förderschulzuweisung.

Die **Förderdiagnostik** gibt Auskunft über das Bildungspotenzial und bezieht die Gestaltung der Lebens- und Lernsituation des Menschen mit Behinderung zur optimalen Förderung ein. Dieses Vorgehen ist interaktional und prozessorientiert angelegt. Im heilpädagogischen Verständnis sind Diagnostik und Auswahl geeigneter Fördermaßnahmen miteinander verknüpft. Die Förderdiagnostik ist nach Ahrbeck und Mutzeck (2000) durch drei Merkmale gekennzeichnet: (1) die symmetrische Beziehung zwischen Diagnostiker und Person als gleichwertige Interaktionspartner, (2) das Aufspüren von Kompetenzen, Möglichkeiten und Stärken des Menschen mit Beeinträchtigung und (3) eine systemische Sichtweise, die das Umfeld einbezieht.

In der heilpädagogischen Diagnostik kommen, abhängig von der Form der Beeinträchtigung, folgende Instrumente zur Anwendung:

Anamnese: Umfassende, systematische Erfassung der Lebensgeschichte des Menschen mit Behinderung, um möglichst objektive Informationen über die Entwicklung der Person, seines Lebensumfelds und der Beeinträchtigung zu sammeln.

Beobachtung: Die Selbstbeobachtung (Introspektion) und die verschiedenen Formen der Fremdbeobachtung dienen der differenzierten Erfassung von Menschen mit Behinderung sowie von Ereignissen und Prozessen, die sich auf die Entstehung, Verfestigung und Entwicklung der Beeinträchtigung auswirken.

Testverfahren: Die quantitative Erfassung der verschiedenen Formen von Beeinträchtigungen ermöglichen Testverfahren, die hinsichtlich ihrer Durchführung, Auswertung und Interpretation standardisiert sind. Zum Einsatz gelangen Leistungs- und Persönlichkeitstestverfahren.

Psychophysiologische Messmethoden: Zur Überprüfung von psychophysiologischen Reaktionen wie Muskelanspannung, Herzfrequenz kommen Verfahren zur Erfassung von elektromagnetischen Biosignalen (z. B. EEG, EKG), mechanischen Biosignalen (z. B. Blutdruck, Fingerpulsvolumen) und elektrodermalen Biosignalen (z. B. Hautwiderstand) zum Einsatz.

Frühförderung

Die Frühförderung umfasst ein umfassendes System pädagogischen und therapeutischen Hilfen bis zum 3. Lebensjahr (im weitesten Sinn bis zum 6. Lebensjahr) für Kinder mit Behinderung oder diejenigen, die von einer Behinderung bedroht sind. Frühförderstellen arbeiten sowohl ambulant als auch mobil. Einige Frühförderstellen sind auf bestimmte Behinderungsformen spezialisiert.

Die Frühförderung zielt auf die Unterstützung der persönlichen Entwicklung des Kindes mit Behinderung sowie der Hilfe für das soziale Umfeld des Kindes, auf die Vermeidung von Fehlentwicklungen, die Regulierung von fehlerhaften Entwicklungen und dem Ausgleich von bestehen Defiziten ab (s. Vernooij 2007, 68).

Es wird nach dem Grundsatz verfahren: je früher, desto besser. Setzen Hilfsmaßnahmen bereits in den ersten Lebensjahren ein, dann sind sie am effektivsten. Geschieht in dieser Phase nichts bzw. zu wenig, werden Chancen unwiederbringlich vertan. Die ersten Lebensjahre stellen auch unter neurophysiologischen Gesichtspunkten einen optimalen Entwicklungsabschnitt dar: Bis zum Ende des 1. Lebensjahres sind bereits 50 % der Hirnsubstanz gebildet, am Ende des 3. Lebensjahres sind es schon 80 %. Eine Förderung in den ersten drei Lebensjahren kann daher die Entwicklung des Nervensystems am effektivsten beeinflussen.

Die **Früherfassung** setzt bereits in der Schwangerschaft ein, wenn die ärztlichen Vorsorgeuntersuchungen (U1–U9) erfolgen. Zur Vorbeugung sind genetische Untersuchungen empfehlenswert, wenn z. B. aufgrund des Alters der Eltern Risikofaktoren bestehen. Risikoneugeborene können bereits im Krankenhaus bei den ersten Untersuchungen optimal versorgt werden (vgl. Leyendecker 1999).

Die **Früherkennung** ist für den Erfolg von therapeutischen Maßnahmen bzw. regulierenden Eingriffen entscheidend. Die oft zu späte Diagnose der Beeinträchtigung, wie sie am Beispiel der Hörbehinderung deutlich wird, verhindert die erforderliche Früherziehung und Frühbehandlung des beeinträchtigten Kindes.

Die **Frühbehandlung** ist medizinisch orientiert und umfasst die Behandlung mit Medikamenten, operativen Eingriffen sowie mit nicht ärztlichen Therapieverfahren wie Physio-, Ergo-, Mototherapie und Logopädie. Das Vorgehen ist eher defizitorientiert.

Die **Früherziehung** zielt auf die ganzheitliche Förderung des beeinträchtigten Kindes ab und unterscheidet sich nur graduell von der Erziehung von Kindern ohne Behinderung.

Aufgrund der bestehenden Beeinträchtigungen sind andere Methoden und Hilfsmittel erforderlich, um z. B. Wahrnehmungseinschränkungen zu kompensieren. Im Vergleich zur Erziehung von Kindern ohne Behinderung besteht ein höherer Zeitbedarf zur Vermittlung grundlegender Lernerfahrungen, zur Festigung des Gelernten und zum Einüben des Lerntransfers auf neue Anwendungsfelder. Der Mehrbedarf an Betreuungszeit ergibt sich häufig aufgrund der pflegerischen Aufgaben. Die Früherziehung wird zumeist von pädagogischen Fachkräften und Therapeuten durchgeführt, die in kleinen Lerngruppen oder mit Einzelnen arbeiten.

Im Mittelpunkt steht nicht nur das Kind, sondern das soziale Gefüge, in dem die Eltern eine besondere Rolle einnehmen.

Förderschule

Im Gegensatz zu anderen Staaten weist das Schulsystem in Deutschland eine deutliche Trennung zwischen den allgemeinbildenden Schulformen für Schüler ohne sonderpädagogischen Förderbedarf und den verschiedenen Sonderschulformen auf. Förderschulen ermöglichen die Bildung von homogenen Lerngruppen und sind behinderungsgerecht ausgestattet, um den spezifischen Bedürfnissen der Kinder mit Behinderung gerecht zu werden. Sonderschullehrer werden gezielt für die Arbeit mit den verschiedenen Behinderungsformen qualifiziert.

Die Förderschwerpunkte werden nach einem Beschluss der Kultusministerkonferenz (1994) folgendermaßen festgelegt:

Die Schulen mit dem **Förderschwerpunkt Lernen** nehmen Schüler, die im schulischen Lernen beeinträchtigt sind, auf und deshalb ein gut strukturiertes Lernumfeld benötigen, um Lernfortschritte in allen Lernbereichen zu ermöglichen. Die Schule nutzt individuelle Lernwege und Aneignungsverfahren, so dass Lernerfolge ermöglicht werden und das Selbstvertrauen gestärkt wird.

Schulen mit dem **Förderschwerpunkt ganzheitliche bzw. geistige Entwicklung** berücksichtigen alle Erfahrungs- und Entwicklungsbereiche unter Beachtung des lebenspraktischen Bezugs. Die Schüler sollen zur größtmöglichen Selbstständigkeit geführt werden. Besondere Lern- und Strukturierungshilfen zur aktiven Lebensbewältigung stehen im Mittelpunkt.

Schulen mit dem **Förderschwerpunkt Sehen** haben die Erschließung der Umwelt im bekannten und unbekannten Umfeld mithilfe von Orientierungsstrategien zum Ziel. Neben dem Mobilitätstraining werden im Unterricht lebenspraktische Fertigkeiten geschult. Sehteste werden durch technische Hilfsmittel genutzt. Besonderer Wert wird auf die motorischen Kompetenzen (wie Körperbeherrschung und Körperhaltung) gelegt.

Die Schulen mit dem **Förderschwerpunkt Hören** bereiten Schüler auf den Umgang mit dem hörenden Umfeld vor. Dazu ist es wichtig, dass neben der Gebärdensprache auch die Lautsprache soweit entwickelt wird, dass die Schüler sprachlich verständlich kommunizieren können. Im Unterricht werden intensiv der Sprachaufbau, die Sehschulung und die optische Orientierung geschult. Vorhandene Hörteste werden technisch verstärkt und genutzt.

Schulen mit dem **Förderschwerpunkt körperliche und motorische Entwicklung** wollen die Schüler befähigen, eigene Handlungsmöglichkeiten (unter Nutzung technischer Hilfsmittel) zu erweitern, um ein eigenständiges, selbstbestimmtes Leben zu ermöglichen. Die Förderung der psychomotorischen Fähigkeiten wird in den alltäglichen Unterricht integriert.

Schulen mit dem **Förderschwerpunkt Sprache** nutzen methodisch variabel Sprachlernsituationen, um Sprachverständnis und -gebrauch einzuüben. Kommunikationshemmnisse werden vermindert und die Kommunikationsfähigkeit systematisch entwickelt.

Schulen mit dem **Förderschwerpunkt sozial-emotionale Entwicklung** unterstützen mithilfe starker persönlicher Zuwendung die Entwicklung von Grundverhaltensweisen. Die Schüler sollen ihr Verhalten selbst regulieren und situationsgerecht steuern.

Einen Überblick über die Verteilung der verschiedenen Behinderungsgruppen bezogen auf die Gesamtschülerzahl gibt folgende Tabelle.

Anteil der Schüler von Förderschulen an der Gesamtschülerzahl in Prozentwerten

0,05 %	Sehen
0,13 %	Hören
0,29 %	körperliche und motorische Entwicklung
0,40 %	Sprache
0,45 %	sozial-emotionale Entwicklung
0,88 %	ganzheitliche bzw. geistige Entwicklung
1,49 %	Lernen
0,38 %	Sonstige
4,08 %	Summe

(KMK 2014)

Im Schuljahr 2013/2014 besuchten 343 343 Schüler die Förderschule. Etwa ein Drittel war weiblichen und zwei Drittel männlichen Geschlechts.

Die Förderschule zielt auf eine schulische und berufliche Eingliederung, eine gesellschaftliche Teilhabe und eine eigenständige Lebensgestaltung ab. Die sonderpädagogische Förderung besteht aus präventiven Maßnahmen, aus Unterrichtsangeboten, die auf die Beeinträchtigung abgestimmt sind, und aus der Zusammenarbeit mit anderen Schulen zur Integration der Schüler mit sonderpädagogischem Förderbedarf. Die Förderschulen berücksichtigen die individuellen Möglichkeiten, Fähigkeiten und Bedürfnissen der Schüler, wenn eine grundlegende Bildung vermittelt wird, an die sich eine berufliche Qualifizierung anschließt. Die Arbeitsformen, Gruppengröße und Anforderungen werden auf die behindertenspezifischen Einschränkungen abgestimmt. Das Lernen soll ganzheitlich erfolgen und den Schülern Erfolgserlebnisse vermitteln, die ihr Selbstvertrauen stärken und damit zu einem positiveren Selbstkonzept führen. Die Förderschule wird als Lebens- und Erfahrungsraum verstanden, in dem das Kind Sicherheit und Geborgenheit, Vertrauen und Zuwendung, Hilfe und Förderung erlebt. Dabei kommt den Lehrkräften eine besondere pädagogische Aufgabe und Verantwortung zu, die über das Unterrichten hinausgeht. Daraus resultiert die Forderung, dass der Klassenleiter bzw. die Klassenleiterin den Unterricht in seiner Klasse überwiegend gestalten soll.

Integration

Unter *Integration* wird die gemeinsame Teilhabe von Menschen mit und ohne Behinderung an allen Teilbereichen des öffentlichen Lebens verstanden. Das Paradigma, dass Förderbedarf und Förderort eng miteinander verknüpft sein müssen (z. B. Förderschule), wird aufgegeben und eine Integration der Betroffenen in Regeleinrichtungen wird angestrebt. Die Kinder mit Behinderung erhalten in den Regelschulen die erforderliche sonderpädagogische Unterstützung.

Integration beinhaltet das räumliche, physische und soziale Zusammensein von Menschen mit und ohne Beeinträchtigung. Sie erfolgt in sozialen Institutionen wie Kindergarten, Schule und Beruf sowie in alltäglichen Situationen. Durch das gemeinsame Leben und Lernen wird einer möglichen Stigmatisierung entgegengewirkt. So erfahren Menschen mit Behinderung nicht nur eine normale Beachtung durch Menschen ohne Behinderung, sondern es werden täglich Kontaktmöglichkeiten geschaffen. Aus dem Miteinander entwickeln sich eine gegenseitige Achtung und das Respektieren der bestehenden Besonderheiten und Bedürfnisse. Wie jede menschliche Beziehung ist Integration kein Zustand, sondern ein lebendiger, dynamischer Prozess, der intensiver und wieder schwächer werden kann.

Wenn Integrationsversuche langfristig erfolgreich sein wollen, dann muss die Integration auf verschiedenen Ebenen stattfinden:

Innerpsychische Ebene: Akzeptieren des Anderen in seiner individuellen Besonderheit

Interpersonelle Ebene: gemeinsames Handeln von Menschen mit und ohne Behinderung

Institutionelle Ebene: gemeinsame Erziehung in sozialpädagogischen Einrichtungen und gemeinsamer Unterricht in Regeleinrichtungen

H

Gesellschaftliche Ebene: Teilnahme an der Gemeinschaft ohne aussondernde Bestimmungen wie Förderschuleinweisung sowie Entwicklung einer integrativen Grundeinstellung der Gesellschaft. Die verschiedenen Ebenen stehen untereinander in einer Wechselbeziehung und beeinflussen sich gegenseitig.

Klemm (2010) ermittelt folgende **Integrationsquoten** (Anzahl der Förderschüler/innen an Regelschulen):

Grundschule:	2,15 %
Hauptschule:	2,39 %
Realschule:	0,17 %
Integrierte Gesamtschule:	1,55 %
Gymnasium:	0,10 %

Inwieweit eine Integration erfolgt, ist von der Form der Beeinträchtigung abhängig. In seiner Studie ermittelt Klemm 2010 folgende behinderungsspezifische Integrationen:

Anzahl von lernbeeinträchtigten Schülern/innen in allgemeinbildenden Schulen:

Grundschule:	25 658
Hauptschule:	9 892
Realschule:	268
Integrierte Gesamtschule:	4 292

Anzahl der sehbeeinträchtigten Schüler/innen an allgemeinbildenden Schulen:

Grundschule:	1 064
Hauptschule:	160
Realschule:	165
Integrierte Gesamtschule:	159
Gymnasium:	370

Die Grenzen der Integration verdeutlicht Berges (vgl. 1998), der folgende Thesen formuliert:

Pubertäts-Identitäts-These: Die Integrationsaktivitäten sind bei Klein- und Schulkindern durchaus erfolgreich. In und nach der Pubertät lässt das Interesse der Kinder und Jugendlichen ohne Behinderung an den Kindern und Jugendlichen mit Behinderung deutlich nach. Es besteht oftmals kein Kommunikationsinteresse und den jungen Menschen mit Behinderung droht das soziale Abseits.

Systemthese: Die Integration stößt in der Schule auf Grenzen und Widerstände. Das Schulsystem ist in der Sekundarstufe auf Differenzierung angelegt. Der Integrationsaspekt steht im Widerspruch zur Schulwirklichkeit.

Belastungs- und Kompetenzthese: In den bestehenden Sondereinrichtungen wird die Förderung und Betreuung von Menschen mit Behinderung durch geschultes Fachpersonal unter behindertengerechten Bedingungen gewährleistet. Regeleinrichtungen mit Erziehungsfachkräften ohne eine sonder- bzw. heilpädagogische Qualifizierung erfahren dadurch eine Belastung in ihrem erzieherischen und schulischen Alltag. Viele Pädagogen/Pädagoginnen fühlen sich im Umgang und in der Förderung von beeinträchtigten Kindern überfordert. Die Integration führt zu einer starken Heterogenität der Gruppe und damit zu einer weiteren Belastung.

Inklusion

Integration bezeichnet die Eingliederung von Menschen, die zunächst ausgegrenzt sind. Ihnen wird die Teilhabe am „normalen" Leben zugestanden und ermöglicht. *Inklusion* dagegen geht davon aus, dass jeder, auch der beeinträchtigte Mensch, von vornherein dazugehört und ein Recht auf umfassende gesellschaftliche Teilhabe hat und nicht erst eingegliedert werden muss (Bernitzke 2015).

Inklusion (lat. inclusio = der Einschluss) kennzeichnet das von Anfang an als vollwertiges Mitglied in die Gemeinschaft Einbezogensein des beeinträchtigten Menschen. Es werden keine Anforderungen (z. B. Mindestfähigkeiten) gestellt, um die Zugehörigkeit zu erlangen. Jeder ist eine gleichberechtigte Person in einer heterogenen Gruppe und hat das Recht auf uneingeschränkte Teilhabe. Die Heterogenität der Gruppenmitglieder zeigt sich in Alter, Geschlecht, Migrationshintergrund, Kultur, Fähigkeiten, Religion usw.

Inklusion kann nicht nur auf den Erziehungs- und Bildungsbereich reduziert werden, sondern umfasst auch die Einbindung in das Gemeinwesen. Zur gesellschaftlichen Inklusion zählen soziale Beziehungen und Netzwerke im Gemeinwesen. Es muss darauf hingewirkt werden, dass die informellen Kontakte im sozialen Umfeld gestärkt werden und sich die Kommunikation der Menschen mit Behinderung nicht nur auf den Kontakt mit den professionellen Helfern beschränkt bleibt.

Deutliche Unterschiede bestehen auch darin, inwieweit Inklusion bei Kindern mit unterschiedlichem Förderbedarf in den allgemeinbildenden Schulen gelingt.

Förderschwerpunkt Inklusionsanteil	
Emotionale und soziale Entwicklung	35,9 %
Sehen	27,1 %
Sprache	27,0 %
Hören	26,3 %
Körperliche und motorische Entwicklung	19,9 %
Lernen	18,9 %
Geistige Entwicklung	3,3 %

(Klemm 2010, 36)

Der Inklusionsanteil verdeutlicht, wie viele Kinder mit unterschiedlichem, Förderbedarf in allgemeinbildenden Schulen unterrichtet werden.

Inklusion führt langfristig zu einer Auflösung der Förderschulen und zur Integration der Kinder mit Behinderungen in die Regelschulen („Eine Schule für alle"). Heterogene Gruppen erfordern eine ausgeprägte Binnendifferenzierung bis hin zum Einzelunterricht, um den spezifischen Bedürfnissen der Kinder mit Behinderung gerecht zu werden. Jede gesonderte Maßnahme könnte aber auch einen sozialen Ausschluss bedeuten. Kobi (2010) weist darauf hin, dass die Gefahr einer lern- und sozialpsychologischen Vereinsamung von Schülern besteht.

Es muss die grundsätzliche Frage geklärt werden, inwieweit das Bildungssystem inklusiv („Eine Schule für alle") oder individualisiert („Alle Schulen für Einen") ausgerichtet sein soll. Zu dieser Frage gibt es zurzeit engagierte, aber auch nachdenkliche Auseinandersetzungen. Das Bildungssystem in Deutschland ist leistungsorientiert und selektiv (Schulformen, Bildungsabschlüsse, Eliteuniversitäten). Dies wird auch im Anteil von Kindern mit Förderbedarf in allgemeinbildenden Schulen deutlich. Im Elementarbereich wird Inklusion am besten (61 %) umgesetzt, in der Sekundarstufe I gelingt Inklusion nur noch 15 % der Schüler. „Eine Schule der Vielfalt" bzw. „eine Schule für Alle" ist mit dem traditionellen Bildungskonzept nicht vereinbar.

Bei der gemeinsamen Unterrichtung von Kindern mit und ohne sonderpädagogischen Förderbedarf ist Deutschland europaweit eines der Schlusslichter wie die Untersuchungen der European Agency for Development in Special Needs Education (2009) belegen. Inklusion erfordert, wie Reich (2015) herausstellt im schulischen Bereich ein Umdenken. Die individuell erforderlichen Unterstützungsleistungen fallen in Deutschland zu gering aus. Die Umstrukturierung des Bildungsangebots (z. B. Einsatz von multiprofessionellen Teams) scheitert an den Kosten und dem fehlenden, qualifizierten Personal. Aus Kostengründen ist nur eine langsame, kleinschrittige Umsetzung der Inklusion in den verschiedenen Bundesländern erkennbar. Zudem steht in Deutschland das traditionelle mehrgliedrige Bildungssystem mit hoher Selektion und einer frühen Zuweisung auf relativ geschlossene Lernwege einer Inklusion entgegen. Eine inklusive Lernorganisation mit klassenübergreifenden Angeboten, die stärker den Förderbedarf berücksichtigen, ist jedoch erforderlich. Dazu gehören Lernarrangements, die an den Bedürfnissen der Lerngruppen ausgerichtet sind. Rhythmisierte Ganztagsangebote, die ihre Zeittaktung an den individuellen Lern- und Verhaltensbedürfnissen anpassen, ermöglichen die Inklusion.

Didaktik/Methodik

Eine inklusive Pädagogik muss alle Kinder mit und ohne sonderpädagogischen Förderbedarf einbeziehen und führt zu einer neuen Unterrichtspraxis mit neuen Formen der Kooperation von Lehrkräften, Therapeuten und Eltern.

Es gilt ein Kerncurriculum zu entwickeln, das für die Lerngruppen zu konkretisieren und für jedes einzelne Kind zu individualisieren ist (Seitz 2004). Die Fachdidaktiken der Regelschulen berücksichtigen zurzeit inklusionspädagogische Überlegungen zu wenig. Entsprechend der unterschiedlichen Lernvoraussetzungen sind vielfältige Aspekte des Lerngegenstands zu berücksichtigen. Der gemeinsame Unterricht wird zurzeit zieldifferent (parallel werden der Lehrplan der Regelschule der Lehrplan der Förderschule für die Kinder mit sonderpädagogischem Förderbedarf eingesetzt) oder zielgleich (Lehrplan der Regelschule mit ergänzenden Fördermaßnahmen für Kinder mit Beeinträchtigungen) angelegt. Beide Ansätze entsprechen nicht dem Verständnis einer inklusiven Didaktik.

Feuser (2002) fordert eine entwicklungslogische Individualisierung bei der Unterrichtsgestaltung, die persönlichkeitstheoretisch und entwicklungspsychologisch fundiert ist. Die erforderliche innere Differenzierung führt dazu, dass alle Schüler gemeinsamen mit dem Unterrichtsinhalt beschäftigt sind. Ausgangspunkt für die innere Differenzierung sind entwicklungslogische und nicht stoffbezogene Überlegungen.

Folgende Unterrichtsprinzipien kommen nach Heimlich (2003), der sich auf Gudjons bezieht, zur Anwendung:

Handlungsorientierung: Die Förderung einer aktiven Auseinandersetzung mit dem Unterrichtsinhalt setzt eine differenzierte Handlungsstrukturanalyse voraus, um die aktuelle Handlungsfähigkeit der einzelnen Schüler angemessen zu berücksichtigen.

Situationsorientierung: Die Inhalte des Unterrichts sollen Bezüge zur Erfahrungswelt der Schüler aufweisen.

Bedürfnisorientierung: Das Lernarrangement muss individualisiert und differenziert angelegt sein, um allen Schülern Lernfortschritte zu ermöglichen.

Lernen mit allen Sinnen: Die Vielfalt der individuellen Lernbedürfnisse erfordert ein multisensorisches und bewegungsbezogenes Unterrichtsangebot.

Soziales Lernen: Durch wechselnde Sozialformen werden vielfältige Kooperationsformen geschaffen, die ein Voneinander-Lernen ermöglichen und fördern. Es erfolgt eine Kooperation am gemeinsamen Gegenstand.

Fächerverbindung: Vernetzungen zwischen den Unterrichtsfächern sollen berücksichtigt werden, um ein ganzheitliches Erfassen des Lerngegenstandes ermöglichen.

Selbsttätigkeit: Die Schüler werden dazu befähigt und ermutigt, ihr Lernen selbst zu organisieren, um ein höheres Maß an Selbstbestimmung zu verwirklichen.

Zielorientierung: Der Unterricht, der zurzeit häufig zieldifferent angelegt ist, beinhaltet die Arbeit an einem gemeinsamen Lerngegenstand.

Die Lehrkräfte sollen Lernsituationen schaffen, die kommunikatives (jeder ist dabei und gehört dazu), kooperatives (alle arbeiten an gemeinsamen Aufgabestellungen), koexistentes (jeder verfolgt eigene Lernwege) und subsidiäres (gegenseitiges Helfen bei der Aufgabenbearbeitung) Handeln ermöglichen.

Fred Bernitzke

Literatur

B. Ahrbeck/W:Mutzeck: Persönlichkeitsdiagnostik, in: J. Borchert (Hrsg.): Handbuch der sonderpädagogischen Psychologie, Göttingen 2000, 270–278 ◆ M. Berges: Integration von Schülern und Schülerinnen für geistig Behinderte in die Sekundarstufen der Allgemeinen Schulen, in: Zeitschrift für Heilpädagogik 49 (1998) 6, 272–285 ◆ F. Bernitzke: Heil- und Sonderpädagogik. Köln [5]2015 ◆ U. Bleidick: Pädagogik der Behinderten. Berlin 1972 ◆ ders.: Metatheoretische Überlegungen zum Begriff Behinderung. Zeitschrift für Heilpädagogik 25 (1976), 408–415 ◆ E. Breitenbach: Einführung in die pädagogisch-psychologische Diagnostik, in: S. Ettinger/R. Stein (Hrsg.): Grundstudium Sonderpädagogik. Oberhausen [2]2006, 118–145 ◆ European Agency for Development in Special Needs Education 2009 ◆ G. Feuser: Momente entwicklungslogischer Diagnostik einer Allgemeinen (integrativen) Pädagogik, in: H. Eberwein/S. Knauer (Hrsg.): Integrationspädagogik. Weinheim [6]2002, 280–294 ◆ U. Heimlich: Integrative Pädagogik. Stuttgart: 2003 ◆ E. Kobi: Inklusion: ein pädagogischer Mythos?, in: M. Dederich u. a. (Hrsg.): Inklusion statt Integration? Heilpädagogik als Kulturtechnik. Gießen [2]2010, S. 28–44 ◆ K. Klemm/Bertelsmann Stiftung: Inklusion in Deutschland, Gütersloh 2015 ◆ B. Küstermann/H. Eikötter (Hrsg.): Rechtliche Aspekte inklusiver Bildung und Arbeit, Weinheim/Basel 2016 ◆ C. Rehle: Grundlinien einer inklusiven, entwicklungslogischen Didaktik, in: P. Thoma/C. Rehle, (Hrsg.): Inklusive Schule. Leben und Lernen, Bad Heilbrunn 2009, 183–193 ◆ K. Reich: Inklusion – Grundlagen, in: H. Schäfer/C. Rittmeyer (Hrsg.): Inklusive Diagnostik. Weinheim 2015, 23–42 ◆ S. Seitz: Forschungslücke Inklusive Fachdidaktik – ein Problemfall, in: I. Schnell/A. Sander (Hrsg.): Inklusive Pädagogik. Bad Heilbrunn 2004, 215–223 ◆ M. Vernooij: Einführung in die Heil- und Sonderpädagogik, Wiebelsheim [8]2007.

Links

www.bmas.de
www.inklusion-online.net
www.inklusion-schule.info/hilfreiche_links/index.html

Heimerziehung

Definition und Zielsetzung

H. stellt die institutionelle Form der *Fremdunterbringung* von Kindern und Jugendlichen dar. Sie bietet einen kurz- oder längerfristigen Lebensort in unterschiedlichen Formen: in Heimen oder anderen betreuten Wohnformen wie familienähnlichen Betreuungsangeboten, Wohngemeinschaften, Jugendwohnungen, aber auch Formen betreuten Einzelwohnens wie der mobilen oder flexiblen Betreuung.

H. ist eine *Hilfe zur Erziehung*, auf die die Personensorgeberechtigten, i. d. R. die Eltern, nach § 27 des *Kinder- und Jugendhilfegesetzes* (SGB VIII) dann einen Rechtsanspruch haben, wenn „eine dem Wohle des Kindes oder Jugendlichen entsprechende Erziehung nicht gewährleistet ist." Nach dieser seit 1990/1991 gültigen Rechtslage ist H. für die Eltern nun grundsätzlich eine freiwillige Maßnahme, was für Einrichtungen und *Jugendämter* starke Umorientierungen bei Gestaltung, Vermittlung und Begleitung der Angebote (Hilfeplanung) mit sich gebracht hat. Die näheren Bestimmungen sind in den §§ 34, 36, 41 SGB VIII enthalten.

Zielsetzung der H. ist nach dem SGB VIII in erster Linie, die Rückkehr der Kinder und Jugendlichen in die eigene *Familie* zu fördern, die *Erziehung* in einer anderen Familie vorzubereiten (z. B. Pflegefamilie, *Pflegekinderwesen*) oder die Selbständigkeit in einer auf längere Zeit angelegten Wohnform zu unterstützen (Bürger 2001). Seit den 2000er Jahren wird der staatliche Kontroll- und Interventionsauftrag wieder stärker betont, der bei Kindeswohlgefährdungen gegeben ist (Pothmann/Wilk 2011).

Anlässe

Gründe für eine Unterbringung sind vielfach psychosozialer Natur: materielle Notlagen in den Familien, *Arbeitslosigkeit* und psychische Belastungen, Kinder von *Alleinerziehenden*, aus Familien, die von Transferleistungen leben und/oder aus überwiegend nicht deutsch sprechenden Familien sind überrepräsentiert (AkjStat 2014, 20 ff). Über die Unterbringung eines Kindes oder Jugendlichen in einem Heim entscheidet das JA am Wohnort der Familie. Das JA kommt auch für die Kosten der Unterbringung auf, die über einen Pflegesatz des Heimerziehungsträgers berechnet werden. H. ist die teuerste Form der Fremdunterbringung. 2013 lagen die Ausgaben umgerechnet auf die Bevölkerung unter 21 Jahren pro Jahr bei 262 € (AkjStat 2015). Interkommunale Vergleiche zeigen allerdings erhebliche Kostenunterschiede.

Entwicklung der Heimerziehung

H. hat als traditionelle Form der Fremdunterbringung eine lange Geschichte und begann bereits im Mittelalter mit Häusern für in Not geratene Waisen und ausgesetzte Findelkinder. Später kamen Arbeits-, Armen- und Zuchthäuser hinzu, in denen bettelnde, vagabundierende und verwahrloste Kinder zusammen mit ihren Eltern eingesperrt und zur Arbeit gezwungen wurden *(Geschichte der Sozialarbeit/Sozialpädagogik)*. Waisenversorgung und Armenpflege waren also traditionell getrennt.

Die erste „Heimkritik" wurde als „Waisenhausstreit„ in der 2. Hälfte des 18. Jh. u. a. von Pestalozzi geführt, der im Geiste der *Aufklärung* eine kindgemäße und natürliche Erziehung der Kinder in ländlichen Pflegefamilien einklagte und damit auf eine Reform des Pflegekinderwesens und der Anstaltserziehung zielte. Statt dieser Reform setzte im Verlauf der Industrialisierung im 19. Jh. im Gegenteil die verstärkte Ausbeutung von Kindern Not leidender Bevölkerungsschichten als Arbeitskräfte ein.

Auch spätere Reformbestrebungen wie die der „Rettungshäuser" des 19. Jh., aber auch die Reformbewegungen der WR von Aichhorn und Bernfeld konnten keine Verbesserungen für die überwiegend von karitativen Vereinigungen geleistete Versorgung und Erziehung der Waisen und Armenkinder erreichen.

Erst nach dem 2. Weltkrieg zeichneten sich durchgreifendere Reformen ab: zuerst in der Waisenhauserziehung im familienanalogen Ansatz Mehringers. Der Skandal der insgesamt isolierenden, stigmatisierenden und v. a. im Rahmen der geschlossenen Unterbringung strafenden H., die kriminelle Karrieren der betreuten Kinder und Jugendlichen eher förderte als deren *Sozialisation* positiv beeinflussen konnte, wurde nachhaltig jedoch erst im Gefolge der „Heimkampagne" diskutiert (Kreft 2008). Im Zentrum der Kritik standen die schlechte finanzielle und personelle Ausstattung der Einrichtungen, das zumeist unausgebildete Personal und der niedrige pädagogische Standard. Stattdessen herrschte ein ritualisierter, die Individualität der Kinder degradierender und Abweichungen sanktionierender Alltag (Einzelheiten bei Kuhlmann/Schrapper 2001).

Nach den vielfach vorgetragenen Forderungen, sich an den natürlichen Lebenszusammenhängen der Kinder und Jugendlichen zu orientieren und damit die Praxis der lebensfernen Anstalten zu überwinden, wurden Prozesse der „Dezentralisierung, Normalisierung und Entspezialisierung" eingeleitet.

Die „Dezentralisierung" der H. begann mit der Initiative vieler ErzieherInnen, die nach dem Familienmodell selbständige Kleinheime gründeten, parallel etablierten sich Jugendwohngemeinschaften. Später begannen auch traditionelle Heime in großem Umfang mit der Auslagerung von Wohngruppen. Unter dem Stichwort „Entspezialisierung" wurde die Auflösung von Spezialdiensten, v. a. aber von Spezialeinrichtungen betrieben. Die Praxis der Spezialeinrichtungen hatte oft das Abschieben von Kindern aus der regulären H. bewirkt. Am Ende dieser Verschiebungen hatten dann oft nur noch geschlossene H. gestanden, die durch Ausgrenzung und Disziplinierung fehlgeleitete Sozialisationsentwicklungen zu korrigieren versuchten. Im Prozess der Entspezialisierung wurde auch die Zahl der geschlossenen Plätze in der H. von etwa 1 300 im Jahr 1975 auf zunächst ca. 200 deutlich reduziert. Im Jahr 2013 allerdings ist die Zahl wieder auf bundesweit 375 Plätze angestiegen (BMFSFJ 2013, 350).

Heutige Formen und Entwicklungsbedarf

Durch die Prozesse der Dezentralisierung der H. ist zu Beginn der 1990er Jahre eine breite Palette von Unterbringungsformen entstanden. Neben Wohngruppen, in denen PädagogInnen mit Kindern und Jugendlichen zusammen leben, existieren Kleinsteinrichtungen, in denen durchschnittlich 10 Kinder im Schichtdienst betreut werden. Oft sind diese Einrichtungen auch zu größeren Verbünden zusammengeschlossen oder als Außenwohngruppen Teil einer Großeinrichtung. Zur traditionellen H. gehören weiterhin Einrichtungen mit 4 bis 6 oder mehr Gruppen von meistens 10 Kindern unter einem Dach, die im Zuge der Dezentralisierung zwar seltener geworden sind, aber immer noch einen erheblichen Anteil von Kindern aufnehmen. Die durchschnittliche Größe der Einrichtungen betrug 1998 17,4 Plätze. Neben den traditionellen Heimen gibt es weiterhin Kinderdörfer, in denen mehrere „Kinderdorffamilien" auf einem Gelände zusammen leben (Freigang/Wolf 2001).

Bei allen Verbesserungen, die im Verlauf dieser Reformprozesse für die betreuten Kinder und Jugendlichen erreicht worden sind, – hierzu zählt auch die Anpassung der Organisationen an die Strukturmaximen der „Lebensweltorientierung", „Regionalisierung" und „Partizipation" (BMJFFG 1990) – besteht aber eine Reihe struktureller Probleme weiterhin fort. So hat H. zunehmend mit wachsenden gesellschaftlichen Problemen, wie der Perspektivlosigkeit schlecht qualifizierter Jugendlicher zu tun, die es immer schwerer machen, auf die Selbstständigkeit von jungen Menschen erfolgreich hinzuarbeiten. H. ist ferner als gravierender Eingriff in die Lebensverhältnisse von Kindern und Jugendlichen immer noch mit erheblichen Risiken verknüpft. Leistungsuntersuchungen haben auf Mängel in Organisation und pädagogischem Alltag hingewiesen. Die Beteiligung der jungen Menschen wie der Personensorgeberechtigten *(Partizipation)* wird ebenso wie die Hilfeplanung *(Einzelfallhilfe)* nicht immer qualifiziert genug wahrgenommen (zur Entwicklung des Beschwerdeverfahrens vgl. Urban-Stahl/Jann 2014). Auch zeigt sich, dass gerade im modernen, differenzierten System der H. Abschiebemechanismen und Ausgrenzungsstrategien noch nicht überwunden werden konnten und ihnen ständig durch Überprüfung der Arbeitsweisen entgegengewirkt werden muss (Merchel 2004). Macsenaere/Esser (2015) zeigen in ihrer Wirkungsanalyse auf, dass qualifiziertere Ergebnisse möglich sind. Es tragen dazu bei die Vorgehensweisen u. a. einer besseren Berücksichtigung der Ausgangslagen und neuerer Partizipationskonzepte, aber auch der Einsatz von Case Management und differenzierter Elternarbeit.

Zur Entwicklung einer lebensweltorientierten H. im Widerspruch stand über Jahre ein Trend, pädagogische Betreuung von Kindern und Jugendlichen z. T. bewusst weit entfernt von der Herkunftsregion in fremde Umgebungen zu verlegen. Auslandsprojekte gestalten i. d. R. ein Gruppenleben, bei dem die Jugendlichen über die Anforderungen der bestehenden Arbeits- und Versorgungsnotwendigkeiten an strukturierte Tagesabläufe gewöhnt werden und bei denen sich pädagogische Prozesse alltagsorientiert entwickeln können. *Erlebnispädagogik* wurde als Schiffs-, Trekking- oder Bergfahrten erprobt (Perschke/Flosdorf 2003). Angesichts einer überschaubaren Fallzahl ist Erlebnispädagogik heute ein „Nischenangebot" der erzieherischen Hilfen. Der Anteil der im Ausland durchgeführten Hilfen lag 2013 bei den Heimunterbringungen bei weniger als 1 % (AkjStat 2015, 16). Im Zusammenhang v. a. der immer wieder auflebenden Diskussion um Konzepte der KJH für delinquent auffällige Kinder und Jugendliche wurde die geschlossene Unterbringung in den letzten Jahren verstärkt gefordert und erneut ausgeweitet. Während in früheren Berichten eher auf Problemverschärfungen als Folge dieser Unterbringung hingewiesen wurde (Wolffersdorff/Sprau-Kuhlen/Kersten 1996), werden in jüngerer Zeit mehr Chancen und Risiken des Zwangs in der H. diskutiert (Schwabe 2008).

Heimerziehung in Zahlen

In den vergangenen 30 Jahren hat sich H. nicht nur qualitativ, sondern auch quantitativ deutlich verändert. Heime sind v. a. kleiner geworden und haben sich von ca. 50 Plätzen in den 1970er Jahren auf deutlich unter 20 in den 2000er Jahren verringert.

Mit dem Rückgang der Platzzahlen sind auch die absoluten Zahlen von Kindern und Jugendlichen in der H. zurückgegangen. Dieser Rückgang erklärt sich zum großen Teil mit der demographischen Entwicklung, die einen Geburtenrückgang in den 1970er Jahren zu verzeichnen hatte, aber auch mit dem Ausbau des Pflegekinderwesens und später der ambulanten Hilfen. Zu Beginn der 1990er Jahre waren die Fallzahlen nach § 34 SGB VIII wieder steigend, dann wurde von 2000 bis 2005 zunächst ein Rückgang um 10 % verzeichnet. Seitdem sind die Fallzahlen jedoch bis 2013 weiter stark auf 103 742 Hilfen nach § 34 SGB VIII angestiegen. Dies entspricht einer Inanspruchnahme von 64 auf 10 000 der unter 21-Jährigen. 1991 lag die Inanspruchnahme noch bei 48 pro 10 000.

Zuwächse sind auch bei einzelnen Zielgruppen zu beobachten. So nähert sich die in Heimen betreute Zahl von Kindern und Jugendlichen mit Migrationshintergrund immer mehr der Struktur der bundesdeutschen Gesamtbevölkerung an. Bundesweit stark gestiegen ist seit 2005 auch die Zahl der unter 6-jährigen Kinder in der H., insbesondere bei Hinzurechnung der stationären Inobhutnahmen. Die Begründung hierfür ist in der Verstärkung des Kinderschutzgebotes zu sehen (BMFSFJ 2013, 348). Ein weiterer Zuwachs wurde bei den neuen Hilfen mit 8 % allein in 2014 durch die Unterbringung männlicher unbegleiteter Flüchtlinge vermutlich mit weiter steigender Tendenz verzeichnet (AkjStat 2015, 1 ff) *(Unbegleitete minderjährige Flüchtlinge)*.

Die qualitativen und quantitativen Veränderungen der H. durch Reformprozesse haben insgesamt betrachtet Verbesserungen der Angebote für Kinder, Jugendliche und ihre Familien i. S. bedarfsgerechter Hilfen hervorgebracht. Zukünftig wird es die Aufgabe der Träger und Einrichtungen sein, die Strukturen noch weiter in Richtung sozialräumlicher Orientierung weiterzuentwickeln und die inklusive Ausgestaltung auch der stationären Hilfen zur Erziehung zu überdenken (Wiesner 2015). Offen erscheint die Frage, wie sich HE bezogen auf die Zielgruppe junger Migranten weiterentwickeln wird.

Vera Birtsch

Literatur

AkjStat (Hrsg.): Monitor Hilfen zur Erziehung 2015, Dortmund 2015 ◆ AkjStat (Hrsg.): KomDat 3/2015 ◆ AkjStat (Hrsg.): Monitor Hilfen zur Erziehung 2014, Dortmund 2014 ◆ Bundesministerium Jugend, Frauen, Familie, Gesundheit (BMJFFG) (Hrsg.): Achter Jugendbericht. Bericht über Bestrebungen und Leistungen der Jugendhilfe, BT-Drs. 11/6576, Bonn 1990 ◆ BMFSFJ: 14. Kinder- und Jugendbericht. Bericht über die Lebenssituation junger Menschen und die Leistungen der Kinder- und Jugendhilfe in Deutschland, 2013 ◆ U. Bürger: Heimerziehung, in: V. Birtsch/K. Münstermann/W. Trede (Hrsg.): Handbuch Erziehungshilfen, Münster 2001, 632–663 ◆ W. Freigang/K. Wolf: Heimerziehungsprofile. Sozialpädagogische Porträts, Weinheim 2001 ◆ Geschlossene Unterbringung: Schwerpunktheft uj 1/2011 ◆ R. Günder: Praxis und Methoden der Heimerziehung, Freiburg i. Br. [5]2015 ◆ C. Kuhlmann/Ch. Schrapper: Geschichte der Erziehungshilfen von der Armenpflege bis zu den Hilfen zur Erziehung, in: V. Birtsch/K. Münstermann/W. Trede (Hrsg.): Handbuch Erziehungshilfen, Münster 2001, 282–328 ◆ D. Kreft: 1968 und die Soziale Arbeit, in: uj 5/2008, 218–223 ◆ M. Macsenaere/K. Esser: Was wirkt in der Erziehungshilfe? Wirkfaktoren in Heimerziehung und anderen Hilfearten. München/Basel [2]2015 ◆ J. Merchel: Qualitätsentwicklung in Einrichtungen und Diensten der Erziehungshilfe. Methoden, Erfahrungen, Kritik, Perspektiven, Frankfurt/M., [2]2004 ◆ H. Perschke/P. Flosdorf: Sicherheitsstandards in der Erlebnispädagogik: Praxishandbuch für Einrichtungen und Dienste in der Erziehungshilfe, München 2003 ◆ J. Pothmann/A. Wilk: Jugendhilfe zwischen Dienstleistung und Intervention, in: Th. Rauschenbach/M. Schilling (Hrsg.): Kinder- und Jugendhilfereport 3, Weinheim/München 2011, 87–107 ◆ M. Schwabe: Zwang in der Heimerziehung? 2008, München/Basel ◆ Schwerpunktheft ‚Wirkungen und Grenzen in der Kinder- und Jugendhilfe: uj 5/2016 ◆ U. Urban-Stahl/N. Jann: Beschwerdeverfahren in Einrichtungen der Kinder- und Jugendhilfe, München/Basel 2014 ◆ Ch. Wolffersdorff/W. Sprau-Kuhlen/J. Kersten: Geschlossene Unterbringung in Heimen, Weinheim [2]1996 ◆ Zwangskontexte in der Sozialen Arbeit: Schwerpunktheft: uj 2/2008 ◆ R. Wiesner: Junge Menschen mit Behinderung zwischen den Systemen: Kommt die große Lösung? In: uj, 5/2015, 194–204.

Links

www.destatis.de
http://www.hzemonitor.akjstat.tu-dortmund.de/

Heimrecht

Heime sind Lebens- und Versorgungsorte für Menschen, die der Unterstützung, Förderung, der Pflege und des Schutzes bedürfen. Sie gibt es in verschiedenen Feldern der *Sozialen Arbeit, Jugendhilfe* und *Pflege:* Kinderheime, Jugendheime, Einrichtungen für Menschen mit Behinderung, psychisch Kranke, Obdachlose, auf Pflege Angewiesene und alte Menschen. Als H. ließen sich all die rechtlichen Regelungen bezeichnen und zusammenfassen, die sich direkt oder mittelbar steuernd auf solche kollektiven Lebens- und Versorgungsformen in Institutionen für förder-, pflege- und schutzbedürftige Personen beziehen oder auswirken. Damit wird ein Verständnis von H. zu Grunde gelegt, das nicht lediglich ein Gesetz, wie das ehemalige Bundes-HeimG in den Blick nimmt, sondern eine „synthetische" Zusammenschau aller bedeutsamen rechtlichen Regelungen für Einrichtungen und Institutionen wie Heime. Aus den Wechselwirkungen der unterschiedlichen Regelungen aus dem Ordnungsrecht, dem Sozialleistungsrecht, dem Gesundheitsdienst- und Berufsrecht, den Förderbestimmungen der Länder und Kommunen konstituiert sich das H., das es als abgrenzbarer – eigenständig ausmachbarer – Regelungsbereich so im deutschen Recht allerdings nicht gibt. Davon geht allerdings Art. 74 Abs. 1 Ziff. 7 GG aus, wenn er die Gesetzgebungskompetenz für das dem Fürsorgerecht zugeordnete H. den Ländern überträgt. Es fehlt an rechtstaatlicher Bestimmtheit der Gesetzgebungskompetenz der Länder für das „Heimrecht".

Heimbegriff

Der Heimbegriff ist in der Geschichte sozialer Dienste und Einrichtungen in Deutschland vergleichsweise neu: Er etablierte sich in den 1950er Jahren als Oberbegriff für Einrichtungen, in denen sowohl Jugendliche, Menschen mit Behinderung, psychisch Kranke sowie alte und pflegebedürftige Menschen leben, gefördert und versorgt werden. Sie entwickelten sich aus den Anstalten, die bis in ihre Semantik vom Geist des „besonderen Gewaltverhältnisses" geprägt waren: Die „Insassen" waren den Regelungen des Anstaltsbetriebes und seinen Ordnungen unterworfen. Ein solches Verständnis von „Anstalten" war weder mit der Grundrechtskonzeption des GG *(Verfassungsrecht),* noch mit sozial-/heilpädagogischen aber auch gerontologischen sowie pflegerischen Konzepten für die Gestaltung von Lebensräumen für Menschen, die auf den Lebensort Institution angewiesen sind, oder ihren Wünschen vereinbar. Seit vielen Jahren stehen auch die klassischen Heime der Jugend-, Behinderten- und Altenhilfe sowie Pflege fachlich in der Kritik (Heim-Enquete). Die Diskussion um die Deinstitutionalisierung hat auch die Heime erreicht. In allen Feldern der Sozialen Arbeit, der *Behindertenhilfe,* der *Psychiatrie* und *Pflege* sucht man nach Alternativen zu klassischen Heimkonzepten. Sie reichen vom betreuten Wohnen mit einem vergleichsweise geringen und fakultativ angebotenen Dienstleistungsangebot bis hin zu Wohngemeinschaften und Wohngruppen, die die Autonomie der Bewohner in den Mittelpunkt stellen und/oder familienorientierte Versorgungsziele verfolgen. Mit den neuen Konzepten „kollektiver" Versorgungsformen als Fortentwicklung aber auch Alternative zu klassischen Heimkonzepten gerät der Heimbegriff und damit auch die steuernde Wirkung des H. vor Dilemmata bzw. fachlich in die Defensive.

Die deutsche Rechtsordnung kennt je nach Regelungsbereich und Logik unterschiedliche Einrichtungs- (Oberbegriff) und Heimbegriffe:

Eine Einrichtung i.S. des Sozialhilferechtes ist vom Leistungsumfang und von der Notwendigkeit, Versorgungsverträge abzuschließen, definiert. Das Infektionsschutz- und Lebensmittelbedarfsgegenständegesetz knüpfen an Gefährdungsmerkmale von Gemeinschaftsunterkünften für die Gesundheit der dort Lebenden an. Das Bauordnungsrecht orientiert sich im Wesentlichen an Kriterien des Krankenhausbaus und der dort geltenden Sicherheitsbestimmungen. Das bis zum 31.12.2006 bundeseinheitlich geltende HeimG hatte den Heimbegriff bereits aufgeweicht und gleichzeitig abgegrenzt: Einrichtungen des betreuten Wohnens sollten regelhaft nicht unter das Heimrecht fallen. Während Kurzzeitpflege in allen landesrechtlichen Regelungen in den Anwendungsbereich des jeweiligen Heimrechts fallen, gilt dies für Tagespflegeeinrichtungen, sowie Hospize *(Sterbebegleitung)* aber auch für selbstorganisierte Wohngruppen nicht. Für sie gelten zum Teil Sonderregelungen. Unbestritten ist es, dass sich Menschen, die in Einrichtungen leben, in eine besondere Schutzbedürftigkeit begeben. Diese hat der Gesetzgeber zu reflektieren, um seinen Garanten- und Förderverpflichtungen nachzukommen. Ein besonderer Schutzbedarf von Bewohnerinnen und Bewohnern von Einrichtungen ergibt sich aus der strukturellen Abhängigkeit des jeweiligen Bewohners oder Bewohnerin zu den Einrichtungen. Sie gelten auch heute noch in ihren Strukturen als moderat totale Institutionen, die ihre Bewohnerinnen und Bewohner den in ihnen geltenden Regeln und Reglementierungen unterwerfen.

Heimrecht im engeren Sinne

Als H. i. e. S. lassem sich die bis 2007 im HeimG zusammengefassten Rechtsmaterien und rechtliche Regelungen bezeichnen, die sich auf Einrichtungen für volljährige Menschen mit Behinderung und Pflegebedarf beziehen. In der *Kinder- und Jugendhilfe* hat man sich vom Heimbegriff und dem der Heimaufsicht inzwischen gelöst *(Fremdunterbingung/Heimerziehung)*. Diesen Weg schlagen die Landesgesetzgeber inzwischen auch für den Bereich der Einrichtungen für Erwachsene ein (etwa RhPf). Das im Jahr 1975 in Kraft getretene HeimG, das in allen Bundesländern durch Landesgesetze abgelöst wurde, kannte unterschiedliche Regelungsbereiche, die bis heute das Heimrecht charakterisieren:

Ordnungsrechtliche Regelungen: Als Gewerbesonderrecht enthielt es ordnungsrechtliche Regelungen, die auch heute für die Einrichtungen i. S. des HeimR gelten. Dazu gehörten Anzeigepflichten, Überwachungsrechte und Verpflichtungen der Heimaufsichtsbehörden, ordnungsrechtliche Interventions- und Sanktionsmöglichkeiten (Betriebsuntersagung, Kommissarische Heimleitung, Anordnung, Beschäftigungsverbote). Sie standen und stehen im Zusammenhang und z T. in Konkurrenz zu Aufsichtsobliegenheiten und Aktivitäten anderer Akteure im „Heimrecht" insbesondere zu denen des MDK und seinen Qualitätssicherungsaufgaben. Hier gab und gibt es vielfältige Überschneidungen, die im Zusammenhang mit Entbürokratisierungsbemühungen abgebaut werden sollen.

Vertragsrecht: Das HeimG sah zivilrechtliche Regelungen mit dem als gemischten Vertrag zu bezeichnenden Heimvertrag vor, der an sich dem besonderen Schuldrecht dem BGB zuzuordnen war und inzwischen im WBVG geregelt worden ist. Einrichtungen sind verpflichtet, mit ihren Bewohnern oder Nutzern einen sog. Wohn- und Betreuungsvertrag abzuschließen, der die Leistungen, auf die Anspruch besteht, transparent darlegt, die Rechte und Pflichten bestimmt, eigene Standards für vorvertragliche Informationspflichten aufstellt und spezifische Kündigungsbestimmungen und Regelungen zur Entgelterhöhung und zum Vertragsende enthält. Bei neuen Versorgungskonzepten, etwa in Wohngruppen für Pflegebedürftige, passt das vollständige Leistungsversprechen, das die bisherige Heimvertragskonzeption unterstellt, nicht zu der Philosophie dieser Alternativen zum Heim. Das neue WBVG löst sich entsprechend auch konsequent vom Heimbegriff und bestimmt als Anwendungsbereich Verträge, in denen Wohnen und Versorgungsangebote miteinander kombiniert werden.

Beteiligungsrechte: Anliegen des Heimgesetzgebers in den 1970er Jahren war es, Einrichtungen zu demokratisieren. Von daher kannte das HeimG Verpflichtungen zum Aufbau von Mitwirkungsstrukturen in Heimen, insbes. durch Heimbeiräte. Diese sind in ihrer Machart dem Kommunalverfassungsrecht nachgebildet und in ihrer betrieblichen Einbettung Vorbilder des *Betriebsverfassungsgesetzes*. Die Mitwirkungsaufgaben, die auch in den landesrechtlichen Nachfolgereglungen enthalten sind, können auch stellvertretend durch Freiwillige, Angehörige oder „Heimfürsprecher" wahrgenommen werden. Auch die Vorstellungen des Gesetzgebers zur Heimmitwirkung orientieren sich an klassischen Heimkonzepten und bedürfen für neue Konzepte, aber auch für die Zielgruppen vollstationärer Versorgung in Pflegeheimen, insbes. Demenzkranker, einer Neuausrichtung.

Das HeimG war in den 1970er Jahren auch als ein Infrastruktur- und Konzeptentwicklungsfördergesetz konzipiert. Auch die landesrechtlichen Nachfolgeregelungen enthalten Beratungsaufträge sowohl für Träger von Einrichtungen als auch für die Bürgerinnen und Bürger, Koordinationsobliegenheiten auf der regionalen Ebene *(Arbeitsgemeinschaften)* und Kooperationsverpflichtungen mit anderen Aufsichtsbehörden und Kostenträgern. Insofern kennt das H. auch eine infrastruktur- und koordinationsrechtliche Dimension, die eine Nähe zu den Landespflegegesetzen aufweist.

Zum HeimG waren vier Verordnungen erlassen worden: die Heimmindestbauverordnung zur baulichen Mindestausstattung, die Personalausstattung mit Eckpunkten für die qualitative Personalausstattung, die Heimsicherungsverordnung für die Sicherung von Finanzierungsbeiträgen (im Wesentlichen auch zivilrechtlich geprägt) sowie die Heimmitwirkungsverordnung für die Unterstützung demokratischer Mitwirkung der Heimbewohner/innen. Die landesrechtlichen Nachfolgeregelungen orientieren sich vielfach an den bisherigen Verordnungen (vgl. Übersicht S. 468).

Zukunft des Heimrechts

- Im Jahre 2016 haben alle Bundesländer von ihrem Gesetzgebungsrecht im Heimrecht Ge-

Bundesland	Name des Gesetzes	Inkrafttreten
Baden-Württemberg	Wohn-, Teilhabe- und Pflegegesetz (WTPG) Landesheimgesetz – MitwirkungsVerordnung Landesheimgesetz – BauVerordnung	31.05.2014 30.03.2010 18.04.2011
Bayern	Pflege- und Wohnqualitätsgesetz (PfleWoqG) Pflege- und Wohnqualitätsgesetz – Ausführungsverordnung Gesetz zur Änderung des Pflege- und Wohnqualitätsgesetzes (PfleWoqG)	01.08.2008 01.07.2013
Berlin	Wohnteilhabegesetz (WTG) Wohnteilhabegesetz (WTG) – Personalverordnung Wohnteilhabegesetz (WTG) – Bauverordnung (BauV)	01.07.2010 01.08.2011 07.10.2013
Brandenburg	Brandenburgisches Pflege- und Betreungswohngesetz (BbgPBWoG) Brandenburgisches Pflege- und Betreungswohngesetz – Mitwirkungsverordnung Brandenburgisches Pflege- und Betreungswohngesetz – Strukturqualitätsverordnung	08.07.2009 06.02.2012 01.07.2010
Bremen	Bremisches Wohn- und Betreuungsgesetz (BremWoBeG) Personalverordnung zum Bremischen Wohn-und Betreuungsgesetz	21.10.2010 30.04.2015
Hamburg	Hamburgisches Wohn- und Betreuungsqualitätsgesetz (HmbWBG) Hamburgisches Wohn- und Betreuungsqualitätsgesetz – Bauverordnung Hamburgisches Wohn- und Betreuungsqualitätsgesetz – Mitwirkungsverordnung Hamburgisches Wohn- und Betreuungsqualitätsgesetz – Personalverordnung	01.01.2010 01.03.2012
Hessen	Hessisches Betreuungs- und Pflegegesetz (HBPG)	16.02.2012
Mecklenburg-Vorpommern	Einrichtungenqualitätsgesetz (EQG M-V) Einrichtungenqualitätsgesetz – Mitwirkungsverordnung Einrichtungenqualitätsgesetz – Personalverordnung Einrichtungenqualitätsgesetz – Mindestbauverordnung	29.05.2010
Niedersachsen	Niedersächsisches Heimgesetz (NHeimG)	06.07.2011
Nordrhein-Westfalen	Alten- und Pflegegesetz (APG) Alten- und Pflegegesetz – Durchführungsverordnung (DVO) Wohn- und Teilhabegesetz (WTG) Wohn- und Teilhabegesetz – Durchführungsverordnung (DVO)	15.10.2014 21.10.2014 02.10.2014 11.11.2014
Rheinland-Pfalz	Landesgesetz über Wohnformen und Teilhabe (LWTG) Landesgesetz über Wohnformen und Teilhabe – Durchführungsverordnung	01.01.2010 22.03.2013
Saarland	Landesheimgesetz Saarland (LHeimGS) Landesheimgesetz – Mitwirkungsverordnung	19.06.2009
Sachsen	Sächsisches Betreuungs- und Wohnqualitätsgesetz (SächsBeWoG)	12.08.2012
Sachsen-Anhalt	Wohn- und Teilhabegesetz (WTG LSA)	25.02.2011
Schleswig-Holstein	Selbstbestimmungsstärkungsgesetz (SbStG) Selbstbestimmungsstärkungsgesetz – Durchführungsverordnung	01.08.2009
Thüringen	Thüringer Wohn- und Teilhabegesetz (ThürWTG)	10.06.2014

brauch gemacht. Eine ganze Reihe von Ländern haben das Heimrecht zur Profilierung einer eigenständigen Behinderten- und Altenpolitik genutzt. Durch die Evaluation einiger der neuen Landesgesetze konnten systematische Wirkungsanalysen erstellt und auf deren Basis die Weiterentwicklung des Heimrechts durch Novellierungen vorangetrieben werden (bspw. Rheinland-Pfalz, Nordrhein-Westfalen, Sachsen-Anhalt). Zwei unterschiedliche Wege der Kodifizierung lassen sich identifizieren: Einrichtungs- und Dienste-Gesetze, die sich gegenüber einer diversifizierenden Landschaft von Einrichtungen und alternativen Wohn- und Versorgungsformen öffnen (etwa Hamburg) und Fortschreibungen des alten Heimrechts mit eher geringfügigen Korrekturen (etwa Baden Württemberg). In diesem Spektrum bewegen sich die landesgesetzlichen Konzepte, wobei sich fast alle Länder von der Begrifflichkeit „Heim" zugunsten von Einrichtungen gelöst haben. Die Föderalisierung des Heimrechts hat im Ergebnis zu einer recht unübersichtlichen Rechtlage in Deutschland geführt.

- **Anwendungsbereich:** Die Landesgesetzgeber kennen unterschiedliche Anwendungsbereiche. Alle schließen das betreute Wohnen aus, für Wohngemeinschaften und -gruppen finden sich überwiegend Sonderbestimmungen. Einige Landesgesetze beziehen auch den ambulanten Bereich ein (Hamburg, Hessen).
- **Bauliche Mindestanforderungen:** Was die baulichen Mindestanforderungen anbelangt, so werden hinsichtlich der Zimmergröße und ihrer Belegung Mindeststandards aufgestellt. In Baden-Württemberg bspw. sind ab dem Jahre 2017 grundsätzlich nur noch Einzelzimmer zugelassen. Für neue Wohnformen ergeben sich aus den heimrechtlichen Bestimmungen im Zusammenhang mit bauordnungs- und brandschutzrechtlichen Regelungen erhebliche Limitierungen.
- **Personalausstattung:** Die Personalausstattung, bisher in der Heimpersonalverordnung geregelt, konzentriert sich auch in den neuen Landesgesetzes auf die Leitungsqualifikation und eine Fachkraftsquote von 50 % des betreuenden Personals. Dabei haben sich sowohl die Anforderungen an eine auf eine Leitungsperson hin konzentrierte Managementfunktion als auch eine auf die Pflege hin verengte Fachkraftsquote nicht bewährt. Hinsichtlich der fachlichen Mindeststandards orientieren sich die Landesgesetze an dem jeweiligen Stand der Fachdisziplin, und kennen sog. state of the art-Klauseln. Auf landesrechtlicher Ebene wurde die Fachkraftsquote zum Teil flexibilisiert und vor allen Dingen der Einsatz von anderen als Pflegefachkräften in Einrichtungen der Langzeitpflege explizit zugelassen.
- **Aufsicht:** Alle landesgesetzlichen Regelungen kennen wie schon das HeimG weitreichende ordnungsrechtliche Kompetenzen: Sie statuieren Anzeigepflichten, das Recht und die Pflicht zu regelmäßigen Nachschauen/Kontrollen inkl. der Veröffentlichung ihrer Ergebnisse. Für neue Versorgungskonzepte sehen einige Landesgesetze den Abschluss öffentlich-rechtlicher Verträge (Hamburg), andere sog. Erprobungsregeln vor. Die Zuständigkeiten sind wie beim HeimG je nach Land unterschiedlich geregelt, zumeist sind die Land- und Stadtkreise zuständige Behörden. Die Föderalisierung des Heimrechts hat zu einer neuen konzeptionellen Befassung der Länder mit dem Thema „Heim" geführt, in unterschiedliche Weise zur Aufnahme neuer Versorgungskonzepten beigetragen. Ironischerweise führt die Föderalisierung des Heimrechts zum Verschwinden des Heimbegriffes aus der Gesetzessprache, so dass es in absehbarer Zeit kein „Heimrecht" mehr geben wird.
- **Diversifizierung der Einrichtungen:** Auf bundes- und landespolitischer Ebene wird eine Diversifizierung der Heimlandschaft angestrebt, insbesondere durch Konzepte wohnortnaher Versorgung. Für sie stehen etwa ambulant betreute Wohngemeinschaften. Sie haben eine sehr unterschiedliche Regelung in den jeweiligen landesrechtlichen Kodifizierungen gefunden. Typischerweise wird unterschieden zwischen trägerverantworteten und selbstorganisierten Wohngemeinschaften. Die Abgrenzungen zwischen beiden Konzeptvarianten erweisen sich in der Praxis als ausgesprochen schwierig.

Thomas Klie

Literatur

O. Dahlem/D. Giese/G. Igl: Heimrecht des Bundes und der Länder (Loseblattkommentar) ◆ Neuwied ◆ H. Deinert (Hrsg.): Heimrecht. Sammlung bundes- und landesrechtlicher Regelungen ◆ Köln 2012 ◆ Deutscher Verein für öffentliche und private Fürsorge e. V. (Hrsg.): Heimrecht – WBVG und Landesheimgesetze., Freiburg i. Br. 2015 ◆ T. Klie: Heimaufsicht. Praxis, Probleme, Perspektiven, Hannover 1988 ◆ E. Rasch: Zum Stand des Heimrechts nach der Föderalismusreform: Das Wohn- und Betreuungsgesetz, in: NDV 4/2010, 149–152 ◆ M. Michl: Verbraucher-

H

schutz durch aufsichtsrechtliche Vertragskontrollen im Heim- und Pflegewohnrecht. HeimG und landesrechtliche Fortentwicklungen am Beispiel Hessens. Baden-Baden 2015.

Hilfe

Hilfe als Leitkategorie?

„Hilfe" als Leitkategorie *Sozialer Arbeit* ist heute legitimationsbedürftig geworden. Zwar scheint der Begriff H. „universell tauglich" (Niemeyer 1994, 170) zu sein: zur Bezeichnung der Felder von SozArb (JH, Altenhilfe, Familienhilfe etc.), wie zur Beschreibung ihres Selbstverständnisses („Hilfe zur Selbsthilfe„ etc.), wie zur Selbstkritik („Helfersyndrom" etc.). Aber genau dies macht H. als Sammelbegriff jedenfalls für das professionelle Handeln fragwürdig und eher nur fachhistorisch bedeutsam (Niemeyer 1994; Gängler 2015). Die heutigen Fachdiskurse reden der Sache nach fast immer entweder von Dienstleistungen oder von Sozialer Kontrolle, allenfalls von „*Empowerment*" i. S. jener „Hilfe zur Selbsthilfe". Da Leistungsempfänger etwas anderes sind als Hilfsbedürftige und diese etwas anderes sind als Adressaten sozialer Kontrolle, bleibt H. als Leitbegriff des Ganzen diffus. Dieser Art. verneint die Brauchbarkeit von H. als universale Leitkategorie SozArb, vertritt aber die These, dass der Begriff unter bestimmten Aspekten immer noch unentbehrlich ist, sofern klar begrenzt ist, wofür er gebraucht werden kann.

Die übliche Redeweise von SozArb als H. rückte zunächst das allgemein „Menschliche" daran ins Blickfeld: Egal, ob man den „barmherzigen Samariter" als Urbild des SozArb bemühte oder ob vom SozArb als vom „professionellen Altruisten" *(Altruismus)* geredet wurde, ob von H. als „Grundtatbestand" und „Urkategorie menschlichen Handelns" die Rede war (Scherpner 1974, 122) oder gar auf den anthropologischen Tatbestand verwiesen wurde, dass der Mensch, mehr noch als andere Lebewesen, „zur Erfüllung seiner Existenz auf Hilfe angewiesen, aber auch zur Hilfeleistung aufgefordert ist" (Buchkremer 1996, 281) – gemeinsam ist immer: SozArb wird damit einerseits in die Nähe von Alltagshandeln gerückt (sie kümmert sich um etwas, was eigentlich die Angelegenheit aller ist oder sein sollte); und sie wird andererseits damit zur bedingungslosen moralischen Aufgabe. „Der Gebrauch von „Hilfe" repräsentiert sozusagen das „Gute" in der Sozialpädagogik" (Gängler 2015). Daraus resultiert die bekannte Frage, ob sich SozArb nicht hoffnungslos übernimmt, wenn sie sich selbst für das fehlende „Gute" im mitmenschlichen und gesellschaftlichen Umgang allumfassend zuständig erklärt.

Misstrauen gegen solchen diffusen All-Zuständigkeits-Anspruch SozArb und gegen eine moralisch überfrachtete „fürsorgliche Belagerung" (Böll) hat schon lange vor der aktuellen Dienstleistungsdebatte Kritiker auf den Plan gerufen. Luhmann (1977) z. B. hat H. im sozialarbeiterischen Handeln als bloße Restkategorie bestimmt. „Außerhalb von persönlich-intimen Beziehungen ist es unwahrscheinlich geworden, dass sich Meinungen in der konkreten Form des „Ratens und Helfens" zusammenfinden (…). Unter solchen Umständen wird Mildtätigkeit eine Zumutung. (…) Der abstrakte Appell an moralische Hilfsbereitschaft ist nicht mehr durch Lebenssachverhalte gedeckt. Er ist auf gesamtgesellschaftlicher Ebene allenfalls noch sinnvoll als Korrektur von Planungsfehlern oder von politischem Versagen" (Luhmann 1977, 31). Luhmann bezeichnet zwar weiterhin SozArb als H., redet aber der Sache nach von sozialstaatlichen Dienstleistungen. SozArb „hilft" nicht mehr, sondern führt soziale Programme durch, auf die Leistungsberechtigte Anspruch haben: „Individuelle Motive zur Hilfe sind insoweit entbehrlich (…), die helfende Aktivität wird nicht mehr durch den Anblick der Not, sondern durch einen Vergleich von Tatbestand und Programm ausgelöst und kann in dieser Form generell und zuverlässig stabilisiert werden" (Luhmann 1977, 34). Aus dieser Sicht würde H. als fachliche Kategorie entbehrlich.

So anregend diese Positionsbestimmung auch sein mag, sie kann nicht das letzte Wort dazu sein. Es genügt nicht, SozArb als korrekte Überprüfung und fachgerechte Bedienung gesetzlich geregelter Leistungsansprüche zu begreifen. Wenn es denn „Planungsfehler" und „politisches Versagen" sind, erzeugen sie offenkundig keine vernachlässigbare Restkategorie von Problemfällen, sondern weite Felder der Befassung mit Menschen und Problemen die offenbar systematisch durch die Maschen anderer Dienstleistungssysteme fallen (Müller 1992). SozArb kann deshalb den Hilfebegriff nicht so fallen lassen, so, wie es in anderen Dienstleistungsberufen (z. B. Frisör-, Hotelgewerbe etc.) überflüssig ist, von H. zu reden. Sie braucht vielmehr einen „moralischen", engagierten Standpunkt; freilich nicht nur den der fürsorglichen oder solidarischen H., sondern auch der Orientierung am Gedanken des Empowerment, der *Partizipation,* des Rechtes auf Eigenregie alltäglicher Lebensführung etc. SozArb muss zwar begründen können, in welcher Weise und in welchen Grenzen sie dann noch von H. redet, aber sie kann nicht ganz darauf verzichten. Hilfsbedürftigkeit darf weder „oktroyiert" noch „wegdefiniert" werden (Brumlik; Keckeisen 1976). Die Gefahr, Hilfsbedürftigkeit zu oktroyieren, ist heute sicher aufs Ganze gesehen geringer geworden; die Gefahr, dass sie wegdefiniert wird, aber nicht. Auch die Aufgaben sozialer Kontrolle können und dürfen nicht „wegdefiniert" werden, insbesondere wo es um den Schutz von Schwachen und um die Verteilung knapper Ressourcen geht. Ihre praktische Wahrnehmung sollte aber weder „Dienstleistung" noch H. genannt werden.

Hilfe, Dienstleistung, soziale Kontrolle – Komplementäre Perspektiven

Im Folgenden wird von der These ausgegangen, dass das Verständnis von SozArb als „Hilfe", als „Dienstleistung" und als „soziale Kontrolle" komplementäre Perspektiven sind, die zueinander in Spannung stehen, aber sich gegenseitig als Korrektiv brauchen. Diese These soll unter drei Gesichtspunkten näher betrachtet werden: Unter dem Gesichtspunkt,

1) dass der Hilfebegriff einerseits notwendig, andererseits aber auch gefährlich ist, wenn es darum geht, die Subjektstellung des Klienten zu sichern;
2) dass der Hilfebegriff notwendig, aber zugleich nur begrenzt brauchbar ist, um die besondere Art der Professionalität sozialpädagogischen Handelns im Vergleich zu anderen Formen professionellen Handelns zu beschreiben;
3) dass der Hilfebegriff sich eignet, um SozArb als besonderes Funktionssystem der Gesellschaft im Vergleich zu anderen Funktionssystemen beschreibbar zu machen.

H. ist demnach sowohl in ethischer wie in professionstheoretischer und systemtheoretischer Hinsicht eine wichtige, aber eben nur begrenzt brauchbare Kategorie SozArb *(Ethik, Professionalisierung)*.

Zu 1. – Zur Sicherung der Subjektstellung des Klienten: Goffman (1973, 305 ff.) hat das Dienstleistungsideal der modernen Gesellschaft als ein Modell beschrieben, in welchem zwei gleichberechtigte und kooperierende Partner (Experte und *Klient)* sich in verteilten Rollen gemeinsam darum bemühen, eine dem Klienten gehörende Sache in Ordnung zu bringen – egal, ob es sich dabei um ein kaputtes Auto, ein krankes Körperteil oder um einen einzulösenden Rechtsanspruch handelt. Goffman erläutert aber (am Beispiel psychiatrischer Behandlung), dass dieses Modell in dem Moment zum Problem wird, wo der Klient a) unfähig oder unwillig ist, seine Rolle als Kunde einer Expertendienstleistung angemessen zu spielen und wo er b) eben deshalb immer auch selbst zum Gegenstand der Bearbeitung durch den Experten wird. SozArb kann beides nicht vermeiden. Sie muss aber eben deshalb dafür sorgen können, dass die Subjektstellung, die Definitionsmacht, der Eigensinn ihrer Klienten nicht verloren geht. Sie kann dies alles nicht einfach voraussetzen – z. B. beim Recht auf „Erziehung" oder auf „Teilhabe am Leben in der Gemeinschaft" (SGB VIII, SGB XII) – sondern muss genau dabei zur (Wieder-)Herstellung autonomer Lebenspraxis „helfen". Und sie muss die Fähigkeiten, dies zu sichern, zu einem Angelpunkt ihres professionellen Kompetenzprofils machen (Müller 1991). H. ist hier zunächst einmal alles, was als H. empfunden wird, was aus der Sicht von Klienten „gut tut" (Müller 1995). Wer beruflich mit Menschen zu tun hat, deren gleichberechtigte Partnerschaft sich nicht von selbst ergibt (z. B. mit Kindern, Menschen, die in ihre eigenen Probleme verstrickt sind, Verwirrten oder auf andere Weise „Hilflosen"), der kann nicht einfach objektiv bestimmen, was für diese Menschen gut ist. Er oder sie muss sich mit deren Perspektiven und Formen der Lebensführung auseinander setzen, muss, wie Olk (1986) sagt, „technologisch induzierte Personenänderung" mit „kommunikativer Verarbeitung hiermit verbundener Sinnprobleme" und dabei zugleich soziale Kontrolle und H. miteinander versöhnen (Olk 1986, 182).

Um dabei keine Begriffsverwirrung zu schaffen, sollte demnach der H.-Begriff zunächst nur dann und dort verwendet werden, wo das „helfende" Handeln vom Klienten selbst als „hilfreich" wahrgenommen wird. Maßstab dafür, dass es sich um H. handelt, sollte demnach die subjektive Sicht der Klienten sein. Von „Dienstleistung" oder aber von „sozialer Kontrolle" zu reden wäre dagegen angemessen, wenn die professionelle Handlungsperspektive oder die gesellschaftlichen Erwartungen und Bedingungen für Erfolgschancen in den Blick genommen werden. Der Hilfebegriff (als begrenzte fachliche Kategorie statt als vager Oberbegriff) ist aus dieser Sicht dafür nützlich, einerseits genauer wahrzunehmen, was Klienten als H empfinden. Andere Begriffe wie Dienstleistung oder soziale Kontrolle sind dagegen sachgerechter, wenn es gilt, entweder klar, transparent, zugänglich und mit Recht auf sanktionsfreie Ablehnung anzubieten, was jeweils als Dienstleistung geboten werden kann; oder aber ebenso verständlich und ohne Hinterhalt die ggf. notwendigen Grenzen zu setzen und Klienten eine entsprechende Realitätsprüfung zu ermöglichen.

Dieses „doppelte Vermittlungsproblem" (Olk) zu bewältigen, ist nicht leicht. Es handelt sich aber nicht, wie oft behauptet, um ein Dilemma zwischen H. und Kontrolle, das nur der bürokratischen Abhängigkeit von SozArb zuzuschreiben ist. SozArb kann sich davon nicht heimlich distanzieren, weil es dabei um den Kern ihre Sache selbst geht. Nämlich um das Spannungsverhältnis zwischen dem Recht jedes Klienten, seine/ihre Sicht der Welt zur Geltung zu bringen und der Pflicht SozArb, nach bestem Wissen und Gewissen realitätsgerechte nützliche Dienstleistungen anzubieten, aber auch Schutz- und Kontrollaufgaben zu bewältigen.

Zu 2. – Die besondere Art der Professionalität sozialpädagogischen Handelns: Das Spannungsverhältnis zwischen der so definierten H. (Orientierung an den Wünschen und am Feedback des Klienten) einerseits – und Dienstleistungen oder auch sozialen Kontrollen andererseits – stellt nach diesem Verständnis zwar nicht vor ein Professionalität verhinderndes Dilemma, wohl aber vor eine paradoxe professionelle Struktur. Die Paradoxie lässt sich folgendermaßen beschreiben: Von Klienten auszugehen, die als autonome Partner zustehende Dienstleistungen in Anspruch nehmen oder auch mit Grenzen, die Entscheidungen fordern, konfrontiert werden können, fordert die professionelle Ethik. Diese Klienten, die keine H. sondern als selbstbewusstes Gegenüber spezifisch nützliche Dienstleistung brauchen, existieren aber oft nur als „kontrafaktische" und antizipierende Unterstellung (Müller 1991, 100ff.). Es bedarf deshalb „helfenden" oder besser „stellvertretenden" Handelns um dies Gegenüber (wieder) herzustellen. Ob dies als „helfende Beziehung" oder als „stellvertretendes Deuten" (Dewe u. a. 1993) oder als „advokatorisches" Handeln (Brumlik 1992), oder als „Empowerment" konzeptualisiert wird: Immer handelt es sich um etwas anderes als um eine spezielle, „standardisierbare" (Oevermann 2000) Dienstleistung: Nämlich um die Aufgabe, an der Stelle von Klienten etwas zu tun, was deren Handlungsfreiheit spezifisch beschränkt, aber eben mit dem Ziel, diese wiederherzustellen oder zu erhöhen. Solches Handeln kann man sinnvollerweise auch dann als H. bezeichnen, wenn (noch) kein ausdrückliches Mandat von Klienten vorliegt, weil diese noch gar nicht dazu in der Lage sind, vorausgesetzt, dass auf ein solches Mandat hingearbeitet wird. SozArb, die sich illusionäre Vorstellungen von der Handlungsfreiheit ihrer Klienten macht und dabei faktisch der unterlassenen Hilfeleistung schuldig wird, hat ihre Aufgabe ebenso verfehlt wie SozArb, die Abhängigkeiten ihrer Klientel selbst züchtet.

Soweit also die Herausforderung an SozArb darin besteht, situationsangemessen zu bestimmen, welcher Art und welcher Grad an stellvertretendem Deuten und Handeln angemessen ist, handelt es sich um eine Tätigkeit, die zu Recht professionelle H. genannt wird, und nicht professionelle „Dienstleistung". Letzter Begriff sollte dagegen streng für die vereinbarte Arbeit an einer dem Klienten zustehenden/gehörenden Sache reserviert bleiben. Beides, H. wie Dienstleistung, sind demnach professionelle Aufgaben, wenn auch beide unterschiedlichen Handlungslogiken folgen. Auch andere Professionen (z. B. Therapeuten, manchmal auch Ärzte) sind mit beiden Arten der Herausforderung konfrontiert, obwohl die gelingende Balance zwischen beiden v. a. für SozArb das absolute Zentrum professioneller Kompetenz bildet.

Zu 3. – Soziale Arbeit als besonderes Funktionssystem: Schließlich kann man aus systemtheoretischer Perspektive argumentieren, dass SozArb doch sinnvollerweise im Ganzen als „Hilfesystem" bezeichnet werden kann (Müller 1992, Baecker 1994, Hillebrandt 2012). Die genannten Autoren weisen zu Recht darauf hin, dass SozArb im Gefüge der ausdifferenzierten Dienstleistungssysteme keinen sehr spezifischen Platz hat. Ob man dabei von „ganzheitlicher" und „lebensweltlicher" Orientierung oder von Flickschusterei redet, mag Ansichtssache sein. Jedenfalls besteht ihr spezieller Auftrag gerade darin, die Lücken und unerwünschten Nebenfolgen der anderen Systeme aufzufangen und zu kompensieren. Sie sollte sich nicht darüber beklagen, weil genau dies ihre Aufgabe als Reservesystem ist. Sie hat „Exklusionsprozesse anderer Funktionssysteme im Modus stellvertretender Inklusion zu neutralisieren" (Gängler 2015). Genau dies konstituiert ihre Autonomie als Disziplin und Profession (Merten 1997).

In dieser Perspektive verweist der Hilfebegriff auf den subsidiären Charakter von SozArb. Sie ist weder allzuständig, noch speziell zuständig, sondern „hilfsweise" zuständig. Eine Konsequenz davon ist, dass sie sich weniger als andere Dienstleistungssysteme darauf beschränken kann, erwartbare Leistungen eines speziellen Typs für spezifische Klientengruppen anzubieten. Sie ist vielmehr darauf verwiesen, Lösungen für diejenigen zu erfinden, die aus anderen Bereichen (Schule, Versicherungssystemen, kultureller Teilhabe, Arbeitsmarkt etc.) gleichsam herausfallen. Die Zuständigkeit für „drop outs" und die Entwicklung von Lösungen für sie ist das Kerngeschäft von SozArb. Ihre oft beklagte „Nachrangigkeit" auf finanzieller wie inhaltlicher Ebene ist gleichzeitig die Bedingung für ihre Eigenständigkeit als gesellschaftliches Funktionssystem. Baecker (1994) bestimmt insofern zurecht die Unterscheidung zwischen „Helfen" und „Nicht-Helfen" als die professionelle Leitdifferenz von SozArb.

Was bleibt?

Damit ist H. nicht aufs Neue als „universaler" Oberbegriff eingesetzt. Vielmehr focussiert die Bezeichnung der SozArb als „Hilfesystem" zwei spezifische Aspekte: Zum einen definiert der Begriff die Adressaten von SozArb als solche, deren angemessene Teilhabe an den gesellschaftlichen Funktionssystemen (wie an anderen sozialen Bezügen) in irgend einer Weise unangemessen eingeschränkt oder vorenthalten ist, unabhängig davon ob dies an ihnen selbst oder an den Umständen liegt. „Hilfesystem" ist SozArb demnach insofern, als sie Netzwerkarbeit, Einfädelungsarbeit macht. Anders als z. B. der Begriff der „helfenden Beziehung" suggeriert, steht SozArb hier nicht im Mittelpunkt, sondern am Rand. Sie hat einen Einmischungsauftrag *(Einmischungsstrategie)*, soll Menschen helfen, die verlorene oder gefährdete Eigenregie über ihre Lebensverhältnisse zurückzugewinnen, hat aber keinen Auftrag zu deren Gestaltung nach Gutdünken. Die kompetente Selbstbegrenzung der Einmischung gehört insofern zu ihrem Auftrag notwendig dazu. Zum andern benennt der Begriff „Hilfesystem" die Rolle der SozArb im Gefüge der funktionsdifferenzierten Gesellschaft. Auch wenn sich ihre Aufgabe nicht mehr auf marginalisierte Randgruppen beschränkt, sondern zum lebensbegleitenden „Normalangebot" geworden ist, so ist sie doch auch das primär „hilfsweise". Sie ist es nur nach dem Motto „So wenig wie möglich und so viel wie nötig"; sie kann sich keine Allzuständigkeit für „Lebensbewältigung" zuschreiben, wohl aber hat sie eine hilfsweise Unterstützungsaufgabe für schwierige Bewältigungskonstellationen, v. a. für solche, die in anderen, funktionsdifferenzierten Dienstleistungssystemen durch die Maschen fallen.

Zusammenfassung: Der Begriff H. sollte nicht länger als Sammelkategorie für die gesamten Tätigkeiten von SozArb gebraucht werden. Brauchbar und notwendig ist der Begriff aber, um spezifische Grenzen und Abhängigkeiten zu benennen, an welchen SozArb sich orientieren muss, wenn ihre Lebensweltorientierung nicht diffus und willkürlich werden soll. H. ist SozArb, erstens, soweit sie sich an der Autonomie der Lebenspraxis ihrer Klienten orientiert und im Respekt davor ihre Grenze findet. H. ist SozArb, zweitens, sofern sie die Hilfebedürftigkeit ihrer Klienten nicht wegdefiniert, auch nicht auf Dienstleistungsbedarf oder Kontrollnotwendigkeit reduziert, sondern die Ungewissheit und Spannung auf sich nimmt, die damit verbunden ist. Hilfesystem kann SozArb sich schließlich zu Recht nennen, sofern sie die Grenzen ihrer nachrangigen Stellung (sowohl im Verhältnis zur Lebenswelt ihrer Klienten, als auch im Verhältnis zu anderen Funktionssystemen) nicht beklagt, sondern als Umschreibung ihres klug zu verwaltenden Zuständigkeitsbereichs wahrnimmt.

Burkhard Müller

H

Literatur

D. Baecker: Soziale Hilfe als Funktionssystem der Gesellschaft, in: Zeitschrift für Soziologie 23, 1994, 93–110 ◆ M. Brumlik: Advokatorische Ethik, Bielefeld 1992 ◆ M. Brumlik/W. Keckeisen: Etwas fehlt. Zur Kritik und Bestimmung von Hilfsbedürftigkeit für die Sozialpädagogik, in: Kriminologisches Journal 8/1976, 241–262 ◆ H. Buchkremer: Hilfe, in: D. Kreft/I. Mielenz (Hrsg.): Wörterbuch Soziale Arbeit, Weinheim/Basel [4]1996 ◆ B. Dewe/W. Ferchhoff/A. Scherr/G. Stüwe: Professionelles soziales Handeln, Weinheim 2001 ◆ H. Gängler: Hilfe, in: H.-U. Otto/H. Thiersch (Hrsg.): Handbuch Soziale Arbeit, München [5]2015, 676–685 ◆ E. Goffman: Das ärztliche Berufsmodell und die psychiatrische Hospitalisierung: Einige Bemerkungen zum Schicksal der helfenden Berufe, in: E. Goffman: Asyle, Frankfurt/M.: 1973, 305–376 ◆ F. Hillebrandt: Hilfe als Funktionssystem für soziale Arbeit, in: W. Thole (Hrsg.) Grundriss soziale Arbeit, Wiesbaden [4]2012, 235–247 ◆ N. Luhmann: Formen des Helfens im Wandel gesellschaftlicher Bedingungen, in: H.-U. Otto/S. Schneider (Hrsg.): Gesellschaftliche Perspektiven der Sozialarbeit 1, Neuwied 1977, 21–44 ◆ R. Merten: Autonomie der sozialen Arbeit, Weinheim/München 1997 ◆ B. Müller: Die Last der großen Hoffnungen, Weinheim [2]1991 ◆ B. Müller: Soziale Arbeit und die sieben Schwestern, in: H.-U. Otto u. a. (Hrsg.) Zeit-Zeichen sozialer Arbeit, Neuwied 1992, 101–110 ◆ B. Müller: Ein Helfer ist zu nichts nütze, in: B. Müller: Außensicht – Innensicht, Freiburg i. Br. 1995, 99–114 ◆ B. Müller: Professionelle Handlungsgewissheit und professionelles organisieren Sozialer

Arbeit, in: np 3/2013, 246–262 • B. Müller: Professionalität, in: W. Thole (Hrsg.): Grundriss Soziale Arbeit, Wiesbaden [4]2012, 855–974 • Ch. Niemeyer: Hilfe, in: D. Lenzen (Hrsg.): Erziehungswissenschaft. Ein Grundkurs, Reinbek 1994, 159–185 • U. Oevermann: Dienstleistungen der Sozialbürokratie aus professionstheoretischer Sicht, in: E. M. v. Harrach/Th. Loer/O. Schmidtke: Verwaltung des Sozialen, Konstanz 2000, 57–77 • Th. Olk: Abschied vom Experten. Sozialarbeit auf dem Weg zu einer alternativen Professionalität, Weinheim/München 1986 • H. Scherpner: Theorie der Fürsorge, Göttingen 1974.

Hilfe(n) zur Erziehung/HzE

Im Kontext des Anspruches von Kindern und Jugendlichen auf Erziehung (§§ 1 und 27 SGB VIII – *Kinder- und Jugendhilfegesetz*) waren und sind die HzE eine Kernaufgabe der *Kinder- und Jugendhilfe/KJH* zur Sicherung von Lebens- und Entwicklungsbedingungen von Heranwachsenden. Dabei ist seit Beginn der 1980er Jahre die Entwicklungslinie, die – ausgehend von dem Ziel der Reduzierung von Heimunterbringungen – zuerst zu einer Aufwertung und zu einem Ausbau von Familienpflege *(Pflegekinder)* geführt hat, weiter fortgeführt worden mit dem Ziel, Hilfen zur Erziehung deutlicher und konsequenter auf die Herkunftsfamilie zurückzubeziehen und diese selbst stärker als in der Vergangenheit in den Jugendhilfeprozess zu integrieren. In der Folge haben sich dann auch die HzE ausdifferenziert und in Richtung auf familienunterstützende bzw. -ergänzende Leistungen entwickelt.

Rahmensetzungen des SGB VIII – Kinder- und Jugendhilfe

Mit der Auffächerung einer breiten Palette von möglichen HzE – im 4. Abschnitt des SGB VIII werden neben der Vollzeitpflege (§ 33) und der *Heimerziehung*/sonstigen betreuten Wohnformen (§ 34) als ambulante und teilstationäre erzieherische Hilfen genannt: Erziehungsberatung (§ 28), Soziale Gruppenarbeit (§ 29), Erziehungsbeistand/Betreuungshelfer (§ 30), SPFH (§ 31), Erziehung in einer Tagesgruppe (§ 32) und die entwicklungsoffene Intensive sozialpädagogische Einzelbetreuung (§ 35) – will das SGB VIII die ambulanten und teilstationären Hilfen gegenüber den tradierten familienersetzenden Hilfen stärken und damit einer fachlichen Orientierung in Richtung auf familienunterstützende Angebote und Leistungen Rechnung tragen (dazu im Überblick Birtsch u. a. 2001; Jordan u. a. 2015; Münder/Trenczek 2015).

„Heute erreichen erzieherische Hilfen – damit sind die (Minderjährigen) Hilfen zur Erziehung gem. § 27 SGB VIII, die Eingliederungshilfen für seelisch behinderte junge Menschen gem. § 35a SGB VIII und die Hilfen für junge Volljährige gem. § 41 SGB VIII gemeint – inklusive der Erziehungsberatung jedes Jahr rd. eine Million junge Menschen, beschäftigen über 80 000 Fachkräfte und sind mit einem Gesamtaufwand von knapp acht Mrd. Euro einer der großen Ausgabenblöcke der Kommunalhaushalte" (zitiert nach Pothmann/Trede 2014,196). Die jeweils neuesten verfügbaren Daten werden fortlaufend veröffentlicht und sind z. T. kommentiert bei KomDat sowie beim Stat. BA abzurufen (sehr ausführlich zu Entwicklungen der HzE Jordan u. a. 2015, 208 ff.).

Rechtsanspruch: § 27 SGB VIII leitet die Bestimmungen des Abschnitts über die HzE ein, nennt die Voraussetzungen (eine dem Wohl des Kindes oder Jugendlichen entsprechende Erziehung ist nicht gewährleistet) und knüpft daran die Rechtsfolgen (Anspruch auf HzE, die für seine Entwicklung geeignet und notwendig ist). Eine dem Wohl des Kindes oder Jugendlichen entsprechende Erziehung ist nicht gegeben, wenn die erzieherischen, sozialisatorischen Leistungen und Standards durch die Familie nicht erbracht werden können oder die Leistungsfähigkeit nicht ausreicht, um den Stand zu erreichen, der als „Normalstandard" von Sozialisation und Erziehung angesehen wird (Münder u. a. 2013, § 27). Dabei ist nicht zu verkennen, dass es sich hier um normative, also wertende Aussagen handelt. I. d. R. wird dies denn auch zumeist gleichgesetzt mit Benachteiligungen, Auffälligkeiten, Störungen usw.

Sozialpädagogische Dienstleistung: Die im SGB VIII zum Ausdruck kommende fachliche und sozialpolitische Grundorientierung lässt sich in die Formel fassen: „Gestaltung der HzE als sozialpädagogische Dienstleistung". Diese Ausgestaltung der HzE als ein Leistungsangebot für Familien, Kinder und Jugendliche zielt auf ein Konzept, das sich absetzt von traditionellen Vorstellungen, bei denen die HzE in die Nähe eines obrigkeitlichen Eingriffs gerückt wurde. Statt als Eingriffsinstrumentarium zu wirken, soll HzE ein fachlich qualifiziertes Leistungsangebot für Familien und Kinder/Jugendliche in schwierigen Lebenssituationen sein, dessen Inanspruchnahme und konkrete Ausgestaltung im Einzelfall in Zusammenarbeit der Familien und Kinder/Jugendlichen mit den Fachkräften des JA und den Fachkräften in den beteiligten Einrichtungen und Diensten erfolgt. Dem sozialpädagogischen Erfordernis der Einbeziehung der Betroffenen in den Hilfeprozess entspricht die im SGB VIII vorgenommene Festlegung von Beteiligungsrechten (Hilfeplanung gem. § 36 SGB VIII; Wunsch- und Wahlrecht gem. § 5 SGB VIII).

Auch wenn der Aspekt der Dienstleistung, d. h. die Tatsache, dass Angebote und Leistungen nicht einseitig von Seiten der Träger realisiert werden können, sondern nur dann, wenn die Leistungsberechtigten (Minderjährige, junge Menschen, Personensorgeberechtigte) dies wollen, auch bei den HzE dominiert, so kann es doch unter der Zielsetzung des zivilen *Kinderschutzes* (staatliches Wächteramt) im Einzelfall auch erforderlich sein, dass das JA das FamG (§ 8a Abs. 3 SGB VIII) anruft, um notwendige Hilfen auch gegen den Willen der Personensorgeberechtigten zu realisieren.

Gleichrangigkeit aller Hilfen: Zwischen den einzelnen im SGB VIII genannten Hilfearten besteht keine Rangfolge i. d. S., dass eine intensivere Hilfe (z. B. SPFH oder Heimerziehung) den vorherigen Einsatz einer weniger intensiven Hilfeform (z. B. Erziehungsberatung oder Erziehungsbeistandschaft) voraussetzen würde. Jede Hilfeform hat ihr eigenes fachliches Profil und ist in ihren Wirkungsmöglichkeiten ausgerichtet auf bestimmte familiäre und/oder individuelle Problemkonstellationen. Die Hilfeformen dürfen daher nicht als miteinander konkurrierende Hilfen verstanden werden, sondern müssen als Hilfen mit jeweils eigenem sozialpädagogischen Wirkungsprofil, aber auch als einander ergänzende und miteinander verzahnte Hilfen angesehen und entspr. organisiert werden.

Lebensweltorientierung/Sozialraumbezug: Bei der Erörterung von Hilfen, die dem erzieherischen Bedarf im Einzelfall angemessen sind, sollten diejenigen Hilfen Vorranghaben, die das vorhandene Sozialisationsfeld des Kindes oder des Jugendlichen erhalten und stützen. Lebensweltorientierte Hilfeangebote sind aus sozpäd. Sicht besonders wichtig. Im Hinblick auf *Jugendhilfeplanung* ist der besondere Stellenwert lebensweltorientierter Hilfen ein wichtiges Kriterium bei der Gestaltung der Angebotsstruktur (§ 80 Abs. 2 Nr. 3: junge Menschen und Familien in gefährdeten Lebens- und Wohnbereichen sind besonders zu fördern).

In der aktuellen Diskussion wird diese konzeptionelle Orientierung v. a. unter dem Aspekt des Sozialraumbezuges betont (Münder 2001; Hinte/Treeß 2014). Das Prinzip des Lebensweltbezugs bzw. der *Sozialraumorientierung* gilt auch für Heimerziehung als diejenige Hilfe, die mit einer zumindest zeitweise vorgenommenen räumlichen Trennung der Lebensfelder von Familien und Kind/Jugendlichem einhergeht. Dies hat Folgen zum einen für eine Unterbringungspraxis, die die regionalen und sozialen Bezüge des Kindes/Jugendlichen und der Familie einzubeziehen hat, und zum anderen für eine Verkoppelung der auf das Kind mit den auf die Familie ausgerichteten Hilfen.

Offenheit der Angebotspalette: § 27 Abs. 2 SGB VIII macht deutlich, dass HzE „insbesondere" als Leistung nach den §§ 28 bis 35 SGB VIII zu erbringen ist. Durch diese Öffnungsklausel bleibt der Weg frei für neue Entwicklungen, Praxiskonzepte und Lösungsversuche, bleibt die Möglichkeit, im Einzelfall unkonventionelle und im Gesetz nicht beschriebene Leistungen zu erbringen. Auch steht die HzE mit ihren vielfältigen, z. T. spezialisiert angebotenen Hilfeformen immer in Bezug zu den anderen Bereichen (Arbeitsfeldern) der JH. Sachliche Zusammenhänge zum Bereich „Förderung der Erziehung in der Familie" (2. Kap., 2. Abschnitt) existieren v. a. im Hinblick auf Angebote für Familien in belastenden Lebenssituationen (z. B. § 17 „Beratung in Fragen der Partnerschaft, Trennung und Scheidung", § 18 „Beratung und Unterstützung bei der Ausübung der Personensorge", § 19 „Gemeinsame Wohnformen für Mütter/Väter und Kinder", § 20 „Betreuung und Versorgung des Kindes in Notsituationen", § 21 „Unterstützung bei notwendiger Unterbringung zur Erfüllung der Schulpflicht"), zumal die Abtrennung dieser Leistungen von denen, die als HzE geführt werden, eher fiskalischen denn inhaltlichen Argumenten geschuldet ist. Weitere Bezüge lassen sich finden zur Gruppenarbeit mit Jugendlichen oder im Verhältnis zu den pädagogischen Angeboten in Einrichtungen der Tagesbetreuung von Kindern *(Tageseinrichtungen für Kinder)*. Diese aus der Lebenswelt der Adressaten entstehenden inhaltlichen Bezüge zwischen den Arbeitsfeldern der JH dürfen nicht aus dem Blick geraten und müssen sowohl im Alltag der KJH als auch bei weiteren Infrastrukturplanungen Beachtung finden.

Flexibilisierung der Hilfe zur Erziehung: Das Aufrechterhalten der Balance zwischen dem jeweils fachlich eigenständigen Profil der einzelnen Angebotsformen und der notwendigen Verzah-

H

nung der Hilfen sowie einer einzelfallbezogenen Flexibilität des Einsatzes von Hilfeangeboten erfordert eine kontinuierliche fachliche Kooperation zwischen den verschiedenen Einrichtungen und dem JA. Wenn eine solche Kooperation nicht hergestellt und gepflegt wird, besteht die Gefahr einer gegenseitigen Abgrenzung von Einrichtungen, die Einbußen an pädagogischer Effektivität mit sich bringt. Auch reduziert eine mangelnde Kooperation die Chancen für ein flexibles Handeln im Einzelfall *(Einzelfallhilfe)*. Neben der Kooperation im Einzelfall und anderen Kooperationsbezügen zwischen dem JA und einem einzelnen freien Träger stellen insbesondere trägerübergreifende AG eine wichtige Form der Kooperation dar.

Unter den Begriffen „Kinder- und Familienhilfezentrum", „Jugendhilfestation", „Integrierte Erziehungshilfen" etc. wurden organisatorisch-strukturelle Konzepte diskutiert (Boomgaarden 2001; Klatetzki 1995; Koch/Lenz 1999), welche unterschiedliche Hilfen aus dem Bereich der KJH (hier HzE) und perspektivisch auch Hilfen aus anderen Hilfesystemen (z. B. Frühförderung) sowie Selbsthilfeaktivitäten (z. B. selbstorganisierte Kinderbetreuung) in einer spezifischen Weise zusammenfassen (vgl. dazu auch die entsprechenden Prämissen und Forderungen des 8. Jugendberichtes; vgl. BMJFFG 1990, 17, 85 ff.). Ziel ist es, Spezialisierungen und Separierungen einzelner Hilfeformen aufzubrechen und diese wieder zusammenzuführen. Damit soll die Möglichkeit eröffnet werden, alle ambulanten und teilstationären (z. T. auch stationäre) Hilfen für Kinder, Jugendliche und Familien an einem Ort und flexibel zu erbringen, Übergänge zwischen Hilfeformen „abzufedern", Trägerwechsel und Abbrüche zu vermeiden.

Der Verzicht auf das Vorhalten einzelner Hilfearten („Säulen") hat den Vorteil, dass das sozialpädagogische Handeln, weil nicht im vornherein schon eine Festlegung auf eine bestimmte Angebotsform erfolgt, individuell erbracht und zeitnah im Hilfeprozess modifiziert werden kann (z. B. bezüglich der zeitlichen Intensität, des methodischen Ansatzes). Dies bedeutet aber gleichzeitig, dass die Form der HzE eines eindeutigen Rahmens bedarf (um nicht beliebig bzw. willkürlich gehandhabt zu werden). Zu diesem Rahmen gehört eine präzise Hilfezielbestimmung und eine schriftliche Hilfeplanung (vgl. § 36 SGB VIII), die Ziele, Teilziele, Aufgaben, Bearbeitungsschritte, Verantwortlichkeiten, Zeitressourcen Rückkopplungsschritte etc. benennt und den Beteiligten und Betroffenen so die Möglichkeit gibt, die Aktivitäten der Fachkräfte des Zentrums im Kontext der Zielbestimmungen zu überprüfen.

Qualifizierte Entscheidungs- und Hilfeplanung: Die Ausdifferenzierung des Angebots im Bereich der erzieherischen Hilfen hat auch zur Konsequenz, dass die Entscheidungspraxis in den JÄ zu verbessern ist. Dort, wo auf Entwicklungsprobleme von Kindern und Jugendlichen erst dann reagiert wurde, wenn familientrennende Maßnahmen nicht mehr vermieden werden konnten bzw. dies auch die einzig relevanten Handlungsstrategien waren, konnten Hilfeplanungen weitgehend auf Einrichtungen der Fremderziehung delegiert werden. Wenn nun auf kommunaler Ebene selbst ein differenzierteres Angebot zur Verfügung steht, zudem nun auch die Eingliederungshilfen für seelisch behinderte Kinder und Jugendliche in den Zuständigkeitsbereich der JH fallen (vgl. § 35a SGB VIII), stellt sich hier verschärft die Frage nach Zeitpunkt, Grundlage und Lösungsvorschlägen in fachlich begründeten Entscheidungsprozessen. Die §§ 36 und 37 SGB VIII (Mitwirkung, Hilfeplan, Zusammenarbeit bei Hilfen außerhalb der eigenen Familie) geben hierzu einige Grundorientierungen. Darüber hinaus können die §§ 72 SGB VIII (Mitarbeiter, Fortbildung), 79 SGB VIII (Gesamtverantwortung, Grundausstattung) und 80 SGB VIII *(Jugendhilfeplanung)* Grundlagen für eine fundiertere Fachlichkeit kommunaler KJH geben. Das Gesetz definiert hier gleichwohl nur Mindeststandards (dazu zusammenfassend Merchel 2015).

Eingliederungshilfe für seelisch behinderte Kinder und Jugendliche: Problematisch war vor In-Kraft-Treten des SGB VIII das Wechselspiel zwischen KJH und Eingliederungshilfe für Behinderte nach dem BSHG (jetzt SGB XII). Nach § 10 Abs. 2 SGB VIII wird zumindest bei seelisch behinderten Kindern und Jugendlichen ein Vorrang der JH begründet. Dieser Vorrang der KJH bei Leistungen für seelisch behinderte Minderjährige ist auch dann gegeben, wenn nicht zugleich die Voraussetzungen für eine HzE nach § 27 SGB VIII vorliegen (vgl. § 35a SGB VIII).

Aus Sicht der JH bleiben erhebliche Zweifel an der produktiven Funktion einer eigenständigen Ausweisung der „seelischen Behinderung" als Leistungsvoraussetzung und der Verankerung entsprechender Sonderbestimmungen im SGB VIII. Unter Berücksichtigung des vorrangigen Ziels (Aufgabe) der KJH, zur Entwicklung junger Menschen durch geeignete Hilfen beizutragen, unabhängig von der Art der jeweils im Einzelfall vermuteten (unterstellten, diagnostizierten) Störung, hat die pädagogische Förderung (ergänzt durch spezifische und erforderliche therapeutische und medizinische Leistungen) im Vordergrund zu stehen Dies schließt für den konkreten Einzelfall weder vorrangige Verpflichtungen und Zuständigen anderer Sozialleistungsträger (z. B. Krankenkassen) noch eine Kombination von (psycho-)therapeutischen und (heil-)pädagogischen Leistungen aus (ausführlich Wiesner 2015 zu § 35a SGB VIII).

Weiter bleibt zu fordern, dass im Rahmen zukünftiger Novellierungen alle Kinder und Jugendlichen, also auch die körperlich und geistig behinderten (hier besteht jetzt noch ein Vorrang der *Sozialhilfe*), in den Regelungsbereich des SGB VIII einbezogen werden. Dadurch würden Abgrenzungen vermieden und dem Gedanken der Integration und der umfassenden Gleichstellung von behinderten mit nicht-behinderten Kindern Rechung getragen *(Inklusion)* (zum Stand der aktuellen Reformbestrebungen des BMFSFJ vgl. www.kijup-sgbviii-reform.de; zur Kritik daran u. a. np 5/2016, 484–513 – mit Beiträgen von C. Schrapper, H. Ziegler und K. Böllert).

Hilfe für junge Volljährige: 1975 wurde die *Volljährigkeit* in der BRD von 21 auf 18 Jahre vorverlegt. Schon damals – heute noch viel ausgeprägter – war aber auch zu erkennen, dass längere Ausbildungszeiten und im Gefolge davon längere wirtschaftliche Abhängigkeiten sowie die Anforderungen einer hoch entwickelten Leistungsgesellschaft den Weg in die Selbständigkeit und das Erwachsenwerden schwieriger werden lassen. Dies erfordert Möglichkeiten der Beratung, Unterstützung und Hilfe für junge Menschen, die zwar volljährig sind, aber ihr Leben noch nicht eigenständig gestalten und bewältigen können (Flexibilisierung des Übergangs). Eine Parallele hierzu findet sich im JGG, das für die Altersgruppe der 18- bis 21-Jährigen den Status des Heranwachsenden kennt und die strafrechtliche Behandlung dieser Altersgruppe an der der Jugendlichen orientiert (vgl. § 105 JGG). Hier schafft § 41 SGB VIII (Vierter Unterabschnitt: Hilfe für junge Volljährige) eine verbesserte und als Sollleistung ausgestaltete Hilfe. Damit gewinnen Beratungs-, Wohn-, Ausbildungs- und Beschäftigungshilfen für junge Volljährige im Rahmen der JH an Bedeutung. Es wird damit auch häufiger möglich werden, jungen Menschen im Rahmen der KJH betreuungsintensive Leistungen anzubieten, anstatt sie auf die Sozialhilfe zu verweisen.

Ambulante und teilstationäre Hilfen

(vgl. zu den nachfolgen Ausführungen insgesamt, v. a. zu den einzelnen Leistungen der HzE, die beiden SGB VIII Kommentare von Münder u. a. 2013 und Wiesner u. a. 2015 sowie in einer zusammenfassenden Übersicht auf der Grundlage des 14. KJB Pothmann/Trede 2014)

Mit dem In-Kraft-Treten des SGB VIII wurden, neben dem tradierten Angebot der Erziehungsberatung, im Bereich der HzE eine Reihe von familienunterstützenden und -ergänzenden Angeboten, die unterschiedliche methodische Ansatzpunkte und Ausrichtungen aufweisen, rechtlich abgesichert. Zudem werden im SGB VIII die benannten ambulanten und teilstationären Hilfen bezüglich ihrer Zielgruppen und Leistungsprofile charakterisiert.

H

Erziehungsberatung (§ 28 SGB VIII): Bei der Bewältigung familiärer Krisen und der Lösung von Entwicklungs- und Erziehungsproblemen von Kindern und Jugendlichen können Beratungsangebote *(Erziehungsberatung, Familienberatung)* Hilfen geben (Belardi u. a. 2011). Im Kontext der HzE wäre allerdings die Arbeit der institutionalisierten Beratungsstellen mit Blick auf die hier zu erreichenden Zielgruppen noch zu qualifizieren, dezentralisiert anzubieten (Stadtteilorientierung) und die Zusammenarbeit der Beratungsstellen mit den anderen Einrichtungen und Diensten der KJH zu verbessern.

Soziale Gruppenarbeit (§ 29 SGB VIII): *Soziale Gruppenarbeit* als besondere Form der Erziehungshilfe kann angesiedelt werden zwischen offenen pädagogischen Angeboten *(Jugendarbeit)* bzw. beratenden Hilfen (z. B. Jugend-/Erziehungsberatung) und der Erziehung außerhalb der eigenen Familie (Wegehaupt-Schlund 2001). Nach den bisherigen Erfahrungen befinden sich im Betreuungsfeld der sozialen Gruppenarbeit Kinder und Jugendliche aus langfristig sozial benachteiligten Familien, bei denen jedoch das familiäre Beziehungsnetz als ausreichend tragfähig eingeschätzt wird, um ein Verbleiben in der Familie zu ermöglichen.

Aus Sicht der KJH gibt es kritische Kommentare und Äußerungen zu den Kursangeboten mit verpflichtendem Charakter (JGG). Angebote der sozialen Gruppenarbeit im Kontext der KJH sind allein auf der Grundlage freiwilliger Mitarbeit zu realisieren, zumal im Bezugsfeld des JGG nunmehr die „sozialen Trainingskurse" (§ 10 Abs. 1 Z. 6 JGG) als „Erziehungsmaßregel" zur Verfügung stehen und die Teilnahme an Angeboten der sozialen Gruppenarbeit vom Jugendgericht nicht verpflichtend angeordnet werden kann.

Erziehungsbeistand (§ 30 SGB VIII): Die im Ursprung ehrenamtl. angelegte Erziehungsbeistandschaft hat sich heute zu einem wesentlich von hauptamtl. Fachkräften getragenem pädagogischen Angebot weiterentwickelt (Gebert 2001), das Kinder bzw. Jugendliche unter Einbeziehung des sozialen Umfeldes und unter Erhaltung des Lebensbezuges zur Familie bei der Bewältigung von Entwicklungsproblemen aktiv unterstützen und zur Verselbstständigung beitragen soll.

Sozialpädagogische Familienhilfe (§ 31 SGB VIII): Im Rahmen des Ausbaus familienorientierter ambulanter erzieherischer Hilfen hat seit Mitte der 1960er Jahre der Einsatz von Familienhelferinnen und (wenngleich noch selten) Familienhelfern bundesweit Verbreitung gefunden (Helming 2001; DJI 1998). Die sozialpädagogische Familienhilfe soll sich auf die gesamte Familie richten und Hilfe zur Selbsthilfe in den verschiedensten Bereichen des Alltagslebens leisten. Es besteht die Erwartung, dass die Familie im Laufe der Betreuung und Begleitung die Fähigkeit zur eigenständigen Problemlösung und Alltagsbewältigung (wieder)gewinnt. In den meisten Fällen bedarf es hierzu allerdings einer längeren Zeitspanne. In Ergänzung zum „klassischen" Angebot der Familienhilfe wurden Formen einer kurzzeitig angelegten Intensivbetreuung von Familien zur raschen und nachhaltigen Bewältigung akuter Familienkrisen entwickelt (Gehrmann/Müller 2013).

Tagesgruppe (§ 32 SGB VIII): Mit der Erziehung in einer heilpädagogischen bzw. sozialtherapeutischen Tagesgruppe werden Angebote des sozialen Lernens, der schulischen Förderung und der unterstützenden Elternarbeit in die Angebotspalette der HzE aufgenommen, die sich vor etwa 10 Jahren aus ersten Modellversuchen teilstationärer Gruppen von Kinder- und Jugendheimen heraus entwickelt haben (Späth 2001). Tagesgruppen mit dieser pädagogischen Intention finden sich mittlerweile im gesamten Bundesgebiet. Die Tagesgruppe im Kontext der HzE hebt sich bezüglich der Voraussetzungen, der Ziele und der Kostenregelungen von der allgemeinen Förderung der Kinder in Tageseinrichtungen ab (ergänzend bei *Fremdunterbringung/Heimerziehung/Tageseinrichtungen für Kinder*).

Intensive sozialpädagogische Einzelbetreuung (§ 35 SGB VIII): Bei der sozialpädagogischen Einzelbetreuung handelt es sich um ein offenes, nicht an tradierte Formen bzw. Institutionen gebundenes Angebot, ambulant oder mit Wohnhilfen verbunden (Klawe 2001). Im Kontext der Aufnahme der intensiven sozialpädagogischen Einzelbetreuung ins SGB VIII wurde dabei bezüglich der Adressaten v. a. an Jugendliche/junge Erwachsene gedacht, die von anderen Hilfeangeboten nicht (mehr) erreicht werden bzw. sich in besonders gefährdeten Lebenssituationen befinden (intensive sozialpädagogische Einzelbetreuung als Alternative zur geschlossenen Unterbringung).

Unterbringungen außerhalb der eigenen Familie

Vollzeitpflege (§ 33 SGB VIII): Eine HzE in Vollzeitpflege *(Pflegekinderwesen/Fremdunterbringung)* soll nach dem SGB VIII entspr. dem Alter und Entwicklungsstand des Kindes oder des Jugendlichen und seinen persönlichen Bedingungen sowie den Möglichkeiten der Verbesserung der Erziehungsbedingungen in der Herkunftsfamilie Kindern und Jugendlichen in einer anderen Familie eine zeitlich befristete Erziehungshilfe oder eine auf Dauer angelegte Lebensform bieten (dazu Biermann 2001). Vollzeitpflege umfasst damit unterschiedliche Angebotsformen (Bereitschaftspflege, Kurzzeitpflege, Übergangspflege, Dauerpflege). Zudem fordert das SGB VIII die Beratung der Herkunftsfamilie vor und deren Beteiligung an der Inpflegegabe, die qualifizierte Vermittlung des Kindes in eine Pflegestelle, die Klärung der Verbleibensperspektive des Kindes in der Pflegestelle sowie die Begleitung und Beratung der Pflegepersonen während der gesamten Dauer der Inpflegegabe.

In der Praxis der KJH haben sich in den letzten Jahren zunehmend „professionalisierte" Angebotsformen entwickelt, v. a. auch gedacht für „schwierigere" und ältere Kinder bzw. Jugendliche. Diese sind besonders darauf eingerichtet, Kinder und Jugendliche, die in „Normalpflegestellen" kaum oder nur mit einem beträchtlichen Risiko vermittelt werden können, intensiv pädagogisch und/oder therapeutisch zu betreuen. In diesem Zusammenhang wird von den Pflegepersonen eine zumeist auch formal ausgewiesene pädagogische Qualifikation erwartet. Bezeichnungen für diese Sonderformen sind: Heilpädagogische Pflegestellen oder Erziehungsstellen.

Heimerziehung (§ 34 SGB VIII): Erziehung in einem Heim *(Heimerziehung)* oder einer anderen betreuten Wohnform soll durch eine Verbindung von Alltagsleben mit pädagogischen und therapeutischen Angeboten Kinder und Jugendliche in ihrer Entwicklung fördern (Augustin/Brocke 1988; Bürger 2001). Sie soll entweder „eine Rückkehr des Kindes oder des Jugendlichen in die Familie zu erreichen versuchen oder die Erziehung in einer anderen Familie vorbereiten oder eine auf längere Zeit angelegte Lebensform bieten und auf ein selbständiges Leben vorbereiten" (§ 34 SGB VIII).

Heimerziehung wird heute in vielfältigen Formen (größere Erziehungsheime mit mehreren Gruppen, heilpädagogische und therapeutische Heime, Kinderdörfer, Kinderhäuser, Kleineinrichtungen; Einrichtungen mit Schichtbetrieb oder kontinuierlicher Betreuung in familienähnlichen Lebensformen) realisiert. Neben der institutionalisierten Betreuungsvariante („Einrichtung") werden in § 34 SGB VIII gleichrangig „sonstige betreute Wohnformen" aufgeführt, wozu u. a. familienähnliche Betreuungsangebote, Wohngemeinschaften, Jugendwohnungen, aber auch Formen betreuten Einzelwohnens (vgl. dazu u. a. mobile Betreuung, flexible Betreuung, betreutes Wohnen, betreutes Jugendwohnen, sozialpädagogisch betreutes Wohnen, Schutzhilfe, Betreuung durch Jugendhelfer, ausgelagerte Heimplätze etc.) gehören. Mit der Vielfalt der Begriffe korrespondieren unterschiedliche pädagogische Konzeptionen.

Einrichtungen der Heimerziehung und betreute Wohnformen bieten Kindern und Jugendlichen (wie die Vollzeitpflege, § 33 SGB VIII) unter Berücksichtigung ihrer wachsenden Fähigkeiten und Bedürfnisse zu selbständigem, verantwortungsbewussten Handeln (§ 9 Z. 2 SGB VIII) und ihrer Beziehung zur Herkunftsfamilie (§ 37 Abs. 1 SGB VIII) eine zeitlich befristete Erziehungshilfe oder eine auf Dauer angelegte Lebensform. Je nach den Anforderungen im Einzelfall ist dies mit besonderen pädagogischen und ggf. therapeutischen Angeboten oder Ausbildungs- bzw. Beschäftigungsangeboten zu verbinden (§ 27 Abs. 3 SGB VIII).

Rahmenbedingungen und weitere Angebote

Die mit dem SGB VIII beabsichtigte Aufwertung ambulanter und teilstationärer HzE muss allerdings vor dem Hintergrund gesehen werden, dass eine wirksame und nachhaltige Bewältigung von problematischen Entwicklungsbedingung von Kindern und Jugendlichen umfassenderer Lösungen – v. a. mit Blick auf das Ziel der *Prävention* – bedarf. Hierzu gehören der – auch in den Verantwortungsbereich der JH fallende (vgl. § 1 SGB VIII) – Abbau materieller und sozialer Benachteiligungen, weiterhin ein Ausbau und eine Qualifizierung der Beratungs- und Unterstützungsangebote (v. a. nach §§ 16 ff. SGB VIII) sowie der Angebote zur Tagesbetreuung von Kindern (v. a. nach §§ 22 ff. SGB VIII).

Materielle und soziale Benachteiligung: Werden die Ursachen für HzE untersucht, so zeigt sich nicht selten, dass nicht die Verhaltensauffälligkeiten der Minderjährigen selbst bzw. „erzieherische Mängel" des familiären Milieus die allein ausschlaggebenden Ursachen sind, sondern dass oft beengte Wohnverhältnisse, *Armut* und Überschuldung, Schul- und Ausbildungsprobleme der Kinder und Jugendlichen hinzukommen. Werden kommunikative Störungen in den Familien, Vernachlässigungen der Kinder und andere Beeinträchtigungen ihrer Lebensbedingungen benannt, so stehen diese in vielen Fällen in einem direkten Zusammenhang mit den eben genannten Problemlagen. V. a. bei Kindern von *allein Erziehenden,* die im Rahmen der Fremdunterbringungen der KJH etwa 50 % aller Kinder und Jugendlichen ausmachen (Ein-Eltern-Familien bei den Familien insgesamt bundesweit aber nur einen Anteil von etwa 20 % haben) (destatis 2014: Erzieherische Hilfen), spielen materielle Probleme eine herausragende Rolle. Aus dieser Problemlagenanalyse hätte nun zu folgen, dass durch gezielte sozialpolitische Initiative auf bundes-, landes- und kommunalpolitischer Ebene eine wesentliche Verbesserung in der materiellen Versorgung sozial benachteiligter Familien erreicht werden müsste. Hierzu gehörten u. a.

1) Sicherung eines ausreichenden Existenzminimums von Familien und Schaffung zusätzlicher Arbeits- und Verdienstmöglichkeiten,
2) Schaffung von geeignetem und preiswerten Wohnraum für kinderreiche Familien,
3) Verbesserung der sozialen Infrastruktur, der Lebens- und Wohnformen v. a. in Neubaugebieten,
4) Verbesserung der schulischen Betreuungs- und Förderungsmöglichkeiten für Kinder und Jugendliche.

Qualifizierung der Beratungsangebote: Bei der Bewältigung familiärer Krisen und der Lösung von Entwicklungs- und Erziehungsproblemen von Kindern und Jugendlichen können Beratungsstellen (Erziehungsberatungsstellen, Beratungsstellen für Eltern, Kinder und Jugendliche, Jugend- und Drogenberatungsstellen, Beratungsstellen für junge Arbeitslose etc.) Hilfen geben.

H

Im Bereich der Beratungsangebote hat es in den letzten Jahren einen beachtlichen Ausbau gegeben. Allerdings zeigen Untersuchungen, dass die Beratungsarbeit von ihrer Nutzung her immer wieder durch schichtspezifische Ungleichheiten (Überrepräsentanz von Mittelschichtangehörigen) charakterisiert wird.

Ausbau der Tagesbetreuung/weitere Angebote: V. a. mit Hinweis auf die Überrepräsentanz von Kindern und Jugendlichen aus Ein- Eltern-Familien bei den HzE wird deutlich, dass das Betreuungsproblem – nicht nur bei berufstätigen allein Erziehenden – einen großen Teil der besonderen und zusätzlichen Belastung von *allein Erziehenden* ausmacht. Hieran anzusetzen hieße, das Angebot an Tagesbetreuungsmöglichkeiten für Kinder weiter auszubauen und inhaltlich zu verbessern (zu neueren Entwicklungen vgl. *Kinderhorte/Kinderkrippen* und *Tageseinrichtungen für Kinder*).

Denn diese Betreuungsangebote haben den Vorzug, dass der kontinuierliche und zentrale Kontakt des Kindes zu seiner Herkunftsfamilie erhalten bleibt, gleichzeitig aber Überforderungen und spezifische Belastungen für die Erziehungspersonen und die Kinder reduziert und die sozialen Kontakte der Kinder verbessert werden.

Zu den noch auszubauenden bzw. zu qualifizierenden Hilfen gehören weiter:

1) zielgruppenorientierte Ansätze in der Kinder- und Jugendarbeit, bei Freizeithilfen, soziokulturellen Angeboten etc.,
2) sozialpädagogische Schülerhilfen, Spiel- und Lernstuben, Schulsozialarbeit,
3) Angebote der *Jugendsozialarbeit,*
4) Stadtteilorientierte Verbundsysteme, integrative Angebote, Hilfen zur Selbstorganisation,
5) Sozialpädagogische Krisenhilfe wie z. B. Sorgen- und Nottelefon, qualifizierte Schutzstellen, Bereitschaftspflegefamilien, Mädchenhäuser.

Probleme, bleibende und zukünftige Herausforderungen:

1) Nach einer Expertise von Schilling 2013 für den 14. KJB ist für den Bereich der HzE nicht von einem nennenswerten Rückgang des Bedarfs bis 2025 auszugehen. D. h. vor allem, die Auseinandersetzungen um Qualität und Kosten (Macsenaere/Esser 2015 bzw. Pörksen 2011) werden fachlich und politisch fortgesetzt weitergehen;
2) manche Diskussionen sind noch immer nicht beendet (‚Geschlossene Unterbringung‘: Feldhaus u. a. 2013), andere haben gerade erst begonnen (z. B. die um die *Unbegleiteten minderjährigen Flüchtlinge* und ihre Bedeutung für die KJH);
3) weil junge Menschen heute weit mehr als früher in öffentlicher Verantwortung aufwachsen, wird es künftig eine zentrale Aufgabe der KJH werden, jungen Menschen mit individuellen Hilfen in Regelstrukturen zu stützen, anstatt sie Sondersystemen zu überantworten (nach Pothmann/Trede 2014, 205);
4) dass der 14. KJB wieder auf die Reproduktion von Ungleichheit verwiesen hat und darauf aufmerksam gemacht machte, dass die KJH diese herkunftsbedingten sozialen Ungleichheiten

Die Bedeutung Anderer Aufgaben

§ 2 SGB VIII unterscheidet die Aufgaben der KJH in Leistungen (§§ 11–41), zu denen auch die HzE gehören, und Andere Aufgaben (§§ 42–60), v. a. Schutzfunktionen, auch als hoheitliche Aufgaben bezeichnet, für die zuförderst die öffentlichen Träger zuständig sind (Ausnahmen regelt § 76 SGB VIII). Einige der Anderen Aufgaben sind auch – rund um die Leistungen der HzE – von erheblicher Bedeutung: so zunächst die Inobhutnahme und die Mitwirkung in Verfahren vor dem Familiengericht und nach dem Jugendgerichtsgesetz *(Familiengerichtsverfahren/Jugendgerichtshilfe).*

Die **Inobhutnahme** (§ 42 SGB VIII) ist wohl rechtlich eine Andere Aufgabe, inhaltlich aber eine klassische Hilfe für Kinder und Jugendliche in Notsituationen, „eine sozialpädagogische Krisenintervention zur Schutzgewährung durch die KJH (betreuende Schutzgewährung)“ (Trenczek in: Münder u. a. 2013, § § 42 Rz 1). „In § 42 SGB VIII sind die sog. vorläufigen Maßnahmen zum Schutz von Kindern und Jugendlichen zusammengefasst, … und die Kompetenzen des Jugendamtes sowie die fachlichen Verfahren und Handlungsstandards klar geregelt“ (Münder/Trenczek 2015, Kap. 10.1).

Sei Jahren steigen die Zahlen der Inobhutnahmen (2011 ca. 38 550 Fälle, plus 49.8 % gegenüber 2005), das staatliche Wächteramt wird seitens der KJH wieder sichtbarer ausgeübt (KOMDat 2/2012, 10 f.). Eine zunehmende Bedeutung erhält die Inobhutnahme inzwischen durch die *Unbegleiteten minderjährigen Flüchtlinge.* Von den 2012 ca. 40 220 durchgeführten Fällen entfielen immerhin bereits knapp 12 % auf umF (KOMDat 3/2013, 13 f.).

u. U. durch eine Ausweitung der Jugendhilfeleistungen noch verstärkt (z. B. Nutzung von Leistungen durch Migranten und bildungsferne Eltern am Beispiel der Diskussionen um das Betreuungsgeld) bleibt für die KJH ein weiteres und weites Diskussionsfeld;

5) schließlich bleiben die Leistungen des *Kinderschutzes* im öffentlichen Fokus. Der *Allgemeine Soziale Dienst*/das *Jugendamt* werden immer wieder als ‚Versager' bezeichnet und fast ‚an den Pranger' gestellt (exemplarisch dazu Tsokos/Guddat 2014 und ein kritischer Zwischenruf in: uj 11+12/2014, 501–505). Dagegen helfen nur der Verweis auf die vielen Versuche zu einer wirksamen *Qualitätsentwicklung* der KJH und eine öffentliche Strategie, die durchaus selbstbewusst auch Professionalisierungserfolge herausstellt (zuletzt Kreft 2015, 460 f.).

Erwin Jordan

Literatur

G. Augustin/H. Brocke: Arbeit im Erziehungsheim, Weinheim [4]1988 ◆ N. Belardi u. a.: Beratung. Eine sozialpädagogische Einführung, Weinheim/München [6]2011 ◆ B. Biermann: Vollzeitpflege, in: Birtsch u. a. 2001, 598 ff. ◆ V. Birtsch/K. Münstermann/W. Trede (Hrsg.): Handbuch Erziehungshilfen, Münster 2001 ◆ T. Boomgaarden (Hrsg.): Flexible Erziehungshilfen im Sozialraum – Theoretische Grundlagen und praktische Erfahrungen, Münster 2001 ◆ BMJFFG: Achter Jugendbericht. Bericht über Bestrebungen und Leistungen der Jugendhilfe, Bonn 1990 ◆ U. Bürger: Heimerziehung, in: Birtsch u. a. 2001, 632 ff. ◆ Deutsches Jugendinstitut/DJI: Handbuch sozialpädagogische Familienhilfe. München 1998 ◆ N. Feldhaus u. a.: Zwischen Aushalten und Festhaltn. Die neue Härte in der Kinder- und Jugendhilfe (zur Geschlossenene Unterbringung), in: FORUM Jugendhilfe 3/2013, 5–11 ◆ A. Gebert: Erziehungsbeistand, Betreuungshelfer, in: Birtsch u. a. 2001, 525 ff. ◆ G. Gehrmann/K. D. Müller: Praxis Sozialer Arbeit: Familie im Mittelpunkt, Regenburg/Bonn [3]2013 ◆ E. Helming: Sozialpädagogische Familienhilfe und andere Formen familienbezogener Hilfen, in: Birtsch u. a. 2001, 541 ff. ◆ W. Hinte/H. Treeß: Sozialorientierung in der Jugendhilfe. Weinheim/München [3]2014 ◆ Internationale Gesellschaft für Heimerziehung (Hrsg.): Zwischenbericht der Kommission Heimerziehung der obersten Landesjugendbehörden und der Bundesarbeitsgemeinschaft der Freien Wohlfahrtspflege: Heimerziehung und Alternativen. Analysen und Ziele für Strategien, Frankfurt/M. 1977 ◆ E. Jordan/S. Maykus/E. C. Stuckstätte: Kinder- und Jugendhilfe, Weinheim/München [4]2015 ◆ T. Klatetzki (Hrsg.): Flexible Hilfe zur Erziehung. Ein Organisationskonzept in der Diskussion, Münster [2]1995 ◆ W. Klawe: Erlebnispädagogische Projekte in der Intensiven sozialpädagogischen Einzelbetreuung, in: Birtsch u. a. 2001, 664 ff. ◆ J. Koch/S. Lenz (Hrsg.): Auf dem Weg zu einer integrierten und sozialräumlichen Kinder- und Jugendhilfe, Frankfurt/M. 1999 ◆ KOMDat Jugendhilfe ◆ hrsg. von der Dortmunder Arbeitsstelle Kinder- und Jugendhilfestatistik der Uni Dortmund ◆ D. Kreft: Wie geht es der Kinder- und Jugendhilfe? In: uj 11+12/2015, 450–463 ◆ M. Macsenaere/K. Esser: Was wirkt in der Erziehungshilfe?, München [2]2015 ◆ J. Merchel: Hilfeplanung, in: Handbuch Allgemeiner Sozialer Dienst/ASD, München [2]2015 ◆ J. Münder/T. Meysen/T. Trenczek (Hrsg.) : Frankfurter Lehr- und Praxiskommentar zum SGB VIII – Kinder- und Jugendhilfe, Baden-Baden [7]2013 ◆ J. Münder/T. Trenczek: Kinder- und Jugendhilferecht, Baden-Baden [7]2011 ◆ J. Münder: Sozialraumorientierung und das Kinder- und Jugendhilferecht, Rechtsgutachten im Auftrag von IGfH und SOS-Kinderdorf e. V., „Außer der Reihe" – Materialien 1, München 2001 ◆ J. Münder/T. Trenczek: Kinder- und Jugendhilferecht. Baden-Baden [8]2015 ◆ J. Pörsken: Weiterentwicklung und Steuerung der Hilfen zur Erziehung – was wir wirklich wollen. FORUM Jugendhilfe 1/2011, 13–15 ◆ J. Pothmann/W. Trede: Wohin entwickeln sich die erzieherischen Hilfen? Befunde und Herausforderungen aus dem 14 KJB, in: uj 5/2014, 194–207 ◆ M. Schilling: Welche Auswirkungen haben die demografischen Veränderungen auf die Infrastruktur der Kinder- und Jugendhilfe? Expertise zum 14. KJB, Dortmund 2013 ◆ K. Späth: Tagesgruppen, in: Birtsch u. a. 2001, 572 ff. ◆ M. Tsokos/S. Guddat: Deutschland misshandelt seine Kinder, München 2014 ◆ H. Wegehaupt-Schlund: Soziale Gruppenarbeit, in: Birtsch u. a. 2001, 534 ff.

Weitere Literaturhinweise bei *Fremdunterbringung, Heimerziehung* und *Pflegekinderwesen*

I

Individuum

Philosophische Wurzeln: In der ursprünglichen (lat.) Wortbedeutung meint der Ausdruck I. das „Unteilbare", in der antiken Philosophie sowohl auf menschliche als auch tierische und pflanzliche Natur angewendet. In der neuzeitlichen Geistesgeschichte hat sich ein Sprachgebrauch durchgesetzt, der sich nur noch auf den Menschen bezieht: Danach ist die Rede vom Menschen als eines je Einzelnen, unverwechselbar mit sich Identischen, von anderen Unterschiedenen und die darin ausgedrückte Sichtweise ein Charakteristikum der abendländischen Geschichte, das sich in mindestens vier Formen manifestierte: in der „Entdeckung des Ich" (Snell) im Übergang von der archaischen zur klassischen Periode der griechischen Antike, in der frühen mittelalterlich-christlichen Philosophie (Augustinus), in Renaissance und Humanismus (Erasmus) und in der idealistisch-bürgerlichen Philosophie des 18. und 19. Jh.

Pädagogische Positionen: Diese philosophische Problemstellung, besonders dort, wo sie auf Probleme des Handelns bezogen wurde, also in Politik und Päd., hatte es immer auch mit der Frage zu tun, wie denn dieses einzigartige I. zum Zusammenleben mit anderen fähig, also ein zwar unteilbares, aber dennoch gesellschaftliches Wesen sein könne. Die Antworten auf diese Frage verteilen sich zwischen zwei Extremen, die – zumal in der neuzeitlichen Problemgeschichte – immer wieder zur Sprache gebracht wurden:

- Das I. entfalte seine „Individualität", seine unverwechselbaren Wesenszüge also, aus sich selbst, nach einem gleichsam inneren Programm, und da dieses Programm (bspw. als „Monade" bei Leibniz, als „Natur" bei Rousseau) hinreichend viel Allgemeines, mit anderen Exemplaren der Menschengattung Gemeinsames enthalte, sei auch soziales Leben möglich.
- Die andere Extremposition behauptet demgegenüber, dass der Mensch zunächst eine Tabula rasa, ein unbeschriebenes Blatt sei, dass seine Individualität sich erst allmählich bilde, und zwar nach Maßgabe der Sinneseindrücke (Locke) bzw. der sozialen Bedingungen, unter denen das I. heranwächst.

Über das I. reden heißt also, immer auch die Bildung von Individualität und Sozialität sich zum Thema zu machen. Da beide Positionen hervorragend handlungsrelevant sind und im Extremfall sich ausschließende praktische Entscheidungen nahe legen oder rechtfertigen können – bspw. im ersten Fall eine Päd. des „Wachsenlassens", im zweiten Fall eine Päd. der autoritären Formung oder Prägung –, beide aber auch ein Moment von Wahrheit zu enthalten scheinen, haben sich Philosophen wie Pädagogen und Sozialtheoretiker immer wieder um eine mögliche Vermittlung bemüht.

Individuum und Gesellschaft

Diese Bemühungen haben auch ihren Grund darin, dass die beiden Extrempositionen notwendig in Aporien führen, zu unbeantwortbaren Fragen: Die These, das I. entwickle seine Individualität und damit auch seine Sozialfähigkeit nach einem inneren Programm, gerät in Beweisnot angesichts der Tatsache, dass faktisch solche Entwicklung gar nicht anders stattfinden kann als unter dem Eindruck äußerer Sinneswahrnehmung und sozialer Erfahrung. Die andere These, das I. werde zur Individualität und Sozialität gebildet nur durch die Umstände, unter denen es lebt, gerät in Beweisnot angesichts der Tatsache der faktisch unendlichen Vielfalt von I.; sie müssten so viele Umwelten konstruieren, wie es I. gibt, und diese wiederum bestünden ja zu einem wesentlichen Teil auch aus I.; verstehbar würde zwar die Tatsache, dass Individuen in einer Reihe von Merkmalen übereinstimmen, nicht aber die Tatsache, dass sie sich auch in einer Reihe von Merkmalen unterscheiden. Dieses theoretische und zugleich praktisch bedeutsame Dilemma ist nur aufzulösen – so scheint es –, wenn das Verhältnis von „Individuum und Gemeinschaft" (Litt) bzw. Individualität und Welt zum Ausgangspunkt des Nachdenkens gemacht wird. Humboldt und Schleiermacher z. B. betrachten dieses Verhältnis als Wechselwirkung dergestalt, dass das I. seine Kräfte in Auseinandersetzung mit der dringlichen und sozialen Wirklichkeit bildet, dass das Ich „die Masse der Gegenstände sich selber näher" bringt, dass es zu dem übergeht, was außer ihm ist, sich aber in dieser „Entfremdung" (Humboldt) nicht „verlieren" dürfe, sondern die Mannigfaltigkeit der Bildungen als Sinneinheit des eigenen Daseins zusammenhalten müsse. Dieser Gedanke bekommt seine „materialistische" Wendung in der These Marx', dass die Basis dieser Auseinandersetzung des I. mit der Welt in der *Arbeit* als der gesellschaftlichen Auseinandersetzung mit der Natur zu suchen sei. Stand bei Humboldts Betrachtungen die Individuation (als Prozess) und Individualität (als deren Ergebnis) im Vordergrund, so war es bei Marx die Sozialisation und die Sozialität des Einzelnen.

Das Individuum als produktiver Akteur: Diese Problematik des Verhältnisses von Individualität und Sozialität des I. wurde im 20. Jh. genauer aufgeklärt, bspw. von der Sozialphilosophie G. H. Meads, der Psychoanalyse S. Freuds und der kognitiven Entwicklungstheorie J. Piagets: Die Anpassung des menschlichen Organismus an seine Umwelt wird nun verstanden als eine Folge produktiver Akte des I., in denen es sowohl sich selbst im Hinblick auf seine Umwelt als auch die Umwelt im Hinblick auf sich selbst verändert; diese Produktivität hat einerseits eine Triebbasis (Antriebe, Motivationen usw.), andererseits eine Sozialbasis (Werkzeuge, Instrumente der Verständigung und Weltbewältigung usw.). Da sowohl Trieb- wie Sozialbasis nur durch Interpretationen, die das I. vornimmt, für es bedeutsam und handlungsrelevant werden, ist jede Form von Determinismus ausgeschlossen (sowohl ein psychologischer wie ein ökonomischer). Diese Interpretationen nehmen die I. vornehmlich mit Hilfe der Sprache vor. Sie teilen sich so wechselseitig ihre Deutungen, Erfahrungen und Handlungserwartungen mit; auf diese Weise vollzieht das I. beides: seine Bildung zur Individualität und zur Sozialität.

Neue Ansätze der Identitätsforschung

In der traditionellen Sichtweise hat das I. seinen Kern in der sog. Identität. Hierin sei die unverwechselbare Einmaligkeit und Erkennbarkeit des I. begründet. In den neueren Theorien wird Identität jedoch weniger denn je als „einheitliches" (d. h. unterschiedliche Teilidentitäten integrierendes) und „stabiles" (d. h. trotz veränderter Bedingungen und Lebensphasen dauerhaftes) Konzept verstanden. Je mehr man davon ausgehen muss, dass „Identität" ein selbstreflexiver Prozess des I. ist, desto mehr muss die dauerhafte Identität („Konsistenz- und Kontinuitätsproblem) als Ergebnis eines fortwährenden Selbstvergewisserungs- und Selbstinterpretrationsprozesses des I. verstanden werden. Unter den modernen gesellschaftlichen Bedingungen der Anpassung an permanenten Wandel in fast allen Lebensbereichen wird die Arbeit der Individualisierung und Identitätsfindung deutlich erschwert. Deshalb wird dem I in der Moderne stets eine gewisse „Identitätsdiffusion" zugeschrieben (Keddi).

Bedeutung für die Soziale Arbeit/ Sozialpädagogik

- Die besondere Situation, in der jemand zum *„Klienten"* wird, lässt sich i. d. R. als Beschädigung der Individualität und/oder der Sozialität dieses I. interpretieren. Dieser Interpretationsspielraum kann als eine Quelle für Ideologien angesehen werden, sofern beide Interpretationen ohne Rücksicht auf die tatsächliche Lage des Klienten nach Maßgabe eines Interesses der „behandelnden" Instanzen, Institutionen, Gruppen oder des einzelnen SozArb/SozPäd ins Ziel gebracht werden können; die Ideologie einer „individualistischen" Hilfe (auf den einzelnen Fall beschränktes casework, Pädagogisierung von sozialpolitischen Problemlagen, Isolierung von I. aus ihren sozialen Erfahrungskontexten usw.) ignoriert die Tatsache, dass Individuation sich nur im sozialen Bezugssystem entfalten kann und nur im Hinblick auf dieses voll verstehbar ist, ersetzt damit die Frage nach der richtigen Politik durch die Frage nach dem individuell richtigen Bildungsprozess; die Ideologie einer „kollektivistischen" Hilfe (die alte Armenfürsorge, die Reduzierung von Problemen des I. auf Probleme der „Klassenlage" usw.) ignoriert die unleugbare „Individuallage" (Pestalozzi) solcher I. und ihrer Probleme und ersetzt die Fragen nach dem richtigen Bildungsprozess der I. durch Fragen nach der richtigen Politik. Für die Chancen und Probleme des I. sind nicht einfach „die Verhältnisse" verantwortlich zu machen; vielmehr kommt auch dem I. Verantwortung für sein Handeln zu. Einzelne, die „Selbstwirksamkeitsüberzeugungen" (Bandura) haben, kommen mit biografischen Herausforderungen besser zurecht.
- Die Alternative der Sichtweisen hat etwas zu tun mit der gesellschaftlichen Lage der Klienten selbst; die Thematisierung des I. und seiner Individualität ist vermutlich ein Privilegierungsprodukt (da die Quellenlage für unterprivilegierte gesellschaftliche Gruppen, jedenfalls in der vormodernen Geschichte, mager ist, kann gegenwärtig eine solche Behauptung nur hypothetischen Charakter haben). Die Bildung und Kultivierung persönlicher Eigentümlichkeit setzt vermutlich ein Niveau materieller Sicherung und Arbeitsteilung voraus, von dem i. d. R. nur gesellschaftlich herrschende Schichten profitieren (z. B. die antike Aristokratie, das Patriziat in den Stadtstaaten der italienischen Renaissance, das neuzeitliche Bürgertum bürgerlich-kapitalistischer Gesellschaften); unter Bedingungen materieller Deprivationen haben – so scheint es – an der Individualitätskomponente des Bildungsprozesses orientierte Hilfekonzepte geringere Chancen als solche, die sich an der Sozialitätskomponente orientieren.
- Die Verabsolutierung der Individualitätskomponente tendiert zum „praktischen Solipsismus" (Sohn-Rethel), die Verabsolutierung der Sozialitätskomponente tendiert zum Konformismus, zur unkritischen Solidarität, zum Kampf der Gruppen gegeneinander, zur Bevorzugung von Freund-Feind-Schemata. Dem Individualitätskonzept drohen demnach gegenwärtig v. a. zwei Gefahren: durch die Hypostasierung des I. in einer quasitherapeutisch,

meditativ oder neokosmologisch vorgetragenen Option für Lebenseinigungs- oder Verschmelzungsphantasien oder auch nur als neueuropäisches Plädoyer für individuelle „Autonomie", das anderen Kulturen gelegentlich unverständlich ist – und durch einen soziologischen Reduktionismus, in dem „Individualität" nur noch als „Vereinzelung" vorkommt, also als Abweichung von dem gemeinschaftlich anerkannten, manchmal dann auch „fundamentalistisch" scheinenden Wertorientierungen.

Die Aufgabe der SozArb/SozPäd bestünde demnach darin, zwar den Ausgangspunkt und die einzelnen Schritte der *Hilfe* an der kulturellen Lokalisierung des Klienten als den Bedingungen des Hilfehandelns zu orientieren, dabei aber weder den kollektiven Charakter von Problemsituationen noch die Individualität, und d. h. auch die Selbständigkeit des Einzelnen, in der Bestimmung des Handlungszieles einander zu opfern.

I

Richard Münchmeier
(bis zur 4. Auflage Klaus Mollenhauer)

Literatur

H. Abels: Identität. Über die Entstehung des Gedankens, dass der Mensch ein Individuum ist, den nicht leicht zu verwirklichenden Anspruch auf Individualität und die Tatsache, dass Identität in Zeiten der Individualisierung von der Hand in den Mund lebt, Wiesbaden 2006 ◆ A. Bandura: Self-efficacy: The exercise of control, New York 1994 ◆ U. Beck: Risikogesellschaft. Auf dem Weg in eine andere Moderne, Frankfurt/M. 1986 ◆ P. L. Berger/T. Luckmann: Die gesellschaftliche Konstruktion der Wirklichkeit, Frankfurt/M. 1970 ◆ T. A. Brödl: Individuum und Gesellschaft, Saarbrücken 2015 ◆ M. Buber: Ich und du, Berlin 1936 ◆ B. Keddi: Wie wir dieselben bleiben. Doing continuity als biopsychosoziale Praxis, Bielefeld 2011 ◆ H. R. Leu/L. Krappmann (Hrsg.): Zwischen Autonomie und Verbundenheit. Bedingungen und Formen der Behauptung von Subjektivität, Frankfurt/M. 1999 ◆ Th. Litt: Individuum und Gemeinschaft, Leipzig/Berlin 1924 ◆ K. Löwith: Das Individuum in der Rolle des Mitmenschen, Tübingen 1928 ◆ G. H. Mead: Geist, Identität, Gesellschaft, Frankfurt/M. 1962 ◆ J. Ritsert: Schlüsselprobleme der Gesellschaftstheorie. Individuum und Gesellschaft – soziale Ungleichheit – Modernisierung, Wiesbaden 2009.

Informationsgesellschaft

Eine Signatur unserer Zeit

Das Kompositum, das einen soziologischen Grundbegriff – *„Gesellschaft"* als „umfassende Ganzheit eines dauerhaft geordneten, strukturierten Zusammenlebens von Menschen innerhalb eines bestimmten räumlichen Bereichs" – mit „Information" als einem wahrnehmungspsychologischen (auch -philosophischen, -ästhetischen) Begriff verbindet, will, analog zu kulturgeschichtlichen Epochenbezeichnungen, die Signatur unserer Zeit bestimmen, wobei bei dieser Bezeichnung die intentionale Hoffnung wohl stärker ist als der empirische Befund: Aufklärerisch-demokratische „Absichten" zielen auf den „informierten" Staatsbürger, denen jedoch Populismus, warenästhetische Anästhetisierung und andere Verdummungsstrategien, gefördert durch kommerziell gesteuerte Medien, entgegenstehen. Gleichermaßen müssen der Informationsgesellschaft (I. G.) verwandte Bezeichnungen wie „Wissensgesellschaft", „Kommunikationsgesellschaft", neuerdings „Netzwerkgesellschaft" dahingehend befragt werden, ob sie nicht Wunsch mit Wirklichkeit, Vision bzw. Utopie mit den real-existierenden Gegebenheiten verwechseln. Die Verwendung des Begriffs I. G. sollte also v. a. auch unter kulturkritischem Aspekt erfolgen.

Der Begriff Information und die Wissensexpansion

Information geht auf lat. informare (Substantiv: informatio) zurück: formen, bilden, gestalten, dann auch „durch Unterweisung bilden, unterrichten, befähigen". Über Jh. haben sich Bildungseinrichtungen wie z. B. Schule und Universität als Institutionen begriffen, die i. d. S. „informierten": also das vorhandene Wissen sammelten, auswählten, systematisierten und vermittelten. Das konstituierte eine Informationshierarchie, da der Zugang zum Wissen, mit der Schrift als wichtigstem Medium, nur wenigen (den „Schriftgelehrten") offen stand. Die Druckkunst und der Abbau des Analphabetentums, dann die Erfindung und Ausbreitung von Telegraphie, Telefon, Photographie, Film, Radio, schließlich Fernsehen, führte zusammen mit der Massenproduktion von Zeitungen, Zeitschriften und Büchern zur Informationsrevolution, die schließlich in der Digitalisierung ein noch vor kurzem unvorstellbares Ausmaß erreichte. Das „Informationsnetz" sprengte zudem die räumlichen Grenzen von Gesellschaften; für Marshall McLuhan, dem „Mystagogen" der I. G., schrumpft die Welt kraft elektronischer Vernetzung zu einem „globalen Dorf" zusammen.

In dem Zeitraum, in dem die Informations-Verbreitung eine rasante Beschleunigung erfuhr, vollzog sich auch eine „Wissensexplosion"; man schätzt, dass sich mittlerweile das Wissen der Menschheit alle fünf bis sieben Jahre verdoppelt; in den letzten 30 Jahren wurden mehr Informationen neu produziert als in den fünftausend Jahren zuvor. Allerdings sinkt auch die „Halbwertzeit" des vorhandenen oder erworbenen Wissens: neue Erkenntnisse und Techniken führen dazu, dass dieses rasch unbrauchbar wird. Anzunehmen ist, dass durchschnittlich Schulwissen zwanzig Jahre, Hochschulwissen zehn Jahre und EDV- wie Technologiewissen nur noch für maximal drei Jahre „hält". „Lernen" wird dadurch neu bestimmt: Das „Lernen auf Vorrat" muss dem „lebensbegleitenden Lernen" weichen, was einschließt, dass man schon von Kindes- und Jugendalter an dafür motiviert wird und das Lernen lernt. Für Deutschland hat PISA, die Studie über die Basiskompetenzen von Schülerinnen und Schülern im internationalen Vergleich (Programms for International Student Assessment) gezeigt, dass es vielfach an der Fähigkeit fehlt, das Gelernte selbstständig zu verarbeiten und zu verknüpfen. Das deutsche Bildungswesen „bleibt selbst den relativ erfolgreichen Schülern jene sinngebende Vernetzungsarbeit schuldig, die aus den Zufälligkeiten angehäuften Detailwissen erst ein ordnungsstiftendes Beziehungsgeflecht macht, das dann selbstständig ausgebaut und verdichtet werden kann" (Hans Krieger).

Probleme der Informationsgesellschaft

Damit ist ein generelles Problem der I. G. angesprochen: die Wissensdiffusion – die Informationen fließen ohne Konturen ineinander und auseinander. Man kann, analog zur Umweltverschmutzung, von einer Informationsverschmutzung sprechen: Die immer kleiner werdenden Datenpartikel trüben als ungegliederte Masse Klarheit und verhindern Einsicht bzw. Durchsicht. Die fürs Verstehen notwendige Reduzierung von Komplexität kann mangels ordnender Kriterien und Kategorien nicht geleistet werden, was die I. G. anfällig macht für kompensatorische „Fluchtbewegungen": Anstelle der bewussten Auseinandersetzung mit erkennbaren und erkannten Sachverhalten, zu denen man sich eine eigene Meinung zu bilden vermag, überantwortet man sich simplifizierenden (Trivial-)Mythen sowie einfache „Lösungen" suggerierenden Ideologien. Oder aber es erfolgt der Ausstieg aus der I. G., weil man sich in ihrem Labyrinth nicht zurechtzufinden vermag. Schließlich gibt es auch die Lust, das Datenmeer ziel- und wahllos zu durchstreifen, als Selbstzweck – etwa im Internet zu surfen, ohne sich um Navigation zu kümmern, geschweige denn, diese Kunst zu beherrschen.

Der demokratische Zugang zu einer geradezu unvorstellbaren Informationsfülle korrespondiert mit einem Verlust an Unterscheidungsvermögen; man kann dann nicht feststellen, welche Informationen einen „wahren" und welche einen „falschen" Tatbestand vermitteln; der Übergang von Virtualität zu Fälschung ist gleitend, zumal es an überprüfbar legitimierenden Instanzen für die Glaubwürdigkeit von Wissen fehlt. Das Glaubwürdigkeitsproblem der modernen I. G. hat sich im Internet-Zeitalter dramatisch verschärft. „Wer heute online geht, setzt sich einer Anarchie der Informationen aus, in der es keine Kontrollmöglichkeiten mehr gibt – hilfloses Wissen und Paranoia gedeihen in friedlicher Koexistenz." (Norbert Bolz)

„Informationsökologie" will die in der I. G. paradox sich steigernde Unmündigkeit, die im fehlenden Vernunftgebrauch liegt, beseitigen, d. h. die Blindheit der Anschauungen durch die Erarbeitung verstehender Begrifflichkeit überwinden helfen. Das kann u. a. im steten Diskurs und durch die soziale Vermittlung von wissenschaftlichem Wissen, das milieu-bedingte Bildungsbarrieren beseitigt, geschehen. Die Informationswissenschaft beschäftigt sich als Grundlagenforschung mit der Frage, wie Nachrichten entstehen, wie sie codiert und über fixierte oder informelle Nachrichtenkanäle transferiert werden, mit den soziologischen, psychologischen und anthropologischen Bedingtheiten der Nachrichtenaufnahme bzw. -weitergabe, mit der Syntax, Semantik, Pragmatik (den Strukturen, der Bedeutung und den intendierten sozialen Funktionen) der Zeichensysteme. Der Transfer informationswissenschaftlicher Erkenntnisse in die pädagogische Praxis aller Bildungsbereiche bedürfte jedoch stärkerer bildungs- wie kulturpolitischer Unterstützung, damit der Informationsverschmutzung wirksamer entgegengetreten werden kann. Die hilflose, von führenden Politikerinnen und Politikern vertretene Forderung: „Schulen ans Netz!" verwechselt Mittel mit Zielen und spiegelt damit die Unfähigkeit, die essentielle Problematik der I. G. zu erkennen.

Was es zu beachten gilt

Bei der Auseinandersetzung mit der I. G. sollten drei Bereiche beachtet werden: Daten, Informationen, Wissen.

Daten sind heute mit Hilfe technisch sehr verfeinerter Sensoren, die Phänomene außerordentlich rasch und umfassend registrieren, geradezu unbegrenzt verfügbar. Ihre elektronische Speicherung ist, quantitativ gesehen, ebenfalls grenzenlos möglich. Die Anlage von Dateien geschieht extensiv (oft obsessiv), da die Erwartung besteht, dass aus der Fülle semantisch (also bedeutungsmäßig) noch nicht relevanter faktischer Grundeinheiten (im Digitalbereich bit: kleinstes „Datum", das aus einem Element besteht, das nur zwei verschiedene physikalische Zustände, 0 und 1, annehmen kann) durch Kombination Informationen entstehen, die Realität abbilden oder simulieren.

I

Wissen wiederum ist dadurch charakterisiert, dass Informationen geordnet, verknüpft, bewertet und in handlungsrelevante Kontexte gestellt werden. Die großen Probleme des I. G. resultieren nach Norbert Bolz nicht aus einem Mangel an Wissen, sondern an Orientierung; wir sind konfus, aber nicht ignorant. „Aber genau das wird durch den Enthusiasmus des ‚Informationszeitalters' und seiner Fakten, Fakten, Fakten verdeckt. Unter dem Druck der neuen Informationstechnologien neigt man dazu, alle Probleme als Probleme des Nichtwissens zu deuten. Aber Sinnfragen lassen sich nicht mit Informationen beantworten. Wer verstehen will, muss Informationen vernichten."

Ein paradoxes Resultat

„Und so kommen wir zu einem paradoxen Resultat. In der Datenflut der Multimedia-Gesellschaft kann ‚Mehrwert' nur heißen: weniger Information." Dafür aber ist umso mehr *Bildung* notwendig, welche die strukturierte Information jeweils dem eigenen Denken und Handeln zu integrieren, auch zu assimilieren, also einen Ausgleich zwischen der objektiven Perzeption (sinnlichen Wahrnehmung) und subjektiven Apperzeption (bewusstem Erfassen) herzustellen vermag. „Bildung ist genau das, was Menschen befähigt, aus der Flut der auf uns von allen Seiten und durch alle Sinnespforten eindringenden Informationen das zu erkennen, auszulesen und zu bewahren, was lebensnotwendig oder, zumindest nach eigenem Urteil, wertvoll, brauchbar, wichtig, nützlich, angenehm oder ganz einfach schön und erfreulich ist. Zugegeben: lauter in hohem Maße subjektive Bewertungen, aber doch wieder zuallermeist nicht so individuell-subjektiv, dass sich Menschen darüber nicht zu verständigen vermöchten." (Hubert Markl) Bildung habe, so schon Wilhelm von Humboldt, ihren Ursprung im Innern der Seele und könne durch „äußre Veranstaltung" nur veranlasst, aber nicht hervorgebracht werden.

Hermann Glaser

Literatur

BMFSFJ/Bundesjugendkuratorium: Zukunftsfähigkeit sichern! Für ein neues Verhältnis von Bildung und Jugendhilfe. Eine Streitschrift. Bonn 2001 ◆ N. Bolz: Das kontrollierte Chaos, Düsseldorf 1994 ◆ M. Castells: Das Informationszeitalter, 3 Bde., Opladen 2001–2003 ◆ J. Danyel/A. Schuhmann/J.-H. Kirsch: Computerisierung und Informationsgesellschaft, in: Zeitgenössische Forschungen. Studies in Contemporary Historie 9, 2/2012 ◆ H. Glaser (Hrsg.): Grundfragen des 21. Jahrhunderts, München 2002 ◆ U. Kreft/L. Lemmerich: Kommunikation im 21. Jahrhundert: Technische und gesellschaftliche Trends für die Informationsgesellschaft, in: Jahrbuch der Sozialen Arbeit 1999, Münster 1998, 101–116 ◆ H. Krieger: Nach Pisa: Woran krankt das deutsche Schulsystem? In: Bayer. Staatszeitung v. 11. 1. 2002 ◆ M. McLuhan: Die magischen Kanäle, Düsseldorf 1969 ◆ C. Reinicke: Wissensgesellschaft und Informationsgesellschaft. Version 1.0, in: Docupedia-Zeitgeschichte 11. 2. 2010 ◆ A. Ruß: Soziale Arbeit im Informationszeitalter, in: Jahrbuch der Sozialen Arbeit 1999, Münster 1998, 117–124 ◆ J. Steinbicker: Zur Theorie der Informationsgesellschaft. Ein Vergleich der Ansätze von Peter Druck, Daniel Bell und Manuel Castells, Wiesbaden [2]2011.

Inklusion

Zum Begriff Inklusion

Der Begriff der Inklusion findet sich im angloamerikanischen Sprachgebrauch bereits in den 1980er Jahren. In Deutschland wurde er erst wesentlich später rezipiert und v. a. mit der 2009 in Kraft getretenen UN-Behindertenrechtskonvention in Verbindung gebracht. In der Konvention selbst kommt dieser Begriff allerdings nur selten vor. Eine allgemein anerkannte Definition sucht man bis heute vergeblich; die Auffassungen darüber, was unter Inklusion zu verstehen ist, variieren also beträchtlich (Hopmann 2014).

Die Gegensätze lassen sich so umreißen: Für die einen ist Inklusion nichts anderes als eine konsequent umgesetzte Integration. Der „neue

Begriff" bringt nach Reiser (2003, 305) „keine theoretische Vertiefung oder Erweiterung mit sich", so dass es auch keinen Sinn macht, Integration und Inklusion als differente Leitbegriffe gegenüber zu stellen. Andere sehen in der Inklusion etwas grundlegend Neuartiges. Inklusion wird als ein Ansatz betrachtet, „der auf der Basis von Bürgerrechten argumentiert, sich gegen jede gesellschaftliche Marginalisierung wendet und somit allen Menschen das gleiche volle Recht auf individuelle Entwicklung und soziale Teilhabe ungeachtet ihrer persönlichen Unterstützungsbedürfnisse zugesichert sehen will" (Hinz 2006, 98). Kinder, Jugendliche und Erwachsene sollen – in Abgrenzung zur Integration – nicht mehr zunächst als behindert, beeinträchtigt und förderungsbedürftig „etikettiert", sodann „ausgegrenzt" und am Ende wieder in die Gemeinschaft aufgenommen werden. Inklusion bedeutet in dieser Fassung eine unbedingte, nicht mehr hinterfragbare Gemeinsamkeit aller, die auf jede Besonderung verzichten will.

Die UN-Behindertenrechtskonvention selbst gibt über den Inklusionsbegriff keine genaue Auskunft. Sie formuliert allgemeine Rahmenbedingungen, die interpretationsoffen sind und gemäß den Empfehlungen des Europarates (2006) an nationale Gegebenheiten und Traditionen angepasst werden müssen.

Kontroverse Positionen

Juristisch und (sozial-)pädagogisch bestehen dazu erhebliche Kontroversen. So wird heftig diskutiert, welche strukturellen und organisatorischen Konsequenzen sich aus der Konvention herleiten lassen. Konkret geht es um die Frage, ob spezielle schulische und außerschulische Einrichtungen überhaupt noch eine Berechtigung haben. Für Jennessen und Wagner (2012, 340) „muss die Zielvorstellung für die inklusive Schule der Zukunft die Schule für alle sein!" Eine „Schule für alle" überwindet das gegliederte Schulsystem und verzichtet auf jede Art von äußerer Differenzierung. Sie nimmt ausnahmslos jeden Schüler auf, unabhängig von der Art und Schwere seiner Behinderung oder sonstigen Besonderheit *(Heil- und Sonderpädagogik)*. Konsequent weitergedacht müssten dann auch alle behindertenspezifischen Schulen (z. B. die nach Behinderungsformen gegliederten Förderschulen) sowie alle speziellen sozialpädagogischen Einrichtungen geschlossen werden (z. B. alle Wohnheime, Tageseinrichtungen und Werkstätten für Menschen mit Behinderung).

Eine Gegenposition bezieht Hillenbrand (2013), der die Entwicklungsmöglichkeiten des Einzelnen in den Vordergrund rückt und den institutionellen Rahmen für nachgeordnet hält. „Der Auftrag zur Etablierung eines inklusiven Bildungssystems wird nach UN-Konvention und der Begrifflichkeit der UNESCO [...] keinesfalls durch die Auflösung der Förderschulen und die Aufnahme aller Schüler mit Behinderung in die Allgemeine Schule erfüllt, sondern durch die Erfüllung der Bedürfnisse aller Lernenden" (Hillenbrand 2013, 366). Im Mittelpunkt dieser Sichtweise muss das Wohl der einzelnen Person stehen und der Ertrag, den sie für sich aus den jeweiligen institutionellen Rahmenbedingungen ziehen kann.

Inklusion/Exklusion

Soziologisch betrachtet, stellt sich das Verhältnis von Inklusion und Exklusion vielschichtiger dar als der erste Blick vermuten lässt. Eine funktional differenzierte Gesellschaft definiert sich systemtheoretisch über eine Fülle von Partialinklusionen und -exklusionen. Eine vollständige Inklusion kommt in ihr nicht vor, ebenso wenig wie eine totale Exklusion. Die schlichte Gegenüberstellung von Inklusion und Exklusion greift deshalb ins Leere. Für die *Soziale Arbeit* ist eine differenzierte Betrachtung notwendig, etwa dahingehend, ob eine institutionelle Gemeinsamkeit mit einer inneren Anbindung und einem persönlichen Gewinn der Betroffenen einhergeht. Ansonsten kann es zu einer „exkludierenden Inklusion" kommen, die Stichweh (2013, 6) der „inkludierende[n] Exklusion" spezieller Einrichtungen gegenüber stellt.

Ein weiteres Spannungsfeld ergibt sich im Umgang mit dem Behinderungs- oder Störungsbegriff *(Behindertenhilfe)*. Dieser Punkt entscheidet u. a. mit darüber, ob Inklusion in einer moderaten oder holistischen (radikalen) Form verstanden wird (Ahrbeck 2014). Wenn die Zweigruppentheorie von Behinderung/Nichtbehinderung aufgegeben und jede personenbezogene Kategorisierung vermieden werden soll (Hinz 2006, 98), stellt sich die Frage, auf welcher Grundlage dann (sozial-)pädagogisch und in der Sozialen Arbeit gehandelt werden kann. Darf diese Grundlage aus Angst vor *Etikettierung* nicht klar definiert werden, besteht die Gefahr, dass Behinderung nur noch als eine beliebige Form von Vielfalt betrachtet wird. Sie löst sich dann im Rahmen unterschiedlicher Lebens- und Daseinsformen auf. Damit eine gezielte Förderung gewährleistet werden kann, spricht vieles dafür, an personenbezogenen Kategorien festzuhalten, die jeweils in ihrer sozialen Eingebundenheit und Bedeutung zu reflektieren sind (Ahrbeck/Fickler-Stang 2015).

Das Recht auf eine hochwertige individuelle Förderung wird in der UN-Behindertenrechtskonvention ausdrücklich betont.

Weiterer Klärungsbedarf

An die Inklusion knüpfen sich häufig hohe und weitreichende Erwartungen: Sie soll zu einem gänzlich veränderten Umgang mit behinderten Menschen führen, eine neue Qualität (sozial-) pädagogischer Beziehungen ermöglichen und dazu beitragen, dass sich die Gesellschaft in ihren Grundstrukturen „inklusiv" wandelt (Dreher 2012; Tenorth 2013). Die Diskussion um einen angemessenen Weg zu mehr Gemeinsamkeit ist dadurch in weiten Bereichen affektiv stark aufgeladen und moralisch überhöht. Sachliche Klärungen werden erschwert. Als zentraler Referenzpunkt dienen vielfach die „Menschenrechte": Sie sollen begründen, warum Inklusion nur auf eine bestimmte Art und Weise definiert werden darf und spezielle Einrichtungen jegliche Legitimation verloren haben. Grundlegende Widersprüche, die im System Inklusion angelegt sind, dürfen dann kaum noch thematisiert werden (Brodkorb 2014).

Ein solcher Entwurf gerät jedoch zwangsläufig in ein kritisches Verhältnis zur Empirie. Die UN-Behindertenrechtskonvention will dafür Sorge tragen, dass sich die Lebens-, Lern- und Entwicklungssituation von Menschen mit Behinderung nachhaltig verbessert. Die Inklusion erfüllt dann ihren Sinn, wenn dies faktisch auch geschieht: Auf juristischer, sozialer und emotionaler Ebene und, was keinesfalls übersehen werden darf, im Hinblick auf die individuelle Förderung.

Die empirische Forschung hat eine ganze Reihe von Ergebnissen hervorgebracht, die belegen, dass und wie sich inklusive Ansätze in unterschiedlichen Feldern bewähren. Für viele Kinder, Jugendliche und Erwachsene können sie ertragreich sein, das steht außer Frage. Gleichwohl ist die Forschungslage in einer Gesamtschau alles andere als eindeutig. Sie kommt auch zu widersprüchlichen und gegenläufigen Ergebnissen, darunter auch solchen, die für spezielle Einrichtungen sprechen (z.B. Ellinger/Stein 2012; WHO 2011). Das sollte anerkannt werden: Absehbar profitieren nicht alle Menschen mit Behinderung von dem inklusiven Projekt. Insofern spricht die wissenschaftliche Sicht dafür, dass weiterhin unterschiedliche Entwicklungsmöglichkeiten aufrechterhalten werden und persönliche Wahlmöglichkeiten für Menschen mit Behinderung fortbestehen.

Bernd Ahrbeck/Ulrike Fickler-Stang

Literatur

B. Ahrbeck: Inklusion. Eine Kritik, Stuttgart 2014 • B. Ahrbeck/U. Fickler-Stang: Ein inklusives Missverständnis. Warum die Dekategorisierung in der Verhaltensgestörtenpädagogik die Kooperation mit der Kinder- und Jugendpsychiatrie erschwert, in: Zeitschrift für Kinder- und Jugendpsychiatrie und Psychotherapie 43 (4), 2015, 255–263 • BMAS: Nationaler Aktionsplan der BReg zur UN-Behindertenrechtskonvention 2.0, Berlin, Juli 2016 • M. Brodkorb: Warum totale Inklusion unmöglich ist, in: Sonderpädagogische Förderung heute 59 (4), 2014, 422–447 • W. Dreher: Winds of change – Inklusion wollen, in: C. Breyer u. a.: Sonderpädagogik und Inklusion, Oberhausen 2012, 27–41 • S. Ellinger/R. Stein: Effekte inklusiver Beschulung: Forschungsstand im Förderschwerpunkt emotionale und soziale Entwicklung, in: Empirische Sonderpädagogik 3 (22), 2012, 85–109 • Europarat, Ministerkommitee: Empfehlung Rec (2006)5 des Ministerkommitees an die Mitgliedstaaten zum Aktionsplan des Europarats zur Förderung der Rechte und vollen Teilhabe behinderter Menschen an der Gesellschaft: Verbesserung der Lebensqualität behinderter Menschen in Europa 2006–2015 (www.behindertenbeauftragter.de/aktionsplan inklusion europarat), 2006 • C. Hillenbrand: Inklusive Bildung in der Schule: Probleme und Perspektiven für die Bildungsberichterstattung, in: Zeitschrift für Heilpädagogik 64 (9) 2013, 359–369 • A. Hinz: Inklusion, in: G. Antor/U. Bleidick (Hrsg.): Handlexikon der Behindertenpädagogik, Stuttgart 2006, 97–99 • B. Hopmann: Das Inklusive am Inklusionsbegriff in den Hilfen zur Erziehung – ein kritischer Problemaufriss, in: np 44 (3) 2014, 280–294 • S. Jennessen/M. Wagner: Alles so schön bunt hier!? Grundlegendes und Spezifisches zur Inklusion aus sonderpädagogischer Perspektive, in: Zeitschrift für Heilpädagogik 63 (8), 2012, 335–344 • H. Reiser: Vom Begriff der Integration zum Begriff der Inklusion – Was kann mit dem Begriffswechsel angestoßen werden? in: Sonderpädagogische Förderung 48 (4) 2003, 305–312 • Schwerpunktthema Inklusion in der Kinder- und Jugendhilfe, in: np 2/2014 und 3/2014 • R. Stichweh: Inklusion und Exklusion in der Weltgesellschaft – am Beispiel der Schule und des Erziehungssystems, in: Zeitschrift für Inklusion 8 (1) 2013, 1–9 (online) • H.-E. Tenorth: Inklusion – Prämissen und Problemzonen eines kontroversen Themas, in: J. Baumert u. a. (Hrsg.): Inklusion. Forschungsergebnisse und Perspektiven. Schulmanagement Handbuch 146, München 2013, 6–14 • WHO: Weltbericht Behinderung, Genf 2011.

Link
www.inklusion-schule.info/hilfreiche_links/index.html

Integration, soziale

Verschiedene Bedeutungen

Der Ausdruck soziale Integration (s. I.) ist terminologisch nicht festgelegt und wird infolgedessen in verschiedenen Bedeutungen verwendet. Dem Wortsinne nach bedeutet er ursprünglich (lat.) „Wiederherstellung, Erneuerung"; gegenwärtig wird er meistens i. S. von Eingliederung verwendet. In der *Sozialen Arbeit* gehört s. I. zu den Grundprinzipien des Handelns. S. I. wird als die Einbeziehung von Menschen oder Gruppen in eine Gemeinschaft verstanden, von der diese aus unterschiedlichsten Gründen ausgeschlossen sind. S. I. ist zugleich Ziel, Prozess und Ergebnis der (Wieder-)Eingliederung, die vielfältiger individueller und (fach-)politischer Bemühungen für das Zusammenwachsen bedarf. Die Möglichkeiten zur gleichberechtigten Teilhabe am gesellschaftlichen, gemeinschaftlichen Leben setzen sowohl bei den einzelnen (desintegrierten) Menschen als auch bei den Systemen, in die integriert werden sollen, Kenntnisse, Fähigkeiten und den Willen voraus, sich zu integrieren bzw. zur Aufnahme bereit zu sein. S. I. kann in der SozArb sehr unterschiedliche Bedeutungen und entsprechend der Gründe für Desintegration auch unterschiedliche Handlungserfordernisse haben.

Gelegentlich taucht der Ausdruck s. I. als Name für einen begrenzten Sachverhalt auf, so z. B. für die Integrierte Gesamtschule zur Bezeichnung der Aufgabe gemeinsamer Unterrichtung aller Schüler eines Jahrgangs in einer einzigen Schulform; in der *Jugendarbeit* zur Bezeichnung einer bestimmten Konzeption („sozial-integrative Jugendarbeit" der 1960er Jahre), in der Interaktionsforschung zur Bezeichnung eines bestimmten Verhaltens- oder Gruppenstils (sozialintegratives Verhalten).

Inklusion: Seit der UN-Behindertenrechtskonvention (in Deutschland Ende 2008 übernommen) wird in der *Behindertenhilfe* der Begriff *Inklusion* als maßgebliches Ziel und Handlungsprinzip verwendet. Mit diesem Begriff wird hervorgehoben, dass jeder Mensch in seiner Verschiedenartigkeit akzeptiert werden muss und daher gleichberechtigt am Leben in allen Gesellschaftsbereichen teilhaben kann. Gemeint ist allerdings eher ein politischer Prozess gesellschaftlicher Veränderungen hin zum Zusammenleben von Menschen mit und ohne Behinderung.

Ob die beiden Begriffspaare „Integration/Desintegration" und „Inklusion/Exklusion" „Gegenpole" für mehr (oder weniger) Teilhabe von gesellschaftlich ausgeschlossenen Menschen sind, ist auf der Handlungsebene bei gleichen Maßnahmen und Projekten kaum auszumachen (z. B. ist Barrierefreiheit Voraussetzug sowohl für Integration als auch für Inklusion). Bei gleichen Zielen von Inklusion und s. I., die mit der Förderung und Unterstützung Schwächerer und Benachteiligter einhergehen, sind die Grenzen fließend. Besonders deutlich (und verwirrend) wird dies in Art. 24 der UN-Behindertentechtskonvention, wenn die Vertragsstaaten zur inklusiven Bildung „ein integratives Bildungssystem auf allen Ebenen ..." garantieren.

Grundprobleme

Das gemeinsame Merkmal verschiedenartiger Verwendung des Begriffs s. I. verweist indessen auf ein wichtiges Problem: Was geschieht mit Individuen und Gruppen unterschiedlicher soziokultureller Herkunft und/oder unterschiedlicher psychosozialer Kompetenz, wenn sie in einem größeren sozialen Kontext (Kindergarten, Schule, Stadtquartier, Region, Heim usw.) zusammentreffen; und was geschieht mit der sozialen Struktur dieses Kontextes? Soziale Integrationsprobleme tauchen demnach immer auf, wenn überlieferte oder erzwungene Formen sozialer Segregation aufgegeben werden oder aufgegeben werden sollen. Entscheidungssituationen dieser Art (s. I. vs. soziale Segregation) entstehen dann, wenn die Einheitlichkeit einer Kultur nicht mehr gewiss ist (z. B. Verschiedenartigkeit oder Widersprüchlichkeit unterschiedlicher Subkulturen), wenn unterschiedliche Kulturen miteinander in dichten Kontakt kommen oder wenn das soziale System problematische Elemente innerer Segregation enthält bzw. im Ganzen einen problematischen Grad innerer Segregation erreicht (Förderschulen, Stadtentwicklung). I. d. S. wurde das Problem zum ersten Mal zu Beginn des 19. Jh. zum Thema, als im Rahmen der preußischen Schulreform „Allgemeinbildung" für alle, ohne Unterschied der sozialen Herkunft, verwirklicht werden sollte. Da nun einerseits jede soziale Segregation/Integration eine Machtkomponente, insofern also auch ein Moment gesellschaftlicher Herrschaft enthält, andererseits aber auch die unterscheidenden Merkmale der beteiligten Gruppen sehr verschiedene Bedeutung haben können, erfordert die Entscheidung für s. I. eine je genaue Prüfung der besonderen Situation und ist als eine allgemeine Option unsinnig. Die s. I. von Menschen mit Migrationshintergrund *(Migration und Integration),* die segregierte oder integrierte *Erziehung/* Unterrichtung von Kindern verschiedener sozialer Herkunft, die homogene oder heterogene Zusammensetzung von Kindern/Jugendlichen im Kindergarten *(Tageseinrichtungen für Kinder),* die Konzeption von Jugendarbeit als spezielles und gezieltes Bildungsangebot für bildungsferne Jugendliche, die s. I. Behinderter in Einrichtungen allgemeiner Erziehung und Bildung usw. werfen jeweils besondere Probleme auf, aus den sich jeweils andere Handlungskonzepte in der SozArb ergeben.

Soziale Integration in der multikulturellen Gesellschaft

I. spielt in allen europäischen Ländern eine Schlüsselrolle in der politischen Diskussion zu Problemen, die mit der Zuwanderung verbunden sind. Was s. I. von Menschen mit Migrationshintergrund bedeutet, muss auf vier Dimensionen konkretisiert werden:

- **Strukturelle Integration:** Sie bedeutet zunächst die Anerkennung Zugewanderter als (neue) Mitglieder der aufnehmenden Gemeinschaft und Gleichheit der sozialen und politischen Rechte *(Chancengleichheit).*
- **Soziale Integration:** Sie bedeutet (privaten) Zugang zu Primärgruppen und sozialen Subsystemen (Gruppen von Gleichaltrigen, Nachbarschaft, Vereine, Kollegen- und Freundeskreise).
- **Kulturelle Integration:** Gemeint ist das „Hineinwachsen" Einzelner oder Gruppen in das gesellschaftliche Normensystem, in Rollenerwartungen und in Lebensgewohnheiten, Werte und Sprache der Aufnahmegesellschaft (Enkulturation/Akkulturation).
- **Integration durch Identifikation:** Identifikation mit der Gesellschaft und Entwicklung eines persönlichen Zugehörigkeitsgefühls, ggf. auch Rückgang mangelnder gesellschaftlicher I. und Restabilisierung der durch Wanderung destabilisierten Persönlichkeit (Bendit 2001).

Soziale Integration und Bildung

In Deutschland wird Integration als politisches Ziel v. a. in den Feldern der Bildungs-, Ausbildungs- und Beschäftigungspolitik sowie – weniger stringent – im Bereich der Jugend- und Jugendhilfepolitik (und weiteren Politikfeldern wie der Sozial- und Wohnungspolitik) verfolgt. Ganz generell lässt sich s. I. als Moment eines jeden Bildungsprozesses beschreiben. Insofern nämlich, dass jede Handlung zwischen Menschen ein Stück gemeinsamer Bedeutung schafft, findet dort auch immer s. I. statt. Dieser Sachverhalt indessen findet theoretisch gesehen in Begriffen wie *Sozialisation, Interaktion,* Kommunikation u. Ä. Berücksichtigung. Praktisch gesehen sind indessen die Sachverhalte der sozialen Ausgrenzung von Bevölkerungsteilen, unübersehbar *(Armut).* Deren Eingliederung oder Wiedereingliederung in den Gesamtkorpus der Sozietät, ohne Diskriminierungen und Benachteiligungen, erscheint heute mehr als zuvor als eine schlichte, aus dem gesellschaftlichen Zusammenhalt sich ergebende Aufgabe.

Ingrid Mielenz
(bis zur 4. Auflage Klaus Mollenhauer)

Literatur

M. Alisch/J. Dangschat: Armut und soziale Integration. Strategien sozialer Stadtentwicklung und lokaler Nachhaltigkeit, Opladen 2013 ◆ R. Bendit: Migration als politische Herausforderung, in: P. Fülbier/ R. Münchmeier (Hrsg.): Handbuch Jugendsozialarbeit, B. 1, Münster 2001 ◆ DJI Datenbank Syntegra: Gute Beispiele der sozialen Integration marginalisierter Jugendlicher 2005–2007 ◆ D. Gallie/S. Paugam: Soziales Prekarität und soziale Integration. Bericht für die Europäische Kommission auf der Grundlage von Eurobarometer 56.1, Oktober 2002 ◆ H. Häußermann/W. Siebel: Soziale Integration und ethnische Schichtung. Zusammenhänge zwischen räumlicher und sozialer Integration. Gutachten im Auftrag der Unabhängigen Kommission „Zuwanderung", Berlin/ Oldenburg 2001 ◆ F. Heckmann: Integration von Migranten, Berlin 2014 ◆ R. Merten/A. Scherr (Hrsg.): Inklusion und Exklusion in der Sozialen Arbeit, Wiesbaden 2004 ◆ A. Treibel: Integriert Euch! Plädoyer für ein selbstbewusstes Einwanderungsland, Frankfurt/M. 2015.

Links

www.dji.de
www.schader-stiftung.de
www.bmas.de

Interaktion, soziale

Der Begriff

Der Begriff „Interaktion", ein Kunstwort aus dem Lateinischen, bedeutet das Geschehen, das sich zwischen verschiedenen Personen oder allgemein zwischen den Elementen eines Systems vollzieht und durch welches diese Elemente miteinander in Beziehung stehen. Soziale Interaktion (s. I.) ist als soziologischer Grundbegriff *(Soziologie)* dementsprechend zunächst das Geschehen zwischen Menschen, die miteinander in Beziehung stehen. Insoweit ist der Begriff global, er erfasst sämtliche sozialen (zwischenmenschlichen oder gesellschaftlichen) Prozesse. Der Holzfäller in Ostafrika, der die Bäume fällt, in deren Rauch der Tabak getrocknet wird, interagiert mit dem Raucher in Hamburg-Altona. Produkt und Geld sind die Medien, über die die Beziehung verläuft.

Soziale Interaktion als Forschungsgegenstand

Wenn s. I. zum Forschungsgegenstand wird, so ist meist ein demgegenüber eingeschränkter Sinn gemeint Die „face to face interaction", also das Geschehen in der Begegnung von Angesicht zu Angesicht.

Der Begriff s. I. wird oft sinngleich mit „Kommunikation„ verwandt. Wo zwischen beiden unterschieden wird, bezeichnet „Kommunikation" nur die unmittelbaren (sprachlichen und nichtsprachlichen) Äußerungen in der Begegnung selbst, während als Element der s. I. außerdem die Voraussetzungen und Rahmenbedingungen gesehen werden, die in der Begegnung bedeutsam sind, also etwa: Rollen und Funktionen der Interaktionspartner, Zweck der Begegnung, Ort und Zeit.

Als Schlüsselbegriff einer sozialwissenschaftlich orientierten Erziehungswissenschaft trat der Ausdruck s. I. erst seit Beginn der 1970er Jahre in die deutschsprachige Diskussion. Es wurden vornehmlich Ansätze aus dem angelsächsischen Sprachraum rezipiert, in dem die ausführliche Befassung mit dem Gegenstand ein Jahrzehnt früher einsetzte. Durch die Interaktionsforschung wurde der Alltag zum Beobachtungsgegenstand. Das zwischenmenschliche Geschehen interessiert gerade dort, wo es nicht experimentell hergestellt ist. Das scheinbar Selbstverständliche wird problematisiert: Nach welchen Regeln wird das Zusammenleben gestaltet und organisiert? Wie werden solche Regeln mitgeteilt und durchgesetzt? Welche dieser Regeln sind offen und bewusst, welche „geheim", also dem Bewusstsein der Handelnden nicht präsent?

Die Ansätze interaktionistischer Forschung lassen sich grob in folgende Fragestellungen gliedern:

Elemente der Interaktion: S. I. geschieht als Austausch von Mitteilungen, durch die Inhalt und Form der Beziehung bestimmt werden. Dies setzt voraus, dass Zeichen verfügbar sind, deren Bedeutung allen Interaktionspartnern bekannt ist oder für die eine Gemeinsamkeit der Bedeutung erreicht werden kann (Signalcodes). Solche gemeinsame Bedeutung kann entweder vereinbart sein (Sprache, Zahlensymbole), oder sie besteht von vornherein durch Offensichtlichkeit (bildliche Darstellung) oder durch ererbte Signalbedeutungsverknüpfung. (Zahlreiche Signalcodes bei Tieren sind nicht erlernt, sondern vererbt. Beim Menschen scheinen z. B. einige Begrüßungs- und Abwehrgesten auf angeborenen Verhaltensmustern zu beruhen.) Der Erforschung solcher Signalcodes widmet sich – i. S. obiger Unterscheidung – eher die Kommunikationsforschung.

Watzlawick u. a. nennen die vereinbarten Zeichen „digital", da Zeichen und Bedeutung willkürlich – wie in den Elementen eines Computers – verknüpft sind, die anschaulichen dagegen „analog", da eine Entsprechung zwischen Zeichen und Bezeichnetem besteht. In das menschliche Gespräch von Angesicht zu Angesicht gehen ständig außer den digitalen Sprachelementen wie Silben, Wortgefüge, grammatische Verknüpfungen auch analoge ein: Tonfall, Satzmelodie, Lautstärke, Mimik und Gestik *(Körper)*. Diese Elemente enthalten wesentliche Mitteilungen über die Art der Beziehung, in der das Gespräch stattfindet. Solche „Mitteilung über die Mitteilung" – also Metakommunikation – ist unerlässlich, da ohne Bezugsrahmen eine Mitteilung nicht sinnvoll verstanden werden kann. Metakommunikation geschieht allerdings oft auch sprachlich, also digital: „Ich möchte, dass ihr jetzt zuhört" … „Das verstehe ich nicht" …

Interaktion und Produktion: Jegliche Form menschlicher Produktion ist ein Interaktionsprozess, nicht nur im allgemeinen Sinne, da es sich immer um einen Austausch mit der umgebenden Umwelt handelt, sondern auch ein Prozess von s. I. durch die Einbindung der Produktion in Arbeitsteilung, Zulieferung, Nachfrage etc. Die Marxsche Aussage, dass die gesellschaftlichen Verhältnisse wesentlich durch die Entwicklung der Produktionsverhältnisse bestimmt sind, wurde zum Ausgangspunkt mehrerer Versuche, die Formen der s. I. aus den ökonomischen Bedingungen herzuleiten. Spezifischer ist die Erforschung der Auswirkungen der sozioökonomischen Stellung auf das Interaktionsverhalten, etwa auf Sprache oder Schemata der Körperbewegung. Für beide Bereiche konnte gezeigt werden, dass die soziale Benachteiligung der Herkunftsfamilie auch zu einer Einschränkung der kommunikativen Ausdrucksmöglichkeiten und damit zu einer Verringerung der sozialen Handlungskompetenz führt (Oevermann).

Interaktion als normativer und interpretativer Prozess: Die Möglichkeit des Einzelnen, in sozialen Situationen überhaupt sinnvoll, d.h. in Verfolgung bestimmter Zwecke und mit zumindest teilweise vorhersagbarem Ergebnis handeln zu können, setzt eine gemeinsame Regelhaftigkeit des wechselseitigen Verhaltens voraus. Bedingung ist also, dass die Codes von Mitteilungen sowie das Verständnis der jeweiligen Situation von den Partnern in der s. I. geteilt werden.

Praktisch bestimmt ein solcher Konsens in jeder einzelnen Situation das Spektrum der möglichen (also sinnvollen oder „erlaubten") Handlungsweisen des einzelnen bzw. die Spannweite der Erwartungen, denen er ausgesetzt ist. Die Gesamtheit solcher auf einzelne Situationen bezogenen „Rollenerwartungen", die für ein *Individuum* verfügbar sind (also erlernt oder erworben wurden), bestimmt seinen Ort in der Gesellschaft, seinen „Status" *(Rolle, soziale).*

Da die Durchsetzung jenes – sozial und historisch bestimmten – Konsenses im Prozess des Handelns, also in der s. I. erfolgt, erfüllt diese zentral eine normative Funktion (Merton, Parsons). Die Durchsetzung geschieht dem einzelnen Individuum gegenüber durch ständige positive Verstärkung bzw. durch *Sanktionen.* Das Erleben, „verstanden zu sein", oder auch die Erfahrung, sich „adäquat verhalten zu haben", wirken als Verstärkung, die Sanktion kann im Extremfall der Ausschluss aus der Gemeinschaft der Interaktionspartner sein, etwa durch Abbruch einer Beziehung, durch die Abstempelung als „verrückt", durch Unterbringung in psychiatrischer Klinik oder Gefängnis.

Immerhin kann eine begrenzte Abweichung vom gesellschaftlichen Konsens toleriert werden *(Abweichendes Verhalten).* Dem „Sonderling" wird eine solche Abweichung zugestanden, die Etikettierung als Sonderling bedeutet zwar einen partiellen, keineswegs aber den völligen Ausschluss aus der „normalen" Interaktionsgemeinschaft. Ferner gibt es innerhalb jeder Gesellschaft Regel- und Normsysteme, die von den allgemein geteilten abweichen, diesen sogar widersprechen. Solche „subkulturellen" Normsysteme können toleriert werden, solange das Funktionieren der Gesamtgesellschaft nicht beeinträchtigt ist. Häufig kann die subkulturelle Norm auch integriert und damit ihres Charakters beraubt werden (vgl. etwa die Kontrolle, die Industrie und Werbung über neue jugendliche Subkulturen ausüben).

Der Betrachtung der normativen Funktion der s. I. steht als anderer Ansatz gegenüber die Überlegung, dass die s. I. zunächst ein Prozess des Herstellens von Konsens ist, also nicht schon dessen Durchsetzung. Es muss die gemeinsame Verständigungsbasis erst konstituiert werden (Mead, Garfinkel, Turner). Das Individuum erfüllt nicht einfach eine Rolle in einer vorgegebenen Situation, sondern es entwickelt das Verständnis der Situation im wechselseitigen Austausch. Jede Wahrnehmung ist dabei ein impliziter Rollentausch. Indem A die Mitteilung von B empfängt, versetzt er sich an Bs Stelle, um zu begreifen, was er, A, selbst mit diesem Signal hätte ausdrücken wollen. Dieser (normalerweise nicht bewusst vollzogene) Rollentausch ist die Informationsquelle, aus der A die Möglichkeit bezieht, Bs Mitteilung zu entschlüsseln. Indem jeder Interaktionspartner mit jedem anderen ständig solchen impliziten Rollentausch vollzieht, konstituiert sich in jedem eine Interpretation der Interaktionssituation. Die intersubjektive Gültigkeit dieser Interpretation wird dadurch ständig überprüft, dass jeder auf der Grundlage seines Verständnisses am Fortgang der s. I. teilnimmt.

Interaktion, Sozialisation, Identität: Aus der Erforschung der s. I. ergeben sich Beschreibungen und Modelle des Sozialisationsprozesses, die z. T. auch Neuformulierungen und Weiterentwicklungen älterer Konzepte sind. Die psychoanalytische Theorie Freuds enthält zentral einen interaktionistischen Ansatz. Die für die Persönlichkeitsbildung wesentlichen Prozesse im „ödipalen Dreieck" (Kind-Mutter-Vater) wurden von Freud zwar mit Begriffen beschrieben, die innerpsychische Prozesse der Libidoentwicklung erfassen, aber auch in seiner Sicht geschieht das Lernen und Erfahren dieser Prozesse im sozialen Austausch. Zahlreiche moderne Schulen bemühen sich, diesen Aspekt explizit zu machen.

Lerntheoretische Ansätze der Sozialisationsforschung erfuhren ihre Weiterentwicklung durch rollentheoretische Modelle. Das Erleben von Rollenvorbildern, das Erproben und Übernehmen von Rollen – z. B. geschlechtsspezifischen sozialen Rollen – vollzieht sich in der s. I. des Familienzusammenhanges, später in Schule und Peergroup. Diese Betrachtung eröffnete auch den Blick auf weitere Probleme. Als Ziel eines geglückten Sozialisationsprozesses ist die Entwicklung einer stabilen Identität zu nennen. Dieses Ziel ist in sich widersprüchlich (Goffman, Krappmann). Denn einerseits kann die akzeptierte Zugehörigkeit zur Interaktionsgemeinschaft nur erreicht werden, wenn der Einzelne sich in der s. I. gemäß den Rollenerwartungen verhält, andererseits bedarf der Einzelne auch der Anerkennung seines Besondersseins, seiner Unverwechselbarkeit. Er muss sich also gleichzeitig gemäß den Erwartungen der anderen und anders als jeder andere verhalten. Als „balancierte Ich-Identität" (Krappmann) ist die Fähigkeit zu sehen, in der s. I. weder so konform zu handeln, dass die eigene Identität unerkennbar wird, noch so anders, dass die gemeinsame Verständigungsgrundlage verlassen wird.

Interaktion und abweichendes Verhalten: Die umfassende Bedeutung der s. I. für das Verständnis von Sozialisation und Identität legt es nahe, bei allen Bereichen gestörter Persönlichkeitsentwicklung zu untersuchen, welchen Einfluss Störungen des Interaktionssystems haben.

Dass die Probleme von sog. „verhaltensgestörten" Kindern i. d. R. auf Störungen der Beziehungen in der Familie zurückgehen, ist inzwischen Allgemeingut pädagogischer Theorien und Handlungsstrategien. Aber auch im Bereich schwerer Erkrankungen erweist sich dieser Ansatz als fruchtbar. Bahnbrechend ist hier die Schizophrenieforschung (Bateston, Laing, Lidz, Wynne u. a.). Das Verhalten des sog. schizophrenen Patienten erweist sich in diesen Untersuchungen als das vernünftige, weil einzig mögliche Reagieren auf eine Situation, in der andere Handlungsmöglichkeiten verhindert sind. Den Kranken „im Rechte seiner eigenen Erfahrung" (Fromm-Reichmann) zu verstehen, heißt also, die krank machenden Regeln der s. I. zu entschlüsseln, der er ausgesetzt ist. Die Entstehung von verschiedenen Persönlichkeitsstörungen aus der gestörten s. I. des Familiensystems untersuchte in Deutschland besonders Richter. Ähnliche Ansätze begreifen die sog. endogene Depression als „gelernte Hilflosigkeit". Auch Körperkrankheiten werden als Antworten auf schwere Störungen der s. I. verstehbar. Das hierauf bezogene Forschungsinteresse der 1970er und frühen 1980er Jahre ist später deutlich in den Hintergrund getreten. Dennoch wurden für die Ursachensuche u. a. bei Krebs, Infarkt und Asthma wichtige Aspekte gewonnen. In der neueren (seit Anfang der 1990er Jahre) Erforschung der massiven körperlichen und psychischen Schädigungen bei Überlebenden von sexuellem Missbrauch spielen Aspekte der s. I. eine zentrale Rolle, auch wenn eine ausdrückliche Verknüpfung mit der Forschung zur s. I. sich erst langsam entwickelt.

Macht, Grenzen und Raum in der sozialen Interaktion: Das gezielte Missachten und Durchbrechen persönlicher Schranken und Grenzen (Scham, Intimität, Vertraulichkeit, auch räumliche Distanz) als Mittel der Unterwerfung und Unterdrückung war immer schon Thema in Literatur und Drama. Mit Sartre begann eine wissenschaftliche Bearbeitung, die jedoch erst am Ende der 1980er Jahre aufgegriffen wurde und nun rasch an Bedeutung gewinnt. Obwohl dieser Aspekt alle Zweige der Forschung zur s. I. durchdringt, seien einige Themen hervorgehoben:

- Von zentraler Bedeutung für die Persönlichkeits-, Identitäts- und auch Kompetenzentwicklung ist es, ob z. B. einem Kind das Recht zugestanden wird, „Geheimnisse" zu haben, den Zugang zu seinem Zimmer (oder seiner „Ecke") zu bestimmen, sich ohne Entschuldigung einmal zurückzuziehen etc.
- Die – unbeabsichtigten – ständigen und massiven Grenzverletzungen im Heim-, Krankenhaus- und Pflegebereich werden erst allmählich in dem vollen Ausmaß ihrer zerstörerischen Gewalt gesehen.
- Während das brutale Durchbrechen körperlicher Schranken i. d. S. bei allem Vergewaltigungsgeschehen bedeutsam ist, tritt beim sexuellen Missbrauch von Kindern oft das gezielte Zerstören „innerer Räume" hinzu. Dass das hierdurch gebrochene Kind in Scham und Leere verstummt, ist der sicherste Schutz des Täters.

Pädagogisches Handeln und Interaktion: Da jede pädagogische Situation eine s. I. ist, unterliegt sie allen genannten Regeln und Funktionen. Hieraus lassen sich einige Konsequenzen für das pädagogische Handeln ziehen. Erstens bietet sich ein erweitertes Verständnis von Lernbehinderungen und Verhaltensstörungen an, wenn wir die Frage der sozialen Bedingungen der kindlichen Entwicklung umformulieren: Welchen Regeln der s. I. war bzw. ist das Kind in seiner Lebenswelt ausgesetzt, und wie konfligieren diese Regeln mit jenen, die etwa in der Schule oder einer anderen Erziehungsinstanz bestehen? – Gelingt es, im Rollentausch mit dem Kinde oder Jugendlichen zu entschlüsseln, warum er sich gerade so verhält, was er also eigentlich mitteilt?

Damit ist zweitens die Bedeutung der Beziehung zwischen Erzieher und Zögling angesprochen. Da jede Mitteilung nur in einem Bezugsrahmen verstehbar ist, gilt auch, dass der Charakter der Beziehung sich auf Wert und Bedeutung jeder Mitteilung auswirkt, die in ihr geschieht. Der autoritäre Erzieher mag sein Hilfsangebot noch so aufrichtig meinen, der Zögling wird vermutlich nur den Wunsch nach Kontrolle heraushören.

Es wird also, drittens, in der pädagogischen Situation keineswegs nur das mitgeteilt, was der Erzieher bewusst ausdrückt. In den Regeln der s. I. vermitteln sich weitere Bedeutungen, die oft dem Inhalt des Gesagten widersprechen. Beispiele seien: Erziehung zu Misstrauen und Konkurrenz durch Notendruck, obwohl in Worten Solidarität gewünscht wird; Lernen von autoritärem Verhalten durch Frontalunterricht, obwohl Eigenständigkeit angestrebt wird; Lernen von Unterwürfigkeit und taktischer Raffinesse durch die Sanktionssysteme in zahlreichen Heimen.

Viertens folgt als Konsequenz aus diesen Gesichtspunkten, dass Chancen für ein verbessertes, bewussteres Erziehungsverhalten wesentlich davon abhängen, wieweit solche Strukturen der s. I. offenbar gemacht bzw. verändert werden können. Dies kann zum einen dadurch geschehen, dass die interaktionistische Forschung Innovationsmöglichkeiten für die pädagogischen Institutionen aufzeigt, zum anderen dadurch, dass eine Supervision sich durchsetzt, in der die Beziehung von Erzieher und Zögling, die Regeln der s. I., in der beide stehen, sowie die Chancen des Erziehers, seine Rollenflexibilität und -sicherheit zu vergrößern, Thema sind.

Interaktion und Organisation: Organisation kann als soziales System verstanden werden, das sein Ziel durch die differenzierte Verknüpfung von s. I. erreicht. Solange die Organisation in ihren Strukturen und Prozessen streng institutionalisiert war und die Strukturen und Prozesse in ein normiertes System fraglos geltender Regeln eingebettet waren, bedurfte die s. I. nur der Kontrolle ihrer Normgerechtheit und Regelhaftigkeit. Mit der zunehmenden Entinstitutionalisierung organisatorischer Verhältnisse wird die Gestaltung der s. I. zur Angelegenheit der beteiligten Partner – seien es Personen oder Organisationseinheiten. Ihr Gelingen und damit der Erfolg der Organisation wird abhängiger als jemals zuvor von den sozialen Kompetenzen ihrer Mitarbeiter: Kommunikative Kompetenz, Konfliktfähigkeit, Leadership, Organisationsbewusstsein und v. a. radikale Distanzierungsfähigkeit werden verlangt. Im Unterschied zu früher, als Organisation mit einem Tabu der Reflexion ausgestattet war, wird Reflexion zur Voraussetzung gelingenden organisatorischen Handelns.

Kurt Buchinger
(bis zur 4. Auflage Bernhard Achterberg)

Literatur

B. Achterberg: Intimität als Un-Ort, in: M. Buchholz (Hrsg.): Intimität, Weinheim 1989 ♦ M. Argyle: Soziale Interaktion, Köln 1972 ♦ H. Blumberg u. a. (Hrsg.): Small Groups and Social Interaction, Chichester 1983 ♦ H. Bude u. a. (Hrsg.): Jahrbuch Interaktion 1, Berlin 2016 ♦ J. Forgas: Soziale Interaktion und Kommunikation, Weinheim 1992 ♦ E. Goffman: Das Individuum im öffentlichen Austausch, Frankfurt/M. 1974 ♦ H. P. Dürr: Nacktheit und Scham, Frankfurt/M. 1988 ♦ L. Krappmann: Soziologische Dimensionen der Identität, Stuttgart 1969 ♦ U. Oevermann: Sprache und soziale Herkunft, Berlin 1972 ♦ L. Pries: Soziologie. Schlüsselbegriffe, Herangehensweisen, Perspektiven, Weinheim/München [2]2016 ♦ P. Senge: Die fünfte Disziplin, Stuttgart 1997 ♦ P. Watzlawick u. a.: Menschliche Kommunikation, Bern 1969 ♦ E. Weingarten u. a.: Ethnomethodologie, Frankfurt/M. 1976.

Internationalität und Soziale Arbeit

Soziale (Zusammen-)Arbeit im internationalen Kontext hat eine lange Tradition, ein Beispiel hierfür ist der 1928 gegründete „International Council on Social Welfare (ICWS)". V. a. die Gründung der Vereinten Nationen (1945) und der Prozess der europäischen Integration (seit 1957) haben zu vielfältigen Formen und Organisationen internationaler Zusammenarbeit „im Sozialen" geführt. Beispiele für den Einfluss völkerrechtlicher Abkommen in der Sozialpolitik Deutschlands sind die Genfer Flüchtlingskonvention 1951, die UN-Frauenrechtskonvention 1979, die UN-Kinderrechtskonvention 1989 und die UN-Behindertenrechtskonvention 2006. Überdies beeinflussen globale Akteure, wie z. B. die Weltbank oder der Internationale Währungsfonds, die Europäische Zentralbank und Internationale Wirtschaftsvereinigungen das soziale Geschehen international und national. Die Auswirkungen der zurzeit verhandelten internationalen Freihandelsabkommen wie CETA, TIPP und TISA auf soziale Dienstleistungen können noch nicht abschließend beantwortet werden.

Internationalität in der *Sozialen Arbeit* lässt sich in vier Bereiche unterscheiden:

1) **Internationale, weltweite Zusammenschlüsse,** die zwischen nationalstaatlichen Einrichtungen in Form von Kooperationen bestehen (z. B. Weltgesundheitsorganisation, Welthungerhilfe, Internationale Vereinigung für Soziale Sicherheit, Internationale Konferenz für Sozialarbeit, Weltorganisation für frühkindliche Erziehung

und Bildung). Dabei lassen sich Institutionen, deren Zweck ausdrücklich im Aufbau, der Pflege oder der Erweiterung internationaler Kontakte besteht, von jeweils projektbezogenen Formen der Zusammenarbeit unterscheiden. Zum Bereich der internationalen sozialen Zusammenarbeit zählen auch alle Formen der humanitären Hilfe (z.B. UNICEF, Amnesty International, Ärzte ohne Grenzen) und der internationalen Entwicklungszusammenarbeit *(Entwicklungshilfe).*

2) **Soziale Dienstleistungen in den Mitgliedsstaaten der EU** entwickeln sich zunehmend nach gemeinschaftlichen Vorgaben und Richtlinien. Europäische Zusammenschlüsse in der SozArb gibt es vielfältig in allen Tätigkeitsfeldern themen- und problembezogen, v.a. zur Bekämpfung von *Armut,* zur Förderung von Bildung, Ausbildung und Beschäftigung, zu sozialen Diensten (auch im Rahmen des *europäischen Wettbewerbs* und der Arbeitnehmerfreizügigkeit), zu Gesundheit und Wohnungslosigkeit sowie zur *Migration und Integration.* Zusammenschlüsse auf europäischer Ebene haben (neben staatlichen) alle NGOs: Vereine, (Wohlfahrts-)Verbände, Selbstverwaltungs- und Selbsthilfeorganisationen. Zu nennen sind insbes. das European Social Network, die Platform of European Social NGOs, Eurochild und das Europäische Armutsnetzwerk (EAPN) zur Stärkung eines sozialen Europas *(Soziale Arbeit in Europa).*

3) **Weltweit und in Europa bestehen diverse Austauschprogramme** für Schüler, Jugendliche, Auszubildende und Studenten, z.B. das Europäische Jugendwerk insbes. für Jugendverbände, die Fachstelle für internationale Jugendarbeit der BRD (IAJB), die zwischenstaatlichen Jugendwerke (z.B. Deutsch-Französisches Jugendwerk, Deutsch-Polnisches Jugendwerk). Hinzu kommen europäische Austauschprogramme (Erasmus+Programm und unzählige (weltweite) *Freiwilligendienste* im Ausland.

   Der Austausch von Fachkräften in der SozArb hat keinen speziellen internationalen Förderschwerpunkt, sie sind v.a. auf den Deutschen Akademischen Austauschdienst angewiesen. Möglich sind darüber hinaus Auslandsaufenthalte im Rahmen der Entwicklungshilfe (z.B. durch die Deutsche Gesellschaft für Internationale Zusammenarbeit, Bonn) und binationaler Abkommen genauso wie im Rahmen von internationalen Städtepartnerschaften.

4) **Internationale Forschung und vergleichende Datenerhebungen** in der SozArb sind v.a. in der EU weiterentwickelt worden, haben aber wegen der zumeist fehlenden institutionellen Verankerung in der EU und häufig nicht gegebener Regelmäßigkeit keinen zufriedenstellenden Stand erreicht. Internationale Sozialforschung findet überwiegend „nationalstaatlich" statt, in der BRD z.B. durch das Institut für Internationale Sozialforschung (Berlin) und das Wissenschaftszentrum Berlin sowie durch das Deutsche Jugendinstitut (München) und das Deutsche Institut für Internationale Pädagogische Forschung (Frankfurt/M.). Von besonderem Forschungsinteresse sind bspw. Unterschiede und Ähnlichkeiten zwischen jeweils nationalen Standards der sozialen Infrastruktur und der sozialen Sicherheit *(Soziale Sicherung)* oder der sozialen Lebens- und Risikolagen (Ursache-/Wirkungsanalysen). Internationale Forschung stellt immer auch ein Vergleichsverhältnis her, als EU-Forschungseinrichtung mit qualitativen Vergleichen ist hier das Europäische Zentrum für die Förderung der Berufsbildung (CEDEFOP) hervorzuheben. Die EU-Berichterstattung (EU-Sozialberichte) hat eine statistische Anbindung (Eurostat), die (sozial-)politischen Handlungserfordernisse bleiben den Nationalstaaten vorbehalten.

Bemerkenswert ist, dass an deutschen Hochschulen vermehrt Studiengänge zur internationalen SozArb angeboten werden. Schwerpunkte des Studiums an verschiedenen deutschen Hochschulen sind u.a. globale, grenzüberschreitende soziale Probleme, wie z.B. Migration, Armut soziale Konflikte und Interkulturalität sowie die Vermittlung internationaler Zusammenhänge in der SozArb.

Die praktische Konstitution bi- oder multilateraler Beziehungen in der SozArb wird also auf den verschiedenen Ebenen unterschiedlich erzeugt: auf der Ebene der Lehre und Forschung durch internationale Studien-, Austausch- und Forschungsprogramme, in der *Sozialpolitik* durch Zusammenschlüsse sozialer Verbände, auf der Basis informeller Kontakte durch Vernetzungen zwischen sozialen Bewegungen sowie auf der Ebene politischer Vereinbarungen durch institutionalisierte Kooperationen. Teils geht es um die Vernetzung von Einzelinitiativen, die aufgrund ähnlicher regionaler Bedingungen mit SozArb und sozialen Problemen befasst sind, teils geht es um das Abrufen bestimmter Ausschreibungen und Förderungsprogramme, die mit jeweiligen lokalen oder regionalen Sozialpolitiken abgestimmt werden. So stellt bspw. der „Europäische Sozialfonds" als arbeitsmarkt- und sozialpolitisches In-

I

strument der EU *(Sozialpolitik/soziale Sicherung, europäische)* Mittel für die Eingliederung von Jugendlichen in das Erwerbsleben und für die Bekämpfung von Langzeitarbeitslosigkeit *(Arbeitslosigkeit)* bereit. Diese Finanzierungen können allerdings nur unter bestimmten Voraussetzungen und mit bestimmten Auflagen beantragt werden.

Im Zuge der sich intensivierenden Beziehungen in der „Weltgesellschaft", der Veränderungen zwischen Marktplätzen (Europäischer Binnenmarkt; asiatisch-pazifische Schwellenländer) und kontinentaler (Des-)Integrationsprozesse gerät die Frage, welche Ähnlichkeiten und Unterschiede in den Formen der Hilfs- und Unterstützungsbedürftigkeit, der Armuts- und Anspruchsdefinitionen einerseits und den Formen des lebensweltlichen oder institutionellen Umgangs andererseits zwischen Nationalstaaten bestehen, zunehmend ins Zentrum des Interesses.

Dieser Interessenzuwachs lässt sich sowohl in sozialen Dienstleistungsagenturen als auch in den Sozialwissenschaften nachweisen. Es handelt sich (insbes. in Deutschland) – im Vergleich mit dem Voranschreiten wirtschaftlicher Freizügigkeit der Warenströme – um eine zeitliche „Nachzüglereaktion" des Sozialen Sektors. Denn zwischen den marktbezogenen Integrationsstrategien und dem Wegfall der Grenzen für den Austausch von Waren, Dienstleistungen und Personen einerseits und der „Harmonisierung" sozialer Sicherungssysteme mit der Abstimmung nationalen Sozialrechts und nationaler Sozialpolitiken andererseits besteht ein zeitlich verschobenes Verhältnis. Dies führt dazu, dass z. B. Verhandlungen über verlässliche Sozialleistungssysteme oder über die wechselseitige Anerkennung von Ausbildungsabschlüssen in der EU erst in der Folge bereits hergestellter wirtschaftspolitischer Prozesse anlaufen.

Internationalität und Interdependenz

Die Internationalisierung Sozialer Arbeit führt auch zu (weltweiten) Interdependenzen, d. h. zu wechselseitigen Abhängigkeiten zweier oder mehrerer Nationalstaaten. Besonders deutlich wird dies in der internationalen Bekämpfung von Kriminalität (z. B. Drogenhandel, Menschenhandel, Schlepperbanden) und in der Bekämpfung der Ursachen von Flucht- und Wanderungsbewegungen. (Weltweite) soziale Problemlagen führen zu internationalen, häufig interdependenten Kooperationsbeziehungen. insbes. in der EU führen wirtschaftliche und soziale Probleme eines Mitgliedstaates zu unmittelbaren Auswirkungen auf andere Staaten der Gemeinschaft.

Überdies verpflichtet die Bindung an ein ethisch begründetes Selbstverständnis international agierende Träger (z. B. *Wohlfahrtsverbände*) dazu, im Rahmen ihrer humanitären Hilfsorganisationen in Regionen tätig zu werden, die aufgrund ihrer wirtschaftlichen, sozialen, kulturellen Bedingungen in Notlagen geraten. Bei allen Kooperationsprojekten in der SozArb sollte es selbstverständlich sein, eingespielte Traditionen im jeweiligen Partnerland zu respektieren. Damit verbietet sich eine einseitige, nur aus der Sicht westlicher Industrieländer zustande gekommene Perspektive; vielmehr geht es – im Bewusstsein um die Relativität der jeweiligen nationalstaatlichen Gepflogenheiten – darum, sich an universellen Prinzipien (Menschenrechte) zu orientieren und diese auch in wechselseitigen Aushandlungsprozessen einzuhalten.

Ingrid Mielenz
(bis zur 6. Auflage Rainer Treptow)

Literatur

DV: Stellungnahme des DV für die Stärkung der sozialen Dimension der EU-Politik – Wirksamen und verlässliche Sozialleistungssysteme v. 15. 12. 2015 und Stellungnahme des DV zu internationalen Freihandelsabkommen und sozialen Dienstleistungen v. 20. 9. 2014 (download www.deutscher-verein.de) ♦ G. Graßhoff/H. G. Homfeldt/W. Schröer: Internationale Soziale Arbeit, Weinheim/Basel 2016 ♦ H. G. Homfeldt/M. Schneider: Internationale Soziale Arbeit – Rundschau und Rückblick, in: SLR 53/2006, 5–27 ♦ Internationalisierung Sozialer Arbeit: Schwerpunktheft, in: Sozialmagazin 3/2006, 9–32 ♦ E. Kruse: Internationaler Austausch in der Sozialen Arbeit, Entwicklungen – Erfahrungen – Erträge, Berlin 2015 ♦ R. Puhl (Hrsg.): Soziale Arbeit in Europa, Weinheim/München 2016 ♦ J. Schmid: Wohlfahrtsstaaten im Vergleich, Opladen ²2002 ♦ R. Treptow (Hrsg.): Katastrophenhilfe und Humanitäre Hilfe, in: Otto/Thiersch (Hrsg.): Handbuch Soziale Arbeit, München ⁵2015, 783–790 ♦ L. Wagner/R. Lutz (Hrsg.): Internationale Perspektiven Sozialer Arbeit, Berlin ²2009.

Intervision

Begriffsbestimmung

Intervision zählt mittlerweile zum verbreiteten Standardrepertoire der „professionsbezogenen" *Methoden Sozialer Arbeit* neben Praxisberatung, *Supervision* und Selbst*evaluation.* Übernommen wurde der Begriff aus den Niederlanden und England als Fachterminus zur Bezeichnung eines reflexionsorientierten Beratungsverfahrens, dessen Grundideen zumindest vom Ansatz her schon seit längerem im deutschsprachigen Raum – mit allerdings großer Variationsbreite – in der Praxis realisiert werden (z. B. „Fallbesprechung", „Kollegiale Praxisberatung", „Selbstberatungsgruppe", „Kooperative Gruppenberatung"). All diese Verfahren basieren auf dem Prinzip der stützenden Wirkung eines selbstorganisierten Austauschs unter gleichrangigen Fachkräften eines Teams oder eines Arbeitsfeldes. Es bietet sich an, in diesem umfassenden Zusammenhang von kollegialer Beratung i. w. S. zu sprechen. Eine solche geschieht nicht nur in Form der genannten eher strukturierten und gezielt inszenierten Vorgehensweisen, sondern darüber hinaus im Alltag oftmals spontan in Kollegengesprächen über Fälle, belastende Situationen oder problematische Entwicklungsdynamiken. Von diesen konzeptionell, inhaltlich und methodisch weitgehend offenen Reflexionsstrategien lässt sich eine spezifische Form kollegialer Beratung i. e. S. abgrenzen, für die sich im nationalen Fachdiskurs mehr und mehr der Begriff „Intervision" einbürgert. Bereits aus dem Wortlaut ergibt sich eine erkennbare Nähe und damit eine Abgrenzungsnotwendigkeit zu dem Verfahren der Supervision. Die etymologische Betrachtung macht die fundamentalen Unterschiede klar: Von der Bedeutung her steckt im Wort Supervision die „daraufschauende Sicht von außen bzw. von oben", in Intervision dagegen der „aufeinander gerichtete Blick" von Personen, die sich gegenseitig betrachten. Den Fokus auf die inhaltliche Leistungsfähigkeit erweiternd lässt sich Intervision demnach als peerorientiertes, selbstorganisiertes Entlastungs-, Unterstützungs-, Reflexions-, Problemlöse- und Qualifizierungsverfahren beschreiben.

Intervision als Prozess

Bei fließendem Übergang zur konzeptionell nahe kommenden Peer-Supervision liegen Abgrenzungsmerkmale in der expliziten Problemlösungsorientierung sowie in einer prägnanten Rollen-, Themen-, Phasen-, Zeit- und Aufgabenstruktur: Eine Person bringt in durchdachter, überlegter Art und Weise einen „Fall" ein (d. h. eine problematische, schwierige, vielleicht auch Unsicherheit verursachende Situation oder Entwicklungsdynamik). Die falleinbringende und die moderative Rolle sowie die beratende Funktion bleiben im gesamten Sitzungsablauf an zuvor festgelegte Gruppenmitglieder gebunden. Nach einem konsensualisierten, transparenten Prozessschema durchläuft die Gruppe verschiedene zeitlich klar begrenzte Phasen, in denen die falleinbringende Person und die beratenden Fachkräfte jeweils vorher bekannte Aufgaben übernehmen (Input geben, Ideen einbringen, aktiv zuhören, klärend nachfragen, analysieren, beraten, entscheiden, Feedback geben etc.). Während der ganzen Sitzung übernimmt ein Gruppenmitglied in nicht autoritärer, nondirektiver, moderativer, aber bestimmter Handlungsweise die Prozesssteuerung, nicht aber die Prozessverantwortung: Verantwortlich müssen in diesem partizipativen Verfahren alle Teilnehmenden handeln, indem sie die vereinbarten Rollenzuteilungen, Phaseninhalte, Gesprächsregeln und interaktiven Grundhaltungen befolgen. Eine häufig ausgesprochene Empfehlung zur Förderung der Selbstverantwortung geht dahin, die Steuerungsrolle von Sitzung zu Sitzung rotieren zu lassen, um keine machtbesetzte Verkrustung von Leitungsfunktionen entstehen zu lassen, aber auch um solidarische Verhaltensorientierungen zu befördern: Alle sollen selbst erleben können, wie „störend" oder „erleichternd" das Verhalten der Teilnehmenden auf die Prozesssteuerung wirken kann.

Ablauf einer Intervision

Idealtypisch skizziert laufen Intervisions-Meetings in folgenden Phasen ab:

- Einstiegsphase: Begrüßung, Rollenverteilung und Rollenübernahme.
- Themeneinbringungsphase (10 Min.): Darstellung eines Falles bzw. einer Situation und Präzisierung der aus subjektiver Sicht zu bearbeitenden Fragestellung durch den „Intervisanden".
- Nachfragephase (max. 3 Min.): Klärende Fragen der Gruppe an den Intervisand ohne persönliche Interpretationen oder Bewertung durch die befragende Person.
- Analysephase (15 Min.): Die Gruppe betrachtet multiperspektivisch Charakteristika, Hintergründe, Verstrickungen etc.; die falleingebende Person lässt die Gruppensicht auf sich wirken und greift nicht selbst ein.
- Ergänzungsphase (max. 3 Min.): Wenn nötig ergänzt die falleingebenden Person die Ergebnisse der Gruppenanalyse durch zusätzliche Detailinformationen, Klarstellungen, Relativierungen, Bewertungen, Stellungnahmen oder Kommentare.
- Beratungsphase (20 Min.): Die beratenden Gruppenmitglieder suchen nach Handlungsideen, Lösungsentwürfen, Aktivitätsoptionen, alternativen Verhaltensmöglichkeiten etc.
- Entscheidungsphase (5 Min.): Die falleinge-

bende Person fällt eine Entscheidung über das beabsichtigte weitere Vorgehen in dem Fall bzw. in der Situation und begründet die Wahl.
- Abschlussphase (5 Min.): Prozessanalyse, Prozessauswertung, Feedback.

Variationen

In der Praxis adaptieren Interventionsgruppen bzw. die prozesssteuernden Personen diese basale Ablaufkontur auf den jeweiligen Anwendungskontext hin. Die konkrete Ausformung einer Intervention variiert von daher z. B. in Abhängigkeit von
- den Spezifika des zu bearbeitenden Falls oder der zentralen Fragestellung;
- den vorfindbaren Rahmenbedingungen (Teilnehmerzahl, zur Verfügung stehendes Zeitbudget etc.);
- dem jeweils vorhandenen Erfahrungs-, Kompetenz- und Qualifizierungsniveau der Gruppe;
- dem Moderationsstil der prozesssteuernden Person bzw. den methodisch-konzeptionellen Präferenzen der Gesamtgruppe.

So kann eine Sitzung mitunter aus mehreren Durchläufen bestehen, in denen nacheinander unterschiedliche Fälle mit rotierender Rollenverteilung im Zentrum stehen. Zwischen einzelnen Phasen sind Zwischenschritte denkbar (z. B. in Form einer Stil-/Nachdenkpause zwischen der Falldarstellung und der Nachfrage- bzw. Analysephase). Manchmal lässt es die zu lösende Problemstellung möglicherweise sinnhaft erscheinen, die genannten homogenen Teilmodule nochmals klar auszudifferenzieren (z. B. die Beratungsphase in die drei Teilphasen des offenen, visionären Brainstormings, der vertiefenden Diskussion der spontan geäußerten Ideen und der beratungsgruppeninternen Entscheidung für ausgewählte Erfolg versprechende und realisierbare Handlungsalternativen). Bisweilen finden sich in der Praxis und der Literatur zudem inhaltliche Anreicherungen wie z. B. Vereinbarung von Handlungsschritten in der Schlussphase und „Erfolgskontrolle" in der ersten Phase der darauf folgenden Sitzung mit der Option, möglicherweise das Thema erneut aufzugreifen. Manche Gruppen arbeiten ferner mit ergänzenden konzeptionellen Erweiterungen wie z. B. der Kurzvorstellung aktueller Fälle durch verschiedene teilnehmende Personen in der Anfangsphase mit anschließendem Entscheid für eine der präsentierten Alternativen als Leitthema für die Sitzung. In Anbetracht der hier nur bruchstückhaft erwähnten Variationsmöglichkeiten versteht es sich von selbst, dass die in der Phasenübersicht gemachten Zeitangaben allenfalls exemplarischen Charakter haben für einen Prozess, dessen Gesamtdauer sich auf ca. eine Stunde erstrecken würde. Im Anwendungsalltag dauern Intervisionssitzungen i. d. R. zwischen 30 und 120 Minuten. Mit weniger Zeitinput lässt sich kaum noch inhaltlich intensiv arbeiten. Andererseits machen Mammutsitzungen von über zwei Stunden vor dem Hintergrund gruppendynamischer und zeitökonomischer Überlegungen allenfalls in Ausnahmefällen Sinn.

Voraussetzungen und Rahmenbedingungen

Damit sich im Intervisionsablauf gruppeninterne selbsthilfeinduzierte Stützungs- und Problemlösungspotenziale entfalten können, bedarf es bestimmter Voraussetzungen und Rahmenbedingungen:
- Die Zahl der Teilnehmenden liegt idealerweise zwischen 4 und 10. Kleinere Gruppen lassen zwar eine sehr persönliche, vertraute Beratungsatmosphäre entstehen. Es besteht jedoch die Gefahr, dass die Prozessdynamik insgesamt leidet oder z. B. in der Phase der Ideensuche vielfältig erhellende, lösungsfördernde Perspektiven fehlen. Mit steigender Zahl an Mitgliedern entsteht mehr und mehr Distanz zwischen den Teilnehmenden. Ein partizipativer, intensiver Austausch wird zunehmend erschwert. Erfahrungsgemäß entstehen in größeren Gruppen oftmals Teilgruppen mit der Tendenz zu zeitverschlingenden Abgrenzungsdiskussionen oder spannungsträchtiger Frontenbildung.
- Die Treffen finden regelmäßig und in nicht allzu langen Abständen statt (d. h. alle 1–2 Wochen, nur in Ausnahmefällen seltener).
- Die Teilnahme sollte zum einen freiwillig sein (nur dann ist von hinreichender Selbstmotivation für Falleinbringung, Leitung und Beratung auszugehen), zum anderen aber verbindlich (ständig wechselnde Gruppenzusammensetzungen lassen kaum eine vertrauensgeprägte, solidarische, weiterentwicklungsbegünstigende Beratungskultur entstehen).
- Die Gruppenmitglieder verpflichten sich gegenseitig zu Vertraulichkeit und Verschwiegenheit.
- Kontraproduktiv wirken die inhaltlich-strukturelle Einmischung der Führungsebene sowie Berichtspflichten „nach oben", die als versteckte Kontroll- oder Überwachungsversuche missinterpretiert werden könnten.
- Die Gruppe achtet darauf, dass widerstand-/

blockadeprovozierende, konflikthaft besetzte, angstfördernde, persönlich zu nahe gehende Themen nicht in Intervisionssitzungen aufgegriffen werden (eine extern geleitete Supervision wäre hier eher angebracht).

- Bei Überhandnehmen „schwieriger" Themen, zur Reflexion der Prozessverläufe, zur Weiterqualifizierung intervisionsspezifischer Handlungskompetenzen, vielleicht auch schon im Zeitraum der Einführung des kollegialen Beratungsverfahrens in einen Arbeitskontext bietet sich die spezifische Form der „begleiteten Intervision" an, bei der ein externer „Trainer-Coach" (Hendriksen 2011) die Gruppe unterstützt.

Dieser Hinweis macht klar, dass Intervision keinesfalls als Kosten sparender, zeitökonomischer Ersatz für eine externe Supervision fungieren kann. Zwar mag es Arbeitszusammenhänge geben, in denen mangels finanzieller Mittel, Widerstand durch Vorgesetzte oder schlicht zu langer Wege (wie z. B. in ländlichen Regionen) gewillte Fachkräfte keine Supervision erhalten können mit der Konsequenz, dass der Reflexion und Stützung in Intervisionen eine Art Ersatzfunktion zukommt. Supervision und Intervision stehen aber generell nicht in einem Substitutionsverhältnis zueinander, sondern sie sind als ergänzende Verfahren mit jeweils spezifischem Wirkungspotenzial zu sehen. Gerade wenn sich ein Kollegenkreis auf Intervision einlässt, können in dem engen interaktiven Setting der kollegialen Beratung Scheinharmonien, Störungen oder Konflikte aufbrechen, deren Bearbeitung im Rahmen von Peer-Support nicht möglich ist. Von daher sind Supervision und Intervision zwei prinzipiell gemeinsam zu denkende, sich ergänzende Professionalisierungsstrategien.

Werner Steffan

Literatur

A. Bielecke: Niemand ist eine Insel – Kollegiale Beratung in der stationären Erziehung und Beratung, in: uj 1/2010, 23–31 ◆ R. D. Brinkmann: Intervision: Ein Trainings- und Methodenbuch für die kollegiale Beratung, Hamburg ²2013 ◆ J. Hendriksen: Intervision. Kollegiale Beratung in Sozialer Arbeit und Schule Weinheim ³2011 ◆ W. Kühl: Intervision: billig, aber auch gut? In: Sozialmagazin 1/2007, 38–47 ◆ M. Metzger: Entwicklung beruflicher Handlungssicherheit durch die Bearbeitung sozialer Probleme in der Intervision, in: np 3/2013, 288–295 ◆ W. Kühl/ R. Krczizek: Intervision einführen. Eine Pilotstudie zur Implementierung kollegialer Beratung in der Sozialen Arbeit, in: Sozialmagazin 3/2009, 35–47 ◆ K.-O. Tietze: Kollegiale Beratung – Problemlösungen gemeinsam entwickeln, Reinbek 2003.

Link

www.kollegiale-beratung.de

J

Jugend

Jugend (J.) ist einer der schillernsten Begriffe der fachwissenschaftlichen und öffentlichen Diskussion. In den einzelnen wissenschaftlichen Disziplinen wird durchaus unterschiedliches gemeint, wenn von J. gesprochen wird *(Jugendsoziologie)*. Die Entwicklungspsychologie konnotiert den Jugendbegriff anders als die *Anthropologie* und beide wiederum different zu den in den Sozial- und Erziehungswissenschaften gebräuchlichen Deutungen. Zudem hat eine Beschäftigung mit J. zu akzeptieren, dass es „die Jugend" nicht gibt, dass lebenslagenspezifische, ökonomische, kulturelle und soziale, geschlechtsspezifische und regionale Besonderheiten die konkrete Ausgestaltung von J. beeinflussen und dazu raten, von J. nur im Plural zu sprechen (Dudek 2010; Thole 2010). Im Folgenden soll insbesondere in zwei Hinsichten von J. die Rede sein:

- Erstens wird unter J. ein bestimmter Lebensabschnitt, eine bestimmte Phase im individuellen Lebenslauf, nämlich die Phase zwischen Kindheit und Erwachsenenalter, also der individuelle Weg durch das Jugendalter verstanden.
- Zweitens wird von J. die Rede sein i. S. einer bestimmten sozialen Gruppe in der Gesellschaft.

Beide Perspektiven gehen davon aus, dass J. eine gesellschaftliche, historisch gewachsene und sich permanent wandelnde generative Formation darstellt und sich unter den gegebenen gesellschaftlichen Bedingungen zeitgebunden jeweils durch eine gemeinsam geteilte Generationenlage kennzeichnet *(Generation/en)*.

Herausbildung der Jugendphase

Insbesondere drei Entwicklungen grundierten und prägten im Übergang vom 19. zum 20. Jh. die Herausbildung einer Generationsphase J. In den europäischen Regionen wurden – erstens – zu diesem Zeitpunkt Jugendliche erstmals zum Subjekt eines klar geregelten Bildungs- und Ausbildungssystems und damit aus der Erwachsenengesellschaft zum Zwecke eines auf die Erfordernisse des Berufslebens vorbereitenden Lernens in staatlichen Bildungsinstitutionen und organisierten Formen der Ausbildung selektiert (*Ausbildung, Berufliche Bildung,* Schule). Dieser Vorgang steht in engem Zusammenhang mit dem durch Industrialisierung und technologische Entwicklung erzwungenen Prozess gesellschaftlicher Arbeitsteilung, mit steigenden Qualifikationsanforderungen sowie dem Auseinandertreten von *Familie* und Arbeitswelt. Parallel und zweitens entdeckte Jugend sich als soziale Gruppe selbst. Waren es zuerst nur Teile der bürgerlichen Jugend, die in der bündischen Jugendbewegung einen Ort der Selbstbeschreibung und -artikulation fanden, suchten zunehmend mehr soziale Formgestalten von J. ihren Zusammenschluss in formellen und informellen Gruppierungen und begannen ihre jeweils jugendspezifischen Bedürfnisse und Erwartungen an die Gesellschaft öffentlich zu behandeln und zu kommunizieren (Dudek 2010). Und letztendlich drittens wurde J. als Lebenslaufphase von der Wissenschaft entdeckt und quasi zum Objekt von juristischen, philosophischen, biologischen, anthropologischen und im ersten Drittel des 20. Jh. dann auch von pädagogischen und soziologischen Fragestellungen. Im zurückliegenden Jh. haben sich dann jedoch nicht nur die Realgestaltungen von J. ausdifferenziert, sondern auch die öffentlich produzierten Bilder haben sich potenziert und verfeinert sowie die Typisierungen von J. in der kaum noch überschaubaren Jugendforschungslandschaft einen eigenständigen Ort der wissenschaftlichen Beobachtung gefunden.

Natürlich gab es auch vor dem 19. Jh. Lebensphasen, die heute mit dem Begriff J. codiert werden, und auch mehr oder weniger institutionalisierte Riten, die die Übergänge ins Erwachsenenalter symbolisch steuerten. Schon in Dokumenten der Antike, im Mittelalter und in der frühen Neuzeit finden sich „Vor-Formen" von J. beschrieben, aber sie unterscheiden sich grundlegend von der „modernen" J. dadurch, dass sie J. nicht durchgängig eigene Aufgaben zuschrieben. So existierte bis in das 19. Jh. hinein kein universeller Begriff von J. (Dudek 2010; Hornstein 1965). Gegenwärtig scheint der Begriff J. zwar nicht zur Disposition zu stehen, ist aber unschärfer als je zuvor. J. verstanden als eine generelle, alle Heranwachsenden mittleren Alters einbeziehende, altersmäßig und zeitlich klar begrenzte Lebensphase mit konkret zu bewältigenden Entwicklungsaufgaben, so kann leicht überspitzt formuliert werden, erlebte sie nur eine kurze Blütezeit.

Zeitliche Kontur und die zu bewältigenden Entwicklungsaufgaben der Jugendphase

Die zeitlichen Markierungsprobleme des Jugendbegriffs zeigen sich schon bei der Abgrenzung dieser Lebensphase gegenüber der Kindheitsphase und dem Erwachsenenalter. Traditionellerweise hat die biologisch-physiologische und entwicklungspsychologische Betrachtung den Beginn des Jugendalters gleichgesetzt mit dem Eintreten der biologischen Geschlechtsreife und den damit verknüpften psychischen Umstrukturierungen. Entsprechend wird der Begriff der Adoleszenz dem der J. vorgezogen. In der *Soziologie* wurden und werden zuweilen noch als Jugendliche diejenigen bezeichnet, „die mit der Pubertät die biologische Geschlechtsreife erreicht haben, ohne mit Heirat und Berufsfindung in den Besitz der allgemeinen Rechte und Pflichten gekommen zu sein, welche die verantwortliche Teilnahme an wesentlichen Grundprozessen der Gesellschaft ermöglichen und erzwingen" (Neidhardt 1970, 14). Heirat und ökonomische Selbstständigkeit fungieren hier als eindeutige Zäsuren des Übergangs vom Jugend- ins Erwachsenenalter. Beide Kriterien haben jedoch an Trennschärfe verloren. Der Eintritt in die Jugendphase hat sich nicht nur vorverlagert, sondern auch zeitlich nach hinten verschoben und inhaltlich entstrukturiert. Die Verlängerung von Ausbildungs- und beruflichen Qualifizierungsphasen bis weit in das zweite Lebensjahrzehnt hinein und die Schwierigkeiten für Jugendliche, einen Ausbildungsplatz zu erhalten bzw. nach Beendigung des ersten beruflichen Qualifizierungs- und Orientierungsabschnitts auf dem Erwerbsarbeitsmarkt einzumünden sowie die hierüber wesentlich gesteuerte längere Verweildauer von immer mehr Jugendlichen in den Elternhäusern, haben das Kriterium „berufliche Selbstständigkeit" als Markierungsdatum für das Ende der Jugendzeit obsolet werden lassen. Ebenso unsicher und fließend ist inzwischen eine Datierung über das Kriterium „Heirat". Die Praxis des Zusammenlebens in mehr oder weniger festen, eheähnlichen Verhältnissen, in Wohngemeinschaften und zahllosen anderen Formen des Wohnens haben zudem dazu geführt, dass auch dieses Merkmal an Bedeutung verlor *(Familienrecht).*

Aufgrund dieser Entwicklungen schiebt sich neueren jugendsoziologischen Betrachtungen nach zwischen das Jugend- und Erwachsenenalter eine „postadoleszente Phase", die bis weit in das dritte, zuweilen sogar bis in das vierte Lebensjahrzehnt hineinreichen kann.

J. kann folglich nicht mehr als die klassische Übergangsphase charakterisiert werden. Das Erleben und Durchleben von Übergängen hat sich inzwischen weitgehend von der Jugendphase entkoppelt (Stauber 2001; Thole 2010). Übergangsphasen, wie J. sie lange darstellte, sind inzwischen biographisch querverteilt, tauchen episodenhaft auf verschiedene Lebensabschnitte verteilt auf und können sogar als Gegensätze zwischen einzelnen Lebensabschnitten innerhalb einer Biographie sichtbar werden – pointierter formuliert: Die ehemals in dem biographischen Moratorien J. zu bewerkstelligten Entwicklungsaufgaben werden nicht mehr ausschließlich in diesem Lebensabschnitt für alle Zeiten realisiert und erledigt.

Jugend heute – allgemeine Situation

Im Kontext der makrosoziologischen Diskussion, die sich auch mit der Erklärung der Kontur und des Wandels von J. beschäftigen, erfahren in den letzten Jahren v. a. zwei Theoriekonzepte eine besondere Aufmerksamkeit: Zum einen ist hier das Konzept einer kritischen Modernisierungstheorie, wie es v. a. von U. Beck (1986, 2000) entwickelt wurde, zu nennen. Zum anderen ist auf die Kultursoziologie der Lebensstile als einer Theorie der sozialen Ungleichheit zu verweisen, wie sie der französische Soziologe P. Bourdieu entwickelte und in einer Studie über das alltägliche Leiden der Menschen an der Gesellschaft empirisch überprüfte (Bourdieu u. a. 1997) und damit auch produktive Anstöße für die Jugendforschung lieferte.

Die **kritische Modernisierungstheorie** untersucht und beobachtet die ambivalenten Folgen der wohlfahrtsstaatlichen Modernisierung der bundesrepublikanischen Gesellschaft seit der Nachkriegszeit. Im Widerspruch zu einigen vorschnellen Diagnosen der 1990er Jahre hat die Verbesserung des materiellen Lebensstandards für alle nicht die Herausbildung neuer und die Stabilisierung alter sozialer Ungleichheiten verhindert, jedoch u. a. zu einer Infragestellung geschlechtsständischer Zuweisungen bei gleichzeitiger Konstanz alter Rollenzuweisungen sowie zu einer Auflösung klassenspezifischer Sozialmilieus und einer soziokulturellen Freisetzung aus überlieferten Traditionen geführt *(Klasse/Schicht/Milieu, Sozialstruktur)*. Das hieran anknüpfende, in einer kritischen Modernisierungstheorie mitgedachte und in der Kindheits- und Jugendforschung vielbeachtete Deutungsmuster heißt Individualisierung. Mit Individualisierung ist jedoch keinesfalls, wie häufig angenommen, Individuierung oder gar Vereinsamung und Verinselung der Gesellschaftsangehörigen gemeint, sondern die Dynamisierung der sozialen Beziehungsformen und -regeln mit gravierenden Folgen für die Konstitution des Sozialen und der Subjekte. Individualisierung ist somit nicht nur die semantische Fassung für die vielerorts zitierte „Biographisierung" bisher standardisierter Lebenslaufmuster, sondern auch und insbesondere Stichwort einer paradoxen Entwicklung der „Herstellung, Selbstgestaltung, Selbstinszenierung nicht nur der eigenen Biographie, sondern auch ihrer Einbindungen und Netzwerke, und dies im Wechsel der Präferenzen und Lebensphasen und unter dauernder Abstimmung mit anderen und den Vorgaben von Arbeitsmarkt, Bildungssystem und Wohlfahrtsstaat" (Beck/Beck-Gernsheim 1994, 14). Der Weg durch die Jugendphase gestaltet sich demnach nicht mehr als schablonierter Lebenslauf, sondern als biographische Bricolage mit der fatalen Konsequenz, dass Jugendlichen nicht nur mehr Freiheiten zugestanden werden, sondern dass es ihnen auch obliegt, die Risiken des Weges durch die Jugendzeit selbstständig auszubalancieren.

Zugleich sind Jugendliche mit einer schleichenden **„Enttraditionalisierung** von sozialmoralischen Milieus" konfrontiert, also mit dem Bedeutungsverlust von Kirchen, Nachbarschaften und traditionellen Vereinen. Durch diese Informalisierung von Bezugspunkten werden zwar die jugendlichen Wahloptionen gestärkt. Heranwachsende erhalten die Möglichkeit, sich ihre Freundschaftsnetze selbstständig aufzubauen, gleichzeitig gehen jedoch auch die mit den formellen Netzen verbundenen Sicherheiten traditionsbezogener Bindungen und die Stabilität und Nähe sozialer Milieus verloren (u. a. Eckert/Reis/Wetzstein 2000). Die Vervielfältigung von jugendkulturellen Optionen verdankt sich auch diesen Prozess und prägt die Pluralisierung der Jugendphase wesentlich.

Unterhalb der skizzierten gesellschaftlichen Modernisierungen ist J. aber auch zu Beginn des 21. Jh. weiterhin geprägt von den sozialen gesellschaftlichen Ungleichheitsstrukturen. Über soziale Milieus, Klassen und familiale Kontexte moderierte soziale Ungleichheiten, selbst oder familial erlebte und mitgeteilte *Migration* und Flucht sind immer noch bedeutsam für Möglichkeiten, J. zu gestalten und beispielsweise schulische Selektionsprozesse und die Einmündung in die nachschulischen Qualifizierungsphasen zu bewältigen. Die Lebenslagen und die Möglichkeiten, eine angemessene Lebensgestaltung zu realisieren, sind insbesondere für Jugendliche aus sozialen Milieus mit Migrationserfahrungen und hier insbesondere für junge Muslime und Musliminnen weiterhin unsicher sowie zuweilen riskant und prekär (Geier/Gaupp 2015).

Immer noch tragen die schulischen und ausbildungsbezogenen Qualifikationssysteme zur Reproduktion sozialer Ungleichheiten bei (Baumert u. a. 2001). Wie einschneidend die diesbezüglichen strukturellen Veränderungen sind, lässt sich an der Tatsache ablesen, dass noch in den 1960er Jahren gut ⅔ der 15- bis 20-jährigen Heranwachsenden, zu Beginn des laufenden Jahrtausends jedoch nur noch knapp ¼ der männlichen und knapp ⅓ der weiblichen Jugendlichen dieser Altersgruppe erwerbstätig waren (Heinz 2002). Die Ausdehnung der Schulzeit, insbesondere jedoch die Integration von immer mehr Jugendlichen in nachschulische, außerhalb des Arbeitsmarktes angesiedelten Qualifizierungszeiten trägt hierfür die Verantwortung. *Bildung* gewinnt an Bedeutung, aber immer weniger ist der Erwerb von Bildung Garant für erfolgreiche Wege im Arbeitsmarkt und durch das Leben.

Die Bedeutung von Kultur, Freizeit und Medien

Auch die Involviertheit in Freizeitnetze, die subjektiven Kultur- und Freizeitpräferenzen sowie die autonom gestaltbaren Orte jugendlicher Selbstsozialisation haben bezüglich der biografischen Lebenswegoptionen gegenüber den klassischen Sozialisationskontexten an Bedeutung gewonnen und diesen viele ihrer lebenslaufprägenden Relevanzen beraubt. Freizeit bspw. ist nicht mehr nur ein bedeutendes Sozialisations- und Moratoriumsfeld für Jugendliche, sondern auch ein entscheidendes Distinktions- und Identifikationsfeld (Grgic/Züchner 2013) – dies wird durch die aktuellen Freizeit- und Medienstudien nachhaltig untermauert *(Medien)*. Viele Jugendliche sind heute in der Lage, eine Alltagspraxis zu leben und auszugestalten, die den Anforderungen und Möglichkeiten der modernisierten Gesellschaft entspricht. Gestützt und motiviert durch die sie umgebenden Sozialisationsfelder und befreit von stützenden, aber auch begrenzenden Traditionen, Normen, Werten und strukturellen Orientierungen bewegen sie sich mit viel Eigensinn durch den Alltag (Hitzler/Bucher/Niederbacher 2001; Thole 2010).

So zeigen sich auch im Bereich der empirisch zu beobachtenden Freizeit- und Medienwelten Veränderungen. Zwar haben sich die Lebenslagen von Jugendlichen aus unterschiedlichen Bildungsniveaus bzw. sozioökonomischen Statusgruppen bezüglich des verfügbaren zeitlichen Freizeitvolumens, des finanziellen Freizeitbudgets und der Ausstattung mit Medien angeglichen. Hinter der vordergründigen Fassade einer hierüber zu vermutenden Homogenisierung der Freizeitbedingungen und einer Vervielfältigung von Freizeitmöglichkeiten für alle Jugendlichen bestehen jedoch alte Ungleichheiten in neuem Gewande fort. Jugendliche aus niedrigen sozioökonomischen Statusgruppen konsumieren bspw. weiterhin vermehrter als andere Unterhaltungs- und Actionfilme im Fernsehen oder auf Video und bevorzugen eher praktisch-gegenständlichen Hobbys. Die Heranwachsenden aus den oberen sozialen Statusgruppen bevorzugen hingegen eher die Printmedien, favorisieren ästhetisch-kulturelle Freizeitpraxen und nutzen ihre Freizeit auch zur *Weiterbildung*. Ähnlich ambivalent stellen sich auch die Veränderungstendenzen im Freizeitbereich für die weiblichen Jugendlichen dar. So haben die *Mädchen* im Unterschied zu den 1950er und 1960er Jahren inzwischen auch den öffentlichen Handlungsraum für sich erobert und sind genauso häufig wie die *Jungen* in informelle Netzwerke der Gesellschaft der Altersgleichen eingebunden. Neben diesen Tendenzen zur Geschlechterangleichung lassen sich auch traditionelle Muster geschlechtsspezifischer Zuweisung ebenso wie neue Formen geschlechtsspezifischer Diskriminierung aufzeigen (u. a. Thole 2010).

„Jugend heute" ist damit zwangsläufig mit einer doppelten, im Kern diffizil und ambivalent angelegten Entwicklung konfrontiert. Auf der einen Seite wird der gegenwärtigen Jugendgeneration insgesamt im Vergleich zu frühen *Generationen* ein mehr an Wahlmöglichkeiten, Freiheiten und individuell gestaltbaren gesellschaftlichen Platzierungsmöglichkeiten zugestanden. Dieser „Zugewinn" hat jedoch nicht nur seine Schattenseite in dem „Zugewinn" an mehr Belastungen, Unsicherheiten und Übernahme von Verantwortung für Erfahrungen des Scheiterns, sondern auch in einem Verlust an Freiheit. Denn wo gegenwärtig die klassischen institutionellen Settings versagen bzw. implodieren, entstehen neue und binden die Jugendlichen in ganz neue Vergesellschaftungsformen mit neuen, nicht mehr bestimmbaren Abhängigkeiten ein – wo die Chancen auf dem Arbeitsmarkt schlecht sind, bleibt häufig nichts anderes übrig, als zusätzliche Ausbildungsgänge zu durchlaufen. Es hat also noch niemals „so viel" J. gegeben wie heute – einerseits –, aber auf der anderen Seite hat die Jugendphase viel von dem inneren Sinn dessen, was J. traditionell war (Bedürfnisaufschub im Hinblick auf spätere Gratifikationen usw.), verloren. Der Weg durch die Jugendphase ist für viele Jugendliche im Kontrast zu ihren Vorgänger Generationen riskanter und unsicherer geworden.

Neue Wege durch die Jugendzeit

Nicht nur die individuellen Optionen für diesen oder jenen Weg durch die Jugendphase haben sich potenziert, insgesamt haben sich die Fahrpläne durch die Jugendbiographie aufgeweicht. Der Weg durch die Jugendzeit hat seit den 1980er Jahren endgültig das rechtlich und gesellschaftlich betonierte Flussbett überschwemmt und neue Verläufe gesucht und gefunden. Neben der jugendlichen Orientierung an starren Altersnormen suchen und finden Jugendliche ihren Weg in der Balance seit den 1990er Jahren zwischen Schule und Clique, zwischen individueller und institutionell vorgegebenen Zeitrahmungen oder aber in der Abkehr von klassischen zeitlichen Vorstrukturierungen und in der frühen Einkehr in ein neues familiales Dach (Fuchs-Heinritz/Krüger 1991; Abels 1993; vgl. auch die Beiträge in Bock/Grabowsky/Sander/Thole 2013). Die zunehmend komplexer, mobiler und undurchschaubarer werdende *Gesellschaft* motiviert und zwingt Jugendliche eine „Patchwork-Identität" zu entwickeln (Keupp u.a. 1999), mit der sie situativ heterogene Anforderungen zu „meistern" suchen, ohne Garantie, dies auch zu schaffen. Ob sie dabei mehrheitlich pragmatische, idealistische, karrieristische oder spaß- und lustbetonte, systemkonforme, familiale Tugenden revitalisierende oder nonkonforme Lebensbewältigungsstrategien favorisieren, ist abhängig von den jeweils gegebenen Bedingungen und den jeweils möglichen Selbstgestaltungspotentialen. Die „Antworten", die Jugendliche heute in ihrem Verhalten und in ihren Orientierungen finden, sind folglich so unterschiedlich wie die konkreten sozialen Lebenslagen und Verhältnisse, innerhalb deren sie sich befinden. Sie reichen von Formen apathischen Rückzugs, in denen sich Jugendliche in Drogen, Alkohol, religiös-dogmatischem Sektierertum flüchten und darüber den Anforderungen der Erwachsenengesellschaft entziehen *(Alkoholismus, Drogenabhängigkeit, Sekten, Sucht)* und ihre eigene Welt ausbauen, über Protest und Widerstand bis hin zu Überanpassung und aggressiv-konkurrenzbetontem Verhalten, das von dem Bestreben geleitet wird, es angesichts schwieriger, riskanter gewordener Verhältnisse dennoch zu schaffen, auf der Karriereleiter nach oben zu kommen, also den Weg durch die Jugendzeit ins Erwachsenenalter erfolgreich zu durchlaufen.

Jugend und Soziale Arbeit

Die Veränderung der Jugendphase hin zu einem entgrenzten und risikoreichen Bildungsmoratorium sind auch für sozialpädagogische Diskussionen von Relevanz. So sind Jugendliche heute nicht mehr linear auf ein klar umrissenes Interessenfeld oder einen Freizeitort orientiert. Jugendliche Freizeitorte wie der Sportverein oder der Jugendverband *(Sport, Jugendverbände)*, das Freizeitheim, die Jugendkunst- oder die Ballettschule werden heute primär als Dienstleistungsorte und immer weniger als Zentren für darüber hinausgehende Aktivitäten und Interessen genutzt. Kinder und Jugendliche lernen heute schon frühzeitig, zwischen fachlich anspruchsvollen, professionell gestalteten und dilettantischen Freizeit- und Bildungsprojekten und angebotenen Beteiligungsformen zu unterscheiden. Sie wissen und lernen ab- und einzuschätzen, was ihnen diese oder jene, auch nichtschulische Aktivität biographisch „bringt" oder sie „kostet". Insbesondere betrifft dies auch Projekte der *Kinder- und Jugendarbeit*, der *Jugendsozialarbeit*, aber auch der *Hilfen zur Erziehung*. Der Sinn und die Bedeutung des Sich-Einlassens für eine bestimmte Sache müssen zumindest für den Weg durch die Jugendzeit identifizierbar sein. Die diversen selbst organisierten Netze des Alltags haben als autonom gestaltbare Orte jugendlicher Selbstsozialisation und als Orientierungspunkte zur antizipatorischen Auslotung biographischer Wege gegenüber den klassischen Sozialisationskontexten an Bedeutung gewonnen und diesen viele ihrer lebenslaufprägenden Relevanzen geraubt.

Schon lange brauchen Heranwachsende die von Friedrich D.E. Schleiermacher (1957) zur Herausbildung von Jugendlichkeit noch für notwendig gehaltenen pädagogisch inszenierten Unterstützungen, Begleitungen und Selbstidentifizierung nicht mehr. Neben den primären, sekundären und tertiären Sozialisationskontexten haben sich die selbstorganisierten Aktivitäten von Jugendlichen zu einem (partiell sicherlich sogar zu dem wesentlichsten) Sozialisationsfeld emanzipiert (Zinnecker 2000) – nicht mehr nur als Identifikationsfeld, sondern inzwischen auch als ein gesellschaftlich relevantes Feld sozialer Auszeichnungen. Ihre Bedeutung hat diese Charakterisierung natürlich auch für die selbst- und mitbestimmenden Artikulationen von Jugendlichen, gesellschaftliche Entscheidungen für die nachwachsende Generation mit beeinflussen zu wollen. Ob und inwieweit sie dabei von den professionellen politischen Akteuren als ernsthafte Teilnehmer in den jeweils aktuellen Aushandlungsprozessen wahrgenommen werden, wird wiederum das Engagement der Jugendlichen wesentlich beeinflussen *(Partizipation)*. Die Soziale Arbeit und insbesondere die *Kinder- und Jugendhilfe* ist heute ein wesentliches Lernfeld für J., das ihnen ermöglicht, Bildung zu generieren (Thole 2016) und damit Teilhabemöglichkeiten zu erleben.

Werner Thole
(bis zur 7. Auflage gemeinsam mit Walter Hornstein)

Zur Jugend und ihren Befindlichkeiten (Einstellungen, Lebenswelten, Hoffnungen, Werten, Erwartungen) sind in den letzten Jahren einige Studien vorgelegt worden, so zuletzt die 17. Shell-Jugendstudie und die Sinus-Jugendstudien, die dritte von 2016.

Das SINUS-Markt- und Sozialforschungsinstitut *(www.sinus-institu.de)* hat das Modell der Sinus-Milieus entwickelt, das kontinuierlich an die soziokulturellen Veränderungen der Gesellschaft angepasst wird. Als Ergebnis von über 30 Jahren sozialwissenschaftlicher Forschung werden über die Sinus-Milieus Menschen gruppiert, die sich in ihrer Lebensweise und Auffassung ähneln.

Inzwischen (2015) werden diese Milieus wie folgt charakterisiert und zusammengefasst:

Sozial gehobene Milieus
- konservativ-etabliert (10 %): das klassische Establishment;
- liberal-intellektuell (7 %): die aufgeklärte Bildungselite;
- Milieu der Performer (8 %): die multi-optionale, effizienz-orientierte Leistungselite;
- Expeditives Milieu (8 %): die ambitionierte kreative Avantgarde;

Milieus der Mitte
- Bürgerliche Mitte (13 %): der leistungs- und anpassungsbereite bürgerliche Mainstream;
- Adaptiv-pragmatisches Milieu (10 %): die moderne Mitte mit ausgeprägtem Lebenspragmatismus und Nützlichkeitsdenken;
- Sozialökologisches Milieu (7 %): engagiert gesellschaftskritisches Milieu mit normativen Vorstellungen vom ‚richtigen Leben';

Milieus der unteren Mitte/Unterschicht
- Traditionelles Milieu (13 %): Sicherheit und Ordnung liebend, verhaftet in der kleinbürgerlichen Welt bzw. in der traditionellen Arbeiterkultur;
- Prekäres Milieu (9 %): die um Orientierung und Teilhabe („dazu gehören") bemühte Unterschicht;
- Hedonistisches Milieu (15 %): die spaß- und erlebnisorientierte moderne Unterschicht/untere Mitte.

Mithilfe dieser Milieugliederungen können sowohl gesellschaftliche Veränderungen angezeigt und dokumentiert als auch die je besonderen, also zu differenzierenden Angebote, Dienste und Veranstaltungen der Sozialen Arbeit mit Jugendlichen begründet werden.

Denn mit diesen Milieus wird die Verschiedenheit jugendlichen Lebens offengelegt und erneut klargestellt, dass es für ‚die Jugend*en*' („es ist inzwischen unbestritten, dass es ‚die Jugend' nicht gibt und deshalb sollte von Jugend nur im Plural gesprochen werden: nach Dudek 2010 und Thole 2010) auch hoch differenzierte Angebote geben muss, die (mindestens) diese Milieuunterschiede berücksichtigen.

Nach 2008 und 2012 ist inzwischen unter der Überschrift ‚Wie ticken Jugendliche' die aktuelle Sinus-Jugendstudie erschienen (M. Calmbach u. a. 2016).

Anmerkung der Herausgeber

Literatur

H. Abels: Jugend vor der Moderne, Opladen 1993 ◆ J. Baumert: PISA 2000, Opladen 2001 ◆ U. Beck: Risikogesellschaft. Auf dem Weg in eine andere Moderne, Frankfurt/M. 1986 (17 2003) ◆ U. Beck: Die Zukunft von Arbeit und Demokratie, Frankfurt/M. 2000 ◆ U. Beck/E. Beck-Gernsheim (Hrsg.): Riskante Freiheiten. Individualisierung in modernen Gesellschaften, Frankfurt/M. 1994 ◆ K. Bock/S. Grabowsky/U. Sander/W. Thole (Hrsg.): Jugend.Hilfe.Forschung. Baltmannsweiler 2013 ◆ L. Böhnisch: Sozialpädagogik der Lebensalter, Weinheim/Basel 7 2017 ◆ P. Bourdieu u. a.: Das Elend der Welt, Konstanz 1997 ◆ M. Calmbach u. a.: Wie ticken Jugendliche 2016? Lebenswelten von Jugendlichen im Alter von 14–17 Jahren in Deutschland, Berlin 2016 ◆ P. Dudek: Geschichte der Jugend, in: H.-H. Krüger/C. Grunert (Hrsg.): Handbuch Kindheits- und Jugendforschung, Opladen 2 2010, 333–351 ◆ E. Eckert/Ch. Reis/Th. Wetzstein: „Ich will halt anders sein wie die anderen", Opladen 2000 ◆ W. Ferchhoff: Jugend und Jugendkulturen im 21. Jh., Wiesbaden 2 2011 ◆ W. Fuchs-Heinritz/H.-H. Krüger: Feste Fahrpläne durch die Jugendphase, Opladen 1991 ◆ B. Geier/N. Gaupp: Alltagswelten junger Musliminnen und Muslime unter Bedingungen sozialer Ungleichheiten. In: A. Eckhardt/I. Gogolin/K. Hille, K, u. a. (Hrsg.): Diskurs Kindheits- und Jugendforschung. Opladen 2015, 221–236 ◆ M. Grgic/

I. Züchner: Medien, Kultur und Sport. Was Kinder und Jugendliche machen und ihnen wichtig ist. Die MediKuS-Studie. Weinheim 2013 ◆ W. R. Heinz: Jugend, Ausbildung und Beruf, in: H.-H. Krüger/ C. Grunert (Hrsg.): Handbuch Kindheits- und Jugendforschung, Opladen ²2010, 597–615 ◆ R. Hitzler/ Th. Bucher/A. Niederbacher: Leben in Szenen. Kulturen unter den Bedingungen der Spätmoderne, Opladen 2001, 119–136 ◆ W. Hornstein: Vom „Jungen Herrn“ zum hoffnungsvollen „Jüngling“, Heidelberg 1965 ◆ K. Hurrelmann/G. Quenzel: Lebensphase Jugend, Weinheim/Basel ¹³2016 ◆ A. Ittel/ H. Merkens: Jahrbuch Jugendforschung ¹⁰2010 ◆ H. Keupp u. a.: Identitätskonstruktionen. Das Patchwork der Identitäten in der Spätmoderne, Reinbek 1999 ◆ H.-H. Krüger/C. Grunert (Hrsg.): Handbuch Kindheits- und Jugendforschung, Wiesbaden ²2010 ◆ F. Neidhardt: Bezugspunkte einer soziologischen Theorie der Jugend, in: Neidhardt u. a.: Jugend im Spektrum der Wissenschaften, München 1970 ◆ F. D. E. Schleiermacher (1826/1957): Die dritte Periode der Erziehung: Die eigentliche Jugend, in: F. D. E. Schleiermacher: Pädagogische Schriften, hrsg. v. B. Stauber: Übergänge schaffen, in: R. Hitzler/M. Pfadenhauer (Hrsg.): Technosoziologie, Opladen 2001, 119–136 ◆ W. Thole: Jugend, Freizeit, Medien, in: H.-H. Krüger/C. Grunert (Hrsg.): Handbuch Kindheits- und Jugendforschung, Opladen ²2010, 727–763 ◆ W. Thole: Non-formales und informelles Lernen in der Kinder- und Jugendhilfe. In: M. Harring/M. D. Witte/T. Burger (Hrsg.): Handbuch informelles Lernen. Weinheim 2016, 439–460 ◆ J. Zinnecker: Selbstsozialisation, in: Zeitschrift zur Soziologie der Erziehung und Sozialisation 20/2000, 272–290.

Jugendamt

Rechtsstellung, Organisation, Aufgaben

Vorbemerkung: ‚Das Jugendamt‘ hat es wegen der sehr unterschiedlichen Ausprägungen auch früher nicht gegeben (Kreft/Lukas u. a 1993, Bd. I, 378). Gegenwärtig ist es aber noch schwieriger geworden zu beschreiben, was ‚Rechtsstellung, Organisation, Aufgaben‘ des JA kennzeichnet.

Seit der Föderalismusreform I (2006) ist es dem Bund untersagt, den Kommunen durch Bundesgesetz direkt Aufgaben zu übertragen (Art. 84 Abs. 1 S. 7 GG) und die Länder sind inzwischen allein befugt, die Träger der öffentlichen Jugendhilfe zu bestimmen (§ 69 Abs. 1 SGB VIII). Die relative Klarheit der bisherigen Regelung in § 69 Abs. 1 SGB VIII a. F., dass Träger der öffentlichen Jugendhilfe die örtlichen und überörtlichen Träger seien und die örtlichen Träger die Kreise und die kreisfreien Städte sind, ging dadurch verloren. Heute sind die Länder befugt, die Einrichtungen von Behörden und die Verwaltungsverfahren selbst zu regeln (Wiesner u. a. § 69 Rz 12 ff.). Das bedeutet z. B. für das JA, dass die Länder sowohl die Allzuständigkeit des Amtes als auch die Zweigliedrigkeit des JA (bestehend aus der Verwaltung des JA und dem *Jugendhilfeausschuss*) aufheben und etwa einzelne Aufgaben auf andere Ämter übertragen können. Bislang ist allerdings die daraufhin befürchtete ‚Atomisierung‘ der Organisation der Kinder- und Jugendhilfe vor Ort und die Aufgabe der Zweigliedrigkeit des JA nicht eingetreten, allerdings muss die KJH nunmehr mit der ständigen Bedrohung leben, dass ihre historisch gewachsene besondere Rechtsstellung, Organisation und umfassende Aufgabenwahrnehmung jederzeit verändert werden kann (eine aktuelle Aufstellung der JÄ und LJÄ bei Schäfer, in: Münder u. a. § 69 Rz 2: ca 560 JÄ).

J

Das Jugendamt heute

Das JA nimmt weiterhin grundsätzlich die Aufgaben des örtlichen Trägers der JH wahr und erfüllt diese Aufgaben als öffentlicher Träger in enger Abstimmung mit den freien Trägern (*Träger der Sozialen Arbeit;* Ausnahme: das 3. Kap. des SGB VIII, die „anderen Aufgaben“ der JH; es handelt hier im Wesentlichen als Erlaubnisbehörde oder Fachbehörde in gerichtlichen Verfahren und bei der Beistands- und Amtsvormundschaft, bei Beurkundungen und bei Fällen von Inobhutnahme und Krisenintervention, was alles eher als originär hoheitlich und deswegen z. T. nicht auf freie Träger übertragbar angesehen wird: i. E. § 76 SGB VIII).

Der Träger der öffentlichen KJH hat die Gesamtverantwortung für die Erfüllung der Aufgaben des SGB VIII und soll gewährleisten, „dass die zur Erfüllung der Aufgaben nach diesem Buch erforderlichen und geeigneten Einrichtungen, Dienste und Veranstaltungen den verschiedenen Grundrichtungen der Erziehung entsprechend rechtzeitig und ausreichend zur Verfügung stehen …“ (§ 79 Abs. 2 S. 1 SGB VIII). Dazu gehört als Konsequenz, dass das JA entsprechende Leistungen selbst anzubieten hat, wenn freie Träger diese nicht anbieten wollen oder können; dazu gehört weiter, dass das JA über seine Planungsverantwortung und die *Jugendhilfeplanung* (§§ 79, 80 SGB VIII) die Bedarfe und die dafür erforderlichen Angebote planerisch feststellt.

Das JA unterscheidet sich von anderen Ämtern insbesondere dadurch, dass

- die Aufgaben des JA in einem speziellen Gesetz vorgegeben sind (SGB VIII);
- das SGB VIII das JA als ausführende fachliche Organisationseinheit vorgibt (§ 69 Abs. 3 SGB VIII: „Für die Wahrnehmung der Aufgaben nach diesem Buch errichtet jeder örtliche Träger ein Jugendamt …“);
- das JA aus den üblichen Verwaltungsabläufen und kommunalpolitischen Entscheidungsmechanismen herausgelöst ist, weil das JA im SGB VIII zweigliedrig angelegt wurde (§ 70 Abs. 1 SGB VIII: „Die Aufgaben des Jugendamtes werden durch den *Jugendhilfeausschuss* und durch die Verwaltung des JA wahrgenommen.“). Ob allerdings die Rechtsfigur der „selbständigen Fachbehörde JA“ mit ihrer Allzuständigkeit aufgrund der fachlichen Entwicklung und landesrechtlicher Eingriffsmöglichkeit Bestand hat, ist offen (Schäfer, in: Münder u. a. § 69 Rz 18 ff.);
- das JA im Spannungsfeld lebt zwischen sozialpädagogischen, therapeutischen und fürsorgerischen Arbeitsansätzen mit dem Ziel der individuellen An- und Einpassung der *Klienten* an/in vorgegebene gesellschaftliche Rahmenbedingungen (historische Grundlegung z. B. der Familienfürsorge) und kritisch-politischem Selbstverständnis mit dem Ziel, eine Veränderung der gesellschaftlichen Lebensbedingungen zu bewirken und den Versuchen, das JA mit ausdrücklich politisch-aufklärerischem Selbstverständnis wirken und auftreten zu lassen (Münder u. a. 2013: Einleitung).

J

Wie alles begann

Im Juli 1922 verabschiedete der Reichstag das RJWG und bündelte darin die in unterschiedlicher Verantwortung wahrgenommen Aufgaben der Jugendpflege (heute Kinder- und Jugendarbeit) und der Hilfen für Kinder und ihre Eltern sowie für Jugendliche (damals Jugendfürsorge). Unter dem Begriff „Jugendwohlfahrt“ wurde ein bis heute gültiges Verständnis normiert, das, ausgehend von der Lebenslage, Kindheit und Jugend als Gesamtheit sieht und nicht unterscheidet zwischen Angeboten zur allgemeinen Förderung (Jugendpflege, Kindergärten) und individuellen Hilfen (Fürsorge). Dieser Gedanke der „Einheit der Jugendhilfe“ wurde ebenso zum konstitutiven Merkmal wie die Vorgabe einer einheitlichen Organisationsform in allen Kreisen und kreisfreien Städten in Form des JA. Die sozialen Verwerfungen, verbunden mit massiven Gefährdungen von Kindern und Jugendlichen in der Nachkriegs- und Nachrevolutionszeit, beförderten die Initiative zur rechtlichen Normierung aller Aufgaben der Jugendwohlfahrt in einem Gesetz. Dabei standen sich einerseits eine stark religiös geprägte, traditionelle Haltung, insbesondere aus dem katholischen Spektrum, die die Verantwortung für Erziehung ausschließlich als Aufgabe der Eltern und der kirchlichen Gemeinschaft sah *(Subsidiarität)*, und anderseits die Arbeiterbewegung gegenüber, die auf eine staatliche Verantwortung für *Erziehung* und *Bildung* zielte und dabei geprägt war von demokratisierenden und reformpädagogischen Vorstellungen. Das RJWG war schließlich ein gesellschaftspolitischer Kompromiss dieser beiden Strömungen. So ist auch zu erklären, dass das JA als gesetzlich einzurichtende Dienststelle mit einer der herkömmlichen Verwaltungslogik völlig widersprechenden zweigliedrigen Struktur entstand. Nach § 9 RJWG bestand das JA aus der durch einen hauptamtlichen Beamten geleiteten Verwaltung und aus einem aus gewählten Vertretern der Öffentlichkeit sowie der Jugendwohlfahrt bestehenden Entscheidungsgremium. Diese Struktur kann als Teilhabe und Demokratisierungsansatz interpretiert werden, aber in erster Linie ging es darum, eine ‚Verstaatlichung‘ von Erziehung durch die Beteiligung und Mitwirkung der weltanschaulich unterschiedlichen freien Träger *(Jugend- und Wohlfahrtsverbände)* zu verhindern und ihnen die Angst vor einer Existenzgefährdung durch ein allein entscheidendes Amt über die Beteiligung und Mitsprache im JA zu nehmen. Bereits zwei Jahre nach Verabschiedung des RJWG wurde 1924 – mit Hinweis auf die Finanznot des Reiches – das Gesetz geändert (Einführungsgesetz und VO zum RJWG vom 14. 2. 1924). Danach konnte die Einrichtung der JÄ unterlassen und die Aufgaben durch andere Organisationseinheiten erledigt werden. Es ist angesichts der oben aufgezeigten Konfliktstoffe verständlich, dass daraufhin überhaupt nur wenige JÄ eingerichtet wurden, deren Aufgaben i. d. R. streng an die verwaltungsüblichen Maßstäbe gebunden waren (ausführlich Uhlendorff 2003). Durch ein Reichsgesetz von 1939 wurde der Aufgabenkatalog bestehender JÄ vollends um alle pädagogischen Funktionen auf eine reine Eingriffsverwaltung reduziert *(Soziale Arbeit im Nationalsozialismus)*. Erst nach Gründung der BRD wurde der Gedanke des JA in alter Form wieder aufgegriffen. Das RJWG von 1924 galt übergangsweise, bis mit der ‚Novelle‘ 1953 (Bundesgesetz zur Änd. von Vorschriften des RJWG vom 28. 8. 1953) u. a. das Demokratieprinzip in veränderter Form und die rechtliche Verpflichtung, JÄ einzuführen, wieder aufgegriffen wurden – das ursprünglich gewollte RJWG trat mit langer Zeitverzögerung gewissermaßen jetzt erst in Kraft. Die dargestellten Probleme des JA im Gegensatz zu anderen Verwaltungseinheiten sind in milderer Form sowohl bezüglich denkbarer Konflikte aus pädagogisch-gesellschaftspolitischen Ansprüchen heraus als auch bezüglich der Demokratisierungsvorstellungen in der institutionellen Verflechtung von Jugendamts-Verwaltung und JHA in der Tendenz geblieben. Innovation, Einmischung und gesellschaftspolitischer Veränderungswille als offensives Selbstverständnis eines Amtes bleiben untypisch und werden als Regelverletzung empfunden und manchmal auch geahndet (zur Entwicklung: Hasenclever 1978, Jordan/Münder 1987, Jordan u. a. 2015). So haben Kreft/Lukas u. a. schon in der letzten umfassenden Befragung aller JÄ in der (alten) BRD resümiert, „dass die Bandbreite bei den JÄ reiche von (wenigen) hoch innovativen, die u. a. in fast allen neuen Handlungsfeldern tätig sind, bis hin zu ca. 15 % offenbar innovationsresistenter Verwaltungen des JA" (Bd. I, 378) – diese ‚Verteilung' gilt wahrscheinlich auch heute noch.

Den Geboten der Einheit der Jugendhilfe und der einheitlichen Organisationsform, alle Aufgaben nach dem SGB VIII in einem JA der jeweiligen Kommunalverwaltung organisatorisch zusammenzufassen, wird bis heute keinesfalls überall entsprochen. Nicht selten ist der Aufgabenbereich der Kindertageseinrichtungen (z. B. *Kindergarten* und *Kinderhorte*) beim Schulbereich angesiedelt, ab und zu erfüllen auch Kultur- und Sportämter Aufgaben der *Kinder- und Jugendarbeit*. In der Breite nicht durchgesetzt haben sich Organisationsüberlegungen, einen Altersgruppen und Aufgaben übergreifenden Sozialen Dienst als eigenständigen Dienst in den Kommunalverwaltungen zu etablieren. Mit seiner zentralen Funktion bleibt der *Allgemeine Sozialdienst* (ASD) weiterhin Basisdienst der JH im JA (ISS 2011/Merchel 2015). Der ASD ist in 93 % aller Fälle dem JA zugeordnet (Mamier u. a., 296) und übernimmt in 41 % ausschließlich Aufgaben der Jugendhilfe bzw. hat in 29 % eine Allzuständigkeit (einschl. Sozialhilfe, Alten- und Gesundheitshilfe) (ebd., 295). Festzustellen ist dennoch, dass trotz des Gesetzesbefehls des § 69 Abs. 3 die rd. 560 JÄ unterschiedliche Aufgabenzuordnungen haben und in Ausstattung und Organisationsstruktur sehr unterschiedlich sind, was eine fachliche Debatte durch (interkommunale) Kennziffernvergleiche sehr schwierig macht. Im Kontext der Bildungsdebatte zeichnet sich zunehmend eine Tendenz ab, die Tageseinrichtungen für Kinder ganz oder teilweise *(Kinderhorte)* den Schulverwaltungen zuzuordnen bzw. kommunale Schulverwaltung und JÄ zusammen zu führen. Aufgrund der Größe der JÄ haben sich einige Städte entschlossen, ihre Kindertageseinrichtungen in einem kommunalen Eigenbetrieb auszugliedern.

Entwicklungen

Seit Anfang der 1990er Jahre fanden zwei, die Stellung der Jugendämter bestimmende Entwicklungen statt: Einerseits gelang es nach jahrzehntelangen Bemühungen, mit dem *Kinder- und Jugendhilfegesetz* (SGB VIII) ein modernes Leistungsgesetz zu verabschieden und es kam zu einer enormen quantitativen und qualitativen Entwicklungsdynamik der Jugendhilfe (dazu die fortlaufenden, auch kommentierten, Berichte von KOMDat). Andererseits zeichnete sich insgesamt in den Kommunalverwaltungen ein Perspektivenwechsel darüber ab, welche Aufgaben und insbesondere in welcher organisatorischen Form sie zukünftig für den Bürger erfüllen sollen. Die klassischen Kommunalverwaltungsstrukturen wurden vor allen in den Großstädten in Frage gestellt. Die Hauptleitlinien dieser Verwaltungsreform waren geprägt durch die Zielsetzung nach mehr Bürgerfreundlichkeit und Dienstleistungsorientierung, bestimmt von der Suche nach Instrumenten zur effektiveren Verwaltungssteuerung sowie der aus der Unterfinanzierung der kommunalen Ebene heraus zu erklärenden (permanenten) Aufgabenkritik und Haushaltskonsolidierung. Dass insbesondere die KJH und die JÄ zum Objekt der Verwaltungsmodernisierung wurden, mag in ihrer speziellen Verfasstheit, dem durch das SGB VIII bewirkten fachlichen – allerdings auch mit Mehrkosten verbundenen – Qualifizierungsschub, aber auch dem Versäumnis einer ernsthaften Diskussion über das JA als Erziehungsfachbehörde innerhalb der Kommunalverwaltung geschuldet gewesen sein. Vorbild für die Verwaltungsreform waren und sind die vermeintlich besser organisierten und zielorientierten Wirtschaftsunternehmen, und so lag es nahe, dass sich einige Städte in Anlehnung an Konzerne zu organisieren suchten, z. B. durch Auflösung von Dezernaten und Ämtern hin zu neuen querschnittsorientierten Organisationseinheiten einschließlich der Auflösung der JÄ und der Verteilung der Aufgaben auf verschiedene Fachbereiche. Die besonderen Logiken öffentlicher Dienstleistungserbringung und der speziellen Aufgaben der KJH wurden dabei nur unzureichend berücksichtigt (AGJ 1999; eine sorgfältige Analyse zu den Ergebnissen der *Verwaltungsmodernisierung* bietet Merchel 2008, 48 ff.).

Umso überraschender war dann das Ergebnis einer Untersuchung des DJI (DJI 2000), die belegte, dass 9 von 10 befragten JÄ weiter überwiegend als eigenständige Organisationseinheit Bestand hatten. Dennoch waren die Auswirkungen dieser Diskussionen zur Verwaltungsmodernisierung und Dienstleistungsorientierung auf die interne Aufgabenerfüllung und das Selbstverständnis der Mitarbeiterschaft in den JÄ gravierend. Es entstand ein anderes Bewusstsein über Bürgerfreundlichkeit, Kundenorientierung, Dienstleistungsverständnis sowie Bürgernähe durch Dezentralisation. Wichtiger sind allerdings andere Entwicklungen, gekennzeichnet durch folgende Auswahl von Stichworten, die in den einzelnen JÄ in sehr unterschiedlicher Gewichtung und jeweils nur z. T. angestrebt oder umgesetzt worden sind: outputorientierte Steuerung der JH; neues Steuerungsmodell; permanente Aufgabenkritik; Prozessoptimierung; Produktkataloge und Betriebsabrechnungen der JÄ; Einführung kaufmännischer Buchführung; Qualitätssicherung; Wettbewerb; Leistungsverträge; Selbstevaluation; Controllingverfahren als Erfolgs-, Effizienz- und Effektivitätsüberprüfung; Einführung von Budgets – auch bei erzieherischen Leistungen, auf die ein Rechtsanspruch besteht – und Einführung der IuK-Technik in der Teilbearbeitung der Bezirkssozialarbeit und der Spezialdienste (i. E. bei *Sozialmanagement, Sozialraumorientierung, Verwaltungsmodernisierung*). Diese Prozesse gehen in den JÄ weiter – im Rahmen der fortschreitenden schrittweisen Veränderung des bisher offensiv vertretenen Sozialstaatsprinzips hin zu dessen schleichendem, neoliberal orientiertem Abbau von Leistungen im Sozialbereich. Dennoch obliegt den JÄ weiterhin die gesetzliche Verpflichtung, im Alltag vor Ort rechtlich und fachlich i. S. der Vorgaben des SGB VIII zu handeln (Kreft 2001). Eine der bedeutsamsten Auswirkungen der bildungspolitische Debatte und Berichterstattung ist die zunehmend entstehende engere örtliche Zusammenarbeit der unterschiedlichen Akteure und Lernorte formaler, nonformaler und informeller Bildung in sog. „lokalen bzw. kommunalen Bildungslandschaften“ geführt. Sie sind Ausdruck eines neuen strukturellen Verständnisses von Bildung, Betreuung und Erziehung in privater und öffentlicher Verantwortung. In einem solchen Verständnis von „educational governance“ (kooperativer Gestaltung von lokalen Bildungswelten) hat die Jugendhilfe mit ihren verschiedenen Handlungsfeldern von frühen Hilfen, Familienbildung, Erziehungsberatung, Kinder- und Jugendarbeit, Jugendsozialarbeit und Hilfe zur Erziehung eine zentrale Aufgabe, einerseits die JÄ im Rahmen ihrer Planungs- und Gewährleistungsverantwortung als auch gemeinsam mit den Trägern der Freien Jugendhilfe als Leistungsanbieter (BMFSFJ 2013, 406 f.). Diese Entwicklung dürfte auch eine der Triebfedern gewesen sein, dass der *„Jugendhilfeplanung“* wieder eine größerer Stellenwert eingeräumt wird. Dabei geht es auch um die fachliche Debatte wie im Interesse des Aufwachsens eine integrierte Schulentwicklungs- und Jugendhilfeplanung umgesetzt werden kann. (AGJ 2015a, BJK 2012a)

Jugendamt der Zukunft

Wenn JÄ ihre Stellung als Kompetenzagentur für das Aufwachsen behalten, stärken und mancherorts zurückgewinnen wollen, dann müssen sie teilweise widersprüchliche Herausforderungen bewältigen:

1) Sie brauchen Antworten auf die an sie gerichteten gesellschaftlichen Anforderungen und Problemlösungserwartungen. Denn die in der Leitnorm des § 1 SGB VIII formulierten Erwartungen, insbesondere die Forderung, „positive Lebensbedingungen für junge Menschen und ihre Familien sowie eine kinder- und familienfreundliche Umwelt zu erhalten oder zu schaffen“ (Abs. 3, S. 4), führen häufig zu einer massiven Überforderung wegen fehlender personeller und finanzieller Ressourcen, der fehlenden oder unzureichenden Einflussmöglichkeiten in organisationssensiblen Kommunalverwaltungen und stoßen teilweise auch an fachliche Grenzen. Zwar ist es der KJH zunehmend gelungen, sich in andere gesellschaftliche Bereiche einzumischen (*Einmischungsstrategie;* Mielenz 1981), z. B. im Bereich Schule *(Jugendhilfe und Schule),* Gesundheit (BMFSFJ 2009) und Stadtentwicklung (z. B. im Rahmen des Bund-Länder-Programms „Soziale Stadt“ und der entsprechenden Komplementärprogramme: *Quartiermanagement/Stadtentwicklungsplanung/Stadterneuerung*), doch sind diese Ansätze nicht systematisch und i. d. R. in JÄ auch nicht strukturell abgesichert. Sie bleiben somit fragil und volatil (‚flüchtig‘). Gleichzeitig werden aber von der KJH gerade durch Einmischung und durch Kooperation Problemlösungen in allen Fragen des Aufwachsens erwartet, die aufgrund der Komplexität der Erwartungen im Verhältnis zu den Möglichkeiten (Ressourcenausstattung, Steuerungsinstrumente, politische Legitimation) immer wieder

nicht zufriedenstellend erfüllt werden können. Selbst in den klassischen Aufgabenbereichen wird es unter diesen Bedingungen für die JÄ zunehmend schwieriger die gesellschaftlichen Erwartungen zu erfüllen, etwa im *Kinderschutz* und bei den frühen Hilfen *(Frühkindliche Entwicklung, Erziehung und Bildung)*, dem zeitnahen quantitativen Ausbau und der qualitativen Weiterentwicklung der Infrastruktur zur Bildung, Betreuung und Erziehung vor und neben der Schule, der *Familienbildung*, dem Übergang von Schule in die Arbeitswelt und gegen die Ausgrenzung von jungen Menschen.

2) JÄ müssen aufgrund dieses Bedeutungsgewinns der KJH eine Antwort darauf finden, was sie tatsächlich zu leisten vermögen, wofür sie zuständig sind und unter welchen Bedingungen Aufgaben erledigt werden können. Sie müssen ihre Kompetenzen selbst definieren und belegen. Dabei müssen sie bereit sein, Aufgaben und Aufgabenzuweisungen kritisch zu überprüfen. Dazu bedarf es in Fortsetzung der Verwaltungsreform auch einer Antwort auf die seit dem 10. und 11. Kinder- und Jugendbericht (BMFSFJ 1998 und 2002) diskutierte Frage, ob die JÄ sich auf die Aufgabe der Planung, Gewährleistung und Steuerung der Jugendhilfeleistungen reduzieren lassen wollen, womit die Gefahr der Entfachlichung verbunden wäre, oder ob sie weiterhin selbst operative Aufgaben mit eigenen Einrichtungen und Diensten wahrnehmen wollen. Verbunden ist damit auch die verwaltungsorganisatorische Frage ihrer Stellung im Kommunalgefüge aufgrund ihrer Aufgabenvielfalt, besonderen der Struktur, Größe und des Bedarfs an Finanzmittel.

3) Brauchen JÄ eine Antwort auf die Kostenentwicklung. Die Ausgaben der öffentlichen Haushalte für die KJH sind von 15 Mrd. im Haushaltsjahr 1992 auf 35,6 Mrd. in 2013 gestiegen, das entspricht einer Steigerung um rund 140 % (Rauschenbach/Schilling 2011, 68). Wenngleich bei einer preisbereinigten Betrachtung die Steigerung nicht mehr so dramatisch ausfällt. Der größte Ausgabenanteil entfällt auf die Kindertagesbetreuung mit 23 Mrd., davon 20 Mrd. Ausgaben für den laufenden Betrieb, 2,2 Mrd. für den Ausbau und 0,7 Mrd. für Kindertagespflege (Schilling 2015, 2) Einer differenzierten Betrachtung bedarf die Kostenentwicklung im Bereich der *Hilfen zur Erziehung*, die nach wie vor im Fokus der öffentlichen Debatte stehen. 2013 wurden insgesamt 520 000 Hilfen zur Erziehung von insgesamt 1,02 Millionen neu begonnen. Die Ausgaben belaufen sich auf 6,5 Mrd. für dieses zweitgrößte Handlungsfeld der Kinder- und Jugendhilfe. Hier ist nach einer expansiven Steigerung eine Konsolidierung der Entwicklung eingetreten (aktuell zur Expansion und Ausdifferenzierung der *Heimerziehung:* KOMDat 2/2016b, 8.12).

Angesichts der dramatischen finanziellen Situation vieler Kommunen, die teilweise unter Haushaltssicherung stehen, ist die Kostenentwicklung der KJH der letzten Jahre kaum noch zu schultern. Hinzu kommen noch die neuen gesetzlichen Regelungen (z. B. Kinderschutz) und die zeitlichen Vorgaben zum Ausbau der Kindertagesbetreuung. Gerade im Bereich der Hilfen zur Erziehung werden JÄ auf kommunaler Ebene in politische und verteilungspolitische Konflikte gedrängt, auf die sie nur passiv reagieren können. Andere Aufgaben, insbesondere im Bereich der *Kinder- und Jugendarbeit* oder der *Prävention* werden – haushaltsrechtlich immer noch und immer wieder contra legem als „freiwillig" bezeichnet – abgebaut bzw. können nicht sinnvoll entwickelt werden. Um die Debatten bzgl. der Kostenentwicklung bestehen zu können, brauchen die JÄ mehr Klarheit über ihre Kostenstruktur und sie brauchen Instrumente, die Wirksamkeit von Maßnahmen finanziell abzubilden.

4) Müssen die JÄ auch eine Antwort – auch aufgrund der Kostenentwicklung – auf die Frage finden, wie individuelle Leistungsansprüche, Wunsch- und Wahlrecht und Beteiligungsrechte, Vielfalt und Pluralität als Merkmale von KJH mit sozialräumlichen Ansätzen (Sozialraumbudgets und Flexibilisierung der Hilfen bis hin zur Stadtteilentwicklung, verbunden mit inhaltlich-konzeptioneller Ausgestaltung und Ressourcenausstattungen von Einrichtungen, Diensten und Angeboten vor Ort *(Sozialraumorientierung)* miteinander in Einklang zu bringen sind. Die verschiedenen Initiativen zu Standardabsenkung oder Reduzierung der Kosten im Rahmen der Gemeindefinanzierungskommission und verschiedene Länderinitiativen in der Vergangenheit und der Gegenwart (aktuell und exemplarisch die Diskussion in der neuen praxis ab 5/2011: Wohin treibt das KJHG. Aktuelle Tendenzen in Politik und Praxis) unterstreicht die Dringlichkeit einer zeitnahen fachlichen Lösung. Auch die Debatte zur Steuerung der Hilfen zur Erziehung (siehe u. a. Forum Jugendhilfe Pörksen 4/11, 13 sowie AGJ 2015, DV 2015) macht deutlich, dass es dabei nur vordergründig um eine Kostendiskussion geht, sondern tatsächlich um eine organisato-

rische und fachliche Auseinandersetzung über die Weiterentwicklung der sozialpädagogischen Arbeit in diesem Handlungsfeld und vor allem den Zusammenhang zwischen den Leistungen und Möglichkeiten der quantitativ und qualitativ besser ausgestatteten Regelsysteme (Kindertageseinrichtungen, Schulen einschl. Schulsozialarbeit) im Verhältnis zu den einzelfallbezogenen Hilfen. Von zentraler Bedeutung ist der Aufbau eines sozialräumlich gegliederten Beobachtungssystems, das individuelle soziale Indikatoren in Bezug zu Leistungen der KJH und deren Kosten langfristig abbildet und das interkommunale Vergleiche ermöglicht.

5) JÄ müssen die vielfältigen Personalfragen in den Griff bekommen (BMFSFJ 2013, 83f.). Gut ausgebildetes und fachlich qualifiziertes Personal ist die Voraussetzung für die Bewältigung der Aufgaben der JÄ. Der Fachkräftemangel ist in allen Bereichen der *Sozialen Arbeit* inzwischen zu spüren, wenngleich regional unterschiedlich intensiv. Vor allem im Bereich der Kindertageseinrichtungen ist der Fachkräftemangel vielerorts schon ein Problem und führt bereits zu Vakanzen in Einrichtungen. Nur durch rasches Handeln und die Schaffung attraktiverer Arbeitsbedingungen, durch bessere Entlohnung, verstärkte Ausbildungsbemühungen und Qualifizierungsmaßnahmen zum Quereinstieg werden die sich abzeichnenden Personalengpässe abgefedert werden können. Gleichzeitig erfordern wachsende gesellschaftliche Anforderungen, z. B. über die verschiedenen Bildungs- und Erziehungspläne für *Tageseinrichtungen für Kinder* oder die komplexer werdenden Konstellationen im Bereich des Kinderschutzes, immer höhere Qualifikationsvoraussetzungen, denen nur durch eine verbesserte Ausbildung, eine höhere Einstiegsqualifikation und eine Fortbildungsoffensive wirksam begegnet werden kann (AGJ 2011„ 2014). Hinzukommt, dass die veränderten Studienbedingungen aufgrund des Bolognaprozesses vielfach nicht kompatibel mit Anstellungsbedingungen der Träger sind. Aufgrund der Gleichstellung des „alten Diploms" mit einem zeitlich deutlich verkürztem Bachelor (BA), kommt es in der Tendenz zu einer Qualitätsabsenkung, weil nicht ausreichend Stellen für Master zur Verfügung stehen. Schließlich ist ein unüberschaubare Vielfalt von unterschiedlichen Studiengängen entstanden, die an Stelle eines grundständigen Studiums der Sozialen Arbeit getreten sind. Neben diesen höheren professionsspezifischen Erfordernissen im Bereich von Fachlichkeit und Verwaltung, brauchen die JÄ auch verstärkt kaufmännische und betriebswirtschaftliche Managementkompetenzen. Eine zunehmende Akademisierung sowie vertikale wie horizontale Ausdifferenzierung der Qualifikationsprofile und Professionen vor allem im Bereich der Kindertageseinrichtungen wird die zwangsläufige Konsequenz der veränderten Anforderungen sein. Schließlich müssen JÄ auch noch Strategien entwickeln, wie angesichts der vielfach physisch und psychisch belastenden Arbeitsbedingungen von sozialpädagogischen Fachkräften durch lebenszyklusorientiere Personalentwicklungsstrategien zufrieden stellende und gesundheitsschonende Arbeitsbedingungen geschaffen werden können.

6) Weitere Herausforderung für die JÄ ergeben sich aus der Inklusionsdebatte aufgrund der UN-Behindertenrechtskonvention dar (BJK 2012b, BMFSFJ 2013, 377f.) und dies erst einmal unabhängig davon, ob es zu der „großen" oder „inklusiven" Lösung der Einbeziehung der Kinder- und Jugendlichen mit Behinderung in das SGB VIII kommt. Allein aufgrund der Verantwortung für die Aufwachsen ist die Kinder- und Jugendhilfe gefordert, an den Schnittstellen zu anderen Sozialleistungsträgern und in der Ausgestaltung ihrer Angebote Inklusionsstrategien zu entwickeln und die Beschäftigten der Regeleinrichtungen und -dienste sind entsprechend zu qualifizieren. Wenn es zu der fachlich gebotenen „großen" oder „inklusiven" Lösung kommt, bedeutet dies für die JÄ neue und zusätzliche Fachlichkeit im medizinischen, therapeutischen und heilpädagogischen Bereich aufzubauen und ein erheblicher Leistungszuwachs mit allen finanziellen und verwaltungsmäßigen Konsequenzen.

7) Die enorme Zuwanderung von Flüchtlingen stellt JÄ vor neue Aufgaben. Der Umgang mit jungen Menschen auf der Flucht, unbegleitet oder im Familienverband fordert JÄ und Träger der Jugendhilfe heraus, sich dieser neuen Herausforderung zu stellen, um einerseits der UN-Kinderrechtskonvention gerecht werden zu können und mit entsprechenden Angeboten die Integration in die Aufnahmegesellschaft zu ermöglichen *(unbegleitete minderjährige Flüchtlinge)*. Dies ist ein neues quantitativ und qualitativ anspruchsvolles und vielschichtiges Aufgabenfeld,.über das es bisher nur wenig Wissen und Erfahrung gibt.

8) Sollten JÄ den Widersprüchlichkeiten in der öffentlichen Wahrnehmung begegnen. Die

J

Leistungen der JÄ sind wenig bekannt: 37 % von repräsentativ befragten Erziehungsberechtigten wissen nicht, welche Leistungen die JÄ anbieten. 95 % verbinden mit dem JA vor allem den Kinderschutz, also seine ‚Wächteramtsfunktion', als kompetenter Ansprechpartner und sozialer Dienstleister ist das JA kaum bekannt. Auch die Tatsache, dass die JÄ für den quantitativen Ausbau und die qualitative Weiterentwicklung der Kinderbetreuung zuständig sind, wissen nur 52 % (forsa-Umfrage 2011). In der medialen Öffentlichkeit stehen die JÄ immer in der Gefahr der Skandalisierung, zu spät bei Kindeswohlgefährdungen einzugreifen, zu nachgiebig zu sein und die Kinder nicht rechtzeitig aus der Familie zu nehmen oder andererseits als „Kinder-Wegnehm-Behörde" angeprangert zu werden. Die Imagekampagne der BAGLJÄ und des BMFSFJ „Das Jugendamt. Unterstützung, die ankommt." war ein erster Beitrag in die Richtung, das Bild des JA nachhaltig und realitätsgerecht zu vermitteln. Es braucht aber eine langfristig angelegte Strategie offensiver KJH vor Ort, um durch Qualität und Leistung zu überzeugen – und durch entsprechende Kommunikation darüber *(Öffentlichkeitsarbeit)*.

Ein kurzer Blick nach vorn

Die Zukunft der JÄ wird entscheidend davon abhängen, ob eine fachlich untermauerte und auch gesellschaftlich akzeptierte Antwort auf diese Herausforderungen gefunden wird und dennoch die „alten" Strukturmerkmale erhalten bleiben: Die aus der Subjektorientierung mit der Lebenslage Kindheit und Jugend abgeleitete Einheit der Jugendhilfe; die bundesweit (bislang noch weitgehend) einheitliche und damit vergleichbare Organisationsstruktur der JÄ sowie die partnerschaftliche Beteiligung und Mitwirkung freier Träger bei der Aufgabenwahrnehmung der Jugendhilfe vor Ort. Gerade der letzte Punkt könnte mit der „Governance-Debatte" über „gutes Regierungshandeln" und eine neue Beteiligungskultur im Sinne von Offenheit, Partizipation, Verantwortlichkeit, Effektivität und Kohärenz an Bedeutung gewinnen. Damit kann Jugendhilfe anknüpfen an die vielen guten Beispielen von Kinder- und Jugendbeteiligung und Modellen der Zusammenarbeit mit Eltern. Wenngleich es noch keine übergreifenden und systematischen Partizipationsstrategien gibt, ist doch festzustellen, dass die Subjektstellung von Kindern und Jugendlichen und der Blick aus ihrer Perspektive auf die Leistungen und Angebote der Jugendhilfe deutlich an Bedeutung gewonnen hat. Aus diesem Perspektivenwechsel heraus ist auch die Forderung nach der Implementierung von unabhängigen Beratungs- und Schlichtungsstellen (Ombudschaften) zu sehen. (BMFSFJ 2013, 379, Urban-Stahl 2012, 5 und 2014). Dem berechtigten Anliegen jungen Menschen die nötige Unterstützung i. S. eines qualifizierten Umgangs mit Konflikten zwischen jungen Menschen, Familien und Jugendämtern zu ermöglichen, steht aber die strukturelle Frage gegenüber, wo und wie diesem Anliegen verbunden mit einem einfachen Zugang umgesetzt werden kann. Wenn nicht „Parallelstrukturen" neben den JÄ entstehen sollen, an deren Wirksamkeit Zweifel bestehen, braucht es darauf eine organisatorische Antwort der JÄ.

JÄ mit den Arbeitsfeldern Kindertagesbetreuung, Kinder- und Jugendarbeit, *Erziehungsberatung* und Familienbildung sowie Kinderschutz und Hilfen zur Erziehung werden auch zukünftig die Regel und damit das „Jugendamt der Zukunft" sein. Vielleicht kommt gerade dabei Unterstützung von einer Seite, von der sie am wenigsten erwartet wird. Die Unternehmensberatung Steria Mummert Consulting, die das Land Berlin bei der Entwicklung eines Musterjugendamtes berät, schlägt die Schaffung landesweit einheitlicher Verwaltungsstrukturen für die JÄ vor.

Reiner Prölß

Literatur

Arbeitsgemeinschaft für Kinder- und Jugendhilfe/AGJ (Hg.): Hinweise und Empfehlungen zur Steuerung der Jugendhilfe. Gemeinsame Stellungnahme des Deutschen Städtetags (DST) und der AGJ, Bonn 1999 ◆ AGJ: Fachkräftemangel in der Kinder- und Jugendhilfe. Positionspapier der AGJ, Berlin 2011 ◆ AGJ: Fachkräftegebot und Fachkräftegewinnung vor dem Hintergrund der Aufgaben- und Angebotsvielfalt in der Kinder- und Jugendhilfe, Berlin 2014 ◆ AGJ: „Jugendhilfeplanung aktivieren!" Diskussionspapier der AGJ, Berlin 2015a ◆ AGJ: Weiterentwicklung und Steuerung der Hilfen zur Erziehung. Empfehlungen der AGJ, Berlin 2015b ◆ Bundesjugendkuratorium (BJK): Stellungnahmen: Neuaktivierung der Jugendhilfeplanung: Potentiale für eine kommunale Kinder- und Jugendpolitik, Berlin 2012a ◆ BJK: Inklusion: Eine Herausforderung auch für die Kinder- und Jugendhilfe, Berlin 2012b ◆ BMFSFJ: 10. Kinder- und Jugendbericht, Bonn 1998, 11. Kinder- und Jugendbericht, Berlin 2002, 13. Kinder- und Jugendbericht, Berlin 2009 ◆ 14. Kinder- und Jugendbericht, Berlin 2013 ◆ Deutsches Jugendinstitut: DJI-Impulse – Das Bulletin des DJI:

J

(Über)Leben. Die Probleme junger Flüchtlinge in Deutschland, München 1/2014 • Deutscher Verein für öffentliche und private Fürsorge/DV: Empfehlungen des DV zur „Weiterentwicklung und Steuerung der Hilfen zur Erziehung", Berlin 2015 • Deutsches Institut für Urbanistik/DIfU: Das Jugendamt der Zukunft – „Mädchen für alles" oder „Restjugendamt"?, Aktuelle Beiträge zur Kinder- und Jugendhilfe, Berlin 76/2010 • forsa Gesellschaft für Sozialforschung und statistische Analysen mbH: Meinungen zum Jugendamt, http://www.unterstuetzung-die-ankommt.de/presse/forsa-umfrage, Mainz o. J., v. 14. 11. 11 • T. Gadow u. a.: Wie geht's der Kinder- und Jugendhilfe? Empirische Befunde und Analysen, Weinheim/Basel 2013 • C. Hasenclever: Jugendhilfe und Jugendgesetzgebung seit 1900, Göttingen 1978 • Institut für Sozialarbeit und Sozialpädagogik/ISS (Hg.): Der Allgemeine Soziale Dienst, München [2]2011 • E. Jordan/S. Maykus/E. C. Stuckstätte: Kinder- und Jugendhilfe. Einführung in Geschichte und Handlungsfelder, Organisationsformen und Problemlagen, Weinheim/München [4]2015 • E. Jordan/J. Münder: 65 Jahre Reichsjugendwohlfahrtsgesetz – ein Gesetz auf dem Wege in den Ruhestand, Münster 1987 • D. Kreft/H. Lukas u. a.: Perspektivenwandel der Jugendhilfe, 2 Bde., Frankfurt/M. [2]1993 • D. Kreft: Vom Ende fachlicher und rechtlicher Beliebigkeit in der Kinder- und Jugendhilfe, in: np 5/2001, 437 ff. • J. Mamier/M. Seckinger/L. Pluto/E. v. Santen: Organisatorische Einbettung von Jugendhilfeaufgaben in der Kommunalverwaltung, in: Sachverständigenkommission 11. Kinder- und Jugendbericht, a. a. O. • J. Merchel: Trägerstrukturen in der Sozialen Arbeit, Weinheim/München [2]2008 • J. Merchel (Hg.): Handbuch Allgemeiner Sozialer Dienst/ASD • München [2]2015 • I. Mielenz: Die Strategie der Einmischung – Soziale Arbeit zwischen Selbsthilfe und kommunaler Politik, in: Neue Praxis Sonderheft 6, Neuwied 1981 • J. Münder/T. Meysen/T. Trenczek (Hrsg.): Frankfurter Kommentar SGB VIII, Baden-Baden [7]2013 • J. Pörksen: Weiterentwicklung und Steuerung der Hilfen zur Erziehung – Was wir wirklich wollen. Forum Jugendhilfe 4/2011, 13 • R. Prölß: Verwaltungsmodernisierung und Jugendhilfe – Sieben Gedanken, in: Einheit der Jugendhilfe. 50 Jahre Arbeitsgemeinschaft für Jugendhilfe, Bonn 1998, Rationaler Diskurs statt der üblichen Reflexe. Forum Jugendhilfe 2/2012, 10 • T. Rauschenbach/M. Schilling (Hg.): Kinder- und Jugendhilfereport, 3. Bilanz der empirischen Wende, Weinheim/München 2011 • T. Rauschenbach/W. Bien (Hg.): Aufwachsen in Deutschland. AID:A – Der neue DJI-Survey, Berlin 2012 • W. Schröer/N. Struck/M. Wolff (Hrsg.): Handbuch der Kinder- und Jugendhilfe, Weinheim/München [2]2016 • Stadt Nürnberg, Referat für Jugend, Familie und Soziales: Reform der sozialen Dienste, Nürnberg 1997 • Steria Mummert Consulting: Personalausstattung sozialräumlich organisierter Berliner Jugendämter – www.berlin.de/imperia/md/content/sen-jugend/jugendpolitik/sozialraumorientierung/bericht_sro_jugendaemter.pdf, Berlin 2009, v. 14. 11. 11 • U. Urban-Stahl: Beschwerde- und Ombudsstellen in der Kinder- und Jugendhilfe. In Forum Jugendhilfe 2/2012, 5 ff. • U. Urban-Stahl/N. Jann: Beschwerdeverfahren in Einrichtungen der Kinder- und Jugendhilfe, München 2014 • U. Uhlendorff: Geschichte des Jugendamtes. Entwicklungslinien öffentlicher Jugendhilfe 1971–1929, Weinheim/Basel 2003 • R. Wiesner u. a.: SGB VIII. Kommentar, München [5]2015.

Link

KOMDat – kommentierte Daten der Kinder- und Jugendhilfe – (www.akjstat.uni-dortmund.de)

J

Jugendarbeit

Begriff und Inhalte

Um den Bereich der J. (inzwischen abweichend vom SGB VIII regelmäßig als Kinder- und Jugendarbeit bezeichnet) formal von anderen Handlungsfeldern der *Kinder- und Jugendhilfe* abzugrenzen, kann immer noch auf die Definition von Giesecke zurückgegriffen werden, wonach „Jugendarbeit diejenigen von der Gesellschaft Jugendlichen und Heranwachsenden angebotenen Lern- und Sozialisationshilfen (bezeichnet), die außerhalb von Schule und Beruf *(berufliche Bildung)* erfolgen, die Jugendliche unmittelbar, also nicht auf dem Umweg über die Eltern, ansprechen und von ihnen freiwillig angenommen werden" (Giesecke 1983, 84 f.). Neben der bereits von Giesecke angesprochenen Freiwilligkeit der Teilnahme werden der J. häufig noch folgende Eigenschaften zugesprochen: Verzicht auf Leistungskontrollen, Herrschaftsarmut, Altersheterogenität, Flexibilität der Angebote, Methoden und Kommunikationsformen, Orientierung an den Bedürfnissen der Jugendlichen, erfahrungsbezogene Lernfelder mit Offenheit zur Aktion, Gruppenorientierung (Thole/Pothmann 2012; Deinet/Sturzenhecker 2013; eine zusammenfassende Übersicht bei Kreft 2001, 330 f.).

Ziele von Jugendarbeit

Die Ziele der J. bestimmen sich als: Befähigung zur Mitbestimmung und zu gesellschaftlicher

Mitverantwortung und zur Anregung und Hinführung zu sozialem Engagement. I. S. der Interessenorientierung sollen Kinder und Jugendliche zu Individuen werden, die selbstbestimmt entscheiden und verantworten. Diese Selbstbestimmung und Interessenvertretung hat einen Rahmen in der gesellschaftlichen Mitverantwortung und dem sozialen Engagement, zu dem J. Jugendliche führen soll. Individuelle Selbstbestimmung und Umsetzung eigener Interessen sind also berechtigt und nötig, dürfen aber nicht in egoistischer Selbstdurchsetzung enden, sondern die Verantwortung für die Gemeinschaft soll ebenso geübt werden wie demokratische Diskussion und kooperative Entscheidung in der Gesellschaft. Als Ziel von J. wird also ein demokratischer Bürger als ein selbstbestimmtes, aber auch sozial verantwortliches und engagiertes Individuum entworfen. Damit reicht der Anspruch der politischen *Partizipation* über das eigene Feld der J. hinaus in die *Gesellschaft* hinein. Im Blick auf gesellschaftliche Mitverantwortung soll J. ihren Adressaten auch ermöglichen, sich politisch einzubringen und mitzubestimmen (zuletzt dazu Riekmann 2015)

Träger der Jugendarbeit

Hauptträger der J. sind – neben öffentlichen Trägern der JH *(Jugendamt), WFV* und *Kirchen* – die *Jugendverbände* (Böhnisch u. a. 1993). Der Trägerpluralismus der JH kommt in der J. besonders stark zum Ausdruck. So werden immer noch durchaus relevante Teile der Freizeitangebote für junge Menschen von den Jugendverbänden bestritten. Sie unterhalten Jugendfreizeitstätten und Jugendheime, wovon die Mehrzahl wiederum den konfessionellen Gliederungen gehört. Jeder Jugendverband setzt in seiner J. ganz spezifische inhaltliche Akzente, je nachdem ob es sich um einen Fachverband (z. B. Jugend des DRK), Freizeitverband (Jugend des deutschen Alpenvereins), um eine konfessionelle (z. B. Katholische Junge Gemeinde), gewerkschaftliche (DGB-Jugend) oder politische Gruppierung (Junge Union etc.) handelt *(Anhang I 3.2.2).*

Die Form der *Gruppenarbeit* ist bei den Jugendverbänden das tragende Organisationsprinzip, allerdings leisten sie auch vielerorts „offene Jugendarbeit", nachdem ihnen die Jugendzentrumsbewegung in den 1970er Jahren und ein langsamer, aber anhaltender Rückgang der Mitgliederzahlen seit den 1980er Jahren deutlich machten, dass viele Jugendliche weniger an organisatorischen Dauerbindungen, sondern vielmehr an einzelnen Veranstaltungen bzw. themenbezogener Arbeit in Projekten interessiert sind. Die Freizeitindustrie und die Konkurrenz kommerzieller J., die vom Jugendclub, der Reithalle bis zu den Computerzirkeln von Banken und Elektronikfirmen reicht, sind für die Jugendverbände eine programmatische Herausforderung (z. B. *Fan-Clubs*).

Trotz einer Reihe offener Angebote dominiert in der verbandlichen J. weiterhin die Gruppenstruktur. Anders ist es bei den öffentlichen Trägern. J. ist hier in großem Umfang offene und Jugendzentrumsarbeit. Der Alltag fordert zugleich eine umfassende praktische SozArb angesichts der Aufgaben: „Auseinandersetzung mit den Drogenproblemen, Betreuung von jungen Ausländern, Arbeit mit deklassierten Randgruppen und in sozialen Brennpunkten sowie Hilfen zur Bewältigung vorschulischer und schulischer Probleme, Integrationshilfen bei Arbeitslosigkeit und spezielle Beratung zum verbesserten Übergang von Schule und Beruf" (so bereits Arbogast/Tippel 1981, 25). Durch adressatenspezifische und stadtteilorientierte Angebote nähert sich die kommunale J. den Lebensbereichen der Jugendlichen und entwickelt Jugendhilfeprofile zwischen traditioneller „Jugendpflege" und moderner SozArb (exemplarisch für die moderne J. in der Stadt Kammerer am Beispiel der Stadt Nürnberg und Wendt für die J. auf dem Lande, beide in DIfU 2015, 41–50 bzw. 51–62).

Historische Entwicklungen

Parallel zur Entwicklung der bürgerlichen und der proletarischen Jugendbewegung (dazu Müller 2013) zeigten sich zu Beginn des 20. Jh. auch erste Ansätze einer organisierten staatlichen Einflussnahme auf den Freizeitbereich von Jugendlichen (staatliche Jugendpflege, Naudascher 1990). Insbesondere in Preußen sicherten entsprechende Erlasse (1901–1911) eine staatliche Förderung bürgerlicher Vereine. Erklärte Ziele dieser Förderung waren: Ausdehnung der sozialen Kontrolle auf den Freizeitbereich, Aktivierung und Motivierung Jugendlicher für Militär und Kriegsdienst, Zurückdrängung der Arbeiterjugendbewegung. Deutlich wird damit, dass weder „der Gedanke der Wahrnehmung der Interessen der Jugend noch der Wille, mögliche Veränderungen durchzusetzen, (…) für die Anfänge der sich im Rahmen der *Sozialpolitik* konstituierenden *Jugendpolitik* maßgebend waren, sondern der Wunsch, die Unruhe der Jugend um der eigenen politischen und sozialen Sicherheit willen unter Kontrolle zu bekommen" (Keil 1969).

Auch in der WR konnte sich keine in ihren Zielen alternative staatliche Jugendförderung durchsetzen. Folgerichtig wurden auch die alten preußischen Erlasse nicht außer Kraft gesetzt; sie sollten weiter – wenn auch in „zeitgemäßer" Anwendung – Geltung behalten.

Hatte sich staatliche Jugendpflege bislang darauf beschränkt, ihre Zielsetzungen „indirekt", also über die Subventionierung genehmer bzw. die Einschränkung und Entfaltungsmöglichkeiten kritischer Organisationen zu realisieren, so griff der Nationalsozialismus radikaler und direkter in diesen Bereich ein. Deutlich wird dies an der umfassenden Eingliederung der J. in den NS-Staat, dem Ausbau der Hitlerjugend zum allumfassenden „Staatsjugendverband", der allgemeinen Jugenddienstpflicht u. a. m. *(Geschichte der Sozialarbeit/Sozialpädagogik, Soziale Arbeit im Nationalsozialismus).*

Nach 1945 wurde in der staatlichen Jugendförderung der Versuch unternommen, in Zielsetzung und Struktur der Förderung an die Politik der WR anzuknüpfen. Das Hauptgewicht der Förderung lag dabei in der ersten Nachkriegszeit bei Maßnahmen zur Behebung der „Jugendberufsnot" (Jugendarbeitslosigkeit), später rückte die Förderung der „staatspolitischen Erziehung" *(Politische Bildung)* der Jugend in den Vordergrund (zusammenfassend: Jordan u. a. 2015).

Rechtliche Grundlagen

Gegenüber dem alten JWG werden die Aufgaben und Träger der J. im SGB VIII differenzierter beschrieben (§§ 11, 12) und dadurch tendenziell aufgewertet (Münder u. a. 2013/Wiesner u. a. 2015). Auch wird versucht, eine stärkere Absicherung der materiellen Ressourcen der J. zu erreichen. Verwirklicht werden soll dies einerseits durch eine klare Zuordnung der J. zu den Leistungen der JH in § 2 Abs. 2 Nr. 1, andererseits durch die Verpflichtung des öffentlichen Trägers, von den für die JH bereitgestellten Mitteln einen angemessenen Anteil für die J. zu verwenden (§ 79 Abs. 2 S. 2 SGB VIII). Mit der Formulierung, dass „die zur Förderung der Entwicklung junger Menschen erforderlichen Angebote zur Verfügung zu stellen" (§ 11 Abs. 1 S. 1) sind, macht der Gesetzgeber deutlich, dass die Jugendhilfeträger hier eine Bereitstellungspflicht haben. Maßgebliches Instrument zur Umsetzung dieser Pflicht ist die *Jugendhilfeplanung* nach den §§ 80, 81 im Rahmen der Gesamtverantwortung des JA nach § 79 SGB VIII. Diese hat u. a. sicherzustellen, dass im Bereich eines örtlichen öffentlichen Trägers der JH alle Schwerpunkte nach § 11 Abs. 3 auch vorzufinden sind. Weitere Bestimmungen zur J. finden sich in Landesjugendplänen und Jugendbildungsgesetzen einzelner Länder.

Finanzen

Die finanzielle Förderung der J. fällt in den Aufgabenbereich von Bund, Ländern und Gemeinden. Hier ist nicht nur aufgrund der unbestimmten Rechtsbegriffe des SGB VIII und der unterschiedlichen Leistungsfähigkeit und -bereitschaft der Kommunen und Länder ein starkes Gefälle festzustellen. Auch gegenüber den Aufwendungen für die Kindertagesbetreuung und die erzieherischen Hilfen wird die J. unterbewertet. Die finanzielle Realität der Kinder- und Jugendarbeit ist geradezu bedrückend. Von den Gesamtmitteln für die KJH i. H. v. rd. 32 Mia Euro entfielen zuletzt etwa 60 % auf die Ausgaben für Kinderbetreuung, knappe 28 % auf die Hilfe zur Erziehung und die Schutzmaßnehmen, während für die Kinder- und Jugendarbeit gerade noch rd. 6,5 % der Gesamtausgaben der KJH aufgewendet wurden (Angaben nach Schilling 2011, 30 ff./immer wieder aktualisiert von KOMDat). „Es ist ein Skandal, dass die Mittelausstattung des zweiten Bildungsbereiches der Kinder- und Jugendhilfe (inzwischen) geradezu verkümmert" (Kreft 2011, 292).

Arbeitsfelder

Im SGB VIII wird der Versuch unternommen, Schwerpunkte und Arbeitsfelder der J. zu benennen. Dazu gehören u. a. (vgl. § 11 Abs. 3 Z. 1 SGB VIII; genauer bei Münder u. a. 2013/Wiesner u. a. 2015, jeweils zu § 11):

a) Politische J. : Diese soll junge Menschen zu demokratischem Denken und Handeln befähigen und dazu anregen, Gesellschaft und Staat mitzugestalten. Sie soll darüber hinaus die Bereitschaft zur Übernahme sozialer Verantwortung stärken *(politische Bildung).*
b) Kulturelle J.: Hierzu werden Angebote gezählt, die die aktive und kritische Auseinandersetzung junger Menschen mit künstlerischen Gestaltungsformen, Massenmedien und den Erwerb musikalischer, darstellender und gestaltender Fertigkeiten fördern *(Jugendarbeit, kulturelle).*
c) Arbeitsweltbezogene J.: In Ergänzung zu berufsvorbereitenden Angeboten von Schule und Arbeitsverwaltung soll J. hier junge Menschen durch Seminare, ausbildungs- und berufsbegleitende Lehrgänge, Praktika, Werkstattangebote etc. zusätzliche Hilfen beim Übergang von der Schule in den Beruf geben und bei besonderen Schwierigkeiten flankierend unterstützen *(Jugendsozialarbeit).*

d) J. in Geselligkeit, Spiel und *Sport* sowie die Kinder- und Jugenderholung: Hier werden alle allgemeinen Freizeitangebote der J. zusammengefasst, die die Entfaltung und Entwicklung junger Menschen fördern, ihre Fähigkeiten zu Aktivität, Kreativität, Aufbau sozialer Beziehungen in Gruppen etc. entfalten helfen. Diese Angebote und Lernfelder ergeben sich insbesondere im Rahmen von Jugendfreizeitstätten, Jugendherbergen, Zeltlagern, Fahrten, Spiel- und Bolzplätzen, Jugendgruppen: „Damit gewinnen Angebote der Kinder- und Jugenderholung (neben integrierten Formen der Familienfreizeit und Familienerholung nach § 16 Abs. 2 Nr. 3) zunehmend an Bedeutung (Struck, in: Wiesner 2015,§ 11 Rz 24). Zum Verhältnis von Jugendhilfe und Sport s. Kreft 2001.
e) Jugendberatung: Jungen Menschen sollen umfassende Angebote zur Beratung und Information über alle Fragen ihrer Entwicklung angeboten werden. Dabei sind auch die Probleme zu behandeln, die sie aufgrund ihrer Einbindung in Familie, Schule, Betrieb oder andere Institutionen zu bewältigen haben.
f) Internationale J.: Dieses Angebot für junge Menschen, andere gesellschaftliche Systeme, Kulturen und soziale Organisationsformen – und die Einstellungen und Verhaltensweisen der darin lebenden Menschen – kennen zu lernen, soll Vorurteile abbauen ebenso wie den Willen zur internationalen Verständigung und Friedenssicherung stärken. Das bekannteste und umfassende Einzelprogramm in diesem Bereich ist das „Deutsch-Französische Jugendwerk“ (genauer unter IJAB: ijab.de).

Diese Aufgliederung zeigt, dass nach dem neueren Verständnis von J. diese sowohl allgemeine (d.h. prinzipiell an alle Kinder und Jugendliche gerichtete) wie auch ergänzende („kompensatorische“) Angebote für Gruppen benachteiligter bzw. besonders förderungsbedürftiger junger Menschen umfasst.

Konzeptionen

Es war das Verdienst der insbesondere von Kentler beschriebenen **problembewussten J.** Ende der 1950er Jahre, Lehrlinge und Jungarbeiter als Zielgruppe der J. zu „entdecken“ und Jugendlichen aus dieser sozialen Gruppe die Möglichkeiten zu geben, persönliche, berufliche und gesellschaftliche Probleme zu besprechen und Lösungswege zu finden.

In den späteren Theorieversuchen, die über diesen Ansatz hinausgehen und eine **emanzipatorisch ausgerichtete J.** *(Emanzipation)* zu begründen versuchten (Müller u.a. 1964/[6]1972; Giesecke 1983), wird deutlicher herausgearbeitet, dass die Situation der Jugendlichen in Familie, Schule und Betrieb in das Lernfeld J. ausdrücklich einbezogen und thematisiert werden muss, um – ausgehend von den sich hier ergebenden Konflikten und Spannungen – emanzipatorische Aktionen gegen entmündigende Einflüsse in Staat, Gesellschaft, Familie, Schule und Betrieb zu entwickeln. In der emanzipatorischen J. sollte damit der Versuch unternommen werden, politische und pädagogische Perspektiven miteinander zu verschränken. J. stellt sich aus dieser Sicht dar als ein Experimentierfeld zur Einübung neuer Fähigkeiten und Handlungsorientierungen und zur partiellen Vorwegnahme neuer Möglichkeiten der Lebens- und Freizeitgestaltung.

Während in den emanzipatorischen Ansätzen zu einer Theorie der J. die Zwänge der Herrschaftsstrukturen in unserer Gesellschaft kaum in den Rahmen einer differenzierten Analyse der Sozial- und Wirtschaftsstruktur der BRD *(Klasse/ Schicht/Milieu, Sozialstruktur)* gestellt und keine präzisen politischen Zielvorstellungen entwickelt werden, gingen die Vertreter einer **„antikapitalistischen“ J.** (insbesondere Lessing/Liebel 1975) davon aus, dass J. sich mit dem Widerspruch von *Arbeit* und Kapital, den daraus resultierenden Herrschaftsverhältnissen und deren Auswirkungen auf die Situation und die Lebenschancen der arbeitenden und lernenden *Jugend* zu beschäftigen habe.

Im Zusammenhang mit der antiautoritären Protestbewegung entstanden in größerem Umfang Basisinitiativen Jugendlicher, die im Freizeitbereich neue **Modelle selbstbestimmter und selbstorganisierter J.** (Jugendzentren, Jugendwohngemeinschaften, Lehrlingsaktionen) zu entwickeln suchten. Dieser Ansatz wird hier als „Jugendeigener“ bezeichnet, da er einen Versuch der Jugendlichen darstellt, soziale Probleme, insbesondere an der Freizeitsituation anknüpfend, in eigener Regie und eigener Verantwortung zu bewältigen.

Wenn auch viele dieser Ansätze und Versuche zur Reform der J. am Widerstand der Sozialbürokratie bzw. auch an ungelösten inneren Spannungen gescheitert sind, so sind doch von dieser neueren Bewegung wesentliche Impulse ausgegangen, die sich insbesondere in theoretischen und praktischen Überlegungen zur **Entwicklung eines „bedürfnisorientierten“ Ansatzes in der J.** (Damm 1986) niedergeschlagen haben. Die empirisch vorfindbaren subjektiven Bedürfnisse bzw. Interessen der Jugendlichen sollen aufgegriffen und an deren Aufarbeitung ihre objektiven Interessen bewusst gemacht werden, wobei auch Handlungsstrategien zur Durchsetzung derselben vermittelt werden müssen.

Eine Analyse der heutigen Rahmenbedingungen der Praxis der J. zeigt zudem, dass die Forderung progressiver, emanzipatorischer, antikapitalistischer und anderer Entwürfe fortschrittlicher J. Anforderungen an Bewusstsein und Handlungsmöglichkeiten der Praxis stellen, die nur in wenigen Bereichen eingelöst, sicherlich auch von der Mehrzahl der etablierten Trägerorganisationen der J. und KJH nur in stark abgeschwächter Form akzeptiert werden. Mit diesen Feststellungen werden gleichwohl diese Ansätze und Fragestellungen nicht bedeutungs- und funktionslos: Sie können als Maßstab dienen, um die Diskrepanzen zwischen Ist und Soll, zwischen Lernziel und Status quo aufzuweisen und die Richtung der Veränderungen anzugeben.

Als eine Konsequenz der nur teilweise gelungenen theoretischen Fundierung der J. haben sich Ansätze herauskristallisiert, die aus praktischen Problemen der J. heraus eher **pragmatisch-experimentierend zu neuen Angebotsformen** kommen wollen. Hierzu gehören v. a. neue Entwicklungen und Akzentsetzungen im Bereich der musisch-kulturellen, der politischen und der medienbezogenen J. Es zeigt sich die Tendenz, J. von einer unverbindlichen Freizeitaktivität einerseits und einer primär kognitiv-vermittelnden Jugendbildungsarbeit andererseits zu lösen, um somit auch kritische Sozialisationsinhalte (emanzipatorischer Anspruch) über „jugendgemäße" Angebotsformen (Spiel, Theater, Musik, Medienarbeit etc.) zu vermitteln. Damit werden auch Konsequenzen aus der Feststellung gezogen, dass anspruchsvollere Inhalte Jugendliche nicht erreichen, wenn Vermittlungsformen gewählt werden, die Assoziationen zum schulischen Unterricht, zu fremdbestimmtem Lernen aufkommen lassen.

Neue Zielgruppen: Wesentliche Impulse für ein kritisches Nachdenken über und das Entwickeln neuer Ansätze ergaben sich auch aus dem Bemühen, neben allgemeinen, d. h. im Prinzip für alle Jugendlichen offenen Angebote zunehmend auch solche zu entwickeln, die auf bestimmte – bislang eher vernachlässigte – Zielgruppen ausgerichtet sind. Dieser neue Arbeitsansatz schlägt sich v. a. auch nieder in den Ansätzen einer mädchenspezifischen, feministischen *(Mädchen)* J. Zielgruppenorientierungen werden auch entwickelt für die J. mit arbeitslosen oder ausländischen Jugendlichen bzw. Jugendlichen im ländlichen Raum *(Ausländer/Stadt-Land-Verhältnis)*, sozial auffälligen bzw. gewaltbereiten Jugendlichen und ganz neu ist die Herausforderung durch die vielen *unbegleiteten minderjährigen Flüchtlinge.* Diskutiert und praktiziert werden auch neuere Methoden einer (sozialräumlichen) Konzeptentwicklung (Deinet/Sturzenhecker 2013) und Verfahren der Qualitätsentwicklung (v. Spiegel 2000; *Sozialraumorientierung, Qualitätsentwicklung*).

Eine Diskussion hat auch die zunehmende Einbeziehung der J. in dem Bereich der **„kompensatorischen Aufgaben"** hervorgerufen. So warnt bspw. Giesecke noch 1984 (dj, 409) vor einer „Sozialpädagogisierung der J.". Dem wird auf der anderen Seite entgegengehalten, dass, wenn J. sich mit wesentlichen Lebenssituationen und zentralen Problemen der heranwachsenden Jugend nicht ernsthaft beschäftigt und hierfür spezifische Angebote entwickle, sie ihre Glaubwürdigkeit verlöre und sich ins Abseits stellen würde. Aus dieser Position ergibt sich auch die Forderung an J., in einer zerstörten bzw. von Zerstörung bedrohten Lebensumwelt wieder Ganzheitlichkeit zum Prinzip werden zu lassen, was bedeuten kann, Arbeit, Umwelt und Kultur „neu zu entdecken", kritisch zu erarbeiten und wieder aufeinander zu beziehen. V. a. aus Praxisbeispielen der JH abgeleitet, hat sich in den letzten Jahren unter dem Begriff *„Einmischungsstrategie"* (Mielenz 1981) ein neues Handlungsverständnis entwickelt, das darauf abzielt, lebensweltorientiert konkrete Hilfen als Voraussetzungen für ein selbstbestimmtes Leben anzubieten.

Diese Diskussionen und Entwicklungen weisen auf ein Spezifikum von J. : Sie kann – im Unterschied zu anderen Handlungsfeldern der JH – nicht „verordnet" werden. Hier bedarf es der ständigen Sensibilität für Interessen, Lebenslagen und Probleme junger Menschen, der adäquaten Ansprache und der partnerschaftlichen und solidarischen Auseinandersetzung mit der Lebensrealität junger Menschen. Das bedeutet dann zugleich für J. auch eine Chance prinzipieller Offenheit und Veränderbarkeit.

Jugendarbeit heute: Eine gelungene Übersicht dazu bietet die Tagungsdokumentation des DIfU Berlin 2015 mit u. a. diesen Beiträgen

- ‚Kinder, Jugendliche und junge Erwachsene in der digitalen Welt' (J. Schmölz);
- Wie ticken Jugendliche heute? Werte, Zukunftsvorstellungen und Alltag der 14–17Jährigen (P. M. Thomas):
- Jugendarbeit in der Stadt (B. Kammerer);

- Jugendarbeit auf dem Lande (P. U. Wendt);
- Wie erfahren wir als Fachkräfte, was Jugendliche brauchen (und wollen) und wie nutze ich das als Ausgangspunkt für „meine" Jugendarbeit? (U. Deinet).

Alle zusammen erfassen die Aktualitäten und Perspektiven des Lebens von Kindern und Jugendlichen in unterschiedlichen Lebenslagen und Lebenswelten sowie die sich daraus abzuleitenden Anforderungen an eine moderne Kinder- und Jugendarbeit – und sie belegen die Aussage eines Altmeisters der Jugendarbeit, C. W. Müller, „Jugendarbeit sei der letzte Abenteuerberuf, den es in der heutigen Zeit noch gibt" (zitiert nach DIfU 2015, 77). Die umfassende Literaturzusammenstellung am Ende der Dokumentation (Stand 11/2014) lädt dann geradezu beispielhaft zum inspirierenden Lesen und Lernen und zum phantasievollen Arbeiten ein.

Erwin Jordan

Literatur

C. Arbogast/R. Tippelt: Jugendarbeit (Reihe Praxisfelder der Sozialarbeit/Sozialpädagogik), München 1981 ◆ L. Böhnisch/H. Gängler/T. Rauschenbach (Hrsg.): Handbuch der Jugendverbände, München 1993 ◆ D. Damm: Die Praxis bedürfnisorientierter Jugendarbeit. Projekte und Anregungen, München [2]1986 ◆ U. Deinet/B. Sturzenhecker (Hrsg.): Handbuch offene Jugendarbeit, Wiesbaden [4]2013 ◆ DIfU (Hrsg.): Noch Raum für offene Jugendarbeit? Zwischen virtuellen Lebenswelten, Schulstress und Real-Life. Eine Tagungsdokumentation, Berlin 2015 ◆ H. Giesecke: Die Jugendarbeit, München [6]1983 ◆ H. Giesecke: Wozu noch Jugendarbeit?, in: dj 10/1984, 443–449 ◆ E. Jordan/S. Maykus/E. C. Stuckstätte: Kinder- und Jugendhilfe, Weinheim/Basel [4]2015 ◆ A. Keil: Jugendpolitik und Bundesjugendplan. Analyse und Kritik der staatlichen Jugendförderung, München 1969 ◆ KOMDat 2/21016, 12–16: Abbau oder Umbau? Ein Rückgang der Kinder- und Jugendarbeit mit vielen Fragezeichen (V. J. Pothmann) ◆ D. Kreft: Sport im Rechtsrahmen der Kinder- und Jugendhilfe, in: ZfJ 9/2001, 327– 335 ◆ D. Kreft: Kinder- und Jugendarbeit: Gedanken über ein Arbeitsfeld, das „aus dem Blick geraten ist", in: uj 7+8/2011, 290–295 ◆ H. Lessing/M. Liebel: Jugend in der Klassengesellschaft. Marxistische Jugendforschung und antikapitalistische Jugendarbeit, München [2]1986 (1. A. 1975) ◆ I. Mielenz: Die Strategie der Einmischung, in: np, Sonderheft 6/1981 ◆ C. W. Müller/H. Kentler/K. Mollenhauer/H. Giesecke: Was ist Jugendarbeit? Vier Versuche zu einer Theorie, München [6]1972 ◆ J. Münder/T. Meysen/T. Trenczek (Hrsg.).: Frankfurter Kommentar zum SGB VIII: Kinder- und Jugendhilfe, Baden-Baden [7]2013 ◆ B. Naudascher: Freizeit in öffentlicher Hand. Behördliche Jugendpflege in Deutschland von 1900–1980, Düsseldorf 1990 ◆ C. Niemeyer: Die dunklen Seiten der Jugendbewegung. Vom Wandervogel zur Hitlerjugend, Tübingen 2013 ◆ W. Riekmann: Wo lernt man eigentlich Demokratie? In: TuP 3/2015, 204–211 ◆ M. Schilling: Fortsetzung des Ausgabenanstiegs für die Kinder- und Jugendhilfe, in: FORUM Jugendhilfe 1/2011, 30 ff. ◆ M. Seckinger/L. Pluto/C. Peuker/E. van Santen: Einrichtungen der offenen Kinder- und Jugendarbeit. Eine empirische Bestandsaufnahme, Weinheim/München 2016 ◆ H. v. Spiegel: Jugendarbeit mit Erfolg. Arbeitshilfen und Erfahrungsberichte zur Qualitätsentwicklung und Selbstevaluation, Münster 2000 ◆ A. Timmel/Y. Chehata (Hrsg.): Jugendarbeit in der Migrationsgesellschaft, Schwalbach 2015 ◆ W. Thole/J. Pothmann: Kinder- und Jugendarbeit. Eine Einführung, Weinheim/München [2]2012 ◆ Wiesner (Hrsg.): SGB VIII – Kinder- und Jugendhilfe. München [5]2015.

Jugendarbeit, kulturelle

Begriff und Arbeitsfeld

Innerhalb der verschiedenen Formen der *Jugendarbeit* (offene, mobile, verbandliche) akzentuiert kulturelle Jugendarbeit (k. J.) i. e. S. den Umgang Jugendlicher mit medialen und ästhetischen Gegenständen und Ereignissen – gleichwohl es immer wieder zu Überschneidungen zwischen den verschiedenen Formen der Jugendarbeit kommt. So gibt es kaum eine offene, mobile oder verbandliche Jugendarbeit, die nicht auch mediale und ästhetische Elemente berücksichtigt. Indessen handelt es sich bei Jugendkulturarbeit um ein auf den Umgang, auf das Experimentieren, auf das Aneignen und Gestalten des Ästhetisch-Medialen besonders spezialisiertes Segment *(Medien, Ästhetik),* in das nicht nur die kulturelle Kompetenz von Jugendlichen selbst, nicht nur die Reflexions- und Handlungskompetenz von SozPäd/SozArb, sondern in mindestens ebenso starkem Maße das Kompetenzprofil von Künstlern, Medienpädagogen, Designern usw. einfließen. Entstanden in der Jugendbewegung der Jahrhundertwende vom 19. zum 20. Jh., hat sich Jugendkulturarbeit v. a. auf die Artikulation jugendeigener Ausdrucksformen bezogen, wie sie in musisch-ästhetischen Sparten gepflegt werden konnten: Musik, Tanz, Theater, bildnerisches Gestalten usw. Hierbei ging es nicht um die Einhaltung professioneller Standards, sondern um die Entwicklung einer „selbstbewussten Spielunvollkommenheit", ja des Laienhaften und Dilettantischen. Die Ausgestaltung des spezifischen jugendlichen „Lebensgefühls" bediente sich bereits vorhandener Ausdrucksweisen, überformte und veränderte diese jedoch durch neu entwickelte Symbole und Verständigungsformen. Dadurch sicherte sich Jugend einen Binnenraum der Gleichaltrigengesellung, der v. a. der Artikulation von medial und ästhetisch vermittelten Erlebnissen und Ereignissen diente, die für diese Lebensphase typisch – auch: generationentypisch – waren. In der Zeit nach dem 2. Weltkrieg, zu Beginn der 1970er Jahre, erweiterte sich der bis dahin stark auf das Erleben und das Gestalten musisch-ästhetischer Gegenstände beschränkte Horizont der Jugendkulturarbeit um die Dimension des Politisch-Öffentlichen. Ästhetisch-mediale Praxis wurde nicht nur in ihrer Immanenz, nicht nur in ihrer Relation zur anerkannten Hochkultur der professionellen Opernhäuser und Theater, sondern im Kontext populären Geschmacks und politischer Beteiligung gesehen. Ausdruck dieser Ausweitung des Selbstverständnisses sind Kulturinitiativen, soziokulturelle Zentren, Stadtteilzentren, Straßentheater usw. – kurz: all jene Formen ästhetischen Ausdrucks, die sich thematisch und formal durch eine große Nähe zu alltäglichen Lebenswelten und aktuellen politischen Fragen auszeichnen. Ein wichtiger Traditionsbestand ist bspw. die *Internationalität* bzw. Multikulturalität: Jugendkulturarbeit gibt der Vielfalt der Kulturen Raum und verteidigt die Idee der friedlichen Koexistenz gegen nationalistische und rassistische Beschränktheiten („Rock gegen Rechts"). Zugleich setzt sie sich der Jugendkulturkritik immer dann aus, wenn die an Humanität, Toleranz und Respekt orientierten demokratischen Werte durch Form oder Inhalt ästhetisch-medialer Praxis außer Kraft gesetzt werden.

Jugendkulturarbeit heute

Jugendkulturarbeit seit Beginn der 1990er Jahre zentriert sich indessen nicht mehr nur um das spezifisch Jugendliche; denn je stärker die Jugendphase entstrukturiert ist, je weniger lassen sich spezifische ästhetische Besonderheiten ausmachen. Zwar bleibt sie um den Kern ästhetisch-praktischer Aneignung und Gestaltung bezogen, aber sie wendet sich nicht nur in Negation von Hochästhetik ab; zwar behält sie Fragen der politischen Teilhabe im Auge, hat aber den Bezug von Ästhetik und Kommunikation gelockert; zwar räumt sie dem Dilettantischen Platz ein, ermöglicht aber auch Orientierung an den Perfektionsidealen der Kulturindustrie. Sie wird zur Kulturarbeit *(Kulturarbeit, soziale)*. Sie hat sich ebenso pluralisiert, wie sich die Lebens- und Geschmacksformen der Gesellschaft insgesamt vervielfältigt haben. Im Kontext sozialpädagogischer Arbeitsfelder gewinnt sie besonders deutlich an Boden, wo es um die gemeinsame Bewältigung individueller Problemlagen geht – etwa als Theater- und Revuearbeit mit Drogenabhängigen, als Rockmusikarbeit mit Hauptschülern, als Tanzwerkstattarbeit mit Mädchen usw. Hier, in der Möglichkeit der Vergemeinschaftung und Individualisierung durch ästhetisch-mediale Praxis, findet Kulturarbeit ihren festen Platz, den sie in der JH einmal hatte, zurück.

Einen Einblick in die Jugendkulturen heute bot bereits das gleichlautende Schwerpunktheft 9/2009 von unsere jugend. Insbesondere der Beitrag von Baer/Wiechmann darin zeigte, in welcher Breite Jugendkulturarbeit inzwischen tätig wird und welche politischen Dynamiken sie auszulösen vermag.

Der 14. Kind- und Jugendbericht von 2013 (BT-Drs. 17/12200) hat zwar der Aufgabe der ‚kulturellen Jugendarbeit' (§ 11 Abs. 3 Nr. 1 SGB VIII) ein eigenes Kapitel gewidmet (10.4.5), aber jede traditionelle offene Jugendarbeit wird inzwischen überlagert durch das Aufwachsen einer Jugend mit dem Netz (Schmölz 2015) und den sich daraus ergebenden Verhaltens- und Wertvorstellungsveränderungen (viele Beispiele unter www.bkj.de, insbesondere in den Jahresberichten der BV Kulturelle Kinder- und Jugendhilfe).

Rainer Treptow

Literatur

S. Baer/P. Wiechmann: Cultures Interactive: Urbane Jugendkulturen als Mittel der staatsbürgerlichen Bildung und der Zivilgesellschaftlichen Prävention gegen politische und religiöse Radikalisierung, in: uj 9/2009, 368–378 ◆ BV BKJ: Kulturelle Bildung ist Koproduktion. Außerschulische und schulische kulturelle Bildung wirksam entfalten (ein Positionspapier), Berlin 2015 ◆ U. Deinet/B. Sturzenhecker (Hrsg.): Handbuch offener Kinder- und Jugendarbeit. Wiesbaden [4]2013 ◆ DIfU/AG Fachtagungen Jugendhilfe: Noch Raum für offenen Jugendarbeit? Dokumentation einer Fachtagung am 27./28. 11. 2014, Berlin 2015 ◆ S. Keuchel: Jugend und Kultur: Zwischen Eminem, Picasso und Xavier Naidoo. In: A. Scheuerflug/M. Prenzel (Hrsg.): Kulturelle und ästhetische Bildung, ZfE, Sonderheft 21/2013, 99–122 ◆ J. Schmölz: Always online? In: DIfU 2015, 11–22 ◆

Schwerpunktheft Jugendkulturen: uj 9/2009 • R. Treptow: Kultur und Soziale Arbeit. Aufsätze, Münster 2001 • R. Treptow:: Wissen, Kultur, Bildung, Weinheim/Basel 2012 • R. Treptow: Theorie Ästhetisch-Kultureller Bildung. In: T. Braun u. a.: Theorien der Kulturpädagogik. Weinheim/Basel 2015, 206–223.

Jugendarbeitsschutz

Schutz oder Flexibilisierung?

Schon von seiner Entstehung her wohnt dem J. – wie allem Arbeitsschutz in industriekapitalistischen Ländern – eine Ambivalenz inne. Legitimiert wird J. mit dem Ziel, Kinder und Jugendliche vor Überforderung und vor Gefahren am Arbeitsplatz zu schützen sowie ihnen genügend Freizeit zu Erholung und zur Entfaltung ihrer Persönlichkeit zu sichern. Geschichtlich freilich geht die erste Gesetzgebung zum Schutze Jugendlicher nicht aus diesem humanistischen Motiv hervor, sondern aus kirchlichen und militärischen Interessen an einer Mindesttauglichkeit Jugendlicher für die Schule bzw. fürs Militär (Mückenberger 1985b, 262 ff.). Und bis heute verbleibt der J. halbherzig: Er „schützt" die Arbeitskraft Jugendlicher – aber nur soweit dies mit der Verwertbarkeit dieser Arbeitskraft und ihrer ökonomischen Verwendbarkeit vereinbar erscheint. Gerade die neuere, neoliberal inspirierte Gesetzgebung hat den J. wieder verstärkt den Imperativen der Flexibilisierung und Ökonomisierung untergeordnet.

Grenzen der Ökonomisierung der jugendlichen Arbeitskraft

Der J. ist im Wesentlichen im JArbSchG v. 12.4.1976 (BGBl. I S. 965) geregelt, zuletzt geändert durch Gesetz vom 17. Juli 2015 (BGBl. I S. 1368). Es enthält neben öffentlich-rechtlichen Arbeitnehmerschutzvorschriften auch Arbeitsvertragsrecht. Das Gesetz wurde durch Gesetz v. 15.10.1984 (BGBl. I S. 1277) erheblich geändert, um – wie es offiziell heißt – der Verringerung „ausbildungs- und beschäftigungshemmender" Regelungen willen. Im Wege der Umsetzung der EU-Richtlinie des Rates über den J. (94/33 EWG) vom 22.6.1994 (ABl. EG Nr. L 216 S. 12) wurde der J. durch Gesetz vom 24.2.1997 (BGBl. I S. 311) noch einmal modifiziert. Kinderarbeit wurde in engem Rahmen zulässig.

Der Jugendarbeitsschutz gilt gemäß § 1 Abs. 1 JArbSchG für die Beschäftigung von Personen, die noch nicht 18 Jahre alt sind in der Berufsausbildung, als Arbeitnehmer oder Heimarbeiter, mit sonstigen Dienstleistungen, die der Arbeitsleistung von Arbeitnehmern oder Heimarbeitern ähnlich sind sowie in einem der Berufsausbildung ähnlichen Ausbildungsverhältnis. Ausgenommen sind jedoch geringfügige Hilfeleistungen, soweit sie gelegentlich aus Gefälligkeit, aufgrund familienrechtlicher Vorschriften, in Einrichtungen der JH oder in Einrichtungen zur Eingliederung Behinderter erbracht werden. Ausgenommen ist ferner die Beschäftigung durch die Personensorgeberechtigten im Familienhaushalt (§ 1 Abs. 2 JArbSchG).

Eine zu frühe Heranziehung zur *Arbeit* soll das Kinderarbeitsverbot verhindern, das alle noch nicht 15-Jährigen, aber auch Ältere betrifft, sofern diese noch der Vollzeitschulpflicht unterliegen. Die bis 1998 geltende Altersgrenze für Kinder wurde aufgrund europaweiter Gebote durch § 2 Abs. 2 JArbSchG von 14 auf 15 Jahre heraufgesetzt. Ausnahmen sind nur für die Kinder über 13 Jahre in der Landwirtschaft, für das Austragen von Zeitungen und Zeitschriften, für Handreichungen vom Sport und weitere Beschäftigungen (KinderarbeitsschutzVO 1998) vorgesehen. Für die Mitwirkung von Kindern ab 3 Jahren bei Aufführungen können von den Aufsichtsbehörden unter Mitwirkung der Jugendämter Ausnahmebewilligungen erteilt werden (§ 6 JArbSchG). Zusätzlich zu diesen Ausnahmen vom Verbot der Kinderarbeit – die sozialpolitisch alles andere als unproblematisch sind, freilich differenzierterer Beurteilung bedürften, als sie hier möglich ist – ist 1984 die Erleichterung der Ferienarbeit von Schülern getreten. Die Arbeitszeit der Jugendlichen ist auf 8 Stunden täglich und 40 Stunden wöchentlich begrenzt. Die Schichtzeit (= Arbeitszeit unter Einschluss der Pausen) darf 10 Stunden nicht überschreiten. Die von beiden Regeln schon bestehenden Ausnahmen wurden 1984 erweitert: Bei flexibilisierter Arbeitszeit darf die Tagesarbeitszeit 8,5 Stunden, in der Landwirtschaft darf sie 9 Stunden betragen; Schichtzeiten sind branchenspezifisch (z. B. Landwirtschaft, Bau) auf 11 Stunden erhöht worden.

Zeiten des Berufsschulbesuches *(Schule)* und der Teilnahme an außerbetrieblichen Ausbildungsmaßnahmen sind auf die Arbeitszeit anzurechnen. Bis 1984 durften Jugendliche bei einer Unterrichtszeit (inkl. Pausen) von mindestens 5 Stunden an Berufsschultagen nicht mehr beschäftigt werden. Seither gilt dieses Beschäftigungsverbot nur noch einmal in der Woche – und auch dann nur, wenn auf den Berufsschultag mehr als 5 Stunden mit wenigstens 45 Minuten fallen. 1997 wurde die Freistellung erwachsener

Auszubildender für die Berufsschule reduziert. Unzulässig ist die Beschäftigung vor einem vor 9.00 Uhr beginnenden Berufsschulunterricht. Den Jugendlichen müssen Arbeitspausen von täglich insgesamt 60 Minuten in angemessener zeitlicher Lage gewährt werden.

Zwischen 2 Arbeitsschichten muss eine mindestens 12-stündige beschäftigungsfreie Zeit liegen. Außerdem bestand bis 1984 in der Zeit von 20.00 Uhr bis 7.00 Uhr ein Nachtarbeitsverbot; die Regelung von 1984 hat hier freilich gravierende Einschnitte vorgenommen: Das allgemeine Nachtarbeitsverbot wurde auf 6.00 Uhr zurückgeschraubt, für bestimmte Bereiche auf 5.00 Uhr, in Bäckereien gar auf 4.00 Uhr (§ 14 JArbSchG). Waren früher solche Ausnahmen noch an den Vorbehalt geknüpft, dass die Ausnahme dem Ausbildungsziel dienlich sein müsse, so ist dieser Vorbehalt 1984 durchweg entfallen – Zeichen dafür, dass die Jugendlicher weniger als Träger eines Bildungsanspruches denn als billige Arbeitskraft bewertet werden. Die gesetzliche 5-Tage-Woche, verknüpft mit einem (durch Ausnahmen aufgelockerten) Beschäftigungsverbot an Sonnabenden, Sonn- und Feiertagen dient der Sicherung von Freizeit und Erholung. Auch hier sind 1984 die bereichsspezifischen Ausnahmen erweitert worden (Tierhaltung, Kraftfahrzeughandwerk, Gaststätten). Das Gesetz sieht einen nach dem Alter gestaffelten Anspruch auf Erholungsurlaub (27–30 Werktage) vor (§ 19). Jugendliche dürfen nicht mit bestimmten gefährlichen Arbeiten beschäftigt werden, z. B. Arbeiten, die ihre Leistungsfähigkeit übersteigen, mit für sie schwer erkennbaren Unfallgefahren, unter außergewöhnlicher Hitze oder Kälte, in starker Nässe sowie unter schädlicher Einwirkung von Lärm, Erschütterungen, Strahlen oder von giftigen, ätzenden oder reizenden Stoffen; dieses Beschäftigungsverbot ist unter dem Einfluss des Europarechts 1997 ausgedehnt worden (§ 22 Abs. 1 Ziff. 6 und 7 JarbSchG). Unzulässig sind auch Untertagearbeiten sowie die Beschäftigung mit Akkordarbeit sowie mit Arbeiten, bei denen das Arbeitstempo vorgegeben ist (z. B. Fließarbeiten). Auch hier bestehen kritikbedürftige Ausnahmen.

Jugendliche dürfen nur beschäftigt werden, wenn sie innerhalb der letzten 14 Monate vor dem Eintritt in das Berufsleben ärztlich untersucht worden sind und dem Arbeitgeber hierfür eine ärztliche Bescheinigung vorliegt. Hat der Arzt in der Bescheinigung Arbeiten aufgeführt, durch die der Jugendliche gesundheitlich gefährdet würde, so darf der Arbeitgeber den Jugendlichen mit diesen Arbeiten nicht beschäftigen. Ein Jahr nach Aufnahme der ersten Beschäftigung muss sich der Arbeitgeber die Bescheinigung über eine ärztliche Nachuntersuchung vorlegen lassen. Damit sollen die Auswirkungen der Beschäftigung auf die Gesundheit und die Entwicklung des Jugendlichen ermittelt werden. Der seit 2015 zu zahlende gesetzliche Mindestlohn braucht nicht an Jugendliche ohne Ausbildungsabschluss gezahlt zu werden.

Die Einhaltung des JArbSchG wird von den Gewerbeaufsichtsämtern, den Landesämtern für Arbeitsschutz bzw. Landesämtern für Arbeitsschutz und Arbeitsmedizin (Berlin: Landesamt für Arbeitsschutz, Gesundheitsschutz und technische Sicherheit, Hamburg: Amt für Arbeitsschutz) überwacht. Die Ämter haben polizeiliche Befugnisse. Ausschüsse für J. bei den obersten Landesbehörden und bei den Gewerbeaufsichtsämtern, bestehend aus Vertretern der Sozialpartner und anderen Sachkundigen, haben die Aufgabe, die Öffentlichkeit zu informieren und die zuständigen Behörden zu beraten.

Deregulierung begann bei den Jugendlichen

Das JArbSchG von 1984 führte neben den genannten Lockerungen des Arbeitsschutzes erstmals ein vielgliedriges System von Prozeduren ein, unter denen Ausnahmen selbst noch von seinen Regeln zulässig sind (durch TV/Betriebsvereinbarung, durch Kirchenregelungen, RVO usw.). In der Summe der genannten substantiellen Einschnitte in den J. und der erweiterten Delegation zur Erteilung von Ausnahmeregelungen erweist sich diese Neuregelung im Nachhinein als eines der ersten neokonservativen „Flexibilisierungs"-Gesetze, denen in der späteren Zeit noch weitere folgten (Beschäftigungsförderungsgesetz 1985, verschiedene Befristungsgesetze usw.). So wie diese Art der Flexibilisierung ausgestaltet ist, erhöht sie mit der Verminderung gesetzlicher Schutzstandards immer auch das unternehmerische Weisungsrecht, macht also den Bereich betrieblicher Arbeit wieder stärker zur Domäne unternehmerischer Alleinherrschaft – zu Lasten der betroffenen Jugendlichen, aber auch der Interessen der Allgemeinheit an der physischen und psychischen Integrität der Jugendlichen.

Ulrich Mückenberger

Literatur

BMAS: Klare Sache – Jugendarbeitsschutz und Kinderarbeitsschutzverordnung, Berlin 2016 (Stand: 1/2016) ◆ M. Kittner/B. Zwanziger/O. Deinert

(Hrsg.), Arbeitsrecht. Handbuch für die Praxis. Frankfurt/M [8]2015 • U. Mückenberger: Rechtliche Aspekte industrieller Arbeit, in: W. Georg u. a.: Arbeit und Wissenschaft-Arbeitswissenschaft. Bonn 1985, 248 ff. (1985 a). • U. Mückenberger: Dereguliertes Arbeitsrecht, in: KJ 1985, 255 ff. (1984 b). • Th. Lakies: Jugendarbeitsschutzgesetz. Basiskommentar. Frankfurt/M. [7]2014 • H. Vogelsang, Jugendarbeitsschutzrecht, in: G. Schaub, Arbeitsrechtshandbuch, § 161, 14, München [16]2015, 1844–1858 • M. Schlachter: Jugendarbeitsschutzgesetz, in: Erfurter Kommentar zum Arbeitsrecht, München [16]2016.

Jugendgerichtshilfe

Gesetzliche Regelungen

Die Jugendgerichtshilfe (JGH) ist gesetzlich seit 1923 im Jugendgerichtsgesetz (JGG) und seit 1990 auch im KJHG (SGB VIII) geregelt.

Gemäß § 38 Abs. 1 JGG wird sie von den JÄ im Zusammenwirken mit den Vereinigungen für KJH ausgeübt (vgl. § 52 Abs. 1, 3 SGB VIII).

Die JGH wird für die Strafjustiz tätig, weil der Verdacht besteht, dass der betreffende Jugendliche bzw. Heranwachsende Straftaten begangen hat. Die Systeme Justiz und *Kinder- und Jugendhilfe* haben die organisatorischen Aufgaben unterschiedlich geregelt:

Das *Jugendstrafrecht* erwartet, dass die JGH „die erzieherischen, sozialen und fürsorgerischen Gesichtspunkte“ dem Gericht vorträgt. Die JGH unterstützt dazu die beteiligten Behörden, z. B. Polizei, StA und Gericht. Dazu erforscht sie Persönlichkeit, Entwicklung und Umgebung des Beschuldigten. Ferner äußert sie sich zu den Maßnahmen, die nach dem JGG in Betracht kommen. Insbesondere durch die Ausweitung der sog. Ambulanten Maßnahmen (vgl. § 10 JGG) kommt es zunehmend dazu, dass die JGH die Einhaltung von Weisungen im Rahmen der Erziehungsmaßregeln (§ 9 JGG) bzw. Auflagen (§ 15 JGG) überwacht (§ 38 Abs. 2 JGG). Erhebliche Zuwiderhandlungen muss sie dem Richter mitteilen. Dieser kann gemäß § 11 Abs. 3 JGG sodann „Beugearrest“ verhängen.

Das SGB VIII hat – im Gegensatz zum Vorläufer JWG – diesen externen Auftrag unter „Andere Aufgaben der JH: Mitwirkung in gerichtlichen Verfahren“ aufgegriffen, ohne den Begriff JGH zu verwenden. § 52 betont die Verpflichtung des JA, frühzeitig zu prüfen, ob für den Jugendlichen oder jungen Volljährigen (vgl. § 7 SGB VIII mit § 105 JGG) Leistungen der KJH in Betracht kommen. Da das aktuelle Jugendstrafrecht kriminalpolitisch der Diversion verpflichtet ist, sollen die Informationen durch die JGH dazu dienen, Verfahren gemäß §§ 45, 47 JGG verkürzen zu können.

Spannungsverhältnis zwischen Jugendhilfe und Strafrecht

Die gesetzliche Aufgabe, im Rahmen des JGG bei Verdacht einer Straftat der Justiz durch die JH zuzuarbeiten, ist also unterschiedlich geregelt. Dies ist Ursache und Ausdruck von grundsätzlichen rechtlichen und sozialpädagogischen Problemen (vgl. Ostendorf RdNr. 78–94a). Sie stehen exemplarisch für das Spannungsverhältnis zwischen KJH und Strafrecht, werden in der Praxis regelmäßig erlebt, in der Fachdiskussion aber weitgehend nicht oder unzureichend reflektiert. Auch diese Uneindeutigkeit ist dem System KJH als professionelle Statusschwäche anzulasten.

Vertreter der *Kinder- und Jugendhilfe* argumentieren so: „Bei der Mitwirkung der Jugendhilfe im gerichtlichen Verfahren nach § 52 SGB VIII handelt es sich ... nicht um besondere, vom allgemeinen Handlungsauftrag des Jugendamtes losgelöste Aufgaben“ (Trenczek 2011, 339), „das JA nicht ausführendes Organ oder Gehilfe des Gerichts, sondern als Träger eigenerer Aufgaben tätig (und hat) diese gegenüber dem Gericht wahrzunehmen“ (Trenczek, in: Münder u. a. 2013, § 52 Rz 12).

Entstehungsgeschichte

Die Widersprüche in der Denk- und Handlungslogik beider Systeme sind historisch nachvollziehbar. Ausgangspunkt ist die Erfindung des Jugendalters seit etwa 1870. Diese sich zwischen Kindheit und Erwachsenenalter ausdehnende Phase galt als aus sich heraus gefährdend. Solange die Integration in Erwerbs- und Familienleben nicht erreicht war, sah man schützende und kontrollierende Maßnahmen als erforderlich an *(Kindheit/Jugend)*. Aus dieser Wahrnehmung einer gefährdeten Altersphase heraus ergaben sich logisch zwei Ansatzpunkte: der sozialpädagogische der Fürsorge und der rechtliche der „erzieherisch“ orientierten *Sanktion*. Hierfür bedurfte es neuer Professionen: die Spezialisten hießen Jugendrichter und Jugendgerichtshelfer. Beide Berufe sind im JGG seit 1923 enthalten. Als Sonderstrafrecht enthält es für Jugendliche und ggf. für Heranwachsende spezifische Rechtsfolgen, Verfahrensregeln und Vollstreckungsregeln. Es ist dem „Erziehungsgedanken“ als Strafzweck verpflichtet (§ 2 Abs. 2 JGG). Dieser besagt, dass aus Anlass der Tat unter Berücksichtigung von Tat und Lebensumständen eine Sanktion gefunden werden soll, die für die Zukunft weitere Straffälligkeit vermeidet.

Da der Jugendrichter hierfür allein nicht die Kompetenz besitzt, wird von der JGH entsprechende Zuarbeit erwartet. Solange die Kriminalpädagogik beide Handlungsfelder im Selbstverständnis einte, blieb die Zusammenarbeit – trotz unterschiedlicher Perspektiven von SozPäd und Justiz – weitgehend reibungslos.

Mit der Akzeptanz des Gedankens, dass „hilfreiche" Interventionen auch stigmatisierend, d. h. ausgrenzend wirken können, geriet diese Allianz in die Kritik *(Stigmatisierung)*. Mit der Frage „Whose side are you on?" wurde zwischen der „guten" SozPäd und der „bösen" Repression durch Polizei und Justiz unterschieden *(Jugendhilfe und Polizei)*.

In dieser Schnittstelle befindet sich die JGH. Solange deren Mitarbeiter sich mit dem Strafrecht identifizieren konnten, blieb der zugrunde liegende Konflikt begrenzt. Sobald Sozialarbeiter in der JGH zu agieren begannen, die sich als „Anwalt des Klienten" verstanden, kamen die Widersprüche offen zum Ausdruck.

Die Phase der radikalen Auseinandersetzung und Gegenüberstellung gehörte den 1970er und 1980er Jahren an und darf als überholt gelten. Geblieben ist aber die Rede vom „doppelten Mandat", das der Jugendgerichtshelfer ausübe, ja auszuüben habe.

Formale Stellung der Jugendgerichtshilfe

Die JGH nimmt eine eigenständige Rolle im Verfahren ein (Verfahrensbeteiligte eigener Art). Sie ist nicht Teil der Verteidigung oder gar der StA. Im Wesentlichen treffen sie folgende Rechte und Pflichten:

- Mitwirkung während des gesamten Verfahrens,
- Recht auf Anwesenheit in der Hauptverhandlung,
- Recht auf Äußerung,
- Zugangsrecht zu Untersuchungshaft- und Strafgefangenen.

Den Vertretern der JGH steht kein *Zeugnisverweigerungsrecht* zu (vgl. § 53 Abs. 1 Nr. 3 StPO und BVerfG 33, 282).

Aufgaben der Jugendgerichtshilfe

Die Aufgaben der JGH ergeben sich aus den §§ 38 und 43 JGG. Nach Einleitung des Verfahrens sollen so bald wie möglich die Lebens- und Familienverhältnisse, der Werdegang, das bisherige Verhalten des Beschuldigten und alle übrigen Umstände ermittelt werden, die zur Beurteilung seiner seelischen, geistigen und charakterlichen Eigenart dienen können (§ 43 Abs. 1). Die beteiligten Behörden erwarten Unterstützung „durch Erforschung der Persönlichkeit, der Entwicklung und der Umwelt des Beschuldigten" (§ 38 Abs. 2).

Die JGH wird – nach dem Grundsatz möglichst frühzeitiger Beteiligung – von der StA bzw. vom Gericht „herangezogen" (§ 38 Abs. 3). Von Interesse ist, was passiert, wenn dies unterbleibt oder die JGH von sich aus nicht mitwirkt. Das Gericht muss ihr den Termin mitteilen; die Hauptverhandlung kann aber auch ohne die JGH stattfinden; es besteht keine Anwesenheitspflicht. Die Verantwortung für prozessuale Formfehler – einschließlich des Aspekts, ob für die getroffene Verhandlung hinreichende „erzieherische" Gesichtspunkte geprüft wurden – liegt somit beim Gericht. Daran wird deutlich, dass die JGH zum Jugendstrafverfahren dazugehört; sie ist ein echter Verfahrensbeteiligter. Das Urteil ist durch Revision angreifbar, wenn das Gericht ohne die JGH verhandelt, aber irrtümlich nicht das örtlich zuständige JA benachrichtigt hatte. Daraus folgt eine Mitwirkungspflicht der benachrichtigten JGH gegenüber dem Gericht über ihre Unzuständigkeit. Zudem hat sie das richtigerweise zuständige JA zu benennen. Strittig ist die Frage, welche Konsequenzen sich ergeben, wenn die JGH die Teilnahme an der Verhandlung verweigert, sozusagen aus dem „doppelten Mandat" eine parteiliche Position für den Angeklagten macht. Hier droht die Auferlegung der Kosten des Verfahrens.

„Heranziehen" und „unterstützen" drücken nicht nur formal die Bindung zweier Institutionen aus. Sie weisen auch auf die Inhalte der Aufgabenstellung hin. Der Begriff „Ermittlungen", der sehr an polizeiliche Tätigkeiten erinnert, macht die tatsächliche Aufgabenstellung besonders deutlich. Die JGH soll sich – gerade im Namen des Erziehungsgedankens – in das Privatleben des Betroffenen einmischen, u. U. auch die Erziehungsberechtigten und sogar Schule bzw. Ausbildungsleiter ansprechen. All dies geschieht zu einem Zeitpunkt, für den noch die Unschuldsvermutung gilt. In England z. B. wird deshalb das JA erst tätig, nachdem die Schuld gerichtlich festgestellt worden ist.

An diese Recherchen schließen sich die Pflicht und das Recht an, Vorschläge zu den zu ergreifenden Maßnahmen zu äußern (§ 38 Abs. 2).

Über die vom Gericht ausgesprochenen Weisungen und Auflagen „wacht" die JGH. „Erhebliche Zuwiderhandlungen" hat sie dem Gericht mitzuteilen (hier droht dem Betroffenen gem. § 11 Abs. 3 JGG u. U. ein sog. Beugearrest).

Ein zentrales Instrument der Arbeit ist der Bericht der JGH. Zu unterscheiden sind dabei Erstberichte und ggf. im Laufe der Überwachung der Sanktionen notwendige Folgeberichte (bis hin zum Abschluss der durchgeführten Maßnahme). Seit der Etablierung des sog. *Stigmatisierungs*ansatzes hat sich in der *Kriminologie* und Sozialarbeit ein Bewusstsein für die Gefahren von *Aktenführung* entwickelt. *Datenschutz*rechtliche Probleme und fragwürdige Bewertungen des Denkens und Handelns der Betroffenen kennzeichnen den Konflikt. Ganz besonders bei derartigen Dokumentationen, nicht zuletzt beim Sanktionsvorschlag selbst, ist der jeweils für richtig gehaltene Erklärungsansatz für straffälliges Verhalten ablesbar.

Jugendgerichtshilfe und Diversion

Seit Anfang der 1980er Jahre finden im Rahmen der „Inneren Reform" des JGG die sog. Ambulanten Maßnahmen steigendes Interesse. Begann diese Diversionspolitik mit Erziehungskursen und qualifizierteren Arbeitsauflagen, erhielten alsbald die Betreuungsweisungen nach § 10 JGG quantitativ und qualitativ die größte Bedeutung. Diese Entwicklung fand formale Absicherung in den entsprechenden Passagen des 1990 geänderten JGG.

Die Ausweitung der Sanktionsfolgen im Jugendstrafrecht brachte der JGH großen Bedeutungszuwachs. § 38 Abs. 3 sagt nun ausdrücklich, dass vor der Erteilung von Weisungen die Vertreter der JGH stets zu hören seien. „Kommt eine Betreuungsweisung in Betracht, sollen sie sich auch dazu äußern, wer als Betreuungshelfer bestellt werden soll."

An der Ausbreitung von Projekten im Rahmen Ambulanter Maßnahmen ist die JGH maßgeblich beteiligt. Im Übrigen zeichnen Freie Träger *(Träger der Sozialen Arbeit)* verantwortlich, denen hoheitliche Aufgaben teilweise per Übertragungsverfügung zugestanden werden.

Mehrere Zielsetzungen treffen hier aufeinander: die JGH wird „pädagogischer". Der vermehrt gegenüber der KJH geäußerten Forderung „Raus aus den Hütten!" kommt sie nach, indem sie insbesondere freizeitorientierte Angebote macht. Für diese Aktivitäten sind Stichworte wie Handlungs-, Erlebnis- und Themenorientierung gebräuchlich. Derartige Formen von Zusammenarbeit bieten die Möglichkeit, Schwellenangst der Jugendlichen gegenüber Behördenvertretern abzubauen, Vertrauen bei ihnen zu erwecken und personen- wie problembezogen erzieherischen Einfluss zu nehmen. All dies verlangte von den Vertretern der JGH ein Umdenken. Der administrativ-distanzierte Stil wich zunehmend einer kommunikativen Haltung und entspricht den Impulsen des Gesetzgebers (vgl. z. B. § 1626 Abs. 2 BGB oder § 8 SGB VIII; für den Jugendstrafvollzug beispielhaft JStVollzG NRW, § 7 Abs. 3).

Die Ausweitung der dem Jugendstrafrecht zur Verfügung stehenden Rechtsfolgen bis zu dieser Stufe ist bereits eindrucksvoll und nicht unumstritten. So ist zu fragen, ob das grundgesetzlich garantierte Privileg elterlicher Autonomie bei der Erziehung (Art. 6) nicht durch derartige Eingriffe unterlaufen wird (Das BVerfG verlangt in seiner Entscheidung von 2006, in der Jugendstrafvollzugsgesetze der Länder gefordert werden, v. a. die verstärkte Beteiligung der Erziehberechtigten). Neuere Bestrebungen, auch den sog. *Täter-Opfer-Ausgleich* in die Diversionspolitik mit einzubeziehen, verlangen in noch grundsätzlicherer Weise nach Klärung. Damit nämlich wird endgültig das Strafrecht prinzipiell in Frage gestellt zugunsten einer „kommunikativen", dem Zivilrecht ähnelnden Konzeption.

Die JGH ist damit in die kriminalpolitische Debatte einbezogen und betreibt selbst die Entwicklung mit. D. h. u. a., dass sie Position bezieht zur Erklärung und zum Stellenwert von Jugendkriminalität. In der herrschenden Kriminologie hat sich die Auffassung durchgesetzt, *abweichendes Verhalten* (männlicher) Jugendlicher sei episodenhaft, allgemein verbreitet, jugendtypisch, mithin „normal". Diese Erkenntnisse leiten sich aus dem Stigmatisierungsansatz (Dunkelfeld, Selektion usw.) ab. So nahe die Konsequenz des Nichteingreifens liegt – und etliche Diversionskonzepte verlangen dies für Erst- und Bagatelldelikte –, so inkonsequent zeigen sich die Befürworter der Ambulanten Maßnahmen: die ihnen zugewiesene Klientel repräsentiert nur ausnahmsweise die Gruppe derer, denen mit dieser Sanktion das Einsperren im Jugendarrest bzw. Jugendstrafvollzug erspart werden sollte. Theoretisch bleiben die Konzepte einer individualisierenden Sichtweise verhaftet. Bei den Betroffenen wahrgenommene persönliche Defizite sowie ihr Verhalten sollen u. a. durch Freizeitaktivitäten positiv beeinflusst werden.

Beurteilung

Am Beispiel der JGH lassen sich alle devianzpädagogischen Fragestellungen (Erklärungsansätze, *Prävention*/Intervention, Institutionen, Berichterstattung, Leitformel Erziehungsgedanke im JGG, Theorien und Konzepte, *Jugendsozialarbeit,* „Mehrfachtäter") bearbeiten (Plewig 2000). Ebenso lässt sich an ihr die allgegenwärtige Differenz zwischen Theorie und Praxis demonstrieren. Die Beurteilung der JGH und ihrer aktuellen Entwicklung steht und fällt mit der Einstellung zum sog. Erziehungsgedanken im JGG zur Parteilichkeit und zur Wirkungsforschung bzw. Interdisziplinarität. der SozArb/SozPäd.

Die Befürworter des Erziehungskonzeptes im JGG behaupten, (nur) dadurch würde das repressive Strafrecht in seinen Auswirkungen begrenzt. Aus Anlass der Tatahndung könnten auf diese Weise dem Jugendlichen/Heranwachsenden Hilfestellungen für seine Erziehung und Sozialisation gegeben werden. Je nach Theoriemode (in den 1920er Jahren war es die Idee der „pädagogischen Führung", in den 1960er/1970er Jahren die Hoffnung auf therapeutischen Einfluss) gilt es, orientiert an den jeweils bevorzugten Methoden, auf die entsprechenden Persönlichkeitsanteile Einfluss zu nehmen. Die JGH bildet dabei eine Art Speerspitze. Sie ermittelt, erkundet, schlägt Sanktionen vor, führt Maßnahmen durch und überwacht auch den Verlauf.

Die Gegner dieses Ansatzes bezweifeln, dass der „erzieherische" Anspruch auch nur annähernd eingelöst werden kann. Dies sei und bleibe Aufgabe der KJH unabhängig von Strafverfahren. Ansonsten würden die Belange des Strafrechts und der KJH in problematischer Weise miteinander vermischt. Sowohl aus strafrechtsdogmatischer Sicht (Strafzweck; rechtsstaatlicher Schutz durch Beachtung formaler Verfahrensregeln) wie auch aus kriminalsoziologischer (Konsequenz des Stigmatisierungsgedankens) sei eine deutliche Aufgabenteilung erforderlich (AWO 1993; Albrecht 2002).

Entsprechende Kritik kommt auch aus dem Lager der sog. Parteilichen *Jugendarbeit.* Sie verweist auf die Probleme, die aus einer Zusammenarbeit zwischen Justiz und KJH erwachsen. Das vielzitierte Vertrauen vom Jugendlichen zum Jugendgerichtshelfer könne zwar entstehen; der behördlich-justizielle Auftrag erschwere aber das Verhältnis grundsätzlich. Im Übrigen könne eine derartige Konzeption besonders belastete Jugendliche nicht erreichen. Deren Misstrauen sei prinzipiell viel zu groß. Gerade sie aber bedürfen der advokatorischen Hilfe (Gerdes u. a.).

Die Behauptung, der Erziehungsgedanke im JGG und die Arbeit der JGH dienten dazu, helfend und strafrechtsbegrenzend zu wirken, ist empirisch und theoretisch umstritten. Insbesondere eine Untersuchung von Heinz/Hügel (1986) hatte Aufmerksamkeit erregt (aktuell dazu Heinz 2016). Danach übertrafen die Vorschläge der JGH oftmals die Entscheidung des Jugendgerichts an Eingriffsintensität. Dies Ergebnis wurde von Seiten der JGH bestritten. Für derartige Handlungsweisen gab es zumindest einige Plausibilität. Im Grunde kommt darin das allgemeine Problem zum Ausdruck, das bei solch einer schwierigen Allianz zwangsläufig ist. Der naive Irrtum beruht darauf, das Strafrecht als „böse" und die KJH als „gut" zu betrachten. Diese Einschätzung teilen selbst etliche JugendrichterInnen.

Im Kern kann es nur darum gehen, über die Angemessenheit jugendstrafrechtlicher Zielsetzungen, ihnen zugrunde liegende Erklärungsansätze sowie jugendhilfe- wie sozialpolitische Erfordernisse zu streiten. In diesem Zusammenhang lautet die Frage: „JGH, quo vadis?" (DVJJ-Journal Nr. 138, 1-2/1992).

Die Chancen für eine grundsätzliche selbstkritische Bestandsaufnahme stehen nicht gut. Das Jugendstrafrecht braucht die JGH, die JGH will gebraucht werden. Dabei entbehrt dieses Aufeinander-angewiesen-sein einer fundamentalen Basis. Denn der „Erziehungsgedanke" im JGG ist eine schlichte Leitformel. Die professionellen Standards der KJH sind nur in Ansätzen entwickelt und werden im Übrigen eher in Form von Wunschdenken an dies Handlungsfeld herangetragen (z. B. Trenczek/Müller 2015).

Die Grenzen des kriminalpädagogischen Kooperationsmodells liegen auf zwei Ebenen:

- Die jugendstrafrechtliche Praxis ist vom Ansatz her beliebig, denn weder StA noch Richter handeln nach sozialpädagogischen Erkenntnissen. Folgerichtig fehlt die sozialwissenschaftliche Überprüfung weitgehend.
- Ein Auftraggeber, der selbst nicht nach sozialpädagogisch überprüfbaren Kriterien vorgeht, kann an eine beauftragte KJH weder qualifizierte Anforderungen stellen noch hat er ein Interesse daran.

Im Ergebnis üben alle drei Seiten Kritik: Die JGH sieht sich nicht ernst genommen, die Gerichte beklagen oftmals die Unzulänglichkeit der Zuarbeit und in der Fachdiskussion verdecken Beschwörungen die realistische Analyse.

Die einen glauben an die straflimitierende Wirkung des so genannten Erziehungsgedankens im JGG, die anderen pochen auf den Charakter des SGB VIII als Leistungsgesetz. Aber nur eine Analyse der Tatsache, warum weder die beteiligten Systeme angemessen professionell handeln noch die Zusammenarbeit qualitativ überzeugt, könnte hier den Blick öffnen für eine weiterführende Erkenntnis.

Die Diskussion um die JGH ist nicht Theorie

geleitet. Es fehlen Analysen zu den Motiven des Gesetzgebers, die auch gesellschaftstheoretisch überzeugen (Behandlung proletarischer Jugendlicher, Sozialdisziplinierung), es fehlen Betrachtungen unter Organisations- bzw. systemtheoretischen Gesichtspunkten. Diese Tatsache kann neuerdings aus der Perspektive der Nachhaltigkeit präzise begründet werden (Plewig 2015). Zudem mangelt es an empirischem Material, wie die Beteiligten, insbesondere die betroffenen jungen Tatverdächtigen, die Praxis erleben und beurteilen.

Die Praxis (JGH) braucht die Theorie nicht, um zu bestehen. Der allseitige Glaube an die Richtigkeit des „Erziehungsgedankens" und die damit verbundene Überzeugung, als „Kinderretter" bzw. Schutzengel gegenüber dem vermeintlich strengeren Erwachsenenstrafrecht wichtig zu sein, ist tief verwurzelt. Hinzu kommt, dass die JGH geprägt ist von einem jahrzehntelang wirksamen Mangel an Selbstwertgefühl. Dies Bewusstsein der – strukturell bedingten – Unterlegenheit führt auch zu Immunisierungstendenzen gegenüber Kritik von außen. Umso wichtiger ist es, die Auseinandersetzung im Rahmen von Fortbildung zu suchen.

Die AWO hat in einem Positionspapier 1993 eine Neubestimmung von (der damals noch so bezeichneten) JH und dem Jugendstrafrecht vorgeschlagen (so auch H.-J. Albrecht 2002). Dazu gehört die Abschaffung des Erziehungs-Jugendstrafrechts einschließlich der dazugehörigen Institutionen (u. a. der JGH). Strafe (als Aufgabe der Justiz) soll aller weiter gehenden Zweckbestimmungen entkleidet werden, JH (KJH) sich realitätsbezogen für gegenwärtige und zukünftige Aufgaben qualifizieren. Unabhängig von der Beurteilung dieser radikalen Herausforderung gerade auch der Praxis sollte ein Grundgedanke der Pädagogik in jedem Fall respektiert werden: Das „pädagogische Verhältnis" verträgt sich nicht mit Polizeiaufgaben.

Hans-Joachim Plewig

Literatur

H.-J. Albrecht: Ist das deutsche Jugendstrafrecht noch zeitgemäß? Gutachten München 2002 ◆ P.-A. Albrecht: Jugendstrafrecht, München ³2000 ◆ AWO (Hrsg.): Jugend ohne Zukunft? Befähigen statt bestrafen. Grenzen des Strafrechts und Möglichkeiten der Jugendhilfe, Bonn 1993 ◆ U. Eisenberg: JGG Kommentar, München ¹⁸2015 ◆ P. Gerdes u. a.: „Ab in die Normalität", in: DVJJ-Journal 143/1993, 219–244 ◆ Heinz/Hügel: Erzieherische Maßnahmen im deutschen Jugendstrafrecht. Abschlussbericht für das BMJ, Bonn 1986 ◆ W. Heinze: Stellungnahme zur aktuellen Diskussion um eine Verschärfung des Jugendstrafrechts, Baden-Baden 2016 ◆ J. Münder/T. Trenczek: Kinder- und Jugendhilferecht, Köln ⁸2015 ◆ J. Münder/T. Meysen/T. Trenczek (Hrsg.): Frankfurter Kommentar SGB VIII, Baden-Baden ⁷2013 ◆ H. Ostendorf: Jugendgerichtsgesetz. Kommentar, Köln u. a. O. ⁹2013 ◆ H. Ostendorf: Jugendstrafrecht, Baden-Baden ⁷2013 ◆ H.-J. Plewig: Devianzpädagogik, in: F. Stimmer (Hrsg.): Lexikon der Sozialpädagogik und der Sozialarbeit, München/Wien ⁴2000 ◆ H.-J. Plewig: Die Maxime der ‚Beschleunigung' im Jugendstrafrecht aus interdisziplinärer Perspektive – Kriterien nachhaltig wirksamer Jugendstrafverfahren, in: Rotsch u. a. (Hrsg.): Strafrecht, Jugendstrafrecht Kriminalprävention in Wissenschaft und Praxis. Festschrift für Ostendorf. Baden-Baden 2015, 669–686 ◆ T. Trenczek: Die Mitwirkung der Jugendhilfe im gerichtlichen Verfahren, in: J. Münder/R. Wiesner/T. Meysen (Hrsg.): Kinder- und Jugendhilferecht. Handbuch, Baden-Baden ²2011, 339–359 ◆ T. Trenczek/S. Müller: Jugendhilfe und Strafjustiz – Jugendgerichtshilfe, in: H.-U. Otto/H. Thiersch: Handbuch Soziale Arbeit, München5 2015, 743–750.

Jugendhilfeausschuss

Als Bundesgesetz enthält das SGB VIII kaum Bestimmungen über die Organisation der *Kinder- Jugendhilfe;* dies fällt grundsätzlich in die Kompetenz der Landesgesetzgebung. Allerdings wird in § 70 Abs. 1 SGB VIII die sog. Zweigliedrigkeit des *Jugendamtes,* festgelegt: Das JA besteht aus dem J. und der Verwaltung des JA. Des Weiteren wird in §§ 70, 71 SGB VIII die Kompetenzabgrenzung zwischen dem J., der Verwaltung des JA und der sog. Vertretungskörperschaft (Kreistag, Stadtverordnetenversammlung, Stadtrat u. a.) vorgenommen. In § 71 SGB VIII wird auch bundesgesetzlich die Zusammensetzung bei den stimmberechtigten Mitgliedern des J. geregelt. Weitere Regelungen (z. B. zu den beratenden Mitgliedern, zum Verfahren, zur Wahl usw.) sind dem Landesrecht überlassen. Sofern weder Bundesrecht (SGB VIII) noch Landesrecht (regelmäßig AG zum SGB VIII) Regelungen treffen, können auf kommunaler Ebene für den J. Regelungen vorgesehen werden (meist durch Jugendamtssatzungen).

Im Verhältnis zur Verwaltung des JA ist der J. rechtlich gesehen das übergeordnete Gremium: Nach § 70 Abs. 2 SGB VIII werden (auch) die „Geschäfte der laufenden Verwaltung … vom Leiter der Verwaltung der Gebietskörperschaft oder in seinem Auftrag vom Leiter der Verwaltung des Jugendamts m Rahmen … der Beschlüsse … des Jugendhilfeausschusses geführt". Das bedeutet, dass der J. in grundsätzlichen Angelegenheiten im Verhältnis zur Verwaltung des JA allein zuständig ist. Auch bei laufenden Geschäften gilt dieser Vorrang des J.; wenn allerdings keine einschlägigen Beschlüsse des J. vorliegen, kann die Verwaltung des JA selbständig handeln. Laufende Geschäfte sind im Allgemeinen diejenigen, die zu einer ungestörten und ununterbrochenen Fortdauer der Verwaltungstätigkeit notwendig sind, es sei denn, dass es sich um einmalige und außergewöhnliche Geschäfte oder solche von erheblicher finanzieller Bedeutung handelt. Diese rechtliche Aussage über die Kompetenzverteilung zwischen J. und Verwaltung des JA deckt sich jedoch nicht mit der Realität. Die JH wird vornehmlich durch die hauptamtlichen Mitarbeiter der Verwaltung des J. gestaltet, die hinsichtlich der Informationen, der Kompetenzen, der Handlungsressourcen deutliche Vorsprünge gegenüber dem J. besitzen.

Das Verhältnis zur Vertretungskörperschaft ist ebenfalls rechtlich eindeutig: Die Vertretungskörperschaft ist im Verhältnis zum J. das übergeordnete Organ, berechtigt, den J. durch einzelne oder generelle (z. B. Satzungen) Beschlüsse zu binden, Beschlüsse des JA aufzuheben und ggf. durch eigene zu ersetzen; dabei sollte sich die Vertretungskörperschaft aber auf grundlegende Fragen beschränken, damit dem J. Aufgaben von „substantiellem Gewicht" bleiben (BVerwG ZfSH/SGB 1995, 303 ff.). So kann sich insbesondere das wichtigste Recht des J., das Beschlussrecht in Angelegenheiten der JH, nur innerhalb des Rahmens der durch die Vertretungskörperschaft gefassten Beschlüsse und der von ihr bereitgestellten Mittel abspielen. Die J. sind in allen Angelegenheiten der JH vor Beschlussfassung der Vertretungskörperschaft zu hören, sie haben das Recht, an die Vertretungskörperschaft Anträge zu stellen.

§ 71 Abs. 1 SGB VIII regelt die Zusammensetzung des J. hinsichtlich der stimmberechtigten Mitglieder. Zu 3/5 stammen die stimmberechtigten Mitglieder aus der Vertretungskörperschaft oder aus Frauen und Männern, die in der JH erfahren sind und von der Vertretungskörperschaft direkt gewählt werden. 2/5 der stimmberechtigten Mitglieder entfallen auf Frauen und Männer, die auf Vorschlag der anerkannten Träger der freien JH *(Träger der Sozialen Arbeit)* von der Vertretungskörperschaft gewählt werden. Dem J. gehören neben den stimmberechtigten auch beratende Mitglieder an.

Der Aufgabenbereich des J. ist in § 71 Abs. 2 SGB VIII benannt. Danach befasst er sich mit allen Angelegenheiten der JH. Das, was Angelegenheiten der JH sind, ergibt sich aus dem SGB VIII und kann z. B. nicht kommunal vor Ort bestimmt werden. Seine Rechte sind in § 71 Abs. 3 SGB VIII benannt: Antragsrecht, Anhörungsrecht/Anhörungspflicht, Beschlussrecht. Entsprechend der umfassenden Kompetenz können sich die Anträge des J. auf das gesamte Feld der JH beziehen, eine Einengung durch kommunale Regelungen ist nicht möglich. Befasst sich die Vertretungskörperschaft mit Fragen der JH und will sie hierüber Beschlüsse fassen, so soll gemäß § 71 Abs. 3 S. 2 SGB VIII der J. vorher gehört werden. Diese Formulierung bedeutet, dass er im Regelfall und üblicherweise anzuhören ist. Unterbleibt die Anhörung, so liegt ein Verfahrensfehler vor. Das weitestgehende Recht des J. ist das Beschlussrecht des J. § 71 Abs. 3 S. 1 SGB VIII nennt drei Rahmendaten für die Beschlüsse des J.: Die von der Vertretungskörperschaft bereitgestellten Mittel, die von ihr erlassene Satzung und die von ihr gefassten Beschlüsse.

Dem JHA wird immer wieder vorgeworfen, er nutze seine Möglichkeiten nicht, er fungiere vielmehr als eine Art Notar in Angelegenheiten der Kinder- und Jugendhilfe und beschließe fast immer nur das, was zuvor zwischen den Mitgliedern (Gruppen) abgesprochen worden ist, jedenfalls sei er zumeist nicht ein öffentliches Diskussionsforum der KJH. Das liege u. a. auch daran, dass die Mitglieder des JHA ihre rechtlichen und faktischen Möglichkeiten nicht ausreichend kennen würden (vgl. dazu den 7-Punkte-Katalog für eine qualifizierte und wirkungsvollere Arbeit des JHA in: Kreft 2005,17 f.).

Durch die Föderalismusreform I (in Kraft getreten am 1. 9. 2006) haben die Länder nach Art. 84 GG u. a. das Recht, die Behördenstruktur abweichend von den Bestimmungen des SGB VIII zu regeln. Das bedeutet für die Kinder- und Jugendhilfe, dass die Länder auch die Zweigliedrigkeit des JA/LJA ändern und den JHA/LJHA in der bisherigen Form der § 70 Abs. 1 und 71 auflösen können. Bislang hat nur das Land Baden-Württemberg die rechtliche Möglichkeit geschaffen, dass die öffentlichen Träger entscheiden können, ob der JHA als beschließender oder beratender Ausschuss eingesetzt wird. Bis Ende 2014 hat davon jedoch noch keine Gebietskörperschaft Gebrauch gemacht. In Brandenburg ist zum 1. 1. 2014 an die Stelle des beschließenden LJH-

Ausschusses als Teil des LJA der beratende Landesausschuss Kinder- und Jugendhilfeausschuss getreten (nach Wiesner 2015 § 69 Rz 14).

Dieter Kreft
(bis zur 7. Auflage Johannes Münder)

Literatur

S. Gallep: Jugendhilfeausschuss – wichtiger denn je! In: NDV 7/2015, 375–380 ◆ D. Kreft: Der Jugendhilfeausschuss als Wächter einer qualifizierten Kinder- und Jugendhilfe vor Ort? In: TuP 3/2005, 14–18 ◆ J. Merchel/H. Reismann: Der Jugendhilfeausschuss, Weinheim/München 2004 ◆ J. Münder/T. Trenczek: Kinder- und Jugendhilferecht, Baden-Baden [8]2015 ◆ J. Münder/P. Ottenberg: Der Jugendhilfeausschuss, Münster 1999 ◆ A. Schneider: Jugendhilfeausschuss: Schnittstelle zwischen Management und bürgerlicher Partizipation, in: NDV 5/2016, 216–222 ◆ R. Wiesner: Kommentar zum SGB VIII. München [5]2015.

Jugendhilfeplanung

Jugendhilfeplanung seit Inkrafttreten des SGB VIII

Vor Inkrafttreten des SGB VIII – Kinder- und Jugendhilfe – 1990/1991 gab es auch in der (alten) BRD bereits nach § 7 JWG eine ‚Pflicht zur Planung' es wurde auch durchaus geplant, aber nicht flächendeckend (dazu i. E. Kreft/Falten 2003).

Innerhalb von weniger als 10 Jahren hat die J. dann aufgrund dieser neuen Rechtsgrundlage eine bemerkenswerte quantitative und qualitative Entwicklung genommen. Inzwischen wird in (fast) allen Gebietskörperschaften (in irgendeiner Form) geplant. Die nunmehr eindeutige Planungsverpflichtung des § 80 SGB VIII entfaltete Wirkung. Und „Jugendhilfeplanung hat sich inzwischen in D. als eigenständiger Arbeitsbereich mit i. d. R. hauptamtlichem Planungspersonal etabliert" (Adam u. a. 2010, 40 als Ergebnis einer bundesweiten Online-Erhebung; die gesamten Ergebnisse sind umfassend in Maykus/Schone 2010, 15–43, dokumentiert).

Noch eindrucksvoller ist jedoch die qualitative Entwicklung der J.

In einem beispielhaften Zusammenspiel von theoretischen Überlegungen und praktischem Tun hat sich ein allgemein anerkanntes Angebotsprofil für die J. entwickelt, dass sich u. a. auf folgende Arbeiten/Vorgaben stützt:

- Jordan/Schone zunächst 1992, Merchel 1994, Gläss/Herrmann 1994 [1997] haben die J. wissenschaftlich begründet und für das praktische Handeln „geordnet"; das von Jordan/Schone 1998 [2000] herausgegebene Handbuch Jugendhilfeplanung ist die Zusammenfassung dieser Überlegungen (inzwischen in 3. Auflage als Maykus/Schone 2010 erschienen);
- seit 1990 hat sich in zahlreichen Projekten (Hinweise auf viele Beispiele bei Kreft/Falten 2003) für die J. eine regelgeleitete Vorgehensweise entwickelt (i. E. unten);
- verschiedene LJÄ haben diese theoretischen Überlegungen und praktischen Erfahrungen zu „Empfehlungen zur J. an die örtlichen Träger der Kinder- und Jugendhilfe" verdichtet;
- über längerfristige berufsbegleitende Fort- und Weiterbildungsangebote (z. B. der LJÄ, seit Jahren als gemeinsames Angebot von ISA-Münster und ISS-Frankfurt/M.; zuletzt Zertifikatskurs 2017) wurde/wird dieses Modell moderner J. bei vielen Gebietskörperschaften implementiert.

Jugendhilfeplanung heute: rechtlicher Rahmen, Inhalte, Verfahren, Organisation

Rechtlicher Rahmen: Klarere Handlungsvorgaben brachte das SGB VIII:

- Die öffentlichen Träger der JH (tatsächliche Durchführungsbehörden die JÄ/LJÄ) sind jetzt verpflichtet zur Bestandserhebung unter Berücksichtigung der Wünsche, Bedürfnisse und Interessen der jungen Menschen und ihrer Familien und zur Maßnahmenplanung (Gesamtverantwortung/Grundausstattung: § 79; J.: § 80 Abs. 1 SGB VIII).
- Das Gesetz schreibt vor, dass auf Grundlage des Handlungsprinzips der Lebenswelt- und Lebenslagenorientierung zentrale Kriterien der JH zu berücksichtigen sind: Sicherung des sozialen Umfeldes, Pluralität und Vernetzung des Angebots von Jugendhilfeleistungen, Berücksichtigung besonderer Lebensverhältnisse, Vereinbarkeit von Erwerbs- und Familienarbeit (§ 80 Abs. 2 SGB VIII).
- An der Vorbereitung und Durchführung dieser Planungen, an allen Entscheidungen im Planungsverlauf sind die freien Träger stets angemessen zu beteiligen, die jeweiligen örtlichen Jugendhilfeplanungen sind mit anderen Planungen abzustimmen (§ 80 Abs. 3, 4 SGB VIII; auch die *Arbeitsgemeinschaften* nach § 78 SGB VIII können zu „Orten einer offenen Fachdiskussion" ausgestaltet werden); entscheidendes Beschluss- und Kontrollorgan ist der *Jugendhilfeausschuss* (§ 71 Abs. 2,3 SGB VIII).
- Das Gesetz spricht von Jugendhilfeplanung,

J

nicht von einem Jugendhilfeplan oder von Planerstellung. J. ist demnach als eigenständige, ständige Aufgabe zu verstehen.

- Bleibt der öffentliche Träger entgegen der Verpflichtung des § 80 SGB VIII untätig oder wird er völlig unzureichend tätig, ist dies u. U. eine Rechtsverletzung, die zu einem kommunalaufsichtsrechtlichen Verfahren führen kann (Münder u. a. 2013, § 80 Rz 21 ff.).

J. ist inzwischen also nicht mehr „ein beliebiger Prozess", sondern fachlich und rechtlich gebunden sowie bestimmten Vorgehensweisen verpflichtet. Ein kommunikatives „prozesshaftes Verfahren der fachlichen und fachpolitischen Willensbildung und Entscheidungsvorbereitung" (Merchel 2012), eine ständige Aufgabe also, die stets aufs Neue zu überprüfen hat, ob die gegenwärtigen Angebote, Dienste und Veranstaltungen der Kinder- und Jugendhilfe im Planungsbezirk weiterhin zeitangemessen gestaltet sind oder aufgegeben, verändert, fortgeschrieben werden müssen (zum weiteren Text v. a. Kreft/Falten 2003 und Maykus/Schone 2010).

Inhalte: Es sind (mindestens) drei Dokumente/Berichte, über die sich erschließt, wie der fachliche Rahmen der zu planenden Kinder- und Jugendhilfe nach SGB VIII sich entwickelt hat (und deren Ergebnisse sich bis heute auf das Alltagshandeln auswirken):

- Der Diskussionsentwurf für ein neues Jugendhilferecht von 1973 (das grundlegende Dokument der Jugendhilferechtsreform);
- der 8. Jugendbericht und der Bericht zum Perspektivenwandel der JH (Kreft/Lukas u. a.) – beide von 1990.

Denn über die beiden letztgenannten Berichte wurde am Ende der Geltungsdauer des JWG zusammengefasst, welche „fachlichen Verständigungen" es damals (innerhalb einer reformorientierten, die Diskussion bestimmenden Minderheit) für eine zeitangemessene Kinder- und Jugendhilfe gab, die dann Orientierungen für den Gesetzgeber des Kinder- und Jugendhilfegesetzes (und damit des SGB VIII) waren.

- Im SGB VIII selbst finden sich – diesen vorkonstitutionellen fachlichen Vereinbarungen folgend – allgemeine Leitlinien der Kinder- und Jugendhilfe (z. B. Wertgebundenheit, Verpflichtung zu professionellem Handeln, der Anspruch, sozialräumlich orientiert zu handeln, das Gebot, individuelle Teilnahme/Teilhabe zu ermöglichen, die Pflicht, freie Träger zu beteiligen und die Selbsthilfe zu befördern, das Gebot, planerisch-entwicklungsfördernd zu handeln, die Verpflichtung, sozialpolitisch (strategisch) arbeits- und politikfeldübergreifend zu denken und zu handeln *(Einmischungsstrategie)*) – gewissermaßen der erste (allgemeinste) Bindungskreis der J. und die erste grundsätzlich Anforderung an notwendige Wissensbestände.

Es ist im Übrigen die gesamte Kinder- und Jugendhilfe nach SGB VIII zu planen, d. h. alle Leistungen und anderen Aufgaben wie sie bereits § 2 SGB VIII vorgibt. Die dafür erforderliche fachliche Breite und Tiefe des Planungshandelns beschreiben inzwischen qualifizierte Basis- und Standardliteratur-Titel: Hand- und Wörterbücher (DV 2011, Otto/Thiersch 2015), allgemeine und Grundlagentexte zur Kinder- und Jugendhilfe (Jordan u. a. 2015, Schröer u. a. 2015) sowie rechtliche Einführungen in die Kinder- und Jugendhilfe (z. B. Kunkel 2015) sowie die wichtigen Kommentare des SGB VIII (z. B. Münder u. a. 2013, Wiesner u. a. 2015).

Verfahren: Das SGB VIII nennt verpflichtend mehrere Verfahren zur Qualitätsentwicklung/Qualitätssicherung, mit Hilfe derer die Angebote und Dienste der Kinder- und Jugendhilfe „immer auf dem neuesten Stand gehalten werden sollen": im Gesetz direkt angelegt sind die individuelle Hilfeplanung (§ 36) und die Jugendhilfeplanung (§ 80 – als Infrastrukturplanung), Merchel nennt ergänzend als dritte Ebene die der „einrichtungsbezogenen Konzept- und Programmplanung" (Merchel 2012). Weiter gehören dazu

- §§ 61 ff. – Datenschutz,
- 78a ff. – Vereinbarungen zur Qualitätsentwicklung
- und der § 79a, der „die in § 79 explizit formulierte Verpflichtung der Träger der öff. JHilfe zur Qualitätsentwicklung als Teil ihrer Gesamtverantwortung (konkretisierte)" (Wiesener 2015, § 79a Rz. 1).

Für die J. selbst wird inzwischen regelmäßig die nachfolgend skizzierte Vorgehensweise gewählt:

Klärung der Planungsvoraussetzung

(u. a.: gibt es bereits ein System kommunaler Planungen, welche fachlichen Vorgaben/Berichte sind vorhanden? Was gilt landesrechtlich, welche Planungskontexte gibt es und wie ist das politische Interesse an und der fach-politische Wille zur Planung?)

I Konzeptentwicklung

Entwurf einer Planungskonzeption (eines „Planungsdesigns")

- Planungsansatz (mit den Alternativen zielorientierte, bereichsorientierte, zielgruppenorientierte, sozialraumorientierte Planung: heute regelmäßig ein Ansatzmix: zunächst bereichsorientiert begonnen, immer auf Sozialräume ausgerichtet, im Verlaufe der Planung zunehmend auf bestimmte Zielgruppen bezogen)
- Planungsfachkräfte/Rahmenbedingungen der Planung (Personen, Räume, Ausstattung, Mittel)
- Trägerbeteiligung
- Beteiligung (Träger/Anbieter, Leistungsberechtigter, Dritte)
- Zeitperspektive
- ggf. Schwerpunktsetzung der Planung
- ggf. externe Beratung (z. B. Beratungsinstitute) Öffentliche Diskussion der Planungskonzeption
- in der Verwaltung
- mit freien Trägern
- Beschluss des JHA

II Gremienbildung
- evtl Unterausschuss Jugendhilfeplanung
- Zentrale Planungsgruppe/Lenkungsgruppe
- Planungsgruppen
- Projektgruppen (jugendamtsintern/ggf. andere Ämter)
- AGen nach § 78 SGB VIII mit Planungsauftrag zumindest zu den Themen „Förderung der Jugend", „Tageseinrichtungen/Tagespflege/Familie", „Hilfe zur Erziehung"
- ggf. regionale Arbeitsgruppen/Stadtteilarbeitsgruppen

III Arbeitsphase – Berichterstellung

1. Sozialraumbeschreibung
- Konzeptentwicklung (Indikatoren/Datenquellen, Darstellung: Ortsprofile, Rangziffern)
- Datenerhebung und -aufbereitung

2. Interessenbekundungen (i. R. des Komplexes „Beteiligung") (bei wem, wozu, wie?)

3. Bestandserhebung/Bestandsdokumentation
- Materialsicherung
- Datenerhebung und -aufbereitung

4. Bewertung der Praxis (notwendig, geeignet, ausreichend, rechtzeitig)

5. Bedarfsermittlung mit Lösungssuche und Formulierung von Handlungsbedarfen und Handlungsempfehlungen

IV Beschlussphase
- Veröffentlichung der Ergebnisse
- Vorlage, Behandlung, Anpassung zu den Berichten im JHA

V Umsetzungsphase
- Umsetzung der Planungsempfehlungen in Handlungsschritte (operative Planung)
- Zieloperationalisierung und Formulierung von Messgrößen

VI Evaluation – Wirkungskontrolle
- Erhebung, Auswertung und Dokumentation von Umsetzungsergebnissen

VII Konzeptentwicklung für die Fortschreibung

Organisation: § 71 Abs. 2 Nr. 2 SGB VIII weist die J. als eine besondere Aufgabe des JHA aus; sie gehört zu seinen originären Kompetenzen, er bestimmt sie in allen Phasen (z. B. schon bei der Konzeptentwicklung, der Festlegung der Planungsgrundsätze, der prinzipiellen Vorgaben, der Organisation, er berät/beschließt über die Ergebnisse der Planung). Die Durchführung der J. obliegt den Trägern der öffentlichen JH (Gebietskörperschaften, innerhalb dieser bei den örtlichen Trägern das JA). Über die Kombination der Vorschriften der §§ 72 (Gebot, als hauptamtl. MitarbeiterInnen nur Fachkräfte zu beschäftigen) und 79 Abs. 2 (Gewährleistungspflicht) sowie Abs. 3 (Ausstattungspflicht der JÄ und LJÄ durch die Träger der öffentlichen JH) müssen für die Durchführung der Planung nach § 80 auch Mittel (Personal- und Sachmittel) bereitgestellt werden:
- Zur Sachausstattung der J. gehören heute eigene Räume, eine angemessene Ausstattung – sowohl EDV als auch für Präsentation und Moderation –, eine Handbibliothek, ein selbstbewirtschaftetes Mindestbudget für Literatur, Fachtagungen, kleine Gutachten usw.
- Für die Personalausstattung wird heute (mindestens) eine volle Personalstelle mit angemessener Eingruppierung gefordert: Denn der Jugendhilfeplaner (w/m) ist Moderator des gesamten Prozesses (also nicht derjenige, der „das letzte fachliche Wort hat"); aber er muss zur Stützung der Meinungsbildung in den Projektgruppen/AGen über die ganze Breite der Aufgabenstellung der Kinder- und Jugendhilfe mindestens auf solides Orientierungswissen zurückgreifen können und so in der Lage sein, sich nötigenfalls auch rasch vertiefend (also „den Meinungsbildungsprozess befördernd") in Teilbereichen/Teilfragen genau einzuarbeiten. Diesem umfassenden Handlungs-/Kompetenz-Anspruch entspr. sollten Jugendhilfeplaner auch „oberhalb der allgemeinen Tätigkeit eines/einer Fachhochschul-Sozialarbeiters/Sozialpädagogen" einzugruppiert sein

(regelmäßig Entgeltgruppen 11 bis 13 TVöD bzw. S 17/S 18 gem. Anlage C zum TVöD – Sozial- und Erziehungsdienst).

Neuere Entwicklungen

Qualitätsanforderungen an die Jugendhilfeplanung

- Fast selbstverständlich werden inzwischen bestimmte Qualitätsmerkmale für den gesamten Prozess der J. gefordert:
  - J. ist Fachdiskurs und politischer Prozess der Entscheidungsvorbereitung;
  - J. ist ein kontinuierlicher Prozess des Aus- und Bewertens;
  - J. muss handhabbare Ergebnisse produzieren;
  - J. muss Beteiligung sichern: der Freien Träger, Leistungsberechtigten, Kinder, Jugendlichen und jungen Erwachsenen;
  - J. muss vor Ort tragfähige Kooperationsformen (auch zwischen konkurrierenden Trägern) gestalten;
  - J. hat Geschlechterdifferenzen darzustellen und zu berücksichtigen;
  - J. soll den Inklusionsanspruch mit sichern: in dem Sinne, allgemeinen Hemmnissen zu begegnen, also nicht nur körperlicher oder geistiger Behinderung, sondern auch soziale Benachteiligungen umfassend, auch Benachteiligungen durch einen Migrationshintergrund usw.;
  - J. muss mehr sein als beschreibende Berichterstattung; sie muss analysieren, Schwächen/Stärken herausarbeiten, Veränderungsnotwendigkeiten belegen.
- Im gesamten Planungsprozess ist „die sog. kopernikanische Wende der *Sozialen Arbeit*" zu beachten (Leistungen/Kosten/Qualität): immer ist danach zu fragen, welche Leistung für wen genau gewollt wird, welche Leistung hält ein Träger/Anbieter für welche Zielgruppe(n) (und möglichst passgenau) vor, welche Kosten entstehen und wie soll überprüft werden, ob die Erwartungen durch eine Leistung auch erfüllt werden (Qualität und Wirkung) – also gezielte, begründete Fachlichkeit und Wirtschaftlichkeit *(Qualitätsentwicklung).*

Verwaltungsmodernisierung: Mit der *Verwaltungsmodernisierung* ist die J. fortlaufend mit neuen Handlungsanforderungen konfrontiert *(Sozialwirtschaft/Sozialmanagement/Sozialraumorientierung).*

Vom Eigensinn der Jugendhilfeplanung

J. kann sich diesen Anforderungen nicht nur nicht entziehen, sie sollte sich vielmehr aktiv an all diesen Veränderungsprozessen beteiligen, aber sie muss immer darauf bestehen, dass sie vorrangig die Fachplanung der Kinder- und Jugendhilfe nach SGB VIII ist. J. hat also aufgrund dieser besonderen Verantwortung ggf. auch gegen sog. Modernisierungsprozesse zu stehen, die aus fachfremden Gründen Fachlichkeit reduzieren, also das Handeln nach den gebotenen Regeln der Kunst verhindern könnten. J. hat damit eine schwierige Rolle im kommunalpolitischen Gefüge, aber jede andere Haltung wäre ein Verstoß gegen den Auftrag des SGB VIII und das auf dieser Grundlage entwickelte und hier beschriebene Regelwerk moderner J. (so im Ergebnis jetzt auch Maykus/Schone 2010).

Fachliches Controlling: Der Alltag der J. entspricht vieler Orts nicht den hier skizzierten Standards. V.a. gibt es noch keine allgemein akzeptierten (auch praxisbewährten) Versuche der Ergebnissicherung von Planungsprozessen über Controlling-Verfahren. Wie kann gesichert werden, dass „die Produkte (Ergebnisse) der J.", die im JHA oder selbst im Rat behandelt/beschlossen wurden, nicht in Vergessenheit geraten – und zwar unabhängig vom Wechsel von Personen (also des/der Planers/in/Jugendamtsleiters/in, Dezernent/in), vom Wechsel politischer Mehrheiten (etwa nach Wahlen auch veränderte Zusammensetzung des JHA – und im Übergang von Wahlperioden).

Im Ldkrs. Stade wird dazu seit 2001 ein internes und externes Controlling praktiziert, das die Verwaltung des JA und die J. zu regelmäßigen (Ergebnis-)Berichten verpflichtete, das einmal in jeder Wahlperiode des Rates einen Kinder- und Jugendhilfebericht für die Gebietskörperschaft forderte und das (wegen der externen Kontrolle) den AGen nach § 78 SGB VIII ein Antragsrecht an den JHA zugestand; ein neuartiger Versuch, der überregionale Anerkennung fand (dazu die CD-ROM der FH Köln – Best Practices der JHPl 2003).

Fazit: Insgesamt gilt inzwischen, dass für die J. die „professionellen Standards" nunmehr sowohl hinreichend theoretisch begründet, als auch praktisch-musterhaft belegt sind – an diesen „Regeln der Kunst" gilt es sich in Zukunft zu orientieren.

Dieter Kreft/Ingrid Mielenz

Literatur

Achter Jugendbericht: BT-Drs. 11/6576 v. 6.3.1190, Bonn 1990 ◆ T. Adam/S. Kemmerling/R. Schone: Stand der Planungspraxis in Deutschland – Ergebnisse einer Erhebung bei öffentlichen Trägern der Jugendhilfe, in: Maykus Schone 2010, 15–43 ◆ BJK: Neuaktivierung der Jugendhilfeplanung. Potentiale für eine kommunale Kinder- und Jugendpolitik, München 2012 ◆ DV (Hrsg.): Fachlexikon der sozialen Arbeit, Frankfurt/M. [8]2016 ◆ H. Gläss/F. Herrmann: Strategien der Jugendhilfeplanung, Weinheim/München [2]1997 ◆ E. Jordan/R. Schone: Jugendhilfeplanung – aber wie? Eine Arbeitshilfe für die Praxis, Münster 1992 ◆ E. Jordan/R. Schone (Hrsg.): Handbuch Jugendhilfeplanung. Grundlagen, Bausteine, Materialien, Münster [2]2000 ◆ E. Jordan/S. Maykus/E. C. Stuckstätte: Kinder – und Jugendhilfe. Einführung in Geschichte und Handlungsfelder, Organisationsformen und gesellschaftliche Problemlagen, Weinheim/München [4]2015 ◆ D. Kreft/P. Falten: Jugendhilfeplanung: Handeln nach den Regeln der Kunst, in: np 2/2003, 243–252 ◆ D. Kreft/H. Lukas u. a.: Perspektivenwandel der Jugendhilfe, 2 Bde., Nürnberg 1990, Frankfurt/M. [2]1993 ◆ P.-C. Kunkel u. a.: SGB VIII – Kommentar, Baden-Baden [8]2016 ◆ S. Maykus/R. Schone (Hrsg.): Handbuch Jugendhilfeplanung. Wiesbaden [3]2010 ◆ J. Merchel: Kooperative Jugendhilfeplanung: Eine praxisbezogene Einführung, Opladen 1994 ◆ J. Merchel: Sozial- und Jugendhilfeplanung, in: W. Thole (Hrsg.): Grundriss Soziale Arbeit, Opladen [4]2012, 743–760 ◆ I. Mielenz: Jugendhilfeplanung – mit welchen Zielen, für wen, mit wem, wie, was, wo?, in: TuP 19/1980, 363 ff. ◆ J. Münder/T. Meysen/T. Trenczek: Frankfurter Kommentar zum SGB VIII – Kinder- und Jugendhilfe, Baden-Baden [7]2013 ◆ H.-U. Otto/H. Thiersch (Hrsg.) Handbuch Soziale Arbeit, München [5]2015 ◆ W. Schröer/N. Struck/M. Wolff (Hrsg.): Handbuch Kinder- und Jugendhilfe, Weinheim/München [2]2016 ◆ R. Wiesner u. a.: SGB VIII. Kinder- und Jugendhilfe (Kommentar), München [5]2015.

Jugendhilfe und Schule

Zwei unterschiedliche pädagogische Systeme

Mit Kinder- und Jugendhilfe sowie Schule (JuS) treffen zwei unterschiedliche pädagogische Systeme aufeinander, die zunehmend aufeinander angewiesen sind, sich aber gegenseitig wenig verstehen und in einem Spannungsverhältnis zueinander stehen. Dabei haben KJH und die verpflichtende allgemein bildende Schule gleiche historische Wurzeln im ausgehenden 19. und beginnenden 20. Jh. Durch JuS sollte die individuelle und gesellschaftliche Reproduktion einer sich rasant entwickelnden Industriegesellschaft gewährleistet werden. Diese erforderte mit einer gewissen Grundbildung ausgestattete und gesunde Arbeitskräfte. Dem wurde mit dem § 1 des RJWG von 1922 durch einen Rechtsanspruch auf Erziehung zur leiblichen, seelischen und gesellschaftlichen Tüchtigkeit und mit verbindlichen Schulgesetzen (Schulzwang, Erziehung und Unterricht als Aufgabe von Schule) entsprochen.

Mit JuS entwickelten sich fortan zwei pädagogische Systeme, die von ihren strukturellen Ausgangsbedingungen nicht unterschiedlicher sein konnten und es auch heute noch sind. Die Jugendwohlfahrt beschränkte sich bis zum In-Kraft-Treten des *Kinder- und Jugendhilfegesetzes* 1990/1991 – sieht man vom Bereich der Jugendpflege *(Jugendarbeit)* und dem Kindergarten *(Tageseinrichtungen für Kinder)* ab – im Wesentlichen auf regelnde, disziplinierende und kurative Eingriffe gegenüber jungen Menschen bzw. deren Erziehungsberechtigten, wenn ein Gefährdungstatbestand vorlag.

Die Schule in Deutschland entwickelte sich zu einem in sich geschlossenen System, in dessen Zentrum Wissensvermittlung durch Unterricht steht. Die Geschichte der Schule ist bis heute geprägt durch Disziplinierung, Differenzierung und Selektion. Zwar gab es zahlreiche reformpädagogische Konzepte, doch setzten sich diese im staatlichen Schulwesen kaum durch. Erst seit der Bildungsdebatte der 1970er Jahre wurde über Erziehungs- und Unterrichtsziele, einen sozialintegrativen Erziehungsstil und veränderte Unterrichtsformen und -methoden nachgedacht. Die gesellschaftspolitische Dimension von Schule wurde thematisiert und das Schulsystem insgesamt auf den Prüfstand gestellt. Als Ursache von Chancenungleichheit wurde das wenig durchlässige dreigliedrige Schulsystem gesehen sowie die Form der Halbtagesschule, die sich in Deutschland entwickelt hatte. Als Konsequenz wurden Forderungen nach Gesamt- und Ganztagesschulen laut und sozialpädagogische Mitwirkung gefordert.

Unterschiedliche Systemmerkmale

- Schule ist eine (i. d. R.) staatliche Institution, die für alle Kinder und Jugendlichen eines bestimmen Alters verpflichtend ist. Die *Kinder- und Jugendhilfe* ist – abgesehen von wenigen Eingriffstatbeständen im Interesse des Wohls des Kindes – ein Leistungsangebot, das freiwillig in Anspruch genommen werden kann und bedarfsgerecht bereitgestellt werden muss. Die Leistungserbringung erfolgt zu einem überwiegenden Anteil subsidiär *(Subsidiarität)* durch freie/private Träger oder durch kommunale Gebietskörperschaften als öffentliche Träger der KJH *(Träger der sozialen Arbeit)*.

- Durch die verfassungsrechtlich normierte Kulturhoheit obliegt die Verantwortung für Schule dem jeweiligen Bundesland. Schule stellt ein hierarchisch von oben nach unten gegliedertes Behördensystem dar. Für KJH ist der jeweilige Landkreis oder die kreisfreie Stadt auf Grundlage der bundesgesetzlichen Regelung des KJHG (SGB VIII) und entsprechenden Landesausführungsgesetzen zuständig. Dieser richtet zur Umsetzung der Aufgaben der KJH ein *Jugendamt* ein (§ 69 Abs. 3 SGB VIII).
- Schule ist eine pädagogische Einrichtung, deren Erziehungsauftrag i. d. R. im und durch den Unterricht erfüllt wird. Dieser soll Fähigkeiten und Fertigkeiten vermitteln, Interesse wecken, Einsichten bewirken, Einstellungen und Handlungen prägen. KJH ist durch eine Vielzahl von Einrichtungen, Diensten und Veranstaltungen in unterschiedlichen Handlungsfeldern mit vielfältigen Arbeitsweisen, Inhalten und Methoden geprägt.
- Ziele, Inhalte, Struktur und Organisation von Schule sind für die jeweiligen Ebenen einheitlich normiert und werden von den Schulbehörden ausgeführt. Vielfalt, Pluralität, Trägerautonomie, Wunsch- und Wahlrecht, Teilhabe und *Partizipation* sind Strukturmerkmale der KJH.
- Schule ist eine Instanz, die Zertifikate vergibt und damit soziale Chancen zuteilt. Sie differenziert und selektiert. KJH integriert und fördert individuell.
- Schule ist unparteiisch, neutral und auf sich bezogen, KJH mischt sich parteiisch im Interesse von Kindern, Jugendlichen und ihren Familien zur Verbesserung derer Lebenschancen in die verschiedenen Lebensbereiche ein und versucht diese mit zu gestalten.

Rechtliche Grundlagen

KJH soll „dazu beitragen, positive Lebensbedingungen für junge Menschen und ihre Familien sowie eine kinder- und familienfreundliche Umwelt zu erhalten und zu schaffen". Dieses Verständnis wird im § 1, Abs. 3, Zif. 4 des SGB VIII Leitnorm und gilt auch für das Verhältnis JuS.

KJH im Kontext von Schule findet ihre gesetzliche Grundlage in § 11 Abs. 3, Zif. 3 SGB VIII als ein Schwerpunkt von Jugendarbeit („arbeitswelt-, schul- und familienbezogene Jugendarbeit") und in § 13 Abs. 1 SGB VIII, der der KJH die Aufgabe zuweist, zum Ausgleich sozialer Benachteiligungen und zur Überwindung individueller Beeinträchtigungen die „schulische Ausbildung" durch sozialpädagogische Hilfen zu unterstützen und damit die Eingliederung in die Arbeitswelt und soziale Integration zu fördern. In § 81 SGB VIII wird ein Gebot der Zusammenarbeit für die Träger der öffentlichen KJH mit „Schulen und Stellen der Schulverwaltung" formuliert, deren Mitarbeit in den *Jugendhilfeausschüssen* (§ 71 SGB VIII) in Landesausführungsgesetzen oder in Weisungen bzw. Empfehlungen festgeschrieben wird.

Annäherung von Jugendhilfe und Schule

Die Annäherung der höchst unterschiedlichen Systeme JuS erfolgte zu unterschiedlichen Zeiten in verschiedenen Handlungsfeldern:

- Ende der 1960er/Anfang der 1970er Jahre wurde in Projekten in sog. sozialen Brennpunkten versucht, bei Vorschul- und Grundschulkindern zu Sonderschulkarrieren führende milieubedingte Benachteiligungen durch entsprechende Förderung zu kompensieren.
- Mitte und Ende der 1970er Jahre wurden diese Ansätze erweitert. Zahlreiche Projekte für Kinder ausländischer Arbeitnehmer entstanden. Hausaufgabenhilfen und sozialpädagogische Schülerhilfen etablierten sich als Angebote der KJH. Es ging darum, „bildungsferne Schichten" in der Schule mit sozialpädagogischen Mitteln zu unterstützen. Finanziert wurden diese Projekte v. a. durch ABM für arbeitslose Lehrerinnen und Lehrer und Sozialpädagoginnen und Sozialpädagogen.
- In der *Jugendarbeit* wendete man sich, ausgelöst durch eine intensive Theorie- und Konzeptdiskussion kritisch-emanzipativer politischer Jugendbildung, der Zielgruppe der Hauptschüler und Auszubildenden zu.
- Mit den verschiedenen Schulversuchen und dem – je nach Bundesland – unterschiedlich intensiven Ausbau von Gesamtschulen als Ganztagesschulen war die Gestaltung des „außerunterrichtlichen Bereichs (AUB)" erforderlich. Der Deutsche Bildungsrat wies in Empfehlungen zur „Einrichtung von Schulversuchen mit Ganztagesschulen" (1968) darauf hin, dass außerunterrichtliche Aufgaben nicht mit dem Lehrerberuf in Einklang zu bringen seien und bestand auf „klaren Abgrenzungen der jeweils geforderten Leistungen". Diese sollten durch SozPäd erbracht werden.
- Mit der beginnenden Jugendarbeitslosigkeit und den Ausbildungsplatzproblemen in den

1980er Jahren entstanden verschiedene Ansätze zur Berufsfindung, -orientierung und -vorbereitung sowie zur Beratung von Schülerinnen und Schülern *(Jugendsozialarbeit)*.

Die gesellschaftlichen Demokratisierungs- und Veränderungsprozesse seit den 1970er Jahren stellten zunehmend schulische Inhalte und eine Schulstruktur und Schulorganisation mit ihren Wurzeln in einer frühen Industriegesellschaft in Frage. Der Prozess der Pluralisierung der Lebensformen und der Individualisierung von Lebensläufen führte zu veränderten Bedingungen des Aufwachsens von Kindern und Jugendlichen. Familienstrukturen veränderten sich, Erziehung in und durch Unterricht stieß an Grenzen. Seitens der Schule wurde zunehmend sozialpädagogische Unterstützung eingefordert. KJH nahm diese Herausforderung an. Diese drückte sich u.a. im Motto des 7. Deutschen Jugendhilfetags (Bremen 1984) „Grundprobleme der jungen Generation. Jugendhilfe und Schule suchen gemeinsam nach Antworten" aus. Dieses Verständnis gemeinsamen Handelns von JuS basiert auf der Erkenntnis, dass beide Systeme die gleichen Aufgaben zu erfüllen haben: *Bildung, Erziehung* und soziale *Integration*. Mit dem Paradigmenwechsel in den 1980er Jahren erfolgte eine Orientierung der KJH an den Lebenslagen und den Lebenswelten ihrer Adressaten und Adressantinnen (BMFSFFG, 1990).

Auftrag einer offensiven KJH war es, Lebenswirklichkeiten in Strategien, Maßnahmen und Angebote der JH einzubeziehen und sich als JH einzumischen (*Einmischungsstrategie*, Mielenz 1981).

In verschiedenen Papieren werden von der AGJ, dem Deutschem Verein, Landesjugendämtern und Kultusbehörden Empfehlungen zur Zusammenarbeit von JuS erarbeitet (DV 2000).

Im Bericht zur „Zusammenarbeit von Schule und Jugendhilfe" der KMK und der AGJ von 1999 wurden Handlungsfelder der Kooperation beider Bereiche herausgearbeitet, Ziele schulischer und außerschulischer Bildung und Erziehung beschrieben, Grundsätze der Zusammenarbeit formuliert und Formen der Zusammenarbeit vorgeschlagen. Die wachsende Bedeutung und Verankerung dieses Handlungsfeldes drückte sich 2002 in Beschlüssen der Kultus- und der Jugendministerkonferenz zu einem gemeinsam erarbeiteten Bericht zur Zusammenarbeit von JuS aus.

Zahlreiche Bundesländer haben inzwischen die Zusammenarbeit von JuS in Rechts- und Verwaltungsvorschriften festgeschrieben, teilweise für bestimmte Aufgabenfelder spezifiziert (z.B. Jugendarbeit, Kindergärten und Grundschule, Schule und Hort, Erziehungsberatung). Sie legten Programme auf, durch die die Zusammenarbeit von JuS in den jeweiligen Aufgabenfeldern angeregt und finanziell gefördert wird.

Aktivitäten im Kontext von Schule sind ein fester Bestandteil der KJH. Bundesweit gaben bereits im Jahr 2000 ca. ¾ aller Jugendämter an, dass in ihrem Amtsbezirk entsprechende Maßnahmen durch öffentliche und freie Träger angeboten würden. „Es fällt allerdings auf, dass v.a. die Kinder- und Jugendhilfe die Zusammenarbeit einfordert" (BMFSFJ 2002, 161).

In der DDR stellte sich die Situation völlig anders dar *(Soziale Arbeit in der DDR)*: Die Einheitsschule war der Ort von Unterricht und Freizeit. Hort, Kinder- und Jugendorganisationen organisierten gemeinsam mit Lehrkräften spezielle Aktivitäten an der Schule. Schule hatte also eine außerunterrichtliche, sozialpädagogische Dimension. KJH war dagegen in der DDR auf Erziehungshilfen und sanktionierende hoheitliche Aufgaben beschränkt. (Olk u.a. 2005).

Bildungspolitische Debatte

Die PISA- und andere internationale Vergleichsstudien, die dem deutschen Schulsystem geringe Effizienz und hohe Selektivität bescheinigen, bei der die soziale Herkunft entscheidend für den Bildungserfolg ist, haben eine intensive bildungspolitische Debatte ausgelöst. Aufgrund der sich verstärkenden sozialen Ungleichheit und fehlenden Bildungsgerechtigkeit wurde eine stärkere öffentliche Verantwortung für das Aufwachsen von Kindern und Jugendlichen angemahnt. Im Interesse der Kinder, Jugendlichen und ihrer Familien wird ein engeres Zusammenwirken der Systeme Jugendhilfe und Schule eingefordert (BMFSFJ 2002, 2005, Rauschenbach 2009): Bedeutung der frühkindlichen Bildung, deren quantitativer Ausbau und dessen Qualität; Familienbildung; Ausbau der Ganztagesschule und Betreuung von Schulkindern; Ausstattung der Schulen mit Schulsoziarbeit; Forderung nach Bildungsberichterstattung u.a. Ausgelöst durch die o.g. verschiedenen Empfehlungen zur Zusammenarbeit von KJH und Schule, den Empfehlungen des BJK („Leipziger Thesen" 2002; „Auf dem Weg zu einer neuen Schule" 2003) und dem 12. Kinder- und Jugendbericht mit dem Schwerpunkt Bildung, Betreuung und Erziehung vor und neben der Schule erweiterte sich trotz Föderalismusreform (in der eigentlich die Kompetenzverteilung von Bund und Ländern zementiert wurde), zunehmend das Verständnis von Bildung und Bildungsprozessen. Ob allerdings eine auf Kooperation angelegte Zusammenarbeit angesichts der nach wie vor dominanten Deutungsmacht von Schule gelingen und für beide Systeme zufriedenstellend gestaltet werden kann, bleibt kontrovers. Der 14. Kinder- und Jugendbericht stellt immerhin eine gewisse Pragmatik und Entspannung im Verhältnis der beiden Systeme fest (BMFSFJ 2013). Während die einen auf diese Kooperation und Annäherung setzen (Sachverständigenkommission zum 12. Kinder- und Jugendbericht), glauben andere (z. B. Bassarak 2006), dass dies nur durch ein bildungspolitisches Gesamtkonzept gelingen kann. Mit dem Bund-Länder-Programm „*Zukunft Bildung und Betreuung*", das den Ausbau von Ganztagesschulen zum Ziel hatte und dem „*Investitionsprogramm Kinderbetreuungsfinanzierung*" wurde deutlich, dass Bildung, Betreuung und Erziehung Herausforderungen sind, die das Zusammenwirken aller föderalen Ebenen erfordern und Bildungsprozesse nicht alleine aus der institutionellen und damit der Perspektive formaler Zuständigkeit erfolgen sollten. Mit der „Aachener Erklärung" des Deutschen Städtetags (2007) zur „Bildung in der Stadt", die explizit die Bildungsverantwortung der kommunalen Ebene betonte und Bildung, Betreuung und Erziehung als Gemeinschaftsaufgabe aller föderalen Ebenen einforderte, wurde ein Paradigmenwechsel eingeleitet, der die Diskussion über lokale (regionale, kommunale) Bildungslandschaften beförderte (z. B. 4. Ganztagsschulkongress des BMBF 2007 mit dem Thema: „Ganztagsschulen werden mehr. Bildung lokal verantworten"; Deutscher Verein 2009; Schalkhaußer/Thomas 2011; „Münchner Erklärung" des Deutschen Städtetags 2012) und in der Praxis zu zahlreichen Kooperationsprojekten von KJH und Schule führte. Zunehmend wird Bildung als fester Bestandteil der kommunalen Daseinsvorsorge und als „Katalysator für die wirtschaftliche und soziale Entwicklung von Kommunen" (Schalkhaußer/Thomas 2011, 29) aufgefasst. Unterstützt werden diese Formen der Kooperation noch durch die umfassende Bildungsberichterstattung, die mit der seit 2006 zweijährlich erfolgenden Vorlage der Nationalen Bildungsberichte eine umfassende empirische Grundlage für die bildungspolitische Debatte lieferte und von verschiedenen Städten zum Anlass genommen wurde, einen ressortübergreifenden, an den Bildungsverläufen orientierten lokalen Bildungsbericht zu erstellen (z. B. Nürnberg, München, Leipzig).

Begriffsvielfalt

Die Vielfalt der Bezüge von KJH im Kontext von Schule spiegelt sich in einer unüberschaubaren terminologischen Ausdifferenzierung des Handlungsfeldes wieder. Ihre Verwendung ist je nach Bundesland unterschiedlich. Die verwendeten Begriffe lassen mitunter den jugendhilfespezifischen Ausgang und die Schwerpunkte von Konzepten und Projekten erahnen, sie lassen sich aber definitorisch nicht eindeutig abgrenzen. Vielfach verbergen sich hinter den gleichen Begriffen unterschiedliche Arbeitsinhalte, -formen und Methoden oder verschiedene Bezeichnungen stehen für gleiche Konzepte. So wird das Handlungsfeld als „schulbezogene Jugendarbeit", „Schülerarbeit", „Schülertreffarbeit", „Schuljugendarbeit", „schulbezogene Jugendsozialarbeit", „Schulsozialarbeit", „Jugendsozialarbeit an Schulen", „Schulsozialpädagogik" und „schulbezogene Jugendhilfe" bezeichnet.

Schulsozialarbeit (SchSozA) (Speck 2014/Speck u. a. 2016/Stüwe u. a. 2015) hat sich dabei als Begriff im fachlichen Diskurs weitgehend durchgesetzt, wenngleich damit Unterschiedliches verstanden wird. Die einen meinen damit doch ganz allgemein alle Formen der Kooperation von Jugendhilfe und Schule. Andere verstehen darunter die gesamte Palette von Angeboten der sozialpädagogischen Fachkräfte an Schulen und wieder andere die speziellen Angebote zur sozialen Integration im Kontext von Schule. Die fehlende Eindeutigkeit hat es bis heute unmöglich gemacht, ein allgemein gültiges, klar konturiertes, Aufgabenprofil mit allgemein anerkannten und vergleichbaren Mindeststandards herauszubilden, auf dem sich ein gemeinsames professionelles Selbstverständnis für das Handlungsfeld entwickeln kann. Ursprüngliche Erwartungen, SchSozA könne gemeinsam mit Lehrkräften Lernprozesse im Unterricht und den Schulalltag insgesamt gleichberechtigt mitgestalten oder Qualitätsmaßstäbe für gelungene Lehrer-Schüler-Beziehung setzen, wichen einer realistischen Einschätzung der tatsächlichen Gestaltungsräume. Andererseits setzte sich auch an der Schule ein Verständnis durch, dass SozPäd an Schulen nicht für Schulprobleme funktionalisiert werden sollen, z. B. als „Pausenclowns" für den außerunterrichtlichen Bereich, als Hilfslehrer für Haushausaufgabenbetreuung oder zur Unterrichtsvertretung.

SozPäd an Schulen sehen sich auch heute noch entweder als Teil des Systems Schule oder des Systems KJH und die beiden Systeme reklamieren vielerorts die Zuständigkeit und damit die Trägerschaft von SchSozA jeweils für sich. Im unterschiedlichen beruflichen Selbstverständnis und in der Zuständigkeitsdiskussion spiegelt sich ein seit den 1980er Jahren kontrovers ausgetragener Konzeptionsstreit wieder, ob es sich bei der SchSozA um Leistungen der KJH für die Schule oder um die Entwicklung einer „Sozialpädagogischen Schule“ mit SozPäd handelt. Der Elfte Kinder- und Jugendbericht unterscheidet deshalb „Schulbezogene Angebote der Kinder- und Jugendhilfe“ und „Sozialpädagogische Aufgaben der Schule“. Projekte der SchSozA im institutionellen Kontext von Schule sieht er als deren „Sozialpädagogische Aufgaben“ an, die nicht KJH sind, sondern KJH allenfalls beteiligt (BMFSFJ 2002, 161 f.). Diese formale Differenzierung ist in der konkreten Praxis wenig relevant. Die jeweilige institutionelle Zuordnung hat inzwischen keine unmittelbaren Konsequenzen für die inhaltliche und methodische Konzeption von SchSozA. SchSozA wird unabhängig von der institutionellen Zuordnung immer Kooperationen mit den verschiedenen Handlungsfeldern der KJH bedürfen. Bei der aktuellen Diskussion der Verortung von SchSozA geht es auch nicht um organisatorische oder pädagogische Sinnhaftigkeit, sondern um eine aus ordnungspolitischer Perspektive geführte Finanzfrage: Sind Projekte der SchSozA und sozialpädagogischen Angebote wie z. B. Mittags- und Nachmittagsbetreuung Elemente von Schule, so sind sie durch das Land zu finanzieren; sind sie Angebote der KJH, müssen sie von der jeweiligen Kommune getragen werden.

Schulbezogene Jugendhilfe (SchbzJ)

SchbzJ kennzeichnet das gesamte Handlungsfeld von JuS. Mit diesem Begriff „erfassen wir das umfassende Leistungsangebot der KJH am Ort Schule und machen damit deutlich, dass es keine Dienstleistung für die Schule, sondern weiter gefasst ein komplementärer Bereich für Schulkinder und Schuljugendliche zu ihrem gesunden Aufwachsen in einer immer komplexer werdenden Gesellschaft ist durch Schaffung von Verbindlichkeiten und Bezugspersonen in unüberschaubaren Sozialräumen“ (Prüß). Die Diskussion über SchbzJ darf also nicht auf Schulsozialarbeit reduziert werden, die eine wichtige Scharnier- oder Drehscheibenfunktion zwischen den beiden Systemen von JuS einnimmt. Diese breite konzeptionelle Gestaltungsoption macht deutlich, dass sich Schulsozialarbeit sehr unterschiedlich und vielfältig entwickelt. Sie ist weder Teil des Erziehungs- und Bildungsauftrags der Schule noch kann es spezifischen Aufgabenfelder der Kinder- und Jugendhilfe (Kinder- und Jugendarbeit; Bildung, Betreuung und Erziehung neben der Schule, noch Beratung, Unterstützung und Hilfe im Rahmen der erzieherischen Hilfen) ersetzen. Der Begriff SchbzJ macht deshalb deutlich, dass es sich dabei nicht um ein klar abgrenzbares und eindeutiges Handlungsfeld handelt, sondern dass die Zusammenarbeit strukturell und inhaltlich nach Aufgabenbereichen und Arbeitsformen beschrieben werden muss und die Grenzen zu anderen Feldern der KJH fließend sind. Zur Beschreibung SchbzJ gibt es verschiedene Strukturierungs- und Systematisierungsversuche (z. B. Bericht zur „Zusammenarbeit von Schule und Jugendhilfe“ von KMK und AGJ von 1999; vgl. auch bei Schöer u. a. 2016).

Unterscheidung nach Trägern:

- Projekte in Trägerschaft des örtlich zuständigen JA,
- Projekte in freier Trägerschaft, von anerkannten freien Trägern der KJH (§ 75 SGB VIII),
- Projekte in schulischer Trägerschaft, in Form der Zuordnung der SozPäd. zu einer Schule und ihre Integration ins Lehrerkollegium oder die Bildung eines Teams oder einer Organisationseinheit bei der jeweiligen Kommunal- oder Schulbehörde.

Unterscheidung nach Beziehungsstrukturen:

- Integrative Strukturen, d. h. die SozPäd sind gleichberechtigt eingebunden in die Schule und gestalten im Kollegium mit der Schulleitung den Schulalltag. In idealer Weise könnte somit eine „sozialpädagogische Schule“ entstehen, die Unterricht und außerunterrichtliches Lernen verzahnt, wo Schul- und Sozialpädagogik die Lernprozesse und pädagogischen Beziehungen gemeinsam gestalten und reflektieren.
- Kooperative Strukturen, d. h. Vertreter der Schule und der KJH, gehen als gleichwertige und gleichberechtigte Partner gemeinsam Aufgaben und Probleme an. Dies kann auf Ebene der jeweiligen Schule, eines definierten Sozialraumes, einer Kommune und auf Landesebene geschehen.
- Additive Strukturen, d. h. es gibt keine formalisierte Form inhaltlicher und organisatorischer Zusammenarbeit, sondern nur punktuelle Kontakte. JuS arbeiten entspr. ihres Auftrags nebeneinander.

Differenzierung nach dem konzeptionellen Grundverständnis:

- Ansätze zur Gestaltung der Lebenswelt Schule: Durch kinder- und jugendspezifische Formen offener Freizeit- und Kulturarbeit werden mit methodischen Ansätzen der Jugendarbeit über den Unterricht hinausgehende Angebote entwickelt, um die Lebenswelt Schule attraktiver zu gestalten, peer-Kontakte zu ermöglichen und personelle Beziehungen herzustellen. Tutorenprogramme oder Formen von Schüler-*Mediation* (Streitschlichter) bei *Gewalt* und Konfliktfällen sind Beispiele dieses Ansatzes. Durch das vielfältige Aktions- und Kommunikationsangebot wird für Schülerinnen und Schüler die Schwelle niedrig gehalten, bei Problemen um Hilfe nachzusuchen. Solche Ansätze finden sich vor allen in Gesamtschulen und allgemein bildenden weiterführenden Schulen.
- Lebensorientierte Ansätze: Hier werden Beratungs- und Unterstützungsangebote zur Lebensorientierung wie z.B. zu Partnerschaft und *Sexualität,* Berufsorientierung, -findung und -vorbereitung im schulischen Kontext angeboten. Daraus kann sich auch individuelle Unterstützung bei Problemen ergeben. Solche Ansätze finden sich häufig in Haupt- und Berufsschulen.
- Problembezogene Ansätze: Durch einzelfallbezogene Beratungs- und Unterstützungsangebote für Kinder, Jugendliche und ihre Eltern oder gezielte Maßnahmen zur Beseitigung sozialer Defizite und Bearbeitung von aktuellen Problemen (z.B. soziale Trainings, Anti-Aggressions-Kurse/*Anti-Aggressivitäts-Training*) sollen Benachteiligungen ausgeglichen, individuelle Beeinträchtigungen überwunden und soziale Integration ermöglicht werden.

Unterscheidung nach Aufgaben und Angebotsstruktur: JuS haben gemeinsam zentrale Aufgaben zu lösen, denen sich die vielfältigen Angebote von SchbzJ unterschiedlicher inhaltlicher und methodischer Ausrichtungen zuordnen lassen.

Übergang vom Kindergarten zur Schule

Die Abstimmung und Zusammenarbeit der pädagogischen Institutionen Kindergarten und Grundschule ist für die soziale Integration und die Zuteilung von Bildungschancen von zentraler Bedeutung. Aus der Trennlinie zwischen Kindergarten und Schule sollen fließende Übergänge durch verbindliche Kooperationsformen werden. Die Zusammenarbeit zwischen Kindergarten und Grundschule hat sich in vielfältiger Weise entwickelt, z.B. durch verschiedene spezielle, schulvorbereitende Aktivitäten im Kindergartenalltag, Besuche des Kindergartens in der Schule und von Grundschullehrkräften im Kindergarten. Vereinzelt gibt es zwischen Kindergärten und Schulen auf die jeweilige Lebenssituation bezogene abgestimmte Konzepte zur gemeinsamen Vorbereitung auf die Einschulung, z.B. in Form von Einschulungsgesprächen, Festlegung individuellen Förderbedarfs, systematische Einbeziehung und Vorbereitung der Eltern, gemeinsame Gestaltung der Schulanmeldung, Gestaltung des Einschulungstages und der ersten Schulwochen und die Entwicklung frühkindlicher Fördersysteme ohne den Kindergarten zu verschulen.

Betreuung, Bildung, Erziehung und Förderung von Kindern neben dem Unterricht

Dies beschreibt ein Aufgabenfeld, das vielfältige Angebote und Arbeitsformen aus unterschiedlichen Handlungsfeldern von JuS zusammenfasst. Diese „Ganztagesbetreuung von Schulkindern“ bzw. die „Ganztagesschule“ gewinnt aus familienpolitischen (Vereinbarkeit von Familie und Beruf) und aus bildungspolitischen Gründen (mehr Chancengerechtigkeit durch Förderung) an Bedeutung. Dabei sind folgende Angebotsformen zu unterscheiden von:

- Horte als Tageseinrichtung für Kinder *(Kinderhort),*
- verschiedene Formen von Mittags- und Nachmittagsbetreuung und interessensgebundene Angebote in und neben der Schule,
- schulbezogene Jugendarbeit, als Kooperationsmodelle von Jugendarbeit und Schulen,
- Ganztagesschule in ihren unterschiedlichen Ausformungen (offen, gebunden, teilgebunden).

Diese Angebote sind von den Inhalten, Formen und der methodischen Ausgestaltung, von der pädagogischen Betreuungsintensität und -verbindlichkeit, der speziellen schulischen Förderung, der Angebotsorte und Angebotszeiten vielfältig und unterschiedlich. Horte als Tageseinrichtung für Kinder haben einen umfassenden und verbindlichen Auftrag der „Betreuung, Bildung und Erziehung“ (§ 22 SGBVIII). Sie wenden sich schwerpunktmäßig an Kinder in der Grundschule. Hier gibt es eine lange Tradition der Zusammenarbeit von JuS.

Die vielfältigen anderen Angebote dienen der verbindlichen Betreuung von Kindern und Jugendlichen nach dem Unterricht durch freizeit-, kultur- und sportpädagogische Aktivitäten und der sozialen Integration durch individuelle Förderung und zum Ausgleich sozialer Benachteiligung. Diese Angebote werden durch *Jugendverbände*, Einrichtungen der Jugendarbeit, WFV, Trägern der Jugendsozialarbeit und Initiativen gemeinsam mit der oder auch durch die Schulen organisiert. Vielfach werden schulische Arbeitsansätze, wie „Projekte“, Wahlfächer, AGen etc. mit in das Angebot integriert. In Ganztagesschulen stehen Unterricht und außerunterrichtliche Angebote auf einer gemeinsamen konzeptionellen Grundlage und sind miteinander verzahnt.

Für Kinder, Jugendliche und ihre Familien mit besonderen Schwierigkeiten und Problemlagen

Hier hat Schule ein eigenes Unterstützungssystem der Schule außerhalb der KJH geschaffen. Dabei greift sie überwiegend auf ausgebildete und entspr. weiterqualifizierte Lehrkräfte mit Praxiserfahrung zurück. Elemente dieses Systems sind u.a. Beratungslehrer, teilweise mit besonderen Schwerpunkten (z.B. Drogen und Sucht), mobile Erziehungsdienste bei schwierigen Kindern, spezielle Förderangebote (z.B. bei Teilleistungsstörungen wie Legasthenie oder Dyskalkulie) und eigenständige „Schulpsychologische Dienste“. Letztere verstehen sich als Beratungsangebote bei Fragen und Schwierigkeiten im Zusammenhang mit der Schule bei Lern- und Leistungsproblemen, schulischen Ängsten, Gewalt in der Schule, schullaufbahnbezogenen und beruflichen Fragestellungen. Sie wenden sich an junge Menschen und deren Eltern und stehen teilweise auch Lehrkräften zur Beratung und *Supervision* zur Verfügung.

Neben diesen speziellen schulischen Diensten haben sich in der Vergangenheit eine Vielzahl von Kooperationsbeziehungen im Bereich des erzieherischen Kinder- und Jugendschutzes herausgebildet (*Sucht*prävention, *Medienpädagogik, Prävention* gegen *Gewalt* und sexuellen Missbrauch, Beratung im Bereich Partnerschaft und Sexualität). Die Angebote umfassen dabei einzelne thematische Veranstaltungen für Schüler oder Eltern, die Mitwirkung im Unterricht in speziellen Unterrichtseinheiten, Projekte, Ausstellungen oder Fortbildungsangebote für Lehrkräfte.

Von besonderer Bedeutung ist die Zusammenarbeit mit dem *Allgemeinen Sozialen Dienst/ASD,* als unmittelbarem Ansprechpartner für Kinder, Jugendliche und Erziehungsberechtigte im Falle von familiären Krisen, Problemen und Schwierigkeiten. Im Zusammenhang JuS haben sich verschiedene, teilweise fest institutionalisierte Formen der Zusammenarbeit entwickelt: feste Ansprechpartner für Schulen, Sprechstunden in der Schule, Teilnahme an pädagogischen Konferenzen, Mitwirkung bei pädagogischen Elternabenden, Beratung von Lehrkräften. Enge Beziehungen sind auch zwischen Schulen und Erziehungsberatungsstellen und Trägern erzieherischer Hilfen *(Soziale Gruppenarbeit,* Tagesgruppen oder *Heimerziehung)* entstanden.

Schulverweigerung

Eine besondere Herausforderung für JuS stellt die zunehmende Zahl von Schülerinnen und Schülern dar, die sich dem Unterricht ganz entziehen oder teilweise verweigern. Der 14. Kinder- und Jugendbericht verweist darauf, dass häufiges Schulschwänzen zu problematischen Bildungsverläufen führen kann, so dass betroffene Jugendliche nur schwer in Bildung, Ausbildung und Erwerbsarbeit einmünden. Das ESF-Programm „Schulverweigerung – Die zweite Chance“ (2008–2014) versuchte, über die Methode des Case Managements in 194 Koordinierungsstellen hartnäckige Schulverweigerer an Haupt- und Förderschulen wieder ins Schulsystem zu integrieren. Das Nachfolgeprogramm „Jugend stärken im Quartier“, das einen stärkeren Fokus auf junge Menschen in sozial benachteiligten Stadtteilen legt, zielt u.a. auch auf die ca. 6% an SchulabgängerInnen, die jährlich die Schule ohne Abschluss verlassen (BMFSFJ 2009–2011, 2013, www.jugend-staerken.de).

Übergang von der Schule zur Arbeitswelt

Von den rd. 6% jungen Menschen ohne Abschluss bekommen rund drei Viertel nach dem Verlassen der Schule keinen Ausbildungsplatz. Auch von den Jugendlichen mit Hauptschulabschluss kommt die Hälfte nicht sofort in die duale Ausbildung. Etwa ein Viertel aller Ausbildungsverhältnisse führt nicht zum Erfolg (Autorengruppe Bildungsberichterstattung 2014, 91, 112). Hilfe und Unterstützung bei der Bewältigung des Übergangs von der Schule in *berufliche Bildung* und *Arbeit* zu geben, Unterstützung bei der Berufsfindung, -wahl und -vorbereitung, ist eine der zentralen Aufgaben von SchbzJ. Dabei stoßen JuS allerdings an die Grenzen der fehlenden geeigneten Ausbildungs- und Arbeitsplätze für junge Menschen oder der im bisherigen Bildungsverlauf nicht erworbenen Voraussetzung an Bildung oder sozialer Kompetenz. Ausführlich beschäftigt sich mit Fragen des Übergangs der Forschungsschwerpunkt „Übergänge im Jugendalter“ des DJI.

Formen der Zusammenarbeit

In der Praxis haben sich auf den unterschiedlichen Ebenen vielfältige Formen der Zusammenarbeit von Jugendhilfe und Schule herausgebildet, die teilweise in Kooperationsvereinbarungen verbindlich festgeschrieben wurden. Beispiele sind die Gründung von AK JuS auf verschiedenen regionalen Ebenen, Benennung fester Ansprechpartner für die jeweiligen Aufgaben und Zuständigkeiten, regelmäßige gemeinsame Besprechungen, gegenseitige Beteiligung an Dienstbesprechungen und themenbezogene AK, gemeinsame Fortbildungsplanung und gemeinsame Fortbildungsangebote, gegenseitige Informationsbesuche, Hospitationen und Austausch von Informationsmaterialien, Mitwirkung der Schulverwaltung im JHA und gemeinsame Sitzungen des JHA- und des Schulausschusses, Berücksichtigung der „Schulbezogenen Jugendhilfe" in der *Jugendhilfeplanung* mit Beteiligung der Schulverwaltung.

J

Perspektiven

In der bildungspolitischen Debatte setzt sich zunehmend die Erkenntnis durch, dass *Bildung* nicht allein von Schule aus gedacht werden kann, sondern das formelles, nichtformelles und informelles Lernen zusammen betrachtet werden müssen. Um soziale Ausgrenzung zu verhindern und um Integration, *Chancengleichheit* und Bildungsgerechtigkeit zu verwirklichen, müssen JuS gemeinsam sozial- und bildungspolitische Strategien entwickeln. Dabei geht es einerseits darum, welchen Beitrag Soziale Arbeit im Kontext mit Schule leisten kann (Fischer 2016) und anderseits inwieweit sich Schule als sozialpädagogischer Handlungsort versteht (AGJ 2013). Für den jeweiligen sozialen Nahraum sind die Lebensräume (lokale Bildungslandschaften) von Kindern, Jugendlichen und ihren Familien so zu gestalten, dass Erziehung und Bildung, gesellschaftliche Teilhabe und Integration möglich werden. Dazu müssen sich Schulen und Einrichtungen der KJH öffnen und aufeinander zu bewegen. Prozesse stadtteilorientierter Vernetzung zu initiieren und zu begleiten, um Kindern und Jugendlichen vielfältige Lern- und Bildungsprozesse zu ermöglichen, ist eine der wichtigsten Aufgaben zukünftiger KJH. Dazu bedarf es aber auch einer neuen Kompetenzverteilung der föderalen Ebenen, insbesondere müssen vor Ort der kommunalen Ebene mehr inhaltlichen Kompetenzen zur inhaltlich-konzeptionellen Ausgestaltung und mehr Ressourcen zum infrastrukturellen Ausbau von Bildung, Betreuung und Erziehung zur Verfügung gestellt werden. Auf kommunaler Ebene ist JuS gefordert, vor Ort aus einem Bildungs- und Sozialmonitorring, der Schulentwicklungs- und der *Jugendhilfeplanung* eine integrierte Bildungsplanung nach sozialräumlichen (stadtteilspezifischen) Kriterien zu entwickeln, um durch unterschiedliche Entwicklungskonzepte und Ressourcenzuteilung den sozialräumlichen Segregationsprozessen (vor allem in Großstädten) entgegenzuwirken.

Auch der fortschreitende europäische Einigungsprozess und das in diesem Zusammenhang entstehende Verständnis lebenslangen bzw. lebensbegleitenden Lernens als Leitprinzip wird zukünftig zu einer Veränderung der Bildungslandschaft führen und zu einer besseren Ausgewogenheit von schulischen, beruflichen und außerschulischen Bildungsaktivitäten führen. Darauf sollte sich die KJH einstellen (AGJ 2003).

Reiner Prölß

Literatur

W. Aden-Großmann: Geschichte der sozialpädagogischen Arbeit an Schulen, Wiesbaden 2016 ◆ Arbeitsgemeinschaft für Kinder- und Jugendhilfe/AGJ (Hrsg.): Jugendhilfe & Bildung, Berlin 2003 ◆ AGJ: Handlungsempfehlungen zur Kooperation von Jugendhilfe und Schule, Leipzig 2006 ◆ ÂGJ: Schule als Lebensort – Anforderungen an sozialpädagogisches Handeln, Berlin 2013 ◆ Autorengruppe Bildungsberichterstattung: Bildung in Deutschland 2014, Bielefeld 2014 ◆ H. Bassarak/B. Eibeck (Hrsg.): „Niemanden zurücklassen! Integration durch Schulsozialarbeit an Ganztagsschulen, Frankfurt/M. 2006 ◆ BMJFFJ: 14. Kinder- und Jugendbericht, Berlin 2013, 12. Kinder- und Jugendbericht, Berlin 2005, 11. Kinder- und Jugendbericht, Berlin 2002, und 8. Jugendbericht, Bonn 1990 ◆ BMFSFJ: Die Zweite Chance – Schulverweigerung, Berlin 2009–2011 ◆ BJK: Zukunftsfähigkeit sichern! Für ein neues Verhältnis von Bildung und Jugendhilfe, Opladen 2001 ◆ Deutscher Verein/DV: Weiterentwickelte Empfehlungen und Arbeitshilfe für den Ausbau und die Verbesserung der Zusammenarbeit der Kinder- und Jugendhilfe mit der Schule, Frankfurt/M. 2001 ◆ DV: Empfehlungen des Deutschen Vereins zur Weiterentwicklung Kommunaler Bildungslandschaften, Berlin 2009 ◆ DV: Diskussionspapier zur Entwicklung und Verortung der Schulsozialarbeit, in: NDV 1/2015, 7–16 ◆ DV: Empfehlungen zur öffentlichen Erziehung, Bildung und Betreuung von Kindern im Alter von Schuleintritt bis zum vollendeten 14. Lebensahr, Berlin 2014 ◆ V. Fischer u. a. (Hg.) Soziale Arbeit und Schule. Diversität und Disparität als Herausforderung, Schwalbach/T. 2016 ◆ P. Fülbier/R. Münchmeier (Hrsg.): Handbuch Jugendsozialarbeit, Münster 2001 ◆ Ganztagsschulen. Jugendhilfe unter Zugzwang. Schwerpunktheft, sozialmagazin 11/2011 ◆ A. Henschel/R. Krüger/C. Schmitt/W. Stange: Jugendhilfe und Schule. Handbuch für gelingende Kooperation. Wiesbaden 2008 ◆ T. Olk/S.-I. Beutel/J. Merchel/H.-P. Füssel/J. Münder: Kooperationen zwischen Jugendhilfe und Schule. Materialien zum 12. Kinder- und Jugendbericht. Bd. 4, München 2005 ◆ H.-U. Otto/T. Rauschenbach: Die andere Seite der Bildung. Zum Verhältnis von formellen und informellen Bildungsprozessen, Opladen 2004 ◆ R. Prölß (Hrsg.): Bildung ist mehr! Nürnberg 2003 ◆ T. Rauschenbach: Zukunftschance Bildung. Familie, Jugendhilfe und Schule in neuer Allianz, München 2009 ◆ T. Rauschenbach: Jugendhilfe und Schule: keiner schafft's alleine, in: TuP 6/2013, 427–435 ◆ S. Schalkhaußer/F. Thomas: Lokale Bildungslandschaften in Kooperation von Jugendhilfe und Schule, München 2011 ◆ M. Schreiber-Kittl: Alles Versager? Schulverweigerung im Urteil von Experten. Forschungsbericht, München 2001 ◆ K. Speck: Schulsozialarbeit, München [3]2014 ◆ K. Speck/T. Olk/E. Hollenstein/F. Nieslony (Hrsg.): Handbuch der Schulsozialarbeit, Bd. 1, Weinheim/München 2016 ◆ G. Stüwe/N. Ermel/S. Haupt: Lehrbuch Schulsozialarbeit, Weinheim/München 2015 ◆ K. H. Timm: Schulverweigerung. Zur Begründung eines neuen Verhältnisses von Jugendhilfe und Schule, Münster 2000

Link

www.jugend-staerken.de

Jugendpolitik in der Europäischen Union

Rechtliche Grundlagen für Aktivitäten der EU in bezug auf Kinder und Jugendliche

Grundrechte: Am 9. 12. 2000 hat der Europäische Rat in Nizza eine Charta der Grundrechte der EU verabschiedet, deren Rechtsverbindlichkeit im Juni 2007 in Brüssel durch die EU-Staats- und Regierungschefs vereinbart wurde (Ausnahme Großbritannien, Polen und Tschechien). Sie wurde 2009 mit dem EU-Vertrag rechtsverbindlich.

Für Kinder und Jugendliche sind die folgenden Grundrechte enthalten:

- das Recht auf Wehrdienstverweigerung aus Gewissensgründen;
- das Recht auf Bildung, Zugang zur beruflichen Ausbildung und Weiterbildung sowie auf unentgeltliche Teilnahme am Pflichtschulunterricht;
- das Verbot der Diskriminierungen u. a. wegen Alters;
- der Anspruch auf Schutz und Fürsorge, freie Meinungsäußerung und Berücksichtigung der Meinung in den sie betreffenden Angelegenheiten;
- das Verbot der Kinderarbeit und Schutz der Jugendlichen am Arbeitsplatz.

In den EU-Vertrag sind eine Reihe weiterer kinder- und jugendpolitischer Bezüge eingegangen, die zu erweiterten Kompetenzen der EU in der Jugendpolitik führen.

Der Vertrag von Lissabon: Einziger Bezugspunkt im Vertrag von Lissabon für eine Verantwortung auf europäischer Ebene in bezug auf Jugendfragen stellt der Artikel 165 dar: „Die Tätigkeit der Gemeinschaft hat folgende Ziele: (...) Förderung des Ausbaus des Jugendaustauschs und des Austauschs sozialpädagogischer Betreuer und verstärkte Beteiligung der Jugendlichen am demokratischen Leben in Europa". Daraus lassen sich keine weitergehenden Kompetenzen für die EU im Sinne einer integrierten europäischen J. ableiten. Insofern verwundert es nicht, dass dieser Artikel inzwischen in den Mittelpunkt des Interesses geraten ist, wenn es um die Frage erweiterter Jugendkompetenzen der EU geht.

Der Lissaboner Vertrag bietet darüber hinaus in vielen einzelnen klar definierten Bereichen Rechtsgrundlagen für Aktivitäten der EU, die auf Kinder, Jugendliche und junge Erwachsenen bezogen sind, vor allem:

- die Verhütung und Bekämpfung u. a. der Straftaten gegenüber Kindern;
- die Bekämpfung von Diskriminierungen u. a. aus Gründen des Alters;
- die Entwicklung der europäischen Dimension im Bildungswesen, insbesondere durch Erlernen und Verbreitung der Sprachen der Mitgliedstaaten, Förderung der Mobilität von Lernenden und Lehrenden;
- die Erleichterung der Anpassung an die industriellen Wandlungsprozesse, insbesondere durch berufliche Bildung und Umschulung, Verbesserung der beruflichen Erstausbildung und Weiterbildung, sowie Förderung der Mobilität der Ausbilder und der in beruflicher Bildung befindlichen Personen, insbesondere der Jugendlichen.

Jugendpolitische Zusammenarbeit in Europa bis 2000

1988 wurde mit Jugend für Europa das erste Aktionsprogramm der EU für Jugendliche beschlossen, an das sich bis Ende 1999 zwei Folgeprogramme angeschlossen haben. Daneben wurden mehrfach neue, zeitlich stärker befristete Budgetlinien entwickelt, durch deren Integration das Aktionsprogramm Jugend für Europa erheblich ausgeweitet wurde. Gleichzeitig wurde ab 1996 mit dem Europäischen Freiwilligendienst ein neues zweites EU-Aktionsprogramm entwickelt, das ab dem Jahr 2000 in das gemeinsame Aktionsprogramm JUGEND mündete. Spätestens mit dem Aktionsprogramm JUGEND ist die Zielsetzung über die reine Förderung von europäischen Aktivitäten für Jugendliche hinausgegangen und hat eine eindeutige jugendpolitische Komponente hinzugewonnen.

In der Folge hat der Rat der Jugendminister der EU eine Reihe von weitergehenden Beschlüssen zu verschiedenen Bereichen der jugendpolitischen Zusammenarbeit in Europa gefasst:

- Bekämpfung von Rassismus, Fremdenfeindlichkeit und Antisemitismus im Bereich der Jugendarbeit;
- Mitbestimmung von jungen Menschen;
- außerschulische Bildungsdimension sportlicher Aktivitäten in den Jugendprogrammen der EG;
- soziale Integration der Jugendlichen;
- Förderung der Eigeninitiative, des Unternehmergeistes und der Kreativität junger Menschen: von der Ausgrenzung zur Lebenstüchtigkeit;
- Mehrwert, den das freiwillige Engagement junger Menschen im Rahmen der Entwicklungen der Gemeinschaftsaktionen zugunsten der Jugend bietet.

J

Jugendpolitische Zusammenarbeit in Europa seit 2000

Einen der weitreichendsten jugendpolitischen Beschlüsse haben die Jugendminister der EU gefasst, als sie am 23. November 1999 dem Vorschlag der EU-Kommissarin Viviane Reding zustimmten, ein Weißbuch zum Thema J. in Europa zu erarbeiten. Fast genau zwei Jahre später legte die EU-Kommission das „Weißbuch der Europäischen Kommission – Neuer Schwung für die Jugend Europas" vor. Der Rat der Jugendminister beschloss daraufhin im Mai 2002 grundlegende Veränderungen in der jugendpolitischen Zusammenarbeit in der EU:

- die Anwendung der offenen Methode der Koordinierung, die speziell im Bereich der Partizipation, Information, dem freiwilligen Engagement der Jugendlichen und der Jugendforschung in einer flexiblen, für den Jugendbereich geeigneten Weise unter gebührender Berücksichtigung der einzelstaatlichen Zuständigkeiten und des Subsidiaritätsprinzips umgesetzt werden soll;
- die verstärkte Berücksichtigung von Jugendbelangen und der Bedürfnisse Jugendlicher in anderen Politikbereichen auf einzelstaatlicher und europäischer Ebene, bes. in den Bereichen Bildung, lebenslanges Lernen, Mobilität, Beschäftigung und soziale Integration, Bekämpfung von Rassismus und Fremdenfeindlichkeit und Autonomie der Jugendlichen.

Ende 2009 veröffentlichte die EU-Kommission den ersten europäischen Jugendbericht, der alle drei Jahre fortgeschrieben wird. 2012 ist der zweite und 2015 der dritte europäische Jugendbericht erschienen. Die Berichte enthalten Daten und Fakten zur Lage der Jugend in Europa und sind Grundlagen für die jugendpolitische Zusammenarbeit der EU-Staaten.

Ebenfalls Ende 2009 wurde der erneuerte Rahmen für die jugendpolitische Zusammenarbeit in Europa, auch EU-Jugendstrategie genannt, verabschiedet und damit der Rahmen für die Jahre 2010 bis 2018 gesetzt. Schwerpunkte der europäischen Jugendstrategie (als Querschnittspolitik) sind *soziale Integration* von Jugendlichen und für sie gelingende Übergänge in Arbeit.

In Deutschland wird die EU-Jugendstrategie seit 2010 im Rahmen einer Bund-Länder Zusammenarbeit umgesetzt. Themenschwerpunkte sind *Partizipation* junger Menschen, Übergänge in Arbeit sowie die Anerkennung und Aufwertung non-formaler und informeller Bildung.

Youth on the move, Jugend in Bewegung (von 2010), mit 28 verschiedenen Maßnahmen ist im Rahmen der Europa 2020-Strategie der EU eine Leitinitiative, die die Mobilität von Schülern und Studenten erhöhen und Jugendarbeitslosigkeit eindämmen soll.

Seit 2014 existiert in der EU unter dem Namen Erasmus+ (2014–2020) ein integriertes Bildungsprogramm, das die vormals unabhängigen Bildungsprogramme aus den Bereichen allgemeine und berufliche Bildung sowie (außerschulische) Jugendbildung ersetzt hat.

Erasmus+ Jugend in Aktion fördert als eigenständiges Kapitel des Gesamtprogramms die außerschulische Bildung und das aktive Engagement junger Menschen. Damit ist ein weitgehend eigenständiges Unterstützungsinstrument für Jugendarbeit und Jugendpolitik in Europa erhalten geblieben. Im Rahmen dieses Programms stehen in Deutschland die Themen *Chancengleichheit* und Inklusion, Partizipation junger Menschen sowie die nicht-formale und informelle Bildung im Vordergrund.

Das Programm Erasmus+ steht deutlicher als seine Vorläufer im Kontext der übergeordneten Politikstrategien der EU (Europa 2020). Erasmus+ Jugend in Aktion dient dabei vorrangig der Erreichung der Ziele der EU-Jugendstrategie und erhält damit ein klares jugendpolitisches Profil.

Thesen zu den Perspektiven der jugendpolitischen Zusammenarbeit in Europa

1) Der Konsultationsprozess zum Weißbuch hat nicht nur für die J. Maßstäbe gesetzt, sondern gleichzeitig im Rahmen der Debatte um „Governance" ein Modell für die Beteiligung von Zivilgesellschaft im europäischen Rahmen geschaffen. Offen bleibt allerdings, ob es gelingt, nachhaltige Beteiligungsstrukturen von Jugendlichen, Jugendverbänden und NGO's auf Ebene der EU und in den Mitgliedstaaten zu schaffen.
2) Auf der Basis einer sehr begrenzten Rechtsgrundlage und der inhaltlichen Perspektiven des Weißbuches ist ein spezifischer Rahmen für die europäische Zusammenarbeit im Jugendbereich entwickelt worden, der die hauptsächliche Zuständigkeit der Mitgliedstaaten bzw. der regionalen und lokalen Ebenen anerkennt. Bisher ist es allerdings weder gelungen, ergänzende Verantwortungsbereiche für eine J. der EU inhaltlich zu beschreiben, noch weitergehende jugendpolitische Kompetenzen im EU-Vertrag rechtlich zu verankern.
3) Die offene Methode der Koordinierung ist deswegen nicht mehr als der einzig gangbare Weg, Interventionsmöglichkeiten auf europäischer Ebene bei fehlenden Kompetenzen zu eröffnen. Sie könnte trotzdem eine abgestimmte Politik der Mitgliedstaaten der EU zugunsten junger Menschen in Europa auf europäischer, nationaler, regionaler und lokaler Ebene ermöglichen.
4) Will europäische J. durchsetzungsfähig sein, so benötigt die EU ein Handlungsinstrumentarium (wie z.B. das Programm Erasmus+ Jugend in Aktion), mit dem sie konkret Einfluss auf die Lebensbedingungen von Jugendlichen in Europa nehmen kann. Die für die Jahre 2014–2020 erfolgte inhaltliche und budgetäre Ausweitung des Programms ist ein erster Schritt, um den Anforderungen einer erweiterten europäischen J. gerecht zu werden.
5) J. wird erstmals auf Ebene der EU und vieler Mitgliedstaaten als Querschnittspolitik definiert. Bisher gibt es allerdings keine Antwort auf die Frage, wie diese Mitgestaltung in den Mitgliedstaaten und in der EU sichergestellt wird, z.B. durch die formelle Beteiligung des Jugendministerrates und/oder der für Jugendfragen zuständigen Generaldirektion in allen jugendrelevanten Aktivitäten auf EU-Ebene und/oder durch die Beteiligung von Fachleuten, NGO's und Jugendlichen.
6) Ebenso ungeklärt ist die Frage, ob und wie sich dieses Modell auch auf die Politik gegenüber Einrichtungen der Jugendarbeit oder den Jugendverbänden auswirken wird. Dies erscheint jedoch geboten, wenn es mit der Umsetzung politischer Vorhaben ernst gemeint ist. Auch wenn es seit Jahren eine Budgetlinie zur Förderung europäischer Jugendorganisationen gibt, ist dies bisher die Ausnahme, besteht hier doch eine noch geringere Rechtsgrundlage für ein Aktivwerden der EU.
7) Der Rat der Jugendminister der EU ist das politisch bestimmende Gremium der jugendpolitischen Zusammenarbeit in Europa, die EU-Kommission der zentrale Ort für die Weiterentwicklung und Umsetzung europäischer J. Ohne einen wirklich eigenständigen Jugendministerrat und eine Generaldirektion, die neben Bildung und Kultur auch Jugend in ihrem Titel trägt, wird der Jugendbereich seine im Vergleich zu anderen Politikbereichen weniger starke politische Bedeutung behalten.
8) Während das Europaparlament bei der Entscheidung über jugendpolitische Aktionsprogramme eingebunden ist, wird es im Rahmen der offenen Methode der Koordinierung lediglich unterrichtet. Auch hier wird eine grundsätzliche Frage zukunftsfähiger Strukturen der EU aufgeworfen: Es geht dabei um die demokratische Legitimation und Gestaltung von (jugendpolitischem) Handeln auf EU-Ebene.
9) Globale Perspektiven könnte die verstärkte jugendpolitische Zusammenarbeit mit dem Europarat eröffnen. Der Europarat war in der Frage einer europäischen J. Vorreiter, hat erstmals eine europäische J. definiert und sie theoretisch und praktisch vorangetrieben. Bisher existiert allerdings nur eine sehr begrenzte Form der jugendpolitischen Zusammenarbeit. Eine Intensivierung könnte die jugendpolitische Zusammenarbeit in Europa sowohl auf der Ebene der EU als auch des Europarates befruchten.
10) Die EU-Jugendstrategie hat die Politik der Mitgliedstaaten bisher in höchst unterschiedlicher Weise beeinflusst. Während in einigen Ländern eine deutliche Ausrichtung nationa-

J

ler Jugendpolitiken an der EU-Jugendstrategie erfolgt ist, hat es in anderen Ländern kaum sichtbare praktische Umsetzungsmaßnahmen gegeben. Dies spiegelt die einerseits zwar vorhandene, aber eben doch begrenzte Wirkung der im Rahmen der Offenen Methode der Koordinierung praktizierten europäischen jugendpolitischen Zusammenarbeit wider.

Claudius Siebel/Hans-Georg Wicke

Literatur

Dokumente: Vertrag von Lissabon zur Änderung des Vertrags über die Europäische Union und des Vertrags zur Gründung der Europäischen Gemeinschaft, veröffentlicht im Abl. 2007/C 306/01, zuletzt bekanntgemacht durch Abdruck der konsolidierten Textfassungen im Abl. 2012/C 326/01 ♦ Weißbuch der Europäischen Kommission – Neuer Schwung für die Jugend Europas, Kommission der Europäischen Gemeinschaften, Brüssel, KOM (2001) 681 ♦ Entschließung des Rates und der im Rat vereinigten Vertreter der Regierungen der Mitgliedstaaten vom 27.6.2002 zu dem Rahmen für die jugendpolitische Zusammenarbeit in Europa, Abl. C 168/2 vom 13.7.2002 ♦ Europäischer Konvent, Schlussdokument des Europäischen Jugendkonvents, CONV 205/02, 19.7.2002 ♦ Entschließung des Rates über einen erneuerten Rahmen für die jugendpolitische Zusammenarbeit in Europa 2010–2018, Abl. der EU C 311/1 v. 19.12.2009 ♦ Dritter Europäischer Jugendbericht, Europäische Kommission, Entwurf September 2015 (http:ec.europa.eu/youth/news/2015/0915-eu-youth-report-2015 en.htm, Stellungnahme unter www.jugendpolitikineuropa.de/beitrag/der-richtige-mix)) ♦ AGJ: Der erste europäische Jugendbericht „Jugend – investieren und befähigen", Berlin 2010 ♦ AGJ: Europa und die Jugend, Auszüge aus einem Positionspapier zum 1. Europäischen Jugendbericht, in: sozialmagazin 9/2009 ♦ Dehmer, M./Roggenthin, K.: Die aktuelle Jugendstrategie der EU: Gelingt die Nostrifizierung?, in: NDV 5/2010 ♦Siebel, C./Wicke, H.-G.: Zum Verhältnis von Eigenständiger Jugendpolitik und EU-Jugendstrategie in Deutschland, in: „Forum Jugendarbeit International" 2011–2012, IJAB – Fachstelle für die Internationale Jugendarbeit der Bundesrepublik Deutschland e. V. (Hrsg.), Bonn 2012 ♦ Wisser, U.: EU-Jugendstrategie: Impulse für die Jugendhilfe in Deutschland nutzen, ebd. ♦ Wicke, H.-G.: Neuer Schwung für die Jugend Europas? Das Weißbuch der Europäischen Kommission zur Jugendpolitik in der EU, in: „Forum Jugendarbeit International" 2002, Internationaler Jugendaustausch- und Besucherdienst der Bundesrepublik Deutschland (IJAB) e. V. (Hrsg.), Münster 2001 ♦ Ders.: „Erasmus für alle" – Die Zukunft von JUGEND IN AKTION, in: FORUM Jugendhilfe 4/2011.

Links

www.jugendfuereuropa.de
www.jugendpolitikineuropa.de
www.jugend-in-aktion.de
www.jugendhilfeportal.de/eu-jugendstrategie
außerdem unter AGJ/BMFSFJ/DJI/Europarat/Europäische Kommission/ISS e. V.

J

Jugendschutz

Grundsätzliches

J. betrifft einen Teil der *Jugendsozialarbeit* bzw. des Jugendrechts: „Schutz" steht im Gegensatz insbesondere zu KJH (SGB VIII: *Kinder- und Jugendhilfe*) und Jugendbildung (einschließlich Schule) und betrifft Gefahrenabwehr, also einen Teilbereich des traditionellen Aufgabengebiets der „Polizei". Alle Jugendsozialarbeit wird *Gefährdungen* der Jugend vorzubeugen oder entgegenzuwirken suchen, aber primär durch positive Einwirkung (§§ 1, 2 Abs. 2 und 3 SGB VIII). Der J. umfasst weitere Felder, in denen sich die öffentliche Hand aus Rücksicht vor privaten Interessen und Freiheitssphären auf die Ziehung bestimmter (negativer) Grenzen (Verbote) beschränkt. Insofern kommen traditionell – abgesehen von J.-Bestimmungen im *Strafrecht* (z. B. §§ 170, 171, weitgehend §§ 174–184g, §§ 221, 225, 235, 236 StGB), dem SGB VIII (insb. den in § 1 Abs. 3 genannten Aufgaben) und dem *Jugendarbeitsschutz,* der sich als Teil des *Arbeitsschutzes* gesondert entwickelt hat – insbesondere der Schutz der Jugend in der Öffentlichkeit (Gesetz urspr. vom 4.12.1951) und vor der Verbreitung jugendgefährdender Schriften (Gesetz urspr. vom 9.6.1953) in Betracht.

Die Abgrenzung dieser Gebiete wird freilich nicht nur durch neue Probleme der Jugendgefährdung und den Wandel der *Familie* in Frage gestelllt – als Bereiche, die Jugendliche schützen sollen –, sondern speziell durch den Wandel der *Medien*-Struktur und des Medienangebots. Zu den „Schriften" sind erst Film, Rundfunk und Fernsehen, dann Videofilme, Bildschirmspielgeräte, Computerspiele, und inzwischen vor allem die sozialen Netzwerke gekommen *(Medien).* Das erschwert die Regelung des J. immer wieder aufs neue. Nach vielen Änd. der maßgeblichen Gesetze und weit zurückreichenden Reformbestrebungen ist daher unter dem Eindruck des Amoklaufs von Erfurt (April 2002) in großer Eile ein neues Jugendschutzgesetz (JuSchG) vom 23. Juli 2002

(BGBl. I, S. 2730, zuletzt geändert am 7.8.13/ BGBl. I S. 3154) verabschiedet worden, das die gesamte Materie neu zu regeln unternimmt.

Die Neuregelung umfasst den J. in der Öffentlichkeit, den J. im Bereich der Trägermedien und den J. im Bereich der Telemedien.

Jugendschutz in der Öffentlichkeit

J. in der Öffentlichkeit (§§ 4–10 JuSchG) betrifft, in sachlich weitgehender Übernahme der Regelungen des Gesetzes von 1951, Beschränkungen des Aufenthalts Jugendlicher in Gaststätten, bei Tanzveranstaltungen, in Spielhallen, bei sonstigen jugendgefährdenden Veranstaltungen und Betrieben sowie eine Generalklausel über die Abwehr der Gefahren durch jugendgefährdende Orte. Durch Ausweitung des Kreises erziehungsbeauftragter Personen (§ 1 Abs. 1 Nr. 4 JuSchG, vgl. § 7 Abs. 1 Nr. 6 SGB VIII) soll eine etwas flexiblere Handhabung als bisher ermöglicht werden. Hinzu kommen Beschränkungen der Abgabe von Alkohol und Tabakwaren. Insbesondere ist der Automatenverkauf an Jugendlichen zugänglichen Orten verboten oder von entsprechender Aufsicht oder technischen Mitteln (Chip-Karten) abhängig. Die (bußgeldbewehrten) Verbote und Beschränkungen ermöglichen behördliche Eingriffe, tragen aber zur erforderlichen KJH allenfalls am Rande bei und ersetzen sie nicht.

Jugendschutz bei Trägermedien

Bundesprüfstelle für jugendgefährdende Medien (BPjM): Der J. im Bereich der Trägermedien (§§ 11–15,16 JuSchG) knüpft teilweise an das überkommene Modell der Bekämpfung jugendgefährdender Schriften an: diese werden, wenn Jugendbehörden es beantragen, in eine Liste aufgenommen (indiziert) und unterliegen danach bestimmten, speziell auf Jugendliche gemünzten Verbreitungsbeschränkungen. Der auch in § 11 Abs. 3 StGB verwendete Begriff der Schrift wird allerdings auf weitere Datenträger erweitert und deshalb im JuSchG nicht mehr verwendet, sondern durch den Begriff der „Trägermedien“ (§ 1 Abs. 2 JuSchG) ersetzt: alle „Medien mit Texten, Bildern oder Tönen auf gegenständlichen Trägern, die zur Weitergabe, … Wahrnehmung bestimmt oder in einem Vorführ- oder Spielgerät eingebaut sind“; gleichgestellt wird das elektronische Verbreiten, sofern es sich nicht um Rundfunk handelt. Aber darüber hinaus wird das Verfahren der Listenaufnahme nicht nur auf die Trägermedien, sondern auch auf Telemedien (§ 1 Abs. 3, 16 JuSchG) erstreckt; nur sind die Rechtsfolgen in diesem Fall anders und durch den JMStV geregelt (§ 16 JuSchG). Für alle diese Medien gilt das Prinzip der Aufnahme in eine Liste jugendgefährdender Medien, wenn sie „geeignet sind, die Entwicklung von Kindern oder Jugendlichen oder ihre Erziehung zu einer eigenverantwortlichen und gemeinschaftsfähigen Persönlichkeit zu gefährden“; als Beispiele werden „unsittliche, verrohend wirkende, zu Gewalttätigkeit, Verbrechen oder Rassenhass anreizende Medien“ genannt (§ 18 Abs. 1 JuSchG). Zuständig zur Führung der Liste ist die BPjM, eine Bundesoberbehörde in Bonn im Geschäftsbereich des BMFSFJ, das Vorsitzende und (außer den Ländervertretern) Beisitzer sowie Stellvertreter ernennt. Dabei ist eine gruppenplurale Zusammensetzung des Entscheidungsgremiums – im Normalfall zwölf Mitglieder (§ 19 Abs. 5, vgl. jedoch § 23) – vorgesehen, mit Vorsitzender, Ländervertretern und Vertretern von acht an Medien und Jugendschutz interessierten „Kreisen“, z. B. Kunst, Medien, JH, Kirchen (i. E. § 19 Abs. 2). Da die Entscheidungen Grundrechte erheblich tangieren, hat eine Beanstandung durch das BVerfG (E. 83, 130, 149–154) dazu geführt, dass Vorschlagsrecht, Zusammensetzung und Verfahren der BPS sehr eingehend im JuSchG (§§ 19–21) geregelt sind. I. d. R. wird auf Antrag von Jugendbehörden in einem gerichtsähnlichen Verfahren unter Beteiligung interessierter Stellen entschieden und die Entscheidung durch Veröffentlichung im Bundesanzeiger und periodisch im BPjS-Report bekannt gemacht, wobei jedoch künftig damit oft verbundene unfreiwillige Werbung vermieden werden soll (§§ 15 Abs. 4, 5, § 24 JuSchG). Gegen die Entscheidungen steht der Verwaltungsrechtsweg offen (§ 25 JuSchG).

Die Indizierung hat zur Folge, dass ein Trägermedium Kindern und Jugendlichen nicht zugänglich gemacht werden und deshalb praktisch nur in darauf spezialisierten Geschäften wie Sexshops, nicht aber in Kiosken, normalen Videotheken oder im Versandhandel vertrieben und auch nicht öffentlich beworben werden darf (§ 15 Abs. 1 JuSchG). Offensichtlich und schwer jugendgefährdende Trägermedien sowie mit indizierten inhaltsgleiche Medien unterliegen diesen Beschränkungen schon vor ihrer Listenaufnahme (§ 15 Abs. 2, 3), so dass hier das Strafrisiko (§ 27 Abs. 1 Nr. 1 JuSchG) hoch ist. Bei periodischen (nicht jedoch politischen) Medien, die innerhalb Jahresfrist mehrmals indiziert worden sind, kommt eine Vorausindizierung für drei bis zwölf Monate in Betracht (§ 22). Die Meinungsäußerungs- und Medienfreiheit, bei künstlerischen Werken die Kunstfreiheit wird daher „zum

J

Schutze der Jugend" (Art. 5 Abs. 2 GG) empfindlich eingeschränkt.

Dieses Spannungsverhältnis zwischen Meinungs-, Medien- und Kunstfreiheit einerseits, Schutz der Jugend und der Persönlichkeit, ja der Menschenwürde (so z.B. § 15 Abs. 2 Nr. 3 JuSchG) andererseits, das sich in den sehr offen formulierten Voraussetzungen der Listenaufnahme ausdrückt, sowie die gruppenplurale Entscheidungsfindung der BPjM führen notwendigerweise zu immer neuen Konflikten. Die Tätigkeit der Bundesprüfstelle war bis weit in die 1960er Jahre von der Tendenz bestimmt, „unsittliches" Schrifttum von der Jugend fern zu halten und diesen Begriff, auch im Verhältnis zur *Kunst,* die durch die verfassungsrechtliche Kunstfreiheit (Art. 5 Abs. 3 GG, vgl. § 18 Abs. 3 Nr. 2 JuSchG) speziell geschützt ist und deshalb im Prinzip nicht indiziert werden darf, weit auszulegen. Das führte zu Einwänden aus Kreisen von Wissenschaft und Kultur. Dagegen engte das BVerwG in mehreren Urteilen (seit E. 23,104, vgl. auch BVerfGE 7,320) die Tatbestandsmerkmale ein. In der Folge verlor das Indizierungsverfahren an Bedeutung und wurde differenzierter. Seit Ende 1971 anerkannte jedoch das BVerwG (E. 39,197) die Bedeutung der gruppenpluralen Zusammensetzung der BPjM und deren fachliche, gerichtlich nur begrenzt nachprüfbare Kompetenz. Deshalb und v. a. durch das Vorgehen gegen kriegsverherrlichende, neonazistische und verrohende Schriften gewann das Indizierungsverfahren wieder an Bedeutung. Dazu kam es zu Auseinandersetzungen um große Zeitschriften (wie Bravo), freilich nach wie vor zu heiklen Abgrenzungsproblemen des Jugendmedienschutzes zur Kunstfreiheit (Fall Mutzenbacher, zuletzt BVerfGE 83,130 mit darauf folgender erneuter Indizierung, BAnz. Nr. 99 v. 29. 5. 1993) und zur neonazistischen Geschichtsklitterung (BVerfGE 90,1). Aber mit der Entwicklung neuer Trägermedien verlagerte sich das Schwergewicht auf diese, v. a. Videofilme, Computerspiele und Online-Angebote. Die Listen der jugendgefährdenden Medien (sog. Index) werden in den regelmäßig erscheinenden PBjM Aktuell veröffentlicht (Einzelheiten in §§ 15, 24 JuSchG).

Freiwillige Selbstkontrolle (FSK): In der Tat war für Filmvorführungen schon 1951 ein Zulassungs- und Freigabeverfahren für Jugendliche wieder eingeführt worden und hatte die Filmwirtschaft eine Freiwillige Selbstkontrolle (FSK) in Wiesbaden geschaffen, die diesbezügliche Empfehlungen für die verschiedenen Altersgruppen aussprach. Dies ermöglichte, alle öffentlich zu zeigenden Filme entspr. einzustufen und der Filmwirtschaft dabei einen maßgeblichen Einfluss zu sichern. Bei Aufkommen der Videofilme wurde das Verfahren 1985 auf diese, dann auch auf CD-ROM, DVD und Programme von Bildschirmspielgeräten erstreckt, wurde die staatliche Verantwortung für die Freigabe betont sowie deren eindeutige Kennzeichnung vorgeschrieben. Dem folgt die Regelung der §§ 11–15 JuSchG. Es erfolgt – abgesehen von Lehrfilmen – eine Jugendfreigabe generell, ab 6, 12 oder 16 Jahre oder gar nicht (also erst ab 18 Jahre), je nachdem, ob „Filme sowie Film- und Spielprogramme ... geeignet sind, die Entwicklung von Kindern und Jugendlichen oder ihre Erziehung zu einer eigenverantwortlichen und gemeinschaftsfähigen Persönlichkeit zu beeinträchtigen". Ist ein Trägermedium bereits indiziert oder schwer jugendgefährdend, wird es gar nicht gekennzeichnet und werden Verdachtsmomente wegen Strafbarkeit der zuständigen Strafverfolgungsbehörde mitgeteilt. Für den Kinobesuch von Kindern und Jugendlichen ohne Begleitung Erziehungsbeauftragter gelten Zeitgrenzen, die auch die Tabak- und Alkoholwerbung vor 18 Uhr verbieten, und der Zugang zu nicht freigegebenen Bildträgern wird, ähnlich wie bei jugendgefährdenden Medien, reglementiert und beschränkt (vgl. § 12 Abs. 3, 4, § 13 Abs. 2 mit § 15 Abs. 1 JuSchG).

Die Freigabe ist an sich Sache der obersten Landesbehörden (Jugendministerien), die sich jedoch, wie § 11 Abs. 1 JuSchG ausdrücklich sagt, einer Organisation der freiwilligen Selbstkontrolle bedienen können. Damit sind die FSK und ähnliche Organisationen jetzt gesetzlich anerkannt, und § 14 Abs. 6 JuSchG gibt der längst bestehenden Verwaltungsvereinbarung der obersten Landesbehörden, die ihrerseits auf die FSK-Grundsätze verweist, nunmehr eine gesetzliche Grundlage. Die FSK entscheidet unter Vorsitz eines Vertreters der obersten Landesbehörden mit Beteiligung der öffentlichen Hand, der Filmwirtschaft und eines Jugendsachverständigen.

Damit konkurriert mit dem Indizierungsverfahren eine generelle Überprüfung aller Bildträger im erwähnten Ausmaß, und es mag (als Gegenstück zur erwähnten Nichtfreigabe von der Bundesprüfstelle indizierter Medien) folgerichtig erscheinen, dass § 18 Abs. 8 JuSchG von der FSK freigegebene Medien von der Indizierung ausnimmt. Dennoch bleibt einerseits zweifelhaft, ob eine Überprüfung aller Medien in Formen der Selbstkontrolle, also unter maßgeblicher Beteiligung der doch interessierten Filmwirtschaft, die vorgesehenen und vorgenommenen Freigabe-Maßstäbe wirklich durchhalten kann. Andererseits wirft die Lückenlosigkeit der Überprüfung aller Bildträger erneut das Problem auf, ob es sich nicht um verfassungswidrige (Art. 5 Abs. 1 S. 3 GG) Zensur handelt, besonders seitdem das Prüfungsverfahren ausdrücklich gesetzlich legitimiert ist, so dass von Beleihung gesprochen werden kann und muss, und angesichts der Auswirkungen der bloßen Jugendfreigabe auch auf die präventive Prüfung nur für Erwachsene bestimmter Bildträger mit möglichen strafrechtlichen Folgen. Das BVerfG (E. 87, 209, 232 f.) hat das Vorliegen von Zensur bisher nur für den Fall bejaht, dass ein zur Freigabe vorgelegter Film den Strafverfolgungsbehörden vorgelegt wird, obwohl der Produzent über die Verbreitung des Films noch gar nicht entschieden hat. Aber die in der Begründung anklingende Kritik könnte jetzt verallgemeinert werden. Unabhängig davon bleibt festzuhalten, dass auch die Neuregelung Freigabe- und Indizierungslösung zwar in Einzelheiten besser harmonisiert, aber nach wie vor einfach nebeneinander gestellt hat.

Jugendschutz bei Telemedien

Dies fällt umso mehr ins Gewicht, da der J. im Bereich der Telemedien zwar im Gesetz (insb. §§ 1 Abs. 3, 16, 18 Abs. 2 Nr. 3, 4) angesprochen, aber grundsätzlich der Regelung durch den neuen JMStV der Länder vorbehalten ist. Dieser fasst bisherige J.-Regelungen der Staatsverträge über Rundfunk und über Mediendienste zusammen, bezieht die durch das Teledienst-Gesetz des Bundes (z. B. für Internet, Telespiele) geregelten Bereiche mit ein und sucht dafür ein einheitliches, aber gegenüber dem für die Trägermedien geltenden Recht selbständiges J.-Modell zu verwirklichen.

Es operiert zunächst mit einem umfangreichen Katalog unzulässiger Angebote (§ 4), der zunächst an das Strafrecht und an den Katalog der schwer jugendgefährdenden Medien nach § 15 Abs. 2 JuSchG anknüpft, zusätzlich aber auch sonstige pornografische und alle indizierten Medien umfasst; Letztere sollen jedoch in nur Erwachsenen zugänglichen Telemedien zulässig sein, wobei eine verlässliche Sicherung vorausgesetzt wird. Dass allerdings auch speziell und nur für das Fernsehen produzierte Sendungen durch die BPjM indiziert werden können, wurde bisher abgelehnt (BVerwGE 85,169) und ist auch jetzt zweifelhaft, obwohl es konsequent und zur Sicherung einheitlicher Maßstäbe notwendig wäre. – Soweit Angebote die Entwicklung von Kindern oder Jugendlichen nicht gefährden (wie § 18 Abs. 1 JuSchG voraussetzt, siehe oben), sondern nur beeinträchtigen, soll es dagegen ausreichen, wenn die Anbieter dafür sorgen, dass Kinder oder Jugendliche der betroffenen Altersstufen sie üblicherweise nicht wahrnehmen (§ 5 Abs. 1 JMStV). Mittel dafür sind v. a. die schon bisher geltenden Zeitgrenzen, die sich an den Filmkennzeichnungen nach § 14 Abs. 2 JuSchG orientieren: erst nach 23 bis 6 Uhr für nicht für Jugendliche freigegebene, erst nach 22 Uhr für ab 16 Jahre freigegebene Angebote; im Übrigen ist „bei der Wahl der Sendezeit dem Wohl jüngerer Kinder Rechnung zu tragen" (§ 5 Abs. 4 JMStV), aber bei politischen und Nachrichtensendungen deren Funktion zu berücksichtigen. – Schließlich sind auch bei der Werbung und im Teleshopping Grenzen des J. einzuhalten (§ 6 JMStV).

Angesichts dieser teilweise rigiden, aber überaus komplizierten Abgrenzungen sind Durchsetzung, Kontrolle und Aufsicht die entscheidenden Probleme. Zuständig sind v. a. die Landesmedienanstalten (§§ 14 I, 20 I JMStV). Zur Koordination bilden sie eine Kommission für Jugendmedienschutz (KJM, §§ 14–17 JMStV) aus Sachverständigen aus dem Kreis der Landesmedienanstalten und der J.-Behörden des Bundes und der Länder. Damit besteht neben BPS und FSK eine dritte zentrale Instanz, die Belange des J. im Bereich der Telemedien mit umfassender Zuständigkeit gewährleisten und auch mit den andern Instanzen zusammenarbeiten soll (vgl. § 17 Abs. 2 JMStV, § 21 Abs. 6 JuSchG). Im Ergebnis schreibt daher die zunächst umfassend erscheinende Neuregelung nicht nur den alten Dualismus von FSK und Bundesprüfstelle, sondern auch die Sonderrolle des Rundfunks, jetzt zu Telemedien ausgeweitet, fest; sie schafft mit der KJM einen dritten Akteur auf zentraler Ebene und sorgt innerhalb der Telemedien auch dort für einen Dualismus von KJM und (Tele-)FSK. Dazu perpetuiert sie den Dualismus von Bundes- und Landesregelung, mit der Folge, dass die gesellschaftspolitisch so brisanten Fragen des J. in den Telemedien den Parlamenten weitgehend entzogen werden, dem BT wegen der Länderkompetenz, den Landtagen wegen der staatsvertraglichen Festlegung. All dies steht im Widerspruch zum bei der Neuordnung, v. a. nach dem Amoklauf von Erfurt, so stark betonten Postulat einer Stärkung des J. und weckt den Verdacht, dass die verschärften Grenzen für jugendgefährdende Medien nicht eingehalten werden und bloßes Postulat bleiben. Auch die faktischen Entwicklungen der letzten Jahre, namentlich die Kontrollprobleme im Privatfernsehen und bei Online-Medien, aber auch der den öffentlich-rechtlichen Rundfunk belastende Konkurrenz-

J

druck und die Krise vieler Print-Medien sprechen dafür.

Allerdings erscheint es kurzschlüssig, diese Regelungs- und vermutlichen Implementationsdefizite primär den Gesetzgebern vorzuwerfen. Die Entwicklung und Verkomplizierung der Medienstruktur, ihrerseits nur ein Aspekt gesellschaftlicher Transformation, hat die Entwicklung des J. überrollt und ihn in seiner bisherigen Form weitgehend entmachtet. Dabei haben Ziele wie Privatisierung, Stärkung des Wettbewerbs, Deregulierung und Selbstregulierung den Vorrang. Ihnen entsprechen Modelle wie Selbstkontrollen, von den Produzenten gesetzte Standards und damit ein Primat der Marktkräfte, der für J. nur insoweit Raum lässt, als er die Medienentwicklung unterstützend flankiert. So gesehen liegt das Problem weniger bei einzelnen jugendgefährdenden Angeboten, als in der immer weiter zunehmenden wirtschaftlichen und gesellschaftlichen Bedeutung des Kommunikations- und Mediensektors.

Jugendschutzgesetz bei Tabakwaren

Um Kinder und Jugendliche wirksam vor Tabakkonsum zu schützen, dürfen Tabakwaren nach § 10 JuSchG in Gaststätten, Verkaufsstellen oder sonst in der Öffentlichkeit an Kinder oder Jugendliche unter 18 Jahren nicht abgegeben werden. Zudem bestimmt das Gesetz, dass in Gaststätten, Verkaufsstellen oder sonst in der Öffentlichkeit Kindern oder Jugendlichen unter 18 Jahren das Rauchen nicht gestattet werden darf. Allerdings handelt es sich bei E-Zigaretten und E-Shishas, bei denen sog. Liquids verdampfen, nicht um „Tabakwaren" im Sinne des Gesetzes. Insofern griffen die strikten Abgabe- und Rauchverbote des Jugendschutzgesetzes bislang nicht. Bei ihnen entstehen beim Dampfen aber Carbonylverbindungen, darunter Formaldehyd, Acrolein und Acetaldehyd, die Krebs auslösen können. Deshalb ist die Abgabe von elektronischen Zigaretten und Shishas an Kinder und Jugendliche durch eine Ergänzung des § 10 Abs. 4 JuSchG mit einem Verbot zum 1. 4. 2016 geändert worden.

Dian Schefold

Literatur

BMFSFJ: Jugendschutz – verständlich erklärt, Berlin [2]2015 ◆ R. Bornemann/M. Erdemir: Jugendmedienschutz-Staatsvertrag, Baden-Baden 2016 ◆ BAG Kinder- und Jugendschutz: MDA 27 (Modelle/Dokumente/Analysen): Entwicklungen bedenken – Blicke auf den Kinder- und Jugendschutz heute und gestern, Berlin 2013 ◆ M. Liesching/S. Schuster: Jugendschutzrecht: Jugendschutzgesetz, Jugendmedienschutz-Staatsvertrag, Vorschriften des StGB und des Rundfunkvertrags. Kommentar, München [5]2011 ◆ B. Nikles/S. Roll/D. Spürck/M. Erdemir/S. Gutknecht: Jugendschutzrecht. Kommentar. Neuwied [3]2011.

Link

BAG Kinder- und Jugendschutz (www.bag-jugendschutz.de)

Jugendsozialarbeit

Aufgaben und Funktionen

J. ist im Kern ein im § 13 SGB VIII näher beschriebener Teilbereich der *Kinder- und Jugendhilfe.* Ihr Ziel ist die sprachliche, schulische, berufliche und soziale *Integration* junger Menschen, d. h. deren chancengleiche Teilhabe am Leben in der *Gesellschaft.*

Basierend auf einem lebensweltorientierten Förderkonzept bietet J. sozial-, schul- und berufpädagogische Hilfen und übernimmt eine gesellschaftliche Anwaltsfunktion, insbes. für benachteiligte und beeinträchtige Jugendliche. Sie mischt sich über *Jugendpolitik* i. e. S. hinaus in andere Politikbereiche ein und wirkt im Schnittbereich von Jugend-, Bildungs- und Arbeitsmarktpolitik. J. hat einen ganzheitlichen *Bildung*sauftrag. Neben der Vermittlung von beruflichen Fertigkeiten und Fähigkeiten konzentrieren sich die Angebote auf die Vermittlung bzw. Stärkung von Schlüsselqualifikationen und sozialen Handlungskompetenzen. J. verbindet Hilfen zur Berufswege- und zur Lebenswegeplanung. Dabei werden Jugendliche unter Einbeziehung ihrer Kompetenzen und Ressourcen beteiligt. In der pädagogischen Praxis wird dies u. a. durch individuelle Förder- bzw. Integrationspläne, an denen die jungen Menschen mitwirken, umgesetzt.

Rechtsgrundlagen und Programme

Der weitaus größte Teil der Maßnahmen der J. wird von der BA finanziert (SGB III, SGB II). Darüber hinaus kommen finanzielle Mittel von den Kommunen (SGB VIII, SGB XII), wenn auch nur im geringen Umfang und bedingt durch die Nachrangigkeit des § 13 SGB VIII gegenüber dem SGB II zunehmend weniger. Spezifische Landesprogramme, die Programme „Jugendsozialarbeit" und „Eingliederung junger Menschen mit Migrationshintergrund" des *Kinder- und Jugendplans* (KJP) des Bundes sind weitere relevante Steuerungs- und Finanzierungsinstrumente der J. Über den KJP werden zudem zentrale Multiplikatorenstellen (wie z. B. der Kooperationsverbund Jugendsozialarbeit) gefördert. Europäische Fördermittel sind für J. – v. a. in der Jugendberufshilfe (JBH) – von immenser Bedeutung (z. B. die Europäischen Strukturfonds (ESF) und die Europäischen Freiwilligendienste). Europäische Bildungs- und Jugendpolitik ist jedoch nicht nur ein Finanzierungsinstrument für nationale oder internationale Projekte. Immer häufiger setzt sie zudem Rahmenbedingungen und Standards für nationale Politik, für Programme und Projekte (z. B. Weißbuchprozess Jugend, *Gender-Mainstreaming*). Zur Koordination und fachlichen Weiterentwicklung haben sich die Trägerorganisationen in der EU im Forum „Youth and European Socialwork" (Y.E.S.) zusammengeschlossen.

Zielgruppen

Formen heutiger J. wurden schon in den Nachkriegsjahren als lebenslagen-, bildungs- und berufsorientierte Jugendhilfeleistungen für arbeits-, berufs- und heimatlose Jugendliche entwickelt. Zielgruppen, Zielsetzungen und Handlungsansätze haben sich aber entsprechend gesellschaftlicher, ökonomischer und sozialer Entwicklungen permanent verändert. Besonders relevant für das heutige Verständnis von J. ist die in den 1980er Jahren entwickelte *„Einmischungsstrategie"*.

Prinzipiell sind alle jungen Menschen, die zur sozialen und beruflichen Integration Hilfen bedürfen, Adressaten von J. Ihre Zielgruppen bestehen aber überwiegend aus sozial benachteiligten und individuell beeinträchtigten Jugendlichen und jungen Erwachsenen. Hierzu gehören insbes.:

- Jugendliche mit schlechten Schulabschlüssen oder ohne Abschluss;
- Jugendliche, die schulische Bildungsgänge oder die Berufsausbildung abgebrochen haben;
- Jugendliche mit Sozialisationsdefiziten;
- Jugendliche aus dem Bereich der Erziehungshilfe;
- Jugendliche mit kriminellen Karrieren und/oder Drogenerfahrungen;
- behinderte Jugendliche (v. a. Lernbehinderte);
- Jugendliche mit Migrationshintergrund.

Es geht somit um Personengruppen, die aus verschiedenen Gründen absehbar oder auf Dauer ausgegrenzt zu werden drohen, wenn nicht spezifische Hilfen angeboten werden.

Handlungsfelder

Handlungsfelder von J. sind: Jugendberufshilfe, Integrationshilfen für junge Mensch mit Migrationshintergrund, Mädchensozialarbeit, Jungensozialarbeit, Jugendwohnen, Schulsozialarbeit und aufsuchende J.

Jugendberufshilfe (JBH)

Zur JBH gehören alle Beratungs- und Betreuungsangebote im Übergang von der Schule in den Beruf, Jugendwerkstätten, berufsvorbereitende Bildungsmaßnahmen, Berufsausbildung in außerbetrieblichen Einrichtungen, ausbildungsbegleitende Hilfen, sozialpädagogisch begleitete Beschäftigungs- und Qualifizierungsprojekte, Modellprojekte der arbeitsweltbezogenen J. u. a. m. Auch *Freiwilligendienste,* wie das FSJ und FÖJ, werden zunehmend in ihrer berufsorientierenden Bedeutung für benachteiligte Jugendliche gesehen, (obwohl ihr Anteil noch sehr gering ist). Europäische Freiwilligendienste sollen sich ebenfalls häufiger als bislang an benachteiligte Jugendliche wenden.

In allen Maßnahmen der JBH werden schul-, berufs- und sozialpädagogische Konzepte miteinander verbunden. Hierbei wird bei den Kompetenzen der Jugendlichen angesetzt (Kompetenz- statt Defizitansatz).

Assessment, Profiling, Coaching und Casemanagement sind neue Handlungsansätze in der JBH, die der individuellen Förderung junger Menschen dienen. Kompetenzagenturen, die von ESF und BMFSFJ im Rahmen des Programms „Jugend stärken" gefördert wurden, hatten das Ziel, die Vernetzung der Akteure vor Ort und Hilfe bei der passgenauen Vermittlung junger Menschen zu realisieren. Das Programm ist 2014 trotz beachtlicher Erfolge ausgelaufen. Nachfolgeprogramme des BMFSFJ ab 2015 sind die Programme „Jugendstärken: 10 000 Chancen" (gemeinsam mit den Wirtschaftsjunioren) und das Programm „Jugend stärken im Quartier" (gemeinsam mit dem BM für Umwelt, Naturschutz und Bau…). In beiden Programmen geht es darum, benachteiligte junge Menschen beim Übergang von der Schule in den Beruf zu unterstützen und passgenaue individuelle Hilfen zu entwickeln. Ebenfalls 2015 ist nach § 130 SGB III ein Modell kooperativer Ausbildung entwickelt worden, die „Assistierte Ausbildung". Im Rahmen der dualen Ausbildung erhalten Jugendliche und Unternehmen durch einen Bildungsträger als 3. Partner in der Vorbereitung sowie im Ausbildungsverlauf individuelle und bedarfsgerechte Unterstützung.

Seit Einführung des SGB II 2005 und der damit einhergehenden aktivierenden Arbeitsmarktpolitik durch das Prinzip „Fördern und Fordern" hat die JBH eine fundamentale Umorientierung erfahren, da bislang das Prinzip der Freiwilligkeit galt. Inwieweit diese arbeitsmarktpolitischen Instrumente, d. h. das Recht auf sofortige Vermittlung einerseits und strenge unmittelbare Sanktionsregeln bei einer Verweigerung andererseits, jugend- und bildungspolitische, v. a. aber sozialpädagogische Ziele beeinträchtigen, wird weiterhin kritisch zu begleiten sein (Kooperationsverbund Jugendsozialarbeit: Stellungnahme und Expertise zum Gesetzentwurf Verbesserung der Eingliederungschancen am Arbeitsmarkt Mai 2011, Heuer 2011).

Jobcenter und optierende Kommunen können ihre Arbeit nicht ohne Angebote der freien Träger der J. realisieren. Ergänzend zu den „klassischen Angeboten" der JBH nach § 16,1 SGB II können weitere Leistungen (Sucht- und psychosoziale Beratung, Sprachkurse etc.) nach § 16,2 SGB II von Trägern der J. angeboten werden. Insbesondere die Arbeitsgelegenheiten mit Mehraufwandsentschädigung nach § 16,3 SGB II stellen die Verbände und Träger der J. vor neue Anforderungen. Hier muss gelten, dass Ausbildung vor Arbeit und Arbeit vor Arbeitsgelegenheit zu vermitteln und anzubieten ist. Arbeitsgelegenheiten sollten zudem bedarfsgerecht sein, Qualifizierungsmöglichkeiten und berufliche Zukunftsperspektiven eröffnen. Für junge Menschen ohne berufliche Erstqualifizierung sind Arbeitsgelegenheiten kein geeignetes Förderinstrument.

Integrationshilfen/Jugendmigrationsdienste (JMD)

Die Arbeit der JMDs richtet sich vorrangig an neu zugewanderte, aber auch an in Deutschland aufgewachsene und sozialisierte junge Menschen mit Migrationshintergrund *(Migration und Integration).* Diese Personengruppen sind deutlicher als deutsche Jugendliche im Bildungssystem sowie auf dem Ausbildungsstellen- und Arbeitsmarkt benachteiligt. Deshalb gilt es, individuelle jugendspezifische Hilfen anzubieten, die die gesellschaftliche Teilhabe dieser jungen Menschen fördern und Toleranz, Akzeptanz und wechselseitigen Respekt zwischen den in Deutschland lebenden Bevölkerungsgruppen unterstützen.

Eine besondere Rolle bei der Integration junger Menschen nehmen die Jugendmigrationsdienste (JMD) in Trägerschaft der Freien Träger der J. ein. Schwerpunkte ihrer Arbeit sind:

- Individuelle Begleitung nicht mehr schulpflichtiger junger ZuwanderInnen durch Casemanagement vor, während und nach Integrationskursen;
- Beratung junger Menschen mit Migrationshintergrund, bei integrationsbedingten Problemen und Krisensituationen;
- Vermittlung an andere Einrichtungen und Institutionen;
- Förderung durch Gruppenangebote;
- Mitarbeit und Weiterentwicklung örtlicher Netzwerke;
- Initiierung und Begleitung der interkulturellen Öffnung von Diensten und Einrichtungen.

Darüber hinaus gilt es nach wie vor im Sinne der Querschnittsaufgabe, in den bestehenden Maßnahmen der J. – insbesondere der JBH – didaktisch und methodisch auf die besonderen Lebenslagen junger Menschen mit Migrationshintergrund einzugehen und ihre Interkulturalität als Kompetenz zu nutzen. In den Projekten der J. soll die Dialogbereitschaft zwischen Deutschen und Jugendlichen mit Migrationshintergrund gefördert und interkulturelles Lernen ermöglicht werden. Hierzu ist nicht zuletzt interkulturelle Kompetenz der Fachkräfte gefragt.

Im September 2015 ist ein Modellprojekt „Junge Flüchtlinge im JMD" (jmd2start-Beratung) gestartet. Dabei geht es um eine (möglichst schnelle) Integration durch Sprache, Schule und Ausbildung.

Jugendwohnen

Jugendwohnen im Rahmen von J. meint verschiedene Formen der berufsbedingten Unterbringung junger Menschen außerhalb ihres Elternhauses, die mit einer sozialpädagogischen Begleitung verbunden sind. Zielgruppen von Jugendwohnen sind nicht ausschließlich individuell beeinträchtigte und sozial benachteiligte Jugendliche, sondern alle jungen Menschen, die während ihrer schulischen oder beruflichen Bildungsmaßnahmen Unterkunft in sozialpädagogischen Wohnformen benötigen. Angebotsformen sind u. a. sozialpädagogisch begleitete Jugendwohnheime und Wohngemeinschaften. Zz. gibt es in Deutschland in unterschiedlicher Trägerschaft 550 Jugendwohnheime, die jedes Jahr von mehr als 220 000 Jugendlichen genutzt werden. Insbesondere zur Systematisierung, Vernetzung und zur Klärung der Finanzierung hat das BMFSFJ das Forschungsprojekt „Leben lernen. Chancen nutzen" gefördert. Der Endbericht liegt seit März 2011 vor. Aus dem Forschungsprojekt ist die Initiative „Auswärts zuhause" entstanden. Die Finanzierungsstrukturen sind verbessert worden.

Geschlechtsspezifische Hilfen

Innerhalb von J. hat sich die Arbeit mit *Mädchen* und jungen Frauen (Mädchensozialarbeit) und die Arbeit mit *Jungen* und jungen Männern (Jungensozialarbeit) als eigenständiger Ansatz und als Querschnittsaufgabe entwickelt. In den Angeboten und Maßnahmen sollen geschlechtsspezifische Stärken und Lebenskonzepte berücksichtigt werden mit dem Ziel, (gesellschaftliche) Benachteiligungen abzubauen (s. § 9 Abs. 3 SGB VIII).

Herstellung von Geschlechtergerechtigkeit, die Umsetzung des *Gender Mainstreaming*-Konzeptes, ist ein weiterer wichtiger Schwerpunkt von J. Die Zielsetzung von Gender Mainstreaming hat nicht nur eine entsprechende Veränderung bzw. Weiterentwicklung des pädagogischen Handelns mit jungen Menschen im Blick. Es geht insbes. um organisatorische, strukturelle und personelle Veränderungen und Konsequenzen in den Einrichtungen und den Trägern/Organisationen der J.

SchülerInnenarbeit

Die Arbeit mit SchülerInnen hat vorrangig das Ziel, negative Schulerlebnisse, Schulverweigerung und Schulabbrüche zu minimieren bzw. zu vermeiden. Außerdem werden berufsorientierende Angebote unterbreitet. Hierbei geht es v. a. um weitere Perspektiven, die sich an die Schule anschließen, also um den Übergang von der Schule in den Beruf. In diesem Zusammenhang erhält der Bildungsauftrag der J. ebenfalls eine neue Bedeutung.

Aufsuchende Jugendsozialarbeit

Aufsuchende J. dient dazu, jungen Menschen, die nicht mehr über die klassischen Wege – Schule, JA, Arbeitsverwaltung – in Projekte der JBH vermittelt werden können, Ausbildung oder Arbeit anzubieten. Sie bedient sich der klassischen Methoden von Streetwork, mobiler *Jugendarbeit* und niedrigschwelligen Beratungsangeboten. Ziel der aufsuchenden J. ist es, durch berufliche auch gesellschaftliche Integration zu ermöglichen.

Träger

Träger von J. sind die entsprechenden Einrichtungen der Wohlfahrtsverbände und der gemeinnützigen Bildungsträger.

J. wird zudem durch öffentliche Träger, weitere freie Träger, im Rahmen von Jugendarbeit, aber auch von Bildungseinrichtungen des Handwerks und der Industrie angeboten. Sie ist im regionalen Kontext auf Partnerschaft und Kooperation angewiesen und benötigt Verbundsysteme von JH, Arbeitsverwaltung, Schule und Wirtschaft. Die Träger von J. sind bestrebt, trotz Konkurrenz (z. B. im Rahmen öffentlicher Ausschreibungen) einen sozialräumlichen Ansatz zu realisieren und ihre Arbeit zu vernetzen.

Paul Fülbier

Literatur

BMFSFJ: Jugend stärken, Berlin 2015 ◆ BMFSFJ: Evaluation des Eingliederungsprogramms „Programm 18 des KJP: Eingliederung junger Menschen mit Migrationshintergrund“, Berlin 2008 ◆ F. Braun/T. Lex/H. Rademacher (Hrsg.): Jugend in Arbeit – Neue Wege des Übergangs Jugendlicher in die Arbeitswelt, Opladen 2001 ◆ BMBF (Hrsg.): Berufliche Qualifizierung Jugendlicher mit besonderem Förderbedarf – Benachteiligtenförderung, Bonn, Berlin 2005 ◆ G. Christe: Aktuelle und künftige Herausforderungen in der Jugendberufshilfe, in: uj 9/2014 ◆ R. Enggruber: Gender-Mainstreaming in der Jugendsozialarbeit, Münster 2002 ◆ A. Finke/Verband der Kolpinghäuser e. V. (Hrsg.): Jugendwohnen in Deutschland, Köln 2012 ◆ P. Fülbier/R. Münchmeier (Hrsg.): Handbuch Jugendsozialarbeit, 2 Bde., Münster [2]2002 ◆ T. Gurr u. a.: Schwer erreichbare junge Menschen: Eine Herausforderung für junge Menschen, Weinheim, München 2016 ◆ S. Heuer: Jugendberufshilfe unter Modernisierungsdruck. Folgen der aktivierenden Arbeitsmarktpolitik auf Konzepte und Profession, in: uj 3/2011 ◆ Kooperationsverbund Jugendsozialarbeit: Bildungsmonitor, Berlin 2015 ◆ F. J. Krafeld: Die überflüssige Jugend der Arbeitsgesellschaft – eine Herausforderung an die Pädagogik, Opladen 2002 ◆ T. Lex/N. Gaupp/B. Reißig/H. Adamczyk: Übergangsmanagement: Jugendliche von der Schule ins Arbeitsleben lotsen. Ein Handbuch aus dem Modellprogramm „Kompetenzagenturen“, München 2006 ◆ I. Mielenz: Aufgaben der Jugendhilfe bei Jugendarbeitslosigkeit und Berufsnot junger Menschen (AGJ), Bonn 1984 ◆ J. Münder u. a.: Frankfurter Kommentar zum SGB VIII, Baden-Baden [7]2013.

Links

www.bmfsfj.de
www.jugendsozialarbeit.de

Jugendsoziologie

Die J. (sog. „Bindestrichsoziologie“) beschäftigt sich mit dem Verhältnis von Jugend und Gesellschaft (Makroaspekt: Jugend als Teil bzw. Gruppe der *Gesellschaft*) sowie mit Fragen, Problemen und Prozessen des Übergangs von der *Kindheit* zum Erwachsenenalter (Mikro- bzw. biographischer Aspekt: *Jugend* als Abschnitt im individuellen Lebenslauf). J. kann also gesellschaftstheoretisch (Funktion und Stellenwert der Jugend in der Gesellschaft, Jugend als „Faktor des sozialen Wandels“) oder sozialisationstheoretisch (Jugend als Phase und besonderer Interaktionszusammenhang innerhalb der lebenslangen *Sozialisation*) betrieben werden und bietet sich von diesem Doppelaspekt her zur Synthese von Makro- und Mikrosoziologie an.

Die *Soziologie* begreift Jugend als relativ neuartiges, gesellschaftlich-historisch bedingtes und mit den veränderten Produktions-, Lebens- und Ausbildungsverhältnissen zusammenhängendes Phänomen in komplexen Kulturen. Jugend ist also kein Naturprodukt, kein Ergebnis biologischer Prozesse, sondern ein Kulturprodukt, ein von Menschen selbst durch die arbeitend und handelnd veränderten Existenzbedingungen hervorgebrachtes Gattungsmerkmal mit soziokulturellem und gesellschaftlichem Charakter. Wenig komplexe Kulturen (sog. „primitive Kulturen") kennen z. B. keine Jugend im soziologischen Sinne – Übergangsprobleme werden durch „Initiationsriten" bewältigt. Andererseits kann man sagen, dass auch differenzierte Gesellschaften, die sich im Krieg befinden, junge Menschen nicht als Jugend freisetzen, d. h.: Der Krieg hebt die gesellschaftlichen Voraussetzungen für Jugend auf, er verhindert, dass sich Jugend als Interaktions- und Gruppenzusammenhang bildet.

Fragestellungen und Erkenntnisinteressen der traditionellen J. beziehen sich auf die Besonderheiten des Verhaltens, der (politischen) Einstellungen, Wertorientierungen, Bedürfnisse und Gruppenbeziehungen der Heranwachsenden, deren empirische Erfassung (durch Befragung) und theoretische Interpretation sowie auf das Verhältnis der Jugend zu den gesellschaftlichen Institutionen (*Familie, Schule,* Betrieb/*Ausbildung,* Kirche, *Parteien,* Wirtschaft) und Phänomene wie *Freizeit,* Konsum, *Medien, Sexualität* usw.

Neuere Entwicklungen

Die neuere J. befasst sich (wegweisend war die Shell-Studie 1981) schwerpunktmäßig mit Themen wie Zukunftsperspektiven, Lebensplänen, Alltags- und Subkulturen, Gewaltpotenzial, Dialog der *Generationen* etc. und arbeitet mit mehr qualitativ-hermeneutischen Methoden (Interview, Biographie- und Fallstudien). Als neuere Perspektiven haben sich seit den 1980er und 1990er Jahren die Theorie von NST („narzisstischer Sozialisationstypus"), „Jugend als soziales Problem", die „Mädchenforschung" und eine enge Anlehnung an die englische Subkulturenforschung durchgesetzt.

Neue (theoretische) Konturen erhielt die J. im Kontext der (Post-)Moderne-Diskussion bzw. der modernistischen Kulturtheorien in der allgemeinen Soziologie, v. a. durch das Theorem der „Risikogesellschaft" (Beck zuerst 1986) sowie der „Erlebnisgesellschaft" (Schulze zuerst 1992), auch in der J. die Thesen der „Pluralisierung" (familialer Lebensformen und -welten/Milieus) und der „Individualisierung" (jugendlicher Biographien) dominant wurden und sich als erklärungskräftig erwiesen. Die J. wurde in der Folge davon noch stärker biographieorientiert. Einen zweiten Impuls erhielt die J. durch die (Folgen der) deutsche(n) Einheit mit ihren dramatischen Veränderungen und neuen Erscheinungsformen – gerade für die Jugend, v. a. im Gebiet der DDR. Bilanzierende Studien zur Situation der Jugend in der DDR, empirisch-vergleichende Erhebungen (Jugend im geeinten Deutschland) und Analysen der „neuen" Phänomene *Gewalt* (-bereitschaft/-akzeptanz), Rechtsradikalismus/Neonationalismus und Ausländerhass/Fremdenfeindlichkeit prägte über Jahre das Bild der J. Um die Jahrhundertwende kam eine Art Paradigmenwechsel in die J., da in den großen Jugend-Surveys (v. a. Shell-Studie „Jugend 2000", zuletzt 2015 sowie DJI-Studie von Weidacher u. a.) erstmals auch Jugendliche mit „*Migration*shintergrund" in die Stichprobe (nunmehr „Jugend in Deutschland" und nicht mehr „deutsche Jugend") einbezogen wurden, sodass eine zweite Vergleichsebene (neben Ost/West) – die zwischen Jugendlichen unterschiedlicher ethnischer Herkunft – herangezogen werden konnte.

Jugendsoziologie in Theorie und Praxis der Jugendarbeit

Für die Theorie und Praxis der *Jugendarbeit* sind die problemorientierten Basistheoreme der J. von Bedeutung: Jugend als (Rand-)Gruppenphänomen, Fragen der Identität(-sdiffusion und -sbildung), Verhaltensunsicherheit und Orientierungskrise, antizipatorische Aktivität (Auseinandersetzung mit Zukunft), Subkultur(en)-Bildung und deren Verhältnis zur dominanten bzw. Stammkultur, Generationenkonflikte, mangelnde Handlungskompetenz, Peer-group-Orientierung und „Sozialisation in eigener Regie", Freizeit-, Mode-, Medien- und Popkultur mit ihren kreativinnovativen, aber- auch manipulierenden Aspekten, die Diskrepanz zwischen körperlicher Reife und sozialer Unmündigkeit sowie das Phänomen der „Postadoleszenz" (ökonomische Abhängigkeit bei psychosozialem Erwachsenenstatus bei Arbeitslosen, verlängerter Aus- oder Weiterbildung).

Die gegenwärtigen Jugendprobleme, die jedoch immer in Relation zur politisch-ideologischen, ökonomisch-ökologischen sowie kulturellen Situation und v. a. zur Veränderung der Gesellschaft gesehen und analysiert werden müssen, sind m. E.: die reale oder drohende *Arbeitslosigkeit*, der Konsum harter Drogen, kontinuierlich zunehmender Alkoholmissbrauch *(Alkoholismus, Drogenabhängigkeit, Sucht)*, die Radikalisierung politischer Subkulturen, v. a. die enorme Steigerung nationalistisch-rechtsextrem motivierter Gewalt immer Jüngerer gegenüber gesellschaftlich unterprivilegierten Gruppen wie *„Ausländern"*, Asylbewerbern und Behinderten. Von besonderer Bedeutung erscheint, dass die „klassischen" „Jugendprobleme" (fehlende Zukunftsperspektiven, die Aufgabe der Identitätsfindung und die Frage nach einem sinnvollen und glücklichen Leben einerseits sowie die Auseinandersetzung mit globalen Problemen wie Ökologie/Naturzerstörung, Krieg und Frieden/neue Weltordnung, Europa und der Nord-Süd-Konflikt, neue Techniken und Medien andererseits) nicht geringer geworden sind und wahrscheinlich sogar die aktuellen Problemlagen potenzieren. Dabei kann die subjektive Interpretation der eigenen Lage im geeinten Deutschland wie ein Katalysator wirken. Hier, bei der subjektiven Deutung der objektiven Lage, gilt es für eine präventive und sich politisch aufklärend verstehende Jugend(-bildungs-)arbeit anzusetzen.

Eine besondere Thematik ist die Situation der jugendlichen Ausländer der 2., 3. und bereits 4. Generation, die mittlerweile überwiegend in Deutschland geboren sind, sowie der deutschstämmigen Jugendlichen aus Mittel- und Osteuropa *(Aussiedler)*, die seit Anfang der 1990er Jahre fast ausschließlich aus der Sowjetunion kommen. Beide im Bildungs- und Beschäftigungssystem unterprivilegierten Gruppen sind nicht nur „Opfer" von Stigmatisierungs-, Diskriminierungs- und Ausgrenzungsprozessen, sondern treten immer stärker auch als „Täter" in Erscheinung – zumindest deuten Kriminalitätsstatistiken und Studien darauf hin, dass Reaktionen auf Exklusionen zu erhöhten Kriminalisierungseffekten, Gang-Bildung und deviantem Verhalten führen (können) (Tertilt, Heitmeyer u. a.). Gerade hierbei wird deutlich, wie sehr Jugendphänomene/-probleme in Abhängigkeit von der politischen Kultur und den gesellschaftlichen Rahmenbedingungen gesehen und interpretiert werden müssen. Dieses Relationsgeflecht provoziert natürlich auch die wichtige Frage nach dem Verhältnis von J., Jugendpolitik und Jugend(-bildungs-)arbeit.

Für eine praxisorientierte Betrachtung sind m. E. folgende Themen/Erkenntnisse der aktuellen J. von Relevanz: Pluralisierung, aber auch Polarisierung jugendlicher Alltagswelten, Lebensstile und Milieus/Subkulturen; Individualisierung der Jugendbiographie und (sub-)kulturelle Suchbewegungen sowie gruppenspezifische Versuche der Bewältigung der allgemeinen und der aktuellen Jugendprobleme; Ursachen und Folgen von Gewalt, Rechtsextremismus und Fremdenfeindlichkeit; Jugenddeutungen zur Lage der Nation und Europas – wobei jeweils nach Geschlecht, Herkunftsmilieu, Altersgruppe, ethnisch-kultureller Herkunft, Bildungsstand, Stadt-Land-Situation unterschieden werden muss. Daneben bleibt die traditionelle Sichtweise von Jugend als eigenständiger bzw. Übergangsphase der „sekundären Offenheit" (als Chance und Gefahr) nach wie vor praxisrelevant. Die jüngsten theoretischen Erkenntnisse und empirischen Forschungsergebnisse der J. haben sich direkt auf die Diskussion und Praxis der Jugendarbeit ausgewirkt – vgl. z. B. die Kontroverse um eine „akzeptierende Jugendarbeit", die *Erlebnispädagogik* oder die „Repädagogisierung der Jugendarbeit" als (sozial-)pädagogische Reaktion auf die Herausforderung durch die „rechte" (Skinhead-)Szene" und/oder die zunehmende Jugendgewalt.

Hartmut M. Griese

Literatur

J. Ecarius/M. Eulenbach/T. Fuchs/K. Walgenbach: Jugend und Sozialisation. Wiesbaden 2011 ◆ W. Ferchhoff: Jugend und Jugendkulturen im 21. Jh. Lebensformen und Lebensstile. Wiesbaden ²2011 ◆ J. Fuchs/D. Kreft/R.-P. Löhr (Hrsg.): Fünfbändige Reihe zum Abschluss des Aktionsprogramms gegen Aggression und Gewalt in den neuen Bundesländern 1997 (die Gesamtkoordination des Projekts lag beim ISS e. V. in Frankfurt/M.) ◆ H. M. Griese: Sozialwissenschaftliche Jugendtheorien, Weinheim/Basel 1987 ◆ H. M. Griese: Aktuelle Jugendforschung und klassische Jugendtheorien. Augsburg 2008 ◆ W. Heitmeyer u. a.: Verlockender Fundamentalismus, Frankfurt/M. ³1997 ◆ Jugendwerk der Deutschen Shell (Hrsg.): Jugend '81. Lebensentwürfe, Alltagskulturen, Zukunftsbilder, Hamburg 1981 ◆ Jugendwerk der Deutschen Shell: Jugend 2000, Opladen 2000 und die 17. Shellstudie, Frankfurt/M. 2015 ◆ H. H. Krüger/S. Grunert (Hrsg.): Handbuch Jugendforschung. Wiesbaden ²2010 ◆ A. Lange/Chr. Steiner: Kindheits- und Jugendsoziologie, Wiesbaden 2017 ◆ K. Liebsch (Hrsg.): Jugendsoziologie. Über Adoleszente, Teenager und neue Generation, Berlin 2012 ◆ A. Scheer: Jugendsoziologie, Wiesbaden ⁹2009 ◆ H. Tertilt: Turkish Power Boys. Ethnographie einer Jugendbande, Frankfurt/M. 1996 ◆ A. Weidacher: In Deutschland zuhause. DJI-Ausländersurvey, Opladen 2000.

Jugendstrafrecht

Das J. besteht aus dem StGB, der StPO und der *Jugendgerichtshilfe.* Das StGB enthält die Straftatbestände *(Strafrecht/Strafe),* die StPO die Verfahrensregeln und das JGG die Besonderheiten bei der strafrechtlichen Verfolgung von Jugendlichen und Heranwachsenden.

Das Konzept des Jugendgerichtsgesetzes/JGG basiert auf der Erkenntnis, dass straffälliges Verhalten von jungen Menschen unter den Gesichtspunkten Entwicklung und Schutz anders, nämlich „erzieherisch" behandelt werden soll. Dieser so genannte Erziehungsgedanke im JGG kommt insbesondere bei den Rechtsfolgen zum Ausdruck. Während das Erwachsenen-Strafrecht nur die Geld- und Freiheitsstrafe als Sanktion kennt, differenziert das JGG zwischen Erziehungsmaßregeln, Zuchtmitteln und Jugendstrafe.

Die Handhabung des 1923 in Kraft getretenen JGG ist kriminalpädagogisch geprägt. D. h. die Normsetzung und Normanwendung wird grundsätzlich akzeptiert, abweichendes Verhalten mit individuellen Defiziten erklärt.

Seit den 1970er Jahren gibt es eine Tendenz, devianzpädagogische Perspektiven zur Geltung zu bringen (*Stigmatisierung,* Diversion). Leitgedanken sind Verkürzung von Verfahren und Ausbau Ambulanter Maßnahmen zu Lasten von stationären.

Zunehmend wird – dies ist ein allgemeiner Trend in der Gesetzgebung – auf die Mitwirkung der Strafverfolgten gesetzt (vgl. BGB/*Familienrecht,* SGB VIII, *Betreuungsrecht,* StVollzG/*Strafvollzug*). Damit hat sich der Anspruch des J. erweitert. Zugleich werden damit die Widersprüche noch offenkundiger. Es fehlt an empirischen Kenntnissen. Die einstige reformbereite Allianz zwischen Fachwelt, Politik, Medien und Öffentlichkeit ist zerbrochen. Die Krise der Gesellschaft schlägt ökonomisch, finanziell und fachlich auf das J. durch.

Historischer Zusammenhang

Für die Beurteilung der Thematik, der gegenwärtigen Situation und denkbaren Entwicklungen ist es unerlässlich, die historischen Umstände zu kennen, unter denen es zum J. auf der Basis eines Erziehungskonzeptes kam.

Um 1900 setzte sich in den meisten Ländern Europas das „Konzept des Jugendalters" (Gillis) durch *(Jugend).* Mit dieser Erfindung einer eigenständigen Phase zwischen Kindheit und Erwachsenenalter kam es zu einem radikalen Perspektivenwechsel. Kriminalität resultiert nicht länger aus Frühreife von Unterschichtsangehörigen, sondern ist Ausdruck allgemeiner Unreife. Das Jugendalter selbst, nicht die Herkunft aus einer unteren Schicht gilt als Ursache von Devianz (Gillis, 176). Damit gerieten alle Minderjährigen, unabhängig von Herkunft, Stand und Klasse *(Klasse/Schicht/Milieu),* prinzipiell in Verdacht. Wegen dieser behaupteten Anfälligkeit erschienen vielfältige Schutzmaßnahmen geboten *(Kinder- und Jugendschutz).* Zugleich nahmen die sozialen Gegensätze (Arbeiterbewegung) zu. Erste statistische Erkenntnisse zur Kriminalität verstärkten den Eindruck, dass Handlungsbedarf bestehe.

Die international inspirierte Fachdebatte stellte zwei Mängel fest: Es fehlten ein auf das Phänomen Jugendalter zugeschnittener fortschrittlicher Leitgedanke und ein System von Rechtsgrundlagen wie Institutionen, um Prävention und Intervention umfassend ausgestalten zu können.

Drei Modelle traten miteinander in Wettstreit. Sie sind gegenwärtig und zukünftig weiter von Bedeutung:

- Eine Sichtweise möchte das klassische (Erwachsenen-)Strafrecht allein anwenden (Tatorientierung). „Pädagogische" Elemente würden den klaren Strafanspruch des Staates unterlaufen.
- Die Gegenposition sieht die Ursachen für Straffälligkeit in den benachteiligenden sozialen Verhältnissen. Demnach könne nur eine aktive Sozialpolitik, insbesondere eine offensive KJH, die wahren Ursachen für abweichendes Verhalten beseitigen. Danach sollte die Strafmündigkeit z. B. bei 18 Jahren liegen.
- Die vermittelte Position ist die derzeit gültige. Es gilt das StGB mit den Besonderheiten des JGG. Die Strafmündigkeit liegt bei 14 Jahren (§§ 19 StGB; 1 JGG). Dann endete damals die Schulpflicht. Die Kinder „aus den unteren Volksschichten traten ins praktische Leben ein" (Weyl). Für sie wurde das J. geschaffen. 1943 und 1953 ist das JGG reformiert, 1990 geändert worden (Ambulante Maßnahmen, Diversion).

Konzeption des Jugendgerichtsgesetzes

Der Erziehungsgedanke ist der Eckpfeiler des JGG (§ 2 Abs. 2 JGG). Aus Anlass der Straftat soll unter Berücksichtigung der bisherigen und aktuellen Lebensumstände eine *Sanktion* gefunden werden, damit der Jugendliche einen „rechtschaffenen Lebenswandel" (§ 21) führt. Die Straftat ist von ihm individuell zu verantworten. Bei der Strafverfolgung und der Rechtsfolge sollen aber pädagogische Momente im Vordergrund stehen. Dies führt dazu, dass die Kontrolle und Beeinflussung der

Lebensführung der Straffälligen zum Dreh- und Angelpunkt allen Bemühens wird.

Das Konzept im Einzelnen

Mündigkeit, Verantwortung und Reife – die Altersstufen: Die Strafmündigkeit liegt bei 14 Jahren. Vor dem JGG gilt als Jugendlicher, wer zurzeit der Tat 14, aber noch nicht 18, als Heranwachsender, wer zur Zeit der Tat 18, aber noch nicht 21 Jahre alt ist (§ 1 Abs. 2).

Ein Jugendlicher ist strafrechtlich aber nur dann verantwortlich zu machen, wenn ihm zur Tatzeit hinreichende sittliche und geistige Entwicklungsreife zuerkannt wird, um das Unrecht der Tat einzusehen (intellektuelle Ebene) und nach dieser Einsicht zu handeln (Willensebene; § 3). Die so u. U. entstehende Regelungslücke ist dadurch wieder geschlossen, dass bei Feststellung entsprechender Defizite familien- bzw. vormundschaftsgerichtliche Maßnahmen (BGB/SGB VIII) angeordnet werden können. Die Bedeutung dieser Vorschrift wird weitgehend unterschätzt.

Seit 1953 besteht die Möglichkeit, auch Heranwachsende nach dem JGG abzuurteilen, „wenn die Gesamtwürdigung der Persönlichkeit des Täters bei Berücksichtigung auch der Umweltbedingungen ergibt, dass er zur Tatzeit nach seiner sittlichen oder geistigen Entwicklung noch einem Jugendlichen gleichstand oder es sich nach der Art, den Umständen oder den Beweggründen der Tat um eine Jugendverfehlung handelt" (§ 105). § 3 ist auf diese Altersgruppe nicht anwendbar.

Die Rechtsfolgen: § 5 JGG zählt die Rechtsfolgen auf: Weisungen (§ 10), Zuchtmittel (§ 13) und Jugendstrafe (§ 17). Hier wie auch an anderer Stelle (vgl. § 17 Abs. 2) wird das Subsidiaritätsprinzip *(Subsidiarität)* betont. Eine „strengere" Sanktion soll nur erfolgen, wenn das „mildere" Mittel nicht ausreicht.

Ein Schwerpunkt gegenwärtiger Sanktionspraxis liegt bei den „Geboten und Verboten", welche die Lebensführung des Jugendlichen regeln und dadurch seine Erziehung fördern und sichern sollen (§ 10). Von der 1990 erweiterten, aber nicht abschließend geregelten Aufzählung sind die Erbringung von Arbeitsleistungen, Unterstellung unter Betreuung und Aufsicht einer bestimmten Person, Teilnahme an einem sozialen Trainingskurs und der Ausgleich mit dem Verletzten besonders hervorzuheben.

Weisungen: Mit dem Weisungskatalog soll der Praxis ein Instrumentarium an die Hand gegeben werden, um die in der Person des Täters (Tatverdächtigen!) erkannten Mängel individuell und flexibel auszugleichen.

Die darin zum Ausdruck kommende Kriminalpolitik hat als Leitgedanken die **Diversion:**

Die Idee für eine Strategie des „Umlenkens" stammt aus den USA. Die Motive dafür sind, die Ressourcen der Justiz zu schonen und gleichzeitig als stigmatisierend eingestufte Sanktionen zu vermeiden. Der Leitgedanke der Diversion soll Verfahren abkürzen bzw. stationäre Maßnahmen vermeiden (zu empirischen Befunden s. u.).

Der deutsche Gesetzgeber hat dieses Konzept 1990 in das JGG übernommen, indem er den Weisungskatalog in § 10 erweitert (s. o.) und in den §§ 45, 47 die Verfahrensregeln präzisiert hat.

Im Ergebnis erhalten sowohl die StA (§ 45) wie auch die Projekte für Ambulante Maßnahmen *(Jugendamt,* Freie Träger/*Träger der Sozialen Arbeit)* einen beachtlichen Bedeutungszuwachs. Die StA entscheiden über die Verkürzung des Strafverfahrens i. d. R., ohne mit dem Jugendlichen direkt Kontakt zu haben. Im so genannten *Täter-Opfer-Ausgleich* sind SozArb/SozPäd als „Vermittler" Herr des Verfahrens.

Diversion bedeutet nicht zuletzt auch eine Aktivierung der Polizei. Als Hilfsorgan der StA (Legalitätsprinzip) wird von ihr erwartet, dass sie die Ermittlungen entspr. aufbereitet. Die StA richtet sich wiederum weitgehend an Diversionsrichtlinien aus, wie sie in den jeweiligen BL existieren.

Diese Kriminalpolitik setzt auf ein Erziehungsmodell, das einen dialogischen Stil bevorzugt und i. S. des SGB VIII (1990/1991) auf Mitwirkung des Tatverdächtigen setzt. Während sich die Kriminalpädagogik am Prinzip des Führens orientiert, favorisiert die Devianzpädagogik (Plewig 2000) die Erziehung als Befähigen zu bestimmten Kompetenzen.

Darin dokumentiert sich der gesellschaftliche Trend, autoritäre Strukturen durch flexible, kommunikative zu ersetzen. Über die pädagogische und psychologische Stichhaltigkeit ist damit noch nichts gesagt. Wohl aber wird der latente Widerspruch erkennbar: Befürworter dieser Entwicklung sprechen vom Angebotscharakter der Maßnahmen.

Tatsächlich ist und bleibt jede Erziehungsmaßregel eine Zwangsmaßnahme. Folglich kann das Gericht Jugendarrest verhängen, kommt der Jugendliche Weisungen schuldhaft nicht nach (§ 11 Abs. 3 regelt den sog. Beugearrest).

Zuchtmittel: Diese setzen auf Gedanken der Zurechtweisung. Wenn § 15 als Auflagen die Schadenswiedergutmachung, die persönliche Entschuldigung beim Verletzten, das Erbringen von Arbeitsleistungen und die Zahlung eines Geldbetrages für eine gemeinnützige Einrichtung nennt, zielt die Norm auf punktuelle Ahndung (nicht auf prozesshafte Beeinflussung der Lebensführung).

Als stationäres Zuchtmittel unterscheidet § 16 den Freizeit- bzw. Kurz- vom Dauerarrest. Die RL präzisieren die Zielvorstellung: Der Jugendarrest ist ein geeignetes Zuchtmittel bei nicht allzu schweren Verfehlungen gut gearteter Jugendlicher, die durch eine kurze, strenge Freiheitsentziehung, den damit verbundenen Zwang zur Selbstbesinnung und die Betreuung während des Arrests noch erzieherisch beeinflusst werden können. Ungeeignet ist deshalb die Sanktion für verwahrloste oder geistig zurückgebliebene Jugendliche. Die Richter werden ermahnt, bei der Begründung der Entscheidung die Begriffe „Strafe" oder „Bestrafung" zu vermeiden (s. dazu die Jugendarrest-Vollzugsordnungen).

Warnschuss: 2012 hat die CDU-SPD-Regierung in § 16a den so genannten Warnschuss – entgegen der herrschenden Meinung in der Kriminologie und DVJJ – eingefügt. Damit zu Jugendstrafe mit Bewährung Verurteilte nicht denken, sie seien einfach davon gekommen, wird mit dieser Sanktion ein weiteres Experiment im Bereich ‚Erziehungsstrafe/Lerntheorie' gestartet.

Ein weiteres Experiment mit ähnlicher Zielsetzung ist die ‚Konfrontative Pädagogik' (Plewig 2010) *(Anti-Aggressivitäts-Training).*

In der jugendstrafrechtlichen Diskussion wird – wie auch im Erwachsenenstrafrecht – immer wieder über Sinn und Zweck kurzzeitigen Freiheitsentzuges gestritten. Das StGB setzt die Mindeststrafe bei einem Monat an (§ 38). Das JGG dagegen verfügt über die Arrestformen und die Jugendstrafe, deren Mindestmaß aber bei 6 Monaten liegt. Unabhängig von der Frage, was Einsperren überhaupt an Zwecken erreichen kann, ist die Klage darüber, kein flexibleres Eingriffsinstrumentarium zur Verfügung zu haben, nachvollziehbar. Die Abschaffung des Jugendarrests ist immer wieder gefordert worden. Es zeigt sich jedoch, dass die Praxis anhaltend das Bedürfnis hat, diese Variante der Normverdeutlichung nicht aufzugeben. Dem folgt der Mitte 2012 beschlossene Warnschussarrest.

Jugendstrafe: Sie ist die **originäre** Kriminalstrafe im JGG und wird als Freiheitsstrafe in Jugendstrafanstalten vollzogen. Das Gericht verhängt sie unter zwei unterschiedlichen Voraussetzungen gemäß § 17 JGG:

- wenn wegen der schädlichen Neigungen, die in der Tat hervorgetreten sind, Erziehungsmaßregeln oder Zuchtmittel nicht als ausreichend erachtet werden oder
- wegen der Schwere der Schuld Strafe erforderlich ist.

Die Höchstdauer beträgt seit der Mitte 2012 beschlossenen Strafverschärfung 15 Jahre, wenn das bisherige Höchstmaß von 10 Jahren wegen der besonderen Schwere der Schuld nicht ausreichend erscheint. Beide Strafverschärfungen (Warnschussarrest und Höchststrafe) sind sehr umstritten. Ein zur Jugendstrafe Verurteilter gilt als vorbestraft und wird in das Bundeszentralregister eingetragen.

Die Richtlinie zu § 17 (RL JGG) besagt, dass die Jugendstrafe in erster Linie Erziehungsstrafe sei (vgl. seit 2007 die Jugendstrafvollzugsgesetze der Länder).

Im Kriterium der „schädlichen Neigungen" kommt der Erziehungsgedanke des JGG zum Ausdruck. Das Unwerturteil über die Person erlangt einen hohen Grad. Der Begriff gilt zunehmend als zu stigmatisierend, um ihn länger aufrechterhalten zu können. Entsprechende Reformvorschläge wurden bislang aber nicht umgesetzt.

In der Voraussetzung der Schuldschwere hingegen drückt sich reines Tatstrafrecht aus. Ganz besonders an dieser Stelle setzt die generalpräventive Zweckbestimmung ein. Nicht nur der einzelne Täter wird – weil er anders hätte handeln können – hart zur Rechenschaft gezogen. Auch die Allgemeinheit soll erfahren, dass der Staat bestimmte Rechtsbrüche nicht ungestraft hinnimmt.

Bewährung im Jugendstrafrecht: Seit 1953 kennt das JGG auch das Institut der Bewährung, entweder wenn das Gericht auch ohne jeden Vollzug vom Verurteilten einen „rechtschaffenen Lebenswandel" erwartet (§ 21) oder indem es einen Rest zur Bewährung aussetzt (§ 88). In diesen Fällen der Aussetzung zur Bewährung stellt das JGG höhere Anforderungen an die Jugendlichen/Heranwachsenden als bei den nach dem StGB Verurteilten (§§ 56, 57 StGB; vgl. neuerdings den ‚Warnschussarrest' gemäß § 16a). Zu den bereits erwähnten Jugendinstitutionen kommt also noch die Jugend*bewährungshilfe* hinzu (§§ 24, 25). Auch von ihr wird erwartet, dass sie den Erziehungsgedanken umsetzt.

In Anlehnung an das Kriterium „Arrestgeeignetheit" stellt sich auch hinsichtlich der Jugendstrafe die Frage, was im Falle der „Unerziehbarkeit" geschehen solle. Es ist bezeichnend, dass in der Fachliteratur das Thema zumeist nur am Rande oder gar nicht erwähnt wird.

Ermittlung, Öffentlichkeit und Rechtsmittel – das Verfahren: Die wichtigste Vorschrift im J. ist – unter dem Gesichtspunkt des Erziehungsgedankens – § 43: Nach Einleiten des Verfahrens sollen so bald wie möglich die Lebens- und Familienverhältnisse, der Werdegang, das bisherige Verhalten des Beschuldigten und alle übrigen Umstände ermittelt werden, die zur Beurteilung seiner seelischen, geistigen und charakterlichen Eigenart dienen können.

Die aktuelle Kriminalpolitik kommt in den Verfahrensvorschriften §§ 45,47 (Diversion, s. o.) zum Ausdruck.

Die Verhandlung vor dem erkennenden Gericht ist nicht öffentlich (§ 48). Die Anwesenheit einer größeren Zahl von Personen ist, so die Richtlinie, aus erzieherischen Gründen unerwünscht. Der Ausschluss von Medien und Besuchern dient der Begrenzung stigmatisierender Wirkungen, schränkt aber auch die Möglichkeit ein, dass Angeklagte sich in Szene setzen.

Rechtsstaatlich von Bedeutung ist die Tatsache, dass die Anordnung von Erziehungsmaßregeln oder Zuchtmitteln weitgehend nicht angefochten werden kann, auch dies aus erzieherischen Gründen (Verfahrensbeschleunigung; § 55).

Erzieherische Qualifikation – die Verfahrensbeteiligten: Nach § 36 sollen für die Verfahren am Jugendgericht Jugendstaatsanwälte bestellt werden. Von ihnen und den Jugendrichtern wird zudem erwartet, dass sie erzieherisch befähigt und in der Jugenderziehung erfahren sind (§ 37; s. auch die RL JGG). Der Erziehungsgedanke im JGG, aber auch § 37 wecken vielfach die Illusion, als ginge es der Justiz um eine auch in dieser Hinsicht konsequente Verwirklichung der Leitformel. Tatsächlich kann davon nicht die Rede sein. Maßgeblich in der Justiz ist das Rotationsprinzip. RichterInnen sollen regelmäßig allseitig ihre Fähigkeit auf verschiedenen Rechtsgebieten beweisen. Außerdem darf nicht übersehen werden, dass die besagten Ämter nicht beförderungsträchtig, mithin eher unattraktiv sind.

Umso klarer wird, dass das J. qualifizierte Unterstützung benötigt. Ein realer Stützpfeiler des Erziehungskonzeptes ist eine bei den JÄ angesiedelte Institution: die *Jugendgerichtshilfe.* Deren Vertreter bringen die erzieherischen, sozialen und fürsorgerischen Gesichtspunkte im Verfahren vor den Jugendgerichten zur Geltung (§ 38). Die JGH arbeitet im Auftrag der Strafjustiz („Ermittlung"). Von ihrem Selbstverständnis her sieht sie sich häufig aber – auch – als pädagogische Hilfsinstanz. Die Widersprüche sind im Rahmen des gegenwärtigen J. nicht auflösbar.

Jugendarrest und Jugendstrafvollzug – die Vollstreckung

Unter dem Aspekt der Umsetzung erzieherischer Zielvorstellungen wie auch in rechtsstaatlicher Hinsicht verdienen die Vollstreckungs- und Vollzugsverfahren besondere Aufmerksamkeit.

Trotz aller sozialwissenschaftlichen Einwände immer noch unverändert soll der Vollzug des Jugendarrestes „das Ehrgefühl des Jugendlichen wecken und ihm eindringlich zum Bewusstsein bringen, dass er für das von ihm begangene Unrecht einzustehen hat" (§ 90 Abs. 1 JGG). Er soll deshalb erzieherisch gestaltet werden und „dem Jugendlichen helfen, die Schwierigkeiten zu bewältigen, die zur Begehung der Straftaten beigetragen haben".

Erst auf Grund der Entscheidung des BVerfG (NJW 2006, 2093) wurde der Gesetzgeber gezwungen, bis zum 1. 1. 2008 ein detailliertes Jugendstrafvollzugsgesetz zu verabschieden und damit nach über fünfzig Jahren einen verfassungswidrigen Zustand aufzuheben. Durch die Föderalismusreform I (2006) wurde für diese Materie die konkurrierende Gesetzgebungsbefugnis des Bundes durch eine ausschließliche Gesetzgebungskompetenz der Länder abgelöst. Seit 2007 haben alle BL – z.T, erheblich voneinander abweichende – Landesgesetze beschlossen *(Strafvollzug).* Der seit dem Strafvollzugsgesetz von 1977 fort- bestehende Streit um die Reihenfolge der Vollzugsziele dokumentiert sich nunmehr in den jeweiligen Aufgabenzuschreibungen. So betont NRW im § 2 den Leitgedanken der Behandlung: „Der Vollzug der Jugendstrafe dient dem Ziel, die Gefangenen zu befähigen, künftig in sozialer Verantwortung ein Leben ohne Straftaten zu führen.". Das Konzept in Bayern hingegen erklärt in Art. 121 als vorrangig: „Der Vollzug der Jugendstrafe dient dem Schutz der Allgemeinheit vor weiteren Strafen. Die Gefangenen sollen dazu erzogen werden, künftig einen rechtschaffenen Lebenswandel in sozialer Verantwortung zu führen (Erziehungsauftrag)". Ob und inwieweit es sich um politisch-symbolische Rhetorik handelt oder diese Vorgaben die Gestaltung des Jugendstrafvollzuges massiv inhaltlich beeinflussen, bedarf der empirischen Forschung.

Empirische Daten

Generell muss hinsichtlich verfügbarer Daten über die Praxis des J. auf entsprechende Übersichten hingewiesen werden (z. B. Eisenberg; Ostendorf).

I. E. gilt für die Jugendstrafe, dass sie im Jahr 2009 als Hauptsanktion 16 % ausmachten (Erziehungsmaßregeln 7,5 %, Zuchtmittel 76,5 %) (Ostendorf, RdNr. 163). Sie wird derzeit zu rd. 70 % zur Bewährung ausgesetzt. Im Zeitraum 1980 bis 1985 (6 360) hatten die Gefangenenzahlen ihren absoluten Höchststand erreicht. Nach der deutschen Vereinigung 1990 gab es erneut einen deutlichen Anstieg (2000: 7 396), seither einen bemerkenswerten Rückgang. 2009 waren es nur noch 6 344, davon 10 % im Alter 14–17, 49,4 % 18–20 Jahre alt und 40,6 % über 21 Jahre (Ostendorf, RdNr. 335; mit Stand 2015: W. Heinz; Jehle 2015). Dies verdeutlicht, dass der Begriff Jugendstrafvollzug schon seit langer Zeit unzutreffend ist. Tatsächlich ist er für junge Erwachsene zuständig. Das hat für Organisation und Behandlung gravierende Folgen. Drogenproblematik und wachsender Ausländeranteil *(Drogenabhängigkeit, Sucht, Ausländer)* stärken die These, dass der ‚reformpädagogisch' ausgerichtete Erziehungsstrafvollzug (offene Anstalt, pädagogischer Bezug, Gemeinschaft) längst der Vergangenheit angehört. Die veränderten Bedingungen haben neuartige Vollzugskonzeptionen erforderlich gemacht. Mit Hilfe des *Sozialmanagements* werden Ziele und Aufgaben präziser festgelegt (z. B. in Niedersachsen). Qualifizierte Behandlungskonzepte umfassen fundierte Diagnosen, regelmäßig kontrollierte und fortgeschriebene Vollzugspläne (Binnendifferenzierung, Chancenorientierung) und ein realitätsbezogenes Übergangsmanagement bis hin zu Integrierten Hilfen auf der Basis von Case Management *(Einzelfallhilfe).* Das (Modellprojekt RESI in Köln hat auf der Basis eines bundesweit einmaligen Konzeptes von Intensivem Case Management eine erhebliche Verringerung der Rückfallquote erreicht/Plewig 2015).

Den Erziehungsmaßregeln, ganz besonders den Weisungen (sie werden im Einzelnen statistisch nicht erfasst), kommt wachsende Bedeutung zu. Die reale Bedeutung des „Erziehungsgedankens" im JGG zeigt sich ganz besonders deutlich an dem weitgehenden Fehlen qualitativer Untersuchungen über die inhaltliche Ausgestaltung und Wirkung der Sanktionen einschließlich der Berücksichtigung der Sichtweisen der Betroffenen (positive Ausnahme: Mollenhauer/Uhlendorff). Weder der Gesetzgeber noch die Rechtsanwender oder gar die – eigentlich zur Kritik verpflichtete – Wissenschaft stellen sich dieser Herausforderung. Stattdessen herrschen quantitative, an bloßem Zahlenwerk orientierte Forschungen vor, z. B. über die Sanktionspraxis im Vergleich, soziale Merkmale der Verurteilten, Schnelligkeit des Verfahrens (Nachweise bei Eisenberg). Immerhin bestätigen Befürworter des Erziehungsgedankens selbst, dass die Sanktionspraxis tendenziell zur „Doppelbestrafung" führt. Damit ist gemeint, dass es aus der Sicht der Gerichte pädagogisch kaum vertretbar sei, Jugendliche ohne eindeutige Reaktion „davonkommen" zu lassen. Wo bei Erwachsenen in vergleichbaren Fällen eine Einstellung erfolgt, verführt die Denk- und Handlungslogik des JGG zur „erzieherischen Normverdeutlichung" unter dem Motto, es könnte ja nicht schaden … Da beginnt der Pakt der Kriminalpädagogik mit der Justiz.

Kritische Würdigung – zwischen Hoffen und Bangen

Die Bilanz ist auf zwei Ebenen zu ziehen: Überzeugt das Konzept des J.? Welche gesellschaftspolitischen Entwicklungen üben Einfluss aus? H.-J. Albrecht hat in seinem Gutachten „Ist das deutsche Jugendstrafrecht noch zeitgemäß?" für den Deutschen Juristentag 2002 im Anschluss an das Votum der AWO (1993) vorgeschlagen, die Systeme KJH und J. zu trennen. Das J. ist durch den „Erziehungsgedanken" überfordert. Er wird nicht-professionell angewendet, führt zu einer Sanktionsbeliebigkeit und Willkür, weil Qualitätsstandards fehlen. Damit einher geht die Verletzung der Rechte von Tatverdächtigen und Verurteilten. Die Tendenz, rechtsstaatliche Kontrollen (StPO) zu unterlaufen, wird im informellen Verfahren des *Täter-Opfer-Ausgleichs* besonders deutlich. Statt eines u. U. harten Ringens um die Schuldfeststellung wird ein Weg gesucht, „erzieherisch-pragmatisch" i. S. persönlicher Auffassungen vorzugehen. Alle Verfahrensbeteiligten leiden an diesem strukturellen Widerspruch.

Der 64. Deutsche Juristentag blieb bei der Auffassung, dass sich dieser Leitgedanke bewährt habe. Das ist auch die h. M. in der Fachwelt. Der Erziehungsgedanke wird weiterhin als straflimitierend und individuell-flexibel betrachtet.

Die Befürwortung dieses Konzeptes ist also Glaubenssache. Die rationale Auseinandersetzung mit dem Thema muss umso mehr vorangetrieben werden (Ostendorf RdNr. 47–51; Heinz 1992).

Dies ist aus einem zweiten Grund dringend geboten. Seit einigen Jahren stehen Teile der Politik, Medien und Öffentlichkeit dem vermeintlich zu milden J. zunehmend skeptisch gegenüber. Empirisch ist der Rückgang der Jugenddelinquenz stabil rückläufig (Heinz 2016). Es sind weniger quantitative und qualitative Daten, die ein Steigen der Jugendkriminalität belegen, sondern es ist das sog. Sicherheitsgefühl, das die Wahrnehmung und Stimmung prägt. Den reformorientierten Fachleuten des J. gelingt es immer weniger, mit Hilfe erfolgreicher Öffentlichkeitsarbeit hierzu eine andere Sicht zu bewahren und dem wachsenden Strafbedürfnis Dritter Einhalt zu gebieten.

Die Probleme des J. erfordern also nicht nur eine inhaltliche Auseinandersetzung mit der Denk- und Handlungslogik, sondern auch eine politische Stellungnahme (Dollinger/Schmidt-Semisch 2010).

Hans-Joachim Plewig

Literatur

H.-J. Albrecht: Ist das deutsche Jugendstrafrecht noch zeitgemäß?, Gutachten D zum 64. Dt. Juristentag, Berlin 2002 ◆ AWO (Hrsg.): Jugend ohne Zukunft? Befähigen statt bestrafen, Bonn 1993 (Positionspapier) ◆ B. Dollinger/H. Schmidt-Semisch (Hrsg.): Handbuch Jugendkriminalität. Wiesbaden 2010 ◆ U. Eisenberg: Kriminologie, München [6]2005 ◆ J. R. Gillis: Geschichte der Jugend, Weinheim/Basel 1980 ◆ W. Heinz: Abschaffung oder Reformulierung des Erziehungsgedankens im Jugendstrafrecht?, in: BMJ (Hrsg.): Grundfragen des Jugendkriminalrechts und seiner Neuregelung, Bonn 1992, 369–414 ◆ W. Heinz, Jugendkriminalität – Zahlen und Fakten ◆ in: Bundeszentrale für politische Bildung. http://www.bpb.de/politik/innenpolitik/gangsterlaeufer/203562/zahlen-und-fakten?p=all (aufgerufen am 17. 1. 2016) ◆ J.-M. Jehle: Strafrechtspflege in Deutschland, hrsg. vom BMJ, Berlin [6]2015 ◆ K. Mollenhauer/U. Uhlendorff: Sozialpädagogische Diagnosen, Weinheim/München 1993 ◆ C. Nix/W. Möller/C. Schütz: Einführung in das Jugendstrafrecht für die Soziale Arbeit, München/Basel 2011 ◆ H. Ostendorf: Jugendstrafrecht, Baden-Baden [8]2015 ◆ H. Ostendorf: Jugendgerichtsgesetz, Baden-Baden [10]2016 ◆ H.-J. Plewig: Devianzpädagogik, in: F. Stimmer (Hrsg.): Lexikon der Sozialpädagogik und Sozialarbeit, München/Wien [4]2000 ◆ H.-J. Plewig: Konfrontative Pädagogik. In: Dörr/Herz (Hg.), Unkulturen in Bildung und Erziehung. Wiesbaden 2010, 196–212 ◆ H. J. Plewig: Projekt RESI senkt die Rückfallquote nach dem Jugendstrafvollzug auf 13 Prozent. Erkenntnisse aus einem ‚nachhaltigen Projekt. In: ZJJ 4/2015, 395–398 ◆ R. Weyl: Das deutsche Jugendrecht, Leipzig 1927.

Jugendverbände

Entwicklung, Strukturen, allgemeine Aufgaben

J. sind Organisationen junger Menschen mit dem Ziel, individuelle, soziale und politische Orientierung durch *Erziehung* und *Bildung* zu vermitteln und damit zur Herausbildung der persönlichen Identität und Wertorientierung von Kindern und Jugendlichen beizutragen. Ihre Arbeit konzentriert sich insbesondere auf die politische und soziale Jugendbildung und Angebote der Geselligkeit, der Freizeitgestaltung und des *Sports*. Sie sind v. a. auch Orte non-formaler und informeller Bildung sowohl in ihrer Alltagsarbeit als auch in spezifischen Einrichtungen wie. z. B. Jugendbildungsstätten, dessen Träger sie oftmals sind. Zudem sind sie Ort und Ausgangspunkt der Interessenvertretung von und durch junge Menschen. Die Angebote beruhen auf den Merkmalen der Freiwilligkeit, der Wertgebundenheit und der Selbstorganisation *(Jugendarbeit)*.

Ihre Gründung reicht z. T. bis ins 19. Jh. zurück. Hauptgründungsstränge sind die kirchlichen Gruppen, die bereits im 19. Jh. in Form von Jugend- und Jünglingsvereinen entstanden, die bürgerliche und die proletarische Jugendbewegung, die sich Anfang des 20. Jh. bildeten (C. W. Müller 2013). Heute besteht eine Vielzahl solcher Organisationen, die zwar über nahezu gleiche bzw. ähnliche Strukturen verfügen, sich aber in ihrer jeweils spezifischen Zielsetzung, ihrer Größe und ihres Organisationsansatzes unterscheiden.

Hafeneger und Svoboda unterscheiden die J. wie folgt:

a) Fachverbände (z. B. Feuerwehrjugend, Jugend des DRK);
b) gewerkschaftliche bzw. politische Verbände (z. B. DGB-Jugend, SJD – Die Falken);
c) Freizeitverbände (z. B. Sportjugend, Naturschutzjugend, Wanderjugend);
d) weltanschauliche bzw. konfessionelle Verbände (z. B. die im Bund der katholischen Jugend und der AG evangelische Jugend zusammengeschlossenen Verbände).

Die wesentlichen auf Bundesebene bestehenden J. sind – außer der Sportjugend – im Deutschen Bundesjugendring (DBJR) zusammengeschlossen (vgl. Anhang I).

Mitglied im DBJR sind außerdem die Landesjugendringe und der AK zentraler J. (AzJ). Im AzJ sind kleinere – nicht im DBJR vertretene bundeszentrale J. – zusammengeschlossen.

Neben den klassischen J. bestehen die Jugendorganisationen der im Bundestag (bzw. in den

J

Landesparlamenten) vertretenen politischen Parteien, Jungsozialisten (SPD), Junge Union (CDU/CSU), Junge Liberale (FDP). Die Jungdemokraten, die Linksjugend und seit 1994 das Grün-Alternative Jugendbündnis (Bündnis 90/Die Grünen). Sie sind im Ring Politischer Jugend (RPJ) zusammengeschlossen. Eine direkte Form der Zusammenarbeit zwischen den Verbänden besteht nicht. Sie findet lediglich mit den im DBJR zusammengeschlossenen J. im Deutschen Nationalkomitee für internationale Jugendarbeit (DNK) statt.

In den BL sind J. in Landesjugendringen und auf kommunaler Ebene i. d. R. in Stadt- bzw. Kreis-/Gemeinde-Jugendringen zusammengeschlossen (i. e. zur Organisation IJAB 2008).

Über die genannten bundeszentral tätigen J. hinaus bestehen z. T. in den Städten bzw. auf Kreisebene kleinere J., die auf die örtliche Ebene beschränkt sind.

„Die Bedeutung der J. ergibt sich auch aus ihrer Zugehörigkeit zu wichtigen gesellschaftlichen Verbänden und Strömungen sowie aus der Breite ihrer Aktivitäten. Zwar trifft die wachsende Distanz junger Menschen zu Organisationen und zu verbindlicher Mitgliedschaft (Shell-Jugendstudie 2015) auch die Jugendverbände. Auch sie haben Schwierigkeiten, v. a. Jugendliche anzusprechen, sie für sich zu gewinnen und vor allem auf Dauer an sich zu binden. Dennoch bleiben sie für Kinder- und Jugendliche wichtige Ansprechpartner, Orte der Freizeit und Bildung und auch der Interessenvertretung. Der Mitgliederbegriff als Voraussetzung für die Förderung ist dagegen umstritten, da er sich kaum noch als reines Förderkriterium eignet. Denn er erfasst nicht die breiten Aktivitäten der Verbandsarbeit. Die Verbände haben daher auch das Mitgliederprinzip sichtbar verändert. Neben spezifischen Angeboten für Mitglieder, z. B. in der Gruppenarbeit und hinsichtlich der formalen Beteiligung an Gremien der Verbandstruktur, beziehen die meisten Verbände auch Nichtmitglieder in ihre Aktivitäten ein (etwa bei Maßnahmen der Kinder- und Jugenderholung, auch bei Bildungsveranstaltungen, in der Kooperation mit Schulen). Hier sind sie eher als Träger der freien Kinder- und Jugendhilfe tätig und weniger in ihrer Eigenschaft als Jugendorganisation. Das muss in Zukunft bei der Bewertung und Förderung ihrer Arbeit berücksichtig werden“ (nach: Schäfer in: Münder u. a. 2013 § 12 Rz 6).

Gefördert werden die J. durch Städte, Kreise und Gemeinden, durch die Länder und durch den Bund. Grundlage hierfür ist das SGB VIII. So regelt § 11 die Grundlage für die Förderung der *Jugendarbeit* und § 12 hebt die besondere Stellung der J. im System der Angebote der Jugendarbeit hervor. Dabei wird auch das Besondere der J. dargelegt: ihre Selbstorganisation, die Mitgestaltung und Mitverantwortung der Arbeit durch Kinder und Jugendliche, ihre i. d. R. auf Dauer angelegte Tätigkeit und ihr jugendpolitisches Mandat (§ 12 Abs. 2 SGB VIII). Daraus abgeleitet wird den J. bei der Besetzung des JHA eine besondere Bedeutung zugemessen. Sie sind bei der Besetzung angemessen zu berücksichtigen (§ 71 Abs. 1 SGB VIII). Auch damit wird der Bedeutung der J. für eine funktionierende Demokratie Rechnung getragen (Riekmann 2015).

Neben der Förderung der Verbandszentralen und ihren länderübergreifenden Aufgaben der Jugendarbeit wird v. a. ihr internationaler Jugendaustausch gefördert. In den Ländern bilden i. d. R. Landesjugendpläne die Grundlage für die Förderung der J. In den nBL sind ähnliche Jugendverbandsstrukturen wie in den alten BL entstanden.

Instrument des Bundes für die Förderung der J. ist der *Kinder- und Jugendplan* des Bundes (Einzelheiten in den RL GMBl. Nr. 9 v. 29. März 2012).

Jugendverbände als Anwalt

J. verstehen sich als Anwalt Jugendlicher gegenüber Staat und Gesellschaft. So stellen sie z. B. Forderungen zur Umwelt- und Friedenspolitik *(Umweltschutz, Friedenspädagogik)* auf, zur Bekämpfung der Jugendarbeitslosigkeit und nehmen darüber hinaus zu spezifischen jugendpolitischen Fragen Stellung *(Jugendpolitik)*, wie z. B. zu Fragen der Förderung der Jugendarbeit, zur Ausgestaltung der gesetzlichen Grundlagen der Jugendarbeit und zur *Jugendhilfeplanung*. Diese Funktion der Interessenvertretung ist ausdrücklich in § 12 SGB VIII normiert.

Eine zentrale Bedeutung haben die J. auf dem Gebiet des internationalen Jugendaustausches. Bereits in der Vergangenheit haben J. oftmals als erste Organisationen Kontakte zu Jugendorganisationen im Ausland geknüpft, obwohl noch keine offiziellen politischen Verbindungen bestanden. Aufbauend auf ihren Ansätzen der internationalen Friedensarbeit v. a. in den 1950er und 1960er Jahren, bestehen heute breite und intensive Kontakte zu Jugendorganisationen in vielen Ländern der Welt. Auf europäischer Ebene sind die J. zum einen im Rahmen ihrer eigenen Struktur und internationalen Verbindung vertreten, zum anderen über den DBJR bzw. das DNK.

Zum Wandel ihrer Arbeit
Neuere Entwicklungen in der Jugendverbandsarbeit zeigen, dass die Arbeitsansätze von einer Vielfalt in den Methoden, den inhaltlichen Orientierungen und den Zielen geprägt sind. V. a. ihre Orientierung auf eine Jugendarbeit vor Ort hat neue, zumeist offene Formen in der Arbeit und den Angeboten entstehen lassen, so dass eine strikte Trennung zwischen verbandlicher und offener Jugendarbeit immer weniger besteht. Hauptarbeitsansatz der J. bildet aber weiterhin die Gruppenarbeit. Die Jugendgruppe als kleinste Gestaltungs- und Organisationseinheit ist deshalb in allen Handlungsfeldern der J. wieder zu finden.

Ein wesentliches Prinzip der J. ist die ehrenamtl. Arbeit *(Bürgerschaftliches Engagement)*. Sie ist gekennzeichnet durch die Übernahme politischer und pädagogischer Verantwortung durch Jugendliche und junge Erwachsene (Selbstorganisation) mit dem Ziel, die Interessen und Bedürfnisse junger Menschen realisieren zu helfen sowie die Ziele des Verbandes zu formulieren und umzusetzen. Nach eigenen Angaben der J. sind zwischen 400 000 und 600 000 Personen ehrenamtl. tätig. Allein rd. ausgegebene 400 000 Juleicas an Jugendgruppenleiter zeigt das bestehende Interesse an dem ehranamtlichen Engagement. Im Schwerpunkt handelt es sich um Jugendliche aus dem Bildungsbürgertum (Pothmann/Sass 2011, in: BMFSFJ 2013, 321). Sie werden von hauptamtl. tätiger pädagogischer Fachkräfte (Bildungsreferenten) begleitet. Aktuell arbeiten in der Kinder- und Jugendarbeit insgesamt ca. 20 000 Fachkräfte. Eine genaue Zahl über die Fachkräfte bei den J. liegt nicht vor. Nach Schätzungen sind es etwa rd. 3 600.

J. sind seit ihrer Gründung immer wieder von unterschiedlichen Bewegungen beeinflusst worden. Dabei sahen sich J. wachsender Kritik hinsichtlich ihrer gesellschaftlichen Bedeutung ausgesetzt. In den letzten Jahren haben sie diese Kritik aufgegriffen und, gerade auch angesichts der Schwierigkeit, junge Menschen auf Dauer für die Arbeit zu gewinnen, neue Formen des Zugangs auf Kinder und Jugendliche entwickelt. Die Öffnung zum Stadtteil, die Beteiligung in sozialen Bewegungen, ein Ausbau der kulturellen Angebote *(kulturelle Jugendarbeit)* und eine Qualifizierung der *politischen Bildung* hat ihre Attraktivität wieder wachsen lassen. Dies ist jedoch unterschiedlich ausgeprägt, sowohl verbandlich wie regional. Diejenigen J. jedoch, die stärker auf Projekte und lockere, offene Angebotsformen setzen, die Angebote für Kinder ausbauen und den Zugang zur Kooperation mit der Schule verbessern, haben größere Chancen, von jungen Menschen angenommen zu werden.

Ihre gesellschaftspolitische Bedeutung – darauf weisen die J. besonders hin – liegt in der Organisierung junger Menschen, der Ermöglichung politischer Sozialisation und in der Interessenvertretung. Gerade angesichts zunehmender Individualisierungs- und Entsolidarisierungstendenzen sowie wachsender Ausgrenzung sozial benachteiligter Kinder und Jugendlicher dürfte die Bedeutung der J. wieder wachsen. Sie müssen aber mit ihren Themen jungen Menschen Orientierung geben und ihnen eine „soziale Heimat" anbieten können, wollen sie auf Dauer eine sinnvolle Ergänzung in der Freizeit von Kindern und Jugendlichen sein (zu allen diesen Entwicklungen vgl. v. a. Deinet/Sturzenhecker 2013 und der Tagungsbericht des DIfU 2015). Angesichts der politischen Entwicklungen stehen die J. aber auch vor bislang unbekannten Herausforderungen wie der Arbeit mit jungen Flüchtlingen (DBJR 2015; zu Unbegleiteten minderjährigen Flüchtlingen s. die Anmerkung von Schäfer nach *Kinder- und Jugendhilfe*). Um ihre Rolle als Interessenvertreter offensiver wahrzunehmen, beziehen sie auch immer stärker die subjektive Einschätzung von Jugendlichen zu ihren Alltagswelten ein (LJR NRW 2015; DBJR 2015)

Jugendverbände, kompensatorische Arbeit: Neue Herausforderungen
Die J. werden in den nächsten Jahren viele inhaltliche, organisatorische und strategische Entscheidungen treffen müssen:

1) So sind sie wegen ihrer Haltung zur Übernahme von Aufgaben in kompensatorischen Feldern der KJH in die Kritik geraten. Sie wehrten sich lange gegen die Mitwirkung an konkreten Projekte, z. B. im Rahmen der *Jugendsozialarbeit, weil* sie befürchteten, dadurch von der Wahrnehmung ihrer klassischen Aufgaben abgelenkt zu werden. Eine zu starke sozialpolitische Inpflichtnahme könnte wohl auch ihren Charakter (ihre Ziele) auf Dauer verändern, obwohl sie bereits vor Ort Aufgaben der Förderung benachteiligter Kinder und Jugendlicher übernehmen, auch mit besonderen Angeboten, u. a. in Zusammenarbeit mit Schulen.
2) Allerdings kommt gerade angesichts der wachsenden sozialen Ausgrenzung junger Menschen sowie der weiterhin hohen Jugendarbeitslosigkeit und Armut auf die KJH insgesamt wieder verstärkt die Aufgabe zu, durch neue Handlungsansätze der Ausgrenzung zu begegnen und auf den Abbau sozialer Ungleichheit hin-

zuwirken. Dabei sind auch die J. gefordert, denn ihre Interessenvertretung darf nicht reduziert werden auf rein proklamatorische Positionen.

3) So werden die J. auch zunehmend durch die Entwicklung der Ganztagsschule tangiert. Z. T. bringen sie sich mit ihren Möglichkeiten direkt in die Entwicklung von Ganztagsangeboten an Schulen ein. Die Praxis weist aber noch auf eine deutliche Distanz von J. zur Übernahme solcher Angebote hin. Dennoch müssen sich J. dieser Herausforderung öffnen, um Kinder auch weiterhin erreichen und ansprechen zu können *(Jugendhilfe und Schule).* Zugleich aber werden sich die J. auch im Kontext der Bildungsdiskussion zu behaupten haben und eigene konzeptionelle Strategien dazu entwickeln müssen.
4) Es wird für die weitere Entwicklung der J. darauf ankommen, ob es ihnen gelingt, sich im Rahmen von Einmischung um die konkrete Veränderung der Lebenswelten junger Menschen zu profilieren. Sie werden sich daher auch in den Aufgabenbereichen stellen müssen, die an der Schnittstelle von Jugendarbeit und anderen Feldern der KJH liegen *(Einmischungsstrategie- vgl. Mielenz 1981).*
5) Sie müssen sich neuen Zielgruppen – v. a. auch Kinder und Jugendlichen mit Migrationshintergrund – noch weiter öffnen und v. a. auch zunehmend interkulturelle Konzepte realisieren.

Interessante und aktuelle Ergebnisse zu allen Aspekten der Jugendverbandsarbeit heute brachte die DJI-Jugendverbandserhebung (DJI 2009): zur Verfasstheit der J. zu den Ehren- und Hauptamtlichen in J. zu den Herausforderungen der J. durch die Ganztagschule und zur Zusammenarbeit mit Schulen, zu den politischen Einflussmöglichkeiten und zu ihrer (unzureichenden) Finanzierung. Aktuell machen sich die Jugendverbände zudem stark für eine (neue) eigenständige Jugendpolitik *(Kinder- und Jugendpolitik)* und verbinden damit auch das Ziel, dass die Belange junger Menschen mit dem notwendigen Nachdruck gegenüber der Gesamtgesellschaft vertreten werden (DBJR 2014).

Klaus Schäfer

Literatur

L. Böhnisch/H. Gängler/T. Rauschenbach (Hrsg.): Handbuch Jugendverbände, Weinheim/München 1991 ◆ BMFSFJ (Hrsg.):: 14. Kinder- und Jugendbricht, Berlin 2003 ◆ DBJR: Jugendverbandsarbeit mit jungen Flüchtlingen, Berlin 2015 ◆ DBJR: Position#103 Jugend braucht gute Jugendpolitik, Positionspapier, Berlin 2014 ◆ U. Deinet/B. Sturzenhecker (Hrsg.): Handbuch offene Kinder- und Jugendarbeit. Wiesbaden 4 2013 ◆ Deutsche Shell AG (Hrsg.): Shell Jugendstudie, Berlin 2015 ◆ DIfU (Hrsg.): Noch Raum für offene Jugendarbeit? Zwischen virtuellen Lebenswelten, Schulstress und Real-Live. Eine Tagungsdokumentation, Berlin 2015 ◆DJI (Hrsg.): Jugendverbandserhebung. Befunde zu Strukturmerkmalen und Herausforderungen. München 2009 ◆ J. Faulde: Jugendverbände: Auslauf- oder Zukunftsmodell?, in: np 5/2003, 422–446 ◆ B. Hafeneger/ H. Svoboda: Im Westen Deutschlands: Nichts Neues, in: Info Sozialarbeit Nr. 19/1978 ◆ B. Hafeneger (Hrsg.): Handbuch Außerschulische Jugendbildung. Wiesbaden 2 2012 ◆ IJAB (Hrsg.): Kinder- und Jugendpolitik – Kinder- und Jugendhilfe in der BRD. Strukturen, Institutionen, Organisationen. Bonn 2008 ◆ F. J. Krafeld: Geschichte der Jugendarbeit von den Anfängen bis zur Gegenwart, Weinheim/Basel 1984 ◆ I. Mielenz,: Die Strategie der Einmischung, in: neue Praxis 6/1981, 57–66) ◆ C. W. Müller: Wie Helfen zum Beruf wurde. Eine Methodengeschichte der Sozialen Arbeit, Weinheim/München 6 2013 ◆ J. Münder u. a.: Frankfurter Kommentar zum SGB VIII, Baden-Baden 7 2013 ◆ T. Rauschenbach: Zukunftschance Bildung, Weinheim/München 2009 ◆ T. Rauschenbach u. a.: Lage und Zukunft der Kinder- und Jugendarbeit in Baden-Württemberg (Expertise), München 2009 ◆ W. Riekmann: Wo lernt man eigentlich Demokratie. Die Bedeutung der Jugendverbände für eine funktionierende Demokratie, in: TuP 3/2915, 204–211 ◆ R. Wiesner u. a.: Kommentar zum SGB VIII – Kinder- und Jugendhilfe. München 5 2015 ◆ R. Wiesner/Ch. Bernzen/M. Kößler, M.: Jugendverbände sind zu fördern, Rechtsgutachten für den Deutschen Bundesjugendring, Berlin 2013

Link

www.kinder- und jugendhilfe.de

Jungen

Pädagogische Anfänge

Jungenarbeit (J.) als eigenständiger Zweig geschlechtsspezifischer *Jugendarbeit* ist in Deutschland erst in den 1980er Jahren entstanden. Zwar gab es schon in der Jugendbewegung Strömungen, die den besonderen Beitrag des männlichen Geschlechts zu gesellschaftlichen Bewegungen und damit verbunden das pädagogische Erzieher-Zöglings-Verhältnis als männliches Vorbildverhältnis thematisierten (v. a. Blüher 1918). Auch die in den Jugendbünden der WR verbreite-

J

ten sexualpädagogischen Strömungen (z. B. Hodann 1926) akzentuieren die Besonderheiten männlicher Identitätsentwicklung und ihrer Bewältigung im Erziehungsverhältnis. All diese historischen Vorläufer waren aber auf das Männerbild und die Männerrolle der herrschenden geschlechtshierarchischen Arbeitsteilung fixiert (Beck-Gernsheim 1996); es ging v. a. darum, die dort eingeschriebene Rolle des Mannes moralisch und ethisch zu „reinigen" und schon die Jungen über die selbstbestimmte Erfahrung von Körperlichkeit und eigenem Geschlecht zu einem Mannsein „der Verantwortung" und nicht der tradierten bürgerlichen Patriarchalgewalt zu erziehen. Insofern sind für die moderne J. aus dieser Geschichte weniger die gesellschaftlichen Begründungen interessant, sondern in erster Linie die pädagogischen Anfänge der Thematisierung von männlicher Körperlichkeit und Sexualität in der Jugendarbeit.

Geschlechtsspezifische Aspekte in der Jugendarbeit

Dass nach Jahrzehnten des Übergehens einer eigenen Jungenperspektive in der Jugendarbeit – der scheinbar geschlechtsindifferente Freizeit- und Bildungsaspekt war in den Vordergrund gerückt – „Jungenarbeit" in den ausgehenden 1970er und v. a. in den 1980er Jahren jugendpolitisch und pädagogisch angemahnt wurde, ist in Deutschland v. a. der Frauenbewegung und Frauenforschung zu danken. Mit der frühen Parole „*Jugendarbeit* ist Jungenarbeit" wurde eine offene und verbandliche Jugendarbeit ins Visier genommen, welche sich nur an den Bedürfnissen der männlichen Jugendlichen orientiere und die Interessen der *Mädchen* nicht nur nicht berücksichtige, sondern geradezu zur sozialen und kulturellen Benachteiligung der Mädchen beitrage. Daraus ergab sich für die Vertreterinnen einer „Mädchenarbeit" logischerweise die Forderung, dass nicht nur mit den Mädchen besonders gearbeitet werden müsste, sondern dass auch, gewissermaßen komplementär, eine geschlechtsspezifische Jugendarbeit für Jungen aufgebaut werden sollte, welche die Jungen aus ihrem Dominanz- und Abwertungsverhalten gegenüber Frauen und weiblichen Tätigkeitsbereichen früh herausholen sollte.

Diese Aufforderung zu „antisexistischer" J. ist zuerst in den relativ geschützten Räumen der Jugendbildungsarbeit von männlichen Sozialpädagogen aufgenommen und umgesetzt worden (Ottemeyer-Glücks 1988). Grundprinzip dieser Arbeit ist es, dass Jungen lernen, in ihren alltäglichen Bewältigungsstrategien und in ihrer männlichen Identifikation ohne die Abwertung Schwächerer – v. a. der Mädchen und Frauen – auszukommen. Dies soll pädagogisch v. a. durch Methoden der Empathie – des Sich-hineinversetzen-Könnens in andere – und der geschlechtsalternativen Rollenerweiterung – Jungen lernen ihre verdeckten und verwehrten „weiblichen" Anteile kennen und sozial gebrauchen – in Gang gesetzt werden.

Theorien männlicher Sozialisation

In dem Maße, in dem deutlich wurde, dass die „antisexistische J." nur eine von den Prinzipien der Mädchenarbeit „abgeleitete" Form war, entwickelte sich unter männlichen Jugendarbeitern und Jugendforschern das Bemühen um eine eigenständige Begründung einer J. (Willems/Winter 1991). Unter dem Motto „Die Benachteiligung der Mädchen bedeutet nicht automatisch die Bevorzugung der Jungen" wird inzwischen versucht, J. nicht nur komplementär zu Mädchenarbeit, sondern aus den spezifischen Bedingungen des Aufwachsens von Jungen heraus zu entwickeln. Den Mittelpunkt dieser Theorien männlicher *Sozialisation* (Böhnisch 2013) steht die Annahme, von der besonderen Problematik für Jungen im Erziehungssystem moderner Industriegesellschaft zu einer gelungenen männlichen Geschlechteridentität – als wesentlichem Teil der personalen Identität überhaupt – zu kommen. Meistens stellt sich die durchschnittliche männliche Sozialisation als fortlaufendes Bewältigungsdilemma männlicher Geschlechteridentität dar *(Männer)*. Die „Abwesenheit der Väter" i. S. der unzureichenden Alltagsrepräsentation väterlicher männlicher Geschlechtervorbilder und die nahezu durchgängige Alltagsbetreuung der Jungen durch weibliche Bezugspersonen im gesamten Kindesalter führen dazu, dass sich Jungen kaum ein richtiges Bild von ihrem Mannsein machen können und in der alltäglichen Geschlechteridentifikation auf Frauen und Männeridole angewiesen sind. Dies führt einerseits zur negativen Identifikation über die Mutter und die weiblichen Bezugspersonen, andererseits zur Isolierung der alltäglich nicht greifbaren Männer. Frauenabwertung und männliche Idolisierung – verstärkt durch eine an der gesellschaftlich sanktionierten Männerrolle orientierten Erziehung – prägen also früh die Tiefenstruktur der männlichen Persönlichkeit und erschweren, ja verhindern die Entfaltung von emotionalen und sozialen „reproduktiven" Kompetenzen, die als weiblich gelten und daher abgewertet sind. Vielmehr wird eine „Außenorientierung" gefördert, die Jungen den Rückbezug auf die eigenen Gefühle erschwert und dazu führen kann, dass Lebensschwierigkeiten nach außen, ohne Rücksicht auf andere, v. a. Schwächere, ausagiert und so bewältigt werden. Jungen und Männer haben es schwer, ihr Verhalten zu reflektieren, sie können oft kaum ausdrücken, was sie bedrückt, was sie aus ihren Gefühlen heraus eigentlich wollen (Schnack/Neutzling 1990), und neigen daher in psychosozialen Konfliktsituationen zu ritualisierenden und regressiven Verhaltensmustern (Wahl 1990).

Sozialpädagogische Arbeitsprinzipien

Entsprechend diesen Befunde ergibt sich für die J. eine prinzipielle pädagogische Schwierigkeit: Sie muss zum einen darauf hinarbeiten können, dass Jungen – gerade auch Mädchen gegenüber – Situationen aushalten und als befriedigend und produktiv empfinden können, in denen sie nicht die Stärkeren und Dominanten sein müssen. Zum anderen muss die Arbeit mit Jungen aber auch das alltägliche Dominanzverhalten „akzeptieren", d. h. zum Ausgangspunkt der pädagogischen Arbeit nehmen können, da es als „Bewältigungsverhalten" für die Jungen funktional ist (Sielert 2010). Jungen können nicht unvermittelt mit alternativen Rollenbildern konfrontiert und damit überfordert werden. Sie müssen aus der (männlichen) Selbstverständlichkeit heraus sukzessive Erfahrungen von Männlichkeit und männlichem Selbstwert machen können. Dabei geht es nicht nur darum, dass diese neuen Erfahrungen nicht nur antisexistisch sind, sondern dass sie die Handlungsfähigkeit der Jugendlichen subjektiv spürbar und sozial sichtbar erweitern. Die sozialpädagogischen Angebote (dazu praktische Anleitungen bei Sielert 2010) sind i. d. S. Übergangsräume, in denen zwischen dem Gewohnten und dem Neuen gependelt werden kann. Dabei gelten für die J. zwei grundsätzliche Arbeitsprinzipien:

- Jungen brauchen – zumindest zeitweise – eigene, d. h. geschlechtsgetrennte Räume, wenn sie zu sich selbst finden wollen. Denn Jungen definieren sich in ihrem jugendkulturellen Alltag meist nicht über sich selbst, sondern nach außen, und über Mädchen, und dies führt immer wieder zu „zwanghaftem" männlichem Dominanzverhalten.
- Gerade in der J. werden SozPäd/SozArb von den Jungen „als Mann" und als zugängliches männliches Vorbild wahrgenommen und aufgefordert. Die Reflexion des eigenen Geschlechterrollenverhaltens und seiner pädagogischen Wirkung gehört deshalb in der J. zum zentralen Bestandteil sozialpädagogischer Professionalität. Die J. hat sich inzwischen aus dem Schatten der Mädchenarbeit heraus zu einem eigenständigen sozialpädagogischen Arbeitsfeld entwickelt, in dem nicht die Defizite, sondern die in der Biografie übergangenen emotionalen Potenziale und sozialen Stärken der Jungen aufgeschlossen werden sollen (Böhnisch/Funk 2002, Sturzenhecker/Winter 2010).

Lothar Böhnisch

Literatur

L. Böhnisch/H. Funk: Soziale Arbeit und Geschlecht, Weinheim/München 2002 ◆ L. Böhnisch: Männliche Sozialisation, Weinheim/München [2]2013 ◆ L. Böhnisch: Pädagogik und Männlichkeit, Weinheim/Basel 2015 ◆ E. Beck-Gernsheim: Das halbierte Leben. Männerwelt Beruf – Frauenwelt Familie, Frankfurt/M. 1996 ◆ H. Blüher: Die deutsche Wandervogelbewegung als erotisches Phänomen, Prien 1918 ◆ W. Hodann: Bub und Mädel, Rudolstadt 1926 ◆ W. Hollstein/M. Matzner (Hrsg.): Soziale Arbeit mit Jungen und Männern, München 2007 ◆ F. G. Ottemeier-Glücks: Antisexistische Jungenarbeit – Versuch einer Konzeptentwicklung, in: Außerschulische Bildung Nr. 4, Bonn 1988 ◆ T. V.Rieske: Pädadogische Handlungsmuster in der Jungenarbeit, Wiesbaden 2015 ◆ D. Schnack/R. Neutzling: Kleine Helden in Not. Jungen auf der Suche nach Männlichkeit, Reinbek 1990 ◆ Schwerpunktheft „Arbeit mit Jungen – Jungenarbeit" uj 2/2010 ◆ U. Sielert: Praxishandbuch für Jungenarbeit. Weinheim/München [4]2010 ◆ G. Stecklina/J. Wienforth (Hrsg.): Impulse für die Jungenarbeit, Weinheim/Basel 2016 ◆ Sturzenhecker/Winter (Hrsg.): Praxis der Jungenarbeit. Weinheim/München [3]2010 ◆ P. Wahl: Einige Aspekte männlicher Sozialisation, in: H. Willems/R. Winter: „... damit du groß und stark wirst", Schwäbisch Gmünd/Tübingen 1990 ◆ R. Winter: Jungenarbeit, in: Th. Rauschenbach/S. Borrmann (Hrsg.): Arbeitsfelder der Kinder- und Jugendarbeit, Weinheim/Basel 2013, 52–77 ◆ R. Winter/H. Willems: Was fehlt, sind Männer. Ansätze praktischer Jungen- und Männerarbeit, Schwäbisch Gmünd/Tübingen 1991.

K

Kameralistik

Die K. stellt das (nur in Deutschland immer noch) übliche Buchführungssystem der öffentlichen Verwaltung dar, das auch bei Verbänden und Trägern der Sozialwirtschaft prägend war bzw. ist.

Geschichtliche Entwicklung

Eng verknüpft mit der öffentlichen Haushaltsplanung entwickelte sich die K. auch in Deutschland in der absolutistischen Phase, als im Zuge einer merkantilistischen Wirtschaftspolitik die Sicherung der Handelswege die Aufstellung eines stehenden Heeres notwendig machte. Im Gegensatz zur vorabsolutistischen Phase, in der zeitlich befristete Söldnerheere dominierten, verlangte die Besoldung eines stehenden Heeres kontinuierliche Einnahmen und Ausgaben; und eine entsprechende Einnahmen- und Ausgabenverwaltung. Diese enge Verknüpfung zwischen Militärpolitik und einer organisierten Verwaltung der „Schatzkammer" (lateinisch: camera) war auch der Grund, warum der Staatshaushalt als Staatsgeheimnis galt, wenngleich schon 1713 in Preußen zur internen Kontrolle des Haushaltswesens ein Rechnungshof eingerichtet wurde. Veröffentlicht wurde der erste Staatshaushalt im Jahre 1821, allerdings nicht aus Erwägungen der politischen Transparenz, sondern um gegenüber Banken und privaten Gläubigern die Kreditwürdigkeit des hochverschuldeten Staates nachweisen zu können. Erst in Folge der bürgerlichen Revolution 1848 wurde das Budgetrecht parlamentarisch verankert, und das in der revidierten preußischen Verfassung von 1850 eingeführte Budgetrecht wurde nach der Reichsgründung 1871 quasi reichsweit kopiert. Eine umfassende Regelung der praktischen Organisations- und Verwaltungstechniken des öffentlichen Budgetwesens wurde in der Reichshaushaltsordnung vorgenommen, die von 1922 bis 1969 galt. Während die Haushaltsreform im Jahre 1969 im Wesentlichen die wirtschaftspolitische Steuerungsfunktion öffentlicher Haushalte zum Ausgangspunkt hatte, steht in der seit den 1990er Jahren laufenden Diskussion des Neuen Steuerungsmodells das kameralistische Rechnungswesen selbst auf dem Prüfstand *(Verwaltungsmodernisierung)*.

Funktionen des öffentlichen Haushalts

Die Struktur des kameralistischen Haushaltswesens lässt sich aus seinen Funktionen heraus verstehen.

Administrative Steuerungsfunktion: Die Politik regelt über Haushaltstitel im Detail, welcher Verwaltungsteil von was für was wie viel ausgeben darf.

Programmfunktion: Die Gesamtausgaben einer Gebietskörperschaft werden in Form von Haushaltstiteln einzelnen Zwecken zugeordnet und ergeben somit ein detailliertes Bild politischer Schwerpunktsetzungen.

Finanzwirtschaftliche Ordnungsfunktion: Es ist zu belegen, ob im Haushaltszeitraum die Programmaufgaben mit den zu erwartenden Einnahmen zu erreichen sind, ob und wie die notwendigen Haushaltsmittel zu beschaffen sind und welche Folgen möglicherweise mit unterschiedlichen Einnahmestrategien verbunden sind.

Wirtschaftspolitische Lenkungsfunktion: Welche Effekte ergeben sich aus dem Haushaltsvolumen und der Haushaltsstruktur für wirtschaftliche Branchen, für wirtschaftliche Regionen und für die Makrokonjunktur?

Haushaltsgrundsätze

Aus diesen Funktionen ergeben sich einige Grundsätze für das kameralistische Haushaltswesen.

Vorherigkeit: Der Haushaltsplan muss vor Beginn des Haushaltsjahres aufgestellt und in Kraft gesetzt werden.

Jährlichkeit: Es sind im Ausgabenbereich einjährige Vollzugsabschnitte zu beachten.

Einheit und Vollständigkeit: Es soll prinzipiell keine Sonder- und Nebenhaushalte geben; alle Einnahmen und Ausgaben müssen erfasst und ausgewiesen sein.

Bruttoprinzip: Sämtliche Einnahmen und Ausgaben müssen getrennt in voller Höhe erfasst werden und dürfen nicht vorab miteinander verrechnet werden.

Sachliche Spezialität: Die Verwendungszwecke der Finanzmittel sind genau zu bestimmen (qualitative Spezialität) sowie die für einzelne Zwecke festgesetzten Finanzgrößen dürfen während des Haushaltsvollzuges nicht überschritten werden.

Zeitliche Spezialität: Die für einen Zweck bewilligten Haushaltsmittel sind an das jeweilige Haushaltsjahr gebunden. Eine Ausnahme der sachlichen Spezialität kann hergestellt werden, wenn bei einzelnen Haushaltstiteln ausdrücklich Deckungsfähigkeit vermerkt ist. Einseitige Deckungsfähigkeit bedeutet, dass die Mittel eines spezifischen Titels auch für Zwecke eines anderen, genau zu bezeichnenden Titels ausgegeben werden dürfen; gegenseitige Deckungsfähigkeit meint, dass zwischen zu bezeichnenden Haushaltstiteln Mittelaustausch zulässig ist. Eine Ausnahme der zeitlichen Spezialität ist denkbar, wenn einzelne Haushaltstitel bzw. entsprechende Mittelreste in das Folgejahr übertragen werden können. Die zeitliche Spezialität und entsprechende Nichtübertragbarkeit von Haushaltsmitteln führt zum legendären Phänomen des „Dezemberfiebers" in öffentlichen Verwaltungen, wonach zum Jahresende Haushaltsreste fieberhaft ausgegeben werden, um dem Verdacht vorzubeugen, für einzelne Aufgaben seien zukünftig möglicherweise weniger Haushaltsmittel ausreichend. Da in der kameralistischen Logik die Verwaltungssteuerung nicht über das Ergebnis läuft, sondern über die zweckbezogene Mittelbewilligung und Mittelverausgabung, ist im System ein Anreiz eingebaut, einmal bewilligte Haushaltstitel zu verteidigen. Daher auch die Charakterisierung der Budgetverantwortlichen als „Titelverteidiger".

Gesamtdeckung: Alle Einnahmen sollen zur Deckung sämtlicher Ausgaben herangezogen werden können, d. h. im Prinzip sollen Einnahmen ohne Zweckbindung erhoben werden (Non-Affektationsprinzip), um die politische Steuerungsfähigkeit nicht zu beeinträchtigen.

Haushaltsausgleich: die Summe aller veranschlagten Einnahmen und die Summe aller geplanten Ausgaben müssen gleich sein. Dieses Prinzip garantiert die Kenntnis der geplanten Kreditaufnahme und der Auflösung von Rücklagen auf der Einnahmeseite und der realen Schuldentilgung sowie des Zinsdienstes auf der Ausgabenseite.

Wirtschaftlichkeit und Sparsamkeit: meint als Minimalprinzip, dass ein gegebenes Ziel mit möglichst geringem Mittelaufwand erreicht werden soll und als Maximalprinzip, dass bei gegebenem Mittelaufwand ein möglichst hoher Zielertrag erreicht werden soll.

Öffentlichkeit: Der Haushalt ist für jeden Bürger transparent und zugänglich und das Rechnungswesen ist so zu gestalten, dass der Haushalt auf der Einnahmen- und Ausgabenseite nachgeprüft werden kann.

Kameralistische Buchführung

Die titel- bzw. produktbezogenen im Haushaltsplan ausgewiesenen Ansätze werden von der kameralistischen Buchführung in einem entsprechenden Kontensystem verarbeitet. Gebucht werden in diesem Sachbuch die das Haushaltssoll (Ansatz nach Haushaltsplan) tangierenden Aufträge, die folgenden Zahlungsanordnungen (Anordnungssoll) sowie die daraufhin getätigten Zahlungen (Kassen-Ist). Durch die kameralistische Buchführung wird ein permanenter Soll-Ist-Vergleich ermöglicht und somit eine unkomplizierte Haushaltsüberwachung. Alle Zahlungsvorgänge werden erfasst; im „Hauptbuch" in chronologischer Reihenfolge, und, je nach inhaltlicher Organisation des Haushaltsplanes, können auch die titel- bzw. produktbezogenen Soll-Ist-Vergleiche dargestellt werden. Durch die Trennung von anweisender Stelle und Kassenverwaltung, und die implizite Kenntnis von geplanten Ausgaben, ist eine laufende Haushaltsüberwachung und entsprechende Liquiditätssteuerung möglich. Bis zur Erstellung des Jahresabschlusses, der in Kommunen in Verwaltungs- und Vermögenshaushalt getrennt erfolgt, produziert das kameralistische Rechnungswesen ein exaktes Spiegelbild des Haushaltsplanes, allerdings auch nicht mehr.

Aktuelle Entwicklung

Aufgrund ihres begrenzten Informations- und Steuerungspotenzials ist die klassische K. ein Auslaufmodell, das im öffentlichen Bereich zunehmend entweder durch die Doppik abgelöst wird oder so erweitert wird, dass betriebswirtschaftliche Auswertungen möglich werden. Als Defizite der K. gelten insbesondere die fehlende Ermittlung von Erfolgsgrößen, die fehlende Analyse durch Vermögensrechnungen, die fehlende Berücksichtigung der Vermögensseite durch Werteänderungen oder Abschreibungen von Investitionen sowie die fehlende Verknüpfung von Einnahme- und Ausgabetiteln und die dadurch fehlende Übersicht über Zusammenhänge haushaltsrelevanter Zusammenhänge.

In Folge der Neuen Steuerungsmodelle in der öffentlichen Verwaltung und der zunehmenden Relevanz von Leistungsverträgen in der Finanzierung sozialer Einrichtungen wird die klassische K. zunehmend durch Elemente der Kostenrechnung erweitert oder gar durch die kaufmännische Buchführung abgelöst (*Finanzierung freier Träger, Sozialmanagement*). Zum Neuen Kommunalen Finanzmanagement vgl. bei KOMDat 3/2009, 1.

Die Umstellung der bisherigen kameralistischen Haushaltssteuerung auf ein doppisches oder erweitertes kameralistisches Verfahren geht auf einen Beschluss der Innenministerkonferenz vom 21. 11. 2003 zurück. Ziel ist, das kommunale Haushaltsrecht und die Haushaltsführung grundlegend zu modernisieren, sie ‚kaufmännischer' auszugestalten und dadurch transparenter und aussagekräftiger zu machen. Doppik ist ein Kunstwort und meint doppelte Buchführung in Konten.

Obwohl inzwischen vielerorts betrieben, bleibt die Doppik weiterhin umstritten (vgl. zu den Kontroversen Budäus 2009 (pro) und Lutz 2008 (contra)).

Wie die Länder bislang ihre Haushalte reformiert haben, zeigt eine Übersicht unter ‚HaushaltsSteuerung.de/Auf einen Blick: Haushaltsreformen in Deutschland' (zuletzt nach dem Stand vom 16. April 2013).

Bernd Halfar

Literatur

D. Budäus: Manifest zum öffentlichen Haushalts- und Rechnungswesen in Deutschland. Mehr Tranparenz, Effektivität und Effizienz in Politik und Verwaltung durch ein einheitliches doppisches Haushalts- und Rechnungswesen. Hrsg. von der Bertelsmann Stiftung und der KGSt. Bielefeld 2009 ◆ E. Ickstadt/D. Scharmann: Die Prüfung der Verwaltungsfachangestellten, Herne [17]2015 ◆ H. U. Küpper/G. Tropp: Doppik und Kameralistik, in: A. Hanft (Hrsg.): Grundbegriffe des Hochschulmanagements, Neuwied [2]2004, 86–93 ◆ W. Lutz: Wenn es die Kameralistik nicht gäbe, müsste man sie nicht erfinden. Ein Vergleich Doppik und Kameralistik aus der Sicht eines Gemeinderates. Stuttgart 2008 ◆ G. Moos/A. Peters: BWL für soziale Berufe, München/Basel [2]2015 ◆ H. Wiesner/A. Westermeier: Das staatliche Haushalts-, Kassen- und Rechnungswesen, Heidelberg [9]2012.

Kindergeld

Geschichte

K. wurde im Nationalsozialismus (1936) als monatliche „Kinderbeihilfe" für „arische" Familien eingeführt. Anspruchsberechtigt waren Arbeiter- und Angestelltenfamilien mit einem Einkommen unter 185 Reichsmark ab dem 5. Kind, ab 1938 dann ab dem 3. Kind. In der Nachkriegszeit erfuhr das K. in z. T. heftigen politischen Auseinandersetzungen viele strukturelle Veränderungen. Mit dem ersten Bundeskindergeldgesetz (BKGG) 1964 wurden die Familienkassen von den Berufsgenossenschaften auf die Bundesanstalt für Arbeit übertragen und die Anspruchsvoraussetzungen genauer definiert. K. ab dem ersten Kind gab es allerdings erst seit 1975. Ähnlich wechselvoll war die Entwicklung des Kinder-Steuerfreibetrages (1946), der in der Einkommenssteuer mal abgeschafft (1975) und mal wieder eingeführt wurde (1983). Erst seit 1996 bleibt das Existenzminimum für Kinder steuerfrei. Das BKGG i. d. F. von Januar 2009 wurde im Juli 2015 geändert, zuletzt am 26. 7. 2016.

Zielsetzungen und Modalitäten

Das K. ist in zwei Gesetzen geregelt: im Einkommenssteuergesetz (EStG) und im BKGG. Nach dem BKGG ist K. eine staatliche Leistung für Erziehungsberechtigte, die dazu beitragen soll, den Lebensunterhalt von Kindern zu sichern. Durch die Bestimmungen im Steuerrecht ist K. in erster Linie eine steuerliche Ausgleichszahlung.

K. wird unabhängig vom Einkommen der Kinder bis zum vollendeten 18. Lebensjahr auf Antrag der Erziehungsberechtigten geleistet, für Kinder in der (Erst-)Ausbildung (Schule, Beruf, Studium) bis zum 25. Lebensjahr, Für erwerbslose Kinder wird K. gezahlt, wenn sie der Arbeitsvermittlung zur Verfügung stehen. Auch für Kinder, die ein freiwilliges soziales oder ökologisches Jahr absolvieren oder im Bundesfreiwilligendienst tätig sind, kann ein Anspruch bestehen, wenn sie das 25. Lebensjahr noch nicht vollendet haben. Für Kinder mit Behinderungen gilt keine Altersbeschränkung soweit sie nicht für ihren Lebensunterhalt sorgen können. Die Einkommensprüfung für Kinder unter 25 Jahren ist 2012 entfallen, wenn sie sich noch in der Erstausbildung befinden.

Das K. steht grundsätzlich beiden Elternteilen zu, antragsberechtigt ist aber nur ein Elternteil. Bei *allein Erziehenden* wird die Hälfte des K. mit dem Kindesunterhalt verrechnet, wenn der Unterhaltsbetrag das Existenzminimum der Kindes sichert. Weitere Differenzierungen ergeben sich für Ausländerinnen und Ausländer, Getrenntlebende, Familien mit Stiefkindern, Pflegefamilien und für im Ausland lebende Deutsche.

Das K. beträgt 2017 für das erste und zweite Kind jeweils 192 € und für das dritte Kind 198 €. Ab dem vierten Kind werden 223 € ausgezahlt (zur jeweils geltenden Höhe www.familienkasse.de). Bei Beziehern von Transfereinkommen nach dem SGB II oder dem SGB XII wird das K. auf den Regelsatz der Kinder angerechnet.

Für die Durchführung des Familienleistungsausgleichs sowohl nach dem BKGG als auch nach dem EStG sind die Familienkassen der Bundesagentur für Arbeit zuständig.

Da das (gesamte) Existenzminimum von Kindern steuerfrei zu stellen ist, besteht zum K. die Alternative, steuerliche Freibeträge in Anspruch zu nehmen. Nach dem Optionsmodell hat das zuständige Finanzamt die günstigste Variante zwischen dem bereits gezahlten K. und dem Steuerfreibetrag zu prüfen und bei der Festsetzung der Steuer zu berücksichtigen. Allerdings überwiegt der Steuervorteil durch Freibeträge nur bei besser verdienenden Eltern, die damit höhere Leistungen als das K. erhalten.

Steuerfreibeträge sind für alle Kinder bis zum 27. Lebensjahr vorgesehen, allein Erziehende erhalten zusätzlich einen steuerlichen Entlastungsbetrag.

Ausblick

K. und Familienleistungsausgleich mit der steuerlichen Freistellung des Existenzminimums von Kindern sind die wichtigsten familienpolitischen Leistungen in Deutschland mit einem hohen Finanzaufwand.

Über den richtigen politischen Weg zur (materiellen) Förderung von *Familien* mit Kindern wird allerdings wohl auch in Zukunft immer wieder erneut gestritten werden *(Familienpolitik, Familienleistungs-/-lastenausgleich)*. Besondere Streitpunkte in diesen Auseinandersetzungen sind dabei die Höhe des K. (und die Alternative, in die Infrastruktur für Kinder zu investieren), die Unabhängigkeit des K. vom Einkommen der Eltern (und die damit einhergehende Ungerechtigkeit), das Ehegatten-Splitting und die Kompliziertheit der Modalitäten bei der Beantragung und Gewährung des K., die nur schwer zu durchschauen sind. Auch die Möglichkeiten einer Kindergrundsicherung werden immer wieder erneut diskutiert.

Den Kindergeldzuschlag, der 2005 eingeführt wurde und Eltern mit niedrigem Einkommen davor bewahren soll, allein wegen des Unterhalts der Kinder auf Alg II/Sozialgeld angewiesen zu sein, gibt es nicht für Eltern mit Anspruch auf Leistungen nach dem SGB II bzw. nach dem SGB XII. Der Kindergeldzuschlag beträgt 2017 160 € und wird zusätzlich zum K. gezahlt. Die Verminderung oder gar die Vermeidung von Kinderarmut bleibt das Problem mit dem dringendsten Handlungsbedarf.

Ingrid Mielenz
(bis zur 5. Auflage Ilsa Diller)

Literatur

G. Bäcker u. a.: Sozialpolitik und Soziale Lage in Deutschland, Bd. II, Kap. Familie und Kinder, Wiesbaden [5]2010 ♦ BMFSFJ: Forschungsbericht zum Kindergeld, München 2012 ♦ D. Nelleßen-Strauch: Der Kampf um das Kindergeld, Düsseldorf 2003.

Links

www.bmfsfj.de
www.bundesagentur.de
www.familienkassen.de
www.kindergeld.net

Kinderhort

Entwicklung und Definition

Mit Inkrafttreten des *Kinder- und Jugendhilfegesetzes* am 3.10.90/1.1.91 erhielt der Kinderhort (H.) erstmals in § 22 den gesetzlich ausdrücklich vorgeschriebenen Status einer *Tageseinrichtung für Kinder* – wie der Kindergarten. Nach dem SGB VIII soll in ihm die Entwicklung des Kindes zu einer eigenverantwortlichen und gemeinschaftsfähigen Persönlichkeit gefördert werden. Betreuung, *Bildung* und *Erziehung* sollen sich an den Bedürfnissen der Kinder und ihrer Familien orientieren.

Der H. ist eine familienergänzende und schulbegleitende Tagesstätte für Kinder bis zum Alter von maximal 12 Jahren. Er ist nach dem Selbstverständnis eine sozialpädagogische Tageseinrichtung mit „bildungspolitischem" Auftrag.

Seinen Ursprung hat der H. in den Bewahranstalten und Arbeitsschulen des 18. und 19. Jh., deren unterschiedliche Anliegen im Wesentlichen immer unter zwei Aspekten zusammengefasst werden können, die – unter geänderten gesellschaftlichen Bedingungen – die Horterziehung auch heute noch prägen: Zum einen sollten die Kinder betreut werden, deren bisheriger Lebenszusammenhang durch die Fabrikarbeit der Eltern während der beginnenden Industrialisierung zerstört wurde und die darüber zu verwahrlosen drohten, zum anderen waren die damals noch ausschließlich privaten Träger dieser Anstalten in ihrer Arbeit von der Idee einer umfassenden Volksbildung geprägt. Diese Bildung war stark auf das noch überschaubare Arbeitsleben und die darauf bezogene Ausbildung, die Arbeitstechnik und Arbeitshaltung ausgerichtet.

Als Folgen des sozialen Wandels führten einerseits der Funktionsverlust der *Familie* und andererseits die neuen Anforderungen der Arbeitswelt an Schule und Ausbildung zu einem zunehmenden

Bedarf an Bildung, Betreuung und „öffentlicher Erziehung". Das ursprüngliche gesellschaftliche Leitbild der BRD, das bis weit in die 1970er Jahre vorherrschte, war das einer Familie mit einem erwerbstätigen Vater als Ernährer der Familie und der Frau, die als „Hausfrau" den Haushalt versorgte und sich als Mutter um die Erziehung der Kinder kümmerte. Dem entsprach das Modell der Halbtagesschule, deren Unterricht durch rein kognitiv orientierte Curricula geprägt war. Für die emotionalen, physischen und sozialen Entwicklungsbedürfnisse der Kinder hatte die *Familie* zu sorgen. Nur wenn aufgrund einer sozialen Notlage die Frau mitverdienen und arbeiten gehen musste, sie allein erziehend war *(Allein Erziehende)* oder eine Familie von einem Lebensentwurf gemeinsamer Erwerbstätigkeit von Mann und Frau ausging, stand der H. als familienergänzende Einrichtung der Jugendhilfe, als „Ausfallbürge" zur Verfügung.

Die Bedeutung, Entwicklung und die Ausstattung von H. war in der alten BRD von Bundesland zu Bundesland, von Kommune zu Kommune sowie auch von Stadt- und Industrieregionen zu ländlichen Regionen höchst unterschiedlich.

Nach dem Beitritt der ostdeutschen BL 1990 wurde die Situation noch differenzierter: In der DDR war eine annähernde Vollversorgung mit Hortplätzen erreicht. Wenngleich dort ein Rückbau v. a. aus finanziellen Gründen stattfand, erreicht das Betreuungsangebot für Schulkinder in den fünf nBL heute wieder annährend das gleiche Niveau. „Schul"horte waren in der DDR Teil des Schulwesens *(Soziale Arbeit in der DDR)*; die Differenzierung in schulische und sozialpädagogische Erziehungseinrichtungen gab es dort nicht, ebenso wenig wie eine Vielfalt der Trägerschaft.

Aktuelle Entwicklungen

Mit der Erosion des klassischen Familienbildes durch die Frauenbewegung und ihren emanzipatorischen Zielen, wie verbesserte Zugangsmöglichkeiten zur Bildung für Frauen, Möglichkeiten der Erwerbstätigkeit und schließlich die Vereinbarkeit von Familie und Beruf, entstand ein massiver Druck auf Schule und öffentliche Erziehung. Der Ausbau von Kindergärten wurde seit den 1970er Jahren forciert und erhielt durch die Normierung des individuellen Rechtsanspruchs auf einen Kindergartenplatz im SGB VIII (in Folge des Schwangeren- und Familienhilfegesetzes vom 27.7.1992), der in § 24 verankert wurde, eine zusätzliche Dynamik. Ähnlich stellt sich die Situation aktuell im Ausbau der Betreuungsangebote für Kinder unter drei Jahren dar. Verstärkt durch die bildungspolitische Debatte ist der Ausbau aber nicht unter quantitativen Gesichtspunkten zu sehen, sondern es werden zunehmend qualitative Anforderungen an Bildung, Betreuung und Erziehung in diesen Kindertageseinrichtungen formuliert, auch bezüglich des Qualifikationsniveaus des pädagogischen Personals.

Die inzwischen akzeptierte Inanspruchnahme des Kindergartens (88,6 % aller 3-Jährigen, 95,2 % aller 4-Jährigen und 98,1 % aller 5-Jährigen: Autorengruppe Bildungsberichterstattung 2014, 241) mit seiner zeitlich verlässlichen Betreuung und der pädagogischen Qualität kontrastiert stark mit der Situation nach der Einschulung der Kinder: Aufgrund der begrenzten Stundentafeln in der Halbtagesschule und den von der Kultusministerkonferenz (KMK) 1964 festgelegten 75 Ferientage (denen i. d. R. nur 30 Urlaubstage der Eltern gegenüberstehen), ist eine verlässliche Betreuung der Kinder plötzlich nicht mehr gesichert. Auf Druck der Eltern und der Wirtschaft, die auf ihre gut ausgebildeten weiblichen Mitarbeiterinnen nicht verzichten konnte, entwickelte sich eine Debatte, wie die Vereinbarkeit von Familie und Beruf für Familien mit Schulkindern durch die Schule oder durch Institutionen neben der Schule gewährleistet werden kann. Zentrale Forderungen waren die nach einer „verlässlichen Halbtagesschule" und nach der Schaffung von mehr Hortplätzen. In Folge des Vierten Gesetzes für Dienstleistungen am Arbeitsmarkt wurden durch das Gesetz zum qualitätsorientierten Ausbau der Tagesbetreuung für Kinder (TAG vom 27.12.2004) festgeschrieben, dass für Kinder im schulpflichtigen Alter ein bedarfsgerechtes Angebot von Plätzen in Tageseinrichtungen und in Kindertagespflege vorzuhalten ist (§ 24 Abs. 2 SGB VIII).

Verstärkt durch die bildungspolitische Debatte nach PISA entstanden in den BL unterschiedliche Modelle der Ganztagesschule, damit wurde die Frage nach dem weiteren Bedarf von H. und ihrer Berechtigung als Kindertageseinrichtungen neu aufgeworfen. Dabei ist auffallend, dass es kaum einen fachlichen Diskurs darüber gab, was H. und was Ganztagesschulen in ihren unterschiedlichen Ausprägungen leisten können. Bemerkenswert ist, dass es keine bundesweit verbindlichen Standards für die Ganztagesschule gibt, sondern dass sich die KMK nur auf den kleinsten gemeinsamen Nenner einigen konnte. Danach handelt es sich bei „Ganztages"schulen um schulische Verwaltungseinheiten, die an mindestens drei Tagen in der Woche ein ganztägiges Angebot vorhalten müssen, das mindestens sieben Zeitstunden umfasst (Sekretariat der KMK, Berlin 2011). Um einerseits dem Betreuungs- und Förderbedarf der Familien gerecht zu werden und die fachlichen Standards der KJH zu Bildung, Betreuung und Erziehung aus Kostengründen umgehen zu können, entwickeln Schulträger auf Landes- und kommunaler Ebene vielfältigste Formen von schulischen Billigstbetreuungsangeboten anstelle oder neben den H., bei denen vielfach mit wenig oder gar keinem sozialpädagogischen Fachpersonal und z. T. ohne eigene „Horträume" hohe Zahlen an Schülern ohne Gruppenorientierung im Schulhaus betreut werden.

Vielfach werden diese Angebote i. S. der o. g. Ganztagesschuldefinition auch als Ganztagesschule statistisch erfasst (z. B. die sog. Mittagsbetreuung in Bayern). Mag die Ursprungsidee einer Ganztagesschule die nach einer anderen Schule mit mehr Zeit zum Lernen, mehr Bildungserfolg und mehr Chancengerechtigkeit *(Chancengleichheit)* gewesen sein, so bleiben die meisten Ganztagesschulen diesen Anspruch noch schuldig, wenngleich durchaus – wie die Studie zur Entwicklung der Ganztagesschule (StEG) zeigt – positive Effekte von Ganztagesschulen in der Summe feststellbar sind. Kritisch muss angemerkt werden, dass selbst die (von BL zu BL unterschiedlichen) Standards für sog. „gebundene Ganztagesschulen" vielfach eine qualitativ hochwertige Betreuung und Förderung der Kinder nicht zulassen. Dies mag vielleicht auch ein Grund dafür sein, dass voll gebundene Ganztagesschulen (über alle Klassen- und Jahrgangszüge hinweg) eher wenig in der Ganztagesschullandschaft zu finden sind (Sekretariat der KMK 2011). Aufgrund der unterschiedlichen Formen von offenen, teilgebunden und gebundenen Ganztagesschulen je nach BL ist es auch unmöglich, einen fachlichen Diskurs für die Leistungsfähigkeit beider Systeme Ganztagesschule und H. zu führen. Auffallend ist, dass in der bildungspolitischen Debatte, verstärkt durch das Investitionsprogramm „Zukunftsprogramm Bildung und Betreuung", mit dem der Bund 2003 vier Mrd. Euro zur Entwicklung von Ganztagesangeboten in den Ländern zur Verfügung stellte, H. ursprünglich keine Rolle spielten. Nur in wenigen Bundesländern, wie z. B. in Bayern, konnten damit auch neue Hortplätze finanziert werden. Aufgrund der massiven Nachfrage von Eltern nach verlässlicher Betreuung und des bildungspolitischen Drucks, der durch das schlechte Abschneiden des deutschen Schulsystems in internationalen Vergleichsstudien ausgelöst wurde, setzten die Länder auf den Ausbau von Ganztagesschulen und gaben – wie Berlin 2005/2006 – die H. zugunsten schulischer Betreuungsangebote auf oder versuchten H. mit Ganztagesschulen als schulische Angebote zu verzahnen (NRW). In vielen BL entwickelte sich aber eine Parallelstruktur von H. als Einrichtung der Kinder- und Jugendhilfe und schulischen Betreuungsangeboten, wobei i. d. R. Standards (Betreuungsrelation, Qualität, Räume, Zeiten) in H. größer sind und Kinder individueller gefördert werden können, als dies in schulischen Arrangements derzeit möglich ist. Gute Ganztagesschulen erfordern Inhalte, innere Organisationsstrukturen und Methoden, die Schule radikal verändern, und Ressourcen, die derzeit nicht bereitgestellt werden (können). So ist es auch nicht verwunderlich, dass die Frage, ob H. oder Ganztagesschule, stark von der Frage geprägt ist, welche staatliche Ebene in welchem Umfang die Bildung, Betreuung und Erziehung von Schulkindern finanziert, denn für die Schule ist das Land, für die Kinder- und Jugendhilfe die kommunale Ebene zuständig. Trotz dieser Dominanz der Diskussion über Ganztagesschule ist festzuhalten: H. sind weiterhin ein „wichtiges non-formales Angebot mit zum Teil schulergänzendem [...] und zum Teil lebensweltorientiertem Charakter" (Konsortium Bildungsberichterstattung 2006, 58). Sie sind Leistungsbereiche der KJH und bieten „ein erweitertes Bildungsangebot für Kinder im (Grund-) schulalter, in dem *soziales Lernen* und Eigenaktivitäten der Kinder eine große Rolle spielen. Er definiert sich dabei als eine Institution, die Defizite schulischer Betreuung und Förderung kompensiert und sich infolgedessen von der Schule konzeptionell abgrenzt. Der H. versteht sich gleichzeitig aber auch als Ergänzung zur Schule und offeriert Betreuungs- und Förderangebote, die von der Schule selbst nicht bereitgestellt werden" (BMFSFJ 2005, 35).

Angesichts des derzeitigen quantitativen und qualitativen Ausbaustandes von Ganztagesschulen (BMFSFJ 2013, 405) bleibt der H. für viele Eltern eine echte Alternative, der von gut 440 000 Kindern im Grundschulalter besucht wird (Autorengruppe Bildungsberichtserstattung 2014, 260): „Sollten die Ganztagsangebote im Grundschulalter von Eltern als wenig verlässlich wahrgenommen werden, so wäre dies eine mögliche Erklärung dafür, dass Horte für die Betreuung von Grundschulkindern nach wie vor bedeutsam bleiben." (ebd., 79). So steigt die Nutzung der Horte trotz des Ausbaus der Ganztagesschulen weiter an. Es ist davon auszugehen, dass bundesweit betrachtet Kinderhorte neben der Ganztagesschule mittelfristig weiter bestehen werden, allerdings wird die Entwicklung in den BL unterschiedliche verlaufen. Dabei „haben sich neben der Koexistenz von Hort und Ganztagesschulen vielfältige Beziehungen in Form von Kooperation, Zusammenführungen, aber auch von Konkurrenz und Verdrängung entwickelt." (Autorengruppe Bildungsberichterstattung 2008, 71). Der Deutsche Verein spricht inzwischen von „Schulkindbetreuung" und fordert die Entwicklung eines gemeinsamen Rahmens der Erziehung, Bildung und Betreuung zwischen Kinder- und Jugendhilfe und Schule sowie zu den strukturellen, rechtlichen und finanziellen Rahmenbedingungen (DV 2014, 3).

Zukünftiger Bedarf an Hortplätzen

Grundsätzlich ist davon auszugehen, dass die Nachfrage nach einer verlässlichen und bezahlbaren Betreuung und Förderung von Kindern im Grundschulalter (und auch darüber hinaus) ansteigen wird. Dies lässt sich allein durch die Erwerbstätigenquote von Müttern feststellen, die heute bei Müttern mit Grundschulkindern bei 68 % (davon wiederum knapp drei Viertel in Teilzeit) liegt (Keller u. Haustein 2014, 736 f.) und noch immer erleben knapp ein Drittel der Eltern mit Schulkindern, dass Familie und Beruf nicht miteinander vereinbar sind (BMFSFJ 2011, 14). Dem steht eine Gesamtbetreuungsquote von Kindern in Ganztagesgrundschulen und Kindertageseinrichtungen 2009 von 44 % (16 % H., 28 % schulische Angebote) gegenüber (Autorengruppe Bildungsberichterstattung 2014, 260). Im Gegensatz zum Rechtsanspruch auf einen Kindergartenplatz und seit 2013 auf ein Tagesbetreuungsangebot für jedes Kind unter 3 Jahren, gibt es für Kinder im Schulalter kein verlässliches Betreuungsangebot. Folglich gibt es für die Feststellung des Bedarfs und die Festlegung des notwendigen Ausbaus von H. keine allgemein üblichen Grundsätze. Es ist Aufgabe der öffentlichen Jugendhilfeträger einen Bedarfskriterienkatalog aufzustellen (Lakies in: Münder u. a., § 24, Rz 46).

Die in § 24 Abs. 3 SGB VIII genannten Kriterien für einen Rechtsanspruch auf Förderung (Hortplatzbedarf) gelten, anders als der Abs. 2, nicht für schulpflichtige Kinder, sondern nur für Kinder im Alter unter drei Jahren (Lakies in: Münder u.a 2013, § 24, Rz 43). In der Praxis zeigt sich aber, dass aufgrund der Mangelsituation überwiegend die Nachfrage und eher arbeitsmarktorientierte Kriterien (z. B. Vormerkungen, Anteil ausländischer Kinder, Erwerbsquote von Frauen, berufstätige *Allein Erziehende*) für die Vergabe von Hortplätzen entscheidend ist. Gelegentlich wird der Bedarf auch durch Elternumfragen ermittelt.

Mit der Ausweitung schulischer Angebote in den unterschiedlichen Formaten wird *Jugendhilfeplanung* weiter erschwert. Deshalb ist eine Abstimmung, besser eine Zusammenführung, von Jugendhilfeplanung und Schulentwicklungsplanung *(Jugendhilfe und Schule)* dringend erforderlich. Dabei sind Elternwünsche und Bedürfnisse der Kinder zu berücksichtigen. Aber es muss auch darum gehen, Kinder aus sozioökonomisch und soziokulturell benachteiligten Familien Zugänge zu ganztätiger Bildung, Betreuung und Erziehung zu ermöglichen.

Welches Betreuungsarrangement Eltern in Zukunft bevorzugen, wird sicher nicht nach der institutionellen Zuständigkeit (Schule oder Jugendhilfe) entschieden, sondern von den Zugangsmöglichkeiten (Form der Angebote, örtliche Erreichbarkeit, Öffnungszeiten, Preise) und der Qualität geprägt sein. Dazu zählt auch, wie sich Schule insgesamt konzeptionell weiterentwickelt. Erfolgt der Qualifizierungsschub mit dem Ausbau von Ganztagesschulen nicht und bleibt das Schulsystem weiter so selektiv, dann werden sich Eltern aus nachfolgenden Gründen v. a. für den H. entscheiden: „In der Schule liegt der Schwerpunkt weiterhin beim kognitiven (= erkenntnismäßigen) Lernen; sie hat bisher keine befriedigende Möglichkeit als ‚Erziehungseinrichtung' unter Berücksichtigung der Bedürfnisse und Interessen der einzelnen Kinder entwickelt. Besonders durch die Hausaufgaben und die damit verbundenen vielfältigen Probleme verlagert die Schule einen Teil ihrer Aufgaben auf das Elternhaus, auf Nachhilfelehrer und auch auf den H. Besonders der hohe Aufwand von Zeit und Energie für die Erledigung der Hausaufgaben bedeutet für viele Kinder, dass sie anderen Interessen kaum mehr nachgehen können. Leistungsanforderungen der Schule produzieren bei den Schülern oft Versagensängste, die sich wiederum leistungshemmend auswirken. Die Eltern sehen sich oftmals nicht (mehr) in der Lage, ihre Kinder bei der Lösung schulischer Probleme zu unterstützen" (Forum Jugendhilfe: AGJ-Mitteilungen, so bereits. 3/4/1980, 5). Diese Feststellung aus dem Jahre 1980 gilt heute noch verstärkt, denn die vielen internationalen Vergleichsstudien bestätigen die hohe Selektivität des deutschen Schulwesens und brachten die zusätzliche Erkenntnis, dass Schule soziale Differenzen eher zementiert.

Horte als sozialpädagogische Angebote

Als Konsequenz soll der H. am Nachmittag die Probleme kompensatorisch auf- und nacharbeiten, die durch ausfallende Elternhäuser im emotionalen Bereich, durch körperliche und geistige Überforderung der Kinder während der intensiven ununterbrochenen, zu langen Vormittagsarbeit in der Schule entstehen. Insgesamt zu lange „Arbeitstage“ für die Kinder, häufig fehlende emotionale Förderung und Entlastung während der Unterrichtszeit durch Lehrkräfte (und Lehrplanzwänge) sowie die Unterstellung der Schule, das Elternhaus (oder der H.) könnten nachmittags Mängel des kognitiven Unterrichts ausgleichen (Hausaufgaben und Stressabführung), dies kann der H. nicht oder nur bedingt leisten. Er muss Prioritäten setzen. Das kann aber aus fachlich-sozialpädagogischer Sicht nur heißen, der H. darf sich selbst nicht mehr vorrangig so verstehen, wie viele Eltern und Lehrkräfte es fordern: Ersatz der Familie und Ausgleich schulischer kognitiver Defizite (also Sicherung des Schulerfolgs durch Schularbeitenhilfe und Nachhilfe).

Es gilt der Vorrang sozialpädagogischer Ziele: Der H. ist eine sozialpädagogische Tagesstätte, die den Auftrag hat, den Kindern Entwicklungsraum zu bieten, in dem sie inneren Halt, Ich-Stärke, Willensführung, Handlungsfähigkeit, Sozialverhalten in sich selbst aufbauen können. Diese Ziele fordern vom H. konzeptionell:

- die Öffnung des H. nach innen, d. h., dass die Kinder durch ihre Wachheit, Aufmerksamkeit, Kreativität, persönlichen Einsatz, Verantwortungsfähigkeit, Zuverlässigkeit den Hortalltag mitentscheiden, mitgestalten und für sich nutzen, z. B. sich in Interessengruppen zurückziehen oder auch Freunde in den H. einladen dürfen;
- die Öffnung des H. nach außen (Lebensweltorientierung), d. h., dass die Kinder mit dem H. zu einem aktiven Bestandteil des Gemeinwesens werden (Umwelterfahrungen, Exkursionen, Ausflüge, Ferienfahrten, Stadtteilaktivitäten, Sportaktivitäten, Büchereien, usw.).

Standards und Standardsicherungen

Aus diesem sozialpädagogischen Ansatz resultiert die Notwendigkeit, dass alle H. – als von der Schule deutlich abgegrenzte „Wohnräume“ – gemütlich eingerichtet sind. Materiell sind sie so auszustatten, dass sie eine handwerkliche, sportliche, musische Freizeitgestaltung ermöglichen können. Dabei sollten diese Räume durchaus Bestandteil des Schulgebäudes oder Schulgeländes sein. Von dieser bereits räumlich gekennzeichneten Rückzugsstation der Schulkinder können dann auch vom H. her schulische Möglichkeiten genutzt werden wie Turn- und Gymnastikhallen, Werkräume, Schulhöfe, andere Klassenzimmer und bei fortschrittlich organisierten Schulen ganze Nachmittagsangebote der Schule in Neigungsgruppen usw.

Um diese fachlichen Standards erreichen zu können, bedürfen die Träger von H. einer Betriebserlaubnis § 45 SGB VIII. Damit wird die Einhaltung fachlicher Mindestbedingungen abgesichert: wie die Standards der Räumlichkeiten und deren Einrichtung, die Gruppengröße, die Zahl des hauptamtlichen Personals und dessen Qualifikation.

Perspektiven

Die Frage, ob der H. als Einrichtung der JKJH eine Zukunft hat oder ob Bildung, Betreuung und Erziehung von Schulkindern zukünftig durch die Schule als Ganztagesschule erfolgt, wird entscheidend von der Entwicklung beider Institutionen abhängen, also von der Frage, wie ein solches Angebot ganz konkret für Kinder aussieht und welche Wirkung es auf Bildungs- und Sozialisationsprozesse hat. Dabei werden die Möglichkeiten der Finanzierbarkeit und der inhaltlichen Gestaltung (in der Zuständigkeit von Land oder Kommune) die entscheidende Rolle spielen. Da nicht davon auszugehen ist, dass sich in absehbarer Zeit die Erkenntnis mit der entsprechenden verfassungsrechtlichen Konsequenz durchsetzt, dass Bildung, Betreuung und Erziehung eine Gemeinschaftsaufgabe aller staatlichen Ebenen ist, dass den Veränderungsprozessen von Schule in absehbarer Zeit der Schritt zu mehr Integration und Kompensation (statt Selektion) gelingt, wird es weiter den Dualismus von schulischen Angeboten und H. als Angebot der KJH geben. Dies setzt aber eine neue Kooperationskultur auf allen (fach-)politischen Ebenen voraus: Durch eine Veränderung schulrechtlicher Rahmenbedingen und der Flexibilisierung der Bedingungen zur Finanzierung und Förderung von Schule und Kindertageseinrichtungen bei gemeinsamen Projekten und in gemeinsam getragenen Einrichtungen. Auf der kommunalen Ebene muss es v. a. um eine gemeinsame quantitativ und qualitativ sozialräumliche Bedarfs- und Raumplanung (lokale Bildungslandschaft) gehen. Ziel muss die Nutzung der unterschiedlichen Möglichkeiten und Ressourcen in den jeweiligen Sozialräumen (Stadtteilen) sein. Dazu muss konzeptionell die Verzahnung von Ganztagesschulelementen und hortpädagogischen (sozialpädagogischen) Ansätzen zu einer von Schule sowie Kinder- und Jugendhilfe gemeinsam gestalteten integrierten Ganztagesbildung im Stadtteil entwickelt werden, wobei das jeweilige Gebäude (Schule oder Kindertageseinrichtung) als „Haus des Lernens“ und als Kristallisationsort für Kinder, Jugendliche und ihre Eltern sowie der Zivilgesellschaft im Stadtteil eingerichtet sein sollte *(Jugendhilfe und Schule)*. Eine solche gemeinsame Gestaltung des „Lernens vor Ort“ verändert vielleicht allmählich den äußeren Rahmen der Institution H., nicht aber den Auftrag und die Ziele der KJH, soziale Ausgrenzung zu vermeiden, *Inklusion* zu ermöglichen und einen Beitrag für eine gelingende Sozialisation zu leisten (neueste Zahlen zum K.und zum Verhältnis Hort zur Ganztagsschule in: KOMDat 3/2015, 9 ff.).

Rainer Prölß

Literatur

Autorengruppe Bildungsberichterstattung (Hrsg.): Bildung in Deutschland. Ein indikatorengestützter Bericht, Bielefeld 2008, 2010, 2014 und 2016 ◆ BayStMAS: Rahmenkonzept Hort ◆ dazu Handreichung, München 2002 ◆ Bertelsmann Stiftung: Ländermonitor Frühkindliche Bildungssysteme, www.laendermonitor.de, Gütersloh 2011 ◆ BMFSFJ: 12. Kinder- und Jugendbericht, Berlin 2005 ◆ 14. Kinder- und Jugendbericht, Berlin 2013 ◆ BMFSFJ: Zukunftsrat Familie: Vereinbarkeit von Familie und Beruf, Berlin 2011 ◆ W. Bien/T. Rauschenbach/B. Riedel: Wer betreut Deutschlands Kinder, Berlin 2007 ◆ K. Bock-Famula/J. Lange: Länderreport Frühkindliche Bildungssysteme. Transparenz schaffen, Governance stärken, Gütersloh 2011 ◆ Deutsches Institut für Internationale pädagogische Forschung (DIPF): Studie zur Entwicklung von Ganztagsschulen (StEG), www.projekt-steg.de, Frankfurt/M., v. 10. 11. 2011 ◆ Deutscher Verein/DV: Empfehlungen zur öffentlichen Erziehung, Bildung und Betreuung von Kindern im Alter von Schuleintritt bis zum vollendeten 14. Lebensjahr, Berlin 2014 ◆ DIPF: Bildung und Qualität für Schulkinder in Horten, www.bildungsserver. de, Frankfurt/M. 1996–2011 ◆ D. Diskowski: Spricht eigentlich noch jemand über den Hort? in: M. Textor: Kindergartenpädagogik, online Handbuch, www. kindergartenpaedagogik.de ◆ N. Fischer/H. G. Holappels/E. Klieme/T. Rauschenbach/L. Stecher/I. Züchner (Hrsg.): Ganztagesschule: Entwicklung, Qualität, Wirkung, Weinheim 2011 ◆ H. Gängler/K. Weinhold/T. Markert: Miteinander-Nebeneinander-Durcheinander? Der Hort im Sog der Ganztagsschule, in: np 2/2013, 154–175 ◆ H. Kaplan u. a.: Was Horte Schulkindern zu bieten haben, hrsg. vom BayStMAS und vom Staatsinstitut für Frühpädagogik, München 2003 ◆ M. Keller/T. Haustein: Vereinbarkeit von Familie und Beruf. Ergebnisse des Mikrozensus 2013, in: Wirtschaft und Statistik, Dezember 2014, 733–753 ◆ Konsortium Bildungsberichterstattung (Hrsg.): Bildung in Deutschland. Ein indikatorengestützter Bericht, Bielefeld 2006 ◆ J. Münder u. a.: Frankfurter Kommentar SGB VIII, Baden-Baden [7]2013 ◆ Sekretariat der KMK: Allgemein bildende Schulen in den Ländern der Bundesrepublik Deutschland. Statistik 2005 bis 2009, Berlin 2011.

Kinderkrippen

In K. werden Kinder unter 3 Jahren tagsüber pflegerisch und erzieherisch betreut. Ähnliche Aufgaben nehmen die Kindertagespflege (Tagesmütter) und die Eltern-Kind-Gruppen wahr. Als familienergänzende *„Tageseinrichtungen für Kinder“* gehören K. zur *Kinder- und Jugendhilfe* (§§ 22–26 SGB VIII). Wie im Kindergarten und im Hort soll das Kind in der K. durch „Betreuung, *Bildung* und *Erziehung*“ „zu einer eigenverantwortlichen und gemeinschaftsfähigen Persönlichkeit gefördert werden“. Ältere, z. T. veraltete Bezeichnungen sind „Säuglingskrippe“ und „Liegekrippe“ für die unter 1-Jährigen und „Laufkrippe“ und „Krabbelstube“ für die 2- bis 3-jährigen Kleinstkinder. Bis in die Gegenwart werden K. als separate Einrichtungen oder Abteilungen von Kitas geführt. Allerdings ist in den letzten Jahren die Anzahl der Plätze in altersgemischten Gruppen deutlich gestiegen. Bis zur Vereinigung repräsentierten die beiden deutschen Staaten bezogen auf Europa Extremwerte bei der Krippenbetreuung: Die BRD hatte den geringsten, die DDR den höchsten Betreuungsgrad. Diese Ausgangslage macht sich auch heute noch beim Vergleich des Platzangebots in den alten und den nBL bemerkbar. Im Hinblick auf die gesundheitlichen Auswirkungen der Krippenbetreuung ist die K. bis heute nicht unumstritten, doch lässt der internationale Forschungsstand nicht den Schluss zu, K. seien nur als Nothilfeeinrichtungen vertretbar (Fthenakis 1993, Laewen 1989).

Historisches

K. entstanden in vielen europäischen Ländern in der ersten Hälfte des 19. Jh. v. a. für Kinder im Säuglingsalter, da die seit etwa 1820 entstehenden „Kleinkinderbewahranstalten“, „Kleinkinderschulen“, „Hüteschulen“, „Kinder-Gärten“ usw. die Kinder häufig schon im Alter von eineinhalb Jahren aufnahmen (das Aufnahmealter von drei Jahren setzte sich erst viel später durch). Das erklärt die zeitgenössischen Bezeichnungen „Säuglingsasyl“ oder „Säuglingsbewahranstalt“. Die K. war eine altersspezifische und nicht auf-

K

gabenspezifische Einrichtung, denn die Aufgabe, die sie erfüllen sollte, folgte ebenso einem sozialpädagogischen Doppelmotiv, wie bei den anderen Einrichtungen der familienergänzenden Kleinkinderziehung jener Zeit: einerseits die Kinder der sozialen Unterschichten der Verwahrlosung zu entziehen (kindbezogenes Teilmotiv), andererseits die Unterschichthaushalte zu stabilisieren (haushaltsbezogenes Teilmotiv). Durch die Übernahme der Betreuungsarbeit sollte den Müttern Erwerbsarbeit ermöglicht werden. Der Nachweis der Erwerbsarbeit war ein „hartes" Aufnahmekriterium. Viele K. nahmen auch nur eheliche Kinder auf, um nicht der „Unsittlichkeit" Vorschub zu leisten. Die erste K. Europas wurde 1844 in Paris gegründet, die erste im deutschsprachigen Raum 1849 im Wiener Vorort Breitenfeld. Die von der Fürstin Pauline von Lippe-Detmold 1802 gegründete „Aufbewahrungs-Anstalt kleiner Kinder" in Detmold war noch keine K., da die Kinder bei der Aufnahme „von der Mutterbrust entwöhnt" sein mussten.

Dass die K. bis in die Gegenwart als gesonderte Einrichtung oder Abteilung geführt wird, erklärt sich aus der Altersspezifik der Kinder, d. h. aus diätetischen und pädiatrischen Gründen. Das besondere Funktionsprofil der K. und ihre institutionelle Identität, die sie von Beginn an gegen Kleinkinderschule und Kindergarten abgrenzten, ergaben sich aus den spezifischen Entwicklungsbedürfnissen und altersbedingten Anfälligkeiten der Säuglinge und Kleinstkinder. Die K. hatten, um in der öffentlichen Meinung zu bestehen, einem klaren Erfolgskriterium zu entsprechen: die Morbiditäts- und Mortalitätsraten mussten niedriger als der Durchschnitt sein. Das bedeutete, dass der gesamte Krippenalltag hygienische Veranstaltung sein musste. Die Kritik entzündete sich immer wieder daran, dass die K. diesen Anforderungen nur ungenügend entsprachen. Darin ist ein Hauptgrund dafür zu sehen, dass die quantitative Entwicklung der K. immer weit hinter den Kleinkinderschulen und Kindergärten zurückblieb.

Die institutionelle Identität der K. wurde über einen pädiatrischen Bezugsrahmen hergestellt. Bezugswissenschaft war nicht die Päd., sondern die Kinderheilkunde. Damit war die K. argumentativ im Nachteil, denn die argumentativen Vorteile, die den Kleinkinderschulen und Kindergärten daraus erwuchsen, dass sie auf elementarpädagogische und schulvorbereitende Effekte verweisen konnten, standen den K. nur sehr eingeschränkt zur Verfügung. Gegen Ende des 19. Jh. sollten die K. dazu beitragen, die hohe Säuglingssterblichkeit im Kaiserreich zu bekämpfen, die im Durchschnitt der Jahre 1901–1910 noch bei knapp 19 % lag. Ihre Eignung für diese Aufgabe war umstritten. Bei der ersten größeren Kontroverse um die K. ging es um den von einigen Ärzten erhobenen Vorwurf, die Säuglingssterblichkeit in den K. sei höher als die allgemeine Säuglingssterblichkeit. Der Vorwurf wurde zwar von anderen Ärzten und den Krippenveranstaltern zurückgewiesen, brachte aber die Ernährungsfrage verstärkt in die Diskussion. Eine der Ursachen für die allgemein hohe Säuglingssterblichkeit wurde in der künstlichen Ernährung gesehen (niedrigere Sterblichkeit bei brustgenährten Kindern im ersten Lebensjahr gegenüber „Flaschenkindern"). „Stillkrippen" oder „Fabrikkrippen", die den Müttern das Stillen während der Arbeitszeit ermöglichen sollten, haben sich nicht durchgesetzt.

Die Krippe im geteilten Deutschland

Nach dem 2. Weltkrieg ging die Entwicklung der K. im östlichen und im westlichen Teil Deutschlands ganz unterschiedlichen Wege. Das betraf sowohl die quantitative Entwicklung wie auch die gesellschaftliche Bewertung. In der DDR gab es 1950 194 Einrichtungen mit 4674 Plätzen (Versorgungsgrad 6,3 %); 1989 bestanden 7707 Einrichtungen mit 348 058 Plätzen (Versorgungsgrad 80,2 % bezogen auf die 1- bis 3-Jährigen, 55,2 % bezogen auf alle unter 3-Jährigen). Aufgrund familienpolitischer Maßnahmen (Einführung des Babyjahres) ging der Anteil der unter 1-jährigen Säuglinge immer mehr zurück: 1975: 22,5 %, 1986: 2 % Hauptträger der K. in der DDR waren neben den Kommunen die Betriebe.

In der BRD gab es 1950 170 Einrichtungen (Versorgungsgrad 0,4 %); 1986 wurden in 1028 Einrichtungen 28 353 Kinder betreut (Versorgungsgrad 1,6 %); bis 1990 stieg die Anzahl der Plätze auf 38 153 (Versorgungsgrad 1,8 %). Das war nicht nur im Vergleich mit der DDR ein überaus geringes Platzangebot, sondern auch im Vergleich mit Ländern des europäischen Auslands: Niederlande ca. 9 %, Belgien und Frankreich 20–25 %, Dänemark ca. 44 %

In der DDR waren es v. a. zwei Motive, die den Krippenausbau vorantrieben: Erstens Einbezug der Erwerbsarbeit von Müttern mit kleinen Kindern – offiziell: gleichberechtigte Teilhabe der Frauen und Mütter auf den Gebieten der Wirtschaft, der Politik und Gesellschaft; zweitens die immer wieder vorgetragene Behauptung, die Pflege, Betreuung und Erziehung auch von Kindern unterhalb des Kindergartenalters geschehe am wirkungsvollsten im geteilten Sozialisationsfeld von *Familie* und Einrichtung. In diesen beiden Motiven lebte das alte sozialpädagogische Doppelmotiv weiter, nunmehr aber mit umgekehrten Vorzeichen. Gegenüber der bis dahin vorherrschenden und in der BRD weiterbestehenden restriktiven Orientierung wurde die Erwerbsarbeit von Müttern mit kleinen Kindern unter einer zweifachen Perspektive zu einem gesellschaftlichen Wert: einerseits in der Tradition der Theoretiker der Arbeiterbewegung als Voraussetzung für die Gleichberechtigung gegenüber dem Mann in Familie und Gesellschaft, andererseits als bedeutsamer Faktor in der Volkswirtschaft der DDR. Auf der anderen Seite galten Pflege und Erziehung in K. nun nicht mehr als prinzipiell minderwertig gegenüber der ausschließlichen Familienpflege, sondern als Chance, schon in den ersten Lebensjahren den Grundstein für die Erziehung zur „allseitig entwickelten Persönlichkeit“ zu legen. Wichtig für die Einschätzung ist, dass der Ausbau der K. in der DDR nicht mit empirisch belegten pädagogischen Argumenten begründet wurde, sondern als Reaktion auf das Gleichheitspostulat und auf das damit verbundene Bedürfnis der DDR-Wirtschaft nach weiblichen Arbeitskräften erfolgte. Die später einsetzende und zweifellos beachtliche Krippenforschung hat nie belegen können, dass die geteilte Betreuung in Familie und K. zu besseren Resultaten führt, als die ausschließliche familiale Betreuung. Krippenforschung war zu einem großen Teil Krankheitsforschung, denn auch die Krippenveranstalter der DDR mussten erkennen, dass der Altersspezifik nicht ideologisch beizukommen war. Erst relativ spät (1985) brachte der Ministerrat der DDR/Ministerium für Gesundheitswesen ein „Programm für die Erziehungsarbeit in Kinderkrippen“ heraus. 1989 wurden an 39 medizinischen FS Krippenerzieherinnen ausgebildet.

Ganz anders als in der DDR sahen in der alten BRD die Antworten auf das Problem der Vereinbarkeit von Familie und Beruf aus. Über den gesamten Zeitraum ihres Bestehens blieb das sozialpädagogische Doppelmotiv der Krippenveranstalter (öffentliche und private Träger, Familien- und Sozialpolitik) im traditionellen Bewertungsrahmen: Erwerbsbeteiligung von Müttern kleiner Kinder und die Betreuung ihrer Kinder in K. nur im Notfall. Die Betreuung blieb weitgehend der privaten Organisation überlassen. Dem entsprach, dass die rechnerische Betreuungsquote in K. über 1,8 % nicht hinaus kam; das waren, bezogen auf die Kinder erwerbstätiger Mütter, knapp 5 % Da auch die Familientagespflege kaum zu einem höheren Betreuungsaufkommen beitrug, bedeutete das für die Mütter den ständigen Zwang zu immer neuen Betreuungsarrangements, – besonders bei der größer werdenden Gruppe der allein erziehenden Mütter *(Allein Erziehende);* die Kinder hatten, wenn sie in den Kindergarten kamen, nicht selten abenteuerliche Betreuungskarrieren hinter sich.

Die argumentative Begründung dieser Politik stellte das Wohl des Kindes in den Vordergrund. Institutionelle Gruppenbetreuung von Säuglingen und Kleinstkindern sei aus pädiatrischer und entwicklungspsychologischer Sicht abzulehnen. Dabei spielte die selektive Rezeption internationaler Forschungsbefunde zur Tagesbetreuung von Säuglingen und Kleinstkindern (Early Day Care Research) eine bedeutende Rolle. Gegner einer nebenfamilialen Betreuung neigten dazu, negative Ergebnisse zu verallgemeinern und positive auszublenden. Jetzt aber ging es weniger um Erkrankungs- oder gar Sterblichkeitshäufigkeiten, sondern vorrangig um die psychohygienische Streitfrage einer Mehrfachbetreuung von Kleinstkindern.

In dem Maße aber, wie die internationalen Forschungsbefunde zur Tagesbetreuung von Kleinstkindern es nicht mehr zuließen, die pauschalisierende und abwertende Kennzeichnung der K. als Notbehelfseinrichtung aufrechtzuerhalten (Fthenakis 1993, Laewen 1989), in dem Maße musste ein anderer, für die Krippenveranstalter entscheidender Grund dafür sichtbar werden, dass lange Zeit an der restriktiven Krippenpolitik festgehalten wurde: Das Finanzvolumen, das für einen bedarfsgerechten Ausbau sowie für die Betriebskosten der K. aufzubringen gewesen wäre, musste die Krippenveranstalter auf Bundes-, Landes- und kommunaler Ebene abschrecken, hatte man sich doch schon mit dem Ausbau des Kindergartens einen finanziellen Hauptposten der Kinder- und Jugendhilfe-Etats geschaffen.

Eine eigenständige Krippenforschung etablierte sich in der BRD erst in den 1980er Jahren, als einige universitäre und außeruniversitäre Forschungseinrichtungen (FU Berlin, DJI) die Krippe als Forschungsfeld entdeckten und damit begannen, sich Einzelaspekten zuzuwenden.

Ausblick

Nach SGB VIII (§ 24) hat ein Kind bis zum 3. Lebensjahr Anspruch auf frühkindliche Förderung in einer Tageseinrichtung oder in einer Tagespflege. Dazu soll ein bedarfsgerechtes Angebot an Plätzen bereitstehen. Kinder unter einem Jahr sind unter bestimmten Bedingungen des § 24 (1) zu fördern Der Bedarf kann durch die Erwerbstätigkeit oder durch eine Ausbildung der Eltern begründet sein, aber auch durch die Situation der Kinder, die einer besonderen frühen Förderung bedürfen.

Die Regelungen des TAG schrieben einen stufenweisen Ausbau bis zum 1. Okt. 2010 fest. Nach dem Kinderförderungsgesetz (KiFöG), das 2008 mit einer Änderung des § 24 SGB VIII die Intentionen des TAG weitergeführt und die Ausbaupläne für die Betreuung von Kindern vom vollendeten ersten bis zum dritten Lebensjahr noch forciert hat, sollten bis Ende Juli 2013 insges. 750 000 Plätze in Kinderkrippen und öffentlich geförderter Kindertagspflege zur Verfügung stehen. Damit sollte eine Versorgung der Kinder dieser Altersgruppe von 38 % (BMFSFJ 2011) erreicht werden. Zum 1. 8. 2013 wurde § 24 SGB VII erneut geändert und ein Rechtsanspruch für Kinder zwischen 1 und 3 Jahren auf Förderung in einer Tageseinrichtung oder in einer öffentlich geförderten Kindertagespflege eingeführt. Nach dem Fünften Bericht des BMFSFJ von März 2015 zum Stand des Ausbaus und der Versorgung gibt es 2014 mit 660 750 Kindern in Kinderkrippen und Kindertagespflege eine Versorgung der 1 bis unter 3-jährigen von 32,9 %. Am 1. 3. 2016 wurden 719 600 Kinder unter 3 Jahren betreut (Versorgungsquote bundesweit 32,7 %). Die etwas niedrigere Versorgungsquote ergibt sich aus einer höheren Geburtenzahl und der Zuwanderung. Allerdings bestehen nach wie vor gravierende regionale Unterschiede zwischen Ostdeutschland mit 51,9 % und Westdeutschland mit 28,2 % ebenso wie zwischen einzelnen Bundesländern und Kommunen. Den Rechtsanspruch auf einen Krippenplatz haben bisher nur wenige Eltern eingeklagt.

Der Ausbau dieses Betreuungsbereich wird weiterer immenser Anstrengungen bedürfen, zumal die Nachfrage (v. a. in größeren Kommunen) nach Krippen- und/oder Kindertagespflegeplätzen sehr viel höher als die angestrebten Versorgungsziele liegen dürfte. 2017 hat der Bund die Mittel zur Förderung des weiteren Krippenausbaus und für seine die Beteiligung an den an den Betriebskosten nochmal erhöht. Das Betreuungsgeld, das zum 1. 8. 2013 eingeführt wurde und Eltern zustand, die ihre unter 3-jährigen Kinder nicht in einer Kinderkrippe oder Kindertagespflege betreuen lassen wollten, ist vom BVerfG am 21. 7. 2015 (aus formalen Gründen) für nichtig erklärt worden. Seither gibt es das Betreuungsgeld nur noch für Übergangsfälle und aufgrund landesrechtlicher Regelungen in Bayern und Sachsen.

Pädagogisch zeichnet sich, im Westen wie im Osten, ein deutlicher Trend ab: Kitapädagogik versteht sich mehr und mehr als Kinderhauspädagogik. Das bedeutet: Relativierung der Altersgruppe als Organisationsprinzip und Entwicklung von Konzepten der Altersgruppenmischung. Schon zu Beginn der 1970er Jahre wurde versucht, die traditionelle sozialhygienisch motivierte Altersgruppenisolierung in Richtung altersgemischter Gruppen aufzubrechen. Die BAGLJÄ gab 1971 neue „Richtlinien für den Betrieb und Bau von Einrichtungen gem. § 78 JWG" heraus. Danach sollten Krippen und Krabbelstuben nicht mehr isoliert eingerichtet und Säuglinge und Kleinstkinder in Gruppen von 15 Kindern zusammen mit Vorschulkindern betreut werden. Traditionelles sozialhygienisches Fachpersonal und sozialpädagogisches Fachpersonal (Kindergärtnerinnen) sollten zusammenarbeiten. Die Kindertagesstättenpädagogik hinkte diesem frühen Impuls Jahre hinterher. Erst in den späten 1980er Jahren stieß die Anregung auf breiteres Interesse. Kita sollte Lebensraum werden, und diese Forderung vertrug sich schlecht mit altersseggregativen Konzepten. Kitapädagogik verstand sich mehr und mehr als Kinderhauspädagogik mit den verschiedensten Varianten der Altersmischung.

Der immense quantitative Ausbau der Einrichtungen bedarf weiterer Anstrengungen, aber auch der Weiterentwicklung der fachlichen Rahmenbedingungen für die bestmögliche Bildung, Erziehung und Betreuung. Die Sicherung „früher Bildung" in den Einrichtungen ist von zentraler Bedeutung. Ein Schritt in diese Richtung ist das Programm des BMFSFJ „Offensive Frühe Chancen", an dem sich Bund, Länder, Kommunen, Arbeitgeber und Gewerkschaften beteiligen. Insbes. die Integration von Kindern aus Flüchtlingsfamilien stellt die Einrichtungen vor neue Herausforderungen. Im Januar 2016 startete u. a. ein neues Bundesprogramm „Sprach-Kitas" und zudem das Programm „KitaPlus" für passgenaue Betreuungsangebote außerhalb der allgemein üblichen Öffnungszeiten. Eine verlässliche, qualitativ entwickelte Kinderbetreuung ist Voraussetzung für die Vereinbarkeit von Familie und Beruf und für gleiche Chancen für alle Kinder unabhängig von ihrer sozialen Herkunft.

Jürgen Reyer

Literatur

BMFSFJ (Hrsg.): Elfter Kinder- und Jugendbericht. Bericht über die Lebenssituation junger Menschen und die Leistungen der Kinder- und Jugendhilfe in Deutschland, Berlin/Bonn 2002 ◆ BMFSFJ: Bildung, Betreuung und Erziehung für Kinder unter 3 Jahren – elterliche und öffentliche Sorge in gemeinsamer Ver-

K

antwortung, Berlin 2008 ◆ BMFSFJ: Fünfter Bericht der BReg. über den Stand des Ausbaus für ein bedarfsgerechtes Angebot an Kindertagesbetreuung für Kinder unter 3 Jahren für das Berichtsjahr 2014, Berlin 2015 (diese Berichte gibt es jährlich seit 2011) ◆ DJI: Kinderförderungsgesetz, Elternbefragungen und Länderstudien 2014–2016 ◆ D. Franke-Meyer/J. Reyer: Klassiker der Pädagogik der frühen Kindheit. Ideengeber und Vorläufer des Kindergartens, Weinheim/München 2015 ◆ W. E. Fthenakis: Kinderbetreuung – eine familienpolitische Herausforderung der 90er Jahre, in: H. Bertram/W. E. Fthenakis/K. Hurrelmann u. a.: Familien: Lebensformen für Kinder. Weinheim/Basel 1993, 21–59 ◆ H.-J. Laewen: Zur außerfamilialen Tagesbetreuung von Kindern unter drei Jahren. Stand der Forschung und notwendige Konsequenzen, in: Z. f. Päd. 6/1989, 869–888 ◆ H.-J. Laewen/B. Andres/E. Hedervari: Ohne Eltern geht es nicht. Die Eingewöhnung von Kindern in Krippen und Tagespflegestellen, Berlin [6]2012 ◆ J. Münder u. a.: Frankfurter Kommentar zum SGB VIII, Baden-Baden [7]2013 ◆ J. Reyer: Krippenforschung und Krippenpädagogik in der DDR, in: np 4/1996, 326–344 ◆ J. Reyer/H. Kleine: Die Kinderkrippe in Deutschland. Sozialgeschichte einer umstrittenen Einrichtung, Freiburg i.Br. 1997 ◆ Stat.BA (destatis): Kinder und tätige Personen in Tageseinrichtungen und in Tagespflege, Wiesbaden 2015 ◆ dies.: Tagesbetreuung unter 3-jähriger zum 1. 3. 2016 ◆ R. Wiesner u. a.: Kommentar zum SGB VIII, [5]2015.

Links

www.bmfsfj.de
www.dji.de
www.destatis.de
www.akjstat.tu-dortmund.de

Kinderschutz

Historisches

K. hat es nicht immer gegeben. Als Idee und als Praxis stellt K. eine Antwort auf sozialgeschichtliche Entwicklungen dar, die zu einer erheblichen Gefährdung des Nachwuchses führten (Reproduktionskrise). Was für das Recht des Kindes *(Kindesrecht)* auf Leben, Entfaltung und Förderung gilt, das sich erst allmählich Bahn bricht, trifft auch auf Maßnahmen zum Schutz von Kindern zu.

K. hat historisch zur Voraussetzung eine mit der Herausbildung der bürgerlichen *Gesellschaft* schärfer werdende Altersklassengliederung der Gesellschaft (gewissermaßen die soziale „Erfindung" der *Kindheit*) und die Trennung von Leben und *Arbeit* in zwei voneinander geschiedene Sphären, wie sie sich im Zuge der Verallgemeinerung der kapitalistischen und industriellen Produktionsweise durchsetzt. Die damit geschaffenen Problemlagen heißen:

- Kinder gehören nicht mehr selbstverständlich zum gesellschaftlichen Leben, an dem zuvor alle (Große und Kleine) teilnahmen; sie müssen nunmehr gesondert aufbewahrt, betreut und beaufsichtigt, „erzogen" werden (was zuerst für die Kinder der begüterten und herrschenden Klassen Zug um Zug ins Werk gesetzt wurde).
- Die Kinder der besitzlosen Arbeiter hingegen wurden als billige und geschickte Arbeitskräfte in der sich rasend ausbreitenden großen Industrie des 19. Jh. gebraucht. Es kommt, soweit die Kinder sich nicht selbst überlassen bleiben, zur schonungslosen Ausbeutung von Kindern im kapitalistischen Arbeitsprozess.

K., von dem im eigentlichen Sinne erst im 19. Jh. zu sprechen ist, antwortet auf beide Entwicklungen: Er zielt auf die Durchsetzung außerfamilialer bzw. familienergänzender Betreuung und Erziehung von Kindern in der Schule und in Fürsorgeerziehungsinstitutionen (Armen- und Waisenhäusern) und auf das Verbot bzw. auf die Einschränkung der Kinderarbeit. Dabei ist bemerkenswert, dass Initiativen des K. historisch in erster Linie gesellschaftliche Aktionen „von oben" darstellten. Die Sorge um die Militärdienst- und Arbeitstauglichkeit des proletarischen Nachwuchses klingt auch in der ersten einschlägigen königlich preußischen Kabinettsorder vom 12. 5. 1828 an, in der es heißt: „Ich kann ein solches Verfahren (Kinder „in Masse" sogar nachts arbeiten zu lassen, R. W.) umso weniger billigen, als dadurch die physische Ausbildung der zarten Jugend unterdrückt wird und zu besorgen ist, dass in den Fabrikgegenden die künftige Generation noch schwächer und verkrüppelter werden wird, als es die jetzige schon sein soll."

Das preußische Gesetz zur Beschränkung der Kinderarbeit vom 6. 4. 1839, das die Kinderarbeit „vor dem zurückgelegten neunten Lebensjahr" verbot und das einen 3-jährigen regelmäßigen Schulunterricht bzw. den Nachweis verlangte, dass der Schüler „seine Muttersprache geläufig lesen kann und einen Anfang im Schreiben gemacht hat", wurde allerdings erst in dem Maße wirksam, wie Mitte des 19. Jh. die Arbeit in der Industrie qualifiziertere Arbeitskräfte erforderte (von der extensiven zur intensiven Ausbeutung der Arbeitskraft) und wie die erstarkende und organisierte Arbeiterbewegung den Kampf gegen weit verbreitetes Kinderelend aufnahm.

K

Mit Rücksicht auf den Menschen als Arbeitskraft und im Konflikt mit den Forderungen der demokratischen und sozialistischen Bewegungen sieht sich die bürgerliche Gesellschaft am Ende des 19. Jh. gezwungen, schrittweise und zögernd Maßnahmen zum Schutz von Kindern einzuleiten. Hierher gehören auch organisierte Bestrebungen, wie sie nach dem Modell der New Yorker Society for the Prevention of Cruelty to Children (1875) entstehen. 1897 wird der erste deutsche Kinderschutzverein – „der Deutsche Verein der Kinderfreunde" – gegründet, der aber bald wieder zerfällt. An seine Stelle tritt 1898/99 der (Berliner) „Verein zum Schutz der Kinder vor Ausnutzung und Misshandlung", ein bürgerlicher Honoratioren- und Philanthropenverein, dem es um die Einschränkung der Kinderarbeit und um Maßnahmen gegen die „sittliche Verwahrlosung", nach der Jahrhundertwende auch in zunehmendem Maße gegen Misshandlungen von Kindern im großstädtischen Milieu geht. Die Arbeit dieses Vereins hat zur Herausbildung einer öffentlichen Familienfürsorge beigetragen; auch hat man sich für die Unterbringung von Kindern in Kleinheimen eingesetzt.

K

Insgesamt blieb, auch nach dem 1. Weltkrieg, eine individualistische und moralistische Konzeption des K. vorherrschend; Hilfen im Einzelfall (Unterbringung in Heimen, materielle Unterstützung) bzw. Schuld- und Strafvorwürfe gegenüber Eltern und Familien kennzeichneten die Arbeit. Gesellschaftliche und politische Ursachen des Kinderelends wahrzunehmen, lag den traditionellen Kinderschutzvereinen fern. Nicht überraschend leisteten sie gegen ihre Eingliederung in die nationalsozialistische Volkswohlfahrt (NSV) keinerlei Widerstand, die einen strafeorientierten K. bruchlos fortsetzte, der aus dem gleichen Arsenal stammt wie die Misshandlung von Kindern, auf die er sich bezieht: gesellschaftlichen Unterdrückungsverhältnissen.

Kinderschutz nach 1945

Eine verbandliche Kinderschutzarbeit wurde in der BRD nach dem Zusammenbruch des Faschismus mit dem Deutschen Kinderschutzbund (DKSB) 1953 in Hamburg durch den Arzt Dr. Fritz Lejeune neu begründet, der jedoch sozialpolitisch und sozialpädagogisch nur geringe Bedeutung erlangte. Programmatisch blieb der DKSB lange Jahre einer reaktionären Konzeption verhaftet, die auf den Schutz „unserer Kinder vor Triebverbrechern und anderen Gefahren", auf Strafverschärfung bei Kindesmisshandlung sowie auf die Forderung nach Sicherungsverwahrung bzw. die Einweisung von „Triebtätern" in Arbeitslager oder ferne Inseln hinauslief. Die kampagnenmäßig geschürte Wut auf den sog. „Kinderschänder" diente allerdings viel eher der eigenen Entlastung von drückenden (Sexual-)Ängsten der Erwachsenen als dem Schutz misshandelter Kinder. Erst 1975 gelang dem DKSB eine Loslösung von triebrepressiven und gegenaggressiven Konzepten des K. (Dt. Charta des Kindes, 1975; Hamburger Erklärung, 1977).

Neue Entwicklungen im Ausland und v. a. eine verstärkte wissenschaftliche (insbesondere medizinische und sozialwissenschaftliche) Forschung haben der Kinderschutzarbeit auch hierzulande in den 1970er Jahren neue Anstöße gegeben (herausragend die Bedeutung der Arbeiten von H. Kempe und D. Gil in den USA). Eine konkrete und wissenschaftlich fundierte Arbeit, wie sie im „Kinderschutz-Zentrum Berlin", einer Modelleinrichtung interdisziplinärer, bevölkerungsnaher Familienhilfe und des K., 1975 begonnen wurde, ist erst dadurch möglich geworden. Sie hat Diskussionen und Maßnahmen auf dem Gebiet des K. in der BRD in Richtung auf eine fachlich qualifizierte, nicht-sanktionsorientierte Kinderschutzarbeit erheblich beeinflusst.

Begriff

K. stellt, weit gefasst, die gesellschaftliche Bemühung und Bewegung dar, Kinder vor Verhältnissen und Maßnahmen zu schützen, die dazu führen, dass das Recht der Kinder auf ein menschenwürdiges Leben, freie Entfaltung der Persönlichkeit und wirkliche Förderung beschnitten wird.

I. e. S. heißt K.: Schutz und Hilfe bei Misshandlungen und Vernachlässigungen von Kindern innerhalb und außerhalb der *Familie* zu gewähren *(Gewalt in Familien)*, d. h., bei einer gewaltsamen, nicht zufälligen physischen oder psychischen, das Wohl und die Rechte eines Kindes beeinträchtigenden oder bedrohenden Schädigung, durch die ein Kind verletzt, in seiner Entwicklung gehemmt oder sogar zu Tode gebracht wird, helfend einzugreifen. So gefasst, ist K. eine konkrete Reaktion auf Probleme (*Konflikt* und *Krise* familialer und außerfamilialer Erziehung, allgemeiner: die soziale Paria-Stellung des Nachwuchses, seine Entrechtung, Bedrohung und Zurichtung durch die Erwachsenengeneration, seine soziale Benachteiligung), die im Zentrum der Aufgaben staatlicher wie verbandlicher *Kinder- und Jugendhilfe* liegen. K. ist insofern kein Rand- oder Spezialproblem der SozArb, sondern K. stellt eine Hauptaufgabe in sozialpolitischer, sozialpädagogischer und

-therapeutischer Hinsicht einer modernen SozArb/SozPäd dar.

Probleme

Die Aufgabe des K. ist produktiv nur zu bewältigen, wenn Fehlentwicklungen und Probleme, die eine wirksame Arbeit immer wieder behindert haben, erkannt und überwunden werden. Dazu gehören:

- K. wird häufig zu einer Maßnahme zum Schutz vor den eigenen andrängenden und unbewältigten Konflikten des Helfers, die in der *Kindheit* und *Jugend* nicht gelöst werden konnten und nun in der rastlosen Tat für Kinder, angetrieben von dunklen Rettungsphantasien, zum Vorschein kommen. K. ist in besonderem Maße anfällig, vom „Helfersyndrom" durchsetzt zu werden, was am Ende zu ständigen Überforderungen und Enttäuschungen in der Arbeit führt, nicht zuletzt zu Überidentifikationen mit dem u. U. misshandelten Kind, wodurch ein offenes Verhältnis zu den Eltern eines Kindes in Frage gestellt wird. Ohne eine Klärung der emotional außerordentlich beunruhigenden seelischen Grundeinstellung zum Kind und zur Misshandlung ist eine kritische, produktive Kinderschutzarbeit nicht möglich.
- K. ist mit einer Tradition moralistischer, individualistischer bzw. familistischer *Einzelfallhilfe* belastet, d. h. am Einzelnen will man verändern, kurieren, was doch viel eher gesellschaftlich vermittelt und verursacht ist. K. ist viel zu oft blind gegenüber der Bedeutung sozialer Lebensverhältnisse für Elend und Zurichtung von Kindern, die reflektiert und kritisch in Frage gestellt werden müssten. Gerade in präventiver Hinsicht müsste der gesellschaftliche Gesamtzusammenhang viel genauer bedacht und verändert werden (grundsätzliche Maßnahmen gegen soziale Diskriminierung, Benachteiligung und Entrechtung der Kinder), um Kinder wirksam schützen zu können. Will K. mehr sein, als hier und da ein Loch zu stopfen, muss er gesellschaftspolitisch aktiv werden: für ausreichende materielle Lebensbedingungen (Lebensmittel, Wohn- und Spielraum), ausreichende Pflege und (gerade auch gesundheitliche) Versorgung, für befreiende *Erziehung* und Ausbildung kämpfen, ohne die weltweite Diskriminierung der Kinder (v. a. in der Dritten, armen, ausgebeuteten Welt) aus den Augen zu verlieren.
- K. ist herkömmlich außerordentlich stark „täterfixiert" und damit zusammenhängend „punitiv" (auf Strafe abzielend) eingestellt gewesen. Eine solche Sicht der Misshandlungsproblematik hat eine Lebens- und Erziehungsverhältnisse solidarisch verändernde Arbeit des K. immer wieder verhindert und hat gerade bei den Betroffenen eine Abwehr gegenüber Hilfeangeboten geschaffen; für die betroffenen Kinder hat sie überhaupt nichts eingebracht, es sei denn zusätzliche Beeinträchtigungen. Punitiver, strafeorientierter K. ist nichts anderes als der Schlag, der das Kind traf; er bessert niemanden. Punitiver K. ist wie die Faust aufs blaue Auge; er ist ein Relikt aus der Geschichte von Rache und Faustrecht. Wer das Wohl des Kindes im Auge hat und wirksam helfen will, muss eine Trennungslinie zwischen sich und der Tradition strafender Gesellschaft ziehen; alles andere läuft auf ein Betrugsmanöver hinaus und hat mit K. nichts zu tun.
- Insbesondere im Zusammenhang der neuen Diskussion in den 1980er und 1990er Jahren um den „sexuellen Missbrauch„ hat sich diese Tendenz erneut verstärkt. Dabei werden ohne genaue empirische Grundlage sehr hohe Fallzahlen und riesige Dunkelziffern unterstellt (jedes 3. Mädchen und jeder 10. Junge seien bedroht), und die sexuelle Kindesmisshandlung wird pauschal als besonders „traumatogen" eingeschätzt. Gleichzeitig hat sich der Umgang mit Familien, in denen es zu sexuellen Misshandlungen gekommen ist, verschärft. Trotz der neuen Betonung partnerschaftlicher Formen der Jugend- und Erziehungshilfe im SGB VIII, v. a. der Betonung der notwendigen Zusammenarbeit des JA mit der Familie bei Fremdunterbringungen von Kindern, werden seit Mitte der 1980er Jahre mit steigender Tendenz nur aufgrund irgendeines sexuellen Missbrauchverdachtes mit schnellem Rückgriff auf § 42 SGB VIII (Inobhutnahme und Herausnahme ohne Zustimmung) Kinder aus Familien gerissen. Damit wird aber wiederhergestellt, was moderne soziale Dienste bereits überwunden glaubten: das doppelte Mandat von Hilfe und Repression. V. a. die erneute Koppelung von Strafverfolgungsmaßnahmen und sozialen Hilfeangeboten hat die Fachlichkeit und den Erfolg öffentlichen wie freigemeinnützigen K. beschädigt. Aber auch undurchschaubare Allianzen hinter dem Rücken von Klienten zwischen JÄ, speziellen Kinderschutzeinrichtungen, Kliniken und Polizei haben dazu beigetragen, dass K. in den meisten modernen Wohlfahrtssystemen zu einer bevölkerungsfernen, schwerfälligen und schwer durchschaubaren und Klientenfeindlichen Angelegenheit wurde.

Ausblick

Jedenfalls ist K. ein Feld, in dem Mythologisierungen (regelrechte symbolische Kreuzzüge) sich geradezu anbieten und beste Absichten (Kinder zu schützen und in ihrer Entwicklung zu fördern) leicht ins Gegenteil umschlagen. Demokratischer, bevölkerungsnaher, solidarischer K. ist daher konzeptuell an einer Kritik solcher interventionistischen Verkehrungen des K. orientiert. An die Stelle eines reaktiven Protektionismus tritt ein präventives und gemeinwesenorientiertes Konzept der KJH, die offen ist für Kinder, Eltern, Familien und ihre vielgestaltigen Probleme, deren lebensgeschichtliche konfliktorientierte Zuspitzung Kindesmisshandlungen darstellen.

Ein solcher kritischer K. fixiert sich nicht auf die Tätersuche oder eine emotionalisierte Opferrettung, wie er überhaupt solche Spaltungskonzepte vermeidet. So verstanden, ist K. ein Angebot der Begegnung, gemeinsamer Lebensbewältigung und konkreter Hilfe. So heißt es im „Dormagener Qualitätskatalog der Kinder- und Jugendhilfe":„Moderner Kinderschutz versucht, die Lebensbedingungen von Kindern und Familien positiv zu verändern, indem er die Eigenkräfte der Familien stärkt, soziale Konflikte und Notlagen erkennt und konkret Hilfe leistet. Eltern werden bei der Erziehung und Förderung ihrer Kinder unterstützt. K. ist partnerschaftliche Aktion im Gemeinwesen zur Schaffung einer kinderfreundlichen Kultur des Aufwachsens. K. ist Familienschutz und als solcher Garant des Kindeswohls … K. hat eine doppelte Aufgabe: 1. Familien zu unterstützen, Kindern und Eltern zu helfen (Hilfefunktion). 2. Für den Fall, dass Eltern nicht in der Lage oder bereit sind, ihr Kind vor einer *Gefährdung* zu schützen, sichern die Fachkräfte des K. stellvertretend das Wohl der Kinder. Sie greifen dann – im Konfliktfall aufgrund einer Entscheidung des FamG – ein und treten an die Stelle der Eltern (Nothilfefunktion)."

In diesem Sinne ist auch der § 8a SGB VIII (Schutzauftrag bei Kindeswohlgefährdung – zum 1. 10. 2005 durch das KICK ins SGB VIII neu aufgenommen – vgl. *Kinder und Jugendhilfegesetz*) auszulegen und anzuwenden. Zur aktuellen Diskussion um Kindesmisshandlung und Kindestötung liegen inzwischen zahlreiche fachliche Aussagen vor (Wolff 2007, Jordan 2008, ISS e. V. 2011, im Übrigen fortlaufend aktualisiert vom DJI München unter: www.dji.de/asd).

Das neue Bundeskinderschutzgesetz/BKSchG (in Kraft getreten am 1. Januar 2012) soll nach der Begründung der BReg ‚gesetzgeberische Lücken schließen, die in verschiedenen Feldern des präventiven und des intervenierenden K. bestanden: durch Stärkung des Einsatzes von Familienhebammen, die Verpflichtung für alle hauptamtlichen Mitarbeiter/innen, ein erweitertes Führungszeugnis vorzulegen, eine bedingte Pflicht zum Hausbesuch, zur Vermeidung des sog. Jugendamts-Hoppings, die Erweiterung der Befugnis zur Informationsweitergabe an JÄ durch sog. Berufsgeheimnisträger (Ärzte, Psychologen) und die Förderung von Netzwerkbildungen Frühe Hilfen vor Ort. Vor allem mit der gesetzlichen Verankerung der Aufgabe der Qualitätsentwicklung in § 79a SGB VIII ist ein wichtiger Schritt zur Unterstützung guter Fachpraxis im K. gemacht worden. Wie in einer ersten empirischen Gesetzesfolgenabschätzung deutlich wird, hat das neue BKSchG vor allem die Aufmerksamkeit für Frühe Hilfen und die professionsübergreifende Zusammenarbeit im Kinderschutz verstärkt und erste Ansätze einer nachhaltigen Qualitätsentwicklung in Gang gebracht (vgl.: Bericht der BReg. „Evaluation des BKSchG" 2015). Nachdem man in Deutschland in den 1980er Jahren staatliche Säuglings-, Kleinkind- und Jugendgesundheitsdienste weitgehend abgebaut hatte, hat die Wiederentdeckung der Frühen Hilfen mit der Vernetzung von Familienhebammen, Gesundheitsdiensten, kinderärztlichen Praxen, regionalen sozialen Dienste und von Angeboten der Eltern- und Familienbildung zu einer produktiven Weiterentwicklung des Kinderschutzsystems geführt. Neue Modellprojekte und die Bündelung des internationalen Forschungswissens im Kontext des neu geschaffenen Nationalen Zentrums Frühe Hilfen (NZFH) unterstützten diese programmatische und methodische Wende, Hilfe und Schutz für Kinder und Eltern von Anfang stark zu machen und günstigenfalls auf alle Familien auszurichten und nicht erst bei problematischen Entwicklungsverläufen reaktiv einzugreifen (dazu insbesondere: das Schwerpunktheft der *IzKK.Nachrichten* „Kinderschutz und Frühe Hilfen", 2010; T. Meysen u. a. 2008; J. Freese u. a. 2011; C. Ludwig-Körner 2013, A. Lohmann 2015; T. Brand/T. Jungmann 2013, M Cierpka 2014; R. Schone/W. Tenhaken 2015; Schwerpunktheft „Praxis des Kinderschutzes", *Sozialmagazin*, 5 + 6/2015 und zuletzt der NZFH-Datenreport 2015 zu ausgewählten Themenbereichen: www.fruehehilfen.de/Datenreport_2015.pdf).

Nicht übersehen werden kann allerdings auch die Tendenz, dass in einer stärker präventiv ausgerichteten Kinder- und Jugendhilfe nicht selten einfach Frühwarnsysteme zur Erfassung, Überwachung, Behandlung und Verfolgung von „riskanten" Bevölkerungsgruppen im neuen Sicherheitsstaat propagiert werden, wodurch eine tripolare Ausrichtung resilienztheoretisch fundierter Frühen Hilfen (auf Kinder, Eltern und das Gemeinwesen) geschwächt wird. (dazu: Bastian/Diepholz/Lindner 2008).

Damit verschärfen sich allerdings zugleich die strategischen Herausforderungen, vor denen die moderne Kinderschutzarbeit insgesamt steht, wie in zahlreichen Forschungsbeiträgen deutlich wird (vgl.: Wolff u. a. 2013; Thole u. a. 2012; Marthaler u. a. 2014; Bode/Turba 2014; Hildenbrand 2011 und 2014; Lonne u. a. 2009; Renoux 2008; Biesel/Wolff 2014; Wolff u. a. 2015a; R. Wolff 2015b). Sie zeigen, dass die moderne Kinderschutzarbeit in eine regelrechte Zwickmühle geraten ist zwischen Anspruchserhöhung und Expansion und gleichzeitig einer wachsenden Enttäuschung über ihre Leistungen. Oft kann sie ihren überzogenen ‚Universalanspruch" gar nicht einlösen, nämlich alle als kritisch geltenden, mit Gewalt und Vernachlässigung einhergehenden Sozialisationsprozesse auszuschalten. Sie stößt daher an „Wirkungsgrenzen" und ist immer wieder strukturell überfordert. Insofern ist K. in ein Fahrwasser geradezu „paradoxer wie prekärer Modernisierungsprozesse" geraten, in denen ein „Drang zu perfektionierter Weltbeherrschung" und zur „Risikokontrolle" ebenso eine Rolle spielen wie enge manageriale, bürokratische und instrumentell technische Steuerungskonzepte. (Bode/H. Turba 2014). Damit versucht K, dem – entstandenen Außendruck standzuhalten und den häufigen medialen, politischen und professionellen Entwertungskampagnen konkurrierender Berufssysteme professionell zu begegnen. Dies gelingt besser – wie erste Ansätze der *Qualitätsentwicklung* zeigen – wenn die Partizipation von Kindern und Eltern im K. gestärkt und mehrseitige Hilfesettings ausgebaut werden, vor allem aber, wenn das Kinderschutzsystem zu einem lernenden demokratischen Hilfesystem wird. (Wolff 2015a, Kindler 2014).

Reinhart Wolff

Literatur

H. Bast/A. Bernecker/I. Kastien/G. Schmitt/R. Wolff (Hrsg.): Gewalt gegen Kinder, Reinbek [6]1990 ◆ P. Bastian/M. Schrödter: Fachliche Einschätzung bei Verdacht auf Kindeswohlgefährdung, in: np 3/2015, 224–242 ◆ T. Bastian/A. Dieplholtz/E. Lindner (Hrsg.): Frühe Hilfen für Familien und soziale Frühwarnsysteme. Münster 2008 ◆ K. Biesel: Wenn Jugendämter scheitern. Zum Umgang mit Fehlern im Kinderschutz, Bielefeld 2011 ◆ K, Biesel/R. Wolff: Aus Kinderschutzfehlern lernen, Bielefeld 2014 ◆ I. Bode/H. Turba: Organisierter Kinderschutz in Deutschland, Wiesbaden 2014 ◆ T. Brand/T. Jungmann (Hrsg.): Kinder schützen, Familien stärken: Erfahrungen und Empfehlungen für die Ausgestaltung Früher Hilfen aus der „Pro Kind"-Praxis und -Forschung. Weinheim, München 2013 ◆ BReg (Hrsg.): Evaluation des Bundeskinderschutzgesetztes, Berlin 2015 ◆ M. Cierpka (Hrsg.): Frühe Kindheit 0–3 Jahre: Beratung und Psychotherapie für Eltern mit Säuglingen und Kleinkindern. Stuttgart [2]2014 ◆ Freese, J./V. Göppel/M. Paul (Hrsg.): Frühe Hilfen und Kinderschutz in den Kommunen: Praxisgrundlagen Weinheim, München 2011 ◆ D. G. Gil: Violence against Children, Cambridge/Mass. 1975 ◆ M. E. Helfer (Hrsg.): Das misshandelte Kind, Frankfurt/M. 2002 ◆ B. Hildenbrand: Hilfe zwischen Kontrollauftrag und Hilfebeziehung. Wirkungen, Nebenwirkungen und Perspektiven. In: BAG der Kinderschutz-Zentren (Hrsg.): Hilfe …! Über Wirkungen, Risiken und Nebenwirkungen im Kinderschutz. (45–66). Köln 2011 ◆ B. Hildenbrand: Das KJHG und der Kinderschutz: Eine verpasste Professionalisierungschance der Sozialpädagogik. In: B. Bütow, M. Pomey, M. Rutschmann, C. Schär & T. Studer (Hrsg.): Sozialpädagogik zwischen Staat und Familie. Wiesbaden 2014, 175–202 ◆ ISS e. V. (Hrsg.): Vernachlässigte Kinder besser schützen, München [2]2011 ◆ E. Jordan (Hrsg.): Kindeswohlgefährdung. Rechtliche Neuregelungen und Konsequenzen für den Schutzauftrag der Kinder- und Jugendhilfe, Weinheim/München [3]2008 ◆ Kinderschutz-Zentrum Berlin (Hrsg.): Kindesmisshandlung. Erkennen und Helfen. Berlin [10]2009 ◆ H. Kindler: Neue Perspektiven für den Kinder und Jugendschutz: Ein Plädoyer für Veränderung. In: *DJI Impulse* 2/2014, 4–8 ◆ A. Lohmann: Kooperationen in Frühen Hilfen: Ansätze zur zielorientierten Gestaltung. Weinheim/München 2015 ◆. Ludwig-Körner: Frühe Hilfen und Frühförderung: Eine Einführung aus psychoanalytischer Sicht. Stuttgart 2011, B. Lonne et al.: Reforming Child Protection. London, New York 2009 ◆ T. Marthaler u. a. (Hrsg.): Rationalitäten des Kinderschutzes. Kindeswohl und soziale Interventionen aus pluraler Perspektive. Wiesbaden 2014 ◆ J. Merchel: Mängel des Kinderschutzes in der Jugendhilfe, in: *Sozialmagazin* 2/2007, 11 ff. ◆ J. Münder: Kindeswohl – Kinderschutz – Kinderrechte in Deutschland, in: uj 11-12/2010, 450–459 ◆ T. Meysen/L. Schönecker/H. Kindler: Frühe Hilfen im Kinderschutz: Rechtliche Rahmenbedingungen und Risikodiagnostik in der Kooperation von Gesundheits- und Jugendhilfe. München 2008 ◆ N. Parton/D. Thorpe/C. Wattam: Child Protection. Risk and the Moral Order, Houndmills u. a. O.

K

1997 ◆ M.-C. Renoux: Réussir la protection de l'enfance. Avec les familles en précarité. Paris 2008 ◆ K. Rutschky/R. Wolff: Handbuch Sexueller Missbrauch, Reinbek 1999 ◆ Schwerpunktheft „*Kinderschutz und Frühe Hilfen, IzKK-Nachrichten,* München 1/2010 ◆ Schwerpunktheft „Praxis des Kinderschutzes", In: *sozialmagazin,* 5+6/2015 ◆ „R. Schone/ W. Tenhaken (Hrsg.): Kinderschutz in Einrichtungen und Diensten der Jugendhilfe: Ein Lehr- und Praxisbuch zum Umgang mit Fragen der Kindeswohlgefährdung. Weinheim, München ²2015 ◆ Stadt Dormagen (in Zusammenarbeit mit R. Wolff) (Hrsg.): Dormagener Qualitätskatalog der Kinder u. Jugendhilfe, Opladen ²2011 ◆ N. Struck: Zentrale Aspekte für die Umsetzung des BKiSchG, in: *FORUM-Jugendhilfe* 1/2012, 12–16 ◆ W. Thole/A. Retkowski/ B. Schäuble (Hrsg.): Sorgende Arrangements. Kinderschutz zwischen Organisation und Familie. Wiesbaden 2012 ◆ U. Werner: Missbrauch in der Sozialen Arbeit. Missbrauch von Minderjährigen in Institutionen durch Mitarbeiter, in: *Sozialmagazin* 3/2011, 12–26 ◆ R. Wolff: Demokratische Kinderschutzarbeit – zwischen Risiko und Gefahr, in: *Forum Erziehungshilfen* 3/2007, 132–139 ◆ R. Wolff: Von der Konfrontation zum Dialog. Kindesmisshandlung – Kinderschutz – Qualitätsentwicklung, Köln 2010 ◆ R. Wolff u. a.: Dialogische Qualitätsentwicklung im kommunalen Kinderschutz. Ein Praxisleitfaden, Köln 2013 ◆ R. Wolff/U. Flick/T. Ackermann/K. Biesel/ F. Brandhorst/S. Heinitz/M. Patschke u. G. Röhnsch, G. (2013): Aus Fehlern lernen – Qualitätsmanagement im Kinderschutz. Konzepte, Bedingungen, Ergebnisse, hg. vom NZFH. Opladen, Berlin, Toronto 2013 ◆ R. Wolff/U. Flick,/T. Ackermann/K. Biesel/ F. Brandhorst/S. Heinitz/M. Patschke/P. Robin: Kinder im Kinderschutz – Zur Partizipation von Kindern und Jugendlichen im Hilfeprozess – Eine explorative Studie, hg. vom NZFH. (Beiträge zur Qualitätsentwicklung im Kinderschutz 2). Köln ²2015b ◆ R. Wolff: Kinderschutz. David Gil zum 90. Geburtstag. In: *Widersprüche,* 137/2015 (2015a), 97–105 ◆ W. M. Zenz u. a. (Hrsg.): Die vergessenen Kinder. Vernachlässigung, Armut und Unterversorgung in Deutschland, Köln 2002 ◆ U. Ziegenhain/J. M. Fegert (Hrsg.): Kindeswohlgefährdung und Vernachlässigung, München/Basel 2007.

Kinder- und Jugendhilfe

Begriff und Gegenstandsbereich

Die Frage, was ist eigentlich Kinder- und Jugendhilfe, kann erst seit 1990 durch einen Blick in das SGB VIII grundsätzlich und relativ leicht beantwortet werden.

In § 2 SGB VIII werden die Aufgaben der Jugendhilfe benannt (Leistungen und Andere Aufgaben) aus denen sich bereits die zahlreichen und vielfältigen Arbeitsbereiche der KJH erkennen lassen (ausführlich Rätsch-Heinrich 2013, Schröer u. a. 2016, Münder/Trenczek 2015).

Leistungen der Jugendhilfe (§§ 11–41 SGB VIII) sind danach

- Angebote der Jugendarbeit, der Jugendsozialarbeit und des erzieherischen Kinder- und Jugendschutzes *(Jugendarbeit/Jugendsozialarbeit/ Kinderschutz);*
- Angebote zur Förderung der Erziehung in der Familie *(Familie/Familienberatung/Familienbildung/Elternarbeit);*
- Angebote zur Förderung von Kindern in Tageseinrichtungen und in Tagespflege *(Tageseinrichtungen für Kinder (Kindergarten)/Kinderhort/Kinderkrippen);*
- Hilfe zur Erziehung *(Fremdunterbringung/ Heimerziehung/Hilfe(n) zur Erziehung);*
- Hilfe für seelisch behinderte Kinder *(Behindertenhilfe);*
- Hilfe für junge Volljährige.

Diese Leistungen kennzeichnen das SGB VIII als Sozialeistungsgesetz *(Kinder- und Jugendhilferecht).* Sie können von öffentlichen und freien Trägern wahrgenommen werden *(Träger der Sozialen Arbeit).*

Die **Anderen Aufgaben** (§§ 42–60 SGB VIII) sind „eine Restkategorie von Aufgaben unterschiedlichen Zuschnitts, die weit überwiegend zum Traditionsbestand der KJH gehören und überwiegend Funktionen des staatlichen Wächteramtes (Art. 6 Abs. 2 GG) darstellen" (Wiesner 2015, § 2 Rz. 13). Andere Aufgaben sind u. a. die Adoption, die Inobhutnahme, die Betriebs- und Pflegeerlaubnisse, die Mitwirkung des JA vor dem Familiengericht, die Jugendgerichthilfe/*Adoption (Annahme als Kind (Beistandschaft/Betriebserlaubnis/ Familiengerichtsverfahren/Jugendgerichtshilfe/ Vormundschaft).*

Bei diesen sog. hoheitlichen Tätigkeiten können die öffentlichen Träger anerkannte Träger der freien Jugendhilfe an der Durchführung beteiligen oder sie ihnen übertragen, sie bleiben aber für die Erfüllung dieser Aufgaben verantwortlich (also: nur wenn, dann: § 76 SGB VIII)

Der Weg zu dieser ersten Klarstellung, „was Kinder- und Jugendhilfe ist", war allerdings lang.

Begriff und Gegenstandsbereich in der historischen Entwicklung

Der Versuch einer theoretischen und systematischen Bestimmung von Zielsetzungen, Funktionen und Gegenstandsbereich der Kinder- und Jugendhilfe/JH stieß immer wieder auf beträchtliche Schwierigkeiten. Die in der Praxisliteratur vorherrschenden Definitionsversuche sind traditionell Negativabgrenzungen: JH (inzwischen immer als KJH bezeichnet) soll danach „alles was Erziehung, aber nicht Schule und nicht Familie ist" (Bäumer 1929, 3) umfassen, also diejenigen Angebote, Dienste und Einrichtungen, die die Erziehungsansprüche von jungen Menschen erfüllen, die durch Elternhaus, *Schule* und *berufliche Bildung* allein – bzw. durch deren Versagen – nicht sichergestellt werden. Danach ist KJH primär eine ergänzende bzw. subsidiäre Sozialisationshilfe *(Subsidiarität)*, erhält aber als Erziehungsinstanz neben Familie und Schule eigene Zuständigkeiten und verfügt über spezielle Methoden und Organisationsformen.

Ein Rückblick auf die mehr als 150-jährige Geschichte der KJH (Scherpner 1966; Mollenhauer 1959; Hasenclever 1978) zeigt dann, dass die direkten Hilfen als fürsorgerische Aufgabe die Qualität der KJH vorrangig bestimmten. Allgemein fördernde Angebote und die politische Anwaltschaft für junge Menschen entwickelten sich nur zögernd. Soziale Kontrolle und Disziplinierung erschwerten Bemühungen, das Eigenrecht junger Menschen auf *Erziehung* und Entwicklung als Maßstab sozialpädagogischen Handelns durchzusetzen.

Entwickeltere Positionen

Nach neuerem und umfassenderem Verständnis liegen die Aufgaben der KJH darin, junge Menschen in ihrer individuellen und sozialen Entwicklung zu fördern, Benachteiligungen zu vermeiden und abzubauen sowie Sorge zu tragen für positive Lebensbedingungen und eine kinder- und familienfreundliche Umwelt. J. ist danach generell an der Frage interessiert, wie das Recht jedes jungen Menschen „auf Förderung seiner Entwicklung und auf Erziehung zu einer eigenverantwortlichen und gemeinschaftsfähigen Persönlichkeit" (§ 1 Abs. 1 SGB VIII) realisiert werden kann. Angesichts einer gegenwärtig rapide zunehmenden Individualisierung der Lebensführung und der Pluralisierung von Lebensverhältnissen und einer damit in Zusammenhang stehenden Auflösung traditioneller *Milieus*, Handlungs- und Orientierungsperspektiven, der schwindenden Geltungskraft universeller Werte und Normierungen, der Veränderung familialer Lebensformen und der tendenziell abnehmenden Bedeutung der Familie für *Sozialisation* und gesellschaftliche *Integration* von Kindern und Jugendlichen, wird dieser sozialpädagogische Auftrag immer bedeutsamer. Dies auch deshalb, weil die zunehmende Institutionalisierung von Kindheit und Jugendphase mehr und mehr zu einem „Aufwachsen in öffentlicher Verantwortung" geführt hat (BMFSFJ 2013).

Danach hat KJH in Ergänzung zur Familie und neben Schule und Ausbildung junge Menschen in ihrer Entwicklung allgemeinerzieherisch zu fördern (z. B. im frühen Kindesalter durch die Kindertageseinrichtungen und Kindertagespflege), durch *Beratung* und Unterstützung sozialen Benachteiligungen und Entwicklungskrisen entgegenzuwirken, Hilfe zur Erziehung zu leisten, wenn das Wohl des Kindes oder des Jugendlichen nicht gewährleistet ist und an gerichtlichen Verfahren mitzuwirken. Zugleich soll KJH sich anwaltschaftlich-politisch für bessere Lebensbedingungen junger Menschen einsetzen (*Verfahrensbeistand*/Anwalt des Kindes). Damit verbunden ist die Erarbeitung und Durchsetzung korrigierender Alternativen ebenso wie die Vertretung der betroffenen Gruppen gegenüber anderen gesellschaftlichen Interessen und Gruppen (Jordan u. a. 2015). Um diese Ansprüche zu erfüllen, hat sich KJH in die Belange und Zuständigkeiten anderer Sozialisationsinstanzen und Politikbereiche „aktiv einzumischen" (Mielenz 1981: *Einmischungsstrategie*).

Entwicklungen seit 1970

Perspektiven und Handlungspotenziale von KJH sind vor dem Hintergrund einer mehr als 30 Jahre intensiv geführten Diskussion um Anspruchsprofil, Standards und Aufgaben der JH zu sehen.

Im Gefolge der studentischen und außerparlamentarischen Protestbewegung gegen Ende der 1960er Jahre hatte auch die KJH eine radikale politische Kritik erfahren (Hollstein/Meinhold 1973). Einem als ideologisch verstandenen, individualisierenden Handlungs- und Selbstverständnis wurde eine Situationseinschätzung entgegengehalten, die auf die zudeckenden, repressiven Dimensionen der Jugendhilfepraxis abstellte. Diese Kritik hat insofern bleibende Spuren hinterlassen, als die Frage, welchen Beitrag KJH zur ideologischen und faktischen Reproduktion der bestehenden Gesellschaft leistet (KJH als Instanz der sozialen Kontrolle), in der Folgezeit zu einer größeren Sensibilität gegenüber den tatsächlichen Problemen und Lebenschancen der Handlungsadressaten und zu einer deutlichen Problematisierung repressiver Interventionen (z. B. geschlossene Heimerziehung: aktuell Feldhaus u. a. 2013) geführt hat. Ihre praktische Wendung hat diese Kritik gefunden in der Kinderladenbewegung *(Antiautoritäre Erziehung),* in Ansätzen einer antikapitalistischen Jugendarbeit, der Jugendzentrumsbewegung und – als Ausfluss der Heimkritik und der Heimkampagnen – im Bereich selbstorganisierter Wohnkollektive *(Selbsthilfe/Selbstorganisation).*

Offensive Jugendhilfe: Die radikalen Kritikpositionen haben seit Anfang der 1970er Jahre auch die fachliche Diskussion um das sozialpädagogische Profil der KJH mitbestimmt. Von besonderer Bedeutung war die grundsätzliche Ausarbeitung zu „Inhalt und Begriffe moderner Jugendhilfe" (BMJFG 1974; Hottelet u. a. 1976): Die Erarbeitung allgemeiner und grundlegender Sozialisationsziele (Autonomie, Sexualität, Kreativität, Produktivität, Soziabilität) sollte dazu beitragen, dass sich KJH auf Sicherung von Entwicklungsbedingungen junger Menschen, Realisierung von Emanzipation und auf Parteilichkeit ausrichtet. Unter dem Begriff der „offensiven JH" hat diese Konzeption auf breiter Basis fachliche Diskussionen bestimmt und Entwicklungen ausgelöst.

K

Jugendberichte: Aber auch die Jugendberichte der Sachverständigenkommissionen der BReg haben zu einer fachlichen Weiterentwicklung der JH beigetragen. Zu nennen wären hier v. a.: der 3. Jugendbericht (BMJFG 1972), der aus einer kritischen Bilanz des damaligen Profils der JÄ in der BRD deren Weiterentwicklung zur „Sozialpädagogischen Fachbehörde" fordert; der 5. Jugendbericht, der Lebenslagen benachteiligter Gruppen thematisiert; der 6. Jugendbericht, der die Diskriminierung und Benachteiligung von *Mädchen* und jungen Frauen in den Mittelpunkt rückte, der 8. Jugendbericht (BMJFFG 1990), der das Konzept einer „lebensweltorientierten" J. einführte sowie der 11. Kinder- und Jugendbericht (BMFSFJ 2002), der das „Aufwachsen in öffentlicher Verantwortung" thematisierte (s. auch Struck in: Wiesner 2015 zu § 84, Rz 15 ff.,20).

Parallel zu den skizzierten fachlichen Entwicklungen verlief die mit der Vorlage eines „Diskussionsentwurfes eines Jugendhilfegesetzes" (BMJFG 1973) eingeleitete Diskussion um die Reform des Jugendhilferechts, die mit der Verabschiedung des KJHG/SGB VIII 1990 ihren vorläufigen Abschluss fand.

Standards: Schon Mitte der 1980er Jahre wurden Zielbestimmungen und Prinzipien einer umfassend konzipierten und offensiv verstandenen KJH mit Begriffen wie „Leistung statt Eingriff", „Prävention statt Reaktion", „Flexibilisierung statt Bürokratisierung" und „Demokratisierung statt Bevormundung" belegt. Der 8. Jugendbericht der BReg (BMJFFG 1990; vgl. auch Kreft/Lukas u. a. 1993) hat zuletzt diese Standards einer zeitgemäßen KJH mit dem Begriff der „Lebensweltorientierung" (Thiersch 2015) belegt. Dieses Konzept wird durch Strukturmaximen wie Prävention, Regionalisierung, Alltagsorientierung, Partizipation und Integration bestimmt.

Prävention meint eine Orientierung an lebenswerten, stabilen Verhältnissen und Hilfe bei der Bewältigung kritischer Lebensphasen und -ereignisse. Dezentralisierung/Regionalisierung verlangt von der KJH eine Arbeit in gewachsenen lokalen Strukturen und die Entwicklung tragfähiger kleinräumiger Förderungs- und Unterstützungsstrukturen *(Sozialraumorientierung).* Alltagsorientierung bezieht sich auf die Respektierung der (unterschiedlichen) Lebenserfahrungen der Handlungsadressaten, bedeutet leichte Zugänglichkeit und ganzheitliche Konzeption der Hilfen. Integration betont das Prinzip der Normalisierung gegenüber Ab- und Ausgrenzung (heute v. a. unter *Inklusion* behandelt) und soll zur Überwindung traditioneller Zuständigkeitsbegrenzungen der JH beitragen. *Partizipation* meint umfassende Beteiligung der Betroffenen am Hilfeprozess, Sicherung von Rechtspositionen und des Prinzips der Freiwilligkeit in den Hilfen.

Die hier formulierten Ansprüche an eine offensive JH stehen allerdings oftmals noch in einem deutlichen Widerspruch zur alltäglichen Praxis. KJH – das darf nicht übersehen werden – wird mit gesellschaftlichen Benachteiligungen konfrontiert, deren Ursachen weitgehend in sozioökonomischen Bedingungen zu suchen sind. „Hausgemachte" Probleme kommen hinzu: Eingriffsdenken, Bevormundung und Bürokratie erschweren noch immer eine offensive KJH. Beratungs- und Betreuungsangebote sind immer wieder noch nicht hinreichend vorhanden, *Spielplätze* regen häufig kaum Kreativität und Phantasie der Kinder an. Angebote der Jugendarbeit erreichen nur selten benachteiligte Jugendliche und sprechen eher *Jungen* als *Mädchen* an. Einzelfallbetreuungen *(Einzelfallhilfe)* haben oftmals nur *Anpassung* an gegebene Verhältnisse zum Ziel, die ambulanten (familienergänzenden) Hilfen sind noch nicht bedarfsgerecht ausgebaut, und noch immer werden zu viele Kinder und Jugendliche außerhalb der eigenen Familie untergebracht.

Hinzu kommt, dass Programme und Angebote in ihren Ansätzen, Inhalten und Zielen oft unverbunden nebeneinander stehen. So wird auf komplexe Problemlagen einzelner oder spezifischer Gruppen zumeist nicht mit koordinierten und sich ergänzenden Leistungen reagiert. Die Veränderung solcher Bedingungen ist eine sozial- und gesellschaftspolitische Herausforderung, die KJH. allein nicht bewältigen kann.

Das KJHG/SGB VIII von 1990: Schon für den Beginn der neueren Reformdiskussion war bestimmend, dass das JWG in weiten Teilen den Anforderungen an eine leistungsorientierte JH nicht mehr gerecht wurde (vgl. u. a. BMJFG 1973). Bei allen Reformbemühungen war von daher das Interesse bestimmend, ein neues Jugendhilferecht als ein Leistungsrecht auszugestalten, das von Rechtsansprüchen Betroffener ausgeht, deren Partizipation in den Mittelpunkt stellt, repressive Momente zurückdrängt und KJH nach den Grundsätzen moderner Leistungsverwaltung mit stark präventiven Ansprüchen und Möglichkeiten aufbaut.

Erst 1990 kommt die Jugendhilferechtsreform mit der Verabschiedung des „Gesetzes zur Neuordnung des Kinder- und Jugendhilferechts" zu ihrem vorläufigen Abschluss. Das Kinder- und Jugendhilfegesetz (SGB VIII) trat zum 1. 1. 1991 (in den nBL mit materiellen Einschränkungen schon zum 3. 10. 1990) in Kraft und löste damit als neue rechtliche Grundlage der KJH in der BRD das noch wesentlich auf Strukturprinzipien und Vorgaben des RJWG von 1922 basierende JWG ab (zur neueren Reformgeschichte Wiesner 1990).

Grundverpflichtungen der Kinder- und Jugendhilfe

Zu den Grundzielen und Grundverpflichtungen der KJH gehört es nach § 1 Abs. 3 SGB VIII, junge Menschen in ihrer individuellen und sozialen Entwicklung zu fördern und Benachteiligungen zu vermeiden oder abzubauen, Eltern und andere Erziehungsberechtigte bei der Erziehung zu beraten und zu unterstützen, Kinder und Jugendliche vor Gefahren für ihr Wohl zu schützen und dazu beizutragen, positive Lebensbedingungen für junge Menschen und ihre Familien sowie eine kinder- und familienfreundliche Umwelt zu erhalten oder zu schaffen.

KJH umfasst damit allgemein fördernde, direkt helfende und politische Aufgabenbereiche. Im Rahmen der allgemeinen Förderung geht es um die Entwicklungsmöglichkeiten von jungen Menschen und die Ausbildung ihrer Fähigkeiten. Schließlich nimmt eine anwaltschaftlich verstandene JH einen unmittelbaren Einfluss auf die Politik. Dies kann durch öffentliche Fachdiskussionen ebenso geschehen wie durch Einmischung in andere Ressorts (Stadtplanung) oder durch die Beeinflussung der Gestaltung von Sozialpolitik im Rahmen der Gesetzgebungsverfahren (Mielenz 1981).

Träger und Strukturen

Vielfältig sind in der KJH auch die Trägerschaften für Aufgaben und Leistungen. Auf der einen Seite gibt es die Träger der öffentlichen KJH, die JÄ, LJÄ. Sie tragen die Gesamtverantwortung für die Erfüllung der Leistungen, wie sie das SGB VIII vorsieht. Auf der anderen Seite nehmen freie Träger (*Jugend- und Wohlfahrtsverbände*, Selbsthilfegruppen und sonstige Vereinigungen) Aufgaben der KJH wahr. Auch sie bieten Einrichtungen und soziale Dienste an *(Träger der Sozialen Arbeit).*

Dies setzt bei öffentlichen und freien Trägern der KJH Strukturen und Organisationsformen voraus, die den genannten Zielen einer offensiven JH wirksam dienen. Und notwendig ist eine systematische Planung der sich aus den Zielen der KJH ergebenden Aufgaben und ihre hinreichende finanzielle Absicherung *(Jugendhilfeplanung).*

Zielkonflikte in der Kinder- und Jugendhilfe

Das doppelte Mandat der KJH: Sie ist – und dies gilt nicht nur für den i. e. S. fürsorgerischen Bereich – durch eine doppelte Aufgabenstellung gekennzeichnet. Zum einen kommen ihr Erziehungsfunktionen zu, soll sie Interessenvertreter von Kindern und Jugendlichen sein, diese bei Krisen und Entwicklungsproblemen beraten und pädagogische Hilfen anbieten. Zum anderen hat KJH aber auch Kontrollaufgaben zu erfüllen; sie hat zwischen sozial akzeptiertem und abweichendem Verhalten zu differenzieren und zu intervenieren *(Abweichendes Verhalten).*

KJH bedeutet im Regelfall *Sozialisation,* Kompensation, *Hilfe* und soziale Kontrolle („doppeltes Mandat"). Diese Gratwanderung zwischen Akzeptierung, Toleranz und Interessendurchsetzung einerseits und sozialer Kontrolle andererseits, die Spannung widersprüchlicher Orientierungen und die damit verbundenen Zielkonflikte erschweren eine Profilierung der KJH als sozialpädagogische Erziehungsinstitution.

KJH als ‚antiinstitutionelles' Korrektiv: Die mit einem Wandel zwangsläufig verbundene stärkere

Institutionalisierung und Ausdehnung der KJH bedarf darüber hinaus der kritischen und korrigierenden Konfrontation mit Modellen und Ansätzen, die Freiräume für selbstbestimmtes Lernen, eigenständige und solidarische Interessenvertretung und selbstverwaltete Freizeit schaffen. Nur dieses „antiinstitutionelle" Korrektiv bietet die Chance, dass Kinder und Jugendliche dem Zugriff pädagogischer Instanzen und der umfassenden Verwaltung ihrer Lebenssituationen sich zumindest partiell entziehen, zu subjektiv befriedigenden Bedürfnisinterpretationen kommen und diese auch gegen etablierte Interessen anmelden und vertreten können.

Bildungsfunktion der KJH: Seit 2011 wird (wieder) intensiver über die Bildungsfunktion der JH diskutiert. V. a. geht es dabei um ihre Bedeutung im Kontext non-formaler und informeller Bildungsprozesse (Rauschenbach 2009; insbesondere BMFSFJ 2005 und 2013, auch Maykus 2014)

Organisationsöffnung: Seit der Föderalismusreform I (in Kraft getreten am 1. 9. 2006) erlaubt Art. 84 GG nunmehr den Ländern in der Kinder- und Jugendhilfe, die Behördenstrukturen abweichend von den Bestimmungen des SGB VIII zu regeln, also u. U. JÄ und LJÄ abzuschaffen *(Jugendhilfeausschuss)* und die Aufgaben anderen Behörden zu übertragen bzw. die Zweigliedrigkeit des JA aufzuheben – vgl. § 70 Abs. 1 SGB VIII – und ab 1. 1. 2009 die Verfahren abweichend von den Regelungen des SGB VIII (etwa die §§ 36, 80 u. a.) neu zu ordnen (zu den Aus- und Nachwirkungen der Föderalismusreform für die KuJ vgl. jetzt Wiesner u. a. 2015 § 69 Rz 5 ff.).

Ausblicke

‚Jubiläen' waren zuletzt der Anlass, den Entwicklungsstand, die Perspektiven und die sich bereits abzeichnenden Probleme der KJH genauer zu betrachten.

- So hat die AGJ aus Anlass der 60. Wiederkehr ihrer Gründung eine sehr dichte und breite Darstellung der KJH in ‚einer Gesellschaft des Überganges, ihrer Herausforderungen und Zukunftsaufgaben' vorgelegt (AGJ 2009 – dort auch mit einem Rückblick auf die wichtigsten Entwicklungen in diesen 60 Jahren von: Kreft/Mielenz), Thomas Rauschenbach, der Direktor des DJI, hat das AGJ-Jubiläum für umfassende Überlegungen zu ‚Jugendhilfe und Jugendpolitik – gestern, heute und morgen' genutzt (Rauschenbach 2009).
- Das ‚zweite Jubiläum', 20 Jahre KJHG/SGB VIII (in Kraft getreten 1990/1991), ist von vielen zum Anlass genommen worden, die KJH und ihre Entwicklungen genauer zu erfassen (stellvertretend: Rauschenbach 2010; vgl. im Übrigen die Betrachtungen dazu unter eher rechtlichem Blickwinkel bei *Kinder- und Jugendhilfegesetz*).
- Das ‚letzte ‚Jubiläum', 25 Jahre SGB VIII, war dann erneut Anlass für eine umfassende Betrachtung des Arbeitsfeldes Kinder- und Jugendhilfe und seines Rechts. So hat die AGJ ein Schwerpunktheft ‚Im Fokus – 25 Jahre SGB VIII FORUM Jugendhilfe 1/2015) – herausgegeben, in dem u. a. Pothmann und Schilling in neun Thesen die Entwicklung der KJH im Spiegel der amtlichen Statistik nachgezeichnet haben.

Ein (Zwischen) Fazit: Die KJH hat in vielen Bereichen ihres Handelns eine z. T. ganz und gar ungewöhnliche Entwicklung genommen. So hat die AGJ 2014 zum 15. Deutschen Kinder- und Jugendhilfetag Entwicklungslinien zu Strukturen, Angeboten und Leistungen der KJH erarbeiten lassen. Die KJH hat danach eine erhebliche Expansion erfahren, sie ist aber nicht nur qualitativ gewachsen (Mitarbeiter, Finanzen), sie ist auch vielfältiger geworden. Auch wenn der Interventionsgedanke etwas in den Vordergrund gerückt sei und wegen der Kinderschutzdebatte stärker akzentuiert wird, bleibt der KJH die Dienstleistungsorientierung erhalten. Mit der erheblichen Ausweitung des Personals ging auch eine Professionalisierung (Hochschulabschlüsse) einher. Nur die Trägerdominanzen haben sich nicht verändert. 70 % der Einrichtungen und des Personals werden weiterhin von den Freien Trägern betrieben bzw. beschäftigt (zitiert nach Kreft 2015, genauer in AGJ 2014; zur Ausgabenentwicklung zuletzt KOMDat 3/2015, 12 f.).

Fortbestehende Probleme: Trotz dieser im Großen und Ganzen bemerkenswerten Entwicklung bleiben ungelöste Probleme:

1) Die JH hat ihre innere Gleichheit und Gleichberechtigung bei den vier großen Leistungsblöcken inzwischen aufgegeben (§ 2 SGB VIII: Angebote zur Förderung der Jugendarbeit, zur Förderung der Erziehung in der Familie, zur Förderung von Kindern in Tageseinrichtungen und in der Tagespflege und die Hilfe(n) zur Erziehung). Gegenwärtig entfallen bereits 60 % aller Ausgaben der KuJ auf die Kinderbetreuung, rd. 28 % auf die Hilfen zur Erziehung, nur noch 6.5 % auf die Kinder- und Jugendarbeit, die

Förderung der Erziehung in der Familie – also die ‚offenen' Angebote der Familienbildung, der -freizeit und -erholung, auch die der allgemeinen Familienbildung – führen statistisch ein Schattendasein (so immer wieder die Daten von KOMDat).

2) Neue gesellschaftliche Entwicklungen (das Anhalten einer hohen Jugendarbeitslosigkeit, die gravierende Kinder- und Jugendarmut/*Armut*), der Rückgang der Bevölkerungszahlen *(Bevölkerungsentwicklung)*, die große Gruppe der Kinder- und Jugendlichen mit Migrationshintergrund, inzwischen auch die große Zahl der *Unbegleiteten minderjährigen Flüchtlinge (Migration und Integration)* sind weitgehend noch ohne befriedigende Antworten, also weithin ungelöst.
3) Die bedrückende Diskussionen um Kindesmisshandlungen mit Todesfolgen haben der KJH einerseits einen (gewiss ungewollten) ‚Aufmerksamkeitsschub' gebracht, zugleich aber auch einen Professionalitätsschub bewirkt (insbesondere im ASD: s. ISS e. V. 2011 und *Allgemeiner Sozialdienst*). Dadurch wurde zugleich klarer, das das so lange verpönte und abgelehnte ‚Kontrollieren' ‚umzudeuten' ist: KJH soll wohl zunächst präventiv, stützend, Eltern, Kinder und Jugendliche beteiligend *(Partizipation)* arbeiten, sie muss aber ggf. auch ‚intervenieren' und diese Interventionen sind als ‚helfender Schutz' unverzichtbarer Teil des Aufwachsens in öffentlicher Verantwortung (11. Kinder- und Jugendberichts 2002): also die Erfüllung der *Garantenpflicht* als Kern des staatlichen Wächteramtes. Die alte Trennung von ‚Hilfe vs. Kontrolle' wird aktuell umgedeutet.
4) In Zukunft wird es auch um die Funktion der KJH im Kontext der Bildungsförderung gehen. Denn „Bildung ist mehr als Schule", so hat es bereits 2002 die AGJ/die Sachverständigenkommission 11. Kinder- und Jugendbericht und das Bundesjugendkuratorium in seinen Leipziger Thesen formuliert. Diese Thesen haben seither die KJH in ihren Konzeptionen und fachlichen Weiterentwicklungen bereits stark beeinflusst (Maykus 2014) *(Jugendhilfe und Schule)*.

T. Rauschenbach hat das so formuliert: „Die Kinder- und Jugendhilfe muss … die ihr zugemutete veränderte Rolle als ein normaler bildungs- und sozialpolitischer Partner für Familien und das Auswachsen von Kindern sehr viel bewusster und dezidierter annehmen. Im Bild gesprochen: Sie muss sich auf der einen Seite von einer Art ‚Oppositionsrolle' lösen und verstärkt ‚Regierungsverantwortung', also eine (mit) gestaltende Rolle übernehmen. Und sie muss sich auf der anderen Seite daran gewöhnen, dass sie gleichermaßen für Benachteiligte, Außenseiter und Problemfälle, für die Modernisierungsverlierer zuständig ist wie für die völlig normalen, durchschnittlichen Prozesse des Aufwachsens von Kinder und Jugendlichen" (Rauschenbach 2010, 37).

Zum jeweiligen Stand der aktuell geplanten Änderungen des SGB VIII *(Kinder- und Jugendhilfegesetz)*, die bei Annahme die Kinder- und Jugendhilfe grundlegend verändern würden (und deshalb heftig umstritten sind), wird auf www.kijup-sgbviii-reform.de verwiesen.

Erwin Jordan

Literatur

AGJ (Hg.): Übergänge – Kinder- und Jugendhilfe in Deutschland. Vorgelegt anl. 60 Jahre Arbeitsgemeinschaft Kinder- und Jugendhilfe. Berlin 2009 ◆ AGJ (Hrsg.): Entwicklungslinien zu Strukturen, Angeboten und Leistungen der Kinder- und Jugendhilfe. Eine Expertise, Berlin 2014 ◆ G. Bäumer: Die historischen und sozialen Voraussetzungen der Sozialpädagogik und die Entwicklung ihrer Theorie, in: H. Nohl/L. Pallat 1929, 3 ff. ◆ BMJFG: 3. Jugendbericht. Aufgaben und Wirksamkeit der Jugendämter in der Bundesrepublik Deutschland. BT-Drs. VI/3170, Bonn-Bad Godesberg 1972 ◆ BMJFG: Mehr Chancen für die Jugend. Zu Inhalt und Begriff einer offensiven Jugendhilfe, Stuttgart 1974 ◆ BMJFFG: 8. Jugendbericht. Bericht über Bestrebungen und Leistungen der Jugendhilfe, Bonn 1990 ◆ BMFSFJ: 11. Kinder- und Jugendbericht, Bonn 2002 ◆ BMJFG: Diskussionsentwurf eines Jugendhilfegesetzes, Bonn 1973 ◆ N. Feldhaus u. a.: Zwischen Aushalten und Festhalten. Die neue Härte in der Kinder- und Jugendhilfe? (ein Schwerpunktheft zur Geschlossenen Unterbringung) In: FORUM Jugendhilfe 3/2013, 5–11 ◆ C. Hasenclever: Jugendhilfe und Jugendgesetzgebung seit 1900, Göttingen 1978 ◆ W. Hollstein/M. Meinhold: Sozialarbeit unter kapitalistischen Produktionsbedingungen, Frankfurt/M. 1973 ◆ H. Hottelet/P. Braasch/P. Plosdorf/A. Müller-Schöll/D. Sengling: Offensive Jugendhilfe. Neue Wege für die Jugend, Stuttgart 1978 ◆ ISS e. V. (Hrsg.): Der Allgemeine Soziale Dienst. Aufgaben, Zielgruppen, Standards. München [2]2011 ◆ E. Jordan/J. Münder (Hrsg.): 65 Jahre Reichsjugendwohlfahrtsgesetz, Münster 1987 ◆ E. Jordan/S. Maykus/E. C. Stuckstätte: Kinder- und Jugendhilfe. Einführung in Geschichte und Handlungsfelder, Organisationsformen und gesellschaftliche Problemlagen, Weinheim/Basel [4]2015 ◆ E. Jordan (Hrsg.): Kindeswohlgefährdung, Weinheim/

K

München [3]2008 ◆ D. Kreft/H. Lukas u. a.: Perspektivenwandel der Jugendhilfe. 2 Bde., Frankfurt/M. [2]1993 ◆ D. Kreft/J. Mielenz: Rückblick auf 60 Jahre Kinder- und Jugendhilfe – von der Jugendnot zur Kinderförderung. In: AGJ 2009, 22–38 ◆ D. Kreft: Wie geht es der Kinder- und Jugendhilfe? In: uj 11+12/2015, 450–463 ◆ S. Maykus: Auswirkungen der Kinder- und Jugendhilfe auf das Bildungssystem, in: NDV 2/2014, 73–79 ◆ J. Mielenz: Die Strategie der Einmischung. Soziale Arbeit zwischen Selbsthilfe und kommunaler Politik, in: np, Sonderheft 6, 1981, 57 ff. ◆ K. Mollenhauer: Die Ursprünge der Sozialpädagogik in der industriellen Gesellschaft. Eine Untersuchung zur Struktur sozialpädagogischen Denkens und Handelns, Weinheim/Basel 1959 (Reprint Weinheim 1987) ◆ J. Münder/T. Meysen/T. Trenczek (Hrsg.): Frankfurter Kommentar zum SGB VIII: Kinder- und Jugendhilfe, Baden-Baden [7]2013 ◆ J. Münder/T. Trenczek: Kinder- und Jugendhilferecht, Baden-Baden [8]2015 ◆ J. Pothmann/ M. Schilling: Schlaglichter aus 25 Jahren SGB VIII im Spiegel der amtlichen Kinder- und Jugendhilfestatistik, in: FORUM Jugendhilfe 1/2015, 14–27 ◆ R. Rätz-Heinisch/W. Schröer/M. Wolff: Lehrbuch Kinder- und Jugendhilfe, Weinheim/München [2]2013 ◆ T. Rauschenbach: Jugendhilfe und Jugendpolitik – gestern, heute, morgen. In: FORUM Jugendhilfe 3/2009, 5–14 ◆ T. Rauschenbach: Wo steht die Kinder- und Jugendhilfe? Zwischen Bedeutungszuwachs und Marginalisierung. In: neue praxis 1/2010, 25–38 ◆ T. Rauschenbach: Zukunftschance Bildung, Familie, Jugendhilfe und Bildung in neuer Allianz, Weinheim/Basel 2009 ◆ W. Schröer/ N. Struck/M. Wolff (Hrsg.): Handbuch Kinder- und Jugendhilfe, Weinheim/München [2]2016 ◆ Schwerpunktheft von uj 5/2016: Wirkungen und Grenzen in der Kinder- und Jugendhilfe ◆ H. Thiersch: Soziale Arbeit und Lebensweltorientierung, Bd. 1 und 2, Weinheim/Basel 2015 ◆ R. Wiesner: Der mühsame Weg zu einem neuen Jugendhilfegesetz, in: RdJB 2/1990, 112–125 ◆ R. Wiesner u. a.: Kommentar zum SGB VIII – Kinder- und Jugendhilfe. München [5]2015.

Link

www.jugendhilfeportal.de

Kinder- und Jugendhilfegesetz (KJHG/SGB VIII)

Entstehung und Entwicklung

Das Gesetz zur Neuordnung des Kinder- und Jugendhilferechts vom 26. 6. 1990 (BGBl. I S. 1163: KJHG) beinhaltet als „Artikelgesetz" alle Gesetze, die im Rahmen der Neuordnung des Kinder- und Jugendhilferechts geschaffen oder geändert wurden. Kernbereich ist das Achte Buch Sozialgesetzbuch – Kinder- und Jugendhilfe –, SGB VIII. Dieses Gesetz war der inhaltliche Kernbereich und wurde daher anfänglich oft als KJHG bezeichnet. Mit ihm hatte die fast 30-jährige Geschichte der Jugendhilferechtsreform ein Ende gefunden, das Jugendwohlfahrtsgesetz (JWG) wurde abgelöst. Das JWG stand in der Tradition des am 14. 6. 1922 verabschiedeten Reichsjugendwohlfahrtsgesetzes (RJWG), das – in Etappen – ab dem 1. 4. 1924 in Kraft getreten ist.

Erst mit der Novelle vom 28. 8. 1953 hat es volle Geltung erlangt.

Nachdem in den Jahren 1955 ff. die großen Sozialgesetzgebungen im Bereich der Renten- und Krankenversicherung abgeschlossen waren, befasste man sich auch mit der Sozial- und Jugendhilfe. Während in der *Sozialhilfe* mit dem BSHG von 1961 ein neues Gesetz geschaffen wurde, scheiterte die beabsichtigte Reform der *Kinder- und Jugendhilfe:* am 11. 8. 1961 wurde anstelle eines neuen Gesetzes nur eine Novelle verabschiedet, die aus dem RJWG das JWG (mit neuer Paragrafenfolge und auch einigen inhaltlichen Änd.) machte. Die Debatte um die Jugendhilferechtsreform wurde in der Folgezeit weitergeführt, aber erst 1969 in die Regierungserklärung aufgenommen. 1970 wurde eine Sachverständigenkommission eingesetzt, 1974 legt das BMFJG einen Referentenentwurf (RE) vor, dem weitere folgten. Zwar wurde 1980 mit den Stimmen der SPD/FDP im BT ein Jugendhilfegesetz verabschiedet, das jedoch im BR mit der Mehrheit der CDU/CSU regierten Bundesländer abgelehnt wurde. Nach dem Regierungswechsel 1982 mit einer CDU/FDP-Regierung wurde das Vorhaben einer umfassenden Reform zunächst aufgegeben und nur eine Novellierung angestrebt, zu der es jedoch nicht kam. In der 11. Legislaturperiode (1987 bis 1990) kam es dann zum (vorläufigen) Abschluss der Jugendhilferechtsreform. Nach RE und Gesetzesentwurf der BReg wurde nach z. T. umfangreichen Änd. am 28. 3. 1990 das Gesetz zur Neuordnung des Kinder- und Jugendhilferechts im BT verabschiedet, am 11. 5. 1990 stimmte der BR zu. Das KJHG trat in Westdeutschland (dem Gebiet der alten BRD) zum 1. 1. 1991 in Kraft; im Beitrittsgebiet (der DDR) bereits mit dem Beitritt der Länder der DDR am 3. 10. 1990.

Der Wandel vom JWG zum SGB VIII

Vergleicht man den Gesetzeswortlaut des SGB VIII mit dem Gesetzeswortlaut des JWG, so ergeben sich erhebliche Unterschiede. Dies ist angesichts eines „Altersunterschiedes“ zwischen dem JWG und dem SGB VIII zunächst nicht allzu verwunderlich. In der Jugendhilfepraxis hatten sich allerdings bereits seit den 1970er Jahren erhebliche Veränderungen abgespielt und so hatte sich die Praxis vom Gesetzestext des JWG z.T. weit entfernt. Damit war das SGB VIII zunächst die zeitangemessene, aktualisierte Beschreibung einer in Teilen schon seit einiger Zeit real existierenden KJH. Zugleich ist es das Dokument eines inhaltlichen Wandels des Kinder- und Jugendhilferechts.

Fachlicher Wandel: Das Gesetz ist getragen von einem Selbstverständnis seines dienenden sowie Struktur- und Verbindlichkeit gebenden Charakters. Es ist ein „Erziehungsgesetz“ bei dem Sozialpädagogik und Sozialleistung im Vordergrund stehen. Am deutlichsten wird der sozialpädagogische Charakter bei der Beschreibung der im 2. Kap. des SGB VIII genannten Angebote und Leistungen. Mit den Abschnitten über die *Jugendarbeit,* über die Förderung der Erziehung in der Familie, über die Förderung von Kindern in *Tageseinrichtungen* und Tagespflege und schließlich mit der Benennung von *Hilfen zur Erziehung* wird im Gesetzestext eine „Minikurzfassung“ sozialpädagogischer Jugendhilfeleistungen aufgeblättert. Auf dem Weg zu einem „inklusiven SGB VIII“ mit Aufnahme auch von Kindern mit geistiger und/oder körperlicher Behinderung in die Kinder- und Jugendhilfe gewinnen Fragen der Teilhabe und Entwicklung stärkeres Gewicht und wird Sozialpädagogik damit verschränkt mit entwicklungspsychologischen und medizinischen Aspekten des Aufwachsens. Wesentlich für die sozialpädagogische Ausrichtung der Angebote und Leistungen war und bleibt die Tatsache, dass sie nicht einseitig von Seiten des JA realisiert werden können, sondern nur dann, wenn die Leistungsberechtigten diese Angebote und Leistungen wollen.

Rechtlicher Wandel: Rechtlich kommt dieser Wandel hin zu Sozialleistungen besonders deutlich an zwei Stellen zum Ausdruck. Nach § 5 SGB VIII sollen die Wünsche der Betroffenen von vornherein in die Gestaltung von Angeboten und Leistungen der Jugendhilfeträger einfließen. Verdeutlicht wird dies nochmals beim Kernbereich individueller sozialpädagogischer Leistungen, den Hilfen zur Erziehung, bei denen § 36 SGB VIII klar macht, dass alle Beteiligten als autonome Subjekte in die Gestaltung der Hilfe einzubeziehen sind.

Der Sozialleistungscharakter des SGB VIII wird dadurch deutlich, dass das SGB VIII in umfangreicherer und präziserer Weise als das alte JWG für die Bürgerinnen und Bürger Rechtsansprüche auf Jugendhilfeleistungen begründet. Damit findet es Anschluss an die allgemeinen sozialstaatlichen Leistungen und arbeitet mit den üblichen Mechanismen sozialstaatlicher Leistungserbringung. Deutlich wird dies auch dadurch, dass das Kinder- und Jugendhilferecht nunmehr als SGB VIII Teil des *Sozialgesetzbuches* ist.

Rechtsentwicklung des SGB VIII

Seit seiner Verabschiedung hat das SGB VIII in seiner ursprünglichen Fassung vom 26.6.1990 eine Reihe von Änd. erfahren. Im Zusammenhang mit dem SFHG (27.7.1992) wurde der Rechtsanspruch auf einen Kindergartenplatz für Kinder vom vollendeten dritten Lebensjahr an bis zum Schuleintritt (§ 24 Abs. 2 S. 1 SGB VIII) verankert. Das 1. ÄndG (16.2.1993) koppelte die Leistung für seelisch behinderte Kinder und Jugendliche aus den Hilfen zur Erziehung aus und schuf die Eingliederungshilfe für seelisch behinderte Kinder und Jugendliche in einem eigenen Unterabschnitt (§ 35a SGB VIII). Durch das BeistandschaftsG, das KindRG, das KindUG und das Eheschließungsrechtsgesetz (die jeweils zum 1.7.1998 in Kraft traten) wurden mehrere Bestimmungen des SGB VIII geändert, insbesondere die Rechtsansprüche auf Beratung (§§ 17, 18 SGB VIII) neugefasst, von besonderer Bedeutung war auch die Abschaffung der alten Amtspflegschaft für die nichtehelichen Kinder. Mit Wirkung vom 1.1.1999 wurden die §§ 78a ff. SGB VIII geschaffen, wonach Vereinbarungen über Leistungen, Entgelte und Qualitätsentwicklungen erforderlich sind, damit bei stationären Leistungen entsprechende Entgelte gezahlt werden können. Durch das Gesetz zur Ächtung der Gewalt in der Erziehung (2.11.2000) erfolgte eine Erweiterung der Aufgabenstellung in § 16 SGB VIII. Und schließlich brachte das In-Kraft-Treten des SGB IX – Rehabilitation und Teilhabe behinderter Menschen (1.7.2001) neben einer Neufassung des § 35a SGB VIII entsprechende Folgeänderungen dort, wo behinderte Menschen angesprochen wurden. Das 4. Gesetz für Moderne Dienstleistungen am Arbeitsmarkt (Hartz IV) und das Gesetz zur Eingliederung des Sozialhilferechts in das SGB (beide 2003) brachten zum 1.1.2005 z.T. Änderungen technischer Natur, aber auch arbeitsmarktpolitische mit Auswirkungen für die Kinder- und Jugendhilfe (etwa: bedarfsgerechte Angebote in Tageseinrichtungen für erwerbstätige Erziehungsberechtigte und zu den schwierigen Abgrenzungen der Sozialleistungsbereiche. § 10 SGB VIII). Das Gesetz über den Aufenthalt, die Erwerbstätigkeit und die Integration von Ausländern (2004) hatte Auswirkungen auf den § 6 SGB VIII. Das TAG (2004) veränderte den Dritten Abschnitt des 2. Kapitels (§§ 22–24) – verbunden mit Folgeänderungen für die §§ 69 Abs. 5 und 74a SGB VIII – vgl. bei *Tageseinrichtungen für Kinder*). Schließlich wurde durch das KICK (2005) vor allem der Schutzauftrag bei Kindeswohlgefährdung im SGB VIII präzisiert und verdichtet (mit neuen Vorschriften: §§ 8a, 36a, 43, 72a, 91–96, 98 und inhaltlichen Umgestaltungen bei den §§ 35a und 42) sowie die Kostenbeteiligung grundlegend reformiert hin zu einem transparenten System öffentlich-rechtlicher Heranziehung zu Kostenbeiträgen. Änderungen mit erheblicher Tragweite brachten das Kinderförderungsgesetz (2008) mit der Neufassung des § 24 SGB VIII ab 1. 8. 2013 (Rechtsanspruch für Kinder ab dem 1. Lebensjahr bis unter 3 Jahren) sowie durch das zum 1. 1. 2012 in Kraft getretene Bundeskinderschutzgesetz *(Kinderschutz)*. Das Kinder- und Jugendhilfeverwaltungsvereinfachungsgesetz (KJVVG, 2013) hat vor allem Neujustierungen bei der Kostenbeteiligung vorgenommen. Das Gesetz zur Verbesserung der Unterbringung, Versorgung und Betreuung ausländischer Kinder und Jugendlicher dann die bundesweite Verteilung von unbegleiteter minderjähriger Ausländer (umA) geregelt (§§ 42a ff. SGB VIII) (vgl. genauer zur Entwicklung die Übersichten in den Kommentaren zum SGB VIII, insbesondere Münder u. a. 2013 und Wiesner 2015).

K

Inhalte des SGB VIII

Die Grundstrukturen der Veränderungen finden sich im Inhalt des SGB VIII i. E. wieder.

- Das 1. Kap. (§§ 1–10) enthält die Benennung einiger allgemeiner Grundsätze, so insbesondere Aussagen zum Grundverhältnis zwischen öffentlichen und freien Trägern (§§ 3, 4), zum Wunsch- und Wahlrecht der Leistungsberechtigten (§ 5 – s. o.), zur Beteiligung von Kindern und Jugendlichen und ihrer zunehmenden Fähigkeit und Berücksichtigung ihrer unterschiedlichen Lebenslagen (§§ 8, 9) und zum Verhältnis des SGB VIII zu anderen Leistungen und Verpflichtungen (§ 10) und Regelungen zum Schutzauftrag bei Kindeswohlgefährdung (§§ 8a, 8b).
- Das 2. Kap. (§§ 11–41) ist der sozialpädagogische Kernbereich des SGB VIII mit seinen 4 Abschnitten über die *Jugendarbeit,* die *Jugendsozialarbeit,* den erzieherischen Kinder- und Jugendschutz (§§ 11–15), über die Förderung der Erziehung in der Familie (§§ 16–21) mit den inhaltlichen Schwerpunkten der Beratung in Trennungs- und Scheidungsangelegenheiten, der Unterstützung *allein Erziehender* und der Betreuung und Versorgung in Notsituationen, dem 3. Abschnitt (§§ 22–26) über die Förderung von Kindern in Tageseinrichtungen und Kindertagespflege mit dem Rechtsanspruch aller Kinder vom 2. Lebensjahr an (ab 1. 8. 2013) sowie vom vollendeten 3. Lebensjahr bis zum Schuleintritt auf einen Kindergartenplatz (§ 24) sowie den Änderungen durch das TAG und mit dem sozialpädagogischen Herzstück individueller Leistungserbringung dieses 2. Kap., dem 4. Abschnitt (§§ 27–41). Dieser 4. Abschnitt wiederum enthält den 1. Unterabschnitt mit der Hilfe zur Erziehung (§§ 27–35), in dem die rechtlichen Voraussetzungen des individuellen Rechtsanspruchs auf Hilfe zur Erziehung und die wichtigsten Hilfen zur Erziehung beispielhaft genannt sind, den 2. Unterabschnitt (§ 35a), der sich mit der Eingliederungshilfe für seelisch behinderte Kinder und Jugendliche befasst, den 3. Unterabschnitt (§§ 36–40), der die gemeinsamen Vorschriften für die genannten Unterabschnitte beinhaltet, so insbesondere den wichtigen § 36 mit der Mitwirkung von Minderjährigen und der Personensorgeberechtigten und der Verpflichtung zur Aufstellung eines Hilfeplans im Zusammenwirken mehrerer Fachkräfte, den Regelungen zu den materiellen Leistungen bei Hilfe zur Erziehung (§§ 39, 40), und schließlich den 4. Unterabschnitt (§ 41), der sich mit der Hilfe für junge Menschen nach Erreichung des Volljährigkeitsalters befasst *(Volljährigkeit)*.
- Dass das SGB VIII auf den Entwicklungen des RJWG und JWG beruht, zeigt sich deutlich im 3. Kap. (§§ 42–60), das mit „anderen Aufgaben der Jugendhilfe" überschrieben ist. In den 5 Abschnitten dieses 3. Kap. finden sich paternalistische Elemente im Kontext der staatlichen Verantwortung für die Sicherung des Kindeswohls. Die Notkompetenz der Inobhutnahme in konkreten Einzelfällen (§ 42) wird gespiegelt durch aufsichtliche Befugnisse und Pflichten in der Erlaubniserteilung für Kindertagespflege, Vollzeitpflege und Einrichtungen (§§ 43–49). Die Mitwirkung im familien- bzw. jugendgerichtlichen Verfahren steht nicht zur Disposition der Beteiligten aus den Familien (§§ 50–52). Die proaktive Beratungs- und Unterstützungspflicht bei außerhalb einer Ehe geborenen Kin-

dern wird gefolgt von der staatlichen Verantwortung zur Gewährleistung einer gesetzlichen Vertretung und Ausübung der elterlichen Sorge im Rahmen von Vormundschaften und Ergänzungspflegschaften (§§ 53–58). Die Aufgabe als Beurkundungsstelle (§§ 59, 60) gibt dem JA notarielle Befugnisse. *(Vormundschaft* und *Pflegschaft).*

- Das 4. Kap. (§§ 61–68) scheint mit der Überschrift „Schutz personenbezogener Daten" auf eher verfahrensrechtliche Vorschriften hinzuweisen. Inhaltlich kommt jedoch gerade in diesem Kap. das Grundverständnis einer Orientierung am Schutzes von Vertrauen in helfenden Beziehungen zum Ausdruck. Ausgehend vom informationellen Selbstbestimmungsrecht, verdeutlicht sich bei den Datenschutzvorschriften, dass die leistungsberechtigten Betroffenen im Mittelpunkt der Aufgabenwahrnehmung stehen und insofern über sie als Objekte unter Datenschutzgesichtspunkten nicht verfügt werden kann, sondern sie die Subjekte sind, die selbst entscheiden, wie mit ihrem informationellen Selbstbestimmungsrecht umgegangen wird *(Sozialdatenschutz).*
- Die Organisationsvorschriften beginnen mit dem 5. Kap. (§§ 69–81). Hier wird – bundesgesetzlich einmalig – den Trägern der öffentlichen KJH die Einrichtung der JÄ *(Jugendamt)* vorgeschrieben und diesen die Aufgabenwahrnehmung nach diesem Buch übertragen (§ 69), sowie die sog. Zweigliedrigkeit des JA (Verwaltung und *Jugendhilfeausschuss*) festgelegt, das Verhältnis zwischen den öffentlichen freien Trägern (Förderung, Anerkennung, Beteiligung – §§ 73–78) strukturiert und die Gesamtverantwortung einschließlich der Planungsverantwortung der Träger der öffentlichen KJH gesetzlich verbindlich festgelegt (§§ 79–81). Bedeutsam sind in diesem Kap. die Finanzierungsregelungen in §§ 74, 77 und §§ 78a–78g, die die Leistungserbringung durch private Träger und deren Finanzierung regeln. Für Einrichtungen ist hierbei verbindlich ein Entgelt-/Preissystem im jugendhilferechtlichen Dreiecksverhältnis etabliert *(Finanzierung Freier Träger der Sozialen Arbeit).*
- Das 6. Kap. (§§ 82–84) befasst sich mit Aufgaben der Länder und des Bundes.
- Im 7. Kap. findet die sachliche Aufgabenzuordnung zwischen den örtlichen und überörtlichen Trägern der KJH statt (§ 85), sowie die Zuständigkeit zwischen den verschiedenen örtlichen Trägern (§§ 86–88), einschließlich der Kostenerstattungsregelungen (§§ 89–89h).
- Das 8. Kap. regelt, inwiefern Eltern, Kinder, Jugendliche, junge Volljährige zu den Kosten der Leistungen und Aufgaben des SGB VIII herangezogen werden: KJH ist nur in weiten Bereichen, bei ambulanten Leistungen, für die Beteiligten aus den Familien kostenfrei, ansonsten ist die Erhebung von Teilnahmebeiträgen (§ 90), die Heranziehung zu den Kosten (§§ 91–94) und die Überleitung von Ansprüchen (§ 95) vorgesehen.
- Das 9. Kap. enthält die Vorschriften für die Kinder- und Jugendhilfestatistik *(Sozialstatistiken),* ein nicht hoch genug zu schätzender Bereich, mit dem die Kinder- und Jugendhilfe in der Lage ist, Entwicklungen zu verfolgen und nach Antworten im eigenen Bereich sowie bei externen Faktoren wie der Arbeitslage, der Sozialinfrastruktur oder gesellschaftlichen Problemlagen zu suchen.
- Das 10. Kap. beinhaltet Straf- und Bußgeldvorschriften.

Strukturelemente des SGB VIII

Individuelle Leistungsansprüche und objektivrechtliche Gewährleistungsverpflichtung: Das SGB VIII beinhaltet sowohl infrastrukturelle Verpflichtungen als auch individuelle Sozialleistungsansprüche. Rechtsansprüche auf Leistungen kennt das SGB VIII nicht durchgängig in allen Aufgabenfeldern. Ansonsten sieht das Gesetz meist vor, dass Jugendhilfeträger dafür Sorge zu tragen haben, dass die zur Aufgabenerfüllung erforderlichen Leistungen, Dienste, Einrichtungen, Angebote usw. rechtzeitig zur Verfügung stehen (§§ 79, 80). Gesetzesadressat der objektiv-rechtlichen Gewährleistungsverpflichtung ist der öffentliche Jugendhilfeträger. Hinzu kommt, dass auch dort, wo es sich um individuelle Rechtsansprüche handelt, die Leistungen entspr. dem Charakter von KJH als sozialer Dienstleistung häufig sowohl hinsichtlich der Tatbestandsvoraussetzungen als auch hinsichtlich der Rechtsfolgen mittels unbestimmter Rechtsbegriffe beschrieben sind.

Leistungen und andere Aufgaben: Elemente von Ordnungstätigkeit und Fürsorge finden sich auch im SGB VIII – besonders im 3. Kap. Dieses ist mit „anderen Aufgaben der Jugendhilfe" überschrieben. Inhaltlicher Bezugspunkt ist auch hier die Sicherung der Lebenslage der jungen Menschen. Aber nicht aus der Leistungsperspektive, sondern die Tätigkeit der KJH geschieht hier aus einer ordnungsrechtlichen und fürsorgerischen Perspektive, d. h. sie ist unabhängig davon, ob die jungen

K

Menschen oder Erziehungs- und Personensorgeberechtigte die Aktivitäten der KJH überhaupt wünschen. Besonders deutlich wird dies dort, wo KJH ggf. auch gegen den Willen der Beteiligten tätig ist, so z. B. bei der Inobhutnahme ohne Zustimmung der Personensorgeberechtigten oder bei der Mitwirkung im familien- bzw. jugendgerichtlichen Verfahren.

Der Staat kommt hier seinem Wächteramt nach. Damit hat die Kinder- und Jugendhilfe eine zweifache, in der Sache widersprüchliche Aufgabe: (1) Konsequent an den Wünschen der Leistungsberechtigten ausgewählte Sozialleistungen zu erbringen und (2) ausgerichtet am Wohl des Kindes die anderen Aufgaben wahrzunehmen und in diesem Zusammenhang auch gegen den Willen der rechtlich Zuständigen zu intervenieren.

Eine besondere Ausprägung dieser untrennbaren Einheit der helfenden und gleichzeitig kontrollierenden Ausrichtung findet sich in der Vorschrift zum Schutzauftrag bei Gefährdung des Wohls eines Kindes oder Jugendlichen (§ 8a SGB VIII). Sie stellt die Brücke zwischen dem Sozialleistungsmandat und dem intervenierenden Schutzmandat der Kinder- und Jugendhilfe dar. Es ist eine Vorschrift, die das Verfahren regelt, wenn gewichtige Anhaltspunkte für die *Gefährdung* des Kindeswohls vorliegen. Sie ist zudem eine Vorschrift, die konkrete Aufgaben (z. B. Gefährdungseinschätzung, zur Beratung der Personensorgeberechtigten, die Anrufung des Familiengerichts usw.) enthält. Damit hat der Gesetzgeber klargemacht, dass der Schutzauftrag ein integraler Bestandteil jeder Sozialleistung nach dem SGB VIII ist.

K

Sozialpädagogische Aufgabenwahrnehmung: Sozialleistungen werden meist über die Steuerungsmittel „Recht" und „Geld" erbracht (auch wenn sie in Form des Sachleistungsprinzips auftreten). Bei Dienstleistungen, insbesondere bei den persönlichen und erzieherischen Leistungen, stoßen diese Steuerungsmittel jedoch an ihre Grenzen. Zwar sind diese auch hier erforderlich, um festzulegen, ob und in welchem Umfang den einzelnen Leistungsberechtigten Rechte zustehen (durch das Steuerungsmittel „Recht") und dafür, dass (mittels des Steuerungsmittels „Geld") genügend Angebote und Leistungen zur Verfügung stehen. Für den Erfolg der Leistungen muss jedoch hinzukommen, dass zum einen die Leistungsberechtigten selbst die Leistung mittragen: die „Klientel" wird so selbst zu einem wichtigen Produktionsfaktor der Leistungen („KO-Produktion"). Zum anderen müssen die Angebote entsprechend den Wünschen, Bedürfnissen und Ineressen der Adressaten – bedarfsgerecht – geplant werden (§ 80 SGB VIII). Ob den Jugendhilfeträgern diese partizipatorischen Prozesse gelingen, hängt insbesondere im Kontext individueller Hilfen auch vom „allgemeinen Image" der Jugendhilfeträger ab, ob sie von den Bürgern eher als „sozialpädagogische Leistungsbehörde" oder als „fürsorgerische Ordnungsbehörde" angesehen werden. Damit hat die Art und Weise, wie die Jugendhilfeträger ihre Aufgaben im Bereich der „anderen Aufgaben" wahrnehmen, auch Auswirkungen auf die Tätigkeit der öffentlichen Jugendhilfeträger auf dem Sektor der Leistungen. Deswegen muss die KJH auch dort, wo sie andere Aufgaben wahrnimmt, dies mit einer methodischen sozialpädagogischen Orientierung tun. Rechtlich geförderte und gefordert wird die sozialpädagogische Aufgabenwahrnehmung auch bei den anderen Aufgaben durch die Tatsache, dass das 1. Kap. mit seinen allgemeinen Grundsätzen und das 4. Kap. mit dem bereichsspezifischen besonderen Jugendhilfedatenschutz sowohl für das Leistungskapitel als auch für das 3. Kap. über die anderen Aufgaben gilt. Gerade der jugendhilfespezifische Datenschutz *(Sozialdatenschutz)* deckt sich inhaltlich weitgehend mit einem Verständnis von sozialpädagogischer Aufgabenwahrnehmung: im Rahmen des Datenschutzes entscheiden, basierend auf dem informationellen Selbstbestimmungsrecht, die Bürger primär und zunächst selbst, in welchem Umfang ihre Daten erhoben, gespeichert, weitergegeben, offenbart usw. werden.

Kommunale Aufgabenwahrnehmung: Das Kinder- und Jugendhilferecht hat eine konsequente Kommunalisierung gebracht. Für die unmittelbare Leistungserbringung gegenüber den Bürgern sind nunmehr ausschließlich die örtlichen Träger – kreisfreie Städte bzw. Landkreise – zuständig. Der dadurch möglichen lokal unterschiedlichen Aufgabenwahrnehmung kann durch rechtliche Vorgaben nur bedingt gegengesteuert werden, da personenbezogene Dienstleistungen, persönliche und erzieherische Hilfen nur bedingt einer vereinheitlichenden Regelung durch das Gesetz zugänglich sind. So war bisher schon die Realität der örtlichen KJH durch erhebliche Unterschiede gekennzeichnet, dies hat sich auch mit dem neuen Kinder- und Jugendhilferecht nicht geändert.

Betätigung freier Träger: Wie bei den Sozialleistungen stets, so sind auch im Kinder- und Jugendhilferecht die öffentlichen Jugendhilfeträger diejenigen, an die sich die individuellen Leistungsansprüche richten und die zur infrastrukturellen Gewährleistung verpflichtet sind. Die konkrete Leistungserbringung erfolgt in der KJH jedoch in erheblichem Umfang durch sog. freie Träger. Diese werden im Übrigen – bewusst – im SGB VIII nicht definiert. Der Gesetzgeber wollte damit ein weites Verständnis der freien Träger erreichen. Somit gehören zu den freien Trägern neben den traditionellen privat-gemeinnützigen auch privat-gewerbliche *(Träger der Sozialen Arbeit)*. Der Unterschied zu anderen Sozialleistungsbereichen besteht darin, dass die anerkannten freien Träger (was nur privat-gemeinnützige sein können) zu einem größeren Teil als sonst üblich ihre Aufgaben auch durch Zuwendungen/Sozialsubventionen finanziert bekommen können. Mit der Einführung der §§ 78a ff. SGB VIII hat der Gesetzgeber jedoch klargestellt, dass für den bedeutsamen Bereich der Leistungserbringung gegenüber den Bürgern ein System der Leistungs-, Entgelt- und Qualitätssicherungsvereinbarungen maßgebend ist, was auf finanzieller Ebene bedeutet, dass Entgelte mit allen Anbietern zu vereinbaren sind und nicht mehr Kosten zu erstatten sind *(Finanzierung freier Träger)*.

Probleme und Perspektiven

Deutlichster Ausdruck der sozialpädagogisch-helfenden Orientierung ist auf der Sozialleistungsebene die Freiwilligkeit und Selbstbestimmtheit der Adressaten. Letztere wird insbesondere gesichert durch Rechtsansprüche. Diese bestehen auf Leistungen, denen das 2. Kap. des SGB VIII seinen Schwerpunkt einräumt. Rechtsansprüche können einen unterschiedlichen Verbindlichkeitsgrad für den öffentlichen Träger haben: Bei Muss-Vorschriften ist der öffentliche Träger bei Vorliegen der Voraussetzungen verpflichtet, auf jeden Fall zu leisten. Bei Sollvorschriften muss der öffentliche Träger im Regelfall leisten, ihm obliegt die Darlegungspflicht, warum ausnahmsweise eine Abweichung von der i. d. R. zu erbringenden Leistung vorliegt. Bei Kann-Vorschriften liegt es im Ermessen der Behörde, ob sie leistet; die Behörde ist dabei an rechtsstaatliche Grundsätze gebunden. Im 2. Kap. findet sich eine Vielzahl von Rechtsansprüchen, meist als Soll-, z. T. aber auch als Muss-Regelungen. Dennoch besteht ein deutlicher Unterschied zu sonst üblichen Rechtsansprüchen auf Sozialleistungen, die meist Ansprüche auf Geldleistungen sind. Davon unterscheiden sich die Rechtsansprüche im Jugendhilferecht: Hierbei bestehen Ansprüche auf „weiche" Leistungen. Denn die Leistung *Beratung*, Unterstützung, Förderung der Erziehung ist eben nicht genau festlegbar und berechenbar, sondern individuell auf die individuelle Situation in der Familie und die persönliche Bereitschaft zur Inanspruchnahme bezogen. Zwar sichern die Rechtsansprüche, dass ein Mindestmaß an Beratung, Unterstützung usw. erbracht wird. Um aber diese Rechtsansprüche auf weiche Leistungen tatsächlich inhaltlich zu untermauern, wäre notwendig, Bestimmungen über Faktoren zu treffen wie: Zugänglichkeit, Erreichbarkeit, Ausstattungsgrad, personelle Ausstattung usw. Dies ist nicht erfolgt, der Grund dafür liegt darin, dass eine solche Flankierung der Rechtsansprüche zum einen erhebliche Kosten verursacht und zum anderen die notwendig flexible Anpassung auf die Bedarfe vor Ort beschränkt hätte. Besondere Bedeutung haben die Rechtsansprüche bei den individuellen Hilfen zur Erziehung bei §§ 27 ff. und bei den Teilhabeleistungen nach § 35a. Hier liegt auch im alltäglichen Handeln der Schwerpunkt der Umsetzung von Rechtsansprüchen. Inhaber der Rechtsansprüche auf individuelle Hilfen zur Erziehung nach §§ 27 ff. sind die „Personensorgeberechtigten". Die Erziehungspersonen sind damit direkte Adressaten der Kinder- und Jugendhilfe. Kinder und Jugendlichen selbst haben bislang nur Ansprüche auf Leistungen zur Teilhabe. Dieses Entweder-oder hatte bei Einführung des SGB VIII seine historische Berechtigung, wird der Aufeinanderbezogenheit von Kinderrechten und elterlicher Erziehung und Fürsorge nur wenig gerecht. Im Zuge der Vorbereitung einer „inklusiven Lösung" im SGB VIII wurde 2016 in dieser Schwarz-weiß-Debatte ein Umschalten von einem Pol auf den anderen diskutiert, also hin zu einer ausschließlichen Zuordnung der Rechtsansprüche zu den Kindern und Jugendlichen. Sachgerecht erschiene hingegen, wenn sowohl Kinder und Jugendliche Ansprüche auf Entwicklung, Erziehung und Teilhabe hätten als auch Eltern gefragt werden könnten, wie es ihnen geht und was sie brauchen. So gesehen ist der zentrale Leistungstatbestand des SGB VIII in § 27 Ausdruck für die Orientierung, die sich sinnvollerweise weder nur an den Bedürfnissen der einzelnen Kinder oder Erziehungspersonen, sondern kumulativ, nicht alternativ stets auch systemisch auf die Familie bezieht. Die „inklusive Lösung" bietet insofern eine Chance für die Neujustierung. Eine Stärkung einer partizipatorischen Anknüpfung an elterliche und familiäre Bedürfnisse entspricht dem Anspruch auf ganzheitliche Betrachtung der Hilfebedarfe von Kindern, Jugendlichen und ihrer Erziehungspersonen. Die jeweiligen Leitbilder beim Zusammenwachsen von Kinder- und Jugendhilfe und

Behindertenhilfe für Kinder und Jugendliche zu verwirklichen, ist anspruchsvoll – auch rechtlich. Die Notwendigkeit eines inklusiven SGB VIII in Gesamtzuständigkeit für alle jungen Menschen und ihre Familien bleibt Desiderat der Fachwelt und Forderung an Politik. Die gesetzgeberischen Entwicklungen können verfolgt und diskutiert werden unter www.kijup-sgbviii-reform.de (vgl. auch die Stellungnahme der AGJ zur Novellierung des SGB VIII ‚Widersprüche im Reformprozess' in: FORUM Jugendhilfe 3/2016, 70–73).

Thomas Meysen
(bis zur 7. Auflage Johannes Münder)

Literatur

AGJ (Hrsg.): Sozialgesetzbuch VIII: Arbeitshilfe zur Novellierung, Berlin 2005 ◆ K. Böllert: Die inklusive Lösung – Endspurt auf der Zielgeraden?, in: FORUM Jugendhilfe 4/2015, 4–7 ◆ FORUM Jugendhilfe 1/2015: Schwerpunktheft ‚Im Fokus – 25 Jahre SGB VIII' ◆ C. Hasenclever: Jugendhilfe und Jugendhilfegesetzgebung seit 1900, Göttingen 1978 ◆ ISS e. V.: Vernachlässigte Kinder besser schützen. Sozialpädagogisches Handeln bei Kindesgefährdung. München [2]2011 ◆ E. Jordan (Hrsg.): Jugendhilfe, Beiträge und Materialien zur Reform des Jugendhilferechts, Weinheim 1975 ◆ 437–443 ◆ E. Jordan (Hrsg.): Kindeswohlgefährdung, Weinheim/München [3]2008 ◆ P. Kunkel/J. Kepert/A. K. Pattar (Hrsg.): Kinder- und Jugendhilfe, Lehr- und Praxiskommentar, Baden-Baden [6]2016 ◆ P. Kunkel: Grundlage des Jugendhilferechts, Baden-Baden [8]2015 ◆ T. Meysen/L. Schönecker: Gesamtzuständigkeit im SGB VIII: inklusiver Leistungsparagraf und Herausforderungen seiner Gestaltung, in: FORUM Jugendhilfe 4/2015, 30–33 ◆ J. Münder/T. Trenczek/W. Behlert: Kinder- und Jugendhilferecht, Köln [8]2015 ◆ J. Münder/T. Meysen/T. Trenczek: Frankfurter Kommentar zum SGB VIII, Baden-Baden [7]2013 ◆ J. Münder/R. Wiesner/T. Meysen (Hrsg.): Handbuch des Kinder- und Jugendhilferechts, Baden-Baden [2]2011 ◆ J. Münder: 20 Jahre SGB VIII – Motor für die Entwicklung der Kinder- und Jugendhilfe? In: NDV 9/2010, 378–383 ◆ A. Rohrmann: Gesamtzuständigkeit für alle Kinder und Jugendlichen: Herausforderungen für die Verfahren der Hilfe- und Teilhabeplanung, in: FORUM Jugendhilfe 4/2015, 13–18 ◆ R. J. Wabnitz: Rechtsansprüche gegenüber Trägern der öffentlichen Kinder- und Jugendhilfe nach dem Achten Buch Sozialgesetzbuch (SGB VIII), Berlin 2005 ◆ R. J. Wabnitz: Die Kinder- und Jugendhilfe und ihr Recht: 20 Jahre SGB VIII. In: FORUM Jugendhilfe 4/2010, 29–37 ◆ R. J. Wabnitz: Vom KJHG zum Kinderförderungsgesetz. Die Geschichte des Achten Buches Sozialgesetzbuch von 1991–2008, hrsg. Von der AGJ. Berlin 2009 ◆ R. Wiesner: 20 Jahre Kinder- und Jugendhilfegesetz. In: FORUM Jugendhilfe 3/2010, 5–11 ◆ R. Wiesner: SGB VIII, Kinder- und Jugendhilfe, München [5]2015.

Kinder- und Jugendplan des Bundes

Zur Entwicklung

Der Kinder- und Jugendplan des Bundes (KJP) ist das wesentliche Förderungsinstrument des Bundes im Bereich der *Kinder- und Jugendhilfe.* Er ist am 1. 1. 1994 in Kraft getreten und hat damit den Bundesjugendplan abgelöst. Die Richtlinien des KJP sind immer wieder entsprechend neuer jugendpolitischer Schwerpunkte geändert worden, zuletzt im September 2016.

Der Bundesjugendplan wurde 1950 als besonderer Fonds der BReg ins Leben gerufen und zunächst für die Eingliederung der großen Zahl junger Flüchtlinge, insbesondere aus den ehemaligen deutschen Ostgebieten, und anderer in (Berufs-) Not befindlicher Jugendlicher verwendet. Er diente zudem der Arbeit von Trägern der freien JH auf Bundesebene, schwerpunktmäßig den *Jugendverbänden* und Trägern der *Jugendsozialarbeit.*

Durch die Novellierung des JWG von 1961 erhielt der Bundesjugendplan mit der Vorschrift des § 25 Abs. 1 („Die Bundesregierung kann Bestrebungen auf dem Gebiet der JH anregen und fördern, soweit sie über die Verpflichtungen der Jugendämter, Landesjugendämter und Obersten Landesjugendbehörden hinaus zur Verwirklichung der Aufgaben der Jugendhilfe von Bedeutung sind") eine neue Rechtsgrundlage. Diese Vorschrift stieß in der einschlägigen Entscheidung des BVerfG v. 18. 7. 1967 (BVerfGE 22, 180) auf keine verfassungsrechtlichen Bedenken, solange der Bund Aufgaben eindeutig überregionalen Charakters fördert. Nach dem SGB VIII soll nunmehr „die fachlich zuständige oberste Bundesbehörde die Tätigkeit der Jugendhilfe anregen und fördern, soweit sie von überregionaler Bedeutung ist und ihrer Art nach nicht durch ein Land allein wirksam gefördert werden kann" (§ 83 Abs. 1).

Der KJP soll „zur Verwirklichung der Ziele und Aufgaben nach den §§ 1 und 2 SGB VIII dazu beitragen, dass junge Menschen ihre Persönlichkeit frei entfalten, ihre Rechte wahrnehmen und ihrer Verantwortung in der Gesellschaft und Staat gerecht werden können". Durch den KJP sollen darüber hinaus nunmehr explizit Rahmenbedingungen für eine leistungsfähige Infrastruktur der Kinder- und Jugendhilfe auf Bundesebene geschaffen und gesichert werden. Durch die Anpassung ab 2001 wurden die Bereiche Weiterentwicklung der Kinder- und Jugendhilfe, Gender Mainstreaming, Behinderung, Beteiligung, soziale und berufliche Integration, demokratisches Wertebewusstsein, Medien- und Wissensgesellschaft sowie Migration als Aufgaben von besonderer Bedeutung hervorgehoben. Die neuen Richtlinien und Strukturvorhaben haben die Transparenz und die Nachvollziehbarkeit der Leistungserbringung deutlich verbessert.

Voraussetzung für die Förderung ist, dass der Zuwendungsempfänger die Gewähr für eine den Zielen des GG förderliche Arbeit und für eine sachgerechte, zweckentsprechende und wirtschaftliche Mittelverwendung bietet.

Nach den Richtlinien v. 29. 9. 2016 soll der KJP junge Menschen fördern und Benachteiligungen abbauen bzw. vermeiden, Eltern und andere Erziehungsberechtigte beraten und unterstützen, Kinder und Jugendliche vor Gefahr für ihr Wohl schützen und förderliche Lebensbedingungen schaffen (Ziff. I).

Wesentliche Förderbereiche des KJP sind u. a.:

- politische Bildung,
- kulturelle Bildung,
- Jugend und Sport,
- Soziale Bildung (einschl. Freiwilliger Sozialer Dienste und Freiwilliger Ökologischer Dienste),
- Jugendsozialarbeit und Integration,
- Gleichstellung von Mädchen und Jungen, Mädchen- und Jungenarbeit,
- junge Menschen mit Behinderung,
- Hilfen für junge Menschen, Eltern und andere Erziehungsberechtigte, Familien,
- Förderung von Kindern in Tageseinrichtungen und Kindertagespflege,
- Schutz von Kindern und Jugendlichen,
- Stärkung im Umgang mit Medien,
- Jugendverbandsarbeit,
- Kinder- und Jugendhilfe der freien Wohlfahrtspflege,
- Fortbildung,
- Neue Wege der Kinder- und Jugendhilfe, Evaluation und Innovation,
- Internationale Jugendarbeit,
- Internationales Studienprogramm für Fachkräfte der Kinder- und Jugendhilfe und der sozialen Arbeit,
- Eingliederung junger Menschen mit Migrationshintergrund, individuelle Begleitung junger zugewanderter Menschen,
- Entwicklung und Chancen junger Menschen in sozialen Brennpunkten,
- sonstige Fördermaßnahmen.

Die Richtlinien des KJP werden zu den einzelnen Aufgaben durch umfangreiche Leitlinien ergänzt. Zur kontinuierlichen Zusammenarbeit werden Arbeitsgruppen eingerichtet mit dem Ziel, Handlungsfelder und Zuwendungsverfahren weiterzuentwickeln. 2016 ist der KJP mit rd. 176 Mio Euro ausgestattet.

Der KJP leistet grundsätzlich keine Voll-, sondern nur eine Teilförderung. Die Förderung geschieht als Projektförderung oder als institutionelle Förderung (in besonders begründeten Ausnahmefällen) zur Abdeckung eines Fehlbedarfs bei der Gesamtarbeit eines Zuwendungsempfängers. Die Mittel werden vergeben im Verfahren der Direktförderung (unmittelbarer Antrag an das BMFSFJ), im Zentralstellenverfahren (Antrag bei der Zentralstelle des jeweiligen Trägers der freien JH auf Bundesebene) und im Länderverfahren (Antrag an zuständige Oberste Landesjugendbehörde). In den letzten Jahren sind zunehmend Fördervereinbarungen getroffen und im Zusammenhang mit den Entwicklungen innerhalb der EU Ausschreibungen vorgenommen worden.

Perspektiven

Kurz- und mittelfristig geht es bei der Umsetzung des KJP im Wesentlichen um Antworten auf die folgenden Herausforderungen:

- Die durch den KJP vorgenommene Ausdehnung der Zielgruppen auf Kinder sowie Eltern und andere Erziehungsberechtigte, die Festschreibung der seit 1991 zusätzlich in den Bundesjugendplan aufgenommenen Programme aus dem 3. und 4. Leistungsabschnitt des SGB VIII sowie die Einbeziehung des 2. Leistungsabschnitts und der „anderen Aufgaben“ bedeuten eine Änd. des bisherigen Charakters und zugleich eine Ausweitung der Förderbereiche. Eine solche sowohl „vertikale“ als auch „horizontale“ Ausweitung setzt aber voraus, dass – unbeschadet der Notwendigkeit einer regelmäßigen Reflexion und Überprüfung von Inhalt und Umfang der Förderung – entweder die Mittel erheblich aufgestockt oder politische Vorgaben gemacht werden, wo die bisherigen Förderbereiche eingeschränkt werden sollen.
- Die mit dem KJP vorgesehenen und im Interesse einer effektiven kinder- und jugendhilfepolitischen Praxis dringend erforderlichen „Verwaltungsvereinfachungen“ konnten, auch über den Ausbau der sog. „Abschichtung“ (Ver-

K

lagerung von Tätigkeiten auf das BVA) nicht in ausreichendem Umfang erreicht werden.

- Die Interessen der freien JH im Zusammenhang mit der zugesagten Sicherung ihrer Infrastruktur auf Bundesebene einerseits und die der öffentlichen JH mit Blick auf in der Öffentlichkeit darstellbare Erfolge einer Regierungspolitik andererseits bergen die Gefahr, dass sie nicht mehr „unter einen Hut" gebracht werden können.
- Die freie JH muss sich tendenziell darauf einstellen, dass trotz erweiterter Aufgaben und Verantwortungsbereiche die Zuwendungen aus Steuermitteln in den kommenden Jahren eher noch weiter abnehmen als bedarfgerecht aufgestockt werden.

Um diesen Herausforderungen zu begegnen, muss der entsprechende Dialog zwischen der öffentlichen und freien JH *(Träger der Sozialen Arbeit)* weiter verbessert werden. Dies ist durch den KJP auch vorgesehen: Das BMFSFJ führt ihn „im partnerschaftlichen Zusammenwirken mit den Ländern, den kommunalen Gebietskörperschaften und den bundeszentralen Trägern der freien Jugendhilfe durch" und sorgt zur Weiterentwicklung des KJP für die Einrichtung von programmspezifischen und einer programmübergreifenden Arbeitsgruppen.

Von 2009 bis 2015 ist der KJP durch das DJI evaluiert worden. Im Vordergrund standen die Förderstrukturen des KJP, ihre Wirksamkeit, Zielgenauigkeit und Nachhaltigkeit. Das DJI wird den KJP weiterhin wissenschaftlich begleiten.

Sven Borsche

Literatur

Bundesjugendkuratorium: Neufassung der RL für den Kinder- und Jugendplan des Bundes – Anmerkungen des Bundesjugendkuratoriums, Bonn, 2000 ◆ DJI: Verschiedene Evaluationen des Kinder- und Jugendplans, zuletzt 2015 zur Allgemeinen politischen Bildung (www.dji.de/kip-evaluation) R. Wiesner: Kommentar zum SGB VIII, § 83, München [5]2015.

Links

www.bmfsfj.de
www.dbjr.de
www.dji.de

K

Kinder- und Jugendpolitik

Gegensätzliche Positionen

Mit Kinder- und Jugendpolitik (J.) ist ein komplexer, in sich vielfältig ausdifferenzierter und in der Abgrenzung zu anderen uneindeutiger Politikbereich gemeint. Bei aller Uneindeutigkeit lässt sich dennoch feststellen, dass etwa seit den 1990er Jahren J. im Vergleich zu Kinderpolitik und *Familienpolitik* eher nachrangig behandelt oder gar vernachlässigt wurde. Kinderpolitik findet ihre vielfältigen Schwerpunkte u. a. in der Umsetzung der UN-Kinderrechtskonvention (v. 20. 12. 1989) bis hin zur Forderung, Kinderrechte ins GG aufzunehmen, im Kinderschutz sowie im Ausbau der Infrastruktur mit den Zielsetzungen verbesserter Bildung, Integration und Inklusion *(Kinderkrippen, Tageseinrichtungen für Kinder).*

Der Ausdruck J. wird zum einen benutzt zur Bezeichnung der spezifischen auf Kinder und Jugendliche gerichteten sozialpolitischen Leistungen (z. B. Bildungs- und Teilhabepaket, Schüler-Bafög). Er wird zum anderen verwandt, um den Nutzen bzw. die Folgen von politischen Entscheidungen in anderen Politikbereichen (Wohnungs-, Verkehrs-, Umwelt-, Arbeits- und Wirtschaftspolitik usw.) für Kinder und Jugendliche zu charakterisieren. Schließlich findet sich ein enger gefasster Sprachgebrauch, der unter J. nur deren institutionellen Kern versteht, also die Regelungsbereiche von *Jugendhilfe,* Jugendförderung und *Jugendschutz.*

Diese Uneindeutigkeit des Verständnisses hat Ursachen, die mit der besonderen Geschichte der J. in Deutschland eng verwoben sind. Entsprechend gibt es Unterschiede im Vergleich mit europäischen Nachbarländern. In der deutschen Tradition standen sich von Anfang an zwei verschiedene Auffassungen gegenüber (Hering/Münchmeier 2014). Die eine – um Felisch u. a. gescharte – Gruppe forderte eine umfassende J. und die Normierung eigenständiger sozialer Rechte und Ansprüche für Kinder und Jugendliche. Nach der Auffassung von Felisch durfte sich J. gerade nicht auf den ausgegrenzten Bereich der Jugendfürsorge und Jugendpflege beschränken: „Da die Jugendpolitik das Beste der gesamten Jugend zu fördern hat, erstreckt sich ihr Arbeitsfeld überall dahin, wo das Wohl der Jugend in Frage steht". Nicht um die Normierungen eigener – vom Erziehungsrecht der Eltern unabhängiger – sozialer Rechte von Kindern und Jugendlichen ging es der Gegenposition, sondern um die Integration und rechtliche Regelung des Praxisfeldes der Jugendfürsorge und Jugendwohlfahrtspflege (heute: KJH). Ihr jugendpolitisches Verständnis bezog sich v. a. auf die Institutionalisierung und rechtliche Kodifizierung von Interventions- und Fördermaßnahmen. J. war für sie zuvörderst „Jugendhilfepolitik„. Beide Positionen markieren gegensätzliche Jugendbilder: Felisch schwebte eine J. vor, die Kinder und Jugendliche zum „Rechtssubjekt“ machte und auf ihre Fähigkeit vertraute, sich eigenständig und selbstverantwortlich mit den alterstypischen und gesellschaftlichen Bewältigungsaufgaben auseinander zusetzen. Der Gegenposition ging es dagegen vorrangig um die Bearbeitung der „Riskanz der Jugendphase“. *Jugend* war für sie eine durch Risiken und Probleme gefährdete Lebensphase und deshalb auf erzieherische Hilfen angewiesen.

Konzepte

Ressortpolitik: Folgende Konzepte sind zu unterscheiden: Als „Ressortpolitik“ wird J. fokussiert auf die rechtlich-institutionellen Zuständigkeiten der bei Kommunen, Ländern und Bund für Jugend zuständigen Administrationen. Diese Zuständigkeiten beschränken sich im Wesentlichen auf die Bereiche JH, Jugendförderung und Jugendschutz. Sie ist hier vertikal (zwischen den staatlichen Ebenen) differenziert und horizontal gegen andere benachbarte Politikbereiche *(Familie, Bildung)* abgegrenzt. Sie verfügt in diesem Zusammenhang über rechtliche Grundlagen und etatisierte Finanzmittel und hat deshalb operative Qualität. Freilich bezieht sich diese Ressortpolitik nur auf einen vergleichsweise eingegrenzten Ausschnitt der Lebenslagen von Kindern und Jugendlichen oder auf besondere Probleme, während andere zentrale Bereiche des Jugendalters (Bildung, Ausbildung, Arbeit, Wohnen) jugendpolitisch kaum zugänglich, sondern in anderen Teilpolitiken institutionalisiert sind.

Querschnittspolitik: Diese Begrenztheit der operativen Möglichkeiten von Ressortpolitik hat immer wieder Forderungen laut werden lassen, J. müsse als „Querschnittspolitik“ gefasst werden und ihren adressatenbezogenen Gesichtspunkt in allen anderen Politikfeldern zur Geltungen bringen. Kinder und Jugendliche werden in diesem Konzept wie andere soziale Gruppen (z. B. Frauen, Senioren, Arbeitnehmer) als Adressatengruppe verstanden, deren Lebenslagen von vielen gesellschaftlichen Faktoren, Institutionen und politischen Entscheidungen geprägt werden und deren Interessen und Ansprüche deshalb „anwaltschaftlich“ in einer Vielzahl von politischen Entscheidungsprozessen zur Geltung gebracht werden müssen. Im politischen System der BRD sind aber kaum Zuständigkeiten und Beteiligungsverfahren institutionalisiert worden, die gewährleisten, dass die Bedürfnisse von Kindern und Jugendlichen bei den durch andere Rationalitäten bestimmten Teilpolitiken berücksichtigt werden. Insbes. I. Mielenz (1992) hat mit dem Konzept der *„Einmischungsstrategie“* diese Aufgabe fachlich begründet. Eine prinzipielle Legitimation hierfür findet sich in § 1 Abs. 3 Nr. 4 und im Zusammenarbeitsgebot nach § 81 KJHG).

Zukunftspolitik: In den Diskursen über gesellschaftliche Krisen und Zukunftschancen taucht ein Konzept von J. als „Zukunftspolitik“ auf. Ihre zentralen Problemstellungen sind zum einen die Integrationsbereitschaft der gesellschaftlichen und ökonomischen Grundstrukturen. Nur mit der Jugend habe Gesellschaft Zukunft. Sie thematisiert deshalb Jugend als Garant bzw. als Risiko für gesellschaftliche Kontinuität und Legitimation. Zum anderen stellt sie angesichts von jugendlicher Politikverdrossenheit, von aufbrechenden Diskussionen über Generationengerechtigkeit (BJK 2000), v. a. aber vor dem Hintergrund des in Frage gestellten Generationenvertrags im Bereich der *sozialen Sicherung* und den Vorwürfen der jungen Generation, die ältere habe die Zukunft der Jugend bereits zu sehr belastet oder gar verspielt, die Frage nach gesellschaftlich-politischem Reformbedarf in vielen Politikfeldern, insbes. in der Umwelt- und Sozialpolitik. Damit bezieht sich dieses jugendpolitische Konzept besonders stark auf das Generationenverhältnis und auf die Fragen nach der Zukunftsfähigkeit der gesellschaftlichen Lebensformen und Sozialstrukturen. Analysen zeigen (Hornstein 1999), dass J. als Zukunftspolitik immer dann eine starke öffentliche Akzeptanz und eine Ausweitung ihrer finanziellen und organisatorischen Infrastruktur erfahren hat, wenn das Thema Jugend im Zusammenhang mit gesellschaftspolitischen Problemen und Zukunftsfragen verhandelt worden ist. Sie zeigen aber auch bis heute, dass die Debatten häufig bei legitimatorischen und symbolischen Fragen stehen bleiben und kaum operative Bedeutung entwickeln. Einen neuerlichen Forschungsansatz gibt es im Projekt „Arbeitsstelle Kinder- und Jugendpolitik“, die beim DJI angesiedelt ist (2014–2018) und die Aufgabe hat, Strukturen und Wirkungen der J. auf Kinder und Jugendliche zu beobachten und zu analysieren.

Europäische Angleichung: Die nationalstaatlichen Verschiedenheiten in den Grundstrukturen

K

von J. erfordern im Prozess der europäischen Einigung Angleichungen auf struktureller, rechtlicher und administrativer Ebene, die die nationalen Traditionen nicht unberührt lassen. In den letzten Jahren ist mit dem „Weißbuch zur europäischen Jugendpolitik“ (Kommission der Europäischen Gemeinschaften 2001) und dem Erscheinen des ersten europäischen Jugendberichts (2010) die Formulierung von Leitlinien einer europäischen J. weit vorangeschritten *(Jugendpolitik in der Europäischen Union).*

Eigenständige Jugendpolitik

„Eigenständige Jugendpolitik ist ein Politikansatz, der die Jugendphase als Ganzes in den Blick nimmt und die Interessen und Belange junger Menschen bei allen Entscheidungen berücksichtigt“ (BMFSFJ 2011). Mit diesem v. a. auf der europäischen Ebene diskutierten Politikansatz werden Gedanken wieder aufgenommen, die Felisch bereits vor 100 Jahren formuliert hatte. Das Konzept fordert dem demografischen, ökonomischen und sozialen Wandel auch in der J. Rechnung zu tragen, die traditionelle Problemgruppenorientierung und Ressortverhaftetheit zugunsten einer ressortübergreifenden Ausrichtung aufzugeben, Jugendliche nicht zum Objekt der J. zu machen, sondern sie als Subjekte zu beteiligen. Kritiker des Konzepts verweisen auf einen Überhang normativer Ziele und unklarer Wege der Umsetzung in lokale, staatliche und europäische Praxis. Im Wesentlichen erschöpfe es sich in der Verfeinerung und Propagierung von Partizipationsaktionen *(Partizipation),* die zwar mehr Beteiligung propagieren, an den Lebenslagen Jugendlicher aber kaum was ändern (z. B. Berufsausbildung, *Armut*). Der 3. Europäische Jugendbericht (2015 vorgelegt von der EU-Kommission) verweist daher deutlich auf die Notwendigkeit einer „Allround-Politik“ (v. a. in der Bildungs- und Ausbildungspolitik), um der drohenden Ausgrenzung und Marginalisierung eines Großteils von Jugendlichen entgegenzuwirken.

Funktionen und Grenzen

Die Kernbereiche der operativen J. (JH, Jugendförderung und Jugendschutz) stellen Kindern und Jugendlichen sowie deren Familien Leistungen zur Verfügung, die im Wesentlichen „personenbezogene Dienstleistungen“ oder das „Verfügbarmachen von infrastrukturellen Ressourcen“ beinhalten. Damit hat J. Gewährleistungsfunktionen, die einmal bezogen sind auf die Sicherung von Sozialisations- und Erziehungsbedingungen. Sie hat zum anderen die soziale Qualität von Lebensverhältnissen zu gewährleisten bzw. Strukturdefizite auszugleichen. J. lässt sich dem gemäß als „Sozialisationspolitik“, aber auch als „soziale Infrastrukturpolitik“ entfalten; beide Seiten bedingen einander.

Hierin wird freilich noch einmal die prinzipielle Nachrangigkeit der J. gegenüber den anderen Sozialisationsinstanzen (insbes. der *Familie*) sowie den anderen Teilpolitiken deutlich. Da nach den grundgesetzlichen Bestimmungen Erziehung primär das Recht und die Pflicht der Eltern ist, begrenzt das Elternrecht die operativen Möglichkeiten der J. und verweist die JH auf eine nachrangige Position. Ähnlich begrenzt z. B. das Grundrecht auf Schutz des Eigentums die jugendpolitischen Einwirkungsmöglichkeiten auf die Bau-, Verkehrs- oder Wirtschaftspolitik.

Akteure und Verfahren

Als Akteure der J. sind neben dem Staat die nichtstaatlichen freien Träger, insbes. die *Jugendverbände,* aber auch die Jugendlichen selbst zu nennen. Angesichts der sog. „Politikverdrossenheit“ junger Menschen haben in den letzten Jahren Formen der Jugendpartizipation (Jugendparlamente, Jugendbeiräte, Jugendbefragungen, Jugendbeauftragte usw.) zugenommen und geben der jungen Generation mehr Chancen auf Gehör und Mitsprache (Oerter 2001). Allerdings wird dagegen auch der Vorwurf von Ausbremsung, Kanalisierung des Jugendprotests auf eine „einflusslose Spielwiese“ erhoben.

Wichtigste operative Verfahren der J. auf der staatlichen Ebene sind Planung *(Jugendhilfeplanung)* und Gesetzgebung *(Kinder- und Jugendhilfegesetz).* Jedoch kann dem Staat nicht an einer konsequenten Verstaatlichung des Handlungsfeldes gelegen sein. Dies würde nicht nur zu drastisch höheren Kosten führen, sondern auch die wert- und selbstbildbezogenen Legitimationen gefährden und einer fachlich nicht tolerierbaren Standardisierung der Ziele und Inhalte Vorschub leisten. Die Institutionalisierung und Verrechtlichung der J. erfordert deshalb „Verschränkungen von Kontextbedingungen und Autonomiespielräumen … Vorkehrungen für die Institutionalisierung von Heterogenität“ (Willke 1989, 59). Diese Verschränkungen und Vorkehrungen sind:

- **Subsidiarität:** Der Bereich der J. ist nach dem Grundsatz der *Subsidiarität* und Partnerschaft zwischen öffentlich-staatlichen und freien Trägern geregelt. Durch die Teilhabe der freien Träger an der öffentlichen Aufgabe werden diese mit dem Staat in eine gemeinsame Verantwortung eingebunden.

K

- **Korporative Struktur:** Der Staat beteiligt die Verbände an der Festlegung und Fortschreibung der Grundsätze, RL und Zielbestimmungen des Handlungsfeldes. „Charakteristisch für (neo-)korporatistische Arrangements ist, dass gesellschaftliche Organisationen und Verbände neben ihrer Aufgabe der Repräsentation von partikularistischen Interessen ihrer jeweiligen Mitgliederbasis zusätzlich Regierungsfunktionen übernehmen und daher einen quasi öffentlichen Status erhalten. Indem sie den Staat bei seinen … Steuerungs- und Ordnungsaufgaben entlasten, geht ein Teil der Kompetenzen parlamentarisch-repräsentativer Institutionen (Parlamente, Ausschüsse) und der Exekutive (etwa der Ministerialbürokratie) in die Zuständigkeit dieser gesellschaftlichen Organisationen und Verbände über …" (Olk 1991, 132 f.).
- **Neue Steuerung und Marktorientierung:** Die Übernahme betriebswirtschaftlichen Denkens, die Anwendung von Output-Steuerung, Effizienzkriterien und *Qualitätssentwicklung* sowie insgesamt eine stärkere Kundenorientierung bedeuten auch für das Feld der J. ein vergleichsweise stärkeres Dienstleistungsverständnis und den Übergang zu neuen, marktorientierten Formen der Finanzierung. Die im korporatistischen System gewachsenen Privilegien der etablierten freien Träger, die an *Gemeinnützigkeit* gebundenen Finanzierungszugänge werden relativiert. Das Feld der jugendpolitischen Leistungsträger wird (europaweit) in den privatgewerblichen Bereich hinein geöffnet *(Wettbewerb, europäischer)* und über Leistungs-, Entgelts- und Qualitätssicherungsvereinbarungen in der Konkurrenz der Leistungsanbieter gesteuert werden (Münder 2002). Die ins KJHG eingefügten §§ 78a bis 78g zeigen diese Richtung bereits deutlich.

Alle Strukturmuster zeigen sich mit voller Deutlichkeit und Strittigkeit im Bereich der Jugendförderungspolitik, insbes. am Beispiel des *Kinder- und Jugendhilfeplans* (er wurde 1950 zum ersten Mal als Bundesjugendplan zur Förderung der *Jugendarbeit* aufgelegt). Dieses als „gesetzesfreie Fondsverwaltung" konzipierte Förderungsinstrument des Bundes ermöglicht der Bundesbehörde die Vorgabe jugendpolitischer Prioritätensetzungen und die Kontrolle der Verbände über Förderungsanträge und -abrechnungen bis hin zum Förderungsentzug. Deshalb sind die Verbände sehr stark daran interessiert, auf die Jugendförderungspolitik Einfluss nehmen zu können und bei der Festlegung von Zielen und Erarbeitung von RL beteiligt zu werden. Diesem wechselseitigen Interessenausgleich dienen bestimmte Verfahren (z. B. Anhörungen) und Gremien, in denen der Staat als „semi-souveräner Akteur" auftritt.

Allerdings hat in den letzten Jahren der Einfluss der (bundes-)staatlichen Ebene dadurch an Gewicht gewonnen, dass neben der allgemeinen oder Regelförderung der Verbände und Organisationen die Zahl der zweck- und programmgebundenen Sonder- und Modellvorhaben (teilweise unterstützt durch EU-Finanzierungen) deutlich zugenommen haben, etwa im Bereich von Jugendgewalt und demokratischer Erziehung, sozialer Brennpunktarbeit und zivilgesellschaftlichem Engagement usw., bei deren Konzipierung und Zielperspektiven die nichtstaatlichen Träger weniger Einfluss haben.

Richard Münchmeier

Literatur

BJK: Gegen den irrationalen Umgang der Gesellschaft mit der nachwachsenden Generation. Thesen, Berlin 2000 ◆ BJK: Zur Neupositionierung von Jugendpolitik: Notwendigkeit und Stolpersteine, Berlin 2009 ◆ S. Hering/R. Münchmeier: Geschichte der Sozialen Arbeit. Eine Einführung, Weinheim/München [5]2014 ◆ W. Hornstein: Jugendforschung und Jugendpolitik. Entwicklungen und Strukturen in der zweiten Hälfte des 20. Jahrhunderts, Weinheim/München 1999 ◆ EU-Kommission: 3. Europäischer Jugendbericht, Brüssel 2015 ◆ Jugend für Europa (Hrsg.): A new youth policy for Europe. Towards the empowerment and inclusion for all young people. European Peer Learning on Youth Policy, Bonn 2013 ◆ M. Klundt: Kinderpolitik, Weinheim 2017 ◆ Kommission der Europäischen Gemeinschaften: Weißbuch der europäischen Kommission: Neuer Schwung für die Jugend Europas, Brüssel 2001 ◆ W. Lindner: Kommunale Jugendpolitik, Weinheim 2017 ◆ J. Luedtke/Chr. Wiezorek: Jugendpolitiken. Wie geht Gesellschaft mit „ihrer" Jugend um?, Weinheim/München 2016 ◆ L. Meinunger: Ein neuer Anlauf für eine „eigenständige" Jugendpolitik?, in: NDV 5/2013 ◆ I. Mielenz: Jugendhilfe als Querschnittspolitik – Jugendhilfe im Widerstreit von Abgrenzung und Einmischung, in: AGJ (Hrsg.): Lebenswelten gestalten, Münster 1992 ◆ J. Münder: Finanzierungsstrategien in der Kinder- und Jugendhilfe, in: Sachverständigenkommission 11. Kinder- und Jugendbericht (Hrsg.): Strukturen der Kinder- und Jugendhilfe. Eine Bestandsaufnahme (Materialien zum 11. Kinder- und Jugendbericht Bd. 1), München 2002, 105–162 ◆ R. Oerter (Hrsg.): Mitwirkung und Teilhabe von Kindern und Jugendlichen, München 2001 ◆ H. Otten/P. Lauritzen

(Hrsg.): Jugendarbeit und Jugendpolitik in Europa, Wiesbaden 2004 ◆ R. Wiesner: SGB VIII, Kinder- und Jugendhilfe. Kommentar [5]2015.

Links

www.allianz-für-jugend.de
www.bmfsfj.de
www.dbjr.de
www.dji.de
www.jugendgerecht.de
www.jugendineuropa.de

Kinder- und Jugendtheater

Definition

Kinder- und Jugendtheater (KJ-T.) im eigentlichen Sinn ist das professionelle Vorführtheater für Kinder und Jugendliche unter Einschluss von Mitspielformen (Animationstheater). Häufig wird auch das Theater von Kindern und Jugendlichen als KJ-T. bezeichnet; es sollte besser Amateur- (oder Schul-)theater genannt werden. Allerdings werden inzwischen auch Elemente des Theaterspiels, z. B. im Kindergarten oder in der Grundschule, in das professionelle KJ-T. aufgenommen, die dann zu neuen Themen und Aufführungen für Kinder führen können. Manchmal sind Theaterspielgruppen von Jugendclubs in einzelnen KJ-T. Bestandteil des Spielplans. Theaterschulen, die an KJ-T. angegliedert sind, bieten Schauspielunterricht für Kinder und Jugendliche an.

K

Geschichte

Auch nach der Entwicklung des Berufstheaters sind Kinder und Jugendliche bis ins 19. Jh. hinein gleichberechtigte Theaterbesucher; aus dem Literaturtheater werden sie mehr und mehr verdrängt. Im Gegenzug entwickelt sich in Deutschland ab 1854 ein kommerzielles Kindertheater: das Weihnachtsmärchen, das bald zur Weihnachtsoperette verkommt. Erst nach dem 1. Weltkrieg werden professionelle KJ-T. in vielen europäischen Ländern gegründet (Anstöße in Deutschland durch Brecht, Kästner, Hindemith). Die Sowjetunion ist bis zur Stalinzeit organisatorisch und künstlerisch führend. Ihr Modell eines straff zentral organisierten Lerntheaters als Teil der öffentlichen *Erziehung* wird nach 1945 für alle Volksdemokratien verbindlich.

In der BRD gibt es neben den ganzjährig spielenden Figurentheatern einige dauerhafte Gründungen an Städtischen Bühnen (Nürnberg seit 1948, Dortmund seit 1953) und eine neue Entwicklung seit 1966 mit freien Gruppen (Kindertheater im Reichskabarett Berlin, später „Grips", Leiter und Hauptautor Volker Ludwig). Nachfolgend entstanden und entstehen eine Fülle von professionellen und halb professionellen Gruppen, häufig auf hohem Niveau. Grips ist bis heute Deutschlands führendes KJ-T. mit Inszenierungen in mehr als 45 Ländern.

Gegenwart

Heute spielen KJ-T. mit mancherlei Formen von Subventionen und öffentlichen Zuschüssen zum größeren Teil in einem festen, häufig in einem eigenen Haus; sie sind fast immer zu Gastspielen bereit, manchmal grundsätzlich mobil. Z. T. sind sie selbständig, z. T., mehr oder weniger abhängig von städtischen oder staatlichen Bühnen; auch diese bieten sporadisch oder kontinuierlich Aufführungen für Kinder und Jugendliche an. Vertreten sind neben dem dominierenden Sprechtheater (fast immer mit musikalischen Elementen, insbes. mit Liedern verbunden), Oper, Musical, Tanz, Ballett, Pantomime, Kabarett, Revue bis hin zum Straßentheater, zu Festen und bunten Abenden. Wichtig ist die Form des Figurentheaters, die für die meisten Kinder die erste Begegnung mit der dramatischen Form vermittelt; in der DDR waren die Figurentheater als gut ausgestattete Abteilungen der großen professionellen Theater eingerichtet.

Folgende Formen, grob klassifiziert, lassen sich unterscheiden:

- Aufklärungstheater: es zielt auf Einsicht in gesellschaftliche Verhältnisse;
- Aufregungstheater: es vermittelt Spaß und Bewegung;
- Bildertheater: es bietet Projektions- und Identifikationsmöglichkeiten; Titeltheater: es dramatisiert bekannte Stoffe und Titel;
- Animationstheater: es lädt die Zuschauer ein zum Mitdenken, Mitreden, Mitentscheiden und/oder Mitspielen.

Schon in den 1980er Jahren zeigten sich verstärkt Bemühungen um Formen von Theater„kunst" im KJ-T.: Bühnenmärchen und vertraute Kindertitel dringen vor, v. a. bei kommerziell ausgerichteten Betreibern. Das sozialpolitisch-sozialpädagogische Problem- und Eingreiftheater tritt zurück; vielfach wird Weltliteratur als Kindertheater entdeckt. Nach der Auflösung der DDR haben sich deren große Figurentheater verkleinert oder aufgespalten in eine Vielzahl freier Gruppen; das zentrale Puppentheater in Berlin besteht zumindest als Gastspielort „Schaubude" weiter. Die ehemaligen DDR-KJ-T. versuchten im Rahmen eines vom KJ-T.-Zentrum unterstützten Modellversuchs, sich „zunehmend als soziokulturelle Orte, als Ausgangs- und Mittelpunkt für Kinder- und Jugendkultur im Stadtteil und der Stadt zu etablieren". Das gesamte „Theaterhaus soll zum Spielraum werden, in dem die Zuschauer selbst die Spieler sind und ihre Lebenssituation mittels Theater artikulieren und bearbeiten können" (Kulturzentrum Theater). Von diesen Versuchen gingen wichtige Impulse aus.

Insgesamt ist trotz unzureichender Finanzierung eine positive Entwicklung festzustellen. Die Altersdifferenzierung wird größer, gespielt wird schon für Kinder ab 3 Jahren. Formen und Themen werden vielfältiger: Scheidung, Tod, Selbstmord; aktuelle Themen wie Gewalt, Rechtsradikalismus werden stimuliert durch Bedarf und öffentlichen Zuschuss; auch große Werke der Weltliteratur finden den Weg ins Kindertheater. Internationale Kontakte werden vielfältiger und intensiver, die Zahl der regionalen Festivals und Arbeitstreffen, der Autoren und der verfügbaren Texte steigt, nicht zuletzt durch die Arbeit des KJ-T.-Zentrums Frankfurt/M. Grimm und Grips. Die Internationale Vereinigung der Theater für Kinder und Jugendliche (ASSITEJ) gibt ein Jahrbuch für KJ-T. heraus (Jahrbuch IXYPSILONZETT zuletzt 2016), das aus der Theaterpraxis berichtet. Überdies werden Fachtagungen, Ausstellungen und Theatertreffen durchgeführt. Im KJ-T.-Zentrum sind etwa 240 Mitgliederbühnen vertreten, in der ASSITEJ sind 80 nationale Zentren weltweit organisiert. Viele von ihnen arbeiten freilich nur sporadisch und auf niedrigstem ökonomischem Niveau. Seit 1991 findet alle zwei Jahre das Deutsche Kinder- und Jugendtheatertreffen in Berlin statt. 2014 haben KJ-T. in Deutschland etwas mehr als 2,9 Mio. Besucher gezählt.

Funktion

Das KJ-T. kann erst im Zusammenhang mit dem eigenen Spiel der Kinder und Jugendlichen *(Spielen)* und eigenen Theaterversuchen (Amateurtheater) seine volle Wirkung entfalten. Es eröffnet kommunikativ den Zugang zu den dramatischen Formen Fernsehen, Film, Video, auch Funk, Schallplatte, Kassette; es lässt sich günstig verbinden mit den Medien Buch, Zeitung, Zeitschrift, Flugblatt, Foto, Zeichnung, Bild und auch mit elektronischen Medien. Seine Nähe zur öffentlichen Rede (insbes. in der Verbindung von Theater mit Diskussion), seine Wirkung durch das Lernen am Modell (zugleich eröffnet es, anders als der Film, die Möglichkeit zur Überprüfung des Modells), sein Angebot einer gesteigerten, verdichteten Kommunikation machen es zu einem idealen Übungs- und Experimentierfeld *sozialen Lernens.*

Sozialpädagogische Organisation

Der Besuch im Theater mit seiner besonderen „Theateratmosphäre" bietet häufig die künstlerisch eindrucksvollere Aufführung; der größere Aufwand der Zuschauer führt zu einer Aufwertung; die Mischung mit anderen Zuschauergruppen verringert die gruppenindividuellen Reaktionen; der Unterschied zwischen Theater und Alltag wird deutlicher. Demgegenüber verwischt die Aufführung im Jugendheim (am Ort der Zuschauer) diese Unterschiede; die Schwellenangst vor dem Theater entfällt; die Überprüfung der Aufführung erfolgt innerhalb der vertrauten Umwelt; die Reaktionen auf die Aufführung sind gruppenspezifischer.

SozPäd obliegen die Information über KJ-T. und neben der Auswahl und Organisation von Gastspielen bzw. Theaterbesuchen die sinnvolle Vor- und/oder Nachbereitung: Gespräche mit Autor, Regisseur, Darstellern, Betroffenen; eigene Spielversuche; Besuch von Bühne und Werkstätten (Tag der offenen Tür). Zu nutzen sind Kritiken, Fotos, Programm- und Nachbereitungshefte. Besonders glücklich ist die engere Zusammenarbeit eines Jugendheims (einer Jugendgruppe) mit einem professionellen Theater, die sich als kontinuierlicher Lernprozess für beide auswirkt *(Kulturelle Jugendarbeit).* Intensiv haben sich an professionellen Theatern eingerichtete Theaterjugendclubs entwickelt; sie veranstalten jährliche Bundestreffen.

Der Trend zu einer entwickelten Theaterpädagogik (mit einer entsprechenden Ausbildung zum Theaterpädagogen) findet sich nicht nur im professionellen KJ-T., sondern auch in der Kinder- und Jugendarbeit, als Schüler- und Laientheater sowie in der Arbeit mit spezifischen Bezugsgruppen (Obdachlose, Menschen mit Behinderungen, ältere Menschen). Dazu gibt es inzwischen vielfältige (halb-)professionelle Gruppen mit eigenen Festivals und internationalen Kontakten (Koch/Streisand 2003) und eine Fülle handlungsanleitender Literatur für jede Altersgruppe.

Hans-Wolfgang Nickel

Literatur

ASSITEJ: IXYPSILONZETT Jahrbuch 2016, Frankfurt/M. 2016 ◆ D. Dörger/H.-W. Nickel: Improvisationstheater, Uckerland/Milow 2008 ◆ G. v. Droste (Hrsg.): Theater von Anfang an, Bielefeld 2009 ◆ U. Hentschel/H. M. Ritter (Hrsg.): Entwicklungen

K

und Perspektiven der Spiel- und Theaterpädagogik, Festschrift für H.-W. Nickel, Berlin 2003 ◆ J. Höhn: Theaterpädagogik. Grundlagen, Zielgruppen, Übungen, Leipzig 2015 ◆ C. Hoffmann/A. Israel: Theaterspielen mit Kindern und Jugendlichen, Weinheim [4]2008 ◆ G. Koch/M. Streisand (Hrsg.): Wörterbuch (der) Theaterpädagogik, Berlin [3]2009 ◆ V. Ludwig: Wie alles begann. Eine kleine Grips-Chronik 1969, Berlin 2010 ◆ H.-W. Nickel: Kindertheater, in: Lexikon der Kinder- und Jugendliteratur, 2. Bd., Weinheim 1995 ◆ N. Rademacher (Hrsg.): Theater mit allen, Uckerland/Milow 2014.

Links

www.assitej.de
www.butinfo.de
www.kjtz.de
www.theaterpaedagogik.de

Kindesrecht

Von der Grundstruktur her ging das *Familienrecht* bei der elterlichen Sorge *(Elternrecht)* vom umfassenden Bestimmungsrecht der Eltern aus. Die Formel vom Wohl des Kindes (§ 1666 BGB) diente und dient dazu, dieses umfassende Bestimmungsrecht zu begrenzen, und ist damit der Begriff, über den das Wächteramt der staatlichen Gemeinschaft für das Kind realisiert wird. Die Akzeptanz der Autonomie des Kindes ist damit weder im elterlichen Sorgerecht noch über das staatlich zu sichernde Wohl des Kindes systematisch gegeben. Erst mit Erreichung der *Volljährigkeit* setzen sich die Vorstellungen der Kinder auch rechtlich durch. Möglichkeiten für die Berücksichtigung von K. wäre die Etablierung von Teilmündigkeiten vor Beginn der Volljährigkeit. Hier gibt es punktuell eigenständige Rechtspositionen i. S. von K. z. B. ab 14 Jahren: die Wahl des Bekenntnisses (§ 5 RKEG), das Beschwerderecht des § 60 FamFG, die Zustimmung zur Geburtsnamensänderung (§§ 1617a ff. BGB), das Widerspruchsrecht des Minderjährigen bezüglich der Verteilung der elterlichen Sorge bei Trennung (§ 1671 BGB), die Einwilligung des Minderjährigen in die *Adoption* (§ 1746 BGB); ab 15 Jahren das bedingte Antragsrecht auf Sozialleistungen (§ 36 SGB I); ab 16 Jahren das eigenständige Testierrecht. Die massivste Ausweitung von K. brachte die Senkung des Volljährigkeitsalters (1975) von 21 auf 18 Jahren (§ 2 BGB); hierdurch wurde für diese Altersgruppe die elterliche Sorge durch das „K." abgelöst *(Volljährigkeit).*

Neben solchen gesetzlich formulierten Teilmündigkeiten wurde in Rechtslehre und Rechtsprechung die Rechtsfigur des sog. einsichtsfähigen Minderjährigen entwickelt: Wo es um tatsächliches Verhalten, insbesondere in höchstpersönlichen Angelegenheiten, geht, können Minderjährige, wenn sie hinreichende Einsichtsfähigkeit in die konkrete, zur Entscheidung anstehende Angelegenheit haben, selbst – und nur selbst die entsprechenden Entscheidungen treffen; das bedeutet zugleich, dass die Zuständigkeit der Eltern diesbezüglich eingeschränkt ist. Beispiele sind etwa die Entbindung eines Arztes von der *Schweigepflicht,* die Einwilligung in ärztliche Behandlungen, die Ausübung des *Zeugnisverweigerungsrechts,* die Einwilligung in eine psychiatrische Untersuchung usw.

Die Etablierung solcher Rechte für Minderjährige wird als K. bezeichnet. Mit kasuistischen Regelungen wird allerdings das grundsätzliche Problem der rechtlichen Akzeptanz der eigenständigen Vorstellungen Minderjähriger nicht gelöst. Anstöße zu einer systematischen Befassung mit dem K. ergaben sich auch durch das Übereinkommen über die Rechte des Kindes (UN-Kinderrechtskonvention von 1989) und Art. 24 der EU-Charta. Diese regten eine entsprechende innerstaatliche Diskussion an. Die Kontroverse ging insbesondere darum, ob die sich aus diesem völkerrechtlichen Übereinkommen ergebende Verpflichtungen durch die BRD erfüllt seien; durch die aufgrund des KindRG zum 1. 7. 1998 in Kraft getretenen Veränderungen hat sich die Diskussion weitgehend erledigt. Nach dem Tod von Kevin in Bremen im Herbst 2006 (Hoppensack 2011) hat eine erneute Diskussion um die Aufnahme von Kinderrechten in die Verfassungen der Länder und des Bundes begonnen. In der Folge wurde wiederholt eine Verankerung von K. im Grundgesetz gefordert (u. a. Antrag der Fraktion der SPD im BT – BT-Drs. 17/6920 vom 6. 9. 2011). Der Nationale Aktionsplan „Für ein kindergerechtes Deutschland 2005–2010" hat zu einer Stärkung der Kinderrechte in den letzten Jahren beigetragen. Es ist allerdings nicht erkennbar, ob der Aktionsplan neu aufgelegt wird.

Bis in die 1990er Jahre hatte sich der Gesetzgeber nur wenig um einen systematischen Ausbau von eigenständigen Rechten Minderjähriger bemüht. So blieb es der (Verfassungs-)Rechtsprechung vorbehalten, die Rechtsposition von Minderjährigen i. S. von K. zu verstärken. Ausgehend von der Tatsache, dass es zwischen Eltern und Kindern Interessenkollisionen geben kann, hat das BVerfG in den Fällen, in denen die Eltern nicht in der Lage oder nicht Willens waren, für die

Minderjährigen Verfassungsbeschwerde zu erheben, gefordert, dass den Minderjährigen der Zugang zum Verfassungsgericht nicht versagt werden kann (BVerfGE 72, 122 ff.); es hat – falls der Gesetzgeber keine andere Lösung findet – die Bestellung eines Ergänzungspflegers für notwendig gehalten und dies dann auch realisiert (BVerfGE 75, 201 ff.; BVerfG NJW 1989, 519 ff.). Das KindRG (1.7.1998) und ihm folgend das FamFG (1.9.2009) haben in familiengerichtlichen Verfahren den *Verfahrensbeistand* eingeführt, § 158 FamFG). Nach § 158 Abs. 1 FamFG hat das FamG dem minderjährigen Kind in Kindschaftssachen, die seine Person betreffen (§ 151 FamFG), einen geeigneten Verfahrensbeistand zu bestellen, soweit dies zur Wahrnehmung seiner Interessen erforderlich ist. Die Bestellung ist i. d. R. erforderlich (§ 158 Abs. 2 FamFG), wenn das Interesse des Kindes zu dem seiner gesetzlichen Vertreter in erheblichem Gegensatz steht, es um Verfahren wegen Kindeswohlgefährdung geht oder Gegenstand des Verfahrens die Wegnahme des Kindes von Pflegepersonen, von dem Ehegatten, dem Lebenspartner oder dem Umgangsberechtigten oder der Ausschluss oder die wesentliche Beschränkung des Umgangs ist. Außerdem wurden ausdrückliche Ansprüche auf Beratung von Kindern und Jugendlichen in umgangsrechtlichen Angelegenheiten geschaffen (§ 18 SGB VIII). Dadurch wurden die allgemeinen, in § 8 SGB VIII niedergelegten Grundsätze der Beteiligung von Kindern und Jugendlichen, ihres Rechtes, sich in allen Angelegenheiten der Erziehung und Entwicklung an das *Jugendamt* zu wenden und ihrer Befugnis, sich ohne Kenntnisse der Personensorgeberechtigten durch die *Kinder- und Jugendhilfe* beraten zu lassen, wenn die Beratung aufgrund einer Not- und Konfliktlage erforderlich ist, weiter konkretisiert. Das BKiSchG vom 1.1.2012 (BGBl. I, S. 2975) hat diese Beratungsmöglichkeit durch entsprechende Änderung des bisherigen § 8 Abs. 3 SGB VIII in einen eigenen Beratungsanspruch ausgestaltet.

Einen konkreten Vorschlag für einen neuen Artikel 2a GG formulierte 2012 das Aktionsbündnis Kinderrechte: Kinderrechte gehören ins Grundgesetz 2014 (www.kinderrechte-ins-grundgesetz.de), in dem die Rechte auf Förderung, Schutz und Beteiligung sowie der Vorrang des Kindeswohls bei allem staatlichen Handeln festgeschrieben werden sollen.

Das Europäische Parlament hat am 27. November 2014 anlässlich des 25. Jahrestages der UN-Kinderrechtskonvention eine Entschließung zu Kinderrechten gefasst. Darin fordert es alle Mitgliedstaaten dazu auf, den Kreislauf der Benachteiligung zu durchbrechen, die UN-Kinderrechtskonvention in nationales Recht zu gießen und sicherzustellen, dass der Vorrang des Kindeswohls tatsächlich umgesetzt wird.

Gleichwohl zeichnet sich gegenwärtig nicht ab, dass es auf (verfassungs-)rechtlicher Ebene zu einem weiteren Ausbau von K. kommen wird.

Von daher bleibt es eine wichtige Aufgabe der *Sozialen Arbeit,* die vorhandenen Möglichkeiten zu nutzen, durch gezielte Information, Beratung und Angebote den Minderjährigen die Ausschöpfung der im vorhandenen Recht gegebenen Möglichkeiten zu ermöglichen und sie dabei zu unterstützen.

Roland Proksch
(bis zur 7. Auflage Johannes Münder)

Literatur

R. Balloff: Kinder vor dem Familiengericht, München/Basel [2]2015 ◆ BMJFSJ (Hrsg.): Nationaler Aktionsplan – Für ein Kindergerechtes Deutschland 2005–2010. Berlin 2010 ◆ H. Dettenborn, Kindeswohl und Kindeswille, München [4]2014 ◆ FORUM Jugendhilfe 4/2014: Schwerpunktheft 25 Jahre UN-Kinderrechtskonvention. Herausforderungen und Perspektiven ◆ G. Geiger (Hg.), Kinderrechte sind Menschenrechte. Kinderrechte in Deutschland, Leverkusen 2011 ◆ S. Heilmann u. a. (Hrsg.): Kindschaftsrecht Kommentar, Köln 2015 ◆ C. Hoppensack: Kevins Tod – Ein Fallbeispiel für missratene Kindeswohlsicherung, in: ISS e. V. (Hrsg.): Vernachlässigte Kinder besser schützen. Sozialpädagogisches Handeln bei Kindeswohlgefährdung. München [2]2012 ◆ J. Münder/R. Wiesner/Th. Meysen, Kinder- und Jugendhilferecht, Handbuch. Baden-Baden [2]2011 ◆ J. Münder/Th. Trenczek, Kinder- und Jugendhilferecht. Eine sozialwissenschaftlich orientierte Darstellung, Baden-Baden [8]2015 ◆ S. Penka/R. Fehrenbach: Kinderrechte umgesetzt. Grundlagen, Reflexion und Praxis, Regensburg 2012 ◆ L. Salgo/G. Zenz/J. M. Fegert/A. Bauer/C. Weber/M. Zitelmann, Verfahrensbeistandschaft. Ein Handbuch für die Praxis. Köln [4]2014.

Weitere Literatur bei *Familienrecht.*

Kindheit

Kindheit (K.) bezeichnet in der Abfolge von Lebensabschnitten eine Phase, die, unterteilt in frühe, mittlere (Kindergartenzeit) und ältere K. (Schulzeit), dem Jugendalter vorangeht *(Jugend).* Seit Beginn des 20. Jh. ist K. ein ausgewiesener Forschungsgegenstand, insbesondere der Entwicklungspsychologie, Biologie und *Anthropologie* sowie seit den 1990er Jahren auch der *Soziologie* und der *Erziehungswissenschaft* (Krüger/Grunert 2002).

Konsensual wird von den wissenschaftlichen Fächern, die sich mit K. beobachtend beschäftigen, betont, dass K. zu Beginn des 21. Jh. historisch, kulturell und sozial ein vielgestaltiges Phänomen ist, das mit biologisierenden und naturalistischen Deutungen allein nicht zu verstehen ist (Honig 1999). Auch wenn K. in den einzelnen wissenschaftlichen Disziplinen unterschiedliche Thematisierungsformen erfährt (Thole/Göbel/Milbradt 2013), wird doch weitgehend die Erkenntnis geteilt, dass sich K. als Lebenslaufphase in den letzten Jahrzehnten erstens verkürzt hat und der Übergang in das Jugendalter immer frühzeitiger erfolgt sowie zweitens insofern neu konturierte, als dass sie von Kindern zunehmend selbstständiger ausgestaltet wird. Gleichwohl stehen Kinder auch zu Beginn des 21. Jh. weiterhin im Fokus von Unterstützungs-, Hilfs- und Schutzmaßnahmen der Erwachsenen, auch wenn sie in den entsprechenden institutionellen Arrangements zunehmend konzeptionell als selbstständig agierende Subjekte adressiert werden. Dennoch werden Kinder auch weiterhin als Objekte einer generativ gesteuerten Erziehungstatsache angesprochen und mithin zum Adressaten pädagogischer Maßnahmen und Interventionen außerhalb wie auch insbesondere innerhalb familialer Settings. Denn trotz der wachsenden Vielfalt von Familienentwürfen sowie entgegen aller öffentlichen Mythenbildungen wachsen nach wie vor ca. 80 % aller Kinder in einer biologischen wie soziologischen Zweielternteilfamilie auf (StatBA 2014/Haushalte & Familien).

K

Sozialgeschichte der Kindheit – Hinweise

Kinder sind in die gesellschaftlichen Wandlungsprozesse einbezogen und insofern in einem dezidierten Sinn des Wortes Kinder ihrer jeweiligen Zeit. Darauf hat die sozialwissenschaftliche Kindheitsforschung nachdrücklich aufmerksam gemacht. Insbesondere historische Forschungen aus den letzten 40 Jahren (Ariès 1978; De Mause 1977; Elias 1977) haben gezeigt, wie sich die Lebenssituation der Kinder mit dem Beginn der Neuzeit drastisch veränderte. In den sozialgeschichtlichen Rekonstruktionen und in den theoretischen Diskussionen zur Entstehung der K. offenbaren sich jedoch auch die Ambivalenzen dieser geschichtlichen Entwicklung, insbesondere in den beiden zentralen Untersuchungen zur Geschichte der Kindheit (Ariès 1978; De Mause 1977).

Historische Sichtweisen: De Mause und Ariès

Die psychoanalytisch inspirierte Untersuchung von L. **De Mause** geht davon aus, dass die Beziehungsformen zwischen Erwachsenen und Kindern im Verlauf der Geschichte sich positiv weiter entwickelten, die Erwachsenen in einer Art „kumulativen Lernprozess" (Hengst 1985) die Bedürfnisse von Kindern immer besser erkannten und respektierten. „Die Geschichte der Kindheit ist ein Alptraum, aus dem wir gerade erst erwachen. Je weiter wir in der Geschichte zurückgehen, desto unzureichender wird die Pflege der Kinder, die Fürsorge für sie, und desto größer die Wahrscheinlichkeit, dass Kinder getötet, ausgesetzt, geschlagen, gequält und sexuell missbraucht werden" (De Mause 1977, 12). Kindesmord (v. d. Antike bis 400 n. Chr.), Weggabe (4.–13. Jh.), Ambivalenz (14.–17. Jh.), Intrusion (Eindringen – 18. Jh.), *Sozialisation* (19. Jh.) und Unterstützung (20. Jh.) sind nach L. De Mause die phylogenetischen Phasen bis zur Herausbildung einer autonomen, modernen K.

Im Gegensatz zu dieser Perspektive rekapituliert Ph. **Ariès** die Geschichte der K. zivilisationskritisch. Für Ariès ist die Geschichte der K. ein schleichender Domestizierungsprozess. Im vorindustriellen Zeitalter gab es noch keinen Lebensabschnitt K. Kinder und Erwachsene lebten und arbeiteten in einer Sozialität zusammen, die keine Unterschiede zwischen Erwachsenen und Kindern kannte. Soweit wie möglich verrichteten alle die gleiche *Arbeit*, trugen ähnliche Kleidung und verbrachten auch ihre *Freizeit* unter gleichen Bedingungen. Die Kindheitsphase war auf die ersten Lebensjahre beschränkt, auf den Zeitraum, wo Kinder noch nicht ohne fremde Hilfe auskommen können. Eine explizite Lebensetappe K. bildete sich nach P. Ariès „endgültig und unabweislich" am Ende des 19. Jh. aufgrund eines „bemerkenswerten Wandels" heraus. Die Schule trat als Mittel der *Erziehung* an die Stelle des Lehrverhältnisses. Das bedeutet, dass das Kind sich nicht länger einfach nur unter die Erwachsenen mischt und das Leben direkt durch den Kontakt mit ihnen kennen lernt. Mancherlei Verzögerungen und Verspätungen zum Trotz ist das Kind nun von den Erwachsenen getrennt und wird in einer Art Quarantäne gehalten, ehe es in die Welt entlassen wird (…). Damit beginnt ein langer Prozess der Einsperrung der Kinder (…), der bis in unsere Tage nicht zum Stillstand kommen sollte und den man als Verschulung (Scolarisation) bezeichnen könnte" (Ariès 1978, 47 f.).

Herausbildung der Kindheit als historischer Prozess

Im Ganzen betrachtet handelt es sich bei der Herausbildung von K. somit um einen historischen Prozess, in dessen Verlauf sich die Lebensgemeinschaft und das gemeinsame Zusammenleben von Erwachsenen und Kindern immer mehr auflöste. Im Mittelalter und in der frühen Neuzeit, so zeigen die Studien übereinstimmend, gab es für die Kinder keinen von der Erwachsenenwelt abgetrennten eigenen Lebensbereich. Das änderte sich erst im Vollzug der weiteren Ausdifferenzierung gesellschaftlicher Teilsysteme und Bereiche mit spezifischen Aufgaben: Die Schule mit der Zielsetzung einer spezifischen, auf die Möglichkeiten und Bedürfnisse des Kindes zugeschnittenen, aber zugleich streng auf die künftigen Arbeitsanforderungen ausgerichteten Form des Lernens und die Familie mit dem Angebot einer gefühlsmäßigen Zuwendung innerhalb des jetzt von der Öffentlichkeit abgetrennten Bereichs des Privaten. Prozesse der Modernisierung, die Entstehung einer bürgerlichen, auf Kapitalakkumulation angelegten Gesellschaftsformation, fundierten hier im Hintergrund entscheidend diese Prozesse. Erst hierüber konnte sich eine eigene Kinderwelt herausbilden, die sich in allem und grundlegend von derjenigen der Erwachsenen unterscheidet. Das spielende – und nicht wie Erwachsene arbeitende – Kind sind ebenso Resultate dieser Entwicklung wie die Anerkennung der eigene Gefühls- und Bedürfniswelt von Kindern. Die „Reinheit" des Kindes steht im Gegensatz zum unvermeidlich belasteten Erwachsenen. Und letztendlich, das wird insbesondere in jüngster Zeit wieder virulent, kann von Kindern, weil sie eine eigene Form der Welterfahrung und -deutung haben, auch gelernt werden. Mit nachvollziehbaren Argumenten wird gegenwärtig in Bezug auf diese Perspektive formuliert, das K. auch in der Genese als soziales Phänomen anzusehen ist und die Deutungen von K. somit immer auch die gesellschaftlichen Bedingungen mit zu reflektieren haben (Klett 2013)

Kindheit heute – aktuelle Probleme

Die Diskussionen um den Status und die gesellschaftliche Platzierung von K. sind über diese sozialhistorischen Rekonstruktionen allerdings noch nicht endgültig geklärt (Honig 1999). So war die öffentliche Diskussion zum Thema K. zeitweise dominiert von medienkritischen Diagnosen, bspw. durch die von dem amerikanischen Medienforscher N. Postman propagierten These vom „Verschwinden" der K. Die Konstituierung von K. ist und bleibt weiterhin diskursiven Konjunkturen ausgesetzt und die Frage, ob sie als altersspezifische Phase überhaupt noch existiert, wird fast schon kontinuierlich erneuert (u. a. schon Hengst 1985).

Die Beobachtung, dass die Industrialisierung des gesamten gesellschaftlichen Lebens auch vor dem Leben der Kinder keinen Halt macht, immer massiver in die Kindheitsphase eindringt, wird für diese Annahme stets erneut belegend herangezogen. Die Thesen vom „Ende" oder von der „Liquidierung" der K. übersehen jedoch, dass K. in ihrer inneren Qualität nicht nur ein Projekt und abgeleitete Größe objektiver gesellschaftlicher Strukturen und Prozesse ist, sondern eine Größe, die immer auch bestimmt ist durch die Form der Auseinandersetzung der Kinder mit ihrer Situation.

K. ist heute sicherlich beides, einerseits beeinflusst durch *Medien,* Werbung, Propaganda und Bewusstseinsindustrie, durch die Rationalisierung des Lebens, wie sie zunehmend alle Bereiche durchdringt; zugleich gibt es jedoch auch weiterhin Ausgrenzung und Exterritorialisierung der K. in vielfachen Formen und die subjektiv gestaltete eigene Erfahrungswelt der Kinder, die zugleich den Ansatz- und Bezugspunkt sozialpolitischen und sozialpädagogischen Handelns darstellt (Bühler-Niederberger u. a. 2000). So steht dem Re-Homogenisierungsprozess zwischen K. und Erwachsenenalter auch eine andere entwicklungshistorische Tatsache entgegen, die, dass K. zunehmend ghettoisiert, aus dem gesellschaftlichen Leben ausgegrenzt und zu einem eigenständigen Terrain wird. Pädagogische Institutionen, pädagogisch-therapeutische Förderzentren, Kinder- und Jugendberatungsstellen und die architektonische Entwicklung der Städte werden als dominante Träger für diesen Isolationsprozess geoutet.

Die Dialektik dieses Ghettoisierungsvorganges wie Homogenisierungsprozesses führt nach H. Hengst (1985, 11) zu einer Verringerung des Generationsabstandes, jedoch nicht zur Liquidierung der Kindheitsphase an sich, weil die Akzeptierung und Figuration von Werten trotz altersmäßiger Angleichung generationsspezifischen Prioritäten unterworfen bleibt. M. a. W.: Die Einbindung der kindlichen Erfahrungsproduktion in die Modi der allgemeinen Vergesellschaftungsbewegungen, die Pädagogisierung, Instrumentalisierung und Verrechtlichung kindlicher Alltagspraxen, die auf die Kinderwelten zustürzenden Massen- und Medienkulturen und die aus diesen technisieren Wirklichkeiten sich folgernden Konsequenzen – veränderte Rezeptions-, Konsumverhaltensweisen und Mentalitätsvorstellungen – gestalten gegenwärtig die Lebensphase K. ebenso maßgeblich neu wie die Neujustierung des Generationenverhältnisses *(Generation/en)* (Büchner 2002), zu der auch die immer frühere Einbindung von Kindern in die Angebote der frühen, institutionalisierten Bildung erheblich beitragen.

Neue Blicke auf Kinder und Kindheit

Möglicherweise jedoch werden diese Veränderungen gegenwärtig auch nur verstärkt registriert, denn im Gegensatz zur Entwicklungspsychologie und zur klassischen Sozialisationsforschung, die sich vornehmlich auf die individuellen Bedingungen des Aufwachsens konzentrierten, nimmt die neuere sozialwissenschaftliche, soziologische Kindheitsforschung verstärkt auch die Rahmenbedingungen des Aufwachsens in den Blick. Solange die entwicklungspychologische Sozialisationsperspektive dominierte, war es nicht umfassend möglich, Kinder als soziale Gruppe in ihren Relationen zu anderen und zur Gesamtgesellschaft zu thematisieren. Gerade jedoch im Hinblick auf die Vielzahl der gesellschaftlichen Wandlungsprozesse, die die Situation der Kinder heute berühren, ist diese erweiterte Perspektive unhintergehbar. Der Wandel in Funktion und Struktur der *Familie* im gesellschaftlichen Zusammenleben, die Aufweichung und Neudefinition der Geschlechterrollen, die Frage nach der Rolle, die das Kind im Zusammenhang der Lebensentwürfe und Selbstverwirklichungsansprüche der Eltern spielt, und das Kind als „Einheit", die mit anderen, beispielsweise dem Beruf, „verrechnet" werden muss, fordern die sozialwissenschaftliche Kindheitsforschung aktuell heraus (Bühler-Niederberger u. a. 2000; Sünker/Bühler-Niederberger 2014). Während Konzepte der Entwicklungspsychologie und Sozialisation eher die Entwicklungsprozesse von Kindern hin zum gesellschaftlichen Erwachsenenstatus rekonstruieren und die sozialstrukturell ausgerichtete Forschung auch und vor allem „die ökonomische, soziale, politische, rechtliche, kulturelle und ideologische Position der Kinder" (Hengst/Zeiher 2005, 17; vgl. auch Betz 2008) betrachtet, thematisiert die Soziologie der Kindheit Kinder als „vollwertige Subjekte und gesellschaftliche Akteure" (Lange 2008, 66). Mit dieser Akzentuierung grenzt sich eine Soziologie der Kindheit auch gegenüber der soziologischen Sozialisationstheorie und -forschung ab, sieht sich zugleich jedoch mit dem Vorwurf konfrontiert, die kindliche Handlungsautonomie zu stark zu akzentuieren. Von weitreichender Bedeutung ist in diesem Zusammenhang auch, inwieweit K. und Kinder in die gesellschaftlichen Individualisierungsprozesse als autonom agierende Akteure eingebunden sind und bspw. eigenständige wie eigensinnige Kinderkulturen herausbilden, selbstsicherer an der Gestaltung ihrer Wege durch die K. mitwirken, sicherer gegenüber Erwachsenen sich artikulieren und ihre sozialen, kulturellen und sportlichen Wünsche und Bedürfnisse unabhängiger von den jeweiligen Elternwillen konzipieren und realisieren. Hinweise, die konstruktivistische Analysen von K. kritisch sehen und darauf verweisen, dass kindliche Selbstlernpostulate kompatibel sind mit neoliberalen Ideen vom investiven *Sozialstaat,* scheinen nicht unberechtigt (Lange 2013).

Aufgrund von empirischen Einzelbefunden (Wittmann/Rauschenbach/Leu 2011) kann zumindest festgehalten werden, dass

- viele Kinder heute bereits nach Terminkalender leben und sie in der überwiegenden Zahl zwischen drei und vier Termine die Woche wahrnehmen – häufig immer noch in Vereinen oder öffentlichen Institutionen;
- K. heute in einem geringeren Maße als früher Straßenkindheit ist *(Ausreißer und Trebegänger);*
- über 40 % aller Kinder ein Musikinstrument spielen;
- Freundschaftbeziehungen, sozialkulturelle Orientierungen und Beschäftigungspraxen geschlechs- und lebenslagenabhängig ausgeprägt sind (u. a. Büchner 2002; Fuhs 2010) sowie zunehmend mehr Kinder ihre kulturellen Orientierungen auch unter Bezug auf erlebte oder familial kommunizierte Erfahrungen von Migration oder Flucht entwickeln;
- Kinder mit einem hohen sozialen Status zu 80 % und Kinder mit einem niedrigeren sozialen Status zu 60 % in einem Sportverein aktiv sind *(Sport)* und dass
- die Nutzung von Medien zugenommen hat, allerdings nicht in der oftmals kolportierten Form (Fuhs 2010) und keineswegs die klassischen Beschäftigungsformen verdrängend.

Studien belegen zudem, dass Kinder sich in einem immer jüngerem Alter in Freundschaftsnetzwerken (Facebook/Twitter: Schmölz 2015) finden und immer früher lernen, mit Konflikten kompetent umzugehen. Soziale Ungleichheiten durchweben jedoch auch diese freizeitbezogenen und kinderkulturellen Praxen ebenso wie neue soziale Differenzierungen durch und über die freizeitkulturellen Aktivitäten von Kindern, die sich heute neu und anders konstituieren, ohne zugleich soziale Ungleichheitslagen (hervorgerufen durch das Leben in differenten sozialen Milieus und Lebenswelten und in alten Selektionsprozessen wie der Schule) gänzlich abzulösen.

Kindheit und Soziale Arbeit

Seit den 1920er Jahren beschäftigt sich *Soziale Arbeit* – besonders die ehemalige Jugendwohlfahrt und -fürsorge und heutige *Kinder- und Jugendhilfe* – mit den personalen als auch biographischen Konflikten und Problemen der kindlichen und jugendlichen Entwicklung. Bezogen sich die Anfänge der pädagogischen Sozialen Arbeit v. a. auf die öffentliche Etablierung einer „Ersatzerziehung" für ausgefallene Familienerziehung, war also auch Ausdruck des staatlichen Interesses der Integration und „Sozialdisziplinierung" durch die Internalisierung des gesellschaftlichen Werte- und Normengefüge, finden sich diese Intentionen heute in einem breit ausgefächerten Feld kindbezogener Angebote aufgehoben, von der Pädagogik der Kindheit, der Kinder- und Jugendarbeit bis hin zu den *Hilfen zur Erziehung.* Seit den 1990er Jahren verbringen Kinder ihre frühe K. neben der Familie, der erweiterten Familie und der Betreuung mittels privater Netzwerke vermehrt auch in einer Tageseinrichtung für Kinder *(Krippenerziehung/Tageseinrichtungen für Kinder).* Insbesondere seit dem neuen Jahrtausend expandierten die frühkindlichen Angebote der institutionellen, pädagogischen „Formierung" von Kindern und inzwischen besuchen fast 38 % der unter dreijährigen und weit über 90 % der drei- bis sechsjährigen Kinder pädagogischen Einrichtungen vor dem Eintritt in die Schule.

Trotz aller Veränderungen und Liberalisierungen sowie des Erlebens damit einhergehenden neuen Formen der Normierung sind Kinder weiterhin nicht selbst zu verantwortenden Risiken ausgesetzt. Konfrontiert werden können sie mit Vernachlässigungen *(Gefährdung)* sowie physischen und psychischen Ausbeutungen und gewaltvollen Praxen in vielerlei Formen. Die sozpäd. Reaktionen auf diese riskanten Bedingungen des Aufwachsens und den Störungen eines ausgeglichenen und harmonischen Kinderlebens bestehen v. a. in der Sozpädgogischen Familienhilfe, den Angeboten der Frühen Hilfen und dem *Kinderschutz* sowie in den erzieherischen Hilfen der Kinder- und Jugendhilfe *(Allgemeiner Sozialer Dienst).*

Obwohl Kindern noch immer eine weitreichende Partizipation an der politischen, kulturellen und sozialen Gestaltung der Gesellschaft verwehrt bleibt, ist K. heute eine eigenständige, in die allgemeinen gesellschaftlichen Veränderungsprozesse eingebundene, von diesen geprägte wie diese prägende Lebensphase. Ein Er- und Verleben von K. außerhalb der gesellschaftlichen Modernisierungs- und Verwertungszusammenhänge ist heute keinem Kind mehr möglich, auch wenn viele Eltern und Pädagogen dies immer noch wünschen und zu ermöglichen suchen.

Werner Thole
(bis zur 7. Auflage gemeinsam mit Walter Hornstein)

Literatur

Ariès, Ph.: Geschichte der Kindheit. Mit einem Vorwort von H. v. Hentig, München 1975 ◆ T. Betz: Ungleiche Kindheiten. Theoretische und empirische Analysen zur Sozialberichterstattung über Kinder, Weinheim 2008 ◆ BMFSFJ: 11. Kinder- und Jugendbericht „Aufwachsen in öffentlicher Verantwortung", Berlin 2001 und 14. Kinder- und Jugendbericht „Kinder- und Jugendhilfe in neuer Verantwortung", Berlin 2013 ◆ P. Büchner: Kindheit und Familie, in: H.-H. Krüger/C. Grunert (Hrsg.): Handbuch Kindheits- und Jugendforschung, Opladen 2010, 457–497 ◆ D. Bühler-Niederberger u. a.: Kinder und Kindheiten im Spannungsfeld gesellschaftlicher Modernisierungen, Kassel/Wuppertal (MS) 2000 ◆ A. Lange: Frühkindliche Bildung – Soziologische Theorien und Ansätze. In: M. Stamm/D. Edelmann (Hrsg.): Handbuch frühkindliche Bildungsforschung. Wiesbaden 2013, 71–84 ◆ L. De Mause: Hört ihr die Kinder weinen? Eine psychogenetische Geschichte der Kindheit, Frankfurt/M. 1979 ◆ B. Fuhs: Kindheit, Medien und Kultur, in: H.-H. Krüger/C. Grunert (Hrsg.): Handbuch Kindheits- und Jugendforschung, Opladen 2010, 637–651 ◆ H. Hengst (Hrsg.): Kindheit in Europa. Zwischen Spielplatz und Computer, Frankfurt/M. 1985 ◆ H. Hengste/H. Zeiher: Von Kinderwissenschaften zu generationalen Analysen. Einleitung, in: Dies. (Hrsg.): Kindheit soziologisch, Wiesbaden 2008, 9–25 ◆ M.-S. Honig: Entwurf zu einer Theorie der Kindheit, Frankfurt/M. 1999 ◆ M. S. Honig (Hrsg.): Ordnungen der Kindheit. Problemstellungen und Perspektiven der Kindheitsforschung. Weinheim/München 2009 ◆ D. Klett: Die Form des Kindes. Kind, Familie, Gesellschaftsstruktur. Weilerswist 2013 ◆ H.-H. Krüger/C. Grunert: Geschichte und Perspektiven der Kindheits- und Jugendforschung, in: H.-H. Krüger/C. Grunert (Hrsg.): Handbuch der Kindheits- und Jugendforschung, Wiesbaden [2]2010 ◆ A. Lange: Soziologie der Kindheit und frühkindliche Bildung, in: W. Thole u. a. (Hrsg.): Bildung Kindheit. Pädagogik der Kindheit in Wissenschaft und Lehre, Opladen 2008, 65–83 ◆ M. Liebel: Kinder und Kindheiten heute – in Deutschland und anderswo. Eine Sammelrezension, in: SLR 68/2014, 82–90 ◆

J. Mierendorff: Kindheit im Wohlfahrtsstaat. Weinheim/München 2010 ◆ N. Postman: Das Verschwinden der Kindheit, Frankfurt/M. 1983 ◆ C. Richard-Elsner: Der Mythos von der Entdeckung der Kindheit, in: uj 10/2015, 438–446 ◆ J. Schmölz: Always online? In: DIfU/AG Fachtagungen Jugendhilfe, Berlin 2015, 11–22 ◆ SozialExtra: Themenheft „Bildung unter 6" 1/2005, 6–34 ◆ H. Sünker/ D. Bühler-Niederberger: Kindheit und Gesellschaft. In: R. Braches-Cyrek/Ch. Röhner/H. Sünker/M. Hopf (Hrsg.): Handbuch Frühe Kindheit. Opladen 2014, 41–52 ◆ W. Thole: Jugend, Freizeit, Medien, in: H.-H. Krüger/C. Grunert (Hrsg.): Handbuch Kindheits- und Jugendforschung, Opladen 2010, 727–763 ◆ W. Thole/D. Witt: Zur ‚Wiederentdeckung' der Kindheit, in: np 1/2006, 9–25 ◆ W. Thole/S. Göbel/ B. Milbradt: Kinder und Kindheiten im Blick unterschiedlicher Fachkulturen. In: M. Stamm/ D. Edelmann (Hrsg.): Handbuch frühkindliche Bildungsforschung. Wiesbaden 2013, 23–36 ◆ S. Wittmann/T. Rauschenbach/H. R. Leu (Hrsg.): Kinder in Deutschland. Eine Bilanz empirischer Studien. Weinheim/München 2011.

Links
www.bmfsfj.de
www.dji.de

Kirchen und Religionsgemeinschaften (Religionsgesellschaften) des öffentlichen Rechts

Einführung
In den Vorschriften des Kinder- und Jugendhilfe sowie des Sozialhilferechts zum Verhältnis zwischen öffentlichen Trägern und freier Wohlfahrtspflege *(Subsidiarität, Träger der Sozialen Arbeit, Wohlfahrtsverbände)* sind die Kirchen und Religionsgemeinschaften des öffentlichen Rechts (K. u. R. d. ö. R.) besonders erwähnt (§ 75 Abs. 3 SGB VIII, § 5 Abs. 1, 2 SGB XII). Hierunter fallen in erster Linie die katholische und die evangelische Kirche, welche allein aufgrund der Mitgliederzahlen (bei einer Gesamtbevölkerung 2013 von 80,8 Mio. beträgt die Mitgliederzahl der evangelischen Kirche rd. 23 Mio. und die der katholischen Kirche rd. 24 Mio.) eine herausragende Stellung einnehmen. Neben den beiden Großkirchen gibt es in der BRD zahlreiche kleine Kirchen und Religionsgemeinschaften. Auch hierbei handelt es sich z. T. um K. u. R. d. ö. R. (z. B. evangelische Freikirchen, altkatholische Kirche); die übrigen kleinen Religionsgemeinschaften sind privatrechtlich organisiert.

Zum Status
Der Status der K. u. R. d. ö. R. hat seine Grundlage in Art. 137 WV, der gemäß Art. 140 GG geltendes Verfassungsrecht ist. „Die Religionsgesellschaften", so heißt es in Art. 137 Abs. 5 WV, „bleiben Körperschaften des öffentlichen Rechtes, soweit sie solche bisher waren. Anderen Religionsgesellschaften sind auf ihren Antrag gleiche Rechte zu gewähren, wenn sie durch ihre Verfassung und die Zahl ihrer Mitglieder die Gewähr der Dauer bieten. Schließen sich mehrere derartige öffentlich-rechtliche Religionsgesellschaften zu einem Verbande zusammen, so ist auch dieser Verband eine öffentlich-rechtliche Körperschaft." Hat hiernach die Kirche den Status einer Körperschaft des öffentlichen Rechts, so ist damit keine Eingliederung in den Staat verbunden. Eine solche wäre unvereinbar mit dem Verfassungsgrundsatz der Trennung von Staat und Kirche (Art. 137 Abs. 1 WV). Die K. u. R. d. ö. R. sind demnach keine Körperschaften des öffentlichen Rechts im verwaltungsrechtlichen Sinne, womit man rechtsfähige Personenverbände bezeichnet, die staatliche Aufgaben wahrnehmen und unter staatlicher Aufsicht stehen (z. B. Industrie- und Handelskammer/*Organisationsrecht*). Im Rahmen des Art. 137 WV hat der Begriff der Körperschaft des öffentlichen Rechts im Wesentlichen die Funktion, den Kirchen bestimmte, mit dem öffentlich-rechtlichen Status traditionell verbundene Vorrechte (insbesondere das Recht auf Steuererhebung) auch unter den durch die WV veränderten staatskirchenrechtlichen Bedingungen zu sichern.

Der Status der K. u. R. d. ö. R. hat nicht zur Folge, dass alle Aufgaben der Organisation in öffentlich-rechtlicher Form erfüllt werden müssten. Das zeigt sich insbesondere an der *Sozialen Arbeit* der beiden Großkirchen. Zu den zahlreichen Trägern von Diensten und Einrichtungen der kirchlichen Wohlfahrtspflege gehören nämlich nicht nur Gliederungen der öffentlich-rechtlich verfassten Kirche (z. B. Kirchengemeinde, Kirchengemeindeverband), sondern auch dieser rechtlich selbständig gegenüberstehende Organisationen mit privatrechtlichem Status (z. B. eingetragener Verein, GmbH, Stiftung). Dass die privatrechtlich organisierten Träger SozArb i. S. der katholischen bzw. evangelischen Kirche leisten, kommt etwa in Satzungsbestimmungen zum Ausdruck, welche die Orientierung am kirchlichen Auftrag festlegen. Außerdem gehören die Träger der kirchlichen Wohlfahrtspflege (einschließlich der öffentlich-rechtlich verfassten) i. d. R. dem jeweiligen Spitzenverband (WFV) an; bei den Spitzenverbänden der kirchlichen Wohlfahrtspflege

(DCV, DW) handelt es sich um juristische Personen des Privatrechts (eingetragene Vereine), die mit der verfassten Kirche eng verflochten sind. Besonders weitgehende Einwirkungsmöglichkeiten auf die Arbeit privatrechtlich organisierter Träger ergeben sich für die verfasste Kirche dann, wenn sie lt. Satzung über maßgeblichen Einfluss in den Organen verfügt oder eine gewichtige Gesellschafterstellung innehat.

Die unterschiedliche Einbeziehung der Träger in das kirchliche Organisationsgefüge soll nun anhand typischer Einrichtungen verdeutlicht werden:

1) Träger eines Kindergartens ist die katholische Kirchengemeinde. Sie hat – als Gliederung der verfassten Kirche – den Status einer Körperschaft des öffentlichen Rechts. Da sie sich in der Wohlfahrtspflege betätigt, ist sie dem DCV angeschlossen.
2) Träger von 4 Altenpflegeheimen ist der C.-Kirchenbau-Verein e. V., dessen Arbeit sich am Auftrag der evangelischen Kirche orientiert. Er ist dem DW angeschlossen.
3) Träger des W.-A.-Hospitals ist eine rechtsfähige Stiftung des privaten Rechts, deren Arbeit sich am Auftrag der katholischen Kirche orientiert. Im aus 7 stimmberechtigten Mitgliedern bestehenden Kuratorium der Stiftung sind die jeweiligen Pfarrer zweier katholischer Kirchengemeinden geborene und ständige Mitglieder. Beschlüsse des Kuratoriums über Satzungsänderungen bedürfen der Genehmigung durch die Bischöfliche Behörde. Im Übrigen ist die Stiftung dem DCV angeschlossen.
4) Träger eines Krankenhauses ist eine GmbH, deren alleiniger Gesellschafter der I.-Orden ist. Die von diesem Orden betriebene Krankenpflege orientiert sich am Auftrag der evangelischen Kirche. Die GmbH ist dem DW angeschlossen.

Andere Möglichkeiten: Die mit dem Status der K. u. R. d. ö. R. verbundenen Vorrechte können im religiös und weltanschaulich neutralen Staat des GG nicht auf die Großkirchen bzw. etablierte Religionsgemeinschaften beschränkt sein. So eröffnet der oben zitierte Art. 137 Abs. 5 WV bei Erfüllung bestimmter formaler Voraussetzungen bspw. auch neueren oder aus fremden Kulturkreisen stammenden Religionsgemeinschaften den Zugang zum öffentlich-rechtlichen Status. Darüber hinaus werden nach Art. 137 Abs. 7 WV den Religionsgemeinschaften „die Vereinigungen gleichgestellt, die sich die gemeinschaftliche Pflege einer Weltanschauung zur Aufgabe machen". M. a. W.: Die nichtreligiösen und antireligiösen Weltanschauungsgemeinschaften können die gleichen Rechte – einschließlich ggf. der Gewährung des öffentlich-rechtlichen Status – beanspruchen wie die Kirchen und Religionsgemeinschaften.

Allerdings reicht das Vorliegen der in Art. 137 Abs. 5 WV genannten formalen Kriterien nicht aus, um einen Anspruch der Religionsgemeinschaft auf Verleihung des öffentlich-rechtlichen Status zu begründen. Zu verlangen ist darüber hinaus, dass die Religionsgemeinschaft rechtstreu ist. Was das bedeutet, hat das Bundesverfassungsgericht in seinem Urteil vom 19. 12. 2000 (2 BvR 1500/97) – ergangen im Rechtsstreit zwischen der Religionsgemeinschaft der Zeugen Jehovas und dem Land Berlin – näher ausgeführt: Eine Religionsgemeinschaft, die Körperschaft des öffentlichen Rechts werden will, muss die Gewähr dafür bieten, dass sie das geltenden Recht beachten wird und dass ihr Verhalten die fundamentalen Verfassungsprinzipien sowie die dem staatlichen Schutz anvertrauten Grundrechte Dritter nicht gefährdet; eine darüber hinausgehende Loyalität zum Staat verlangt das GG nicht. In Bezug auf die Zeugen Jehovas stellte das BVerfG fest, allein aus deren Verhalten gegenüber staatlichen Wahlen lasse sich keine Demokratiegefährdung folgern. Die Prüfung, ob die dem staatlichen Schutz anvertrauten Grundrechte Dritter einer Verleihung des öffentlich-rechtlichen Status an die Zeugen Jehovas entgegenstehen, überließ das Bundesverfassungsgericht den Fachgerichten. Aufgrund der Vorgaben des BVerfG kam es schließlich zur Verleihung des Status einer Körperschaft des öffentlichen Rechts an die Religionsgemeinschaft der Zeugen Jehovas – zuerst in Berlin, inzwischen – Ende 2016 – in 13 von 16 Ländern.

Was **muslimische Gemeinschaften** anbetrifft, ist die Rechtslage grundsätzlich klar: Sie haben – bei Erfüllung der oben geschilderten Voraussetzungen – einen Anspruch auf Verleihung des Status einer Körperschaft des öffentlichen Rechts durch die zuständigen Behörden der Länder. Probleme stellen sich hier allerdings im Hinblick auf organisatorische Mindestanforderungen. So haben muslimische Verbände oft keine klare Regelung der Mitgliedschaft natürlicher Personen. Unlösbar sind derartige Probleme freilich nicht. So verlieh im Jahr 2013 die hessische Landesregierung der Ahmadiyya-Vereinigung in Hessen (als erster muslimischer Gemeinschaft in Deutschland) den Status einer Körperschaft des öffentlichen Rechts.

K

Zum kirchlichen Selbstbestimmungsrecht

So wichtig für die K. u. R. d. ö. R. (insbesondere die beiden Großkirchen) die mit dem öffentlich-rechtlichen Status verbundenen Vorrechte auch sind, für die Grundstruktur des Verhältnisses zwischen Staat und Kirche nach den durch Art. 140 GG übernommenen Vorschriften der WV ist der Art. 137 Abs. 5 WV nur von sekundärer Bedeutung. Vielmehr hat neben dem in Art. 137 Abs. 1 WV niedergelegten Trennungsprinzip das Selbstbestimmungsrecht nach Art. 137 Abs. 3 WV den zentralen Stellenwert. „Jede Religionsgesellschaft", so lautet Satz 1 dieser Vorschrift, „ordnet und verwaltet ihre Angelegenheiten selbständig innerhalb der Schranken des für alle geltenden Gesetzes". Dieses Selbstbestimmungsrecht gilt nicht nur für die K. u. R. d. ö. R., sondern unabhängig vom rechtlichen Status für alle (auch die privatrechtlich organisierten) Religions- und Weltanschauungsgemeinschaften (zu letzteren Art. 137 Abs. 7 WV). In einem Kernbereich ihrer Selbstbestimmung sind die Kirchen etc. zudem durch das Grundrecht der Religionsfreiheit (Art. 4 Abs. 1, 2 GG) geschützt.

K

Die Interpretation des Art. 137 Abs. 3 WV (insbesondere der darin enthaltenen Schrankenklausel) ist freilich äußerst umstritten. Z. T. wird hieraus eine weit reichende Sonderstellung der Kirchen in der staatlichen Rechtsordnung hergeleitet, z. B. mit der Folge, dass große Teile des staatlichen Arbeitsrechts im kirchlichen Bereich nicht gelten sollen (dies ist insbesondere für Einrichtungen der Wohlfahrtspflege relevant). Nach anderer (m. E. zutreffender) Ansicht stehen – unbeschadet gewisser tradierter Vorrechte – die Kirchen als „Verband unter Verbänden" innerhalb der staatlichen Rechtsordnung und können z. B. hinsichtlich des Arbeitsrechts keine weitergehenden Sonderrechte beanspruchen, als sie auch anderen Tendenzverbänden (etwa in der Wohlfahrtspflege) eingeräumt werden.

Rainer Kessler

Literatur

C. D. Classen: Religionsrecht, Tübingen ²2015 ◆ R. Kessler: Loyalitätspflichten kirchlicher Arbeitnehmer und Kündigungsschutz, in: Festschrift für W. Gitter zum 65. Geburtstag, Wiesbaden 1995, 461 ff. ◆ G. Ludemann/W. Negwer: Rechtsformen kirchlich-caritativer Einrichtungen. Verein – Stiftung – GmbH, Freiburg i.Br. 2000 ◆ M. Quaas: Begründung und Beendigung des öffentlich-rechtlichen Körperschaftsstatus von Religionsgemeinschaften, in: NVwZ 2009, 1400 ff. ◆ Religionen in Deutschland: Mitgliederzahlen. Religionswissenschaftlicher Medien- und Informationsdienst e. V. (www.remid.de) ◆ T. Traub: Der Islam und das Grundgesetz, in: Legal Tribune Online, 8. 10. 2010.

Klasse/Schicht/Milieu

Klasse (K.)/Schicht (S.)/Milieu (M.) sind Begriffe, mit denen die *Sozialstruktur* moderner *Gesellschaften*, insbesondere Formen und Ursachen der Ungleichheit beschrieben und erklärt werden. Sie kennzeichnen in dieser Reihenfolge den sozialen Wandel der Sozialstruktur und dessen Deutung in Wissenschaft und gesellschaftlichem Diskurs.

Klassengesellschaft

Die marxistische Gesellschaftstheorie sieht die Industriegesellschaft als Klassengesellschaft: K. werden durch die Verfügungsmöglichkeit über Produktionsmittel konstituiert: Der Proletarier ist gezwungen, zur eigenen Reproduktion seine Arbeitskraft zu verkaufen. Während Marx schon die Begrenztheit des Klassenbegriffs zur Beschreibung von Lebensverhältnisse sah und Differenzierungen einführte („Lumpenproletariat"), hielt er an der Bedeutung der K. für die Entwicklung der kapitalistischen Gesellschaft fest: diese würde über den Klassenkampf vorangetrieben, in dem sich die Arbeiterklasse ihrer Lage und ihrer objektiven Bestimmung bewusst würde.

Die Differenzierung von Lebensverhältnissen in der Entwicklung der Industriegesellschaft hat in den Sozialwissenschaften zur Ablösung des Klassenkonzeptes bzw. zu zahlreichen Reformulierungen geführt. Max Weber unterscheidet Besitz- und Erwerbsklassen. Neben deren ökonomischer Bestimmung betont er die Abhängigkeit unterschiedlicher Lagen von ständischen Traditionen und Formen der Lebensführung.

Schichtmodelle

Die Berücksichtigung nicht-ökonomischer Faktoren von Lagen hat im Konzept der S. Ausdruck gefunden. S. sind Bevölkerungsgruppen, die sich hinsichtlich spezifischer Merkmale ähnlich sind: „Objektive" Merkmale sind Einkommen, Bildung, Qualifikation, Erwerbsverhältnis u. a., „subjektive" Merkmale sind Prestige, Kompetenzen, Lebensführung u. a. Schichtmodelle zur Beschreibung der ganzen Gesellschaft (die BRD der 1960er Jahre als „nivellierte Mittelstandsgesellschaft", als Gesellschaft mit Ober-, Mittel- und Unterschicht) haben ihren Aussagewert in dem Maße verloren, als sich zunehmend differenziertere Konstellationen von Lebensbedingungen entwickelt haben, die unter Konzepten wie Statuslage, Lebenslage, Milieu, Lebensstil, Lebensweise der Vielfältigkeit ökonomischer, politisch-sozialstaatlicher und kultureller Formen und Faktoren in der Positionierung von Menschen in modernen Gesellschaften folgen und lebenslaufbezogene Dynamiken einbeziehen. Für die 1980er Jahre der alten BRD konstatieren Bolte/Hradil „eine durch mehrdimensionale Statusabstufungen, milieuspezifische Lebensstile, individualisierte Lebenskarrieren sowie durch spezifische Randgruppenerscheinungen differenzierte mittelschichtdominierte Wohlstandsgesellschaft."

Gefährdungen der Schichtstruktur: Seit den 1990er Jahren haben die Gefährdungen durch *Arbeitslosigkeit* und Dequalifizierung die Mitte der Gesellschaft, Angestellte und Facharbeiter erreicht. Die Gründe liegen in der Globalisierung der Ökonomie, verschärfter globaler Konkurrenz, dem Verlust von Wettbewerbsvorteilen, dem schnellem technischem Wandel u. a. m. Das Gefüge sozialer Ungleichheit im Ganzen befindet sich auf dem Weg von einer pluralen Wohlstandsgesellschaft hin zu einer Gesellschaft prekären Wohlstandes (Bolte/Hradil 1988, 489). Ressourcenmangel wird zu einer Gefährdung, die lebensphasenspezifisch ist und von den sozialen Sicherungssystemen (noch) leidlich kompensiert wird, aber immer mehr Menschen erreichen kann *(soziale Sicherung/Armut).*

Faktoren der Ungleichheit: Die Sozialstruktur weist bedeutsame Ungleichheiten hinsichtlich des Einkommens und Vermögens, der Bildung, der Teilhabe an Macht, des Prestiges, der sozialen Sicherheit, der Arbeitsbedingungen, des Zugangs zu öffentlichen Einrichtungen aus. Sie sind in den letzten Jahren nicht geringer geworden.

Bei aller Komplexität weist das Schichtgefüge auf eine „Tiefenstruktur" hin. (Geißler): Als Schichtdeterminanten treten Beruf und Bildung hervor. Bildungschancen, Studienchancen, Aufstiegschancen in den Machteliten u. a. sind nach wie vor von den Mustern sozialer Vererbung (Berufsstatus der Väter) bestimmt; mit *Bildung* und Beruf *(Berufliche Bildung)* variieren viele Handlungsmuster. Daneben werden freilich andere Faktoren wie Familienstatus, Alter, Region, sozialpolitischer Status immer bedeutsamer und führen zu einer Pluralisierung von Lebenslagen.

Konkrete Arbeits-, Wohn- und Freizeitbedingungen werden gegenüber Bildungsgrad oder Einkommen als eigene Faktoren bedeutsam. Die Schichtungsstruktur wird durch ethnische Zugehörigkeit und, damit in Zusammenhang, den Bürgerstatus beeinflusst. Sie weist zunehmend regionale und lokale Unterschiede auf. Insgesamt ist sie durch Statusinkonsistenzen gekennzeichnet: die Merkmale zeigen bei einzelnen Personen und Gruppen unterschiedliche Ausprägungen. Konsistenz, d. h. durchgehend hohe Verfügung bzw. das Fehlen von Einkommen, Vermögen, Prestige, Bildung zeigt sich in den Polen des Statusgefüges, also bei der Zunahme von Armut und Reichtum. In gleichen Statuslagen finden sich zunehmend unterschiedliche Mentalitäten, Werthaltungen. Die Entkoppelung von Lage und Lebensführung führt auch dazu, dass soziale Ungleichheit unsichtbarer wird, Merkmalen wie Kleidung oder Wohnung, Verhaltensweisen ihren Indikationswert im Alltag verlieren (Hradil 2001).

Soziale Lebenslagen: Die Differenzierung des Schichtgefüges hat in Konzepten wie dem der Lebenslage oder dem der Soziallage Ausdruck gefunden. Soziale Lagen sind nach Hradil typische Kontexte von Handlungsbedingungen, die vergleichsweise gute oder schlechte Chancen zur Befriedigung allgemein anerkannter Bedürfnisse gewähren. Handlungskontexte von Personen, aus denen heraus Personen Ziele realisieren wollen, sind durch Merkmale – sehr viel bzw. sehr wenig Geld, hohe, niedrige Qualifikation etc. – gekennzeichnet, die andere Merkmale beeinflussen und bei der Erreichung von Lebenszielen nicht ersetzt werden können; die soziale Lage ergibt sich dennoch erst in der spezifischen Kombination vieler Merkmale. Sie setzt nicht mehr eine Linie vertikaler Ordnung von Lebenschancen voraus, sondern betont den mehrdimensionalen Charakter von Lebensbedingungen *(Chancengleichheit).*

Die Konzepte zur „Lebenslage" haben den Vorteil, auch unter besonderen, dezidiert praxis- oder politikbezogenen Fragestellungen die Summe der Lebensverhältnisse, Belastungen und Ressourcen einzelner Gruppen sehr genau, unter Einbeziehung sozialräumlicher Konstellationen oder ethnischer Zugehörigkeit beschreiben (weniger: erklären) zu können und sind von daher für die Praxis Sozialer Arbeit fruchtbar, umso mehr, wenn Konstellationen von Belastungen und Ressourcen sozialstaatlich eröffnete Handlungsmöglichkeiten und Rechte (Subsistenz, *Bildung, Soziale Arbeit*) erfassen.

Die zunehmende Bedeutung individueller Lebensführung bringt stärker kulturelle Faktoren und die Selbsttätigkeit von Personen und Gruppen bei der Verteilung von Lebenschancen ins Spiel: als Milieus, Lebensstile, Lebensformen: Sie differenzieren den Blick auf die Sozialstruktur, machen jenseits aller Individualisierung jedoch auch wieder alte und neue kollektive Privilegien und Benachteiligungen deutlich.

Soziale Lebenswelten

Milieus (soziale Lebenswelten, Subkulturen, Lebensformen, Lebensstile) gelten in der gegenwärtigen Gesellschaft als Strukturen, die Handeln von der Sozialstruktur her verständlich machen. M. sind nach Schulze große Personengruppen, die sich durch gruppenspezifische Existenzformen und erhöhte Binnenkommunikation voneinander unterscheiden. Existenzformen werden als komplexe Syndrome äußerer Situationseigenschaften (Einkommen, Beschäftigung etc.) und Subjektivität (Werte, Deutungsmuster etc.) verstanden. M. beeinflussen das Handeln in allen Bereichen, sie werden ihrerseits durch Handeln fortlaufend modifiziert. Sie haben eigene Ausdrucksformen, die Zuordnung, Abgrenzung, Identität erlauben. Schulze unterscheidet nach zentralen Lebenszielen Unterhaltungs-, Selbstverwirklichungs-, Harmonie-, Integrations- und Niveaumilieus. Auch nach Alter und Bildungsstand lassen sich die Milieus zuordnen: das Unterhaltungs- bzw. Selbstverwirklichungsmilieu der unter 40-Jährigen mit eher niederer bzw. höherer Bildung, der älteren höher Gebildeten das Niveau-, den durchschnittlich Gebildeten das Integrations-, den geringer Gebildeten das Harmoniemilieu.

Unterscheidung von Milieus: Die Wahlforschung, Markt- und Meinungsforschung hat M. in der BRD identifiziert. Stark beachtet ist der Lebensweltansatz des SINUS-Instituts. Darin werden insgesamt für die BRD zehn Milieus unterschieden, in deren Erforschung neben dem sozialen Status Wertorientierungen und Alltagsbewusstsein Eingang finden: – Traditionelles M. (ordnungsliebende Kriegs- und Nachkriegsgeneration, kleinbürgerlich, der Arbeitswelt verhaftet: 15 %); – Hedonistisches M. (spaß- und erlebnisorientiert, verweigert sich den Konventionen und Leistungserwartungen der Gesellschaft: 15 %); – Bürgerliche Mitte (Leistungs- und anpassungsbereiter Mainstream, bejaht die gesellschaftliche Ordnung, strebt nach beruflicher und sozialer Etablierung sowie nach Sicherheit und Harmonie: 14 %); – Konservativ-Etabliertes M. (Klassisches Establishment mit Exklusivitäts- und Führungsanspruch, zeigt auch Tendenzen zum Rückzug: 10 %); – Prekäres M. (um Teilhabe bemühte Unterschicht, Zukunftsangst und Ressentiments: 9 %); – Adaptiv-pragmatisches M. (zielstrebige junge Mitte mit ausgeprägtem Lebenspragmatismus und Nutzenkalkül: 9 %); – Sozialökologisches M. (idealistisch, konsumkritisch, globalisierungsskeptisch, besitzt ein ausgeprägtes ökologisches und soziales Gewissen: 7 %); – Liberal-Intellektuelles M. (aufgeklärte Bildungselite mit liberaler Grundhaltung und postmateriellen Wurzeln, starker Wunsch nach Selbstbestimmung: 7 %); – Milieu der Performer (Effizienz-orientierte Leistungselite, denkt global, hohe IT – Kompetenz, sieht sich als stilistische Avantgarde: 7 %); – Expeditives M. (unkonventionelle, kreative Avantgarde, individualistisch, sehr mobil, digital hoch vernetzt: 6 %) (zuletzt Sinus-Milieustudie 2010).

Diese M. sind keine fest abgrenzbaren Größen, sie haben fließende Grenzen, überlappen sich im Beziehungsgefüge und Alltag von Menschen. Gewachsen sind in den 1990er Jahren die modernen M., während die traditionellen M. geschrumpft sind.

Milieu- bzw. Lebensstilforschungen zeigen, dass die im Begriff der Klasse geöffnete Debatte um Ungleichheit heute ökonomische, politische und kulturelle Faktoren einbezieht. Staat, Markt und Gemeinschaften tragen zur Differenzierung von Lebensverhältnissen bei. Lagen ändern sich entlang individueller Lebenszeit, dem institutionalisierten Lebenslauf. Armut oder Sozialhilfeempfang gehen mit Lebensphasen einher (Leibfried/Leisering bereits 1995). Die Mischung objektiver und subjektiver Faktoren führt dazu, dass individuelle Biografien eigene Orte von Chancenverteilung werden.

Neue Mechanismen von Ungleichheit

Die Komplexität der Erscheinungs- und Herstellungsformen von Ungleichheit kann aber neue kollektive Strukturen und Mechanismen von Ungleichheit nicht verdecken: Globalisierte Erwerbsarbeitsmärkte bedrohen nahezu alle Erwerbstätigen mit dem Risiko der *Arbeitslosigkeit;* soziale Sicherheit als Abdeckung gegen die Risiken der Lohnarbeit, Sicherung von Arbeitsbedingungen, Versorgung mit sozialer Infrastruktur und sozialen Diensten wird in der monetären, institutionellen und konzeptuellen Krise des *Sozialstaates* unsicher. Je mehr Handlungskontexte auch von individueller Lebensführung bedingt werden und sich Chancen- und Risikostrukturen entlang der Lebenszeit (Arbeitslosigkeit, Entwertung von Qualifikationen u. a.) ändern, desto wichtiger werden die sozialen Rechte auf Leistungen des *Sozialstaates;* sie schließen lokal und regional bedingte Ressourcen, Einrichtungen wie Kindergärten, soziale Dienste ein. Die Verfügung und Verteilung dieser Ressourcen hängt freilich neben den globalen und nationalen Rahmenbedingungen von der „Organisations- und Konfliktfähigkeit“ der betroffenen Gruppen ab. Neue Bedarfsgruppen haben gegenüber den traditionellen korporatistisch organisierten Interessen der verschiedenen Erwerbs- und Funktionsgruppen geringere öffentlich-politische Durchsetzungschancen.

Hinter den hoch differenzierten Lebenslagen und M. werden gegenwärtig wiederum in einzelnen gesellschaftlichen Bereichen Konstellationen sichtbar, die für wesentliche Teile der Bevölkerung Chancen einer selbstbestimmten Lebensführung auf dem durchschnittlichen Niveau der BRD beeinträchtigen bzw. unmöglich machen.

Nach wie vor, wenn auch in differenzierten Erscheinungsformen prägen geschlechtstypische Lagen die Lebenschancen von *Frauen/Gender Mainstreaming.* Sie rahmen spezifisch weibliche Lebensverlaufsmuster, die – oft von gleichen Bildungsniveaus aus – entlang den Lebensphasenmodellen zu Statusverlusten im Erwerbsleben führen. Im Zuge der Privatisierung von Risiken der Erwerbsarbeit und der Erosion sozialer Sicherungen sind Gewinne an Chancen für eine selbstbestimmte Lebensführung von Frauen wieder gefährdet.

Stagnation im sozialen Wohnungsbau *(Wohnen),* Strukturwandel der Haushalte etc. haben zu einem auf 1–3 Mio. geschätzten Fehlbedarf an Wohnungen wie zu überproportionalen Steigerungsraten in den Mieten geführt. Dadurch werden insbesondere Haushalte mit kleineren Einkommen, darunter etwa *allein Erziehende* und kinderreiche *Familien,* in ihren Möglichkeiten stark eingeschränkt. Der Anstieg der Obdachlosen bzw. Nichtsesshaften hängt damit zusammen *(Obdachlosen-, Wohnungslosenhilfe).* Die höhere, auch strukturell und von der gewaltigen Transformationskrise im Osten Deutschlands bedingte Arbeitslosigkeit beschränkt auf Dauer Lebenschancen insbesondere von gering Qualifizierten, dem Arbeitsmarkt nur begrenzt zur Verfügung stehenden und in die Nähe des Rentenalters rückenden Personen.

Verminderte Chancen in Erwerbsarbeit, im Wohnungs- und Dienstleistungsbereich, geringer sozialpolitischer Status, *Stigmatisierung,* ethnisch begründete Diskriminierung *(AusländerInnen),* Belastungen in alltäglicher Lebensführung, kumulieren in der Situation von „Randgruppen“: Neben die klassischen Gruppen wie Obdachlose, Abhängige, Sinti und Roma, Asylbewerber, Haftentlassene u. v. m., treten Gruppen wie *Allein Erziehende,* Langzeitarbeitslose, kinderreiche Familien, deren Lage sich auf Exklusionsprozesse in der Ökonomie, auf unzureichende sozialstaatliche Versorgung, aber auch auf biografische Kontingenzen zurückführen lässt. Die aktuellen ökonomischen Dynamiken in der Weltwirtschaft wie der rasante Abbau und Umbau sozialer Sicherungssysteme lassen eine starke Zunahme vielfältiger, in den Erscheinungsformen individualisierter Ungleichheitslagen erwarten (zuletzt dazu wieder Butterwege 2015).

Neben den alten Formen sozialer Ungleichheit hat sich die Ungleichheitsforschung seit Mitte der 1980er Jahre (Beck) neuen Risiken zugewandt, die aus den nicht bewältigten und nicht bewältigbaren Folgen der Großtechnologien resultieren und Gefährdungslagen mit sich bringen, die relativ unabhängig von traditionellen Schichtzugehörigkeiten und neuen M. alle betreffen. Diese Risiken bringen neue Gefährdungen an Leben und Zukunft, sie zeigen neue sozialräumliche Verteilungsmuster und führen zu neuen Formen sozialer Konflikte. Ungleichheit im Maßstab der Weltgesellschaft relativiert so die Ungleichheitsverteilungen in den modernen Industrie- und Dienstleistungsgesellschaften in hohem Maße. Sie erfordern über die traditionellen Diskurse über sozialen Ausgleich und *soziale Gerechtigkeit* hinaus ein neues Nachdenken über die Verteilung und Nutzung von Lebenschancen in der Weltgesellschaft, das auch für Sozialpolitik und Soziale Arbeit produktiv sein kann.

Werner Schefold

Literatur

U. Beck: Risikogesellschaft, Frankfurt/M. 1986 ◆ K. M. Bolte/S. Hradil: Soziale Ungleichheit in der BRD, Opladen [6]1988 ◆ G. Breit/P. Massing (Hrsg.): Soziale Milieus. Schwalbach 2010 ◆ C. Butterwege: Hartz IV und die Folgen. Auf dem Wege in eine andere Republik? Weinheim/München [2]2015 ◆ S. Hradil: Soziale Ungleichheit in Deutschland, Opladen [8]2001 ◆ R. Geißler: Die Sozialstruktur Deutschlands, Wiesbaden 2001 ◆ S. Leibfried/L. Leisering: Zeit der Armut, Frankfurt/M. 1995 ◆ G. Schulze: Die Erlebnisgesellschaft, Frankfurt/M. Studienausgabe 2005 ◆ M. Vester: Auf dem Weg zu einem ‚partizipatorischen Wohlfahrtsstaat‘? In: SLR 62/2011, 79–95 (ein materialreicher Beitrag zur Veränderung der politischen Großwetterlage und ihrer Auswirkungen auf das Klassen-, Schicht- und Milieumodell).

K

Klient

Zum Begriff

Jeder Beruf in der modernen Gesellschaft erbringt Leistungen für Nachfrager oder Adressaten, wobei deren begrifflichen Bezeichnungen oder ihre Definitionen je nach ökonomischen oder sozialen Beziehungen variieren.

Die Menschen in der SozArb werden immer wieder völlig unterschiedlich bezeichnet: als Adressaten, Betroffene, Hilfebedürftige, Hilfeempfänger, neuerlich auch als Kunden, dann als Leistungsberechtigte, Zielgruppen u. a. m. In Theorie und Praxis der SozArb wird seit langem versucht, den Begriff K. als zentrale Bezeichnung der Adressaten ihrer Arbeit zu platzieren. Dabei sind für das genauere Verständnis des Begriffs die jeweiligen beruflichen Definitionen wichtig, „die aus Adressaten der Aktivitäten K. machen"; Klientifizierung bedeutet dabei, dass „Klienten gemacht werden".

In Berufen außerhalb des Sozialwesens ist Komplementarität wesentliche Qualität einer beruflich gestalteten Austauschbeziehung. Die Leistung des Berufs löst ein Mangelproblem und wird äquivalent durch eine Gegenleistung (Geld oder sonstige Transferleistungen) entgolten. Die Situation gilt als gelungen, wenn der „Kunde" nicht nur mit der „Ware", sondern auch mit der „Bedienung" zufrieden ist.

K

In der Sozialen Arbeit kann diese Äquivalenz nicht oder nur selten erreicht werden, weil K. zu diesen Gegenleistungen i. d. R. nicht in der Lage sind: Ungewollt geraten sie in Notsituationen und können die gewährten Hilfen nicht entgelten. K. zu werden und K. zu sein bedeutet häufig, sich in komplexen defizitären Situationen bewegen zu müssen und gesellschaftlich mit defizitären Merkmalen etikettiert zu werden.

Die Berufsethik der SozArb fordert u. a. die Akzeptanz der Klientele, verpflichtet die Helfer zu weitreichenden Hilfeleistungen und verlangt als minimale, jedoch zu fördernde Äquivalenz die „Selbsthilfe" der Adressaten *(Ethik, Handlungskompetenz).*

Die Professionalisierungsaktivitäten der SozArb sind gekennzeichnet von dem Bemühen, die Äquivalenzprobleme ihrer Klientele in der gesellschaftlichen Öffentlichkeit aufzufangen und sie in ein System ökonomischer, rechtlicher und pädagogischer Transferleistungen und psychosozialer Beratungsangebote als Leistungsempfänger einzubinden.

Berufe und Professionen in der Gesellschaft verfügen über jeweils eigene typische Adressatenbegriffe. Ein gewisser Mangel an entwickelter Professionalität der SozArb wird deutlich, wenn sie sich bei den klassischen Professionen Medizin, Rechtsprechung und Ökonomie Anleihen für ihr Adressatenverständnis und ihre Adressatendefinition einholt.

Die klassische Methodenlehre der SozArb *(Methoden der Sozialarbeit/Sozialpädagogik)* ließ gelegentlich noch den Eindruck entstehen, ihre Adressaten seien „Patienten", deren Probleme als diagnostizierbar, behandelbar und prognostizierbar zu verhandeln seien. Das *methodische Handeln* wurde in Anlehnung an die „ärztliche Kunst" zu einer „Kunst des Helfens" hypostasiert. In einem charismatisch-maternalistischen Berufsverständnis legitimierte sich die „Wohlfahrtspflegerin" gegenüber dem „Wohlfahrtsempfänger". Das Patientenkonzept erwies sich jedoch als wenig tauglich, insofern es auf Scheinprofessionalisierung, Prestigegewinn bei mangelnder eigenständiger Fachlichkeit zielte und Sozialreformen verhinderte.

Der Begriff Mandant greift in das juristische Berufsfeld, wonach Fachkräfte der SozArb als Anwälte ihrer Adressaten Mandanteninteressen vertreten würden. Die Definition des K. als Mandant kann nicht greifen, insofern die Fachkräfte in überwiegend restriktiv gestaltete Handlungsfelder ihrer Organisationen eingebunden sind und kein freies Mandat für ihre K. ausüben können. Die Beobachtungen, dass Adressateninteressen und Berufsfunktionen der Fachkräfte erheblich divergieren, verweisen auch auf ein erhebliches Konfliktpotenzial. Schließlich lassen die Bedingungen des „doppelten Mandats" die Gestaltung der SozArb-Klienten-Beziehung i. S. einer einseitig verpflichtenden Mandantenbeziehung als Illusion erscheinen.

Entwicklungen

Die jüngsten ökonomischen und politischen Entwicklungen bieten der SozArb das Kundenkonzept zur inhaltlichen Gestaltung des Adressatenbildes an. Nachfrager nach sozialen Dienstleistungen sind jedoch zumeist unfreiwillige Kunden, die kaum eigenen Einfluss oder finanzielle Mittel einbringen können. Es gelten keine marktähnlichen Bedingungen, insofern der „Kunde" in der SozArb zumeist zur Mitarbeit verpflichtet wird, damit Hilfe und Beratung gelingen. Eine schlechte Leistung kann er kaum ablehnen, selten eine bessere Leistung einklagen. Zum Bild eines Kunden auf dem Markt gehört auch, dass Zahler und Nutzer identisch sind, nicht so in der SozArb. Soziale Organisationen beziehen Mittel aus öffentlichen Kassen oder Spenden, mit denen sie die Kosten der Hilfe für die Adressaten decken, von denen sie keine monetären Äquivalente für ihre Dienste verlangen dürfen. Die Diskussion um den Kundenbegriff in der SozArb verläuft kontrovers. SozArb/SozPäd der Praxis können sich ihren Adressaten nicht als Kunden wie in einer Marktsituation vorstellen. Nach ihrem Leitbild sollen sich SozArb/SozPäd und K. als „Dialogpartner" („Koproduzenten") begegnen. SozArb/SozPäd des *Sozialmanagements* dagegen verstehen ihre K. durchaus eingebunden als Leistungsempfänger in ein Servicesystem.

Insofern gemeinsame, explizite und die Fachkräfte der SozArb bindende Klientendefinitionen fehlen, fließen immer auch sozialromantische Vorstellungen über den K. in die Theorie und Praxis der SozArb ein.

Die Zukunft des Klientenbegriffs wird von politischen Entwicklungen geprägt werden, die einen Abbau des bisher gültigen Subsidiaritätsprinzips fördern. Dieses Ordnungsprinzip wertete durch die Vorrangigkeit der *Selbsthilfe* vor der Fremdhilfe die Adressaten auf und begründete eine strikte Nachrangigkeit der Sozialverwaltung gegenüber den Wohlfahrtsverbänden. Die Globalisierung ökonomischer und politischer Strukturen ersetzt *Subsidiarität* durch Wettbewerb. Wohlfahrtsverbände werden zu Leistungserbringern und Sozialunternehmern auf einem Markt sozialer Dienstleistungen, der den ökonomischen Regeln von Qualität, Leistung und Preis folgt *(ausführlich Münder u.a 2013. VorKap 5, Rz II und § 74./Verwaltungsmodernisierung/Sozialwirtschaft).*

Die Gestaltung der SozArb-Klient-Beziehung orientiert sich dann an diesem Rationalitätsmuster. In einem gemeinsamen Prozess des Aushandelns werden K. zu Leistungsempfängern und Koproduzenten der Hilfeleistung. Ziel ist die Reduktion von Eingriff und Kontrolle. Ein humanistisches Klientenbild fördert dazu die Entwicklung von Kooperationsfähigkeit, Bildung und Verhaltensänderung. Der Handlungsspielraum des SozArb/SozPäd ist umso weiter, je mehr er fachliche Kompetenz und Geschick in der Nutzung der Leistungsangebote für den K. entwickelt. K. werden dann zu Auftraggebern für Fachkräfte, die Leistungen der Sozialökonomie makeln.

Insofern die Profession SozArb/SozPäd definitorische Freiheiten lässt, werden diese ihr Adressaten im Berufsalltag weiterhin offen als K. bezeichnen. Eine fortschreitende *Professionalisierung* wird jedoch auch weitere Adressatenbegriffe schaffen. Die Chancen der neuen Begriffe „Kunde" und „Leistungsberechtigter" mit ihren partizipativen, aber auch respektvollen Anteilen sollten dabei durchaus genutzt werden.

Elmar Knieschewski

Literatur

E. Knieschewski: Sozialarbeiter und Klient. Eine empirische Untersuchung, Weinheim 1978 ◆ D. Kühn: Reform der öffentlichen Verwaltung. Das Neue Steuerungsmodell in der kommunalen Sozialverwaltung, Köln 1999 ◆ C. W. Müller: Helfen und Erziehen. Soziale Arbeit im 20. Jahrhundert, Weinheim/Basel [2]2008 ◆ J. Münder u. a.: Frankfurter Kommentar zum SGB VIII – Kinder- und Jugendhilfe, Baden-Baden [7]2013 ◆ Wiesner: SBG VIII – Kommentar, München [5]2015.

Kommunale Spitzenverbände

In den kommunalen Spitzenverbänden sind die kommunalen Gebietskörperschaften auf Bundes- und Landesebene zusammengeschlossen, grundsätzlich in der Rechtsform des nicht eingetragenen Vereins. Die Mitgliedskörperschaften sind ausnahmslos Körperschaften des öffentlichen Rechts; im Freistaat Bayern gilt dies auch für die kommunalen Spitzenverbände. Auf der Bundesebene gibt es drei kommunale Spitzenverbände:

- Der Deutsche Städtetag mit Sitz in Köln und Berlin gründet sich ganz überwiegend auf unmittelbare Mitgliedschaften der kreisfreien Städte und großer kreisangehöriger Städte in der BRD sowie auf die Landesverbände (www.staedtetag.de) ;
- der Deutsche Städte- und Gemeindebund mit Sitz in Berlin gründet sich auf die unmittelbare Mitgliedschaft seiner Landesverbände, die von kreisangehörigen Städten und Gemeinden getragen werden (www.dstgb.de) ;
- der Deutsche Landkreistag mit Sitz in Berlin gründet sich ebenfalls auf die unmittelbare Mitgliedschaft seiner Landesverbände, in denen die deutschen Landkreise zusammengeschlossen sind (www.landkreistag.de).

Die kommunalen Spitzenverbände unterscheiden sich von anderen Verbandsorganisationen, von fach- und berufsbezogenen Körperschaften und Interessenvertretungen v. a. dadurch, dass ihre unmittelbaren und mittelbaren Mitglieder ebenso wie Bund und Länder öffentliche Gebietskörperschaften sind, deren Organe für ihr Gebiet eine politische Gesamtverantwortung tragen. Kreisfreie Städte, Landkreise, kreisangehörige Städte und Gemeinden bilden zusammen die untere

Ebene öffentlicher Verwaltungen. Ihre politischen Repräsentanten sind ebenso wie die Volksvertretungen in Bund und Ländern aus allgemeinen, unmittelbaren, freien, gleichen und geheimen Wahlen hervorgegangen. Die kommunalen Spitzenverbände vertreten aktiv die grundgesetzlich garantierte kommunale Selbstverwaltung. Zur Wahrung ihrer Unabhängigkeit arbeiten sie unabhängig von staatlichen Zuschüssen.

Deutscher Städtetag (DST), Deutscher Städte- und Gemeindebund sowie Deutscher Landkreistag haben sich in der Bundesvereinigung der kommunalen Spitzenverbände zusammengeschlossen, um sich zu übergreifenden kommunalen Fragen gemeinsam äußern zu können. Die Federführung liegt beim DST. Die kommunalen Spitzenverbände wirken auch auf internationaler, insbesondere europäischer Ebene zusammen, z. B. im Rat der Gemeinden und Regionen Europas, der 1951 von deutschen und französischen Bürgermeistern in Genf mit dem Ziel der Völkerverständigung in einem vereinten Europa gegründet wurde. Sie führen Europabüros bei der Europäischen Kommission in Brüssel.

Da die meisten Gesetze des Bundes und der Länder durch kommunale Gebietskörperschaften vollzogen werden, sind Bund und Länder zur Verwirklichung ihrer politischen Ziele auf die Mitwirkung der kommunalen Ebene in allen Phasen des Gesetzgebungsverfahrens und nach Erlass der Gesetze angewiesen. Während auf Bundesebene die Länder durch den BR die Möglichkeit haben, an der Gesetzgebung mitzuwirken, stellen die Kommunen ihre Mitarbeit durch die kommunalen Spitzenverbände den Organen der Bundesgesetzgebung (BReg, BT und BR) zur Verfügung. Die notwendige Zusammenarbeit ist in den Geschäftsordnungen der BReg und des Dt. BT geregelt, durch welche sichergestellt werden soll, dass bei allen Gesetzgebungsvorhaben, die kommunale Interessen berühren, die kommunalen Spitzenverbände rechtzeitig und angemessen beteiligt und angehört werden. Darüber hinaus wirken die kommunalen Spitzenverbände z. T. auf Grund ausdrücklicher gesetzlicher Regelungen in einer Vielzahl von Institutionen und Gremien von Bund und Ländern beratend und beschließend mit, wie z. B. im Finanzplanungsrat und in Bund-Länder-Kommissionen. Auf Länderebene haben die kommunalen Spitzenverbände des jeweiligen Bundeslandes vergleichbare Aufgaben.

Die Kommunale Gemeinschaftsstelle für Verwaltungsmanagement (früher: Kommunale Gemeinschaftsstelle für Verwaltungsvereinfachung) mit Sitz in Köln ist ein von Städten, Gemeinden und Kreisen (ca. 1900) getragenes Entwicklungszentrum des kommunalen Managements, der sich insbesondere mit Führung, Steuerung und Organisation der Kommunalverwaltungen befasst, um die Leistungsfähigkeit der Kommunen zu verbessern und somit zur Stärkung der kommunalen Selbstverwaltung beizutragen. So hat die KGSt 1990 das Neue Steuerungsmodell (als Variante des New Public Management) entworfen und ständig entwickelt *(Verwaltungsmodernisierung)* (www.kgst.de).

Das Deutsche Institut für Urbanistik mit Sitz in Berlin ist das größte kommunalwissenschaftliche Institut in Deutschland und wird als Gemeinschaftseinrichtung vom Bund, dem Land Berlin und über 100 kommunalen Organisationen getragen. Es ist heute das größte Stadtforschungsinstitut im deutschsprachigen Raum für Forschung, Fortbildung und Information (www.difu.de).

Dieter Kreft
(bis zur 7. Auflage Manfred Wienand)

Literatur

J. Bogumil/L. Holtkamp: Bundeszentrale für politische Bildung: Kommunalpolitik und Kommunalverwaltung. Eine praxisorientierte Einführung, Berlin 2013 (kostenloser download möglich).

Weitere Informationen unter www.kommon.de (das Portal in die kommunale Online-Welt).

Konflikt, sozialer

Allgemein versteht man unter K. streitbare Auseinandersetzungen und unter *Krise* die Zuspitzung von K. In diesem Zusammenhang wird K. vielfältig benutzt u. a. für Partnerschwierigkeiten und Beziehungsprobleme, für Meinungsverschiedenheiten in Gruppen *(Teamarbeit),* Organisationen und Betrieben, für Interessengegensätze zwischen (politischen) Parteien, für Macht- und Herrschaftsausübungen bis hin zu kriegerischem Handeln zwischen Völkern. Ursachen von K. sind zumeist mehr oder weniger ausgeprägte Interessengegensätze und Machtansprüche, unterschiedliche Gefühle und Beurteilungen einer Situation (oder einer Interaktion), die zu Unvereinbarkeiten und damit zu gegensätzlichem Verhalten führen (können). In dieser Aufzählung wird deutlich, dass K. sehr unterschiedliche Erscheinungsformen haben und in diesen zentrale Elemente des gesellschaftlichen Zusammenlebens betroffen sind. Soziale K. sind v. a. Gegenstand der *Sozialen*

Arbeit, der *Psychologie* (wenn es z. B. um intrapersonelle K. des Einzelnen geht), der *Soziologie* und der internationalen Friedensforschung.

In der deutschsprachigen Soziologie hat sich insbes. R. Dahrendorf (neben Marx und Simmel) mit dem sozialen K. auseinandergesetzt. Schon 1950 hat er sich im Vorfeld einer Theorie der K. mit Aspekten der charakteristischen Konfliktzusammenhänge und ihren Ausdrucksformen beschäftigt. Als typische K. nennt er: Rollen-, Proporz-, industrielle K., Klassen- und internationale K. *(Rolle, Klasse/Schicht/Milieu)*. In der Form der K. differenziert er zwischen manifesten, latenten oder umgeleiteten K. Nach Dahrendorf sind K. in allen Gesellschaften vorhanden. Grundsätzlich geht es ihm weniger darum, K. zu vermeiden, als Lösungsmodelle zu entwickeln, um K. in kontrollierte Bahnen zu leiten und nennt dafür die Möglichkeiten des rationalen Diskurses. Für ihn sind soziale K. nicht unbedingt destruktiv oder dysfunktional, sondern entscheidende Elemente von Innovation und dem sozialen Wandel. Insofern prägen soziale K. beides: die Störung (oder die Zerstörung) von Bestehendem und/oder die Entwicklung von Neuem.

In den 1990er Jahren ist die Diskussion über die Ursachen sozialer K. wieder in den Vordergrund gerückt. Dabei hat sich allerdings ein Paradigmenwechsel vollzogen. Während in den vorherigen Phasen K. überwiegend aus linear-kausaler Sicht (Ursache/Wirkung) definiert wurden, geht es jetzt um systemische bzw. wirklichkeitskonstruktive Aspekte von K. Beim systemischen Ansatz wird davon ausgegangen, dass alle Elemente eines Systems miteinander vernetzt sind und sich wechselseitig beeinflussen. Soziale K. werden daher als Beeinträchtigung des Systems betrachtet *(Systemtheorie)*. In Erweiterung, teilweise auch Abgrenzung, zum systemischen Ansatz geht der wirklichkeitskonstruktive Ansatz davon aus, dass jeder im Feld Agierende seine Welt so konstruiert, wie er sie sehen will bzw. zu sehen vermag. Daher ist für die Lösung sozialer K. die zentrale Frage, wie es gelingen kann, die Wirklichkeitsvorstellungen des Einzelnen im Hinblick auf die jeweilige konkrete Umwelt zu explorieren bzw. zu rekonstruieren.

Aus den beiden vorgenannten Ansätzen hat sich zwischenzeitlich eine „Konfliktmanagement-Kultur" entwickelt *(Mediation)*. SozArb, Juristen, Soziologen, Theologen, Psychologen – um nur einige Professionen zu nennen – haben diesen Bereich als neues Berufsfeld entdeckt. Schwerpunkte sind dabei die Fähigkeiten, K. als solche anzunehmen und konstruktiv zu bearbeiten, z. B. durch die Entwicklung lösungsorientierter Kommunikationsmethoden und Handlungsmöglichkeiten.

In der SozArb haben sich die Anlässe sozialer K. erheblich vermehrt. Neben „traditionellen" sozialen K. des Arbeitsfeldes (Armut, soziale Ausgrenzung, Aggression und Gewaltbereitschaft sowie die Spannung zwischen Helfen und Kontrolle u. a. m.) wird SozArb durch die Auseinandersetzungen um öffentliche Zuwendungen, die Überprüfung von Effektivität und Effizienz sowie Veränderung des Marktes herausgefordert *(Verwaltungsmodernisierung)*.

Ingrid Mielenz
(bis zur 6. Auflage Fred Bäcker)

Literatur

B. Biermann: Soziologische Grundlagen sozialer Arbeit. München 2007 ◆ R. Beck/G. Schwarz: Konfliktmanagement, München ³2008 ◆ L. Böhnisch/H. Funk: Soziologie. Eine Einführung für die Soziale Arbeit, Weinheim/München 2013: R. Dahrendorf: Gesellschaft und Freiheit, München 1961 ◆ R. Dahrendorf: Gesellschaft und Demokratie in Deutschland, München 1965 ◆ R. Kilb: Konfliktmanagement und Gewaltprävention, Wiesbaden 2012 ◆ A. Marx: Mediation und Konfliktmanagement in der Sozialen Arbeit, Stuttgart 2015 ◆ S. Stövesand/D. Roth: Konflikte – theoretische und praktische Herausforderungen für die Soziale Arbeit, Leverkusen 2015.

Körper

Körper und Leben

Über und mit dem K. erzeugen und entwickeln wir das Leben. Jeder Lebensvorgang hat einen körperlichen Bezug, ist ein Gestaltungspunkt mit und über den K., stellt diesen selbst her. Nur indem wir hören, sehen, sprechen, gehen, greifen, stehen, Nahrung und Eindrücke aufnehmen, uns in der Welt bewegen, uns dieser Welt mitteilen oder handelnd auf sie Einfluss nehmen, also unsere Ohren, Augen, unseren Mund, die Hände, die Füße, unseren Organismus und K. aktivieren und in Tätigkeit versetzen, setzen wir uns in Beziehung und nehmen auf diese Weise wahr, was als Vernunft und Weisheit in unserem K. angelegt und gleichzeitig in diesem verborgen ist. Erst im erfahrenen und erlebten Umgang wird sichtbar, was in uns steckt. Der K. stellt eine „dauernde und unvermeidbare Tatsache unseres Lebens dar" (Leder) und ist dabei die Voraussetzung für den Austausch mit anderen Lebewesen wie mit der Welt, die uns umgibt. Zur Berührung gehört das Berührtwerden, zum Sehen das Gesehenwerden, zum Hören das Gehörtwerden lebensnotwendig dazu.

Körper und Kultur

Der K. ist das erste Werkzeug der Kulturen und lebensgeschichtliches Werkzeug für unser eigenes Leben zugleich. I. d. S. ist er radikal „subjektiv", wenngleich mit objektivierbaren Merkmalen, er ist nicht, sondern geschieht, ist immer im Prozess des Werdens, der Bewegung, der Gestaltung wie das Leben selbst. Die menschliche Geschichte ist eine Geschichte der Sinne. Wir machen sie nicht nur mit unseren Gedanken, sondern auch mit unseren Gefühlen und ganz besonders mit unseren Händen und Füßen, mit unserem K. als dem Haus der Sinne – kein Gedanke und kein Gefühl käme ohne ihn aus. Als Werkzeug gestaltet der K. im Innen wie Außen. Die Hände waren mit ihren Fingern Vorbild für die Werkzeuge wie den Pflug und die Hacke, mit denen wir die Erde umgraben können, um auf diese Weise die Lebens-Mittel zu gewinnen, die wir zum Leben brauchen. Die Hand findet sich aber auch wieder in der Kelle, mit der wir Wasser schöpfen. Die Faust wird nachgeahmt vom Hammer, mit dem wir etwas befestigen und ein Haus bauen können. Die Füße sind die Grundlage für unseren Stand. Mit und auf ihnen lernen wir, selbständig zu werden, die Balance zu halten. Jeder Mensch wiederholt in der Entwicklung seines K., was die Geschichte der Menschheit ihm vorgelebt hat. In der Auseinandersetzung mit der Schwerkraft muss unser ganzer K., müssen alle Sinne, Muskeln, Sehnen und Gelenke sowie die Gleichgewichtsorgane eine hochkomplexe und vernetzte Arbeit leisten, um im feinen Zusammenwirken der tragenden Strukturen die Voraussetzungen dafür zu schaffen, dass wir auf eigenen Füßen stehen können und von dort aus unsere Schritte in die Welt wagen (zur Lippe; Kükelhaus).

Der aufrechte Gang des Menschen ist eine lebenslange Übung in allen Dimensionen seiner Existenz. Die aufrechte Haltung des Menschen in seinem K. bedarf der „aufrechten" Seele, der aufrechten wie aufrichtigen Gedanken sowie aufrechter sozialer Situationen, die ihm helfen, wirklich von innen heraus diese Haltung einzunehmen und zu entwickeln.

Körper und Subjektivität

I. d. S. ist der K. ein soziales Gebilde, das die Subjektivität des Menschen historisch und gesellschaftlich konkretisiert. Die Frage nach den körperlichen Momenten der Subjektivität ist nicht isoliert zu stellen: Sie schließt die Frage nach den Bedingungen für eine bewusste Verbindung und Vernetzung aller Momente der Subjektivität in den empirischen Individuen ein, kann jenseits der historischen Formationen, die Seele, Geist und Soziales angenommen haben, also nicht beantwortet werden.

Wer vom K. des Menschen spricht, kann über die Gefühle und Gedanken nicht schweigen. Sie leben von einer austauschenden, sich gegenseitig gestaltenden wie sich aufeinander einstellenden Wechselbeziehung, die gesellschaftlich geprägt und Veränderungen unterworfen ist. Da wir nichts von dem, was wir „organisch" mitbringen, dauerhaft oder gar selbstverständlich zur Verfügung haben, sondern es immer wieder neu gestaltend einsetzen müssen, d. h. uns erneuern wie anpassen müssen, um unseren K. wie letztlich uns selbst zu besitzen, sind wir in einen Stoffwechsel hineingezwungen, der den Austausch von allem mit allem umfasst und uns auffordert, den eigenen Horizont ständig zu überschreiten, um Leben zu haben (Jonas).

I. d. S. sind Geschichte und Theorie der Sozialisation, insbesondere der körperlichen Sozialisation, ein Teil der Geschichte der Naturbeherrschung am Menschen (zur Lippe) und ein Stück Naturgeschichte menschlicher Sinnlichkeit wie Körperlichkeit. Aus dem Prozess der gesellschaftlichen Produktion körperlicher, seelischer und geistiger Strukturen im Sozialisationsprozess erfahren wir etwas über die Konstitution wie auch die Gefährdung körperlicher Momente der Subjektivität als Teil einer menschlichen Identität im Werden. Wer die Frage stellt, wie das Leben über und mit dem K. lebt, muss notwendigerweise auch die Gegenfrage stellen: Wer oder was behindert die Lebendigkeit des K., welche Prinzipien und Denkformen stehen seiner Entfaltung entgegen? So haben mechanistisch ausgerichtete Konzepte der Naturwissenschaften nicht nur das entfremdete, objekthafte Verhältnis vieler Menschen zu ihrem eigenen K. wesentlich verstärkt und die subjektive Körpererfahrung des Körperseins mit der äußeren Haltung des Körperhabens überlagert (Milz 1992), sondern die gesellschaftliche Reduktion des K. auf ein Arbeitsinstrument, das wie eine Maschine zu funktionieren hat, nachhaltig legitimiert und die schonungslose Ausbeutung des K., der in diesem bis heute vorherrschenden Paradigma seiner Seele und seines Geistes beraubt wurde, vorangetrieben.

Zwischen dem sozialen Körperverständnis und dem subjektiven Körpererlebnis findet ein ständiger Austausch von Bedeutungsgehalten statt, bei dem sich die Kategorien beider wechselseitig stärken. „Die Sorgfalt, die auf seine Pflege verwendet wird, die Regeln der Nahrungsaufnahme und der Therapie, die Theorien über das Schlaf und Bewegungsbedürfnis, über die normalen körperlichen Entwicklungsstadien, über die Erträglichkeitsgrenzen bei Schmerzen, die normale Lebensspanne – kurz, all die kulturell geprägten Kategorien, die die Wahrnehmung des Körpers determinieren, müssen den Kategorien, in denen die Gesellschaft wahrgenommen wird, eng korrespondieren, weil und insofern auch diese sich aus den kulturell verarbeitenden Körpervorstellungen ableiten" (M. Douglas).

Leben mit Leib und Seele

Die Lebensgeschichte der Individuen *(Individuum)* als Entwicklung oder Störung ihrer spezifischen körperlichen Verhaltensfähigkeiten ist immer auch eine Geschichte ihrer sozialen Beziehungen, an denen sie mit „Leib und Seele" teilnehmen. Körperlichkeit als Ausdruck menschlicher Einmaligkeit wie Wiederholung eines sich dennoch selbstgestaltenden Prozesses entsteht als Wirkungszusammenhang von Gattungsgeschichte mit Lebens- und Sozialgeschichte, in dem sich der K. zusammen mit der Psyche und dem Denkvermögen auf der Basis genetischer Anlagen, einem offenen Lebenssinn und Individuationsprozess folgend, Schritt für Schritt entwickelt und dabei gleichzeitig geprägt wird. Die soziale Biographie des Individuums hinterlässt ihren „Eindruck" als Körpergeschichte in der Physis, wird „einverleibt" und prägt damit auch den individuellen „Ausdruck" (Haltung, Bewegung, Gesten, Mimik, Sprechweise). Menschen sitzen, stehen oder gehen, so wie sie denken und fühlen und beansprucht werden. Im Alltag orientieren wir uns sehr viel eher an dem, was uns der K. des anderen Menschen sichtbar und symbolisch entgegenbringt. Wissenschaftlich haben wir v. a. in den pädagogischen wie sozialen Professionen kaum gelernt, den Zusammenhang zwischen Körperlichkeit als Ausdruck menschlicher Subjektivität und sozialer Situation systematisch zu reflektieren. Die Medizin hat diesen Zusammenhang im Blick auf den pathologischen Befund geradezu gelöscht.

Die Fähigkeit wie die Notwendigkeit des Menschen zur Vereinheitlichung sinnlich-körperlicher, geistiger und emotional-psychischer Vermögen ist die Bedingung seiner Lebenstätigkeit. Diese bei allen Menschen angelegte Sinnesfähigkeit hält Psyche, Bewusstsein, soziales Handeln und körperliche Befindlichkeit nicht nur zusammen, vielmehr bestimmen Umfang und Differenziertheit der sinnlichen und körperlichen Wahrnehmungsfähigkeit auch Umfang und Differenziertheit des Bewusstseins.

Unser K. ist dabei als Leib Versammlungsstätte unserer verschiedenen Sinnestätigkeiten, der Gestimmtheiten, Gebärden und Gedanken, ist Mittelpunkt des subjektiven Erlebens wie Orientierungspunkt unserer Wahrnehmungen (Milz 1992). Mit den Sinnen, die sich immer nur zusammen bilden und die in ihrer Tätigkeit untrennbar mit den übrigen Lebenstätigkeiten verbunden sind, drücken wir uns selbst mit und über den K. aus und stellen so Verbindungen zwischen uns und der Umwelt her. K. und Sinne liefern dem Bewusstsein die Informationen und Anregungen, aus denen es seine Kenntnisse gewinnt und zu Wissen und Ansichten vernetzt und strukturiert. Im K. versammeln sich unsere Aufnahme- und Handlungsmöglichkeiten, geraten Intuition und Planung in einen Dialog, streiten Erkenntnis und Phantasie. Die Einengung der Fähigkeiten zu sehen, zu hören, zu riechen, zu schmecken, zu tasten und zu empfinden steht deshalb in direktem Zusammenhang mit der Einengung des Bewusstseins vom eigenen Selbst, von der Umwelt und der Interdependenz dieser beiden Bereiche. Wird ein Sinn getroffen, werden alle anderen beeinträchtigt und müssen, selbstgestaltend und integriert, wie sie arbeiten, nach einer neuen Ordnung suchen. Das Kunstwerk der Sinne besteht im Zusammenspiel, und nur so schaffen sie Leibhaftigkeit. Sehen, hören, riechen, atmen, bewegen geschieht immer als „biologischer Akt" (V. v. Weizsäcker), in dem Empfänglichkeit zugleich Tätigsein ist. Erst beides zusammen macht das Leben aus, auch wenn es so aussieht, dass wir entweder wahrnehmen oder handeln und uns bewegen. Der „biologische Akt", wie wir ihn auch in Geburt und Tod sehen, ist ein „Gestaltkreis", in der die Einheit als ein Weg erscheint, auf dem wir das Lebendige als eine geschlossene und in sich zusammenhängende Figurierung erfahren. Dieser „biologische Akt" weist als Ausdruck ständiger Bewegung und Gestaltung über sich hinaus, ist transzendent, wie v. Weizsäcker sagt, oder selbsttranszendierend und autopoietisch, wie Maturana in seiner Biologie der Erkenntnis formuliert. Im biologischen Akt sehend, sehen wir als gesamter menschlicher Leib, ob wir nun schauen, beobachten, angstvoll fixieren oder in Demut unsere Augenlider niederschlagen. Der ganze K. sieht aus dem Blickwinkel der gegenwärtigen Lebenssituation, und der Begriff „optische Wahrnehmung" kann nicht umfassend beschreiben, was geschieht.

Lebende Organismen – und der K. ist ein solcher – sind autopoietische Systeme, die in sich geschlossen mit anderen über spezifische Interaktionsbereiche zu anderen Systemen verkoppelt sind.

Ein in dieser Weise funktionell geschlossener Bereich, der sich autopoietisch und selbsttranszendierend gestaltet, ist der psychische Bereiche, in dem Fühl-, Denk-, Wahrnehmungs-, Kommunikations- und Handlungsprogramme als ineinander integriert erscheinen. Gefühle und Gedanken müssen nur als verschiedenartige Erfassungsweisen der begegnenden Wirklichkeit aufgefasst werden. Die „Psychodynamik" erscheint als Resultante ständiger Aneignungs- und Integrationsprozesse in der Auseinandersetzung mit der Außenwelt, die notwendig subjektiv, d. h. von der autopoietisch determinierten inneren Struktur des Systems abhängig ist und sich ihrerseits des Systems des K. für eine eigene Ausdrucksweise bedient und dabei entspr. umstrukturiert wird.

Es gibt keine Gedanken und Gefühle, die für sich allein existieren, immer ist beides auch mit körperlichen (physiologischen) Vorgängen verbunden. Daher sind die körperlichen Prozesse so bedeutsam für unser Denkvermögen und unser Gefühl, wie umgekehrt die Modi von Denken und Fühlen die Dimensionen körperlicher Subjektivität beeinflussen und gestalten. Körperlichkeit in ihren konkreten Ausdrucksformen wird erlernt. Ein Teil der körperlichen Regulationsmechanismen (besonders zur Steuerung der Organfunktionen) ist schon mit der Geburt vorhanden und als Schaltplan in den Neuronenverbindungen des menschlichen Gehirns „gedruckt". Ein bedeutsamer Teil jedoch entwickelt sich erst nach der Geburt auf der Basis der „frühen Informationen" durch unser erstes Tasten, Riechen, Schmecken, Fühlen. So arbeitet jeder von uns noch mit genau denselben (Gehirn-)Zellen, die er schon als Säugling entwickelt hatte.

Wenn ein Kind emotionale Probleme hat, so kann der Lern- und Wachstumsprozess nicht ungehindert ablaufen. Beim Erwachsenen gilt dasselbe für seine Anpassungs-, Entwicklungs- und Wachstumsprozesse. Die sozialen Bedingungen können die körperliche, geistige und seelische Anpassungsfähigkeit „falsch", einer anderen Verwertungslogik als der menschlichen entspr. lenken und damit den Organismus auf Dauer überfordern. So führen stressende psychische Einflüsse unweigerlich zu Haltungsschäden, Muskelverspannungen etc. wie umgekehrt körperliche Fehlanpassungen zu psychischem Stress. Diese Wechselwirkungen zwischen K. und Psyche wurden durch die psychosomatische Medizin und die Erfahrungen der auf die Beeinflussung des K. orientierten Psychotherapien eindrucksvoll nachgewiesen. Die o. g. „Fehlanpassungen" sind das Ergebnis eines historischen Prozesses, in dem der koordinierte und vernetzte wie sich selbst organisierende Gebrauch von organischen Potenzen des Individuums einem Prozess zunehmender Isolierung und Vereinseitigung wie auch fundamentaler und folgenreicher Trennung von geistiger und körperlicher Arbeit unterworfen wurde.

In Wirklichkeit findet die Umweltaneignung aber als ein Prozess statt, in dem die Menschen durch die Einheit und Wechselbeziehung von geistiger Handlungsplanung und -korrektur, körperlicher Arbeit und sinnlicher Wahrnehmung in historisch bestimmter sozialer Organisation auf die äußere Natur einwirken, um deren Rohstoffe so zu verändern und zu gestalten, dass sie diese sich „einverleiben" können („tote" Produkte der Arbeit). Gleichzeitig wirkt diese Bearbeitung der Naturstoffe auf die Menschen zurück, entwickelt und verändert ihre geistigen und körperlichen Fähigkeiten, ihr sinnliches Wahrnehmungsvermögen und ihre sozialen Verhaltensweisen („lebendige" Produkte der Arbeit). Die geistige Arbeit kann nur scheinbar von sinnlicher Wahrnehmung, von Körperwissen und sozialen Kontext abstrahieren. So ist die Trennung von K. und Geist zuerst ein Produkt der gesellschaftlichen Arbeitsteilung, dann ein Produkt des menschlichen Denkens. Für den einzelnen Menschen führt die systematische gesellschaftliche Trennung von körperlicher und geistiger Arbeit zur Vereinseitigung seiner Betätigungsmöglichkeiten und zur Stereotypie seiner Handlungen. Da der Organismus eine Einheit von Wechselbeziehungen ist, wird die Isolierung und dauernde Beanspruchung wie Unterforderung einzelner Funktionen mit wachsendem Verschleiß einerseits und einer Unterbrechung lebendiger Verbindungen andererseits erkauft. Anders als die Geschichte der Krankheit entschlüsselt die Geschichte des kranken Menschen den Weg, den lebendige Arbeitskraft, d. h. menschliches Leben geht, wenn die Prinzipien lebendiger Körperlichkeit aus den „Angeln" gehoben werden. Nicht ein Organ erkrankt, sondern der ganze Mensch.

Zusammenhang von körperlicher Subjektivität und professionalisierter Sozialer Arbeit

Dem bisher Gesagten kommt eine spezifische Bedeutung dadurch zu, dass Pädagogen und SozPäd in ihrer Gesamtheit jene Profession darstellen, die am Prozess der Beherrschung der inneren Natur des Menschen beteiligt sind. In dem vom Produktionsprozess getrennten Sozialisationsbereich werden die für die spezifische Produktions- und Reproduktionsweise dieser *Gesellschaft* notwendigen psychischen, physischen, geistigen und sozialen Strukturen des Menschen „hergestellt" und dort, wo das nicht gelingt, spezifischen Formen sozialer Kontrolle und sozialpädagogischer Intervention unterworfen. Denn während man schleppend begann, „… die Naturkräfte systematischer in den Dienst kalkulierbarer und ertragreicher Produktion zu stellen, machte man zu deren wichtigster die Natur in den arbeitenden Menschen selbst. Alle Triumphe der Beherrschung des eigenen K., alle Erfolge der Regelmäßigkeit über naturwüchsige Ungewissheit, die bei den Herrschenden zu kühnen sportlichen und ästhetischen Leistungen führten, wurden sehr viel systematischer und zugleich stumpfsinniger von unerbittlichen Akkumulationsinteressen an den unmittelbaren Produzenten exerziert" (zur Lippe).

Die Geschichte der öffentlichen und gesellschaftlichen *Erziehung* in ihren institutionalisierten Formen ist von Anfang an immer auch verbunden mit diesem Prozess der Arbeit an der inneren Natur des Menschen, d. h. wesentlich mit dem Prozess der „Einschränkung" von sinnlichem Verlangen und körperlicher Lust. In dieser Form ist sie auch eine Geschichte der Beteiligung am Prozess der körperlichen und sozialen Kompensierung wie Isolierung wie Herstellung von Distanz, denn der gesellschaftlich verursachte Verlust körperlicher und sinnlicher Erfahrung ist immer auch der Verlust ganzer Bereiche der Wirklichkeit. Was wir sehen, ist Dissoziation im Prozess der *Sozialisation*. Wo die übliche Erziehungsleistung nicht greift, um die soziale Struktur auch in unserer Körperlichkeit zu verankern bzw. dieser dienlich zu machen, da greifen die sozialpädagogischen Formen sozialer Intervention und Kontrolle: In den „geschlossenen Anstalten" nimmt man die Menschen in die körperliche Sicherungsverwahrung, und da der K. in der SozArb ohnehin meistens der kranke, der verwahrloste, der geprügelte, der gewalttätige, der auffällige ist, bekommt der Prozess der instrumentellen Verfügung über den K. eine strukturelle Dimension für die SozArb. Im System der SozArb legen die gesellschaftlichen Verhältnisse Hand an den K. (Foucault): zur Wiederherstellung seiner Arbeitskraft, zur Verinnerlichung von Zeitstrukturen (*Zeit*), die der Disziplin dienen, zur Herstellung seiner Loyalität gegenüber den Verhältnissen. Insofern ist es kein Zufall, dass die *Geschichte der Sozialarbeit/Sozialpädagogik* sehr stark mit der Entwicklung der kapitalistischen Produktionsweise verbunden war und dieser insbesondere in der Anfangsphase mit der Entstehung und Entwicklung totaler Institutionen als körperliche Bewahr- und Disziplinierungsanstalten zur Seite steht.

An diese historische Funktion ist die SozArb nicht unaufhebbar gebunden. I. V. m. den Erkenntnissen aus der soziopsychosomatischen, der humanbiologischen Forschung, den theoretischen und praktischen Ansätzen von Körper- und Bewegungstherapien sowie den Erkenntnissen einer Sozialisationsforschung, die den Zusammenhang von Lebensgeschichte und Gesellschaftsgeschichte wieder rekonstruiert, könnte die SozPäd i. V. m. den Emanzipations- und Widerstandsbewegungen der Betroffenen wie deren Selbstartikulation in ihrer Vorschulerziehung, in der *Jugendarbeit,* in der Arbeit mit Erwachsenen und kranken Menschen und v. a. in ihrer psychosozialen Arbeit mit jenen gesellschaftlichen Randgruppen, deren auffällige Körperlichkeit immer schon als Ausdruck sozialer Abweichung galt, einen Beitrag zur Förderung jener körperlichen Gesundheits- und Verhaltenspotenziale leisten, die die Menschen trotz aller Versuche systematischer Zerstörung immer noch haben. Voraussetzung dafür ist, dass sie einen Begriff von dem gewinnt, was hier als körperliche Momente der Subjektivität bezeichnet wurde, und dass sie daraus mehr als verbale Konsequenzen zieht. In diesem Zusammenhang gewinnt SozArb eine besondere Bedeutung für eine ganzheitliche Gesundheitsförderung, in der der K. wieder als das erscheint, was er ist: das Haus, in dem ein Mensch wohnt.

Annelie Keil

Literatur

M. Douglas: Ritual, Tabu und Körpersymbolik, Frankfurt/M. 1986 ◆ M. Foucault: Überwachen und Strafen. Die Geburt des Gefängnisses, Frankfurt/M. 1986 ◆ H. G. Homfeldt: Körper/Leib, Gesundheit(sförderung) und Soziale Arbeit, in: sozial extra 1/2014, 33–36 ◆ H. Jonas: Organismus und Freiheit, Göttingen 1973 ◆ A. Keil: Dem Leben begegnen. Vom biologischen Überraschungsei zur eigenen Biografie. Kreuzlingen 2006 ◆ A. Keil: Wenn die Organe ihr Schweigen brechen und die Seele streikt, München 2014 ◆ J. Koch/L. Rose/J. Schirp/J. Vieth (Hrsg.): Bewegungs- und körperorientierte Ansätze sozialer Arbeit, Wiesbaden 2003 ◆ H. Kükelhaus: Hören und Sehen in Tätigkeit, Zug 1978 ◆ D. Leder: The Absent Body, Chicago 1990 ◆ R. zur Lippe: Naturbeherrschung am Menschen. Teil 1, 11, Frankfurt/M. 1974 ◆

K

R. zur Lippe: Sinnenbewusstsein, Reinbek 1987 ◆ R. zur Lippe: Am eigenen Leibe, Frankfurt/M. 1983 ◆ H. Milz: Der wiederentdeckte Körper, München 1992 ◆ H. M. Schmitz: Sozialgymnastik. Körperarbeit als soziale Arbeit. Freiburg 2009 ◆ Schwerpunktheft 1+2/2014 von sozialmagazin ‚Körper und Bewegung in der Sozialen Arbeit' ◆ V. von Weizsäcker: Gesammelte Schriften, Frankfurt/M. 1987 ◆ M. Wendler/E. U. Huster (Hrsg.): Der Körper als Ressource in der Sozialen Arbeit, Weisbaden 2015.

Weitere Literatur unter *Sozialmedizin* und *Sport*

Kränkung

Unter K. versteht man gemeinhin die Verletzung der Gefühle, Werte (insbes. der Selbstwertgefühle) und/oder des Ehrgefühls eines Menschen. Eine K. kann von Personen, aber auch von Sachen, Situationen und Lebenslagen ausgehen. Das Besondere der kränkenden Verletzung besteht darin, dass der gekränkten Person mitgeteilt wird, sie bleibe hinter (eigenen oder fremden) Anforderungen an Vollkommenheit, Mächtigkeit und Kompetenz zurück.

K

In der SozPäd wie auch in der allgemeinen Päd. sind K. häufig unvermeidliche Beigaben noch unvollkommener *Sozialisation*. Kinder und Jugendliche verfügen noch nicht über jene Fähigkeiten, Fertigkeiten und Positionen, die Erwachsene für sich als selbstverständlich in Anspruch nehmen. Andere K. im Sozialisationsprozess entstehen durch die *Stigmatisierung* besonderer Umstände des Heranwachsens: keine Mutter oder keinen Vater zu haben, bei fremden Menschen untergebracht zu werden, Strafen hinnehmen zu müssen, weniger zu haben, weniger zu sein, weniger geliebt zu werden, als andere es von sich behaupten (*Armut,* Behinderung, *Fremdunterbringung,* Vernachlässigung). Durch verständnisvolle und unterstützende *Erziehung* können die Folgen solcher K. gemildert werden.

Für die allgemeinen und speziellen sozialen Dienste gilt in besonderer Weise, dass sie sich mit vielfältigen K. ihrer Klienten aufgrund ihrer individuellen Lebenslage wie auch ihrer sozialen Schichtzugehörigkeit *(Klasse/Schicht/Milieu)* auseinandersetzen müssen. Diskriminierung, Demütigung und Deklassierung, Arbeitslosigkeit, Verletzungen körperlicher Unversehrtheit durch *Gewalt (Frauenhäuser)* und Krankheit, Einschränkungen der Arbeits- und Lebensfähigkeit durch *Strafvollzug, Sucht* und Psychiatrie, Nachlassen der Leistungsfähigkeit im *Alter* – das alles sind Beispiele für kränkungsauslösende Lebenslagen, weil sie den anerkannten Forderungen an ein gelingendes Leben und den in ihm erwarteten Leistungen widersprechen und das eigene Bild vom idealen Selbst zerstören können. K. beeinflussen das Sozialverhalten und das Lebensgefühl und können eine zerstörerische Macht entwickeln (Haller 2015).

Kränkung und Narzissmus
Umgangssprachlich gibt es eine enge Beziehung zwischen K. und Krankheit. Insbes. die Psychoanalyse S. Freuds hat psychische und psychosomatische Krankheiten auf Ursachen untersucht, die in der Verletzung menschlichen Selbstgefühls wurzeln.

Das Selbstgefühl besteht neben Anteilen kindlicher Selbstliebe (Narzissmus) aus positiven Erfahrungen menschlicher Durchsetzungsfähigkeit in der sozialen Wirklichkeit und aus befriedigenden Beziehungen zu anderen Menschen (Schmidbauer). Wenn solche positiven und befriedigenden Erfahrungen nicht gemacht werden konnten (oder vorenthalten wurden), besteht die Möglichkeit, als Ausweg die isolierende „Liebe zu sich selbst" als einzige zuverlässige Quelle des Gewinns von Lust zu wählen. S. Freud hat diesem Gedanken erstmals 1914 eine längere Abhandlung gewidmet, sein spezieller Ansatz ist später von Argelander (1972) und Kohut (1973) weiterverfolgt worden. Im Zusammenhang mit der Diskussion um ein neues Sozialisationsprofil Jugendlicher *(Jugend)* haben Ziehe und Strytz bereits in den 1970er Jahren den ursprünglichen individualpsychologisch gefassten Begriff der narzisstischen K. zur Kennzeichnung einer jüngeren, durch narzisstische Störungen geprägte Generation weiterentwickelt und ausgeweitet Diese Störungen seien Kennzeichen einer kommerzialisierten, konsumorientierten Gesellschaft und hätten die typische Form von Leistungsverweigerung durch neurotische Fehlanpassungen und Symptombildungen ersetzt.

Nach Haller (2015) ist K. als Interaktion, als sozialer Prozess zwischen Menschen zu verstehen. Er sieht in der K. einen ursächlichen Mechanismus für Aggression und Kriminalität gekränkter Menschen, aber auch eine Chance zur besseren Selbsterkenntnis. Die wissenschaftliche Forschung zur allgegenwärtigen K. steht allerdings noch aus.

C. Wolfgang Müller

Literatur
P. Bourdieu: Das Elend der Welt, Stuttgart [2]2009 ◆ S. Freud: Zur Einführung des Narzissmus, in: S. Freud, Studienausgabe Bd. III, Frankfurt/M. 1975, 39–68 ◆ R. Haller: Die Macht der Kränkung, Salzburg 2015 ◆ H. Kohut: Narzissmus, Frankfurt/M. (Nachdruck) [14]2007 ◆ W. Schmidbauer: Alles oder nichts, Reinbek 1980 ◆ K. Strytz: Sozialisation und Narzissmus, Wiesbaden 1978 ◆ Th. Ziehe: Pubertät und Narzissmus, Frankfurt/M. 1975.

Kriminologie

Begriff

Die K. soll als „Lehre über das Verbrechen" Aufschluss darüber geben, wie Kriminalität zustande kommt, wie mit ihr umgegangen wird und welche Schlussfolgerungen daraus – insbesondere für die Devianzpädagogik/*Soziale Arbeit* – zu ziehen sind.

In diesem Zusammenhang gibt es noch die Begriffe Kriminalsoziologie bzw. Kritische K. (Anhorn/Bettinger 2002; Lamnek 2007). Unstreitig ist K. eine empirische interdisziplinär ausgerichtete Wissenschaft, die „die geordnete Gesamtheit des Erfahrungswissens über das Verbrechen, den Rechtsbrecher, die negative soziale Auffälligkeit und über die Kontrolle dieses Verhaltens stellt. Ihr Wissensgebiet lässt sich mit den drei Grundbegriffen Verbrechen, Verbrecher und Verbrechenskontrolle treffend kennzeichnen. Ihnen sind auch Opferbelange und Verbrechensverhütung zugeordnet" (Kaiser 1997, 1). Strittig ist, wie der Gegenstandsbereich konkret bezeichnet und welche Reichweite der theoretischen Erkenntnis angestrebt wird.

Das ist letztlich eine gesellschaftliche Frage. Der Beantwortung liegt ein je spezifisches Bild vom Menschen und vom Staat zugrunde. Das jeweilige Ergebnis ist insbesondere auch für die Devianzpädagogik/SozArb von Bedeutung.

Zeitbezogenheit der Erklärungen

Die Geschichte der K. ist aus zwei Gründen aufschlussreich. Sie berichtet von der Reihenfolge der Ideen, wie das Verbrechen beurteilt werden kann.

Die Zeitbezogenheit solcher Erklärungen und damit die Phasen je vorherrschender Betrachtungsweisen erlauben Rückschlüsse auf den gesellschaftlich-politischen Zusammenhang.

Kriminologisches Interesse entwickelte sich in dem Augenblick, „wo Strafzwecke akzeptiert werden oder das Prinzip der materiellen Wahrheit im Strafverfahren übernommen wird und deshalb Erfahrung zum Maßstab der Beurteilung von Verbrechen und Strafe wird" (H.-J. Albrecht 1993).

Von Anfang an ging es um die Ausgangsfrage, ob der Mensch (Straftäter) einen freien Willen besitzt oder als unfrei – z. B. aus biologischen Gründen – zu betrachten ist.

Festzuhalten ist, dass die K. in Deutschland von Juristen und Psychiatern betrieben und beherrscht wurde (T. Moser 1971). Das heißt, dass K. am Strafrecht orientiert war und individuell-defizitäre (krankhafte) Faktoren als entscheidend galten. Zutreffend muss hier von einem Pakt von Justiz und Psychiatrie im Hinblick auf die Bearbeitung des Phänomens Verbrechen geschlossen werden.

Diese verzerrte ideologisch geprägte Sichtweise wurde erst in den 1960er/1970er Jahren kritisiert (Sack 1969). Die Bereitschaft entstand, US-amerikanische soziologische Erklärungsansätze zur Entstehung von K. aufzugreifen (Anomie, Subkultur, differentielles Lernen, Neutralisierungstechniken usw.).

Theorien abweichenden Verhaltens

Diesen – seien es biologische, seien es soziologische oder psychologische – Theorien *abweichenden Verhaltens* ist gemein: Sie suchen nach individuellen Ursachen für das abweichende, insbesondere straffällige Handeln. Sie gehen von persönlichen Mängeln der Straffälligen aus. Warum hat der Täter so gehandelt? Daraus leiten dann Pädagogen und Psychologen ihre individualpräventiven Maßnahmen ab. Berücksichtigt werden dabei Merkmale wie schlechte Kindheit, Ausbildungsdefizite, problematisches Freizeitverhalten, schlechter Einfluss von Gleichaltrigen, Drogen, Ausländerstatus usw., die als ausschlaggebend für Delinquenz erachtet werden.

Diese Denkweise ist in der Gesellschaft tief verwurzelt, bei Fachleuten wie bei Laien. Sie hängt der Vorstellung an, auch menschliches Handeln könne – wie naturwissenschaftliche Zusammenhänge – in Ursache-Wirkungs-Abfolgen erklärt werden (ätiologisches Paradigma).

Diese Logik sieht sich mehreren Einwänden ausgesetzt:

- Menschen in vergleichbaren Situationen reagieren unterschiedlich. Nicht jeder arme Jugendliche oder ohne Schulabschluss oder mit Erfahrungen als Opfer von Gewalt wird deshalb straffällig. Das gilt auch für Geschwister, die bei identischem familiären Hintergrund verschieden handeln.
- Selbst der Versuch, mehrerer solcher erklärender Ursachenzuschreibungen miteinander zu

verknüpfen, hat wissenschaftlich nicht zu qualifizierter Erkenntnis geführt.
- Schon gar nicht lassen sich daraus haltbare Prognosen ableiten.
- Tatsache ist, dass es neben dem Hellfeld (von der Polizei ermittelt, von der StA angeklagt, vom Gericht verurteilt) ein Dunkelfeld gibt, das etwa sechs- bis siebenmal so groß ist.
- Die traditionelle K. orientiert sich – kritiklos – am geltenden Strafrecht und dessen Anwendung. Ihr fehlt eine Gesellschaftstheorie (F. Sack 1969, 225).

Aus diesen Erkenntnissen zieht die Gegenposition (Reaktions- bzw. interaktionistisches Paradigma) Konsequenzen. Kriminalität wird als Ergebnis eines gesellschaftlichen, viele Akteure und Operationen einschließenden Interpretations- und Interaktionsprozesses verstanden. Kriminalität kann danach nur mittels Analyse ihrer gesellschaftlichen Produktionsbedingungen erklärt werden (H.-J. Albrecht 1993, 311): *Wie* wird das Individuum kriminalisiert?

Solch eine kriminalsoziologische Perspektive untersucht die Setzung und Anwendung von Normen, fragt nach der Interessegeleitetheit der selektiven Strafverfolgung und warnt vor den Konsequenzen. Im Mittelpunkt steht der labeling approach (*Etikettierung*sansatz). Danach ist *abweichendes Verhalten* Verhalten, das Menschen so bezeichnen. Damit verbunden ist die Warnung, dass Intervention bei Gefährdeten und Straffälligen stigmatisierend wirken können (sich selbst erfüllende Prophezeiung: self fulfilling prophecy).

Aus Dunkelfeldbefragungen wird der Schluss gezogen, dass abweichendes Verhalten, zumal im Jugendalter, normal sei. Grundsätzlich sei nicht oder nur zurückhaltend zu reagieren.

Individualisierende Betrachtungsweisen

Obwohl die mit dem interpretativen Paradigma verbundenen empirischen Tatsachen unbestreitbar sind, hat es sich nicht durchsetzen können. Vielmehr ist zu beachten, dass individualisierende Betrachtungsweisen wieder Konjunktur haben. Dafür gibt es zwei Gründe:
- In ökonomisch schwierigen Zeiten kommt es zu deutlich wahrnehmbaren Verteilungskämpfen. Für die Krise werden nicht „die Gesellschaft" oder „die Ökonomie" verantwortlich gemacht, sondern Sündenböcke gesucht. Dafür bieten sich *Ausländer,* auffällige Jugendliche und andere lästige Symptomträger an. Zugleich wächst das Sicherheitsbedürfnis, wird Kriminalitätsfurcht lauter geäußert.
- Die gesellschaftskritische Perspektive hat die Opfer übersehen. Die Themen Gewalt gegen Frauen und Missbrauch von Kindern sind inzwischen allgemein bewusst *(Gewalt/Gewalt in Familien).* Mit ihnen verbunden sind Forderungen nach strengeren Strafen auf der Basis einer Täterorientierung.

K. und ihr Gegenstand sind nicht mehr zu analysieren ohne die gewachsene Macht der Medien und deren Verwertungsinteressen. Sie konstruieren Kriminalität und unsere Vorstellung davon mit.

Die nationale und internationale Forschung ist vielschichtig, wenngleich überwiegend individuumzentriert und strafrechtsorientiert (Überblick bei Eisenberg). V. a. fehlt es an qualitativ angelegten Verlaufsstudien und nachgezeichneten Stigmatisierungsprozessen, um daraus Verantwortlichkeiten abzuleiten (Laub/Sampson, Sherman et al., Boers, Dollinger/Schmidt-Semisch).

Bedeutung für die Soziale Arbeit

Die Bedeutung dieser miteinander im Wettstreit liegenden Paradigmen für die Devianzpädagogik/SozArb ist groß. Auf Fürsorge und individuelle Eingriffe ausgerichtete Handlungsfelder neigen vom Selbstverständnis her dazu, die Betroffenen als Mängelwesen zu betrachten, deren Defizite mit den gebotenen Mitteln zu beheben seien. Die dort handelnden Praktiker laufen Gefahr, Sachverhalte und Verhaltensweisen zu sehr aus strafrechtlicher Sicht zu betrachten. Damit geraten Lebensumstände und andere Persönlichkeitsanteile aus dem Blick.

Von einer aufgeklärten SozArb/SozPäd ist kritische Reflexion zu fordern (Anhorn/Bettinger; Dollinger/Schmidt-Semisch). Nur wenn sie das Erkenntnisinteresse hinter beiden Paradigmen entdeckt und über die jeweiligen Konsequenzen bewusst Rechenschaft ablegt, wird sie professionellen Standards und der Verantwortung gegenüber der Klientel gerecht.

Jede Gesellschaft konstruiert Kriminalität durch Gesetze und deren Anwendung. Die Entscheidung für eine Täterorientierung oder Kriminalisierung als maßgeblichem Blickwinkel ist auch eine politische.

Hans-Joachim Plewig

Literatur

AG HochschulehrerInnen Kriminologie/Straffälligenhilfe in der Sozialen Arbeit (Hrsg.): Kriminologie und Soziale Arbeit. Ein Lehrbuch, Weinheim 2014 ◆ H.-J. Albrecht: Kriminologie, in: Kaiser u. a., München [3]1993 ◆ R. Anhorn/F. Bettinger (Hrsg.): Kritische Kriminologie und soziale Arbeit, Wein-

K

heim/München 2002 ◆ D. Baier/T. Mößle (Hrsg.): Kriminologie ist Gesellschaftswissenschaft. Festschrift zum 70. Geburtstag von Christian Pfeiffer, Baden-Baden 2014 ◆ K. Boers: Hauptlinien der kriminologischen Längsschnittforschung, in: K. Boers/J. Reineke: Delinquenz im Jugendalter (Längsschnittstudie), Münster 2007 ◆ H. Cornel: Wird häufiger, härter und länger gestraft? Aktuelle kriminalpolitische Entwicklungen in Deutschland, in TuP 6/2013, 409–422 ◆ B. Dollinger/H. Schmidt-Semisch (Hrsg.): Handbuch Jugendkriminalität, Wiesbaden 2010 ◆ G. Kaiser: Kriminologie, Heidelberg [10]1997 ◆ S. Lamnek: Theorien abweichenden Verhaltens I. München [9]2013 ◆ S. Lamnek: Neue Theorien abweichenden Verhaltens II. München [3]2008 ◆ J. H. Laub/R. J. Sampson: Shared Beginnings, Diveront Lives, Divergent Lives. Delinquent boys to age 70, Cambridge 2006 ◆ H. Melzer u. a.: Handbuch Aggression, Gewalt und Kriminalität bei Kindern und Jugendlichen, Bad Heilbrunn 2014 ◆ T. Moser: Repressive Kriminalpsychiatrie, Frankfurt/M. 1971 ◆ F. Sack: Probleme der Kriminalsoziologie, in: R. König (Hrsg.): Handbuch der empirischen Sozialforschung, Bd. 12: Wahlverhalten. Vorurteile. Kriminalität, Stuttgart 1969, 192–492 ◆ F. Sack: Kriminologie als Gesellschaftswissenschaft. Ausgewählte Texte, Weinheim 2014 ◆ L. W. Sherman et al.: Evidence-based Crime Prevention, London/New York 2002.

Krise/Krisenintervention

„Krise" ist für viele sowohl ein *Angst* einflößender als auch ein reizvoller, spannender Begriff. „Ich hab' ne Krise" ist im Alltag schnell gesagt, Krisen sind in der heutigen Zeit allgegenwärtig: es ist die Rede von der Krise der Wirtschaft, der EU, der Politik und auch der Pädagogik oder der *Kinder- und Jugendhilfe.* Wird der Begriff nicht allzu schnell und allzu häufig gleichsam ‚abgedroschen' verwandt, zieht er die Aufmerksamkeit auf sich. Alle wissen, es ist brenzlig, das Erleben ist verdichtet, es lässt sich etwas über den Umgang mit Schwierigkeiten erfahren: der Mensch jenseits seiner normalerweise gerne gezeigten Kontrolle mittels des Verstands muss sich deutlicher zeigen in seinen Bemühungen, Schwächen und Ambivalenzen. Krisen bringen eine Bewegung in den Alltag, deren Ausgang offen ist.

Einige der alltagssprachlich relevanten Aspekte einer ‚Krise' sind auch sozialpädagogisch relevant. Im Folgenden soll der Begriff für die *Soziale Arbeit* als Fachbegriff entwickelt und in seinen Stärken, seiner Erkennungshilfe für die Wirklichkeit, auch in seinen Schwächen, den eher ausgeblendeten Inhalten, beschrieben werden. Zudem werden erste Hinweise zu Umgangsformen mit Krisen gegeben.

Ursprung des Wortes ‚Krise' und erste Schlussfolgerungen

Das griechische Wort „krinein" meint Scheidung oder Streit. „Crisis" aus dem Lateinischen bezeichnet eine kritische Phase einer Krankheit von nur wenigen Tagen oder Stunden, welche einen Wendepunkt darstellt zum Guten oder Schlechten. Interessant und aufschlussreich sind die zwei chinesischen Schriftzeichen, die nur gemeinsam eine Krise bezeichnen: „Wei" steht für Gefahr und „ji" für Chance. Im Chinesischen wird mit Krise ausdrücklich eine Bivalenz, eine Zweiwertigkeit, mit Blick auf die Zukunft ausgedrückt. Der Ausgang ist offen und Krisen beinhalten eine Chance zur Bereicherung und Entwicklung, aber auch beim Misslingen des Umgangs mit ihnen eine Gefahr, dass es noch schlechter wird.

Krisen unterbrechen die *Normalität* des Alltags. Sie sind damit ein „Motor" für Veränderung und im besten Fall positive Entwicklung und Bereicherung.

Neben dem Begriff der ‚Krise' wird in der deutschsprachigen Fachliteratur vor allem noch der Begriff ‚kritisches Lebensereignis' verwandt. Während ‚Krise' aus der konkreten Anschauung der Wirklichkeit erwächst, wird mit dem Begriff des kritischen Lebensereignisses ein umfangreiches heuristisches, theoretisch hergeleitetes Modell bezeichnet (Filipp/Aymanns 2010).

Welche Bedeutung hat der Begriff Krise für die Soziale Arbeit?

SozArb unterstützt, begleitet und hilft Menschen, die in ihrem Alltag in herausfordernden Lebenssituationen sind, in denen sie professionelle Unterstützung benötigen. Adressaten Sozialer Arbeit, auf die sich die Unterstützungsleistung bezieht, sind einzelne Menschen, soziale Gruppen, soziale Systeme *(Systemtheorie),* Institutionen, Organisationen oder auch soziale Versorgungsgefüge, *Netzwerke, Sozialräume* oder das Gemeinwesen.

In der SozArb gewinnt er zunächst Bedeutung zur Beschreibung einer Lebenssituation eines einzelnen Menschen. Hier hat er seinen Ursprung. ‚Krise' als Fachbegriff eröffnet Zugangswege zum Erkennen einer komplexen, herausfordernden Wirklichkeit, um schließlich in ihr möglichst gezielt hilfreich zu handeln.

Er schließt damit unmittelbar an subjekttheoretische Zugänge der SozArb an, also an Theorien,

K

die den einzelnen Menschen als vernunftbegabtes und grundsätzlich entwicklungs- und handlungsfähiges, selbstbestimmtes und verantwortliches Subjekt in das Zentrum ihrer Überlegungen stellen. Mit Blick auf das Subjekt geht es um das Bewusstsein und die Handlungsformen des einzelnen Menschen im Austausch mit seiner sozialen und räumlichen Umgebung. Der Begriff ‚Krise' zeigt an, dass hier etwas in ein ungutes, beunruhigendes Ungleichgewicht geraten ist: das bisherige Bewusstsein von der Wirklichkeit und die vorhandenen Handlungsmöglichkeiten reichen nicht aus, um die Veränderungen in der Umwelt oder Anforderungen an das Subjekt ‚normal', gleichsam routinemäßig zu bearbeiten. Der Krisenbegriff hat demnach ein angenommenes Gegenüber: ein Fließgleichgewicht des Menschen (Homöostase) verstanden als dynamischer Prozess, als ständiges Bemühen um eine erfolgreiche Auseinandersetzung mit der Umwelt; er knüpft damit an homöostatische Modelle vom Menschen an, das ständige Bemühen um einen ausgeglichenen inneren Zustand.

Der aus der praktischen Anschauung erwachsene Krisenbegriff nimmt eine wichtige Schlüsselstellung zwischen handlungsfeldübergreifenden Subjekttheorien und praktischer, handlungsfeldbezogener Theorien ein. Er stellt gleichsam ein präzisierendes Bindeglied dar, zumal er mit Hilfe der psychologischen, soziologischen und pädagogischen Literatur recht präzise auch als Fachbegriff Sozialer Arbeit ausformuliert werden kann.

‚Krise' als Fachbegriff Sozialer Arbeit

Mit Gerald Caplan wird Krise zu einem psychosozialen Fachbegriff. Caplan hat zusammen mit Lindemann in den 1950er und 1960er Jahren ein Konzept der gemeindenahen Gesundheitsfürsorge entwickelt (Caplan 1989).

Caplan sieht sich aufgrund seiner Forschungen in der Lage, allgemeine Grundsätze von Krisen zu formulieren (vgl. Caplan nach Ulich 1987, 37):

1) In Krisensituationen kommen mindestens vier Faktoren zusammen, die das Verhalten bestimmen: Situation, die Persönlichkeitsmerkmale, kulturelle Faktoren und die Interaktion mit bedeutsamen anderen Personen.
2) Es gibt eine ziemlich kleine, beschreibbare Anzahl an Verhaltensmustern in Krisen (Typenansatz).
3) Alle Krisen ähneln einander in fundamentalen Merkmalen (universalistischer Ansatz).
4) Der Verlauf der Krise hängt von spezifischen Faktoren ab, z. B. der Art des Gefahrenpotentials durch die Krise für die Person, welche Bewältigungsmöglichkeiten gegeben sind und welche Unterstützungen sich im sozialen Kontext anbieten.

„Krise lässt sich mit Caplan beschreiben als Hin- und Herschwanken zwischen Hilflosigkeit und Bewältigungsversuchen, Resignation, Hoffnung, Planung, Verzweiflung, Ambivalenz sowie insgesamt als eine Ungleichgewichtssituation, die einen ‚qualitativen Sprung' zu ihrer Bewältigung erforderlich macht, da die angeeigneten Bewältigungsstrategien nicht ausreichen" (Mennemann 2000, 215). Caplan formuliert so einen Fachbegriff, der akute, singuläre Krisensituationen im Leben in Augenschein nimmt. Sein Krisenbegriff nimmt zwar Anleihen aus der Psychoanalyse (Freud) und der Entwicklungspsychologie (Erikson), stellt aber die akuten Krisen in den Vordergrund.

Weitere Vorläufer dieses Krisenbegriffs liegen in medizinischen Modellen, in der Geschichte der Psychologie und Psychiatrie sowie auch in soziologischen Forschungen (vgl. Ulich 1987, 48).

Ausgestaltungen für die Soziale Arbeit

Nach Caplan kommt es zu einer Ausdifferenzierung der Forschungen und Theorien zum Krisenbegriff in unterschiedliche Disziplinen. Einige wenige, für die SozArb besonders interessante, sollen im Folgenden kurz skizziert werden, um anschließend den Krisenbegriff als Fachbegriff Sozialer Arbeit genauer zu kennzeichnen:

(1) Balzer/Rolli (1981) kommt das Verdienst zu, den Krisenbegriff in Abgrenzung zu den Begriffen Konflikt, Stress und Desaster aus pädagogischer Perspektive aufschlussreich zu charakterisieren. Die Autorinnen unterscheiden zum einen von außen an den Menschen herantretende Belastungen von solchen, die die ganze Person, die Psyche des Menschen betreffen. Zum anderen werden Belastungssituationen, die mit dem vorhandenen Bewusstseins- und Handlungspotential der Person bewältigt werden können oder bei denen eine additive Ergänzung neuer Kompetenzen leicht möglich und ausreichend zur Krisenbewältigung ist, von solchen unterschieden, in denen ein ‚qualitativer Sprung', ein Neuerwerb von Kompetenzen zur Bewältigung notwendig ist. So ergibt sich eine Vierfeldermatrix:

- Von ‚Konflikt' sprechen wir, wenn die Psyche betroffen, aber zur Bewältigung kein ‚qualitativer Sprung' notwendig ist.
- ‚Stress' meint, dass die Belastung von außen an die Person herantritt (z. B. Zeitstress) und zudem die vorhandenen Bewältigungsmuster (Coping-Strategien = to cope – bewältigen)

ausreichen. Stresssituationen können zunächst mittels Verhaltensstrategien bearbeitet werden. Stress kann zeitlich begrenzt oder als Dauerstress sowie nur in bestimmten Rollen auftreten, z. B. auf der Arbeit oder Zuhause.

- Von ‚Krise' sprechen wir im Fachdiskurs, wenn die ganze Person betroffen ist und zur Bewältigung ein ‚qualitativer Sprung', ein Neuerwerb an Bewusstseins- und Handlungsformen notwendig wird. Zu denken ist etwa an Krisen nach dem Verlust von Menschen, suizidalen Krisen, Sterbekrisen oder psychiatrischen Krisen sowie Krisen in Übergangssituationen (Statuspassagen).
- Mit „Desaster" wird nach Balzer/Rolli eine Situation gekennzeichnet, in der die Anforderungen von außen an die Person herantreten. Zu ihrer Bewältigung ist der Erwerb neuer Verhaltensmodi im Sinne eines ‚qualitativen Sprunges' notwendig.

Dieser Krisenbegriff nimmt in erster Linie die Person, die sich in einer Krise befindet, in den Blick. Es besteht aber ein Zusammenhang zur sozialen und gesellschaftlichen Umwelt, die Handlungsmöglichkeiten zur Bewältigung werden jedoch in der konkreten Arbeit direkt beim Subjekt gesucht.

(2) Belschner und Kaiser (1990) formulieren demgegenüber ein Mehrebenenmodell für ‚kritische Lebensereignisse', das die Disposition, die Situation und die Bewältigungsmöglichkeiten auf der Mikroebene (Situation), der Mesoebene (Institution) und der Makroebene (Gesellschaft) in den Blick nehmen). Ein ‚kritisches Lebensereignis' kann primär auf der Mikroebene fest gemacht werden, es existieren aber offene, keine kausalen Wechselwirkungen zu den anderen Ebenen, die beschrieben werden können. Modelle ‚kritischer Lebensereignisse' sind Krisenmodellen sehr ähnlich, sind aber i. d. R. umfangreicher und beziehen das gesellschaftliche Umfeld deutlicher mit ein.

(3) Erika Schuchardt (1988) stellte nach Befragungen von Menschen, die im Laufe ihres Lebens eine Behinderung erlitten haben, das Entwicklungspotential und die Bedeutung des sozialen Umfeldes in den Vordergrund. Menschen durchlaufen in Krisensituationen einen Prozess, den sie als Spiralphasenmodell mit drei Stadien und insgesamt acht Phasen expliziert: das kognitiv-fremdgesteuerte Stadium mit den Phasen Ungewissheit und Gewissheit, emotional ungesteuertes Stadium mit den Phasen Aggression, Verhandeln und Depression, und schließlich das aktional-selbstgesteuerte Stadium mit den Phasen Aktivität und Solidarität. Krise wird hier im sozialen Kontext als relationaler oder Beziehungsbegriff sowie als möglicher ‚Motor' für Entwicklung in den Vordergrund gestellt. Das Phasenmodell von Schuchardt ist theoretisch auf der Grundlage des Interaktionismus anspruchsvoll entwickelt und aus empirischer Forschung entstanden (in nachfolgenden Publikationen greift Schuchardt häufig auf ihr entwickeltes Modell zurück). Es gibt mittlerweile viele vergleichbare Phasenmodelle, denen eine heuristische, die Wirklichkeit aufsuchende Funktion zukommt.

(4) Während Habermas das Entstehen von Krisen in der ‚Kolonialisierung der Lebenswelt' als Steuerungsproblem ansieht, wird mit Becks ‚Individualisierungstheorem' deutlich, dass Krisensituationen nicht eine Ursache haben, sondern vielmehr als Kulmination unterschiedlicher Ereignisse begriffen werden können. Ein krisenfreies Gleichgewicht ist für den einzelnen Menschen angesichts der sich ständig verändernden Umweltanforderungen nicht existent. Vielmehr bedarf es des Erlernens unterschiedlicher Coping-Strategien (Lazarus/Folkman 1984), um mit den vielfältigen Anforderungen umgehen zu können. Zudem treffen Krisen in der „Risikogesellschaft" (1986) nicht mehr nur bestimmte Adressatengruppen, sondern quer zum Lebensalter sowie quer zu Klassen und Schichten alle Menschen.

Krise als Fachbegriff: Krise lässt sich demzufolge für Soziale Arbeit beschreiben als Fachbegriff, der akute, singuläre Krisen beschreibt in ihren Eigenschaften und in ihrem Verlauf. Krise lässt sich dabei als relationaler in das soziale und gesellschaftliche Umfeld eingelassener Entwicklungsprozess begreifen. Krisen stellen häufig den Höhepunkt einer Kulmination herausfordernder Situationen dar. Der Gegenpart einer Krise, ein ‚Normalzustand', in dem das Subjekt mit den Anforderungen der Umwelt alleine erfolgreich umgehen kann, ist nicht als Zustand, sondern als stets sich wandelndes Fließgleichgewicht zu begreifen. Krisen betreffen den ganzen Menschen, seine psycho-soziale, spirituelle, häufig auch körperliche Dimension. Sie verlangen eine direkte Auseinandersetzung, damit das Subjekt wieder handlungsfähig wird. Krisen markieren ein deutliches Missverhältnis zwischen den Anforderungen der Umwelt und den Bewusstseins- und Handlungsmöglichkeiten des Subjekts. Zu ihrer Bewältigung ist ein ‚qualitativer Sprung' erforderlich. Sie weisen einen hohen subjektiven Faktor auf, d. h. die Coping-Strategien des Subjekts sind entscheidend, ob eine Situation als Krise wahrgenommen wird oder nicht. Damit wird der Krisenbegriff (sozial-)pädagogisch relevant und theoretisch beschreibbar: Krisen können eben auch ‚Motoren' der psycho-sozialen Entwicklung des Subjekts mit Blick auf den Erwerb neuer Handlungs- und Bewusstseinsformen sein.

Krisenpädagogik und Krisenintervention

Krisenpädagogik: Für die Pädagogik sind es vor allem Adl-Amini (1992) und Burgheim (1994), die Grundlagen einer Krisenpädagogik formulierten. Burgheim beschreibt kreativ aus der Erwachsenenbildung und der Kunsttherapie kommend viele konkrete professionelle Begleitungsmethoden vor allem mit Blick auf Krisen im Umgang mit Sterben und Trauer. Er expliziert den Krisenbegriff und entwickelt eine ‚Didaktik der Krisenpädagogik' (2002). Adl-Amini stellt ein anspruchsvolles Theoriemodell – fußend auf Heidegger und Frankl – vor. In Anlehnung an Frankl betont Adl-Amini, dass die Frage nach dem Sinn bewusstseins- und handlungsleitend in Krisensituation hilfreich sein kann. Gelingt dem Menschen in der Krise, von der rückwärtsgewandten Frage ‚Warum' zu der zukunftsorientierten Frage ‚Wozu' zu gelangen, so kann ein gelingender, aktiver Umgang mit Krisensituationen stattfinden. Der Mensch begreift sich nicht mehr primär als ausgeliefertes, unverstandenes, vom ‚Schicksal' benachteiligtes Opfer, sondern geht als Subjekt in die eigenen Entwicklungs- und Handlungsmöglichkeiten. Von außen kann ein Sinn in Krisen für andere nicht bestimmt werden, aber die Ausrichtung der Begleitung auf die Frage ‚Wozu' kann äußerst hilfreich sein und einen Wendepunkt für die Menschen in Krisensituationen darstellen. Krisenpädagogische Handlungsformen können in vielen Handlungsfeldern greifen, weil Elemente von Krisen in vielen Handlungsfeldern vorkommen.

K

Krisenintervention: Während die Krisenpädagogik unterschiedliche Begleitungsformen hervorhebt, betont Krisenintervention die Notwendigkeit auch einseitigen Handeln durch den Helfer. Intervenire aus dem Lateinischen meint dazwischenkommen, unterbrechen. In Abgrenzung zu dialogischen Beratungsformen geht es bei der Intervention um ein aktives Eingreifen des Helfers – im Zweifelsfall ohne Rücksprache und auch gegen den Willen des Adressaten. Krisenintervention ist eine zeitliche begrenzte, eingreifende Handlungsform. Ziel ist es, eine akute Krisensituation schnell zu entschärfen, so dass der Interventionscharakter zugunsten einer dialogischen Beratung zurückgenommen werden kann. Interventionen sind notwendig bei einer Selbst- oder Fremdgefährdung oder in Situationen, in denen begründet dem Adressaten Entscheidungen abgenommen werden müssen z. B. aufgrund des Alters oder kognitiver Beeinträchtigungen.

Kriseninterventionsformen werden angewandt bei suizidalen Krisen, Sterbe- und Trauerkrisen, psychiatrischen Krisen und Übergangskrisen (Statuspassagen). In den jeweiligen Handlungsfeldern sind unterschiedliche Modelle entwickelt worden. Zu allen Handlungsfeldern gibt es mittlerweile eine breite und differenzierte Literaturgrundlage.

Krisen und Krisenbewältigung in der Praxis Sozialer Arbeit

Der Umgang mit Krisen steht für einige Dienste in der SozArb im Vordergrund, für andere ist er begleitend zu anderen Handlungsformen wichtig. Krisenintervention wird angewandt z. B. beim Umgang mit *Gewalt in Familien,* Gewalt gegen *Frauen* und *Mädchen* in Beratungsstellen sowie in Mädchen- und *Frauenhäusern,* Nottelefone (für Kinder und Jugendliche), die Telefonseelsorge, Kriseninterventionsdienste für *Suizid*gefährdete, in psycho-sozialen Beratungsstellen, bei der Inobhutnahme durch die Polizei *(Jugendhilfe und Polizei),* in ambulanten und stationären Hospizdiensten *(Sterbebegleitung),* auch in Beratungsstellen zu Erziehungsfragen *(Familien- und Erziehungsberatung),* bei *Arbeitslosigkeit* und Überschuldung *(Schuldner- und Insolvenzberatung),* Entwicklungskrisen im Jugendalter, psychiatrischen Krisen *(Psychiatrie),* Drogenkonsum *(Drogen/Sucht)* und chronischen Erkrankungen wie z. B. Krebsberatungsstellen sowie immer wieder in *Allgemeinen Sozialen Diensten.*

Es sind vielfältige Interventionsmodelle in den einzelnen Handlungsfeldern entwickelt worden. Vielen gemeinsam ist die Hervorhebung der folgenden Handlungsschritte (vgl. Kunz/Scheuermann/Schürmann 2009, 178 ff.):

- Kontakt herstellen, eine Beziehung aufbauen;
- die Krisensituation und den Anlass verstehen, eine Problemanalyse durchführen;
- die Krise bzw. das Problem definieren;
- das Problem bearbeiten, eine Linderung der Symptomatik herbeiführen und neue Bewusstseins- und Handlungsformen anregen: Gefühle ausdrücken, gewohnte Bewältigungsstrategien reaktivieren und nach neuen Lösungen suchen, mit der Realität konfrontieren, Einsatz unterschiedlicher (distanzierender oder unterstützender) Techniken, ggf. Hinzuziehung weiterer Personen und auch Spezialdienste;

- Beendigung der Krisenintervention: Rückblick, Standortbestimmung und weiteres Vorgehen.

Der grobe Phasenverlauf einer Krisenintervention ist quer zu den Handlungsfeldern und unterschiedlichen Krisenarten vergleichbar. Allerdings wird sich das *Methodische Handeln* immer wieder unterscheiden (zur Krisenintervention im ASD vgl. Gerber 2015).

Hugo Sebastian Mennemann

Literatur

B. Adl-Amini: 1992: Nachtstunden des Lebens. Krisen verstehen – Krisen bestehen, Freiburg/ Basel/Wien 1992 ◆ B. Adl-Amini: Krisenpädagogik Bd.1+2, 2002/2004 ◆ B. Balzer/S. Rolli: Sozialpädagogik und Krisenintervention. Argumente für ein psychosoziales Versorgungssystem, Neuwied 1981 ◆ W. Beuschner/P. Kaiser 1990: Darstellung eines Mehrebenenmodells primärer Prävention. In: S.-H. Filipp (Hrsg.): Kritische Lebensereignisse, München 1990, 174–197 ◆ W. Burgheim: Lebenskrisen, Schicksalsschläge, Wachstumschancen. Lebendig Lernen, Lehren und Helfen als BildungsKunst, Darmstadt 1994 ◆ W. Burgheim: Didaktik der Krisenpädagogik 2002 ◆ G. Caplan: Sozialer Rückhalt und Stressbewältigung. In: Ders. (Hrsg.): Bevölkerungsorientierte Familienpsychiatrie, Stuttgart 1989 ◆ S.-H. Filipp/P. Aymanns: Kritische Lebensereignisse und Lebenskrisen. Vom Umgang mit den Schattenseiten des Lebens, Stuttgart 2010 ◆ C. Gerber: Krisenintervention und Inobhutnahme. In: J. Merchel (Hg.): Handbuch Allgemeiner Sozialer Dienst (ASD), München [2]2015, 257–267 ◆ S. Kunz/U. Scheuermann/I. Schürmann: Krisenintervention. Ein fallorientiertes Arbeitsbuch für Praxis und Weiterbildung. Weinheim/München [3]2009 ◆ R. Lazarus/S. Folkman: Stress, appraisal and coping, New York 1984 ◆ H. Mennemann: Krise als ein Zentralbegriff der (Sozial-)Pädagogik – eine ungenutzte Möglichkeit? In: np 3/2000, 207–226 ◆ J. Merchel (Hg.): Handbuch Allgemeiner Sozialer Dienst (ASD), München [2]2015 ◆ E. Schuchardt: Soziale Integration Behinderter. Bd. 1. + 2, Braunschweig 1988 ◆ D. Ulich: Krise und Entwicklung. Zur Psychologie der seelischen Gesundheit. München/Weinheim 1987.

Kulturarbeit, soziale

Zum Begriff

Soziale Kulturarbeit (s. K.) bezieht sich axiomatisch (im Hinblick auf das ihr zugrunde liegende Denksystem) auf die Einsicht, „dass das Politische und Soziale ein Teilgebiet des Menschlichen ausmacht, dass es der Totalität des humanen Problems angehört, vom Geiste in sie einzubeziehen ist und dass diese Totalität eine gefährliche, die Kultur gefährdende Lücke aufweist, wenn es ihr an dem politischen, dem sozialen Engagement gebricht" (Thomas Mann).

Soziokultur als ideale Zielvorstellung durchbricht die Trennung zwischen der „reinen Welt des Geistes" und den Niederungen der Realität (eben der politischen und sozialen Verhältnisse); sie korrigiert den Irrtum deutscher Bürgerlichkeit, dass man ein unpolitischer Kulturmensch sein könne, und bejaht die Integration von Kultur in den gesellschaftlichen Gesamtraum. Soziokultur beabsichtigt nicht die Minderung des ästhetischen Anspruchs *(Ästhetik)*; sie will vielmehr die Wege zur Kultur jedem erschließen, eben das Bürgerrecht auf Kultur verwirklichen.

Kultur und Kunst: S. K. ist der Versuch, vorrangig, neben anderen Aspekten, *Kunst* als Kommunikationsmedium zu begreifen – als eine, und zwar sehr gewichtige Möglichkeit, die in vielfältige Einzel- und Gruppeninteressen, Weltanschauungskonflikte, Verständigungsbarrieren zerklüftete Gesellschaft auf der „kommunikativen Ebene" zusammenzubringen. Gerade in der komplexen Industriegesellschaft kann Kultur mit Hilfe ihrer Symbole kollektive Identität ermöglichen – das „Beieinandersein" im Widersprüchlichen, wobei die oft gegensätzliche Pluralität diskursiv miteinander verbunden ist. Kunst vermittelt dabei weniger Inhalte für Kommunikation; wohl auch diese; sie stellt v. a. kommunikative Strukturen bereit. Darunter ist zu verstehen:

1) die Bereitschaft, aus sog. Selbstverständlichkeiten herauszutreten und damit Befragungssituationen, Fragwürdigkeiten und „Bedenklichkeiten" zu ermöglichen bzw. zu fördern;
2) Überwindung der (psychosomatisch mitbedingten) immer wieder sich einstellenden Denkträgheit durch Denkanstöße bis zur Provokation, um auf diese Weise dialektisch verlaufende Geistesprozesse einzuleiten
3) Vermittlung vielfältiger Wahrnehmungsweisen, wobei der Pluralismus in der Wahrnehmung auch zu einem Pluralismus der Standpunkte und Denkpositionen hinführt.

Das „Begaben" des Menschen für das Verstehen von Kunst und die Ausübung von Kunst (Amateurkunst) können jene „Auflockerung" erreichen, welche die Voraussetzung kommunikativer Prozesse darstellt. Erst wenn die „Auflockerung" (Aleatorik) erreicht ist, wird Kommunikation aus dem Missverständnis befreit, sie sei Aneinanderreihung stereotypisierter (unbeweglicher und unbewegbarer), aus der jeweiligen Position oder

K

Ideologie heraus entwickelter Phrasen. Statt dessen soll sie sein: Rückkopplungsprozess, gegenseitige, durch Argumentation und Anschauung bewirkte geistige Annäherung bzw. gemeinsames Bemühen um Wahrheit – eine Wahrheit, die, i. S. des demokratischen Prinzips, immer wieder weiterentwickelt, „fortgeschrieben" werden muss, somit als Weg und nicht als Besitz zu verstehen ist.

S. K. ist dem überwölbenden Begriff von Kultur (als gesellschaftsverbindender Totalität) integriert; sie grenzt sich freilich ab von dem einseitigen Überheblichkeitsanspruch „affirmativer Kultur", die – nach Herbert Marcuse – die geistig-seelische Welt als ein selbständiges Reich von der Zivilisation abzulösen und über sie zu erhöhen trachtet. Bei der „affirmativen Kultur" wird die v. a. in der Kunst sinnlich vorscheinende Ideenwelt als unbedingt zu „bejahende, ewig bessere, wertvollere Welt" von der tatsächlichen Welt des alltäglichen Daseinskampfes abgelöst und deren Rezeption zu einem Akt der Feierstunde bzw. ritualistischer Erhebung gemacht.

K

„Kultur für alle": S. K. will das Idealitäts- und das Realitätsprinzip dadurch miteinander verbinden, dass sie stets über die „erreichte Organisation des Daseins" hinausweist, aber solches Transzendieren allen zu ermöglichen trachtet („Kultur für alle"). Dies bedeutet:

- besondere Hinwendung zu Personengruppen und Gesellschaftsschichten, denen die Erschließung von „Kulturräumen" weitgehend versagt geblieben ist; sei es aufgrund des Milieus, innerhalb dessen sich ihre Sozialisation vollzog, oder aufgrund der Defizite von Erziehung (v. a. angesichts des Mangels von „Kulturpädagogik" in den Haupt- und Berufsschulen);
- eine besondere Didaktik s. K.: Sie muss, um „Rückstände" überwinden zu können, ihre Ziele sehr anschaulich definieren, in ihren Methoden und Stoffen (Inhalten) an alltäglichen Lebens- und Arbeitserfahrungen anknüpfen.

Dies darf jedoch nicht so verstanden werden, als ob es eine Zweiklassenkultur gäbe: die hohen erhabenen Güter („Hochkultur") für die Privilegierten; für die anderen eine „Popularkultur". So ist z. B. Geschichtsarbeit, die sich dem Alltag zuwendet („Geschichte von unten"), immer auch im Rahmen gesamtgeschichtlicher Betrachtung zu sehen; eine gesamtgeschichtliche Betrachtung wiederum, die die Geschichte des Alltags missachtet, verfehlt ihre aufklärerische Wirkung *(Aufklärung)*.

Soziale Kulturarbeit und Kulturpädagogik: Kulturpädagogik als wichtiger Teil der s. K. intendiert die Demokratisierung des Ästhetischen. Vom Kindergarten bis zur Fort- und Weiterbildung der Erwachsenen sollte „kulturelle Kompetenz" ein wichtiges Ziel sein – aus human-idealistischen wie human-pragmatischen Gründen. Ohne „ästhetische Erziehung" bleibt, anthropologisch gesehen *(Anthropologie)*, der Mensch viel mehr seiner Triebdynamik (Frustrationen, Aggressionen) verhaftet, als wenn er mit Sublimierungsmöglichkeit „begabt" wird. Kulturpädagogik, die für das „Gute, Schöne, Wahre" öffnet (wobei der Vorschein der Kunst stets auch als Kontrast das Hässliche und Böse einschließt), gibt dem Menschen Ichstärke: mehr zu sein als Schein. Angesichts dominanter Warenästhetik und einer zunehmend veroberflächlichten Medienwelt – lediglich an „Farbigkeitsbedarfsdeckung" und der Befriedigung triebhafter Interessen interessiert (Pornographie und Pornographie des Todes – im Gegensatz zum „Obszönen", das die „ganze Wahrheit" über den Menschen, also auch seine Schattenseiten und Abgründe aufzuzeigen trachtet) –, angesichts einer anästhetisierenden Beliebigkeitsästhetik hat Kulturpädagogik einen schweren Stand. Humanpragmatisch ist Kulturpädagogik wichtig, weil die moderne Industriegesellschaft im Rahmen ihrer „Reprofessionalisierung", in Überwindung des auf Drill und Dressur zielenden Taylorismus, neuer Qualifikationsprofile bedarf. In der humanen Computergesellschaft (Homuter-Gesellschaft) kommt es produktionsphilosophisch nicht nur auf Expertenwissen, sondern auch auf Schlüsselqualifikation und soziokulturelle Kompetenz („Prinzip Verantwortung") an. Diese verschaffen betriebswirtschaftliche Vorteile: Management wie Facharbeit bedürfen heute der Diagnosefähigkeit, der kreativen Phantasie, der selbständigen Entscheidungsfähigkeit, insgesamt kulturell entwickelter „Tugenden", die nicht lektionenmäßig gelehrt werden können, sondern atmosphärisch, „kulturklimatisch" sich entfalten müssen (Bedeutung des „Kulturklimas" in der Großstadt, Kleinstadt und auf dem Land). So „rechnet sich" sogar die an sich volkswirtschaftlich zu kalkulierende Kulturinvestition via Kulturpädagogik – wenn man bei Kosten-Ertrags-Berechnungen (cost-benefit) mittel- und langfristig denkt.

Infrastruktur und Kompetenzen

S. K. bedarf ihrer eigenen Topographie (Infrastruktur), die jedoch nicht für sich allein bestehen sollte, sondern mit den räumlichen und organisatorischen Mustern der gesamten K. zu vernetzen ist. Zentrale Orte (Theater, Bibliothek, Museum, Kunsthalle, Volkshochschule etc.) haben zum Pendant dezentrale, die teilweise der gleichen „Sparte" zugehören (Kleintheater, Stadtteilbibliothek, Stadtteilmuseum, Stadtteilgalerie, Volkshochschulzweigstelle) oder aber auch durch neue „Kombinationen" charakterisiert sind (Kulturläden, Gemeinschaftshäuser, Kunstquartiere, Kulturwerkstätten etc.).

S. K. fordert ein besonderes Berufsprofil („Animator"). Der hier Tätige muss auf der einen Seite von der Bedürfnislage und Mentalität einer sehr unterschiedlich strukturierten „Klientel" ausgehen, auf der anderen darf er darüber das erkenntnisleitende Interesse (die „Idealität" von Kunst) nicht aus dem Auge verlieren – da sonst eine Zweiteilung von Kultur die Folge wäre. Die Arbeiterbildungsvereine etwa haben dementsprechend keine „alternative" Kunst, sondern die Teilhabe an der Gesamtkultur angestrebt; die Betonung von kulturellen Teilaspekten, z. B. „Arbeiterkultur", hat durchaus ihre historische Bedeutung, darf jedoch nicht zu einer Separierung in den kulturellen Ansprüchen führen. Der in s. K. Tätige muss psychologisches Einfühlungsvermögen und solide kulturelle Kenntnisse, möglichst interdisziplinärer Art, besitzen; er sollte sich bei seinen vermittelnden, beratenden, informierenden, kommunikativen und letztlich sozialisierenden Bemühungen auf das Verbundsystem anderer kultureller Einrichtungen stützen können. Das entsprechende Eignungsprofil ist v. a. dadurch zu erreichen, dass, ausgehend von einer Spezialqualifikation, die notwendige Schlüsselqualifikation (soziokulturelle Kompetenz bewirkend) als Zusatzqualifikation in Theorie und Praxis erworben wird. Entsprechende Ausbildungsstätten fehlen weitgehend, weshalb sich in s. K. noch ein gewisser Dilettantismus bemerkbar macht; dieser wirkt sich freilich auch wegen seiner Spontaneität, seines Phantasiereichtums und konventionellen Engagements positiv aus (doch sollten für ehrenamtl. Tätigkeit bzw. kulturelle GWA auf freiwilliger Basis, neben Aufwandsentschädigungen, bessere Möglichkeiten für Fortbildung sowie Koordinierungszentren zur Verfügung stehen).

Soziale Kulturarbeit als wichtiges Element demokratischer Sozialstaatlichkeit: Ihre Bedeutung nimmt zu angesichts der sich abzeichnenden Entwicklung der Industriegesellschaft. Die weitere Automatisierung mit Hilfe der Mikroelektronik führt dazu, dass Arbeit knapper wird. Um die Zweidrittelgesellschaft (2/3 im Besitz von *Arbeit*, 1/3 arbeitslos) zu verhindern, muss ein kontinuierlicher LAG, d. h. die gerechte Verteilung vorhandener Arbeit, stattfinden, v. a. durch die Reduzierung der Lebensarbeitszeit sowie die Einführung der 35- bzw. 25-Stunden-Woche (4-Tage-Woche). Die dadurch anfallende Freizeit wird nur dann nicht zum sozialpsychologischen bzw. sozialpathologischen Problem, wenn die Menschen dazu „begabt" werden, ihre freie Zeit selbstbestimmt (autonom) zu nutzen *(Zeit)*, d. h., verhindert wird, dass die Bewusstseins- bzw. Vergnügungsindustrie mit Surrogaten die Freizeitbedürfnisse absättigt. Die zu erwartenden Arbeitszeitverkürzungen sind somit nicht nur unter quantitativem, sondern v. a. auch unter qualitativem Aspekt zu sehen: „Zum ersten Mal in der modernen Geschichte könnte die Situation eintreten, dass bereits in der rein quantitativen Aufgliederung jene Zeit, die ich als ‚Emanzipations- und Orientierungszeit' bezeichnen möchte, größer ist … als die Zeit, die der Mensch stückweise zu verkaufen genötigt ist, um genügend Mittel zum Leben zu erwerben" (Oskar Negt).

Soziale Kulturarbeit als Wert: *Freizeit* wird in Zukunft nicht mehr vorrangig eine Rolle als Erholungs- bzw. Rekreationszeit spielen (zumal ein Übermaß von Freizeit zu Langeweile und Frustration führt); s. K. muss jenseits von Erwerbsarbeit und Freizeitbeschäftigung einen „dritten Weg" auftun: nämlich soziokulturelle „Tätigkeit" (Meta-Arbeit) ermöglichen helfen. Solche Möglichkeiten für „Tätigkeit" lassen sich im Begriff „Werkstatt" lokalisieren, als einem Ort, da „Werke stattfinden". „Werkstatt" als Topos eines soziokulturellen Begründungszusammenhanges ist geprägt durch „spürbare Nähe" und nicht durch „soziale Fernwärme" (Hilfe zur Selbsthilfe!); ihre Inhalte können speziell oder komplex sein (Medienwerkstatt, Theaterwerkstatt, Filmwerkstatt, Stadterneuerungswerkstatt, Ökowerkstatt, Kunstwerkstatt, Gesundheitswerkstatt etc.). Eine Kategorientafel für Werkstattpraxis sollte beachten:

- Nähe zum Wohnort, aber doch so weit von ihm abgetrennt, dass ein deutlicher Ortswechsel stattfindet, da allein schon dieser motiviert bzw., im recht verstandenen Sinne, diszipliniert (Überwindung des Sich-gehen-Lassens);
- Tätigkeit in Gruppen, die die individuelle Selbstbestimmung ernst nehmen, die offen sind für das Hineinwachsen neu Hinzukommender, die aber auch das Ausscheren in eigenwillige Tätigkeitsbereiche fördern, also keine In-group-Repressionen entwickeln
- produktiv-kreative Tätigkeit, die sinnvoll ist, jenseits des Hobbyismus, der zu Hause seinen

Ort haben mag; sinnvoll ist es z. B., wenn individuelles Engagement dem Gemeinwohl zugute kommt;

- gesellschaftliche Anerkennung: Solche Werkstätten müssten, abgesehen von der notwendigen Grundversorgung der in ihnen Tätigen, eine der Erwerbsarbeit adäquate „Rangstellung" einnehmen.

„Trachte jeder, überall sich und anderen zu nutzen" (Johann Wolfgang Goethe) – und zwar auf eine Weise, die dem Einzelnen, der Gruppe, der Gemeinschaft, der Gesellschaft, dem Staat die „Ressource Sinn" mehr als bislang erschließt.

Essentielle Aufgabe von s. K. insgesamt: Heteronomie in Autonomie verwandeln helfen.

Hermann Glaser

Literatur

D. Baacke u. a.: Am Ende – postmodern? Next Wave in der Pädagogik, Weinheim/München 1985 ◆ U. Beck: Schöne neue Arbeitswelt. Vision: Weltbürgerschaft, Frankfurt/M./New York aktualisierte Neuausgabe 2007 ◆ Bundesvereinigung soziokultureller Zentren (Hrsg.): www.soziokultur.de ◆ R. Freericks/ D. Brinkmann (Hrsg.): Handbuch Freizeitsoziologie, Wiesbaden 2015 ◆ H. Glaser/K. H. Stahl: Bürgerrecht Kultur, Frankfurt/M./Berlin/Wien 1986 ◆ H. Hoffmann: Kultur für alle. Perspektiven und Modelle, Frankfurt/M. 1981 ◆ H. Hoffmann/W. Schneider (Hrsg.): Kulturpolitik in der Berliner Republik, Köln 2002 ◆ H. Marcuse: Kultur und Gesellschaft. Bd. 1, Frankfurt/M. 1970 ◆ O. Negt: Lebendige Arbeit, enteignete Zeit, Frankfurt/M. 1985 ◆ W. Niess: Volkshäuser, Freizeitheime, Kommunikationszentren. Zum Wandel kultureller Infrastruktur sozialer Bewegungen, Hagen 1984 ◆ H. W. Opaschowski: Einführung in die Freizeitwissenschaft Wiesbaden [5]2008 ◆ Das Parlament: Beilage: Soziokultur/Breitenkultur, 9. März 2001 (B 11/2001) ◆ R. Treptow: Kultur und Soziale Arbeit, Münster 2001 ◆ Schwerpunktheft der Sozialen Arbeit 8+10/2013: Kulturarbeit.

Weitere Literatur bei *Jugendarbeit, kulturelle.*

Link

www.soziokultur.de (der BV Soziokultureller Zentren e. V. mit der Zeitschrift ‚SOZIOkultur')

Kunst

Jenseits menschlichen Wirtschaftens – „Wir sind immer noch das gefährdete und sich selbst gefährdende Tier" (Musil) – gilt seit der Entwicklung gemeinschaftlicher Tätigkeit des Menschen K. als „progressive Anthropologie" (Novalis).

Die Kunst der Vorgeschichte

Mit der Bewusstwerdung und dem klaren Erleben von Tod als Begrenzung individuellen Lebens, mit der Erkenntnis von Wachsen und Zerfall als Entsprechung dazu in aller übriger Natur entstehen festhaltende, sinnsuchende Bilder, kultische Formen, gemeinsamer Tanz, gemeinsamer Rhythmus in Einklang und Einstimmung mit der Natur. Die paläolitischen Felsbilder enthalten formal und darstellerisch alle Merkmale von K.: gespannte, in die Tiefe gerichtete Raum-Körper-Linie, manchmal skizzenhaft umreißende Grenzen des malerischen Gegenstandes, ausgewogene Proportionen der Einzelteile zum Ganzen bei der Ausarbeitung auf der Fläche. Charakteristische Darstellung, z. B. fluchtartiger Lauf eines Tieres, erstarrtes Innehalten, ist wichtiger als Nachbildung. Am Anfang steht nicht die Dekoration, sondern Ergreifen und Ergriffensein, expandierende Aneignung der Natur und Besänftigung der Rachegeister durch beschwörende, bannende jagdzauberische Darstellung. Die Geschichte des dekorativ Schönen entwickelt sich mit den Produktivkräften, mit der Entfaltung des Augensinns und der Entdeckung des Naturschönen als Lebensbejahung.

K. beginnt als geistig-materieller Erkenntnisvorgang (wie bewegt sich das Tier, wie sieht es im Lauf aus etc.), als Totenkult, mit dramatisch rhythmischen Bewegungen, als gemeinsamer Arbeitsrhythmus, Arbeitsgesang.

Kunstbestimmung in der Geschichte

Seit der griechischen Geschichte verfügen wir über ausgeführte Begriffe und Bestimmungen von K. und deren Wirkung. Z. T. sind sie nebeneinander mit veränderter Wertigkeit bis heute gültig: *Ästhetik* als Wissenschaft der sinnlichen Wahrnehmung.

1) K. ist sinnliche Aneignung des Mannigfaltigen in K. und Natur, Hinführen des Mannigfachen, des dissonanten Werdens und Vergehens zur dramatischen Einheit und Harmonie, der „Vernunft des Alls". Die wahrnehmenden Sinne müssen von der inneren Seele erleuchtet sein (Heraklit, Philosoph aus Ephesos, um 500 v. Chr. einflussreichster Vorsokratiker).
2) K. ist Nachahmung, Nachbildung gegenständlicher Wirklichkeit: „Wer Kunst hervorbringt, ahmt nach, wer Kunst genießt, erfreut sich an der Übereinstimmung zwischen Original und Nachbildung."

   „Die sechs nachahmenden Qualitäten der

Tragödie sind: Mythos, Charakter, Rede, Absicht, Szenerie, Musik, außerdem gibt es nichts" (Aristoteles, geb. 384 v. Chr., Schüler Platons).

K. als Nachahmung von Qualität reicht mit veränderter Interpretation über Mittelalter und Renaissance bis ins 18. Jh. (Lessing: Hamburgische Dramaturgie). K. gilt i. d. S. als lehr- und lernbar.

3) K. ist Erzeugung des Schönen (Plotin, 205 n. Chr. in Ägypten). Er trennt in seinem philosophischen System das Geistige vom Sinnlichen. Auch diese Bestimmung bleibt erhalten im Mittelalter und in der Renaissance (z. B. Dürer).
4) K. ist anschauliche Erkenntnis der Wirklichkeit (Theorie des Naturalismus aus dem Umkreis der Maler Böcklin, Lenbach, Marées u. a. ca. 1860).
5) K. ist schöpferische Auseinandersetzung mit der Welt und mit sich selbst (Schmarsow, Kunsttheoretiker der Jahrhundertwende).
6) K. ist in erster Linie gestalteter Ausdruck von Seelischem, unabhängig von Naturvorbildern (Tendenzen im Expressionismus).
7) Kunstausübung wird gesteuert vom Nachahmungs- und Spieltrieb (Schiller; Huisinga: Homo ludens).
8) K. ist auf „Verdrängung" beruhende „Sublimierung sexueller Libido" (Kunsttheorie der Psychoanalyse).
9) In Korrespondenz zu den naturwissenschaftlichen und politischen Entdeckungen entstehen Kunsttheorien und -Bewegungen gegen Historismus und Konventionen mit Begriffen wie: lebendige Form, elementare Ausdrucksweise in Malerei und Plastik, Strukturdenken, materialgerechte Verarbeitung in allen Künsten, Funktionalismus in der Architektur.
10) In der marxistischen Kunsttheorie gilt die „mechanische" Aufspaltung der menschlichen Wirklichkeit in Basis und Überbau. Praktische Wertsetzung zugunsten der materiellen Basis hat die historische Kunstfeindlichkeit kleinbürgerlicher Tendenzen verstärkt. Sie hat in Kunstproduktion und -betrachtung zu reduzierter, sklavisch gegenständlicher, erlebnisarmer „Informationskunst" geführt, die den intellektuellen und emotionalen Stand allgemeiner, materiell formaler Entwicklung missachtet.
11) Die Kunst der Moderne ist – allein bezogen auf die klassischen Bereiche Literatur, Musik, darstellende sowie bildende Kunst in ihrer Vielfalt kaum noch zu erfassen (als ein Beispiel Bocola 2013). Begriffe, allein aus der Malerei zeigen den permanenten Wandel: Impressionisten, Expressionisten, Fauvisten, Brücke, Blauer Reiter, Tachismus, Neue Sachlichkeit und die ganze Palette der abstrakten Malerei. Zudem neue Formen (Richtungen) wie PopArt, Minimal Art, Fluxus, die soziale Kunst (Beuys), die Konzeptkunst.

Aus allen Ansätzen zur Kunstbestimmung sind Momente therapeutischer Substanz begründbar und abzuleiten.

Wirkung von Kunst

K. ist Sache einer zahlenmäßig sich immer vergrößernden Elite. Vorgeschichtlich gilt sie als allgemeines, in der weiteren Geschichte als besonderes Mittel der Bewusstwerdung des menschlichen Selbst und der Umwelt. Die aristotelische Tragödie will mit Hilfe von Mitleid und Furcht eine Reinigung (Katharsis) von eben diesen Affekten herbeiführen. Lessing und Brecht haben für jeweils ihre Zeit diese Grundlegung abgewandelt. Die Menge der Menschen wird durch allseitigen Einfluss eher eng an den Kreislauf des materiellen ökonomischen Angebots und Konsums angeschlossen und gehalten, als dass neben der sozial notwendigen Arbeit die Möglichkeit geistig-seelischer Entfaltung und Vertiefung propagiert wird.

Die Umverteilung der etwas widerspenstigen geistig-künstlerischen Güter findet in hoffnungsvollen Ansätzen dennoch statt. Zunehmend wird das Praktisch-Sinnlich-Schöne dem Praktisch-Nützlichen beigegeben.

Kunst und Soziale Arbeit

Für die Arbeit mit Menschen haben Kunstwerke und K. wesentliche Bedeutung.

Aktives Sehen – Selbstbestätigung als Nachvollzug: Die ganztätige, lebenslange Arbeit des Künstlers im Selbstauftrag beinhaltet die systematische Erforschung des menschlichen Zeit-Raum-Maßes in unabhängiger Kalkulation aller aktuell erregenden Einflüsse. Ausgesondert von der unmittelbaren Verzweckung eines ökonomisch straffen Menschenlebens, erzeugt der Künstler über vorhandene Gegenstände hinaus Gedanken, Motive, Empfindungen, Gestimmtheiten in Verschmelzung von äußerer und innerer Welt: eine sinnlich erfahrbare mögliche Gestalt.

Es gibt kein zwingendes Curriculum, das zu Genuss und hilfreichem Erleben von Kunstwerken führt. Wenn die spezifisch eigene Anschauung in einem Kunstwerk eine Entsprechung zur seelisch-geistigen Disposition erkannt hat, wird die darin enthaltene bestätigende und weiterführende Energie wirksam (Seelenhygiene). Eine Farbkombination, eine Lichtführung im Bild, eine präzise Gestimmtheit in der Musik wirken nicht auf den Begriffsapparat des Menschen. Die positiv energetische Wirkung rührt noch her von der frühkindlichen Ausgangssituation und der immerwährenden elastischen Bindung des Menschen an die Natur. Entwicklung der Tiefensensibilität: Nach Spitz arbeitet, während die Methode des sach- und sensorenbezogenen, diakritischen Wahrnehmung im Laufe des 1. Lebensjahres gebildet wird, die koenästhetische Organisation als Austauschmodus mit der Umwelt. Dieses tut sie mit allseitig empfindsamer, nervöser Rezeption und Reaktion. Die Reizung der frühkindlichen „Tiefensensibilität" geschieht durch: Gleichgewichtsänderung, Spannung, Vibration, Rhythmus, Dauer, Tonhöhe, Farbschwingungen, Licht etc., sie ist kaum in Begriffen, sondern nur in künstlerischer Gestalt erfahrbar. Die „Tiefensensibilität" besteht weiter, wird aber durch das diakritische System überlagert. „Diejenigen Erwachsenen, die die Fähigkeit behalten haben, sich einer oder mehrerer dieser gewöhnlich verschwundenen Wahrnehmungs- und Kommunikationskriterien zu bedienen, gehören zu den besonders Begabten. Sie sind Komponisten, Musiker, Tänzer, Akrobaten, Flieger, Maler und Dichter und vieles andere, und wir halten sie oft für übersensible oder labile Persönlichkeiten" (Spitz, in: Psychoanalytic Review). K. ist daher: Aneignung der Welt mit allen Wesenskräften unter besonderer Berücksichtigung der Gestaltung von Reizungen für die menschliche Tiefensensibilität zu deren positiv harmonischer Beeinflussung. K. zielt auf Entfaltung der Sinne und Zu-sich-selbst-Kommen und dient als Korrektiv zur chaotisch ungestalteten Umwelt, die mit totaler Reklame und ständiger einseitiger Forderung nach Pflichterfüllung in Arbeit und Konsum kräftezehrend auf den Menschen einwirkt.

Selbstbetätigung mit künstlerischem Material: Umgang mit Farbe, plastischem Material als sozial- und psychotherapeutisches Mittel ist üblich geworden. Die spielerisch selbstgesteuerte Tätigkeit mit Farbe und anderem Rohstoff kann zu einer aktiven Selbsterkenntnis und Selbstannahme führen. Die Wirkung der Farbe wird gezielt heilsam in bewussten Kompositionen und Kombinationen, es muss die Übersicht des Spezialisten beratend und harmonisierend hinzukommen. Durch Kunsterleben sind die Aktivitäten zu ergänzen.

Im Vorfeld psychisch defizitärer Entwicklung von Kindern, Jugendlichen und Erwachsenen ist die Anwendung von intelligenter, affektentladender Wirkung der bildenden K., von Theater, Musik etc. unerlässlich. Es geht dabei gleichzeitig um die Erweiterung der Erkenntnis von menschlichen Eigenschaften, Leidenschaften und deren Auswirkungen, um aktiv innerlich mimetische Betrachtung von Bildwerken, gleichsam als geistig-seelische Gymnastik.

Kunst und Existenz: Die diakritische (unterscheidende, analysierende) Wahrnehmung hat das perspektivische Abbilden und richtungsbetonte, gezielt kalkulierende, fixierende Denken und damit gleichsam die Methode für technischen Fortschritt ausgebildet. Aus der Leib-Seele-Ebene werden sinnlich Informationen mit umfassend ganzheitlichen, komplexen Inhalten weiterhin wahrgenommen und einverleibt.

K. materialisiert, verbildlicht die gegenwärtigen Möglichkeiten, Tendenzen und Zusammensetzungen von Zeit-Geist und setzt Maßstäbe und Marksteine für Anpassung und Widerstand.

Es gibt aber auch die Illustratoren von Zeiterscheinungen, die sie lediglich verdoppeln. Zeit-Geist bezeichnet hier den kontemplativen, geschichtsbildenden Rückbezug auf die materielle Basis des Menschen. Ihre Erfüllung mit Sinn und Sinnlichkeit erzeugt die Überlebensenergie und Phantasie. Für die weitere produktive Auseinandersetzung mit der Natur ist das perspektivische Bewusstsein, das sich auf dem sicheren Zahlenstrahl in die Zukunft glaubt, durch das aperspektivische, abstrakt ganzheitliche Wahrnehmen und Denken abzulösen. Letzteres versetzt in die Lage, unperspektivisch mehrere Standpunkte in raum-zeitlichen Denkversionen gleichzeitig wahrzunehmen und Wirkungsgefüge gleichsam akausal zu beeinflussen, und zwar ohne Abschwächung von Ich-Dramatik.

K. als Gesamtheit schöpferischer Werke mit authentischer Handschrift künstlerischer Persönlichkeit ist „progressive Anthropologie". Authentizität – griech. *authentikos* = gültig, echt, glaubwürdig – kann nicht mit Spontaneität verwechselt werden. Außerhalb physischnatürlicher Schöpfung bestimmen Können, Fertigkeit, Beherrschung des geistig-sinnlichen und materiellen „Handwerks" den Rang künstlerischer Produktion. Subjektive Wahrnehmung und Durchdringung von Entwicklungsformen zeitgeschichtlicher Sinnlichkeit und Sinnhaftigkeit sind Voraussetzungen. I. d. S. betrifft die zutiefst subjektive künstlerische Aussage das progressiv Allgemeine.

K., produziert als Aktie für den Markt und Staatskunst umgeht diesen subjektiven Faktor, der sich zur schnellen Verwertung wenig eignet.

Im Zusammenhang von Therapien und Fortbildung besteht die Chance, durch Gestaltung Erlebnissen, die der Sprache unzugänglich sind, nichtverbal Ausdruck zu geben. In besonderer Weise wirkt hier Authentizität in Werken künstlerischer Laien erkenntnisfördernd und heilsam für die Identitätsbildung.

Moderne K. trifft man vielerorts mehr denn je an. Einladende Museen und Gemäldegalerien zeigen ihre Sammlungen und Schätze, die Besucherzahlen steigen, sie haben hohe „Einschaltquoten". Kunstwerke aller Art finden sich in Privatwohnungen und öffentlichen Gebäuden. Der Dialog der Kulturen, der internationalen Zivilgesellschaften ist – auch mit den Wirkungen von K. – weiträumig intensiviert worden. K. übernimmt eine wichtige Rolle der Verständigung und der gegenseitigen Aufklärung und überspringt Sprachbarrieren mit nonverbalen Ausdrucksmitteln. Der schon vorhandene internationale Austausch im Musikleben, in Wissenschaft und K. hat sich immens vergrößert. „Es ist die wichtigste Kunst des Lebens, die Freude am Schaffen und am Erkennen zu wecken" (Einstein 1922).

Gertrud A. Henkel
(bis zur 3. Auflage gemeinsam mit Manfred Henkel)

Literatur

S. Bocola: Die Kunst der Moderne. Zur Struktur und Dynamik ihrer Entwicklung. Von Goya bis Beuys, (Neuauflage) Gießen 2013 ◆ „documenta". Kataloge von 1955–2012 (die 14. documenta findet 2017 statt) ◆ A. Klein (Hrsg.): Kulturmanagement in Deutschland 1990–2030. Wiesbaden 2012 ◆ A. Lützekirchen: Kunst in der Sozialen Arbeit, Lage 2013 ◆ A. Lützekirchen (Hg.): Aus Müll wird Kunst. Kreative Upcycling-Projekte im Rahmen Sozialer Arbeit, Lage 2014 ◆ M.-S. Meis/G.-A. Mies: Künstlerisch-ästhetische Methoden in der Sozialen Arbeit: Kunst, Theater, Tanz und Neue Medien, Stuttgart 2012 ◆ K.-H. Menzen: Kunsttherapie in der Sozialen Arbeit: Indikatoren und Arbeitsfelder, Dortmund 2013 ◆ K.-H. Menzen: Grundlagen der Kunsttherapie. München [4]2016 ◆ R. Spitz: Angeboren oder erworben, Amsterdam 1971 ◆ W. Stein (Hrsg.): Der Neue Kulturfahrplan, München/Berlin 2004.

M

Mädchen

Geschlechterdifferenzen?

Mädchen und junge Frauen, das sind gut die Hälfte aller Kinder und Jugendlichen weiblichen Geschlechts. Was aber kennzeichnet M. und junge Frauen? Gibt es Eigenschaften, Verhaltensweisen, Zuständigkeiten und geteilte Lebensformen, die Mädchen, nicht aber *Jungen* zuzuschreiben sind?

In weiten Teilen der Gesellschaft erweist sich die Gewissheit über die Natürlichkeit des Geschlechterunterschieds heute noch als konsensfähig. Dem gegenüber geht die aktuelle Geschlechterforschung davon aus, dass es keine unverrückbare Bestimmung von *Männern* und *Frauen* gibt, sondern in einem Prozess des „doing gender", der *sozialen Interaktion* und *Sozialisation,* Geschlechterzuschreibungen hergestellt werden (Gildemeister 2008).

Das Modell der Zweigeschlechtigkeit hat in der Mädchen- und Frauenforschung und infolge dessen auch in der *Kinder- und Jugendhilfe*/KJH Tradition. Mädchenarbeit trat zunächst unter dem Prinzip der „Gleichheit der Geschlechter" an, um gleiche Rechte und gleiche Chancen für Mädchen und Jungen zu erwirken und endlich auch gesellschaftlich sichtbar zu machen, dass M. und Frauen aufgrund von Sexismus, patriarchaler Gesellschaftsstrukturen und Arbeitsteilungsprozessen von einer gleichberechtigten Teilhabe an politischer, wirtschaftlicher und gesellschaftlicher Gestaltungsmacht ausgeschlossen sind (Horstkemper 2001). Diese Dualität löst sich mit der Hinwendung zu Konzepten der geschlechtlichen Nonkonformität (Queer-Theorie) deutlich auf (Hartmann 2015).

Parteiliche Mädchenarbeit

Die Erfahrung gesellschaftlicher Diskriminierung bestimmte Mitte der 1970er Jahre eine Hinwendung zum Prinzip der „Differenz zwischen den Geschlechtern". Nun ging es um die Sichtbarmachung des „anderen Geschlechts" und die Vergewisserung und Bestätigung eigener weiblichen Kulturen und Lebenslagen. In der KJH wurden Ansätze zu einer eigenständigen, feministischen Mädchenarbeit entwickelt, die an den Stärken und Ressourcen der M. ansetzen und kompensatorische Angebote unterbreiten. Hierzu wurde ein geschlechtshomogener Arbeitszusammenhang favorisiert, der Mädchen Räume und Vorbilder geben sollte. Ziel von Mädchenarbeit war es von Anbeginn an, M. anzuleiten, den Zusammenhang von „Sein und Mädchensein" zu erkennen und sie darin zu bestärken, eine eigene (Geschlechts-)Identität zu entwickeln (Trauernicht). Gleichzeitig hatte Mädchenarbeit immer auch den Anspruch, gesellschaftspolitisch verändernd zu wirken. Die öffentliche Thematisierung von Diskriminierungserfahrungen und der Kampf um Rechte und Ressourcen sind aus der frühen Arbeit mit M. nicht wegzudenken. Als parteiliche Mädchenarbeit etablierte sich dann ein Begriff, der die Haltung der Professionellen, das Einstehen für die subjektiven aber auch gesellschaftlichen Interessen von M, kennzeichnete (Savier/Wild 1979).

Der 6. Jugendbericht der BReg löste in der KJH eine breite Diskussion über notwendige Angebote für M. aus (BT-Drs. 10/1007 von 15.2.1984). Der Bericht machte nicht nur deutlich, dass M. aufgrund geschlechtshierarchischer Sozialisationserfahrungen benachteiligt sind, sondern belegte erstmals auch, dass M, in der KJH strukturell diskriminiert werden. So wurde z. B. deutlich, dass Angebote der *Jugendarbeit* i. d. R. an den Interessen und Auffälligkeiten von *Jungen* orientiert sind.

M

In den zurückliegenden Jahrzehnten hat die Mädchenarbeit sich zunehmend als Handlungsfeld der KJH entwickelt und insbesondere Konzepte in der Bereichen der *Jugendarbeit.* der *Jugendsozialarbeit* und des Schutzes von M. vor körperlicher und sexualisierter *Gewalt* ausdifferenziert (Bitzan/Daigler 2001). In Jugendfreizeiteinrichtungen wurden Mädchenräume, Mädchentage gezielte Beratungsangebote und Beratungsstellen für M. z. B. im Bereich der Jugendberufshilfe bzw. auch Projekte der (mathematisch-technischen) Berufsorientierung und -einmündung für M. eingerichtet. Es gründeten sich Mädchenarbeitskreise, in Organisationen und Verbänden wurden Mädchenreferentinnen eingesetzt, es wurden regionale und landesspezifische Mädchenförderkonzepte entwickelt und umgesetzt sowie Mädchenberichte und Leitlinien zu Umsetzung von Mädchenarbeit verfasst. Es entstanden LAGs und schließlich auch eine BAG „Mädchenpolitik" (Graff 2002, 275). Mädchenarbeit erlebte bis in die späten 1990er Jahre hinein eine Zeit des Ausbaus und der Etablierung in Nischen.

Neue Entwicklungen

Mit dem Inkrafttreten des SGB VIII wurde in § 9 Abs. 3 festgeschrieben, dass die unterschiedlichen Lebenslagen von Mädchen und Jungen in der Ausgestaltung der Leistungen der KJH Berücksichtigung finden müssen und ein Beitrag zum Abbau von Diskriminierungen zwischen den Geschlechtern erfolgen soll. Damit wurde i. w. S. eine Entwicklung eingeleitet, die Mädchenarbeit als Querschnittsaufgabe in allen Handlungsfeldern der KJH und weniger als einen isolierten Handlungsstrang versteht. In den nBL wurde Mädchenarbeit nach der Wende als Arbeitsansatz aufgegriffen. Aufgrund der verschiedenen historischen Erfahrungen und des unterschiedlichen weiblichen Selbstverständnisses ist es jedoch nie zu einer Vereinheitlichung des Ansatzes gekommen (Pfitzner 2002). Mädchenarbeit in den nBL setzt stärker an den sozialen Lebenslagen von Mädchen und ihren beruflichen Perspektiven an als in den alten BL, wo Mädchenarbeit sich traditionell stärker am Selbstwertgefühl und der Akzeptanz der Lebenslagen von Mädchen in der Öffentlichkeit orientierte.

Diese Ausrichtung der Mädchenarbeit geriet ab Mitte der 1990er Jahre immer stärker in die Kritik. Im Zuge der Individualisierung, Pluralisierung sowie aufgrund der Aufklärungsbemühungen der Frauenbewegung *(Frauen)* veränderten sich auch die Lebenswelten und Bedarfslagen von M. Die nachrückende Generation ist selbstbewusster, besser ausgebildet, aktiver am gesellschaftlichen Leben beteiligt und lehnt kompensatorische und geschlechtshomogene Angebote ab (Rose 2000), Meyer/Seidenspinner brachten es auf den Punkt: Die Mädchenarbeit benötigt einen Paradigmenwechsel (1998). Seither hat sich nur bedingt etwas bewegt:

Zwar reagiert Mädchenarbeit auf die veränderten Bedarfslagen von M. mit gender-, macht-, und rassismuskritischen Diskursen (Kauffenstein/Vollmer-Schubert 2014), dennoch bleiben – auch im Zuge der Etablierung des Prinzips des *Gender Mainstreamings* in der KJH – eine fachliche Erneuerung und ein gesellschaftlicher Aufbruch bislang aus.

Effektiv war Mädchenarbeit in den zurückliegenden Jahren dort, wo sie sich bewusst als Gegenkultur zum etablierten Jugendhilfesystem mit eigenständigen Ansätzen einbringen konnte. Heute ist die Herausforderung eine andere, nämlich für die *Partizipations-* und Teilhabechancen von einzelnen Zielgruppen von M. (insbes. Migrantinnen/M. of Colour, von *Armut* betroffene M./M. als Opfer sexualisierter Gewalt) einzustehen. Da sich Mädchenarbeit zwangsläufig stärker im fachspezifischen Diskurs differenziert und gleichzeitig die Basis einer allgemeingültigen Diskriminierungsrhetorik schwindet, wird sie nicht umhin kommen, eine neue und moderne frauenpolitische Stimme zu entwickeln, wenn sie ihre gesellschaftsverändernde Funktion revitalisieren will.

Irina Bohn

Literatur

M. Bitzan/C. Daigler: Eigensinn und Einmischung. Grundlagen und Perspektiven parteilicher Mädchenarbeit, Weinheim 2001 ◆ BJK (Stellungnahme): Schlaue Mädchen – Dumme Jungen? Gegen Verkürzungen im aktuellen Geschlechterdiskurs, in: np 6/2009, 630–638 ◆ R. Gildemeister: Doing Gender: Soziale Praktiken der Geschlechterunterscheidung, in: E. Becker/B. Kortendiek: Handbuch Frauen- und Geschlechterforschung, Wiesbaden 2008, S. 137–145 ◆ U. Graff: Netzwerke und Organisationsstand von Mädchenarbeit, in: Sachverständigenkommission 11. Kinder und Jugendbericht (Hrsg.): Bd. 3: Mädchen und Jungenarbeit – Eine uneingelöste fachliche Herausforderung. Der 6. Jugendbericht und zehn Jahre Paragraph 9 (3) im Kinder und Jugendhilfegesetz, München 2002, 265–276 ◆ G. v. Ginsheim/D. Meyer (Hrsg.): Gender Mainstreaming – neue Perspektiven in der Jugendhilfe, Berlin 2001, 41–56 ◆ J. Hartmann: Dimensionen sexueller Diversität – queere und intersektionale Perspektiven, in: A. Klein/E. Tuider, (Hg): Sexualität und Soziale Arbeit. Grundlagen Sozialer Arbeit, Baltmannsweiler 2015 ◆ S. Heiland: Mädchen in Krisen, Weinheim 2012 ◆ E. Kauffenstein/B. Vollmer-Schubert (Hg): Mädchenarbeit im Wandel: bleibt alles anders? Weinheim 2014 ◆ M. Matzner/I. Wyrobnik (Hrsg.): Handbuch Mädchenpädagogik. Weinheim/Basel 2010 ◆ R. Klees/H. Marburger/M. Schumacher: Mädchenarbeit. Praxishandbuch für die Jugendarbeit Teil 1, Weinheim/München [7]2011 ◆ D. Meyer/G. Seidenspinner: Mädchenarbeit. Plädoyer für einen Paradigmenwechsel, in: AG für Jugendhilfe (Hrsg.): 50 Jahre AGJ – Einheit der Jugendhilfe, Bonn 1998, 58–71 ◆ J. Pfitzner: Mädchenarbeit in Ostdeutschland, in: Sachverständigenkommission 11. Kinder- und Jugendbericht (Hrsg.): Bd. 3: Mädchen- und Jungenarbeit – Eine uneingelöste fachliche Herausforderung. Der 6. Jugendbericht und zehn Jahre Paragraph 9 (3) im Kinder- und Jugendhilfegesetz, München 2002, 277–296 ◆ L. Rose: Mädchenarbeit und Jungenarbeit in der Risikogesellschaft, in: np 3/2000, 240–253 ◆ M. Savier/C. Wildt: Mädchen zwischen Anpassung und Widerstand. Neue Ansätze zur feministischen Jugendarbeit, München 1979 ◆ G. Trauernicht: Die Entwicklung der Jugendhilfe mit dem Kinder und Jugendhilfegesetz – eine Bilanz aus frauenpolitischer Sicht, in: J. Münder/E. Jordan (Hrsg.): Mut zur Veränderung. Festschrift zum 60. Geburtstag von Dieter Kreft, Münster 1996, 114–121.

Link

BAG Mädchenpolitik (www.maedchenpolitik.de)

Männer

Männlichkeit

Nachdem Jahrhunderte lang Männlichkeit niemals reflektiert, geschweige denn in Frage gestellt worden ist, hat sich das in den vergangenen Jahren auch im deutschsprachigen Raum geändert. Pauschal besehen sind dafür im Wesentlichen 4 Gründe verantwortlich:

- Die Arbeit als primärer Ort männlicher Leistung und Identität verliert im Leben des einzelnen quantitativ und qualitativ immer mehr an Bedeutung.
- Die Frauenbewegung fordert 50 % aller Berufsmöglichkeiten, Positionen und Karrierechancen. Das bedeutet längerfristig die Einbuße von 50 % männlicher Macht.
- Die ökologische Krise veranschaulicht den Bankrott männlichen Naturverständnisses und entzieht damit auch unserem Leistungsdenken eine seiner wichtigsten Legitimationen.
- Die Perspektiven von Männlichkeit verschlechtern sich zusehends. Es entsteht ein männlicher Leidensdruck an der eigenen Männerrolle.

Traditionelle Männlichkeit ist gesellschaftlich nach wie vor definiert als Ausübung von Macht und Kontrolle, Stärke, Führung, Dominanz, Logik, Stringenz, Erfolg, Härte, Ehrgeiz und Besitz.

Neben der traditionellen Männlichkeit haben sich andere und alternative Formen von Männlichkeit entwickelt. Der australische Männerforscher Connell spricht deshalb von der Männlichkeit als Plural oder von Männlichkeiten (Connell 2006). Vorherrschend und prägend ist aber immer noch die traditionelle Männlichkeit (Hollstein 1999).

Die Folgen dieser sozialen Festlegung und der ihr zugrundeliegenden *Sozialisation* bestimmen noch immer das Kräfteverhältnis zwischen den Geschlechtern. Die Daten über die Erwerbstätigkeit dokumentieren die Konsequenzen der gesellschaftlichen Arbeitsteilung und ihrer sozialisatorischen Bedingungen. M. steuern überwiegend technische Anlagen und warten sie, bauen, installieren und stellen her, planen, konstruieren und forschen, leiten, organisieren und führen, sichern, bewachen und wenden Vorschriften an. Frauen hingegen verkaufen, kassieren, beraten Kunden,

M

arbeiten im Büro, bewirten, reinigen und packen, erziehen, helfen, pflegen und versorgen *(Frauen)* (Hollstein 2004).

Macht und Ohnmacht von Männern

Die äußere Machtstellung des Mannes in der Gesellschaft bedingt die Negativseite der inneren Ohnmacht. Der Mann zahlt psychisch und physisch einen hohen Preis für seine Fixierung auf Macht und Erfolg.

James M. O'Neil hat in einer verdienstvollen Arbeit alle vorliegenden medizinischen, psychologischen und sozialmedizinischen Untersuchungsergebnisse zur gegenwärtigen Krise von Männlichkeit in 6 großen Problemgebieten zusammengefasst:

- Das eingeschränkte Gefühlsleben bedeutet, dass M. Schwierigkeiten haben, sich emotional frei und offen auszudrücken, und dass sie auch anderen aus eigener Angst diese Fähigkeit nicht zugestehen. Das bedingt, dass M. ihre emotionale Kontrolle nicht aufgeben, sich nicht verletzlich zeigen wollen und vor neuen Erfahrungen zurückschrecken. Als Folge solch unterdrückter Emotionalität entstehen Verärgerung, Frustration, Feindseligkeit und Wut, die sich nicht selten dann explosionsartig in Aggressivität und *Gewalt* äußern.
- Homophobie ist die männliche Angst vor der Nähe zu anderen M. und damit ganz eng verbunden: die Abwehr von Homosexualität. Auch hier dominiert die Furcht, für weiblich, weich und damit für schwul gehalten zu werden.
- Die Kontroll-, Macht- und Wettbewerbszwänge dienen dazu, den Mann Situationen und Mitmenschen beherrschen zu lassen. Alle 3 Attribute sind Gradmesser für die eigene Männlichkeit. Bereits im Kindesalter erhalten *Jungen* viel mehr Ermutigung, Lob und Feedback, um dominant, aktiv, mächtig und kontrolliert zu sein, und ebenso viel mehr Strafe, Liebesentzug und Verachtung als *Mädchen,* wenn sie es nicht zur Genüge sind. Sie lernen früh, ihren Selbstwert über Konkurrenz, Machterwerb und Dominanz zu bestimmen. Niederlagen sind mit Entmännlichung identisch; wer nicht siegt, ist kein Mann. Kontrolle, Macht und Wettbewerb sind auch die entscheidenden Indikatoren, nach denen M. ihre persönlichen Beziehungen werten, was notwendigerweise zur Abwertung von Verantwortung, Ethos, Mitmenschlichkeit, Liebe und Fürsorge zwingt.
- Das gehemmte sexuelle und affektive Verhalten basiert im Wesentlichen auf der männlichen Angst, die eigenen weiblichen Seiten zuzulassen. Das verhindert Gefühle, Sinnlichkeit, Intimität und Liebe zu anderen und führt dazu, die eigene Sexualität von Zärtlichkeit und Emotionalität abzuspalten und unter dem Aspekt von Leistung und Dominanz zu leben. Die Forschung ist sich einig, dass der Mann sexuell zum Opfer seiner eigenen „Obsession von Leistung und Erfolg" wird; in seiner Frustration spiegelt sich die Unterdrückung seiner Gefühle, sein Kontrollzwang und sein Dominanzstreben. Nicht Herrschaft, sondern Hingabe ist das Essential von Liebe und Sexualität.
- Sucht nach Leistung und Erfolg ist die zwanghafte Notwendigkeit, das eigene Mannsein immer wieder neu erfahrbar zu machen und zu messen. Die Konsequenz ist, dass M. wenig Zeit und Energie für Entspannung, Vergnügen, Spaß und Freizeit aufzubringen in der Lage sind. Alle empirischen Untersuchungen, die O'Neil zitiert, weisen aus, dass M. ihr Selbstwertgefühl ebenso wie ihr Erleben von Glück und Sinn des Lebens nur über ihre Arbeit und deren Gratifikationen zu bestimmen vermögen. Ihr Leben ist Tun und Haben, nicht Lassen und Sein. Eine besondere Bedeutung spielt dabei die Verknüpfung der männlichen Arbeitsrolle mit der des Familienernährers. Je mehr ein Mann für seine Frau und Kinder materiell erwirtschaftet, desto sicherer fühlt er sich in seiner Männlichkeit. Doch diese Erfolgsorientierung beinhaltet per se, dass der Mann das meiste seiner Zeit und Kraft in seine Arbeitsleistung investiert, sich dementsprechend sukzessive von Frau und Kindern emotional entfernt und schließlich zwar erfolgreich, aber menschlich entfremdet sich wiederfindet.
- Die unsorgsame Gesundheitspflege äußert sich darin, dass M. unzureichend entspannen, sich zu wenig physisch betätigen, zu wenig zum Arzt gehen und körperliche Warnsignale missachten. Auch hier wird die Sorge um das eigene leibliche Wohl als weiblich oder gar weibisch belächelt und abgetan. Dementsprechend sind M. im Durchschnitt kränker als Frauen und sterben erheblich früher.

Die Einseitigkeit der männlichen Rolle

Die Vereinseitigung der männlichen Rolle wird in der *Sozialisation* angelegt. O'Neil, der in den USA Hunderte von empirischen Untersuchungen über den männlichen Erziehungsprozess zusammengefasst hat, kommt zu dem Resultat: „Männer werden sozialisiert, um wettbewerbsbetont, leistungsorientiert, kompetent zu sein … Männer glauben, dass persönliches Glück und Sicherheit von harter Arbeit, Erfolg und Leistung abhängig sind." Schon 8-jährige Jungen haben dieses gesellschaftliche Credo von Männlichkeit verinnerlicht. Sie wissen, dass sie kämpfen, arbeiten, sich anstrengen müssen und nicht schwach und mädchenhaft sein dürfen, wenn sie M. werden wollen. Das Erziehungsdrama zur Männlichkeit beginnt mit der Geburt. Von dem Moment an, da Eltern wissen, dass sie einen *Jungen* haben, fördern sie nachgewiesenermaßen Verhaltensweisen, die gesellschaftlich als männlich etikettiert sind, und diskreditieren dementsprechend andere Verhaltensweisen, die als unmännlich oder weiblich gelten (Whitehead 2002).

Die amerikanischen Sozialwissenschaftlerinnen Maccoby und Jacklin haben festgestellt, dass geschlechtsspezifische Aktivitäten von Jungen mehr gefördert werden als jene von Mädchen; gleichermaßen werden Jungen wesentlich härter für geschlechtsunspezifisches Verhalten bestraft. Entgegen dem Tatbestand, dass die weiblichen Neugeborenen physiologisch stärker und viel weniger anfällig sind, spielen Eltern mit ihren Söhnen kräftiger als mit ihren Töchtern. Obwohl es der Realität widerspricht, betrachten Väter ihre männlichen Kleinkinder als stärker, lebhafter und zäher als Mädchen.

Die *Erziehung* zur Männlichkeit verlangt die Härtedressur der Buben, denen körperliche Kontakte, Schmusen und Küssen frühzeitig abtrainiert werden. Ebenso sehr wird von den Buben verlangt, dass sie ihre Emotionen kontrollieren und insbes. Gefühle von Schwäche, Schmerz, Traurigkeit und Nachgiebigkeit unterdrücken. Während Mädchen in der Einheit von Fühlen und Lernen aufwachsen, ist bei Buben die Verbindung zwischen affektiven Prozessen und dem Rollenlernen gespalten. Die gesellschaftliche Erziehung verlangt vom Knaben, dass er sich auf Leistung und Erfolg fixiert, sich damit auf äußerliche Ziele konzentriert und sein – dabei nur störendes – Gefühlsleben abtrennt. M. müssen unverletzbar sein, jederzeit dominieren und kontrollieren. Das aber heißt: ständig Druck und – Versagensangst.

Einer der renommiertesten Männerforscher, James A. Doyle, zeigt in seinem Buch „The Male Experience", wie M. sich beständig im Stress von Wettbewerb und Konkurrenz befinden. „Winning isn't everything; it's the only thing."

Verdrängung und Rationalisierung

Trotz der offenkundigen Krise von Männlichkeit fällt es noch immer einer großen Mehrheit von M. schwer, sich realitätsgerecht mit ihrer äußeren und inneren Verfasstheit auseinander zu setzen. Erfahrungsberichte aus Männergruppen und noch mehr aus Männerzentren dokumentieren ein umfängliches Arsenal von Verdrängungsstrategien und Rationalisierungen:

- M. getrauen sich aufgrund der Verhaltenserwartungen ihrer männlichen Rolle kaum bis gar nicht, ein Problem einzugestehen und um Hilfe zu bitten.
- M. sind überzeugt, dass es ihnen die männliche Rolle verbietet, in eine eigene Krisensituation zu geraten, geschweige denn, diese auch noch offen einzugestehen.
- Auch manifeste Schwierigkeiten werden von M. aus der Angst heraus, für schwach gehalten zu werden, zunächst einmal bagatellisiert.
- M. projizieren ihre Probleme auf andere, bevor sie sie in einem späteren Stadium als eigene anerkennen können.
- M. sehen sich so stark in sozialen Situationen und Sachzwängen verankert, dass sie wenig an Mut, Phantasie und Veränderungswillen zu entwickeln in der Lage sind.
- Nach der Erkenntnis eines Problems wollen M. schnell und nahezu technokratisch Abhilfe schaffen.

D. h.: Die meisten M. sind noch so sehr in ihre Rollen eingebunden, dass sie nicht einmal das Eingeständnis zulassen können, mit diesen Rollen zunehmend vitale Schwierigkeiten zu haben. Dabei gäbe es Grund genug, die Verhaltenserwartungen dieser Männlichkeit endlich zu verändern, da der Nachweis vom Zusammenhang der männlichen Rolle und männlicher Krankheit mittlerweile vielfach geliefert worden ist (Hollstein 2004).

Ein neues Männerbild

Die Herausforderung der traditionellen Männlichkeit insbes. durch die Frauenbewegung *(Gender Mainstreaming)* hat sukzessive eine Männerbewegung wachsen lassen. Das erste amerikanische Männerzentrum entstand schon 1970 in Berkeley. In einem Manifest formulierten die Gründer damals, was auch noch heute Zielvorstellung der Männerbewegung geblieben ist: „Wir als Männer wollen unsere volle Menschlichkeit wiederhaben. Wir wollen nicht mehr länger in Anstrengung und Wettbewerb stehen, um ein unmögliches, unterdrückendes, männliches Image zu erreichen … Wir möchten uns selbst gern haben. Wir möchten uns gut fühlen und unsere Sinnlichkeit, unsere Gefühle, unseren Intellekt und unseren Alltag zufrieden erleben."

Dieses neue Männerbild kommt in gewisser Weise auch dem Menschenbild der expan-

M

dierenden Dienstleistungsgesellschaft entgegen. Trotzdem ist seine Verbreitung nach wie vor beschränkt. In den machtintensiven Bereichen der Gesellschaft von Wirtschaft, Politik und Verwaltung dominiert nach wie vor das traditionelle Männerbild (Connell 2006). Von daher sind auch die sozpäd. und therapeutischen Bemühungen, ein neues Männerbild in der Praxis umzusetzen, beschränkt geblieben. Eine Übersicht über männerorientierte Beratung und Therapie liefert das Handbuch von Brandes und Bullinger (1996); über die Realität von Männerveränderung in Theorie und Praxis informieren Bründel und Hurrelmann (1999).

Männer und Soziale Arbeit

In der deutschen SozArb ist geschlechtsspezifisches Denken und Handeln nach wie vor unterentwickelt. Das gilt insbes. für alle Bereiche, die M. betreffen. Auch die inzwischen international anerkannte Gesundheitsproblematik des männlichen Geschlechts wird von der SozArb weitgehend ignoriert.

Die wenigen Ansätze von männlicher Gesundheitsförderung und Prävention, von Männer- und Jungenarbeit, von Anti-Gewaltarbeit und Gewaltprävention u. a. werden fast ausnahmslos an der Peripherie von SozArb praktiziert und finden in die offiziellen Institutionen kaum Eingang. Auch dieses Defizit ist bislang nicht reflektiert worden und scheint auch bei den Berufsverbänden kein Thema zu sein.

M

Die Initiativen der Männerbewegung dringen kaum in das öffentliche Bewusstsein vor; unter dem Sparzwang der letzten Jahre sind überdies viele Männerprojekte eingeschränkt oder ganz aufgelöst worden. So bleibt Männerveränderung im Wesentlichen ein individualisiertes Phänomen, das sich weitgehend im Privatbereich vollzieht. Handhabungen und Wegweiser für Männerveränderung als eigene Praxis liegen in Deutschland – im Gegensatz zu den USA, Holland oder den skandinavischen Ländern – so gut wie nicht vor, was sich ganz anders bei den Frauen präsentiert. Im Vergleich zu offiziellen Frauenführern, -ratgebern u. a., die von staatlichen und gemeinnützigen Institutionen in den letzten Jahren zuhauf herausgegeben wurden, gibt es nichts auf Männerseite. Ein erster Versuch, dieses Defizit auszugleichen, ist Hollsteins Männerhandbuch (2001).

Auch im sozpäd. Bildungsbereich, in der Eltern-Kind-Arbeit, in der Vätererziehung, bei Initiativen, M. vermehrt in die Haushaltstätigkeit einzubinden, in der Volkshochschularbeit u. a. werden M. vernachlässigt. Die negativen Auswirkungen auf das Geschlechterverhältnis sind absehbar, aber ebenfalls kaum problematisiert.

Walter Hollstein

Literatur

L. Böhnisch: Männliche Sozialisation,. Eine Einführung, Weinheim/Basel ²2103 ◆ L. Böhnisch: Pädagogik und Männlichkeit, Weinheim/Basel 2015 ◆ H. Brandes/H. Bullinger (Hrsg.): Handbuch Männerarbeit, Weinheim 1996 ◆ H. Bründel/K. Hurrelmann: Konkurrenz, Karriere, Kollaps. Männerforschung und der Abschied vom Mythos Mann, Stuttgart 1999 ◆ R. W. Connell: Der gemachte Mann. Konstruktion und Krise von Männlichkeiten, Opladen ³2006 ◆ J. A. Doyle: The Male Experience, Dubuque/Iowa 1989 ◆ E. Hammer: Männer altern anders. Eine Gebrauchsanweisung, Freiburg i.Br. ³2014 ◆ W. Hollstein: Männerdämmerung, Göttingen 1999 ◆ W. Hollstein: Potent werden. Das Handbuch für Männer. Liebe, Arbeit, Freundschaft und der Sinn des Lebens, Bern/Toronto 2001 ◆ W. Hollstein: Geschlechterdemokratie, Wiesbaden 2004 ◆ W. Hollstein: Was vom Manne übrig blieb. Berlin 2012 ◆ W. Hollstein/M. Matzner (Hrsg.): Soziale Arbeit mit Jungen und Männern, München 2007 ◆ O. Kapella: Gewalterfahrungen von Männern. Aktuelle Forschungsergebnisse, in: NDV 12/2013, 546–551 ◆ E. Maccoby/C. Jacklin: The Psychology of Sex Difference, Stanford 1974 ◆ J. M. O'Neil: Gender-Role Conflicts and Strain in Men's Lives, in: K. Salomon/N. B. Levy (Hrsg.): Men in Transition, New York/London 1982 ◆ S. M. Whitehead: Men and Masculinities, Cambridge 2002.

Links

www.maennerzentrum.de
https://www.nuernberg.de/maennerbeauftragter

Marktwirtschaft, soziale

Märkte und ihre Bedeutung

Auf Märkten treffen Angebot und Nachfrage nach Sachgütern und Dienstleistungen aufeinander, und es ergeben sich Austauschprozesse. Ein Austausch findet typischerweise statt, wenn sich die Beteiligten durch Hingabe von Geld, Produkten und Leistungen für angemessene Gegenleistungen einen Vorteil für ihre Vermögens- und/oder Lebenssituation versprechen. Dazu ist kein persönlicher Kontakt zwischen Anbietern und Kunden notwendig. Informationen über Produkteigenschaften, Preise, Lieferbedingungen etc. reichen für eine Markttransaktion aus, z. B. beim Kauf eines Produkts über das Internet, das erst später geliefert und bezahlt wird und wo der Anbieter manchmal kaum zu lokalisieren ist. Märkte i. d. S. haben in einer marktwirtschaftlichen Ordnung die bedeutsame Funktion, ökonomische Entscheidungen und Verhaltensweisen einer Vielzahl von Wirtschaftssubjekten (Konsumenten, Haushalte, Unternehmen etc.) zu koordinieren. Mit Hilfe von funktionierenden Märkten wird angestrebt, die Menge der hergestellten und angebotenen Güter der verschiedensten Art auf den jeweils vorhandenen Bedarf abzustimmen und das Ausmaß der beim Erwerb der Güter zu erbringenden Gegenleistungen (zu zahlende Preise) der Knappheit der Güter entspr. zu gestalten. Hohe Preise bei knappen Gütern sollen einen Anreiz für eine Verstärkung des Angebots bieten und zu einem Gleichgewicht zwischen Angebot und Nachfrage führen. Ebenso soll eine Motivation für Innovationen gegeben werden, da diese typischerweise zu einer (vorübergehenden) Alleinstellung des jeweiligen Anbieters führen. Beim Überangebot von Gütern sollen sinkende Preise bisherige Anbieter dazu veranlassen, dass sie sich aus diesen Märkten zurückziehen und ihre Ressourcen in Bereichen einsetzen, in denen eine stärkere Nachfrage herrscht, was über höhere Preise zu einer verbesserten Gewinnerzielung führt.

Marktwirtschaftliche Ordnungen

Dezentrale Entscheidungen: Kennzeichnend für eine M. sind vielfältige dezentrale Entscheidungsprozesse bezüglich wirtschaftlicher Aktivitäten, die in Unternehmen, Haushalten etc. stattfinden. Dadurch wird die M. der Komplexität einer arbeitsteiligen Gesellschaft offenkundig besser gerecht als Systeme, die auf zentraler Planung beruhen. Bei einer Vielzahl dezentraler Entscheidungen erreicht man höhere Flexibilität bei Veränderungen der den jeweiligen Bereich betreffenden Daten, relativ hohe Kompetenz der an der jeweiligen Entscheidung Beteiligten und begrenzt die negativen Konsequenzen fehlerhafter Planung auf den betreffenden Bereich.

Wettbewerb: Weiteres Wesenselement einer marktwirtschaftlichen Ordnung ist der Wettbewerb. Durch ihn werden für die Wirtschaftssubjekte Anreize geschaffen bzw. wird Druck auf diese ausgeübt, um Angebote auf entstehende Nachfrage auszurichten sowie im Vergleich zu Konkurrenten verbesserte bzw. kostengünstigere Leistungen zu erbringen. Als zentrale Voraussetzungen eines funktionierenden Wettbewerbs sind zu nennen:

- In den verschiedenen Teilmärkten (z. B. für Energie, Lebensmittel oder Urlaubsreisen) müssen hinreichend viele konkurrierende Anbieter und Nachfrager existieren, die in weitgehender – natürlich durch die Rechtsordnung eingeschränkter – Freiheit ökonomische Entscheidungen treffen können.
- Anbieter und Nachfrager müssen genügend Informationen verfügbar haben, um auf vorhandene Bedarfe reagieren bzw. leistungsfähigere und/oder kostengünstigere Angebote auswählen zu können.
- Für die Wirtschaftssubjekte müssen Anreize gegeben sein, bessere Leistungen als andere zu erbringen. Der Schwerpunkt dieser Anreize liegt i. d. R. im materiellen Bereich (Einkommen, Gewinne).

Marktwirtschaftliche Realität

In der kaum je realisierten reinen Form einer solchen M. würde sich die Aufgabe des Staates darauf beschränken, den rechtlichen Rahmen (Rechtsschutz, Verhinderung von Gewalt etc.) für wirtschaftliche Aktivitäten zu gewährleisten und Einschränkungen des Wettbewerbs zu verhindern.

In real existierenden M. – z. B. in den USA, Japan oder in der sog. sozialen M. der BRD – findet man neben der Bereitstellung von Infrastruktur (insbes. Verkehrswege) ein größeres Maß staatlicher Eingriffe und Regulierungen als im vorstehend skizzierten „idealtypischen“ Modell, mit denen bestimmte gesellschaftlich unerwünschte Wirkungen vermieden werden sollen. So dienen progressive Steuern u. a. dazu, extreme Einkommensunterschiede abzumildern, und Mindestlöhne, soziale Sicherungssysteme *(Soziale Sicherung, Sozialpolitik)* etc. dazu, eine extreme Verarmung breiter Bevölkerungsschichten zu verhindern. Zahlreiche Vorschriften z. B. des Lebensmittelrechts, des Arzneimittelrechts, des Baurechts sollen eine Gefährdung von Konsumenten durch Produkte ausschließlich gewinnorientierter (und entspr. wenig verantwortungsbewusster) Anbieter verhindern. Schließlich ist an diverse Regelungen zu denken, mit denen bestimmte Verhaltensweisen von staatlicher Seite gefördert oder eingeschränkt werden sollen (z. B. Tabaksteuer, Eigenheimförderung, Ökosteuer).

Soziale Markwirtschaft in der BRD

Die Grundidee und das Ziel der sozialen M. der BRD besteht darin, die Leistungsfähigkeit eines freiheitlichen marktwirtschaftlichen Systems mit den gesellschaftlichen Erfordernissen eines sozialen Ausgleichs zu verbinden, die M. also ge-

M

wissermaßen sozialverträglich zu gestalten. Der Anspruch der sozialen M. lässt sich durch einige Stichworte umreißen:

- gleichzeitige Gewährung von persönlicher Freiheit, sozialer Sicherung und wirtschaftlichem Wachstum;
- (begrenzter) Ausgleich zwischen begünstigten und weniger begünstigten Gruppen (z. B. große Familien) in einer Gesellschaft;
- Aufrechterhaltung wirtschaftlichen Wettbewerbs, u. a. durch Beschränkung von Unternehmenskonzentration und Förderung des Mittelstands;
- breit wachsender Wohlstand und soziale Sicherheit als Ergebnis wirtschaftlichen Wachstums;
- aktive staatliche Wirtschaftspolitik mit den Zielen Vollbeschäftigung, Wachstum, Geldwertstabilität und außenwirtschaftliches Gleichgewicht.

Soziale Marktwirtschaft: Möglichkeiten, Grenzen, Perspektiven

Die M., nicht zuletzt die soziale M. der BRD, hat in der Zeit nach dem 2. Weltkrieg in einigen Industrieländern zu einer beispiellosen Steigerung des materiellen Wohlstands wesentlich beigetragen. Offenkundig waren die Versuche, in anderen Ländern – v. a. Osteuropas – wirtschaftliche Prozesse zentral (staatlich) zu lenken, deutlich weniger erfolgreich. Trotzdem sind einige Fragen hinsichtlich der Leistungsfähigkeit marktwirtschaftlicher Systeme offen geblieben, von denen einige kurz skizziert seien.

- Gelegentlich treten Konflikte zwischen ökonomischen oder gesellschaftlichen Zielen auf. So hat die Ausbreitung privatwirtschaftlicher Anbieter im Bereich der elektronischen Medien mit ihrer Ausrichtung auf (kurzfristigen) Markterfolg dazu geführt, dass deren Ausrichtung auf *Bildung,* Information *(Informationsgesellschaft)* und *Aufklärung* jetzt weniger stark ist. Stärker marktwirtschaftliche Gestaltung des Gesundheitswesens kann möglicherweise über größere Effizienz zu Kostensenkungen führen, kollidiert aber mit dem Anspruch einer Krankenversorgung auf hohem Niveau unabhängig von der finanziellen Situation des Einzelnen *(Gesundheitshilfe, Gesundheitspolitik, Gesundheitsrecht).*
- Unternehmen sind i. d. R. nicht nur – wie es idealtypisch sein sollte – bestrebt, vorhandenen Kundenbedürfnissen mit ihren Leistungen möglichst optimal gerecht zu werden. Sie versuchen vielmehr, die Marktverhältnisse (z. B. durch Werbung) in ihrem Sinne zu beeinflussen. Gelegentlich wird sogar die Auffassung vertreten, dass Bedürfnisse von Anbietern teilweise manipulierbar sind.
- Durch die Ausrichtung der M. auf materielle Bedürfnisse und Anreize können andere gesellschaftliche Werte (z. B. menschliche *Solidarität, soziale Gerechtigkeit*) in den Hintergrund gedrängt werden und der materielle Erfolg zum dominierenden Maßstab im menschlichen Leben werden.

In vielen Bereichen beobachtet man eine Internationalisierung bzw. Globalisierung des Wettbewerbs. V. a. der Abbau von Handelsbarrieren sowie neue und effizientere Kommunikations- und Transporttechnologien (z. B. Internet, Luftfracht) erleichtern es, weltweit als Anbieter oder Einkäufer von Produkten tätig zu sein sowie Produktionsstätten und Arbeitsplätze in andere Länder zu verlagern. Für viele Unternehmen bestehen starke Anreize, auf diese Weise zu wachsen, da große Anbieter oftmals besondere Marktmacht haben. Hinzu kommen Kostenvorteile durch Lerneffekte bei der Leistungserstellung (sog. Erfahrungskurve) und die Möglichkeit, Fixkosten (z. B. für Forschung und Entwicklung) auf eine größere Zahl produzierter Einheiten umzulegen. Letztlich bietet die Internationalisierung den Unternehmen Spielraum für eine Nutzung von Kostenvorteilen (z. B. bei Lohnkosten, Energiekosten, Kapitalkosten) in verschiedenen Ländern. Die Wirksamkeit von Regelungen in einer (sozialen) M. wird somit eingeschränkt, wenn Unternehmen sich diesen durch Verlagerung von Aktivitäten in andere Länder entziehen können. Dadurch entsteht wiederum Druck, die soziale Komponente einer M. zu reduzieren und sich den niedrigeren Standards anderer Länder anzupassen.

Alfred Kuß

Literatur

Bertelsmann-Stiftung (Hrsg.): Wachstum im Wandel. Chancen und Risiken für die Zukunft der Sozialen Marktwirtschaft, Gütersloh 2016 ◆ G. N. Goldschmidt/M. Wohlgemuth (Hrsg.): Soziale Marktwirtschaft. Grundtexte zur Ordnungsökonomik, Tübingen [2]2016 ◆ A. Kuß/M. Kleinaltenkamp: Marketing-Einführung, Wiesbaden [6]2013 ◆ H.-J. Papier: Die Zukunft des Sozialstaates in Deutschland und Europa. In: NDV 1/2010, 10–17 ◆ G. Raddatz: Chancengerechtigkeit und Bildung in der Sozialen Marktwirtschaft, in: TuP 4/2013, 301–311 ◆ M. Spetsmann-Kunkel (Hrsg.): Soziale Arbeit im Neoliberalismus, Baden-Baden 2016 ◆ W. Streek: Gekaufte Zeit.

M

Die vertagte Krise des demokratischen Kapitalismus, Berlin 2013.

Mediation

Zum Begriff: Reichweite und Abgrenzungen

M. (zu Deutsch: Vermittlung) ist ein prozessorientiertes, strukturiertes Konfliktregelungsverfahren. In einem auf wechselseitiger Kommunikation und Kooperation angelegten freiwilligen Prozess arbeiten die Konflikt-/Streitpartner selbst und eigenständig an einer einvernehmlichen, außergerichtlichen Konfliktregelung. Hierbei unterstützen sie ein oder zwei (Co-Mediation) neutral und allparteilich den Prozess steuernde Dritte, die Mediatoren. M. ist regelungsoffen. Ein bestimmtes, spezifisches Regelungsergebnis wird in M. nicht vorgegeben. M. zielt auf einen befriedenden und befriedigenden Ausgleich widerstreitender Interessen der Konflikt-/Streitpartner unter Berücksichtigung ihrer subjektiven Vorstellungen, Wahrnehmungen, Erinnerungen, Wünsche, Gefühle (*Krisenhilfe*). M. fördert und stärkt die Konfliktregelungsfähigkeit *(Prävention)* der Konflikt-/Streitpartner, ihre Selbständigkeit, ihr Selbstbewusstsein, Selbstwertgefühl und Selbstvertrauen *(Empowerment)*.

M. ist weder Schlichtung oder Schiedsspruch, noch bloße (juristische) Verhandlung, Vergleich oder Kompromiss, noch Therapie oder *Beratung*. Allerdings kann M. vergleichbare, insbesondere therapeutische und beraterische Wirkungen erzielen. M. ist ressourcen-, regelungs- bzw. ziel- und zukunftsorientiert.

M. ist ein mehrstufig strukturierter Prozess, der von einer einführenden Orientierung zur Struktur- und Vertrauensbildung über die Darstellung und Erörterung der unterschiedlichen Interessen und Emotionen zur Erarbeitung und zum Vollzug der gemeinsam erarbeiteten Konfliktregelungsstrategien führt (§ 1 Abs. 1 MedG 2012). Die für eine Konfliktregelung notwendigen Informationen werden von den Streitpartnern selbst und interessenbezogen eingeholt und in die M. eingeführt. Revisionen erzielter Vereinbarungen und ihre jeweilige Anpassung an die aktuellen Bedürfnisse der Parteien sind vorgesehen bzw. erwünscht und durch die Parteien jederzeit möglich.

Qualifikationsprofile

Die Tätigkeit als Mediator/in bedarf einer curricular gesicherten Zusatzqualifikation. Eine gesetzliche Regelung für die Qualifikation als M. normiert erstmals § 5 Abs. 1 Satz 1 MedG. Danach „stellt der Mediator in eigener Verantwortung durch eine geeignete Ausbildung und eine regelmäßige Fortbildung sicher, dass er über theoretische Kenntnisse sowie praktische Erfahrungen verfügt, um die Parteien in sachkundiger Weise durch die Mediation führen zu können". Näheres über Inhalte einer geeigneten Ausbildung formuliert § 5 Abs. 1 Satz 2 MedG. Nach § 5 Abs. 2 MedG darf sich als „zertifizierter Mediator nur bezeichnen, wer eine Ausbildung zum Mediator abgeschlossen hat, die den Anforderungen der Rechtsverordnung nach § 6 MedG entspricht. Die Inhalte der Rechtsverordnung beschreibt § 6 Satz 2 MedG. Ein erster Entwurf dieser Rechtsverordnung existiert seit 31. 1. 2014 (Zertifizierte Mediatoren-Ausbildungs-Verordnung – ZMediatAusbildV; vgl. http://www.centrale-fuer-mediation.de/media/Verordnungsentwurf(1).pdf).

Bis Ende 2015 gibt es diese Rechtsverordnung jedoch noch immer nicht.

Berufsverbände für M. (z. B. B AG Familienmediation, BAFM, e. V.; BV Mediation in Wirtschaft und Arbeitswelt, BMWA, e. V.; BV Mediation BM e. V.) haben deshalb entsprechende Ausbildungsstandards in ihren Ausbildungsordnungen festgelegt und wechselseitig ihre Ausbildungsgänge und Zertifikate anerkannt.

Als M. qualifiziert gelten in der Praxis insbesondere Personen mit einer sozialwissenschaftlichen, sozarb/sozpäd oder (voll-)juristischen Berufsausbildung mit mehrjähriger einschlägiger Berufspraxis sowie einer zusätzlichen theoretischen und praktischen M.-Ausbildung. Damit soll die Professionalisierung von M. gefördert werden. Der Mediator ist nach § 3 Abs. 5 „verpflichtet, die Parteien auf deren Verlangen über seinen fachlichen Hintergrund, seine Ausbildung und seine Erfahrung auf dem Gebiet der Mediation zu informieren".

Zur Entwicklung

Der Begriff „M." ist als feststehender Fachbegriff aus dem Amerikanischen übernommen worden. M. hat eine lange Tradition in unterschiedlichen Kulturen und unterschiedlichen sozialen Kontexten. Sie findet sich mittlerweile in fast allen europäischen Ländern als erfolgreiche Alternative zur klassischen Streitregelung durch Gerichtsverfahren. In Deutschland hat sich M. ab 1988 insbesondere aus US-amerikanischen Erfahrungen zur außergerichtlichen, autonomen Streitregelung bei Trennung und *Scheidung* (insbesondere elterliche Sorge und Umgangsrecht) entwickelt. Praktische Erfahrungen mit M. konnten in Deutschland in den 1990er Jahren gewonnen werden, insbesondere in der Kinder- und Jugendhilfe. Praxisprojekte zur Einführung und Erprobung von M. bei streitigen Familiensachen, z.B. an den Stadtjugendämtern Erlangen und Jena und am FamG Regensburg, haben gezeigt, dass M. in Deutschland vergleichbare Ergebnisse und positive (präventive) Wirkungen erreicht wie in den USA. M. ist ohne weiteres in den Rahmen des geltenden deutschen materiellen und Verfahrensrechts integrierbar. § 8 MedG verpflichtete die BReg, den Deutschen Bundestag bis zum 26.07.2017 zu den Auswirkungen des Gesetzes auf die Entwicklung und Verbreitung sowie über die Situation der Aus- und Fortbildung der Mediatoren in Deutschland zu unterrichten. Um diesen Bericht auf wissenschaftlich fundierte Daten stützen zu können und den Parlamentariern eine objektive Entscheidungsgrundlage für das weitere Vorgehen an die Hand zu geben, hat das Bundesamt für Justiz nun ein Evaluierungsforschungsvorhaben ausgeschrieben, welches im Januar 2016 begonnen hat und ein Jahr andauern soll. Untersucht werden sollen u.a. Verbreitung, Erfolgsquote von Mediation sowie Nutzen/Risiken einer möglichen finanziellen Förderung von Mediationsverfahren.

Arbeitsschwerpunkt Familie und Kinder

Das SGB VIII von 1990/1991, das Kindschaftsrechtsreformgesetz (KindRG) von 1998 und das FamFG v. 1.9.2009 knüpfen ausdrücklich an diese positiven Erfahrungen an. Mit ihren (neuen) Regelungen zur Beratung in Fragen der Partnerschaft, Trennung und Scheidung (§§ 17, 28 SGB VIII), bei der Ausübung der Personensorge und des Umgangsrecht (§ 18 SGB VIII) und insbesondere zur Förderung einvernehmlicher Regelungen bei streitigen Kindschaftssachen gemäß (§§ 36, 36a, 135, 156, 165 FamFG) werden wichtige Impulse für außergerichtliche Konfliktregelungen gegeben. Die außergerichtliche Regelung von Familienkonflikten durch die Eltern selbst im Weg der M. dient dem Wohl des Kindes und seiner Eltern am besten. M. löst damit die verfassungs-, familien-, jugendhilfe- und prozessrechtlichen Vorgaben (Art. 6 Abs. 2 GG, §§ 135, 156, 165 FamFG, 278f. ZPO, 17, 18, 28, 50 SGB VIII; 1627, 1666 BGB) ein, vor einem Eingriff in das Elternrecht einvernehmliche Regelungen familienbezogener Streitigkeiten zu initiieren, zu fördern und zu unterstützen. M. ist gleichzeitig sozialpädagogische „Hilfe zur Selbsthilfe".

Andere Arbeitsschwerpunkte

M. wird in weiteren zivilrechtlichen Konflikten insbesondere bei Nachbarschafts-, Mieter- und Vermieter-, Schuldner- und Gläubiger- *(Schuldner- und Insolvenzberatung)*, Arbeitnehmer- und Arbeitgeberstreitigkeiten durchgeführt, in strafrechtlichen Konflikten zum Ausgleich zwischen Täter und Geschädigten *(Täter-Opfer-Ausgleich)* und in öffentlich-rechtlichen Konflikten v.a. bei Umweltschutz- und Planungsstreitigkeiten. Zur Regelung von Konflikten im Bereich Schule, z.B. zur Vermeidung gewalthafter Konflikte zwischen Schülern, haben sich Streit-Schlichter-Programme bewährt. Ältere Schüler („peers") werden zur Konflikt-Mediation als sog. Streitschlichter oder Konfliktlotsen ausgebildet und eingesetzt. M. wird auch als Konfliktregelungsmethode in die *Gemeinwesenarbeit* integriert. In der *Sozialen Arbeit* ist M. besonders für Konfliktfälle geeignet, die wegen ihrer fortdauernden Beziehungsüberlagerung einer konstruktiven, einvernehmlichen und eigenverantwortlichen Streitregelung bedürfen. Neuerlich ist M. in der Flüchtlingskrise ein Arbeitsthema des „Grünen Netzes Mediation" (http://www.gruenes-netz-mediation.de). Im November 2015 fand dazu ein runder Tisch zu Chancen der Mediation und andere Formen der Konfliktvermittlung in der Flüchtlingskrise an der Fernuniversität Hagen statt.

Prinzipien der Mediation

Die maßgeblichen Prinzipien der M. sind Eigenverantwortlichkeit, Selbstverantwortung, Freiwilligkeit, Vertraulichkeit, Informiertheit, Allparteilichkeit, Ergebnisoffenheit. Sie leiten sich ab aus dem Konfliktregelungsmodell von Deutsch 1976 und folgen dem Modell strukturierter, prozessorientierter M. nach Coogler 1978. Danach werden befriedende und befriedigende Konfliktregelungen um so eher erreicht, je mehr es den Streitparteien gelingt, in einem strukturierten Prozess freiwilliger, wechselseitiger, offener und vertrauensvoller Kommunikation einen Ausgleich ihrer widerstreitender, subjektiver Interessen gemeinsam, eigenverantwortlich und selbst zu erreichen (win-win-Ergebnisse).

Zur wachsenden Bedeutung der Mediation

M. hat sich insgesamt bewährt. Deshalb empfahl 1998 das Ministerkomitee des Europarates den Mitgliedsstaaten (Empfehlung Nr. R. (98)), die Familienmediation einzuführen oder zu fördern und alle Maßnahmen zu ergreifen oder zu verstärken, die sie für die Förderung und Anwendung der Familienmediation als geeignetem Mittel zur Beilegung von Familienstreitigkeiten als notwendig erachten.

In ihrer umfassenden Untersuchung über Alternativen zu gerichtlichen Verfahren im Auftrag der BReg (1999) kam die Prognos AG zu dem Ergebnis, dass der M. im Rahmen der außergerichtlichen Streitbeilegung besondere Bedeutung zukomme. Ganz wesentlich für das Interesse der Fachwelt an M. und für die fortschreitende Annahme in der Bevölkerung sei der Ansatz der Eigenverantwortlichkeit bei M.

Das am 19. 4. 2002 von der EU-Kommission vorgelegte Grünbuch über alternative Verfahren zur Streitbeilegung im Zivil- und Handelsrecht soll Grundlage für eine umfassende Konsultation über zu treffende konkrete Maßnahmen sein. Hintergrund des Grünbuches ist die zunehmende Bedeutung von Methoden der einvernehmlichen Konfliktlösung in den Mitgliedsstaaten. Die außergerichtliche Konfliktregelung soll zu einem Schwerpunktthema auf europäischer Ebene werden. Die EU-Kommission erwartet sich dadurch eine Verbesserung des Zugangs zum Recht sowie eine Absicherung des sozialen Friedens.

Im Nachgang zum Grünbuch hat die EU-Kommission die Entwicklung eines „European Code of Conduct for Mediators" sowie einer Richtlinie über Grundsätze und Prinzipien von Mediation beschlossen (zum Text vgl. ZKM 2004, 148 ff.).

Nach mehrjährigen Beratungen verabschiedeten das Europäische Parlament und der Rat am 21. 5. 2008 die Richtlinie 2008/52/EG „über bestimmte Aspekte der Mediation in Zivil- und Handelssachen (Europäische Mediationsrichtlinie – Mediations-RL, ABl EG Nr. L 136 vom 24. 5. 2008, S. 3). Zur Umsetzung der Richtlinie beschloss der Deutsche Bundestag das Mediationsgesetz, in Kraft seit 21. 7. 2012 (BGBl. I S. 1577). Ziel des Gesetzes ist, „die außergerichtliche Konfliktbeilegung und insbesondere die Mediation im Bewusstsein der Bevölkerung und der in der Rechtspflege tätigen Berufsgruppen stärker zu verankern". Denn „eine zunächst streitige Problemlage durch eine einverständliche Lösung zu bewältigen, ist auch in einem Rechtsstaat grundsätzlich vorzugswürdig gegenüber einer richterlichen Streitentscheidung" (BVerfG vom 14. 2. 2007, 1 BvR 1351/01). Um die Streitkultur in Deutschland nachhaltig zu verbessern, stärkt das Gesetz insbesondere die (außergerichtliche) Mediation (BT- Drs. 17/5335, 15 ff.).

Zu Mediatoren ausgebildete Richter/innen sollen in bestimmten Streitfällen (ausgenommen ist das Strafrecht) als Alternative zur Gerichtsverhandlung eine M. durchführen. Modellprojekte dazu gibt es inzwischen in allen Bundesländern (v. Bargen 2008).

Eine weitere Förderung der M. ergab sich erneut aus entsprechenden EU-Maßnahmen. So verpflichtete die RL 2013/11/EU des Europäischen Parlaments und des Rates vom 21. Mai 2013 über die alternative Beilegung verbraucherrechtlicher Streitigkeiten und zur Änderung der Verordnung (EG) Nr. 2006/2004 und der Richtlinie 2009/22/EG (ABl. L 165 vom 18. 6. 2013, S. 63) die Mitgliedstaaten in Artikel 25, bis zum 9. Juli 2015 erforderliche Rechtsvorschriften zu erlassen, um der Richtlinie 2013/11/EU nachzukommen. Danach müssen die Mitgliedstaaten dafür sorgen, dass Verbrauchern bei Streitigkeiten mit Unternehmern außergerichtliche Streitbeilegungsstellen zur Verfügung stehen. Die Verpflichtung bezieht sich auf Streitigkeiten aus Kaufverträgen oder Dienstleistungsverträgen im Sinne der Richtlinie 2013/11/EU. Mit dem am 3. 12. 2015 verabschiedeten Verbraucherstreitbeilegungsgesetz (VSBG; BT-Drs. 18/6904 vom 2. 12. 2015) setzte der bundesdeutsche Gesetzgeber die Richtlinie um. Damit wurde die gesetzliche Grundlage für ein flächendeckendes Schlichtungssystem für Streitigkeiten zwischen Unternehmern und Verbrauchern geschaffen, das neben die staatliche Justiz tritt. Als notwendige Qualifikation für den sog. Streitmittler sieht das Gesetz in § 6 Abs. 2 die Befähigung zum Richteramt oder zum zertifizierten Mediator (§ 6 VSBG) vor. Zuständige Behörde für die Anerkennung der Verbraucherschlichtungsstellen ist das Bundesamt für Justiz. Das VSBG ist am 1. 4. 2016 in Kraft getreten.

Die Rahmenbedingungen der Mediation

Die in Deutschland zum früheren Rechtsberatungsgesetzes ergangene Rechtsprechung zum Verhältnis M. und Rechtsberatung (z. B. LG Rostock, Urteil vom 11. 8. 2000, ZKM 2000, 235; Anmerkung ZKM 2001, 100), qualifizierte M. grundsätzlich als Rechtsberatung, die nur gesetzlich dazu befugten Personen oder Einrichtungen (insbesondere Rechtsanwalt/innen bzw. Körperschaften des öffentlichen Rechts im Rahmen ihrer Zuständigkeit) zugänglich sei. Diese Auffassung schloss nicht-anwaltliche M. (z. B. auch sozialpädagogische oder psychologische Beratungspersonen freier Träger) grundsätzlich von M. aus. Mit dem Inkrafttreten des Rechtsdienstleistungsgesetzes – RDG – zum 1. Juli 2008 (BGBl I 2840) ist gemäß § 2 Abs. 3 Nr. 4 geklärt, dass M. keine Rechtsdienstleistung ist, solange sie nicht durch rechtliche Regelungsvorschläge in die Gespräche der Beteiligten eingreift, somit auch nicht-anwaltliche Mediatoren Mediation praktizieren dürfen. Für Rechtsanwälte, die als M. tätig sind, enthält § 7a der Berufsordnung der Rechtsanwälte (BORA) eine Regelung, dass Rechtsanwälte sich nur dann als Mediatoren bezeichnen dürfen, wenn sie eine geeignete Ausbildung nachweisen können. Der zunehmenden Bedeutung der M. im Anwaltsberuf entspricht deren explizite Aufnahme in § 18 BORA, wonach ein Rechtsanwalt, der als Vermittler, Schlichter oder Mediator tätig, den Regeln des Berufsrecht unterliegt. Damit ist insbesondere klargestellt, dass der Rechtsanwalt, auch soweit er als Mediator tätig wird, der anwaltlichen Verschwiegenheitspflicht unterliegt.

Die gegenwärtigen Kostenregelungen zur Bezahlung von M. sind überwiegend gerichtsverfahrensbezogen. Für eine vor- bzw. außergerichtliche Inanspruchnahme von M. bestehen insoweit erhebliche Defizite. Beratungs-, Prozess- oder Verfahrenskostenhilfe *(Rechtsverwirklichung)* gleichen dieses Defizit nicht aus. Kostenrechtlich erscheint es kaum konsequent, wenn der Gesetzgeber Streitparteien im Weg der Verfahrenskostenhilfe z. B. den Weg zu den FamG erleichtert, sie dort zu einer einvernehmlichen Streitregelung motiviert (§ 156 FamFG), sie aber bei der Kostenfrage einer außergerichtlichen oder gerichtsinternen Mediation wieder allein lässt. Kostenrechtlich ist deshalb ein grundsätzliches Umdenken des Gesetzgebers nötig. Außergerichtliche Konfliktregelungen müssen eine deutlich größere Bedeutung zugeschrieben erhalten. Beratungsintensive Dienstleistungen, die Streitvermeidung bzw. außergerichtliche Einigungen fördern, sind bevorzugt leistungs- und aufwandsbezogen zu honorieren. Zu schaffen ist namentlich eine Mediationskostenhilfe. §§ 7, 8 MedG sehen insoweit lediglich vor, dass Bund und Länder wissenschaftliche Forschungsvorhaben vereinbaren können, um die Folgen einer finanziellen Förderung der M. für die Länder zu ermitteln. Dazu hat das Bundesamt für Justiz im November 2015 ein Evaluierungsforschungsvorhaben ausgeschrieben, welches im Januar 2016 begonnen hat und ein Jahr andauern soll. Untersucht werden sollen u. a. Verbreitung, Erfolgsquote von Mediation sowie Nutzen/Risiken einer möglichen finanziellen Förderung von Mediationsverfahren.

Kostenfreie Beratungsleistungen (etwa gemäß §§ 17, 18, 28 SGB VIII) umfassen nicht immer auch M., insbesondere dann nicht, wenn es um die ganzheitliche Regelung von Streitanliegen geht (z. B. Regelung der elterlichen Sorge, des Umgangs, des Unterhalts und der Wohnungsfragen). Für den Bereich der *Kinder- und Jugendhilfe* ist deshalb gesetzlich klarzustellen, dass insbesondere Beratungsleistungen gemäß §§ 17, 18, 28 SGB VIII auch M. umfassen.

Professionelle M. muss sich im Fallbezug bewähren. Notwendig ist, dass neben das auf Allgemeingültigkeit und Nachprüfbarkeit zielende (wissenschaftliche) Wissen von und über die Wirkung ihrer Interventionen, Methoden und Techniken die (hermeneutische) Kompetenz des Fallverstehens tritt. Für die M. mangelt es noch an entsprechenden Ergebnissen einer praxisorientierte Forschung. Entsprechende Forschungsvorhaben bleiben daher dringend.

Roland Proksch

Literatur

J. M. Bargen: Gerichtsinterne Mediation. Tübingen 2008 • S. Borowsi/P. Röthemeyer/J. Steinke, Das neue Verbraucherstreitregelungsgesetz (VSBG), Einführung, Kommentierung, Muster, Baden-Baden 2016 • O. J. Coogler: Structured Mediation in Divorce Settlement. Lexington 1978 • M. Deutsch: Konfliktregelung. Konstruktive und dekonstruktive Prozesse. München 1976 • H. Eidenmüller/G. Wagner(Hrsg), Mediationsrecht, Köln 2015 • J. M. Haynes/A. Mecke/R. Bastine/L. S. Fong, Mediation – Vom Konflikt zur Lösung, München 2012 • J. Hohmann/D. Morawe, Praxis der Familienmediation. Typische Probleme mit Fallbeispielen und Formularen bei Trennung und Scheidung, Köln [2]2013 • J. Klowait/U. Gläßer (Hrsg): Mediationsgesetz, Handkommentar, Baden-Baden 2014 • H. Krabbe/C. S. Thomsen: Familienmediation mit Kindern und Jugendlichen: Grundlagen – Methoden – Techniken, Köln [4]2017 • K. Kriegel-Schmidt, Interkulturelle Mediation. Eine Konstruktion. Plädoyer für ein Perspektiven-reflexives Modell, Berlin-Münster 2012 • H. Luxburg, Graf von, Trennung und Scheidung einvernehmlich gestalten. Rechtslage und Vereinbarungen, Köln [5]2014 • L. Montada/E. Kals: Mediation. Psychologische Grundlagen und Perspektiven, Weinheim/Basel/Berlin [3]2013 • R. Proksch: Curriculum einer Mediationsausbildung, Lehrbriefe, Zeitschrift für Mediation 1999–2002 • R. Proksch: Kooperative Vermittlung (Mediation) in streitigen Familiensachen. Schriftenreihe des BMFSFJ Band 159.2, Stuttgart 2001 • M. B. Rosenberg: Gewaltfreie Kommunikation: Eine Sprache des Lebens. Paderborn [12]2016 • T. Trenczek u. a.: Mediation und Konfliktmanagement, Baden-Baden [2]2017 • F. Schmidt u. a., Mediation in der Praxis des Anwalts, München 2012 • E. Weiler/G. Schlickum: Praxisbuch Mediation. Falldokumentation und Methodik zur Konfliktforschung, München [2]2012.

M

Medien (Medienbildung, Medienpädagogik, Medienkompetenz)

Erweiterte soziokulturelle Bedeutung

Im Verhältnis Online-Offline, bzw. Sinnes- und Cyberwelten spricht man etwa seit dem Jahr 2000 von ,sozialen Netzwerken' und ,Online-Communities' sowie von ,Einwanderern' in die und ,Eingeborenen' in den neuen digitalen Welten. Das Internet ist zu einem anteilig (sub)kultureller Kommunikationsraum und zum anderen (inter-) kultureller Begegnungsraum (Jörissen/Marotzki 2009, 177) geworden: weitgehend mit informellen und partizipativen Formen und Bildungsmöglichkeiten, aber auch mit neuen exklusiven und inklusiven Problemen und Chancen. In international vernetzten Formen und mit vielerlei Interessen sind biographieanalytische, identitätstheoretische und anthropologische Aspekte ebenso wie gesellschaftliche, kulturelle und sozialisatorische Zusammenhänge (a. a. O. 17) von den neuen Medienwelten und digitalen Kommunikationskulturen betroffen, ebenso wie Ökonomie, Politik und Kultur. Medialisierung und Digitalisierung haben dynamisch-expansive Verläufe, die natürlich auch *Bildung* und Pädagogik (z. B. in der digitalen Schule), *Soziale Arbeit* und Kulturelle Bildung, formales und informelles Lernen betreffen und verändern, vor Ort und weltweit.

Im Kontext v. a. mit der Expansion der digitalen Medien, des Internet und der Games, der sozialen Netzwerke und digitaler Plattformen aller Art haben sich in den letzten Jahrzehnten Begrifflichkeiten und Nutzungsformen, auch entsprechend entwickelter Technologie und ubiquitärer Präsenz (Laptop und Smartphone usw.), deutlich verbreitet. Damit hat sich auch der umfassende Begriff einer erweiterten ,Medienbildung' gegenüber ,Medienpädagogik' angeboten und eingebürgert: subjektiv biografisch und die ,Transformation von Selbst- und Weltverhältnissen' entscheidend mitbestimmend (Iske, in: Gross/Meister/Sander 2015) mit Differenzierungen in der Mediendidaktik, Mediensozialisation, Medienethik und weiteren Akzenten etwa in der Medienkompetenz, Medienkritik, Games u. a. m.

Es geht um neue Lebens-, Lern-, Bildungs-, Sozial- und Spielräume, die sich durch die vernetzten digitalen Medien global, aber auch lokal im Sozialraum öffnen. Damit wird auch die Aktualität einer neuen Raumsoziologie (Löw 2001) als neue Qualität im Umgang mit virtuellen Räumen markiert, z. B. der Spiel- und Lernwelten des ,Cyberspace': „In ihm können Raumvorstellungen irritiert werden, insbes. dann, wenn im Cyberspace – Spielen durch Bewegung des eigenen Körpers sowohl eine Bewegung im gewohnten, dem sog. ,realen' Raum, als auch im virtuellen Raum entsteht. Hier verwischen sich die Grenzen von Realität und Simulation in einem bislang unbekannten Ausmaß" (a. a. O. 94).

Die realmediale Verschmelzung der Erfahrungs- und Handlungswelt, v. a. im Kontext des Aufwachsens und ,Lebenlernens', ist sicher ein elementarer und einschneidender Fakt, auch als intergenerationelle Sozialisationsdifferenz. Dies verändert alle Kultur- und Bildungslandschaften mit Folgen für Familie, Schule, Lebenswelten und Generationsverhältnisse entsprechend des Bedarfs an ,Räumen flexibler Bildung' (P. Bollweg/ H.-U. Otto 2011) und entsprechend des Bedarfs an subjektorientierten ,Ermöglichungsstrukturen' und ,Gelingensbedingungen' des Aufwachsens. Die Ausgangsanalyse digitaler Kultur- und Bildungsräume auch als sozialisationsrelevante Veränderungsdynamik, als ,Hybridisierung der Alltagswelt', wird so beschrieben: „Im Alltag vermischen sich real-materielle, real-soziale und virtuelle Räume. Häufig ist es für uns irrelevant, ob wir Informationen offline oder online erhalten. Konvergenz findet nicht nur innerhalb der Medienwelt statt, sondern auch zwischen Medien- und Sozialwelten. Wir können i. d. R. keinen systematischen Unterschied mehr zwischen Lebens- und Medienwelten machen" (Grell/Marotzki/Schellhove 2010, 7).

Was eigentlich sind Medien?

Ein „Medium" ist lt. Duden ein „vermittelndes Element" bzw. eine „Einrichtung, ein organisatorischer und technischer Apparat für die Vermittlung von Meinungen, Informationen, Kulturgütern …". „Multimedia" meint dann „das Zusammenwirken, die Anwendung von verschiedenen Medien (Texten, Bildern, Zeichen, Musik, Ton, Sprache) …", umgangssprachlich v. a. auf digitale Techniken bezogen. Nach seiner lateinischen Herkunft bedeutet M. auch „dazwischenliegend", „Mittelding", „Mitte", „Mittel". M. können in dieser historischen Dimension Dinge, Instrumente und symbolische Formen aller Art sein. M. sind Informationsträger, die zwischen „Mensch und Welt" etwas in bestimmter Form und Gestaltung vermitteln: Daten, Wissen, Symbolisches, Bedeutungen, Kultur, Emotionen, Botschaften, Werte. Auch im historischen Kontext haftete dem Begriff immer auch eine Art „Öffentlichkeit", eine Tendenz des „Veröffentlichens" an.

Der eher unklar-schillernde Begriffsgebrauch

M. umfasst definitorisch also ein sehr weites Spektrum als „Mittel" vielerlei Arten und menschlicher Nutzungen der Information, der Kommunikation und des Ausdrucks, auch mit je formalen, ästhetisch eigenwertigen Anteilen.

Umgangssprachlich allerdings werden heute M. als Begriff weitgehend i. S. v. technischen M. gebraucht:

- als Printmedien (Bücher, Zeitschriften u. a.),
- als visuelle oder auditive M. (gedruckte, übertragene Bilder aller Art, als Klänge z. B. durch Radio, Tonband, CD u. a.),
- als audiovisuelle M. (Verbindung von Ton und Bild, z. T. auch mit Dramaturgien wie Tonfilm, Fernsehen, Video, DVD u. a.).

Üblich waren bisher die „analogen" Techniken, bei denen ein spezifischer, auch materieller Datenträger im Spiel ist, wie etwa das Papier, die Schallplatte, das Tonband, der Filmstreifen u. a. m.

Neue Medien

Begrifflich davon unterschieden werden (etwa seit 2000) die „neuen M.", die aber die eigentlichen technischen M. der Informationsspeicherung und Informationsübertragung sowie der – und das ist neu – Bild- und Tongenerierung selbst sind: Die digitalen, prozessorgesteuerten M. (oder auch „Hypermedien" bzw. umgangssprachlich „Multimedia"), die in allen Varianten und Erscheinungsformen auf den gleichen mathematischen Code (0/1) zurückgehen, also auf einem im Prinzip einfachen immateriellen und mathematischen, aber unendlich variablen und programmierbaren System beruhen. Damit sind programmierte Daten und Inhalte ineinander und untereinander transformierbar, sie sind durch elektronische Impulse übertragbar und speicherfähig sowie – heute noch unabsehbar – räumlich komprimierbar und zeitlich jederzeit und weltweit kommunizierbar.

Die sozialräumliche Wende zu lebensweltlichen Sozialisations-, Kultur-, Bildungs- und Medienlandschaften akzentuiert u. a. auch die für die SozArb relevanten Aspekte von Zugänglichkeit, Ermöglichungsstrukturen und Beteiligungschancen für alle, Partizipationsvielfalt und lokale Bildungschancen, auch mit dem Aspekt Ganztag, Kooperation und Vernetzung, Medienzugänge und digitale Welten eingeschlossen (Bleckmann/Schmidt 2012). Entscheidend ist hier ein in sozialen, räumlichen und medialen Dimensionen erweiterter Bildungsbegriff, der einer komplexen Medienbildung angemessen ist und den kommunikativen und aktivierenden Möglichkeiten der omnipräsenten digitalen M. entspricht – im Idealfall und mit inklusiven und exklusiven Folgen.

„Neue M." werden durch Begriffe von Geräten bzw. Zuständen und Produktionsweisen gekennzeichnet wie PC (Personalcomputer), E-Mail, CD ROM, ISDN, Handy/Smartphone, SMS, Internet (html, www, chat, Newsgroups, Online-Dienste, soziale Netzwerke u. a.), DVD, digitale Fotografie, Video, digitales Fernsehen, Game-Boy, PC-Spiele, digitale Bildbearbeitung, virtual reality, Cyberspace und vieles mehr. Diese Bezeichnungen stehen für das, was heute weitgehend mittels digitaler Datenwelten zwar unsichtbar, aber wirkungsvoll entsteht bzw. immateriell existiert. „Künstliche Paradiese" nennt der Kulturphilosoph Wolfgang Welsch dies bezogen auf die menschliche Kulturentwicklung.

Schon 1995 thematisierten die erziehungswissenschaftlichen Medienbildungsexperten und Kindheits-/Jugendforscher Dieter Baacke und Franz Josef Röll die pädagogische und sozialisatorische Medienrelevanz in einer zunehmend auch visuellen Kommunikationskultur. Für Lernprozesse verwiesen sie und andere auf die Zusammenhänge von ‚Weltbildern, Wahrnehmung und Wirklichkeiten' als ästhetisch organisierten Lernprozess. Entsprechend der medialen Expansion und ihrer sozialen Alltagsrelevanz gerade für nachwachsende *Generationen* ist dies eine zentrale, nachweisbare sozialisatorische Tatsache, die auch mögliche Benachteiligungen, Defizite u. a. für die Nutzer zur Folge haben kann und damit auch zum Thema sozialer Arbeit wird. „Die Schulung der Wahrnehmung könnte zu einer entscheidenden Kompetenz werden, um die Beziehung zwischen realer und medialer Wirklichkeit einschätzen zu können (…) (Baacke/Röll 1995, 20).

Mediengeneration: Analog zu den medienfocussierten Zeitsignaturen werden auch Generationsetiketten formuliert, z. B. „Generation @", „Netz-Generation", „Mediengeneration". Kinder und Jugendliche wachsen heute ganz selbstverständlich in komplex vernetzten Multimediawelten auf und gehen damit – sowohl technisch wie kommunikativ – eher neugierig-experimentell um, anders als Ältere. Einerseits verändert dies die traditionellen Generationenverhältnisse („Jugend ist jeweils medienkompetenter als die Erwachsenengesellschaft"), andererseits entstehen dadurch offene und informelle Frei- und Spielräume, die Symbolbildungen und Werteverhandlungen der Kinder und Jugendlichen entsprechend ihrer kultur- und medienästhetischen Stile, Szenen, Kommunikationsformen beeinflussen.

V. a. für nachwachsende Generationen sind die Verbünde der digitalen und vernetzten M. sowohl eine gegebene, sehr komplexe und erweiterte immaterielle Wirklichkeit und Lebenswelt wie auch eine fundamentale Herausforderung. Es gilt, den gesellschaftlichen, technischen und kommunikativ-kreativen Umgang damit zu erfahren, zu erlernen und zu gestalten. Die bedeutungsvolle soziale Dimension hat Wilfried Ferchhoff formuliert: „Die Medien, die selbst in alle sozialen Lebensweltkontexte hineinwirken, bieten Kindern und Jugendlichen auch den Kitt, der das sonst zersplitterte soziale Erleben zusammen hält." (Ferchhoff 1997, 27).

Gefragt: Medienkompetenz für alle

Medienkompetenz in der Kindheit und Jugend zu erwerben, ist die zentrale Forderung, die als Antwort auf die „Multimedia-Herausforderung" im Horizont der „digitalen Revolution" allenthalben erhoben wird.

Die erforderliche und zu fördernde Medienkompetenz eignen sich Kinder und Jugendliche zunächst und weitgehend in informellen Bildungsformen und Lernprozessen an, im direkten Gebrauch der M., im familiären Umfeld wie v. a. im Kreis der Gleichaltrigen und im kreativen experimentellen Gebrauch der medialen Zeichen, Symbole, Rollen, Vorbilder, Genres und Bedeutungen.

Das Ziel „Medienkompetenz" ist zudem ein pädagogischer Inhalt öffentlich bildender Vermittlung sowohl im Rahmen der *Jugendarbeit/Jugendhilfe* wie auch der Kindertagesstätten, Schulen und der öffentlich-rechtlichen Medienanstalten/Multimediaproduzenten („edutainment") selbst.

Medienkompetenz versteht sich als positives Ergebnis von „Mediensozialisation", weniger durch bzw. mit M., sondern in ihrer sowohl kritischen wie aktiv gestaltenden, in jedem Fall aber „selbst-bewussten" Nutzung. Weitgehend konsensual ist inzwischen, Medienwelten als eine der zentralen Sozialisationsinstanzen zu akzeptieren und ihnen – mit und ohne personale Erziehungskontexte – Bildungsmächtigkeit zu bescheinigen, mit Chancen und Risiken *(Informationsgesellschaft)*.

Die professionelle medienpädagogische Diskussion um das, wie je zeitgemäße Medienkompetenz bestimmt wird, ist, ausgehend von Dieter Baacke und seinem Anknüpfen an den Begriff der „kommunikativen Kompetenz" (Habermas), seit den 1990er Jahren variantenreich ausdifferenziert worden.

Baacke selbst führt an: „Medienkritik, Medienkunde, Mediennutzung, Mediengestaltung" (ergänzt um den methodischen Hinweis: Medienkompetenz) ist ein Prozess und daher angemessen in Projekten zu erwerben. Zudem besteht er darauf, dass „Medienkompetenz" insbes. im erweiterten Bildungsinteresse immer „sozialen und kulturellen Zielwerten" verpflichtet sei (a. a. O.).

Das soziale und pädagogische Problem des „Lernziels Medienkompetenz" liegt allerdings weniger in der Bestimmung ihrer Dimensionen, sondern in der alltagstauglichen didaktisch-methodischen Realisierung, z. B. in den unterschiedlichen Feldern, Einrichtungstypen, Projekten, Arbeitsformen, Umweltmilieus von SozArb, von (Jugend-)Kulturarbeit, Schule und allen Formen der KJH. Dazu kommen Fragen der spezifischen Differenzierung nach Alter, Geschlecht, Nationalität und Kulturkreis, sozialem Status, Szenen- und Gruppenzugehörigkeit.

Zur Medienkompetenz gehört allerdings auch zu lernen, mit den Risiken der digitalen Infrastruktur verantwortungsvoll umzugehen. Immerhin nutzen Kinder und Jugendliche zwischen 12 und 18 Jahren zu fast 100 % das Internet, 80 % besuchen soziale Netzwerke (statista, Januar 2016). Gerade diese Gruppe gestaltet mit Chats, Fotos und Videos tagtäglich Web-Seiten. Dabei entstehen durch Sicherheitslücken und mangelnden Datenschutz Gefährdungen, die ernst genommen werden müssen: z. B. durch die Preisgabe persönlicher Daten in Chatrooms und die Gefahr, beleidigt, belästigt und bloßgestellt zu werden (Cybermobbing, *Mobbing*) sowie durch das immerwährende Problem, dass das Netz nicht „vergisst". Die Diskussion, ob „Gewaltspiele" das Verhalten von Kindern und Jugendlichen beeinflussen können, ist differenzierter geworden. Man wird allerdings in diesem Zusammenhang individuelle „Gefährdungen" nicht ausschließen können. Darüber hinaus sind dem Internet bei intensiver Nutzung auch Suchtpotenziale und soziale Gefährdungen immanent: Online-Sucht und Spielsucht, sozialer Rückzug, Vereinsamung und die Flucht in eine virtuelle Welt, insbes. wenn das reale Leben vielleicht nicht so gelingt (Drogenbericht 2016, Kap. 6).

Fachdisziplin Medienbildung

Die fachlich-professionelle Beschäftigung der Vermittlung zwischen Kindern, Jugendlichen, Bildungsinstitutionen einerseits und technisch-digitalen Medienwelten andererseits geschieht in der Medienbildung/Medienpädagogik, eine der vielen spezialisierten Bindestrich-Pädagogiken des Bildungs- und Sozialwesens. Das Feld verfügt über keine eigene systematische Einrichtungslandschaft, ist aber eine querschnittsorientierte Disziplin des gesamten schulischen wie außerschulischen Spektrums, einschließlich der *Erwachsenenbildung* u. a. (vgl. Pöttinger u. a. 2004). Ein generelles Problem der Medienbildung ist ihr traditioneller und z. T. notwendigerweise „reaktiver" Charakter, d. h. sie bezieht sich meist auf das, was als je neue und neueste Medienrealität öffentlich wirksam wird bzw. Kinder und Jugendlichen bereits erreicht hat und fasziniert.

Deutlich wird dies an ihren Entstehungs- und Entwicklungszusammenhängen:

- bewahrpädagogisches Interesse – Kinder- und Jugendmedienschutz;
- kritische Medienpädagogik – Aufklärung mit emanzipatorischem Engagement;
- Mediennutzung für und durch alle, für alle mit demokratisierend-aktivierenden Hoffnungen;
- Technologie-orientierter Ansatz: Erlernen von Medientechnologie, Beherrschung der Apparate, Datenwege und Speicherformen auch zugunsten beruflicher Qualifikationen und wirtschaftlicher Nutzungen;
- handlungsorientierte Medienvermittlung zur Befähigung des aktiven Medienhandelns als Vermittlungs- und Produktionspraxis mit Foto, Tonband, Film, Video, Computer: Mediengestaltung „in eigener Regie" und mit je spezifischen Inhalten von Kindheit, Jugend, Gesellschaft bzw. je eigenem ästhetischen Ausdruck und Stil;
- Kompetenzentwicklung im Umgang mit der expansiven allgegenwärtigen, vernetzten vor allem digitalen Medienentwicklung;
- Medienökologische bzw. lebensweltorientierte Ausweitung durch die Betonung der Wechselwirkungen von realen Lebenswelten und der immateriell-symbolischen Medienwelten. M. werden dabei als Muster, Felder, Projektflächen und Bühnen der Werteverhandlung und der personalen Identitätsentwicklung gesehen.

Diese unterschiedlichen, allerdings verzahnten, sich überschneidenden medienpädagogischen Bildungskonzepte akzentuieren je unterschiedliche Kontexte. Das betrifft ihren Theoriehintergrund und die entsprechenden Praxisformen in einzelnen Aufgabenfeldern der SozArb ebenso wie auch in Kooperation mit kultureller Bildung (Friedrich u. a. 2015) als permanente Herausforderung.

Von der Medienerziehung zur Multimediabildung

Im erweiterten Verständnis einer Multimediabildung geht es in der Sache wieder neu um das Wechselspiel zwischen der bewussten Wahrnehmung realer, authentischer, sinnlicher, körperlicher, sozialer Wirklichkeiten sowie den interpretierenden, gestalteten, künstlichen, symbolischen, virtuellen, informationell-abstrahierten Wirklichkeiten der M. Vermittlungsthema ist neben Inhalten und Techniken dann auch das Verhältnis von „Sinn und Sinnlichkeit" bzw. zugespitzt von „Sinnes- und Cyberwelten". Es geht um das Spiel der Realitäten, um die Bezüge von Gegenstand/Bezeichnetem und Symbol/Zeichen als Basis und Mechanik, Dramaturgien und Ausdrucksformen der medialen und expansiven Durchdringung von Alltag, Arbeitswelt und Kultur. Dieses alte anthropologische Motiv ist „digital" nur neu formuliert im globalen Maßstab mit ungeahnten, unabsehbaren Wirkungen auf die soziale und individuelle Verortung in Raum und Zeit (vgl. Zacharias 2010/Hahn/Stempfhuber 2015). Mediale Aktivitäten, Inszenierungen, Gestaltungen und Spiele dienen zunehmend der Selbstinszenierung und der subjektiven Weltaneignung sozusagen „in eigener Regie".

Multimediabildung in Familie, Schule, JH, in der Gruppe Gleichaltriger, in ästhetischen Szenen und Lebensumwelten verortet auch medienbezogenes Lernen. Erfahrung und Aneignung sind nicht mehr nur focussiert auf Medienprodukte und Mediengebrauch, auf mediale Inhalte und mediale Technologien, sondern auf den sozialen und kulturellen Kontext, in denen Kinder und Jugendliche aufwachsen und sich informieren und präsentieren, real-digital. Medienwelten sind in diesem Verständnis integraler Teil der Lebenswelten und sollten auch in der absichtsvoll bildenden, pädagogischen Beschäftigung damit nicht mehr davon abgelöst gesehen und vermittelt werden.

Multimediakompetenz ist damit zu einer fundamentalen sozialen, kulturellen und idealerweise nachhaltigen Schlüsselkompetenz geworden, zur Bewältigung und Gestaltung zukünftiger technologisch-medialer Gesellschaften und Entwicklungen. Akzentuiert wird diese erweiterte und medienökologische Beschäftigung mit der sinnlich-wahrnehmungsorientierten und sozial-kulturellen Einbettung der Multimediaphänomene in lebensweltliche und sozialkulturelle Rahmenbedingungen, z. B. des Aufwachsens. Dies wird auch zunehmend als „Virealität", als nicht mehr differenzierbares Wechselspiel zwischen medialer Virtualität, Simulation und Scheinhaftigkeit einerseits und authentischer, einmalig-eigensinniger und v. a. personaler, sinnlich-materieller und sozialer Realität andererseits bezeichnet.

Hier verbinden sich sozial-kritische und kulturell-ästhetische Phänomene und Kommunikationsprozesse mit bildenden sozialen und kulturellen Erfahrungs- und Aktivitätseffekten als Möglichkeit der Teilhabe/Teilnahme an den interaktiven digitalen Netzwerkkulturen. „Medienkulturen definieren Möglichkeitsräume, in welchem Subjekte sich selbst und ihrer Umwelt gegenüber positionieren und Identitäten ausbilden können" (Missomelius, in: Hagener/Hedinger 2015, 158). Hier verbinden sich soziale und kulturelle Lern- und Identifikationschancen im Verständnis von Bildung als Vermittlung von ‚Ich' und ‚Welt' in potenziell geradezu idealer Weise, mit und ohne Pädagogik, durchaus normenkritisch mit der Chance der Wertebildung, etwa auch in vielfältigen realdigitalen Spielkulturen (Fritz 2004), und kommunikativen Kreativexperimenten (Lackner 2014)

Der Zusammenhang mit SozArb, insbes. zukunftsfähiger *Jugendarbeit* und nachhaltiger Multimediabildung ist klar: Es ist existentiell zur Lebensgestaltung bzw. zu deren Qualifizierung nötig, sich in der neuen „Virealität" und in der unübersichtlichen Landschaft integrierter Lebens- und Medienwelten zurechtzufinden, zu verorten, eigene Identität ausbilden und sich interessenbedingtes Wissen aneignen (Navigation und Eigenproduktion in der Daten- und Informationsflut) zu können.

Neben der selbstverständlichen allgemeinbildenden Funktion von Multimediakompetenz ist es dann auch eine präventive wie auch berufsqualifizierende Maßnahme, den selbstreflexiven, kompetenten und produktiven Umgang mit M. zu ermöglichen und zu qualifizieren, sowohl technisch wie inhaltsrelevant auf je zeitaktuellem Niveau.

Die digitalen M. und eine erweiterte Multimediabildung als Herausforderung für die Soziale Arbeit

Eine neue politische und fachliche Forderung und Auftragslage ist, diese „Sozialverträglichkeit" zeitspezifisch in Technik und Forschung, Wirtschaft und Kulturindustrie zu verankern und aktiv so zu gestalten, dass es keine „Verlierer" der Technologieentwicklungsdynamik gibt („digital Divide", vgl. Otto/Kutscher 2004). Zudem gilt es, durch sowohl ordnungspolitische und gesetzliche Rahmenbedingungen (z. B. angemessener *Kinder- und Jugendschutz,* öffentlich-rechtliche Kontrollelemente und gleichermaßen Informationszugänge für alle) wie durch bildende, präventive und Defizite beseitigende Unterstützungsmaßnahmen diese Entwicklungen zu begleiten und mitzugestalten.

Die neuen Multimediakomplexe sind bedeutsame Sozialisationsagenturen wie auch symbolische Lebenswelten. Anders enteilen insbes. Kinder und Jugendliche dem Verständnis und den Wirkmöglichkeiten der SozPäd, der Sozial- und Jugendarbeit: SozArb läuft Gefahr, die Erfahrungs- und Wertewelten ihrer Adressaten nicht mehr zu verstehen, geschweige denn zu erreichen und mitgestalten zu können.

Die Vermittlung von Medienkompetenz gehört aktuell und zukünftig expansiv in das Basisprogramm SozArb als eine Art curriculare, aber offene Grundlage mit Ermöglichungsangeboten sowie situativen Lernanreizen im jeweiligen Sozialraum mit einbezogener (inter-)kultureller Vielfalt.

Die neuen digital-vernetzten Medientechnologien erweitern und qualifizieren allerdings im positiven Sinn auch die professionellen sozialen Tätigkeiten und Berufe. Damit aktiv umgehen zu können, gehört zur selbstverständlichen Schlüsselkompetenz von SozArb/SozPäd. Es gilt bei sozialen Projekten und Arbeitsformen sowohl die arbeitserleichternden, organisatorischen wie öffentlichkeitswirksamen Ressourcen neuer Technologien zu nutzen wie überall in der Arbeitswelt: Computer und Internet, die Gestaltung von Homepages, digitale Communities, Netzwerke und Online-Beratung sind selbstverständlich auch Instrumente, Methoden und Felder der SozArb. Dazu ist neben kommunikativem und fachlichem Anwendungswissen technisches „Know-How" nötig und notwendigerweise im Prinzip „lebenslanges Lernen" *(Soziale Arbeit im Internet).*

In einem weiten Verständnis von M., von Friedrich Schillers Spielkulturen über Bücher, Radio, Musikhören und -machen, TV, Foto, Film, Tanz, Theater, digitale Spiele und Netze, Plattformen und Internetpräsentationsbühnen, facebook und WhatsApp hat Winfried Kaminski (u. a.) im Horizont universitärer Medienforschung und Medienpädagogik 2010 ein weites Panorama aufgemacht, das die Medialität betrifft. Er geht aus von Friedrich Schillers sehr allgemeinen ‚Spieltrieb', der eben auch durch M. aller Art v. a. interaktiv und kommunikativ wirken kann. Spiel *(Spielen)* als symbolische und kommunikative Aktionsform, als offene freiwillige Lernform (vgl. Zacharias 2015) ist bildend von entscheidender Bedeutung. Hier ist der große Bogen geschlagen,

M

der auch eine aktive erfahrungsgenerierende Mediennutzung betrifft, zwischen möglicher und symbolischer Sinnlichkeit und reiner z. B. sprachlicher, mathematischer Abstraktion. W. Kaminski zitiert Schiller: „Auf den Flügeln der Phantasie verlässt der Mensch die engen Schranken der Gegenwart" (Kaminski 2010, 16). Eine der Herausforderungen für SozArb ist es auch, dass dieser Mensch wieder angemessen und idealerweise bereichert zurückkehrt und unterwegs keinen Schaden nimmt. Hier wird, nach Kaminski, Kultur und Kulturpädagogik und ihre Medienbildung auch Teil SozArb.

Partizipation, Interaktivität, Vernetzung, lebenslanges mediales Lernen

Als „neu" an den neuen M. ist im Interesse sozialer und demokratischer Nutzungen zu betonen, dass die digitalen Technologien von E-Mail über Handy und SMS-Jugendkulturen, Internet mit Chats, Newsgroups, Plattformen, Homepages, virtuellen Spielen usw. und meist auch unkontrollierte Interaktivität und Partizipation in ungewohntem Ausmaß zulassen. Was die traditionellen Massenmedien wie Radio und Fernsehen verweigert und damit Mehrheiten als „Nur-Empfänger" definiert haben, ermöglichen nun die digitalen M. sowohl technisch und inhaltlich, alltagstauglich und weitgehend finanzierbar. Im Prinzip können alle selbst auch „Sender" werden, an der Netzkommunikation aktiv und gestaltend je nach Engagement und Interesse teilnehmen. Das ist mediale *Partizipation,* die die Sozialformen von Kommunikation deutlich verändern können und werden. Im Kontext von SozArb und Bildung/Ausbildung gilt es, dies zu fördern und inhaltlich zu qualifizieren, v. a. da, wo z. B. milieubedingt, aber auch aus ökonomischen und kulturellen Gründen Zugänge und Kompetenzen (noch) nicht vorhanden sind bzw. zugelassen werden: Hier Multimediakompetenz zugunsten eigenaktivem medialem Handeln zu vermitteln; dies wird zum öffentlichen Auftrag zugunsten je zeitaktueller Partizipationschancen.

Inzwischen ist allerdings auch klar, dass virtuelle Netzstrukturen immer auch rückgebunden sein sollen an reale und soziale Kommunikation an sinnliche und ästhetische Erfahrungen, sowohl in selbstorganisierten Formen und Szenen wie auch in öffentlichen Strukturen (Fromme u. a. 2011).

Entscheidend ist, dass die „Netzwerkgesellschaft" veränderte Sozialformen ausbildet. Mit diesen besteht auch für die SozArb Entwicklungs- und Anpassungsbedarf. Das gilt für das technische Wissen, das kulturelle Verstehen und das generationsspezifische Mithalten- und Mitgestalten-Können oder einfach auch nur zulassen können.

Allerdings stellt Christian Helbig mit professionell medienpädagogischen Blick strukturelle Defizite und entsprechende Umsetzungsproblemen in der SozArb fest und fordert: „Die moderne Gesellschaft kann ohne einen professionellen Blick auf „die Medien" nicht mehr verstanden werden. Ebenso wie die Gesellschaft und die Kultur mediatisiert sind, sind es auch soziale Problemlagen. Die soziale Arbeit ist aufgefordert, medienpädagogische Themen, Ansätze und Methoden in ihr Handeln einzubeziehen. Medien dürfen in diesem Zusammenhang nicht nur als Herausforderung, sondern sollten als Ressource für ein gelingendes Lebens betrachtet werden" (Helbig 2014, 118).

Wolfgang Zacharias

Literatur

D. Baacke/F. J. Röll (Hrsg.): Weltbilder Wahrnehmung Wirklichkeit, Opladen, 1995 ◆ P. Bleckmann/V. Schmidt (Hrsg.): Bildungslandschaften, Wiesbaden 2012 ◆ BMG: Drogenbericht 2016, Berlin 2016 ◆ P. Bollweg/H.-U. Otto (Hrsg.): Räume flexibler Bildung, Wiesbaden 2011 ◆ G. Cleppien/U. Lerche (Hrsg.): Soziale Arbeit und Medien, Wiesbaden 2010 ◆ W. Ferchhoff: Identitätsbildung im Umgang mit neuen Medien, in: Deutsche Jugend 1/1997, 27 ff ◆ S. Fleischer/D. Hajok: Einführung in die medienpädagogische Praxis und Forschung, Weinheim 2016 ◆ K. Friedrich/F. Siller/A. Treber (Hrsg.): Smart und mobil, München 2015 ◆ J. Fritz: Das Spiel verstehen, München 2004 ◆ J. Fromme/S. Iske/W. Marotzki (Hrsg.): Medialität und Realität, Wiesbaden 2011 ◆ P. Grell/W. Marotzki/H. Schellhove (Hrsg.): Neue digitale Kultur- und Bildungsräume, Wiesbaden 2010 ◆ F. v. Gross/D. M. Meister/U. Sander (Hrsg.): Medienpädagogik – ein Überblick, Weinheim/Basel 2015 ◆ M. Hagener/V. Hediger (Hrsg.): Medienkultur und Bildung, Frankfurt/M./New York 2015 ◆ K. Hahn/M. Stempfhuber (Hrsg.): Präsenzen 2.0, Körperinszenierung in Medienkulturen, Wiesbaden 2015 ◆ Ch. Helbig: Medienpädagogik in der Sozialen Arbeit, München 2014 ◆ B. Jörissen/W. Marotzki: Medienbildung – eine Einführung, Bad Heilbronn 2009 ◆ W. Kaminski (Hrsg.): Medienkompetenz in der Sozialen Arbeit, Schwalbach/TS 2010 ◆ T. Lackner: Computerspiel und Lebenswelt, Bielefeld 2014 ◆ M. Löw: Raumsoziologie, Frankfurt/M. 2001 ◆ N. Luhmann: Die Realität der Massenmedien, Opladen 1996 ◆ H. Moser/P. Grell/H. Niesyto (Hrsg.): Medienbildung und Medienkompetenz, München 2011 ◆ H.-U. Otto/N. Kutscher: Informelle Bildung Online,

Weinheim/München 2004 ◆ I. Pöttinger/W. Schill/G. Thiele (Hrsg.): Medienbildung im Doppelpack. Wie Schule und Jugendhilfe einander ergänzen können, GMK, Bielefeld 2004 ◆ Sozialpädagogische Impulse 3/2015: Medienwelten, hrsg. v. Bundesinstitut für Sozialpädagogik, Baden (Österreich) ◆ W. Zacharias: Kulturell-ästhetische Medienbildung 2.0, München 2010 ◆ W. Zacharias: Spiel, in: H.-U. Otto/H. Thiersch (Hrsg.): Handbuch Soziale Arbeit, München [5]2015, 1669–1677.

Links
www.bkj.de
www.gmk.medienpaed.de
www.jff.de
www.computerlexikon.de

Methoden Sozialer Arbeit

Begriffsbestimmung
Methoden *Sozialer Arbeit* sind systematische Handlungsformen für den zielgerichteten beruflichen Umgang mit sozialen Problemen. Sie speisen sich aus professioneller *Ethik,* Sozial- und Humanwissenschaften und reflektierter Berufserfahrung. M. sind für ihren Einsatzbereich allgemeingültig, jedoch keine starren Handlungsanleitungen, sondern situationsbezogen sowie offen und reflexiv für die Eigenarten und Besonderheiten der Menschen und Probleme. M. enthalten Aussagen über die Ziele, Gegenstände und Mittel des reflektierten Handelns; sie sind zielgerichtet, prozessorientiert und systematisch strukturiert. Keine M. eignet sich zur Bearbeitung aller Probleme der sozialberuflichen Praxis. Deshalb wird durch die M. bestimmt, welche Probleme mit ihr erkannt und bearbeitet werden können und für die Zusammenarbeit mit welchen Personen(-gruppen) sie geeignet ist. M. benennen den erforderlichen Rahmen für ihre erfolgreiche Anwendung, die räumlichen und zeitlichen Bedingungen, die Gestaltung des Kontaktes zwischen *Klienten* und SozArb/SozPäd, die Organisation der Zusammenarbeit, die institutionellen und die rechtlich-organisatorischen Vorgaben und die Bestimmung der methodischen Schritte i. E., in ihrer Abfolge und in ihrem Verhältnis zueinander.

Abgrenzungen
Konzepte: Gegenüber M. ist der weitere Begriff der Konzepte abzugrenzen. Konzepte „sind heute i. d. R. zweckgebundene Absichtserklärungen über die geplanten Funktionsmerkmale und Vorgehensweisen einer Sache, eines Verfahrens, eines Projektes, einer Einrichtung. Sie geben vor allem Auskunft über die ‚Ausrichtung des fachlichen Handelns' (z. B. ‚Wir stellen uns vor, dass diese Maßnahme eine wirkungsvolle Alternative zur geschlossenen Unterbringung ist' oder ‚Wir arbeiten nach dem erlebnispädagogischen Konzept von Otto Hahn')" (Kreft/Müller 2010, 20). So ist jetzt in § 45 Abs. 3 S. 1 SGB VIII vorgeschrieben, dass der Träger der Einrichtung bereits mit dem Antrag auf *Betriebserlaubnis* eine Konzeption der Einrichtung vorlegen soll oder sie betonen programmatisch einen Aspekt, z. B. die Lebenslage, die Lebenswelt, den sozialen Raum, die Beteiligung *(Partizipation).* Davon werden Handlungsprinzipien und Arbeitsweisen abgeleitet. Die von Konzepten geleitete Arbeit bedient sich dann der M. in der Zusammenarbeit mit Klienten, KollegInnen, Funktionsträgern und Organisationen.

Techniken: Techniken dienen der Operationalisierung des methodischen Handelns. Der Begriff bezeichnet erprobte, standardisierte Verhaltensmuster, deren Wirkung mit hoher Wahrscheinlichkeit voraussagbar ist. Im vorliegenden Zusammenhang sind Techniken der Kontaktnahme, der Materialerhebung und -sammlung, der Planung, der Rollenklärung, der Phasierung, der Gesprächsführung und der Moderation von Sitzungen und lokalen Prozessen relevant (Beispiele für Techniken und ihre Nutzung bieten darüber hinaus Kreft/Müller 2017).

Die gezielte Anwendung einer Technik in Prozessen wird als Intervention bezeichnet. Allerdings wird dieser Begriff auch für das Tätigwerden von SozArb oder für sozialpolitische Maßnahmen verwendet *(Sozialpolitik).*

Strategien: Wichtiges Element methodischen Arbeitens ist die Aushandlung zwischen KlientInnen und SozArb/SozPäd über die Ziele, die Wege und die einzusetzenden Ressourcen. Als Ergebnis dieses Aushandlungsprozesses wird ein Handlungsplan aufgestellt, der auch als Strategie bezeichnet wird. Die Strategie zielt auf die Lösung eines bestimmten sozialen Problems ab, dagegen sind M. generell im Rahmen ihrer Problemlösungskapazität anwendbar.

Verfahren: Von den M. sind die Verfahren zu unterscheiden. Sie ähneln den M. zwar hinsichtlich ihrer Zielgerichtetheit und der Abfolge von Prozessschritten, verfolgen jedoch nicht ausschließlich und primär spezifisch sozialpädagogisch-sozialarbeiterische Ziele. Verfahrensabläufe sollen

M

vielmehr das Handeln an den Schnittstellen zwischen Recht und SozArb formal ordnen, wie z. B. im Hilfeplanverfahren *(Hilfe zur Erziehung)* nach dem SGB VIII, der *Jugendgerichtshilfe* im Rahmen des Jugendgerichtsverfahrens oder dem Adoptionsverfahren *(Adoption)* nach BGB und AdVermiG.

Die Bedeutung von Verfahren zeigt sich insbesondere bei der Verantwortung für Kunstfehler: Denn „verschärft wurde diese Tendenz dadurch, dass aufgrund von Strafverfahren gegen Sozialarbeiter/-innen für alle Beschäftigen deutlich wurde, dass ‚unsachgemäßes Handeln' auch in der Sozialen Arbeit Folgen haben kann. Diese möglichen Rechtsfolgen bei Verletzung fachlicher Standards können … sowohl zivil- als auch strafrechtliche Folgen haben (genauer bei Münder u. a. 2013 § 1 Rz 31 ff.). Wichtig ist – insbesondere für die möglichen strafrechtlichen Folgen –, dass der/die Beschäftigte im Strafverfahren geltend machen kann, er/sie habe sowohl ‚nach den aktuellen, anerkannten Regeln der Kunst gehandelt' als auch ‚die Besonderheiten des Einzelfalles' angemessen berücksichtigt und sei somit nicht in die Verantwortung zu nehmen. Man denke an die vielen Fälle von Kindesmisshandlung und Kindestötung der letzten Zeit, in denen sich auch Mitarbeiter/innen des Allgemeinen Sozialen Dienstes verantworten mussten" (Kreft/Müller 2010, 14). Und diese aktuellen Regeln der Kunst sind in Verfahren für bestimmte Tatbestände oder Sachverhalte beschrieben, weil es a priori unmöglich ist, für alle Teilbereiche/Arbeitsfelder der Sozialen Arbeit gleichermaßen festzulegen, was ‚die Regeln der Kunst' sind (beispielsweise für die *Jugendhilfeplanung* Kreft/Falten 2003).

Methodenüberblick

Galt bis in die 1970er Jahre die Einteilung in primäre und sekundäre Methoden, differenzieren M. Galuske und C. W. Müller (2012, 587 ff.) in ihrem Überblick „Handlungskonzepte und Methoden" weiter. Der Doppeltitel entspricht der bestehenden Unsicherheit über die Abgrenzung zwischen den Begriffen Methode und Konzept.

Direkt interventionsbezogene Konzepte und Methoden: Sie unterteilen die „direkt interventionsbezogenen Konzepte und Methoden" in „einzelfall- und primärgruppenbezogene Methoden" sowie „gruppen- und sozialraumbezogene Methoden".

Einzel- und primärgruppenbezogene Methoden: Dazu gehören für sie Soziale Einzelhilfe *(Einzelfallhilfe)*, Methoden der *Beratung*, Multiperspektivische Fallarbeit *(Diagnostik, sozialpädagogische)*, Case-Management, *Mediation*, Rekonstruktive Sozialarbeit und Familientherapie *(Familienberatung)*.

Gruppen- und sozialraumbezogene Methoden: Zur zweiten Kategorie zählen sie *Soziale Gruppenarbeit, Gemeinwesenarbeit, Erlebnispädagogik*, Themenzentrierte Interaktion, *Empowerment*, Streetwork/aufsuchende Sozialarbeit *(Straßensozialarbeit/Streetwork)* und Soziale Netzwerkarbeit *(Netzwerke, soziale; Sozialraumorientierung)*.

Indirekt interventionsbezogene Konzepte und Methoden: Als „indirekt interventionsbezogene Konzepte und Methoden" bezeichnen sie *Supervision* und Selbstevaluation *(Evaluation)*.

Struktur- und organisationsbezogene Konzepte und Methoden: Die dritte Kategorie umfasst „struktur- und organisationsbezogene Konzepte und Methoden", darunter werden einerseits Qualitätsmanagement, Qualitätssicherung *(Qualitätsentwicklung)*, Personalführung und -entwicklung *(Sozialmanagement)* sowie Organisationsentwicklung und andererseits *Jugendhilfeplanung (Planung)* subsumiert.

Einflussgrößen für methodisches Arbeiten

Methodisches Handeln in der SozArb findet immer unter Rahmenbedingungen statt, die Einfluss auf die Möglichkeiten und die Gestaltung des konkreten verändernden Handelns haben.

Ko-Produktion: Im Rahmen von Demokratisierung und Individualisierung *(Individuum)* treten bei der Produktion sozialer Dienstleistungen die Klienten den SozArb/SozPäd immer weniger als „Schutzbefohlene" und immer mehr als „Bürger" gegenüber. Bürger lassen sich aber nicht mehr nach dem klinischen Modell „behandeln", vielmehr sind die Änderungspläne mit ihnen auszuhandeln. SozArb muss sich an der Autonomie der Lebenspraxis der Klienten ausrichten. Geplante Änderungsschritte werden nur erfolgreich umgesetzt, wenn sich die Beteiligten im Aushandlungsprozesses auf die Änd. verpflichtet haben. SozArb/SozPäd stellen Unterstützungsleistungen, Strukturen, Informationen und Kooperationen zur Verfügung, die Bürger ändern ihr Verhalten, ihre Einstellungen und ihre Normen, was im ständigen Aushandlungsprozess wieder auf die SozArb/SozPäd zurückwirkt. Die Sozialen Dienstleistungen können also nur durch eine Ko-

Produktion zwischen Bürger und Helfer erbracht werden (Ortmann 1996).

Hilfe und Kontrolle: Der zweite Rahmenfaktor besteht in dem „doppelten Mandat" von *Hilfe* und Kontrolle, das die *Gesellschaft* und ihre Agenturen den SozArb/SozPäd auferlegt. Wenngleich das professionelle Selbstbild durch den Auftrag zur Hilfe geprägt ist, erwartet die Gesellschaft zur Verhinderung oder Korrektur *abweichenden Verhaltens* auch eine Kontrollfunktion von SozArb. Das doppelte Mandat muss daher Gegenstand des Änderungsvertrages und der ständigen Rollenklärung im methodischen Arbeiten sein, damit Sozarb/SozPäd und Bürger-Klient mit dieser Doppelrolle angemessen umgehen können. Das gilt v. a. bei *Krisen und Kriseninterventionen.*

Technologiedefizit: Da drittens methodische SozArb auf die Änd. von Menschen und die Gestaltung sozialer Beziehungen als komplexen Geflechten und Vorgängen gerichtet ist, kann sie nicht mit einer Wenn-Dann-Technologie arbeiten. Wenngleich Änderungsimpulse im Prozess der Entwicklung und Problembearbeitung auf Plausibilitäts- und Wahrscheinlichkeitsüberlegungen beruhen, lassen sich Änderungswirkungen nicht sicher voraussagen. Das Änderungshandeln hat häufig den Charakter des Versuchs. Dieser Umstand wird als Technologiedefizit Sozialer Arbeit bezeichnet.

Strukturierte Offenheit: Weil – viertens – SozArb in den vielgestaltigen und vielschichtigen Alltag der Menschen interveniert, können also M. keine „Ziel-Mittel-Technologie" zur Verfügung stellen, sondern müssen über „strukturierte Offenheit" (Thiersch 2000) verfügen. Dem entspricht die Verfügbarkeit eines umfassenden Instrumentariums für die Vielfalt alltäglicher Situationen. Im Strukturrahmen solch offener M. arrangieren und „erfinden" methodisch arbeitende SozArb/SozPäd in jeder neuen Situation die M. neu *(Methodisches Handeln).* Da aber jede einzelne M. in ihren Wirkungen begrenzt, der Alltag jedoch unbegrenzt weit und vielfältig ist, müssten häufig mehrere unterschiedliche Methoden angewandt werden, was aber die Leistungsfähigkeit einzelner SozArb/SozPäd i. d. R. strukturell übersteigt.

Auswirkungen der Methodenentwicklung und -anwendung

Die Entwicklung und Anwendung von M. wirkt sich auf verschiedenen Ebenen aus:

- Da die Entwicklung, Anwendung und Reflexion berufsspezifischer M. i. V. m. anderen Faktoren ein Element der *Professionalisierung* ist, dient sie der Statusentwicklung der Berufsgruppe gegenüber anderen Berufen.
- Nach innen hat sie mehrere Funktionen. Den SozArb/SozPäd hilft sie, das unübersichtliche Arbeitsfeld des Alltags zu begrenzen, um dem resignativen Sog der Erkenntnis zu widerstehen, dass die sozialen Probleme hyperkomplex sind und deshalb nicht veränderbar seien. Demgegenüber stützen M. die Strukturen der Wahrnehmung und entlasten das Handeln im Berufsalltag. Diese Strukturierung ermöglicht Handeln in den je konkreten Situationen und lässt die Änd. oder Fortschritte als sinnvoll erleben. Die fachliche Gewissheit fördert die berufliche Identifikation und die Souveränität. Damit wird aufgeklärtes, selbstbewusstes, partnerschaftliches und systematisches Verhalten gegenüber den Klienten unterstützt. Dessen Klarheit erleichtert der Klientel die Einschätzung der an sie gerichteten Erwartungen und Angebote.
- Da zum Wesen aller M. gemeinsame *Evaluation* und Selbstreflexion der SozArb/SozPäd gehört, dient methodisches Arbeiten auch dem Schutz der Klientel vor Kunstfehlern. Supervision verstärkt diesen Schutz.
- Ob und welche Wirkungen methodisches Arbeiten erzielt, lässt sich nicht abgesichert feststellen, da SozArb über keine entspr. repräsentative Wirkungsforschung *(Forschung)* verfügt (zu neueren Versuchen vgl. bei Macsenaere/Esser 2015). Da aber alle M. systematisch, zielgerichtet und dialogisch angelegt sind, dienen sie jedenfalls der Bearbeitung und Lösung sozialer Konflikte und Probleme.

Grundsätze methodischen Handelns

Folgende Grundsätze gelten generell für die unterschiedlichen M.:

- Die Menschen sollen nicht den M. angepasst werden, sondern die Anwendung der M. soll den Menschen und Problemen entsprechen und ihnen nützen.
- Methodisches Arbeiten muss auf *Wertschätzung* der Menschen beruhen.
- Methodisches Arbeiten muss multiperspektivisch von den Sichtweisen und Lebenslagen der Klienten ausgehen.

- M. sollen ein Höchstmaß an Selbstbestimmung in Beziehung zur erforderlichen Verantwortung anderen gegenüber ermöglichen.
- M. sollen auf die Erreichung von *Chancengleichheit (Gerechtigkeit, soziale)* gerichtet sein.
- Die Schaffung einer Vertrauensbasis stellt die Grundlage für das Arbeitsbündnis und die helfende Beziehung dar.
- M. sind primär prozessorientiert, sekundär ergebnisorientiert, da sie implizit von der Problemlösungsfähigkeit der Klienten ausgehen. Der oft oberflächlich als Schlagwort zitierte Grundsatz der „Hilfe zur Selbsthilfe" drückt formelhaft aus, dass im Hilfeprozess die Selbsthilfekräfte der Klientel gestärkt und entwickelt werden sollen.
- Die Phasierung unterstützt die Steuerung der Prozesse: 1. Datenerhebung, 2. (gemeinsames) Ordnen und Beurteilen der Fakten, 3. Aufstellen und Umsetzung eines Handlungsplanes, 4. *Evaluation* mit Korrektur und Weiterentwicklung oder Abschluss.
- Die M. verfügen über eine spezifische Problemerkennungs- und Problembearbeitungskapazität, die nie der komplexen Lebenslage im Alltag der Klienten völlig gerecht werden kann. Sie dienen jedoch der Konzentration auf Schlüsselprobleme und Schlüsselressourcen.
- Die Fokussierung reduziert die Totalität der Wirklichkeit auf bearbeitbare Teilfaktoren des sozialen Problems.
- Methodisches Arbeiten dient der Integration des erforderlichen Berufswissens, der Fähigkeit zum Umgang mit den beruflichen Anforderungen *(Handlungskompetenz)* und der klaren respektierenden Haltung *(Ethik)*. Ergebnis dieser Integration ist der berufliche Habitus.

Historische Aspekte

Die Erforschung der *Geschichte der Sozialarbeit/Sozialpädagogik* und ihrer Methoden in Deutschland (v.a. C.W. Müller 1982/2013, Sachße 1994; Galuske 2013; Hering/Münchmeier 2014, zuletzt Wendt 2016) vermittelt einen guten Überblick zum Thema.

An dieser Stelle wird nur die Entwicklung der M. in der BRD ab 1948 in ihren Hauptphasen skizziert:

- Da im Nationalsozialismus 1933–1945 die Entwicklung der M. in Deutschland unterbrochen wurde *(Soziale Arbeit im Nationalsozialismus)*, begann der erneute Methodenimport 1948 aus den USA mit dem European-Recovery-Programm (ERP), dem Marshall-Plan. Die ökonomische Zielsetzung des Programms wurde durch demokratische Umerziehungsprogramme und Hilfen gegen die massenhafte Verelendung begleitet, auch im Rahmen von SozArb. Am Methodenimport beteiligten sich deutsche Emigranten wie G. Konopka und W. Friedländer. Von der klassischen Methodentrias – Einzelfallhilfe, Soziale Gruppenarbeit, GWA – wurden nach 1948 zunächst die soziale Einzelfallhilfe und die soziale Gruppenarbeit übernommen. Deren Einführung wurde durch Studienaufenthalte deutscher Kollegen in den USA (v.a. Cleveland-Programm), die Präsenz US-amerikanischer Leiter in deutschen Nachbarschaftsheimen und US-amerikanischer Referenten bei Fortbildungslehrgängen begünstigt. Die Anwendung beider M. sollte das Nachkriegselend mildern und v.a. die Jugend zu parlamentarisch-demokratischen Verhaltensformen erziehen und angesichts des hohen Arbeitskräftemangels zur Mitarbeit am Wirtschaftsaufbau motivieren. Die zunehmende Übersetzung US-amerikanischer Methodenliteratur unterstützte die Methodenanwendung. Frühe Hinweise auf die *Gemeinwesenarbeit* (GWA) durch H. Kraus und M.R. Vogel/P. Oel (1966) wurden nicht praktisch umgesetzt. Erst als nach den „Wirtschaftswunderjahren" Obdachlosigkeit *(Obdachlosenhilfe)* zu einem unübersehbaren gesellschaftlichen Problem wurde, erfolgte der Zugriff auf die GWA. Zunächst rezipierten Studentengruppen im Rahmen der Studentenbewegung Elemente der GWA. Sie versprachen sich im Rahmen der Randgruppenstrategie die politische Aktivierung der Randgruppen im revolutionären Prozess. Gleichzeitig wurden die *Einzelfallhilfe* und die *soziale Gruppenarbeit* als individualisierend, integrierend und entpolitisierend kritisiert und abgelehnt. Die Studentenbewegung verunsicherte die Lehrenden an den Höheren FS und später FH. Die Methodenkritik wurde übernommen und die „fortschrittlichen" Lehrenden bildeten nicht mehr in M. aus, sondern führten künftig stattdessen „Orientierungen" als Handlungsmaximen ein: antikapitalistische, parteiliche, emanzipatorische, stadtteilbezogene, Bedürfnis- und Alltagsorientierung. Damit waren die „klassischen" M. zunächst Geschichte geworden.
- Zur Reformpolitik der sozialliberalen Koalition (ab 1969) gehörten auch wesentlich staatliche Eingriffe zur Bekämpfung struktureller städtischer Notlagen und lokaler Konflikte, v.a. in Obdachlosensiedlungen, Trabantenstädten und Sanierungsgebieten *(Stadtentwicklungspla-*

nung, Stadterneuerung). Dazu wurden GWA-Projekte initiiert und gefördert, die erstmals in nennenswertem Umfang mit der „dritten Methode“ arbeiteten und auf deutsche Verhältnisse adaptierten. Gemeinwesenprojekte sollten in Kooperation mit Sozialplanern *(Sozialplanung, Planung)* Konflikte im Stadtteil regulieren und die Loyalität der Wohnbevölkerung sichern.

- Die zunehmende Verschärfung wirtschaftlicher Krisen während der 1970er und 1980er Jahre wirkte sich auf die Bevölkerung besonders durch das Ansteigen der Arbeitslosenrate *(Arbeitslosigkeit)* und Funktionsverluste und -veränderungen von Familien aus. Aus diesen Anlässen wurden Sonderprogramme der SozArb entwickelt, wie z.B. Familienhilfe und Erziehungskurse. Dabei stellte sich heraus, dass die programmatischen „Orientierungen“ zur Bewältigung des beruflichen Alltags unzureichend waren. Nach der Abstinenz von Einzelfallhilfe und Gruppenarbeit stellten sich z.B. im Berufsalltag der Familienhilfe Fragen nach methodisch abgesicherten, strukturierten Handlungsmöglichkeiten. In dieser Zeit wurden in der psychosozialen Tradition der „klassischen“ M. aus psychotherapeutischen Verfahren Methoden der Beratung extrahiert und zu eigenen M. von SozArb umgeformt *(Familienberatung, Psychotherapie).*
- Mit der durch die CDU/CSU und FDP-Regierung 1982 eingeleiteten politischen „Wende‘ korrespondierte im öffentlichen Bewusstsein die stärkere Gewichtung individueller psychischer und familiärer Probleme als Ausgangspunkt der gesellschaftlichen Problemlagen. Dem entsprach in der *Ausbildung* und Berufspraxis von SozArb zunehmend die Einführung erfahrungsorientierter, körperbezogener und psychotherapeutisch orientierter Arbeitsformen. Ihre Merkmale waren Politikabstinenz, Anti-Institutionalismus und z.T. auch Theoriefeindlichkeit, während sie Ichzentriertheit, Gefühlsbetontheit und Mystizismus förderten. Diese Entwicklung war auch als Reflex auf die Sinnkrise der Individuen *(Individuum)* nach dem Scheitern der Reformhoffnungen zu verstehen.
- Der Rot-Grüne Regierungswechsel 1998 griff für die SozArb aktuelle Entwicklungen auf und unterstützte diese. Es handelte sich v.a. um die Förderung benachteiligter Stadtteile, u.a. im Rahmen des Programms „Soziale Stadt“, die Verbesserung der Wirksamkeit pädagogisch-sozialer Einrichtungen durch Institutionsberatung und die bürgernahe Neuorganisation der Jugend- und Sozialämter *(Jugendamt, Sozialamt),* um die Jugend- und Sozialarbeit an die veränderten gesellschaftlichen Entwicklungen anzupassen.

Bis heute ist das Problem weitgehend ungelöst, dass sowohl die klassische Methodentrias als auch ein großer Teil der aktuell vielfältig ausdifferenzierten M. unmittelbare Rezeptionen US-amerikanischer Entwicklungen sind, bei denen die Unterschiede zwischen den beiden Gesellschaften i.d.R. nicht thematisiert werden. Dies gilt v.a. hinsichtlich des demokratischen Alltagsbewusstseins der Bürger (s.a. Sachße), der Beziehung zwischen Individual-, Staats- und Gesellschaftsverantwortung, der Art und Spannweite gesellschaftlicher Ungleichheit *(Armut),* des Systems der *sozialen Sicherung (Sozialpolitik, Sozialstaat)* und der Stellung der Kommunen in der Staatsorganisation. Vor dem Hintergrund dieses Problems sind Methodenentwicklungen wie z.B. der ökosoziale Ansatz von Wendt 2010 oder die multiperspektivische Fallarbeit von B. Müller ermutigend und bei all ihrer Unterschiedlichkeit weiter orientierend.

Gegenwärtiger Stand der Methodenentwicklung

Die aktuelle Praxis der SozArb ist bestimmt durch das Streben nach Professionalität, Solidität, Betroffenenbeteiligung *(Partizipation)* und konzeptionellem Handeln, während grundlegende kritische Fragen zu gesellschaftlichen Funktionen von SozArb für die Alltagspraxis weniger bestimmend sind.

Der heutige Stand der M. von SozArb kann unter fünf Gesichtspunkten betrachtet werden:

- **Die Methodenspezialisierung:** Ausgehend vom Studium und vertieft in Zusatzausbildungen *(Weiterbildung)* erwerben SozArb/SozPäd hohe spezifische Qualifikationen in *Beratung,* (systemischer) *Familienberatung* und Familienhilfe, *Erlebnispädagogik, Streetwork (Straßensozialarbeit),* Psychodrama und Soziodrama, Medienarbeit *(Medien/Medienkompetenz/Medienpädagogik), Supervision,* Institutionsberatung, *Sozialmanagement* u.a., die sie für die tägliche Berufstätigkeit fruchtbar machen.
- **Der Methodenpluralismus** entspricht der Methodenspezialisierung: Er erweitert erheblich das Spektrum der beruflichen Handlungsmöglichkeiten. Aber er kann auch mit der Beliebigkeit des „anything goes“ von der Problemorientierung zum (Status-)Selbstzweck führen.
- **Die institutionalisierte Reflexivität:** Die Einsicht in die Notwendigkeit der Reflexion sozialberuflichen Handelns wird heute nicht mehr

M

ernsthaft bestritten, auch nicht von den *Trägern der Sozialen Arbeit.* Dem entsprechen mehrere Arbeitsformen auf verschiedenen Reflexionsebenen mit unterschiedlicher Reflexionsintensität und -tiefe: *Teamarbeit, Supervision,* Kollegialberatung *(Intervision)* und Organisationsentwicklung, die zunehmend Verbreitung finden (neuerlich v. Spiegel 2013) *(Methodisches Handeln).*

- **Die ökologische Orientierung:** (Wendt 2010) Sie lässt sich mit dem „Arbeitsprinzip GWA" in Verbindung bringen und nutzt die Anwendung systemtheoretischer Konstrukte für *SozArb.* Ihre Anwendungsmerkmale: Problembearbeitung als *systemisches Denken und Handeln,* lebensraumorientierte *(Sozialökologie)* Aktivierung und Einbeziehung von Netzwerken, Koordinierung und Kooperation beruflicher Arbeit mit anderen Aktivitäten auf Stadtteilebene in AK.
- **Strategien der Einmischung:** (Mielenz 1981: *Einmischungsstrategie)* eröffnen SozArb die Chance, ihre Berufsethik *(Ethik)* i. V. m. ihrer Fachlichkeit v. a. auf kommunaler Ebene wirksam werden zu lassen. Ironischerweise zwingen die zunehmende private Armut i. V. m. der Verengung der öffentlichen Haushalte die SozArb, sich mit Projekten zur Vermeidung *(Prävention)* bzw. Verminderung der sozialen Folgekosten von Sozialabbau, Ausgrenzung und Diskriminierung zu etablieren.

Neben den bisher beschriebenen Aspekten professionellen methodischen Arbeitens verdient die Laienbewegung als Selbsthilfe und Soziales Ehrenamt für die Lösung Sozialer Konflikte hohe Beachtung *(Bürgerschaftliches Engagement; Selbsthilfe/Selbstorganisation).* Sofern dort SozArb/SozPäd tätig sind, besteht ihr methodisches Instrumentarium primär aus Beratung, Selbsterfahrungs- und Kreativtechniken. Sie wenden sich gegen die Verwissenschaftlichung von SozArb und suchen häufig nach ganzheitlichen Lebens-, Beratungs- und Arbeitskonzepten.

Ausblicke

Aus der Kritik an den methodischen Schwächen von SozArb nach den 1970er Jahren wurden wichtige, mehr oder minder schlüssige Handlungskonzepte entwickelt: z. B. Geißler/Hege (2007) mit dem Versuch einer nichteklektizistischen Handlungskonzeption, abgeleitet aus widersprüchlichen Handlungskonzepten; Boulet/Krauß/Oelschlägel (1980) mit der Entwicklung eines gemeinwesenorientierten Arbeitsprinzips von SozArb, abgeleitet aus der Bestimmung ihrer gesellschaftlichen Funktion; Rauschenbach/Ortmann/Karsten (2000) auf der Basis der alltagsorientierten Sozialpädagogik nach H. Thiersch mit der Heranführung an lebensweltorientierte M. und B. Müller (2008) mit hermeneutischem Zugang zu einer Kunstlehre des Fallverstehens, die an die klassischen M. anknüpft, aber sie im Lichte der soziologischen und ethnologischen *Forschung (Ethnologie)* weiterentwickelt. Der von H. Thiersch eingeführte und von B. Müller weiter entwickelte „offene Typus sozialpädagogischer Professionalität" erfordert SozArb/SozPäd, die forschende Praxis mit professioneller Handlungskompetenz verbinden.

Das Klima für die Anwendung von M. in Institutionen der SozArb hat sich durch das *Kinder- und Jugendhilfegesetz* mit seiner Betonung von Fachlichkeit und methodischen Arbeitsformen erheblich verbessert. Die Diskussion um die Entwicklung einer *Theorie der Sozialarbeit/Sozialpädagogik (Sozialarbeitswissenschaft)* hat sich ebenfalls als sehr befruchtend auf die erneute Methodendiskussion ausgewirkt.

D. Kreft und C. W. Müller haben 2017 den Versuch unternommen, gegen eine ‚Methodeninflation' anzugehen, um zu verhindern, dass irgendwann alles, was ‚geordnetes' Handeln ist, als M. bezeichnet wird. Sie haben deshalb vorgeschlagen, klarer als bisher zwischen Konzepten, Methoden, Verfahren und Techniken zu unterscheiden und den Methodenbegriff künftig nur noch für die drei klassischen M. (Einzelfallhilfe, Gruppenarbeit, Gemeinwesenarbeit in ihren jeweils aktuellen Fortschreibungen) zu verwenden. Denn diese drei bildeten die Grundformern allen sozialpädagogischen/sozialarbeiterischen Handelns ab: als face-to face in der Einzelfallarbeit, das Handeln in und mit Gruppen und im Gemeinwesen.

Alle anderen Formen geordneten, geplanten, strukturierten Handelns sollten dann als Verfahren bezeichnet werden. Die 19 Steckbriefe bei Galuske (2013) – von der sozialpädagogischen Beratung über das Case-Management bis zur Selbstevaluation: immer noch ein konkurrenzloses Unikat – sind – bei genauerer Betrachtung – alles Versuche, die aktuellen Regeln der Kunst (für ein angemessenes Vorgehen, also Verfahren) in einem Teilbereich der Sozialen Arbeit zu beschreiben. Wie schließlich mit diesen drei Instrumenten (Methoden, Verfahren, Techniken) im Einzelfall wirkungsvoll zu arbeiten ist, hat Hiltrud von Spiegel in ihrem Werkzeugkasten für methodisches Handeln (von Spiegel 2013, ab S. 139) vorbildlich beschrieben *(methodisches Handeln).*

E. Jürgen Krauß

M

Literatur

J. J. Boulet/E. J. Krauß/D. Oelschlägel: Gemeinwesenarbeit. Eine Grundlegung, Bielefeld 1980 ♦ M. Galuske: Methoden der Sozialen Arbeit. Eine Einführung, Weinheim/München [10]2013 ♦ M. Galuske/C. W. Müller: Handlungsformen in der Sozialen Arbeit. Geschichte und Entwicklung, in: W. Thole (Hrsg.): Grundriss Soziale Arbeit, Opladen [4]2012, 587–624 ♦ K. A. Geißler/M. Hege: Konzepte sozialpädagogischen Handelns, Weinheim/München [11]2007 ♦ S. Hering/R. Münchmeier: Geschichte der sozialen Arbeit. Eine Einführung, Weinheim/München [5]2014 ♦ D. Kreft/C. W. Müller (Hrsg.): Methodenlehre in der sozialen Arbeit. München 2010 (die 2. Aufl. erscheint Anfang 2017) ♦ D. Kreft/P. Falten: Jugendhilfeplanung. Handeln nach den Regeln der Kunst, in: np 2/2003, 243–252 ♦ M. Macsenaere/K. Esser: Was wirkt in der Erziehungshilfe?. Wirkungsfaktoren in Heimerziehung und anderen Hilfearten, München [2]2015 ♦ I. Mielenz: Die Strategie der Einmischung, in: np, Sonderheft, 6/1981, 57–66 ♦ B. Müller: Sozialpädagogisches Können, Freiburg i.Br. [4]2008 ♦ C. W. Müller: Wie Helfen zum Beruf wurde, Weinheim/München Neuausgabe 2006/[6]2013 ♦ J. Münder u. a.: Frankfurter Kommentar zum SGB VIII – Kinder- und Jugendhilfe. Baden-Baden [7]2013 ♦ F. Ortmann: Neue Steuerungsformen der Sozialverwaltung und soziale Arbeit, in: NDV 2/1996, 62–67 ♦ Th. Rauschenbach/F. Ortmann/M. Karsten (Hrsg.): Der sozialpädagogische Blick, Weinheim/München [2]2000 ♦ C. Sachße: Mütterlichkeit als Beruf, Opladen [2]1994 ♦ sozialmagazin 9-10/2016: Methoden und Handlungsverfahren ♦ H. v. Spiegel: Methodisches Handeln in der Sozialen Arbeit. München/Basel [5]2013 ♦ H. Thiersch: Strukturierte Offenheit. Zur Methodenfrage einer lebensweltorientierten Sozialen Arbeit, in: Th. Rauschenbach/F. Ortmann/M. Karsten (Hrsg.): Der sozialpädagogische Blick, Weinheim/München [2]2000, 11–28 ♦ M. R. Vogel/P. Oel: Gemeinde und Gemeinschaftshandeln, Stuttgart 1966 ♦ W. R. Wendt: Das ökologische Prinzip, Freiburg i.Br. 2010 ♦ P.-U. Wendt: Lehrbuch Methoden der Sozialen Arbeit, Weinheim/Basel [2]2016.

Methodisches Handeln in der Sozialen Arbeit

Zum Begriff des methodischen Handelns

Wer von den *Methoden der Sozialen Arbeit* spricht, bezieht sich meist auf die sog. klassischen amerikanischen Methoden *(Einzelfallhilfe, Soziale Gruppenarbeit und Gemeinwesenarbeit)* oder auf andere „Methoden-Konzepte“ wie sie von Geißler/Hege (2007) oder von Galuske (2013) gesammelt wurden.

Der Begriff des methodischen Handelns beschreibt dem gegenüber eine besondere Art und Weise der Analyse, der Planung und der Auswertung des beruflichen Handelns, die sich vom laienhaften Alltagshandeln unterscheidet. Im Unterschied zum Handlungs- und Interventionswissen – als Set von Methoden oder Techniken, die im engen Zusammenhang der o. g. Methodenkonzepte entwickelt worden sind – bezieht sich das methodische Handeln auf den gesamten Prozess des beruflichen Arbeitens. Das berufliche Handeln in der SozArb realisiert sich im Einsatz der eigenen „Person als Werkzeug“. Methodisch zu handeln heißt, die spezifischen Aufgaben und Probleme der SozArb situativ und kontextbezogen, eklektisch und strukturiert, vorläufig und kriteriengeleitet zu bearbeiten, wobei man sich an Charakteristika des beruflichen Handlungsfeldes sowie am wissenschaftlichen Vorgehen orientieren sollte.

Professionelle müssen ihre Situations- und Problemanalysen, die Entwicklung von Zielen und die Planung ihrer Interventionen verständigungsorientiert, mehrperspektivisch und revidierbar gestalten. Es wird von ihnen erwartet, dass sie ihre Handlungen transparent und intersubjektiv überprüfbar halten, dass sie diese berufsethisch rechtfertigen, unter Zuhilfenahme wissenschaftlicher und erfahrungsbezogener Wissensbestände (Beobachtungs- und Beschreibungswissen, Erklärungs- und Begründungswissen, Wertwissen, Handlungs- und Interventionswissen) erklären und begründen und hinsichtlich ihrer Wirksamkeit bilanzieren können (aktuell Amthor 2014).

Die Aufgaben stellen sich auf den verschiedenen Handlungsebenen der SozArb, nämlich der Fallebene, der Managementebene sowie auch der kommunalen Planungsebene. Für die direkte Arbeit mit den Adressaten/innen, für konzeptionelle Arbeit, Leitung, Organisation, Management sowie *Sozialplanung* u. a. werden sehr verschiedene Methoden und Interventionen gebraucht. Eine Fachkraft muss erkennen können, was in welchem strukturellen und situativen Kontext zu tun ist und wie und mit welchen möglichen Folgen sie es tun kann (oder doch tun sollte) *(Handlungskompetenz, Professionalisierung, Sozialmanagement).*

Zum Entstehungskontext des vorliegenden Konzeptes

Erfahrungen der letzten 30 Jahre zeigen, dass Praktiker/innen bei ihren beruflichen Handlungen überwiegend situativ handeln und sich an

M

hauptsächlich an ihren Erfahrungen und an institutionellen Routinen orientieren. Sie lösen Methoden, Verfahren und Techniken aus ihren konzeptuellen Kontexten heraus und „mixen" sie pragmatisch, nach Kenntnis, Gutdünken, Kompetenz und Erfahrung. Sie transformieren also fachliche Konzepte, kontextuelle Bedingungen und biografisch erworbene Haltungen in situatives Handeln. Die Begründung dieses Handelns entnehmen sie dem Reservoir ihres persönlich verfügbaren wissenschaftlichen und erfahrungsabhängigen Erklärungswissens.

Seit Beginn der Hochschulausbildung für die SozArb wurde dieses pragmatische Vorgehen als unwissenschaftlich kritisiert. Man versuchte auf verschiedenen Wegen, den Beruf wissenschaftlich zu qualifizieren, um z. B. einen Theorie-Praxis-Transfer über die Konstruktion von Technologien (z. B. van Beugen 1972) oder handlungsanleitenden Theorien (z. B. Staub-Bernasconi 1986) zu gewährleisten. Nach einigen Irrläufen wurde deutlich, dass die Konstruktion des systematischen, reflektierten und institutionell gestützten Einsatzes der eigenen „Person als Werkzeug" (Gildemeister 1983), wie sie schon von den Gründerinnen des Berufes (z. B. Alice Salomon) zu Beginn des letzten Jh. angelegt wurde, die sinnvollste ist. Zusammengefasst besteht die „professionelle Kunst" nach dem derzeitigen Diskussionsstand darin, die verschiedenen Wissensbestände, die für die Praxis der SozArb Geltung beanspruchen, fallbezogen und mit Blick auf die Anforderungen der Praxis „auszunutzen" bzw. zu kontrastieren und zu „relationieren" (Dewe u. a. 1992). Fachkräfte sollten also ihre „berufliche Persönlichkeit" so qualifizieren, dass sie i. S. der o. g. Definition handlungsfähig sind.

M

Grundlagen für methodisches Handeln

Das hier vorgestellte Konzept fußt auf Erkenntnissen und Gemeinsamkeiten vergleichbarer Konzepte für methodisches Handeln der letzten 30 Jahre (u. a. van Beugen 1971, Pincus/Minahan 1980, Heiner/Meinhold u. a. 1998) und bezieht neuere Einsichten über die Charakteristika des Handlungsfeldes und die Orientierung an der wissenschaftlichen Vorgehensweise ein (v. Spiegel 2013). Charakteristika der beruflichen Handlungsstruktur sind z. B.:

- **Doppeltes Mandat:** SozArb ist gesellschaftlich definierte Hilfe, die in Institutionen organisiert wird. Daraus folgt, dass die sie niemals nur im „parteilichen" Sinne ihrer Adressaten/innen agieren und oder gar mit dem Kundenbegriff operieren kann. Fachkräfte sind auf beide Seiten – Institution und Lebenswelt – verwiesen und sollten dieses in ihr Berufsverständnis integrieren. Obwohl der Staat durch seine Institutionen Ziele und Zwecke der SozArb weitgehend festlegt, sind die Fachkräfte in der Ausgestaltung ihres konkreten Umganges mit ihren Adressaten/innen weitgehend autonom, was ihnen Handlungsspielräume für die fachliche Ausgestaltung ihrer Arbeit gewährt.
- **Subjektive Wirklichkeitskonstruktion:** Was Menschen bei der Aufgabe ihrer Alltagsgestaltung und -bewältigung als gelingend und was sie als problematisch empfinden, wie es erklären und wie sie damit umgehen, das ist das Ergebnis ihrer individuellen Deutungsmuster und ihrer Konstruktion der Wirklichkeit. Da Wirklichkeit niemals unabhängig von der Wahrnehmung, Beschreibung oder Erklärung einer Beobachterin dargestellt werden kann, müssen alle Sichtweisen prinzipiell als gleichwertig behandelt werden.
- **Strukturelles Technologiedefizit:** Die SozArb verfügt über ein „Technologiedefizit", das strukturell durch die Komplexität und Unvorhersehbarkeit sozialer Prozesse begründet ist. Daher ist es auch nicht möglich, pädagogische Prozesse in Gänze zu steuern, zu kontrollieren und Wirkungen exakt vorherzusagen. Notwendig ist eine relativierte und revidierbare Form der pädagogischen Planung, die sich auf Hypothesenbildungen stützt.
- **Koproduktion und dialogische Verständigung:** SozArb erfolgt – wie alle personenbezogenen sozialen Dienstleistungen – „uno actu": Prozesse und Ergebnisse werden gleichzeitig „produziert" und „konsumiert"; sie können daher nicht auf der Grundlage einseitiger Planung oder Intervention entstehen, sondern in einen dialogischen Verständigungsprozess mit den Partnern/innen. Fachkräfte sind zuständig und verantwortlich für ihren Teil der Koproduktion, ohne dass sie sich von der Verantwortung für den Part der Adressaten/innen entledigen können. Sie müssen über den Willen zur *Partizipation* und die Fähigkeit des dialogischen Aushandelns sowie eine berufliche Haltung verfügen, die tendenziell die Nachfrage und den Gebrauchswert der Angebote für die „Nutzer" in den Mittelpunkt stellt.

Regeln: Aus den Charakteristika lassen sich u. a. folgende Regeln für methodisches Handeln ableiten:

- Sorgfältige Analyse der spezifischen Arbeitsaufträge und der eigenen Rolle im Bewusstsein

der doppelten Verwiesenheit auf die Institution und die Lebenswelt der Adressaten/innen sowie gesellschaftliche Definitionsprozesse von Hilfebedürftigkeit und gesellschaftsstrukturelle Hintergründe individueller Problemlagen;
- mehrperspektivische und dialogische (evtl. stellvertretende) Deutung der Situation, der Motive und Sinnkonstruktionen der Adressaten/innen;
- revidierbarer Entwurf begründeter Hypothesen über die Beschaffenheit und die Erklärung der Situation bzw. des Problems im Prozess der Verständigung mit den Beteiligten;
- dialogische Konstruktion von revidierbaren Wirkungszusammenhängen als hypothetische Kombination der (ausgehandelten) Problemdefinition und ihrer Erklärung, des angestrebten Zustandes (Zielsetzung) sowie der denkbaren Interventionen (inkl. Alternativen) und ihrer möglichen Folgewirkungen;
- verantwortliche und professionelle Gestaltung der Aktivitäten in den verschiedenen Handlungsbereichen bei gleichzeitiger Achtung der Autonomie der Adressaten/innen und deren Nutzenerwartungen im Prozess der Koproduktion.

Wissenschaftliches und berufliches Handeln

Zur Orientierung an der wissenschaftlichen Vorgehensweise ist festzuhalten, dass sich berufliches Handeln nicht nach dem Muster wissenschaftlichen Handelns ordnen lässt. Es ist aber möglich, dessen Prinzipien für das methodische Handeln zu übernehmen. Ein Beispiel ist der Umgang mit individuellen Deutungsmustern und der selektiven Wahrnehmung. Beide dienen der Ökonomie des menschlichen Handelns, denn durch Selektionen reduziert man Komplexität und erhält sich somit seine Handlungsfähigkeit. Wissenschaftlich Arbeitende haben Verfahren zur Kontrolle dieser Mechanismen entwickelt, weil sie dazu führen können, die eigene Wahrnehmung absolut zu setzen und die Perspektiven und Deutungsmuster der Adressaten/innen zu ignorieren.

Empfehlenswerte Prinzipien der wissenschaftlichen Vorgehensweise für die Qualifizierung des methodischen Handelns sind u. a.:
- explizite Offenlegung des Vorverständnisses und Erkenntnisinteressen (z. B. durch Hypothesenbildung zu „Ursache-Wirkungs-Zusammenhängen");
- kriteriengeleitete Erfassung von Wirklichkeit mithilfe konzeptioneller Raster;
- Reflexion der individuellen Wertestandards durch Relationierung mit beruflichen Wertestandards und anderen Sichtweisen;
- berufsethische Rechtfertigung der ausgehandelten Ziele und Interventionen;
- fachliche Begründung der konstruierten Interventionen;
- Dokumentation der Hypothesen und Interventionen als Grundlage für fachöffentliche Nachprüfbarkeit, Evaluation und ggf. Revision.

Kompetenzen für das methodische Handeln

Ein Nachweis für die *Professionalisierung* der SozArb ist, dass die Zuständigkeiten der Profession für die Bearbeitung bestimmter Inhalte deutlich umrissen, und dass die Kompetenzen für die verantwortliche Bearbeitung dieser Inhalte beschreibbar sind. Dazu gehören u. a. Kenntnisse der berufs- und arbeitsfeldspezifischen Wissensbestände, die Beherrschung anerkannter methodischer Vorgehensweisen, ein berufethischer Code und die Verwendung einer spezifischen Fachsprache. All das legitimiert professionelle Kompetenz (i. S. von Zuständigkeit und Können) und vermittelt berufliche Identität.

Methodisches Handeln berücksichtigt den Umstand, dass Professionelle der SozArb mit ihren Adressaten/innen hauptsächlich in deren Alltag (ihrer Lebenswelt) interagieren und hier im Wesentlichen auf den Einsatz ihrer eigenen „Person als Werkzeug" verwiesen sind. Sie verfügen prinzipiell über das gleiche kommunikative Instrumentarium wie die Menschen, mit denen sie arbeiten. Wenn sie dieses als „Werkzeug" einsetzen wollen, müssen sie ihre Interventionen zielgerichtet und fachlich begründet und auf eine Weise konstruieren, die mit der Alltagskommunikation der Adressaten/innen kompatibel ist.

Fachkräfte müssen für den beruflichen Einsatz ihre „mitgebrachten" Alltagskompetenzen weiter qualifizieren. Man kann diese nach der auch im Alltag geläufigen Unterscheidung zwischen „Kopf" (Kognition/Wissen), „Herz" (Emotion/berufliche Haltungen) und „Hand" (praktische Tätigkeiten/Können) unterteilen:
- **Können:** Die Dimension des Könnens beschreibt Bündel methodischer Fähigkeiten zur „handwerklichen" Umsetzung beruflicher Aufgaben. Die Kompetenzen dieser Dimension kann man im Wesentlichen erlernen und einüben. Sie satteln auf (mitzubringende) Schlüsselkompetenzen – v. a. Kommunikationsfähigkeit und Flexibilität – auf, ohne die methodisches Handeln und der Einsatz der „Person als Werkzeug" nicht denkbar ist. Hierbei geht

M

es neben Grundoperationen des methodischen Handelns auch um Fähigkeiten und Arbeitstechniken zur effektiven und effizienten Gestaltung der Arbeitsprozesse.

- **Wissen:** Bei der „professionellen" Ausgestaltung ihrer beruflichen Handlungen greifen Fachkräfte auf strukturell verschiedene Wissensbestände zurück (s. o.). Sie brauchen einen gewissen Fundus solcher arbeitsfeldspezifischer und arbeitsfeldunabhängiger Wissensbestände (Theorien und Konzepte), um ihre praktische Arbeit und ihre Erfahrungen mit wissenschaftlichem Wissen relationieren, konfrontieren, anreichern und/oder auch überprüfen zu können.
- **Haltungen:** Die Dimension der beruflichen Haltungen thematisiert den Umstand, dass berufliches Handeln in der SozArb wertgeleitetes Handeln ist. Sie enthält Hinweise auf reflexive Kompetenzen sowie den Willen, die eigenen Werte und Einstellungen mit dem Fundus des beruflichen Wertewissens zu konfrontieren und eine reflektierte berufliche Haltung zu entwickeln.

Eine differenziertere Darstellung der diesen Kompetenzdimensionen zugeordneten Einzelkompetenzen findet sich in v. Spiegel (2013).

Arbeitshilfen für methodisches Handeln

Es scheint unmöglich, alle äußeren und die persönlichkeitsbedingten Faktoren des beruflichen Handelns in eine Gesamtschau zu bringen, die orientierende methodische Zugänge zu diesem Beruf vermitteln könnte. Es ist müßig, Meta-Modelle für die Integration von Konzepten und Methoden zu entwickeln, in denen sich mosaikartig Baustein um Baustein zu einem nach den Regeln der professionellen Kunst entworfenen „Gesamtkunstwerk" zusammenfügt. Denn eine optimale und verallgemeinerbare methodische Vorgehensweise gibt es nicht. Die Orientierung an den Aufgaben, Situationen und Problemen der Praxis fordert, dass Fachkräfte Teilstücke aus Theorien und Konzepten zu „methodischen Collagen" zusammenstellen. Es muss nicht alles theoretisch zusammen „passen"; aber es ist notwendig, beliebige oder „persönliche" Collagen in „professionell gestaltete" Collagen zu wandeln.

Ein Weg, das methodische Handeln zu qualifizieren, sind Arbeitshilfen, denen „Regeln für das methodische Handeln" schon innewohnen und die als Planungs- und Reflexionswerkzeug für die professionell gestaltete Collage eingesetzt werden können. Es sind arbeitsfeldübergreifend konzipierte „Analyse und Planungshilfen" für die Strukturierung der Arbeitsschritte in den verschiedenen Handlungsbereichen (vgl. die Übersichten in Kap. 5 in v. Spiegel 2013).

Die Form der Arbeitshilfen als systematisierte Checklisten soll gewährleisten, dass die skizzierten Anforderungen an methodisches Handeln systematisch berücksichtigt werden. Sie können helfen, die Komplexität einer Aufgabe, einer Situation oder eines Problems zu reduzieren und Theorien und Konzepte der verschiedenen Wissensbestände situations- und problembezogen heranzuziehen und auszunutzen. Die Arbeitshilfen bilden somit kein neues Methodenset, sondern es sind Beobachtungs-, Such- und Reflexionsstrategien. Um mit diesem Werkzeug arbeiten zu können, muss man über Praxiserfahrungen und auch über Wissen aus allen vier Wissensbeständen verfügen, denn die Arbeitshilfen selbst sind Gerüste oder Platzhalter, die „leer" sind. Sie sollen lediglich gewährleisten, dass die wesentlichen Strukturelemente, die das berufliche Handeln konstituieren, zusammengebracht werden, und dass nichts „vergessen" wird. Die Inhalte, die jemand mit Blick auf spezielle Aufgaben/Probleme in diese Gerüste einfügt, werden nicht vorgegeben. Hier sind nach wie vor die Kenntnisse und die Verantwortung jeder individuellen Fachkraft für die Güte und Angemessenheit der Auswahl gefragt.

Die Arbeitshilfen sind so konzipiert, dass man sie als „Bausteine" immer anders zusammensetzen kann: Sie beziehen sich auf alle Schritte des methodischen Handelns und nicht nur auf die „Diagnose" oder das Fallverstehen *(Diagnostik, sozialpädagogische)*. Sie sind untereinander kombinierbar und ergänzen sich. Sie legen Schrittfolgen nahe (ohne darauf festzulegen) und strukturieren auf diese Weise Arbeitsprozesse. Die systematisierte Fassung hilft, immer wieder vergleichbare Daten zu sammeln und so die Vorbedingungen für eine Evaluation zu schaffen. Die Form (Checkfragen, einfaches Tabellenprinzip) ist leicht selbst herstellbar (Word-Tabellen) und zügig zu bearbeiten (keine „Aufsätze", sondern Stichworte). Der „Zwang" zur Vollständigkeit der Bearbeitung schränkt die Selektion und die Beliebigkeit im Umgang mit Deutungen, Wissensbeständen und Verfahrensweisen ein. Weitere Beispiele und theoretische Fundierungen dieser Art von Arbeitshilfen finden sich u. a. in den Entwürfen zum methodischen Handeln von Heiner/Meinhold/v. Spiegel/Staub-Bernasconi (1998) sowie in v. Spiegel (2000a, 2000b, ausführlich und aktuell 2013).

Übersicht: Kompetenzbündel für die Soziale Arbeit

	Fallebene	Managementebene
Können	• Fähigkeit zum kommunikativen, dialogischen Handeln • Fähigkeit zum Einsatz der „Person als Werkzeug" • Beherrschung von Grundoperationen des methodischen Handelns	• Fähigkeit zur effektiven und effizienten Gestaltung der Arbeitsprozesse • Fähigkeit zur organisationsinternen Zusammenarbeit • Fähigkeit zur interinstitutionellen und kommunalpolitischen Arbeit
Wissen	• Beobachtungs- und Beschreibungswissen • Erklärungs- und Begründungswissen • Wertwissen • Handlungs- und Interventionswissen	• Kategorien wie nebenstehend, jedoch andere Inhalte
Berufliche Haltungen	• reflexive Arbeit an der beruflichen Haltung • Orientierung an Wertestandards der Sozialen Arbeit • Reflektierter Einsatz beruflicher Haltungen	• Kategorien und Inhalte wie nebenstehend

Ausblick

In der Methodenliteratur für die SozArb findet man unterschiedliche Vorschläge zur Methodisierung beruflichen Handelns: Zu den klassischen Methoden der SozArb kamen im Laufe der letzten 30 Jahre viele mehr oder weniger arbeitsfeldspezifische Konzepte, wie etwa die systemische *Beratung*, die klientenzentrierte Gesprächsführung oder die multiperspektivische Fallarbeit (Müller 1993/2012/Geißler/Hege 2007/Kreft/C. W. Müller 2010/²2017/Galuske 2013/Amthor 2014). Sie stiften einen sinnhaft begründeten Zusammenhang von Zielen, Inhalten und Verfahren/Techniken. Daneben wurden immer schon Phasenmodelle entwickelt (z. B. van Beugen 1972 oder Pincus/Minahan 1980). Die „neue" Generation von Konzepten methodischen Handelns besteht aus Arbeitshilfen, die stärker an den Erfordernissen des beruflichen Alltagshandelns orientiert sind und die als eigenständige Module dort einsetzbar sind, wo sie gebraucht werden, ohne dass ihre theoretische Fundierung dadurch verloren ginge. Es bleibt zu hoffen, dass die Kombination von „Methodenkonzepten" und methodischem Handeln die Professionalität der beruflich Handelnden nachhaltig befördert.

Hiltrud von Spiegel

Literatur

R. Amthor. Handlungskonzepte der Sozialen Arbeit, in: uj 7+8/2014, 290–299 ◆ M. van Beugen: Agogische Intervention. Planung und Strategie, Freiburg i.Br. ²1972 ◆ B. Dewe/W. Ferchhoff/F. O. Radtke: Das „Professionswissen" von Pädagogen. Ein wissenstheoretischer Rekonstruktionsversuch, in: B. Dewe/W. Ferchhoff/F. O. Radtke (Hrsg.): Erziehen als Profession. Zur Logik professionellen Handelns in pädagogischen Feldern. Opladen 1992 ◆ M. Galuske: Methoden der Sozialen Arbeit. Eine Einführung. Weinheim/München ¹⁰2013 ◆ K. Geißler/M. Hege: Konzepte sozialpädagogischen Handelns. Ein Leitfaden für soziale Berufe. Weinheim/Basel ¹¹2007 ◆ R. Gildemeister: Als Helfer überleben. Beruf und Identität in der Sozialarbeit/Sozialpädagogik, Neuwied 1983 ◆ M. Heiner/M. Meinhold/H. v. Spiegel/S. Staub-Bernasconi: Methodisches Handeln in der Sozialen Arbeit, Freiburg i.Br. ⁴1998 ◆ D. Kreft/C. W. Müller: Methodenlehre in der sozialen Arbeit. München 2010/²2017 ◆ B. Müller: Sozialpädagogisches Können. Ein Lehrbuch zur multiperspektivischen Fallarbeit, Freiburg i.Br. ⁷2012 ◆ A. Pincus/A. Minahan: Ein Praxismodell der Sozialarbeit, in: Specht/Vickery: Methodenintegration in der Sozialarbeit, Freiburg i.Br. 1980 ◆ H. v. Spiegel: Methodische Hilfen für die Gestaltung und Evaluation des Prozesses der Zielfindung und Zielformulierung im Hilfeplanverfahren. Expertise. DJI-Arbeitspapier Nr. 5–158, München 2000 (2000a) ◆ H. v. Spiegel (Hrsg.): Jugendarbeit mit Erfolg. Arbeitshilfen und Erfahrungsberichte, Münster 2000 (2000b) ◆ H. v. Spiegel: Methodisches Handeln in der Sozialen Arbeit, München ⁵2013 ◆ F Stimmer: Grundlagen des methodischen Handelns in der Sozialen Arbeit, Stuttgart ³2012 ◆ S. Staub-Bernasconi: Soziale Arbeit als eine besondere Art des Umgangs mit Menschen, Dingen und Ideen, in: Sozialarbeit 10/1986 (Schweizerischer Berufsverband diplomierter Sozialarbeiter und Erzieher).

Weitere Literatur bei *Methoden Sozialer Arbeit*

Mietrecht

Die Industrialisierung um die Jahrhundertwende und die damit verbundene Wanderungsbewegung in die Ballungszentren hat auch die Wohnstrukturen radikal geändert. Der dadurch entstandene Mietwohnungsmarkt ist seitdem zu einem sozialpolitischen Diskussionsstoff geworden, der bis heute noch brandaktuell bleibt *(Wohnen)*.

Einen möglichst ausgewogenen Interessenausgleich zwischen Mieter und Vermieter zu finden und dabei auf eine soziale Ausgestaltung zu achten, ist das Wesen des heutigen M. Die rechtliche Grundlage eines Mietverhältnisses richtet sich nach den Bestimmungen des BGB, die jahrzehntelang unverändert blieben, aber durch zahlreiche andere gesetzliche Bestimmungen ergänzt wurden. Mit dem Gesetz zur Neugliederung, Vereinfachung und Reform des M. (Mietrechtsreformgesetz), das am 1. September 2001 in Kraft getreten ist, sind alle mietrechtlichen Regelungen wieder im BGB zusammengefasst worden. Ausnahme bleiben weiterhin öffentlich geförderte Wohnungen, für die das Gesetz zur Sicherung der Zweckbestimmung von Sozialwohnungen (WoBindG) i. d. F. vom 31. 10. 2006 gilt.

Mit dem neuen M. ist eine Vereinfachung erreicht worden, es wurde verständlicher und in seiner Sprache moderner formuliert.

M

Inzwischen wurde die Mietrechtsreform 2013 und 2015 umgesetzt. Mit dem Mietrechtsänderungsgesetz zum 1. 5. 2013 wurde die Förderung von Maßnahmen zur Energieeinsparung, u. a. der leichteren Durchsetzbarkeit von energietischen Sanierungsmaßnahmen umgesetzt. Das Gesetz listet nunmehr auf, welche energetischen Modernisierungsmaßnahmen der Mieter nach § 555b BGB zu dulden hat. Die Duldungspflicht besteht allerdings nicht schrankenlos. Sie entfällt wenn die Maßnahme für den Mieter eine besondere Härte bedeuten würde. Bei energetischen Modernisierungen ist zudem eine Minderung der Miete wegen Mängel innerhalb der ersten 3 Monate der Maßnahme nicht mehr möglich (§ 536 I a BGB).

Zum 1. 5. 2013 erfolgte auch eine Änderung des § 558 Abs. 2 und. 3 BGB. Den Bundesländern wurde für Gebiete mit angespannten Wohnungsmärkten die Möglichkeit an die Hand gegeben, die sog. Kappungsgrenze per Rechtsverordnung von 20 auf 15 % herabzusenken, um so flexibel auf Mietsteigerungen besonders in Ballungsräumen reagieren zu können. In den festgelegten Gebieten sind Mieterhöhungen nur noch bis maximal 15 % binnen dreier Jahre möglich.

In der Mietrechtsreform 2015 ging es v. a. darum den Anstieg von Neuvertragsmieten auf angespannten Wohnungsmärkten zu dämpfen (sog. Mietpreisbremse). Die Mietpreisbremse gilt nur in Gebieten, die von den Landesregierungen bestimmt worden sind (§ 556d Abs. 2 BGB) und in denen ein angespannter Wohnungsmarkt herrscht. In diesen Gebieten dürfen die Neuvertragsmieten maximal 10 % über der ortsüblichen Vergleichsmiete liegen. Das Gesetz kennt allerdings zahlreiche Ausnahmen. Ausgenommen sind z. B. Wohnungen, die nach dem 1. 10. 2014 erstmals vermietet werden.

Zum 1. 6. 2015 erfolgte auch eine Änderung des Wohnungsvermittlungsgesetzes (§ 2 Abs. 1a und 5, § 8) zu mit dem Ziel der Stärkung des Bestellerprinzips bei Maklergebühren. Seit diesem Zeitpunkt ist der Vermieter der seine Wohnung an einen Makler übergibt für die Zahlung der Provision zuständig. Vereinbarungen die Zahlungspflicht auf den Mieter abzuwälzen sind unwirksam. Verstöße dagegen führen zur Nichtigkeit des Maklervertrages. Seit Frühjahr 2016 liegt der Referentenentwurf für das 2. Mietrechtsnovellierungsgesetz vor, in dem es um die Reform des Mietspiegels und die umlegbaren Modernisierungskosten geht.

Der Mietvertrag

Den Mietvertrag können Mieter und Vermieter im Prinzip frei gestalten; er bedarf nicht einmal der Schriftform. Nachdem aber Mietangelegenheiten zu den spannungsreichsten Rechtsverhältnissen zählen, wird heute ein schriftlicher Mietvertrag als unumgänglich angesehen. Falls nicht wirksam abweichende Einzelheiten vereinbart werden, gelten die §§ 535–580a BGB.

Die Miete

Die Miete kann frei vereinbart werden. Dies gilt auch für Mieterhöhungen, wobei jedoch jeweils Grenzen gesetzt sind.

- Den grundsätzlichen Maßstab, ob eine Miete angemessen ist, bildet die „ortsübliche Vergleichsmiete“ (§ 558 BGB), die sich am einfachsten nach einem Mietspiegel (§§ 558c, 558d BGB) bestimmen lässt. Möglich sind aber auch die Auskunft aus einer Mietdatenbank (§ 558e), ein Sachverständigengutachten oder die Benennung von Mieten dreier vergleichbarer Wohnungen.
- Auch Mieterhöhungen sind Regeln unterworfen, damit auch Mieten, die deutlich unter der ortsüblichen Vergleichsmiete liegen, nicht sprunghaft ansteigen können. So gilt, dass das Mieterhöhungsverlangen frühestens ein Jahr

nach der letzten Mieterhöhung geltend gemacht werden kann (§ 558 BGB). Dies gilt jedoch nicht bei der Umlegung von Modernisierungskosten und bei Betriebskostenerhöhungen. Darüber hinaus ist die „Kappungsgrenze" zu beachten. Dieser Wert für eine maximale Mietanhebung beträgt 20 %, nach Festlegungen in Gebieten mit angespannten Wohnungsmärkten nur 15 % binnen dreier Jahre.

Die Kündigung

Ein Mietverhältnis endet bei einer wirksamen Kündigung nach Ablauf der Kündigungsfrist. Kündigen darf ein Vermieter aber nur, wenn er ein berechtigtes Interesse hat oder wenn Gründe für eine fristlose Kündigung (schwere Beleidigung, Bedrohung, tätliche Angriffe o. Ä.) vorliegen. Das BGB nennt beispielhaft Gründe für ein berechtigtes Interesse des Vermieters, und zwar

- die schuldhaft nicht unerhebliche Verletzung der Vertragspflichten (z. B. Mietrückstände),
- die Hinderung an der angemessenen wirtschaftlichen Verwertung des Grundstücks (z. B. notwendige umfangreiche Modernisierungen) und
- wenn der Vermieter die Räume als Wohnung für sich oder seine Angehörigen benötigt (Eigenbedarf).

Darüber hinaus ist eine Teilkündigung des Vermieters für nicht zum Wohnen bestimmte Nebenräume möglich, wenn z. B. das Dachgeschoss zu neuem Wohnraum ausgebaut werden soll.

Kein Kündigungsgrund sind aber z. B. die Erhöhung der Miete oder der Verkauf der Wohnung. Die Kündigung hat schriftlich zu erfolgen (§ 568 BGB). Die Fristen richten sich nach der Mietdauer, wobei in der Mietrechtsreform asymmetrische, also unterschiedliche Kündigungsfristen für Mieter und Vermieter eingeführt worden sind. Für Mieter gilt bei unbefristeten Verträgen eine Frist von drei Monaten, unabhängig von der Länge der Mietdauer. Für Vermieter gelten gestaffelte Kündigungsfristen und zwar bei einer Vertragsdauer bis 5 Jahre 3 Monate, bis 8 Jahre 6 Monate und ab 8 Jahre 9 Monate (§ 573c BGB), bei Altverträgen bis zu 12 Monate.

Gerät ein Mieter in Zahlungsrückstände (z. B. wenn 2 Monatsmieten nicht gezahlt wurden) und der Mietvertrag ist vom Vermieter gekündigt worden, dann kann der Vermieter bei dem vor Ort zuständigen Amtsgericht eine Räumungsklage einreichen. Kommt keine Einigung zwischen Mieter und Vermieter zustande, droht die Zwangsräumung. Zur Sicherung der Wohnung, d. h. zur Vermeidung von Obdachlosigkeit können nach SGB II oder SGB XII Mietrückstände als Beihilfe oder Darlehen übernommen werden *(Obdachlosenhilfe, Schuldnerberatung).*

Bei einer Umwandlung von Miet- in Eigentumswohnungen gilt zunächst, dass ein Kauf die Miete nicht bricht (§ 566 BGB). Dies bedeutet, dass ein neuer Eigentümer vom Mieter keinen neuen Mietvertrag verlangen darf. Außerdem steht dem Mieter unter weiteren Voraussetzungen ein Vorkaufsrecht zu (§ 577 BGB). Einen weiteren Schutz hat der Gesetzgeber bei der Umwandlung für den Eigenbedarf geregelt. So darf Eigenbedarf grundsätzlich erst 3 Jahre nach dem Erwerb einer Wohnung geltend gemacht werden (§ 577a BGB). Die Landesregierungen können diese Frist auf 10 Jahre verlängern, wenn die ausreichende Versorgung der Bevölkerung mit Mietwohnungen zu angemessenen Bedingungen besonders gefährdet ist, wie es z. B. in den großen Städten der Metropolregion Nürnberg der Fall ist; hier wurde diese Regelung umgesetzt. Erst nach Ablauf der Frist kann dann zu den „üblichen" Bedingungen des BGB gekündigt werden.

Die Modernisierung

Wohnungsmodernisierungen sind grundsätzlich notwendig sowie wünschenswert und gewinnen in der Wohnungswirtschaft zunehmend an Bedeutung. Der Mieter hat Maßnahmen zur Erhaltung, zur Modernisierung, zur Einsparung von Energie oder Wasser, aber auch zur Schaffung neuen Wohnraums, grundsätzlich zu dulden (§ 554 BGB). Dies gilt jedoch nicht, wenn sie für ihn oder seine Familie eine nicht zu rechtfertigende Härte bedeuten würden. Hierbei wären bei einer Abwägung z. B. die umfangreiche Art der Arbeiten, die baulichen Folgen bei dem Verlust eines Zimmers oder die Leistungen von Modernisierungen des Mieters selbst zu berücksichtigen, die er mit Zustimmung des Vermieters durchgeführt hat. Eine Härte wären auch die mit der Modernisierung verbundenen Mieterhöhungen bei Luxusmodernisierungen. Allerdings berechtigt der Einwand wirtschaftlicher Härte den Mieter nicht zur Verweigerung seiner Duldungspflicht betreffend die Ausführung der Arbeiten, sondern kann als Einwand gegen eine Mieterhöhung vorgebracht werden.

Einwendungen des Mieters sind bis zum Ablauf des Monats mitzuteilen, der auf den Zugang einer nach § 555 BGB rechtmäßigen Modernisierungsankündigung folgt.

Der Vermieter hat die Möglichkeit, die Kosten für die Modernisierung auf die Mieten umzulegen. Er kann zz. noch 11 % des Modernisierungs-

M

aufwands pro Jahr auf die Mieten legen (§ 559 BGB). Zu beachten ist, dass Kosten für Instandsetzungsmaßnahmen (z. B. Erneuerung des Daches, Ausbesserung der Fassaden o. Ä.) nicht auf die Mieten umgelegt werden dürfen.

Bei Modernisierungen durch den Mieter sind die Maßnahmen mit dem Vermieter abzusprechen und mit seiner Zustimmung auszuführen. In jedem Fall sollten dabei die Rechte und Pflichten beider Parteien vertraglich festgelegt werden, um späteren Ärger zu ersparen.

Seit der Mietrechtsreform 2001 ist die Möglichkeit gegeben, dass der Mieter vom Vermieter die Zustimmung zu einem behindertengerechten Umbau – auf eigene Kosten – verlangen kann (§ 554a BGB).

Alexandra Frank-Schinke
(bis zur 7. Auflage Hans-Joachim Schlößl)

Literatur

Deutscher Mieterbund: Das Mieterlexikon, Ausgabe 2015/2016 ◆ F. Zwißler: Einführung zu den Grundbegriffen des Mietrechts, Baden-Baden [3]2016 und Nomos Online.

Links

www.mieterbunde.de
www.familien-wegweiser.de

M

Migration und Integration

Migration weltweit

Weltweit sind nach dem Bericht des UNHCR v. Juni 2016 Ende 2015 65,3 Mio. Menschen auf der Flucht. Die Fluchtursachen sind vielfältig. Sie liegen v. a. in kriegerischen Auseinandersetzungen, in Bürgerkriegen, in andauernder Instabilität, massiven Konflikten, Bandengewalt und Verfolgung im Nahen Osten, in Afrika, Asien und Südamerika. Unterschieden werden dabei Fluchtbewegungen im eigenen Land (Binnenflüchtlinge) und Flüchtlinge, die ihr Herkunftsland verlassen (müssen). 65 Mio. Menschen auf der Flucht, das ist die höchste Zahl, die jemals verzeichnet wurde. Weltweit wurden 2015 täglich durchschnittlich 34 000 Menschen zu Flüchtlingen, Asylsuchenden oder zu Binnenflüchtlingen. Insgesamt gab es 2015 21,3 Mio. Flüchtlinge, 40,8 Mio. Binnenflüchtlinge und 3,2 Mio. Asylsuchende mit noch nicht abgeschlossenen Asylverfahren.

Der Krieg in Syrien hat massive Fluchtbewegungen ausgelöst – im eigenen Land (8,7 Mio. Binnenflüchtlinge) und in benachbarte Länder (4,9 Mio. Flüchtlinge und Asylsuchende). Besonders besorgniserregend: die Hälfte aller Flüchtlinge sind Kinder.

Flüchtlinge sind weltweit sehr ungleich verteilt, reiche Länder nehmen weitaus weniger Flüchtlinge auf als nicht-reiche (86 %). In Europa wurden Ende 2014 insgesamt 6,7 Mio. Flüchtlinge gezählt davon 1,6 Mio. in der Türkei), die meisten Asylanträge wurden in Deutschland und in Schweden gestellt. Während Europa viele Jahre die Fluchtbewegungen ignoriert hat und nun an den Aufnahmequoten von Flüchtlingen zu zerbrechen droht, stellt der UN-Flüchtlingskommissar Guterres fest: „Wir geraten in eine Epoche, in der das Ausmaß der globalen Flucht und Vertreibung sowie die zu deren Bewältigung notwendigen Reaktionen alles davor Gewesene in den Schatten stellen …“. (UHNCR v. 18. 6. 2015).

Ende 2015 sind durch die Schließung der Grenzen verschiedener Balkanstaaten (der sog. „Balkanroute“) die Flüchtlingszahlen zurückgegangen. Das Asylpaket II, das Ende Februar 2016 im Schnellverfahren im BT und im BR gegen heftigen Protest verschiedener Organisationen verabschiedet wurde, sieht einige Verschärfungen in den Asylverfahren in Deutschland vor. *(Ausländer- und Asylrecht)*

Migration in Europa

Galt Europa bis Mitte des 20. Jh. nahezu ausschließlich als Auswanderungsregion, so entwickelten sich nach dem 2. Weltkrieg die EU-Länder zu einem bevorzugten Zielgebiet der transnationalen Migration. Alle Staaten der EU sind mittlerweile zu Einwanderungsländern geworden, sie weisen eine positive Wanderungsbilanz auf, wobei die einzelnen Mitgliedsstaaten in unterschiedlichem Ausmaß davon betroffen sind. Die höchste Einwanderung verzeichnete Deutschland, gefolgt von Großbritannien, Frankreich, Italien und Spanien. Ganz anders stellt sich die Situation nach dem Anteil der Ausländer an der jeweiligen Bevölkerung dar: Den höchsten Ausländeranteil aller EU-Mitgliedsstaaten hatte 2015 Luxemburg mit 46 % und mit Abstand Österreich 13 %, Spanien 9,5 % und Deutschland 9,2 % (2 % über dem EU-Durchschnitt von 6,68 %). Kaum ausländische Staatsbürger leben in der Slowakei (1,1 %) und in Polen (0,28 %). Knapp 1 Mio. Menschen haben die Staatsbürgerschaft in einem EU-Mitgliedstaat erworben, die meisten in Spanien mit 23 % (Eurostat Mai 2016).

Überdies unterscheidet die Migrationsforschung (und ist daher kaum vergleichbar) sowohl für die Mitgliedsstaaten der EU als auch für Deutschland unterschiedliche Migrationstypen, die vorrangig auf unterschiedliche Ursachen für Migrationsbewegungen zurückgeführt werden. Neben der Aufnahme ethnisch Zugehöriger (in Deutschland sind dies (Spät-)*Aussiedler*)) sowie neben dem Zuzug von Unionsbürgern im Rahmen von Freizügigkeitsrichtlinien und Familiennachzug, liegen die Hauptursachen für die Zuwanderung in die EU vorrangig in der Flucht vor Verfolgung, Krieg und Bürgerkrieg.

Migration in Deutschland

Infolge des Wirtschaftswachstums kam es Mitte der 1950er Jahre in Deutschland zu einem erheblichen Wirtschaftswachstum insbes. in der Schwerindustrie und im Bergbau. Zur Anwerbung von „Gastarbeitern" sind mehrere Anwerbeabkommen geschlossen worden, das erste 1955 mit Italien, später auch mit Spanien, Griechenland, der Türkei, mit Portugal, Marokko, Tunesien und Jugoslawien. Diese Anwerbung von Arbeitskräften war auf eine befristete Zuwanderung ausgerichtet. Mit der Ölkrise 1973 wurde ein Anwerbestopp erlassen. Danach gab es nur noch den Familiennachzug als einzige Form der Zuwanderung (bpb). Von den 14 Mio. ausländischen Arbeitskräften haben 12 Mio. Deutschland wieder verlassen. Die Zahl ausländischer Staatsbürger sank geringfügig Mitte der 1990er Jahre. Migrations- und Integrationspolitik waren eher restriktiv ausgerichtet.

Das hat sich in den letzten 20 Jahren gründlich geändert. Nach den Angaben des StatBA lebten Ende 2015 in Deutschland 9,1 Mio. Menschen mit einer ausländischen Staatsbürgerschaft (11,2 %), sowie 4,5 Mio. (Spät-)Aussiedler. Darüber hinaus wurden insgesamt ca. 2,4 Mio. Menschen unterschiedlicher Staatsangehörigkeit eingebürgert. Das bedeutet, dass rd. 17,1 Mio. Menschen in Deutschland, unabhängig von der jeweiligen Nationalität, zugewanderter Herkunft sind. Ihr Anteil an der Gesamtbevölkerung liegt bei 21 %. Nach diesen Zahlen haben in Deutschland fast jeder 5. Einwohner sowie 30 % der Familien und 35,9 % der Kinder unter 5 Jahren einen Migrationshintergrund. Kinder haben von Geburt an bis zum 18. Lebensjahr die deutsche Staatsbürgerschaft. Mehr als 81,3 % aller Ausländer leben länger als neun Jahre in Deutschland, 50 % länger als 20 Jahre und 14 % mehr als 40 Jahre. Das Durchschnittsalter von Personen mit Migrationshintergrund liegt bei 35,5 Jahren, das der Deutschen bei 46,4 Jahren (Migrationsbericht 2013, jeweils neuste Zahlen unter www. destatis.de). Deutschland ist also längst ein Einwanderungsland geworden, eine Gesellschaft mit vielen Kulturen und nach wie vor ein bevorzugtes Ziel für Zuwanderer aus anderen EU-Staaten, Flüchtlinge und Asylsuchende.

Zuwanderung aus europäischen Staaten

Binnenwanderungen haben in Europa eine lange Geschichte. Die wesentlichen (neuzeitlichen) Gründe sind Arbeitsmigration während der Industrialisierung, aber auch Flucht und Vertreibung während und nach den beiden Weltkriegen, Anwerbeabkommen mit einzelnen europäischen Staaten in den 1950er Jahren, die EU-Freizügigkeitsrichtlinien ab 1970, die EU-Osterweiterung und letztlich die Wirtschafts- und Finanzkrise insbes. in südeuropäischen Staaten ab 2007 haben (zeitlich und in unterschiedlichem Ausmaß) zu Wanderungsbewegungen aus anderen EU-Staaten nach Deutschland geführt.

Mit dem Gesetz über die allgemeine Freizügigkeit von Unionsbürgern v. 1970 setzte allerdings keine Zuwanderungswelle ein. Insbes. Deutschland und Frankreich befürchteten damals eine „Überflutung" ihres jeweiligen Arbeitsmarktes v. a. mit italienischen Arbeitskräften. Mit der Angleichung des wirtschaftlichen Entwicklungsniveaus in den Mitgliedsstaaten und damit auch des Einkommensniveaus der Unionsbürger verringerte sich der Wanderungsimpuls, was zunächst eine geringe Mobilität in der EU zur Folge hatte.

Die Freizügigkeitsrichtlinie brachte 2004 dann die (fast) uneingeschränkte Niederlassungs- und Arbeitnehmerfreizügigkeit in der EU. Die Regelungen gehen davon aus, dass jeder zugewanderte EU-Bürger im Ausnahmeland erwerbstätig ist oder eine begründete Aussicht auf einen Arbeitsplatz hat. Gelingt das nicht, müssen für die ersten 6 Monate ausreichend Existenzmittel und eine eigene Krankenversicherung vorhanden sein. In Deutschland arbeitslos gewordene EU-Bürger haben einen Anspruch auf Leistungen nach dem SGB II *(Grundsicherung für Arbeitsuchende)*. Der Anspruch von arbeitssuchenden EU-Bürgern, die in Deutschland nicht gearbeitet haben, auf Leistungen nach dem SGB XII *(Sozialhilfe)* soll nach dem Urteil des Bundessozialgerichts im Dezember 2015 durch eine gesetzliche Klarstellung wieder eingeschränkt werden.

Durch die EU-Osterweiterung hat sich (vorerst) keine signifikante Erhöhung der Arbeitskräftemobilität aus den Beitrittsstaaten ergeben. Das am 1.5.2011 in Kraft getretene Freizügigkeitsgesetz für die neuen osteuropäischen Beitrittsländer hat jedenfalls weder die Befürchtungen der Politik vor Armutszuwanderung in die deutschen Systeme der sozialen Sicherung, noch die Befürchtungen der Gewerkschaften vor Lohndumping, aber auch nicht die Hoffnungen der Arbeitgeber auf die Zuwanderung qualifizierter Arbeitnehmer bestätigt.

In Deutschland ist der Anteil der EU-Bürger an allen Ausländern seit Jahren nahezu konstant geblieben. Von den amtlich registrierten ausländischen Staatsangehörigen, die in Deutschland leben haben Unionsbürger einen Anteil von etwa 45 % (Stat.BA 2015). 2014 sind insgesamt 1,5 Mio. Menschen nach Deutschland zugezogen, 830 000 aus anderen EU-Staaten. Geblieben sind rd. 550 000 Menschen, v. a. Rumänen, Polen und Bulgaren, Italiener, Griechen und Spanier, die überwiegend in einer sozialversicherungspflichtigen Beschäftigung arbeiten.

Aussiedlerinnen/Aussiedler: Ebenso wie bei den Unionsbürgern wurde die Zuwanderung und Aufnahme von (Spät-)Aussiedlern in Deutschland über viele Jahrzehnte als unproblematisch angesehen. War in der Vergangenheit die Eingliederung von *Aussiedlerinnen/Aussiedler* auch aufgrund ihrer i. d. R. vorhandenen deutschen Sprachkenntnissen weniger problembelastet, änderte sich diese Situation seit Ende der 1980er Jahre mit der Auflösung des „Ostblocks", v. a. der Sowjetunion erheblich. Die Zuwanderung von SpA aus den Nachfolgestaaten der ehemaligen Sowjetunion stieg seit 1990 deutlich an.

Mit etwa 4,5 Mio. in Deutschland lebenden Menschen, stellen Aussiedler und Spätaussiedler die größte Migrantengruppe. Insbes. der geforderte Nachweis über ausreichende Sprachkenntnisse der SpA und ihrer Familienangehörigen vor der Einreise, aber auch die Verbesserung der Lebensbedingungen in den Auswanderungsstaaten führten zu einem starken Rückgang der Zuzugszahlen. Überdies hat sich die Struktur der SpA und ihrer Angehörigen in den letzten zehn Jahren erheblich verändert. Waren noch 1993 rd. 75 % selbst SpA und nur 25 % mitreisende Familienangehörige, hat sich dieses Verhältnis inzwischen umgekehrt. Nur noch 22 % können die deutsche Volkzugehörigkeit nachweisen, 64 % waren Ehegatten und Abkömmlinge und 14 % nach Ausländerrecht mitreisende weitere Angehörige.

Familiennachzug: Von quantitativer Bedeutung für die Zuwanderung ist der Familiennachzug nach Deutschland. Aufgrund des grundgesetzlichen Schutzes von Ehe und Familie haben ausländische Ehegatten und minderjährige Kinder – bis zum Alter von 16 Jahren – von legal in Deutschland lebenden Ausländern sowie von deutschen Staatangehörigen einen Rechtsanspruch auf Familienzusammenführung. Mit Beginn des Anwerbestopps 1973 nahm diese Form der Zuwanderung stetig zu. Seit 1996 – Einführung der Ehegatten- und Familiennachzugsstatistik – ist ein stetiger Anstieg des Familiennachzugs von ca. 55 000 im Jahr 1996 auf ca. 85 000 im Jahr 2002 festzustellen. Seit 2009 wurden jährlich nur noch zwischen 42 000 und 44 000 Visa zum Zwecke des Ehegatten- und Familiennachzugs erteilt.

Asylsuchende/Flüchtlinge: Unter humanitären Gesichtspunkten werden Flüchtlinge und Asylsuchende in Deutschland, aber auch in der EU, aufgenommen. Dabei handelt es sich vorrangig um Menschen, „die ihr Heimatland wegen Furcht vor Verfolgung, aus politischen, religiösen, ethnischen, nationalen Gründen oder der Zugehörigkeit zu einer sozialen Gruppe verlassen mussten" (Genfer Flüchtlingskonvention 1951).

Politisch Verfolgte haben nach Art. 16 GG in Deutschland ein Recht auf Asyl. Weitere Definitionen dazu gibt es nicht.

Bis zum Ende der 1980er Jahre kamen im jährlichen Durchschnitt rd. 7 000 Asylsuchende und Flüchtlinge nach Deutschland. Ihre Zahl stieg zu Beginn der 1990er Jahre dramatisch an und erreichte mit 438 191 Asylsuchenden und Flüchtlingen 1992 ihren Höhepunkt. In der Folge kam es zu ausländerfeindlichen Ausschreitungen und Gewalttaten und zu heftigen politischen Kontroversen. Schließlich wurde 1993 das GG geändert und in der EU die sog. Drittstaatenregelung eingeführt. Aufgrund vielfältiger Restriktionen nicht nur in Deutschland („Asylkompromiss"), sondern auch auf der Ebene der EU gingen danach die Zahlen der Asylsuchenden und Flüchtlinge zunächst zurück, um dann Mitte/Ende der 1990er Jahre wieder deutlich anzusteigen. Ein hoher Anteil kam aus Afghanistan, Serbien, Iran, Irak und Somalia. Darüber hinaus hat Deutschland rd. 350 000 Bürgerkriegsflüchtlingen vorrangig aus Bosnien-Herzegowina vorübergehenden Schutz gewährt, die bis auf wenige Ausnahmen wieder in ihre Heimat zurückgekehrt sind.

Durch das (im Prinzip restriktive) „Gesetz zur Steuerung und Begrenzung der Zuwanderung und zur Regelung des Aufenthalts und der Integration von Unionsbürgern v. 2005 (Zuwanderungsgesetz) wurde der Schutz von Asylsuchen und Flüchtlingen um nichtstaatliche und geschlechtsspezifische Verfolgung ausgeweitet. Allgemeine Notsituationen (z. B. Armut oder Naturkatastrophen) sind keine Asylgründe *(Ausländer- und Asylrecht).*

Seit 2013 verzeichnet das Stat. BA eine anhaltend hohe Zuwanderung nach Deutschland insbes. auch von Flüchtlingen und Asylbewerbern aus Syrien, Albanien, dem Kosovo, Afghanistan und aus dem Irak. Nach der „Asylgeschäftsstatistik" zählte das BAMF im Sept. 2016 mehr als 650 Tsd. Asylerst- und -folgeanträge.

Arbeitsmigration: Ein großer Teil der in Deutschland lebenden ausländischen Staatsangehörigen ist in der Arbeitsmigration begründet, wobei die gezielte Anwerbung ausländischer Arbeitnehmer offiziell 1973 (Anwerbestopp) eingestellt wurde. Aufgrund von Ausnahmegenehmigungen fand jedoch auch nach 1973 Arbeitsmigration für einzelne Berufsgruppen statt, so z. B. für Spezialitätenköche, Saison- und Werkvertragsarbeitnehmer und als Beispiel für Computerexperten im Rahmen der „Green Card" (2000–2004). Die Einführung der EU-Blue Card 2012 hat Jahre später allerdings kaum zur Einwanderung qualifizierter Fachkräfte geführt.

Aufgrund demografischer und wirtschaftlicher Gründe wird Deutschland in Zukunft trotz immer noch signifikanter *Arbeitslosigkeit* auf die Zuwanderung von Arbeitskräften angewiesen sein, d. h. Arbeitsmigration wird weiterhin an Bedeutung gewinnen. Wie die aktuelle Debatte zum Fachkräftebedarf und zur Anwerbung ausländischer Arbeitnehmer zeigt, ist dieses Thema widersprüchlich und nicht ohne politische Brisanz.

Zuwanderungsnotwendigkeiten

Die Globalisierung von Wirtschaft und Gesellschaft und die damit verbundene Internationalisierung wirtschaftlichen Handelns führen nicht nur zu einem internationalen Austausch von Waren und Dienstleistungen, sondern auch zur Mobilität des Faktors Arbeitskraft. Wesentliche Antriebskräfte der Globalisierung sind neben der unternehmerischen Dynamik, der wissenschaftlich-technische Fortschritt und die Entwicklungen in den Informations-, Kommunikations- und Verkehrstechnologien. Dabei spielt der Wissensaustausch zwischen den großen Wirtschaftsräumen Europa, Nordamerika und Ostasien eine besondere Rolle. Der Wettbewerb um die „besten Köpfe", d. h. um die international mobilen und hoch qualifizierten Arbeitskräfte hat begonnen und wird weiter steigen. Durch die weltweite ökonomische Vernetzung wird neben einer hohen fachlichen Kompetenz die Fähigkeit, international zu agieren, auf immer mehr Betriebe und Arbeitskräfte zukommen.

Sich internationalen Anforderungen zu öffnen, wird in Zukunft immer wichtiger werden. Die gemeinsame Erklärung der europäischen Sozialpartner machte dies schon 1995 deutlich. „Unternehmen und Organisationen arbeiten heute in einer zunehmend multikulturellen Umgebung mit Kunden, Lieferern und Beschäftigten unterschiedlicher nationaler, ethnischer und kultureller Herkunft. Der Erfolg auf den Märkten hängt mehr und mehr von der Fähigkeit ab, das aus dieser Vielfalt erwachsene Potenzial zu maximieren. Wer dies erfolgreich tut, steigert seine Wettbewerbsfähigkeit und ist besser in der Lage, mit Veränderungen erfolgreich fertig zu werden" (zit. nach Besamusca-Jansen/Schweve 1999). Zu keiner Zeit wurden Internationalität und Mobilität so hoch gehandelt, die entsprechenden gesellschaftlichen und politischen Konsequenzen hinken jedoch dieser Entwicklung hinterher, d. h. der Import von Wissen und der internationale Austausch müssen politisch gestaltet werden.

Trotz rd. 2,8 Mio. gemeldeten Arbeitslosen (2015) können viele Arbeitsplätze nicht besetzt werden. Fehlende Qualifikation, mangelnde räumliche und berufliche Mobilität führende dazu, dass viele Arbeitslose nicht vermittelt werden können. Ohne die Arbeitsmarktchancen der einheimischen und schon hier lebenden ausländischen Arbeitskräfte zu verschlechtern, kann Zuwanderung hier entlastend wirken.

Neben dieser aus der wirtschaftlichen Entwicklung resultierenden Notwendigkeit von verstärktem Zuzug (hochqualifizierter) Arbeitskräfte, braucht Deutschland auch aufgrund der demografischen Entwicklung Zuwanderung *(Bevölkerungsentwicklung)*. Seit Mitte des 19. Jh. steigt die Lebenserwartung in Deutschland, wie in anderen Industrieländern auch. Gleichzeitig sinkt die Geburtenrate. Bei dem derzeitigen Status quo ist davon auszugehen, dass die Bevölkerung in Deutschland von derzeit 82,2 Mio. auf weniger als 60 Mio. sinken wird, das bedeutet auch einen Rückgang der Erwerbspersonen von heute 43 Mio. auf rd. 25 Mio. Dies hat entsprechende Auswirkungen auf die wirtschaftliche Entwicklung, die sozialen Sicherungssysteme, den Arbeitsmarkt, den Staatshaushalt u. a. m. *(Soziale Sicherung)*. Durch Zuwanderung kann diese demografische Entwicklung nicht in vollem Umfang ausgeglichen werden. Verstärkte Zuwanderung kann, dieses demografische Problem nur abschwächen. Dennoch sind demografische Veränderungen der Gesellschaft per se keine Katastrophe, sondern eine Herausforderung für grundlegend neue Konzepte in der Zuwanderungs- und Integrationspolitik.

Integration

Integration wird in Deutschland nicht eindeutig diskutiert. Nach allgemeinem Verständnis wird darunter die Eingliederung in die Gesellschaft des Aufnahmelandes verstanden und die Förderung eines gelingenden Zusammenlebens unterschiedlicher Nationalitäten und Kulturen. Dazu gehören die rechtliche Gleichbehandlung und der gleichberechtigte Zugang zum Arbeitsmarkt, die Förderung von Bildung und Ausbildung, der Abbau von Diskriminierungen und Benachteiligungen genauso wie Akzeptanz, Toleranz und die Anerkennung von Pluralität. Integration ist ein langfristiger, v.a. wechselseitiger Prozess, der auch Migranten einiges abfordert: Das sind Lernbereitschaft, der Erwerb von Sprachkenntnissen, die Akzeptanz der Rechtsordnung sowie der kulturellen und sozialen Normen (Berlin-Institut 2014, 15). In den politischen Auseinandersetzungen um Integration wird immer wieder mal der Begriff des „Verfassungspatriotismus" (Sternberger/Habermas) erwähnt. Damit ist ein Staatsverständnis gemeint, das sich nicht an ethnisch-kulturellen Gemeinsamkeiten der Menschen orientiert, sondern an der aktiven Staatsrolle der Bürger, an Demokratie und an der Identifikation mit den Grundwerten der Verfassung (z.B. Menschenwürde und die Gleichheit von Mann und Frau). Integration lässt sich nicht „verordnen", aber es können Rahmenbedingungen geschaffen werden, die die Voraussetzungen für das Gelingen verbessern.

M

Die jahrzehntelange normative Festlegung „Deutschland ist kein Einwanderungsland" leugnete die Zuwanderungsrealität und die Tatsache, dass sich mehr als 17 Mio. Menschen mit Migrationshintergrund dauerhaft in Deutschland niedergelassen haben. Diese normative Setzung behinderte eine aktive und gestaltende Integrationspolitik, leugnet gleichzeitig aber auch die Veränderung der Gesellschaft durch Zuwanderung. Tatsache ist, dass Zuwanderung nur begrenzt steuer- bzw. quotierbar ist. Der größte Teil der Zuwanderung nach Deutschland basiert auf individuellen Rechtsansprüchen (z.B. Grundrecht auf Asyl, Familiennachzug) oder resultiert aus internationalen Verpflichtungen und Verträgen (z.B. Genfer Flüchtlingskonvention, EU-Freizügigkeit). I.d.R. findet diese Zuwanderung auf Dauer statt, so dass unterstützende Angebote zur Integration dauerhaft und langfristig zu verankern sind. Seit August 2016 ist das „Integrationsgesetz" in Kraft getreten, das die Integration von Flüchtlingen in Gesellschaft und Arbeitsmarkt durch staatliche Maßnahmen fördern soll, aber zugleich (strengere) Eigenbemühungen einfordert. Besonders umstritten ist die im Integrationsgesetz vorgesehene Wohnortzuweisung.

Sprachkenntnisse: Erst in jüngster Zeit zeichnet sich eine breite politische Mehrheit ab, die die historische Tatsache anzuerkennen scheint und in einen gesellschaftlichen Diskurs über „Integration" eingetreten ist. Dabei reduziert sich diese politische Debatte häufig auf die Notwendigkeit der Beherrschung der deutschen Sprache. Ihren Niederschlag findet dies im Zuwanderungsgesetz von 2005 und dem dort fixierten Rechtsanspruch auf Integrationskurse (Sprach- und Orientierungskurse) für Neuzuwanderer. Zuwanderer, die schon in Deutschland leben, können an diesen Kursen nur nach Ermessen, bei vorhandenen Kursplätzen, teilnehmen. Obwohl seit 2005 weit mehr Altzuwanderer an Integrationskursen teilgenommen haben, ist die „nachholende" Integration damit nicht dauerhaft gesichert. Im Vordergrund dieses Diskurses standen v.a. die Verpflichtung zur Teilnahme an Sprachkursen und die damit verknüpften aufenthalts- und sozialrechtlichen Sanktionen bei Nichtteilnahme. „In welchem Maße das Nachdenken über Integration das gesellschaftliche Selbstverständnis berührt, belegen die gelegentlichen ideologischen Verwerfungen dieser Debatte, für die u.a. der Begriff der „Leitkultur" und die Extremposition stehen, auch den Familiennachzug an das Kriterium deutsche Sprachkenntnisse zu knüpfen ... (Teilweise wird) hier Sprache nicht mehr als Medium von Integration verstanden, sondern als Instrument der Zuwanderungssteuerung missbraucht ..." (Bericht der Integrationsbeauftragten 2002, 34). Dabei wird Integration oft als Assimilation an eine „fiktive" deutsche Einheitskultur an einen gleichermaßen „fiktiven" Einheitsdeutschen missverstanden.

Allerdings gibt es „den Deutschen" nicht, an dem sich die Integrationsleistungen von Migranten messen lassen könnten. Ein solches Verständnis von Integration bleibt in dem überkommenen Bild der ethnisch und kulturell homogenen Nation verfangen. Die Lebensrealität in Deutschland zeichnet sich durch ethnische, sprachliche und kulturelle Pluralität aus. Dies muss Ausgangspunkt für das Verständnis von Integration sein. Dabei ist Vielfalt nicht ein Problem, das eingeebnet und homogenisiert werden muss. Vielfalt muss akzeptiert und respektiert werden.

Chancengleichheit: Gesellschaftliche Integration setzt *Chancengleichheit* bzw. Gleichbehandlung voraus: in Wirtschaft, Arbeitsmarkt und Beschäftigung, in Bildung und Ausbildung, beim Wohnen, bei den Angeboten sozialer Dienstleistungen und Infrastruktur, bei kulturellen und Freizeitaktivitäten. Dem steht die jedoch Lebensrealität der Mehrzahl der (Alt-)Zuwanderer in Deutschland entgegen, denn sie ist im besonderem Maße gekennzeichnet durch soziale Benachteiligungen in nahezu allen Lebensbereichen, z. B. im Beschäftigungssystem mit einem hohen Anteil an Un- und Angelernten, belastenden Arbeitsplätzen, hohem Arbeitsplatzrisiko, schlechteren Verdienstmöglichkeiten und höherer Arbeitslosigkeit; im Bildungs- und Ausbildungssystem mit höheren Anteilen an Sonder- und Hauptschulen, schlechteren Schulabschlüssen und geringerer Beteiligung in der gymnasialen Oberstufe; im Wohnbereich mit geringerer Wohnraumqualität. Vor diesem Hintergrund richtet sich Integration auf den Abbau sozialer Marginalisierung.

Deutschland verfügt seit Jahrzehnten über eine Vielzahl vielfältiger Integrationsprogramme staatlicher, kommunaler und privater Träger sowie von Migrantenorganisationen. Da nicht immer deutlich wird, welches dieser Programme nachhaltig fördernd und unterstützend wirkt, wurde im Mai 2010 ein umfassendes Integrationsprogramm (als fortlaufender Prozess) erarbeitet, das die Integrationspolitik in Deutschland steuern und koordinieren sollte. Im Mittelpunkt stehen die Handlungsfelder sprachliche Bildung, berufliche Integration, Bildung und gesellschaftliche Teilhabe unter Mitwirkung eines großen Kreises Beteiligter. Die Federführung hat das BAMF (Nationaler Aktionsplan Integration).

Pluralisierung: Deutschland hat sich zu einer pluralen Gesellschaft entwickelt mit einer Vielfalt von Lebensstilen, Kulturen und Möglichkeiten. Damit verbunden ist der Begriff von Modernisierung der Gesellschaft, die einhergeht mit dem Verlust von Verbindlichkeiten und Sicherheiten. Neben Modernisierungsgewinnern gibt es dabei allerdings auch Modernisierungsverlierer, nämlich Menschen, denen die entsprechenden persönlichen und materiellen Ressourcen nicht zur Verfügung stehen. Es zählen zunächst „jene zu den Gewinnern, die in urbanen bzw. urbanisierten Zentren Zugang zu einer entspr. großen Vielfalt von Angeboten haben. Auf der Verliererseite befinden sich v. a. Kinder, die unter ungünstigen Rahmenbedingungen aufwachsen. Es sind sozioökonomische und sozialstrukturelle Faktoren, die zu den Verlustbilanzen führen, insbes. bei Kindern, die an sozialen Brennpunkten, in Lagern oder in ethnischen Ghettos leben, Kinder aus Sozialhilfe- und Arbeitslosenhaushalten und aus Zuwandererfamilien" (BMFSFJ, 11. Kinder- und Jugendhilfebericht, 101).

Diese Vielfalt von Lebensbiografien hat sich in Deutschland durch Einwanderung von Mio. von Menschen unterschiedlicher Nationalität, Sprachen und Kulturen noch vergrößert. Dabei muss davon ausgegangen werden, dass Migration geschichtlich betrachtet der Normalfall und Sesshaftigkeit eher die Ausnahme ist. Eine der häufigsten Forderungen im Zusammenhang mit Wirtschaft und Arbeit ist die nach Mobilität. Migration ist Mobilität wie dies auch die deutsche Auswanderungsgeschichte zeigt. Einerseits wird regionale, soziale und Arbeitsplatzmobilität gefordert und fehlende Mobilität für Arbeitslosigkeit verantwortlich gemacht. Andererseits werden mobile Menschen – nämlich Migranten – stigmatisiert, marginalisiert und diskriminiert. Migranten werden nicht immer als Bereicherung, sondern auch als Bedrohung wahrgenommen. Hieraus resultieren Abgrenzungs- und Ausgrenzungsbedürfnisse, die die Vielfalt von Lebensstilen wieder begrenzen sollen. Dies führt auch dazu, dass die als „Ausländer" ausgegrenzten Einheimischen sich teilweise in ihre eigenen Ethnien zurückziehen. Einiges spricht dafür, dass ein Teil der Zuwanderer auch langfristig eigene Vorstellungen und Lebensentwürfe bewahrt und sich nicht oder nur z. T. an die herrschende Kultur der Mehrheitsgesellschaft anpassen wird, was auch angesichts der Pluralisierung von Lebenswelten in modernen Gesellschaften gerechtfertigt ist und akzeptiert werden muss.

Ingrid Mielenz
(Bis zur 5. Auflage Dagmar Kern-Beer)

M

Literatur

Auorengruppe Bildungsberichterstattung: Bildung in Deutschland (Bildung und Migration), Bielefeld 2016 ◆ BA: Analyse des Arbeitsmarktes für Ausländer, Nürnberg Mai 2016 ◆ BA: Auswirkungen der Migration auf den deutschen Arbeitsmarkt, Nürnberg Nov. 2015 ◆ BAMF: Bundesweites Integrationsprogramm, Nürnberg 2010 ◆ BAMF: Migrationsbericht 2014, Nürnberg 2016 ◆ BAMF: Migrantenorganisationen in Deutschland, Berlin 2012 ◆ Beauftragte der BReg. für Migration, Flüchtlinge und Integration: 10. Bericht über die Lage der Ausländerinnen und Ausländer in Deutschland, erscheint jährlich, zuletzt Berlin 2014 ◆ dies: Nationaler Aktionsplan Integration, Berlin 2012 ◆ Berlin-Institut für Bevölkerung und Entwicklung: Neue Potenziale. Zur Lage der Integration in Deutschland, Berlin Juni 2014 ◆ BMFSFJ: 6. Familienbericht. Familien ausländischer Herkunft in Deutschland, Bonn 2000 • C. Butterwegge: Armut von Kindern mit Migrationshintergrund, Wiesbaden 2010 • C. Butterwegge/G. Hentges: Zuwanderung im Zeichen der Globalisierung, Wiesbaden [4]2009 • DV: Empfehlungen des DV zur erfolgreichen Integration von Menschen mit Migrationshintergrund, in: NDV 1/2011 • V. Fischer/M. Springer (Hrsg.): Handbuch Migration und Familie, Schwalbach 2011 • T. Kunz/R. Puhl: Arbeitsfeld Interkulturalität. Soziale Arbeit in der Zuwanderungsgesellschaft, Weinheim 2011 • Stat. BA: Bevölkerung mit Migrationshintergrund 2015, Wiesbaden 2016 • UNHCR: Global Trends 2015, online verfügbar 2016.

Links

www.bamf.de
www.destatis.de
www.eurostat.eu
www.integrationsbeauftragte.de
www.unhcr.com

Mitleid

Begriff

Der Begriff M., griech. symmatheia, lat. compassio, meint im passiven Sinn ein im Gefühl verharrendes Miterleiden bzw. Erleben von Leid, Schmerz oder Not anderer. M. kann sich auch in tätiger Hilfe äußern, wobei hier eine Unterscheidung zwischen affektivem, gefühlsbetontem und spontanem Helfen einerseits, vernunftgeleitetem, reflektiertem Handeln andererseits zu treffen ist. Eine aktuelle und gesellschaftlich wichtige Variante erhält M. im Begriff des Mit-Leidens als *Solidarität* mit der Situation eines anderen Menschen oder ganzer Bevölkerungsgruppen. Neu ist ebenfalls die Erfahrung, dass Menschen mit-leiden am Leid der Natur durch Technik und Zivilisation.

In der gebotenen Kürze wird hier die Explikation des Begriffes M. auf die für gegenwärtige SozArb relevanten Aspekte begrenzt: In der pädagogischen Forschung *(Erziehungswissenschaft)* erscheint M. als Teil der moralischen Entwicklung und Erziehung im Sozialisationsprozess. Die Lerntheorie, die Psychotherapie und v.a. der an der Entwicklung der Kognition orientierte Ansatz (Piaget, Kohlberg) stellen emphatisches bzw. sympathisches Mitleiden (Schreiner, 235 ff.) als wichtige Stufen beim Erwerb prosozialen Handelns heraus. Sie sind Stufen auf dem Weg zum Erwerb der Fähigkeit zu solidarischem Handeln.

Philosophie

Philosophie, Sozialwissenschaft und *Ethik* fragen im Hinblick auf M. nach der Rolle der Vernunft, d.h. der rationalen Kontrolle gefühlsbetonten und affektiven Handelns, wie es dem M. entspricht. In der Tradition Kants versucht Habermas (1983) eine Moral zu begründen, die jenseits partikularer, religiöser und metaphysischer Interpretation universalen Charakter hat. Er sieht in neuen, jenseits von „Macht und Geld" angesiedelten Lebensformen Möglichkeiten einer herrschaftsfreien, postkonventionellen Moral, in der die Frage nach Glück, nach Leid usw. kollektiv bearbeitet wird. Die Rückverlagerung der Sinnfrage in die Lebenswelt hängt nach Habermas mit der prinzipiellen Unmöglichkeit moderner Gesellschaften zusammen, in administrativen oder bürokratischen Kontexten Sinn zu erzeugen (Habermas 1983, 53 ff.). Für Adorno (1982, 356) ist M. der Gegenbegriff zur „Kälte als dem Grundprinzip der bürgerlichen Subjektivität, ohne das Auschwitz nicht möglich gewesen wäre". Für den späten Marcuse gründen unsere „elementarsten Werturteile … im Mitleid, in unserem Gefühl für das Leiden anderer" (Habermas 1984, 335). Als analytische, ethische und politische Kategorie hat auch im Funkkolleg Philosophie M. eine zentrale Stellung (Apel u.a.).

Böhme betont in seiner „Anthropologie in pragmatischer Hinsicht" „das Andere der Vernunft" (1985, 11) und entlarvt in gegenaufklärerischer Absicht „den Vernunftmenschen" als Verursacher des Todes der Natur draußen, der zugleich die „Abtötung der Sympathie, des Mitleidens" in und mit dem Menschen betreibt. „Menschseinkönnen" heute heißt für Böhme, betroffen sein können, Erkenntnis durch Teilnahme, durch Sympathie, durch eine erwachsene Beziehung zu sich selbst (1985, 11 ff.).

In der dritten Welt ist das Miteinander-Leiden zentrales Motiv für die Forderung nach politischen Veränderungen *(Internationalität)*.

Die Theologie der Befreiung (Boff) definiert die Kirche als Kirche der Leidenden und fordert Mitleid i.S. einer gerechteren Verteilung der Reichtümer der Schöpfung. Auch für Sölle gibt es im Blick auf das Leid keine Neutralität. M. heißt für sie *Solidarität* (1978, 37).

Mitleid als Grundlage einer neuen Moral

Für den Psychoanalytiker H.E. Richter war M. i.S. von Sympathie und Solidarität Grundlage einer neuen Moral. M. stellt in dem so definierten Sinne nach Richter ein gegenwärtig nicht zu unterschätzendes kulturrevolutionäres Potenzial dar, das v. a. in Bürgerinitiativen oder selbstorganisierten Gruppen *(Selbsthilfe/Selbstorganisation, Bürgerschaftliches Engagement)* zu finden ist (1979, 26 ff. 1993, 189 ff.). Die Stärke dieser neuen Gruppierungen besteht nach Richter darin, menschliches Leiden, gesellschaftliche Zwänge, politische Unzulänglichkeiten gemeinsam zu tragen und daraus Strategien für Veränderungen zu erwirken. Dieser Gedanke Richters wurde in der sozialpädagogischen Diskussion verstärkt aufgegriffen, verbunden mit der Forderung, „im Gegenzug zur modernen Systemdifferenzierung nach kontrollierbaren und rationalisierbaren Funktionsbereichen" (Pankoke, 58) Ansätze zu entwickeln, die bewusst ganzheitliche Lebenszusammenhänge sozialen Leidens und sozialen Helfens berücksichtigen *(Hilfe)*. Für die Neuorientierung sozialer Dienste ergibt sich hieraus die Forderung, „den Subjektivitäts- und Identitätsansprüchen von Beteiligten und Betroffenen" verstärkt Aufmerksamkeit zu widmen (Pankoke, 59). Entsprechend diesen Überlegungen haben sich sowohl freie als auch öffentliche *Träger der Sozialen Arbeit* zunehmend selbstaktiven Feldern geöffnet, wie Projekte gesellschaftspolitisch engagierter *Gemeinwesenarbeit*, der *Altenarbeit* oder der *Jugendarbeit* zeigen.

Schon in den 1990er Jahren mehrten sich die Stimmen, die auf die Gefahren einer „Kultur ohne Mitleid" (Sölle 1993, 45; Gronemeyer 1993, 172 ff.) hinweisen, in der die Stichworte wie Produktionskraft, wirtschaftlicher Erfolg und individuelles Wohlergehen im Mittelpunkt stehen.

Verwiesen wird ferner auf die Tatsache, wie stark das gegenwärtige menschliche Bedürfnis nach einem Leben ohne Leid, ohne Krankheit, ohne Tod, ohne Krieg usw. der Realität breiter Massen in allen Kulturen entgegensteht (Gronemeyer 1993, 123). Notwendig scheint hier ein Paradigmenwechsel mit Blick auf die Grenzen des zweckrational Herstellbaren, verbunden mit der Einsicht, dass angesichts der globalen Situation und der sozialen und politischen Probleme zwischen Menschen und Völkern neue Konzepte solidarischen Handelns erarbeitet werden müssen.

Dieter Kreft
(bis zur 5. Auflage Ernst Müller)

C. W. Müller hat immer wieder auf das bekannte Gleichnis vom barmherzigen Samariter im Lukas-Evangelium aufmerksam gemacht, er beginnt seine inzwischen einbändige Methodengeschichte der Sozialen Arbeit ([6]2013) damit unter dem Titel ‚Wohltätigkeit als moralische Forderung und alltägliche Praxis'. Hans Gängler und Ulfried Kleinert haben 2011 in einem Beitrag über ‚Barmherzigkeit' von der Notwendigkeit der Rehabilitation eines Begriffes für die *Soziale Arbeit* gesprochen. Lange vergessene oder unterdrückte Begriffe kommen wieder zurück in die aktuellen Diskussionen.

Anmerkung der Herausgeber

Literatur

W. Adorno: Negative Dialektik, Frankfurt/M. [3]1982/2006 • W. Adorno/M. Horkheimer: Dialektik der Aufklärung, Frankfurt/M. 1971 • K. O. Apel u. a.: Funkkolleg praktische Philosophie/Ethik, Frankfurt/M. 1987 • G. Böhme: Anthropologie in pragmatischer Hinsicht, Frankfurt/M. 1985 • L. Boff: Kirche: Charisma und Macht, Düsseldorf [3]1985/1990 • H. Gängler/U. Kleinert: Barmherzigkeit – oder: Von der Notwendigkeit der Rehabilitation eines Begriffes für Soziale Arbeit, in: np 2/2011, 169–180 • M. Gronemeyer: Das Leben als letzte Gelegenheit, Darmstadt 1993/[5]2013 • J. Habermas: Die neue Unübersichtlichkeit, Frankfurt/M. 1985/2010 • J. Habermas: Philosophisch-politische Profile, Frankfurt/M. [5]1987 • J. Habermas: Moralbewusstsein und kommunikatives Handeln, Frankfurt/M. 1983 • C. W. Müller: Wie Helfen zum Beruf wurde. Eine Methodengeschichte der Sozialen Arbeit, Weinheim/München [6]2013 • M. Oechler/T. Schröder: Die neue Mitleidsökonomie – Armutsbekämpfung jenseits des Sozialstaates, in: np 6/2015, 572–592 • E. Pankoke: Solidarität, Subsidiarität, Pluralität, in: Soziale Dienste im Wandel, Bd. 11, hrsg. v. Th. Olk/H.-U. Otto, Neuwied/Frankfurt/M. 1989 • H. E. Richter: Der Gotteskomplex, Reinbek 1979//2012 • G. Schreiner (Hrsg.): Moralische Entwicklung und Erziehung, Braunschweig 1983 • D. Sölle: Leiden, Stuttgart [4]1978 • D. Sölle: Mutanfälle, Texte zum Umdenken, Reinbek [2]1993/[9]2003 • L. Samson: Artikel Mitleid, in: Historisches Wörterbuch der Philosophie. Bd. 5, hrsg. v. Ritter/Gründer, Darmstadt 1980, Sp. 1411 ff. • S. Werner: Mitleid und sozialpädagogische Professionalität, Weinheim 2017

Weitere Literatur bei *Ethik* und *Hilfe*.

Mobbing

Phänomenologie und Geschichte

Ein „Modethema", wie es in der Vergangenheit häufig abschätzig etikettiert wurde, ist M. mittlerweile nicht mehr. Die einzige bisher existierende repräsentative Studie (Mobbing-Report 2002) stellt für Deutschland 2,7 %, also über 800 000 von

M. Betroffene fest; andere Schätzungen gehen sogar von 1,5 Mio. Personen aus. Mit dieser Quote (Verhältnis der Gemobbten zur Erwerbstätigen-Gesamtzahl) liegt Deutschland im Mittelfeld der europäischen Staaten. Frauen unterliegen einem 75 % höheren Mobbingrisiko als Männer; die Altergruppe der unter 25-Jährigen ist am stärksten betroffen (3,7 %).

Tatsächlich ist das Phänomen so alt wie die Menschheit. Es geht dabei um die Ausgrenzung eines Einzelnen oder einer Minderheit aus einer Gemeinschaft.

Als Begriff wurde M. ursprünglich im London des 18. Jh. geprägt. Man verstand darunter das Vorgehen einer „wankelmütigen Volksmenge", die sich gegen echte oder vermeintliche Feinde, Fremde oder einfach nur Sonderlinge aufhetzen ließ. Die Soziologie heute beschreibt den Mob als eine sozial unstrukturierte, spontan gebildete, emotional erregte Menschenmenge, die sich aggressiv gegen bestimmte Personen, Minderheiten oder Sachen richtet.

Rudolf Bilz (1898–1976), Mainzer Mediziner, Psychotherapeut und Paläoanthropologe führte den Terminus M. in seiner heutigen Bedeutung ein, als er zum Phänomen der Aggression arbeitete. Es ging ihm dabei v. a. um die „Passung" eigenen Verhaltens mit dem einer Gegenperson und/oder -gruppe und den Handlungsmöglichkeiten und Vorteilsnahmen im Hinblick auf Selbsterhalt. Derlei „Urszenen" werden bis auf den heutigen Tag in Gruppen wiederbelebt, und manchmal ist die Aktivierung der handlungsleitenden Muster gegenüber der Realität nicht angemessen. Bei einem „Mobber" wird auf Grund einzelner Hinweisreize ein Programm aufgerufen, innerhalb dessen komplex miteinander verbundene kognitive, Wahrnehmungs-, Gefühls- und Handlungselemente inadäquat agieren.

M

Definition und Abgrenzung

M. meint, dass eine größere Anzahl von Mitarbeitern eine kleinere, i. d. R. aber nur eine Person, ablehnt, jagt, verfolgt mit dem Ziel, die Person aus dem Arbeitsumfeld auszustoßen. Diesen Ausschluss formal geregelt durchzusetzen, ist nicht möglich. Deshalb werden psychodynamische Prozesse der Aussonderung bis hin zum Psychoterror in Gang gesetzt. „Von M. am Arbeitsplatz spricht man, wenn eine Person von einer oder mehreren von 45 operativ beschriebenen Handlungen belästigt wird und zwar mindestens einmal in der Woche während mindestens eines zusammenhängenden halben Jahres ... Die 45 Handlungen sind gekennzeichnet dadurch, dass hinter ihnen negative Absichten stecken und/oder, dass sie als sehr negativ empfunden werden" (Leymann).

Ein Streit, eine Schikane, eine evtl. demütigende Anweisung des Vorgesetzten oder eine unverschämte Bemerkung ist nicht in jedem Fall M. Die Abgrenzung zu üblichen konflikthaften Situationen besteht in der klaren Unterlegenheit eines Opfers, der Häufigkeit und der Dauer der Mobbinghandlungen. Nicht das Motiv des oder der Mobbenden, sondern die Perspektive der sich als Opfer fühlenden Person rechtfertigt es, von M. zu sprechen.

Die konkreten Handlungen fasst Leymann in seinem „Inventory for Psychological Terrorization (LIPT)", einem verbreiteten Fragebogen zur Erfassung von M., in 5 Themenkreisen wie folgt zusammen: Angriffe auf a) die Möglichkeit zu kommunizieren, b) die sozialen Beziehungen, c) das soziale Ansehen, d) die Qualität der Berufs- und Lebenssituation und e) die Gesundheit. Allerdings ist das Inventar aus verschiedenen Perspektiven heraus diskussionswürdig; z. B. werden darin die Täterperspektive, das Opferverhalten im Verlauf des Konfliktes und der Handlungskontext vernachlässigt.

M. ist inzwischen weit über Arbeitsplätze hinaus ein Problem und differenziert sich immer weiter. Für die betriebliche Sozialberatung gewinnt Bossing (Vorgesetzte mobben Mitarbeiter) wachsende Bedeutung.

Im außerbetrieblichen Bereich seien hier exemplarisch Bullying (Schüler mobben sich gegenseitig) und insbesondere Cyber-Mobbing (Mobbing im Internet, vor allem Chatrooms, beim Instant Messaging und via Mobiltelefon) genannt. 2011 kam eine repräsentative Studie (Porsch, Pieschl, Hohage 2011) zu dem Ergebnis, dass 32 % der Jugendlichen und jungen Erwachsenen als Opfer von Cybermobbing betroffen sind.

Von M. zu unterscheiden ist Stalking. Erfasst werden darüber (grenzenlose) Belästigungen z. B. in Form unerwünschter Kommunikation durch Briefe, Telefonanrufe, E-Mails (Cyberstalking), aber auch solche durch Beschimpfungen, mit Gewaltandrohungen bis hin zu körperlichen und sexuellen Übergriffen (Bettermann 2002, 17; Balloff 2007). Inzwischen ist Stalking durch § 238 StGB als Nachstellung unter Strafe gestellt. Zur weiteren Verbesserung des Schutzes gegen Nachstellungen liegt seit Juli 2016 ein Kabinettsentwurf vor. In Zukunft soll gelten: Schon wenn die Tat geeignet ist, das Leben des Stalking-Opfers zu beeinträchtigen, kann der Täter bestraft werden.

Mobbing – Entwicklung und Verlauf

M. beginnt i. d. R. mit indirekten Feindseligkeiten; direkte Aggression ist eher unüblich. Die Auslösephase 1 ist durch einen unausgetragenen oder nicht gelösten Konflikt determiniert. Es kommt zu ersten Grenzüberschreitungen (z. B. Gehässigkeiten Entwertungen). Die Mobbingphase 2 ist die der schlechten Konfliktbearbeitung. Feindseligkeiten verdichten sich, nehmen systematische Formen an. Eine Täter-Opfer-Polarisierung wird deutlich. Die Befindlichkeit des Opfers verschlechtert, die Täterrolle verselbstständigt sich. In Phase 3 (Personalverwaltung mit Rechts- und Machtübergriffen) beginnen Vorgesetzte/Führungskräfte einzugreifen. Lösungsansätze und inadäquate Sanktionen stilisieren häufig das Opfer zum Täter; Verwarnungen werden ausgesprochen, Versetzungen durchgeführt. Die Sicht des Opfers wird bagatellisiert, verworfen. In Phase 4 des Ausschlusses aus der Arbeitswelt wird das Opfer „kaltgestellt" bzw. abgeschoben.

Nicht jeder Mobbingprozess verläuft derart prototypisch in allen Phasen bis zu Ende. Oft reagiert das Opfer mit körperlichen und/oder psychosozialen Symptomen bereits in Phase 2 oder 3 und kapituliert.

Auswirkungen von Mobbing

Individuelle Auswirkungen: Mobbingbedingte Erkrankungen verstecken sich hinter unzähligen Syndromdiagnosen meist des psychosomatischen Formenkreises. Häufige Reaktionen sind Kopf- und/oder Rückenschmerzen, Depressionen, Antriebslosigkeit, Reizbarkeit, Schlafstörungen, Konzentrationsprobleme und Versagensängste. Weiterhin treten auf: Selbstunsicherheit und -zweifel, Überempfindlichkeit, Verzweiflung bis Suizidgedanken (bis zu 20 % aller *Suizide* sollen auf M. zurückzuführen sein) und erhöhter Alkohol-, Medikamenten- und Zigarettenkonsum. Wenngleich allgemeinmedizinisch noch nicht hinreichend zur Kenntnis genommen, hat M. dennoch Eingang in den Katalog der psychotraumatologischen Krankheiten gefunden. 10–20 % aller Mobbingopfer leiden unter erheblichen Störungen und sind mehrere Jahre behandlungsbedürftig.

Betriebswirtschaftliche Auswirkungen: Dass die durch M. entstehende Leistungsminderung das Betriebsklima verschlechtert, Fehlzeiten vermehrt den Kontrollbedarf und die Personalfluktuation erhöht, ist evident. Der DGB spricht von 7,5–15 Mrd. Euro betriebswirtschaftlichen Kosten/Jahr; 50 % aller Krankmeldungen seien Folgen von Mobbinghandlungen. Für ein Unternehmen mit 1000 Mitarbeitern werden die Kosten eines Fehltages mit Krankenstand auf ca. 204 500 Euro jährlich beziffert. 1 % Krankenstand bei VW koste ca. 23,5 Mill. Euro/Jahr, und für krankheitsbedingte Fehlzeiten insgesamt habe die deutsche Wirtschaft bereits 1996 ca. 51 Mrd. Euro ausgegeben.

Juristische Auswirkungen: M. erfüllt keinen eigenständigen juristischen Tatbestand, sondern ist ein Sammelbegriff für unterschiedlichste Verhaltenweisen. Richterliche Entscheidungen in Arbeitsgerichtsprozessen mit M.-Thematik werden daher sehr zögerlich gefällt. Die Beweislast liegt beim M.-Opfer; die Beweisführung erweist sich in vielen Fällen als äußerst schwierig. Eine klare Linie der Gerichte bei der rechtlichen Behandlung von M.-Fällen ist derzeit noch nicht zu erkennen. Zwei Grundsatzentscheidungen des Landesarbeitsgerichtes Thüringen vom 10. 4. 2001 und 15. 2. 2000 (beide veröffentlicht in Der Betrieb 2001, 1204 ff. bzw. 1783 ff.), die zu einer erheblichen Verbesserung des Rechtsschutzes vor M. geführt haben, stellen daher einen bemerkenswerten Wendepunkt dar (www.bma.de; Gamerschlag).

Ursachen und Gründe für Mobbing

Klassische Ursachenforschung i. S. v. Schuldzuweisungen greift bei M. nicht. Vielmehr muss immer von einem Ursachenbündel ausgegangen werden. Hinweise dazu liefern Ansätze der Sozialpsychologie (Macht, Kontrolle, Identität und Normenkonformität), der Ethologie (Selbsterhalt und -verteidigung durch Aggression), der Gruppendynamik (offene und verdeckte Aufträge in Gruppen), der Lerntheorie (anlern- wie verlernbares Verhalten, Belohnung und Bestrafung) und die Aggressions-Frustrations-Hypothese. Organisationstheorien verweisen auf die Bedeutsamkeit von (oft fehlender) Unternehmensphilosophie und -ethik, Personalauswahl und -schulung (Sozial-, insbesondere Vertrauensbildungskompetenz), Führung und Hierarchie, Arbeitsorganisation und Aufgabengestaltung.

Täter-Opfer-Profile

M. zieht sich quer durch alle Bevölkerungsschichten (z. B. Schüler, Mädchen, Jungen) und Berufsgruppen (Lehrer, Büroangestellte, insbesondere auch Beschäftige in Heil-, Heilhilfs- und *sozialen Berufen*).

In 38 % aller Fälle mobben Vorgesetzte allein, in weiteren 12 % Vorgesetzte gemeinsam mit Kollegen.

Umgang mit Mobbing und Prävention

Nach wie vor ist das Thema in den Arbeitsstellen hoch tabuisiert. Insofern steht an prominentester Stelle immer noch die Sensibilisierung entsprechender Funktionsträger und/oder Gremien. Es muss deutlich werden, dass M. kein Problem einzelner Personen oder Unternehmen ist, sondern ein strukturelles, übergreifendes Symptom der kontinuierlichen Veränderungen in der modernen Industriegesellschaft.

Im Allgemeinen beginnt die *Prävention* zu spät, nämlich wenn der Mobbingmechanismus bereits voll in Gang gesetzt wurde. Wenn es zutrifft, dass M. ein üblicher Prozess ist, dem eine Valenz aller zu Grunde liegt, muss er rechtzeitig beachtet werden.

Um die Automatik der Interaktion zu unterbrechen und zu reflektieren (z. B. mittels *Mediation*), kommt dem Medium Öffentlichkeit große Bedeutung zu. Auf der Grundlage fundierter Analysen (Mitarbeiterbefragungen u. a.) sollten v. a. Beschäftigte, die an strategisch wichtigen Positionen eingesetzt sind (Multiplikatoren), zu Mobbingbeauftragten benannt und/oder zu Konfliktmanagern weitergebildet werden. Vorbeugende Wirkung haben auch entsprechende Betriebsvereinbarungen, aus denen hervorgeht, dass M. sanktioniert wird. Transparenz- und kommunikationsfördernde Maßnahmen, Frühwarnindikatoren und Informationskampagnen können implementiert werden.

Perspektivisch geht die Hochrechnung der vorgenannten Studie von 3 % des durch Mobbingaktivitäten gekennzeichneten Arbeitszeitvolumens aus. 98,7 % der Befragten geben negative Auswirkungen auf ihr Arbeits- und Leistungsverhalten an.

Auf der individuellen Ebene bietet ein Leben im „Hier und Jetzt" gute Voraussetzungen, nicht gemobbt zu werden: Eigene Energie sollte nicht durch die Bearbeitung alter Probleme und Wunden beeinträchtigt sein. Gerade in helfenden Berufen, in denen die Person als Ganzheit eingebracht wird, brechen Schwachstellen leicht auf, werden schnell ausgemacht und ausgeschlachtet. Ein „entspannter Hier-und-Jetzt'ler" sucht Selbstbestätigung nicht in der (Selbst-)Ausbeutung und Überforderung eigener wie fremder Ressourcen. Fortlaufende Selbsterfahrung, Therapie, v. a. *Supervision* kann hier klärend und stabilisierend helfen.

Hans-Jürgen Appelt

Literatur

AK Stalking Hamburg (Bearbeiter: Krebs-Dobberstein/Lühr/Tietze): Stalking am Arbeitsplatz. Ein Leitfaden für den betrieblichen Kontext, Hamburg [2]2015 ◆ R. Balloff: Stalking in der Familiengerichtsbarkeit und Jugendhilfe, in: Polizei und Wissenschaft 2/2007, 4–12 ◆ R. D. Brinkmann: Mobbing Bullying Bossing. Heidelberg [3]2011 ◆ Bundesanstalt für Arbeitsschutz und Arbeitsmedizin (Hrsg.): Der Mobbing-Report – Eine Repräsentativstudie für die BRD, Berlin 2002 ◆ A. Esser/M. Wolmerath: Mobbing und psychische Gewalt, Frankfurt/M. [9]2015 ◆ K.-H. Gamerschlag: Mobbing – verstärkter Rechtsschutz gegen ein Massenphänomen in der Arbeitswelt, www.fairness.stiftung.de ◆ D. F. Hellmann (Hrsg.): Stalking in Deutschland. Berlin 2016 ◆ U. Leest: Das Phänomen Cybermobbing. Folgen für die Gesellschaft und Möglichkeiten der Prävention, in: uj 4/2014, 146–158 ◆ B. Meschkutat u. a.: Der Mobbing-Report, Dortmund/Berlin 2002 ◆ H. Paulitz: Mobbing in der Schule, in: ZKJ 2/2006, 90–95 ◆ J. Pfetsch/G. Schäfer: Cybermobbing – anonyme Bedrohung oder fiese Schikane unter Freunden? In: uj 4/2014, 159–170 ◆ T. Porsch/S. Pieschl/C. Hohage: Cybermobbing, in: Techniker-KK, LV NRW (Hg.), Gewalt gegen Kinder – Leitfaden für Früherkennung, Düsseldorf 2011 ◆ Schwerpunktheft ‚Cybermobbing, Social Web und Soziale Arbeit': uj 4/2014.

Montessori-Pädagogik

Maria Montessori (1870–1952) war die Begründerin der nach ihr benannten pädagogischen Bewegung.

Ihr Lebensweg

Sie wurde als einzige Tochter des Finanzbeamten Allessandro Montessori und seiner Frau Renilde in Chiaravalle bei Ancona (Italien) geboren. Ab 1875 lebte die Familie in Rom. M. M. besuchte dort nach der 6-jährigen Grundschule von 1883 bis 1890 die natur-wissenschaftlich-technische Sekundarschule, studierte zunächst Naturwissenschaften (1890–1892), danach Medizin und promovierte 1896 als erste Frau Italiens. Ab 1897 arbeitete sie als Assistenzärztin an der Psychiatrischen Klinik der Universität Rom. Von dieser Zeit an befasste sie sich mit medizinisch-heilpädagogischen Fragen. Durch die Arbeit mit behinderten Kindern erweiterte sie ihr Verständnis für das behinderte Kind und erkannte, dass es nicht nur medizinischer, sondern auch heilpädagogischer Hilfe bedarf *(Behindertenhilfe, Heil- und Sonderpädagogik).* Sie studierte die medizinisch-heilpädagogischen Schriften Itards und Séguins und entwickelte, auf deren Ansätzen aufbauend, ihre spezifische Methode zur Förderung geistig behinderter Kinder. 1907 gründete sie in dem durch Bodenspekulation heruntergekommenen römischen Stadtteil San Lorenzo im Rahmen eines Sanierungskonzeptes der Stadt das erste Kinderhaus („casa dei bambini") für noch nicht schulpflichtige Kinder, deren Mütter arbeiten mussten. Zwei Jahre leitete sie die Einrichtung, und die erzieherischen Erfolge bei den soziokulturell benachteiligten und z. T. verwahrlosten 2- bis 6-jährigen Kindern führten dazu, dass in den folgenden Jahren weitere Kinderhäuser eröffnet wurden. 1916 übersiedelte sie nach Barcelona, musste jedoch 1936 mit Beginn des Franco-Aufstandes Spanien verlassen und ging nach Amsterdam, wo sie bis zum Beginn des 2. Weltkrieges lebte. 1939 ging sie auf Einladung der indischen Montessori-Gesellschaft nach Indien. Dort unterstützten Gandhi und Tagore die von der Theosophischen Gesellschaft getragene Montessori-Bewegung. In dieser letzten Phase ihres Lebens wurde sie mit dem 2. Weltkrieg konfrontiert, was sie veranlasste, sich intensiv mit Fragen der Erziehung zum Frieden zu befassen *(Friedenserziehung/Friedenspädagogik)*. Erst 1949 kehrte sie nach Europa zurück und hielt noch in ihren letzten Lebensjahren zahlreiche Vorträge u. a. in Schweden, Norwegen. Italien und London. Sie starb 1952 in den Niederlanden.

Pädagogische Grundlagen

M. M.s grundlegendes Ziel war es, die Unabhängigkeit und Selbständigkeit des Kindes in jeder Hinsicht zu fördern, wobei sie forderte, die Würde des Kindes zu achten und keinen Zwang auszuüben. Sie konzipierte didaktische Materialien, mit deren Hilfe die Sinne der Kinder, ihre Konzentrationsfähigkeit und kognitiven Fähigkeiten gefördert werden sollten. Später übertrug sie diese ursprünglich für behinderte Kinder entwickelte Methode auf die Arbeit mit „normalen" Kindern. Die Lehrmittel zur Erziehung der Sinne, mit denen Montessori-Kindergärten auch in der Gegenwart arbeiten, bestehen u. a. aus Zylinderblöcken zum Einsetzen, verschiedenen geometrischen Körpern, rechtwinkligen Tafeln mit glatter und rauher Oberfläche, einer Sammlung verschiedener Stoffe, Holzäpfelchen von verschiedenem Gewicht, 2 Schachteln mit je 64 farbigen Täfelchen, Karten mit aufgeklebten Buchstaben aus Sandpapier u. a. m. Dort erprobte sie ihre didaktischen Materialien an „normalen" Kindern und machte dabei die Erfahrung, dass die geistigen Kräfte des Kindes durch den freien Umgang mit dem didaktischen Material aktiviert wurden und dass sich die Kinder ganz auf den Gegenstand zu konzentrieren vermochten. Sie nannte dies die Polarisation der Aufmerksamkeit.

Auch in der Schulpädagogik folgte M. ihrem Ansatz, nach dem das Kind sich sein Können und Wissen selbsttätig aneignen sollte. In den Montessori-Schulen herrscht nicht der lehrerzentrierte Frontalunterricht, sondern das Kind erarbeitet sich fachliche Zusammenhänge weitgehend selbständig. Hierfür ist eine reichhaltige Ausstattung der Schule mit Material die Voraussetzung.

Montessori, deren Wissenschaftsverständnis vom Positivismus geprägt war (vgl. Fuchs 2003), gilt als eine Vorläuferin einer biologisch und psychologisch begründeten *Erziehungswissenschaft*. Kritisiert wird jedoch u. a., dass sie die Bedeutung des pädagogischen Bezugs und den dialogischen Grundcharakter des Erzieherischen vernachlässigt hat.

Verbreitung

Durch ihre in viele Sprachen übersetzten Schriften und ihre internationale Vortragstätigkeit erfuhr ihre Methode internationale Verbreitung und Anerkennung. 1911 wurden zahlreiche nationale Montessori-Gesellschaften gegründet. 1929 erfolgte die Gründung der Association Montessori Internationale (AMI), die bis 1935 ihren Sitz in Berlin hatte (seither in Amsterdam). 1933 musste sich die deutsche Montessori-Gesellschaft auf Druck der Nazis auflösen und ist erst 1952 neu gegründet worden. In Italien wurden 1934 nach Konflikten mit den itaienischen Faschisten alle Montessori-Schulen geschlossen. In der BRD wurden nach dem Krieg wieder Montessori-Kindergärten und -Schulen gegründet, wohingegen die Montessori-Pädagogik in der DDR verboten war. Zwei Dachverbände bemühen sich um die Förderung und Verbreitung der Montessori-Pädagogik. Das sind die Deutsche Montessori-Gesellschaft e. V. und die Montessori Vereinigung e. V. Beide Verbände bieten berufsbegleitende Lehrgänge zum Erwerb des Montessori-Diploms an, das Voraussetzung für die Arbeit in Montessori-Kindergärten und -Schulen ist.

Wilma Aden-Grossmann

Literatur

W. Aden-Grossmann: Montessoris Konzeption einer Elementarerziehung. In: W. Aden-Grossmann. Der Kindergarten: Geschichte – Entwicklung – Konzepte. Weinheim und Basel 2011, 118–126 ◆ W. Böhm: (Hg.) Maria Montessori Bibliographie. 1896–1996.

M

Internationale Bibliographie der Schriften und der Forschungsliteratur. Bad Heilbrunn 1999 ◆ W. Böhm: Maria Montessori – Hintergrund und Prinzipien ihres pädagogischen Denkens. Bad Heilbrunn (1969) 1991 ◆ W. Böhm (Hrsg.): Maria Montessori. Texte und Gegenwartsdiskussion. Bad Heilbrunn [5]1996 ◆ B. Fuchs: Maria Montessori – ein pädagogisches Porträit. Weinheim und Basel 2003 ◆ I. Hansen-Schaberg und B. Schonig: Basiswissen Pädagogik ◆ Reformpädagogik Band 6: Montessori-Pädagogik. Baltmannsweiler 2002 ◆ I. Hedderich: Einführung in die Montessori-Pädagogik. München [3]2011 ◆ H. Heiland: Maria Montessori in Selbstzeugnissen und Bilddokumenten. Reinbek [9]2003 ◆ M. Montessori: Das kreative Kind. Freiburg 1992 ◆ M. Montessori: Kinder sind anders. Stuttgart 1985 ◆ E. Schumacher: Montessori-Pädagogik verstehen, anwenden und erleben, Weinheim 2016.

Links

http://www.bildungsserver.de/Montessori-Paedagogik-1918.html
www.deutsche-montessori-gesellschaft.de
www.montessori-vereinigung.de

Musik

Mit einem Erlass zum Studienfach „Ästhetik und Kommunikation“ legte 1976 das Ministerium für Wissenschaft und Forschung des Landes NRW fest, dass zur sozialpädagogischen Ausbildung zwingend auch Vorlesungen, Seminare und Übungen gehören, welche die Studierenden befähigen, ästhetische Gegenstände differenziert wahrzunehmen und in den kommunikativen Prozessen des beruflichen Handelns schöpferisch zu nutzen *(Ästhetik/Kunst)*. Obwohl der damals festgelegte Umfang des Lehrangebots nie erreicht wurde, ist noch heute die Fähigkeit, M. reflektiert und methodisch anzuwenden, Bestandteil des sozarb/sozpäd Qualifikationsprofils.

Das Spektrum der Themen reicht von allgemeinen historischen, gesellschaftlichen und ästhetischen Fragestellungen bis hin zu adressatenspezifischen Reflexionen über „Jugend und M.“, „Geschlechterrollen in musikalischen Jugendkulturen“ und allgemeine didaktische Grundlagen der Musikpädagogik oder der Musiktherapie in SozArb sowie für einzelne Praxisprojekte. In Veranstaltungen werden Praxisprojekte begleitet, wie Rockmusik mit Jugendlichen, Hip-Hop (Rap und Breakdance als Elemente einer neuen (musikalischen) Jugendkultur), Kindermusical, Kinderkunstwerkstatt, musikalische Spielgruppen und Konzerte mit Kindern, Radiosendungen, Fest- und Feiergestaltung, M. oder Folkloretanz mit Senioren. In Methodenseminaren und Übungen erhalten die Studierenden das methodische Rüstzeug für die musikpädagogische Arbeit mit den verschiedenen Klientengruppen. Es reicht von speziellen musikalisch handwerklichen Angeboten, wie Musiktheorie, Gehörbildung, Rhythmusarbeit, Singen und Instrumentalspiel mit Blockflöte, Gitarre, Rockmusikpraxis, auch M. am Computer und digitale Medien, Hörspiel- und Videopraxis über Verbindungen mit anderen Ausdrucksformen, wie Bewegung, Tanz, Sprache, szenischem Spiel, Instrumentenbau oder Malen nach M., bis hin zu musikalischen Selbsterfahrungsgruppen und Einführung in die Orff-Musiktherapie.

Musikalische Gruppenimprovisation

Sie ist nicht nur eine bewährte musikalische Methode in der SozArb, sie repräsentiert vielmehr ein ganzheitliches ästhetisch-didaktisches Prinzip im Umgang mit M., welches in der SozArb als verbindlich anzusehen ist. „Gruppenimprovisation“ ist ein schöpferisches musikalisches Vorgehen, bei dem musikalisches Handeln und Lernen mit seelischem und sozialem Erleben unauflösbar verknüpft entwickelt und reflektiert wird. Dabei werden implizit die lebensweltlichen Beziehungen des Menschen und die grundlegenden Bedingungen seiner Existenz thematisiert. Musikalisches, emotionales, soziales, ästhetisches und politisches Lernen bilden dabei im Einklang mit psychischer Entwicklung und spiritueller Orientierung eine sozialökologische Einheit (Kapteina 2001). Die Gruppenimprovisation bietet als „elementare Musik … einen Rahmen, der es möglich macht, als Einzelner, als Partner, als Gruppe, Erfahrungs- und Entwicklungschancen wahrzunehmen“ (Leidecker 2002, 28).

Die Merkmale der Gruppenimprovisation sind generell auf kreative *soziale Gruppenarbeit* übertragbar:

- Es muss, ausgehend von den vorhandenen ästhetischen Fähigkeiten der Adressaten, ausreichend Raum und Zeit zur sinnlichen Erfahrung gegeben werden.
- Dabei können Spielregeln oder freie situations- oder personenorientierte Ideen zu Grunde gelegt werden.
- Die Ergebnisse werden grundsätzlich nicht nach den Kategorien richtig oder falsch bewertet.
- Jede subjektive Lösung wird gewürdigt.
- Der Prozess wird in einem ausgewogenen Ver-

hältnis zwischen sinnlichem Erleben und Reflexion gestaltet, wobei

- die ästhetischen Erfahrungen zum Alltagsleben in Beziehung gebracht werden (Mann u. a. 1995).

Kompetenzanforderungen

Die Kompetenz des SozArb/SozPäd besteht darin, dass er über ein großes Repertoire an Möglichkeiten verfügt, ästhetische Erfahrungen anzuregen *(Ästhetik)*. Er ist in der Lage, die Vielschichtigkeit (Universalität) ästhetischer Erfahrung anzuerkennen und Sachaussagen, Assoziationen, Erinnerungen, Identifikationen, Projektionen sowie direkte Gefühlsäußerungen der Teilnehmer anzunehmen und für die Entwicklung der Einzelnen und der Gruppe zu nutzen (Mann 1995).

M. in der SozArb befindet sich somit im Schnittfeld zwischen Musikpädagogik, „deren Ziel die Befähigung zum bewussten Umgang mit M., dem Verstehen von Musik und der Erlangung von Fähigkeiten und Fertigkeiten zum Interpretieren, Komponieren und Improvisieren von Musik ist", auf der einen Seite und Musiktherapie als *Psychotherapie* auf der anderen Seite (Wickel 1998, 10).

Soziale Berufskarrieren verlaufen dementsprechend nach drei unterschiedlichen Orientierungen:

- Entweder werden die in der Ausbildung erhaltenen Kompetenzen in die Arbeit mit einer bestimmten Klientel integriert,
- oder es werden künstlerische und musikpädagogische Fähigkeiten im Rahmen von gemeinwesenorientierter Kulturarbeit und Kulturmanagement umgesetzt,
- oder sie kommen in therapeutischen, rehabilitativen oder präventiven Maßnahmen des Gesundheitswesens zum Tragen. Entsprechende Zusatz- und Weiterbildungsangebote sind auf dem Markt (Seidel 1992; Kapteina 2005).

Die Praxis

M. und SozArb mit Kindern wird von SozArb/SozPäd u. a. in Vorschuleinrichtungen, Frühförderstellen, in der Jugendarbeit und im Rahmen der Schulsozialarbeit praktiziert, um die Entwicklung ästhetischer sowie sozialer Kompetenz zu fördern und um bei der Entstehung von Verhaltensauffälligkeiten vorbeugend oder korrigierend einzugreifen. Spezielle Angebote für gefährdete Kinder werden als begleitende Fördermaßnahmen in *Tageseinrichtungen für Kinder* und *Schule* eingeführt. Spielgruppen für Kinder und ihre Eltern sowie Familienorientierte Angebote wie Musikfreizeiten, Familienwochenenden etc. unterstützen die familiäre *Sozialisation* (vgl. Forum Musiktherapie und Soziale Arbeit, in Kapteina 2005).

„Mobile Musikschulen" stellen Projekte der *Gemeinwesenarbeit* dar, die Konzepte für die musikalische Breitenbildung aus der Nachkriegszeit für die Jugendmusikschule aktualisieren. Musikpädagogisch qualifizierte SozPäd führen in Stadtteilen oder in abgelegenen ländlichen Gebieten Musikkurse durch, die sich explizit an Kinder aus benachteiligten Familien richten (Schreiber 2005).

Auch bei der *Jugendarbeit* haben sich mobile Projekte bewährt. Rockmobile sind fahrende Musikstudios, z. B. ausrangierte Linienbusse, die soziale Brennpunkte, Schulen oder abgelegene ländliche Ortschaften anfahren und dort Musikworkshops für Jugendliche und Unterricht im Gitarren-, Bass, Keyboard-, Schlagzeugspiel und Gesang durchführen (Hill 1996; Dentler 2001). Entwicklungsbedingt spielen in der Jugendarbeit musikpädagogische Maßnahmen auf dem Gebiet der Pop- und Rockmusik eine zentrale Bedeutung. Sie bestimmen auch in stationären Jugendhäusern unter kommunaler oder kirchlicher Trägerschaft die musikalische Praxis. Sie werden meist in übergeordnete sozpäd Zielstellungen eingebunden, wie Gewaltprävention und Entwicklung von sozialer Kompetenz und Basisqualifikationen (Dentler 2001) oder *Prävention*.

Neben den bereits erwähnten bei Mann u. a. beschriebenen musikalischen Angeboten in der *Erwachsenenbildung* kommt M. im Bereich der SozArb bei der *Beratung* von Erwachsenen immer dann zum Tragen, wenn der verbale Diskurs die eigentlichen psychosozialen Problemstellungen nicht hinreichend erreicht. Das wurde für die ambulante Beratung und Behandlung von *Sucht*kranken und ihren Angehörigen von Kapteina und Hörtreiter exemplarisch dargestellt (1993). Auch in der Ehe- und *Familienberatung* können Rollenkonflikte, problematische Konstellationen im musikalischen Rollenspiel deutlich erkennbar und Lösungen erarbeitet werden (Timmermann 2003).

In stationären Einrichtungen der Suchtkrankenhilfe bietet Musiktherapie in den Händen von SozArb/SozPäd mit entsprechender Zusatzausbildung wichtige Beiträge zur wirksamen Bearbeitung vermiedener Emotionen und verdrängter Erlebnisinhalte.

Des Weiteren leistet M. bei der *Altenhilfe* in Heimen und Pflegeeinrichtungen einen wichtigen Beitrag zur psychophysischen Gesundheit.

Dabei kommt v. a. dem gemeinsamen Singen herausragende Bedeutung zu. Im Rahmen des Gruppen übergreifenden Dienstes veranstalten Sozialpädagogen Singrunden und Tanznachmittage. Sie organisieren Kulturprogramme oder entwickeln zusammen mit Bewohnern Konzepte für die Gestaltung des akustischen und des musikalischen Milieus in den Einrichtungen.

Hartmut Kapteina

Literatur

H.-H. Decker-Voigt u. a.: Lehrbuch Musiktherapie, München [2]2012 ◆ K. H. Dentler: Partytime. Musikmachen und Lebensbewältigung. Eine lebensgeschichtlich orientierte Fallstudie der Jugendarbeit, Opladen 2001 ◆ T. Hartogh/H. H. Wickel (Hrsg.): Handbuch Musik in der Sozialen Arbeit, Weinheim/München 2004 ◆ R. Heyer/S. Wachs/C. Palentien (Hrsg.): Handbuch Jugend – Musik – Sozialisation, Wiesbaden 2012 ◆ B. Hill: „Rockmobil" – eine ethnographische Studie aus der Jugendarbeit, Opladen 1996 ◆ B. Hill/E. Josties: Jugend, Musik und Soziale Arbeit, Weinheim/München 2007 ◆ H. Kapteina/H. Hörtreiter: Musik und Malen in der therapeutischen Arbeit mit Suchtkranken, Stuttgart 1993 ◆ H. Kapteina: Gruppenimprovisation als Element des Qualifikationsprofils helfender Berufe, in: Ringgespräch über Gruppenimprovisation LXVII 2001, 35–44 ◆ H. Kapteina: Musik zum Erleben, Helfen, Heilen (www.musiktherapie-SASP.de 2005) ◆ K. Leidecker: Musik als Begegnung, Wiesbaden 2002 ◆ C. Mann u. a.: Selbsterfahrung durch Kunst, Weinheim 1995 ◆ M.-S. Meis/G.-A. Mies (Hrsg.): Künstlerisch-ästhetische Methoden in der Sozialen Arbeit: Kunst, Musik, Theater und Neue Medien, Stuttgart 2012 ◆ B. Schreiber: MOMU, die Mobile Musikschule (Schreiber@momu.de 2005) ◆ A. Seidel: Sozialpädagogische Musiktherapie. Anmerkungen zu einem Praxis- und Ausbildungskonzept, in: Musiktherapeutische Umschau 1992, 298–306 ◆ T. Stegemann u. a.: Künstlerische Therapien mit Kindern und Jugendlichen, München 2012 ◆ T. Timmermann: Klingende Systeme. Aufstellungsarbeit und Musiktherapie, Heidelberg 2003 ◆ H. H. Wickel: Musikpädagogik in der sozialen Arbeit. Eine Einführung, Münster 1998.

Mutterschutz

Geschichte

Mit der Geschichte des Mutterschutzes (M.) ist die Geschichte arbeitender *Frauen* (Arbeiterbewegung) und ihrer Gleichstellung eng verbunden. Sie reicht bis in das Jahr 1878 zurück, als zum ersten Mal ein Schutz für arbeitende Mütter von drei Wochen nach der Geburt eines Kindes in einer Novelle zur Reichsgewerbeordnung festgeschrieben wurde. 1893 wurden arbeitenden Frauen weitere Zugeständnisse gemacht (sicher auch unter dem Eindruck hoher Säuglings- und Müttersterblichkeit), der Arbeitstag schwangerer Frauen wurde auf 11 Stunden begrenzt und nach der Geburt eine „Ruhepause" von vier (bezahlten) Wochen zugestanden. Zwei Wochen M. vor der Geburt eines Kindes gab es mit einer neuerlichen Regelung erst Anfang des 20. Jh. In den 1920er Jahren wurde dieser vorgeburtliche M. auf sechs Wochen erhöht. Im Nationalsozialismus gab es beides, die Verpflichtung von Frauen zur Arbeit und den Schutz schwangerer Frauen vor den Gefahren der Arbeitswelt. Im Mittelpunkt des Mutterschutzgesetzes von 1942 stand die Würdigung der „Mutterschaftsleistung".

Nach erbitterten Debatten im BT um (sehr konservative) Vorstellungen von Familie, gleichzeitig aber um die die arbeitsmarktpolitischen Erfordernisse berufstätiger Frauen nach dem 2. Weltkrieg, trat 1952 das erste Mutterschutzgesetz (MSchG) in Kraft, mit dem der Verlauf von Schwangerschaft und Geburt, von Kinderpflege und Stillzeiten umfangreich geschützt wurde. Danach wurde das MSchG vielfach geändert und erweitert (www.deutschlandfunk.de/geschichte). Neue Leistungen kamen dazu: u. a. die Änderung der RVO mit der Einbeziehung des M. 1965 und 1979 die Einführung eines Mutterschaftsurlaubs von vier Monaten zusätzlich zu den Mutterschaftschutzfristen. Dieser Mutterschaftsurlaub wurde zum Vorläufer des Erziehungsurlaubs und des Erziehungsgeldes und später des Bundeselterngeld- und -Elternzeitgesetzes (BEEG).

Schutz vor und nach der Geburt

Der über den allgemeinen Arbeitsschutz hinausgehende gesetzlich geregelte M. will Mutter und Kind vor und nach der Geburt insbesondere vor gesundheitlichen Schäden durch Erwerbstätigkeit, vor finanziellen Einbußen und vor dem Verlust des Arbeitsplatzes schützen. Neben den Vorschriften des Mutterschutzgesetzes (MSchG, i. d. F. vom 20. 6. 2002, zuletzt geändert am 23. 10. 2012) sind v. a. Regelungen in der Reichsversicherungsordnung (RVO) und im BEEG von Bedeutung. Der besondere Schutz wird angestrebt durch Vorschriften über (a) die Gestaltung des Arbeitsplatzes, (b) Beschäftigungsverbote und -beschränkungen, (c) Kündigungsschutz und (d) wirtschaftliche Absicherungen. Der gesetzliche Schutz – v. a. die Vorschriften über die

Gestaltung des Arbeitsplatzes und die Beschäftigungsverbote und -beschränkungen – kann nur greifen, wenn der Arbeitgeber von der Schwangerschaft/Mutterschaft weiß. Deshalb soll sie ihm nach Kenntniserlangung mitgeteilt werden. Es handelt sich hierbei nur um eine gesetzliche Empfehlung, keine Rechtspflicht. Der Arbeitgeber seinerseits hat die Aufsichtsbehörde (die nach Landesrecht zuständige Behörde) unverzüglich von der Mitteilung der Schwangerschaft zu benachrichtigen. Für Beamtinnen gilt die Mutterschutzverordnung des Bundes vom 14.2.2009 (zuletzt geändert am 18.12.2014) bzw. entsprechende VO der Länder.

Zur Neuregelung des Mutterschutzgesetzes liegt ein Kabinettsentwurf der BReg. vor, der inzwischen in erster Lesung im BT beraten wurde. Danach werden u.a. Schülerinnen und Studentinnen einbezogen. Der M. für Mütter mit Kindern mit Behinderung soll auf 12 Wochen nach der Geburt erhöht werden. Der BT muss dem Gesetzentwurf noch zustimmen (Stand November 2016).

Gestaltung des Arbeitsplatzes: Hinsichtlich der Gestaltung des Arbeitsplatzes ist der Arbeitgeber verpflichtet, die erforderlichen Vorkehrungen und Maßnahmen zum Schutz von Leben und Gesundheit der werdenden oder stillenden Mutter zu treffen. Diese Pflicht wird z.T., im MSchG, z.T. in VO weiter konkretisiert. So müssen z.B. für Frauen, die bei der Arbeit ständig stehen oder gehen müssen, Sitzgelegenheiten zum kurzen Ausruhen bereitstehen. Auch kann die Aufsichtsbehörde Anordnungen erlassen.

Generelle Beschäftigungsverbote und -beschränkungen: Generelle Beschäftigungsverbote, d.h. für jede Mutter unabhängig von ihrem körperlichen Zustand und der Art ihrer Arbeit, gelten für die letzten 6 Wochen vor und die ersten 8 Wochen, bei Früh- und Mehrlingsgeburten die ersten 12 Wochen, nach der Geburt (sog. Schutzfristen). Bei Geburten vor dem mutmaßlichen Entbindungstag verlängert sich die Schutzfrist nach der Geburt über die 8./12. Woche hinaus um die Zeit, um die die Schutzfrist vor der Geburt durch den frühen Entbindungstag verkürzt ist. Für die Zeit vor der Geburt (nicht aber danach) kann die Frau – jederzeit widerrufbar – auf die Schutzfrist verzichten. Darüber hinaus ist durch Beschäftigungsbeschränkungen werdenden Müttern z.B. schwere körperliche Arbeit oder Arbeit mit gesundheitsgefährdenden Emissionen untersagt. Werdende und stillende Mütter dürfen i.d.R. keine Akkord-, Mehr-, Nacht- oder Sonntagsarbeit leisten. Stillenden Müttern ist auf ihr Verlangen bei Lohnfortzahlung die zum Stillen erforderliche Zeit freizugeben. Individuelle Beschäftigungsverbote bestehen, soweit bei Fortdauer der Beschäftigung Leben oder Gesundheit von Mutter oder Kind gefährdet sind. Je nach Lage ist die Beschäftigung überhaupt untersagt oder die Beschäftigung mit bestimmten Arbeiten.

Kündigungsschutz: „Die Kündigung gegenüber einer Frau während der Schwangerschaft und bis zum Ablauf von vier Monaten nach der Entbindung ist unzulässig, wenn dem Arbeitgeber zur Zeit der Kündigung die Schwangerschaft oder Entbindung bekannt war oder innerhalb zweier Wochen nach Zugang der Kündigung mitgeteilt wird“ (§ 9 I MSchG). Erfolgt die Mitteilung unverschuldet später, unverzüglich nach Kenntnis von der Schwangerschaft, führt dies ebenfalls zur Unwirksamkeit der Kündigung. Ggf. kann eine Kündigung von der Aufsichtsbehörde genehmigt werden. Ein Kündigungsverbot besteht auch während der Elternzeit.

Wirtschaftliche Absicherung: Die wirtschaftliche Absicherung schwangerer Frauen erfolgt während der Schutzfristen und für den Entbindungstag durch das sog. Mutterschaftsgeld. Das Mutterschaftsgeld wird für Mitglieder der gesetzlichen Krankenversicherung (§ 200 RVO) von dieser, für Nichtmitglieder vom Bundesversicherungsamt (§ 13 II MSchG) gezahlt. Das Mutterschaftsgeld ist nicht einheitlich. Es beträgt für Mitglieder der gesetzlichen Krankenversicherung höchstens 13 Euro für jeden Kalendertag, für Nichtmitglieder höchstens 210 Euro für die gesamte Zeit der Schutzfristen und den Entbindungstag. Zusätzlich erhalten Frauen, deren Nettoeinkommen höher als 13 Euro täglich war, vom Arbeitgeber einen Zuschuss zum Mutterschaftsgeld in Höhe der Differenz zwischen 13 Euro und dem letzten täglichen Durchschnittsentgelt (§ 14 MSchG). Bei wirksamer Auflösung des Arbeitsverhältnisses (z.B. wegen einer Insolvenz des Betriebes) während der Schwangerschaft oder der Schutzfrist wird der Zuschuss von der für die Zahlung des Mutterschaftsgeldes zuständigen Stelle übernommen.

Neben dem Mutterschaftsgeld gibt es auch noch das *Elterngeld*. Das Mutterschaftsgeld wird auf das Elterngeld angerechnet. Soweit aufgrund von Beschäftigungsverboten oder -beschränkungen außerhalb der Schutzfristen der Schwangeren/Mutter andere erlaubte Tätigkeiten zugewiesen werden oder sie teilweise oder ganz mit der

Arbeit aussetzt, ist ihr mindestens der Durchschnittsverdienst der letzten 3 Monate vor Beginn der Schwangerschaft weiterzuzahlen (sog. Mutterschaftslohn).

Im Anschluss an die Schutzfristen besteht ein Anspruch auf Elternzeit, der M. wird auf diese Zeit angerechnet.

Barbara Mehr

Literatur

BMFSFJ: Mutterschutzgesetz. Leitfaden, Berlin [10]2015 • R. Rancke: Mutterschutz, Elterngeld, Elternzeit, Baden-Baden [4]2015.

N

Netzwerke, soziale

Begriff

Dieser Artikel bezieht sich nicht auf Soziale Netzwerke im Internet, sondern bezeichnet hier ein Beziehungsgeflecht, das Menschen mit anderen Menschen und Institutionen sowie Institutionen mit anderen Institutionen verbindet. Netzwerkarbeit in der *Sozialen Arbeit* dient v.a. der Erkundung und Aktivierung individueller Netzwerke als Unterstützungsressource, bezeichnet aber auch die institutionellen Verknüpfungen in den verschiedensten sozialen Kontexten. Fischer/Kosellek (2013) haben die Handlungsfelder der SozArb beschrieben, in denen sich Netzwerkarbeit etabliert hat: *Beratung, Alter, Kinderschutz,* in der kommunalen Bildungs- und Sozialpolitik, im ländlichen Raum, in lokalen Bildungslandschaften, bei der Bearbeitung von Delinquenz, im Gesundheitswesen *(Abweichendes Verhalten/Bildung/Gesundheitshilfe/Sozialpolitik).* Soziale Netzwerke im Internet werden u.U. auch in der sozialen Netwerkarbeit genutzt, sind dann aber ggf. nicht Gegenstand, sondern Mittel zum Zweck vernetzten sozialarbeiterischen/sozialpädagogischen Handelns. Das Konzept der sozialen Netzwerkanalyse selbst ist zwar bereits in den 1950er Jahren bei ethnologischen und soziologischen Forschungen britischer Wissenschaftler entwickelt worden, aber erst über den Umweg der amerikanischen Rezeption in den 1960er und 1970er Jahren auch in Deutschland seit den 1980er Jahren in den Sozialwissenschaften populär geworden. Hintergrund für diese positive Aufnahme sind die zahlreichen Interpretationen und Anwendungsmöglichkeiten des Begriffes s.N. in verschiedenen Wissenschaften, um sich wandelnde Lebenszusammenhänge zu untersuchen und neue Bewältigungsstrategien zu entwickeln. Sie reichen von der normativen Kategorie des kleinen Netzes als Maß des sozialen Zusammenlebens über die Vernetzung als sozialtechnokratische Zauberformel und die soziale Unterstützung in psychosozialen Handlungszusammenhängen bis hin zum Analyseinstrument für soziale Beziehungen. S.N. sind als Analyseinstrument eine präzise Methode zur Untersuchung sozialer Beziehungen von Klienten und als Strategie ein Ansatz zur Mobilisierung sozialer Unterstützung für sie. Beides ist eine sinnvolle und nützliche Ergänzung für die alltägliche Praxis in vielen Feldern von SozArb *(Empowerment).*

Netzwerkisierung der Gesellschaft

In den letzten Jahrzehnten haben Soziologen und Psychologen den sozialen Wandel und die aktuellen gesellschaftlichen Entwicklungen u.a. durch folgende Schlagworte charakterisiert: Vergesellschaftung, Komplexität und Bürokratisierung aller Lebensbereiche, Funktionsverlust der Familie, Verlust an Gemeinschaftsbeziehungen und Individualisierung, Werteverlust und Bindungslosigkeit, Weltgesellschaft und Rückzug ins Private.

Hinter all diesen Einzelprozessen steht die Dialektik der doppelten Netzwerkisierung der modernen westlichen *Gesellschaft:* einerseits die zunehmende Vergesellschaftung aller Lebensbereiche auf dem Wege zu einer Weltgesellschaft, deren Teilsysteme alle hochgradig arbeitsteilig miteinander verzahnt sind (Interdependenzketten), andererseits die wachsende Individualisierung der Lebenswelt durch Auflösung traditionaler Bindungen wie u.a. durch Zerfaserung der *Familie,* d.h. die kleinen, dichten Beziehungsgeflechte von lebenslangen festen Gemeinschaften werden durch viele lockere, selbstgewählte Beziehungsnetzwerke mit wechselnden sozialen Bezugsfeldern ergänzt bzw. ersetzt. Zwischen den abnehmenden traditional-überschaubaren Gemeinschaften und der zunehmend bürokratisierten, komplexen Gesellschaft entwickelt sich eine Vielfalt von persönlichen, sozialen und institutionellen N. Das *Individuum* ist heute in vielen familiärverwandtschaftlichen, nachbarschaftlichen, beruflichen, gesellschaftlichen und Freizeitbeziehungen mit unterschiedlicher Intensität, Dauer, Häufigkeit und Wechselseitigkeit eingebunden. S.N. beschreiben die tatsächlichen sozialen Beziehungen zwischen Personen, wie sie sich gegen-

und miteinander verhalten und handeln. N. können zwangsweise oder freiwillig sein. Sie können als positiv unterstützend, aber auch negativ belastend empfunden werden.

Soziale Netzwerke als Analyse

An der wachsenden Komplexität der sich wandelnden gesellschaftlichen Wirklichkeit setzt die soziale Netzwerkanalyse an, um die Interdependenz sozialer Lebenszusammenhänge zu erfassen. Sie ist eine Methode, um soziale Beziehungen zu untersuchen: Wer ist mit wem wie verbunden. Klassisch geht es um folgende morphologischen und interaktionalen Kriterien zur Untersuchung eines Netzwerkes:

- Verankerung als Ausgangspunkt der Analyse,
- Erreichbarkeit als Möglichkeit, weitere Individuen über andere Personen zu erreichen,
- Dichte oder Verbundenheit als Grad der tatsächlich vorhandenen Beziehungen,
- Reichweite als Größenordnung des N.,
- Inhalt als die Frage, ob ein N. uni- oder multiplex ist, d. h., nur eine oder mehrere inhaltliche Ebenen hat,
- Direktheit als Frage nach der Einseitigkeit oder Reziprozität der Beziehung,
- Dauer als Zeitkomponente,
- Intensität als Grad der Stärke oder Schwäche eines Netzes und
- Häufigkeit als Grad der Regelmäßigkeit sozialer Kontakte.

Durch die soziale Netzwerkanalyse wird die traditionelle Perspektive Mikro- vs. Makrosoziologie überwunden, denn es geht nicht mehr entweder um die Aggregation individueller Bedürfnisse und Verhaltensweisen oder um die Untersuchung großer Institutionensysteme (Familie, Staat, Wirtschaft usw.), sondern mittels der Netzwerkanalyse werden Figurationen von Interdependenzketten (Norbert Elias) analysiert: Es können Individuen mit Individuen, Institutionen mit Institutionen und auch Individuen mit Institutionen analytisch verbunden sein. Folgendes Beispiel illustriert ein individuell-gesellschaftliches N., in dem primäre, d. h. persönliche N., und sekundäre, d. h. institutionelle N. miteinander verknüpft sind: Eine allein Erziehende Mutter hat 2 Kinder, die zum Kindergarten und zur Schule gehen. Sie arbeitet halbtags in einer Firma. Am Wochenende werden die Kinder manchmal vom Vater oder von der Großmutter betreut. In der Woche trifft sich die Mutter gelegentlich mit 2 alten Freundinnen. Sie hat Erziehungsschwierigkeiten mit dem einen Kind, das u. a. in der Schule schwer lernt. Weiterhin bestehen noch flüchtige Kontakte zur Nachbarin. Dieses s. N. ist relativ klein und für die Betroffene mangelhaft, denn es fehlt ein ausreichendes Maß an sozialer Unterstützung.

Netzwerkarbeit und soziale Unterstützung

An die Netzwerkanalyse schließt sich für die SozArb die Netzwerkarbeit oder Vernetzung an. Da im positiven Fall angenommen wird, dass s. N. eine unterstützende Funktion für den Klienten haben, sucht SozArb/SozPäd nach Strategien und Möglichkeiten, das s. N. eines Klienten durch neue Kontakte und Personen zu erweitern und wiederherzustellen.

Nach dem mehrdimensionalen Konzept von Diewald (1991) lässt sich folgende Typologie sozialer Unterstützung für ein Ego aufstellen: personen- und güterbezogene Arbeitshilfen, Pflege am Ego, materielle Unterstützung durch Sachleistungen und Geld, Intervention für ein Ego bei anderen Personen und Institutionen, Information als praktisches Wissen, Beratung in sachlichen und persönlichen Angelegenheiten, Geselligkeit, alltägliche *Interaktionen,* Vermittlung von Anerkennung durch Wertschätzung und Statusvermittlung, Orientierung als Vermittlung von Verhaltensmodellen und sozialen Normen, Vermittlung als Zugehörigkeitsbewusstsein, Erwartbarkeit von *Hilfe* als Rückhalt, Ort für den Erwerb sozialer Kompetenzen, Vermittlung eines Geborgenheitsgefühls, Vermittlung von Liebe und Zuneigung und motivationale Unterstützung.

In der sozialen Netzwerkarbeit tritt nun die SozArb als intermediärer Netzwerker auf, um das vorhandene persönliche N. der Mutter durch zusätzliche primäre und sekundäre N. zu erweitern und miteinander zu verbinden. Im Fall der allein erziehenden Mutter wird ihr durch den Klassenlehrer in der Schule geraten, wegen ihrer Erziehungsschwierigkeiten zum ASD zu gehen. Nach Beratung mit ihren Freundinnen geht sie dorthin. Nach der Analyse des persönlichen N. der Mutter setzt die Netzwerkarbeit durch die SozArb ein, d. h. es wird ein/e FamilienhelferIn bereitgestellt, um die Mutter bei ihrer Hausarbeit und bei den Schulaufgaben ihrer Kinder zu unterstützen. Gleichzeitig wird der gestressten Mutter eine Selbsthilfegruppe vermittelt und für diesen Abend ein Babysitter aus der Nachbarschaftshilfe organisiert. Das persönliche N. wird um unterstützungsfunktionale Personen ergänzt, um die Familie *(Allein Erziehende)* zu stabilisieren. Dies ist eine lange Beschreibung eines vorhandenen und nun durch sozialarbeiterisches Handeln ergänzten N.

In der Praxis sind s. N. als Unterstützungs- und Interventionsstrategien in folgenden Bereichen eingesetzt worden: Altenarbeit wie die ambulante Versorgung älterer Menschen, Gesundheitshilfe wie die Versorgung psychisch Kranker und pflegebedürftiger Patienten, Familienarbeit, Arbeitslosenarbeit, Gesundheitsförderungsprojekte, Krankenhaussozialarbeit, netzwerkbezogene Beratungsansätze und GWA *(Gesundheitshilfe, Psychiatrie, Arbeitslosigkeit, Beratung, Methoden der Sozialen Arbeit).*

Netzwerk- und Case-Management als Praxisstrategien

Da sich die sozialen Dienste immer weiter spezialisieren und aufsplitten, gibt es die sozialpolitische Notwendigkeit, sie wiederum für den Klienten und dessen Bedürfnisse und Rechtsansprüche zu mobilisieren. Eine netzwerkorientierte Praxisstrategie lässt sich auf zwei Wegen erreichen: erstens als Kooperation der Sozialen Dienste oder zweitens als Netzwerk-Manager für den Klienten in der SozArb.

Eine Vernetzung der Sozialen Dienste erfordert konkret folgende Maßnahmen: erstens Sammlung aller Informationen, welche Sozialen Dienste wann für was wie zuständig sind, zweitens deren Koordination durch Abstimmung der Aktivitäten und Schwerpunkte der Arbeit untereinander und drittens Kooperation i. S. des Versuchs, inhaltlich zusammenzuarbeiten. Eine solche Kooperation setzt die Bereitschaft voraus, sich miteinander auszutauschen, nicht auf eigenen Legitimationspositionen zu beharren und auch mit „schwierigen" Partnern zusammenzuarbeiten. Kooperation kann bedeuten:

- Vernetzung gleicher Sozialer Dienste in gleicher Trägerschaft,
- Vernetzung gleicher Sozialer Dienste in verschiedener Trägerschaft,
- Vernetzung verschiedener Sozialer Dienste in gleicher Trägerschaft oder
- sogar noch weitergehend die Vernetzung von unterschiedlichen Sozialen Diensten in verschiedener Trägerschaft, z. B. von Familienberatung und Flüchtlingsberatung der Caritas und des DPW.

Bei einer Kooperation durch Vernetzung können folgende Probleme auftreten: Soziale Kontrolle der Klienten durch Informationsaustausch, Trägerkonkurrenz, unterschiedliche Organisationsstrukturen und die Gefahr bürokratisierter Supra-Strukturen.

Der SozArb ist als Netzwerk- oder – in Anlehnung an das amerikanische Konzept – Case-Manager tätig, der drei Funktionen in einer Rolle vereinigt: Koordinator, Advokat und Berater gleichzeitig. Die Aufgaben des Case-Managers lassen sich in 5 Schritte gliedern:

- Prozess der Informationssammlung über die Probleme, Interessen, Fähigkeiten, Finanzen, s. N. und Motivationen des Klienten,
- Entwicklung eines individuellen Aufgabenplans auf der Basis der gesammelten Informationen und der verfügbaren Ressourcen,
- Vernetzung als Koordination der verschiedenen sozialen Dienste im Interesse des Klienten,
- Überwachung und Überprüfung des Fortschritts des Klienten und
- Einsatz als Advokat für dessen Interessen.

Der Case- oder Netzwerk-Manager ist der Koordinator aller einzuholenden Informationen und Promoter der sozialen Dienstleistungen, die der Klient für seine Problemlösung braucht *(Einzelfallhilfe).*

Fazit und Kritik

Zusammenfassend lässt sich ein Konzept der ökologischen Netzwerkförderung formulieren *(Sozialökologie),* in dem der Mensch in seiner Lebens- und Umwelt als Ganzes eingebettet ist. Ein Netzwerkdefizit des Klienten soll durch eine Netzwerkförderung ausgeglichen werden. Der SozArb wirkt als Vermittler und Vernetzer zwischen drei Lebenswelten: 1. den sich zerfasernden N. von Familie, Verwandtschaft und Nachbarschaft, 2. den pluralisierten sekundären N. einer Vielzahl sozialer Dienste und 3. den in den letzten Jahren sich entwickelnden tertiären oder intermediären N. der vermittelnden Berufe (Anwalt, Steuerberater, Makler usw.) und der neuen sozialen Bewegungen.

Kritisch lassen sich folgende Punkte anmerken: (1) Es fehlt eine Debatte in der SozArb über das Verhältnis von Netzwerkarbeit und Selbsthilfe: *Selbsthilfe/Selbstorganisation* als Einsparungsstrategie, Netzwerkstrategien nur für Privilegierte, oder lassen sie sich auch für sozial Benachteiligte nutzen? (2) Bisher hat sich die theoretische Diskussion zum Netzwerkkonzept weiter entwickelt als die praktische Umsetzung in der SozArb. Hier fehlt es an Praxisprojekten und -forschung, um die Methodik auszudifferenzieren und umfangreicher in die Praxis zu implementieren. (3) Die Ausdifferenzierung unterschiedlicher Interventionsformen in soziale Netze wie Selbsthilfeförderung, institutionelle Settings (Treffpunkte mit bestimmter, netzwerkfördernder Struktur), netzwerkorientierte Beratung, Helferkonferenz usw. muss noch weiter vorangetrieben werden, um das s. N. als Handlungskonzept der SozArb in größerem Umfang als bisher umzusetzen. Dazu gehört auch die Netzwerkarbeit und -theorie im sozialräumlichen Bezug *(Sozialraumorientierung).*

Jürgen Nowak

Literatur

H. Bullinger/J. Nowak: Einführung in die Soziale Netzwerkarbeit, Freiburg i. Br. 1998 ◆ H. Christa: Erfolgreiche Netzwerkarbeit, in: TuP 6/2008 ◆ M. Diewald: Soziale Beziehungen: Verlust oder Liberalisierung? Soziale Unterstützung in informellen Netzwerken, Berlin 1991 ◆ J. Fischer/T. Kosellek (Hrsg.): Netzwerke und Soziale Arbeit, Weinheim/Basel 2013 ◆ M. Galuske: Methoden der Sozialen Arbeit. Eine Einführung, Weinheim/München [10]2013 ◆ G. Hochgürtel: Soziale Netzwerkarbeit in der Suchthilfe: Case Management als Methode der Sozialen Arbeit, Hamburg 2015 ◆ U. Otto: Soziale Netzwerke, in: H.-U. Otto/H. Thiersch (Hg.): Handbuch Soziale Arbeit, München [5]2015, 1485–1498 ◆ E. Quilling/H. J. Nicolini/C. Graf: Praxiswissen Netzwerkarbeit: Gemeinnützige Netzwerke erfolgreich gestalten, Wiesbaden 2013 ◆ W. Schönig/S. Primus: Abgeklärte Netzwerkarbeit im Sozialraum, in: sozialmagazin 4/2009 ◆ W. Schönig/J. Knabe: Mittendrin, dabei oder versteckt am Rande. Nutzung der sozialräumlichen Netzwerkforschung für die Soziale Arbeit, in: sozialmagazin 6/2010.

Normalität

Begriffsdeutungen

Die Funktionen und Leistungen der SozArb/SozPäd wurden und werden immer wieder entlang einem durchschnittlichen und durchgesetzten gesellschaftlichen Verständnis von N. gemessen: SozArb hatte es in der Geschichte i. d. R. mit einer Klientel zu tun, deren Verhalten zu dem gesellschaftlichen „Normalverhalten" als abweichend galt, und ihre Leistungen werden ebenfalls wieder danach beurteilt, ob es ihr gelingt, ihre Klienten in eine einigermaßen „normale" Lebensführung zurückzubringen. War die SozArb in ihrer Geschichte den herrschenden gesellschaftlichen Normalitätsdefinitionen i. d. R. instrumentell „ausgesetzt", so schien sich mit der sozialstaatlichen und v. a. der wohlfahrtlichen Perspektive der „Sozialintegration" ein gesellschaftliches Normalitätsmaß gefunden zu haben, in dem sie positiv aufgehen und ihre gesellschaftliche Emanzipation betreiben konnte. Sozialintegration und N. sind also in ihrer gesellschaftlichen und disziplinären Bedeutung für die SozArb/SozPäd eng miteinander verknüpft *(Abweichendes Verhalten).*

Den ersten Bezugspunkt zur Bestimmung dessen, was „N." umfasst, finden wir in der phänomenologischen Soziologie, der Wissenssoziologie. Berger/Luckmann (1976) haben hier mit dem Begriff der „Grundwelt" die Richtung gewiesen: N. wird verstanden als eine „Grundwelt", die das sozial Selbstverständliche in der Gesellschaft darstellt – das Selbstverständliche, das nicht mehr thematisiert werden muss. Die Gesellschaft funktioniert, weil sie eben einen nicht hinterfragten Grundbestand an normativen Orientierungen hat. „Grundwelt" beinhaltet ja, dass etwas Konsens ist, dass es nicht immer wieder durch Verfahren oder Argumentationen neu hergestellt werden muss.

Diese Dimension der Grundwelt ist in den Sozialwissenschaften von den Ethnomethodologen als Grundwelt der interpersonalen Kommunikation und ihrer Selbstverständlichkeiten über das Aufzeigen von „Basisregeln" aufgeschlüsselt worden. Solche Basisregeln – du bist so wie ich, ich bin auch morgen so, wie ich heute bin – legen dar, dass sich die Leute nicht in den alltäglichen Situationen immer neu verständigen müssen, sondern so etwas wie einen gemeinsamen und geteilten Wissens- und Anschauungsvorrat mitbringen. Neben dieser kognitiven Dimension verweist der Begriff der „Vertrautheit", der N. als konstitutiv zugeschrieben wird (Grathoff 1989), darauf, dass es sich hier genauso um eine emotionale Kategorie handelt. Deshalb kann der Normalitätsbegriff auch zu dem für die SozArb/SozPäd zentralen psychosozialen Konstrukt der „Handlungsfähigkeit" in Bezug gesetzt werden.

Widersprüchlichkeiten

In der kritischen ethnomethodologischen Diskussion ist allerdings auch deutlich geworden, dass die Selbstverständlichkeiten der Grundwelt eben nicht so selbstverständlich sind. So hat Garfinkel (1967) die sozialen Umstände und Konstellationen in den Vordergrund gerückt, in dem sich Leute interpersonal völlig erwartungswidrig verhalten; Situationen, in denen dem Anderen signalisiert wird, dass es dieses gemeinsame Wissen so selbstverständlich gar nicht gibt, sondern dass man sich darüber immer neu und konfliktreich verständigen muss. Wenn wir an die alltägliche Gewalttätigkeit seit den 1990er Jahre denken, so wird uns dieser Zusammenhang – das Selbstverständliche der Ächtung von *Gewalt* und die zunehmende Selbstverständlichkeit von Gewalt bestehen nebeneinander; besonders spektakulär gegenwärtig. Die historische Kritik der phänomenologischen Grundwelthypothese wurde in der

Kritik des Alltagslebens, wie sie in Anknüpfung an H. Lefebvre (1977) in den bundesrepublikanischen Sozialwissenschaften in den 1970er Jahre betrieben wurde, weiter verdichtet und differenziert. Alltagstheoretiker wie Leithäuser (1976) nehmen explizit Bezug auf diese Grundweltkonzeption. Grundwelt und Alltag haben v. a. eine soziale Integrationsfunktion, sind so etwas wie der „soziale Kitt" (Leithäuser) der Gesellschaft. Dieser Alltag – so lautet dann allerdings die historische Kritik des Alltagslebens – verarmt, indem er zunehmend in den Verwertungszusammenhang und Verwertungszwang des Kapitals gerät. Soziale Integrationsfunktionen der Grundwelt Alltag werden dadurch entleert, verkommen zu Ritualen und Klischees.

V. a. zeigt uns diese Kritik, wie voll von Widersprüchlichkeiten auf der einen Seite unsere Alltagswelt ist und wie selbstverständlich es von uns erwartet wird, dass wir diese Widersprüchlichkeit personal bewältigen. Hier kommen wir an einen sozialpädagogisch entscheidenden Punkt: Die Grundwelt der Alltagsnormalität ist nicht nur sozialanthropologisch strukturiert, sie bedarf der sozialen Selbstverständlichkeit der Bewältigung und damit der sozialen Sicherheit, in der die Bewältigungsmodi aufgehoben und institutionalisiert sind, damit sie nicht täglich in Frage gestellt und erneuert werden müssen. Alltagsnormalität und soziale Sicherheit stehen also in einem „sozialintegrativen" Zusammenhang.

Zusammenspiel von Typik und Vertrautheit

N. in den lebensweltlichen Milieus, aber auch in der gesellschaftlichen Szenerie sozialer Sicherheit lebt aber nicht nur von der „Vertrautheit" des Selbstverständlichen, Geteilten und Wiederkehrenden, sondern auch von der „konstitutive(n) Fähigkeit zur Typisierung" (Grathoff 1989, 346). Typisierung bedeutet, dass die Menschen dazu tendieren, um der Selbstverständlichkeit und Vertrautheit willen dingliche und soziale Phänomene weniger nach ihrer inneren Struktur und Logik (wie bei der wissenschaftlichen Typisierung), sondern gemäß den Bedingungen der Aufrechterhaltung von N. zu typisieren. Dieses Zusammenspiel von Typik und Vertrautheit konstituiert auch die sozialpädagogisch relevante Dimension der „Handlungsfähigkeit": Gestörte Handlungsfähigkeit wird wiederhergestellt, indem Typik über Vertrautheit oder Vertrautheit über Typik gesucht wird. Dieser Mechanismus bedarf prinzipiell einer sozialintegrativen Stützung, wenn individuelle Handlungsfähigkeit (als subjektive N.) und gesellschaftliche Ordnung (als herrschende gesellschaftliche N.) miteinander in Einklang gebracht werden sollen. Typik und Typisierung sind somit Strukturmerkmale sowohl der alltäglichen, „lebensweltlichen" als auch der gesellschaftlichen, „systemischen" N. Auch der *Sozialstaat* nimmt kulturelle Typisierungen (Menschenbilder, soziale Zumutbarkeiten) vor, die immer auch in einem Bezug zu Alltagstypisierungen stehen.

Gesellschaftlicher Charakter

Indem sich N. nicht nur auf der lebensweltlichen, sondern korrespondierend damit auch auf der gesellschaftlichen Ebene entwickelt, bildet sie auch einen eigenen gesellschaftlichen Charakter aus. So können wir auch von einer besonderen „sozialstaatlichen N.", einer spezifischen Selbstverständlichkeit und Vertrautheit, die wir mit den Kontexten, aber auch kulturellen Mustern des Sozialstaates verbinden, sprechen. Diese sozialstaatliche N. lässt soziale Probleme bewältigbar und in dieser Bewältigung selbstverständlich werden, die uns von den historisch gewachsenen, konventionellen Selbstverständlichkeiten her noch als „anormal" erschienen, wie z. B. die Arbeitslosigkeit, aber auch die komplexen interkulturellen Herausforderungen. Nicht umsonst scheint die Zunahme von Ausländerhass mit der Abnahme der sozialstaatlichen Integrationsfähigkeit zu korrespondieren.

Sozialstaatliche Zusammenhänge

Dieses verallgemeinerte Integrations- und Normalitätsinteresse bezieht der Sozialstaat aus dem Gebot der sozialen Modernisierung. Soziale Modernisierung bedeutet Angleichung der Lebenswelten an die fortschreitende technische und ökonomische Entwicklung. Es handelt sich hier um eine gesellschaftlich allgemeine Integrationsperspektive, in der alle vom Ausgrenzungsdruck der Arbeitsgesellschaft entlastet sein sollen. Nur so kann sich das für das Gelingen des sozialen Modernisierungsprozesses notwendige Klima der sozialen Befriedung entwickeln. Die Teilhabe an diesem Modell verlangt aber von den Individuen, dass sie aus ihrer Privatheit heraustreten und die sozialstaatlichen Angebote der *Bildung* und *Weiterbildung*, der *Partizipation* und sozialen Versorgung „annehmen". Diese „sozialstaatliche Mobilisierung" setzt bei dem einzelnen Bürger die (sozialintegrative) Bereitschaft voraus, die subjektiven Lebensentwürfe mit der wohlfahrtsstaatlichen Modernisierungs- und Fortschrittsperspektive in Einklang bringen zu wollen. Das wohlfahrtspolitisch Selbstverständliche soll sein, dass jeder Bürger eine offene Zukunft vor sich sieht, dass er in ihr an seine sozialen Chancen glauben und sie wahrnehmen kann, dass ihm das in den Alltag eingeht und dass er sich auch danach verhalten kann. Die Bürger müssen also so etwas wie ein „wohlfahrtsstaatliches Lebensgefühl" entwickeln, ihnen muss das, was der Wohlfahrtsstaat anbietet und verheißt, selbstverständlich werden. Diese wohlfahrtsstaatliche vermittelte „Grundwelt" – hier können wir mit Recht begrifflich an die lebensweltliche Normalitätsdefinition anschließen – funktioniert eben deshalb, weil sie schon über die sozialstaatliche Vergesellschaftung der sozialen Sicherheit einen nicht hinterfragten Grundbestand an sozialen Orientierungen und Vergewisserungen hat. Diese werden nun durch eine wohlfahrtsgesellschaftliche Definition erweitert und überformt: Zu der sozialstaatlichen Grundwelt gehört die soziale Selbstverständlichkeit von Bildungsanstrengungen und das Vertrauen auf Bildungsverheißungen. Der Sozialstaat versucht so, die Selbstverständlichkeit der Alltagswelt – dass es immer so weitergeht und weitergehen muss – in eine wohlfahrtspolitische Dimension zu bringen. Individuelle Ansprüche und Antriebe sollen in der offenen Zukunft, individuelles Sicherheitsstreben in der sozialstaatlich garantierten sozialen Sicherheit der Wohlfahrtsgesellschaft aufgehen. Mit der fiskalischen Schwächung des Sozialstaates im neokapitalistischen Prozess der Globalisierung ist diese Grundwelt allerdings in dem Maße gefährdet, in dem Geld, *Arbeit* und Politik entgesellschaftet, informalisiert werden (Altvater/Mahnkopf 2002).

Subjektive Aspekte

Dem entspricht auf der subjektiven (Handlungs-)Ebene das Streben der Subjekte nach N., d. h. nach Verlässlichkeit und Handlungssicherheit, das v. a. bei Lebensschwierigkeiten und konflikthaften Sozialsituationen als Bewältigungs- und „Normalisierungshandeln" hervortritt. Die entwicklungspsychologische Jugendforschung (Olbrich/Todt 1984) hat darüber hinaus in der Adaption der „Coping-Theory" diese Normalisierungsperspektive für die biographische Entwicklungsarbeit insgesamt betont. Im Bewältigungskonzept ist dieser Ansatz psychosozial erweitert und für die SozArb nutzbar gemacht worden (Böhnisch 2010). „Lebensbewältigung" und „Normalisierungshandeln" erscheinen so als Management der Übergänge und Brüche im lebensaltertypischen Sozialisationsprozess, bei dem die Subjektleistung im Vordergrund steht. In der SozArb/SozPäd hat die Übernahme dieser Sichtweise einen Perspektivwechsel von der „problematisierenden" hin zur „verstehenden" Sicht abweichenden Verhaltens gebracht. Die primär gestaltete Frage nach der Subjektleistung auch in psychosozial erodierten Konstellationen (und nicht nach dem Scheitern) steht somit im Mittelpunkt einer integrationsorientierten sozialarbeiterischen Praxis, welche das subjektive Streben nach Normalisierung und die gesellschaftliche Perspektive *sozialer Integration* zueinander in Beziehung setzen kann. Diesem interventionsleitenden Prinzip der Normalisierung sind v. a. netzwerkbildende und soziale Unterstützung organisierende Arbeitsformen (Keupp 1985) angemessen.

Lothar Böhnisch

Literatur

E. Altvater/B. Mahnkopf: Globalisierung der Unsicherheit, Düsseldorf 2002 ◆ P. Berger/Th. Luckmann: Die gesellschaftliche Konstruktion der Wirklichkeit, Frankfurt/M. 1972 ◆ L. Böhnisch: Gespaltene Normalität, Weinheim/München 1994 ◆ L. Böhnisch: Abweichendes Verhalten, Weinheim/München [4]2010 ◆ H. Garfinkel: Studies in ethnomethodology, Englewood Cliffs 1967 ◆ R. Grathoff: Milieu und Lebenswelt, Frankfurt/M. 1989 ◆ F. Kessl/M. Plößer (Hg.): Differenzierung, Normalisierung, Anderssein. Wiesbaden 2010 ◆ H. Keupp: Psychisches Leiden und alltäglicher Lebenszusammenhang aus der Sicht sozialer Netzwerke, in: B. Röhle/W. Starck (Hrsg.): Soziale Netzwerke und Stützsysteme, Tübingen 1985, 18–28 ◆ H. Lefebvre: Kritik des Alltagslebens, München 1977 ◆ Th. Leithäuser: Formen des Alltagsbewusstseins, Frankfurt/M. 1976 ◆ E. Olbrich/E. Todt (Hrsg.): Probleme des Jugendalters, Berlin/Heidelberg 1984 ◆ K. Rosenberg/R. Valentin (Hrsg.): Norm und Normalität, Berlin 2012 ◆ G. Steingart: Das Ende der Normalität. Nachruf auf unser Leben, wie es bisher war, München 2011.

Nürnberger Schule

Die Nürnberger Schule (NSch) bezeichnet eine in den 1970er Jahren in Berlin entwickelte und insbesondere dann im letzten Jahrzehnt des letzten Jahrhunderts in Nürnberg profilierte Praxis- und Denkbewegung in der Sozialen Arbeit. Mit sozialreformerischen Intentionen griff die NSch Überlegungen der von studentischen AkteurInnen in der zweiten Hälfte der 1960er Jahre getragenen Kritik an der Sozialen Arbeit auf. Die von Teilen der studentischen, sozialrevolutionären Bewegung über die Kritik der gesellschaftlichen Verhältnisse motivierten und entwickelten neuen sozialpädagogischen Praxen in der frühkindlichen Bildung, der Heimerziehung und kultur- und freizeitbezogenen Kinder- und Jugendarbeit nahm die NSch zum Anlass, sozialpolitische Reformprozesse in den Kommunen anzustoßen.

Im Kern favorisiert die NSch eine pragmatische, theoriezugewandte, sozialadministrative und rechtliche Vorgaben akzeptierende Konzeptualisierung der Praxis Sozialer Arbeit. Kritisch die „Hips und Flops" (Kreft 2004) der historisch gewachsenen Angebote und Projekte der Sozialen Arbeit reflektierend konnte so eine innovationsoffene sozialpädagogische Einmischungsstrategie (Mielenz 1981) entwickelt werden, die insbesondere darauf zielte, kommunale Sozial- und Bildungslandschaften zu verändern. Zurückgegriffen wurde dabei sowohl auf sozialadministratives, sozialplanerisches, juristisches wie auch auf pädagogisches und soziologisches Wissen.

Als wesentliche ProtagonistInnen der NSch sind Ingrid Mielenz und Dieter Kreft anzusehen. Ihre praxisgestalterischen Absichten dokumentieren sie unter anderem auch in dem seit vier Jahrzehnten erscheinenden und inzwischen in der achten Auflage bei BeltzJuventa vorliegenden „Wörterbuch der Sozialen Arbeit". Auch wenn eine evidenzbasierte Analyse wie auch eine theoriescharfe Fassung der NSch noch angemahnt wird, wird ihr doch eine nachhaltige Wirkung auf die bundesrepublikanische Sozial- und Bildungsbildungspolitik in den Kommunen zugesprochen.

Viggo F. P. Eloht

Literatur

V. F. P. Eloht: Theorie, Forschung und Praxiskonzepte der Nürnberger Schule für Soziale Arbeit. Weinheim/Neanderthal 2018 (i. E). ◆ D. Kreft: Moden, Trends und Handlungsorientierungen in der Sozialen Arbeit seit 1945 – Hits und Flops, was bleibt für heute? In: Archiv für Wissenschaft und Praxis der sozialen Arbeit 4/2004, 68 ff. ◆ I. Mielenz: Die Strategie der Einmischung. Sozialarbeit zwischen sozialer Kommunalpolitik und Selbsthilfe. In: S. Müller/T. Olk/H.-U. Otto (Hrsg.): Soziale Arbeit als soziale Kommunalpolitik. Ansätze zur aktiven Gestaltung lokaler Lebensbedingungen. In: neue praxis, Sonderheft 6/1981, S. 57 ff.

O

Obdachlosenhilfe

Definition und Gegenstand

Obdachlosenhilfe (OH.) bezeichnet die Gesamtheit aller Maßnahmen kommunaler und freier Träger Sozialer Arbeit, die darauf gerichtet sind,

- Obdachlosigkeit zu vermeiden (präventive OH.),
- Obdachlose unterzubringen („Verwaltung" der Obdachlosigkeit) und
- deren Obdachlosigkeit zu beenden.

Als obdachlos und damit als Zielgruppe der OH. gelten alle jene Familien und Einzelpersonen, die tatsächlich ohne Unterkunft sind *(Wohnungslosenhilfe),* und jene, die in Obdachlosenunterkünften untergebracht sind (der weitaus größere Anteil); weiterhin müssen jene hinzugerechnet werden, denen der Verlust der Unterkunft droht oder unmittelbar bevorsteht, und jene, die in absolut unzureichenden, nicht für ein menschenwürdiges Wohnen geeigneten Wohnungen leben. Erstaunlicherweise gibt es keine bundesweit einheitliche, z. B. aus einer Gesetzesnorm ableitbare Definition von Obdachlosigkeit und von OH. Die Definition ergibt sich weitestgehend aus der entwickelten und sich entwickelnden Praxis der SozArb, die dann wieder in Erlässe, VO und Satzungen auf Landes- und kommunaler Ebene einfließt.

Für die Entwicklung von Ansätzen der OH. ist es unabdingbar, sich mit den Entstehungsmechanismen von Obdachlosigkeit auseinander zu setzen. Bis vor wenigen Jahren noch herrschte das Bild eines komplexen individuellen Prozesses von sozialer Abwärtsmobilität als Hauptursache vor, eng verbunden mit Vorstellungen eines schuldhaften Verhaltens der Betroffenen selbst; die noch verwendeten Begriffe „unwirtschaftliches" oder „mietwidriges" Verhalten deuten auf diesen Sachverhalt hin. Erst in jüngster Zeit zeichnet sich hier ein Perspektivenwandel ab: Obdachlosigkeit wird nicht mehr vordergründig als „schlimmes Schicksal" oder „eigene Schuld" betrachtet; die Sichtweise der Obdachlosigkeit als Funktion des Marktes, als Endprodukt einer Ausgrenzung auf dem Wohnungsmarkt *(Wohnen)* stellt sich mehr und mehr als der bessere Weg dar, Obdachlosigkeit zu erklären und OH. weiterzuentwickeln.

Das „Gut Wohnung am Markt“

Entscheidende Voraussetzung für das Entstehen von Obdachlosigkeit ist die Tatsache, dass das (lebenswichtige) Gut Wohnung in der BRD auf einem Markt angeboten und nachgefragt wird und damit den Marktmechanismen unterliegt. Die langjährige Betrachtung zeigt, dass auf dem Wohnungsmarkt in den Städten der alten BL überwiegend ein großer Nachfragedruck besteht – Phasen des Überangebots sind äußerst selten und meist auf bestimmte Marktsegmente (teuere Miet- und Eigentumswohnungen) beschränkt. Die beiden vergangenen Jahrzehnte waren in besonderer Weise von Wohnungsknappheit und hohem Nachfragedruck geprägt. Es gibt keine Anzeichen dafür, dass sich das ändern wird, im Gegenteil.

Die Ursachen für diese Entwicklung sind auf der Angebots- und auf der Nachfrageseite des Marktes zu finden, und sie betreffen v.a. das Marktsegment der preiswerten Mietwohnungen: Das Angebot konnte seit Jahren kaum ausgeweitet werden, bei den Sozialwohnungen geht der Bestand sogar zurück. Zugleich steigt die Nachfrage durch den anhaltenden Trend zu Einpersonenhaushalten und durch die verstärkte Zuwanderung v.a. in die Ballungsgebiete der westlichen Bundesländer: Spätaussiedler, Arbeitsmigranten aus süd- und osteuropäischen Ländern, anerkannte Flüchtlinge und Asylsuchende. Diese Personengruppen haben in den Warteschlangen der Wohnungsämter und unter den Klienten der OH. die größten Zuwachsraten). Der derzeitige Fehlbestand ist schwer zu schätzen, weil es verschiedene Teilmärkte gibt. So stehen in den nBL in den großen Städten noch immer zahlreiche Wohnungen mangels Nachfrage leer, während sich in den Ballungsgebieten des Westens die nächste Wohnungsnot ankündigt. Auch gibt es ein deutliches Stadt-Land-Gefälle bei der Wohnungsproblematik. Auf dem Land ist OH. kaum ein Thema. Insgesamt schätzt der Deutsche Mieterbund einen Bedarf von 1–1,5 Mio. Wohnungen, um eine optimale Versorgung zu erreichen *(Wohnen)*.

Der Markt reagiert bei Wohnungsknappheit „nach Lehrbuch“, nämlich mit steigenden Mietpreisen; die Mietbelastung bei kleinen und mittleren Einkommen tendiert in den Städten bereits gegen 50 %.

In einer solchen Situation wird Obdachlosigkeit zu einem Phänomen, das nicht mehr nur eine verschwindende Minderheit betrifft, die Schwelle zur Obdachlosigkeit ist für breite Schichten mit kleinem bis mittlerem Einkommen sehr niedrig geworden. Die Obdachlosenzahlen belegen den Zusammenhang mit dem Marktgeschehen eindeutig: Im Verlauf der 1990er Jahre sind sie in allen Kommunen parallel zur Wohnungsverknappung dramatisch angestiegen. Der Höchststand war mit mehr als 1 Mio. Betroffenen im Bundesgebiet Mitte der 1990er Jahre erreicht. Seither sind die Zahlen wieder gesunken – eine Folge der Rekord-Bautätigkeit im Wohnungssektor von 1995–1997. Seitdem bewegen wir uns in der BRD bei knapp einer halben Mio. Obdachlosen (geschätzt); das sind noch immer viel zu viele, um von Entspannung sprechen zu können, leichte Steigerungsraten sorgen für anhaltenden Druck auf die OH.

Die beste OH. wäre also – verkürzt ausgedrückt – eine erfolgreiche Wohnungspolitik. Gerade in diesem Politikbereich sind aber seit einigen Jahren eher kontraproduktive Handlungsstrategien zu beobachten: Bei den Fachleuten (auch in der Wohnungswirtschaft) ist mittlerweile die Überzeugung verbreitet, dass eine bedarfsgerechte Versorgung mit dem Gut Wohnung durch einen freien Markt nicht erreicht werden kann. Tatsächlich war Wohnungspolitik auch traditionell staatliche Eingriffspolitik in den Markt, am deutlichsten beim sozialen Wohnungsbau, der die Preise *(Mietrecht)* durch direkte staatliche Zahlungen heruntersubventioniert und die Verteilung des Gutes Wohnung den Kommunen überlässt. Von dieser Tradition hat sich die Wohnungspolitik der BReg in den letzten 20 Jahren (unabhängig davon, welche Partei regierte) aber deutlich entfernt – die Fördermittel wurden zunehmend umverteilt von der direkten Objektförderung (sozialer Wohnungsbau) hin zur direkten Subjektförderung (*Wohngeld*, das allerdings unzureichend ausgestaltet ist und keinen Effekt der Angebotsausweitung hat) und zur indirekten Förderung von freifinanziertem Wohnungsbau über steuerliche Abzugs- und Abschreibungsmöglichkeiten. So entsteht per Saldo weniger Wohnraum als durch eine direkte Objektförderung, und der wenige Wohnraum ist auch noch sehr teuer zu bezahlen (Mündemann 1992, 152 ff.).

Erst jetzt, unter dem Eindruck der Flüchtlingszuwanderung des Jahres 2015, werden in den Städten und Ländern Aktivitäten unternommen, den öffentlich geförderten Wohnungsbau wiederzubeleben. Dabei ist entscheidend, ob es gelingt, neuen Wohnraum nicht nur für bleibeberechtigte Flüchtlinge, sondern insgesamt für den „ärmeren Teil“ der Bevölkerung zu schaffen. Die Wohngeldreform zum 01.01.2016 verbessert zudem die Ansprüche auf Wohngeld und lässt die Zahl der Berechtigten deutlich ansteigen. Es bleibt abzuwarten, ob und wie diese aktuellen Umsteuerungsmaßnahmen in der Wohnungspolitik Wirkung zeigen.

Probleme und Handlungsmöglichkeiten der Obdachlosenhilfe

Die OH. steht also vor einem großen und wieder wachsenden Obdachlosenproblem, und sie hat, durch Unterlassungen und Fehlentwicklungen der Wohnungspolitik noch verschärft, kaum die geeigneten Mittel (sprich: Verfügungsrechte über Wohnungen), das Problem zu bewältigen.

Gesetzliche Grundlagen für das Handeln der OH. finden sich nur für den Kernbereich des Tätigkeitsspektrums, d. h. für die vorbeugende OH. i. e. S. (Übernahme von Mietrückständen bei Vorliegen einer Kündigung bzw. einer Räumungsklage) nach § 22 SGB II oder nach § 34 SGB XII und für die Unterbringung von Obdachlosen in den verschiedenen Arten von Obdachlosenunterkünften. Bei der Unterbringung kann das Handeln der OH. aus den §§ 67–69 SGB XII abgeleitet werden, oft verbunden mit ordnungs- oder polizeirechtlichen Regelungen auf Länderebene, die Obdachlosigkeit (in dem Fall: akute Wohnungslosigkeit) als Notstand oder Gefährdung der öffentlichen Sicherheit und Ordnung qualifizieren, die die Behörde zur Abwendung dieses Zustands verpflichtet.

Die Unterbringung von Obdachlosen in Obdachlosenwohnanlagen, Heimen, Einzelwohnungen und – wegen zu hoher Fallzahlen – zunehmend in Billigpensionen und -hotels ist der für die Fachöffentlichkeit und die Öffentlichkeit am deutlichsten wahrnehmbare Teil der OH. Wohnanlagen und Heime schaffen soziale Brennpunkte, und dementsprechend sieht sich dieses Handlungsfeld auch der Kritik von verschiedenen Seiten ausgesetzt: Die Unterbringung ist sehr teuer, die Unterkünfte sind oft nicht in einem menschenwürdigen Zustand, die Betroffenen werden noch weiter ausgegrenzt und stigmatisiert, die Obdachlosigkeit wird tendenziell nur verwaltet und verstetigt – diese und andere Kritikpunkte sind weitgehend berechtigt, dennoch ist ein Gegensteuern – bei wachsendem Problemdruck – oft sehr schwierig (zur Geschichte und Gegenwart der kommunalen Obdachlosenpolitik i. E. Preusser 1993).

Kernaufgaben kommunaler Sozialer Dienste

Vorbeugende OH. und Unterbringung als Kernaufgaben der OH. sind in allen Kommunen und Landkreisen als Pflichtaufgabe der sozialen Dienste zu verstehen und dementsprechend zu erfüllen *(Allgemeiner Sozialdienst/Sozialamt)*. Erstaunlicherweise gibt es aber noch viele Kommunen und Landkreise, die bei der vorbeugenden OH. noch nicht oder nur sehr zögerlich tätig werden – obwohl es sich hier um ein sehr effektives und im Vergleich zur Unterbringung höchst kostengünstiges Instrument handelt.

Das eingangs genannte Tätigkeitsfeld der OH. ist jedoch wesentlich breiter zu sehen – es umfasst über die vorbeugende OH. und die Unterbringung nach dem SGB XII hinaus weitere präventive Maßnahmen und – besonders wichtig – alle Maßnahmen, die die vorhandene Obdachlosigkeit beenden, d. h. den Umzug der Betroffenen aus der Obdachlosenunterkunft in eine „Normalwohnung“ ermöglichen sollen. Darunter sind zunächst alle „weichen“ sozialarbeiterischen Hilfen und Angebote zu subsumieren, die zum Standardrepertoire der Mitarbeiter der OH. gehören, also z. B. Beratung in Wohnungs- und Mietrechtsfragen, über Wohngeld, Hilfe bei der Wohnungssuche (insbesondere bei Sozialwohnungsberechtigung), Beratung und Hilfe beim Übergang in besondere, zielgruppenbezogene Wohnformen (Altenwohnungen, Mutter-Kind-Heime, Formen des betreuten Wohnens). Diesem Handlungsfeld müssen auch die „begleitenden“ sozpäd Angebote hinzugerechnet werden, die sich traditionell in oder neben sozialen Brennpunkten oder Obdachlosensiedlungen etablieren und konzeptionell dem Ziel der „Stabilisierung“ und „Reintegration“ der Bewohner verschrieben sind (Angebote der Jugend- und GWA, Beratungsangebote etc.). Effekt und Verdienste dieser Angebote sollen nicht geschmälert werden, nur: Die Erfahrung zeigt, dass sie die Aufgabe der erfolgreichen Beendigung von Obdachlosigkeit allein nicht bewältigen können.

Die sozialen Dienste, die sich mit OH. beschäftigen, müssen sich also wie in keinem anderen Tätigkeitsfeld neue, weitergehende Instrumente und Handlungsmöglichkeiten selbst entwickeln, müssen strukturelle und politische Voraussetzungen schaffen und sich massiv in andere Zuständigkeiten einmischen, um dort vorhandene Ressourcen und Kooperationsmöglichkeiten zu nutzen, wenn sie nicht angesichts der wachsenden Problematik zunehmend handlungsunfähig werden wollen. Es gilt hier analog das Prinzip der Einmischung, das von I. Mielenz ursprünglich für die JH formuliert worden war. Die *Einmischungsstrategie* bedeutet für die OH., in den Wohnungsmarkt und in die Wohnungspolitik (nicht nur auf örtlicher Ebene) einzugreifen mit dem Ziel, dort Ressourcen für Obdachlose und von Obdachlosigkeit Bedrohte zu erschließen.

Einmischung auf drei Wohnungsmärkten

Die Einmischung der OH. kann auf den „Ersten Wohnungsmarkt“ (freifinanzierte Mietwohnungen) und auf den „Zweiten Wohnungsmarkt“ (sozialer Wohnungsbau) gerichtet sein, sie kann aber auch bedeuten, einen „Dritten Wohnungsmarkt“ (für besondere Problemgruppen) gemeinsam mit Bündnispartnern aus dem Wohnungsbereich zu eröffnen.

Im ‚Ersten Wohnungsmarkt“ muss die OH. v. a. der kommunalen Träger offensiver werden und selbst auf dem Markt als Nachfrager auftreten; eine Mietgarantie aus Sozialhilfemitteln und eine Belegungsgarantie über 10 oder 20 Jahre durch den öffentlichen Träger sind erfahrungsgemäß für manche Investoren auf dem freien Markt interessant. Auch der Kauf von Belegungsrechten an freifinanzierten oder aus der Sozialbindung entlassenen Wohnungen durch die OH. ist ein erprobtes und dazu noch höchst effektives Instrument, auch unter Kosten-Nutzen-Gesichtspunkten.

Solche Aktivitäten können ergänzt werden durch planungsrechtliche Maßnahmen: In der Bebauungsplanung für Neubaugebiete kann festgeschrieben werden, dass ein bestimmtes Kontingent an Wohnungen für „Personengruppen mit besonderem Wohnbedarf“ gemäß § 9 BauGB errichtet werden muss. Freiwillig, d. h. ohne Einmischung der OH., werden das Stadtplaner und Bauträger i. d. R. allerdings nicht tun.

Im „Zweiten Wohnungsmarkt“ kann eine Kontingentierung der freien Sozialwohnungen für bestimmte Zielgruppen, d. h. auch für Obdachlose, erreicht werden. Dabei darf allerdings das Problem des Verdrängungswettbewerbs nicht übersehen werden – andere Bewerber aus der Warteschlange, oft auch unzureichend untergebracht, kommen dafür nicht zum Zuge.

Es ist daher vielerorts sinnvoll und notwendig, über einen „Dritten Wohnungsmarkt“ den Bau neuer – speziell der OH. zur Verfügung stehender – Wohnungen anzuregen. Dabei müssen verschiedene Ressourcen phantasievoll kombiniert werden: Mittel aus dem sog. „Dritten Förderweg“, Stadterneuerungsmittel, Mittel aus dem experimentellen Wohnungs- und Städtebau und natürlich eigene Mittel der Sozialadministration (die u. U. unter Verweis auf spätere Einsparungen bei den teueren Pensionsunterbringungen herausverhandelt werden können) u. a. m.

Für solche von der OH. initiierten Aktivitäten eines „Dritten Wohnungsmarktes“ bedarf es geeigneter, sozial orientierter Bauträger als Bündnispartner. Das können vorhandene, ehemals gemeinnützige Wohnungsbauträger sein, die der Kommune oder den WFV verpflichtet sind, es kann aber auch nötig werden, einen eigenen „Sozialbauträger“ zu errichten. Projekte des „Dritten Wohnungsmarktes“, also der Bau von Wohnraum für Problemgruppen, können vielfältig verknüpft werden mit Selbsthilfeelementen, experimentellen Wohnungsbauansätzen, Stadterneuerungs- und Gemeinwesenarbeitsprojekten etc. Solche Verknüpfungen sind sogar die Voraussetzung dafür, eine entscheidende neue Qualität der OH. – über den bloßen Bau neuer, großer Obdachlosenunterkünfte hinaus – erreichen zu können.

Es sei noch einmal betont: Für die OH. bedeutet die Einmischung in den Wohnungsmarkt eine Herausforderung, das Verlassen des traditionellen Rahmens von Sozialamt und Sozialbetreuung und die Erweiterung der traditionellen Handlungsfelder. Hilfe von außen ist dabei nicht zu erwarten. Um das alles leisten zu können – Einarbeiten in Kostenrechnungsmodelle der Wohnungswirtschaft, Förderrichtlinien des sozialen Wohnungsbaus, Bauleitplanung und Baurecht u. v. m. – bedarf es ausreichender Ressourcen in der OH. und einer geplanten und gezielten Fortbildung für die Fachkräfte und Planer der OH.

Dieter Maly

Literatur

Bundesamt für Bauwesen und Raumordnung: Dauerhafte Wohnraumversorgung von Obdachlosen, Bonn 1998 und Nachuntersuchung 2003 ◆ A. Böhmer: Armut und Wohnen als Lehrstück, in: sozialmagazin 11/2009 ◆ E. Ehmann: Obdachlosigkeit. Ein Leitfaden für die Kommunen, Stuttgart [2]2006 ◆ S. Gerull: Behördliche Maßnahmen bei drohendem Wohnungsverlust durch Mietschulden, Berlin 2003 ◆ G. Iben: Präventive Obdachlosenarbeit. 15 Jahre „Wetterauer Modell zur Wohnungssicherung“, in: sozialmagazin 11/2009 ◆ T. Mündemann: Kein Dach über dem Kopf – keinen Boden unter den Füßen, Hamburg 1992 ◆ C. Paegelow: Handbuch Wohnungsnot und Obdachlosigkeit, Bremen [2]2009 ◆ N. Preusser: Ob-Dach, Weinheim 1993 ◆ Zeitschrift wohnungslos, Bielefeld, BAGW-Verlag.

Weitere Literatur bei *Wohnungslosenhilfe.*

Link

www.bagw.de

Öffentlichkeitsarbeit

Aufgabe und Funktion

Nicht nur für *Soziale Arbeit,* sondern generell gilt, dass das Instrument, um mit Öffentlichkeit(en) in Kontakt, Kommunikation und Austausch zu treten, Ö. ist. Sie wird heute durchgängig als ein wichtiges Instrument der SozArb gesehen. Dies kann insofern nicht verwundern, als SozArb ohne Kommunikation nicht möglich ist, was die Verständigung zwischen *Klient,* SozArb, Träger und Öffentlichkeit gleichermaßen betrifft. Die kommunikativen Prozesse zwischen diesen Ebenen in Gang zu setzen und zu halten verlangt einen offensiven Austausch, Reflexion und Präsentation der eigenen Tätigkeit. Die Organisation dieser Prozesse erfordert professionelles Kommunikationsmanagement, nämlich eine umfassende, langfristig angelegte und systematisch geplante Ö., die Inhalte, Absichten und Ziele der SozArb darstellt und darüber mit der Öffentlichkeit in einen Dialog eintritt. Ö. hat die Aufgabe, interne Verständigung, fachliche Vernetzung und öffentliche Aufmerksamkeit herzustellen. Um das zu erreichen, muss sie über soziale und sozialpolitische Zusammenhänge, Prävention oder Abhilfe von Notlagen informieren, sie muss darüber hinaus versuchen, ein Verständnis für soziale Belange zu vermitteln und bei der Bevölkerung um Vertrauen in sozialarbeiterische Maßnahmen zu werben.

Generell ist Ö. Kommunikationsarbeit, die alle Formen mündlicher, schriftlicher und visueller Informationsvermittlung umfasst. Ö. in der SozArb unternimmt den selbst-initiierten Versuch, der eigenen Tätigkeit zu öffentlicher Wirksamkeit zu verhelfen.

Konzepte für Öffentlichkeitsarbeit

Auch wenn der Ö. im Sozialen eine hohe Bedeutung zugesprochen wird (Puhl 2004), so wird das Metier der Ö. in der SozArb Profession dennoch nicht in ausreichendem Maß beherrscht: Nur auf der unteren Ebene von Einrichtungen („Tag der offenen Tür") und auf der mittleren Ebene von Organisationen (Selbstdarstellung; Sammelaktionen) wird intensiv Ö. betrieben. Es fehlen jedoch weitgehend das Verständnis, die Instrumente und die Kompetenzen für eine Umsetzung mit gesellschaftlicher Reichweite; die öffentlichen Diskurse über große und relevante Themen von SozArb wie die Armutskampagnen, die Flüchtlingsproblematik oder die Kleinkindbetreuung bleiben die Ausnahme. Eine Erklärung für diesen Unterschied zwischen Bedeutung und Realisation von Ö. im Sozialbereich liefert eine LeserInnenumfrage unter Praktikern der SozArb (Puhl 1994): So betrieben seinerzeit zwar knapp 80 % der sozialen Einrichtungen Ö., aber bei näherem Hinsehen zeigte sich, dass der hohe Stellenwert sich nicht praktisch umsetzte. Denn der Löwenanteil von Ö. geschah keinesfalls unter professionellen Gesichtspunkten, sondern wurde normalerweise von Mitarbeitern und Mitarbeiterinnen „nebenbei mitgemacht", die für ernsthafte Ö. nicht die notwendigen Kompetenzen erworben hatten; es darf vermutet werden, dass diese Situation fortbesteht.

SozArb hat für ihre öffentlichwirksamen Belange noch keine brauchbaren Konzepte entwickelt. In der Praxis wird Ö. unreflektiert und unsystematisch betrieben und beschränkt sich i. d. R. auf Pressearbeit für Einzelaktionen, die in jüngster Zeit häufig über Soziale Netzwerke verbreitet werden.

Dabei werden mitunter Methoden und Instrumente aus Wirtschaft und Werbung übernommen, die nicht daraufhin untersucht sind, ob sie sich für den sensiblen sozialen Bereich und seine immateriellen Werte eignen.

Bedeutung von Öffentlichkeitsarbeit – historisch und aktuell

Zur Ursachenforschung dieses Status quo bietet sich ein Blick in die jüngere Berufsgeschichte und den aktuellen Fachdiskurs an: Dabei zeigen sich bezüglich des Umgangs der Profession mit Öffentlichkeit bzw. Ö. in den konzeptionsgeschichtlichen und textanalytischen Betrachtungen ganz unterschiedliche Ergebnisse. Zum einen gehört Klappern seit jeher zum Handwerk(szeug) des Helfens. Andererseits unterliegt das Verhältnis von SozArb und Öffentlichkeit Konjunkturen, die einmal offensiver und einmal defensiver sind. Offensiv kann SozArb dann auftreten, wenn sie sich sozialstaatlich, d. h. sozialrechtlich abgesichert weiß. Auch konzeptionell hatte Ö. im Sozialbereich eine hohe Zeit, als ihr mit einem ihrer Professionalisierungsschübe Ende der 1960er und Anfang der 1970er Jahre die Pflicht zu kommunizieren, zu informieren und aufzuklären sogar ins Gesetzbuch geschrieben und die behördliche SozArb zur Ö. nachgerade verpflichtet worden war: Die heute fast vergessenen Beratungsergebnisse aus dieser Zeit, beispielsweise die sog. Bergneustädter Gespräche, die unter anwaltschaftlichen Gesichtspunkten den Klienten Informationen und Rechtsansprüche argumentativ und dialogisch vermitteln wollten, sind unter kommunikationswissenschaftlicher Gewichtung noch immer aktuell.

Aber in dem Maße, wie sich der Umbau des *Sozialstaates* zum Sozialmarkt hin vollzieht *(Sozial-*

wirtschaft, Sozialmanagement), ändert sich die Zielrichtung: SozArb übernimmt das betriebswirtschaftliche Verständnis von Ö. im Sinne von „Werbung" und Imagebildung als der Optimierungsstrategie für Marktgängigkeit. Sie gibt dabei aber die seriöse, sachliche Information und verständigungsorientierte Kommunikation vor einem sozialpolitischen und sozialrechtlichen Hintergrund weitgehend auf.

Der Stellenwert von Öffentlichkeit im fachlichen Diskurs

Das Verhältnis von SozArb und Öffentlichkeit wird im sozialarbeitswissenschaftlichen Fachdiskurs nur marginal behandelt. Aber es sind für die zurückliegenden Jahrzehnte durchaus Konjunkturen auszumachen, die sich im Feld der Ö. sowohl für Strategien wie auch für Themen nachzeichnen lassen. So war es für eine politisch verstandene SozArb das erklärte Ziel, in der öffentlichen Arena die Meinungsführerschaft zu erringen und mit der Macht der öffentlichen Meinung im Rücken die Politik zu Veränderungen zu zwingen. Das Mittel der Wahl hieß „Skandalisierung", es meinte die „Herstellung von Öffentlichkeit" als Gegenöffentlichkeit; aber im Eigentlichen ging es um die Herstellung von öffentlicher Empörung, die durch die Anprangerung sozialer Ungerechtigkeit ausgelöst werden sollte – und manchmal auch wurde. Diese Verfahren sind jedoch unter kommunikationswissenschaftlichem Aspekt hoch riskante Seilakte, weil im Rezeptionsverhalten Skandalisierung (von Not) und Diskriminierung (von Notleidenden) nahe beieinander liegen. In den Kontexten gegenwärtiger Fachdiskurse ist zwar viel von Öffentlichkeit die Rede, dies aber nicht mehr im Sinne von Legitimation, *Aufklärung* oder Willensbildung – bezogen auf einen politischen und gesellschaftlichen Hintergrund –, sondern im Sinne eines instrumentellen marktorientierten Modells; Ö. ist in der neueren Literatur ausgerichtet auf den professionellen Umgang mit Sponsoring und Marketing, also auf Imagebildung, Werbung und Mittelakquise. Die Behauptung, dass Ö. im Sozialen nicht (mehr) primär als eine kommunikative Querschnittsaufgabe gegenüber Gesellschaft und Klienten verstanden, sondern unter Mittelbeschaffung subsumiert wird, ließe sich sowohl literaturanalytisch wie empirisch belegen.

Zusammenfassend lässt sich sagen: Faktisch hat Ö. im Sozialen noch nie eine große Rolle gespielt; dies obwohl sie in den aufklärerischen 1960er Jahren als Informationspflicht und in den politisch bewegten 1970er Jahren als „Gegenöffentlichkeit" verstanden worden ist und heute mitunter als vierte Methode der SozArb bezeichnet wird.

Zum Verständnis von professioneller Öffentlichkeitsarbeit in der Sozialen Arbeit

Auch wenn SozArb sich bislang nicht in notwendigem Maß auf die Erfordernisse einer offensiven Kommunikationspolitik eingestellt hat, nimmt der Stellenwert von Ö. (Public Relations versteht sich als synonymer Begriff) im Prozess der öffentlichen Meinungsbildung unaufhaltsam zu: Menschen wollen informiert sein und wichtige Entscheidungen mittragen oder zumindest nachvollziehen können; hier mag das Stichwort *Informationsgesellschaft* genügen. SozArb als intermediäre Instanz (zwischen Staat, Markt und Selbstorganisation) muss sich aus vielen Gründen zu ihren Teilöffentlichkeiten in Beziehung setzen. Das bedeutet für die SozArb als Expertin sozialer Leistungen auf der Ebene der Adressaten:

- soziale Dienstleistungen bekannt zu machen,
- über Gemeinsamkeiten und Rechte der Klientel zu informieren und Selbsthilfe zu initiieren,
- das politische Mandat von sozial Schwachen zu übernehmen;

sozarb Praxis:

- die Tätigkeit als legitimationspflichtigen „öffentlichen Dienst" zu kommunizieren,
- für Identifikation, Motivation und Personalentwicklung zu sorgen;

Träger:

- Erfolge wie Misserfolge zu nennen,
- zu verdeutlichen, dass sozialer Nutzen nicht nach materiellem Ertrag zu werten ist;

Politik und *Gesellschaft:*

- herauszustellen, inwiefern SozArb von öffentlichem Interesse ist,
- sich um öffentliche Aufmerksamkeit und gesellschaftliche Wertschätzung zu bemühen,
- Information über Entstehung, Abhilfe bzw. Konsequenzen sozialer Notlagen zu geben,
- am Abbau von Vorurteilen mitzuarbeiten,
- an einem gesellschaftlich günstigen Klima für sozialstaatliches Tun mitzuarbeiten.

Zusammenfassend lässt sich festhalten: Ein professionelles Verständnis von Ö. hat in der SozArb eine sozialpolitische Funktion; wird die Bedeutung von öffentlicher Kommunikation unterschätzt, bedeutet das, gerade in Phasen immer knapper werdender Ressourcen, Chancen zu verschenken.

Dieser modernen Auffassung von Kommunikationsmanagement oder Ö. stehen aber in der SozArb eine Reihe alter ideologischer Vorbehalte entgegen wie z. B.:

- Gute Arbeit spricht für sich.
- Gute Arbeit hat im Verborgenen zu blühen.
- Andernfalls wird das Vertrauensverhältnis zu den Klienten belastet.
- PR ist wie Werbung, und Werbung ist Manipulation.

Allerdings können sich die Vorbehalte auch zusätzlich daraus speisen, dass Öffentlichmachen zwangsläufig bedeutet, gesehen zu werden. Sich-Exponieren und Sich-Präsentieren verursachen Ängste:

- Transparenz ermöglicht Kontrolle,
- Fehler werden sichtbar,
- „Mauscheln" wird schwieriger,
- umfassende Information der Klientel provoziert Anspruchslawinen („die Geister, die ich rief").

In der oben skizzierten Weise wird Ö. instrumentell lediglich gehandhabt und keinesfalls als das gesehen, was sie ist: nämlich als ein integraler Bestandteil fachlicher SozArb mit sozial(politisch)er Querschnittsfunktion. Als so verstandene SozArb Handlungsstrategie wäre professionelle, effektive Ö. in sozialen Einrichtungen jedoch an bestimmte Voraussetzungen geknüpft:

- Organisationsintern: Es muss ein klares Selbstverständnis entwickelt sein, das sich inhaltlich (Corporate Identity) und optisch (Corporate Design) vermittelt; es muss darüber hinaus einen tragfähigen Konsens der Mitarbeiter über Aufgaben, Inhalt, Vorgehensweisen und Ziele ihrer Ö. geben; die Kommunikationsbemühungen dürfen sich nicht nur nach außen, sondern müssen sich auch nach innen richten (interne Kommunikation).
- Personell: Kontinuierliche Presse- und Medienarbeit wird durch einen qualifizierten Referenten für Ö. gewährleistet.
- Materiell: Ö. ist mit den notwendigen finanziellen Mitteln und Zeitressourcen ausgestattet, denn qualifizierte Ö. lässt sich nicht nebenbei erledigen.
- Strukturell: Ö. ist als Leitungssache beim Management angesiedelt.
- Inhaltlich: Die Kriterien und zeitgemäßen Instrumente der Ö. müssen bekannt sein und angewendet werden.

Auch unter kommunikationstheoretischen Gesichtspunkten ist ein professionelles Verständnis von Ö. für politisch erfolgsorientierte SozArb unerlässlich. Dies mag ein Beispiel verdeutlichen: Gut 60 % aller Meldungen in den tagesaktuellen Medien stammen – bei zunehmender Tendenz – aus PR-Abteilungen. Für die SozArb heißt das zwingender denn je, sich aktiv am modernen Kommunikationsfluss zu beteiligen: Jede soziale Einrichtung muss sich über ihre fachliche Arbeit hinaus als kleine PR-Agentur in eigener Sache verstehen und Informationen im Sinne einer Bringschuld liefern. Die Frage „Welche Informationen interessieren meine Zielgruppen am meisten?" ist handlungsleitend, wobei die unterschiedlichen Zielgruppen speziell angesprochen werden: tatsächliche und potenzielle Klienten und deren Umfeld; eigene Mitarbeiter; Kooperationspartner; Geschäftspartner und Lieferanten; tatsächliche und potenzielle Geldgeber; politische Entscheidungsträger; Fachöffentlichkeit; die sog. breite Öffentlichkeit.

Die verschiedenen Zielgruppen werden erreicht, indem moderne Ö. vielfältige (massen)mediale Kommunikationswege nutzt:

- persönliche Gespräche, Briefe, Rundbriefe, Jahresberichte;
- Pressemitteilungen, Presseberichte, Pressefotos;
- Pressekonferenzen, Pressegespräche, Interviews;
- Rundfunk- und Fernsehberichte (auch der privaten Anbieter);
- Druckerzeugnisse (Broschüren, Prospekte, Zeitschriften, Plakate, Flugblätter, Handzettel);
- Informationsstände, Unterschriftensammlungen;
- Fernseh-, Video-, Tonband-, Diavorführungen;
- Kinowerbung;
- Vorträge, Seminare, Fachtagungen, Kongresse;
- Aktionen (Ausstellungen, Stadtteilfeste, Preisausschreiben, Diskussionsveranstaltungen);
- Gründung von Interessenverbänden und Zusammenschlüssen, Vernetzungen;
- Internet (Homepages, Extranet, Sozialportale, Links, automatisierte Mails, Soziale Netzwerke).

Um zu evaluieren, welche Kommunikationsmittel für die eigenen Kommunikationswünsche am geeignetsten sind, ist eine präzise Erfolgskontrolle der Ö. notwendig; die korrigierten Maßnahmen fließen dann in die nächste Kommunikationsplanung ein. Schon im Interesse der eigenen Sache gelten dabei die internationalen ethischen Richtlinien, wie sie 1965 im Code d'Athènes für die Ö. proklamiert worden sind: Achtung der Menschenwürde, Wahrheitstreue, Sachlichkeit und Aktualität.

Über die Auskunftspflicht (§ 13 SGB I) hinaus ist die Ö. sozialer Einrichtungen durch das Datenschutzrecht (SGB X), die Persönlichkeitsrechte (GG) und die Presserechte (Landespressegesetze) geregelt *(Sozialdatenschutz)*.

Ö. gehört zusammen mit Spenden- und Dienstleistungsmarketing zum Gesamtkonzept des Sozialmarketing. Innerhalb des sich wandelnden Selbstverständnisses von SozArb kommt Ö. in Bezug auf Marktorientierung und bei der Suche nach neuen Ressourcen (Fund Raising, Sozialsponsoring) eine große Bedeutung zu, der faktisch noch nicht Rechnung getragen wird. Im Wissen um dieses Defizit delegieren manche sozialen Organisationen ihre Außendarstellung an kommerzielle Agenturen, ohne dass innerhalb ihrer Einrichtungen die notwendigen Voraussetzungen *(Sozialmanagement; Organisationsentwicklung)* erfüllt und die unerlässlichen Kriterien für eine erfolgreiche Ö. schon bekannt wären. Agenturen liefern aber keine Konzepte für das Selbstverständnis einer sozialen Einrichtung; sie eignen sich für fest umrissene Arbeitsaufträge im Rahmen einer PR-Konzeption, die sich die soziale Einrichtung selbst gegeben hat.

Ausbildung

Ö. gilt heute an FB der SozArb als selbstverständliches Unterrichtsfach und als ein Merkmal für berufliche Professionalität (Puhl/Straub 2002). Dabei lassen sich zwei Tendenzen unterscheiden: einmal die eher traditionelle Ö. mit einem methodischen Schwerpunkt auf „Handwerkszeug", aber einem gewissen advokatorischen und sozialpolitischen Bezug zu den Klientengruppen und zum anderen eine stärker werdende modernistische Variante ohne expliziten legitimatorischen Hintergrund und ohne eigentliche politischen Absichten. Hier wird Ö. als Instrument eingesetzt, um mit den kommunikativen Effekten ökonomische Ziele des Sozialmanagement, Socialmarketing, Social Sponsoring oder Fundraising zu realisieren *(Spenden und Social Sponsoring)*. In der derzeitigen Ausbildung an FHS wird ein hoher Anteil dieser modernen Konzeptionen vertreten. Ein konzeptionelles Verständnis von Ö., das systematisch und methodisch die Erfordernisse eines strategischen Kommunikationsmanagements von Organisationen transportiert, fehlt weitgehend. Bei der curricularen Abbildung des Faches handelt es sich über weite Strecken um mediale Versatzstücke mit einer gewissen Beliebigkeit, die der Bedeutung von Ö. für SozArb nicht gerecht werden können.

Ria Puhl

Literatur

F. Hamburger/H.-U: Otto (Hrsg.): Sozialpädagogik und Öffentlichkeit, Weinheim/München 1999 ◆ G. Pleiner/B. Heblich: Lehrbuch Pressearbeit. Grundlagen und Praxismethoden. Weinheim 2009 ◆ R. Puhl: Klappern gehört zum Handwerk. Funktion und Perspektive von Öffentlichkeitsarbeit in der Sozialen Arbeit, Weinheim/München 2004 ◆ R. Puhl: Von der „Bravo" bis zum „Spiegel". Die Popularisierung sozialpädagogischer Themen in Zeitschriften, in: Thole (Hrsg.): Grundriss Soziale Arbeit, Wiesbaden 2010, 784–800 ◆ R. Puhl/U. Straub: Wie werden Sozialarbeiterinnen und Sozialpädagogen auf die Kommunikation mit der Öffentlichkeit vorbereitet? Ergebnisse der Studie Öffentlichkeitsarbeit in der Lehre an Fachbereichen für Soziale Arbeit, in: Sozialmagazin, 7-8/2002, 48–58 ◆ E. Schürmann: Öffentlichkeitsarbeit für soziale Organisationen, Weinheim/München 2004.

Ökotrophologie

Die Ö. ist eine interdisziplinäre Wissenschaft vom Haushalt und der Ernährung des Menschen. Sie umfasst den Bestandteil „Öko-", der sich aus dem Altgriechischen oikos (Haus) ableitet sowie den Bestandteil trophä (Nahrung, Ernährung), der seine Herkunft im altgriechischen trophä (Nahrung, Ernährung) hat.

Die Ö. verklammert beide Gegenstandsbereiche in spezifischer Weise. Die Ausbildung im Studiengang „Ökotrophologie" erfolgt in der BRD an Universitäten und an FH. Es werden Fachinhalte der Naturwissenschaften, der Technik- und Haushaltswissenschaften vermittelt, aber auch sozialökonomisches und ökologisches Basiswissen.

Während die Fachrichtungen „Ernährungswissenschaft" und „Ernährungsökonomie" den Focus v.a. auf die Analyse der Nahrungskette des Menschen legen, zielt der Fokus der Fachrichtung „Haushaltswissenschaften" auf die wissenschaftliche Durchdringung des Strukturwandels privater Haushalte, aber auch auf die Wirkungsweise und das Management von Dienstleistungsbetrieben personaler Versorgung (Einrichtungen der Gemeinschaftsverpflegung, Krankenhäuser, Kitas, Altenheime). Darüber hinaus befasst sie sich mit Fragen des Verbraucherschutzes *(Verbraucherpolitik)* und der Gesundheitsförderung, aber auch mit räumlichen und technischen Bedingungen der Alltagsbewältigung entlang des Lebenslaufs bzw. der Haushaltsbiographie.

Den AbsolventInnen der Ö. steht – neben den Einsatzgebieten der Nahrungsmittelindustrie und des Handels – mit dem Dienstleistungssektor ein expandierendes Segment des Arbeitsmarktes zur Verfügung. Es bieten sich interessante Berufsfelder der Aus- und Weiterbildung, der Beratung, Pflege und Sozialplanung bei staatlichen Einrichtungen, Landesbehörden und in Kommunen, aber auch im privat-gewerblichen Bereich und bei unterschiedlichen freien Trägern.

Uta Meier-Gräwe

Literatur

I. Elmadfa: Ernährungslehre, München/UTB ³2015 ◆ I. Elmadfa/C. Leitzmann: Ernährung des Menschen. Eine Einführung, München ⁵2015 ◆ J. Hamatschek: Lebensmitteltechnologie, Stuttgart 2016 ◆ C. Klotter: Einführung Ernährungspsychologie, München ²2014 ◆ A. Schek: Ernährungslehre kompakt, Neustadt ⁵2013 ◆ E. Schick: Grundlagen der Ökotrophologie am Dienstleistungsstandort Deutschland, in: U. Meier (Hrsg.): Vom Oikos zum modernen Dienstleistungshaushalt. Der Strukturwandel privater Haushaltsführung, Frankfurt/M./New York 1997, 277–285 ◆ U. Meier-Gräwe/I. Müller: Ökotrophologie als Lebenswissenschaft, in: Gießener Universitätsblätter 2008, 101–103.

Organisationsrecht

Grundsätzliches

Personen, Sachen und Rechte sind die zentralen Begriffe, denen sich alle rechtlich relevanten Erscheinungen des gesellschaftlichen Lebens zuordnen lassen. Bei den Personen wird dann weiter zwischen natürlichen (= Menschen: §§ 1 ff. BGB) und juristischen Personen (= z. B. rechtsfähige Vereinigungen und Vermögensmassen: §§ 21–89 BGB) unterschieden.

Alleiniger Zweck dieser Konstruktionen „juristische Personen“ (j. P.) ist, neben den Menschen (soweit sie voll geschäftsfähig sind) auch andere Rechtssubjekte zur Verfügung zu haben, die am Geschäftsleben teilnehmen und wirksam Rechtsgeschäfte abschließen können: Verträge schließen, Prozesse führen, Rechte erwerben usw. Für j. P. handeln dann wieder Menschen über ihre Organe (z. B. im Verein Vorstandsmitglieder und Geschäftsführer, für die GmbH GeschäftsführerInnen).

Juristische Personen des privaten Rechts: Die Aufgabenwahrnehmung in der *Sozialen Arbeit* ist in der BRD nicht allein öffentlichen (hoheitlichen) Trägern auf kommunaler und staatlicher Ebene überantworte, sondern freien (privaten) Trägern ist ein eigenständiges (nicht von den öffentlichen Trägern abgeleitetes) Handlungsrecht zugestanden (*Träger der Sozialen Arbeit:* §§ 17 Abs. 3, 27 Abs. 2, 28 Abs. 2 SGB I, § 3 SGB VIII, § 5 SGB XII). Und diese freien Träger sind regelmäßig private Organisationen: j. P. überwiegend des privaten Rechts in der Form von eingetragenen Vereinen (so sämtliche *Wohlfahrts- und Jugendverbände* einschließlich ihrer Gliederungen), Gesellschaften mit beschränkter Haftung und Stiftungen (zu den Ausnahmen bei *Kirchen und Religionsgemeinschaften des öffentlichen Rechts*). Allerdings haben diese drei Typen unterschiedliche Bedeutung für die SozArb:

- **Rechtsfähige Stiftungen des privaten Rechts:** Sie sind selten direkt Anbieter sozialer Dienstleistungen i. w. S. (eine bemerkenswerte Ausnahme ist das SPI-Berlin); ihre Bedeutung besteht vielmehr i. d. R. darin, dass mit/aus den Erträgnissen des Stiftungsvermögens oder den Stiftungseinnahmen Vorhaben von Trägern der SozArb, entsprechend dem Willen des Stifters, gefördert werden (Beispiele: Robert-Bosch-Stiftung, Deutsche Bank Stiftung „Hilfe zur Selbsthilfe“, Stiftung Deutsche Jugendmarke u. a. m.). Rechtsgrundlagen sind die §§ 80–88 BGB sowie das jeweilige Landesrecht. Allein im 1. Jahrzehnt des 21. Jh. wurden über 8000 neue Stiftungen in D. errichtet. Auch für die nächsten Jahre wird eine anhaltend hohe Zahl von Stiftungsgründungen erwartet (nach BFS-Info 11/2014, 8; weiter bei Hoffmann-Steudner 2014).
- **Vereine und GmbHs:** Dagegen sind v. a. eingetragene Vereine und inzwischen zunehmend GmbHs die Organisationsformen der Träger der SozArb.

Verein und GmbH im Vergleich: Natürliche und juristische Personen gründen andere juristische Personen. In der SozArb ist zuvor zu entscheiden, welcher Inhalt dadurch und wie am besten befördert werden soll. Erst wenn dazu Klarheit besteht, kann entschieden werden, ob der e. V. oder die GmbH die dafür angemessenere Organisationsform ist.

Grundsätzlich gilt, dass der e. V. des BGB als nichtwirtschaftlicher Verein (Idealverein) angelegt ist (wenn er auch durchaus in einem gewissen Umfange wirtschaftlich tätig sein kann). Wegen dieser Handlungsbegrenzungen des e. V. wird seit Jahren zunehmend die Rechtsform GmbH gewählt, wenn die Erbringung der sozialen Leistungen wesentlich mit einer wirtschaftlichen Tätigkeit verbunden ist (s. Tabelle).

Seit dem 1. November 2008 ist nach dem neuen GmbH-Recht (Gesetz zur Modernisierung des GmbH-Rechts) die Gründung von sog. Unternehmensgesellschaften mit einem Startkapital von

Juristische Personen in der Übersicht

Juristische Personen		Teilrechtsfähige Vereinigungen des privaten Rechts
des privaten Rechts	**des öffentlichen Rechts (vgl. § 89 BGB)**	
• Vereine §§ 21–79 BGB z. B. Eingetragene Vereine	• Anstalten z. B. Rundfunk- und Fernsehanstalten	• Nicht rechtsfähige Vereine § 54 BGB z. B. Parteien, Gewerkschaften, Initiativgruppen
• Aktiengesellschaften, Aktien-Ges.	• Körperschaften z. B. Bund, Länder, Gemeinden, Kirchen, Kammern, HS	• Gesellschaften §§ 705–740 BGB z. B. Fahrgemeinschaft, Anwaltssozietät, Konsortium
• Genossenschaften, Genossenschafts-Ges.	• Stiftungen z. B. Stiftung „Behindertes Kind“, Stiftung „Preußischer Kulturbesitz“, Stiftung Universität Lüneburg	• Gemeinschaften §§ 741–758 BGB z. B. Bruchteilsgemeinschaft
• Gesellschaft mit beschränkter Haftung, GmbH-Ges.		
• Stiftungen §§ 80–88 BGB z. B. Stiftung Volkswagenwerk, Robert-Bosch-Stiftung, Stiftung Sozialpädagogisches Institut Berlin		

	Verein	**GmbH**
Definition	eine auf Dauer angelegte, freiwillige Verbindung einer größeren Zahl von Personen, die sich hierzu nach einer Satzung körperschaftlich organisieren	eine Kapitalgesellschaft mit wirtschaftlicher Ausrichtung, in der die Kapitalgeber die entscheidende Position haben
Rechtsfähigkeit	durch Eintragung in das Vereinsregister: e. V., juristische Person	durch Eintragung in das Handelsregister beim Registergericht: juristische Person
Festlegung des inhaltlichen Rahmens	durch Satzung	durch Gesellschaftsvertrag, der der notariellen Beurkundung bedarf
Organe	Vorstand, Mitgliederversammlung, u. U. besondere Vertreter nach § 30 BGB	Geschäftsführung und Gesellschafterversammlung
Gründungsvorgaben	mind. 7 Gründungsmitglieder	auch eine Einzelperson kann eine Gesellschaft mbH gründen
finanzielle Barrieren bei Gründung	kein Startkapital notwendig, die Gründungskosten sind relativ gering	zur Gründung sind mind. 25 T € Stammkapital notwendig; i. Ü. sind die Gründungskosten nicht unerheblich
Eignung/Folgepflichten	eignet sich für Projekte und Gruppen, die allgemeine soziale, nicht hauptsächlich wirtschaftliche Ziele und Zwecke verfolgen. Der Verein ist prinzipiell demokratisch angelegt (… jede Person, die sich zur Satzung des Vereins bekennt, kann grundsätzlich Mitglied werden). Dadurch ist aber auch eine Vielzahl von Personen an der Willensbildung beteiligt	Eintritt in die GmbH nur durch Einsatz von Kapital. Die Gesellschafterversammlung befindet über den Eintritt von neuen Gesellschaftern; dadurch wird ein nicht kalkulierbarer Einfluss fremder Personen ausgeschlossen. Es gibt im Betrieb eine eindeutige Hierarchie (Geschäftsführer) und es besteht (kostenträchtig) Bilanzierungspflicht
Haftung	begrenzte H. der Handelnden und Mitglieder auf das Vereinsvermögen	begrenzt auf das Stammkapital

(dazu: die jeweils aktuellen Ausgaben der Heidelberger Musterverträge)

1 Euro möglich. Diese Gesellschaften sind allerdings verpflichtet, als ‚UG – haftungsbeschränkt' zu firmieren und dazu, anschließend aus Gewinnen das GmbH-Startkapital von 25 T Euro anzusparen. Sind diese 25 T Euro angespart, kann die UG in eine ‚normale' GmbH umgewandelt werden. Damit sollten sowohl die Existenzgründung erleichtert als auch der Einfluss der sog. Englischen Limited (private or public L.) companies (Gründungskapital 1 engl. Pfund) zurückgedrängt werden (die allerdings in der Sozialen Arbeit in Deutschland bislang keine besondere Rolle spielten).

Die Gemeinnützigkeit: Vereine und Gesellschaften sind gewerbe-, umsatz- und körperschaftssteuerpflichtig. Das gilt (eingeschränkt) dann nicht, wenn sie (lt. Satzung oder Gesellschaftsvertrag) ausschließlich und unmittelbar gemeinnützige, mildtätige oder kirchliche Zwecke verfolgen (§§ 51–68 A0: dazu *Gemeinnützigkeit, steuerliche*).

Dieter Kreft

Literatur

BMJ (Hrsg.): Leitfaden zum Vereinsrecht (Stand: 9/2016). Berlin ◆ V. G. Heiz/W. Hartung: Die englische Limited. Baden-Baden ³2012 ◆ Heidelberger Musterverträge zum e. V., zur GmbH und zur Stiftung in der jeweils aktuellen Fassung ◆ H. Hoffmann-Steudner: Die Gründung einer Stiftung. Ein Leitfaden für Stifter und Berater. Bd. I, Berlin ²2014 ◆ Palandt: Kurzkommentar zum Bürgerlichen Gesetzbuch, München: in der jeweils aktualisierten Ausgabe (zuletzt 76. Auflage 2017) ◆ S. Winheller/S. J. Geibel/M. Jachmann-Michel: Gesamtes Gemeinnützigkeitsrecht, Baden-Baden 2017 ◆ A. Zimmer: Auslaufmodell Verein? Vom Veralten eines gesellschaftlichen Strukturmoments, in TuP 6/2013, 447–455.

P

Parteien

SozArb/SozPäd selbst ist allen P. keine eigene Broschüre wert, und so muss man von den allgemeinen Themen „*Sozial-*", „*Familien-*", „*Jugendpolitik*" in Programmen, Grundwertekommissionen, Berichten und Dokumenten die grundlegenden Positionen selbst erschließen; immerhin lassen sich doch gesellschaftstheoretisch erhebliche Unterschiede feststellen, die allerdings bei bloßer Betrachtung kommunaler sozialpolitischer Praxis oder bei Berücksichtigung des Selbstverständnisses von SozArb/SozPäd häufig bis zur Unkenntlichkeit verschwimmen.

Betrachtet man SozArb/SozPäd im Rahmen bisher erreichter und im GG vorgegebener Sozialstaatlichkeit *(Sozialstaat)*, so lassen sich anhand unterschiedlicher Interpretationen des Sozialstaatsprinzips (Hartwich/Widmaier) und dem gewandelten (wissenschaftlichen) Selbstverständnis der SozArb/SozPäd idealtypisch drei Ansätze festhalten, die – natürlich nicht in reiner Form – auch den Grundpositionen der P. zuzuordnen sind.

Die idealtypischen Positionen der Parteien

Die liberal-konservative Position betrachtet bis heute die Entwicklung zur Sozialstaatlichkeit mit Misstrauen. Sie setzt Sozialstaatlichkeit in einen gewissen Gegensatz zum Rechtsstaatsprinzip, da dieser eher die individuellen Abwehrrechte gegen den Staat betont. Die Dominanz des individualistischen Leistungsprinzips im Marktgeschehen blendet gesellschaftlich verursachte Defizite von „Leistungsversagen" bzw. das Problem ungleicher Bewertung von Leistung aus und damit auch eine gesellschaftlich-interaktionistisch verstandene *Sozialpädagogik/Sozialarbeit/Soziale Arbeit* und -therapie. Die sozialphilosophische Prämisse der Freiheit für „das größte Glück der größten Zahl" fragt nicht systematisch nach dem fehlenden Glück des „kleinen" Rests. Politische Freiheit baut – in diesem Verständnis – auf die i. E. voraus- und freigesetzte (private) Freiheit, die sich in der sozialen (Wettbewerbs-)Organisation der *Gesellschaft* erfüllt, d. h. sie gründet auf der Voraussetzung, dass jedes Individuum seine Fähigkeiten und Mittel für seine eigenen, frei gewählten Zwecke einsetzt und dass seine Teilnahme am Wettbewerb durch dessen wechselseitige ökonomische und individuelle Vorteile motiviert ist. Das Problem des Schutzes und der Sicherung dieser Freiheit wird prinzipiell nach dem Kausalitätsprinzip als je individuell zu lösendes Versicherungsproblem betrachtet. „Im Extremfall" genießen aber die an der Verwirklichung von Freiheit Gehinderten den besonderen Schutz (Brüderlichkeit, Nächstenliebe) der liberalen Gesellschaft (Schroers 1975, 240).

Diese Grundposition trifft heute wieder den Kern der FDP-Ideologie, auch wenn Anfang der 1970er Jahre Ansätze zum sozialen Liberalismus (Freiburger Programm 1971) zu registrieren waren. Das neue Grundsatzprogramm der FDP vom April 2012 (‚Verantwortung für die Freiheit – Karlsruher Freiheitsthesen für eine offene Bürgergesellschaft') sieht jedenfalls in der Freiheit des Einzelnen Grund und Grenze liberaler Politik.

Die christliche-konservative Position: Obwohl auch in der CDU und – mehr noch – der CSU diese altliberale Position vorherrscht, so ist sie doch durch das aus der *katholischen Soziallehre* herrührende Fürsorgeprinzip, das bei erkannter Bedürftigkeit subsidiär *(Subsidiarität)* eintritt, gemildert. Insbesondere das mit dem christlich-konservativen organologischen Staatsdenken verbundene patriarchalische Fürsorgeprinzip kommt dem Sicherheitsbedürfnis gerade auch ganz unterprivilegierter Schichten entgegen. Dieses Denken in den Kategorien des „sozialen Königtums" (L. v. Stein) hat in den vergangenen Jahrzehnten zu bemerkenswerten Ausformungen umfassender konservativer Gesellschaftsproblematik (dynamische Rente z. B.) geführt. Sie nimmt die von C. Offe u. a. 1968 formulierte „Disparitätenthese" auf, setzt sie aber in einen direkten Gegensatz zur „bisherigen Betonung des Konflikts zwischen Kapital und Arbeit". Immerhin ist hervorzuheben, dass der Hinweis auf die „Probleme der wirklich Schwachen und Bedürftigen in unserer Gesellschaft", der nicht Artikulations-, Organisations- und Konfliktfähigen, Einsicht in die gesellschaftliche Bedingtheit verrät. Die von der CDU bisher gegebene Antwort bewegt sich allerdings in traditionellen (und in Wahlwerbungs-)Bahnen: Die – durchaus verdienstvolle – Arbeit der nichtstaatlichen christlichen Hilfs-, Caritas-, Diakonie- und Fürsorgevereine *(Wohlfahrtsverbände)* erhält so eine weitere Begründung: „Unser Leitbild ist der sozial engagierte und motivierte Bürger, der über den eigenen Interessen nicht die Bedürfnisse seiner Mitbürger und des Gemeinwesens vergisst" (Geißler). Diese Position einer gesellschaftlich begründeten „privaten" Fürsorgetätigkeit ist ein Vorschlag, die Gewichte staatlicher Ordnungspolitik unter dem Gesichtspunkt von Stabilität und Effizienz anders zu verteilen. Die Zwecke der SozArb/SozPäd werden unter finanziellem Aspekt bewusst begrenzt, was sich insbesondere bei den Fragen zeigt, wo sozialpädagogische Ansätze „deliktverursachende" Abweichungen und Strukturdefekte langfristig abzubauen versuchen (schichtengebundene Inferioritätsgefühle, Resozialisierung, *Strafvollzug* z. B., aber auch „soziale Indikation" § 218).

Die unterschiedlichen Strömungen innerhalb der Unionsparteien (individualistisches liberal-konservatives Privatversicherungsprinzip, aus christlicher Soziallehre stammendes Subsidiaritäts- und Fürsorgeprinzip, Ansätze begrenzt finalem Vorsorgeprinzips) stehen schon aus wahlstrategischen Gründen mehr oder weniger unverbunden nebeneinander. Das führt zu einer erheblichen Diskrepanz zwischen „richtigen Aussagen" (Armut in der BRD – Geißler), programmatischen Vorschlägen und tatsächlicher Durchsetzungsbereitschaft der Partei auf gesamtstaatlicher gesetzgeberischer Ebene.

In ihrem Grundsatzprogramm von 1994 wurde dieser programmatische Spagat der CDU besonders deutlich. Einerseits hielt sie daran fest: „Die Lösung sozialer Probleme ist und bleibt für uns zentrale Verpflichtung." Andererseits betont sie stärker als früher liberal-konservative Prinzipien, wenn es um den „Umbau des Sozialstaats" geht: „Im gesamten Bereich der Sozialpolitik (sollen) stärker Eigenvorsorge, Eigenverantwortung und Selbstbeteiligung verwirklicht werden."

Besonders deutlich wurde dies unter der Parteivorsitzenden Angela Merkel (Wahl 2000), die eine „neue Union" und eine „neue Soziale Marktwirtschaft" forderte, die sich konsequent an Freiheit und Wettbewerb orientieren. Die CDU bewegte sich unter dem Vorsitz Angela Merkels zunächst wieder stärker in eine (neo)liberale Richtung (Leipziger Parteitag von 2003) und wollte sich so deutlich als programmatische Alternative zur SPD profilieren, die manche ihrer sozialpolitischen Vorstellungen einer Revision unterzogen hat und in die Mitte gerückt ist (SPD: Agenda 2010; CDU: Freiheit und Sicherheit. Grundsätze für Deutschland 2007).

Die Bildung einer BReg der Großen Koalition (2005–2009) hat dann allerdings – entgegen den Erwartungen – in wichtigen sozialpolitischen Bereichen zu einer Art „Stillstand der Entwicklungen" geführt *(Gesundheitsrecht/Pflegeversicherung, soziale)*.

Eine erneute, fast grundsätzliche, Richtungsänderung der Union deutete sich dann bereits in der Zeit der schwarz-gelben Koalition (2009–2013) an, im Verlaufe derer unter der Kanzlerin Merkel zentrale (Kern-)Punkte konservativer Politik aufgegeben wurden: zunächst die Aussetzung der allgemeinen Wehrpflicht im April 2011 und dann die Entscheidung zum Atomausstieg von Juni 2011, verbunden mit der Rücknahme der gerade im Herbst 2010 beschlossene Laufzeitverlängerung der Atomkraftwerke unter dem Eindruck der Nuklearkatastrophe von Fukushima.

Nach der Bundestagswahl von 2013 konnte

die vorherige schwarz-gelbe Koalition nicht fortgeführt werden, weil die FDP erstmalig in der Geschichte der BRD an der 5-Prozent-Klausel scheiterte. Nach längeren Verhandlungen und einem Mitgliederentscheid bei der SPD wurde am 16. Dezember 2013 der Koalitionsvertrag für eine Große Koalition zwischen CDU, CSU und SPD beschlossen. Seither wird von einer ‚Sozialdemokratisierung' der CDU unter Angela Merkel gesprochen, vor allem damit begründet, dass die großen sozialpolitischen Beschlüsse, die bislang gefasst wurden, alte Positionen der SPD sind (etwa: Mindestlohn, ‚Rente mit 63'). Die zunächst ‚offene' Flüchtlingspolitik der Bundeskanzlerin Merkel war Teil dieser Wende ‚weg von einer neoliberalen Politik'. Zuletzt (12/2015) hat die CDU auf ihrem Karlsruher Parteitag auch noch ein Einwanderungsgesetz ‚in Aussicht genommen' (wenn auch erst für die nächste Legislaturperiode), ebenfalls eine alte Forderung der SPD.

Sozialdemokratische Vorstellungen werden noch am ehesten von Ansätzen bestimmt, die vorbeugende Sozialpolitik und -therapie als gesellschaftliche Ordnungs- und Reformaufgaben betrachten. Neuerdings bahnt sich auch in der SPD – zumindest programmatisch – eine leichte Umorientierung an, die man schlagwortartig als Schritt von der „nachfolgenden zu einer vorbeugenden – integrierten – Sozialpolitik" bezeichnen kann. Oder wie es J. Strasser in kritischer „Aufhebung" des Subsidiaritätsprinzips genannt hat: nicht nur „Hilfe zur Selbsthilfe", sondern „sozialistische Subsidiarität als praktizierte Solidarität": Durch „gesellschaftspolitische Reformen und sozialpädagogische Bemühungen" (Kindergärten, Ganztagsschulen, offene Jugendarbeit) soll die Fähigkeit zu gleichberechtigter Teilnahme geschaffen werden, so dass der einzelne die Freiheit, sich als Persönlichkeit eigener Prägung in die Gemeinschaft einzufügen, und die Fähigkeit, sich in ihr zu behaupten, überhaupt erst ergreifen kann.

P

Die sozioökonomisch bedingten Veränderungen seit Anfang/Mitte der 1970er Jahre – mit der Folge (zunächst) hoher struktureller Arbeitslosigkeit –, die veränderten Sicht- und Handlungsweisen großer Bevölkerungsgruppen zu grundsätzlichen Fragen der Politik (Abrüstung und Frieden, Ökologie/*Sozialökologie,* Technologie, Umweltschutz) hatten zum einen die Parteienlandschaft der alten BRD mit der Ende der 1980er Jahre abgeschlossenen parlamentarischen Etablierung der „Grünen/Alternativen" verändert, zum anderen die *Soziale Arbeit* vor neue Herausforderungen gestellt, auf die auch die P. reagieren mussten *(Selbsthilfe/Selbstorganisation).* Der Zweifel der P. daran, ob die arbeitsmarktzentrierte sozialstaatliche Sicherung nicht in Schwierigkeiten gerät, „wenn die Arbeitsgesellschaft selbst ihr Gesicht verändert" (so bereits Olk/Otto 2003, 9), hatte Diskussionen provoziert, die noch immer nicht abgeschlossen sind *(Arbeit).* Die deutsche Vereinigung brachte dann neue soziale und sozialpolitische Herausforderungen. Die P. der früheren BRD (SPD, CDU, CSU, FDP) reagieren darauf weitestgehend mit ihren traditionellen Handlungs- und Angebotsschemata, nur Die Grünen sind schon durch besondere organisatorische Veränderung (jetzt: Bündnis 90/Die Grünen) stärker auf die Folgen dieses Wandlungsprozesses bezogen; den Umbau oder die Fortentwicklung des Sozialstaates zu mehr Effizienz und Effektivität *(Verwaltungsmodernisierung)* wollen alle, wenn auch mit sehr unterschiedlichen Zielen und Methoden. Mit der „Agenda 2010" unternahm die SPD seit 2003 den bislang umfangreichsten Versuch, den Sozialstaat umzubauen. Kernstück ist bislang die Zusammenlegung von Arbeitslosen- und Sozialhilfe („Hartz IV") mit dem Ziel einer Aktivierung von arbeitslosen Erwerbsfähigen *(Grundsicherung für Arbeitsuchende).* Das Reformwerk hat der SPD eine Serie von Wahlniederlagen gebracht und ist in der Geschichte der Partei eine programmatische Zäsur.

Die Position der PDS war nicht deutlich: Sie versuchte in einem eher traditionell-sozialistischen Sinne ein sozialpolitisches Profil zu präsentieren, in dem all die sich wieder finden, die von den Folgen der deutschen Vereinigung politisch, wirtschaftlich und sozial enttäuscht sind. Auch nach dem Zusammenschluss der PDS mit der WASG zu „Die Linke" (2007) bleibt diese neue Partei (auch mit ihrem neuen Grundsatzprogramm vom Oktober 2011) bislang in einer sozialpolitischen Opposition zu den anderen Parteien des DtBT.

Neuere Entwicklungen

Wandel der Parteienlandschaft: Die Veränderungen in den 1990er Jahren des vergangenen Jh. (deutsche und europäische Vereinigung, Globalisierung, Strukturwandel der Gesellschaft, insbesondere in der Familien- und Arbeitswelt) haben auch die politischen Parteien verändert und vor neue Aufgaben gestellt. Dennoch hat sich das deutsche Parteiensystem bislang als bemerkenswert stabil erwiesen. Die beiden Volksparteien CDU/CSU und SPD haben allerdings einen Teil ihrer Integrationskraft eingebüßt: In den 1970er Jahren konnten sie gemeinsam bei den beiden

Bundestagswahlen noch jeweils über 90 % der Wähler auf sich vereinigen; bei der Bundestagswahl 2013 waren es zusammen noch 67,2 % der Zweitstimmen.

Auch das Parteiensystem insgesamt hat sich verändert: von einem stabilen Zweieinhalb-Parteiensystem, in dem eine der beiden großen Parteien mit der FDP jeweils eine parlamentarische Mehrheit hatte, zu einem asymmetrischen und labileren Fünf-Sechs-Parteiensystem, in dem die Mehrheitsbildungen offener und schwieriger sind. Das dreißigjährige Repräsentationsmonopol von CDU, CSU, SPD und FDP (bis 2013) ist jedenfalls beendet.

Wandel in den Parteien: Aber auch in den Parteien selbst haben sich Strukturwandel und Veränderungen niedergeschlagen: Die Mitgliederstruktur ist heterogener geworden, die innerparteiliche Vielfalt größer, Programme haben an Bedeutung verloren. So sind die aktuellen Programme/Grundsätze/Eckpunkte, – der SPD das Hamburger Programm von 2007; – der CDU die Grundsätze für Deutschland von 2007; – der CSU ,Die Ordnung" von 11/2016; – von Bündnis 90/Die Grünen das Programm ,Die Zukunft ist grün' von 2002; und – der LINKEN das Erfurter Programm von 2011 sowie der FDP (Karlsruher Freiheitsthesen 2012) – kaum noch im Bewusstsein der jeweiligen Parteimitglieder und der Öffentlichkeit gegenwärtig.

Trotz der (oben beschriebenen) idealtypischen Unterschiede, die aus Tradition und Geschichte zu erklären sind, hat es in der politischen Praxis der beiden großen Parteien im Verbund mit den großen Verbänden (z. B. *Gewerkschaften,* WFV) eine bemerkenswerte soziale und sozialstaatliche Konvergenz gegeben, die zur sozialen Stabilität der BRD beigetragen hat („Modell Deutschland"), die aber auch seit einiger Zeit für „Stillstand" und „Reformstau" verantwortlich gemacht wird („Korporatismus"). In Deutschland erwiesen sich in der zweiten Hälfte des 20. Jh. „sowohl die sozialdemokratische wie auch die christdemokratische Partei grundsätzlich als Sozialstaatsparteien" (M. G. Schmidt 2010).

Das gilt auch für das Bündnis 90/Die Grünen, die allerdings mit ihrem Grundsatzprogramm von 2002 den Versuch gemacht haben, den neuen Entwicklungen mit der Forderung nach einer sozialen Grundsicherung zu entsprechen und die Systeme der sozialen Sicherung stärker an die veränderten Lebensläufe („Ende der normalen männlichen Berufsbiographie") anzupassen. Die FDP hat sich durch die Karlsruher Freiheitsthesen wieder stärker als die Partei der freien Marktwirtschaft und der Eigenverantwortung zu profilieren versucht, die LINKE inzwischen als gesamtdeutsche Partei etabliert, setzt sich aber programmatisch (Erfurter Programm 2011) als ,sozialistische Alternative' deutlich von den anderen politischen Parteien ab (www.die-linke.de/programm-der-partei-die-linke).

Die rechtspopulistischen Parteien (NPD und AFD) mobilisieren weiterhin die Ängste und Ressentiments der materiellen und kulturellen Modernisierungsverlierer gegen „Ausländer" und „Sozialschmarotzer", durch die Flüchtlingsproblematik erreichen sie inzwischen aber auch die sog. gesellschaftliche Mitte (,Pegida').

Im Übrigen ist die weitere Entwicklung ,offen' (Stand: 1/2016). Die FDP liegt in den aktuellen Wählerprognosen ,um die 5 % herum'. Ein völlig neues (Parteien-)Kapitel hat mit der Alternative für Deutschland (AFD) begonnen, die – obwohl erst 2013 gegründet – schon auf eine bewegte Geschichte verweisen kann. Zunächst als eurokritisch, nationalkonservativ, rechtspopulistisch und wirtschaftsliberal aufgetreten, wird sie seit dem Führungswechsel 2015 (im Vorsitz von Bernd Lucke zu Frauke Petry) im politischen Spektrum rechts von der Union verortet, allerdings bis hin zu rechtsextremen und völkischen Tendenzen. Die AFD ,profitiert' von der Flüchtlingspolitik der Großen Koalition und wird aktuell (11/2016) bundesweit zweistellig gesehen. Sie ist inzwischen im Europaparlament sowie in zehn Landesparlamenten vertreten (11/2016). Jedenfalls hat sie im rechten Wählerspektrum die NPD in der Wählergunst überholt. Das BVerfG hat am 2. Dezember 2015 entschieden, das Verbotsverfahren gegen die NPD zu eröffnen. Die Entscheidung des BVerfG wird für Januar 2017 erwartet.

Besorgnis erregend ist für die beiden Volksparteien der Schwund der Mitglieder. So ist die Mitgliederzahl der SPD nach dem ,Höhepunkt' 1976 von 1 022 Mio. – inzwischen auf weniger als eine halbe Million zurückgegangen. Gemessen an der Mitgliederzahl 1990 hat die SPD bis Ende 2014 über 50 % ihrer Mitglieder verloren. Die Union ist vom ,Höhepunkt' 1983 von 735 Tsd. auf unter 500 Tsd. abgesunken. Gemessen an ihrer Mitgliederzahl 1990 hat sie bis 2014 rd. 42 % ihrer Mitglieder verloren.

Die Unzufriedenheit der Bürger mit der Problemlösungsfähigkeit der Parteien zeigt sich zudem auch in einer wachsenden Wahlenthaltung. Die höchste Wahlbeteiligung bei Bundestagswahlen gab es 1972 mit 91,1 %, 2013 dann noch 71,5 %. Bei Landtagswahlen wählen inzwischen durchschnittlich noch mehr als 50 %, bei Kommunalwahlen knapp über 45 % der Wahlberechtigten. Bei der letzten Europawahl 2009 waren es dann nur noch 43 %.

Die Modernisierungsversuche in den Parteien: In (fast) allen, v. a. aber in den beiden großen Parteien, ist seit Mitte der 1990er Jahre eine Reformdebatte im Gange, die mit den Schlagworten „Modernisierung" oder „Demontage" des Sozialstaates nicht zureichend beschrieben wird. Diese Debatte (Neue Mitte, Dritter Weg, Schröder/Blair-Papier von 1999) hat weder in der von 1998 bis 2005 und wieder danach in der Großen Koalition regierenden BReg noch in der SPD einen Abschluss oder eine klare Richtung gefunden, und dasselbe gilt auch für die Unionsparteien.

Allerdings haben inzwischen die Parteien auf neue Entwicklungen reagiert und seit 2007 neue Grundsatzprogramme vorgelegt:

- So der Parteivorstand der SPD bereits Anfang 2007 mit dem Bremer-Entwurf für ein neues Grundsatzprogramm, das auf einem Parteitag im Oktober 2007 in Hamburg beschlossen wurde und das bisherige Programm von 1989 ablöst. Sozialpolitische Themen werden unter „Der vorsorgende Sozialstaat", „Bildung in der lernenden Gesellschaft" und „Kinder und Familien stärken" behandelt (www.spd/hamburger programm.de).
- Die CDU folgte im Juli 2007 mit dem 3. Grundsatzprogramm, womit das letzte Programm von 1994 abgelöst wurde. Sie definiert sich darin als „Volkspartei der Mitte" und bekennt sich zu ihren christlich-sozialen, liberalen, wertkonservativen Wurzeln. Orientierungsmaßstab ist das christliche Menschenbild und sind davon ausgehend die drei Grundwerte „Freiheit, Solidarität und Gerechtigkeit". Gesellschaftliches Ziel ist die Chancengesellschaft, in der die Bürger frei und sicher leben (www.cdu.de/grundsatzprogramm).
- 2012 verabschiedete die FDP ihr neues Grundsatzprogramm „Verantwortung für die Freiheit – Karlsruher Freiheitsthesen für eine offene Bürgergesellschaft".
- Die CSU zeigt sich in ihrem neuen Grundsatzprogramm von November 2016 ‚offen bis weit nach rechts außen', wohl vor allem, um keine Wähler an die AFD zu verlieren.
- Das Grundsatzprogramm der AFD (von 6/2016) ist in sich widersprüchlich, weil zugleich populistisch (‚anti EU', ‚fremden-, v. a. islamfeindlich', ‚Deutsche Leitkultur statt Multikulturalismus') und unmodern (‚ein Familienbild als Leitbild, das bereits von der gelebten Realität überholt ist', ‚Laufzeitverlängerung für Kernkraftwerke', ‚Abschaffung der BA'). „Die AFD beruft sich unentwegt auf Volk und Volkswillen: ihr weltanschaulicher Kern ist (aber) ein radikaler Antiliberalismus" (G. Seibt in: SZ vom 4./5. Mai 2016).

Es sind – bis auf die AFD– Parteien im Übergang: Das ist das einzig Sichere, was sich über die Zukunft der politischen Parteien in Deutschland zu Beginn des 21. Jh. sagen lässt. Entstanden (überwiegend) im 19. und gewachsen im 20. Jh., werden sie ihre Strukturen und ihren Ideenhaushalt weiter entwickeln (müssen), wenn sie auch im 21. Jh. ihre Bedeutung behalten wollen.

Warnfried Dettling

Literatur

P.-G. Albrecht: Die Parteien im bürgerlichen Diskurs, in: TuP 2/2009, 84–89 ◆ U. v. Alemann/P. Ebentraut/J. Walter: das Parteiensystem der BRD, Wiesbaden [4]2010 ◆ U. Andersen/W. Woyke (Hrsg.): Handwörterbuch des politischen Systems der Bundesrepublik Deutschland, Opladen [7]2013 ◆ F. Deckert/V. Neu: Handbuch der deutschen Parteien, Wiesbaden [2]2013 ◆ W. Warnfried Dettling: Die Stadt und ihre Bürger. Neue Wege in der kommunalen Sozialpolitik. Grundlagen, Perspektiven, Beispiele, Gütersloh 2001 ◆ H. H. Hartwich: Sozialstaatspostulat und gesellschaftlicher status quo, Köln/Opladen [3]1978 (Taschenbuch 2012) ◆ H. Geißler: Die neue soziale Frage, Freiburg 1976 ◆ C. Offe: Politische Herrschaft und Klassenstrukturen, in: G. Kress/D. Senghaas (Hrsg.): Politikwissenschaft, Frankfurt/M. 1973/1985 ◆ T. Olk/H.-U. Otto (Hrsg.): Soziale Arbeit als Dienstleistung. Neuwied 2003 ◆ W. Rudzio: Das politische System Der BRD, Wiesbaden [3]2014 ◆ M. G. Schmidt: Demokratietheorien. Eine Einführung, Wiesbaden [5]2010 ◆ R. Schroers: Liberale Politik, in: Demokratische Gesellschaft, Konsens und Konflikt (hrsg. v. der Landeszentrale für politische Bildung NRW), München/Wien 1975 ◆ J. Strasser: Grenzen des Sozialstaats? Soziale Sicherung in der Wachstumskrise, Köln/Frankfurt/M. 1979 ◆ J. Strasser: Die Wende ist machbar, München 1994 ◆ H. P. Widmaier: Sozialpolitik im Wohlfahrtsstaat, Reinbek 1976.

Partizipation

Grundsätzliches

P. in der *Sozialen Arbeit* steht für die sehr unterschiedlichen Ansätze der bewussten Beteiligung der Adressaten/innen und meint dabei Teilnahme, teilhaben lassen, Mitgestaltung, Mitwirkung, Mitbestimmung, Mitverantwortung, *Selbstorganisation*, Koproduzentenschaft. Mit der *Emanzipation* der Adressaten/innen im Recht und in der SozArb von den fürsorgerisch straff geführten Objekten („Zöglingen") zu „eigenverantwortlichen und gemeinschaftsfähigen" (§ 1 SGB VIII) Subjekten setzte zwangsläufig auch der Diskurs um P. ein. Professionelle SozArb in all ihren Bereichen ist darauf ausgerichtet, dass Menschen in ihrer individuellen und sozialen Entwicklung gefördert (insbes. bei Kindern, Jugendlichen und jungen Erwachsenen), und in ihrem Streben nach *Integration* unterstützt werden (bei ökonomischen, sozialen oder individuellen Benachteiligungen) sowie bei der Überwindung von Belastungen und *Krisen Hilfe* erfahren, die eine Desintegration und Deklassierung vermeidet. In allen Fällen geht es um den Anspruch der Menschen, dass ihr Recht auf Selbstbestimmung die Grundorientierung der Fachkräfte und Institutionen der SozArb ist. P. bestimmt daher den Umfang, die Art und Form wie Menschen begleitet werden, die auf Grund von Einschränkungen *(Alter, Krankheit,* Lebenskrisen, Desintegration, *Armut)* nicht selbstverständlich über Autonomie in der Lebensführung verfügen, wieder ganz oder doch zumindest so weit wie möglich dazu befähigt werden.

Es geht bei P. in der SozArb immer um *Interaktion*, Kommunikation und Hilfeprozesse mit dem Gegenstand, wer welche Einflussmöglichkeiten bei der Definition dieser Prozesse, der Entscheidungsfindung und der konkreten Gestaltung der Handlungsabläufe hat. Dies weist auf Machtdifferenzen der unterschiedlichen Akteure hin. P. bedeutet, Entscheidungsräume zu eröffnen und Macht abzugeben (BMFSFJ 2015).

Geschichtliches

Historisch lassen sich partizipatorische Ansätze bis in die Anfänge professioneller SozArb *(Professionalisierung)* zurückverfolgen und finden sich z. B. in der Jugendbewegung, der Reformpädagogik der WR oder der Gründung der AWO. Zunehmende Bedeutung gewann P. mit der Demokratisierung der *Gesellschaft* und der SozArb ab Mitte der 1960er Jahre in der BRD. Die Notwendigkeit, Beteiligung und Demokratisierung als grundlegende Strukturprinzipien zu verwirklichen, kann grundsätzlich für alle Handlungsfelder der SozArb gefordert werden. Im 8. Jugendbericht (BMJFFG 1990) wird P. als Strukturmaxime formuliert und in den nachfolgenden Jugendberichten immer wieder eingefordert.

Zu erheblichen Teilen sind diese Forderungen inzwischen auch in die rechtlichen Grundlagen eingeflossen, z. B. in das *Kinder- und Jugendhilfegesetz*/SGB VIII, in das Rehabilitationsgesetz/SGB IX und in das Heimgesetz. Regelungen zur Beteiligung der Eltern an Entscheidungen in *Tageseinrichtungen für Kinder* (§ 22 SGB VIII), zur Mitbestimmung in der *Jugendarbeit* (§§ 11 und 12 SGB VIII), zur Mitwirkung bei der Erziehungshilfe (§§ 36 SGB VIII – Hilfeplanung) bis zur Selbstverantwortung von Bewohnern/innen im Heim und zu den Heimbeiräten *(Heimrecht)* sind Ausdruck für ein verändertes Bewusstsein und eine sich entwickelnde partizipative Praxis in der SozArb. Dabei hat P.-praxis immer etwas mit der Professionalität der Fachkräfte und der Qualität der Angebote, Dienste und Einrichtungen zu tun, die sich in der Überwindung alter repressiver, entmündigender und auf Machtausübung basierender Handlungsstrategien zeigt.

Während gegenwärtig noch weitgehend der Zustand herrscht, dass P. begründet und eingefordert werden muss, ist für die Zukunft zu fordern, dass begründet werden muss, warum Menschen im Kontext SozArb nicht gemäß ihrem Anspruch auf Selbstbestimmung beteiligt werden (auch wenn dieser Anspruch von den Adressaten/innen oft selbst nicht formuliert werden kann).

Inhaltliche Ebenen

P. bezieht sich auf die Ebenen

- der Rechte mündiger Bürger/innen und der Zuerkennung eigener Rechte auch für minderjährige noch nicht voll mündige Kinder und Jugendlicher (Anspruchsrechte und ihre gerichtliche Überprüfbarkeit, Schutz von Minderjährigen oder das Recht auf Inobhutnahme);
- das Verhältnis von Bürger/innen zu staatlichen und nicht staatlichen Sozialleistungsinstitutionen (Bürger als Leistungsberechtigte/Subjekte nicht als Bittsteller und Abhängige/Objekte);
- der Beziehungen von Sozialarbeitern/innen zu den Adressaten (Beratungs- und Auskunftsrechte, angemessene Rahmenbedingungen bei der Beratung, Schutz der Daten);
- die Gestaltung der Entscheidungsprozesse bei der Gewährung sozialer Leistungen (Mitwirkung bei der Entscheidung über Art und Umfang von Hilfen);
- der Einflussmöglichkeiten bezogen auf die Gestaltung von Arrangements, Hilfesettings und Einrichtungen der SozArb (Gestaltung von Privatsphären in Einrichtungen, Mitentscheidung bei der Organisation von Beratungsprozessen).

Argumentationszusammenhänge

SozArb in der modernen demokratischen Gesellschaft kann prinzipiell nicht auf die P. ihrer Adressaten/innen verzichten. Neben rechtlichen Anforderungen gibt es v. a. neun fachlich inhaltliche Argumentationslinien:

- Der demokratietheoretische Diskurs weist auf die Notwendigkeit der partizipativen Praxis hin. Bürger/innen und gerade auch heranwachsende junge Menschen werden nur mit der Erfahrung angemessener Berücksichtigung ihrer Interessen und erlebter Einflussmöglichkeiten auf gesellschaftliche und soziale Prozesse sowie ihrer Autonomieansprüche bereit und in der Lage sein, aktiv an der demokratischen Meinungsbildung und Entscheidungsfindung mitzuarbeiten, z. B. in Elternvertretungen an Schulen *(Elternarbeit)*, in Senioren-, Ausländer- oder Aussiedlerbeiräten *(Altenhilfe/Altenpolitik, Ausländer, Ausssiedler)*.
- Die Einbeziehung der Kinder und Jugendlichen in das öffentliche Leben wird inzwischen auch auf der europäischen Ebene als Herausforderung angesehen. So schlägt die EU-Kommission vor, „Jeder Mitgliedsstaat ernennt einen Koordinator für Jugendfragen, der als Ansprechpartner für die Kommission fungiert" (EU-Kommission 2001, 17) und formuliert den Anspruch, dass es zu einer Koordinierung der Aktivitäten von der lokalen bis zur europäischen Ebene kommen muss. „Ein Europa, an dem die Jugendlichen teilhaben wollen" (ebd., 63) wird zum politischen Ziel erklärt *(Jugendpolitik in der Europäischen Union)*.
- Die sich weiter differenzierende Gesellschaft mit dem Schwinden allgemein gültiger biographischer Muster und den damit verbundenen Tendenzen der Pluralisierung und Individualisierung von Lebenslagen (Risikogesellschaft) erfordert auch die Differenzierung der SozArb in ihren Strategien, Ansätzen, Institutionen und Methoden. Förderung, soziale *Bildung*, Unterstützung bei der Lebensbewältigung und Hilfe bei der Überwindung von Belastungs- und Krisensituationen erfordern ein stärkeres Eingehen auf die jeweils individuellen und familiären Ressourcen, Bedürfnisse und Bedarfe der Bürger/innen. Dies lässt sich nur mit partizipativen Ansätzen erreichen *(Methoden der Sozialen Arbeit, Methodisches Handeln)*.
- SozArb birgt durchaus auch die Gefahr in sich, die Adressaten/innen abhängig zu machen und zu einer Manifestierung von Hilflosigkeit beizutragen. *Empowerment* als Gegenstrategie geht daher von einer Philosophie der Ressourcen und Stärken der Menschen aus. In diesem theoretischen Konzept wird P. zu einer Praxis der konsequenten Befähigung der Menschen zu selbstbestimmtem Handeln.
- Im Rahmen des Dienstleistungsdiskurses (Münder 2002) wird als zentrales Merkmal darauf hingewiesen, dass soziale Dienstleistungen nur im Zusammenwirken von Dienstleister und Adressaten erbracht werden können. Letztere sind also Quasi-„Kunden", die über die Inanspruchnahme und das Gelingen der Leistung entscheiden. Sie müssen daher von den formulierten Zielen, den angebotenen Rahmenbedingungen und den gewählten Methoden überzeugt sein (werden), damit sie ihren Teil am Zustandekommen der Leistung erbringen (Koproduzentenschaft). P. ist daher ein konstitutiver Bestandteil des Handlungskonzeptes.
- In Erziehungs- und Bildungsprozessen muss grundsätzlich von dem Ziel der Emanzipation junger Menschen ausgegangen werden. Dies setzt voraus, dass im Dialog zwischen SozArb/SozPäd und jungen Menschen immer ausgelotet wird, wie weit Letztere bereits über Autonomie verfügen bzw. welche Unterstützungen geeignet sind, diese zu erreichen (Mollenhauer 1973). Auch i. d. S. ist „Erziehung zu einer eigenverantwortlichen und gemeinschaftsfähigen Persönlichkeit" (§ 1 SGB VIII) eine Aufforderung zu emanzipatorischer und partizipativer *Erziehung*.
- Mit dem neuen Qualitätsdiskurs in der SozArb *(Qualitätsentwicklung)* rückte auch die Frage nach der Bewertung von sozialen Dienstleistungen ins Zentrum der Betrachtung. Um aber Erkenntnisse über die Wirkung von Leistungen und Hilfen auf die Nutzer/innen zu gewinnen, sind geeignete Verfahrensweisen und Formen der Beteiligung notwendig, die in einem partizipativen Prozess hergestellt werden.
- Nicht zuletzt spielt P. auch eine Rolle, wenn es um Vermeidung von Übergriffen und (sexuellem) Missbrauch von Professionellen an Schutzbefohlenen in Einrichtungen geht. Partizipative Strukturen und Praxis verringern das Risiko von Übergriffen in Heimen und Kliniken, stärken Minderjährige wie Erwachsene und stellen damit einen wesentlichen Schutzfaktor dar (Gintzel 2002b).

Formen und Stufen der Partizipation

Die Praxis der P. junger Menschen bezieht sich auf die kommunale Politik und die Gestaltung lokaler Räume wie auf die Mitwirkung in Organisationen der Jugend *(Jugendverbände)* und Institutionen

P

(Schulen und Einrichtungen der Kinder- und Jugendhilfe). Wird einerseits auf die vielfältige Praxis von P. hingewiesen, so muss andererseits festgestellt werden, dass in allen Bereichen die P.-praxis noch unzureichend ist (DJI 1999; Gintzel 2001; Wiesner 2001).

- Partizipationsmodelle lassen sich nach repräsentativen (z. B. Kinderbeauftragte, Integrationsbeauftragte, Beauftragte für Menschen mit Behinderung) parlamentarischen (z. B. Kinder- und Jugendparlament, Seniorenräte, Ausländerräte), offenen (Runde Tische, Jugend- oder Seniorenforen) und projektorientierten (Zukunftswerkstätten) Modellen unterscheiden.
- P. kann auf einer Skala von absoluter Autonomie der Adressaten/innen bis zur absoluten Abhängigkeit und Fremdbestimmung angesiedelt werden und tritt in abgestuften Formen in der Praxis auf (Blandow u. a. 1999). Beispiele für die absolute oder weitgehend uneingeschränkte Entscheidungs- und Handlungsfreiheit sind Jugendliche in selbstorganisierten Jugendtreffs, die sich von SozArb/SozPäd beraten lassen oder gesundheitlich nicht eingeschränkte ältere Menschen in selbstorganisierten Projekten der Altenarbeit. Bei Säuglingen/Kleinkindern in Kindertageseinrichtungen oder Erwachsenen mit schwersten geistigen Behinderungen hingegen ist eine weitgehende Abhängigkeit vorhanden. Ob eine angemessene P. praktiziert wird (werden kann), hängt also von den konkreten individuellen Fähigkeiten der soziale Dienstleistungen in Anspruch nehmenden Menschen ab. P. findet dabei in Form von Information, Beratung, Förderung der Wahrnehmungs-, Artikulations-, Diskussions- und Entscheidungsfähigkeit und im Vorhandensein, Zugestehen und Wahrnehmen der Entscheidungskompetenz statt. Je Krisen geprägter die Lebenslage der Menschen und je begrenzter ihre Handlungskompetenzen sind, desto häufiger lässt sich von Scheinpartizipation oder Manipulation sprechen. Grundsätzlich ist P. mit/bei allen Adressaten/innen möglich. Gesundheitliche, soziale, intellektuelle Einschränkungen entscheiden jedoch (nur) über die Formen und den Umfang der P. (Gintzel 2002a).
- Die Bewertung der P. wird daher zunächst von den „Beteiligten" vorzunehmen sein, lässt sich jedoch auch wissenschaftlich durch den Vergleich von Kompetenzen und gewährter P. nachweisen. P. kann direkt oder indirekt sein.
- Direkte P. lässt sich in den unmittelbaren Interaktionsprozessen (z. B. der Beratungssituation) finden. Je allgemeiner der Handlungsgegen-

Modelle der Interessenvertretung für Kinder- und Jugendliche im kommunalen Raum

Repräsentative Modelle – Interessenvertretung durch Erwachsene

JÄ

- Jugendverbände/Jugendring
- Kinderbeauftragte
- Kinderkommission
- Kinderbüro
- Kinderanwälte

Direkte Interessenvertretung

1. Parlamentarische Formen

- Kinder- und Jugendparlament
- Jugendkreistag
- Jugendvertretung im JHA
- Jugendbeiräte
- Parlament der Projekte
- Ständige Runde Tische der Jugend

2. Offene Formen

- Kids beraten Politiker
- Kindersprechstunden
- Kinder- und Jugendforen
- punktuelle Runde Tische
- Jugendeinwohnerversammlung/Quartiersversammlung
- Jugendplanungszirkel
- Podiumsdiskussion

3. Projektorientierte Formen

- Zukunftswerkstätten
- Bauplanungscheck
- Verkehrsplanungscheck
- Kinderstadtplan
- Jugendstadtplan
- Befragungsaktionen
- Interviewstreifzüge
- Dialog- und Kommunikationswände
- Klagemauer
- Spielplatzplanung
- Spielplatzbau
- Planung und Bau von Treffpunkten (Skaterbahn,
- BMX-Strecke)
- Spielplatzplanungsparty
- Stadtforschungsaktion
- Fotostreifzüge
- Videodokumentation
- Jugend-TÜV
- Stadtmodellbau
- Wahlprüfsteine
- Wunschbaum

(BMFSFJ o. J.; BMFSFJ 1998; Fesenfeld 2001)

P

stand wird (z. B. Mitwirkung in Interessenvertretungen), desto eher finden indirekte Formen Anwendung. Advokatorische P. findet in der SozArb mit Minderjährigen und mit Menschen mit massiven Einschränkungen (*Beistandschaft, Pflegschaft,* Bevollmächtige) statt, hat aber auch ihren Stellenwert als gesellschaftliche Interessenvertretung (Kinder-, Frauen-, Behinderten-, Seniorenbeauftragte).

Eine weitere Unterscheidung lässt sich nach situativen und institutionalisierten Formen treffen. Situative, zeitlich begrenzte Partizipationsformen können z. B. sein: Beteiligung an biografierelevanten Entscheidungen, Anhörung, Fragebogenerhebungen, Projekte, Zukunftswerkstätten, Planungsgruppen. Institutionalisierte Formen sind z. B. Kinder- und Jugendparlamente, Heimräte.

Das Bundesjugendkuratorium hat 2009 eine umfassende Stellungnahme ‚Partizipation von Kindern und Jugendlichen vorgelegt (BJK 2009), darin allerdings auch festgestellt, „dass trotz einer Vielzahl von Initiativen und Impulsen zur verbesserten P. in den letzten beiden Jahrzehnten bei der Umsetzung von Partizipationsmöglichkeiten noch immer deutliche Defizite bestehen". Es fehle weiterhin an durchgängigen Beteiligungsmöglichkeiten auf allen Ebenen: der alltäglichen Lebenswelt, auf kommunaler, staatlicher und europäischer Ebene (nach: Pressemitteilung des BJK vom 30. 06. 09). Der Abschlussbericht des Nationalen Aktionsplans ‚Für ein kindgerechtes Deutschland' (BMFSFJ 2010) bestätigte die Feststellungen des BJK.

Gelingende P. ist weiterhin eine ständige Aufgabe der SozArb/SozPäd.

Ullrich Gintzel

P

Literatur

T. Betz/W. Gänser/L. Pluto (Hrsg.): Partizipation von Kindern und Jugendlichen. Wiesbaden 2010 ◆ J. Blandow/U. Gintzel/P. Hansbauer: Partizipation als Qualitätsmerkmal in der Heimerziehung, Münster 1999 ◆ BMJFFG: 8. Jugendbericht. Bericht über die Bestrebungen und Leistungen der Jugendhilfe, Bonn 1990 ◆ BMFSFJ (Hrsg.): Ein Koffer voller Kinderrechte. Medien und Materialien für Kinder und Erwachsene, Bonn o. J. ◆ BMFSFJ: 10. Jugendbericht. Bericht über die Lebenssituation von Kindern und die Leistungen der Kinderhilfen in Deutschland, Bonn 1998 ◆ BMFSFJ (Hrsg.): Abschlussbericht des Nationalen Aktionsplans „Für ein kindgerechtes Deutschland 2005–2010", Berlin 2010 ◆ BMFSFJ: Qualitätsstandards für die Beteiligung von Kindern und Jugendlichen, Berlin [3]2015 ◆ Bundesjugendkuratorium: Partizipation von Kindern und Jugendlichen – zwischen Anspruch und Wirklichkeit, Bonn 2009 (dazu ein umfassender Auszug in: np 4/2009, 406–415) ◆ DV: Partizipation in der Sozialen Arbeit: Alibi oder Empowerment? Schwerpunktheft Archiv für Wissenschaft und Praxis der Sozialen Arbeit 2/2014 ◆ EU-Kommission: Weißbuch der Europäischen Kommission. Neuer Schwung für die Jugend Europas. Brüssel 2001 ◆ B. Fesenfeld: Kinderrechte sind (k)ein Thema! Praxishandbuch für die Öffentlichkeitsarbeit, Münster 2001 ◆ U. Gintzel: Partizipation, Mitbestimmung und Demokratisierung in der Erziehungshilfe, in: Forum Erziehungshilfen 4/2001 ◆ U. Gintzel: Soziale Dienstleistung aus der Sicht von Kindern und Jugendlichen, in: Sozialpädagogisches Institut im SOS-Kinderdorf e. V. (Hrsg.): Jugendhilfe als Soziale Dienstleistung – Chancen und Probleme praktischen Handelns, München 2002a ◆ U. Gintzel: Wie kann man in der Pädagogik durch Partizipation die betroffenen Mädchen und Jungen stärken bzw. schützen?, in: J. M. Fegert/M. Wolff (Hrsg.): Sexueller Missbrauch durch professionelle in Institutionen. Prävention und Intervention, Münster 2002b ◆ R. Knauer/B. Sturzenhecker (Hrsg.): Demokratische Partizipation von Kindern, Weinheim/Basel 2016 ◆ K. Mollenhauer: Erziehung und Emanzipation, Weinheim 1973 ◆ J. Münder: Jugendhilfe als soziale Dienstleistung – Anmerkungen zur Struktur und Organisation der Leistungserbringung, in: Sozialpädagogisches Institut im SOS-Kinderdorf e. V. (Hrsg.): Jugendhilfe als Soziale Dienstleistung – Chancen und Probleme praktischen Handelns, München 2002 ◆ B. Scheu/O. Antrata: Partizipation und Soziale Arbeit, Berlin 2013 ◆ G. Straßburger/J. Rieger: Partizipation kompakt, Weinheim/Basel 2014.

Personalvertretungsgesetz

Grundlagen

Die Interessenvertretung der Beschäftigten im öffentlichen Dienst (ö. D.) hat ihre Grundlage im Personalvertretungsrecht. Das von den Arbeitern, Angestellten und Beamten hierfür gewählte Gremium ist der Personalrat (PR). Wie er gebildet wird und sich zusammensetzt, wie er auf Absichten oder Entscheidungen des Dienstherrn (z. B. Bund, Länder, Städte und Gemeinden) Einfluss nehmen und im Konfliktfall Interessen wahrnehmen kann, wird im Bundespersonalvertretungsgesetz und in den 16 Landespersonalvertretungsgesetzen geregelt. Anders als das Betriebsverfassungsrecht *(Betriebsverfassungsgesetz)* gehört das Personalvertretungsrecht nicht zum Sachgebiet der konkurrierenden Gesetzgebung des Art. 74 Nr. 12 GG. Für seine Behörden und die bundesunmittelbaren Körperschaften des öffentlichen Rechts hat der Bund die ausschließliche (alleinige) Gesetzgebungskompetenz (Art. 73 Nr. 8 GG). Für die öffentlich Bediensteten der Länder, Gemeinden und anderen Körperschaften des öffentlichen Rechts hat der Bund nur die Befugnis Rahmenvorschriften zu erlassen. Dies ist der Grund, warum es keine für alle Beschäftigten des ö. D. einheitliche Gesetzesgrundlage gibt. Die 17 unterschiedlichen Gesetze weisen im Detail – nicht in den Grundaussagen – doch erhebliche Unterschiede auf. So können z. B. in Bayern durch einstimmigen Beschluss des PR Beteiligungsrechte auf den Vorstand oder Vorsitzenden übertragen werden. Nach anderen Landespersonalvertretungsgesetzen (z. B. Nordrhein-Westfalen) ist dies nicht möglich. Weiteres Beispiel ist die für den Konfliktfall vorgesehene Einigungsstelle, die teilweise als ständige Einrichtung bei Beginn der Wahlperiode des PR oder nur von Fall zu Fall gebildet wird. Auch die Möglichkeit der Freistellung von PR-Mitgliedern von ihrer dienstlichen Tätigkeit ist unterschiedlich geregelt. Das BPersVG verlangt lediglich eine Beschäftigtenzahl von 300, die meisten Landespersonalvertretungsgesetze sehen dies erst bei 400 vor.

Trennung Betriebsverfassungsgesetz – Öffentlicher Dienst

Die Gründe, weshalb die betriebliche Vertretung der Beschäftigten der privaten Wirtschaft und der öffentlich Bediensteten unterschiedlich geregelt wurden (durch § 88 Abs. 1 des BetrVerfG von 1952 wurde der ö. D. vom Geltungsbereich des *Betriebsverfassungsgesetzes* ausgenommen) sind nicht eindeutig zu benennen. Anlass für die Trennung war wohl die Erkenntnis, dass private Wirtschaft und ö. D. grundsätzliche Unterschiede aufweisen. Durch die gewollte Einbeziehung der Beamten in die Interessensvertretung spielte auch die nicht einheitliche Beurteilung der Rechtslage hinsichtlich der Bindung des Gesetzgebers durch Art. 33 Abs. 5 GG an die hergebrachten Grundsätze des Berufsbeamtentums hierbei eine Rolle. Ein weiterer Grund ist sicherlich auch der im ö. D. nicht vorhandene Gegensatz zwischen Kapital und Arbeit. Wenngleich im ö. D. keine Profitorientierung vorhanden ist, so sind die Aktivitäten der öffentlichen Hand von Wirtschaftlichkeit und Kundenorientierung geprägt – und dies nicht erst seit Verwaltungsreform (Neues Steuerungsmodell, Budgetierung, Kosten/Leistungsrechnung usw.: *Verwaltungsmodernisierung*) auf der Tagesordnung steht. Strittig bis heute ist die Frage der Grenzen der parlamentarischen Verantwortlichkeit der Exekutive.

Verfassungsrechtliche Grenzen

In unterschiedlicher Ausprägung beinhalten die einzelnen Personalvertretungsgesetze Regelungen über die Ausübung der Beteiligung (Mitbestimmung, Mitwirkung, Anhörung) und über die für den Konfliktfall vorgesehene Einigungsstelle. Ein Urteil des BVerfG zum Schleswig-Holsteinischen Personalvertretungsgesetz vom 24. 5. 1995 stellt die Mitbestimmung und die Letztentscheidung dieser Einigungsstelle in Frage. Nach dieser höchstrichterlichen Rechtsprechung sind Einstellungen von Angestellten und Arbeitern keiner personalratlichen Mitbestimmung mehr zugänglich (bei Beamten hat die Einigungsstelle bereits bisher nur eine Empfehlung an den zuständigen Minister oder Entscheidungsträger ausgesprochen). Hauptargument ist die angeblich nicht vorhandene Legitimation des PR, da er Rechte wahrnimmt, die einer demokratisch gewählten ‚Regierung' obliegen und der PR keine Verantwortung gegenüber der Bevölkerung trage. Das sog. Demokratieprinzip wurde über das Recht der öffentlich Bediensteten auf Teilhabe an ‚betrieblichen' Entscheidungen gestellt. Bundesgesetzgeber und die meisten Landesgesetzgeber haben dieses weitreichende und die Mitbestimmung sehr einengende Urteil bisher noch nicht in neues Recht umgesetzt. Bedauerlich ist, dass die notwendige und richtige politische Auseinandersetzung um den Umfang der Rechte des PR durch dieses Urteil auf die verfassungsrechtliche Ebene ‚abgeschoben' wurde. Trotzdem sind die Regelungen des Personalvertretungsrechts, die den Bediensteten Beteiligungsrechte einräumen, ein wichtiges Mittel zur Wahrung der Menschenwürde und der Persönlichkeitsentfaltung in der Dienststelle. Sie wurzeln im Sozialstaatsgedanken und gehen auf Vorstellungen zurück, die auch den Grundrechtsverbürgungen zugrunde liegen.

Grundsätze

Die Darstellung des geltenden Personalvertretungsrechts muss sich auf Grundzüge des Bundespersonalvertretungsgesetzes beschränken. Eine differenzierte Betrachtung der einzelnen Landespersonalvertretungsgesetze ist an dieser Stelle nicht möglich. Grundgedanke des Gesetzes ist die vertrauensvolle Zusammenarbeit von Dienststelle und PR zum Wohle der Beschäftigten und zur Erfüllung der dienstlichen Aufgaben (§ 2 BPersVG). Der dem BetrVerfG innewohnende Interessengegensatz zwischen Arbeitgeber und Arbeitnehmer wird hierdurch relativiert. Wesentlich ist auch das Gruppenprinzip (§ 5 BPersVG). Hiernach bilden Arbeiter, Angestellte und Beamte je eine

Gruppe. Sie wählen ihre PR-Mitglieder jeweils gesondert, die nach der Wahl jedoch ein gemeinsames PR-Gremium bilden. Angelegenheiten die nur die Angehörigen einer Gruppe betreffen (z. B. Entlassung eines Arbeiters) werden auch nur von dieser Gruppe beschlossen. Gemeinsame Beratung ist durch einmaligen einstimmigen Beschluss jedoch möglich. PR-Mitglieder dürfen in der Wahrnehmung ihrer Aufgaben weder behindert noch benachteiligt werden (§ 8 BPersVG). Problematisch ist oftmals die sog. Schweigepflicht des PR. Nach § 10 BPersVG hat der PR über alle ihm bekannt gewordenen Angelegenheiten und Tatsachen Stillschweigen zu bewahren, es sei denn, der Sachverhalt ist offenkundig oder bedarf seiner Bedeutung nach keiner Geheimhaltung. Aufgrund seines Informations- und Mitteilungsbedürfnisses gegenüber der ihn wählenden Belegschaft ist dies in der Praxis oftmals eine Gratwanderung. Gerade die seit Jahren laufenden Veränderungen im ö. D. (Stichwort Verwaltungsreform) erfordern ein höchstmögliches Maß an Transparenz. Die durch die Tätigkeit des PR entstehenden Kosten wie Geschäftsbedarf, Büropersonal, Dienstreisen trägt gemäß § 44 BPersVG die jeweilige Dienststelle. § 66 BPersVG verpflichtet den PR (aber auch den Leiter der Dienststelle) bei streitigen Angelegenheiten zu einem ausdrücklichen Einigungswillen. Dem PR ist eine besondere Friedenspflicht (§ 66 Abs. 2 BPersVG) sowie ein Verbot der parteipolitischen Betätigung (§ 67 Abs. 1 BPersVG) auferlegt.

Beteiligungsrechte

Wichtigster Teil des Personalvertretungsgesetzes sind die Vorschriften über die Beteiligung des PR. Hierbei wird zwischen Mitbestimmung, Mitwirkung und Anhörung unterschieden. Mitbestimmung heißt, die Maßnahme kann nur mit ausdrücklicher Zustimmung des PR erfolgen. Die Mitbestimmung erstreckt sich auf alle personellen und sozialen Angelegenheiten der Arbeiter und Angestellten (§ 75 BPersVG) und der Beamten (§ 76 BPersVG) wie z. B. Einstellung, Stellenbesetzung, Sozialeinrichtungen für die Beschäftigten, Gestaltung der Arbeitsplätze oder Einführung technischer Einrichtungen zur Verhaltens- oder Leistungsüberwachung. Bei personellen Maßnahmen aller drei Beschäftigtengruppen kann der PR die Zustimmung nur verweigern, wenn ein Tatbestand des sog. Verweigerungskatalogs (§ 77 Abs. 2 BPersVG), z. B. Gesetzes- oder Tarifvertragsverstoß vorliegt. Ergibt sich bei MB-Angelegenheiten keine Einigung, so entscheidet die Einigungsstelle nach § 71 BPersVG. Sie setzt sich aus je 3 Vertretern des PR und der obersten Dienstbehörde sowie einem unparteiischen Vorsitzenden zusammen. Bei Beamten beschließt die Einigungsstelle lediglich eine Empfehlung an die oberste Dienstbehörde. Der Minister oder der Gemeinderat entscheiden dann endgültig. Eine echte Mitbestimmung ist in diesen Fällen also nicht gegeben. Die Bedeutung der Einigungsstelle in der Praxis wird überschätzt. Die Existenz hat jedoch einen Einigungszwang geschaffen. Der mögliche Wegfall oder die generelle Letztentscheidung der obersten Dienstbehörde würde deshalb zu einem Einflussverlust des PR führen (zur Problematik s. Ziff. 3). Bei Mitwirkungsangelegenheiten (§ 78 BPersVG), z. B. Organisationsveränderungen (Auflösung oder Zusammenlegung von Dienststellen) oder ordentlichen Kündigungen (§ 79 BPersVG) ist die beabsichtigte Maßnahme mit dem Ziele der Verständigung mit dem PR eingehend zu erörtern. Ein besonderes Einigungsverfahren wird nicht in Gang gesetzt. Gleiches gilt für die Fälle in denen der PR lediglich ein Anhörungsrecht hat, z. B. Stellenplan, Einführung neuer Arbeitsmethoden oder fristlose Entlassungen. Der PR kann lediglich Einwendungen erheben. Unabhängig von den reaktiven Beteiligungsmöglichkeiten hat der PR ein umfassendes Initiativrecht (§ 70 i. V. m. § 68 BPersVG).

Durch die fortschreitende Technisierung und sich ständig wandelnde Aufgabenstellungen erfahren auch die Beteiligungsrechte eine entsprechende Anpassung. Allein durch den TVöD und die Anpassung der jeweiligen Landespersonalvertretungsgesetze wurde eine Vielzahl neuer Mitwirkungstatbestände geschaffen.

Wandel der Aufgabenstellung

Seit Ende den 1980er Jahre nehmen aufgrund der Finanznot der öffentlichen Hände Haushaltskonsolidierung und die Reform der Verwaltung immer mehr Raum in der PR-Arbeit ein. Planung, Abwicklung und vor allem Folgen dieser Prozesse sind in den gesetzlichen Bestimmungen nicht einmal ansatzweise angelegt. Die Personalvertretungsgesetze stellen den Rahmen für das ‚Alltagsgeschäft' der betrieblichen MB dar, und in diesem Rahmen wandelt sie sich auch. Durch freiwillige Vereinbarungen werden neue Gestaltungsbereiche der PR-Beteiligung erschlossen. Sie liegen in Fragen der Unternehmensorganisation (z. B. Rechtsformänderungen/Outsourcing, Verwaltungsorganisation), der Beschäftigungssicherung oder der Arbeitsorganisation (z. B. Telearbeit). Dabei werden die Mitbestimmungsmöglichkeiten auch auf wirtschaftliche Fragen ausgeweitet. Drei Aspekte sind besonders interessant: Es werden Verfahren vereinbart, wie Information, Beratung und Entscheidung geregelt wird, wobei gemeinsame Kommissionen von Dienstherr und Personalrat eingerichtet werden. Personalräte werden in betriebliche Entscheidungsprozesse direkt einbezogen. Und als drittes nimmt die individuelle Beteiligung der Beschäftigten in Arbeits- und Projektgruppen zu. Mit den neuen Aufgabenfeldern wie auch mit den veränderten Formen der Beteiligung erhalten die Interessenvertretungen größeren Einfluss auf das Geschehen in den Dienststellen und Betrieben. Die Aufgaben werden damit aber auch breiter, differenzierter und fachlich komplizierter. Die traditionelle Rolle der Wahrnehmung des sozialen Schutzes steht zwar weiterhin im Mittelpunkt – davon zeugt nicht zuletzt das starke Gewicht des Kündigungsschutzes in den Vereinbarungen zur Beschäftigungssicherung. Zugleich erweitern die PR ihr Handeln durch die Beteiligung an der Modernisierung der Verwaltung. Dieser

Prozess des Quasi „Co-Management" ist nicht unumstritten, da die Beschäftigten Verwaltungsreform und Haushaltskonsolidierung zunehmend als Arbeitsverdichtung und Arbeitsplatzabbau empfinden.

Die verfehlte Steuerpolitik der letzten 20 Jahre und als Folge davon die ungenügende Einnahmesituation in den öffentlichen Haushalten hat den Einsparungsdruck weiter verstärkt, sodass die Konsolidierungsfolgen bei vielen Personalvertretungen zu einer verstärkten Abwehrhaltung gegenüber Arbeitgeber bzw. Dienstherr führen.

Zur Mitgestaltung und damit auch Mitverantwortung gibt es jedoch keine Alternative, es sei denn, die notwendige Reform der öffentlichen Verwaltung wird nicht akzeptiert oder sollte allein dem Dienstherrn oder Arbeitgeber überlassen werden.

Europäische Perspektive

Am 4.2.2002 haben das Europäische Parlament und am 18.2.2002 der Rat die Richtlinie 2002/14/EG zur Festlegung eines allgemeinen Rahmens für die Unterrichtung und Anhörung der Arbeitnehmer in der Europäischen Gemeinschaft erlassen *(Sozialpolitik/Soziale Sicherung, europäische)*. Grundlage hierfür ist Art. 137 Abs. 2 EG-Vertrag. Ziel der Richtlinie ist es, zur Stärkung der Teilhaberechte der Arbeitnehmer in Europa in den Mitgliedsstaaten der EU Mindeststandards zu schaffen. Sie gelten für das Betriebs- und Personalvertretungsrecht. Wenn auch Beamte nach herrschender Auffassung keine Arbeitnehmer in diesem Sinne sind, so ergibt sich aus dem kollektivrechtlichen Anwendungsverständnis dieser Richtlinie insofern kein Problem, da die Arbeiter- und Angestelltenvertreter im PR auf jeden Fall Arbeitnehmerstatus haben. Die beschlossenen Mindeststandards (lediglich Anhörung und Unterrichtung) bleiben allerdings weit hinter dem geltenden deutschen nationalen Recht zurück. Der Weg zu einer umfassenden und v.a. wirksamen Beteiligung der Personalräte an den Entscheidungen in den Betrieben und Verwaltungen ist also noch immer sehr lang.

Hans Mimler

Literatur

L. Altvater/E. Baden/M. Kröll/M. Lemcke/W. Peiseler: Bundespersonalvertretungsgesetz. Kommentar für die Praxis, Frankfurt/M. 9 2016 ◆ M. Böhme: Personalvertretungsrecht zwischen Demokratie und Rechtsstaatsprinzip. Dissertation, Tübingen 2001 ◆ W. Heidemann: Weiterentwicklung von Mitbestimmung im Spiegel betrieblicher Vereinbarungen (edition Hans-Böckler-Stiftung), Düsseldorf 2000 ◆ W. Illbertz/U. Widmaier: Bundespersonalvertretungsgesetz. Kommentar, Stuttgart 13 2015.

Pflege

P. findet in informellen Arrangements (durch Angehörige oder andere vertraute Personen) oder in formellen Systemen durch bezahlte (Fach-)Kräfte statt. P. ist Gegenstand beruflicher P. und Handlungsfeld *Sozialer Arbeit*.

Als berufliche P. basiert P. auf dem Pflegeassessment, der Planung und Durchführung von Maßnahmen, der Überprüfung und (bei Bedarf) der Modifikation der definierten Ziele sowie der Dokumentation des gesamten Verfahrens (Pflegeprozess).

P. als Aufgabe von SozArb ist Anlass für ein Spektrum unterschiedlicher Angebote und Interventionen, das sich an der Lebenswelt und dem je individuellen Hilfebedarf der von P. Betroffenen orientiert.

Sie erstreckt sich auf unterschiedliche Zielgruppen und Handlungsfelder in der

- Kinder-/Krankenpflege,
- Heilerziehungspflege,
- Kinder-, Jugendpsychiatrie, Geronto-Psychiatrie,
- Familienpflege,
- Altenpflege.

Je nach Tätigkeitsfeld ist P. in einen umfassenden Hilfeplan integriert.

Pflegebedürftigkeit/Hilfebedarf

Pflegebedürftigkeit, Bedarf an direkter P., anlassbezogener Hilfebedarf: Die Bandbreite unterschiedlicher Orte und Zielgruppen von P. impliziert, dass Anforderungen und handlungsleitende Perspektiven und Begriffe sich auch innerhalb einzelner Tätigkeitsfelder unterscheiden (müssen). Was jeweils dominiert, hängt dabei jenseits fachlicher Fundierung in erheblichem Maße auch von leistungsrechtlichen Steuerungen der zu erbringenden personenorientierten Dienstleistungen ab (siehe z. B. den Pflegebedürftigkeitsbegriff nach SGB XI/*Pflegeversicherung*).

Die Schwierigkeiten einer präzisen Eingrenzung lassen sich exemplarisch am scheinbar eindeutigen Begriff der Pflegebedürftigkeit verdeutlichen. Die assoziative Nähe zum Krankheitsbegriff trägt für eine Klärung nur vordergründig, wie schon der Blick auf je unterschiedliche Bedarfe für P. bei akuter Erkrankung oder Langzeithilfebedarf zeigt. Auch ist die Gleichung „*Rehabilitation* vor P.", wie sie im Kontext der Strukturreformen des Sozial- und Gesundheitswesens ausgegeben wurde, irrig, wie dies im 4. Altenbericht (2002) zu Recht moniert wird, da diese Modelle aktivierender (rehabilitativer) P. negiert. In der *Behindertenhilfe* sind wiederum Bezüge zum Modell der Fähigkeitsstörungen in der Bestimmung von Pflegebedürftigkeit wirksam usw. Eine „präzise rechtliche und fachliche Konsolidierung" des Begriffes (Enquêtekommission 2002) existiert (daher) nicht. Anhand des von der WHO verabschiedeten Konzepts „International Classification of Functioning, Disability and Health", das zwischen (a) Funktionseinschränkung bzw. -verlust, (b) Fähigkeitsstörungen zur Wahrnehmung von als normal angesehenen Aktivitäten und (c) Beeinträchtigungen (Teilhabe, Umweltfaktoren usw.) unterscheidet, kann die skizzierte Komplexität von Pflegebedarfen beispielhaft ausdifferenziert und aufgezeigt werden.

Sach- und Geldleistungen bei Pflege- und Hilfebedarf

Anspruchsvoraussetzungen und Leistungen sind je nach Personenkreis und Anlass in den Sozialgesetzbüchern V, VIII, IX, XI und XII geregelt. Sachleistungen werden auf der Basis von Versorgungsverträgen durch ambulante, teilstationäre und stationäre Dienste erbracht. Qualitätsanforderungen sind entsprechend je spezifisch definiert. Geldleistungen können anstelle von Sachleistungen erfolgen. Sie basieren auf dem Leitprinzip, dass Selbstsorge Vorrang vor professioneller Fremdsorge haben soll. Professionelle Dienste sollen nur dort eintreten, wo Hilfe und Versorgung durch Andere (Familienangehörige, Nachbarn etc.) nicht erfolgen kann. Geldleistungen stellen i. d. S. die Basis, um nötige Aufwendungen zu ersetzen.

Analog des Prinzips „Selbstsorge vor Fremdsorge" gilt für die Steuerung der Dienstleistungstypen das Prinzip „ambulant vor stationär". Dass es hierbei immer auch um die Erschließung sämtlicher Potentiale zur Kostenreduktion geht, zeigt sich nicht nur am unterschiedlichen Niveau der Leistungen (ob Geldleistung, ambulant oder stationär erbrachte Leistung), sondern auch an der Tatsache, dass der Ausbau der ambulanten Versorgung mit einem Abbau von Krankenhausbetten korrespondierte.

Das Leistungsspektrum umfasst im Wesentlichen je nach Ort, Anlass und gesetzlicher Grundlage der Leistungserbringung

- die häusliche Krankenpflege zur Vermeidung oder Verkürzung der Krankenhausbehandlung bzw. der Sicherstellung des Ziels der ärztlichen Behandlung,
- die Grundpflege bei Vorliegen einer Pflegestufe,
- die Hilfe zur Weiterführung des Haushalts,
- die Betreuung und Versorgung von Kindern in Notsituationen, z. B. bei Ausfall des Elternteils aus gesundheitlichen Gründen,
- Kosten einer Verhinderungspflege, z. B. bei Erholungsurlaub eines pflegenden Angehörigen.

Kurzfristige kostenintensive Maßnahmen, wie z. B. häusliche Kranken- oder Verhinderungspflege sind zeitlich (i. d. R. auf 6–8 Wochen) befristet. Langfristige Leistungen beruhen auf der Überprüfung und Einstufung durch den MDK. Sie können frühestens nach 6 Monaten anhaltendem Pflegebedarf geltend gemacht werden. Die Überprüfung und Einordnung in eine Pflegestufe erfolgt auf der Grundlage eines leistungsrechtlich definierten Pflegebedürftigkeitsbegriffs, der sich an spezifischen Zeitwerten orientiert (Länge und Häufigkeit des Hilfe-/Pflegebedarfs).

In seinem Bericht zur Überprüfung des Pflegebedürftigkeitsbegriffs des SGB XI hat der im Auftrag des BMG tätige Beirat 2009 eine Änderung des Begriffs verlangt. Im Zentrum der Kritik standen die geltende Einschränkung auf Alltagsverrichtungen sowie Ungleichbehandlung von Menschen mit kognitiven und psychischen Beeinträchtigungen (hier v. a. Menschen mit Demenz). Der Beirat schlägt einen „differenzierten, an Lebenslagen orientierten, auf den Grad der Selbstständigkeit abstellenden Pflegebedürftigkeitsbegriff" und damit eine Abkehr von einer „Orientierung am zeitlichen Pflegeaufwand sowie der Häufigkeit bzw. des Rhythmus von Hilfeleistungen" (71 f.) vor. Der Pflegestufenbegriff sei durch den Begriff des Bedarfsgrads zu ersetzen. Mit dem Pflegestärkungsgesetz II wird ein neuer Pflegebedürftigkeitsbegriff ab 2017 angewendet werden. Das neue Begutachtungsinstrument soll messen, was der Pflegebedürftige selbständig kann. Kognitive und psychische Einschränkungen, z. B. bei einer Demenz, werden damit einbezogen.

Eine Umsetzung der Empfehlungen hätte voraussichtlich Besser- und Schlechterstellungen im Verhältnis zum Istzustand zur Folge. Empfohlen wurde daher eine nicht befristete Bestandsschutzregelung (Expertenrat 2013), die jetzt nach dem Pflegestärkungsgesetz II auch gewährleistet ist.

Eigenverantwortung und Bedarfsorientierung setzen voraus, dass Menschen umfassend über ihre Möglichkeiten informiert sind, um sich ggf. ihren individuellen Versorgungsmix zusammenstellen zu können. Seit 2009 wurden hier auf der Basis von § 92c, SGB XI, bundesweit Pflegestützpunkte eingerichtet. Ihr Auftrag ist

- die unabhängige und umfassende Auskunft und Beratung zu den rechtlichen Anspruchsgrundlagen,
- die Koordinierung aller Angebote für die wohnortnahe Versorgung und Betreuung,
- die Vernetzung aufeinander abgestimmter pflegerischer und sozialer Versorgungs- und Betreuungsangebote,

Die Pflegestützpunkte sollen keine neuen Strukturen aufbauen, sondern unter Beteiligung von Selbsthilfegruppen, bürgerschaftlich Engagierten, freien Trägern, Fachkräften der Pflege usf. an vorhandenen Angebotsformen ansetzen und diese weiterentwickeln. Mit dem Pflegestärkungsgesetz III, das (überwiegend) zum 1. 1. 2017 in Kraft treten soll, wird u. a. die Pflegeberatung in den Kommunen gestärkt und das Verhältnis der Leistungen (Hilfe zur Pflege) zu den Leistungen der Eingliederungshilfe geregelt (www.bmg.de).

Pflege als Beruf

Die unterschiedlichen Aufgabenfelder haben zur Etablierung fünf spezialisierter grundständiger Ausbildungsberufe (Kinder-/Krankenpflege, Heilerziehungs-, Familien-, Altenpflege) geführt, deren handlungsleitenden Paradigmen durch die jeweiligen zentralen Bezugsdisziplinen bestimmt sind: Medizin *(Geriatrie)*, Rehabilitations- und *Heilpädagogik, Psychiatrie, Sozialpädagogik/Sozialarbeit* und *Gerontologie*. Zwischenzeitlich erhebt die im Vergleich zum angloamerikanischen Raum in Deutschland noch junge Pflegewissenschaft den Anspruch, Leitdisziplin für sämtliche Handlungsfelder zu sein. Dies kann als kritisch erachtet werden, da die i. e. S. pflegerischen Bedarfe nach den jeweiligen Tätigkeitsfeldern stark variieren. Während diese im Krankenhaus oder der ambulanten Akutversorgung überwiegen, treten sie im Bereich der psychiatrischen P. zugunsten psychosozialer Anforderungen zurück oder münden in der Altenpflege in einen differenzierten Hilfe-, Pflege- und Betreuungsbedarf, der darüber hinaus rechtliche (Sozialhilfeanspruch, Betreuungsrecht, SGB XI etc.) wie kulturelle (soziale Teilhabe) Dimensionen umfasst.

Ausbildung

Kaum ein anderes Berufsfeld steht und stand in den vergangenen Jahren so in der (Fach-)Öffentlichkeit wie das der P. Die intensive Debatte um die Berufe kann als Ergebnis akkumulierter Krisen gelesen werden: einem (absehbar) qualitativen und quantitativen Pflegenotstand (demografischer Wandel, Abnahme des Erwerbspersonenpotenzials), der Umgestaltung des Sozial- und Gesundheitswesens, notwendig gewordener Umorientierungen vieler HS (Bewerberzahlen) und der Wiedervereinigung (Hoppe 1999). Neugestaltung und Neuschneidung der Segmente produzieren dabei Vor- und Nachteile für die Berufe. Zu den zweifelsohne berufspolitischen Erfolgen zählen die bundesweit flächendeckend etablierten Pflegestudiengänge an HS, nur in einzelnen Fällen auch auf universitärer Ebene, die seit 1990 etabliert wurden *(Ausbildung)*. Diese sind jedoch stark am Gesundheitswesen und der Krankenpflege orientiert, so dass eine Entwicklung für die Bedarfe der Alten- und Heilerziehungspflege nur zögerlich in Gang gekommen ist. Zu den Nachteilen zählt auch, dass „Reform"-Modelle für eine Neuschneidung oder Neugründung von Pflegeberufen zahllos sind, ohne dass diese immer systematisch mit Vorhandenem rückgekoppelt werden. Die Pflegeberufe sind politisch zu einem Feld vieler Akteure geworden, über das sich profiliert wird.

Die Debatten um die Veränderung der Ausbildung werden dabei von drei konstanten Faktoren bestimmt:

- der Finanzierung, damit verbunden die Ansiedelung der Ausbildung im oder außerhalb des Systems *beruflicher Bildung*,
- der Zuständigkeit für die Regelung der Ausbildung (Bund oder Länder),
- der Frage von Spezialisierung oder Generalisierung.

Alle Aspekte hängen eng miteinander zusammen.

Für die beiden größten Berufsgruppen in der Pflege, die Altenpflege und die Berufe in der Krankenpflege, sind 2003 durch das Bundesaltenpflegegesetz und 2004 durch die Neufassung des Gesetzes über die Berufe in der Krankenpflege weit reichende Strukturentscheidungen gefallen. Die Altenpflege ist nunmehr ein Gesundheitsberuf. Eine Experimentierklausel in den Ausbildungsgesetzen ermöglicht die Erprobung gemeinsamer Ausbildungsmodelle.

Die unterschiedliche Zuordnung der Berufe im oder außerhalb des Systems *beruflicher Bildung* blieb auch mit den neuen Gesetzen gegeben. Während in der Altenpflege die Schulen überwiegend im Schulrecht der Länder verortet sind, ist dies bei den Berufen in der Gesundheits- und Krankenpflege unverändert nicht der Fall („Schulen besonderer Art"). Die Ansiedelung der theoretischen Ausbildung bleibt umstritten (s. Finanzierung). Derzeit entstehen modellhaft erste Bachelor-Studiengänge für grundständige Pflegeausbildungen an den HS.

Die (partielle oder generelle) Zusammenführung der verschiedenen Ausbildungen wird derzeit v. a. aus der Krankenpflege vorangetrieben (mit zahlreichen Modellvarianten).

Im März 2016 ist im BT in 1. Lesung der Kabinettsentwurf für ein Pflegeberufsgesetz beraten worden, das eine generalistische Pflegeausbildung von drei Berufen sowie eine (für die Auszubildenden kostenfreie) akademische Erstausbildung vorsieht. Im Zuge der *Professionalisierung* und der Abkoppelung von der Medizin wird ein eigener Anspruch auf Heilung und das gesamte Spektrum von der *Prävention* bis zur Langzeitpflege und *Behindertenhilfe* formuliert. Inwieweit dies ohne Verluste für die Qualität der anderen Ausbildung(en) (Überfrachtung der Inhalte) und der für das Feld originär notwendigen Wissens- und Methodenbestände gelingen kann, ist umstritten. Gegner dieses Wegs befürchten eine weitere Verengung auf eine eher verrichtungsbezogene P. in der Praxis, exemplarisch in der *Altenhilfe* zu beobachten, die mit einer Verschiebung der Altenpflege zu einem Gesundheitsberuf eingeläutet worden sei. Befürworter sehen darin einen wesentlichen Professionalisierungsschub und die Chance, mittelfristig die Erstausbildung (mit BA-Abschluss) an die HS zu verlagern. Die übrigen Studiengänge (Pflege-Management, Lehre, Wissenschaft) könnten künftig dann konsekutiv mit dem Master abgeschlossen werden. Die damit verbundene grundsätzliche Anhebung der Fachkraftstufe und damit verbunden der Gehälter birgt aber als Kehrseite die Gefahr einer Laisierung der P. (Fachkraftquote). Die für Juni 2016 geplante 2. und 3. Lesung des Pflegeberufegesetzes im BT wurde aufgrund der Vorbehalte gegen die generalisierte Pflegeausbildung auf unbestimmte Zeit verschoben.

Pflegemodelle und Pflegetheorien

Die deutsche Entwicklung steht in der Tradition der angloamerikanischen Theorienbildung, von der sie sich aber zunehmend emanzipiert. Die Hauptkritik bezieht sich auf deren Normativität und Suche nach einer Einheitstheorie, die die Pflege(-wirklichkeit) als Ganzes abbilden, den Menschen „ganzheitlich" erfassen und pflegen könne. Geleitet werden angloamerikanische Ansätze entweder aus „philosophischen Überzeugungen", aus der Dynamik zwischenmenschlicher Beziehungen, aus einem Postulat von Energiefeldern oder einer Systemsicht. Schulenbildung und Schulenstreit waren die Folgen. Insbes. die frühen „Pflegetheorien" kommen über ein „mehr oder weniger verallgemeinertes Alltagswissen" (Schaeffer u. a. 1997) nicht hinaus.

Den Beginn der Akademisierung der P. in Deutschland zu Beginn der 1990er Jahre präg(t)en zunächst analoge Abgrenzungs- und Grundsatzfragen:

- Ob sich Pflegewissenschaft von Pflegepraxis entfernen dürfe bzw. müsse,
- wie ein Theorie-Praxisgefälle aufzuhalten sei,
- ob es sich bei der Pflegewissenschaft um eine eigenständige Disziplin handele,
- ob Pflegetheorie und Pflegeforschung getrennte Wege gehen dürfen usw.

Zwischenzeitlich beginnt sich qualitativ ein „Diskurs konkurrierender Ansätze, Theoreme und Ideen" (Schaeffer u. a.) durchzusetzen. Forschungsarbeiten zu Teilbereichen, wie klinische P., Qualitätssicherung und Versorgungsfragen, rücken stärker in den Mittelpunkt. Quantitativ dominierten jedoch lange noch Fragestellungen zur P. als Beruf, was auf die anhaltende Bedeutung identitätsstiftender Aspekte im Prozess der Akademisierung verweist (Brandenburg 2001).

In der Praxis haben sich v. a. zwei Pflegemodelle konzeptionell etabliert: das Modell der ATLs bzw. AEDLs (Aktivitäten des täglichen Lebens) nach Roper, Juchli, Krohwinkel sowie das Modell der „Universalen Selbstpflegeerfordernisse" von Orem. Das originär für die Altenhilfe entwickelte Altenpflegemodell (Heisterkamp u. a.), das auf die Wahrung sozialer, ökonomischer, somatischer und psychischer Dimensionen persönlicher Integrität setzt, ist jüngst in Form eines Planungs- und Dokumentationsinstruments (DiL/Dimensionen des Lebens) weiterentwickelt worden (Swoboda, Lauterbach 2009).

Pflege als Sorgearbeit

Informelle P. ist i. d. R. Langzeitpflege – von Frauen durch Frauen (ca. 2/3) 71 % alter Menschen mit Pflegebedarf werden zuhause gepflegt. Für Personen, die diese P. leisten, bedeutet dies ein „Leben mit Pflege" (Jansen 1998). Die Qualität der Versorgung hängt dabei von einer gelungenen Verknüpfung der Angebote professioneller Dienstleister mit den Ressourcen der Angehörigen ab. Professionelle Standards bewähren sich in Abhängigkeit von der Lebenswelt der pflegebedürftigen Menschen und ihres sozialen Netzes. Im Kontext des „Aufeinander-Verwiesen-Seins" dominieren Biografie und Beziehungen, familiale Kommunikationscodes usw. die Gestaltung des Pflegegeschehens. Die Position und das Aufgabenprofil professioneller Helfer werden damit variabel, da sich aus dem Setting wechselnde Anforderungen definieren. Neben der direkten P. sind dies komplexe Beratungs- und Unterstützungsaufgaben, auf die die Berufe in der P. u. a. mit dem Care-Management, analog zum Case-Management der SozArb zu reagieren suchen. Allerdings ist die Steuerung und Passung der Hilfen nur ein Teil des Problems. Die beobachtete Tendenz zur Nicht-Inanspruchnahme ergänzender Hilfen durch Angehörige verweist auch auf eine ungenügende Übereinstimmung von Angebot und Nachfrage.

Pflege als Aufgabe Sozialer Arbeit

Pflege und Soziale Arbeit als Beruf: Das Verhältnis von P. und SozArb ist seit Beginn der 1990er Jahre zu einem – strukturell – prekären geworden. Neben den traditionellen Feldern der Krankenhaussozialarbeit ist in der Altenhilfe durch die Steuerungsprinzipien des SGB XI für die SozArb ein deutlicher Konkurrenzdruck entstanden, der

- mit dem Bedeutungsverlust sozialer Dienstleistungen aufgrund der Ökonomisierung der Altenpflege und der Privilegierung pflegerischer Leistungen und
- mit einem veränderten Gestaltungsanspruch der Berufe in der P. für das gesamte Tätigkeitsspektrum (Administration, Planung, Management)

zusammenhängt. Es wird bereits die Gefahr einer Marginalisierung der SozArb gesehen, sofern es ihr nicht gelingt, ihren spezifischen Beitrag für dieses Feld methodisch und fachlich sichtbar und wirksam zu machen. Im Handlungsfeld P. treffen Verfahrensweisen in der Tradition des Gesundheitswesens wie Pflegevisite, Pflegediagnose, ausdifferenzierte „Pflegestandards" (Expertenstandards), die Abläufe bei spezifischen Problemen detailliert definieren, auf ein Selbstverständnis von SozArb, das sich aus dem „Prinzip normativer Offenheit" (Zeman 1998), der Orientierung am Aushandeln im Kontext von System und Lebenswelt, der Methodenpluralität usw. herleitet. Das Verhältnis der Berufe zueinander spiegelt exemplarisch die Schnittstellenproblematik des Sozial- und Gesundheitswesens wieder.

Pflege als Anlass Sozialer Arbeit: Jenseits einer Orientierung an Berufsbildern und eines jeweiligen Reklamierens originärer Zuständigkeiten seitens einzelner Berufe sowie der skizzierten strukturellen Wirkungen einschlägiger Leistungsgesetze war Fürsorge und ist P. ein zentrales Tätigkeitsfeld von SozArb. Die anhaltende Tendenz zu einem verrichtungs- und körperbezogenen Verständnis, wird den differenzierten Anforderungen von Pflegesituationen und -konstellationen nicht gerecht. SozArb im Handlungsfeld P. ist am Individuum und seiner Lebenswelt auszurichten. P. als Anlass stellt im Kontext von

- Behinderung,
- Krankheit,
- Alter …

und unter Bedingungen

- unterschiedlicher Wohnformen,
- institutioneller Versorgung,
- individueller Lebenslagen …

sowie der Verfügbarkeit sozialer Netze wie

- Angehörige,
- Freunde,
- Nachbarn …

an SozArb die Anforderung, je spezifische Ziele in Koproduktion zu entwickeln. Je nach Fall und Aufgabe ist auf hilfeplanerische, rechtliche, psychosoziale und pflegerische Kompetenzen bzw. auf einen spezifischen Mix zu rekurrieren. Koordinierungsprobleme in der Versorgungskette, Fragen aus dem *Betreuungsrecht,* Dimensionen von *Armut,* Aktivierung von Selbsthilfepotenzialen, Wohnraumanpassungen sind nur einige exemplarisch herausgegriffene Schwerpunktsetzungen, mit denen sich SozArb anlassbezogen als Anforderung konfrontiert sehen kann. Dass dies ein Spektrum ist, das nicht durch einen einzelnen Beruf besetzt und ausgefüllt werden kann, liegt auf der Hand. Professionelles Handeln fußt auf der Wahrnehmung des kontextabhängigen Bedarfs und der für seine Bearbeitung kompetenten Akteure.

Birgit Hoppe

Literatur

BMG (Hrsg.): Bericht des Expertenbeirats zur künftigen Ausgestaltung des neuen Pflegebedürftigkeitsbegriffs v. 27.6.2013 ◆ BMSFSJ (Hrsg.): 4. Altenbericht. Risiken, Lebensqualität und Versorgung Hochaltriger unter besonderer Berücksichtigung demenzieller Erkrankungen, Berlin 2002 ◆ H. Brandenburg u. a.: Pflegewissenschaft I/II – ein Lehr- und Arbeitsbuch zur Einführung, Bern 2005 ◆ DV: Stellungnahme des Deutschen Vereins zum Gesetzentwurf der Bundesregierung für ein Gesetz zur Reform der Pflegeberufe (Pflegeberufsgesetz), in: NDV Mai 2016 ◆ B. Hoppe: Zukunftsvisionen im Pflegemanagement, in: A. Kerres u. a. (Hrsg.): Lehrbuch Pflegemanagement, Berlin/Heidelberg/New York 1999, 359 ff. ◆ M. Künzel-Schön: Wenn alte Eltern Hilfe brauchen. Psychologie und Praxis, München 2004 ◆ B. Jansen: Informelle Pflege durch Angehörige, in: B. Jansen u. a. (Hrsg.): Soziale Gerontologie, Weinheim/Basel 1999, 604 ff. ◆ G. Meyer/S. Köpke: Expertenstandards in der Pflege. Wirkungsvolle Instrumente zur Nutzung der Pflegepraxis oder von ungewissem Nutzen? Zeitschrift für Gerontologische Geriatrie, 39/2006, 211–216 ◆ W. R. Wendt: Case Management im Sozial- und Gesundheitswesen, Freiburg i.Br. [5]2010 ◆ D. Schaeffer/M. Moers u. a. (Hrsg.): Pflegetheorien. Beispiele aus den USA, Bern u. a. O. 1997 ◆ D. Schaeffer/K. Wingenfeld (Hrsg.): Handbuch Pflegewissenschaft, Weinheim/Basel, 2014 ◆ B. Swoboda/Ch. Lauterbach: Dokumentieren und Planen lernen. Ein Lern- und Arbeitsbuch, Hannover 2009

Links

www.bmg.bund.de/berichte/pflegebegriff
www.who.int/icidh

Pflegekinderwesen

Definitionen/Überblick

P. ist der Sammelbegriff für das Gesamt an rechtlichen Regelungen, institutionellen Arrangements, fachlichen Optionen und personellen Ressourcen, mit dem die Unterbringung, Versorgung und Erziehung von Kindern (Pflegekindern) in einer Pflegefamilie oder bei Pflegeperson geregelt, gestaltet und beaufsichtigt wird *(Hilfe(n) zur Erziehung, Kinderkrippen).*

Überwiegend sind alle Formen des P. in den Pflegediensten der JÄ zusammengefasst. Unterschieden werden (nach www.regensburg. de/Pflegekinderdienst):

- Die Kindertagespflege, die die Betreuung und Erziehung der (zumeist unter 3-jähriger Kinder) während der Berufstätigkeit der Eltern sichert,
- die Tagespflegenester oder Großpflegestellen, in denen zwei Tagespflegepersonen bis zu 10 Kinder betreuen,
- die Wochenpflege für Kinder, wenn die Eltern die ganze Woche abwesend sind,
- die Kurzzeitpflege, wenn die Eltern für einen begrenzten Zeitraum abwesend sind, z. B. durch Krankheit,
- die Vollzeitpflege, wenn Kinder im Rahmen einer Hilfe zur Erziehung untergebracht werden müssen und
- die sozialpädagogische Vollzeitpflege für Kinder, die einen besonderen Betreuungsbedarf haben.

Kindertagespflege

Mit der Kindertagespflege verbinden sich vielfältige (familiale) Formen der Tagesbetreuung von Kindern, insbes. von Kindern unter 3 Jahren. Bei der Versorgung von Kindern ab dem ersten bis zum dritten Lebensjahr besteht ein Rechtsanspruch auf frühkindliche Förderung in einer Kinderkrippe oder in Kindestagespflege (§ 24 Abs. 2 SGB VIII, zu Einzelheiten vgl. auch § 23 SGB VIII und dazu die Kommentierungen von Wiesner 2015). Die Versorgung von Kindern in einer Pflegefamilie kann allerdings auch über Tag und Nacht (Wochenpflege) erfolgen. Am 1.3.2016 wurden in der Kindertagespflege rd. 133 Tsd. Kinder betreut, davon knapp 18 Tsd. in Tagespflegestellen mit Kindern ab 3 bis 14 Jahren, 115 Tsd. Kinder waren unter 3 Jahre alt (Stat. BA 2016). Trotz des erheblichen Zuwachses und des „Formenwandels" (Rauschenbach 2015) v. a. in den westlichen BL, sind die beabsichtigten Ausbauziele des Kinderförderungsgesetzes nicht erreicht worden. Rauschenbach sieht die Kindertagespflege „zwischen Nischenangebot und Verberuflichung".

Vollzeitpflege

Hauptakteure des P. sind die Fachkräfte der Pflegedienste öffentlicher und freier Träger der JH, die Pflegepersonen (umgangssprachlich Pflegeeltern), die Pflegekinder und ihre biologischen Eltern (Geburtseltern). Mitbeteiligte können ferner (Amts-)Pfleger und (Amts-)Vormünder und allgemeine Sozialdienste sowie die Angehörigen der Pflegefamilie und weitere Angehörige der Pflegekinder sein. Die Versorgung von Kindern in einer Pflegefamilie in Form der „Vollzeitpflege" mit oder ohne zeitliche Begrenzung über Tag und Nacht (Kurzzeitpflege; Interimspflege; Dauerpflege). Pflegepersonen können mit dem Kind verwandte Personen sein (Großeltern, andere Verwandte und Verschwägerte; ältere Geschwister des Kindes; „Verwandtenpflege"), Personen aus dem sozialen Nahraum des Kindes (Nachbarn, Freunde/Bekannte der Familie, andere dem Kind originär verbundene Personen, „Netzwerkpflege") oder dem Kind bei der Inpflegegabe noch fremde Personen („Fremdpflege").

Pflegeverhältnisse entstehen aufgrund einer privaten Vereinbarung zwischen den sorgeberechtigten Geburtseltern eines Kindes und von diesen selbst ausgewählten Pflegepersonen („Privatpflegeverhältnisse") oder im Rahmen eines öffentlich-rechtlich gestalteten Pflegeverhältnisses (Vollzeitpflege in einer anderen Familie gemäß § 33 SGB VIII). Sowohl im Bereich der Tages- wie der Vollzeitpflege werden „allgemeine" Pflegeformen mit nicht besonders geschulten „Laienpädagogen" und einem nicht spezialisierten pädagogischen Auftrag von „besonderen" Pflegeformen mit besonders geeigneten, geschulten bzw. sozialpädagogisch oder sozialpflegerisch ausgebildeten Pflegepersonen und mit einem besonderen pädagogischen Auftrag unterschieden. Im Rahmen von Tagesbetreuungen *(Tageseinrichtungen für Kinder)* handelt es sich hierbei um die Versorgung von Kindern in einer „geeigneten Form der Familienpflege" als Pendant zur „Erziehung in einer Tagesgruppe" (§ 32, 2. S. SGB VIII); im Rahmen der Vollzeitpflege um „geeignete Formen der Familienpflege" für „besonders entwicklungsbeeinträchtigte Kinder und Jugendliche" (§ 33, 2. S. SGB VIII), die in der Praxis als „heilpädagogische" bzw. „sonderpädagogische" Pflegefamilie, als „Erziehungsstellen" (die auch im Rahmen von § 34 SGB VIII angesiedelt sein können) firmieren.

Eine Sonderform stellt die Großpflegestelle mit bis zu fünf in einem zumeist professionellen Rahmen betreuten Kindern und mit Überschneidungen zu speziellen erzieherischen Hilfen nach § 34 SGB VIII („Lebensgemeinschaften") dar. In einem weiteren Sinne zum P. gehören die rechtlich gesondert ausgestaltete, der *Adoption* eines Kindes vorgeschaltete Adoptionspflege (§ 1744 BGB; § 8 AdVermG) und die teils nach § 33, teils nach § 42 SGB VIII ausgestaltete „Bereitschaftspflege" zum Zwecke der Krisenintervention und der vorübergehenden Inobhutnahme von Kindern und Jugendlichen. Zwischen SGB VIII und SGB XII angesiedelt sind Pflegeformen für behinderte junge Menschen.

Aus der Geschichte

Älteste und ältere Geschichte: Lebensweltliche Praktiken ebenso wie institutionelle Regelungen für die Versorgung von Kindern durch andere als ihre Geburtseltern sind seit dem Altertum überliefert. Bis zum Beginn der Neuzeit handelte es sich bei Pflegekindern zumeist um Waisen, für deren Versorgung keine großfamiliäre „Sippe" zur Verfügung stand oder um von ihren Müttern ausgesetzte uneheliche Kinder („Findlinge"). Ihre Versorgung erfolgte i. d. R. in einer Kombination von Anstalts- und Familienpflege, wobei den Pflegemüttern primär die Funktion von Ammen zukam und ihre „Zuständigkeit" auf Säuglinge und jüngere Kinder begrenzt blieb. Erst im 16. Jh. wurde es üblich, Pflegefamilien als funktionales Äquivalent zur Anstaltsunterbringung zu betrachten, wobei mal der einen Form, mal der anderen der Vorrang gegeben wurde. Über Jh. hinweg blieb die Haupt-„Klientel" für Pflegefamilien das nicht ehelich geborene Kind, das entweder von seiner Mutter direkt oder von Anstalten bzw. Armenverwaltungen gegen ein gewisses Entgelt zu Pflegepersonen gegeben wurde.

Die Pflegepersonen – der üblichste historische Begriff ist „Ziehmütter" – waren meistens selbst arme Frauen, die auf das karge „Kost"- oder „Haltegeld" auch für den eigenen Lebensunterhalt angewiesen waren. Erst mit Beginn der Industrialisierung und dem hiermit verbundenen Zwang für die Frauen des „Proletariats" zur außerhäuslichen Erwerbstätigkeit setzte sich in breiterer Form auch die Versorgung von Kindern in der Tagespflege durch, wobei diese aber im Wesentlichen privat arrangiert wurde und keinerlei gesellschaftliche Aufmerksamkeit erfuhr.

P

19. Jh. bis 1945: Bis zum (preußischen) Regulativ von 1840, in dem der Pflegekinderschutz erstmals eine gesetzliche Grundlage erhielt, blieb die Beaufsichtigung von zufälligen lokalen Initiativen abhängig. Von da an dauerte es weitere 80 Jahre, bis es – mit dem Erlass des Reichsjugendwohlfahrtsgesetzes (RJWG) im Jahr 1922 – zu geordneteren Verhältnissen im P. kam. Seitdem gab es strengere Kontrollen, die Anfänge einer systematischen Auswahl „geeigneter" Pflegeeltern, ihre regelmäßige Beaufsichtigung und eine, wenn auch immer minimale, Pflegegeldzahlung. „Familienpflege" wurde jetzt auch für Jugendliche im Rahmen der FE für Beschäftigungs- oder Ausbildungszwecke in ländlichen Familien genutzt, wie überhaupt die Unterbringung von Kindern in ländlichen Regionen über Jh. hinweg gegenüber „milieunahen" Unterbringungsformen bevorzugt wurde.

Mit den besseren Regelungen für Kinder und Pflegepersonen wurden die „armen" Pflegemütter von kleinbürgerlichen und aus Handwerkerkreisen kommenden Pflegefamilien „verdrängt", und an die Stelle primär wirtschaftlicher traten persönliche, soziale und familiäre Motive, an erster Stelle die eigene Kinderlosigkeit oder der Wunsch, einem Einzelkind einen „Spielkameraden" zur Seite zu stellen. In der NS-Zeit wurde das P. im Wesentlichen durch die NS-Volkswohlfahrt nach bevölkerungspolitischen Gesichtspunkten ausgerichtet und trat gegenüber der Förderung der („arischen") „blutsverwandten" eigenen Familie in den Hintergrund.

Reformen seit 1945: Nach dem 2. Weltkrieg, noch bis etwa 1965, blieb das P. ein fachlich und institutionell vernachlässigtes Subsystem der JH im Schatten der Heimerziehung, das kaum fachliche Innovationen hervorbrachte. Genutzt wurde es primär als Versorgungssystem für Kinder, die – zumeist nach einem vorgeschalteten Aufenthalt in Säuglings- und Kleinkindheimen – ihren „schlechten" Müttern dauerhaft entzogen werden sollten, oder für die Versorgung älterer, „heimmüder" Kinder. Die weit verbreitete Tagespflege wurde weiterhin im Wesentlichen der Privatinitiative der Mütter überlassen, was für die Kinder oft einen vielfachen Wechsel von Bezugspersonen bedeutete.

Erst seit Ende der 1960er Jahre hat sich das P. allmählich ausdifferenziert und zu seiner heutigen Gestalt gefunden. Auf dem Hintergrund eines verstärkten politischen Interesses an Mütter-Erwerbstätigkeit und angestoßen durch ein breit angelegtes Praxisforschungsprojekt des DJI (DJI 1980) kam es zunächst – unter dem Label „Tagesmütter" – zu einer neuen Profilbildung für den Bereich der Tagespflege. Sie gilt seither (seit 1991 durch das SGB VIII abgesichert) als eigenständiges Instrument zur Förderung der Entwicklung von Kindern insbes. in den ersten Lebensjahren. Impulse für die Vollzeitpflege gingen zunächst von der Rezeption angloamerikanischer Forschungen zum Hospitalismus aus, mit der das System der Säuglings- und Kleinkindheime in die Kritik geriet.

Die sprunghafte Verteuerung der Heimerziehung seit den Heimreformen zu Beginn der 1970er Jahre beförderte dann auch die Suche nach einer kostengünstigeren Alternative für ältere Kinder. Sie wurde zunächst in der für „verhaltensgestörte" Kinder gedachten, semiprofessionellen heilpädagogischen Pflegefamilie, wenig später auch in sonderpädagogischen Pflegestellen für behinderte Kinder und in Erziehungsstellen für ältere Kinder im Rahmen der FE gefunden (Planungsgruppe PETRA, Thurau/Völker 1995). Erheblich unterstützt durch eine selbstbewusstere Pflegeelternschaft und die Gründung von Pflegeelternvereinigungen, entwickelte sich das P. seither zu einem eigenständigen System erzieherischer Hilfen mit eigenem fachlichem Profil.

Zu einer kreativen Erschütterung des gesamten P. kam es über das vom DJI durchgeführte Modellprojekt „Beratung im Pflegekinderwesen" (DJI 1987), mit dem in Anlehnung an Modelle systemischer Familientherapie ein als „Ergänzungsfamilie" charakterisiertes alternatives Modell zu dem bis dahin vorherrschenden, an bindungstheoretischen und traumapsychologischen Modellen orientierten „Ersatzfamilien"-Konzept (Nienstedt/Westermann 1998) begründet und jugendhilfepolitisch propagiert wurde. Die hierüber ausgelöste Kontroverse, ob die endgültige Lösung von Pflegekindern von ihrer Geburtsfamilie zugunsten einer vollen Integration des Kindes in eine „Ersatzfamilie" einer Orientierung am Kindeswohl angemessener ist als ein Verständnis von Pflegeverhältnissen als „Ergänzung" zu weiterhin bestehenden und zu erhaltenden Bindungen der Kindes an seine Geburtsfamilie, ist bis in die Gegenwart hinein virulent geblieben.

Mit dem Ausbau familienorientierter und „milieunaher" Hilfen im vergangenen Jahrzehnt ist dem P. insbes. im Bereich der Versorgung von kleinen Kindern eine nicht unbedeutende „Konkurrenz" erwachsen. Pflegefamilien bekommen in diesem Zuge zunehmend den Charakter einer „therapeutischen Familie", womit auch Bestrebungen zur Professionalisierung und Verberuflichung korrespondieren (Blandow 2001).

Rechtliche Regelungen und Prämissen

Gesetzliche Regelungen zum P. finden sich im SGB VIII, im BGB und in verschiedenen anderen Gesetzen. SGB VIII: Kindertagespflege (§ 23), Unterbringung von Kindern im Rahmen einer erzieherischen Hilfe in einer Tagespflegestelle (§ 32), Vollzeitpflege als erzieherische Hilfe (§ 33), Unterbringung von seelisch behinderten Kindern in Pflegefamilien (§ 35a), Befreiung von der Pflegeerlaubnis und Pflegekinderschutz (§ 44; § 37,3) sowie verschiedene Zuständigkeits- und Kostenregelungen. Das BGB enthält Regelungen für die Übertragung von Aufgaben der Personensorgeberechtigten auf die Pflegepersonen (§ 1630 BGB) und solche für das „Herausgabeverlangen" (Herausgabe des Kindes) von Geburtseltern gegenüber Pflegefamilien bzw. die „Verbleibensanordnung"

P

durch das FamG (§ 1632, Abs. 4 BGB), die durch Verfahrensregeln in den §§ 49a ff. (Anhörung des JA vor einer Entscheidung über die Herausnahme eines Kindes; Bestellung eines Verfahrensbeistandes in Verfahren zur Wegnahme des Kindes von der Pflegeperson; Anhörung der Pflegepersonen in allen das Pflegekind betreffenden Angelegenheiten) ergänzt werden. Diesen Regelungen gemäß lässt sich das Recht des P. auf folgende Grundelemente hin beschreiben (Blandow 2004):

- An die Stelle der seit dem RJWG dominierenden Kontrollperspektive ist eine an fachlichen Normen orientierte, dem Kindeswohl verpflichtete Dienstleistungsperspektive getreten. Pflegekinderschutz soll insbes. über die fachliche Ausgestaltung des P. (Fachpersonal; Schulung und gezielte Auswahl von Pflegepersonen und Pflegekindern, spezifische Einzel- und Gruppenberatung, ggf. auch Supervision; Begleitung von Besuchskontakten, gezielte Gestaltung des oft konflikthaften Verhältnisses zwischen Pflegefamilie und Geburtseltern und ggf. eine fachlich begleitete Rückführung der Kinder zu den Geburtseltern) erreicht werden.
- Das Pflegekinderrecht vertraut in erheblichem Umfang auf die nomische, eine besondere staatliche Aufsicht entbehrlich machende Kraft familiärer Beziehungen und elterlichen Verantwortungsbewusstseins: Sowohl die private Unterbringung von Kindern in Tagespflegestellen als auch die Versorgung von Kindern durch Großeltern, Verwandte und Verschwägerte sowie durch Vormünder und Pfleger innerhalb ihres Wirkungskreises sind (§ 44 SGB VIII) vom Erlaubnisvorbehalt ausgenommen, womit – unerwünschte Nebenfolge – diese Pflegeverhältnisse faktisch unbeaufsichtigt und trotz eines Rechtsanspruchs ohne Beratung bleiben.
- SGB VIII und BGB/FGG setzen auf vernunftorientierte Aushandlungs- und Konfliktlösungsprozesse zwischen Geburtseltern und Pflegefamilie in Fragen des Wohles des Pflegekindes. Wo sich diese Hoffnung nicht erfüllt, entscheiden – sehr uneinheitlich – FamG.

Daten und Fakten

Bestands- und Vermittlungsdaten: Ende 2014 wurden 69 823 Kinder in Vollzeitpflege (§ 33 SGB VIII) gezählt, davon etwa 90 % in der allgemeinen Vollzeitpflege. In Fremdpflege befanden sich 73 %, in Verwandtenpflege 23 % und in Pflegesonderformen 10 %. Die Zahl der Kinder, die informell bei Großeltern oder anderen Verwandten leben, also nicht statistisch erfasst sind, wird auf etwa 50 000 geschätzt. Von den mehr als 16 000 Neuvermittlungen in die Fremdpflege 2014 waren bei der Vermittlung der Kinder rd. 50 % bis 6 Jahre und 23,6 % zwischen 6 und 12 Jahren alt (Stat.BA 2015). Die Verweildauer der Kinder in einer Pflegefamilie ist von der Art der erzieherischen Hilfe abhängig. Bei einer Bereitschaftspflege sollen es nicht mehr als 4 Wochen sein, die befristete Pflege dauert i. d. R. bis zu einem halben Jahr, alle anderen Formen sind von (relativer) Dauer, da eine Rückkehr in die Herkunftsfamilie jederzeit möglich ist.

Rückführungen, Abbrüche, Dauer: Soweit Pflegeverhältnisse nicht von vornherein kurzfristig angelegt sind, sind geplante Rückführungen zu den Geburtseltern – entgegen der gesetzlichen Intention – eher selten (rd. 8 % nach eigenen Berechnungen); deutlich häufiger kommt es zur Rücknahme des Kindes durch seine Geburtseltern. Mit zunehmender Dauer eines Pflegeverhältnisses sinkt die Wahrscheinlichkeit der Rückführung und der Rücknahme. Auch die Kontakte der Geburtseltern zu dem in der Pflegefamilie lebenden Kind nehmen proportional zur Dauer ab. Die Abbruchsquote (ursprünglich nicht intendierte Beendigungen) variiert stark je nach örtlichen Betreuungsbedingungen und Vermittlungsbesonderheiten. Sie kann mehr als 40 % betragen.

Pflegepersonen, Pflegekinder, Geburtseltern: In der Fremdpflege handelt es sich bei den Pflegepersonen zu gut 70 % um verheiratete Paare mit oder ohne eigene Kinder in guten wirtschaftlichen Verhältnissen und einem durchschnittlichen bis gehobenen Bildungsstandard; in der Verwandtenpflege, soweit bekannt, eher um „einfachere" Personen mit geringerem Einkommen. Absolute oder relative Kinderlosigkeit, soziale und professionell-pädagogische Anliegen sind die häufigsten Motive für die Aufnahme eines Pflegekindes. In der Verwandtenpflege handelt es sich in ⅔ der Fälle um Großeltern, oft in wirtschaftlich und sozial schwierigen Verhältnissen.

Die Kinder werden aufgenommen, um einer gravierenden Notlage des Kindes in seiner Geburtsfamilie zu begegnen. Dominierende familiäre Hintergründe der Pflegekinder – sowohl in der Fremd- wie in der Verwandtenpflege – sind die Überforderung sehr junger Mütter, Suchterkrankungen *(Alkohol, Drogen),* psychische Erkrankungen und zerrüttete (Multiproblem-)Familien. Nicht selten haben die Pflegekinder bei der Vermittlung bereits diverse Lebensorts- und Bezugspersonenwechsel erlebt und Vernachlässigung erfahren.

Pflegekinderdienste/Honorierung der Pflegepersonen: Pflegekinderdienste sind ganz überwiegend in den JÄ angesiedelt; in kleinen JÄ ist häufig lediglich eine Person für den Pflegekinderdienst zuständig, in größeren JÄ gibt es zumeist einen Spezialdienst. Die Zahl der zu betreuenden Pflegekinder durch eine Fachkraft ist höchst unterschiedlich, sie liegt zwischen 35 und über 100. Die Höhe des Pflegegeldes für Unterkunft und Erziehung der Pflegekinder kann zwischen BL und zwischen einzelnen JÄ schwanken. Nach den Empfehlungen des DV 2015 sollen für Kinder bis 6 Jahren 745 Euro, bis 12 Jahren 826 Euro und bis 18 Jahren 949 Euro gezahlt werden. Davon entfallen auf Erziehungskosten für jede Altersgruppe 237 Euro. Auf *Kindergeld* besteht ein Anspruch (das aber teilweise auf das Pflegegeld angerechnet wird), auf *Elterngeld* dagegen nicht. Für professionelle Pflege wird überwiegend der TVöD angewendet.

Aktuelle Probleme, Reformbedarfe und -tendenzen

- Charakteristisch für den „Zustand" des gegenwärtigen P. ist seine Zerrissenheit in konzeptioneller, fachpolitischer und jugendhilfepolitischer Hinsicht. Es gibt keine auch nur annähernd einheitliche Praxisentwicklung und keine annähernd vergleichbaren Ausstattungsstandards.
- Die traditionelle Interpretation des P. als „Pflichtaufgabe" des JA erweist sich angesichts finanzieller und personeller Restriktionen in den Ämtern zunehmend als Hemmnis für die fachliche Weiterentwicklung und seinen Status im Kanon einer sich ausdifferenzierenden Erziehungshilfe-„Landschaft". Eine verstärkte Beteiligung freier Träger an der Gestaltung des P. ist Reformforderung, aber auch bereits Entwicklungstendenz.
- Pflegefamilien werden auch mit Kindern konfrontiert, die bereits über gravierende (traumatisierende) Vorerfahrungen verfügen. Alltagspädagogische Kompetenzen von Pflegepersonen erweisen sich deshalb häufig nicht mehr als hinreichend, so dass professionelle und verberuflichte Formen der Pflegeelternschaft unabdingbarer werden.
- Zwischen gesetzlichen Ansprüchen und der Alltagspraxis klafft weiterhin eine erhebliche Lücke. Weder kommt es im nennenswerten Umfang zu Rückführungen, noch hat sich das konflikthafte Verhältnis zwischen Pflegeeltern und Geburtseltern entschärfen lassen. Ein entschiedener Reformbedarf liegt darin, entweder die Geburtseltern in ihrer Rolle als Mitverantwortliche durch konkrete Unterstützungsleistungen zu stärken oder ihnen den „Abschied" von ihrem Kind zu erleichtern.
- Weil viel mehr als früher von Pflegeeltern verlangt wird, aber auch aus gesellschaftlichen Gründen (Frauenerwerbstätigkeit, Tendenzen der „Entsolidarisierung", Reproduktionsmedizin als Alternative bei Kinderlosigkeit); 1geht die Bereitschaft zur Aufnahme von Pflegekindern in der Bevölkerung zurück. Eine Zukunftsaufgabe für das P., die sich auf die Bedeutung „milieunaher" Arrangements für die Identitätsentwicklung von Kindern berufen könnte, ist es darum, gezielter nach Personen zu suchen, die dem Kind vertraut sind und zu ihm eine originäre Beziehung zu haben.
- Im Rahmen der Reform des SGB VIII ist geplant, die Rechte von Pflegeeltern, die schon lange die bei ihnen untergebrachten Kinder betreuen, zu stärken und im Rahmen der Hilfen zur Erziehung sozialräumliche Strukturen zur Erfüllung individueller Rechtsansprüche zu verbessern. Der Referentenentwurf ist im Juni 2016 vorgelegt worden.

Jürgen Blandow

Literatur

J. Blandow: Entwicklungslinien im Pflegekinderwesen, in: Jugendhilfe 1/2007, 21–28 ◆ J. Blandow: Pflegekinder und ihre Familien, Weinheim/München 2004 ◆ J. Blandow: Pflegefamilie auf dem Weg zur professionellen Familienpflege? – Folgen für Kinder – Auswirkungen auf das Pflegekinderwesen, in: Stiftung „Zum Wohl des Pflegekindes" (Hrsg.): 2. Jahrbuch des Pflegekinderwesens, Idstein 2001, 113–125 ◆ DJI (Hrsg.): Handbuch Pflegekinderhilfe, München 2011 (download Handbuch Pflegekinder) ◆ Familien für Kinder GmbH (Hrsg.): Update für das Pflegekinderwesen. Qualitätsanforderungen an erzieherische Hilfen im familiären Setting, Sonderheft „Pflegekinder", 2002 ◆ K. Jurczyk/Th. Rauschenbach/W. Tietze u. a.: Von der Tagespflege zur Familientagesbetreuung, Weinheim und Basel 2004 ◆ A. Kuhls/J. Glaum/W. Schröer (Hrsg.): Pflegekinderhilfe im Aufbruch. Aktuelle Entwicklungen und neue Herausforderungen in der Vollzeitpflege, Weinheim/München 2014 ◆ C. Petri/J. Pierlings/D. Schäfer: Zusammenarbeit mit Eltern in der Pflegekinderhilfe am Beispiel von Rückkehrprozessen, in: uj 9/2015, 375–384 ◆ Th. Rauschenbach: Zwischen Nischenangebot und Verberuflichung. Zur Entwicklung und Lage der Kindertagespflege, in: NDV Juli 2015 ◆ Stat.BA: Statistiken der Kinder- und Jugendhilfe ◆ Erzieherische Hilfen, u. a. Vollzeitpflege 2014, Wiesbaden 2015 ◆ Stiftung"

P

Zum Wohl des Pflegekindes" (Hrsg.): Jahrbücher mit verschiedenen Themenschwerpunkten, zuletzt März 2016 ◆ R. Wiesner SGB VIII, Kommentar, München ²2015.

Links

www.bmfsfj.de
www.dji.de
www.fzpsa.de

Pflegeversicherung, soziale

Einführung der sozialen Pflegeversicherung 1995

Bis zur Einführung der sozialen Pflegeversicherung (s. P.) waren für Pflegebedürftige Krankenkassen und Kommunen (als Sozialhilfeträger) zuständig, wenn die Betroffenen die benötigten Leistungen nicht aus eigenem Einkommen bestreiten konnten Die Notwendigkeit, gegen das Lebensrisiko *Pflege* eine Versicherung zu schaffen und entsprechende Leistungen für die ambulante und stationäre Versorgung vorzusehen, wurde mehr als 20 Jahre in Politik und Gesellschaft diskutiert. Erst mit enorm gestiegener Pflegebedürftigkeit und zunehmend hohen Kosten der Kommunen kam es nach vorhergehenden Debatten mit sehr unterschiedlichen Vorstellungen 1995 zum Pflegeversicherungsgesetz (SGB XI), dessen Ausgestaltung von Anfang an zu Kritik und Protesten geführt hatte.

Vorrangig sollten mit der Einführung der s. P. folgende Ziele erreicht werden:

- Der Vorrang häuslicher vor vollstätionärer Pflege durch die Stärkung der Pflegebereitschaft von Angehörigen und Nachbarschaft und durch den Ausbau ambulanter und teilstationärer Angebote sowie durch den Ausbau der Rehabilitation,
- die Reduzierung finanzieller Risiken bei Pflegebedürftigkeit durch die Vermeidung von *Sozialhilfe* und durch die verbesserte finanzielle Absicherung pflegender Angehöriger,
- eine Senkung der Kosten für die Pflege bei verbesserter Versorgungsqualität durch die Einführung von Wettbewerb und Marktelementen.

Rechtlich wirksam wurde das SGB XI am 1. 1. 1995 für die Organisation der Pflegekassen und die Beitragspflichten der Versicherten, am 1. 4. 1995 für die Leistungspflicht der Pflegekassen für die ambulante und teilstationäre Pflege und am 1. 7. 1996 für die stationäre Pflege.

Grundsätzliches

Die s. P. ist nach der Arbeitslosenversicherung, der gesetzlichen Kranken-, Renten- und Unfallversicherung die „fünfte Säule" der Sozialversicherung gegen das soziale Lebensrisiko Pflegebedürftigkeit. Sie ist eine gesetzliche Pflichtversicherung, die Leistungen unabhängig von der Höhe der Beiträge gewährt und die Beitragshöhe am Einkommen ausrichtet. Der Arbeitgeberbeitrag wurde durch den Wegfall eines lohnpflichtigen Feiertages kompensiert. Träger der s. P. sind die Pflegekassen, die bei den Krankenkassen sowie bei der Bundesknappschaft eingerichtet wurden.

Aufgabe der s. P. ist es, Hilfen für Pflegebedürftige zur Sicherung eines selbstbestimmten Lebens zu leisten. Allerdings decken die Leistungen der s. P. nicht alle notwendigen Aufwendungen ab. So müssen die über den gesetzlichen Höchstsätzen liegenden Kosten ambulanter Pflege oder die Aufwendungen für Unterkunft und Verpflegung bei vollstationärer Pflege vom Einzelnen bzw. vom Sozialhilfeträger getragen werden. Man spricht deswegen auch von einer „Teilkasko-Versicherung".

Die Verantwortung für:

- die Pflegeinfrastruktur tragen die Länder bzw. Kommunen,
- die Sicherstellung der pflegerischen Versorgung ihrer Mitglieder im Einzelfall tragen die Pflegekassen,
- für eine aktivierende Pflege nach dem anerkannten Stand medizinisch-pflegerischer Erkenntnisse unter Achtung der Menschenwürde tragen die Pflegeeinrichtungen Verantwortung.

Für weite Bereiche steckt die s. P. allerdings nur den Rahmen ab und überlässt die Ausgestaltung den Pflegekassen, Sozialhilfeträgern, Ländern, Kommunen und Einrichtungsträgern. So ist zwischenzeitlich ein unübersichtlich und bürokratisch erscheinendes Regelwerk von Landesgesetzen und -verordnungen, RL, Grundsätzen, Rahmenempfehlungen etc. dieser Institutionen entstanden.

Versicherungspflichtige und Leistungsempfänger

Alle Mitglieder der gesetzlichen Krankenversicherung sind pflegeversichert. Grundsätzlich sind damit auch nichterwerbstätige Ehepartner und Kinder, Rentner und Arbeitslose versichert. Privatversicherte sind zum Abschluss einer gleichwertigen privaten Pflegeversicherung verpflichtet. Seit

2015 beträgt der Beitragssatz 2,35 % des Bruttoeinkommens für Versicherte mit Kindern. Kinderlose zahlen 2,6 %. 2017 werden die Beiträge nochmals um 0,2 % angehoben. Für geringfügig Beschäftigte und Auszubildende gibt es Ausnahmen. Leistungen aus der s. P. erhalten sowohl Pflegebedürftige in Form von Geld und/oder Sachleistungen, als auch pflegende Angehörige in Form von Beratung, Pflegekursen, Beiträgen zur gesetzlichen Rentenversicherung und ab 2017 auch zur Arbeitslosenversicherung, wenn zuvor eine Versicherungspflicht bestanden hat.

Zur Sicherung der Beitragsstabilität für künftige Generationen müssen die Pflegekassen ab 2015 einen Pflegevorsorgefonds als Sondervermögen einrichten.

Pflegebedürftigkeit

Bis Ende 2016 waren nach der Definition des SGB XI Personen pflegebedürftig, die wegen einer körperlichen, geistigen oder seelischen Krankheit oder Behinderung für die gewöhnlichen, regelmäßig wiederkehrenden Verrichtungen des täglichen Lebens für mindestens 6 Monate in erheblichem Maße Hilfe benötigten.

Es gab entsprechend dem Grad der Pflegebedürftigkeit 3 Stufen (erheblich, schwer und schwerst pflegebedürftig) und zur näheren Abgrenzung ausführliche RL.

Die Entscheidung über die Einstufung traf die Pflegekasse auf der Grundlage eines Gutachtens des Medizinischen Dienstes der Krankenkasse (MDK), das dieser auf Antrag als Ergebnis einer persönlichen Prüfung anfertigt. Die selbständigen MDKs ersetzen seit 1989 den Vertrauensärztlichen Dienst der Gesundheitsämter. Aufgaben sind z. B. gutachterliche Stellungnahmen in medizinischen Fragen, Stellungnahmen bei Leistungsgewährung zu Lasten der Kassen und allgemeine Fragen der Qualitätssicherung in der ärztlichen Versorgung.

Zahlreiche Reformen

Seit seiner Einführung wurde das SGB XI mehrfach geändert, zuletzt durch das Pflegeversicherungsstärkungsgesetz (PSG) I, das ab 2015 in Kraft gesetzt wurde und durch das im November 2015 im BT verabschiedete PSG II, das ab dem 1. 1. 2017 in Kraft gesetzt wird. Das Pflegestärkungsgesetz III, das im BT und BR noch nicht abschließend beraten wurde, soll ebenfalls (überwiegend) zum 1. 1. 2017 in Kraft treten.

In der Entwicklungsgeschichte der s. P. waren die Reformen durch das „Pflegequalitätssicherungsgesetz“ v. 9. 9. 2001 und das „Pflegeversicherungs-Weiterentwicklungsgesetz“ v. 1. 7. 2008 grundlegend. Diese Reformen haben einige positive Veränderungen gebracht, die bestehenden Versorgungslücken aber nicht geschlossen.

Zu den wesentlichen Neuerungen 2008 gehören:

- eine stufenweise Anhebung der Leistungen (Sachleistungen, Pflegegeld und stationäre Leistungen) bis 2012,
- die Verbesserung der Versorgung aller Demenzkranken durch die Einführung der Pflegestufe 0 und zusätzlichem Betreuungspersonal für Heime,
- Anspruch auf individuelle Pflegeberatung für Betroffene und Angehörige mit der Entwicklung eines individuellen Hilfeplans (Fallmanagement),
- Einführung einer Pflegezeit für pflegende Beschäftigte bis zu 6 Monaten (ohne Verdienstausgleich),
- Verbesserung von Qualität und Transparenz der Pflegeeinrichtungen durch jährliche Überprüfung und Veröffentlichung der Ergebnisse im Internet,
- Verbesserung der Vergütung für Pflegekräfte
- Einrichtung von zentralen Pflegestützpunkten zur wohnortnahen Auskunft und Beratung von Betroffenen und Angehörigen sowie zur Vernetzung benötigter sozialer und pflegerischer Hilfen.

Erstes, Zweites und Drittes Pflegestärkungsgesetz (PSG I, II und III)

Eine grundlegende Reform der s. P. v. a. die Neufassung des Pflegebedüftigkeitsbegriffs und die Verbesserung der Leistungen für Demenzkranke wurden seit Jahren eingefordert.

Mit dem PSG I wurden ab 2015 einige Verbesserungen erreicht. Diese betreffen u. a. Leistungen für die ambulante und stationäre sowie für die häusliche Pflege, für die mehr Geld zur Verfügung steht. Pflegende Angehörige werden verstärkt entlastet und unterstützt. Die Zahl der zusätzlichen Betreuungskräfte in teil- und vollstationären Einrichtungen wird auf 45 000 erhöht, die Kosten dafür tragen die Pflegekassen.

Das PSG II geht darüber hinaus. Ab 2017 gilt ein völlig neuer Pflegebedürftigkeitsbegriff, der sich auf die Selbständigkeit oder die Fähigkeiten der zu Pflegenden bezieht (§ 14 SGB XI). Maßgeblich sind nun Mobilität, kognitive und kommunikative Fähigkeiten, Verhaltensweisen und psychische Probleme, Probleme in der Selbstversorgung und im selbständigen Umgang mit der der Erkrankung (z. B. bei der Therapie) sowie die Gestaltung des Alltags und soziale Kontakte. Es geht dabei darum festzustellen, ob erforderliche Fähigkeiten noch vorhanden sind (selbständig, teilweise selbständig, unselbständig) und nicht mehr um den Zeitaufwand. Festgelegt werden nunmehr 5 Pflegestufen. Mit dem neuen Pflegebegriff verbindet sich auch ein neues Begutachtungssystem, das „Neue Begutachtungsassessment (NBA)". Aus diesem Verfahren und dem Grad der Selbständigkeit (nach einem Punktesystem) ergibt sich der Pflegegrad (§ 15 SGB XI) des Pflegebedürftigen und die damit verbundenen Leistungen. Da nach diesem Verfahren nicht mehr zwischen körperlichen und geistigen Einschränkungen unterschieden wird, werden Demenzkranke gleichermaßen in der Pflegeversicherung berücksichtigt. In der Pflegestufe 1 wird mit zusätzlich 500 000 Leistungsberechtigten gerechnet.

Das PSG III hat die folgenden Schwerpunkte: Sicherstellung der pflegerischen Versorgung, Verbesserung der Beratung von Pflegebedürftigen und ihren Angehörigen vor Ort in den Kommunen, Übertragung des neuen Pflegebegriffs auf das SGB XII (Hilfe zur Pflege) und das Bundesversorgungsgesetz. Darüber hinaus enthält das PSG III eine Reihe von Regelungen zur Schnittstellenproblematik zwischen Pflegeversicherung und Eingliederungshilfe (DV November 2016).

Leistungen der sozialen Pflegeversicherung

Leistungen aus der s. P. unterscheiden sich in Sachleistungen (Pflegeleistungen professioneller Dienste, ambulante Pflege bei Verhinderung der Pflegeperson, Pflegehilfsmittel) und Geldleistungen (Pflegegeld für die häusliche und stationäre Pflege, Zuschüsse für die Wohnraumanpassung u. a. m.). Sach- und Geldleistungen können kombiniert werden.

Das PSG I sieht neben der ambulanten und stationären Pflege v. a. Verbesserungen in der häuslichen Pflege vor. Unterstützungsleistungen wie die Kurzzeit, Verhinderungs- sowie die Tages- und Nachtpflege wurden ausgebaut. Bei häuslicher Pflege besteht eine Beratungspflicht durch einen Pflegedienst, durch die die Qualität der häuslichen Pflege sichergestellt werden soll. Angehörige haben Anspruch auf Pflegekurse, die bei den Kassen angeboten werden.

Insgesamt wurden die Leistungen der Pflegeversicherung 2015 um 4 % erhöht. Durch die neue Erfassung des Pflegebedarfs sieht das PSG II ab 2017 weitere Verbesserungen gestaffelt nach den dann einzuführenden Pflegegraden vor.

Situation der Pflegeeinrichtungen

Pflegekassen (und Krankenkassen) erbringen Pflege- und Sachleistungen für Versicherte nicht selbst, sondern bedienen sich gemeinnütziger *(Kirchen und Wohlfahrtsverbände)*, gewerblicher und öffentlicher (kommunaler) Träger, mit denen zur Sicherstellung einer bedarfsgerechten Pflegestruktur Versorgungsverträge und Vergütungsvereinbarungen geschlossen werden. Öffentliche Träger sind den anderen gegenüber nachrangig. Der Versorgungsvertrag ist die Zulassung zum Pflegemarkt und verpflichtet die Einrichtungsträger zur Einhaltung von Qualitätsstandards.

Bis 2008 wurde die Qualitätssicherung im Pflegequalitätssicherungsgesetz von 2002 geregelt, ab 2008 wurden die Normen mit dem Pflege-Weiterentwicklungsgesetz in das SGB XI, Kap. 11 übernommen, erheblich erweitert und spezifiziert: Pflegeeinrichtungen werden auf Qualitätssicherung und Qualitätsmanagement verpflichtet, die zwischen Pflegekasse und Träger in einem Vertrag vereinbart werden. Expertenstandards sind dabei anzuwenden. Es sollen (jährliche) Überprüfungen der Pflegeleistungen, der medizinischen Behandlungspflege und der sozialen Betreuung sowie der Leistungen für Unterkunft und Verpflegung durchgeführt werden. Die Prüfungen werden vom MDK oder von durch Pflegekassen bestellten Sachverständigen durchgeführt. Die (komplizierten und bürokratischen) Regelungen zur Qualitätssicherung einschließlich des sog. Pflege-TÜVs sollen bis 2017 überarbeitet und neu gefasst werden.

Die zugelassenen Pflegeeinrichtungen haben auf der Grundlage ihrer Versorgungsverträge gegenüber den Pflegekassen einen Anspruch auf eine leistungsgerechte Vergütung (Pflegesätze), die wirksam und wirtschaftlich einzusetzen ist. Auch die Wirtschaftlichkeit der Einrichtungen unterliegt regelmäßigen Prüfungen durch die Pflegekassen.

Weitere Entwicklungen

Ende 2013 waren in Deutschland 2,63 Mio. Menschen pflegebedürftig. Mehr als 70 % (1,86 Mio. Menschen) wurden zu Hause versorgt, darunter 1,24 Mio. Menschen, die ausschließlich durch Angehörige gepflegt wurden und dafür Pflegegeld erhielten. 616 000 Menschen haben zu Hause ambulante Pflegedienste in Anspruch genommen, 764 000 Pflegebedürftige lebten in Pflegeheimen. (Stat.BA 2015). Nach Vorausberechnungen des Stat.BA werden bis 2030 etwa 3,5 Mio. Menschen pflegebedürftig sein.

Das SGB XI definiert Pflege als eine gesamtgesellschaftliche Aufgabe. Häusliche Pflege, Prävention und medizinische Rehabilitation haben Vorrang vor der Versorgung in stationären Einrichtungen. Menschenwürde und Selbstbestimmung sind die wesentlichen Leitkategorien.

Die Pflegereform von 2008 hat einige gute Neuregelungen, aber keine grundlegende Verbesserung in der ambulanten und in der stationären Pflege gebracht.

Die PSG I, II und III werden grundsätzlich positiv bewertet, allerdings gibt es auch Befürchtungen neuer Ungerechtigkeiten v. a. in der stationären Pflege. Die Versorgungsqualität in stationären Einrichtungen wird nicht wesentlich verbessert. Es dürfte einige Probleme bereiten, zusätzliche Fachkräfte für die Altenpflege in Einrichtungen zu gewinnen angesichts des bereits heute schon vielerorts ausgewiesenen Pflegenotstands.

Die wesentlichen Neuerungen, die sich mit der Neufassung des Pflegebebedürftigkeitsbegriffs und einem neuen Begutachtungssystem verbinden, werden erst 2017 in Kraft gesetzt, ihre Umsetzung und „Bewährung" stehen noch aus.

Verbesserte Geld- und Sachleistungen für die zu pflegenden Versicherten, Beratung, Pflegekurse und regelmäßige Überprüfungen der häuslichen Pflegequalität sind sicher sinnvoll, allein aber nicht ausreichend, die Pflegesituation „zu Hause" grundlegend zu verändern. Kritikern fehlt überdies die jährliche Anpassung der Leistungen an die Lohnentwicklung und Preissteigerungen.

Das Pflegezeitgesetz, seit Anfang 2015 mit neuen Regelungen zur besseren Vereinbarkeit von Familie, Beruf und Pflege von Angehörigen sieht (einmalig) für 10 Tage Lohnersatzleistungen als Unterstützungsleistung vor, um in einer akuten Situation die Pflege eines Angehörigen bedarfsgerecht organisieren zu können. Für darüber hinausgehende Zeiten gibt es zur Sicherung des Lebensunterhalts der Pflegepersonen ein zinsloses Darlehen. Bisher ist von den Möglichkeiten des Pflegezeitgesetzes wenig Gebrauch gemacht worden. Es bleibt fraglich, ob sich das mit der Aussicht erheblicher Schulden ändern wird.

Die s. P. ist von Anfang an als Basisversicherung, die nur eine gewisse Grundversorgung gewährleistet, konzipiert worden. Mit gestiegenen, aus eigenem Einkommen nicht bezahlbaren Eigenleistungen der Versicherten werden voraussichtlich die Sozialhilfekosten der Kommunen, die nach SGB XII (Hilfe zur Pflege) weiter steigen. Die Inanspruchnahme von Sozialhilfe (was man nicht mehr zumuten wollte) ist heute für viele Pflegebedürftige eher der Regelfall als die Ausnahme.

Qualitätssicherung und Qualitätsmanagement, so wichtig und richtig sie sind, haben auf Grund ausufernder Vorschriften und Verträge in Diensten und Einrichtungen v. a. zu mehr Bürokratie und Arbeitsaufwand geführt Wirksam (menschenwürdig) und wirtschaftlich (ökonomisch) zu pflegen, bleibt eine widersprüchliche Herausforderung für Pflegedienste und Pflegeeinrichtungen.

Ingrid Mielenz

Literatur

BMG: Erstes und zweites Pflegestärkungsgesetz, Leistungsverbesserungen und neuer Pflegebedürftigkeitsbegriff, Pressemitteilungen vom 5. 10. 2015 und vom 13. 11. 2015 (www.bmg.de) ◆ K.-J. Bieback: Die Reform der Pflegeversicherung 2008, Münster 2009 ◆ DV: Stellungnahme des DV zum Regierungsentwurf eines Zweiten Gesetzes zur Stärkung der pflegerischen Versorgung und zur Änderung weiterer Vorschriften, in: NDV 10/2015, weitere Stellungnahmen im Gesundheitsausschuss am 30. 9. 2015 unter www.portal-sozialpolitik.de) ◆ DV: Stellungnahme zum Dritten Pflegestärkungsgesetz, NDV 11/2016 ◆ Th. Klie/U. Krahmer: Soziale Pflegeversicherung. Lehr- und Praxiskommentar, Baden-Baden ^{4}2014 ◆ Chr. Mantey: Die neue Pflegeversicherung, München ^{3}2016 ◆ R. Richter: Die neue Pflegeversicherung – PSG II: Pflegebegriff, Vergütungen, Potenziale, Baden-Baden 2016 ◆ H. Rothgang: Theorie und Empirie der Pflegeversicherung, Münster 2010 ◆ Stat.BA: Statistik der Sozialhilfe, Hilfe zur Pflege 2013, Wiesbaden 2015.

Links

www.bmg.de
www.biva.de
www.vdk.de
www.kv-media.de

Planung

Begriff

In einer allgemeinen Bedeutung kann man unter P. die gedankliche Vorwegnahme von Handlungen verstehen, die z. T. unter Verwendung materieller Ressourcen erfolgen und mit deren Hilfe bestimmte Zwecke (Ziele) erreicht werden sollen. Die Handlungen sowie die verwendeten Ressourcen werden als Mittel zur Zweckerreichung begriffen. Für jede Form der P. steht somit das Denken in Zweck-Mittel-Zusammenhängen im Mittelpunkt. Diese Zweck-Mittel-Zusammenhänge müssen „als (vermeintliche oder wirkliche) Kenntnisse über Abläufe und Zusammenhänge im jeweiligen Objektbereich des Planens vorliegen" (Tenbruck), so dass aufgrund dieser Kenntnis durch einen Mitteleinsatz die erstrebte Zweckerreichung auch erwartet werden kann. In dieser allgemeinen Formulierung lässt sich der Planungsbegriff sowohl auf das individuelle Handeln (der Planende plant aufgrund individueller Ziele seine zukünftigen Handlungen zu deren Erreichung) als auch auf kollektive Prozesse anwenden. Im letzteren Fall muss unterschieden werden, ob das Kollektiv insgesamt seine Handlungen selbst(-bestimmt) plant oder ob aufgrund gesellschaftlicher Arbeitsteilung planende Spezialisten (Planer) zukünftige Handlungen, Verhaltens- oder Lebensweisen für andere gedanklich in einem Plan vorwegnehmen. Ist letzteres der Fall – und das ist die Regel für gesellschaftliche P. –, so entsteht zusätzlich das Problem, in welcher Weise und durch wen die Ziele des Planungsprozesses formuliert werden. Die gesellschaftliche Arbeitsteilung hat zur Folge, dass zielsetzende Instanzen, Ziel-Mittel-Zusammenhänge analysierende, also planende Personen und Planungsbetroffene i. d. R. nicht identisch sind. Es ist – je nach planungstheoretischer Konzeption – kontrovers, ob Zielfestlegung und Planausführung überhaupt als Bestandteil des Planungsprozesses angesehen werden sollen.

Geschichte

Aus den bisherigen Überlegungen geht bereits hervor, dass P. durch die Arbeitsteilung und Spezialisierung zu einer gesellschaftlichen Aufgabe wird. Die individuelle Tätigkeit dient unmittelbar der Bedürfnisbefriedigung des handelnden Menschen Erst indem die fortschreitende Arbeitsteilung den unmittelbaren Zusammenhang zwischen Bedürfnissen, Zwecken der eigenen Praxis und praktischer Tätigkeit auflöst, d. h. also, indem Kooperation zwischen den arbeitsteiligen Prozessen und deren systematischer Organisation erforderlich wird, muss notwendig auch P. einsetzen (Tenbruck). Es scheint deshalb nicht verwunderlich, dass sich auch erste theoretische Überlegungen zur P. auf die Organisation kollektiver Lebensvorsorge, also auf ökonomische Prozesse, beziehen. Dies gilt sowohl in der sozialistischen Tradition als auch in der bürgerlichen Auseinandersetzung damit (Röpke).

Erst seit etwa 40 Jahren werden zunehmend auch andere gesellschaftliche Bereiche in theoretischen Analysen auf die in ihnen erfolgende P. hin untersucht (z. B. betriebliche P., *Stadtentwicklungsplanung,* Regionalplanung, Bildungsplanung, *Sozialplanung, Jugendhilfeplanung,* Altenhilfeplanung, Krankenhausplanung u. a.). Das beruht einerseits darauf, dass in immer stärkerem Maße Eingriffe in die genannten Bereiche durch Verwaltungen erfolgen, die ihre Legitimation aus der (häufig nur vermeintlichen) Rationalität einer wissenschaftlich begründeten Form vorausschauender Problemlösung beziehen, und dass andererseits verbesserte Kenntnisse sozialer Prozesse eine P. auch ermöglichen bzw. zu ermöglichen scheinen.

Theorie

Obwohl es möglich ist, unterschiedliche theoretische Ansätze von P. zu unterscheiden (Habermas, 182 ff.), ist heute das technologische Planungsmodell unbestreitbar herrschend und wird häufig als einzig mögliche Form von P. begriffen. Dieses Modell baut auf dem empirisch-analytischen Wissenschaftsverständnis auf (zur Charakterisierung dieses Planungsverständnisses Ortmann 1976, 102–114). Nach diesem Wissenschaftsverständnis wird streng zwischen positivem Wissen über die Realität und wertenden Urteilen unterschieden *(Wissenschaftstheorie).* Für den Planungsprozess bedeutet dieses, dass die Planer (1.) i. S. des Wertfreiheitspostulats sich wertender Urteile zu enthalten, vielmehr von (z. B. durch politische Instanzen) vorgegebenen Zielen für P. auszugehen haben und dass es (2.) ihre wesentliche Aufgabe ist, aufgrund ihrer Kenntnis der Zweck-Mittel-Zusammenhänge die erforderlichen Mittel zur Erreichung dieser ihnen vorgegebenen Ziele benennen. Die Rolle des Planers reduziert sich also auf die Bereitstellung „technischen Wissens" zur Zielerreichung. Dieses technische Wissen gewinnt der Planer aus wissenschaftlichen Theorien über den zu planenden Objektbereich.

Derartige Theorien sind nach empirisch-analytischem Wissenschaftsverständnis Aussagen, die als gesetzmäßig interpretierte Ursache-Wirkungs-Zusammenhänge (immer wenn das Ereignis A eintritt, folgt als Wirkung der Eintritt des Ereignisses B) zwischen in der Realität beobachtbaren Ereignissen (A und B) darstellen. Für die P. lassen sich diese kausalen Aussagen in finale transformieren (wenn das Ereignis B eintreten soll, muss das Ereignis A herbeigeführt werden), die zugleich Ziel-Mittel-Aussagen darstellen (B ist das Ziel, A das Mittel). Damit können Planer – zunächst im gedanklichen Vorgriff in der Form eines Plans – die Auswirkungen einzelner Handlungen/Mittel auf die vorgegebenen Ziele beschreiben. – Für die Realisierbarkeit von P. nach diesem hier nur grob skizzierten Planungsverständnis ist (a) die Kenntnis der Gesetzmäßigkeiten (Ursache-Wirkungs- bzw. Ziel-Mittel-Zusammenhänge), (b) ihre Prognose für die Zukunft und (c) die Möglichkeit eines Eingriffs in den Ursache-Wirkungs-Zusammenhang (Herstellen von A) erforderlich. Beispielhaft lässt sich das Verfahren so beschreiben: Plant die Regierung, die konsumtiven Ausgaben der Haushalte aus Konjunkturgründen zu senken (Ziel), so muss sie – da bekannt ist, dass und wie diese Ausgaben vom Einkommen der privaten Haushalte abhängig sind (Gesetzeswissen), und eine Veränderung dieses Gesetzes für die Zukunft nicht zu erwarten ist (Prognose) – die Einkommen senken (Mittel); sie kann dieses durch Erhöhung der Steuern vom Einkommen (Eingriffsmöglichkeit).

Was hier unter dem Aspekt von P. als einem arbeitsteiligen Prozess beschrieben worden ist, ist gesamtgesellschaftlich von hoher Bedeutung. Diese Form der P. wird nämlich implizit in unserer Gesellschaft mit Rationalität überhaupt gleichgesetzt. „Rationalität" ist – nach vorherrschendem Verständnis – „Zweckrationalität" (Weber), d. h. rationales Handeln muss sich daran ausweisen, dass mit diesem Handeln Zielerreichung optimal möglich ist. Alles Handeln, das diesen Nachweis nicht zu erbringen vermag, unterliegt dem Verdacht der Irrationalität. Das führt dazu, dass selbst in Handlungsfeldern, in denen eindeutige Ursache-Wirkungs-Zusammenhänge auf der Grundlage empirisch-analytischer Wissenschaft und damit auch eindeutige Ziel-Mittel-Zusammenhänge nicht beschrieben werden können (und dazu gehören die personenbezogenen Dienstleistungen der SozArb – vgl. z. B. *Qualitätssicherung*), dennoch eine implizite Orientierung an einer – dann nicht genau bestimmbaren – Zweckrationalität erfolgt. Insofern ist dieses Planungsmodell heute zur Grundlage nahezu aller arbeitsteiligen gesellschaftlichen Handlungsformen geworden.

P

Kritik

Dieses Planungsmodell lässt sich aus einer Vielzahl von Gründen kritisieren (Ortmann 1976, 115–135); hier sollen lediglich zwei Problembereiche kurz benannt werden: 1. ist darauf hinzuweisen, dass empirisch-analytische sozialwissenschaftliche Theorie Gesetze (Ursache-Wirkung-Zusammenhänge) nicht sicher, sondern nur als mit einer bestimmten Wahrscheinlichkeit gegeben zu beschreiben vermag (also nicht: Immer wenn A, dann B, sondern nur: Immer wenn A, dann in x% der Fälle B). Das aber bedeutet, dass über keinen konkreten Einzelfall vorhergesagt werden kann, ob das Gesetz für ihn Gültigkeit hat oder nicht, sondern dass immer lediglich Wahrscheinlichkeitsvoraussagen für Einzelfälle bzw. Aussagen über „Massenereignisse" möglich sind. P. aber ist in den meisten Fällen P. von einzelnen Objekten bzw. Handlungen, so dass diese P. in ihren Ziel-Mittel-Aussagen notwendigerweise mit erheblichen Unsicherheiten für den Einzelfall belastet sind. 2. ist zu beachten, dass in der beschriebenen Form der P. sozialwissenschaftliche Kenntnisse dazu benutzt werden, das Verhalten der Planungsbetroffenen – ohne diese darüber aufzuklären – zu beeinflussen bzw. zu manipulieren. Das heißt auch, dass die (impliziten) Normen und Werte der Planer vielfach größere Berücksichtigung finden als die der Planungsbetroffenen, so dass insbesondere bei Planungsaktivitäten für soziale Randgruppen (z. B. in der Stadtplanung oder P. sozialpädagogischer Einrichtungen) deren Interessen und Bedürfnisse durch die an Mittelschichtsnormen orientierten Planungsergebnisse nicht befriedigt werden können. Daraus resultierende soziale Konflikte (in den USA) machten die Notwendigkeit deutlich, andere Planungsverfahren zu entwickeln. Damit die Bedürfnisse der Planungsbetroffenen, die ja als Nutzer die geplanten Einrichtungen auch annehmen müssen, möglichst unverzerrt Grundlage der Zielformulierungen für den Planungsprozess sein können und auch in der Bereitstellung der Mittel sich keine Widersprüche zu diesen Bedürfnissen ergeben, ist es erforderlich, dass die Planungsbetroffenen die Möglichkeit haben, am gesamten Planungsprozess zu partizipieren, ihre Erfahrungen und die im Planungsprozess selbst erworbenen Kenntnisse in das Planungsverfahren einzubringen und die Planausführung zu beeinflussen (Ortmann 1983).

Methoden

Es ist offenkundig, dass unterschiedliche Planungsauffassungen auch unterschiedliche Planungsmethoden erfordern. Während auf der Basis alleiniger Anwendung des technologischen Planungsverständnisses insbesondere die Frage der sinnvollen Operationalisierung von Zielen und Mitteln (z. B. mit Hilfe von sozialen Indikatoren; Werner, ISA 1999) sowie die Effektivierung der Planungsvorgänge und -ergebnisse (z. B. durch Kosten-Nutzen-Analysen;) im Vordergrund stehen, zielt ein Planungsverständnis, das die Betroffenenbeteiligung hoch bewertet, in der Methodendiskussion primär auf die Entwicklung von Problembewusstsein bei den Planungsbetroffenen sowie auf Partizipationsstrategien (Davidoff, Arnstein, Peattie, in: Lauritzen), weil erst bei „gelingender" *Partizipation* angenommen werden kann, dass die P. tatsächlich i. S. der Betroffenen erfolgt (zu den Durchsetzungschancen Langenbach/Widmaier, in: Ortmann 1976).

Probleme

Das Planungsproblem kann weder theoretisch noch praktisch als „gelöst" bezeichnet werden. Aus der Fülle der existierenden Probleme seien hier nur einige genannt:

(a) P. findet in unserer Gesellschaft, soweit sie sich auf soziale Prozesse und Einrichtungen bezieht, vorwiegend im Rahmen von bürokratisch strukturierten Verwaltungen (Weber, 703–738) statt. Dabei entsteht das Problem, dass gerade nichttechnologisch orientierte Planungsverfahren ihrer Struktur nach mit herkömmlicher Verwaltungsstruktur in Konflikt geraten (Ortmann 1983, 238 ff.; Ortmann 1994, 189 ff.). Das bedeutet, dass partizipative P. bzw. selbstorganisierte Planungsprozesse, die sich auf öffentliche Einrichtungen richten, immer partiell auch gegen Verwaltung mit ihrer fest gefügten hierarchischen Entscheidungsstruktur gerichtet sein müssen.

(b) Partizipative Planungsprozesse, in denen sowohl die Kenntnisse der unmittelbar Betroffenen als auch der in dem betreffenden Feld Handelnden eingebunden werden, gewinnen aber deshalb nochmals besondere Bedeutung, weil in den sozialarbeiterischen und sozialpädagogischen Handlungsfeldern nicht allein ein Mangel an empirisch-analytischer Theorie, sondern auch zugleich ein „strukturelles Technologiedefizit" (Luhmann/Schorr) besteht; d. h. dass über Ziel-Mittel-Zusammenhänge günstigstenfalls Wahrscheinlichkeitsaussagen möglich sind. Planungen können also nur gelingen, wenn das nicht technologisch verwendbare hermeneutische Wissen und das Alltagswissen (Heller) über den zu planenden Objektbereich in die P. Eingang finden können. Dies ist grundsätzlich nur möglich, wenn P. in Zusammenarbeit von Experten, im Feld Handelnden und Planungsbetroffenen als Prozess verstanden wird *(Sozialplanung, Jugendhilfeplanung)*, in dem technologisches Wissen und kommunikatives Handeln dialektisch miteinander verbunden werden.

(c) P. darf nicht Prozesse festlegen, die im Planungsverlauf nicht mehr beeinflusst werden können, weil auch im Verlauf der P. selbst Bedürfnisveränderungen und Lernprozesse bei am Planungsprozess Beteiligten stattfinden können, die neue P. erforderlich machen. Wird diesen Veränderungen nicht Rechnung getragen, so kann P. nur eine Einengung des Freiheitsspielraumes des Menschen und damit Verplanung bedeuten.

Das Thema Planung ist theoretisch bearbeitet. Seine Bedeutung für die Soziale Arbeit liegt heute in der Planungspraxis, die in unterschiedlichen Fachbereichen und mit verschiedenen Schwerpunkten ‚plant': in der *Stadtentwicklungsplanung*, insgesamt in der *Sozialplanung* oder spezieller in der *Kinder- und Jugendhilfeplanung (genauer s. jeweils dort)*.

Friedrich Ortmann

Literatur

J. Habermas: Legitimationsprobleme im Spätkapitalismus, Frankfurt/M. 1973 (Habermas/Offe 1997) ◆ F. Hansen: Standards in der Sozialen Arbeit: Reihe Planung und Organisation, Freiburg i.Br. 2010 ◆ A. Heller: Das Alltagsleben, Frankfurt/M. 1978 ◆ L. Lauritzen (Hrsg.): Mehr Demokratie im Städtebau, Hannover 1972 ◆ F. Herrmann: Planung und Planungstheorie, in: H.-U. Otto/H. Thiersch (Hg.) Handbuch Soziale Arbeit, München [5]2015, 1191–1202 ◆ ISA e. V. (Hrsg.): Soziale Indikatoren und Sozialraumbudgets in der Kinder- und Jugendhilfe, Münster 1999 ◆ S. Maykus/R. Schone (Hrsg.): Handbuch Jugendhilfeplanung, Wiesbaden [3]2010 ◆ N. Luhmann/K. E. Schorr: Das Technologiedefizit der Erziehung und die Pädagogik, in: N. Luhmann/K. E. Schorr (Hrsg.): Zwischen Technologie und Selbstreferenz, Frankfurt/M. 1982, 11–40 ◆ F. Ortmann (Hrsg.): Sozialplanung für wen?, Neuwied/Darmstadt 1976 ◆ F. Ortmann: Bedürfnis und Planung in sozialen Bereichen, Opladen 1983 ◆ F. Ortmann: Öffentliche Verwaltung und Sozialarbeit, Weinheim/München 1994 ◆ W. Röpke, Planwirtschaft, in: Handwörterbuch der Staatswissenschaft. Bd. 6, Jena 1925, 876 f. ◆ F. Tenbruck: Planung 1: Theorie der Planung, in: Staatslexikon, 10 Bde. (2. Erg.-Bd.), Freiburg 1970, Sp. 885–896 ◆ M. Weber: Wirtschaft und Gesellschaft (Studienausgabe), Köln/Berlin 1964 ◆ R. Werner: Soziale Indikatoren und politische Planung, Reinbek 1975.

Politische Bildung

Historisches

In Deutschland taucht Politische *Bildung* (PB) als eigenständiger Lehrbereich erstmals in der WR als „Staatsbürgerkunde" auf. Danach soll *Erziehung* „einerseits durch die Vermittlung demokratischer ‚Werte' und durch die Darstellung der ‚ethischen Grundlagen des Staates' ‚republikanische Gesinnung' erzeugen"; andererseits wird die Einübung von „Kenntnissen über normative Prinzipien in der gegebenen Form von Demokratie" über den Schulunterricht hinaus verlangt

(Tjaden). Der so angelegte Widerspruch, einen Staat durch blindes Fungieren zu erhalten, wurde durch den Nationalsozialismus darauf in einer Form der PB „gelöst", die sich v.a. durch aggressive chauvinistische und rassistische Inhalte und Zieldefinitionen kennzeichnete. Alle Versuche einer Definition der PB nach 1945, die fast immer auch mit konkreten Ziel- und Aufgabenbestimmungen verbunden sind, lassen sich grob zu drei Begriffsbereichen zusammenfassen (Schierholt):

- PB als Umschreibung bewusst initiierter und geplanter Lernprozesse, um zu einem bestimmten politischen Verhalten zu erziehen,
- PB als Ergebnis und Erklärung für eine bestimmte empirisch vorfindbare politische Einstellung und
- PB als Beschreibung für einen politischen Sozialisationsprozess.

Daraus wird ersichtlich, dass PB als mehr oder weniger bewusster Bestandteil primärer und sekundärer *Sozialisation* in fast allen Bereichen von *Erziehung* und *Bildung* (etwa Kindergarten, *Tageseinrichtungen für Kinder,* Vorschule/Schule, *Jugendarbeit, Jugendverbände, Gewerkschaften, Weiterbildung*) besondere Bedeutung zukommt.

Konzeptionen/Ordnungsversuche

Zur Klassifizierung der didaktischen Konzeptionen der PB werden seit geraumer Zeit vorwiegend zwei Ordnungsprinzipien bemüht. Es wird entweder systematisch nach gesellschaftspolitischen Positionen oder chronologisch nach phasenbildenden Zielsetzungen gegliedert. Gemäß dem Kriterium „gesellschaftspolitische Position" machte schon 1970 Holtmann – unter Vernachlässigung des chronologischen Gesichtspunktes und unter Bezug auf ein von Hilligen entwickeltes und anscheinend zeitlos plausibles Raster – vier nebeneinander stehende Richtungen aus, die auch heute noch als Grundkonzeptionen gelten können:

1) „**Die national-konservative Konzeption** einer harmonisierenden Gesellschaftsauffassung" mit stark betonender „Berücksichtigung nationaler Gruppenbildung und emotionaler Gruppenidentifikation als anthropologische Grundgegebenheiten" *(Anthropologie);*
2) „die **‚altliberale' Konzeption unpolitischer humanistischer Bildungstradition** und einer harmonisierenden Gesellschaftsauffassung", die in den meisten Schulbüchern zur PB mit einem „unkritische(m) harmonisierende(m) Demokratiebegriff, Antiparteien- und Antigewerkschaftseffekte(n), (früher auch) relativ undifferenzierte(m) Antikommunismus und ... Bevorzugung des historischen Aspekts vor dem politisch-sozialwissenschaftlichen ..." vertreten ist;
3) „**die linksliberale Konzeption mit einer Konflikttheorie von der Gesellschaft**" als Basis der Bejahung „des Pluralismus der sozialstaatlichen Demokratie und ... institutionalisierte(r) Konfliktlösung auf der Grundlage eines gesellschaftlichen Minimalkonsensus ... in Bezug auf grundlegende Einsichten";
4) „**die demokratisch-sozialistische Konzeption einer antagonistischen Auffassung**", die „in den ökonomischen und gesellschaftlichen Strukturen und Machtverhältnissen zu beseitigende Barrieren für die Verwirklichung sozialstaatlicher Demokratie als Bedingung für die *Emanzipation* des Menschen" sieht.

Die anderen Ordnungsversuche klassifizieren nach diversen phasenbildenden Zielkonzeptionen und gehen ebenfalls bis auf das Ende der 1960er Jahre zurück. Sutor etwa greift die von Michel bis 1965 konstatierten drei Phasen (1. Partnerschaftsbeziehung, 2. staatsbürgerliche Erziehung, 3. ethischer Personalismus) auf und ergänzt sie um zwei weitere, die neuere Entwicklung betreffend: 4. die gesellschaftskritische Konzeption sowie 5. die an einer Erneuerung nationaler Werte orientierten Konzeptionen.

Entwicklungsphasen

Als „ihre eigene dialektische Ausformung" begriff Messerschmidt (1970) die Entwicklung der politischen Bildungsarbeit in Deutschland (West) und gliedert danach in drei Hauptphasen:

„1. Phase (etwa 1945–1956): geprägt von der Auseinandersetzung mit Nationalsozialismus und Kommunismus;
2. Phase (etwa bis 1962): geprägt von einer formalisierten, meist kritiklosen Darstellung demokratischer Institutionen, und eine
3. Phase (seit 1962/1963): geprägt von einer mehr kritischen Auseinandersetzung mit demokratischen Entscheidungsprozessen".

Bei Wallraven/Dietrich (1970) ist es in Westdeutschland seit 1945 „die Erziehung

- zur Gemeinschaft und Partnerschaft seit 1945/49;
- zu fundamentalen Erkenntnissen und Einsichten (ab 1953);
- zur politischen Aktivität und Beteiligung (ab 1956);
- zu kritischem Denken, zur Kritikfähigkeit (1962);

- zu Konfliktbewusstsein und Konfliktverhalten (ab 1965)", die maßgeblich phasenbildend wirkten.

Ähnlich diesen Autoren, den Zusammenhang zwischen politisch-ökonomischer Entwicklung und den jeweils dominierenden und schulwirksamen Konzeptionen besonders betonend, äußert sich Schmiederer (1974): Während in einer 1. Phase v.a. die Partnerschaftsbeziehungen Oetingers die Analyse staatlicher und wirtschaftlicher Organisationsformen, gesellschaftlicher Interessengegensätze usw. zugunsten des Entwurfs harmonischer Lösungsversuche zwischenmenschlicher Beziehungen vernachlässigte, kam es mit Gründung der BRD in einer 2. Phase der PB vorrangig darauf an, über Anleihen bei staatsbürgerlichen Moral- und Tugendlehren (Spranger, Litt, Weniger) mittels einer formalen Institutionenlehre und vereinfachender Totalitarismustheorie eine behauptete normative Überlegenheit des westlichen gesellschaftspolitischen Ordnungssystems zu untermauern. Sichtbare krisenhafte Entwicklungen dieses Systems leiteten in einer 3. Phase Rückbesinnungstendenzen zu fundamentalen Einsichten und Werten des Politischen (sog. Hessische Schule: Fischer, Engelhardt, Hilligen) ein sowie die Konstituierung des mit harmonischen Mitteln (grundsätzlich möglicher Interessenausgleich in einer als pluralistisch deklarierten Gesellschaft) zu lösenden Konflikts als zentraler Kategorie (Giesecke). Erst in einer 4. Phase lösen sich verschiedene Autoren auch noch von einem harmonisch eingebetteten Konfliktmodell, entdecken für die PB gesellschaftliche Grundwidersprüche *(Gesellschaft, Klasse/Schicht/Milieu)* und stellen Analysen der Lage sowie Parteinahme für die Interessen politisch und sozial benachteiligter Bevölkerungsgruppen ins Zentrum ihrer Überlegungen. Sie erheben deshalb – z.B. im Zusammenhang mit der Forderung nach „universaler Mitbestimmung" als Gegenstand politischer Erziehung (etwa bei Wallraven) – PB in den Rang einer Kapitalismus- und Parlamentarismuskritik; sie verlangen die Beschäftigung mit den sozialpsychologischen Konsequenzen der Konsum- und Leistungsgesellschaft und sehen eine auf Befreiung des Menschen aus seiner „Eindimensionalität" (Marcuse) zielende PB und Erziehung als Bestandteil der von etablierten Herrschaftsinteressen abgehobenen allgemeinen, fortschrittlichen Theorie der gesellschaftlichen Bedürfnisse des Menschen. Teilarbeiten hierzu liegen vor – immer noch lt. Schmiederer – etwa in ideologiekritischen Analysen von Manipulationsmechanismen und Herrschaftsstrukturen (der sog. kritischen Theorie), der Erklärung der Zusammenhänge zwischen privater Existenz und gesellschaftlicher Bedingung (Negt) oder in Form von neuerstellten emanzipatorischen Lernzielen (damals in Hessen und NRW).

Schmiederer kam mit dieser Beschreibung zeitlich recht genau an jene Schwelle in den 1980er Jahren heran, an der sich mit neuerlichen „krisenhaften Erscheinungen" größeren Umfangs und längerer Dauer (ökonomische Wachstumsschwierigkeiten, strukturelle hohe Sockelarbeitslosigkeit, ökologische Katastrophen, Friedensunfähigkeit) „auch die Politische Bildung innerhalb ihrer gesellschaftlichen Grundlagen immer wieder im Gerede" sah und sieht: „Legitimationsschwierigkeiten von strukturellem Zuschnitt werden zur ‚Krise der Politischen Bildung' erklärt, obgleich es sich eher um eine ‚politische Krise der Bildung' handelt" (Schmiederer).

An diesen Verwechslungen hat sich nichts geändert. In Westdeutschland verdeutlichte sich das seit Mitte der 1980er Jahre vor dem Hintergrund offensichtlich zunehmender Krisenanfälligkeit des kapitalistischen Systems – parallel zum Niedergang des realsozialistischen – an der Entstehung einer sog. „Zweidrittelgesellschaft" und einer allgemeinen „Krise des Sozialstaats".

Hier – in der Mitte der 1980er Jahre – hat denn auch eine Fortführung der Phasierung PB ähnlich der von Schmiederer anzusetzen. Die systematische Klassifizierung nach gesellschaftspolitischen Positionen oder ideologischen „Schulen" wirkt im Großen und Ganzen unverändert fort, wenn auch mit z.T. nachgerückten Namen bestückt und im Falle der auf die Emanzipation des Menschen bedachten Konzeption unter Verzicht auf das allem Anschein nach derzeit weltweit diskreditierte Adjektiv „sozialistisch".

Auf den Verlust eines intakten *Sozialstaats* als Hintergrundkonsens reagiert PB (in einer 5. Phase) mit Ausfransen. Sie sucht in Varianten dazu nach neuen, integrationspotenten Hintergrundverständnissen. Als Erstes drängen sich „Neue Soziale Bewegungen" *(Selbsthilfe/Selbstorganisation)* in den Vordergrund mit der Betonung ökologischer Fragen und ökosozialer Orientierung *(Sozialökologie)*. Fast gleichzeitig damit wird Lebens- und Alltagsorientierung als Hintergrundkonsens entdeckt auch für die PB. Besonders über die Frauenbewegung wird – nachdem erstmals bereits in den 1970er Jahren Geschlechterdifferenzierung in lebensweltlichen Fragen Thema geworden war – Privates politisch *(Frauen, Mädchen, Jungen, Männer)*. Davon profitiert PB wohl in Form zahlenmäßig zunehmender politi-

P

scher Themen von plötzlich allgemeiner Relevanz, gleichzeitig tritt aber auch eine Verwässerung, ja Entpolitisierung der PB ein.

Neue Entwicklungen

Die ausgehenden 1980er Jahre entdecken verstärkt auch für die PB den Alltag, das Subjekt und die Kultur. Neuer Subjektivismus und Kulturalismus geraten als Zielsetzungen in das Blickfeld politischer Bildner. Diese wenden sich vermehrt existentialistisch definierter Persönlichkeitsbildung zu, dem Trend der „Individualisierung" Tribut zollend: *Erlebnispädagogik* wird in einer Freizeit- und Erlebnisgesellschaft (Schulze) zur PB für alle.

Die bereits vor Jahren beklagte und o. g. Krise der PB ist damit allerdings mitnichten behoben. Im Gegenteil. Der Streit geht erneut um Definition und Legitimation und letztlich sogar darum, ob angesichts solch offensichtlich zentripetaler Tendenzen überhaupt noch von eigenständiger PB gesprochen werden kann oder diese zum nachrangigen Spezialfall allgemeiner Bildung herabgesunken ist. Politikwissenschaft und *Soziologie,* als Mutter- oder Zuliefererdisziplinen bislang scheinbar unverzichtbar, fühlen sich zunehmend weniger zuständig und kündigten schon lange vor der Jahrhundert- bzw. Jahrtausendwende (1987, Hartwich) die Zusammenarbeit mit der PB auf, sofern sie nicht selber Kultur als „weiches", sozialpsychologisches Thema favorisieren.

Die ausgehenden 1980er Jahre bieten also ein buntes Gemisch an, das eine auch derzeit noch anhaltende Diffusion der PB samt ihrer Schwerpunkte nicht verbergen kann. Trotz einiger auffällig im Vordergrund stehender Schwerpunktthemen (Subjekt, Alltag(s)Kultur), die jedoch alle nicht die Konsistenz einer dominanten Zielkonzeption beanspruchen können, herrscht gewissermaßen eine „neue Unübersichtlichkeit" (Habermas). Auch die „alten" Themen, so wird etwa im Lager der Grünen oder von der Frauenbewegung gesagt, haben sich erledigt, z. B. die Sozialstaatsfrage angesichts des schier unaufhaltsamen Abbaus des Sozialstaats. Und obwohl seit Ende der 1970er Jahre die anhaltend hohe Arbeitslosigkeit auch als Thema der PB vorhanden ist und als „Krise der Arbeitsgesellschaft" verhandelt wurde (Negt), steht dieses Thema nie im Zentrum. Auf der eher altliberal-unpolitischen „bürgerlichen" Seite werden „neue" Schwerpunkte favorisiert, die über die bevorzugte Thematisierung von „Technikakzeptanz", allgemeiner „Modernisierung" von Leben und *Arbeit* PB als eigenständigen Bereich sogar als überflüssig gelten lassen wollen. Neokonservative Modelle beklagen mit moralisierendem Impetus allseits starken Wertewandel und Normenverfall, trachten danach, mit Mut „Zurück zur Erziehung" zu müssen. Beiden konzeptionellen Verständnissen scheint zudem – in diesem Punkt im Verein mit linksliberalen Positionierungen – eine Wiederbelebung der Institutionenkunde als zentrales Agens einer notwendigen Stärkung der Parteien- und Verbandsdemokratie durch PB angelegentlich.

Politische Bildung heute

Noch unmittelbar vor der historischen Zäsur 1989 (sog. „Wende") und 1990 („Wiedervereinigung") ist also eine auffällige Unentschiedenheit in der PB nicht zu übersehen, geschweige denn beseitigt worden, eher bestätigt. Allerdings wird die unentschiedene Lage unterschiedlich interpretiert. Während eine Position, eher der linken, demokratisch-humanistischen Tradition verpflichtet, weiterhin und verstärkt auf eine Neubesinnung der PB auf den alten Auftrag „Emanzipation durch Aufklärung" verweist, sieht die gesellschaftliche Lage und damit die der PB von einer anderen Position viel undramatischer aus: Die deutsche Entwicklung seit 1945 befindet sich ganz allgemein am „Ende der Reedukation"; politisch Desinteressierte und damit für PB unerreichbare Adressaten hat es schon immer gegeben (Giesecke), nicht nur in Deutschland, in wesentlich älteren Demokratien auch (England, USA).

Neben diesen beiden vorherrschenden Interpretationen der Lage vor 1989 hält sich eine Dritte, die, namentlich von den Neuen Sozialen Bewegungen ideell und organisatorisch getragen, behauptet, dass mittlerweile wesentlich mehr politisch Interessierte und Gebildete praktisch viel mehr bewegen würden, nur eben in neuen, nichttraditionellen Formen, wohl nicht mehr im klassischen Sinne alle dem Subsidiaritätsprinzip geschuldet, allzumal aber im politischen Raum (Selbsthilfegruppen, Bürgerinitiativen, Wählergemeinschaften usw.). Anlass zu Hoffnung sei also gegeben. Diese Position verlängert gewissermaßen die schon in früheren Jahren gehegte und belegbare Erkenntnis von einer spürbaren Tendenz zur Aussparung der sog. großen Politik in der PB, der auch eine thematische und räumliche Provinzialisierung entspricht.

Mit der historischen Zäsur 1989/90 – die im Übrigen in ihren Ursachen und Wirkungen nicht nur auf Deutschland zu beziehen ist (Osteuropa, Gesamteuropa) – haben nun in der Tat die ökonomischen Probleme an Brisanz gewonnen, zeitigen massive sozialpolitische, denen sich die bereits erwähnten und z.T. dazu querliegenden Fragen hinzugesellen. Eine Neubesinnung der PB ist also begründet und erneut geboten, sozusagen steht eine weitere, 6. Phase an.

Aktuelle Aufgaben der Politischen Bildung

Neben der sich zuspitzenden wirtschaftlichen und sozialökonomischen Lage mit noch nicht absehbaren allgemeinen negativen Auswirkungen auf das gesamte Land und die wieder vereinigte Bevölkerung (mögliches Wachstum bei hoher, hartnäckiger Arbeitslosigkeit, Verstetigung der Zustände einer Zweidrittelgesellschaft in einer „Dreiviertelwelt") drängen sich nun als aktuelle Aufgaben für PB besonders weitere Phänomene in den Vordergrund: eine sog. „Politikverdrossenheit", was v.a. die massive Abwendung der Bürger/innen von Parteien, sozialen und politischen Großinstitutionen (*Gewerkschaften* etwa) meint; eine erschreckend deutliche Barbarisierung der Gesellschaft durch extremistische Entwicklungen im politischen Bereich (einschließlich der Parteien), verbunden mit einer fast alle gesellschaftlichen Bereiche erfassenden Enttabuisierung von Gewalt(-bereitschaft, -anwendung, -akzeptanz), was v.a. einen Einsatz als pädagogische Intervention gegen Fremdenfeindlichkeit und Rechtsextremismus verlange (Alheim, Scherr u.a.); nicht zuletzt ist die PB durch den weltweiten Globalisierungsprozess herausgefordert und muss darauf durch Anpassung und Modernisierung ihrer Strukturen reagieren (Butterwegge/Hentges).

Keineswegs wird die daraus resultierende Fülle von Anforderungen an PB – im Verein mit (Jugend-)Sozialarbeit, (Sozial-)Päd. u.a. – dadurch weniger kompliziert zu bearbeiten, dass zusätzlich und wohl noch für einige Zeit Rücksicht genommen werden muss auf gravierende Unterschiede zwischen den alten und den nBL. Schließlich haben diese in der Genese ihrer Problemlagen unterschiedliche Voraussetzungen und Entwicklungen zu bieten, die bei einer Einbeziehung in Bemühungen der PB (thematisch/didaktisch, sogar methodisch) unbedingt berücksichtigt werden müssen. „Zurück zur Nation" (Klönne) ist gleichermaßen zu wenig wie offenkundig schwierig.

Zwei Hauptentwicklungslinien der PB sind in der derzeitigen Phase denkbar: Entweder wird die PB zu einer Konzentration ihrer Aufmerksamkeit auf die benannten gesellschaftlichen Hauptanliegen gezwungen, nimmt sich ihrer im Bildungsalltag an. Oder die bereits vor der historischen Zäsur gegebene Diffusion ergreift PB für länger, und sie verläuft sich in Phänomenen und bildnerischer Verwaltung.

Die Notwendigkeit, PB schlechthin abhängig zu machen von einer unklaren und prekären Lage oder von dem seit langem bekannten und beklagten geringen Wirkungsgrad PB (Teschner), geht allerdings an der eigentlichen Fragestellung vorbei. Diese besteht darin, inwieweit auch PB immer wieder mitwirken kann an der Erarbeitung und Umsetzung von (Bildungs-)Konzepten für eine zivile Gesellschaft. PB ist deshalb nie „am Ende" (Glaß). Auch die bereits seit langem bestehenden Bemühungen um die Verbesserung der pädagogischen Vermittlung anzustrebender Ziele (neue Unterrichtsmethoden und verbesserte didaktische Konzepte) müssen deshalb ständig fortgeführt werden. Das alles bleibt Aufgabe, auch wegen der immanent fortwirkenden Behinderungen durch Grundphänomene der Gesellschaft wie „Komplexität, Interdependenz und Abstraktheit" der Gegenstände (v. Hentig), wegen der Schwierigkeiten, Interessenten für Angebote im alten, aufklärerischen Sinne zu finden und (fast) nur aktive Minderheiten mobilisieren zu können. Nicht zuletzt durch diese wird Demokratie stabilisiert, und PB hat die Aufgabe, diese Minderheiten zu ihrem demokratischen Geschäft befähigen zu helfen (Borinski). Die Schwierigkeiten, denen PB wieder einmal gegenübersteht, unterstreichen also erneut ihre Notwendigkeit. Dass sie stattzufinden hat – als bewusst initiierter und geplanter Lernprozess mit aufklärerischem Anspruch und emanzipatorischer Wirkung –, ist ernsthaft nicht zu bestreiten.

Dass in der PB digitale Medien als Gegenstand und Methode unterstützend wirken können, zeigen die Bundeszentrale für Politische Bildung (bpb) mit vielfältigen Informationen und viele andere Anbieter z.T. mit interaktiven Portalen.

Christian Glaß

Literatur

Auf die Angabe einzelner Texte zur PB wird hier verzichtet. Immer wieder nützliche Hinweise und Beiträge finden sich in den Beilagen „Aus Politik und Zeitgeschichte" zur Wochenzeitung „Das Parlament", in der Zeitschrift für die Jugendarbeit „deutsche jugend" sowie „Praxis Politische Bildung". Nicht unerwähnt bleiben soll das Buch von W. Sander: Handbuch der politischen Bildung, Schwalbach am Taunus [4]2014.

Links

www.bpb.de
www.arbeitundleben.de
www.dvpd.de
www.politikzumanfassen.de

P

Polizei und Soziale Arbeit

Bis weit in die 1990er Jahre hinein galt die Polizei (P.) aus der Sicht der SozArb als die Verkörperung all dessen, was man selbst ablehnte: Gewalt, Zwang, soziale Kontrolle, „reaktiv-repressives Hilfsorgan des Staatsanwalts". In dieses häufig durch Unkenntnis, nicht selten auch durch gegenseitige Verdächtigungen und Vorurteile geprägte Verhältnis kam erst im ersten Drittel der 1990er Jahre Bewegung. Oberflächlich betrachtet war dafür die aufkommende breite öffentliche Diskussion um die steigenden Zahlen polizeilich ermittelter Tatverdächtigter v. a. im Jugendalter, aber auch bei Kindern und jungen Erwachsenen verantwortlich. Bei genauer Hinsicht aber wurde deutlich, dass diese Debatten Ausdruck eines tief greifenden Werte- und Politikwandels in der BRD – wie auch in vielen anderen westlichen Industriegesellschaften – waren. Sicherheit, sowohl innere wie individuelle, avancierte zunehmend zu einem erstrebenswerten Zustand und weithin anerkannten politischen Wert. „Präventive Verbrechensbekämpfung und die Verminderung der Angst vor Kriminalität" – um eine Formulierung von A. Giddens aufzunehmen – konnten so z. B. zu einem Kennzeichen des sog. „dritten Weges" der Sozialdemokratie „jenseits von Links und Rechts" werden (Giddens 1999, bes. 103 ff.).

Kriminalprävention

Zu den augenfälligen Folgen dieser Entwicklungen gehört – neben den wiederholten Versuchen einer Verschärfung der gesetzlichen Grundlagen, primär des *Jugendstrafrechts,* und den Forderungen nach einem Ausbau der Plätze für freiheitsentziehende Maßnahmen im Rahmen der KJH – v. a., dass allerorten das Thema Kriminalprävention erheblich an Bedeutung gewann. Der Aufbau eigener Datenbanken (z. B. in Form des Infopools Prävention des BKA), symbolträchtige politische Aktivitäten, z. B. in Form einer großen Anfrage der damaligen Opposition im Dt.BT (Dt.BT 1997) oder in Form von Beschlüssen der Konferenz der Jugendminister der Länder in den Jahren 1997 und 2000, die Gründung des Deutschen Forums für Kriminalprävention (DFK) und nicht zuletzt die Einrichtung einer Arbeitsstelle Kinder- und Jugendkriminalitätsprävention am DJI sind neben ungezählten gemeinsamen Fachtagungen und Workshops von P. und KJH, zahlreichen Veröffentlichungen und ebenso vielen Positionspapieren und Stellungnahmen von Trägern und Fachverbänden beredte Belege für diesen Bedeutungswandel. In vielen BL wurden kriminalpräventive Räte eingesetzt, Kriminalprävention wurde Thema von Kabinettsbeschlüssen und Landtagsentschließungen. Zugleich wurden auf der lokalen Ebene nicht nur zahlreiche kommunale kriminalpräventive Räte und sog. „Sicherheitspartnerschaften" gegründet, sondern auch eine heute nicht mehr überschaubare Zahl von Modell- und Kooperationsprojekten gestartet. Neben gegenseitigen Informations- und Weiterbildungsveranstaltungen wurden kooperative Arbeitsgruppen (z. B. zwischen KJH, P., Justiz und Schule) eingerichtet. Neben eher unproblematischen gemeinsamen Sportveranstaltungen finden sich Bemühungen, aus der SozArb bekannte Ansätze der *Gemeinwesenarbeit* und mobil Jugendarbeit zielgruppenbezogen zu erweitern oder soziale Trainingskurse für tatverdächtigte strafunmündige Kinder zu öffnen. Es wurden neue Strategien (z. B. in Form der systematischen Verfolgung von sog. Schulschwänzern durch die P.) erprobt und dauerhaft etabliert.

Der Großteil dieser Initiativen konzentriert sich bis heute eindeutig auf die Altersgruppen Kinder, Jugendliche und junge Erwachsene – und zwar zusätzlich zu den bereits bestehenden Kontakten im Bereich des *Jugendschutzes.* Daneben gab und gibt es jenseits der laufenden Programme wie z. B. dem „Programm Polizeiliche Kriminalprävention der Länder und des Bundes" (ProPK; www.polizei.propk.de/) auch vereinzelte jüngere Projekte im Bereich der *Altenarbeit* – z. B. zur Steigerung des Sicherheitsgefühls in der Öffentlichkeit oder zum Schutz gegen Betrug und Diebstahl und schließlich gemeinsame Programme gegen häusliche Gewalt *(Gewalt in Familien).*

Eine systematische, fachliche und empirisch gesicherte Bilanz dieser Entwicklungen steht noch aus. Schon jetzt erkennbar ist jedoch, dass es v. a. der Begriff *Prävention* war, der gleichsam als gemeinsamer Bezugspunkt zwischen P. und SozArb fungierte und die Basis für die gemeinsamen Projekte lieferte. Für die SozArb ist dabei zu konstatieren, dass eine systematische Auseinandersetzung mit dem Begriff, den dahinter liegenden Strategien, ihren Chancen und Grenzen und der Rolle, die dabei der SozArb zukommt, weitgehend unterblieb. Zu verführerisch waren wohl in vielen Fällen die Rahmenbedingungen, um sich noch eine konzeptionelle Vergewisserung leisten zu können. Unterstützt wurde dies durch den Umstand, dass auch der überzeugteste Verfechter für Prävention – und dies gilt nicht allein für den besonderen Fall der Kriminalprävention – nicht davon absehen kann, dass mit diesem Begriff, dem dahinterstehenden Konzept und der damit verbundenen Praxis eine Vielzahl von Problemen und ungelösten theoretischen und konzeptionellen Fragen verbunden sind (Lüders 1995, 2000; Lindner 1999; Lindner/Freund 2001).

Schließlich verstellte der neu erwachte kooperative Überschwang v. a. in den Praxisprojekten, aber auch in vielen Modellprojekten, dass hinsichtlich der Funktionen, gesetzlichen Aufgaben, des Selbstverständnisses, der institutionellen Rahmenbedingungen und der fachlichen Standards P. und SozArb unterschiedlichen Logiken folgen (z. B. Bystrich/Fuchs/Liebermann 1996; als ein praktisches Beispiel Jaschke 1998) und dass eine Kooperation nur auf der Basis der Klärung und gegenseitigen Anerkennung der jeweiligen Handlungslogiken und ihrer Grenzen tragfähig und fachlich vertretbar ist (für die P. Hübner 1997; Möller 2001). Leitend für die P. ist dabei v. a. das Legalitätsprinzip (Möllers 2009); für die SozArb hingegen Vertrauensschutz, Freiwilligkeitsprinzip und Angebotsorientierung.

Dort, wo dieses zumindest in wesentlichen Zügen geleistet werden konnte, wird schnell sichtbar, dass vor jedem gemeinsamen Projekt eine ganze Reihe von Voraussetzungen erfüllt sein muss. Als eine besondere Hürde erweisen sich dabei immer wieder die Beschreibungen der „Gefährdungslagen". Es hat sich gezeigt, dass die Einschätzungen und Kriterien der P., warum bestimmte Konstellationen, z. B. in Form regelmäßiger Treffen einer Jugendszene auf dem Parkplatz eines Einkaufszentrums, als zukünftig sicherheitsrelevant zu bewerten sind, von jenen der SozArb, v. a. solange es noch nicht im bemerkenswerten Umfang polizeilich ermittelte Tatverdächtige gibt, deutlich voneinander abweichen.

Diese Beschreibungen der Ausgangslagen und Anlässe für (kriminal-)präventive Aktivitäten werden noch an Bedeutung gewinnen. Denn nach der ersten großen Welle an gemeinsamen Projekten rückt zunehmend die Frage, was dabei eigentlich herauskommt, in den Mittelpunkt des öffentlichen Interesses. Wie auch in anderen Feldern der SozArb werden in diesem Bereich die Forderungen nach einer *Evaluation* der Projekte und Strategien bzw. die Überprüfung der Bemühungen hinsichtlich ihrer Wirkungen hörbar lauter. Abgesehen davon, dass gerade präventive Ansätze Mühe bereiten, empirisch überprüft zu werden, weil im günstigen Fall der Nicht-Eintritt eines Ergebnisses den Erfolg darstellt, dieses aber schwer zu beobachten ist, existieren auf Grund der unterschiedlichen Aufgaben zwischen P. und SozArb konkurrierende Kriterien darüber, was jeweils als Erfolg präventiver Angebote zu bewerten ist. Etwas vereinfacht formuliert: Während die P. auf Grund ihres Auftrages zufrieden ist, wenn strafbares und deviantes Handeln bei Kindern, Jugendlichen und jungen Erwachsenen nicht mehr bzw. vermindert auftritt, sind damit die Ansprüche sozialer Arbeit, Kindern, Jugendlichen und jungen Erwachsenen gesellschaftliche Teilhabechancen zu eröffnen und die dafür notwendigen Voraussetzungen zu schaffen, noch gar nicht in den Blick genommen.

Polizeiliche Dienstvorschrift 382

Man kann darüber streiten, ob alle Entwicklungen der letzten Jahre zwischen SozArb und P. angemessen unter der Überschrift Prävention zu fassen sind. Wenn man die Begriffe sekundäre und tertiäre Prävention weit genug interpretiert, ist dies sicherlich möglich. Auf der anderen Seite ist und bleibt die Rede von der tertiären Prävention bei straffällig gewordenen bzw. verurteilten Jugendlichen ein begrifflicher Euphemismus. Cum grano salis gilt dies auch für Kinder, Jugendliche und junge Erwachsene, die auf Grund polizeilicher Ermittlungen verdächtigt werden, eine Straftat begangen zu haben. Es scheint deshalb hilfreich, neben den i. e. S. Präventionsprojekten jenen Alltag eigens in den Blick zu nehmen, der zwischen P. und SozArb vor dem Hintergrund polizeilichen Tatverdachts stattfindet.

Grundlage für polizeiliches Handeln ist die Polizeidienstvorschrift (PDV) Nr. 382 „Bearbeitung von Jugendsachen", die in einer novellierten Form 1996 in Kraft getreten ist (PDV 1997). „Jugendsachen im Sinne der Vorschrift sind polizeiliche Vorgänge, an denen Minderjährige beteiligt sind, (und) polizeiliche Ermittlungsvorgänge in Straf- und Bußgeldverfahren gegen Jugendliche und Heranwachsende" (PDV 1997, S. 6). In den z. T. sehr detaillierten Regelungen wird u. a. festgelegt, dass mit der Bearbeitung von Jugendsachen dafür ausgebildete Beamtinnen und Beamten, die sog. Jugendsachbearbeiter, beauftragt werden sollen. Es wird definiert, wann eine Gefährdung Minderjähriger vorliegt und welche Maßnahmen der Gefahrenabwehr bei dieser Altersgruppe zulässig sind. Sie enthält Empfehlungen für das polizeiliche Handeln, unter welchen Bedingungen und wie Ermittlungen im Strafverfahren zu führen sind, wie Vernehmungen zu gestalten sind (sie sind „sorgfältig vorzubereiten", es sollte nur eine umfassende Vernehmung stattfinden, u. Ä.), unter welchen Bedingungen Durchsuchungen durchgeführt werden dürfen und sie verbietet die „erkennungsdienstliche Behandlung" von Kindern. Vorgeschrieben wird schließlich, dass nach Abschluss der Anhörung bzw. der Vernehmung das JA unverzüglich über den bestehenden Tatverdacht in Form einer kurzen Meldung informiert wird (PDV 1997).

Die Praxis und die wenigen empirische Untersuchungen (z. B. Hoops/Permien/Rieker 2001; Bindel-Kögel/Heßler/Münder 2004) zeigen jedoch, dass diese VO keineswegs überall ihrem Geiste nach umgesetzt wird. Nicht nur, dass es allerorten noch immer an entsprechend geschulten Beamten und Beamtinnen fehlt; ebenso lassen sich große Unterschiede (z. B. hinsichtlich der Schnelligkeit und der Vollständigkeit) sowohl bei der Benachrichtigung der KJH als auch im Umgang mit den Eltern beobachten. Als nicht minder heterogen erweist sich die entsprechende Praxis der KJH. Es gibt erhebliche Unterschiede, wie in den JÄ mit den Meldungen umgegangen wird, wer sie als Erstes bearbeitet, wie und wie schnell sie auf die internen Zuständigkeiten verteilt werden, an wen sie dann weitergereicht werden und wer, wie, v. a. wann und in welcher Form sich schließlich bei den Personensorgeberechtigten meldet – wobei ergänzt werden muss, dass allzu oft die Meldungen irgendwo im JA versacken und die Personensorgeberechtigten nie etwas von der KJH hören. Dafür mag es im Einzelfall gute Gründe geben (z. B. wenn eine kompetente Fachkraft zu der Einschätzung kommt, dass im konkreten Fall die Familie in der Lage sei, alle Herausforderungen allein zu bewältigen und dass ein Angebot des JA die Lage eher verschärfen würde); derartige fachliche Begründungen für die Nicht-Intervention sind aber die Ausnahme. In den meisten Fällen fehlt es an personellen Ressourcen, fachlicher Sensibilität und entsprechenden internen Verantwortlichkeiten, um den polizeilichen Meldungen fachlich gerecht zu werden, also sie mindestens als Anlässe zu begreifen, um zu prüfen, ob im jeweiligen Fall ein erzieherischer Bedarf vorliegt.

Weil es auch in diesem Bereich in der Praxis wiederholt Probleme gegeben hat, wurden auch hierfür in den letzten Jahren neue Modelle entwickelt. Das vermutlich bekannteste ist das „Haus der Jugendrechts" in Stuttgart, in dem P., STA und KJH, in dem Fall v. a. die *Jugendgerichtshilfe,* unter einem Dach in enger Zusammenarbeit die eingehenden Fällen bearbeiten (Feuerhelm/Kügler 2003). Ähnliche Projekte gibt es auch in Thüringen, flächendeckend in Sachsen-Anhalt (JUPB: Jugendberatungsstellen bei der P.) und in Berlin (Berliner Büro für Diversionsberatung und -vermittlung). Das wohl älteste Projekt ist das Präventionsprogramm P. – Sozialarbeit, PPS in Hannover, das 1979 gestartet wurde.

Jenseits dieser durch die PDV vorgeschriebenen gleichsam routinemäßigen, wenn auch noch nicht überall bislang nachhaltig wirksamen Zusammenarbeit wurden in einer Reihe von Kommunen Projekte eingerichtet, die sich auf die zahlenmäßig kleine Gruppe von häufig tatverdächtigten Kindern und Jugendlichen konzentriert, die sog. Mehrfach- und Intensivtäter. In diesen Kommunen wurden zunächst gemeinsame Projektgruppen zwischen der P. und der KJH eingerichtet. Verabredet wurden meist spezifische Verfahren, z. B. in Form regelmäßiger gemeinsamer Sitzungen, die mitunter Auswirkungen bis in die interne Organisation der beteiligten Institutionen hatten. So wurde z. B. in einigen Polizeidirektionen festgelegt, dass ab einer bestimmten Zahl von ermittelten Tatverdächtigungen die Akten personenbezogen und nicht mehr tatortbezogen geführt werden. Damit wird für das jeweilige Kind, den Jugendlichen oder den jungen Erwachsenen ein Beamter bzw. eine Beamtin für alle anstehenden polizeilichen Ermittlungen zuständig.

Fachliche Herausforderungen

Man kann aus großer theoretischer Höhe diese Entwicklungen als eine neue Form von „Kontrolle und Herrschaft, die nicht im Geringsten demokratisch legitimiert ist und die im Gegensatz zum oft gescholtenen bürokratisierten und paternalistischen Sozialstaat gar nicht erst so tut, als würde sie sich für die Frage sozialer Rechte und sozialer Gerechtigkeit interessieren" (Ziegler 2001b, 195), beschreiben. Man kann ebenso mit guten, meist überzeugenden Gründen die Logik von Prävention kritisieren und sich dagegen wehren, dass sie zur dominierenden, von der P. geprägten Logik des Handelns von SozArb, v. a. im Bereich der Jugendarbeit wird (Linder/Freund 2001). Im Verhältnis zwischen P. und SozArb geht es jedoch um mehr. Wenn erstens Sicherheit, wie auch immer sie im Einzelfall definiert sein mag, und die ordnungspolitische Definition von innerer Sicherheit ist dabei nur eine Variante, in modernen Risikogesellschaften zu einem zentralen Anliegen wird, kommt die SozArb nicht darum herum, zu klären, wie sie sich dazu verhält. Es muss dann erlaubt sein zu fragen, ob es mit der Perspektive, „gemeinsam mit Kindern und Jugendlichen Unsicherheitskompetenzen zu entwickeln" (Lindner/Freund 2001, 91) als Ergänzung zu dem bisherigen Set an Zielvorstellungen getan ist.

Zweitens verweisen die zuvor skizzierten Entwicklungen auf offene Fragen an den Schnittstellen zwischen den Institutionen. Zwar könnte man bestreiten, dass es diese überhaupt geben muss;

die Realität, wie immer man sie bewerten mag, belegt jedoch, dass es sie gibt.

Damit ist die Fachdiskussion herausgefordert – und das gilt nicht nur im Hinblick auf das Verhältnis zwischen SozArb und P., sondern die bisherigen Praxiserfahrungen machen deutlich, dass dabei auch die Justiz, die Jugendgerichte ebenso wie die FamG, die Schule und Ausbildungsorte und in verhärteten Fällen auch die Kinder- und Jugendpsychiatrie und nicht zuletzt die Politik unvermeidlich beteiligt sind.

Drittens lassen sich die zuvor beschriebenen Entwicklungen als Provokation an das präventive Selbstverständnis der SozArb, wie es spätestens seit dem 8. Kinder- und Jugendbericht der BReg und der Verabschiedung des KJHG weithin anerkannt ist, verstehen. So gesehen handelt es sich bei der P. nicht um eine beliebige Schnittstelle der SozArb, sondern um einen Ort, an dem Grundsatzfragen nach ihrem Selbstverständnis, ihrer Funktion und Aufgaben gestellt werden.

Christian Lüders

Literatur

G. Bindel-Kögel/M. Heßler/J. Münder: Kinderdelinquenz zwischen Polizei und Jugendamt, Münster 2004 ◆ H. Bystrich/U. Fuchs/B. Liebermann (Hrsg.): Jugend – HILFE – Polizei. Konflikte, Schnittstellen, Kooperation zwischen Jugendhilfe und Polizei, Nürnberg1996 ◆ B. Dollinger: Jugendhilfe und Polizei, www.bpb.de v. 5. 11. 2014 ◆ T. Feltes: Soziale Arbeit und Polizei, München 2011, ebook ◆ W. Feuerhelm/N. Kügler: Das „Haus des Jugendrechts" in Stuttgart Bad Cannstatt. Ergebnisse der Evaluation, Mainz 2003 ◆ A. Giddens: Der dritte Weg. Die Erneuerung der sozialen Demokratie, Frankfurt/M., 1999 ◆ C. Heusinger/G. Steinkirchen/G. Lenkner: Kooperation Polizei – Jugendhilfe – Soziale Dienste – Schule in Nürnberg, in: uj 6/2009, 354–260 ◆ S. Hoops/H. Permien/P. Rieker: Zwischen null Toleranz und null Autorität. Strategien von Familien und Jugendhilfe im Umgang mit Kinderdelinquenz. München 2001 ◆ G.-E. Hübner: Kriminalprävention – Möglichkeiten und Grenzen polizeilicher Präventionsstrategien zur Kontrolle der Alltagskriminalität, in: H. Janssen/F. Peters (Hrsg.): Kriminologie für soziale Arbeit, Münster 1997, 235–265 ◆ H-G. Jaschke: Polizei und Sozialarbeit im städtischen sozialen Brennpunkt, in: W. Heitmeyer/R. Dollase/O. Backes (Hrsg.): Die Krise der Städte. Analysen zu den Folgen desintegrativer Stadtentwicklung für das ethnisch-kulturelle Zusammenleben, Frankfurt/M., 1998, 398–415 ◆ W. Lindner: „Zero Tolerance" und Präventionsinflation – Jugendliche und Jugendarbeit im Kontext der gegenwärtigen Sicherheitsdebatte, in: dj 47/1999, 153–162 ◆ W. Linder/Th. Freund: Der Prävention vorbeugen? Zur Reflexion und kritischen Bewertung von Präventionsaktivitäten in der Sozialpädagogik, in: Th. Freund/W. Lindner (Hrsg.): Prävention – Zur kritischen Bewertung von Präventionsansätzen in der Jugendarbeit, Opladen 2001, 69–96 ◆ Chr. Lüders: Prävention in der Jugendhilfe. Alte Probleme und neue Herausforderungen, in: Diskurs 1/1995, 42–49 ◆ Chr. Lüders: Ist Prävention gegen Jugendkriminalität möglich? Ansätze und Perspektiven der Jugendhilfe, in: Zentralblatt für Jugendrecht 87/2000, 1–9 ◆ K. Möller (Hrsg.): Dasselbe in Grün? Aktuelle Perspektiven auf das Verhalten von Polizei und Sozialer Arbeit, Weinheim 2009 ◆ M. H. W. Möllers (Hrsg.): Wörterbuch der Polizei, München [2]2010 ◆ Polizeidienstvorschrift (PDV) 382 „Bearbeitung von Jugendsachen", 1997, 5–23 ◆ Stadt Nürnberg/Polizeidirektion Nürnberg (Hrsg.): Abschlussbericht zum Modellprojekt Kooperation Polizei – Jugendhilfe – Sozialarbeit – Schule, 7 Hefte, Nürnberg 2003 ◆ H. Ziegler: Crimefighters United – Zur Kooperation von Jugendhilfe und Polizei, in: np 31/2001 a, 538–557 ◆ H. Ziegler: Community Diskurse in Jugendhilfe und Kriminalprävention – Der Tod und die lokale Wiederauferstehung des Sozialen in der Kontrolle, in: Soziale Probleme 1/2/2001b, 183–206.

Links

www.bka.de/vorbeugung/infopool_de.html (BKA Infopool Prävention)

Praktikum

Inhalte und Ziele

Ein P. in der *Sozialen Arbeit* ist eine zeitlich begrenzte, z. T. angeleitete, beaufsichtigte Übungs- und Erkundungsphase in einem ausgewählten Arbeitsfeld, durch die ein junger Mensch erste Eindrücke und exemplarische, berufsähnliche Erfahrungen sammeln soll. Diese sind i. d. R. im Umfeld einer *Ausbildung* für *soziale Berufe* angesiedelt (z. B. an FS, FHS oder Universitäten) und werden vor Aufnahme oder während einer Ausbildung, spätestens aber vor Beginn einer eigenverantwortlichen regulären Berufstätigkeit durchgeführt.

Aus Sicht der Auszubildenden dient ein P. v. a. dem Kennenlernen eines Arbeitsfeldes oder eines Tätigkeitsbereichs und den damit verbundenen Aufgaben für einen angestrebten Beruf. Es soll aber zugleich dazu beitragen, dass Auszubildende sich selbst probeweise mit den Anforderun-

P

gen des jeweiligen Praxisfeldes vertraut machen können, um ihre Neigungen und Interessen, aber auch ihre eigenen Stärken und Schwächen besser kennen und einschätzen zu lernen.

Aus der Sicht der Ausbildungsstätte verbessert ein gelungenes P. auf Seiten der Auszubildenden das Einfühlungsvermögen in die Abläufe und Eigengesetzlichkeiten praktischer SozArb und erhöht die Einsicht in bestimmte Notwendigkeiten wichtiger Ausbildungsinhalte. Praktikumserfahrungen können zugleich eine wichtige Quelle der Konfrontation von diffusen Hoffnungen, Vorstellungen und Wünschen künftiger Berufstätiger mit den Realitäten einer vielfach ernüchternden Praxis sein, die zu einer produktiven Auseinandersetzung mit dem „Praxisschock" bereits vor dem Eintritt in das Berufsleben führt.

Aus der Sicht der Anstellungsträger und der Anbieter sozialer Dienste eröffnet das P. die Möglichkeit, als „Praxis" selbst unmittelbar Einfluss auf die Ausbildung zu nehmen. Die Auszubildenden können so gewissermaßen auf die bereits bestehenden Handlungsmodalitäten und Praxisabläufe „eingeschworen" werden. Darüber hinaus werden – v.a. bei länger andauernden P. – die Auszubildenden auch häufig als kostengünstige Arbeitskräfte in bestehende Arbeitsabläufe und Dienstpläne eingerechnet. Ohne den Rückgriff auf die Gruppe der Praktikantinnen wäre die ordnungsgemäße Erledigung der Arbeit in einigen Bereichen der SozArb vielfach deutlich erschwert. Allerdings werden Praktikantinnen bei kürzeren P. eher als hinderlich für den routinisierten Tagesablauf betrachtet und mehr oder weniger bereitwillig „durchgeschleust".

Unterschiedliche Praktika

P. lassen sich zeitlich danach unterscheiden, ob sie vor, während oder am Ende einer Ausbildung durchgeführt werden. I.d.R. handelt es sich dabei um verpflichtende die als integraler fachpraktischer Anteil einer Ausbildung absolviert werden müssen. Zu unterscheiden sind hiervon nichtbegleitete P., die als Zugangsvoraussetzung für eine Ausbildung vor Aufnahme einer Ausbildung nachzuweisen sind („Vorpraktikum"), was nicht selten bei FS- und FHS-Ausbildungen der Fall ist, oder aber freiwillige und zusätzliche P., die Auszubildende aus eigenem Antrieb zur Verbesserung ihrer Berufschancen machen („Generation Praktikum").

Von der zeitlich-organisatorischen Form her können Blockpraktika, Tagespraktika und studienbegleitende P. unterschieden werden, Während Blockpraktika in einer zusammenhängenden Form (4 Wochen bis max. 1 Jahr) in Anlehnung an die Arbeitszeiten der Einrichtung abgeleistet werden müssen, werden Tages- und studienbegleitende P. nur an 1 oder 2 Tagen der Woche – ggf. über mehrere Monate hinweg – durchgeführt. Bei den sozialen Ausbildungen an FS und FHS wird das Jahresblockpraktikum am Ende der Ausbildung auch „Berufsanerkennungsjahr" genannt. Auch in den meisten Bachelorstudiengängen an FHS sind mittlerweile derartige Praktika vorgeschrieben.

Finanzierung und Betreuung

Während längerfristig-obligatorische P. v.a. das Berufsanerkennungsjahr, tarifrechtlich geregelt und auch in den Stellenplänen vieler Einrichtungen entsprechend berücksichtigt sind, ist v.a. bei den kürzeren P. und bei nicht-etablierten Trägern die rechtliche und finanzielle Stellung der Praktikantinnen vielfach ungeklärt. Unbefriedigend ist auch an vielen Ausbildungsstätten die personelle Unterausstattung, die eine intensive Betreuung und Begleitung der P. nicht immer möglich macht. Eine fehlende Verzahnung von theoretischem Unterricht und fachpraktischer Ausbildung wird infolgedessen – etwa bei einem unbegleiteten Vorpraktikum – von den Auszubildenden bemängelt.

Qualität der Praktika

Das P. bildet in der SozPäd/SozArb seit jeher die Nahtstelle zwischen Ausbildung und Beruf bzw. zwischen Ausbildungsstätten und Anstellungsträgern. Je höher der „praktische" Anteil und je länger das P. ist, desto praxisqualifizierender ist die Ausbildung – so lautet vielfach eine stillschweigende Hypothese auf Seiten der Anstellungsträger mit Blick auf die sozialen Ausbildungen. Diese Annahme wird jedoch von den Ausbildungsstätten vielfach nicht umstandslos geteilt. Entscheidend sei hierbei, so die Kritiker dieser Position, in welcher Phase der Ausbildung diese fachpraktischen Ausbildungsanteile angesiedelt werden. Dies kann vor, während oder nach der „theoretisch-schulischen" Ausbildung sein. Wichtig ist zudem, wie deren Verbindung mit dem theorieorientierten Unterricht bzw. Studium fachlich organisiert ist, z.B. in intensiver Betreuung (am Arbeitsplatz und in der Ausbildung), in Form spezieller Kolloquien, kasuistischer Seminare oder praktikumsbezogener Gruppensupervision, und wie das P. in einem abschließend anzufertigenden Praktikumsbericht verarbeitet wird.

Als Alternative zu der herkömmlichen Form des P. wird deshalb an manchen Ausbildungsstätten auch die Idee des Projektunterrichts bzw. Projektstudiums diskutiert bzw. praktiziert.

Zahlen

In der *Kinder- und Jugendhilfe* ist die Zahl der Praktikantinnen in den letzten Jahren mengenwie anteilsmäßig unterdessen deutlich zurückgegangen. Betrug der Anteil an Praktikanten Anfang der 1980er Jahre noch ca. 10 Prozent aller tätigen Personen – das waren damals nahezu 27 000 Auszubildende –, so waren dies Ende 2002 in Gesamtdeutschland nur noch etwas über 24 000 Personen, was damals einem Anteil von nur noch 4,2 Prozent der tätigen Personen in der Kinder- und Jugendhilfe entsprach. *Bis 2010* sank der Wert nochmals und lag bei 3,7 Prozent. Die. Zahlen für das Jahr 2015 weisen allein für den Bereich der Kindertageseinrichtungen fast 26 000 (4,7, Prozent) Praktikanten am tätigen Personal aus. Damit steigt der Anteil von Praktikanten generell wieder an und die Anzahl der Tätigen in Kindertageseinrichtungen, die sich noch in der Berufsausbildung befinden, übersteigen in den letzten beiden Jahren die Anzahl der Praktikanten im Anerkennungsjahr.

Diese Entwicklung könnte ein Ausdruck dafür sein, dass in Zeiten knapper Kassen und hohem Fachkräftebedarf häufiger noch in Ausbildung befindliche Fachkräfte jenseits definierter Praxisphasen von Seiten der Träger früher als Berufstätige eingesetzt werden. Trends wie die Praxisintegrierte Ausbildung weisen in diese Richtung.

P. in der SozArb bleiben auf diese Weise – ähnlich wie das Referendariat in Ausbildungen mit Staatsexamen – ein offenes Bindeglied zwischen Ausbildungsstätten und Anstellungsträgern mit unscharfen Grenzen und zugleich eine gemeinsame Aufgabe mit unterschiedlichen Akzentsetzungen und Interessen.

Thomas Rauschenbach

Literatur

W. Ellermann: Das sozialpädagogische Praktikum, Berlin [4]2014: S. Fischer/K. Speck-Giesler: Praxisanleitung pädagogischer Fachkräfte: Der Weg zu mehr Qualität, Berlin 2014 ◆ K. Fischöder/H. Kranz-Uffring: Besprechen und Reflektieren in der Praxis: Leitfaden für Praktikumsgespräche, Berlin [3]2012 ◆ M. Moch: Wissen – Verstehen – Können: Kompetenzerwerb durch reflexive Praxisanleitung im Studium der Sozialen Arbeit. In: np 5/2006, 532 ff. ◆ J. Schulze-Krüdener/H.-G. Homfeldt (Hrsg.): Praktikum – eine Brücke schlagen zwischen Wissenschaft und Beruf, Bielefeldt 2003 ◆ P. Stahmer-Brandt: Pädagogische Praktika in Kita und Kindergarten, Freiburg i.Br. [2]2011 ◆ Stat. Bundesamt: Statistiken der Kinder- und Jugendhilfe. Wiesbaden, verschiedene Jahrgänge.

Prävention

Prävention als Handlungsprinzip

Mit dem Achten Jugendbericht (1990) wurde P. („vorbeugendes Handeln“) als Handlungsprinzip der JH neu thematisiert. Dieses Aufleben eines alten Diskurses um die Funktionen und die daraus sich ergebenden Perspektiven von Sozialer Arbeit insgesamt führten in den letzten Jahren zu einer sehr kritischen Auseinandersetzung mit diesem Begriff und seiner Bedeutung insbesondere für die JH. Die aktuelle Präventionsdebatte hat auch in dem Ungenügen der bestehenden, vorwiegend reaktiven sozialen Praxis ihre Ursache. Die wieder aufgefrischte Zielformel „P.“ soll einen Kurswechsel einläuten, der die Entwicklung und Erprobung neuer Handlungsansätze zum Ziel hat, die dazu beitragen, jene Lebensbedingungen und -umstände positiv zu verändern, die „störendes“, „unangepasstes“ und „sozial auffälliges“ Verhalten von Kindern und Jugendlichen immer wieder neu erzeugen. Denn trotz des Wissens, dass sich Schwierigkeiten und Problemlagen häufig nicht entwickeln würden, wenn Hilfen rechtzeitig angeboten würden, reagiere die JH erst auf bereits eingetretene Notstände und ihre Institutionen und Handlungskonzepte seien vorwiegend auf Eingriffstatbestände hin zugeschnitten. Eine Neu- bzw. Umorientierung berge jedoch, so die Kritik, auch Gefahren. Denn JH unter das Konzept von P. zu stellen, könnte zur Konsequenz haben, dass ihre Aktivitäten allein unter dem Aspekt der Verhütung von Schwierigkeiten (Normalität als verhütete Schwierigkeit) gesehen werden könnte. Dagegen wird argumentiert, dass vielmehr Bildung, Information und Gestaltung von Lebensräumen eine eigene Bedeutung für die Heranwachsenden und ihre Familien hätten. „Für die Jugendarbeit, aber auch für die Familienarbeit ist es entscheidend, sie vom Eigensinn ihrer Aufgaben und nicht von Belastungen und Risiken her zu begründen. Präventive Orientierung ist nicht ein Konzept zur Struktur von Jugendhilfe überhaupt, sondern (lediglich) ein Moment in ihr“ (BMJFFG 1990, 86).

Gesellschaftlicher Wandel und Prävention

Angesichts beschleunigter umfassender gesellschaftlicher Wandlungsprozesse, hervorgerufen durch demografische („Überalterung“), technologische („Computerisierung“), ökonomische („Globalisierung“), kulturelle („Multimediale Gesellschaft“) und soziale Aspekte („Zwei-Drittel-Gesellschaft“), erscheinen einfache Fortschreibungen von Problemdefinitionen und entsprechenden Interventionsangeboten der JH und der Sozialen Arbeit insgesamt zunehmend als problematisch. Denn diese setzen Maßstäbe und Orientierungsmuster voraus, die möglicherweise künftig an Geltung verlieren bzw. heute bereits verloren haben. Zu solchen zentralen, zunehmend brüchiger werdenden Orientierungsmustern gehören das Bild vom „normalen" Lebensverlauf („Normalbiographie"), von „normaler" Sozialisation in Kindheit und Jugend, von einer bestimmten Rationalität der Lebensführung (der sog. „lohnarbeitszentrierten Lebensführung"), durch die *soziale Integration* und individuelle Wohlfahrt erreichbar seien. Wenn aber Normalitätsvorgaben unsicher und Lebensentwürfe zunehmend offener werden, dann gehen dem präventiven pädagogischen Handeln feste Zielpunkte verloren, da keine zuverlässigen Voraussagen für künftig erwartbare (Fehl-)Entwicklungen mehr möglich sind. „Die Folge aber ist eine signifikante Entgrenzung des Risikos. (...) Das Präventionsparadigma folgt auf diese Weise einem misstrauens- und verdachtsgeleiteten Muster von Wirklichkeitswahrnehmung, in dessen Perspektive unterschiedslos alle Lebensäußerungen junger Menschen als potenzielles Risiko für soziale Integration wahrgenommen und als Anlass für gegensteuernde Interventionen interpretiert werden können" (Herriger 2001, 100). Die Präventionslogik folgt so einer Defizitorientierung, einem auf mögliche Abweichungen gerichteten Generalverdacht gegen alle Heranwachsenden, was empirisch haltlos und professionsethisch nicht zu rechtfertigen ist.

Systematisierung des Präventionsbegriffs

P

Trotz der jahrzehntelangen Diskussion fehlt es weiterhin an einem konsensfähigen Kategorienraster, mit dessen Hilfe Präventionsstrategien, -konzepte, -maßnahmen und -programme geordnet und übergreifend gebündelt werden könnten. Vorliegende Systematisierungsversuche umfassen die Gesamtheit der in einer konkreten Gesellschaft vorfindbaren pädagogischen, organisatorischen, planerischen und politischen Anstrengungen, die der Entstehung „sozialer Fälle" und „abweichender Karrieren" bzw. der Entwicklung gesellschaftlich unerwünschter Persönlichkeitsstrukturen und Verhaltensmuster entgegen wirken. Gemeinsam ist den Definitionsversuchen von P. die Unterstellung, dass für die Mitglieder einer konkreten Gesellschaft weitgehend verbindliche Normalitätsstandards in Form von Rechtsnormen und von im Alltag eingespielten Normalitätserwartungen existieren, die Grenzlinien zwischen normalen und akzeptablen Verhaltensweisen einerseits und abweichenden und unerwünschten Verhaltensweisen andererseits markieren.

Prävention und Korrektion

Der Begriff der P. umfasst dann jene Maßnahmen, die eine Übereinstimmung der Gesellschaftsmitglieder mit vorgegebenen Normalitätsstandards erzeugen und nachfolgend stabilisieren, um dadurch Störungen der gesellschaftlichen Ordnung von vornherein zu verhindern. Dagegen kennzeichnet der Begriff der Korrektion diejenigen Maßnahmen, mit deren Hilfe registrierte Verstöße gegen die verbindlichen Normalitätsstandards institutionell verarbeitet und bewältigt werden. Der Begriff der öffentlichen sozialen Kontrolle umfasst P. und Korrektion als Gesamtheit der gesellschaftlich organisierten und institutionalisierten Maßnahmen, die für die Übereinstimmung von individuellen Bedürfnissen und Verhaltensweisen und verbindlichen Anforderungen und Erwartungen der Gesellschaft sorgen sollen.

Interventionsebenen präventiven Handelns

Hier wird zwischen personenbezogener (personaler) und strukturbezogener (struktureller) Präventionsebene unterschieden.

Strukturellen Präventionsmaßnahmen liegt eine spezifische Sichtweise und Bewertung von Ursache-Wirkungs-Zusammenhängen zugrunde. Nicht unerwünschtes Verhalten von Individuen ist Ansatzpunkt für präventives Handeln, vielmehr sind es die sozialstrukturell vorgegebenen Lebensverhältnisse in der Gesellschaft. Die Präventionsarbeit zielt daher auf die positive Veränderung der sozialen Lebenslage von benachteiligten Bevölkerungsgruppen. Sie will Rahmenbedingungen herstellen, die eine größtmögliche Selbstregulierungsfähigkeit familiärer Systeme garantieren und einen möglichst störungsarmen Verlauf familiärer Sozialisationsprozesse gewährleisten *(Sozialisation).* Veränderungsbemühungen können die rechtliche (Sozial- und Familienrecht), die ökonomische (wirtschaftliche Handlungsfähigkeit, Verfügung über materielle Güter) und die ökologische Dimension (u. a. Beschaffenheit von Umwelt wie Wohnung und *Sozialraum,* Integration in soziale Netzwerke, Zugang zu öffentlichen Dienstleistungen und Infrastrukturausstattung) umfassen. Strukturelle P. auf der Ebene von Bundes- und Landespolitik findet insbesondere in Form von rechtlichen Novellierungen wie die Neufassung des § 1631 Abs. 2 BGB zur „Ächtung von Gewalt in der Erziehung" und ökonomischen Interventionen statt etwa durch Geldleistungen wie Kindergeld und Wohngeld oder durch Entlastungen in Form von Steuererleichterungen. Solch zentralstaatliches Politikhandeln bedarf allerdings der Ergänzung durch die Kommunalpolitik, die im Rahmen verfügbarer Handlungsspielräume und kommunaler Prioritäten die qualitative Ausgestaltung der lokalen Lebensverhältnisse zum Ziel haben muss. Steuerungsmittel auf kommunaler Ebene ist die ökologische Interventionsform etwa in Form von Stadtentwicklungspolitik, kommunaler Wohnungsbaupolitik und sozialer Infrastrukturpolitik. Die Ausgestaltung lokaler Lebensräume kann in vielfältiger Art und Weise geschehen, etwa durch die Verbesserung der baulichen Struktur benachteiligter Stadtgebiete durch Wohnumfeldgestaltung, durch die Regionalisierung sozialer Dienste, durch Stadtteilmanagement oder durch die Förderung von informellen sozialen Netzwerken.

Im Gegensatz zu den strukturellen Präventionsmaßnahmen weist die personale P. einen unmittelbaren Adressatenbezug auf und ist auf die besonderen Gegebenheiten der einzelnen Adressaten zugeschnitten. Deshalb sind personale Präventionsmaßnahmen interaktionsintensiv und nur begrenzt rationalisierungsfähig.

Der repressiven Interventionsform wird im Bereich der Strafverfolgungsbehörden weiterhin trotz einer Vielzahl gegenteiliger Erfahrungen eine vorbeugende Wirkung zugesprochen. Mit ihr werden in zweifacher Weise präventive Funktionen verbunden: Als Generalprävention soll sie potenzielle Straftäter durch die Sanktionsdrohung von Gesetzesverstößen abhalten und als Spezialprävention soll sie durch Verfolgung und Verurteilung dem Straftäter die Kosten seines strafbaren Verhaltens nachdrücklich vor Augen führen und dadurch in der Zukunft das Risiko einer erneuten Straffälligkeit vermindern.

Die für die JH relevante pädagogische Interventionsform zielt darauf ab, das Auftreten manifester Störungen im Verhalten von Kindern und Jugendlichen und die Verfestigung *abweichenden Verhaltens* durch Aufklärung über rechtlich vorgegebene Verhaltensgrenzen, durch Vermittlung von Handlungskompetenzen sowie durch frühzeitiges Erkennen und Bearbeiten auffälliger (prädelinquenter) Verhaltensweisen zu verhindern. In jüngster Zeit werden zunehmend auch familienbezogene Interventionsformen praktiziert, die auf die Vermittlung adäquater Sozialisationskompetenzen gerichtet sind (z. B. in Form von Elternbildung und Elterntraining nach § 16 SGB VIII). Aber auch der Bearbeitung akuter familiärer Beziehungskrisen wird eine spezifische präventive Wirkung zugeschrieben (z. B. in Form der Beratung in Fragen der Partnerschaft, Trennung und Scheidung nach § 17 SGB VIII).

Zeitbezogene Kategorisierung

Sie stellt den gängigsten Systematisierungsversuch für präventives Handeln dar. Die Unterscheidung von primärer, sekundärer und tertiärer P. kennzeichnet den Zeitpunkt von präventiven Maßnahmen.

- **Maßnahmen primärer P.** zielen ganz allgemein darauf, zum einen durch Aufklärung, Anleitung und Beratung (personale P.) Personen in die Lage zu versetzen, ihr Verhalten ohne das Eingreifen anderer Institutionen zu regulieren, und zum anderen belastende und einschränkende Lebensbedingungen, die abweichende Verhaltensweisen zur Folge haben können, in positiver Richtung zu verändern (strukturelle P.). „In diesem Sinne gehören beispielsweise die Förderung der verschiedenen Sozialisationsinstanzen (v. a. Familie, Schule und Ausbildung), der Kampf gegen Armut und soziale Desintegration, ein ausreichendes kommunales Freizeitangebot, aber auch die Städte- und Verkehrsplanung, die Medien- und Gesundheitspolitik zum Bereich primärer Kriminalprävention“ (Lüders 2000, 27).
- **Maßnahmen sekundärer P.** sind frühzeitig einsetzende (i. d. R. personale) Interventionen, die darauf zielen, erste sichtbare Anzeichen von Störungen im Verhalten von Personen zu erkennen und mittels beratender, behandelnder und betreuender Verfahren schon im Frühstadium zu bearbeiten.
- **Maßnahmen tertiärer P.** sind (i. d. R. personale) Interventionen, die der Besserung, Nacherziehung bzw. Resozialisierung von Personen dienen, die bereits gegen Strafrechtsnormen oder andere verbindliche Verhaltensnormen verstoßen haben. Sie haben zum Ziel, erneute Normverstöße bzw. das Rückfälligwerden dieser Personen zu verhindern (z. B. durch Diversionsmaßnahmen nach § 10 JGG).

Während für Angebote der sekundären und tertiären P. die Adressaten aufgrund der ihnen zugeschriebenen problematischen Verhaltensweisen bestimmt werden können, ist dies für primärpräventives Handeln auf personaler und struktureller Ebene wesentlich schwieriger. Hier setzt auch die aktuelle Kritik an, indem sie von der „Entgrenzung des Präventionsbegriffs“ spricht, weil alles, was der Entwicklung von allgemeinen Lebenskompetenzen diene, gleichzeitig auch sucht- und kriminalpräventiv relevant sei (Lüders 2000; Freund/Lindner 2001). Eine andere begriffliche Systematisierung versucht Wohlgemuth (2009), in dem sie vier Varianten von Präventionspraxis benennt, nämlich „Verhinderung einer logischen, negativen Entwicklung", „Risikobearbeitung", „Bewirken einer logischen, positiven Entwicklung" und „Fördern bzw. „Ermöglichen".

Legitimation durch Theorieverwendung

Es stellt sich die Frage nach dem Wissen, das den Präventionspraktikern sichere Annahmen (Prognosen) für die Entstehung und Entwicklung sozialer Probleme an die Hand gibt. Diese Sicherheit vermittelte in der Vergangenheit wissenschaftlich gesichertes Erfahrungswissen in Form etwa psychologischer, psychoanalytischer bzw. soziologischer (Devianz-)Theorien. Verursachungsbedingungen, die in den unterschiedlichen Theorien abweichenden Verhaltens benannt werden, werden in einem Umkehrschluss zu Merkmalen umdefiniert, die es durch präventive Maßnahmen positiv zu verändern gilt. So sollen z. B. aus der Sicht der Sozialisationstheorie Präventionsmaßnahmen auf die Unterstützung der Sozialisation strukturell benachteiligter und unterprivilegierter Bevölkerungsgruppen gerichtet sein, etwa durch Elternbildung oder durch kompensatorische Früherziehungsprogramme. Das vielen bisherigen Präventionsmodellen zugrunde liegende kausalitätsorientierte Wissenschaftskonzept liefert angesichts des Paradigmenwechsels hin zu konstruktivistischer und systemischer Theoriebildung ein kaum noch verlässliches wissenschaftliches Erfahrungswissen. Angesichts dieser zunehmend brüchig werdenden Legitimation durch wissenschaftliches Erfahrungswissen (Theorien) besteht die Gefahr, dass Präventionsprojekte einen „vormundschaftlichen Charakter" durch eine expertenbestimmte Entmündigung der Betroffenen gewinnen, eine Gefahr, der aber u. a. durch intensivere Beteiligung und stärkere Berücksichtigung der subjektiven Problemsichten und Perspektiven der Adressaten begegnet werden kann (Herriger 2001, 102).

Wirksamkeit von Prävention

Präventive Handlungsprogramme leiden unter einem erheblichen Legitimationsdefizit, da bisher nur vereinzelt konkrete Erfolge mit Hilfe seriöser Evaluierungen nachgewiesen sind. Diese Tatsache mindert ihr Ansehen in der Öffentlichkeit und Politik mit der Folge, dass mangels längerfristiger finanzieller Unterstützung die systematische Fortentwicklung Erfolg versprechender Präventionskonzepte beeinträchtigt ist. Internationale Erfahrungen können hier hilfreich sein. So ergab etwa die Bewertung von Evaluationsergebnissen unterschiedlicher amerikanischer Präventionsprogramme zur Jugendkriminalität einige Merkmale für erfolgreiche Programme:

- Integrierte und breit angelegte Programme sind erfolgreicher als Schmalspurprogramme;
- Strukturierte Programme, die Verhaltenskompetenzen trainieren, sind erfolgreicher als weniger strukturierte und auf affektive Komponenten (z. B. Stärkung des Selbstwertgefühls) setzende Programme;
- Programme, die Erwachsene einbeziehen, sind erfolgreicher als ausschließlich an Peer-Aktivitäten orientierte Programme;
- Programme, die auf Integration in den Arbeitsmarkt zielen, sind erfolgreicher als Programme, die ihren Schwerpunkt auf Ausbildung legen (Karstedt 2001, 183).

Zukunft präventiver Handlungsprogramme

Auch wenn es bisweilen scheint, als habe die personenbezogene pädagogische Arbeit ihr Handlungsrepertoire weitgehend ausgereizt, so bleibt dennoch die Suche nach neuen Lernfeldern und die Schaffung zielgruppenadäquater Lernsituationen weiterhin eine vordringliche Entwicklungsaufgabe für die sozialpädagogische Profession. Neuere Konzepte versuchen gerade die Potenziale der kommunalen Akteure zu bündeln. Von der sozialpädagogischen Profession werden zunehmend Anregung und Moderation im Sozialraum erwartet, denn Kooperation und Vernetzung gelten derzeit als Zauberworte für eine gelingende P. Häufig stehen dem etwa bei Präventionsprogrammen gegen Kinder- und Jugenddelinquenz unterschiedliche Sichtweisen der beteiligten Akteure entgegen. Während Polizei und Justiz staatlich klar definierte Aufträge erfüllen und ihre (repressiven) Maßnahmen mit Zwang durchsetzen können, setzt die Kinder- und Jugendhilfe bei der Inanspruchnahme ihrer (pädagogischen) Angebote und Leistungen grundsätzlich auf Freiwilligkeit. Kooperationserwartungen müssen diese strukturellen Differenzen ausreichend berücksichtigen. Ein wichtiger Aspekt darf bei der Konzipierung und Ausgestaltung von Präventionsprogrammen nicht übersehen werden. Diese werden, ohne dass dies immer bewusst wahrgenommen wird, auch von einer Ausweitung der sozialen Kontrolle begleitet. Dies ist insofern bedenklich, als im Prozess des Heranwachsens riskante und bisweilen auch strafrechtlich relevante, in der überwiegenden Mehrzahl periphere und episodenhafte Verhaltensweisen ein wesentlicher Grundzug der Entwicklung sind. Aus dieser theoretisch und empirisch fundierten Erkenntnis heraus und um der Entgrenzung des Präventionsbegriffes zu entgegnen ist es Aufgabe der JH, sozialpädagogischen Anspruch und Kompetenz in der Öffentlichkeit deutlich zu vertreten und mit ihrer Orientierung am erzieherischen Bedarf von Heranwachsenden das Alltagsverständnis der Öffentlichkeit und das Sicherheitsverständnis von Polizei und Justiz immer wieder zu hinterfragen.

Helmut Lukas

Literatur

BMJFFG (Hrsg.): 8. Jugendbericht. Bericht über Bestrebungen und Leistungen der Jugendhilfe, Bonn 1990 ◆ N. Herriger: Prävention und Empowerment. Brückenschläge für die pädagogische Arbeit mit Jugendlichen, in: T. Freund/W. Lindner (Hrsg.): Prävention. Zur kritischen Bewertung von Präventionsansätzen in der Jugendarbeit, Opladen 2001, 97–111 ◆ S. Karstedt: Was können wir wissen, was sollen wir tun? Evaluation von Präventionsmaßnahmen im Bereich der Jugendkriminalität, in: T. Freund/W. Lindner (Hrsg.): Prävention. Zur kritischen Bewertung von Präventionsansätzen in der Jugendarbeit. Opladen 2001, 163–185 ◆ W. Lindner/T. Freund: Der Prävention vorbeugen? Zur Reflexion und kritischen Bewertung von Präventionsaktivitäten in der Sozialpädagogik, in: T. Freund/W. Lindner (Hrsg.): Prävention. Zur kritischen Bewertung von Präventionsansätzen in der Jugendarbeit, Opladen 2001, 69–96 ◆ Chr. Lüders: Ist Prävention gegen Jugendkriminalität möglich? Ansätze und Perspektiven der Jugendhilfe, in: W. Feuerhelm u. a. (Hrsg.): Ist Prävention gegen Jugendkriminalität möglich? Erklärungsansätze, Grenzziehungen und Perspektiven für die Handlungsfelder Jugendhilfe, Schule, Justiz und Politik Mainz 2000, 23–45 ◆ H. Lukas: Prävention als Leitbild? Zum Stand der fachlichen Diskussion um präventive Konzepte in der Kinder- und Jugendhilfe, in: Jugendhilfe 1/2001, 5–13 ◆ K. Wohlgemuth: Prävention in der Kinder- und Jugendhilfe, Wiesbaden 2009.

Professionalisierung

Den Überlegungen um P. gehen begriffliche Festlegungen voraus. So wird unterschieden zwischen

- Verberuflichung: Nachweis einer anerkannten Qualifikation,
- Verfachlichung: Nachweis einer einschlägigen Qualifikation,
- Akademisierung: Nachweis eines Studiums,
- Professionalisierung: Nachweis eines fachlich einschlägigen Studiums.

Die Professionalisierungsdebatte in der SozArb/SozPäd konzentriert sich auf das Verhältnis von fachlich einschlägiger Qualifikation und beruflichen Handlungsvollzügen bzw. von Wissenschaft (Disziplin) und Berufspraxis (Profession).

Disziplin – Profession

Disziplinen sind Wissenssysteme. Ihnen geht es um systematische Generalisierungen (Theorien), mit denen Wahrheits- bzw. Richtigkeitsansprüche erhoben werden (Zieldimension) und die in sich widerspruchsfrei sind (Validitätskriterium). Demgegenüber sind Professionen Handlungssysteme. Ihnen geht es zunächst um methodische Konkretisierung des Einzelfalls (Diagnose/*Diagnostik, sozialpädagogische*) und im Handlungsvollzug um Angemessenheit (Validitätskriterium) und Wirksamkeit (Zieldimension).

Mit dieser Differenzbestimmung tritt zugleich der doppelte Bezug in den Blick, der für Professionen charakteristisch ist. Einerseits sind sie auf wissenschaftliches Wissen angewiesen, um überhaupt zu der erwähnten Konkretisierung des Einzelfalls als „Fall von …" zu gelangen. Denn nur wer eine theoretische Vorstellung von einem Sachverhalt hat, kann diesen in der sozialen Realität auch erkennen. Wer bspw. keinen Begriff von Kindeswohlgefährdung hat, sieht bestenfalls ein schmutziges, ungepflegtes oder schwieriges Kind, er kann aber Verhalten und Erscheinungsbild nicht in seinem systematischen Kontext verstehen. Wissen ist also die notwendige Voraussetzung (Ressource) für professionelles Handeln. Andererseits benötigen Professionelle Informationen von ihren KlientInnen, um deren (Lebens-)Situation auf ihr theoretisches Vorwissen beziehen zu können. Erst in diesem doppelten Bezug auf (Alltags-)Probleme der KlientInnen und auf wissenschaftliche Theoriebestände ist eine (sozpäd) Diagnose möglich.

Professioneller Blick

Die breiten theoretischen Möglichkeiten, über die der Professionelle auf Grund seiner akademischen Vorbildung verfügt, gestatten es also erst, die soziale Wirklichkeit (anders als Laien in ihrer jeweiligen Befangenheit) differenzierter wahrzunehmen und zu strukturieren. „Alles, was Laien von Experten unterscheidet, ist die Kunst der genaueren Beobachtung. (…) Beobachtung ist die Feststellung eines bedeutsamen Unterschiedes. (…) Kompetentes Beobachten verlangt also zwei Fähigkeiten; zum einen elaborierte Möglich-

P

keiten, überhaupt Unterschiede feststellen zu können und zum anderen elaborierte Möglichkeiten, aus den festgestellten Unterschieden Bedeutungen abzuleiten" (Willke 2005). Wissenschaftliches Wissen ist folglich die Differenz in der Möglichkeit, soziale Wirklichkeit anders, differenzierter wahrzunehmen. In dieser Differenz begründet sich zugleich der professionelle Blick. „Mit dem Ausdruck ‚Blick' beziehen wir uns nicht auf das Erkennen von etwas ‚objektiv Gegebenem', sondern im Gegenteil auf die Art und Weise, wie über kognitive Interpretationsmuster und -strukturen Realität konstituiert wird. ‚Blick' wird von uns ausdrücklich als ‚Synthetisierungsleistung' verstanden" (Wolff/Bonß 1979, 111).

Professionelles Handeln

Während also die KlientInnen der SozArb/SozPäd auf Grund der Befangenheit in ihren (Alltags-)Problemen in der Suche nach alternativen Interpretations- und Handlungsstrategien eingeschränkt sind, ist es die (affektive) Neutralität, die es dem Professionellen gestattet, neue bzw. andere Interpretationsmuster und Handlungsalternativen für die jeweilige Konfliktsituation des Klienten zu finden und anzubieten. Professionelles Handeln besteht also genau darin, für und mit den KlientInnen Handlungsalternativen für ihre jeweilige Problemlage zu entwickeln, ihnen insofern „stellvertretende Deutungen" (Oevermann) anzubieten, die Entscheidungsmöglichkeit jedoch bei den grundsätzlich entscheidungsfähigen Handlungssubjekten *(Klient)* zu belassen (von Ausnahmefällen abgesehen). Damit wird ein Weg beschritten, der Professionalität über Begründungen ausweist, die einerseits wissenschaftlich legitimiert und andererseits als fallangemessen ausgewiesen werden können. „Professionalität symbolisiert damit die Verknüpfung von Wahrheit und Angemessenheit über die reflektierte Handhabung von Differenzen als einen Weg vom Wissen zum professionellen Können über den Umweg der Begründung" (Kurtz 1998, 112). Diese Begründungsleistungen sind auf ausgewiesenes wissenschaftliches Wissen (Theorien) bezogen, ohne darin vollständig aufzugehen. Denn Theorien sind lediglich systematische Generalisierungen, während professionelles Handeln den Transfer auf die je besondere (klientele) Situation zu leisten hat.

P

Professionalisierungstheorien

Damit ist nunmehr der Blick auf die Binnenlogik professionellen Handelns entfaltet. Die Professionalisierungsdebatte selbst hat sich indes in unterschiedlichen Etappen entwickelt. Zunächst standen theoretische Ansätze im Vordergrund, die die Position von Professionen im gesellschaftlichen Kontext beleuchtet haben (gesellschaftstheoretische Professionalisierungskonzepte). Diesen folgten dann Theorien, die auf die innere Logik professionellen Handelns abhoben (handlungstheoretische Professionalisierungskonzepte). Obgleich die unterschiedlichen Konzepte gleichsam nacheinander in der Diskussion behandelt worden sind, bilden sie jedoch aus einer systematischen Perspektive eine Ergänzung zueinander.

Das Attribute-Modell: Der Einstieg in die deutsche Professionsdebatte fiel zeitlich in die Phase der Bildungs- und wohlfahrtsstaatlichen Expansion ab Mitte der 1960er Jahre. Zu diesem Zeitpunkt dominierte das deskriptive Attributemodell. Dieser Ansatz ist durch den Versuch gekennzeichnet, mit Blick auf die alten Professionen (Medizin, Jura, Theologie) deren besondere Merkmale als akademische Berufe zu bestimmen, um mit der Übernahme dieser Attribute die SozArb/SozPäd einer Professionalisierung zuzuführen. Hier waren also professionstheoretische und professionspolitische Aspekte eng miteinander verbunden, wobei die Frage der Professionalisierungsbedürftigkeit zur Erledigung bestimmter Aufgaben nicht erörtert wurde.

Das funktionalistische Professionsmodell: Auf die Frage der Professionalisierungsbedürftigkeit hat Parsons eine gesellschaftstheoretische Antwort gegeben. Probleme, zu deren Bearbeitung Professionelle herangezogen werden, sind individuell und gesellschaftlich hoch bedeutsam, zu ihrer Lösung fehlt den Klienten jedoch die einschlägige Kompetenz. In dieser Situation hoher Gefährdung wäre eine marktförmige Hilfe unangemessen, weil sie einseitige existenzielle Abhängigkeiten schafft. Professionelle Hilfe wird in dieser Situation gewissermaßen gemeinwirtschaftlich organisiert. Zur Vermeidung der Ausnutzung der Abhängigkeit des Klienten wird beim einzelnen Helfer in der Ausbildung ein professioneller Habitus herausgebildet; er wird zugleich auf die Standesehre (Berufsethos) verpflichtet (in der Medizin formalisiert im hippokratischen Eid/*Handlungskompetenz*). Als Berufsgruppe bzw. Korporation wird den Professionellen das Recht zur kollegialen Selbstkontrolle – zur Erreichung eines Höchstmaßes kompetenter Hilfe – zugestanden. Das Recht der Selbstkontrolle basiert auf einem impliziten Vertrag zwischen Gesellschaft und Profession.

Das machttheoretische Professionsmodell: Hier werden die besonderen Vorrechte der Professionen kritisch untersucht. Da immer alternative Wege zur Lösung von Problemen denkbar sind, werden deshalb Ursprung und Durchsetzung professioneller Zuständigkeitsmonopole zum Thema. Da systematisches Wissen zur Legitimation solcher Monopole allein nicht genügt, werden auch die Machtressourcen untersucht, die dazu führen, dass die professionell verwalteten Wissensbestände als die sozial allein gültigen anerkannt werden. Durch diese Weiterung der Professionalisierungsdiskussion geraten sowohl professionsinterne Strategien als auch -externe Kontextbedingungen ins Zentrum der Aufmerksamkeit.

Das systemtheoretische Professionsmodell: Ausgehend von der Überlegung, dass sich moderne Gesellschaften in Funktionssysteme differenzieren, die für jeweils eine Funktion zuständig sind, verwalten Professionen hier die funktionsrelevanten Wissensbestände. Insofern leisten sie zwischen System und *Individuum* eine Vermittlungsfunktion, indem sie für Strukturaufbau, -änderung und Identitätserhaltung von Personen – insbesondere in funktional schwierigen bzw. abweichenden Zuständen – zuständig sind. Hierfür gibt es jedoch keine Technologie, die eine erfolgreiche Intervention garantiert; es besteht ein „strukturelles Technologiedefizit“ (Luhmann/Schorr 1979). Mit der Thematisierung des Technologiedefizits wird der Blick erstmals auf die Binnenperspektive professioneller Handlungsprozesse geleitet.

Für die SozArb/SozPäd ist in der aktuellen Diskussion der *Systemtheorie* fraglich, ob sie selbst ein eigenständiges Funktionssystem der modernen Gesellschaft bildet, so dass SozArb/SozPäd als Profession überhaupt erst möglich ist.

Das interaktionistische Professionsmodell: Der eben skizzierten Wende in die Binnensicht professionellen Handelns wird das interaktionistische Professionalisierungsmodell gerecht. Professionelles Handeln orientiert sich an generalisiertem (theoretisch verdichtetem) Wissen, das sowohl eine Abstraktion von konkreten Problemlagen der KlientInnen, als auch eine Rückbindung in die biografischen Besonderheiten derselben gestattet. Die aus dieser doppelten Orientierung resultierende Spannung soll aufgebaut werden, um vor ihrem Hintergrund zu einer angemessenen Intervention zu kommen. Angemessenheit ist dabei folglich selbst widersprüchlich: Problemparzellierung vs. Ganzheitlichkeit, Entmutigung vs. Aktivierung, sofortige Intervention vs. Zuwarten etc. Diese paradoxe Situation lässt sich grundsätzlich nicht auflösen, sondern nur pragmatisch-professionell gestalten.

Das strukturtheoretische Modell ist letztlich eine Variante des zuvor Genannten. Die professionelle Praxis steht hier unter der Logik einer wissenschaftlich zu begründenden Lösung von konkreten (Alltags-)Problemen der KlientInnen. Die angedeutete doppelte Orientierung bezieht sich auf die widersprüchliche Einheit von generalisiertem Regelwissen und hermeneutischem Fallverstehen. Neben das abstrakte wissenschaftliche Wissen (als notwendige Bedingung) tritt die konkrete berufspraktische Einübung in die professionelle Kunstlehre (hinreichende Bedingung). Insofern sind personenbezogene Berufe aus dieser Perspektive grundsätzlich professionalisierungsbedürftig, weil in ihnen allen die Notwendigkeit der einzelfallbezogenen Re-Spezifizierung generalisierten, also wissenschaftlichen Wissens gegeben ist.

Mit dieser Öffnung des strukturtheoretischen Professionalisierungsmodells für gesellschaftstheoretische Fragen der Professionalisierungsbedürftigkeit wird der ursprüngliche handlungstheoretische Kontext wieder verlassen und die Professionalisierungsdiskussion für neue Dimensionen geöffnet. In diese Richtung weisen auch die Überlegungen zur SozArb/SozPäd als Dienstleistung (Olk/Otto 2003), ohne dass sie selbst schon – jenseits der Klientenperspektive – professionstheoretisch bearbeitet worden sind.

Roland Merten

P

Literatur

R. Becker-Lenz/S. Busse/G. Ehlert/S. Müller (Hrsg.): Professionalität in der Sozialen Arbeit, Wiesbaden [3]2013 ◆ R. Becker-Lenz/E. Baumgartner: Die Profession der Sozialen Arbeit am Beispiel der Schweiz. In: M. v. Dick/W. Marotzke/H. Mieg (Hrsg.): Handbuch Professionsentwicklung, Bad Heilbrunn 2016 (im Erscheinen) ◆ M. Heiner: Soziale Arbeit als Beruf. Fälle, Felder, Fähigkeiten, München [2]2010 ◆ T. Kurtz: Professionen und professionelles Handeln. Soziologische Überlegungen zur Klärung einer Differenz, in: S. Peters (Hrsg.): Professionalität und betriebliche Handlungslogik. Pädagogische Professionalisierung in der betrieblichen Weiterbildung als Motor der Organisationsentwicklung, Bielefeld 1998, 105 ff. ◆ N. Luhmann/K.-E. Schorr: Das Technologiedefizit der Erziehung und die Pädagogik, in: ZfPäd, 25. Jg., 1979, 345 ff. ◆ R. Merten: Autonomie der Sozialen Arbeit. Zur Funktionsbestimmung als Disziplin und

Profession, Weinheim/München 1997 ♦ R. Merten: Sozialarbeit/Sozialpädagogik als Disziplin und Profession, in: J. Schulze-Krüdener/H.-G. Homfeldt/ R. Merten (Hrsg.): Mehr Wissen – mehr Können? Soziale Arbeit als Disziplin und Profession, Baltmannsweiler 2002, 29 ff. ♦ K. Motzke: Soziale Arbeit als Profession, Leverkusen 2014 ♦ B. Müller: Professionalität, in: W. Thole: Grundriss Soziale Arbeit [4]2012, 955–974 ♦ T. Olk/H.-U. Otto (Hrsg.): Soziale Arbeit als Dienstleistung. Grundlegungen, Entwürfe und Modelle. München/Unterschleißheim 2003 ♦ H. Willke: Systemtheorie II: Interventionstheorie. Grundzüge der Intervention in komplexe Systeme, Stuttgart [4]2005 ♦ H. Willke: Systemtheorie III: Steuerungstheorie: Theorie der Steuerung komplexer Sozialsysteme. Stuttgart 2014 ♦ S. Wolff/W. Bonß: Die Verwaltung sozialer Probleme. Arbeitsbedingungen und Organisationsstrategien der Sozialverwaltung, in: S. Wolff u. a.: Arbeitssituationen in der öffentlichen Verwaltung. Frankfurt/M./New York 1979, 61 ff.

Prostitution

Begriff und Verständnis

Seit dem 15./16. Jh. ist das vom lateinischen prostituere übernommene Fremdwort prostituieren zunächst für „jemanden bloßstellen, entehren" bekannt. Dies steht wohl im Zusammenhang mit der Schlechterstellung und Verfolgung von Prostituierten z. B. während der Hexenpogrome, als Prostituierte u. a. an den Pranger gestellt wurden. Seit dem 18. Jh. hat sich dann, über Frankreich vermittelt, P. für den Kauf und Verkauf sexueller Dienstleistungen eingebürgert.

Je nach Anschauung und zeitgebundenem Verständnis wurde P. unterschiedlich definiert. So im StGB für das Deutsche Reich von 1871 als „gewerbsmäßige Unzucht", später als „sozialschädliches" und bis zum Jahr 2000 als „sittenwidriges" Verhalten. Der heute gesellschaftlich gängige Begriff wurde in der Soziologie der 1970er Jahre entwickelt: „Prostituierte sind Personen, die ihren Körper gelegentlich oder gewerbsmäßig im Allgemeinen vielen beliebigen Kunden zu deren sexueller Befriedigung gegen materielle Entlohnung preisgeben" (Bernsdorf). Im feministischen Ansatz der 1970er Jahre ist P. in erster Linie der Kauf von „Körper und Seele von Frauen" (Millet 1983). In der Hurenbewegung ist P. „grundsätzlich Frauenarbeit an Männern", bei der sie „zu unterschiedlichen Tarifen, immer aber jeweils einmalig und für eine begrenzte Zeit … ihren Kopf, ihr Herz, ihre Haut und/oder ihre Geschlechtsteile vermieten". Die Definitionen sind Ausdruck der Tatsache, dass gesellschaftliche und rechtliche Normen, die die Beziehungen der Geschlechter prägen, dem Wandel der Sexualmoral unterliegen und diese ihrerseits bestimmen *(Sexualität)*.

Von den vier möglichen Erscheinungsformen der P. – weiblich und männlich heterosexuell, weiblich und männlich homosexuell – überwiegt die weibliche heterosexuelle P. und ist als einzige institutionalisiert. P. ist mit Sicherheit nicht das älteste Gewerbe der Welt. Wohl aus Fruchtbarkeitsriten in matriarchalischen Gesellschaften hat sich im Patriarchat als früheste bislang bekannte Form der P. die bezahlte Tempelprostitution entwickelt.

Auch wenn Lage und gesellschaftliche Stellung der Prostituierten in den letzten rd. 2500 Jahren sehr unterschiedlich waren, sind die Grundlagen und Voraussetzungen der P. im Wesentlichen gleich geblieben: die Vorherrschaft des Mannes über die Frau in patriarchalischen (Klassen-)Gesellschaften *(Klasse/Schicht/Milieu)*; erzwungene Monogamie; Doppelmoral und die Ideologie von der Ware Frau als Gebrauchswert für den Mann, als Tauschwert unter Männern. Diese Macht- und Herrschaftsverhältnisse prägen auch die übrigen Erscheinungsformen der P. P. vermittelt (meist) Männern das Gefühl, über einen anderen Menschen, (meist) eine Frau, total verfügen zu können *(Frauen)*.

Geschichte

Die Geschichte der P. ist bis heute eine widersprüchliche Geschichte der Ausgrenzung und Verfolgung, der Duldung und Akzeptanz. In Griechenland, v. a. in Athen, und später auch in Rom arbeiteten hauptsächlich Besiegte, Sklavinnen, kaserniert in Bordellen; freie Römerinnen mussten sich registrieren lassen, wenn sie P. betrieben. In der Entwicklung seit dem frühen Mittelalter wird deutlich, wie sehr die Lage der Prostituierten und ihre gesellschaftliche Stellung von wechselnden Einstellungen zur Sexualität, von der wirtschaftlichen Entwicklung und gesellschaftlichen Auseinandersetzungen abhängen. Im Zuge der Christianisierung im 6. Jh. und zur Zeit Karls des Großen (um 800) sind gesetzliche Verbote von Ehebruch, Hurerei, P. unwirksam. Die meisten Prostituierten ziehen während des Mittelalters umher, u. a. mit den Kreuzfahrerzügen, wo sie für ihre Unterstützung bezahlt wurden, und später in den Landsknechtsheeren. Seit dem 13. Jh. entstehen in den Städten die Frauenhäuser (später: Freudenhäuser) unter Kontrolle des weltlichen und kirchlichen Adels und der städtischen Patrizier, die alle vom Geschäft profitieren. Gute Geschäfte, die Durchsetzung des Zölibats (Heiratsverbot) für Geistliche (um 1050), das aus sozialen und religiösen Gründen z.T. hohe Heiratsalter und eine weit verbreitete arabische Sexualmoral (die „Körpersäfte" des Mannes verderben, und er stirbt infolge sexueller Enthaltsamkeit) machten die P. zu einer selbstverständlichen Einrichtung. P. als „Ventilsitte" für Männer, zum Schutz der „ehrbaren" Frauen und Töchter und die Ausgrenzung der „unehrenhaften" Prostituierten – diese Einstellung zur P. hat sich bis heute mit immer neuen Rechtfertigungen erhalten.

Der schrittweise Ausschluss der Prostituierten aus dem öffentlichen Leben, die Verschlechterung ihrer Lage fallen in die Zeit der allgemeinen Wirtschafts- und Gesellschaftskrise des Feudalsystems und der politischen Auseinandersetzungen im Übergang zur Neuzeit. Die Ausbreitung der erstmals 1494 in Neapel registrierten Syphilis, die Verschärfung katholischer Sexualmoral und die Durchsetzung der protestantischen Moraltheologie führen im 16. Jh. zur Schließung der meisten Frauenhäuser. Prostituierte werden im Namen der Sittlichkeit diffamiert, gebrandmarkt, verfolgt, als Hexen verbrannt. Im 18. und 19. Jh. gehört die P. an den Fürstenhöfen Europas und in vielen Städten jedoch wieder zum Alltag. Mit der Industrialisierung, der Entwicklung der Großstädte, fehlenden Erwerbsmöglichkeiten, niedrigen Frauenlöhnen und miesen Arbeitsbedingungen nimmt die P. zu und entwickelt sich die Zuhälterei. Die kasernierten und registrierten Prostituierten werden geduldet, die freien schikaniert. VermieterInnen, Gastwirte, Hoteliers, die Polizei, staatliche und private BordellbesitzerInnen kassieren – den meisten Frauen bleibt wenig.

In der 2. Hälfte des 19. Jh. kämpfen zunächst in England auf Initiative von Josephine Butler in der (später internationalen) Abolitionistenbewegung (von lat. abolitia = das Abschaffen) Frauen aus der Frauenbewegung und Prostituierte gegen die Reglementierung, Kasernierung, Entwürdigung und Entrechtung der Prostituierten. Zum ersten Mal taucht die in der Frauenbewegung der 1970er Jahre gültige Orientierung auf: Kampf gegen die P. mit den Prostituierten. In Deutschland ist die Sozialistin Gertrud Guilliaume-Schack 1880 die erste Abolitionistin. Trotz Rede- und Auftrittsverbot und einer Anklage wegen „sozialistischer Umtriebe" gelingt es ihr, in Berlin den „Kulturbund" zu gründen; Gründungen in anderen Städten folgen, z.T. mit Beratungs- und Auflaufstellen für Prostituierte. Die Widerstände seitens der „guten Gesellschaft" und der von Guilliaume-Schack angegriffenen Polizei sind enorm. 1881 löst sie entmutigt den Verband auf. Frauen aus der bürgerlichen Bewegung greifen um 1890 das Problem auf, aber erst mit der Gründung der abolitionistischen Vereinigung (1899) durch Frauen vom radikalen Flügel entsteht ein öffentlich geführter Kampf. Dieser Kampf, dem sich weitere Gruppen anschlossen, sollte in Deutschland vorläufig 1927 mit dem Reichsgesetz zur Bekämpfung der Geschlechtskrankheiten, das die polizeiliche Reglementierung ablöste, enden. P. war nicht mehr strafbar, aber die Prostituierten mussten sich regelmäßig auf ansteckende Krankheiten untersuchen lassen.

Zwischen 1933 und 1945 galten verschärfte Strafbestimmungen und die traditionelle Doppelmoral. Prostituierte wurden zeitweise als „Asoziale" verfolgt, zur Zwangsarbeit verpflichtet, in Gefängnisse oder KZs verbracht. Andererseits existierte ein mehr oder weniger offener Bordellbetrieb, der von den Nazis auch zu staatlichen Zwecken, zur „Frontarbeit" genutzt wurde.

In der Nachkriegs- und Besatzungszeit blüht die Gelegenheits- und Überlebensprostitution, die Übergänge zwischen gelegentlicher und professioneller P. sind fließend. Seit den 1950er und 1960er Jahren entwickelt sich in der BRD die professionelle Straßen- und Lokal-, die Auto- und Bordellprostitution bis hin zu Luxuseinrichtungen. P. ist grundsätzlich nicht strafbar; seit 1973 auch die männlich-homosexuelle nicht mehr. Aber es bestehen Reglementierungen wie Beschränkung der P. auf bestimmte Betriebe (Eros-Center) bzw. Bezirke. Als anstößig und jugendgefährdend geltende Formen der Straßenprostitution sind nicht erlaubt, wobei die Auslegungsfähigkeit solcher Bestimmungen individueller, polizeilicher, behördlicher Willkür und Gewalt Vorschub leistete. Prostituierte mussten sich beim *Gesundheitsamt* registrieren und alle 8–14 Tage auf Geschlechtskrankheiten untersuchen lassen. Zwangsuntersuchungen konnten angeordnet werden. Gerade diese Bestimmungen mit den damit verbundenen staatlichen Kontrollmöglichkeiten sorgten dafür, dass P. in Stundenhotels, Massagesalons, Saunen, im Auto, auf der Straße außerhalb der Bezirke und Einrichtungen betrieben wird, wobei die Prostituierten ständig Gefahr laufen, kriminalisiert zu werden durch ihre Kunden, Nachbarn und Nachbarinnen, v.a. aber durch Zuhälter, die diesen Bereich überwiegend kontrollieren. Obwohl der Staat von den Prostituierten Einkommenssteuer einzog (Dirnensteuer), hatten die Frauen keinen rechtlichen Anspruch auf ihren Lohn, da P. als sittenwidrig galt. Diese rechtliche Diskriminierung ist die entscheidende Grundlage für alle Arten von Zuhälterei.

In der DDR war P. gesetzlich verboten als „Beeinträchtigung der öffentlichen Sicherheit und Ordnung durch eine asoziale Lebensweise". Nach § 249 StGB von 1968 i.d.F. von 1974 konnte P. mit Aufenthaltsbeschränkung, staatlicher Kontroll- und Erziehungsaufsicht oder auch Freiheitsstrafe geahndet werden. Dennoch bediente sich das Ministerium für Staatssicherheit anlässlich von Messen der Prostituierten, warb sie als Informantinnen an und förderte indirekt die P.

Rechtslage

Ein Durchbruch zur Verbesserung der rechtlichen Situation von Prostituierten bedeutete das Urteil des Berliner VerwaltungsG vom 1.12.2000: „Prostitution, die von Erwachsenen freiwillig und ohne kriminelle Begleiterscheinungen ausgeübt wird, ist nach den heute anerkannten sozialethischen Wertvorstellungen in unserer Gesellschaft allgemein im Sinne des Ordnungsrechts nicht (mehr) als sittenwidrig anzusehen."

Auch das Gesetz zur Bekämpfung von Geschlechtskrankheiten von 1927 und von 1953 mit u.a. Kontrolle und Untersuchungspflicht der Prostituierten, diente, ohne Prostituierte ausdrücklich zu nennen, in erster Linie zu ihrer Kontrolle und Diskriminierung. Gleiches gilt für das BSeuchG im Zuge von *AIDS*, das erlaubte, AIDS-Tests und Pflichtuntersuchungen für Prostituierte anzuordnen. Diese Gesetze wurden von den Gesundheitsämtern sehr unterschiedlich gehandhabt und durch das Infektionsschutzgesetz vom 1.1.2001 aufgehoben. Abgeschafft wurden damit die diskriminierenden Pflichtuntersuchungen, und es wurde dem Umstand Rechnung getragen, dass gerade bei professionell arbeitenden Prostituierten Infektionen und Erkrankungen unter dem Durchschnitt liegen. Die Erfahrungen zeigen, dass bei diesen, aber auch bei den vielen illegal in der Branche arbeitenden Migrantinnen und in der verbotenen P. von Kindern und Jugendlichen für Hygiene und Gesundheitsschutz mehr durch freiwillige Angebote und aufsuchende Beratung zu erreichen ist als mit Zwang.

Seit dem 1.1.2002 ist das Prostitutionsgesetz (ProstG) in Kraft. Damit wurde das Verdikt der Sittenwidrigkeit und der Gemeinschaftsschädlichkeit aufgehoben. Die Vereinbarung zwischen Prostituierten und Freiern über Leistung und Bezahlung ist ein rechtswirksamer Vertrag. Die doppelmoralische Situation, zwar Einkommenssteuer (seit 1964) und Umsatzsteuer (seit 1987) bezahlen zu müssen, aber keinen Rechtsanspruch auf Bezahlung zu haben, wurde beendet. Wichtig für die Verbesserung der rechtlichen und sozialen Situation der Prostituierten ist der unmittelbare Zugang zur Sozialversicherung und damit auch zur Pflichtversicherung in der gesetzlichen Krankenversicherung, für Angestellte die Möglichkeit der Arbeitslosen- und Rentenversicherung mit Ansprüchen auf Umschulung und Wiedereingliederung in den Arbeitsmarkt. Nach dem Bericht der BReg zu den Auswirkungen des ProstG ist es zwar gelungen, die rechtlichen Rahmenbedingungen erheblich zu verbessern, die damit gegebenen Möglichkeiten wurden jedoch bislang kaum genutzt. Das gilt für die soziale Absicherung, die Verbesserung der Arbeitsbedingungen sowie für die Ausstiegsmöglichkeiten. Es bedarf weiterhin eines breiteren Ansatzes, der konsequent die Bekämpfung von Menschenhandel, Zwangsprostitution und Minderjährigenprostitution integriert (BMFSFJ 2007).

2008 ging es darum, die rechtlichen Rahmenbedingungen des Gaststätten- und Gewerberechts sowie des Polizei- und Ordnungsrechts effizienter zu nutzen und ggf. auszubauen, um kriminellen Begleiterscheinungen der gewerblichen P. vorzubeugen (BMFSFJ 2009).

Gegen Frauenhandel und Gewalt gegen Frauen im Migrationsprozess arbeitet national und international auch ein bundesweiter Koordinierungskreis mit 37 Mitgliedsorganisationen.

Die gesetzliche Sonderregelung für Prostituierte bleibt. P. wird nicht mit anderen beruflichen Tätigkeiten gleichgestellt. Es scheint undenkbar, dass P. ein Ausbildungsberuf sein könnte oder das Arbeitsamt in offene Stellen in dieser Sparte vermittelte. Im Unterschied zu einem Beruf im arbeitsrechtlich korrekten Sinn gilt zum Schutz der Prostituierten auch ein „eingeschränktes Direktionsrecht" der ArbeitgeberInnen.

Sperrgebietsverordnungen gelten nach wie vor in allen BL mit Ausnahme von Berlin. Die geplante Aufhebung dieser VO im Zuge des ProstG. scheiterte am Einspruch der CDU/CSU im BT und im BR. Nach Ansicht von Expertinnen und Experten verfehlen diese VO ihre Ziele „zum Schutze der Jugend" und des „öffentlichen Anstandes". V.a. die Straßenprostitution wird in abgelegene Gebiete mit fehlender Infrastruktur abgedrängt, wo i.d.R. eine kriminelle Subkultur mit Rauschgifthandel, Gewalt und Erpressung blüht und das Risiko für Prostituierte hoch ist, Opfer von Gewalt zu werden. Die knappen Standplätze erhöhen die Konkurrenz untereinander und fördern den Einfluss von Zuhältern, die die Arbeitsbedingungen des Straßenstrichs diktieren. Auch Bordellbetreiber profitieren von der Regelung, denn sie ermöglicht, Wuchermieten bis zu 150 Euro täglich von den Frauen zu kassieren. Um Kinder und Jugendliche zu schützen, gibt es probatere Mittel *(Jugendschutz)*. Und angesichts einer sexualisierten Bilderflut in den Medien ist es äußerst zweifelhaft, die Bevölkerung ausgerechnet vor dem Anblick von Prostituierten schützen zu wollen.

Das ProstG kollidiert noch mit einer Reihe anderer Gesetze und VO wie dem Werbeverbot mit den Worten „Prostitution" und „Sex". Es fehlen Übergangs- und Stichtagsregelungen für Steuer- und Versicherungsangelegenheiten und bundeseinheitliche Verfahrensrichtlinien für die Anwendung des Gesetzes. Für Ausländerinnen gilt nach dem *Ausländerrecht* nach wie vor der Verstoß gegen die Gesetze der „Gewerbsunzucht" als besonderer Ausweisungsgrund. So hat die Legalisierung der P. auch ausschließende Effekte, verschärft die ohnehin bestehende Konkurrenz zwischen den „emanzipierten" Prostituierten und den „Gehandelten", zwischen in- und ausländischen Prostituierten.

Nachdem das ProstG von 2002 seine Ziele eher nicht erreicht hat, wird seit etwa zwei Jahren um eine Novellierung des ProstG gestritten. 2015 ist vom BMFSFJ der Entwurf eines „Prostitutionsschutzgesetzes" vorgelegt worden, zu dem die Positionen weit auseinander gehen. Während die konservativen Positionen umfangreiche Anmeldepflichten, Gesundheitspüfungen in kurzen Abständen, ordnungspolitische Kontrollen und Beratungspflichten im ersten Gesetzentwurf befürworten (bis zum strikten Verbot der P.), hat das BMFSFJ nach heftiger Kritik von Prostituierten und ihren Organisationen sowie von BL und Kommunen viele Verschärfungen zurückgenommen. Im Juli 2017 wird das neue Prostitutionsgesetz („Gesetz zur Regelung des Prostitutionsgewerbes sowie zum Schutz der in der Prostitution tätigen Personen") in Kraft treten mit strengen Regelungen, die die P. in Deutschland verändern werden. Dazu gehören Anmeldepflichten und die Pflicht zur Gesundheitsberatung für alle Prostituierten einschließlich der Escort-Dienste, Konzessionierung und Erlaubspflicht für Bordelle, Clubs u. ä. sowie die Kondompflicht, die Einschränkung von sexuellen Praktiken und Werbeverbote. Verstöße werden mit hohen Bußgeldern geahndet.

Statistik

Alle Zahlenangaben zur P. beruhen auf Schätzungen. Danach gibt es in Deutschland bis zu 400 000 berufsmäßige Prostituierte. Etwa 50–60 % arbeiten in Bordellen, ca. 20 % auf der Straße, ca. 20–30 % als Begleithostessen oder in Privatwohnungen. Der jährliche Umsatz im Prostitutionsgeschäft wird für Deutschland auf etwa 12 Mrd. Euro geschätzt.

Kinderprostitution hat in den letzten Jahren zugenommen. Nach neueren Untersuchungen in verschiedenen Ländern ist das Einstiegsalter in die P. gesunken, das Durchschnittsalter liegt zwischen 12 und 14 Jahren. Schätzungen gehen davon aus, dass bis zu 10 % = rd. 40 000 der Prostituierten Kinder und Jugendliche sind. Seit einigen Jahren regt sich international Widerstand gegen den Missbrauch von Kindern. 1993 ist in Deutschland ein strafrechtliches ÄndG in Kraft getreten, das Sextouristen, die sich an Kindern vergehen, mit einschneidenden Strafen bedroht.

Gründe für Prostitution

Die Wege zur P. sind alltäglich: gelegentlich schnelles Geld nebenbei verdienen; im Milieu aufgewachsen; von zu Hause, aus einem Heim fortgelaufen, ohne Aussicht auf einen Job oder einen Ausbildungsplatz; nicht so abhängig und unterwürfig werden wollen wie die Mutter; nicht so hart arbeiten müssen wie Mutter und Vater; Schulden, sexueller Missbrauch; auf den Strich geschickt werden vom Freund, vom Ehemann; *Drogenabhängigkeit.* Für die meisten Prostituierten bleibt der Traum vom vielen Geld ein Traum. Prostituierte kommen in den westlichen und östlichen Industriegesellschaften aus allen Schichten der Bevölkerung, haben eine bessere Berufsausbildung als der Durchschnitt der Bevölkerung, stehen aber, wie andere Frauen auch, überwiegend mit ihren erlernten Berufen am unteren Ende der Lohnskala. Mehr Geld mit dem Anschaffen zu verdienen ist dann das Hauptmotiv für den Einstieg in den Umsteige- bzw. Zusatzberuf Hure. Das einseitige Bild von weiblichen, männlichen, auch jugendlichen Prostituierten als Opfer ist einem differenzierten gewichen, bis zu dem der berufsmäßigen emanzipierten Sexarbeiterin.

In Ländern der 3. Welt ist die Massenprostitution i. V. m. Frauenhandel und Sextourismus v. a. auf fehlende alternative Erwerbsmöglichkeiten und die nackte Not zurückzuführen. Teilweise gilt dies auch für die osteuropäischen Länder seit der Öffnung der Grenzen und dem Zusammenbruch des Wirtschafts- und Gesellschaftssystems. Zuvor überwiegend verboten, wurde P. aber durchaus geduldet. Neu waren Erscheinungen wie die Europastraße 55 zwischen Dresden und Prag, die zu einem einzigen Bordell mit Kinder- und Jugendprostitution wurde (die inzwischen aber wieder stark zurückgegangen sind) oder die vielfältigen Geschäfte zwischen dem Osten und Städten wie Wien, Berlin, Frankfurt, München und Hamburg. Mehr als 100 000 osteuropäische Frauen gehen nach Schätzungen des BKA allein in Westdeutschland auf den Strich. Auch das Ausmaß der deutsch-deutschen Frauenverschiebung von Ost- nach Westdeutschland dürfte beträchtlich sein.

Selbstorganisation und Selbsthilfe

Im Übergang vom Mittelalter zur Neuzeit stand, wie allgemein in der SozArb, die Disziplinierung mit Zucht- und Arbeitshaus und Arbeitszwang im Vordergrund. Seit dem 17. Jh. wird zunehmend Wert gelegt auf Besserung und Erziehung. Im 19. Jh. gibt es dann erste Ansätze der Selbstorganisierung und *Selbsthilfe* i. V. m. der Arbeiter- und der Frauenbewegung. Im Zuge der Entwicklung der WFV seit der Mitte des 20. sind Prostituierte eingeschlossen in eine „Gefährdetenfürsorge", die umerziehen und „gefallene Mädchen" retten will. Im Zuge der Etablierung der SozArb als Beruf und der emanzipatorischen Bewegungen wird der Blick auf die sozialen und wirtschaftlichen Ursachen gelenkt. P. wird nicht mehr als Verbrechen und Hurerei angesehen. Eingebettet in eine „Sittlichkeitsbewegung" wird die patriarchalische Doppelmoral angeprangert, Gerechtigkeit für Prostituierte gefordert, statt der Reglementierung ein wirksamer Gesundheitsschutz vertreten, der die Freier mit einbezieht. Gleichwohl zieht sich durch alle sozarb Ansätze immer noch die Orientierung auf Fürsorge und Umerziehung, Strafmaßnahmen eingeschlossen; Gefallene sollen immer noch gerettet werden und Prostituierte haben wie andere Klientinnen und Klienten auch Objektstatus. V. a. auf dem linken Flügel der Frauenbewegung, einer Minderheit, werden die Rechte der Prostituierten, ihre Selbstorganisierung und erste Ansätze zu einem Verständnis von P. als Beruf entwickelt. Entsprechend Teilen der abolitionistischen Bewegung wird der emanzipatorische Weg im Kampf gegen die P. mit den Prostituierten und als Ziel aller politischen Forderungen und sozialarbeiterischen Ansätze die Überwindung der P. angesehen.

Die neueren Ansätze, Grundsätze und Methoden sind von allgemeinen Entwicklungen und Umorientierungen in der SozArb sowie von der Huren- und der Frauenbewegung der 1970er Jahre geprägt. Seit den 1970er Jahren haben sich Prostituierte zunächst in den USA, England, Frankreich, dann in Holland und in der BRD zusammengeschlossen, arbeiten international für ihre Rechte und ihr Ansehen. In Großstädten wie Berlin, Hamburg, Frankfurt, München sind in Zusammenarbeit mit Frauen aus der Frauenbewegung Treffpunkte, Rechtsberatungsstellen, auch autonom organisierte Prostituiertenhäuser entstanden. Die in den letzten Jahren zu beobachtende Annäherung und Zusammenarbeit zwischen Frauenbewegung und Prostituiertengruppen ist jedoch aufgrund der distanzierten Haltung vieler Frauen aus der Frauenbewegung gegenüber Prostituierten mit Spannungen und Konflikten verbunden.

Die noch junge Hurenbewegung fordert v. a. eine Verbesserung der Lebens- und Arbeitsbedingungen, die Anerkennung der P. als Beruf und eine gewerkschaftsähnliche Interessenvertretung und wertet das ProstG ähnlich wie die Bestimmungen in den Niederlanden als wichtigen, aber nicht ausreichenden Schritt. Das abwertende Wort „Hure" wurde von Prostituierten als Berufsbezeichnung und Ausdruck eines gestiegenen Selbst- und Protestbewusstseins übernommen. Kampagnen richteten sich nach wie vor gegen die gefährliche doppelmoralische Behandlung des Problems AIDS, gegen Zwangstests und die Stigmatisierung von Prostituierten als Risikogruppe. Gerade die professionell Arbeitenden lassen sich regelmäßig untersuchen, achten auf Körper und Gesundheit, sind diese doch ihr Betriebskapital. Die große Gefahr der Verbreitung der Immunschwäche geht von den Freiern, auch von Gelegenheitsprostituierten, (drogenabhängigen) jugendlichen Stricherinnen und Strichern aus.

Zur Durchsetzung der Menschen- und Bürgerinnenrechte der Prostituierten wurde 1985 auf dem ersten internationalen Kongress in Amsterdam eine internationale Organisation der Prostituierten gegründet und die „Welt-Charta für die Rechte der Prostituierten" verabschiedet, worin u. a. die Freiheit der Berufswahl und des Arbeitsplatzes, das Recht auf Sozialversicherung, die Abschaffung von Zwangsuntersuchungen, die Entkriminalisierung der Erwachsenenprostitution sowie Strafgesetze gegen die Prostituierer von Kindern und zum Schutze der Mädchen und Jungen vor P. gefordert werden. Seit dem zweiten Kongress 1986 in Brüssel finden regelmäßig internationale Treffen statt. Nach den gesetzlichen Änd. wurde im Frühjahr 2002 auch in Deutschland wie zuvor in den Niederlanden ein „Bundesverband sexuelle Dienstleistungen e. V." in Berlin gegründet. Der Verband, dem BordellbetreiberInnen, Barbesitzer, selbständige Prostituierte angehören, will eine Akkreditierung beim BT erreichen, um als anerkannter Berufsverband u. a. Einfluss auf die Gesetzgebung im Gewerbe-, Steuer- und Ausländerrecht (Green Card für Prostituierte) zu nehmen. Dazu kommen gemeinsame Öffentlichkeitsarbeit, Werbung und die Entwicklung von Standards für Hygiene, Arbeitsbedingungen, Arbeitsverträge und Leistungen. Das neue Prostitutionsgesetz hat diesen Forderungen weitgehend ein Ende gesetzt und ist auch deswegen auf massiven Protest gestoßen.

Aufgaben Sozialer Arbeit

Seit Ende der 1960er Jahre wurden Selbstverständnis und Berufsbild der SozArb, die Wirksamkeit ihrer Institutionen und Maßnahmen und die Orientierung am Status quo der Gesellschaft einer scharfen theoretischen – und in Form von Selbsthilfegruppen – auch praktischen Kritik unterzogen. Wesentliche Prinzipien sind die Anerkennung der Prostituierten als Subjekt und das Bemühen um ein dialogisches Verhältnis. Eine Orientierung, die in die „Normalität" einpassen will, an der sie gescheitert sind, ist brüchig geworden.

Diese allgemeinen Grundsätze gelten auch in der SozArb mit Prostituierten unabhängig von der Zielgruppe. Bußgelder, strafrechtliche Verfolgung, Inhaftierung und Therapieauflagen haben sich als sinn- und erfolglos für den Ausstieg aus P., *Sucht* und Beschaffungsprostitution erwiesen. So müssen Bußgelder wegen verbotener Straßenprostitution wieder durch P. finanziert werden, Illegalität und Kriminalität verhindern wirksame Gesundheitsvorsorge, Kontakte, ein stützendes soziales Umfeld und auch den Ausstieg. Überwiegend wird auf Entkriminalisierung und eine nicht kontrollierende parteiliche Arbeit gesetzt, die über Kooperationen auch Einfluss auf Institutionen wie Polizei und Justiz nimmt.

Ziele der zielgruppenspezifischen SozArb sind Kontakt- und Beziehungsaufbau zu schwer erreichbaren Gruppen, (Über-)Lebenshilfe und Existenzsicherung, Entwicklung eines Selbstwertgefühls, Gesundheitsvorsorge sowie Stärkung der psychischen und physischen Konstitution, (Re-)Integration in ein (stabiles) soziales System insbesondere bei Jugendlichen, Entwicklung einer individuellen realistischen Lebensplanung, Vermittlung an weiterführende sozialmedizinische und/oder drogentherapeutische Einrichtungen, Ausstieg aus dem Milieu.

Zu den Arbeitsprinzipien gehören eine akzeptierende Grundhaltung gegenüber der Lebenssituation, die Orientierung an den Bedürfnissen der Jugendlichen, Frauen und Männer, parteiliches und geschlechtsspezifisches Vorgehen. Es wird szenenah, flexibel, mobil, niedrigschwellig und die Anonymität sichernd gearbeitet.

Die üblichen entwickelten und erprobten Methoden, Formen und Angebote sind: Informations- und Beratungsstellen mit angeschlossenem Café/Treffpunkt, *Streetwork* und aufsuchende Sozialarbeit sowie individuelle Ausstiegshilfen. Alltagspraktische Unterstützung in der Prostitutionsszene reicht von Versorgungsangeboten – „Bett, Brot, Bad" – über Spritzentausch, Kondomabgabe, Notfallhilfe und Krisenintervention bis zu psychosozialer Beratung und Betreuung.

In Zusammenarbeit mit der Hurenbewegung sind v. a. in Großstädten Anlaufstellen und Beratungseinrichtungen für Frauen entstanden. Relativ wenig Stellen gibt es für männliche Prostituierte. Angesichts der bestehenden Konkurrenz auf dem Prostitutionsmarkt haben sich mit der Trennung in legal und illegal die Probleme für „gehandelte" und ohne Arbeits- und/oder Aufenthaltserlaubnis anschaffende Ausländerinnen verschärft. Sprachprobleme, Niedrigstlöhne, wenig Kenntnis über Gesundheitsrisiken und Gesundheitsschutz, Angst vor Abschiebung und fehlender Zugang zum sozialen Sicherungssystem machen Hilfen besonders schwierig. Jugendprostitution, die in der SozArb als eine Form auffälligen Verhaltens bestimmt wird, erschwert die hier besonders notwendige Sozialarbeit. Jugendliche, die sich prostituieren, leben vielfach auf der Straße oder in Übergangswohnformen, sind Bestandteil der Bahnhofs-, Straßenstrich- und Innenstadtszenen der Großstädte. Sie sind besonderen Risiken u. a. durch HIV-Infektion, Drogenmissbrauch, Hepatitis ausgesetzt. Aus den unterschiedlichsten Gründen wird ein Verbleib im Elternhaus, in Pflegefamilien oder Heimen abgelehnt. Sie leben im sozialen Abseits, suchen im Prostitutionsmilieu neben Geld auch Familienersatz, den „Beschützer" oder „väterlichen Freund". Die Chancen für eine (Re-)Integration in ein stabiles soziales Umfeld werden von Fachleuten gering eingeschätzt. Als unwirksam haben sich gerade bei jugendlichen Prostituierten strafrechtliche Verschärfungen und ein anonymes Sanktionssystem erwiesen. In Theorie und Praxis wird auf szenenahe, niedrigschwellige, nicht kontrollierende Angebote und gemeinsam entwickelte individuelle Ausstiegshilfen gesetzt.

„Ob gekaufte Sexualität als Dienstleistung unter anderen verstanden werden kann, darüber wird vorerst kaum Einigkeit herzustellen sein. Dass die moderne Gesellschaft den Prostituierten mehr anbieten kann als die überständige Logik zweideutig geregelter Randständigkeit, darüber sollte diskutiert werden …" (G. Seibt 2015).

Karin Bergdoll
(bis zur 6. Auflage mit Renate Wurms)

Literatur

M. Albert/J. Wege: Soziale Arbeit und Prostitution, Berlin 2015 ◆ BKA: Bundeslagebild Menschenhandel 2014, Berlin (wird jährl. fortgeschrieben) ◆ Berufsverband erotische und sexuelle Dienstleistungen e. V.: Stellungnahme zur „Regulierung des Prostitutionsgewerbes", Berlin 2014 ◆ BMFSFJ: Bericht der BReg zu den Auswirkungen des Gesetzes zur Regelung der Rechtsverhältnisse der Prostituierten (ProstG), Januar 2007 ◆ BMFSFJ: Regulierung von Prostitution und Prostitutionsstätten, Berlin 2009 ◆ U. Falck: VEB-Bordelle. Geschichte der Prostitution in der DDR, Berlin 1998 ◆ M. Löw/R. Ruhne: Prostitution, Berlin 2011 ◆ S. Partenheimer: Kinder- und Jugendprostitution. Analyse der Voraussetzungen und Handlungsmöglichkeiten der Jugendhilfe, Aachen 1997 ◆ G. Seibt: Geregelte Randständigkeit, Süddeutsche Zeitung, Nr. 190 v. 20. 8. 2015 ◆ S. Wytschek: Ausländerinnen-Schicksal Prostitution, Frankfurt/M. 2001 ◆ A. von Zahn-Harnack: Die Frauenbewegung, Berlin 1928 ◆ H. Zurhold/A. Mohnert: Prostitution von Mädchen und jungen Frauen. Ein Leben zwischen Armut und Konsum, in: uj 2/2011.

Links

www.bmfsfj.de
www.hydra.de

Psychiatrie

Begriff und Entwicklung

P. ist die Lehre von den seelischen Erkrankungen und ihrer Behandlungen. Medizinisch hat sie eine deskriptive, statistische Seite (exakte Diagnosen, charakteristische Symptome, beobachtbare Verläufe und Prognosen) und eine psychodynamische: seit dem Altertum (Hippokrates) wird nach Zusammenhängen zwischen seelischen Erlebnissen und Krankheitssymptomen gefragt. Die Unzugänglichkeit der Kranken regte zu zahlreichen Spekulationen an: sie galten als göttlich inspiriert oder vom Teufel besessen, wurden teils idealisiert, teils verketzert.

Zwar gab es bereits im Mittelalter Asyle für psychisch Kranke, doch kam es erst nach 1710, beginnend in Bologna, durch Anstaltsgründungen in Europa zu einer systematischen Verwahrung. Weil die Kranken der sich entwickelnden bürgerlichen Wertordnung nicht entsprachen (Dörner), wurden sie, nach Geschlechtern getrennt und z. T. unter unmenschlichen Bedingungen, verwahrt. Dennoch befanden sich nach Schätzungen von Christian Friedrich Nasse (1778–1851) noch 1821 nur ein Sechstel in ärztlicher oder stationärer Behandlung; die Mehrzahl vagabundierte nach wie vor zwischen Zuchthäusern, Asylen und Straße. Im Zuge der Aufklärung und der französischen Revolution wurden auch die Kranken aus ihren Ketten, in die man sie zwangsweise gesteckt hatte, befreit (Foucault) und kamen zunehmend aus einer pädagogischen in ärztliche Behandlung. Die erste offene Anstalt wurde von dem Quäker William Tuke 1796 in York gegründet.

Von der P. als Wissenschaft kann erst im 19. Jh. gesprochen werden. Das erste Lehrbuch der P. von Haindorf (1811) ist noch weitgehend geprägt von philosophischen und sozialmoralischen (moral management) Vorstellungen. 1818 gründete Nasse die erste Zeitschrift für psychische Ärzte. Seit 1864 wurden in Deutschland an den Universitäten Lehrstühle für P. eingerichtet. In der Folgezeit kam es zu einer bis heute noch nicht ganz aufgehobenen Kluft zwischen Universitäts- und Anstaltspsychiatrie. Auch die Psychiater waren geprägt von den Vorurteilen ihrer Zeit (Blasius) und forschten dem naturwissenschaftlichen Trend folgend weniger nach seelischen als nach körperlichen Ursachen der Geisteskrankheiten. Positiv wurden auf diesem Weg degenerative und traumatische Hirnschäden entdeckt, negativ wurden erbbiologisch und sozialdarwinistisch begründete Diskriminierungen der Patienten unterstützt. In ihrem Selbstbild oft schwankend zwischen Polizist und Arzt („medizinische Polizei") und in ihren Methoden an militärischen Vorbildern orientiert, leistete ein Teil der Ärzte wenig Widerstand, als Degenerationstheoretiker (Möbius, Lombroso) und Eugeniker eine Euthanasiedebatte über „lebensunwertes Leben" (Jost, Haeckel, Binding und Hoche) begannen *(Eugenik)*, die 1905 zur Gründung der Gesellschaft für Rassenhygiene führte und die Verbrechen der Nazis mental vorbereitete. Während der NS-Zeit wurden bereits am 1. 1. 1934 durch das Gesetz zur Verhütung erbkranken Nachwuchses Kranke und Behinderte erfasst. Am 1. 9. 1939 wurde die Euthanasie-Ermächtigung erlassen, die unter dem Namen Aktion T4 – Tiergartenstraße 4 in Berlin – praktisch umgesetzt wurde. Die Verfolgungsmaßnahmen führten unter Mithilfe von SozArb und Ärzten zu ca. 350 000 Zwangssterilisationen und ca. 100 000–200 000 Toten (Klee) und wurden erst durch den massiven Protest der protestantischen und katholischen Kirche – vorläufig, und nie ganz vollständig – eingestellt. Die Folgen dieses Verrats am Kranken waren in der Nachkriegszeit in Deutschland noch lange in Gestalt eines tiefsitzenden Misstrauens gegenüber der P. spürbar.

Auch bei kritischer Betrachtung sind die Bemühungen der Psychiater um eine exakte Beschreibung und Zuordnung von Symptomen und Krankheitseinheiten positiv zu bewerten, da sie Prognosen über zukünftige Entwicklungen ermöglichen und Angehörigen bei ihren Planungen behilflich sind. Abgesehen von wenigen hirnorganischen Krankheitsbildern sind jedoch die Anstrengungen der Wissenschaft, organische Ursachen psychischer Erkrankungen zu finden, bis in das 20. Jh. hinein nur begrenzt erfolgreich gewesen. Durch die Fortschritte in der Molekularbiologie sind neue Erkenntnisse gewonnen worden und auch in Zukunft zu erwarten (Singer).

Neurotische Erkrankungen (Hysterie, Zwänge, Phobien) konnten mit der Entdeckung der Psychoanalyse durch S. Freud, einer Forschungs- und Behandlungsmethode zur Aufdeckung unbewusster Konflikte, erfolgreich ambulant behandelt werden *(Psychotherapie)*. Mit der Entwicklung der Psychopharmaka konnte darüber hinaus ein großer Teil der ehemaligen Psychiatrieinsassen die klinischen Institutionen verlassen und in ihrer häuslichen Umgebung betreut werden. Nur eine Restgruppe von akut oder chronisch psychotisch Erkrankten oder schwer hirnorganisch Geschädigten ist immer noch stationär behandlungsbedürftig und stellt v. a. die Klientel der Landeskrankenhäuser und Anstalten.

Die Ursache der psychotischen Krankheitssymptome und -verläufe ist – abgesehen von den organischen Psychosen – ein wichtiger Forschungsgegenstand. Trotz einer breiten Kritik der antipsychiatrischen Bewegung (Cooper) an den Institutionen und ihren theoretischen- und praktischen Behandlungskonzepten und trotz zahlreicher innovativer Impulse ist es bis heute nicht gelungen, psychotische Erkrankungen zu verhindern oder zu heilen. Es ist jedoch nicht zu übersehen, dass mit der Entwicklung der Pharmakotherapie (atypische Neuroleptika) und mit zunehmender ambulanter Betreuung auch bestimmte artifizielle Symptome (Anstaltsartefakte) weggefallen sind. Es zeigt sich einerseits, dass die Kranken über ein höheres Gesundungs- und Selbsthilfepotenzial verfügen, als man ärztlicherseits angenommen hat (Basaglia; Dörner), andererseits, dass sie zur Aktivierung dieses Potenzials Aufklärung über ihre Krankheit (Finzen, Stark) und sozialpsychiatrische Hilfen brauchen.

Die Psychiatriereform

Nachdem in England in der Nachkriegszeit therapeutische Gemeinschaften gegründet wurden und zunehmend der Einfluss sozialer Faktoren auf die Entstehung und den Verlauf der Krankheiten (Hollingshead und Redlich) untersucht worden war, kam es im Zuge der Pychiatriereform (nach der Psychiatrie-Enquete 1973–75) in der BRD zu einer weitgehenden Öffnung der Anstalten, einer Verlagerung der stationären Behandlung auf kleinere Abteilungen an Allgemeinkrankenhäusern, einem dichten Netz von ambulanten Versorgungsseinrichtungen und v. a. zu einem breit gefächerten Angebot von Hilfe und Betreuung, das über das rein medizinische hinaus ging und dem Kranken Möglichkeiten zu einer Wiedereingliederung (oder gar nicht erst Ausgliederung) in soziale Strukturen (Familie, Beruf, Beschäftigung, Gemeinde) bereitstellte. Auch wenn das Ziel der völligen Unabhängigkeit von Betreuung in vielen Fällen nicht erreicht wird, zählt jeder Schritt in diese Richtung, weil er den Kranken ihre Würde und das Recht auf Selbstbestimmung belässt oder zurückgibt (Knoll). Der Abbau der Großkrankenhäuser, Aufbau einer gemeindenahen Versorgung und eines sozialpsychiatrisches Netzes und eine umfassende bauliche und strukturelle Modernisierung der vorhandenen Einrichtungen war auch die wichtigste Aufgabe in den nBL nach 1989.

Mit dem Abbau stationärer Betreuung wurde auch erreicht, dass die gesellschaftliche Diskriminierung der Kranken teilweise abgebaut wurde. Diesem Zweck dient auch das 1989 verabschiedete BtG, das anstelle der diffamierenden Entmündigung und Vormundschaft weniger einschneidende Betreuungsmaßnahmen (Heilbehandlung, Unterbringung, Vermögensangelegenheiten), die vorwiegend dem Schutz der Kranken vor einer Selbstgefährdung dienen, nach dem Erforderlichkeitsgrundsatz bereitstellt *(Betreuungsrecht)*.

Die Klienten

Die *Klient*en der P. finden sich in allen Altersstufen, meist mit spezifischen Krankheitsbildern, die bei Kindern und Jugendlichen v. a. geprägt sind durch Probleme der Entwicklung und Reifung (Lempp; Schmidt), bei Erwachsenen, insbesondere bei Frauen, durch generative Umstellungen (Menstruation, Schwangerschaft, Menopause) und im Alter oft überlagert werden durch Abbauvorgänge, die auch den chronisch Kranken ein besonderes „Altersgesicht" geben. Zunehmend wird auch die Betreuung von in Deutschland lebenden Menschen aus anderen Kulturen wichtig (Hegemann/Salaman).

Um den Problemen der jeweiligen Altersstufe gerecht zu werden, wurden Spezifizierungen wie Kinder- und Jugendpsychiatrie, Erwachsenenpsychiatrie und Gerontopsychiatrie geschaffen. Ein besonderes Teilgebiet der Psychiatrie ist auch die forensische (gerichtliche) P., die sich mit Problemen der Unterbringung psychisch Kranker – geregelt nach VO der BL –, ihrer Geschäfts- und Testierfähigkeit (§ 104 BGB), Verhandlungs- und Prozessfähigkeit (§ 51 ZPO), Testierunfähigkeit (§ 2229 BGB Abs. 4), der Entziehung der Fahrerlaubnis (§ 69 Abs. 1 S. 1 StGB), der Verantwortungsreife (§ 3 JGG) Jugendlicher und Heranwachsender und der strafrechtlichen Verantwortlichkeit psychisch kranker Straftäter befasst, wenn deren Einsichts- und Steuerungsfähigkeit zur Tatzeit erheblich eingeschränkt oder aufgehoben war (§§ 20, 21 StGB).

Sozialpädagogische Arbeitsfelder

Entsprechend finden sich auch sozialpädagogische Arbeitsfelder in allen Altersstufen. In der Kinder- und Jugendpsychiatrie ist die fruchtbare Zusammenarbeit zwischen Ärzten und Pädagogen von Anfang an selbstverständlich gewesen und hat dazu geführt, dass in diesem Bereich zuerst systematisch Betreuungskonzepte erarbeitet wurden, die auf eine Vergrößerung der Handlungskompetenz der Kranken zielen. Inzwischen arbeiten SozArb/SozPäd sowohl im ambulanten als auch im stationären Bereich und v. a. in alternativen Projekten, die Einzelfall-, Familien- und Gruppenbetreuung über Sozialstationen, sozialpsychiatrische und schulpsychologische Dienste, in der Jugendgerichtshilfe und BewH anbieten. In Tageszentren werden psychisch Kranke tagsüber betreut, im sozialen Training werden sie stationär auf ihre Entlassung vorbereitet, in Selbsthilfegruppen (für Stotterer, Magersüchtige, Selbstmordgefährdete, Behinderte) werden Eigeninitiative und Erfahrungsaustausch unterstützt. Der Ausbau der ambulanten gemeindenahen Dienste, deren Aufgaben vorrangig die Bereitstellung von Wohnraum, Arbeit, Beschäftigung, Betreuung und eine emotionale Entlastung der Angehörigen (Dörner u. a.) sind, ist regional noch nicht ausreichend. Humanere Formen des Umgangs mit psychisch Kranken (Th. Richter) sind kostenintensiv und müssen deshalb immer wieder gezielt von Öffentlichkeitsarbeit flankiert werden, die aufklärend und aktiv, die Rechte der Kranken vertretend, politisch die Schonräume einfordert, die den Schwächsten unserer Gesellschaft ein Leben in relativer Freiheit und Selbstbestimmung ermöglichen.

Gertrud Hardtmann

P

ICD-10-GM ist die internationale Klassifikation der Krankheiten und verwandten Gesundheitsprobleme/10. Revision, German Modification (seit 1. 1. 2016 ICD-10-GM, Version 2016). Im Kapitel V (Kode-Bereich F 00-F 99) werden Psychische und Verhandlungsstörungen aufgeführt:

Internationale Klassifikation psychischer Störungen ICD-10

Der ICD-10, der Diagnosenschlüssel der WHO, ist ein atheoretischer Ansatz, weil er im Wesentlichen mit deskriptiven Kategorien arbeitet. Er ist das Ergebnis einer jahrzehntelangen Arbeit an einer Verbesserung (und Vergleichbarkeit) der psychiatrischen Diagnostik und Klassifikation. Für den Gebrauch wird vorgeschlagen, in unklaren Fällen eine vorläufige Diagnose zu verwenden. Abweichend vom bisherigen Sprachgebrauch wird anstelle von Krankheit der Begriff Störung verwandt und anstelle von psychosomatischen von somatoformen Störungen gesprochen. Der Begriff psychogen wird benutzt, wenn ein Zusammenhang mit Lebensereignissen gemeint ist.

F0 Organische einschließlich symptomatische psychische Störungen: Dazu gehören: Demenz, hirnorganischer Abbau durch verschiedene bekannte und unbekannte Ursachen wie z. B. Gefäßleiden, Stoffwechselkrankheiten, Alkohol und Drogen und Funktionsstörungen des Gehirns.

Es handelt sich um psychische Krankheiten, die durch Gehirnkrankheiten, Verletzungen oder andere Schädigungen zu einer Hirnfunktionsstörung führen. Sie können in jedem Lebensalter beginnen. Einige sind irreversibel und progredient, andere vorübergehend und behandelbar.

Wesentliche Merkmale: Störungen kognitiver Funktionen wie des Gedächtnisses, des Lernens, des Denkens, Störungen des Sensoriums wie Bewusstseins- und Aufmerksamkeitsstörungen, Störungen der Wahrnehmung (Halluzinationen), der Denkinhalte (Wahn), der Stimmung und der Gefühle (Depression, Manie, Angst).

F1 Psychische und Verhaltensstörungen durch psychotrope Substanzen: Dazu gehören: Alkohol, Opiate, Beruhigungsmittel, Kokain, Lösungsmittel und den durch sie bedingten akuten und chronischen Veränderungen, Entzugserscheinungen und psychotischen Episoden.

Das Spektrum dieser Störungen ist sehr weit; es reicht von unkomplizierten Intoxikationen bis zum schädlichen Dauergebrauch, psychotischen Störungen und Demenz. Die Substanzen können durch Blut- und Urinproben nachgewiesen werden.

Wesentliche Merkmale: bei der akuten Intoxikation v. a. Störungen des Bewusstseins, der Wahrnehmung, des Affekts und des Verhaltens; ohne Substanzzufuhr verschwinden diese Symptome nach einiger Zeit. Unterschiedliche Wirkungen hängen oft von unterschiedlichen Mengen oder vom Zusammenwirken unterschiedlicher Substanzen ab. Von einem schädlichen Gebrauch wird dann gesprochen, wenn das Konsumverhalten negative körperliche, psychische und soziale Folgen hat. Beim Abhängigkeitssyndrom besteht ein übermächtiger Wunsch oder Zwang, eine verminderte Kontrollfähigkeit, eine erhöhte Toleranzschwelle, eine fortlaufende Einengung der Interessen und ein Entzugssyndrom bis hin zum Delir, das durch Bewusstseinstrübung, Verwirrtheit, Angst, Halluzinationen, Wahnvorstellungen Zittern, vegetative Übererregbarkeit und Schlaflosigkeit gekennzeichnet ist.

F2 Schizophrene, schizotype und wahnhafte Störungen: Dazu gehören u. a.: akute und vorübergehende oder anhaltende schizoaffektive Mischzustände auch z. T. mit manischer und depressiver Symptomatik, weiter die paranoide, katatone, undifferenzierte und hebephrene Schizophrenie und die schizophrenen residualen Zustände.

Wesentliche Merkmale: Störungen des Denkens und der Wahrnehmung und eine verflachte Affektivität. Ein Erklärungswahn kann entstehen, bei dem sich das Individuum von übernatürlichen Kräften beeinträchtigt und gesteuert fühlt. Bei akustischen Halluzinationen werden Kommentare zu Verhalten und Gedanken gehört und Wahrnehmungsqualitäten verändert – d. h. intensiviert oder abgeschwächt – registriert. Die Entwicklung kann schleichend oder akut sein, und wird v. a. im Beginn oft bedrohlich erlebt. Hauptsymptome sind 1) das Gedankenlautwerden oder der Gedankenentzug, 2) der Kontroll- und Beeinflussungswahn, 3) kommentierende und dialogische Stimmen, 4) Größen- und Kleinheitswahn, 5) Halluzinationen und überwertige Ideen, 6) Gedankenabreißen, Zerfahrenheit und Neologismen, 7) katatone Erregung und Haltungsstereotypien, 8) Apathie, Verflachung, sozialer Rückzug, 9) durchgängige Persönlichkeitsveränderungen.

Für die Diagnose ist mindestens ein eindeutiges Symptom (i. d. R. mehrere) über einen Zeitraum länger als einen Monat erforderlich.

F3 Affektive Störungen: Dazu gehören: manische, depressive, bipolare, rezidivierende und anhaltende Störungen. Die Beziehungen zwischen Ursachen, Symptomatik, psychischen und möglichen biochemischen Prozessen sind noch ungeklärt. Das Hauptsymptom ist die Veränderung der Affektivität i. S. einer gedrückten oder gehobenen, mitunter von Angst begleiteten Stimmungslage. Bei der Hypomanie oder Manie geht sie mit gesteigerter Aktivität und gehobenem psychischen und körperlichen Wohlbefinden einher. Soziale Konflikte können durch Reizbarkeit, Selbstüberschätzung und Hemmungslosigkeit entstehen. Bei der Depression sind v. a. eine verminderte Konzentration und Aufmerksamkeit, ein vermindertes Selbstwertgefühl, Schuld- und Unwertgefühle, negative und pessimistische Zukunftsperspektiven, Suizidgedanken, Selbstverletzungen, Schlaf- und Appetitstörungen zu beobachten. Alle diese Störungen können abwechselnd oder gemischt mit gesunden Intervallen und zeitlich begrenzt oder anhaltend auftreten und werden je nach Schweregrad in leichte, mittelgradige und schwere – bei psychotischen Episoden – eingeteilt.

F4 Neurotische-, Belastungs- und somatoforme Störungen: Dazu gehören: Phobien, Zwänge, Reaktionen auf schwere Belastungen, dissoziale Störungen und somatoforme Störungen. Sie sind größtenteils psychisch verursacht.

Phobische Patienten entwickeln Ängste vor objektiv ungefährlichen Objekten, die sie meinen meiden zu müssen und deren Vorstellung allein mitunter schon angstauslösend wirkt. Phobien leiten nicht selten Depressionen ein und sind bei Frauen häufiger als bei Männern zu beobachten. Die häufigsten sind die Agoraphobie (Angst vor einer Ansammlung von Menschen), soziale Phobien und umschriebene Phobien wie die Klaustrophobie (Angst vor geschlossenen Räumen), die Höhenangst und Tierphobien. Eine Sonderform ist das Panikgefühl.

Zwangskranke leiden unter Zwangsgedanken, -ideen, -vorstellungen und -impulsen, die aber als eigene Gedanken und Impulse erkannt werden. Ihre Ausführung führt zu keiner Erleichterung der Spannung (Wiederholungszwang). Sie zeigen meist insgesamt zwanghafte Persönlichkeitszüge. Viele Zwangsgedanken- und Handlungen beziehen sich auf die Reinlichkeit und stellen ritualisierte Handlungen dar, die auf magische Weise Gefahren abwenden sollen. Sie führen oft – Zwangsgrübeleien – zu Entschlusslosigkeit und Langsamkeit.

Außergewöhnlich belastende Lebensumstände können das Anpassungsvermögen eines Menschen übersteigen und zu Betäubung, Depression, Angst, Ärger, Verzweiflung, Überaktivität und Rückzug führen. Diese Symptome sind im Allgemeinen rückläufig, können aber auch chronisch werden und zu schweren Anpassungsstörungen führen. Neben depressiven Symptomen finden sich häufig Beeinträchtigungsgefühle und Störungen des Sozialverhaltens.

Bei den speziellen dissoziativen Störungen liegt meist ein Erinnerungsverlust für das auslösende Ereignis vor, auch wenn es objektiv nicht so schwerwiegend war. Ortsveränderungen bringen keine Abhilfe. Trancezustände treten bei Verlust der Identität auf, gleichzeitig können Bewegungs- und Sinnesempfindungen gestört sein.

Somatoforme – früher psychosomatische – Störungen führen zu körperlichen Missempfindungen, die physiologisch nicht begründet sind. In der Körpersprache drücken die Patienten mitunter seelische Konflikte aus, die sie bewusst nicht als solche wahrnehmen. Nach längerer seelischer Belastung kann es auch zu erheblichen Funktionsstörungen kommen (z. B. Magengeschwür). Zu trennen sind davon die Hypochondrien, bei denen sich die Patienten beharrlich und uneinsichtig mit ihren „eingebildeten" Krankheiten befassen.

F5 Verhaltensauffälligkeiten mit körperlichen Störungen und Faktoren: Dazu gehören: Essstörungen, Schlafstörungen, sexuelle Störungen, Wochenbettstörungen, Missbrauch von Substanzen, die keine Abhängigkeit erzeugen.

Unter die Essstörungen fällt die Anorexia nervosa, ein absichtlich v. a. von heranwachsenden Mädchen und jungen Frauen herbeigeführter Gewichtsverlust. Oft besteht ein falsches Körperschema und Störungen der Hypothalamus-Hypophysen-Gonaden-Achse mit einer Amenorrhoe. Eine Bulimie hingegen besteht aus anfallsweisem Heißhunger und künstlich herbeigeführtem Erbrechen. Anorexie und Bulimie können bei demselben Patienten auftreten.

Dyssomnien sind Schlafstörungen, die die Dauer und Intensität des Schlafes betreffen. Parasomnien werden umgangssprachlich als „Schlafwandeln" bezeichnet und sind nicht ungefährlich wegen des hohen Verletzungsrisikos durch die Bewusstseinseinschränkung. Sie sind häufig psychisch bedingt, können aber auch in Zusammenhang mit organischen Krankheiten auftreten. Das Gegenteil von Schlafstörung ist eine extreme Schläfrigkeit – Hypersomnie – bei der sorgfältig organische Ursachen ausgeschlossen werden müssen. Alpträume (Angstträume) sind bei Kindern häufig und deuten auf ein äußerst lebhaftes Traumerleben hin.

Nichtorganische sexuelle Funktionsstörungen (Mangel an Verlangen, Orgasmusstörung, Ejaculatio praecox (vorzeitiger Samenerguss), Vaginismus (Krampf der Vagina), Dypareunie (Schmerzen beim Verkehr) haben vielfältige seelische Ursachen; mitunter liegen diese auch in den aktuellen Objektbeziehungen.

Psychische Störungen im Wochenbett sind nicht selten; führend ist i. d. R. eine depressive Symptomatik.

Des Weiteren können psychische Störungen durch chronische Einnahme von Medikamenten (Beruhigungs-, Schmerz-, Schlaf- und Abführmittel) ausgelöst werden.

F6 Persönlichkeits- und Verhaltensstörungen: Dazu gehören: eine Persönlichkeitsstörung (paranoid, schizoid, dissozial, emotional instabil, wie Borderline z. B.), die andauert (aber ohne hirnorganische Grundlage), und abnorme Gewohnheiten und Störungen der Geschlechtsidentität.

Von Persönlichkeitsstörungen spricht man erst, wenn es sich um lang anhaltende, tief verwurzelte Verhaltensmuster handelt. Sie werden nach Merkmalsgruppen eingeteilt, wobei Überschneidungen unvermeidbar sind: paranoid (empfindlich, misstrauisch, streitsüchtig, selbstbezogen), schizoid (kühl, distanziert, gleichgültig, einzelgängerisch, kontaktscheu), dissozial (gefühl- und verantwortungslos, beziehungsgestört, intolerant gegenüber Frustrationen, geringe Scham- und Schuldgefühle), emotional instabil, impulsiv, Borderline-Typus, histrinoisch (Tendenz zur Dramatisierung i. S. von „hysterisch"), anankastisch (zwanghaft, perfektionistisch, pedantisch, eigensinnig), ängstlich (unbeholfen, zersorgt, eingeschränkter Lebensstil), abhängig (unselbständig, Angst vor dem Alleinsein, entschlusslos). Persönlichkeitsveränderungen können auch durch Extrem- oder Dauerbelastungen ausgelöst werden (Misstrauen, sozialer Rückzug, Leere und Hoffnungslosigkeit, Nervosität und Angst vor Bedrohung, Entfremdung).

Zu den Persönlichkeitsstörungen gehören auch abnorme Gewohnheiten wie das pathologische Glücksspiel, die Pyromanie (Brandstiftung), die Kleptomanie (Stehlen) und die Trichitillomanie (Haarausreißen).

Störungen der Geschlechtsidentität finden sich bei Transsexuellen und Transvestiten. Andere Störungen des Sexualverhaltens sind der Fetischismus, der Exhibitionismus, der Voyeurismus, die Pädophilie und der Sadomasochismus.

F7 Intelligenzminderung: Eingeteilt in: leichte, mittelgradige, schwere, schwerste und spezielle Intelligenzminderungen.

Eine in der Entwicklung zurück- oder stehen gebliebene geistige Entwicklung kann sich in Störungen der Motorik, der Wahrnehmung, der Sprache und der sozialen Fähigkeiten ausdrücken. Hinzukommen oft sekundäre, d. h. durch die primäre Störung bedingte Folgeerscheinungen, da Menschen mit intellektuellen Behinderungen häufig ausgenutzt und missbraucht werden. Da sich die Intelligenz aus verschiedenen Fähigkeiten zusammensetzt, sind die Bilder vielfältig: eine Intelligenzminderung auf einem Sektor kann mit außergewöhnlich hohen Fähigkeiten auf einem anderen Sektor kombiniert sein. Eine schwerwiegende Folge von Intelligenzminderung sind oft Anpassungsschwierigkeiten; deshalb sind geschützte Räume und eine spezielle Betreuung notwendig. Zu den leichten Formen werden Menschen mit einem messbaren Intelligenzquotienten von unter 50–69 (normal 70–120) gezählt, zu den mittleren die mit einem IQ von 35–49, zu den schweren die mit einem IQ 20–34 und zu den schwersten die mit einem IQ unter 20; im letzteren Fall ist auch das Sprachverständnis erheblich gestört, und selbst die einfachsten Verrichtungen sind nur unter Beaufsichtigung und Anleitung möglich.

F8 Entwicklungsstörungen: Dazu gehören: Störungen des Sprechens und der Sprache, der schulischen Fertigkeiten, der motorischen Funktion und tief greifende Persönlichkeitsstörungen, der Autismus z. B.

Es handelt sich um Störungen, die meist im Kleinkind- oder Kindesalter beginnen, stetig sind und keine Remissionen zeigen. Bei Störungen des Sprechens und der Sprache ist z. B. der Spracherwerb von Anfang an beeinträchtigt; davon abgeleitete Fähigkeiten wie die des Lesens und Schreibens sind in der Folge ebenfalls betroffen, wobei mitunter schwer zu diagnostizieren ist, ob und in welchem Grad zusätzlich eine Intelligenzminderung vorliegt. Artikulationsstörungen treten mit ca. 4 J. auf und werden meist bis zum Alter von 6–7 Jahren abgebaut. Eine Besonderheit ist die expressive Sprachstörung, die es Kindern mit normalem Sprachverständnis schwierig macht, ihre Gedanken auszudrücken; bei der rezeptiven Sprachstörung ist das Sprachverständnis erschwert. Umschriebene Störungen sind die Lese- und Rechtschreibstörung, die isolierte Rechtschreibstörung, die Rechenstörung und verschiedene Kombinationen dieser Störungen. Darüber hinaus gibt es spezielle Störungen der Entwicklung motorischer Fähigkeiten.

Mit Autismus wird eine tief greifende Entwicklungsstörung v. a. im sozialen und kommunikativen Bereich bezeichnet und auffällige Stereotypien im Gesamtverhalten.

F9 Verhaltens- und emotionale Störungen mit Beginn in der Kindheit und Jugend: Dazu gehören: Hyperkinetische Störungen, Störungen des Sexualverhaltens, emotionale Störungen, Tics und – unter den „übrigen Störungen" – das Einnässen, Einkoten und das Stottern u. a.

Hyperaktive Störungen äußern sich in einem unruhigen und wenig moduliertem Verhalten, Mangel an Ausdauer und Unaufmerksamkeit; sie sind bei Jungen häufiger als bei Mädchen und sind zu trennen von einfacheren Aktivitäts- und Aufmerksamkeitsschwankungen.

Störungen des Sozialverhaltens zeigen sich in aggressiven, dissozialen und unkontrollierten Verhaltensmustern; sie sind oft kombiniert mit anderen Störungen und können auf den familiären Rahmen beschränkt bleiben, mit und ohne soziale Bindungen einhergehen und häufig auch zusammen mit schweren emotionalen Störungen (Depression, Trennungsangst, Phobie, Angstneurose) auftreten. Weitere Störungen sind der elektive Mutismus, bei dem eine Sprachkompetenz nur in bestimmten Situationen gezeigt wird, reaktive Bindungsstörungen durch Traumatisierung, und Tics, die vorübergehend oder dauerhaft auftreten können. Häufig, und oft monosymptomatisch, sind die Enuresis und die Enkopresis, weniger häufig das Stottern und Poltern (gestörte Sprachrhythmik).

Literatur

AG Psychiatrie der Obersten Landesgesundheitsbehörden: Psychiatrie in Deutschland, Strukturen, Leistungen, Perspektiven, 2012 ◆ V. Arolt u. a.: Basiswissen Psychiatrie, Berlin [7]2011 ◆ F. Basaglia (Hrsg.): Die negierte Institution oder die Gemeinschaft der Ausgeschlossenen. Frankfurt/M. 1972 ◆ D. Blasius: „Einfache Seelenstörung": Geschichte der deutschen Psychiatrie 1800–1945, Frankfurt/M. 1994/Fischer Digital 2015 ◆ T. Bock: Basiswissen: Umgang mit psychiatrischen Patienten, Bonn [7]2010 ◆ M. Bosshard/ U. Ebert/H. Lazarus: Sozialarbeit und Sozialpädagogik in der Psychiatrie, Bonn [5]2013 ◆ BM für Jugend, Familie und Gesundheit (Hrsg.): Zur Reform der Versorgung im psychiatrischen und psychotherapeutischen/psychosomatischen Bereich. Abschlussbericht, Bonn 1988 ◆ J. Clausen/J. Eichenbrenner: Soziale Psychiatrie, Stuttgart [2]2016 ◆ D. Cooper: Psychiatrie und Antipsychiatrie, Frankfurt/M. 1971 • Dt. BT: Bericht über die Lage der Psychiatrie, BT-Drs. 7/4200, 1975 • K. Dörner: Irren ist menschlich. Lehrbuch der Psychiatrie und Psychotherapie, Köln [23]2015 • M. Dörr: Soziale Arbeit in der Psychiatrie, München/Basel 2005 • A. Finzen: Psychiatrie-Enquête und Psychiatrie-Reform. Erlebte Psychiatriegeschichte (EPG) 2/8–2011, www.asmus.finzen.ch als PDF-Datei • M. Foucault: Wahnsinn und Gesellschaft, Frankfurt/M. 1973 • S. Freud: Neue Folge der Vorlesungen zur Einführung in die Psychoanalyse, GW XV, 1932 • G. Hardtmann: Irrenhaus, Weinheim 1991 • Th. Hegemann/R. Salaman (Hrsg.): Handbuch Transkulturelle Psychiatrie. Konzepte für die Arbeit mit Menschen aus anderen Kulturen, Köln 2010 • E. Klee: „Euthanasie" im NS-Staat, Frankfurt/M. 1994 • A. Knoll: Sozialarbeit in der Psychiatrie: von der Fürsorge zur Sozialtherapie, Opladen 2000 • Th. Richter: Leben mit psychisch Kranken. Formen des Umgangs und der Bewältigung, Göttingen 1997 • W. Singer: Der Beobachter im Gehirn, Frankfurt/M. 2002 • F.-M. Stark u. a. (Hrsg.): Ich bin doch nicht verrückt. Erste Konfrontation mit psychischer Krise und Erkrankung, Bonn [2]2000 • R. Tölle/K. Windgassen: Psychiatrie, Berlin [16]2012 • H. Delling/W. Mombour/M. H. Schmidt/E. Schulte-Markwort/H. Remschmidt: Internationale Klassifikation psychischer Störungen ICD 10, Kap. V (F), Bern [10]2015.

Link

www.dgppn.de (Dt. Gesellschaft für Psychiatrie, Psychotherapie, Psychosomatik und Nervenheilkunde, Berlin)

Psychologie

Psychologie zwischen gesellschaftlicher Nachfrage und Elfenbeinturm

P. ist die Wissenschaft vom Erleben und Handeln des Subjektes. Als angewandte Wissenschaft entwickelt sie Interventionsmethoden für die unterschiedlichsten gesellschaftlichen Kontexte (z. B. Arbeitswelt, Wirtschaft und Organisationen, Institutionen des Bildungswesens, Institutionen des Gesundheits- und Sozialsystems), die auf eine gezielte Veränderung menschlicher Erlebnis- und Handlungsweisen zielen.

Um die Wende vom 19. zum 20. Jh. ist Sigmund Freuds Buch über die „Traumdeutung" erschienen, es hat ein „psychologisches Jh." eingeläutet. V. a. in den letzten vier Jahrzehnten hat die P. ihr Imperium noch einmal entscheidend erweitert. Sie ist die Disziplin und Profession, die im vergangenen Vierteljahrhundert stolze Zuwachsraten zu verzeichnen hatte, an die kaum ein anderes Fach heranreicht (Pion und Lipsey 1984). Hat sie ihre Wissenspotenziale erweitert und verbreitet? Ist sie die Trägerin einer zunehmenden Psychologisierung der Welt mit der problematischen Konsequenz, dass Menschen einen wachsenden narzisstischen Selbstbezug aufweisen? Dieser Vorwurf ist gegenüber der akademischen P. sicherlich nicht gerechtfertigt. Der psychologische Diskurs hat zwar seinen infiltrierenden Siegeszug bis in die letzten Ritzen unseres Alltagslebens angetreten, aber es korrespondiert mit diesem kein erkennbarer Erfolg der P. als wissenschaftlicher Disziplin, die sich durch ihre Problemlösungskompetenz bezogen auf aktuelle psychosoziale Konflikte, Krisen und Problemlagen auszeichnen würde. Die P. übt nach wie vor eine anhaltende Faszination aus. Trotz eines außerordentlich engen Arbeitsmarktes drängen noch immer viele Studienanfänger in dieses Fach und der „Hunger nach P." ist noch längst nicht gestillt. Es gibt kaum ein Thema, zu dem sich die Medien vom Psychologen keinen Kommentar wünschen.

Das Interesse an psychologischen Fragen steht in einem krassen Missverhältnis zu den Antworten der Disziplin, wie sie sich in ihrem Hauptstrom versteht. Sie hat zu den anstehenden psychosozialen Problemkomplexen entweder keine oder höchst abstrakt-allgemeine Aussagen anzubieten. Weil es häufig so ist, entstehen eine Fülle von „selbst gestrickten Psychologien" oder Antworten auf dem Niveau psychologischer Stammtischdiskurse. Wie konnte dieses strukturelle Defizit der P. in Bezug auf die Entwicklung zeitdiagnostischer und problemlösender Kompetenzen entstehen? Wie ist eine solche Diskrepanz zwischen dem gesellschaftlichen „Hunger nach Psychologie" und der Abstinenz des Faches zu erklären?

Die P. ist ein Kind der entstehenden bürgerlichen Gesellschaft. Das sich selbst entdeckende bürgerliche *Individuum* hat die P. als Medium der Reflexion geschaffen. Die P. ist also von ihrem Ursprung her ein Unternehmen der reflexiven Selbstverständigung der Subjekte bezogen auf epochale Veränderungen, bezogen auf den krisenhaften Verlust bislang leitender Sinnkonstrukte und Leitseile jeweils möglicher oder geforderter Lebensführung. Sie ist ein Produkt der Moderne und hat dem Menschen der Neuzeit einen disziplinären Ort der rationalen Selbstvergewisserung geschaffen. Warum sollte sie sich gerade dieser Aufgabe in einer Zeit verweigern, in der die allseits erlebte und beklagte existentielle oder ontologische Bodenlosigkeit geradezu nach einem reflexiven Modus der Selbstvergewisserung dieser unaufhebbaren Bodenlosigkeit verlangt?

Gerade in einem soziokulturellen Kontext, in dem die Subjekte die Erfahrung machen, dass ihre Lebenskonzepte immer weniger aus scheinbar bewährten Traditionsbeständen bezogen werden können, dass alles disponibel und dass die Lebensführung unhintergehbar reflexiv geworden ist, wäre von der P. ein fachwissenschaftlicher Rahmen zu erwarten, in dem der Prozess der aktuellen Umbrüche in seinen subjektwissenschaftlichen Konsequenzen aufgearbeitet werden könnte. Warum macht sie dieses Angebot nicht? Vielleicht gerade deshalb, weil die P. ein Kind der Moderne ist. Sie wäre gar nicht möglich gewesen, wenn sich nicht das „bürgerliche Subjekt" aus den feudalen Abhängigkeiten und Weltbildern befreit hätte. Das war ein ungeheurerer Reflexionsschub, aber zugleich hat die P. den eigenen Reflexionsprozess auf einem Niveau abgebrochen, das Rationalität i. S. der modernen Naturwissenschaften versprach. Sie begab sich auf den Weg der „Entdeckung" kultur- und kontextfreier universeller Gesetze des Psychischen. Das war der Weg der Moderne, dessen geistiges Baugerüst Descartes errichtet hat. Gestützt durch dieses geistige Baugerüst hat sich die P. erfolgreich institutionalisiert und professionalisiert. Aber sie hat damit auch Anteil an jenem Prozess der Selbstdogmatisierung, in dessen Gefolge Vernunft und wissenschaftliche Rationalität mit den instrumentellen Rationalitätskriterien der Naturwissenschaften gleichgesetzt wurden. Das „Projekt der Moderne" hat sich in seinen reflexiven Möglichkeiten „halbiert". Spürbar wird dies v. a. im Bereich der Ökologie: Die Technologien der Moderne gefährden heute zunehmend die Lebensgrundlagen der gesamten Gattung. Dies wird heute in allen Sozialwissenschaften und in der Philosophie diskutiert und das ist der systematische Ort der „postmodernen Kritik". Sie artikuliert sich als Zweifel an den Segnungen der Moderne, v. a. kritisiert sie deren „Verengungen und Verkrustungen", also den Verlust an Reflexivität auf ihre eigenen Grundlagen. Sie nährt systematisch den Zweifel an der „modernen Glaubensgewissheit", man könne die Welt oder auch das Subjekt aus einem universellen Rationalitätsmodell begreifen.

Sigmund Koch hat das „psychologische Jh." immer wieder zu evaluieren versucht und die P. an ihren eigenen Ansprüchen gemessen, eine Wissenschaft mit einem einheitlichen Konzept und einem anerkannten Methodenkanon zu sein. Seine Einschätzungen fielen mit jedem Anlauf skeptischer aus. Eindeutig ist sein Urteil in Bezug auf eine weder vorhandene noch mögliche Kohäsion oder Einheitlichkeit der P. als Wissenschaft. Für ist die Vorstellung, „dass die Psychologie eine integrale Disziplin sein kann der Mythos des 19. Jahrhunderts". Vielmehr sei die P. „keine einzelne oder kohärente Disziplin, sondern eine Gesamtheit von Studien unterschiedlichen Zuschnitts". Dass das so werden musste, ist kein Ausdruck der Unreife, sondern ist der Charakteristik „psychologischer Ereignisse" geschuldet. Denn diese seien „vielfältig bestimmt, mehrdeutig in ihrem menschlichen Sinn, polymorph, kontextuell umgeben oder eingebettet von oder in komplexe und vage verbundener Weise und „äußerst flüchtig und labil". Eine solche Sichtweise des Gegenstandsfeldes der P. ist nicht vereinbar mit der Kanonisierung eines überlegenen Weges der psychologischen Erkenntnisgewinnung. Genau hier hat Koch schon in seiner früheren Einschätzung (1973, 209) der P. ihren Geburtsfehler gesehen: Sie hatte sich bereits auf Methoden eingeschworen, ehe sie ihren Gegenstand zur Kenntnis genommen hatte und seine Probleme kannte. Diese Methoden hätte sie den Naturwissenschaften nachgeahmt – deshalb nennt Koch die P. eine „Imitationswissenschaft" (ebd., 220) – und ihre Geschichte sei „weitgehend eine Geschichte wechselnder Ansichten, Lehrmeinungen und Vorstellungen darüber, was in den Naturwissenschaften und v. a. der Physik nachzuahmen sei" (ebd., 210). Mit guten Gründen lässt sich auch fragen, ob sich die nomothetische P. mit ihrem Vorbild überhaupt mitentwickelt hat, in dessen Bezirken ja aufregende Theorieentwicklungen stattgefunden haben und stattfinden. Die nomothetische P. ist in ihrem methodologischen Selbstverständnis auf einem Niveau der physikalischen Theoriebildung verknöchert, das von Newton etabliert wurde, das aber aus Angst in das Museum der Physik gewandert ist.

Wenn die P. wieder als Subjektwissenschaft, als professionelles Handlungssystem und als Ort reflexiver Selbstverständigung der Subjekte im soziokulturellen Raum Kompetenz gewinnen will, wird sie als Disziplin ihre hermetische Abwehr solcher Gedanken überwinden müssen.

Vom Doppelcharakter menschlicher Subjektivität: Natur und Kultur zugleich

In den Kultur- und Sozialwissenschaften wird seit etwa 30 Jahren von den „zwei Kulturen" gesprochen (Snow 1964). Die eine Kultur kristallisiert um die klassischen Naturwissenschaften, die andere um die Geisteswissenschaften. 20 Jahre nachdem Snow das Konzept von den „zwei Kulturen“ geprägt hat, taucht er auch in der P. auf. Und noch einmal ein paar Jahre später wird er auch in der deutschen akademischen P. aufgegriffen, um auf eine Bewegung im Fach zu reagieren, die sich für eine „Erneuerung der Psychologie“ einsetzt (Prinz 1992). Auch in der P. wird vermehrt wieder darüber diskutiert, ob eine P., die sich fast ausschließlich im Gefolge der Naturwissenschaften entwickelt hat, ihrem Gegenstand, dem menschlichen Erleben und Handeln, gerecht werden kann. Diese paradigmatische Diskussion hat die P. auf dem Weg zur Wissenschaft von Anfang an verfolgt. Wilhelm Wundt, der als der Begründer der modernen akademischen P. gilt, hat sich um die Etablierung einer experimentell-naturwissenschaftlich verfahrenden P. bemüht und gleichzeitig eine hermeneutisch-kulturwissenschaftliche Völkerpsychologie betrieben und mit einer Fülle großer Studien bereichert. Diese „zwei Kulturen“ der P., die Wundt noch in einem fruchtbaren Spannungsverhältnis zu halten vermochte, sind nach ihm zerfallen und haben sich zu zunehmend voneinander abgeschotteten Wissenschaftskulturen entwickelt. Sie können mit guten Gründen jeweils ein für sich fruchtbares Gegenstandsfeld definieren und bearbeiten, die in der Doppelnatur des Menschen als Natur- und Kulturwesen begründet liegen. Der Mensch ist insofern Naturwesen, als alle Vorgänge des Wahrnehmens, Erlebens, Fühlens und Verhaltens eine biologisch-naturhafte Basis haben, die legitimerweise mit naturwissenschaftlichen Methoden untersucht werden sollten. Diese Naturseite des Menschen unterliegt spezifischen Gesetzmäßigkeiten, die in kooperativer Weise von Biologie, Physiologie und P. zu erforschen sind. Aber gerade die biologische *Anthropologie* (v.a. vertreten durch Adolf Portmann) hat überzeugend aufgezeigt, dass menschliches Handeln durch keine naturhaften Determinationen festgelegt ist. Der Mensch ist von seiner biologischen Ausstattung offen und plastisch angelegt. Seine Handlungssicherheit bezieht er aus keinen instinktmäßig festgelegten Ablaufplänen, sondern in soziokulturell bestimmten Regel- und Sinnzusammenhängen. Der Mensch ist also bereits durch seine biologische Basisausstattung nicht nur Natur-, sondern zugleich auch Kulturwesen, das sich in einer soziokulturell spezifischen Welt zu orientieren und zu handeln hat. Psychologische Forschung, insofern sie den Menschen als kulturell bestimmtes und kulturschaffendes Subjekt zum Gegenstand hat, bedarf einer hermeneutisch-interpretativen Vorgehensweise.

Die Anerkennung von zwei Kulturen in der P., die jeweils ihre eigenständigen Erkenntnisinteressen, theoretischen Traditionen und legitimen Methoden haben, scheint ein wichtiger Schritt in Richtung der Überwindung hegemonialer Ansprüche zu sein. Wie werden die beiden Kulturen charakterisiert? Dazu Prinz (1992, 3): Sie „unterscheiden sich v.a. in den allgemeinen Leitwerten und den damit verbundenen theoretischen und methodischen Prinzipien, die sie für sich als verbindlich ansehen. Die eine Kultur betreibt die Kultivierung von Universalität und Eindeutigkeit. Sie strebt möglichst allgemeine und möglichst eindeutige Aussagen über psychische Prozesse und Strukturen an, die sie losgelöst von ihren Inhalten betrachtet. Ihr Gegenstand sind ahistorisch gedachte und nomothetisch untersuchte psychische Funktionen, d.h. Mechanismen, die in selektiver Abstraktion untersucht werden. Die andere Kultur betreibt demgegenüber die Kultivierung von Singularität und Komplexität. Sie strebt nach Aussagen über singuläre psychische Inhalte, die sie jeweils im Kontext ihrer konkreten inhaltlichen Antezedentien betrachtet. Ihr Gegenstand sind historisch verstandene und idiographisch untersuchte Subjekte, und Ziel der Untersuchung ist es, sowohl der Totalität der Subjekte als auch der Komplexität der Historie gerecht zu werden.“

Die schwierigste Konfliktlinie zwischen diesen beiden Wissenschaftskulturen tut sich v.a. dem Anspruch auf Universalität und der Entwicklung allgemeiner Gesetzmäßigkeiten und der Anerkennung kulturspezifischer Besonderheiten auf.

Möglicherweise wären die paradigmatischen Konflikte in der P., die sich vornehmlich um die Frage drehen, ob P. ein Natur- oder eine Sozial- bzw. Geisteswissenschaft sei, überflüssig, wenn die Doppelnatur menschlichen Seelenlebens anerkannt werden würde. Die „zwei Kulturen“ in der P. wären dann auch nicht als konkurrierende Unternehmen zu begreifen, sondern als Ausfluss unterschiedlicher Gegenstandsseiten. Ihre unterschiedlichen Methodologien und konkreten Methoden sind dann auch nicht einfach Alternativen, sondern werden in ihrem jeweiligen Nutzen und ihrer Angemessenheit durch die jeweils konkrete Forschungsfragestellung bestimmt. Die „Glaubenskriege“ zwischen Vertretern quantitativ-statistischer Methoden und qualitativ-hermeneutischen Verfahren sind deshalb oft steril, weil die Frage nach dem Gegenstandsbezug unbeachtet bleibt und abstrakte Sollvorstellungen des methodischen Vorgehens in der P. dogmatisch verfochten werden.

Schulrichtungen der Psychologie

Unterhalb der großen Scheidelinie in die beiden Wissenschaftskulturen der P. gibt es einige Denkschulen in der P., die mit je unterschiedlichen Paradigmen individuelles Erleben und Handeln zu erklären versuchen.

Bewusstseinspsychologie: Die auf Wilhelm Wundt zurückgehende Tradition lässt sich als die P. der Bewusstseinselemente bezeichnen. Durch Selbstbeobachtung („Introspektion") sollten die elementarsten Bausteine des menschlichen Bewusstseins identifiziert werden. Als Aufgabe der P. wurde die Erforschung des gesetzmäßigen Zusammenspiels dieser Grundbausteine des Bewusstseins in Gestalt komplexer psychischer Erscheinungen (wie Gedächtnis, Lernen, Denken) definiert. Das Experiment wurde zum Königsweg für die Überprüfung von Assoziationsgesetzen der Verbindung der psychischen Bewusstseinselemente.

Psychoanalyse: Als provokative Alternative zu einer reinen Bewusstseinspsychologie hat sich zum Ausgang des 19. Jh. die Psychoanalyse entwickelt. Sigmund Freud hat zunächst mit neuen Formen der Neurosenbehandlung begonnen und dabei die enorme Rolle unbewusster Motive und Phantasien entdeckt. Zunehmend hat er aus seinen Einsichten ein eigenständiges System zum Verständnis menschlichen Erlebens und Verhaltens entwickelt. Als Arzt und Naturwissenschaftler ging Freud zunächst von der Annahme aus, dass sich seine introspektiv und an klinischem Fallmaterial gewonnenen Einsichten durch biologische Befunde auf ein solides naturwissenschaftliches Fundament würden stellen lassen. Seine eigene Hauptmethode war jedoch ein tiefenhermeneutisches Vorgehen, das latente Sinngehalte zu entschlüsseln versuchte und dadurch ihre Handlungsbedeutsamkeit aufdecken sollte. Trotz bis heute anhaltender Ausgrenzungsversuche aus dem Kanon der anerkannten wissenschaftlichen Schulen der P. ist die Psychoanalyse eine eigenständige und produktiv sich entfaltende Schulrichtung, die gerade außerhalb der akademischen Bezirke eine anhaltende Faszination ausübt.

Behaviorismus: Am radikalsten hat sich der Behaviorismus (mit seinen Hauptrepräsentanten J. B. Watson und B. F. Skinner) am naturwissenschaftlichen Vorbild einer ausschließlich an objektiven Sachverhalten orientierten Verhaltenswissenschaft ausgerichtet. Alle subjektiven Erfahrungen und Erlebnisse (also alle mentalen oder „inneren Vorgänge") sollten ausgeschlossen werden und Erklärungen sollten ausschließlich auf objektiv beobachtbare Reiz-Reaktions-Verkettungen bezogen sein. V. a. Lernprozesse wurden über solche gesetzmäßigen Stimulus-Response-Verknüpfungen erklärt. Allerdings hat der radikale Behaviorismus, der jegliche Annahme über innerseelische oder -organismische Prozesse ausschloss, eine Reihe von neobehavioristischen Nachfolgern gefunden, die behavioristische Grundprinzipien mit der Annahme „innerer Prozesse" für vereinbar hielten.

Gestaltpsychologie: Eine zum Elementarismus des Behaviorismus gegenläufige Position hat die Gestaltpsychologie (Repräsentanten: M. Wertheimer, W. Köhler, K. Lewin) entwickelt, die ihre wichtigsten Impulse aus wahrnehmungs- und denkpsychologischen Untersuchungen erhielt. In ihrem Zentrum steht die programmatische Einsicht: „Das Ganze ist mehr als die Summe seiner Teile". Wahrnehmen und Denken vollzieht sich demnach nicht als Summation einzelner Grundelemente, sondern durch Strukturbildung, innerhalb derer die einzelnen Elemente einen spezifischen Sinnzusammenhang bilden. Der zentrale Grundgedanke der Gestaltpsychologie ist in allen systemtheoretischen Ansätzen aufbewahrt.

Kognitive Psychologie: Wesentliche Impulse hat die Gestaltpsychologie dem heute in der akademischen P. vorherrschenden Paradigma der kognitiven P. (Hauptvertreter: U. Neisser, G. A. Miller, E. Gallanter, K. H. Pribram) gegeben. Es hat das Stimulus-Response-Modell des Behaviorismus einer radikalen Kritik unterzogen und hat seinen Platz als vorherrschendes Denkmodell übernommen. Seinen Siegeszug verdankt die kognitive P. nicht zuletzt der Computer- und Informatikentwicklung. Sie modelliert den Menschen als ein „informationsverarbeitendes System": Denken, Sprechen und alle Formen der Problemlösung ließen sich als Prozesse Verarbeitung und Manipulation von Symbolen erfassen. Das „Innere" der Psyche ist keine „Tabula rasa" mehr, sondern ein rekonstruierbares System „konstruktiver Akte", dessen Funktionsprinzipien weitgehend in der Metaphorik der Computersprache formuliert werden.

Humanistische Psychologie: Ursprünglich als Reaktion auf Psychoanalyse und Behaviorismus hat sich die Humanistische P. (Hauptvertreter: A. Maslow, R. May, C. Rogers) als „dritten Weg" begriffen. Heute sieht sie sich wohl eher in einer Gegnerschaft zu dem dominierenden Kognitivismus. Sie begreift sich als Sinn- und Hoffnungsträger in einer von Entfremdung und Sinnverlust geprägten Welt. Im Zentrum ihres pluralen Ansatzes stehen Konzepte, die die Ganzheitlichkeit menschlicher Erfahrung, das Streben nach Selbstverwirklichung und Sinnfindung betonen. In der Suche nach dem „wahren Selbst" und in der Möglichkeit, es zu finden, steckt ein Angebot, das sehr viele Menschen fasziniert und die hohe Nachfrage nach humanistisch-psychologischen Angeboten auf dem Psychomarkt erklärt.

Kritische Psychologie: Nicht zuletzt als kritische Gegenbewegung zu einer P., die von historisch-gesellschaftlichen Bestimmungen menschlichen Erlebens und Handelns abstrahiert und sich im Kokon eines naturwissenschaftlich Selbstverständnisses einspinnt, haben sich in den 1960er und 1970er Jahren unterschiedliche Varianten kritischer P. (K. Holzkamp, G. Rexilius, S. Grubitzsch) entwickelt. Sie setzten im Wesentlichen zunächst ideologiekritisch an und versuchten den Nachweis zu führen, dass die zentralen Konstrukte der P. eine Ahistorizität menschlicher Subjektivität unterstellten, aber genau dadurch das Subjekt an die bestehenden Entfremdungsbedingungen der kapitalistischen Gesellschaft alternativlos angepasst würde. Die Alternative versucht eine „P. als Subjektwissenschaft" zu entwickeln, die die historisch-gesellschaftlichen Bedingungen menschlicher Subjektivität ernst nimmt. Sie versucht sozialwissenschaftliche Theorien (wie die Kritische Theorie, die Ansätze von N. Elias, M. Foucault und in jüngster Zeit die Individualisierungstheorie von U. Beck) für die P. zu erschließen, die einen Begriff vom handelnden Subjekt entwickelt haben, das sich als Produkt und als Produzent seiner materiellen und gesellschaftlichen Lebensbedingungen begreifen kann (dazu Keupp/Weber 2001). V. a. die feministische P. hat diese kritische Tradition fortgeführt und mit ihrer Sensibilisierung für das historisch bestimmte Geschlechterverhältnis entscheidend erweitert.

Subgebiete der Psychologie

Menschliches Erleben und Handeln lässt sich unter verschiedenen Aspekten thematisieren und erforschen.

Allgemeine Psychologie: Sie beschäftigt sich mit basalen Vorgängen des Wahrnehmens, Denkens, Lernens und Fühlens. Sie sieht sich hauptsächlich in der naturwissenschaftlich-experimentellen Tradition und begreift die psychischen Grundfunktionen als naturale Prozesse, die einen universellen Status haben und unabhängig von soziokulturellen Kontexten zu erforschen sind.

Sozialpsychologie: Hingegen thematisiert die Sozialpsychologie die interaktiven Einflüsse auf diese psychischen Grundfunktionen. Ein Teil der akademischen Sozialpsychologie reduziert diesen sozialen Rahmen auf experimentell modellierbare soziale Reize. Ein anderer definiert sich gesellschaftstheoretisch und sucht seine „Zugänge zum Subjekt" (Keupp 1993) über Theorien, die das Verhältnis Individuum – Gesellschaft historisch rekonstruieren.

Entwicklungspsychologie: Sie stellt ins Zentrum ihrer Aufmerksamkeit die individualhistorischen Prozesse des Erlebens und Handelns. Durch die Vermittlung von natural-körperlichen Entwicklungsprozessen mit solchen der Sozialisation entstehen Modelle der individuellen Handlungsfähigkeit bezogen auf biographische Veränderungen.

Differentielle und Persönlichkeitspsychologie: Sie interessiert sich für das Gesamt einer Person im Unterschied zu anderen Personen und bildet insofern die grundlagenwissenschaftliche Basis für die Psychodiagnostik, die das Spezifikum menschlicher Fähigkeiten bezogen auf die Bewältigung spezifischer Aufgaben und Situationen messbar zu machen versucht.

Von zunehmender Bedeutung ist in der P. die Biologische oder Physiologische P., die sich vom Status der Hilfswissenschaft, die in Physiologie, Biologie oder Humangenetik als Nebenfach nachgefragt wurde, zunehmend zu einer genuin psychologischen Basisdisziplin zu entwickeln beginnt. Diese Entwicklung ist auf dem Hintergrund des Paradigmenstreits um die zwei Wissenschaftskulturen nicht unumstritten. Gerade die auf Universalisierung und Vernaturwissenschaftlichung ausgerichteten Strömungen in der P. sehen in der biologischen Fundierung ihrer Konstrukte einen beweiskräftigen Weg für ihren Standpunkt. I. S. einer gründlichen wissenschaftlichen Durchdringung der Naturseite des Menschen ist allerdings die Entwicklung einer qualifizierten Biopsychologie unumstritten. Ein sich zunehmend zu einem eigenen Subgebiet der P. entwickelndes Revier ist schließlich die psychologisch-sozialwissenschaftliche Methodenlehre. Sie umfasst nicht nur die statistischen Grundlagen der experimentellen Forschung, sondern auch die qualitativen Forschungsverfahren und die allgemeinen methodologischen Grundannahmen der Sozialwissenschaften *(Empirische Sozialforschung)*.

Anwendungsfelder der Psychologie

Felder praktischer psychologischer Arbeit: Die große Mehrheit der Psychologen/innen mit Diplom- oder Masterabschlüssen (etwa ⅔ der Absolventen/innen sind weiblichen Geschlechts) bereitet sich mit dem Studium auf eine praktisch-psychologische Tätigkeit vor. In den 1960er, 1970er und 1980er Jahren hat sich als Hauptarbeitsfeld der praktischen P. der klinisch-psychologische Bereich erwiesen. Er hat den Professionalisierungsboom der P. am stärksten repräsentiert. Prägten in den 1940er und 1950er Jahren v.a. psychodiagnostische Aufgaben das Fachprofil der P. (so waren und sind bis heute) Beratung und Psychotherapie die Tätigkeitsfelder, die sich expansiv entwickelten. Neben die Psychoanalyse als traditionsreichste Form der *Psychotherapie* traten nun weitere therapeutische Ansätze auf psychologischer Grundlage (v.a. Verhaltenstherapie, Gesprächspsychotherapie und Gestalttherapie). Die Handlungsfelder entstanden zunächst schwerpunktmäßig im Bereich der psychosozialen Versorgung (v.a. *Erziehungsberatung*sstellen, Frühfördereinrichtungen, sozialpsychiatrische Dienste/*Soziale Arbeit in der Psychiatrie*). Mit der Finanzkrise des Wohlfahrtsstaates kam es hier allerdings zu einer Stagnation.

Eine gesetzliche Regelung für die nicht-ärztliche *Psychotherapie* ist zwar mit der Jahrtausendwende endlich über einen mühsamen Weg parlamentarisch abgesegnet worden, aber die Freude darüber ist sehr verhalten. Zunächst wurden nur Psychoanalyse und Verhaltenstherapie als abrechnungsfähige Verfahren anerkannt. Mit einiger Verspätung hat die Gesprächspsychotherapie diesen Status auch noch erlangt. Entgegen der Empfehlung vieler Experten ist keine Neuordnung der ambulanten psychosozialen Hilfen erfolgt und die Psychotherapie nach dem Muster der ärztlichen Niederlassung professionalisiert worden. Dadurch haben sich die Kassenärztlichen Vereinigungen die Steuerungshoheit über den Psychotherapiebereich gesichert und können die Niederlassungsquoten festlegen. Die sind in fast allen Regionen der BRD erfüllt, und das hat zur Konsequenz, dass in den nächsten Jahren junge Psychotherapeuten nur eine geringe Niederlassungschance haben. In einem zweiten Punkt ergibt sich als fatale Konsequenz des eingeschlagenen Professionalisierungspfades, dass niedergelassene Psychotherapeuten nicht gleichzeitig – z.B. halbtags – in psychosozialen Institutionen tätig sein dürfen und damit bislang bedeutsame Brückenbildungen zwischen verschiedenen Feldern psychosozialer Versorgung zerstört werden.

In dieser unbefriedigenden Situation gewinnt das Beratungsterrain an Bedeutung, und es gibt vielfältige Bemühungen aus dem Bereich von Universitäten und FHS sowie aus psychosozialen Berufsverbänden, frühzeitig ihre „claims" abzustecken. Bei der inhaltlichen Gestaltung des Beratungssektors lässt sich sehr stark die konzeptionellen Vorstellung der Gemeindepsychologie erkennen (Nestmann/Engel 2002), die sich aus der Klinischen P. heraus entwickelt hat. Sie bezieht sich gezielt auf gesellschaftliche Ungleichheit und versucht psychosomatische Hilfeformen zu entwickeln, die auf die Lebenswelt von sozial benachteiligten Bevölkerungsgruppen Bezug nehmen. Generell gesellschaftliche Entwicklungen und psychosoziale Problemlagen werden als Zusammenhang begriffen. Die Gemeindepsychologie hat sich inzwischen aus dem Schatten der Klinischen P. lösen können. Sie hat sich ein breites Spektrum erschlossen, das von Prävention, Selbsthilfeförderung und Gesundheitsförderung bis zu Bürgerengagement und ökologischen Themen reicht.

Psychologische Arbeit im Bildungswesen: Ein zweites Hauptanwendungsgebiet der P. ist das Gesamtfeld des Bildungswesens: Schulpsychologie und pädagogische P. bilden hier traditionelle Aufgabengebiete. Sie sollen über diagnostische Verfahren möglichst adäquate Entscheidungen für schulische Laufbahnen ermöglichen oder bei Leistungs- oder Verhaltensproblemen den schulischen Erfolg stützen.

Psychologische Arbeit in der Berufswelt: Ein drittes zentrales Anwendungsfeld bilden Berufs- und Arbeitswelt, Wirtschaft und Organisationen. Hier stehen Fragen der Personalauswahl (mit Methoden der Eignungsdiagnostik), Qualifizierungsmaßnahmen, aber auch Mitarbeiterführung und psychologisch begründete Veränderung von Organisationen im Mittelpunkt.

Entwicklungen

Generell lässt sich eine zunehmende Ausweitung von Anwendungsfeldern feststellen: Jedes neue gesellschaftliche Problem führt mit einer gewissen Notwendigkeit zu einer neuen Bindestrich-Psychologie: Gerontopsychologie, Familienpsychologie, Umweltpsychologie, politische P., Freizeitpsychologie, Tourismuspsychologie, Gesundheitspsychologie. Weitere werden folgen.

Trotz ihrer inflationären Anwendungsfelder ist die P. nicht in ausreichendem Maße eine Praxiswissenschaft geworden. Sie ist zwar von ihren disziplinären Anfängen her ein Unternehmen der reflexiven Selbstverständigung der Subjekte bezogen auf epochale Veränderungen und auf den krisenträchtigen Verlust bislang leitender Sinnkonstrukte. Als akademische Disziplin hat sie sich diesem reflexiven Zuschnitt eher verweigert. Das wirkt gerade in der Gegenwart paradox, in der psychologisches Deutungswissen aus nachvollziehbaren Gründen so intensiv nachgefragt wird. Gerade in einem soziokulturellen Kontext, in dem die Subjekte die Erfahrung machen, dass ihre Lebenskonzepte immer weniger aus scheinbar bewährten Traditionsbeständen bezogen werden können, dass alles disponibel und dass die Lebensführung unhintergehbar reflexiv geworden ist, muss die P. selbst einen disziplinären Rahmen entwickeln, in dem diese Prozesse wissenschaftliche Resonanz finden können. Die P. ist ein Kind der Moderne. Sie wäre gar nicht möglich gewesen, wenn sich nicht das „bürgerliche Subjekt" aus den feudalen Abhängigkeiten und Weltbildern befreit hätte. Das war ein ungeheurer Reflexionsschub, aber zugleich hat die P. den Reflexionsprozess in einer naturwissenschaftlichen Selbstdogmatisierung als Projekt abgebrochen.

Dieser Dogmatismus hat noch nicht einmal richtig mitbekommen, dass ihre großen naturwissenschaftlichen Leitbilder sich längst von den Standards wegbewegt haben, die die Gralshüter einer „wissenschaftlichen P." so unfroh und doch unerbittlich hochhalten. Aber genau in diesem verknöcherten Habitus treiben sie die große Mehrheit von Praktiker/innen in die Arme außeruniversitärer Stifterfiguren und „Psychokirchen" *(Sekten und Psychogruppen)*. Hier gibt es also eine unbewusste Komplizenschaft.

Heiner Keupp

Literatur

R. Asanger/G. Wenninger (Hrsg.): Handwörterbuch Psychologie, Weinheim [7]1999 • U. Flick/E. v. Kardorff/H. Keupp/L. v. Rosenstiel/S. v. Wolff (Hrsg.): Handbuch Qualitativer Sozialforschung, München/Weinheim [2]1995 • W.D. Fröhlich: Wörterbuch Psychologie, München 2010 • G. Hörmann/W. Körner (Hrsg.): Klinische Psychologie. Ein kritisches Handbuch, Magdeburg [2]1998 • H. Keupp (Hrsg.): Zugänge zum Subjekt. Perspektiven einer reflexiven Sozialpsychologie, Frankfurt/M. 1993 • H. Keupp/K. Weber (Hrsg.): Grundkurs Psychologie, Reinbek 2001 • S. Koch: Theory an Experiment in Psychologie, Social Research 40.4, 1973 • H.G. Lengfeldt/W. Nothdurft: Psychologie. Grundlagen und Perspektiven für die Soziale Arbeit, München [5]2015 • D.G. Meyers: Psychologie, Berlin [4]2014 • F. Nestmann/F. Engel (Hrsg.): Die Zukunft der Beratung, Tübingen 2002 • G.M. Pion/M.W. Lipsey: Psychology and Society. The challenge of change, in: American Psychologist, 39/1984, 739–754 • W. Prinz: Fünf Thesen zur so genannten Erneuerung zur so genannten Psychologie, Preprint, Max-Planck-Institut für psychologische Forschung, München 1992 • A. Schorr (Hrsg.): Handwörterbuch der Angewandten Psychologie, Bonn 1993 • C.P. Snow: The two cultures and a second look, Cambridge 1964.

Psychotherapie

Psychotherapie als Sammelbegriff: P. steht für eine Gruppe unterschiedlicher Verfahren zur Behandlung psychischer und psychosomatischer Auffälligkeiten und Beschwerden im Verhalten, Denken und Erleben von Menschen. Diese Verfahren unterscheiden sich insofern voneinander, als sie auf unterschiedlichen psychologischen Theorien und somit auf unterschiedlichen Menschenbildern und wissenschaftstheoretischen Grundannahmen basieren.

Ziele der Psychotherapie: Diejenigen, die sie in Anspruch nehmen, sollen dazu befähigt werden, sich ihrer Probleme sowie der Einschränkungen, die damit für die eigene Person und evtl. auch für andere Personen verbunden sind, bewusst zu werden, mögliche Ursachen und auslösende Faktoren dafür herauszufinden und Möglichkeiten zur Überwindung zu erarbeiten, um wenigstens ein Mindestmaß an psychischem Wohlbefinden einerseits und ein Mehr an Handlungskompetenz, Autonomie und Eigenverantwortlichkeit andererseits erwerben zu können.

Jedes psychotherapeutische Verfahren ist gekennzeichnet durch eine mehr oder weniger enge (mehr oder weniger distanzierte) interpersonelle Beziehung zwischen einem (oder auch mehreren) Klienten/innen, die zur Behebung ihrer Probleme Hilfe suchen und einem/einer Therapeuten/in (der/die aufgrund einer speziellen Ausbildung befähigt ist/sein sollte, durch geplantes und strukturiertes Vorgehen diese Hilfe zu geben und somit den o.g. Zielen nahe zu kommen bzw. sie zu verwirklichen).

Interaktion zwischen Klient(en) und Therapeut(in): Sie ist in erster Linie eine verbale (wobei auch Gestik, Mimik, Körperhaltung und emotionaler Ausdruck von Bedeutung für die gegenseitige Verständigung sind). Je nach Art des psychotherapeutischen Verfahrens (bzw. des ihm zugrunde liegenden Menschenbildes) werden darüber hinaus auch Handlungsaspekte (z. B. Rollenspiele, Verhaltensproben, Entspannungsübungen u. a. m.) als von entscheidender Bedeutung für den Erfolg des psychotherapeutischen Prozesses angesehen und zum Einsatz gebracht.

Das Psychotherapeutengesetz (PsychThG) von 1999 regelt die Ausübung der heilkundlichen P. unter den Berufbezeichnungen ‚Psychologischer Psychotherapeut' oder ‚Kinder- und Jugendlichentherapeut', also die Berufstätigkeit durch nichtärztliche Therapeuten. Ärzte können nach fachärztlicher Ausbildung (F. für Psychiatrie und Psychotherapie, F. für Psychosomatischen Medizin und Psychotherapie oder F. für Kinder- und Jugendpsychiatrie und -psychotherapie) auch als Psychotherapeuten arbeiten (zu den Bestrebungen, die Psychotherapieausbildung zu reformieren vgl. die Stellungnahme der AGJ, in: FORUM Jugendhilfe 1/2015, 49 f. und zuletzt – 10/2016 – das Eckpunktepapier des BMG: www.dgtp.de/EckpunkteDirektausbildung.pdf).

Psychotherapeutische Verfahren

Sie lassen sich – ausgehend von den psychologischen Theorien, aus denen heraus bzw. in deren Entwicklungszusammenhang sie entstanden sind – in vier große Gruppen unterteilen:

- in die psychoanalytischen Therapien,
- in die humanistischen Therapien,
- in die Verhaltenstherapien und
- in die systemischen Therapien.

Psychoanalytische Therapien: Ihr Spektrum (sie wurden durchweg entwickelt vor dem Hintergrund tiefenpsychologischer Theorien bzw. sind in Wechselwirkung mit deren Ausformulierungen entstanden) reicht von der klassischen Psychoanalyse nach Freud über das individualpsychologische Therapievorgehen nach Adler und die analytische P. nach Jung bis hin zu den unterschiedlichen neopsychoanalytischen Verfahren nach Schultz-Hencke, Horney, Sullivan, Ferenci, Balint und Richter.

Gemeinsam ist all diesen P.

- der Versuch, konfliktbeladene, ins Unbewusste verdrängte Wünsche und Strebungen (meist sexuellen und/oder aggressiven Inhaltes), die auszuleben die betroffenen *Klienten* sich auf Grund der Verinnerlichung stark restriktiver Normen und Werte der *Gesellschaft* (vermittelt über eine versagende Erziehung und Lebenserfahrung) nicht gestatten und die von daher zur Ausbildung von Symptomen als Ersatzhandlungen führen, bewusst zu machen;
- die (vom Analytiker gewünschte und durch seine Arbeitsweise geförderte) Aktivierung dieser unbewussten, konfliktbeladenen Wünsche und Strebungen im psychoanalytischen Prozess dadurch, dass der Klient diese unerlaubten Wünsche und Strebungen auf den Analytiker überträgt, sie sich so verdeutlichen/bewusst machen und sie von daher reflektieren und bearbeiten kann;
- die – seitens des analytischen Therapeuten erwünschte und geförderte – „freie Assoziation" zu bestimmten (angstbesetzten, nicht erlaubten und mit der Symptomatik zusammenhängenden) Thematiken und deren Interpretation (Deutung) durch den Analytiker, die zu Widerständen gegen die Wahrnehmung/das Bewusstwerden des unbewussten Materials führen kann (wobei die Bearbeitung dieser Widerstände – ebenso wie die oben angesprochene Übertragung – als zentrales Geschehen bei der psychoanalytischen Behandlung angesehen werden kann).

In der klassischen Psychoanalyse wird (ausgehend von Freuds theoretischen Erläuterungen zur Angstentwicklung) davon ausgegangen, dass das Ich eines Menschen mit neurotischer *Angst* reagiert, wenn bestimmte, vom Überich verbotene, jedoch (auf Grund einer Ich-Schwäche einerseits und starker Es-Triebe andererseits) nicht vollständig verdrängte Triebwünsche nach Befriedigung verlangen, wobei der Ausgangspunkt der Symptombildung in einem frühkindlichen sexuellen bzw. aggressiven Trauma gesehen wird (das in einer der frühkindlichen psychosexuellen Entwicklungsphasen durchlebt wurde). Neuere psychoanalytische Verfahren gehen davon aus, dass auch Traumata, die erst im späteren Alter auftreten, die Ausbildung neurotischer Symptome bewirken können.

Humanistische Therapien: Sie beruhen auf dem Menschenbild und den unterschiedlichen Persönlichkeitstheorien der humanistischen *Psychologie*, in denen sich auch Elemente tiefenpsychologischer Ausrichtungen wieder finden lassen; dazu gehören u. a. die klientenzentrierte Gesprächspsychotherapie (Rogers, Tausch), die Gestalttherapie (Perls), die Transaktionsanalyse (Berne), die themenzentrierte Interaktion (Cohn) sowie das Psychodrama (Moreno).

Das klientenzentrierte psychotherapeutische Vorgehen (das Kennzeichen aller humanistischen

P. ist) zeichnet sich durch folgende Grundprinzipien aus:

Die Aktivierung sog. „selbstheilender Kräfte" (die nach Ansicht von Rogers jeder Mensch besitzt) durch Förderung der Selbstexploration ist Ziel des therapeutischen Vorgehens; sie führt zur Selbsterkenntnis und somit zur erfolgreichen Bearbeitung und Überwindung psychischer Probleme.

Der Psychotherapeut versteht sich nicht mehr als ein eher distanzierter Experte, (wie bei der Psychoanalyse), sondern als empathischer Helfer, der den therapeutischen Prozess durch „Wärme", „Echtheit" und verstehendes (nicht allzu „tief" deutendes) Eingehen auf die Äußerungen des Klienten (sowie auf die diesen Äußerungen zugrunde liegenden Gefühle, Motive und Wünsche) in Richtung Selbstexploration, Autonomie und somit Entfaltung selbstheilender Kräfte vorantreiben soll.

Betont wird die Einsichtsfähigkeit des Klienten, sein freier Wille, seine Fähigkeit, selbstverantwortlich zu handeln und sich – mit Hilfe „leichter therapeutischer Anstöße" (z. B. durch die Technik des Verbalisierens emotionaler Erlebnisinhalte) – persönlich weiter zu entwickeln und psychische Krisen zu überwinden.

Psychodrama und Gestalttherapie: Sie betonen die Wichtigkeit und Effektivität szenischer Darstellungen für den therapeutischen Prozess, indem davon ausgegangen wird, dass Handeln (z. B. im Rollenspiel) zum Bewusstwerden unterdrückter Wünsche und Bedürfnisse, zur Erhöhung von Rollenflexibilität und Selbstreflexion und somit zur Verhaltensänderung führen kann.

Themenzentrierte Interaktion und Transaktionsanalyse: Hier wird schließlich der Schwerpunkt im psychotherapeutischen Prozess stark ausgerichtet auf das Finden einer Balance zwischen bestimmten grundlegenden Komponenten, die menschliches Sein, Agieren und Erleben in hohem Maße bestimmen. So kann es bspw. zur Lösung psychischer Probleme wichtig sein, eine Balance zu finden zwischen den Ansprüchen von Gruppen, in und mit denen ein Klient ständig agieren muss, und seinen eigenen Bedürfnissen und Wünschen, sofern er sie mit den Anforderungen der Gruppe nicht oder nur ungenügend in Einklang bringen kann.

Verhaltenstherapien: Hiermit bezeichnet man eine Vielzahl von unterschiedlichen (überwiegend auf lern-, kognitions- und sozialpsychologischen Theorien und Erkenntnissen basierenden) direktiven Verfahren, deren übergeordnetes Ziel die Modifikation des Verhaltens (i. S. von Umlernen, Verlernen und Neulernen) ist. Die Bandbreite verhaltenstherapeutischer Techniken reicht von den klassischen Methoden der Gegenkonditionierung und der systematischen Desensibilisierung (Wolpe), der Konfrontationstherapie (z. B. Barlow) über die verschiedenen Methoden der Verhaltensmodifikation (Adameit u. a.) und die auf dem Imitationslernen (Bandura) fußenden Verfahren des Rollenspiels, des Rollentauschs, der stellvertretenden Desensibilisierung bis hin zu den – heute weit verbreiteten – kognitiven Verhaltenstherapien (Ellis, Beck, Meichenbaum).

Das Prinzip der „klassischen Verfahren" (Gegenkonditionierung und systematische Desensibilisierung), die überwiegend bei der Behandlung von Phobien zum Einsatz gelangen, besteht darin, den Klienten mit den eine Angstreaktion auslösenden Reizen (z. B. mit einem Hund bei einer Hundephobie) direkt oder schrittweise (erst in der Vorstellung, später in der Realität) zu konfrontieren und ihn gleichzeitig anzuweisen, eine zuvor erlernte tiefe Körperentspannung als angstantagonistische Reaktion zu zeigen. Phobische Reaktionen können so – meist schrittweise, aber auch durch sofortige direkte Konfrontation (z. B. bei Flugphobien, Busphobien etc.) – abgebaut werden.

Bei den Verhaltensmodifikationstechniken wird die gezielte positive Verstärkung (Skinner) benutzt, um erwünschtes Verhalten in seiner Auftrittswahrscheinlichkeit zu erhöhen. Und um Problemverhaltensweisen abzubauen, wird mit Stimulusveränderung (z. B. Vermeidung der Stimuli, die das unerwünschte Verhalten nach sich ziehen), mit Veränderung der dem Problemverhalten zugrunde liegenden Motivation, mit Löschung (= Ausschalten aller Verstärker, die auf das Problemverhalten folgen und es festigen), mit gezielter positiver Verstärkung von Alternativverhaltensweisen und – wenn die bisher genannten Vorgehensweisen nicht greifen – auch mit Bestrafung (= Entzug positiver Verstärker und Ausschluss aus der Gruppe) gearbeitet.

Den kognitiven Verhaltenstherapien ist der Versuch gemeinsam, irrationale Kognitionen (z. B. die Annahme, man werde von anderen Menschen deshalb abgelehnt, weil man dem gängigen Schönheitsideal nicht entspricht) und Fehlwahrnehmungen (z. B. man werde von seinem Chef nicht akzeptiert, weil dieser einem bei der Begrüßung nicht zugelächelt hat) sowie die mangelnde Fähigkeit, die daraus resultierenden Probleme aktiv zu lösen, durch eine Art „sokratischen Dialog" bewusst zu machen und mit Hilfe direktiver Anweisungen und Absprachen die notwendige Handlungskompetenz zu erarbeiten.

Systemische Therapien: Hierzu gehören die unterschiedlichen Formen der Kommunikations- und Familientherapien (Bateson, Bell, Haley, Satir, Minuchin, Stierlin u. a.), die sich durch folgende Grundsätze auszeichnen:

- Ganze Systeme (Paare, Familien, Gruppen) und ihre Interaktion sind Gegenstand der Behandlung;
- Das Ziel solcher Behandlung ist nicht in erster Linie die Veränderung einzelner Personen (sog. „Symptomträger" bzw. „identifizierter Patienten"), sondern vielmehr die Veränderung der Beziehungen und der Kommunikation zwischen den einzelnen Mitgliedern eines Systems (z. B. einer Gruppe, einer Familie).
- Durch diese Veränderung in den Beziehungen – so eine weitere Annahme im systemischen Ansatz – werden die einzelnen Personen dieses Systems (auch der „Symptomträger") ihr Verhalten ebenfalls (nahezu „automatisch") verändern. Wechselwirkend wird davon ausgegangen, dass auch die Verhaltensänderung Einzelner (z. B. des Vaters, der Schwester) auf das gesamte Familiensystem zurückwirkt und wiederum dieses verändert.

Innerhalb der systemischen Therapien gibt es solche die psychoanalytisch/familiendynamisch orientiert sind, und solche, die verhaltenstherapeutische/trainingsorientierte Verfahren zum Einsatz bringen.

Die psychotherapeutische Praxis

Die Entwicklung der psychotherapeutischen Praxis insgesamt geht zunehmend mehr dahin, vor dem Hintergrund der Analyse der Problematik der jeweiligen Klienten/innen jedenfalls da, wo es angebracht erscheint, eine Methodenintegration anzustreben. Insbesondere bei der Behandlung von Störungen des Sozialverhaltens (bspw. bei antisozialen Verhaltensweisen Jugendlicher und junger Erwachsener) zeigt die Methodenvielfalt gute Ergebnisse. Die systemisch ausgerichtete Arbeit in der Familie, die verhaltens- und gesprächstherapeutische Arbeit mit dem betroffenen jungen Menschen selber (und u. U. auch mit seiner peer-group) sowie die Netzwerkbildung im Wohnumfeld (eine Methode der SozArb, keine Psychotherapie) erweisen sich als wirkungsvoll und gewinnen auch für die SozArb zunehmend mehr an Bedeutung.

Nahezu alle der genannten psychotherapeutischen Verfahren lassen sich – mit bestimmten Modifikationen – auch in der Arbeit mit verhaltensauffälligen Kindern anwenden.

Feministische Therapie: Darüber hinaus hat sich in den letzten Jahren die feministische Therapie (Brodsky, Carlson/Johnson, Dewey u. a.) etabliert, die als Einzel-, Paar- oder Familientherapie stattfinden kann, die überwiegend mit den Methoden der humanistischen Psychotherapie und der Verhaltenstherapie arbeitet und deren ethische und wissenschaftstheoretische Grundlagen auf dem politischen Feminismus beruhen.

Erfolgskontrollen

Zunehmend gelangt auch die Forderung nach einer Kontrolle des Erfolges von P. in das wissenschaftliche Interesse. Erste Vorschläge für die *Evaluation* psychotherapeutischen Vorgehens im Hinblick auf das Erreichen der o. g. Therapieziele liegen vor und mittlerweile auch umfangreiche Vergleiche bezüglich der Effektivität der unterschiedlichen Psychotherapieformen (Grawe u. a. 1994).

Psychotherapie und Soziale Arbeit

Kenntnisse über die diversen psychotherapeutischen Vorgehensweisen sind für die *Soziale Arbeit* aus folgenden Gründen unabdingbar:

- SozArb/SozPäd sind (insbes. dann, wenn sie in den Bereichen der psychosozialen *Familienberatung*, der sozialpädagogischen Familienhilfe, in den sozialen Diensten, aber auch in der wohngebietsbezogenen SozArb tätig sind/*Allgemeiner Sozialdienst, Sozialraum, Sozialraumorientierung*) häufig die Ersten, die bei ihrer Klientel Problematiken und Auffälligkeiten erkennen bzw. mitgeteilt bekommen, zu deren Behebung eine P. nötig ist. Von daher haben sie die Aufgabe, entsprechende Motivation bei ihrer Klientel zu wecken und dieses an die geeigneten Fachkräfte weiterzuvermitteln.
- Von SozArb/SozPäd sollte erwartet werden (insbesondere dann, wenn sie im klinischen Bereich tätig sind), dass sie verstehen, was mit der von ihnen mit zu betreuenden Klientel im Rahmen von psychotherapeutischer Behandlung geschieht und warum es bestimmte Methoden sind, die zur Anwendung gelangen.
- Und schließlich sind Kenntnisse über, sowie aktives Beherrschen von psychotherapeutischen Methoden/Kenntnissen generell für die Praxis SozArb (insbes. in den Bereichen der *Heimerziehung*, der Einzel- und Gruppenarbeit

im Knast/*Strafvollzug*, der *Jugendgerichtshilfe*, der Arbeit in Erziehungs- und sonstigen Beratungs- und Therapieeinrichtungen sowie im Suchtbereich/*Hilfe zur Erziehung, Beratung, Sucht*) notwendig und hilfreich.

Gisela Adam-Lauer

Literatur

R. J. Comer: Klinische Psychologie, Heidelberg [6]2008 ◆ W. J. Doherty/S. H. McDaniel: Familientherapie, München 2012 ◆ B. Eckstein/B. Fröhlig: Praxishandbuch der Beratung und Psychotherapie, Stuttgart [3]2007 ◆ Grawe/Donati/Bernauer: Psychotherapie im Wandel: Von der Konfession zur Profession, Göttingen 1994 ◆ K. Grewe: Empirisch validierte Wirkfaktoren statt Therapiemethoden, in: Report Psychologie 7-8/2005, 311 ◆ H.-J. Maatz: Hilfe! Psychotherapie. Wie sie funktioniert und was sie leistet, München 2014 ◆ M. Ohling: Soziale Arbeit und Psychotherapie, Weinheim/München 2015 ◆ E. Parfy/B. Schuch/G. Lenz: Verhaltenstherapie, München UTB) [2]2016 ◆ F. Petermann/H. Reinecker (Hrsg.): Handbuch der klinischen Psychologie und Psychotherapie, Göttingen 2005 ◆ Serie „Psychotherapie" in: Psychologie heute (H. 7/2007–2/2008 ◆ jeweils mit weiterführender Literatur) ◆ C. R. Rogers: Eine Theorie der Psychotherapie, der Persönlichkeit und der zwischenmenschlichen Beziehungen, München [2]2016 (Neuauflage) ◆ Testheft 11/2011: Für Seelen in Not. 5 Psychotherapie-Verfahren im Test, Berlin, 82–87.

Internationale Diagnoseverfahren:
ICD 10 der WHO (Internationale statistische Klassifikation der Krankheiten und verwandter Gesundheitsprobleme: vgl. genauer unter *Psychiatrie*) ◆ DSM 5 der American Psychiatric Association (Diagnostic and Statistical Manuel for Mental Disorders; Deutsches Diagnostisches und Statistisches Manual Psychischer Störungen: erschienen im Hogrefe-Verlag, Göttingen 2015).

Q

Qualitätsentwicklung

Im Kontext einer stärkeren Orientierung an Management-Verfahren *(Sozialmanagement)* sieht sich *Soziale Arbeit* der Anforderung ausgesetzt, Kriterien für eine Bewertung der „Güte" ihrer Handlungsweisen und Handlungsergebnisse zu benennen und dabei Verfahrensweisen für eine solche Bewertung zu entwickeln, die sowohl den komplexen Handlungsbedingungen in der Sozialen Arbeit angemessen sind als auch eine Transparenz schaffen, durch die ein folgenreiches Debattieren über Qualität zwischen den verschiedenen Beteiligten (Fachkräfte, Adressaten) und Interessenträgern (Finanzgeber, Politiker, Fachöffentlichkeit etc.) möglich wird.

Dabei sollen Methoden der Rechenschaftslegung und der Handlungssteuerung konzipiert werden, die einerseits an die bisherige Praxis (Prozesse, Strukturen, Organisationsmodalitäten, Organisationskulturen) anschlussfähig sind und die andererseits sowohl der Legitimationsanforderung als auch dem öffentlich geäußerten Interesse an Qualitätsverbesserung (und damit dem impliziten Auftrag zur Überprüfung und Veränderung bisheriger Praxis) produktiv gegenübertreten.

Hintergründe der Qualitätsdebatte in der Sozialen Arbeit

Als Hintergrund für die Forderungen zu verstärkter Qualitätsentwicklung in der Sozialen Arbeit sind insbesondere drei Aspekte hervorzuheben (ausführlicher s. Merchel 2013):

- die Forderung nach Bewertung der fachlichen Arbeit und nach Behebung arbeitsfeldspezifischer Mängel sowie die Forderung nach verbesserter Legitimation Sozialer Arbeit durch den Nachweis von „Wirksamkeit": In vielen Arbeitsfeldern lässt sich ein – wenn auch diffuses und wenig artikuliertes, so doch deutlich empfundenes – Unbehagen hinsichtlich des methodischen Handelns und hinsichtlich des Erfolgs des eigenen Handelns erkennen, das sich für die Rezeption des Qualitätsgedankens als förderlich erwies. Zwar verbanden sich mit der Anforderung zur Qualitätsentwicklung auch Befürchtungen im Hinblick auf eine unangemessene und möglicherweise fachlich zweifelhafte Kontrolle, andererseits eröffnete die Qualitätsdebatte aber auch die Chance, die fachliche Qualität der eigenen Arbeit strukturiert weiterzuentwickeln und darüber hinaus das eigene Handeln besser nach außen legitimieren zu können. Bei den Legitimationsanforderungen nimmt die Forderung zum Nachweis der beim Adressaten erzielten „Wirkung" eine politisch bedeutsame Stellung ein („Wirkungsorientierung" und Debatte um „evidenzbasierte Praxis"; Otto u. a. 2010, Polutta 2014; exemplarisch für die Erziehungshilfen Macsenaere/Esser 2015).

- Veränderungen der ökonomischen Rahmenbedingungen und daraus folgend die Intensivierung der Anforderung, betriebswirtschaftliches Denken und Handeln vermehrt in Einrichtungen der Sozialen Arbeit zu verankern: Angesichts der veränderten ökonomischen Rahmenbedingungen wurde die Forderung intensiviert, durch gezieltes Management und durch den Transfer einer im Wirtschaftsbereich erprobten Managementpraxis die Einrichtungen der Sozialen Arbeit zu modernisieren. Durch die Relevanz des Qualitätsmanagements im industriellen und gewerblichen Managementdenken bezog sich die Forderung nach Implementation von Sozialmanagement nicht mehr ausschließlich auf die externen und internen Rahmenbedingungen (Finanzierungsmodalitäten, Einordnung in das sozialpolitische Umfeld, Finanzkalkulation etc.), sondern mit der Qualitätskategorie richtete sich die Managementanforderung auch auf den Kern der Einrichtungen, das sozialpädagogische Handeln.
- die Profilierung des Qualitätsthemas durch seine Platzierung in den Sozialgesetzen: In allen Sozialgesetzen, die für die Einrichtungen Sozialer Arbeit unmittelbare und zentrale Regelungen enthalten, wurden seit Ende der 1980er Jahre Vorschriften eingesetzt, die – mit unterschiedlichen thematischen und prozessualen Nuancierungen – Qualität, Qualitätsüberprüfung oder Qualitätsentwicklung zum Gegenstand haben (zuletzt: Einführung des § 79a SGB VIII durch das Bundeskinderschutzgesetz im Jahr 2012 mit Anforderungen zur trägerübergreifenden, alle Handlungsfelder der Kinder- und Jugendhilfe umfassenden Qualitätsentwicklung). Das Qualitätsthema ist in umfassender Weise durch den Gesetzgeber in die Soziale Arbeit hineingetragen worden.

Begriffe „Qualität" und „Qualitätsentwicklung"

Qualität: „Qualität" ist ein semantisch mehrdimensionales Gebilde (zum Folgenden: Merchel 2013; Honig 2002). Es hat eine analytisch-deskriptive Dimension (tendenziell wertneutrale Beschreibung der Beschaffenheit eines Gegenstands oder Sachverhalts), eine normative Dimension (Beurteilung eines Vorgangs), eine evaluative Dimension (Prüfung und Bewertung anhand von Kriterien/Maßstäben) und eine handlungsorientierte Dimension (Aufforderung zur Hervorbringung oder Gewährleistung qualitätsförderlicher Handlungsweisen). Da im Alltag der Qualitätsbegriff i. d. R. im Sinne einer positiven Bewertung verwendet wird, wird er gewöhnlich mit normativen Setzungen verkoppelt. Solche normativen Setzungen spiegeln zum einen Relationen wider zwischen Erwartungen an eine Leistung einerseits und dem Erleben des Leistungsprozesses und seiner Ergebnisse andererseits. Zum anderen sind die zugrunde gelegten Normen gebunden an Interessen und damit verbundene Beurteilungsperspektiven. Diese Interessen und Perspektiven divergieren in der Regel: In der Sozialen Arbeit sind Perspektiven der Profession (Stand der Fachdiskussion), der Finanzgeber, der Adressaten (häufig unterschiedliche Adressatenperspektiven bei einer Leistung) und der Akteure der leistungerbringenden Organisation (möglicherweise differenziert nach Berufsgruppen oder nach hierarchischen Positionen innerhalb der Organisation) in den Blick zu nehmen. Die fachbezogene Perspektive, der von der Profession (i. d. R. auch nicht eindeutig definierte) „state of the Art", markiert nur *eine* Richtung, die in Konkurrenz steht zumindest zu drei weiteren Perspektiven: der adressatenbezogenen Sichtweise der Leistungsempfänger, der Sichtweise der Leistungsfinanzierer und der organisationsbezogenen Perspektive der Leistungserbringer. Allein diese kurze Aufzählung macht ersichtlich, dass eine Kongruenz der Perspektiven bei der Definition von Qualität und bei der Bewertung der Leistung nach solchen Kriterien sehr unwahrscheinlich ist. Hinzu treten der dynamische Charakter von Qualitätskriterien: Die Interessenträger können ihre Anforderungen und damit ihre Bewertung von Qualität in möglicherweise relativ kurzen Zeiträumen verändern, und die fachlichen Normen können sich aufgrund von Erkenntnisfortschritt und fachlichen Diskursen dynamisch entwickeln. Dies alles macht „Qualität" in einem Handlungsfeld der Sozialen Arbeit zu einem fragilen, dynamisch sich entwickelnden Konstrukt. So etwas wie eine „objektive Qualität" kann es allein in begriffslogischer Hinsicht nicht geben.

„Qualität" ist also zu verstehen als ein Konstrukt, bei dem Personen sich (implizit oder explizit) in einem Vorgang der Normsetzung auf Bewertungsmaßstäbe verständigt haben und diese unter Einbeziehung ihrer Erwartungen auf einen Gegenstand oder einen Prozess beziehen. Qualität ist eine reflexive, substantiell auf Diskurs verwiesene Kategorie. Im Qualitätsbegriff ist seine dialogische Beschaffenheit angelegt. Qualitätsmanagement bzw. Qualitätsentwicklung ist elementar mit Aushandlungsvorgängen verbunden, die sich gleichermaßen auf die Konstruktion von Bewertungsmaßstäben für Qualität wie auf die Verfahren der Qualitätsbewertung beziehen müssen.

In der Qualitätsdiskussion und im methodischen Vorgehen der Qualitätsentwicklung hat sich unter pragmatischen Gesichtspunkten die schon fast „klassische", von A. Donabedian Anfang der 1980er Jahre in den USA geprägte Aufteilung in Strukturqualität, Prozessqualität und Ergebnisqualität durchgesetzt:

- Die Strukturqualität bezieht sich auf die organisationsbezogenen Rahmenbedingungen und auf die Ausstattung, über die eine Einrichtung bei der Erbringung ihrer Leistungen verfügt.
- Mit Prozessqualität meint man das Vorhandensein und die Beschaffenheit solcher Aktivitäten, die geeignet und notwendig sind, ein bestimmtes Ziel der Leistung zu erreichen.
- Fragen der Ergebnisqualität werden angesprochen, wenn der erzielte Zustand, also ein sichtbarer Erfolg oder Misserfolg betrachtet wird. Hier ist auch die Debatte um „Wirkung/Wirkungsnachweis" zu verorten.

Damit sind drei Dimensionen bezeichnet, die in Konzepte und Vorgehensweisen der Qualitätsentwicklung in der Sozialen Arbeit einbezogen werden müssen.

Qualitätsentwicklung: Der Begriff „Qualitätsentwicklung" verweist auf eine systematisierende Vorgehensweise der kontinuierlichen Bewertung und prozesshaften Weiterentwicklung der Qualität in den Strukturen, den Handlungsweisen und den Ergebnissen einer Organisation der Sozialen Arbeit. Mit diesem Begriff werden das Dynamische und das Dialogische sowie der fachlich-entwickelnde Impuls des Qualitätsmanagements in der Sozialen Arbeit hervorgehoben – anders als im Begriff „Qualitätssicherung", bei dem Konnotationen des eher Statischen, auf Absicherung Ausgerichteten und des Planbaren, auf Dauer Gestellten mitschwingen und das Bewusstsein der Akteure prägen. In dem Begriff „Qualitätsentwicklung" wird Qualität zu einer kontinuierlich zu betreibenden Entwicklungsaufgabe, zu prozesshaften Aktivitäten der Definition, Überprüfung und Verbesserung von Qualität in Organisationen der Sozialen Arbeit. Der Begriff setzt sich von einem statischen Sicherungsdenken ab, bei dem eine vorab definierte Qualität zum Ausgangspunkt einer Gewährleistung gemacht wird. Demgegenüber sind in der Sozialen Arbeit in der Regel solche allgemein anerkannten Qualitätsbegriffe und Qualitätsmaßstäbe nicht verfügbar, und auch die Kriterien zur Bewertung guter Arbeit unterliegen einem dynamischen, normativ geprägten Diskurs.

Ferner sollten in einem Begriff die die spezifischen Konstituierungsbedingungen des Handlungsfeldes abgebildet sein. Gerade so etwas prozesshaftes und situational jeweils immer wieder neu zu Schaffendes wie „Qualität in sozialpädagogischen Organisationen" konstituiert sich in jeder Organisation unterschiedlich; sie muss in jeder Organisation unter den jeweils organisationsspezifischen Verhältnissen herausgebildet, gefestigt und weiterentwickelt werden muss. Mit „Qualität" wird das Zentrum einer Organisation angesprochen: Ziele, pädagogisches Konzepte, für tauglich erachtete, erprobte und von den Akteuren sinnhaft verwendete methodische Handlungsweisen, Traditionen in der Organisation, Kooperationsweisen zwischen verschiedenen Akteuren, Verarbeitung von als spezifisch wahrgenommenen Anforderungen der jeweiligen Adressaten u. a. m. Daher entwickeln sich Qualitätsprofile und Qualitätsdynamik verschiedener Organisationen der Sozialen Arbeit jeweils organisationsspezifisch.

Aus diesen Gründen scheint der Begriff der Q. für die Kennzeichnung der Prozesshaftigkeit und der Normbestimmtheit des Qualitätsmanagements in der Sozialen Arbeit angemessen. Bestimmte Grundelemente als Voraussetzung für das Entstehen qualitativ angemessener sozialpädagogischer Interaktionen können durch entsprechende Verfahrensstandardisierungen „gesichert" werden; je stärker aber der Kern *sozialpädagogischen* Handelns angesprochen wird, desto eher wird der auf Dynamisierung und Normreflexivität ausgerichtete Begriff „Qualitätsentwicklung" der Intention des Qualitätsmanagements gerecht.

Qualitätsentwicklung als Herausforderung an Akteure in der Sozialen Arbeit

Da die Soziale Arbeit sich bereits vor den mit dem Qualitätsvokabular behafteten Debatten mit Fragen der Angemessenheit von Strukturen und Prozessen für die zu bewältigenden sozialen und pädagogischen Probleme vielfältig auseinandergesetzt hat, liegt die Frage nahe, worin das eigentlich Neue und die Herausforderungen der neueren, aktuellen Qualitätsdiskussion zu suchen sind. Das Herausfordernde an der neueren Qualitätsdebatte zeigt sich vor allem unter drei Aspekten:

1) **Einbeziehung unterschiedlicher Qualitätsdimensionen:** Während bisher in vielen Diskussionen Aspekte der Strukturqualität („fachliche Standards") im Mittelpunkt standen, werden Fragen der Prozess- und der Ergebnisqualität systematischer in die Qualitätsdebat-

Q

te einbezogen. Neben der Debatte über Rahmenbedingungen (Geld, Personal, Räume, Organisationsstrukturen) müssen Handlungsformen („Regeln und Verfahren der fachlichen Kunst") und Ergebnisse auf unterschiedlichen Bewertungsebenen (organisationsbezogen, auf sozialen Nahraum und/oder auf Infrastruktur bezogen, auf verschiedene Adressaten bezogen) in ein Qualitätsentwicklungskonzept eingebunden werden.

2) **Konkretisierung und Transparenz bei Standards und Konzepten:** Fachliche Standards und pädagogische Konzepte müssen genauer definiert und konkretisiert werden, um Kriterien und Möglichkeiten zur Überprüfung zu gewinnen. Viele Vokabeln aus den Fachdebatten der Sozialen Arbeit (z. B. Lebensweltorientierung, Sozialraumorientierung, Normalisierung, Prävention, Empowerment, Partizipation, Parteilichkeit u. v. a. m.) wurden zwar von den Einrichtungen in ihre Konzepte übernommen, jedoch wird nicht immer ausreichend deutlich, an welchen Handlungsformen und Merkmalen der Praxis sich die Umsetzung solcher konzeptioneller Leitorientierungen beobachten und bewerten lässt. Die Qualitätsdiskussion fordert hier Konkretisierungen und Indikatoren, um Konzept und Handeln näher aneinanderzurücken, um das Alltagshandeln stärker konzeptionell auszurichten und um die Begründungen für strukturbildendes und sozialpädagogisches Handeln transparenter werden zu lassen.
3) **Methodische Ausgestaltung und Kontinuierlichkeit der Qualitätsbewertung:** Es müssen zumindest einrichtungsintern, aber in der Folge auch trägerübergreifend Verfahren zur kontinuierlichen Qualitätsbewertung erarbeitet werden, so dass die Qualitätsbewertung aus der bisher vorherrschenden Beliebigkeit und Zufälligkeit herausgeholt wird. Systematisierung im Sinne methodischer Ausgestaltung und Kontinuierlichkeit der Qualitätsbewertung werden als wesentliche Ansatzpunkte für eine gezielte Qualitätsentwicklung projektiert.

Methodische Handlungsmuster in der Qualitätsentwicklung

Für das Qualitätsmanagement in der Sozialen Arbeit ist mittlerweile eine Vielzahl von Methoden erarbeitet und in der Praxis erprobt worden (kurze Charakterisierung einiger Verfahren bei Merchel 2013, 131 ff.). Vergleicht man die Grundintentionen und methodischen Grundannahmen der unterschiedlichen Qualitätsmanagementverfahren, so lassen sich diese danach typisieren, ob sie sich eher dem Muster der Verfahrensstandardisierung oder eher dem Muster der evaluativen Qualitätsbewertung annähern (s. Merchel 2013, 142 ff.). Beim Muster der Verfahrensstandardisierung werden für verschiedene Aufgaben/Handlungsanforderungen Abläufe und Verhaltensmuster definiert, von denen man annimmt, dass dann, wenn die Mitarbeiter entsprechend den Verhaltensanforderungen handeln, gute Prozesse entstehen. Um Qualität zu „sichern", muss die Organisation dafür Sorge tragen, dass die Mitarbeiter die festgelegten Abläufe und Verhaltensanforderungen einhalten. Demgegenüber wird beim Muster der evaluativen Qualitätsbewertung auf die Vorgabe von Abläufen und Verhaltensmustern verzichtet; stattdessen werden Qualitätskriterien definiert, die als Maßstab für eine auf Evaluation gründende Bewertung von Prozessen genommen werden, um auf der Basis solcher Bewertungen ein Bild zum Stand der Qualität in einer Organisation zu erzeugen und daraus Schlussfolgerungen für eine Verbesserung der Arbeit zu ziehen.

Bisweilen werden in Organisationen auch beide Muster im Qualitätsmanagement differenziert angewendet und kombiniert: z. B. indem für die eher administrativen Abläufe über das Muster der Verfahrensstandardisierung Verlässlichkeit im Handeln gewährleistet werden soll und für die eher pädagogischen Vorgänge, die nur schwer über formale Verfahrensstandards zu steuern sind, Methoden der an Qualitätskriterien ausgerichteten Evaluation entwickelt werden. Als Grundregel kann man formulieren: Administrative Prozesse und den allgemeinen Rahmen für pädagogisches Handeln kann man mit den Mitteln einer Verfahrensstandardisierung zu regeln versuchen – je stärker man an den pädagogischen Kern kommt und je individueller die Leistungen und das pädagogische Handeln ausgestaltet sein müssen, desto ungeeigneter werden Muster der Verfahrensstandardisierung zur Herausbildung und Weiterentwicklung von Qualität. Für sozialpädagogische Prozesse, die ihre Qualität eher in der individuellen Ausdifferenzierung, in situationsorientierter Flexibilität und in sinnbezogen reflexivem Handeln finden, eröffnet evaluative Qualitätsbewertung angemessenere methodische Perspektiven für die Qualitätsentwicklung.

Aber auch Verfahrensstandards erzeugen nicht quasi automatisch eine angestrebte Qualität, sondern müssen in Qualitätsentwicklung eingebunden werden. Auch Verfahrensstandards bedürfen einer systematisierten Bewertung, also einer Form der Evaluation. Denn in eine Formulierung von Verfahrensstandards sind unterschiedliche Annahmen eingegangen: dass die einzelnen Verfahrenselemente im Alltag der Organisation anwendbar sind, dass das Einhalten der Verfahrensstandards die erhofften positiven Wirkungen entfaltet, dass die Verfahrensstandards unter den gegebenen Handlungsbedingungen in der Organisation für die Handelnden zweckmäßig sind, dass mit der Realisierung der formulierten Verfahrensstandards die Gesamtqualität der Leistung verbessert wird. Ob sich solche Annahmen tatsächlich als zutreffend erweisen, ist zu prüfen und legt die Notwendigkeit einer reflektierenden Evaluation nahe (methodisch s. Merchel 2015).

Konflikte und Spannungsfelder bei der Qualitätsentwicklung in der Sozialen Arbeit

Die Qualitätsdebatte in der Sozialen Arbeit ist eingebettet in ein Gefüge unterschiedlicher sozialpolitischer und fachpolitischer Anforderungen und Bedingungen und durchzogen mit vielen konzeptionellen Spannungselementen, die Anlass geben zu sorgfältig reflektierendem und balancierendem Vorgehen der Akteure in der Sozialen Arbeit. Die Konfliktpotentiale und Spannungsfelder lassen sich hier nur stichwortartig andeuten, so u. a.:

- die mit der Diskursivität, dem Konstruktcharakter und Interessengebundenheit des Qualitätsbegriffs verbundene Schwierigkeit, handlungsleitende Qualitätskonstrukte auszuhandeln;
- die sozialpolitischen Kontexte, in die die Qualitätsdiskussionen eingebunden sind und vor deren Hintergrund sie ihre speziellen öffentlichen Sinngehalte zugewiesen bekommen und ihre Dynamik entwickeln (u. a. die Bindung an sparpolitische Akzente oder die einseitige Ausrichtung an Fragen der Wirksamkeit);
- die grundlegenden Probleme der Messbarkeit von Qualität in nur begrenzt methodisierbaren sozialpädagogischen Handlungsvollzügen, der Vergleichbarkeit und der Zurechenbarkeit koproduktiv gestalteter Prozesse und koproduktiv erstellter Ergebnisse, als die sich Formen sozialpädagogischen Handelns immer darstellen;
- die Komplexität eines Qualitätsmanagements, das sich immer als Ausgangspunkt für Prozesse der Organisationsentwicklung und der Personalentwicklung erweist und daher komplexe und sensibel zu verankernde innerorganisatorische Steuerungsformen erfordert;
- die Spannung zwischen der Notwendigkeit eines mehrebenenanalytischen Vorgehens einerseits und den Bestrebungen, Qualitätsbewertung als Modus der Komplexitätsbewältigung zu verankern (z. B. in Form von Zertifizierungen);
- das Spannungsfeld zwischen Forderung nach Adressatenbeteiligung einerseits und der Behauptung professioneller Autonomie andererseits.

Neben den produktiven Optionen für einen Gewinn an Fachlichkeit über vielfältige Qualitätsdiskurse sind somit auch viele Unwägbarkeiten, Spannungsfelder und Risiken einzukalkulieren. Auf der einen Seite kann strukturierte Qualitätsentwicklung zu einem Medium der prozessualen Reflexionsförderung werden und dabei gleichermaßen das methodische Handeln wie den durch die Organisation hergestellten Rahmen zum Gegenstand gezielter fachlicher Reflexion und Weiterentwicklung machen. Auf der anderen Seite stehen Spannungsfelder und Risiken, die nicht nur im sozialpolitischen Umfeld der Qualitätsdebatte zu verorten sind, sondern auch auf Probleme, Anforderungen und herzustellende Balancen in den Organisationen der Sozialen Arbeit und in der Methodik der Qualitätsentwicklung selbst verweisen.

Joachim Merchel

Literatur

F. Herrmann/E. Bolay: Qualitätsmanagement in der Sozialen Arbeit durch Praxisforschung und reflexives methodisches Handeln, in: np 5/2015, 519–538 ◆ M.-S Honig: Pädagogische Qualität als erziehungswissenschaftliches Problem. In: np 3/2002, 216 ff. ◆ M. Macsenaere/K. Esser: Was wirkt in der Erziehungshilfe? Wirkfaktoren in Heimerziehung und anderen Hilfearten. München/Basel [2]2015 ◆ R. Fazekas: Qualitätsentwicklung in der Kinder- und Jugendhilfe nach Einführung des Bundeskinderschutzgesetzes, in: NDV 7/2015, 359 ff. ◆ J. Merchel: Qualitätsmanagement in der Sozialen Arbeit. Eine Einführung. Weinheim/Basel [4]2013 ◆ J. Merchel: Evaluation in der Sozialen Arbeit, München/Basel [2]2015 ◆ M. Oechler: Dienstleistungsqualität in der Sozialen Arbeit. Eine rhetorische Modernisierung. Wiesbaden 2009 ◆ H.-U. Otto/A. Polutta/H. Ziegler, (Hrsg.) (2010): What Works – Welches Wissen braucht die Soziale Arbeit? Zum Konzept einer evidenzbasierten Praxis. Opladen 2010 ◆ A. Polutta: Wirkungsorientierte Transformation der Jugendhilfe: Ein neuer Modus der Professionalisierung Sozialer Arbeit? Wiesbaden 2014.

Quartiersmanagement

Quartiere mit besonderem Entwicklungsbedarf

Mit der „Krise der sozialen Stadt" wird der Prozess einer verstärkten sozioökonomischen Polarisierung *(Armut)* benannt, der schließlich zu einer räumlichen Konzentration von Personen und Haushalten führt, die in ähnlicher Weise verarmt, benachteiligt und ausgegrenzt sind.

In den Städten bilden sich Quartiere heraus, in denen sich die Ausgegrenzten und „Überflüssigen" sammeln und aus denen in einer Art selektiver Mobilität die wegziehen, die es noch können. Häußermann weist auf spezifische benachteiligende Effekte solcher ausgegrenzter Quartiere hin (Häußermann 2000, 13–21).

- Es entsteht eine abweichende Kultur, in der sich diejenigen, die ihr angehören, von den Normen und Verhaltensweisen der Gesellschaft entfernen. Das mindert u. a. ihre Chancen auf dem Arbeitsmarkt.
- „Andererseits zeichnen sich benachteiligte Quartiere durch Eigenschaften aus, die entweder die Lebensführung beschwerlich machen und/oder die Handlungsmöglichkeiten ihrer Bewohner objektiv einschränken" (z. B. infrastrukturelle Defizite).
- Eine dritte – in den Diskussionen oft vernachlässigte – Dimension ist das negative Image eines Quartiers, das nach innen und außen Effekte hervorruft, die die Handlungsmöglichkeiten der Bewohner beeinträchtigen *(Stigmatisierung)*.

Wir beobachten in solchen Quartieren Prozesse, die zu einer kontinuierlichen Abwärtsentwicklung – Häußermann nannte dies „Fahrstuhleffekt" – führen.

Wichtig für unseren Zusammenhang ist, dass diese Quartiere und ihre Bewohner solche Prozesse nicht mehr selbst aufhalten können und deshalb eine integrierte Stadtteilentwicklungspolitik stabilisierend eingreifen muss. Hier liegt ja auch der Anlass für Landes- und Bundesprogramme für Stadtteile mit besonderem Erneuerungs- oder Entwicklungsbedarf, „die sich auf das Quartier als sozialen Raum richten und die Entwicklung und Stabilisierung der meistens noch vorhandenen Potenziale fördern" *(Stadtentwicklungsplanung, Stadterneuerung)*.

Die Ebene des Stadtteils ist gerade in diesen Quartieren für die Bewohnerinnen und Bewohner zentraler Bezugspunkt für sozialen Austausch und gesellschaftliche Teilhabe, nicht selten auch Ort der materiellen Absicherung des Lebens. In dieser Lebenswelt werden Probleme wahrgenommen und bearbeitet, Konflikte ausgetragen und Alltage gemeistert. Deshalb muss die Stadtentwicklung die Quartiersbevölkerung für eine aktive Beteiligung an der Gestaltung ihres Wohngebietes gewinnen.

Konzepte

Die „klassischen" Konzepte sozialer Arbeit werden der Komplexität der Probleme und Aufgaben in solchen Quartieren nicht mehr gerecht. In der *Gemeinwesenarbeit* (GWA) haben wir zwar eine Strategie, die sich ganzheitlich auf Potenziale im Stadtteil und nicht pädagogisch auf einzelne Individuen richtet (Oelschlägel 1999, 10), sie blieb aber lange stark in der Perspektive des Sozialen verhaftet *(Einmischungsstrategie)*.

Inzwischen haben GWA und Stadtentwicklung sich mit ihren Ansätzen aufeinander zu bewegt und weitgehend angenähert (Bürgerbeteiligung, lokale Ökonomie).

Der Begriff, mit dem sich diese Annäherung zu vollziehen scheint, heißt „Stadtteil- oder Quartiersmanagement". Hinte sieht im Q. die konsequente Fortführung des Arbeitsprinzips der GWA und der darauf basierenden stadtteilbezogenen SozArb, Alisch sieht es als notwendige Weiterentwicklung der „behutsamen Stadterneuerung" der 1980er Jahre (Alisch 2001).

Q. ist ein strategischer Ansatz der Stadtentwicklungspolitik zur nachhaltigen Verbesserung und Stabilisierung der Lebensbedingungen nicht nur in benachteiligten und gefährdeten Stadtteilen. Q. bündelt Ressourcen kommunaler Träger, freier Initiativen, Verbände und Vereine, der lokalen Wirtschaft und der Bewohnerinnen und Bewohner in einem Handlungskonzept, das in eine gesamtstädtische Entwicklungspolitik integriert und bereichsübergreifend angelegt ist. Ziel eines solchen Ansatzes sind langfristig selbsttragende Strukturen (Bewohnerorganisationen), die eigenverantwortlich über die Entwicklung ihres Stadtteils entscheiden.

Handlungsprinzipien

Als Handlungsprinzipien eines solchen Q. werden übereinstimmend genannt:

- Alle Projekte, Maßnahmen und Strategien gehen von den sozialräumlichen, personellen, finanziellen und institutionellen Ressourcen aus, die im Stadtteil vorhanden sind. Kommunale Unterstützung des Stadtteilmanagements bedeutet Stärkung dieser Ressourcen.
- Es kann vorab keine normativen Vorstellungen darüber geben, „wie der Stadtteil einmal wer-

den soll". Das ist Ergebnis eines Prozesses, der sich flexibel an der lokalen Richtigkeit orientiert, d.h. an dem, was im Stadtteil machbar und milieugerecht ist.

- Q. „knüpft an die in der Bewohnerschaft vorhandenen Potenziale, Fähigkeiten und Aktivitäten an und stärkt sie. Sichergestellt werden muss dabei, dass Projekte und Verfahren sozial- und umweltverträglich sind und somit auch ungewollte Nebenwirkungen rechtzeitig abgeschätzt werden können (Alisch 2001, 13).
- Q. hat als wesentliche Aufgabe die Moderation und Unterstützung in Interessenkonflikten im Stadtteil und die Entwicklung und Vernetzung von Projekten. Es schafft ein Klima lokaler Kooperation, das immer wieder neu gesichert werden muss.
- Von zentraler Bedeutung ist – wie in der GWA – die Aktivierung der Bewohnerinnen und Bewohner in situationsangemessenen Formen (Hinte 1998). Q. soll über vielfältige Aktionen die Bevölkerung motivieren, eigene Ideen und Leistungen in die Entwicklung „ihres" Stadtteils einzubringen. Dabei sollen v.a. die Menschen erreicht werden, die außerhalb der formellen und informellen Gruppierungen des Stadtteils stehen und bisher als „schwer erreichbar" galten.

Handlungsfelder

Wenn von Q. als integriertem Handlungskonzept gesprochen wird, dann geht es v.a. um die Integration unterschiedlicher Handlungsfelder in eine Strategie der Stadt(teil)entwicklung. Solche Handlungsfelder können sein:

- Arbeitsmarkt und lokale Beschäftigung, u.a. durch Qualifikation und Unterstützung von Existenzgründungen;
- Wirtschaftsförderung und lokale Ökonomie;
- Sanierung, Modernisierung von Wohnraum, Wohnumfeldverbesserung; dabei geht es darum, investive Stadterneuerung und nicht-investive soziale und beschäftigungswirksame Maßnahmen zu verbinden;
- Verbesserung der sozialen, kulturellen und Bildungsinfrastruktur, Unterstützung sozialer und kultureller Initiativen des Quartiers;
- Verbesserung der Verkehrsinfrastruktur, insbes. des ÖPNV;
- Gesundheitsförderung;
- Soziale und ethnische Integration, Verbesserung des Zusammenlebens in der Nachbarschaft (Sprachförderung, Stadtteilfeste);
- Erhöhung der Sicherheit bzw. des Sicherheitsempfindens im Quartier (kriminalpräventive Räte, Gewaltprävention);
- Verbesserung des Images des Stadtteils.

Akteure

Q. integriert und vernetzt aber auch die handelnden Akteure im Stadtteil. Dazu gehören

- die Bewohner als Einzelpersonen,
- Bewohnergruppen und -initiativen,
- Kirchen, kulturelle und religiöse Vereinigungen, Sportvereine,
- *Wohlfahrtsverbände,*
- Schulen, Kindergärten und Jugendeinrichtungen,
- Lokale Gewerbetreibende,
- Wohnungswirtschaft,
- Kommunale Ämter und Dienste,
- Lokale Kommunalpolitik,
- Lokale Agenda 21-Gruppen.

Das Q. organisiert dazu Stadtteilkonferenzen, Runde Tische und andere Kooperationsformen auf Stadtteilebene.

Damit wird das Q. auch zur intermediären Instanz auf Stadtteilebene zwischen Bewohnerinnen und Bewohnern, Politik und Verwaltung und der Wirtschaft.

Methoden

Für das methodische Vorgehen im Q. gilt grundsätzlich das Prinzip der lokalen Richtigkeit. Deshalb wird es eine hohe Differenziertheit von Arbeitsschritten der einzelnen Projekte und Prozesse geben. Dennoch können auch hier aus der Evaluation bisheriger Arbeit im Q. einige Gemeinsamkeiten im Vorgehen benannt werden:

- Stadtteilanalyse mit qualitativen und quantitativen Methoden der Sozialforschung und mittels aktivierender Befragung,
- Aufbau von Netzwerken im Stadtteil,
- Gemeinsame Problemformulierung durch die Akteure im Quartier; Erarbeitung von Zielvorstellungen oder eines Leitbildes für den Stadtteil,
- Entwicklung und Durchführung einzelner Projekte in den jeweiligen Handlungsfeldern,
- Aufbau eines kontinuierlichen Berichtswesens zur Evaluation der Arbeit.

Rahmenbedingungen

Q. bedarf fester Strukturen, damit eine nachhaltige Wirkung erzielt werden kann. Erfahrungsgemäß müssen dabei drei Akteursebenen berücksichtigt werden:

- Auf der Ebene der kommunalen Verwaltung bedarf es einer Absicherung der Arbeit durch

einen Ratsbeschluss und eine finanzielle Grundausstattung (ggf. durch Fördermittel und Eigenanteile der Stadt) und einer federführenden Schnittstelle zu allen Ressorts der Verwaltung (Lenkungsgremium, Quartiersbeauftragte).
- Auf der intermediären Ebene muss es ein Gremium (Trägerverein, Stadtteilkonferenz) „zur Bündelung und Vermittlung von Bedarfen aus dem Wohngebiet, zur Mittelakquisition und zur Informationsvermittlung in das Quartier" (Franke/Löhr 2000, 3) geben.
- Auf der Ebene des Quartiers bedarf es zur Umsetzung der Strategien mit der lokalen Bevölkerung ein Stadtteilbüro, von dem aus die mit dem Q. betrauten Personen agieren können.

Allerdings ist Q. nicht nur von den betroffenen Quartieren her zu sehen, sondern muss in eine gesamtstädtische Strategie der nachhaltigen Stadtentwicklung eingebunden werden.

Praxisbeispiele für das Q. gibt es – besonders im Rahmen des Programms „Soziale Stadt" – in zahlreichen Kommunen der BRD.

Quartiersmanagement und GWA

In der Diskussion um Q. wird dieses oft als Weiterentwicklung der GWA gesehen oder gar mit ihr gleichgesetzt, obwohl die GWA immer wieder ‚totgesagt' wurde. Aber „gemeinwesenorientertes Handeln" ist inzwischen das Arbeitsprinzip, das mit seiner zentralen Orientierung an den *Sozialraum* die *Soziale Arbeit* inhaltlich, organisatorisch und finanziell grundlegend verändert hat (*Sozialraumorientierung:* Hinte/Treeß 2014 und Thies 2017). In diesem Kontext bleibt GWA so eingeordnet:

- GWA hat eine hohe Problemlösungskompetenz aufgrund ihrer lebensweltlichen Nähe zum Quartier. Als sozialräumliche Strategie, die sich auf die Lebenswelt der Menschen einlässt, kann sie genau die Probleme aufgreifen, die für die Menschen wichtig sind, und sie dort lösen helfen, wo sie von den Menschen bewältigt werden müssen. Dabei kümmert sich GWA prinzipiell um alle Probleme des Stadtteils und konzentriert sich nicht, wie oft Bürgerinitiativen, auf einen Punkt. Damit schafft sie Kontinuität, auch wenn es in dem einen oder anderen Fall Misserfolge gibt.
- GWA kann aufgrund ihrer methodischen Vielfalt auch viele Möglichkeiten für Teilhabe und partizipatives Handeln zur Verfügung stellen, von der aktivierenden Befragung über Community Organization als Strategie zum Aufbau von Interessenorganisationen bis hin zur widerständigen Aktion
- GWA bietet insbes. durch offene, niedrigschwellige Räume und Angebote und unter Verzicht auf den pädagogisch oder politisch erhobenen Zeigefinger Gelegenheitsstrukturen und Logistik für Engagement und Beteiligung. Dazu gehört auch das Beschaffen von notwendigen Informationen aus dem politischen Raum, an die GemeinwesenarbeiterInnen i. d. R. leichter herankommen als die Betroffenen. Dazu gehört gegenseitiges Mutmachen, auch Training und Schulung. Die Parole sollte allerdings heißen: Von der Gelegenheitsstruktur hin zur selbsttragenden Struktur.
- Es ist Aufgabe der GWA, Einzelnen, Gruppen und dem Stadtteil bei der Problemveröffentlichung zu helfen. Das Verhältnis Gesellschaft – Lebenswelt ist nicht allein dadurch zu bestimmen, wie die Gesellschaft in die Lebenswelt hineinagiert, sondern auch danach, wie die Probleme der Lebenswelt in den gesellschaftlichen, d. h. politischen Diskurs zu bringen sind. GWA hat Erfahrung darin, Übersetzungsleistungen für unterschiedliche Interessen zu leisten, und bringt diese ins Quartiersmanagement ein: „So konfrontiert Stadtteilmanagement politische und Verwaltungsinstanzen kontinuierlich respektvoll, aber deutlich mit den Lebens- und Wohnbedingungen der Bevölkerung, von der sachlichen Darstellung in Gremien über die Organisation von Foren zum Dialog zwischen Lebenswelt und Bürokratie bis hin zu skandalisierenden Aktionen mit allen Elementen nachdrücklicher Öffentlichkeitsarbeit" (Hinte 2001, 157).
- GWA knüpft Netze, die die Menschen halten, stützen und unterstützen, wenn sie sich aktiv an der Gestaltung ihrer Lebenswelt und damit an politischen Entscheidungen beteiligen wollen. Hierzu gehören auch die Netzwerke der Professionellen im Stadtteil selbst, die erreichte Positionen absichern helfen.
- Gerade aber mit dieser Vernetzung (aber auch durch Skandalisierung etc.) bietet GWA ein Politikmodell „von unten", das nicht nur auf die Organisation von Gegenmacht ausgerichtet ist, sondern auch die Politikformen in unseren Städten auf die Weise durchdringt, dass die Bewohnerinnen und Bewohner der Stadtteile nicht nur mehr gehört werden, sondern auch mehr und dauerhaft Entscheidungen im und für den Stadtteil treffen können.

Perspektiven

In dem Bemühen, lebensfähige, lebenswerte Städte und Stadtteile zu entwickeln, kam es 1999 zum Bundesprogramm „Soziale Stadt – Stadtteile mit besonderem Entwicklungsbedarf". Mit diesem Programm hat auch die SozArb (bis heute) v. a. durch das vielerorts initiierte Q. und durch verschiedene Modellprojekte profitiert. Insbes. zivilgesellschaftliche Formen und ihre Verknüpfung mit baulichen und wirtschaftlichen Erfordernissen der Gemeinwesenentwicklung sind durch SozArb gestaltet und unterstützt worden. Das Q. hat in § 171e *Baugesetzbuch* als eine von den Gemeinden einzurichtende Koordinierungsstelle eine gesetzliche Grundlage (Battis/Krautzberger/Löhr 2016).

Das Städtebauförderungsprogramm „Soziale Stadt" wurde 2012 modifiziert und heißt seither „Soziale Stadt – Investitionen im Quartier", die Bundesmittel wurden wieder aufgestockt. Mit der Neuausrichtung ist beabsichtigt, neben der Verbesserung des Wohnens, des Wohnumfeldes und der Infrastruktur v. a. den sozialen Zusammenhalt im Quartier, Familienfreundlichkeit und Generationengerechtigkeit zu stützen. Dazu sollen Partner aus der lokalen Wirtschaft, Ehrenamtliche und Freiwilligendienste verstärkt einbezogen genauso wie verschiedene Fachressorts (Bildung, Soziales, Kultur, Umwelt, Städtebau) mit einander verknüpft werden. Die Organisation von Kommunikation, Kooperation und Vernetzung im Quartier und in die örtlichen Verwaltungen brauchen eine Anlaufstelle und ein gelingendes Q.

Dieter Oelschlägel

Literatur

U. Battis/M. Krautzberger/R. P. Löhr: Baugesetzbuch, Kommentar, München [13]2016 • M. Alisch (Hrsg.): Stadtteilmanagement: Voraussetzungen und Chancen für die soziale Stadt, Opladen [2]2001 • Bundesministerium für Umwelt, Naturschutz, Bau und Reaktorsicherheit (BMUB): Benachteiligte Stadtteile gemeinsam unterstützen. Eine Arbeitshilfe für die kommunale Praxis, Berlin 2015 • BMUB:. Statusbericht zum Programm Soziale Stadt, Berlin 2014 • Forum für Community Organization, Handbuch für Community Organization, Bonn [2]2014 • Th. Franke/R. Löhr: Überlegungen zum Quartiersmanagement, in: Soziale Stadt info 2, September 2000, 2–3 • M. Gürster/E. Pasternack: Gemeinwesenarbeit und Quartiersmanagement, München 2011 • H. Häußermann: Die Krise der „sozialen Stadt", in: Aus Politik und Zeitgeschichte B 10-11/2000, 13–21 • W. Hinte: Bewohner ermutigen, aktivieren, organisieren – Methoden und Strukturen für ein effektives Stadtteilmanagement, in: M. Alisch, Stadtteilmanagement: Voraussetzungen und Chancen für die soziale Stadt, Opladen [2]2001,153–170 • W. Hinte/H. Treeß: Sozialraumorientierung in der Jugendhilfe, Weinheim/München [3]2014 • M. Krummacher/R. Kulbach/Victoria Waltz/N. Wohlfahrt: Soziale Stadt – Sozialraumentwicklung – Quartiersmanagement – Herausforderung für Politik, Raumplanung und Soziale Arbeit, Opladen 2003 • D. Oelschlägel: Stadtentwicklung und Gemeinwesenarbeit, in: ISA e. V. (Hrsg.): Im Dickicht der Städte – Soziale Arbeit und Stadtentwicklung, Münster 2001, 21–28 • D. Oelschlägel: Aktuelle Entwicklungen in der Gemeinwesenarbeit, in: Stadt Hamm (Hrsg.): Möglichkeiten und Grenzen der Gemeinwesenarbeit, Hamm 1999, 6–18 • R. Thies: Quartiersmanagement – Strategischer Ansatz zur Kooperation in der Sozialen Stadt, in: D. Kreft/C. W. Müller (Hrsg.): Methodenlehre in der Sozialen Arbeit, München 2017.

Links

www.bmub.de
www.staetebaufoerderung.de
www.stadtteilarbeit.de
www.sozialestadt.de

R

Rechtsquellen

Bindung an Gesetz und Recht

Der Rechtsstaat bindet das gesamte Verwaltungshandeln (vollziehende Gewalt) an Gesetz und Recht (Art. 20 Abs. 3 GG), wobei zwischen Vorrang des Gesetzes (negative Gesetzmäßigkeit) und Vorbehalt des Gesetzes (positive Gesetzmäßigkeit) unterschieden wird. Bedeutet Vorrang des Gesetzes, dass kein Verwaltungshandeln gegen Gesetze oder gesetzesgleiche Vorschriften verstoßen darf (Art. 20 Abs. 3 GG), ist der Vorbehaltsbegriff enger: Die Verwaltung (Exekutive, vollziehende Gewalt) darf demnach nicht nur nicht gegen Gesetz und Recht verstoßen, sie braucht, um befugt zu handeln, eine gesetzliche Grundlage. Für den Anwendungsbereich des *Sozialgesetzbuches* hat der Gesetzgeber in § 31 Abs. 1 SGB 1 die zuständigen Behörden auf den Gesetzesvorbehalt festgelegt: „Rechte und Pflichten in den Sozialleistungsbereichen dieses Gesetzes dürfen nur begründet, festgestellt, geändert oder aufgehoben werden, soweit es ein Gesetz vorschreibt oder zulässt".

Das Rechtsquellensystem

Das Rechtsquellensystem der BRD besteht im Wesentlichen aus geschriebenem Recht, lässt aber auch ungeschriebenes Recht (Gewohnheitsrecht) zu, dessen Bedeutung allerdings immer geringer wird und das für den Bereich der Sozialen Arbeit keine Rolle spielt.

Die wichtigsten R. sind:

- *Verfassungsrecht* (GG, Länderverfassungen),
- Gesetze (Gesetze im formellen Sinne, d.h. an eine bestimmte Form des Zustandekommens gebundene Gesetzgebungsverfahren, und im materiellen Sinne: generell-abstrakt, für und gegen jedermann wirkende Rechtsnormen) bilden im Rechtsquellensystem der BRD den Schwerpunkt der geschriebenen Rechtsordnung (z.B. im Sozialrecht zentrale Gesetze wie das SGB II, III, V, SGB VIII und SGB XI, XII),
- RVO (Gesetze nur im materiellen Sinne: gem. Art. 80 Abs. 1 GG an bestimmte Voraussetzungen gebunden; von erheblicher Bedeutung für das Sozialrecht, z. B. die Durchführungsverordnungen zum SGB XII) und
- die öffentlich-rechtliche Satzung (wichtig für Gemeinden, Gemeindeverbände, Universitäten, Kammern u. a., ihre eigenen Angelegenheiten selbst zu regeln).

Eine besondere Rolle spielt das Richterrecht. Bestimmte Entscheidungen der Verfassungs- und Verwaltungsgerichte (Normenkontrollverfahren) sind R. (z. B. Entscheidungen des BVerfG/vgl. § 31 Abs. 2 BVerfGG und § 47 VWGO das OVG).

Im Übrigen handelt es sich bei der (allgemeinen) Rechtsprechung um Rechtsanwendung (die nur für den entscheidenden Einzelfall gilt) und nicht um Rechtsetzung. Diese Rechtsprechung hat jedoch ihre besondere Bedeutung darin, dass von Obergerichten *(Gerichtsbarkeit)* entwickelte Grundsätze (grundsätzliche Entscheidungen) von anderen Gerichten und Behörden beachtet werden, d. h. ihre Praxis „rechtsquellengleich" beeinflussen.

Rangordnung der Rechtsquellen

Zwischen den R. gibt es eine Stufenfolge, die regelt, welche Norm vorgeht, wenn zwei geltende R. einander widersprechen:

1) Supranationales Recht (Völkerrecht, Europarecht) geht grundsätzlich Bundesrecht vor (i. E. Art. 24, 25 GG). Im Übrigen haben die VO der EG allgemeine Geltung, sind in allen ihren Teilen verbindlich und gelten unmittelbar in jedem Mitgliedsstaat (Art. 249 des EG-Vertrages).
2) Rangfolge zwischen (1) Bundesrecht, (2) Landesrecht (Art. 31 GG: Bundesrecht bricht Landesrecht) und (3) autonomem Recht (Satzungen);
3) innerhalb des Bundes- und des Landesrechts besteht folgende Rangfolge: GG, Bundesgesetz, BundesRVO; Landesverfassung, Landesgesetz, LandesRVO, autonomes Recht.

Nicht zu den R. gehören die Verwaltungsvorschriften, auch als Anordnungen, Erlasse, Grundsätze, RL usw. bezeichnet, die ihre Wirkung nach innen, in den Behörden, für die sie gelten, nicht nach außen entfalten. Bei Ermessensüberprüfungen können sie dann auch nach außen wirken, wenn das Gericht sie heranzieht und als „Selbstbindung der Verwaltung" auslegt (Münder u. a. 2013, Anhang Verfahren Rz 86 ff.).

Dennoch ist ihre Bedeutung für die SozArb erheblich, denn sie „formen" vielfach erst die konkreten Handlungsvorgaben des SozArb/SozPäd. So sind z. B. in der Kinder- und Jugend- und Sozialhilfe vielfach regelungsbedürftige Sachverhalte durch gesetzliche Vorschriften (Gesetz, RVO) nur unzureichend konkretisiert: Das geschieht in der *Jugend- und Sozialhilfe* regelmäßig erst detailliert und einzelfallbezogen durch VV. So ist z. B. das für die KJH außerordentlich bedeutungsvolle Pflegekinderrecht in § 33 SGB VIII allgemein und z. T. durchaus speziell geregelt, aber i. S. einer Handlungsorientierung auf den Einzelfall lückenhaft. Erst durch z. T. umfangreiche VV werden alle wesentlichen Einzelpunkte geregelt (Öffentlichkeitsarbeit, Vermittlung, Anerkennung von Pflegestellen, Pflegevertrag, materielle Leistungen des JA: vgl. z. B. die Pflegekindervorschriften in: Jugendhilfe für Berlin – dort ID 60). Diese VV, nicht die R. SGB VIII, sind dann tatsächlich die eigentlich handlungsstrukturierende Vorgabe für die SozArb/SozPäd als Pflegekinder-Sachbearbeiter/in.

Dieter Kreft

Literatur

H. Bossong: Sozialverwaltung. Ein Grundkurs für soziale Berufe, Weinheim/München ²2010 • S. Gürbüz: Verfassungs- und Verwaltungsrecht für die Soziale Arbeit, München 2016 • E. Ickstadt/D. Scharmann: Die Prüfung der Verwaltungsfachangestellten, Ludwigshafen ¹⁷2015 • Jugendhilfe in Berlin (Bearbeiter: A. Stähr), Loseblattsammlung fortlfd. seit 1978, Lahnstein • W. Kievel/P. Knösel/A. Marx: Recht für soziale

R

Berufe, Köln [7]2013 ◆ D. Kreft: Rechtliche Grundlagen der sozialen Arbeit – Teil I: Rechtsquellen und Verwaltungsvorschriften, in: D. Kreft/J. Münder u. a.: Soziale Arbeit und Recht. Eine Einführung in das Recht für Sozialarbeiter/Sozialpädagogen, Weinheim/Basel [4]1994, 51–73 ◆ J. Münder/T. Meysen/T. Trenczek: Frankfurter Kommentar zum SGB VIII, Baden-Baden [7]2013 ◆ J. Reinhardt: Grundkurs Sozialverwaltungsrecht für die Soziale Arbeit, München/Basel 2014:T. Trenczek/B. Tammen/W. Behlert/A. v. Bötticher: Grundzüge des Rechts. [4]2014 ◆ R. J. Wabnitz: Grundkurs Bildungsrecht für Pädagogik und Soziale Arbeit, München/Basel 2015 ◆ R. J. Wabnitz: Grundkurs Recht für die Soziale Arbeit, München [3]2016 ◆ R. Wiesner u. a.: SGB VIII. Kommentar, München [5]2015.

Rechtsverwirklichung

R. wird dann zum Problem *Sozialer Arbeit,* wenn sich Recht gar nicht oder nur in problematischer Weise verwirklicht und SozArb davon berührt wird. Mangelnde oder zumindest problematische R. wird im Diskussionszusammenhang der „Verrechtlichung" erörtert. Die damit gekennzeichnete Erfassung von immer mehr Lebensverhältnissen durch das Recht weckt Zweifel, ob die betroffenen Sozialbereiche gesellschaftlich sinnvoll reguliert werden („Kolonialisierung von Lebenswelten") und ob sich der materiale Gehalt des Rechts auch tatsächlich verwirklicht („Vollzugsdefizite"). Im Folgenden werden die Aufgaben typisiert dargestellt, die SozArb bei der R. wahrnehmen kann, insbesondere auch im Rahmen des Rechtsdienstleistungsgesetzes (RDG).

Aufgaben der Sozialen Arbeit

Kompensatorische Aufgaben: Sie kommen v. a. dann in Betracht, wenn vorhandene Rechte, z. B. bei einer Räumungsklage, nicht wahrgenommen werden.

Hierzu gehört auch das „Ankoppeln an das vorhandene Rechtshilfesystem", d. h. insbesondere die Nutzung des Beratungshilfe- und Prozess- bzw. Verfahrenskostenhilferechts. Außergerichtlich sind ferner von Bedeutung die Möglichkeiten der Hilfe nach §§ 13–15 SGB I, nach § 11 SGB XII, durch *Gewerkschaften* und Mietervereine für ihre Mitglieder, durch kirchliche Träger *(Träger der Sozialen Arbeit).* Rechtsbesorgung als sog. Rechtsdienstleistung durch Selbsthilfegruppen ist denkbar nach §§ 6–8 RDG, sofern sie ihre Hauptaufgaben im sozialpolitischen Bereich haben. Prozesskostenhilfe sichert demgegenüber die anwaltliche Hilfe in Gerichtsverfahren (nicht in Strafverfahren/*Gerichtsbarkeit).*

Kompensierend müssen den Hilfesuchenden auch Fähigkeiten und Kenntnisse vermittelt werden, mit welchen soziale Situationen unter juristischen Gesichtspunkten erfasst und schließlich mit Hilfe des Rechts beeinflusst werden, z. B. bei Konflikten am Arbeitsplatz die Möglichkeiten der Mitbestimmung. Weiter sind „professionalisierte Muster selektiver Wahrnehmung" herkömmlicher Institutionen der R. (Anwälte, Gerichte, Verwaltungen) zu kompensieren, damit soziale Probleme nicht nur auf Rechtsprobleme reduziert, sondern problemangemessene Lösungen möglich werden.

Verrechtlichungsaufgaben: SozArb wirkt an Verrechtlichung überall dort mit, wo sozialpädagogische „Subventionierung" der juristischen Argumentation nötig ist, z. B. über Berichte und Gutachten für Justiz und Verwaltung, aber auch bei der Formulierung von Leistungsvereinbarungen z. B. nach § 75 SGB XII. Dies ist sowohl beim Einbringen von Folgen der zu treffenden Entscheidungen als auch bei der Ausfüllung zunächst juristischer Begriffe mit sozialwissenschaftlichem Inhalt der Fall (z. B. unbestimmte Rechtsbegriffe, Ermessensspielräume). Soweit SozArb als persönliche Dienstleistung rechtlich vorgeschrieben ist, z. B. in allgemeinen Beratungsvorschriften, verrechtlicht erst sie diese Dienstleistung endgültig durch ihr standardisiertes, theoriegeleitetes Handeln, nachdem das Recht selbst i. d. R. die konkreten Handlungsvollzüge nur sehr allgemein vorformen kann.

Regulatorische Aufgaben: Besteht das Rechtsverwirklichungsproblem darin, dass für bestimmte soziale Problemlagen keine oder keine angemessenen Rechtsregeln vorhanden sind, bekommt R. den Inhalt, für ungelöste Probleme erst rechtliche Lösungen zu entwickeln – „erweiterte R.". Bei dieser zunächst politischen Aufgabe kann SozArb mitwirken und tut es auch, wie z. B. die Auseinandersetzungen um die rechtlichen Grundlagen sinnvoller *Frauenhaus*arbeit zeigen.

Deregulierungsaufgaben: Mit diesen kann SozArb versuchen, Rechtsverwirklichungsprobleme dadurch zu lösen, dass die geregelten Sozialbereiche dem Recht (wieder) entzogen werden, und zwar durch die eigenständige Entwicklung von Lösungen, die v. a. unter Einbeziehung der Selbsthilfekräfte der Betroffenen versuchen, „Alternativen zum Recht" zu ermöglichen. Beispiele sind die Vermittlung bei Konflikten im mietrechtlichen Bereich, die Erschließung von nachbarschaftlichen Hilfen, wenn es um Pflegehilfen geht, u. a. m. Hierher gehört auch die verstärkte institutionelle Anknüpfung der SozArb an vorhandene „Institutionen der Deregulierung" wie z. B. Verbraucherschutzverbände *(Schuldner- und Insolvenzberatung).*

Freiheitsverbürgende Aufgaben: Mit diesen Aufgaben wird Bezug genommen auf die Zwiespältigkeit des Rechts, welches einerseits freiheitsverwirklichenden Charakter hat, indem es Handeln erst ermöglicht (z. B. durch Gewährung materieller Ansprüche); andererseits aber Freiheitsbereiche einengt, weil es interveniert, gestaltet, begrenzt (z. B. bei den Leistungen zur Eingliederung in Arbeit nach SGB II). Hier kann es Aufgabe der SozArb sein, Freiheit zu verbürgen: einmal durch die Wahrnehmung der kompensatorischen Aufgaben, zum anderen aber dort, wo SozArb in den Vollzug von Recht eingespannt wird, indem sie ihr sozialpädagogisches Handeln an den Freiheitsrechten, wie sie insbesondere in den Grundrechten verbürgt sind, orientiert. Dies gilt v. a. in den sog. besonderen Gewaltverhältnissen (*Strafvollzug,* Obdachlosensiedlungen), aber auch bei allen „freieren" Pflege- und Betreuungsverhältnissen, wie z. B. in Alten- und Pflegeheimen, die den Einzelnen auf Grund seiner Hilfsbedürftigkeit „abhängig" machen.

Im „aktivierenden Wohlfahrtsstaat" gewinnt diese Aufgabe zunehmend an Bedeutung. Behauptet werden „grundlegend veränderte rechtliche Strukturen", nicht mehr der tatbestandlich fixierte Anspruch soll die Sozialverwaltung leiten (Eichendorfer). Mittels Case Management sollen vielmehr konkret-individuell und abgesichert durch Sanktionsmechanismen Lösungen für Notlagen „ausgehandelt" werden. Solche klassisch wohlfahrtsstaatliche Bevormundung im Sinne eines „wohlverstandenen Eigeninteresses" ist weit entfernt vom Verständnis des sozialen Rechtsstaates. Techniken sozialer Arbeit – eben Case Management *(Einzelfallhilfe)* – werden hier staatlicherseits Freiheit einschränkend und letztlich rechtsstaatswidrig in Besitz genommen. Soziale Arbeit muss hier darauf bestehen, dass Rechtsansprüche auch die Freiheit sichern, mit gewährten Leistungen das eigene Leben ohne staatliche Einflussnahme selbst gestalten zu können.

Rechtsberatung

Insbesondere bei den kompensatorischen Aufgaben bestehen rechtliche Grenzen durch das RDG, welches prinzipiell die Rechtsberatung weiter den Rechtsanwälten vorbehält. Die Abgrenzung zwischen sozialer Beratung und Rechtsdienstleistung wird jedoch nicht zuletzt wegen der fortschreitenden „Verrechtlichung" zunehmend schwieriger. Gerade im Bereich SozArb ist oft eine am Recht orientierte Beratung nötig, um überhaupt die Chance der R. zu eröffnen. Kein Konflikt mit dem RDG ist nach §§ 6–8 RDG anzunehmen, wenn neben der im Vordergrund stehenden Sozialberatung

- eine substantielle Rechtsberatung nicht erfolgt, d. h. keine differenzierte juristische Argumentation stattfindet, für die ein entsprechendes Studium und auch berufliche Kompetenz nötig wäre; es sind also möglich: Hilfestellungen beim Ausfüllen von Formularen (auch für Gerichte), Hinweise auf vergleichbare Fälle und deren Behandlung in Verwaltung und Rechtsprechung, Hinweise auf die konkrete Verwaltungs- bzw. Gerichtspraxis, Darstellung und Erläuterung von Anspruchsvoraussetzungen, Hilfe beim verständlichen Verfassen von Anhörungsbogen und Stellungnahmen und deren ordnungsgemäßer Versendung, wobei das Eingehen auf rechtliche Argumente der Behörde oder des Gerichts bis zur genannten Grenze der „substantiellen" Rechtsberatung möglich ist;
- eine Vertretung der Betroffenen durch die Berater erfolgt, z. B. im Rahmen von Verwaltungsverfahren gemäß § 13 SGB X;
- die Auseinandersetzung mit der Verwaltungsbehörde darüber geführt wird, wie die Leistungen zu gewähren sind, um die soziale Beratung als Ganzes sinnvoll zu gestalten; eine Prozessführung ginge darüber hinaus und würde nicht mehr als Sozialberatung zu bestimmen sein, wobei auch hier ausnahmsweise in Notsituationen, also wenn der soziale Hilfeprozess eine schnelle Reaktion erfordert, für die anwaltliche Hilfe nicht erreichbar ist, auch die Prozessführung z. B. im Verfahren der einstweiligen Anordnung als noch zur sozialen Beratung gehörig anzusehen sein wird.

Falk Roscher

R

Literatur

C. Deckenbrock/M. Henssler: Rechtsdienstleistungsgesetz, München [4]2015 ♦ E. Eichendorfer: Rechts des aktivierenden Wohlfahrtsstaates, Baden-Baden 2013 ♦ F. Roscher: Case Management als eigenständige Handlungsform öffentlicher Verwaltung? Rechtsstaatliche Grenzziehungen, in: CM 2013, 172–181 ♦ H. Heinhold: Das neue Rechtsdienstleistungsgesetz: Ein Leitfaden für die soziale Rechtsdienstleistung, Frankfurt a. M. 2008

Rehabilitation

Begriff und Ziele

R. ist die (Wieder-)Eingliederung behinderter, von Behinderung bedrohter, chronisch kranker und pflegebedürftiger Menschen in die Gesellschaft *(Behindertenhilfe)*. Als Teil der *Sozialpolitik* werden unter R. die über die allgemeinen Leistungen der sozialen Sicherung hinaus notwendigen besonderen Sozialleistungen gefasst, die den Zweck der Vermeidung, des Ausgleichs und der Überwindung behinderungsbedingter Benachteiligungen haben. Vor dem Hintergrund der „Normalität des Erwerbslebens" und der Erwerbsorientierung der *Sozialen Sicherung* zielt die staatliche R. zentral auf die berufliche Wiedereingliederung behinderter Menschen bzw. auf die Verhinderung von Behinderung und Pflegebedürftigkeit R. Hat aber auch das Ziel, Beeinträchtigungen abzuwenden, die sich als bleibende Folge einer Erkrankung oder eines Unfalls einstellen können.

1974 trat das SchwbG *(Schwerbehindertenrecht)* in Kraft im Bemühen, der volkswirtschaftlichen Bedeutung der Arbeitskraft Rechnung zu tragen (R. vor Rente und vor Pflege) und unter dem Vorbehalt, dass Selbsthilfe und Hilfe der Familie nicht ausreichen (Vorrang der kleinen Netze), gefolgt vom Sozialgesetzbuch (v. a. SGB IX), in dem die sozialen Leistungen der R. für Menschen mit Behinderung umfassend geregelt wurden. Der enge Zusammenhang von Erwerbsfähigkeit und Gesundheit machte R. zum vorrangigen Handlungsfeld der Medizin. Auch im aktuellen Verständnis interdisziplinärer R. wird häufig noch die „behandlungsleitende" Funktion des Arztes („Bezugstherapeut") betont.

Leistungen

Die Sozialleistungen der R. umfassen Sozialleistungen der Rehabilitationsträger, Leistungen ohne Sozialleistungscharakter und besondere Hilfen für Schwerbehinderte.

Leistungsbereiche sind

- medizinische R.: z. B. Behandlung durch Ärzte und andere Heilberufe, Früherkennung und Frühförderung, Arznei- und Heilmittel, Hilfemittel, Psychotherapie, Beschäftigungs- und Arbeitstherapie, Kuren,
- Teilhabe am Arbeitsleben: Hilfen zur Erlangung bzw. Erhaltung eines Arbeitsplatzes; z. B. Berufsvorbereitung, -förderung und Ausbildung, Umschulung, Arbeitssuche und Arbeitsbegleitung,
- Teilhabe am Leben in der Gemeinschaft: z. B. Maßnahmen zur Erreichung von Schulfähigkeit und Schulbildung, zur Verständigung mit der Umwelt, zur Wohnungsversorgung, zur Alltagsbewältigung, zur Beschäftigung, zur Freizeitgestaltung und zur Teilnahme am kulturellen Leben,
- unterhaltssichernde und andere ergänzende Leistungen: z. B. Krankengeld, Versorgungskrankengeld, Übergangsgeld und Ausbildungsgeld, Unterhaltsbeihilfe, Haushalts- oder Betriebshilfe, Beiträge zur Kranken-, Unfall- und Rentenversicherung, Rehabilitationssport sowie
- besondere Leistungen für Schwerbehinderte.

Der Reduzierung stationärer Einrichtungen und die verstärkte Steuerung der R. in den ambulanten Bereich steht eine deutliche Zunahme der Fallzahlen in der Psychotherapeutischen Medizin/ Psychosomatik gegenüber (Stat.BA 2015).

Grundsätze der Rehabilitation sind Frühzeitigkeit, Individualität und Finalität. Es geht darum, Ausmaß und Auswirkungen einer Behinderung oder Erkrankung gering zu halten bzw. durch vorbeugende Maßnahmen nicht entstehen zu lassen. Dem Prinzip der Prävention liegen verfassungsrechtliche (Wahrung der Menschenwürde und der freien Entfaltung der Persönlichkeit z. B. im Kontext von Medizin, Biologie und neuen Technologien), fachpolitische (möglichst frühzeitige Intervention, aber auch ökonomische – Wirtschaftlichkeit und Sparsamkeit) Überlegungen zugrunde. Die konkrete Bedarfssituation des Einzelnen soll Ausgangspunkt für möglichst effektive Hilfe sein im Interesse der Verbesserung der Lebensqualität und der (Wieder-)Herstellung selbständiger Lebensführung und Teilhabe.

Medizinische Diagnostik scheint das Zauberwort für alle weiteren Schritte der R. zu sein. Erkenntnisse über Dispositionen und Lebensumstände dienen als Grundlage für die Feststellung des individuellen Bedarfs und für die Zubilligung von sozialen Leistungen. In diese Bemessung gehen die Bewertung von Bedürfnissen und prognostisches (Vor-)Wissen ein – ein Vorgehen, das insoweit bedenklich ist, wie Prognosen unsicher sind und dennoch Experten Festlegungen auf Dauer treffen und letztlich die betroffenen Menschen über ihren Unterstützungsbedarf definiert werden. Zunehmend bedeutsam wird die genetische Diagnostik, v. a. die prädiktive genetische Diagnostik etwa für die berufliche R. und die Eignung für Arbeitsplätze *(Gentechnologie)*. Dabei scheint die Anpassung des Individuums an seine Umgebung die vorherrschende Rehabilitationsperspektive zu sein.

Wunsch- und Wahlrecht: Für die Entscheidung über die Hilfe und über deren Ausführung gilt zwar immer noch das Wunsch- und Wahlrecht des behinderten Menschen, jedoch im Unterschied zu früheren gesetzlichen Grundlagen nur noch für die „berechtigten Wünsche". Diese werden von Experten festgestellt nach pflichtgemäßem Ermessen im Rahmen einzelgesetzlicher Regelungen auf der Basis der Prognose, der alternativen Wege der Zielerreichung und der anfallenden Kosten. Auch der Vorrang ambulanter Hilfen vor stationären steht unter dem klaren Vorbehalt von Sparsamkeit und Wirtschaftlichkeit. Konzept und Ausgestaltung der sozialen Leistungen werden zwischen Kosten- und Leistungsträgern ausgehandelt (Leistungs-, Kosten- und Prüfvereinbarungen) ohne Beteiligung erkrankter oder behinderter Menschen.

Träger der Rehabilitation sind die Kranken-, die Renten-, die Unfallversicherung, die Träger der sozialen Entschädigung bei Gesundheitsschäden, die BA und mit dem SGB IX zusätzlich öffentliche JH und Sozialhilfe.

Einrichtungen der Rehabilitation sind v. a. Krankenhäuser, Vorsorge- und Rehabilitationseinrichtungen, Behinderteneinrichtungen, Berufsförderungs- und -bildungswerke sowie Erholungseinrichtungen.

Ausgestaltung und Probleme des Rehabilitationsrechtes

Die subjektiven Rechtsansprüche und Leistungsvoraussetzungen der R. ergeben sich aus den Regelungen der einzelnen Bücher des SGB. Zentrale Grundlage ist das zum 1. 7. 2001 in Kraft getretene SGB IX (letzte Änderung v. 11. 11. 2016) . Wichtig für die Praxis ist: Mit einer sog. Zuständigkeitserklärung muss der Rehabilitationsträger innerhalb von zwei Wochen seine Zuständigkeit feststellen bzw. an andere Träger verweisen. Dadurch soll ein zügiges, trägerübergreifendes und einzelfallbezogenes Verfahren sichergestellt werden. Ein Gesamtplan der Maßnahmen, wie ihn etwa das BSHG (§ 46) kannte, wurde nicht verbindlich gemacht. Den Bedürfnissen von behinderten Frauen wird durch spezielle Bestimmungen zum Nachteilsausgleich und zur Gleichberechtigung Rechnung getragen.

Die Neufassung des Wunsch- und Wahlrechts versucht den Bedürfnissen und Interessen der behinderten Menschen besser als bisher nachzukommen. Mehr Selbstbestimmung sollen die Vorschriften zum persönlichen Budget gewährleisten. Rehabilitationsdienste, Integrationsfachdienste und Qualitätssicherung sollen die Infrastruktur in den Einrichtungen verbessern. Dazu gehören auch „Reha-Service-Stellen" zur unbürokratischen, ortsnahen Beratung behinderter Menschen, ihrer Vertrauenspersonen und Sorgeberechtigten.

Zur Bescheidenheit in den Erwartungen veranlasst die Tatsache, dass die prominente Zielsetzung des SGB IX „Teilhabe behinderter Menschen" unter dem Vorbehalt der Kostenneutralität steht. Angeregt durch die damalige Experimentierklausel des BSHG, war das Persönliche Budget zunächst als Kann-Leistung für behinderte Menschen in das SGB IX (§ 17) aufgenommen worden. Seit dem 1. 1. 2008 besteht ein Rechtsanspruch auf Leistungen in Form eines trägerübergreifenden persönlichen Budgets. Mit dieser Geldleistung soll der Einzelne entsprechend seinen Bedürfnissen (soziale) Dienstleistungen zur Teilhabe einkaufen und zwischen verschiedenen Leistungsanbietern auswählen können. Es wird künftig darauf ankommen, wie der Spagat zwischen Bedürfnissen/Bedarf und Wirtschaftlichkeit/Sparsamkeit gelingt.

Im Titel „Rehabilitation und Teilhabe behinderter Menschen" greift das SGB IX die Klassifikation von Behinderung der WHO aus dem Jahr 1995 auf, übernimmt aber auch die in anderen Büchern des SGB und im Behindertengleichstellungsgesetz (BGG) übliche Unterscheidung zwischen „behindert", „von Behinderung bedroht" und „schwerbehindert".

Eine förmliche Feststellung der Behinderung und des Grads der Behinderung (GdB) verlangt nach wie vor das Schwerbehindertenrecht als Anspruchsvoraussetzung für besondere Hilfen und Rechte: für steuerliche und sonstige Nachteilsausgleiche und für Hilfen zur Teilhabe am Arbeitsleben, wenn die Behinderung nicht offensichtlich ist. Ob Art und Schwere einer Behinderung „wesentlich" sind, wird durch den GdB festgestellt. Dafür wird auf die bestehenden Kategorien der Minderung der Erwerbsfähigkeit (MdE) im Versorgungsrecht verwiesen. Einen Anspruch auf Eingliederungshilfe (§ 53 SGB XII) haben Menschen mit einer „wesentlichen" Behinderung, wenn und solange „Aussicht besteht", dass diese ihren Zweck, die Eingliederung, erreicht. Einzelfallprüfung ist hier wie auch bei der Gewährung von Eingliederungshilfe für leichter behinderte Menschen (als sog. Kann-Leistung) erforderlich.

Sachleistungen rangieren vor Geldleistungen. Nur die „notwendige" Hilfe – vom Leistungsträger nach Kriterien der Zielerreichung und der Kosten festgestellt – wird gewährt. Leistungsgrundlagen der R. finden sich auch in anderen Büchern des SGB, im Gesetz zur Gleichstellung behinderter Menschen, im SchwbG, im Bundesversorgungsgesetz, im Gesetz zur *Grundsicherung für Arbeitssuchende* und weiteren Regelungen für „Schwerbehinderte".

Kernziel der R. ist es, die Kompetenzen und Fähigkeiten behinderter Menschen in Arbeit und Beruf einzusetzen. Begleitende Hilfen im Arbeitsleben (z. B. durch Arbeitsassistenz, in Form von Geldleistungen, Wohnungssicherung, Existenzgründung, technische Arbeitshilfen und Arbeitsplatzausstattung) sollen erst nach vorausgegangenen Rehabilitationsmaßnahmen erfolgen. Ausdrückliche Regelungen sind im SGB IX für die besonderen Bedürfnisse von behinderten Frauen und ihre Chancengleichheit getroffen worden. Entwicklung und Umsetzung entsprechender Konzepte gemeinsam mit Fraueninitiativen und -organisationen stehen am Anfang. Zur Verbesserung der Ausbildungs- und Erwerbstätigkeitschancen von jugendlichen und älteren langzeitarbeitslosen behinderten Menschen werden berufliche Bildungsmaßnahmen angeboten. Nur wenige schaffen den Übergang in den allgemeinen Arbeitsmarkt mit oder ohne Arbeitsassistenz oder in Beschäftigungsprojekte und -gesellschaften. Eine qualitative Weiterentwicklung der beruflichen Eingliederung ist i. d. R. nur möglich, wenn weitere Mittel bereitgestellt werden. V. a. ginge es darum, eine Gesamtkonzeption zu erstellen und umzusetzen, die alle erforderlichen pädagogischen, sozialen, psychologischen und medizinischen Kompetenzen bündelt, den behinderten Menschen ein breiteres Spektrum an bedarfsgerechten Qualifikationsmöglichkeiten anbietet und die Bereitschaft von Betrieben und Unternehmen, behinderte Menschen zu beschäftigen, nachhaltig sichert.

Das Pflegestärkungsgesetz III, das zum 1. 1. 2017 in Kraft tritt, regelt, dass die Leistungen der Pflege (nach SGB XI) grundsätzlich vorrangig vor den Leistungen der Eingliederungshilfe (nach dem SGB XII) sind. Befürchtet wird nun, dass damit der Befähigungsansatz der Eingliederungshilfe und der Grundsatz „R. vor Pflege" abgeschwächt und für Menschen mit Behinderung der Zugang zur R. erschwert wird (www.bar-frankfurt.de).

Rehabilitationsforschung

Seit Ende der 1960er Jahre gibt es in Deutschland Ansätze einer theoretischen Auseinandersetzung mit R. im Bemühen, neben Sonder-, Heil- und Rehabilitationspädagogik eine sozialwissenschaftliche Rehabilitationswissenschaft zu begründen und die Vielfalt von eher empirisch orientierten Einzelstudien zu systematisieren. Mehrere Analysen und Reflexionen aus sozialpolitischer und aus sozialarbeiterischer Sicht liegen inzwischen vor ebenso wie einige Untersuchungen zur Einstellungsforschung.

R. ist kein geschlossenes System von Zuweisung oder Bereitstellung adäquater sozialer Ressourcen. Mit dem SGB IX ist die Basis gelegt, eine dem verfassungsrechtlichen und sozialpolitischen Anspruch entsprechende soziale Realität zu schaffen. Der Weg zur uneingeschränkten Teilhabe, Wahlfreiheit und Selbstbestimmung behinderter Menschen dürfte ein zäher Prozess der Auseinandersetzung zwischen individuell gewünschten und notwendigen Angeboten sowie gesellschaftlichen Zugeständnissen bleiben. R. sollte Teil einer umfassenden Behindertenhilfe sein.

Therese Neuer-Miebach

Literatur

BAG für Rehabilitation: Wegweiser – Rehabilitation und Teilhabe behinderter Menschen, Frankfurt/M. [14]2011 ♦ BMAS (Hrsg.): Behindertenbericht 2009 ♦ K. Lachwitz/H. Schellhorn/F. Welti: Handkommentar zum SGB IX, Neuwied [4]2015 ♦ H. Metzler u. a.: Abschlußbericht zur Begleitung und Auswertung der Erprobung trägerübergreifender persönlicher Budgets, Juli 2007 ♦ A. Mühlum/G. Gödecker-Geenen: Soziale Arbeit in der Rehabilitation, München 2003 ♦ Stat. BA (destatis): Gesundheit, Grunddaten der Vorsorge- oder Rehabilitationseinrichtungen 2014, Wiesbaden 2015 ♦ P. Trenk-Hinterberger: Die Rechte behinderter Menschen und ihrer Angehörigen, Düsseldorf [37]2010.

Links

www.arbeitsagentur.de;
www.bmg.de;
www.bar-frankfurt.de
www.destatis.de

Religionspädagogik

Ausbildung

Ergänzend zur R. als Teil der Lehrerausbildung für den schulischen Unterricht und als Teil der Praktischen Theologie im Rahmen der Pfarrerausbildung hat sich R. an ev. und kath. FHS in den 1970er Jahren als „dritter" Fachbereich (nach Sozialpädagogik und Sozialarbeit) in unterschiedlicher Ausprägung, teilweise auch als Studiengang „Gemeindepädagogik" etabliert. Die Differenzierung kirchlicher Praxisfelder *(Kirchen und Religionsgemeinschaften)* und berufspolitische Erfordernisse führten zur Gestaltung einer akademischen Ausbildung, die neben dem Pfarramt eine alternative berufliche Profession (in Fortführung der bisherigen Berufe Diakon bzw. Gemeindehelfer/in) entwickelte. Sie hat teil an der sozialwissenschaftlichen Grundlegung des Studiums der SozArb und qualifiziert durch systematisch- und praktisch-theologische Lehrinhalte zur religionspädagogischen Arbeit mit einzelnen und Gruppen in Kirche und Diakonie, zur seelsorgerlichen Begleitung besonders in Krisensituationen und zum Religionsunterricht in der Schule. Das Studium der R. kommt in noch nähere Verknüpfung mit demjenigen in Sozialwesen überall dort, wo eine Doppelqualifizierung als verpflichtende Voraussetzung für die Anstellung als Diakon bzw. Gemeindepädagoge/Gemeindereferent gilt. Vergleichbare Anforderungen gelten auch für die Absolventen einer Fachschulausbildung.

Fachwissenschaftliche Entwicklungen

Die seit Anfang des 20. Jh. zunächst mehr auf den schulischen Religionsunterricht und kirchliche Katechese (Konfirmandenunterricht, *Erwachsenenbildung* etc.) bezogene R. entwickelte sich parallel zur Fachhochschuldiskussion zu einem weiter gefassten Verständnis, teilweise und v. a. auch in der DDR unter dem programmatischen Begriff Gemeindepädagogik. Pädagogische und praktisch-theologische Erkenntnisse schärfen nun den Blick für den Zusammenhang von Leben, Glauben und Lernen am „Lernort Gemeinde" und auf das Leitbild „diakonische Gemeinde". Theologische Konzepte wie „Kirche für andere" fordern und stützen eine kirchliche Arbeit, die die sozialen Herausforderungen der Zeit annimmt, von der Lebenswelt der Bezugsgruppen ausgeht und intentional die kirchliche Binnenorientierung verlässt, so z. B. durch die Einrichtung von Jugendwerkstätten und entwicklungsbezogene ökumenische Bildungsarbeit.

Neuere Tendenzen der R. versuchen, auf den Plausibilitätsverlust kirchlicher Traditionen und die fehlende religiöse *Sozialisation* der Heranwachsenden, aber auch auf eine Fülle religiöser Zeichen in der Alltagswelt und Orientierungsbedürfnis zu reagieren. Positive Erfahrungen in der Kirchenpädagogik, in spiel- und erlebnisorientierter Arbeit und im Dialog mit anderen Kulturen und Religionen führen zu „gemeindekulturpädagogischen" sowie zu medienpädagogischen und gesellschaftsdiakonischen Schwerpunktsetzungen (Gedenkstättenpädagogik u. a.).

Religionspädagogik und Soziale Arbeit

Die Verschränkung von sozialer und religionspädagogischer Arbeit und Würdigung der gleichen Stellung aller Menschen vor Gott war in den Anfängen der christlich-sozialpäd. Arbeit von J. H. Pestalozzi (1746–1827) und J. H. Wichern (1808–1881), allerdings in einer nicht übertragbaren gesellschaftspolitischen Zielsetzung, prägend.

Die heutigen zahlreichen Überschneidungen in sozpäd/sozarb und religionspädagogischen Arbeitsfeldern, bspw. Freizeiten, Bildungsveranstaltungen, stadtteilorientierten Projekten oder schulnaher evangelischer *Jugendarbeit,* fordern wechselseitige praxisbezogene theoretische Abklärungen heraus und ermöglichen vielfältige Kooperationen.

Die Bemühungen um den am Rande der Gesellschaft stehenden, leidenden und geschundenen Menschen können zu „theologiegenerativen Lernsituationen" (Lechner) werden, religiöse Fragestellungen aufwerfen und zu jüdisch-christlichen Motiven sozialer Gerechtigkeit und Barmherzigkeit leiten. Neben dem ethischen Werte- und Normendiskurs sozialen Handelns fördern religionspädagogische Intentionen die Suche nach Sinn und Erfüllung durch die Begegnung mit dem christlichen Glauben und Erfahrungen von Gemeinschaft, Spiritualität und lebensdienlichen Ritualen. Ihre Glaubwürdigkeit erweist die R. dabei mit einer vom Subjekt ausgehenden und eigene (nicht-)religiöse Überzeugungen achtenden *Didaktik.*

Martin Cordes

Zu neuen Entwicklungen

Westeuropa erlebe heute seinen dritten Pluralisierungsschub: kam es im 16. Jh. durch die Reformation zur konfessionellen Aufspaltung des Christentums, bildete sich im 18. und 19. Jh. neben den kirchlich gebundenen Milieus neu ein säkular-humanistisches Milieu. Und durch die in den 1950er Jahren begonnene Arbeitsmigration leben inzwischen Millionen Muslime in Deutschland, besonders in den großen Städten (nach Freise 2016: *Ausländer/Ausländerinnen, Migration und Integration*).

„Dies erfordert im Bildungs- und Sozialarbeitersektor ein Einüben respektvoller Beziehungen zu Andersdenkenden und Andersgläubigen. SozArb/SozPäd können religiös oder nichtreligiös sein. Aber unabhängig davon, wie sie zu Religion ... stehen, müssen sie heute mehr denn je umfassend religiös gebildet und kompetent sein. In der sich globalisierenden Gesellschaft mit Menschen unterschiedlichster weltanschaulicher und religiöser Prägung ... (müssen SozArb/SozPäd) sich mit den unterschiedlichen religiösen Kontexten auskennen" (Freise 2016, 450). Josef Freise, Professor an der Katholischen Hochschule NRW, Abteilung Köln, hat dann in diesem ausführlichen Beitrag auch die Kompetenzen behandelt, die für eine religionssensible Soziale Arbeit erforderlich sind und erlernt werden sollten: Religiöses Wissen, die entsprechenden Handlungsaspekte zu kennen sowie die weltanschaulich-religiöse Selbstkompetenz. Denn religions- und weltanschaulich sensible Soziale Arbeit ist in fast allen Handlungsfeldern gefordert, z. B. im *Allgemeinen Sozialdienst,* in der *Beratung,* der *Drogenhilfe,* der *Elternarbeit,* der *Kinder- und Jugendarbeit* und in der *Altenhilfe/Altenarbeit* – und selbstverständlich in der Flüchtlingsarbeit *(Unbegleitete minderjährige Flüchtlinge).*

Anmerkung der Herausgeber

Literatur

G. Adam/R. Lachmann (Hrsg.): Neues Gemeindepädagogisches Kompendium, Göttingen 2008 ◆ K. Böllert/N. Oelkers/W. Schröer (Hrsg.): Soziale Dienste und Glaubensgemeinschaften: Ein Arbeitsmarkt für weibliche Fachkräfte. Berlin 2016 ◆ A. Bohmeyer: Soziale Arbeit und Religion – sozialwissenschaftliche und anthropologische Spurensicherung in postsäkularer Gesellschaft, in: np 5/2009, 439–450 ◆ M. Cordes: Soziale Arbeit und Religionspädagogik, in: G. Goldbach u. a.: Brennpunkte. Kernthemen sozialer Arbeit in interdisziplinärer Perspektive (Schriftenreihe der Ev. FH Hannover, 8), Hannover 2000 ◆ J. Freise: Kompetenzen für eine religionssensible Soziale Arbeit, in: np 5/2016, 450–462 ◆ M. Lechner: Theologie in der Sozialen Arbeit, in: Benediktbeurer Studien, 8, München 2000 ◆ R. Lutz/D. Kiesel (Hrsg.): Sozialarbeit und Religion, Weinheim/Basel 2016 ◆ T. M. Schmidt/A. Pitschmann/J. B. Metzler: Religion und Säkularisierung. Ein interdisziplinäres Handbuch, Stuttgart 2014 ◆ H. Streib/C. Gennerich: Jugend und Religion. Bestandsaufnahmen, Analysen und Fallstudien zur Religiosität Jugendlicher, Weinheim/München 2011 ◆ M. Zimmermann/H. Lindner (Hrsg.): Das wissenschaftlich-religionspädagogische Lexikon im Internet, 2015 ff. (www.wirelex.de).

Links

www.chrismon.de (Das evangelische Magazin, erscheint monatlich als Beilage in mehreren großen Tages-/Wochenzeitungen)

Rolle, soziale

Der Rollenbegriff gilt als zentrale Elementarkategorie der soziologischen Analyse, der wie kein anderes Konstrukt zur theoretischen Erfassung der Vermittlung von *Individuum* und *Gesellschaft* geeignet erscheint *(Soziologie).* Die Rollentheorie als „Theorie mittlerer Reichweite" (Merton) beinhaltet sowohl makro- als auch mikrosoziologische Aspekte (handlungs- und systemtheoretischer Zugang) und dient der empirischen und theoretischen Erklärung und Beschreibung menschlichen Verhaltens. Allerdings gibt es nicht die Rollentheorie schlechthin, sondern verschiedene Ansätze und Versionen mit unterschiedlichen Prämissen und Intentionen.

Unter sozialer Rolle (s. R.) versteht man allgemein ein Bündel bzw. die Summe von Erwartungen und Ansprüchen einer Gruppe oder der Gesellschaft an das Verhalten (Rollenverhalten) und die Erscheinung (Rollenattribute) eines Inhabers einer sozialen Position in einem Handlungssystem (z. B. Lehrer, Vater). Die s. R. ist also unabhängig von der Person und dem tatsächlichen Verhalten denkbar und existent; sie ist Bestandteil der sozialen Realität, eine „Tatsache sui generis" (Durkheim). Die Gesellschaft und ihre Handlungssysteme (z. B. Familie, Schule, Kirche, Betrieb etc.) lassen sich so als Systeme funktional und hierarchisch differenzierter und voneinander abhängiger R. auffassen, die vor jeder Einnahme durch ein handelndes Individuum vorhanden sind. Andererseits (mikrosoziologischer Zugang) müssen R. in Interaktions- und Sozialisationsprozessen immer erst zugewiesen, gelernt und übernommen werden *(Interaktion, Sozialisation).*

Der Rollenbegriff hat eine anthropologische Komponente. Menschen verhalten sich rollengemäß (soziologisches Axiom), weil ihr Handeln gesellschaftlich sozialen Lernprozessen unterworfen und an Normen orientiert ist (Gegensatz zum Tier). R. sind nichts Natürliches, sondern Ergebnis von Typisierungs- und Interaktionsprozessen, sind kulturabhängig (z. B. die Geschlechtsrollen), ein reales, aber auch veränderbares Phänomen zur Regulierung menschlichen Zusammenlebens (z. B. in Institutionen).

S. R. lassen sich nach der Stärke der Normierung und Sanktionierung in Kann-, Soll- und

Muss-Typen unterscheiden, ferner nach dem Grad der erwarteten Ich- bzw. Eigenleistung, nach mehr zugeschriebenem oder mehr erworbenem Charakter, nach der Definitionsmacht des Rolleninhabers (Machtrolle), nach der geforderten oder realisierten Distanz (Rollendistanz) oder Identifikation mit der R., nach Basis- (Berufs-, Geschlechts- oder schichtspezifischen R.) oder Marginalrollen (Gastgeber, Kunde). Für die pädagogische Praxis ist v.a. die Analyse von Rollenkonflikten als Orientierungsschwierigkeiten aufgrund unterschiedlicher Erwartungen an eine oder mehrere R. (Intra- und Interrollenkonflikt) und ihre gesellschaftliche Verursachung (z.B. bei Lehrern oder SozArb) von Relevanz. Weiter interessiert das Problem von Freiheit und Zwang im Verhalten, die Frage, inwieweit Handlungsspielräume existieren, wie Verhalten sanktioniert wird, inwieweit R. und tatsächliches Verhalten auseinander fallen können und welchen Grad an Spontaneität und Engagement eine R. erlaubt oder fordert. Diese Beispiele verweisen auf die Bedeutung der Bezugsgruppe und den Stellenwert eigener Erfahrungen und Kompetenzen beim Rollenspieler. Die Fähigkeit zur Rollenübernahme (role-taking) und der darin implizierte Lerneffekt (Sozialisation durch Rollenlernen) werden in der pädagogisch-praktischen Version der Rollentheorie, im Rollenspiel, in *Kindergarten, Schule* und *Jugendarbeit,* angewandt. Probleme und Kontroversen in der Rollentheorie beziehen sich auf folgende Fragen: Welche Bedeutung haben Sanktionen für die Motive des Handelnden, inwieweit sind R. und Selbst, R. und Verhalten voneinander geschieden, kann man wertfrei von „Grundqualifikationen des Rollenhandelns" sprechen (Empathie, Rollendistanz, Ambiguitätstoleranz, Ich-Identität), beinhaltet die Rollentheorie verschleiernde, bildungsbürgerliche und ideologische Aspekte, degradiert das Rollenmodell den Menschen zum „Homo Sociologicus", welche anthropologischen Prämissen gehen in die Theorie mit ein, ist der Mensch nicht mehr durch seine Person als durch seine R. definiert?

Neuere rollentheoretische Analysen stellen eine Verbindung zu sozialisationstheoretischen und soziolinguistischen Ansätzen her, beziehen abweichendes Verhalten (Lernen devianter R. durch Stigmatisierungsprozesse) mit ein und differenzieren sich in einem allgemeinen Identitätsmodell. Letzteres gilt v.a. für interaktionistische Rollenkonzepte.

So überzeugend und praktikabel das Rollenmodell mit seiner Begrifflichkeit (Rolle, Position, Norm, Erwartung, *Sanktion,* Bezugsgruppe) auch erscheinen mag, so darf nicht darüber hinweggesehen werden, dass die Rollentheorie nur begrenzte Aussagen und Erklärungen liefern kann. Sie muß ergänzt und erweitert werden durch eine Analyse der biographischen Voraussetzungen der Rolleninhaber, seiner Kompetenzen und Identität (Individualitäts- bzw. Sozialisationsaspekt) und durch die Einbeziehung gesellschaftlicher und politisch-ökonomischer Variablen wie Macht, Herrschaft, soziale Ungleichheit und Wissensverteilung (Gesellschaftsaspekt). Ansätze dazu kann v.a. ein differenziertes Identitätsmodell leisten. Die Diskussionen und Kontroversen zur Rollentheorie gehören der Vergangenheit an und sind scheinbar ausgereizt; der Begriff s.R. ist in den Sozial- und Erziehungswissenschaften fest etabliert, seine Möglichkeiten und Grenzen sind allseits anerkannt; aktuelle oder innovative Ansätze sind seit den 1980er Jahren nicht zu beobachten.

Hartmut M. Griese

Literatur

D. Claessens: Rolle und Macht, München 1968 ♦ R. Dahrendorf: Homo Sociologicus, Opladen 1964 ♦ HA. Dreitzel: Die gesellschaftlichen Leiden und das Leiden an der Gesellschaft, Stuttgart 1968 ♦ H.M. Griese/B. Nikles/C. Rülcker (Hrsg.): Soziale Rolle, Opladen 1977 ♦ H.M. Griese: Rolle, in: G. Endruweit und G. Trommsdorff (Hrsg.): Wörterbuch der Soziologie, Stuttgart [3]2014 ♦ J. Habermas: Kultur und Kritik, Frankfurt/M. 1973 ♦ H. Joas: Die gegenwärtige Lage der soziologischen Rollentheorie, Frankfurt/M. 1973 ♦ L. Krappmann: Soziologische Dimensionen der Identität, Stuttgart [11]2010 ♦ G. Preyer: Rolle, Status, Erwartungen und soziale Gruppe, Wiesbaden 2012 ♦ L. Pries: Soziologie, Weinheim/Basel [2]2016.

S

Sanktion

Zum Begriff: Allgemein

Der Begriff S. umfasst rechts- und sozialwissenschaftliche Inhalte. Soweit sich die Rechtswissenschaft mit positivem Recht befasst (z.B. Straf-, Zivil-, Verwaltungsrecht), findet der Begriff nur vereinzelt Verwendung; so im Verfassungsrecht, wo man unter S. (abgeleitet von sancire = heiligen) die Erteilung des Gesetzesbefehls, d.h. die

Umwandlung des Gesetzesentwurfes in den gültigen Gesetzestext versteht. In der Staatenpraxis des Völkerrechts spielen S. eine bedeutsame Rolle. Sie bezeichnen Zwangsmaßnahmen, wie Retorsion (Vergeltung unfreundlicher Akte) oder Repressalien (Erwiderung eines völkerrechtswidrigen Aktes durch einen ebensolchen), mit denen ein Völkerrechtssubjekt auf das Verhalten eines anderen Völkerrechtssubjekts reagiert.

Rechtsphilosophische und -soziologische Theorien verstehen unter der S. eine durchsetzbare Rechtsfolge, die sich an die Verwirklichung eines bestimmten Tatbestandes durch ein Rechtssubjekt knüpft, z. B. an die vorsätzliche Tötung eines Menschen *(Strafe, Strafrecht)*; an den Abschluss oder Bruch eines Vertrages; an die Ausführung eines Bauwerkes ohne Genehmigung. Die S. soll Rechtssätzen durch Androhung von Zwang oder Strafe Geltung verschaffen.

Zum Begriff: Sozialwissenschaftlich

Eine ungleich stärkere theoretische Bearbeitung hat die S. in den Sozialwissenschaften gefunden. Der Begriff soll a) die soziologische Unterscheidung von Recht, Sitte, Moral sowie Konvention leisten; b) einen Theorieansatz von Erklärung sozialer Ungleichheit bieten sowie c) als Element der Rollentheorie das Funktionieren sozialer Systeme erklären.

a) An den Inhaber einer *sozialen Rolle* richten sich – in Anlehnung an den juristischen Sprachgebrauch – Muss-, Soll- und Kannerwartungen. Den genannten Erwartungen lassen sich unterschiedliche soziale Normen und diesen unterschiedliche S. zuordnen, die mit der Einhaltung oder Verletzung der Normen verbunden sind. Das nebenstehende Schema soll die Zusammenhänge darstellen.

b) Das Verhalten der Mitglieder einer Gesellschaft regeln verfestigte Erwartungen, denen soziale Normen entsprechen. Die Gültigkeit der Normen wird durch S. garantiert. Normen und S. begründen nicht nur soziologische Rangstufen zwischen Menschen, sondern auch bleibende Strukturen sozialer Positionen *(Klasse/Schicht/Milieu, Sozialstruktur)*. Sie manifestieren Herrschaftsstrukturen und damit gesellschaftliche Ungleichheit (Dahrendorf).

c) Durch S. wird das Verhalten eines anderen bewertet, und zwar entweder belohnt oder bestraft. Derartige Einwirkungen auf den Handlungsspielraum eines anderen bedürfen der Billigung unbeteiligter Dritter. Vor dem Hintergrund hierarchischer sozialer Positionsrollen ergibt sich ein unterschiedliches Sanktionspotenzial für die Rollenträger. Zur Herstellung gesellschaftlicher Stabilität werden Sanktionspotenziale delegiert: von Sanktionsrollen auf Positionsrollen; von Rollen geringeren Ranges auf Rollen höheren Ranges.

Normen	Erwartungen	Sanktionen
des Rechts	Muss-erwartung	ausschließlich negative durch Justiz/Administration
der Sitte/Moral	Soll-erwartung	überwiegend negative durch soziale Ächtung
der Konvention	Kann-erwartung	positive und negative durch Sympathie und Antipathie

Reiner Kühnel

Literatur

R. Dahrendorf: Homo Sociologicus. Ein Versuch zur Geschichte. Bedeutung und Kritik der Kategorien der sozialen Rolle, Wiesbaden [17]2010 ◆ S. Geiger: Die Rechtsnatur der Sanktion, Berlin 2006 ◆ J. Kopp/A. Steinbach: Grundbegriffe der Soziologie, Berlin [11]2016.

Scheidung und Scheidungsfolgen

Eine Ehescheidung (E.) ist die juristische Beendigung der Ehe aus Gründen, die zum Zeitpunkt der Eheschließung noch nicht vorgelegen haben (sonst Eheaufhebung). Lt. Angaben des Stat.BA wurden 2015 ca. 400 000 Ehen geschlossen und 163 000 Ehen geschieden. Auch wenn sich die zweite Zahl nicht direkt auf die erste bezieht, folgt doch indirekt daraus, dass fast die Hälfte der geschlossenen Ehen wieder geschieden wird. Von den 2015 geschiedenen Ehen waren 131 000 minderjährige Kinder betroffen (Stat.BA Juli 2016).

Scheidungsgründe

Rechtsordnungen, die eine E. vorsehen wollen, können diese zulassen, wenn bestimmte namentlich genannte Scheidungsgründe vorliegen, die ein Fehlverhalten eines Partners zum Gegenstand haben (Verschuldensprinzip), oder weil die Ehe gescheitert ist (Zerrüttungsprinzip). Das BGB hat sich seit 1977 für das Zerrüttungsprinzip entschieden (§ 1565 BGB). I. d. R. braucht die Zerrüttung nicht bewiesen zu werden. Sie wird vermutet, wenn die Ehepartner ein Jahr getrennt leben und beide die Scheidung wollen (§ 1566 Abs. 1 BGB), oder wenn sie drei Jahre getrennt leben und nur

S

einer die Scheidung begehrt (§ 1566 Abs. 2 BGB). Vor Ablauf eines Ehejahres ist die Scheidung nur in Ausnahmefällen möglich, wenn das Fortbestehen der Ehe für den Antragsteller eine unzumutbare Härte darstellen würde (§ 1565 Abs. 2 BGB). Nach Ablauf von drei Jahren des Getrenntlebens kann die Scheidung dennoch verhindert werden, wenn die Lösung des Ehebandes für den Antragsgegner eine außergewöhnlich schwere Härte bedeuten würde (§ 1568 BGB).

Scheidungsverfahren

Die Scheidung wird vom *Familiengericht* auf Antrag eines oder beider Partner(s) ausgesprochen (§ 1564 S. 1 BGB, §§ 121 ff. FamFG); sie ist wirksam mit Rechtskraft des Urteils (§ 1564 S. 2 BGB). Für den Fall der Scheidung kann die Regelung verschiedener Folgen der Scheidung beantragt werden (Folgesachen, die in den Scheidungsverbund aufgenommen werden, § 137 FamFG). Im Blick auf die Partner sind dies: Geschiedenenunterhalt, Versorgungsausgleich, Regelung der Rechtsverhältnisse an Ehewohnung und Haushaltssachen, Zugewinnausgleich oder andere Ansprüche aus dem ehelichen Güterrecht (§§ 261 FamFG). Im Blick auf gemeinsame Kinder sind es: Sorgerecht, Umgangsrecht, Kindesherausgabe, Verwandtenunterhalt (§§ 151, 231 ff. FamFG). Für das Verfahren der Scheidung und evtl. Folgesachen besteht Anwaltszwang (§ 114 FamFG). Nimmt sich der Antragsgegner der Scheidung keinen Anwalt, so kann das Verfahren zwar durchgeführt werden, aber er kann keinerlei Anträge stellen, da er nicht postulationsfähig ist. Der gerichtliche Instanzenzug bei Scheidung und Folgesachen ist Amtsgericht-FamG; OLG und (bei Zulassung) BGH (grundsätzlich einheitlich die Beschwerde §§ 58 ff. FamFG) *(Gerichtsbarkeit).*

Bei den Gegenständen der freiwilligen Gerichtsbarkeit, die das Kind betreffen, sind die Eltern und das Kind zwingend anzuhören (§§ 159, 160 FamFG). Das Kind kann einen eigenen *Verfahrensbeistand* („Anwalt des Kindes") erhalten, wenn dies zur Wahrnehmung seiner Interessen erforderlich ist (§ 158 FamFG). In den hier interessierenden Fällen trifft dies zu, wenn das Interesse des Kindes zu dem seiner gesetzlichen Vertreter in erheblichem Gegensatz steht (§ 158 Abs. 2 FamFG).

Soziale Arbeit, insbesondere Kinder- und Jugendhilfe

Die *Soziale Arbeit* kann unter verschiedenen Gesichtspunkten mit einer E. zu tun haben. In Bezug auf die Partnerbeziehung existiert keine gesetzliche Regelung. Jedoch dürfen öffentliche und freie Träger Lebensberatung in Form von Eheberatung sowie Trennungs- und Scheidungsberatung durchführen *(Beratung, Familienberatung, Mediation).* Für eine Rechtsberatung in diesem Bereich gibt es keine Rechtsgrundlage. In Bezug auf die Eltern-Kind-Beziehung enthält das SGB VIII diverse Verpflichtungen. Im Rahmen der vom JA anzubietenden „Leistungen der Jugendhilfe" (§ 2 Abs. 2 SGB VIII) muss dieses Angebote zur Förderung der Erziehung in der Familie machen. Dies muss bei Trennung und Scheidung in Form von Trennungs- und Scheidungsberatung geschehen, auf die die Betroffenen einen Rechtsanspruch haben (§ 17 Abs. 1 Nr. 3, Abs. 2, 18 SGB VIII).

Das FamG ist verpflichtet, das JA anzuhören (§ 162 Abs. 1 FamFG). Das JA muss versuchen, den Betroffenen seine Dienste anzubieten, damit es Eltern und Kind gelingt, ein einvernehmliches Konzept für die künftige Wahrnehmung der elterlichen Sorge zu entwickeln (§ 17 Abs. 2 SGB VIII). Des Weiteren ist das JA im Rahmen der Leistungen verpflichtet, Kind und Eltern bei der Ausübung ihres Umgangsrechts zu beraten (§ 18 Abs. 3 S. 1–3 SGB VIII) und ggf. die Ausübung des Umgangs zu begleiten (§ 18 Abs. 3 S. 4 SGB VIII). Im Bereich der „anderen Aufgaben der Jugendhilfe" (§ 2 Abs. 3 SGB VIII) hat das JA gem. § 50 Abs. 1 S. 2, Abs. 2 SGB VIII in den familiengerichtlichen Verfahren des § 50 SGB VIII mitzuwirken *(Familiengerichtsverfahren).*

In beiden Bereichen (der Leistung Trennungs- und Scheidungsberatung und der anderen Aufgabe Mitwirkung) ist das JA befugt, auch rechtlich zu beraten; denn § 8 I Nr. 2 RDG gestattet Behörden und Körperschaften des öffentlichen Rechts (also z. B. Kirchen) im Rahmen ihrer Zuständigkeit Rechtsdienstleistungen zu erbringen *(Rechtsverwirklichung).*

Gerichtliche Regelungen im Interesse des Kindes

Sowohl Beratung und Mitwirkung des JA als auch die Entscheidung des FamG haben die juristischen Rahmenbedingungen des BGB zu berücksichtigen:

Sorgerechtsregelung (§§ 1626a ff, 1671 BGB): Anders als vor der Kindschaftsrechtsreform 1998 ergeht eine Regelung nur, wenn die Eltern nicht am gemeinsamen Sorgerecht festhalten wollen und einen Antrag auf Regelung stellen. Stellt einer von ihnen einen Antrag, so sind verschiedene Konstellationen vorstellbar:

S

a) Der andere widerspricht nicht oder ist mit der Alleinsorge des Antragstellers ausdrücklich einverstanden (§ 1671 Abs. 2 Nr. 1 BGB): Dann hat das Gericht dem Antragsteller das Sorgerecht allein einzuräumen, ohne den Antrag inhaltlich zu überprüfen. Es hat also quasi die Rechtsstellung eines Notars, der den Willen des Mandanten rechtsverbindlich aufschreibt. Eine Abweichung ergibt sich nur dann, wenn das über 14-jährige Kind mit dem gemeinsamen Willen seiner Eltern nicht einverstanden ist (Abs. 2 Nr. 1) oder wenn das Gericht bei der Übernahme des elterlichen Willens das Kind als gefährdet ansieht (Abs. 3). In diesen beiden Fällen endet die notarielle Funktion des Gerichts, und es muss wieder entscheiden. Es tut dies nach den Kriterien, die für die Konstellationen b) und c) gelten.
b) Ein Elternteil stellt einen Antrag auf Übertragung auf sich, der andere widerspricht, weil er es beim gemeinsamen Sorgerecht belassen will. Dann prüft das Gericht, ob es für das Kind das Beste ist, dass die gemeinsame Sorge aufgehoben wird, und ob es das Beste ist, dass der Antragsteller die Alleinsorge erhält. Verneinendenfalls behalten die Eltern (zwangsweise) das gemeinsame Sorgerecht.
c) Beide Elternteile stellen einen Antrag auf Übertragung der Alleinsorge je auf sich. Dann prüft das Gericht wiederum, ob es für das Kind das Beste ist, dass die gemeinsame Sorge aufgehoben wird, und wer von beiden besser für die Alleinsorge geeignet ist.

In den Konstellationen b) und c) verwendet das Gericht die Kriterien, die die Rechtsprechung vor der Kindschaftsrechtsreform von 1998 entwickelt hat:

- Zu welchem Elternteil hat das Kind stärkere emotionale Bindungen? (Bindungsprinzip)
- Welcher Elternteil ist mehr geeignet, das Kind zu betreuen und zu erziehen? (Förderungsprinzip)
- Bei welchem Elternteil ist die Einheitlichkeit und Gleichmäßigkeit der Betreuung besser gewährleistet? (Kontinuitätsprinzip)
- Zu wem will das Kind?
- Zu wem sonst hat das Kind Bindungen (Geschwister, Großeltern usw.)?
- Bei welchem Elternteil sind die materiellen Verhältnisse günstiger?

Diese Aufzählung ist weder abschließend noch enthält sie eine zwingende Reihenfolge. Vielmehr hat das Gericht die Kriterien nach pflichtgemäßem Ermessen zu verwenden und gegeneinander abzuwägen. Streitig ist seit In-Kraft-Treten des reformierten Kindschaftsrechts, ob § 1671 Abs. 2 BGB die fortbestehende gemeinsame Sorge als Regelfall und die zu übertragende Alleinsorge als Ausnahmefall ansieht, oder ob die beiden Modelle gleichwertig nebeneinander stehen und das Gericht das geeignetere auswählen kann (so der BGH 29. 9. 1999, FamRZ 1999, 1646). Ebenso ist streitig, jedoch noch nicht höchstrichterlich entschieden, ob es für die Aufhebung der gemeinsamen Sorge reicht, dass ein Elternteil sie nicht will, oder ob eine objektive Kooperationsunfähigkeit vorliegen muss.

Zur verfassungskonformen Anpassung der vom EMGR und dem BVerfG verworfenen Regelungen normierte das „Gesetz zur Reform der elterlichen Sorge nicht miteinander verheirateter Eltern“ (BGBl.I S. 795 vom 16. 4. 2013, in Kraft 19. Mai 2013) die §§ 1626 a–e BGB, 155a FamFG. Die neuen Regelungen ermöglichen die gemeinsame elterliche Sorge auch für „nichteheliche Väter“, auch gegen den Willen der Mutter, wenn die Übertragung der „Mitsorge“ dem Kindeswohl nicht widerspricht. Erklärt die Mutter nicht von selbst ihr Einverständnis zur gemeinsamen Sorge, kann der Vater entweder beim JA eine Einigung mit der Mutter zu erreichen versuchen oder er kann das FamG anrufen. Das FamG entscheidet in einem beschleunigten Verfahren (§ 155a Abs. 3 FamFG) und überträgt auf Antrag eines Elternteils die elterliche Sorge (oder einen Teil davon) beiden Eltern gemeinsam, wenn die Übertragung dem Kindeswohl nicht widerspricht (§ 1626a Abs. 2 Satz 1 BGB, sog. negative Kindeswohlprüfung).

Umgangsrechtsregelung (§§ 1684, 1685, 1686a BGB): Seit der Kindschaftsrechtsreform 1998 ist das Umgangsrecht kein Restrecht der elterlichen Sorge mehr, sondern ein eigenständiges Recht, das primär dem Kind zusteht, und – soweit es ein Recht der Eltern ist – vorrangig eine Pflicht darstellt und im Übrigen nicht direkt mit der elterlichen Sorge zu tun hat. Gegenüber seinen Eltern hat das Kind einen eigenständigen Anspruch auf Umgang. Die Vermutung spricht dafür, dass der Umgang mit beiden Elternteilen dem Kindeswohl dient (§ 1626 Abs. 3 S. 1 BGB).

Ein elterliches Umgangsrecht hat jeder Erwachsene, dessen Elternschaft juristisch feststeht (§§ 1591, 1592 BGB). Ob er daneben Inhaber eines gemeinsamen Sorgerechts und nur nicht obhutsberechtigt ist oder ein Teilsorgerecht oder gar kein Sorgerecht hat, spielt keine Rolle. Jeder Inhaber eines Umgangsrechts ist zum Wohlverhalten dem anderen Elternteil gegenüber verpflichtet (§ 1684 Abs. 2 BGB). Das Gericht kann den Umfang des Umgangsrechts regeln und Anordnungen hinsichtlich der Ausübung treffen (§ 1684 Abs. 3 BGB). Eine kurzzeitige Einschränkung ist möglich, soweit sie zum Kindeswohl erforderlich ist (§ 1684 Abs. 4 S. 1 BGB), eine längerzeitige oder dauerhafte nur, wenn andernfalls das Kindeswohl gefährdet wäre (§ 1684 Abs. 4 S. 2 BGB). Dem Grundsatz der Verhältnismäßigkeit entsprechend hat einem völligen Ausschluss ein begleiteter/beschützter Umgang vorzugehen (§ 1684 Abs. 4 S. 3 BGB). Zur Durchsetzung des Umgangsrechts kann das Gericht eine Umgangspflegschaft anordnen, § 1684 Abs. 3 BGB, Ordnungsgelder anordnen, § 89 FamFG oder die Vollstreckung anordnen, § 90 FamFG. Gegen die Eltern, nicht dagegen gegen das Kind, kann auch Gewalt angewendet werden (§ 90 Abs. 2 FamFG).

Gemäß § 1686a BGB hat nach dem „Gesetz zur Stärkung der Rechte des leiblichen, nichtrechtlichen Vaters“ vom 4. Juli 2013 (BGBl I 2013 vom 12. 7. 2013, S. 2176) der biologische Vater eines Kindes, welches bereits einen rechtlichen Vater hat, unter bestimmten Voraussetzungen auch gegen den Willen der Mutter ein Umgangs- und Auskunftsrecht. Dies auch dann, wenn sein Kind mit dessen rechtlichem Vater in einer (intakten) sozialen Familie lebt und er zu seinem Kind (bisher noch) keine enge persönliche Beziehungen hatte. Für das Umgangs- und Auskunftsrecht des leiblichen Vaters kommt es künftig nicht mehr (wie bisher) darauf an, dass eine enge Beziehung zum Kind besteht oder bereits bestanden hat. Entscheidend soll vielmehr sein, ob der Vater durch sein Verhalten gezeigt hat, dass er für das Kind tatsächlich Verantwortung tragen will und ob der Umgang mit ihm dem Kindeswohl dient, unabhängig davon, ob zum Kind bereits eine sozial-familiäre Beziehung besteht oder bestanden hat. Berechtigt, diese Rechte geltend zu machen, ist der Mann, der an Eides statt versichert, der Mutter des Kindes während der Empfängniszeit beigewohnt zu haben, § 167a Absatz 1 FamFG. Zur Sicherung dieser Rechte hat jede Person Untersuchungen, insbesondere die Entnahme von Blutproben zu dulden, soweit es in einem das Umgangs- und Auskunftsrecht nach § 1686a BGB betreffenden Verfahren zur Feststellung der leiblichen (biologischen) Vaterschaft erforderlich ist, es sei denn, dass die Untersuchung nicht zugemutet werden kann (§ 167a Abs. 2 FamFG).

Kindesherausgabe (§ 1632 Abs. 1, 3 BGB): Ein solcher Anspruch kann erhoben werden müssen, wenn sich ein Elternteil bereits während des Getrenntlebens des Kindes bemächtigt und dieses irgendwohin außerhalb der Familienwohnung (zu eigenen Angehörigen, in ein Frauenhaus usw.) verbracht hat. Solange beide Eltern das Sorgerecht haben, ist ein solches Vorgehen widerrechtlich und müsste eigentlich zunächst einmal einfach rückgängig gemacht werden. In Fällen mit Auslandsberührung ist dies so aufgrund des Haager Übereinkommens über die zivilrechtlichen Aspekte internationaler Kindesentführung vom 25. 10. 1980. Innerhalb Deutschlands kann einem Herausgabeanspruch jedoch sogleich entgegengehalten werden, dass die Herausgabe das Kindeswohl gefährde (§ 1666 BGB) und damit eine unzulässige Rechtsausübung darstelle.

Folgen von Trennung und Scheidung für Kinder

Die Auswirkungen des Auseinandergehens von Eltern für Kinder werden seit längerer Zeit erforscht – und zwar seit die Scheidungszahlen überall in der westlichen Welt signifikant ansteigen, gleichermaßen im In- und Ausland. Viele Studien haben sich auf Kurzzeitfolgen beschränkt, inzwischen liegen aber auch einige Langzeituntersuchungen vor (Napp-Peters bereits 1988; Wallerstein u. a. 2002, Proksch 2002).

Einmütigkeit herrscht in der Feststellung, dass eine Trennung der Eltern für Kinder kein singuläres Ereignis ist, sondern einen Veränderungsprozess in Gang setzt, der viele Jahre andauert. Unmittelbare Reaktionen auf die Trennung sind z. B. Trennungsängste, Depressionen, Schuldgefühle, Wutanfälle, Sprachstörungen, somatische Beschwerden. Langzeitfolgen dagegen, von denen Jungen eindeutig stärker als Mädchen betroffen sind, sind Verhaltensauffälligkeiten und psychosoziale Störungen. Diese sind umso ausgeprägter, je weniger der nicht obhutsberechtigte Elternteil in der Nachtrennungszeit Kontakt zum Kind hält.

Probleme/Reformbedarf

Durch die Reform des Kindschaftsrechts 1998 sind theoretisch viele potenzielle Quellen von Schwierigkeiten und Belastungen beseitigt worden. Die Möglichkeit der Fortführung des gemeinsamen Sorgerechts nach Trennung entschärft den Streit der Eltern. Jedoch stellt sich zunehmend heraus, dass nicht wenige Eltern mit der Nichtregelung des Sorgerechts überfordert sind und dass es im Rahmen der Ausübung von Umgangsrechten zu Streitigkeiten in einem noch nie da gewesenen Umfang kommt. Darüber hinaus wirkt streitschürend, dass Mütter oftmals nicht bereit sind, es beim gemeinsamen Sorgerecht zu belassen, weil sie Angst haben, dass – trotz der gesetzlichen Regelung, dass der Obhutsberechtigte in Alltagsangelegenheiten allein entscheidet (§ 1687 BGB) – der ehemalige Partner ihr Leben weiterhin kontrollieren wird. Da jedoch eine Trennungs-, Scheidungs- und Umgangsberatung auch nach dem neuen Recht (§ 17 Abs. 3 SGB VIII) nicht obligatorisch ist, erreicht die KJH viele Eltern, die eigentlich Beratung brauchen würden, nicht.

Helga Oberloskamp

Literatur

R. Balloff: Kinder vor dem Familiengericht, Baden-Baden [2]2014 ◆ K. Jurczyk/S. Walper: Gemeinsames Sorgerecht nicht miteinander verheirateter Eltern, München 2013 ◆ M. Hundt: Kindeswohlgefährdung erkennen und vermeiden, Kronach 2014: H. Luxburg, Graf von: Trennung und Scheidung einvernehmlich gestalten. Rechtslage und Vereinbarungen, Köln [5]2014 ◆ K. Menne/M. Weber (Hrsg.): Professionelle Kooperation zum Wohl des Kindes. Hinwirken auf elterliches Einvernehmen im familiengerichtlichen Verfahren (FamFG), Weinheim/München 2011 ◆ C. Müller-Magedburg: Verändertes Denken – zum Wohle der Kinder, Baden-Baden 2009 ◆ J. Münder/B. Mutke u. a.: Die Praxis des Kindschaftsrechts in Jugendhilfe und Justiz, München/Basel 2007 ◆ J. Münder/R. Wiesner/T. Meysen (Hrsg.): Handbuch Kinder- und Jugendhilferecht, Baden-Baden [2]2011 ◆ J. Münder u. a.: Frankfurter Kommentar zum SGB VIII – Kinder- und Jugendhilfe, Baden-Baden [7]2013 ◆ J. Münder/R. Ernst/W. Behlert: Familienrecht, München [7]2013 ◆ H. Oberloskamp: Jugendhilferechtliche Fälle für Studium und Praxis, Neuwied [12]2011 ◆ R. Proksch: Rechtstatsächliche Untersuchung zur Reform des Kindschaftsrechts, Köln 2002 ◆ H. Sünderhauf: Wechselmodell, in: Psychologie – Recht – Praxis, Berlin 2013 ◆ D. Schwab (Hrsg.): Handbuch des Scheidungsrechts, München [7]2014 ◆ S. Strobach: Scheidungskindern helfen. Übungen und Materialien, Weinheim/München [2]2011 ◆ J. S. Wallerstein/J. Lewis/S. Blakeslee: Scheidungsfolgen – Die Kinder tragen die Last, Münster 2002 ◆ R. Wiesner u. a.: SGB VIII – Kinder- und Jugendhilfe, München [5]2015.

Schuldner- und Insolvenzberatung

Schuldnerberatung (SB) ist ein sozialpädagogisch orientiertes, ganzheitliches Beratungsangebot für ver- und überschuldete Einzelpersonen oder Familien mit dem Ziel, die verschiedenartigen, mit Ver- und Überschuldung verbundenen Probleme und Konflikte zu klären, zu beseitigen oder zu mindern. Als Teil umfassender Lebensberatung mit deutlichen Schwerpunkten im finanziellen, rechtlichen (unmittelbare Schuldenregulierung), im hauswirtschaftlichen, ökologischen (Konsumenten-/Verbraucher- und Haushaltsberatung) und im psychosozialen bzw. pädagogischen Bereich (sozialpädagogische *Einzelfallhilfe*) ist SB zugleich Krisenintervention (z. B. Sicherung der Wohnung, Sicherung der zum Lebensunterhalt unabdingbaren Finanzmittel), Fachberatung (§ 11 Abs. 5 S. 2 SGB XII) z. B. als Schuldenregulierung, Schuldenbereinigung, Bearbeitung schuldenbedingter psychosozialer Konflikte und Probleme, Finanz-/Budgetberatung (§ 11 Abs. 2 S. 4 SGB XII) und persönliche Hilfe (§§ 11 SGB I, 11 Abs. 1 SGB XII (z. B. ökologisch orientierte Verbraucher-/Einkaufsberatung, Einweisung in planvolles Haushalten, Information über Ursachen von Ver-/Überschuldung, Entwicklung von Lebensperspektiven, Förderung von Selbstbewusstsein und Ich-Stärke). SB ist staatliche/kommunale Pflichtaufgabe und gründet sich insbesondere auf § 14 SGB I i. V. m. §§ 1, 8, 11 SGB XII, §§ 16a Nr. 2 SGB II § 1 Abs. 3 Nr. 4, 13, 16, 28, 31, 35, 41 SGB VIII, §§ 73, 74 StVollzG § 459a StPO und §§ 24 ff. JGG sowie §§ 304 ff. InsO i. V. m. mit den AG InsO der Länder (z. B. Bayer. AG InsO).

Insolvenzberatung (IB): Sie ist integraler Teil der SB. Sie ist die Beratung und Vertretung natürlicher Personen, die keine selbständige Tätigkeit ausüben oder ausgeübt haben und bei denen keine Forderungen aus Arbeitsverhältnissen bestehen oder die weniger als 20 Gläubiger haben und die Durchführung eines „Verbraucherinsolvenzverfahren" gemäß §§ 304 ff. InsO anstreben. Erfolgreiche IB ist nur im Rahmen einer umfassenden (sozialpädagogisch orientierten) SB erreichbar.

Das „Verbraucherinsolvenzverfahren" gem. §§ 304 ff. InsO wurde mit der Ablösung der früheren Konkursordnung durch die Insolvenzordnung/InsO (BGBl. I 1994, 2866–2910) zum 1. 1. 1999 speziell für „natürliche Personen" (§ 304 InsO) eingeführt. Es verschafft überschuldeten Personen erstmals die Möglichkeit einer endgültigen Befreiung von allen ihren Schulden. Aufgabe der sozialpädagogischen IB ist es, die Schuldner über Möglichkeiten, Voraussetzungen und Grenzen von IB in ihrem konkreten Fall zu informieren und zu beraten und sie ggf. durch ihr Insolvenzverfahren beraterisch zu unterstützen. Hauptziele der IB sind die gleichmäßige Gläubigerbefriedigung und die Befreiung des redlichen Schuldners von seinen restlichen Verbindlichkeiten (Restschuldbefreiung; §§ 286 ff. InsO). Überschuldeten Personen soll mit der IB eine realistische Chance für einen wirtschaftlichen Neubeginn („fresh start") eröffnet werden. Die Restschuldbefreiung steht am Ende eines mehrstufig ausgestalteten Verfahrens.

Dies beginnt mit dem zweimaligen Versuch – sowohl außergerichtlich als auch gerichtlich – mit den Gläubigern zu einer Einigung, der sog. Schuldenbereinigung, zu kommen. Misslingt diese, muss das schuldnerische Vermögen in einem gerichtlichen Insolvenzverfahren verwertet werden.

Erst hieran schließt sich das eigentliche Restschuldbefreiungsverfahren an.

Überschuldung: Definition und Gegenstrategien der Sozialen Arbeit

Von Überschuldung von Personen oder Haushalten, im Gegensatz zur „bloßen" Verschuldung, wird gesprochen, wenn diese wegen nicht nur vorübergehenden Finanzmangels ihre fälligen Zahlungsverpflichtungen über einen längeren Zeitraum (3–6 Monate) nicht mehr erfüllen können bzw. zahlungsunfähig sind (§ 17 Abs. 2 S. I InsO).

Überschuldung entsteht regelmäßig durch eine Verbindung unterschiedlicher Lebensereignisse, wobei die häufigsten Auslöser *Arbeitslosigkeit,* Krankheit, Trennung, *Scheidung,* unverantwortliches Konsumverhalten oder gescheiterte Selbständigkeit sind. Indizien weisen auch auf eine „anbieterbegründete Überschuldung" hin. So dominieren Bankschulden deutlich (63 %), vor Versandhausschulden (42 %), Schulden bei Sozialleistungsträgern, Ämtern und Gerichten (40 %), Mietschulden (18 %) und Energieschulden (15 %). Die Belastung von Schuldnern durch sittenwidrige Kreditverträge, überhöhte Verzugszinsen, Dispozinsen oder Vermittlungsgebühren und ungenügende Aufklärung wurden durch das Verbraucherkreditgesetz vom 17.12.1990 (außer Kraft und seit 1.1.2002 in das BGB integriert durch das SchuldrechtsmodernisierungsG) nur z. T. behoben.

Die Herabsenkung der Kreditschwellen, sowie die Diversifizierung der Kredit- und Finanzangebote und die Einbeziehung mittelloser Mitverpflichteter bzw. Bürgen bei der Kreditvergabe fördern jedoch weiter die Verschuldung, insbesondere auch bei Haushalten mit geringerem Einkommen.

SB ist die Antwort der SozArb auf die zunehmende Überschuldung von immer mehr Haushalten. Verschuldung ist zur ‚Normalform des Wirtschaftens privater Haushalte' geworden. Ca. 10 % der Haushalte sind verschuldet. Die durchschnittlichen Schulden betragen 32 500 Euro/überschuldeter Haushalt (IFF-Überschuldungsreport 2015, 20 ff).

Wandel der Zielgruppen: War SB bis Ende der 1970er Jahre fast ausschließlich in der SozArb mit Personen mit besonderen sozialen Schwierigkeiten verankert (Strafentlassene, Obdachlose, Nichtsesshafte, Suchtabhängige), so wurde sie mit zunehmender Überschuldung der Privathaushalte, insbesondere aufgrund steigender *Arbeitslosigkeit,* steigender Scheidungszahlen, Verteuerung der Lebenshaltung (Mieten/*Wohnen, Stromkosten*), immer mehr auch von Personen aus „normalen" Haushalten nachgefragt.

Dennoch trifft Überschuldung nach wie vor überdurchschnittlich Personen und Haushalte, die auch sonst verstärkt gesellschaftlichen *Armuts*risiken ausgesetzt und insofern tendenziell schon immer Adressaten von Leistungen sozialer Arbeit waren/sind: Personen mit geringen Einkünften (Arbeiter-, Rentnerhaushalte), Arbeitslose, *allein Erziehende,* Familien mit drei und mehr Kindern. Einkommensarmut ist nach wie vor der zweithäufigste Überschuldungsauslöser (IFF-Überschuldungsreport 2015, 31 ff).

Interdisziplinäre Beratung: SB erfolgt als interdisziplinäre *Beratung,* vorzugsweise durch sozarb/sozpäd Fachkräfte, unterstützt durch Juristen und Bankkaufleute. Professionalisierungsbemühungen stehen am Beginn. Die Einführung erster Hochschulausbildungen im Jahr 2000 (Ev. FH Ludwigshafen; Institut für Weiterbildung an der Hochschule für Wirtschaft und Politik, Hamburg) und die Arbeiten der AG Schuldnerberatung der Verbände, neben einer Funktions- und Tätigkeitsbeschreibung auch eine „Rahmenordnung für die Weiterbildung zum/zur Schuldner- und Insolvenzberater/in" einzurichten, sind Schritte in Richtung eines Fortbildungsberuf „Schuldner- und Insolvenzberater/in".

SB als besonderes Tätigkeitsfeld in der SozArb gründet sich auf die Erkenntnis, dass psychosoziale Notlagen von Ratsuchenden, die v. a. materiell bzw. finanziell- wirtschaftlich geprägt oder dadurch verschärft sind, allein durch die (herkömmlichen) klassischen Instrumente der SozArb/SozPäd nicht (mehr) lösbar sind. Neue Hilfeformen aus den Bereichen des Vertragsrechts, Kreditwesens, der Zwangsvollstreckung und – seit dem 1.1.1999 – des Insolvenzrechts (Verbraucherkonkurs) sowie der Haushaltsführung, des

Konsum- und des Finanzverhaltens müssen mit dem Ziel einbezogen werden, die materiell-wirtschaftliche, finanzielle und psychosoziale Situation der Ratsuchenden derart zu gestalten bzw. so auf sie einzuwirken, dass eine (dauerhafte) Entlastung eintritt. Dazu gehört auch, dass neben der Entwicklung individueller Regelungen für „Einzelfälle" die gesellschaftlichen, politischen und ökonomischen Ursachenzusammenhänge und Rahmenbedingungen analysiert und insoweit thematisiert werden, wie sie „Schuldnerkarrieren" „provozieren", zumindest aber begünstigen.

Methodisches Handeln/Konzepte: SB umfasst eine Reihe unterschiedlicher Modelle und Konzeptionen. Sie reichen von bloßer Kreditberatung über wirtschaftliche Einzelfallberatung als Teilangebot sozialer Dienstleistungen bis hin zu besonderen stadtteilorientierten Beratungsansätzen mit verbraucherpolitischem Anspruch und sozialpädagogischen Fachberatungsstellen mit interdisziplinärer Besetzung. Überwiegend wird SB jedoch entweder als spezialisiertes Angebot allgemein für ver-/überschuldete Ratsuchende oder als integrierte, zielgruppenspezifische sozarb/sozpäd Beratungsarbeit innerhalb entsprechender Dienste (z. B. in der Suchthilfe, der *Bewährungshilfe,* in der Arbeit mit Wohnungslosen/*Wohnungslosenhilfe* etc.) erbracht.

Wichtig ist die Entwicklung spezifischer sozarb/sozpäd Verfahren und Techniken für die SB, insbesondere seit der Einführung des Verbraucherinsolvenzverfahrens. Sozpäd SB darf nicht additive, eklektische Anwendung aus den jeweiligen Teildisziplinen (z. B. Recht, Ökonomie, Finanzwesen, Verbraucherberatung, Sozial beratung) sein. Für die Umsetzung eines ganzheitlichen Beratungsansatzes, der die wirtschaftlichen und psychosozialen Problemlagen der Ratsuchenden integriert (Beratungshilfe aus einer Hand) angeht, müssen insbesondere gemeinwesenorientierte und interdisziplinäre Ansätze mit der Schuldnerbratung verbunden werden *(Methoden der Sozialen Arbeit, Methodisches Handeln).*

Zur Entwicklung der Trägerlandschaft: Seit 1977 entwickelten sich die SB-Stellen sprunghaft, von 47 in 1981 auf 432 in 1989 bis auf bereits ca. 1 000 anerkannte Beratungsstellen in 2011 mit ca. 1 700 Berater/innen. Diese erbringen etwa 300 000 Beratungen/Jahr. Damit muss eine Vollzeitstelle ca. 50 000 Einwohner bzw. 23 500 Haushalte abdecken. Bei einem Schlüssel von 2 Vollzeitstellen je 50 000 ergibt sich ein Bedarf von 3 300 Vollzeitstellen, was einer Unterdeckung von gegenwärtig 1 600 Stellen ergibt (IFF-Überschuldungsreport 2015, 31 f.). Die ungenügende Besetzung und teilweise auch Finanzierung machen eine kontinuierliche professionelle Arbeit in den Stellen oft sehr schwierig, häufig zu Lasten der Ratsuchenden. Diese Situation hat sich seit Inkrafttreten von Hartz IV *(Grundsicherung für Arbeitsuchende)* verschärft. Nach § 16a Nr. 2 SGB II, „kann" SB erbracht werden, wenn sie „für die Eingliederung der oder des erwerbsfähigen Leistungsberechtigten in der Erwerbsleben erforderlich" ist. Ob Erforderlichkeit gegeben ist, liegt im Ermessen des Fallmanagers. Inwieweit die Kommunen hier ihrer Aufgabe nach dem SGB XII, dem SGB II bzw. im Rahmen der Daseinsvorsorge nachkommen werden, ist weiterhin ungewiss und hängt vom Engagement der jeweiligen Kommune ab.

Träger von Schuldnerberatungsstellen sind überwiegend öffentliche Stellen (Kommunen), die *Wohlfahrtsverbände,* sonstige gemeinnützige Stellen (Vereine bzw. gGmbHs), die speziell für diese Aufgabe gegründet wurden) sowie die Verbraucherzentralen in den BL *(Verbraucherpolitik).* Die Finanzierung „freier" Schuldnerberatungsstellen erfolgt grundsätzlich durch Zuwendungen der öffentlichen Hand, ergänzt durch (zusätzliche) Eigenleistungen der Träger. Rechtsgrundlagen sind v. a. die §§ 11 Abs. 5 SGB XII und §§ 16a Nr. 2, 6 Abs. 1 Nr. 2 SGB II. Finanzierungsformen sind Einzelabrechnung (z. B. als fallbezogene oder als stundenbezogene Abrechnung), Pauschalfinanzierung und Mischformen von beiden *(Finanzierung freier Träger).*

Das Verbraucherinsolvenzverfahren und die Restschuldenbefreiung

Das Verbraucherinsolvenzverfahren mit der Möglichkeit der Restschuldbefreiung ist in Deutschland nach angelsächsischen, österreichischem und französischen Mustern entwickelt worden, um die wirtschaftliche Rehabilitation überschuldeten Haushalten zu bewirken.

Ablauf der Verbraucherinsolvenz

1. Schritt: Zunächst muss der Schuldner auf der Grundlage eines Schuldenregulierungsplanes den Versuch einer außergerichtlichen Einigung mit den Gläubigern unternehmen. Beim Zustandekommen einer einvernehmlichen Absprache entfällt ein weiteres gerichtliches Verfahren; nach Erfüllung der ausgehandelten Zahlungspflichten ist der Schuldner schuldenfrei. Scheitert der außergerichtliche Einigungsversuch, kann der Schuldner beim Insolvenzgericht das Verbraucherinsolvenzverfahren beantragen. Hierfür ist die

Bescheinigung einer „geeigneten Stelle“ (staatlich anerkannte Insolvenzberatungsstelle) oder einer „geeigneten Person“ (Rechtsanwalt) über Durchführung und Ergebnis des außergerichtlichen Einigungsversuchs erforderlich (§ 305 InsO). Mit dem auf dem amtlichen Formular schriftlich einzureichenden Antrag auf Eröffnung des Insolvenzverfahrens (§ 311 InsO) oder unverzüglich nach diesem Antrag hat der Schuldner vorzulegen:

1) Bescheinigung einer geeigneten Person oder Stelle über das Scheitern der außergerichtlichen Einigung mit den Gläubigern;
2) Antrag auf Erteilung von Restschuldbefreiung (§ 287 InsO) oder die Erklärung, dass keine Restschuldbefreiung beantragt werden soll;
3) Vermögensverzeichnis, Vermögensübersicht, Verzeichnis der Gläubiger und ein Verzeichnis der gegen ihn gerichteten Forderungen;
4) Schuldenbereinigungsplan.

2. Schritt: Scheitern die außergerichtlichen Bemühungen, muss dies von einer anerkannten Insolvenzberatungsstelle oder einem Rechtsanwalt bescheinigt werden. Der zweite Schritt sieht die Möglichkeit eines gerichtlichen Schuldenbereinigungsplanverfahrens vor. Dieses Verfahren wird nur dann eingeleitet, wenn das Gericht zur freien Überzeugung kommt, dass es eine Chance für einen gerichtlichen Vergleich gibt. Der zweite Schritt ist somit fakultativ, d. h. wahlweise ausgestaltet. Mit der Durchführung eines gerichtlichen Schuldenbereinigungsplanverfahrens versucht das Gericht nochmals, eine Verständigung zwischen Schuldner und Gläubiger herzustellen. Unter bestimmten Bedingungen kann es die Zustimmung einzelner ablehnender Gläubiger sogar ersetzen. Die Annahme des Plans durch die Beteiligten hat die Wirkung eines gerichtlichen Vergleichs, womit das Verfahren zum Abschluss kommt. Zur endgültigen Schuldenbereinigung muss der Schuldner anschließend die zugesagten Leistungen erbringen.

3. Schritt: Endet jedoch auch der gerichtliche Vermittlungsversuch erfolglos oder wird kein gerichtliches Vergleichsverfahren durchgeführt, so kommt es im dritten Schritt zum vereinfachten Insolvenzverfahren vor dem Insolvenzgericht. Dabei wird das evtl. vorhandene pfändbare Vermögen des Schuldners verwertet und der Erlös an die Gläubiger ausgeschüttet. Seit der Reform der Insolvenzordnung Ende 2001 haben nun auch mittellose Schuldner eine Chance, Restschuldbefreiung erlangen zu können. Auf Antrag können ihnen die Kosten des Insolvenzverfahrens gestundet werden.

4. Schritt: Im vierten Schritt schließlich kann der Schuldner mit Hilfe des Restschuldbefreiungsverfahrens sich der noch offenen Verbindlichkeiten entledigen. Das Restschuldbefreiungsverfahren dauert zwischen 3 bis 6 Jahre, wobei die Insolvenzverfahrensdauer (siehe 3. Schritt) hierauf angerechnet wird. In diesem Zeitraum, der auch Wohlverhaltensperiode genannte wird, muss er die pfändbaren Anteile seines Einkommens an einen Treuhänder abführen. Dieser wiederum verteilt das Geld dann anteilig an die Gläubiger. Während dieser Zeit muss der Schuldner gesetzliche Obliegenheiten erfüllen (§ 295 InsO: Ausübung bzw. Bemühen um angemessene Erwerbstätigkeit; Herausgabe von ererbtem Vermögen zur Hälfte an den Treuhänder; Anzeigen jedes Wohnort- und Beschäftigungswechsels; Zahlungen nur an Treuhänder). Nach Abschluss der Wohlverhaltensperiode erteilt das Gericht die Restschuldbefreiung, es sei denn, dem stehen gesetzliche Versagungsgründe entgegen (z. B. schuldhafte Verletzung von Obliegenheiten; Verurteilung wegen einer Insolvenzstraftat gemäß §§ 283–283c StGB (§§ 296, 297, 297a InsO).

Probleme und Neuerungen

Die Insolvenzreform von 1999 hat über die Jahre zu einem kontinuierlichen Anstieg der Verbraucherinsolvenzverfahren geführt. In der überwiegenden Mehrheit der Verfahren handelt es sich um sog. masselose Verfahren, d. h. der Verbraucher ist unpfändbar, die gestundeten Verfahrenskosten müssen von den Ländern übernommen werden.

Mängel der IB wurden in der Praxis alsbald sichtbar. Hürden für Schuldner waren u. a. die aufzubringenden Verfahrenskosten, die für die SB-Stellen nicht ausreichende Finanzierung und die mit sieben Jahren als zu lang empfundene Treuhandphase (Wohlverhaltensphase). Das Reformgesetz vom 28. 6. 2001 „zur Änderung der InsO und anderer Gesetze“ beseitigte lediglich einige dieser Problempunkte. Wegen dieser Situation strebte die BReg weitere Reformen des Verbraucherinsolvenzverfahrens an.

Erste Reformstufe: Mit dem Gesetz zur weiteren Erleichterung der Sanierung von Unternehmen (ESUG) vom 7. Dezember 2011 (BGBl I S. 2582), berichtigt 19. 12. 211 (BGBl I 2800), wurde die erste Stufe der Reform des deutschen Insolvenzrechts eingeleitet. Das Gesetz wurde am 13. Dezember

2011 im BGBl verkündet. Änderungen der Insolvenzordnung (Art. 1), der Insolvenzrechtlichen Vergütungsverordnung (Art. 2), des Einführungsgesetzes zur Insolvenzordnung (Art. 3), des Zwangsversteigerungsgesetzes (Art. 6) und des Kreditwesengesetzes (Art. 9) traten am 1. März 2012 in Kraft. Änderungen des Gerichtsverfassungsgesetzes (Art. 4), des Einführungsgesetzes zum Gerichtsverfassungsgesetz (Art. 8), des Rechtspflegergesetzes (Art. 5) sowie das in Artikel sieben neu eingeführte Insolvenzstatistikgesetz (InStatG) traten zum 1. Januar 2013 in Kraft. Ziel des Gesetztes ist, die wirtschaftlichen Rahmenbedingungen für die Sanierung Not leidender Unternehmen zu verbessern durch einen stärkeren Einfluss der Gläubiger auf die Auswahl des Insolvenzverwalters, die Vereinfachung des Zugangs zur Eigenverwaltung, Erweiterung und Straffung des Insolvenzplanverfahrens und durch eine größere Konzentration der Zuständigkeit der Insolvenzgerichte zu erleichtern.

Zweite Reformstufe: Nach der ersten Stufe der Insolvenzrechtsreform durch ESUG trat mit dem Gesetz zur Verkürzung des Restschuldbefreiungsverfahrens und zur Stärkung der Gläubigerrechte vom 18. 07. 2013 (BGBl. I S. 2379) am 1. 7. 2014 die zweite Stufe der Insolvenzrechtsreform in Kraft. Die Reform ermöglicht u. a. zwar eine schnellere Restschuldbefreiung, stärkt darüber hinaus vor allem auch Gläubigerrechte. Das Gesetz soll verhindern helfen, dass Restschuldbefreiung trotz Vorliegens von Versagungsgründen erteilt wird. Deshalb wurden die Versagungsgründe geändert und bestimmte Gläubigerforderungen, (Verbindlichkeiten des Schuldners aus rückständigem gesetzlichem Unterhalt, den der Schuldner vorsätzlich pflichtwidrig nicht gewährt hat, § 302 Nr. 1 InsO) zu Lasten der Schuldner von der Restschuldbefreiung ausgenommen. Die Änderungen erweisen sich als von der Angst der Gläubiger bestimmt, Schuldner könnten vermeintliche Gesetzeslücken zum Schaden von Gläubigern „missbrauchen". Das Insolvenzverfahren wird insoweit noch immer nicht als notwendiges Regulierungsinstrument einer auf Krediten basierenden Wirtschaft verstanden. Künftig können Gläubiger die Versagungsgründe jederzeit, spätestens aber bis zum Schlusstermin, geltend machen. Im Falle des nachträglichen Bekanntwerdens kann ein Versagungsgrund auch noch nachträglich, d. h. nach dem Schlusstermin gestellt werden.

Restschuldbefreiung wird sofort erteilt, wenn der Schuldner die Verfahrenskosten ausgeglichen hat und die Forderungen der angemeldeten Insolvenzgläubiger befriedigt sind; nach drei Jahren, wenn der Schuldner die Verfahrenskosten getilgt und die Insolvenzgläubiger mit mindestens 35 % aus der dem Insolvenzverwalter oder Treuhänder zugeflossenen Masse befriedigt wurden; nach fünf Jahren, wenn es dem Schuldner zumindest gelingt, die gesamten Verfahrenskosten zu zahlen. Im Übrigen bleibt es bei der bisherigen Wohlverhaltensphase von sechs Jahren, sofern kein Gläubiger einen begründeten Versagungsantrag stellt.

Neu ist die Einführung des Insolvenzplans auch für Verbraucher. Der Insolvenzplan ermöglicht Schuldnern, eine mit den Gläubigern und dem Gericht freie Einigung zur Schuldenbefreiung zu finden. Die Sanierungsmöglichkeiten werden dadurch wesentlich erhöht. Dies eröffnet Chancen für den Schuldner schneller schuldenfrei zu sein. Für die Gläubiger ist es eine zusätzliche Chance noch eine nennenswerte Quote zu erhalten. Nicht möglich ist bei Verbrauchern allerdings die Eigenverwaltung.

Weiter sieht das Gesetz den Schutz von Mitgliedern in Wohnungsgenossenschaften vor, indem die Genossenschaftsanteile nicht mehr in die Insolvenzmasse einbezogen werden. Damit soll der Mieter einer Genossenschaftswohnung vor dem Verlust seiner Wohnung geschützt werden. Diese Änderung gilt bereits seit dem 19. 07. 2013.

Mit Inkrafttreten des Gesetzes zur Verkürzung des Restschuldbefreiungsverfahrens und der Stärkung der Gläubigerrechte kann ein Angehöriger einer als geeignet anerkannten Stelle gemäß § 305 Abs. 1 Nr. 1 InsO ab dem 1. Juli 2014 einen Schuldner im Verfahren vor einem Insolvenzgericht gemäß § 305 Abs. 4 InsO vertreten. Die Vertretung vor dem Insolvenzgericht umfasst sowohl das eröffnete Insolvenz- als auch das Restschuldbefreiungsverfahren. Bei Verfahren, die vor dem 30. 06. 2014 beantragt worden sind, ist die Vertretung des Schuldners weiterhin auf das Schuldenbereinigungsplanverfahren beschränkt.

Eine weitere Änderung des Insolvenzrechts soll mit dem Entwurf eines Gesetzes zur Verbesserung der Rechtssicherheit bei Anfechtungen nach der Insolvenzordnung und nach dem Anfechtungsgesetz erfolgen (BT-Drs 18/7054 vom 16. 12. 2015).

Der Entwurf verfolgt das Ziel, den Wirtschaftsverkehr sowie Arbeitnehmern von Rechtsunsicherheiten zu entlasten, die von der derzeitigen Praxis des Insolvenzanfechtungsrechts ausgehen. In den vergangenen Jahren ist zunehmend beklagt worden, dass das geltende Insolvenzanfechtungsrecht, namentlich die Praxis der Vorsatzanfechtung nach § 133 Absatz 1 InsO, den

Wirtschaftsverkehr mit unverhältnismäßigen und unkalkulierbaren Risiken belaste. Von Rechtsunsicherheiten sind auch ArbeitnehmerInnen betroffen. Für sie besteht vor allem Ungewissheit, unter welchen Voraussetzungen verspätet gezahltes Arbeitsentgelt unter das grundsätzlich anfechtungsausschließende Bargeschäftsprivileg fällt. Diese Probleme sollen durch das Gesetz gelöst werden.

Reform des Kontopfändungsrechts

Kontopfändungen sind für Verbraucher meist eine ernste Krisensituation. Sie belasten Schuldnerhaushalte existentiell, da nur noch eingeschränkt (oder gar nicht mehr) über das Konto verfügt werden kann und auch eine Kontokündigung droht. Kontopfändungen nehmen seit Jahren überproportional zu. Schätzungen sprechen von ca. 350 000–400 000 Kontopfändungen im Monat. Mit dem „Gesetz zur Reform des Kontopfändungsschutzes" vom 7.7.2009 (BGBl. I S. 1707), in Kraft seit 1.7.2010, sollte der Pfändungsschutz für Girokonten verbessert werden. Schuldner bekamen die Möglichkeit, auf Antrag ihr Girokonto in ein sog. Pfändungsschutzkonto – P-Konto – umzuwandeln. Die gesetzliche Grundlage für das P-Konto ist der veränderte § 850k ZPO. Auf die Umwandlung eines Girokontos in ein P-Konto besteht ein Rechtsanspruch. Da die Führung mehrerer Pfändungsschutzkonten für den Schuldner strafrechtliche Folgen haben kann und um Missbrauch zu vermeiden, hat ein Verbraucher nur Anspruch auf ein P-Konto. Bei der Antragstellung muss er zudem gegenüber dem Kreditinstitut versichern, dass er kein weiteres P-Konto führt.

Der Kontopfändungsschutz beim P-Konto dient der Sicherung einer angemessenen Lebensführung des Schuldners und seiner Unterhaltsberechtigten. Automatisch besteht auf dem P-Konto ab 01.07.2015 zunächst ein Pfändungsschutz für Guthaben in Höhe des Grundfreibetrages von derzeit 1 073,88 Euro je Kalendermonat. Dieser Basispfändungsschutz beim P-Konto kann unter bestimmten Voraussetzungen erhöht werden, zum Beispiel wegen Unterhaltspflichten des Schuldners, auf monatlich 1 479,99 € bei einer und auf 1 709,99 € bei zwei Personen (weitere Personen siehe Pfändungstabelle 2015), wenn gesetzliche Unterhaltspflichten zu erfüllen sind. Auf Nachweis sind auch Kindergeld und Kinderzuschläge auf dem P-Konto pfändungsfrei, ebenso bestimmte weitere Sozialleistungen. Weitere besondere Aufwendungen können beim Vollstreckungsgericht geltend gemacht werden, etwa Kosten im Zusammenhang mit einer Erkrankung. Das Gericht bzw. die Behörde bestimmt auf Antrag den zusätzlichen pfändungsfreien Betrag, der durch das P-Konto geschützt wird.

Wird ein Guthaben auf dem P-Konto gepfändet, kann der Schuldner trotzdem bis zur Höhe seines monatlichen Pfändungsfreibetrages über dieses Betrag frei verfügen. So verbleiben dem Schuldner ohne aufwändiges (gerichtliches) Verfahren die Geldmittel, die er zur Bestreitung des existentiellen Lebensbedarfs, z. B. Miete oder Strom, benötigt. Woher das Guthaben auf dem Girokonto stammt, spielt keine Rolle mehr. Einkünfte aus selbständiger Tätigkeit, unselbständiger Tätigkeit oder Sozialleistungen sind gleichgestellt.

Das P-Konto wird allerdings bislang nur zum Teil von den Überschuldeten angenommen. Der Rest der Bevölkerung nutzt es bislang wegen der bestehenden Nachteile und der Kosten oder aber einfach aus Unkenntnis nicht.

Damit hat sich die Lage bei der Kontolosigkeit, anders als vom Gesetzgeber intendiert, bislang nur gering verbessert. Verbraucherschützer und Politik kritisieren die Kreditwirtschaft seit längerem für zögerliche Konten-Angebote für jedermann.

Nach Schätzungen der Europäische Kommission aus dem Jahr 2013 ist davon auszugehen, dass EU-weit 30 Mio Bürger und in Deutschland fast eine Million Menschen ohne eigenes Girokonto leben (müssen) (BT-Drs. 18/7204 vom 06.01.2016, S. 48). Um dem entgegen zu wirken, will die Europäische Kommission mit ihrer Richtlinie EU 2014/92 vom 23. Juli 2014 über die „Vergleichbarkeit von Zahlungskontoentgelten, den Wechsel von Zahlungskonten und den Zugang zu Zahlungskonten mit grundlegenden Funktionen" künftig den Anspruch jedes EU- Bürgers auf ein Girokonto auf Guthabenbasis gesetzlich durchsetzen. Die Mitgliedstaaten sind aufgefordert, diesen Anspruch bis 18. September 2016 in nationalem Recht einzuführen.

Die BReg will mit ihrem „Entwurf eines Gesetzes zur Umsetzung der Richtlinie über die „Vergleichbarkeit von Zahlungskontoentgelten, den Wechsel von Zahlungskonten und den Zugang zu Zahlungskonten mit grundlegenden Funktionen-(Zahlungskontengesetz-ZKG)" vom 06.01.2016 (BT-Drs. 18./7204) diese EU-Richtlinie in deutsches Recht umsetzen. Damit wird – unter anderem – erstmals eine (überfällige) umfassende gesetzliche Regelung zur Überwindung ungewollter Kontolosigkeit vieler Verbraucher geschaffen. Nach dem Gesetzentwurf sollen Verbraucher mit rechtmäßigem Aufenthalt in der EU die Möglichkeit erhalten, in jedem Mitgliedsland diskriminierungsfrei ein Zahlungskonto mit grundlegenden Funktionen erhalten (Ein- und Auszahlungsgeschäfte, Lastschriften, Überweisungen, Zahlungskartengeschäft). Banken sollen verpflichtet werden, Kontolosen ein sog. Zahlungskonto mit grundlegenden Funktionen binnen 10 Tagen einzurichten. Bei Weigerung besteht die Möglichkeit, das im Klageweg umzusetzen oder über die BAFIN über ein Verwaltungsverfahren zugewiesen zu bekommen (BT-Drs. 18./7204, S. 48 ff). Banken dürfen für solche „Basiskonten" nur angemessene Gebühren verlangen.

Auch die dauerhafte und (oft) erhebliche Inanspruchnahme von Überziehungskrediten mit überhöhten „Dispo-Zinsen" ist seit langen ein Thema in der SB. Mit ihrem Gesetzentwurf vom 7.9.2015 (BT-Drs 18/5922) zur Umsetzung der EU- Wohnimmobilienkreditrichtlinie 2014/17/ vom 4. Februar 2014 über Wohnimmobilienkreditverträge will die Bundesregierung das Thema angehen. Bewegt ein Verbraucher sein Girokonto künftig über Monate hinweg im Minus, sieht der Entwurf vor, dass die Bank ihm ein Gespräch über kostengünstigere Alternativen als den meist sehr teuren „Dispo" anbieten muss. Zudem müssen die aktuellen Dispo-Zinssätze gut sichtbar im Internet veröffentlicht werden. Dadurch sollen Verbraucher Zinssätze schnell und einfach vergleichen können. Eine „Deckelung" des Dispo-Zinssatzes konnte jedoch nicht durchgesetzt werden.

Die Einführung eines Honorarberaters im Anwendungsbereich der Wohnimmobilienkreditrichtlinie soll faire Regelungen im Rahmen von Immobilienkrediten sichern. Eine Kopplung eines Immobilienkredits mit anderen Finanzprodukten (z. B. tilgungsfreies Darlehen gekoppelt mit einer Lebensversicherung) soll nur noch in Ausnahmefällen zulässig sein.

S

Ausblicke

Untersuchungen zeigten, dass 18 % der Jugendlichen und junge Erwachsenen von 15 bis 24 Jahren verschuldet und 7 % sogar überschuldet sind (Lange 2004). Der Umgang mit Geld, Konsum und Schulden sollte daher Gegenstand des Schulunterrichts, der Jugendarbeit sein. Finanzielle Allgemeinbildung ist ein Mittel zur Armutsprävention, denn es verknüpft Geld und Finanzdienstleistungen mit Bildung. Jugendliche, in Schule, Ausbildung und beim Übergang in Beruf und Familie brauchen verstärkt adäquate Beratungsangebote. SB bietet sich hier an, *Prävention* und Beratungsarbeit miteinander zu verknüpfen. Wirksamkeitsstudien über SB haben nachweisen können, dass SB Schuldner/innen psychologisch und ökonomisch stabilisiert und präventiv wirkt.

Skepsis bleibt jedoch aktuell angesichts der immer noch nicht zureichenden Finanzierungsregelungen für SB. Eine wichtige, auch präventiv wirkende Problemlösung könnte sein, nach dem Verursacherprinzip die Anbieter von Krediten (Kreditwirtschaft) finanziell an den Kosten der SB in einer verlässlichen und planbaren Form (gesetzlich geregelte überregionale Fondslösung) zu beteiligen.

Roland Proksch

Literatur

E. J. Binner/C. Richter: Das Pfändungsschutzkonto in der Beratungspraxis. Ein Ratgeber für die Soziale Arbeit, Ratgeber aus der Schriftenreihe der BAG-SB, Kassel, ²2014 ◆ BMFSFJ (Hrsg.): Materialien zur Familienpolitik-Lebenslagen von Familien und Kindern – Überschuldung privater Haushalte. Expertisen zur Erarbeitung des 3. Armuts- und Reichtumsberichts der Bundesregierung (BT-Drs., Nr. 22/2008) ◆ BMJ (Hg.): Restschuldbefreiung – eine neue Chance für redliche Schuldner. Ein Überblick über das Verbraucherinsolvenzverfahren und die Restschuldbefreiung nach der Insolvenzordnung, Berlin 2014 (www.bmjv.de) ◆ Erlassjahr.de: Schuldenreport 2014 des Deutschen Entschuldungsbündnisses und der Kindernothilfe Berlin 2014 ◆ U. Groth/K. Müller/R. Schulz-Rackoll/D. Zimmermann/T. Zipf: Praxishandbuch Schuldnerberatung, Loseblattsammlung, 23. Ergänzungslieferung, Neuwied 2014 ◆ H.-U. Heyer: Restschuldbefreiung und Verbraucherinsolvenz in der Praxis. Regensburg ²2014 ◆ K. Hofmeister/O. Messner: Geschafft Schuldenfrei! – Ratgeber für Selbständige und Verbraucher. München ⁴2011 ◆ H. Haarmeyer/R. Buchalik: Sanieren statt Liquidieren. Neue Möglichkeiten der Sanierung durch Insolvenz nach ESUG, Herne 2012 ◆ IFF/Institut für Finanzdienstleistungen : iff-Überschuldungsreport, Hamburg 2015 ◆ A. Lange: Jugendkonsum im 21. Jh. Eine Untersuchung der Einkommens-, Konsum- und Verschuldensmuster von Jugendlichen in Deutschland. Wiesbaden 2004 ◆ P. Schruth/S. Schlabs/K. Müller/C. Stammler/J. Westerath/B. Wolkowski: Schuldnerberatung in der Sozialen Arbeit. Sozialpädagogische, juristische und gesellschaftspolitische Grundkenntnisse für Theorie und Praxis. Weinheim/München Neuausgabe 2011 ◆ M. Thomsen: Professionalität in der Schuldnerberatung. Handlungstypen im Vergleich. Wiesbaden 2008 ◆ Verbraucherzentrale, BV u. a. (Hrsg.): Schuldenreport 2009 – Fakten, Analysen, Perspektiven. Berlin 2009 ◆ J. Wilde:

Verbraucherinsolvenz: Erfolgreiche Schuldbefreiung. Musterbriefe, Fallstricke, Praxishilfen. Regensburg [7]2014 • D. Zimmermann: Das Recht des Schuldners von A–Z. München [3]2008 • D. Zimmermann/T. Zipf: Pfändungsschutz und Abtretungsschutz. Mit Information und Tipps zum Pfändungsschutzkonto, Ratgeber-Reihe informationsoffensive, Kassel [8]2015.

Schwangerenberatung

Inhalte und Ziele

S. umfasst die Information und Beratung schwangerer Frauen und ihnen nahe stehender Personen über gesundheitliche, psychische, soziale und wirtschaftliche Aspekte von Schwangerschaft und Geburt sowie die Vermittlung von Sozialleistungen und Hilfen bei Problemen in den genannten Lebensbereichen. Ziele der S. sind: einen in physischer, psychischer und sozialer Hinsicht komplikationsarmen Verlauf von Schwangerschaft und Geburt zu ermöglichen, werdenden Eltern Orientierungshilfe gegenüber den zahlreichen Sozialleistungen und sonstigen Hilfen für diese Lebensphase zu geben und sie bei schwierigen Entscheidungen zu unterstützen, z. B. über Fortsetzung oder Abbruch einer ungewollten Schwangerschaft, Möglichkeiten, Grenzen und Folgen pränataler Diagnoseverfahren, Reaktion auf Diagnose einer erblichen oder durch pränatale Einflüsse bewirkten Krankheit oder Behinderung. Darüber hinaus will S. durch Aufklärung und Vermittlung von Hilfen auch die Voraussetzungen für pränatale Entwicklung und frühkindliche Sozialisation *(frühkindliche Erziehung)* verbessern.

Die gesundheitliche S. ist heute bis auf Teilbereiche mit ausgeprägter psychosozialer Ausrichtung (z. B. Geburtsvorbereitungskurse, Stillgruppen) weitgehend in die allgemeine Gesundheitsversorgung (ärztliche Versorgung im Rahmen der gesetzlichen Krankenversicherung; §§ 195 ff. RVO, § 50 SGB XII) integriert.

Zur Entwicklung

S. entstand Ende des 19. Jh. ursprünglich aus der Einsicht in die Notwendigkeit gesundheitsfürsorgerischer Maßnahmen, um die hohe Mütter- und Säuglingsmortalität und -morbidität besonders in den unteren sozialen Schichten zu senken und daraus folgende soziale Notlagen zu lindern oder zu vermeiden *(Mutterschutz)*, wobei auch bevölkerungspolitische Gesichtspunkte eine Rolle spielten (verstärkter Geburtenrückgang um 1900, *Bevölkerungsentwicklung*). Als Reaktion auf die nach dem 1. Weltkrieg rapide steigende Zahl illegaler Abtreibungen und ihre gesundheitlichen und sozialen Folgen erweiterte sich der Horizont der Beratung allmählich auch auf die Verhütung ungewollter Schwangerschaften (Familienplanung) und Sexualaufklärung; mit der Machtergreifung durch die Nationalsozialisten, die ihre pronatalistische Bevölkerungspolitik auch durch Ächtung der Verhütung durchzusetzen versuchten, wurde diese Entwicklung allerdings wieder unterbrochen.

Seit den 1960er Jahren (Vorläufer schon in den 1920er Jahren) sind Beratungsstellennetze für die psychosoziale S. (v. a. durch Träger der freien Wohlfahrtspflege) und für die humangenetische Beratung (an Universitätskliniken) entstanden. Humangenetische S. entstand zu Beginn des 20. Jh. zunächst aus eugenischen Motiven. Nach einer Phase der Diskreditierung durch die Vernichtungspolitik des Nationalsozialismus gegenüber Minderheiten und Behinderten (Zwangssterilisation und -abtreibung) erlebt die genetische Beratung seit den 1960er Jahren eine Renaissance, die durch die rapide wachsenden Möglichkeiten pränataler Diagnose- und Behandlungsmöglichkeiten nicht nur vererbbarer Krankheiten und Behinderungen, sondern auch vorgeburtlicher Schädigungen der Leibesfrucht begünstigt wird. Wenn auch medizinische, psychologische und soziale Hilfen für Kinder und Eltern im Selbstverständnis der genetischen Beratung heute an erster Stelle stehen, sehen diese sich doch der Kritik ausgesetzt, da derartige Hilfen nur sehr begrenzt zur Verfügung stehen und nicht zuletzt deswegen eugenisches Denken – oft unausgesprochen – weiterhin eine bedeutende Rolle spielt *(Eugenik)*. Die sich stetig verändernden Möglichkeiten der Reproduktionsmedizin erhöhen die Fallzahlen von Präimplantationsdiagnostik (PID). Hier erfordern die unterschiedlichen Implikationen von ökonomischen Interessen der Reproduktionsmedizin, Frauengesundheit und der Anspruch von Zugang für alle zum wissenschaftlichen Fortschritt neue individuelle Lösungsstrategien und gesellschaftliche Diskussionsprozesse *(Gentechnologie)*. Ende 2011 stimmten der Dt. BT und der Dt. BR einem überparteilichen Gesetzesentwurf zu, der PID grundsätzlich verbietet, PID aber dann zulässt, wenn aufgrund genetischer Veranlagung der Eltern eine schwerwiegende Erkrankung des Kindes möglich ist.

Soziale S. entwickelte sich zunächst in einem sozialmedizinischen Kontext aus der Einsicht, dass die Gesundheit von Schwangeren, Müttern und Kleinkindern durch die Verarmung breiter Schichten der Bevölkerung im Zuge der Industrialisierung und infolge von Wirtschaftskrisen besonders stark gefährdet wurde. Einen enormen Aufschwung und eine psychologische Erweiterung erfuhr die soziale S. in den 1970er Jahren. Dazu trug zum einen die zunehmende Unübersichtlichkeit von Sozialleistungen (nach BKGG, BEEG, SGB XII, SGB III, BAFöG, SGB VIII, Wohnungs- und Steuerrecht, um nur die wichtigsten zu nennen) und anderen sozialen Hilfen (z. B. Bundesstiftung „Mutter und Kind" seit 1984 und ähnliche Stiftungen und Hilfsfonds der Länder, Kommunen und Kirchen) bei. Hinzu kam ein wachsendes Bewusstsein von der Bedeutung sozialer und psychischer Konfliktpotenziale während der Schwangerschaft und nach der Geburt.

Schwangerenberatung und Schwangerschaftsabbruch

Den stärksten Anstoß jedoch gab die 1976 mit der Reform des § 218 StGB eingeführte gesetzliche Pflicht zu Beratung über soziale Hilfen, die damit neben einer ärztlich festgestellten Indikation Voraussetzung für einen legalen Schwangerschaftsabbruch wurde. Für die gesetzlich vorgeschriebene Sozialberatung entstand, durch ein Modellprogramm von Bund und Ländern gefördert, innerhalb weniger Jahre ein bundesweites Netz von 1000 anerkannten Beratungsstellen und von mehr als 1000 als (Sozial-)Beratern anerkannten niedergelassenen Ärzten. Der 1976 geschaffene strafrechtliche Zwang zu einer Beratung ist bis heute kontrovers geblieben, da er mit elementaren Prinzipien wissenschaftlich begründeter Beratung kaum oder gar nicht vereinbar ist (z. B. Freiwilligkeit, Freiheit von Einflussnahme durch Dritte).

In der DDR war etwa zeitgleich ein flächendeckendes Netz von Schwangerschaftsberatungsstellen mit sozial- und gesundheitsfürsorgerischen Aufgaben aufgebaut worden. Dort spielte die Beratung bei ungewollter Schwangerschaft jedoch bis 1989 nur eine marginale Rolle. Mit dem Gesetz über die Unterbrechung der Schwangerschaft von 1972 hatten Frauen in der DDR das Recht auf einen Schwangerschaftsabbruch innerhalb von 12 Wochen nach der Empfängnis erhalten. Voraussetzung war lediglich die Aufklärung der Frau über die medizinische Bedeutung des Eingriffs und ihre Beratung über die künftige Anwendung schwangerschaftsverhütender Methoden und Mittel durch den Arzt, der den Abbruch durchführte.

Nach dem Beitritt der DDR zur BRD bestanden beide Regelungen zunächst fort. Das SFHG vom 27. 7. 1992 sollte das Rechtsgebiet des Schwangerschaftsabbruchs durch eine Fristenregelung mit Beratungspflicht vereinheitlichen. Teile des SFHG, darunter die Beratungsregelung, wurden jedoch vom BVerfG mit Urteil vom 28. 5. 1993 für nichtig erklärt und durch eine Übergangslösung ersetzt, die bis zum In-Kraft-Treten des Schwangeren- und Familienhilfeänderungsgesetz am 1. 10. 1995 galt.

Seither ist der Schwangerschaftsabbruch bundesweit innerhalb von 12 Wochen nach der Empfängnis erlaubt, wenn die Frau durch eine Bescheinigung nachweist, dass sie sich mindestens drei Tage vor dem Eingriff in einer staatlich anerkannten Beratungsstelle hat beraten lassen und der Schwangerschaftsabbruch von einem Arzt durchgeführt wird. Eine Pflicht zur Beratung besteht hingegen nicht bei kriminologischer (Schwangerschaft aufgrund einer Straftat, z. B. Vergewaltigung; Frist ebenfalls 12 Wochen) oder medizinischer Indikation zum Abbruch (schwerwiegende Gesundheits- oder Lebensgefahr für die Schwangere; keine Frist).

Die S. ist seit 1. 10. 1995 durch das Schwangerschaftskonfliktgesetz (SchKG) geregelt. Abschnitt 1 des SchKG befasst sich unter der Überschrift „Aufklärung, Verhütung, Familienplanung und Beratung" mit der allgemeinen S. und mit weiteren präventiven Aufgaben im Vorfeld einer Schwangerschaft.

Die obligatorische S. in dem Fall, dass die Frau einen Abbruch ihrer Schwangerschaft erwägt oder wünscht, regeln Abschnitt 2 SchKG („Schwangerschaftskonfliktberatung") und § 219 StGB. Diese Beratung soll dem Schutz des ungeborenen Lebens dienen, zugleich allerdings „ergebnisoffen" sein, von der Verantwortung der Frau ausgehen und ohne Belehrung oder Bevormundung erfolgen. Da dem BVerfG zufolge die wissenschaftlich anerkannten Grundsätze einer Konfliktberatung zu berücksichtigen sind, darf die Gesprächs- und Mitwirkungsbereitschaft der Frau nicht erzwungen werden. Aufgabe der Beratung ist neben der Konfliktberatung i. e. S. die medizinische, soziale und juristische Information, die Darlegung von Rechtsansprüchen und möglichen praktischen Hilfen, sowie das Angebot weiterer Unterstützung (z. B. bei der Wohnungssuche), einer Nachbetreuung und der Beratung über Schwangerschaftsverhütung. Für die sog. Schwangerschaftskonfliktberatungsstellen gilt ein spezielles staatliches Anerkennungs- und Überwachungsverfahren, wonach z. B. zu jeder Beratung Aufzeichnungen über den wesentlichen Inhalt des Gesprächs und angebotene Hilfsmaßnahmen angefertigt werden müssen. Als Beratungsstellen können auch Ärzte anerkannt werden. Die Beratung ist für die Frau und sie begleitende Personen unentgeltlich. Die katholische Kirche stieg – zuletzt im Jahr 2002 im Bistum Limburg – auf päpstliche Weisung aus dem gesetzlichen System der Schwangerschaftskonfliktberatung aus. Zur Begründung wurde v. a. angeführt, dass die Kirche mit der Ausstellung der Beratungsbescheinigung Mitverantwortung für einen evtl. folgenden Schwangerschaftsabbruch tragen würde. An ihre Stelle trat in den meisten BL der katholische Laienverein Donum Vitae e. V.

Bemühungen um eine umfassendere räumliche und institutionelle Integration der verschiedenen Angebote medizinischer, sozialer und psychologischer S. mit dem Ziel, ihre Qualität durch interdisziplinäre Teams (v. a. sozialarbeiterische und -pädagogische, psychologische und ärztliche Fachkräfte) zu verbessern und ihre Inanspruchnahme zu erleichtern, gibt es bisher nur in Ansätzen, etwa in den Gesundheits- und Sozialdiensten einzelner Großstädte (Sozialmedizinische Dienste) oder in den Einrichtungen der pro familia, ebenso in stärkeren Verknüpfungen mit angrenzenden Beratungsangeboten *(Familienberatung)*.

2014 gab es in Deutschland 1 600 Schwangerschaftsberatungsstellen und 100 000 Schwangerschaftsabbrüche, davon 96,4 % mit Beratungsregelung (destatis 2015).

Vertrauliche Geburt und Babyklappen

Die anonyme Geburt und die anonyme Abgabe eines neugeborenen Kindes in eine sog. Babyklappe wurden mit dem Ziel eingerichtet, Frauen in Notsituationen ein Angebot zu machen, das Kindesaussetzungen oder gar Tötungen verhindert und Menschenleben rettet. Am 1. 8. 2013 ist das Gesetz zum Ausbau der Hilfen für Schwangere und zur Regelung der vertraulichen Geburt in Kraft getreten, das Frauen Schutz bietet, die ihre Schwangerschaft geheim halten wollen und vom regulären Hilfesystem nicht erreicht werden. Durch die vertrauliche Geburt wird nunmehr aber auch sichergestellt, dass die so geborenen Kinder ab dem 16. Lebensjahr ihre Herkunft erfahren können. Noch gibt es wenig Erfahrung zur Wirkung des Gesetzes auf die Zahl der „anonym" Neugeborenen. In einem Jahr nach Inkrafttreten wurden 95 vertrauliche Geburten registriert. Erste Ergebnisse zur Evaluation des Gesetzes werden 2017 erwartet.

Babyklappen haben verschiedene (überwiegend kirchliche) Träger eingerichtet, teilweise auch als „Projekt Moses", das die persönliche (aber anonyme) Übergabe eines Neugeborenen vorsieht. Die Kinder werden i. d. R. erst nach sechs bis acht Wochen zur Adoption freigegeben oder in eine Pflegefamilie vermittelt, damit die leibliche Mutter eine Chance hat, ihre Entscheidung zu überdenken.

Babyklappen haben in Deutschland keine gesetzliche Grundlage und sind ethisch umstritten.

Ingrid Mielenz
(bis zur 5. Auflage profamilia Frankfurt/M.)

Literatur

P.-A. Albrecht u. a. (Hrsg.): Das Urteil zu § 218 StGB in Wortlaut und Kommentar, KritV (Kritische Vierteljahresschrift für Gesetzgebung und Rechtswissenschaft), Sonderheft 1/1993 ◆ BMFSFJ (Hrsg.): Familie und Beratung. Familienorientierte Beratung zwischen Vielfalt und Integration. Gutachten des Wissenschaftlichen Beirats für Familienfragen beim BMFSFJ, Schriftenreihe des BMFSFJ Bd. 16, Stuttgart 2002 (als Download unter www.bmfsfj.de) ◆ BMFSFJ: Entwicklung von Beratungskriterien für die Beratung Schwangerer bei zu erwartender Behinderung des Kindes. Modellprojekt-Zusammenfassung, Bonn 2002 ◆ BMFSFJ: Schwangerschaftsberatung § 218, Informationen über das Schwangeschaftskonfliktgesetz und gesetzliche Regelungen im Kontext des § 218 Strafgesetzbuch, Berlin [9]2014 ◆ BMFSFJ: Die vertrauliche Geburt, Berlin 2015 ◆ U. Busch/C. Krell/A.-K. Will (Hrsg.): Eltern (vorerst) unbekannt: anonyme und vertrauliche Geburt in Deutschland, Weinheim 2017 ◆ S. Clasen u. a.: Vertrauliche Geburt: Eine Zwischenbilanz aus Sicht der Schwangerenberatung, in: NDV April 2016 ◆ DJI: Anonyme Geburt und Babyklappen in Deutschland, München 2011 ◆ DV: Empfehlungen des Deutschen Vereins zur vertraulichen Geburt, in: NDV Februar 2016 ◆ C. Mangione/D. Speer: Ärztliche Beratung in der Pränataldiagnostik – Neue Chancen für die Sozialpädagogik? in: np 6/2006, 630–645 ◆ J. Possinger: Anonyme Hilfen für Schwangere in Notlagen, in: NDV 4/2012.

Links

www.jugendschwangerschaften.de
www.pnd-online.de
www.profamilia.de
www.bmfsfj.de
www.vertrauliche-geburt.de (mit Online-Beratung)
www.bafza.de (mit Hilfetelefon und Online-Beratung)

Schweigepflicht

Schweigepflicht (S.) ist die Pflicht einer Person, fremde Geheimnisse zu wahren; ihre Verletzung ist rechtlich sanktioniert. Geheimnisse sind Tatsachen, die nur einem beschränkten Personenkreis bekannt sind und an deren Geheimhaltung derjenige, den sie betreffen, ein von seinem Standpunkt aus sachlich begründetes Interesse hat oder bei Kenntnis der Tatsache haben würde (Schönke/Schröder, § 203 StGB Rz 5). S. hat ihre Rechtsgrundlagen im Arbeits-, Beamtenrecht und Strafrecht.

Eine weitere S. folgt indirekt aus der Pflicht der öffentlichen Leistungsträger zur Wahrung des Sozialgeheimnisses nach §§ 35 SGB I, 67 ff. SGB X; sie trifft die Bediensteten der zur Wahrung des Sozialgeheimnisses verpflichteten Behörden und Stellen *(Sozialdatenschutz)*.

Arbeits- und Beamtenrecht: Schutzgut der arbeits- und beamtenrechtlichen S. sind das Betriebs-, Geschäfts- und Amtsgeheimnis des Arbeitgebers bzw. Dienstherrn. S. gilt über die Beendigung des Arbeits- oder Dienstverhältnisses hinaus.

Möglichen Sanktionen sind Abmahnung und Kündigung im Arbeits- und Disziplinarmaßnahmen im Beamtenrecht; daneben können Arbeitgeber bzw. Dienstherr Schadensersatzansprüche gegen den Arbeitnehmer/Beamten geltend machen.

Die Rechtsgrundlagen der S. ergeben sich aus Arbeitsvertrag und beamtenrechtlichen Vorschriften (vgl. §§ 60 ff. BundesbeamtenG (BBG)) und indirekt aus § 35 Abs. 3 SGB I. Dienstlich erlangte Kenntnisse, die der Geheimhaltung bedürfen oder deren Geheimhaltung angeordnet wurde, dürfen nicht ohne Zustimmung des (Dienst-)Vorgesetzten Dritten mitgeteilt werden, es sei denn im dienstlichen Verkehr zur Erledigung übertragener Aufgaben.

S. hat für Beamte und Angestellte des öffentlichen Dienstes zur Folge, dass sie für Zeugenaussagen in Verwaltungs- und Gerichtsverfahren einer Aussagegenehmigung ihres Dienstvorgesetzten bedürfen (vgl. §§ 54 StPO, 376 ZPO, 29 FamFG, 21 SGB X, 62 BBG). Einer Aussagegenehmigung bedürfen auch Mitarbeiter und Beamte der verfassten Kirchen *(Kirchen und Religionsgemeinschaften)*, nicht jedoch der kirchlichen WFV. Für die Einholung der Aussagegenehmigung ist die vernehmende Behörde oder das Gericht zuständig. Sie darf nur verweigert werden, wenn die Aussage dem Bund oder einem anderen Dienstherrn Nachteile bereiten oder die Erfüllung öffentlicher Aufgaben ernstlich gefährden oder erheblich erschweren würde.

Strafrecht: Schutzgut der strafrechtlichen S. ist ein zum persönlichen Lebensbereich gehörendes Geheimnis, ein Geschäfts- oder ein Betriebsgeheimnis. Das Berufsgeheimnis muss bestimmten Berufsvertretern, sog. Vertrauensberufen „als“ Arzt und anderen Heilberufen, als Rechtsanwalt und anderen rechtsberatenden Berufen, als Berufspsychologen, als staatlich anerkanntem Sozialarbeiter oder Sozialpädagogen, Ehe-, Familien-, Erziehungs- oder Jugendberater sowie Berater staatlich anerkannter Suchtberatungs- oder Schwangerschaftskonfliktberatungsstellen anvertraut oder sonst bekannt geworden ist. Ihnen gleichgestellt sind das entsprechende Hilfs- und Lernpersonal. Das Wort „als“ grenzt die Kenntnis des Geheimnisses von privater oder nicht spezifisch beruflicher Kenntnisnahme ab, bspw. der Kenntnisnahme eines Geheimnisses durch einen Sozialarbeiter als zuständigem Bediensteten.

Als Strafen sind Geld- oder Freiheitsstrafe bis zu 2 Jahren angedroht; der Verletzte kann Schadensersatzansprüche erheben.

Eine Verletzung der S. wird nur auf Antrag des Verletzten verfolgt, wobei dieses Recht auch seinen Erben zusteht, § 205 StGB.

Offenbarung: Das Geheimnis darf nicht unbefugt offenbart werden. Die Befugnis zur Offenbarung eines Geheimnisses kann sich aus der Einwilligung des Betroffenen, seiner mutmaßlichen Einwilligung, aus rechtfertigendem Notstand nach § 34 StGB oder einer Offenbarungspflicht zur Anzeige geplanter, also bevorstehender, nicht jedoch bereits begangener Straftaten nach § 138 StGB ergeben. Keine Offenbarungsbefugnis folgt aus dem Umstand, dass der Dritter ebenfalls der S. unterliegt. Die innerbehördliche Geltung der S. ist inzwischen anerkannt (Schönke/Schröder § 203 Rz 56). Danach bedürfen Amtspersonen, die wegen ihres Berufes nach § 203 StGB schweigepflichtig sind, für Mitteilungen innerhalb der Behörde einer Offenbarungsbefugnis.

Die Vorschriften der §§ 353b bis 355 StGB schützen weitere Rechtsgüter durch eine S. vor der Verletzung durch unbefugte Offenbarung von Geheimnissen. Dazu zählen Dienstgeheimnisse, die von besonders zur Geheimhaltung Verpflichteter zu wahren sind (§ 353b StGB), Gerichtsverhandlungen, bei denen die Öffentlichkeit ausgeschlossen war, Anklageschrift und amtl. Schriftstücke eines Strafverfahrens bevor sie in öffentlicher

S

Verhandlung erörtert worden sind oder das Verfahren abgeschlossen war (§ 353d StGB) und das Steuergeheimnis (§ 355 StGB).

Von der S. kann eine Person in mehrfacher Hinsicht betroffen sein: als Arbeitnehmer, dem ein Geheimnis als Sozialarbeiter anvertraut ist und dessen Arbeitgeber zur Wahrung des Sozialgeheimnisses verpflichtet ist. Die Prüfung des Vorliegens einer S. erfolgt daher getrennt nach deren unterschiedlicher Rechtsgrundlage im Arbeits- Straf- und Sozialrecht.

Reiner Kühnel

Literatur

C. Enslen: Zur Schweigepflicht von Sozialarbeitern und Sozialpädagogen im Strafverfahren, in: NDV 1999, 121–125 ◆ J. Münder/T. Trenczek: Kinder- und Jugendhilferecht, Köln [8]2015 ◆ H. G. Papenheim: Schweigepflicht. Datenschutz und Zeugnisverweigerungsrecht im sozial-caritativen Dienst, Freiburg 2008 ◆ A. Schönke/H. Schröder u. a.: Strafgesetzbuch, Kommentar, München [29]2014.

Schwerbehindertenrecht

Die Neuordnung des Rehabilitations- und Schwerbehindertenrechts

Mit Wirkung zum 1. Juli 2001 hat ein neues und sicher sehr bedeutsames Kap. der Politik für behinderte Menschen in Deutschland begonnen. Mit der Neuordnung des Rehabilitations- und Schwerbehindertenrechts durch die Zusammenfassung im SGB als Neuntes Buch (SGB IX, „Rehabilitation und Teilhabe behinderter Menschen") soll insbes. das Benachteiligungsverbot des Art. 3 Abs. 3 S. 2 des GG („Niemand darf wegen seiner Behinderung benachteiligt werden") im Bereich der *Sozialpolitik* durch Anpassung und Weiterentwicklung der beiden Rechtsgebiete an die gesellschaftlichen und inhaltlichen Veränderungen verwirklicht werden. Das am 19.6.2001 verabschiedete SGB IX löst mit den in Teil 1 enthaltenen „Regelungen für behinderte und von Behinderung bedrohte Menschen" das bisherige Rehabilitationsangleichungsgesetz von 1974 ab und vereinheitlicht weitgehend die für alle Rehabilitationsträger geltenden Normen *(Behindertenhilfe, Rehabilitation).* In den bisherigen Kreis der klassischen Rehabilitationsträger (die gesetzlichen Krankenkassen, die BA, die Träger der gesetzlichen Unfallversicherung, Träger der gesetzlichen Rentenversicherung, die Träger der Kriegsopferversorgung und Kriegsopferfürsorge) sind die Träger der *Sozialhilfe* und der öffentlichen *Jugendhilfe* neu aufgenommen worden *(Soziale Sicherung).* Ein Hauptanliegen der im Teil 1 des SGB IX enthaltenen Grundsätze für *Rehabilitation* und Teilhabe behinderter Menschen ist es, die Koordination der Leistungen und das Zusammenwirken der Leistungsträger im Interesse der von einer Behinderung betroffenen oder bedrohten Menschen sicherzustellen. Durch rasche Klärung des Hilfebedarfs im Einzelfall sollen die für eine selbstbestimmte und gleichberechtigte Teilhabe am Leben in der Gesellschaft erforderlichen Leistungen zur medizinischen, beruflichen und sozialen Rehabilitation schnell, wirkungsvoll, wirtschaftlich und auf Dauer erbracht werden.

Zum 1.1.2017 soll das Bundesteilhabegesetz in Kraft treten, der Entwurf des Gesetzes wird für 2016 erwartet. Im Wesentlichen ist beabsichtigt, auf der Grundlage eines neuen Behindertenbegriffs die Eingliederungshilfe aus dem bisherigen Fürsorgesystem heraus zu lösen und im Sinne der Inklusion zu einem modernen Teilhaberecht weiterzuentwickeln. Das SGB IX wird entsprechend geändert werden.

Die Regelungen im Einzelnen

Im Teil 2 des SGB IX mit der Überschrift „Besondere Regelungen zur Teilhabe schwerbehinderter Menschen" wurden im Wesentlichen die bisherigen Regelungen des Schwerbehindertengesetzes (SchwbG), das zuletzt durch das „Gesetz zur Bekämpfung der Arbeitslosigkeit Schwerbehinderter (SchwbBAG)" v. 29.9.2000 erhebliche Änderungen erfahren hat, übernommen. Die Verknüpfung des Rehabilitationsrechts mit dem Schwerbehindertenrecht ist auch deshalb sinnvoll, weil mit dem 1974 in Kraft getretenen SchwbG, der 1986 erfolgten Neufassung und die mit dem SchwbBAG 2000 sowie nachfolgend mit dem „Gesetz zur Förderung der Ausbildung und Beschäftigung schwerbehinderter Menschen" 2004 verfolgten Ziele, die Teilhabe schwerbehinderter Menschen am Arbeitsleben durch besondere Regelungen zu fördern, eine wesentliche Grundlage für die auf Selbstbestimmung und gleichberechtigte Teilhabe am Leben in der Gesellschaft ausgerichteten Regelungen des SGB IX sind.

Die in Teil 2 des SGB IX enthaltenen „Besonderen Regelungen zur Teilhabe schwerbehinderter Menschen" (§§ 68 ff.) sind in 14 Kap. unterteilt und regeln dabei folgende Bereiche:

Geschützter Personenkreis (§§ 68–70): Es wird klargestellt, dass die in Teil 2 des SGB IX enthaltenen Regelungen, die v. a. ein aufeinander abgestimmtes System von Förderungs- und Schutzvorschriften mit unmittelbaren Rechtspflichten insbes. für Arbeitgeber begründet, für Schwerbehinderte und diesen gleichgestellte behinderte Menschen gelten. Die Feststellung der Schwerbehinderung obliegt den für die Durchführung des Bundesversorgungsgesetzes zuständigen Behörden (Versorgungsämter). Die Gleichstellung behinderter Menschen erfolgt auf Antrag auf Grund einer Feststellung durch die Bundesagentur für Arbeit.

Beschäftigungspflicht der Arbeitgeber (§§ 71–79): Private Arbeitgeber und Arbeitgeber der öffentlichen Hand, die über mindestens 20 Arbeitsplätze verfügen, haben auf wenigstens 5 v. H. der Arbeitsplätze Schwerbehinderte zu beschäftigen. Solange Arbeitgeber die vorgeschriebene Zahl Schwerbehinderter nicht beschäftigen, haben sie je Monat und unbesetztem Pflichtarbeitsplatz eine nach dem Grad der Erfüllung gestaffelte Ausgleichsabgabe zu entrichten. Ab 2014 beträgt die Ausgleichsabgabe 115 € bei einer jahresdurchschnittlichen Beschäftigungsquote von 3 % bis weniger als dem geltenden Pflichtsatz, 200 € bei einer jahresdurchschnittlichen Beschäftigungsquote von 2 % bis weniger als 3 % und 290 € bei einer jahresdurchschnittlichen Beschäftigungsquote von weniger als 2 % Anzumerken ist, dass für Arbeitgeber mit jahresdurchschnittlich bis zu 39 bzw. bis zu 59 zu berücksichtigenden Arbeitsplätzen eine sog. Kleinbetriebsregelung besteht. Die Erhebung der Ausgleichsabgabe und deren Verwendung (nur für besondere Leistungen zur Förderung der Teilhabe schwerbehinderter Menschen am Arbeitsleben einschließlich begleitender Hilfen) obliegen den Integrationsämtern. 20 % der Ausgleichsabgabe fließen in einen Ausgleichsfonds für überregionale Vorhaben, der vom BMAS verwaltet wird. Das SGB IX sieht keine Möglichkeiten zum Erlass oder zur Ermäßigung der Ausgleichsabgabe für Arbeitgeber vor.

Sonstige Pflichten der Arbeitgeber; Rechte der schwerbehinderten Menschen (§§ 80–84): Neben Regelungen zum Zusammenwirken der Arbeitgeber mit der BA und den Integrationsämtern sind alle Arbeitgeber, auch solche, die nicht beschäftigungspflichtig sind oder die ihre Beschäftigungspflicht erfüllt haben, verpflichtet zu prüfen, ob freie Arbeitsplätze mit schwerbehinderten Menschen besetzt werden können. Hierzu ist die Arbeitsagentur oder ein von ihr beauftragter Integrationsfachdienst sowie die Schwerbehindertenvertretung frühzeitig einzuschalten bzw. zu beteiligen. Um dem Benachteiligungsverbot des Art. 3 Abs. 3 S. 2 des GG Rechnung zu tragen, wurde eine Regelung aufgenommen, die eine Benachteiligung schwerbehinderter Menschen im Arbeits- oder sonstigem Beschäftigungsverhältnis untersagt und bei Verstoß eine Entschädigungspflicht begründet. Ist zwischen Betroffenem und Arbeitgeber das Vorliegen eines Verstoßes gegen das arbeitsrechtliche Benachteiligungsverbot streitig, so trifft den schwerbehinderten Beschäftigten bzw. schwerbehinderten Bewerber zunächst eine entsprechende Darlegungspflicht (Glaubhaftmachung entsprechender Tatsachen), aus der sich zu Lasten des Arbeitgebers eine Beweislastumkehr begründet. Neben der Verpflichtung für Arbeitgeber, durch geeignete Maßnahmen sicherzustellen, wenigstens die vorgeschriebene Zahl schwerbehinderter Menschen möglichst dauerhaft behinderungsgerecht zu beschäftigen, haben diese gegenüber ihren Arbeitgebern einen Anspruch, so beschäftigt zu werden, dass sie ihre Fähigkeiten und Kenntnisse möglichst voll verwerten und weiterentwickeln können. Bei innerbetrieblichen Maßnahmen der *beruflichen Bildung* sollen sie bevorzugt berücksichtigt werden. Auch die Teilnahme an außerbetrieblichen Maßnahmen der beruflichen Bildung soll neben einer behindertengerechten Ausstattung des Arbeitsplatzes, des Arbeitsumfeldes und ggf. der Arbeitsabläufe realisiert werden. Hierzu soll v. a. das neue Instrumentarium der Integrationsvereinbarung zwischen Arbeitgeber und Schwerbehindertenvertretung beitragen. Arbeitgeber haben weiterhin die Verpflichtung, insbes. bei personen-, verhaltens- oder betriebsbedingten Schwierigkeiten, die zur Gefährdung des Arbeitsverhältnisses führen können, möglichst frühzeitig die Schwerbehindertenvertretung, die in § 93 genannten Vertretungen sowie das Integrationsamt einzuschalten, um „präventiv" die bestehenden Schwierigkeiten nach Möglichkeit auszuräumen.

Kündigungsschutz (§§ 85–92): Die Beschäftigungsverhältnisse schwerbehinderter Menschen können gegen den Willen des Arbeitnehmers im Regelfall nur beendet werden, wenn das Integrationsamt der Beendigung zuvor zugestimmt hat oder wenn ihre Zustimmung durch eine Entscheidung im Rechtsmittelverfahren ersetzt wird.

Aufgaben der betrieblichen Helfer (§§ 93–100): In Betrieben und Dienststellen mit wenigstens 5 schwerbehinderten Mitarbeitern wird eine Schwerbehindertenvertretung (eine Vertrauensperson und stellvertretendes Mitglied) gewählt. Neben Regelungen zur Wahl und zur Amtszeit der Schwerbehindertenvertretung werden im SGB IX die Aufgaben und die persönlichen Rechte und Pflichten näher geregelt.

Durchführung der besonderen Regelungen zur Teilhabe schwerbehinderter Menschen (§§ 101–108): In diesem Kap. werden die Aufgaben der Integrationsämter und der BA näher beschrieben sowie die Kooperation beider Ämter. Zu den Aufgaben der Integrationsämter gehören v. a. die Erhebung und Verwendung der Ausgleichsabgabe, Kündigungsschutz, begleitende Hilfe im Arbeitsleben für schwerbehinderte Menschen und Arbeitgeber sowie die Durchführung von Aufklärungs-, Schulungs- und Bildungsmaßnahmen. Zu den Aufgaben der BA gehören insbes. Berufsberatung, Ausbildungs- und Arbeitsvermittlung schwerbehinderter Menschen einschließlich der Vermittlung von in Werkstätten Beschäftigten mit Behinderung in den allgemeinen Arbeitsmarkt sowie die Beratung der Arbeitgeber bei der Besetzung von Ausbildungs- und Arbeitsplätzen mit schwerbehinderten Menschen und über die Möglichkeiten der finanziellen Förderung. Um die unterschiedlichen Aufgabenstellungen zu unterstützen, sind bei jedem Integrationsamt und bei der Hauptstelle der BA ein Beratender Ausschuss für behinderte Menschen zu bilden.

2015 hat das BMAS die Initiative Inklusion ins Leben gerufen. Dabei geht es um Maßnahmen zur Förderung der Teilhabe schwerbehinderter Menschen am Arbeitsleben auf dem allgemeinen Arbeitsmarkt durch die Verbesserung der beruflichen Orientierung und der betrieblichen Ausbildung für schwerbehinderte Schülerinnen und Schüler sowie um Arbeitsplätze für ältere schwerbehinderte Menschen.

Integrationsfachdienste (§§ 109–115): Um die Chancen zur Teilhabe am Arbeitsleben für besonders betroffene schwerbehinderte Menschen zu erhöhen, sind Regelungen zum Auf- und Ausbau eines flächendeckenden Netzes von Integrationsfachdiensten unter Einbeziehung der bisherigen berufsbegleitenden und psychosozialen Dienste getroffen worden. Die Integrationsfachdienste werden im Auftrag der BA, der Integrationsämter oder der Rehabilitationsträger tätig und haben schwerpunktmäßig Aufgabenstellungen bei der Aufnahme, Ausübung und Sicherung einer möglichst dauerhaften Beschäftigung.

Beendigung der Anwendung der besonderen Regelungen zur Teilhabe schwerbehinderter und gleichgestellter behinderter Menschen (§§ 116 und 117): Die besonderen Regelungen für schwerbehinderte Menschen werden (mit Übergangsfristen) nicht mehr angewendet, wenn die Voraussetzungen für die Zuerkennung der Schwerbehinderteneigenschaft oder Gleichstellung nicht mehr vorliegen.

Widerspruchsverfahren (§§ 118–121): Zum Widerspruchsverfahren gegen Verwaltungsakte der Integrationsämter sowie der Arbeitsagenturen auf Grund des Teils 2 SGB IX werden nähere Regelungen getroffen, insbes. zur Bildung und Zusammensetzung der jeweiligen Widerspruchsausschüsse.

Sonstige Vorschriften (§§ 122–131): Schwerbehinderte Menschen haben Anspruch auf einen bezahlten zusätzlichen Urlaub von 5 Arbeitstagen im Jahr, der sich erhöht oder vermindert, wenn sich die regelmäßige Arbeitszeit auf mehr oder weniger als 5 Arbeitstage in der Kalenderwoche verteilt. Sie sind auf Verlangen von Mehrarbeit freizustellen.

Integrationsprojekte (§§ 132–135): Als Instrument zur Integration schwerbehinderter Menschen, deren Eingliederung auf dem Arbeitsmarkt auf Grund von Art oder Schwere der Behinderung oder sonstiger Umstände trotz Ausschöpfens aller Fördermöglichkeiten und des Einsatzes von Integrationsfachdiensten auf besondere Schwierigkeiten stößt, für die aber regelmäßig eine Werkstatt für Menschen mit Behinderung nicht die adäquate Einrichtung zur Beschäftigung und Qualifizierung ist, wurden Integrationsprojekte (sog. Integrationsfirmen) vorgesehen. Diese können rechtlich und wirtschaftlich selbständige Unternehmen oder auch unternehmensinterne Betriebe oder Abteilungen von Unternehmen sein, die sich in besonderem Maße die Beschäftigung und arbeitsbegleitende Betreuung schwerbehinderter Menschen zur Aufgabe gemacht haben. Sie bieten schwerbehinderten Menschen auch Maßnahmen der beruflichen Weiterbildung, Gelegenheit zur Teilnahme an entsprechenden außerbetrieblichen Maßnahmen, Unterstützung bei der Vermittlung in eine sonstige Beschäftigung in einem Betrieb oder einer Dienststelle sowie geeignete Maßnahmen zur Vorbereitung auf eine Beschäftigung in einem Integrationsprojekt an. Integrationsprojekte können aus Mitteln der Ausgleichsabgabe Leistungen für Aufbau, Erweiterung, Modernisierung und Ausstattung einschließlich einer betriebswirtschaftlichen Beratung und besonderen Aufwand erhalten.

Werkstätten für Menschen mit Behinderung (§§ 136–144): Werkstätten für Menschen mit Behinderung bedürfen der Anerkennung durch die BA im Einvernehmen mit dem überörtlichen Träger der Sozialhilfe. Sie haben als eine Einrichtung zur Teilhabe behinderter Menschen am Arbeitsleben denjenigen behinderten Menschen, die wegen Art oder Schwere der Behinderung nicht, noch nicht oder nicht wieder auf dem Arbeitsmarkt beschäftigt werden können, eine angemessene berufliche Bildung und Beschäftigung anzubieten sowie dazu beizutragen, dass behinderte Menschen ihre Leistungs- oder Erwerbsfähigkeit erhalten, entwickeln, erhöhen oder wiedergewinnen und auch ihre Persönlichkeit weiter entwickeln können. Sie haben ein möglichst breites Angebot an Berufsbildungs- und Arbeitsplätzen anzubieten und im Rahmen ihres Auftrages auch den Übergang geeigneter Personen auf den Arbeitsmarkt durch geeignete Maßnahmen zu fördern. Problematisch ist nach wie vor die Entlohnung der Beschäftigten mit Behinderung.

Unentgeltliche Beförderung schwerbehinderter Menschen im öffentlichen Personenverkehr (§§ 145–154): Das S. ist nicht nur auf Schwerbehinderte beschränkt, die im Arbeitsleben stehen, sondern hat auch für schwerbehinderte Menschen Bedeutung, die nicht, noch nicht oder nicht mehr im Arbeitsleben stehen. Dies gilt insbes. für das erstmals mit Wirkung vom 1. 10. 1979 in das SchwbG eingefügte Recht der unentgeltlichen Beförderung im öffentlichen Personenverkehr. Danach haben schwerbehinderte Menschen, die in Folge ihrer Behinderung in ihrer Bewegungsfähigkeit im Straßenverkehr erheblich beeinträchtigt oder hilflos oder gehörlos sind, dem Grunde nach Anspruch auf unentgeltliche Beförderung im öffentlichen Personenverkehr. Die zur unentgeltlichen Beförderung verpflichteten Verkehrsunternehmen haben gegenüber Bund und Ländern einen Erstattungsanspruch der ihnen entstandenen Fahrgeldausfälle.

S

Ende 2015 waren bei den Versorgungsämtern der Länder 7,6 Mio Menschen „amtlich" als Schwerbehinderte mit gültigem Schwerbehindertenausweis anerkannt. Das entspricht einem Anteil von 9,3 % an der Gesamtbevölkerung. Rd. 55 % davon waren über 65 Jahre alt (Stat.BA 2016).

Harald Rauschenbach

Literatur

Ernst/Adlhoch/Seel: Sozialgesetzbuch IX, Loseblattausgabe, Stuttgart 2015. ◆ Hauck/Noftz: Gesamtkommentar zum Sozialgesetzbuch IX, Loseblattwerk, Berlin 2015. ◆ K. Lachwitz/H. Schellhorn/F. Welti: Handkommentar zum SGB IX, Neuwied [4]2014.

Links

www.bmg.de
www.bmas.de
www.behindertenbeauftragter.de
www.integrationsaemter.de
www.destatis.de

(Sog.) Sekten und Psychogruppen

Zum Begriff

Bei den Sekten handelt es sich, wie die Zusätze „Sogenannte" und „Psychogruppen" bereits anzeigen sollen, um einen Bereich, zu dem es keinen allgemein gültigen und allseits akzeptierten Oberbegriff gibt. Dies zeigte auch die Diskussion der Enquêtekommission „Sogenannte Sekten und Psychogruppen" des BT. Der Name dieser Kommission ist hier zum Stichworttitel gewählt worden. Die Enquêtekommission behandelte die Gesamtthematik von 1996–1998 in der bisher für den deutschsprachigen Raum umfassendsten Weise. Bemerkenswert ist, dass die kritische Diskussion des „Sekten"-Begriffs in dieser Kommission zu dem neutraler gehaltenen Titel des Endberichts der Kommission führte: „Neue religiöse und ideologische Gemeinschaften und Psychogruppen in der Bundesrepublik Deutschland" („Neue religiöse …"/Endbericht, 36). Da hier auf die problembezogenen Aspekte der behandelten Phänomene und Entwicklungen besonders eingegangen werden soll und in der Bevölkerung der Begriff „Sekte" den vergleichsweise größten Bekanntheitsgrad besitzt – durchaus mit einem auf Problemgehalte hinweisenden negativen Unterton – wird der gewählte Titel gegenüber anderen begrifflichen Definitionen bevorzugt.

Ein besonderes Phänomen stellen die sog. „Psychogruppen" dar, die u. a. durch eine nicht (vorrangig) religiös bestimmte Zielrichtung charakterisiert sind. Hier ist z. B. an die Scientology-Organisation zu denken, wenngleich die problematischen Aktivitäten dieser Organisation weit über die psychische Beeinflussung ihrer Mitglieder hinausgehen und in Deutschland sogar die Beobachtung durch den Verfassungsschutz nach sich ziehen. Neben den beiden Sammelbegriffen „Sekte" und „Psychogruppe" sind in der öffentlichen Berichterstattung bzw. Fachdiskussion der letzten Jahre noch weitere Bezeichnungen für bestimmte Erscheinungen des Gesamtthemenbereichs geprägt worden: Fundamentalismus, Destruktive Kulte, Psychokulte, Neue religiöse und weltanschauliche bzw. ideologische Bewegungen, Gurubewegungen, Politsekten, Strukturvertriebe, Lebensbewältigungshilfe- und Therapie-Markt, Esoterik, New Age, Okkultismus/Spiritismus/Satanismus oder (Neue) Jugendreligionen. Der Begriff „Jugendreligionen" stand lange Zeit für eine gewisse Anzahl von weltweit operierenden (quasi-)religiösen Organisationen, die v.a. aus den USA kamen und mit in Europa bisher unbekannten (wirtschaftlichen) Strategien und „Psychotechniken" sowie ihren mehr oder weniger extremen oder ungewöhnlichen Lehren und Lebensformen von sich reden machten. Der Begriff „Jugendreligionen" ist heute weitgehend überholt, da sich die entsprechenden Organisationen überwiegend an Volljährige wenden, die wirtschaftlich interessant, einflussreich und im rechtlichen Sinn eigenverantwortlich sind. Indirekt sind Kinder und Jugendliche – v.a. die Kinder der Anhänger – für viele Organisationen als Zukunftspotenzial allerdings von größter Bedeutung. Der Kreis der sog. „Sekten und Psychogruppen" (SuP) geht über die vormaligen „Jugendreligionen" weit hinaus und ist sehr differenziert zu sehen.

Globaler Kontext der Phänomene

Der 11. September hat deutlich gemacht, dass (religiös bzw. ideologisch) fanatisierte Extremisten keine Randerscheinung der aktuellen welthistorischen Entwicklung sind. Dieser Terrorismus hat auch zu tun mit der gegenseitigen Durchdringung religiöser, ideologischer, wirtschaftlicher, kultureller und massen- wie individual-psychologischer Faktoren angesichts der negativen Begleiterscheinungen von Globalisierungsprozessen, des Ringens um eine „neue Weltordnung", des „Kampfes der Kulturen" (Huntington) usw. Quer zu lokalen, nationalen und internationalen Konflikthintergründen bestehen mittlerweile weltweit Spannungen zwischen religiösen Traditionen bzw. Religiosität überhaupt und einer sich zunehmend durchsetzenden säkularen Gesellschaft.

Unabhängig vom jeweiligen Kulturraum – christlich, islamisch, buddhistisch, hinduistisch usw. – formieren sich gegen den weltweiten säkularen Trend der Moderne „fundamentalistische" Gegenbewegungen und andererseits synkretistische (Neu-)Religionen, die sich aus Elementen verschiedener Religionen (neu) zusammensetzen. In den hoch industrialisierten Gesellschaften kommt es überdies zu „postmodernen" und „postsäkularen" (Habermas) Erscheinungen religiöser Be-Sinnung und der individuellen Sinnsuche mit deutlich eskapistischer Tendenz (Weltflucht, Innerlichkeit, „neue" Spiritualität, Esoterik usw.). „Wiederverzauberung" der Welt, Faszinosum des Irrationalen und Abgründigen bis hinein in die Filmproduktion und Kinderbuchliteratur haben Konjunktur.

Die Unterscheidung zwischen organisierten Gruppierungen und eher individualistisch und diffus sich formierenden Bewegungen erscheint hier zweitrangig. Zwischen den organisierten spektakulären Terrorakten (zumindest teilweise) religiös motivierter Extremisten und Selbstmordattentäter und einer „nach außen" praktisch nicht in Erscheinung tretenden subtilen Destruktivität (v.a. für die Anhänger selbst) bei bestimmten Gruppierungen und Bewegungen erstreckt sich ein breites Spektrum von individuell bis (sozial-)politisch relevanten Problemfeldern.

Einige Schlaglichter: Viele, selbst kleine aber international operierende „Sekten" sind ausführlichst auf deutschen Internetseiten vertreten, um den Kontakt zu den deutschsprachigen Anhängern zu halten bzw. Werbung zu betreiben. In der kommunistischen Volksrepublik China ist „Falun Gong" eine Massenbewegung, deren Führer im US-amerikanischen Exil fungiert. Die verschiedenen Religionen verbreiten sich v.a. durch Migration weltweit, wobei sich gerade auch Abspaltungen der traditionell gewachsenen Hauptströmungen im Ausland engagieren, weil sie in den Herkunftsländern nicht anerkannt oder gar verboten sind bzw. diskriminiert oder verfolgt werden. Wie diese wenigen Beispiele zeigen, tritt das Phänomen „Sekten" weltweit und anscheinend unabhängig vom jeweiligen religiösen und kulturellen Umfeld oder auch politischen System auf.

Anfang der 1990er Jahre war nach dem Zusammenbruch der kommunistischen Regime in Osteuropa befürchtet worden, dass in den nBL als auch in den anderen ehemaligen Ostblockstaaten nach einer jahrzehntelang antireligiös geprägten Politik sowohl ein ideologisches als auch religiöses Vakuum in der Gesellschaft sichtbar würde und die Bevölkerung besonders anfällig für die Botschaften und Lebensmodelle von SuP aus der westlichen Welt sei. Dies bestätigte sich zwar nicht, aber die Entwicklung hat in diesen Ländern mittlerweile wohl ebenfalls „Weltniveau" erreicht.

Psychische Abhängigkeit/„Passung"

Wenn man mit Schleiermacher (Einleitung seiner Glaubenslehre von 1830/31) psychologisch vom Menschen als einem religiösen Wesen ausgeht, das vom „Gefühl der schlechthinnigen Abhängigkeit“ bestimmt ist – mit dem allerdings „Freiheitsgefühl“, „Selbsttätigkeit“ und „Selbstbewusstsein“ (nicht nur in der Gottesbeziehung) korrespondieren! – dann lässt sich (nicht nur religionspsychologisch) ein zentraler Wirkmechanismus von SuP und in fundamentalistischen Bewegungen klarer erkennen: Wenn Abhängigkeitsgefühl zu (unbewusstem) Abhängigkeitsbedürfnis (gemacht) wird, kann Religiosität durch Machtstreben korrumpiert und politisch instrumentalisiert werden, wodurch sich die sozialintegrative Funktion von Religiosität ins (Selbst-)Zerstörerische verkehren kann.

„Die von außen wahrgenommenen Verhaltens- und Denkweisen, die als ‚psychische Abhängigkeit‘ von einer extremen Religions- oder Weltanschauungsgemeinschaft beschrieben werden, lassen sich fachlich verstehen als Folgen einer ungewöhnlich starken Bindung des Einzelnen an eine Gemeinschaft, die durch ihre exklusive Selbstdefinition als Sinn- und Werteinstanz und durch die Konkretisierung dieses Selbstverständnisses in hierarchischen Machtstrukturen ein hohes Maß an Sozialkontrolle ausübt, ein hohes Maß an Gegnerschaft gegenüber der Umwelt erzeugt und hohe Investitionen an Zeit, Geld und Dienstleistungen für die Gruppe und ihre Führung von den Mitgliedern fordert.“ („Neue religiöse …“/ Endbericht).

Aufgrund der ihr vorliegenden wissenschaftlichen Untersuchungen prägte die Enquêtekommission den Begriff der „Passung“, der festhält, „dass ein enger Zusammenhang zwischen der Lebensorientierung bzw. der Persönlichkeit von Individuen sowie dem Angebots- und Anforderungsprofil von Gemeinschaften besteht, denen sie sich zuwenden. Ebenso steht fest, dass innerpsychische bzw. soziale Labilität einen wichtigen Faktor bei allen biographischen Umorientierungen bildet. Von daher erscheinen die *Interaktionen* zwischen *Individuum* und Gemeinschaft als Teile eines Such- und Anpassungsverhaltens, das durch psychische Manipulation der Gruppe weder erzeugt noch ersetzt, wohl aber gelenkt werden kann.“ („Neue religiöse …“/Endbericht).

Eine Hauptgefahr bei problematischen „Sekten“, „Psychogruppen“ und ähnlichen Bewegungen besteht darin, dass die besonderen Bedürfnisse und Ängste von derart „lenkbaren“, beeinflussbaren Menschen zu Anwerbe- und Ausbeutungszwecken missbraucht werden. Hier sind v. a. die „Psycho-Techniken“ zu kritisieren, die von entsprechend konfliktträchtigen Gruppierungen, Organisationen oder Einzelanbietern angewandt werden. Um die Selbstbestimmung der Menschen zu umgehen, werden durch z. T. hochwirksame Überzeugungstechniken sowie durch Strategien der Bewusstseinskontrolle das Selbstbewusstsein, die Fähigkeit zur realitätsnahen Wahrnehmung und Kritikfähigkeit sowie die Umsetzung des eigenen Willens weitgehend außer Kraft gesetzt. Es gibt sehr vielschichtige Vorgehensweisen, wie der Einzelne gewonnen, abhängig gemacht und fanatisiert werden kann. Wie dies im einzelnen persönlichen Fall und hinsichtlich der jeweiligen Gruppierung „funktioniert“, kann nur aufgrund genauer Informationen über die jeweilige Gruppe und im Zusammenhang mit der Vorgeschichte und Situation beim (neuen) Mitglied geklärt bzw. aufgearbeitet werden.

Erkennungsmerkmale

Die folgenden symptomatischen Merkmale können auf gefährliche bzw. gefährdende SuP hinweisen *(Gefährdung)*. Dabei werden für die (Sozial-) Politik, *Prävention*, JH und Soziale Arbeit exemplarische Aspekte der Kindererziehung und Sozialisation hervorgehoben. Diese Aspekte sind weitgehend auf die Erwachsenenwelt übertragbar und leiten sich von bestimmten strukturellen Bedingungen bei problematischen „Sekten“ her. Entsprechende „Checklisten“ für Jugendliche und Erwachsene sind bereits in verschiedener Form veröffentlicht (z. B. www.blja.bayern.de/Sekten“ → Checkliste) und als Faltblatt verteilt worden. Erkennungsmerkmale können sein:

- Hat eine von der „Sekte“ verfügte Fremdbetreuung Vorrang vor der elterlichen Erziehung? Wird den Eltern die Entscheidungsgewalt mehr oder weniger entzogen?
- Werden die Kinder und Jugendlichen durch die „sektengesteuerte“ Erziehung systematisch sozial isoliert, mit der Konsequenz, dass sie in eine Außenseiterrolle gedrängt werden?
- Werden nicht altersgerechte Methoden oder Psychotechniken angewandt (z. B. harte Meditationstechnik, scientologisches Auditing)?
- Werden individuelle, altersangemessene Bedürfnisse von Kindern und Jugendlichen unterdrückt (z. B. Aggressionen, Eigeninitiative)? Zählen bereits die Kinder als hoffnungsvolle Funktionsträger der „Sekte“ und nicht als individuelle Persönlichkeit?
- Werden bereits Kinder und Jugendliche emotional, ideell und materiell ausgebeutet (Überforderung, z. B. durch Spendensammeln oder andere Arbeiten, sexuelle Ausbeutung, Übertragung besonderer Verantwortlichkeiten, „Lebensübergabe“ oder andere Formen der Selbst-

S

aufopferung) oder werden sie systematisch vernachlässigt (da sie z. B. der „spirituellen Entwicklung" der Erwachsenen im Wege sind)?
- Wird in der Erziehung das Einflößen von Angst oder Schuldgefühlen durchgehend als Erziehungsmittel eingesetzt (Verweise auf die Karma-Schuld, Bedrohung durch Dämonen oder teuflische Mächte, Endgericht, Verdammnis)?
- Werden bereits an Kindern exorzistische Handlungen vorgenommen („Befreiungsdienste", Bußübungen, rituelle Übungen zur Reinerhaltung)?
- Herrscht eine extreme Strenge in der Erziehung durch Sanktionen wie (körperliche) Züchtigung, Unterwerfung, Liebesentzug und Einschränkung persönlicher Freiheiten, Strafarbeit (Schulungen, Trainings, Zwangsmeditation)?
- Werden bereits Kindern in rigider Weise Denkstrukturen (z. B. Feindbilder) aufgezwungen? Wird diese Indoktrination durch eine „sekteneigene" Sprache noch unterstützt?
- Herrscht bis in die Familie hinein eine totalitäre Führungsstruktur, die grundsätzliche demokratische Rechte ablehnt oder auf deren Abschaffung hinarbeitet (Befehlsgehorsam, Intoleranz, keine freie Meinungsbildung und -äußerung, Zensur, Verbot, sich am demokratischen Leben zu beteiligen u. Ä.)?
- Wird bereits den Kindern ein völlig irreales bzw. wahnartiges Wirklichkeitsverständnis vermittelt (z. B. abstruse Endzeitvorstellungen, von Panik oder paranoiden Vorstellungen begleitete Realitätswahrnehmung in Folge angeblicher Offenbarungen oder Visionen)?
- Wird die psychosexuelle Entwicklung durch sexualfeindliche oder umgekehrt durch besonders freizügige Haltungen und Praktiken oder gar durch Missbrauch gestört oder verhindert?
- Sind gesundheitliche Vorsorge und medizinische Versorgung eingeschränkt (unnachvollziehbare Ernährungsvorschriften, Arzt- bzw. Medikamentenverbot, Glaubensheilung, Exorzismus u. Ä. aufgrund „sektenspezifischer" Bedeutung von Gesundheit und Krankheit)?
- Widerspricht die Rolle der Frau in der „Sekte" (als Leitbild insbesondere für die Mädchen) dem heute allgemein anerkannten Status von Frauen in krasser Weise?
- Welchen Stellenwert haben Schulbildung und berufliche Perspektive? Haben z. B. Missionstätigkeit bzw. religiöse oder geistige Entwicklung i. S. der „Sekte" Vorrang bis hin zur Schulpflichtverletzung oder Aufgabe des Studiums?

Anhand dieser Kriterien können die Strukturen und Kontrollmechanismen, die das Leben in/mit einer entsprechenden Gruppierung bestimmen, abgefragt werden.

Information, Beratung und öffentliches Handeln

Da die Vereinnahmung durch die problematischen SuP sehr schnell wirksam werden kann, ist ein frühzeitiges Erkennen verdächtiger Merkmale besonders wichtig. Neben den bekannten SuP gibt es eine Vielzahl eher unbekannter, z. T. sehr kleiner oder gerade neu entstehender Bewegungen und Anbieter. Eine aktuelle, umfassende und allgemein anerkannte Auflistung eindeutig seriöser bzw. gefährdender Angebote kann es nicht geben. Genauso wenig kann es Patentrezepte geben, wie man sich vor den psychomanipulativen Techniken verschiedener Gruppierungen schützen kann, oder wie man Angehörige aus problematischen SuP wieder „herausholen" kann. Zur Orientierung über die „Angebote" bzw. zum Schutz vor negativen Erfahrungen ist es deshalb wichtiger, selbständig einschlägige negative Merkmale erkennen zu können und zu wissen, wo fachliche Hilfe gesucht werden kann.

In der Beratung bei den kirchlichen Beauftragten für den Bereich der SuP oder bei JÄ, Erziehungsberatungsstellen usw. können nähere Informationen und Erfahrungswerte als Einschätzungshilfen eingeholt werden. Im Internet sind zu einer Vielzahl von Gemeinschaften, Organisationen, Firmen und Einzelanbietern umfangreiche Selbstdarstellungen, aber zunehmend auch kritische Darstellungen und Einschätzungen von kirchlichen und staatlichen Fachstellen, ehemaligen Anhängern und Initiativen von Mitbetroffenen zu finden und Hinweise auf spezielle Hilfsangebote für den persönlichen Einzelfall zu erhalten.

Um aus der Gesamtproblematik Konsequenzen für Politik, Rechtsprechung und Kultur zu ziehen, bilden für Deutschland die im GG und demokratischer Grundordnung festgelegten Menschenrechte und demokratischen Grundsätze die angemessene Orientierungsgrundlage. Gefordert sind hier neben angemessenen Reaktionen der Gerichte, Verfassungsschutz- und Strafverfolgungsbehörden präventive Bemühungen in allen gesellschaftlichen Bereichen, v. a. durch Integration und Dialog, Information, Aufklärung und kritische Auseinandersetzung in den *Medien,* in der Bildung, Erziehung und sozialen Arbeit. Da es sich insgesamt um einen Problembereich handelt, der durch das Aufeinandertreffen von in gewisser Weise konträren Freiheitsrechten (Religionsfreiheit vs. Menschenwürde, freie Entfaltung der Persönlichkeit vs. Recht auf Unversehrtheit lt. GG) mitcharakterisiert und damit nur eingeschränkt „justiziabel“ ist, sind im Vorfeld vorrangig politische, öffentliche und persönliche Auseinandersetzung und Meinungsbildung sowie im Bedarfsfall gezielte Beratungs- und andere Hilfsangebote angezeigt. Aufgrund des Beratungsbedarfs initiierte die BReg ein bundesweites 3-jähriges Modellprojekt (2000–2003), das Fachkräfte von Ehe-, Lebens- und Familienberatungsstellen für die spezifische Arbeit im hier behandelten Problemfeld weiterqualifiziert hat (BMFSFJ-Forschungsberichte: Abschlussbericht Prävention im Bereich der sog. Sekten, 2004).

Helmar Bluhm

Literatur

Bayerisches Staatsministerium des Innern (Hrsg.): Das System Scientology – Wie Scientology funktioniert, München 2010 ◆ U. Caberta: Schwarzbuch Scientology, Gütersloh 2007 und Scientology. Die ganze Wahrheit, Gütersloh 2014 ◆ U. Caberta: Schwarzbuch Esoterik, Gütersloh 2011 ◆ Dt. BT (Hrsg.): Neue religiöse und ideologische Gemeinschaften und Psychogruppen in der BRD, Endbericht der Enquêtekommission „Sog. Sekten und Psychogruppen“, BT-Drs. 13/10950 (als PDF-Datei im Internet) ◆ K.-H. Eimuth: Sektenratgeber – Informationen und Ratschläge für Betroffene, Freiburg i.Br. 1997 ◆ Evangelische Zentralstelle für Weltanschauungsfragen (Hrsg.): Materialdienst, Monatszeitschrift, Berlin ◆ R. Hempelmann u. a.: Panorama der neuen Religiosität – Sinnsuche und Heilversprechen zu Beginn des 21. Jahrhunderts, Gütersloh ²2005 ◆ Senatsverwaltung für Schule, Jugend und Sport Berlin (Hrsg.): „Alles Sekte – oder was?“ Berlin 2002 (als PDF-Datei im Internet) ◆ J. Sinabell u. a.: Lexikon der Sekten, Sondergruppen und Weltanschauungen, Freiburg i. Br. 2009.

Links

www.religio.de
www.ekd.de/ezw
www.agpf.de
www.blja.bayern.de (→ Sekten)

Selbsthilfe/Selbstorganisation

Historisches

In Abgrenzung zum Ehrenamt *(Bürgerschaftliches Engagement)* und zur professionellen SozArb *(Professionalisierung)* kennzeichnet der Begriff S. in der *Geschichte der Sozialarbeit/Sozialpädagogik* überaus widersprüchliche Entwicklungen. S. steht für unterschiedliche sozialpolitische Strömungen, Bewegungen (und Gegenbewegungen), für Forderungen von Jugendlichen und Erwachsenen für neue, eigene, den Menschen nahe Gestaltungs- und Selbstbestimmungsmöglichkeiten, gegen überkommene, einschränkende, unterdrückende, unzulängliche (öffentliche) Angebotsstrukturen. So lässt sich mit dem Begriff S. vielleicht sogar jener politische Prozess beschreiben, in dem sich soziale Sicherungssysteme und professionelle Helfer herausgebildet haben, in dem sich (selbst-)organisierte Jugend- und Wohlfahrtsverbände gründeten, in dem „Gegenbewegungen“ (z. B. Arbeiterjugend, „wilde Cliquen“, Kinderfreundebewegung) immer wieder aufkamen – und in dem diese Bewegungen durch ein sich entwickelndes öffentliches Rechts- und Fördersystem auch immer wieder einvernommen, kontrolliert oder unterdrückt wurden.

Die Zielsetzung des Reichsarbeitsministeriums (1929), „den Hilfebedürftigen in Willen und Kraft so zu stärken, dass er sich durch eigenes Können, Mühen und Schaffen selbst behauptet“, blieb als „Hilfe zur Selbsthilfe“ jedoch auf den Einzelnen bezogen, meist plakativ und wurde kaum mit (autonomer) Selbstorganisation und schon gar nicht mit Gegenbewegung gleichgesetzt.

Das Handlungsprinzip der „Hilfe zur Selbsthilfe“ ist bis heute die meist zitierte Maxime *Sozialer Arbeit* – und „eine besonders liebevoll gepflegte Utopie“ (Heckmann, in: C. W. Müller 1993). „Hilfe zur Selbsthilfe“ bedeutet die Befähigung der Adressaten der SozArb, durch materielle und immaterielle Hilfen ein eigenständiges, von fremder Hilfe unabhängiges Leben zu führen. Dennoch wird die „Stärkung der Selbsthilfekräfte“ immer wieder in Frage gestellt, sei es, dass Fähigkeiten der Adressaten überschätzt werden, Problem- und Konfliktpotenziale immer wieder neu entstehen (z. B. Arbeitslosigkeit, Wohnungsnot, psychosoziale Probleme), zu früh oder zu spät „losgelassen“ wird. Wirklich neu ist allerdings, dass die Maxime der „Hilfe zur Selbsthilfe“ nicht mehr nur auf Einzelne bezogen bleibt *(Netzwerke, soziale)*.

Seit Ende der 1960er Jahre gibt es in den alten BL „Selbsthilfegruppen/-projekte“. In den nBL gab es das Wort S. vor der Wende nicht (Stein in: C. W. Müller 1993). Dort haben sich daher erst, z. T. gestützt durch Selbsthilfekontakt- und Beratungsstellen, seit der Vereinigung auch so bezeichnete Selbsthilfegruppen gegründet.

Begriff und Formen von Selbsthilfe/Selbstorganisation

S. sind in Organisationsformen, Tätigkeitsschwerpunkten und Finanzierungen so vielfältig wie ihre Bezeichnungen (Alternativprojekte, Selbsthilfe-, Initiativgruppen).

Unbestritten ist, dass es sich um Initiativen von einzelnen Betroffenen, meist aber von Gruppen handelt – also nicht von Ämtern, Behörden oder großen Verbänden *(Jugend- und Wohlfahrtsverbände)*. Es sind (überwiegend) Initiativen, die „alternativ" zu bestehenden Strukturen selbstbestimmt (selbstverwaltet) organisiert sind und die sowohl aus ihrer Entstehungsgeschichte als auch mit ihrer Arbeit deutlich machen, dass bestimmte Bedürfnisse der Betroffenen durch die bestehenden Angebote, Arbeits- und Organisationsformen (noch) nicht oder nicht mehr befriedigt werden. Weitere Kennzeichen sind Autonomie des Handelns, Transparenz der Binnenstruktur, die Aufhebung von (üblicherweise) getrennten Lebenswelten (ganzheitlicher Ansatz), Veränderung interner Kommunikationsformen durch die Berücksichtigung emotionaler und subjektiver Faktoren sowie der weitgehende Verzicht auf Effektivität und Effizienz des Handelns im üblichen Sinne.

Tätigkeitsschwerpunkte

Drei Ebenen (Tätigkeitsschwerpunkte) von S. lassen sich unterscheiden:

- **Soziale Selbsthilfe/Selbstorganisation:** Hierzu gehören die zahlreichen Initiativen im Bereich SozArb (und der *Gesundheitshilfe*), die vorwiegend zielgruppenspezifisch von den Betroffenen selbst initiiert und organisiert sind.
- **Sozialökonomische Selbsthilfe/Selbstorganisation:** Diesem Bereich sind überwiegend Berufsausbildungs- und (qualifizierende) Beschäftigungsprojekte zuzuordnen, die mit einer, wenn auch begrenzten ökonomischen Orientierung (Produktivität) zugleich bestimmte Aufgaben SozArb übernehmen. Diese Projekte sind selten von den Betroffenen selbst initiiert aber aufgrund ihrer sozialen Ausrichtung („Hilfe zur Selbsthilfe") und ihrer selbstverwalteten Organisationsform dem Selbsthilfebereich zuzurechnen.
- **Ökonomische Selbsthilfe/Selbstorganisation:** Hier geht es um die eigenständige Teilnahme am Markt- und Wirtschaftsgeschehen. Da diese Projekte als (kleinere) Firmen/Betriebe überwiegend ökonomisch ausgerichtet sind, lassen sie sich nur schwer mit sozialen Zielsetzungen (i. e. S.) verknüpfen.

Die Entwicklung neuer Träger und neuer Handlungsansätze in der SozArb kam jedoch nicht von ungefähr. Es gab Rahmenbedingungen und Impulse durch gesellschaftliche Entwicklungen und erste Ansätze, aus anderen Politikbereichen zu lernen. Zu den allgemeinen Entstehungsbedingungen von S. gehören u. a.:

- die Kritik an bestehenden Handlungsstrukturen und Negativerscheinungen SozArb (z. B. Institutionalisierung, Bürokratisierung, Spezialisierung, *Stigmatisierung*);
- die Diskussion zur Betroffenenbeteiligung im Rahmen der Jugendhilfe- und Sozialplanung, die mit Sicherheit dazu beigetragen hat, das Verständnis des „Klientels" zu entbürokratisieren und Planung als eine längerfristige Strategie der „Hilfe zur Selbsthilfe" zu begreifen;
- die Auseinandersetzungen um die Beteiligung der Betroffenen v. a. im Baubereich und die vielfältig entstandenen Bürgerinitiativen, die das soziale bzw. sozial-ökonomische Selbsthilfepotenzial erheblich verstärkt haben;
- die Arbeitssituation und die Berufschancen ausgebildeter Fachkräfte insbesondere in den „sparenden" Strukturen des sozialen Bereichs, die bei der Entstehung von S. seit Ende der 1970er Jahre keine unwesentliche Rolle gespielt haben dürften, sowie das Engagement in der SozArb völlig untypischer Professionen (z. B. Bauingenieure, Architekten, Handwerker).

Alternativbewegungen

Die Behauptung, die (später) so bezeichnete „Selbsthilfebewegung" habe ihren Ursprung in der Berliner JH der frühen 1970er Jahre, ist sicher nicht falsch. Der Weg damals, neue, selbstorganisierte Träger mit (radikal) neuen Arbeitsansätzen zu fördern, war für die politisch Verantwortlichen nicht leicht (erbitterte Auseinandersetzungen gab es z. B. um das Georg-von-Rauch-Haus, antiautoritäre Kinderläden und später um die Hausbesetzerbewegung). Beschimpfungen von allen Seiten waren an der Tagesordnung. Niemand war zufrieden: die einen nicht, weil es viel Unruhe gab, die anderen nicht, weil sich Konkurrenzen und fachlicher „Wettbewerb" um Förderungen entwickelten; und die, die gefördert wurden, fühlten sich nicht hinreichend abgesichert oder es wurde zu viel „hineingeredet". Ämter hatten Mühe mit „Kollektivvereinen" und der Verlässlichkeit der Angebote. Der Widerspruch zwischen öffentlicher Gesamtverantwortung und Trägerautonomie trat deutlich zutage und wurde heftig diskutiert (z. B. Heimaufsicht, „Staatsknete").

Ende der 1970er Jahre weitete sich die Selbsthilfebewegung bundesweit (z. T. mit europäischen „Vernetzungen") rasant aus. Es gab einen „Nachholbedarf" in fast allen Politikbereichen (z. B. Gesundheit, Frauen, Alte, autonome Kulturarbeit usw.). In vielen Städten wurden „Alternativtöpfe" (d.h. disponible Finanzierungsmöglichkeiten) sowie Selbsthilfekontakt- und Beratungsstellen eingerichtet (z. B. SEKIS in Berlin). Die von ihrem Selbstverständnis eher autonome „AlternativSzene" bündelte ihre Aktivitäten in „Netzwerken" (z. B. Netzwerk Selbsthilfe e. V. in Berlin) als trägerübergreifende Zusammenschlüsse regional und überregional. Die (fach-)politischen Auseinandersetzungen dieser Zeit lassen sich kennzeichnen durch Stichworte wie z. B. Krise des Wohlfahrtsstaates, informeller Sektor, Vernetzung, Erwerbsarbeit/Lohnarbeit, Staatsknete, Schattenwirtschaft, alternative Ökonomie.

Wirkungen von Selbsthilfe/ Selbstorganisation

Selbstorganisierte, selbstverwaltete Initiativen und Projekte haben sich im Bereich SozArb durchgesetzt, sie haben vielfältige Aufgaben übernommen und zu einer Wiederbelebung des Selbsthilfegedankens beigetragen. Soziale und sozialökonomische Selbsthilfeprojekte sind inzwischen (fach)politisch weitgehend akzeptiert. Für die Übernahme von Jugendhilfeaufgaben werden Selbsthilfeträger (neben öffentlichen Trägern, Kirchen, Religionsgemeinschaften des öffentlichen Rechts und Verbänden der freien Wohlfahrtspflege) im SGB VIII (§§ 4 (3), 25) ausdrücklich erwähnt und (unter den Bedingungen des § 75 SGB VIII) als förderungswürdig anerkannt *(Subsidiarität, Familienselbsthilfe)*.

Heute ist es wieder ruhig geworden um die Selbsthilfebewegung und selbstorganisierte Projekte – vielleicht weil sie zum selbstverständlichen Bestand von SozArb gehören (und ihre Exotik verloren haben), vielleicht aber auch, weil „Traditionen" in den Hintergrund treten. Auch wenn der Druck der „Bewegung" nicht mehr fordernd ist, Netzwerke sich z. T. aufgelöst haben, die fachliche Auseinandersetzung mit S. stagniert, S. in Veröffentlichungen, Beschlüssen und Tagungen kaum noch vorkommt, verändert hat S. in der SozArb vieles (Kreft/Lukas u. a.):

S

- Die *Einmischungsstrategie* (Mielenz 1981) hat einen gesetzlichen Auftrag in § 1 Abs. 3 Nr. 4 SGB VIII. Ohne alternative Projekte hätte es diesen Arbeitsansatz mit der Ausweitung der Handlungsfelder und Kompetenzen der JH (der SozArb) nicht so schnell und nicht in dieser Form gegeben. Dazu gehört auch ein (wieder) offensives Verständnis und die Entwicklung von handfesten Hilfen in der SozArb; die kleinen überschaubaren Einheiten, die Teilhabe von Betroffenen und die Erschließung neuer Finanzierungsquellen.
- Orientierungen und Handlungsprinzipien haben sich verändert: Lebensweltorientierung und ein stärkerer regionaler (kleinräumlicher) Bezug, Zugänglichkeit im Alltag, Ganzheitlichkeit, Situationsbezogenheit *(Sozialraumorientierung)*.
- Neben Professionellen und Ehrenamtlichen hat sich eine neue Helfergruppe etabliert, die gleichberechtigt neben den anderen steht. Die traditionellen Träger haben sich geöffnet und verändert, sind in der Konkurrenz um Adressatengruppen und Zugängen selbstkritischer geworden.
- V. a. im Bereich der *Gesundheitshilfe* haben Selbsthilfegruppen eine große Bedeutung erlangt. Als notwendige und sinnvolle Ergänzung zu medizinischen und/oder therapeutischen Behandlungen sowie zur *Prävention* besteht die Möglichkeit der Förderung durch Krankenkassen nach § 20c SGB V.

S. soll jedoch auch nicht überbewertet werden. Trotz des Zulaufs zu selbstorganisierten Projekten ist die Leistungsfähigkeit nicht-professioneller Sozialsysteme und Gruppierungen (z. B. auch Familie, Nachbarschaft) im Zuge gesellschaftlicher Veränderungen eher eingeschränkt, wenn nicht in Auflösung begriffen. S. ist kein Allheilmittel und gegen liberalistische oder sozialromantische Auslegungen nicht gefeit. S. lässt sich nicht verordnen. Es ist die Aufgabe der „großen Netze", für S. Voraussetzungen und Rahmenbedingungen zu schaffen, Raum zu lassen, zu ermutigen und zu befähigen. Dabei muss die „Gratwanderung" zwischen Förderung und Einbindung bewusst bleiben. Die politische, fachliche und strukturelle Chance für die Entwicklung von SozArb ist die Vielfalt ihrer Angebote, die Vielfalt ihrer Träger und die Nähe zu ihren Adressaten.

Ingrid Mielenz

Literatur

AW Bundesvorstand e. V. (Hrsg.): Alternative Projekte der Jugendhilfe in Berlin. Endbericht und Materialien, Bonn 1983 ◆ F. Boll/T. Olk (Hrsg.): Selbsthilfe und Wohlfahrtsverbände, Freiburg i.Br. 1987 ◆ Deutsche Arbeitsgemeinschaft Selbsthilfegruppen: Selbsthilfejahrbuch 2016 (jährlich seit 1999) unter www.dag-shg.de mit vielen Fachbeiträgen zum Download ◆ B. Hill u. a. (Hrsg.): Selbsthilfe und Soziale Arbeit, Weinheim/München 2013 ◆ F. Haller/H. Gräser:

Selbsthilfegruppen, Weinheim/München 2012 ♦ W. Klug: Wohlfahrtsverbände zwischen Markt, Staat und Selbsthilfe, Freiburg i.Br. 1997 ♦ D. Kreft: Öffentliche Träger, Kirchen und Religionsgemeinschaften des öffentlichen Rechts, Wohlfahrts- und Jugendverbände, selbstorganisierte (alternative) Projekte und Initiativen. Zur Entwicklung ihres Verhältnisses, in: spi-Berlin 1987 ♦ D. Kreft/H. Lukas u. a.: Perspektivenwandel der Jugendhilfe, 2 Bde., Frankfurt/M. ²1993 ♦ I. Mielenz: Die Strategie der Einmischung – Soziale Arbeit zwischen Selbsthilfe und kommunaler Politik, in: np, Sonderheft 6/1981 ♦ I. Mielenz: Jugendhilfe und alternative Projekte – Möglichkeiten und Grenzen, in: NDV 10/1984 ♦ I. Mielenz: Der Selbsthilfegedanke in der Jugendhilfe, in: AGJ (Hrsg.): Der Jugend eine Zukunft sichern, Münster 1991 ♦ C. W. Müller (Hrsg.): Selbsthilfe. Ein einführendes Lesebuch, Weinheim/Basel 1993 ♦ T. Olk: Abschied von Experten. Sozialarbeit auf dem Weg zu einer alternativen Professionalität, München 1986 ♦ A. Trojan (Hrsg.): Wissen ist Macht. Eigenständig durch Selbsthilfe in Gruppen, Frankfurt/M. 1986 ♦ F. Vilmar/B. Runge: Auf dem Weg zur Selbsthilfegesellschaft? Essen 1986 ♦ L. Wagner: Soziale Arbeit und Soziale Bewegungen, Wiesbaden 2009.

Links

www.nakos.de
www.sekis-berlin.de
www.dag-shg.de

Sexualität/Sexualpädagogik

Zum Inhalt

Sexualpädagogik (SP) meint die gezielte Beeinflussung der Werthaltungen und Verhaltensweisen von Kindern und Jugendlichen im Bereich der Sexualität (S.), der Begriff Sexualerziehung (Geschlechtserziehung) bezieht sich auf die erzieherische Praxis *(Erziehung)*.

Entscheidend für die Form der Sexualerziehung ist der ihr zugrunde liegende Begriff der S. Wird S. einseitig instrumentell, als Reproduktion, verstanden, so hat Sexualerziehung in der Kindheit eine sehr untergeordnete Funktion. Masturbation, Homosexualität oder Empfängnisregelung können in einer solchen Konzeption nur abwertend behandelt werden. Fernhalten, ablenken und die Unterdrückung von sexuellen Bedürfnissen bis zum Eingehen einer Ehe sind die Leitprinzipien dieser „negativen" (auch „repressiven") Sexualerziehung. Sie hat in unserer Kultur die längste Tradition. S. wurde nach diesem Verständnis einseitig biologisch, als Trieb, als Gefährdung des Menschen definiert, die durch Reglementierung und Erziehung eingeschränkt werden müsse.

Der gesellschaftliche Wandel nach 1968 begünstigte ein S.-Verständnis, das eine Enttabuisierung mit sich brachte und dem Individuum ein größeres Maß an Freizeit zugestand (exemplarisch Sigusch 2013 und 2015). Sehr oft jedoch wurden – namentlich in den Massenmedien – durch die Kopplung der S. an Konsum und Leistung – neue Zwänge inszeniert. Aufklärung in Illustrierten (Jugendzeitschriften etc.) orientiert sich oft an einem solchen S.-Verständnis, indem sie ihre Informationen mit der Werbung für Mode, Kosmetik und andere Art. verbindet, die als Symbole für sexuelle Attraktivität suggeriert werden („scheinaffirmative" oder „scheinliberale" Sexualerziehung). Gesellschaftliche, ökonomische, politische oder psychoanalytische Aspekte der S. werden in dieser, wie auch in der „negativen" Position, nicht berücksichtigt (Schweimler/Sieler/Schreiber – alle 2014).

S. als Ausdruck der Kommunikation ist das S.-Verständnis der emanzipatorischen Sexualerziehung *(Emanzipation)*. S. wird nicht einseitig als biologisch determinierter „Trieb" verstanden, sondern als ein umfassender Komplex, der aus vielen Elementen besteht. Er hat zu tun mit Identifikationsprozessen, mit Lebensentwürfen, mit Phantasien, Wünschen, Bedürfnissen und Begierden, sowie mit entsprechenden Interaktionszusammenhängen, die fördernd oder hindernd sein können. S. und sexuelles Verhalten sind nach dieser Definition individuell und sozial geformt und daher grundsätzlich mit Lernen verbunden.

Emanzipatorische Sexualerziehung, die sich an diesen sexologischen Erkenntnissen orientiert, hebt sich deutlich von den autoritären und scheinliberalen Mustern ab. Sie bejaht die S. in allen Lebensphasen des Menschen – von der Geburt bis zum Tod – als Zärtlichkeits- und Liebeserlebnis, das freizuhalten ist von einseitigen Reproduktionsansprüchen, Leistungserwartungen und Konsumdruck. Emanzipatorische S. fordert die Gleichberechtigung der Geschlechter und sexueller Minderheiten (Lesben, Schwule). Sie bejaht Masturbation, Necking, Petting, sowie alle Formen der S., die auf Partnerschaft und Zärtlichkeit angelegt sind.

Zugleich bezieht sie die Aufklärung über die gesellschaftlichen Bedingungen für die Entfaltung der S. in die Erziehung ein und veranschaulicht ihre Gefährdungen, z. B. durch die sexuelle Denunziation im Alltag und in der Politik (Koch). Emanzipatorische Sexualerziehung wirkt freilich nicht nur über Belehrung und Information. Erkundung, Selbsterfahrung, handlungsorientiertes Lernen, Rollen- und Interaktionsspiele haben in den letzten Jahrzehnten zunehmende Bedeutung gewonnen.

Zur Entwicklung der neueren Sexualpädagogik

Die Entwicklung der neueren SP begann ausgangs der 1960er Jahre mit den Anstößen, die die Schüler- und Studentenbewegung gegeben hatte. Im schulischen Bereich reagierten die Kultusminister mit den „Empfehlungen zur Sexualerziehung in den Schulen“, im außerschulischen Bereich verabschiedeten die Kirchen und andere Institutionen (Pro Familia u. a.; dazu: Rüttgers 2013) RL und Leitfäden für die praktische Arbeit.

Die Initiativen der antiautoritären Bewegung wirkten sich zunächst in den Kinderläden aus, erst später wurden die Impulse auch in Kinderhorten und Kindergärten übernommen *(Antiautoritäre Erziehung/Familienselbsthilfe/Tageseinrichtungen für Kinder)*. Entscheidend für die Entwicklung der S. sind die frühen Lebensphasen. Hautkontakte der Bezugspersonen mit dem Neugeborenen, ein verständnisvoller Umgang mit der frühkindlichen Masturbation, mit „Doktorspielen“ und der Verzicht auf eine rigide Reinlichkeitserziehung sind wichtige Momente einer positiven Erziehung in diesen Jahren. Insofern sind die Familie bzw. die Pflegefamilie *(Pflegekinderwesen)* oder die Arbeit in der Säuglingsgruppe die entscheidenden Instanzen für eine Grundlage emanzipatorischer S. Kinder, die gelernt haben, ihre S. positiv zu erleben, stellen auch schon in frühen Jahren unbefangen Fragen nach Geburt, Schwangerschaft und Zeugung. Wird dieses Bedürfnis nach Informationen kindgemäß, aber sachlich richtig, befriedigt, so lassen sich in späteren Jahren die Kenntnisse erweitern, ohne dass die frühen Inhalte korrigiert oder zurückgenommen werden müssen. Oft hat der Kindergarten bereits die Aufgabe, falsche Informationen oder Fehleinstellungen behutsam zu korrigieren. Diese Korrekturen sind nur dann sinnvoll zu leisten, wenn zugleich auch eine intensive Elternarbeit betrieben wird.

S

Zu den Praxisfeldern der Sexualpädagogen zählt die Arbeit in den Jugendverbänden, in den Heimen der offenen Tür *(Jugendarbeit)*, in Sportvereinen *(Sport)* und in Ferienlagern. Für diese Bereiche bieten sich auch zahlreiche Medien an, die eine emanzipatorische Einflussnahme unterstützen (Sielert u. a.). Eine kritische Reflexion der Rolle des Sexualerziehers bzw. der Sexualerzieherin sowie auch die Beachtung der rechtlichen Gegebenheiten *(Jugendschutz)* ist geboten. Oft überschneidet sich hier die erzieherische Arbeit mit der Beratung. Das ist auch in der Sexualberatung, etwa bei Pro Familia, der Fall, wo zunehmend auch pädagogische und prophylaktische Maßnahmen in Erwägungen gezogen werden. In vielen Institutionen ist die Arbeit oft noch von einem negativen Erziehungsmodell bestimmt. In der Heimerziehung oder in der Betreuung von Trebegängerinnen *(Ausreißer und Trebegänger)* werden nicht selten Fehlentwicklungen im Namen der Behütung und Bewahrung herbeigeführt. Das gilt auch in Bereichen der Behindertenbetreuung *(Behindertenhilfe)*, in denen noch häufig ein negatives Sexualitätskonzept der Durchführung positiver Ansätze im Wege steht. Sexualpädagogische Momente reichen in der SozArb weit über die Zielgruppen hinaus, für die im Allgemeinen die Erziehung zuständig ist. Von Nacherziehung oder Sexualandragogik (Erwachsenenbildung in der S.) zu sprechen, wäre sinnvoll. Das betrifft etwa die Arbeit in den *Frauenhäusern*, in denen die Mitarbeiterinnen grundlegende Einsichten in die Verhaltensmuster der geschlechtsspezifischen Erziehung vermitteln, oder den Bereich der Gefängnisarbeit, wenn es darum geht, mit den Vergewaltigern ein neues Ich aufzubauen.

Soziosexuelle Probleme müssen in der Ausländerarbeit *(Ausländer)* ebenso berücksichtigt werden wie in Bereichen der Gesundheitsfürsorge *(Gesundheitshilfe)*. Die Geschlechtskrankenfürsorge enthält neben der medizinischen Versorgung andragogische Maßnahmen und in der Schwangerenberatung müssen häufig erst einmal falsche Vorstellungen abgebaut werden, die in einer verfehlten SP erworben wurden. Ein Versuch der „Erziehungskorrektur“ ist zu einem Gutteil auch die Prostituiertenberatung *(Prostitution)*. Die Gefährdungen durch AIDS machen eine konsequente Fortführung des emanzipatorischen Ansatzes erforderlich. Umfassende Aufklärung, Ich-Stärke, Verantwortung und *Solidarität* sind notwendiger denn je. Probleme des Umlernens bringt schließlich die Altenarbeit *(Altenhilfe)*. Bei den Betroffenen wie bei den BetreuerInnen und den Trägern sind die Vorstellungen noch überwiegend von den negativen Konzepten bestimmt, die der S. in der 2. Lebenshälfte keinen Raum zugestehen. Die Ent*stigmatisierung* der S. in der 2. Lebenshälfte ist aber nicht nur eine vordringliche Aufgabe der Altenarbeit. Sie hat bereits in frühen Jahren zu beginnen, damit das Bild von der Asexualität des Alters gar nicht erst entstehen kann. In der *Schule* ist die Sexualerziehung seit dem Urteil des BVerfG von 1977 rechtlich abgesichert. Im Zuge der Auseinandersetzung um

AIDS und insbesondere um die Novellierung des § 218 (Schwangerschaftsunterbrechung) wurden SP und Sexualaufklärung sogar gesetzmäßig als Aufgabe des Staates verankert. Die Bundeszentrale für gesundheitliche Aufklärung in Köln ist verpflichtet, Konzepte und Arbeitsmittel zu entwickeln, die ohne Entgelt an Institutionen und Einzelpersonen abgegeben werden.

Die aktuelle Zusammenfassung einer ‚Theorie der Sexualpädagogik' lieferte zuletzt Anja Henningsen 2015. Interessant u.a. deshalb, weil sie darin auch die kritischen Positionen gegen die modernen Entwicklungen der Sexualpädagogik anspricht und angemessen sensibel behandelt: „Ganz aktuell kommt es (immer wieder) zu Missverständnissen der Sexualpädagogik in der Presseöffentlichkeit. SexualpädagogInnen werden mit Vorwürfen konfrontiert. Sie muten Kindern und Jugendlichen zu früh und zu viel an sexualitätsbezogenen Themen zu. Schärfer formuliert lässt sich das Argument herausschälen: Jugendliche werden durch sexualpädagogische Angebote sexualisiert und überfordert" (Henningsen 2015, 9). Das neue Verständnis von Sexualpädagogik versteht zudem ‚sexuelle Bildung' als eine Kernaufgabe der S. (Henningsen 2015, 6 ff./Sielert 2015b).

Ausblicke

Uwe Sielert hat (2015a) die aktuellen ‚Bearbeitungsnotwendigkeiten' der Sexualpädagogik als ‚Aspektdisziplin der Erziehungswissenschaft' so beschrieben:

- „Sexualität und Gesellschaft: Was leistet Sexualerziehung angesichts des empirisch dokumentierten Widerspruchs zwischen Erlebnishunger und Lustlosigkeit vieler Menschen?
- Sexualität und Anthropologie: Ist die Kultivierung der aggressiven Elemente des Sexuellen durch Sexualerziehung nötig und möglich?
- Sexualität und Lebensweisen: Was kommt nach der Familie bzw. wie kann Sexualpädagogik plurale Formen des Intimlebens und des Zusammenlebens mit Kindern begleiten?
- Sexualität, Intimität und Pädagogik: Was macht die Lust, wenn die Pädagogik kommt?
- Sexualität, Geschlechtsrollen und Moraldiskurs: Wie wandeln sich Erotik und Geschlechterverhältnis bei fortschreitender Verhandlungsmoral?
- Sexualität und Gesundheit: Wie kann Sexualpädagogik die Balance zwischen Freiheit und Sicherheit fördern?
- Nähe und Distanz: Welche ‚erotischen Gravitationen' sind im pädagogischen Bezug hilfreich und welche zerstören ihn? Wie ist sexuellem Missbrauch in pädagogischen Kontexten wirkungsvoll zu begegnen?" (Sielert 2015a, 1372).

Sexualpädagogik wird inzwischen deshalb als Aspektdisziplin der Pädagogik bezeichnet, weil sie sowohl die sexuelle Sozialisation als auch die intentional erzieherische Einflussnahme auf die Sexualität von Menschen erforscht und wissenschaftlich reflektiert (nach Sielert 2015 b, 12).

Friedrich Koch

Literatur

BZgA (Hrsg.): Rahmencurriculum Sexualpädagogische Kompetenz. Qualifizierungsmaßnahmen im Bildungs-, Sozial- und Gesundheitswesen, Köln 2003 ◆ BZgA (Hrsg.): Rahmenkonzepte zur Sexualaufklärung, Köln [18]2012 ◆ A. Henningsen: ‚Theorie der Sexualpädagogik', in ◆ uj 1/2015, 2–12 ◆ A. Henningsen/E. Tuider/S. Timmermanns (Hrsg.): Sexualpädagogik kontrovers, Weinheim/Basel 2016 ◆ F. Koch: Sexualität, Erziehung und Gesellschaft. Von der geschlechtlichen Unterweisung zur emanzipatorischen Sexualpädagogik, Frankfurt/M. 2000 ◆ Fr. Koch: Sexuelle Denunziation, Hamburg [2]1995 ◆ P. Rüttgers: Von der Sexualpädagogik zur Sexuellen Bildung, in: TuP 1/2013, 56–61 ◆ V. Sigusch: Sexualitäten. Eine kritische Theorie in 99 Fragmenten, Franfurt/M/New York 2013 ◆ V. Sigusch: Ich bin in Rage angesichts unserer Sexualkultur: Interview im SZ Magazin 21/2015, 18–23 ◆ U. Sielert: Sexualität, in: H.-U. Otto/H. Thiersch (Hrsg.): Handbuch Soziale Arbeit, München [5]2015 a, 1365–1373 ◆ R. B. Schmidt/U. Sielert (Hrsg.): Handbuch Sexualpädagogik und sexuelle Bildung, Weinheim/München [2]2013 ◆ B. Schweimler: Pornofizierung – die Inszenierung von Stereotypen in unserer Gesellschaft, in: uj 2/2014, 61–67 ◆ A. Schreiber: Pornofizierung der Gesellschaft als Herausforderung in der offenen Mädchenarbeit, in: uj 2/2014, 68–76 ◆ Schwerpunktheft ‚Sexualpädagogik' von sozialmagazin 1+2/2015 ◆ Schwerpunktheft ‚Sexualpädagogik in der stationären Kinder- und Jugendhilfe, in: unsere jugend 1/2015 ◆ Schwerpunktheft von Sozialpädagogische Impulse 4/2015: Sexualität ◆ U. Sielert: Erziehungswissenschaftliche Reflexionen zum Pornografiediskurs, in: uj 2/2014, 59–60 ◆ U. Sielert: Einführung in die Sozialpädagogik, Weinheim/Basel [2]2015

Link

www.sexulaufkärung.de (die Publikationen der BZgA-Abteilung Sexualaufklärung, Verhütung und Familienplanung)

Solidarität

Ein Begriff ohne Kontur?

Zu keiner Zeit wahrscheinlich dürfte es so viel Ungewissheit über den Inhalt des Begriffs S. gegeben haben wie heute. Hat sich noch der Lebenszusammenhang abhängig Beschäftigter in den früheren Phasen kapitalistischer Entwicklung in relativ geschlossenen Wohnvierteln vollzogen, wo sich nicht nur über die *Arbeit,* sondern auch über bestimmte Bereiche der Kultur (z. B. Sport, Arbeiterbildungsvereine, Kneipen) ihre Gemeinsamkeit herstellte (Arbeiterkultur), so sind diese Anknüpfungspunkte von S. heute weithin in einem Auflösungsprozess (K. Tenfelde). Es nimmt nicht wunder, dass S. einem heute in völlig denaturierter Form entgegenschlägt. Wenn etwa öffentlich von der „Solidarität der Demokraten" die Rede ist, wird der Begriff geradezu zur Waffe, zum Mittel der Ausgrenzung gegen Andersdenkende. Oder wenn es heißt, die in den Betrieben Arbeitenden sollten „S." mit den Arbeitslosen üben, indem sie z. B. ihre Lohnforderungen senken, dann wird der Begriff zur Durchsetzungsstrategie der Kapitalseite zu Lasten der abhängig Beschäftigten. Nicht anders verhält es sich, wenn von „S." im Zusammenhang mit dem „Generationenvertrag" zwischen denen, die in den Betrieben zur Rentenversicherung einzahlen, und denen, die in Rente stehen, die Rede ist: diese Verwendung des Begriffs hat nichts mehr gemein mit S. als selbstbestimmten Kampfverbund zur gegenseitigen Hilfe, sondern wird zum Vehikel völlig fremdbestimmter, beliebiger Interessen zum Bestandsschutz des Status quo. Hat S. ihre elementare Bedeutung für abhängig Beschäftigte verloren? Ist sie damit auch zu einer Art professionellen Lebenslüge derer geworden, die sich noch immer anschicken (wie Bildungsarbeiter, SozArb/SozPäd), Lohnabhängige zu praktischer S. anzuleiten?

Der Doppelcharakter von Gleichheit

S., als Tatbestand gemeinsamen praktischen Handelns wie auch als Begriff für dieses Handeln, hat sich nicht als eine Kategorie des Verzichts herausgebildet, sondern als eine solche des Erfolges und der gegenseitigen Hilfe; sei es durch die Durchsetzung materieller Interessen, sei es durch die Ausprägung von Arbeits- und Lebensformen, die der wechselseitigen Wahrnehmung und Bewältigung von Problemen und der Freude aneinander näher kommen als der parzellierte Arbeits- und Lebenszusammenhang, der der lohnabhängigen Existenz im Zuge der Kapitalisierung der gesamten Gesellschaft zugewiesen wird. S. verweist nicht auf das Gewesene, auf die Erhaltung des Status quo – wie uns die öffentliche Ideologie heute glauben machen will –, S. verweist vielmehr auf das Kommende, auf bewusst gesellschaftlich gestaltete Befriedigung von Bedürfnissen, und auf den Weg, wie zu dieser Bedürfnisbefriedigung zu gelangen ist.

Historisch lässt sich beobachten, dass S. eng zusammenhängt mit Gleichheit in der Lebens- und Arbeitssituation Unselbständiger. Gleichheit hat aber unter kapitalistischen Bedingungen immer etwas Widersprüchliches an sich: wenn ein Arbeiter mit dem anderen Arbeiter gleich, also austauschbar ist, beide aber ihre Arbeitskraft an die Kapitalseite verkaufen müssen, so stehen sie untereinander in Konkurrenz, wodurch sie zunächst einmal voneinander getrennt werden. Nun ist aber zugleich die historische Erfahrung der Konkurrenzlage zwischen Arbeitern der Ausgangspunkt dafür, dass sie sich als in der gleichen Lage (Notlage) befindlich interpretieren, nämlich gleichermaßen ihre Arbeitskraft verkaufen müssen und dabei untereinander noch in Konkurrenz zu stehen. Auf der Basis dieser praktischen Erfahrung vermögen sie, die Konkurrenz untereinander aufzuheben und gemeinsam zu handeln. Insofern ist die Gleichheit nicht nur objektiv gegeben, sondern wird auch subjektiv erlebt und akzeptiert und schlägt deshalb oftmals um in S.

Dieser Doppelcharakter von Gleichheit – gleichermaßen Ausgangspunkt von Konkurrenz und S. zu sein – bezeichnet das gewerkschaftliche Prinzip und lässt sich auch historisch an der Entwicklung des Gewerkschaftswesens nachvollziehen (Zoll 2000). Wir können verfolgen, dass *Gewerkschaften* sich zunächst als Berufsverbände herausbilden. Das Gemeinsame, gleichermaßen dasselbe Handwerk erlernt zu haben und auszuüben, damit also gegeneinander austauschbar zu sein, hat zunächst die Gesellen dazu motiviert, gegen alle rechtlichen und politischen Widerstände ihre Organisationsfreiheit durchzusetzen, Gewerkschaften zu bilden und ihre Arbeitskraft nunmehr gemeinsam zu untereinander abgestimmten Mindestbedingungen zu verkaufen.

Später verallgemeinert sich das Lohnarbeitsverhältnis; es wird zur gesellschaftlichen Durchschnittsexistenz; zugleich wachsen die Betriebsgrößen an, Arbeiter verschiedenster Handwerke kooperieren im Betrieb miteinander, entwickeln Gemeinsamkeiten sowohl in ihren Arbeitsvollzügen wie in ihren Notlagen und Interessen. Dies ist die Basis dafür, dass der Anknüpfungspunkt praktischer S. nicht mehr nur das gemeinsame Gewerbe, sondern die Zugehörigkeit zum gleichen Betrieb, zur gleichen Industrie wird; dies ist der Ausgangspunkt der IG, die sich in Deutschland schon während der WR andeutet, aber erst nach dem 2. Weltkrieg verwirklicht wird. Es ist absehbar – und hat sich zu gewissen Umbruchperioden (etwa nach 1945) partiell bereits auch realisiert –, dass auch nicht mehr die Industriezugehörigkeit, sondern die Lohnabhängigkeit als gesellschaftliches Schicksal schlechthin – freilich unter Anerkennung zwischenzeitlich eingetretener Individualisierung und Pluralisierung der Lebensstile gerade auch von Beschäftigten (Hoffmann u. a. 1992) – zum Ausgangspunkt gewerkschaftlicher Organisierung in sog. „Allgemeinen Gewerkschaften" wird. Dass sich zu Beginn des 21. Jh. die fünf deutschen Dienstleistungsgewerkschaften zur Gewerkschaft ver.di zusammenschlossen, ist ein Schritt zu dieser Entwicklung.

Immer wirkt in dieser Entwicklung das in der Gleichheit liegende, beschriebene Widerspruchselement. Die objektive Lage der abhängig Beschäftigten nähert sich einander an – sei es nun, dass die Lohnabhängigenexistenz zum gesellschaftlichen Durchschnitt wird, sei es, dass die Arbeitsinhalte zunehmend nicht mehr stofflich-fachliche, sondern vielmehr allgemeingesellschaftliche „Wissensinhalte" (Castells) werden –, womit sich zugleich die Chance (nicht schon die automatische Folge) ergibt, dass diese objektive Angleichung auch subjektiv begriffen, bejaht und praktisch vorangetrieben wird.

Was kann heute „Erziehung zur Solidarität" sein?

Die soeben hervorgehobene Differenz zwischen möglicher und wirklicher S. steckt das Feld für theoretische wie praktische Lernprozesse ab, ob diese nun im Gefolge praktischer Auseinandersetzungen erworben oder mit Hilfe von Bildungsarbeit, SozArb/SozPäd entfaltet werden. Die kapitalistische *Gesellschaft* kennt ja nicht nur die Angleichung in der Lebenslage abhängig Beschäftigter, sondern auch (und heute zunehmend) Individualisierung, Differenzierung, damit aber auch den beharrlich verfolgten Versuch, die Konkurrenz zwischen den abhängig Beschäftigten zu schüren, Differenzierungen und daraus resultierende Neid- und Vereinzelungsfolgen aufrechtzuerhalten und zu verstärken. Viele Arbeiter nehmen gerade nicht wahr, was sie mit ihren Kollegen am Arbeitsplatz, in der Entlohnung, in der Behandlung durch Vorgesetzte bei all ihrer individuellen Unterschiedlichkeit gemeinsam haben, sondern gerade das, was sie voneinander unterscheidet (z. B. die höhere Lohngruppe, die Gunst des Meisters usw.). Und in der Freizeit nehmen sie häufig sog. „positionelle Güter" wahr, z. B. dass der andere etwas „mehr" hat (ein Auto, das Smartphone, einen Farbfernseher, ein Gärtchen usw.) als sie selbst, und beneiden (oder aber auch verachten) ihn deshalb. Sie sehen dann nicht das Gemeinsame, sondern nur das trennende Zwischeneinander; und das macht sie unfähig, miteinander zu handeln.

Man kann dies mit Bloch die „Ungleichzeitigkeit des Bewusstseins" nennen: dass das Bewusstsein das Ausmaß der tatsächlich erreichten Gemeinsamkeit, Gesellschaftlichkeit noch längst nicht erreicht hat, ja sich bisweilen sogar dagegen wehrt, dies Gemeinsame wahrzunehmen, und eben deshalb auf dem Trennenden beharrt. Oft genug fehlt überhaupt die Kenntnis von der Lebenslage des Anderen, und darüber kommt die Idee gemeinsamen Handelns überhaupt nicht auf. Hier eben setzen Bildungsprozesse in gesellschaftsverändernder Absicht an. Wenn wir heute „S." zum Lernziel erklären, so wollen wir ja nicht den abhängig Beschäftigten etwas ihnen Fremdes „überstülpen", sie über einen Leisten scheren, sondern wir wollen bewusst und handhabbar machen, was in ihrer Lebenslage längst schon enthalten ist. Deshalb ist das Ansetzen an Erfahrung und deren Entfaltung, an Erfahrung von Gleichheit wie von Differenz, derart zentral für Bildungsprozesse – dies gilt genauso für gewerkschaftliche wie außergewerkschaftliche Bildungsarbeit, für die Arbeit in Jugendzentren, mit Flüchtlingen, in Obdachlosenheimen, in Stadtteilgruppen o. Ä. *(Erwachsenenbildung, Jugendarbeit).* Dieses Ansetzen an Erfahrung bedeutet immer einmal zunächst, dass Bedingungen hergestellt werden, unter denen Menschen scheinbar oder wirklich verschiedener Lebenssituationen untereinander in Kommunikation treten können, etwa in einer Jugendgruppe, bei der Erprobung eines Lehrlingstheaters, bei Begegnung zwischen Ost und West, Nord und Süd, wo Alle Allen gegenüber Ausländer sind, im Rahmen einer Videowerkstatt oder auf einem gewerkschaftlichen Seminar. Denn freie und selbstbestimmte Kommunikation ist stets Voraussetzung dafür, dass scheinbar „private" Beobachtungen, Probleme, Ängste und Hoffnungen „öffentlich" gemacht, anderen mitgeteilt, von ihnen „geteilt" werden können. Darüber erst kann sich die Einsicht vermitteln, nicht nur, dass die verfolgten Interessen gemeinsame sind, sondern auch, dass sie nur durchschlagen können, wenn sie auch praktisch gemeinsam betrieben werden. Ziel kann auch sein zu erkennen, dass man eben nicht gleich ist und doch das Interesse gemeinsam hat, an sich wechselseitig das Unterschiedliche, die Differenz, wahrzunehmen und zu achten. Das gilt schon für die heutige Alltags-S., erst recht für die S. zwischen den Geschlechtern und – zunehmend brisant etwa heute in der Flüchtlingsfrage – zwischen Ethnien *(Ethnologie)*. Die Einsicht in die Gemeinsamkeit der Lage lässt gemeinsame Forderungen entstehen, weckt erst die Hoffnung darauf, dass in der als gemeinsam erkannten Lage auch Ansätze von Veränderung sind. Was immer wichtiger wird: Auch die Erfahrung von Verschiedenartigkeit kann Quelle von S. sein – auf dem Wege über die Einsicht, dass Verschiedenartigkeit keineswegs Verschiedenwertigkeit bedeuten muss (z.B. die Verschiedenartigkeit der Geschlechter, der Nationalitäten, der Ethnien usw.; Matthies u.a. 1994).

Solidarität als kommunikativer Prozess

Das Ziel der S. ist heutzutage vor wenigstens 3 Aufgaben gestellt, die neuartige sozialpolitische Konzepte und Lösungen fordern. Unbestreitbar ist die entwickelte kapitalistische Gesellschaft „gespalten", indem sie mit der Duldung und Ausweitung „segmentierter" Arbeitsmärkte die Chancen des Erwerbs und der sozialstaatlichen Teilhabe strukturell ungleich verteilt und damit bestimmte Gruppen ebenso strukturell diskriminiert (Frauen, Jugendliche, Ältere, Ungelernte, Ausländer usw.). Und nach dem, was wir über das Informationszeitalter (Castells, 2001–2003) wissen, können sich die Spaltungen in absehbarer Zeit noch radikal vertiefen. Zweitens beruht das Gelingen des arbeitspolitischen und sozialstaatlichen Modells in der BRD vielfach auf der Herausverlagerung betrieblicher Probleme auf die Gesellschaft *(Sozialstaat)* – ein Vorgang, der in der Volkswirtschaft als „Externalisierung" bezeichnet wird und der sich am deutlichsten in der gnadenlosen Umweltverschmutzung, aber auch in der Verdrängung weiter Bevölkerungsbereiche aus dem Erwerbsleben *(Arbeitslosigkeit)*, niederschlägt. Drittens müssen wir heute auch die Krise eines S.-Modells konstatieren, das allein auf die Uniformität menschlicher Bedürfnisse abhebt. Unzweifelhaft ist das Bedürfnis der Menschen nach selbstbestimmter Individualität, nach „Diversität", nach Neuorientierung der Geschlechterrollen, nach einer eigenständigen Neubewertung des Verhältnisses von erwerblicher und außererwerblicher Arbeit, damit von Arbeit und Leben, gewachsen.

Jede der 3 Entwicklungen stellt auf seine Weise überkommene S.-Vorstellungen auf die Probe; die Erste durch die Gefahr einer „Zwei-Drittel-Gesellschaft" (P. Glotz); die Zweite durch die eines die Lebensgrundlagen bedrohenden Industrialismus; die Dritte durch bloße Individualisierung der Menschen *(Individuum)*. Wer unter diesen Bedingungen an S. als einer glaubwürdigen gesellschaftlichen Integrationskraft festhalten will, kann nicht am allein arbeitspolitischen Solidaritätsbegriff festhalten, sondern muss ihn um den sozialpolitischen (= reproduktions-, damit aber auch umweltbezogenen) erweitern. Und er/sie muss der Tatsache Rechnung tragen, dass Wege der gesellschaftlichen Konsenserzielung zur S. notwendig werden, die nicht mehr einfach auf der Gleichartigkeit gesellschaftlicher Lagen beruhen (S.-Formel: „Gleichheit – Einheit – S."), sondern die bewusst von der Vielfältigkeit gesellschaftlicher Lagen und Optionen ausgehen (neue S.-Formel: „Vielfalt – selbstbewusste Vereinigung – S.").

„Kommunitarismus" als Solidaritätsersatz?

Ohne Frage: Unsere Gesellschaften treiben auf eine Situation zu, in der ihr inneres Band, ihre Kohäsion, nicht mehr durch eine selbstverständliche traditionelle S. gewährleistet ist. Über die Frage, wie diese Kohäsion gesichert werden könne, ist denn auch sozialphilosophischer Streit entbrannt. Der „liberalen" Schule (J. Rawls), die die Gesellschaft über kontraktualistische Verfahren zusammenzuhalten verspricht, ist die „kommunitaristische" entgegengetreten, die die moralischen Ressourcen moderner Gesellschaften in vorgängigen gemeinschaftlich geteilten Werten sieht (instruktiv Honneth 2005), die aber Gegenstand, Herkunft und Perspektive dieser Werte vergeblich zu bestimmen versucht. Mag die liberale Position auch im Ausgangspunkt zu abstrakt und geschichtlos formuliert worden sein – ihr Kern ist unbestreitbar richtig: in einer individualisierten pluralen demokratischen Gesellschaft kann Gegenseitigkeit nur noch über die wechselseitige Anerkennung der Individuen im Diskurs, über Reziprozität im Verstehen und Handeln erzielt und erwartet werden (Mückenberger 2012). Die Anerkennung des (ethnisch, geschlechtlich, national, sozial, politisch) „Anderen" als diskursfähiger Bürger dürfte zur zentralen Bedingung des Bestandes unserer Gesellschaften werden. Insofern kann S. ohne eine bewusst gepflegte Kultur des Dialoges, des Streits, der Öffentlichkeit nicht mehr gedacht werden. Auf dieser Basis jedoch hat auch ein neues kulturelles Modell einer „Alltags-Solidarität" (Zoll 2000) eine Chance, erfolgreich gegen Segmentationen, Dethematisierungen und Entfremdung der bestehenden Gesellschaften anzugehen.

Solidarität und die Krise des Sozialstaats

Nun ist S. sicherlich nicht nur ein Problem derer, mit denen Bildungsarbeit, SozArb/SozPäd zu tun hat, sondern genauso derer, die diese Arbeit betreiben. Es hat im vergangenen Jahrzehnt Phasen gegeben, in denen im gewerkschaftlichen Bereich wie im öffentlichen Dienst relativ freizügig Bildungs- und praktische Arbeit betrieben werden konnte. Es zeigt sich aber mehr und mehr, dass die Krise der Ökonomie und des Staates den Handlungsspielraum von Bildungs- wie SozArb empfindlich schmälert. Nicht nur, weil diese Bereiche, besonders der öffentliche Dienst, zunehmend unter den Druck knapper Mittel geraten, sondern auch weil vermittelt über diese Ressourcenknappheit politische Selektion, Ausgrenzung systemoppositioneller Anschauungen und Konformitätsdruck in den Bereich jeglicher SozArb einwirkt.

Damit wird das gewerkschaftliche Prinzip für die in der SozArb Tätigen selber zur Bedingung ihrer weiteren Wirksamkeit. Sie müssen sich genauso wehren wie ihre Klientel. Sie können diese Gegenwehr wie ihre Klientel auch nur durch Organisierung und kollektives Handeln wirksam machen. So sind die im Bildungs- und Sozialbereich Arbeitenden nicht nur vom Inhalt ihrer Arbeit her – der sich von den Anforderungen der Zielgruppe her definiert bzw. definieren sollte – dem Prinzip der S. verpflichtet, sondern auch um ihres eigenen Überlebens und Wirkens willen darauf angewiesen.

Unsere Gesellschaften stehen derzeit vor ungeahnten S.-Herausforderungen. Die Destabilisierung der politischen und sozialen Systeme im Mittleren Osten und in Afrika haben gigantische Notlagen der Menschen und große Fluchtbewegungen hervorgerufen, die von den reichen Nationen in Europa aufgefangen und bewältigt werden müssen. S. wird dabei nicht nur innerstaatlich benötigt; sie wird auch zwischen den Ländern Europas gebraucht. Viele Menschen und Institutionen bemühen sich heute unermüdlich um eine Praxis tätiger S. gegenüber Flüchtlingen. Der europäische Solidarrahmen aber erweist sich als äußerst brüchig – dem Europa der S. wird oft die gut abgeschottete „Festung Europa“ vorgezogen. Dazu gewinnen populistische und nationalistische Bewegungen allerorten an Gewicht (und Stimmen). Ob wir einmal von uns sagen (lassen) können, dass wir der Flüchtlingsfrage in tätiger S. gerecht geworden sind, vermag derzeit niemand zu prognostizieren.

Ulrich Mückenberger

Literatur

M. Castells: Das Informationszeitalter, 3 Bde., Opladen 2001–03 ◆ J. Hoffmann u. a.: Jenseits der Beschlusslage. Gewerkschaft als Zukunftswerkstatt, Köln [2]1992 ◆ A. Honneth (Hrsg.): Kommunitarismus, Frankfurt/M./New York [2]2005 ◆ M. Kneuer/C. Masala (Hrsg.): Solidarität, in: Zeitschrift für Politik – Sonderband 2014 ([2]2015) ◆ Leibfried/Tennstedt: Politik der Armut und die Spaltung des Sozialstaats, Frankfurt/M. 1985 ◆ H. Matthies u. a., Arbeit 2000, Reinbek 1994 ◆ U. Mückenberger: Die Krise des Normalarbeitsverhältnisses, in: ZfSR, 7/8/1985 ◆ U. Mückenberger, Lebensqualität durch Zeitpolitik, Berlin 2012 ◆ O. Negt: Soziologische Phantasie und exemplarisches Lernen. Zur Theorie und Praxis der Arbeiterbildung, Frankfurt/M./Köln [4]1974 ◆ H. E. Richter: Lernziel Solidarität, Reinbek 1974 ◆ K. Tenfelde: Überholt von der demokratischen Massengesellschaft. Vom Ende und Erbe der Arbeiterkultur, in: FAZ 7. 3. 1988 ◆ R. Zoll: Nicht so wie unsere Eltern! Ein neues kulturelles Modell?, Opladen 1989 ◆ R. Zoll: Was ist Solidarität heute?, Frankfurt/M. 2000.

Sozialamt

Entwicklung der kommunalen sozialen Daseinsvorsorge

Im Mittelalter und in der frühen Neuzeit war Armenpflege als grundsätzlichste Form der Daseinsvorsorge die Aufgabe der Kirchen und Klöster, ergänzt um „gute Werke“ von wohlhabenden Bürgern, die – v. a. in den Städten – Stiftungen zur Kranken- und Armenpflege einrichteten. Interessanterweise war es die Reformation, die dazu führte, dass die Städte begannen, eigene Strukturen von Armen- und Krankenpflege zu entwickeln. In den Städten, die lutherisch wurden, fielen durch die Säkularisierung des Kirchenbesitzes kirchliche Strukturen weg und mussten kompensiert werden.

Ab dem Beginn des 19. Jh. sorgte die Industrialisierung zum einen für großes Wachstum der Städte, zum anderen für ein noch größeres Wachstum der Armenproblematik. Es mussten Systeme der „Armenverwaltung“ entwickelt werden. Häufig waren dies Mischsysteme aus Kommunalverwaltung (die das Geld verwaltete und zuteilte) und ehrenamtlichen kirchlichen Armenpflegern (die die Arbeit vor Ort taten).

Erst in der WR entwickelten sich Strukturen der Sozialverwaltung, die als direkte Vorläufer des heutigen Systems in der BRD gesehen werden können. Es wurden Wohlfahrts- oder Fürsorgeämter eingerichtet, die für die wirtschaftliche

Fürsorge zuständig waren, sowie *Jugendämter* und *Gesundheitsämter.*

Im Nationalsozialismus wurden diese Strukturen gleichgeschaltet, aber funktional im Wesentlichen beibehalten, auch wenn Inhalte und Ziele der kommunalen Sozialpolitik der Nazi-Ideologie unterworfen wurden (Unterstützung der „arischen" Bürger, die in Not geraten sind, aber Aussonderung aller anderen: *Soziale Arbeit im Nationalsozialismus*).

In den Nachkriegsjahren wandelten sich Wohlfahrts- und Fürsorgeämter nach und nach zu Sozialämtern, flächendeckend spätestens mit der Einführung des Bundessozialhilfegesetzes (BSHG) zum 30.06.1961 Das BSHG führte zu einem eigenständigen Aufgabenprofil der Sozialämter, die zuständig waren für die „Basissicherung", wenn alle anderen Sicherungssysteme (v.a. das Arbeitslosengeld und die Arbeitslosenhilfe sowie die Rentenversicherung) nicht (mehr) zur Verfügung standen.

Das Sozialamt als örtlicher Träger im System der sozialen Sicherung

Das System der *Sozialen Sicherung* in Deutschland basiert grundsätzlich auf den drei Prinzipien Versicherung – Versorgung – Fürsorge. Dazu kommen die ordnungspolitischen Zuständigkeitsebenen des Bundes, der Länder und der Kommunen für die gesetzliche Normierung und die Administration. Die Absicherung der wichtigsten Risiken Krankheit, *Arbeitslosigkeit* und *Alter* sind als Pflichtversicherung auf Bundesebene geregelt, wobei als Träger öffentlich-rechtliche Institutionen bzw. Körperschaften des öffentlichen Rechts (Bundesagentur für Arbeit, Deutsche Rentenversicherung, gesetzliche Krankenkassen) auftreten. Das Versorgungsprinzip in der sozialen Sicherung ist das „Gegenmodell" zum Versicherungsprinzip. Es zielt auf einen einheitlichen Tatbestand ab, bei dessen Vorliegen Anspruch auf die Hilfe besteht, die vom Staat direkt aus Steuermitteln und nicht aus Versicherungsbeiträgen bezahlt wird (hierzu zählen z.B. Kriegsopferfürsorge, aber auch die meisten Leistungen der Eingliederungshilfe für Behinderte oder Kinder- bzw. Erziehungsgeld).

Dem örtlichen (kommunalen) Träger, also der kreisfreien Stadt oder dem Landkreis, wurden die *Kinder- und Jugendhilfe*, die hoheitlichen Aufgaben des Gesundheitsamtes und eben die Aufgaben der Basissicherung durch die *Sozialhilfe* übertragen. Letztere entspricht dem Fürsorgeprinzip, d.h. für den Anspruch auf Hilfe müssen weder Beitragszahlungen geleistet worden sein noch muss ein festgelegter Tatbestand (außer der Bedürftigkeit) vorliegen. Bestimmte Leistungen im Rahmen der Sozialhilfe können vom Landesgesetzgeber auf überörtliche Träger übertragen werden (Landschaftsverbände oder Bezirke), v.a., wenn aufgrund relativ geringer Fallzahlen eine Administrierung vor Ort nicht effektiv zu organisieren wäre. Dieser Umstand der Aufteilung der Sozialhilfeleistungen auf örtliche und überörtliche Träger führt in der Praxis dazu, dass die Aufgabenprofile der S. von Bundesland zu Bundesland variieren. In einigen Bundesländern wurden die überörtlichen Träger in den letzten Jahren abgeschafft; dort sind die S. als örtliche Träger mit dem gesamten Aufgabenspektrum des SGB XII betraut.

Das Sozialamt in Zeiten des BSHG

Zum Verständnis der heutigen Aufgabenverteilung zwischen Jobcenter und S. und des heutigen Aufgabenprofils der Sozialämter in Deutschland ist ein kurzer, historischer Rückblick auf die Zeit des BSHG hilfreich, die vom 30.6.1961 bis zum 31.12.2004 währte.

Grundsätzlich war das BSHG als kommunale Leistung das zweite, eher nachrangige „Standbein" der materiellen Grundsicherung neben den Leistungen der Arbeitsämter (Arbeitslosengeld und Arbeitslosenhilfe). Die Entscheidung, welches Sicherungssystem greift, ergab sich aus der Tatsache, ob der Hilfeempfänger ausreichend Beitragsleistungen in die Arbeitslosenversicherung einbezahlt hat; wenn ja, ergab sich eine dauerhafte Zuständigkeit des Arbeitsamtes, das zunächst für einen festgelegten Zeitraum Arbeitslosengeld (die Versicherungsleistung) und anschließend Arbeitslosenhilfe (die Versorgungsleistung) bezahlte. Für alle, die keine oder zu geringe Ansprüche aus der Arbeitslosenversicherung erworben haben, war das Sozialamt zuständig.

Ursprünglich als „Auffangnetz" für (wenige) Sonderfälle gedacht, die aus individuellen Gründen die Regelleistung Arbeitslosengeld und -hilfe nicht erlangen konnten, wurde das BSHG spätestens mit dem Beginn der 1980er Jahre des letzten Jahrhunderts selbst zu einer Regelleistung für immer mehr Menschen. Dieser Prozess war – überwiegend in den Städten – Ergebnis der langanhaltenden, hohen Arbeitslosenzahlen infolge des (noch immer nicht abgeschlossenen) tiefgreifenden wirtschaftlichen Strukturwandels und der einsetzenden Globalisierung der Märkte. Bei Arbeitslosenzahlen, die in den 1980er und 1990er Jahren um die 4 Mio. kreisten, ergab sich schnell ein großer Zuwachs an Ansprüchen nach dem BSHG, v.a. durch diejenigen, die den Berufseinstieg nicht bewältigen konnten und durch Menschen, die aufgrund jahrelanger prekärer Arbeitsverhältnisse im Wechsel mit Zeiten der Arbeitslosigkeit keine ausreichenden Ansprüche in der Arbeitslosenversicherung erwerben konnten. Zuletzt (bis Ende 2004) versorgte die Sozialhilfe nach dem BSHG bis zu 2,2 Mio. Menschen in Deutschland. Die S. waren neben den Arbeitsämtern bedeutende Akteure im Bereich der materiellen Grundsicherung geworden.

Die Leistungen nach dem BSHG waren den heute im SGB XII festgeschriebenen Leistungen grundsätzlich ähnlich, wobei es neben dem Regelsatz noch zahlreiche einmalige Leistungen gab, über die im S. individuell zu entscheiden war. Zusätzlich enthielt das BSHG Möglichkeiten, Hilfe zur Arbeit zu gewähren, von denen die S. in den letzten 20 Jahren der Gültigkeit des BSHG vielfältig Gebrauch gemacht hatten.

Eine Episode von 2001 bis 2004 blieb die Herauslösung der Grundsicherung im Alter und bei dauerhafter Erwerbsminderung aus dem BSHG durch das Grundsicherungsgesetz (GSiG); der Gesetzgeber wollte damit einer Stigmatisierung von alten Menschen mit unzureichenden Rentenleistungen als Sozialhilfeempfänger entgegenwirken. In der Praxis wurden allerdings nicht – wie ursprünglich geplant – neue Behörden für die Grundsicherung eingerichtet. Die meisten S. richteten eigene Abteilungen für die Grundsicherung im Alter ein. Mit der Einführung des SGB XII wurde die Grundsicherung im Alter wieder in die Sozialhilfe integriert.

Die Arbeitsmarktreform 2005: Zäsur für die Sozialämter

Zum 1.1.2005 fand mit der Einführung des SGB II und des SGB XII eine der größten Reformen des sozialen Sicherungssystems in der Geschichte der BRD statt, die unter Bundeskanzler Gerhard Schröder in der rot-grünen Koalition entwickelte sog. „Hartz IV-Reform" (benannt nach dem Vorsitzenden der Kommission, die die Eckpunkte der Reform erarbeitete, einem Manager des VW-Konzerns).

Die gravierendsten Folgen für die S. ergaben sich aus einem der Kerngedanken der Reform, d.h. aus der Zusammenfassung der Zuständigkeit für die Empfänger von Arbeitslosenhilfe und für die arbeitsfähigen Empfänger von Sozialhilfe in einer neuen Behörde, die als Arbeitsgemeinschaft der Arbeitsagenturen und der Kommunen gestaltet wurde („Arbeitsgemeinschaft für Arbeitsmarktintegration", kurz „Arge"). Als arbeitsfähig im Sinne des SGB II gilt jeder Hilfeempfänger zwischen 15 und 65 Jahren, der in der Lage ist, regelmäßig mehr als drei Stunden täglich einer Erwerbstätigkeit nachzugehen. Für die S. bedeutete das, dass mindestens drei Viertel ihrer Leistungsbezieher in die Zuständigkeit der Argen wechselten. Dies ging meist einher mit einem Wechsel des Personals der Leistungsabteilungen der S. zu den Argen in einem vergleichbaren Ausmaß. Als Besonderheit eröffnete das Gesetz insgesamt maximal 69 Kommunen eine Optionsmöglichkeit, d.h. diese Kommunen konnten auf Antrag für die alleinige Zuständigkeit für das SGB II optieren, es wurden dann keine Argen eingerichtet.

Ein weiterer Kerngedanke der Reform war die Strukturierung der Leistung nach dem SGB II in den Regelsatz (der Hilfe zum Lebensunterhalt) als Bundesleistung und die Kosten der Unterkunft und Heizung als kommunale Leistung. Daraus ergab sich die Verpflichtung der Kommunen (und da v.a. der S.) zum Controlling, zur Prüfung und zur Steuerung der kommunalen Leistungen in den Argen (z.B. Ermittlung und Festsetzung der Richtwerte für die Kosten der Unterkunft).

Die Kommunen standen mit Inkrafttreten der Arbeitsmarktreform vor der Aufgabe, die S. mit ihrem verbliebenen Aufgabenprofil nach dem SGB XII und mit deutlich reduziertem Bestand an Leistungsempfängern neu zu organisieren.

Zum Beginn des Jahres 2011 wurde das „Hartz IV-System" an zwei Punkten nachjustiert, jeweils ausgelöst durch entsprechende Entscheidungen des BVerfG: Die Verfassungsmäßigkeit der Argen musste durch eine Änderung des Grundgesetzes hergestellt werden, die eine „Mischverwaltung" aus Bund und Kommunen erst möglich macht. Zum 01.01.2011 wurden aus den Argen Jobcenter, nunmehr verfassungsrechtlich einwandfrei. Die zweite Nachbesserung betrifft die Regelsätze für Kinder und Jugendliche, deren Zustandekommen (nicht deren Höhe) vom BVerfG gerügt wurde. Zum 01.04.2011 trat rückwirkend das „Bildungs- und Teilhabepaket" in Kraft, das eine Reihe von (überwiegend) Sachleistungen für Kinder und Jugendliche beinhaltet, die im Leistungsbezug nach dem SGB II, SGB XII, WoGG oder AsylbLG stehen oder den Kinderzuschlag erhalten *(Grundsicherung für Arbeitssuchende)*.

Für die S. folgten aus diesen Nachbesserungen neue Situationen; zum einen eine Stärkung der Rechte der Kommunen in der gemeinsamen Einrichtung Jobcenter (Prüfungs- und Controllingrechte sind jetzt festgeschrieben); zum anderen musste auch im S. die Umsetzung des Bildungs- und Teilhabepakets, d.h. die Implementierung seiner neuen Leistungen, mindestens für die SGB XII-Kinder, die WoGG-Kinder, Kinder im AsylbLG und die Kinderzuschlags-Kinder, organisiert werden. Nachdem das Bildungs- und Teilhabepaket als kommunale Leistung gestaltet wurde, besteht auch die Möglichkeit, die Leistungen für alle leistungsberechtigten Kinder und Jugendlichen, also auch für die SGB II-Kinder, aus einer Hand im S. zu erbringen. Einige S. haben im Laufe des Frühjahrs 2011 von dieser Möglichkeit Gebrauch gemacht.

Das „moderne" Sozialamt: Grundsicherung und vieles mehr

Aus dieser neueren Entwicklung erklären sich die gegenwärtigen Kernaufgaben der S.: Erstens die originären Aufgaben nach dem SGB XII, zweitens die Aufgaben als Vertreter des kommunalen Trägers in der gemeinsamen Einrichtung Jobcenter. Als dritten Teil des Aufgabenprofils gibt es unterschiedliche ergänzende Aufgaben, die von den Kommunen im Rahmen ihrer Organisationshoheit den S. zugeordnet worden sind und die sich bei jedem S. anders darstellen: Aufgaben der *Wohnungslosen-* und *Obdachlosenhilfe,* Aufgaben der *Altenhilfe* über die Aufgaben im SGB XII hinaus, Aufgaben der *Behindertenhilfe* über die Eingliederungshilfe hinaus, Aufgaben der *Schuldnerberatung* – meist in Form von Finanzierung der Beratung in freier Trägerschaft – oder auch Aufgaben der Armutsprävention und -Bekämpfung.

Im Wesentlichen ist das S. zuständig für alle Leistungen nach dem SGB XII, das sind die

- Hilfe zum Lebensunterhalt nach dem 3. Kap. des SGB XII;
- Grundsicherung im Alter und bei Erwerbsminderung nach dem 4. Kap. des SGB XII;
- Hilfe zur Gesundheit (5. Kap. SGB XII);
- Eingliederungshilfe für behinderte Menschen (6. Kap. SGB XII);
- Hilfe zur Pflege (7. Kap. SGB XII);
- Hilfe zur Überwindung besonderer sozialer Schwierigkeiten (8. Kap. SGB XII);
- Hilfe in anderen Lebenslagen (9. Kap. SGB XII).

Zusätzlich sind regelmäßig die Aufgaben nach dem AsylbLG auf die S. übertragen worden sowie in den meisten Fällen die Aufgaben der Obdachlosen-/Wohnungslosenhilfe.

Zahlenmäßig spielen die Hilfen zum Lebensunterhalt nach dem 3. Kapitel, die Hilfen zur Gesundheit nach dem 5. Kapitel sowie die Hilfen nach dem 8. und 9. Kapitel in der Praxis der S. keine große Rolle. Hilfe zum Lebensunterhalt ist i. d. R. eine Hilfe, die für einige Monate für Menschen in der Statuspassage vom SGB II (erwerbsfähig) zum 4. Kapitel des SGB XII (dauerhaft nicht erwerbsfähig) geleistet werden muss, bis alle entsprechenden Gutachten über die Nicht-Erwerbsfähigkeit vorliegen. Durch verschiedene Reformen im Gesundheitsbereich wurde versucht, für alle Hilfeempfänger einen Anspruch auf Aufnahme in die gesetzliche Krankenversicherung zu erreichen. Infolgedessen sind die Zahlen in der Hilfe zur Gesundheit drastisch gesunken.

Das „Hauptgeschäft" der S. stellen die Grundsicherung im Alter und bei Erwerbsminderung dar. Hier macht sich bemerkbar, dass derzeit eine Generation von Menschen auf das Rentenalter zuwächst, bei denen nicht wenige auf Jahrzehnte prekärer Beschäftigung im Wechsel mit Zeiten der Arbeitslosigkeit zurückblicken. Diese Menschen haben keinen ausreichenden Rentenanspruch erworben und erhalten ergänzend Grundsicherung. Die S. haben in der Grundsicherung seit Beginn des letzten Jahrzehnts Zuwachsraten von ca. 5 % jährlich, was für die Zukunft eine ernsthafte Altersarmutsproblematik erwarten lässt. Der Bund hat ab 2012 in drei Jahresschritten die Kostenträgerschaft für die Grundsicherung übernommen, mit dem Ziel der Entlastung der kommunalen Haushalte in diesem Bereich. Die Aufgabe wird ab 2014 von den S. in Form der Bundesauftragsverwaltung wahrgenommen, bis jetzt ohne spürbare Einmischungen oder Veränderungen in der Ausgestaltung.

Eine große Rolle spielen neben der Grundsicherung die Leistungsbereiche der Eingliederungshilfe für behinderte Menschen und der Hilfe zur Pflege, sowohl hinsichtlich der Empfängerzahlen als auch hinsichtlich der Belastung der kommunalen Haushalte durch Sozialleistungen. Diese Leistungen sind z. T. auf überörtliche Träger übertragen (s. o.). Im Bereich der Eingliederungshilfe ist eine Entwicklung zu beobachten, die durch die Ratifizierung der UN-Behindertenrechtskonvention durch die BRD ausgelöst wurde: Neben der reinen Leistungserbringung gerät in den S. zunehmend Planung, Bedarfsermittlung und konzeptionelle Weiterentwicklung der Eingliederungshilfe bzw. der Förderung der Inklusion von Menschen mit Behinderung in den Vordergrund. Dasselbe gilt für die Hilfe zur Pflege, wenn S. den Auftrag der Gestaltung einer älter werdenden Gesellschaft annehmen.

Die Art und Weise, wie in den S. die Funktionen der Steuerung und des Controllings der kommunalen Leistungen im Jobcenter wahrgenommen werden, befindet sich noch in der Entwicklung. Stabs- und Controllerstellen für die Aufgabenwahrnehmung sind notwendig, allerdings konkurrieren die S. hier innerhalb der Kommunen mit den Stadtkämmereien und den Rechnungsprüfern, die sich hier ebenfalls betätigen.

Je nachdem, welche Aufgaben den S. über die Leistungen nach dem SGB XII hinaus zugeordnet und wie diese organisiert sind, differieren die Organisationsformen der Ämter. Kern ist überall die Leistungsabteilung, wobei hier die grundsätzliche Organisationsfrage entschieden werden muss, ob Fachabteilungen für die einzelnen Leistungen eingerichtet werden oder ob möglichst viele Leistungen in Ganzheitssachbearbeitung erbracht werden. In der Praxis finden sich hier sehr unterschiedliche Lösungen. Neben der Leistungsabteilung können je nach Aufgabenprofil weitere Fachabteilungen stehen, für Obdachlosenhilfe, für die Förderung von Menschen mit Behinderung, für Altenhilfe usw. In jüngster Zeit wird in vielen S. versucht, eigene sozialpädagogische Fachdienste zu etablieren, die den Leistungsbereich sinnvoll durch ein aufsuchendes Beratungsangebot ergänzen (z. B. bei älteren Menschen, Behinderten, psychisch kranken Hilfeempfängern oder Obdachlosen) Viele S. versuchen darüber hinaus, in der Armutsprävention und Armutsbekämpfung Projekte und Arbeitsansätze zu entwickeln; weit verbreitet sind z. B. sog. „Sozialpässe", die den Leistungsempfängern zusätzliche Vergünstigungen zugänglich machen, etwa reduzierte Eintrittsgebühren in Theater oder Bäder oder auch eine reduzierte Monatskarte für den ÖPNV.

Vernetzung spielt auch in der Arbeit der S. eine große Rolle, weil nur so die sozialpolitischen Ziele effektiv erreicht werden können. Die S. sind vor Ort vernetzt mit den anderen Dienststellen der Sozialverwaltung, den Jobcentern und mit den freien Trägern der Wohlfahrtspflege, meist in „verfassten" Gremien wie der „Kreisarbeitsgemeinschaft für öffentliche Fürsorge" (Kreis-AG) (*Arbeitsgemeinschaften).* Bundesweit gibt es eine im Vergleich zu anderen Dienststellen sehr enge und aktive Vernetzung in unterschiedlichen Vergleichsringen (z. B. Vergleichsring der 15 großen deutschen Großstädte).

Herausforderung Flüchtlingshilfe

Zu Beginn des Jahres 2014 zeichnete sich in Deutschland und in ganz Europa eine Flüchtlingswelle ab, die ab dem Sommer 2015 zuvor nicht gekannte Dimensionen annahm. Im Jahr 2015 sind bis Ende November eine Mio. Menschen als Flüchtlinge oder Asylsuchende in Deutschland angekommen, vorwiegend aus den Kriegsgebieten bzw. nicht befriedeten Staaten Syrien, Irak, Iran, Afghanistan, aber auch aus Äthiopien und Eritrea sowie aus den „failed states" in Afrika (Somalia u. a.).

Für die S. ergaben und ergeben sich daraus zwei zentrale Herausforderungen: Die Zahl der Leistungsempfänger nach dem AsylbLG hat sich in allen S. im Laufe des Jahres 2015 mehr als verdreifacht. Es ist im kommunalen Kontext nicht immer einfach, dafür die adäquaten Ressourcen (Personal, Gebäude, Arbeitsmittel) zeitnah zur Verfügung gestellt zu bekommen und neue Verfahren etablieren zu können (z. B. aufsuchende Antragsaufnahme in den Unterkünften). Die zweite Herausforderung ist die Akquise, Belegung und Betreuung von geeigneten Unterkünften in einer bisher nicht gekannten Dimension und Geschwindigkeit. In der zweiten Jahreshälfte 2015 mussten dafür vielerorts Turnhallen akquiriert oder Zeltdörfer bzw. Leichtbauhallen und Container aus dem Boden gestampft werden. Zurzeit ist ein Ende dieser Flüchtlingswelle noch nicht abzusehen.

Neben der Aufgabenerfüllung bei den Leistungen nach dem AsylbLG und bei der Akquise und dem Betrieb von Unterkünften werden sich die S. zeitnah auch zu den anstehenden Fragen der Integration der Flüchtlinge (Schule, Bildung inklusive Spracherwerb, Arbeit, Wohnen) positionieren müssen.

Dieter Maly

Literatur

G. André: SozialAmt. Eine historisch-systematische Einführung, Weinheim 1994 ◆ H. Bossong: Sozialverwaltung. Ein Grundkurs für Soziale Berufe, Weinheim/München [2]2009 ◆ DV: Empfehlungen des DV zur Umsetzung der Leistungen für Bildung und Teilhabe, Berlin 2012 ◆ H. Hartmann: Brauchen wir noch ein Sozialamt? Überlegungen zur Zukunft kommunaler Sozialhilfe, in: NDV 2/2014 ◆ ISS e. V. (Hrsg.): Die Bücher des Sozialgesetzbuches, München 2011 ◆ Schellhorn//Hohm/Schneider: Kommentar zum SGB XII, Köln [20]2015.

Weitere Literatur bei *Grundsicherung für Arbeitssuchende* und *Sozialhilfe.*

Sozialarbeit/Sozialpädagogik

Zum Begriff

Unter diesen beiden Begriffen wird eine Vielzahl von Einrichtungen und Maßnahmen zusammengefasst, die Menschen helfen sollen, sich in ihre Gesellschaft zu integrieren (SozPäd) und in ihr ein Leben zu führen, das der Würde des Menschen entspricht (SozArb). Das gesellschaftliche Verständnis von der Notwendigkeit, der Bedeutung und der Reichweite dieser beiden Aufgaben unterliegt einem historischen Entwicklungsprozess, der es notwendig macht, das Wesen von SozArb und SozPäd aus ihrer historischen Entfaltung zu erschließen.

Geschichte

(1) **Sozialarbeit:** Am Anfang des Weges, den die gegenwärtige SozArb zurückgelegt hat, stand das Arbeitshaus *(Geschichte der Sozialarbeit/Sozialpädagogik)*, in das um materielle Unterstützung nachsuchende Familienväter eingewiesen wurden, um ihren Willen zur Arbeit zu prüfen (Armenhaustest). Die Unterstützung war knapp bemessen, zeitlich eng begrenzt und an diskriminierende Umstände gebunden: Verlust des Wahlrechtes, Veröffentlichung der Namen der Unterstützungsempfänger, Rückzahlungsgebot, Konfiszierung des Nachlasses durch die Armenbehörde. Dadurch sollte sichergestellt werden, dass die unterstützten Familien sich nicht an die Armenhilfe als Lohnersatz gewöhnten und dass ihr Wille zur Arbeit nicht erlahme, auch wenn sie über längere Zeit keine Arbeit fänden. Diese Forderung erwies sich angesichts zyklischer kapitalistischer Wirtschaftskrisen in der 2. Hälfte des 19. Jh. als zunehmend unrealistisch. Außerdem lag es im Interesse der expandierenden deutschen Industrie im internationalen Konkurrenzkampf, auch in Krisenzeiten einen festen Stamm qualifizierter Facharbeiter zu erhalten und gleichzeitig die Kampfkraft von Gewerkschafts- und Arbeiterbewegung zu schwächen. Bismarcks Sozialgesetzgebung (Krankenversicherung, Unfallversicherung, Invaliden- und Altersversicherung: *Soziale Sicherung*) schuf die gesetzliche Grundlage, durch die Teile der Arbeiterschaft unabhängig von den Almosen der Armenhilfe wurden. Nun konzentrierte sich die Armenhilfe (heute *Sozialhilfe/Sozialamt*) auf jene Teile der Bevölkerung, die keinen Versicherungsanspruch erworben hatten oder deren Anspruch nicht ausreichte, sich und ihre Angehörigen am Leben zu erhalten.

(2) **Sozialpädagogik:** Am Anfang des Weges, den die gegenwärtige SozPäd zurückgelegt hat, standen Erziehungsheim und Kindergarten. Erziehungsheime in kirchlicher, später auch in kommunaler Regie gewährleisteten die Pflege und Erziehung von Kindern und Jugendlichen, die ihre Eltern verloren hatten (oder ihnen verloren gegangen waren; *Fremdunterbringung*); *Kindergärten*, später auch *Kinderkrippen* und *Kinderhorte* sollten die Pflege und Erziehung in Ursprungsfamilie und Schule begleitend ergänzen und unterstützen. Bei den von Einrichtungen der SozPäd betreuten Personengruppen handelte es sich um Kinder und Jugendliche, deren Pflege- und Erziehungsbedürftigkeit nicht als Ausdruck individuellen Verschuldens der Eltern interpretiert werden konnte. SozPäd war deshalb von vornherein dazu prädestiniert, als kollektive Pflichtaufgabe aller Erwachsener an der Generation ihrer Kinder begriffen und verallgemeinert zu werden, während SozArb bis in unsere Zeit mit dem Odium belastet ist, durch ungeprüfte Gewährung materieller Hilfen den Willen zur individuellen Lebenserhaltung zu schwächen und deshalb eine sorgfältige Prüfung jedes Einzelfalles *(Einzelfallhilfe)* erfordert.

Der weite Weg zum Leistungsrecht mit Rechtsanspruch: Das Recht jedes deutschen Kindes auf Erziehung zur leiblichen, seelischen und gesellschaftlichen Tüchtigkeit wurde im Reichsjugendwohlfahrtsgesetz von 1922 (RJWG) festgeschrieben, während das Recht jedes Menschen auf ein Leben, das der Würde des Menschen entspricht, erst im BSHG 1962 und im Sozialgesetzbuch (SGB I) 1976 als allgemeiner Rechtsanspruch formuliert worden ist.

Bei dem langen Entwicklungsweg von der Reaktion auf besondere, historisch, sozial und individuell bedingte Lebenslagen bis zur Formulierung allgemeiner Ansprüche aller Menschen unterschiedlichen Alters und unterschiedlicher Lebenslagen auf gesellschaftliche Hilfe und Unterstützung bei der Bewältigung von Sozialisationsaufgaben und Krisensituationen haben soziale Bewegungen eine hervorragende Rolle gespielt: religiöse Bewegungen des Mittelalters (Orden und Klöster), christlich-karitative Bewegungen der Neuzeit, philanthropische Bewegungen des sich etablierenden Bürgertums, Frauenbewegung, Jugendbewegung, Arbeiterbewegung *(Gewerkschaften)*, pädagogische Reformbewegungen und alternative Selbsthilfebewegungen *(Selbsthilfe/Selbsthilfeorganisation)* der Gegenwart. Sie alle haben mehr oder weniger Tendenzen hervorgebracht und unterstützt, um bisher als individuell begriffene Notlagen als Begleiterscheinungen gesamtgesellschaftlicher Entwicklungen zu reformulieren, neue Wege zur Bearbeitung dieser Lebens- und Not-Lagen zu beschreiten und angemessene Formen der Hilfe zu entwickeln, weiterzugeben und zu professionalisieren *(Professionalisierung/Soziale Berufe)*.

Prinzipien: (1) Die Sorge für das körperliche, geistige und seelische Wohl des Nächsten (unabhängig von verwandtschaftlichen, ethnischen und religiösen Bindungen) ist ein altes christliches Gebot. Es wurde durch das Gleichnis vom Barmherzigen Samariter illustriert und in der deutschen Aufklärung durch die Ring-Parabel von G. E. Lessing bekräftigt. Die Arbeitserziehung *(Arbeit)* als Einübung in die Fähigkeit, durch eigener Hände Arbeit die Mittel für sein Leben zu verdienen und für das Wohl der Familie zu sorgen, war tragendes Prinzip sowohl christlich-karitativer als auch liberaler und sozialistischer Erziehungstätigkeit. In der katholischen Soziallehre erhielt es die spezielle Fassung, dass Menschen in Not zunächst von jenen Personen unterstützt werden sollten, die ihnen am nächsten stehen *(Familie)*. Danach sei die örtliche Religionsgemeinschaft gefordert und erst nachrangig Kommune, Land und Bundesstaat *(Subsidiarität)*. Der Liberalismus suchte hingegen von Anfang an nicht das Recht des Staates auf sozialarbeiterische und sozialpädagogische Eingriffe in das Schicksal des Einzelnen zu begrenzen, sondern seine Verpflichtung zur Hilfe. Er ging von dem Recht des Einzelnen aus, sein Leben selbst zu bestimmen, und überantwortete die Vorsorge für individuelle Krisensituationen den Gesetzen des Dienstleistungsmarktes. Dagegen wiederum setzten Arbeiterparteien und Gewerkschaften die kollektive Selbsthilfe von Menschen in ähnlicher sozialer Lage und die Notwendigkeit, diese Selbsthilfe zu verrechtlichen und mehr und mehr als Aufgabe der gesamten staatlichen Gemeinschaft zu bestimmen.

(2) Von diesem *Solidaritäts*begriff leiteten die Befürworter des *Sozialstaats* den Begriff des Generationenvertrages ab. Die Generation der arbeitsfähigen Erwachsenen soll durch ihre Versicherungsleistungen den Lebensabend der Generation ihrer Eltern und Großeltern finanziell sichern.

(3) Aus der historischen Entwicklung der sozialen Sicherung aus den „Bruderbüchsen" mittelalterlicher Bergleute wurde das Prinzip der Hilfe zur Selbsthilfe abgeleitet: jegliche Fremdhilfe sei so zu gewähren, zu leisten und zu bemessen, dass sie die Selbsthilfekräfte der in Not Geratenen mobilisiert. Dieses Prinzip hat eine emanzipatorische und eine restriktive Seite. Es unterstreicht die anthropologische Annahme, dass Menschen in der Lage sind, ihr Leben in eigener Bestimmung und Verantwortung zu gestalten *(Anthropologie)*. Es unterstellt aber gleichzeitig, dass Menschen prinzipiell mit den gleichen Voraussetzungen ausgestattet wären, dieses Ziel unabhängig von der Unterstützung durch die Gemeinschaft zu erreichen. Die Betonung von Selbsthilfe *(Selbstorganisation)* kann also einerseits als Warnung vor staatlicher Bevormundung verstanden werden, sie kann andererseits als Rechtfertigung staatlicher Untätigkeit in strukturellen Krisensituationen benutzt werden.

Von der Sozialarbeit/Sozialpädagogik zur Sozialen Arbeit

SozArb und SozPäd und ihre historisch getrennten Ursprünge in der Armenverwaltung, der Ersatzerziehung und der familienergänzenden Sozialerziehung sind seit den Reformen der *Sozialen Arbeit* in der 1. Deutschen Republik mehr und mehr zusammenzuwachsen.

Arbeitsfelder: Diese Sichtweise auf vorhandene und verstärkte Gemeinsamkeiten von SozArb und SozPäd rechtfertigt eine dreifache Einteilung von Einrichtungen und Maßnahmen der *Sozialen Arbeit*, inzwischen der allgemein verwendete Oberbegriff für SozArb und SozPäd, den Danckwerts vorgeschlagen hat und der angloamerikanischer Fachterminologie entspricht. (1) Einrichtungen und Maßnahmen können nach den Stationen im Lebenszyklus geordnet werden, in dem sich die Menschen befinden, die von ihnen betroffen werden; (2) sie können an den besonderen Problemen marginalisierter „Zielgruppen" orientiert werden, die besonderer Lebens- und Überlebenshilfen bedürfen; und (3) sie können nach den *Methoden der Sozialarbeit/Soziapädagogik* geordnet werden, welche in der Entwicklung sozialer Berufe ausgeformt und in deren Ausbildung formuliert worden sind *(Ausbildung/Soziale Berufe)*.

Einrichtungen und Maßnahmen der SozPäd begleiten das Leben von Säuglingen, Kindern, Jugendlichen und jungen Erwachsenen: *Schwangerschaftsberatung* und Säuglingsfürsorge, *Kinderkrippen, Kindergärten* und *Kinderhorte*, Erziehungsheime *(Heimerziehung)*, Freizeitheime und Häuser der offenen Tür, Zeltlager und Erholungsmaßnahmen *(Erholungsmaßnahmen, Freizeit/Freizeitpädagogik)*, Förderung von *Jugendverbänden*, Jugendgruppen und Maßnahmen internationalen Jugendaustausches, Überwachung des Pflegekinderwesens und der *Adoption*svermittlung, Amtsvormundschaft, *Jugendgerichtshilfe* und *Bewährungshilfe*.

Das Jugendamt als sozialpädagogische Fachbehörde: Die meisten dieser sozialpädagogischen Tätigkeiten, die Förderung und die Einrichtung der für sie notwendigen Institutionen sind seit dem RJWG (1922) in einem (i. d. R.) selbständigen *Jugendamt* auf kommunaler Ebene zusammengefasst. Das *Jugendamt* gilt als Inbegriff sozialpädagogischer Reformpolitik. Durch seine Errichtung wurde die materielle Hilfe für Familien mit Kindern aus der Zuständigkeit der alten Armenverwaltung herausgelöst und in den Händen der für alle Probleme dieser Familienzuständigen Familienfürsorge (*Allgemeiner Sozialdienst/* ASD) zusammengefasst.

Sozial- und Gesundheitsämter: Für materielle und zunehmend auch für zwischenmenschliche und seelische Probleme von Erwachsenen in Krisensituationen, also für SozArb i. e. S., waren zwei andere klassische Ämter der SozArb zuständig: *Sozialamt* und *Gesundheitsamt.* Nachdem 1927 als letzter Teil gesetzlicher Sozialversicherung die Arbeitslosenversicherung eingeführt worden war, konzentrierte sich die Arbeit des Sozialamtes mehr und mehr auf materielle Zuwendungen für Bevölkerungsgruppen ohne (zureichenden) Versicherungsschutz, auf Probleme und Krisensituationen, die nicht (allein) durch Hilfen zum Lebensunterhalt bearbeitet werden konnten und auf die Sorge für Personengruppen, die aus Arbeitsprozess und Familienzusammenhang ausgegliedert worden waren.

Neue Zielgruppen: Krisenhafte gesellschaftliche Entwicklungen haben immer wieder dazu geführt, dass über diese, an der Normalbiographie von Menschen orientierte Kette von Einrichtungen und Maßnahmen der SozArb und SozPäd hinaus neue Problem- und Risiko-Gruppen angesprochen werden mussten, denen durch Ausgliederung aus (oder Nicht-Eingliederung in) gesellschaftliche Netzwerke Lebenschancen vorenthalten wurden. Dazu gehören etwa: Jugendliche ohne Ausbildungs- und Arbeitsplatz; *allein erziehende* Mütter; ausländische Familien, die in Deutschland arbeiten und wohnen und deren Kinder *(Ausländer); Aussiedler* und Umsiedler; Menschen, die drogenabhängig *(Drogenabhängigkeit)* geworden sind. So sehr die Hilfe von SozArb und SozPäd für solche Bevölkerungsgruppen Fortschritte im gesellschaftlichen Problembewusstsein signalisiert, so sehr besteht auch die Gefahr, dass die Reduktion von Lebensläufen und Lebenskrisen auf einzelne Symptome von *Gefährdungen* zu *Stigmatisierungen* führt oder bereits vorhandene Stigmatisierungen befestigt.

Soziale Arbeit als Oberbegriff: D. Kreft und I. Mielenz vertreten in diesem Buch die Auffassung, heute gehörten mindestens die Arbeitsfelder zur SozArb/SozPäd, die unter dem verfassungsrechtlichen Begriff ‚Öffentliche Fürsorge' (Art. 74 Abs. 1 Nr. 7 GG) subsumiert werden (*Alten-, Behinderten-, Gesundheits-, Kinder- und Jugend- sowie Sozialhilfe,* seit 2005 auch die *Grundsicherung für Arbeitssuchende* des SGB II). Und es gebe zentrale Ziele und Begriffe, inzwischen auch Sicherheit beim methodischen Handeln sowie gemeinsame Steuerungsinstrumente beim sozialstaatlichen Handeln; also ein durchaus deutlicheres Bild davon, was SozArb/SozPäd ausmache (bei: *Soziale Arbeit*).

Damit folgen sie dem allgemeinen Trend in Literatur und Lehre, Soziale Arbeit sei der inzwischen angemessene Oberbegriff für Sozialarbeit und Sozialpädagogik. So firmieren alle aktuellen Titel zum Thema unter ‚Soziale Arbeit'. Sowohl die Lexika und Handbücher (DV 2016, Thole 2012, Otto/Thiersch 2015) als auch die heute insofern relevanten Einführungsbände (S. Müller u. a. 2000, C. W. Müller 2013, Galuske 2013, Deller/Brake 2014, Schilling/Klus 2015). W. Thole hat in der Einführung des von ihm herausgegebenen Grundrisses Soziale Arbeit u. a. ausgeführt, dass es aus historischer Perspektive Sinn macht(e), zwischen SozArb und SozPäd zu differenzieren. Denn die Wurzeln der der SozArb finden sich in der Herausbildung der Sozialhilfe und der klassischen Wohlfahrtspflege. Demgegenüber steht die SoPäd für die Tradition der Jugendhilfe, genauer der Jugendpflege und der Pädagogik der Frühen Kindheit. Heute sei allerdings diese Trennung so unscharf (erklärungsschwach), denn ein grundsätzlicher Unterschied könne gegenwärtig nicht mehr beobachtet werden. Soziale Arbeit meine heute fast durchgängig SozArb und SozPäd (Thole 2012, 19 f.). D. Kreft und I. Mielenz sprechen sogar davon, diese Trennung in eher fachlich-inhaltliches und sozialadministratives Tun sei seit langem überholt, unzeitgemäß, inzwischen auch ‚unprofessionell' (in: *Soziale Arbeit* mit Verweis auf *Handlungskompetenz* und *Professionalisierung*).

Die Entstehungsgeschichte Sozialer Arbeit: Sozialarbeit-Sozialpädagogik-Soziale Arbeit ist sehr gut abgebildet bei Schilling/Klus 2015 (Kap 3, 93 ff.).

Demzufolge gibt es auch keine FHS mehr, die SozPäd und SozArb getrennt lehren und die Absolventen zu getrennten Abschlüssen führen.

C. Wolfgang Müller

Literatur

G. Bäcker u. a.: Sozialpolitik und soziale Lage in Deutschland. 2 Bde., Wiesbaden [5]2010 ◆ D. Danckwerts: Grundriss einer Soziologie sozialer Arbeit und Erziehung, Weinheim [2]1981 ◆ U.l Deller/R. Brake: Soziale Arbeit, Opladen 2014 ◆ DV: Fachlexikon der sozialen Arbeit, Baden-Baden [8]2016 ◆ Friedländer/H. Pfaffenberger: Grundbegriffe und Methoden der Sozialarbeit, Neuwied (1958) 1966 ◆ M. Galuske: Methoden der Sozialen Arbeit. Eine Einführung, Weinheim/Basel [10]2013 ◆S. Hering/R. Münchmeier: Geschichte der Sozialen Arbeit, Weinheim/München [5]2014 ◆ D. Kreft/C. W. Müller (Hrsg.): Methodenlehre in der Sozialen Arbeit, München [2]2017 ◆ K. Mollenhauer: Die Ursprünge der Sozialpädagogik in der industriellen Gesellschaft, Weinheim (1959) 1987 ◆ K. Mollenhauer: Einführung in die Sozialpädagogik, Weinheim [10]1993 ◆ C. W. Müller (Hrsg.): Einführung in die Soziale Arbeit, Weinheim [4]1995 ◆ C. W. Müller: Wie Helfen zum Beruf wurde. Eine Methodengeschichte der Sozialen Arbeit, Weinheim/München [6]2013 ◆ S. Müller u. a.: Soziale Arbeit. Gesellschaftliche Bedingungen und professionelle Perspektiven, Neuwied 2000 ◆ H. Nohl/L. Pallat (Hrsg.): Handbuch der Pädagogik. Bd. 5: Sozialpädagogik, Weinheim (1929) 1981 ◆ Faksimiledruck der Originalausgabe 1981 ◆ H. U. Otto/H. Thiersch (Hg.): Handbuch Soziale Arbeit, München/Basel [5]2015 ◆ H.-U. Otto/K. Utermann (Hrsg.): Sozialarbeit als Beruf, München 1971 ◆ Projektgruppe Soziale Berufe (Hrsg.): Sozialarbeit. Ausbildung und Qualifikation ◆ Problemwandel und Institutionen ◆ Professionalisierung und Arbeitsmarkt, 3 Bde., München 1981 ◆ J. Reyer: Kleine Geschichte der Sozialpädagogik, Hohengehren 2002 ◆ C. Sachße/F. Tennstedt: Geschichte der Armenfürsorge. Bd. 1, Stuttgart [2]1998 ◆ H. Scherpner: Theorie der Fürsorge, Göttingen [2]1974 ◆ J. Schilling/S. Klus: Soziale Arbeit. Geschichte-Theorie-Profession, München/Basel [6]2015 ◆ W. Thole (Hrsg.) Grundriss Soziale Arbeit, Ein einführendes Handbuch, Wiesbaden [4]2012.

Sozialarbeitswissenschaft

Debattenverlauf

Der Begriff Sozialarbeitswissenschaft (SAW) signalisiert Einheitlichkeit auf der Theorieebene für das Feld der *Sozialen Arbeit.* Wenn man jedoch unterschiedlichen Wellen der Auseinandersetzung um eine SAW betrachtet, dann zeigt sich, dass es sich dabei eher um eine Programmformel als um eine Beschreibung des theoretischen Status der SozArb handelt *(Theorie der Sozialarbeit/Sozialpädagogik).*

Die erste Welle, die sich mit der Konstitution einer SAW auseinander setzte, datiert auf die 1970er Jahre (Rössner 1973; Lukas 1979). Ein zweiter Schub ist Anfang bis Mitte der 1990er Jahre zu verzeichnen gewesen, innerhalb dessen die Forderung nach der Konstitution einer SAW zur Debatte stand (Wendt 1994; Merten u. a. 1996; Kreft/Wendt 1997). Und zuletzt erlangte das Thema SAW wieder eine erhöhte Aufmerksamkeit, wobei resümierende Aspekte insbesondere der zuvor stattgefundenen Auseinandersetzung im Vordergrund stehen (Bango 2001; Tilk 2002; Mühlum 2004; Göppner/Hämäläinen 2003; Erath 2006; Amthor 2006). Die inhaltliche Diskussion um eine SAW, die noch für die 1990er Jahre charakteristisch war, scheint also damit vorerst zu einem Abschluss gekommen zu sein.

Zeitenwenden

Betrachtet man die unterschiedlichen Wellen des Debattenverlaufs um eine SAW aus einer bildungspolitischen Perspektive, dann fällt auf, dass sich die Auseinandersetzungen jeweils auf Zeiträume konzentrieren, innerhalb derer strukturelle Veränderungen im Wissenschaftssystem zu verzeichnen waren bzw. sind. Ende der 1960er und Anfang der 1970er Jahre war die Zeit, in der einerseits eigenständige Diplomstudiengänge für *Erziehungswissenschaft* (mit dem Schwerpunkt Sozialpädagogik) an den Universitäten etabliert, während andererseits die höheren FS in FHS transformiert wurden.

Zu Beginn der 1990er Jahre vollzog sich innerdeutsch die staatsrechtliche Vereinigung, die zu einer nachhaltigen Expansion des Wissenschaftsfeldes, insbesondere im Bereich der SozArb geführt hat: FHS wurden in den nBL aufgebaut, an den Universitäten neue erziehungswissenschaftliche Studiengänge eingerichtet. Sowohl für die 1970er als auch für die 1990er Jahre bildet eine starke Expansion den wissenschaftspolitischen Hintergrund.

Im Zusammenhang mit der Umsteuerung der Ausbildungsstruktur in der Folge des sog. Bologna-Prozesses (Konsekutive Studiengänge: B. A., M. A.) und der veränderten Qualifizierungsverläufe wissenschaftlichen Nachwuchses (5. HRG-Novelle; Juniorprofessuren) ist in Sachen SAW eine Pluralisierung von Studienabschlüssen zu verzeichnen, die den identitären Kern hat undeutlich werden lassen (Deutscher Berufsverband 2007).

Institutioneller Kontext

Sozialarbeit/Sozialpädagogik/Soziale Arbeit werden wissenschaftlich an zwei unterschiedlichen Hochschultypen gelehrt, nämlich an FHS und Universitäten. Allerdings zeigt eine nähere Analyse, dass sich in diesem Bereich eine unsystematische Pluralität von Studiengängen etabliert hat. An dem FHS wird Sozialarbeit/Sozialpädagogik, Soziale Arbeit oder Sozialwesen, auch Sozialarbeitswissenschaft gelehrt. An den Universitäten erfolgt die Ausbildung i. d. R. unter dem organisatorischen Dach der Erziehungswissenschaft in der Studienrichtung SozPäd und/oder SozPäd/SozArb *(Ausbildung/Ausbildungen).*

Diese doppelte und unkoordinierte Struktur verdankt sich der spezifischen Berufsgeschichte der SozArb/SozPäd in Deutschland mit ihren je besonderen ideen- und sozialgeschichtlichen Quellen (Müller 2013; Amthor 2003). Diese doppelte Institutionalisierung von SozArb und SozPäd ist eine beständige Reibungslinie, an der sich u. a. auch der Konflikt um eine SAW festmachen lässt *(Geschichte der Sozialarbeit/Sozialpädagogik).*

Diese inter-institutionelle Konfliktlinie wird im Bereich der FHS noch durch eine intra-institutionelle verstärkt. Während in den Universitäten sich das Studium formal unter dem einheitlichen Dach der Erziehungswissenschaft vollzieht, wird an den FHS ein plurales Fächerspektrum studiert, das die Frage nach der disziplinären Identität deshalb beständig virulent werden lässt, weil die SozArb hier nicht im Mittelpunkt steht, sondern ein Fach unter vielen anderen ist.

Begriffsbestimmung

Neben den institutionell angelegten Schwierigkeiten gibt es eine innerdisziplinäre Unklarheit, die die Auseinandersetzung um eine SAW forciert (hat). Nach wie vor gibt es keine allgemein geteilte Begriffsbestimmung, was unter SozArb und SozPäd inhaltlich verstanden wird *(Soziale Arbeit).* Zudem bleibt in der Folge offen, wie denn einerseits das Verhältnis von SozArb und SozPäd zueinander zu bestimmen ist, während andererseits die besondere Relation von SozPäd und Allgemeiner Päd. sich gestaltet. Diese Fragen sind ineinander verwoben.

S

Analytisch lassen sich mit Blick auf SozArb und SozPäd zwei kategorial verschiedene Positionen finden:

- **Differenzansatz:** SozArb und SozPäd haben jeweils eigene historische Ursprünge, aus denen sich zugleich auch die sachlogische Differenz dieser beiden Bereiche ableitet; diese Differenz wirkt bis heute fort.
- **Identitätsansatz:** Obgleich die differenten Ursprünge von SozArb und SozPäd unbestritten bleiben, haben sich die ehedem getrennten Bereiche inzwischen sowohl in der theoretischen Reflexion, in der professionellen Berufspraxis als auch in den Beschäftigungsfeldern so weit angenähert, dass empirisch keine Unterschiede mehr zu konstatieren sind.

Zu diesen beiden konträren Auffassungen lassen sich vielfältige Zwischenpositionen finden (z. B. Konvergenzansatz; Divergenzansatz etc.), die jedoch letztlich alle bei genauerer Analyse auf die beiden Grundformen zurückgeführt werden können (detailliert Merten 1998).

Die VertreterInnen einer eigenständigen SAW beziehen sich in der Debatte alle auf den Differenzansatz. Sie gehen davon aus, dass auch weiterhin, insbesondere im Berufsfeld angelegte, grundsätzliche Unterschiede zu verzeichnen sind, die eine getrennte Reflexion in zwei unterschiedlichen Wissenschaften SozArb und SozPäd rechtfertigen und notwendig machen. Aus dieser Differenzbestimmung folgt sogleich das Anschlussproblem, ob nämlich SozArb und SozPäd jeweils eigenständige Bereiche darstellen, ob sie sich überschneiden und wie das mögliche Verhältnis von Unter- und Überordnung zueinander bestimmt werden kann; hier besteht innerhalb der Befürworter einer SAW keine einheitliche Position (exemplarisch Wendt 1994; Merten u. a. 1996).

Autonomie/Heteronomie

Aus der dargestellten doppelten Institutionalisierung von SozArb und SozPäd an Universitäten und FHS wird innerhalb der Diskussion um eine SAW davon ausgegangen, dass einerseits die VertreterInnen der Universitäten für sich einen Alleinvertretungsanspruch sowohl für SozArb als auch SozPäd reklamieren, während sie andererseits aufgrund ihrer disziplinären Eingebundenheit in die Erziehungswissenschaft notwendigerweise die SozArb dadurch pädagogisch okkupieren (z. B. die Beiträge in Puhl 1996). Dabei seien jedoch bestenfalls begrenzte Teile der SozArb mit dem theoretischen Instrumentarium der Päd. zu erfassen; mehrheitlich müsse der Bereich der SozArb der (theoretischen Reflexion) SozPäd jedoch fremd bleiben.

Seitens der Kritiker einer SAW wird dabei entgegnet, dass mit der organisatorischen Zuordnung der SozPäd (zur universitären Erziehungswissenschaft) noch keine inhaltliche Fixierung auf ein nicht näher bestimmtes Verständnis von Päd. verbunden ist. Untersuche man indes das Vorverständnis von Päd., das sich in den Publikationen der Vertreter einer SAW abzeichne, so sei dies als das der Geisteswissenschaftlichen Pädagogik zu charakterisieren (detailliert die Beiträge in Merten u.a. 1996). Damit würde jedoch gegen ein Pädagogik-Verständnis opponiert, das den aktuellen Stand erziehungswissenschaftlicher Forschung längst nicht mehr widerspiegelt. *Erziehungswissenschaft* habe sich seit Beginn der 1960er Jahre zu einer normalen sozialwissenschaftlichen Disziplin entwickelt. Und nicht zuletzt müsse darauf verwiesen werden, dass gerade anhand der veröffentlichten Ergebnisse universitärer FachvertreterInnen sich zeigen lasse, wie vielgestaltig sowohl der methodische als auch der theoretische Zugriff auf den Bereich SozArb/SozPäd sei, so dass berechtigterweise von einer (geisteswissenschaftlichen oder sonstigen) pädagogischen Okkupation begründet keine Rede sein kann.

Perspektiven

Die Debatte um eine SAW ist inzwischen weitestgehend verebbt. Sie macht aber deutlich, dass und in welcher Weise wissenschaftstheoretische Fragestellungen mit wissenschaftspolitischen verwoben sind. Zwar werden mittlerweile an den FHS vermehrt Professuren für SAW ausgeschrieben und besetzt, ein inhaltlich gemeinsames Grundverständnis, das sich hinter dem Begriff verbirgt, existiert jedoch nach wie vor nicht (zuletzt Mühlum 2004). Diese Situation deutet darauf hin, dass sich unter dem Label der SAW letztlich alte Kontroversen um die Durchsetzung von bestimmten Paradigmen innerhalb der SozArb/SozPäd verbergen. Damit schließt sich dann der Kreis wieder zu den erwähnten wissenschaftspolitischen Dimensionen der Debatte um eine SAW, d.h. „dass sich keine Wissenschaft von den Klassifikations- und Ordnungssystemen erstellen lässt – losgelöst von der wissenschaftlichen Analyse des Kampfes um Klassifizierungen und unter Ignorierung der Stellung, den jeder der Beteiligten in diesem Kampf um die Macht des Wissens, um die Macht durch Wissen, um das Monopol auf legitime symbolische Gewalt innehat" (Bourdieu 1985, 27).

A. Mühlum hat zuletzt (2011) darauf hingewiesen, dass mit der förmlichen Anerkennung der ‚Fachwissenschaft Soziale Arbeit' durch die Hochschulrektorenkonferenz und die Kultusministerkonferenz 2001 die langjährige Kontroverse eigentlich entschieden sei, denn S. wäre darin eine Teildisziplin wie die universitäre Sozialpädagogik auch. Und die Zusammenführung beider Theoriestränge zur ‚Wissenschaft Soziale Arbeit' biete die Chance, erziehungswissenschaftliche und fürsorgetheoretische Beschränktheiten zu überwinden (nach Mühlum 2011, 778; neuerlich Füssenhäuser 2016).

Hinzu kommt, dass es inzwischen sowohl an FHS als auch an Universitäten BA- und Magister-Studiengänge für Soziale Arbeit (oder mit ähnlichen Bezeichnungen) gibt und damit der standespolitische Teil der bisherigen Kontroversen deutlich an Bedeutung verloren hat.

Roland Merten

Literatur

R.C. Amthor: Die Geschichte der Berufsausbildung in der Sozialen Arbeit. Auf der Suche nach Profesionalisierung und Identität. Weinheim/München 2003 ♦ R.C. Amthor: Quo Vadis, Wissenschaft Soziale Arbeit? Bilanzierungen und Anmerkungen zur Debatte um eine Sozialarbeitswissenschaft, in: Sozialmagazin 6/2006, 45 ff. ♦ J. Bango: Sozialarbeitswissenschaft heute. Wissen, Bezugswissenschaften und Grundbegriffe, Stuttgart 2001 ♦ P. Bourdieu: Sozialer Raum und „Klassen". Leçon sur la leçon. Zwei Vorlesungen, Frankfurt/M. 1985 ♦ Deutscher Berufsverband für Soziale Arbeit (Hrsg.): Masterstudiengänge für die Soziale Arbeit (verfasst von W. Nodes) München/Basel 2007 ♦ E. Engelke/S. Borrmann/S. Spatscheck: Die Wissenschaft Soziale Arbeit, Freiburg i. Br. [4]2015 ♦ P. Erath: Sozialarbeitswissenschaft – eine Einführung, Stuttgart 2006 ♦ C. Füssenhäuser: Sozialarbeitswissenschaft, in: DV-Fachlexikon der Sozialen Arbeit, Baden-Baden [8]2016 ♦ H.-J. Göppner/J. Hämäläinen: Die Debatte um Sozialarbeitswissenschaft. Auf der Suche nach Elementen für eine Programmatik. Freiburg i. Br. 2003 ♦ H. Kleve/J. V. Wirth: Die Praxis der Sozialarbeitswissenschaft, Hohengehren 2009 ♦ D. Kreft/W. R. Wendt (Hrsg.): Wissenschaft von der Sozialen Arbeit oder Sozialarbeitswissenschaft? Ergebnisse eines Werkstattgespräches am Institut für Sozialarbeit und Sozialpädagogik in Frankfurt/M., Frankfurt/M. 1997 ♦ H. Lukas: Sozialpädagogik/Sozialarbeitswissenschaft. Entwicklungsstand und Perspektive einer eigenständigen Wissenschaftsdisziplin für das Handlungsfeld Sozialarbeit/Sozialpädagogik, Berlin 1979 ♦ R. Merten/P. Sommerfeld/T. Koditek (Hrsg.): Sozialarbeitswissenschaft. Kontroversen und Perspektiven, Neuwied u.a.O. 1996 ♦ R. Merten (Hrsg.): Sozialarbeit, Sozialpädagogik, Soziale Arbeit. Begriffsbestimmungen in einem unübersichtlichen Feld, Freiburg i. Br. 1998 ♦ A. Mühlum (Hrsg.): Sozialarbeitswissenschaft. Wissenschaft der Sozialen Arbeit, Freiburg i.Br. 2004 ♦ A. Mühlum: Sozialarbeitswissenschaft, in: DV (Hrsg.): Fachlexikon der Sozialen Arbeit, Baden-Baden [7]2011, 777 f. ♦ C. W. Müller: Wie Helfen zum Beruf wurde. Eine Methodengeschichte der Sozialarbeit, Weinheim/München

^{6}2013 ◆ R. Puhl (Hrsg.): Sozialarbeitswissenschaft. Neue Chancen für theoriegeleitete Soziale Arbeit, Weinheim/München 1996 ◆ L. Rössner: Erziehungs- und Sozialarbeitswissenschaft. Eine einführende Systemskizze, München/Basel 1977 ◆ U. Tilk: Lebensbewältigung zwischen Bildungsansprüchen und gesellschaftlicher Anpassung. Zum Verhältnis von Sozialarbeitswissenschaft und Sozialpädagogik, Münster u. a. O. 2002 ◆ W. R. Wendt (Hrsg.): Sozial und wissenschaftlich arbeiten. Status und Positionen der Sozialarbeitswissenschaft, Freiburg i.Br. 1994 ◆ J. V. Wirth/H. Kleve: Die Praxis der Sozialarbeitswissenschaft, Hohengehren ^{3}2013.

Sozialdarwinismus

Zur Herkunft des Begriffs

Mit diesem Begriff wird ein breites Spektrum von mehr oder weniger wissenschaftlich ambitionierten, teils auch alltagsphilosophischen Deutungen von Geschichte und Gesellschaft umrissen, das zum gemeinsamen Kern die Vorstellung hat, der „Kampf ums Dasein" als Durchsetzung der „Starken" und Untergang der „Schwachen" sei die naturgesetzmäßige Regel im Umgang von Menschen und Menschengruppen untereinander.

Diese Vorstellung beruft sich auf biologische Erklärungsmuster des britischen Forschers und Schriftstellers Darwin (1809–1882), die – zunächst im Hinblick auf die Tier- und Pflanzenwelt – „Evolution" und „Selektion" als miteinander verbundene Gesetzmäßigkeiten natürlicher Höherentwicklung behaupteten, i. S. eines „Überlebens" und einer „Hochzucht" der „Tüchtigsten", also derjenigen, die sich den Bedingungen des „Kampfes ums Dasein" am besten anpassen können. In der Literatur ist nach wie vor strittig, ob die Übertragung solcher naturalistischen Sichtweisen auf die menschliche Gesellschaft schon bei Darwin selbst vollzogen oder der Übergang zum S. erst von Darwins Nachfolgern betrieben wurde.

Ausformungen und Ziele

Darwinistische Konzepte zeigten sich in den letzten Jahrzehnten des 19. und in den ersten des 20. Jh. als äußerst anziehungsfähig, insbesondere deshalb, weil sie als (natur-)wissenschaftliche Alternativen zum metaphysischen, etwa religiösen Denken angesehen wurden. Theoretiker der sozialistischen Bewegung, insbesondere in Deutschland, griffen vornehmlich die Darwinsche Idee der „Evolution" auf und interpretierten die Menschheitsgeschichte als „naturgesetzmäßige" Entwicklung hin zu „höheren" gesellschaftlichen Formationen. Karl Kautsky, maßgeblicher Ideologe der deutschen Sozialdemokratie, deutete den marxschen historischen Materialismus in einen fortschrittsgläubigen sozialen Biologismus um.

Auf der anderen Seite machten sich zahlreiche Vordenker damaliger bürgerlich-kapitalistischer gesellschaftlicher Kräfte das von Darwin formulierte „Naturgesetz der Selektion" zunutze, um soziale Bewegungen ideologisch abzuwehren, die gleiche Rechte für alle Menschen einforderten. Der deutsche Zoologe Ernst Haeckel (1834–1919) popularisierte den S. mit großem Erfolg in dieser politischen Stoßrichtung. Der Sozialismus, so Haeckel, verlange „für alle Staatsbürger gleiche Rechte, gleiche Pflichten, gleiche Güter, gleiche Genüsse", was „mit der tatsächlich überall bestehenden und notwendigen Ungleichheit der Individuen in unlöslichem Widerspruch" stehe. Der Darwinismus habe für Tiere wie für Menschen als „unleugbare Tatsache den grausamen und schonungslosen Kampf ums Dasein" erkannt, und die „Selektion, die Auslese der Auserwählten" sei „notwendig mit dem Verkümmern und dem Untergang der übrig bleibenden Mehrzahl verknüpft".

Die sozialdarwinistische Weltanschauung war und ist variabel in ihren Anwendungsbereichen und in ihren Konsequenzen. Schon vor dem 1. Weltkrieg diente sie teils der Legitimation einer „natürlichen" wirtschaftlichen Herrschaftsstruktur, die als Ergebnis einer Begabungs- und Leistungskonkurrenz galt, die durch sozialstaatliche Eingriffe nicht gestört werden dürfe; zum anderen Teil bot der S. eine Rechtfertigung für den internationalen Machtkampf, bei dem sich die „tüchtigsten Völker" notfalls mit kriegerischen Mitteln an die Spitze zu setzen hätten. Die Ausweitung sozialdarwinistischer Lehren vom selektiv wirkenden „Daseinskampf" der Individuen auf den „Weltkampf" der Völker und „Rassen", bei dem es ums „Überleben" ging, lag nahe und machte massenwirksam Schule. Im S. war nicht von vornherein definiert, ob und inwieweit die besondere, zum „Überleben" und zur Herrschaft befähigende „Tüchtigkeit" von Individuen oder Völkern, „Rassen" etc. im „Daseinskampf" erworben oder per Erbanlage weitergegeben sei; auch Kombinationen beider Definitionen boten sich an. Sozialdarwinistisch fundiert waren auch die „eugenischen" und rassenanthropologischen Konzepte, die in Deutschland schon um 1900 zu Einfluss kamen *(Eugenik)*. Leitend war hier die Vorstellung, dass in der eigenen Gesellschaft wie auch im Verhältnis der Völker und „Rassen" zueinander beim „Daseinskampf" auch „künstlich" (d. h. durch bevölkerungspolitische oder „rassenhygienische" Maßnahmen und ggf. „Ausmerze"-Handlungen) die „Starken" gefördert, die „Schwachen" verdrängt werden müssten. Die vorgeblich wissenschaftliche Unterscheidung von „wertvollem" und „minderwertigem" oder „wertlosem" Leben war eine Konsequenz dieser Ausformung des S.

In den kapitalistischen Gesellschaften vor dem 1. Weltkrieg, so hat der Historiker Hans Ulrich Wehler dargelegt, funktionierte der S. als ideologische Stütze der Ablehnung nicht nur der sozialistischen Arbeiterbewegung, sondern auch einer ausgleichenden Sozialpolitik und zugleich – außenpolitisch – einer imperialistischen, auch gegen die Emanzipationswünsche von Kolonialvölkern gerichteten Strategie.

Sozialdarwinismus im deutschen Nationalsozialismus

In den faschistischen Weltanschauungen und Bewegungen der 1920er und 1930er Jahre fand der S. seine politische Zuspitzung, im deutschen Falle als Nationalsozialismus in einer extrem rassistischen Variante.

Als Grundsatz nationalsozialistischer Programmatik formulierte Adolf Hitler („Mein Kampf"), dass „gemäß dem ewigen Wollen des Universums der Sieg des Besseren, Stärkeren gefördert, die Unterordnung des Schlechteren, Schwächeren verlangt werden" müsse. Der Nationalsozialismus folge dem „aristokratischen Grundgedanken der Natur", indem er den „verschiedenen Wert der Rassen wie auch der Einzelmenschen" in Politik umsetze; dies schloss erklärtermaßen die „Ausmerze" mit ein.

Sozialdarwinismus in der Gegenwart

Auch nach dem Untergang des Nationalsozialismus ist der S. als Weltanschauung und als politisches Programm nicht an sein Ende gekommen, er stellt eine wesentliche Komponente sowohl der Ideologien des Neofaschismus und der „Neuen Rechten" als auch alltäglicher gegen das Prinzip der gleichen Menschenrechte gerichteter Weltbilder und Mentalitäten dar. In einer dem eigenen Anspruch nach wissenschaftlichen Form findet sich S. heute v.a. als Sozialbiologismus mit politischen Konsequenzen, wobei „Territorialität", „Hierarchie" und „Aggression" als „naturgesetzliche" menschliche Verhaltensmaximen ausgegeben werden, denen sich die Gesellschaft anzupassen habe *(Gentechnologie)*. Fremdenfeindlichkeit und sozialbiologisch argumentierende Ausgrenzungen bestimmter Bevölkerungsgruppen, insbesondere „belastender" Zuwanderer liegen hier als Konsequenzen nahe. Sozialdarwinistische Vorstellungen dienen aber auch als Begründungen für gegenwärtige Konzepte einer „ungehemmten" Leistungsgesellschaft, die um der Konkurrenzfähigkeit willen auf „sozialen Ballast" verzichten müsse.

Die andauernde Attraktivität sozialdarwinistischer Ideologieangebote hängt auch damit zusammen, dass Weltbilder von der „natürlichen" Herrschaft der „Starken" und Unterwerfung der „Schwachen" in den banalen Alltagserfahrungen einer sozial-ökonomischen Konkurrenz leicht ihre Bestätigung als „realistisch" finden können.

Arno Klönne

Allerdings hat sich „in der Biologie (inzwischen) die Ansicht durchgesetzt, dass evolutionäre Vorgänge nicht von einer Höherentwicklung begleitet werden, ja, dass eine objektive Einteilung der Lebensformen in höhere und niedrigere Gruppen grundsätzlich unmöglich ist. Genetische Untersuchungen haben die Existenz eines biologisch begründbaren menschlichen Rassenbegriffs, auf dem Rassentheorie und die Ideologie von ‚Herrenmenschen' beruhen, in Frage gestellt" (nach: Sozialdarwinismus aus der Sicht moderner Evolutionstheorie, in: Wikipedia – Aufruf vom 26.11. 2016 – dort ein sehr ausführlicher Beitrag zu S. mit zahlreichen Nachweisen)

Anmerkung der Herausgeber

Literatur

B.-M. Baumunk/J. Rieß (Hrsg.): Darwin und Darwinismus, Berlin 1994 (darin: P. Sieferle über Sozialdarwinismus) ◆ C. Geyer: Biopolitik. Die Positionen, Frankfurt/M. 2001 ◆ C. Hartmann/O. Plöckinger (Hrsg.): Hitler, Mein Kampf. Eine kritische Edition, hrsg. vom Institut für Zeitgeschichte München, Berlin [5]2016 ◆ H. G. Marten: Sozialbiologismus, Biologische Grundpositionen der politischen Ideengeschichte, Frankfurt/M. 1983 ◆ J. Neffe: Darwin. Das Abenteuer des Lebens. München 2010 ◆ H. U. Wehler: Sozialdarwinismus im expandierenden Industriestaat, in: I. Geiß/B. J. Wendt (Hrsg.): Deutschland in der Weltpolitik des 19./20. Jahrhunderts, Düsseldorf 1973 ◆ P. Weingart/J. Kroll/K. Bayertz: Rasse, Blut und Gene, Frankfurt/M. 1996 ◆ H. Wortmann: Zum Desiderat einer Evolutionstheorie des Sozialen. Darwinistische Konzepte in den Sozialwissenschaften, Konstanz 2010 ◆ H. G. Zmarzlik: Der Sozialdarwinismus in Deutschland, in: Vierteljahresschrift für Zeitgeschichte, XI. Jg., München 1963.

Weitere Literatur unter *Eugenik*

Sozialdatenschutz

Gegenstand und Zweck

S. ist der für Sozialdaten, ihre Erhebung, Verarbeitung und Nutzung durch (Sozial-)Leistungsträger (§ 12 SGB I) geltende Datenschutz. Gegenstand des S. sind Einzelangaben über persönliche oder sachliche Verhältnisse einer bestimmten oder bestimmbaren natürlichen Person (Betroffener), die von einer in § 35 SGB I genannten Stelle im Hinblick auf ihre Aufgaben nach dem SGB (§ 67 Abs. 2 SGB X) erhoben, verarbeitet oder genutzt werden (Sozialdaten; § 67 Abs. 1 S. 1 SGB X). Betriebs- und Geschäftsgeheimnisse stehen Sozialdaten gleich (§§ 35 Abs. 4 SGB I, 67 Abs. 1 S. 2 SGB X).

Schutzzweck des S. ist die Gewährleistung des Grundrechts jedes Einzelnen auf „informationelle Selbstbestimmung". Der soziale Rechtsstaat (Art. 20, 28 GG; *Verfassungsrecht*) vermittelt vielfältige Sozialleistungen (§ 11 SGB I), die von den in §§ 18–29 SGB I genannten Leistungsträgern (§ 12 SGB I) den Bürger/innen gegenüber erbracht werden (müssen). Hierfür erheben, verarbeiten und nutzen die zuständigen Leistungsträger die unterschiedlichsten Informationen über die persönlichen und sächlichen Verhältnisse von Bürger/-innen (§§ 60 ff. SGB I). Über sie werden vielfältige Daten gespeichert, in Registern, Akten, Dateien oder elektronischen Rechnern, die von unterschiedlichen Stellen nach unterschiedlichen Gesichtspunkten ausgewertet werden können Diese teilweise hochsensiblen Informationen, z. B. über familiäre, psychische, gesundheitliche oder finanzielle Situationen, geben den Leistungsträgern erhebliche „Informationsmacht" *(Aktenführung)*.

Moderne Informationstechnik gibt ihnen zudem die Möglichkeit, Informationen in großer Zahl festzuhalten, sie in kürzester Zeit auch über große Entfernungen verfügbar zu machen, mit anderen Informationen über die Betroffenen zusammenzufügen und in Erkenntnisse und Entscheidungen umzusetzen. Umfassende Bilder bzw. Profile über Personen können entstehen, die sie „zum gläsernen Bürger" machen. Insbesondere bei Behörden mit (psychosozialen) Beratungsangeboten, z. B. in der *Kinder- und Jugendhilfe* (vgl. §§ 16 ff., 27 ff., 50 SGB VIII) liegt der Konflikt auf der Hand: je intensiver, effektiver die erforderliche Beratung ist, desto mehr – auch intime – Informationen werden erhoben. Individuelle Selbstbestimmung setzt deshalb gerade auch unter den Bedingungen moderner Informationsverarbeitungstechnologien voraus, dass dem Einzelnen die Entscheidungsfreiheit gegeben ist und bei ihm bleibt, welche ihn betreffende Informationen in welchen Bereichen wem bekannt sind und wie mit den erhaltenen Daten umgegangen wird, insbesondere im Verhältnis zu Kollegen, zu anderen Ämtern oder zu Vorgesetzten. Damit ist ein Kernbereich der verfassungsrechtlich geschützten Menschenwürde und des Persönlichkeitsrechts (Art. 1, 2 GG) betroffen, das Recht jedes Einzelnen auf „informationelle Selbstbestimmung", wie dies das BVerfG in seiner zentralen Entscheidung vom 15. 12. 1983 zur verfassungsrechtlichen Überprüfung des Volkszählungsgesetzes 1983 zusammengefasst hat (BVerfG E 65, 1, 41 ff.; erneut BVerfG vom 24. 1. 2012 – 1 BvR 1299, 05).

Geheimhaltungsgarantien – Sozialgeheimnis – Begrenzung der Datenweitergabe

S. ist in einer Vielzahl von unterschiedlichen Gesetzen geregelt, die die erforderlichen „Geheimhaltungsgarantien" normieren und den Ausgleich und die Begrenzung behördlicher Informationsmacht schaffen. § 35 SGB I ist die Grundnorm des S. Sie regelt den Anspruch jedes Einzelnen gegenüber der Sozialverwaltung auf Wahrung seines „Sozialgeheimnis". Sozialdaten dürfen von Leistungsträgern nur befugt erhoben, verarbeitet oder genutzt werden (§ 35 Abs. 1 S. 1 SGB I). Sie müssen alle technischen und organisatorischen Maßnahmen einschließlich Dienstanweisungen treffen, die für den S. erforderlich sind (§ 78a SGB X). Innerhalb des Leistungsträgers ist sicherzustellen, dass Sozialdaten nur Befugten zugänglich sind oder nur an diese weitergegeben werden (§ 35 Abs. 1 S. 2 SGB I). Diese Ansprüche gelten gleichermaßen gegenüber den Verbänden und AG der Leistungsträger, den im SGB genannten öffentlich-rechtlichen Vereinigungen, der Künstler-Sozialkasse, der Deutschen Bundespost, soweit sie mit der Berechnung oder Auszahlung von Sozialleistungen befasst ist, und den aufsichts-, rechnungsprüfungs- oder weisungsberechtigten Behörden. Nicht (unmittelbar) zur Anwendung kommt § 35 SGB I für die WFV und andere private Einrichtungen. Für den Bereich der Kinder- und Jugendhilfe hat jedoch der öffentliche Träger gemäß § 61 Abs. 3 SGB VIII sicherzustellen, dass der S. dort in entsprechender Weise gewährleistet ist.

Befugnisse zur Erhebung und Verwendung von Sozialdaten: Sie regelt das SGB X in §§ 67a–78, die organisatorischen Vorkehrungen zum Schutz der Sozialdaten und Regelungen über besondere Verarbeitungsarten in §§ 78a–80 und die Rech-

S

te der Betroffenen sowie Bußgeld- und Strafvorschriften in §§ 81–85a. Weitere bereichsspezifische Regelungen des SGB, die die allgemeinen Vorschriften des SGB I, X konkretisieren und modifizieren, finden sich noch in den Besonderen Teilen des SGB, z. B. zur Kranken- oder zur Rentenversicherung und insbesondere zur Kinder- und Jugendhilfe (§§ 61–68 SGB VIII, 4 Abs. 2, 3 KKG). Der Gesetzgeber trug damit den Erfordernissen Rechnung, die das BVerfG zum Recht auf informationelle Selbstbestimmung aufgestellt hat. Gesetzliche Einschränkungen des Grundrechts auf informationelle Selbstbestimmung müssen in Voraussetzungen und Umfang für den Bürger im voraus klar erkennbar sein. Der Verwendungszweck der Daten muss bereichsspezifisch und präzise bestimmbar und bestimmt und die Daten müssen für diesen Zweck geeignet und erforderlich sein.

Flankierende Regelungen: Der S. des SGB wird ferner flankiert von straf- und dienst- bzw. arbeitsrechtlichen Regelungen zur Geheimhaltungspflicht (§§ 203, 353b StGB, 39 BRRG, 61 BBG, 3 TVöD; Schweigepflicht), von prozessrechtlichen Regelungen zur *Zeugnisverweigerung* und von den allgemeinen Datenschutzregelungen des BDSG und der jeweiligen Landesdatenschutzgesetze. Die Umsetzung der Richtlinie 95/46/EG des Europäischen Parlaments und des Rates vom 24. Oktober 1995 zum Schutz natürlicher Personen bei der Verarbeitung personenbezogener Daten und zum freien Datenverkehr durch das „Gesetz zur Änderung des Bundesdatenschutzgesetzes und anderer Gesetze" vom 18. Mai 2001 (BGBl. I, 904) brachte begriffliche Anpassungen an die datenschutzrechtliche Terminologie der Europäischen Datenschutzrichtlinie, in einigen Fällen auch inhaltliche Änd (Grundsätze „Modernes Datenschutzrecht", sowie das dem Systemdatenschutz zuzuordnende Prinzip der Datenvermeidung und Datensparsamkeit, des technischen Datenschutzes und des Datenschutzaudits).

Sozialdatenschutz im Einzelnen

Anspruchsinhalt: Anspruchsinhalt des S. ist ein umfassender positiver und abwehrender Schutz. Der positive Schutz erfolgt durch personelle, organisatorische oder technische Schutzvorkehrungen. Der abwehrende Schutz besteht darin, dass die Adressaten des Datenschutzes sich personenbezogener Daten nur in dem Maß bedienen dürfen, wie es nach den Datenschutzvorschriften erlaubt ist. Datenschutzrechtlich schutzwürdige Eingriffe sind die Erhebung und Verwendung von Sozialdaten. Sie bedürfen einer ausdrücklichen und eindeutigen gesetzlichen Ermächtigungsgrundlage (Eingriffsbefugnis).

Adressaten des Datenschutzes: Das sind alle Stellen der Leistungsträger, wenn und soweit sie Aufgaben nach dem SGB wahrnehmen. Da der sachliche Zusammenhang zwischen Aufgaben und Befugnissen entscheidend ist für die Geltung des S. nach dem SGB, ist auf den funktionalen (horizontalen) Stellenbegriff (kleinste funktionale Organisationseinheit) abzustellen (§ 67 Abs. 9 S. 3 SGB X). Dies bedeutet, dass z. B. im kommunalen Bereich grundsätzlich jedes abgrenzbare Fachamt (z. B. *JA/Sozialamt*) und jede abgrenzbare einzelne Organisationseinheit in einem Fachamt (z. B. ASD/*Amtsvormundschaft*) Stelle ist.

Zentrale Prinzipien des Sozialdatenschutzrechts: Prinzip der Erforderlichkeit, der Unmittelbarkeit und der Zweckbindung. Nach dem Erforderlichkeitsprinzip dürfen Sozialdaten nur erhoben werden, soweit ihre Kenntnis zur Erfüllung der jeweiligen Aufgabe erforderlich ist (keine Datenerhebung auf Vorrat). Das Prinzip der Unmittelbarkeit fordert die Erhebung der erforderlichen Sozialdaten grundsätzlich nur beim Betroffenen (keine Datenerhebung am Betroffenen vorbei). Er ist über die Rechtsgrundlage und über den Verwendungszweck aufzuklären. Nach dem Zweckbindungsprinzip dürfen die von einer Person erhobenen Sozialdaten nur zu dem Zweck verarbeitet werden, zu dem sie erhoben wurden. Alle Phasen des Datenumgangs, also Speichern, Verändern, Übermitteln/Weitergeben, Nutzen, Sperren, Löschen, sind der Zweckbindung unterworfen. Änd. der Zweckbindung bedürfen einer besonderen Befugnis durch eine formelles Gesetz. Dies gilt auch für den Fall, dass sich der Betroffene mit der Verarbeitung seiner Daten einverstanden erklärt. Seine Einwilligung ist kein Verarbeitungsfreibrief.

Datenweitergabe: Werden Sozialdaten von Sozialleistungsträgern an einen anderen Rechtsträger oder an eine andere Stelle behördenintern weitergegeben, so liegt ein datenschutzrechtlich erhebliches Übermitteln/Weitergeben vor, das einer entsprechenden Befugnis per Gesetz (z. B. §§ 64, 65 SGB VIII, 69–75 SGB X) oder per Einwilligung (vorher) durch den Betroffenen bedarf. Für die Rechtswirksamkeit der Einwilligung kommt es auf die Einsichtsfähigkeit der Betroffenen, nicht auf ihre Geschäftsfähigkeit an. Kein Übermitteln/Wietergeben liegt dagegen vor, wenn verschiedene Organisationseinheiten in der selben rechtlichen Angelegenheit informationell einbezogen werden (z. B. Stadtkasse/Sozialamt) oder wenn die Bearbeitung eines Einzelfalles im Team organisiert ist (z. B. Hilfeplanverfahren gemäß § 36 SGB VIII). Vertikales Übermitteln/Weitergeben von Sozialdaten (z. B. im hierarchischen Verwaltungsaufbau von der einzelnen Stelle zum Stellenleiter) bedarf ebenfalls keiner Legitimation, es sei denn die Voraussetzungen einer persönlichen Schweigeverpflichtung liegen vor (z. B. gemäß §§ 65 SGB VIII, 203 StGB).

Alle Befugnistatbestände zum Übermitteln/Weitergeben von besonders schutzwürdigen Sozialdaten stehen unter dem Vorbehalt des § 76 SGB X. Sind die Sozialdaten dem Sozialleistungsträger von einem Arzt oder einer anderen entsprechend schweigepflichtigen Person i. S. § 203 StGB (Sozialarbeiter/in/, -pädagogin, Psychologin, Fachkräften von Erziehungsberatungsstellen) übermittelt worden, so ist die Weitergabe nur unter den Voraussetzungen zulässig, unter denen diese Person selbst übermittlungsbefugt wäre (z. B. nach Einwilligung durch den Betroffenen). Geheimhaltungspflichten nach dem SGB werden gemäß § 78 SGB X verlängert. Stellen, denen Sozialdaten übermittelt wurden, müssen die vorhandene Zweckbindung genauso beachten wie die übermittelnde Stelle.

Pflichten zum Übermitteln/Weitergeben von Sozialdaten müssen ausdrücklich gesetzlich geregelt sein (z. B. §§ 138 StGB).

Prinzip der Zweckbindung: Es erfordert einen „amtshilfefesten" Schutz gegen Zweckentfremdung durch Weitergabe- und Verwertungsverbote. Insoweit kann die öffentliche Verwaltung nicht (mehr) als Informationseinheit betrachtet werden. Auch die Pflicht zur Amtshilfe (§§ 3–7, 68 SGB X) steht unter dem Vorbehalt ihrer datenschutzrechtlichen Zulässigkeit. Unterstützt werden diese Regelungen durch die Verpflichtung zu getrennter Aktenführung sowie zur Löschung oder Sperrung aller Daten, sobald sie für den Zweck, zu dem sie erhoben und gespeichert worden sind, nicht mehr gebraucht werden (§§ 63, 64 SGB VIII, 84 SGB X). Umfassende Auskunftsrechte der Betroffenen (§§ 67 SGB VIII, 83 SGB X), Vorschriften über Datenschutzbeauftragte, bußgeld- und Strafvorschriften (§§ 81 ff SGB X) vervollständigen ihren datenrechtlichen Schutz. Sondervorschriften bestehen in der Kinder- und Jugendhilfe für die Amtspflegschaft, Amtsvormundschaft, Beistandschaft und Gegenvormundschaft (§§ 61, 68 SGB VIII).

S

Konfliktfelder: Regelungskonflikte (z. B. bei Datenerhebung und Übermittlung im Ausländerrecht, § 71 Abs. 2 SGB X oder im Rahmen der Mitwirkung der Kinder- und Jugendhilfe in gerichtlichen Verfahren gemäß §§ 17, 18, 50, 52 SGB VIII) sind unter Beachtung der Regelungen des S. zu klären (für die Kinder- und Jugendhilfe unter Beachtung der Regelungen in §§ 8a, 64, 65 SGB VIII und im KKG).

Andere Schutzregelungen und -pflichten

Schweigepflicht: Nach ganz anderen Vorschriften als der S., nämlich grundsätzlich nach Vorschriften des StGB bzw. nach arbeitsrechtlichen Normierungen, richtet sich die persönliche Geheimhaltungspflicht der in den Stellen des Trägers der öffentlichen JH tätigen Mitarbeiter. Sie sind – unabhängig vom S. – im Hinblick auf die besonderen Inhalte ihrer Tätigkeit und ihrer Berufe jeweils persönlich verpflichtet, Geheimnisse der von ihnen betreuten Personen nach Maßgabe der entsprechenden Geheimhaltungsvorschriften zu wahren. Nach § 203 Abs. 1 StGB sind bestimmte Berufsgruppen (z. B. Sozialarbeiter, Sozialpädagogen; Diplom Psychologen) verpflichtet, Geheimnisse, die ihnen anvertraut oder sonst bekannt geworden sind, nicht unbefugt zu *offenbaren (Schweigepflicht).*

Aussage- und Zeugnisverweigerungsrecht: Ordnet ein Gericht die Vernehmung eines Mitarbeiters, der bei einem öffentlichen Sozialleistungsträger angestellt ist, über dienstlich bekannt gewordene Tatsachen an, so darf der Mitarbeiter als Zeuge auch im Strafverfahren über Sozialdaten nur aussagen, wenn der Dienstherr eine Aussagegenehmigung erteilt hat (§ 54 Abs. 1 StPO). Diese ist aber nur zu erteilen, wenn und soweit ein Befugnistatbestand gemäß §§ 68–77 SGB X vorliegt *(Zeugnisverweigerungsrecht).*

Wird sie erteilt, hat die Fachkraft allerdings gleichwohl ihre individuelle, persönliche Verschwiegenheitspflicht gemäß §§ 62 ff. SGB VIII, 203 StGB und ihr Recht auf Zeugnisverweigerung gemäß §§ 383 ZPO, zu beachten. Das Recht auf Zeugnisverweigerung bedeutet nicht, dass die betreffende Person die Aussage verweigern muss. Die Entscheidung darüber bleibt ihr jeweils selbst überlassen. Sie muss sich jedoch an den Datenschutzregelungen des SGB VIII orientieren. Besteht eine – nach § 203 StGB strafbewehrte – Verpflichtung zur Verschwiegenheit (z. B. nach § 65), so ist eine Aussage insoweit unbefugt, also unzulässig. Das Recht der Zeugnisverweigerung besteht jedoch dann nicht, wenn ausdrücklich von der Schweigepflicht durch den Betroffenen entbunden worden ist.

Ein strafprozessuales Zeugnisverweigerungsrecht kann sich im Einzelfall unmittelbar aus verfassungsrechtlichen Grundsätzen ergeben. Dies ist dann der Fall, wenn unabhängig von der Berufszugehörigkeit des Zeugen dessen Vernehmung wegen der Eigenart des Beweisthemas in den durch die Art. 1 und 2 GG grundrechtlich geschützten Bereich der privaten Lebensgestaltung des einzelnen, insbesondere seine Intimsphäre eingreifen würde. Ein solches im Einzelfall verfassungsrechtlich abgeleitetes übergesetzliches Zeugnisverweigerungsrecht kann gerade auch im Strafprozess in Anspruch genommen werden. (vgl. BVerfG NJW 1988, 2945 für den Fall eines Drogenberaters). Im Übrigen besteht kein strafprozessrechtliches Zeugnisverweigerungsrecht (§ 53 StPO).

Beschlagnahmemaßnahmen: Hier gilt ebenfalls § 35 SGB I. Danach besteht ein Verbot der Beschlagnahme, soweit Sozialdaten nach den Bestimmungen des SGB nicht übermittelt werden dürfen Die Strafjustiz hat zu prüfen, ob die Voraussetzungen der §§ 67c SGB X gegeben sind. Besondere Bedeutung kommt dabei allerdings § 64 Abs. 2 SGB VIII zu, der die Erforderlichkeit i. S. § 69 SGB X dahingehend konkretisiert, als die Datenübermittlung nur zulässig ist, „soweit dadurch der Erfolg einer zu gewährenden Leistung nicht in Frage gestellt wird“. Auch § 203 StGB und § 65 SGB VIII schränken die entsprechenden Befugnisse der Strafverfolgungsbehörden ein.

Sozialdatenschutz durch private Träger

Beim Sozialdatenschutz durch Religionsgesellschaften, kirchliche und andere freie Träger *(Träger der Sozialen Arbeit)* ist wie bei öffentlichen Trägern zu unterscheiden zwischen dem stellen- und dem personenbezogenen Sozialdatenschutz. Der personenbezogene Sozialdatenschutz folgt aus § 203 StGB und gilt uneingeschränkt für die betroffenen Fachkräfte auch bei den freien/privaten (d. h. allen nicht öffentlichen) Trägern. Der stellenbezogene S. i. S. der §§ 35 Abs. 1 SGB I, 67 ff. SBG X und 61 ff. SGB VIII gilt nicht unmittelbar im Bereich der freien Träger oder der Kirchen, weil sie nicht Leistungsträger i. S. § 35 Abs. 1 SGB I sind. Daher gelten auch die Befugnisse des SGB zur Datenerhebung, -verarbeitung oder -nutzung nicht unmittelbar. Für sie gelten grundsätzlich nur deren trägerinterner S. und die allgemeinen Regelungen des BDSG (§§ 27 ff. BDSG) bzw. der jeweiligen Landesdatenschutzgesetze. Das Sozialdatenschutzrecht des SGB findet jedoch mittelbar über entsprechende Vereinbarungen mit den freien Trägern gemäß § 61 Abs. 3 SGB VIII Anwendung. Dies führt zu einer faktischen Gleichbehandlung des S. bei freien und bei öffentlichen Trägern.

Für Einrichtungen der Caritas und der Diakonischen Werke gelten wie bei den anderen freien Trägern ebenfalls die jeweiligen arbeits- bzw. dienstvertraglichen Schweigeverpflichtungen, die strafrechtliche *Schweigepflicht* gemäß § 203 StGB, die entsprechenden Zeugnisverweigerungsbefugnisse, die Notwendigkeiten einer Aussagegenehmigung und die Sozialdatenschutzvorschriften des SGB gemäß §§ 78 SGB X, 61 Abs. 3 SGB VIII. Die öffentlich-rechtlichen Religionsgemeinschaften und ihre Organe sind vom Bundesgesetzgeber mit Rücksicht auf fehlende Gesetzgebungskompetenzen aufgrund Art. 140 GG aus dem Anwendungsbereich des BDSG ausgeschlossen worden, wie sich aus der Aufzählung der Normadressaten in § 12 Abs. 1, 2 BDSG sowie aus der Regelung des § 15 Abs. 4 BDSG ergibt. Der dritte Abschnitt des BDSG gilt daher weder für Religionsgesellschaften (Kirchen und Religionsgemeinschaften des öffentlichen Rechts) noch für ihre privatrechtlich organisierten kirchlichen Einrichtungen. Der allgemeine Datenschutz richtet sich ferner nach den entsprechenden Datenschutzverordnungen der Kirchen.

Neuerungen im Sozialdatenschutz

Inzwischen ist am 25. 5. 2016 die EU-Grundordnung zum Datenschutz beschlossen worden. Sie ersetzt die aus dem Jahre 1995 stammende EU-RL. Mit der Neuregelung werden die Regeln für die Verarbeitung von personenbezogenen Daten durch private Unternehmen und öffentliche Stellen EU-weit vereinheitlicht (EU-VO 2016/679). Diese Datenschutz-Grundordnung gilt ohne Umsetzungsakt in allen EU-Mitgliedsstaaten, jedoch erst ab dem 25. 5. 2018. Allerdings enthält diese EU-Datenschutz-Grundordnung Öffnungsklauseln, die den einzelnen Mitgliedsstaaten erlauben, bestimmte Aspekte des Datenschutzes auch im nationalen Alleingang zu regeln.

Sozialdatenschutz als professionelle Verpflichtung

SozArb ist helfende Sozialdienstleistung von Menschen für/an Menschen. Informationelle Selbstbestimmung und Angewiesenheit auf Sozialdienstleistungen können dabei in einem Spannungsverhältnis stehen, das Zielkonflikte programmiert. Hier müssen die Achtung der Persönlichkeit und der Selbstbestimmung der Leistungsberechtigten Leitlinie sein. Dem dient auch der Datenschutz in der SozArb. Deshalb sind S. und SozArb keine Gegensätze. S. ist weder Täter- noch Tatenschutz Die Informationsbeziehungen zwischen BürgerInnen und Sozialleistungsträgern müssen unter Wahrung der Würde (Art. 1 GG) und ihrer informationellen Selbstbestimmung (Art. 2 Abs. 1 GG) so gehandhabt werden können, dass die vorgeschriebenen Aufgaben nach Recht und Gesetz (Art. 20 Abs. 3 GG) erfüllt werden und jeder Berechtigter die ihm zustehenden Sozialleistungen in zeitgemäßer Weise, umfassend und schnell erhält und der Zugang zu diesen möglichst einfach gestaltet wird (§ 17 SGB I). SozArb ist darauf gerichtet, die soziale Identität der Menschen wiederherzustellen. Der S. zielt darauf, die soziale und personale Identität von Betroffenen aufrechtzuerhalten. Sie sind in ihren Zielen grundsätzlich deckungsgleich. Fachlichkeit in der SozArb erfordert demzufolge denknotwendig auch effektiven, modernen, bereichsspezifischen Datenschutz.

Roland Proksch

Literatur

P. Gola/R. Schomerus: BDSG – Bundesdatenschutzgesetz, München [12]2015 ◆ U. Kramer (Hrsg.): Sozialdatenschutz. Kommentar nach SGB I und SGB X. Köln [3]2011 ◆ P.-Chr.Kunkel/J. Kepert/A. K. Pattarr, SGB VIII- Lehr- und Praxiskommentar, Baden-Baden, [6]2016 ◆ J. T. Lelley/B. Raum: Beschäftigtendatenschutz. Köln 2012 ◆ J. Münder u. a.: Frankfurter Kommentar zum SGB VIII. Baden-Baden [7]2013 (dort eine Kommentierung zu den §§ 61–68 SGB VIII mit weiteren Literaturhinweisen) ◆ R. Proksch: Sozialdatenschutz in der Jugendhilfe, Münster 1996 ◆ R. Wiesner u. a.: SGB VIII. Kinder und Jugendhilfe, Kommentar, München [5]2015 (dort eine Kommentierung zu den §§ 61–68 SGB VIII mit weiteren Literaturhinweisen) ◆ M. von Wulffen: SGB X – Sozialverwaltungsverfahren und Sozialdatenschutz. Zehntes Buch Sozialgesetzbuch. Kommentar. München [8]2014.

S

Sozialdienst im Krankenhaus

Historie

Bereits 1895 beschreibt Cabot, Arzt in Boston/USA, die Notwendigkeit eines Sozialdienstes im Krankenhaus (S. i. K.). Berlin war dann der Vorreiter in Deutschland. Ausgehend von den Berliner „Mädchen- und Frauengruppen für soziale Hilfsarbeit" entwickelte sich seit 1895 der S. i. K. Der Ausbau erfolgte ab 1913 durch Alice Salomon und das Komitee für Soziale Krankenhausfürsorge. „Die Soziale Krankenhausfürsorge will für die Kranken das tun, was Arzt und Pflegerin nicht für sie tun können. Sie will ihnen bei den wirtschaftlichen Sorgen, die durch ihre Krankheit entstehen, Rat und Hilfe schaffen. Sie will den Kranken die Unruhe und Angst nehmen, die ihre Wiederherstellung verzögern, wenn sie ihre Familie unversorgt oder in Not wissen. Sie will den Kranken schon während ihres Aufenthaltes im Krankenhaus die Gewissheit geben, dass sie auch nach der Entlassung nicht in Sorgen und ohne Beistand bleiben" (nach: Reinicke 1998). Die damals eingeleitete Entwicklung setzte sich dann in allen großen deutschen Städten bis 1933 fort.

Aufgaben und Bedeutung

Der S. i. K. ist ein Arbeitsfeld der SozArb/SozPäd im (Stationären) Gesundheitswesen *(Gesundheitshilfe/Soziale Arbeit im Gesundheitswesen)*. Gearbeitet wird vor allem in Einrichtungen, in denen durch ärztliche und pflegerische Hilfeleistung Krankheiten, Leiden und Körperschäden festgestellt, geheilt oder gelindert werden sollen oder Geburtshilfe geleistet wird sowie in Einrichtungen der Rehabilitation. 2014 umfasste dieser Aufgabenbereich 1953 Krankenhäuser und 1153 Vorsorge- und Rehabilitationseinrichtungen (destatis.de – August 2016).

Indikationskatalog für ein Tätigwerden: Der S. i. K. wird tätig in allen Fragen, die die psychosoziale Situation der Patienten betreffen, einschließlich der Vermittlung materieller Hilfen sowie bei der Ergänzung der ärztlichen Diagnose durch Klärung sozialer Umstände (Sozial*anamnesen*, *Diagnostik*), die ursächlich mit der Erkrankung oder dem Unfall und den Folgen im Zusammenhang stehen bzw. den Heilungsverlauf beeinflussen könnten: etwa bei der *Beratung* von Patienten, Angehörigen und Bezugspersonen mit dem Ziel, sie für die Probleme der Genesung und Nachsorge zu gewinnen; bei der Einleitung von Maßnahmen der beruflichen, schulischen und sozialen *Rehabilitation,* um den behinderten oder von einer Behinderung bedrohten Menschen die Teilhabe am gesellschaftlichen Leben zu ermöglichen, bei Beratung und Hilfe zur Suche und Vermittlung von Plätzen in den erforderlichen Einrichtungen der *Alten-*, *Gesundheits-* sowie *Kinder- und Jugendhilfe,* der Entlassung der Patienten aus dem Krankenhaus und ihrer Überleitung in ambulante Einrichtungen sowie bei der Sicherstellung nachgehender Betreuung z. B. durch Angehörige, durch Nachbarschaftshilfe, durch Pflegestützpunkte (Hilfen zur Wohnraumanpassung, um z. B. Heimunterbringungen zu vermeiden), durch Sozialstationen, durch Dorfpflegestationen; bei der Vermittlung von persönlicher Hilfe, Kuren, Anschlussheilbehandlungen (AHB), Haus-, Familienpflege, in Selbsthilfegruppen *(Selbsthilfe/Selbstorganisation)* usw.

Diese Hilfeangebote und Maßnahmen sind nur in enger Zusammenarbeit mit anderen Diensten (*Pflege*, sozialen Diensten und den niedergelassenen Ärzten) zu leisten. Der S. i. K. erfüllt hier traditionsgemäß eine wichtige Brücken- und Vermittlungsfunktion. Bei der Beratung und Vermittlung von Krebskranken in die nachgehende Krankenfürsorge (Angebote somatischer und psychosozialer Krebsnachsorge) muss eine enge Zusammenarbeit mit niedergelassenen Ärzten (u. a. onkologischen Praxen, Schmerzambulanzen), Beratungsstellen für Krebskranke, Rehabilitationseinrichtungen, Selbsthilfegruppen, Selbsthilfeorganisationen, ambulanten und stationären Hospizen und Palliativstationen *(Sterbebegleitung)* sowie Tumorzentren stattfinden (vgl. auch Dettmers 2015).

Brücken- und Schnittstellenfunktion

Die Einschaltung des S. i. K. erfolgt durch Mitarbeiter im Krankenhaus, Mitarbeiter gesetzlicher, rehabilitativer und sozialer Hilfen z. B. Berufsgenossenschaften, Krankenkassen, Rentenversicherungs-, Sozialhilfeträger, Arbeitsämter (Agentur für Arbeit), von Mitarbeitern der WFV, Arztpraxen, Pflegestützpunkten, Sozialstationen, Dorfpflegestationen, Betreuern, dem Patienten selbst oder seinen Angehörigen. Schwierig für die beteiligten SozArb/SozPäd ist die oft nur als Kurzkontakt bestehende Zusammenarbeit mit den Patienten

In den letzten Jahren werden in der BRD intensiv die Verweildauer und die damit verbundenen Kosten im Krankenhaus diskutiert. Diese Diskussion ist für den S. i. K. nicht neu. Die dabei angesprochenen Probleme berühren die Aufgabenbereiche der SozArb/SozPäd. Es sind Aufnahme- und Entlassungskriterien, die neben den medizinischen und pflegerischen Problemen die Aufenthaltsdauer wesentlich beeinflussen können. Der S. i. K. hat die Aufgabe, durch seine Tätigkeit, den betroffenen Menschen die Teilhabe am Leben in der Gesellschaft sicherzustellen (SGB IX). Im Rahmen des Versorgungsauftrages des Krankenhauses ist dafür Sorge zu tragen, die sachgerechte Anschlussversorgung der Versicherten gemäß § 11 Abs. 4 SGB V einschließlich der sozialen Beratung und Betreuung, den nahtlosen Übergang von der Behandlung im Krankenhaus zur Rehabilitation oder Pflege gemäß § 112 Abs. 2 Nr. 4 und SGB V zu gewährleisten. Am 1. 3. 2006 trat die Gemeinsame Empfehlung nach 13 Abs. 2 Nr. 10 SGB IX über die Zusammenarbeit mit S. i. K. und vergleichbaren Stellen in der Rehabilitation in Kraft. Aufgrund ihrer interdisziplinären Perspektive und ihrer ganzheitlichen Arbeitsweise seien die Sozialdienste Kooperationspartner für die Rehabilitationsträger und alle anderen am Rehabilitations- und Teilhabeprozess Beteiligten Die seit 1973 erlassenen Landeskrankenhausgesetze und die entsprechenden Rahmenempfehlungen regeln die organisatorische Einbindung und Qualifikation des S. i. K. *(Gesundheitsrecht)* Die Tätigkeit der staatlich anerkannten SozArb/SozPäd unterliegt den gesetzlichen Bestimmungen der *Schweigepflicht* des § 203 Abs. 1 Nr. 5 StGB und den Vorschriften des Datenschutzes *(Sozialdatenschutz)*. Die Mitarbeit des S. i. K. an der Schnittstelle zwischen Krankenhausbehandlung und der Überleitung in eine funktionierende nachstationäre Versorgung ist von erheblicher Bedeutung. Um Erfolg zu gewährleisten, sind die Mitarbeiter der Krankenhäuser, der Rehabilitationseinrichtungen, ambulanter Dienste, niedergelassene Ärzte, Mitarbeiter der Kostenträger (Krankenkassen, Rentenversicherungen etc.) immer wieder durch gezielte Informationen und *Öffentlichkeitsarbeit* in die notwendige Zusammenarbeit einzubeziehen.

Deutsche Vereinigung für Soziale Arbeit im Gesundheitswesen (DVSG)

1926 wurde in Berlin die Deutsche Vereinigung für den S. i. K. (DVSK), eine Fachvereinigung, als Interessenvertretung des S. i. K., von führenden sozialen Persönlichkeiten gegründet. Sie wurde im Oktober 2003 umbenannt in „Deutsche Vereinigung für Sozialarbeit im Gesundheitswesen (DVSG)“ und firmiert inzwischen als DV für Soziale Arbeit. Mitglieder sind: SozArb/SozPäd, Träger von Krankenhäusern, Rehabilitationskliniken, Einrichtungen der Altenhilfe, der ambulanten und stationären Pflege, Fachhochschulen usw. (Sitz der Geschäftsstelle: 10559 Berlin, Alt-Moabit 91). Die Anhaltszahlen der DVSG für Krankenhäuser der Regelversorgung zur Personalausstattung mit SozArb/SozPäd sind von erheblicher berufständischer Bedeutung. Die DVSG ist durch ihre regionalen Arbeitsgemeinschaften bundesweit vernetzt und bietet damit günstige Voraussetzungen für einen fachlichen und praxisnahen Austausch vor Ort. Die im zweijährigen

Abstand abgehaltenen Kongresse „Sozialarbeit im Gesundheitswesen" (zuletzt 2015 in Münster; 10/2017 in Kassel: Soziale Arbeit im Gesundheitswesen: Teilhabe sozial denken und gestalten) bieten die Möglichkeit, mit Vertretern der Medizin, der Sozialen Arbeit, der Politik, der Kostenträger und Leistungserbringer aktuelle Themen der Entwicklung im Gesundheitsbereich und ihre Auswirkungen aus der Sicht der DVSG zu diskutieren.

Peter Reinicke

Literatur

B. Blättner/H. Waller: Gesundheitswissenschaft. Stuttgart ^{5}2011 ◆ S. Dettmers: Kompetenzen in der gesundheitsbezogenen Sozialen Arbeit, in ◆ sm 7+8/ 2015, 92–97 ◆ DVSG (Hrsg.): Rahmenempfehlungen zur Einrichtung von Stellen der Sozialarbeit in Einrichtungen der vollstationären Pflege (Stand: 2010) ◆ DVSG (Hrsg.): Produkt und Leistungsbeschreibung der Klinischen Sozialarbeit, Berlin ^{3}2015 ◆ P. Reinicke: Die Entwicklung der Krankenhausfürsorge in der Charité. In: Soziale Arbeit, 8/2010, 312 ff. ◆ P. Reinicke: Soziale Arbeit im Krankenhaus, Freiburg i.Br. 2001 ◆ P. Reinicke: Soziale Krankenhausfürsorge in Deutschland. (Von den Anfängen bis zum Ende des 2. Weltkrieges). Opladen 1998.

Fachzeitschrift FORUM sozialarbeit + gesundheit (erscheint viermal im Jahr)

Link

www.dvsg.org

Soziale Arbeit

Vorbemerkung

Die Kontroverse, ob für die Sozialpädagogik die Erziehungswissenschaft weiterhin die Leitwissenschaft sei oder ob Soziale Arbeit (als Einheit von Sozialpädagogik und Sozialarbeit) in Gestalt einer Sozialarbeitswissenschaft zu einer eigenen Disziplin/Profession gefunden habe, ist wohl abgeebbt, aber nicht beendet. Diese Kontroverse wird auch in verschiedenen Beiträgen dieses Buches thematisiert *(Theorie der Sozialarbeit/Sozialpädagogik, Sozialarbeitswissenschaft)*.

Es gibt in der Literatur der letzten Jahre etliche Anregungen für diese Diskussion (Thole 2012, Deller/Brake 2014, Schilling/Klus 2015), aber eine theoretisch-ordnende, eine allgemein akzeptierte Festlegung, fehlt weiterhin.

Deshalb haben wir uns an dieser Stelle für einen anderen Versuch entschieden – bewusst pragmatisch und handlungsnah: was sind eigentlich die Aufgaben, die Praxisfelder, die zentralen Begriffe, die Methoden der Sozialen Arbeit, wie haben sie sich historisch entwickelt und welche theoretischen Erklärungen sind jeweils angemessen – also der gesamten Strukturierung unseres Wörterbuches Soziale Arbeit folgend.

Soziale Arbeit als Oberbegriff sozialpädagogischen und sozialarbeiterischen Handelns

Der Wechsel verwendeter Begriffe verweist auf die Veränderung von Problemlagen, Sichtweisen, Einstellungen und v. a. von Erklärungsmustern. Die Linie kann grob so gekennzeichnet werden: Armenfürsorge, Wohlfahrtspflege, Fürsorge, (Sozial-)Hilfe, Sozialpädagogik, Sozialarbeit und schließlich die Schrägstrich-Zusammenfassung Sozialarbeit/Sozialpädagogik (genauer bei *Geschichte der Sozialarbeit/Sozialpädagogik* und bei *Sozialarbeit/Sozialpädagogik*).

Inzwischen wird mit unterschiedlichen Begründungen ‚Soziale Arbeit' als Oberbegriff für ‚Sozialpädagogik' und ‚Sozialarbeit' verwendet (z. B. Kreft/Mielenz bereits in der 1. Auflage 1980 als ordnenden Oberbegriff, C. W. Müller seit 1985 [1995], Erler erstmalig 1993 [2012], Deller/ Brake 2014, Schilling schon 1997, inzwischen als Schilling/Klus 2015). „Ein grundsätzlicher Unterschied zwischen Sozialpädagogik und Sozialarbeit kann gegenwärtig nicht mehr beobachtet werden … Soziale Arbeit meint heute fast durchgängig … jeweils Sozialarbeit und Sozialpädagogik" (Thole 2012, 20).

War es lange Zeit durchaus sinnvoll, für die eher materiellen Unterstützungen sozialer Politik (Armenhilfe/Wohlfahrtspflege/Fürsorge) den Begriff Sozialarbeit und für Angebote der sozialen Pädagogik (personenbezogene Dienstleistungen wie Erziehung in Heimen und Kindergärten, Beratung, Jugendarbeit, soziale Gruppenarbeit u. a. m.) den der Sozialpädagogik zu verwenden, ist diese Trennung in eher fachlich-inhaltliches und sozialadministratives Tun seit langem überholt, unzeitgemäß, inzwischen auch „unprofessionell" *(Handlungskompetenz, Professionalisierung)*.

Über die Teile zu einem neuen Ganzen

Soziale Arbeit als Oberbegriff für die „Arbeit am Sozialen" muss seine Tauglichkeit allerdings durch überzeugende Auskünfte zu (mindestens) folgenden (Bestand-)Teilen (Fragen) beweisen:

(1) Können die Arbeitsfelder genauer definiert werden, (2) gibt es zentrale Ziele, (3) sind über die Arbeitsfelder hinausgehende verbindende zentra-

le Tätigkeiten markierbar, (4) welche Konzepte, Methoden, Verfahren sind allgemein handlungsleitend und schließlich (5) sind das soziale Handeln rahmende Steuerungssysteme vorhanden?

1. Arbeitsfelder: Die Wahl des Oberbegriffes ‚Soziale Arbeit' suggeriert zunächst, dass damit auch auf Zusammenhänge pädagogisch orientierter Sozialer Arbeit verwiesen werden könnte, die zumindest grundsätzlich von einem einheitlichen Handlungsmuster bestimmt werden. Es gibt aber weder Gewissheit über die Arbeitsfelder, die zur Sozialen Arbeit gehören, noch ein verbindendes Grundmuster des Handelns, bislang auch immer noch kein überzeugendes theoretisches Konzept.

Unter dem verfassungsrechtlichen Begriff „öffentliche Fürsorge" (Art. 74 Abs. 1 Nr. 7 GG) werden heute die Bereiche *Alten-, Behinderten-, Gesundheits-, Kinder- und Jugend-, Sozialhilfe* sowie seit 2005 die *Grundsicherung für Arbeitsuchende* gebündelt als Kernbereiche der Sozialen Arbeit ausgewiesen. Neuere Erklärungsmuster *(Einmischungsstrategie)* markieren inzwischen auch in der Schule und der *beruflichen Bildung*, in den Politikfeldern *Arbeit, Wohnen* sowie Stadtentwicklung *(Stadtentwicklungsplanung)* Handlungsfelder der Sozialen Arbeit.

W. Thole hat – ebenfalls sehr praxistauglich – Praxis und Aufgabenfelder der Sozialen Arbeit nach fünf unterschiedlichen Tätigkeiten zusammengefasst: die Lebenswelt ergänzend, die Lebenswelt ergänzende und arbeitsfeldübergreifende Projektansätze, die Lebenswelt unterstützende, die Lebenswelt ersetzende und die disziplin- und professionsbezogenen Arbeitsfelder (Thole a. a.O, 28).

Diese „pragmatische erste Ordnung" wird nachhaltig gestützt durch die folgenden Aussagen:

2. Zentrale Ziele: Soziale Arbeit hat im System der *sozialen Sicherung* der BRD eine besondere, verbindende Aufgabe. Sie soll sozial integrieren und soziale Teilhabe befördern (§ 1 Abs. 1 SGB I; vgl. auch Merten 2000). Ziele sind allerdings nicht „schlichte Anpassung und/oder soziale Beruhigung", sondern v. a. Existenzsicherung, Befähigung, Selbstbestimmung und Hilfe zur Selbsthilfe, um ein menschenwürdiges Dasein zu ermöglichen *(Bürgerschaftliches Engagement, Selbsthilfe/Selbstorganisation, Empowerment; genauer unter Handlungskompetenz)*.

3. Zentrale Begriffe: Für Angebote, Dienste und Veranstaltungen in den zur Sozialen Arbeit gerechneten Arbeitsfeldern sind die folgenden Tätigkeiten (mehr oder weniger) bestimmend: beraten, bilden, erziehen, helfen, pflegen *(Beratung, Bildung, Erziehung, Hilfe, Pflege)*; sie gelten regelmäßig nicht nur für einzelne Arbeitsfelder, sondern haben eine arbeitsfeldübergreifende (verbindende) Bedeutung.

4. Konzepte, Methoden, Verfahren: Soziale Arbeit verfügt inzwischen über „ihr eigene" Konzepte, Methoden und Verfahren: Neben den sog. klassischen Methoden *(Einzelfallhilfe/*Case-Management, *Soziale Gruppenarbeit, Gemeinwesenarbeit)* sind das auch neuere Konzepte und Verfahren, beispielhaft beschrieben in 19 Überblicken und Steckbriefen bei Galuske 2013 (u. a. in diesem Buch behandelt: *Anamnese, Diagnostik, sozialpädagogische, Mediation, Erlebnispädagogik, Interaktion, Intervision, Empowerment, Straßensozialarbeit/Streetwork, Supervision, Evaluation, Sozialmanagement, Jugendhilfeplanung)*.

Inzwischen wurde vorgeschlagen, der ‚Methodeninflation' zu widerstehen (‚nicht alles, was planmäßiges Handeln ist, sei bereits eine Methode') und vorgeschlagen, künftig den Methodenbegriff für die drei klassischen Methoden zu reservieren und alles andere als Verfahren zu bezeichnen, die angemessenes Handeln (‚die Regeln der Kunst') beschreiben. Konzepte sind nach diesem Vorschlag erläuternde, beschreibende, klärende Vorarbeiten für das nachfolgende methodische Handeln (Kreft/Müller 2017). Methodische Handeln muss dann immer situativ, kontext- (auf den Fall) bezogen und eklektisch (also aus dem bereits vorhandenen auswählend und übernehmend) sein, denn es gibt nicht ‚die Methode' oder ‚das Verfahren' für den sozarb/sozpäd Alltag (beispielhaft v. Spiegel 2013; umfassender bei: *Methoden der Sozialen Arbeit/Methodisches Handeln in der Sozialen Arbeit*).

5. Steuerungssysteme sozialstaatlichen Handelns: Auch insofern verfügt die Soziale Arbeit heute über ein arbeitsfeldübergreifendes und das alltägliche Handeln stützendes handwerkliches Instrumentarium:

- Das *Sozialgesetzbuch* als zentrales rechtliches Regelwerk *(Rechtsquellen)* mit der übergreifenden Verpflichtung des § 1 SGB I Abs. 1: „Das Recht des SGB soll zur Verwirklichung sozialer Gerechtigkeit und sozialer Sicherheit Sozialleistungen einschl. sozialer und erzieherischer Hilfen gestalten." (ISS e. V. 2011);
- eine im europäischen Vergleich einmalig gegliederte und differenzierte Trägerlandschaft *(Träger der Sozialen Arbeit)*;

S

- mit einem inzwischen in den einzelnen Sozialleistungsgesetzen besonders hervorgehobenen Fachkräftegebot (z.B. § 6 SGB XII, §§ 72/72a SGB VIII) und je spezifischen Qualitätsanforderungen *(Qualitätsentwicklung)*;
- mit speziellen Finanzierungsregelungen *(Finanzwesen, öffentliches/Finanzierung freier Träger der Sozialen Arbeit)* sowie
- verbindliche Vorgaben für die Planung *(Jugendhilfeplanung/Planung/Sozialplanung)*.

Das sind zugleich die allgemeinen Rahmenbedingungen beruflichen Handelns, die sich zu Anforderungen an eine besondere berufliche *Handlungskompetenz* für hauptberuflich in der Sozialen Arbeit Tätige verdichten lassen.

Abgrenzungen und Probleme

Abgrenzungen: Seit der Weimarer Zeit zählen in der *Sozialpolitik* die Leistungsbereiche Versicherung – Versorgung – Fürsorge zu den Kernbereichen der *Sozialen Sicherung*. Die klassischen Arbeitsfelder der Sozialen Arbeit werden der Fürsorge zugeordnet (Art. 74 Abs. 2 Nr. 7 GG). Die aktuelle sozialpolitische Diskussion mit den vielfältigen ‚Reformen' zu den Leistungen der sozialen Sicherung konzentriert sich auf die Versicherungssysteme (Arbeitslosen-, Kranken-, Pflege- und Rentenversicherung), häufig verbunden mit Einschränkungen für die Versicherten.

Die Folgen für die „Fürsorge-Bereiche" (für die Soziale Arbeit also) werden in diesem Kontext überhaupt nicht (z.B. SGB VIII) oder nur mitbehandelt, wenn es unvermeidlich ist (z.B. im SGB XII). Allerdings haben die z.T. gravierenden Leistungsreduzierungen (z.B. mit der Schaffung des SGB II) immer auch erhebliche Auswirkungen für die Soziale Arbeit.

Die Sozialpolitik für die zentralen Felder der Sozialen Sicherung gibt somit vor, ‚was für die Fürsorge als orientierender Handlungsrahmen bleibt': Soziale Arbeit ist inzwischen wohl ein eigenständig ausgewiesener, beschreibbarer Bereich sozialen Handelns, aber doch weiterhin eher ‚randständig' in seiner politisch-öffentlichen Bedeutung.

Probleme: Einerseits nennen wir bei den verbindenden zentralen Tätigkeiten Sozialer Arbeit nicht „therapieren". Wir meinen, Therapie gehört allenfalls zu sozialverwandten Aufgabenfeldern, grundsätzlich aber zu einer anderen Disziplin, allerdings ist das nicht unumstritten *(Psychologie/Psychotherapien)*.

Andererseits markieren wir „pflegen" (noch) als Tätigkeit Sozialer Arbeit, obwohl Auflösungserscheinungen und die Zuordnung der Pflege zur Medizin immer deutlicher werden – hier ist viel in Bewegung *(Altenhilfe, Pflege, Geriatrie)*.

Aber dennoch: Wir haben heute ein ziemlich genaues Bild davon, welche Aufgaben, Ziele, Konzepte/Methoden/Verfahren Soziale Arbeit hat, wie sie gesteuert wird und wovon sie abhängig ist. Dieses „Puzzle" hat gewiss noch „leere Stellen", aber für das Handeln vor Ort, auch für eine kommunale soziale Politik, selbstverständlich für die Ausbildung *sozialer Berufe* und gewiss auch für die Formulierung von Forschungsfragen besteht bereits eine (relativ) zuverlässige Geschäftsgrundlage.

Schlussbemerkung

Soziale Arbeit bewegt sich aber weiter auf unsicherem (immer wieder ‚unklarem') Terrain.

Ein kurzer Blick nach innen: Herbert Effinger hat ‚dieses unsichere Gelände' zum Anlass genommen, um die wichtigsten sozialen Problemlagen in ihrer Relevanz für die Soziale Arbeit zu betrachten: etwa die demografische Entwicklung, Ökonomisierung, verbunden mit der Rationalisierung als Rationierung und dem Generalverdacht gegenüber Bedürftigen, Armut und Reichtum, Verunsicherung und Entsolidarisierung, der zivilgesellschaftliche Selbstbetrug, die Entkoppelung von Erwerbsarbeit und sozialer Sicherung sowie ‚Just in time' – neue Lebens- und Partnermodelle) (Effinger 2011).

Ein kurzer Blick nach außen: Die Folgen der Globalisierung haben die Arbeitsmarktbedingungen und damit die Lebensverhältnisse vieler Menschen bereits nachhaltig verändert, der internationale Konkurrenzkampf um den Faktor Arbeit ist in vollem Gange und erzeugt einen permanenten Druck. Die Sozialrechtsänderung von 2005 ist eine Folge dieser Entwicklung *(Grundsicherung für Arbeitsuchende)*, sie beförderte und befördert prekäre Arbeitsverhältnisse und *Armut* (Butterwege 2015). Ausbeutung, kriegerische Auseinandersetzungen. gewalttätige fundamentalistische Ideologien und zunehmend auch die Auswirkungen des Klimawandels *(Sozialökologie)* führen weltweit zu Armut, Vertreibung und massenhaften Fluchtbewegungen.

Alles das stellt die Soziale Arbeit vor neue dramatische Herausforderungen.

Wird das hier skizziertes fachlich-rechtliches Regelwerk hinreichen, um die Zukunftsaufgaben zu bewältigen?

Wir bleiben vorerst weiterhin (vorsichtig) optimistisch, dass die Kraft der Sozialen Arbeit (und vor allem der Menschen, die sie gestalten) reichen wird, um weiter die notwendigen Fragen zu stellen, sie zu beantworten und für viele Probleme mit den Menschen zusammen Lösungen zu entwickeln.

Dieter Kreft/Ingrid Mielenz

Literatur

C. Butterwege: Hartz IV und die Folgen. Auf dem Wege in eine andere Republik, Weinheim/Basel 2015 ◆ U. Deller/R. Brake: Soziale Arbeit. Opladen 2014 ◆ H. Effinger: Im unsicheren Gelände. Fragen und Thesen zur Entwicklung der Sozialen Arbeit, in: sozialmagazin 2/2011, 44–52 ◆ M. Erler: Soziale Arbeit, Weinheim/München [8]2012 ◆ M. Galuske: Methoden der Sozialen Arbeit, Weinheim/München [10]2013 ◆ H. Kleve/J. V. Wirth: Die Praxis der Sozialarbeitswissenschaft. Eine Einführung, Hohengehren 2009 ◆ D. Kreft/C. W. Müller (Hrsg.): Methodenlehre in der Sozialen Arbeit, München [2]2017 ◆ K. Maier: Das ewige Leid mit der Leitwissenschaft. Für eine integrative Wissenschaft Soziale Arbeit, in: sm 9/2009, 14–23 ◆ R. Merten: Soziale Arbeit hat kein politisches Mandat, aber einen professionellen Auftrag, in: Sozial Extra, 5/6/2000, 17–20 ◆ C. W. Müller (Hrsg.): Einführung in die Soziale Arbeit, Weinheim/Basel [4]1995 ◆ J. Reyer: Kleine Geschichte der Sozialpädagogik. Individuum und Gemeinschaft in der Pädagogik der Moderne. Baltmannsweiler 2002 ◆ J. Schilling/S. Klus: Soziale Arbeit. Geschichte, Theorie, Profession, München [6]2015 ◆ H. von Spiegel: Methodisches Handeln in der Sozialen Arbeit. München [5]2013 ◆ W. Thole: Grundriss Soziale Arbeit, Wiesbaden [4]2012.

Weitere Literatur bei *Sozialarbeit/Sozialpädagogik, Sozialarbeitswissenschaft* und *Theorie der Sozialarbeit/Sozialpädagogik.*

Soziale Arbeit im Gesundheitswesen

Historische Entwicklungen

Am Anfang der Entwicklung der professionellen Tätigkeit von SozArb/SozPäd um 1893 gehörte das Gesundheitswesen zu den Bereichen, in denen Mitglieder der Mädchen- und Frauengruppen für soziale Hilfsarbeit unter der Leitung von Jeanette Schwerin und Alice Salomon wirkten. Bemerkenswert ist, dass die *Soziale Arbeit,* die hier von den Gruppen aufgebaut wurde, nur dann von Teilnehmerinnen geleistet werden konnte, wenn sie sich auf diese Aufgaben zielgerichtet vorbereitet hatten. Eine Bedingung, die eine neue Qualität in die Beratungs- und Unterstützungsarbeit für Menschen brachte, die außerhalb ihres Familien- und Angehörigenkreises *Hilfe* benötigten.

In den Vorbereitungskursen ging es v. a. um die Grundzüge der (damals) modernen sozialen Entwicklungen, die Wohlfahrtseinrichtungen für die arbeitenden Klassen, die Organisationen der öffentlichen und privaten Armenpflege sowie um Grundzüge der Hygiene und Gesundheitspflege bei Kindern. In dieser Anfangszeit entstanden die Arbeitsfelder Krankenhausfürsorge, Säuglings- und Tuberkulosefürsorge, in denen bereits seit ca. 110 Jahren Menschen mit einer sozialen Qualifikation arbeiteten.

Träger dieser Einrichtungen (Beratungsstellen und Krankenhäuser) waren sowohl öffentliche Institutionen als auch private Wohlfahrtsorganisationen und Vereine. Im Rahmen der Heilung und Linderung Kranker und von Krankheit bedrohter Menschen im Krankenhaus waren und sind es vorrangig medizinische und pflegerische Aufgaben, die wahrgenommen werden müssen. Es wurde aber bereits damals erkannt, dass persönliche, materielle, rechtliche und soziale Probleme Menschen belasten können und dadurch der Heilungsprozess behindert, die Nachsorge verzögert und somit auch der Weg der Gesundung nachhaltig beeinträchtigt wird. SozArb/SozPäd entwickelten demzufolge frühzeitig Konzepte und organisierten Angebote für Hilfen im Bereich psychosozialer Fragen und Probleme *(Sozialdienst im Krankenhaus).* Wichtigste Aufgabe in den Beratungsstellen wurde neben der Heilung und Linderung von Krankheiten insbesondere die *Prävention.* Es galt, Krankheiten frühzeitig zu erkennen, Behandlungen zu ermöglichen oder das Ausbrechen von Krankheiten etwa durch Förderung der Hygiene zu verhindern. Zielgruppen waren anfangs v. a. ärmere Bevölkerungsschichten. Ihnen sollten Untersuchungsmöglichkeiten und Beratung bei auftretenden gesundheitlichen, persönlichen und sozialen Problemen aufgezeigt bzw. angeboten werden. Die Angebote waren kostenlos. Behandlungen blieben allerdings weiter Aufgabe der niedergelassenen Ärzte und der Krankenhäuser.

Anfangs arbeiteten auch Ärzte in den Beratungs- und Untersuchungsstellen. Schwerpunkte der ärztlichen Tätigkeit bildeten die Untersuchung der Patienten, das Stellen der Diagnose, das Aufzeigen weiterer Behandlungsschritte und ggf. das Weiterleiten an andere Behandlungseinrichtungen. Die auftretenden sozialen Fragen und Probleme, mit denen die Ärzte konfrontiert wurden, erforderten den Einsatz weiterer Fachkräfte. Zur Unterstützung der Ärzte wurden sog. ‚Schwestern' herangezogen, meist ehrenamtliche SozArb/SozPäd. Sie machten die Hausbesuche und lernten dadurch das soziale Umfeld der Patienten kennen. Die Beschäftigung mit den sozialen Bedingungen, unter denen der Patient lebte, wurde so zur Aufgabe der SozArb/SozPäd. Von Anfang an waren dabei der Austausch der gegenseitigen Erfahrungen und die enge Zusammenarbeit beider Berufsgruppen wichtig.

Die Bekämpfung der Krebskrankheiten, heute sehr beachtet und von Vielen unterstützt, war in den Anfangsjahren des Einsatzes moderner Hilfsmöglichkeiten (etwa Bestrahlungen) mit großen Schwierigkeiten verbunden. Der Umgang mit der Krankheit, ihrem Erkennen, dem Offenlegen gegenüber den Patienten und die angebotenen medizinischen Hilfen führten bei den Betroffenen und ihren Angehörigen zu großer Unsicherheit. Der Leiter des Krebsinstituts der Charité, Ferdinand Blumenthal, veranlasste infolgedessen den Einsatz von SozArb/SozPäd als eine wichtige Ergänzung der ärztlichen Hilfe. Die Prophylaxe, die Unterstützung der frühzeitigen Erkennung auch durch SozArb/SozPäd und die Hilfen bei sozialen Problemen ermöglichten häufig erst die Erfolge bei der Bekämpfung der Krebskrankheiten. Nach Blumenthals Erfahrung war eine geordnete Behandlung der Krebskranken „ohne die Verbindung mit einer Fürsorge überhaupt gar nicht möglich. (…) Die Fürsorgerin muss die Kranken persönlich kennen lernen, sie muss mit ihnen in Verbindung stehen, sie ist gewissermaßen die Vertrauensperson einerseits für den Arzt, dem Kranken gegenüber, und andererseits für den Patienten, der alle seine wirtschaftlichen und physischen Sorgen in ihre Hände legt". Durch ihre Hausbesuche im Rahmen der nachgehenden Fürsorge, ihre Gespräche mit den Patienten konnte sie diese motivieren, die Behandlung aufzunehmen bzw. diese fortzuführen (Blumenthal 1930, 102). Auch in der Frauenklinik der Berliner Universität wurde diese Form der Unterstützung durch Soziale Arbeit ein- und durchgeführt. Den methodischen Ansatz dieses Handelns der SozArb/SozPäd beschrieb Alice Salomon schon 1921 wie folgt: Das Hauptziel der Gesundheitsfürsorge sei die ‚Hebung der Gesundheit' und in der Gesundheitsfürsorge komme es nicht nur darauf an, dass der Sozialarbeiter „seine Kenntnisse anwendet, dass er etwas für den anderen tut; sondern dass er jenen für eigenes Tun gewinnt, Einsichten in ihm weckt, seine inneren Kräfte löst und ihnen Richtung gibt" (Salomon 1921, 30). Der Betroffene wurde seinerzeit bereits in den Prozess einbezogen und zu eigenen Entscheidungen motiviert.

S

Gesellschaftlicher Wandel

In der BRD entwickelte sich in den 1960er und 1970er Jahren ein rechtlich und fachlich anderes Verständnis für Menschen in besonderen Lebenslagen. Das führte u. a. zu neuen gesetzlichen Regelungen, zuerst im BSHG, das schon 1961 für Hilfebedürftige ein Rechtsanspruch auf Sozialhilfe normierte. So konnte Menschen mit Nierenversagen durch den Einsatz der Dialyse (in Berlin ab 1968) gezielt und auch erfolgreich geholfen werden, später auch im Transplantationsbereich, psychosoziale Hilfen wurden eine wichtige und selbstverständliche Ergänzung der medizinischen Versorgung. Das Reha-Angleichungs-Gesetz von 1974 brachte dann die gesetzliche Verankerung der *Rehabilitation.*

1976 wurde der § 218 StGB reformiert. Die Fristenlösung für Schwangerschaftsabbrüche wurde eingeführt und in diesem Zusammenhang ein Netz von Beratungsstellen aufgebaut, in denen SozArb/SozPäd wichtige Beratungsfunktionen übernahmen. Im Rahmen der Reform des § 218 StGB erhielten die SozArb/SozPäd und ihre Mitarbeiter ein Recht auf eigene *Schweigepflicht* im § 203 Abs. 1 Nr. 4a, 5 StGB *(Schwangerenberatung).* Eine Änderung erfuhr auch das *Zeugnisverweigerungsrecht:* das BVerfG hatte 1972 den SozArb/SozPäd dieses Recht noch generell verweigert. In den 1970er- und 1980er-Jahren gab es dann zwei spektakuläre Anlässe, die Neuregelungen herausforderten. Erstens die zwangsweise Herausnahme von Patientenakten aus einer Memminger Arztpraxis, um die Entscheidung, ob eine ‚Soziale Indikation' gemäß § 218 StGB vorlag, durch Gerichte überprüfen zu lassen und zweitens das Eindringen der Polizei in eine Drogenberatungsstelle des Caritasverbandes in Aachen. Für *Berufsverbände* der Sozialen Arbeit u. v. a. war dies der Anlass, neue Vorschriften zu fordern. Beratung und Unterstützung seien unter den beschriebenen Bedingungen, mit Gefährdung der Anonymität also, nicht zu leisten. Der Gesetzgeber reagierte und fügte für die Fachkräfte in den Bereichen Schwangerschaftskonfliktberatung und Betäubungsmittelmissbrauch, vorwiegend SozArb/SozPäd und ihre Mitarbeiter, in den §§ 53, 53a StPO ein Zeugnisverweigerungsrecht aus beruflichen Gründen ein.

Weitere Veränderungen brachte dann die *Selbsthilfe*bewegung. Die Psychiatrie-Enquete von 1975 hatte ebenfalls erhebliche Auswirkungen auf die Tätigkeit der SozArb/SozPäd *(Psychiatrie/Soziale Arbeit in der Psychiatrie).*

Ein neues Verständnis für die Hilfe psychisch kranker Menschen wurde seither zum Maßstab dieser Arbeit: Enthospitalisierung, dezentrale Versorgung und Eingliederung psychisch Erkrankter in die ‚normale' Krankenversorgung sind dafür Stichworte. Eine wichtige Ergänzung war die Psychiatrie-Personalverordnung (Psych-PV), SozArb/SozPäd sind seither wichtige Partner bei der Versorgung dieser Patienten.

Die Reform des Betreuungsrechts (§ 1896 ff. BGB) führte 1992 die Betreuung als rechtliche Vertretung anstelle der früheren Vormundschaft über Volljährige ein. Ziel war Betreuung statt Entmündigung, um Betroffenen Hilfe zu einem möglichst weitgehend selbst bestimmten Leben zu leisten. Als Einzelbetreuer und als als Mitarbeiter anerkannter Betreuungsvereine arbeiten heute SozArb/SozPäd *(Betreuungsrecht).*

Weitere Veränderungen brachte dann wieder die *Selbsthilfe*bewegung. Hierdurch erlebte unsere Gesellschaft eine fast revolutionäre Entwicklung. Betroffene nahmen ihre Hilfe selbst in die Hand. SozArb/SozPäd sind (nur noch) beteiligt am Aufbau, an der Beratung und Begleitung der Selbsthilfegruppen, in den Selbsthilfe-Kontaktstellen usw. Mit der Verankerung in den §§ 20, 20a–c SGB V fand diese Entwicklung 2000 ihre gesetzliche Anerkennung und finanzielle Förderung.

Für die Soziale Arbeit bedeuteten diese Entwicklungen sowohl neue Herausforderungen als auch neue Aufgaben und neue Arbeitsfelder.

Seit 1978 kam es nach einer Initiative der Gesundheitsministerkonferenz in einzelnen Bundesländern zu neuen gesetzlichen Grundlagen für den Öffentlichen Gesundheitsdienst *(Gesundheitsrecht).* In den Landeskrankenhausgesetzen wurden die Sozialdienste verankert *(Gesundheitsamt/Soziale Arbeit im öffentlichen Gesundheitswesen).*

Bedeutung der Sozialen Arbeit im Gesundheitswesen

Neue Entwicklungen und ihre Folgen: Der gesellschaftliche Wandel führt zu veränderten sozialen Bedingungen, die erhebliche Auswirkungen für den Bereich von Gesundheit und Krankheit haben. Zunächst der Wandel des Verständnisses von Gesundheit und *Krankheit,* u.a. durch verstärkte Beachtung salutogenetischer Aspekte: nach dem Salutogenese-Modell wird Gesundheit heute nicht mehr als Zustand, sondern als Prozess verstanden, wie entsteht Gesundheit, welche Eigenschaften und Ressourcen stärken Menschen, weshalb bleiben sie gesund, wenn andere krank werden? (Lorenz 2005) *(Empowerment).* Dann sind die demographische Entwicklung, auch die Öffnung Europas, die Globalisierung, Herausforderungen, mit denen sich SozArb/SozPäd auseinandersetzen müssen, um auf ihre je speziellen Aufgaben und deren Bewältigung vorbereitet zu sein. Durch ihr berufliches Handeln sind sie unmittelbar mit den Bedingungen der Menschen, die sie beraten und betreuen, verbunden. Sie erleben direkt die Auswirkungen gesetzlicher, sozialer und wirtschaftlicher Veränderungen, aber auch, wie die Betroffenen Wege und Mittel suchen, um mit diesen Bedingungen umzugehen. Nach Waller/Ortmann waren bereits 2005 rd. 40 000 (40 %) aller diplomierten SozArb/SozPäd im Gesundheitswesen tätig, neben dem Bereich der *Kinder- und Jugendhilfe* der größte Beschäftigungssektor.

Alice Salomon vertrat schon 1917 die Auffassung, dass jede soziale Berufsarbeiterin die Soziale Arbeit als Ganzes wenigstens theoretisch überblicken und dass sie sowohl von sozialpädagogischen, hygienischen Zusammenhängen und den Rechtsfragen ihres Berufsfeldes möglichst viel verstehen sollte. Sie habe stets die gesamte Hilfe als ein einheitliches Gebiet zu begreifen, auch wenn sie nur auf einem Teilgebiet tätig sei (Reinicke 1984, 188). Dieser ganzheitliche Ansatz ist auch heute noch Handlungsgrundlage jeder Sozialen Arbeit *(Handlungskompetenz).*

Die Rehabilitationsträger (die BAG für Rehabilitation/BAR, die gesetzlichen Krankenkassen, die Bundesagentur für Arbeit, die Träger der gesetzlichen Unfallversicherung, die Träger der gesetzlichen Rentenversicherung, die Träger der Alterssicherung der Landwirte, die Träger der Kriegsopferversorgung und die Träger der Kriegsopferfürsorge) haben bspw. im Zusammenhang mit Leistungen zur medizinischen Rehabilitation, zur Teilhabe am Arbeitsleben und zur Teilhabe am Leben in der Gemeinschaft im März 2006 mit den Sozialdiensten eine Zusammenarbeit vereinbart. Darin werden, so die BAR, „die Aufgaben von Sozialdiensten, die Sozialdienste mit unterschiedlichen Schwerpunkten sowie die Koordination durch Sozialdienste und die Kooperation mit Sozialdiensten beschrieben. Sozialdienste arbeiten beratend nach umfassendem ganzheitlichem Ansatzpunkt", so die BAR. „Ziel ihrer Arbeit ist es, durch Information, gezielte Intervention und Unterstützung des betroffenen Menschen die Teilhabe am Leben in der Gemeinschaft zu ermöglichen. Die Sozialdienste sind aufgrund ihrer interdisziplinären Perspektive und ihrer ganzheitlichen Arbeitsweise Kooperationspartner für die Rehabilitationsträger und alle anderen am Rehabilitations- und Teilhabeprozess Beteiligten. Die Rehabilitationsträger verstehen die Arbeit der Sozialdienste als wichtiges Element zur Umsetzung des Rechts behinderter Menschen auf umfassende Teilhabe" (BAG für Rehabilitation 2016/*Behindertenhilfe*). Dieser beschriebene Ansatz des methodischen Handelns der Sozialen Arbeit ist übertragbar auf viele Einsatzgebiete.

Einsatzfelder der Sozialen Arbeit im Gesundheitswesen und ihre besonderen Herausforderungen

Es sind viele Bereiche, in denen heute Soziale Arbeit im Gesundheitswesen geleistet wird. So werden nach dem Qualifikationskonzept gesundheitsbezogene Soziale Arbeit der DVSG bereits diese fünfzehn gesundheitsbezogenen Praxisfelder benannt:

- medizinische Akutversorgung (Psychiatrie, Psychosomatik und Somatik;
- öffentlicher Gesundheitsdienst;
- Gesundheitsförderung und Prävention;
- Medizinische und soziale Rehabilitation;
- Sozialpsychiatrie;
- Suchthilfe;
- Geriatrie;
- Onkologie;
- Pflegeeinrichtungen;
- Soziotherapie, Sozialtherapie;
- Kinder- und Jugendpsychotherapie (mit vorherigem Abschluss Soziale Arbeit);
- Gesundheitsbezogene Soziale Arbeit im Sozialwesen (z. B. Jugendhilfe etc.)
- Selbsthilfegruppen und -organisationen;
- Staatliche und nichtstaatliche Organisationen und Institutionen;
- Hochschulen und Forschungsinstitute

(nach Dettmer 2015)

(vgl. auch *AIDS/Alkoholismus/Betriebliche Sozialarbeit/Drogenhilfe/Geriatrie/Gesundheitshilfe/Sucht/Sterbehilfe*).

S

Was SozArb/SozPäd heute leisten: Beratungsangebote bei Problemen im persönlichen Umfeld und in psychosozialen, wirtschaftlichen und sozialrechtlichen Fragen

SozArb/SozPäd übernehmen in diesen Einsatzfeldern u. a. folgende Aufgaben:

- **im persönlichen Umfeld, der Nachsorge, der ambulanten und stationären Versorgung:** insbesondere Angebote zur Erstkontaktaufnahme für den betroffenen Personenkreis, seine Angehörigen und das soziale Umfeld, initiieren, vermitteln und vernetzen von sozialen Kontakten, Beratung in persönlichen und sozialen Fragen, Fördern von Fähigkeiten zum Bewältigen auftretender Krisen und Probleme im täglichen Leben, Erschließen von Ressourcen zum Aufbau sozialer Kontakte für alte Menschen (Werben, Anleiten und kontinuierliches Begleiten ehrenamtlicher Kräfte zum Auf- und Ausbau eines Besuchsdienstes), Schaffen bestimmter Rahmenbedingungen zur Beteiligung ehrenamtlicher Mitarbeiter. Häusliche Versorgung (Prüfen vorhandener Möglichkeiten, Angehörige, Nachbarschaftshilfe), Beraten und Prüfen möglicher Hilfen (ambulante Pflege, Haushaltshilfen, fahrbarer Mittagstisch, mobile Hilfsdienste, Hilfsmittelversorgung, ehrenamtliche Dienste); prüfen der häuslichen medizinischen Versorgung usw., Palliativ- und Hospizversorgung, ambulante und stationäre medizinische Rehabilitation, geriatrische Rehabilitation; Versorgung in Wohngemeinschaften, in betreutem Wohnen; Altentagesstätten, Tagesstätten und Wohngemeinschaften für Demenzkranke;
- **im psychosozialen Bereich:** Angebote zur Krankheits- und Lebensbewältigung, zu Problemen im partnerschaftlichen Bereich und in der Familie, im sozialen Umfeld (Angehörige, Nachbarn, Vereine, Schule, Kindergarten), zu Veränderungen im Berufs- und Sozialstatus, zum Umgang mit Funktionseinschränkungen, Behinderungen und Pflegebedürftigkeit, Beratung und Vermittlung zu anderen Beratungsdiensten sowie Patienten- und Selbsthilfegruppen und ehrenamtlichen Diensten; Suchtberatung (Alkohol-, Drogen-, Spielsucht), für die Entwicklung von Angeboten im Bereich des Altensports gemeinsam mit Sportvereinen *(Sport),* Volkshochschulen etc.; Entwicklung von Zukunftsperspektiven;
- **im wirtschaftlichen und sozialrechtlichen Bereich:** der Umgang mit Schulden und deren Regulierung *(Schuldner- und Insolvenzberatung),* Beratung im sozialrechtlichen Bereich, über Möglichkeiten der Frühförderung, des Schulbesuchs; Beratung und Prüfung der wirtschaftlichen Bedingungen (Ansprüche aufgrund von Berufstätigkeit, Arbeitslosenversicherung, Rente, Grundsicherung, Sozialhilfe), Leistungen der Pflegeversicherung, Ansprüche auf Leistungen der Rehabilitation und Teilhabe, nach dem *Schwerbehindertenrecht* (u. a. Schwerbehindertenausweis), Ansprüche auf Leistungen nach dem Unfallversicherungsrecht, ganz allgemein nach dem Sozialrecht (dazu: ISS 2011);

- **im persönlichen und beruflichen Bereich:** arbeitsrechtliche Fragen (drohende Arbeitslosigkeit, berufliche Neuorientierung, Wiederaufnahme einer Berufstätigkeit, Probleme am Arbeitsplatz (*Mobbing*, Burnout, behindertengerechter Arbeitsplatz), stufenweise Wiedereingliederung (Berufsförderungswerke). Zusammenarbeit mit niedergelassenen Ärzten bzw. Hausärzten im Rahmen der integrierten Versorgung gemäß § 140a–d SGB V, Organisation und Durchführung von Gesprächsgruppen für pflegende Angehörige, von Aufklärungs- und Informationsveranstaltungen unter Einbeziehung von Gastdozenten für Angehörige, Betroffene, ehrenamtliche und professionelle Helfer.

Fachliche Berufsvertretung

Die Deutsche Vereinigung für Soziale Arbeit im Gesundheitswesen e. V./DVSG ist ein Fachverband, der die Sozialarbeit im Gesundheitswesen fördert und dazu beitragen will, Soziale Arbeit in den verschiedenen Arbeitsfeldern des Gesundheitswesens zu stärken und weiterzuentwickeln, u. a. auch dazu, die Einbeziehung sozialer Aspekte in die medizinische Behandlung und Rehabilitation zu bewirken. Die Fachbereiche des DVSG, seine Empfehlungen, Stellungnahmen und Positionspapiere dokumentieren eindrucksvoll die aktuelle Breite Sozialer Arbeit im Gesundheitswesen. Die Fachzeitschrift FORUM sozialarbeit+gesundheit erscheint vier Mal im Jahr.

Peter Reinicke

Literatur

B. Blättner/H. Waller: Gesundheitswissenschaft. Stuttgart 52011 ◆ F. Blumenthal: Fürsorge für Krebskranke im Rahmen des Fürsorgedienstes im Krankenhaus. In: Zeitschrift für das gesamte Krankenhauswesen, 4/1930, 102 ◆ C. Detka/H. Ohlbrecht: Erwerbsarbeit, Arbeitswelt und Gesundheit in modernen Gesellschaften, in: sm 7+8/2015, 14–23 ◆ C. Dettmers: Kompetenzen in der gesundheitsbezogenen Sozialen Arbeit. Zur Notwendigkeit eines spezifischen Qualifikationskonzeptes. In: sm 7+8/2015, 92–97 ◆ K. Hurrelmann/O. Razum (Hrsg.): Handbuch Gesundheitswissenschaft, Weinheim/München 52012 ◆ ISS e. V. (Hrsg.): Die Bücher des Sozialgesetzbuches. Einführung für die Soziale Arbeit, München 2011 ◆ R. Lorenz: Salutogenese. Grundwissen für Psychologen, Mediziner, Gesundheits- und Pflegewissenschaftler, München 22005 ◆ P. Reinicke: Die ersten Konferenzen sozialer Frauenschulen Deutschlands und ihre Bemühungen um die Ausbildung der Sozialarbeiterinnen, in: 80 Jahre kirchliche Sozialarbeiterausbildung. Ein Beitrag zur Geschichte der Wohlfahrtspflege. Festschrift Evangelische Fachhochschule Berlin. Berlin/Bonn 1984 ◆ P. Reinicke: Rückblick auf 100 Jahre Sozialarbeit im Gesundheitswesen, in: NDV 6/2007, 219–226 ◆ P. Reinicke: Sozialarbeit im Gesundheitswesen – Geschichte – Dokumentationen – Lebensbilder. Eigenverlag des Deutschen Vereins für öffentliche und private Fürsorge. Berlin 2008 ◆ A. Salomon: Leitfaden der Wohlfahrtspflege. Leipzig und Berlin 1921 ◆ Sozialmagazin: Schwerpunktheft Gesundheit und Soziale Arbeit 7+8/2015 ◆ H. Waller/K. Ortmann (Hrsg.): Gesundheitsbezogene Sozialarbeit. Eine Erkundung der Praxisfelder. Baltmannsweiler 2005.

Links

www.bundesärztekammer.de;
www.dvsg.org

Soziale Arbeit im Nationalsozialismus

Soziale Arbeit und Gesellschaftspolitik

Soziale Arbeit in der Gestalt von „Volkspflege“ gehört mit ihren Institutionen und Handlungsfeldern, Organisationsformen und Programmatiken zu den Elementen der nationalsozialistischen Gesellschaft, die im Rahmen der bundesdeutschen Diskussion erst spät und bisher noch unvollkommen aufgeschlossen und erkundet worden sind (Otto/Sünker 1989; 1991; Nolzen/Sünker 2015; Sachße/Tennstedt 1992). Im Rahmen einer inzwischen etablierten gesellschaftsgeschichtlichen Betrachtungsweise des Nationalsozialismus, die dessen gesamtgesellschaftliche und damit auch gesellschaftspolitische Zusammenhänge zu analysieren sucht, um genauere Aufschlüsse über die Funktionsweise dieses Gesellschaftssystems zu erhalten, wird SozArb entscheidend: Als gesellschaftlicher Bereich, dem eine wesentliche Bedeutung für die Analyse von Vergesellschaftungsprozessen im Rahmen von „Integration und Ausgrenzung“ zukommt.

Wird in klassischen Gesellschaftsanalysen die Verknüpfung von *Sozialpolitik* und SozArb in der bürgerlich-kapitalistischen Gesellschaftsformation über die „Verlohnarbeiterungsthese“ hergestellt, so zeigt die Analyse der Rolle SozArb wie deren Vermittlung mit Sozialpolitik im nationalsozialistischen System in akzentuierter Weise ihre Einbindung in eine allgemeine Gesellschaftspolitik stattfindet und somit über die klassischen Dimensionierungen hinausgeht. Damit handelt es

S

sich um die Frage, inwieweit SozArb (vom Typus „Volkspflege“) in der Folge ihrer strukturellen Bedingungen und ideologischen Bestimmungen wie auch ihrer Handlungsmuster zur Herrschaftssicherung und damit zur Verfestigung von Normalität suggerierenden, tatsächlich aber immer auch terroristischen Standards im Alltagsleben während des Nationalsozialismus beigetragen hat.

Zu bedenken ist in diesem Zusammenhang, dass zum einen die „Durchsetzung“ dieser Politik und professionellen Praxis in weiten Bereichen insbesondere der öffentlichen und auch verbandlichen „Wohlfahrtspflege“ mit Hilfe eines Personals – soweit dies nicht entlassen, verfolgt bzw. ins Exil gezwungen wurde (Wieler 1989) – erfolgte, das seine Ausbildung in der Zeit der WR erhielt, und zum anderen die nationalsozialistische Funktionalisierung SozArb größtenteils auf der judikativen Grundlage der Wohlfahrtsgesetzgebung eben dieser WR in der widersprüchlichen Form von Verkehrung und Destruktion durchgesetzt werden konnte (Sünker 1994).

Selektionspolitik

Inzwischen gibt es grundsätzliche Kenntnisse über ideologische und „realpolitische“ Bestimmungsgrößen der Rahmung und noch unvollständige über die konkrete Praxis SozArb im Nationalsozialismus. Auszugehen ist dabei von der Destruktion wohlfahrtsstaatlicher Ansätze, wie sie sich in der WR herausgestellt hatten, die sich im Kern durch Rechtsansprüche einzelner – auf der Basis hilfepolitischer und professioneller Diskurse – auszeichneten. Zentriert um das Modell von „Volkskörper“ und „Volksgesundheit“, basierend auf der Ideologie der Volksgemeinschaft (Otto/Sünker 1991), die auch die Basis für die nationalsozialistische Arbeiterpolitik abgibt, die „Zerstörung der Arbeiterbewegung“ wird die „Wohlfahrtspflege“ durch „Volkspflege“ ersetzt. Die in diesen Begriff eingebundenen Ideologeme von Erbbiologie und Rassenhygiene, die sich in der Rede von „nutzlosen Lebewesen“, von der Ausgliederung „asozialer Elemente“ niederschlagen, führen in praktischer Hinsicht zu einer Selektionspolitik, die die Formen von Auslese und Ausmerze annimmt. „Planmäßige Aufartungspolitik“, die Auslese „gemeinschaftsfähiger Volksgenossen“ und die Ausmerze – von der Ausgrenzung bis hin zur Mordaktion – sog. „Nichtgemeinschaftsfähiger“ korrespondieren dabei miteinander. Die Entwicklungen in diesem Bereich vollziehen sich ausgehend von einer medizinisch verbrämten Diagnostik im Rahmen einer sog. „Erbgesundheitslehre“ hin zu Konzepten „Sozialer Diagnostik“ (Aly/Roth 1984), was in der Forschung zur Diskussion um die Vorstellung von einer „Endlösung zur sozialen Frage“ im NS führte (Peukert 1988, 25; de Witt 1978, 257 f.; Aly/Roth 1984, 142; Otto/Sünker 1989).

Programmatisch heißt es beim „Chefideologen“ der Nationalsozialistischen Volkswohlfahrt (NSV), Althaus: „Der Nationalsozialismus kennt keine Fürsorge um der Befürsorgung willen. … Es geht nicht um das Wohl des einzelnen, sondern des ganzen Volkes. Im völkischen Interesse wird dem einzelnen Volksgenossen geholfen, und das Individuum hat nicht mehr Rechte als es auch Pflichten gegenüber der Allgemeinheit anzuerkennen und zu erfüllen Willens ist … Aus dieser weltanschaulichen Einstellung heraus ist eine Wohlfahrtspflege nationalsozialistischer Prägung grundsätzlich erbbiologisch und rassehygienisch orientiert. Ihr gilt nicht der Satz von der Gleichheit der Staatsbürger. Sie weiß, dass die Erbanlage die Menschen ungleich in ihrem Wert für das Wohl des Ganzen macht … Eine Wohlfahrtspflege, die auf das Wohl des Volkes ausgerichtet ist, wird im Gegensatz hierzu die Minderwertigen in einer ausmerzenden Erbpflege zurückdrängen … Dies gilt v. a. auch für die Individuen, deren Eigenschaft als Träger von Erbkrankheiten nicht feststeht, deren asoziales Verhalten dies aber vermuten lässt“ (Althaus 1937, 8).

Mit der Orientierung an „Aufartung“, „Zucht“, „Wertigkeitsskalen“ und entsprechenden „Sonderbehandlungen“ – von Selektion bis Mord –, der Rede und der Realität von der „Volksgemeinschaft als Leistungsgemeinschaft“ stellt sich die entscheidende Frage nach Identität und Differenz dieses „Konzeptes“ zum humanwissenschaftlichen Diskurs um die Jahrhundertwende: Zu dessen Grundlagen gehört durchaus auch die Einteilung in „Werte“ und „Unwerte“, in „Hochwertige“ und „Minderwertige“ (Weingart/Kroll/Bayertz 1988; *Eugenik*). Dies hat Peukert zu der These geführt, in dieser qualitativen Menscheneinteilung kristallisiere sich jene abstrakte, von einem fiktiven, rassistisch definierten Ganzen ausgehende Selektionspraxis und das Prinzip einer dem Kosten-Nutzen-Denken folgenden großtechnischen „Lösung“ heraus. Die „Endlösung“, innerhalb derer die Juden als Opfer die größte Gruppe ausmachten, sei dann als systematische großtechnische „Ausmerze“ von „Unwerten“ zu verstehen, in der sich die Dichotomien krank/gesund in Bezug auf den „Volkskörper“, normal/deviant in Bezug auf die „Volksgemeinschaft“, Volk/volksfremd in Bezug auf „Nation“ und „Rasse“ vereinten (Peukert 1988, 26).

Kontrolle und Hilfe

Schließt demzufolge – in der Form einer negativen Radikalisierung – die nationalsozialistische Ideologie und Praxis im Bereich SozArb erstens an einen verbreiteten humanwissenschaftlichen Diskurs an, so bricht sie zweitens mit einer als sozialintegrativ vorgestellten Funktionsbestimmung von Sozialpolitik und SozArb und verkehrt darüber hinausgehend drittens auf der Ebene „positiver Zielsetzungen" professionstheoretische Problemstellungen, die hilfepolitischen Diskurs in Weimar mit unterlegt waren: Neben der Verallgemeinerung des Erziehungsgedankens in der SozArb – als Erziehung zur Volksgemeinschaft zum Zwecke der Einpassung – geht es hier v. a. um den Bezug auf das Problem der Beschreibung von „Hilfe"-Prozessen, die die Funktionalität der nationalsozialistischen Positionen erweisen. Wer als gesund, erb- und rassebiologisch brauchbar und als erziehbar, damit als potenziell gemeinschaftsfähig definiert und selektiert wurde, sollte nicht nur mit menschlicher Nähe auch in der Volkspflege bedacht werden, er oder sie sollte sich zugleich nicht als Objekt von Hilfeleistungen verstehen, sondern als Glied der Volksgemeinschaft, als Teil eines größeren Ganzen, dem/der Unterstützungsleistungen zukamen, damit er/sie wieder befähigt werde, seinen/ihren Pflichten als Volksgenosse/Volksgenossin nachzukommen.

Dieser Motivstruktur auf Empfängerseite entspricht diejenige auf der Helferseite: Es geht insgesamt um die Ablösung der Hilfeprozesse von individueller Befindlichkeit – etwa als Mildtätigkeit oder *Mitleid* – durch die Einsicht in die Pflicht zur Unterstützung der Volksgemeinschaft, damit ihrer – wesentlich militärischen – Kraft und ihrer zukunftsgerichteten Erhaltung. Daraus folgt die Privatisierung von Hilfeprozessen in zweifacher Hinsicht: Der Überhöhung von *„Selbsthilfe"* und „Vorsorge" korrespondiert die Auffassung von *„Hilfe"* als einer Angelegenheit aller.

Organisation und Praxis

Der – auch im Selbstverständnis von nationalsozialistischen Ideologen – konstatierbare Wechsel vom Wohlfahrtsstaat zum funktionalen, d. h. auf Erziehung zur Volksgemeinschaft ausgerichteten Erziehungsstaat ist ein wesentlicher Inhalt dieser Entwicklung. Ein anderer besteht in der Umverlagerung und Umverteilung von Wohlfahrtskosten: Im Prinzip handelt es sich in der Folge einer Verstaatlichung der Gesellschaft um die Entstaatlichung sozialer Hilfe auf der Basis der gerade hier zu realisierenden Volksgemeinschaftsideologie; dies zum Zwecke der „Entlastung der öffentlichen Kassen" (de Witt 1978), der Umverteilung von Sozialausgaben in Militärausgaben.

Selbst wenn man festhält, dass es sich hier auch um die Entwicklung einer immer restriktiver gehandhabten Sozialpolitik – v. a. im Kontext von Fürsorgeleistungen – handelt, die ihren Beginn im letzten Drittel der WR hat und sich im Nationalsozialismus vollendet, bleibt doch die entscheidende Frage, wie sich die in unterschiedlicher Form, aber immer in menschenfeindlichen Lösungen endenden Kosten-Nutzen-Rechnungen in den Bereichen SozArb realisieren konnten. Demzufolge ist es unmöglich, den Nationalsozialismus mit einem wie auch immer gearteten „Wohlfahrtsstaatsgedanken" (Sachße/Tennstedt 1992) zu verbinden; möglich ist es allein, mit dem Begriff der „Volkspflege" zu operieren, da hierin die Abkehr vom Allgemeinheitsanspruch des Wohlfahrtsgedanken, in dem Leistungen für alle Bürger/innen das Zentrum bilden, verkörpert wird (Sünker 1994).

Ein Synkretismus aus Rassismus, Erbbiologie und der Suche nach Asozialität, innerhalb dessen *Eugenik* in Rassenhygiene aufgeht, führt zu Vorstellungen über Förderungswürdigkeit und Ausmerze. SozArb hat hierin ein wesentliches Zentrum ihrer praktischen Arbeit, ist sie doch unmittelbar mit „Volksgesundheit" und Erziehung als Normalisierungsarbeit verknüpft. Konkret bedeutet dies immer auch die professionelle „Befassung" mit „Aussonderungsaufgaben": Entscheidungen etwa zu „Förderung" und „Nicht-Förderung", Sterilisation; im Kontext der Jugendfürsorge handelt es sich um die besonders repressiven Konsequenzen aus den Diskussionen um das sog. Bewahrungsgesetz bis hin zur Einrichtung der Jugendkonzentrationslager Moringen und Uckermark (Schnurr 1997; Schrapper 1993; Haag 2000; Steinacker 2003; Amthor 2015).

Auch organisatorische Differenzierungen haben hierin ihren Bezugspunkt: Aufgaben und Klienten werden entsprechend zugeteilt und „behandelt"; dies „gemäß" der Spaltung in Würdigkeitsskalen, die rassisch, erbbiologisch und politisch mit der Zuschreibung von „Gemeinschaftsfähigkeit als Wohlverhalten" vermittelt werden.

Die Nationalsozialistische Volkswohlfahrt/NSV: Ein entscheidendes Instrument zur Durchsetzung der nationalsozialistischen Vorstellungen in diesem Bereich war die NSV, die zum einen die zweitgrößte Massenorganisation des Nationalsozialismus (nach der DAF) darstellte und zum anderen bereits im März 1934 die Führung in der

„AG der Spitzenverbände der freien Wohlfahrtspflege" eroberte, der nach dem Verbot der AWO, dem Ausschluss des jüdischen Wohlfahrtsverbandes und der Selbstauflösung bzw. Überleitung des DPWV in die NSV nur noch das DRK, der Central-Ausschuss für die IM der DEK und der DCV angehörten. Wichtig ist in diesem Zusammenhang, dass die gesamte Arbeit dieser AG i. S. des nationalsozialistischen Staates stattfinden sollte. Mit ihren 12,5 Mio. Mitgliedern (1938) war die NSV zudem ein wichtiger Transmissionsriemen zwischen Partei und Bevölkerung und stellte nicht zuletzt eine bedeutende Voraussetzung zur organisatorischen, „restlosen Erfassung" (Zimmermann 1938/39, 27) aller VolksgenossInnen dar.

In der Folge ihres „Selbstverständnisses" und ihrer selbstgesetzten Aufgabenzuschreibung, der Arbeit mit „förderungswürdigen Volksgenossen", grenzte sich die NSV von den anderen Organisationen innerhalb der AG ab. Den kirchlichen Verbänden blieb primär die Arbeit mit den als „minderwertig" Definierten: Sie wurden dementsprechend auch besonders von den Problemen in der *Psychiatrie*, den Sterilisationsverfahren, dem Krankenmord betroffen (zuletzt dazu Schmitt 2015).

Aufgrund ihrer organisatorischen Verbindung mit der NSDAP in Gestalt des „Hauptamtes für Volkswohlfahrt", ihrer Mitgliedsbeiträge, ihrer Privilegierung u. a. durch ein Sammlungsmonopol, ihrer Unterorganisationen „Winterhilfswerk" und „Mutter und Kind" ergibt sich eine exzeptionelle Stellung der NSV im nationalsozialistischen System, die aber erst seit kürzerer Zeit in ihrer formierenden Bedeutung für die nationalsozialistische Herrschaft ins Bewusstsein von Forschung geraten ist.

Ein kurzer Blick zurück

Nach 1945 wurde auch in der Sozialen Arbeit der (alten) BRD viele Jahre verdrängt, verschwiegen, weggesehen, übersehen, beschönigt, wenn es um das Handeln der Profession innerhalb des NS-Fürsorgesystems – ihre Beteiligung, Mitwirkung, Täterschaft – ging. Lange noch saßen viele in den neuen Gremien nebeneinander, die zuvor nie zusammengehört hatten: also Beteiligte/Täter neben Stillen/Angepassten, Widerstandskämpfern und zurückgekehrten Emigranten.

So z. B. Ende Oktober 1961 noch im Hauptausschuss des Deutschen Vereins für öffentliche und private Fürsorge Elisabeth Bamberger, Marie Baum, Christa Hasenclever, Ella Kay, Paula Kapinski, Andreas Mehringer, Hans Muthesius und Helene Weber (nach: NDV 2/1962, 30 ff.; für fast alle vgl. die Lebensbeschreibungen in Maier 1998, für P. Kapinski und A. Mehringer gibt es etliche biografische Texte).

Hans Muthesius wurde noch am 22. Februar 1961 die Ehrendoktorwürde der Johann-Wolfgang von Goethe-Universität in Frankfurt/M. verliehen.

Die systematische Aufarbeitung der NS-Zeit und der Beteiligung der im NS-Fürsorgesystem Tätigen begann spät (Otto/Sünker 1989). Erst nachdem Christian Schrapper (ab 1989) die Mitwirkung von Hans Muthesius „an einem Gemeinschaftsfremdengesetz und an den Erlassen für die sog. polizeilichen Jugendschutzlager" offen gelegt hatte (Schrapper 1993, 120 ff.), benannte der DV 1990 seinen damaligen Sitz in Frankfurt/M. um (zuvor: Hans-Muthesius-Haus) und verzichtete fortan auf die Verleihung der Hans-Muthesius-Plakette für Verdienste in der Wohlfahrt. Selbst spätere Verweise auf das zumindest ‚intellektuelle Mittendrin' in der NS-Zeit von nach 1945 wieder bedeutenden Personen (Hanns Eyffert/Andreas Mehringer) wurden übersehen, bestritten oder einfach geleugnet (Hinweise bei Kuhlmann/Schrapper 2001 zu beiden und Schrapper 2005 zu A. Mehringer).

Das hat sich inzwischen geändert, weil die Generation der irgendwie ‚Beteiligten' ausgeschieden ist und eine neue Generation von Wissenschaftlern sehr systematisch und aufklärend an diese bedrückende und die SozArb auch entehrende Zeit herangegangen ist (Nolzen/Sünker 2015 und Amthor 2016, beide mit umfangreichen Quellenhinweisen.).

Forschungsperspektiven

Nolzen/Sünker haben vor dem Hintergrund von fünf zu markierenden Entwicklungslinien zur Geschichte der SozArb während der NS-Zeit insbes. betont:

- „– (es) dehnten sich die staatlichen Interventionen …immer weiter aus und die Soziale Arbeit wuchs als Profession sowohl institutionell wie personell in einem vorher nie kannten Ausmaß;
- … stieg die NSV aufgrund ihrer ‚Gleichschaltung' der freien Wohlfahrtspflege, der militärischen Expansionspolitik des NS-Regimes … zur beherrschenden Instanz der Fürsorgepolitik auf …;
- … entstand schließlich ein Wohlfahrtskorporatismus mit den staatlichen Institutionen und der NSV als dominanten Organisationen.
- … Soziale Arbeit war im NS-Staat eine zentrale Praxis, in der sich ‚Volksgemeinschaft' tagtäglich konkretisierte. Inklusion und Exklusion

gingen dabei, wie bei Propaganda, Gewalt und Mobilisierung, Hand in Hand. Um diesen Prozess zu analysieren, scheint das Konzept ‚Volksgemeinschaft' (weiterhin) viel versprechend zu sein' (Nolzen/Sünker 2015, 1100f.).

Heinz Sünker

Literatur

H. Althaus: Nationalsozialistische Volkswohlfahrt. Wesen, Aufgaben und Aufbau, Berlin 1937 ◆ G. Aly/K. H. Roth: Die restlose Erfassung. Volkszählen, Identifizieren, Aussondern im Nationalsozialismus, Berlin 1984 ◆ R. Amthor: Zu Widerstand und Verfolgung in der Sozialen Arbeit, in: ZfSp 3/2015 ◆ R. Amthor: Soziale Arbeit im Widerstand, Weinheim/Basel 2016 ◆ L. Haag: Berufsbiographische Erinnerungen von Fürsorgerinnen an die Zeit des NS, Freiburg 2000 ◆ C. Kuhlmann/C. Schrapper: Geschichte der Erziehungshilfen von der Armenpflege bis zu den Hilfen zur Erziehung, in: V. Birtsch/K. Münstermann/W. Trede (Hrsg.): Handbuch Erziehungshilfen, Münster 2001, 282–328 ◆ H. Maier (Hrsg.) Who is who der Sozialen Arbeit, Freiburg i. Br. 1998 ◆ A. Nolzen/H. Sünker: Nationalsozialismus, in: H.-U. Otto/H. Thiersch (Hrsg.): Handbuch Soziale Arbeit, München [5]2015, 1091–1104 ◆ H.-U. Otto/H. Sünker (Hrsg.): Soziale Arbeit und Faschismus, Frankfurt/M. 1989 ◆ H.-U. Otto/H. Sünker (Hrsg.): Politische Formierung und Soziale Erziehung im Nationalsozialismus, Frankfurt/M. 1991 ◆ H.-U. Otto/H. Sünker: Nationalsozialismus, Volksgemeinschaftsideologie und Soziale Arbeit, in: H.-U. Otto/H. Sünker 1991, 50–77 ◆ D. Peukert: Die Genesis der „Endlösung" aus dem Geiste der Wissenschaft, in: Forum für Philosophie Bad Homburg (Hrsg.): Zerstörung des moralischen Selbstbewusstseins: Chance oder Gefährdung?, Frankfurt/M. 1988, 24–48 ◆ Ch. Sachße/F. Tennstedt: Der Wohlfahrtsstaat im Nationalsozialismus. Geschichte der Armenfürsorge in Deutschland. Bd. 3, Stuttgart 1992 ◆ S. Schmitt: Soziale Arbeit (der Kirchen) während der NS-Zeit. Ein Tagungsbericht, in: NDV 11/2015, 468f. ◆ S. Schnurr: Sozialpädagogen im Nationalsozialismus, Weinheim 1997 ◆ C. Schrapper: Hans Muthesius (1885–1977). Ein deutscher Fürsorgejurist und Sozialpolitiker zwischen Kaiserreich und Bundesrepublik, Münster 1993 ◆ C. Schrapper: Andreas Mehringer (1911–2004). Ein Leben in zwei Welten. Anmerkungen und Fragen zu Leben und Werk, in: uj 9/2005, 385–393 ◆ S. Steinacker: Geschichte der Jugendfürsorge zwischen Kaiserreich und Bundesrepublik, in: Sozialwissenschaftliche LiteraturRundschau 26 (2003), H. 47, 60–89 ◆ H. Sünker: Sozialpolitik und „Volkspflege" im Nationalsozialismus: Zur faschistischen Aufhebung von Wohlfahrtsstaatlichkeit, in: Tel Aviver Jahrbuch für Deutsche Geschichte XXIII (1994), 79–92 ◆ P. Weingart/J. Kroll/K. Bayertz: Rasse, Blut und Gene. Geschichte der Eugenik und Rassenhygiene in Deutschland, Frankfurt/M. 1988 ◆ J. Wieler: Emigrierte Sozialarbeit nach 1933, in: H.-U. Otto/H. Sünker 1989, 306–327 ◆ Th. E. J. de Witt: The Economics and Politics of Welfare in the Third Reich, in: Central European History XI (1978), 256–278 ◆ F. J. Zimmermann: Die NS-Volkswohlfahrt und das Winterhilfswerk des Deutschen Volkes. Würzburg o. J. (1938/39).

Soziale Arbeit in der DDR

Allgemeines

Die dominierenden gemeinsamen historischen Wurzeln der *Sozialpolitik* (S.) und *Sozialen Arbeit* in Deutschland verlassend, entwickelte sich nach 1945 in der östlichen Besatzungszone und späteren DDR auf der Grundlage sozialistischer bzw. kommunistischer Ideale und Befehle der sowjetischen Militäradministration im Kontext der veränderten Gesellschaftskonzeption ein anderes sozialpolitisches Verständnis, mit z. T. grundlegenden – auch strukturellen – Auswirkungen auf die sozialen Handlungsfelder.

Insofern können Assoziationen, die in der (alten) BRD mit Begriffen aus der S. und SozArb üblicherweise verbunden sind, nicht ohne weiteres übertragen werden. So war bspw. *betriebliche Sozialarbeit* integraler Bestandteil der nach einheitlichen Grundsätzen zentral gelenkten staatlichen S. Bei der Ehrenamtlichkeit, etwa in den Gremien der JH, handelte es sich im alt-bundesrepublikanischen Sprachgebrauch nicht um *bürgerschaftliches Engagement,* sondern eher um Semiprofessionelle. Deren ehrenamtl. Engagement basierte nicht selten auf einschlägigen (haupt-)beruflichen Erfahrungen, zudem gab es gezielte Fortbildungsmöglichkeiten. Dafür und für die unmittelbare SozArb konnten Ehrenamtliche. bei Fortzahlung des Lohnes bzw. Gehaltes in begrenzten Maße von den Betrieben bzw. Institutionen freigestellt werden. Die finanziellen Aufwendungen (wie Reisekosten) wurden durch die Kommunen erstattet.

Der vormundschaftliche Staat: Grundlagen, Ergebnisse, Folgen

Grundlagen: Der historisch überkommene Fürsorgebegriff wurde in der DDR als Zentralkategorie eines sich als allzuständig-fürsorglich definierenden Staates beibehalten.

Die damit verbundenen Verregelungen führten einerseits zu Normalbiographien in einem „vormundschaftlichem" Staat, der andererseits weitestgehend soziale Sicherheit auf elementarem Niveau ermöglichte (G. Gauss: „Land der kleinen Leute").

Das Konzept der S. war jugend- und produktionsorientiert, vorrangig wurden jene Bereiche finanziell und materiell abgesichert, von denen am ehesten eine Reproduktionswirksamkeit zu erwarten war (Gesundheitsprävention, Arbeitsmedizin, *Rehabilitation* usw.) und von denen perspektivische Wirkungen erhofft wurden (Kinder- und Jugendgesundheitsdienst, Jugendförderungsprogramme, sozialpolitische Maßnahmeprogramme zur Förderung junger Ehen usw.).

Ergebnisse: Die Sicherung von elementaren Lebensbedingungen (etwa Preisstützungen von Grundlebensmitteln, Mieten, Tarifen) und das Recht auf Arbeit und Wohnung hatte Auswirkungen auf das Maß und die Breite SozArb, so dass solche Arbeitsfelder wie *Jugendsozialarbeit, Obdachlosenhilfe,* Arbeitlosen- und *Schuldnerberatung* usw. nicht etabliert waren.

V. a. vor der anfänglich euphorischen (Marxschen) Vision, mit der Gestaltung menschlicher Umstände dem Menschen ein menschliches Leben ermöglichen zu können, wurde die Entwicklung spezifischer sozialer Arbeitsfelder (bis hin zum theoretisch-konzeptionellen Instrumentarium) lange Jahre völlig vernachlässigt. Subsidiäre Wahrnehmung von sozialen Aufgaben wurde abgeschafft; den Kirchen mit ihren Verbänden Diakonie und Caritas verblieben nur eng abgesteckte Handlungsfelder, zumeist in pflegeintensiven und med. Bereichen – bei permanenter Zurückdrängung aus dem bildungsnahen Sektor. Andere freie Träger der SozArb hatten keine Wirkungsmöglichkeiten mehr, auch nicht die aus dem sozialdemokratisch-proletarischen Milieu hervorgegangene AWO *(Träger der Sozialen Arbeit).*

S. wurde als „Kernstück" der Gesellschaftsstrategie propagiert und als ureigene politische Aufgabe des Staates wahrgenommen. Insofern war S. zentral (auch etatmäßig) und in den Kommunen über hierarchische Verwaltungsstrukturen unter Einbindung der Betriebe und aller „gesellschaftlichen Kräfte im jeweiligen Territorium" (Parteien und Organisationen) einheitlich umzusetzen. Der in den letzten Jahren zwar benannte Gestaltungsspielraum bei der Durchsetzung der S. auf kommunaler Ebene (territoriale S.) über die Sozialpolitikplanung unter Einbeziehung betrieblicher S. ließ sich in der Alltagspraxis wegen detaillierter und reglementierender VO und Anweisungen schwerlich ausschreiten (starre, zumeist formale Abrechnungskriterien).

Die Mitwirkung von sozialen Organisationen, wie die der Volkssolidarität, des DRK, wiesen einen fundamentalen Unterschied zur Stellung sozialer Verbände im marktwirtschaftlichen System auf *(Wohlfahrtsverbände),* als das auch diese Organisationen staatlich initiiert und subventioniert – quasi halbstaatlich – als Teil der S. zur „planmäßigen Durchsetzung der Verbesserung sozialistischer Lebensweise" konzeptionell gefasst und damit vereinnahmt waren. Oftmals jenseits dieser politischen Intentionen gab es aber im Selbstverständnis der in solchen Strukturen Tätigen ein hohes persönliches, auch häufig selbstloses, Engagement im Interesse alter Menschen, Kinder, Jugendlicher, Eltern und anderer auf die besondere Zuwendung angewiesener Menschen.

Die fast ausschließliche Subventionierung sozialer Leistungen aus dem Staatshaushalt, bei nur geringfügig beizusteuerndem individuellem Anteil, beruht ebenfalls auf dem anderen gesellschaftspolitischen Grundverständnis.

So wurden durch die Betriebe ca. 85 % in den sog. gesellschaftlichen Konsumtionsfonds eingespeist, durch den die Subventionierung u. a. finanziert wurde: Grundwarenbedarf (1988: ca. 20 % des Staatshaushaltes); Dienstleistungen (etwa Tarife, Wäschereikosten usw.), gesundheitliche und soziale Versorgung; Stützung des öffentlichen Wohnungsmarktes; Sozialversicherung; Kultur und Bildung.

Folgen: Nutznießer dieses Verteilungsprinzips waren in diesem Elementarbereich einkommensunabhängig gleichermaßen alle Mitglieder der *Gesellschaft.* Dies hatte als Kehrseite zu Konsequenz, dass der zur individuellen Entlohnung, mit leistungsstimulierender Absicht verfügbare Teil des Produktionsergebnisses proportional entsprechend gering ausfiel. Individuelle Leistung lohnte sich zumeist finanziell kaum, moralische Alternativen zeitigten nicht den erwünschten Leistungsschub.

Propagandistisch wurde versucht, über Appelle an das „Bewusstsein" die Vorzüge der sozialen Sicherheit – die „zweite Lohntüte" – mit dem disponiblen Lohnanteil, also über die Reklamierung des sog. Realeinkommens einen Vorzug der „sozialistischen" Gesellschaft kenntlich zu machen. Die erhofften Effekte traten nicht ein, vielmehr wurden massenhaft Versorgungsmentalitäten produziert, schöpferisch-innovatives Potenzial, u. a. auch durch diese Egalisierungen, die „Gleichheit im Zwang" und damit einhergehender Normierung von Lebensansprüchen, verschüttet.

Die Zusammenhänge zwischen ökonomischer Leistungskraft und Realisierungsmöglichkeiten der sich im Laufe der DDR-Geschichte immer weiter ausdifferenzierenden und damit kostenintensiveren sozialpolitischen Programme wurden mit der Betonung der Einheit von Wirtschaft- und S. programmatisch reflektiert: ökonomische Leistung (erwirtschaftetes Potenzial) sollte in soziale Leistungen umgesetzt werden.

Eine auf stetige Steigerung (auch unter außenpolitischem Aspekt) orientierte S. als innenpolitischer Gegenpol zur tatsächlichen und mentalen Abwanderung (besonders der Jugend) bewirkte eine immer größere Eigendynamik. Politisch gezielt eingesetzte Vergünstigungen (zumeist für junge Menschen, Eliten ...) favorisierte gleichsam weitere Erwartungshaltungen und verschärfte Unproportionierungen (Rentner, Pflegebedürftige ...), so dass auch dort nachgebessert werden musste. Die soziale Spirale ließ sich immer weniger mit der mangelnden wirtschaftlichen Effizienz in Kongruenz bringen. Die Folge war ein Leben aus der Substanz des Kapitalbestandes, die Vernachlässigung des Akkumulationsfonds für die Wirtschaft zu Lasten ihrer Reproduktion.

Sozialpolitik und Soziale Arbeit in der DDR – ein Überblick

Vor diesem Hintergrund wird weiter auf wesentliche Bereiche der S. und SozArb/SozPäd eingegangen, wie sie sich in ihrer Ressortierung in den letzten Jahren darstellte, ohne i. E. deren Genese seit 1945 zu reflektieren.

Gesundheits- und Sozialwesen

Dieser Bereich (zugleich Fachabteilung der Kommunalverwaltungen) umfasste die medizinische und soziale Betreuung der Bevölkerung, einschließlich der alten und pflegebedürftigen Menschen in ambulanten und stationären Angeboten.

Medizinische Versorgung

Die Ärzte und sonstiges medizinisches sowie pflegerisches Personal befanden sich fast ausnahmslos im Angestelltenverhältnis innerhalb des prinzipiell – bis auf einige konfessionelle Einrichtungen (1989 Anteil von 6,8 %) – staatlichen Gesundheits- und Sozialwesens. Die ambulante medizinische Versorgung erfolgte in einem relativ dichten Netz der Verflechtung von territorialen Gesundheitsdiensten mit betrieblichen Gesundheitseinrichtungen (ca. ⅔ aller Berufstätigen wurden dort medizinisch betreut).

Polikliniken: Das Kernstück der ambulanten medizinischen Versorgung bildeten kommunale und betriebliche Polikliniken (1989: durchschnittlich 21 Ärzte pro Poliklinik). Dort war eine interdisziplinäre medizinische Betreuung unter einem Dach (einschließlich zahnärztliche Versorgung) möglich, die durch staatliche und betriebliche Ambulatorien bzw. Arztpraxen ergänzt wurden. In ländlichen Regionen existierten sog. Landambulatorien mit zumeist mehreren Fachärzten und Gemeindeschwesternstationen (1989: für 800–1 500 Einwohner 1 Gemeindeschwester, in Städten für ca. 2 500 Einwohner). Dieses ambulante medizinische Versorgungsnetz erlaubte abgestufte kostengünstige Konsultations- und Mitbehandlungsmöglichkeiten, auch durch die kooperative Nutzung der Medizintechnik, Laborkapazitäten und Physiotherapieplätze.

Die Hauptmängel der medizinischen Versorgung in der DDR waren gem. einer Einschätzung des Sachverständigenrates (1991) nicht funktionaler, sondern eher struktureller Natur (vgl. dort 354 ff.).

Probleme: Sie ergaben sich neben der permanent chronischen Unterfinanzierung (mit fatalen Auswirkungen auf die Infrastruktur, besonders in Alten- und Pflegeheimen)

- aus der nicht tatsächlich freien Arztwahl (Wohnortprinzip) und damit des
- weitestgehenden Fehlens konkurrierender Angebote,
- zumeist wenig ausgeprägtem persönlichem Arzt-Patienten-Verhältnis,
- nicht leistungsgerechter Vergütung (keine leistungsbezogene Abrechnung),
- permanenter Überlastung des ärztlichen u. a. Personals, i. d. R.
- überlanger Wartezeiten für die Patienten und damit einhergehendem
- tendenziellen Motivationsverlustes der Mediziner und des anderen Personals (vgl. dazu Sachverständigenrat 1991, 354).

Medizinstatistische Indikatoren, etwa die äußerst geringe Müttersterblichkeit – bis 1980 unterhalb der der BRD – höherer Durchimpfungsgrad bei Kindern, niedrigere Infektionserkrankungsrate usw. (aber: hohe Morbidität der Atemwege) lassen keine dramatische Bewertungen des Gesundheitssystems der DDR zu, wenngleich die mittlere Lebenserwartung der Bevölkerung niedriger lag als die in der (alten) BRD: Im Vergleich von 33 Industrieländern nahm die BRD Platz 3 und die DDR Platz 7 ein (wobei hierfür auch andere Faktoren wie Umweltbelastung usw. relevant sind) (dazu Offe 1992, 67).

Das Dispensairesystem: Eine Besonderheit in der ambulanten medizinischen Versorgung stellte seit Mitte der 1970er Jahre der Aufbau eines umfassenden Dispensairesystems dar (vorbeugende Verfahren). Zu den obligaten Dispensaires gehörten Schwangerenberatung, Mütterberatung, Jugendgesundheitsschutz, Diabetikerberatung, Geschwulstbetreuung, Lungenkranken- und Tuberkulosebetreuung. In diesen Arbeitsfeldern wurden auch Fürsorgerinnen wirksam.

Bei aller bürokratischen Verregelung dieses Bereiches gelang eine weitest gehende Verknüpfung von medizinischer und sozialer Betreuung in Einheit von Prophylaxe, Diagnostik, Therapie und Rehabilitation (Dispensairebetreuungsgrad 1989: 34 pro 1000 Frauen, 18 pro 1000 Männer; für politisch definierte Eliten existierte darüber hinaus ein hoher Dispensairegrad mit aufwendiger personeller, finanzieller und materieller Absicherung zu Ungunsten der beschränkten Gesamtkapazität).

Krankenhäuser: Die stationäre medizinische Versorgung erfolgte in einem differenzierten Krankenhaussystem mit ausreichender Bettenzahl (1989: 98 Betten pro 10 000 Einwohner; Kapazitätsauslastung 74,6 %). Bis auf wenige Spezialkliniken bestanden im Vergleich zur BRD Defizite in der apparativen Ausstattung und in der medikamentösen Versorgung, was zu einer qualitativ schlechteren Patientenversorgung führte und gleichwohl zu erheblichen Arbeitsbelastungen des Personals.

Kosten und Kostenbeteiligung: Die medizinische und ebenso die sozialen Leistungen waren auf der Grundlage des einheitlichen staatlichen Versorgungssystems grundsätzlich ohne individuelle Kostenbeteiligung. Der Sozialpflichtversicherungssatz lag bei 10 % des Bruttoeinkommens (mit einer Höchstbegrenzung von 60 Mark zzgl. der Beitragsabführungen der Betriebe von 12,5 %). Bei Einkommensüberschreitungen von 600 Mark bestand die Möglichkeit einer freiwilligen Zusatzversicherung in Höhe von 10 % des Bruttoeinkommens, die durch Versicherungsnehmer und Betriebe zu leisten waren. Dies entfiel jedoch in einer Reihe von staatsnahen und akademischen Berufen, für die erhöhte Leistungen staatlich zugesichert waren.

Die Ausgaben des einheitlichen staatlichen Versicherungsträgers, der Sozialversicherung (die dem Gewerkschaftsbund – FDGB – unterstellt war), beliefen sich etwa doppelt so hoch wie ihre Einnahmen durch die Beiträge. Diese Differenz wurde aus dem Staatshaushalt subventioniert (1986: 46,9 %). Das Leistungsspektrum der Sozialversicherung umfasste sowohl finanzielle Leistungen bei vorübergehender Arbeitsunfähigkeit durch Krankheit, Arbeitsunfall, bei Kuren, Mutterschaft, der Erziehung der Kinder in den ersten beiden Lebensjahren, der Erkrankung des Kindes usw. als auch Sachleistungen etwa bei ärztlicher Behandlung, Krankenhausaufenthalt, Arznei-, Hilfs- und Heilmittel, Zahnersatz, Fahr- und Transportkosten usw. sowie Rentenleistungen bei Invalidität, im Alter und für Hinterbliebene.

Sozialfürsorge

Sozialfürsorge musste in nur quantitativ geringfügigem Maße (1970: für 56 966 Personen, 1989: nur noch für 5535 Personen) dann gewährt werden, wenn weder aus den vorgenannten Leistungen, noch aus dem Arbeitseinkommen der Lebensunterhalt bestritten werden konnte. Dies betraf regelmäßige monatliche finanzielle Unterstützungen, zusätzliche Mietbeihilfen, die Übernahme von Aufenthaltskosten in Krankenhäusern, Alten- und Pflegeheimen und einmalige Beihilfen (für Bekleidung, Heizungskosten, Wohnungsinstandsetzung usw.).

Überdies wurden Leistungen im Rahmen der Sozialfürsorge erbracht, wenn die Pflege durch andere erforderlich war (Pflege-, Sonderpflege- und Blindengeld) sowie Beihilfen für bestimmte Krankheitsbilder, wenn kein Anspruch über die Sozialversicherung bestand.

Einrichtungen

Das Sozialwesen allgemein. Zu den Einrichtungen des Sozialwesens für die vornehmlich pflegerisch-soziale Betreuung gehörten:

- Kinderkrippen (Versorgungsgrad 1988: 84 %) und Dauerheime für Kinder bis zum 3. Lebensjahr;
- Heime für schulbildungsfähige, schwerstkörpergeschädigte Kinder und Jugendliche, die der besonderen Pflege bedurften;
- Tagesstätten, Wochen- und Dauerheime für schulbildungsunfähige (rehabilitationspädagogisch-)förderungsfähige Kinder und Jugendliche;
- Rehabilitationszentren für Berufsbildung;
- Geschützte Werkstätten (auch Abteilungen, Arbeitsplätze) mit spezifisch ausgestalteten Arbeitsplätzen und Arbeitsrechtsverhältnissen für Schwer- und Schwerstgeschädigte (i. S. der Durchsetzung von deren Recht auf Arbeit; 1986: 42 000 Rehabilitationsarbeitsplätze);

S

- Geschützte Wohnheime als Wohnstätten für geistig Geschädigte und psychisch Kranke, die nicht stationär behandlungsbedürftig waren, jedoch der Betreuung bedurften (Dennoch bestand ein erhebliches Defizit in der psychiatrischen Betreuungskette. Neben nicht selten letztlich auf Verwahrung hinauslaufender stationärer Unterbringung fanden zeitgemäße betreuungsintensive gemeindepsychiatrische Ansätze o. Ä. in den zumeist instabilen ambulanten Betreuungsformen kaum Anwendung. Realisiert wurden vornehmlich überschaubare institutionelle Konzepte);
- Feierabendheime (übliche Bezeichnung anstatt Alten- bzw. Seniorenheim) für altersbedingt Betreuungsbedürftige und Pflegeheime für Pflege-, aber nicht der stationären Behandlung Bedürftige.

Alten- und Pflegeheime: Neben der Modernisierung des oftmals sanierungsbedürftigen Zustandes des älteren Bestandes an Alten- und Pflegeheimen wurde im Rahmen des Wohnungsneubauprogramms ein Kapazitätszuwachs (ebenso für Seniorentagesheime/-treffs) geschaffen, der jedoch die Nachfrage nicht befriedigen konnte (1970: 96 171 Plätze, 1989: 139 716 Plätze). Dies hing nicht nur mit der demographischen Entwicklung (1986: 16,4 % der Wohnbevölkerung im Rentenalter) und des Verhältnisses der Generationen zueinander zusammen, sondern auch mit der von der jüngeren Generation erwarteten Mobilität, der Wohnungspolitik (zu kleine Wohnungen) usw. Zudem stellte der dortige Aufenthalt eine finanziell erträgliche Variante, zumindest für die Bezieher von Mindestrenten dar (1989: 120 DM, d. h. weniger als ⅓ der Mindestrente).

Ambulante Leistungen: Gleichwohl wurde durch Mitarbeiter und ehrenamtl. Helfer der quasi halbstaatlichen (Wohlfahrts-)Organisation Volkssolidarität und des DRK sowie des Demokratischen Frauenbundes (DFD) im ambulanten und halbambulanten Bereich engagierte SozArb für alte Menschen geleistet. So im Rahmen der Hauswirtschaftshilfe, dem fahrenden Mittagstisch, in Seniorentreffs und Tagesheimen (Mittagstisch, Rentnernachmittage, Vorträge, Buchlesungen, Rentnerfahrten und -feiern, Seniorensport- und Kulturgruppen usw.). Dieses Angebot wurde durch das staatliche Gemeindeschwesternsystem und das eigenständige humanistisch-christliche Wirken im Rahmen zugelassener konfessioneller SozArb ergänzt.

Die Umsetzung des Konzepts der sog. komplexen Betreuung älterer Menschen, die deren Einbeziehung in das geistig-kulturelle Leben der bisherigen Arbeitsstelle und in das Wohngebiet bzw. die Gemeinden vorsah, gelang nur ansatzweise. Zum einen war das soziale Betreuungsnetz nicht flächendeckend (besonders in Großstädten), die vorgesehene „Veteranenarbeit" durch die Betriebe und der Gewerkschaften (Veteranenkommission) beschränkte sich oftmals nur (pflichtgemäß) auf den Mittagstisch, die Vergabe von Ferienplätzen und die jährliche Rentnerweihnachtsfeier, so dass der zu vermeiden gesuchten sozialen Isolation älterer Menschen nicht ausreichend begegnet werden konnte.

Arbeit mit Behinderten: In der Behindertenarbeit (in der DDR-Terminologie zumeist Begriff der Schädigung und Rehabilitation) lassen sich sachliche Unterscheidungen in medizinisch, pädagogisch, beruflich und sozial orientierte Rehabilitation vornehmen: Als Geschädigte wurden Kinder, Jugendliche und Erwachsenen begrifflich bezeichnet, „bei denen auf Grund eines biologischen Mangels und dafür inadäquaten sozialen Entwicklungsbedingungen die Persönlichkeitsentwicklung beeinträchtigt ist. Ein biologischer Mangel tritt in Form von Organschäden, Missbildungen bzw. funktionellen Störungen in Erscheinung, die weder mit medizinischen Mitteln noch mit technischen zz. psychosozial unwirksam gemacht werden können" (Theiner, 57).

Auch quer zu o. g. inhaltlichen Zugängen gestaltete sich die ressortmäßige Zuständigkeit. So fand bezogen auf Kinder und Jugendliche eine humanistisch bedenkliche administrative Trennung in Schulbildungsunfähige und Schulbildungsfähige statt. Für die Ersteren waren die genannten Einrichtungen des (Gesundheits- und) Sozialwesens zuständig und für die anderen die der Volksbildung. Ein ausdifferenziertes Netz des Sonderschulwesens bestand 1989 für ca. 120 000 physisch-psychisch geschädigte Kinder und Jugendliche (die Schädigungsquote lag bei 5 %).

Wenngleich staatliche Rehabilitationszentren (mit Koordinierungsfunktion der Leistungsträger) auf den verschiedenen Verwaltungsebenen und diese beratende (ehrenamtl.) Rehabilitationskommissionen eine komplexe und interdisziplinäre Sichtweise eröffneten, so wurde durch die Separation der jeweiligen Institutionen die Segregationen der Behinderten de facto noch befördert.

Die durchaus unter Förderungsabsichten frühzeitige „Erfassung" und Früherziehung nach Schädigungs- und Bildungskategorien von physisch-psychisch geschädigten Kindern in einem nahezu perfekt anmutenden System des Zusammenwirkens von Medizinern, (Sonder-)Pädagogen, Psychologen und Fürsorgern stand dennoch den eigenen Absichten nach Integration Behinderter im Wege: verfrühte Selektion, unflexible Handhabungsmöglichkeiten, keine Alternativen, mangelnde Variantenvielfalt der inhaltlichen, strukturellen und didaktisch-methodischen Arbeit (vgl. dazu Erkenntnisse der DDR-Arbeitsgruppen in der „Wendezeit", Kraus, 35).

Gemeindeorientierte und individualisierende Ansätze fanden – bis auf die minimalen Nischen experimentierender konfessioneller SozArb (aber immerhin befand sich 1989 jeder 5. Unterbringungsplatz für schulbildungsunfähige Kinder und Jugendliche in kirchlicher Trägerschaft) – kaum Beachtung. V.a. in fachlich ausdifferenzierten (und damit großen) Einrichtungen wurden (ökonomisch verkraftbare) Lösungen gesehen. Als Folge ergaben sich außerhalb von Ballungsgebieten häufig lange Wegezeiten, so dass überwiegend nur die internatsmäßige Unterbringung realisiert wurde. Dies führte nicht selten zur Schwächung der emotional-sozialen Bindungen zwischen den Behinderten und ihren Familien mit all ihren Folgeproblemen. Diesbezügliche Kontroversen – auch von Eltern – führten erst in den 1980er Jahren in der Praxis zu anfänglichen Modifikationen, ohne das Grundkonzept verändern zu können.

Jugendhilfe: Obwohl den Terminus des RJWG beibehaltend, haben sich das Verständnis und die Struktur von Jugendhilfe (J.) mit der Gründung der DDR (1949) fundamental verändert. Die Einheit von Jugendpflege (-förderung) und Jugendfürsorge innerhalb eines Ressorts und die Zweigliedrigkeit (JA und JHA) wurde aufgegeben. Jugendförderung wurde in einem umfassenden Verständnis zu einer zentralen politischen Aufgabe erklärt (1. Jugendgesetz von 1950) und in die Zuständigkeit der verwaltungsmäßigen und politischen Spitze verlagert (Ministerrat, Zentralkomitee der SED und Zentralrat des Jugendverbandes FDJ). Die allgemeine Jugendförderung vollzog sich über sog. Jugendförderungspläne in einem komplexem System verschiedener staatlicher, kommunaler und betrieblicher Verantwortung unter wesentlicher Trägerschaft der Kinder- und Jugendorganisation (Junge Pioniere, FDJ), des Sportbundes (DTSB), der (wehrpolitischen) Gesellschaft für Sport und Technik (GST) in einem relativ dichten infrastrukturellen Netz (Pionierhäuser, touristische Stationen, Jugendfreizeitstätten, -herbergen, -clubs, Ferienlager, Kulturhäuser, Musikschulen, Sporteinrichtungen usw.).

Als Bestandteil des einheitlichen Bildungssystems gehörten Kinderkrippen zum Sozialwesen, Kindergärten (für Kinder vom 3. Lebensjahr bis zu ihrer Einschulung, Versorgungsquote 1988: 94 %) und (Schul-)Horte (für Schüler der 1.–4. Klasse, Versorgungsquote 1988: 83 %) unmittelbar zum Bildungswesen.

Jugendhilfe mit enger Zuständigkeit

Damit geriet die J. in eine jugendpolitische und pädagogische Randstellung. Das Aufgabenfeld beschränkte sich im Wesentlichen nur noch auf die traditionelle Einzelfallarbeit in den Kernbereichen

- (intervenierender) Erziehungshilfe; (einschließlich Jugendgerichtshilfe, Mitwirkung bei der Regelung des Erziehungsrechts im Falle der Ehescheidung der Eltern und der Umgangsregelung, in Jugendstrafverfahren, bei Strafverfahren wegen Verletzung des Erziehungsrechts u. Ä.);
- Vormundschaftswesen; (Sorge für elternlose und „familiengelöste" Kinder und Jugendliche, Vermittlung in Pflegefamilien und Adoptionsstellen, Übertragung des Erziehungsrechts auf Verwandte, einschließlich der Durchführung des Verfahrens);
- Rechtsschutz für „Minderjährige"; (Reste des Nichtehelichenrechts und der Amtsvormundschaft – Beistandswesen – verstanden als staatliche Schutzfunktion für außerhalb einer Ehe geborene Kinder auf freiwillig durch die Mütter in Anspruch zunehmender Basis; auch zur Sicherung wirtschaftlicher Interessen von Nichtvolljährigen gegenüber ihren Eltern – Vaterschaft, Unterhalt, Vermögen – sowie Urkundenwesen; (vgl. dazu Jugendhilfe-VO (der DDR), § 18).

Zwar nahm damit die J. im Vergleich zum vorherigen Aufgabenspektrum selbst nur noch rudimentäre Aufgabenbereiche wahr, gleichwohl wurden ihr im Zuge der Auflösung der VormG (1952) Aufgaben der freiwilligen Gerichtsbarkeit und damit rechtsrelevante Befugnisse übertragen. Bis auf den als äußersten und schwerwiegendsten Eingriff definierten Entzug des elterliche Erziehungsrechts (das den ordentlichen Gerichten vorbehalten war) hatte die J. (vermittels des JHA) damit weitestgehende Eingriffs- und Entscheidungskompetenzen, die das elterliche Erziehungsrecht (Personensorgerecht) tangierten: Diejenigen, die durch ihre Beratungs- und Betreuungstätigkeit die Kinder, Jugendlichen und Eltern sowie sonstige Betreuungs- und Erziehungspersonen sowie die damit zusammenhängenden Problem- so-

S

wie Lebenslagen am genauesten kannten, sollten auch (mit)entscheiden können, wenn es um Veränderungen von Lebens- und Erziehungsbedingungen im Einzelfall ging.

Tendenzen seit 1980

Erst in den 1980er Jahren kamen in Folge des „Helsinki-Abkommens“ (Korb 3: Menschenrechte) von 1975 diesbezüglich Bedenken auf, inwieweit zumindest eine Überprüfbarkeit solcher (und anderer durch Verwaltungen) getroffener Verwaltungsentscheidungen durch ein unabhängiges Verwaltungsgericht – das nicht in die Prozesse involviert war – vonnöten sei. Fortan unterlagen die wesentlichen Entscheidungen der J. auch der gerichtlichen Überprüfung, sofern die Erziehungsberechtigten (Personensorgeberechtigten) es einforderten (Rechtsmittel). Zuvor meinte man dies durch ehrenamtl. Mitarbeit in den Entscheidungsgremien sowie durch den dreistufigen Rechtsmittelweg innerhalb der Jugendhilfeverwaltungsebenen sichern zu können. Die Ehrenamtl. sollten nicht nur ihre vielgestaltige persönliche Lebenserfahrung in die Jugendhilfepraxis einbringen, sondern auch die demokratische Kontrolle über die Jugendhilfeentscheidungen sichern. Allerdings gestaltete sich die Erfüllung dieses Doppelmandates ambivalent: Denn Laienkompetenz war in dieser filigranen Sphäre nicht ohne ein Minimum an Fachlichkeit – neben pädagogisch-psychologischer auch juristischer – zu erreichen. Die Folge war, dass sich die Ehrenamtl. aus einschlägigen Berufsgruppen kaprizierten. Die Einbeziehung „breitester Schichten und Klassen“ (namentlich von Arbeitern) wurde aus politischen Gründen zwar immer wieder angemahnt, ohne jedoch aus dem Dilemma treten zu können. Gleichwohl wurde aus den genannten politischen Gründen kein höherer Professionalisierungsgrad angestrebt.

Jugendhilfeausschüsse: Dies galt gleichermaßen für die Jugendhilfeausschüsse (diese waren in der DDR mit völlig anderen Aufgaben betraut, sie waren ausschließlich für Entscheidungen in Einzelfällen zuständig, z.B. bei Heimunterbringung. Anzahl JHA 1989: 490 bei den Räten der Kreise (und Bezirke) mit 2667 Mitgliedern), sowie den Vormundschaftsräten (analoges ehrenamtl. Gremium mit Entscheidungs- und Beratungskompetenz für Elternlose, 1989: 216 mit 1233 Mitgliedern). Die eigentliche Basisarbeit (zur Festigung der Erziehungsverhältnisse in der Familie, deren Beratung und Kontrolle, Knüpfung von sozialpädagogisch bedeutsamen Kontakten zu institutionellen und gesellschaftlichen „Erziehungsträgern“ sowie die Einbeziehung in die Erarbeitung von Stellungnahmen bei Vormundschaften, Pflegschaften und Adoption sowie für Gerichte) wurde von den Mitgliedern der Jugendhilfekommissionen (1989: 4179 mit 26 582 Mitgliedern) in den Städten und Gemeinden geleistet.

Hauptamtliche: Ihnen standen lediglich (permanent zeitlich überlastete) ca. 1500 hauptamtl. Mitarbeiter/innen (Jugendfürsorger/Innen) bei den örtlichen Verwaltungen (Referate J.) auf Kreisebene gegenüber. Bis auf Großstädte arbeiteten somit dort durchschnittlich lediglich 5–7 Mitarbeiter. Vom Konzept her kam ihnen vornehmlich eine die ehrenamtl. Mitarbeiter fachlich begleitende bzw. anleitende Aufgabe und die Mitwirkung in den Entscheidungsgremien zu. Vielfach wurden sie jedoch durch die unmittelbare Einzelfallbearbeitung erdrückt.

Prinzip der Ehrenamtlichkeit: Es stieß immer wieder auch auf fachliche Grenzen: Spätestens dann, wenn es nicht schlechthin um die „Organisierung des gesellschaftlichen Einflusses“ (auch über die „Arbeitskollektive“ der Eltern), zur Aktivierung von deren Erziehungshaltung ging oder die anderer „Erziehungskräfte“ (Lehrer, Erzieher, Trainer usw.), sondern gezielte psychosoziale und auch spezifisch beraterische und therapeutische Angebote erforderlich gewesen wären.

Überdies: die unterstellte weiter zu entwickelnde Bereitschaft von den an der Erziehung Beteiligten (Eltern, ebenso in den Schulen und Ausbildungsstätten) war im Falle des Wirksamwerdens der J. nicht selten bereits ausgereizt oder stellte eine menschliche wie fachliche Überforderung dar.

Methodik und Angebote: Gleichwohl zeitigte der gemeinwesenorientierte und gruppenpädagogisch favorisierte Ansatz, also die gezielte Nutzung der kulturellen, sportorientierten und sonstigen freizeitpädagogischen Infrastruktur sowie der institutionellen Bildungs- und Erziehungseinrichtungen im Interesse der Integration von Kindern und Jugendlichen durchaus Erfolge: Methodisch ging es um die Organisierung „spezifischer sozialpädagogischer Aktivitäten“, quasi i.S. einer gezielten Verstärkung erzieherisch- sozialisatorischer Einflüsse. Besonders dem engagierten Einsatz nicht weniger humanistisch gesonnener haupt- und ehrenamtl. Mitarbeiter war dies geschuldet. In ⅓ aller der JH bekannt gemachten Fälle (ca. 1 % aller Nichtvolljährigen) gelang es, die Gefährdungssituation bei Verbleib des Kindes bzw. Jugendlichen im sozialen Herkunftsmilieu zu überwinden.

Heimerziehung: Wenn dies misslang, verblieb im Kern der Möglichkeiten fast ausschließlich die Unterbringung in einem Heim. Lediglich 9 % aller Fremdplatzierungen wurden aus konzeptionellen Gründen (Doppelbindung an Herkunfts- und Pflegefamilie, hohe Berufstätigkeit von Frauen usw.) in einer Pflegefamilie – vorwiegend in Verwandtenpflege – realisiert. Dennoch war die Fremdunterbringungsquote in der DDR (1989) mit 34,4 Mdj. (auf 10 000) über die Hälfte geringer als die in der (alten) BRD (75,8).

Die Heimerziehung wurde durch eine Kollegialentscheidung des JHA „angeordnet". Rechtliche Grundlage war der § 50 des Familiengesetzbuches i. V. m. § 23 der JHVO: weil „die Erziehung und Entwicklung oder die Gesundheit Minderjähriger gefährdet und auch bei gesellschaftlicher und staatlicher Unterstützung der Eltern nicht gesichert" werden konnte. 1989 erfolgten von den 10 744 Heimunterbringungen 9526 auf der genannten rechtlichen Grundlage und damit bei lediglich 1218 Kindern bzw. Jugendlichen im eindeutigen Einvernehmen mit den Eltern auf der Basis einer sog. freiwilligen Erziehungsvereinbarung.

Vor der rechtlich prinzipiellen Gleichwertigkeit von familiärer und gesellschaftlicher Erziehung erfolgte in der Praxis der Jugendhilfearbeit eine Parteinahme für die Kindesinteressen (Anwaltsfunktion). Dabei wurde – auch in den gesetzlichen Grundlegungen (s. Verfassung der DDR, Jugend- und Bildungs- sowie Familiengesetz usw.) von dem Selbstverständnis ausgegangen, dass die Kindesinteressen mit denen des Staates (auch den politischen) übereinstimmen würden. Insofern erfüllte die J. de facto auch eine (systemstabilisierende) ordnungspolitische Funktion.

Die Struktur der Heime war durch eine allzu große Differenzierung unter überbetont schulpolitischen Gesichtspunkten zuungunsten sozialpädagogischer Kriterien gekennzeichnet (Differenzierung nach Normal- und Spezialheimen nach dem angenommenen Maß von Erziehungsschwierigkeiten, dem Alter, nach Bildungsgesichtspunkten usw.), sodass über lange Jahre häufige Verlegungen (Beziehungsabbrüche) beklagt wurden. Das Prinzip der Kollektiverziehung (Makarenko) und mehrgruppiger großer Heime wurde (auch aus ökonomischen Gründen) favorisiert. Familienanaloge und individualisierende, die auf die in der Erziehungshilfepraxis heterogenen Problemlagen hätten eingehen können, fanden in dem konzeptionell verkrusteten System keine Anwendung (Sachße 2013):

Zentralismus: Der Strukturaufbau der J. sicherte die Durchsetzung des Prinzips des Zentralismus: Staatlichkeit aller Jugendhilfegremien, vertikale politisch-fachliche Orientierung und Anleitung und deren einheitliche Durchsetzung von oben nach unten (Ministerium, Bezirks- und Kreisebene). Der umgekehrte Beschwerdeweg (Rechtsmittel) gegen Entscheidungen der Jugendhilfeausschüsse auf den jeweiligen örtlichen Entscheidungsebenen brachte als Konsequenz das Prinzip der doppelten Unterstellung der J.: fachlich unterstand sie der jeweils nächsthöheren Jugendhilfeverwaltungsbehörde (Referat J., Fachabt. J. im Ministerium) und zudem unterstand sie ihrer jeweiligen Regionalverwaltung (Räte der Kreise, der Bezirke). Dort ressortierte sie im Bildungswesen und wurde durch den übermächtig dominierenden Schulbereich in eine Randstellung gedrängt.

Soziale Berufe

Ausgehend von der (marxistischen) Option, dass mit der Beseitigung der Klassenantagonismen und der Überwindung der Entfremdung der Produktivkräfte sich Bewusstseinsveränderungen vollziehen würden – und sich das moralisch Gute massenhaft durchsetzt –, wurde unterstellt, dass die Zuwendung zu Schwächeren, Behinderten, Kranken, Alten u. a. der besonderen Hilfe Bedürftigen eine Aufgabe aller sei.

Jedes Gesellschaftsmitglied trüge somit im Rahmen seiner persönlichen Lebenssphäre – gleichsam seiner gesellschaftlich-beruflichen Berührungspunkte mit solchen Problemlagen – unmittelbare bzw. mittelbare Verantwortung. Ureigene Aufgabe des Staates sei es, geeignete Rahmenbedingungen und die infrastrukturelle Grundversorgung hierfür zu garantieren, worauf die Betroffenen einen Rechtsanspruch haben sollten. Insofern bestand eine äußerste Zurückhaltung bei der Etablierung dafür erneut eigens zu schaffender fachlicher Spezialdienste, zumal nach 1945 bewusst mit den „bürgerlichen Traditionen des diskriminierenden, almosenheischenden Wohlfahrtswesens" (insbesondere dem Subsidiaritätsprinzip) durch jene gebrochen wurde, die nunmehr die politische Macht übernommen hatten und einst (nicht selten) eben von diesem abhängig waren.

Gleichwohl ließ sich in den Folgejahren die Notwendigkeit institutioneller SozArb auch in solchen Feldern nicht mehr verdrängen, die man

S

glaubte gleichsam in einem generalpräventiven Ansatz überwinden zu können. Politisch wurden sie deshalb lange Jahre als Ausdruck „noch" nicht ausreichender sozialistischer Bewusstseinsentwicklung interpretiert.

Mit Argwohn bedacht, wurde – v.a. im Bereich der J. und des Gesundheits- und Sozialwesens – eine eng begrenzte Professionalisierung im Kontext erwünschter Ehrenamtlichkeit (verschämt) toleriert. Dies galt ausdrücklich nicht für die Wertschätzung von Erzieher/innen für die Kinderkrippen, Kindergärten und (Schul-)Horte und medizinisch-pflegerische Berufe.

Umso mehr wurden aber jene spezialisierten sozialen Berufe, bei deren Ausübung auch überwunden geglaubte gesellschaftliche Ursachen für bestimmte Problemlagen offenkundig wurden, nur eingeschränkt ausgebildet. Zulassungsvoraussetzung für den Fürsorgeberuf in der JH, Gesundheits- und Sozialwesen war grundsätzlich eine einschlägige Ausbildung (wie Erzieher/in, Krankenschwester) und mehrjährige Berufspraxis.

Gleiches galt für die rehabilitationspädagogische Ausbildung auf Hochschulniveau und die Zulassung (für eine äußerst geringe Anzahl) zu einem sozialpädagogischen (Aufbau-)Studium an der Humboldt-Universität für den Bereich der J. Ebenfalls in quantitativ geringem Maße existierten auf soziale Berufe vorbereitende konfessionell getragene Ausbildungsgänge.

Transformationen

Im Unterschied zu den osteuropäischen Ländern vollzogen sich die Wandlungsprozesse in Deutschland so rasant, dass es beinahe nicht der endogenen (ostdeutschen) Akteure bedurft hätte. Zunächst wurde die westdeutsche Fachlichkeit noch durch Berater, bald aber durch exogene Entscheidungsträger in den Schlüsselpositionen der SozArb in Verwaltung, den sich etablierenden WFV und in den HS, nicht selten gemäß der föderalen Struktur jeweils den „Partnerschaften" folgend, detailgetreu (z.B. als von den konkreten Milieus losgelösten „Proporzpluralität") transferiert. Zumindest keimhaft angelegte, besonders in der zweiten Hälfte der 1980er Jahre gewachsene Ideen und im Umfeld der „runden Tische" in der DDR und in der „Wendezeit" erstrittene eigene Ansätze fielen mit der Übernahme des westdeutschen Rechts- und Verwaltungssystems, unter Ausblendung ostdeutscher Lebensweltbezüge, in die Bedeutungslosigkeit. Das importierte Faktische und deren Interpreten ließen keinen ernsthaften deutsch/deutschen Diskussionsprozess für eine gemeinsame neue Fachkultur aufkommen (dazu Otto 2002, 113f., Reißig 2013, Berlin-Institut 2015).

Zwar ist die SozArb in ihrer grundsätzlichen Anlage mit der jeweiligen Gesellschaftskonzeption (extrapoliert mit den jeweiligen Menschenbildern) verknüpft, so dass mit dem Untergang der DDR auch die SozArb in dieser Grundanlage keinen Bestand mehr haben konnte. So waren die notwendigen gesellschaftlich-staatlichen Netzwerke, in der wesentlich auf Generalprävention angelegten JH eingestürzt. Der Bruch der sozialen Kultur auch in anderen Bereichen der SozArb aber war radikal. Das schließt aber nicht aus, dass einzelne Erfahrungselemente durchaus den fachlichen Diskurs nach wie vor befördern könnten (wie dies mit historischen Überlieferungen generell der Fall ist). Die Zahl der Fachkräfte der SozArb, die bereits in der DDR als solche tätig waren, ist aber so gering, dass sie kaum noch ins Gewicht fallen dürften. Auch steht wohl weniger eine Antwort auf die Frage, was aus der DDR für die Entwicklung der SozArb zu bewahren sein könnte, sondern eher die Antwort auf die Frage aus, was heute bereits unabhängig vom Wollen und Wissen de facto nachwirkt bzw. welche Fragen sich erneut aufwerfen. Ein Beispiel dafür sind die Diskussionen zu Konzeptionen der (institutionellen) Kleinkind- und Vorschulerziehung (im Kontext der Berufstätigkeit von Müttern und insbesondere Rolle dieser Lebensphase für die intellektuelle Entwicklung). Auch die Neubewertung des Verhältnisses *Jugendhilfe und Schule* könnte durch Aufarbeitung der in der DDR gesammelten Erfahrungen genauso produktiv gemacht werden, wie die Möglichkeiten und Grenzen der Ehrenamtlichkeit im Zeichen aktueller bürgerschaftlich-zivilgesellschaftlichen Überlegungen *(Bürgerschaftliches Engagement)*. Gleichermaßen könnte die Retrospektive dienlich sein bei der Wiederentdeckung der Gemeinschaftlichkeit als soziokultureller gesellschaftlicher Wert mit Ableitungen für das Erziehungsverständnis im Jugendbereich. Dies gilt spätestens nach der inzwischen gewonnenen Erkenntnis, dass einseitig individualisierende/therapeutisierende Angebote nicht nur unproportional kostenintensiv sind, sondern auch die Problemlagen allein nicht zu lösen vermögen. In den nBL sind zwei Tendenzen in der SozArb auszumachen: Einerseits wurde tatsächliches und vermeintliches fachliches Know-how fast ungefiltert transferiert (so in der KJH favorisiert durch das SGB VIII). Andererseits finden sich jenseits der sog. „nachholenden Modernisierung" auch „DDR-Ansätze" auf der Arbeitsebene, die ursächlich mit Rückkopplungsprozessen durch die Adressaten in ihren spezifisch ostdeutschen soziokulturellen Milieus zusammenhängen.

Die zeitliche Distanz dürfte inzwischen ausreichen, um sich nun vermittels transformationsanalytischer Forschungsarbeiten diesen Phänomenen zu widmen. Dies sowohl um die gesamtdeutsche Perspektive einzunehmen und vorhandene Ressourcen zu bündeln, als auch Re-Transformationen zu ermöglichen (dazu Böhnisch/Seidenstücker 2009).

Bernd Seidenstücker

Literatur

Berlin-Institut für Bevölkerung und Entwicklung: „So geht Einheit" – wie weit das einst geteilte Deutschland zusammengewachsen ist. Eine Studie (Autoren T. Damm u. a.) ◆ Berlin 2015 ◆ L. Böhnisch/B. Seidenstücker: Die Entwicklung der Kinder- und Jugendhilfe in den neuen Bundesländern – im Spiegel der deutsch-deutschen Transformation, in: uj 11+12/2009, 450–462 ◆ B. Bütow/K. A. Chassé/S. Maurer (Hrsg.): Soziale Arbeit zwischen Aufbau und Abbau. Transformationsprozesse im Osten Deutschlands, Wiesbaden 2006 ◆ Jahrbuch Soziale Arbeit 1997: Mit dem Schwerpunkt ‚Jugendhilfe in Ostdeutschland' (und Beiträge von B. Seidenstücker, R. Wieland, E. Mannschatz, H.-U. Krause, C. Wergin, A. Spohn), Münster 1996 ◆ Jugendhilfeverordnung der DDR. VO über die Aufgaben und Arbeitsweise der Organe der Jugendhilfe, in: Jugendhilfe. Textausgabe (der rechtlichen Bestimmung), Berlin 1985 ◆ R. Kraus: Strukturen und Einrichtungen der Rehabilitation in der DDR und in den neuen Bundesländern, in: Aus Politik und Zeitgeschichte, Beilage zur Wochenzeitung „Das Parlament", B3/94, 21. 1. 1994, 26–37 ◆ H.-U. Krause: Fazit einer Utopie. Heimerziehung in der DDR, Freiburg 2004 ◆ E. Mannschatz: Jugendhilfe als DDR-Nachlass, Münster 1994 ◆ C. Offe: Die politischen Kosten der Vereinheitlichung des Gesundheitssystems, in: W. Schmähl (Hrsg.): Sozialpolitik im Prozess der deutschen Vereinigung, Frankfurt/M./New York 1992, 59–90 ◆ H.-U. Otto: Der Neunte Jugendbericht. Jugendhilfe als Dienstleistung, in: Berichterstattung als Politikberatung. Entwicklungen und Wirkungen der Jugendberichte in Deutschland, AGJ (Hrsg.), Berlin 2002 ◆ B. Reißig: Kinder- und Jugendhilfe – Gibt es noch Unterschiede zwischen Ost und West?, in: FORUM Jugendhilfe 2/2013, 13–19 ◆ Chr. Sachße: Ziel Umerziehung. Spezialheime der DDR. Jugendhilfe 1945–1989, Leipzig 2013 ◆ Sachverständigenrat für die Konzertierte Aktion im Gesundheitswesen: Das Gesundheitswesen im vereinten Deutschland, Baden-Baden 1991 ◆ Schwerpunktheft ‚20 Jahre Wende: Kinder- und Jugendhilfe in Ostdeutschland', uj 11+12/2009 ◆ B. Seidenstücker/J. Münder: Jugendhilfe in der DDR. Perspektiven einer Jugendhilfe in Deutschland, Münster 1990, 9–59 ◆ B. Seidenstücker: Akzeptanzsehnsüchte und Bildungsansprüche deutscher Jugendhilfe(n), in: D. Kreft u. a. (Hrsg.): Fortschritt durch Recht. Festschrift für Johannes Münder, München 2004 ◆ M. Willing: Armutsbekämpfung nach Plan. Die Sozialfürsorge in der SBZ/DDR 1945–1990, Berlin 2011.

Soziale Arbeit in der Psychiatrie

Die Arbeitsfelder

In einer Millionenstadt wie Köln gibt es heute 800–1000 SozArb/SozPäd, die in psychiatrischen Arbeitsfeldern tätig sind. Hierzu gehören die stationären, teilstationären und ambulanten Einrichtungen der Kinder- und Jugendpsychiatrie, der Allgemeinpsychiatrie, der Suchthilfe, der Gerontopsychiatrie und der Forensik *(Psychiatrie, Sucht, Gerontologie)*, das ganze Spektrum der gemeindepsychiatrischen Einrichtungen, Mit ihren Hilfen für die Lebensbereiche wie Alltag, Freizeit, Wohnen und Arbeit; dazu gehören auch die aufsuchende und nachbetreuende SozArb des kommunalen sozialpsychiatrischen Dienstes und die SozArb in den Institutsambulanzen der psychiatrischen Kliniken. Sozialarbeiter sind beteiligt am „home-treatment" und an Krisendiensten zur Vermeidung von stationären Einweisungen. Dazu kommen etwa die Arbeiten als gesetzlicher Betreuer im Rahmen des Betreuungsgesetzes *(Betreuungsrecht)* und der Soziotherapie als Teil der kassenärztlichen Versorgung, die Arbeit in speziellen Einrichtungen der *Obdachlosenhilfe* für psychisch kranke Menschen oder die Betreuung von entlassenen Patienten in Pflegefamilien. Auch im Aufgabenfeld *Inklusion,* das durch den Beitritt der BRD zur UN-Behinderten-Rechts-Konvention 2008, aufgetan wurde, sind viele neue Tätigkeitsfelder entstanden. In all diesen Einrichtungen arbeiten SozArb/SozPäd in Sozialdienst-Teams, als eigenverantwortliche MitarbeiterInnen, KoordinatorInnen, LeiterInnen und GeschäftsführerInnen.

Entwicklungen in der Psychiatrie

Im Enquête-Bericht über die Lage der Psychiatrie (1975) wurden 1973 in der gesamten BRD insgesamt 457 SozArb in psychiatrischen Einrichtungen gezählt. Sie hatten keinerlei Bedeutung. In der Zeitspanne von 30 Jahren haben sich sowohl die Psychiatrie-Landschaft als auch die sich in ihr bewegenden Berufsgruppen grundlegend

S

verändert. Inzwischen ist es zur Enthospitalisierung vieler Langzeitpatienten und zur Bildung von Hilfsangeboten vor Ort gekommen, die eine ambulante Betreuung auch von Menschen mit schwerwiegenden Störungen und Problemlagen ermöglichen. Neben der Öffnung der custodialen (verwahrenden) Psychiatrie wurden aber auch ihre vorwiegend biologisch-medizinischen Krankheitskonzepte und Behandlungsmethoden durch psychotherapeutische, sozialpsychiatrische, psychosoziale und sozialpädagogische Ansätze erweitert. Multifaktorielle, bio-psycho-soziale Verursachungsvorstellungen, z. B. bei den Psychosen und Suchterkrankungen ermöglichen entsprechend komplexe Hilfeleistungen. In den 1990er Jahren meldeten sich zunehmend unüberhörbar Psychiatrie-Erfahrene und ihre Angehörigen zu Wort. Der Trialog, zwischen ihnen und den Professionellen – in Gruppen, in Seminaren und in der alltäglichen Praxis – führte zu neuem Verständnis und neuen Lösungen. Die Bedürfnisse der Betroffenen und das Umfeld, in dem sie leben, rückten ins Zentrum der Aufmerksamkeit. Gleichzeitig ist aber wieder ein Trend zur Medikalisierung der Psychiatrie zu beobachten, bei dem ökonomische Aspekte eine nicht unwichtige Rolle spielen. Neue Abrechnungssysteme im stationären Bereich sollen Transparenz und Wirtschaftlichkeit sichern: PEPP (Pauschaliertes Entgeltsystem für Psychiatrie und Psychosomatik) wird seit 2013 erprobt und soll – trotz vieler Bedenken – flächendeckend eingeführt werden. Wie in der somatischen Medizin steht hier bei der Berechnung einer täglichen, im Laufe des Krankenhausaufenthaltes abnehmenden Entgeltpauschale die Diagnose im Vordergrund und nicht die Teilhabebeeinträchtigung des einzelnen Patienten.

Zeitgleich mit der Veränderung der institutionellen Psychiatrie begann eine neue Professionalisierung der *Sozialen Arbeit* für dieses Arbeitsfeld, denn die SozArb verfügte über genau die Konzepte, die die Sozialpsychiatrie benötigte, wenn den Patienten ein eigenständiges Leben in der Gemeinde ermöglicht werden sollte. Es bedurfte allerdings struktureller Veränderungen, um in der seit über hundert Jahren medizinisch-pflegerisch dominierten *Psychiatrie* der SozArb einen angemessenen Platz einzuräumen. Auf diesem Weg gibt es einige Meilensteine:

Die Psychiatrie-Personalverordnung (PsychPV) von 1990

Sie hat im stationären Bereich die Grundlage für eine Personalbemessung gelegt, die sich an den diagnostischen und den verschiedenartigen therapeutischen Bedürfnissen der Patienten orientiert. Sie beschreibt die Tätigkeitsprofile der verschiedenen Berufsgruppen und die zu den Regelaufgaben gehörenden Zeitbudgets. Sie war wichtig, weil sie die Grundlage für ein unverzichtbar komplexes Hilfsangebot für psychiatrische Patienten mit dem erforderlichen Personal bildete. Auch die Aufgabenbereiche der SozArb werden hier detailliert formuliert: Sozial*anamnese* und psychosoziale *Diagnostik*, Therapieplanung, Klärung des Leistungsträgers, Sicherung des Lebensunterhalts, einzelfallbezogene und sozialpädagogische Behandlung, sozialpädagogische und sozialtherapeutische Gruppen, Teambesprechungen, *Supervision* … Bis 2020 soll sie noch Gültigkeit haben. Dann soll alles über PEPP geregelt. werden. Es gibt viele Befürchtungen, dass auf diesem Wege wieder vermehrt Personal gespart werden wird und auf notwendige Behandlungsangebote verzichtet werden muss.

Der Gesetzentwurf/GE der BReg zur Weiterentwicklung der Vergütung und Versorgung der psychischen und psychosomatischen Leistungen ist noch in der Beratungsphase (11/2016). Kritik und Zustimmung halten sich bislang die Waage (vgl. u. a. www.dgsp-ev.de/stellungnahmen – die der DGSP vom 11. 10. 2016).

Der Gemeindepsychiatrische Verbund (1988)

Er bildet das Kernstück der Empfehlungen einer Expertenkommission der BReg. Aufsuchend ambulante Dienste, Einrichtungen mit Kontaktstellenfunktion und Tagesstätten sollen in der Gemeinde kooperieren und hier vor allem Langzeitpatienten erreichen. Kristallisationspunkte hierfür sind in vielen Städten die Sozialpsychiatrischen Zentren/SPZ mit ihren Bausteinen für die Bereiche *Wohnen, Arbeit, Freizeit* und Sozialkontakte der Patienten. Sie sind für ein bestimmtes Einzugsgebiet zuständig (90–140 000 Einwohner) und sollten mit der für diesen geografischen „Sektor" verantwortlichen „Sektorklinik" zusammen arbeiten. Die SPZ sind zur Domäne der sozialen Berufsgruppen geworden.

Dieses Konzept wurde im Auftrag des Bundesgesundheitsministeriums entwickelt und soll nun, entsprechend der PsychPV im stationären Bereich, für den ambulanten Bereich eine verlässliche multiprofessionelle Versorgung der Patienten ermöglichen. Es geht dabei um eine personenzentrierte Hilfe, die institutionsunabhängig als „Komplexleistung" gegeben und gemeinsam von Kranken- und Rentenkasse, Arbeits- und *Sozialamt* finanziert wird. Die erforderlichen Hilfen werden durch einen detaillierten Fragebogen genau nach Art und Umfang definiert (Kauder 1997, Gromann 2001). Der Fragebogen ermöglicht eine differenzierte Einschätzung der Defizite eines Patienten und kann somit als Grundlage für einen Hilfeplan dienen, dessen Erfüllung regelmäßig überprüft wird. Die zuständige Betreuungsperson soll als Case-Managerin fungieren und organisiert eine Helferkonferenz zur Koordinierung der notwendigen Hilfen. Die Zuständigkeit der SozArb gilt vor allen anderen Berufsgruppen für die Sozialpsychiatrischen Leistungen zur Selbstversorgung, zur Tages- und Kontaktgestaltung und zur Teilnahme am öffentlichen Leben, für den Bereich Arbeit und Ausbildung und zur Koordination des Behandlungs- und Rehabilitationsprogramms. Der Hilfeplan, gemeinsam erstellt vom Klienten und Sozialarbeitern, gehört heute weitgehend zum Standard-Instrument, während die regelmäßigen Helferkonferenzen und die Kooperation der verschiedenen Leistungsträger und -Erbringer vielerorts nicht gut funktionieren. Das Konzept der „personenzentrierten Hilfe" statt der alten „institutionszentrierten Hilfe" hat sich bis heute wegen der vielen Leistungsträger und der Schwierigkeit, den Zuständigen auszumachen, kaum verwirklichen lassen (Jansen-Kayser 2013).

Die Fachleistungsstunde (2003)

Die Finanzierung der „Fachleistung" des SozArb hat die Finanzierung der Institution, in der die Hilfe erbracht wird„ abgelöst. Der Hilfeplan legt fest, wie oft und zu welchem Zweck SozArb und Klient sich treffen. Die mit dem Kostenträger abzurechnende Einheit ist die „Fachleistungsstunde", die z. B. im Rheinland, im Jahr 2013 mit 52,30 Euro entgolten wurde. Der *Klient* quittiert monatlich die vom SozArb erbrachte Leistung. Dieser Finanzierungsmodus kann nicht nur eine tiefgreifende Veränderungen für die Beziehung zwischen dem Klienten und seinem Betreuer zur Folge haben, sondern auch für das Selbstverständnis des Sozialarbeiters. Die Hilfe wird zur Dienstleistung, der Klient wird zum Kunden und der SozArb tritt mit seinem „Produkt" möglicherweise in Wettbewerb mit anderen Anbietern und wird in seiner Einrichtung bevorzugt einen befristeten Arbeitsvertrag bekommen oder vielleicht nur noch als „freier Mitarbeiter" in Erscheinung treten.

Die Professionalisierung von SA/SP

Zu Beginn des Auftauchens der SozArb in der Psychiatrie war die Abgrenzung von Therapie und Medizin wichtig (Thiersch 1978). Es folgte eine offensive Besinnung auf die eigenen spezifischen Möglichkeiten: SozArb traten auf sozialpsychiatrischen Kongressen auf und schrieben über ihre Erfahrungen (Blanke 1996). Es gab Themenschwerpunkthefte zur Sozialen Arbeit in sozialpsychiatrischen Fachzeitschriften, differenzierte Beschreibungen des spezifischen Gegenstands und Problemzugangs der SozArb (Ebert 1996), und es erschienen Lehrbücher (Clausen u.a 1996, Bosshard u. a. 1999/2013). Der biologischen und psychodynamischen Psychiatrie wird eine „Sozialpädagogische Psychiatrie" zur Seite gestellt (Lazarus 2001). Vertreter der verschiedenen Berufsverbände gründeten eine Arbeitsgemeinschaft für psychiatrische Sozialarbeit (Crefeld 2002), Masterstudiengänge für „Klinische Sozialarbeit" wurden an mehreren Hochschulen eingerichtet. Hier hat eine Profilierung als Fachsozialarbeit stattgefunden, die sich mit den psychosozialen und sozialen Aspekten, den Lebenslagen und sozialen Kontexten erkrankter Menschen befasst. (Gahleitner u. a. 2010). Es gibt auch immer mehr Forschungsergebnisse zur Effektivität sozialer Arbeit in der Gemeindepsychiatrie. Die inhaltlichen und methodischen Konzepte alltags- und lebensweltorientierter Ansätze der Sozialpädagogik bieten einen übergreifenden Rahmen für die Sozialpsychiatrie, denn neben seinen Störungen nimmt die Soziale Arbeit den ganzen Menschen in seiner Situation in den Blick.

Dazu gehören:

Existenzsicherung: Zum Leben in der Gemeinde benötigt der Patient eine materielle Basis, eine Wohnung und ein soziales Netz. Die meist armen psychiatrischen Langzeitpatienten brauchen Hilfe bei der Klärung und Durchsetzung ihrer rechtlichen Ansprüche.

Alltagsorientierung: Der SozArb/SozPäd beschäftigt sich mit den zeitlichen, räumlichen und sozialen Aspekten der alltäglichen Lebensführung des Patienten. Es werden sowohl Ressourcen und Fähigkeiten aufgespürt als auch konkrete Unterstützung zur Alltagsbewältigung gegeben, vom Aufbau einer Tagesstruktur bis hin zum Training von Alltagskompetenzen und der Entwicklung von sozialen Kontakten und Hilfen bei der sinnvollen Nutzung von Freizeit.

Arbeit und Tätigkeit: Psychiatrische Patienten haben oft ihre Arbeitsplätze verloren oder aufgrund ihrer Erkrankung nie richtig im Arbeitsleben Fuß gefasst. Der SozArb/SozPäd hilft dabei, die Rehabilitationschancen zu klären, vermittelt in Berufstrainingszentren, zu Integrationsfachdiensten und Werkstätten oder ist am Aufbau und dem Betrieb von Zuverdienstfirmen beteiligt.

Förderung von Fähigkeiten und Bildungsprozessen: Die Wahrnehmung eines Patienten in seiner Lebenswelt ermöglicht das Erkennen von Fähigkeiten. Aber auch verschüttete und vergessene Bildungserfahrungen können durch gezieltes Beobachten und Befragen wiedergefunden und -belebt werden und für Sinn gebende Betätigung und Zuwendung zur Welt genutzt werden.

Aktivierung, *Selbsthilfe, Empowerment:* Die Orientierung an den Ressourcen und Fähigkeiten, deren Anerkennung und Förderung hat immer auch die Beteiligung an Entscheidungsprozessen, die Entwicklung von Eigenverantwortlichkeit und Selbständigkeit zum Ziel.

Beziehungsaufnahme und -Gestaltung: Die beschriebenen Hilfen basieren auf Beziehungen, die bewusst gestaltet werden, sei es als Arbeitsbeziehung oder im Rahmen einer auf Vertrauen basierenden Betreuung. Die störungsbedingte Problematik wird in der Interaktion verstanden und gleichzeitig nach einem Weg gesucht, trotz dieser Störungen miteinander umzugehen.

Einbeziehen des Umfelds: Öffentlichkeitsarbeit zum Abbau von Vorurteilen und zum Erschließen von Ressourcen in der Gemeinde oder Förderung von Integrationsprozessen wird ebenso von den SozArb/SozPäd geleistet wie der Aufbau persönlicher Netzwerke und die Entwicklung von Formen der Zusammenarbeit mit Angehörigen.

Politische Arbeit: Soziale Arbeit in der Psychiatrie ist immer auch politische Arbeit. Das bedeutet vor allem die Auseinandersetzung mit Kostenträgern und kommunalen Gremien, um Ansprüche und Rechte der Patienten zu vertreten.

Teamarbeit: Soziale Arbeit in der Psychiatrie muss andere Professionen mit einbeziehen und mit ihnen kooperieren. Das erfordert die Kenntnis der spezifischen Möglichkeiten der medizinischen, psychotherapeutischen, ergotherapeutischen Berufsgruppen wie auch die Notwendigkeit, ihnen gegenüber die eigenen Sichtweisen zu vertreten.

Soziale Arbeit in der Psychiatrie ist auch an den Ressourcen und nicht nur an den Störungen des Patienten orientiert. Sie hat das möglichst eigenverantwortliche Leben ihrer Klienten in der Gemeinde zum Ziel, auch mit und trotz seiner Störungen. Im Mittelpunkt stehen seine soziale Wirklichkeit und das Ziel, ihn bei der Gestaltung eines seinen Vorstellungen entsprechenden Alltags zu unterstützen, den er mit seinen Störungen und trotz seiner Störungen leben kann. Im Gegensatz zu den therapeutischen Professionen zeichnet sich SozArb in diesem Feld durch die Anwendung eines breiten Spektrums von Fragestellungen und Zuständigkeiten aus. Ihre Methoden sind vielfältig, offen und oft handlungsorientiert. Das macht ihre Schwierigkeit und gleichzeitig ihre unverzichtbare Besonderheit aus. Auch in den psychiatrischen Einrichtungen, ist immer häufiger von Effizienz und Wirtschaftlichkeit die Rede, und bei Systemveränderungen wie PEPP und Fachleistungsstunden geht es vor allem um Kostensenkung. Dabei nehmen bürokratische Anforderungen und die Bedeutung vorgegebener Standards zu. Dennoch haben aber die SozArb und SozPäd immer noch mehr Möglichkeiten und Freiheiten als die Mediziner, sich auf ihre eigenen ethischen Grundlagen zu besinnen: den absoluten Respekt vor dem Selbstbestimmungsrecht des Klienten, die parteiliche Fürsorge und die Gerechtigkeit, die dem Bedürftigsten mit der kompliziertesten, vielleicht sogar ausweglos erscheinenden Problemlage Hilfe und Mittel zu erschließen. Gerade wenn Medikalisierung und marktwirtschaftliche Prinzipien zunehmen, haben die SozArb/SozPäd den psychiatrischen Patienten etwas Wichtiges, Anderes zu bieten.

Marianne Bosshard

Literatur

J. Beushausen: Hard to reach Klientel – (Sozial) Therapie 2. Klasse?. Zur Vernachlässigung von Menschen mit komplexen Multiproblemen, in: TuP 1/2014, 20–30 ◆ U. Blanke (Hg.): Der Weg entsteht beim Gehen. Bonn 1996 ◆ M. Bosshard/U. Ebert/H. Lazarus: Soziale Arbeit in der Psychiatrie. Köln [5]2013 ◆ J. Bischkopf u. a.: Soziale Arbeit in der Psychiatrie, Köln 2016 ◆ BMJFFG: Empfehlungen der Expertenkommission der Bundesregierung zur Reform der Versorgung im psychiatrischen und psychotherapeutisch/psychosomatischen Bereich. Bonn 1988 ◆ J. Clausen/K. Dresler/I. Eichenbrenner: Soziale Arbeit im Arbeitsfeld Psychiatrie. Freiburg 1996 ◆ W. Crefeld: Arbeitsgemeinschaft für psychiatrische Sozialarbeit 2002 ◆ U. Ebert: Soziale Arbeit in der Psychiatrie, in: Sozialpsychiatrische Informationen, 1996, 5–10 ◆ S. Gahleitner/G. Hahn (Hg.): Klinische Sozialarbeit. Bonn 2010 ◆ P. Gromann: Integrierte Behandlungs- und Reha-Planung. Bonn 2001 ◆ P. Grohmann: Schlüsselkompetenzen für die psychiatrische Arbeit, Köln 2013 ◆ K. Jansen-Kayser: Zwischen passgenauer Hilfe und Fachleistungsstunden: Der Hilfe-

S

plan. In: M. Bosshard u. a., Bonn. 2013, 423–433 ◆ V. Kauder/Aktion Psychisch Kranke (Hg.): Personenzentrierte Hilfen in der psychiatrischen Versorgung. Bonn 1997 ◆ H. Lazarus: Von einer Sozialarbeit/Sozialpädagogik in der Psychiatrie zu einer Sozialpädagogischen Psychiatrie. In: Sozialpsychiatrische Informationen, 2001, 49–54 ◆ K. Obert: Alltags- und lebenswelt-orientierte Ansätze sozialpsychiatrischen Handelns. Bonn 2001 ◆ T. Schmitt-Schäfer/E. Kessler: Anwendung der ICF in der individuellen Teilhabeplanung, in: NDV 12/2014, 503–509 ◆ H. Thiersch: Zum Verhältnis von Sozialarbeit und Therapie, in: neue praxis, Sonderheft Sozialarbeit und Therapie, 1978, 6–24 ◆ G. Wienberg/Institut für Kommunale Psychiatrie (Hg.): Die neue „Psychiatrie-Personalverordnung". Bonn 1992 ◆ G. Wienberg: 40 Jahre Psychiatriereform in Deutschland – Auf dem Wege in die Drei-Klassen-Psychiatrie. In: Sozialpsychiatrische Informationen 1/2014, 4–9 ◆ Schwerpunkthefte Sozialarbeit und Sozialpädagogik in der Psychiatrie, in: Sozialpsychiatrische Informationen 1980, 1988 und 1996.

Links

www.bmg.de
www.dgsp.de

Soziale Arbeit in der Schweiz

System der sozialen Sicherung in der Schweiz

Einleitend wird zunächst die Schweiz und insbesondere das System der sozialen Sicherung, das für verschiedene Felder der Sozialen Arbeit Rahmenbedingungen setzt, skizziert. Die Bevölkerung der Schweiz zählt 8.3 Mio. Einwohner und Einwohnerinnen und verteilt sich bei einem Ausländeranteil von knapp 25 % auf vier Sprachregionen. Die relativ starke Heterogenität der Bevölkerung ist ebenso charakteristisch für die Schweiz wie ihr föderalistischer Aufbau. Das Gebiet unterteilt sich in 26 Kantone und insgesamt 2324 Gemeinden (per Januar 2015). Das föderalistische Prinzip prägt auch den Sozialstaat, da es Zuständigkeiten in der Sozialen Sicherheit auf allen drei Staatsebenen vorsieht und insbesondere Kantonen und Gemeinden ermöglicht, soziale Sicherungsaufgaben unterschiedlich auszugestalten. Die relativ grosse Heterogenität von Strukturen und Trägerschaften resultiert jedoch auch aus dem Subsidiaritätsprinzip, das besagt, dass Aufgaben, die eine politische Ebene leisten kann, nicht von der ihr übergeordneten Ebene oder Instanz übernommen werden soll. Es ergibt sich eine Aufgabenverteilung, bei der auf Ebene des Bundes primär die Zuständigkeiten für die Sozialversicherungen angesiedelt sind, welche die Risiken Arbeitslosigkeit, Krankheit, Unfall, Invalidität und Altersvorsorge abdecken. Der Aufbau dieser tragenden Säulen des Sozialstaates erfolgte nach dem zweiten Weltkrieg und schwergewichtig in den 1960er Jahren. Die Einrichtung einer Mutterschaftsentschädigung als jüngstem Versicherungszweig erfolgte 2005 und setzte damit einen seit 1945 in der Verfassung verankerten Auftrag um. Die Finanzierung der Sozialversicherungen basiert in erster Linie auf lohnabhängigen Abgaben (Lohnprozente) von Beschäftigten und Arbeitgebern. Die Krankenversicherung bildet hier eine Ausnahme, da deren Prämien einkommensunabhängig fixiert sind. Die entsprechend hohen, nur nach Gruppen (in Bezug auf Alter und Geschlecht) abgestuften sowie regional unterschiedlichen Prämien sind für Teile der Bevölkerung finanziell zunehmend kaum verkraftbar. Zu deren Entlastung kennt die Schweiz das Instrument der Prämienverbilligung in der obligatorischen Krankenversicherung, das rund einen Viertel der Bevölkerung finanziell unterstützt. Eine zunehmende Bedeutung erlangen auch die Ergänzungsleistungen, welche im Alter oder bei Behinderung zusätzlich zu Leistungen der Alters- und Hinterlassenenversicherung sowie der Invalidenversicherung die Existenzsicherung gewährleisten und zu deren Kosten auch die Kantone einen Beitrag leisten.

Auf der Ebene der Kantone sind in erster Linie bedarfsabhängige kantonale Sozialleistungen angesiedelt (Knöpfel 2016, 26). Sie zielen auf kleinere, spezifische Gruppen mit einem erhöhten Armutsrisiko ab. Zu den wichtigsten Leistungen auf dieser Ebene zählen die bereits erwähnte Prämienverbilligung in der obligatorischen Krankenversicherung, die Kinder- und Familienzulagen, die Stipendien oder die Alimentenbevorschussung, die in jenen Fällen aufkommt, wenn unterhaltspflichtige Personen keine Zahlungen leisten. Einzelne Kantone kennen zusätzliche und spezifische Leistungssysteme; dazu zählen etwa Ergänzungsleistungen für Familien oder Mietzinszuschüsse. Die Finanzierung bedarfsabhängiger kantonaler Sozialleistungen erfolgt primär aus (steuerfinanzierten) Mitteln der Kantone, wobei auch die Gemeinden teilweise in die Finanzierung einbezogen werden. Die Ausgestaltung dieser Sicherungssysteme kann kantonal recht unterschiedlich ausfallen, weshalb in verschiedenen Feldern Harmonisierungsbestrebungen angestrengt (Stipendienwesen) bzw. umgesetzt (Familienzulagen) wurden.

Die Gemeinden der Schweiz sind in erster Linie für die öffentliche Sozialhilfe zuständig. Sie stellt in der Schweiz ein subsidiäres und bei verschiedenen Bedarfslagen ein letztes Sicherungssystem dar. Die Sozialhilfe hat in den letzten Jahren an Bedeutung gewonnen: Insgesamt nehmen 3.2 % der Wohnbevölkerung der Schweiz diese finanzielle Unterstützung in Anspruch (Dezember 2014).

Die Angebotslandschaft in den für die Soziale Arbeit relevanten Bereichen der Sozialen Sicherheit schliesst neben den öffentlichen Strukturen von Gemeinde, Kanton und Bund auch private Träger mit ein. Auf nationaler Ebene agieren vor allem die grossen Pro-Organisationen – Pro Infirmis, Pro Senectute, Pro Juventute oder auch Pro Mente Sana – sowie Hilfswerke wie z. B. Caritas oder das Schweizerische Rote Kreuz (Guggisberg 2013, 232). Private Trägerschaften sind in allen Arbeitsfeldern des Sozialstaates eingebunden. Eine bedeutsame Stellung auf kommunaler und kantonaler Ebene haben sie bei sozialen Diensten (z. B. Beratungsstellen, Quartierarbeit) und stationären Angeboten in den Feldern Kindheit und Jugend sowie Behinderung (Guggisberg 2013, 234). Dabei ist jedoch zu berücksichtigen, dass auch solche Träger in vielen Fällen über Leistungsaufträge bzw. die Finanzierung mit dem Staat verknüpft sind.

Geschichte

Die Anfänge der Geschichte der Sozialen Arbeit in der Schweiz liegen im 19. Jh. und man kann zwei Entwicklungslinien benennen, die bis in die heutige Zeit reichen und den Unterschied von Sozialarbeit und Sozialpädagogik ausmachen. Die sozialpädagogische Entwicklungslinie geht auf die zu Beginn des 19. Jh. gegründeten Anstalten für die Erziehung von Armen und Waisenkindern zurück. Das dort tätige Personal bezeichnete man als Armenlehrer und -erzieher (Hauss 2011). Die Tätigkeit in Heimen und die damit verbundene Gestaltung des Heimalltags als primäre berufliche Aufgabe entwickelte sich zum zentralen Merkmal sozialpädagogischer Tätigkeit in der Schweiz. In der zweiten Hälfte des 19. Jahrhunderts liegen die Anfänge der zweiten Entwicklungslinie, der Armenfürsorge. Nach dem Vorbild der in den Nachbarländern verbreiteten Modelle, dem Elberfelder und dem Straßburger Modell der Armenfürsorge (Matter 2011, 104) wurde auch in der Schweiz die Armenfürsorge aufgebaut. Darin waren zuerst ehrenamtliche und später mehr und mehr beruflich und bezahlt tätige Armenfürsorger tätig.

Mit den in Folge der Industrialisierung sich verstärkenden und z. T. neu entstehenden sozialen Problemen musste das Hilfesystem zu Beginn des 20. Jh. ausgebaut werden. Damit entstand die Notwendigkeit, neue Ausbildungsmöglichkeiten zu schaffen bzw. zu erweitern. Die darauf bezogenen Bemühungen gingen in zwei Richtungen. Zum einen gab es ab 1908 Vorstösse von männlichen Fürsorgern, eine Ausbildung für Fürsorger an einer Universität zu schaffen. Diese Versuche scheiterten an der Ablehnung der Universitäten. Erst 1961 wurde an der Universität in Fribourg ein Studiengang Sozialarbeit eingerichtet (Matter 2011, 357 ff.). Ganz ähnlich wie in Deutschland wurden ausserdem etwa gleichzeitig zu den Bemühungen der Fürsorger aus der bürgerlichen Frauenbewegung in Zürich, Genf, Basel und Luzern Kurse für weibliche Hilfstätigkeiten (z. B. Kinderfürsorge und Armenpflege) eingerichtet. Vereinzelt gab es solche Kurse auch schon früher (Pineiro 2009, 21), nun aber wurden sie regelmässig angeboten.

Aus diesen Kursen entwickelten sich in den 1920er Jahren soziale Frauenschulen, die Vorläufer der heutigen Fachhochschulen. In den darauf folgenden Jahrzehnten – mit Ausnahme einer Unterbrechung in den 1940er Jahren in Folge des zweiten Weltkrieges – entstanden weitere Schulen vor allem für den Bereich der Heim- und Anstaltserziehung. Manche von diesen existieren heute nach diversen Fusionen noch in Form von höheren Fachschulen und Fachhochschulen.

An den Schulen existierten bis in die Anfänge des 21. Jh. verschiedene Ausbildungsgänge für die Heimerziehung (oder auch geschlossene Fürsorge und etwa ab den 1980er Jahren Sozialpädagogik genannt) und für die offene Fürsorge bzw. Sozialarbeit (als Begriff etwa ab 1950 üblich). Nach dem zweiten Weltkrieg nahm die Soziale Arbeit (als Begriff bereits in den 30er Jahren gebräuchlich) in der Schweiz unter der Förderung des Europarates und der Vereinten Nationen Prinzipien, Methoden und Orientierungen der US-amerikanischen Social Work auf, die die Methodenlandschaft z. T. bis heute beeinflussen (vgl. Matter 2011, 267 ff.). Bis heute zählen die Einzelfallarbeit (Social Case Work), Gruppenarbeit (Group Work) und Gemeinwesenarbeit (Community Development) zu den klassischen Methoden. Die Schulen für Heimerziehung und Fürsorge spielten bei diesem Methodenimport eine wichtige Rolle, waren es doch vor allem deren Dozentinnen und Dozenten, die durch Austauschprogramme und Weiterbildungen sich mit diesen Methoden vertraut machten und sie verbreiteten.

Der Einfluss der Vereinten Nationen ist in der

Sozialen Arbeit der Schweiz bis heute auch daran zu erkennen, dass die Soziale Arbeit in der Schweiz sich wie in kaum einem anderen Land als Menschenrechtsprofession ansieht (vgl. Staub-Bernasconi 2012; Berufsbild von Avenir Social (2007)) und sich u. a. auf die Erklärung der Menschenrechte beruft.

In den 1960er Jahren fand in der Sozialen Arbeit in der Schweiz aufgrund der guten volkswirtschaftlichen Entwicklung seit dem 2. Weltkrieg ein bedeutender Ausbau der Infrastruktur an sozialen Dienstleistungen statt. Der dadurch entstehende Bedarf an Fachkräften führte auch zur Gründung etlicher neuer Ausbildungsstätten für Erzieherinnen/Erzieher und Sozialarbeiterinnen/Sozialarbeiter (Pineiro 2009, 24).

Bedeutend für die Entwicklung der Sozialen Arbeit in jüngerer Zeit war die ab Mitte der 1990er Jahre erfolgte Gründung von Fachhochschulen, die einen Lehre, Forschung, Dienstleistung und Weiterbildung beinhaltenden vierfachen Leistungsauftrag haben. Dies hat zu einer Akademisierung der Ausbildung, zu einer Vervielfachung der Forschungstätigkeit und zu von Fachhochschulen unterstützten oder begleiteten Innovationen in vielen Praxisfeldern geführt (vgl. Weber et al. 2010).

Einblicke in Praxisfelder und die Aufgaben Sozialer Arbeit

Praxisfelder Sozialer Arbeit: Die Fachkräfte der Sozialen Arbeit sind in vielen Praxisfeldern tätig. Man kann je nach Differenzierung über 20 Praxisfelder unterscheiden (z. B. Guggisberg 2013, 234). Praxisfelder, in denen besonders viele Fachkräfte der Sozialen Arbeit arbeiten, sind die Sozialhilfe, die Kinder- und Jugendhilfe, die Behindertenhilfe sowie die Soziale Arbeit im Gesundheitsweisen. Unter den Begriff „Soziale Arbeit" sind hierbei die drei Berufsfelder Sozialarbeit, Sozialpädagogik und soziokulturelle Animation zusammengefasst (Keller & Schmocker 2015). Diese Trias spielt in der Praxis traditionell eine wichtig Rolle, da sie Aufgaben und Kompetenzprofile schematisch zu unterscheiden erlaubt (Husi & Villiger 2012). Die Sozialarbeit steht in der Tradition der Armenpflege und Fürsorge sowie der gesetzlichen Sozialarbeit und vereint primär Angebote im Kindes- und Erwachsenenschutz, Armutsverwaltung, Existenzsicherung und der Information und Unterstützung in Alltagsfragen (vgl. Keller & Schmocker 2015, 366). Sozialarbeit ist auf die Beratung, Ressourcenerschliessung in verschiedenen Bereichen sowie Planungs- und Projektaufgaben ausgelegt. Die Sozialpädagogik hingegen umfasst in erster Linie Erziehung, Betreuung und Integration in Einrichtungen in den Bereichen Wohnen, Bildung und Arbeit. Die Adressaten und Adressantinnen sind Menschen mit Beeinträchtigungen oder sozialen Benachteiligungen. Die soziokulturelle Animation ist als Berufsfeld im Freizeit-, Kultur- und Bildungsbereich sowie in stationären Einrichtungen angesiedelt. Die Angebote zielen auf sehr unterschiedliche Klientengruppen, wobei traditionell die Kinder- und Jugendarbeit ein dominierendes Segment bildet.

Zwei exemplarische Praxisfelder: Beispielhaft soll im Folgenden ein Einblick in zwei Praxisfelder gegeben werden, in das der Kinder- und Jugendhilfe (dazu auch Schnurr & Piller 2012) sowie in das der Sozialhilfe (dazu auch Kutzner et al. 2009; Hauss 2014).

Für die **Kinder- und Jugendhilfe** in der Schweiz existiert kein spezielles Gesetzeswerk auf Bundesebene wie in Deutschland das Kinder- und Jugendhilfegesetz (SGB VIII). Auf Bundesebene gibt es nur wenige Rechtsgrundlagen. Hier ist vor allem das Familienrecht des Zivilgesetzbuches zu nennen, in dem der Kindesschutz, das Pflegekinderwesen und die Adoptionen geregelt sind. Ausserdem gibt es ein Gesetz zur Förderung der ausserschulischen Bildung. Andere gesetzliche Grundlagen gibt es auf Kantonsebene, allerdings sehr uneinheitlich. Infolgedessen gibt es kein einheitliches Kinder- und Jugendhilfesystem, sondern in Bezug auf die Leistungspalette, die gesetzlichen Grundlagen und die Trägerschaft sehr heterogene Kinder- und Jugendhilfeleistungen. Fachkräfte Sozialer Arbeit sind hier beispielsweise in der offenen Kinder- und Jugendarbeit tätig. Sie sind mit Freizeit-, Kultur- und Kreativangeboten beschäftigt, betätigen sich aber z. T. auch als Streetworker. Relativ viele Stellen gibt es ferner für die Betreuung von Kindern und Jugendlichen in Heimen. Diese sozialpädagogisch konnotierte Tätigkeit beinhaltet, im Team mit anderen den Alltagsbetrieb der Wohngruppe sicherzustellen und einzelne Jugendliche als Bezugsperson auf der Grundlage eines Förderplanes pädagogisch zu betreuen. Zur Kinder- und Jugendhilfe gehört auch die sozialpädagogische Familienbegleitung, die Eltern bei der Erziehung ihrer Kinder im Alltag unterstützt, ausserdem die Schulsozialarbeit, die Schüler und Eltern bei schulischen Problemen berät und Lehrer bei besonderen Schwierigkeiten mit Klassen unterstützt und auch eigene Bildungsangebote an der Schule macht. Ein noch relativ neues Aufgabengebiet für Fachkräfte der Sozialen Arbeit sind die seit 2013 existierenden

Kindes- und Erwachsenenschutzbehörden. Hier beurteilen die Fachkräfte in Zusammenarbeit mit weiteren Fachkräften anderer Professionen, z. B. Juristen und Psychologen, Gefährdungslagen von Menschen jeden Alters und ordnen Massnahmen zur Abwendung dieser Gefährdungslagen an. Eine solche Massnahme kann beispielsweise eine Beistandschaft für ein Kind sein. Solche Beistandschaften werden hauptsächlich von Berufsbeiständen ausgeübt, die der Kindes- und Erwachsenenschutzbehörde Bericht erstatten und von dort ihren Auftrag erhalten.

In der Kinder- und Jugendhilfe sind neben den Fachkräften der Sozialen Arbeit auch noch andere Berufe bzw. Professionen tätig, nicht nur in den Kindes- und Erwachsenenschutzbehörden, sondern auch in den Heimen, Beratungsstellen und in der sozialpädagogischen Familienbegleitung. Wie auch in anderen Praxisfeldern ist eine arbeitsteilige Zusammenarbeit verschiedener Berufe eher selten, häufiger übernehmen Fachkräfte unterschiedlicher Berufe die gleichen Aufgaben oder beruht eine eventuell vorhandene Spezialisierung auf anderen Kriterien als dem Berufsabschluss.

Die Trägerschaft und die Organisationen in der Kinder- und Jugendhilfe sind sehr heterogen. Es gibt kommunale Jugendarbeitseinrichtungen mit nur einer halben Fachkraftstelle, von Kantonen oder Stiftungen getragene Heime mit mehreren Dutzend oder mehr Angestellten sowie lokale, regionale oder sogar bundesweit tätige private Initiativen, Vereine und Firmen.

Wie in der Kinder- und Jugendhilfe ist auch für die **Sozialhilfe** die grosse Autonomie der Kantone und Gemeinden charakteristisch. Der Bund ist im Bereich der Sozialhilfe nur für Ausländer bzw. Ausländerinnen und Asylsuchende zuständig. Ansonsten existiert kein schweizerisches Sozialhilfegesetz. Die Sozialhilfe ist in 26 einzelnen kantonalen Sozialhilfegesetzen geregelt. Eine nicht verbindliche Koordination der Sozialhilfepraxis findet durch die Schweizerische Konferenz für Sozialhilfe (SKOS), einem nationalen Fachverband in dem alle Kantone, viele Gemeinden, einige Bundesämter und private Organisationen des Sozialwesens Mitglied sind, statt. Vielbeachtet, aber nicht verbindlich, sind die sog. SKOS-RL, die Empfehlungen zur Höhe und Gewährung der Sozialhilfe enthalten. Die Sozialhilfe soll ein Existenzminimum garantieren und vor allem durch Förderung der sozialen Integration und der beruflichen Wiedereingliederung im Falle von Arbeitslosigkeit aber auch durch andere Massnahmen zur Beseitigung einer Notlage beitragen. Die Hilfe wird demnach materiell und immateriell gewährt. Die materielle Hilfe besteht in Geld- und Sachleistungen, die immaterielle Hilfe in verschiedenen Formen der Beratung (z. B. bezüglich Schulden, Arbeitsplatzsuche, Versicherungsansprüche, Wohnungssuche) und der Vermittlung und Gewährung von integrations- und/oder autonomiefördernden Massnahmen, beispielsweise Massnahmen zur beruflichen und/oder sozialen Integration. Die Sozialhilfegewährung ist in der Deutschschweiz in erster Linie Sache der Gemeinden, während in den übrigen Landesteilen eine Regionalisierung und eine Zuständigkeit der Kantone stärker anzutreffen sind. Kleine Gemeinden, die keinen eigenen Sozialdienst betreiben können, schliessen sich anderen Gemeinden an oder betreiben zusammen mit diesen einen regionalen Sozialdienst. Häufig sind diese Dienste polyvalent, d. h. sie übernehmen über die Aufgabe der Sozialhilfegewährung hinaus auch noch andere Aufgaben, wie z. B. Kindes- und Erwachsenenschutz und Suchtberatung. Grössere Gemeinden haben einen eigenen Sozialdienst. In kleineren Gemeinden gibt es häufig noch eine Fürsorgekommission, die aus ehrenamtlich tätigen Bürgerinnen und Bürgern besteht und die die Entscheide über Sozialhilfeanträge trifft und zum Teil auch beratend tätig ist. In grösseren Gemeinden und Städten entscheiden die Fachkräfte in den Sozialdiensten über diese Anträge und leisten die immaterielle Hilfe. Je nach personeller Ausstattung der Dienste werden Sozialarbeiter/-innen bei der Berechnung und Auszahlung der materiellen Hilfe von Sachbearbeitern/-innen unterstützt. In der Sozialhilfepraxis herrscht aufgrund gesetzlicher Vorgaben die Logik des Förderns und Forderns (Hauss 2014; Nadai 2013). Wer Hilfe in Anspruch nimmt, hat nach Massgabe seiner Möglichkeiten daran mitzuwirken, dass er bzw. sie seine bzw. ihre Notlage bald wieder verlässt und für seinen/ihren Lebensunterhalt selbständig aufkommen kann. In der Praxis bedeutet das, dass von Klientinnen bzw. Klienten bei gegebener Arbeitsfähigkeit und -möglichkeit entsprechende Bemühungen zum Erhalt eines Arbeitsplatzes oder zur Steigerung der Chancen auf dem Arbeitsmarkt unternommen werden müssen.

Aus- und Weiterbildung

Bis in die 1990er Jahre fand die Ausbildung für Soziale Arbeit ausschließlich an kantonal geregelten Schulen für Heimerzieher/-innen und Sozialarbeiter/-innen statt. Deren Ausbildungsdauer, Aufnahmebedingungen und Curricula waren unterschiedlich. Seit dem Beginn der 1990er Jahre wurde dieses Ausbildungswesen zum einen differenziert und zum anderen schweizweit vereinheitlicht. Dabei wurden dem Bund in mehreren Gesetzgebungen mehr Kompetenzen zur Steuerung und Koordination übertragen. Das Berufsbildungsgesetz vom 13.12.2002 ist die Grundlage für die Ausbildungen in der beruflichen Grundbildung (Sekundarstufe II) und der höheren Berufsbildung. Das Hochschulförderungs- und -koordinationsgesetz vom 30.09.2011 ist die Grundlage für die Ausbildungen auf Hochschulstufe.

Die heutige Ausbildungslandschaft (dazu auch Bohrer & Zwilling 2013) ist unterteilt in Angebote der beruflichen Grundbildung (Sekundarstufe II), Angebote der höheren Berufsbildung (Stufe Tertiär B) und Angebote von Hochschulen (Stufe Tertiär A). Die berufliche Grundbildung soll dabei zum Arbeiten unter Anleitung befähigen, die Ausbildungsangebote auf Tertiärstufe B zum selbständigen Arbeiten und die Ausbildungen auf Tertiärstufe A zur Entwicklungs- und Evaluationsarbeit. In der Berufspraxis sind diese idealtypischen Abgrenzungen weniger klar auszumachen. Im Bereich der beruflichen Grundbildung kann im Rahmen einer zweijährigen Ausbildung in Betrieben und an Berufsfachschulen das eidgenössische Berufsattest „Assistent/in Gesundheit und Soziales" erworben werden. Einsatzorte dieser Fachkräfte sind vor allem Alters- und Pflegeheime, Behinderteneinrichtungen und Krankenhäuser. Im selben Bereich und an denselben Lernorten angeboten wird die dreijährige Ausbildung zum Fachmann bzw. zur Fachfrau Betreuung. Diese Ausbildung kann entweder mit einer Spezialisierung auf Kinder-, Betagten-, Behindertenbetreuung oder generalistisch absolviert werden. Sie wird mit einem eidgenössischen Fähigkeitszeugnis abgeschlossen.

Im Bereich der höheren Berufsbildung (Tertiärstufe B) existieren Vertiefungs- und Spezialisierungsangebote, die nach einer beruflichen Grundbildung oder einem schulischen Abschluss auf dem Niveau der Sekundarstufe II absolviert werden können:

- Migrationsfachfrau/-fachmann
- Teamleiter/-in in sozialen und sozial-medizinischen Institutionen
- Sozialbegleiter/-in
- Fachfrau/Fachmann Langzeitpflege und -betreuung.

Im Rahmen einer Berufsprüfung kann ein eidgenössischer Fachausweis erworben werden.

Ebenfalls zur höheren Berufsbildung zählen die berufsbegleitenden Ausbildungen zum bzw. zur:

- Institutionsleiter/-in im sozialen und medizinischen Bereich
- Arbeitsagoge/-in
- Blindenführhundeinstruktor/-in
- Spezialist/-in für die Rehabilitation von blinden und sehbehinderten Menschen
- Supervisor/-in – Coach/Organisationsberater/-in

Die Ausbildungen werden mit einer höheren Fachprüfung abgeschlossen, die Absolventinnen und Absolventen erhalten ein eidgenössisches Diplom.

Als dritte Ausbildungsgruppe der höheren Berufsbildung sind die dreijährigen Ausbildungsangebote der höheren Fachschulen zu nennen:

- Kindererzieher/-in
- Sozialpädagoge/-in
- sozialpädagogischer Werkstattleiter/-in
- Gemeindeanimator/-in.

Die Absolventinnen und Absolventen erhalten ein eidgenössisches Diplom (HF).

Weitere Informationen sind auf http://savoirsocial.ch/erhältlich.

Im Bereich der hochschulischen Bildung (Tertiär A) sind an sieben von insgesamt neun vom Bund anerkannten Fachhochschulen Bachelor-Studiengänge in Sozialer Arbeit vorhanden. Die Bachelor-Studiengänge sind generalistisch und bieten berufsfeldspezifische Vertiefungsrichtungen an. Im Jahre 2014 waren an allen Fachhochschulen in der Schweiz 7 208 Studierende in Studiengängen der Sozialen Arbeit (BA und MA) eingeschrieben. Im gleichen Jahr machten 1 519 Studierende einen Bachelor-Abschluss in Sozialer Arbeit (nach: Amtliche Bildungsstatistik. http://www.bfs.admin.ch/bfs/portal/de/index/themen/15.html. Abruf 18.01.2016). Im Bereich der Master-Ausbildung kooperieren die Fachhochschulen Luzern, Zürich, St. Gallen und Bern und bieten einen Studiengang an mehreren Standorten an. Ein Master-Studium gibt es außerdem noch an der Fachhochschule Nordwestschweiz und an der Fachhochschule der französischsprachigen Schweiz in Genf, Lausanne, Fribourg und Sierre (HES-SO). Die Fachhochschule der italienischsprachigen Schweiz kooperiert mit der letzteren in deren Master-Programm. Die Zahl der Studierenden ist relativ gering. Im Jahr 2014 machten schweizweit 120 Studierende einen Master-Abschluss in Sozialer Arbeit. Die Master-Studiengänge sind konsekutiv auf den Bachelor-Studiengängen aufbauend und befähigen zur Übernahme von Leitungspositionen sowie zur Forschungs- und Entwicklungstätigkeit in der Praxis. Ebenfalls möglich ist eine spätere wissenschaftliche Laufbahn an Hochschulen oder Forschungseinrichtungen. Da die Master-Studiengänge aufgrund eines Entscheides des Bundes nur mit 90 ECTS-Punkten dotiert sind und die Master-Programme an Universitäten 120 ECTS-Punkte haben, fehlen zur Aufnahme eines Promotionsstudienganges 30 ECTS-Punkte, die vor Aufnahme eines Promotionsstudiums an einer Universität nachgeholt werden müssen. Die Fachhochschulen haben kein Promotionsrecht. Die Studierenden müssen zur Promotion individuelle Lösungen – häufig im Ausland – suchen. Die Fachhochschule Nordwestschweiz kooperiert mit der Pädagogischen Hochschule in Freiburg i. Br. in einem Promotionsprogramm. Universitär besteht die Möglichkeit, in Fribourg ein Bachelor-Studium „Sozialarbeit und Sozialpolitik" zu absolvieren. Auf der Masterstufe gibt es einen Studiengang „Soziale Probleme und Sozialpolitik". An der Universität Zürich besteht ein Master-Studienangebot in Erziehungswissenschaften mit der Vertiefungsrichtung ‚Sozialpädagogik'. An den höheren Fachschulen und Fachhochschulen sowie an privaten Weiterbildungseinrichtungen existieren vielfältige Weiterbildungsangebote. Wichtige Themengebiete sind Management, Interventionsmethoden bzw. -konzepte, Sozialversicherungsrecht sowie die Kurse zum/zur Praxisausbildner/-in, welche die Voraussetzung für die Ausbildung von Studierenden in der Praxis sind. Die Formate der Weiterbildungsangebote entsprechen zumindest an den staatlichen Bildungseinrichtungen den Vorgaben der Bologna-Deklaration und reichen von kurzen eintägigen Weiterbildungskursen über Certificates of Advanced Studies (CAS, 15 ECTS-Punkte) bis zum Master of Advanced Studies (MAS, 60 ECTS-Punkte). Ein Punktesystem und die Verpflichtung zur regelmäßigen Weiterbildung bestehen bislang nicht.

Forschung und Theorieentwicklung

Die Forschung in der Sozialen Arbeit lässt sich bezüglich ihres Gegenstandbereichs systematisch auf drei zentrale Eckpunkte beziehen: Sie untersucht das professionelle Handeln, gesellschaftliche oder organisationale Bedingungen der Leistungserbringung sowie die Adressaten und Adressatinnen von Unterstützung bzw. die am Problemlösungsprozess Beteiligten (Becker-Lenz & Baumgartner 2016). Die Hinwendung der Sozialen Arbeit zur Erforschung dieser Gegenstandsbereiche hat in den letzten fünfzehn Jahren im deutschsprachigen Raum eine starke Ausweitung erfahren und zu einer Forschungslandschaft mit ausdifferenzierten Forschungs-, Diskurs- und Theoriezusammenhängen geführt. Die Forschungstätigkeiten in der Schweiz haben hierzu wesentlich beigetragen (s. auch Baier et al. 2013). Die Dynamisierung der Forschung in der Schweiz hat in erster Linie die Einrichtung der Sozialen Arbeit an insgesamt sieben Fachhochschulen ausgelöst. Die gesetzliche Verankerung eines Forschungsauftrags hat die Forschungsaktivitäten stark befördert, zugleich aber auch den Anwendungsbezug von Forschung als dominierende Orientierung festgeschrieben. Die Berücksichtigung der Interessen der Praxis hat auch das Forschungsförderungsprogramm DORE des Schweizerischen Nationalfonds, das für den Aufbau der praxisorientierten Forschung an Fachhochschulen in der Sozialen Arbeit eine zentrale Rolle gespielt hat, vorausgesetzt. Im Zeitraum von 2004 bis 2011 wurden 78 Forschungsprojekte in der Sozialen Arbeit durch Mittel dieses Programms finanziert. Seit 2011 ist diese Spezialförderung abgeschlossen und damit die Förderung der Forschung an Fachhochschulen durch den Schweizerischen Nationalfonds dem gleichen Regelwerk wie die universitäre Forschung unterstellt. Mit der „anwendungsorientierten Grundlagenforschung" hat der Schweizerische Nationalfonds zugleich eine Kategorie in der Projektförderung geschaffen, die für die zukünftige Ausrichtung der Forschung in der Sozialen Arbeit eine adäquate Orientierung bieten kann. Schwergewichtig finanziert sich die Forschung in der Sozialen Arbeit jedoch als Auftragsforschung, die insbesondere durch Organisationen im Sozialbereich oder durch Bundes- oder Kantonsbehörden initiiert und finanziert wird. Entsprechend viele Arbeitsfelder deckt die Forschung ab, wenngleich bei der Kinder- und Jugendhilfe, Migration, Behinderung oder Armut Schwerpunkte auszumachen sind. In Bezug auf die skizzierten Eckpunkte ist die Forschung zu den Adressaten und Adressatinnen am stärksten ausgeprägt (Gredig &Goldberg 2010).

Trotz der starken Stellung der Auftragsforschung und der Betonung des Anwendungsbezugs hat sich die Zunahme an Forschungsaktivitäten auch positiv auf die Theorieentwicklung ausgewirkt (allgemein zum Stand der Theorieentwicklung s. z. B. Mührel & Birgmeier 2011). Die Theorieentwicklung kann sich grundsätzlich auf unterschiedliche Ebenen beziehen, sowohl auf allgemeine Theorien zur Sozialen Arbeit als Wissenschaft und Profession wie auch auf arbeitsfeldspezifische Theorien (Sommerfeld &Amez Droz 2013). Beispielhaft für eine umfassende Theorie der Sozialen Arbeit kann der Beitrag der „Zürcher Schule" genannt werden, die vor allem auf den

Werken von Werner Obrecht und Silvia Staub-Bernasconi basiert. Mit ihrem systemtheoretischen Zugang zu Profession und Disziplin haben sie ein umfassendes Theoriegebäude geschaffen, das von der Wissenschaftstheorie bis hin zu handlungstheoretischen Bestimmungen reicht. Von der Zunahme der Forschung in den letzten Jahren hat vor allem die arbeitsfeldspezifische Theoriebildung profitieren können. Es lassen sich verschiedene Beispiele anführen, welche die theoretische Fassung eines Arbeitsfeldes weiterentwickelt haben. Dazu zählen etwa Studien zur Schulsozialarbeit (Baier 2007), zur Betrieblichen Sozialen Arbeit (Baumgartner & Sommerfeld 2016) oder zur Heimerziehung (Wigger 2005). Auch die Ausgestaltung einer auf Anwendung ausgelegten Forschung ist selbst zum Gegenstand der Forschung geworden. Im Hinblick auf deren Beitrag zur Professionsentwicklung haben sich insbesondere kooperative Formen der Zusammenarbeit mit der Praxis als vielversprechend für eine sinnvolle Gestaltung des Verhältnisses zur Profession erwiesen (Hollenstein; Sommerfeld &Baumgartner 2007).

Herausforderungen und Perspektiven

Die Soziale Arbeit in der Schweiz wird an den Hochschulen, im Fachdiskurs und vom Berufsverband Avenir Social als Profession und Disziplin bzw. als ein Beruf begriffen, der sich als Profession und Disziplin etablieren sollte (vgl. Staub-Bernasconi 2009). Dies wird nicht in erster Linie deshalb betrieben, weil man sich davon eine Image- und Statusverbesserung erhofft, sondern weil man damit die Voraussetzungen für professionelles Handeln schaffen bzw. verbessern möchte. In manchen Praxisfeldern ist es immer noch keine Selbstverständlichkeit, dass für bestimmte Tätigkeiten, wie z. B. Sozialhilfeberatung, sozialpädagogische Förderplanung und Bezugspersonenarbeit, Betreuung von Arbeitssuchenden in Beschäftigungsprogrammen usw. professionelle Fachkräfte mit Ausbildungen auf Tertiärniveau notwendig sind, die nicht nur über Erfahrung, sondern ebenfalls über ein spezifisches Fachwissen, Methodenkompetenz und einen professionellen Habitus verfügen. Professionalisierung ist nicht nur eine Frage der Zuständigkeit und Kompetenz, sondern hat noch weitere Voraussetzungen. Auf der Ebene der Politik und der Gesetzgebung, wo viele Aufgaben für die Soziale Arbeit definiert und delegiert werden, müsste der Einfluss des Berufsstandes z. B. bei Gesetzesentwicklungs- und Vernehmlassungsverfahren verbessert werden, um für eine professionelle Soziale Arbeit adäquate Rahmenbedingungen einzufordern bzw. zu sichern. Der Berufsverband müsste auch in die Lage versetzt werden, die Soziale Arbeit gegenüber der öffentlichen Kritik zu verteidigen. Auf der Ebene von Fachwissen bestehen Herausforderungen in der Schließung von Forschungslücken sowie in der Frage, wie wissenschaftliches Wissen in der Praxis genutzt werden kann bzw. wird (Staub-Bernasconi 2012; Obrecht 2009). Dazu sind zunächst die mit der Gründung der Fachhochschulen ausgebauten Forschungstätigkeiten zu erhalten bzw. gegebenenfalls noch weiter auszubauen. Ein möglicher Ausbau benötigt Forschungspersonal, das idealerweise aus der Sozialen Arbeit selbst kommt und nicht seine Forschung unter primär soziologischen, psychologischen oder anderen Gesichtspunkten betreibt. Damit dies möglich ist, müssten die Voraussetzungen geschaffen werden, dass die Fachhochschulen für ihre Master-Absolventinnen bzw. Absolventen eigene Promotionsprogramme einrichten können. Für eine Weiterentwicklung der Profession ist die Forschung zugleich gefordert, die Methodenentwicklung in der Praxis zu unterstützen. Dies setzt Schwerpunkte bei der Begleit- und Wirkungsforschung wie auch Settings von Forschung voraus, in denen eine forschungsbasierte Entwicklung von Konzepten und Handlungsmethoden realisiert werden kann.

Roland Becker-Lenz/Edgar Baumgartner

Literatur

AvenirSocial: Berufs- und Leitbild (2007). In: http://www.avenirsocial.ch/de/p42009945.html [Zugriffsdatum: 17.01.2016] ◆ AvenirSocial (Hg): Wir haben die Soziale Arbeit geprägt. Zeitzeuginnen und Zeitzeugen erzählen von ihrem Wirken seit 1950. Bern/Stuttgart/Wien 2011 ◆ F. Baier: Zu Gast in einem fremden Haus. Theorie und Empirie zur Sozialen Arbeit in Schulen. Bern 2007 ◆ F. Baier/S. Keller/M. Koch/A. Wigger: Die schweizerische Forschungslandschaft der Sozialen Arbeit. In: A. M. Riedi/M. Zwilling/M. Meier Kressig/B. Benz Bartoletta/D. Aebi Zindel (Hg.): Handbuch Sozialwesen Schweiz. Bern 2013, 409–418 ◆ E. Baumgartner/P. Sommerfeld: Betriebliche Soziale Arbeit. Empirische Analyse und theoretische Verortung. Wiesbaden 2016 ◆ R. Becker-Lenz/E. Baumgartner: Die Profession der Sozialen Arbeit am Beispiel der Schweiz. Erscheint in: M. von Dick/W. Marotzk/H. Mieg (Hg.): Handbuch Professionsentwicklung. Bad Heilbrunn 2016 ◆ I. Bohrer/M. Zwilling: Ausbildung für Soziale Berufe. In: A. M. Riedi/M. Zwilling/M. Meier Kressig/B. Benz Bartoletta/D. Aebi Zindel (Hg.): Handbuch Sozialwesen Schweiz. Bern 2013, 483–493 ◆ R. v.

Fischer: Sozialstaat Schweiz? (eine umfangreiche Rezension zu Riedl/Zwilling Meier Kressig/Benz/Zindel: Handbuch Sozialwesen Schweiz 2013), in: SLR 69/2014, 67–78 ◆ D. Guggisberg: Soziale Dienste in der Schweiz – ein Überblick. In: A. M. Riedi/M. Zwilling/M. Meier Kressig/B. Benz Bartoletta/D. Aebi Zindel (Hg.): Handbuch Sozialwesen Schweiz. Bern 2013 ◆, 228–237 ◆ D. Gredig/D. Goldberg: Soziale Arbeit in der Schweiz. In: W. Thole (Hg.): Grundriss Soziale Arbeit. Ein einführendes Handbuch, Wiesbaden 2012, 403–423 ◆ G. Hauss: Geschichten zur Sozialen Arbeit – Kontext und Entwicklungslinien. In: Avenir Social (Hg.) Wir haben die Soziale Arbeit geprägt. Zeitzeuginnen und Zeitzeugen erzählen von ihrem Wirken seit 1950. Bern/Stuttgart/Wien 2011, 15–26 ◆ G. Hauss: Zwischen Ökonomie und Traditionen des Helfens: Einblicke in die Soziale Arbeit in der Schweiz. In: J. Csoba/G. Grasshoff/F. Hamburger (Hg.): Soziale Arbeit in Europa. Diskurse der Sozialarbeit, Europäisierung, soziale Bewegungen und Sozialstaat. Schwalbach/Ts 2014, 129–144 ◆ L. Hollenstein/P. Sommerfeld/E, Baumgartner: Das Forschungsprogramm ‚Evidence-based Intervention Development'. Professionalisierung durch kooperative Wissensbildung. In: Soziale Innovation. Forschung und Entwicklung 2007, 8–19 ◆ S. Huber/P. Rieker: Offene Kinder- und Jugendarbeit in der Schweiz, Weinheim/Basel 2013 ◆ G. Husi/S. Villiger: Sozialarbeit, Sozialpädagogik, soziokulturelle Animation. Theoretische Reflexionen und Forschungsergebnisse zur Differenzierung Sozialer Arbeit. Luzern 2012 ◆ V. Keller/B. Schmocker: Zur Unterscheidung von Sozialarbeit, Sozialpädagogik und Soziokultureller Animation in der Schweiz. In: B. Wüthrich/J. Amstutz/A. Fritze (Hg.): Soziale Versorgung zukunftsfähig gestalten. Wiesbaden 2015, 365–372 ◆ C. Knöpfel Sozialstaatliche Rahmenbedingungen in der Schweiz. In: B. Wüthrich/J. Amstutz/A. Fritze (Hg.): Soziale Versorgung zukunftsfähig gestalten. Wiesbaden 2015, 23–35 ◆ S. Kutzner/U. Mäder/C. Knöpfel/C. Heinzmann/D. Pakoci: Sozialhilfe in der Schweiz. Klassifikation, Integration und Ausschluss von Klienten. Zürich/Chur 2009 ◆ S. Matter: Der Armut auf den Leib rücken. Die Professionalisierung der Sozialen Arbeit in der Schweiz (1900–1960). Zürich 2011 ◆ E. Mührel/B. Birgmeier (Hg.): Theoriebildung in der Sozialen Arbeit. Entwicklungen in der Sozialpädagogik und der Sozialarbeitswissenschaft. Wiesbaden 2011 ◆ E. Nadai: Aktivierung. In: A. M. Riedi/M. Zwilling/M. Meier Kressig/B. Benz Bartoletta/D. Aebi Zindel (Hg.): Handbuch Sozialwesen Schweiz. Bern 2013, 332–335 ◆ W. Obrecht: Die Struktur professionellen Wissens. Ein integrativer Beitrag zur Theorie der Professionalisierung. In: R. Becker-Lenz/S. Busse/G. Ehlert/S. Müller (Hg.): Professionalität in der Sozialen Arbeit. Standpunkte, Kontroversen, Perspektiven, Wiesbaden 2009, 49–76 ◆ E. Piller/S. Schnurr (Hg.): Kinder- und Jugendhilfe in der Schweiz. Forschung und Diskurse. Wiesbaden 2012 ◆ E. Piñeiro: Die Einordnung der Zukunft. Zur Gründung der Schule für Sozialarbeit Basel (1962–1971). Basel 2009 ◆ P. Sommerfeld/P. Amez Droz: Theorieentwicklung der Sozialen Arbeit in der deutschsprachigen Schweiz. In: A. M. Riedi/M. Zwilling/M. Meier Kressig/B. Benz Bartoletta/D. Aebi Zindel (Hg.): Handbuch Sozialwesen Schweiz. Bern 2013, 387–401 ◆ S. Staub-Bernasconi: Partnering with the United Nations – human rights and social work (2012a). URL: http://www.avenirsocial.ch/de/cm_data/GLOBAL_AGENDA_-_Staub_-_UN_GENF_26.3.2012.pdf [Zugriffsdatum: 17.01.2016] ◆ S. Staub-Bernasconi, Sylvia (2012b): Der „transformative Dreischritt" als Vorschlag zur Überwindung der Dichotomie von wissenschaftlicher Disziplin und praktischer Profession. In: R. Becker-Lenz/Busse, S./Ehlert, G./Müller-Hermann, S. (Hg.): Professionalität Sozialer Arbeit und Hochschule. Wissen, Kompetenz, Habitus und Identität im Studium Sozialer Arbeit. Wiesbaden 2012b, 163–186 ◆ S. Staub-Bernasconi: Der Professionalisierungsdiskurs zur Sozialen Arbeit (SA/SP) im deutschsprachigen Kontext im Spiegel internationaler Ausbildungsstandards. Soziale Arbeit – eine verspätete Profession? In: Becker-Lenz, R./Busse, S./Ehlert, G./Müller-Hermann, S. (Hg.): Professionalität in der Sozialen Arbeit. Standpunkte, Kontroversen, Perspektiven. Wiesbaden 2009, 23–48 ◆ K. Weber/P. Tremel/A. Balthasar/S. Fässler: Programmatik und Entwicklung der Schweizer Fachhochschulen. Bern: Universität Bern. Zentrum für universitäre Weiterbildung (2010). URL: http://www.www.reseau-future.ch/data/Programmatik%20und%20Entwicklung%20CH_FH.pdf [Zugriffsdatum: 17.01.2016] ◆ A. Wigger: Was tun SozialpädagogInnen und was denken sie, was sie tun? Professionalisierung im Heimalltag, Opladen/Berlin/Toronto 2005.

Links

AvenirSocial, Berufsverband Soziale Arbeit Schweiz: http://www.avenirsocial.ch/

Savoir Social (Schweizerische Dachorganisation der Arbeitswelt Soziales): http://savoirsocial.ch/

Schweizerische Gesellschaft für Soziale Arbeit: http://www.sgsa-ssts.ch/

Schweizerische Konferenz für Sozialhilfe: http://skos.ch/

Schweizerisches Bundesamt für Statistik: http://www.bfs.admin.ch/

Soziale Arbeit in Europa

Ausgangspunkt

Stand und Entwicklung der SozArb und der Sozialen Sicherheitssysteme in den einzelnen Ländern Europas sind zunehmend und ausführlich beschrieben worden (Lorenz 1994, Puhl/Maas 1997, Adams/Erath/Shardlow 2000). Außerdem sind inzwischen einige Zeitschriften (vgl. Social Work in Europe und European Journal of Social Work; siehe den Zeitschriftenanhang in diesem Band) aufgelegt worden, die Plattformen für den Vergleich der SozArb auf europäischer Ebene bieten. Eine Fülle grenzüberschreitender Fachveranstaltungen und themenbezogener Forschungs- und Evaluationsprojekte mit europaweitem Bezug belegt gleichfalls die hohe Bedeutung, die diesem Thema innerhalb der fachwissenschaftlichen Diskussion heute beigemessen wird. Und tatsächlich lassen ja zentrale europäische Regelungen, wie z. B. die Dienstleistungs- und Niederlassungsfreiheit oder das EG-Wettbewerbsrecht, die die nationalen Sozialpolitiken zunehmend unter (Rechtfertigungs-)Druck setzen, vielfältige Auswirkungen auf die Organisation und Praxis der SozArb in den Mitgliedsländern erwarten *(Sozialpolitik/Soziale Sicherheit, europäische)*.

Fundamentale Unterschiede zwischen den Ländern

Dennoch stößt eine komparative europäische *Sozialarbeit(swissenschaft)* auf Schwierigkeiten, da die einzelnen Formen von SozArb – und dies lässt sich gerade im Rahmen der unterschiedlichen europäischen Ausprägungen verdeutlichen – in ihrer jeweiligen konkreten Gestalt von vielfältigen nationalstaatlichen und kulturell bedingten Faktoren abhängig sind, wie etwa

- dem Modelltyp *sozialer Sicherung*, dem sich ein Land zuweisen lässt (z. B. dem skandinavischen, angelsächsischen, kontinentaleuropäischen und rudimentären Sicherungsmodell);
- der Höhe und Entwicklung der Sozialleistungsquote (Sozialausgaben im Verhältnis zum Bruttoinlandsprodukt);
- der Entwicklung bestimmter gesellschaftlicher Faktoren (wie z. B. Arbeitslosigkeit, Müttererwerbstätigkeit, Wandel der Familienstrukturen, Anteil Einkommensarmer und älterer Menschen an der Gesamtbevölkerung etc.);
- der Zuordnung der einzelnen Aufgaben zu den unterschiedlichen gesellschaftlichen Funktionssystemen (wie z. B. Erziehungs- und Bildungssystem, SozArb, Polizei, Justiz, Strafvollzug, etc.) sowie
- dem zukünftigen Verlauf des Prozesses der allmählichen Annäherung der Sozialen Sicherungssysteme in Europa (Schulte 2002) etc.

Keine Verharmlosung der Differenzen

Daraus ergeben sich natürlich enorme Schwierigkeiten bei der Übertragung nationaler Ausprägungen auf andere Systeme der SozArb und sozialen Sicherung. Die Gefahr besteht hier, dass Nichtvergleichbares verglichen wird oder es zu einer Gleichgültigkeit in der Auflistung von Prinzipien, Methoden und Praxen kommt, die dann zu noch mehr Verwirrung führt. Die Vielfalt der o. a. Einflussgrößen lässt daher darauf schließen, dass einer europäischen Annäherung der sozialarbeiterischen Praxis in Europa eher enge Grenzen gesetzt sind.

Konkret bedeutet das, dass die einzelnen, historisch gewachsenen länderspezifischen Ausprägungen der SozArb in Zukunft nicht verschwinden, sondern weiterhin von großer Bedeutung sein werden. Deshalb gilt es, die in vergleichenden Untersuchungen zutage tretenden Unterschiede nicht vorschnell zu verwischen, zumal sich viele nationale Fachbegriffe nicht angemessen und aussagefähig übersetzen lassen. Eine mögliche zukünftige europäische Annäherung kann deshalb v. a. im praktischen Berufsalltag nicht dadurch entstehen, indem nationale und kulturelle Unterschiede geleugnet werden, sondern nur durch Versuche, die jeweiligen unterschiedlichen Sichtweisen vor ihrem historischen und kulturellen, kurz: länderspezifischen Hintergrund zu verstehen. Deshalb können methodische Konzepte nicht ungeprüft von einem Land in ein anderes übertragen werden. Die SozArb sollte hier aus den Fehlern lernen, die im wirtschaftlichen Bereich bei der unbedachten Adaption fernöstlicher Managementkonzepte und Produktionsmethoden von Europa gemacht worden sind *(Sozialmanagement)*.

Ebenen der Weiterentwicklung

Dennoch bieten sich für die SozArb im Hinblick auf die europäische Perspektive auch zahlreiche Ebenen des Vergleichs und der Diskussion an, die sowohl zu einer Verbesserung der nationalen Systeme von SozArb als auch zu einem Zusammenwachsen auf europäischer Ebene beitragen können. Voraussetzung dafür ist allerdings ein genügend vorsichtiger Umgang mit den jeweiligen Differenzen und der Verzicht auf übereilte Nivellierungen bzw. Vereinfachungen.

„(...) ein offen geführter Diskurs, der zur Identifizierung eines Europäischen Modells der sozialen Arbeit führen könnte, muss gerade die-

S

se Spannungen und Konflikte als für die soziale Arbeit konstituierend ansehen, statt sie vorzeitig zu schließen und mit oberflächlichen Harmonisierungen die Unterschiede zu verdrängen. Europäische soziale Arbeit muss mit einer nicht zu reduzierenden Vielfalt und den daraus entstehenden Konflikten zurecht kommen, mit der Polarität zwischen der Forderung nach umfassenden, allgemeinen Prinzipien, Rechten und Arbeitsmethoden und der Berechtigung von fundamentalen, vielleicht unüberbrückbaren kulturellen und individuellen Unterschieden. Im Aushalten dieser Spannung, in ihrer jeweils neuen, kreativen Verarbeitung platziert sich die soziale Arbeit in einer ganz von diesen Konflikten geprägten politischen und sozialen Gegenwart." (Lorenz 2000, 64)

Im Einzelnen lassen sich folgende Ebenen und darauf bezogene Themen eines europäischen Vergleichs benennen:

1. Organisationsstruktur der Sozialen Arbeit: Organisational gesehen zeigt sich, dass der Staat als Planer und Organisator sowie private Unternehmen, Wohlfahrtsverbände, Stiftungen und Vereine, Selbsthilfegruppen und Ehrenamtliche als die Durchführenden sozialer Maßnahmen und von SozArb in den Ländern jeweils unterschiedliche Rollen spielen. Dies wird beispielsweise deutlich, wenn man den Stellenwert, den die Kirchen in Deutschland innehaben, mit der Situation in Finnland vergleicht oder wenn man die Funktion privater sozialer Unternehmen in Großbritannien mit den Gegebenheiten in Frankreich vergleicht. Trotzdem stellt sich für alle Länder – insbesondere aufgrund der sozial- und wirtschaftspolitischen Vorgaben der EU – die verbindende Frage, wie der national avisierte welfare mix unter den jeweiligen rechtlichen, politischen und kulturellen Bedingungen weiter entwickelt werden kann. In diesem offenen Prozess erscheint es für alle nationalen Systeme wichtig, die Erfahrungen der anderen zur Kenntnis zu nehmen und auf einen möglichen (Teil-)Transfer hin zu überprüfen.

2. Methoden und Praxen der Sozialen Arbeit: In Bezug auf konkrete Methoden und Praxen der SozArb sind die Unterschiede zwischen den Ländern evident. Zunehmend ergeben sich aber dort Konvergenzen, wo es darum geht, rechtsstaatlich garantierte soziale Dienstleistungen vor dem Hintergrund fachlicher Standards zu erbringen. Dies ist etwa im Bereich des care/case management der ASD oder im Bereich des risk management der Fall, wo von den SozArb/SozPäd nicht nur erwartet wird, dass sie methodisch fundiert vorgehen, sondern auch, dass sie die eigene Arbeitsweise transparent und nutzerfreundlich gestalten. Auch hier erscheinen (Technologie-)Transfers nicht nur möglich, sondern aus rechtlichen und moralischen Überlegungen sogar zwingend erforderlich.

3. Selbstverständnis und Funktion der Sozialen Arbeit: Die Herausforderungen an die Praxis der SozArb machen ein Mehr an Professionalität erforderlich: Eine Diskussion über die Weiterentwicklung der sozialen Sicherungssysteme und der SozArb findet inzwischen in allen europäischen Ländern statt. Schwindende Ressourcen und eine allgemein geringer werdende gesellschaftliche Akzeptanz gegenüber sozialen Hilfen verlangen von SozArb verstärkte Anstrengungen, um ihre Legitimität, Plausibilität und Effektivität zu belegen. Doch damit werden aber auch ihre Schwächen immer deutlicher. Denn SozArb kann unter den Bedingungen hoch entwickelter Gesellschaften, die immer weniger Solidarität erzeugen (da sie Nicht-Identität tolerieren) und dadurch immer mehr Exklusion zulassen, kein Garant mehr für die Integration in das „Soziale" sein. Ihr bleibt – will sie weiter ihrem Auftrag treu bleiben – nichts anderes übrig, als sich als ein modernes System zu etablieren, das deutlich macht, was es leisten kann und was es nicht leisten kann. Natürlich wird dies dazu führen, dass die SozArb hohe professionelle Standards entwickelt und dass zugleich Formen der Selbst- und Ehrenamtlichenhilfe einen neuen Stellenwert erhalten. Gerade auf einer solchen Ebene erscheinen europäische Vergleiche sinnvoll, wodurch auf Dauer die Generierung eines gemeinsamen Grundverständnisses und eines gemeinsamen ethischen Codes sowie die Entwicklung von „best-practice"- bzw. „evidence-based practice"-Modellen möglich wird.

4. Ausbildungsformen und Ausbildungsniveaus: Die Ausbildung der SozArb muss in Europa weiter angeglichen werden *(Soziale Berufe)*:

Geht man davon aus, dass eine hoch entwickelte Praxis von SozArb in allen europäischen Ländern auf Dauer unverzichtbar ist, dann kommt man nicht umhin, die enormen Unterschiede zwischen den einzelnen europäischen Ländern im Hinblick auf die Ausbildung zum SozArb als problematisch bzw. kontraproduktiv zu beklagen. Während etwa in Finnland ein zukünftiger SozArb ein fünfjähriges Universitätsstudium zu absolvieren hat, genügt dazu in Frankreich eine dreijährige Ausbildung, und während es in Großbritannien vielfältige Möglichkeiten zum Weiterstudium im Bereich der SozArb einschließlich eines Promotionsstudienganges gibt, ist dies in Deutschland bisher – nach einem vierjährigen Fachhochschulstudium – nur nach einem weiterführenden universitären Studium der Pädagogik, Soziologie, Politikwissenschaft etc. vorgesehen.

Unter der Annahme, dass sich solche Unterschiede auf Dauer beheben lassen (zumal derzeit ja auch BA- und Master-Studiengänge im Bereich der SozArb entstehen), stellt sich jedoch eine weitere Frage: Wie kann eine immer stärker akademisierte Ausbildung von Sozialpädagogen und Sozialarbeiterinnen noch von der Praxis als hilfreich angenommen werden, nachdem die Hochschulen doch eine Fülle und Komplexität an Erkenntnissen, Erfahrungen und Daten zu erfassen und zu verarbeiten haben?

5. Theoriebildung und Forschung: Europäische SozArb brauchen zur Sicherung eines hohen fachlichen Niveaus eine anschlussfähige Wissenschaftsdiskussion: Die insbesondere in Deutschland diskutierte Problematik der Konstitution einer Disziplin Sozialarbeitswissenschaft und der damit verbundenen Schwierigkeit, den Gegenstand der SozArb wissenschaftlich zweifelsfrei zu bestimmen, sollte nicht länger bedauert, sondern im Lichte europäischer Perspektiven als wachsende Herausforderung und Chance gesehen werden. Immerhin verfügt die akademische *Sozialarbeitswissenschaft* nicht nur in England, sondern auch in den nordischen und teilweise auch in den osteuropäischen Ländern über eine langjährige Theoriebildungs- und Forschungstradition, an die nicht nur Deutschland, sondern auch viele andere, v. a. die kontinentaleuropäischen Länder, dringend anknüpfen sollten. Gerade weil die SozArb regional und national nie eine starke Theorie und Praxis wird entwickeln können, ist eine europäische und internationale Anschlussfähigkeit der Disziplin unverzichtbar *(Theorie der Sozialarbeit/ Sozialpädagogik, Forschung).*

S

6. Entwicklung europäischer Standards: Der zunehmende Einfluss der Politik der EG und der Rechtssprechung des Europäischen Gerichtshofes auf die Berufspraxen in den einzelnen Mitgliedsländern machen auf Dauer auch für den Bereich der SozArb die Formulierung von gemeinsamen europäischen Standards (und damit auch von gemeinsamen Methoden und Prinzipien) unerlässlich. Außerdem erfordern zunehmende Wanderungsbewegungen innerhalb der EG, die Arbeit mit Flüchtlingen und Asylsuchenden aus fernen Ländern sowie sich damit einstellende neue soziale Problemlagen von den einzelnen nationalen SozArb europäisches Wissen und eine vertiefte Auseinandersetzung mit den unterschiedlichen Kulturen. Um dies zu entwickeln, verlangen die unterschiedlichen Theorien und Praxen der SozArb in Europa nach Anschlussfähigkeit, Vernetzung und Kooperation. Die europäische SozArb muss sich hier sowohl auf wissenschaftlicher als auch auf standespolitisch-professioneller Ebene positionieren, um so ihren Beitrag zu einem sozialen Europa zu leisten.

Ausblick

Auch wenn hier zunächst vor einer Euphorie in Sachen europäischer SozArb gewarnt wurde, kann insgesamt gesehen ein Blick auf paneuropäische Entwicklungen im europäischen Feld von SozArb optimistisch stimmen. Denn allerorten sind entsprechende Tendenzen zu beobachten – sei es den zunehmenden Austausch von Studierenden, etwa im Rahmen von Auslandssemestern oder Berufspraktika und den flankierenden Abbau bürokratischer Erschwernisse seitens ihrer Ausbildungsinstitute und Prüfungsämter, sei es die Konzeptualisierung berufspraktischer Zusammenarbeit mit länderübergreifendem Hintergrund oder seien es die Aufgeschlossenheit und Einsicht in den europäischen Gedanken, wie er sich in supranationalen Netzwerken und Arbeitsgemeinschaften äußert, oder sei es die Etablierung europäischer Social-work-Masterstudiengänge. Einer sich in der Entwicklung befindenden vergleichenden Sozialarbeitswissenschaft kommt dabei die Aufgabe zu, diese Tendenzen zu dokumentieren, zu beforschen, zu begleiten und zu evaluieren, damit sich auch entwickeln kann, was im zukünftigen Europa gebraucht wird, nämlich „European Social Work".

Ria Puhl/Peter Erath

Literatur

St. Borrmann/M. Klassen/Chr. Spatscheck (Eds.): International Social Work. Social Problems, Cultural Issues and Social Work Education. Opladen & Farmington Hills 2007 ◆ J. Csoba/G. Graßhoff/ F. Hamburger (Hrsg.): Soziale Arbeit in Europa. Diskurse der Sozialarbeit, Europäisierung, soziale Bewegungen und Sozialstaat, Schwalbach am Taunus 2014 ◆ P. Erath: Soziale Arbeit in Europa. Fachliche Dialoge und transnationale Entwicklungen. Stuttgart 2011 ◆ P. Erath: Soziale Arbeit in Europa – Europäische Sozialarbeit? In: B. Benz/J. Boeckh/ H. Mogge-Grotjahn (Hrsg.): Soziale Politik – Soziale Lage – Soziale Arbeit. Wiesbaden 2010, 225–244 ◆

P. Erath/B. Littlechild (Eds.): Social Work across Europe. Accounts from 16 Countries. ERIS Monographs Vol. I, Ostrava 2010 ◆ G. Friesenhahn/A. Kniephoff-Knebel: Europäische Dimensionen Sozialer Arbeit, Schwalbach 2011 ◆ W. Lorenz: Möglichkeiten einer europäischen Sozialen Arbeit, in: Soziale Arbeit: Gesellschaftliche Bedingungen und professionelle Perspektiven, hrsg. von S. Müller, Neuwied/Kriftel 2000, S. 61–78 ◆ R. Puhl (Hrsg.): Soziale Arbeit in Europa. Weinheim/München 2016 (im Erscheinen) ◆ R. Puhl/U. Maas (Hrsg.): Soziale Arbeit in Europa. Organisationsstrukturen, Arbeitsfelder und Methoden im Vergleich, Weinheim/München 1997 ◆ B. Schulte: Soziale Dienste und Europäische Union – ein Problemaufriss, in: Grenzüberschreitende soziale Dienste/Sozialarbeit, Observatorium für die Entwicklung der sozialen Dienste in Europa, hrsg. v. Institut für Sozialarbeit und Sozialpädagogik e. V., Frankfurt/M. 2002.

Link

www.soziale-dienste-in-europa.de

Soziale Arbeit in Österreich

Die österreichische Gesellschaft

Österreich (Ö.) hat in der zweiten Hälfte des 20. Jh. einen bemerkenswerten ökonomischen Aufstieg erfahren, der sich allerdings in den Jahren seit der globalen Wirstchaftskrise 2008 abschwächte. Nach der Niederlage des Nationalsozialismus setzte sich eine sozialpartnerschaftliche Politik durch, die durch die Zusammenarbeit der wichtigsten gesellschaftlichen Kräfte, v. a. der Arbeitgeber- und Arbeitnehmerverbände, gekennzeichnet war. Diese monopolisierten über lange Zeit auch den sozialpolitischen Diskurs. Die sog. Sozialpartnerschaft stellte neben der außenpolitischen Neutralität schließlich sogar ein zentrales Element des Staatsbewusstseins, der nationalstaatlichen Identität dar. Im europäischen Vergleich besticht Ö. durch relativ geringe Arbeitslosigkeit und die Abwesenheit von Arbeitskämpfen. Seit 2010 verschlechtern sich allerdings einige makroökonomische Kennzahlen und die Arbeitslosigkeit steigt kontinuierlich. 1995 trat Ö. der Europäischen Union bei und gehört seither zu den ökonomisch erfolgreichsten Ländern der Gemeinschaft.

Ö. hat 2016 rd. 8,7 Mio. Einwohner/innen. Die Lebenserwartung bei der Geburt liegt für Männer bei 78,9 und für Frauen bei 83,7 Jahren. 1,5 Mio. Männer und Frauen, das sind 17,3 %, sind außerhalb Ö. geboren.

Erwerbsarbeitszentrierte Ansprüche wurden durch die Jahrzehnte systematisch ausgebaut, während die Leistungen für Personen, die keine durchgängige Erwerbsbiografie aufweisen, vergleichsweise dürftig waren und blieben. Dies zeigt sich unter anderem im Pensionssystem, das für Beamte und Personen mit gutem Einkommen und durchgängiger Erwerbsbiografie sehr beachtliche Absicherungen zur Verfügung stellte und ein außergewöhnlich niedriges faktisches Pensionsantrittsalter ermöglichte. Viele Frauen und andere am Arbeitsmarkt benachteiligte Gruppen erreichten allerdings nicht einmal die gesetzliche Mindestpension. Die demographischen Veränderungen (Zunahme des Bevölkerungsanteils über 60 Jahre) erzwingen allerdings derzeit Änderungen im Pensionssystem, die, wie es aussieht, nicht zu einer Besserstellung der bisher schon benachteiligten Gruppen führen werden.

Das politische System war lange Zeit durch die Kooperation der Eliten der dominanten christlich-sozialen Volkspartei und der Sozialdemokratischen Partei gekennzeichnet. Klientilismus und eine sorgsame Aufteilung der Machtsphären sorgten für einen im internationalen Vergleich hohen Organisationsgrad der politischen Parteien und eine Unterentwicklung der nicht-parteigebundenen zivilgesellschaftlichen Akteure. Wie auch in anderen Staaten erodierte jedoch die Basis der Volksparteien, deren Stimmenanteil inzwischen auf je 22 bis 30 % zurückging. Die rechtspopulistische Freiheitliche Partei Österreichs (FPÖ) aktiviert inzwischen regelmäßig ein beachtliches Wählerpotenzial und konkurriert mit den traditionellen Parteien quantitativ auf Augenhöhe. Die Grünen haben sich etabliert, konnten auf Bundesebene bisher aber noch nie in eine Regierung einziehen. Links von der Sozialdemokratie konnte sich seit Jahrzehnten keine Partei etablieren.

Ö. ist ein föderalistisch verfasster Bundesstaat. Die Kompetenzverteilung zwischen Bund und Ländern weist beträchtliche Unterschiede zum System Deutschlands auf, v. a. in den für das Sozialwesen relevanten Bereichen. Zum Beispiel sind die Sozialhilfegesetze und die Behindertengesetze Sache der neun Länder. Dementsprechend differieren sowohl gesetzliche Bestimmungen als auch die Sozialhilfepraxis und die Richtsätze beträchtlich. Seit der Einführung der sog. Bedarfsorientierten Mindestsicherung 2010 gelten jedoch bundesweit einheitliche Sätze für zahlreiche bisherige Bezieher/innen der Sozialhilfe. Die Mindestsicherung führt die frühere Sozialhilfe mit Leistungen aus der Arbeitslosenversicherung zusammen und soll den Einstieg der Bezieher/innen in den Arbeitsmarkt mittels Case Management fördern. Trotzdem bleiben nennenswerte Unterschiede in der Handhabung durch die Länder bestehen.

In einem anderen bedeutenden Bereich des Sozialwesens, der Kinder- und Jugendhilfe, obliegt dem Bund die Grundsatzgesetzgebung, während die Länder auf der Basis des Bundesgesetzes präzisierende Landesgesetze zu erlassen haben. Mehrere medial stark beachtete Fälle von letalen (zum Tode führender) Kindesmisshandlungen bei aufrechter Betreuung durch Jugendämter führten in den letzten Jahren zu Diskussionen über eine Neufassung des Jugendwohlfahrtsgesetzes. 2013 wurde es schließlich durch ein völlig neu gefasstes Kinder- und Jugendhilfe-Gesetz abgelöst. Erstmals in Ö. wurde die Beteiligung der Kinder und der Eltern bei einer Hilfeplanung gesetzlich verankert, allerdings besteht weiterhin kein Rechtsanspruch auf Erziehungshilfen. Es wurden die Grundlagen für eine bundesweite Kinder- und Jugendhilfe-Statistik gelegt und das 4-Augen-Prinzip bei der Gefährdungsabklärung verankert.

Bereits 1989 ist das „Züchtigungsverbot", also das Verbot, Kindern zum Erreichen von Erziehungszielen körperliches oder seelisches Leid zuzufügen, eingeführt wurden Kinder- und Jugendanwaltschaften geschaffen.

Das österreichische System der Kinder- und Jugendhilfe umfasst einen kleineren Bereich als die KJH in Deutschland. Offene Jugendarbeit, außerschulische Bildungsarbeit und die Vorschulpädagogik sind nicht durch das Kinder- und Jugendhilfegesetz geregelt und es gibt dafür keine Bundeszuständigkeit.

Bundesländerweise sehr unterschiedlich erfolgte der Ausbau Sozialer Dienste im Zuständigkeitsbereich der Kinder- und Jugendhilfe (z. B. der Familienintensivbetreuungsmodelle) in Kooperation mit Freien Trägern.

Erst in den letzten Jahren werden Modelle des New Public Managements in der Jugendhilfe erprobt. Charakteristisch vor allem für die ländlichen Regionen in Ö. ist der immer noch große Einfluss der Bezirksverwaltungen, namentlich der Bezirkshauptmänner, auf die Praxis der Jugend- und Sozialämter.

Pflegegeld
In Ö. wurde 1993 eine Pflegegeldregelung eingeführt. Nach ärztlicher Begutachtung können pflegebedürftige Personen Pflegegeld beziehen. Nach Einführung entwickelte sich rasch ein Markt an Dienstleistern für Pflegedienste. Das Pflegegeld kann allerdings auch für die Bezahlung von Pflegeleistungen durch Angehörige verwendet werden. Bestrebungen, es in einen Pflegescheck umzuwandeln, der dann nur bei anerkannten Sozialen Diensten eingelöst werden könnte, wurden nach heftigem Widerstand von Betroffenenorganisationen wieder eingestellt.

Frauen
Während die Berufschancen für Frauen weiterhin von einer Diskriminierung am Arbeitsmarkt zeugen und die Einkommensstatistik gravierende Unterschiede in den Verdienstmöglichkeiten ausweist, wurden beim Schutz von Frauen vor männlicher Gewalt einige Fortschritte erzielt. Das Wegweiserecht (seit 1997) und die Installierung von Interventionsstellen gegen Gewalt in der Familie verbesserten die Möglichkeiten der Exekutive zum Schutz von Frauen vor gewalttätigen Lebenspartnern.

Eherecht
Wie in anderen europäischen Ländern stieg auch in Ö. die Scheidungsrate bis 2007 stetig und liegt 2014 nach einem leichten Rückgang bei 42 %, mit dem üblichen Gefälle zwischen Stadt und Land. Seit 2001 gilt automatisch die gemeinsame Obsorge über die Kinder nach der Scheidung der Ehe der Eltern. allerdings kann eine Vereinbarung über die alleinige Obsorge eines Elternteils vorgelegt werden. Mediation wird bei den Gerichten angeboten.

Gleichgeschlechtliche Paare
Die Rechtsstellung von gleichgeschlechtlichen Paaren ist in Ö. noch immer mangelhaft, Möglichkeiten der Registrierung von Lebensgemeinschaften wurden inzwischen geschaffen. Bis vor kurzem galt noch eine Diskriminierung schwuler sexueller Beziehungen: Das für heterosexuelle und lesbische Beziehungen geltende Schutzalter von 14 Jahren war für männliche homosexuelle Beziehungen mit 18 Jahren festgeschrieben. Auch konsensuelle schwule Beziehungen zwischen Jugendlichen und Erwachsenen führten zu Verurteilungen. Erst ein Urteil des Verfassungsgerichtshofs erzwang 2002 die Streichung des einschlägigen Paragraphen. 2015 erklärte der Verfassungsgerichtshof auch das Verbot der Adoption durch gleichgeschlechtliche Paare für verfassungswidrig.

Justiz: Diversion
Modelle der Diversion erhöhten die Bedeutung der Sozialen Arbeit in der Justiz. Der ‚Verein für Bewährungshilfe und Soziale Arbeit', heute ‚Neustart', war seit den 1970er-Jahren des 20. Jh. Mo-

tor für Reformen im Strafrecht. Er organisierte im Auftrag des Justizministeriums die Bewährungshilfe auf Basis eines beziehungsorientierten Casework-Ansatzes und entwickelte das auch international beachtete Modell des „Außergerichtlichen Tatausgleichs“ als Alternative zur strafrechtlichen Verurteilung. 2014 wurde die „Sozialnetzkonferenz“ nach dem Muster des Familienrats als Regelangebot bei Haftentlassungen und Untersuchungshaft eingeführt.

Drogenpolitik
Die österreichische Drogenpolitik orientiert sich am Prinzip von ‚Hilfe statt Strafe‘, nimmt aber durchgehend eine ablehnende Haltung zur Legalisierung oder kontrollierten Abgabe von illegalen Suchtmitteln ein. Dagegen wurden Substitionsprogramme mit einigem Erfolg ausgebaut.

Migration
Der Anteil der nicht-österreichischen Staatsbürger/innen an der Wohnbevölkerung überstieg 2008 erstmals die 10 %-Marke, 2016 beträgt er 14,6 %. An die 18 % der Wohnbevölkerung hat einen Geburtsort außerhalb Österreichs. In der rasch wachsenden Hauptstadt Wien betragen die Anteile 24 % bzw. 36 %. Besonders problematisch ist die Situation der Asylwerber/innen, von denen viele durch eine restriktive Politik keine legalen Möglichkeiten haben, ihren Lebensunterhalt zu bestreiten. Die österreichische Flüchtlingspolitik geriet in den letzten Jahren ins Kreuzfeuer der Kritik von nationalen und internationalen NGOs. Ähnlich wie Deutschland nahm Ö. 2015 zahlreiche AsylwerberInnen (ca. 100 000) aus Syrien, Irak und Afghanistan auf und hatte große Schwierigkeiten mit einer adäquaten Registrierung und Versorgung. Die Integration jener Menschen, die voraussichtlich auch in den nächsten Jahren via Fluchtbewegungen nach Ö. kommen werden, stellt eine große Herausforderung dar, allerdings auch eine Chance für ökonomisches Wachstum und ein Bremsen des Prozesses der strukturellen Alterung der Bevölkerung.

Zur Geschichte der Sozialen Arbeit in Österreich
Die Geschichte der professionellen Sozialarbeit beginnt in Ö. mit der Gründung der ersten Ausbildungseinrichtung durch Ilse Arlt 1912, die selbst als Theoretikerin der Sozialen Arbeit hervortrat. In ihren Schriften entwickelte sie eine Lehre von den Bedürfnissen. Die soziale Berufstätigkeit wurde in der ersten Republik vor allem im ‚Roten Wien‘ zügig ausgebaut. Die sozialdemokratische Sozialpolitik Wiens verstand sich als Gegenmodell zur christlich-sozial dominierten Bundespolitik. Ein damals ehrgeiziges Wohnbauprogramm, die Errichtung von Kindergärten, der Ausbau der Familienfürsorge, von Mütterberatungsstellen und der Erziehungsberatung waren in ein Programm der Gesundheits- und Hygieneerziehung eingebunden. Für die Entwicklung der Sozialpädagogik war die Arbeit von August Aichhorn, einem Schüler Sigmund Freuds, wegweisend. Aufbauend auf die Freudsche Lehre von der psychischen Entwicklung versuchte er verwahrlosten Kindern und Jugendlichen in der zu professionalisierenden Heimerziehung Nachreifung zu ermöglichen. Auf ihn geht auch die Konzeptualisierung tiefenpsychologisch orientierter Erziehungsberatung zurück. Das Wiener sozialpolitische Modell wurde 1934 durch den Austrofaschismus beendet, 1938 wurde Ö. gewaltsam in das Deutsche Reich eingegliedert. Die Indienstnahme des Sozial- und Gesundheitswesens durch die nationalsozialistischen Machthaber fand ihren Ausdruck in der Zuarbeit der Fürsorgestellen zur Selektion von ‚Asozialen‘ und ‚lebensunwertem Leben‘. Erst sehr spät wurde im Nachkriegsösterreich die Tötung von Behinderten in Hartheim und an der Wiener psychiatrischen Klinik ‚Am Steinhof‘ öffentlich thematisiert.

In der zweiten Hälfte des 20. Jh. wurde parallel zum wirtschaftlichen Aufstieg Österreichs auch die soziale Versorgung kontinuierlich ausgebaut. Dem steigenden Bedarf an gut qualifiziertem Personal wurde erst sehr spät durch die Umwandlung der Fürsorgeschulen zuerst in – vorerst noch zweijährige – ‚Lehranstalten für gehobene Sozialberufe‘, dann 1985 in 3-jährige ‚Akademien für Sozialarbeit‘ Rechnung getragen. Wie in Deutschland waren es vorerst Heimkehrerinnen aus Großbritannien und den USA, die die demokratischen Grundgedanken des Case Work in Österreich verbreiteten und durch ihre Lehr- und Fortbildungstätigkeit in der Profession verankerten. Die Gedanken von Rosa Dworschak und anderen prägten Institutionen wie die Individualhilfe des Wiener Sozialamts und die Bewährungshilfe. In den 1970er-Jahren waren es der serviceorientierte Ausbau der klassischen Institutionen der Sozialarbeit und die Nachwirkungen der Kritik der Student/innenbewegung, die Entwicklungsimpulse brachten.

Auch in Ö. waren bis zumindest in die 1970er-Jahre in der Heimerziehung Menschenrechtsverletzungen weit verbreitet. Eine Aufarbeitung erfolgte erst in den letzten Jahren.

In den 1980er-Jahren entstanden durch eine offensive Arbeitsmarktpolitik zahlreiche Projekte und Kleininstitutionen, die das Selbstverständnis der Profession nachhaltig in Richtung einer Hinwendung zu zivilgesellschaftlichem Engagement verändern sollten. In den letzten beiden Jahrzehnten des 20. Jh. diversifizierte sich auch in Ö. das Tätigkeitsfeld der Sozialen Arbeit. Der Ausbau von Jugendzentren, nachgehender Jugendarbeit, Kinderschutzzentren, Frauenspezifischer Angebote, einer regionalisierten Psychiatrie, von Schuldnerberatungsstellen und zahlreichen anderer spezialisierteren Einrichtungen ließ die behördlich organisierte Sozialarbeit in den Hintergrund treten.

Das Wachstum des Sozialen Sektors ist auch in den ersten beiden Jahrzehnten des 21. Jahrhunderts ungebrochen. Begleitet wird es allerdings durch einen massiven Kostendruck und die Ausweitung niedrig bezahlter Arbeit.

Institutionen

In Ö. spielten und spielen die staatlichen oder staatsnahen Institutionen in vielen Bereichen der Sozialen Arbeit immer noch eine dominante Rolle. Das Subsidiaritätsprinzip fand z. B. in der Jugendwohlfahrt erst in den späten 1980er-Jahren eine erste gesetzliche Verankerung und führte mit einiger zeitlicher Verzögerung zu einem Ausbau von Angeboten, die nicht direkt durch die Gebietskörperschaften organisiert sind. Die Jugend- und Sozialämter sind bei den Bezirksverwaltungsbehörden angesiedelt. Während die Sozialämter größtenteils mit Verwaltungsbeamten besetzt werden, sind zwar in den mit der Familienfürsorge betrauten Jugendämtern bzw. Jugendabteilungen durchwegs Sozialarbeiter/innen tätig, vielfach jedoch noch unter fachfremder Leitung. Das Professionalisierungsniveau kann als eher gering angesehen werden. Der Ausbau von sozialpädagogischen Familienhilfen und ähnlichen Diensten der Jugendwohlfahrt geht mit einem Rückzug der behördlichen Sozialarbeit aus intensiveren Betreuungszusammenhängen einher.

Staatsnahe Institutionen

In einzelnen Bereichen entstanden Organisationen zur Erledigung gesetzlicher Aufgaben, deren Aufbau von den jeweils zuständigen Ministerien gezielt gefördert wurde und die, wenn sie auch nicht direkt in die Verwaltung eingebunden sind, in einem besonderen Verhältnis zur Bundesverwaltung stehen. Erwähnenswert sind hier neben Neustart noch Sachwalterschaft und Patient/innenanwaltschaft (im Bereich der Psychiatrie).

Nichtregierungsorganisationen/NGOs

Unter den nicht-staatlichen Organisationen des Sozialwesens spielt im katholischen Ö. (73,6 % der Österreicher/innen sind katholisch, nur 4,7 % evangelisch) erwartungsgemäß die Caritas eine herausragende Rolle. Sie fungiert als Trägerin vieler Institutionen des Sozialwesens und beteiligt sich aktiv an der sozialpolitischen Diskussion. Im Zuge der Ausweitung der Sozialen Dienste wie Heimhilfe, Hauskrankenpflege, Essen auf Rädern u. ä., vor allem im Gefolge des Pflegegeldgesetzes, wuchs die Bedeutung der freien Träger im österreichischen Sozialwesen beträchtlich. Weitere bedeutende freie Träger sind das Hilfswerk, die Volkshilfe, das Rote Kreuz und die Diakonie. Dazu kommen noch spartenspezifische Organisationen wie Pro Mente (Psychiatrie), Lebenshilfe (Behinderung), Rettet das Kind (Jugendwohlfahrt) etc. Charakteristisch auch hier, dass nahezu alle überregional bedeutenden NGOs im Umfeld von Kirchen oder Parteien entstanden sind und immer noch ein Naheverhältnis zu diesen pflegen. Der Anteil der Eigenfinanzierung durch Spenden, Fundraising oder finanzielle Leistungen der Klient/innen ist relativ gering, während der direkten oder indirekten Finanzierung durch die öffentliche Hand eine große Bedeutung zukommt.

Für die Entwicklung des Stellenwerts und der Professionalität sozialer NPOs war die Tätigkeit des Instituts für Sozialpolitik an der Wirtschaftsuniversität Wien unter Leitung von Christoph Badelt in den 1990er-Jahren bedeutend. Hier entstand der erste postgraduale Universitätslehrgang für Sozial-Management und aus dem Institut stammen zahlreiche Studien über die Organisation und Bedeutung des Non-Profit-Sektors.

Soziale Bewegungen

Die Sozialen Bewegungen entwickelten sich in Österreich in den 1980er- und 1990er-Jahren im Gleichklang mit dem westlichen Europa, wobei die Grün-Bewegung früh besondere gesellschaftspolitische Relevanz erlangte (Anti-Atom-Volksabstimmung) und die Frauenbewegung beachtliche Erfolge in Teilbereichen erzielen konnte. Die Institutionalisierung der Grün-Bewegung (Partei, div. Institute mit halboffiziellem Charakter, straff organisierte NGOs wie z. B. Greenpeace) ist weit fortgeschritten. Ein spezieller Kristallisationspunkt für zivilgesellschaftliches – im weiteren Sinne politisches – Engagement war in den 1990er-Jahren der Aufstieg der rechtspopulistischen FPÖ („Freiheitliche Partei Österreichs“) mit ihrer ressentimentgeladenen und fremdenfeindlichen Propaganda. In der Abwehr gegen die weitere

Verschlechterung des Asylrechts und der Rechtsstellung von Nicht-Eu-Bürger/innen entstanden NGOs und Netzwerke wie ‚SOS Mitmensch', die sich vor allem mit sozialen Fragen beschäftigen.

Einige Netzwerke sind bemüht, die sozialpolitische Diskussion in Ö. zu beeinflussen und vernetzen Akteure des Sozialwesens. Erwähnenswert sind u.a. die Armutskonferenz und die BAG für Wohnungslosenhilfe.

Ausbildungslandschaft

Das österreichische Sozialwesen weist einen vergleichsweise geringen Anteil an Beschäftigten mit hoher Qualifikation auf. Dafür gibt es einige Gründe: Sozialarbeit als potenzielle Leitprofession des Sozialwesens wurde bis 2001 nur auf sog. Akademien für Sozialarbeit gelehrt. Diese 3-jährige postsekundäre Ausbildung bildete innerhalb der akademischen Ausbildungslandschaft eine Sackgasse, da die Aufnahmevoraussetzungen zwar strenger waren als an Universitäten (Universitätsreife plus Auswahlverfahren bei limitierter Zahl der Studienplätze, während auf den österreichischen Universitäten kein Numerus Klausus gilt), der Abschluss als ‚Diplomsozialarbeiter/in' allerdings keine weiteren, darauf aufbauenden Studienmöglichkeiten eröffnete. Die künstlich gering gehaltene Zahl an graduierten Sozialarbeiter/innen (die Nachfrage nach Studienplätzen überstieg und übersteigt das Angebot um ein Vielfaches) behinderte auch die Ausweitung der Tätigkeitsfelder für sie. Schulsozialarbeit wird erst in den letzten Jahren ausgebaut, Betriebssozialarbeit, klinische Sozialarbeit etc. spielen in Österreich noch kaum eine Rolle.

Mit dem Aufbau eines Fachhochschulwesens wurde in Ö. erst in den 1990er-Jahren begonnen, wobei vorerst alleine technische und ökonomische Studiengänge installiert wurden. Die ersten (8-semestrigen) Diplomstudiengänge ‚Sozialarbeit' starteten 2001, sie ersetzten sukzessive die früheren Akademien. Während große Anstellungsträger auch Träger von Akademien waren (Länder, die Caritas), ist deren Einfluss auf die Fachhochschulen nun weniger direkt. Mit Ende des Dezenniums ist auch der Umbau in Richtung Bologna-Studienarchitektur abgeschlossen. 6-semestrige Bachelor- Studiengänge Soziale Arbeit und aufbauende 4-semestrige Master-Studiengänge wurden an 9 Fachhochschul-Standorten installiert. Die Master-Studiengänge weisen i.d.R. Schwerpunktsetzungen auf. An einigen Standorten (z.B. St. Pölten, Wien, Graz) wurden auch Forschungsinstitute oder sog. Transferzentren gegründet. Die Zahl der Studienplätze steigt langsam, bleibt jedoch deutlich hinter den Anforderungen des rasch wachsenden Praxissektors zurück.

Markant für Ö. ist die im Vergleich mit Deutschland geringe Bedeutung der universitären Sozialpädagogik. Der Bereich der ‚Erziehung' ist von dem des ‚Sozialen' deutlicher getrennt. Die meisten Ausbildungen, die heute einen ‚Sozialpädagogik'-Abschluss bieten, haben sich aus den Erzieher-Schulen entwickelt. Abschlüsse gibt es auf Fachabitur-Niveau (5-jährige Bildungsanstalten der Sekundarstufe oder 2-jährige Kollegs). An der Universität Graz kann ein Master-Studium, nicht jedoch ein Bachelor-Studium Sozialpädagogik absolviert werden, an der Universität Klagenfurt ein Masterstudium der Sozial- und Integrationspädagogik. In den letzten Jahren wurden in Oberösterreich und in St. Pölten bacheloränhnliche Hochschullehrgänge für Sozialpädagogik etabliert.

Profession

Der Österreichische Berufsverband Diplomierter Sozialarbeiter/innen mit Sitz in Wien bemüht sich seit 1998 um ein Berufsgesetz für die Soziale Arbeit, ähnlich Regelungen, die in Ö. u.a. für Psychologen/innen und Hebammen Geltung haben. Das Gesetz soll die Anerkennung der Profession sichern, sie gegen ‚Kurpfuscherei' schützen und ihr eine Standesvertretung geben. Regierungswechsel, Kompetenzstreitigkeiten zwischen Bund und Ländern sowie inhaltliche Probleme verhinderten bis dato aber einen Erfolg. Der Berufsverband veranstaltet im 2-Jahres-Rhythmus nationale Tagungen, die lange Zeit neben den branchenspezifischen Konferenzen die einzigen bundesweiten Foren der Profession darstellten.

2012 wurde die Österreichische Gesellschaft für Soziale Arbeit (ogsa) als fachwissenschaftliche Gesellschaft gegründet, die seither jährlich bundesweite Tagungen abhält und in derzeit 12 thematisch spezialisierten Arbeitsgemeinschaften den Diskurs zur Weiterentwicklung von Profession und Disziplin in Ö. organisiert.

Die Sektion Sozialpädagogik innerhalb der Österr. Ges. für Forschung und Entwicklung im Bildungswesen (ÖFEB) hält 2-jährliche Tagungen ab und fördert den sozialpädagogischen wissenschaftlichen Diskurs.

Nachbarberufe

Die Psychotherapie ist in Ö. seit 1990 gesetzlich geregelt, zahlreiche Sozialarbeiter/innen haben anerkannte Ausbildungen absolviert und sind auch als Therapeut/innen tätig. Derzeit sind 23 psychotherapeutische Methoden anerkannt.

Mehr als 8000 Personen sind in der Psychotherapeut/innenliste eingetragen, davon 71 % Frauen. Bei Vorliegen einer krankheitswertigen Störung (Diagnose nach ICD 10) haben Patient/inn/en die Möglichkeit, Kassenleistung für Psychotherapie in Anspruch zu nehmen. Die Kassen erstatten in diesen Fällen einen Teil des an PsychotherapeutInnen bezahlten Honorars.

‚Lebens- und Sozialberatung' wurde in den 1990er-Jahren des vorigen Jh. als gebundenes Gewerbe definiert, um den Wildwuchs an selbsternannten Lebenshelfer/innen – viele davon aus der Esoterik-Szene – zu kanalisieren und den Nachfrager/innen die Einhaltung qualitativer Mindeststandards garantieren zu können. Um zur Ausübung des Gewerbes berechtigt zu sein, muss nun ein Lehrgang im Ausmaß von 584 Einheiten absolviert werden. Lebens- und Sozialberater/innen sind seither auch als Arbeitnehmer/innen in Feldern der Sozialen Arbeit zu finden.

Auch die Berufsausübung als Psychologe/Psychologin beruht in Ö. auf einer einschlägigen gesetzlichen Grundlage, dem Psychologen/innengesetz. In ihm sind postgraduale Ausbildungsgänge zum Klinischen und Gesundheits-Psychologen geregelt, die von den Berufsverbänden angeboten werden. Der Berufsverband österreichischer Psychologen/-innen (BÖP) kämpft um eine Ausweitung des Einsatzbereichs von Psycholog/innen, immer wieder auch mit dem Versuch des Ausschlusses von Sozialarbeiter/innen aus bestimmten Berufsfeldern.

Seit 2007 gibt es österreichweit einheitliche ‚Sozialbetreuungsberufe-Gesetze' der Länder, in denen der Beruf „Sozialbetreuer/in" definiert und anerkannt wird. Die davor bestehenden Ausbildungen für die Behinderten-, Alten- und Familienarbeit wurden damit zu einem einheitlichen und modularen System zusammengeführt.

Publikationen

Lange Zeit blieb die Publikationstätigkeit zu Sozialer Arbeit und Sozialarbeitswissenschaft in Ö. gering. ‚Sozialarbeit in Österreich' als Vierteljahresschrift des Berufsverbandes ist die einzige Zeitschrift, die alle Praxisfelder der Sozialarbeit erreicht. Selbst wichtigen Feldern wie der Kinder- und Jugendhilfe fehlt ein bundesweites Informations- und Diskussionsorgan. Mit dem Ankommen der Sozialarbeit im Hochschulwesen ging auch eine Intensivierung der Publikationstätigkeit einher. Das wissenschaftliche Online-Journal soziales kapital (www.soziales-kapital.at) ist ein Kooperationsprojekt der Fachhochschul-Studiengänge Soziale Arbeit. Die Zahl der einschlägigen Buchpublikationen ist deutlich gestiegen – neben den Sozialpädagogischen Instituten der Unis Graz und Klagenfurt sind dafür vor allem die Sozialarbeits-Institute an den Fachhochschulen verantwortlich. Die Palette reicht von historischen Arbeiten (z. B. die von Maria Maiss besorgte kommentierte Neuauflage der gesammelten Schriften von Ilse Arlt sowie eine von der FH Joanneum Graz herausgegebene Reihe zu herausragenden Persönlichkeiten der österr. Sozialarbeitsgeschichte bis zu Sammelbänden über das Theorie-Praxis-Verhältnis und Reader zu Spezialthemen. Das Themenspektrum ist nicht untypisch für eine Disziplin, die erst seit kurzem akademisch geworden ist, sich ihrer selbst und ihrer Geschichte vergewissern muss und am Aufbau eines gedeihlichen Verhältnisses von Hochschule und Praxis arbeitet.

Peter Pantuček-Eisenbacher

Literatur

N. Dimmel/T. Schmid: Soziale Dienste in Österreich, Wien 2013 ◆ A. Heimgartner/U. Loch/St. Sting: Empirische Forschung in der Sozialen Arbeit, Wien 2012 ◆ M. Brandstetter/M. Vyslouzil (Hrsg.): Soziale Arbeit im Wissenschaftssystem, Wiesbaden 2010 ◆ Hauptverband der österreichischen. Sozialversicherungsträger (Hg.): Handbuch der österreichischen Sozialversicherung, Wien 2015 ◆ KOMDat 1/2016, 13–15: Kita-Betreuung in Deutschland und Österreich – ein statistischer Vergleich ◆ H. Spitzer: Soziale Arbeit in Österreich – eine Profession im Aufbruch, in: np 3/2010, 321–330.

Organisationen und Institutionen Sozialer Arbeit in Österreich

Armutskonferenz
www.armutskonferenz.at
Berufsverband Österreichischer Psychologen/innen
www.boep.or.at
Bundesarbeitsgemeinschaft für Wohnungslosenhilfe
www.bawo.at
Bundesministerium für Arbeit, Soziales und Konsumentenschutz
www.bmask.gv.at
Caritas Österreich
www.caritas.at
Diakonie
www.diakonie.at
Hauptverband der Sozialversicherungsträger
www.sozialversicherung.at
Katholische Sozialakademie Österreich
www.ksoe.at
Kinder- und Jugendanwaltschaften
www.kija.at

Lebens- und Sozialberatung
www.lebensberatung.at
Neustart
www.neustart.at
Österreichische Gesellschaft für Soziale Arbeit
www.ogsa.at
Österreichisches Hilfswerk
www.hilfswerk.at
Österreichischer Berufsverband Diplomierter Sozialarbeiter/innen
www.sozialarbeit.at
Österreichischer Bundesverband für Psychotherapie
www.psychotherapie.at
Österreichisches Institut für Familienforschung
www.oif.ac.at
Österreichische Vereinigung für Supervision
www.oevs.or.at
Österreichisches Rotes Kreuz
www.roteskreuz.at
Pro Mente Infirmis
www.promenteaustria.at
Rechtsinformationssystem des Bundes
www.ris.bka.gv.at
SOS Kinderdorf
www.sos-kinderdorf.at
SOS Mitmensch
www.sos-mitmensch.at
Statistik Austria
www.statistik.at
Verband der österreichischen Sozial- und Gesundheitsunternehmen
www.sozialwirtschaft-oesterreich.at
Vertretungsnetz – Sachwalterschaft, Patientenanwaltschaft, Bewohnervertretung
www.vsp.at
Volkshilfe
www.volkshilfe.at

Zeitschriften

Informationsdienst des Österreichischen Instituts für Familienforschung, erscheint 14-täglich
www.oif.ac.at
Interdisziplinäre Zeitschrift für Familienrecht
www.ifamz.at
Sozialarbeit in Österreich – Zeitschrift des OBDS
www.sozialarbeit.at
Soziale Sicherheit. Zeitschrift des Hauptverbandes der Sozialversicherungsträger.
soziales_kapital. Wissenschaftliches Journal der österreichischen Fachhochschul-Studiengänge Soziale Arbeit
www.soziales-kapital.at
Sozialpädagogische Impulse. Hrsg.: Bundesinstitut für Sozialpädagogik
www.sp-impulse.at

Soziale Berufe

Ein eindeutiger und geschützter Begriff „Soziale Berufe" existiert nicht. S. B. ist kein Begriff, der inhaltlich klar umrissen, intern wie extern akzeptiert ist und der durch eine mess- und zählbare Gruppe von Ausbildungsberufen und erwerbstätigen Personen präzise abgrenzbar wäre. S. B. sind weder gleichzusetzen mit den Absolventinnen sozialer Ausbildungen noch mit dem Personal in den Arbeitsfeldern der *Sozialen Arbeit* (Rauschenbach/Züchner 2015).

Soziale Berufe in Statistik und Gesetzen

Sucht man in der amtl. Arbeitsmarktstatistik nach s. B., so wird man annäherungsweise fündig. Begrifflich firmierten s. B. in der amtl. Statistik lange Zeit unter dem Terminus „sozialpflegerische Berufe". Dieser wurde dann bis zum Jahr 2011 durch den Oberbegriff „Soziale Berufe" ersetzt (Berufskennziffer „86"). Darin wurden im Wesentlichen jene Berufe zusammengefasst, die auch als s. B. bezeichnet werden können. Mit der neu eingeführten „Klassifikation der Berufe 2010" wurde die Berichterstattung über die Entwicklung von Berufen grundlegend umgestellt. Die verschiedenen Klassifikationen, die bisher der Beschäftigten- sowie der Arbeitslosenstatistik (Agentur für Arbeit/KldB 1988) und dem Mikrozensus (Statistisches Bundesamt/KldB 1992) zugrunde lagen, wurden zusammengeführt, um eine gemeinsame und begriffseinheitliche Basis für die berufsbezogenen amtlichen Statistiken zu schaffen. Wegen dieser Umstellung müssen Entwicklungen in den s. B. vor und nach 2011 getrennt betrachtet werden. Statistische Langzeitbeobachtungen über diesen Zeitpunkt hinweg werden vorerst allenfalls grob möglich sein, da keine exakte Umschlüsselung der neuen und alten Systematik möglich ist (Paulus/Matthes 2013).

Auch in den einschlägigen Gesetzen ist der Begriff der s. B. nicht eindeutig geregelt. So ist bspw. in § 72 SGB VIII nicht ausdrücklich die Rede von s. B. Wenn es um die Frage der Fachkräfte für die *Kinder- und Jugendhilfe* geht, heißt es: „Die Träger der öffentlichen JH sollen bei den JÄ und LJÄ hauptberuflich nur Personen beschäftigen, die sich für die jeweilige Aufgabe nach ihrer Persönlichkeit eignen und eine dieser Aufgabe entsprechende Ausbildung erhalten haben (Fachkräfte) oder aufgrund besonderer Erfahrungen in der sozialen Arbeit in der Lage sind, diese Aufgabe zu erfüllen" (§ 72 Abs. 1 S. 1 SGB VIII). Dieser Abschnitt zielt somit auf das in der KJH tätige Personal, ohne dezidiert von s. B., einzelnen Berufs-

S

abschlüssen oder zumindest ausschließlich von ausgebildeten Fachkräften der KJH zu sprechen (dazu die sehr sorgfältige und ausführliche Kommentierung von G. Schindler, in: Münder u. a. 2013, § 72 Rz 3–16).

Im SGB XII heißt es in § 6 Abs. 1 zu den Fachkräften: „Bei der Durchführung der Aufgaben dieses Buches werden Personen beschäftigt, die sich hierfür nach ihrer Persönlichkeit eignen und in der Regel entweder eine ihren Aufgaben entsprechende Ausbildung haben oder über vergleichbare Erfahrungen verfügen." So bleibt auch in den einschlägigen Fachgesetzen unklar, was und wer sich unter dem Begriff s. B. bzw. Fachkräfte verbirgt (Schellhorn/Hohm/Schneider 2015).

Insgesamt werden mit s. B. demnach zwei nicht-identische Personengruppen bezeichnet:

1) Auf der einen Seite umfasst dieser Begriff alle Angehörigen fachlich einschlägiger Ausbildungen:
   - etwa die Erzieher/innen der FS für Sozialpädagogik,
   - diplomierte SozArb/SozPäd der FHs und
   - universitäre Diplom-Pädagogen/innen mit dem Schwerpunkt Sozialpädagogik.

Das ist der innere Kern der s. B., die beiden letzten wurden im Zuge der Bologna-Reformen von 1999 bis zum Jahre 2010 in Bachelor- und Masterabschlüsse überführt.

- Dann aber auch die wachsende Zahl der Altenpfleger/innen, die Kinderpfleger/innen, Heilpädagogen/innen, Heilerziehungspfleger/innen, Dorf- und Familienhelfer/innen sowie alle sonstigen träger-, arbeitsfeld- und/oder landesspezifischen sozialen Berufsgruppen (z. B. Sozialassistenten/innen, Sozialpfleger/innen, Logopäden).

Dabei sind die Zugehörigkeit und die Grenzziehung, also die Frage danach, ab wann es sich um einen Gesundheits-, Pflege-, Sozial- oder Erziehungsberuf handelt, vielfach ebenso ungeklärt wie die Frage, ob in jedem Fall überhaupt von einer Fachkraftausbildung gesprochen werden kann.

2) Auf der anderen Seite werden den s. B. umstandslos alle erwerbstätigen Personen zugerechnet, die im Feld der SozArb erwerbstätig sind, unabhängig davon, ob sie über eine einschlägige bzw. zumindest eine berufliche Ausbildung verfügen.

Insofern bleibt der Begriff s. B. vorerst v. a. an seinen Rändern unscharf, wobei im Zentrum jedoch unstrittig die an FS, FHs und Universitäten ausgebildeten Berufsgruppen des (außerschulischen) Sozial- und Erziehungswesens stehen.

Wachstum der sozialen Berufe

Jenseits von Definitions- und Grenzziehungsfragen lässt sich für die s. B. seit fast 100 Jahren, insbesondere aber vor allem im letzten halben Jahrhundert, ein überdurchschnittliches Wachstum feststellen. Von einer nennenswerten Zahl erwerbstätiger Personen im Feld der SozArb kann ab den 1920er Jahren gesprochen werden. Im Rahmen der Volks- und Berufszählung von 1925 wurden erstmalig rd. 30 000 „Kindergärtnerinnen und Sozialbeamte" gezählt. 45 Jahre später, 1970, waren es allein im früheren Bundesgebiet 155 000 Personen, um dann bis zur Volkszählung im Jahre 1987 auf 410 000 Erwerbstätige in sozialpflegerischen Berufen anzusteigen. Seit dieser Zeit hat sich – keineswegs nur, aber auch durch das Hinzukommen der nBL – die Zahl weiter drastisch erhöht auf bis zuletzt knapp 1,4 Mio. sozialversicherungspflichtig beschäftigte Personen im Jahr 2011. Addiert man hierzu noch die Beamten, Selbstständigen sowie die nicht-sozialversicherungspflichtig Beschäftigten, so erhöht sich die Gesamtsumme des in den s. B. erwerbstätigen Personals – dies belegen die Zahlen des Mikrozensus – im Jahr 2011 auf rund 1,9 Mio. Personen.

Mit dieser Expansion wird für die s. B. innerhalb der „Dienste am Menschen" eine beispiellose Verlaufskurve sichtbar (Rauschenbach 1999a), die es angebracht erscheinen lässt, das 20. Jh. als „sozialpädagogisches Jahrhundert" zu beschreiben (Rauschenbach 1999b). „Gäbe es eine Hitliste der Berufe, die SozPäd zählten zu der Spitzengruppe: Jahr für Jahr wächst die Zahl der Beschäftigten um etliche tausend" (MatAB 3/90, 2), so ein Fazit der BA bereits Anfang der 1990er-Jahre, das in Anbetracht der seitherigen Entwicklung mehr denn je gilt. Ähnliche Entwicklungen lassen sich auch im internationalen Vergleich zeigen (Züchner 2006). Insbesondere die Kindertagesbetreuung trug in den letzten Jahren mit ihrer Wachstumsdynamik zu einer hohen Expansion der s. B. bei (Fuchs-Rechlin/Rauschenbach 2012).

Trotz dieser „Erfolgsgeschichte" sehen sich die Angehörigen s. B. bis heute einer doppelten Hypothek ausgesetzt. Einerseits werden die zu bewältigenden Aufgaben und Tätigkeiten in der Öffentlichkeit vielfach als vergleichsweise voraussetzungslose und qualifikationsarme Jedermannstätigkeiten angesehen; einer gründlichen und anspruchsvollen Qualifizierung bedürfe es, so die Argumentation, hierfür nicht. Andererseits existiert – wie in kaum einem anderen Beschäftigungssegment – neben den regulär Beschäftigten ein personalpolitischer Wohlfahrtsmix in Form von jungen Menschen in Freiwilligendiensten

(Autorengruppe Bildungsberichterstattung 2014), Praktikantinnen und Ehrenamtlichen *(Freiwilligendienste/Praktikum/Bürgerschaftliches Engagement)*. Diese Personengruppen außerhalb tariflicher Regelungen der s. B. verweisen darauf, dass der Bedarf an Menschen mit Zeit, Können und sozialem Engagement offenbar immer größer ist, als es der tariflich regulierte Arbeitsmarkt für s. B. erwarten ließe (Beher/Liebig/Rauschenbach 2000).

Freiwillig Engagierte sind nach der Aussetzung des Wehrdienstes und damit auch des Zivildienstes ab dem Jahr 2011 sowie der gleichzeitigen Einführung des Bundesfreiwilligendienstes (BuFDi) im Kontext der s. B. und in den Organisationen der freien Wohlfahrtpflege verstärkt ins Blickfeld geraten. Trotz der veränderten Rahmenbedingungen ist keine generelle Abnahme von freiwillig Engagierten zu beobachten (Backhaus-Maul u. a. 2015). Dies lässt sich bspw. für den Beschäftigungsbereich der Kindertagesbetreuung, in dem Freiwillige in Rahmen von FSJ/FÖJ oder BuFDi beschäftigt werden, beobachten (Peucker u. a. 2016). Die neuen Herausforderungen der Asyl- und Schutzsuchenden werden diesen Bedarf noch erheblich befördern.

Entwicklung der Erwerbstätigkeit in sozialen Berufen bis 2011

Wirft man einen Blick auf die Zusammensetzung der s. B., so lassen sich auf der Basis unterschiedlicher Datenquellen – getrennt für die Entwicklung bis 2011 und nach 2011 – einige wichtige Befunde festhalten (Tab. 1):

- In den letzten Jahrzehnten hat sich die Zahl der Erwerbstätigen ohne Ausbildung in den s. B. von einst knapp 20 % auf zuletzt stabil unter 9 % reduziert, während sich die Zahl der Beschäftigten mit einem Hochschulabschluss von knapp 11 % seit Mitte der 1980er-Jahre auf eine Größenordnung von etwas mehr als 14 % eingependelt hat. Diese Entwicklungen lassen sich eindeutig – wenn auch nicht in allen Arbeitsfeldern gleichermaßen – als Tendenz zur Verberuflichung und Verfachlichung der s. B. interpretieren.
- Sämtliche Datenquellen belegen, dass es sich bei den s. B. um Frauenberufe handelt. Konstant zwischen 80 % und 85 % der Erwerbstätigen – mit deutlich erkennbaren Unterschieden zwischen den Arbeitsfeldern – sind weiblichen Geschlechts.
- Innerhalb der s. B. ist der Bereich der Kindertagesbetreuung mit zuletzt rund 480 000 Beschäftigten das größte Arbeitsfeld *(Tageseinrichtungen für Kinder)*. Allerdings werden in der Summe seit 2001 mehr Personen in der BKZ „861“ gezählt als in „864“. Dies hängt damit zusammen, dass sich hier die traditionellen Felder der SozArb/SozPäd und der *Behindertenhilfe* mit dem stark expandierenden Feld der *Altenhilfe* vermengen.
- Deshalb ist es nicht sonderlich überraschend, dass – folgt man den Daten des Mikrozensus – die Erzieher/innen im Feld der s. B. die größte Einzelberufsgruppe stellen, dicht gefolgt von Altenpflegerinnen und – mit einigem Abstand – den Sozialpädagoginnen (Tab. 2). Andere Berufsgruppen spielen innerhalb der Gruppe der s. B. demgegenüber eine deutlich geringere Rolle. Gleichwohl haben diese anderen Berufsgruppen – wenn auch auf deutlich niedrigerem Ausgangsniveau – anteilsmäßig am stärksten zugelegt: v. a. die Fachkräfte in der Arbeit mit Behinderten sowie die Kinderpfleger/innen. Absolut am stärksten ausgeweitet hat sich unterdessen die Gruppe der Altenpfleger/innen, sowie die Zahl der Erzieher/innen, die sich jedoch im Vergleich zu den 1990er-Jahren aufgrund ihrer ohnehin starken Stellung und des starken Abbaus in Ostdeutschland anteilsmäßig nur noch geringfügig vermehrt hat. Allerdings gehen nicht alle Zunahmen bei der Zahl der beschäftigten Personen immer mit einer gleichumfänglichen Ausweitung des Stellenvolumens einher, da es sich oft um Stellenteilungen handelt, die sogar einen Stellenabbau verbergen können (Züchner/Schilling 2010).
- Anhand der Daten des Mikrozensus zeigt sich, dass in den s. B. die Gruppe der Teilzeitbeschäftigten stark angestiegen ist: Rund die Hälfte arbeitet bis zu 36 Stunden pro Woche; knapp 43 % arbeiten wöchentlich nur bis zu 31 Stunden. Diese Entwicklung, die unstrittig mit dem hohen Frauenanteil in den s. B. zusammenhängt, erreicht in einigen Arbeitsfeldern – etwa den Kindertageseinrichtungen oder der Altenpflege – Quoten, die sich mit Blick auf fachliche Standards als ambivalent erweisen (Fuchs-Rechlin 2011).
- Schließlich ist festzuhalten, dass die Mehrzahl der Beschäftigten in s. B. bei nicht-staatlichen, freien Trägern angestellt ist, so dass unter dem Strich – im Unterschied etwa zur Schule – die Länder oder Gemeinden vielfach nicht die wichtigsten Arbeitgeber für Beschäftigte in den s. B. sind.

Tab. 1: Entwicklung der sozialversicherungspflichtig Beschäftigten in sozialen Berufen nach Berufsordnungen und Ausbildungsniveau (1978–2011; ab 1997 inkl. neue Bundesländer)

Jahr	Sozialpflegerische Berufe BKZ 86			Sozialarbeiter/ Sozialpfleger* BKZ 861			Heimleiter/ Sozialpädagogen BKZ 862			Kindergärtnerin/ Kinderpflegerin BKZ 864		
	Insges.	dav.: Akad.	ohne Ausb.	Insges.	dav.: Akad.	ohne Ausb.	Insges.	dav.: Akad.	ohne Ausb.	Insges.	dav.: Akad.	ohne Ausb.
1978	246 434	10,7	19,6	59 547	20,4	25,5	49 632	18,4	12,9	129 804	3,1	19,6
1980	280 005	12,2	18,4	72 520	21,0	25,1	60 423	20,9	11,9	139 459	3,2	18,0
1985	339 313	14,5	17,3	103 292	20,2	25,0	79 848	26,1	9,2	149 488	3,4	16,6
1990	443 538	15,8	13,0	145 468	19,7	18,7	110 975	29,2	7,0	181 080	3,7	12,2
1991	479 018	15,6	12,9	158 592	18,9	19,0	119 533	29,3	6,9	194 690	3,8	11,7
1993	551 339	15,0	12,2	182 090	18,0	18,0	136 357	29,1	6,8	226 700	3,6	11,1
1995	622 839	14,6	12,2	209 391	16,8	17,8	150 178	29,5	6,6	267 309	3,4	10,6
1997	873 084	13,4	10,5	302 186	14,0	16,3	194 230	27,8	5,8	367 957	4,5	8,4
1999	916 550	13,3	10,1	340 017	13,2	15,5	206 104	28,1	5,6	361 331	4,4	7,7
2001	971 370	13,4	9,6	370 506	12,9	14,9	223 114	27,9	5,6	368 456	4,3	6,8
2003	1 025 668	13,4	9,4	393 382	12,7	14,7	237 947	27,8	5,7	382 982	4,2	6,3
2004	1 041 051	13,3	9,4	401 631	12,4	15,1	242 575	27,6	6,0	385 645	4,2	5,9
2005	1 060 065	13,4	9,4	408 106	12,4	15,2	245 396	27,7	6,0	393 003	4,4	5,6
2006	1 084 914	13,7	9,0	423 582	12,3	15,0	250 180	28,0	5,9	394 738	4,6	5,0
2007	1 117 455	14,0	9,0	442 444	12,2	14,8	256 250	28,1	5,9	399 143	4,8	4,9
2008	1 169 630	14,1	8,9	467 485	12,1	14,4	266 451	28,3	5,9	414 693	5,0	4,9
2009	1 242 627	14,2	8,6	501 959	12,0	13,9	279 426	28,5	5,9	436 830	5,2	4,5
2010	1 314 899	14,4	8,5	537 692	11,9	13,7	291 084	28,7	6,0	458 540	5,4	4,5
2011	1 376 230	14,4	8,6	570 440	12,0	13,9	296 291	29,0	5,5	482 847	5,7	4,5

* = Hierin enthalten ist auch die Altenpflege

BKZ = Berufskennziffern nach der Bundesagentur für Arbeit 1988

Quelle: ANBA, Sozialversicherungspflichtig Beschäftigte (Stichtag 30. Juni); eigene Berechnungen

Arbeitslosigkeit in sozialen Berufen

Trotz der enormen Zuwachsraten an Erwerbstätigen in s. B. und trotz einer deutlichen Ausweitung der Ausbildungsmöglichkeiten, der Ausbildungszahlen und der Zahl der Ausbildungsstätten für SozArb/SozPäd seit Ende der 1960er-*Jahre (Ausbildung, Ausbildungen)* war das Thema *Arbeitslosigkeit* seit den 1980er-Jahren eine permanente Begleiterscheinung der Diskussion um s. B. (Rauschenbach 1993). So hat sich die Zahl der arbeitslos gemeldeten Personen in den s. B. von rd. 10 000 Mitte der 1970er-Jahre in drei großen Wellen mit jeweiligen Höchstwerten in den Jahren 1988, 1997 und 2005 spürbar erhöht. Mit knapp 133 000 wurde 2005 ein Allzeithoch erreicht. Danach sank die Arbeitslosigkeit innerhalb der Gruppe der s. B. bis 2011 wieder kontinuierlich auf rund 77 000 Personen. Ab 2005 sind die Zahlen allerdings vor dem Hintergrund der Einführung des SGB II zu betrachten, wodurch Vergleiche mit den Vorjahren nur noch eingeschränkt möglich sind.

Allerdings sind diese Absolutzahlen aus mehreren Gründen mit Vorsicht zu verwenden. Zum einen ist darin auch eine nicht genau definierbare Anzahl von Unausgebildeten enthalten, die im Grunde nicht der Gruppe der s. B. zugerechnet werden können, da sie über keine einschlägige Ausbildung verfügen. Zum anderen muss die Entwicklung der Arbeitslosigkeit ins Verhältnis zu der auffälligen Dynamik des entsprechenden Arbeitsmarktes gesetzt werden, will man einen realitätsnahen Eindruck des relativen Risikos erhalten, innerhalb der s. B. arbeitslos zu werden. Wirft man daher einen Blick auf das Verhältnis

S

Tab. 2: Erwerbstätige in sozialen Berufen nach Berufsordnungen in Deutschland (1993–2011; Zahlen gerundet)

Jahr	Soziale Berufe insgesamt	Sozialpädago-g(inn)en	Heilpädagogen/innen	Erzieher/innen	Altenpfleger/innen	Dorfhelfer/innen, Familienpfleger/innen	Heilerzieher/innen	Kinderpfleger/innen	Sonstige soziale Berufe
	BKZ 86	BKZ 861	BKZ 862	BKZ 863	BKZ 864	BKZ 865	BKZ 866	BKZ 867	BKZ 869
1993	866 000	154 000	12 000	408 000	194 000	7 000	14 000	22 000	41 000
1995	950 000	180 000	16 000	410 000	213 000	7 000	17 000	30 000	61 000
1996	1 011 000	194 000	19 000	425 000	241 000	7 000	24 000	36 000	48 000
1997	1 039 000	202 000	19 000	417 000	254 000	8 000	26 000	43 000	53 000
1998	1 069 000	208 000	21 000	403 000	268 000	9 000	33 000	49 000	60 000
1999	1 133 000	223 000	23 000	415 000	294 000	7 000	34 000	56 000	62 000
2000	1 176 000	225 000	23 000	419 000	318 000	7 000	35 000	54 000	73 000
2001	1 215 000	228 000	24 000	435 000	333 000	9 000	42 000	52 000	69 000
2002	1 255 000	234 000	26 000	439 000	356 000	7 000	39 000	53 000	75 000
2003	1 295 000	235 000	26 000	452 000	373 000	9 000	42 000	60 000	72 000
2004	1 303 000	236 000	27 000	447 000	385 000	8 000	46 000	57 000	74 000
2005	1 394 000	255 000	34 000	465 000	397 000	7 000	56 000	57 000	92 000
2006	1 471 000	265 000	36 000	478 000	426 000	8 000	60 000	63 000	99 000
2007	1 535 000	278 000	36 000	487 000	445 000	8 000	64 000	66 000	115 000
2008	1 602 000	290 000	37 000	492 000	475 000	8 000	69 000	68 000	122 000
2009	1 692 000	304 000	37 000	519 000	493 000	9 000	75 000	73 000	140 000
2010	1 784 000	316 000	42 000	547 000	532 000	8 000	78 000	68 000	148 000
2011	1 914 000	333 000	39 000	596 000	573 000	9 000	85 000	70 000	156 000
Zuwachs '93–'11 n	1 048 000	179 000	27 000	188 000	379 000	2 000	48 000	48 000	115 000
%	+121 %	+116 %	+225 %	+46 %	+195 %	+29 %	+507 %	+218 %	+280 %

BKZ = Berufskennziffern nach der Klassifizierung des Statistischen Bundesamtes 1992

Quelle: Statistisches Bundesamt (Mikrozensus), Fachserie 1, Reihe 4.1.2. (verschiedene Jahrgänge und Sonderauswertungen); eigene Berechnungen

des Beschäftigtenvolumens zur Zahl der arbeitslos gemeldeten Personen in den s. B., dann zeigt sich, dass das relative Risiko einer Arbeitslosigkeit jeweils zur Mitte der letzten drei Jahrzehnte am höchsten war. Zugleich sank nach 2007 das Risiko, arbeitslos zu werden, bis 2011 wieder merklich unter die 10-Prozent-Schwelle. M. a. W.: Wegen der stark gestiegenen Zahl der Arbeitsplätze in den s. B. stellt sich die Arbeitsmarktsituation im Jahre 2011 als die günstigste der letzten 30 Jahre dar (Tab. 3).

Hinter dieser schwankenden Verlaufskurve der *Arbeitslosigkeit* verbergen sich drei Dynamiken, die die Entwicklung in einem anderen Licht erscheinen lassen:

- Zum einen haben Detailanalysen der Arbeitslosenzahlen immer wieder gezeigt, dass in allen Phasen der Arbeitslosigkeit in s. B. mehr als jede zweite arbeitslos gemeldete Person keine oder aber nur eine geringfügige Ausbildung hatte, es sich dabei mithin vielfach nicht um einschlägig ausgebildete Fachkräfte handelte (Rauschenbach/Schilling 2001).
- Zum anderen folgt daraus, dass das Risiko der Arbeitslosigkeit für qualifizierte Fachkräfte in den s. B. inzwischen weitaus geringer ist, als dies die lange Zeit hohen Arbeitslosenzahlen vermuten ließen.
- Schließlich lässt die Verlaufskurve der gemeldeten Arbeitslosigkeit im Vergleich zur Wachs-

Tab. 3: Sozialversicherungspflichtig Beschäftigte und gemeldete Arbeitslose in sozialen Berufen im Vergleich (BKZ 86; 1975–2011; ab 1993 inkl. neue Bundesländer)

Jahr	Soz'versicherspfl. Beschäftigte BKZ 86	Arbeitslose BKZ 86	Anteil Arbeitslose an Beschäftigten und Arbeitslosen BKZ 86 (in %)
1975	/	10 159	/
1980	280 005	21 241	7,1
1985	339 313	51 985	13,3
1987	379 409	51 772	12,0
1989	416 996	50 152	10,7
1991	479 018	39 984	7,7
1993	729 140	76 704	9,5
1995	814 738	84 618	9,4
1997	873 084	116 635	11,8
1998	898 258	110 787	11,0
1999	916 550	111 134	10,8
2000	949 277	104 520	9,9
2001	971 370	102 232	9,5
2002	1 003 398	99 214	9,0
2003	1 025 668	111 381	9,8
2004	1 041 051	122 912	10,6
2005	1 060 065	132 674**	11,1
2006	1 084 914	120 174	10,0
2007	1 117 455	112 931	9,2
2008	1 169 630	92 024	7,3
2009	1 242 627	88 909	6,7
2010	1 314 899	81 886	5,9
2011	1 376 230	77 185	5,3

BKZ = Berufskennziffer nach der Klassifizierung der Bundesagentur für Arbeit 1988

** Vorjahresvergleiche seit 2005 wegen der Einführung des SGB II nur eingeschränkt möglich

/ = Daten liegen nicht vor

Quelle: ANBA, Statistik der Bundesagentur für Arbeit (Stichtag 1. September), Sozialversicherungspflichtig Beschäftigte; eigene Berechnungen

tumsdynamik eine Entwicklung erkennen, der zufolge s. B. immer wieder als „Risiko- und Zukunftsberufe zugleich" bezeichnet worden sind, da sich hierbei Beschäftigungswachstum und Arbeitsplatzrisiken ineinander vermengt haben, wobei in jüngerer Zeit die Schaffung neuer Arbeitsplätze überwog.

Die sozialen Berufe in der neuen Klassifikation der Berufe ab 2012

Die „Klassifikation der Berufe 2010" (KldB) ordnet nicht nur Berufsbereiche (mit Berufshauptgruppen, Berufsgruppen, Berufsuntergruppen und Berufsgattungen) anders als zuvor, sondern unterscheidet auf der Ebene der Berufsgattung, der sog. 5-Steller, auch nach dem jeweiligen Anforderungsniveau der Tätigkeit zwischen Helfer, Fachkraft, Spezialist und Experte. In den Berufsuntergruppen (4-Steller) wird über die gesamte Berufsgruppe (3-Steller) die Kategorie „Aufsichts- und Führungskräfte" mit einer eigenen Kennziffer ausgewiesen. Da in der KldB 2010 die Zuordnung zum Berufsfeld vorrangig anhand der ausgeübten Tätigkeit erfolgt, tritt der Ausbildungsabschluss der Tätigen in den Hintergrund (BA 2015: 21).

Nur „etwa 60 % der 4-Steller der alten Klassifikationen (KldB 88 und 92) lassen sich eindeutig einem 5-Steller der neuen KldB zuordnen" (Paulus/Matthes 2013: 29), so ein allgemeines Fazit der Umstellung. Damit muss man entweder auf eine Fortführung von Zeitreihen mit detaillierten Berufsuntergruppen gänzlich verzichten oder kann Entwicklungen nur anhand einzelner Berufsgattungen nachzeichnen (für die Umstellung der BKZ 864 vgl. Grgic 2014).

Die Entwicklung der s. B. kann künftig noch am ehesten mit der Berufsgruppe 831 weitergeführt werden. Allerdings sind hier die Berufe in der Altenpflege, die in der alten KdlB noch der Kennziffer 86 zugeordnet waren, nicht mehr enthalten diese sind nun der Berufsgruppe 82 bzw. Berufsuntergruppe 821 zugeordnet.

Betrachtet man die Entwicklung des Arbeitsmarktes für s. B. anhand der neuen Zahlen für die Berufsgruppe 831, so lässt sich auch für die Jahre nach 2011 eine anhaltende Zunahme an sozialversicherungspflichtig Beschäftigten und Erwerbstätigen feststellen, während zugleich das Risiko der Arbeitslosigkeit weiter sinkt. Die Gruppe der Beschäftigten mit akademischer Ausbildung steigt kontinuierlich, deutlicher zugenommen hat allerdings die Gruppe der Beschäftigten ohne Ausbildung.

Tab. 4: Entwicklung der sozialversicherungspflichtig Beschäftigten und Ausbildungsniveau in sozialen Berufen (BKZ 831, 2012–2014)

Jahr	Erziehung, Sozialarbeit, Heilerziehungspflege 831		
	Insges.	dav.: Akad.	ohne Ausb.
2012	1 114 378	18,7	5,5
2013	1 116 625	19,0	5,4
2014	1 222 425	20,4	6,9

Quelle: ANBA, Sozialversicherungspflichtig Beschäftigte (verschiedene Jahrgänge); eigene Berechnungen

Tab. 5: Entwicklung der Erwerbstätigen in sozialen Berufen (BKZ 831, 2012–2014)

Jahr	Erziehung, Sozialarbeit, Heilerziehungspflege 831
2012	1 313 000
2013	1 360 000
2014	1 402 000

Quelle: Statistisches Bundesamt (Mikrozensus), Fachserie 1, Reihe 4.1.2 (verschiedene Jahrgänge);

eigene Berechnungen

Perspektiven

S. B. sind zu Beginn des 21. Jh. ein zentraler Bestandteil der gesellschaftlichen Grundversorgung mit sozialen Diensten und öffentlicher Erziehung. Diese Berufe, die auch arbeitsmarktpolitisch enorm an Bedeutung gewonnen haben, verkörpern insofern immer auch die Entwicklung hin zu einer wohlfahrtsstaatlichen Dienstleistungsgesellschaft, in der eine wachsende Anzahl fachlich qualifizierter Personen, überwiegend Frauen, SozArb und Erziehung zu ihrem Beruf macht. Mit dieser Entwicklung versuchen Gegenwartsgesellschaften, durch erwerbsförmig organisierte soziale Dienste und öffentliche Erziehung das auszugleichen, was aufgrund schrumpfender Haushalte und geringer werdender verwandtschaftlich-personeller Ressourcen, aufgrund instabiler und multipler gewordener Elternschaften sowie gewachsener sozialer Risiken in den privaten Lebenswelten der Menschen sich nicht mehr in allen Fällen und nicht mehr von alleine herstellen lässt. Infolgedessen ist in den s. B. auch in den nächsten Jahren mit einem weiteren Personalbedarf zu rechnen, insbesondere in Anbetracht des noch nicht gedeckten Bedarfs mit Blick auf das „Aufwachsen in öffentlicher Verantwortung" (BMFSFJ 2013), also den weiter auszubauenden Angeboten der Kindertagesbetreuung und der Ganztages-

Tab. 6: Entwicklung der sozialversicherungspflichtig Beschäftigten und der gemeldeten Arbeitslosen in sozialen Berufen (BKZ 831, 2012–2014)

Jahr	Soz'versicherungspfl. Beschäftigte 831	Arbeitslose 831	Anteil d. Arbeitslosen an den Beschäftigten und Arbeitslosen
2012	1 114 378	61 996	5,3 %
2013	1 116 625	63 573	5,4 %
2014	1 222 425	66 044	5,1 %

Quelle: ANBA, Statistik der Bundesagentur für Arbeit (verschiedene Jahrgänge); eigene Berechnungen

schulen im (Grund-)Schulalter, aber auch den nach wie vor steigenden Bedarfen in den Bereichen der Altenhilfe und Altenpflege.

Thomas Rauschenbach

Literatur

R.-C. Amthor: Einführung in die Berufsgeschichte der sozialen Arbeit, Weinheim/Basel ²2106 ◆ Autorengruppe Bildungsberichterstattung: Bildung in Deutschland 2014. Ein indikatorengestützter Bericht mit einer Analyse zur Bildung von Menschen mit Behinderungen. Bielefeld 2014 ◆ K. Beher/R. Liebig/Th. Rauschenbach: Strukturwandel des Ehrenamts. Gemeinwohlorientierung im Modernisierungsprozess. Weinheim/München 2000 ◆ H. Backhaus-Maul/K. Speck/M. Hörnlein/M. Krohn: Engagement in der freien Wohlfahrtspflege. Empirische Befunde aus der Terra incognita eines Spitzenverbandes. Wiesbaden 2015 ◆ Bundesagentur für Arbeit, Statistik/Arbeitsmarktberichterstattung: Der Arbeitsmarkt in Deutschland – Fachkräfteengpassanalyse. Nürnberg Juli 2015 ◆ URL: http://statistik.arbeitsagentur.de/Statischer-Content/Arbeitsmarktberichte/Fachkraeftebedarf-Stellen/Fachkraefte/BA-FK-Engpassanalyse-2015-06.pdf (07.07.2015) ◆ BMFSFJ: 14. Kinder- und Jugendbericht. Bericht über die Lebenssituation junger Menschen und die Leistungen der Kinder- und Jugendhilfe in Deutschland. Berlin 2013 ◆ C. Peucker/L. Pluto/E. van Santen: DJI-Kita-Studie 2012. Unveröffentlichtes Manuskript. 2016 ◆ K. Fuchs-Rechlin: Wachstum mit Nebenwirkung, oder: Nebenwirkung Wachstum? In: Th. Rauschenbach/M. Schilling (Hrsg.): Kinder- und Jugendhilfereport 3. Bilanz der empirischen Wende. Weinheim/München 2011, 45 ff. ◆ K. Fuchs-Rechlin/Th. Rauschenbach: Kinder- und Jugendhilfe – ein Wachstumsmotor des Arbeitsmarktes? In: KOMDat Jugendhilfe, 15/2012, Heft 1, 1–4 ◆ M. Grgic: Wie können Beschäftigte der Frühen Bildung in der Statistik identifiziert werden? Die Klassifizierungssysteme amtlicher Datenquellen und ihre aktuelle Entwicklung. In: K. Hanssen/A. König/C. Nürnberg/Th. Rauschenbach (Hrsg.): Arbeitsplatz Kita. Analysen zum Fachkräftebarometer Frühe Bildung 2014. Weiterbildungsinitiative Frühpädagogische Fachkräfte. München 2014, 7–30 ◆ H. Giesecke: Pädagogik als Beruf, Weinheim ¹²2015 ◆ MatAB: Materialien aus der Arbeitsmarkt- und Berufsforschung: Sozialpädagogen – Integrationsprobleme am Arbeitsmarkt, Heft 3. Nürnberg 1990 ◆ J. Münder/Th. Meysen/Th. Trenczek (Hrsg.): Frankfurter Kommentar zum SGB VIII: Kinder- und Jugendhilfe. Baden-Baden ⁷2013 ◆ W. Paulus/B. Matthes: Klassifikation der Berufe. Struktur, Codierung und Umsteigeschlüssel. FDZ-Methodenreport. Nürnberg 2013 ◆ Th. Rauschenbach: Sind die sozialen Berufe auf dem Weg zur Deprofessionalisierung? KJHG, Tarife und neue Bedarfslagen im Spiegel sozialpädagogischer Fachlichkeit. In: NDV 73/1993, Heft 3, 99 ff. ◆ Th. Rauschenbach: „Dienste am Menschen" – Motor oder Sand im Getriebe des Arbeitsmarktes? Die Rolle der Sozial-, Erziehungs- und Gesundheitsberufe in einer sich wandelnden Arbeitsgesellschaft. In: np 2/1999a, 130 ff. ◆ Th. Rauschenbach: Das sozialpädagogische Jahrhundert. Analysen zur Entwicklung der Sozialen Arbeit in der Moderne. Weinheim/München 1999b ◆ Th. Rauschenbach/M. Schilling: Suche: Motivierte Spitzenkraft – Biete: Befristete Teilzeitstelle. Zu Beschäftigungsrisiken in der Kinder- und Jugendhilfe. In: Th. Rauschenbach/M. Schilling (Hrsg.): Kinder- und Jugendhilfereport 1. Analysen, Befunde und Perspektiven. Münster 2001, 143 ff. ◆ Th. Rauschenbach/I. Züchner: Berufs- und Professionsgeschichte der Sozialen Arbeit. In: H.-U. Otto/H. Thiersch (Hrsg.): Handbuch Soziale Arbeit. München/Basel ⁵2015, 175–186 ◆ W. Schellhorn/H. Schellhorn/K.-H. Hohm/P. Schneider: SGB XII – Kommentar. Neuwied ¹⁹2015 (zitiert als Schellhorn/Hohn/Schneider) ◆ I. Züchner: Aufstieg im Schatten des Wohlfahrtsstaates. Expansion und aktuelle Lage der Sozialen Arbeit im internationalen Vergleich. Weinheim/München 2006 ◆ I. Züchner/ M. Schilling: Nach dem sozialpädagogischen Jahrhundert – zur aktuellen Entwicklung des Arbeitsmarktes für soziale Berufe. In: np 1/2010, 56 ff.

Soziale Sicherung

Definition und Geschichte

Unter Sozialer Sicherung (Soz. S.) versteht man die Gesamtheit der Einrichtungen und Maßnahmen, die das Ziel haben, Bürger und Bürgerinnen gegen die Risiken zu schützen, die mit einem vorübergehenden oder dauerhaften Verlust von Einkommen verbunden sind. Dazu gehören insbes.: Krankheit, *Alter,* Erwerbsminderung, Unfall oder *Arbeitslosigkeit.* Das System der Soz. S. konzentriert sich auf den Ausgleich der typischen Risiken abhängiger Erwerbsarbeit, greift aber auch weit darüber hinaus: Abgesichert werden zudem Personen, die wie z. B. Menschen mit Behinderung nicht (mehr) mit dem Arbeitsleben in Verbindung stehen, Personen, die Entschädigungsleistungen erhalten, sowie einzelne Gruppen von Selbständigen. Hinzu kommt die Aufgabe der Soz. S., in spezifischen Lebens- und Bedarfssituationen das Einkommen aufzustocken, bzw. Einkommensverluste auszugleichen, dies v. a. im Bereich des *Familienleistungsausgleichs (Mutterschutz, Kindergeld, Erziehungsgeld).*

Das System der Soz. S. ist grundlegender Teil des *Sozialstaates* und hat sich in Deutschland seit der 2. Hälfte des 19. Jh. entwickelt. Die Ausgestaltung des Systems der Soz. S. ist Aufgabe der *Sozialpolitik:* Im (sozial-)politischen Prozess wird entschieden, welche Personengruppen leistungsberechtigt sind, welche Leistungsprinzipien, -tatbestände und -voraussetzungen festgesetzt werden, wie die Leistungen in Niveau, Struktur und Dauer ausgestaltet sind, welche Finanzierungsform vorherrscht und welche institutionellen und organisatorischen Strukturen bestehen.

Die Entwicklung

Das System der Soz. S. in Deutschland ist untrennbar mit der Bismarck'schen Sozialversicherungspolitik verbunden: Nach der Reichsgründung sowie im Zusammenhang mit der Industrialisierung und dem Erstarken der Arbeiterbewegung wurden die Zweige der Gesetzlichen Sozialversicherung aufgebaut (Krankenversicherung: 1883; Unfallversicherung: 1884; Invaliditäts- und Alterssicherung: 1889). Diese Grundentscheidung, Soz. S. als Sozialversicherung zu organisieren, ist mit der Einrichtung Arbeitslosenversicherung in der WR (1927) sowie mit der Schaffung der Pflegeversicherung (1995) fortgesetzt und vertieft worden. Das zentral staatlich initiierte und regulierte Sozialversicherungssystem, das an den Risiken der Lohnarbeit ansetzte (Arbeiterpolitik), ergänzte und ersetzte – zunächst für den Kreis der Industriearbeiter – die traditionelle Sicherung durch die *Familie* und die subsidiäre Armenfürsorge. Die Arbeiterversicherungspolitik und die Armenpolitik bildeten so zwei gegensätzlich konstruierte, aber inhaltlich eng miteinander verknüpfte Elemente des Systems der Soz. S. in Deutschland *(Sozialhilfe).*

Die Soz. S. in Deutschland hat bis zum Ende des 2. Weltkriegs – beginnend im Kaiserreich über die WR bis zum Nationalsozialismus – einen wechselvollen Verlauf genommen. In dieser Zeitspanne lässt sich ein eher zögerlicher Ausbau feststellen, der sich primär auf die Soz. S. der abhängig Beschäftigten und ihre Familienangehörigen erstreckte. Die Entwicklung wurde zudem von teilweise dramatischen Rückschlägen unterbrochen: Aus heutiger Sicht betrachtet – blieb das Leistungsniveau kärglich und das Leistungsspektrum auf wenige Risiken und Bevölkerungsgruppen beschränkt. Zwar wurde in der WRV die Soz. S. erstmals als Staatsziel aufgenommen, ein hohes Leistungs- und Versorgungsniveau konnte jedoch nicht aufgebaut werden. Auch die Arbeitslosenversicherung bestand die Bewährungsprobe nicht, vor die sie in der Weltwirtschaftskrise gestellt wurde.

Soziale Sicherung in der BRD

Erst in der Nachkriegszeit, mit der Gründung der BRD, kam es zur eigentlichen Expansion der Soz. S. Zwar wurde an bestehenden Strukturen und Institutionen angeknüpft, durch ihren umfassenden quantitativen Ausbau erreichte die Sozialpolitik aber eine neue Qualität. Die bereits vorhandenen Sozialversicherungszweige wurden in Bezug auf ihren Deckungsgrad, die Art der geschützten Risiken, den erfassten Personenkreis und die Höhe des Leistungsniveaus weiterentwickelt, und durch die Einführung der dynamischen Rente kam das Prinzip der Lebensstandardsicherung zum Durchbruch. Insgesamt verstärkte sich die Dominanz des Sozialversicherungsprinzips im System der Soz. S. Auf der anderen Seite wurde durch die Sozialhilfe eine Form der Grundsicherung geschaffen, die zwar von der Sozialversicherung abgeschottet blieb, die traditionellen Elemente der Armenfürsorge allerdings stark einschränkte und die Bedeutung individueller sozialer Hilfen unterstrich. Ergänzend wurde der Ausbau einzelner Sondersysteme (so u. a. Alterssicherung für Landwirte, Alterssicherung für freie Berufe, Beamtenversorgung, betriebliche Altersversorgung) fortgesetzt. Durch die Einführung und schrittweise Anhebung von Kindergeld, steuerlichen Kinderfreibeträgen sowie durch die Zahlung von *Wohngeld, Ausbildungsförderung,* und Erziehungsgeld bildeten sich steuerfinanzierte Transferleistungen im System der Soz. S. aus.

Die Ausbauphase der Soz. S., die in den Jahren der großen Koalition und der sozial-liberalen Koalition ihren Höhepunkt fand, wurde gegen Ende der 1970er Jahre durch eine fiskalisch motivierte Politik von Leistungsänderungen und -kürzungen abgelöst, denen aber auch einzelne Leistungsausweitungen und -verbesserungen gegenüberstanden (so v. a. im Bereich der *Familienpolitik*). Trotz dieser Einschnitte blieben die Grundlagen des Systems erhalten; auch die Spar- und Sozialabbaupolitik bewegte sich im Wesentlichen im Rahmen der vorhandenen und akzeptierten Strukturen, durch die Einführung der *Pflegeversicherung* als nunmehr fünfter Zweig der Sozialversicherung kam es Mitte der 1990er Jahre sogar noch zu einer weiteren Ausdehnung des Sozialversicherungsprinzips. Einen massiven Bedeutungszuwachs erlebte die Sozialpolitik durch den Prozess der deutschen Einigung *(Einigungsvertrag)*. Binnen kürzester Zeit wurde das gesamte System der Soz. S. der alten BL auf die nBL übertragen.

Prinzipien der Sozialen Sicherung

Das System der Soz. S. in Deutschland zeichnet sich durch Vielfältigkeit und Unübersichtlichkeit aus. Unterschiede zeigen sich u. a. bei Leistungstatbeständen und Leistungsvoraussetzungen, Adressaten, Höhe und Dauer der Leistungen, Finanzierungsregelungen sowie den institutionellen und administrativen Strukturen. Um diese Vielfalt zu strukturieren, lassen sich idealtypische Gestaltungsmodelle der Soz. S. benennen, die sich durch jeweils spezifische Prinzipien charakterisieren lassen und denen die Einzelleistungen zugeordnet werden können. Zu unterscheiden ist zwischen dem Fürsorgemodell, dem Versorgungsmodell und dem Versicherungsmodell.

Fürsorgemodell: Personen, die in ihrer Lebenslage unter das Existenzminimum zu sinken drohen, über kein Einkommen oder Vermögen verfügen und auch nicht auf Unterhaltsleistungen von Angehörigen zurückgreifen können, werden durch die öffentliche Fürsorge unterstützt. Die Leistungen orientieren sich in Art und Höhe am jeweiligen Einzelfall. Ausschlaggebend ist die Besonderheit der individuellen Notlage. Ein fest umrissener Rechtsanspruch existiert nicht. Die Leistung ist streng nachrangig (subsidiär/*Subsidiarität*), sie erfolgt nur dann, wenn alle anderen Einkommensquellen und Unterhaltsmöglichkeiten ausgeschöpft sind und Bedürftigkeit festgestellt wird. Abgesichert wird das Existenzminimum. Die über das Existenzminimum hinausgehende soziale Absicherung wird der privaten Vorsorge und dem familiären Unterhalt überantwortet. Die Fürsorge wird über allgemeine Steuermittel finanziert.

S

Versorgungsmodell: Nach dem Prinzip der Versorgung erhalten alle Personen in bestimmten Lebensphasen oder Bedarfssituationen eine öffentliche Grundversorgung, z. B. eine Grundrente im Alter oder ein allgemeines „Bürgergeld". Die Grundversorgung wird über den Staatshaushalt abgewickelt, ist steuerfinanziert und steht allen Personen unabhängig von einer Vorleistung (durch Beiträge oder Steuern) zu. Die Leistung wird als ein für alle gleicher Pauschalbetrag gezahlt, kann aber auch einkommensabhängig gestaffelt sein. Anders als beim Fürsorgemodell wird jedoch keine strenge Bedürftigkeitsprüfung vorgenommen. Auf den Bezug der Grundversorgung besteht beim Vorliegen der Anspruchstatbestände (z. B. Erreichen der Altersgrenze) ein individuell einklagbarer Rechtsanspruch. Die Grundversorgung liegt in ihrer Höhe oberhalb des Existenzminimums und soll eine Teilhabe am sozialen und gesellschaftlichen Leben ermöglichen. Die soziale Absicherung oberhalb der Grundversorgung kann entweder privat (über Privatversicherungen, Vermögensbildung, betriebliche Sozialleistungen usw.) oder über eine einkommensbezogene Pflicht-Zusatzversicherung geregelt sein.

(Sozial-)Versicherungsmodell: Von gleichartigen Risiken wie Krankheit, Invalidität, Alter betroffene Personen schließen sich in einer Versicherung zusammen, um dem Problem des im Einzelfall nicht vorhersehbaren Risikoeintritts und des nicht vorher bestimmbaren Bedarfs an Mitteln zu begegnen. Unter der Voraussetzung einer ausreichend großen Zahl an Versicherten, der Zufälligkeit des Eintritts der Versicherungsfälle und ihrer Unabhängigkeit wird ein gegenseitiger Risikoausgleich möglich. Durch die Schätzbarkeit der Risiken lässt sich die erforderliche Höhe der von den Versicherten zu zahlenden Beiträge (Prämien) kalkulieren. Die Ausgleichszahlung erfolgt, wenn der definierte Risikofall (z. B. ärztlich attestierte Arbeitsunfähigkeit oder Erreichen einer bestimmten Altersgrenze) eingetreten ist und eine Mindestversicherungszeit erfüllt ist. Auf die Versicherungsleistungen besteht ein individuell einklagbarer Rechtsanspruch. Eine Überprüfung der Bedürftigkeit findet nicht statt.

Bei der Sozialversicherung besteht eine auf Personengruppen oder die Gesamtbevölkerung bezogene Versicherungspflicht. Der Leistungskatalog ist nach Art, Umfang und Höhe gesetzlich vorgeschrieben. Der versicherungstypische Risikoausgleich wird durch Elemente des Solidarausgleichs ergänzt: Die Beiträge berechnen sich nicht nach dem individuellen Risiko, sondern als Prozentsatz vom Einkommen. Leistungen werden bei bestimmten Situationen auch dann gezahlt, wenn keine Beiträge entrichtet worden sind, z. B. bei Arbeitslosigkeit oder Ausbildung. Familienangehörige sind beitragsfrei mitversichert.

Diese drei Modelle kommen in der sozialpolitischen Wirklichkeit Deutschlands nicht in reiner Form vor. Sie überlagern und vermischen sich. Gleichwohl lässt sich für das Sozialleistungssystem in Deutschland feststellen, dass seit der Bismarck'schen Sozialpolitik das Sozialversicherungsmodell dominiert. Das Fürsorgemodell ist

– in eingeschränkter Form – für die Sozialhilfe, das Arbeitslosengeld II und die Grundsicherung im Alter charakteristisch. Als Leistungen nach dem Versorgungsmodell können u.a. die Kriegsopferversorgung und auch das Kindergeld bezeichnet werden. Zwischen Versorgungs- und Fürsorgemodell stehen die steuerfinanzierten und einkommensabhängigen Sozialleistungen wie Wohngeld, Erziehungsgeld, Unterhaltsvorschuss und Ausbildungsförderung.

Sozialbudget

2015 wurden 888,2 Mrd. € für Sozialleistungen ausgegeben, das entspricht einem Anteil am BIP (rd. 3,0 Billionen €) von 29,4%. Über die Sozialversicherungssysteme werden 61% des Sozialbudgets abgewickelt, allein Renten- und Krankenversicherung machen schon mehr als 55% aus (ihr Anteil am BIP beträgt mehr als 16%), 7,6% entfallen auf Pflege-, Unfall- und Arbeitslosenversicherung. Förder- und Fürsorgesysteme haben zusammen einen Anteil von 19,1%, davon entfallen auf die Grundsicherung für Arbeitssuchende 4,6% und auf Kindergeld und Familienleistungsausgleich 4,7%. Einen vergleichsweise geringen Stellenwert haben Elterngeld, Ausbildungsförderung und Wohngeld (zs.1,1%). Die *Kinder- und Jugendhilfe* liegt bei 3,9%, die Sozialhilfe bei 4,1%.

Die Auflistung des Sozialbudgets lässt erkennen, dass mehrere Institutionen Leistungen für denselben sozialen Zweck bereitstellen. So werden bspw. Rentenleistungen an ältere Menschen von der Rentenversicherung, der Beamtenversorgung, der betrieblichen Altersversorgung und von den berufsständischen Versorgungswerken übernommen. Fasst man die Leistungen nach diesen gesellschaftlichen Zwecksetzungen zusammen, so zeigt sich, dass das Schwergewicht der Soz.S. bei der Funktion „Alter/Hinterbliebene" (37,2%) und „Gesundheit" (41,1%) liegt, die zusammengenommen mehr als ¾ aller Sozialleistungen umfassen. Für „Ehe und Familie" werden 10,8% sowie für „Beschäftigung" 3,4% aller Sozialausgaben aufgewendet. Die Finanzierung der Sozialleistungen erfolgt zu 33,5% durch staatliche Zuschüsse, zu 34,5% durch Sozialbeiträge der Arbeitgeber und zu 30,3% durch Sozialbeiträge der Arbeitnehmer (alle Daten nach BMAS Sozialbudget 2015, Berlin, Juli 2016). Das Sozialbudget wird jährlich fortgeschrieben (www.bmas.de).

Sozialausgaben sind nicht nur Kosten und Belastungen, sondern den Aufwendungen stehen immer auch Leistungen gegenüber, die für die jeweiligen Empfänger mit einem Zufluss von Einkommen und einer Nutzungsmöglichkeit von sozialen Diensten und Einrichtungen verbunden sind. Aber die Gleichung „je höher die Ausgaben und die Sozialleistungsquote, umso ‚sozialer' die Gesellschaft und umso besser die Lebenslage der Bevölkerung" kann zu Fehlschlüssen führen. Eine solche umstandslose Gleichsetzung von der Höhe der Sozialausgaben und der Wohlfahrtsposition der Gesellschaft vernachlässigt, dass das Sozialbudget nur über den finanziellen Einsatz (input), aber nicht über das Ergebnis (output) informiert. Über die Wirksamkeit und Qualität der *Sozialpolitik* ist also noch nichts gesagt. Hohe Kosten können u.U. ein Indikator für besondere Ineffektivität und Ineffizienz sein, worauf die Verhältnisse in manchen Bereichen der gesundheitlichen Versorgung hindeuten. Da auf Zahlungsvorgänge abgestellt wird, werden auch nur jene sozialen Dienstleistungen berücksichtigt, deren Erbringung erwerbsförmig und gegen Entgelt erfolgt. Dies bedeutet, dass die unentgeltlichen sozialen Hilfsleistungen im Kontext von Familie, Nachbarschaft, Selbsthilfegruppen und sozialem Ehrenamt außerhalb des Blickfeldes bleiben. Darüber hinaus begrenzt sich die Berechnung auf die öffentlichen Aufwendungen für Sozialleistungen. Nicht erfasst werden hingegen die privaten Aufwendungen im Feld der soz. S.

Elemente der Sozialversicherung

Bei der Sozialversicherung handelt es sich um ein gegliedertes System mit mehreren Versicherungszweigen, die jeweils unterschiedliche Risiken und Tatbestände abdecken. Innerhalb der Versicherungszweige wiederum sind unterschiedliche Versicherungsträger für die Leistungsdurchführung zuständig. Die Versicherungsträger gliedern sich entsprechend ihrer Entstehungsgeschichte nach Berufsstand, Wirtschaftszweig und Region. Zwar weist jeder Versicherungszweig seine Besonderheiten auf, dennoch gibt es gemeinsame Strukturmerkmale.

Die Pflichtmitgliedschaft: Sie knüpft im Wesentlichen an ein Arbeitsverhältnis an. Bis heute steht damit die Absicherung der abhängig Beschäftigten im Mittelpunkt des sozialen Schutzes. Mittelbar gesichert sind die Familienangehörigen der abhängig Beschäftigten. So haben in der Kranken- und Pflegeversicherung nicht oder nur geringfügig erwerbstätige Ehepartner und Kinder den vollen Versicherungsschutz durch die beitragsfreie Familienversicherung, und in der Renten- sowie Unfallversicherung werden Ehepartner und Kinder beim Tod der unterhaltspflichtigen

Versicherten durch die Hinterbliebenenversorgung abgesichert.

Ziel – ein umfassender Schutz: Eine Versicherungspflicht ist notwendig, um einen umfassenden Schutz zu erreichen. Bei einer Regelung auf freiwilliger Basis, wie sie für die Privatversicherung typisch ist, ist dies nicht gewährleistet. Vielmehr muss davon ausgegangen werden, dass bei vielen Menschen die objektive (finanzielle) Fähigkeit und/oder die subjektive Bereitschaft zur ausreichenden und frühzeitigen Risikovorsorge fehlt. Gerade im jüngeren Lebensalter mangelt es häufig an der Einsicht in die längerfristigen Folgewirkungen der getroffenen Entscheidungen. Spätere, noch nicht absehbare Bedarfslagen, wie z. B. die Absicherung im Alter, werden gegenüber dem aktuellen Wunsch nach einem nicht durch Beitragsabzüge geschmälerten Einkommen mindergewichtet. Fehlt ein Versicherungsschutz im Alter oder bei Krankheiten und soll im Notfall dennoch die Existenzsicherung der Betroffenen gewährleistet werden, muss letztlich die Allgemeinheit über die Zahlung von Sozialhilfe für die Folgen der unzureichenden Vorsorge aufkommen. Dies kommt einer Benachteiligung derjenigen gleich, die Vorsorge getätigt haben.

Solidarausgleich: Eine Pflichtmitgliedschaft ist darüber hinaus erforderlich, um den Solidarausgleich zu Gunsten insbesondere von Familien mit Kindern, Niedrigverdienern, Behinderten oder Arbeitslosen finanzieren zu können. Andernfalls würden die über den Solidarausgleich Belasteten, das sind die „guten" Risiken, z. B. kinderlose und/oder gutverdienende Beschäftigte im jüngeren Alter in voller Gesundheit, aus der Versichertengemeinschaft ausscheiden und zu einer günstigeren Privatversicherung überwechseln.

Sonderregelungen: Das Prinzip der Versicherungspflicht bei abhängiger Beschäftigung ist allerdings nicht lückenlos geregelt. So gelten für die soziale Sicherung der Beamten beamtenrechtliche Vorschriften. Und in der Kranken- und Pflegeversicherung endet für solche Arbeiternehmer die Versicherungspflicht, die mit ihrem Arbeitsentgelt die Versicherungspflichtgrenze überschreiten. Der Grenzwert liegt 2016 bei 4 237 € im Monat. Oberhalb dieses Einkommens können Arbeiter und Angestellte wahlweise aus der gesetzlichen Versicherung ausscheiden und in eine Privatversicherung wechseln oder aber als freiwillige Mitglieder in der Gesetzlichen Versicherung bleiben. Sie werden sich für den Wechsel entscheiden, wenn die Privatversicherung ihnen günstigere Konditionen bietet. Damit können sich gerade Besserverdienende dem Solidarausgleich entziehen. Ausnahmen von der Versicherungspflicht bestehen schließlich bei den sog. geringfügigen Beschäftigungsverhältnissen, bei denen das Monatseinkommen 450 € nicht übersteigt, sie können sich von der Rentenversicherungspflicht befreien lassen. Die Zahl der geringfügigen Beschäftigungsverhältnisse hat in den letzten Jahren erheblich zugenommen, sowohl was die geringfügigen Haupttätigkeiten als die geringfügigen Nebentätigkeiten betrifft.

Die Ausrichtung der Sozialversicherung als Arbeitnehmerversicherung beruht im Grundsatz auf der Annahme, dass selbständig Erwerbstätige nicht als schutzwürdig anzusehen sind und sich eigenverantwortlich absichern können und werden. Die historische Entwicklung hat allerdings gezeigt, dass diese Annahme keinesfalls der Realität entsprach. Nach der Gesundheitsreform 2007 sind auch Selbständige in der Kranken- und Pflegeversicherung pflichtversichert, mit dem Nachteil, dass sie die volle Beitragshöhe (also ohne Arbeitgeberanteil) entrichten müssen. Um insbes. das Entstehen von Altersarmut zu vermeiden, sind überdies einige Berufsgruppen von Selbständigen in den Schutzbereich der gesetzlichen Rentenversicherung einbezogen worden. Die Entwicklung des Arbeitsmarktes lässt es allerdings fraglich werden, ob diese Regelungen ausreichend sind. Der die vergangenen Jahrzehnte prägende Prozess des Bedeutungsverlustes selbständiger Arbeit hat sich seit Beginn der 1990er Jahre umgekehrt. Der Anteil der Selbständigen an der Gesamtzahl der Erwerbstätigen ist überproportional gestiegen. Verantwortlich dafür ist in erster Linie der Zuwachs an sog. Solo-Selbständigen in jenen Berufsfeldern und Tätigkeitsformen im Dienstleistungssektor, bei denen die Grenzlinie zwischen selbständiger und abhängiger Arbeit verschwimmt.

Kausalprinzip/Vorleistungspflicht: Die Sozialversicherung beruht wie die Privatversicherung auf dem Kausalprinzip: Anspruch besteht erst dann, wenn der Risikofall eingetreten ist und ein Anspruchsgrund vorliegt. Die Leistungen der Versicherung sind darüber hinaus an Vorleistungen des Versicherten geknüpft. Vorherige Versicherungspflicht und Beitragszahlung sind erforderlich. In der Arbeitslosen- und Rentenversicherung wird die Leistung zusätzlich noch an eine Mindestversicherungszeit (Wartezeit) gebunden. Versicherungsleistungen richten sich nicht nach Bedürftigkeitskriterien. Im Falle des Risikoeintritts besteht ein unabdingbarer individueller Rechtsanspruch auf normierte Leistungen, und zwar unabhängig von der konkreten Bedarfslage, ohne Ansehen der persönlichen und finanziellen Verhältnisse, d. h. ohne Ermessensentscheidungen und Überprüfungen. Damit ist ein hohes Maß an Sicherheit und Verlässlichkeit gewährleistet.

Das Äquivalenzprinzip: Die Geldleistungen in der Sozialversicherung werden nach dem (modifizierten) Äquivalenzprinzip berechnet. Danach hängt die (relative) Höhe der geldlichen Ansprüche aus der Renten-, Kranken-, Unfall- und Arbeitslosenversicherung unmittelbar von der Höhe des individuellen versicherungs- und beitragspflichtigen Arbeitsentgelts bzw. der zuvor eingezahlten Beiträge ab. Zwischen Zahlbetrag und Einkommens- bzw. Beitragshöhe, zwischen Leistung und Gegenleistung also, besteht ein Entsprechungsverhältnis. Ein hohes Arbeitsentgelt führt zu relativ hohen, ein niedriges zu relativ niedrigen Versicherungsleistungen; eine Mindestleistung gibt es nicht. Die Sozialversicherung hat damit eine Lohnersatzfunktion. Der durch das Arbeitsentgelt erzielte Lebensstandard soll zumindest teilweise beibehalten werden können (Lebensstandardsicherungsfunktion). Ob jedoch die Leistungen so hoch sind, dass tatsächlich von einem Lohnersatz gesprochen werden kann, hängt von den Berechnungsmaßstäben und vom Sicherungsniveau ab. Die Unterschiede zwischen den einzelnen Versicherungszweigen sind groß: Beim Krankengeld werden 70 % des letzten Bruttoeinkommens, beim Arbeitslosengeld 60 bzw. 67 % des durchschnittlichen Nettoeinkommens abgedeckt. Die Höhe der Rente berechnet sich nicht nach einem festen Prozentsatz von der Lebenseinkommensposition, sondern hängt von der Dauer der versicherungspflichtigen Beschäftigung und der Höhe der Beitragszahlungen ab. Der Höchstsatz der Rente beträgt nach 45 Beitragsjahren 2 700 €. Allerdings wird diese Rentenhöhe selten erreicht werden können. Die Durchschnittsrente liegt 2015 bei 1 133 € in West- und bei 984 € in Ostdeutschland (ohne betriebliche oder private Zusatzrenten).

Leistungsdauer: Nur die Renten werden grundsätzlich zeitlich unbefristet gezahlt. Alle anderen Einkommensersatzleistungen sind zeitlich befristet. Krankengeld kann längstens 78 Wochen bezogen werden, Arbeitslosengeld im Grundsatz ein Jahr. Bei längerfristigen Leistungen, insbes. bei der Rente, stellt sich die Frage, wie die einmal festgesetzte Leistung an die wirtschaftliche Entwicklung angepasst wird. Durch die Anbindung der Rentenzahlung an eine feste Bezugsgröße, nämlich an die durchschnittliche Entwicklung der Einkommen der Arbeitnehmer im Vorjahr (dynamische Rente), wird die Teilhabe der Rentner am allgemeinen Einkommenszuwachs ermöglicht. Erst auf dieser Grundlage kann von einer Lebensstandardsicherungsfunktion der Rente gesprochen werden.

Versicherungsträger

In den jeweiligen Sozialversicherungszweigen gibt es verschiedene Versicherungsträger (Selbstverwaltungskörperschaften), die sich nach Berufsgruppen, Branchen, Betrieben und regionalen Gesichtspunkten gliedern. Es zeigt sich im Wesentlichen folgendes Bild (Stand 2015): Die Aufgaben der gesetzlichen Krankenversicherung werden von 124 Krankenkassen (Ortskrankenkassen, Betriebskrankenkassen, Innungskrankenkassen, Ersatzkassen und Landwirtschaftliche und private Krankenkassen) durchgeführt. Die Rentenversicherung gliedert sich nach der Organisationsreform 2005 in 16 Regionalträger (früher Landesversicherungsanstalten) und im Bund in die Deutsche Rentenversicherung Bund (früher BfA) sowie in die Deutsche Rentenversicherung Knappschaft-Bahn-See. Die Arbeitslosenversicherung/Arbeitsförderung ist einheitlich strukturiert. Sie wird von der Bundesagentur für Arbeit, 10 Regionaldirektionen und 156 Agenturen für Arbeit mit 600 Geschäftsstellen verwaltet

Finanzierung

Die Sozialversicherung finanziert sich hauptsächlich durch lohnbezogene Beiträge. Im Unterschied zur Privatversicherung mit ihren strengen Äquivalenzgrundsätzen werden die Beiträge aber nicht nach der individuellen Risikowahrscheinlichkeit (risikoäquivalente Beiträge) bemessen, sondern machen bei allen Versicherten den gleichen Prozentsatz vom versicherungspflichtigen Bruttoarbeitsentgelt aus. Andere Einkommensarten wie Gewinne oder Kapitalerträge bleiben außerhalb der Bemessungsgrundlage. Auf Einkommen, die oberhalb der Beitragsbemessungsgrenzen liegen, werden keine Beiträge erhoben. Die Grenzwerte werden jährlich entsprechend der allgemeinen Einkommensentwicklung angepasst (Dynamisierung). Die Beitragsbemessungsgrenze in der Renten- und Arbeitslosenversicherung entspricht etwa dem 2,1-Fachen des Durchschnittsverdienstes; der Grenzwert in der Kranken- und

Pflegeversicherung übersteigt das Durchschnittseinkommen um rd. 42 % Die Beitragssätze in der Renten-, Arbeitslosen-, Kranken- und Pflegeversicherung werden durch Gesetz bundeseinheitlich festgelegt. In der Krankenversicherung haben die Krankenkassen keine Beitragsautonomie mehr. Sie können lediglich über einen Zusatzbeitrag entscheiden.

Bei der Beitragszahlung gilt das Prinzip der Parität, die Beiträge werden je zur Hälfte vom Arbeitnehmer und vom Arbeitgeber aufgebracht. Allerdings gibt es Ausnahmen: So muss das Krankengeld ab 2005 allein von den Versicherten finanziert werden. Und schon immer werden die Beiträge zur Unfallversicherung allein von den Arbeitgebern gezahlt. Der besondere Charakter der Sozialversicherung kommt schließlich darin zum Ausdruck, dass der Bund aus allgemeinen Steuermitteln Zuschüsse zur Finanzierung der Rentenversicherung und der Arbeitslosenversicherung leistet.

Die einzelnen Versicherungszweige sind durch eine je spezifische Kombination von Versicherungsprinzip und Solidarausgleich charakterisiert. Die Verteilungswirkungen der Sozialversicherung gehen über den reinen Risikoausgleich hinaus und zielen auch auf eine Umverteilung von „oben nach unten". Diese Umverteilung zu Gunsten der Personen bzw. Haushalte mit niedrigem Einkommen kommt im besonderen Maße bei der Krankenversicherung zum Ausdruck. Da bei der Krankenversicherung weit über 90 % der Ausgaben durch Sach- und Dienstleistungen getätigt und diese nach Bedarfsmaßstäben bereitgestellt werden, greift das Äquivalenzprinzip hier nicht. D. h., dass auch bei geringen Beitragszahlungen die gleichen Sach- und Dienstleistungen in Anspruch genommen werden können wie bei hohen Beitragszahlungen.

Leistungsfähigkeit und Leistungsgrenzen der Sozialen Sicherung

Da die Sozialversicherung das System der Soz. S. in Deutschland bestimmt, sind Aussagen über ihre Leistungsfähigkeit zugleich auch Aussagen über die Qualität der Sozialpolitik insgesamt. Allgemein lässt sich feststellen, dass die Sozialversicherung sich in ihren einzelnen Zweigen als stabil und zugleich anpassungsfähig erwiesen hat und ein zentraler Faktor ist für die hohe Akzeptanz, die das Sozialstaatsprinzip bislang in der Bevölkerung erfahren hat.

Aus dem Versicherungsprinzip folgt, dass die Menschen ihre Ansprüche an den Sozialstaat aus ihren Beitragszahlungen ableiten können. Sie stehen dem Staat nicht als Bittsteller gegenüber, sondern als Bürger, die sich ihren Anspruch erarbeitet haben. Die Beitragszahlungen begründen eigentumsrechtlich geschützte Anwartschaften. Einbezogen in die Sozialversicherung sind nicht nur die sog. „wirklich Bedürftigen", sondern die breite Mittelschicht der Bevölkerung. Dies ist einerseits notwendig, um den Solidarausgleich finanzieren zu können, bedeutet andererseits aber auch, dass auch die Mittelschicht an der Stabilität und Leistungsfähigkeit des Sozialstaates interessiert ist. Da die Beiträge nicht in den allgemeinen Staatshaushalt fließen, sondern zweckgebunden sind und zwischen Beiträgen und Geldleistungen ein Entsprechungsverhältnis besteht, ist der Abgabenwiderstand bei Beitragszahlungen geringer als bei Steuerzahlungen. Durch ihre relative Finanzautonomie kann sich die Sozialversicherung dem unmittelbaren Zugriff der Finanzminister entziehen.

Durch die Anknüpfung der Sozialversicherung an den Status „Lohnarbeit" weist dieses System jedoch auch Lücken auf. Benachteiligt werden insbesondere Frauen, die die aufgrund der Schwierigkeiten bei der Vereinbarkeit von Beruf und Kindererziehung die Maßgaben einer kontinuierlichen Vollzeitbeschäftigung zum großen Teil nicht erfüllen können und deshalb insbes. in der Rentenversicherung nur niedrige eigenständige Renten erhalten. Durch die rentenrechtliche Anerkennung von Kindererziehungszeiten ist hier zumindest ein Teilausgleich geschaffen worden. Lücken im Versicherungsschutz zeigen sich im hohen Maße bei der Arbeitslosenversicherung. Infolge anhaltender hoher Arbeitslosigkeit, „verfestigter" Langzeitarbeitslosigkeit und immenser Ausweitung des Niedriglohnsektors sind immer mehr erwerbsfähige und auch erwerbstätige Arbeitnehmer auf Leistungen nach dem SGB II angewiesen.

Die Sozialversicherungsbeiträge belasten die Einkommen aus abhängiger Arbeit, denn sowohl die Arbeitnehmer- als auch die Arbeitgeberbeiträge sind Bestandteile der (Brutto-)Arbeitseinkommen und gehen in die Arbeitskosten ein. Die Beitragsbelastungen sind in den vergangenen Jahren stark angestiegen: Der Gesamtsozialversicherungsbeitragssatz beträgt zurzeit 38.65 %, davon trägt der Arbeitnehmer 20,5 % und ggfs. Zusatzbeiträge von 1,1 % in der Krankenversicherung. Dieser steile Anstieg ist Folge der deutschen Einheit und deren Finanzierung zum einem großen Teil über Sozialversicherungsbeiträge. Seit 1998 ist es durch höhere Steuerzuschüsse v. a. an die Rentenversicherung zur Abdeckung versicherungsfremder Leistungen gelungen, den Gesamtbeitragssatz zu stabilisieren.

Soziale Sicherung im Umbruch

Die Soz. S. ist seit geraumer Zeit mit gravierenden sozialen Problemen und Herausforderungen konfrontiert, die zunehmend Akzeptanz und Tragfähigkeit des Systems gefährden. Die Probleme geben nicht nur Anlass zu einer intensiven Debatte über die Reformbedürftigkeit des Systems, sondern haben auch in der Politik zu einschneidenden Maßnahmen des Ab- und Umbaus der Soz. S geführt. Der Prozess des Umbaus begrenzt sich dabei nicht nur – wie in den zurückliegenden Jahren – auf einzelne Leistungseinschränkungen; in Frage gestellt werden auch die Grundlagen und Prinzipien des Systems.

Finanzierungsschwierigkeiten und demografischer Wandel

Im Mittelpunkt der Problemanalyse stehen die andauernden Finanzierungsschwierigkeiten, die zu kontinuierlich steigenden Beitragssätzen geführt haben. Hinzu kommen die längerfristig angelegten Probleme des demografischen Wandels *(Bevölkerungsentwicklung),* der zu einer Verschiebung des Verhältnis zwischen älterer, leistungsempfangender und jüngerer beitragszahlender Generation führt. Eine weitere Frage ist, ob die Geldleistungen der Sozialversicherung, und zwar in erster Linie Renten und Arbeitslosengeld, in der Lage sind, die Einkommensrisiken der Bevölkerung ausreichend abzusichern und Armut zu vermeiden. Diese Frage gewinnt an Gewicht durch den Strukturwandel auf dem Arbeitsmarkt und durch die Veränderungen der privaten Lebensformen. Schließlich wird problematisiert, ob die Finanzierung des Systems der Soz. S. überwiegend aus lohnbezogenen Beiträgen (bei einer sinkenden Lohnquote) verteilungspolitisch akzeptabel und angesichts der verschärften internationalen Wettbewerbs noch ökonomisch tragfähig ist.

Programme zum Umbau der Sozialen Sicherung

Die Maßnahmen des Ab- und Umbaus der Soz. S., die im Rahmen der sog. „Agenda 2010“ umgesetzt worden sind, konzentrieren sich auf unterschiedliche Ansatzpunkte:

- Durch die Kürzung steuerfinanzierter Sozialleistungen sowie durch Begrenzung der steuerfinanzierten Zuschüsse an die Renten- und Arbeitslosenversicherung soll der hoch defizitäre Haushalt des Bundes entlastet werden.
- Das Leistungsniveau der Sozialversicherung (Absenkung des Niveaus der Rentenversicherung, erweitere Zuzahlungen und Leistungsausgrenzungen in der Krankenversicherung), wird abgesenkt, um die weitere Beitragssatzsteigerungen zu vermeiden.
- Die Bevölkerung wird in Alterssicherung und Krankenversicherung vermehrt auf private Absicherung und Vorsorge verwiesen; in der Alterssicherung soll das sinkende Rentenniveau durch die Förderung der privaten Altersvorsorge („Riester-Rente“) ausgeglichen werden, und in der Krankenversicherung werden einzelne Teilelemente auf die Privatversicherung verlagert *(Gesundheitsrecht).*
- Die Beitragssatzsenkung zielt auf die Arbeitgeberbeiträge: die paritätische Finanzierung in der Krankenversicherung wird durch die Neuregelung der Finanzierung des Krankengeldes und des Zahnersatzes (alleinige Beitragsfinanzierung durch die Versicherten) eingeschränkt.
- Insbes. die Sozialleistungen bei Arbeitslosigkeit werden gekürzt, um Arbeitslose zu veranlassen, auch niedrig entlohnte Arbeitsplätze zu besetzen (Verkürzung der Bezugsdauer des Arbeitslosengeldes, Zusammenführung von Arbeitslosen- und Sozialhilfe in dem System der *Grundsicherung für Arbeitsuchende* (Alg II), allerdings auf dem Niveau und unter den Bedingungen der Sozialhilfe.

Es ist absehbar, dass die Maßnahmen der „Agenda 2010“ weder ausreichen noch geeignet sind, die Systeme der Soz. S. nachhaltig zu reformieren und die Existenz sozial Schwacher zu sichern.

Auswegmodell Bürgerversicherung: Über eine Ausweitung der Krankenversicherung auf eine Bürgerversicherung wurde zwar diskutiert, um über diesen Weg die Einnahmebasis zu erweitern und den Solidarausgleich auf die gesamte Erwerbsbevölkerung zu beziehen – Schritte in diese Richtung wurden jedoch auch mit der Gesundheitsreform nicht aufgegriffen.

Private Sicherungen: Bei der Verlagerung der Soz. S. hin zu einer stärkeren privatversicherungsförmigen Vorsorge werden treten an die Stelle solidarischer Sozialversicherungsbeiträge risikobezogene Prämien, die nicht das gesamtwirtschaftliche Belastungsniveau, wohl aber die personelle Belastungsstruktur verschieben. Diejenigen werden durch hohe allein risiko- und nicht einkommensbezogene Prämien besonders belastet, die aufgrund von Geschlecht, Familienstand,

Alter und Berufssituation die höchsten Gesundheitsrisiken tragen, während die „guten Risiken“ mit einer Entlastung rechnen könnten. Der Austausch zwischen gesetzlicher und privater Sicherung vollzieht sich also nicht im Verhältnis 1:1.

Im internationalen Vergleich hat sich das deutsche System der Soz. S. durchaus als leistungsfähig erwiesen. Statt Mindestsicherung und privater Vorsorge geht es deshalb in Zukunft v. a. um die Weiterentwicklung der Sozialversicherung und der Fürsorgesysteme. Gerade weil die Risiken des Arbeitsmarktes weiter bestehen und sich soziale Bindungen auflösen, wachsen die Bedürfnisse nach sozialer Sicherheit und verlässlichen sozialen Leistungen (Bäcker 2015).

Gerhard Bäcker

Literatur

J. Allmendinger/W. Ludwig-Mayerhofer (Hrsg.): Soziologie des Sozialstaats, Weinheim 2000 ◆ G. Bäcker u. a.: Sozialpolitik und soziale Lage in Deutschland, Bd. I: Ökonomische Grundlagen, Einkommen, Arbeit und Arbeitsmarkt, Arbeit und Gesundheitsschutz, Bd. II: Gesundheit, Familie, Alter, Soziale Dienste, Wiesbaden 52010 ◆ G. Bäcker: Soziale Sicherung, in: H. U. Otto/H. Thiersch (Hrsg.): Handbuch Soziale Arbeit, München 52015 ◆ BMAS: Übersicht über das Sozialrecht – Ausgabe 2016/2017, Berlin 2016 ◆ BMAS: Soziale Sicherung im Überblick, Berlin 2016 ◆ BMAS: Sozialbudget 2015, Berlin 2016 ◆ C. Butterwegge: Wohlfahrtsstaat im Wandel, Opladen 2012 ◆ ders.: Krise und Zukunft des Sozialstaates, Wiesbaden 52014 ◆ ISS e. V. (Hrsg.): Die Bücher des Sozialgesetzbuches. Einführung für die Sozialarbeit, München 2011 ◆ J. Faltenbaum: Recht der Sozialen Sicherung in Deutschland, München 2016 ◆ F. X. Kaufmann: Sozialpolitik und Sozialstaat – Soziologische Analysen, Wiesbaden 2009 ◆ H. Lampert/J. Althammer: Lehrbuch der Sozialpolitik, Heidelberg 92014 ◆ Kommission „Nachhaltigkeit in der Finanzierung der Sozialen Sicherungssysteme“: Abschlussbericht, Berlin 2003.

Soziales Lernen

Im 20. Jh. unterlag der Begriff ‚soziales Lernen‘ lange Zeit der Definitionsmacht der nordamerikanischen und der europäischen Lernpsychologie. Für die USA waren (und sind) lange Zeit die Laborexperimente von B. F. Skinner (1904–1990) bestimmend, denen zufolge Organismen auf positive Außenreize nach und nach bestimmte positive Wirkungen zeigten und Handlungen ausführten. Es war dies die Geburtsstunde der Stimulus-Response-Theorie (S+R-Theorie). Ihr widersprach der ebenfalls nordamerikanische Sozialpsychologe A. Bandura (*1925), der bestimmte menschlich-soziale Verhaltensweisen auf die Beobachtung und Nachahmung von sozialen Vorbildern aus der Umgebung der Lernenden zurückführte. Er galt als früher Theoretiker sozialen Lernens zusammen mit dem russischen Handlungsforscher Aleksej Nikolajewitsch Leontjev (1903–1979), der menschliche Lernprozesse generell auf gesellschaftlich anerkannte Handlungen zurückführte.

In Deutschland war die menschliche Tätigkeit des Lernens Jahrhunderte lang eine Angelegenheit von Schulen und Lehrern. Sie stand im 20. Jh. unter dem Vorzeichen der kognitiven Lerntheorien von J. Piaget (1896–1980), der an der Entwicklung seiner eigenen drei Kinder die Entwicklung ‚kognitiven und moralischen‘ Denkens ablesen zu können glaubte und als Begründer der kognitiven Entwicklungspsychologie/Lernpsychologie gilt.

Bis zum Ende des 20. Jh. lag das ‚Lernen‘ von Kindern und Jugendlichen als ‚kognitives Lernen‘ demzufolge bevorzugt in den Händen des Schulwesens. Die Lehren von Piaget (und in der Praxis von Skinner) waren Grundlagen von ‚Lerntheorien‘, die Lehrer in ihrer Ausbildung an Universitäten und Pädagogischen Hochschulen vermittelt wurden. Erst die vergleichende Evaluationsforschung der OECD über die Wirkungen schulischen Lehrens und Lernens in 38 europäischen und außereuropäischen Ländern, die unter dem Namen PISA (= Programme for International Student Assessment) bekannt geworden ist, weitete zu Beginn des 21. Jh. das Konzept des ‚kognitiven Lernens‘ aus und fügte dem kognitiven Aspekt des Lernens einen emotionalen und sozialen hinzu. Es richtete dabei sein Augenmerk sowohl auf die emotionalen Voraussetzungen und Nebenwirkungen des Lernens als auch auf seine sozialen Nachwirkungen im Hinblick auf gesellschaftsbezogene und gesellschaftsförderliche Verhalten.

Nicht zuletzt durch die PISA-Studien wurde ‚soziales Lernen‘ zu einem offiziell anerkannten Teil des *Curriculums* für Kinder und Jugendliche. Und weil es bisher in Deutschland, anders als in Großbritannien und in der alten UdSSR, nicht als wichtiger Teil des allgemeinen Curriculums aufgetaucht war, richtete sich nun das Augenmerk der Forscher auf das ‚informelle‘ und ‚non-formale Lernen‘ in Einrichtungen und Zusammenhängen, die nicht dem anerkannten System allgemein bildender Schulen und Hochschulen angehörten: also auf *Kinderkrippen, Tageseinrich-*

tungen für Kinder und *Kinderhorte,* auf Berufs- und *Erwachsenenbildung,* auf Jugendgruppen und *Jugendverbände,* auf die ‚informelle' Kommunikation unter Altersgleichen und Sozial-Benachbarten (= Peers).

Die Unterscheidung in formelle, nichtformelle, informelle Bildung, u. a. im BJK 2001 beschrieben, ist heute ‚Standard' in der Sozialen Arbeit.

Diese Hinwendung zu Lehr- und Lernprozessen impliziten und inzidentiellen Lernens (= die nicht von einer explizit lehrende Absicht ausgelöst worden waren) spielen beim ‚sozialen Lernen' eine immer größere Rolle und geben dabei den Forschungsansätzen von A. Bandura und N. L. Leontjev in gewisser Weise Recht. Sie begründen auch, warum das ‚soziale Lernen' in der *Sozialen Arbeit* bisher eine wesentlich größere Rolle gespielt hat, als im allgemein bildenden Schulwesen und an den Hochschulen.

Inzwischen wird soziales Lernen in der Sozialpädagogik/Sozialen Arbeit als Erwerb ‚sozialer und emotionaler' Kompetenzen definiert (Wahrnehmungs-, Kontakt- und Kommunikations-, Diskretions-, Kooperations- und Konfliktfähigkeit, Empathie). Der Begriff steht heute für eine moderne Form der Erziehung und des Erwerbs sozialer Kompetenzen, die sich v. a. in sozialen *Gruppen* vollziehen und sich der Mechanismen der Gruppendynamik bedienen (nach Wikipedia ‚Soziales Lernen', Aufruf vom 27. 11. 2015) (vgl. auch C. W. Müller 2010).

C. Wolfgang Müller

Literatur

A. Bandura: Lernen am Modell. Ansätze zu einer sozialkognitiven Lerntheorie, Stuttgart 1976 ◆ A. Bandura: Social Learning Theory, Englewood Cliffs 1977 ◆ BJK (Hrsg.): Zukunftsfähigkeit gestalten. Zu einem neuen Verständnis von Bildung und Jugendhilfe, Bonn 2001 ◆ M. Harring/M. D. Witte/T. Burger (Hrsg.): Handbuch informelles Lernen, Weinheim/Basel 2016 ◆ A. N. Leontjev: Probleme der Entwicklung des Psychischen, Frankfurt/M. 1977 ◆ C. W. Müller: Gruppendynamik, in: Kreft/Müller: Methodenlehre in der Sozialen Arbeit, München 2010, 93–97 ◆ OECD PISA: Der Bildungsstand 15jähriger Schüler im internationalen Vergleich, 2012.

Sozialgesetzbuch

Ziele und Funktion

Das SGB soll die wichtigsten Sozialleistungsbereiche in einem einheitlichen Gesetzbuch zusammenfassen. Ziel dieses (bislang noch nicht vollständig verwirklichten) Gesetzgebungsvorhabens ist es, a) das bisher in zahlreichen Einzelgesetzen und sonstigen Rechtsvorschriften unübersichtlich geregelte Sozialleistungsrecht *(Soziale Sicherung)* durch eine Gesamtkodifikation zu vereinfachen, um es für Bürger und Verwaltung transparenter zu machen; b) die Rechtsanwendung zu erleichtern und Rechtssicherheit zu gewährleisten; c) historisch bedingte, unnötige Differenzierungen zu beseitigen und – soweit möglich – Harmonisierung zu erreichen (BT-Drs. 7/868, 19). Eine grundlegende Gesamtreform des Sozialleistungssystems wird mit der Kodifikation hingegen nicht angestrebt; sie wird bislang als politisch nicht realisierbar eingeschätzt. Das SGB soll vielmehr als „Kodifikation mit begrenzter Sachreform" (Zacher) eine Rahmenordnung für die wesentlichen Teile des Sozialleistungsrechts bilden; es soll zugleich die erforderlichen Anpassungsprozesse der *Sozialpolitik* durch Aufzeigen von Zusammenhängen zwischen den einzelnen Sozialleistungsbereichen fördern und in sozialrechtlich sachgerechte Bahnen lenken.

Struktur des SGB

Gefordert im Godesberger Programm der SPD von 1959 und angekündigt in der Regierungserklärung des Bundeskanzlers Brandt vom 28. 10. 1969, wurde mit dem 1. Buch des SGB (SGB I – Allgemeiner Teil), der am 1. 1. 1976 in Kraft trat, der erste Schritt getan. Das SGB I verdeutlicht insbesondere die sozialrechtlichen Grundpositionen des Bürgers und die Leitideen, die den Vorschriften der einzelnen Sozialleistungsbereiche zugrunde liegen; es beinhaltet ferner übergreifende Regelungen, die den einzelnen Bereichen wegen bestehender Gemeinsamkeiten vorangestellt werden (z. B. Vorschriften über Auskunft und Beratung sowie über Mitwirkungspflichten des Leistungsberechtigten). Dem SGB I folgte am 1. 7. 1977 das 4. Buch (SGB IV), das einheitliche Regelungen für die Sozialversicherung (insbesondere zum Beitragsrecht und zum Organisationsrecht der Sozialversicherungsträger) enthält. Seit dem 1. 1. 1981 (bzw. dem 1. 7. 1983) gilt das 10. Buch (SGB X), das für alle Sozialleistungsbereiche das Verwaltungsverfahren, den Sozialdatenschutz sowie die Zusammenarbeit der Leistungsträger und ihre Beziehungen zu Dritten regelt. Inzwischen wurden auch die folgenden Bücher in das SGB eingegliedert:

- SGB II – Grundsicherung für Arbeitsuchende – seit 1.1.2005,
- SGB III – Arbeitsförderung – seit 1.1.1998,
- SGB V – Gesetzliche Krankenversicherung – seit 1.1.1989,
- SGB VI – Gesetzliche Rentenversicherung – seit 1.1.1992,
- SGB VII – Gesetzliche Unfallversicherung – seit 1.1.1997,
- SGB VIII – Kinder- und Jugendhilfe – seit 3.10. 1990/1.1.1991,
- SGB IX – Rehabilitation und Teilhabe behinderter Menschen – seit 1.7.2001,
- SGB XI – Soziale Pflegeversicherung – seit 1.1. 1995,
- SGB XII – Sozialhilfe – seit 1.1.2005.

Die Ergänzung des SGB um weitere Bücher soll in den nächsten Jahren erfolgen. So stehen unter anderem noch die Bücher zu Ausbildungsförderung, sozialer Entschädigung bei Gesundheitsschäden sowie Erziehungs- und Wohngeld aus.

Mit dem SGB XI (Soziale *Pflegeversicherung*), das einen völlig neuen Zweig der Sozialversicherung schuf, und mit dem SGB II *(Grundsicherung für Arbeitsuchende),* das für Erwerbsfähige mit der Zusammenlegung von Arbeitslosenhilfe und Hilfe zum Lebensunterhalt das bisherige System öffentlicher Leistungen zur Existenzsicherung grundlegend umgestaltete, wurde das ursprüngliche Ziel einer nur „begrenzten Sachreform" bislang nur punktuell relativiert. Im Zuge des „Umbaus des Sozialstaats" erscheint es freilich nicht mehr ausgeschlossen, dass im Rahmen der Fortführung und Anpassung der Kodifikation künftig auch eine grundlegende Reform des sozialen Sicherungssystems erfolgt.

Perspektiven

Bestimmte Sozialleistungsbereiche werden – aus unterschiedlichen Gründen – nicht in das SGB einbezogen. Dies gilt z.B. für die Beamten-, Richter- und Soldatenversorgung, auslaufende Entschädigungssysteme (wie z.B. den Lastenausgleich), den Schutz gegen Vermögensschäden sowie die betriebliche und berufsständische Altersversorgung. Bis zum Abschluss der Arbeiten an den noch fehlenden Büchern, die sich nach realistischer Einschätzung noch über mehrere Jahre erstrecken dürften, bestehen mehrere Einzelgesetze (z.B. BVG, BAföG u.a.) mithin nach wie vor weiter. Der Gesetzgeber hat diese Einzelgesetze allerdings durch Aufzählung zu besonderen Teilen des SGB erklärt (§ 68 SGB I) und damit (durch eine juristische Fiktion) für eine Übergangszeit eine Art vervollständigtes SGB geschaffen (Wabnitz, 2011, 159ff., in: ISS e.V.).

Nach den bisherigen Erfahrungen mit den gesetzgeberischen Bemühungen erscheint es zweifelhaft, ob die mit dem SGB angestrebten Ziele, insbesondere die Vereinfachung und Transparenz des Sozialrechts, überhaupt realisierbar sind. V.a. durch den langjährigen Gang des Gesetzgebungsverfahrens, das Nebeneinander von SGB und Einzelgesetzen (z.B. BVG und BAföG), zahllose Änderungen und Übergangsvorschriften, aber auch durch das im Landesrecht geregelte Sozialrecht und die detaillierte Ausgestaltung von Sozialleistungen durch untergesetzliche Regelungen außerhalb des SGB (z.B. Richtlinien), wird das Sozialrecht nicht einfacher und übersichtlicher, sondern komplizierter und intransparenter. Je länger dieser Zustand dauert, desto mehr geht der an sich sinnvolle Ansatz des Gesamtvorhabens verloren. Problematisch erscheint auch, dass die soziale Sicherung im Rahmen des SGB durch monetäre Leistungen und für Arbeitnehmer im Vordergrund des gesetzgeberischen Interesses steht, während die nichtmonetären (sozialen Dienst-)Leistungen sowie die Leistungsabwicklung in komplexen Leistungserbringungsverhältnissen (z.B. Pflege- und Betreuungsverhältnissen) eine weniger gewichtige Rolle spielen; insofern bleiben zentrale Regelungsprobleme der SozArb teilweise ungeklärt.

Allerdings gilt weiter: „Ohne Sozialgesetzbuch keine Soziale Arbeit", das SGB mit seinen Büchern ist wichtiger ‚Wissenskern' für sozarb/sozpäd Handeln (nach Kreft/Weigel, in: ISS e.V., 11–14).

Peter Trenk-Hinterberger

Literatur

U. Fasselt/H. Schellhorn (Hrsg.): Handbuch Sozialrechtsberatung, Baden-Baden [5]2017 ♦ K. Hauck u.a. (Hrsg.): Gesamt-Kommentar zum SGB I–IX, Berlin 2016 ♦ ISS e.V. (Hrsg.): Die Bücher des Sozialgesetzbuches, München 2011 ♦ B. von Maydell/F. Ruland/U. Becker: Sozialrechtshandbuch, Baden-Baden [5]2012 ♦ P. Mrozynski: Sozialgesetzbuch – Allgemeiner Teil – (SGB I). Kommentar, München [5]2014 ♦ M. von Wulffen/B. Schütze: SGB X – Sozialverwaltungsverfahren und Sozialdatenschutz. Kommentar, München [8]2014 ♦ H.F. Zacher/M. Friedrich-Marczyk/A. Jürgens: SGB, Kommentar/Loseblattwerk, Percha 1974ff.

S

Sozialhilfe

Die Sozialhilfe (S.) ist ein Teilbereich des Systems *sozialer Sicherung* in Gestalt eines subsidiären Basissystems, in dem – grundsätzlich nach Prüfung der Bedürftigkeit – steuerfinanzierte (beitragsunabhängige) Hilfen zur Bewältigung individueller Notlagen gewährt und die dazu notwendigen persönlichen Hilfen, Geld- und Sachleistungen sowie Dienste und Einrichtungen bereitgestellt werden. Die S. steht in der Tradition der seit dem Spätmittelalter festzustellenden besonderen Formen hoheitlicher Intervention zur Bekämpfung von *Armut* und Not unter den Sammelbegriffen Armenpflege, Wohlfahrtspflege und Fürsorge *(Geschichte der Sozialarbeit/Sozialpädagogik)*, die zwar durch den Ausbau der Sozialversicherung in großem Umfang verdrängt und ersetzt wurde, aber als „Unterbau" des *Sozialstaats* (mit weitgehender kommunaler Zuständigkeit) – z. B. als „Ausfallbürge" im Sinne eines „Netzes unter den Netzen" – immer noch eine beträchtliche Bedeutung hat. Mit der S. wird das oberste verfassungsrechtliche Prinzip, der Schutz der Menschenwürde und der individuellen Freiheit (Art. 1 Abs. l, 2 Abs. 1 GG), durch den Staat materiell-inhaltlich gewährleistet. Diese elementare Hilfe wird aus grundrechtlicher Sicht zwar um des einzelnen Menschen willen gewährt. Zugleich hat aber dieses Basissystem seit alters her eine Schutzfunktion für die Ordnung von Staat und Gesellschaft: Die S. ist auch Ausfluss öffentlicher Interessen an „geordneten" Verhältnissen.

Rechtsgrundlagen

Die grundlegende gesetzliche Rahmenordnung für Prinzipien, Leistungen und Organisation der S. im herkömmlichen Sinne ist (seit 1. 1. 2005) das Sozialgesetzbuch – Zwölftes Buch (SGB XII), mit dem das am 1. 6. 1962 in Kraft getretene Bundessozialhilfegesetz (BSHG) abgelöst wurde. Spezielle Ausformungen der S. regeln seit 1. 10. 1993 das Asylbewerberleistungsgesetz (AsylbLG) und seit 1. 1. 2005 das SGB II *(Grundsicherung für Arbeitsuchende)*. Im Folgenden wird nur auf die S. im herkömmlichen Sinne (SGB XII) eingegangen.

Das BSHG von 1962 hatte die überkommenen fürsorgerechtlichen Regelungen abgelöst, insbes. die Reichsverordnung über die Fürsorgepflicht und die Reichsgrundsätze über Voraussetzungen, Art und Maß der öffentlichen Fürsorge (beide von 1924) sowie das Gesetz über die Fürsorge für Körperbehinderte von 1957 und das Gesetz über die Tuberkulosenhilfe von 1959. Die Befugnis des Bundes zu einer solchen zentralisiert-vereinheitlichenden Regelung des Sozialhilferechts in einem Bundesgesetz folgte (und folgt auch heute noch) aus Art. 74 Nr. 7 GG (anders z. B. in Österreich und in der Schweiz: keine Bundeskompetenz und damit kein einheitliches Bundesgesetz). Nach dieser Vorschrift hat der Bund – vorrangig vor den Ländern – die Gesetzgebungskompetenz für die „öffentliche Fürsorge", zu der neben der Sozialhilfe i. S. d. SGB XII v. a. die Kinder- und Jugendhilfe gehört.

Das BSHG war seit seinem Erlass durch zahlreiche Bundesgesetze geändert worden. Zieht man eine Bilanz der Fortschreibung dieses Gesetzes, so waren die Änderungen bis 1980 durch Ausweitung des Berechtigtenkreises, Ausdifferenzierung des Leistungsangebots, Anhebung des Leistungsniveaus und Verbesserung der Leistungsmodalitäten gekennzeichnet. Die Gesetzgebung von 1980 bis 1985, die v. a. mit der notwendigen Konsolidierung öffentlicher Haushalte begründet wurde, hatte insbesondere Leistungsstagnation (v. a. durch „Deckelung" der Regelsätze), Leistungseinschränkungen und Möglichkeiten restriktiver Handhabung der Hilfegewährung zum Gegenstand. Die Gesetzgebung nach 1985 beschränkte sich zunächst im Wesentlichen auf punktuelle Verbesserungen für die auf S. angewiesenen Personen (z. B. durch einen verbesserten Schutz des Hausgrundstücks) sowie auf Anpassungen an veränderte Verhältnisse. Auf der Grundlage des *Einigungsvertrages* von 1990 trat das BSHG zum 1. 1. 1991 auch in den nBL in Kraft (allerdings mit einschränkenden Maßgaben, z. B. hinsichtlich der Höhe und des Umfangs der Leistungen). Seit Mitte 1993 wurden durch Kostendämpfungsgesetze (u. a. Gesetz zur Umsetzung des Föderalen Konsolidierungsprogramms und Zweites Gesetz zur Umsetzung des Spar-, Konsolidierungs- und Wachstumsprogramms, Gesetz zur Reform des Sozialhilferechts) weitere Änderungen zum Nachteil der Sozialhilfebedürftigen vorgenommen. Seit 1. 10. 1993 erhalten Berechtigte nach dem Asylbewerberleistungsgesetz (AsylbLG) keine Leistungen der S. (sondern nur erheblich niedrigere Grundleistungen; *Ausländer- und Asylrecht*).

Mit Einführung des SGB XII und des SGB II zum 1. 1. 2005 ist das bisherige System der S. nachhaltig verändert worden. Diese Veränderung betrifft im Wesentlichen die Hilfe zum Lebensunterhalt (als Hilfe zur Sicherung eines bestimmten Existenzminimums), die nunmehr im Rahmen eines vierstufigen Systems gewährt wird: In den meisten Fällen nach dem SGB II an Arbeitsuchende, an zweiter Stelle nach §§ 41 ff. SGB XII als Grundsicherung an Personen ab Vollendung des 65. Lebensjahres oder an voll Erwerbsgeminderte, an dritter Stelle an die relativ bedeutungslos gewordene Gruppe der nach §§ 27 ff. SGB XII Leistungsberechtigten und an vierter Stelle an Leistungsberechtigte nach dem AsylbLG. Das SGB XII behält seine Bedeutung freilich ungeschmälert bei der (nicht mehr mit diesem Begriff bezeichneten) Hilfe in besonderen Lebenslagen (§§ 47 ff. SGB XII), bei der es die wenigsten sachlichen Änderungen, wohl aber einige empfindliche Einschränkungen gibt.

Die Rahmenordnung des SGB XII wird durch eine Fülle anderer Regelungen ergänzt und konkretisiert:

- Das SGB XII ergänzen Rechtsverordnungen. Diese befassen sich im Wesentlichen mit den Regelsätzen (die zentrale Bedeutung v. a. für die wirtschaftlichen Hilfen haben), mit der Eingliederungshilfe für behinderte Menschen, der Hilfe zur Überwindung besonderer sozialer Schwierigkeiten, der Berechnung des sozialhilferechtlich relevanten Einkommens, der Festsetzung von Vermögensfreibeträgen und der Überprüfung von Sozialhilfeempfängern im Wege des automatisierten Datenabgleichs.
- Ausführungsgesetze und Durchführungsverordnungen der Länder regeln v. a. die Organisation der Sozialhilfeträger, Erweiterungen der sachlichen Zuständigkeit der örtlichen bzw. überörtlichen Träger, das Eintreten der örtlichen Träger bei Zweifels- und Eilfällen, die Möglichkeit der Heranziehung örtlicher Träger und Gemeinden zur Durchführung von Aufgaben sowie die Aufbringung der Sozialhilfekosten.
- Die meisten Sozialhilfeträger ziehen bei der Durchführung der maßgeblichen Rechtsvorschriften zusätzlich Sozialhilferichtlinien heran, die als Verwaltungsvorschriften v. a. der einheitlichen Ermessensausübung und Auslegung unbestimmter Rechtsbegriffe dienen. Eine allgemeine Veröffentlichungspflicht und ein Recht auf Einsicht in die Verwaltungsvorschriften außerhalb eines konkreten Sozialhilfeverfahrens wird weder für den Hilfesuchenden noch für einen Rechtsanwalt anerkannt (BVerwGE 69, 278).
- Das zwischenstaatliche Sozialhilferecht regeln das Europäische Fürsorgeabkommen von 1953 sowie die Deutsch-Schweizerische Fürsorgevereinbarung von 1952 und das Deutsch-Österreichische Fürsorgeabkommen von 1966. Daneben modifiziert das Europäische Gemeinschaftsrecht das deutsche Sozialhilferecht z. B. im Hinblick auf das Verbot der Diskriminierung von Wanderarbeitnehmern.

Grundsätze

Die S. nach dem SGB XII wird von einer Reihe von Grundsätzen beherrscht, die ihr Wesen prägen und die nicht nur für die zentralen Leistungstatbestände, sondern auch für die organisatorische Durchführung grundlegende Bedeutung haben.

- **Individualisierungsgrundsatz:** Die Leistungen der S. sollen in Art, Form und Maß nach den Besonderheiten des Einzelfalles gewährt werden; schematische Leistungen (wie i. d. R. bei Versicherung und Versorgung) sind der S. im Grundsatz fremd (§ 9 Abs. 1 SGB XII). Die so gebotene differenzierende Betrachtungsweise entspricht dem persönlich-individuellen Charakter des Fürsorgeprinzips und gewährleistet die erforderliche Anpassungsfähigkeit an die vielfältigen Notlagen von Hilfebedürftigen. Zur Realisierung individuell angepasster Hilfe ist aber eine kontinuierliche Bedarfskontrolle notwendig: „Wegen der sich ständig wandelnden Lage des Hilfesuchenden und der dieser Lage anzupassenden Hilfe wird der Sozialhilfefall gleichsam täglich erneut regelungsbedürftig" (BVerwGE 25, 309). Neben die auf wirksame Hilfe zielende, aber zugleich Stigmatisierung begünstigende subtile Kontrolle des Einzelfalls tritt damit auch die Instabilität der Versorgungslage.
- **Nachranggrundsatz:** Der Nachrang der S. *(Subsidiarität)* wird als leitender Grundsatz für die Rangordnung von Selbsthilfe und Gemeinschaftshilfe durch das sozialpolitische Axiom des Subsidiaritätsprinzips geprägt. Unter dem Einfluss dieses Prinzips, einschließlich finanzpolitischer Gründe (Gebot rationeller Finanzwirtschaft) und sozialpädagogischer Erwägungen (Entfaltung durch Selbsthilfe und Selbstverantwortung), lautet die grundsätzliche Rangordnung: private Eigenmittel wie Einsatz von Arbeitskraft, Einkommen und Vermögen; Unterhalt durch Unterhaltspflichtige; vorsorgebegründete, entschädigende und ausgleichende öffentliche Sozialleistungen (§ 2 S. 1 SGB XII). Insofern greift S. grundsätzlich nur im Ausnahmezustand des Scheiterns privater Reproduktion bzw. bei unzureichenden oder fehlenden anderen Sozialleistungen ein: Leistungsgrund ist also der anderweitig nicht gedeckte Bedarf. Auch der Nachranggrundsatz erfordert deshalb eine Kontrolle; sie geht dahin, ob alle anderweitigen Hilfsmöglichkei-

S

ten ausgeschöpft sind. Dabei soll die grundsätzliche Pflicht zum Einsatz der Arbeitskraft auch die Funktion erfüllen, einer Erosion des Arbeitswillens und des Leistungsprinzips entgegenzuwirken. Allerdings schließen nur „bereite“ anderweitige Mittel die Leistungen der S. aus: Ansprüche, die noch nicht realisiert sind und deren Realisierung unzumutbar oder wegen Eilbedürftigkeit der Hilfe nicht möglich ist, schließen die Gewährung von S. nicht aus. Insofern besteht eine Vorleistungspflicht der S., die allerdings Ansprüche gegen vorrangig Leistungsverpflichtete (zur „Refinanzierung“ ihrer Vorleistung) durchsetzen kann; wegen der so möglichen Inanspruchnahme auch von Unterhaltspflichtigen *(Unterhaltsrecht)* wird nicht selten S. trotz einer Notlage nicht in Anspruch genommen, um den Familienfrieden nicht zu gefährden. In der Grundsicherung im Alter nach dem 4. Kapitel des SGB XII werden Familienangehörige allerdings erst ab einem Jahreseinkommen von 100 000 Euro zum Unterhalt herangezogen.

- **Bedarfsdeckungsgrundsatz:** Unabhängig von den Ursachen der Notlage des Hilfesuchenden und ohne Rücksicht auf Vor- oder Gegenleistungen (wie typischerweise bei der Sozialversicherung) wird S. gewährt, um Mängellagen ökonomischer wie nicht-ökonomischer Art zu begegnen. Die S. strebt dabei an, den aktuellen, sozialhilferechtlich anzuerkennenden Bedarf des Hilfesuchenden zu befriedigen. Schlagwortartig lässt sich der Bedarfsdeckungsgrundsatz auf die Formel bringen: „Wer etwas braucht, bekommt das, was er braucht“ (Schäfer, 159). Aus dem Bedarfsdeckungsgrundsatz folgt auch, dass der Träger der S. den Sozialhilfefall in seiner Gesamtheit zu prüfen hat, also jeden Bedarf decken muss, der ihm, sei es auch nur zufällig, zur Kenntnis gelangt (Gesamtfallgrundsatz). Ferner folgt aus dem Bedarfsdeckungsgrundsatz, dass der Anspruch auf S. höchst persönlicher Natur ist und daher nicht übertragen, verpfändet oder gepfändet werden kann und grundsätzlich auch nicht vererblich ist. Zum Zwecke einer möglichst einheitlichen und nachvollziehbaren Verwaltungspraxis und mit Rücksicht auf das Gebot der Gleichbehandlung gleich gelagerter Sachverhalte wird v. a. bei materiellen Leistungen der S. nach objektiven Bedarfskriterien gesucht und Hilfe gewährt; dies gilt insbes. für massenhaft auftretende, typisierbare Bedarfstatbestände bei Leistungen der Hilfe zum Lebensunterhalt, bei denen eine pauschalierende und an durchschnittlichem Bedarf orientierte Bemessung erfolgt (v. a. durch Regelsätze und Mehrbedarfszuschläge, §§ 28 ff. und § 30 SGB XII), wobei der Individualisierungsgrundsatz ausnahmsweise im Einzelfall zu einer abweichenden Bemessung führen kann (§ 27a SGB XII). Insofern ist der sozialhilferechtlich anerkannte Bedarf eine Mischung aus Durchschnittsbedarf und – freilich nur in geringem Ausmaß – jeweils konkretem Einzelbedarf. Problematisch sind dabei zum einen die äußerst begrenzten Möglichkeiten der Anpassung pauschalierter Leistungen an den individuellen Bedarf, zum anderen die Zusammensetzung und die Bemessung des Bedarfs; der Umfang des anzuerkennenden Bedarfs wird dabei zunehmend nicht unter dem Aspekt eines Integrations- und Partizipationsstandards, sondern nach Kriterien der Finanzierbarkeit als Messlatte für eine Überforderung von Staat und Gesellschaft diskutiert und festgesetzt.
- **Prinzip des Rechtsanspruchs dem Grunde nach:** Der Individualisierungsgrundsatz bedingt, dass der Anspruch auf S. grundsätzlich nur ein Anspruch auf die individuell-konkret erforderliche Hilfe, also nur ein Anspruch dem Grunde nach sein kann, während die Bestimmung von Art und Maß der Hilfe in das pflichtgemäße Ermessen des Trägers der S. gestellt ist (§ 17 SGB XII). Eine solche rechtlich abgesicherte Position ist in Abkehr von der teilweise mit Willkür behafteten Armenpflege von großer Bedeutung für den Hilfesuchenden, der unabhängig von der Bewertung seiner Notlage die erforderliche Hilfe (notfalls gerichtlich) erstreiten kann. Neben Ist-Leistungen, auf die ein absoluter Rechtsanspruch des Hilfesuchenden besteht, sieht das SGB XII Sollleistungen vor (sie binden den Träger für den Regelfall, lassen aber Abweichungen für den Ausnahmefall zu, den die Verwaltung zu begründen und zu beweisen hat); Kann-Leistungen räumen dem Träger einen weiten Ermessensspielraum ein, der freilich teilweise durch (gerichtlich voll überprüfbare) unbestimmte Rechtsbegriffe (z. B. „im Einzelfall gerechtfertigt“) eingegrenzt wird.
- **Grundsatz der menschenwürdigen Lebensgestaltung und der Garantenstellung der S.:** Zentrales Anliegen der S. ist die Ermöglichung einer menschenwürdigen Lebensführung (§ 1 SGB XII), zu der auch die Teilnahme am Leben in der Gemeinschaft, d. h. am gesellschaftlichen, politischen, kulturellen und wirtschaftlichen Zusammenleben gehört (§ 9 SGB I). Insofern bedeutet der Grundsatz der

menschenwürdigen Lebensführung mehr als die Sicherung des Existenzminimums; unterster Interventionspunkt der S. soll vielmehr die Schwelle sein, bei deren Unterschreitung der Hilfesuchende ohne das Eingreifen der S. in seiner Personenwürde Schaden nehmen würde (BVerwGE 27, 58). Das Hauptproblem einer Konkretisierung dieses Grundsatzes liegt in dem Anspruch, den Gehalt der menschenwürdigen Lebensgestaltung zu bestimmen, einem Anspruch, der durch das Bewusstsein seiner Uneinlösbarkeit ergänzt wird. Uneinlösbar, weil auch mit empirischen Methoden nur in begrenztem Umfang und nie in einem „objektiven" Bild eingefangen werden kann, was menschenwürdige Lebensgestaltung – mit ihrer Offenheit in die Zeit – sein könnte, zumal die Konsensfähigkeit in dieser Frage mit zunehmender Konkretisierung tendenziell abnimmt, mag sie auch in einem geregelten, rationalen und durch die Öffentlichkeit kontrollierbaren Verfahren erfolgen. Der Grundsatz kann deshalb zwar keine präzise Messlatte, aber ein produktiver Begriff sein, der gegenüber Stigmatisierung, Deklassierung und Ausgrenzung zu aktivieren ist.

§ 1 SGB XII enthält zugleich die umfassende Garantie der S. gegenüber dem Bürger, unabhängig von anderen Bereichen der sozialen Sicherung umfassend Hilfe zu einem menschenwürdigen Leben zu leisten. Die S. ist deshalb nicht nur Auffangsystem („Ausfallbürge", „Lückenbüßer"), sondern hat auch die Aufgabe, Leistungen zu erbringen, die in anderen Sozialleistungssystemen (z. B. wegen deren begrenzter Zielsetzung) nicht oder nur in begrenztem Umfang erbracht werden, aber zu einer menschenwürdigen Lebensgestaltung gehören (z. B. Gebrauchsgegenstände des täglichen Lebens für behinderte Menschen, die in der gesetzlichen Krankenversicherung wegen deren Zielsetzung nicht vorgesehen sind). Mit dieser Garantenstellung der S. hängt eng auch ihre Pionierfunktion zusammen (Aufspüren neuer sozialer Notstände und ihre Bewältigung), die allerdings in Zeiten finanzieller Schwierigkeiten der S. nicht sonderlich intensiv wahrgenommen wird.

- **Grundsatz der Befähigung zur Selbsthilfe und Mitwirkungsprinzip:** Die S. soll den Hilfeempfänger so weit wie möglich befähigen, unabhängig von ihr zu leben; hierbei muss er nach seinen Kräften mitwirken (§ 1 SGB XII); sie soll im Grunde genommen sich selbst überflüssig machen, indem sie hilft, die Eigenkräfte und Mitwirkung des Hilfeempfängers – in engen Grenzen auch durch mittelbaren Zwang – zu entfalten und sie für eine eigenverantwortliche Lebensgestaltung einzusetzen (BVerwGE 23, 153): Die S. soll keine dauerhafte, attraktive Alternative zur materiellen Selbstversorgung sein. Die S. hat es allerdings häufig mit Hilfeempfängern zu tun, bei denen Hilfe zur Selbsthilfe nicht oder nicht mehr möglich ist; in diesen Fällen nimmt die S., die an sich vorübergehender Natur ist, faktisch einen versorgungsähnlichen Charakter an und leistet dann Hilfe zur Selbsthilfe nur in sehr begrenztem Umfang (vorwiegend im nichtmonetären Bereich). Der Leistungsberechtigte kann seinerseits auf die Gestaltung der Hilfe Einfluss nehmen (Wunsch- und Wahlrecht in Bezug auf Träger von Diensten und Einrichtungen, § 9 Abs. 2 SGB XII); er ist aber zugleich verpflichtet, bei der Feststellung der Voraussetzungen für die Hilfe v. a. durch Auskünfte oder durch Ermächtigung zur Auskunftserteilung mitzuwirken.
- **Grundsatz der Hilfe von Amts wegen und Aufenthaltsprinzip:** Die S. setzt mit der Befriedigung des aktuellen Bedarfs (also nicht mit der Übernahme von Schulden) ein, sobald dem Träger der S. oder von ihm beauftragten Stelle bekannt wird, dass die Voraussetzungen für die Gewährung vorliegen (§ 18 Abs. 1 SGB XII). Die S. ist also – im Gegensatz zu anderen Sozialleistungen – grundsätzlich nicht von einem Antrag abhängig, sondern hat von sich aus (von Amts wegen) tätig zu werden, wenn ihr ein Bedarfsfall bekannt wird. Ein Antrag ist deshalb nicht konstitutives Element für die Gewährung der S. (sog. Kenntnis-Grundsatz), in der Praxis aber für die Hilfegewährung und zur Ermittlung der erforderlichen Informationen i. d. R. zweckmäßig und üblich. Eine Ausnahme gilt freilich u. a. für Leistungen der Grundsicherung im Alter und bei Erwerbsminderung, die nur auf Antrag hin gewährt werden (§ 41 SGB XII).

Nicht die „natürliche" Heimat (Bürgerprinzip) und nicht die fiktive Heimat (längerer Aufenthalt nach dem Prinzip des Unterstützungswohnsitzes), sondern der schlichte Aufenthalt bestimmt den örtlich zuständigen, zur Hilfe verpflichteten Träger der S.

Träger der Sozialhilfe

Die genannten Grundsätze haben eine Steuerungsfunktion für die Durchführung der S., die besonderen Trägern obliegt (vgl. §§ 3, 97 ff. SGB

XII): Gesetzliche Träger der S. sind die (Land-) Kreise und kreisfreien Städte als örtliche Träger; Länder oder Kommunalverbände (z.B. Bezirke, Landschaftsverbände, Landeswohlfahrtsverbände) bilden nach landesrechtlichen Bestimmungen die überörtlichen Träger. An den Durchführungen der S. sind neben den gesetzlichen Trägern *(Sozialamt)* in hohem Maße freie Träger der Wohlfahrtspflege beteiligt *(Träger der sozialen Arbeit/Wohlfahrtsverbände)*, um die in der S. anstehenden Aufgaben durch gemeinsame Bemühungen zu bewältigen (BVerfGE 22, 180). Das Sozialhilferecht sichert dabei den Verbänden der freien Wohlfahrtspflege einen eigenen Tätigkeitsraum (§ 5 SGB XII) und verpflichtet die gesetzlichen Träger der S. in Form von Sollvorschriften u.a. dazu, die Verbände der freien Wohlfahrtspflege in ihrer Tätigkeit zu unterstützen und von eigenen Maßnahmen (mit Ausnahme der Geldleistungen) abzusehen, wenn die Hilfe im Einzelfall durch die freie Wohlfahrtspflege gewährleistet ist. Der Grundsatz der *Subsidiarität* im Verhältnis zu anderen (nichtstaatlichen) Trägern wird für den Bereich der Schaffung von Einrichtungen besonders ausgestaltet (i.S. einer gewissen „Vorfahrtsberechtigung", vgl. § 75 SGB XII). Nachdem das BSHG-Reformgesetz von 1996 die grundsätzliche Gleichwertigkeit aller (freier und gewerblich-gewinnorientierter) Träger eingeführt und die Privilegierung der freien Wohlfahrtspflege im Bereich der Leistungserbringung der S. praktisch beseitigt wurde, müssen sich die freien Träger nun dem nicht unproblematischen Wettbewerb mit den gewerblichen Trägern stellen. Nach § 75 SGB XII müssen zwischen Sozialhilfeträger und dem Träger, der Leistungen v.a. in Einrichtungen und Diensten der Pflege und Behindertenhilfe erbringt, Vereinbarungen zur Sicherung der Leistung, der Qualität, Vergütung und Prüfung abgeschlossen werden. Nur dann, wenn diese Vereinbarungen vorliegen, ist der Träger der S. verpflichtet, die Vergütung zu übernehmen.

Leistungen

Im SGB XII ist – neben allgemeinen Grundsätzen und der Trägerschaft einschließlich des Verhältnisses der öffentlichen Träger zu den freien Wohlfahrtsverbänden – v.a. das Leistungsrecht geregelt. Dabei unterscheidet das SGB XII (im Gegensatz zu entsprechenden ausländischen Leistungssystemen, die sich meist auf Geldleistungen zur Sicherung des notwendigen Lebensunterhalts beschränken) die Leistungsgruppen

- Hilfe zum Lebensunterhalt (HLU, §§ 27 bis 40 SGB XII)
- Grundsicherung im Alter und bei Erwerbsminderung (§§ 41 bis 46 SGB XII)
- Hilfe zur Gesundheit (§§ 47 bis 51 SGB XII)
- Eingliederungshilfe für behinderte Menschen (§§ 53 bis 60 SGB XII)
- Hilfe zur Pflege (§§ 61 bis 66 SGB XII)
- Hilfe zur Überwindung besonderer sozialer Schwierigkeiten (§§ 67 bis 69 SGB XII)
- Hilfe in anderen (sonstigen) Lebenslagen (§§ 70 bis 74 SGB XII).

Die HLU soll die allen Menschen eigentümlichen Grundbedarfe des täglichen Lebens (Ernährung, Unterkunft, Kleidung, Körperpflege, Hausrat, Heizung und persönliche Bedürfnisse des täglichen Lebens) abdecken, eine einfache Lebensweise ermöglichen und damit einer allgemeinen materiellen Hilfebedürftigkeit begegnen (§ 27 SGB XII). Hilfeberechtigt sind v.a. länger, aber nicht dauerhaft erwerbsgeminderte Menschen. Die Leistungen der HLU sind weitgehend pauschaliert (Regelsätze und Mehrbedarf, §§ 28ff. und § 30 SGB XII); auch bei den Unterkunftskosten die in Höhe der tatsächlichen Aufwendungen erbracht werden sollen, ist in begrenztem Umfang eine Pauschalierung möglich (§ 35 SGB XII). Die im BSHG geregelte Unterscheidung in laufende und einmalige Leistungen ist im SGB XII weitgehend beseitigt; einmalige Bedarfe kennt das SGB XII im Wesentlichen nur noch bei der Erstausstattung mit Wohnraum und Bekleidung sowie bei mehrtägigen Klassenfahrten (§ 31 SGB XII). Ferner umfasst die HLU nach §§ 32ff. SGB XII insbes. Beiträge für die Kranken- und Pflegeversicherung, Beiträge für die Alterssicherung, Übernahme von Schulden zur Sicherung der Unterkunft sowie den notwendigen Lebensunterhalt in Einrichtungen.

Nach dem Urteil des BVerfG vom 9.2.2010 wurde dem Gesetzgeber auferlegt, die (identischen) Regelsätze für das SGB II und für das SGB XII „verfassungskonform" zu bemessen. Nach dem „Gesetz zur Ermittlung von Regelbedarfen und zur Änderung des SGB II und SGB XII" vom 24.3.2011 werden die Regelsätze auf der Grundlage einer bundesweiten Einkommens- und Verbraucherstichprobe jährlich vom Bund allgemeingültig festgesetzt und fortgeschrieben (§§ 27 bis 28a SGB XII). Die neuen Regelsätze haben ab dem 1.1.2011 zu einer geringfügigen Erhöhung der Regelsätze geführt, allerdings nicht zur einhelligen Meinung, dass sie nun verfassungsmäßig korrekt ermittelt seien. Da die Regelsätze für Kinder nach dem neuen Bemessungsverfahren nicht erhöht wurden (eigentlich sogar hätten abgesenkt werden müssen), ist in den §§ 34 und 34a SGB XII ein sog. Bildungs- und Teilhabepaket für Kinder und Jugendliche in SGB II-Haushalten eingeführt worden, das einige Verbesserungen für Schüler vorsieht, aber nur 10 Euro monatlich als Gutschein für Mitgliedsbeiträge in Sportvereinen, für Unterricht in künstlerischen Fächern oder für die Teilnahme an Freizeiten. Der Abschlussbericht zur Evaluation des Bildungs- und Teilhabepakets wird für Ende 2016 erwartet.

Auf Antrag erhalten Leistungen der Grundsicherung (G.) nach §§ 41 ff. SGB XII Personen mit gewöhnlichem Aufenthalt im Inland, die das 65. Lebensjahr vollendet haben oder das 18. Lebensjahr vollendet haben und unabhängig von der jeweiligen Arbeitsmarktlage voll erwerbsgemindert i. S. des § 43 SGB VI sind und bei denen unwahrscheinlich ist, dass die volle Erwerbsminderung behoben werden kann (dazu zählt auch ein Großteil der in Werkstätten für behinderte Menschen beschäftigten Mitarbeiter). Die G. ist eine bedarfsorientierte Leistung; sie wird (auf Antrag) i. d. R. für 12 Kalendermonate bewilligt und erfolgt unabhängig davon, ob Anspruchsberechtigte zu Hause oder im Heim leben. Ein Anspruch auf G. besteht nur, soweit die Antragsberechtigten ihren Lebensunterhalt nicht aus ihrem Einkommen und Vermögen bestreiten können. Einkommen und Vermögen des nicht getrennt lebenden Ehegatten und des Partners einer eheähnlichen Gemeinschaft sind zu berücksichtigen, wenn diesen selbst ein „Mehr" über ihren eigenen Bedarf an Lebensunterhalt zur Verfügung steht. Außerdem entfällt der Anspruch, wenn das jährliche Gesamteinkommen der Kinder oder der Eltern des Antragstellers jeweils 100 000 Euro und mehr beträgt, wobei das Einkommen der Kinder und der Eltern nur dann überprüft wird, wenn dem Träger der G. hinreichend Anhaltspunkte für ein höheres Einkommen vorliegen (tatsächlich geleistete Unterhaltszahlungen sind aber stets als Einkommen zu berücksichtigen). Aufgrund der Höhe der Einkommensgrenze kann davon ausgegangen werden, dass die überwiegende Mehrheit der Betroffenen eine eigenständige materielle Absicherung über die G. erhalten kann.

Die G. umfasst den für den Antragsberechtigten maßgebenden Regelsatz, die angemessenen tatsächlichen Aufwendungen für Unterkunft und Heizung, die Übernahme von Kranken- und Pflegeversicherungsbeiträgen, die Mehrbedarfe, die einmaligen Bedarfe und HLU in Sonderfällen, ferner Leistungen als ergänzende Darlehen.

Die Leistungsverbesserung im Vergleich zur HLU nach §§ 27 ff. SGB XII besteht v. a. darin, dass Unterhaltsansprüche gegenüber Eltern und Kindern des Grundsicherungsberechtigten i. d. R. nicht zum verwertbaren Einkommen und Vermögen zählen. Von dem Gesetz profitieren deshalb insbes. Menschen mit unzureichenden Altersrenten und Eltern voll erwerbsgeminderter behinderter Kinder, sobald diese das 18. Lebensjahr vollendet und den familiären Haushalt verlassen haben, um mit Hilfe der G. und anderen Einkünften (Werkstattlohn, Wohngeld usw.) etwa in einer betreuten Wohngruppe zu leben.

Die HbL, die den eindeutigen Schwerpunkt der S. nach dem SGB XII bildet, soll qualifizierte Bedarfssituationen (z. B. bei Pflegebedürftigkeit oder einer Behinderung) erfassen, bei denen die Aufbringung der Mittel zum Bestreiten eines besonderen Bedarfs (z. B. nach einer barrierefreien Wohnung) die finanziellen Kräfte des Hilfesuchenden übersteigt; insofern soll die HbL einer besonderen Hilfsbedürftigkeit begegnen. Die HbL ist in einer Reihe von Bedarfslagen typisiert; ihre Gewährung ist an Einkommensgrenzen gebunden, die gleichsam das Maß der eigenen (finanziellen) Kräfte des Hilfesuchenden markieren: Liegt das Einkommen unter der Grenze, wird die HbL grundsätzlich voll (d. h. ohne Eigenbeteiligung) gewährt; liegt es darüber, so muss sich der Hilfesuchende mit eigenen Mitteln angemessen beteiligen. Demgegenüber geht die HLU vom grundsätzlichen Gesamteinsatz des (nach bestimmten Regeln ermittelten) einsetzbaren Einkommens aus.

Das SGB XII enthält darüber hinaus Regelungen für Auszubildende (§ 22 SGB XII), für Ausländer (§ 23 SGB XII), für Deutsche im Ausland (§ 24 SGB XII), für den Einsatz von Einkommen und Vermögen (§§ 82 ff. SGB XII), für den Rückgriff auf Ansprüche gegen Dritte einschließlich Unterhaltspflichtiger (§§ 93 f. SGB XII) sowie für den Kostenersatz durch den Hilfeempfänger und Dritte (§§ 102 ff. SGB XII).

Funktionswandel der Sozialhilfe

Bei der Schaffung des BSHG (im Kontext einer positiven wirtschaftlichen Entwicklung der späten 1950er Jahre) ging der Gesetzgeber im Wesentlichen von drei Grundannahmen aus: von der kontinuierlichen Entlastung der Sozialhilfe durch den Ausbau der übrigen Sozialleistungsbereiche, vom Ausnahmecharakter der sozialhilferechtlich relevanten Notsituation und vom dominierenden Bedarf an persönlicher (nichtmaterieller) Hilfe. Diese Grundannahmen haben sich durchweg als unzutreffend erwiesen. Durch die ökonomische Situation der letzten rd. 25 Jahre (insbes. durch die hohe Arbeitslosigkeit) ist das BSHG aber von einer Rahmenordnung der ausnahmsweisen persönlichen Einzelfallhilfe für eine überschaubare Zahl von „Randexistenzen" zum „Grundgesetz" der Basissicherung durch materielle Hilfen für Millionen geworden *(Armut).* Ein solcher Funktionswandel führte zwangsläufig zu Bruchlinien mit einem Sozialhilferecht, das nach seiner rechtlichen Konstruktion und nach seinen Finanzierungsgrundlagen eigentlich ein Instrument der zuvörderst persönlichen (Sozialisations-)Hilfe für einen relativ kleinen, von Ausgrenzung bedrohten oder ausgegrenzten Personenkreis sein sollte, nicht aber eine „Grundsicherung" für einen großen Teil der (v. a. durch Arbeitslosigkeit mittellos gewordenen) Bevölkerung.

Lag in den 1960er Jahren die Zahl der Sozialhilfeempfänger (HLU und HbL) noch weitgehend konstant bei 1,5 Mio., so stieg sie bereits in der 1. Hälfte der 1970er Jahre sprunghaft an und überschritt 1975 erstmals die Grenze von 2 Mio. Nachdem sie dann bis 1981 etwa auf diesem Stand verblieb, kam es mit Beginn der 1980er Jahre zu deutlichen Zuwächsen; danach stieg die Empfängerzahl kontinuierlich weiter an. Von besonderer Bedeutung war dabei die überproportionale Zunahme bei der HLU. Ihre Empfängerzahl hatte sich seit Beginn der 1980er Jahre in den alten BL mehr als verdoppelt (Ende 2002: 2,76 Mio. Personen). Machten die Bezieher der HLU Anfang der 1970er Jahre noch etwas mehr als die Hälfte aller Sozialhilfeempfänger aus, so stellten diese Ende 2002 über ¾ aller Sozialhilfeempfänger. Aber nicht nur der Empfängerkreis war größer geworden; er hatte sich auch verändert: S. und Einkommensarmut betrafen nicht mehr (wie früher) v. a. alte Menschen, sondern überwiegend Personen im erwerbsfähigen Alter zwischen 18 und 65 Jahren. Wichtigste Ursache für die zunehmende Inanspruchnahme von HLU waren durch Arbeitslosigkeit bedingte Einkommensdefizite. V. a. diese Veränderungen in der Struktur der Hilfeempfänger beanspruchte die S. in grundlegend neuer Weise. Der starke Anstieg der Bezieher von Hilfe zum Lebensunterhalt, der von einem tief greifenden Strukturwandel dieser Personengruppe (v. a. im Hinblick auf Armutsursachen und Altersstruktur) begleitet wurde, überfrachtete und überforderte die Sozialhilfeträger mit einer Aufgabe, für die die S. nicht geschaffen wurde. Diesem Funktionswandel, der mit steigenden Kosten für die Sozialhilfeträger (bei gleichzeitiger Finanznot der Kommunen) einherging, versuchte der Gesetzgeber mit der Neuordnung der Sozialgesetze zu begegnen.

Mit der Zusammenführung von Arbeitslosenhilfe und S. im SGB II und mit der Schaffung des SGB XII einschließlich der skizzierten Grundsicherung wurde schließlich eine grundlegende Veränderung des Systems der S. vollzogen: Mit Inkrafttreten des SGB II 2005 wurden alle erwerbsfähigen Personen zwischen 18 und 65 Jahren und ihre Familienangehörigen in die Grundsicherung für Arbeitssuchende übergeleitet, für die nunmehr Jobcenter als gemeinsame Einrichtungen von BA und Kommunen zuständig sind. Das SGB XII ist nach der Neuregelung mit erheblichen Strukturveränderungen nur noch für eine relativ kleine Gruppe nicht erwerbsfähiger, hilfebedürftiger Menschen zuständig. Die eindeutigen Leistungsschwerpunkte liegen jetzt in den Hilfen in besonderen Lebenslagen: bei der Eingliederungshilfe für Menschen mit Behinderung (57 %), der Grundsicherung im Alter und bei Erwerbsminderung (21 %) sowie bei den Hilfen zur Pflege (13 %). Insgesamt waren 2014 1,5 Mio. Menschen auf Leistungen nach dem SGB XII angewiesen. Der finanzielle Leistungsumfang ist wieder größer geworden und erreichte 2014 mit 26,5 Mrd. Euro einen neuen Höchststand.

Peter Trenk-Hinterberger

Literatur

Archiv für Wissenschaft und Praxis der sozialen Arbeit (DV), H. 1/2011, Was bringt das Kinderbildungspaket? ◆ R. Bieritz-Harder/W. Conradis/St. Thie (Hrsg.) Sozialgesetzbuch XII, Baden-Baden 10 2015 ◆ A. Brühl/J. Sauer: Mein Recht auf Sozialleistungen. Grundsicherung für Arbeitsuchende – Sozialhilfe – Sonstige Sozialleistungen, München 21 2011 ◆ L. Löcher: Handwörterbuch des Sozialhilferechts, Baden-Baden 2013 ◆ J. Münder (Hrsg.): Zukunft der Sozialhilfe. Sozialpolitische Perspektiven nach 25 Jahren BSHG, Münster 1988 ◆ J. Münder (Hrsg.): Sozialgesetzbuch II. Lehr- und Praxiskommentar, Baden-Baden 5 2013 ◆ J. Münder: Verfassungsrechtliche Bewertung des Gesetzes zur Ermittlung von Regelbedarfen und zur Änderung des Zweiten und Zwölften Buches Sozialgesetzbuch vom 24. 3. 2011, Gutachten für die Hans-Böckler-Stiftung 2011 ◆ Schellhorn/Hohm/Schneider (Hrsg.): Kommentar zum SGB XII, Neuwied 19 2015 ◆ B. Schulte/P. Trenk-Hinterberger: Sozialhilfe, Heidelberg 2 1986.

Sozialinformatik

Begriff und Gegenstand

Sozialwirtschaftliche Organisationen und Sozialverwaltungen nutzen Computer, Standardsoftware und branchenspezifische Anwendungsprogramme bereits seit Anfang der 1980er Jahre. Der Begriff S. findet sich in der Fachliteratur erstmals in der zweiten Hälfte der 1990er Jahre (Mehlich 1996; Halfar 1997). Eine erste umfassende Definition lieferte Wendt im Jahr 2000 (20): „Die Sozialinformatik hat Informations- und Kommunikationssysteme in der Sozialwirtschaft und der Sozialen Arbeit zum Gegenstand. Sie befasst sich mit der systematischen Verarbeitung von Informationen im Sozialwesen in ihrer technischen Konzipierung, Ausführung und Evaluation, und sie geht damit verbunden den Bedingungen, Wirkungen und sozialen Begleiterscheinungen des Technologieeinsatzes nach. Kurz: Die Sozialinformatik nimmt fachliche Verantwortung für den Produktionsfaktor Information im System sozialer Dienstleistungen und ihrem Umfeld wahr."

Seit Ende der 1980er Jahre erschienen immer wieder Publikationen zum Einsatz von Informationstechnologien (IT) in den unterschiedlichen Handlungsfeldern der Sozialen Arbeit, ein disziplinärer Diskurs zur S. kam jedoch erst um die Jahrhundertwende in Gang. In der zweiten Hälfte der 2000er Jahre ebbte diese Debatte jedoch wieder ab, die meisten Veröffentlichungen wandten sich – ähnlich wie in der Anfangszeit – eher pragmatischen Themen zu.

Entsprechend sind die Umrisse dieser (Teil-) Disziplin noch unscharf. Einig sind sich die meisten Autoren bislang darin, dass die S. in Praxis, Lehre und Forschung an die *Soziale Arbeit* anknüpft und ihren primären Bezugspunkt nicht in der disziplinären Informatik hat (Halfar 1997, Ostermann/Trube 2002). Unterschiedlich sind hingegen die Auffassungen darüber, ob sich die S. auf die fachlich-methodischen Handlungsvollzüge der SozArb beschränkt (vgl. Ley 2004), oder ob sie auch Fragen des Technikeinsatzes in administrativ-sozialwirtschaftlichen Kontexten in den Blick nimmt (vgl. Kreidenweis 2008). Wendt (2010) bezieht letztere ausdrücklich mit ein und geht noch einen Schritt weiter: er benennt auch das gesellschaftlich Umfeld des sozialen Dienstleistungssystems als Gegenstand der Disziplin. Dieser Anspruch kann jedoch bis heute als weitgehend uneingelöst betrachtet werden, Publikationen dazu sind rar (Schulze-Krüdener 2000, Kreidenweis 2006).

Konsens herrscht unter den Vertretern des Fachs darüber, dass der S. eine aktive Rolle in der Gestaltung technischer Konfigurationen für die Praxis zugedacht wird. Umstritten ist jedoch, ob dies zwingend auch Techniken der Programmierung umfasst (Jurgovsky 2004) oder ob stattdessen eine Konzentration auf konzeptionelle Aufgaben erfolgen soll.

Zugänge und Fragestellungen

Zugänge zur S. finden sich überall dort, wo sich Soziale Arbeit der Informationstechnologien bedient oder wo sie mit ihnen in Berührung kommt. Zu den Anwendungsfeldern gehören insbesondere:

- Handlungspraxis professioneller Sozialarbeit: Nutzung von Standard- und Fachsoftware für Falldokumentation, Aktenführung, Hilfeplanung, Evaluation etc. sowie Nutzung von Auskunftsdatenbanken zu Rechtsinformationen, Sozialdienstleistern oder fachlichen Wissensbeständen *(Sozialstatistiken).*
- Management in sozialen Organisationen: Nutzung von Standard- und Fachsoftware für Statistik, Controlling, Qualitätssicherung, Planung und Steuerung sowie von Dokumenten- und Wissensmanagement-Systemen *(Sozialmanagement).*
- Kommunikation in und zwischen sozialen Organisationen: Nutzung von E-Mail, Social Media, Intranet-, Extranet-Systemen und Unternehmensportalen
- Kommunikation zwischen Fachkräften Sozialer Arbeit und ihren Adressaten bzw. Unterstützung von Vernetzung und bürgerschaftlichem Engagement: Nutzung von Online-Medien (E-Mail, Social Media, WWW) für niedrigschwellige Kontakte, Online-Beratung, Selbsthilfe-Förderung, Partizipation und Selbstorganisation im Gemeinwesen etc. *(Medien).*
- Gesellschaftliche Entwicklung: Reflexion des Kontextes von technologischer Entwicklung, Informations- und Wissensgesellschaft sowie daraus erwachsender gesellschaftlicher Problemlagen und Aufgabenstellungen sowie Handlungskonzepte Sozialer Arbeit *(Informationsgesellschaft).*
- Weitere Anwendungsbereiche finden sich unter dem Begriff Ambient Assisted Living im Feld der technischen Unterstützung selbständigen Lebens für Menschen im Alter oder mit Behinderungen (Driller u. a. 2009).

Die Entwicklung, Nutzung und Evaluation spezieller IT-Konfigurationen für Aufgaben der Planung und Dokumentation von Hilfeprozessen, für den Adressatenkontakt oder für Zwecke der

S

Administration und des Managements sozialer Dienstleistungen kann – ähnlich wie in anderen Fachinformatiken – als ein zentraler Gegenstand der S. gelten. Da moderne Fachsoftware-Systeme neben fachlich-methodischen Aufgaben zumeist auch administrative Prozesse, wie etwa die Bereitstellung abrechnungsrelevanter Daten umfassen und steuerungsrelevante Informationen liefern, können Funktionalitäten im Bereich des Managements und der Administration nicht sinnvoll von fachlichen IT-Konfigurationen abgegrenzt werden.

Der IT-Einsatz im pädagogischen Kontext, etwa in der Arbeit mit Kindern und Jugendlichen, in Qualifizierungsmaßnahmen der Beruflichen Bildung und Rehabilitation oder in der Arbeit mit Demenzkranken kann hingegen als eigenständiges disziplinäres Feld außerhalb der S. gesehen werden. Hier haben sich bereits seit den 1980er Jahren mit *Medienpädagogik* und Mediendidaktik eigenständige Forschungs- und Praxiskontexte etabliert. Berührungs- und Überschneidungspunkte gibt es immer dort, wo es um Medienkompetenz der Adressaten Sozialer Arbeit geht, die sie beispielsweise dazu befähigt, Selbsthilfenetzwerke zu knüpfen oder unter Nutzung informationstechnischer Mittel sich an der sozialen Gestaltung des Gemeinwesens zu beteiligen. Auch die partizipative Gestaltung von Prozessen der Hilfeplanung und Dokumentation im Kontext der Nutzung fachspezifischer Software kann eine solche Schnittstelle bilden.

Die genannten Zugänge lassen erkennen, dass Fragestellungen und Aufgaben der S. zumeist interdisziplinärer Natur sind. Dabei finden Erkenntnisse und Methoden aus Sozialarbeitswissenschaft, angewandter Informatik, Pädagogik, *Soziologie, Psychologie,* Betriebswirtschaft *(Sozialwirtschaft)* und anderen Disziplinen Anwendung.

Je nach Ebene der thematischen Beschäftigung fließen diese auf unterschiedliche Weise ein. Folgende Ebenen können unterschieden werden:

- die Ebene der Techniknutzung im Kontext fachlichen, administrativen und leitenden Handelns in sozialen Organisationen
- die Ebene der technikvermittelten Interaktionsbeziehungen zwischen Adressaten und Professionellen sowie unter Bürgern
- die Ebene der Techniknutzung in den Lebenswelten der Adressaten Sozialer Arbeit auf dem Hintergrund gesellschaftlicher und technologischer Wandlungsprozesse und Aspekten der *Inklusion.*

Aus Sicht der Praxis ist es die primäre Aufgabe der S., die Entwicklung von IT-Lösungen zu fördern und kritisch zu begleiten, um Aufgaben und Prozesse in Bereichen wie Hilfe-, Erziehungs- oder Förderplanung, Fall- und Tätigkeits-Dokumentation, *Evaluation* oder Online-Beratung wirksam mit IT zu unterstützen.

Dies setzt jedoch eine Verständigung darüber voraus, was in der Sozialen Arbeit unter einer Optimierung von Arbeitsprozessen und -inhalten zu verstehen ist. Neben der konkreten Unterstützung von IT-Entwicklungsprozessen gilt es daher auch, die Gestaltung und Nutzung der informationstechnologischen Werkzeuge vor dem Hintergrund unterschiedlicher Theorieansätze und fachlicher Standards zu reflektieren und kritisch zu begleiten (Kreidenweis, 2010).

Mit Blick auf das Management sozialer Organisationen geht es in der Sozialinformatik um die Entwicklung von IT-Strategien, die fachliche, organisatorische, personelle und betriebswirtschaftliche Fragestellungen berücksichtigen sowie um ein professionelles IT-Management, das einen wertschöpfenden Einsatz von IT sicherstellt (Kreidenweis 2011).

Im Kontext der technikvermittelten Interaktion mit bzw. zwischen Adressaten ist es primäre Aufgabe, geeignete Benutzerschnittstellen zu konfigurieren sowie die fachlichen und technischen Anforderungen zu identifizieren und zu berücksichtigen, die an die unterschiedlichen Formen elektronisch vermittelter Interaktion gestellt werden müssen.

Informationstechnologie-Nutzung in Sozialen Organisationen

Beim Einsatz von Server- und Systemtechnik, Standard-Software (Office-Lösungen, betriebswirtschaftliche Software usw.) sowie von klassischen Web-Technologien haben die meisten größeren Organisationen der Sozialwirtschaft inzwischen das Niveau der gewerblichen Wirtschaft erreicht. Viele kleinere, teils auch Einrichtungen mittlerer Größe arbeiten jedoch noch mit veralteten Systemen oder lückenhafter Ausstattung. Etwa 75 Prozent der Mitarbeiter sozialer Einrichtungen sind heute regelmäßige Nutzer von Informationstechnologie, für durchschnittlich 2,5 Mitarbeiter in der Sozialwirtschaft (ohne öffentliche Verwaltung) ist ein PC-Arbeitsplatz vorhanden (Kreidenweis/Halfar 2013, 14).

Für Software, IT-Personal und technische Infrastruktur wenden soziale Organisationen im Schnitt 1,3 Prozent ihrer Umsatzerlöse auf, 38 Prozent davon entfallen auf IT-Personal, 22 Prozent auf Hardware und Netzwerke sowie 19 Prozent auf Anwendersoftware (a.a.O, 13).

Branchenspezifische Software wird heute für administrative Zwecke wie Stammdatenverwaltung und Leistungsabrechnung von ca. 90 Prozent der Organisationen genutzt, die restlichen Einrichtungen arbeiten zumeist noch mit selbst konfigurierten Office-Lösungen. Ansteigend ist der Einsatz von Fachsoftware für die Planung und Dokumentation von Hilfen. Erhebliche Unterschiede gibt es jedoch zwischen den einzelnen Arbeitsfeldern: während die stationäre und ambulante Altenhilfe die größte Durchdringung mit Fachsoftware aufweist, bilden Kinder- und Jugendhilfe, Berufliche Rehabilitation und Migrantenhilfe die Schlusslichter. Im Mittelfeld bewegt sich die Behindertenhilfe (Kreidenweis/Halfar 2011, 17).

Trotz steigender IT-Investitionen und -Durchdringung sehen sich die Organisationen mit dem Problem konfrontiert, die in die Software-Nutzung gesetzten Erwartungen zu erfüllen. Wichtigste Ziele der Führungskräfte beim Einsatz von IT sind die Steigerung der fachlichen Qualität, die effizientere Gestaltung von Arbeitsprozessen und die Verbesserung der Entscheidungsqualität. Der Grad der Zielerreichung bleibt jedoch unabhängig von der Größe der Sozialorganisationen seit 2010 nahezu konstant weit hinter den Erwartungen zurück. (Kreidenweis/Halfar 2015, 16). Gründe dafür können in einer mangelnden Reife und Standardisierung der Arbeitsabläufe, einer unzureichenden Qualität der Fachsoftware oder in mangelndem Knowhow und IT-Akzeptanz von Mitarbeitern und Führungskräften zu suchen sein.

Forschung

Wie die Disziplinentwicklung, so kann auch die sozialinformatische Forschung keine voll ausgebildete Forschungslandschaft vorweisen. Die bislang durchgeführten Projekte und Studien beschäftigen sich etwa mit der Wirkung des Einsatzes von IT-Lösungen auf die fachliche Qualität Sozialer Arbeit, mit Effizienzgewinnen durch den Einsatz von Fachsoftware oder rekonstruieren die IT-Nutzung, das IT-Management und die IT-Kostenentwicklung in Organisationen der Sozialwirtschaft.

Bislang werden dabei zumeist die klassischen Methoden der quantitativen und qualitativen Sozialforschung sowie ansatzweise Methoden aus dem Feld der Angewandten Informatik und Wirtschaftsinformatik genutzt.

Künftige Aufgabe der Disziplin wird es sein, die Grundlagenforschung ebenso wie die anwendungsbezogene Forschung und Entwicklung auszubauen. Grundlagenforschung könnte sich etwa mit Themen wie der Formalisierbarkeit und Digitalisierbarkeit komplexer Informationen aus Lebenswelten der Adressaten oder aus Hilfeprozessen auseinandersetzen. Eine anwendungsbezogene Forschung könnte beispielsweise wissenschaftlich gesicherte Informationen zur fachgerechten Gestaltung von Softwareprodukten oder Implementationsprozessen bereitstellen.

Internationale Entwicklungen

Im englischsprachigen Raum konnte sich bislang kein komplementärer Begriff zur deutschen Wortprägung S. herausbilden. Hier ist meist von „Human Service Information Technology“ (vgl. HUSITA, http://www.husita.org) oder von „Social Work and Information and Communication Technologies“ (Hill; Shaw 2011) die Rede. Dies entspricht in etwa dem deutschen Sprachgebrauch Ende des vergangenen Jahrhunderts, als hier noch von „EDV in der Sozialarbeit“ die Rede war. Bedingt durch die oft andersartige Konstruktion der sozialen Dienstleistungssysteme unterscheiden sich auch die Formen der IT-Nutzung in diesen Ländern. Sind etwa in England landesweite staatliche Sozialprogramme mit darauf abgestimmten zentral gesteuerten IT-Anwendungen verbreitet, so werden in der vielfach durch private Stiftungen organisierten Sozialarbeit der USA eher kleinteilige webbasierte Tools für Assessments oder zur Vernetzung der Dienste eingesetzt. Der Zugang zur IT ist in Großbritannien und Nordamerika entsprechend meist eher fachlich geprägt, systematisch entwickelte Bezüge zu Sozialmanagement und Sozialadministration oder eine Beschäftigung mit den Spezifika des IT-Managements in sozialen Organisationen fehlen oder werden eher in Form von Abwehrstrategien vor einer Ökonomisierung und Taylorisierung der Sozialen Arbeit durch IT sichtbar (etwa NASW/ASWB 2005).

Aus- und Weiterbildung

Die sozialinformatische Ausbildung konzentriert sich weitgehend auf das akademische Niveau und findet vielfach in Bachelor- und Master-Studiengängen der Sozialen Arbeit und des Sozialmanagements statt *(Soziale Berufe)*. In rund einem Viertel dieser Angebote finden sich sozialinformatische Lehrinhalte. Dabei dominieren die Anwendungsformen von IT in der Sozialen Arbeit, an zweiter Stelle stehen die Nutzung von Software für die sozialwissenschaftliche Forschung sowie Themen des IT-Managements. Grundlagen der Informatik sowie Datenschutz und IT-Sicherheit rangieren an dritter bzw. vierter Stelle. (Kreidenweis 2012, 36).

In Deutschland gibt es derzeit einen weiterbildenden Masterstudiengang Sozialinformatik sowie einen Bachelor-Studiengang.

Im Weiterbildungsbereich stehen primär Themen des IT-Managements in sozialen Organisationen im Vordergrund, neben dem erwähnten Masterstudiengang ist hier vor allem die Akademie des Fachverbandes für IT in Sozialwirtschaft und Sozialverwaltung FINSOZ e. V. tätig.

Trends und Entwicklungen

Moderne Fachkonzepte der Sozialen Arbeit wie Case Management *(Einzelfallhilfe), Empowerment* oder sozialräumliche Ansätze betonen die Vernetzung auf der Fall- und Systemebene sowie die aktive Teilhabe der Bürger und Betroffenen *(Sozialraumorientierung).* Software für die Soziale Arbeit bildet dagegen noch immer meist eine Insel innerhalb der einzelnen Institutionen und wird dort fast ausschließlich von Fachkräften dort genutzt. Im besten Fall ist sie mit einem internen verwaltungstechnischen System per Schnittstelle verbunden oder in ein solches integriert. Soziale Arbeit ist jedoch stark kommunikativ geprägt und endet zumeist nicht an Organisationsgrenzen.

Programme, die organisationsübergreifende Wertschöpfungsprozesse systematisch abbilden, existieren derzeit noch selten. Ihre Entwicklung scheiterte bislang nicht nur daran, dass es bis heute – anders als etwa in der Medizin – keine einheitlichen technischen Standards für den Datenaustausch in den Felder der Sozialen Arbeit gibt. Eine wesentliche Ursache ist auch, dass in vielen Hilfearten keine bundesweit gültigen Datensets und Prozessstandards etwa für die Beantragung von Hilfen oder das Berichtswesen existieren.

Geradezu prädestiniert für eine sozialräumliche Vernetzung sind internetbasierte Systeme. Auch hier sind die meisten Bemühungen von staatlicher oder wohlfahrtsverbandlicher Seite bislang kaum über Online-Adressverzeichnisse sozialer Einrichtungen in verschiedenen Regionen hinausgekommen, Web und Fachsoftware stellen noch immer zumeist völlig getrennte Welten dar, interaktive Schnittstellen zur Adressateninteraktion, etwa für das Terminmanagement, für Platzanfragen oder für partizipative Elemente in der Planung und Dokumentation von Hilfeprozessen sind noch nicht die Regel.

Extrapoliert man die bisherige IT-Entwicklung in der Sozialen Arbeit auf das kommende Jahrzehnt, so sind keine Quantensprünge zu erwarten. Wahrscheinlich ist, dass die Anwendungsprogramme mit einigem Zeitversatz den allgemeinen IT-Trends folgen: Sie werden zunehmend auf Web- und Mobil-Technologien basieren, in die „Cloud“ wandern und durchlässiger für Verknüpfungen mit anderen Web-Services werden. Funktional werden sich die Programme vor allem weiter flexibilisieren und auf prozessorientierte Architekturen setzen. Komplexe Programme für vollwertige PCs werden durch schlanke Apps für Smartphones und Tablet-PCs ergänzt, die auf das mobile Arbeiten zugeschnitten sind.

Vieles andere wird eher von den fachlichen Entwicklungsprozessen als von der Technikentwicklung getrieben sein: Gelingt es in den unterschiedlichen Hilfearten etwa verstärkt, sich bundesweit auf methodische Standards und grundlegende Item-Sets für Assessments oder Diagnosen zu einigen, so wird dies auch die Verbreitung geeigneter Fachanwendungen fördern.

Weitere Entwicklungen rollen aus der Welt von Social Media und Web 2.0 auf die Soziale Arbeit zu: Insbesondere junge Klienten/innen wie Mitarbeitende vernetzen sich zunehmend über diese Systeme, die reale Welt verschmilzt mit dem virtuellen Raum. In sozialen Organisationen werden diese Technologien bislang jedoch kaum genutzt, Internetauftritte folgen primär dem Prinzip der Einweg-Kommunikation und beim internen Informationsaustausch begnügen sich die Träger meist mit E-Mail und Dateiverzeichnissen auf zentralen Servern. Interessante Zukunftsperspektiven bieten hier etwa Wikies, um das Wissen einer Organisation besser zugänglich zu machen. Blogs, Foren und Video-Konferenzen können die Kommunikation auch bei zunehmender Regionalisierung fördern und über organisationsinterne Social Sites kann die Verbindung zu den Adressaten und Stakeholdern Sozialer Arbeit intensiviert werden.

Großes Zukunftspotenzial wird angesichts der demographischen Entwicklung und des Fachkräftemangels den Assistenztechnologien für die Förderung selbständigen Lebens für Menschen im Alter oder mit Behinderungen bescheinigt. Welche Formen vom sich hier vom sturzsensiblen Teppich bis zum Pflegeroboter tatsächlich etablieren werden, ist offen. Neben Fragen der Ethik und Akzeptanz wird hierbei auch entscheidend sein, in wie weit es gelingt, diese Technologien sinnvoll mit fachlichen Konzepten und sozialwirtschaftlichen Dienstleistungskonfigurationen zu verzahnen.

Generell ist zu vermuten, dass die allgemeinen technologischen Entwicklungen mit immer geringerer zeitlicher Verzögerung in den Bereich der SozArb übernommen werden. Eine rasche Entwicklung wird insbesondere in jenen Bereichen stattfinden, die einem starken Qualitäts-, Kosten- und Rationalisierungsdruck unterliegen. Dies kann auch vermehrt zu Zielkonflikten und Akzeptanzproblemen bei der Technikeinführung führen.

Helmut Kreidenweis

Literatur

E. Driller u. a. : Ambient Assisted Living. Technische Assistenz für Menschen mit Behinderung. Freiburg 2009 ◆ B. Halfar, Bernd : Sozialinformatik unerläßlich. In: Blätter der Wohlfahrtspflege, H. 6/1997, 113–114 ◆ A. Hill/I. Shaw: Social Work & ICT. London 2011 ◆ M. Jurgovsky: Sozioinformatik. Ein Vorschlag zur Neupositionierung der Informatik in der Sozialen Arbeit. In: Archiv für Wissenschaft und Praxis der sozialen Arbeit 1/2004, 40–48 ◆ H. Kreidenweis 2006: Soziale Arbeit in der Informationsgesellschaft. In: S. Dungs u. a. (Hrsg.): Soziale Arbeit und Ethik im 21. Jahrhundert. Leipzig 2006, 255–266 ◆ H. Kreidenweis: Eine neue Disziplin formiert sich. Zum Stand der Sozialinformatik in Deutschland. In: Blätter der Wohlfahrtspflege 1/2008, 28–31 ◆ H. Kreidenweis 2010: Software für die Soziale Arbeit. In: Case Management Ausgabe 9/2010, 16–19 ◆ Kreidenweis: IT-Handbuch für die Sozialwirtschaft. Baden-Baden 2011 ◆ H. Kreidenweis: Lehrbuch Sozialinformatik. Baden-Baden ²2012 ◆ H. Kreidenweis: Sozialinformatik im Studium – Luft nach Oben. In: Sozialwirtschaft 6/2012, 36–37 ◆ H. Kreidenweis/B. Halfar: IT-Report für die Sozialwirtschaft 2011. Eichstätt 2011 ◆ H. Kreidenweis/ B. Halfar: IT-Report für die Sozialwirtschaft 2013. Eichstätt 2013 ◆ H. Kreidenweis/B. Halfar 2015: IT-Report für die Sozialwirtschaft 2015. Eichstätt 2015 ◆ T. Ley 2004: Sozialinformatik. Zur Konstituierung einer neuen (Teil-)Disziplin. In: Archiv für Wissenschaft und Praxis der sozialen Arbeit 1/2004, 3–39 ◆ H. Mehlich 1996: Einsatzperspektiven und Wirkungen des Computereinsatzes im Sozialwesen: ein Beitrag zur Sozialinformatik. In: Zeitschrift für Sozialreform, 3/1996, 180–201 ◆ National Association of Social Workers (NASW) – Association of Social Work Boards (ASWB): NASW & ASWB Standards for Technology and Social Work Practice. o. O. 2005 ◆ R. Ostermann/A. Trube 2002: Sozialinformatik lehren – aber wie? In: Sozialmagazin 7-8/2002, 66–71 ◆ L. Prexl: Mit digitalen Quellen arbeiten, Paderborn 2015 ◆ J. Schulze-Krüdener : Soziale Arbeit im Zeichen von @ – Informationstechnologie als Wissens und Kommunikationswerkzeug, in: H.-J. Homfeldt/J. Schulze-Krüdener (Hrsg.): Wissen und Nichtwissen. Herausforderungen für Soziale Arbeit in der Wissensgesellschaft. Weinheim u. München 2000, 189–201 ◆ W. R. Wendt 2000: Sozialinformatik: Stand und Perspektiven. Baden-Baden 2000.

Sozialisation

Sozialisationstheorien

S. meint zunächst die „zweite, soziokulturelle Geburt des Menschen“ (Claessens). Der Begriff betont, dass die Menschen „unfertig“ zur Welt kommen und unter der Einwirkung einer gesellschaftlich bestimmten Umwelt zu Ende geboren werden. Dieser Prozess kann misslingen; schwere Psychosen im Kindesalter geben Zeugnis davon ab. Bei Anwendung hoher Maßstäbe für eigenständige „heile“ Menschen wäre das Gelingen auch heute wohl eher die Ausnahme.

Einer inhaltlich gefüllten Sozialisationstheorie liegen Wertmaßstäbe des gelungenen Menschwerdens zugrunde; die Sozialisationsforschung hat oft schwerpunktmäßig nach Defiziten und ihrer Entstehung gefragt. An der Frage, was „normal“ ist *(Normalität)*, scheiden sich auch in der Praxis die Geister: Sollten bestimmte Jugendliche zusätzlich sozialisiert, resozialisiert werden, sind sie asozial, haben sie Sozialisationsdefizite? Versuche, allgemeinverbindliche Ziele der S. abzuleiten, bleiben i. d. R. in einer gummiartigen Abstraktion zwischen widersprüchlichen Anforderungen: der Aufbau von Handlungskompetenzen, die Entstehung eines reflektierten Selbstbildes. Zumeist gelangen die Werte unauffällig in die Bestimmung von S., indem eine Steigerung der Komplexität und der Flexibilität als Zielrichtung angegeben wird; sich auf wechselnde Bedingungen nicht einstellen zu können, gilt dann als Störung. Das vermeidet allerdings die Frage danach, welche Bedingungen und welches Maß an Veränderungszwang den Menschen zuträglich sind.

Ältere Sozialisationstheorien gingen von einem Bild der frühen *Kindheit* aus, das unterstrich, wie hilflos und auf Sorge angewiesen das menschliche Kind zunächst ist. Es wurde v. a. als passiv, formbar und bedürftig gesehen, der anfängliche Seelenzustand galt als diffus mit der erlebten Umwelt verschmolzen, unbestimmt und undifferenziert. Die neuere Säuglingsforschung hat inzwischen dieses tradierte anthropologische Bild des Neugeborenen erheblich revidiert *(Frühkindliche Entwicklung)*. Insbesondere D. Stern hat herausgearbeitet, dass schon am Anfang der Entwicklung der Wunsch und die Fähigkeit stehen, sich aktiv mit der Welt in Beziehung zu setzen. Ge-

S

naue Beobachtungen von Mutter-Kind-Paaren in den ersten Lebensmonaten belegen überzeugend, dass eine wechselseitige Beziehung entsteht, an der beide Seiten mitwirken, so dass es gerechtfertigt erscheint, schon beim Säugling von einem eigenständigen Selbst zu sprechen. Darauf baut die intersubjektive Sicht der psychosozialen Entwicklung in der Kindheit auf. Dies, aber auch verstärkte Aufmerksamkeit für die Wichtigkeit der Adoleszenz und für Umbrüche und Veränderungen im Erwachsenenalter, hat dazu geführt, nachhaltiger als zuvor S. interaktiv zu denken, als Prozess, an dem das Subjekt aktiv mitwirkt, während es geformt wird. Die pränatale Psychologie wiederum vertritt zunehmend, dass dieses Selbst und dessen Interaktion mit äußeren Einflüssen sowie mit der Persönlichkeit der Mutter schon lange vor der Geburt beginnen.

Widersprüchliche Einschätzungen

Diese Sicht von S. hat mehrere, widersprüchliche Tendenzen ausgelöst. Einerseits radikalisiert sich die sozialkonstruktivistische Auffassung, die gleichermaßen den Begriff S. selbst – aufgrund des darin oft gemeinten Übergewichts gesellschaftlicher Formung – wie auch die Idee einer konstanten, in sich stimmigen Identität als deren Ergebnis verwirft. Die seelische und geistige Entwicklung wird als lebenslanger und offener Prozess der „Selbstbildung in sozialen Praktiken" geschildert (Bilden), als Lebensbewältigung (Böhnisch); betont werden die immer neu erbrachte Leistung der Menschen, ihre Wirklichkeit selbst zu produzieren, und das Bruchstückhafte des inneren Selbst, das allen Vorstellungen von früher Prägung ebenso zuwiderläuft wie dem Ideal eines autonomen und reifen Ich als Ziel der S.

Auf der anderen Seite wächst die Neigung zur biologischen Option. Die Annahme eines empfindlichen, in Beziehung tretenden Bewusstseins schon vor oder spätestens bei der Geburt, die Vorstellung einer tätigen Aneignung und Hervorbringung der Welt durch das Kind selbst verlocken zur Suche nach im *Körper* angesiedelten genetischen oder physiologischen Quellen der Persönlichkeitsentwicklung. Aber auch die Sperrigkeit vorfindbarer Differenzen, wie die zwischen den Geschlechtern, gegen den Willen zur Veränderung wie gegen das Streben nach mehr Gerechtigkeit und Gleichheit steigert die Bereitschaft, Vorabfestlegungen zu vermuten. Die gewaltigen Mittel, die in genetische Forschung investiert werden *(Gentechnologie)*, bleiben nicht ohne Einfluss auf die Verbreitung der daran geknüpften Grundannahme, dass für alles am Ende eine abgespalten bestimmbare, körperliche Ursache zu finden wäre.

Sozialisation als „Konstruktion"

Bei diesem Stand der Dinge empfiehlt es sich, daran zu erinnern, dass S. kein beobachtbares Geschehen, sondern eine – wissenschaftliche oder gesellschaftspolitische – Konstruktion ist, ein Denkmodell, mit dessen Hilfe wir das Gesamt des Werdens und des Gefangenseins von Menschen in der Gesellschaft zu erfassen versuchen. Einzelne, für unser Denken der S. relevante Sachverhalte lassen sich mit großer Eindeutigkeit feststellen, andere destillieren sich je nach Blickwinkel und Erkenntnisinteresse zwar jeweils eindeutig, aber sehr verschieden als „Fakten" heraus. Aber es kann keine Gewissheit darüber geben, was S. „ist" und wie sie „wirklich" vor sich geht, weil nicht das Lebensschicksal der Menschen, wohl aber das Denkmodell von uns selbst in relativ großer Freiheit hervorgebracht wird. Ein Fehler wäre es allerdings, diese Freiheit der gedanklichen Konstrukte auf das Leben zu übertragen. Nach wie vor sind Bedürftigkeit, ein großes Maß an Hilflosigkeit und Offenheit für Umwelteinflüsse kennzeichnend für den menschlichen Lebensanfang, gilt die Verwiesenheit auf tradierte und vorgeformte, objektive Kultur für das Überleben der Einzelnen wie der Gruppe. Und das bedeutet: Denken, Fühlen und Handeln sind tiefgreifend durchdrungen von kulturspezifischen Werten, die sich z. B. in Normen für die Ästhetik des Gefälligen oder Begehrenswerten, für das Angebrachte, Erlaubte und Gebotene im Verhalten äußern. Die Fähigkeit zur primären Bindung mag dem Neugeborenen innewohnen; bereits, dass es die Gebärende ist, zu der diese Bindung aufgenommen wird, ist eine soziale Ausgestaltung dieses Potenzials; und dass die Mutter das Selbst des Kindes als „einmalige Person mit eigenem Schicksal" anerkennt und deutet, verortet sie in der westlichen Moderne mit deren spezifischer religiöser und kultureller Tradition, die sich heute konkret etwa im Gebot, nach Bedarf (des Kindes!) zu stillen, niederschlägt – von beiden, Mutter und Kind, unerkannt, aber von beiden sowohl befolgt wie auch neu als Grundlage des „Gedeihens" hervorgebracht.

Gesellschaftliche Aspekte

Bei aller Individualisierung der „postmodernen" Gesellschaft greifen unvermindert Verhältnisse von Herrschaft und Ohnmacht, Mangel an Ressourcen und struktureller Gewalt bis in die Erfahrungsräume der Einzelnen durch und prägen typische Lebenslagen, in denen durchaus noch kollektive Erfahrungen und recht einheitliche Verlaufsmuster vorhanden sind. Dass die Subjekte diese Wertsysteme und vom Machtgefälle durchdrungene Ordnungen zudem aktiv mit herstellen, macht in Teilen das Maß ihrer Unterdrückung erst richtig voll – ermöglicht aber auch ihre Mittäterschaft an Ausbeutung und Ausgrenzung, ohne dass dies ihnen selbst erkenntlich wird. Individualisierung wurzelt zwar in der ökonomischen und politischen Freisetzung der Einzelnen aus ständischen Bindungen für eine alles durchdringende Marktwirtschaft; sie ist jedoch zugleich – heute v. a. – ein kulturspezifisches Wertsystem, wonach nur diejenigen Zustände und Bedingungen als legitim gelten, die vom Individuum gewählt und selbst verantwortet werden. Die historische Sprengkraft dieser Haltung ist weitgehend verpufft; sie erscheint heute als grundsätzliche Unterstellung, Lebenslage, Lebensweg und Befindlichkeit der Menschen seien generell ursächlich auf eigene – im Zweifel unbewusste – Wünsche und Absichten zurückzuführen. Dem wahren Selbst im inneren Kern wird die Kraft zugeschrieben, Ereignisse jeder Art zu bewirken; Politik zugunsten benachteiligter Gruppen gleitet dann leicht in Magie ab, als könnten z. B. Plakate und Ausstellungen Mädchen in andere Berufe versetzen. Bedürfnisse und Erlebensformen hingegen, die auf Gemeinschaft, verlässliche Bindungen oder unhinterfragtes Geschehen verweisen, werden ausgeblendet und entwertet. Mit der Verbreitung therapeutisch orientierter Beratungskonzepte in der SozArb geraten psychosoziale Fachkräfte in den Sog individualisierender Denkmuster; dies kann sie blind machen für andere Wertsysteme, aber auch für ökonomische, soziale und lebensgeschichtliche Zwänge. Die S. fungiert dann als behelfsmäßige Erklärung, um die Lücke zwischen Beratungsziel und Beratungserfolg zuzudecken: S. hatten dann immer nur die anderen.

Differenzierte Konzepte der Sozialisation

Differenzierten Konzepten der S. ist es hingegen immer wieder gelungen, Aufschluss über die eigenen kulturellen Selbstverständlichkeiten zu geben und so auch zur Sensibilität für unterschiedliche Weltsichten und Lebensweisen beizutragen. Das wirft auch die Frage nach dem Zusammenhang zwischen materiellen Bedingungen und der Entstehung einer typischen inneren Realität auf. Die lebhafte Debatte um spezifische S. nach sozialer Schicht oder Klasse in den 1970er Jahren wurde in der BRD nie empirisch umgesetzt und fiel bald dem Vergessen anheim. Doch die Lebensweltforschung hat inzwischen mit wachsender Materialfülle aufzeigen können, dass es in der BRD durchaus recht unterschiedliche, einander teilweise sehr fremde Sozialmilieus gibt, deren Verschiedenheit die ungleiche politische und ökonomische Verteilung von Chancen und Mitteln widerspiegelt und die zudem von moralisch-kulturellen Konfliktlinien bestimmt sind. Daneben, das Bild der durchaus gegliederten Vielfalt ergänzend, stehen Forschungen über zugewanderte oder migrierende Gruppen, die vorwiegend mit dem Begriff „Kultur" zur Beschreibung der jeweils typischen Lebenswelt arbeiten, allzu oft in der Absicht, das „Andersartige" hervorzuheben, ohne auf die Bedeutung von politischen *(Migration und Integration)* und ökonomischen Bedingungen einzugehen.

Soziale Milieus haben zweifellos Einfluss auf die in ihnen erfahrene S. Der ökologische Ansatz, der diese Zusammenhänge erhellen wollte, hat sich zunächst um einen breiten Kranz von Variablen bemüht, wohl auch als Reaktion auf einfache Modelle. Es lässt sich bislang wenig Abgesichertes über die Bedeutung sozialer Lagen für S. finden. Empirische Aussagen liegen erst auf der Ebene der Erziehungsvorstellungen der Eltern vor, die durchaus einen Zusammenhang mit deren Stellung im Beruf, Arbeitssituation und Einkommen erkennen lassen. Doch explizite Erziehungsziele sind nur ein Baustein im Gesamt der S.; sie sagen zudem mehr darüber aus, wie über *Erziehung* gesprochen wird, und erschließen noch nicht einmal das bewusste Erziehungshandeln. Dieser Zugang zur S. deutet auf ein (schichttypisches?) Vorurteil der Forscher zugunsten verbal reflektierender Erziehungs- und Selbstkonzepte hin.

Die sozialisierende Wirkung der realen Lebensverhältnisse dürfte demgegenüber eingreifender sein. Dazu gehören sowohl allgemeine Strukturbedingungen von Vergesellschaftung, wie die Vorgabe institutionalisierter Verkehrs- und Lebensformen etwa durch *Familien-*, Steuer- und *Sozialpolitik* oder die Übermittlung normativer Bilder durch Massenmedien, wie auch differenzierende Auswirkungen ungleicher sozialer Lagen. Diese faktischen Verhältnisse, in denen sich die Individuen bewegen, können nur sehr begrenzt als von ihnen selbst produziert gesehen werden. Sie fließen als Inhalt in die *Bildung* des Subjekts und der Bedürfnisse ein und geben zugleich als Rahmen die Grundlage für die Abschätzung eigener Möglichkeiten und die Bildung individueller Ansprüche aufgrund der je als verfügbar erfahrenen Mittel ab.

Familie als Ort der Sozialisation

Die *Familie* hat eine herausragende Bedeutung weniger als Ort der S. denn als dessen Inhalt: dieses Verhältnis der Geschlechter und der Generationen mit seiner spezifischen Arbeits- und Machtverteilung wird als Natur erlebt. Je stärker sie der Arbeitswelt entgegengesetzt und von ihr abgegrenzt wird, desto mehr erscheint die Familie als der einzige Lebenszusammenhang, in dem verlässliche Zuwendung, Befriedigung der Bedürfnisse und die Durchsetzung eigener Wünsche möglich wären. Gleichzeitig wird die Isolation erlebt, in der diese Kleingruppen sehr hohe Anforderungen mit sehr knappen geistigen, emotionalen und materiellen Mitteln zu erfüllen versuchen. Unterschiedliche Sozialisationserfahrungen lassen sich unter diesem Aspekt nach der Balance von Klammer- und Fluchtreflexen unterscheiden, die hinsichtlich der Zweisamkeit und der Motivation zum Kind ausgelöst werden. Wo die Mittel zum Leben knapp sind, sind die Klammertendenzen unbefangener, die Fluchtformen haben mehr Ausbruchscharakter.

Die Lebensform der kindzentrierten Kleinfamilie mit starkem Freizeit- und Geselligkeitsbezug bei ausgeprägter geschlechtlicher Rollenverteilung trifft in den nBL auf eine andersartige Tradition. S. in der DDR war in der Kindheit wie im Erwachsenenalter vorrangig kollektiv gestaltet, mit dem Anspruch auf auch ideelle Gemeinschaft, verknüpft mit einem Erziehungsmodell der Ein- und Unterordnung. Besonders das letzte Jahrzehnt der DDR war durch einen stetigen Schwund an positiven Identifikationsmöglichkeiten gekennzeichnet, seien es die sozialen und politischen Ideale von Partei und Staat, der Sinn der konkreten Arbeit oder die öffentliche Kultur und die DDR-Medien. Die Familie wurde immer stärker zum Ort des Rückzugs und der praktischen Lebensbewältigung: Der Zeitaufwand für alltägliche Versorgung und Erledigung nahm zu. Die anfangs proklamierten Ziele realer Gleichberechtigung der Frau verschwanden aus der öffentlichen Diskussion zugunsten eines verschämten Differenzmodells mit Frauen- und Männerberufen, Baby-Jahr und Teilzeitarbeit. Trotz deutlicher Arbeitsteilung war das Verhältnis der Geschlechter jedoch insgesamt weniger hierarchisch als in der alten BRD; Erfahrungen von Macht und Dominanz wurden weniger privat erlebt. Kollektivität ohne emotionale Identifikationsangebote belastete v. a. die Jugend: Es bestätigt sich noch einmal, dass eine moderne Gesellschaft nicht überleben kann ohne Raum für die eigenständige Dynamik der Adoleszenz mit ihren Größenphantasien, ihrer Suche nach einer eigenen sexuellen Identität und ihrer unerbittlichen Kritik an den Erwachsenen. Die Gesellschaft der DDR ist u. a. an ihrer Unfähigkeit zur S. der Jugend gescheitert.

Geschlechtsspezifische Sozialisation

Indem die Familienform die Durchführung der Reproduktionsarbeit als ein Verhältnis persönlicher Abhängigkeit nach dem Prinzip der Geschlechterzugehörigkeit regelt, wird allein schon durch diese Lebensform eine geschlechtsspezifisch unterschiedliche S. vermittelt. V. a. das Verhältnis zur Macht entwickelt sich von Grund auf unterschiedlich. Dies bestimmt einen unterschiedlichen Zugang zu Aggressionsphantasien in früher Kindheit, in doppelter Hinsicht, im kindlichen Selbstkonzept wie in der Wahrnehmung und Bewertung von Macht bei Erwachsenen. Eigene Aggressionen werden bei *Mädchen* gebremst und nach innen gewandt, und dies nicht nur, wenn die Eltern entsprechendes Rollenverhalten erwarten. Denn die einseitige oder vorrangige Verantwortung der Frau als Mutter für die Pflege und Sorge um die Kinder sozialisiert sie – sofern noch nötig – zur inneren Zurücknahme von Aggressivität wie von deutlich ich-bezogenen Durchsetzungstendenzen; sie verkörpert so die weibliche Position, die das Mädchen einnehmen will, wollen muss. Der voll erwerbstätige Vater bleibt bei aller Kindzentriertheit Vertreter der aufregenden und zuweilen bedrohlichen Außenwelt; Begehren und Eroberung sind mit ihm assoziiert, aber auch die Freiheit, zu gehen und sich der Alltagsarbeit zu verweigern. Frühe Erfahrungen von Hilflosigkeit und Ohnmacht bleiben mit dem Bild der als mächtig empfundenen, Trost und Halt gebenden weiblichen Pflegeperson verschmolzen; legitime, rational begrenzte Macht hingegen ist in Bildern von Männlichkeit kodiert. Auch wenn die konkreten Eltern kaum etwas von diesen Wunschbildern einlösen (können), so bewirkt die institutionalisierte Arbeitsteilung eine Aufspaltung des Gefühlslebens in „weibliche“ und „männliche“ Anteile und Erwartungen: Es ist die Mutter, deren fürsorgliche Zuwendung vermisst wird, der Vater, dessen Machtausübung nicht beschützend und gerecht war *(Männer)*.

Sozialisation in Institutionen

Innerhalb dieses Rahmens ist es von erheblicher Bedeutung, ob ein Gefühl, Werte zu besitzen, entstehen oder aufrechterhalten werden kann. Lebenslagen, die von dauerhafter materieller Unsicherheit oder dem Zwang zur monotonen sinnentleerten Arbeit geprägt sind, erzeugen das

Bewusstsein, keine Verhandlungsmöglichkeiten zu haben, nicht einmal die Bewertung der eigenen Arbeitskraft beeinflussen zu können. So fehlt es den „Schulversagern" oft weniger an Befähigung denn an dem Zutrauen zu dem, was sie können, sobald die Aufgabenstellung nur geringfügig verändert wird und Ungewissheit über die Bewertung entsteht. Mädchen sind hier oft einer restlosen, gewaltsamen Ausbeutung ausgeliefert, die in dem doppelten Wissen eigener Wertlosigkeit gründet: die ihrer Arbeit (der Arbeit im Haushalt ebenso wie der unterbezahlten und unsicheren Lohnarbeit) und die ihrer selbst als „Ware" auf dem Markt von Liebe, Sex und Ehe.

Was für die Familie gesagt wurde, gilt entsprechend für andere Institutionen, für die Schule etwa oder Einrichtungen der öffentlichen Fürsorge. Sie sind nicht allein Sozialisationsinstanzen – Orte, an denen geregelte und normierende Einflussnahme auf die Persönlichkeitsentwicklung geschieht –, sondern sie selbst mit ihren Strukturen gehören zum Inhalt der S. Durch die Schule werden Konzepte der beaufsichtigten Kindheit und des Lernens durch verbale Unterweisung, Überzeugungen von der Kausalität individualisierter Leistung für spätere Lebenschancen vermittelt. In der institutionellen Wohlfahrtspflege erscheint die Zerlegung des gelebten Alltags in spezifizierbare Probleme, Beratungsanlässe oder Geldansprüche natürlich, die Rolle der Klientin wird ausgebildet. Erst der Einbezug der Institution erlaubt einen Begriff der S., der weder in die Zuschreibung von Mängeln noch in die Überschätzung der Freiheitsgrade der Individuen einmündet. Kompensatorische Eingriffe, die auf den Ausgleich individueller „Defizite" abzielen, werden solange als erfolglos gelten wie sie durch unveränderte Verhältnisse in der Schule und auf dem Arbeitsmarkt unterlaufen werden. Doch kann allein schon die vermehrte Beachtung und Zuwendung, die z. B. benachteiligte Kinder dabei erfahren, eine Bereicherung sein, die das Selbstwertgefühl stärkt. Allerdings nur dann, wenn das Zutrauen zu sich selbst auf real bedeutsame und anwendbare Fähigkeiten bezogen ist, die in der Lebenslage der Unterdrückten als solche erfahren werden können.

Carol Hagemann-White

Literatur

H. Abels/A. König: Sozialisation, Berlin ²2016 ◆ J. Benjamin: Die Fesseln der Liebe, Frankfurt/M. 1990 ◆ M. Brückner/L. Böhnisch (Hrsg.): Geschlechterverhältnisse, Weinheim/München 2001 ◆ D. Claessens: Instinkt, Psyche, Geltung, Köln/Opladen ²1970 ◆ E. Glücks/F. G. Ottomeier-Glücks (Hrsg.): Geschlechtsbezogene Pädagogik, Münster 1994 ◆ C. Hagemann-White: Sozialisation: weiblich – männlich?, Opladen 1984 ◆ M.-S. Honig u. a. (Hrsg.): Kinder und Kindheit, Weinheim/München 1996 ◆ K. Hurrelmann: Einführung in die Sozialisationstheorie, Weinheim/Basel ¹¹2015 ◆ K. Hurrelmann/M. Grundmann/S. Walper: Handbuch der Sozialisationsforschung, Weinheim, ⁸2015 ◆ V. King: Die Entstehung des Neuen in der Adoleszenz, Opladen 2002 ◆ Chr. Palentin/R. Heyer/A. Gürlevik: Sozialisation. Einführung in Bezugstheorien, Berlin 2016 ◆ K.-J. Tillmann: Sozialisationstheorien, Reinbek 2010 ◆ L. Winterhagen-Schmid (Hrsg.): Erfahrung mit Generationendifferenz, Weinheim 2000 ◆ P. Zimmermann/A. Niederbacher: Grundwissen Sozialisation, Wiesbaden ⁵2013.

Sozialismus, demokratischer

Der Zusammenbruch des sog. „realen Sozialismus" in Mittel- und Osteuropa ist in den Augen vieler ein Beweis für das endgültige Scheitern aller sozialistischen Politik. Für sie ist mit dem Sowjetsystem auch die sozialistische Idee untergegangen. Was dabei übersehen wird, ist die Tatsache, dass das Sowjetsystem allenfalls eine spezielle Ausprägung der sozialistischen Idee darstellte, der gegenüber sich schon früh andere Ausprägungen geltend machten. So hat sich der demokratische Sozialismus, wie ihn die sozialdemokratischen und sozialistischen Parteien Westeuropas vertreten, stets als prinzipieller Gegner der Theorie und Praxis des Marxismus-Leninismus verstanden.

Schon im ausgehenden 19. Jh. (z. B. durch Eduard Bernstein in Deutschland und durch die Fabian Society in Großbritannien) bildeten sich die Konturen des demokratischen Sozialismus (d. S.) heraus: Orientierung an Grundwerten der Freiheit, der Gerechtigkeit und der Solidarität statt an angeblichen historischen Entwicklungsgesetzen, Anerkennung von Demokratie und Menschenrechten als unüberholbare Elemente jeder humanen Gesellschaft, Abkehr von der marxistischen Verelendungs- und Zusammenbruchstheorie und die Hinwendung zu inkrementalistischer Politik (Schritt-für-Schritt-Strategie) im pluralistischen Interessengeflecht komplexer moderner Gesellschaften. Aber erst die Spaltung der Arbeiterbewegung in Kommunisten und Sozialdemokraten bzw. demokratische Sozialisten und die abschreckenden Erfahrungen mit der Praxis von Bolschewisten und Stalinisten führten dazu, dass die eigenständige Position des d. S.

auch in Parteiprogrammen klar und unzweideutig formuliert wurde.

Das marxistische Erbe: Bis zum Ende des 2. Weltkriegs herrschte auch in den meisten sozialdemokratischen Parteien die Vorstellung vor, dass Sozialismus zuerst und v. a. ein ökonomisches System sei, das sich vom Kapitalismus hauptsächlich durch die beiden Charakteristika der Verstaatlichung der Produktionsmittel und der umfassenden zentralen Planung von Produktion und Verteilung unterscheide. Wo das marxistische Erbe lebendig war, ging diese Vorstellung nicht selten mit dem Glauben einher, dass auf der Grundlage einer so veränderten Ökonomie alle gesellschaftlichen Antagonismen überwunden und ein dauerhafter Frieden etabliert werden könne.

Der sozialdemokratische Weg: Freilich gab es neben der marxistisch inspirierten ökonomischen Theorie und dem fast religiösen Versöhnungsglauben schon früh eine sehr viel nüchternere und pragmatischere sozialistische Praxis, und je mehr Sozialisten in Parteien und Gewerkschaften Gelegenheit erhielten, die sozialen und politischen Verhältnisse mitzugestalten, umso deutlicher wirkte diese Praxis auf die Veränderung der Theorie zurück. Zumindest in ihrem sozialdemokratischen Strang ist die Geschichte des Sozialismus auch eine Lerngeschichte, in der Theoreme und Vorstellungen an der Praxis überprüft und entsprechend geändert werden. Dies beginnt in Deutschland spätestens mit Eduard Bernstein und hört mit dem Godesberger Grundsatzprogramm der SPD nicht auf. Seit der Spaltung der Arbeiterbewegung gehört zu dieser Lerngeschichte auch die permanente Auseinandersetzung mit Theorie und Praxis des Leninismus und seiner Erben.

Wer den Sozialismus in seiner historischen Vielfalt und Entwicklung betrachtet, für den muss es geradezu absurd erscheinen, den d. S. für überholt zu erklären, nur weil die Systeme zusammengebrochen sind, die gerade in ihm stets einen ihrer hartnäckigsten Widersacher gesehen haben. „Heute auf den d. S. zu verzichten", schreibt Helga Grebing, „käme einem Verrat der Sozialdemokratie an ihrer Geschichte … gleich, bedeutete das Eingeständnis eines Scheiterns, das gar nicht erfolgt ist, hieße im Nachhinein unsinnigerweise zuzugeben, dass man insgeheim dann doch wohl das kommunistische Regime der DDR für den eigentlichen Sozialismus gehalten hat …" (Grebing 1991).

Was bleibt?

Freilich wäre es auch nicht richtig und ehrlich, so zu tun, als gäbe es eine von allen Verzerrungen und Verbrechen völlig unbefleckte ursprüngliche Idee des Sozialismus, die es nun, nach dem Debakel des sog. „realen Sozialismus", wieder aufzugreifen gelte. Insbesondere geht es nicht an, darauf zu beharren, dass der wirkliche, der reine Marxismus mit all dem, was östlich von uns in seinem Namen unternommen wurde, gar nichts zu tun hat. Wohl lässt sich, wie dies z. B. Michael Schneider tut, mit guten Gründen zeigen, dass das Sowjetsystem und seine Derivate nach marxistischen Begriffen im Grunde gar nicht sozialistisch genannt werden können, dennoch ist es wohl so, wie auch Ernst Bloch in späteren Jahren einräumte, dass der Stalinismus den Marxismus nicht nur zur Unkenntlichkeit, sondern streckenweise auch zur Kenntlichkeit verzerrt hat.

Auch wenn die Wurzeln des d. S. weit in die Frühgeschichte der Arbeiterbewegung zurückreichen, so haben sich Terminus und Begriff des d. S. doch erst in der Auseinandersetzung mit den stalinistischen und poststalinistischen Systemen durchgesetzt. V. a. nach dem 2. Weltkrieg bürgerte sich die Bezeichnung d. S. für die Politik von Sozialdemokraten und Sozialisten ein, die im Rahmen der westlichen pluralistischen Demokratie und auf der Basis einer gemischten Wirtschaft den Ausbau des *Sozialstaats* und der sozialen Demokratie (Mitbestimmung) und so die rechtliche, soziale und kulturelle Besserstellung der arbeitenden Menschen und aller anderen benachteiligten und diskriminierten Gruppen anstrebten.

Nach Auffassung der demokratischen Sozialisten ist „Sozialismus kein fertiger Gesellschaftsplan, sondern das Prinzip der umfassenden Demokratisierung der Gesellschaft" (Meyer 1982, 64). Wo Demokratie und Menschenrechte sich bereits durchgesetzt haben, kann und darf es also nicht mehr darum gehen, die Machtverhältnisse durch eine Revolution umzuwälzen; hier kommt es vielmehr darauf an, mit demokratischen Mitteln die Demokratie zu vertiefen und zu vollenden. Demokratie wird so zu Mittel und Ziel zugleich, in der klassischen Formulierung des Godesberger Programms der SPD: „Sozialismus wird nur durch die Demokratie verwirklicht, die Demokratie durch den Sozialismus erfüllt."

Demokratischer Sozialismus und Liberalismus: Im Gegensatz zum Marxismus-Leninismus hat sich der d. S. nie als Antipode zum klassischen Liberalismus, sondern eher als sein konsequenter Vollender angesehen. Nicht erst Lenin oder gar

Stalin, sondern schon Marx und, genau besehen, auch Lassalle hatten ein gestörtes Verhältnis zum westlichen Liberalismus. Statt das moderne Freiheitsversprechen, das sich zunächst im Liberalismus äußerte, aufzugreifen und konsequent zu verwirklichen, glaubten sie den Sozialismus im simplen Gegensatz zum Liberalismus definieren und organisieren zu können. In der reformistischen Tradition des d. S. ist Sozialismus dagegen nicht das ganz Andere zum Liberalismus, sondern viel eher die konsequente Verwirklichung dessen, was der historische Liberalismus wegen seiner besitzbürgerlichen Borniertheit immer nur halbherzig betrieb.

Das Programm des demokratischen Sozialismus

So gesehen lässt sich das Programm des d. S. und die ihn tragende Grundmotivation wie folgt beschreiben:

- dass Freiheit und Menschenrechte für alle erstritten werden sollen und nicht das Privileg der Starken und Leistungsfähigen bleiben dürfen *(Chancengleichheit);*
- dass alle Menschen das Recht haben, ihr Leben nach eigenen Vorstellungen selbständig zu gestalten und dass dazu die realen Voraussetzungen geschaffen werden müssen: also gerechte Verteilung von Einkommen, freier Zeit, Bildungschancen, Informationen, Chancen der sozialen, politischen und kulturellen Teilhabe *(Partizipation);*
- dass die Demokratie auf Dauer nur Bestand haben kann, wenn sie sozial fundiert wird, wenn nicht wichtige Bereiche wie die Wirtschaft sich jeder demokratischen Kontrolle entziehen *(Marktwirtschaft, soziale);*
- dass wir als Menschen für unsere Mitmenschen verantwortlich sind, dass überall auf der Welt, in allen gesellschaftlichen Bereichen die Menschen in ihrer Würde zu achten sind (Strasser 1990, 36 f.).

Die SPD hat sich in ihrem Hamburger Programm (2007) weiter zum d. S. bekannt, der für die Partei die Vision einer freien, gerechten und solidarischen Gesellschaft bleibt, deren Verwirklichung eine dauerhafte Aufgabe ist.

Die Linke hat vier Jahre nach ihrer Gründung auf dem Parteitag in Erfurt (10/2011) ihr erstes Grundsatzprogramm beschlossen. Sie bekennt sich darin zu einem radikalen Systemwechsel vom Kapitalismus zum d. S.

Es bleibt allerdings bemerkenswert, wie verschieden Ziele und Inhalte bei gleichlautenden ‚Überschriften' sein können.

Widersprüche und Kritik

Ausweitung und Vertiefung der Demokratie durch die Übertragung des Demokratieprinzips von der staatlichpolitischen auf die soziale Ebene (Demokratisierung aller Lebensbereiche) und Ausbau sozialer Sicherungen und Dienste, das war die klassische Methode, mit der der d. S. seine Emanzipations- und Gerechtigkeitsziele zu erreichen trachtete. Dass diese Politik oft etatistische Züge annahm und das ihr zugrunde liegende pragmatische Verhältnis zur kapitalistischen Marktökonomie der Umverteilung von Macht und Reichtum Grenzen setzten, hat dem d. S. immer wieder Kritik von linker und radikaldemokratischer Seite eingetragen. Rosa Luxemburg, die ja in ihrer frühen Kritik am Bolschewismus demokratisch-sozialistischen Positionen durchaus nahe kommt (Luxemburg 1968), hat in ihrer Schrift „Sozialreform oder Revolution?" der antireformistischen Kritik am d. S. die später immer wieder aufgegriffene Form gegeben: Solange die Wirtschaft kapitalistisch verfasst sei, sei der Staat seinem Wesen nach Interessenvertretung kapitalistischer Interessen; mithin könne es wirkliche Verbesserungen der Lage der arbeitenden Menschen durch sozialpolitische Maßnahmen im Kapitalismus nicht geben. Gewerkschaftliche und sozialpolitische Arbeit habe nur insofern einen Sinn, als sie das Bewusstsein der Arbeiterklasse für die Unausweichlichkeit der revolutionären Umwälzung stärken könne (Luxemburg 1966, 83).

Dass der hinter dieser Position erkennbare monistische Systembegriff angesichts der Komplexität moderner Gesellschaften nicht haltbar ist, ist heute offensichtlich. Zudem wurde diese Position aber auch praktisch durch die tatsächlichen Fortschritte in der sozialen und rechtlichen Besserstellung der arbeitenden Menschen besonders nach 1945 widerlegt. Freilich wäre der erfolgreiche Ausbau des Sozialstaats, der zugleich auch ein Erfolg des d. S. war, ohne die historisch einmaligen ökonomischen Wachstumsraten in der Nachkriegszeit wohl nicht möglich gewesen. Als seit Mitte der 1970er Jahre sich die ökonomischen Rahmenbedingungen nachhaltig veränderten und die forcierte Globalisierung der ökonomischen Prozesse der klassischen keynesianischen Steuerungspolitik des d. S. zunehmend den Boden entzog, zeigten sich die Grenzen des bevorzugten Politikmodells des d. S.

Heute sind es v. a. auch die wachsenden ökologischen Probleme, die das alte – auf hohen Wachstumsraten fußende – Politikmodell fragwürdig erscheinen lassen. Gleichzeitig wachsen die sozialen Probleme innerhalb der reichen westlichen Industriegesellschaften, erst recht aber in den armen Ländern südlich und östlich von uns. Die marktradikalistische Strategie der Deregulierung und Globalisierung hat die Kluft zwischen Arm und Reich dramatisch vertieft. Zugleich beschwört sie die Gefahr eine neuen, ökonomischen Totalitarismus herauf, der alle Lebensbereiche dem Diktat der kapitalistischen Verwertungslogik unterwirft (Strasser 2001).

Nach wie vor gilt, dass bloßes Laisser-faire, also das freie Spiel der Markt- und Machtkräfte, die Probleme nicht löst, sondern eher noch verschlimmert. Jede Gesellschaft, und erst recht die Welt insgesamt, braucht *Solidarität*, bewusste, verantwortliche, an gemeinsamen Wertvorstellungen orientierte Kooperation, um den Frieden zu sichern, um allen Menschen ein Leben in Würde zu ermöglichen und um den künftigen Generationen die Lebensgrundlagen zu erhalten. Insofern ist der Grundansatz des d. S. heute so aktuell wie je.

Die Frage ist aber, ob das Programm des d. S. noch real möglich ist, wenn sich immer deutlicher zeigt, dass der Versuch der technisch-wissenschaftlichen Moderne, durch die Entfaltung der Produktivkräfte den Mangel endgültig aus der Welt zu schaffen, ein unerfüllbarer Traum ist. Unser westliches Zivilisationsmodell – das ist heute nicht mehr zu leugnen – ist weder generalisierbar noch auf Dauer durchhaltbar. Damit aber stellt sich die Frage nach den Reichtumsvoraussetzungen einer Kultur der Freiheit, der Gerechtigkeit und der Solidarität, wie sie der d. S. anstrebt, neu. Die demokratisch-sozialistische Vision einer besseren Welt kann nur aufrechterhalten werden, wenn es gelingt, das alte, zunehmend kontraproduktiv werdende Modell der Reichtumsproduktion durch ein neues zu ersetzen, das den Erfordernissen „dauerhafter Entwicklung" („sustainable development", Brundtland-Bericht) entspricht, das generalisierbar ist und daher den armen Völkern östlich und südlich von uns eine faire Entwicklungschance bietet.

In der wissenschaftlichen und politischen Diskussion zu dieser Frage haben sich in den letzten Jahren die Konturen eines solchen alternativen Modells der Reichtumsproduktion herausgeschält. Im Wesentlichen sind es drei Grundsätze, die es dabei zu beachten gilt:

1) Erhaltung von Wohlstand durch das Vermeiden von Schäden.
2) Effizientere Nutzung von Stoffen und Energie, wobei das gewaltige Potenzial der Sonnenenergie eine Schlüsselrolle spielt.
3) Wohlstandssteigerung durch mehr frei verfügbare Lebenszeit (Zeitwohlstand) statt durch immer mehr Güter und Dienstleistungen *(Sozialökologie)*.

Um diese Grundüberlegung herum ist die Utopie einer neuen Freiheit zu entwickeln, ohne die Reformpolitik i. S. des d. S. nicht möglich ist (Strasser 1994, 34 ff.). Da eine so ausgerichtete Politik heute weder in nationalstaatlicher Isolierung noch im Rahmen eines unregulierten Weltmarkts möglich ist, kommt es für den d. S. v. a. darauf an, durch die Regionalisierung der Weltwirtschaft (z. B. EU) und durch bindende internationale Vereinbarungen zum Waren-, Finanz- und Personenverkehr die Gestaltungsfähigkeit der Politik zurückzugewinnen.

Johano Strasser

Aktuell (2016) überlagern zwei weltweite Probleme alle anderen:

- die Flüchtlingskrise: weltweit sind nach Angaben der UNHCR 65 Mio Menschen auf der Flucht *(www.uno-fluechtlingshilfe.de) (Migration und Integration)*. „Flucht und Vertreibung gehören zu den globalen Herausforderungen unserer Zeit" (Antonio Guterres, UN-Flüchtlingskommissar zum Ende seiner Amtszeit im Dezember 2015);
- die Klimakatastrophe, deren Folgen weltweit zu beobachten sind. Diese Bedrohungen sind inzwischen so real, dass die UN-Klimakonferenz vom Dezember 2015 es immerhin geschafft hat, (von 195 Teilnehmern) ein Abkommen zu beschließen zu lassen, das die Begrenzung der globalen Erderwärmung auf deutlich unter 2 Grad Celsius, möglichst 1,5 Grad Celsius vorsieht (‚Pariser-Abkommen') *(Sozialökologie)*. Auf dem UN-Klimagipfel in Marrakesch (November 2016) wurde die Umsetzung des Weltklimaabkommens von Paris verhandelt.

Gegenüber diesen apokalyptischen Bedrohungs-Szenarien ist es schwer, die Hoffnung auf eine Welt nicht aufzugeben, die sozial, demokratisch und gerecht geordnet ist. Ob das Prinzip Hoffnung (Ernst Bloch) oder – ganz anders – das Prinzip Verantwortung (Hans Jonas), immer geht es im Kern darum, dass Menschen sich für ein anderes, besseres Leben aller einsetzen (sollten), dass sie daran arbeiten, dafür einstehen. Das Programm des demokratischen Sozialismus, wie zuvor beschrieben, bleibt ein guter Rahmen für dieses nicht fatalistische Handeln.

Anmerkung der Herausgeber

Literatur
E. Bernstein: Texte zum Revisionismus. Ausgew., eingeleitet und herausgegeben v. H. Heimann, Bonn 1977 ◆ H. Grebing: Warum Sozialdemokraten am Sozialismus festhalten müssen, in: Frankfurter Rundschau v. 26. 4. 1991 ◆ R. Luxemburg: Sozialreform oder Revolution? In: R. Luxemburg_ Politische Schriften I (Hrsg. W. Abendroth/O. K. Flechtheim/I. Fetscher), Frankfurt/M. 1966, 47–133) ◆ R. Luxemburg: Die russische Revolution, in: Politische Schriften I, hrsg. v. O. K. Flechtheim, Frankfurt/M. 1968 ◆ T. Meyer: Demokratischer Sozialismus. Eine Einführung, Bonn 1982 ◆ T. Meyer: Sozialismus. Wiesbaden 2008 ◆ T. Meyer: Theorie der sozialen Demokratie. Wiesbaden ²2011 ◆ J. Strasser: Leben ohne Utopie?, Frankfurt/M. 1990 ◆ J. Strasser: Leben oder Überleben. Wider die Zurichtung des Menschen zu einem Element des Marktes, Zürich/München 2001 ◆ J. Strasser: Die Wende ist machbar. Realpolitik an den Grenzen des Wachstums, München 1994 ◆ J. Strasser: Gesellschaft in Angst. Zwischen Sicherheitswahn und Freiheit, Gütersloh 2013.

Soziallehre, christliche

Glauben ist Praxis. Indem Christen ihre Glaubenpraxis reflektieren, unterscheiden sie eine persönliche und eine soziale Dimension und in der sozialen Dimension eine Ebene des gesellschaftlichen Handelns und gesellschaftlicher Handlungsregeln. Gegenstand christlicher Soziallehre sind v. a. die gesellschaftlichen Handlungsregeln. Die ursprünglichen Subjekte einer Reflexion christlicher Alltagspraxis sind die Christen selbst, die sich gesellschaftlich engagieren. Kollektive Subjekte einer Reflexion, die vorhandene Reflexionselemente christlicher Glaubenspraxis bündeln, prüfen und evtl. als verbindlich proklamieren, sind die amtl. Organe der kirchlichen Gemeinschaft. Die methodisch geordnete Reflexion sowohl der Reflexion christlicher Alltagspraxis als auch der amtl. kirchlichen Sozialverkündigung ist die Aufgabe der Vertreter jener wissenschaftlichen Fachdisziplin, die meist als „christliche Sozialethik" bezeichnet wird.

S

Fundament
Die prophetische Verkündigung, wie sie in der Bibel nachgezeichnet ist, hat die Mitglieder des Volkes Israel ermahnt, den Waisen und Witwen zu helfen, die Fremden zu achten sowie Maße und Gewichte nicht zu fälschen. Gleichzeitig wurden die Führer des Volkes an ihre Aufgabe erinnert, dem Recht und der Gerechtigkeit Geltung zu verschaffen. Die mittelalterliche Scholastik untersuchte das Verhältnis von weltlicher und geistlicher Gewalt sowie den gerechten Preis der hergestellten Produkte und Handelswaren. Die spanischen Theologen legten während der Zeit, als Amerika erobert wurde, den Grundstein des modernen Völkerrechts und einer funktionsoffenen Wirtschaftsethik. Während Luthers sozialer Reformwille bald von der Hinnahme gesellschaftlicher Verhältnisse abgelöst wurde und er selbst mehr über die persönliche Verantwortung im Beruf, die Standespflichten, die Rolle der Obrigkeit und das Staatskirchenregime predigte, hat der Calvinismus neben dem Recht der Obrigkeit auf Kriegführung und den Gehorsam der Untertanen den Gedanken der Volkssouveränität und der Gewissenfreiheit entwickelt; auf wirtschaftlichem Gebiet wurden die persönlichen Tugenden der Selbstdisziplin, des Arbeitseifers und der Sparsamkeit normativ aufgeladen: „Arbeite, spare und hilf, so viel du kannst".

Baustellen
Die tief greifenden wirtschaftlichen Umbrüche der Industrialisierung im 19. Jh. und die durch sie verursachte „soziale Frage" haben die konfessionell verfassten Kirchen dramatisch herausgefordert und das entstehen lassen, was heute unter katholischer Soziallehre oder evangelischer Sozialethik verstanden wird.

Im katholischen Milieu suchte man der gesellschaftlichen Desorganisation zunächst mit karitativen Maßnahmen zu begegnen. Erst die Zeitdiagnosen Bischof Kettelers regten unter anderem die Gründung katholischer Sozialverbände an, die sich für strukturelle Reformen einsetzten. Diese Bewegungen wurden amtl. bestätigt durch das Arbeiterrundschreiben des Papstes Leo XIII.: „Rerum novarum", das 1891 gegen den Sozialismus das Privateigentum und gegen den Liberalismus das Koalitionsrecht der Arbeiter und den Sozialstaat verteidigte. Während die katholische Soziallehre fast 100 Jahre lang mit den Rundschreiben der römischen Zentrale identifiziert wurde, haben sich nach dem 2. Vatikanischen Konzil regionale Akteure stärker zu Wort gemeldet.

Auf protestantischer Seite haben zuerst einzelne Christen und freie Initiativen die soziale Verelendung der Arbeiterklasse als gesellschaftlichen Skandal erfasst und sich gegen die Kirchenleitungen sowie konservative und liberale Mehrheiten in den Kirchen durchgesetzt. Der Zusammenbruch der Monarchie 1919 traf die protestantischen Kirchen in Deutschland unvorbereitet. In der WR bezog die Mehrheit der evangelischen

Christen eine konservativ-nationale Position, gegen die eine kleine Gruppe der „Religiösen Sozialisten“ opponierte. Im Weltprotestantismus löste das Ende des 1. Weltkriegs eine Wende zur ökumenischen Bewegung und von der Dogmatik zur Ethik aus. Doch erst auf den Weltkirchenkonferenzen nach dem 2. Weltkrieg formierte sich eine evangelische Sozialethik. Sie hat in den viel beachteten Denkschriften des Rates der Evangelischen Kirche Deutschlands einen quasi-amtl. Charakter angenommen.

Konfessioneller Kontrast: Im Urteil der Öffentlichkeit lebt der konfessionelle Kontrast zwischen „katholischer Soziallehre“ und „evangelischer Sozialethik“ fort. Demnach klingt die katholische Soziallehre wie eine Sozialmetaphysik, die Aussagen über immer und überall vorhandene Wesensmerkmale des Menschen enthält, etwa seine Individual- und Sozialnatur, aus denen die normativen Grundsätze der Personalität, *Solidarität* und *Subsidiarität* sowie die natürlichen Ordnungsgefüge der *Familie,* des Staates und des Privateigentums abgeleitet werden können. Die menschliche Vernunft wird als tauglich eingeschätzt, derartige Baugesetze der Gesellschaft unabhängig vom christlichen Glauben zu erkennen. Sie bedient sich dabei einer naturrechtlich-philosophischen Argumentationsweise. Außenstehenden erscheint die katholische Soziallehre wie ein geschlossenes Lehrgebäude, das vom kirchlichen Lehramt verbindlich vorgelegt wird, und dessen Bestandteile die Vertreter der Wissenschaft kommentieren, systematisieren und dem Kirchenvolk vorlegen, das sie in konkreten Situationen anwendet. Für die evangelische Sozialethik ist nach gängiger Meinung eine biblisch-theologische Argumentation charakteristisch. Sie hat ein stärker subjekt- und situationsbezogenes Profil, insofern die Freiheit des persönlichen Gewissens gegen überzogene gesellschaftliche und weltanschauliche Ansprüche verteidigt wird. Sie legitimiert sich daraus, dass ihre Aussagen sachgemäß und schriftgemäß sind und sich im Dialog der Gemeinde bewährt haben. Die beiden Deutungsmuster der „Zwei Reiche“ und der „Königsherrschaft Christi“ gelten als eindeutige Markierung zwischen den Traditionen der Lutheraner und jenen Denkrichtungen, die sich auf den reformierten Theologen Karl Barth berufen.

Lernschritte und Konvergenzen: Der ökumenische Aufbruch in den Kirchengemeinden hat den WFV Caritas und Diakonie sowie den Hilfswerken Misereor und Brot für die Welt hat die Kirchenleitungen dazu angeregt, in gemeinsamen Erklärungen zur Bewahrung der Schöpfung (1985), zur wirtschaftlichen und sozialen Lage in Deutschland (1997) sowie zu den Herausforderungen durch Migration und Flucht (1997) sich des zweipoligen Argumentationsmusters einer vernunftorientierten Normbegründung und einer bibeltheologischen Besinnung zu bedienen. Die ökumenische Bewegung hat schließlich auch die Sozialethiker erfasst. Gemeinsame Lernschritte und Konvergenzen sind unübersehbar.

Innerhalb der evangelischen Sozialethik verweist die Zwei-Reiche-Lehre auf die Unterscheidung zwischen der persönlichen Einstellung des Glaubenden und der Übernahme sozialer Rollen und öffentlicher Ämter, zwischen dem Heilshandeln der Kirche und den spezifischen Aufgaben des Staates oder zwischen dem Glauben als Horizont ethischer Orientierung und den Vernunftgründen, die ein ethisches Urteil bestimmen. Das theologische Deutungsmuster „Gesetz und Evangelium“ verweist auf die Summe von Lebenserfahrungen und Weltdeutungen des real existierenden Menschen einschließlich eines normativen Anspruchs, der das Zusammenleben der Menschen regelt und den öffentlichen Frieden gewährleistet. Die Ambivalenz einer solchen menschlichen Grunderfahrung wird durch die Verkündigung des Evangeliums ans Licht gebracht. Es hebt die ambivalente Selbsterfahrung durch die Verheißung der Nähe Gottes auf und durchkreuzt jeden Versuch einer endgültigen Selbstrechtfertigung. An diese Unterscheidung schließt die Bestimmung des Verhältnisses von Dogmatik und *Ethik* an. Die ethische Reflexion kann die alltägliche Lebenserfahrung als eigenständige Reflexionsgrundlage beanspruchen und sich damit einer theologischen Bevormundung widersetzen. Sie begründet sich unabhängig von der Dogmatik mit Hilfe der praktischen Vernunft. Der normative Anspruch des Menschengerechten ist dem lebenserfahrenen und rational handelnden Subjekt evident, während aus Glaubenssätzen keine normativen Ansprüche abgeleitet werden können. Das menschliche Handeln wird nicht dadurch richtig, dass der Handelnde sich auf eine Weltsicht beruft, die er aus dem Glauben schöpft. Anderseits ist die Weltsicht aus dem Glauben jene Ressource, die eine meist ambivalente reale Situation erschließt und strukturiert, wenngleich sie nur theologisch erschlossen und ausdrücklich gemacht werden kann. Schließlich haben sich evangelische Sozialethiker auf die Suche begeben, gesellschaftliche Einrichtungen theologisch zu deuten und ethisch zu beurteilen.

Jenseits der Fallen, in die eine „Theologie der Ordnungen“ hineinstolpert, die das Bestehende absegnet und das Vergangene verklärt, ist der Bedarf an Strukturethik gewachsen. Dietrich Bonhoeffer hat mit dem Konzept der „Mandate“ eine solche theologische Ethik der Institutionen angestoßen. Sie ist dialogisch angelegt und reflektiert die Einladung Gottes an den Menschen, die Institutionen zu ordnen und zu gestalten.

Vergleichsweise haben die Vertreter der katholischen Soziallehre kräftige Anstöße von außen erhalten: Das 2. Vatikanische Konzil hat sie zu einer biblischen und induktiven Vorgehensweise gedrängt. Zeitdiagnose, ethisches Urteil und theologische Deutung sind ein wechselseitiger Lernprozess. Von der politischen Theologie kam der Anstoß, die gesellschaftliche Ausgangslage des Glaubens zu berücksichtigen: Der christliche Glaube sei Nachfolgepraxis. Die lateinamerikanischen Theologen der Befreiung haben eine methodische Reflexion aus der Perspektive der Armen und Unterdrückten entwickelt, in denen sie das erste Subjekt der Glaubensreflexion und der Befreiung entdeckten. Sie verabschiedeten sich von der existentialistisch und idealistisch verkürzten Philosophie Europas und schlossen ihre ethische Reflexion an solche Sozialwissenschaften an, die ihnen die Mechanismen der Ausbeutung und der Unterdrückung erklärten. Religionssoziologen haben die Soziallehrer darüber aufgeklärt, dass das herkömmliche konfessionelle Milieu erodiert ist und sich in eine plurale, subjektorientierte katholische Sozialform transformiert hat. Diese Anstöße haben innovative Kräfte „jenseits katholischer Soziallehre“ freigesetzt. Zunächst wurde der Anschluss der christlichen Sozialethik an den zeitgenössischen philosophischen Diskurs und die sozialwissenschaftliche Forschung hergestellt. Dann rückten mit dem Abschied von der naturrechtlichen Argumentation alltägliche Situationen in den Mittelpunkt der Reflexion, deren normativer Anspruch intersubjektiv in Lerngruppen erschlossen werden konnte. Aus kritischen Erfahrungen, in denen kreative Handlungsmöglichkeiten entdeckt werden, ließen sich subjektiv verbindliche ethische Modelle rekonstruieren. Zentraler Ausgangspunkt einer ethischen Entscheidung war die intersubjektive Freiheit von Menschen, die sich an der guten Botschaft und dramatischen Praxis des Jesus von Nazareth orientieren, Tatsachen analysieren, Werte formulieren, Möglichkeiten abstecken, Ziel-Mittel-Beziehungen erfassen, Verfahren und Kompetenzen klären und solche Kompositionen politisch durchsetzen. Jüngere katholische Sozialethiker haben nicht nur ihre sozialwissenschaftlichen Voraussetzungen überprüft und den Dialog mit der zeitgenössischen philosophischen Ethik zwischen Moderne und Postmoderne geführt, sondern auch die theologischen Koordinaten ihrer ethischen Disziplin neu vermessen. Sie begegnen den Themen der traditionellen katholischen Soziallehre ziemlich distanziert, etwa der Zähmung kapitalistischen Marktwirtschaften, der menschengerechten Gestaltung der *Arbeit* oder der Reform sozialer Sicherungssysteme. Dafür schalten sie sich mehr in kulturethische Debatten ein, die um Fragen der Technik und Biomedizin *(Gentechnologie)*, der Migration und der Medien sowie um das gesellschaftliche Naturverhältnis, den Weltfrieden und die Entwicklungszusammenarbeit kreisen.

Architektur

An der Wortwahl einer transkonfessionellen „christlichen Sozialethik“ lässt sich bereits ablesen, wie die Vertreter einer durch den christlichen Glauben inspirierten normativen Handlungstheorie den naturalistischen Fehlschluss vermeiden, aus Tatsachen normative Regeln ableiten zu wollen. Die charakteristische Methodik einer christlichen Sozialethik lässt sich in vier Schritten nachzeichnen:

- Erstens geht es um die Vergewisserung des praktischen Standorts, aus welcher Perspektive von Betroffenen die gesellschaftlichen Verhältnisse beurteilt werden. Da die ethische Reflexion nicht voraussetzungslos stattfindet, bedarf sie der Vernetzung mit christlich-sozialen Bewegungen und Initiativen sowie deren Praxisreflexion.
- Zweitens soll die ethische Reflexion an die sozialwissenschaftliche Analyse anschlussfähig sein. Nun ist das empirische Wissen selbst nicht unabhängig von der Auswahl des Forschungsgegenstandes sowie den Perspektiven und Interessen der Forschenden. So bieten system- bzw. handlungstheoretische Ansätze eine unterschiedliche Kohärenz mit sozialethischen Reflexionsformen.
- Drittens folgen die sozialethischen Reflexionen den zwei säkularen Verzweigungen einer Ethik des Guten und des Gerechten. Orientierungen des guten Lebens, die biblische Überlieferungen, normative Leitbilder real existierender Gesellschaften, neuzeitliche Rekonstruktionen der Gesellschaftsverträge, moderne Gerechtigkeitsdiskurse oder Menschenrechtsproklamationen kreativ auslegen und autonom anwenden, beantworten die Frage nach dem kollektiven Le-

S

bensentwurf und der moralischen Identität partikulärer sozialkultureller Milieus. Darüber hinaus bezieht sich die ethische Reflexion des moralischen Gesichtspunkts auf ein dialogisches Suchverfahren in pluralen Gesellschaften, in dem der Standpunkt des Eigeninteresses verlassen sowie der Standpunkt der Unparteilichkeit und Universalität übernommen wird. Im unterstellten doppelten Respekt vor dem Anderen als gleichrangigem Mitglied einer unbegrenzten Kommunikations- und Lebensgemeinschaft sowie vor dem Anderen als unvertretbar einzelnen werden nur solche Normen als verbindlich geltend betrachtet, deren Folgen und Nebenwirkungen von allen möglicherweise davon Betroffenen übereinstimmend bejaht werden können.

- Viertens ist der prekäre Zusammenhang der sozialethischen Reflexion mit dem christlichen Glauben zu präzisieren. Dass der religiöse und der moralische Geltungsanspruch logisch unabhängig sind, ist unbestritten. Aber es könnte sein, dass der christliche Glaube mit einer tieferen, abschließenden Begründung des moralischen Geltungsanspruchs, mit der Entstehung des moralischen Bewusstseins und mit dem vernünftigen Wunsch der Menschen, glücklich zu sein, zusammenhängt. Christen sehen im Glauben an Gott die tiefere, abschließende Begründung moralischer Verbindlichkeit. Sie bestimmen sich als moralische Subjekte von Gott her, als Adressaten einer schöpferischen, heilsamen Absicht, die von Gott ausgeht und sie befähigt, moralisch zu handeln. Und sie vermitteln diese ihre theozentrische Selbstbestimmung sprachlich-kommunikativ durch das Bekennen.

Die thematischen Schwerpunkte einer nicht mehr konfessionell gebundenen christlichen Sozialethik ergeben sich aus den Herausforderungen der gesellschaftlichen Verhältnisse sowie dem praktischen Standort, der Kompetenz und dem Interesse der Akteure: die Reichweite der Menschenrechte in den Asylgesetzen, die legitimen und kompetenten Träger einer internationalen Friedensordnung, die Rolle des Nationalstaats und zivilgesellschaftlicher Bewegungen, die globale Umweltzerstörung, die Risiken der Gentherapie und Biotechnik sowie der Schutz der Pflanzen und Tiere, die Wiederherstellung der wirtschaftlichen Leistungsfähigkeit durch die Integration der monetären und realwirtschaftlichen Sphären sowie die Zukunft der Arbeit und der solidarischen Sicherungssysteme. Bedauerlicherweise steht die Gleichstellung und Autonomie der Geschlechter noch ziemlich im Reflexionsschatten christlicher Sozialethik – inhaltlich wie personell.

Friedhelm Hengsbach

Literatur

A. Anzenbacher: Christliche Sozialethik. Einführung und Prinzipien, Paderborn u. a. O. 1998 ♦ U. Duchrow: Alternativen zur kapitalistischen Weltwirtschaft. Biblische Erinnerung und politische Ansätze zur Überwindung einer lebensbedrohenden Ökonomie, Gütersloh-Mainz ²1997 ♦ F. Hengsbach: Die andern im Blick – Christliche Gesellschaftsethik in den Zeiten der Globalisierung, Darmstadt ²2005 ♦ F. Hengsbach: Teilen, nicht töten, Frankfurt/M. 2014 ♦ J. Höffner: Christliche Gesellschaftslehre, Erkelenz ³2011 ♦ H.-J. Höhn: Ökologische Sozialethik. Grundlagen und Perspektiven, Paderborn 2001 ♦ R. Marx: Das Kapital. Ein Plädoyer für den Menschen, München 2010 ♦ F. Segbers: Die Hausordnung der Tora. Biblische Impulse für eine theologische Wirtschaftsethik, Luzern 1999 ♦ G. Wilhems: Christliche Sozialethik, Paderborn 2010.

Sozialmanagement

Etwa seit Ende der 1980er Jahre wird der Managementbegriff vermehrt für Erörterungen zur Steuerung von Organisationen der Sozialen Arbeit genutzt. Die bereits in den 1970er Jahren begonnenen vereinzelten Versuche zur Installierung einer Sozialmanagement-Debatte, die hauptsächlich von Müller-Schöll und Priepke und ihren Kursen in der Diakonischen Akademie Stuttgart ausgingen, wurden in der relevanten Fachszene anfänglich nur wenig aufgegriffen. Das von Müller-Schöll und Priepke im Jahr 1983 in der ersten Auflage herausgebrachte Buch zum Sozialmanagement (Müller-Schöll/Priepke 2. Auflage 1989.) wurde zwar zur Kenntnis genommen, jedoch zunächst ohne besondere Wirkung für die Fachdebatten in der Sozialen Arbeit. Erst zu Ende der 1980er Jahre und in den beginnenden 1990er Jahren gelang es allmählich, Fragen des Managements und der Organisationsgestaltung als einen wichtigen Aspekt professionellen Handelns einzubringen und in den Debatten zur Gestaltung der *Sozialen Arbeit* zu verankern. Heute hat sich das Thema „Sozialmanagement" in seiner Relevanz für die Soziale Arbeit etabliert, wofür u. a. die diesbezüglichen vielfältigen Veröffentlichungen (u. a. ein themenbezogenes Lexikon, Grunwald u. a. 2013; Lehrbücher und themenbezogene Einführungen wie z. B. Arnold u. a. 2014, Bieker/

S

Vomberg 2012, Hensen/Hensen 2012, Merchel 2015a; Bilanzen zur Diskussion um Sozialmanagement, Grunwald 2009) sowie eine Vielzahl von Ausbildungen, Fortbildungsveranstaltungen und umfangreichen Weiterbildungskursen vieler Weiterbildungsträger und Hochschulen sichtbare Indikatoren darstellen.

Begriff

Der Managementbegriff wird in der Alltagssprache mittlerweile so häufig, in solch unterschiedlichen Zusammenhängen und mit solch unterschiedlichen Konnotationen verwendet, dass er als ein außerordentlich schillerndes sprachliches Konstrukt erscheint, dessen Bedeutungsgehalt sich aufzulösen droht. Bezogen auf Organisationen fungiert der Managementbegriff als eine sprachliche Chiffre, mit der verschiedene Aktivitäten zur Gestaltung solcher zweckgerichteter sozialer Systeme, wie sie sich paradigmatisch in der Figur des „Unternehmens" zeigen, gekennzeichnet werden. Mit dem Begriff „Management" gerät die Tatsache in den Blick, dass Organisationen der Sozialen Arbeit nicht nur als Träger und Einrichtungen betrachtet werden dürfen, in denen Menschen geholfen wird, sie therapiert, beraten, gefördert, sozial kontrolliert werden, sondern auch als „Betriebe" angesehen und gestaltet werden müssen.

Mit dem Begriff „Management" werden Prozesse des Gestaltens von Organisationen, der bewussten und reflektierten Einflussnahme auf Entscheidungen, Strukturen, Abläufe und soziale Bezüge in Organisationen bezeichnet – und zwar in der Variante des „*Sozial*managements" bezogen auf solche Organisationen, in denen Soziale Arbeit organisiert wird und die in ihren verschiedenen betrieblichen Funktionen strukturiert werden müssen. Beim betrieblichen Management geht es um die „Führung von Personen und die Optimierung von weiteren relevanten Ressourcen, um die Ziele von Organisationen zu erreichen" (Willke 2007, S. 17). Die Ziele haben neben einem sachbezogenen auch einen wirtschaftlichen Aspekt, weil die Organisation ihre Ziele nur dann erreichen kann, wenn sie ihre betrieblichen Existenzgrundlagen schafft, diese immer wieder erneuern kann und sie mittelfristig nicht gefährdet. Die Organisation muss zur Erreichung ihrer Ziele ihre Ressourcen zielbezogen und wirtschaftlich einsetzen und ggf. bemüht sein, sie zu erweitern. Die Ressourcen können finanzieller, sachlicher oder personeller Art sein. Da im Zentrum des Organisationshandelns Menschen stehen, die letztlich auch über den optimalen Umgang mit finanziellen und sachlichen Ressourcen entscheiden, wird im Begriff des Managements der Leitung und Führung durch und von Personen ein besonderer Stellenwert zugeschrieben. Management ist also darauf ausgerichtet, „die spezifischen Ressourcen einer bestimmten Organisation in optimaler Weise so zu steuern, dass die spezifischen Ziele der Organisation möglichst weitgehend erreicht werden" (Willke 2007, S. 22). Management zielt also auf das Steuerungshandeln von und in Organisationen.

Im Begriff „Management" sind zwei elementare Bedeutungsvarianten enthalten:

- „Management im funktionalen Sinn, d. h. Beschreibung der Prozesse und Funktionen, die in arbeitsteiligen Organisationen notwendig werden, wie Planung, Organisation, Führung, Kontrolle (managerial functions approach);
- Management im institutionalen Sinn, d. h. Beschreibung der Personen(-gruppen), die Managementaufgaben wahrnehmen, ihrer Tätigkeiten und Rollen (managerial roles approach)." (Staehle 1999, S. 71).

Während in funktionaler Hinsicht die als „Management" deklarierten Aufgaben einen Komplex von Anforderungen markieren, die auf unterschiedlichen Hierarchieebenen wirksam werden, wird in personeller Hinsicht mit dem Begriff „Management" häufig diejenige Leitungsebene bezeichnet, die für das Gesamtsteuerung einer Organisation oder zumindest für erhebliche Teile der betrieblichen Steuerungsaufgaben Verantwortung übertragen bekommen hat und die dementsprechend Leitungstätigkeiten wie Strategieformulierung, Personalführung, Außenvertretung der Organisation, Organisationsentwicklung, Controlling wahrnimmt bzw. verantwortlich dafür ist, dass solche Aufgaben wahrgenommen werden und in Entscheidungen einmünden.

Je nach Größe einer Organisation und je nach Komplexität der dort zu bewältigenden Steuerungsaufgaben wird häufig hinsichtlich der personellen Zuordnung eine Stufenordnung eingefügt: unteres, mittleres und oberes Management. In funktionaler Hinsicht wird man Managementaufgaben auf allen Hierarchie-Ebenen einer Organisation identifizieren können. Je höher jedoch die Hierarchie-Ebene angesiedelt ist, desto komplexer werden die an Leitungspersonen gerichteten Strukturierungsaufgaben, desto umfassender ist die Verantwortung für den Bestand der Organisation und desto größer ist auch die Ausstattung der Leitungspersonen mit Macht- und Entscheidungsbefugnissen. Dementsprechend wird in personeller Hinsicht „Management" als ein System gestufter Leitungsaufgaben verstanden, wobei in der Umgangssprache dann, wenn man personenbezogen von „dem Management" einer Organisation spricht, meist die oberen Leitungsrollen mit einer tendenziell umfassenderen Verantwortung im Zentrum stehen (die „Manager/innen").

Der Begriff „Sozialmanagement" bezeichnet das Konzipieren und Realisieren von Managementaufgaben unter den spezifischen Bedingungen, die den Charakter von Organisationen der Sozialen Arbeit ausmachen (Cremer u. a. 2013; Merchel 2015a):

- das Erbringen sozialer Dienstleistungen mit ihren Charakteristika der Immaterialität, der Synchronität von Leistungserstellung und Konsumtion („uno-actu-Prinzip"), der Koproduktivität und der individuellen Ausrichtung der Leistung,
- die Eigentümlichkeiten der „Marktverhältnisse" durch die komplexe Überlagerung schlüssiger und nicht-schlüssiger Tauschbeziehungen und durch die elementare Koppelung an sozialpolitische Entscheidungen,
- und daraus resultierende Anforderungen: so insbesondere das Messen bzw. Plausibilisieren von Effektivität, die Ausrichtung an Interessenträgern („stakeholder") mit verschiedenartigen, z. T. zueinander in Spannung stehenden Erwartungen und Interessen, die mit unterschiedlichen Machtpotentialen ausgestattet sind, und das Verarbeiten und Ausbalancieren unterschiedlicher, zueinander in Spannung stehender Logiken (Logik der Profession „Soziale Arbeit"/*Professionalisierung,* sozialpolitische Logik einer als „gerecht" zu bezeichnenden Güter-Allokation, betriebswirtschaftliche Logik sowie die jeweils durch interne Dynamik und durch die „Geschichte" einer Organisation entstehende Organisationslogik).

In der Fachliteratur, in der Managementaufgaben und Managementkonzepte für Organisationen der Sozialen Arbeit erörtert werden, ist häufig die Rede von „Management in der Sozialwirtschaft", „Non-Profit-Management" oder „Management in Nonprofit-Organisationen" (so z. B. Wöhrle u. a. 2013; Simsa u. a. 2013). In diesen Kontexten werden Managementanforderungen an und die Managementkonstellationen in Organisationen der Sozialen Arbeit als Teil eines größeren Bereichs („*Sozialwirtschaft*" oder „Nonprofit-Bereich") interpretiert und anderen Teilbereichen (u. a. Gesundheitsbereich, Menschenrechtsorganisationen, nicht-kommerzieller Kulturbereich etc.) gleichgestellt, ohne dass Spezifika der Sozialen Arbeit ausdrücklich und prägend in den Blick genommen werden. Der Begriff S. (oder: „Management in Organisationen der Sozialen Arbeit") ist demgegenüber im Kontext der Sozialen Arbeit entstanden und verfolgt spezifisch und nachdrücklich das Anliegen einer Zusammenführung von Managementlogik und Fachlichkeit in der Sozialen Arbeit (Wöhrle 2013).

Management und Verständnis von „Steuerung"

Das Verständnis von „Management" und die an das Management geknüpften Erwartungen sind verkoppelt mit dem Bild, das Personen sich von „Steuerung" als der zentralen Aufgabe von Management und von dem Gegenstand der Steuerung, „Organisation", machen. Die traditionelle betriebswirtschaftliche Managementlehre ist darauf ausgerichtet, mit wissenschaftlichen Methoden Abläufe und Instrumente zu entwerfen, mit deren Hilfe das betriebliche Geschehen zielbezogen, instrumentell planvoll und möglichst genau gesteuert werden kann (Staehle 1999, 22 ff.; Steinmann/Schreyögg 2005, 43 ff.). Dem entspricht ein Bild vom Manager als „Macher, der seinen Laden im Griff hat". Der „Manager" soll den Überblick über das Geschehen haben und wissen, an welchen Stellen mit welchen Interventionen einzugreifen ist, um den Betrieb erfolgreich durch die Wirrnisse zu führen, die mit den Gegebenheiten in der Umwelt und mit der inneren Dynamik im Betrieb einhergehen. Dahinter steht die Erwartung einer fast technischen Machbarkeit, einer Planungsrationalität, die dem Bild von der Organisation als einer Maschine folgt: Man muss wissen, wie die einzelnen Maschinenteile zusammenhängen und welche Hebel man bewegen muss, um mit relativ großer Verlässlichkeit und Präzision eine intendierte Wirkung zu erzielen. Auch in der Sozialen Arbeit sind solche impliziten Erwartungen der rationalen, zielgenauen Steuerbarkeit von Organisationen virulent: so z. B. im Qualitätsmanagement, wo man bisweilen beabsichtigt, durch eine weitgehende Standardisierung von Verfahren Qualität „sichern" zu können, oder in der Rede vom „Total Quality Management", die bereits sprachlich die Assoziation eines umfassenden, steuerungsoptimistischen Zugriffs auf Prozesse in Organisationen erkennen lässt *(Qualitätsentwicklung).*

Demgegenüber lehren schon Alltagserfahrungen, dass Steuerungsimpulse in verschiedenen Organisationen unterschiedliche Auswirkungen haben können und dass somit die spezifische Dynamik eines Organisationssystems darüber entscheidet, welche genauen Impulse von bestimmten Steuerungsaktivitäten ausgehen und in welcher Weise ein Steuerungsimpuls zu einem bestimmten (vorläufigen und wieder veränderbaren) Ergebnis verarbeitet wird. Organisationen sind komplexe Systeme, deren eigene Logik bei der Verarbeitung von Steuerungsimpulsen nur begrenzt durchschaubar und noch schwerer vorhersagbar ist (Simon 2007; Wimmer/Meissner/Wolf 2009). Managementhandeln ist also immer geprägt durch Unsicherheit und durch die Dynamik der Interaktionen zwischen den verschiedenen Organisationsteilen, zwischen den Organisationsmitgliedern und mit der Umwelt der Organisation. Verfehlt ist daher ein Steuerungsbegriff, der die Erwartung einer weitgehend planvollen, intentionalen Steuerung transportiert.

Statt eines eher sozialtechnologisch konzipierten Steuerungsverständnisses sind ein reflexiver Steuerungsbegriff und eine damit einhergehende zurückhaltende Steuerungserwartung zu präferieren, die der Eigendynamik von sozialen Systemen entsprechen. Bei der reflexiven Steuerung von Organisationssystemen geht es im Grundsatz um zwei „Interventionsmodalitäten“: zum einen um das Erzeugen von möglichst anschlussfähigen Impulsen, die die Selbststeuerung des Systems anregen, und zum anderen um Formen der „Kontextsteuerung“, bei denen versucht wird, auf Konstellationen einzuwirken, die im Umfeld einer Steuerungsabsicht bedeutsam sind, und auf diese Weise die Organisationsakteure zu veranlassen, sich mit einem bestimmten Thema oder einer bestimmten Steuerungsabsicht auseinanderzusetzen. Management als kontinuierliche Suche nach situativ angemessenen und folgenreichen Steuerungsimpulsen erfolgt auf der Grundlage der Beobachtung und Reflexion vorheriger Steuerungsaktivitäten und deren Wirkungen (und Nebenwirkungen). Statt Situationen „beherrschen“ zu wollen sollten Managementakteure die Einstellung entwickeln und praktizieren, dass es darauf ankommt, das Potential von Situationen zu beobachten und sensibel für Steuerungsimpulse nutzen zu können, sich also von den Situationen leiten zu lassen und deren Potentiale klug zu erkennen und zu nutzen. Bei einem solchen Steuerungsverständnis, das kompatibel ist mit den vielfach propagierten und praktizierten systemisch ausgerichteten methodischen Konzepten in der Sozialen Arbeit (Hosemann/Geiling 2013), wird ein Steuerungsanspruch nicht aufgegeben, jedoch ist man sich der begrenzten Möglichkeiten bewusst, die dann aber aktiv genutzt werden müssen: als Steuerungsimpuls, der aus einer guten Beobachtung und Reflexion der Dynamik einer Organisation erwächst.

Handlungsebenen und Steuerungsbereiche des Managements von Organisationen der Sozialen Arbeit

Die sachbezogenen und personenbezogenen Steuerungsfunktionen erfordern ein Handeln **auf drei Ebenen des Managements:**

- Strategisches Management: Hier geht es um die Erarbeitung und um die fortlaufende Überprüfung einer „Unternehmensstrategie“, mit der die Organisation sich möglichst langfristig erfolgreich am Markt bzw. in dem durch politische Entscheidungen geprägten System sozialer Dienstleistungen zu halten vermag. Im Mittelpunkt steht die Bewältigung des grundlegenden Problems der Steuerung von Organisationen angesichts einer komplexen und unvorhersehbaren Umweltentwicklung: das Finden einer mittelfristigen strategischen Entwicklungslinie (Leistungen und Angebote, Struktur, Finanzierungsmechanismen etc.), die die weitere Existenz der Organisation wahrscheinlich macht und an die weitere konkretere Entscheidungen angeknüpft werden können.
- Operatives Management: Aufgaben auf dieser Handlungsebene des Managements sind die Umsetzung der strategischen Überlegungen in alltägliches Handeln in der Organisation. Es geht um die unmittelbare Steuerung der Leistungserbringung in der Organisation. Dabei müssen Probleme des Umgangs mit knappen betriebswirtschaftlichen Ressourcen (Finanzmittel, Informationen/Wissen, personale Arbeitsleistungen, Anlagen und Sachmittel etc.) sowie der möglichst effektiven und wirtschaftlichen Ausnutzung der vorhandenen und ggf. zu schaffenden bzw. zu erweiternden Potentiale gelöst werden. Ein wichtiger Teil des operativen Managements liegt auch in der Wahrnehmung, Beobachtung und Bewältigung der Spannungen, die aus den unterschiedlichen Referenzmarkierungen resultieren: z. B. die Spannungen zwischen Fachlichkeit und Ökonomie, zwischen Ethik und Ökonomie, zwischen Umweltanforderungen und Fachlichkeit etc.
- Normatives Management: Hier geht es zum einen um die Formulierung von ethischen Grundsätzen, mit denen sich die Organisation in ihrer Umwelt platzieren will, und zum anderen um den Umgang mit organisationspolitischen Wert- und Interessenkonflikten. Hierbei können unterschiedliche Auffassungen über die normativen Grundsätze und Zwecke einer

Organisation sowie der Umgang mit diesem Dissens zum Gegenstand des Managementhandelns werden. Es gehört zu den Managementaufgaben, gegenüber den wichtigsten Interessenträgern („stakeholdern") und (internen und externen) Bezugsgruppen der Organisation sowie gegenüber den zur Legitimation der Organisation bedeutsamen Teilen der Öffentlichkeit Glaubwürdigkeitspotentiale zu erzeugen und am Leben zu halten, die ausreichend tragfähig sind, um bei manifesten Konflikte auf einen Bestand an normativem Konsens zurückgreifen zu können. Gerade in der Sozialen Arbeit, die stark von normativen Vorstellungen geprägt ist (Vorstellungen zur gesellschaftlichen Verantwortung für die Teilhabemöglichkeiten von Menschen, zu menschenwürdigem Leben, zu gutem Aufwachsen, zu Notwendigkeit und Grenzen von Hilfe etc.), hat das „normative Profil" von Einrichtungen eine nicht unerhebliche Bedeutung für die Legitimation von Trägern und Einrichtungen.

In diese Handlungsebenen des Managements sind folgende **Steuerungsbereiche** in Organisationen der Sozialen Arbeit einzubeziehen (ausführlich Merchel 2015a):

- Fachliche Steuerung: Ziel ist, eine qualitativ gute Leistungserstellung zu ermöglichen, fachliche und wirtschaftliche Kalküle miteinander in Verbindung zu bringen und mögliche Spannungen zwischen den unterschiedlichen Logiken von „Fachlichkeit" und „Ökonomie" hinsichtlich ihrer Konsequenzen zu beurteilen und möglichst auszugleichen. Mit der fachlichen Steuerung einer Einrichtung der Sozialen Arbeit soll für eine möglichst gute Leistungserbringung gesorgt werden, also eine Leistungserbringung, die thematisch und methodisch dem aktuellen fachlichen Erkenntnis- und Diskussionsstand entspricht, die ein angemessenes Qualitätsmanagement einschließt, die sich frühzeitig auf fachliche Entwicklungsperspektiven einstellen kann und fachliche Innovationen herausfordert. Fachliche Steuerung umfasst u. a. das Anregen und Entwickeln fachlicher Konzeptionen, die fachliche Anleitung von einzelnen Mitarbeitern und Teams, das Erarbeiten von und der Umgang mit fachlichen Verfahrensweisen und Handlungsmustern, das Herbeiführen von Konzept- und Methodenreflexionen, das Qualitätsmanagement bzw. die Qualitätsentwicklung.
- Ökonomische (betriebswirtschaftliche) Steuerung: Im Mittelpunkt steht die Gewährleistung einer sachangemessenen und wirtschaftlichen Verwendung von finanziellen Ressourcen. Managementakteure müssen sich also um den Erhalt ausreichender Ressourcen bemühen sowie Ressourceneinsatz und Ressourcenverwendung so planen und gestalten, dass zum einen gute Leistungen entstehen, die von ihrer Umwelt weiterhin nachgefragt werden, und dass zum anderen die Leistungserstellung so erfolgt, dass die wirtschaftliche Existenz der Organisation gewährleistet werden kann. Finanzielle Ressourcen müssen beschafft, verwaltet, zielgerecht eingesetzt, in ihrer Verwendung überprüft, also gesteuert werden. Betriebswirtschaftliche Managementaufgaben beziehen sich auf den innerbetrieblichen Teil der Ökonomie von Einrichtungen der Sozialen Arbeit (Finanzmanagement einschl. Ausgestaltung betriebswirtschaftlicher Steuerungsinstrumente wie u. a. der Kosten- und Leistungsrechnung und des Controlling). Je mehr Finanzierungen über Leistungsverträge erfolgen, Leistungsentgelte kalkuliert und Preise für Leistungen in der Konkurrenz zu anderen Trägern gestaltet werden müssen, Aufträge für Leistungen über Ausschreibungen vergeben werden etc. – je mehr also Finanzierungsmodalitäten Platz greifen, in denen partiell Elemente aus dem Wirtschaftsbereich übernommen werden, desto deutlicher ist das Finanzmanagement zu einem elementaren Bestandteil des Managements in Einrichtungen der Sozialen Arbeit geworden.
- Organisationsbezogene Steuerung: In diesem Steuerungsbereich geht es sowohl um die Gestaltung der innerorganisatorischen Strukturen und Abläufe als auch um einen reflexiven Umgang mit den vielfältigen informellen Mechanismen in Organisationen. Es muss dafür gesorgt werden, dass Ziele der Organisation explizit benannt und überprüft werden, dass Handlungsprogramme, Strukturen und Handlungsabläufe zur relativ verlässlichen Zielerreichung und Leistungserbringung installiert werden Ferner muss der organisationskulturelle Rahmen sorgfältig beobachtet und mit Impulsen versehen werden, damit die Normen, Sinngehalte und informellen „Lebensweisen" in einer Organisation sich möglichst so entwickeln, dass sie die beabsichtigte Leistungserstellung unterstützen. Im Mittelpunkt stehen also Aufgaben der Organisationsgestaltung und Organisationsentwicklung.
- Mitarbeiterbezogene Steuerung: Zentrale Aufgabe ist die Gestaltung der personellen Ressourcen und der interaktiven Bezüge bei der Erbringung sozialer Dienstleistungen im Mittelpunkt.

Die Mitarbeiter mit ihren Kompetenzen und mit ihrer Motivation haben eine elementare Bedeutung für die Qualität der Leistungserbringung in Organisationen der Sozialen Arbeit. Die Leistungserstellung erfolgt koproduktiv, ist also ohne ein Minimum an aktiver Mitwirkung der Adressaten nicht erfolgreich zu gestalten; die Herstellung der Mitwirkungsbereitschaft und das Eröffnen von Mitwirkungsmöglichkeiten der Adressaten markiert eine elementare Handlungsanforderung an die Fachkräfte. Ferner müssen soziale Dienstleistungen flexibel auf die individuellen Bedürfnisse und die jeweilige Lebenssituation der Adressaten ausgerichtet sein, was wiederum eine differenzierende Kompetenz der Fachkräfte erfordert. In Organisationen der Sozialen Arbeit erfolgt die eigentliche Leistungserbringung im unmittelbaren Austausch mit Adressaten; daher muss den Mitarbeitern ein bedeutendes Maß an Eigenständigkeit und Flexibilität zugestanden werden. Wenn Mitarbeiter eine solch große Bedeutung für die Güte der Leistungserstellung in Organisationen der Sozialen Arbeit haben, muss dies auch in einer entsprechenden Sorgfalt für Personalmanagement (Personalrekrutierung, Personalbindung, Personaleinsatz, Personalentwicklung) seinen Niederschlag finden (konkretisiert am Beispiel ASD: Pamme/Merchel 2014).

- Reflexion und Gestaltung der Außenbezüge: Die Managementaufgaben zielen darauf, die sozialpolitischen Entwicklungen, die für eine Organisation der Sozialen Arbeit bedeutsam sind, bewusst wahrzunehmen und zu bewerten sowie die Leistungserstellung an den Anforderungen auszurichten, die aus relevanten Teilen der Umwelt (Politik, Adressaten, andere Organisationen mit Kooperationsbezügen etc.) an die Organisation herangetragen werden. So wie alle Organisationen befinden sich auch Organisationen der Sozialen Arbeit in einem Wechselverhältnis zu ihrer Umwelt: Einerseits sind sie abhängig von der Ressourcenzufuhr aus der Umwelt, andererseits haben sie Einflussmöglichkeiten auf ihre Umwelt. Dieses Angewiesen-Sein von Organisationen der Sozialen Arbeit auf Bezüge zu ihrer je spezifischen Umwelt weist insofern eine Besonderheit auf, als ihre Leistungspotenziale in einer unmittelbaren Verbindung stehen zu sozialpolitischen Entscheidungen. Ob sie eine bestimmte Leistung erbringen sollen und finanziert bekommen, hängt zu einem hohen Maß unmittelbar von politischen Entscheidungen ab. Es gehört daher zum integralen Bestandteil des Managements von Organisationen der Sozialen Arbeit, Veränderungen in ihrer gesellschaftlichen, ökonomischen und politischen Umwelt sehr genau wahrzunehmen und zu analysieren, um strategische Entscheidungen zum Überleben ihrer Organisation treffen zu können. Dazu gehören Bemühungen zur Einflussnahme auf Erwartungen und Bedingungsgefüge in der (politischen und gesellschaftlichen) Umwelt der Organisation, die Gestaltung interorganisationaler Kooperationen und das Marketing.

Bei diesen Steuerungsbereichen handelt es sich nicht um voneinander abgeschlossene Steuerungsfelder. Vielmehr bestehen Übergänge zwischen den einzelnen Managementbereichen, und es existieren bisweilen auch Spannungen zwischen den Prinzipien und Logiken verschiedener Steuerungsbereiche, die verarbeitet und ausbalanciert werden müssen. In der Unterscheidung zwischen den Steuerungsschwerpunkten dokumentieren sich jeweils unterschiedliche Bezugspunkte für das Management von Organisationen der Sozialen Arbeit: Fachlichkeit, Ökonomie, Organisation, Personal, Umwelt.

Leitung: das Umsetzen von Managementfunktionen durch Personen

Die skizzierten Aufgaben auf den Handlungsebenen und in den Steuerungsbereichen des Managements („Management im funktionalen Sinn") müssen von Leitungspersonen, also von Organisationsmitgliedern umgesetzt werden, die innerhalb der Organisationsstruktur dafür beauftragt und legitimiert sind und denen eine hervorgehobene Verantwortung für solche Aufgaben des Managements zugeordnet worden ist („Management im institutionalen Sinn"). Für die Gewährleistung von Managementhandeln muss eine Organisation die Position und die Funktion von Leitung herausbilden: als eine in der Organisationsstruktur ausdifferenzierte Funktion mit entsprechender Leitungsmacht und Leitungsverantwortung, die von Personen ausgeübt und wahrgenommen wird, die diese Steuerungsfunktionen möglichst produktiv zur Existenzsicherung der Organisation realisieren sollen.

Leitung hat dafür zu sorgen, dass in einer Organisation Entscheidungen zur Gewährleistung von Handlungsfähigkeit der Organisation getroffen werden und dass Reflexion als Überprüfung und Bewertung von vorherigen Entscheidungen und Handlungsweisen stattfindet. Über Entscheidungen und Reflexionen werden Gestaltungsimpulse

S

in die Organisation gegeben und das Organisationshandeln in eine bestimmte, möglichst bewusst entschiedene Richtung gelenkt. In die Gestaltung und Reflexion einbezogen werden sowohl innerorganisationale Prozesse als auch die Bezüge der Organisation zu ihrer Umwelt. Die Funktion von Leitung soll in der Struktur einer Organisation der Sozialen Arbeit transparent definiert, positional verankert und personell zugeordnet sein. Zur Realisierung dieser Funktion sind Leitungspersonen in einer Organisation mit Machtpotentialen ausgestattet, die sie dann wirkungsvoll zur Geltung bringen können, wenn ihnen neben der formalen Macht auch von den Organisationsmitgliedern und den Akteuren in der Umwelt der Organisation Autorität zugesprochen wird, wofür sie eine Haltung der Verantwortung für die Organisation und für die Vorgänge in der Organisation erkennen lassen müssen. (Merchel 2015b)

Bei wachsender Größe und wachsender Komplexität einer Organisation der Sozialen Arbeit nehmen die Steuerungsaufgaben zu, sodass ein differenziertes und koordiniertes Leitungs*system* geschaffen werden muss, bei dem Leitungsaufgaben auf unterschiedliche Positionen verteilt werden: in der Hierarchie (Gesamtleitung, Abteilungsleitungen. Teamleitungen etc.) und möglicherweise nach Handlungsbereichen (fachliche Leitung, Finanzleitung etc.). Bei solchen Aufteilungen in verschiedene Verantwortungsbereiche müssen die verschiedenen Leitungs- und Verantwortungsbereiche transparent gestaltet sein: Es soll klar abgegrenzt sein, wer in welcher Position welche Leitungsaufgabe zu erfüllen hat. Ferner müssen die verschiedenen Leitungs- und Verantwortungsbereiche miteinander verbunden und aneinander angekoppelt sein: Allen Beteiligten und den Mitarbeiter/innen, aber auch bisweilen bedeutsamen Akteuren im Umfeld muss deutlich sein, wie die Verkoppelungen der einzelnen Verantwortungsbereiche erfolgt und wie am Ende die Gesamtverantwortung wahrzunehmen ist.

Damit Leitungspersonen die Managementaufgaben auf den Handlungsebenen und in den Steuerungsbereichen des Managements angemessen und verlässlich erfüllen können, benötigen sie Kompetenzen, die sie durch Aus- und Fortbildung, durch reflektierte Erfahrungen, durch Coaching und Supervision erwerben, aufrechterhalten und aktualisieren können. Für jeden der benannten Steuerungsbereiche sind drei prozessbezogene Kompetenzmuster herauszubilden, mit deren Hilfe die inhaltlichen Steuerungsaufgaben bewältigt werden können (s. Merchel 2010 und 2015a, S. 287 ff.):

- Analyse- und Planungskompetenz: Für die Steuerung von Organisationen und in Organisationen bedarf es der Kompetenz, Vorgänge innerhalb der Organisation und in der Umwelt der Organisation zu analysieren und auf der Grundlage dieser Analyse zielbezogene Handlungsschritte zur weiteren Entwicklung der Organisation zu entwerfen.
- Interaktions- und Kommunikationskompetenz: Die Kompetenz zur Kommunikation mit Mitarbeiter/innen, Interessenträgern und Akteuren in Verwaltung, Politik und anderen Kooperationspartnern ist für die Handlungsmöglichkeiten der Organisation von zentraler Bedeutung. In einem systemisch ausgerichteten Organisationsverständnis ist Kommunikation der zentrale Gestaltungsmodus von Leitung. Leitungshandeln besteht aus Kommunikationssituationen bzw. aus dem Bemühen um Herstellung bestimmter Kommunikationskonstellationen.
- Reflexions- und Evaluationskompetenz: Die Fähigkeit zur Reflexion und zur Evaluation des Geschehens in der Organisation stellt gerade für Leitungspersonen unter zwei Gesichtspunkten eine hervorgehobene Anforderung dar: Zum einen müssen Leitungspersonen die Mitarbeiter/innen methodisch anleiten können, um effektive, zum Teil irrtierende und dadurch anregungsreiche und weiterentwickelnde Reflexionen und Kommunikationsprozesse zur Geltung zu bringen; zum anderen liegt in der größeren Distanz zum Alltagsgeschehen, die die Position Leitung im Vergleich zu den stärker in den Einrichtungsalltag verwobenen Mitarbeiter/innen mit sich bringt, ein besonderes Reflexionspotential.

Die drei Kompetenzmuster markieren Anforderungen in den Steuerungsbereichen, mit denen im Grundsatz Leitungspersonen auf allen Leitungsebenen konfrontiert sind. Jedoch ergeben sich Differenzierungen und unterschiedliche Schwerpunktsetzungen je nach Ansiedlung einer Leitungsposition in der Hierarchie. Leitungspersonen auf der unteren Hierarchie-Ebene (z. B. Teamleitung) werden zwar ebenso wie die Leitung auf der oberen Hierarchie-Ebene (Gesamtleitung der Organisation; Geschäftsführung) mit Anforderungen in allen fünf Steuerungsbereichen konfrontiert, jedoch in unterschiedlicher Form und in unterschiedlicher Intensität, sodass auch die zu entwickelnden Kompetenzen differenziert und mit unterschiedlichen Gewichtungen zu betrachten sind. Wenn in einer Organisation solche Kompetenzprofile für die verschiedenen Leitungsebenen definiert worden sind, erzeugt dies zum einen Transparenz im Hinblick auf Erwartungen an Leitungspersonen. Zum anderen ermöglichen Kompetenzprofile eine strukturierte Personalauswahl für Leitungspositionen und eröffnen Möglichkeiten der Personalentwicklung für Leitungspersonen.

Joachim Merchel

Literatur

A. Arnold/K. Grunwald/B. Maelicke (Hrsg.): Lehrbuch der Sozialwirtschaft, Baden-Baden ^{4}2014 ◆ R. Bieker/E. Vomberg (Hrsg.): Management in der Sozialen Arbeit, Stuttgart 2012 ◆ G. Cremer/N. Goldschmidt/S. Höfer, S. (2013): Soziale Dienstleistungen. Ökonomie, Recht, Politik, Tübingen 2013 ◆ K. Grunwald (Hrsg.): Vom Sozialmanagement zum Management des Sozialen? Eine Bestandsaufnahme. Baltmannsweiler 2009 ◆ K. Grunwald/G. Horcher/ B. Maelicke (Hrsg.): Lexikon der Sozialwirtschaft, Baden-Baden ^{2}2013 ◆ G. Hensen/P. Hensen (Hrsg.): Gesundheits- und Sozialmanagement. Leitbegriffe und Grundlagen modernen Managements. Stuttgart 2012 ◆ W. Hosemann/W. Geiling: Einführung in die Systemische Soziale Arbeit, München/Basel 2013 ◆ J. Merchel: Leiten in Einrichtungen der Sozialen Arbeit (Bd. 5 der von M. Heiner herausgegebenen Reihe „Handlungskompetenzen in der Sozialen Arbeit"), München/Basel 2010 ◆ J. Merchel: Management in Organisationen der Sozialen Arbeit. Eine Einführung. Weinheim/Basel 2015a ◆ J. Merchel: Leitung in Einrichtungen der Sozialen Arbeit. Grundlagen der Gestaltung und Steuerung von Organisationen, Weinheim/Basel ^{3}2015b ◆ H. Pamme/J. Merchel: Personalentwicklung im Allgemeinen Sozialen Dienst (ASD). Konzeptionelle Herangehensweisen und Arbeitshilfen, Berlin 2014 ◆ A. Müller-Schöll/M. Priepke (1989): Sozialmanagement. Zur Förderung systematischen Entscheidens, Planens, Organisierens, Führens und Kontrollierens in Gruppen, Frankfurt/Main ^{2}1989 ◆ F. B. Simon : Einführung in die systemische Organisationstheorie. Heidelberg 2007 ◆ R. Simsa/ M. Meyer/Ch. Badelt (Hrsg.): Handbuch der Nonprofit-Organisation. Strukturen und Management, Stuttgart ^{5}2013 ◆ W. Staehle: Management, München ^{8}1999 ◆ H. Steinmann/G. Schreyögg: Management. Grundlagen der Unternehmensführung, Wiesbaden ^{6}2005 ◆ H. Willke: Einführung in das systemische Wissensmanagement, 2. Aufl. Heidelberg ^{2}2007 ◆ R. Wimmer/J. O. Meissner/P. Wolf (Hrsg.): Praktische Organisationswissenschaft. Ein Lehrbuch für Studium und Beruf, Heidelberg 2009 ◆ A. Wöhrle: Mit welchen Begriffen des Managements argumentieren wir? In: Kölner Journal – wissenschaftliches Forum für Sozialwirtschaft und Sozialmanagement 1/2013, S. 34–59 ◆ A. Wöhrle u. a.: Sozialmanagement – Eine Zwischenbilanz, Berlin 2017 ◆ A. Wöhrle/R. Beck/ K. Grunwald/K. Schellberg/G. Schwarz/W. R. Wendt: Grundlagen des Managements in der Sozialwirtschaft, Baden-Baden 2013.

Sozialmedizin

Definition

S. verbindet die medizinische und die sozialwissenschaftliche Sichtweise von Krankheit und Behinderung. Sie beschäftigt sich theoretisch und praktisch mit den sozialen Ursachen und sozialen Folgen von Krankheit und Behinderung *(Behindertenhilfe)* und der Organisation der Gesundheitsversorgung. Dazu bedient sie sich der Methoden der Epidemiologie, Prävention, Sozialtherapie und Rehabilitation. Die *Soziale Arbeit* trägt wesentlich zu den beiden letztgenannten Interventionen bei. Hier werden besonders die sozialmedizinischen Aspekte hervorgehoben (ausführlich Waller 2007 und Blättner/Waller 2011).

Epidemiologie (E.)

Die E. befasst sich mit der Beschreibung und Analyse der Verteilung von Krankheiten und deren Ursachen und Folgen in der Bevölkerung. Dazu benutzt sie insbesondere Daten zur Mortalität (Sterblichkeit) und zur Morbidität (Erkrankungshäufigkeit). Die folgenden Übersichtsdaten stammen aus der Gesundheitsberichterstattung des Bundes, die leicht zugänglich ist und ständig aktualisiert wird (www.gbe-bund.de). Die durchschnittliche Lebenserwartung hat sich in den vergangenen rund hundert Jahren verdoppelt: sie beträgt heute für Frauen ca. 83 und für Männer ca. 78 Jahre. Im Vordergrund von Mortalität und Morbidität stehen chronische Krankheiten. Die Haupttodesursachen sind: Krankheiten des Kreislaufsystems (ca. 42 %), Krebserkrankungen (ca. 26 %), Krankheiten der Atmungsorgane (ca. 6 %) und der Verdauungsorgane (ca. 5 %) sowie die sog. unnatürlichen Todesursachen (Unfälle, Mord und Selbstmord/Suizid) mit ca. 5 % Repräsentative Daten zu den Haupterkrankungen sind bislang nur in Teilbereichen verfügbar. Die häufigsten Erkrankungen unter den Krankenhausfällen sind: Krankheiten des Kreislaufsystems, Krebserkrankungen und Verletzungen/Vergiftungen. Bei den Arbeitsunfähigkeitsfällen der Gesetzlichen Krankenversicherung („Krankschreibungen") sind es die Krankheiten der Atmungsorgane, des Skeletts, der Muskeln und des Bindegewebes (sog. rheumatische Erkrankungen) und der Verdau-

S

ungsorgane. Bei den Medizinischen Rehabilitationsmaßnahmen sind es Rheumatische Erkrankungen, Kreislauferkrankungen und Psychische Erkrankungen (einschließlich Sucht). Eine zuverlässige Quantifizierung aller chronischen Krankheiten ist schwierig. Schätzungsweise leidet ungefähr die Hälfte aller ambulant und stationär behandelten Patienten an chronischen Krankheiten. Damit liegt der Anteil von chronisch Kranken in der Bevölkerung in einer Größenordnung von ca. 25 % (Stadt Wien 2004).

Für die SozArb sind insbesondere epidemiologische Zusammenhänge zwischen sozialer Benachteiligung und Krankheit von Bedeutung. Sie dokumentieren, dass soziale Benachteiligung sehr häufig mit gesundheitlicher Benachteiligung „vergesellschaftet" ist (Mielck 2000). Dieser Zusammenhang ist u. a. auch die Grundlage für die Bedeutung der *Gesundheitshilfe* – innerhalb und außerhalb des Gesundheitswesens.

Prävention (P.)

Die *Prävention* setzt die Erkenntnisse der Epidemiologie in die Praxis um. Die Einteilung von Präventionsmaßnahmen lässt sich nach dem Zeitpunkt, nach der Zielgröße und nach der Methode vornehmen:

Nach dem Zeitpunkt unterscheiden wir primäre P. (Krankheitsvermeidung), sekundäre P. (Krankheitsfrüherkennung) und tertiäre P. (Verhütung des Rückfalls, heute umfassender als Rehabilitation bezeichnet). Damit beziehen sich primärpräventive Maßnahmen auf die Krankheitsursachen, sekundärpräventive Maßnahmen auf die Krankheitsentstehung und tertiärpräventive Maßnahmen auf den Krankheitsverlauf.

Nach der Zielgröße unterscheiden wir personale P. (hier liegen die notwendigen Veränderungen in der Person), Verhaltensprävention (hier steht das Verhalten im Mittelpunkt der Maßnahmen) und Verhältnisprävention (hier geht es um die Veränderung krankmachender Verhältnisse).

Nach der Methode unterscheiden wir Gesundheitsaufklärung und -beratung, Gesundheitserziehung und -bildung, Gesundheitshilfe, Gesundheitstraining, Präventivmedizin und Gesundheitsselbsthilfe. Die Bedeutung der P. ist unbestritten. Der Sachverständigenrat hat in seinem Gutachten von 2000/2001 noch einmal die wichtigsten Argumente zusammengetragen: „Prävention der heute vorherrschenden chronisch-degenerativen Erkrankungen zielt sinnvollerweise sowohl auf die Senkung und Vermeidung als auch auf die verbesserte Bewältigung von Gesundheitsbelastungen … Prävention … kommt zur Verbesserung der Gesundheit der Bevölkerung eine hohe und zunehmende Bedeutung zu. Eine Schwerpunktbildung auf Prävention entspräche auch dem Geist des *Sozialgesetzbuches,* das in § 1 SGB V unter den Aufgaben der Krankenversicherung als Solidargemeinschaft die Verbesserung der Gesundheit gleichberechtigt neben die Erhaltung und Wiederherstellung derselben gestellt hat … Gesundheitliche Belastungen und gesundheitliche Ressourcen sind auch in einem wohlhabenden Land wie Deutschland sozial ungleich verteilt, Gesundheitsrisiken und Gesundheitserwartungen weisen i. d. R. erhebliche inverse Gradienten entlang der sozialen Schichtung der Gesellschaft auf … Dies wird erstmals durch den neugefassten § 20 SGB V (1999) aufgegriffen … Investitionen in Krankheitsverhütung könnten nicht nur – durch Verlängerung von Lebensdauer und Verbesserung von Lebensqualität – einen höheren gesundheitlichen Nutzen, sondern auch Einsparungen im Gesundheitswesen bewirken. Theoretisch (bei nicht saldierter und nicht diskontierter Betrachtung) lassen sich rund 25–30 % der heutigen Gesundheitsausgaben in Deutschland durch langfristige Prävention vermeiden" (Sachverständigenrat für die konzertierte Aktion im Gesundheitswesen 2000/2001).

Sozialtherapie (S.)

S., zusammengesetzt aus dem lateinischen Wort socialis (gemeinsam) und dem altgriechischen Wort therapeia (Heilung), ist ein Begriff, der in der Sozialen Arbeit für die gesundheitsbezogene SozArb verwendet wird (zur gesundheitsbezogenen SozArb genauer bei Dettmers 2015).

Eine erste Annäherung an das Verständnis von Sozialtherapie lässt sich durch eine Abgrenzung zur Körpertherapie und zur *Psychotherapie* vornehmen: Körpertherapie beinhaltet Maßnahmen, die auf den Körper einwirken (wie z. B. Medikamente). Sie werden in erster Linie von Ärzten und vom Pflegepersonal erbracht. Psychotherapie beinhaltet Maßnahmen, die „auf die Seele" einwirken, sie werden in erster Linie von ärztlichen und psychologischen Psychotherapeuten erbracht. S. schließlich bezieht sich „auf das Soziale", also auf die Lebensumwelt der Patienten, und wird von SozArb/SozPäd erbracht. Eine Konkretisierung der S. erfolgte sowohl im Rahmen der „Psychiatrie-Personalverordnung" von 1990 als auch im Rahmen der Empfehlungen zur Personalbemessung im komplementären Bereich („Personenzentrierte Hilfen") von 1997. Dort wurden als „Regelaufgaben für Sozialarbeiter und Sozialpädagogen" folgende vier Aufgabenbereiche der S.

formuliert (Kunze 1994; vgl. auch „klinische Sozialarbeit“ unter dem Stichwort *Gesundheitshilfe*):

1) sozialpädagogische Grundversorgung (Mitwirkung bei Anamanese- und Befunderhebung (Sozialanamnese und psychosoziale *Diagnostik*) und Therapieplanung; Klärung von Anspruchsvoraussetzungen gegenüber Leistungsträgern sowie Hilfen zur finanziellen Sicherung des Lebensunterhalts; Dokumentation);
2) einzelfallbezogene Behandlung (Sozialtherapeutisches Kompetenztraining; sozialtherapeutische Einzelfallhilfe zur Wiedereingliederung im Wohnbereich sowie im familiären und gesellschaftlichen Leben einschließlich Haus- und Nachbarschaftsbesuche; Hilfe zur Wiedereingliederung im Arbeitsbereich einschließlich der notwendigen Außenaktivitäten; Familienberatung und Mitwirkung an Familientherapien);
3) gruppenbezogene Behandlung (Sozialpädagogische und sozialtherapeutische Gruppen z. B. lebenspraktische Gruppen zur Erweiterung und Festigung der Kompetenzen im sozialen Bereich, Aktivitätsgruppen; Teilnahme an Stationsversammlungen; Mitwirkung an Angehörigengruppen);
4) mittelbar patientenbezogene Aktivitäten (Teilnahme an Therapiekonferenzen und Konzeptbesprechungen im Team; Zusammenarbeit mit Diensten außerhalb des Krankenhauses; Teilnahme an Fortbildungsveranstaltungen, Supervision).

Horst-Eberhard Richter - 1913–2011 –, einer der bekanntesten Vertreter der S., hat den Begriff Sozialtherapie (fast zeitlos) so verstanden: „I. w. S. meint S. eine neue Sehweise von Therapie überhaupt *(Psychologie, Psychotherapien)*. Je mehr sich die Überzeugung durchsetzt, dass psychisches Wohlbefinden soziales Wohlbefinden einschließt und zugleich voraussetzt, umso mehr muss jede Therapie auch soziale Therapie sein. Sie bezieht sich auf die Menschen in ihren komplexen sozialen Zusammenhängen. Sie kümmert sich um ihre persönlichen Beziehungen untereinander, um ihre ökonomischen und ihre Wohnverhältnisse, um ihre Arbeitssituation, ihre Probleme in und mit Institutionen wie Schule, Heim, Ämter usw. Denn alle diese sozialen Faktoren können ursächlich beteiligt sein, wenn Menschen sich sozial nicht mehr zurechtfinden oder erkranken, wenn sie von Krankheiten nicht genesen oder mit Behinderungen kein erträgliches Leben führen können. Grundsätzlich wird jede Individualtherapie bereits zur S. in dem Augenblick, in dem die Krankheit oder das Leiden eines Menschen nicht mehr ausschließlich als seine persönliche Angelegenheit behandelt wird, sondern als ein Ereignis, dass ihn mit Personen und Umständen einer sozialen Umwelt verbindet, die der Therapieplan mit einbezieht. Es kann aus praktischen Gründen zweckmäßig sein, die unmittelbare Behandlungsintervention auf einen engen psychosozialen Problemkreis zu begrenzen. So ist es denkbar, dass in einer Paartherapie oder in einer Familientherapie mit Vorrang oder ausschließlich die Kommunikationsschwierigkeiten in einer Zweierbeziehung oder in einer Familie bearbeitet werden *(Familienberatung)*. Vom sozialtherapeutischen Standpunkt aus ist indessen stets zu bedenken, dass diese interpersonalen Konflikte in übergreifende soziale Bedingungen eingebettet sind. Bspw. bilden sich in einer gestörten Paarbeziehung in irgendeiner Weise stets auch das traditionelle Ungleichgewicht und neuerdings obendrein eine zunehmende Rollenunsicherheit in der Beziehung zwischen den Geschlechtern ab, also ein Problem, das den Individuen gesellschaftlich vorgegeben ist. Der Abbau der alten und das Fehlen halt gebender neuer Normen für die Steuerung des Zusammenlebens in der Zweierbeziehung, in der *Familie*, speziell auch hinsichtlich der Kindererziehung kennzeichnen beispielhaft den durchgängigen Zusammenhang zwischen privaten interpersonalen Problemen und makrogesellschaftlichen Bedingungen“ (so noch in der 7. Auflage 2013, 896).

S

Rehabilitation (R.)

Unter dem Begriff *Rehabilitation* werden alle Maßnahmen verstanden, die darauf gerichtet sind, körperlich, geistig oder seelisch behinderten oder von Behinderung bedrohten Menschen zu helfen, ihre Fähigkeiten und Kräfte zu entfalten und einen angemessenen Platz in der Gesellschaft zu finden *(Behindertenhilfe)*. Von der Behandlung der Behinderten im Krankenhaus über die Vorbereitung auf den Beruf durch Anlernung, Ausbildung, Anpassung oder Umschulung bis zur Vermittlung eines Arbeitsplatzes und der nachgehenden Betreuung werden mehrere Phasen unterschieden, nämlich die medizinische, die berufliche und die soziale Phase der R. Die Grenzen zwischen den einzelnen Phasen sind jedoch fließend. Ziel einer modernen R. ist nicht mehr fürsorgerische Leistung zur Linderung der Not, sondern Erfüllung des Anspruchs der Behinderten auf Eingliederung ins Arbeitsleben und die Gesellschaft insgesamt. Soweit Behinderten keine volle Eingliederungsfähigkeit verblieben ist, zielt der Anspruch auf entscheidende Verbesserung der Lebenssituation (vgl. Bericht der BReg 2009).

Die Leistungen zur R. werden seit dem Jahr 2001 durch das SGB IX geregelt. Es werden folgende Leistungsgruppen unterschieden (§ 5):
- Leistungen zur medizinischen R.,
- Leistungen zur Teilhabe am Arbeitsleben,
- Unterhaltssichernde und andere ergänzende Leistungen,
- Leistungen zur Teilhabe am Leben in der Gemeinschaft.
- Die Träger der R. (§ 6) sind:
- die gesetzlichen Krankenkassen,
- die BA,
- die gesetzliche Unfallversicherung,
- die gesetzliche Rentenversicherung,
- die Kriegsopferversorgung und die Kriegsopferfürsorge,
- die öffentliche JH,
- die Sozialhilfe.

Von den ca. 2 Mio. Rehabilitationsmaßnahmen pro Jahr entfallen die meisten auf die Rentenversicherung, gefolgt von der Krankenversicherung, der BA und der Unfallversicherung. Die medizinischen Maßnahmen machten den größten Teil der Leistungen aus, gefolgt von Leistungen zur Teilhabe am Arbeitsleben und Leistungen zur Teilhabe am Leben in der Gemeinschaft.

Gesundheitsversorgung (G.)

Die Darstellung der G. beinhaltet im Wesentlichen folgende Aspekte (Blättner/Waller 2011 sowie Robert Koch-Institut 2015 (www.rki.de), BMG 2016 (www.bmg.de)).
- Identifizierung der Teilbereiche des Gesundheitswesens,
- Analyse der Leistungsträger,
- Analyse der Finanzierungsträger.

Teilbereiche des Gesundheitswesens: Dabei gehen wir von der Unterscheidung in informelle und formelle Gesundheitssysteme aus: Informelle Gesundheitssysteme umfassen die Familie, den Freundeskreis, die Nachbarschaft, *Selbsthilfe*gruppen und Initiativen, also die sog. primären und sekundären Netzwerke, formelle Systeme die beruflichen Handlungsfelder für Gesunderhaltung und Gesundheitsförderung im Rahmen des Gesundheits-, Sozial- und Bildungssystems und weiterer gesellschaftlicher Systeme. Diese Einteilung mag ungewöhnlich sein, sie ist aber für die Frage, wo Gesundheit „entsteht" und wo Gesundheit erhalten, geschützt und gefördert wird, überaus bedeutsam, wollen wir nicht ganze Lebensbereiche (und damit auch Chancen für Interventionen) ausblenden.

Gesundheitsselbsthilfegruppen haben in den vergangenen Jahren eine besondere gesundheitspolitische Bedeutung erlangt. Sie lassen sich durch folgende Merkmale definieren:
- Betroffenheit durch ein gemeinsames Problem,
- keine oder geringe Mitwirkung professioneller Helfer,
- keine Gewinnorientierung,
- Gemeinsames Ziel: Selbst- und/oder soziale Veränderung,
- Arbeitsweise: Betonung gleichberechtigter Zusammenarbeit und gegenseitiger Hilfe.

Dabei wird der Begriff „Selbsthilfezusammenschlüsse" als Oberbegriff für Selbsthilfegruppen (vor Ort aktive Gruppen wie z.B. die Anonymen Alkoholiker) und Selbsthilfeorganisationen (überregionale Zusammenschlüsse wie z.B. die Rheuma-Liga) vorgeschlagen. Neuere Untersuchungen zeigen, dass der Umfang des Engagements in Selbsthilfegruppen in den vergangenen Jahren in Deutschland erheblich zugenommen hat. Schätzungen gehen von 70 000 bis 100 000 Selbsthilfegruppen und Initiativen mit ca. 3 Mio. Mitgliedern aus. Von den über 18- und unter 80-jährigen BürgerInnen engagieren sich 5 % in Selbsthilfe. Diese Zunahme wird u.a. auf die Unterstützung der Selbsthilfe durch die ca. 300 Selbsthilfekontaktstellen zurückgeführt, in denen in erster Linie SozArb/SozPäd beschäftigt sind.

Leistungsträger: Die Einteilung nach Leistungsträgern erfolgt üblicherweise in die Bereiche der ambulanten und stationären Versorgung sowie des ÖGD.

Im Zentrum der ambulanten Versorgung stehen die Praxen der Ärzte und Zahnärzte, Heilpraktiker, Psychotherapeuten, Krankengymnasten und Masseure sowie die Apotheken. Die Dienstleistungen dieser Einrichtungen werden – mit Ausnahme der Heilpraktiker – überwiegend im Rahmen der gesetzlichen Krankenversicherung finanziert. Weiterhin gehören Einrichtungen, die primär psychosoziale und pflegerische Leistungen erbringen – entweder in staatlicher Trägerschaft oder in Trägerschaft von WFV – zur ambulanten Gesundheitsversorgung.

Auch die Leistungen des ÖGD werden ambulant erbracht, und zwar vor Ort von den *Gesundheitsämtern.* Die Leistungen beinhalten überwiegend kontrollierende, diagnostische und beratende, aber keine therapeutischen Aufgaben, da das Behandlungsmonopol infolge des Sicherstellungsauftrages bei den niedergelassenen Ärzten liegt. Das gilt im Prinzip auch für die betriebliche Gesundheitsversorgung, die ja ebenfalls ambulant erfolgt.

Die stationäre Versorgung erfolgt im Rahmen von Krankenhäusern, Vorsorge- und Rehabilitationseinrichtungen sowie Heimen. Im Jahr 2013 gab es 1996 Krankenhäuser mit rd. 500 000 Betten und 1 187 Vorsorge- und Rehabilitationseinrichtungen mit ca. 167 000 Betten. Im Krankenhausbereich sind ca. 1 179 000 Personen beschäftigt. Die größte Gruppe stellt das nichtärztliche Personal mit fast 709 000 Beschäftigten; die Zahl des ärztlichen Personals wird mit ca. 150 000 Beschäftigten angegeben.

Neben den Krankenhäusern und den Vorsorge- und Rehabilitationseinrichtungen gehören zum stationären Bereich noch die stationären Pflegeeinrichtungen sowie die Einrichtungen der Behindertenhilfe und psychiatrischen Langzeitbetreuung. Diese Einrichtungen werden von WFV, Kommunen und privaten Anbietern getragen.

Finanzierungsträger: 2013 gab es für die G. ca. 315 Mia Euro Ausgaben, finanziert durch öffentliche Haushalte, die gesetzliche Krankenversicherung/GKV, die soziale Pflegeversicherung, private Krankenversicherung, Arbeitgeber und Private (Stat. BA: Gesundheitsbezogene Ausgaben, Fachserie 12, Reihe 7.1.1, April 2015).

Die GKV und die private Krankenversicherung (PKV) finanzieren die Kosten für vorbeugende Maßnahmen, ambulante und stationäre Behandlung sowie Krankheitsfolgeleistungen. Die Arbeitgeber wenden Mittel für die Lohnfortzahlung im Krankheitsfall, für Mutterschaftsleistungen, werksärztliche Dienste, vorzeitige Berentungen, Beihilfen etc. auf. Aus öffentlichen Haushalten werden u. a. Investitionen für Krankenhäuser, den ÖGD, Forschung und Lehre sowie berufliche Rehabilitationsmaßnahmen finanziert. Die Ausgaben der gesetzlichen Rentenversicherung beziehen sich auf Maßnahmen der Abwendung von Berufs- und Erwerbsunfähigkeit primär durch Rehabilitationsmaßnahmen (Kuren) und Berufsförderungsmaßnahmen. Die Leistungen der gesetzlichen Unfallversicherung umfassen Maßnahmen der medizinischen und beruflichen R. nach Arbeitsunfällen und Berufskrankheiten, Verletzten- und Übergangsgeld, Pflege sowie Verletzten- oder Hinterbliebenenrenten. Bei den Ausgaben für die Gesundheit aller Leistungsträger stehen folgende Leistungsarten bzw. Einrichtungen im Vordergrund: Krankenhausbehandlung (37 %), ambulante ärztliche Behandlung (15 %), Apotheken (14 %), ambulante zahnärztliche Behandlung (6,4 %).

Im Rahmen des GKV-Wettbewerbsstärkungsgesetzes vom 1. 4. 2007 wurde mit Wirkung vom 1. 1. 2009 der sog. Gesundheitsfonds eingeführt. Seitdem gibt es einen einheitlichen Beitragssatz für alle gesetzlichen Krankenkassen, er beträgt 14,9 % Gespeist wird der Fonds aus einkommensabhängigen Beiträgen der Arbeitnehmer und deren Arbeitgeber sowie aus Steuermitteln. Die Krankenkassen erhalten aus diesem Fonds für jeden ihrer Versicherten einen Pauschalbetrag. Bei der Höhe dieser Zuweisung wird die jeweilige Versichertenstruktur einer Kasse – also Alter, Geschlecht, Krankheitsart – berücksichtigt (morbiditätsorientierter Risikostrukturausgleich). Übersteigen die Ausgaben einer Krankenkasse die Zahlungen aus dem Fonds, kann sie von ihren Versicherten einen Zusatzbeitrag verlangen. Als Obergrenze für den Zusatzbeitrag ist 1 % des Haushaltseinkommens vorgesehen. Die Finanzierung durch Steuermittel betrug 2009 4 Mrd. Euro, ab 2010 erhöhten sich diese Leistungen um jährlich 1,5 Mrd. Euro bis zu einer Gesamtsumme von 14 Mrd. Euro.

Der Zusatzbetrag, den die GKV unter bestimmten Bedingungen erheben kann, und der allein von den Arbeitnehmern zu tragen ist, beträgt 2016 voraussichtlich im Durchschnitt 1,1 %.

Mit der Einführung der *Pflegeversicherung* 1995 sind Leistungen der ambulanten und der stationären Pflege hinzugekommen. Die Pflegeversicherung finanziert die grundlegenden Pflegeleistungen unabhängig vom Einkommen und beendete die häufig als unwürdig empfundene Abhängigkeit von der *Sozialhilfe* im Falle einer stationären Pflegebedürftigkeit (genauer unter *Pflege/Pflegeversicherung, soziale*).

Krankenkassen sind Solidargemeinschaften, d. h. die Höhe der Beiträge wird nicht nach dem individuellen Risiko kalkuliert, sondern nach der Höhe des Einkommens. Die so erbrachten Mittel werden umverteilt (Solidarausgleich).

Die Versicherungspflichtgrenze liegt 2017 bei einem Monatseinkommen von 4 800 €. Bezieher von Einkommen oberhalb dieser Pflichtversicherungsgrenze sowie Beamte und Selbständige können sich privat versichern. Ca. 90 % der Bevölkerung sind im Rahmen der gesetzlichen Krankenversicherung, der Rest ist durch private Krankenversicherung versichert.

Heiko Waller

Literatur

Bericht der BReg über die Lage behinderter Menschen und die Entwicklung ihrer Teilhabe. Berlin 2009 und 2013 ◆ B. Blättner/H. Waller: Gesundheitswissenschaft. Stuttgart [5]2011 ◆ BMG: Gesundheit in Deutschland 2015, Berlin 2016 ◆ S. Dettmers:

S

Kompetenzen in der gesundheitsbezogenen Sozialen Arbeit. Zur Notwendigkeit eins spezifischen Qualifikationskonzeptes, in: sozialmagazin 7-8/2015, 92–97 • K. Hurrelmann/O. Razum (Hrsg.): Handbuch Gesundheitswissenschaften, Weinheim/München 62016 • H. Kunze (Hrsg.): Psychiatrie-Personalverordnung, Stuttgart 1994 • R. F. Lorenz: Salutogenese, München 32016 • A. Mielck (Hrsg.): Soziale Ungleichheit und Gesundheit, Bern u. a. O. 2000 • Robert Koch-Institut: Gesundheitsberichterstattung des Bundes. Berlin div. Jahre, Berlin 2015 • Sachverständigenrat für die konzertierte Aktion im Gesundheitswesen: Kurzfassung des Gutachtens zur Bedarfsgerechtigkeit und Wirtschaftlichkeit, Bd. 1, Bonn 2000/2001 • Stadt Wien (Hrsg.): Chronische Krankheiten in Wien, Wien 2004, 88 • G. Trabert/H. Waller: Sozialmedizin. Grundlagen und Praxis, Stuttgart 72013.

Sozialökologie

Die theoretische Verknüpfung von sozialem Leben und Biosphäre, natürlicher und sozialer Umwelt lässt sich auf Ernst Haeckels Begründung der Ökologie als Lehre vom Naturhaushalt zurückführen. Haeckel definierte: „Unter Ökologie verstehen wir die gesamte Wissenschaft von den Beziehungen des Organismus zur umgebenden Außenwelt, wohin wir im weiteren Sinne alle ‚Existenz-Bedingungen' rechnen können" (Haeckel 1866, 286). Seitdem ist die Verknüpfung von inneren und äußeren Lebensverhältnissen in verschiedenen Wissenschaftsbereichen hergestellt worden, angefangen bei der Haushaltslehre amerikanischer Frauen um 1900 (Home Economics) und in der Sozialarbeit im Kreis um Jane Addams' Hull House. Deren Ansatz ist dann von den Soziologen der Chicagoer Schule aufgegriffen worden.

Stadt- und Humanökologie

Die Beziehung von sozialem Leben und räumlicher Umwelt wurde ab 1915 Gegenstand soziologischer Forschung. Robert E. Park und Ernest W. Burgess untersuchten die Struktur der Nutzung des großstädtischen Raumes durch konkurrierende Bevölkerungsgruppen und fanden eine lokale Disparität von Lebensverhältnissen und wirtschaftlichem Erfolg (Park/Burgess/McKenzie 1925). Die S. postulierte Mechanismen der Anpassung menschlicher Gemeinschaften an ihre jeweilige Umgebung. In der sozialräumlichen Stadtgliederung waren Zonen erkennbar, die sich besser oder schlechter entwickeln und eine zunehmende Differenzierung der städtischen Gesellschaft (ihre Segregation) nach ökonomischen Merkmalen zeigen. Diese Sozialraumanalyse wurde wichtig für die *Stadtentwicklungs-* und Infrastruktur*planung* und lieferte Argumente für eine lokale *Sozialpolitik*.

Die S. der Chicagoer Schule bediente sich biologischer Konzepte und wird seitdem auch als Humanökologie bezeichnet (Clark 2008, Dyball/Newell 2015). Sie befasst sich mit den verschiedenen Wirkungszusammenhängen zwischen Gesellschaft, Raum und Natur. Im Rahmen der Umweltdebatte der letzten Jahrzehnte hat der Terminus S. an begrifflicher Prägnanz verloren. Er benennt nun allgemein die sozialwissenschaftliche Behandlung von Umweltaspekten. Soziale Ökologie befasst sich mit Fragen des gesellschaftlichen und individuellen Umgangs mit der Natur und widmet sich den Umgebungsbezügen menschlichen Verhaltens. Sie werden fachwissenschaftlich u. a. ökopsychologisch und ökopsychiatrisch erforscht, humanökologisch konzipiert, systemtheoretisch diskutiert (Simon/Tretter 2015) und ökopädagogisch aufgegriffen. In der SozArb ist die „Person in ihrer Umgebung" ein altes Thema. Ab 1970 entwickelte C. Germain zusammen mit A. Gitterman ein „life model" der Sozialarbeitspraxis, wonach die Wechselwirkung von Person und Umwelt den Menschen ständig zu Anpassungen nötigt und Übergänge im Lebenslauf bedingt, die im kritischen Fall sozialprofessionell zu bearbeiten sind (Germain/Gitterman 1999).

Ökosozialer Ansatz

Ein anderes Grundverständnis von SozArb wird im ökosozialen Theorieansatz (Wendt 1982, 1990, 2010) vertreten. Er rückt den Haushalt menschlichen Zusammenlebens und der Problembewältigung darin ins Zentrum der Betrachtung. Die individuell und gemeinschaftlich besorgte Daseinsgestaltung nimmt Ressourcen in Anspruch, die im engeren und weiteren sozialen Haushalt verfügbar sind oder erschlossen werden können. Die Arbeit an dieser Daseinsgestaltung wird notwendig, nachdem das vormoderne „ganze Haus" (oikos) als Versorgungseinheit verschwunden ist, sodass nun in der Ausdifferenzierung des modernen Lebens den einzelnen Menschen und benachteiligten Gruppen extra dabei geholfen werden muss, wirtschaftlich, kommunikativ, psychisch usw. zurechtzukommen. Man trifft formell und informell Arrangements, um Notlagen zu kompensieren, Konflikte zu lösen und Krisen zu überwinden. Dazu werden im Feld des Miteinanders *soziale Netzwerke* geknüpft und genutzt und Vorkehrungen im *Sozialraum* getroffen. In ihm deckt sich der physische Raum mit dem Raum des Zusammenlebens und des sozialen Verkehrs. Im Sozialraum lässt sich studieren, wie sich die Bewohner mit ihren Beziehungen eingerichtet haben, auch isoliert und abgeschnitten sein können, zugänglich sind oder schwer erreichbar. Als Erfahrungs- und Kommunikationsraum und Lebenswelt der Menschen, ist er für sie lebenswert, wenn er ein wirtlicher Raum ist, der ihnen ein gutes Auskommen, Entfaltungsmöglichkeiten, Sicherheit und Schutz bietet.

Der ökosoziale Ansatz geht in eine *Sozialwirtschaft*slehre über, welche die Bewirtschaftung von Ressourcen zur Lebensbewältigung und Daseinsgestaltung als Aufgabe organisierter Wohlfahrtspflege und humandienstlicher Versorgung zum Gegenstand hat (Wendt 2011). In den Fokus rückt die bedarfsgerechte Mittelzuweisung und rationale Verwendung von Ressourcen zur individuellen und gemeinschaftlichen Problemlösung, für persönliche Verwirklichungschancen und insgesamt zum Unterhalt von Wohlfahrt. Sie bemisst sich im Raum des Zusammenlebens von Menschen an der individuellen und gemeinschaftlichen Lebensqualität.

Die Qualität des Lebens wird überindividuell durch die soziale Infrastruktur, das System der sozialen Sicherung und die Sorgearbeit unterhalten, die in ihm mit seinen Diensten und Einrichtungen und außerhalb von ihm im privaten Raum erfolgt. Gutes Ergehen (well-being) braucht einen Kontext wirtlicher Verhältnisse nicht zuletzt im Verhältnis von Mensch und Natur, wie es in der Umweltdiskussion seit den 1970er Jahren erörtert wird. Die Dynamik gesellschaftlichen Naturverhältnisse ist Gegenstand einer von der Umweltforschung herkommenden Wissenschaft der Sozialen Ökologie (Becker/Jahn 2006).

Vom Umweltdiskurs zur Nachhaltigkeit lokal und global

Einen Schwerpunkt in der ökologischen Debatte setzte 1987 der Bericht „unsere gemeinsame Zukunft" der Weltkommission für Umwelt und Entwicklung („Brundtland-Kommission") mit dem Leitbild der Nachhaltigkeit und tragfähiger Entwicklung (sustainable development) im globalen Maßstab. Verlangt wird ein zukunftsfestes Handeln. Die Kommission definierte: „Nachhaltige Entwicklung ist eine Entwicklung, die den Bedürfnissen der heutigen Generation entspricht, ohne die Möglichkeiten künftiger Generationen zu gefährden, ihre eigenen Bedürfnisse zu befriedigen". Der Ansatz verbindet die Dimension des Sozialen, der Wirtschaft und der Ökologie. (Eckardt 2015) Nachhaltigkeit bedeutet, auf Dauer wirtliche Lebensverhältnisse herzustellen bzw. zu bewahren.

In der Folge wurde 1994 in Deutschland das Staatsziel Umweltschutz im GG verankert (Art. 20a: „Der Staat schützt auch in Verantwortung für die künftigen Generationen die natürlichen Lebensgrundlagen im Rahmen der verfassungsmäßigen Ordnung durch die Gesetzgebung und nach Maßgabe von Gesetz und Recht durch die vollziehende Gewalt und die Rechtssprechung"). Von 1995 bis 1998 erarbeitete die Enquêtekommission „Schutz des Menschen und der Umwelt – Ziele und Rahmenbedingungen einer nachhaltig zukunftsverträglichen Entwicklung" Vorschläge, wie sich in einem gesellschaftlichen Such-, Verständigungs- und Lernprozess die angestrebte Umweltqualität verbunden mit ökonomischen und sozialen Zielen erörtern und erreichen lässt.

Weltweit sind mit den Klimakonferenzen die Staaten übereingekommen, die anthropogene globale Erwärmung zu begrenzen, den Ausstoß von Treibhausgasen und dazu den Verbrauch fossiler Brennstoffe stark einzuschränken. Der Klimawandel bedroht die Gesundheit, die Ernährung und die schiere Existenz ganzer Bevölkerungen und wirkt sich auch in den entwickelten Ländern aus, u. a. mit der zunehmenden Zahl von Flüchtlingen. Die soziale Dimension des Klimawandels ist Thema gesellschaftlicher Diskurse und Aktionen und Gegenstand sozialökologischer Forschung. Das Übereinkommen von Paris, das dort am 12. Dezember 2015 beschlossen worden ist, hat die Begrenzung der globalen Erderwärmung auf unter 2 Grad, möglichst 1,5 Grad Celsius (im Vergleich zum vorindustriellen Level), zum Ziel. Das Abkommen ist am 4. November 2016 in Kraft getreten, nachdem es von der erforderlichen Anzahl von Staaten ratifiziert worden war. Die Klimakonferenz von Marrakesch (7.–18. November 2016) hat gezeigt, wie ernst es die Staaten mit der tatsächlichen Umsetzung des Pariser Abkommens nehmen.

Ohnehin sind mit dem Thema Umwelt und Nachhaltigkeit die lokal wie global höchst ungleichen Lebensbedingungen der Menschen angesprochen. Wirtschaftlich und sozial benachteiligte Bevölkerungsgruppen leiden am meisten unter schlechten Umweltbedingungen. Sie wohnen in Stadtteilen mit viel Verkehr und Lärm, wenigen Grünflächen, schlechten Luftverhältnissen. In Entwicklungsländern des Südens kommen der Mangel an sauberem Wasser und an Heizmaterial, das Leben in Slums und chronische Unterernährung v. a. der Kinder hinzu. Es geht im

Weltmaßstab darum, den Zusammenhang von sozialer Gerechtigkeit und Umwelt wahrzunehmen. Während der reiche Norden im Übermaß natürliche Ressourcen verbraucht, sorgt er sich um den Erhalt tropischer Regenwälder und der Artenvielfalt in zurückgebliebenen Regionen, wo die Menschen auf eine bessere Nutzung von Boden, Wasser und Biomasse angewiesen sind. Mit dem Millenniumsziel der Vereinten Nationen, die extreme *Armut* weltweit bis 2015 zu halbieren, ist man vorangekommen, aber die 17 großen UN-Nachhaltigkeitsziele bis 2030 werden sich nur erreichen lassen, wenn sich die Konsumgewohnheiten in den Industrieländern und die Wirtschaftsbeziehungen zwischen reichen und armen Ländern wirklich ändern. *Solidarität* ist auch in der Nutzung von Ressourcen gefragt. Global erweist sich die ökologische Problematik als eine soziale.

Wolf Rainer Wendt

Literatur

E. Becker/T. Jahn (Hrsg.): Soziale Ökologie, Frankfurt 2006 ◆ G. F. Clark: Introduction to Human Ecology, New York 2008 ◆ R. Dyball/B. Newell: Understanding Human Ecology, London 2015 ◆ F. Eckardt: Theorie der Nachhaltigkeit, Baden-Baden 2015 ◆ C. B. Germain/A. Gitterman: Praktische Sozialarbeit, Stuttgart 1999 ◆ E. Haeckel: Generelle Morphologie der Organismen, Band 2, Berlin 1866 ◆ R. E. Park/E. W. Burgess/R. D. McKenzie (Hrsg.): The City, Chicago 1925 ◆ K. H. Simon/F. Tretter (Hrsg.): Systemtheorien und Humanökologie, München 2015 ◆ W. R. Wendt: Ökologie und soziale Arbeit, Stuttgart 1982 ◆ W. R. Wendt: Ökosozial denken und Handeln, Freiburg 1990 ◆ W. R. Wendt: Das ökosoziale Prinzip, Freiburg 2010 ◆ W. R. Wendt: Der soziale Unterhalt von Wohlfahrt, Baden-Baden 2011.

Sozialplanung

Begriffsbestimmung

S. ist die *Planung* des „Sozialen". Dass das Soziale Gegenstand von *Planung* zu werden vermag, setzt voraus, dass das Individuum sich aus dem Alltäglich-Sozialen löst und hierzu eine abstrakt-distanzierte Beziehung gewinnt, die Planung erst ermöglicht. Dabei kann das „Soziale" heute sowohl das Ziel der Planung, das Objekt der Planung oder eine Nebenbedingung des Planungsprozesses sein. Ziel der Planung ist das Soziale z. B. im betrieblichen Sozialplan; die soziale Absicherung von entlassenen Arbeitern oder Angestellten soll durch den Plan hergestellt werden. Objekt der Planung ist das Soziale, wenn von „social planning" i. S. von Planung der Gesellschaft (Gesellschaft als „Soziales System") gesprochen wird. Und eine Nebenbedingung des Planungsprozesses ist das Soziale im Sozialplan nach dem *Baugesetzbuch,* weil die soziale Lage der Menschen bei der Stadtplanung beachtet werden muss. Im vorliegenden Zusammenhang wird eine Einschränkung des Begriffs S. dahingehend vorgenommen, dass allein die Planung im Kontext der (kommunalen) *Sozialpolitik* betrachtet wird. S. ist hier die Planung der sozialen Sicherheit und der kommunalen Fürsorge. Letztere soll – wegen ihrer Bedeutung für die SozArb – im Vordergrund stehen.

Geschichtliche Hinweise

Auch wenn diese Begrifflichkeit nicht verwendet wird, ist jeder intendierte sozialpolitische Eingriff durch Staat oder Kommune ein Akt der S., weil planvoll Mittel eingesetzt werden, um bestimmte sozialpolitische Ziele zu erreichen. Insofern sind die Bettelordnungen der frühen Neuzeit, das Verbot der Kinderarbeit (Preußen 1839) oder das Unterstützungswohnsitzgesetz (Preußen 1842) sozialplanerische Aktivitäten. Explizit wird erstmals 1952 von Mackenroth von einem „Deutschen Sozialplan" gesprochen, der wirtschafts- und sozialpolitische Vorstellungen für die BRD insgesamt koordinieren sollte. In den 1960er Jahren setzt dann eine weitreichende Planungsdiskussion ein, in der nahezu alle gesellschaftlichen Bereiche unter der Perspektive der rationalen Gestaltung erfasst werden (Bildungsplanung, Regionalplanung, Wirtschaftsplanung u. a.). Im Kontext der Sozialpolitik fällt allerdings die staatliche S. (Renten, Krankenversicherung/Gesundheitswesen) im Wesentlichen auf Finanzplanungen für die betreffenden Sektoren staatlicher Sozialpolitik zurück, während im kommunalen Bereich versucht wird, inhaltliche S. für Bereiche kommunaler Sozialpolitik durchzuführen. Einen besonderen Auftrieb hat in diesem Zusammenhang die Jugendhilfeplanung erfahren, weil sie im SGB VIII seit 1990/1991 ausdrücklich den Kommunen zur Pflicht gemacht wird (§§ 79, 80 SGB VIII).

Theorie

Das theoretische Grundproblem aller Planung sind die Ziel-Mittel-Zusammenhänge, d. h. das Wissen über kausale bzw. finale Zusammenhänge zwischen dem Einsatz von Mitteln und der dadurch bewirkten Zielerreichung. In Zeiten knappen Geldes kommt noch hinzu, dass eine Abwägung unterschiedlicher Mittel nach Effizienzkriterien von den Sozialplanern gefordert wird.

Probleme

In der kommunalen S. stellt sich in diesem Zusammenhang eine Vielzahl von Problemen: Erstens sind die Ziele der kommunalen Sozialpolitik, also das, was durch die von der S. vorgeschlagenen Maßnahmen bewirkt werden soll, nur selten eindeutig operational zu beschreiben, denn eine gleichartige Beeinflussung menschlichen Verhaltens kann bei unterschiedlichen Personen durchaus zu unterschiedlichen Verhaltensänderungen führen. Zweitens ist das Wissen über kausale Zusammenhänge im Bereich der kommunalen Sozialpolitik und insbes. der Fürsorge nur gering. Das beruht darauf, dass Daten über die Auswirkungen sozialarbeiterischen Handelns z. B. in Form von differenzierten „Sozialberichten" o. ä., die die Vermutungen über dessen Wirksamkeit empirisch abstützen könnten, gar nicht systematisch erhoben werden, sondern die Informationen vielfach auf der Ebene von Einrichtungen und Diensten verbleiben (vgl. § 99 SGB VIII, aufgrund dessen nur „Bestandsdaten" und keine „Verlaufsdaten" ermittelt werden). Des Weiteren bleibt der Bergriff undeutlich, weil darunter alle kommunalen Bemühungen zusammengefasst werden, das Soziale oder Teile davon darzustellen (exemplarisch: VSOP – www.vsop.de: eine Zusammenstellung u. a. der kommunalen Pläne 1985–2011).

Die Hoffnungen auf eine differenzierte „Sozialberichterstattung" sind somit trotz aller Bemühungen bisher eher enttäuscht worden. Es werden heute u. a. fachliche Teilbereiche unter dem Oberbegriff S. in den Kommunen bearbeitet, wohl auch deshalb stagniert das fachliche Interesse an einer umfassenden Sozialberichterstattung, die entsprechenden Titel sind jedenfalls älteren Datums (z. B. Schmid-Urban u. a. – sehr gelungen, aber von 1992, Mardorf 2006, Kläul/Strohmeier 2008). Zum Teil werden *Sozialstatistik*en von Bund, Ländern und Kommunen als Sozialberichterstattung angeboten. Die Sozialberichterstattung der amtlichen Statistik ist immer wieder eine wichtige Quelle aller S., die Daten von KOMDat sind für die Planung der Kinder- und Jugendhilfe geradezu unentbehrlich. Die Bedeutung der sog. Strategischen Sozialberichterstattung bleibt dagegen für die Kommunen gering (BMAS 2015).

Der Mangel an empirischen-gehaltvollen Daten erschwert auch eine differenziertere empirisch fundierte Theoriebildung. Drittens ist in der SozArb – wie in allen Sozialwissenschaften – das empirische Wissen über kausale Zusammenhänge günstigstenfalls in Form von Wahrscheinlichkeitsaussagen bekannt, so dass es Aussagen für den Einzelfall nicht zulässt. Viertens folgen viele Maßnahmen der SozArb (als wichtiger Bestandteil der kommunalen Sozialpolitik) nicht dem Paradigma der empirisch-analytischen Theorie (Ortmann 2004), so dass für sie keine eindeutige Analyse im Ziel-Mittel-Zusammenhang vorgenommen werden kann: Hierbei handelt es sich um Angebote der SozArb (wie z. B. Beratung), die auf eine „Bewusstseinsveränderung" der Klienten abzielen, einer Änd. also, die nicht durch Außensteuerung mit Hilfe sozialwissenschaftlicher Technologie, sondern allein durch Bewusstwerdung bei den Klienten und daraus evtl. resultierender individueller Verhaltensänderung erfolgt. Hier ist der Erfolg bzw. die „Zielerreichung" sowohl von der individuellen Lage und der Bewusstseinsentwicklung des beratenen Individuums als auch von der professionellen Kompetenz des Beraters abhängig. Das bedeutet bspw., dass eine eindeutige Aussage über die Wirksamkeit von Beratungsstellen und Beratung oder Jugendzentren und Jugendarbeit im Hinblick auf bestimmte sozialpolitische Ziele unmöglich ist, weil für Prozesse der Bewusstseinsveränderung keine kausalen Gesetzmäßigkeiten (Ursache-Wirkung-Zusammenhänge) mit beobachtbaren Variablen i. S. der empirisch-analytischen Theorie gebildet werden können. Auch für solche Einrichtungen ergeben sich mithin bezüglich ihrer Wirksamkeit bestenfalls Erfahrungswerte und Vermutungen (s. auch *Qualitätsentwicklung*).

Reaktionsweisen

Welche Reaktionsformen finden sich nun bei den Sozialplanern auf diesen (ihnen in letzter Klarheit vielfach nicht bewussten) Zustand des „strukturellen Technologiedefizits" (Luhmann)? Zum einen wird diese Erkenntnis einfach negiert; Sozialplaner verhalten sich häufig so, als ob sie Aussagen über die Wirksamkeit der von ihnen vorgeschlagenen Maßnahmen im Hinblick auf sozialpolitische Ziele machen könnten (wie z. B. die Wirksamkeit von „Essen auf Rädern" für die Lebensqualität alter Menschen). – Zum anderen existiert die Strategie, Wirkungen nicht in Bezug auf die Empfänger und Nutzer sozialer Leistungen und Einrichtungen zu messen, sondern Zielerreichungen verwaltungsintern zu definieren: der Bau des Jugendzentrums wird dann schon als Erreichung eines sozialpolitischen Ziels (und nicht als die Herstellung eines Mittels der kommunalen Jugendpolitik) definiert und positiv bewertet (ohne abzuwarten, ob es von den potenziellen Nutzern angenommen wird und ob die Arbeit darin dann für Jugendliche „positiv" zu nennen ist). – Ein dritter Weg besteht in der differenzierten Erhebung des Bestandes an Einrichtungen und Maßnahmen des jeweiligen sozialpolitischen Bereichs und der Forderung nach deren Vermehrung, ggf. noch räumlich nach vermuteten Bedarfslagen differenziert; hier wird die „Wirksamkeit" der bestehenden Maßnahmen i. S. der sozialpolitischen Zielsetzungen einfach unterstellt, so dass Mehr gleich Besser ist. Damit verliert S. jede innovative Perspektive. – Während sich in diesem Fall die S. faktisch auf die Bestandserhebung reduziert, existiert als vierte Möglichkeit, auf die aus dem Technologiedefizit resultierenden Schwierigkeiten zu reagieren, die Reduktion der S. auf sozialräumliche Analysen *(Sozialraum, Sozialraumorientierung)*. Eine solche Vorgehensweise enthält die (meist ungeprüfte) implizite Hypothese, dass aus der Kenntnis der sozialräumlichen Situation (Lebenslage der Bewohner) die Notwendigkeit sozialpolitischer Maßnahmen „ableitbar" sei. – All diese Vorgehensweisen sind Versuche, mit dem Mangel an kausalem Wissen umzugehen. Welche anderen Möglichkeiten verbleiben der S. bei diesem Mangel?

Möglichkeiten

Dass die kommunale S. – anders als Planungen in anderen Bereichen – nicht dem technologischen Planungsmodell (Ortmann 1976, 99 ff.) folgen kann, ist inzwischen auch unter Planungspraktikern eine weit verbreitete Erkenntnis. Dennoch verbleibt (wenn der Begriff Planung nicht völlig seinen Sinn verlieren soll), dass Planung auf einem Regelwissen (eigentlich sozialwissenschaftlichen Gesetzen) und auf der Annahme von geplanten Maßnahmen für die Erreichung von (vorgegebenen oder eigenen) Zielen in einem Ziel-Mittel-Zusammenhang basieren muss. In der Praxis der kommunalen S. beruht die (vermutete oder unterstellte) Kenntnis von Ziel-Mittel-Zusammenhängen nun allerdings i. d. R. nicht auf sozialwissenschaftlichen Gesetzen, die durch empirisch-analytische Wissenschaft gewonnen und entsprechend geprüft worden sind, sondern sie basiert auf Alltagswissen (Heller 1978, 240 ff.) über die Wirksamkeit sozialpolitischer und sozialarbeiterischer Maßnahmen. Dabei kann dieses Alltagswissen sich z. B. aus langjähriger Arbeitserfahrung in den Feldern, für die S. erfolgt, ergeben. Diese Erfahrungen können auch durch wissenschaftliche Überlegungen und Fallanalysen abgestützt sein, genügen aber meist nicht den für die Planungstechnologie notwendigen Ansprüchen an empirischanalytische Theorie. Das gilt umso mehr für die Handlungsfelder, die einem anderen Theorieverständnis folgen, das sich – wie am Beispiel der Beratung bereits erläutert – einer Eingliederung in theoretisch begründbare Ziel-Mittel-Zusammenhänge sperrt (Ortmann 1994, IV 3.d). In der Planung (und auch bei *Evaluationsverfahren*) bleibt in diesem letzteren Fall eine „Unsicherheit": Es können lediglich Finanzmittel und Personal bereitgestellt werden, ohne dass deren „Wirkung" eindeutig prognostizierbar ist (obwohl die Alltagserfahrung lehrt, dass Wirkungen bestehen). Diese Überlegungen machen deutlich, dass aufgrund von Arbeit in sozialarbeiterischen Arbeitsfeldern der kommunalen Sozialpolitik Kenntnisse existieren, die als Grundlage zu Planungsüberlegungen systematisch herangezogen werden sollten, denn obwohl sie nicht wissenschaftlichen Ansprüchen genügen und keine eindeutigen Ursache-Wirkungs-Aussagen ermöglichen, erhöhen sie dennoch die Kenntnisse für S. Zugleich wird erkennbar, dass S. nicht eine höhere Form der Exaktheit und Verlässlichkeit erhalten kann, als in diesem Erfahrungswissen enthalten ist. – Methodisch bereitet S. auf der Basis dieser Ungewissheiten erhebliche Schwierigkeiten, und die Exaktheit mancher verwendeter (empirischer) Methoden kann die grundlegende Problematik nicht korrigieren (zu den Methoden Handbuch 1986 und Maykus/Schone 2010). Detaillierte Bestandserhebungen ermöglichen sicherlich eine Übersicht über die bisherigen Tätigkeiten im geplanten Bereich, sind aber in ihrer Bedeutung erst wirklich im Kontext der Evaluation ihrer bisherigen Aktivitäten zu bewerten (wobei auf die Schwierigkeit der Evaluation ohne klare Ursache-Wirkung-Kenntnis nochmals hingewiesen sei!). Bedarfsanalysen sollten unter Berücksichtigung der Bedürfnisse von Planungsbetroffenen und unter Beachtung von deren Partizipation stattfinden (zu den Problemen Ortmann 1983, 119 ff.). Sozialräumliche Analysen können – bei gelingender Indikatorbildung und bei regelmäßiger Wiederholung – evtl. als Frühwarnsystem für das Auftreten sozialer Probleme dienen (z. B. Bourgett u. a. 1978, Lukas/Strack 1996). Zur Verbesserung der Ziel-Mittel-Kenntnisse ist es erforderlich, dass in den Sozialverwaltungen – bei den im unmittelbaren Klientenkontakt Arbeitenden – existierende Wissen über die (Un-)Wirksamkeit ihrer Arbeit in Erfahrung zu bringen; hier mögen Methoden und Verfahren der Organisationsentwicklung hilfreich sein. In allen Verfahren aber ist zu beachten, dass die in sie eingehenden (vermuteten oder tatsächlichen) Kenntnisse über kausale oder finale Zusammenhänge begrenzt sind und wahrscheinlich nur durch Kommunikation zwischen Planern, Experten für die kommunale

Sozialpolitik, den im betreffenden Feld Arbeitenden und den potenziellen Betroffenen der S. bzw. Nutzern geplanter Einrichtungen verbessert werden können. Dies erfordert eine differenziertere Entwicklung von kommunikativer S.

Sozialplanung heute

Schon bei Prüß/Tschoepe (1974), einem der ersten Versuche, S. genauer zu erfassen und zu beschreiben, wurde davon gesprochen, dass Planung politische Planung sei und damit Instrument gesellschaftspoltischer Reform (S. 59).

Auf dieser Basis hat in der SozArb eine sehr fruchtbare Diskussion stattgefunden, mit diesen, den Entwicklungsprozess dokumentierenden Arbeiten: das Handbuch der örtlichen Sozialplanung des DV von 1986, eine Zusammenfassung für die Kinder- und Jugendhilfe von Kreft/Falten 2003 (zuletzt Maykus/Schone 2010) und schließlich der Gesamtüberblick von Merchel 2012.

Parallel hat sich S. als Oberbegriff vorausschauenden, entwickelnden Handelns in den Kommunen eingebürgert, und zwar mit Teilplanungen, thematisch in der ganzen fachlichen Breite der SozArb: bezogen auf Menschen mit Behinderung *(Behindertenhilfe)*, alte Menschen *(Altenhilfe)*, die *Kinder- und Jugendhilfe*, sowohl als Gesamt- als auch Teilbereichsplaungen, zu armen Menschen *(Armut)*, zu *Familien*, zum *Wohnen*, zur *Obdachlosigkeit* und zu Themen um die Gesundheit (Krankenhausplanungen, *Psychiatrie*).

Zunächst in der *Jugendhilfeplanung* hat sich dabei diese Vorgehensweise etabliert, die inzwischen auch für Planungen in anderen Fachbereichen angewendet wird:

Keine standardgemäße Planung ohne

1) eine sorgfältige Beschreibung des Sozialraumes, für den geplant wird;
2) eine sog. Interessenerkundung (Beteiligung von Trägern, Gruppen, Einzelpersonen):
3) eine umfassende Bestanderhebung und Bestandsdokumentation;
4) eine Bewertung der vorfindbaren Praxis (notwendig, geeignet, ausreichend, rechtzeitig);
5) eine Bedarfsermittlung und die Formulierung von Handlungsbedarfen und Handlungsempfehlungen.

Alles Voraussetzungen für die fachpolitische Diskussion in und die politischen Entscheidungen der Räte jeder Kommune. Zudem verbunden mit der Verpflichtung zur regelmäßigen Überprüfung (Evaluation) und Fortentwicklung. Denn Planung ist nichts Statisches, sondern prinzipiell ein nicht abgeschlossener Prozess.

In dieser Art moderner S. können auch die zuvor genannten theoretischen Probleme immer wieder mitgedacht und berücksichtigt werden.

Friedrich Ortmann

Literatur

BMAS: Strategische Sozialberichterstattung – Deutschland, Berlin 2015 • A. Böhmer: Verfahren und Handlungsfelder der Sozialplanung, Wiesbaden 2015 • J. Bourgett/N. Preußer/R. Völkel: Jugendhilfe und kommunale Sozialplanung, Weinheim/Basel 1978 • DV: Eckpunkte für eine integrierte Sozial- und Finanzplanung in Kommunen, in: NDV 6/2011 • DV (Hg.) Handbuch der örtlichen Sozialplanung, Frankfurt/M. 1986 • A. Heller: Das Alltagsleben, Frankfurt/M 1978 • K. Kläul/K. P. Strohmeier: Zauberwort Sozialberichterstattung: Grenzen und Möglichkeiten der integrierten kommunalen SBS, Taunusstein [2]2008 • D. Kreft/P. Falten: Jugendhilfeplanung: Handeln nach den Regeln der Kunst, in: np 2/2003, 243–252 • S. Mardorf: Konzepte und Methoden von Sozialberichterstattung, Wiesbaden 2006 • S. Maykus/R. Schone (Hrsg.): Handbuch Jugendhilfeplanung, Münster [3]2010 • J. Merchel: Sozial- und Jugendhilfeplanung, in: W. Thole: Grundriss Soziale Arbeit, Wiesbaden [4]2012, 743–758 • F. Ortmann (Hrsg.): Sozialplanung für wen?, Neuwied/Darmstadt 1976 • F. Ortmann: Bedürfnis und Planung in sozialen Bereichen, Opladen 1983 • F. Ortmann: Öffentliche Verwaltung und Sozialarbeit, Weinheim/München 1994 • F. Ortmann: Veränderungen der kommunalen Dienstleistungsproduktion durch ökonomische Steuerung, in: R. Hörster/E.-U. Küster/S. Wolff (Hrsg.): Orte der Verständigung. Beiträge zum sozialpädagogischen Argumentieren. Burkhard Müller zum 65. Geburtstag gewidmet, Freiburg i. Br. 2004, 247–261 • K.-P. Prüß/A. Tschoepe: Planung und Sozialplanung, Weinheim/Basel 1974 • P. Urban-Schmidt u. a.: Kommunale Sozialberichterstattung, Heft 41 der Arbeitshilfen des DV, Frankfurt/M 1992 • W. R. Wendt: Sozialplanung, Care Management und soziale Arbeit am Fall, in: E. J. Krauss u. a. (Hrsg.): Soziale Arbeit zwischen Ökonomisierung und Selbstbestimmung. Festschrift für F. Ortmann, Kassel 2007.

Weitere Literatur bei *Planung* und *Jugendhilfeplanung*.

Sozialpolitik

Zum Begriff

Staatliche S. in Deutschland ist im deutschen Kaiserreich von 1871 als „Arbeiterpolitik“ entstanden. Sie zielte auf die Integration des neu entstandenen Industrieproletariats, auf die Absicherung spezifischer Risiken und Notlagen, die sich aus der Existenz der industriellen Arbeiterschaft ergaben. Seitdem hat sie beständige Ausweitung erfahren und erfasst heute breite Teile der Bevölkerung. Diese Ausweitung hat im Wesentlichen auf drei Ebenen stattgefunden: zum einen durch die Ausbreitung industrieller Arbeit im Zuge der gesellschaftlichen Entwicklung und damit durch die Vergrößerung der ursprünglichen Adressatengruppe selbst; zum zweiten durch die Einbeziehung neuer Adressatengruppen, die als schutz- und unterstützungsbedürftig angesehen wurden; zum dritten schließlich durch die Entstehung und Definition neuer Risiko- und Problemlagen jenseits der klassischen Risiken der Arbeiterexistenz.

Seit der Zeit der WR zählt man üblicherweise zur S. den Kernbereich *sozialer Sicherung* gegen Krankheit, Unfall, Invalidität und *Alter;* den Bereich des Arbeitsrechts, der Arbeitsverfassung sowie Arbeitsmarktpolitik und die Sicherung gegen *Arbeitslosigkeit;* die kommunale Fürsorge und Wohlfahrtspflege; die Familien- und Bevölkerungspolitik sowie die Wohnungspolitik.

Angesichts tief greifender Veränderungen der Lebens- und Arbeitswelt steht das System sozialpolitischer Sicherung immer wieder erneut vor der Herausforderung grundsätzlicher Reformen, um den gewandelten gesellschaftlichen Anforderungen gerecht zu werden.

Zur Geschichte

Die historischen Wurzeln moderner S. liegen in der öffentlichen Armenfürsorge, die seit dem ausgehenden Mittelalter in den deutschen Städten entstand und bis heute – in modifizierter Form – in der Zuständigkeit der Gemeinden verblieben ist. Seine heutige Gestalt nahm das System der S. in der Zeit des deutschen Kaiserreichs an. Im Zuge der rapiden Industrialisierung Deutschlands nach der Reichsgründung trat in den 1880er Jahren neben die kommunale Armenfürsorge auf Reichsebene ein neues System der Zwangsversicherung gegen Krankheit, Unfall, Invalidität und Alter für die gewerblichen Arbeiter: die Bismarck'sche Sozialversicherung, weltweit das erste System dieser Art. Die „Arbeiterpolitik" wurde aus der herkömmlichen „Armutspolitik" ausdifferenziert; der Arbeiterklasse wurde kollektiv von Gesetzes wegen das Merkmal der Bedürftigkeit zugesprochen, das in der Armenfürsorge im je individuellen Fall zu prüfen war. Der Arbeiterschutz wurde dagegen – nach Ansätzen der Beschränkung der Kinder- und Jugendarbeit in Preußen um die Jahrhundertmitte und dem Ausbau der Fabrikinspektion in den 1870er Jahren – erst nach Bismarcks Sturz weiter ausgebaut: Im Zuge der Novellierung der Reichsgewerbeordnung von 1891 wurden Nacht- und Sonntagsarbeit für Frauen verboten, ihr Arbeitstag auf 10 Stunden beschränkt, eine allgemeine Beschränkung der Arbeitszeit für Männer wurde jedoch nicht erreicht *(Arbeitsschutz).*

Unter dem Druck des 1. Weltkrieges wurde staatliche S. erheblich ausgeweitet und in der WR dann erstmals flächendeckend ausgebaut. Die Einbeziehung der Gewerkschaften in die Gestaltung der Arbeitsbeziehungen, der Aufbau des kollektiven Arbeitsrechts, des Arbeiterschutzes (8-Stunden-Tag), der innerbetrieblichen Mitbestimmung und die Reform der Arbeitsgerichtsbarkeit gehörten zu den Kernstücken staatlicher S. der neuen Republik. Die Ausweitung der Sozialversicherung kumulierte in der Einführung der Arbeitslosenversicherung durch das AVAVG von 1927. Die kommunale Fürsorge gewann durch die Einbeziehung neuer Armutsgruppen, der Opfer von Krieg und Inflation, erheblich an Gewicht. In Form des RJWG von 1922 und der RFV von 1924 erhielt sie neue, modernisierte gesetzliche Grundlagen. Die kommunale Wohnungspolitik wurde über ihre bisherige Bedeutung hinaus ausgebaut und aufgewertet, Ansätze staatlicher Wohnungspolitik wurden erstmals geschaffen *(Wohnen).*

In der Zeit des Nationalsozialismus wurde das gesamte sozialpolitische System tiefgreifend umgestaltet und nach den Kriterien nationalsozialistischer Erb- und Rassenbiologie neu strukturiert *(Eugenik, Soziale Arbeit im Nationalsozialismus).* Als bleibende Innovationen nationalsozialistischer S. sind hervorzuheben die Ausdehnung der Sozialversicherung über den Kreis der Arbeitnehmer hinaus (Rentenversicherung für das Handwerk, 1938; Krankenversicherung für Rentner, 1941) und die Gestaltung der Familien- und Bevölkerungspolitik als eigenständiger Sektor der S.

Die S. der BRD knüpfte weitgehend an die in der WR entwickelten Strukturen an. Die wichtigsten Stationen ihres weiteren Ausbaus waren im Arbeitsrecht: Die Ausweitung der betrieblichen Mitbestimmung durch das Montanmitbestimmungsgesetz von 1951, das BetrVerfG von 1952 und 1972 und schließlich das Mitbestimmungsgesetz von 1976; in der Arbeitsmarktpolitik und dem Schutz gegen Arbeitslosigkeit: die Ablösung des AVAVG durch das AFG von 1969; in der Sozialversicherung: die Rentenreform von 1957, die eine der Entwicklung des Lohnniveaus entsprechende Dynamisierung der Renten brachte und diese erstmals subsistenzsichernd ausgestaltete; die Einführung und der Ausbau der Lohnfortzahlung im Krankheitsfall durch die Gesetze von 1956, 1961 und 1969; die zunehmende Einbeziehung von Nicht-Arbeitnehmern in die verschiedenen Zweige der Sozialversicherung (z. B. Altersversicherung für Landwirte 1957; Unfallversicherung für Schüler, Studenten und Kindergartenkinder 1971) und die Einführung einer eigenständigen Pflegeversicherung im Jahre 1995 (SGB XI); in der kommunalen Fürsorge: die gesetzliche Neuregelung des BSHG und des JWG von 1961 sowie die grundsätzliche Reform des Jugendhilferechts im KJHG von 1990 (SGB VIII) und die Reform des Sozialhilferechts im SGB XII, verbunden mit der Einführung einer Grundsicherung für Arbeitsuchende (SGB II) mit ähnlichen Regelleistungen zur Sicherung des Lebensunterhalts; schließlich die Einführung einer eigenständigen Sozialgerichtsbarkeit durch das Sozialgerichtsgesetz von 1953. 1970 haben die Arbeiten an der Zusammenfassung aller Materien des Sozialrechts in einem einheitlichen Gesetzeswerk, dem *Sozialgesetzbuch* (SGB), begonnen. Inzwischen sind 12 Bücher des Gesamtwerks in Kraft getreten (SGB I–XII).

Im Zuge der Auflösung der DDR wurde durch den Vertrag über die Wirtschafts-, Währungs- und Sozialunion vom 18. 5. 1990 das sozialpolitische System der BRD auf das Gebiet der DDR ausgedehnt, noch ehe die staatliche Vereinigung vollzogen war *(Einigungsvertrag)*.

Strukturprinzipien

Staatliche S. reagiert auf die spezifischen Risiken und Unsicherheiten, die eine industriell-kapitalistische Marktgesellschaft produziert. Sie hat daher die grundsätzlich private Organisation der gesellschaftlichen Reproduktion (in Form marktgesteuerter Austauschprozesse) zur Voraussetzung und Grundlage *(Marktwirtschaft, soziale)*. Staatliche S. muss demnach ein Doppeltes leisten. Sie muss einmal Kompensationen für die legitimen Fälle gescheiterter privater Reproduktion bereitstellen. Sie muss zugleich aber gewährleisten, dass die Mitglieder der Gesellschaft grundsätzlich zur privaten Reproduktion bereit sind. Sie muss m. a. W. die Grenzlinie zwischen privater und legitimer öffentlicher Reproduktion hoheitlich stabilisieren.

Historisch haben sich vier Strukturprinzipien herausgebildet, um dieser komplexen Aufgabe gerecht zu werden: Arbeitsrecht, Versicherung, Fürsorge und Versorgung.

Im Bereich des Arbeitsrechtes geht es v. a. um einen Komplex von rechtlichen Ge- und Verboten (z. B. Kündigungsschutz) bzw. die staatliche Gewährleistung autonomer Gestaltungsrechte (z. B. Tarifautonomie). In den drei anderen Bereichen dagegen geht es v. a. um staatliche Leistungen, die sich auf unterschiedliche Problemlagen beziehen und einer unterschiedlichen Logik folgen.

Die Sozialversicherung knüpft an die Rolle der Versicherten als Erwerbstätige an. Sie geht vom Beschäftigungsverhältnis aus, nicht vom Bürgerstatus. Sie ist als gesetzliche Zwangsversicherung ausgestaltet, die durch die Beiträge der Versicherten finanziert und von diesen selbst verwaltet wird. Ihre Leistungen sichern gegen spezifische Risiken der abhängigen Erwerbsarbeit. Diese Risiken sind in gesetzlichen Tatbeständen abschließend festgeschrieben, d. h. nur wenn ein solcher Tatbestand vorliegt, wird die Leistung gewährt. Liegt aber ein solcher Tatbestand vor, so hat der Versicherte einen einklagbaren Rechtsanspruch auf die Leistung – unabhängig von seiner Bedürftigkeit im konkreten Fall. Beispiele sind die „klassischen" Systeme sozialer Sicherung gegen Krankheit, Unfall, Invalidität und Alter. Dabei ist inzwischen die Krankenversicherung mit Abstand das größte System der Sozialversicherung. Ihre Leistungen beliefen sich Ende 2015 auf 365,1 Mrd. €. Die Leistungen der Rentenversicherung betrugen im selben Jahr 331,2 Mrd. €. Allein die Ausgaben der Renten- und Krankenversicherung machten zusammen 56 % des gesamten Sozialbudgets aus. Insgesamt haben alle Sozialversicherungssysteme einen Anteil von 63,5 % am Sozialbudget (BMAS 2016). Man hat den deutschen Wohlfahrtsstaat deshalb auch als „Sozialversicherungsstaat" bezeichnet.

Die Leistungen der sozialen Fürsorge knüpfen nicht an den spezifischen Status des Erwerbstätigen an, sondern an den allgemeinen Status des Bürgers oder des Menschen. Sie werden nicht aus Beiträgen, sondern aus Steuermitteln finanziert. Sie sichern auch nicht gegen spezifische, genau definierte Risiken ab, sondern gegen das generelle Risiko des Scheiterns privater Reproduktion. Demgemäß sind die Leistungen der sozialen Fürsorge auch nicht gesetzlich im Vorhinein genau festgelegt. Sie richten sich vielmehr nach dem konkreten Bedarf im je einzelnen Fall. Die Leistungen der Fürsorge sind also nicht komplementär auf Erwerbsarbeit bezogen. Sie stellen vielmehr eine alternative Reproduktionsform zur Erwerbsarbeit dar. In einer Gesellschaft, die auf dem Prinzip marktförmiger Privatarbeit beruht, sind sie also „systemfremd". Die Fürsorge enthält daher auch eine Reihe von Mechanismen, die verhindern, dass sie zur attraktiven Alternative zur privaten Erwerbsarbeit wird: Sie ist grundsätzlich subsidiär, tritt nur ein, wenn alle anderen Reproduktionsmöglichkeiten scheitern. Leistungsempfänger müssen sich daher einer Bedürftigkeitsprüfung mit entsprechenden Kontrollen unterziehen. Das Leistungsniveau der Fürsorge soll grundsätzlich unterhalb der niedrigsten Lohngruppen angesiedelt sein (Lohnabstandsprinzip). Erwerbsfähige Fürsorgeempfänger sollen ggf. zu Arbeitsleistungen herangezogen werden. Der Rechtsanspruch auf Leistungen ist bis heute durch Ermessensspielräume der Behörden eingeschränkt. Beispiele sind die *Grundsicherung für Arbeitsuchende* (SGB II), die *Sozialhilfe* (SGB XII) und die *Kinder- und Jugendhilfe* (SGB VIII). 2015 wurden für die Grundsicherung für Arbeitsuchende 42,1 Mrd. €, für die Kinder- und Jugendhilfe 36,2 Mrd. € und für die Sozialhilfe 37,8 Mrd. € ausgegeben, zusammen etwas mehr als 12 % der Sozialleistungsquote (BMAS Juli 2016).

Die Versorgung schließlich sieht im Vorhinein klar definierte Leistungen für spezifische Risikolagen und klar umgrenzte gesellschaftliche Gruppen oder Bevölkerungsteile vor. Anders als die Sozialversicherung knüpft sie nicht an den Status des Erwerbstätigen, sondern an den Tatbestand besonderen Einsatzes für Staat und Gesellschaft an („Sonderopfer"). Anders als bei der Fürsorge sind Versorgungsleistungen nicht individualisiert, sondern standardisiert. Sie sind nicht diskriminierend, setzen keine Bedürftigkeitsprüfung voraus und sehen einklagbare Rechtsansprüche vor. Beispiele sind die Beamten- und die Kriegsopferversorgung. Die Ausgaben der Beamtenversorgung betrugen 2014 68 Mrd. €. Die Beamtenversorgung bildet damit das viertgrößte unter den sozialen Sicherungssystemen.

Entwicklungsdynamik

Die Entwicklung staatlicher S. folgt dem Prinzip der „Inklusion". Damit ist die systematische Einbeziehung tendenziell aller Bevölkerungsgruppen in das sozialpolitische Leistungssystem gemeint. Mit der Herausbildung staatlicher S. wurden Probleme, die ihre Entstehung der industriekapitalistischen Marktökonomie verdanken, in politische Verantwortung übernommen, als gesamtgesellschaftliche anerkannt und politisch reformuliert. Damit wurde ein Prozess der Ausweitung staatlichen Handelns in Gang gesetzt, der allerdings nicht linear, sondern eher zyklisch verläuft: Anlassbedingten Entwicklungsschüben folgen Phasen der Stagnation oder gar des Abbaus. Der 1. Weltkrieg auf der einen, die Weltwirtschaftskrise der frühen 1930er Jahre auf der anderen Seite mögen hier als Beispiele dienen. Die Dynamik der Entwicklung folgt in den unterschiedlichen Sektoren der S. einer je eigenen Logik. Das Verhältnis der Sektoren zueinander verändert sich in diesem Prozess.

Arbeitsrecht und Sozialversicherung sind direkt auf die abhängige Erwerbstätigkeit bezogen. Ihre Expansion folgt der Ausbreitung abhängiger Erwerbsarbeit als vorherrschender Reproduktionsform. Die Ausbreitung der Sozialversicherung ist darüber hinaus durch die Einbeziehung neuer Adressatengruppen, die nicht abhängig Beschäftigte sind, und die Einbeziehung neuer Risiken gekennzeichnet. Die Fürsorge ist mit der Einrichtung der Sozialversicherung keineswegs obsolet geworden. Es bildete sich jedoch eine Arbeitsteilung zwischen beiden Sektoren heraus, in der die Sozialversicherung sich auf finanzielle Transferleistungen spezialisiert, die Fürsorge dagegen sich zu einem System sozialer Dienstleistungen entwickelt. Wichtige Ausnahme ist die Sozialhilfe, die als letztes Netz sozialer Sicherung v. a. in Zeiten ökonomischer Krise von großer Bedeutung bleibt, während die Sozialversicherung ihr Sicherungspotenzial v. a. in Zeiten ökonomischen Wachstums voll entfaltet. Die Expansion der sozialen Fürsorge basiert einerseits auf der Ausbreitung psychosozialer Notlagen im Gefolge von Industrialisierung und Urbanisierung, zum andern aber auf den Binnenstrukturen der Fürsorge selbst: auf dem der Fürsorge immanenten Bedürfnisprinzip, das sich als zuverlässiger Pfadfinder beim Aufspüren neuer Notstände erwiesen hat; auf der Etablierung der Prävention als Leitmaxime fürsorgerischen Handelns, die die Interventionsschwelle tendenziell ins Unendliche vorverlagert; schließlich auf der spezifischen Form der Erbringung sozialer Dienstleistung durch professionelles Handeln, das den Bedarf seiner Notwendigkeit selbst definiert und damit beständig Folgebedarf produziert.

Die Sozialversicherung ist direkt an die abhängige Erwerbstätigkeit gekoppelt, auf die gesellschaftliche Produktion bezogen. Ihre Klientel ist herkömmlicherweise daher eher männlich. Die soziale Fürsorge zielt dagegen eher auf die reproduktionsbezogenen Probleme von Familien, Frauen und Kindern. Staatliche S. ist also keineswegs ein geschlechtsneutrales System sozialer Sicherung. Ihr liegen vielmehr spezifische Definitionen von Geschlechtsrollen zugrunde und sie definiert selbst Geschlechtsrollen und das Verhältnis der Geschlechter. Statt die Benachteiligungen der Erwerbsgesellschaft zu kompensieren, verfestigt sie diese *(Frauen, Gender Mainstreaming, Mädchen)*.

Elemente der Versorgung sind in der staatlichen S. in Deutschland einstweilen eher gering ausgeprägt. Neben der Versorgung für Beamte und Kriegsopfer gibt es hier Ansätze in der Familien- und Bevölkerungspolitik sowie in der Entschädigung von Gewaltopfern. Darüber hinausgehende Vorstellungen einer bedarfsunabhängigen Grundsicherung für alle Bürger wurden bislang erst ansatzweise realisiert. Die Entwicklung der Versorgung folgt ihren Sicherungsbereichen. Sie expandiert mit der Ausdehnung des Beamtenapparates. Sie schrumpft mit dem zeitbedingten Rückgang der Zahl der Kriegsopfer. Eine Ausweitung von Elementen der Grundsicherung könnte dagegen eine rapide Ausweitungsdynamik in Gang setzen. Die Formen der „Grundsicherung", wie sie jetzt für Arbeitsuchende (SGB II) und im Alter und bei Erwerbsminderung (§§ 41–46 SGB XII) eingeführt wurden, sind allerdings bedarfsabhängig und deshalb nicht mit dem skizzierten allgemeinen Prinzip einer versorgungsförmigen Grundsicherung zu verwechseln.

Zentralisierung, Bürokratisierung und Professionalisierung sind übergreifende Kennzeichen des Expansionsprozesses staatlicher S. Die flächendeckend-verlässliche Ausbreitung sozialer Kompensationsleistungen erfordert ihre großbürokratische Organisation und ihre professionelle Erbringung. Die Ausweitung staatlicher S. hatte daher eine enorme Expansion sozialer Dienstleistungsberufe im Gefolge. Das Prinzip der Inklusion beinhaltet nicht nur die Integration sozialer Rand- und Problemgruppen, sondern auch die Schaffung von Aufstiegs- und Entfaltungschancen für neue Mittelschichten.

Gesellschaftliche Grundlagen

S. in Deutschland ist in höherem Maße verstaatlicht als in anderen westlichen Industriegesellschaften. In Deutschland war stets v. a. der Staat der Motor sozialer Reformen. Dennoch bedarf der Begriff der „staatlichen S." erheblicher Differenzierung und Präzisierung.

Staatliche S. hat die grundsätzlich private Organisation von Produktion und Reproduktion zur Voraussetzung. Sie ist kein von privaten gesellschaftlichen Kräften und Organisationen unabhängiger Bereich, sondern mit diesen aufs Engste verwoben und von ihnen abhängig. Staatliche S. bietet keine Alternative zur privaten Reproduktion, sondern eine Ergänzung, allenfalls eine temporäre Ersetzung. Sie beinhaltet kein eigenständiges Sicherungspotenzial, sondern ein abgeleitetes, gleichsam ein Potenzial zweiter Ordnung:

Die Sozialversicherung knüpft unmittelbar an den Status des Erwerbstätigen an. Sie setzt also das Funktionieren des Arbeitsmarktes voraus. Jede Krise des Arbeitsmarktes wird zugleich zur Krise der Sozialversicherung. Die Familie ist in vielerlei Hinsicht Anknüpfungspunkt und Voraussetzung staatlicher S. Staatliche S. ist also auf eine leistungsfähige Familie angewiesen. Staatliche S. basiert auf der Existenz vielfältiger gesellschaftlicher Kräfte und Organisationen zwischen Staat, Markt und Familie, die insbes. bei der Erbringung sozialer Dienstleistungen eine zentrale Rolle spielen. Hier sind v. a. die großen Verbände der Freien Wohlfahrtspflege und ihre Einrichtungen zu nennen. Markt, Familie und Dritter Sektor sind nach allem gesellschaftliche Wohlfahrtsproduzenten, auf deren Kooperation staatliche S. nicht verzichten kann.

Die privaten gesellschaftlichen Grundlagen sind keine unveränderlichen Naturkonstanten, auf die staatliche S. unproblematisch aufbauen kann. Sie unterliegen vielmehr dem Prozess gesellschaftlichen Wandels. Das Verhältnis der verschiedenen Segmente von S. ist damit Spannungen unterworfen, die periodisch auf eine Neuabstimmung der gewandelten Einzelkomponenten drängt.

Moderne Transport- und Kommunikationstechnologien haben die herkömmlichen Formen industrieller Produktion, denen das System sozialer Sicherung seine Entstehung verdankt, umgewälzt. An die Stelle nationaler Großbetriebe treten zunehmend transnationale Netzwerke. Die Veränderungen der Produktion haben auch den Arbeitsmarkt betroffen. Hohe strukturelle Arbeitslosigkeit macht ihn als Grundlage erwerbsarbeitszentrierter S. zum Problem. Die Strukturen der Familie haben sich im Verlauf der letzten Jahrzehnte nachhaltig verändert. Die Zahl der Alleinlebenden, der Alleinerziehenden und der nichtehelichen Lebensgemeinschaften ist erheblich gewachsen. Das Verhältnis der Geschlechter hat sich gewandelt. Auch Familie in der Form einer lebenszeitlichen Dauergemeinschaft kann daher heute nicht mehr problemlos als Grundlage staatlicher S. dienen. Prozesse demographischen Wandels haben die Altersstruktur der Bevölkerung verändert, was sich v. a. bei der Alterssicherung auswirkt: Immer mehr immer ältere Menschen beziehen immer länger Sozialleistungen, die von immer weniger jüngeren Erwerbstätigen finanziert werden müssen *(Bevölkerungsentwicklung)*. Im Rahmen gesamtgesellschaftlicher Prozesse der Individualisierung und Pluralisierung befinden sich die traditionellen Sozialmilieus, auf denen staatliche S. beruht, in Auflösung. Die sozialdemokratische Arbeiterkultur erodiert. Die

Arbeiterschaft verliert jene Homogenität von Lebens- und Arbeitswelt, die die Grundlage eines gemeinsam erfahrenen „Klassenschicksals" und damit Anknüpfungspunkt staatlicher S. war *(Klasse/Schicht/Milieu)*. Auch die konfessionellen Milieus verlieren ihre soziokulturelle Geschlossenheit, die die soziale Basis der konfessionellen verbandlichen Wohlfahrtspflege und damit einen wichtigen Bestandteil der kommunalen Politik sozialer Dienstleistungen bildete. Die Verbände der Freien Wohlfahrtspflege befinden sich in der Folge in einem tief greifenden Umgestaltungsprozess, in dem die Erosion der tragenden Sozialmilieus normativ wie funktional eine empfindliche Lücke hinterlässt *(Wohlfahrtsverbände)*.

Staatliche S. in Deutschland ist im Kontext der Entstehung und Durchsetzung des Nationalstaates entstanden. Der Nationalstaat blieb bis heute Entwicklungshorizont und Bezugsrahmen sozialer Sicherung. Soziale Sicherung hat sich als Bürger- nicht als Menschenrecht entwickelt. Heute verliert der Nationalstaat in drei Dimensionen als Bezugspunkt der S. an Bedeutung, ohne dass aber bereits neue Organisationsrahmen absehbar wären. „Nach oben": Im Rahmen der europäischen Einigung gewinnt die supra-nationale Ebene an Bedeutung und beschränkt die nationale Gestaltungssouveränität *(Sozialpolitik/Soziale Sicherung, europäische)*. „Nach unten": Im Rahmen der Regionalisierung von Lebensverhältnissen wird die Region – z. T. über die nationalen Grenzen hinweg – zu einem bestimmenden Element *(Sozialraum, Sozialraumorientierung)*. „Nach außen": Im Zuge weltweiter Armutsmigration werden die herkömmlichen Grenzen sozialer Sicherung aufgesprengt *(Ausländerinnen/Ausländer, Migration)*.

Die Veränderungen der gesellschaftlichen Grundlagen von S. sind aber nicht nur Folge Politik unabhängigen sozialen Wandels, sondern zu guten Teilen auch Resultat staatlicher S. selbst. Die Veränderungen des Arbeitsmarktes sind auch Folge staatlicher Arbeitsmarktpolitik; die Veränderungen der *Familie* auch Folge staatlicher *Familienpolitik;* Individualisierung und Pluralisierung auch Resultat individueller Gestaltungsfreiräume, die staatliche S. allererst geschaffen hat.

Sozialpolitische Reformen

S. entwickelt sich auf der Grundlage konkreter gesellschaftlicher Produktivkräfte und Produktionsverhältnisse, Bevölkerungsstrukturen und kultureller Traditionen. Das gegenwärtige System sozialer Sicherung ist im Kontext von Industrialisierung und Urbanisierung entstanden. Es ist Ausdruck der sozialen Probleme einer Industriegesellschaft. Die Arbeits- und Lebenswelt hat sich im Zuge der letzten Jahrzehnte entscheidend verändert. Das System sozialer Sicherung wird auf diesen Wandel reagieren müssen. Ein ganz an das Arbeitsverhältnis gekoppeltes Sicherungssystem wird sich angesichts der veränderten Arbeitsmarktstrukturen auf Dauer nicht aufrechterhalten lassen. Die veränderte Altersstruktur der Bevölkerung drängt auf eine Veränderung der Grundlagen der Finanzierung der Alterssicherung. Die veränderte Rolle des Staates wird Markt und Drittem Sektor wieder verstärkte Bedeutung in der S. zukommen lassen. Veränderte Strukturen und Leistungsfähigkeit der Familie machen Bildung und Erziehung zu explizit gesamtgesellschaftlichen Aufgaben. Diese Notwendigkeiten reflektieren sich in den sozialpolitischen Reformen, die seit dem Rückgang des wirtschaftlichen Wachstums in den 1970er Jahren eingeleitet wurden, v. a. aber in den aktuellen sozialpolitischen Diskussionen. All diese Reformen bleiben aber einstweilen fragmentarisch und widersprüchlich. Die Einsicht in die Notwendigkeit eines Umbaus des Wohlfahrtsstaates führt nicht zu seiner konsequenten Realisierung.

Aktuelle Ansätze eines Umbaus sozialer Sicherung sind v. a. auf der Ebene von Organisation und Finanzierung verortet.

Bei den organisatorischen Reformen ist der zunehmende Einbau privatwirtschaftlicher Elemente in das öffentliche Sozialleistungssystem hervorzuheben. Die Modernisierung unter betriebswirtschaftlichen Gesichtspunkten ist ein Trend, der weite Teile der öffentlichen Verwaltung insgesamt erfasst hat *(Verwaltungsmodernisierung)*. Im Bereich der sozialen Dienste wurde der Wettbewerb zwischen den Leistungserbringern verstärkt. In § 78a SGB VIII, § 11 SGB XI und in § 75 SGB XII wurde den kommerziellen Trägern eine gleichberechtigte Stellung neben den bislang privilegierten Verbänden der Freien Wohlfahrtspflege eingeräumt *(Träger der Sozialen Arbeit)*.

Auf der Ebene der Finanzierung sind v. a. Beschränkungen der Leistungen der sozialen Sicherung zu nennen. In den Hinterbliebenenrentengesetzen von 1985 und 2001 und im Erziehungszeitengesetz von 1985 wurden Rentenleistungen einkommensabhängig gestaltet und nach oben beschränkt („Deckelung"). Die Renten, die vor beruflichem Abstieg schützen sollten (Berufsunfähigkeitsrenten), wurden durch das Rentenreformgesetz von 2001 abgeschafft. Das Altersvermögensergänzungsgesetz von 2001 hat zum einen die langfristige Absenkung des Rentenniveaus in Gang gesetzt, zum anderen einen ersten Schritt von der ausschließlichen Umlagefinanzierung der Alterssicherung hin zu einer verstärkten Einbeziehung von Elementen der Kapitaldeckung getan (sog. Riester-Reform). In der gesetzlichen Krankenversicherung wurden Zuzahlungen bei Arzneimitteln und Krankenhauspflege sowie generell pauschalierte Festbeträge bei Heilmitteln eingeführt. Die Krankenhausfinanzierung wurde weitgehend von der Kostendeckung (tagesgleicher Pflegesatz) auf leistungsbezogene Fallpauschalen umgestellt. Entsprechende Regelungen erfolgten in der Sozial- und Jugendhilfe. Die mit staatlicher Bedarfssteuerung verbundene Objektförderung wird immer mehr durch eine Subjektförderung ersetzt. Das Sachleistungsprinzip wird durch Ausbau von Geldleistungssystemen ergänzt bzw. eingeschränkt. Über Geldleistungen soll das hilfsbedürftige Individuum frei in der Auswahl der Angebotsstruktur sein (§§ 17 SGB IX und 35a SGB XI), im Bereich des SGB IX und des SGB XI ist ein Wahlrecht für ein persönliches Budget zugelassen. Die Zumutbarkeitsregelungen für Arbeitslose wurden verschärft, Regularien der Bedürftigkeitsprüfung beziehen Einkommen und Vermögen von Bedarfsgemeinschaften ein und umfassen auch eheähnliche Gemeinschaften.

Diesen restriktiven Reformen stehen allerdings Leistungsausweitungen auf anderen Gebieten gegenüber. So wurden die familienunterstützenden Elemente der S. in der jüngsten Vergangenheit durchweg ausgebaut. Familienarbeit wurde in Sozialhilfe, Renten- und Pflegeversicherung anerkannt, privatrechtliche Unterhaltsverpflichtungen werden in der Sozialhilfe nur noch begrenzt realisiert, familienentlastende öffentliche Erziehung im SGB VIII ausgebaut, *Elternzeit* und *Elterngeld* eingeführt, *Kindergeld* aufgestockt.

Konturen des Umbaus

Der deutsche Wohlfahrtsstaat besteht aus einem Arrangement ganz heterogener Einrichtungen, Organisationen und Interessen und bietet in seiner komplexen institutionellen Vielfalt besonders ungünstige Voraussetzungen für radikale strukturelle Reformen. Der Wettbewerb der politischen Parteien in der parlamentarischen Demokratie erhöht das Beharrungsvermögen der etablierten Sicherungseinrichtungen und -leistungen. Während die Gratifikationen sozialpolitischer Auf- und Ausbaumaßnahmen auf die Zustimmung der nutznießenden Wählergruppen rechnen können, drohen Reformen, die mit einschneidenden Leistungskürzungen oder zunehmenden Belastungen verbunden sind, zum Verlust von Wählerstimmen und entsprechendem Machtverlust zu führen. Dennoch lassen sich hinter den skizzierten aktuellen Reformen trotz aller Heterogenität und Zersplitterung bestimmte allgemeine Strukturen erkennen.

Die organisatorischen Reformen betreffen v. a. soziale Dienstleistungen. Hier geht es weniger um direkte Leistungskürzungen als um Rationalisierungsbestrebungen, die durch Elemente von Markt und Wettbewerb anstreben, Kostenersparnisse zu erzielen *(Sozialmanagement)*. Der drängende Bedarf nach sozialen Dienstleistungen soll bei konstanten oder gar sinkenden Ausgaben befriedigt werden. Zugleich können durch sinkende Lohnkosten positive Signale für den Arbeitsmarkt gesetzt werden. Der Preis verminderter Lohnkosten ist allerdings eine Verschlechterung der sozialen Situation der Dienstleistenden und möglicherweise, wenngleich nicht notwendig, eine Verschlechterung der Qualität der Dienstleistungen. Rationalisierung und Qualitätssicherung stehen in einem prekären Spannungsverhältnis.

Die Kürzung finanzieller Leistungen verweist die Leistungsempfänger auf verstärkte Selbstverantwortung, d. h. vermehrte Sicherung mit eigenen Mitteln, die i. d. R. durch Arbeitseinkommen erworben werden. Die Leistungskürzungen erhöhen also den Druck auf den Arbeitsmarkt und stehen damit zu den Reformen des erstgenannten Typs ebenfalls in unübersehbarer Spannung.

Die staatliche Familienpolitik lässt sich in Familienentpflichtung, Familienentlastung und Familienentleerung einteilen. Der Verzicht auf die Umsetzung privatrechtlicher Unterhaltspflichten in der Sozialhilfe beinhaltet faktisch die öffentliche Substituierung privater Familienpflichten. Sie löst die Familie als Unterhaltsgemeinschaft tendenziell zugunsten nur mehr eigenverantwortlicher Individuen auf. Die finanzielle Unterstützung von Familien durch Kindergeld, Anrechnung von Kindererziehungszeiten und steuerliche Vergünstigungen für Kinder schafft Kompensationen für die spezifischen familiären Erziehungslasten. Sie dient der „Vergesellschaftung von Erziehung". Der Ausbau öffentlicher Erziehungseinrichtungen ersetzt oder erleichtert eine der letzten der Familie noch verbliebenen Kernaufgaben, die Erziehung des gesellschaftlichen Nachwuchses, durch öffentliche Erziehungsmaßnahmen und ermöglicht Frauen die Verbindung von Mutterschaft und Beruf. Staatliche Familienpolitik ist demnach Ausdruck eines säkularen Prozesses der Individualisierung, der Freisetzung der Menschen aus partikularen sozialen Assoziationsverhältnissen in gesellschaftsunmittelbare Individualität. Sie beinhaltet auch die Freisetzung von Frauen als Arbeitskräfte und produziert damit steigenden Druck auf den Arbeitsmarkt.

Bei allen Widersprüchlichkeiten und Paradoxien unterliegt staatlicher S. der generelle Verweis auf den Arbeitsmarkt d.h. auf den wirtschaftlichen Prozess gesellschaftlichen Reichtums. Soziale Sicherung beinhaltet kein Sicherungspotenzial „erster Ordnung". Sie kann nicht selbst gesellschaftlichen Wohlstand schaffen. Sie ist in ihrer sichernden Wirkung vielmehr abhängig von der ökonomischen Wohlstandsproduktion der Gesellschaft. Wirtschaftspolitische Anstrengungen zur Schaffung attraktiver Investitionsmöglichkeiten und neuer Arbeitsplätze sind daher eine unverzichtbare Voraussetzung für ein funktionierendes System sozialer Sicherung und damit selbst Ausdruck sozialpolitischer Verantwortung.

Christoph Sachße/Florian Tennstedt

Literatur

H. Achinger: Sozialpolitik als Gesellschaftspolitik, Reinbek 1958 ◆ W. Althammer/H. Lampert: Lehrbuch der Sozialpolitik, Berlin 2014 ◆ G. Bäcker/G. Naegele/R. Bisping: Sozialpolitik und soziale Lage in Deutschland, Bd. 1, Wiesbaden [5]2010 ◆ Th. Blanke/Chr. Sachße: Theorie der Sozialarbeit, in: W. Thole/M. Galuske/H. Gängler (Hrsg.): KlassikerInnen der Sozialen Arbeit, Neuwied 1998, 415–442 ◆ J. Boeckh/E.-U. Huster u. a.: Sozialpolitik in Deutschland, Berlin 2016 ◆ L. Böhnisch/W. Schröer: Sozialpolitik und Soziale Arbeit, Weinheim, München 2012 ◆ BMAS: Sozialbudget 2015, Berlin 2016 ◆ J. Boeckh/E.-U. Huster/B. Benz: Sozialpolitik in Deutschland, Wiesbaden 2011 ◆ U. Dallinger: Sozialpolitik im internationalen Vergleich, München 2016 ◆ C. H. K. Böllert Sozialpolitik als Geschlechterpolitik, Wiesbaden 2011 ◆ F.-X. Kaufmann: Herausforderungen des Sozialstaates, Frankfurt/M. 1997 ◆ F.-X. Kaufmann: Sozialpolitik und Sozialstaat. Soziologische Analysen, Wiesbaden [3]2009 ◆ S. Lessenich: Dynamischer Immobilismus. Kontinuität und Wandel im deutschen Sozialmodell, Frankfurt/M. 2003 ◆ G. A. Ritter: Der Sozialstaat. Entstehung und Entwicklung im internationalen Vergleich, München [3]2010 ◆ Chr. Sachße: Wohlfahrtsstaat in Deutschland. Strukturen, Paradoxien, Perspektiven, in: A. Wollasch (Hrsg.): Wohlfahrtspflege in der Region, Paderborn 1997, 269–282 ◆ Chr. Sachße/F. Tennstedt: Geschichte der Armenfürsorge in Deutschland, 4 Bde., Stuttgart 1980, 1988, 1992, 2012 ◆ Chr. Sachße/H. T. Engelhardt (Hrsg.): Sicherheit und Freiheit. Zur Ethik des Wohlfahrtsstaates, Frankfurt/M. 1990 ◆ M. G. Schmidt: Sozialpolitik in Deutschland. Historische Entwicklung und internationaler Vergleich, Opladen 1998 ◆ Stat.BA: Datenreport 2011. Ein Sozialbericht für die BRD (Kap. 7: Sozialstruktur und soziale Lage), Bonn 2011 ◆ A. Hänlein/F. Tennstedt: Geschichte des Sozialrechts, in: Maydell/Ruland/Becker (Hrsg.): Sozialrechtshandbuch, Baden-Baden [5]2012.

Weitere Literatur unter *Sozialstaat, soziale Sicherung* und *Sozialhilfe*

Links

www.bmas.de
www.sozialpolitik-aktuell.de

Sozialpolitik/Soziale Sicherung, europäische

Europäische Sozialpolitik – ein Aufschwung in Sicht

Die Europäische Sozialpolitik (ESP) gewinnt trotz der grundsätzlichen Zuständigkeit der Mitgliedsstaaten für das Sozial- und Gesundheitsrecht zunehmend an Bedeutung. Sie ist seit Inkrafttreten des Vertrags über die Europäische Union (EU) am 1.11.1993 in Gestalt von Titel VIII (Sozialpolitik, allgemeine und berufliche Bildung und Jugend) des Vertrags zur Gründung der Europäischen Gemeinschaft (EG) in die Gemeinschaftspolitik eingeordnet worden. Seit Inkrafttreten des Vertrages von Lissabon am 1.12.2009 ist der Vertrag über die Arbeitsweise der EU (AEUV) an die Stelle des Vertrages über die Gründung der Europäischen Gemeinschaft (EGV) getreten. Art. 151 AEUV sieht die Förderung von Beschäftigung, die Verbesserung der Lebensbedingungen, einen angemessenen sozialen Schutz und die Bekämpfung von Ausgrenzungen vor. Diese Ziele haben allerdings im normativen Zuständigkeits- und Ermächtigungsgehalt der einschlägigen Vorschriften des EG-Vertrages (Art. 136–150 EG) keine hinreichende Entsprechung gefunden. Die Charakterisierung der ESP als „die schönste Nebensache Europas" (Henningsen) oder die in den 1960er Jahren angestimmte Klage, der „Gemeinsame Markt sei Angelegenheit der Unternehmer, bringe aber den Arbeitnehmern wenig oder nichts" (Ipsen) ist ein kritischer Grundton, der die Diskussion über die ESP seit Inkrafttreten des EWG-Vertrages im Jahre 1958 begleitet hat.

Das Projekt der Europäischen Integration verfolgte von Anbeginn an politische Ziele mit wirtschaftlichen Mitteln. Der politische Kompromiss, der dem Zustandekommen des „Sozialkapitels" des EWG-Vertrages (Art. 117–122 EWGV a.F.)

S

Ende der 1950er Jahre zugrunde lag, erteilte von vornherein einer Vereinheitlichung der Systeme der sozialen Sicherheit (soz. S.) der – ursprünglich 6 – Mitgliedstaaten eine Absage und räumte der EG nur punktuelle Kompetenzen im Sozialbereich ein. Nach Maßgabe des Art. 117 Abs. 1 EWGV – heute Art. 151 AEUV – waren sich die Mitgliedstaaten zwar von Anfang an über „die Notwendigkeit einig, auf eine Verbesserung der Lebens- und Arbeitsbedingungen der Arbeitskräfte hinzuwirken und dadurch auf dem Wege des Fortschritts ihre Angleichung zu ermöglichen", doch bekannten sie zugleich dazu (Abs. 3), dass sich eine solche Entwicklung „sowohl aus dem ... Wirken des Gemeinsamen Marktes als auch aus den in diesem Vertrag vorgesehenen Verfahren sowie aus der Angleichung ihrer Rechts- und Verwaltungsvorschriften ergeben wird". Von Anbeginn an stand die Option für eine gleichsam „autonom-marktwirtschaftlich" sich vollziehende soziale Angleichung im Vordergrund, sowohl bei Abschluss des Vertrages von Rom im Jahre 1957 als auch in der späteren sozialpolitischen Praxis der EU. Dementsprechend räumen auch die sonstigen Sozialvorschriften des AEUV-Vertrages der EU nur in Einzelfragen sozialpolitische Kompetenzen ein. Deshalb wurde eine „sozial-interventionistische" Option auch nicht für die Zwecke einer Vereinheitlichung oder Annäherung der mitgliedstaatlichen Systeme der soz. S. eingesetzt, insbesondere nicht für eine Vereinheitlichung bzw. Angleichung der Sozialrechtsordnungen der Mitgliedstaaten. Lediglich punktuell, namentlich in Bezug auf das „freizügigkeitsspezifische" Sozialrecht in Art. 48 AEUV, durch die Vereinheitlichung des Internationalen Sozialrechts der Mitgliedstaaten und die Koordinierung ihrer Systeme der *sozialen Sicherung* im Interesse der Freizügigkeit der Arbeitnehmer bzw. der Mobilität des „Faktors Arbeit" sowie im Hinblick auf den Grundsatz des gleichen Entgelts für Männer und Frauen bei gleicher Arbeit (heute Art. 157 AEUV) enthielt das Gemeinschaftsrecht und heute das Unionsrecht konkrete rechtliche Handlungsvorgaben und -befugnisse.

S

Entgegen dieser eher defensiven Tendenz haben die Beschäftigungspolitik und der Arbeitsschutz auf EU-Ebene in den letzten Jahren erheblich an Bedeutung gewonnen und einige Vertragsänderungen das sozialpolitische Profil durchaus gestärkt. Zudem sind mit dem neuen Grundbekenntnis zur „sozialen Marktwirtschaft" in Art. 3 Abs. 3 AEUV, der Grundrechtecharta, dem Ziel des sozialen Zusammenhalts, der neuen sozialen Folgenabschätzung gem. Art. 9 AEUV und mit den sozialen Zielen der EU 2020-Strategie Grundlagen für verstärkte sozialpolitische Ansätze gelegt worden. Die EG als supranationaler Kern der EU ist zwar aus dem Gedanken der Friedenssicherung, konkret aber aus der Europäischen Wirtschaftsgemeinschaft hervorgegangen. Und aus diesem Grunde erklärt sich vor allem die bisherige nachgeordnete Rolle des „Sozialen" auf der Gemeinschaftsebene gegenüber dem „Wirtschaftlichen". Das Interesse von Wirtschaft und Industrie an einem gemeinsamen, möglichst schwach regulierten Binnenmarkt hatte sich bisher als bestimmende Größe erwiesen. Dabei wurde aber dem Umstand zu wenig Rechnung getragen, dass die Verschärfung der Armuts-/Reichtums-Entwicklung, die Herausforderungen der Finanz- und Wirtschaftskrise/en, die Armutsmigration innerhalb der EU, die Flüchtlingsfrage und die extremen Unterschiede in der Leistungsfähigkeit der Sozialsysteme der Mitgliedstaaten Risiken und Wettbewerbsverzerrungen darstellen können. Zudem erzeugt auch die reine Wirtschafts- und Binnenmarktpolitik Rückwirkungen auf den Sozialsektor und vor allem auf die bisher wirtschaftspolitisch kaum erfassten *Sozialwirtschaft*. Insbesondere das Beihilferecht, das Vergaberecht und vielfältige Koordinierungsfragen sind hier zu nennen *(Wettbewerb, europäischer)*.

Die bisherigen Kernbereiche des Unionssozialrechts

Der Kernbereich des Unionssozialrechts umfasst zum einen die Vorschriften, die die Freizügigkeit der Arbeitnehmer in der Gemeinschaft und die Koordinierung der nationalen Systeme der sozialen Sicherheit der Arbeitnehmer und Selbständigen sowie ihrer Familienangehörigen gewährleisten, zum anderen den Grundsatz der Gleichbehandlung von Männern und Frauen v. a. bei der Frage des gleichen Entgelts für gleiche Arbeit. Beide Regelungskomplexe sind ursprünglich als „Annexe" zu den wirtschaftlichen Freiheiten und Diskriminierungsverboten des heutigen EWG-Vertrages konzipiert worden. So war die Verankerung des Grundsatzes gleichen Entgelts für Männer und Frauen ursprünglich ökonomisch motiviert und zum Ausgleich von Wettbewerbsnachteilen für Mitgliedstaaten mit einem seinerzeit bereits hohen Grad an Lohngleichheit (konkret: Frankreich) bestimmt; erst durch die Rechtsprechung des Europäischen Gerichtshofs, beginnend mit dem ersten Defrenne-Urteil aus dem Jahre 1971 (EuGH, RS 80/70 [Defrenne], Slg. 1971, 445) ist dieser Grundsatz auch individualrechtlich und „sozial" gewendet worden, und der Gerichtshof hat auch in der Folgezeit entscheidend dazu beigetragen, dass die Politik der Gleichbehandlung von Männern und Frauen, die durch mittlerweile sechs Richtlinien konkretisiert und für einzelne Bereiche spezifiziert worden ist, eines der erfolgreichsten, ja wohl das erfolgreichste Kapitel der ESP darstellt.

Das europäische „Koordinierungsrecht"

Das „freizügigkeitsspezifische" EU-Sozialrecht der Arbeitnehmer, Selbständigen und Studierenden sowie ihrer Familienangehörigen, die in der Union von dem Recht auf Freizügigkeit Gebrauch machen, ist ebenfalls nicht das Ergebnis einer Sozialpolitik per se, sondern diente und dient der „sozialen Flankierung" zweier Personenfreiheiten des EU-Vertrages, nämlich der Freizügigkeit der Arbeitnehmer und der Niederlassungsfreiheit der Selbständigen und jetzt aller Unionsbürger. Die VO (EWG) Nr. 1612/68 regelt die Freizügigkeit der Arbeitnehmer und ihrer Familienangehörigen in Bezug auf den Zugang zur Beschäftigung und gewährleistet die Gleichbehandlung mit Inländern im Hinblick auf Arbeitsbedingungen sowie soziale und steuerliche Vergünstigungen i. w. S. in ihrem Beschäftigungsstaat. Die dieser sog. „Freizügigkeitsverordnung" als leges speciales vorgehenden VO (EWG) Nr. 1408/71 und Nr. 574/72 gewährleisten Arbeitnehmern und auch ihren Familienangehörigen die Gleichbehandlung auf dem Gebiet der soz. S. als dem Kernbereich des Sozialleistungssystems und stellen zugleich sicher, dass „wandernde" Erwerbspersonen im Hinblick auf ihre soziale Absicherung in einem anderen Mitgliedstaat keine Nachteile im Bereich der soz. S. erleiden. Die beiden VOen setzen heute die Vorschrift des Art. 48 AEUV um, die ihrerseits dem Umstand Rechnung trägt, dass die Freizügigkeit der Arbeitnehmer (und seit der Erstreckung des persönlichen Anwendungsbereichs der VOen auch die aller Versicherten) beeinträchtigt würde, wenn ein solcher „Wanderer" befürchten müsste, bei der Wanderung von einem Mitgliedstaat in einen anderen aufgrund daraus resultierender Zugehörigkeit zu verschiedenen nationalen Systemen der soz. S. bestimmte Leistungen nicht zu erhalten oder bereits erworbene Ansprüche auf Leistungen einzubüßen. Die VOen (heute die VOen 883/04 und 987/09) haben deshalb ein Koordinierungssystem geschaffen, das zu Erwerbszwecken innerhalb der Union aus- und einwandernden Personen mit Staatsangehörigkeit eines EU-Mitgliedstaats in ihrem jeweiligen Beschäftigungsstaat zum einen die Zusammenrechnung aller nach den verschiedenen innerstaatlichen Rechtsvorschriften zu berücksichtigenden Zeiten für den Erwerb und die Aufrechterhaltung des Leistungsanspruchs wie für die Berechnung der Leistungen sichert, und dass zum anderen die Zahlung von Leistungen, den „Leistungsexport", auch an Personen vorsieht, die nicht im Beschäftigungsstaat, sondern in anderen Mitgliedstaaten (z. B. in ihrem Heimatland) wohnen.

Aufgrund des sog. Zusammenrechnungsgrundsatzes muss ein Erwerbstätiger, der in verschiedenen Mitgliedstaaten beschäftigt und versichert gewesen ist, in jedem Mitgliedstaat in Bezug auf die Entstehung eines Leistungsanspruchs so behandelt werden, als hätte er sämtliche überhaupt in EU-Staaten zurückgelegte Zeiten in dem betreffenden Mitgliedstaat verbracht; so kann z. B. ein italienischer Wanderarbeitnehmer auch mit in Italien – oder in jedem anderen Mitgliedstaat – zurückgelegten Zeiten, die nach deutschem Recht zum Erwerb eines Rentenanspruchs erforderliche Vorversicherungszeit (Wartezeit) erfüllen, wenn seine italienischen oder deutschen Zeiten allein dazu nicht ausreichen. Darüber hinaus stellt das Unionsrecht sicher, dass Rechtsansprüche auf Geldleistungen der soz. S. (z. B. Ansprüche auf eine Invaliditäts- oder Altersrente), die in einem Mitgliedstaat erworben worden sind, in jedem anderen Mitgliedstaat erfüllt werden müssen, es sieht mithin den „Export" derartiger Geldleistungen vor.

Die Mehrzahl der in der EU tätigen Wanderarbeitnehmer, die aus Drittstaaten stammen, kommt hingegen nicht in den Genuss dieses vorteilhaften Systems. Seit Inkrafttreten des Vertrags über den Europäischen Wirtschaftsraum (EWR) am 1. 1. 1994 ist allerdings dieses „Wandererwerbstätigen-Regime" erstreckt worden auf Arbeitnehmer, Selbständige und deren Familienangehörige auch aus Mitgliedstaaten des EWR, die nicht der EU angehören, d. h. auf Staatsangehörige Islands, Liechtensteins, Norwegens, sowie seit Inkrafttreten des Abkommens EU und Mitgliedstaaten/Schweiz am 1. 2. 2003 über die Freizügigkeit der Arbeitnehmer auch auf Staatsbürger der Schweizerischen Eidgenossenschaft.

Die EU-Kommission hat im Juli 2015 eine Konsultation zu der Verordnung 883/2004 zur Koordinierung der Systeme der sozialen Sicherheit in der EU veröffentlicht. Die Kommission erwägt eine Aktualisierung der Verordnung, „um zu gewährleisten, dass die Rechtsvorschriften zur Koordinierung der sozialen Sicherheit den sozialen, wirtschaftlichen und politischen Entwicklungen in den EU-Ländern entsprechen." Von der Verordnung bzw. der Konsultation sind verschiedene Bereiche auch des deutschen Sozialwesens berührt, insbesondere Familienleistungen, Arbeitslosenunterstützung und die Entsendung von Arbeitnehmern. Die Reform der Verordnung ist Teil des im Arbeitsprogramm der Kommission 2015 angekündigten „Maßnahmenpakets für die Mobilität der Arbeitskräfte".

Gesetzgeberische Zuständigkeit im wesentlichen bei den Mitgliedstaaten

Was das nationale Recht der soz. S. der Mitgliedstaaten angeht, so hatten und haben neben diesem „freizügigkeitspezifischen" Unionssozialrecht insbesondere der bereits erwähnte Grundsatz des gleichen Entgelts für Männer und Frauen bei gleicher Arbeit des Art. 157 AEUV (der unmittelbar bspw. auch auf Betriebsrenten Anwendung findet, die unionsrechtlich „Arbeitsentgelt" sind) und die EWG-RLen zur Gleichbehandlung von Männern und Frauen unmittelbare rechtliche Auswirkungen. Entsprechendes gilt für die RL 86/378/EWG zur Verwirklichung des Grundsatzes der Gleichbehandlung von Männern und Frauen bei betrieblichen Systemen der sozialen Sicherheit und RL 86/613/EWG zur Verwirklichung des Grundsatzes der Gleichbehandlung von Männern und Frauen, die eine selbständige Tätigkeit – auch in der Landwirtschaft – ausüben, sowie über den Mutterschutz in Ansehung der in ihnen enthaltenen Detailregelungen.

Ansonsten ist die soz. S. Angelegenheit der Mitgliedstaaten geblieben. Die harmonische Entwicklung der EU als Ganzes setzt allerdings voraus, dass die wirtschaftlichen und sozialen Unterschiede und Abstände zwischen den Mitgliedstaaten nicht größer werden, als sie es derzeit sind: aufgrund der unterschiedlichen historischen Wurzeln, der politischen, ökonomischen und rechtlichen Rahmenbedingungen sowie der sozialpolitischen Gestaltungsprinzipien – z. B. Sozialversicherungssysteme, Staatsbürgerversorgungssysteme und Gesundheitssysteme.

Berichte der Europäischen Kommission zur Sozialen Sicherung: Der von der Europäischen Kommission regelmäßig vorgelegte Bericht „Soziale Sicherheit in Europa" und die jährlichen Übersichten über die „Soziale Sicherheit in den Mitgliedstaaten" illustrieren die diesbezüglich bestehenden Gemeinsamkeiten und Unterschiede.

Europäischer Strukturfonds/Europäischer Sozialfonds: Die Strukturfonds sind ein wesentliches Element europäischer Politik auch in Bereichen, in denen die EU keine Gesetzgebungszuständigkeit hat, Mit dem Europäischen Sozialfonds (ESF) wird die Arbeitsmarkt- und Beschäftigungspolitik in den Mitgliedstaaten der EU gefördert. Der ESF dient dazu, das Bildungsniveau und Qualifikationen zu verbessern und damit berufliche Chancen zu erhöhen. Der ESF ist damit Europas wichtigstes Instrument der EU zur Förderung von Beschäftigung und sozialer Integration. Zielgruppen sind insbesondere Arbeitslose, Schülerinnen und Schüler beim Übergang in Ausbildung und Beruf, Arbeitnehmerinnen und Arbeitnehmer sowie Gründerinnen und Gründer. Besonderes Gewicht legt der ESF auf Antidiskriminierung. Der ESF bekämpft Ausgrenzung z. B. bei benachteiligten jungen Menschen, Langzeitarbeitslosen sowie Migranten und Migrantinnen. Der ESF fördert Beschäftigungsprojekte auf lokaler, regionaler und bundesweiter Ebene. Eine Förderung einzelner Personen erfolgt nur über die unterschiedlichen ESF-Bundesprogramme, die von Projektträgern und verantwortlichen Institutionen durchgeführt werden. Neben einem gewissen Maß an finanzieller Solidarität gegenüber den benachteiligten Ländern und Regionen im Rahmen der Europäischen Strukturfonds (v. a. des Europäischen Sozialfonds) als Instrumente sozialer Umverteilung in der Union, vermag im Sinne einer Annäherung der Systeme der soz. S. auch eine Abstimmung der nationalen Sozialpolitiken dazu einen Beitrag zu leisten.

Aus der Verteilung ehemaliger landwirtschaftlicher Überschüsse hat sich inzwischen ein eigener Europäischer Hilfsfonds für die am stärksten benachteiligten Personen in Deutschland (EHAP) entwickelt. Die Tendenz mancher Mitgliedstaaten, über sog. Lebensmittelbanken reine Lebensmittelverteilungen zu finanzieren, ist aus der Perspektive moderner Sozialpolitik auch kritisch zu sehen und so ist dieses Programm auch auf Initiative der deutschen Wohlfahrtsverbände und der Bundesregierung mit Elementen versehen worden, welche stärker auf Nachhaltigkeit und soziale Teilhabe abzielen. Der EWSA hat in diesem Sinne ebenfalls die Einhaltung von entspr. Standards eingefordert (SOC 473). Der EHAP leistet einen Beitrag zur Bekämpfung von Armut und sozialer Ausgrenzung als ein Kernziel der Europa-2020-Strategie. Ziel des Europäischen Hilfsfonds für die am stärksten benachteiligten Personen (EHAP) in Deutschland ist die Förderung des sozialen Zusammenhalts und der sozialen Eingliederung von armutsgefährdeten und von sozialer Ausgrenzung bedrohten Personen. Der EHAP leistet somit einen Beitrag zur Bekämpfung von Armut und sozialer Ausgrenzung als ein Kernziel der Europa-2020-Strategie. Der Fonds ist erstmalig für die Förderperiode 2014–2020 eingerichtet worden. Aus Mitteln des EHAP werden ab November 2015 Menschen in Deutschland unterstützt, die unter Armut leiden und keinen oder nur unzureichenden Zugang zu den Beratungs- und Unterstützungsangeboten des regulären Hilfesystems haben. Das sind: Besonders benachteiligte neu zugewanderte Unionsbürger/-innen, Kinder von besonders benachteiligten neu zugewanderten Unionsbürgern/-innenn, Wohnungslose und von Wohnungslosigkeit bedrohte Personen. Der EHAP kann ein Instrument sein, um betroffene Kommunen insbesondere dabei zu unterstützen, sich den Herausforderungen, die die wachsende Zuwanderung von Unionsbürgern/-innen aus anderen EU-Staaten mit sich bringt, stellen zu können.

Gemeinschaftscharta der sozialen Grundrechte von Arbeitnehmern: In der von den Staats- bzw. Regierungschefs von 11 der 12 damaligen Mitgliedstaaten (mit Ausnahme des Vereinigten Königreichs) am 9.12.1989 in Straßburg angenommenen „Gemeinschaftscharta der sozialen Grundrechte der Arbeitnehmer" sind spezifische soziale Zielvorstellungen, die für alle Mitgliedstaaten gelten sollen, formuliert worden, u.a. die Gewährleistung von Einkommensersatzleistungen in angemessener, d.h. den Fortbestand des bisherigen Lebensstandards ermöglichender Höhe für Arbeitnehmer und die Garantie ausreichender Leistungen und Zuwendungen i.S. eines sozialen Minimums auch für diejenigen, die – als Nichterwerbstätige – nicht über die notwendigen Mittel für ihren Unterhalt verfügen i.S. der Gewährleistung eines dem Grundsatz der Menschenwürde verpflichteten sozialen Existenzminimums.

Empfehlung des Rates über die Annäherung der Ziele und Politiken im Bereich des sozialen Schutzes: In Konkretisierung dieser politischen Vorgaben ist in der Empfehlung des Rates vom 27.7.1992 über die Annäherung der Ziele und Politiken im Bereich des sozialen Schutzes den Mitgliedstaaten empfohlen worden, ihre Sozialpolitik in Bezug auf die soz.S. freiwillig an bestimmten Zielen zu orientieren und in den jeweiligen Sozialleistungsbereichen wie folgt tätig zu werden:

Krankheit: Der soziale Schutz bei Krankheit bspw. soll (1) allen rechtmäßig im Hoheitsgebiet eines Mitgliedstaats ansässigen Personen unter den von jedem Mitgliedstaat selbst festgelegten Bedingungen den Zugang zu den notwendigen Gesundheitsleistungen sowie zu Krankheitsvorsorgemaßnahmen eröffnen; (2) es ist auf die Beibehaltung und ggf. die Weiterentwicklung eines effizienten Gesundheitsversorgungssystems zu achten, das der Entwicklung der Bedürfnisse der Bevölkerung, von Krankheiten und Heilverfahren, sowie der erforderlichen Intensivierung der Vorsorge entspricht; (3) es ist für die Rehabilitation von Konvaleszenten, insbesondere nach schwerer Krankheit oder nach einem Unfall, und für deren spätere berufliche Wiedereingliederung zu sorgen; (4) Arbeitnehmern, die ihre Tätigkeit aus Krankheitsgründen unterbrechen müssen, sind pauschale oder aber auf der Grundlage ihres früheren Erwerbseinkommens berechnete Leistungen zu gewähren.

Arbeitslosigkeit: Im Hinblick auf das Risiko *Arbeitslosigkeit* ist zunächst (1) entsprechend der „Empfehlung des Rates vom 24.6.1992 über gemeinsame Kriterien für ausreichende Zuwendungen und Leistungen im Rahmen der Systeme der soz.S., (der sog. „Mindesteinkommensempfehlung") allen Arbeitslosen, die rechtmäßig im Hoheitsgebiet eines Mitgliedstaates wohnen, vorbehaltlich ihrer Verfügbarkeit auf dem Arbeitsmarkt, ein Mindesteinkommen zu garantieren; (2) für Arbeitslose, insbesondere für jugendliche Berufsanfänger und Langzeitarbeitslose, sind bei Verfügbarkeit für eine Erwerbstätigkeit oder eine berufliche Ausbildung Maßnahmen vorzusehen, die auf eine Integration in das Erwerbsleben abzielen; (3) Arbeitnehmern, die ihren Arbeitsplatz verloren haben, sind für die Zeit ihrer unfreiwilligen Arbeitslosigkeit gleichfalls Einkommensersatzleistungen zu gewähren, die ihnen die Aufrechterhaltung ihres früheren Lebensstandards entsprechend ihrer Einbindung in die jeweiligen Systeme der soz.S. ermöglichen.

Ältere Menschen: Älteren Menschen (1) soll gleichfalls das Recht auf ein Mindesteinkommen und/oder der Zugang zu anderen Systemen der soz.S. gewährleistet werden, damit sie in finanzieller Unabhängigkeit am gesellschaftlichen Leben teilnehmen können; (2) beim Ausscheiden aus dem Berufsleben sollen ihnen Einkommensersatzleistungen (Renten) zustehen; (3) soziale Hilfsdienste sollen auf die selbständige Lebensführung und das körperliche, geistige und soziale Wohlbefinden älterer Menschen abgestellt sein und insbesondere Pflege und Hilfe im häuslichen Bereich, ambulante Hilfsdienste, Heime für ältere Menschen sowie medizinische Dienstleistungen umfassen; (4) besonderes Augenmerk soll der Frage geschenkt werden, inwieweit im Arbeitsleben eine unterschiedliche Behandlung aufgrund des Lebensalters gerechtfertigt ist: (5) ferner sollen flexiblere Übergange vom Erwerbsleben in den Ruhestand ermöglicht sowie Information, Betreuung und praktische Hilfestellung bereitgestellt werden; (6) eine flexiblere Wohnungspolitik mit einem Angebot an unterschiedlichen Wohnformen soll es älteren Menschen schließlich ermöglichen, in ihrer eigenen häuslichen Umgebung zu verbleiben.

Konvergenzziele: Rechtlich unverbindlich, politisch bedeutsam

Diese Konvergenzziele sind rechtlich nicht verbindlich, haben aber zumindest eine politische Bedeutung für die Sozialschutzsysteme aller Mitgliedstaaten und damit auch für alle Bürger der EU-Staaten, da sie einen zwischen den Mitgliedstaaten der EU bestehenden Konsens über die Fortentwicklung der Systeme des sozialen Schutzes zum Ausdruck bringen. Darüber hinaus ergibt sich aus der Gemeinsamkeit der sozialpolitischen Probleme – demographisch: die Alterung der Bevölkerung und der Geburtenrückgang, gesellschaftlich: der Wandel der Rolle der Frau und der Familie, ökonomisch: der verschärfte Wettbewerb auf den Weltmärkten, arbeitsmarktpolitisch: die nach wie vor hohe Arbeitslosigkeit u. a. – sowie aus der immer stärker werdenden Interdependenz der Mitgliedstaaten in wirtschaftlicher (z. B. ausweislich der Konvergenzkriterien der Europäischen Währungsunion), aber auch in rechtlicher (wegen des Europäischen Unionsrechts als supranationalem Rahmen) und politischer (gemäß der offenen Methode der Koordinierungen) Hinsicht – ein zunehmender Druck in Richtung auf ähnliche Lösungen. Schließlich sorgt die Effektivierung der Marktfreiheiten innerhalb des Binnenmarktes für zusätzliche Dynamik, die zu einer Öffnung der bislang national „abgeschotteten" Sozialleistungssysteme der Mitgliedstaaten in Bezug auf die Sozialleistungserbringung i. w. S. dazu führt, dass Sozialpolitik und soz. S. immer stärker „europäisiert" werden.

Soziale Rechte durch „Unionsbürgerschaft"

Die sog. Unionsbürgerschaft (Art. 17–22 AEUV) als gemeinsames rechtliches Band zwischen den Staatsangehörigen der Mitgliedstaaten, gleichsam die nationale Staatsbürgerschaft überlagernd, verleiht nach der Rechtsprechung des Europäischen Gerichtshofs (als wichtigster „Motor" der europäischen Integration überhaupt) unter bestimmten Voraussetzungen ebenfalls soziale Rechte.

Die Charta der Grundrechte der EU von Dezember 2001, die mit dem EU-Vertrag 2009 und dem AEU-Vertrag rechtsverbindlich geworden ist, enthält im Kap. IV Solidarität auch soziale Grundrechte: Neben Art. 27 Recht auf Unterrichtung und Anhörung der Arbeitnehmerinnen und Arbeitnehmer im Unternehmen, Art. 28 Recht auf Kollektivverhandlungen und Kollektivmaßnahmen, Art. 29 Recht auf Zugang zu einem Arbeitsvermittlungsdienst, Art. 30 Schutz bei ungerechtfertigter Entlassung, Art. 31 Gerechte und angemessene Arbeitsbedingungen, Art. 32 Verbot der Kinderarbeit und Schutz der Jugendlichen am Arbeitsplatz sind von besonderer sozialrechtlicher Relevanz folgende **Grundrechte:**

Art. 33 **Familien- und Berufsleben**
(1) Der rechtliche, wirtschaftliche und soziale Schutz der Familie wird gewährleistet. (2) Um Familien- und Berufsleben miteinander in Einklang zu bringen, hat jede Person das Recht auf Schutz vor Entlassung aus einem mit der Mutterschaft zusammenhängenden Grund sowie den Anspruch auf einen bezahlten Mutterschaftsurlaub und auf einen Elternurlaub nach der Geburt oder Adoption eines Kindes.

Art. 34 **Soziale Sicherung und soziale Unterstützung**
(1) Die Union anerkennt und achtet das Recht auf Zugang zu den Leistungen der sozialen Sicherheit und zu den sozialen Diensten, die in Fällen wie Mutterschaft, Krankheit, Arbeitsunfall, Pflegebedürftigkeit oder im Alter sowie bei Verlust von Arbeitsplatz Schutz gewährleisten, nach Maßgabe des Gemeinschaftsrechts und der einzelstaatlichen Rechtsvorschriften und Gepflogenheiten. (2) Jede Person, die in der Union ihren rechtmäßigen Wohnsitz hat und ihren Aufenthalt rechtmäßig wechselt, hat Anspruch auf Leistungen der sozialen Sicherheit und die sozialen Vergünstigungen nach dem Gemeinschaftsrecht und den einzelstaatlichen Rechtsvorschriften und Gepflogenheiten. (3) Um die soziale Ausgrenzung und die Armut zu bekämpfen, anerkennt und achtet die Union das Recht auf eine soziale Unterstützung und eine Unterstützung für die Wohnung, die allen, die nicht über ausreichende Mittel verfügen, ein menschenwürdiges Leben sicherstellen sollen, nach Maßgabe des Gemeinschaftsrechts und der einzelstaatlichen Rechtsvorschriften und Gepflogenheiten.

Art. 35 **Gesundheitsschutz**
Jede Person hat das Recht auf Zugang zur Gesundheitsversorgung und auf ärztliche Versorgung nach Maßgabe der einzelstaatlichen Rechtsvorschriften und Gepflogenheiten. Bei der Festlegung und Durchführung aller Politiken und Maßnahmen der Union wird ein hohes Gesundheitsschutzniveau sichergestellt;

Art. 36 **Zugang zu Dienstleistungen von allgemeinem wirtschaftlichen Interesse**
Die Union anerkennt und achtet den Zugang zu Dienstleistungen von allgemeinem wirtschaftlichen Interesse, wie er durch die einzelstaatlichen Rechtsvorschriften und Gepflogenheiten im Einklang mit dem Vertrag zur Gründung der EG geregelt ist, um den sozialen und territorialen Zusammenhakt der Union zu fördern.

Mit der Rechtsverbindlichkeit der Grundrechtecharta hat die soziale Dimension der EU eine deutliche Aufwertung erfahren.

Sozialpolitische Akteure

Wie in den meisten Mitgliedstaaten beratend Wirtschafts- und Sozialausschüsse bestehen, existiert auf EU-Ebene der vertraglich verankerte Europäische Wirtschafts- und Sozialausschuss (EWSA) als eigenes Organ der Union. Dessen Mitglieder werden von Arbeitgeber- Arbeitnehmer-, Wohlfahrts-, Verbraucherschutz- Berufs- und sonstigen Verbänden vorgeschlagen. Er versteht sich als Interessenvertretung und Expertengremium der Zivilgesellschaft. Er ist nach den Grundsätzen der Verträge von den anderen EU-Organen zu beteiligen und hat auch selbst Initiativrecht. Er stellt ein wesentliches Forum der sozialpolitischen Meinungsbildung dar und hat sich in den letzten Jahren u.a. mit den sozialen Krisenfolgen, mit der Jugendarbeitslosigkeit, der Gesundheits- und Beschäftigungspolitik, mit Leistungen für Menschen mit Behinderung und Pflegebedarf, für haushaltsnahe Leistungen und sozialschädlichen Wirtschaftstrukturen befasst.

Neben den EU-Organen und den politischen Parteien haben sich auf EU- Ebene eine Reihe von nationalen und auch europäischen Interessenvertretungen etabliert, wie etwa Verbände der Krankenhäuser, Eurodiaconia, Caritas Europa oder auch die Vertretung der BAG der Freien Wohlfahrtspflege oder der Sozialversicherungen in Brüssel. Diese finden sich teilweise wiederum in übergeordneten Plattformen oder Querschnittsstrukturen wieder.

Ausblicke

Auf Vorschlag der Kommission in ihrer Mitteilung „Eine konzertiere Strategie zur Modernisierung des Sozialschutzes" hat der Rat im Hinblick auf die Sozialschutzsysteme verabschiedet, die den gegenseitigen Informationsaustausch verbessern und eine kontinuierliche Analyse aktueller politischer Entwicklungen unterstützen soll.

Der inhaltliche Zusammenhang zwischen dieser neu konzipierten Strategie für den Sozialschutz und der bereits im EG-Vertrag rechtlich verankerten Beschäftigungsstrategie zeigt sich zunächst darin, dass Letztere eindringlich postuliert, die Sozialschutzsysteme beschäftigungsfreundlicher auszugestalten.

Vor diesem Hintergrund sind allgemeine Ziele künftiger Sozialschutzpolitik benannt worden:

- „dafür zu sorgen, dass Arbeit sich lohnt und das Einkommen gesichert ist" (u.a. durch entsprechende Ausgestaltung der Steuer- und Transfersysteme und durch die bessere Vereinbarkeit von Erwerbsarbeit und Familie);
- „die Renten sicher und die Rentensysteme langfristig finanzierbar zu machen" (u.a. durch einen kohärenten „policy mix", der sowohl die Arbeitsmarktpolitik und die Gestaltung der Alterssicherungssysteme als auch die übrigen Zweige des Sozialschutzsystems, v.a. die Gesundheitsversorgung und den Pflegebereich umfasst, sowie durch die Ausgestaltung der Sozialschutzsysteme, dass die Anreize für ein vorzeitiges Ausscheiden aus dem Arbeitsmarkt vermieden oder verringert, Flexibilität bei der Verrentung ermutigt und die Möglichkeiten für die aktive Teilnahme älterer Menschen am Leben der Gemeinschaft gestärkt werden);
- „die soziale Eingliederung zu fördern" (u.a. durch Leistungen der Mindestsicherung sowie – verstärkt – durch Maßnahmen der Prävention, die an die Stelle passiver aktive Maßnahmen setzen und Anreize geben und die Wege aufzeigen zur (Wieder-)Eingliederung sozial Ausgeschlossener und Ausgegrenzter in Arbeitsmarkt und Gesellschaft);
- „eine hohen Qualitätsansprüchen genügende und langfristig finanzierbare Gesundheitsversorgung (zu sichern)" (u.a., um jedermann im Bedarfsfall einen einlösbaren Anspruch auf Gesundheitsfürsorge – Behandlung von Krankheiten, Pflege, Prävention und Rehabilitation u.a. – einzuräumen, andererseits aber auch Effektivität und Effizienz der einschlägigen Leistungssysteme dahingehend zu stärken, dass sie ihre Ziele mit den vorhandenen Mitteln erreichen können).

Ein sog. Sozialschutzausschuss hat diese Aufgaben wahrzunehmen. Zur Umsetzung dieser Strategie hat der Europäische Rat eine innovative Arbeitsmethode auf Unionsebene beschlossen, die er als offene Methode der Koordinierung bezeichnet. Die Methode basiert auf positiven Erfahrungen und Ergebnissen, die im Zeitraum 1997–2000 im Rahmen der Europäischen Beschäftigungsstrategie erzielt worden sind.

Subsidiarität als zentraler Ansatz

Die Strategie stützt sich auf einen dezentralen Ansatz, der sich aus dem Grundsatz der *Subsidiarität* ergibt. Sie beinhaltet die Festlegung gemeinsamer Leitlinien und Ziele auf EU-Ebene. Ihre Umsetzung in konkrete Maßnahmen bleibt den zuständigen nationalen Stellen auf der jeweils geeigneten Ebene (national, regional und lokal) überlassen. Nationale Aktionspläne sollen die Gesamtheit der politischen Initiativen aller Ebenen in einem kohärenten strategischen Rahmen zusammenführen. Dieser Rahmen wird durch quantitative und qualitative Indikatoren und Benchmarks präzisiert, die dann auf die jeweilige Ebene übertragen werden. Die Methode fördert das Voneinander Lernen, da die Umsetzung der Maßnahmen systematisch überwacht („Monitoring"), bewertet („Evaluierung") und einer „Peer Review" unterworfen wird. Damit sollen Innovationen in den Mitgliedstaaten durch Ausschöpfung des breiten Aktions- und Erfahrungsspektrums in der EU und durch den verstärkten Wettbewerb der positiven Beispiele („best practices") anderer Mitgliedstaaten angeregt werden.

Eine Initiativstellungnahme des EWSA (Berichterstatter Prof. Dr. Bernd Schlüter) hat im September 2015 die Kommission aufgefordert, ihre Anstrengungen in der Sozialpolitik zu steigern, die EU als Wertgemeinschaft zu stärken und gemeinsam mit den Mitgliedstaaten sozialpolitische Grundsätze aufzustellen. Diese sollen im Rahmen des geltenden Rechts eine möglichst hohe Verbindlichkeit und Wirksamkeit erlangen, mindestens über die o. g. Strategie und entsprechende Benchmarks, aber auch über Kommissionsempfehlungen im Rahmen des sog. europäischen Semesters, in Bezug auf den ESF, über die soziale Folgenabschätzung und als Leitlinien u. a. für die wirtschaftpolitische Steuerung und die Krisenpolitik wirksam werden. Als erste Vorschläge wurden dort Grundsätze formuliert u. a. zu den Themen Existenzsicherung, Zugänglichkeit, Rechtssicherheit, Qualität, Stellung von Sozialunternehmen und Ziele wie Befähigung, soziale Teilhabe und solidarische Finanzierung benannt. Die Kommission Juncker hat angekündigt, ihr Engagement im Feld der Sozialpolitik zu verstärken.

Bernd Schlüter
(bis zur 7. Auflage Bernd Schulte)

Literatur

Bertelsmann-Stiftung (Hrsg.) A. Stuchlik, Europäische Sozialpolitik? Von den Möglichkeiten und Grenzen der neuen EU-Kommission Gütersloh 2015 ♦Deutscher Sozialrechtsverband e. V. (Hrsg.): Europäisches Sozialrecht, Wiesbaden 1992 ♦ Kommission der Europäischen Gemeinschaften: Soziale Sicherheit in Europa, Brüssel 1993 ff. ♦ Kommission der Europäischen Gemeinschaften/MISSOC: Soziale Sicherheit in den Mitgliedstaaten der Gemeinschaft, Stand am 1. Juli 2002 und Entwicklung, Brüssel ♦ M. Fuchs (Hrsg.): Kommentar zum Europäischen Sozialrecht, Baden-Baden [6]2013 ♦ Hauck/Noftz/Eichenhofer (Hrsg.): EU-Sozialrecht, Berlin 2011 ♦ M. Henkel, Sozialpolitik in Deutschland und Europa 2002 ♦ W. Schrammel, G. Winkler, Europäisches Arbeits- und Sozialrecht Broschiert 2010 ♦ R. Minas, Sozialpolitik im europäischen Vergleich, Berlin 2010 ♦ S. Schieren, Europäische Sozialpolitik (uni studien politik) 2012 ♦ B. Schlüter, Die Überformung der Sozialsysteme und der Gemeinnützigkeit durch europäisches Wirtschaftsrecht hat klare Grenzen, in „Zeitschrift für das Recht der Non-Profit-Organisationen Heft. 2/2010, S. 33–37 und Heft 3 3/2010, S. 74–75 ♦ B. Schlüter, Diaconia Europea. Europapolitische Bindungen kirchlich-diakonischer Dienste und die Interessenvertretung der Diakonie bei der Europäischen Union", in: „Zeitschrift für Evangelisches Kirchenrecht" (ZevKR) 52/2007, S. 325–353, FES (Hrsg.) B. Schulte: Allgemeine Regeln des internationalen Sozialrechts – supranationales Recht, in: B. von Maydell/F. Ruland/U. Becker (Hrsg.): Sozialrechtshandbuch (SRH), Stuttgart [5]2012 ♦ B. Schulte/H. Zacher (Hrsg.): Wechselwirkungen zwischen dem Europäischen Sozialrecht und dem Sozialrecht der Bundesrepublik Deutschland, Berlin 1991 ♦ B. Schulte: Soziale Daseinsvorsorge und das europäische Wettbewerbsrecht, in: D. Kreft u. a. (Hrsg.): Fortschritt durch Recht. Festschrift für J. Münder, München 2004, 414–428 ♦ B. Schulte/B. von Maydell (Hrsg.): Zukunftsperspektiven Europäische Sozialpolitik, Berlin 1999 ♦ W. Weidenfeld/W. Wessels: Jahrbuch der Europäischen Integration 2016, Baden-Baden 2016.

Link

www.bmas.de (Sozialpolitik in Europa)

S

Sozialraum

Raumbezug Sozialer Arbeit

Lebensweltorientierung als wichtiges Handlungsprinzip von moderner *Sozialer Arbeit* weist auf die Bedeutung unterschiedlicher Lebenswelten von Zielgruppen bzw. Nutzern für die berufliche Praxis der SozArb hin. Als Bezeichnung für solche lebensweltnahen räumlichen Gebietseinheiten hat sich der Begriff Sozialraum (S.) durchgesetzt, der aber trotz seiner häufigen Verwendung in Konzepten und Arbeitsprogrammen von SozArb *(Sozialraumorientierung)* bisher ein eher unbestimmter räumlicher Begriff geblieben ist. Der Begriff S. steht jedoch in einer Traditionslinie von Raumbegriffen in der SozArb, die jeweils spezifische Beschreibungs- und Analyseverfahren sowie Handlungsformen hervorgebracht haben

- Region als geographische bzw. politische Raumeinheit – Regionalanalyse als Zugang zu regionalen Lebensbedingungen – Soziale Regionalpolitik, Soziale Regionalentwicklungsplanung;
- Stadtteil, (Stadt-)Quartier – Stadtteilanalyse – Stadtteilorientierte SozArb, Stadtteil-/*Quartiersmanagement;*
- Gemeinwesen (als festgelegte Raumeinheit) bzw. Gemeinde als Gebietskörperschaft – Gemeinwesenerkundung, Sozialberichterstattung – *Gemeinwesenarbeit* (GWA), community development, community organisation;
- *Milieu* – Milieuforschung, -beschreibung – milieunahe bzw. -ferne Unterbringung.

Mit dem Konzept des sozialen Raumes wird in der Tradition der *Sozialökologie* und der sozialökologischen Sozialisationsforschung das Interesse der SozArb stärker auf den Zusammenhang von sozialen Bedingungen (sozialer Lebenslage) und (nah)räumlicher Umwelt (Lebensraum) und auf die sich daraus ergebenden unterschiedlichen Lebenswelten (Lebenssituationen, Entwicklungs- und Entfaltungsmöglichkeiten) von Menschen gelenkt. Die Feingliederung insbesondere von städtischen Gebieten in S. stellt als Mesoebene die Zwischenstufe zwischen der emotional besetzten Mikroebene (Familie, Freunde, primäre soziale Netze) und der Makroebene (Gesamtgesellschaft) dar. Sie ist die Ebene der weiteren Nachbarschaft und des Wohnquartiers. Hier ergeben sich einerseits vielfältige soziale Gesellungsformen und Aktivitäten, andererseits können gesellschaftliche Marginalisierungs- und Ausgrenzungsprozesse zu einer (sozial)räumlichen Konzentration von Personen, Bevölkerungsgruppen und Haushalten führen, die in ähnlicher Weise verarmt, diskriminiert oder benachteiligt sind.

Funktion von Sozialraumanalysen

Die ersten Versuche zur Beantwortung der Frage, ob und in welcher Weise sich die individuellen Lebensräume einzelner Personen zu S. bündeln lassen und wie diese S. voneinander abzugrenzen sind, unternahm bereits die ältere Stadtsoziologie. Mit den Verfahren der Soziotopen- bzw. der Sozialraumanalyse. verfolgte sie das Ziel, städtische Veränderungsprozesse, insbesondere Prozesse der sozialen Segregation von städtischen Bevölkerungsgruppen zu beschreiben und zu analysieren (Shevky/Bell).

Auch eine bedürfnis- und bedarfsorientierte *Sozialplanung* setzt die differenzierte, lebensweltnahe Gliederung, Beschreibung, Analyse und Bewertung von größeren Planungsräumen wie etwa Gebietskörperschaften (Städte, Kreise) oder Verwaltungseinheiten (z. B. Stadtbezirke, Verwaltungsgemeinschaften) in S. voraus (sozialraumorientierte Sozialplanung). Die Durchführung von quantitativen und qualitativen Sozialraumanalysen dient dazu, die spezifischen Lebenslagen und Lebensbedingungen der Bewohnerschaft von einzelnen S. differenziert zu erfassen, um dem jeweiligen sozialräumlichen Bedarf angemessene Ausstattungen mit sozialer Infrastruktur und sozialen Dienstleistungsangeboten planen zu können.

Abgrenzung von Sozialräumen

Schwierigkeiten, einzelne S. voneinander abzugrenzen, ergeben sich v. a. für geschlossene städtische Gebiete. Im ländlichen Raum entsprechen Gemeinden (als geschlossene Siedlungsgebiete mit definierten Gemeindegrenzen) bis zu einer Einwohnerzahl von etwa 5 000 Einwohnern der Vorstellung von sozialen Räumen, die sich durch eine gegenseitige Bekanntheit der Bevölkerung und eine hohe Identifizierung der Bewohner mit der Gemeinde auszeichnen. Insofern wirkt die Gemeinde für ihre Bewohner auch identitätsstiftend.

Diese an kleinräumige Siedlungsgebiete gebundenen sozialräumlichen Funktionen lassen sich nicht einfach auf größere Gemeinden und Großstädte übertragen. Deshalb werden unterschiedliche Vorgaben für die Festlegung und Abgrenzung von innerstädtischen Sozialräumen genutzt:

- **Geographische Gegebenheiten:** natürliche und eindeutig raumstrukturierende Trennungslinien wie Wasserflächen/Flüsse/Kanäle, Bahntrassen, Autobahnen, verkehrsreiche Haupt-

und Durchfahrtsstraßen, Grünflächen/Parks/Wälder;

- **Historische Entwicklung:** im Zuge der Stadtentwicklung herausgebildete Gliederung in städtische Teilräume (Stadtteile) etwa durch Bebauungsschritte, Eingemeindungen oder Erweiterungen durch Neubaugebiete, jeweils mit ggf. eigenen identitätsstiftenden Stadtteilnamen;
- **Nutzung:** durch Flächennutzungspläne festgelegte Art der baulichen Nutzung städtischer Areale wie Wohngebiete, Gewerbegebiete, Mischgebiete;
- **Sozialstruktur:** durch Segregationsprozesse sozial entmischte Wohngebiete wie z. B. „Soziale Brennpunkte", „Arbeitersiedlungen", „gutbürgerliche Wohngebiete";
- **Bebauungs-/Wohnstruktur:** durch unterschiedliche Bebauungsformen definierte Stadträume wie bürgerliche Villenviertel, städtische Altbaukerne oder Plattenwohnsiedlungen;
- **Sicht der Bewohner:** durch Befragung der Bewohner gewonnene subjektive Vorstellungen sozialräumlicher Abgrenzungen;
- **Verwaltungseinheiten:** administrative Gliederung von gesamtstädtischen (z. B. Bezirke, Ortsteile), aber auch von ländlichen Räumen (z. B. Verwaltungsgemeinschaften, Ämter), die im Zuge von Gebiets- und Verwaltungsreformen entstanden sind;
- **Amtliche Statistik:** durch die Statistischen Ämter festgelegte Gebietseinheiten, für die jeweils Daten erhoben und ausgewertet werden (z. B. Statistische Gebiete, Verkehrszellen).

Die mit Hilfe dieser unterschiedlichen Kriterien möglichen Feingliederungen städtischer Gebiete in S. sind i. d. R. wenig kompatibel, so dass die Entscheidung für eine bzw. eine Kombination mehrerer der genannten Möglichkeiten gefällt werden muss. Häufig wird aus pragmatischen Gründen die Gebietsgliederung der amtl. Statistik genutzt, weil für die dort festgelegten kleinräumigen Gebietseinheiten regelmäßig aktualisierte Daten zur sozial-ökonomischen und infrastrukturell-baulichen Situation zur Verfügung gestellt werden.

Helmut Lukas

Literatur

U. Deinet (Hrsg.): Methodenbuch Sozialraum, Wiesbaden 2012 ◆ F. Früchtel/G. Cyprian/W. Budde: Sozialer Raum und Soziale Arbeit. Textbook: Theoretische Grundlagen und Fieldbook: Methoden und Techniken ◆ beide Wiesbaden ³2013 ◆ K. Hübner/S. Sallmon/P. Wagener: Kleinräumige Gliederung, Beschreibung und Analyse sozialer Räume, in: H. Lukas/G. Strack (Hrsg.): Methodische Grundlagen der Jugendhilfeplanung, Freiburg i.Br. 1996, 28 ff. ◆ F. Kessl/C. Reutlinger: Sozialraum. Eine Einführung, Wiesbaden ²2010 ◆ Diess.: Sozialraum, in: Otto/Thiersch (Hg.): Handbuch Soziale Arbeit, München ⁵2015, 1617–1625 ◆ M. Noack: Empirie der Sozialraumorientierung, Weinheim 2016 ◆ E. Shevky/W. Bell: Sozialraumanalyse, in: P. Atteslander/B. Hamm (Hrsg.): Materialien zur Siedlungssoziologie, Köln 1974, 125 ff.

Sozialraumorientierung

Handeln im Sozialraum als Arbeitsprinzip

Nach einer in der Methodengeschichte von C. W. Müller (2013, 229) veröffentlichten Todesanzeige verschied 1975 die *Gemeinwesenarbeit* der westdeutschen Nachkriegszeit am Anspruch der Allzuständigkeit, an Eigenbrötelei und Profilneurosen, an methodischer Schwäche, theoretischer Schwindsucht, finanzieller Auszehrung und politischer Disziplinierung. Der Tod war allerdings nicht endgültig, sie ist in neuer Gestalt, gestärkt und in einem anderen Erklärungs-Gewand wieder zurückgekehrt. Inzwischen wird schon von einer „Renaissance des Sozialraumes" gesprochen (Kreft 2001) – aber die in der Todesanzeige genannten Gefährdungen von 1975 bestehen fort.

Vergangen ist die GWA als ausschließliche Politisierungsstrategie", doch die fachliche Vernunft, soziale Angebote und Dienste sollten vor Ort, im *Sozialraum,* also im Alltag, der Lebenswelt der *Hilfe*suchenden/der Leistungsberechtigten angeboten und weitest möglich mit ihnen gemeinsam gestaltet werden *(Partizipation),* ist nie völlig vergangen: Die Jugendhilferechtsreform hat seit 1973 immer die Verlagerung der Aufgaben auf den örtlichen Träger gefordert (jetzt § 85 SGB VIII), die Forderungen nach der Alltags- und Lebensweltorientierung und der Einmischung ins reale Leben (*Einmischungsstrategie:* § 1 Abs. 3 Nr. 4 SGB VIII) sind zu Strukturmaximen/Handlungsprinzipien *Sozialer Arbeit* geworden (8. Jugendbericht 1990/Kreft/Lukas u. a. 1993). Heute ist „gemeinwesenorientiertes Handeln" das Arbeitsprinzip, das allein für sich in Anspruch nehmen kann, ‚den Regeln der Kunst' zu entsprechen (Hinte u. a. zuerst 1999 mit den Umschreibungen „vom Fall zum Feld" bzw. später auch als „der Fall im Feld").

Diese zentrale Orientierung am Sozialraum hat erhebliche Folgen für die Organisation sozialer Dienste *(Allgemeiner Sozialdienst, Verwaltungsmodernisierung)* und für deren methodisches

Vorgehen (*Methoden der Sozialen Arbeit, Methodisches Handeln*), aber auch für die Finanzierung sozialräumlicher Angebotspakete (z. B. Sozialraumbudgets als Finanzierungsinstrumente); sie ist rechtlich und verfahrenstechnisch nicht unumstritten.

Sozialraum heute: Ziele, Handlungskerne, Methoden

Schon Ende der 1960er bzw. in den 1970er Jahren – also lange bevor die *SozArb* Lebensweltorientierung, *Empowerment* und Ressourcen entdeckte – war in Projekten der GWA und Stadtteilbezogener Sozialer Arbeit (Boulet u. a. 1980; Hinte/Karas 1989; Hinte/Lüttringhaus/Oelschlägel 2011) die konkrete Lebenslage der betroffenen Menschen in einem Wohnquartier (und zwar sowohl definiert aus der je subjektiven Sichtweise der Wohnbevölkerung als auch aufgrund der Analyse der jeweiligen Schichtzugehörigkeit und einer Analyse des Sozialraums) Ausgangspunkt jedweden professionellen Handelns.

Zentrale methodische Prinzipien waren und sind bis heute:

- Orientierung an den geäußerten Interessen der Wohnbevölkerung: Es geht nicht darum, was die Menschen nach den Vorstellungen bürokratischer Instanzen „brauchen", sondern was sie vor dem Hintergrund ihrer Lebenslage „wollen"
- Unterstützung von *Selbsthilfe*kräften und Eigeninitiative: Interessen und Bedürfnisse der Wohnbevölkerung werden nicht i. S. einer naiven Kundenorientierung befriedigt, sondern die Menschen werden ermutigt, sich aktiv zu beteiligen.
- Nutzung der Ressourcen des sozialen Raums sowie der beteiligten Akteure: Wohnräume, Nachbarschaften, spezielle Fähigkeiten einzelner Bewohner oder lokale Dienstleistungen werden gesucht, aufgebaut, vernetzt und für bestimmte Projekte nutzbar gemacht (*Netzwerke, soziale*).
- Zielgruppen- und bereichsübergreifende Orientierung: Adressat der Arbeit ist der soziale Raum, nicht eine bestimmte, dort lebende Zielgruppe. Dies schließt zielgruppenspezifische Aktivitäten nicht aus, sie werden aber immer im Zusammenhang mit zahlreichen weiteren Aktivitäten im Quartier gesehen. Dabei werden die klassischen Grenzen Sozialer Arbeit überschritten: *Wohnen*, Beschäftigung, Kultur, Gesundheit, *Bildung*, Verkehr und viele andere Bereiche sind mögliche Arbeitsfelder (*Einmischungsstrategie*).
- Kooperation und Koordination: Die oft undurchschaubare Vielfalt insbesondere sozialer Dienste, aber auch zahlreicher anderer vor Ort ansässiger Institutionen, wird koordiniert und aufeinander abgestimmt.

Sozialraumorientierte Arbeit zielt nicht auf die „Besserung" von Menschen, auf die zielgerichtete Veränderung ihrer Lebensgewohnheiten oder erzieherische Interventionen bezüglich ihrer Kommunikationsstile, sondern auf konkrete Verbesserungen der Lebensbedingungen der Wohnbevölkerung in einem Wohnquartier unter aktiver Beteiligung der betroffenen Menschen. Aktivierende Befragungen, Haus- und Wohnbezirksversammlungen, Runde Tische, Öffentlichkeitsarbeit, Demonstrationen, aber auch zielgruppenspezifische Aktivitäten, Kulturarbeit, Gruppenarbeit und Beratungsangebote werden situationsspezifisch eingesetzt. Professionelle suchen dazu auf vielfältige Weise Zugang zu den Bewohnern, der professionellen und politischen Struktur sowie zu allen verfügbaren Ressourcen des sozialen Raums. Sie fungieren als Bindeglied zwischen den Systemen „Lebenswelt" einerseits und „Politik/Verwaltung/Institutionen" andererseits, und zwar mit dem Ziel, Ressourcen der institutionellen Sphäre nutzbar zu machen i. S. der im sozialen Raum lebenden Menschen. Ihre Arbeit ist ausgerichtet an den Selbsthilfemöglichkeiten und Interessen der Bürger und den formellen und informellen Netzen, zu deren Unterstützung externe Ressourcen herangezogen werden.

Zur fachübergreifenden Relevanz des Sozialraumkonzeptes

„Vom Fall zum Feld" (Hinte u. a. 1999) lautet eine griffige Formel, die die Richtung für kommunale *Jugend-* und *Sozialhilfe* vorgibt. Anknüpfungspunkte gibt es zuhauf: Von einer stärkeren S. der *Hilfen zur Erziehung* (s. etwa Peters/Koch 2004) bis hin zur intelligenten projektbezogenen Bündelung von Ressourcen aus unterschiedlichen Sektoren der Verwaltung für Projekte in benachteiligten Wohngebieten (s. etwa Alisch 2013).

S. als ein Konzept professioneller Tätigkeit wurde für die Bereiche der SozArb über 25 Jahre hinweg immer präziser ausformuliert und findet mittlerweile Eingang in etliche Felder professioneller Tätigkeit (etwa *Stadtentwicklungsplanung*, Eingliederungshilfe, *Arbeitsförderung*). Auf folgenden Ebenen erweist sich die Relevanz eines Sozialraumkonzepts:

- Auf der **geografischen Ebene** wird der von den Menschen je individuell definierte *Sozialraum* als Bezugspunkt professioneller Aktivität gese-

S

hen. Angesichts zahlreicher, höchst subjektiv vorgenommener Definitionen gibt es dennoch räumliche Verdichtungen, die nicht unabhängig sind etwa von Bebauungsstruktur, Straßenzuschnitt, Infrastruktur oder räumlich sich abbildenden Traditionen. Auf diese (eher kleinen und überschaubaren) sozialen Räume konzentriert sich professionelle SozArb, indem sie sich (auch ausgehend vom Einzelfall) Kenntnisse aneignet über konstruktiv funktionierende Strukturen innerhalb der jeweiligen Quartiere, die bei der Bearbeitung aktueller und künftiger individueller Problemlagen hilfreich sein können *(Quartiersmanagement).*

- Auf der **Steuerungsebene** dient der *Sozialraum* als Bezugsgröße für die Konzentration von Personal und anderen Ressourcen aus den einzelnen Leistungsfeldern. Innerhalb des Sozialraums als Planungsgröße legen Fachkräfte – je nach festgestelltem Bedarf und ausgerichtet an den individuellen Definitionen der Menschen – Schwerpunkte in kleineren räumlichen Einheiten. Die sozialräumliche Dimension sollte sich in der Organisationsstruktur eines Amtes (besser noch: der Kommunalverwaltung) abbilden und als dominantes Prinzip ergänzt werden durch Fach- oder Abteilungsstrukturen.
- Auf der **finanzierungstechnischen Ebene** müssen alle Möglichkeiten ausgeschöpft werden, auch unter Nutzung der sich über Einzelfälle ergebenden Pflichtleistungen, regionale Budgets (s. dazu KGSt 1998; Hinte u.a. 2003) zu installieren, die die Fachkräfte bei einer die Ressourcen des Sozialraums nutzenden Einzelfallarbeit unterstützen und gleichzeitig anregen, tragfähige Strukturen für SozArb im Quartier aufzubauen. Bei dieser Tätigkeit gibt es zahlreiche Schnittstellen zu anderen Sektoren der kommunalen Verwaltung.
- Auf der **methodischen Ebene** bedarf es eines zugehenden, aktivierenden Ansatzes, der aufmerksam den Willen der Betroffenen erkundet und Aushandlungssituationen „auf Augenhöhe" schafft, in denen unter Nutzung individueller und sozialräumlicher Ressourcen gemeinsam Perspektiven und Handlungsschritte zur Unterstützung von Menschen in schwierigen Lebenslagen entwickelt werden.

Sozialraumorientierung: Für und Wider

Angesichts breiter Akzeptanz der methodischen Prinzipien verengt sich die Diskussion um Sozialraumorientierung – insbesondere seit dem KGSt-Gutachten 12/1998 – auf sozialräumliche Finanzierungsformen.

Das bislang konsequenteste Sozialraumkonzept will in der Kinder- und Jugendhilfe

- in einem abgegrenzten (Sozial-)Raum
- alle Mittel – also infrastrukturelle und individuelle (auf die ein subjektiv-öffentlicher Rechtsanspruch besteht, z. B. §§ 27 ff. SGB VIII)
- über ein Sozialraumbudget (als fachlich gebundenes Finanzierungsinstrument)
- an verschiedene freie/private Träger (oder einen Trägerverbund) vergeben, die über Leistungsvereinbarungen auf Kooperationen mit anderen Trägern im Sozialraum verpflichtet werden, um
- das Falldenken, die Zergliederung in Einzelleistungen und die Trägerkonkurrenz (Misstrauenskultur) zu überwinden (Hinte u. a. 2003).

Dagegen werden fachpolitisch und rechtlich Bedenken erhoben.

Fachpolitisch wird eingewandt, es sei immer eine zentrale Forderung jedweder Überlegungen zur Reform des Jugendhilferechts gewesen: nicht Almosen, nicht *Hilfe,* sondern möglichst breite und dichte Leistungsansprüche (bei angemessener Mitgestaltung) sind zu gewährleisten. Leistungsberechtigte richten (idealtypisch) ihre Ansprüche gegen einen (unabhängigen, neutralen, demokratisch legitimierten) öffentlichen Träger (unabhängig von handelnden Personen, politischen Mehrheiten), u. U. können diese Ansprüche vor unabhängigen Gerichten eingeklagt werden. Die vollständige Übertragung an einen freien/privaten Träger, eine freie/private Trägergruppe gefährde aber die gewollte öffentliche Verpflichtung und Verantwortung.

Rechtlich wird im Kern dagegen **argumentiert,** dass zum einen nach geltendem Recht individuelle Rechtsansprüche budgetsprengend sind, d.h. über keine Form einer Sozialraumbudgetierung begrenzt/beeinträchtigt werden dürfen. Zum anderen seien Sozialraum-Konzepte mit Sozialraumbudgets am Modell der Zuwendungsfinanzierung orientiert. Die sozialrechtliche Entwicklung (im SGB XII – Sozialhilfe –, SGB IX, SGB V und seit dem 1. 1. 1999 mit Einführung der Vereinbarungsregelungen der §§ 78a–g SGB VIII auch in der Kinder- und Jugendhilfe) gehe aber eindeutig hin zur Entgeltfinanzierung (zu den unterschiedlichen Finanzierungsmodellen der Arbeit privater Träger, was die Leistungsberechtigten (gegenüber öffentlichen Trägern und den freien Trägern/Anbietern von Sozialleistungen) deutlich stärke (ausführlich Münder 2011; i. E. bei Münder u. a. 2013 Vor Kap 5,Rz 6 ff.).

Perspektiven sozialräumlichen Handelns

Die S. ist ein Paradebeispiel dafür, was passiert, wenn sozialwissenschaftlich relativ einfache, versteh- und erklärbare Vorstellungen (Handeln im Sozialraum, mit und für die dort lebenden Menschen, ihren Lebensraum und ihre Lebenswelt respektierend) in ‚die Hände von Juristen fallen': so hat Dorette Nickel zwei Ausgaben des NDV gebraucht, um auf immerhin 8 ½ DIN-A-4-Druckseiten eine Übersicht über die Rechtsprechung zur S. in der Kinder- und Jugendhilfe zu geben (NDV 7/2013, 303–307 und 8/2013, 341–345). Nach diesem Text ist immer noch nichts wirklich klar – man denkt nach dem Lesen sofort an Bertolt Brecht: „Wir stehen selbst enttäuscht und sehr betroffen/Der Vorhang zu und alle Fragen offen".

So bleibt wohl doch nur die Konzentration auf eine wesentlich fachliche Argumentation:

Perspektiven sozialräumlichen Handelns

Bleibt es bei der Dominanz der zuvor beschriebenen fachpolitischen und sozialrechtlichen Positionen bieten sich folgende (sich nicht ausschließenden) Alternativen zur Fortentwicklung des „fachlichen Kerns der S." (s. vorn) an:

1) Es werden in den Gebietskörperschaften (Städten und Landkreisen) für den Bereich der Sozialen Arbeit (grundsätzlich ausgerichtet auf die Teilleistungssysteme *Alten-, Gesundheits-, Kinder- und Jugendhilfe, Sozialhilfe* und *Wohnen*) dezentrale (also auf einzelne Sozialräume bezogene) Gliederungen geschaffen (Allgemeine Sozialdienste, auch als Kommunale bzw. Regionale Sozialdienste bezeichnet, die für das „operative Handeln" umfassend zuständig sind: Anlauf- und Steuerungsorte mit möglichst umfassender fachlicher Zuständigkeit, verantwortlich auch für die Koordination und Vernetzung im S. (der ASD als Sensor, Anreger, Planer, auch mit budgetgesteuerter Finanzverantwortung), die zugleich über die Hilfeplanung und ihr berufliches Alltagswissen über den tatsächlichen Leistungsstand der Anbieter zu Orten dezentraler *Qualitätssicherung* werden können (Kreft 2001, 8 f.: Das soziale Amt von morgen). In diesen regionalen Arbeitseinheiten (ASD o. Ä.) können die Ziele der S. verfolgt und ihre Handlungskerne realisiert werden (wie sie weiter vorne beschrieben wurden).
2) Durch die gezielte sozialräumliche Veränderung einzelner Segmente etwa der *Kinder- und Jugendhilfe* entsteht ein fachlich begründeter Sog, dem sich auch die weniger innovationsfreundlichen Bereiche nicht entziehen können (Noack 2015). Seit den 1990er Jahren haben zahlreiche *JÄ* ihre *Hilfen zur Erziehung* konsequent flexibilisiert und sozialräumlich organisiert (etwa Erfurt, Stuttgart, Rosenheim, Hannover, Ulm, Landkreis Nordfriesland; Graz in Österreich). Über eine stärkere Verankerung der HzE-Träger im Sozialraum, unterstützt durch entsprechende Kooperationsstrukturen mit den *Allgemeinen Sozialdiensten* sowie durch regionale Finanzierungsformen werden im Sozialraum vorhandene Ressourcen erschlossen und für eine Verbesserung der Hilfen i. S. der Adressaten nutzbar gemacht (Koch u. a. 2002; Hinte/Treeß 2014; ISS e. V. 2011).
3) Sozialräumliches Handeln bestimmt das alltägliche Tun: Die Entwicklung schreitet (langsam) voran, doch immerhin arbeiten inzwischen zahlreiche ASDs „mehrzuständig", die Jugendhilfe in Deutschland (wie auch in Österreich und der Schweiz) ist mit wenigen Ausnahmen sozialräumlich organisiert, und in der Behindertenhilfe gilt – insbesondere im Zuge der Inklusions-Debatte – Sozialraumorientierung als akzeptierter Standard (Theunissen 2012). Im Übrigen wird wohl weiter eher bürokratisch-kameralistisch und eher mit zentraler Steuerung auch des Handlungsalltages gearbeitet. Aber auch in allen noch eher traditionellen Organisationsstrukturen wird in Zukunft im Arbeitsalltag den methodischen Prinzipien der S. folgend gehandelt werden müssen, denn sozialraumorientierte Arbeit ist zu einem der zentralen professionellen Standards der SozArb geworden (Fürst/Hinte 2014).

Mit Blick auf die vorgetragenen Bedenken wird in diesen Alternativen die Steuerungsfähigkeit des öffentlichen Trägers erhalten, werden in den regionalen Arbeitseinheiten aber sowohl das sozialräumliche Handeln verpflichtend als auch dichtere Beteiligungen möglich (es wird also die Stellung der Leistungsberechtigten gestärkt) und – bezogen auf die MitarbeiterInnen der Dienste – wird die Enge der Fallarbeit aufgegeben. Neben die üblichen fall- und fallübergreifenden Tätigkeiten tritt die Verpflichtung zur Feldkompetenz (also Kenntnisse über das Feld, seine Bedingungen und Ressourcen für eine wirksame Soziale Arbeit).

Wolfgang Hinte/Dieter Kreft

Literatur

M. Alisch (Hrsg.): Stadtteilmanagement. Voraussetzungen und Chancen für die soziale Stadt, Heidelberg [2]2013 ♦ BMJFFG: 8. Jugendbericht. Bericht über Bestrebungen und Leistungen der Jugendhilfe, Bonn 1990 ♦ J. Boulet/J. Krauss/D. Oelschlägel: Gemeinwesenarbeit als Arbeitsprinzip, Bielefeld 1980 ♦ R. Fürst/W. Hinte: Sozialraumorientierung, Wien 2014 ♦ W. Hinte/F. Karas: Studienbuch Gruppen- und Gemeinwesenarbeit, Neuwied/Kriftel 1989 ♦ W. Hinte/G. Litges/W. Springer: Soziale Dienste: Vom Fall zum Feld, Berlin 1999 ♦ W. Hinte/M. Lüttringhaus/D. Oelschlägel: Grundlagen und Standards der Gemeinwesenarbeit, Weinheim/München [3]2011 ♦ W. Hinte/G. Litges/J. Groppe: Sozialräumliche Finanzierungsmodelle, Berlin 2003 ♦ W. Hinte/H. Treeß: Sozialraumorientierung in der Jugendhilfe, Weinheim/München [3]2014 ♦ ISS e. V. (Hrsg.): Der Allgemeine Soziale Dienst, München [2]2011 ♦ KGSt (Hrsg.): Kontraktmanagement zwischen öffentlichen und freien Trägern in der Jugendhilfe, Köln 12/1998 ♦ J. Koch u. a.: Mehr Flexibilität, Integration und Sozialraumbezug in den erzieherischen Hilfen, Frankfurt/M. 2002 (mit Bezug auf die INTEGRA-Projekte) ♦ D. Kreft/H. Lukas u. a.: Perspektivenwandel der Jugendhilfe, 2 Bde, Frankfurt/M. [2]1993 ♦ D. Kreft: Brauchen wir eine umfassende Strukturdebatte in der Jugendhilfe?, in: BMFSFJ (Hrsg.): Mehr Chancen für Kinder und Jugendliche. Stand und Perspektiven der Jugendhilfe in Deutschland, Bd. II, Münster 2001, 179 ff. C. W. Müller: Wie Helfen zum Beruf wurde. Eine Methodengeschichte der Sozialen Arbeit, Weinheim/München [6]2013 ♦ J. Münder: Wieder einmal: Sozialraumorientierung auf dem rechtlichen Prüfstand, in: Jugendamt 2/2011, 69–71 ♦ J. Münder u. a.: Frankfurter Kommentar zum SGB VIII – Kinder- und Jugendhilfe, Baden-Baden [7]2013 ♦ M. Noack: Kompendium Sozialraumorientierung, Weinheim/München 2015 ♦ F. Peters/J. Koch (Hrsg.): Integrierte erzieherische Hilfen, Weinheim/München 2004 ♦ Sozialpädagogisches Institut im SOS-Kinderdorf e. V.: Sozialraumorientierung auf dem Prüfstand, München 2001 (mit Beiträgen von J. Münder, W. Hinte, H. Schröer, R. Wiesner, B. Hintzsche, B. Hemker und P. Schmid) ♦ G. Theunissen: Lebensweltbezogene Behindertenarbeit und Sozialraumorientierung, Freiburg 2012.

Weitere Literatur unter *Sozialraum*

Sozialstaat

Begriffliche Klärung

Der Sozialstaat hat im Grundgesetz eine eindeutige Fundierung, inbes. durch Art. 20 Abs. 1 GG: „Die BRD ist ein demokratischer und sozialer Rechtsstaat“ *(Verfassungsrecht).* Die fünf Staatsprinzipien des GG: republikanisches, Demokratie-, Bundesstaats-, Rechtsstaats- und Sozialstaatsprinzip sind die entscheidenden Grundlagen der Verfassungsordnung in der BRD. Und sie sind darüber hinaus durch den besonderen Schutz des Art. 79 Abs. 3 GG vor Veränderungen geschützt (sog. ‚Ewigkeitsgarantie‘).

Dennoch wird der Begriff S. weiter kontrovers diskutiert: Eine breit akzeptierte Definition hat sich bislang nicht durchsetzen können. Dies hängt u. a. mit seinen unterschiedlichen Verwendungszusammenhängen im Spannungsfeld von politischer Praxis und politikrelevanter Wissenschaft, von unterschiedlichen sozialwissenschaftlichen Disziplinen und angesichts des Einflusses unterschiedlicher theoretischer Konzeptionen zusammen *(Wissenschaftstheorien).* Ferner ist auf konkurrierende Begrifflichkeiten wie v. a. den Terminus „Wohlfahrtsstaat“ hinzuweisen. In seiner Fassung als „welfare state“ wird er im angelsächsischen Sprachraum synonym zu S. verwendet. Im deutschen Sprachraum wird der Begriff S. bevorzugt, um die sozialpolitischen Funktionen und Tätigkeiten des Staates von einem ausgeprägt negativ bewerteten Konzept des „totalen Versorgungsstaates von der Wiege bis zur Bahre“, das als „Wohlfahrtsstaat“ tituliert wird, polemisch abzugrenzen.

Im Folgenden wird der Begriff S. – der vergleichenden soziologischen Sozialstaatstheorie und -forschung folgend – übereinstimmend mit angelsächsischen Konzepten des welfare state als ein spezifischer Typus der Staatstätigkeit in modernen *Gesellschaften* verwendet. Danach kennzeichnet der Begriff S. (bzw. Wohlfahrtsstaat) einen Typus von Staaten, die aktiv in wirtschaftliche und gesellschaftliche Abläufe intervenieren und einen relevanten Anteil ihrer Ressourcen für sozialpolitische Zwecke reservieren und auf diese Weise die Teilhabechancen der Bevölkerung in den Bereichen Einkommenssicherung, Gesundheit *(Gesundheitshilfe/Gesundheitspolitik), Wohnen* und *Bildung* angleichen und verbessern zu können. Der S. übernimmt danach als Reaktion auf den gesellschaftlichen Strukturwandel in systematischer Weise Verantwortung für die Verteilung von Lebenschancen durch die gesetzliche Fixierung von Rechtsansprüchen auf die Zuteilung bestimmter Leistungen (in Form von Geld, sozialen Gütern oder Dienstleistungen). Damit wird der S. (bzw. der Wohlfahrtsstaat) ein zentrales Strukturelement moderner Gesellschaften. In Abgrenzung zum Begriff *Sozialpolitik* bezieht sich der Terminus S. nicht auf ein abgegrenztes Politikfeld, sondern auf eine spezifische Ausrichtung des Gesamtstaates auf die Prinzipien von Sicherheit und sozialer Teilhabe. Zentrale Bereiche der Sozialstaatlichkeit sind aber Sozialpolitik und abgeschwächt Wohnungspolitik und *Familienpolitik* sowie v.a. das Arbeitsrecht, während die Bildungspolitik – im Gegensatz zu den angelsächsischen Staaten – üblicherweise nicht dazugerechnet wird *(Marktwirtschaft, soziale, Verfassungsrecht).*

Typologien

In den westlichen Ländern haben sich mit (1) Systemen der Staatsbürgerversorgung, (2) Versicherungssystemen sowie (3) selektiven Sicherungssystemen drei grundlegende ordnungspolitische Konzeptionen von Sozialstaatlichkeit herausgebildet *(Soziale Sicherung).*

Systeme der Staatsbürgerversorgung: Sie gewähren soziale Leistungen unabhängig vom ökonomischen, berufsständischen oder Erwerbsstatus. Organisatorisch zumeist als Einheitsversicherungen gestaltet, haben diese Systeme eine starke vertikale Umverteilungswirkung. Hinsichtlich der Finanzierung sozialer Sicherung überwiegt die Steuerfinanzierung. Die derart organisierten Einkommenssicherungssysteme werden zumeist durch staatlich organisierte Sozialdienste flankiert. Empirische Beispiele hierfür sind v.a. in Schweden, Norwegen sowie Großbritannien zu finden.

Versicherungssysteme: Sie bemessen ihre Leistungen in erster Linie nach den einkommensabhängigen Beiträgen der Versicherten. Die i.d.R. nach Risikoart und Berufsgruppenzugehörigkeit gegliederten Versicherungen sind nicht am Ziel der vertikalen (Querschnittsbetrachtung), sondern vielmehr der intertemporalen Umverteilung (Längsschnittbetrachtung) orientiert. In Phasen der Erwerbstätigkeit aufgebaute Rechte auf Sozialleistungen werden in Phasen der vorübergehenden oder dauerhaften Nicht-Erwerbsfähigkeit (wie Krankheit, Unfall und Ruhestand) in Anspruch genommen. Versicherungsförmig organisierte Sozialsysteme zielen darauf ab, die relative Einkommensposition, die die versicherte Person auf dem Arbeitsmarkt erlangt hat, in die Phase des Bezugs von Sozialleistungen zu übertragen (Lebensstandardsicherung). Diese Systeme finden sich v.a. in der BRD, Österreich, Frankreich und Italien. Die Finanzierung der Sozialleistungen erfolgt in diesen Ländern entweder durch den Staat, Arbeitnehmer und Arbeitgeber (BRD und Österreich) oder durch Staat und Arbeitgeber (Italien und Frankreich).

Selektive Sicherungssysteme: In ihnen, die auch „residuale Wohlfahrtsstaaten" genannt werden, überwiegen freiwillige Versicherungen, die durch staatlich organisierte, steuerfinanzierte Fürsorgesysteme und auf eng eingegrenzte Bevölkerungsgruppen zugeschnittene staatliche Versicherungen ergänzt werden. In diesen Ländern übernimmt der Staat keine aktive Rolle in der Sozialpolitik und beschränkt sich auf die Regulierung freiwilliger Versicherungssysteme und die Einrichtung selektiver, zeitlich befristeter staatlicher Programme. Diesen Typus finden wir gegenwärtig in den Vereinigten Staaten, Kanada, Australien und Neuseeland.

Die zz. einflussreichste Typologie wohlfahrtsstaatlicher Regime hat Esping-Andersen (1990) vorgelegt. Auf der Grundlage von sieben Indikatoren, die dem Zielkatalog der skandinavischen Arbeiterbewegung entstammen, unterscheidet er ein liberales Modell, wie es etwa in den USA, z.T. auch in Australien, Japan, Kanada und der Schweiz verwirklicht worden ist, ein konservatives, wie es v.a. in der BRD, Österreich und den Benelux-Staaten zu finden ist, und ein sozialdemokratisches Modell des Wohlfahrtsstaates, das am ehesten in den skandinavischen Ländern verwirklicht wurde.

Hierbei handelt es sich allerdings um idealtypisierende Modellbildungen; in der sozialpolitischen Praxis finden wir wohlfahrtsstaatliche Institutionensysteme daher nicht in ihrer reinen Form, sondern vielmehr als Mischtypen. Dies lässt sich am bundesdeutschen S. verdeutlichen: Auch dieser ist kein reiner „Sozialversicherungsstaat", sondern stellt eine Mischung aus Pflichtsozialversicherungen, privater Vorsorge sowie staatlicher Versorgung und Fürsorge dar. So existieren neben den großen Sozialversicherungswerken (Renten-, Kranken-, Unfall-, Arbeitslosen- und Pflegeversicherung) Versorgungssysteme – zum Beispiel für Kriegsopfer und Beamte – sowie die *Grundsicherung für Arbeitssuchende* und die kommunale *Sozialhilfe,* die auf dem Prinzip der Fürsorge beruhen.

Geschichte

Die Entstehung sozialstaatlicher Institutionen geht in sämtlichen westlichen Ländern auf das Ende des 19. Jh. zurück. Obwohl Deutschland als „Nachzügler" im Prozess der Industrialisierung und Demokratisierung gilt, wurde die sozialstaatliche Entwicklung in Westeuropa durch die Bismarck'schen Sozialversicherungswerke eingeleitet. Zwar gab es auch zuvor schon – etwa in Form von gesetzlichen Maßnahmen des Arbeitnehmerschutzes – erste Ansätze einer Sozialgesetzgebung, aber der eigentliche Durchbruch wurde im Deutschen Reich mit der Sozialversicherungsgesetzgebung der 1880er Jahre erreicht. Mit den Pflichtversicherungen gegen Krankheit (1883), industrielle Unfälle (1884) sowie Invalidität und Alter (1889) reagierte das Deutsche Reich unter Bismarck als erstes Land auf die veränderten sozialökonomischen und politischen Folgen von Bevölkerungswachstum, Verstädterung und Industrialisierung. Sein besonderes institutionelles Gepräge erhielt der deutsche S. dadurch, dass er nicht auf unmittelbaren Druck der Arbeiterbewegung, sondern vielmehr als Teil einer autoritären Politik der „defensiven Modernisierung" der konservativ-traditionellen Eliten des Kaiserreiches zustande kam. Neben der „Peitsche" des Sozialistengesetzes von 1878 sollte das „Zuckerbrot" der Sozialversicherungen eine Integration der erstarkenden Arbeiterbewegung ins Kaiserreich befördern helfen. Mit dem Bismarck'schen Sozialgesetzgebungswerk wird zugleich eine für den deutschen S. charakteristische institutionelle Spaltung in eine zentralstaatliche Arbeiterpolitik, beruhend auf einer kollektiven Zwangsversicherung, und eine kommunale Armenpolitik durchgesetzt, die in der Tradition der Armenpflege als Fürsorge für arbeitsmarktferne Mangellagen organisiert ist *(Armut/Geschichte der Sozialarbeit/Sozialpädagogik)*. Insgesamt ist mit dieser Entwicklung eine Bedeutungsabwertung der kommunalen Ebene für die Sozialpolitik verbunden.

Weitere wichtige Impulse für die Entwicklung des S. resultierten aus der Errichtung der WR. So wurde 1923 mit der Knappschaftsversicherung eine einheitliche Alters-, Invaliditäts- und Krankenversicherung für Bergleute geschaffen; die Ausdehnung der Unfallversicherung auf Wegeunfälle und gewerbliche Berufskrankheiten im Jahre 1925 sowie v.a. die 1927 errichtete staatliche Arbeitslosenversicherung vervollständigten das System der sozialen Sicherung. Mit dem Betriebsrätegesetz von 1920 wurde zudem ein allgemeines Mitbestimmungsrecht geschaffen; bereits 1918 war die Tarifautonomie gesetzlich anerkannt worden. In der Wohnungspolitik gibt es erste Ansätze zur öffentlichen Unterstützung des Wohnungsbaus; in der Fürsorgepolitik sind bes. das 1922 verabschiedete Reichsjugendwohlfahrtsgesetz (RJWG; *Kinder- und Jugendhilfe/Kinder- und Jugendhilfegesetz*) sowie die Einführung reichseinheitlicher Grundsätze in der gemeindlichen Armenpflege (RFV) im Jahre 1924 hervorzuheben.

Nach der Phase des Nationalsozialismus *(Soziale Arbeit im Nationalsozialismus)* und dem Ende des 2. Weltkriegs stand zunächst einmal die Bewältigung der Kriegsfolgen in Anknüpfung an die überkommenen Strukturen der Sozialversicherung im Vordergrund. Nach einer Phase des Wiederaufbaus der Systeme der sozialen Sicherung und der Behebung der dringlichsten Notlagen von 1949 bis 1955 ging es von 1955 bis 1966 vornehmlich um die Konsolidierung und Weiterentwicklung des wiederhergestellten sozialpolitischen Institutionensystems. Neben kleineren Sozialgesetzen wie der Einführung des *Kindergeldes* und des *Wohngeldes* sowie des Bundessozialhilfegesetzes von 1961 fiel in diese Periode insbes. die 1957 verabschiedete Rentenreform, mit der nicht nur eine Erhöhung der Renten und eine Verankerung des Prinzips der beitragsäquivalenten, einkommensbezogenen Rente, sondern v.a. auch eine Dynamisierung der Altersrenten verwirklicht wurde. Diese Rentenreform zählt mit zu den bedeutendsten Sozialreformen in der Geschichte Deutschlands. In der Zeit der Großen Koalition von 1966 bis 1969, die gelegentlich fälschlicherweise als Phase der Vernachlässigung der Sozialpolitik beurteilt wird, wurden die Rentenfinanzen – u.a. durch die Beseitigung von Versicherungspflichtgrenzen – saniert und gegen Ende der Legislaturperiode ein Finanzausgleich zwischen Arbeiterrenten- und Angestelltenversicherung eingeführt, der zugunsten der Arbeiter- und zu Lasten der Angestelltenversicherung ausfiel. Die Periode der sozialliberalen Koalition war bis ca. Mitte der 1970er Jahre durch eine expansive und präventive Grundorientierung geprägt. Hierzu trugen Maßnahmen wie die Öffnung der Sozialversicherung für Selbständige, Hausfrauen und Studenten sowie die Rentenreform von 1972 (mit der Einführung der flexiblen Altersgrenze, der Rente nach Mindesteinkommen und der vorgezogenen Dynamisierung der Renten) bei.

In diese Phase fällt auch die „Entdeckung" der inzwischen enorm gewachsenen Relevanz der sog. Dienstleistungs- gegenüber der bislang vorherrschenden Einkommensstrategie in der Sozialpolitik. Es wurde zunehmend anerkannt, dass eine Verbesserung von Lebenslagen und Lebensqualität neben der Teilhabe an Geldtransfers immer stärker vom Zugang zu Realtransfers wie sozialen Infrastrukturangeboten (wohnortnah erreichbare Krankenhäuser, Kindertagesstätten, Beratungsstellen etc.) und Dienstleistungsangeboten abhängt. Mit diesem sozialpolitischen Perspektivenwechsel ging auch ein erneuter Bedeutungsaufschwung der kommunalen Sozialpolitik einher, da Effektivität und Effizienz sozialer Dienste nur vor Ort sichergestellt werden können. Es wurde nun auch möglich, den inzwischen gewachsenen Bereich der *Sozialen Arbeit* systematisch in eine sozialpolitische Betrachtung einzubeziehen. Spätestens mit der Klassifikation sozialstaatlicher Interventionsformen von F. X. Kaufmann, die neben der Intervention durch Geld und Recht sowie der sozialökologischen Intervention auch die pädagogische Intervention vorsieht, wird SozArb als ein integraler Bestandteil des bundesdeutschen S. verstanden.

Ab Mitte der 1970er Jahre begann unter dem Eindruck der Rezessionen von 1974/75 und 1980/82 die Phase der „mageren Jahre" in der Sozialpolitik (1975–1984). Die Politik der selektiven Kürzungen setzte im Jahre 1975 im Rahmen des 1. Haushaltskonsolidierungsgesetzes ein und betraf in den Folgejahren – wenn auch mit erheblichen Unterschieden – alle größeren Sozialversicherungen. Diese Politik der Haushaltskonsolidierung folgte der der Logik des geringsten politischen Widerstandes und der größten finanziellen Entlastung des Bundes – insbes. auf Kosten untergeordneter politischer Instanzen wie der Kommunen und Landkreise, deren Aufwendungen für Sozialhilfe wegen der Abwälzung der sozialen Kosten infolge der chronischen Arbeitslosigkeit auf die Sozialhilfe erheblich zunahmen. Die Konsolidierungspolitik setzte nicht erst mit dem Regierungswechsel von 1982, sondern bereits in den letzten Jahren der sozialliberalen Regierungsmehrheit ein. Neben die verstärkte und entschlossene Fortsetzung des Sparkurses in der Sozialpolitik durch die CDU/CSU/FDP-Koalition nach 1982 treten allerdings auch neue sozialpolitische Leistungen, wie bspw. die Anrechnung von Kindererziehungszeiten als rentenerhöhende Beitragszeiten, ein verbesserter *Mutterschutz* sowie die Einführung von Erziehungsurlaub und Erziehungsgeld und die Einführung des *Pflegeversicherungs*gesetzes von 1994.

Die „Krise des Sozialstaates"

Parallel zu dieser Entwicklung setzt in der Sozialpolitik und in den Sozialwissenschaften eine grundsätzliche Debatte um die „Krise des S." ein. Sowohl das Problem der Finanzierbarkeit expandierender Sozialleistungen angesichts stagnierender bzw. schrumpfender Wirtschaftstätigkeit, die unter Umständen negativen Auswirkungen sozialstaatlicher Expansion auf das Wirtschaftsgeschehen als auch nicht erwünschte Folgen zunehmender Bürokratisierung und Verrechtlichung des S. stehen – aus unterschiedlicher politisch-ideologischer Sicht – im Mittelpunkt der Aufmerksamkeit. Im Zuge dieser Debatte brechen auch die während der wirtschaftlichen und sozialstaatlichen Wachstumsphase stillgestellten Konflikte und Differenzen zwischen den ordnungspolitischen Grundvorstellungen der verschiedenen (partei-)politischen Lager wieder auf: Während aus wirtschaftsliberaler und neokonservativer Sicht der Markt und die individuelle Eigenverantwortung im Bereich sozialer Daseinsvorsorge wieder stärkeres Gewicht erhalten sollen, plädieren der soziale Konservatismus und das wertkonservative Lager für eine stärkere Förderung und Unterstützung traditioneller Gemeinschaftsformen (wie Familie, Nachbarschaft und Ehrenamt); der linke und links-alternative Flügel des Parteienspektrums plädiert hingegen für eine Stärkung neuer zivilgesellschaftlicher Formen gegenseitiger Hilfe und Unterstützung (in Form von Selbsthilfe, Stiftungen, Initiativen und Sozialprojekten).

Insgesamt ist die Ära Kohl (1982–1998) durch zwei hervorhebenswerte Akzente gekennzeichnet: Während einerseits im Bereich der traditionellen Sozialversicherungen (Arbeitsmarkt- und Beschäftigungspolitik, Gesundheitspolitik etc.) Leistungskürzungen, Kostenbegrenzungen und Verschärfungen von Zugangsvoraussetzungen geschaffen und damit finanzielle Leistungen reduziert wurden, wurden im Bereich der Leistungen für arbeitsmarktferne und sozialschwache Gruppen wie Frauen, Familien und Pflegebedürftige neue Leistungen eingeführt. Sowohl das *Pflegeversicherungs*gesetz von 1994 als auch die Begründung eines Rechtsanspruchs auf einen Kindergartenplatz vom 3. bis zum 6. Lebensjahr im Jahre 1993 und die massive Ausweitung von Leistungen der *Altenhilfe* führten zu einer Ausweitung sozialer Dienstleistungen. Gleichzeitig wurden in den Sozialversicherungen vom Äquivalenzprinzip abweichende Ansprüche gestärkt mit der Folge, dass statt der Ausbildungszeiten nun zunehmend Familienarbeit prämiert wurde. Während der Rentenwert der Bildungszeit durch die Reformen seit 1997 kontinuierlich sank, wurde der rentenbegründete Wert der Familienarbeit durch mehrere Reformschritte erhöht. Auch in der Arbeitslosenversicherung gab es Differenzierungen der Leistungen nach dem Familienstand.

Der Übergang von der Regierung Kohl zur rotgrünen Koalitionsregierung unter Kanzler Schröder brachte im Bereich der Sozialpolitik sowohl neue Akzente als auch Kontinuitäten. So setzte die Regierung Schröder den durch die Rentenreform 1998 eingeführten Demografiefaktor wieder aus und machte Sparmaßnahmen bei den Berufs- und Erwerbsunfähigkeitsrenten zunächst rückgängig, bevor neue Kürzungen an die Stelle der alten traten. Zudem wurde die Rentenversicherungspflicht auf arbeitnehmerähnliche Selbständige („Scheinselbständige") ausgeweitet. Auch die Lockerung des Kündigungsschutzes, die die Kohl-Regierung 1996 verabschiedet hatte, wurde rückgängig gemacht. Im Bereich der Gesundheitspolitik galt es, die bereits von der Regierung Kohl eingeleitete Kostendämpfungspolitik mit neuen Akzenten fortzusetzen. Dabei konnte auf das 1992 in einer großen Koalition gegen die Blockadefront der Lobbyverbände durchgesetzte Gesundheitsstrukturgesetz (GSG) angeknüpft werden, mit dem die Einführung der freien Kassenwahl in der gesetzlichen Krankenversicherung, die Einführung des Risikostrukturausgleichs und die Ablösung des Selbstkostendeckungsprinzips im stationären Sektor durch Fallpauschalen sowie die Einführung eines Arzneimittelbudgets realisiert worden waren. Die Ergebnisse der unter großen Konflikten abgelaufenen Gesundheitsreformbestrebungen der Regierung Schröder bestanden v. a. in einer partiellen Rücknahme der Selbstbeteiligungen und der Liberalisierung der gesetzlichen Krankenversicherungen und der Durchsetzung eines Gesundheitsreformgesetzes, das insbesondere die Leistungen der primären Prävention stärkt, die Stellung des Hausarztes verbessert, die starre Aufgabenteilung zwischen ambulantem und stationärem Sektor abschwächt, im Krankenhaussektor ein leistungsorientiertes Fallpauschalensystem realisiert und Bemühungen um Qualitätssicherung verstärkt *(Gesundheitsrecht)*.

Gescheitert ist die Durchsetzung einer Positivliste für Arzneimittel und die Einführung einer Kostensteuerung durch Globalbudgets. Wenn man einmal von der Rücknahme der Selbstbeteiligungen und der Ablehnung von Privatisierungsmaßnahmen im Gesundheitswesen absieht, so hat mit der rot-grünen Gesundheitspolitik kein grundlegender Politikwechsel stattgefunden, denn auch die Politik seit 1998 ist durch die Einführung von Wettbewerbselementen und Leistungsanreizen und durch die Priorität der Beitragssatzstabilität geprägt. Ein stärkeres Ausmaß der Pfadabweichung lässt sich dagegen in der Reform der Alterssicherung nachweisen. So kam es in der Rentenreform von 2000/2001 („Riester-Rente") mit einer konsequenten einnahmenorientierten Ausgabenpolitik auch im Bereich der Alterssicherung zu einem Paradigmenwechsel. Während das Leistungsniveau der beitragsfinanzierten staatlichen Rente im Interesse des Ziels der Beitragssatzstabilität gedrosselt wurde, wurde ein Teilersatz der hierdurch entstehenden Versorgungslücke durch eine kapitalfinanzierte private Altersvorsorge eingeführt. Diese private Altersvorsorge erfolgt allerdings auf dem Wege staatlich bezuschusster bzw. steuerlich begünstigter und zertifizierter Altersvorsorgeprodukte, die bestimmten staatlichen Auflagen entsprechen müssen.

Im Bereich der *Familienpolitik* setzte die rot-grüne Koalitionsregierung den Expansionskurs der Vorgängerregierung fort. In der Legislaturperiode 1998–2002 drückt sich diese neue Akzentsetzung in mehrmaligen Erhöhungen des Kindergeldes aus. Zudem wurde der Erziehungsurlaub zur „Elternzeit" weiterentwickelt, womit sich die Wahlmöglichkeiten zwischen beruflicher Arbeit und Erziehungstätigkeit verbessern sollten. In der zweiten Legislaturperiode der rot-grünen Bundesregierung (2002–2006) setzte sich dieser familienpolitische Kurs mit neuen Akzenten fort. Nach den Ausweitungen monetärer Transferleistungen für Familien wurde unter dem Eindruck der demografischen Entwicklung und dem Ziel der Verbesserung der Vereinbarkeit von Beruf und Familie eine Ausweitung der Dienste für Kinder und Familien angestrebt. Zu diesem Zweck sollten insbes. das Angebot an Kinderbetreuungseinrichtungen für die 0- bis 3-Jährigen sowie der Ganztagsschulen ausgeweitet werden. Die Große Koalition (seit 2005) hat eine erneute Gesundheitsreform umgesetzt sowie die „Rente mit 67 Jahren" (stufenweise Einführung bis 2029), eine Mini-Reform der sozialen Pflegeversicherung, die Zusammenlegung von Arbeitslosenhilfe und Sozialhilfe und damit weitere zahlreiche Änderungen des SGB II (Grundsicherung für Arbeitsuchende) und des SGB XII (Sozialhilfe) beschlossen. Dazu kamen eine neue Elternzeitregelung sowie neue Richtwerte für den bedarfsgerechten Ausbau der Kinderkrippen und der Kindertagespflege *(Kinderkrippe, Tageseinrichtungen für Kinder)*.

Die ‚schwarz-gelbe Bundesregierung' hat 2009 nach ihrem Wahlsieg mit der Koalitionsvereinbarung hohe Erwartungen geweckt, konnte diese aber im Großen und Ganzen nicht erfüllen. Jedenfalls fiel die Halbzeitbilanz 2011 dahingehend aus, dass „die einzige Konstante der ersten beiden Jahre der immer wiederkehrende Wunsch nach Neuwahlen war" (so bspw. Kallinich u. a. 2011). Es war offensichtlich, das die CDU/CSU/FDP-Regierung viel in Aussicht gestellt hatte, aber nur wenig wirklich Neues geleistet worden ist (werden konnte), weil für die Überwindung der Folgen der Finanzmarktkrise 2008 und inzwischen durch die Euro-Rettung (‚Rettungsschirme') die Kräfte der BReg weitgehend absorbiert worden waren. Ver-

S

änderungen im Gesundheitswesen und der arbeitsmarktpolitischen Instrumente (immer noch als ‚Reformen' deklariert), waren Klientelpolitik oder von Sparnotwendigkeiten gekennzeichnet.

In der großen Koalition von CDU/CSU und SPD sind seit 2013 – bei zunehmender wirtschaftlicher Prosperität, sinkenden Arbeitslosenzahlen und „sprudelnden" Steuereinnahmen – eine Reihe (neuer) sozialpolitischer Schwerpunkte gesetzt worden. Dazu gehören z. B.: die Rentenreform mit der Ausweitung der „Mütterrente" und der Absenkung des Renteneintrittsalters auf 63 Jahre (nach 45 Beitragsjahren), die Einführung des Mindestlohns (8,50 €, ab 2017 8,84 €), der verstärkte Ausbau der Kinderkrippen verbunden mit einem Rechtsanspruch auf einen Krippenplatz, die Flexibilisierung der Elternzeit, die Erhöhung des Kindesgeldes sowie die Einbeziehung Demenzkranker in die Pflegeversicherung durch eine Neudefinition des Pflegebegriffs, allerdings erst ab 2017.

In der politischen Auseinandersetzung zu diesen Maßnahmen gibt es auch Kritik. Kritisiert wird v. a. die Rentenreform, die wegen ihrer finanziellen Belastungen der Rentenkassen die nächste Generation noch stärker einschränken wird. Der Mindestlohn ist aus der Sicht von Kritikern zu niedrig, um davon auskömmlich leben zu können. Die Erhöhung des Kindergeldes mit der steuerlichen Option bevorzugt Besserverdienende und die Reform der Pflegeversicherung lässt zu lange auf sich warten.

Quantitative Entwicklung

Die Entwicklung der S. in den westlichen Ländern verlief in quantitativer Hinsicht – bei z. T. erheblichen länderspezifischen Differenzen – nach einem einheitlichen Muster: Nach quantitativ vergleichsweise bescheidenen Anfängen im ausgehenden 19. Jh. erlebte das sozialstaatliche Institutionensystem eine lang anhaltende Phase des Wachstums und hat sich inzwischen zu einem zentralen Strukturmerkmal sämtlicher westlicher Industrienationen entwickelt. Die Konsequenzen solcher Wachstumskräfte lassen sich – ähnlich wie in allen anderen westeuropäischen Ländern auch – an der Entwicklung des bundesdeutschen S. ablesen: Zentrale Indikatoren hierfür sind die Zahl der abgesicherten Bevölkerungsgruppen und die Entwicklung weiterer Bevölkerungskreise in die Sozialversicherungssysteme verlief von unten nach oben in der *Sozialstruktur:* Nach den Industriearbeitern wurden die Angestellten, nach dem 2. Weltkrieg auch die Selbständigen und schließlich auch arbeitsmarktferne Gruppen wie Schüler, Studierende und Hausfrauen in das Sicherungssystem einbezogen.

Im Ergebnis nähert sich der bundesdeutsche S. einem umfassenden System der sozialen Sicherung der gesamten Wohnbevölkerung. Damit ist auch ein enormer Anstieg des BIP (Bruttoinlandsprodukt) und der Sozialausgaben verbunden. Anhand nur weniger Beispiele lässt sich folgende (wechselvolle) Entwicklung erkennen: Nach einem Anstieg der Sozialleistungsquote (Anteil der Sozialausgaben am BIP) auf 33,4 % im Jahr 1975 im früheren Bundesgebiet setzt nach der deutschen Einigung ein Rückgang Anfang der 1990er Jahre auf 25 % ein. Seit 1992 wächst die Sozialleistungsquote stetig und erreichte 2009 mit 30,5 % einen hohen Stand – bedingt durch die Finanzmarktkrise und gesunkene Wirtschaftskraft. 2015 lag die Sozialleistungsquote bei 29,4 % bei einem BIP von 3 025 Mrd. €.

Einflussfaktoren auf die sozialstaatliche Entwicklung

In der einschlägigen Forschung gelten langfristige gesellschaftliche Entwicklungstrends als wesentliche Faktoren sozialstaatlicher Wachstumsdynamik. So verdankt sich die Entstehung des S. den Veränderungen der Lebensformen im Zuge von Industrialisierung und Verstädterung. Wachsende Bedürfnisse nach sozialer Sicherheit bei der von Standardrisiken der Lohnarbeiterexistenz bedrohten Industriearbeiterschaft, politische Mobilisierungsprozesse sowie gesteigerte finanzielle und organisatorische Kapazitäten staatlicher Bürokratien erzwingen und ermöglichen die Herausbildung sozialstaatlicher Sicherungssysteme. Kontrovers wird diskutiert, mit welchem Einflussfaktor (Industrialisierung, die politischen Forderungen der Arbeiterbewegung, strukturelle Widersprüche des kapitalistischen Wirtschaftssystems oder aber die Schwächung traditioneller Selbsthilfepotentiale und Vergemeinschaftungsformen) die wichtigste Bestimmungsgröße benannt ist.

Für die Zeit nach dem 2. Weltkrieg gilt, dass mit der sozialökonomischen Entwicklung in Gestalt eines lang anhaltenden Wirtschaftsaufschwungs eine zentrale Bedingung für die sozialstaatliche Expansion benannt ist. Der wirtschaftliche Strukturwandel verwandelt immer mehr Bauern, Selbständige und mithelfende Familienangehörige in Erwerbssuchende bzw. abhängig Beschäftigte und sorgt damit für eine steigende Arbeitnehmerquote. Traditionelle soziale Sicherungssysteme *(Familie,* Kirchengemeinde, Nachbarschaft etc.; *Netzwerke, soziale)* erodieren unter dem Druck der Modernisierung. Ferner führen sozialdemografische Veränderungen wie die zunehmende Lebenserwartung und Alterung der Bevölkerung *(Alter, Altenpolitik)* zu steigender Nachfrage nach sozialpolitischen Leistungen. Auf der Angebotsseite sind Faktoren wie ein verbesserter medizinischer Wissensstand, neue kostenträchtige Behandlungsmethoden sowie an eigenen Bestandsinteressen orientierte Definitionen sozialpolitischer Bedarfe durch oligopolistische Anbieter auf dem medizinischen oder sozialen Markt zu nennen.

Eine besondere Rolle ist in diesem Zusammenhang allerdings den politischen Bedingungen zuzuschreiben. So ist etwa die Entwicklung des deutschen S. nachhaltig durch die politischen Kräfteverhältnisse geprägt. Da sozialistische bzw. sozialdemokratische Parteien in Deutschland nie eine dominante Position im Machtgefüge erlangen konnten, wie es etwa der sozialdemokratischen Partei in Schweden gelang, waren konservative Kräfte an der Gestaltung des deutschen S. maßgeblich beteiligt. Dies gilt sowohl für dessen Entstehung, die – wie erwähnt – als Ergebnis der defensiven Modernisierungspolitik traditioneller Eliten im Kaiserreich betrachtet werden muss, als auch für die Entwicklung der 1950er und 1960er Jahre.

Besonders in der Phase wirtschaftlichen Wachstums haben christdemokratisch-liberale Koalitionen zur Weiterentwicklung des S. beigetragen, weil auch im konservativen Lager – nach den Erfahrungen der WR – anerkannt wurde, dass sozialstaatliche Sicherungen zur politischen Integration und durch die Gewährleistung des sozialen Friedens auch zur ökonomischen Produktivität beitragen. Ferner begünstigte die Systemkonkurrenz in der Phase des kalten Krieges sozialpolitische Reformen als Bestandteil der Innenpolitik. Umgekehrt wirken sich Bedingungen wie sinkende Wachstumsraten, stagnierende oder abnehmende Arbeitnehmerquoten sowie stagnierende oder sinkende Altersquoten hemmend auf die sozialstaatliche Entwicklung aus. Im politischen Raum sind Faktoren wie die strategische Machtposition der „natürlichen Feinde" des S. (u. a. Unternehmer und Freiberufliche), die relative Stärke oder Schwäche der Arbeiterschaft sowie der Organisationsgrad der Sozialleistungsempfänger bedeutsam.

In den letzten 100 Jahren hat Deutschland mehrere grundlegende Veränderungen herrschender politischer Regime erlebt. Angesichts dessen ist das hohe Ausmaß an Stabilität und Kontinuität in der Sozialpolitik über die unterschiedlichen politischen Regime Kaiserreich, WR, Nationalsozialismus und soziale Marktwirtschaft hinweg hervorzuheben. Insbes. die Institution der Sozialversicherung hat sich bislang mit ihren Kernelementen der Pflichtversicherung, dem gegliederten System, dem Äquivalenzprinzip und der Beitragsfinanzierung gegenüber den tief greifenden Veränderungen der politischen Systeme in Deutschland als erstaunlich beständig und zählebig erwiesen.

Probleme und Grenzen des Sozialstaates

Nachdem die Weiterentwicklung des deutschen S. jahrzehntelang durch einen breiten politischen Konsens getragen worden war, wird diese politische Unterstützungsbasis etwa seit Mitte der 1970er Jahre zunehmend brüchig; eng hiermit verbunden ist eine breite Debatte um Grenzen bzw. Krisen des S. und um ordnungspolitische Antworten auf die diagnostizierten Krisenursachen. Dabei steht der S. – je nach der gewählten ordnungspolitischen bzw. theoretischen Grundorientierung – entweder eher als Opfer äußerer Entwicklungen oder aber selbst als Verursacher von Krisenentwicklungen zur Disposition. Als äußere Herausforderungen und Stressfaktoren für das System der sozialen Sicherheit sind v. a. demographische Bevölkerungsentwicklungen wie die steigende Lebenserwartung, sinkende Geburtenraten sowie grenzüberschreitende Migrationsprozesse *(Migration und Integration)*. Veränderte familiale Lebensformen (Verkleinerung und steigende Instabilität der Familienhaushalte) werden als Erosionstendenzen des sozialen Netzes betrachtet. Schwankungen auf dem Arbeitsmarkt können zu sinkenden Einnahmen sowie steigenden Ausgabenanforderungen im Bereich der sozialen Sicherung führen. Ferner bringt der Prozess des gefährdeten europäischen Zusammenhalts zusätzliche Haushaltsrisiken. Das internationale Wirtschaftsgeschehen kann zur Verschärfung der Konkurrenz auf den Güter-, Absatz- und Arbeitsmärkten führen, was immer wieder erneute Diskussionen um den „Standort Deutschland" provoziert. Hinzu kommen: der nicht abgeschlossene Prozess der deutschen Einigung sowie der Ost-West-Transfer durch Steuern und Sozialversicherungsbeiträge.

Neben solchen äußeren Stressfaktoren und Risiken werden jedoch zunehmend auch interne Struktur- und Steuerungsdefizite des sozialstaatlichen Institutionensystems diskutiert, die den S. sowohl anfällig gegenüber äußeren Störungen als auch selbst als Erzeuger endogener Krisenursachen erscheinen lassen. In diesem Zusammenhang steht insbes. die „Lohnarbeitszentriertheit“ des deutschen sozialen Sicherungssystems im Zentrum der Aufmerksamkeit. Das beitragsfinanzierte System der sozialen Sicherung gerät immer dann in Schwierigkeiten, wenn der relative Anteil der tatsächlich Beschäftigten an der Erwerbsbevölkerung bzw. der Anteil der Erwerbsbevölkerung an der Wohnbevölkerung zu klein ausfällt. Denn auf der Finanzierungsseite ist dieses System davon abhängig, dass eine genügend hohe Zahl abhängig Beschäftigter ausreichend hohe Arbeitseinkommen erzielt, um das Sozialsystem durch den Zufluss entsprechend hoher Sozialversicherungsbeiträge funktionsfähig halten zu können. Ferner folgt aus dieser Arbeitsmarktabhängigkeit, dass der S. ein ausgeprägtes „Schönwettermodell“ darstellt, dessen Leistungsfähigkeit immer dann abnimmt, wenn aufgrund stagnierender bzw. schrumpfender Wirtschaftstätigkeit und steigender Beschäftigungslosigkeit die Einnahmen sinken und die Ansprüche auf Sozialleistungen zunehmen.

Ein weiteres – als endogener Krisenmechanismus des Wohlfahrtsstaates diskutiertes – Faktorenbündel ist mit der „eingebauten“ Wachstumsdynamik sozialstaatlicher Sicherungssysteme benannt. Die Prinzipien der Herstellung von Sicherheit und Gerechtigkeit laden die gesellschaftlichen Akteure dazu ein, ständig neue Sicherungsbedarfe zu entdecken und einzuklagen. Eine zusätzliche Expansionsdynamik entsteht aus der gruppenspezifischen Gewährung von Sozialleistungsansprüchen; denn unter der Berufung auf das Gleichheitsprinzip können die bislang noch benachteiligten Bevölkerungsgruppen eine Gleichstellung mit den bereits bevorzugten Gruppen einfordern. Dieser durch den Parteienwettbewerb angetriebene Wachstumsimpuls wird durch Entwicklungen wie dem Fortschritt des medizinischen Wissens, der Einführung neuer Heilverfahren etc. befördert, die sämtlich auf eine quantitative und qualitative Verbesserung der Leistungsniveaus hinauslaufen. Als nicht erwünschte Folgen dieser Expansionsdynamik wird die „Klientelisierung“ der Sozialstaatsbürger („erlernte Hilflosigkeit“), aber auch eine insbes. von Konservativen angeführte „Anspruchsmentalität“ beklagt, die neue Bedürftigkeit und Begehrlichkeit weckt und auf diese Weise zu zusätzlichen Kostenbelastungen und kollektiven Selbstschädigungen der Versicherungsgemeinschaft (durch höhere Beiträge) führt. Hier erscheint der S. selbst als „Krisenverursacher“, weil er die Bedingungen für sein Funktionieren selbst untergräbt.

Die Zukunft des bundesdeutschen Sozialstaates

Die genannten „äußeren“ Stressfaktoren sozialstaatlicher Entwicklung, v. a. die demografische Alterung der Bevölkerung sowie die sozialpolitischen Folgen der Globalisierung, insbes. der Flucht- und Migrationsbewegungen, haben eine Wiederauflage einer breiten Debatte um Krisen und Grenzen des bundesdeutschen S. befördert.

Diese Debatte wird seit den ausgehenden 1990er Jahren auch durch divergierende Leitbilder staatlichen Handelns beeinflusst. So gibt es im konservativ-wirtschaftsliberalen Spektrum eine starke Präferenz für das Leitbild des „schlanken S.“, das durch Merkmale wie eine Reduzierung des Umfangs öffentlicher Aufgaben, tief greifende Einschnitte ins soziale Netz, die Förderung von Wettbewerb und Markt sowie die Stärkung von Elementen der Eigenverantwortung und Selbstbeteiligung geprägt ist.

Dagegen bevorzugt das sozialdemokratische und grüne Spektrum Konzepte eines „ermöglichenden“ bzw. „aktivierenden“ S., wie sie im Anschluss an US-amerikanische Vorbilder (enabling state) v. a. im Rahmen der Programmatik eines „Dritten Weges“ auch in Europa entwickelt worden sind (die SPD spricht im Entwurf ihres neuen Parteiprogramms, das Ende 2007 beschlossen worden ist, vom „vorsorgenden S.“, auch um den Zusammenhang von Bildungs- und Sozialpolitik zu betonen). Der aktivierende S. versteht sich als „Gewährleistungsstaat“, der zwar seine Verantwortlichkeit für die Steuerung und Regulierung öffentlicher Aufgaben und sozialer Problemlagen wahrnimmt, allerdings bei der Realisierung dieser Aufgaben verstärkt auf gesellschaftliche Akteure und Institutionen zurückgreift. In diesem Kontext wird auch ein neues Verhältnis zwischen leistungsgewährendem Staat und Hilfeempfängern etabliert; unter dem Leitprinzip „Fördern und Fordern“ verpflichtet sich der aktivierende S. dazu, bestimmte Sozialleistungen zur Verfügung zu stellen unter der Voraussetzung, dass die Leistungsempfänger ihrerseits ihre Kräfte und Ressourcen aktiv zur Überwindung ihrer Problemlage einsetzen.

Neben solchen gegensätzlichen Konzepten und konfliktbeladenen Interessenlagen gibt es allerdings auch Übereinstimmungen zwischen den politischen Lagern, die sich in realen Entwicklungstrends wohlfahrtsstaatlicher Leistungen und Interventionsformen niederschlagen. So hat etwa sowohl die Regierung Kohl im Bereich sozialer Dienstleistungen als auch die Regierung Schröder im Bereich der Renten für einen Einstieg der Sozialpolitik in die Schaffung von „Wohlfahrtsmärkten“ gesorgt. Die Deprivilegierung traditioneller gemeinnütziger Träger (Wohlfahrtsverbände etc.) gegenüber privatgewerblichen Anbietern in der Kranken- und Pflegeversicherung sowie in der Sozial- und Jugendhilfe haben im Bereich sozialer Dienstleistungen zur Schaffung von „Quasi-Märkten“ und zur Stärkung des Wettbewerbs zwischen unterschiedlichen Anbietern beigetragen *(Träger der Sozialen Arbeit)*. In der Rentenversicherung war es die Rentenreform von 2000/2001, die eine ähnliche Richtung einschlug. Mit der Einführung einer privaten Zusatzrente bspw. nähern sich sozialpolitische Leistungen privaten Gütern an. Zur politischen Regulierung wird eine marktregulative Politik etabliert, die durch ihre spezifischen Regelungen nicht nur einen Markt für Produkte der Alterssicherung schafft, sondern v. a. auch durch Elemente der Marktgestaltung (Zertifizierungsverfahren) diesen Wohlfahrtsmarkt aktiv mitgestaltet.

Seit der Bundestagswahl 2002 stand und steht der Umbau des S. im Mittelpunkt einer unter breiter öffentlicher Anteilnahme geführten Debatte. Dabei bedient sich sowohl die rot-grüne Regierungskoalition als auch – wenn auch in geringerem Maße – die Opposition des Instruments der Kommissionen. In diesem Sinne beschäftigte sich die Kommission „Moderne Dienstleistungen am Arbeitsmarkt“ (Hartz-Kommission) mit Vorschlägen zur Arbeitsmarktreform und zur Reform der BA, die „Kommission für Nachhaltigkeit in der Finanzierung der Sozialen Sicherungssysteme“ (Rürup-Kommission) mit Reformen im Renten- und Gesundheitssystem und die vom CDU-Bundesvorstand eingesetzte Kommission „Soziale Sicherheit“ (Herzog-Kommission) insbes. mit der Reform des Gesundheitswesens.

Zwar kann nicht mit einer lupenreinen Umsetzung solcher Vorschläge im politischen Entscheidungsprozess gerechnet werden, dennoch wird die sozialpolitische Entwicklung durchaus durch Ergebnisse solcher Kommissionen beeinflusst. So wurden arbeitsmarktpolitische Instrumente der Hartz-Kommission umgesetzt, der Umbau der Arbeitsverwaltung zu einer Dienstleistungsagentur vollzogen und v. a. die Zusammenlegung von Arbeitslosen- und Sozialhilfe zum 1. 1. 2005 durchgesetzt. Damit wurden die Grundprinzipien des „Förderns und Forderns“ in der Arbeitsmarktpolitik gestärkt, das Leistungsniveau bes. für die ehemaligen Arbeitslosenhilfeempfänger auf Sozialhilfeniveau gesenkt und der Druck auf erwerbsfähige Arbeitslosengeld-II-Empfänger zur Wiedereingliederung in den Erwerbsarbeitsmarkt auch zu verschlechterten Konditionen erhöht. Die Leistungsverschlechterungen und Sanktionen werden durch die verstärkten Vermittlungsangebote der BA legitimiert. Darüber hinaus gehen die Bemühungen um eine Abkopplung der Finanzierung des sozialen Sicherungssystems von erwerbsarbeitsbezogenen Beiträgen in allen politischen Lagern weiter.

In dieser Hinsicht zeichnet sich eine tief greifende parteipolitische Kontroverse ab: So wird im Umkreis der Sozialdemokratie und der Partei Bündnis 90/Die Grünen das im Bericht der Rürup-Kommission angesprochene Konzept der Bürgerversicherung in der Krankenversicherung diskutiert. Dieses Modell zielt darauf ab, die Finanzierung der erwerbsarbeitszentrierten Sicherungssysteme durch eine Ausweitung der Finanzierungsbasis auf weitere Einkommensarten und den Einbezug von Beamten und Selbständigen zu verbreitern. Umgekehrt findet in den Reihen der Oppositionsparteien das Kopfgeld der Herzog-Kommission Unterstützung, wonach jeder Versicherte, unabhängig von seinem Erwerbsstatus, eine feste Beitragssumme einzahlen muss, die im Bedürftigkeitsfalle staatlich subventioniert wird.

Darüber hinaus sind Bürgergeld und bedingungsloses Grundeinkommen weitere Stichworte zu verschiedenen (radikalen) sozialstaatlichen Zukunftsmodellen unterschiedlicher Parteien und einzelner Personen. Diesen Modellen gemeinsam ist, dass Bedürftigkeitsprüfungen entfallen und dass Transferleistungen zusammengeführt werden. Das so erzielte Einkommen soll „für Alle“ existenzsichernd sein.

Es steht zu erwarten, dass keines dieser Modelle angesichts der Konsenszwänge und Veto-Positionen unterschiedlicher politischer Einflussgruppen in Reinform durchsetzbar ist. Vielmehr zeigen entsprechende Analysen sozialstaatlicher Politik, dass das eigentümliche institutionelle Gefüge der deutschen Sozialreformen nur als Politik der „kleinen Schritte“ und nicht als umfassende Umbauprojekte zulässt. In der deutschen Sozialpolitik wirkt eine vergleichsweise hohe Zahl einflussreicher „Veto-Spieler“ mit. Sowohl die Partner einer Koalitionsregierung als auch weitere Akteure – bei zustimmungspflichtigen Gesetzen der BR sowie oft die Oppositionspartei, ferner das BVerfG sowie mächtige gesellschaftliche Verbände – bestimmen in der BRD seit jeher den jeweiligen sozialpolitischen Kurs mit. Unter diesen Bedingungen wird das Reformpotential umso stärker eingeschränkt, je größer die Zahl der Veto-Spieler und je größer die ideologische Distanz zwischen den Streitparteien ausfällt. Die

Zukunft des deutschen S. hängt daher davon ab, welche sozialpolitischen Reformvorschläge am ehesten mit den Interessen und Loyalitäten herrschender politischer Koalitionen übereinstimmt. Seit einigen Jahren wird der S. in Deutschland allerdings weniger durch grundlegende Reformen geprägt, sondern eher durch Leistungseinschränkungen (z. B. bei der Rente), verstärktes „Fordern" statt „Fördern" (z. B. im SGB II und im Integrationsgesetz) sowie durch private Eigenbeteiligung (z. B. in der Krankenversicherung).

Der frühere Präsident des BVerfG, Hans-Jürgen Papier, hat auf dem 78. Fürsorgetag 2009 in Nürnberg folgendes ausgeführt: „Es waren und sind die soziale Marktwirtschaft und mit ihr auch die Sozialstaatlichkeit, die der BRD über Jahrzehnte und bis zum heutigen Tag ein hohes Maß an Wohlstand für breite Kreise der Bevölkerung und sozialen Frieden gebracht haben. Der deutsche Sozialstaat kann dabei – von seinen Anfängen in der Bismarck'schen Sozialgesetzgebung, über Weltkriege, staatliche und wirtschaftliche Zusammenbrüche und Währungsreformen hinweg – auf eine nahezu ungebrochene Kontinuität bis in das 19. Jahrhundert zurückblicken. Ohne Übertreibung lässt sich feststellen, dass der Sozialstaat einen nicht unwesentlichen Teil der nationalen Identität Deutschlands ausmacht. Für den sozialen Zusammenhalt und für die innere Einheit Deutschlands ist er von nicht minderer Bedeutung" (in: NDV 1/2010, 10).

Thomas Olk

Literatur

J. Alber: Vom Armenhaus zum Wohlfahrtsstaat. Analysen zur Entwicklung der Sozialversicherung in Westeuropa, Frankfurt/M. [2]1987 ◆ G. Bäcker u. a.: Sozialpolitik und soziale Lage in Deutschland, 2 Bde., Wiesbaden [5]2010 ◆ BMAS: Sozialbudget 2015, Berlin 2016 ◆ C. Butterwegge: Krise und Zukunft des Sozialstaates, Wiesbaden [5]2014 ◆ ders.: Hartz IV und die Folgen. Auf dem Weg in eine andere Gesellschaft, Weinheim, München [2]2015 ◆ D. Döring: Sozialstaat, Frankfurt/M. 2015 ◆ A. Evers/T. Olk (Hrsg.): Wohlfahrtspluralismus, Opladen 1995 ◆ G. Esping-Andersen: The three worlds of welfare capitalism, Princeton 1990 ◆ R. G. Heinze/T. Olk/J. Hilbert: Der neue Sozialstaat. Analyse und Reformperspektiven, Freiburg i.Br. 1998 ◆ D. Kallnich/F. Schulz: Halbzeitbilanz. Parteien, Politik und Zeitgeist der schwarz-gelben Koalition 2009–2011, Hannover 2011 ◆ F.-X. Kaufmann: Varianten des Wohlfahrtsstaats. Der deutsche Sozialstaat im internationalen Vergleich, Frankfurt/M. 2003 ◆ H. Lampert: Lehrbuch der Sozialpolitik, Berlin/Heidelberg [8]2007 ◆ ders.: Der Sozialstaat im 21. Jahrhundert, Saarbrücken 2013 ◆ H. J. Papier: Die Zukunft des Sozialstaates in Deutschland und Europa, in: NDV 1/2010, 10–17 ◆ S. Leibfried/U. Wagschal (Hrsg.): Der deutsche Sozialstaat. Bilanzen – Reformen – Perspektiven, Frankfurt/M. 2000 ◆ F. Pilz: Der Sozialstaat. Ausbau – Kontroversen – Umbau, Bonn 2009 (bpb) ◆ C. Sachße/F. Tennstedt: Geschichte der Armenfürsorge in Deutschland, Bd. 1: Vom Spätmittelalter bis zum 1. Weltkrieg, [2]1998, Bd. 2: Fürsorge und Wohlfahrtspflege 1871–1929, 1988, Bd. 3: Der Wohlfahrtsstaat im Nationalsozialismus, 1992, Bd. 4: Fürsorge und Wohlfahrtspflege in der Nachkriegszeit, 2012 alle Stuttgart ◆ M. G. Schmidt: Der deutsche Sozialstaat. Geschichte und Gegenwart, München 2012.

Sozialstatistiken

Allgemeines

Unter S. sollen hier alle mehr oder minder regelmäßig erscheinenden quantitativen statistischen Informationen verstanden werden, die für die Soziale Arbeit wichtig sein können.

Mit diesem Verständnis von S. kommen für vielfältige Arbeitsfelder und Zielgruppen der SozArb eine Reihe sehr unterschiedlicher Statistiken in Frage: Die amtl. Statistiken des Stat.BA, der Statistischen Landesämter, der statistischen Informationen von Bezirken, Landkreisen und Kommunen. Ebenfalls relevant sind die einschlägigen Veröffentlichungen von Bundes- und Landesministerien, BAG und LAG von WFV und anderer zentraler Stellen sowie deren evtl. Gliederungen bis hin zu einzelnen sozialen Diensten und Einrichtungen.

Weiterhin ist an die Zusammenstellungen von Einzelpersonen, (Forschungs-)Instituten und HS zu denken, die entweder eigene empirische Untersuchungen durchführen oder aber vorhandene Daten (Sekundärstatistiken) neu aufbereiten. Schließlich bestehen weitere Informationsmöglichkeiten durch das Statistische Amt und anderer Einrichtungen der EU.

Amtliche Statistiken

a) Statistisches Bundesamt: Das Stat.BA informiert auf seiner Webseite (www.destatis.de) über die verschiedensten Daten der amtlichen Statistik.

An zusammenfassenden Veröffentlichungen ist v. a. das jährlich erscheinende Statistische Jahrbuch für die BRD bedeutsam, das einen umfassenden Überblick über die erhobenen Informationen der amtl. Statistik bietet. Daneben können für die SozArb die sog. thematischen Querschnittsveröffentlichungen wichtig sein, in denen Informationen über bestimmte Bereiche (z. B. Erwerbstätigkeit, Bildung) oder Personengruppen (z. B. Frauen, ältere Menschen) gegeben werden.

Besonders ist auf den zweijährlich erscheinenden Datenreport (zuletzt 2016) hinzuweisen, der von der Bundeszentrale für politische Bildung zusammen mit dem Statistischen Bundesamt, dem Wissenschaftszentrum Berlin und dem Sozio-oekonomischen Panel des Deutschen Instituts für Wirtschaftsforschung herausgegeben wird. Daten der amtlichen Statistik werden zusammen mit Erhebungen der empirischen Sozialforschung dargestellt und informieren über Lebensverhältnisse und Einstellungen der Menschen in Deutschland.

Als Einzelveröffentlichungen werden Statistiken publiziert, die nur in größeren Zeitabständen erhoben werden (vgl. www.destatis.de → Publikation).

Die Ergebnisse der laufend geführten Statistiken werden in sog. Fachserien veröffentlicht und durch Sonderbeiträge ergänzt.

Für S. wichtige Fachserien sind:

- Fachserie 1: Bevölkerung und Erwerbstätigkeit,
- Fachserie 10: Rechtspflege,
- Fachserie 11: Bildung und Kultur
- Fachserie 12: Gesundheitswesen,
- Fachserie 13: Sozialleistungen (vgl. ausführlicher Anhang III).

Übersicht: Quellen von Sozialstatistiken

1. Amtliche Statistiken:

- Statistisches Amt der EU
- Statistisches Bundesamt
- Statistische Landesämter
- Bezirke, Kreise und Kommunen
- (Amt für Statistik, Sozial-, Jugend-, Gesundheitsamt)

2. Empirische Eigenerhebungen und Sekundärstatistiken:

- Bundes-, Landesministerien
- (Forschungs-)Institute
- Universitäten
- Fachhochschulen
- Träger und Einrichtungen der sozialen Arbeit
- Einzelpersonen u. a.

b) Statistische Landesämter: In den Statistischen Landesämtern werden ebenfalls Statistische Jahrbücher, mehr oder minder regelmäßig erscheinende Statistische Berichte u. a. Veröffentlichungen herausgegeben. Die relevanten S. entsprechen den Informationen, die beim Stat.BA aufgeführt werden, sind jedoch weiter untergliedert (Städte, Kreise, Gemeinden) und teilweise durch ergänzende Informationen angereichert. Bspw. werden vom Bayerischen Landesamt für Statistik und Datenverarbeitung zusätzlich über Größe, Alter, Ausstattung und Personal der Heime sowie über die dort untergebrachten Personen, über Heime der Altenhilfe und für erwachsene Behinderte, Einrichtungen und tätige Personen in der KJH und über ambulante soziale Dienste in regelmäßiger Erscheinungsfolge berichtet (nähere Informationen sind den Veröffentlichungen der einzelnen Statistischen Landesämter zu entnehmen).

c) Sozialstatistiken von Städten, Bezirken, Kreisen und Gemeinden: Auf diesen Ebenen werden häufig statistische Daten zusammengestellt, die für die SozArb unmittelbar relevant sind. In Großstädten existiert meistens ein Amt für Statistik, das Statistische Jahrbücher oder regelmäßig erscheinende Statistische Nachrichten oder Informationen auf kommunaler Ebene veröffentlicht. Darin werden die auf Bundes- und Landesebene dokumentierten (Sozial-)Statistiken feiner differenziert wiedergegeben. Ferner werden weitere Ergänzungen und räumliche Differenzierungen vorgenommen, z. B. die Anzahl und Nutzung von kommunalen Einrichtungen wie Krippen, Horte, Kindergärten u. a.

Von den *Sozial-*, *Jugend-* und *Gesundheitsämtern* werden neben den im Rahmen der amtl. Statistik zu erfassenden Daten manchmal weitere S. zusammengestellt, die im Zusammenhang mit der Konzeption, (Qualitäts-)Entwicklung und Evaluierung der eigenen Tätigkeiten stehen.

d) Sozialberichterstattung: Im Rahmen der Sozialberichterstattung werden (oft auch vergleichende) Daten, Fakten, aber auch Werte, Einstellungen und Einschätzungen zur „sozialen Lage" erhoben, um auf der Basis zurückliegender Entwicklungen und der Beurteilung des gegenwärtigen Standes in den verschiedensten Planungsbereichen Sozialer Arbeit vorausschauend handeln zu können *(Planung, Jugendhilfeplanung, Sozialplanung)*. Neben dem erklärenden und beschreibenden Aspekt gesellschaftlicher Strukturen und Prozesse hat Sozialberichterstattung für bereits eingeleitete Maßnahmen und ihre „Wirkungen" auch eine *Evaluations*funktion, wenn auch der Zusammenhang zwischen Sozialberichterstattung und *Sozialpolitik* eher gering ist. Von öffentlichem Interesse sind regelmäßig die Berichterstattungen zur *Bevölkerungsentwicklung*, zum *Arbeitsmarkt*, zu *Armut* und Reichtum sowie zur Bildungssituation. Grundlagen jeder Sozialberichterstattung sind die zu (fast) allen sozialen Fragen und Themen geführten Sozialstatistiken.

e) Statistische Daten der Europäischen Union: Das Statistische Amt der EU (ec.europa.eurostat) veröffentlicht jährlich S., z.B. die EU-weiten Daten über Einkommen, soziale Eingliederung und Lebensbedingungen (EU-SILC). Weiterhin finden sich relevante Informationen im Bereich der Kommission Beschäftigung, Soziales und Integration (ec.europa.eu/social → de).

Empirische Eigenerhebungen und Sekundärstatistiken

Von einer Reihe von Institutionen werden quantitative empirische Erhebungen oder Sekundäranalysen im sozialen Bereich in Auftrag gegeben oder durchgeführt. Häufig sind dies Bundes-, Landesministerien, (Forschungs-)Institute, psychologische, pädagogische oder soziologische FB an Universitäten, FB Sozialwesen an FHS oder Träger und Einrichtungen der SozArb.

Für die SozArb bedeutsame Datenquellen können sein:

- Allgemeine Bevölkerungsumfrage der Sozialwissenschaften (ALLBUS), seit 1980 wird alle zwei Jahre eine Repräsentativerhebung über Einstellungen, Verhaltensweisen und Sozialstruktur der Bevölkerung Deutschlands durchgeführt, zuletzt 2014 (www.gesis.org/allbus).
- Sozio-ökonomisches Panel (SOEP), seit 1984 wird bei denselben Personen und Familien in der BRD eine repräsentative Wiederholungsbefragung privater Haushalte über objektive Lebensbedingungen, subjektiv wahrgenommene Lebensqualität u.a. durchgeführt. Seit 1994/95 wurde eine „Zuwanderer-Stichprobe" eingeführt (www.diw.de/de/soep).
- Jahresstatistiken der Suchthilfe (www.suchthilfestatistik.de) sowie weiterer Statistiken der Deutschen Hauptstelle gegen die Suchtgefahren (www.dhs.de).
- Statistiken zur beruflichen Bildung und zum Arbeitsmarkt bieten v.a. die BA (www.arbeitsagentur.de), das statistische Informationssystem des Instituts für Arbeitsmarkt und Berufsforschung (IAB) (www.iab.de) sowie das Bundesinstitut für Berufsbildung (BIBB) (www.bibb. de).
- Zusammen mit anderen Datenbanken wird z.B. eine Projektdatenbank über Jugendhilfe dokumentiert (www.difu.de). Darüber hinaus bietet der Informationsdienst der Arbeitsstelle Kinder- und Jugendhilfe der TU Dortmund (KomDat) kommentierte Daten der Jugendhilfe (www.akjstat.tu-dortmund.de).
- Von den Trägern, Diensten und Einrichtungen der SozArb können S. in Jahresberichten oder anderen Dokumentationen enthalten sein. Insbesondere Bundes- und Landesverbände bzw. BAGs und LAGs veröffentlichen für Ihren Bereich relevante Zahlenmaterialen (vgl. Organisation und Institution in Anhang I).
- Die BAG der Freien Wohlfahrtspflege legt seit 1970 in einem 3- bis 4-jährigen Abstand eine Gesamtstatistik der Einrichtungen, Plätze und Mitarbeiter der Freien Wohlfahrtspflege vor (letzte Gesamtstatistik zu Einrichtungen und Diensten v. 1.1.2012 (www.bagfw.de → Veröffentlichungen).
- Zielgruppenbezogene Statistiken wie z.B. Familiensurveys, Jugendstudien aber auch arbeitsfeldspezifische Daten der unterschiedlichsten Art können häufig über einschlägige Institutionen bezogen werden (vgl. Anhänge I–IV).

Da aufgrund der Bandbreite und Vielfältigkeit der unterschiedlichen Fragestellungen in der SozArb keine vollständige inhaltliche Darstellung möglich ist, sei schließlich auf wichtige bundesweite Dokumentationsinstitutionen verwiesen:

Im GESIS-Leibniz-Institut für Sozialwissenschaften (www.gesis.org) sind die verschiedensten sozialwissenschaftlichen Umfragen und Statistiken archiviert, wie bspw. die Wohlfahrtssurveys, allgemeine Bevölkerungsumfragen der Sozialwissenschaften (ALLBUS), der Familiensurvey des DJI Jugendinstituts und Infratest (beide München) u.a. für die SozArb relevanten empirischen Untersuchungen verfügbar. Datenbanken über kommunale Umfragen (KOMM.DEMOS) werden vom Deutschen Institut für Urbanistik (DIFU), andere relevante Datenbanken von der GESIS-ZUMA und vom WZB erstellt und aktualisiert.

S., die in Form von Veröffentlichungen vorliegen, können im Rahmen von Literaturrecherchen eruiert werden. Besonders erwähnt seien hier die Literaturdatenbank zur sozialen Arbeit vom Deutschen Zentralinstitut für soziale Fragen (DZI; www. dzi.de) in Berlin und das Rechercheangebot von GESIS (www.gesis.org).

Werner Wüstendörfer

Literatur

T. Rauschenbach/M. Schilling (Hrsg.): Kinder- und Jugendhilfereport 3. Bilanz der empirischen Wende. Weinheim/München 2011 ♦ Stat.BA (Destatis) und

Wissenschaftszentrum Berlin für Sozialforschung (WZB) in Zusammenarbeit mit Das Sozio-oekonomische Panel (SOEP) am Deutschen Institut für Wirtschaftsforschung (DIW Berlin) (Hrsg.): Datenreport 2016. Ein Sozialbericht für die Bundesrepublik Deutschland. Bundeszentrale für politische Bildung. Bonn 2016. Im Internet unter: www.bpb.de/datenreport oder www.destatis.de/datenreport oder www.wzb.eu/datenreport

Sozialstruktur

Sozialstruktur (S.) bezeichnet als Grundbegriff der Gesellschaftsanalyse *(Soziologie)* die Gesamtheit der relativ dauerhaften Grundlagen und Wirkungszusammenhänge der sozialen Beziehungen und der sozialen Gebilde (Gruppen, Institutionen und Organisationen) in einer *Gesellschaft.*

Grundlagen: Entsprechend der großen Bedeutung, die „Struktur" als ein Zentralbegriff der wissenschaftlichen Analyse wie der Anschauung über die Beschaffenheit der jeweils untersuchten Objektwelt bekommen hat, wurde S. zu einem „Schlüsselbegriff der Gesellschaftsanalyse" (Fürstenberg). Zielt der Strukturbegriff auf den inneren Aufbau und damit auf den Zusammenhang von Elementen eines als komplexe Einheit (Ganzheit) gegebenen oder vorgestellten Beziehungsgefüges, so bezieht sich der Strukturbegriff der Gesellschaftsanalyse auf die „soziale Wirklichkeit". Aufgabe der Sozialstrukturanalyse als Gesellschaftsanalyse ist, die in einem gesellschaftlichen System jeweils wichtigsten (dominanten) Strukturelemente zu erfassen und in ihrem Einfluss und ihrer Wechselwirkung auf die Mikrostrukturen des sozialen Handelns und die gesellschaftlichen Makrostrukturen zu bestimmen. Die Frage, welche sozialen Strukturen in einer Gesellschaft (z. B. der BRD) als die wichtigsten (relativ dauerhaften, prägenden) anzusehen sind und in der Sozialstrukturanalyse vorrangig berücksichtigt werden müssen, hat zu unterschiedlichen Ansätzen geführt.

S

Ansätze: Die marxistische Sozialstrukturanalyse geht davon aus, dass die „gesellschaftlichen Formen der Produktion" letztlich entscheidend sind für „die verschiedenen ökonomischen Epochen der Gesellschaftsstruktur" (Marx 1963). Die Sozialstrukturanalyse ist daher identisch mit einer Gesellschaftsanalyse, die von den Kategorien Produktionsmittel und Produktionsverhältnisse, Lohnarbeit und Kapital ausgeht. Das jeweilige Klassenverhältnis und die Struktur der zwischen und neben den Klassen existierenden sozialen Schichten determinieren alle sozialen Beziehungen und Gruppenstrukturen in ihrer besonderen Qualität *(Klasse/Schicht/Milieu).* Aufgabe einer marxistischen Sozialstrukturanalyse ist daher, die jeweiligen Formen von Lohnarbeit und Kapital, die Struktur und Entwicklung der Klassen und Schichten und die durch diese Formen bedingten Strukturen der Herrschaft zu untersuchen.

In nichtmarxistischen Sozialstrukturanalysen spielen die o. g. Analysegesichtspunkte ebenfalls eine wichtige, aber keine dominante Rolle. Es wird – auch in sozialhistorischer Perspektive – davon ausgegangen, dass in gegenwärtigen, hoch industrialisierten Gesellschaften die Klassen und damit der Gegensatz von Lohnarbeit und Kapital nicht die unterstellte, alles beherrschende Strukturbedeutung haben. Auf die relative Autonomie der gesellschaftlichen Teilbereiche (der einzelnen sozialen Systeme) wird verwiesen. Gegenüber einer Sozialstrukturanalyse als Klassenanalyse werden die soziale Schichtung (Stratifikation) und die soziale Mobilität als grundlegendes Strukturmerkmal hervorgehoben; gegenüber einer umfassenden Analyse von Lohnarbeit und Kapital werden der technologische Aspekt der Produktion und die davon ausgehenden Strukturwandlungen in den Vordergrund gestellt.

Auf einen wesentlichen Gesichtspunkt der Sozialstrukturanalyse hat bereits Emile Durkheim (1895) hingewiesen:

Die Struktur der sozialen Gebilde hat für die handelnden Individuen den Charakter von Objektivität i. S. von Vorgegebenem. Die S. kann daher als die Gesamtheit jener „sozialen Tatsachen" (Durkheim) bezeichnet werden, die geeignet sind, auf das Handeln der Menschen orientierend und entlastend, aber auch begrenzend und dominierend einzuwirken. Diese Perspektive trifft sich mit der von Karl Marx und den Grundannahmen des Historischen Materialismus, die besagen, dass der sozialen Wirklichkeit Objektivität und Materialität zukommt und sie nicht etwa aus (relativ willkürlichen) Konstruktionen und Annahmen des Betrachters besteht.

Die S. einer Gesellschaft (Gesellschaftsstruktur) ist nichts Statisches. Über die Analyse der relativ stabilen Elemente einer Gesellschaft hinausgehend muss daher versucht werden, Bewegung und Entwicklung der S. und ihrer Elemente zu erfassen. Auch hier gibt es hinsichtlich der Ursachen und der Auswirkungen des sozialen Wandels zwischen den verschiedenen Ansätzen einer Sozialstrukturanalyse erhebliche Differenzen.

Bereiche der Sozialstruktur: Trotz der genannten Unterschiede im theoretischen Ansatz einer Sozialstrukturanalyse besteht Einigkeit in dem Punkt, dass die S. und damit eine bestimmte Gesellschaftsformation in einzelne Strukturen und Handlungsbereiche untergliedert werden muss, um sie mit den Methoden moderner empirischer Sozialwissenschaft und Sozialstatistik zu untersuchen *(Empirische Sozialforschung, Sozialstatistiken)*. Die Gefahr, aus theoretischen wie methodischen Gründen den Zusammenhang mit den bestimmenden Einflussfaktoren der S. aus dem Auge zu verlieren, ist gleichwohl gegeben. Dies zeigt sich z. B. beim Ansatz der Sozialindikatorenforschung, die versucht, die wichtigsten Elemente der S. einer Gesellschaft in einem Bündel sozialer Indikatoren zu erfassen (Glatzer 1992). Als wichtigste Elemente und Bereiche einer Sozialstrukturanalyse können hervorgehoben werden:

- die Bevölkerungsstruktur und die Bestimmungsgründe für bestimmte Formen des generativen Verhaltens;
- Struktur und Wandel der Ursachen und Formen sozialer Ungleichheit (Geißler 2002; Hradil 2001);
- Struktur und Wandel des ökonomischen Systems, der Berufs- und Produktionssektoren (Struktur von Lohnarbeit und Kapital, des Zusammenhangs von betrieblicher Arbeit mit der sozialen Position und dem sozialen Prestige von Individuen und Gruppen, von betrieblicher Arbeit mit der sozialen Sicherung, der sozialen Mobilität, der Freizeit, Gesundheit etc.);
- Struktur und Wandel des politischen Systems, v. a. des Staates und der Parteien, der Gesetzgebung und der Durchsetzung demokratischer Prinzipien. Hier ist auch die Frage zu stellen nach dem in der BRD auch gesellschaftspolitisch und -strukturell gegebenen Einfluss der Banken und Konzerne, der Verbände und ihrer Funktionseliten;
- Struktur und Wandel des Systems der sozialen Sicherheit, des Zusammenhangs mit dem Arbeitsverhältnis, der Einkommens- und Vermögensstruktur;
- Struktur und Wandel der wichtigsten sozialen Gruppen in der Gesellschaft: der Familie, der Wohnkollektive, der Vereine, Freizeitgruppen, der Nachbarschaft etc.;
- Struktur und Wandel der Siedlungsformen: der Städte und Gemeinden, der Verdichtungszonen und suburbanen Räume, der agrarisch geprägten Räume. Aber auch die Strukturbedingungen des individuellen bzw. kollektiven Wohnens und Siedelns, z. B. der Wohn- und Siedlungsbedingungen von Randgruppen, sind hier zu untersuchen;
- Struktur und Wandel des Bildungs- und Ausbildungssystems (Differenzierung des Schul- und Hochschulwesens, der Ausbildungsstätten, der Institutionen der Weiterbildung etc.).

Planung in der SozArb ist ohne sozialstrukturelle Aussagen nicht mehr zeit- und standardgemäß *(Jugendhilfeplanung, Planung, Stadtentwicklungsplanung, Sozialraumorientierung)*.

Bei diesen und weiteren Analysegesichtspunkten zur S. einer Gesellschaft sind Kriterien der sozialen Ungleichheit und des klassen- und schichtspezifischen Zugangs zu den einzelnen Bereichen der S. („Sozialchancen") herauszuarbeiten. Nur auf dieser Basis ist es möglich, einzelne Aspekte der sozialen Wirklichkeit – wie z. B. Ursachen und Erscheinungsformen *abweichenden Verhaltens*, Strukturbedingungen der SozArb/SozPäd – in ihrem sozialen Kontext zu analysieren und über Struktur, Ansatz und Bedeutung systemstabilisierender wie systemverändernder Maßnahmen empirisch gehaltvolle Aussagen zu machen.

Dies gilt auch für die Fragen, ob Elemente der „Risikogesellschaft" (Beck) bzw. der „Erlebnisgesellschaft" (Schulze) zu grundlegenden Veränderungen der S. führen bzw. bereits geführt haben.

Neuere Entwicklungen: Der deutsche Einigungsprozess seit 1989 führte zur Herausbildung einer gesamtdeutschen S. durch Integration einer nach marxistisch-leninistischen Vorgaben strukturierten Gesellschaft (DDR) in ein Staats- und Gesellschaftssystem, das an Eigentum, Markt, Rechtsstaat und freier Entfaltung des Individuums orientiert ist *(Einigungsvertrag)*.

Auch die europäische Ebene, v. a. die der EU, wird weiterhin zu Angleichungen auf allen o. g. Sektoren der S. führen *(Sozialpolitik/Soziale Sicherung, europäische)*. Einigungsprozess und Europa werden zur weiteren Entdifferenzierung bestehender Klassen- und Schichtstrukturen beitragen und die Ungewissheiten hinsichtlich der künftig dominanten Elemente der S. in Deutschland und Europa auch auf Grund von Veränderungen im weltgesellschaftlichen Maßstab vergrößern.

Auf die deutsche S. und die Prozesse der Globalisierung in allen Gesellschaften haben die Neuen Technologien und Medien eine zunehmende Bedeutung. Die bisherige Dominanz industriegesellschaftlicher Faktoren wird ergänzt bzw. verändert durch Prozesse der Informatisierung und Digitalisierung in allen Daseinsbereichen, der Arbeit und der Freizeit. Die damit verbundene Vernetzung von Elementen der S. und andere Faktoren führen zur Entstehung einer Netzwerkgesellschaft (Castells 2001; *Informationsgesellschaft, Informationstechnologie, Medien*).

Bernhard Schäfers

Literatur

U. Beck: Risikogesellschaft. Auf dem Weg in eine andere Moderne, Frankfurt/M. [17]2003 ♦ P. A. Berger/S. Hradil (Hrsg.): Lebenslagen, Lebensläufe, Lebensstile. Soziale Welt, Sonderband 7, Göttingen 1990 ♦ M. Castells: Der Aufstieg der Netzwerkgesellschaft, Opladen 2001 ♦ E. Durkheim: Die Regeln der soziologischen Methode, Neuwied/Berlin [5]1976 (frz. 1895) ♦ M. Erlinghagen: Neue Sozialstrukturanalyse. Ein Kompass für Studienanfänger, München 2013 ♦ R. Geißler: Die Sozialstruktur Deutschlands, Berlin [7]2014 ♦ R. Geißler: Die Sozialstruktur Deutschlands. Aktuelle Entwicklungen und theoretische Erklärungsmodelle, in: WISO Diskurs 11/2010 ♦ R. Geißler: Facetten der modernen Sozialstruktur (www.bpb.de, v.16. 12. 2014) ♦ W. Glatzer (Hrsg.): Entwicklungstendenzen der Sozialstruktur, Frankfurt/M./New York 1992 ♦ S. Hradil: Sozialstrukturanalyse in einer fortgeschrittenen Gesellschaft, Opladen [2]1989 ♦ S. Hradil: Soziale Ungleichheit in Deutschland, Opladen [8]2005 ♦ T. Klein: Sozialstrukturanalyse, Weinheim/Basel [2]2016 ♦ K. Marx: Das Kapital. Bd. 11, MEW Bd. 24, Berlin (Ost) 1963, 42 ♦ H. P. Müller: Sozialstruktur und Lebensstile. Der neuere theoretische Diskurs über soziale Ungleichheit, Frankfurt/M. [2]1997 ♦ B. Schäfers: Sozialstruktur und sozialer Wandel in Deutschland, Stuttgart [9]2012 ♦ B. Schäfers/W. Zapf (Hrsg.): Handwörterbuch zur Gesellschaft Deutschlands, Opladen [2]2001 (neu als 3. Aufl. 2013, hrsg. von S. Mau/N. M. Schöneck) ♦ G. Schulze: Die Erlebnisgesellschaft, Frankfurt/M./New York [8]2000 (zuerst 1992) ♦ Stat.BA: Datenreport 2016. Ein Sozialbericht für die Bundesrepublik Deutschland, Kap. 7: Sozialstruktur und soziale Lagen, Bonn 2016.

Sozialwirtschaft

S. ist ein gesellschaftlicher Sektor, der bisher relativ undeutlich blieb, weil er 1. theoretisch sehr unterschiedlich definiert werden kann, 2. von der offiziellen Statistik methodisch (bislang) nicht präzise erfasst werden konnte und deshalb 3. in seiner volkswirtschaftlichen Bedeutung lange Zeit unterschätzt wurde.

Zur theoretischen Definition von Sozialwirtschaft

Moderne *Gesellschaften* lassen sich als Zusammenspiel spezialisierter Systeme beschreiben *(Systemtheorie)*. Das medizinische System, das Bildungssystem, das System sozialer Hilfen, das Rechts-, das Wirtschafts-, das Erziehungs-, das Kunst- oder das politische System sind gesellschaftliche Funktionssysteme, die sich exklusiv auf die Bearbeitung gesellschaftlicher Funktionen spezialisieren. Sie entwickeln hierzu eigene Funktionsweisen und eigene Organisationsformen. Das „System sozialer Hilfen" ist darauf spezialisiert, Hilfsbedürftigkeit zu definieren und *Hilfen* zu organisieren. Das System wird aktiv, wenn in anderen Funktionssystemen Exklusion (Ausgrenzung) droht, und versucht dann, entweder die Exklusion zu verhindern oder Exkludierte in das eigene System zu inkludieren. Die Voraussetzungen für die Funktionsweise des Systems sozialer Hilfen waren historisch an das religiöse System, dann sehr eng an das politische System gebunden *(Geschichte der Sozialarbeit/Sozialpädagogik, Soziale Sicherung, Sozialpolitik, Subsidiarität)*; aktuell wird es immer mehr an das wirtschaftliche System (strukturell) gekoppelt. Die Entscheidungen darüber, welche sozialen Hilfen, in welcher Menge, in welcher Qualität, aufgrund welcher Begründungen, in welcher Streuung, in welcher Organisationsform zur Verfügung sehen, werden immer mehr von wirtschaftlicher Logik, an Stelle von staatlicher *Sozialplanung* begleitet.

Transfertheoretisch erhalten die privaten Haushalte solche sozialen Hilfen entweder als Geldtransfers (z. B. direkte positive Transfers wie *Kindergeld*, Renten, *Sozialhilfe* usw., als indirekte positive Transfers wie z. B. steuerliche Kinderfreibeträge), als Infrastrukturausstattungen (z. B. Spielplätze) oder als Realtransfers in Form von Dienstleistungen. Während Geldleistungen und Infrastrukturmaßnahmen weitgehend vom politischen System nach politischen Kalkülen entschieden und organisiert werden, werden inzwischen soziale Dienste und Einrichtungen zunehmend durch wirtschaftliche Rahmenbedingungen wie Wettbewerb zwischen Anbietern, durch prospektive Leistungsentgelte, durch Ausschreibungsverfahren, durch Wahlmöglichkeiten für Klienten, durch outcome-orientierte Leistungsentgelte sowie durch Marktöffnung für private Anbieter organisiert *(Finanzierung freier Träger, Sozialmanagement, Verwaltungsmodernisierung)*.

Vom Sozialwesen zur Sozialwirtschaft

Auch wenn es sich bei der S. weitgehend um eine „Nicht-Markt-Ökonomie" bzw. eine Ökonomie mit unvollkommenen Märkten handelt, so bewegen sich die sozialwirtschaftlichen Organisationen dennoch in einem ökonomisch strukturierten Feld, in dem ökonomische Effektivität und Effizienz bei der Produktion sozialer Dienstleistungen zentrale Erfolgsbedingungen sind.

Zur S. gehören auf der Anbieterseite „Non-Profit-Organisationen“, „Profit-Unternehmen“ und Einrichtungen der öffentlichen Gebietskörperschaften (Dritter Sektor, *Träger der Sozialen Arbeit*). Welche Zahl sozialer Einrichtungen und Dienste, an welchem Ort und in welcher Qualität angeboten werden, wird zunehmend nicht mehr durch die Sozialplanung der Länder und Kommunen bestimmt, sondern durch die Anbieter selbst. Die Anbieter orientieren sich bei ihren Investitionsentscheidungen dabei maßgeblich an der zu erwartenden Nachfrage und entsprechenden Auslastungen ihrer Dienste durch die *Klienten*. In nahezu allen Sektoren der S. – ob in der *Pflege*, der Eingliederungshilfe für behinderte Menschen *(Behindertenhilfe)* oder in der *Kinder- und Jugendhilfe* – können und sollen die Klienten zwischen verschiedenen Anbietern und Angeboten auswählen. Zur Auswahl stehen im Prinzip alle Einrichtungen, die politisch definierte Qualitätsstandards erfüllen und entsprechend von den Kostenträgern akzeptiert werden (müssen) *(Qualitätsentwicklung)*.

An die Stelle sozialplanerischer Bedarfsplanungen treten zunehmend Mechanismen des Wettbewerbs um Klienten. Um deren „Nachfragemacht“ zu stärken, werden auch neue Finanzierungsformen entwickelt (persönliche Budgets, Gutscheine etc.), die den Wettbewerb zwischen den sozialen Einrichtungen verstärken sollen. Der Wettbewerb in der S. soll dazu führen, dass die Einrichtungen ihre Qualitätsniveaus für die Klienten attraktiver gestalten, und weiterhin dazu beitragen, dass die Leistungen wirtschaftlich effizienter erbracht werden. Sowohl die in der S. geltenden Finanzierungsregelungen als auch die Ablösung des sozialplanerischen Bedarfsdeckungsprinzips durch Nachfrageorientierung im Wettbewerb führen dazu, dass auch in der *Sozialen Arbeit* Marktmechanismen greifen. Die Träger sozialer Dienstleistungen versuchen ihre Wettbewerbsfähigkeit zu verbessern. Zu beobachten sind Fusionen zwischen Trägern ebenso wie „Outsourcing“, die Veränderung von Rechtsformen *(Organisationsrecht)*, neue Organisationsformen zwischen gemeinnützigen und kommerziellen Unternehmensteilen sowie der zunehmende Einsatz betriebswirtschaftlicher Instrumente im *Sozialmanagement:* insbesondere das kaufmännische Rechnungswesen, die klassische Kostenrechnung (Kostenarten-, Kostenstellen- sowie Kostenträgerrechnung) wie auch erweiterte Formen der Kostenrechnung (Deckungsbeitrags-, Plankosten- und Prozesskostenrechnung) und Verfahren des Controllings, des strategischen Managements, des Benchmarkings und des Marketings (genauer bei Moos/Peters 2015).

Der durch den Wettbewerb verstärkte Kostendruck führt nun allerdings auch in der S. zum Phänomen der „Markträumung“, d.h. zum Ausscheiden von insolventen Trägern.

Die volkswirtschaftliche Bedeutung der Sozialwirtschaft

Im Jahre 2012 hatten die *Wohlfahrtsverbände* rd. 105 295 Einrichtungen und Dienste mit 3 702 245 Betten/Plätzen (www.bagfw.de/Gesamtstatistik 2014; zu den Schwierigkeiten, die Träger der SozArb statistisch zu erfassen, Schilling 2012).

Mit 1 673 861 hauptamtlichen MitarbeiterInnen beschäftigen die Wohlfahrtsverbände knapp 4 % aller Erwerbstätigen; und damit etwa so viel wie die vier belegschaftsstärksten deutschen Großunternehmen zusammen. Die S. ist jedoch mit der freien Wohlfahrtspflege nicht deckungsgleich. So sind diese Daten um den Krankenhaussektor, der eigentlich nicht dem Sozialmarkt zurechenbar ist, zu bereinigen, und weiterhin ist zu berücksichtigen, dass die Einrichtungen der freien Wohlfahrtspflege nur einen Teil des Sozialmarktes ausmachen.

Für die S. ergeben sich – ohne Berücksichtigung des Personal- und Organisationsaufwands der öffentlichen Sozialverwaltung – Ausgaben für die Behindertenhilfe, für die Kinder- und Jugendhilfe, für die Altenhilfe und für die Sozialhilfe von zusammen (geschätzt) und damit ein volkswirtschaftliches Volumen von rd. 120 Mrd. Euro.

Bernd Halfar

Literatur

U. Arnold/K. Grunwald/B. Maelicke: Lehrbuch der Sozialwirtschaft. Baden-Baden [4]2014 ◆ BMAS (Hrsg.): Sozialbudget 2015, Bonn 2016 ◆ B. Halfar: Zum Konsum kollektiver Güter, in: N. F. Schneider/D. Rosenkranz (Hrsg.): Konsum, Opladen 2000 ◆ H. Kreidenweis: IT-Handbuch für die Sozialwirtschaft. Baden-Baden 2011 ◆ G. Moos/A. Peters: BWL für soziale Berufe, München [2]2015 ◆ G. Roth: Im Nebel von Moral, Macht und Geld: Gratwanderungen Sozialer Arbeit in der Sozialwirtschaft am Beispiel der Berliner Treberhilfe, in: np 1/2013, 3–18 ◆ M. Schilling: Die Träger der Sozialen Arbeit in der Statistik, in: W. Thole (Hrsg.): Grundriss Soziale Arbeit, Opladen [4]2012, 777–794 ◆ R. Simsa/M. Meyer/C. Badelt (Hrsg.): Handbuch der Non-Pro-

S

fit-Organisation: Strukturen und Management, Stuttgart [5]2013 ◆ A. Tabatt-Hirschfeldt: Theoriebildung in Sozialmanagement und Sozialwirtschaft – Bedarfe, Tendenzen und Möglichkeiten. In: NDV 1/2009, 553–559 ◆ W. R. Wendt: Sozialwirtschaft. Ein Brevier ihrer Lehre, Freiburg i.Br. 2013 ◆ W. R. Wendt: Sozialwirtschaft Kompakt, Wiesbaden [2]2015.

Links

www.bagfw.de/content/publikationen/gesamtstatistik.htm

Soziologie

Die Wissenschaft von der Gesellschaft

In der allgemeinen Bestimmung ist S. die Wissenschaft von der *Gesellschaft.* Gesellschaft wurde erst sehr spät zum „Gegenstand" einer systematischen, kritischen und an Erfahrungen orientierten, also „wissenschaftlichen" Betrachtung. Solange die „Ordnung" des menschlichen Zusammenlebens als natürlich oder von Gott gegeben angesehen wurde, solange durch fest gefügte Traditionen, ererbte Pflichten und Rechte diese Ordnung stabil blieb oder im Erfahrungszeitraum einer Generation sich nur unmerklich änderte, konnte S. nicht entstehen. Eine für alle erfahrbare rasche Veränderung bisher fest gefügter Ordnungen erfolgte seit Ende des 18. Jh. durch das Entstehen der bürgerlich-kapitalistischen Gesellschaft *(Klasse/Schicht/Milieu).* V.a. durch eine radikale Veränderung der Produktionsweise, durch die stürmische Ablösung der handwerklich-bäuerlichen Hauswirtschaft durch maschinelle Fabrikarbeit, änderten sich auch das Gefüge der ganzen Gesellschaft, die Lebensweise der Menschen, die Familie, Gebräuche und Sitten *(Arbeit).* Man erkannte, dass „Gesellschaft" veränderbar war, ein Prozess war, der sich durch die Handlungen der Menschen „entwickelte". Nun wollte man auch herausbekommen, nach welchen „Gesetzen" sich die Gesellschaft entwickelte, was die treibenden „Kräfte" wären, die eine bestimmte Entwicklung verursachten, und man wollte wissen, welche „Voraussagen" man über die Entwicklung machen konnte *(Sozialstruktur).*

S

Die ersten „Soziologen"

Einer der ersten, der dies systematisch versuchte, war A. Comte (1798–1857). Er prägte auch den Namen „Soziologie". Comte sah die Menschheit sich nach einem „Dreistadiengesetz" entwickeln: Nach dem theologischen Zeitalter folgte das philosophisch-metaphysische, das nun durch das wissenschaftliche Zeitalter abgelöst wurde. Dies kennzeichnet auch den Wechsel der Disziplinen, mit denen jeweils eine „universale" Deutung der menschlichen Ordnung versucht wurde. Was für die fest gefügte göttliche Ordnung des Mittelalters die Theologie war, wurde für das diesseits orientierte Zeitalter der Renaissance und der Aufklärung die Philosophie und für das Zeitalter der Wissenschaft und Industrie die S. Auch die Geschichtsphilosophie hatte schon „Entwicklungsgesetze" entworfen. Aber sie waren noch spekulativ. Die S. will diese Spekulation ablösen durch eine Erfahrungswissenschaft, durch überprüfbare Aussagen, die an „sozialen Tatsachen" orientiert sind. Die „Theorien" der Begründer der S. waren noch durchdrungen von vielen philosophischen, nicht überprüfbaren Annahmen. Für die Entfaltung der S. als Wissenschaft war es also wichtig zu bestimmen, was eine „soziologische Tatsache" ist. Dies war auch wichtig zur Abgrenzung von anderen wissenschaftlichen Disziplinen, die sich ebenfalls mit dem Verhalten der Menschen befassten, wie z.B. Politische Ökonomie oder Psychologie. Durkheim (1858–1917) gehörte zu den ersten, die mit strengen Begriffen und empirischen Methoden herausstellten, was „soziologische Tatsachen" sind: gesellschaftliche Regelmäßigkeiten, die durch das Zusammenwirken von Menschen zustande kommen, die aber auf den einzelnen Menschen einen „äußeren" Zwang ausüben und so ein Verhalten bestimmen, das nicht von einem „inneren" psychologischen Antrieb her zu erklären ist. Durkheim demonstrierte dies in seiner berühmten Studie über den Selbstmord *(Suizid).* Ein Selbstmord sieht vom Individuum aus betrachtet wie eine „persönliche" Entscheidung aus, abhängig vielleicht von der psychischen Labilität des Individuums. Mit einer Statistik, die dann auch zu einer wichtigen „Methode" der empirischen S. wurde *(Empirische Sozialforschung),* stellte Durkheim fest, dass die Selbstmordrate in verschiedenen sozialen Gruppen, z.B. in einem Kloster oder in einem Offiziersverband, sehr unterschiedlich ist. Die jeweiligen soziologischen Tatsachen, der „kollektive" Zusammenhang, bestimmen das individuelle Verhalten. Mit einer soziologischen Theorie, die auf diesen kollektiven Zusammenhang Bezug nahm, versuchte dann Durkheim, das unterschiedliche empirische Material zu erklären.

Die Soziologie konturiert sich

Hieran wird ein bestimmender Grundzug der S. erkennbar: Die S. versucht, die Zusammenhänge und Zwänge herauszubekommen, die gleichsam hinter dem Rücken der handelnden Individuen wirken und die meist nicht aus der Perspektive und von der Erfahrungsbasis der handelnden Individuen her durchschaut werden können. Diese Zwänge werden zwar durch die individuellen Akteure erzeugt, aber durch das komplexe „Zusammenspiel" von vielen Menschen kann ein Zusammenhang entstehen, der gegenüber den Einzelnen sich „verselbständigt", sich abhebt als relativ unpersönlicher Geschehenszusammenhang, der zu Zwängen führt, die keiner voraussah und keiner beabsichtigt haben muss. Die Analyse „nichtbeabsichtigter Folgen" bestimmter Handlungszusammenhänge, von geplanten Veränderungen in Institutionen, von zielbestimmten Eingriffen, z. B. von Behörden in bestehende Sozialstrukturen, kann als eines der Hauptarbeitsfelder der S. betrachtet werden. Im Mittelpunkt der soziologischen Analyse standen anfangs und auch in den ersten Jahrzehnten des 20. Jh. die Ursachen und Folgeprobleme der Entwicklung des Kapitalismus und der Industrialisierung, vielfach auch als Auseinandersetzung und Abgrenzung zu dem alle Fachgrenzen sprengenden Werk über das Kapital von Marx (1818–1883). Die Soziologen setzten in ihren Forschungen zwar Schwerpunkte, z. B. Weber (1864–1920) die Analyse der Ursachen und Folgen der Bürokratisierung oder G. Simmel (1858–1918) die Analyse rein formaler Zusammenhänge in Gruppen, aber alle versuchten neben der Aufstellung von soziologischen Theorien für Einzelbereiche auch immer noch eine „Theorie der Gesellschaft", eine Analyse des Gesamtzusammenhangs.

Universitäre Soziologie – Handeln in Spezialgebieten

Das änderte sich, als sich die S. an den Universitäten fest etabliert hatte. Nun setzte auch bei ihr, wie zuvor bei den anderen Wissenschaften, eine weitgefächerte Aufsplitterung in Spezialgebiete ein. Gegenstand der soziologischen Betrachtung war nicht mehr die Gesellschaft insgesamt, sondern jeweils nur ein Teilbereich wie z. B. die Familie, die Gruppe, der Industriebetrieb, das Gefängnis oder die Schule. Es entstanden die sog. „Bindestrich-Soziologien" wie Organisationssoziologie, Militärsoziologie, Religionssoziologie usw. Es gibt heute kaum einen Tätigkeitsbereich von Menschen, der nicht das Spezialgebiet der S. wäre. Dabei verwischten sich auch die Grenzen zu Nachbardisziplinen, v. a. zur *Psychologie,* wodurch sich neue Zwischendisziplinen gründeten, z. B. die Sozialpsychologie und Sozialmedizin. Im Ergebnis wussten Soziologen immer mehr und genauer etwas über viele „Einzelteile" der Gesellschaft, aber immer weniger über gesamtgesellschaftliche Zusammenhänge.

Der Streit der „Schulen und Prinzipien"

Das führte nicht nur zu einer verwirrenden Vielfalt der soziologischen Richtungen und „Schulen", zu vielen unterschiedlichen Definitionen über S. und deren Aufgaben, sondern auch zu einer Krise der S. und tief greifendem Streit zwischen Soziologen. Soziologen, die daran festhielten, dass die Gesellschaft insgesamt Gegenstand der Analyse sein müsste, warfen den empirischen Soziologen vor, dass deren Einzelergebnisse nur einen Sinn bekämen, wenn sie im Zusammenwirken mit gesamtgesellschaftlichen Vorgängen reflektiert würden. Die Empiriker warfen ihrerseits den Gesellschaftstheoretikern vor, dass diese bei ihren umfassenden Theorien zu viel auf Spekulationen und Philosophie angewiesen seien. In der (alten) BRD wurde dieser Streit geführt zwischen den „kritischen Rationalisten", die sich stark am Vorbild der Naturwissenschaft orientierten, und der „Frankfurter Schule" um Horkheimer, Adorno und Habermas, die nachdrücklich betonte, dass zu einem richtigen Verständnis von S. auch Geschichte und Philosophie gehörten. Erkenntnisse könne man nicht „wertfrei" sammeln. Erkenntnisse seien immer gebunden an Interessen. Soziologen müssten durch eine geschichtliche und philosophische Betrachtung auch diese Interessen mit in ihre Reflexion einbeziehen und sich klar darüber werden, ob ihre Erkenntnisse ein emanzipatorisches Interesse verfolgen oder ein konservatives.

Soziologie und Soziale Arbeit

Für den „Anwender" von S., z. B. auch für die SozArb, ergibt sich aus diesem „Zustand" der S. eine unbefriedigende Situation. Der Anwender könnte sich aus den Spezialgebieten der S. etwas Passendes aussuchen, SozArb z. B. aus der Gefängnissoziologie oder aus der S. über *abweichendes Verhalten.* Aber das hier bereitgestellte Wissen eignet sich i. d. R. weit besser zur Aufrechterhaltung bestehender Herrschaftsverhältnisse als zur Beseitigung von Problemen, mit denen ein SozArb konfrontiert ist. Viele der Theorien, die aus der Perspektive der soziologischen Spezialgebiete aufgestellt wurden, erzeugen vorwiegend nur ein Wissen, wie die untersuchten Institutionen, z. B. ein Betrieb, „reibungsloser" funktionieren können, wie z. B. Konflikte besser gelöst werden können, damit es nicht zum Streik kommt oder aufsässige Jugendliche folgsamer werden. Die bestehenden Herrschaftsverhältnisse, die Gesamtverfassung der Gesellschaft, die die eigentliche Ursache der Konflikte sein kann, werden durch diese Theorien nicht angetastet. Wenn ein SozArb/SozPäd nicht nur Angestellter im „Reparaturbetrieb des Kapitalismus" sein möchte, der seine „Klienten" nur besser anpasst an Verhältnisse, die eigentlich verändert werden müssten, dann braucht er von der S. zunächst die kritische soziologische Perspektive: den Versuch, hinter die Fassaden der sozialen Beziehungen zu sehen, keine Norm oder soziale „Realität" als unveränderbar zu betrachten, bei allem nach Entstehungsgründen und dahinterliegenden Interessen zu fragen. Nach der Einübung in die Kunst des systematisch analysierenden Misstrauens kann man auch einzelne soziologische Theorien daraufhin überprüfen, ob sie emanzipatorisch zu verwenden sind *(Emanzipation)*. Insgesamt wird man dadurch zu der Erkenntnis gelangen, dass größtenteils die Probleme der SozArb/SozPäd Folgeprobleme sind der Wirtschafts- und Produktionsweise der Industriegesellschaft und dass zur Überwindung dieser Probleme auch die SozArb/SozPäd ein Zusammenhangswissen benötigt, mit dem S. begonnen hatte: eine Theorie der Gesellschaft, die die geschichtliche Entwicklung und Perspektive zu deuten und zu verändern sucht.

Soziologie nach dem „Sieg des Kapitalismus"

Aber eine auf Veränderung zielende kritische Theorie der Gesellschaft ist seit dem Zusammenbruch des „real existierenden Sozialismus" von den meisten Soziologen noch weniger entwickelt worden als vorher. Denn der angebliche „Sieg des Kapitalismus" scheint alle Alternativen zu ihm auch in den Köpfen ausgelöscht zu haben. Mühsam errungene soziale Zivilisierungen des Kapitalismus sind sehr stark abgebaut worden, so dass Gesellschaft immer stärker in egoistische Einzelakteure zerfällt. Selbst gesellschaftstheoretisch denkende Soziologen greifen nur noch einzelne Aspekte heraus, mit denen sie aber glauben, gleich die ganze Gesellschaft charakterisieren zu können. So wird dann unsere gegenwärtige Gesellschaft bezeichnet als „Risikogesellschaft", „Erlebnisgesellschaft", „Dienstleistungsgesellschaft", „*Informationsgesellschaft*", „Wissensgesellschaft" usw.

Selten war eine umfassende kritische Theorie der Gesellschaft so nötig wie zu Beginn des 21. Jh., weil durch die kulturell entbundene Ökonomie und Technologie soziale und ökologische Krisen dramatisch verschärft worden sind und nur eine orientierende Zusammenhangsanalyse die erforderlichen Veränderungen in zukunftsfähige Praxis umsetzen könnte. Ein problemangemessener Ansatz wäre, die zu entwickelnde Gesellschaftstheorie auf das Thema „Nachhaltigkeit" zu fokussieren, auf einen erweiterten Gerechtigkeitsbegriff, der neben den bisherigen Vorstellungen von (sozialer) Gerechtigkeit auch die nichtmenschlichen Lebewesen, die Menschen anderer Kulturen und zukünftige Generationen mit einbezieht *(Sozialökologie, Gerechtigkeit, soziale)*.

Otto Ullrich

Literatur

K. Bendel: Soziologie für die Soziale Arbeit, Baden-Baden 2015 ◆ P. Bourdieu: Das Elend der Welt. Zeugnisse und Diagnosen alltäglichen Leidens an der Gesellschaft, Konstanz 2005 ◆ B. Dechmann/C. Ryffel: Soziologie im Alltag, Weinheim/München [14]2014 ◆ N. Elias: Was ist Soziologie? Weinheim/München [12]2014 ◆ Jahrbuch Arbeit und Technik 2001/2002. Grenzüberschreitungen. Stillstand und Bewegung in der Gesellschaft, Bonn 2001 ◆ H. Korte/B. Schäfers (Hrsg.): Einführung in Hauptbegriffe der Soziologie, Wiesbaden 2010 ◆ O. Negt: Arbeit und menschliche Würde, Göttingen 2001 ◆ L. Pries: Soziologie, Schlüsselbegriffe, Weinheim/München 2016 ◆ J. Risert: Gesellschaft. Ein unergründlicher Grundbegriff der Soziologie, Frankfurt/M./New York 2000 ◆ S. Sakar: Die nachhaltige Gesellschaft. Eine kritische Analyse der Systemalternativen, Zürich 2001 ◆ R. Sennett: Der flexible Mensch. Die Kultur des neuen Kapitalismus, Berlin 1998 ◆ M. Weber: Wirtschaft und Gesellschaft. Grundriss der verstehenden Soziologie, Studienausgabe, Tübingen 2009.

Spenden und Social Sponsoring

Fundraising

In der *Sozialen Arbeit* sind (gemeinnützige) Organisationen und Initiativen zur Unterstützung neuer Projekte und ihrer laufenden Aufgaben neben den öffentlichen Zuwendungen und leistungsabhängigen Einnahmen auf zusätzliche Mittel angewiesen. Das sind in erster Linie finanzielle Ressourcen, aber auch Sachmittel und Dienstleistungen, z.B. die „Spende" von Zeit durch ehrenamtliches Engagement.

Fundraising ist der Oberbegriff für alle Formen der Mittelaquisition: Spenden, Social Sponsoring und Crowdfunding. Selbst das Anwerben öffentlicher Mittel wird heute dem Fundraising im weiteren Sinne zugeordnet. Dabei lässt sich Fundraising als umfassendes Beschaffungsmarketing beschreiben, dem die systematische Analyse, Planung und Kontrolle sämtlicher Aktivitäten einer steuerbegünstigten Organisation vorausgehen sollte, um die möglichen Strategien daran auszurichten. Fundraising ist ganz wesentlich auf Kommunikation (und kommunikative Kompetenz) angewiesen. Diese kann wie folgt „organisiert" werden: durch persönliche Kontakte und Ansprachen, Telefon, SMS und Mailingaktivitäten, durch Standaktionen, Events und die Einbeziehung von Medien (Zeitungsanzeigen, Fernsehen). Zunehmend wichtiger werden Beschaffungsaktivitäten im Internet. Geld sammeln ist inzwischen zum Beruf geworden. Immer mehr gemeinnützige Vereine beschäftigen inzwischen professionelle Fundraiser, und es gibt Tagungen und Kongresse, die spezielle Themen des Fundraising behandeln (www.fundraisingverband.de).

Spende: Begriff und Geschichte

Der Begriff Spende (S.) geht auf das lateinische Wort spendere = ausgeben, aufwenden zurück. Im Duden wird die Spende als Geschenk, Gabe, Almosen definiert. Eine gesetzliche Definition der S. gibt es nicht, regelmäßig wird von „Zuwendungen" gesprochen. So greift man üblicherweise auf die Definition des Bundesfinanzhofs (BFH) zurück. Danach ist die S. eine „freiwillige und unentgeltliche Geld- und Sachaufwendung ohne Gegenleistung für Satzungszwecke des (gemeinnützigen) Empfängers" (Troll 2000, 203).

Bereits in den Werken von Plato und Aristoteles begegnet man dem Bild vom wohlwollenden Menschenfreund (Philanthropen), der durch Güte und Milde die eigene Vollkommenheit steigern will. Im antiken Rom entsteht eine staatspolitisch motivierte Wohltätigkeit, und es taucht zum ersten Mal die Intention auf, durch S. soziales Prestige zu erlangen. Auf den Römer Gaius Clinius Maecenas (70–8 v. Chr.), den Förderer von Horaz und Vergil, gehen die Begriffe „Mäzen" und „Mäzenatentum" zurück, die bis heute bevorzugt das Fördern der Künste und Wissenschaften bezeichnen. In allen Weltreligionen haben S. eine große Bedeutung. Sowohl das Christentum, das Judentum als auch der Islam erwarten von ihren Anhängern, das S. diskret zu behandeln („Wenn du aber Almosen gibst, so lasse deine Linke nicht wissen, was deine Rechte tut; damit dein Almosen im Verborgenen sei" Matthäus 6, 1–4). Die tätige, uneigennützige Nächstenliebe (lat. caritas, engl. charity), das zentrale Gebot des christlichen Glaubens, markiert ein neues Verständnis von sozialem Engagement. (Schneider 1996).

Spenden heute: S. haben in der modernen Gesellschaft eine besondere Bedeutung, weil Bürger/innen hier, im Unterschied zu den staatlichen Zwangsabgaben, in freier Entscheidung ihre Prioritäten zu Gunsten bestimmter öffentlicher Aufgaben setzen können. Die volkswirtschaftliche Bedeutung der S. ist allerdings, zumal in Deutschland, eher gering. Zivilgesellschaftliche Organisationen Non-Profit Organisationen) finanzierten sich in Deutschland 2012 zu etwa 20 % aus Spenden (ZIVIS 2015). Die Ressourcengenerierung ist allerdings sehr unterschiedlich (wie die Organisationen selbst) und hängt von vielen Faktoren ab. Dazu gehören v. a. die Größe der Organisation, die Rechtsform, der Grad der Professionalisierung und die Tätigkeitsfelder. Bewertet man allerdings zusätzlich das ehrenamtliche. Engagement der deutschen Bevölkerung, i. S. von „Zeitspenden", so erhält man einen weitaus höheren Spendenanteil *(Bürgerschaftliches Engagement).*

In Deutschland wurden 2015 nach Schätzung des Deutschen Zentralinstituts für soziale Fragen (DZI) rd. 7 Mrd. € an S. für soziale Zwecke gesammelt. Etwa jede/jeder 2. Deutsche spendet jährlich, darunter mehr Ältere als Jüngere. Das Spendenaufkommen konzentriert sich zu einem erheblichen Teil auf die schätzungsweise 2 000 bis 3 000 Organisationen, die systematisch und bundesweit Spenden sammeln. Immer mehr (kleinere) gemeinnützige Organisationen versuchen, wegfallende öffentliche Zuwendungen durch S. zu ersetzen. Außerdem gibt es jährlich zahlreiche Neugründungen von Spendenorganisationen. Insgesamt ist somit ein verschärfter Wettbewerb um die S. zu beobachten.

Formen des Spendensammelns: Im Rahmen des Fundraising, d. h. der Mittelbeschaffung für gemeinnützige Zwecke, wurden in den letzten Jahren die Methoden des Sammelns von S. erheblich weiterentwickelt. Kollekten sowie Haus- und Straßensammlungen kirchlicher Organisationen haben, analog zur abnehmenden religiösen Bindung in der Bevölkerung, an Bedeutung verloren. Dagegen hat sich die Briefwerbung zu einer der wichtigsten Säulen der Spendenwerbung entwickelt. Eine zunehmende Verbreitung findet auch die Werbung um „Dauerspenden" wie z. B. Patenschaften oder Fördermitgliedschaften, die durch Gespräche an der Haustür und auch an Informationsständen auf belebten Straßen und Plätzen angeworben werden. Bei dieser zumeist erfolgsabhängig bezahlten Werbeform ist der Anteil unseriöser Organisationen recht hoch. Seit Ende der 1990er Jahre hat in Deutschland außerdem die Anzahl der Spendengalas im Fernsehen stark zugenommen. Wegen der hohen Produktionskosten, die die entsprechenden Hilfswerke i. d. R. zu übernehmen haben, kommt diese Sammelform aber nur für eine kleine Gruppe größerer Spendenorganisationen in Frage. Viele Fernsehsender rufen mittlerweile auch selbst zu S. auf, sei es in Kooperation mit bestehenden Hilfsorganisationen oder zugunsten einer selbst gegründeten gemeinnützigen Organisation. Während die Online-Spende als Überweisungsweg sich inzwischen bewährt hat und stark verbreitet ist, steht das aktive Online-Marketing bei vielen Organisationen noch am Anfang der Entwicklung.

Steuerrecht und Kontrollen: S. und Mitgliedsbeiträge sind bis maximal 20 % der Einkünfte) als Sonderausgaben steuerlich absetzbar, sofern es sich bei den Empfängern um Rechtskörper handelt, die mildtätigen, kirchlichen, religiösen, wissenschaftlichen oder als besonders förderungswürdig anerkannten gemeinnützigen Zwecken dienen. Wesentliche Gesetzesgrundlagen sind das EStG (§ 10b), die EStDV (§ 48) und die AO (§§ 51 bis 68; *Gemeinnützigkeit, steuerliche*). Der Spender genießt seit 1990 insofern Vertrauensschutz, als ihm, soweit er auf die Richtigkeit einer Zuwendungsbestätigung vertrauen konnte, der Spendenabzug auch dann erhalten bleibt, wenn sich später die Unzulässigkeit der Steuerbegünstigung, z. B. wegen falscher Spendenverwendung herausstellt. In diesem Fall haftet dann der Aussteller der Zuwendungsbestätigung. Der Staat kontrolliert S. sammelnde Organisationen nur in geringem Maße. Sowohl die Gemeinnützigkeitsprüfungen der Finanzbehörden als auch die staatliche Stiftungsaufsicht werden gemeinhin nicht als umfassende Seriositätsprüfungen aus Sicht der Spender angesehen. Spezielle Sammlungsgesetze gibt es nur noch in drei Bundesländern (Rheinland-Pfalz, Saarland Thüringen) und wurden in den übrigen Ländern seit 1997 aufgehoben, jeweils mit dem Hinweis auf einen damit bezweckten Bürokratieabbau. Verbraucherschützer, Wissenschaftler und maßgebliche Dachverbände kritisieren diese Entwicklung und fordern den Aufbau eines Basisschutzes für Spender nach dem Muster der Sammlungsaufsicht in Rheinland-Pfalz. Diese spricht gezielt Sammlungsverbote aus und geht Beschwerden sowie dem begründeten Verdacht auf unwirtschaftliche oder zweckfremde Mittelverwendung systematisch nach.

Social Sponsoring

Das häufig mit S. verwechselte Sponsoring ist dadurch gekennzeichnet, dass der Sponsor eine Gegenleistung von der empfangenden Organisation bezieht, z. B. einen Werbeeffekt durch die ausdrückliche Nennung des Sponsornamens auf Plakaten. Sponsoring kann für die Öffentlichkeitsarbeit und der Imagepflege von Unternehmung durchaus nützlich sein. Sponsorleistungen sind als Betriebsausgaben absetzbar. Hierfür gelten, im Gegensatz zu S., keine Obergrenzen. Social Sponsoring hat im Unterschied zu Sport- oder Kultursponsoring nur eine untergeordnete Bedeutung, da es sozialen Organisationen auf Grund ihres Tätigkeitsfeldes i. d. R. schwerer fällt, den Unternehmen eine adäquate Gegenleistung zu bieten (z. B. Werbung). Über die Höhe der S. von Wirtschaftsunternehmen gibt es nur für den Sport (3,5 Mrd. €) und die Kultur (0,3 Mrd. €) statistischen Angaben (www.statista 2016). Hier haben in der jüngeren Vergangenheit jedoch die allgemeinen S. an Bedeutung verloren, während Sponsoring und Corporate Voluntarism (Freistellung von Mitarbeitern für bestimmte Freiwilligenprojekte) zunehmen.

Crowdfunding

Beim Crowdfunding unterstützen Personen ein Projekt, ein Produkt oder den Startup einer Organisation/eines Unternehmens durch einen finanziellen Beitrag. Dabei kommt es nicht auf die Höhe des finanziellen Beitrags eines jeden Einzelnen an, sondern darauf, dass möglichst viele Menschen erreicht werden. Crowdfunding wird im Internet v. a. in speziellen Plattformen betrieben, in denen sich das Geld sammelnde Projekt anmelden und die Summe, die erreicht werden soll, definieren muss. Auch S. können nach diesem System eingeworben werden im Sinne eines „Spendenschneeballs“, der ins Rollen kommt.

Entwicklungen

S. ist für junge Menschen, v. a. auf Grund der abnehmenden religiösen Bindung, heute viel weniger selbstverständlich als noch für ihre Eltern- und Großeltern-Generation. Professionelles Fundraising wird deshalb zunehmend vor einer „erzieherischen Aufgabe“ (Neuhoff 2001, 32) stehen. Die Hilfswerke und ihre Fundraiser haben es außerdem als wichtig erkannt, durch Transparenz das dauerhafte Vertrauen der Spender zu erhalten bzw. zu gewinnen. Als unabhängiges „Zeichen für Vertrauen“ wurde in diesem Zusammenhang 1992 das Spendensiegel des DZI eingeführt, das auf jährlichen, umfassenden Prüfungen beruht.

Das Spendensiegel tragen derzeit 230 Organisationen, die jährlich zusammen etwa 1,2 Mrd. € Geldspenden vereinnahmt haben. Daneben gibt es Ethik-Regeln und Verhaltens-Kodizes von Lobby- und Standesorganisationen wie dem Deutschen Spendenrat oder dem Verband Entwicklungspolitik und Humanitäre Hilfe Deutscher Nichtregierungsorganisationen (VENRO).

Damit sie die Bevölkerung in Zukunft verstärkt zum S. motivieren können, werden die deutschen Organisationen noch mehr Transparenz beweisen müssen, z. B. durch aussagekräftigere Jahresberichte und Nachweise der Qualität und Wirksamkeit der Spendenverwendung. Weitere wichtige Einflussfaktoren für die Spendenbereitschaft sind die allgemeine konjunkturelle Entwicklung sowie die Belastung des Einzelnen durch Steuern und Abgaben.

Burkhard Wilke

Literatur

DZI: Spendenalmanach 2015, Berlin 2015 ◆ S. Geserich: Spende und Schulgeld im Steuerrecht, Heidelberg 2000 ◆ M. Haibach: Handbuch Fundraising: Spenden, Sponsoring, Stiftungen in der Praxis, Frankfurt/M. [4]2012 ◆ B. Lampe/K. Ziemann: Praxishandbuch Online-Fundraising (E-Book) 2015 ◆ K. Neuhoff: Zur Geschichte des Gebens und Spendens, des Teilens und Stiftens in Deutschland, in: Fundraising-Akademie (Hrsg.): Fundraising. Handbuch für Grundlagen, Strategien und Instrumente, Wiesbaden 2001, 11–36 ◆ I. Ortwein: Crowdfunding: Grundlagen und Strategien für Kapitalsuchende, Hamburg 2014 ◆ E. Priller/J. Sommerfeld (Hrsg.): Spenden in Deutschland. Analysen – Konzepte – Perspektiven, Bd. 1, Berlin/Münster [2]2010 ◆ W. Schneider: Die Akquisition von Spenden als eine Herausforderung für das Marketing, Berlin 1996 ◆ M. Troll u. a.: Die Besteuerung gemeinnütziger Vereine und Stiftungen, München [6]2009 ◆ M. Urselmann: Fundraising. Erfolgreiche Strategien führender Nonprofit-Organisationen, Bern u. a. O. [6]2014 ◆ Zivilgesellschaft in Zahlen (ZIVIS)/Körber Stiftung: Wie finanzieren sich zivilgesellschaftliche Organisationen? Hamburg 2015.

Links

www.dzi.de
www.fundraisingverband.de
www.spendenrat.de

Spielen

Das Wort S. stammt aus dem Mittelhochdeutschen (ahd. spil) und bedeutet ursprünglich „unterhaltende Beschäftigung, fröhliche Übung, Kurzweil".

Bereits in der Antike wurden dem Spiel des Kindes erzieherische Funktionen zugeschrieben. Stets zeigte der Mensch den Drang, sich zu betätigen und zu spielen. Viele unserer Fähigkeiten entstammen dem Spiel: Aus dem ziellosen Greifen und Strampeln des Säuglings wird mit zunehmendem Alter ein genaues Beherrschen des Bewegungsablaufs, aus spielerischer Neugier, z. B. aus dem Spiel mit Klängen, Farben und Formen, entstehen Wissen und kreative Schaffensfreude. Der Mensch, gleich welchen Alters, scheint seine Vervollständigung durch das Spiel zu suchen, dessen Elemente Zufall und Regel sind. Spiele haben auch immer etwas mit Ritualen, Wiederholung, Realitätsveränderung, Selbstzweck und Lebensbewältigung zu tun.

Das Phänomen Spielen

Das S. wird um seiner selbst willen betrieben. Entscheidend sind die Spieltätigkeit und u. U. das Spielergebnis. Spieltätigkeiten sind intrinsisch motiviert, d. h. es wird aus einem inneren Anreiz heraus gespielt. Das S. ist relativ zweckfrei. Es bietet den Spielenden einen Wechsel von Spannung und Entspannung und die Auseinandersetzung mit einem Teil seiner Umwelt.

Was bedeutet Zweckfreiheit des Spiels? Die *Arbeit* zeigt sich als eine sachbetonte Notwendigkeit, deren Bewältigung als Leistung gemessen und beurteilt wird. Einem gesteckten Arbeitsziel gegenüber sind wir nicht frei. Beim S. jedoch bleiben wir den Zwecken gegenüber ungebunden, indem wir z. B. Regeln aufstellen, sie abwandeln und ihre Gültigkeit durch Beenden des Spiels wieder aufheben. Im Spiel kommt es zum Abbau des Egozentrismus hin zum Partnerbezug.

Spieltheorien

Wenn frühere Pädagogen das S. als nutzlos, wenn nicht sogar gefährlich bezeichneten, weil es das Kind von seinen Pflichten, sprich Arbeiten, abhielt, so setzte man sich seit dem Ende des 19. Jh. wissenschaftlich mit der Bedeutung des S. für die menschliche Entwicklung auseinander.

Es gibt zahlreiche Deutungen des Spiels. Als bekannteste, z. T. schon klassische Theorien lassen sich nennen:

- **Theorie des Kraftüberschusses:** Herbert Spencer deutete das S. als Kräfteüberschuss des Spie-

S

lenden. Körperkräfte und geistige Fähigkeiten als Grundlage für das organische Gleichgewicht verlangen nach Betätigung.
- **Einübungstheorie:** Karl Groos und William Stern sahen das Spiel als eine Vorübung auf das Leben als Erwachsener. Das Kind nimmt die Dinge seiner Umwelt auf und verarbeitet sie im Spiel.
- **Triebtheorie:** Stanlay Hall und Konrad Lange meinten, dass im Kinderspiel primitive Formen menschlichen Seins noch einmal deutlich werden.
- **Funktionstheorie:** Karl Bühler nannte Spiel etwas Gegenwärtiges, nicht auf das Künftige gerichtet, sondern stets als eine von der Lust an der Funktion bestimmte Tätigkeit, wie es die Freude am Wiederholen zeigt.
- Funktionstheorie: Harvey Carr deutete das Spiel als eine Möglichkeit des Menschen, seine aggressiven, gesellschaftsfeindlichen Tendenzen (z. B. Egoismus) auf unschädliche Weise abzureagieren und sich somit zu „reinigen".
- **Erholungstheorie:** Moritz Lazarus stellte die Theorie auf, dass beim S. brachliegende Kräfte aktiviert werden. Dabei führt der Mensch seine Energie nicht ab, sondern sammelt und erholt sich.
- **Theorie der Ich-Ausdehnung:** Edouard Claparede und später Erik Erikson sahen in spielerischen Aktivitäten eine Erweiterung des Ichs als Zentrum der heranreifenden Persönlichkeit.
- **Theorie der Scheinbefriedigung:** Alfred Adler sah im Spiel eine Scheinbefriedigung des menschlichen Macht- und Geltungsstrebens, die im Kindesalter noch ungehemmt und ohne alle gesellschaftlichen Überdeckungen in Erscheinung treten.

Auch Sigmund Freud, C. G. Jung, F. J. J. Buytendijk, J. Huizinga, Jean Piaget u. a. setzten sich ausführlich mit der Deutung des Spielens auseinander. Jede dieser Theorien erfasst dabei eine Seite der Wahrheit. Keine kann für sich allein stehen oder eine andere ausschließen. Spieltheorien sind eine Hilfe, die Gefühle, Erfahrungen und Erkenntnisse des Menschen beim Spiel als Ganzes zu erfassen und zu bewerten.

S

Spielformen und ihre Funktion

Es gibt zahlreiche Spielformen mit unterschiedlichen Funktionen. Sie lassen sich in drei Hauptgruppen unterteilen:
- Spiele zur Selbsterfahrung,
- Regelspiele,
- darstellendes Spiel.

Spiele zur Selbsterfahrung sind Kennenlern- und Interaktionsspiele aus den Bereichen Kontaktaufnahme, Kommunikation und Gruppenbildung, sprachlicher und körperlicher Ausdruck, Kooperation, Einfühlung und Selbsteinschätzung. Die Funktion dieser Spiele, die sowohl mit Vorschulkindern, Schulkindern, Jugendlichen und Erwachsenen gespielt werden, liegt in erster Linie im *sozialen Lernen.* Die S. sollen das Kennenlernen erleichtern, zum Angstabbau und zur Entspannung beitragen. Die Teilnehmer sollen lernen, ihre Gefühle zu äußern und auf die Gefühle anderer einzugehen. Weitere Ziele sind die Erweiterung der Handlungsfähigkeit und des Durchsetzungsvermögens.

Regelspiele, die nach vorgegebenen aber auch veränderbaren Regeln gespielt werden, sind: Kreis-, Tanz-, Gelände-, Bewegungsspiele mit und ohne Material (Ballspiele, Laufspiele), Wett-, Schreib-, Sprach-, Geschicklichkeits-, Kim- (Wahrnehmungs- und Sinnesübungen), Rate-, Sammler-, Pfänder-, Brett- und Kartenspiele, Konstruktions-, Disco- und Party-, Videospiele.

Die Funktion der Regelspiele lässt sich in verschiedene Lernbereiche aufgliedern:
- kognitiver B. (Kenntnis- und Erkenntnisbereich): z. B. Begriffsbildung, Differenzierung, Sprach- und Sinnesschulung, Übung der Konzentration;
- sozialer B. (Entwicklung und Förderung sozialer Verhaltensweisen), z. B. Regelverständnis, Rücksichtnahme, Fairness;
- emotionaler B. (Gefühlsbereich), z. B. Spielfreude, Erlebnisse, Unterhaltung;
- motorischer B. (Bewegung des Körpers), z. B. Geschicklichkeit, Bewegungssicherheit, Entwicklung manueller Fertigkeiten;
- imaginativer B. (Vorstellung und Fantasie), z. B. Ideen und Einfälle verwirklichen durch Gestalten, Darstellen, Verändern und Variieren.

Darstellendes Spiel fasst als Oberbegriff unterschiedliche Formen zusammen:
- Personales Spiel: Soziales Rollenspiel (Stegreifspiel) als verbale und pantomimische Darstellung von Tätigkeiten, Handlungen, Märchen, Geschichten, Bildern, Reimen, Liedern und Scharaden. Problemorientiertes Rollenspiel als Möglichkeit der Problem- und Konfliktbewältigung in Familie, Kindergarten, Hort, Heim, Jugendzentrum, Schule und bei Freundschaften. Theater(-workshops): S. mit und ohne Textvorlagen; Gestalten mit (eigenen) Texten, Rollen und Handlungen.

- Figurales Spiel: Ausgangspunkt ist die jeweilige Spielfigur: Handpuppe, Marionette, Maske,
- Schattenfigur und andere Spielobjekte. Das Figurenspiel kann sich bei der Inszenierung von der Probe bis zur Aufführung weitgehend am personellen S. orientieren.
- Technisch-mediales Spiel: Es hat zwei Komponenten. Das personale und figurale Spiel als Handlungsträger und die Gestaltungsmöglichkeiten des jeweils verwendeten audiovisuellen Systems (Filmkamera, Videoaufzeichnung, Tonband, Kassettenrecorder).

Die Funktion des darstellenden Spiels liegt besonders in der Weckung der Spielfreude, im Abbau von Hemmungen, im Ausdrucks- und Sprachtraining und in der Anregung der Fantasie. Die Reflexion einer fiktiven bzw. konkreten Situation hilft, Aufschlüsse über eigenes Verhalten und Reaktionen der Umwelt zu erfassen und zu erkennen. Durch Rollentausch, der von der Spielleitung angeregt wird, lassen sich stereotype Rollenauffassungen aufbrechen *(Rolle, soziale)*.

Die meisten Spielformen finden in Gemeinschaft mit anderen statt. Dies entspricht einem elementaren menschlichen Bedürfnis. Gesellschaftsspiele sind gemeinschaftsfördernd. Sie ermöglichen freudvolles, ungezwungenes Erleben und Lernen in der Gruppe.

Selbstfindung und Persönlichkeitsentwicklung im Spiel

S. ist nicht nur für das Kind eine Form der Lebensbewältigung, sondern für jede Altersgruppe von unschätzbarer Bedeutung. Auch das Erwachsenenleben ist von Spielmomenten durchzogen, die für eine Reihe kognitiver und kreativer Möglichkeiten des Menschen kennzeichnend sind. Das richtige Gleichgewicht zwischen spielerischer Betätigung und Arbeit ist wichtig für seelische Gesundheit und Wohlbefinden. Sigmund Freud nannte das Spiel „ein ausgleichendes Pendel für den Alltag". Arbeit und Spiel als Formen menschlicher Selbstverwirklichung machen das aus, was wir „Kultur" nennen. S. ist mehr als Spaß, Unterhaltung und Zeitvertreib. S. kann eine befreiende Wirkung haben, wobei Serotonin als einer der Neurotransmitter vom Gehirn aus emotionale Botschaften in den ganzen Körper sendet. Dieses Serotonin unterstützt uns im Umgang mit vielen Arten von Stress, indem es eine Überlastung des Gehirns verhindert. S. ermöglicht Kontakte, die immer auch Auswirkungen auf die Beteiligten und auf die Beziehung untereinander haben, die über die Dauer des Spielgeschehens hinausgehen können. Das S. kann uns umgebende Normen durchbrechen, während es gleichzeitig Regeln setzt, an die wir uns halten müssen. Kreatives S. schöpft aus der produktiven Kraft des Menschen, seiner Lust am Erfinden, Probieren, Darstellen und Gestalten. Die spontanen Einfälle und Vorstellungen, die das S. durchdringen, sind dem rationalen, nüchternen Verstand i.d.R. verschlossen.

Kreatives Spielen als gestaltete Zeit

Kreative Spielformen (wie gestaltendes und darstellendes S.) sind eine Möglichkeit, neue Wege des Fühlens, Denkens und Handelns kennen zu lernen. So wie Leben immer Umgang und Sinngebung von Zeit ist, ist kreatives S. gestaltete Zeit, die Gefühle der Freude, Erfolgserlebnisse und ein Stück Lebenszufriedenheit auslösen können. In unserem bundesdeutschen Schulsystem stehen sich Spiel, Kreativität, emotionale und kognitive Intelligenz noch immer wie Fremde gegenüber. Bis zum heutigen Tag gibt es an den allgemein bildenden Schulen kein Fach wie „Spielen" oder „Spiel und Theater", abgesehen von AGs zum Darstellenden Spiel in der gymnasialen Oberstufe, die freiwillig von engagierten Lehrkräften ins Leben gerufen werden. Die Beurteilung von Intelligenz unterliegt Maßstäben, die von Schulen, Kultusbürokratie und Betrieben – meist in kreativitätsfeindlichen Prozessen entwickelt – vorgelegt werden. Dabei ist hinlänglich bekannt, dass eine hohe Kreativität und ein hoher emotionaler Quotient (EQ) mindestens ebenso wichtig sind wie hohe Intelligenz. Hier bieten sich gute Ansätze für die außerschulische Bildung und Soziale Arbeit in Kinder-, Jugend- und Erwachsenengruppen an.

Spielprozesse in Gruppen

- ermöglichen soziales Lernen im Umgang mit Gleich- und Andersaltrigen,
- fördern das selbständige, aktive Handeln und reduzieren Konsumhaltungen,
- helfen Fähigkeiten und Fertigkeiten zu entwickeln, die vorher noch nicht bzw. schwach ausgeprägt waren,
- bereichern das Denken und erhalten die geistige Beweglichkeit,
- fördern die Fähigkeit zur bewussten und kritischen Auswahl von Freizeitangeboten,
- erweitern den Vorstellungs- und Erfahrungshorizont,
- vermitteln Einsichten, die Langzeitwirkung haben können,
- sind eine Auseinandersetzung mit der Umwelt, ohne festgelegte Leistungsnorm, jedoch mit Leistung.

Spielen unter Anleitung

Neben dem freien, selbstbestimmten S. fällt beim S. in der Gruppe dem Spielleiter eine wichtige Rolle zu. Er ist Impulsgeber, Beobachter und Mitspieler zugleich. Insbesondere beim Spiel mit Jugendlichen und Erwachsenen nimmt er die Erwartungen und möglichen Schwellenängste der Teilnehmer auf. Bekräftigungen und Entgegenkommen lösen Kontakt- und Beteiligungsbereitschaft aus. Neben Fachkompetenz (Wissen um Teilnehmer, Spielauswahl, Materialien, Ziele, Methoden, Spieldauer, Raumgestaltung, Reflexionsfähigkeit u. a. m.) sind Verhaltensmerkmale wie Höflichkeit, Toleranz, Geduld, Einfühlungsvermögen und Zuneigung wichtige Voraussetzungen, die der Spielleiter mitbringen sollte.

Im Wesentlichen hat es der Spielleiter mit drei Typen von Spielteilnehmern zu tun, die im Hinblick auf sein Einfühlungsvermögen, Geschick und Spielerepertoire besondere Anforderungen stellen:

- Spielunfähige, die Spielangebote nicht annehmen, schnell die Geduld verlieren, sich nicht an Gesprächen beteiligen;
- Spielungeübte mit fehlenden Spielerfahrungen, die Spielstrategien (anfänglich) nur schwer durchschauen;
- Spielgehemmte Jugendliche und Erwachsene, die z. B. Angst haben, sich vor anderen zu blamieren, sich nicht vor der Gruppe produzieren mögen.

Die Ursachen können sozialisationsbedingte Faktoren, emotionale Belastungen (Bedrückung/depressive Verstimmung) und körperliche Gebrechen sein. Nicht zuletzt ist das Spielverhalten altersspezifisch. Zu Beginn bestehende Unsicherheiten und Spielhemmungen können in den meisten Fällen durch gezielte Interaktionsspiele behoben werden, die es den T. ermöglichen, sich erst einmal näher kennen zu lernen. I. d. R. kann sich auch der Spielentwöhnte oder -gehemmte der Anziehungskraft, die durch eine gelöste Spielatmosphäre hervorgerufen wird, auf Dauer nicht entziehen.

Spielen im Erwachsenenalter

Wer mit Erwachsenen spielt, muss sich auf deren Bedürfnisse und altersspezifische Charakteristika einstellen können. Erwachsene bevorzugen Spiele mit kontinuierlichem Aktivitätsfluss, klar definierten Spielphasen, S. in größeren Gruppen, motorische Aktivitäten, Erfolge in der aktiven Auseinandersetzung mit anderen Spielern, Regelspiele mit wohldefiniertem Ergebnis, Strategie- und Glücksspiele, körperliche (sportliche) Wettkämpfe und Abenteuerspiele aus den Welten der Fantasy-Literatur, in denen die Mitspieler in die Rollen fiktiver Figuren wie Krieger, Magier und Elfen schlüpfen. Die letztgenannten Spiele folgen vorgegebenen Regeln, die eine Mischung aus Strategie- und Glücksspiel bilden und in hohem Ausmaß komplexes Denken, Problemlösen, Gedächtnis und soziale Kompetenz fordern.

Wenn Erwachsene ihrem Hobby nachgehen, kehren sie in die Welt des Kinderspiels zurück. Dies geschieht meist in der Form des Solitärspiels (Alleinspiels), z. B. im Umgang mit Spielzeugen wie der Modelleisenbahn, mit Miniaturautos, Puppen und Puppenzubehör. Soziale Elemente können durch den Kontakt zu anderen Hobbyfreunden entstehen.

Entseeltes Spielen und Spielsucht

Spielkonsolen, Spiele im Internet und Videospiele sind längst weltweite Milliardengeschäfte. Der Video-Boom wurde vor mehr als zwanzig Jahren durch die Kriegsspielautomaten – umgangssprachlich auch „Killerautomaten" genannt – ausgelöst. Als Massenware simulieren unzählige sozialfeindliche Videospiele als „Partner der Freizeit" vorwiegend gewalttätige, kämpferisch-aggressive Handlungen: Angriff, rhythmisches Pochen, immer lauter werdende Kampfgeräusche, feindliche Objekte, Liquidation der Invasoren: „Game over" – und auf ein Neues!

Die Realität dieser Spiele scheint oft attraktiver zu sein als die Realität außerhalb. Sie verführt dazu, in ihr zu verweilen. Die selbststimulierende Wirkung der Spieltätigkeit führt zu ihrer Beibehaltung. Ritual und Wiederholung können zum Zwang führen, zur Spielsucht. Wir können sie in abgeschwächter Form beim Kind beobachten, das nicht aufhören will zu spielen; beim Computerfreak, der nächtelang vor seinem PC sitzt bis zum klassischen Glücksspieler, der sein Monatsgehalt in Geldspielautomaten steckt. Je attraktiver das Spielzeug für den Einzelnen erscheint, umso besteht die Gefahr, der Spielsucht zu verfallen. Zwar vermittelt die Spielsucht dem Abhängigen das Gefühl von Lebensbewältigung, jedoch hat sie sich von der sozialen Wirklichkeit so weit abgesetzt, dass sie von der sozialen Diskriminierung bis zur gesellschaftlichen Ausgrenzung führen kann, was meist auch mit dem Verlust des Arbeitsplatzes verbunden ist. Das für die Kinder lebensnotwendige Spiel kann unter entsprechenden Bedingungen im Erwachsenenalter lebensfeindlich werden. In Großstädten wurden bereits nach dem Vorbild der Anonymen Alkoholiker Selbsthilfegruppen gegründet, die „Anonymen Spieler". Frühere

Spielsüchtige helfen ihren Leidensgenossen, ihre Probleme zu erkennen und zu überwinden.

Peter Thiesen

Literatur

R. Oerter: Psychologie des Spiels, Weinheim/Basel [8]2013 ♦ P. Thiesen: Arbeitsbuch Spiel, München/Köln [6]2009 ♦ P. Thiesen: Kreatives Spiel mit Kindern, Jugendlichen und Erwachsenen, München/Köln [8]2000 ♦ P. Thiesen: (500) Klassische Kinderspiele, Weinheim/Basel 2010 ♦ P. Thiesen: Wahrnehmen, Beobachten, Experimentieren – Spielerische Sinnesförderung in Kindergarten und Grundschule, Weinheim/Basel 2001 ♦ P. Thiesen: Das Kommunikationsspielbuch. Für die Arbeit in Schule, Jugend- und Erwachsenenbildung, Weinheim/Basel 2004.

Spielplätze

S. sind wichtige und unverzichtbare Elemente der sozialen Infrastruktur in Städten und Gemeinden. Sie sind Sozialisationsfelder mit vielen Entwicklungs- und Handlungsmöglichkeiten für junge Menschen *(Sozialisation, Spielen)*. Die Sicherstellung eines ausreichenden Angebots, an Bedürfnissen von Kindern und Jugendlichen orientierte Planungs-, Gestaltungs- und Ausstattungskriterien, die Gewährleistung der Beteiligung und Berücksichtigung der Interessen und Wünsche der Zielgruppen sind zentrale Zielsetzungen und somit Aufgaben der SozArb. S. sind i. d. R. weitgehend reservierte Flächen für definierte Adressaten. Sie müssen für ihre Funktionen gesichert und geschützt werden. Sie sind dadurch auch begrenzt und müssen durch weiter reichende Möglichkeiten des Spielens in der Stadt ergänzt werden, um den „Reservatscharakter" der S. zu durchbrechen. Die KJH und insbes. die *Jugendhilfeplanung* haben dabei Aufgaben von besonderem Gewicht im Rahmen der programmatischen Leitnorm in § 1 KJHG mit der Verpflichtung zur Erhaltung und Verbesserung der Lebensbedingungen junger Menschen und ihrer Familien. Hierbei geht es wesentlich darum, die Aufgabendefinition möglichst offensiv anzulegen, mit offenen und flexiblen Planungs- und Beteiligungsformen zu arbeiten sowie die Klaviatur der *Einmischungsstrategie* in verschiedenen Handlungs- und Politikfeldern zu spielen.

Spiel und Bedeutung des Spielens

Der äußerst komplexe Begriff Spiel wird in unserer Sprache in vielfacher Hinsicht und unterschiedlicher Bedeutung gebraucht. Simulation und Antizipation verleihen dem Spiel eine alternative, unverbindlichere, offenere, freiere und somit andere Form der Wirklichkeit. Spielen wird in den Bereich der Kindheit verwiesen. Seit der Aufklärung und der aufkommenden pädagogischen Theoriebildung wird über den Sinn bzw. den Unsinn und die Nützlichkeit bzw. die Nutzlosigkeit des Spiels gestritten, gleichzeitig aber über die richtigen Methoden und Techniken, um das Spielen für das Lernen nutzbar zu machen und damit das Spielen auf bestimmte, von Erwachsenen definierte Zwecke zu lenken.

Spielen hat für junge Menschen zentrale Bedeutung, da es die körperliche Entwicklung, die Wahrnehmungsfähigkeit, die Autonomie und das Selbstvertrauen, die Phantasie und Kreativität, soziale Kontakte und Verhaltensweisen fördert und damit die gesamte Persönlichkeit. Durch Spielen werden kognitive, emotionale und motorische Fähigkeiten entwickelt, es werden Rollen und Handlungsweisen gelernt, eingeübt, sie können aber auch flexibilisiert oder distanziert betrachtet werden. Kinder lernen, planen, erfahren, entdecken, erleben, gestalten, kooperieren, verändern durch und mit dem Spiel. Spielen ist spannend und neu, realitätsbezogen und überraschend, freiwillig und notwendig. Kinder müssen spielen können, sie brauchen Ressourcen dazu.

Spielen im Freiraum

Das starke Wachstum der Städte, die Verknappung und Verteuerung von Grund und Boden, die Bemühungen um rationelles Bauen führten zu den heutigen Formen des Mietwohnungsbaus, aber auch mehr und mehr zu verdichteter Bebauung in Eigenheimgebieten. Interessen der Kinder und Jugendlichen werden bei der Stadtplanung häufig nicht berücksichtigt. Infolge der funktionalen Trennung der Lebensbereiche, der intensiven Nutzung der Flächen und infolge des gewachsenen Verkehrsaufkommens haben Straßen, Plätze und andere öffentliche und private Freiflächen ihre Funktion als öffentliche Kommunikationsräume und damit als Spiel- und Freiräume für Kinder weitgehend verloren. Die nicht genutzten Freiflächen, die bespielbaren Straßen und Gehwege, die Hinterhöfe, die versteckten Plätze auch und gerade in der Stadtlandschaft wurden den Kindern und Jugendlichen mehr und mehr entzogen *(Stadtentwicklungsplanung)*.

Diese Tendenz zur Verdichtung der Lebensräume wurde schon in den reformorientierten Bestrebungen des sozialen Wohnungsbaus in der WR erkannt und die ersten kommunalen öffentlichen S. gebaut. Vermehrt und in Gesetzesnorm gegossen wurde die Bereitstellung und damit die Reservierung von öffentlichen (durch die Kommunen) und von privaten S. (durch Bauherren und Wohnungsbauträger) erst allmählich ab Ende der 1960er Jahre. Bei der Planung, Gestaltung und Ausstattung blieben lange Zeit pädagogische Überlegungen völlig unberücksichtigt. Die zugewiesenen Standorte waren oft diejenigen Flächen, die nach dem Vorrang der ökonomischen Verwertungsgesichtspunkte und der städtebaulichen Gesamtinteressen gerade noch übrig blieben. Erst durch Elterninitiativen, die beginnende Jugendhilfeplanung, verschiedene kinderpolitische Ansätze und Diskussionen, die Debatte um Kinderrechte und schließlich durch das KJHG änderte sich dies.

U. a. durch die Kritik an der lange Zeit vorherrschenden Art und Weise, wie S. realisiert wurden und der häufig feststellbaren Nichterfüllung der eigentlich zugedachten Funktion der meist mit wenigen phantasielos hingestellten Geräte und insgesamt wenig anregenden öffentlichen S. entstanden Konzepte und Projekte des pädagogisch betreuten Spielens. Damit sind i. d. R. zwei Angebotsformen gemeint: 1. Pädagogisch betreute Abenteuer-, Bau- oder Aktivspielplätze; 2. Mobile Spielaktionen, Spielmobile, Spielbusse und Skatemobile.

Pädagogisch betreute S. haben ihre historischen Vorbilder in England, der Schweiz („Robinsonspielplatz") und in Skandinavien („Gerümpelspielplatz"). Dabei wird bereits durch den Einsatz von personellen Ressourcen (meistens zwei Betreuer/innen), entsprechende Flächengrößen (empfohlen wird ein Grundstück ab ca. 3 000 m^2) sowie dessen Lage und Gestaltung, die Bodenstruktur, die Installation eines festen Gebäudes für Werkstätten und Material, ein möglichst kreativer, freier und naturnaher Rahmen für das Spielen geschaffen. Das Angebot ist offen und kann von den Kindern mitgestaltet und weiterentwickelt werden. Die pädagogischen Betreuer sind Organisatoren, Planer und Animateure, als Erzieher sind sie auch Freunde, Spielgefährten und Interessensvertreter der Kinder für deren Belange im Stadtteil. Standardangebote sind Hüttenbau, Feuerstellen, Wasser, Sand, Tierhaltung, aber auch Töpfern, Kletterwände, Theater, Trendsportbereiche, Medien.

Der erste deutsche Abenteuerspielplatz entstand 1967 im damaligen West-Berlin, ab den 1970er Jahren kam es dann insbes. in NRW, aber auch in anderen Städten zu einem Ausbau dieser Modelle auf ca. 400, bevor die kommunalen Finanzkrisen die weitere Entwicklung stagnieren ließen. In Baden-Württemberg entwickelte sich eine spezielle Form dieses Typs, die Jugendfarm bzw. der Kinderbauernhof; der konzeptionelle Schwerpunkt liegt hier in der Tierhaltung und -pflege.

Die Trägerlandschaft der betreuten S. ist bunt: meist sind das als Vereine organisierte Elterninitiativen, freie Träger aus dem Jugendverbands-, aber auch Wohlfahrtsspektrum, aber auch öffentliche Träger. Trotz einer fast ausschließlichen Professionalisierung des Betreuungspersonals (i. d. R. Sozialpädagogen/innen und Erzieher/innen, aber auch Handwerker und Künstler) ist das ehrenamtl. Engagement der Eltern in der Leitung und Führung der Initiativen und Plätze wesentlich. Die Finanzierung der Plätze erfolgt neben den durch die (freien) Träger erwirtschafteten Ressourcen (Ehrenamt, Eigenleistungen, *Spenden*, *Sponsoring*) überwiegend durch kommunale Betriebs- und/oder Personalkostenzuschüsse.

Mobile Spielaktionen oder Spielmobile als zweite Angebotsform des pädagogisch betreuten Spielens entstanden ab Anfang der 1970er Jahre in Köln, München und Berlin und erlebten durch das Internationale Jahr des Kindes 1979 einen Aufschwung. 2015 gab es ca. 300 Spielmobile in Deutschland. Der vereinfachte Grundgedanke: wenn es schon keine idealen S. und diese schon gar nicht überall vorhanden sind, wird ein umgebauter LKW so ausgestattet, dass möglichst viele Kinder in Stadtteilen mit wenig anregenden Spielmöglichkeiten zu bestimmten Zeiten die vielfältigen Spiel-, aber auch Kreativ-, Medien-, Theater-, Zirkusangebote nutzen können. Spielmobile sind aber kein Ersatz für fehlende S. Sie bieten an wechselnden, aber regelmäßig wiederkehrenden Einsatzorten freie und offene Angebote zur Aktivierung, Anregung und Entdeckung von neuen oder ungenügend belebten Spielflächen und insbes. auch von nicht genutzten, verloren gegangenen Flächen wie Schulhöfen, Brach-, Frei- und Grünflächen. Durch die pädagogische Betreuung werden neue Erlebnisräume geschaffen, die Experimente und Freispiel zulassen. Viele Kinder und Jugendliche haben großes Interesse an neuen Trendsportarten. Aber auch hier mangelt es an geeigneten Flächen und Möglichkeiten, die auch nachbarschaftsverträglich sind. So entstand das Skatemobil, eine Erweiterung des mobilen Spielens, das Sportgeräte und Ausrüstung (Ramps) zum Skaten, aber auch für Streetball und Streethockey mit sich führt. Ein Prototyp dieses Ansatzes wurde vom Nürnberger JA entwickelt.

Die Spielmobil-Angebote sind breit und können durch entsprechende Lager- und Vorbereitungsräumlichkeiten je nach Einsatz variiert werden: Spielmobile führen Bälle, Seile, Stelzen, Rutschen, Klettersysteme, Bewegungsbaustellen oder -spielgeräte, sowie Wasserspielgeräte mit sich, arbeiten mit Feuerstellen, bieten als Spielothek Gesellschafts- und Gruppenspiele an oder arbeiten mit New Games: Erdbällen, Fallschirmen, Planen zum Rutschen. Sie setzen an den Bedürfnissen der Kinder an und bieten Spiele, die im häuslichen Rahmen und in der bebauten Stadt sonst nicht möglich sind. Dies können aber auch manuell-künstlerische Aktivitäten, Bastel-, Werk- und Gestaltungselemente sein, Musik- und Leseprojekte oder auch bildnerisches Gestalten an Collagen und Skulpturen bis hin zu Großprojekten in den Ferien wie „Mini-München" oder „Stadt der Kinder". Je nach Größe des Transporters kann auch das mobile Vehikel selbst bespielt werden und erlaubt eine ganzjährige Nutzung.

Beide Angebote sind durch ihre konzeptionellen Grundlinien, aber auch durch den Ausbau und die Erweiterung des Aufgabenspektrums spezielle Formen der Offenen Kinderarbeit, die das Spektrum der *Jugendarbeit* (Jugendfreizeitheim, Jugendhaus, Jugendtreff) erweitern. Verlässliche Ergebnisse aus empirischen Erhebungen über Anzahl, Trägerschaft, Personal, Konzept, Finanzierung der pädagogisch betreuten Spielangebote sind kaum vorhanden oder veraltet.

Recht und Spiel

Mit der UN-Konvention über die Rechte des Kindes liegt eine umfassende Leitnorm vor, die in Art. 31 auch das Recht des Kindes auf Ruhe und Freizeit, auf Spiel und aktive Erholung fixiert. Besonders hervorzuhebende gesetzliche Regelungen sind im BauGB mit der Grundforderung vorhanden, bei der Aufstellung von Bauleitplänen „die Bedürfnisse der jungen Menschen" (§ 1 Abs. 6 Nr. 3 BauGB) zu berücksichtigen. Wichtige Grundlagen sind im Bundes-Immissionsschutzgesetz, im Bundes-Bodenschutzgesetz sowie im Produktsicherheitsgesetz (Spielgeräte) zu finden. Die zentrale Gesetzesgrundlage ist das KJHG, insbes. mit der programmatischen Forderung, „positive Lebensbedingungen für junge Menschen" sowie eine „kinder- und familienfreundliche Umwelt zu erhalten und zu schaffen" (§ 1) sowie die Beteiligung von Kindern und Jugendlichen an Entscheidungen der öffentlichen JH zu gewährleisten (§ 8). Die verschiedenen Landesbauordnungen enthalten i. d. R. auch Vorgaben und Leitlinien zu S., insbes. regeln sie die Verpflichtung privater Bauherren, S. auf Wohngrundstücken zu errichten. Einige Länder haben spezielle S.gesetze erlassen, wesentlich sind jedoch auch die jeweiligen Landes-AGs des KJHG.

Für die Kommunen ist das BauGB der eine Ausgangspunkt (§§ 5, 9), das es ermöglicht, im Flächennutzungsplan und in Bebauungsplänen Spielflächen rechtsverbindlich auszuweisen. Unmittelbare Bedeutung haben die S.gesetze, da diese den Gemeinden Vorgaben machen, so regelt das Kinderspielplatzgesetz in Berlin, dass und wie S. angelegt werden müssen. S. sind meist auf Grundlage der jeweiligen Landesbauordnungen baurechtlich genehmigungsbedürftig. Darüber hinaus können Kommunen selbst Vorgaben als ortsrechtliche Regelung auf der Grundlage der jeweiligen Landesbauordnungen erlassen, die die Ausgestaltung und den Unterhalt der von den Bauherren und Eigentümern zu verantwortenden privaten S. regeln. In einigen BL kann diese Verpflichtung in bestimmten Fällen durch die Zahlung eines Geldbetrages „abgelöst" werden. Daneben gibt es diverse Planungs- und Durchführungsempfehlungen, die von lokaler Bedeutung sind: Fachliche Weisungen, Satzungen, RL oder VO.

Der zweite Ausgangspunkt für die Kommunen ist das SGB VIII (§§ 79, 80), das dem kommunalen JA als öffentlichem Träger der KJH Aufgaben zuweist. Im Rahmen seiner Planungs- und Gesamtverantwortung hat es Sorge dafür zu tragen, auch Spielflächenbedarfskonzepte als Teil der Jugendhilfeplanung vorzulegen und damit Spielflächen als Elemente der sozialen Infrastruktur abzusichern, den Bestand festzustellen, den „Bedarf unter Berücksichtigung der Wünsche, Bedürfnisse und Interessen der jungen Menschen … für einen mittelfristigen Zeitraum zu ermitteln" und die zur Bedarfsdeckung notwendigen Vorhaben „rechtzeitig und ausreichend" zu planen. Hierbei sind gemäß der jeweiligen kommunalen Aufgabengliederung ausgeprägte kooperative Formen der administrativen Zusammenarbeit bei der Realisierung dieser Aufgabe sinnvoll, insbes. auch bei der konkreten Objektplanung der öffentlichen S.

Funktionen von Spielplätzen – Spielflächengesamtkonzept

Der Spielbegriff ist in der planungs- und baurechtlichen Fundierung zu eng gehalten, da Spielen lediglich als eine räumlich klar abgrenzbare Funktion verstanden wird, die durch formale Ausweisung ähnlich technischen Anforderungen reguliert werden könne. So richtet sich die Kritik an S. auf die isolierte Lage, die vom Alltag abgekoppelten und abgegrenzten Erfahrungsmöglichkeiten, die schlechte Ausstattung, die rigide Handhabung angeblicher Sicherheits- und Haftungsfragen und die fehlende Berücksichtigung natürlicher Elemente. Daraus wird gelegentlich die Forderung abgeleitet, S. ganz abzuschaffen – allerdings können dann unter den gegebenen Voraussetzungen keine oder nur unzureichende Alternativen aufgezeigt werden.

S. haben bei entsprechender Planung eine wesentliche und nicht zu unterschätzende Funktion. Sie müssen aber in einen konzeptionellen Rahmen eingepasst sein, der die „bespielbare Stadt", den „Spielraum Stadt" oder eine „Spiellandschaft Stadt" zum Ziel hat. Potentielle Spielorte von Kindern und Jugendlichen sind zunächst wohnungsnahe Spielorte in Eingangszonen und Hausgärten, dann auf dem Gehweg und der Straße, auf städtischen Freiräumen und Plätzen sowie auf Spielräumen mit spezieller Zweckbestimmung (Schwimmbäder, Freiflächen, Brachflächen, S.).

Leitsätze einer umfassenden Spielflächenplanung sind dann:

- Spielflächen sichern, schaffen, zurückgewinnen und vernetzen,
- Spielflächen zielgruppengerecht und qualitätsvoll – i. d. R. barrierefrei – gestalten,
- Kooperation bei der Spielflächenentwicklung mit Kindern und Jugendlichen,
- Bedürfnisse von Mädchen vermehrt berücksichtigen.

Planung und Gestaltung einer so skizzierten bespielbaren Stadt ist Teil der kommunalen Selbstverwaltung. Hier wird geplant, ausgehandelt und erprobt, was Kinder und Jugendliche an Spiel- und Freiflächen nutzen können und wie sie diese nutzen können. Hier sind auch die Instrumente vorhanden, die es erlauben, dies in eigener Zuständigkeit zu realisieren. Aufgrund der Gesamtdimension ist deutlich zu sehen, dass diese Aufgaben vorrangig durchaus komplexe und vielschichtige Jugendhilfeaufgaben sind, die auf kommunaler Ebene gelöst werden können. KJH hat dabei folgende Handlungsfelder:

S

Spielflächengesamtkonzept als Teil der Jugendhilfeplanung

Angesichts der zentralen Bedeutung des Spielens im Freiraum ist die Entwicklung und möglichst verbindliche Fixierung, z. B. durch Verabschiedung im Rat der Stadt als Teil der Stadtentwicklungsplanung, eines Gesamtkonzeptes „Spielen in der Stadt" eine zentrale Aufgabe der Jugendhilfeplanung, die sich unmittelbar aus den programmatischen Leitsätzen des KJHG in § 1 ableitet. Die Jugendhilfeplanung muss dafür Sorge tragen, dass andere örtliche Planungen aufeinander abgestimmt werden und diese „insgesamt den Bedürfnissen und Interessen der jungen Menschen und ihrer Familien Rechnung tragen" (§ 80,4). Hierbei ist es nicht nur rechtlich geboten, sondern auch strategisch sinnvoll, freie Träger (insbes. Jugendverbände, kinderpolitisches Spektrum, Elterninitiativen) rechtzeitig zu beteiligen und bereits bei wesentlichen Elementen der Planung (Bedarfsdefinitionen, Zielformulierungen) einzubeziehen. Eine direkte Beteiligung von Kindern und Jugendlichen bei diesem abstrakten, langdauernden und ergebnisoffenem Planungsvorgang will wohl überlegt sein, könnte aber durch möglichst kleinräumige, stadtteil- und zielgruppenorientierte Erhebungen und Auswertungen (z. B. Kinder- und Jugendforen, Kinderversammlungen, Kooperationen mit Kitas und Einrichtungen der Kinder- und Jugendarbeit, Schulklassen) kompensiert werden. Die Art und Weise der benötigten Grundlageninformationen (Kommunalstatistik, demografische Entwicklung, Bebauungs- und Stadtentwicklungsplanung, Bestandserhebungen, Erkenntnisse aus bisheriger Planung, Gestaltung und Unterhaltsproblemen, Sozial- und Lebensweltorientierung junger Menschen) machen eine ressortübergreifende und interdisziplinäre Kooperation und Koordination erforderlich. Ein Teil dieses Planwerks wird sich mit dem Bedarf und der Konzeption an pädagogisch betreuten Spielangeboten auseinander setzen müssen, damit diese Felder der SozArb, der Offenen Kinder- und Jugendarbeit, die herkömmlichen S. ergänzen können und aufgrund der Gegebenheiten auch müssen.

Die Kriterien und die Realisierung von Spielflächen sind ein wesentliches Moment der Prüfung der Kinderfreundlichkeit einer Kommune und stehen zu diesem Politik- und Handlungsfeld in unmittelbarem Bezug. Gerade deshalb kann und darf es nicht mit der Planvorlage beendet sein, sondern die Umsetzung ist wichtig. Der Gesetzgeber spricht von Planung, nicht von einem Plan. Dies bedeutet Dokumentation der Planumsetzung, Ziel- und Maßnahmen-Evaluation und schließlich Weiterentwicklung durch Fortschreibung.

Bedarfsplanung und Bedarfsgrößen

Eine verbindliche Vorgabe existiert hierzu nicht, diese Zielgröße muss auf kommunaler Ebene politisch ausgehandelt werden, da sich daraus weitere Folgerungen wie Festsetzungen in Bebauungsplänen, die Investitions- und Finanzausstattung für Neubau und Sanierung von öffentlichen S. sowie der begleitenden Modell- und Maßnahmenprogramme und ggf. der Herleitung der pädagogisch betreuten Spielangebote entwickeln lassen. Für die Ausgestaltung des konkreten Bedarfs an Spielflächen kann auf Empfehlungen zurückgegriffen werden. Der lange Zeit wichtige Goldene Plan – ein Programm zur Schaffung von Spiel- und Sportflächen, das auf Empfehlungen der Deutschen Olympischen Gesellschaft basierte – gab einen Richtwert von 2 m² Spielfläche pro Einwohner an, hat heute nur noch geringe Relevanz. Als Planungsnorm ist die DIN 18034 für S. und Freiräume zum Spielen von zentraler Bedeutung. Sie macht Angaben über die räumliche Lage, Flächengrößen, Ausstattung sowie Sicherheit und Wartung. S. werden dabei nicht mehr nach S.-Funktion (z. B. Gerätespielplatz, Bolzplatz), sondern nach sozialräumlichen Angaben und Zugangsmöglichkeiten definiert: S. im Nahbereich, im Quartiersbereich, im Stadtteil- bzw. Ortsteilbereich. Die Anforderungen an Erreichbarkeit und Flächengröße sind nach dem Alter der Kinder und entsprechend dem Alter nach der Länge des zumutbaren Fußweges unterschiedlich gestaffelt.

Zielgruppen- und bedarfsadäquate Spielplätze

Öffentliche S. müssen an den Zielgruppen und an den Bedürfnissen dieser Zielgruppen orientiert sein und entsprechend geplant, ausgebaut und ggf. so wiederhergestellt oder saniert werden, dass sie diese Funktionen erfüllen. Hierzu bedarf es neben Planungs- und Bedarfsgrundsätzen auch der Mitwirkung von sozialpädagogischer Fachlichkeit bei der Standort- und Objektplanung. Folgende Kriterien und Anforderungen sind dabei zu beachten:

- Sozialraum- und Stadteilorientierung (Wohnumwelt und soziale Infrastruktur für Kinder und Jugendliche),
- Einbindung in die städtebauliche Planung (Bebauungsplanung, Vernetzung/Erschließung, Barrieren, Radwegverbindung, Verkehrsberuhigung),
- Vermeidung von schädlichen Belastungen und Gewährleistung von Sicherheit (verpflichtend für öffentliche S. DIN EN 1176),
- standortbezogene Analyse (Erschließung, Grundstück, Bebauung, Kleinklima, Baugrund, Vegetation, Wasser, Ver- und Entsorgungsleitungen),
- Typus, Lage und Größe, Zugang und Erreichbarkeit, Flächenbedarf,
- Objektplanung, Gestaltung und Ausstattung (Einfriedung, Geländegestaltung und -modellierung, Oberflächenmaterialien, bauliche Anlagen, Wasserbereiche, Spielfunktionen, Vegetation, Veränderbarkeit),
- Beurteilung der möglichen Aktivitäten (Eigeninitiative, Neugier- und Explorationsverhalten, Sinnes- und Bewegungsförderung, Engagement, Kooperation) und der Rückzugsmöglichkeiten,
- Angebote für Naturerleben und elementare Erfahrungen,
- Beteiligung und Beurteilung durch die Zielgruppe, Aufnahme von Trends (Streetball, Skateflächen, *Sport*).

Neue Wege suchen

Über reservierte Flächen hinaus können durch den Einsatz von neuen Instrumenten und Strategien auch in höchst verdichtet bebauten Stadtgebieten neue und zusätzliche S. erschlossen werden. Neben der Aktivierung von Brachflächen, Grün- und Freiflächen, bespielbaren Plätzen bieten insbesondere Schulhöfe ein großes Flächenreservoir, das in den alten Kerngebieten einer Großstadt in dieser Größenordnung sonst kaum zur Verfügung steht. In Nürnberg wurden in den letzten Jahren mit der Realisierung von sog. Spielhöfen sehr gute Erfahrungen gemacht. So entstanden ca. 50 neue Flächen. Spielhöfe entstehen durch die Umgestaltung von Schulhöfen in öffentlich nutzbare Spielflächen. In Stadtteilen mit hohem Defizit an Spielflächen sind sie oft die einzige Möglichkeit, um neue Angebote einzurichten. Die rechtzeitige und frühzeitige Beteiligung der Schulen (Kinder, Eltern, Schulleitung, Kollegium, Administration) ist unentbehrlich. Vor Beginn der Umgestaltung wird ein Kontrakt geschlossen, der die neue Flächenfunktion absichert.

Beteiligung von Kindern, Jugendlichen und Eltern

Die Beteiligung von Kindern und Jugendlichen bei der Planung von S. ist ein zentrales Element, das die KJH gewährleisten und wo sie ihre sozialpädagogische Fachlichkeit explizit einbringen muss *(Partizipation)*. Dies sollte sich auf alle Objekt- und Gestaltungsplanungen beziehen: wenn neue Plätze geplant und ausgestattet werden, aber auch bei der Aktivierung von Flächen durch Renaturierungen, Generalsanierungen, Umgestaltungen. Dies erfordert Prinzipien der offenen Planung, um auf Bedürfnisse, Vorschläge und Ideen der Kinder und Jugendlichen eingehen zu können. Beteiligung braucht Zeit und ist ggf. aufwändig. Sie sollen ihre Umwelt wie Stadtforscher befragen und verändern können; dazu brauchen sie entsprechende pädagogische Unterstützung und geeignete Mittel. Die projektbezogenen Beteiligungsansätze müssen auf handlungsleitenden Prinzipien gründen: Zielgruppengerecht, Verbindlichkeit, Überschaubarkeit, Veränderbarkeit.

Die Beteiligung der Eltern existiert in verschiedenen Ansätzen. Neben der Mitarbeit in Initiativen gelang es verschiedenen Kommunen, Eltern und Stadtteilbewohner für sog. ehrenamtl. Patenschaften von S. zu gewinnen. Soziale Kontrolle, Schutz des Spielraums und Akzeptanz sind die Ziele. Weitere Formen sind: Aktive Mithilfe von Ehrenamtl. bei der Spielplatzneu- bzw. -umgestaltung sowie bei der Akquise von Spendengeldern.

Kooperation und Vernetzung

Erforderlich sind Strukturen, die die beschriebenen Aufgaben realisieren helfen. Hierzu werden sozialpädagogische Ressourcen benötigt, um

- Planung als offenen Prozess organisieren zu können,
- Koordination zwischen Initiativen, verschiedenen Teilen der Administration und den kommunalpolitischen Instanzen (JHA) leisten zu können,
- Initiativen, aber auch Wohnungsbauträger fachlich beraten und bei Projekten ggf. auch begleiten zu können,
- sich bei Standortplanungen, Stadtentwicklungs- und Stadterneuerungsprojekten einmischen und Belange von Kindern und Jugendlichen einbringen zu können,
- die erforderlichen Beteiligungsprojekte initiieren und steuern zu können,
- sich an der kommunalen Aufgabenwahrnehmung der privaten S. beteiligen zu können,
- geeignete Instrumente und Strategien für die erforderliche administrative Kooperation und Vernetzung realisieren zu können.

Bernd Kammerer

S

Literatur

P. Apel/R. Pach: Kinder planen mit. Stadtplanung unter Einbeziehung von Kindern, Unna 1997 ♦ R. Deimel: Stichwort Abenteuerspielplätze und Spielmobile, Broschürenreihe des ABA Fachverbandes, Dortmund 1998 ♦ Deutsche Gesellschaft für Gartenkunst und Landschaftskultur e. V. (Hrsg.): Spiel(T)raum, Ettlingen 1997 ♦ Deutsches Institut für Normung e. V. (Hrsg.): Spielplätze und Freiräume zum Spielen, Berlin 2012 ♦ Elterninitiative Bauspielplatz Langwasser e. V. (Hrsg.): Wo die Kinder spielen(d) lernen. 30 Jahre Bauspielplatz Nürnberg-Langwasser, Nürnberg 2003 ♦ B. Kammerer (Hrsg.): Beteiligung von Kindern, für Kinder, mit Kindern, Nürnberg 2001 ♦ G. Knecht/B. Lüsch/Spielmobile e.V (Hrsg.): Perspektiven des Spiels, Freiburg 2015 ♦ J. R. Krauss: Der Abenteuerspielplatz. Planung, Gründung und pädagogische Arbeit, München 2003 ♦ S. Lau/H. Nerger/B. Schreiber: Spielorte für Kinder. Eine Praxisanleitung zur Gestaltung öffentlicher Räume, Weinheim/Basel 1997 ♦ Stadt Nürnberg, Jugendamt: Jugendhilfeplanung, „Spielen in der Stadt", 2008 ♦ Stadt Nürnberg, Jugendamt: Spielhöfe in Nürnberg, Nürnberg 2006.

Links

www.aba-fachverbund.de;
www.bdja.org
www.spielmobile.de
www.spielen.nuernberg.de

Sport

Begriff und Gliederung

Das Wort S. entwickelte sich aus dem mittellateinischen disportare (sich zerstreuen, vergnügen) über das altfranzösische desport (Erholung, Zerstreuung) zum englischen Wort sport. Im Englischen bedeutet S. noch heute (neben seiner Bedeutung als Sammelbezeichnung für alle in Bewegungs-, Spiel- und Wettkampfformen gepflegten körperlichen Aktivitäten) Vergnügungen, Spaß, Zerstreuung sowie körperliche Erholung, auch faires Verhalten (Brockhaus Bd. 5/2000, 4376, zuletzt [10]2003).

Diese ursprüngliche Bedeutung hat der S. allerdings in vielen Bereichen verloren. Der zunehmend durchkommerzialisierte nationale und internationale Spitzensport (mit seinen Events, seinen Show- und Artistikelementen sowie Doping-/Drogen- und Korruptionsproblemen) bestimmt inzwischen die öffentliche Wahrnehmung von S. Im 20. Jh. entwickelte sich der S. von einem „exotischen Freizeitvergnügen … zum Spektakel der Massengesellschaft" („Das Jahrhundert des Sports", Beilage der SZ vom 8. 12. 1999). „Auf dem Markt der Freuden spielt der Sport (inzwischen) eine herausragende Rolle. Die Mythensehnsucht des Publikums und das Gewinnstreben der Macher und ihrer Manager fügen sich passgenau ineinander", es kann von einer „Versportung" der Gesellschaft gesprochen werden (so schon der Themenschwerpunkt des Freibeuters 72/1997, 1).

Mit diesen Folgen:

- **Beispiel Doping:** Brigitte Berendonk hat bereits 1969 – damals noch Aktivensprecherin im DLV – vor den Irrwegen im Hochleistungssport gewarnt: ‚Züchten wir Monstren. Die hormonale Muskelmast', in: Die Zeit 49/1969, 73. 2015 fand in Nürnberg ein Internationales Symposium zu Ehren von Gerhard Treutlein statt mit dem Titel ‚Doping – mal ganz ehrlich'. Wieder einmal wurde dort (belegt) vorgetragen, dass der Sport durchdrungen ist von Doping, „wir können es nur nicht sofort beweisen, denn Sportdoping ist inzwischen so verfeinert, das es mit unseren Mitteln immer wieder (noch) nicht sofort zu belegen ist und so bleibt es wohl weiterhin bei der Abfolge „Regeln setzen – gegen Regeln verstoßen – betrügen" (D.K.: nach einer Mitschrift des Vortrages von Werner Franke am 23. Oktober 2015).

  Und es sind nicht nur die altbekannten Sportarten Gewichtheben, Ringen, Radsport und Leichtathletik, sondern (natürlich) auch der ‚Volksport' Fußball (Kistner 2015).

  Inzwischen hat Deutschland ein Gesetz gegen Doping im Sport (AntiDopingG: BGBL I S. 2210 vom 10. Dezember/in Kraft getreten am 18. Dezember 2015), nach dem die Herstellung von Dopingmitteln im Sport, die Anwendung und das Selbstdoping unter Strafe gestellt wurden: ggf. mit drei, für Hintermänner in besonders schweren Fällen bis zu zehn Jahren Haft. Es bleibt abzuwarten, welche Wirkungen das Gesetz entfalten kann/wird.
- **Beispiel Korruption:** Dass die FIFA eine mafiaähnliche Organisation ist, hat Thomas Kistner schon in seinem Titel ‚FIFA-MAFIA. Die schmutzigen Geschäfte mit dem Weltfussball – zunächst noch folgenlos und ‚ungestraft' – vorgetragen (Kistner 2012). Der unrühmliche Abgang des jahrzehntelangen FIFA-Präsidenten, Joseph (Sepp) Blatter, gab ihm nachträglich recht. Und die Doping- und Korruptionsvorwürfe des Jahres 2015 im Fußball – um die Vergabe der WM 2006 in Deutschland – und in der Leichtathletik – bis hin zum belegten Staatsdoping in Russland –, Anfang 2016 noch die Manipulationsvorwürfe im Welt-Tennis (BBC: „Schiebung sei im Tennis weitverbreitet"), weisen überdeutlich darauf, wie korruptionsanfällig internationale Sportorganisationen und -großereignisse sein können (sind).
- **Verlust der Vorbildfunktion des Sports:** Zugleich belegen diese Beispiele die These, die hier bereits in Vorauflagen vertreten wurde, dass der voll ökonomisierte Spitzensport für erzieherische und sozialpädagogische Bemühungen „um den Sport herum" endgültig seine Leitbildfunktion eingebüßt hat (so auch schon Franke/Ludwig 2007).

Definitions- und Gliederungsversuche

S. kann jedenfalls nicht mehr als ein einheitlicher und undifferenzierter Begriff für die vielen sportpraktischen Aktivitäten und die überaus unterschiedlichen Beweggründe einzelner Menschen, S. treiben zu wollen, verwendet werden.

Zumindest die folgende Gliederung ist erforderlich, um wesentliche Unterschiede sportlichen Handelns erfassen zu können.

1) Spitzen- oder Hochleistungssport (i.d.R. zugleich der Bereich nationaler Repräsentanz;
2) Breiten- oder Wettkampfsport (i.d.R. der in Vereinen organisierte S.);
3) Freizeit- oder Jedermannsport (i.d.R. der S. für Nichtorganisierte).

Wettkampf und Leistung als unverzichtbare Bestandteile des S. lassen sich bereits bei dieser Grobgliederung differenzierter betrachten, sie beziehen ihre Bewertung nicht mehr allein von dem vielfach belasteten Spitzensport: die Begriffe Wettkampf, Leistung, Erfolgsstreben sind durchaus unterschiedlich auszufüllen und zu bewerten, wenn sie auf den (hoch bezahlten) Profifußballer, Basketballer oder Leichtathleten, auch unter dem Gesichtspunkt nationaler Vertretung, bezogen werden oder auf den Fußballer der 2. Mannschaft des Friedenauer TSC 1886 Berlin, den 60-Jährigen, der regelmäßig das städtische Schwimmbad besucht, den Skater, den Jogger, die Familie, die am Sonntagvormittag wandert oder einen Trimmpfad nutzt bzw. auf die vielen Frauen und Männer, die alljährlich über das Deutsche Sportabzeichen ihre persönlichen Leistungen dokumentieren.

Der organisierte Sport

S. wird in der BRD ganz überwiegend von privaten Organisationen angeboten. Den 89 250 (regelmäßig gemeinnützigen) Turn- und Sportvereinen, die in über 98 Mitgliedsorganisationen (auf der Landesebene in Fachverbänden und den 16 Landessportbünden, auf der Bundesebene in Bundesfachverbänden und dem Deutschen Olympischen Sportbund/DOSB, der im Mai 2006 aus der Vereinigung des Deutschen Sportbundes/DSB mit dem Nationalen Olympischen Komitee für Deutschland/NOK entstand) zusammengeschlossen sind (zuletzt dazu Breuer/Feiler 2015 in einer Analyse der Sportvereine in D.). Im DOSB sind inzwischen mehr als 25 Mio. Mitglieder organisiert (dazu i.E. die vom DOSB regelmäßig herausgegebenen Jahrbücher des Sports).

Demgegenüber spielen kommunale Angebote, z. B. der Volkshochschulen, der sog. Freizeit- und Erholungsprogramme, auch die als Events ausgestalteten Trendangebote (Skaternight, Streetball) und die kommerzieller Anbieter immer noch eine nachrangige Rolle.

Auf den erheblichen Wert seiner überwiegend ehrenamtlich ausgeübten Arbeit hat der DOSB immer wieder verwiesen (zuletzt im Sportentwicklungsbericht 2010 darauf, dass die seinerzeit 1,85 Mio Freiwilligen in den 89T Vereinen eine Wertschöpfung von 6,7 Mrd. Euro erwirtschaften).

Trotz dieser beachtlichen Selbstfinanzierung wird aber der bundesdeutsche S. immer stärker mit staatlichen und kommunalen Mitteln gefördert. Bund, Länder und Gemeinden erstellen Sportstätten, die Vereinen und Verbänden immer noch überwiegend kostenlos überlassen werden. „Größter Förderer des Sports ist die Öffentliche Hand: Kommunen, Länder und Bund leisten im Rahmen ihrer jeweiligen Zuständigkeit einen unverzichtbaren und verlässlichen Beitrag", so hat der Bund von 2010 bis einschließlich 2013 „für den Sport unmittelbar und mittelbar einen Gesamtbetrag in Höhe von rd. 948 Mio. Euro verausgabt" (13. Sportbericht 2015, 20). Staatliche Sportpolitik versteht sich in einem umfassenden Sinne als Gesellschaftspolitik mit vielen Bezügen zu Gesundheits-, Bildungs-, Jugend-, aber auch Umwelt-, Sozial- und Strukturpolitik. Für die Finanzierung liegt gemäß Art. 30 GG die Kompetenz bei den Ländern. Der Bund leitet seine Sportförderungskompetenz grundgesetzlich (Art. 32, 91a, 91b, 104a) und (ungeschrieben) aus der Natur der Sache und des Sachzusammenhanges (BVerfGE 22, 182 und 217) u. a. insbesondere für Vorhaben ab, die der gesamtgesellschaftlichen Repräsentation dienen (vgl. i. E. zuletzt den 13. Sportbericht der BReg 2015/Dt.BT-Drs. 18/3523).

Trotz dieses finanziellen Engagements des Staates und der Kommunen hat die gesellschaftliche Großmacht DOSB (sich selbst immer wieder „als größte Personenorganisation der BRD" bezeichnend), haben die Vereine und Verbände die Autonomie ihres Handelns weitgehend bewahrt. Der dennoch tatsächlich vorhandene enge Bezug zwischen S. und Politik regelt sich u. a. über die verschiedensten Sportausschüsse/-gremien in Kommunen, Ländern und dem Bund (dort der Sportausschuss des Dt. BT) oder wird eher informell gesteuert. So kann sich der S. vielfach der einflussreichen Sportpresse bedienen, für die – bei der in der BRD vorherrschenden Form der Berichterstattung – insbesondere der Spitzensport als Berichtsware unverzichtbar ist: auch um Forderungen gegenüber politischen Gremien durchzusetzen.

Sport und Soziale Arbeit

S. war schon immer Zielobjekt vielfältiger anderer Interessen: Bereits über GutsMuths, Pestalozzi und den Turnvater Jahn sind historische Begründungen für die Nützlichkeit des Sport-Treibens markierbar; unvergessen ist schließlich die ideologische Überhöhung des Sport-Treibens in der Zeit des Nationalsozialismus 1933–1945 (sehr pointiert beschrieben z. B. von S. Haffner in seiner Geschichte eines Deutschen 2001, 207).

Von der Konfrontation zum Miteinander

Trotz dieser frühen pädagogisch-politischen Interessenbekundungen wurde nach 1945 v. a. in der *Kinder- und Jugendhilfe* eher das Trennende denn das Verbindende betont und entsprechend gehandelt. Dafür gab es Gründe: S. und *Soziale Arbeit* (und die Kinder- und Jugendhilfe ist ein Teilbereich davon) haben eigenständige Organisationswelten, auch hier Systeme, die sich eher abschotten als aufeinander zu bewegen *(Systemtheorie)* – als Beispiel kann dienen, dass die Deutsche Sportjugend immer noch nicht (wieder) Mitglied im DBJR ist. In der *Jugendarbeit* gibt es eine sehr traditionelle Begründungslinie, „richtige" Jugendarbeit sei nur die, die letztendlich deutlich über das Leitziel *politische Bildung* zusammengehalten werde, und dafür seien dann doch eher die („richtigen" – v. a. die politischen) *Jugendverbände* zuständig. Und von Sportwissenschaftlern (Baur/Braun schon 2000) wird andererseits geradezu ein Omnipotenzanspruch der Sportvereine für die Kinder- und Jugendarbeit formuliert, der wiederum geeignet ist, alle zusammenarbeitswilligen Akteure der Jugendseite abzuschrecken (genauer bei Kreft 2001).

Diese von Trennung und Konfrontation bestimmten Argumentationen haben aber an Bedeutung verloren. Die SozArb nutzt das „Medium Sport" inzwischen zunehmend selbstverständlich als geeignetes Mittel für sozialarbeiterisches/sozialpädagogisches Handeln:

- als Bewegungserziehung in *Tageseinrichtungen für Kinder;*
- über Sportgruppen in Jugendfreizeitstätten (auch als Gegenstück zu einer eher kognitiven Arbeit);
- als Angebot zur Integration von Kindern mit Migrationshintergrund *(Migration und Integration);*
- bei der Mitorganisation/-trägerschaft von Sport-

angeboten für regelmäßig nicht in Sportvereinen organisierte Kinder und Jugendliche (Skatertreffs, Midnight-Basket u. a. m.);
- für die Arbeit mit Behinderten und Verhaltensgestörten (z. B. therapeutisches Reiten/therapeutische Segeln: *Behindertenhilfe/Inklusion/* Lüke u. a. 2016);
- auch familienorientiert (z. B. auch in sog. Großsportvereinen mit ihren vielfältigen Programmangeboten, die von Eltern und Kinder zugleich oder parallel wahrgenommen werden können; 2015 gab es bereits 28 Vereine mit mehr als 10 000 Mitgliedern, der mit weitem Abstand mitgliederstärkste Verein (258 000) ist der FC Bayern München;
- in der Arbeit mit Strafgefangenen (*Strafvollzug;* Schliemann/Kern 2011);
- in der *Altenhilfe* (Altensport).

Etliche dieser Angebote rubrizieren inzwischen auch unter *Erlebnispädagogik.*

Alle diese Ansätze haben z. T. eine lange Tradition; so gründete der MTV Friedenau in Berlin bereits 1904 als erster Turnverein im Deutschen Reich eine Heilturnabteilung für körperlich behinderte Mädchen.

Und allen diesen Arbeiten/Angeboten liegt die Erkenntnis zugrunde, das S. vielfach in der Lage ist, die sich aus allgemeinen gesellschaftlichen Strukturen ergebenden Einengungen und Trennungen der Individuen z. T. aufzuheben und die Mitwirkenden zu sonst nicht erfahrbaren Handlungs- und Erfolgsmöglichkeiten zu führen vermag. Der 3. Kinder- und Jugendsportbericht 2015 äußert sich umfassend zu den Themen ‚Soziale Ungleichheit mit dem Sport überwinden‘ und Multikulturelles Miteinander im Sport‘ (zuletzt dazu wieder Lüke/Blessing-Kapelke 2016).

Sportvereine und Kinder- und Jugendarbeit

Besonders hier lassen sich die Möglichkeiten und die Grenzen der Zusammenarbeit von S. und SozArb verdeutlichen.

Brettschneider/Kleine haben bereits 2000 herausgestellt, dass der Sportverein nach wie vor die unangefochtene Nummer 1 unter den Sportorganisationen ist. Inzwischen wurde das immer wieder bestätigt: so hatte schon der 10. Kinder- und Jugendbericht, die Dominanz der Sportvereine bei allen Freizeitaktivitäten in Vereinen und Institutionen hervorgehoben (10. KJB 1998, 66). Zuletzt wieder der 12. Sportbericht der BReg.: „Die Deutsche Sportjugend bündelt die Interessen von mehr als 9.5 Mio Kindern, Jugendlichen und jungen Menschen bis 27 Jahre … Damit ist die Deutsche Sportjugend der größte freie Träger der Kinder- und Jugendhilfe in Deutschland“ (BT-Drs. 17/2880, 24).

S. – hier in der Angebotsorganisation Sportverein – hat also (zumindest quantitativ) eine alle anderen Kinder- und Jugendarbeitsaktivitäten überragende präventive Funktion (v. a. als primäre, weniger als sekundäre, selten als tertiäre *Prävention*).

Und die Sportvereine nutzen im Übrigen heute vielerorts bereits Angebote und Methoden der Kinder- und Jugendhilfe zur Unterstützung ihrer sportpraktischen Angebote. Auch um sportorganisatorisch gebotene Trennungen aufzuheben (im Wettkampfsport notwendiger Weise nach Geschlecht, Alter und Leistung), um also Begegnungen zwischen Kindern und Jugendlichen des Vereins zu ermöglichen, die sich beim sportpraktischen Tun ansonsten regelmäßig nicht begegneten (in einem Mehr-Sparten-Verein auch über die einzelnen Abteilungen hinaus), bieten viele Sportvereine heute ihren jugendlichen Mitgliedern auch sportübergreifende Angebote wie z. B. Ferienspaßaktionen, Fahrten, Bildungsveranstaltungen, Kinderfestspiele, Seminare/Lehrgänge, Feste, Diskos/Tanzveranstaltungen, Bastelgruppen u. a. m. Zahlreiche Beispiele für die entwickelte Vielfalt der wechselseitigen Nutzung der besonderen Möglichkeiten des Anderen (Sport bzw. Soziale Arbeit) finden sich auch bei Kammerer/Klinkhammer 2007.

Und weil die Sportvereine mit ihren „normalen sportpraktischen Angeboten“ an Kinder und Jugendliche bereits so erfolgreich sind, werden ihnen inzwischen immer mehr Aufgaben mit immer neuen Zielgruppen zugemutet. So haben z. B. Rittner/Breuer schon 1999 die folgenden Interventionsfelder der sportbezogenen Jugendarbeit ermittelt:

Integration	56,0 %
Sozialarbeit	52,2 %
Gewaltprävention	45,5 %
Bildung/Ausbildung	4,9 %
interkulturelle Arbeit	21,1 %
Emanzipation/Gleichstellung	18,7 %
Streetwork	16,7 %
Suchtprävention	14,4 %
Resozialisierung	8,1 %
Arbeitslosigkeit	6,2 %
europäische Integration	4,8 %
Sonstige	22,5 %

(vgl. auch 3. Kinder- und Jugendsportbericht 2015)

Gefahren der Überfrachtung

Diese sozialarbeiterische/sozialpädagogische Aufgabenerweiterung der Kinder- und Jugendarbeit in Sportvereinen ist allerdings tendenziell durchaus auch bedrohlich für die Vereine.

Denn

- Kinder und Jugendliche haben „Sport zu treiben" als Leitmotiv, wenn sie in einen Verein eintreten. Sie wollen Tischtennis, Fußball spielen, Turnen, Tanzen u. v. m., sie wollen gewiss nicht „erzogen und sozialpädagogisch betreut/begleitet" werden. Und sie wollen ihren S. gemeinsam mit anderen betreiben, die das auch so wollen und bereit sind, das jeweilige sportpraktische Regelwerk zu akzeptieren. Wer das nachhaltig stört durch zu viele zusätzliche sozarb/sozpäd Angebote, wer also zu viel übernimmt, riskiert den Verlust „seiner Stammkunden".
- Wagt der Sportverein den Schritt, zusätzlich zu seinen üblichen sportpraktischen Angeboten auch Jugendhilfe/Jugendarbeit anzubieten, und gar mit dem Anspruch, präventiv gegenüber Kinder- und Jugenddelinquenz zu wirken, begibt er sich auf ein anderes fachliche Terrain. Er muss diesen Schritt zuvor sehr sorgfältig bedenken (auch ohne „schlechtes Gewissen", denn bei den allgemein präventiven Leistungen ist er ja bereits die unbestrittene Nr. 1 jeglicher Vereins- und Verbandsarbeit).
- Die Angebote gegenüber sog. schwierigen Kindern und Jugendlichen müssen sehr flexibel und niedrigschwellig im Zugang sein. Das einfache Angebot, am normalen Trainings- und Wettkampfbetrieb teilzunehmen, ist dabei regelmäßig erfolglos. Wir wissen, dass Sportvereine bestimmte Kinder und Jugendliche erreichen – und andere eben nicht (und dafür gibt es viele Gründe, die hier nicht weiter beschrieben werden können). Wer hier zu unbedacht „schwierige" Kinder und Jugendliche in den Verein eingliedern will, beschwört die Gefahr herauf, dass Kinder und Jugendliche seiner traditionellen Zielgruppe ihn dann verlassen, weil sie mit den „Schwierigen" nicht umgehen können oder nicht wollen.
- Angebote dieser Art sollten daher nur in Zusammenarbeit und/oder in Absprache mit Fachleuten der Kinder- und Jugendhilfe entwickelt werden.
- Wagen die Vereine diesen Schritt, dann müssen sie auch über entsprechende personelle Kompetenzen verfügen (Übungsleiterausbildungen und selbst die Ausbildung zum/zur Jugendgruppenleiter/in sind jedenfalls nicht hinreichend für die Arbeit mit schwierigen Kindern und Jugendlichen).
- Standards der Kinder- und Jugendhilfe müssen auch für diese Jugendarbeit in Sportvereinen gelten (z. B. Partizipation der Teilnehmer, Professionalität in Organisation und Personal, saubere Prozesse der Bedarfsermittlung für die Zielgruppen als Voraussetzung zielgruppenorientierter Maßnahmen/Angebote u. a. m.).
- Werden Sportvereinen Aufgaben dieser Art übertragen, so müssen ihnen auch die erforderlichen Ressourcen dafür bereitgestellt werden (am zweckmäßigsten in Form von Projektfinanzierungen) – unprofessionelles Dilettieren gefährdet u. U. den Hauptzweck des Sportvereins und hilft schließlich niemandem.

Keine Trennung, keine Konfrontation, aber inhaltliche Differenzierung

Vernünftigerweise nutzen inzwischen S. und SozArb das für ihre eigene Arbeit jeweils Nützliche des Anderen – das verweist aber zugleich auf gebotene Differenzierung im Miteinander. So hat etwa die Kinder- und Jugendarbeit in Sportvereinen wohl eine große quantitative und qualitative Bedeutung, sie ist aber durchaus nicht identisch mit der Kinder- und Jugendarbeit als Teil der Kinder- und Jugendhilfe (des SGB VIII); deren Angebote/Dienste haben einen eigenen Sinn, sind von eigenen Prinzipien/Leitlinien/Eigenschaften bestimmt, die sich so regelmäßig nicht in der Sportvereinspraxis vorfinden (z. B. flexible Angebote, Verzicht auf Leistungskontrollen, Herrschaftsarmut, Altersheterogenität, Selbstorganisation u. a. m.) (genauer dazu Kreft 2001; was hingegen die Kinder- und Jugendarbeit in Sportvereinen auszeichnet, s. Baur/Braun 2000). Es lebe also die Differenz, die Vielfalt der Angebote – letztendlich die Wahlfreiheit der „Kunden".

Neue Entwicklungen: Vieles ist allerdings in Bewegung und verändert sich.

Einerseits: „… überholten die Fitness-Anhänger schon vor Jahren (über sieben Millionen Studio-Mitglieder) die Fußballer (2015 immerhin noch rd. 6,9 Mio im DFB organisiert) und so genannte Trendsportarten wie Wandern, modischer Bergsport, Aktivurlaub, Kletterhallen, Hochseilgärten und Radfahren boomen … Außerdem gibt es inzwischen völlig verrückte Sportarten, denen sich Vereinsmüde zuwenden: Auto-Fußball, Sautrog-Rennen im Fluss, … Rückwärtsgehen, Bandy (Fußball auf Kufen) … Und wer wusste vor den Olympischen Winterspielen (in Vancouver 2010) schon genau, was Sporttrack, Skeleton, Ski-Freestyle, Skicross ist … Ein kraftvoller Beleg für die weitere Tendenz zu immer exotischeren Sportarten" (Kreft 2011, 12).

Andererseits steigt das Interesse an ‚bewegungs- und sportorientierten Aktivitäten und Interventionen' sowohl in der Sozialen Arbeit, wie die Auswertung sozialpädagogischer Fachzeitschriften von Welsche/Schillinger 2015 belegt, als auch bei großen Sportorganisationen, worauf ein Projekt des DOSB gemeinsam mit dem BMFSFJ ‚Sport bewegt Familien – Familien bewegen den Sport' verweist, das soeben Ute Blessing-Kapelke, immerhin Ressortleiterin des DOSB, unter ‚Bewegte Zeiten für Familien' im NDV 11/2015 beschrieben hat.

Das Interesse am Handeln des jeweils anderen Fachbereiches ist offenbar inzwischen stabil.

Dieter Kreft

Literatur

J. Baur/S. Braun: Über das Pädagogische einer Jugendarbeit im Sport, in: dj 9/2000, 378 ff. ◆ U. Blessing-Kapelke: Bewegte Zeiten für Familien, in: NDV 11/2015, 587–591 ◆ BReg: 12. Sportbericht 2010. BT-Drs. 17/2880 ◆ BReg: 13. Sportbericht 2015. BT-Drs. 18/3523 ◆ BMSFJ (Hrsg.): Zehnter Kinder- und Jugendbericht. Bericht über die Lebenssituation von Kindern und die Leistungen der Kinderhilfen in Deutschland, Bonn 1998 (BT-Drs. 13/11368) ◆ W. D. Brettschneider/T. Kleine: Jugendarbeit im Sportverein. Ergebnisse einer Untersuchung i. A. des Ministeriums für Städtebau und Wohnen, Kultur und Sport des Landes NRW, Düsseldorf 2000 ◆ C. Breuer/S. Feiler: Sportvereine in Deutschland – ein Überblick. In: C. Breuer (Hrsg.): Sportentwicklungsbericht 2013/2014. Köln 2015 ◆ W. Franke/U. Ludwig: Der verratene Sport. Die Machenschaften der Doping Mafia. Täter – Opfer und was wir ändern müssen, München 2007 ◆ S. Haffner: Geschichte eines Deutschen. Die Erinnerungen 1914–1933, Stuttgart/München [7]2001 (inzwischen als Sonderausgabe 2007) ◆ B. Kammerer/M. Klinkhammer (Hrsg.): Sport und Jugendhilfe. Ergebnisse des Nürnberger Forums der Kinder- und Jugendarbeit 2006, Nürnberg 2007 ◆ T. Kistner: FIFA MAFIA. Die schmutzigen Geschäfte mit dem Weltfussball, München 2012 ◆ T. Kistner: Schuss. Die geheime Dopinggeschichte des Fußballs, München 2015 ◆ D. Kreft: Sport im Rechtsrahmen der Kinder- und Jugendhilfe, in: Zentralblatt für Jugendrecht 9/2001, 327 ff. D. Kreft: Sport als Soziale Arbeit? in: sozialmagazin 1/2011, 10–14 ◆ K. Lüke/U. Blessing-Kapelke: Sport als Vorreiter der Inklusion in Deutschland, in: NDV 1/2016, 35–40 ◆ Rittner/Breuer: Soziale Initiativen des deutschen Sports. Eine erste quantitative Bestandsaufnahme, in: BM für Familie, Senioren, Frauen und Jugend/Deutsche Sportjugend (Hrsg.): Soziale Offensive im Jugendsport, Bd. I, Frankfurt/M. 1999 ◆ R. Schliemann/F. Kern: Sport im Strafvollzug: Eine repräsentative Bestandsaufnahme von Sport- und Bewegungsprogrammen in deutschen Justizvollzugsanstalten, in: np 3/2011, 243–257 ◆ W. Schmidt u. a. (Hrsg.): Dritter Deutscher Kinder- und Jugendsportbericht, Schorndorf [3]2015 (hrsg von der Alfred Krupp von Bohlen und Halbach-Stiftung) ◆ M. Welsche/C. Schillinger: ‚Bewegung und Sport' als Thema in ausgewählten Fachzeitschriften der Sozialen Arbeit, in: np 4/2015, 435–443

Zeitschriftenhinweise: Wir im Sport. Magazin, hrsg. vom Landessportbund NRW in Duisburg (www.lsb-nrw.de); Schwerpunktheft Sport in der Sozialen Arbeit – in: sm 1/2011 und zuletzt das Schwerpunktheft ‚Wettkampf' des sozialmagazin 7+8/2016.

Stadtentwicklungsplanung

Begriff

Unter Stadtentwicklungsplanung (St.) versteht man seit den 1960er Jahren die strukturierte großräumige, nach qualitativen Kriterien gestaltete Perspektivplanung der Siedlungsentwicklung, die jedoch bis heute (im Gegensatz zur Bauleitplanung) ohne formale rechtliche Grundlage geblieben ist. St. beinhaltet die umfassende Konzeption ganzer Städte ebenso wie die Erweiterung oder Veränderung bestehender Siedlungen oder Stadtteile (Quartiere). Sie steht im Gegensatz zu konkurrierenden Konzepten kleinteiliger Einzelproblemlösungen (Inkrementalismus), einer Reformstrategie mit kleinen Vorhaben und nur geringem Aufwand. St. ist mittel- bis langfristig angelegt und hat einen ressortübergreifenden Ansatz – sie integriert räumliche, soziale, kulturelle, ökologische, ökonomische und verkehrliche Aspekte, und versucht so, eine zukünftige Gesamtstruktur der Stadtgesellschaft zu konzipieren. Dabei werden nicht primär bauliche Aspekte bearbeitet, sondern strukturell – funktionale Zusammenhänge verbalisiert. Aus der St. werden dann detaillierte formelle (rechtlich bindende) und informelle (selbstbindende) Planungen, insbes. auch zur durchdachten Steuerung raumwirksamer Investitionen, abgeleitet.

Die Geschichte der Sozialen Arbeit ist eng mit der Lebensform „Stadt" verbunden. Dadurch, dass St. in den letzten Jahren erweiterte Zielsetzungen erhalten hat, wie sozial, nachhaltig und integrativ, aber auch ressortübergreifend und koordinativ, ist Soziale Arbeit zunehmend zu einer wichtigen Akteurin im öffentlichen Raum geworden *(Einmischungsstrategie, Gemeinwesenarbeit).*

Historische Entwicklung

Mit der Entstehung organisierter menschlicher Ansiedlungen wurde sehr früh eine strategische Betrachtung der Siedlungsentwicklung erforderlich. Die Ansätze waren anfangs eher religiös-astronomisch geprägt. Städte wurden nach Sternen oder jahreszeitlichen Ereignissen ausgerichtet. Diesen Konzepten wurden technische Notwendigkeiten wie Erschließung und Platzstrukturen untergeordnet. Die geplante Stadt ist damit ein sehr frühes Konzept, da die „gewachsene Stadt" offenbar häufig nicht den Anforderungen der herrschenden Eliten genügte.

In der europäischen Antike war die St. ausschließlich Angelegenheit der politisch-religiösen Machthaber. Dieser Zustand änderte sich bis ins Mittelalter kaum. Mit der Industrialisierung gewann St. durch das explosionsartige Stadtwachstum erheblich an Bedeutung. Die Planung wurde ökonomisiert, private Stadtentwicklungsgesellschaften dominierten die Strukturen der gründerzeitlichen Quartiere. Die mittelalterlichen Kerne wurden vernachlässigt, der Blick für den „Organismus Stadt" als Ganzes ging verloren. Sehr früh entstanden paternalistische Gegenbewegungen durch Industrielle oder grundsätzlich andere Ansätze wie die Gartenstadtbewegung. Viele der damaligen Projekte verfolgten durchaus einen integrierten Ansatz, allerdings war eine demokratische oder bürgergesellschaftliche Mitwirkung weder vorgesehen noch gewollt. Die öffentlichen Planungen beschränkten sich auf wesentliche Verkehrswege, Brandschutz und hygienische Mindestvorgaben in Staffelbauordnungen oder Baulinienplänen.

S

Neuere Tendenzen seit 1950

Im Wiederaufbau nach dem 2. Weltkrieg wurden die Konzepte demokratisiert und letztlich 1960 im Bundesbaugesetz neu gefasst. Mit diesem Regelwerk, heute *Baugesetzbuch* (BauGB), wurden alle Kommunen zu formalisierten Flächennutzung- und Bebauungsplänen verpflichtet. Diese Regelungen wirken bis heute erfolgreich fort, das BauGB verfolgt jedoch nur eingeschränkt einen ökologischen, kulturellen oder sozialen Ansatz.

Nach den großen Städtebauprojekten der 1960er und 70er Jahre zeigten sich die Probleme einer vornehmlich baulich-architektonischen Herangehensweise. Die sich in dieser Zeit entwickelnde Städtebauförderung hat bis heute zum Ziel, seinerzeit (und früher) entstandene „städtebauliche Missstände" zu beseitigen.

St. hatte in den Jahren nach 1960 gleichzeitig räumliche, soziale und fiskalische Ziele. Sie war eher technokratisch angelegt und sollte einerseits die Bedingungen für weiteres ökonomisches Wachstum schaffen und andererseits durch den Ausbau der sozialen Infrastruktur die Wohlstandsgewinne verteilen. Letztlich wurde ein Abbau räumlicher Disparitäten zur Verbesserung der Versorgung und der Lebensqualität der Bevölkerung angestrebt (Gotthold 1978). Mit der zunehmenden Verarmung der Städte ab den 1970er Jahren veränderten sich die Bedingungen für die Stadtpolitik dramatisch (Häußermann/Siebel 1987). Ökonomisch begann eine Zeit der Stagnation, die Kommunen gerieten mehrheitlich in finanzielle Nöte. Zeitgleich fordertenBürger mehr Mitsprache in ökologischen und stadtentwicklungspolitischen Fragen ein.

Viele Kommunen setzten nun auf Standortmarketing im Sinne der Verbesserung der ökonomischen Rahmenbedingungen zur Ansiedlung von Gewerbe, parallel wurden jedoch wegen der nur geringen Erfolge dieser Strategie immer größere Investitionen in die soziale Infrastruktur als Folge der Arbeitslosigkeit erforderlich.

Ein anderer Ansatz, den implizit die Internationale Bauausstellung (IBA) Emscher Park (1989–1999) wählte, war der des „Perspektivischen Inkrementalismus". Dieses Konzept addiert eine Vielzahl kleiner Einzelmaßnahmen in einem Gesamtleitbild für eine ganze Stadtregion. Als Standortmarketing war dies durchaus erfolgreich, in ökologischer und sozialer Hinsicht zeigte sich jedoch, dass die Vernetzung der Einzelprojekte untereinander nicht ausreichend war, um eine nachhaltige Entwicklung dauerhaft zu forcieren.

In vielen Städten bildeten sich benachteiligte Quartiere heraus, die durch problematische Bevölkerungsstrukturen und fehlende Infrastruktureinrichtungen gelegentlich zu sozialen Brennpunkten wurden (Strohmeier, Kersting 2003).

Der integrierte Ansatz

Unternehmen Stadt: Es setzte sich in den meisten Städten das Bild vom „Unternehmen Stadt" durch, ein Prozess der in den 1980ern begann und seinen Höhepunkt um 2005 herum erreichte. Die Kommunen verabschiedeten sich – oft unter dem Druck leerer Kassen – flächendeckend vom Selbstbild der allumfassend fürsorglichen Gemeinde, um im Rahmen von Privatisierungen und PPP („public-private-partnership") scheinbar effizienter und „schlanker" zu werden (Heinz 1993). Mit dem wirtschaftlichen Boom nach 2008 begann diese Phase zu enden. Einerseits wurde klar, dass Daseinsfürsorge in privater Hand nicht immer allen Bedürfnissen der Bürgerschaft gerecht werden konnte (Libbe, Tomerius, Trapp 2002), andererseits gewannen die Kommunen mit der wirtschaftlichen Erholung wieder Spielräume zur Umsetzung langfristiger Strategien.

Soziale Stadt: In den späten 1990er Jahren begannen sich in der St. – befördert durch die sich wandelnden Konzepte der Städtebauförderung, insbes. durch das Programm „Soziale Stadt" (ab 1999) der BReg. – neue Ideen durchzusetzen. Die Förderung von nun nicht mehr nur baulichen, sondern auch sozialen, ökologischen und kulturellen Maßnahmen ging erstmals von einem umfassenderen Ansatz aus. Zuschüsse wurden vorrangig für Gesamtkonzepte gewährt, die verschiedene Problemstellungen in benachteiligten Gebieten gleichzeitig zu lösen halfen. Besonderes Gewicht bekam nun auch die Einbeziehung der Bürger in den Quartieren und die Stimulierung von Selbsthilfe und lokaler Ökonomie (Walther 2002).

In der weiteren Folge wurden auch Gebiete ohne Sanierungsziele einbezogen, die gleichermaßen einer langfristigen und koordinierten Planung bedürfen, damit die benannten Belange aufeinander abgestimmt bearbeitet werden können. Die Herangehensweise, allein in Förderungsgebieten aktiv zu werden, wurde durch einen vernetzten Ansatz ersetzt.

Seit 2014 hat die BReg. die Fördermittel im Rahmen des Programms „Soziale Stadt" wieder erhöht und der sozialräumlichen St. mehr Bedeutung zugemessen *(Sozialraumorientierung)*. Großes Gewichthaben nunmehr Themen wie z. B. Bildung, *Inklusion*, Zuwanderung und *Integration*. Dabei geht es um städtebauliche Investitionen in die soziale Infrastruktur, in das Wohnen und das Wohnumfeld sowie um mehr Familienfreundlichkeit und sich entwickelnde Nachbarschaften genauso wie um die Integration von Menschen mit Migrationshintergrund und den sozialen Zusammenhalt. Für die Koordination der Aktivitäten vor Ort und als Bindeglied zwischen Stadtteilbewohnern und Verwaltung hat das *Quartiersmanagement* zentrale Bedeutung erhalten.

Aktuelle Tendenzen

Die Entwicklungslinien der Städte haben sich getrennt. Schnell wachsende Kommunen stehen anderen mit starken Bevölkerungsverlusten gegenüber. Ging man noch vor wenigen Jahren von einer flächendeckenden Deindustrialisierung aus, so zeigt sich heute ein differenziertes Bild. Wachsende Städte sehen sich vor erheblichen Herausforderungen insbes. im Wohnungsbau *(Wohnen)*. Sie müssen schnell ausreichend kulturelle, soziale und Bildungsangebote für die neuen Bewohner schaffen. Städte mit Einwohnerverlusten suchen nach Rezepten, wie die Schrumpfung aufgehalten werden kann und finden dabei meist zum Tourismus oder zu Nischenmärkten (Franz 2005).

Durch die EU-Stadtentwicklungsminister wurde 2007 im Rahmen der Leipzig Charta zur nachhaltigen europäischen Stadt der heute verfolgte Ansatz europäisch manifestiert. Dessen deutsches Umsetzungsmodell ist die „nationale Stadtentwicklungspolitik als Gemeinschaftsinitiative von Bund, Ländern und Kommunen. Die Leipzig Charta enthält als Schlüsselbotschaften die Stärkung der Ansätze einer integrierten Stadtentwicklungspolitik in Europa und die Aufforderung an die Politik zur Hinwendung zu benachteiligten Stadtquartieren. Fachlicher Kern dieses Systems sind die ISEKs oder INSEKs (integrierte Stadtentwicklungskonzepte). Diese Konzepte umfassen nun erstmals alle Fragen der St., sie bilden lang- und mittelfristige sozial-integrative, ökologische, bauliche, verkehrliche, bildungspolitische und kulturelle Ziele ab.

Die ISEKs bzw. INSEKs werden aufwändig in kooperativen Verfahren wie Stadtforen, Planungs- und Zukunftswerkstätten sowie öffentlichen Stadtentwicklungsgesprächen, i. d. R. extern moderiert, über Monate hinweg erarbeitet. Sie sind weniger regelungs- als verfahrensorientiert angelegt. ISEKs bilden einerseits den aktuellen Stand der politisch-gesellschaftlichen Wünsche ab, andererseits verhelfen sie den gerade in größeren Städten oft isoliert agierenden Teilverwaltungen zu einem „big picture". Die Gutachten erzeugen also eine Gesamtschau, auf der weitere Planungsstufen aufbauen. In den letzten Jahren werden auch integrierte Fachkonzepte (z. B. Wohnkonzepte, Grün- und Freiraumkonzepte) als Teil der St. verstanden. Ziel ist, diese einzelnen Fachkonzepte zu einer ganzheitlichen Planung zusammenzufügen.

St. hat unter diesen Vorzeichen erheblich an Bedeutung gewonnen, der umfassende Ansatz macht sie heute zu einem unverzichtbaren gesellschaftpolitischen Werkzeug der Kommunen.

Daniel F. Ulrich
(bis zur 7. Auflage Hartmut Häußermann †)

Literatur

M. Drilling/P. Oehler: Soziale Arbeit und Stadtentwicklung, Heidelberg [2]2015 ♦ P. Franz: Regionalpolitische Optionen für schrumpfende Städte, in: Aus Politik und Zeitgeschichte, 3/2005, 10–16 ♦ J. Gotthold: Stadtentwicklung zwischen Krise und Planung, Köln 1978 ♦ H. Häußermann/W. Siebel: Neue Urbanität, Frankfurt/M. 1987 ♦ W. Heinz (Hrsg.): Private-Public-Partnership – ein neuer Weg zur Stadtentwicklung?, Stuttgart u. a. O. 1993 ♦ J. Knabe/R. Blandow u. a. (Hrsg.): Städtische Quartiere gestalten, Bielefeld 2015 ♦ J. Libbe/S. Tomerius/J. H. Trapp (Hrsg.): Liberalisierung und Privatisierung kommunaler Aufgabenerfüllung. Soziale und umweltpolitische Perspektiven im Zeichen des Wettbewerbs, Difu-Beiträge zur Stadtforschung 37, Berlin o. J. 2002 ♦ K. P. Strohmeier/V. Kersting: Segregierte Armut in der Stadtgesellschaft. Problemstrukturen und Handlungskonzepte im Stadtteil. Informationen zur Raumentwicklung, H. 3/4. 2003, 231–246 ♦ U.-J. Walther (Hrsg.): Soziale Stadt – Zwischenbilanzen. Ein Programm auf dem Weg zur Sozialen Stadt?, Opladen 2002.

Links

www.bmub.de
www.staedtebaufoerderung.info/soziale stadt

Stadterneuerung

Vom Abriss zur behutsamen Erneuerung und der Sozialen Stadt

Ursprünglich war das Städtebaurecht fast ausschließlich auf den Neubau und die Stadterweiterung ausgerichtet. Erst mit dem StBauFG 1971 wandte sich die Aufmerksamkeit der St. zu. Dabei stand am Anfang die Flächensanierung, d. h. der gebietsbezogene Abriss und Neubau von Wohnungen in innerstädtischen Quartieren im Vordergrund. Diese Flächensanierungen brachten erhebliche soziale Spannungen mit sich, da sie zu einem großen Verlust an preiswertem Wohnraum führten. Zunehmend trat daher neben die Flächensanierung die sog. behutsame St., die bestandserhaltend und -verbessernd ausgerichtet ist und so stärker den Interessen der Bewohner und Bewohnerinnen Rechnung tragen kann. Inzwischen ist mit den Vorschriften und der Förderung des Stadtumbaus und der Sozialen Stadt auch neuesten demografischen, wirtschaftlichen und sozialen Entwicklungen Rechnung getragen.

S

Beseitigung städtebaulicher Missstände

Voraussetzung für die Durchführung einer städtebaulichen Sanierungsmaßnahme ist das Vorliegen städtebaulicher Missstände. Dabei unterscheidet das BauGB in § 136 Abs. 2 und 3 die Substanzschwäche und die Funktionsschwäche. Erstere liegt vor, wenn ein Gebiet von der Bausubstanz her den allgemeinen Anforderungen an gesunde Wohn- und Arbeitsverhältnisse oder an die Sicherheit der in ihm wohnenden oder arbeitenden Menschen nicht entspricht. Der zweite Missstand liegt vor, wenn ein Gebiet in der Erfüllung seiner städtebaulichen Aufgaben erheblich beeinträchtigt ist, also Probleme mit dem Verkehr, der wirtschaftlichen Situation oder der infrastrukturellen Erschließung des Gebiets mit Grün- und Spielflächen und sonstigen Anlagen des Gemeinbedarfs bestehen. Dabei sind die sozialen Aufgaben des Gebiets im Verflechtungsbereich besonders zu berücksichtigen. Ziel von Sanierungsmaßnahmen ist nach § 136 Abs. 4 BauGB dementsprechend, die bauliche Struktur in dem Gebiet nach den sozialen, hygienischen, wirtschaftlichen und kulturellen Erfordernissen zu verbessern, die Entwicklung der Wirtschaftsstruktur zu unterstützen oder die Siedlungsstruktur insbesondere den Anforderungen an gesunde Lebens- und Arbeitsbedingungen der Bevölkerung entsprechend zu entwickeln.

Instrumente

Verfügungs- und Veränderungssperre: Um diese Ziele der S. zu erreichen, ist zum einen oft erforderlich, gegenläufige Maßnamen der Eigentümer zu verhindern. Hierzu dient die Verfügungs- und Veränderungssperre nach §§ 144 und 145 BauGB. Danach bedürfen die Errichtung, Änd., Nutzungsänderung oder Beseitigung baulicher Anlagen, aber auch die Begründung längerfristiger Miet- oder Pachtverhältnisse, die Veräußerung von Grundstücken oder die Bestellung von belastenden Rechten an Grundstücken der Genehmigung durch die Gemeinde. In Fällen des sog. vereinfachten Sanierungsverfahrens, bei dem nach § 142 Abs. 4 BauGB keine tief gehenden Umstrukturierungen geplant sind, bedarf es der Veränderungssperre nicht. Daher kann die Gemeinde hier die Genehmigung für alle diese Vorgänge oder für einzelne von ihnen generell im Vorhinein erteilen, um unnötigen Verwaltungsaufwand zu vermeiden.

Mitwirkung der Betroffenen: Genauso wichtig wie die Sicherung gegen unerwünschte Veränderungen im Gebiet ist es zum anderen, die Betroffenen, d. h. insbesondere die Eigentümer, Mieter, Pächter und Arbeitenden in dem Gebiet zur Mitwirkung zu gewinnen (§ 137 BauGB). Dies gilt nicht nur für die vorbereitenden Untersuchungen, die vor Beginn der S. i. d. R. durchgeführt werden müssen, um Beurteilungsgrundlagen für die Notwendigkeit der S., die sozialen, strukturellen und städtebaulichen Verhältnisse im Gebiet sowie die anzustrebenden allgemeinen Ziele und die Durchführbarkeit der S. zu gewinnen, sondern es gilt während der gesamten Durchführung der S. Daher werden i. d. R. im Gebiet Sanierungsbüros eingerichtet, wo die Betroffenen ihre Probleme und Anregungen vorbringen können.

Auch bei behutsamer S. kann eine Aufwertung innerstädtischer Wohnanlagen und damit eine Verteuerung der Wohnungen eintreten, die zur Verdrängung einkommensschwacher Bevölkerungsgruppen führen kann *(Mietrecht)*. § 137 BauGB sieht daher vor, dass die S. sehr frühzeitig mit allen Betroffenen erörtert wird und diese zur Mitwirkung bei der S. angeregt und hierbei beraten werden. Daneben hat die Gemeinde bei der Vorbereitung der S. einen Sozialplan zu erarbeiten und während der Durchführung der S. bedarfsgerecht fortzuschreiben (i. E. bei *Baugesetzbuch*). Die Beteiligung der Betroffenen zur Vermeidung von nachteiligen Auswirkungen ist wichtiger als die Aufstellung eines Sozialplans, der letztlich das Eintreten nachteiliger Auswirkungen voraussetzt und sie lediglich sozial abfedern soll. Durch ihr Mitwirken bei der S. können die Betroffenen ihre Vorstellungen einbringen und oft auch durchsetzen. Dies gilt besonders, wenn sie sich zu Bürgerinitiativen zusammenschließen. Eine wichtige Aufgabe der Gemeinde ist es, durch geeignete Formen der Bürgerbeteiligung dafür zu sorgen, dass nicht nur die Wortgewandten zu Gehör kommen, sondern auch jene berücksichtigt werden, die ihre Interessen nicht ohne fremde Hilfe artikulieren können.

Soziale Stadt

In den Städten bildet sich nicht nur eine verstärkte soziale, sondern auch eine sozialräumliche Spaltung heraus. Im Laufe der Zeit sind in großen wie kleinen Städten durch die innerstädtischen oder regionalen Wanderungen von Haushalten sozial gemischte Quartiere weniger, entmischte monostrukturierte Gebiete häufiger geworden. So haben sich viele Gebiete herausgebildet, in denen überproportional benachteiligte Menschen leben *(Stadtentwicklungsplanung)*. Einkommensstärkere Haushalte sind weggezogen, einkommensschwächere Haushalte zugezogen und ziehen zu. Vielfach, aber nicht nur, handelt es sich um Migrantenhaushalte, die hier eine Anlaufstelle haben und ein vertrautes Milieu vorfinden *(Migration und Integration)*. Diese Quartiere sind nicht nur durch bauliche, städtebauliche und soziale Missstände benachteiligt, sondern sie wirken durch ihr geringes Ansehen in der Stadt auch benachteiligend auf die in ihnen lebende Bevölkerung. Wer hier wohnt, hat es schwerer bei der Suche nach einem Arbeitsplatz, erkennt für sich häufiger keine Lebensperspektive, verliert leichter die Motivation, sich für ein Ziel einzusetzen *(Ausländerinnen/Ausländer, Wohnen)*.

Das seit 1997 auf Bundesebene wissenschaftlich vorbereitete und 1999 aufgelegte, 2004 in § 171e BauGB rechtlich verankerte Bund-Länder-Programm ‚Stadtteile mit besonderem Entwicklungsbedarf – die soziale Stadt' stieß daher bei Ländern und Kommunen auf sehr große Zustimmung. Bis zum Jahr 2014 wurden 659 Gebiete in 390 Gemeinden gefördert. Das wesentliche Ziel des Programms ist, bislang benachteiligte Stadtteile mit überdurchschnittlichen Anteilen an Sozialhilfeempfängern, Arbeitslosen und MigrantInnen nachhaltig zu selbständig lebensfähigen und zu lebenswerten Stadtteilen zu entwickeln. Die dazu notwendigen Handlungsanstöße sind entsprechend vielfältig: Sie reichen von ökonomischen bis zu kulturellen, von städtebaulichen bis zu ökologischen, von sozialintegrativen bis zu gesundheitlichen Impulsen. Das Programm Soziale Stadt ist also keineswegs auf Bauliches oder Soziales beschränkt, sondern soll gerade im Gegenteil eine weit greifende integrierte Stadtteilerneuerung in Gang setzen oder weiter unterstützen. Es ist darauf angelegt, die Kooperation möglichst vieler Professionen und die Mitwirkung möglichst vieler Bürger/innen anzuregen und zu vertiefen. V. a. der GWA *(Gemeinwesenarbeit)* kommt in diesem Zusammenhang eine besonders bedeutsame Rolle zu.

Zur Erreichung dieser Ziele wird mit dem Programm Soziale Stadt ein doppelter Ansatz verfolgt:

Zum einen sollen mit der gleichzeitigen Quartiers- und Querschnittsorientierung die Entwicklungen auf den verschiedenen, für die Stadt- und Stadtteilentwicklung relevanten Politikfeldern in einem integrierten Entwicklungskonzept zusammengefasst und ressort- und sektorübergreifendes Vorgehen als zentrales Element staatlicher und kommunaler Stadterneuerungspolitik etabliert werden.

Zum anderen werden mit dem Programm die Menschen in diesen problembehafteten Quartieren mit ihren Wünschen und Sorgen, ihren Potenzialen und Handlungsmöglichkeiten als wichtige Akteure der Stadtteilerneuerung ernst genommen. Zur Stärkung ihrer Mitwirkung und Mitentscheidung sollen Formen des *Quartiersmanagements* zur Aktivierung der Ressourcen und Potenziale eingesetzt werden. Einer „Kultur der Abhängigkeit" soll so eine „Kultur der Selbstbestimmung" entgegengesetzt werden *(Sozialraumorientierung).*

Durch die Stärkung ihrer Mitwirkung sind die Bürger/innen nicht mehr Objekt einer sozialplanerischen Betreuung von oben, sondern ihnen wird zugetraut und zugemutet, für sich und ihr konkretes Lebensumfeld Kräfte und Kreativität zu mobilisieren. Immer kommt es darauf an, die Potenziale, nicht die Probleme in den Vordergrund zu stellen. Der Bürger wird hier also nicht als Kunde gesehen, der zwischen verschiedenen Leistungsanbietern auswählt, und auch nicht mehr als Klient, der staatlicher Fürsorge unterliegt, sondern als Koproduzent, der notwendig ist, damit die staatliche Leistung ziel- und bedarfsgerecht und damit effektiv und effizient erbracht wird.

Das Programm bedeutet daher auch für die mit der Stadterneuerung in diesem weiten Sinn befassten Fachleute aller Professionen einen Verzicht auf „Macht" und das Einlassen auf die Sichtweisen anderer, nämlich der Bürger/innen oder anderer Politiksektoren. Die Versäulung der Verwaltungen und auch der Sozialverbände soll so aufgebrochen werden. Zugleich trägt die maßgebliche Mitwirkung der Bürger/innen als „Experten in ihren eigenen Angelegenheiten" dazu bei, eine den Bedarfen der Menschen entsprechende Qualität und zugleich Identifikation mit dem Quartier entstehen zu lassen.

Solche Kooperationen in den verschiedensten Formen und besonders die darauf aufbauende Mitverantwortung der Bürger/innen für ihr Quartier sind die wichtigsten Elemente bei der Entwicklung einer entsprechend dem Ideal der europäischen Stadt, der sozial integrativen, also wahrhaft sozialen Stadt. Öffentliche Aufmerksamkeit für die Probleme und Potenziale der Menschen in den Quartieren, wie sie in dem Programm zum Ausdruck kommt, weckt Hoffnung und schafft damit eine Basis für eigene, konstruktive Aktivität. Die europäischen Stadtentwicklungsminister haben diese Grundsätze auf ihrem informellen Treffen am 24. Mai 2007 in Leipzig mit dem Beschluss der Leipzig Charta zur nachhaltigen europäischen Stadt bekräftigt.

Da das Programm sehr anspruchsvoll und ambitioniert und seine Umsetzung absehbar nicht einfach und konfliktfrei ist, haben Bund und Länder das Difu schon 1999 beauftragt, den Erfahrungsaustausch zwischen allen beteiligten Akteuren zu unterstützen und teilweise auch zu organisieren. Das Difu hat in dem Programm – seit Ende 2003 als Bundestransferstelle Soziale Stadt – die Aufgabe einer überregionalen Vermittlungs-, Informations- und Beratungsagentur zu erfüllen und ist Ansprechpartner für alle im Rahmen des Programms beteiligten Personen, Initiativen und Institutionen. Seit 2015 hat diese Aufgabe empirica übernommen.

Stadtumbau

Die demografische Entwicklung, der wirtschaftliche Strukturwandel und die Wanderungsbewegungen der Bevölkerung stellen viele Städte in Ost und West vor die Herausforderung, auf die Schrumpfung der Bevölkerung und der industriellen Basis auch städtebaulich angemessen zu reagieren. Hierzu kann in weiten Teilen das vorhandene Instrumentarium genutzt werden, doch in vielen Gebieten bedarf es des Einsatzes dieser Instrumente nicht oder nicht in vollem Umfang. Für diese Gebiete stellen die §§ 171a–171d BauGB ein rechtliches Instrumentarium bereit, das es ermöglicht, zusammen mit einer Förderung des Bundes im Rahmen der Stadtumbauprogramme Ost und West in den von erheblichen städtebaulichen Funktionsverlusten betroffenen Gebieten die notwendigen Stadtumbaumaßnahmen durchzuführen. Grundlage für solche Maßnahmen ist ein städtebauliches Entwicklungskonzept, das mit allen Betroffenen gemeinsam aufzustellen ist. In diesem Zusammenhang können nach § 171c auch städtebauliche Verträge zum Einsatz kommen. Mit dem Erlass einer Satzung nach § 171d BauGB kann die Gemeinde Baumaßnahmen oder wesentlich wertsteigernde Umbaumaßnahmen in dem Gebiet einer Genehmigungspflicht unterwerfen und dadurch die gewünschte Entwicklung sichern.

Rolf-Peter Löhr

Literatur

U. Battis/M., Krautzberger/R.-P. Löhr, Baugesetzbuch, München [13]2016 ◆ Deutsches Institut für Urbanistik als Bundestransferstelle Soziale Stadt, Statusbericht zum Programm Soziale Stadt, Berlin 2014 ◆ BAG Soziale Stadtentwicklung und Gemeinwesenarbeit e. V. (Hrsg.) Zivilgesellschaftliche Netzwerke in der Sozialen Stadt stärken!, in: Stiftung Mitarbeit, mitarbeiten.skript 06, Bonn 2010 (Beiträge von A. Evers/O. Fehren/R.-P. Löhr) ◆ Soziale Stadt-Infos 1–24, Berlin 2000–2010.

S

Link
www.staedtebaufoerderung (Soziale Stadt)

Stadt-Land-Verhältnis

Historische Ursprünge

Sozialarbeit/Sozialpädagogik hat sich nicht nur im allgemeinen Sinne regional unterschiedlich entwickelt, sie ist in ihrem Problemverständnis und ihren Interventionsstrukturen auch durch ein historisch und räumlich bedingtes spezifisches Stadt-Land-Verhältnis gekennzeichnet. SozArb ist in ihrer Geschichte städtischen Ursprungs. Seit dem Beginn der industriellen Urbanisierung in der Mitte des 19. Jh. sind es die Städte, in denen ökonomische, soziale und kulturelle Gegensätze räumlich so eng nebeneinander existieren und aufeinander treffen, dass früh nach einem Regulativ für die potenziellen Konflikte gesucht werden musste, die zu befrieden waren, bevor sie zum Ausbruch kommen konnten (Häußermann/Siebel 1987).

Diese Ambivalenz von Wahrnehmung und Anerkennung sozialer Konflikte und ihrer gleichzeitigen Befriedung ist später zum grundlegenden Prinzip aller SozArb geworden. Institutioneller Ausdruck dieses Prinzips ist einerseits eine spezifische städtische Öffentlichkeit sozialer Probleme und eine entsprechende Problemwahrnehmung und -verarbeitung durch die kommunalen Apparaturen der JH und SozArb. V. a. die JH ist durch diesen städtischen Ursprung charakterisiert. Die besondere ökonomischräumliche Struktur der großstädtischen Industrialisierung brachte ein städtisches Proletariat hervor, dessen Kinder schon früh in den Arbeitsprozess gezwungen und dadurch dem pädagogischen Einfluss entzogen waren; sie verbrachten ihre knappe Freizeit auf der Straße. Die JH entstand gleichsam als öffentliche Reaktion auf diese „Kontrollücke zwischen Schulbank und Kasernentor" (Münchmeier/Peukert 1990). Heute ist der brisante historische Ursprung städtischer SozArb längst in den Regelsystemen der Sozialadministration und der Szenerie medialer Öffentlichkeiten aufgefangen. Geblieben sind aber spezifische Strukturen und Formen der institutionellen Problemwahrnehmung und der Vermittlung von Anspruch und Leistung: die Öffentlichkeit der psychosozialen Probleme, die institutionelle Garantie und Selbstverständlichkeit der Inanspruchnahme der Leistungen, die quartiernahe Präsenz der Einrichtungen und die Nutzung der Straße als Interventionsraum. Gleichzeitig haben sich aber heute Probleme der sozialen Spaltung und Informalisierung der städtischen Sozialwelt entwickelt, die großstädtische Räume wieder deutlich von den ländlich-kleinstädtischen Regionen abheben (Dangschat 1999, Reutlinger 2003).

Probleme Sozialer Arbeit auf dem Land

Städtische institutionelle Muster und Verfahren sind in den ersten Jahrzehnten des 20. Jh. auf den ländlichen Raum übertragen worden, ohne dass sich die sozialkulturellen Voraussetzungen für diesen urbanen Typ der SozArb auf dem Lande entwickelt hatten.

Ländliche SozArb hat darum bis in die Gegenwart hinein mit der Schwierigkeit zu kämpfen, dass es im dörflichen Bereich zwar eine kulturelle Selbstverständlichkeit hinsichtlich traditioneller gegenseitiger *Hilfe*, aber keine ausreichende Akzeptanz moderner institutionalisierter sozialer Hilfe gibt (Gängler 1990). In der Tradition des ländlichen Raums gibt es weder die städtische Trennung zwischen öffentlich und privat, noch die Medien, sozialen Initiativen und Institutionen, welche getrennte Lebensbereiche vermitteln, Konflikte entpersonalisieren, veröffentlichen und institutionell befrieden. Was in der dörflichen Welt der Gegenseitigkeit nicht regulierbar oder akzeptierbar ist, was die *Normalität* des dörflichen Alltags gefährden würde, wird oft immer noch privatisiert, tabuisiert oder ausgegrenzt. Bei *Sucht*problemen, *Gewalt in der Familie, allein Erziehenden,* geistiger Behinderung, Verschuldung und Fremdpflegschaft erscheint öffentliche institutionelle Hilfe nicht selten immer noch als „Intervention von außen" und damit als Symbol, dass die öffentliche Normalität und/oder die betreffende Familie nicht mehr funktioniert – und damit als Bedrohung und Kontrolle (Böhnisch/Funk/Huber/Stein 1990; aktuell Wendt 2015).

Der moderne ländliche Raum

Nun ist „das Land" nicht mehr rein dörflich geprägt, die dörflichen Traditionsbestände wirken aber auch in der modernen Regionalentwicklung des ländlichen Raums weiter. Der moderne ländliche Raum stellt sich heute als „entwickelter Raum" dar: Die „zurückgebliebene" ländliche Infrastruktur wurde zum Gegenstand des planenden *Sozialstaats,* der die Angleichung der Lebensverhältnisse und die Aufhebung der regionalen Disparitäten vorantrieb. Die Entwicklung der Regionen wurde nach dem System funktionsräumlicher Arbeitsteilung (Differenzierung nach Produktions-, Wohn- und Erholungsräumen), die durch hohe tägliche Mobilität miteinander ver-

S

bunden waren, in den Landesentwicklungsplänen festgeschrieben (Gatzweiler 1985; Gängler 1990). Mit der allseitigen Regionalentwicklung verändert sich auch das dörfliche Zusammenleben: Demographische und soziale Umschichtungen, Trennung der Lebensbereiche, Assimilation urbaner Lebensformen führen zur Ausdünnung der Kontroll- und Kommunikationsgegenseitigkeit der Dorföffentlichkeit. Neue Öffentlichkeiten, die Lebensschwierigkeiten medialisieren und den kommunalen Umgang mit sozialen Problemen steuern können, entstehen aber nicht mehr in den Dörfern. Vielmehr sind dorfübergreifende regionale Teilöffentlichkeiten zu beobachten, so dass die „Region" als *Sozialraum* „zwischen Dorf und Stadt" immer mehr zur Bezugsgröße ländlicher SozArb geworden ist. Richtungweisend war dabei u. a. die Erkenntnis, dass die Entwicklung sozialer Probleme im ländlichen Raum nicht maßgeblich aus dem dörflichen Kontext heraus zu erklären ist, sondern eher einer regionalen Dynamik folgt, welche die dörflichen Akzeptanz- und Privatisierungsdilemmata umgeht. So sind z. B. in den Selbsthilfeinitiativen von Eltern-Kind-Gruppen und im Bereich psychischer Erkrankungen die ersten regional orientierten Netzwerke sozialer Hilfe im ländlichen Raum entstanden, welche den dörflichen Normalitäts- und Integrationsdruck, der abweichende soziale Problemstellungen und Lebensentwürfe traditionell ausgrenzt, umgangen haben (Nette 2002; aktuell sozialmagazin 2015).

Handlungsleitende Prinzipien

Vor dem Hintergrund dieser Phänomenologie der modernen Stadt-Land-Differenzierung lassen sich folgende, für die SozArb/SozPäd planungs- und interventionsleitende Prinzipien zusammenfassen:

- Die Konstitution sozialer Probleme hat in städtischen und ländlichen Bereichen je besondere regionale Ausprägungsformen. Neben der unterschiedlichen räumlichen und sozialen Dichte der Probleminteraktion und dem unterschiedlichen Verhältnis von Öffentlichkeit und Privatheit, das die Möglichkeiten der Sichtbarmachung und Artikulation sozialer Probleme beeinflusst, sind es v. a. die unterschiedliche Bewertung und Akzeptanz sozialer Hilfe in urbanen und ländlichen Lebenswelten, welche die regionalen Strategien der SozArb beeinflussen.
- SozArb im Stadt-Land-Vergleich ist mit unterschiedlichen räumlichen Strukturierungen des Interventionsfeldes konfrontiert. Während in den verdichteten urbanen Räumen eine interne Differenzierung der sozialen Dienste *(Sozialraumorientierung)* bei hohen zentralen organisatorischen Integrationsleistungen verlangt wird, ist in ländlichen Räumen „externe" Differenzierung angesagt: Mobile Dienste, Bildung regionaler Schwerpunkte und Zentren, Unterstützung regionaler Netzwerke.
- Aufgrund des unterschiedlichen Verhältnisses von öffentlich und privat ist die Artikulation sozialer Probleme im städtischen Bereich stärker an Institutionen, im ländlichen Bereich eher an Personen und Personengruppen gebunden. SozArb im ländlichen Raum braucht Initiatoren und Multiplikatoren, welche zwischen öffentlich und privat vermitteln und damit die Akzeptanz der sozialen Intervention erhöhen können.

Lothar Böhnisch

Literatur

H. Bassarak (Hrsg.): Offene Jugendarbeit im ländlichen Raum, Köln 2000 ◆ S. Beetz/H. Funk: Soziale Arbeit auf dem Land, in: H. U. Otto/H. Thiersch: Handbuch Soziale Arbeit, München [5]2015, 1396–1403 ◆ L. Böhnisch/H. Funk/J. Huber/G. Stein: Ländliche Lebenswelten, München 1990 ◆ J. Dangschaft (Hrsg.): Modernisierte Stadt – Gespaltene Gesellschaft, Opladen 1999 ◆ S. Diebel u. a.: Soziale Arbeit in ländlichen Räumen, Wiesbaden 2012 ◆ H. P. Gatzweiler: Die Entwicklung in den Regionen des Bundesgebiets, in: J. Friedrichs (Hrsg.): Die Städte in den 80er Jahren, Opladen 1985 ◆ 214–246 ◆ H. Gängler: Soziale Arbeit auf dem Lande, Weinheim/München 1990 ◆ H. Häußermann/W. Siebel: Neue Urbanität, Frankfurt/M. 1987 ◆ F.-W. Kersting/C. Zimmermann: Stadt-Land-Beziehungen im 20. Jahrhundert. Geschichts- und kulturwissenschaftliche Perspektiven, Paderborn 2015 ◆ R. Münchmeier/D. Peukert: Historische Grundstrukturen und Entwicklungsprobleme der deutschen Jugendhilfe, in: Sachverständigenkommission, 8. Jugendbericht (Hrsg.): Lebensverhältnisse Jugendlicher, Bd. 1, München 1990 ◆ G. Nette: Ausgrenzung findet im Alltag statt, Bonn 2002: C. Reutlinger: Jugend, Stadt, Raum, Opladen 2003 ◆ Schwerpunktheft 3+4/2015 von sozialmagazin: Soziale Arbeit im ländlichen Raum ◆ P. U. Wendt: Jugendarbeit auf dem Lande, in: DIFU/AG Fachtagungen Jugendhilfe (Hrsg.): Noch Raum für offene Jugendarbeit? Zwischen virtuellen Lebenswelten, Schulstress und Real-Live (Dokumentation einer Fachtagung vom 27./28. November 2014), Berlin 2015.

S

Sterbebegleitung

Gesellschaftliche Tabus: Sterben und Tod

Sterben und Tod gehören zur menschlichen Existenz. Die Dauer des Lebens ist begrenzt, doch werden der Zeitpunkt des Todes und die Art des Sterbens nicht ausschließlich biologisch bestimmt. Vielmehr bestimmen soziokulturelle Rahmenbedingungen und individuelle Bewältigungsprozesse die Formen von Tod und Sterben.

Besonders in den Orten des Sterbens zeigt sich dessen gesellschaftliche Organisation. Das Sterben zu Hause war in Europa lange Zeit der Normalfall. Die Bilder von „Sterbezimmern" aus dem 15. und 16. Jh. zeigen Sterbende im Kreise ihrer Angehörigen im eigenen Haus. Dieses Bild existiert in der modernen Zeit nicht mehr. Für Deutschland war in den 1960er und 1970er Jahren z. B. ein deutlicher Anstieg des Sterbeortes Krankenhaus von 44 auf 59 % zu konstatieren; 2013 verstarben in Deutschland rund 894 Tsd. Menschen, davon 48 % im Krankenhaus, 39 % in stationären Pflegeeinrichtungen, ca. 2,6 % in stationären Hospizen und rd. 10 % Zuhause (George 2015). Doch unterscheiden sich die Sterbeorte nach Altersgruppen sehr deutlich: Je älter die Menschen werden, desto höher ist der Anteil derjenigen, die in einer Institution versterben. Gleichzeitig zeigt sich, dass ältere Pflegebedürftige vor dem Tod immer kürzer in einem Pflegeheim untergebracht sind. Eine aktuelle Studie über 34 Alteneinrichtungen mit 8 286 Person in NRW belegt, die sog. „Verweildauer" sinkt: Lag diese 2007 noch bei 32,2 Monaten so betrug sie 2014 „nur" noch 27,1 Monate. Knapp ein Fünftel (17,9 %) der Männer und Frauen verstarb innerhalb der ersten vier Wochen nach dem Einzug. Innerhalb der ersten drei Monate stieg die Mortalitätsrate auf 29 % und nach einem Jahr waren knapp 47 % der Bewohner/innen verstorben (de Vries 2015: 3–4).

Sterben und Tod ist in Deutschland stark tabuisiert, gewinnen aber in den letzten Jahren im öffentlichen Bewusstsein einen neuen Stellenwert und größere Bedeutung. Dazu beigetragen haben (a) eine starke Thematisierung von Fragen zur menschlichen Würde und zum selbstbestimmten Handeln bei Krankheit und Pflege, (b) die sich weiter verändernden Lebensformen aber auch Lebensentwürfe älterer Menschen, (c) der Bedarf an Versorgung sowie (d) mehr Formen und Möglichkeiten der Sterbebegleitung – ambulant wie stationär. Laut einer Studie der Stiftung Zentrum für Qualität in der Pflege möchte jede/r Zweite zu Hause sowie 27 % in einem Hospiz sterben. Die große Mehrheit wünscht sich außerdem, nicht alleine zu sterben. Von denjenigen Menschen, die selbst schon gepflegt haben, wünschen sich das 70 %. Bevorzugte Begleitpersonen sind der/die LebenspartnerIn (82 %), gefolgt von Familienangehörigen (70 %). Jede/r n Vierte gab an, sich auch von einer professionellen Pflegekraft begleiten zu lassen. Das Wichtigste für die Versorgung am Lebensende ist für die große Mehrheit der Befragten (86 %) die maximal mögliche Linderung belastender Symptome – zum Beispiel Schmerzen, Luftnot oder Übelkeit. 63 % ist es sehr wichtig, dass Hilfsmittel und Medizinprodukte verfügbar sind, damit sie bis zuletzt zu Hause bleiben können. Ganz wichtig ist der Wunsch, auch in der Phase des Sterbens Dinge zu tun, die einem Freude machen (94 %) sowie an zweiter Stelle der Wunsch, über Maßnahmen der Behandlung und Pflege selbst entscheiden zu können (92 %), (Zentrum für Qualität der Pflege 2014).

Sterbebegleitung oder Sterbehilfe

Sterbebegleitung gehört zum Sterben und ist Teil des Lebens eines jeden Menschen. Sie bedeutet Lebenshilfe: Hilfe in der letzten Lebensphase bei allem, was zur Bewältigung von Leben und Sterben notwendig ist. S. ist Begleitung eines anderen Menschen auf einem Weg, ohne in Länge oder Kürze oder Richtung dieses Weges von außen einzugreifen. Sie ist ein „Freundschaftsdienst", bei dem der Willen und die Wünsche der Sterbenden im Zentrum stehen. S. ist Schmerzkontrolle, Persönlichkeitsschutz im Sterben, menschliche Begleitung und gerichtsfreie Spiritualität.

Davon zu unterscheiden ist die Sterbehilfe. Sie umfasst solche Maßnahmen, die als aktive, passive oder indirekte Sterbehilfe bezeichnet werden, sowie Beihilfe zur Selbsttötung/assistierter Suizid. Es sind Handlungen oder Unterlassungen, die den Tod eines Menschen herbeiführen oder beschleunigen, und zwar dann, wenn er schon im Sterben liegt und die Sterbehilfe selbst will. „Aktive" Sterbehilfe bezeichnet ein direktes Hinwirken auf den Tod, „passive" Sterbehilfe zielt auf die Nichtaufnahme oder das Abbrechen von lebensverlängernden Maßnahmen ab, „indirekte" Sterbehilfe bezeichnet die Schmerzlinderung, die u. U. eine Verkürzung des Sterbeprozesses mit sich bringt. Immer ist Einverständnis vorausgesetzt. Zentrale Strafrechtsvorschrift ist § 216 StGB. Sterbehilfe, v. a. aktive Sterbehilfe ist in Deutschland verboten.

Besonders vor dem Hintergrund der jüngeren deutschen Geschichte zwischen 1933 und 1945, den Euthanasiegesetzen und der staatlichen Tötung von „nicht lebenswertem Leben" durch das

S

Nazi-Regime, muss jede Auseinandersetzung mit Sterbehilfe äußerst sensibel gehandhabt werden *(Eugenik)*. Gleichwohl fand in den letzten 20 Jahren ein schwieriger – oft sehr konträrer, unterschiedlichen Wert- und Moralvorstellungen geschuldeter sowie aufgrund persönlicher Betroffenheiten emotionaler – Diskurs statt. Dabei stand stets die Frage „Sterbebegleitung oder Sterbehilfe" im Zentrum. Den BefürworterInnen auf beiden Seiten ist gemein, dass sie sich beide auf das Selbstbestimmungsrecht des Menschen berufen und einig darin sind, dass dem Willen des Patienten/Menschen entscheidende Bedeutung zukommt (was sich u. a. in der Patientenverfügung und ihrer rechtlichen Bedeutung widerspiegelt).

Das Jahr 2015 ist geprägt durch eine erneute intensive – nunmehr auch parlamentarische – Diskussion, verknüpft mit dem Willen zum Ausbau der Angebote zur Sterbebegleitung und der Palliativmedizin. Mitte des Jahres wurden vier verschiedene Gesetzesentwürfe zur Neuregelung des Bereiches im Bundestag beraten. Am 6. 11. 2015 ist der „Entwurf eines Gesetzes zur Strafbarkeit der geschäftsmäßigen Förderung und der Selbsttötung" im BT beschlossen worden. Darin wird die gewerbsmäßige Sterbehilfe unter Strafe gestellt, Sterbehilfevereine sind damit verboten, Angehörige und nahestehende Personen werden für eine Beihilfe nicht bestraft und Ärzte (soweit sie nicht gewerbsmäßig tätig sind) sollen regelmäßig straffrei bleiben.

Die Debatte um die Sterbehilfe ist keine nationale, sondern wird auch durch die Bestrebungen in anderen europäischen Ländern mit geprägt. Insbes. Nachbarstaaten wie die Niederlande, Belgien oder Luxemburg haben sehr liberale Gesetzesreglungen zu der Problematik Tod und Sterben getroffen. Im Frühjahr 2001 wurde in den Niederlanden erstmals weltweit ÄrztInnen die Möglichkeit des Tötens auf Verlangen und der Hilfe bei Selbsttötung gegeben. Sie bleiben bedingt straffrei, wenn die vom Gesetz vorgesehenen Bedingungen erfüllt sind: U. a. müssen die PatientInnen unerträglich leiden, dürfen keine Aussicht auf Heilung haben und müssen den Wunsch nach aktiver Sterbehilfe mehrfach freiwillig und eindeutig äußern. Die PatientInnen sind ausführlich zu informieren, und es ist die Meinung eines Kollegen einzuholen. Die Sterbehilfe ist so zu leisten, dass sie unter medizinischen Gesichtspunkten verantwortbar ist. Sie muss einer dreiköpfigen Prüfkommission gemeldet werden. Keine oder eine eingeschränkte Selbstbestimmung haben Jugendliche unter 16 Jahren.

Die niederländische Entscheidung beflügelte eine weltweite Diskussion, wobei in den meisten Ländern Sterbehilfe mit Mord gleichgesetzt wird. Im Gegensatz dazu verabschiedete im Frühsommer 2002 das belgische Parlament das bisher liberalste Sterbehilfegesetz. Dort wird die Tötung auf Verlangen für unheilbar kranke, aber noch nicht sterbende Patienten sowie für Menschen mit andauernden psychischen Leiden gesetzlich erlaubt. Folglich geht die belgische Regelung noch über die der Niederlande hinaus. Kurze Zeit vorher hatte der EuGH für Menschenrechte die Klage einer Britin negativ beschieden, die sich aufgrund einer unheilbaren Nerven- und Muskelkrankheit mit absehbarem qualvollem Tod bei ihrem Selbstmord vom Ehemann helfen lassen wollte. Der Gerichtshof stellte fest, dass es zum einen kein europäisches Recht auf Sterbehilfe gibt und zum anderen in Großbritannien Sterbehilfe mit einer mehrjährigen Haftstrafe zu ahnden ist. Einige Wochen später verstarb die Klägerin ohne Fremdhilfe. Die internationalen Geschehnisse verstärken auch die nicht beendeten deutschen Diskussionen. 2009 regelte Luxemburg den Bereich neu. Eine Zusammenfassung europäischer Regelungen zur aktiven, passiven und indirekten Sterbehilfe sowie zum assistierten Suizid mit Stand vom 21. 05. 2015 ist online verfügbar (Lebensschutz in Rheinland-Pfalz, www.cde-rlp.de).

Bedeutung der Hospizbewegung

Sterbebegleitung ist das Anliegen der Hospizbewegung als wohl wichtigstem Motor für die Entwicklung eines neuen Konzeptes – des Hospizes – und den systematischen Aufbau adäquater Rahmenbedingungen. 1967 begründete Cicely Saunders in London das erste, inzwischen klassische Sterbehospiz der Neuzeit in Europa, das „St. Christopher's". Kennzeichnend für die Arbeit war nicht der medizinisch-pflegerische Kampf gegen Sterben und Tod, sondern der Kampf für den sterbenden Menschen beim Erleben seines Sterbens.

Waren Hospize im Mittelalter Herbergen, Rastmöglichkeiten und Pflegestätten für Reisende, Pilger und Kranke, so steht der Begriff „Hospiz" heute in erster Linie für ein bestimmtes Konzept einer gleichberechtigten medizinischen, pflegerischen, psychosozialen und spirituellen Fürsorge für Sterbende und ihre Angehörigen. Hier ist das Bewahren oder Schaffen von Lebensqualität oberstes Ziel.

In Deutschland befassten sich 1978 erstmals im Auftrag des zuständigen BM verschiedene ExpertInnen mit einer Bundestagsanfrage zur Einrichtung von Sterbekliniken/-heimen, wie die späteren Hospize damals genannt wurden. Ein

Jahr später wurde deren Bau und Inbetriebnahme als inhuman abgelehnt. Im Kontext einer neuen „Kultur des Helfens" etablierten sich Hospizbewegung und die AIDS-Selbsthilfegruppen, die auf die Situation Schwerkranker und Sterbender im Gesundheitswesen aufmerksam machten. Gefordert wurde der Abbau der Über-, Unter- und Fehlversorgung bei dieser Patientengruppe. 1985 errichtete die Kölner Universitätsklinik mit Unterstützung der Deutschen Krebshilfe die erste Palliativstation zur Betreuung „austherapierter" Patienten mit dem Ziel der lindernden Schmerztherapie. Es entstanden in den nächsten Jahren beispielweise in Aachen, Recklinghausen, Köln und München stationäre Hospize. 1985 wurde auf Initiative einer Ärztin aus Hannoversch Münden der Verein OMEGA – Mit dem Sterben leben e. V. gegründet, und 1988 etablierte sich die Deutsche Hospiz-Stiftung e. V., um nur einige Beispiele zu nennen. Ab 1992 unterstützte NRW als eines der ersten BL ein umfangreiches Programm zur Verbesserung der Sterbebegleitung.

2016 gab es nach Aussagen des Deutschen Hospiz- und Palliativverbandes insgesamt 235 stationäre Hospize und rund 304 Palliativstationen. Zum Ausbau haben nicht zuletzt der steigende Bedarf nach entsprechenden Angeboten sowie die Verbesserung der finanziellen Rahmenbedingungen beigetragen, zuletzt durch die Verabschiedung des Gesetzes zur Verbesserung der Hospiz- und Palliativversorgung im November 2015. Erfolgte lange Zeit eine Finanzierung durch freiwillige Spenden, ehrenamtl. Arbeit, Selbstzahlung und begrenzte Mittelzuweisungen unterschiedlichster öffentlicher Institutionen, so ist das Hospiz heute Bestandteil des Gesundheitswesens und damit Teil des Leistungskatalogs der Krankenversicherung. Das Angebot – insbes. in Form einer ambulanten Begleitung zu Hause, im Alten-/Pflegeheim oder im Krankenhaus – ist deutlich angestiegen. Gleichwohl zeigen die Zahlen („nur" 2,6 % der Menschen verstarben 2013 in einem stationären Hospiz), dass ein weiterer rascher Ausbau erforderlich ist.

Das Hospiz als unverzichtbarer Ort menschenwürdigen Sterbens

In Deutschland ist somit ein von anderen Ländern abweichendes Modell hospizlicher Arbeit entstanden. Wesentliches Kennzeichen ist ein Zwei-Säulen-System: Palliativstation einerseits und Hospiz mit ergänzenden teilstationären und ambulanten Versorgungseinheiten andererseits. Die palliativ-medizinische Station untersteht einer medizinisch-ärztlichen Leitung, die auch die ärztliche Betreuung sicherstellt. Es werden unheilbar kranke Menschen (zumeist Krebskranke) aufgenommen, deren Beschwerden nur im Rahmen einer ärztlichen Behandlung im Krankenhaus gelindert werden können. Diese und nicht die pflegerische Versorgung steht im Vordergrund.

Ganz anders im Hospiz. Dort ist die Leitung nicht bestimmten Berufsgruppen zugeordnet, die ärztliche Betreuung erfolgt zumeist durch den Hausarzt. Pflege und soziale Aspekte stehen im Zentrum, v. a. für Sterbende, deren familiäres und soziales Umfeld dazu allein nicht ausreicht. Hier verwirklicht sich auch am ehesten ein sozial-bürgerschaftliches Engagement, das sich sowohl gegen Formen und Folgen sozialer Ausgliederung als auch gegen die soziale Entmündigung von Menschen in ihrer letzten Lebensphase wendet.

Die weitere Entwicklung der hospizlichen Dienste und der Palliativpflege – wie auch der ehrenamtl. geleisteten Begleit-, Beratungs- und Besuchsdienste – wird davon abhängig sein, ob die dort verwirklichte Sterbekultur dauerhaft gesellschaftlich integriert wird und ihre ethischen Grundlagen Bestand haben. Im Kontext der Menschenrechte und menschlichen Würde weist der Council of Europe 1999 mit seiner Empfehlung 1418 auf den ethisch gebotenen und handlungsnotwenigen Ausbau von multiprofessionellen hospizlichen Diensten in der europäischen Staatengemeinschaft hin, um so ein wichtiges Element von Sterbebegleitung zu schaffen.

Gerda Holz

Literatur

R. Allert: Stand und Handlungsbedarf der bundesdeutschen Hospizbewegung. Studie zur aktuellen Leistungs-, Kosten- und Finanzierungsentwicklung, Ludwigshafen 2010 ◆ P. Ariès: Geschichte des Todes, Darmstadt 1996 ◆ Deutscher Hospiz- und Palliativverband e. V.: Stationäre Hospize … sowie Palliativstationen in Deutschland, Berlin 2016 ◆ B. De Vries: Der Wandel der Zielgruppen in der stationären Versorgung. Zeitreihenbetrachtung der Verweildauer der Bewohner/-innen in Nordrhein-Westfalen und daraus resultierende sozialpolitische Schlussfolgerungen. Bielefeld (Online verfügbar: http://alters-institut.de/files/alters-institut_analyse_verweildauer_konsequenzen.pdf) ◆ W. George: Gießener Studien über Sterbeorte in Deutschland, in: Pro Alter 07-08/2015 ◆ 46–49 ◆ P. Godzik: Hospizlich engagiert: Erfahrungen und Impulse aus drei Jahrzehnten, Rosengarten b. Hamburg 2011 ◆ Der Hospiz-Verlag: DIE HOSPIZ-ZEITSCHRIFT – Fachforum für Palliative Care. Esslingen ◆ W. Jens/H. Küng: Menschenwürdig sterben. Ein Plädoyer für Selbstverantwortung, München 1996 ♦ Lebensschutz in Rheinland-Pfalz: Regelungen zur Sterbehilfe in Europa (Stand 21.05.2015): Online verfügbar: http://www.cdl-rlp.de/Unsere_Arbeit/Sterbehilfe/Sterbehilfe-in-Europa.html ♦ E. Kübler-Ross: Interviews mit Sterbenden. Mit einem einleitenden Essay von Christoph Student. Freiburg i. Br. 2009 ♦ M. W. Schnell/C. Schulz (Hrsg.): Dem Sterben begegnen. Junge Menschen sprechen mit sterbenden Menschen und deren Angehörigen, Bern 2015 ♦ F. Rest: Sterbebeistand – Sterbebegleitung – Sterbegeleit. Handbuch für den stationären und ambulanten Bereich, Stuttgart [5]2006 ♦ ders.: Zurück zur Hospizlichkeit!, in: TuP 1/2010 ♦ J.-C. Student u. a.: Soziale Arbeit im Hospiz, München [2]2007 ♦ Zentrum für Qualität der Pflege: Versorgungslücken am Lebensende. Online verfügbar: http://www.zqp.de/upload/content.000/id00379/attachment00.pdf

Links

www.dhpv.de (Deutscher Hospiz- und Palliativverband)
www.bundesaerztekammer.de
www.hospize.de

Stigmatisierung (Etikettierung)

Mit Stigmatisierung (S.) (Etikettierung) ist in der jüngeren (Kriminal-)*Soziologie* und Sozialpsychologie ein Prozess gemeint, in dessen Verlauf bestimmte (äußere) Merkmale von Personen oder Personengruppen mit negativen Bewertungen (Vorurteilen, Stereotypen) belegt und die derart klassifizierten Individuen in eine Randgruppen- oder Außenseiterposition gedrängt werden. Ursprünglich als Bezeichnung für ein körperliches Merkmal verwendet, das etwas Negatives, Außergewöhnliches über seinen Träger mitteilt bzw. religionsgeschichtlich auf das Wundmal Christi bezogen, bezeichnet Stigma heute nicht die Eigenschaft selbst, sondern die negativen Zuschreibungen, die in Reaktion auf dieses Merkmal von Dritten durchgesetzt werden. Goffman (1967), der den Stigmatisierungsbegriff im Kontext der neueren Interaktionstheorien eingeführt hat, unterscheidet drei Typen von S.: physische Deformationen, individuelle Charakterfehler sowie phylogenetische Merkmale von Rasse, Nation und Religion.

Ihre gegenwärtige Bedeutung verdankt die Stigmatisierungskategorie nicht zuletzt ihrem Status als „Schlüsselmetapher" des labeling approach als einer der wichtigsten neueren Theorien *abweichenden Verhaltens*. Indem abweichendes Verhalten nicht mehr ursächlich auf objektive Merkmale betroffener Individuen zurückgeführt, sondern primär als Ergebnis eines Prozesses der *Interaktion* zwischen Handelnden und ihrer Umwelt konzeptualisiert wird, rückt der Vorgang der (erfolgreichen) S. einer Handlung bzw. Eigenschaft als abweichend und die hierdurch ausgelösten Veränderungen der Identität des Betroffenen in den Mittelpunkt des Interesses. Es geht also um Prozesse des dynamischen, sich wechselseitig verstärkenden Zusammenspiels von Regelverletzungen, stigmatisierenden Reaktionen einzelner Personen bzw. der Instanzen sozialer Kontrolle und Gegenreaktionen der stigmatisierten Individuen. Hierdurch ausgelöste „Karrieren" abweichenden Verhaltens enden nicht selten in einer Selbststigmatisierung betroffener Individuen, die schließlich die Eigenschaften und Verhaltensweisen, die ihnen zugeschrieben werden, tatsächlich selbst übernehmen bzw. äußern (Selffulfilling Prophecy). In diesem Kontext gilt das Verhalten, auf das S. abzielt, als „primäre Devianz" und dasjenige (abweichende) Verhalten, das im Verlaufe der S.-Prozesse artikuliert wird, als „sekundäre Devianz" (Lemert). Mit der Übernahme von stigmatisierten Rollen, wie etwa „Rauschgiftsüchtiger", „Körperbehinderter", „Krimineller" etc. am Ende solcher Karrieren, die verschiedentlich in Studienmodellen veranschaulicht worden sind (z. B. Quensel), wird das Individuum von der Teilhabe an bestimmten zentralen Lebensbereichen der Gesellschaft ausgeschlossen und seine bisherige Biographie unter der Perspektive des zugeschriebenen Stigmas rekonstruiert.

Eine vollständige Vermeidung von S. dürfte wegen ihrer positiven Funktionen für die Stabilisierung von Interaktionen (Vorstrukturierung von Erwartungen an unbekannte Interaktionsteilnehmer, Bestätigung der eigenen „normalen" Identität) und die Gesellschaft (Aufrechterhaltung des Normkonsenses durch Verweis auf abweichende Minderheiten, Kanalisierung von Aggressionen etc.) kaum zu realisieren sein. In dem Maße aber, wie im Zuge der Modernisierung informelle durch formelle S. mittels Gesetzgebung und mit Amts- und Sachautorität ausgestatteten bürokratischen Apparaten (Instanzen sozialer Kontrolle) verdrängt werden, hätten sich Bemühungen um eine Entstigmatisierung auf die Beeinflussung von Prozessen der Normgenese (Gesetzgebung) und der Entwicklung und Durchsetzung der diskreditierenden Klassifikationssysteme von Instanzen sozialer Kontrolle zu konzentrieren.

Thomas Olk

S

Literatur
M. Brusten/J. Hohmeier (Hrsg.): Stigmatisierung. Zur Produktion gesellschaftlicher Randgruppen. 2 Bde., Neuwied/Darmstadt 1975 ◆ E. Goffman: Stigma. Über Techniken der Bewältigung beschädigter Identität, Frankfurt/M. [22]2012 ◆ R. Herde: Bindungsstörung und Stigmata, Saarbrücken 2013 ◆ E. M. Lemert: Human Deviance. Social Problems and Social Control, Englewood Cliffs/New York 1967 ◆ S. Quensel: Wie wird man kriminell? Verlaufsformen fehlgeschlagener Interaktion, in: KJ 4/1970, 375–382 ◆ H. Thiersch: Stigmatisierung und Verfestigung des abweichenden Verhaltens, in: H. Thiersch: Kritik und Handeln, Neuwied/Darmstadt 1977, 24–33

Weitere Literatur neueren Datums zur S. gibt es in spezialisierter Form zu einzelnen Personengruppen (z. B. Aids-, Alkoholkranke, Arme).

Straffälligenhilfe

Der Strafgefangenen- und Entlassenenhilfe als S. i. e. S. (i. w. S. zählen dazu auch *Bewährungs-, Gerichts- und Jugendgerichtshilfe* sowie weiter etwa Drogen- und Jugendberatung) ist gemeinsam, dass ihre Zielgruppe die Strafgefangenen sind, die sich in den JVA der BRD befinden *(Strafvollzug)*. Kennzeichnend für die Struktur der S. ist es, dass die soziale Hilfe in Strafanstalten fast ausschließlich von staatlichen SozArb getragen wird, während die sozialen Hilfen für Strafentlassene auf eine Vielzahl von Trägern verteilt ist.

Soziale Hilfe im Strafvollzug

Die soziale Hilfe im Strafvollzug, deren Anfänge auf die Einstellung hauptamtlicher Anstaltsfürsorger in der WR zurückgehen, hat mit dem In-Kraft-Treten des StVollzG eine gesetzliche Grundlage erhalten. Danach ist es ihre Aufgabe, dem Gefangenen bei der Lösung seiner persönlichen und rechtlichen Schwierigkeiten beizustehen und ihn in die Lage zu versetzen, seine Angelegenheiten selbst zu ordnen und zu regeln (s. §§ 71, 73 StVollzG). Die von SozArb zu gewährende Hilfe, die ein Angebot an den Gefangenen darstellt, zu deren Annahme dieser nicht verpflichtet ist (vgl. § 71 S. 1 StVollzG), erstreckt sich auf den ganzen Bereich seiner Schwierigkeiten, d. h. aller materiellen und immateriellen Probleme, auf die mit persönlicher und rechtlicher Hilfe reagiert werden kann. Im Bereich persönlicher Hilfen ist z. B. zu denken an: Verschaffung von Besuchsmöglichkeiten für die Familie, Mitwirken bei Besuchs- und Briefpartnerschaften für allein stehende Gefangene, Hilfestellung beim Beginn und Durchhalten einer Ausbildung im Gefängnis, Schlichtung von Streitigkeiten mit dem Vollzugs- und Werkdienst, Vermittlung bei haftbedingten Unzuträglichkeiten und Feindschaften unter den Gefangenen. Die rechtliche Hilfe umfasst die Unterstützung bei der Durchsetzung der Rechte (§ 73 StVollzG). Spezielle Aufgabenfelder, in denen SozArb mitwirken, sind insbesondere Behandlungs- und Vollzugsplanung (§§ 6,7 StVollzG) und Sozialtherapie (§ 9 StVollzG), die seit 2003 für Sexualstraftäter verbindlich vorgeschrieben ist.

Für die Aufnahme schreibt das Gesetz (§ 72 StVollzG) der sozialen Hilfe vor, dass dem Gefangenen zu helfen ist, die notwendigen Maßnahmen für hilfsbedürftige Angehörige zu veranlassen und seine Habe außerhalb der Anstalt sicherzustellen; außerdem ist er über die Aufrechterhaltung einer Sozialversicherung zu beraten. Während des Vollzugs ist der Gefangene in den Bemühungen zu unterstützen, seine Rechte und Pflichten wahrzunehmen (§ 73 StVollzG). Außer an das im Gesetz genannte Wahlrecht ist zu denken an zivilrechtliche (Miete, Scheidung, Sorgerechtsregelungen usw.) oder arbeitsrechtliche (Restlohn, Urlaubsvergütung, Herausgabe von Arbeitspapieren) Ansprüche sowie rechtliche Schritte, die sich in einem noch anstehenden Strafverfahren anbieten. Die Hilfe bei der Wahrnehmung der Pflichten, namentlich der Unterhaltspflichten und der Schuldenregulierung *(Schuldner- und Insolvenzberatung/Unterhaltsrecht)*, leidet darunter, dass bei der – auch nach der 2001 aufgrund einer BVerfGE vorgenommenen Anhebung (§ 43 StVollzG) – unzureichenden Höhe des Arbeitsentgelts wirksame Unterstützung vonseiten des Gefangenen nicht erwartet werden kann. Als Hilfemöglichkeiten bleiben deshalb praktisch nur die Aufklärung über die *Sozialhilfe* für Angehörige und die Einleitung tragbarer Schuldenregulierungen (in Zusammenhang mit Resozialisierungsfonds der Länder). Um die Entlassung vorzubereiten, ist der Gefangene bei der Ordnung seiner persönlichen, wirtschaftlichen und sozialen Angelegenheiten zu beraten; dies schließt auch die Benennung der für Sozialleistungen zuständigen Stellen ein. Dem Gefangenen ist zu helfen, Arbeit, Unterkunft und persönlichen Beistand für die Zeit nach der Entlassung zu finden (§ 74 S. 1–3 StVollzG).

Die Regelungen für die soziale Hilfe im Jugendstrafvollzug (VVJug Nr. 62–65) sind aus dem Strafvollzug übernommen. Für die Untersuchungshaft sind ihre Aufgaben in der Untersuchungshaftvollzugsordnung (Nr. 49) beschrieben (die UVollzO werden seit 2008 zunehmend durch Landesgesetze zum Untersuchungshaftvollzug ersetzt).

Neben den im StVollzG bestimmten Aufgaben obliegen dem SozArb insbesondere Berichtspflichten gegenüber der Anstaltsleitung. Hervorzuheben ist der Bericht aus Anlass eines Antrags auf vorzeitige Entlassung (§§ 57 StGB, 88 JGG). Diesen Bericht fordert das Gericht von der Anstalt an (§§ 454 Abs. 1 S. 2 StPO, 88 Abs. 3 S. 1, 89 Abs. 3 JGG). Mit seiner Abfassung kann der Anstaltsleiter den SozArb im Rahmen seiner dienstrechtlichen Weisungsbefugnis beauftragen.

Zwischen gesetzlichem Anspruch und Wirklichkeit im Vollzug besteht eine deutliche Diskrepanz. In dem bürokratischen und sicherheitsorientierten Strafvollzug sind die SozArb in den Vollzugsanstalten häufig noch eine unwillig geduldete Randerscheinung, deren Funktion sich in Krisenintervention und Minderung von Haftschäden erschöpft. Das liegt nicht nur an ihrer mangelnden Bereitschaft und Fähigkeit, die gesetzlichen Spielräume auszunutzen, sondern an der Institution des Strafvollzugs selbst, dem seit 1998 weitere Zugriffsmöglichkeiten aufgrund einer Aufweichung der *Schweigepflicht* von SozArb (§ 203 StGB) durch eine Erweiterung der Offenbarungspflichten (§ 182 Abs. 2 StVollzG) eröffnet sind. Gegenüber Forderungen, SozArb von der Tätigkeit als „Mädchen für alles" zugunsten eigentlicher sozpäd Hilfe zu entlasten, ist deshalb der SozArb durch externe freie Träger der Vorzug zu geben (Krieg u. a. 2001), wie das teilweise schon bei der Drogen- und Schuldnerberatung praktiziert wird.

Soziale Hilfe wird im *Strafvollzug* auch von den ehrenamtlichen Mitarbeitern (Betreuern, Vollzugshelfern, freien Mitarbeitern) geleistet, die entweder als Einzelpersonen oder Resozialisierungsgruppen auftreten. Nach dem Gesetz ist die Anstalt verpflichtet, dem Gefangenen zu helfen, einen persönlichen Beistand für die Zeit nach der Entlassung zu finden (§ 74 S. 3 StVollzG) und mit den Personen und Vereinen, deren Einfluss die Eingliederung des Gefangenen fördern kann, zusammenzuarbeiten (§ 154 Abs. 2 S. 2 StVollzG). Im teilweisen Widerspruch dazu sind in fast allen Ländern VV ergangen, welche die Tätigkeit der ehrenamtlichen Mitarbeiter mehr beschränken als fördern und ihnen viele Pflichten, aber kaum Rechte einräumen. Das ist umso bedenklicher, als diese Helfer vielfach die Einzigen sind, die den Strafgefangenen auch nach der Entlassung weiter unterstützen.

Entlassenenhilfe

Öffentliche Träger der Entlassenenhilfe sind neben der *Bewährungshilfe* und den Führungsaufsichtsstellen v. a. die Sozialleistungsbehörden. Damit geht die Zuständigkeit von der Justiz zur Sozialverwaltung über, aus dem Straffall wird ein Sozialfall. Eine zentrale Leistung ist dabei die Hilfe für Personen in besonderen Lebensverhältnissen verbunden mit sozialen Schwierigkeiten, welche alle notwendigen Maßnahmen umfasst (§§ 67, 68 SGB XII); die dazu ergangene, 2001 neu gefasste VO (§ 1 Abs. 2, § 3), zählt zu den besonderen Lebensverhältnissen die Entlassung aus einer geschlossenen Einrichtung und zu den erforderlichen Maßnahmen v. a. Beratung und persönliche Unterstützung.

Freie Träger der Entlassenenhilfe sind insbesondere die Landesverbände bzw. -zusammenschlüsse für Gefangenenfürsorge und S., die überwiegend von örtlichen Vereinen getragen werden. Daneben übernehmen die – in der BAG für Straffälligenhilfe zusammengeschlossenen – sechs Spitzenverbände der freien Wohlfahrtspflege *(Wohlfahrtsverbände)* durch ihre regionalen Gliederungen und kooperative Vereine sporadisch die Betreuung von Strafentlassenen. Der Deutsche Caritasverband und die Katholische BAG Straffälligenhilfe haben 2015 ein gemeinsames Positionspapier veröffentlicht, bei dem es um konkrete Lösungsvorschläge für eine gesetzliche Überarbeitung der Defizite bei der Arbeitslosen- und Rentenversicherung Strafgefangener geht.

Weiter gibt es noch fachliche Vereinigungen auf Bundesebene, wie z. B. das Schwarze Kreuz Gefangenenmission und den Verein Bewährungshilfe, die aber örtlich unterschiedlich in Erscheinung treten. Eine bundesweite Organisation der Träger der Entlassenenhilfe besteht nicht mehr. Außer den freien Trägern sind private Vereinigungen in der Entlassenenhilfe aktiv, v. a. Bürger- und Studentengruppen sowie Gefangenenselbsthilfegruppen. Das unübersehbare Nebeneinander von öffentlichen und privaten Hilfestellen ist der Hauptanlass gewesen, zentrale Beratungs- und Hilfsstellen einzurichten, in denen auf örtlicher Ebene möglichst alle auf dem Gebiet der Entlassenenhilfe tätigen Verbände und Behörden zusammenwirken. Diese punktuell über das Bundesgebiet verbreiteten Einrichtungen haben sich freilich nicht flächendeckend durchgesetzt. Sie sind auch insoweit problematisch, als sie öffentliche und freie Träger unter einem Dach zusammenfassen. Hilfreicher für die Entlassenen sind außerhalb des Dunstkreises von Justiz und Verwaltung angesiedelte Anlaufstellen freier Träger, insbesondere von Vereinen, welche eine wirksame Interessenvertretung betreiben. Mit der Föderalismusreform (in Kraft getreten am 1.9.2006) ist der *Strafvollzug* in die ausschließliche Gesetzgebungskompetenz der Länder übergegangen. Damit wird die bisherige Rechtseinheit (des Bundesgesetzes StVollzG) aufgegeben und den Ländern überlassen, eigene Strafvollzugs- und Jugendstrafvollzugsgesetze zu erlassen (zum aktuellen Stand vgl. die Übersicht in Arloth 2011).

Roland Proksch
(bis zur 6. Auflage Albrecht Brühl)

Literatur

F. Arloth: Strafvollzugsgesetze. München [4]2017 ◆ J. Feest/W. Lesting (Hrsg.): Kommentar zum Strafvollzugsgesetz, Neuwied [7]2016 ◆ A. Brühl/ W. Deichsel/G. Nothacker: Strafrecht und Soziale Praxis, Stuttgart 2005 ◆ DBH Bildungswerk (Hrsg.): Spätaussiedler – Interkulturelle Kompetenz für die Straffälligenhilfe und den Justizvollzugsdienst. Mönchengladbach 2003 ◆ H. Cornel u. a. (Hrsg.): Handbuch der Resozialisierung, Baden-Baden [3]2009 ◆ G. Kawamura-Reindl/S. Schneider: Lehrbuch Soziale Arbeit mit Straffälligen, Weinheim/Basel 2015 ◆ R. Legat: Ältere Menschen und Sterbenskranke im Strafvollzug – Eine rechtsstaatliche Analyse des Vollzugsalltags von Gefangenen mit besonderem Pflegebedarf, Frankfurt/Main 2009 ◆ T. Schott: Strafvollzugsrecht für Sozialarbeiterinnen. Lehrbuch zur Einführung in die soziale Realität und rechtliche Grundlagen des Strafvollzuges. Baden-Baden 2002 ◆ Th. Weipert: Lebenswelt Gefängnis: Einblicke in den Jugendstrafvollzug mit Berichten junger Gefangener, Herbholzheim 2003.

Link

www.bag-straffaelligenhilfe.de

Strafrecht/Strafe

Im Allgemeinen – und insbesondere auch unter den Angehörigen der sog. ‚helfenden Berufe' – wird das Strafrecht/StR als Hort der Repression angesehen, als der Ort, an dem der Bürger dem Staat unterworfen und staatliche Macht ausgeübt wird. Dementsprechend wird Strafe als ‚Übelszufügung', als im Grunde negativ zu bewertender Eingriff wahrgenommen.

Demgegenüber versteht sich das StR selbst als der Teil der Rechtsordnung, der dem Schutz der Individualrechte und des Wertesystems dient. Es sieht sich als Friedensordnung zur Regelung menschlichen Zusammenlebens und als Garant der Freiheitsrechte, deren Aufgabe gerade auch in der Abwehr staatlichen Zwangs zur sozialen Kontrolle liegt. StR will nicht moralisieren und auch nicht gesellschaftlich erwünschte Anpassung erzwingen. Es ist (idealtypisch) in erster Linie der Verteidigung der Rechtsordnung und der individuellen (Freiheits-)Rechte verpflichtet.

Diese Aufgaben erfüllt es durch ein differenziertes System von Normen, Rechtsfolgen und verfahrensrechtlichen Regelungen, v.a. im StGB (materiell-rechtlicher Art), in der StPO (Verfahrensrecht) und im JGG (Sonderregelung der Rechtsfolgen und des Verfahrens für Jugendliche und Heranwachsende), deren gemeinsame Grundlage das Gesetzlichkeitsprinzip bildet.

Dieses Prinzip ist gleichlautend sowohl in Art. 103 Abs. 2 GG als auch in § 1 StGB normiert. Es enthält Postulate für strafrechtliches Handeln, die sowohl an den Gesetzgeber, als auch an die Rechtsprechung gerichtet sind. Auf diese Weise wirkt das Gesetzlichkeitsprinzip zugleich als rechtsstaatliches Prinzip sowie gleichsam als Grundrecht: Denn es stellt sicher, dass jedermann vorhersehen kann, welches Verhalten mit Strafe bedroht ist, und dass nur der Gesetzgeber über die Strafbarkeit eines Verhaltens entscheidet, mithin also weder die vollziehende Gewalt, etwa die Polizei, oder die rechtsprechende Gewalt, also die Gerichte (vgl. Art. 20 Abs. 3 GG).

Damit einher geht das Bestimmtheitsgebot, das als weiterer Ausfluss des Rechtsstaatlichkeitsprinzips sowohl für den gesetzlichen Tatbestand, als auch für die Strafandrohung und die Bezeichnung des Strafrahmens gilt und verlangt, dass das strafbarkeitsbegründende Verhalten ebenso wie der Strafrahmen klar umrissen sind.

Strafe

Die wegen der festgestellten Anlasstat im konkreten Einzelfall zu verhängende Strafe/St. (oder erzieherische Maßnahme i.S.d. JGG o.a.) ist durch das verfassungsrechtlich verankerte Postulat der Unverletzlichkeit der Menschenwürde begrenzt: Die St. darf nicht die Menschenwürde verletzten. Sie hat daher der individuellen Tatschuld zu entsprechen und darf auch nicht über diese hinausgehen (Prinzip der Verhältnismäßigkeit).

Andererseits muss die Strafe auch ‚verdient', d.h. tat- und schuldangemessen sein, also dem Gerechtigkeitsprinzip entsprechen. Sie darf daher weder unangemessen milde, noch übertrieben hart sein. Notwendig ist deswegen eine sorgfältige Tataufklärung ebenso wie eine Ermittlung der Lebensumstände und Tatmotive sowie des Verhaltens nach der Tat.

Über Sinn und Unsinn von St. ist seit alters her nachgedacht worden. Jedenfalls ist ein wirksameres Instrument sowohl zur Aufrechterhaltung der Rechtsordnung als auch zur sozialen Disziplinierung über die Jahrtausende nicht erdacht worden.

Als Strafarten gibt es grundsätzlich nur die Freiheitsstrafe und die Geldstrafe. Diese werden jedoch durch vielfältige Eingriffe anderer Art ergänzt, z. B. durch erzieherische Maßnahmen des JGG (*Jugendstrafrecht*) und durch Nebenstrafen und Maßregeln des StGB.

Sämtliche strafrechtlich veranlasste Interventionen staatlicher oder staatlich initiierter Art sind dem Resozialisierungsprinzip verpflichtet und daher auf die persönliche Förderung des Täters und dessen gesellschaftliche Eingliederung gerichtet.

Auf diesem Weg der Resozialisierung verfolgt das Strafrecht ebenso wie der Strafvollzug das kriminalpolitische Ziel der gesellschaftlichen *Prävention* vor zukünftigen Straftaten (Individualprävention und Generalprävention).

Gleichzeitig nimmt das StR damit eine soziale Funktion wahr: Die strafrechtliche Erfassung bietet nämlich Anlass für soziale Leistungen vielfältiger Art, wie pädagogische oder therapeutische Maßnahmen oder solche zur Eingliederung in Bildungs-, Ausbildungs- oder Arbeitsplätze, z. B. nach §§ 56c Abs. 1 Ziff. 2, 59a Abs. 2 Ziff. 4 StGB, §§ 10 Abs. 1 S. 1, Abs. 2, 12 JGG.

Für die genannten Folgen bedarf es – wie das System der Maßregeln der Sicherung und Besserung gem. §§ 61 ff. StGB zeigt – nicht unbedingt einer persönlichen Schuld, die dem Täter zum Vorwurf gemacht werden kann. Voraussetzung ist vielmehr lediglich die Feststellung einer Tat i. S. strafrechtlicher Normen.

Die Begrenzung der staatlichen Eingriffe oder Zwangsmaßnahmen erfolgt wie stets über das Verhältnismäßigkeitsprinzip.

S

Reformen und Veränderungstendenzen

Zum Wandel: Im Ganzen liegt der Neuordnung des deutschen StR seit dem Reformgesetz von 1953 ein tiefer Wandel zugrunde im Verständnis dessen, was Strafrecht zu leisten hat. Vom Vergeltungsstrafrecht im herkömmlichen Sinne sind wir zu einem kriminalpolitischen und kriminalpädagogischen Konzept von Strafrecht und Strafvollzug gelangt, das sowohl den Gesellschaftsschutz als auch die soziale Verantwortung für den Verurteilten verfolgt. (*Kriminologie;* zur Reform des Strafrechts vgl. u. a. Baumann 1996).

Gerade in neuester Zeit stößt diese humane Strafrechtspflege zunehmend auf Kritik und sogar Widerstand sowohl in den Medien als auch in Politik und Bevölkerung. So konstatierte H. Kerscher schon vor knapp 15 Jahren in der SZ vom 22. 11 2002: „Es ist ein allmählicher Wandel des Zeitgeistes vom freiheits- zum sicherheitsorientierten Denken erkennbar".

Die auf Spezialprävention ausgerichteten staatlichen Reaktionen zur Unterstützung und Förderung der Straftäter finden nicht mehr die breite Unterstützung der gesellschaftlichen Kräfte, wie noch zur Zeit der Reformbewegung, die namentlich der Verfasser der Vorauflagen unterstützte (J. Baumann in diesem Wörterbuch bis zur 4. Aufl. 1996).

Aus vielfältigen Positionen und bei zahlreichen Anlässen wird vielmehr die Forderung nach strikterer Gesetzesanwendung oder weiter gehenden Rechtsnormen und Rechtsfolgen erhoben und z. T. mit der nach rigiderem Strafvollzug verbunden. Die Verschärfung der Reaktionen soll dabei als Ersatz für Innovationen in der gesellschaftlichen Reaktion auf Straffälligkeit dienen. Dabei werden weder die Frage nach der Angemessenheit und Effektivität der strafrechtlichen Reaktion, noch der ‚ultima ratio-Charakter' der Strafe artikuliert.

Gerade die individualpräventiv wirkenden Leistungen werden dagegen vermehrt öffentlicher Kritik unterzogen (Tenor: „Unsere Steuergelder sollten für gesetzestreue Bürger ausgegeben werden statt Straftäter auch noch mit Wiedereingliederungsmaßnahmen zu belohnen!"). Deutlich wird, wie stark die vordem großzügige Gelassenheit unserer Gesellschaft in Zeiten knapper Kassen und einschränkender Politik der Sozialausgaben der vergangenen Jahre bereits einer Haltung eher restriktiver Punitivität gewichen ist.

Eine Besinnung auf die grundlegenden kriminalpolitischen Positionen und deren Priorität steht jedoch ebenso aus wie eine Standortbestimmung der Strafrechtspflege durch die Fachöffentlichkeit. Erst dadurch könnte der gebotene allgemeine Konsens erneut gefunden werden, den die Rechtsprechung zur Wahrnehmung ihrer gesellschaftspolitischen Aufgabe benötigt.

Nach den Ereignissen in der Silvester-Nacht 2015/2016 in Köln wurde über eine Verschärfung des Sexualstrafrechts diskutiert. Dazu gingen dem Bundesrat die Vorschläge der BReg. nicht weit genug. Es geht in dieser Auseinandersetzung um das Prinzip ‚Nein heißt nein, immer, ohne Ausnahme'. Das Gesetz zur Verbesserung des Schutzes der sexuellen Selbstbestimmung ist am 10. 11. 2016 in Kraft getreten. Danach ist jede sexuelle Handlung strafbar, die gegen den erkennbaren Willen einer Person vorgenommen wird. Bestraft wird auch die sexuelle Belästigung.

Von der Macht der Medien: Dies umso mehr, als die Macht der Medien zwangsläufig auch die Gerichte und die durch sie zu treffenden Entscheidungen prägt: Richter und Schöffen agieren nicht im luftleeren Raum, sondern sie konsumieren Medienberichte *(Gerichtsbarkeit)*. Deren Zuspitzungen und die dadurch hervorgerufenen Erwartungen der Öffentlichkeit beeinflussen auch die Wahrnehmungen und Einschätzungen der zur spezifischen Fallbeurteilung berufenen Richterschaft und ihrer Kollegen. Das aber hat Auswirkungen auf die konkreten Urteile.

Dieser Befund birgt ersichtlich eine große, neuartige Herausforderung für die Justiz und für den Rechtsstaat. Denn er steht im Widerspruch zur grundgesetzlichen Vorstellung der Gleichheit aller vor dem Gesetz und von richterlicher Freiheit und Unabhängigkeit (Art. 3 Abs. 1 und Art. 97 Abs. 1 GG). Die Frage, wie sich in einer – offenbar vor allem von der Boulevardpresse – beherrschten Mediengesellschaft diese Anforderungen des GG *(Verfassungsrecht)* und die Vorstellungen von Strafverfahren, die den Rechtsfrieden wirksam sichern, durchsetzen lassen, betreffen das Selbstverständnis des Rechtsstaates in seinem Kern. Denn im Idealfall soll jedes Strafurteil am Ende das Vertrauen in den Rechtsstaat bestätigen und sogar stärken. Ob aktuelle Urteile zu medial ausgeschlachteten Prozessen diese Aufgabe in der Mehrzahl souverän bewältigen, erscheint zweifelhaft.

Die Aufgabe, Rechtsfrieden zu schaffen: Zunehmend rückt die Funktion des StR, Rechtsfrieden zu schaffen, auch an anderer Stelle in den Vordergrund: Im Zeitalter der Massengesellschaft und der Massenkriminalität sind die auf Einzelfallbeurteilung zugeschnittenen Instrumente herkömmlicher Art allzu zeit-, personal- und kostenaufwendig, um die Befriedungsfunktion des StR und des Strafverfahrens zu erfüllen.

Politik und Justiz sind deshalb bemüht, andere Formen zeitnaher Konfliktregelung zu schaffen, um die erstrebten Ziele des Strafrechtssystems auf unkomplizierte Weise zu verwirklichen.

Insbesondere im Zusammenhang mit dem Ziel des Rechtsgüterschutzes hat der Gedanke des Ausgleichs zwischen Opfer und Täter und der Unrechtskompensation zunehmend an Bedeutung und rechtspolitischem Interesse gewonnen (vgl. z. B. §§ 46a StGB, 15 JGG) *(Täter-Opfer-Ausgleich)*.

Auch die Opferrechtsreformgesetze von 2004 und 2009 weisen wichtige Ansätze zur Neuorientierung auf, indem neben prozessualen Veränderungen z. T. grundlegender Art, in denen das Konsensualprinzip betont wird, insbesondere die Position des Opfers und der Opferschutz verstärkt werden. Dadurch soll eine bessere Balance erreicht werden im Vergleich zur bisherigen Situation, die primär auf den Täter ausgerichtet war.

Diese Neuerungen im gesetzlichen Regelwerk gehen einher mit einer veränderten Vorstellung von der Funktion des Strafprozesses und von der Rolle der beteiligten Individuen: Im Vordergrund stehen nun die Aspekte von Schutz, Fürsorge und *Partizipation*. Alle, die in einen Konflikt involviert sind, werden als Akteure gesehen, und zwar unabhängig davon, ob sie Opfer oder Täter sind. Sie alle tragen eine gemeinsame Verantwortung und nehmen im Rahmen des Strafverfahrens aktiv teil an der Lösung des Konfliktes, den die Straftat hervorgerufen hat. Auf diese Weise werden Täter und Opfer gleichermaßen zu Rechtssubjekten mit der beidseitigen Möglichkeit, im Strafverfahren ihre legalen Rechte auszuüben.

Zugleich verändert das StR dadurch seine Aufgabe: Es ist nicht länger ein Instrument, um eine kriminalitätsfreie Gesellschaft zu schaffen. Seine Funktion besteht nun vorrangig darin, allen seinen Bürgern Rechtsschutz zu sichern. In diesem Zusammenhang darf die Frage erhoben werden, ob die mit dem beschriebenen Wandel verbundenen strukturellen Konsequenzen für alle Verfahrensbeteiligten von Fachöffentlichkeit und Praxis in ausreichender Schärfe gesehen werden und ob diese Veränderungen in der Gesellschaft kommuniziert und von ihr getragen werden.

Das Problem Verfahrensdauer: Vor diesem Hintergrund tritt insbesondere die Verfahrensdauer in den Fokus der Aufmerksamkeit. Denn der Durchlauf der Rechtsmittel – Instanzen nimmt den Strafprozessen in der Realität durch ihre überlange Dauer eine echte Befriedungsmöglichkeit. Allein der Zeitfaktor führt vielmehr zu einer faktischen Verweigerung des Rechtsschutzes. Seine eigentliche Aufgabe kann das Strafrecht daher bereits aus Zeitgründen gerade in streitigen Verfahren in der Rechtswirklichkeit nicht mehr erfüllen. Diese Problematik bedarf dringend wachsamer Aufmerksamkeit und lösungsorientierter Erörterung durch die Fachöffentlichkeit (etwa zur Beschleunigung von Jugendstrafverfahren im sog. Berliner Modell).

Verstärkt wird demzufolge aus dem Opportunitätsprinzip die Berechtigung zur informellen

Verfahrenserledigung abgeleitet (z. B. gem. § 153a StPO oder über die Diversion gem. §§ 45, 47 JGG). Grundlage jeder informellen Erledigung ist stets die Einschätzung, dass eine Normverletzung vorliegt und deren adäquate Verfolgung nicht die aufwendige Erledigung durch ein formelles Verfahren erfordert, sei es, weil der Täter einsichtig und das von ihm begangene Unrecht im Bereich der Bagatell- oder Alltagskriminalität liegt, sei es, weil im vorrangigen Interesse der Gesellschaft oder des Opfers eine zügige Konfliktlösung gefunden werden soll.

Zudem gehören unter den professionellen Prozessbeteiligten Verfahrensabsprachen zum Gerichtsalltag (§ 257c StPO). Dadurch werden zügige Entscheidungen ermöglicht und die aufwendige Ausschöpfung der Rechtsmittel vermieden, so dass der endgültige Verfahrensabschluss beschleunigt wird.

Schließlich gewinnt vor diesem Hintergrund auch die *Mediation* an Bedeutung: Mit dieser Methode der Konfliktschlichtung im vorjustitiellen Bereich könnte zukünftig eine beachtliche Anzahl von Straftaten zwischen Einzelpersonen beigelegt werden, so dass sich staatliche Interventionen erübrigen würden. Hierin liegt sowohl eine wachsende Möglichkeit zur rechtsstaatlich verträglichen Entlastung des Strafverfahrensrechts als auch ebenso ein weites Aufgabenfeld für die beteiligten Angehörigen der sozialen Professionen.

Susanne Burghardt-Plewig

Literatur

J. Baumann: Strafe, Strafrechtsreform, Strafvollzug, in: D. Kreft/I. Mielenz (Hrsg.): Wörterbuch Soziale Arbeit. Weinheim/Basel [4]1996 ◆ T. Fischer: Strafgesetzbuch. Kommentar. München [64]2017 ◆ U. Kleinert: Soziale Arbeit im Bereich der Justiz, in: np 4/2006, 413–434 ◆ L. Meyer-Goßner: Strafprozessordnung. Kommentar. München [60]2017 ◆ C. Nix/W. Möller/ C. Schütz: Einführung in das Jugendstrafrecht für die Soziale Arbeit. München/Basel 2011 ◆ K. Riekenbrauk: Strafrecht und Soziale Arbeit. Einführung für Studium und Praxis, Neuwied [4]2011 ◆ A. Schönke/ H. Schröder u. a.: Strafgesetzbuch. Kommentar, München [29]2014.

S

Strafvollzug

Rechtsgrundlagen

S. ist der Sammelbegriff für den Vollzug freiheitsentziehender Maßnahmen sowie der Sicherungsverwahrung.

Der S. für Erwachsenen war seit dem 1. Januar 1977 durch das Strafvollzugsgesetz bundeseinheitlich geregelt. Für den Jugendstrafvollzug fehlte es an einer entsprechenden gesetzlichen Regelung. Das BVerfG hat (mit Urteil vom 31.5. 2006) diesen Mangel beanstandet und dem Gesetzgeber aufgetragen, bis Ende 2007 gesetzliche Regelungen für den Jugendstrafvollzug zu erlassen. Zugleich trat am 1. September 2006 die Föderalismusreform I in Kraft, mit der das Recht der konkurrierenden Gesetzgebung des Bundes für den Strafvollzug durch eine ausschließliche Gesetzgebungskompetenz der Länder abgelöst wurde. Diese Veränderung war umstritten, weil befürchtet wurde, dass dadurch die Rechtseinheit aufgelöst werde und schon jetzt bestehende Unterschiede im Vollzug in den Ländern sich vergrößern würden.

Inzwischen haben alle Bundesländer entweder besondere Jugendstrafvollzugsgesetze oder einheitliche – für Jugendliche und Erwachsene geltende – Strafvollzugsgesetze erlassen. Für den Erwachsenenvollzug gilt nur noch in zwei Ländern nach wie vor das (Bundes) Strafvollzugsgesetz von 1977. In 14 Bundesländern wurden Länder-Vollzugsgexsetze verabschiedet.

Unabhängig von diesem Gesetzesstand gelten für freiheitsentziehende Maßnahmen die verfassungsrechtlichen Grundprinzipien der Einhaltung der Grundrechte (Art. 1–19 und 104 GG) bzw. des demokratischen und sozialen Rechtsstaats (Art. 20 und 28 GG). Gleiches gilt für internationale Regelungen wie z. B. die Konvention zum Schutze der Menschenrechte und Grundfreiheiten von 1950 oder das Europäische Übereinkommen zur Verhütung von Folter und unmenschlicher und erniedrigender Behandlung und Strafe von 1987.

Statistik

Aktuell befinden sich rd. 66 000 Personen in Haft, davon ca. 15 000 in Untersuchungshaft, und zwar in 185 geschlossenen oder offenen Justizvollzugsanstalten (davon etwa 12 000 im offenen Vollzug). Für Frauen stehen ca. 4 300 Haftplätze bereit, davon etwa 700 im offenen Vollzug. Rund 5 000 Gefangene befinden sich im Jugendvollzug.

Resozialisierung als Ziel

Als Vollzugsziel definiert § 2 S. 1 StVollzG die Resozialisierung (die Befähigung des Gefangenen, künftig in sozialer Verantwortung ein Leben ohne Straftaten zu führen) – in ähnlicher Form auch die Landesgesetze. Dieses Ziel findet seine Grundlage im Menschenbild des GG, in dem Gebot der Achtung der Menschenwürde und im Sozialstaatsprinzip. Bereits 1975 hatte das BVerfG im sog. Lebach-Urteil die Resozialisierung als das herausragende Ziel des Vollzuges der Freiheitsstrafe bezeichnet: „Dem Gefangenen sollen Fähigkeit und Willen zu verantwortlicher Lebensführung vermittelt werden, er soll es lernen, sich unter den Bedingungen einer freien Gesellschaft ohne Rechtsbruch zu behaupten, ihre Chancen wahrzunehmen und ihre Risiken zu bestehen."

Allerdings stellt sich nach 40 Jahren Umsetzung des StVollzG die kritische Frage, ob und wie weit unter den zurzeit vorherrschenden Bedingungen in den JVAen dieses Ziel überhaupt erreicht werden kann. Die derzeitige Situation mit Personalknappheit und zunehmenden Sparzwängen entspricht nicht mehr den Vorstellungen der Reformer der 1970er Jahre. Dennoch muss schon aus verfassungsrechtlichen Gründen am alleinigen Ziel der Resozialisierung festgehalten werden, eine Rückkehr zum alten Verwahrvollzug darf es nicht geben. Die Länder sind vielmehr verpflichtet, die erforderlichen Mittel für die personelle und sachliche Ausstattung der Anstalten zur Verfügung zu stellen. Defizite und Mängel dürfen kein Grund sein, als richtig anerkannte Zielsetzungen aufzugeben und die faktischen Zustände zu legitimieren.

Der S. dient gemäß § 2 S. 2 StVollzG und den meisten Landesgesetzen auch dem Schutz der Allgemeinheit vor weiteren Straftaten. Dieser Schutzgedanke ist bei allen Resozialisierungsmaßnahmen zu beachten, schließt jedoch das Eingehen verantwortbarer Risiken nicht aus.

Behandlungsgrundsatz

Das StVollzG hat sich dem Behandlungsgrundsatz verschrieben – deshalb sind alle Maßnahmen und Aktivitäten darauf auszurichten, dass sie den Gefangenen helfen, sich in das Leben in Freiheit einzugliedern. Zur Behandlungsplanung gehören deshalb Maßnahmen wie die Unterbringung im geschlossenen oder offenen Vollzug, die Verlegung in eine sozialtherapeutische Anstalt, die Zuweisung zu Wohngruppen und Behandlungsgruppen, der Arbeitseinsatz sowie Maßnahmen der beruflichen Ausbildung oder Weiterbildung, besondere Hilfs- und Behandlungsmaßnahmen, Lockerungen des Vollzuges und notwendige Maßnahmen zur Vorbereitung der Entlassung.

In der Planung und Umsetzung dieses Behandlungsauftrages zeigen sich in der Praxis bundesweit und anstaltsbezogen große Diskrepanzen. In sozialtherapeutischen Abteilungen bzw. Anstalten wird dieses Konzept am intensivsten realisiert, allerdings nur für einen relativ kleinen Anteil aller Strafgefangenen.

Perspektiven

Die Perspektiven für den S. werden sich in den nächsten Jahren an drei Grundproblemen ausrichten:

- Durchgehende Prozesse der Resozialisierung
- Qualifizierung und Intensivierung des Behandlungsvollzuges,
- Ausbau ambulanter Alternativen.

Die Frage der Gestaltung der Übergaänge in die Freiheit rückt immer mehr in das Zentrum der Gestaltung eines wirkungsvollen Strafvollzugs. Die meisten Rückfälle finden im ersten Jahr nach der Entlassung statt, deshalb geht es um einen Ausbau des sog. „Übergangsmanagements" im Sinne einer durchgehenden Betreuung vor und nach der Entlassung.

Zugleich sind die Behandlungsangebote für alle Gefangenen zu intensivieren und zu qualifizieren. Dies betrifft z. B. das soziale Training, Antiaggressionsprogramme, Maßnahmen der Ausbildung und Weiterbildung, Abbau der Arbeitslosigkeit, Wohngruppenvollzug, Lockerungen, spezifische Hilfs- und Behandlungsmaßnahmen und konkrete Aktivitäten zur Vorbereitung der Entlassung *(Anti-Aggressivitäts-Training/Straffälligenhilfe).*

Grundlegend verbessert werden kann die Gesamtsituation jedoch nur, wenn nicht nur das Gefängnissystem qualifiziert wird, sondern zugleich bzw. vorrangig ambulante Alternativen entwickelt und flächendeckend angeboten werden. Erst in der Freiheit erweist sich die reale Wirksamkeit von Resozialisierungsmaßnahmen, deshalb sind Angebote und Aktivitäten der *Gerichtshilfe,* der *Bewährungshilfe,* der Führungsaufsicht und der Freien Straffälligenhilfe von besonderer Relevanz für die soziale *Integration.* Geringe Inhaftierungsquoten sind in jenen Ländern festzustellen, die die Qualifizierung ambulanter und stationärer Maßnahmen und Programme mit gleicher Relevanz und aufeinander abgestimmt und integriert strategisch planen und operativ umsetzen.

Bernd Maelicke

Literatur

F. Arloth: Strafvollzugsgesetze – StVollzG. München [4]2017 ◆ J. Borchert: Pädagogik im Strafvollzug, Weinheim 2016 ◆ H. Cornel/G. Kawamura-Reindl/B. Maelicke/B. R. Sonnen (Hrsg.): Handbuch der Resozialisierung, Baden-Baden [6]2011 ◆ G. Kawamura-Reindl/S. Schneider: Lehrbuch Soziale Arbeit mit

S

Straffälligen, Weinheim/Basel 2015 ♦ B. Maelicke: Das Knast-Dilemma, München 2015 ♦ H. Preusker/ B. Maelicke/C. Flügge (Hrsg.): Das Gefängnis als Risikounternhemen. Baden-Baden 2010.

Forum Strafvollzug. Zeitschrift für Strafvollzug und Straffälligenhilfe (www.forum-strafvollzug.de).

Straßensozialarbeit/Streetwork

Geschichte und Entwicklung

Wesentliche Anstöße zur Entwicklung von S. im deutschsprachigen Raum gingen ab 1965 aus von der Rezeption angloamerikanischer Arbeitsansätze der „Street-Gang-Work" und der „Street-Corner-Work" sowie innovativer Ansätze nordeuropäischer und niederländischer Jugend- bzw. Drogenarbeit. Zum einen lenkte ein Handlungsdruck den Blick über die Grenzen: Etablierte Institutionen Sozialer Arbeit mit ihrem einrichtungsgebundenen Tätigkeitsspektrum erreichten kaum mehr jene Lebenszusammenhänge, in die sich informelle Jugendgruppen, Drogenkonsument/innen, *Ausreißer/innen und Trebegänger/innen,* „Rockercliquen" usw. zurückgezogen hatten. Angesichts spektakulärer Jugendprobleme standen Praktiker/innen und Planer/innen – mitbedingt durch den Druck der öffentlichen Meinung – vor der Notwendigkeit, über herkömmliche Komm-Strukturen nachzudenken. Initiativen zur lebensweltlichen Öffnung von Freizeit-, Präventions- und Beratungsangeboten resultierten damals ferner aus der sog. antiautoritären Bewegung *(Antiautoritäre Erziehung).* Einige der zentralen Ideen, die diese Bewegung prägten, wie etwa Abbau bürokratischer Strukturen und Solidarisierung mit Unterprivilegierten *(Solidarität),* wurden von den Anfangsaktivisten/innen in sozialarbeiterische Handlungsmaximen transformiert wie z.B. Dezentralisierung und Lebensweltnähe, aber auch Betroffenenorientierung und „Parteilichkeit" *(Partizipation).* Noch heute focussiert sich das berufsständische Selbstverständnis auf diese anfänglichen Leitprinzipien (etwa Gangway 19972010).

Arbeitsfelder

Gründend in den Anfängen der SozArb (z.B. Wicherns „Pilgernde Brüder") und entscheidend forciert durch Impulse seit 1970 hat sich S. in Deutschland mittlerweile in unterschiedlichsten Praxisfeldern etabliert wie in der Arbeit mit

- informellen Jugendcliquen in ländlichen und städtischen Räumen,
- „aggressiven", gewaltbereiten, „rechtsorientierten" Jugendlichen,
- Jugendlichen aus „neuen" Jugendszenen (Punks, Skins, Party-People etc.),
- Fußballfans und Hooligans *(Fan-Clubs),*
- *„Trebegänger/innen"* und „Straßenkindern",
- Wohnungslosen *(Wohnungslosenhilfe),*
- Drogengefährdeten und Drogenabhängigen in offenen und privaten Szenen *(Drogenabhängigkeit, Sucht),*
- Strichern und
- weiblichen Prostituierten (AIDS, *Prostitution*).

Viele Zielgruppen von S. lassen sich charakterisieren durch eine mehr oder weniger ausgeprägte subkulturelle Orientierung, durch Schwellenängste (z.B. vor Drogenberatungsstellen), durch Ausgrenzung aus einrichtungsgebundenen Angeboten (z.B. der *Jugendarbeit*), durch *Stigmatisierung* bis hin zur Kriminalisierung *(Kriminologie)* sowie eine i.d.R. ökonomisch ungesicherte und sozial eher perspektivlose Lebenslage. S. erweist sich allerdings nicht erst dann als notwendig und sinnvoll, wenn subkulturelle Orientierungen sich bereits verfestigt haben, sondern schon im Vorfeld mit präventiver Ausrichtung. Einrichtungsgebundene SozArb vermag „vom Schreibtisch aus" jene Zielgruppen kaum zu erreichen, die abzudriften drohen. Das Hinausgehen von Streetworker/innen zu den Orten, an denen die gefährdeten Personen und Cliquen sich ihre lebensweltlichen Bezüge schaffen, bringt in Kontakt und schafft damit eine Basis, auf der präventive Aktivitäten wirken können *(Prävention).*

Konzeptionelles Grundverständnis

Begrifflich-konzeptionell hat sich bisher kein trennscharf umrissenes fachliches Profil durchgesetzt. Eine Vielzahl von Begriffen (S., Mobile Jugendarbeit, Hinausreichende Jugendarbeit, Outreachwork, Nachgehende Sozialarbeit, Szenearbeit, Aufsuchende Jugendsozialarbeit etc.) und Bedeutungsgehalten (S. als Arbeit auf der „Straße" oder auch im Privatbereich, aufsuchende Arbeit im originär lebensweltlichen Kontext oder auch in anderen „Lebensfeldern" wie z.B. Schule, JVA, Psychiatrie etc.) stehen im praxisbezogenen, konzeptionellen und wissenschaftlichen Diskurs nebeneinander (Klose/Steffan 1997). Unter PraktikerInnen hat sich jedoch auf der arbeitspragmatischen Ebene ein stabiler Bedeutungskern herauskristallisiert (BAG 2007): Grundkonsens besteht weitestgehend darin, dass S. in das alltägliche Lebensmilieu der Zielgruppen eingebunden sein muss. Nach vorherrschendem Verständnis bleibt der Arbeitsplatz von Streetworkern nicht

S

auf den alltagssprachlich als Straße bezeichneten Raum beschränkt, sondern kann alle öffentlichen, halböffentlichen und privaten Lebensfelder der Zielgruppen umfassen.

Je nach konzeptioneller Orientierung und verfügbaren Ressourcen sind Streetworker/innen darüber hinaus oft mit einem beträchtlichen Teil ihrer Arbeitszeit aktiv in Hintergrundeinrichtungen (wie z. B. einem Jugendhaus bzw. einer nachgelagerten Beratungsstelle) oder in jenen Institutionen, in denen sich Zielgruppenangehörige – bisweilen nicht unbedingt freiwillig – aufhalten (wie etwa Kliniken, Gefängnisse o. Ä.). Über dieses fundamentale Charakteristikum hinaus variiert die Ausrichtung der Praxisansätze: Auf der einen Seite eines konzeptionellen Kontinuums stehen explizit problemlagenbezogene, zielgruppenfocussierte Projekte (z. B. S. im Drogen- oder Strichermilieu). Quasi als Gegenpol zu verorten sind sozialraumbezogene, gemeinwesenorientierte Formen „Mobiler Jugendarbeit", die in einigen Regionen wie z. B. in Baden-Württemberg und Sachsen fest zum städtischen und ländlichen Jugendhilfespektrum gehören (LAG 1997, LAK 1998, Keppeler/Specht 2015). Während in früheren Jahren die Apologeten der beiden idealtypischen Gegenpole mitunter heftig um Abgrenzungen und Gemeinsamkeiten gerungen haben, setzte sich mit der Gründung der BAG Streetwork/Mobile Jugendarbeit auf nationaler Ebene ein gemeinsamer Weg durch. In der BAG sind aus 300 Projekten ca. 1000 Mitgliedern organisiert. Darüber hinaus bemüht sich auf internationaler Ebene die International Society for Mobile Youth Work (ISMO) mit Sitz in Stuttgart um die länderübergreifende fachliche Profilierung gemeinwesenorientierter, sozialraumverankerter Jugendhilfeansätze insbesondere in der Arbeit mit Kindern und Jugendlichen, die auf der „Straße" ihren Lebensmittelpunkt haben (sog. Straßenkinder mit Schwerpunkt in Osteuropa, Südamerika und Afrika; *Gemeinwesenarbeit, Sozialraum, Sozialraumorientierung;* aktuell Mögling/Beierle 2015).

Vorgehensweisen und Handlungspraxis

Die Arbeitsinhalte von S. differieren mitunter relativ stark zwischen einzelnen Vor-Ort-Projekten je nach Verhaltensmuster und Lebenslage der Zielgruppen, aber auch abhängig von der jeweils zugrunde liegenden konzeptionellen Orientierung. Von spezifischen Ausformungen abstrahierend agieren Streetworker/innen hauptsächlich auf folgenden Handlungsebenen (Steffan 1989, Gusy u. a. 1994, Becker/Simon 1995):

- Annäherung an das anvisierte Milieu durch Feldstudien, Beobachtung, Anwesenheit usw.;
- Knüpfen eines Kontaktnetzes in der Lebenswelt, Vertrauenserwerb und Vertrauenserhalt;
- einzelfallorientierte psychosoziale Beratung und Unterstützung *(Einzelfallhilfe);*
- gruppen-/cliquenorientierte Arbeit z. B. in Form von Freizeit-/Erlebnis-/Sport-/Kulturpädagogik *(Freizeit/Freizeitpädagogik, Jugendarbeit, kulturelle, Sport);*
- Stadtteil-/Gemeinwesenarbeit zur Verhinderung von Ausgrenzung und *Stigmatisierung;*
- Vernetzung, Verbund und Akquisition von Unterstützungsressourcen durch Aufbau eines institutionellen Netzes sowie fall-/gruppenbezogene Weitervermittlung an spezialisierte Dienste und Einrichtungen (evtl. mit anfänglicher Begleitung und weiterlaufender Co-Betreuung);
- Öffentlichkeitsarbeit/Interessenvertretung/Einmischung *(Einmischungsstrategie)*/Lobbyarbeit für die jeweiligen Zielgruppen.

Über diese von Wissenschaft und Praxis konsensualisierten Arbeitsinhalte hinaus hat sich der Fachdiskurs im letzten Jahrzehnt intensiv auseinander gesetzt mit Standards und Rahmenbedingungen von Straßensozialarbeit (BAG 2007). Insbesondere in folgenden Bereichen konstatieren die BAG und die verschiedenen LAGs zukünftigen Handlungsbedarf: Mit einem deutlichen Stadt-Land-Gefälle ist noch längst nicht überall die als unabdingbar gesehene Mindestausstattung mit mindestens zwei unbefristeten Personalstellen realisiert, denn nur dann lassen sich gemischtgeschlechtliche und – wie vom Zielgruppenspektrum her häufig sinnhaft – multiethnische Teams bilden, die einen stützenden kollegialen Austausch ermöglichen. Zudem sind die räumlich-materiellen Rahmenbedingungen nach wie vor vielerorts prekär: Es fehlt besonders in ländlichen Regionen an geeigneten Räumlichkeiten im Hintergrund, die – über ein bloßes Provisorium hinaus – als Anlaufstelle und Stützpunkt fungieren könnten.

Auch die Forderung nach unbürokratisch handhabbarem Verfügungsgeld sowie nach Mitteln für punktuelle Freizeitaktivitäten und für kontinuierliche mobile oder stationäre Programmangebote ließ sich bisher nicht flächendeckend durchsetzen. Besonders prekär scheint vielen PraktikerInnen darüber hinaus der mangelnde Vertrauensschutz durch das juristisch komplizierte und nur sehr bedingt geltende Recht zur strafprozessualen Zeugnisverweigerung. Weiterhin verweisen die Fachstandards auf einen letzten, für den Erfolg bzw. Misserfolg von S. aber entscheidenden Punkt: Es muss die bei weitem noch nicht überall vorhandene Gelegenheit bestehen, das persönlich fordernde und von Nähe-Distanz-Ambivalenzen durchzogene professionelle Alltagshandeln kontinuierlich durch *Supervision* und *Intervision* zu reflektieren sowie systematisch durch Selbstevaluation auszuwerten.

Werner Steffan

Literatur

BAG Streetwork/Mobile Jugendarbeit (2007): Fachliche Standards für Streetwork und Mobile Jugendarbeit ◆ G. Becker/T. Simon (Hrsg.): Handbuch Aufsuchende Jugend- und Sozialarbeit, Weinheim 1995 ◆ Gangway Berlin (Hrsg.): Streetwork und Professionalität, Berlin 1997 ◆ Gangway e. V. (Hrsg.): Down Town Berlin. Geschichten aus der Unterstadt. 20 Jahre Straßensozialarbeit in Berlin. Berlin 2010 ◆ B. Gusy/G. Krauß/G. Schrott/W. Heckmann: Aufsuchende soziale Arbeit in der AIDS-Prävention, Baden-Baden 1994 ◆ S. Keppeler/W. Specht: Mobile Jugendarbeit, in: H.-U. Otto/H. Thiersch (Hrsg.): Handbuch Soziale Arbeit, München [5]2015, 1049–1057 ◆ A. Klose/W. Steffan (Hrsg.): Streetwork und Mobile Jugendarbeit in Europa, Münster 1997 ◆ LAG Mobile Jugendarbeit Baden-Württemberg (Hrsg.): Praxishandbuch Mobile Jugendarbeit, Neuwied 1997 ◆ LAK Mobile Jugendarbeit Sachsen (1997) ◆ T. Mögling/S. Beierle: Einmal Straße, immer Straße? Handlungs- und Unterstützungsstrukturen für Straßenjugendliche, in: FORUM Jugendhilfe 2/2015, 4–11 ◆ Schwerpunktheft „Junge Menschen auf der Straße", uj 9/2011 ◆ W. Steffan: Streetwork in der Drogenszene, Freiburg 1987 ◆ W. Steffan (Hrsg.): Straßensozialarbeit – Eine Methode für heiße Praxisfelder, Weinheim 1989.

Links

www.fh-potsdam.de/~Sozwes/projekte/steffan/final/eingang.htm (SMIP-Onlinearchiv zu Streetwork/Mobile Jugendarbeit);

www.bundesarbeitsgemeinschaft-streetwork-mobile-jugendarbeit.de/ (BAG Streetwork/Mobile Jugendarbeit)

Subsidiarität

Mit dem Begriff der S. sind grundsätzliche, theoretische wie praktisch-politische Probleme staatlichen Handelns im Bereich von *Sozialer Arbeit* und *Sozialpolitik* und damit das Verhältnis von Staat und *Gesellschaft* überhaupt angesprochen.

Geistesgeschichtliche Traditionen

Historisch lassen sich im Begriff der S. zwei Denktraditionen verorten: S. als Maxime gesellschaftlichen Handelns besagt zunächst, dass die Sicherung und Gestaltung der eigenen Existenz vornehmlich dem einzelnen *Individuum* selbst und seiner Initiative überlassen bleibt. Die Verantwortlichkeit der Gemeinschaft, des Staates, ist dagegen auf Ausnahmesituationen beschränkt und tritt nur ein, wenn und soweit die eigenen Mittel des Individuums und seiner *Familie* nicht hinreichen. In diesem Verständnis von S. lässt sich unschwer das Gedankengut liberaler Staats- und Gesellschaftstheorien des 18. und 19. Jh. wieder finden: Einerseits die Vorstellung einer autonomen, sich nach Marktgesetzen selbst regelnden Tauschgesellschaft; andererseits eine davon abgehobene Sphäre staatlicher Gewalt, die nur bei Störungen des Marktmechanismus ausnahmsweise eingreift. Zwar hat die gesellschaftliche Wirklichkeit bürgerlicher Gesellschaften auf keiner Entwicklungsstufe diesem ihrem klassischen Selbstverständnis voll entsprochen. Schon seit dem Beginn ihrer Entfaltung gab es – insbesondere in Deutschland – staatliche Interventionen zur Sicherung der Reproduktion der Individuen, insbesondere im Bereich der Armen- und Jugendfürsorge. Die Organisation dieser öffentlichen Aufgaben folgte aber selbst dem liberalen Verständnis von S. Die öffentliche Zwangsarmenpflege war nach der Logik polizeilicher Gefahrenabwehr konzipiert und blieb – als „Angelegenheit der örtlichen Gemeinschaft" – der Zuständigkeit der Gemeinden überlassen. S. i. S. liberalen Gesellschaftsdenkens ist demnach zu verstehen als Organisationsmuster sozialen Handelns auf der Linie Individuum-Familie-Gemeinde-Staat.

Als Prinzip sozialpolitischer Gestaltung wurde S. v. a. in der katholischen Soziallehre entwickelt. Dieser liegt die naturrechtlich geprägte Vorstellung vom Aufbau der Gesellschaft nach Art ineinander gebetteter, konzentrischer Kreise zugrunde, wobei dem je kleineren vor dem je größeren die Primärzuständigkeit für die Reproduktion des Individuums zukommt. S. i. d. S. dient also einerseits der Abwehr übermäßiger Eingriffe der übergeordneten Gemeinschaft in die Bereiche der kleineren Gemeinwesen. Zugleich betont sie andererseits den Anspruch des „untergeordneten Gemeinwesens" auf Förderung durch die übergeordnete Gemeinschaft. In dieser Förderungsverpflichtung, also der Tatsache, dass S. i. S. der katholischen Soziallehre neben der negativen auch noch eine positive Komponente hat, liegt der zentrale Unterschied des katholischen Subsidiaritätsprinzips zum Individualismus liberalen Subsidiaritätsdenkens. Diese Vorstellung hat v. a. die sozialen Aktivitäten der vielfältigen Vereine und Assoziationen des „staatsfernen“ Katholizismus im protestantischen Preußen-Deutschland des 19. Jh. bestimmt. Explizit ausformuliert wurde S. als Handlungsmaxime katholischer Soziallehre allerdings erst in der Enzyklika „Quadragesimo anno“ im Jahre 1931. Danach „verstößt es gegen die Gerechtigkeit, das, was die kleineren und untergeordneten Gemeinwesen leisten ... können, für die weitere und übergeordnete Gemeinschaft in Anspruch nehmen; zugleich ist es überaus nachteilig und verwirrt die gesamte Gesellschaftsordnung. Jedwede Gesellschaftstätigkeit ist ja ihrem Wesen und Begriff nach subsidiär; sie soll die Glieder des Gesellschaftskörpers unterstützen, darf sie aber niemals zerschlagen oder aufsaugen“.

Funktionswandel in der Weimarer Republik

In der sozialpolitischen Landschaft der Weimarer Republik (WR) bestätigte „Quadragesimo anno“ die schon seit Beginn der 1920er Jahre von der zentrumsorientierten Ministerialbürokratie des Reichsarbeitsministeriums (RAM) favorisierte sozialpolitische Grundtendenz einer Förderung vornehmlich der konfessionellen Träger freier Wohlfahrtspflege *(Kirchen, Wohlfahrtsverbände)* unter Hintansetzung der politischen Kommunen. Auf diese Weise wurde S. mit den Eigeninteressen der Organisation konfessioneller Wohlfahrtspflege verknüpft. Die konfessionellen Träger schoben sich zwischen den Bereich des Staatlichen und die Privatsphäre von Individuum und Familie und reklamierten deren Autonomiespielräume für sich selbst. Nicht zuletzt der Ministerialbürokratie des RAM ist es auch zu danken, dass das katholische Subsidiaritätsdenken expliziten Eingang in die zentralen Fürsorgegesetze der WR gefunden hat. § 5 der Reichsverordnung über die Fürsorgepflicht und – in sehr viel milderer Form – § 6 des RJWG von 1922 enthielten Bestandssicherungs- und Vorrangklauseln, die der freien Wohlfahrtspflege eine eigenständige Rolle im Gesamtsystem der kommunalen Wohlfahrtspflege gesetzlich gewährleisteten. Damit hatte S. einen fundamentalen Funktionswandel durchgemacht: Von ihrem Wortlaut her bezog sich ihre Ausformulierung in Quadragesimo anno auf den Schutz der „kleinen und untergeordneten Gemeinwesen“, also den Schutz gemeinschaftlicher Sozialorganisationen vor dem Zugriff übermächtiger bürokratischer Staatlichkeit. Die Subsidiaritätspolitik des RAM in der WR dagegen zielte v. a. auf die staatliche Förderung privater Großorganisationen der Wohlfahrtspflege, auf den staatlich gestützten Auf- und Ausbau privater Wohlfahrtsbürokratien als Gegengewicht zu den befürchteten Sozialisierungstendenzen kommunaler Sozialpolitik. Von einem Grundsatz der Gestaltung des sozialen Volkslebens wandelte S. sich so zu einem Organisationsprinzip des Wohlfahrtsstaates. Damit gingen S. und Wohlfahrtsstaat in Deutschland erstmals jene spezifische Synthese ein, die als „duales System“ in die Geschichte der Wohlfahrtspflege in Deutschland eingegangen ist: die gesetzliche Bestands- und Eigenständigkeitsgarantie der freien bei gleichzeitiger Förderungsverpflichtung und Gesamtverantwortung der öffentlichen Träger.

Mit ihrer Betonung der Zentralstellung der „kleinen Gemeinwesen“ in der Gesellschaft machte „Quadragesimo anno“ zugleich Front gegen den heraufziehenden Totalitarismus des 20. Jh. Mit ihrer programmatischen Stellungnahme gegen die zunehmende sozialstaatliche Vergesellschaftung sozialer Probleme stimmte sie aber auch ein in die in Deutschland seit Beginn der Weltwirtschaftskrise immer lauter und polemischer werdende Kritik am Weimarer Wohlfahrtsstaats, die nicht unerheblich zur Demontage der Republik beigetragen hat.

Die Entwicklung nach 1945

Die Diskussionen um S. in der Nachkriegs-BRD knüpften weitgehend an die Auseinandersetzungen der Weimarer Zeit an. In den 1950er Jahren wurde unter dem Stichwort „S.“ eine neuerliche Grundsatzdebatte über das Verhältnis von Staat und Gesellschaft, von staatlicher Vorsorge und individueller Selbstverantwortung, um die grundsätzliche Ausgestaltung wohlfahrtsstaatlicher Sicherung geführt. Die ständestaatlichen Elemente von „Quadragesimo anno“, die das parlamentarisch-demokratische System politischer Willensbildung mit einem Geflecht berufsständischer Sozialgebilde überformen und dadurch in seiner Reichweite einschränken wollten, wurden hier noch einmal einflussmächtig. Angesichts der eindeutigen Regelungen des GG, das in Art. 20 und 28 die BRD als „sozialen Rechtsstaat“ qualifiziert und soziale Sicherung damit zur Aufgabe staatlicher Gestaltung macht, gab es jedoch keine ernsthaften Ansätze der Realisierung. Und durch die ökonomische und politische Entwicklung der neuen Republik wurden derartige Konzepte alsbald von der gesellschaftlichen Realität überholt. Die Diskussion um S. verengte sich in der Folge wieder zunehmend auf Probleme der Zuständigkeit im Verhältnis öffentlicher und freier Träger in der kommunalen Wohlfahrtspflege *(Träger der*

Sozialen Arbeit). 1961, bei der Novellierung des RJWG, das jetzt JWG genannt wurde, und beim gleichzeitigen Erlass des BSHG, das die Reichsverordnung über die Fürsorgepflicht ablöste, wurden die gesetzlichen Bestandsgarantien für die WFV zu Sperrklauseln zugunsten der freien Wohlfahrtspflege verschärft. Der freien Wohlfahrtspflege wurde damit in Jugend- und Sozialhilfe durchweg der Vorrang bei der Organisation und Erbringung der Leistungen eingeräumt, während die öffentlichen Träger gleichzeitig zu ihrer Förderung und Unterstützung verpflichtet waren. Der weltanschaulich neutrale Staat sollte zugunsten der pluralen Wertorientierung gesellschaftlicher Kräfte zurücktreten.

Die Freiheit und Selbständigkeit der freien Wohlfahrtspflege wurde durch ihre gesetzliche Privilegierung jedoch nur scheinbar stabilisiert. Tatsächlich erkaufte sie ihre privilegierte Position als Erbringer von Leistungen und mitspracheberechtigte Kraft bei der Definition von Aufgaben und Lösungsstrategien im Rahmen der öffentlichen Träger durch einen immer festeren Einbau in das Gesamtsystem der kommunalen Wohlfahrtspflege. Die öffentlichen Träger machen sich die Leistungs- und Personalkapazität der freien zunutze; die freien können ohne die finanzielle Unterstützung von Bund, Ländern und Gemeinden ihre Aufgaben nicht erfüllen und werden damit von deren Vorgaben abhängig. Gerade in dem Maße, in dem die Tätigkeit der freien Wohlfahrtspflege an Bedeutung für die Träger der öffentlichen gewann, verloren die freien Träger ihren Charakter als ungebundene Kräfte und wurden faktisch zu abhängigen Bestandteilen des Gesamtkomplexes öffentlicher Wohlfahrtspolitik. Von einem Vorrang der freien Träger kann in dieser Situation ernstlich nicht mehr die Rede sein. Bis in die 1990er Jahre hat sich vielmehr das Verhältnis öffentlicher und freier Träger im Bereich der Sozial- und Jugendhilfe als komplexer Gesamtverbund vielfältiger Verflechtungen, Abhängigkeiten und konkurrierender Zuständigkeiten entwickelt, in dem die Träger der freien Wohlfahrtspflege zwar eine privilegierte Position einnahmen, ohne doch freie gesellschaftliche Kräfte i. S. traditioneller S. zu sein. S. hat sich in der bundesrepublikanischen Nachkriegsgeschichte von einem Konzept gesamtgesellschaftlicher Pluralität zu einer Legitimationsformel für die neo-korporatistische Organisation von Wohlfahrtspflege und Sozialpolitik sozusagen zurückentwickelt.

Subsidiarität heute

Gesellschaftlicher und politischer Wandel v. a. auf drei Ebenen haben dieses Arrangement seit Beginn der 1990er Jahre neuerlich verändert: Zum einen hat der Prozess der deutschen Einigung den Druck zu einer generellen Reorganisation des Verhältnisses öffentlicher und freier Träger in der kommunalen Wohlfahrtspflege verstärkt. Der Transfer des „dualen Systems" auf das Gebiet der ehemaligen DDR *(Einigungsvertrag)* und die damit einhergehende Expansion der Spitzenverbände der freien Wohlfahrtspflege in die neuen BL hat den Prozess der Bürokratisierung, Professionalisierung und Säkularisierung der Verbände beschleunigt. Fehlten hier doch die sozialen und kulturellen Rahmenbedingungen, die sozialen Milieus und die ehrenamtl. Helfer, die eingespielten Aushandlungsroutinen von öffentlichen und privaten Trägern, die dem „dualen System" im Westen in jahrzehntelanger Entwicklung seine spezifische Funktionstüchtigkeit verliehen hatten. Die Ausdehnung nach Osten wirkte daher wie eine Art Katalysator für Veränderungstendenzen, die sich im Westen erst abzuzeichnen begannen. Zum Zweiten wirkt der Prozess der Europäischen Einigung auf die sozialpolitische Rolle der freien Träger ein. Das im Zentrum des Gemeinsamen Marktes stehende Diskriminierungsverbot stellt die sozialrechtliche Privilegierung der Träger der freien Wohlfahrtspflege in den bundesdeutschen Sozialgesetzen infrage und setzt sie verstärkter Konkurrenz von – v. a. auch kommerziellen – Anbietern aus anderen EG-Ländern v. a. in der Alten- und Gesundheitspflege aus *(Wettbewerb, europäischer).* V. a. aber hat die akute Finanzknappheit das Interesse der öffentlichen Träger an möglichst kostengünstigen Lösungen allen anderen Gesichtspunkten vorgeordnet. Die eingespielte Kooperation der öffentlichen Träger mit nur einer beschränkten Zahl privilegierter freier Träger begann, einer Öffnung zugunsten der bislang ausgeschlossenen oder jedenfalls benachteiligten kommerziellen Träger zu weichen. Das neue Verhältnis von öffentlichem und privatem Sektor wird in der *Pflegeversicherung* deutlich. Der Vorrang der privaten Träger vor den öffentlichen bei der Erbringung von Pflegeleistungen wird zwar in § 11 ausdrücklich festgeschrieben, aber hier wird den Verbänden der freien Wohlfahrtspflege erstmalig keine privilegierte Position gegenüber den kommerziellen Trägern mehr eingeräumt. In dieselbe Richtung ging die Novellierung von § 93 BSHG (jetzt § 5 SGB XII). § 4 Abs. 2 SGB VIII hält zwar am traditionellen Vorrang der frei-gemeinnützigen Träger fest, aber auch in der

JH folgt die Praxis denselben Grundsätzen wie in den anderen Sektoren der Wohlfahrtspflege. Die öffentlichen Träger ziehen sich zunehmend auf die Position von bloßen Koordinatoren und Finanziers sozialer Dienste zurück. Eigene Angebote werden zugunsten der Leistungserbringung durch private Träger eingeschränkt. Die Gestaltung der Dienstleistung nach den traditionellen Grundsätzen der S. weicht den neuen Prinzipien des „contracting-out" *(Finanzierung freier Träger/ Verwaltungsmodernisierung).*

Parallel zu diesem Bedeutungsverlust hat das Konzept der S. seit den 1980er Jahren einen bemerkenswerten Aufschwung erfahren. Finanzielle Restriktionen und offenkundige Leistungsgrenzen und Dysfunktionalitäten der überkommenen Formen bürokratischer und professioneller Sozialpolitik, die insbesondere im Bereich sozialer Dienstleistungen zunehmend auf Kritik gestoßen sind, haben das Interesse an selbstorganisierten, solidarischen Formen der gesellschaftlichen Bearbeitung sozialer Probleme, aber auch an unternehmerischer Initiative verstärkt. Die breite Selbsthilfe-Diskussion hat auch dem Gedanken der S. eine neue Stoßrichtung gegeben. In dieser Debatte geht es nicht mehr primär um eine Zuständigkeitsabgrenzung öffentlicher und privater Träger und Maßnahmen in der Sozialpolitik, sondern um das Verhältnis von „kleinen Netzen" sozialer Hilfe zu sozialpolitischen Großbürokratien; um das Verhältnis von Markt, Staat und *Drittem Sektor.* Der Gedanke der S. dient nunmehr als Argument für eine Stärkung der Position neuer, innovativer Formen und Initiativen der Selbstorganisation gegenüber den überkommenen Formen großverbandlicher Problemdefinition und -bearbeitung sowie zur Legitimation ihrer Förderungsansprüche *(Selbsthilfe/Selbstorganisation).*

Die Diskussion um „neue Subsidiarität„ verblieb dabei zunächst noch in traditionellen Bahnen: Es ging um den Schutz der Kleinen vor den Großen. Aber eine neue Dimension deutet sich hier schon an. Die spezifische Leistungsfähigkeit der kleinen Netze und Initiativen liegt ja nicht nur und nicht einmal primär in ihrer geringen Größe, sondern in der Art der Leistungserbringung: Sie sind nicht-hierarchisch, kooperativ und reflexiv und sperren sich daher gegen bürokratisch-regulative Interventionen von außen. Bei der „neuen S." geht es deshalb v.a. um den Schutz der funktionalen Eigenlogik, der funktionalen Autonomie kleiner Netze und individueller Initiativen als Voraussetzung ihres Funktionierens. Dem wird das traditionelle Konzept der katholischen Soziallehre nur sehr bedingt gerecht, basiert das ihm zugrunde liegende Modell der schalenförmigen Lebenskreise doch auf der Vorstellung einer ständischen, hierarchisch gegliederten Gesellschaft. Zum Schutz der Autonomie der Subsysteme in einer modernen, funktional ausdifferenzierten *Gesellschaft* muss S. daher weiterentwickelt, neu konzipiert werden. Dabei geht es dann nicht mehr primär um den Vorrang kleiner und unmittelbarer Gemeinwesen vor den großen sozialen Systemen, sondern sehr viel allgemeiner um die Entwicklung gesellschaftlicher Steuerungsmechanismen, die der funktionalen Autonomie der zu steuernden Problemfelder möglichst weitgehend Rechnung tragen. Es geht um die Ersetzung „regulativer Fremdsteuerung" durch die Anregung „situativer Selbststeuerung". Solche Formen der gesellschaftlichen Steuerung setzen ein neues Verständnis von Politik voraus, in dem der Staat nicht mehr Spitze und Zentrum der Gesellschaft bildet, eine Zentralinstanz, die soziale Probleme durch autoritativen Eingriff „von oben" regelt. Solche Interventionen würden an der funktionalen Eigenlogik der ausdifferenzierten gesellschaftlichen Teilsysteme abprallen, eher destruktive als reformierende Folgen haben. Der Staat wird vielmehr zu einem gesellschaftlichen Teilsystem neben anderen; zu einem Verhandlungspartner, der anregt und überzeugt; der Kontexte herstellt, die andere Systeme zur Selbststeuerung veranlassen. Politik würde dann einen neuen Charakter erhalten und bedeuten, dass an die Stelle äußeren Zwanges die Möglichkeit tritt, Selbstorganisation, Selbststeuerung und Selbstbestimmung der Teilsysteme einer Gesellschaft für die Ordnungsbildung der gesamten Gesellschaft zu nutzen. Die politische Steuerungskapazität kann mit der zunehmenden Entstandardisierung und Komplizierung der politischen Steuerungsaufgaben nicht Schritt halten. Die aktuelle Krise der öffentlichen Haushalte verschärft die Problematik. Die Politik wird zur Rückverlagerung von Aufgaben gesellschaftlicher Gestaltung an nicht staatliche Organisationen geradezu gezwungen; zu neuen Formen der Kooperation mit bürgerschaftlichen Vereinigungen und Verbänden, sozialen Initiativen und selbstorganisierten *Netzwerken,* aber auch mit Wettbewerbern auf dem Markt. Nur durch neue Formen des „welfare mix", in denen die traditionellen Grenzen von Staat und Gesellschaft, öffentlich und privat, fließend werden, lassen sich die immer komplexeren Probleme von Information und Legitimation wohlfahrtsstaatlicher Politik erfolgversprechend lösen. In dieser Situation versprechen die Konzepte einer „Bürgergesellschaft" oder „Zivilgesellschaft" neue Perspektiven gesellschaftlicher

Gestaltung, die den aktuellen Krisen und Verwerfungen Rechnung tragen sollen. In diesen Zusammenhang gehört auch die aktuelle Diskussion um die „Zukunft des *bürgerschaftlichen Engagements*", in der der selbstverantwortliche Bürger wieder verstärkt in den Mittelpunkt rückt und Dritter Sektor und Markt verstärkt Gestaltungsmöglichkeiten, aber auch Sozialverantwortung erhalten, der Staat hingegen sich vom versorgenden zum aktivierenden Staat wandelt.

„Neue Subsidiarität" wird also aus den aktuellen Prozessen gesellschaftlichen Wandels gleichsam hervorgetrieben. Ihre positiven Perspektiven sind die Förderung von Eigenaktivität und Selbstverantwortung, von kultureller Vielfalt, „kleinen Lebenswelten", neuen Solidaritäten und individuellen Initiativen. Unübersehbar ist aber auch, dass bürgerschaftliche Eigenaktivität die Schutzfunktion der herkömmlichen Großsysteme v. a. finanzieller sozialer Sicherung nicht wird ersetzen können. „Neue S." bedeutet auch neue Selbstverantwortung. Elemente der liberalen Tradition von S. werden hier deutlich sichtbar. Wie S. in hundert Jahren industriegesellschaftlicher Entwicklung die spezifisch deutsche Art wohlfahrtsstaatlicher Regulierung legitimierte, so legitimiert sie heute deren Deregulierung (ausführlich und kritisch zu dieser Entwicklung: Wohlfahrt 2015).

Subsidiarität in Europa

Einen weiteren Bedeutungsgehalt hat S. als Grundprinzip der Gestaltung der Europäischen Union. Nach Art. 5 Abs. 3 EUV vom 1. 12. 2009 (ex § 5 Abs. 2 EGV) wird die Gemeinschaft „in den Bereichen, die nicht in ihre ausschließliche Zuständigkeit fallen, ... nach dem Subsidiaritätsprinzip nur tätig, sofern und so weit die Ziele der in Betracht gezogenen Maßnahmen auf der Ebene der Mitgliedsstaaten nicht ausreichend erreicht werden können und daher wegen ihres Umfanges oder ihrer Wirkungen besser auf der Gemeinschaftsebene erreicht werden können." Damit korrespondiert Art. 23 Abs. 1 Satz 1 GG: „Zur Verwirklichung eines vereinten Europas wirkt die BRD bei der Entwicklung der Europäischen Union mit, die demokratischen, rechtsstaatlichen, sozialen und föderativen Grundsätzen und dem Grundsatz der S. verpflichtet ist..." *(Sozialpolitik, soziale Sicherung, europäische)* In diesem Zusammenhang gewinnt S. den Charakter einer föderativen Schutznorm, die Identität und Eigenständigkeit der Mitgliedstaaten gegenüber der zentralistischen Übermacht der Brüsseler Bürokratie gewährleisten soll. Der Begriff des „Subsidiaritätsprinzips" im EUV ist ein Rechtsbegriff, der grundsätzlich der Kontrolle durch den EuGH unterliegt. Tatsächlich ist er allerdings so vage und weitläufig, dass bislang noch kein Verstoß der EU-Behörden gegen das Subsidiaritätsprinzip gerichtlich festgestellt wurde.

Christoph Sachße

Literatur

S. Angerhausen u. a.: Überholen ohne einzuholen. Freie Wohlfahrtspflege in Ostdeutschland, Wiesbaden 1998 ◆ H. Backhaus-Maul/Th. Olk: Von Subsidiarität zu „outcontracting". Zum Wandel der Beziehung von Staat und Wohlfahrtsverbänden in der Sozialpolitik, in: W. Streeck (Hrsg.): Staat und Verbände, Politische Vierteljahresschrift, Sonderheft 25/1994, 100–135 ◆ W. Brucks: Subsidiarität, nach www.socio.ch/demo/t_wbrucks.htm ◆ A. Emmelius: Das Rangverhältnis von Staat, Gemeinde und freier Gesellschaft bei der Wahrnehmung wohlfahrtsfördernder Aufgaben, Bonn 1964 ◆ Enquêtekommission „Zukunft des Bürgerschaftlichen Engagements" Dt. BT (Hrsg.): Bürgerschaftliches Engagement und Zivilgesellschaft, Paderborn 2002 ◆ A. Evers/Th. Olk (Hrsg.): Wohlfahrtspluralismus. Vom Wohlfahrtsstaat zur Wohlfahrtsgesellschaft, Wiesbaden 2002 ◆ R. G. Heinze (Hrsg.), Neue Subsidiarität: Leitidee für eine zukünftige Sozialpolitik?, Opladen 1989 ◆ N. Luhmann: Politische Theorie im Wohlfahrtsstaat, München/Wien 1981 ◆ D. Merten: Die Subsidiarität in Europa, Berlin ²2010 ◆ J. Münder/D. Kreft (Hrsg.): Subsidiarität heute, Münster ²1998, 32–41 ◆ O. v. Nell-Breuning: Das Subsidiaritätsprinzip, Theorie und Praxis sozialer Arbeit 1976, 6 ff. ◆ T. Olk/B. Hartnuß (Hrsg.): Handbuch Bürgerschaftliches Engagement, Weinheim/München 2011 ◆ T. Rendtdorff: Kritische Erwägungen zum Subsidiaritätsprinzip, Der Staat 1962, 405 ff. ◆ A. Rinken: Die karitative Betätigung der Kirchen und Religionsgemeinschaften, in: E. Friesenhahn/U. Scheuner (Hrsg.): Handbuch des Staatskirchenrechts der Bundesrepublik Deutschland, Bd. 2, Berlin 1975 ◆ Ch. Sachße: Verein, Verband und Wohlfahrtsstaat. Entstehung und Entwicklung der dualen Wohlfahrtspflege, in: Th. Rauschenbach/Ch. Sachße/Th. Olk (Hrsg.): Von der Wertgemeinschaft zum Dienstleistungsunternehmen. Jugend- und Wohlfahrtsverbände im Umbruch, Frankfurt/M. 1995, 123–149 ◆ Ch. Sachße: Entwicklung und Perspektiven des Subsidiaritätsprinzips, in: R. Graf Strachwitz, (Hrsg.): Dritter Sektor – Dritte Kraft, Stuttgart u. a. O. 1998, 369–382 ◆ Ch. Sachße: Subsidiarität als Leitmaxime deutscher Wohlfahrtsstaatlichkeit, in: S. Lessenich (Hrsg.): Wohlfahrtsstaatliche Semantiken, Frankfurt/M. 2003 ◆ C. Stewing: Subsidiarität und Föderalismus in der Europäischen Union, Köln u. a. O. 1992 ◆ N. Wohl-

S

fahrt: Subsidiaritätsprinzip – Welfare mix – Neue Subsidiarität. Vom individuellen Rechtsanspruch zum wohlwollenden Verwaltungshandeln? In: TuP 5/2015, 329–338.

Sucht

Definitionen

Im ursprünglichen Gebrauch des Wortes in der germanischen Heilkunde bedeutete S. nichts anderes als „Krankheit", Siechtum. Es lebt noch heute in dieser Bezeichnung in einigen altertümlichen Bezeichnungen für Krankheiten fort, ohne dass dabei an süchtiges Verhalten, Abhängigkeit usw. gedacht würde: Wassersucht, Schwindsucht, Fettsucht, Magersucht, Tobsucht, Gelbsucht.

Auf der Ebene der Umgangssprache wird eine Reihe weiterer Begriffe verwendet, die dem gleichen Ursprung entstammen, jedoch schon sehr viel seltener oder gar nicht mehr mit der Vorstellung einer Krankheit in Verbindung stehen: Spielsucht, Gefallsucht, Gewinnsucht, Herrschsucht, Eifersucht, ja sogar Sehnsucht. Die Reihe ließe sich fortsetzen. S. ist bei all diesen umgangssprachlichen Begriffen ersetzbar durch den Begriff der Leidenschaft. W. Busch hat diesem Zusammenhang nachgespürt mit seinem Vers: „Die Eifersucht ist eine Leidenschaft, die mit Eifer sucht, was Leiden schafft." Ernsthafter und stärker verallgemeinernd hat von Gebsattel, einer der bedeutendsten Theoretiker des Suchtproblems, festgestellt, dass jede Richtung menschlichen Interesses süchtig entarten könne. Damit ist wohl am prägnantesten die Allgemeinheit des Problems und die mehr oder minder starke Betroffenheit jedes Menschen ausgedrückt. Selbst Arbeitssucht ist heute kein ironisches Wortspiel mehr, sondern seriöser Forschungsgegenstand.

Die Auffassungen darüber, was S. eigentlich sei bzw. wo sie beginnt, gehen recht weit auseinander. Definitionen von S. differieren nicht nur nach theoretischem Standort und empirischem Zugang, sondern auch nach dem Stellenwert, den der Definierende dem eigenen Verhalten bezüglich seiner süchtigen Komponenten zumisst. Die S. der anderen ist allemal leichter zu bestimmen und zu bewerten als die eigene. Auf gesellschaftlicher Ebene findet dieses individuelle Zuschreibungsverhalten in der definitorischen Abdrängung Süchtiger in die Randgruppen-Existenz seine Entsprechung.

Für die wissenschaftliche Diskussion ist es nicht viel einfacher als für die allgemeine Sprachkonvention, zwischen harmlosen Marotten und krankhaften Symptomen zu unterscheiden. Nach allgemeinster wissenschaftlicher Übereinstimmung ist S. ein zwanghafter Drang, durch bestimmte Reize oder Reaktionen Lustgefühle oder Lustzustände herbeizuführen bzw. Unlustgefühle zu vermeiden. Die S. stellt einen Versuch dar, Bedürfnisse unmittelbar und unter Umgehung all der Verhaltensweisen zu befriedigen, die natürlicherweise zu ihrer Befriedigung führen. Der Zwang, unter dem der Süchtige dabei steht, ist mit einem Mangel an Selbstkontrolle gleichzusetzen. Ziel des Suchtverhaltens und Inhalt des Lustzustandes ist der Aufbau einer Scheinwelt durch Realitätsflucht.

Die Wege, derer sich ein Süchtiger bedient, sind unterschiedlich. Prinzipiell ist zwischen stoffgebundener und stoffungebundener S. zu unterscheiden. Unter stoffgebundener S. versteht man alle Verhaltensweisen, bei denen dem menschlichen Körper Stoffe mit dem Ziel des Missbrauchs zugeführt werden. Unter stoffungebundener S. sind alle anderen süchtigen Entartungen menschlichen Interesses zu verstehen. Wegen der erheblich größeren gesundheitlichen Risiken und der stärkeren sozialen Auffälligkeit der stoffgebundenen S. gilt öffentliches wie wissenschaftliches Interesse in erster Linie dieser Form der S.

Physische und psychische Abhängigkeit

Neben dem Begriff der S. werden in der wissenschaftlichen Literatur eine Reihe anderer Kategorien wie Süchtigkeit, Missbrauch, Gewöhnung (engl. habituation), Abhängigkeit (engl. dependency) usw. verwendet; weniger gebräuchlich, aber in der französischen Sprache einheitlich und dort gleichwertig wie Kleptomanie, Pyromanie usw. benutzt, ist der Begriff der Toxikomanie. Um die internationale Sprachverwirrung auf diesem Gebiet zu beenden, regte 1964 eine Sachverständigenkommission der WHO an, künftig nur noch den Begriff der *Drogenabhängigkeit* (drug dependency) zu verwenden und dabei zwischen psychischer und physischer Abhängigkeit zu unterscheiden. Von seelischer Abhängigkeit soll nach dieser Definition gesprochen werden, wenn durch die Einnahme der Droge „Zufriedenheit" (Eddy u. a. 1965) entsteht, wenn also eine Art von psychischem Zwang zur Wiederholung auch schon nach einmaligem Konsum einer Droge besteht. Von körperlicher Abhängigkeit soll nach dieser Definition gesprochen werden, wenn nach mehrfachem Konsum einer Droge eine körperliche Toleranz gegenüber ihrer Wirkung entsteht, die zu einer Dosissteigerung führt und beim Absetzen der Droge Entzugssymptome hervorruft. Psychische Abhängigkeit lässt sich im äußeren Verhalten als ein gelegentliches oder auch häufigeres Suchen nach der Droge („drug seeking behavior") beobachten, physische Abhängigkeit lässt sich als eine Art von fragmentarischem oder punktuellem Leben beobachten. Physisch Abhängige leben nur von einer Dosis auf die nächste hin, sie sind ohne Drogeneinwirkung außer sich und nur unter Drogeneinfluss bei sich. Die psychische Abhängigkeit entsteht rascher als die physische, deren Entwicklung sich nach Art und Häufigkeit des Drogenkonsums richtet. Physische Abhängigkeit schließt die psychische Abhängigkeit immer mit ein. Psychische Abhängigkeit bestand in ihren Grundzügen meist schon vor dem ersten Konsum einer Droge. Deshalb ist auch die Behandlung einer psychischen Abhängigkeit ungleich viel schwieriger als die der physischen Abhängigkeit, denn sie besteht nach Absetzung einer Droge oft noch jahrelang fort. Die Entdeckung der psychischen Abhängigkeit als des zentralen Problems der S. hat denn auch in den letzten Jahrzehnten zunehmend mehr dazu geführt, dass S. nicht als Krankheit im eigentlichen Sinne, sondern als Symptom für tieferliegende bzw. dahinter verborgene Schwierigkeiten der Persönlichkeitsstruktur und -entwicklung aufgefasst wird.

Typologie von Abhängigkeiten

Neben der Definition von Abhängigkeit legte die Sachverständigenkommission der WHO eine Typologie von Abhängigkeiten vor, die den internationalen Erfahrungen auf diesem Gebiet und dem Auftreten einer Reihe neuer Drogen Rechnung trug. Danach werden unterschieden: die Abhängigkeit von Morphin-Typ (Opium, Morphium, Heroin), vom Barbiturat-/Alkohol-Typ (Barbitursäure- oder bromhaltige Beruhigungs- oder Schlafmittel sowie Alkohol), vom Amphetamin-/Khat-Typ (alle „wach machenden" Stoffe sowie das v.a. in Ostafrika vorkommende amphetaminhaltige Naturprodukt Khat), vom Cocain-Typ (Substanz aus den Blättern des südamerikanischen Coca-Strauches), vom Cannabis-Typ (Haschisch und Marihuana aus der weiblichen Pflanze des indischen Hanfes), vom Halluzinogen-Typ (eine Vielzahl synthetischer Trips wie LSD, DOM, STP, sowie Mescalin aus dem in Mexiko wachsenden Peyote-Kaktus und andere Naturprodukte, z.B. psylocibinhaltige Pilze), schließlich vom spezifischen Opiat-Antagonist-Typ (Stoffe, die die Wirkung von Opiaten aufheben oder ersetzen sollen, deshalb auch in der Therapie Verwendung finden, aber „umkippen" und ihrerseits Abhängigkeit erzeugen können).

Diese Klassifikation hat sich im Bereich der Forschung und des internationalen Austausches durchaus bewährt. Sie wurde zur Grundlage umfangreicher epidemiologischer Untersuchungen gemacht und in den internationalen Code der Krankheiten aufgenommen (ICD). Das seit den 1970er Jahren von Fachleuten bemängelte Fehlen einer Abhängigkeit vom Nikotin-Typ ist durch die WHO in den neueren Auflagen der „International Classification of Diseases" korrigiert worden (ICD-10/F 17: psychische und Verhaltensstörungen durch Tabak).

Dennoch ist sie aus mehreren Gründen für die Praxis von SozArb/SozPäd nicht ausreichend:

- Es fehlt eine Reihe von suchterzeugenden Stoffen. Es gibt zahlreiche weitere missbrauchsfähige Stoffe, die z.T. allerdings nur regionale Bedeutung besitzen, wie z.B. Klebstoff- bzw. Farbenverdünner, Feuerzeuggas oder Benzin, deren Dämpfe eingeatmet werden. Überdies ist fast jedes Medikament, sofern es überdosiert oder ungewöhnlich appliziert wird, missbrauchsfähig.
- Es gibt zunehmend weniger „reine Typen". Vielmehr geht die Tendenz überall dort, wo illegal konsumiert wird, wo also der „Nachschub" des gewohnten Mittels nicht immer gewährleistet ist, schon seit der Etablierung illegaler Szenen dahin, dass sog. „Polytoxikomane" (von mehreren Stoffen gleichzeitig Abhängige) produziert werden. Seit Beginn des neuen Jahrhunderts ist dieser Trend so ubiquitär (überall verbreitet) geworden, dass häufig schon von der „Generation Mischkonsum" gesprochen wird.
- Der in den 1980er Jahren überaus stark einsetzende Trend zum Konsum von Ecstasy und anderen Amphetamin-Derivaten im Zusammenhang mit Marathon-ähnlichen Tanz-Veranstaltungen („raves") ist inzwischen weltweit verbreitet. Er hat regional zeitweilig zur Trennung der illegalen Szenen zwischen den stärker an uppers, an ekstatischen Hoch-Erlebnissen auf der einen, und den stärker an downers, an stark dämpfenden Abschalt-Erfahrungen Interessierten geführt. Der Trend zum Mischkonsum hat diese Trennung wieder ausgehebelt, weil er auch zur Folge hat, dass Drogen je nach ihrer Wirkung funktional eingesetzt werden, d.h. beim Bedürfnis nach Leistungssteigerung eher ein upper, beim Bedürfnis nach Entspannung wiederum ein downer.
- In beiden Szenen wird wieder mit einer Vielzahl bisher wenig verbreiteter Stoffe experimentiert. Designer-Drogen, also unmittelbar für den illegalen Markt produzierte Stoffe, die (noch)

S

nicht dem Drogen-Kontrollrecht unterstehen, sind dabei ebenso häufig wie wieder entdeckte Stoffe aus der Geschichte der Betäubungsmittel (z. B. Äther, Chloroform, Pervitin) oder Stoffe aus der Veterinärmedizin und aus der Forschung.

- Die WHO-Definition geht allein von der stoffgebundenen S. aus. Der ganze Bereich der stoffungebundenen S., wie er durch die eingangs erwähnten umgangssprachlichen Ausdrücke angedeutet wurde, fällt dabei heraus. Das ist zu einem besonders dramatischen Mangel geworden, seit durch die Verfügbarkeit elektronische Medien sich ganz neuartige Suchtformen verbreitet haben.

Für Praktiker/innen der SozArb/SozPäd ist jedoch eine Vielzahl exzessiver Verhaltensweisen von Bedeutung, die die normalen Lebensfunktionen wie Existenzsicherung, soziale *Interaktion* und Kommunikation der Klientel beeinträchtigen. *Alkoholismus* und Drogenabhängigkeit sind nur zwei – wenn auch die schwerwiegendsten – Ausprägungen von S.

Bedeutung für die Soziale Arbeit

Im Alltag der professionellen Arbeit im Sozialbereich werden – von der Vorschule bis zur Altenpflege – alle Formen süchtigen Verhaltens auftreten Deshalb ist für SozArb/SozPäd der alte Suchtbegriff eigentlich einschlägig.

Danach sollen unterschieden werden:

- Marotten oder „Spleens" wie Sammelsucht, Naschsucht, Spielsucht, Fernsehsucht, Comicsucht, IT-Sucht („online-süchtig") usw., die jedoch, sofern sie zur hauptsächlichen Lebensfunktion werden, auch krankhaften (pathologischen) Charakter annehmen können; insbesondere die Spielsucht ist – seit der sehr viel stärkeren Verfügbarkeit von Glücksspielautomaten uns playstations, zu einem bedeutenden sozialen Problem geworden;
- geschlechtsspezifische Formen der Sucht wie Bulimie oder Anorexia (Ess- und Brech-S. bzw. Mager-S.); mehr und mehr wird in der geschlechtsspezifischen SozArb auf das Problem einzugehen sein;
- verdeckte S.-Formen wie Arbeits-S. oder Gefall-S.;
- pathologische Monomanien wie Kleptomanie oder Pyromanie, die nicht nur eine Selbstschädigung, sondern auch eine Fremdschädigung bedeuten;
- Internet-basierte Suchtformen wie exzessive/pathologische Internet-Nutzung, d. h. einfach ein Zuviel an Surfen im Netz, Internet-Spielsucht ohne Glücksspiel-Charakter (Rollenspiele, ego-shooter usw.), soziale Netzwerke, bei denen die Gefahr der Entwicklung von Scheinidentitäten und „Erfolg" ohne Mühewaltung besonders groß ist, Internet-Spielsucht mit Gewinn-Chancen und – vor allem – hohen Verlust-Risiken;
- süchtiges Rauchen, das noch am ehesten als „Einstieg" in eine Drogenkarriere, d. h. in weitere stoffgebundene Suchtformen angesehen werden kann;
- Alkoholismus, wobei zu berücksichtigen ist, dass bei Kindern und Jugendlichen der Schritt von der psychischen zur physischen Abhängigkeit sehr viel schneller vollzogen ist als bei Erwachsenen;
- Medikamentenabhängigkeit, die vorrangig die Selbstmedikation, d. h. Medikamenteneinnahme ohne ärztliche VO meint, die nicht selten auch durch wohlmeinende Eltern veranlasst wird;
- Drogenabhängigkeit, bei der Medikamente oder andere Drogen aus nichtmedizinischen Gründen und zum Zweck des Missbrauchs konsumiert werden.

Eine aktuelle Zusammenfassung – bezogen auf die Suchtprävention von Jugendlichen – bietet van Rennings 2009.

Bei den harmloseren Formen, die hier genannt sind, ist ebenso wie bei dem Probier- oder Experimentierverhalten mit den gefährlicheren Drogen zu beachten, dass sie eine tragische Drogenkarriere bis hin zur völligen körperlichen Abhängigkeit vorbereiten oder begünstigen können. Die SozArb wird deshalb immer auf die Entwicklung süchtigen Verhaltens achten müssen, wenn sie verhindern will, dass neben den persönlichen und materiellen Abhängigkeiten, denen ihre KlientInnen gewöhnlich ausgeliefert sind, auch noch Abhängigkeiten von Verhaltensweisen oder Suchtstoffen und deren z. T. dramatische soziale Folgen entstehen. Pädagogische Hebel dafür können nur die eigene Vorbildfunktion und die Untersuchung und Bearbeitung der Ursachen, die schon hinter den ersten Ansätzen von Suchtbildung liegen, sein.

Dabei hat sich für die pädagogische Intention und Zielbestimmung allmählich eine Differenzierung ergeben: Abstinenz für diejenigen, die erkennbar nicht mit Suchtstoffen umgehen können, aber Mäßigung für die große Mehrheit der Konsument/-innen, die in der Lage sind, ‚gepflegt' mit Suchtstoffen umzugehen.

Wolfgang Heckmann

Literatur
Arbeitsergebnisse aus der Suchtforschung (hrsg. v. W. Heckmann), 17 Bde. seit 1981, Weinheim 1981 ff. • S. Dettmers: Kompetenzen in der gesundheitsbezogenen Sozialen Arbeit, in: sozialmagazin 7-8/2015, 92–97 • Die Drogenbeauftragte der BReg.: Drogen- und Suchtbericht 2015, 2016 • N. B. Eddy/H. Halbach/H. Isbel/M. H. Seevers: Drug dependence: Its significance and characteristics, in: Bull. WHO 32/1965, 721–733 • Europäische Drogenbeobachtungsstelle für Drogen und Drogensucht: Europäischer Drogenbericht, Lissabon 2015 • Fachverband Drogen und Rauschmittel (FDR): Bestandsanalyse von und Nutzerbefragung in Spielhallen mit Geldspielautomaten in Thüringen, Berlin 2009 • E. Fleisch/R. Haller/W. Heckmann (Hrsg.): Suchtkrankenhilfe. Lehrbuch zur Vorbeugung, Beratung und Therapie, Weinheim/Basel 1997 • F. Fredersdorf/W. Heckmann: Der T-Faktor. Mäßigungskonzepte in der Sozialen Arbeit, Wiesbaden 2010 • V. v. Gebsattel: Zur Psychopathologie der Sucht, in: Stud. Gen. V/1948, 257–265 • W. Heckmann: Drogenkonsum und Drogenabhängigkeit in unserer Gesellschaft, in: psychosozial 4/1981 • H. Kuntz: Drogen & Sucht. Alles was sie wissen müssen, Weinheim/Basel [5]2016 (Neuausgabe) • K. Müller: Spielwiese Internet. Sucht ohne Suchtmittel, Wiesbaden 2013 • F. Rehbein/E./M. Zenses: Exzessive Bildschirmmediennutzung und Mediensucht, in: Sucht 3/2013 • H. van Rennings: Jugendliche – eine bevorzugte Zielgruppe in der Suchtprävention, in: uj 5/2009 • R. Schneider: Die Suchtfibel: wie Abhängigkeit entsteht und wie man sich davon befreit, Baltmannsweiler [18]2015 • A. Schuller/J. A. Kleber (Hrsg.): Gier. Zur Anthropologie der Sucht, Göttingen 1993 • F. Stimmer (Hrsg.): Suchtlexikon, München/Wien 2000 • Suchtprävention: Schwerpunktheft von uj 5/2009 • C. Wiesemann: Die heimliche Krankheit – Eine Geschichte des Suchtbegriffs, Stuttgart-Bad Cannstatt 2000.

www.dhs.de (Deutsche Hauptstelle für Suchtfragen mit zahlreichen Broschüren und Materialien zur Sucht))

Weitere Literatur bei *Drogenabhängigkeit.*

S

Suizid

Zum Begriff

S. (auch Freitod, Selbstmord, Selbsttötung) bezeichnet die absichtlich, in ca. 75 % vorher mitgeteilte und/oder angedrohte Vernichtung des eigenen Lebens durch Vergiften (Schlafmittel und andere Medikamente, Gifte, Gas), Ertränken, Erschießen, Erhängen, Öffnen der Pulsadern, aktiv herbeigeführte Unfälle usw. Nach Schätzung der WHO (2015) sterben weltweit jährlich ca. 800 000 Menschen durch S. Medizinisch ist der Selbstmord v. a. eine Gefährdung bei psychotischen Erkrankungen, insbes. bei depressiver Symptomatik. Die Suizidraten sind zwischen den Staaten und regional sehr unterschiedlich. In Europa beträgt die Suicidrate (Todesfälle pro 100.00 Einwohner) durchschnittlich 13,5, am höchsten ist sie in den baltischen und osteuropäischen Staaten, am niedrigsten ist sie in Malta und Zypern. In Deutschland wie in anderen mitteleuropäischen Staaten liegt die Suicidrate bei ca. 12 Selbsttötungen auf 100 000 Einwohner.

S. werden sehr viel häufiger von Männern (74,7 % in 2014), Suizidversuche werden überwiegend von Frauen begangen. Die Suizidtendenz nimmt mit steigendem Alter deutlich zu. Besonders betroffen sind v. a. bei Männern die mittleren Altersjahrgänge (Stat.BA). Von einem erweiterten S. spricht man, wenn dem bereits beschlossenen S. die Tötung anderer (meist der Kinder oder des Ehepartners) vorausgeht.

Sterbefälle durch Selbstmord und Selbstbeschädigung

Nach den offiziellen Statistiken nehmen sich in Deutschland jedes Jahr mehr als 10 000 Menschen das Leben. Diese Zahlen entsprechen etwa dem 2,5fachen der jährlichen Zahlen der Verkehrstoten und sind demnach ein ernstzunehmendes gesellschaftliches Problem. Obwohl kontinuierlich ein Rückgang der Suizidraten zu verzeichnen ist, unterschätzen die veröffentlichten Angaben regelmäßig die tatsächliche Zahl. 2014 gab es in Deutschland nach den Angaben des Stat. BA 10 209 Suizide, davon 7 624 Männer und 2 585 Frauen. Dabei gab es nach BL z. T. erhebliche regionale Unterschiede, die sich wohl nicht allein in unterschiedlichen Altersstrukturen begründen lassen.

Soll man von Selbstmord, Selbsttötung oder Freitod sprechen? Selbstmord weckt Assoziationen zu Mord und diskriminiert die Handlung als Quasi-Verbrechen, Freitod hingegen unterstellt eine Fiktion von freiem Willen und freier Entscheidung, die ebenfalls problematisch ist (Pohlmeier). Eine sichere Abgrenzung zwischen S. und anderen Verhaltensweisen, bei denen das Todesrisiko billigend in Kauf genommen wird, ist psychologisch nicht möglich; insofern sind auch die offiziellen statistischen Angaben irreführend. Ihre Vergleichbarkeit wird zudem dadurch beeinträchtigt, dass die Erfassungsmethoden in verschiedenen Ländern zeitlich und regional unterschiedlich sind.

Auch ist das Dunkelfeld schwer einzuschätzen, da andere Todesursachen (Unfall, Mord) sich mitunter nicht sicher abgrenzen lassen und soziale Gründe (Ruf, Ansehen) und materielle (Versicherungen) dafür sprechen können, einen S. zu verschleiern. Nach Dunkelfeldschätzungen geht man von 3–5 nicht erkannten oder nicht identifizierten S. auf einen offiziell registrierten aus. Noch schwieriger zu beurteilen ist die Zahl der Suizidversuche. Die WHO schätzt, dass auf einen S. 20 Menschen kommen, die Suizidversuche hinter sich haben. Subsumiert man unter den Suizidbegriff darüber hinaus suizidverwandte Formen *abweichenden Verhaltens* (*Sucht, Alkoholismus,* risikoreiche Sportarten), so ist gesamtgesellschaftlich von einer erheblich höheren Suizidrate auszugehen, als die offiziellen Statistiken angeben.

Zu den Ursachen

Über die Ursachen gibt es zahlreiche Hypothesen, jedoch nur wenige fundierte Untersuchungen. Während die *Psychiatrie* geneigt ist, den S. zu pathologisieren, gehen andere Untersucher von einer „vernünftigen" Begründung aus. Zwischen diesen Polen liegen die Arbeiten verschiedener Autoren, die die Suizidneigung weder im Bereich geistiger Gesundheit noch geistiger Krankheit ansiedeln und sich stattdessen bemühen, die innere Dynamik zu erforschen, die einen Menschen zu dieser Handlung treibt. Die Möglichkeit, differenziertere Forschungsansätze und damit Hilfe für Suizidgefährdete zu verwirklichen, besteht erst seitdem sich die gesellschaftliche Diskriminierung gelockert hat. Aufschlussreich für die rechtliche Behandlung (Pohlmeier) dieses Problems sind die ineffektiven Versuche in verschiedenen Ländern, mit rechtlichen *Sanktionen* dieses Problem zu lösen.

Die Untersuchungen an Jugendlichen, die die Bedeutung der sozialen Beziehung, des „significant other", herausgearbeitet haben, von Bronisch über das „präsuizidale Syndrom" (Einengung der Interessen, gehemmte Aggression, Selbstmordphantasien) und Henseler, der den S. als Versuch der Wiederherstellung eines gestörten narzisstischen Gleichgewichts analysiert, sind v.a. präventiv und therapeutisch wichtig. Die Dynamik depressiver („melancholischer") Krankheiten, wie sie Freud in „Trauer und Melancholie" dargestellt, sind um einige wichtige Aspekte ergänzt worden, z.B. den der psychodynamischen Nähe zu bestimmten anderen menschlichen Verhaltensweisen, die, wenn auch nicht akut, so doch nicht minder konsequent zur Selbstvernichtung führen: Askese und Märtyrertum, bestimmte neurotische Krankheiten, Alkoholismus und asoziales Verhalten, Selbstverstümmelung, zahlreiche Operationen, absichtliche Unfälle, Impotenz und Frigidität.

Als Soziologe hat Durkheim versucht, die Zusammenhänge von S. (er spricht von „moralischer Krankheit") und sozialer Struktur zu untersuchen. Nachdem er aufgrund seines Materials Einflüsse von Klima, Rasse und gesundheitlichen Bedingungen auf die Suizidrate meinte ausschließen zu können, glaubte er in der sozialen Desintegration (im Gegensatz zur sozialen Kohäsion) einen wichtigen Faktor zur Erklärung gefunden zu haben. Radikal wandte er sich gegen einen nur biologischen Krankheitsbegriff und gegen die Qualifikation des S. als eine individuelle Krankheit. Hinsichtlich der Veränderbarkeit äußerte er sich pessimistisch, da er annahm, dass eine gewisse Rate gesellschaftlicher Pathologie unvermeidbar ist.

Ungelöst ist trotz zahlreicher Publikationen das Problem der Prophylaxe und Therapie, wie sich an den über Jahrzehnten relativ gleich bleibenden offiziell bekannten Suizidraten erkennen lässt. Erst in den letzten Jahren sind konsequente Schritte zur Suizidprävention unternommen worden: 2014 mit dem Report der WHO zu Sucidialität und Suizidprävention und in Deutschland mit der Entwicklung eines Nationalen Aktionsplans auf Initiative der Deutschen Gesellschaft für Suizidprävention (www.seelischegesundheit.net/buendnis).

Wie weit verbreitet auch in der Wissenschaft dennoch der therapeutische Pessimismus ist, zeigt sich daran, dass die Themen S. und Euthanasie (als Sterbehilfe bei chronisch und unheilbar Kranken) auf Kongressen und in Veröffentlichungen nicht selten gemeinsam abgehandelt werden. Einige Autoren stellen grundsätzlich die Legitimation zum Eingreifen (Verhinderung von S.) in Frage. Therapeutische Passivität als Gegensatz zur Aktivität (das ethisch geforderte Helfen), Letztere insbes. durch zahlreiche freiwillige Helfer (Telefonseelsorge, Kriseninterventionsstellen), wird von Pohlmeier diskutiert, der darauf hinweist, dass die Suizidrate in der BRD – bis auf Einschnitte 1948 und 1953 – relativ konstant geblieben ist, obgleich sich die Zahl der Helfenden vervielfacht hat. Pohlmeier thematisiert auch die Letzteren, ihre innere Nähe zu den Suizidanten (Helfenwollen bei eigener Hilflosigkeit, Angst vor dem Tod, vor Aggression und Verlust der eigenen Person), und stellt einen Katalog von wünschenswerten Eigenschaften (Angstfreiheit, Demut, Uneigennützigkeit, Geduld, Toleranz, Respekt, Sachlichkeit, sorgfältiges Nachdenken und Nächstenliebe) der Helfenden auf, der zugleich unspezifisch – weil wünschenswert für jede berufliche soziale Tätigkeit – als auch ideal ist. Er enthüllt allerdings, welche unbewussten Konflikte oft genug *Klienten* und Helfer verbinden: die Spannung zwischen Ichideal-Forderungen und der gesellschaftlichen oder individuellen Unfähigkeit, diesen Anforderungen auch nur annähernd gerecht zu werden. Diese – oft unbewusste – Gemeinsamkeit ermöglicht zwar die Herstellung eines sozialen Kontaktes auf der Basis eines gemeinsamen Ich Ideals, beseitigt jedoch nicht die Grundproblematik, die in jedem Akt der Selbsttötung enthalten ist: das Unwerturteil über die Welt (das Selbst, die Freunde, die Gesellschaft, das Leben), weil sie den idealen Vorstellungen nicht entspricht.

Die unbewusste Dynamik zeigt sich auch im Verlauf der wissenschaftlichen Diskussion, die sachlich nicht zusammengehörige Dinge wie S. und Euthanasie über die reichlich brüchige Brücke des Rechts des Menschen auf Selbstbestimmung verknüpft. Auch ein Sterbender ist für die, die ihn lieben, ein Lebender. Der Verlust an liebevollen (libidinösen) Bindungen ist ein Problem unserer Gesellschaft, das in den zahlreichen Arbeiten zur Suizidthematik zwar immer wieder anklingt als ein Problem der Klienten, nicht aber als Problem der Angehörigen, Freunde und Helfenden. Das Zugeständnis der Selbstbestimmung des Menschen zu sterben, wann er will, kann unbewusst auch der Rechtfertigung der Lebenden dienen, sich der Last eines Sterbenden (Suizidanten, unheilbar Kranken, Alten) entledigen zu dürfen. Aufgrund ihrer eingeschränkten Lebens- und Liebesfähigkeit führen diese Kranken nicht selten auch die Helfenden an die Grenzen ihrer eigenen Lebens- und Liebesfähigkeit – ein Konflikt, der Aggressionen weckt, die sich destruktiv im passiven Gewährenlassen oder in aktiver Unterstützung auswirken können. Außer dem aktiven Eingreifen der Helfenden – oft unvermeidlich unter Anwendung von unmittelbaren Zwangsmaßnahmen, wie Klinikeinweisung z. B. – ist die Aufrechterhaltung eines liebevollen Angebots selbst dann wichtig, wenn der Adressat aus rationalen und emotionalen, bewussten und unbewussten Gründen dieses vorübergehend zurückweist.

Untersuchungen enthalten hierzu instruktives klinisches Material, dem auch zu entnehmen ist, dass der Suizidant, die Angehörigen und die Helfenden weniger mit dem Tod als vielmehr mit dem Sterben, der Krankheit und dem Verlust der Liebesfähigkeit (Selbst- und Fremdliebe) konfrontiert sind. Deshalb ist auch für den Klienten die Zuwendung wichtiger als ein intellektuelles Aufarbeiten von Konflikten (Dorrmann). Diese ist allerdings nur dann möglich, wenn der Sterbende und der Sterbenwollende für den anderen seine Bedeutung als Mensch, Mitmensch und Freund behält *(Sterbebegleitung)*. Die seelischen Konflikte, die bei den Angehörigen und den Helfenden durch die Betreuung ausgelöst werden, machen eine Betreuung der Betreuenden durch Supervision und Angehörigengruppen notwendig. Das gilt auch für die Hinterbliebenen.

Weitere Informationen finden sich im Internet, z. B. zur Prävention (www.krisen-intervention.de) oder Depression (www.depression.ch und www.kompetenznetz-depression.de), die allerdings ärztliche Konsultation nicht ersetzen können.

Gertrud Hardtmann

Literatur

Th. Bronisch: Der Suizid: Ursachen, Warnsignale, Prävention, München ^{5}2014 ◆ L. Epstein Rosen u. a.: Wenn der Mensch, den du liebst, depressiv ist. Wie man Angehörigen und Freunden hilft, Reinbek 2002 ◆ H. Henseler: Narzisstische Krisen. Zur Psychodynamik des Selbstmordversuchs, Opladen ^{4}2000 ◆ G. Mischler: Von der Freiheit, das Leben zu lassen: Kulturgeschichte des Suizids, Hamburg 2000 ◆ H. Pohlmeier: Depression und Selbstmord, Berlin 1998 ◆ P. Schwalm: Suizidalität von Jugendlichen in der Gegenwartsgesellschaft, Marburg 2005 ◆ Stat.BA (Hrsg.): Todesursache Suizid, Wiesbaden 2007 ◆ Stat.BA: jeweils aktuelle Daten zu Todesursachen, zuletzt 2015 ◆ T. Teismann/W. Dorrmann: Suizidalität, Göttingen 2014 ◆ V. Volkan u. a.: Wege der Trauer. Leben mit Tod und Verlust, Gießen 2000 ◆ WHO: Report zur Suizidalität und zur Suizidprävention, Genf 2015.

Links

www.uke.uni-hamburg.de;
www.suizidpraevention-deutschland.de;
www.suizidprophylaxe.de

Supervision

Unter S. (auch Praxisberatung) versteht man die berufsbezogene Beratung und Weiterbildung von Fachkräften, v. a. im Sozial- und Gesundheitswesen sowie der Pädagogik. Dabei stehen Selbst- und Fremdreflexionsprozesse im Vordergrund, die ihre Schwerpunkte im kommunikativ-beziehungsmäßigen und nicht im fachlich-technischen Bereich haben. Neuerdings werden unter S. auch Maßnahmen der Personal- und Organisationsentwicklung verstanden. Zunehmend findet die S. auch in Feldern außerhalb des Nonprofit-Bereichs statt: Wirtschaft, Dienstleistungen, Verwaltung, Modellprojekte, *Sport* und Politik. Durch erhöhte Ansprüche an Qualität und Wirtschaftlichkeit hat der Bedarf an S. in den letzten Jahren stark zugenommen. Die Notwendigkeit für Kommunikation und Aushandlungsprozesse ist in den meisten Berufen gestiegen. Spätestens seit dem „Achten Jugendbericht" der BReg von 1990 gilt S. als ein anerkanntes Verfahren für die Weiterbildung in der KJH. Auch die „Psychiatrie-Personalverordnung" des BMAS verlangt eine S. für das Fachpersonal. Die Spitzenverbände der Wohlfahrtspflege *(Wohlfahrtsverbände)* haben inzwischen eigene RL zur Durchführung und Finanzierung von S. entwickelt. In rechtlicher Hinsicht gelten die gleichen Gesetze wie bei der Beratung (Belardi u. a. 2011). Zunehmend wird statt S. oder Beratung auch der Begriff Coaching verwendet. Ursprünglich meinte Coaching eine Art S. für Führungskräfte (Leitungsberatung), vor allem im Profitbereich („Businesscoaching"). Teilweise ist C. dann eine unklare Bezeichnung für Betreuung, Unterstützung, Begleitung o. andere helfende Tätigkeiten u. konkurriert dadurch mit beruflichen Aufgaben der *Sozialen Arbeit.* Ausbildungen im Coaching sind kürzer, billiger u. unüberschaubar (Belardi 2015, 105 ff., 150).

Entwicklung: Die S. entstand seit 1878 in amerikanischen Wohlfahrtsorganisationen als Hilfe und Kontrolle von damals ehrenamtl. Armenbesucherinnen durch wenige hauptamtl. SozArb (Supervisors). Um junge Ehrenamtler bei ihrer Slum-Arbeit in London zu unterstützen, bot Pfarrer Barnett ein wöchentliches Beratungsgespräch an. An der School of Social Work (Columbia University, New York) gab es bereits 1900 erste Kurse über S., oft im Zusammenhang mit der von Mary Richmond entwickelten Methode des Social Casework *(Einzelfallhilfe).* Das erste Buch über S. erschien im Jahre 1903. Bereits im Jahre 1920 hat man an der Sozialen Frauenschule in München eine „Besprechung der sozialen Praxis" eingeführt. An der Wohlfahrtsschule in Jena fand diese Praxisauswertung in einer vierstündigen Gesprächsgruppe statt. Weitere Quellen der S. kann man in der psychoanalytischen Ausbildung (Kontrollanalyse), der psychoanalytischen Reflexion pädagogischer Arbeit (Aichhorn, Bernfeld) sowie der tiefenpsychologischen Weiterbildung von Ärzten feststellen (Balintgruppe).

Während in den USA die S. seit den 1930er Jahren auch psychoanalytisch und soziologisch ergänzt wurde, stagnierte sie durch den Nationalsozialismus in Deutschland etwa drei Jahrzehnte lang. Erst seit dem Jahre 1950 ist S. als Begriff im deutschen Sprachraum feststellbar. Etwa zwischen 1955 bis 1975 wurde sie als Lernsupervision (Praxisanleitung) für Studenten an den Wohlfahrtsschulen sowie als Weiterbildungssupervision (Praxisberatung) für Berufstätige angeboten. Im Jahre 1964 organisierte der DV den ersten Ausbildungskurs für Supervisoren. Weitere Ausbildungsgänge kamen in den 1970er Jahren durch freie Weiterbildungsträger, private Institute sowie durch Aufbau-Studiengänge an HS zustande. Um dem Wildwuchs im Ausbildungs- und Angebotswesen Einhalt zu gebieten, haben sich Ende 1989 verschiedene Ausbildungsstätten zur „Deutschen Gesellschaft für Supervision" (DGSv) vereinigt.

Aktueller Stand: Derzeit gehören diesem Verband etwa 40 Ausbildungsinstitute an, die sich für die Interessen und Ziele der DGSv einsetzen. Die DGSv hatte 2016 über 4 000 Einzelmitglieder. Der Verband publiziert einen Informationsdienst, veranstaltet Fachtagungen und wacht über die Standards der Ausbildung. Man empfiehlt den Trägerverbänden, nur DGSv-Mitglieder als Supervisoren einzustellen. Neben der DGSv bieten auch psychotherapeutische Fachverbände wie der „Berufsverband Deutscher Psychologinnen und Psychologen" (BDP) oder die „Gesellschaft für wissenschaftliche Gesprächspsychotherapie" (GwG) Ausbildung in Supervision an.

Die entsprechenden Fachverbände in Österreich (ÖVS) und der Schweiz (BSO) haben über 1 000 Mitglieder.

Viele dieser Supervisor/innen möchten S. als allgemeine Beratungswissenschaft und sich als „All-Round-Supervisoren" präsentieren. Demgegenüber ist die Besonderheit einer S. *Sozialer Arbeit* hervorzuheben: S. im Jugendhaus ist nicht gleichzusetzen mit S. im *Jugendamt* oder im Altenheim. Für S. im Sozialwesen benötigt man feldspezifische Spezialisierungen. Die meisten Supervisoren/innen verrichten ihre Beratungsarbeit nebenberuflich. Viele sind im Hauptberuf in Feldern des Sozialwesens tätig. Die Abnehmer von S. sollten die beruflichen Hintergründe der sich für einen Beratungsauftrag bewerbenden Supervisoren erfragen. An der deutschsprachigen Supervisions-Szene, die mit ihrem hohen Niveau an Theoriebildung und Professionalität einmalig in der Welt ist, beteiligen sich noch weitere Berufsgruppen (Psychologen, Ärzte).

Weiterhin gilt, dass es hinsichtlich der Nutzung von S. sowohl ein Stadt-Land-Gefälle als auch ein Gefälle zwischen eher „supervisionsnahen" Arbeitsfeldern wie *Beratung, Psychiatrie,* ASD, SPFH, JGH und eher „supervisionsfernen" Arbeitsfeldern, wie etwa in der Jugendarbeit, Jugendberufshilfe oder Migrantenarbeit gibt.

Internationale Bezüge: Inzwischen hat sich eine europäische Vereinigung für S. gebildet, die auch Aufbauhilfe in Ost- und Südeuropa leistet: „Association of National Organizations for Supervision in Europe" (ANSE). In Frankreich, Italien und Spanien ist die S. nicht so weit entwickelt wie bei uns. In England und Irland findet die S. v.a. als Ausbildungssupervision an den HS, oft in enger Verbindung mit den Praxisstätten, statt. Dort wie in den USA ist die Freiberuflichkeit von S. nicht so verbreitet wie im deutschen Sprachraum. In den USA ist S. – auch in Form der häufig vorkommenden Vorgesetztensupervision – immer noch stark an die Trägerorganisation gebunden. Gleichzeitig hat dort die Therapeutisierung von S. zugenommen. Allerdings ist in den USA die empirische Erforschung von S. weiter vorangeschritten als in Europa (Belardi 2015).

Schwerpunkte: Die supervisorische *Beratung* hat v.a. zwei Schwerpunkte: (1) Die Feldkompetenz meint das Wissen des in der Praxis erfahrenen Kollegen über Klienten, Arbeitsbeziehungen und institutionelle Zusammenhänge von SozArb. Im Idealfalle kennt der erfahrene SozArb als Supervisor die berufsspezifischen Problemlagen (doppeltes Mandat, Verspätung vieler Hilfen, Anfängerfehler, Helferprobleme von „Nähe" und „Distanz", Konflikt zwischen Person und Rolle, organisatorische Arbeitsabläufe u.a.). Da es beim Erwerb beruflicher Kompetenzen jedoch nicht nur um kognitive Elemente geht, sondern emotional beeinflusste Fähigkeiten und Barrieren auch eine Rolle spielen, gehört zur S. noch die (2) Beratungskompetenz. Darunter versteht man den Umgang mit sozial-emotionalen Lernprozessen. So gilt es, psychische Barrieren im beruflichen Handeln zu erkennen und abzubauen (z.B. Widerstände und Übertragungen) oder Lernmöglichkeiten in der Gruppe nutzbar zu machen.

Konzepte: S. ist Teil des großen Weiterbildungsmarktes im Nonprofit-Bereich *(Weiterbildung).* Um daran zu partizipieren, haben viele psychotherapeutische Richtungen eigene Supervisionsangebote und Ausbildungsgänge entwickelt. S. der SozArb sollte jedoch von *Psychotherapie* abgegrenzt werden. Sie ist „Beratung der Berater" bzw. „Hilfe für Helfer". Hauptgegenstand dieser S. ist der Arbeitsauftrag des SozArb, die Verbesserung von Klientenarbeit sowie institutioneller Bedingungen. Aufgrund der komplexen Aufgaben von S. greifen eindimensionale Modelle, die auf einer (zumeist psychotherapeutischen) Methodik beruhen, zu kurz. Nur interdisziplinäre Ansätze, welche Person, Gruppe, Team, Organisation und Problemlagen von Klientelgruppen in psychologischer, sozialwissenschaftlicher und fachlicher Hinsicht erfassen, helfen weiter. In den 1990er Jahren sind einige mehrdimensionale, integrative und/oder metatheoretische Konzepte publiziert worden. Diese nutzen verschiedene Bezugssysteme, wie z.B. psychotherapeutische Ansätze für Einzelne, Gruppen und Familien, Kommunikationstheorie, Systemtheorie, Organisationswissenschaft, um anstehende Fragen in der Fallarbeit, der Selbstreflexion von Teams und Innovation von Organisationen für supervisorische Fragestellungen nutzen zu können (Belardi 2015, Schreyögg 2010). Supervisoren verwenden i.d.R. mehr als drei Deutungsmuster. Die Reihenfolge der verwendeten Konzepte: Psychoanalyse, systemische Beratung, Gruppendynamik, Gesprächstherapie, Gestalttherapie u.a. (Hege 1996, 104). Insgesamt beträgt das deutschsprachige Schrifttum zur S. mehrere tausend Titel. Inzwischen sind hunderte von Diplomarbeiten, einige Dutzend Dissertationen und Habilitationsschriften über S. angefertigt worden.

Prozesse: V.a. dort, wo S. erstmalig stattfindet, ist es wichtig, vor Beginn zu untersuchen, weshalb gerade jetzt eine S. gewünscht wird. Denn es muss etwas passiert sein, dass zumindest eine Person die S. wollte. Es kann sich um ein Problem mit Klienten, im Team oder in der Organisation handeln. Vielleicht haben die teaminternen Auseinandersetzungen zugenommen oder Einflüsse von außen (z.B. Reorganisation, Ressourcenkürzungen). Eventuell war ein Teil des Teams sogar für die S., während ein anderer Teil sich reserviert verhielt oder S. ablehnte. Schwierig ist es, wenn die S. evtl. als „Strafaktion" von „oben" gestartet wurde. Nicht selten wird einem Team eine S. „verordnet", um die Folgen von Leitungs- und Organisationsfehlern „auszubessern". In diesem Falle spricht man von einem „delegierten Leitungsproblem" an die S. Um das zu vermeiden, ist es wichtig, die Vorgeschichte sowie alle Fremdeinflüsse auf die S. zu kennen. Ansonsten besteht die Gefahr, dass die Supervisanden (die Teilnehmer an der S.) die S. als „verlängerten Arm" der Leitung erleben und das Vorhaben scheitert. In jedem Fall ist es Aufgabe der Supervisorin, sich Informationen über die noch unbekannte Team- und Organisationsgeschichte zu verschaffen. Denn diese enthält Hinweise über die jeweilige Einrichtung und das mögliche Problem. Daraus erschließen sich dann die Handlungsstrategien. Die Erfahrungen zeigen, dass wichtige Dinge schon passiert sind, bevor der Wunsch nach S. aufkam. Die Fachleute nennen diese Sammlung und Auswertung von Informationen die Analyse der Nachfrage. Diese Untersuchung findet schon vom ersten Telefonat oder Briefwechsel an statt. Sie intensiviert sich, wenn die Supervisorin zum Erstgespräch eingeladen wird.

Fallbearbeitung: Die Fallabläufe werden in der Fachliteratur ähnlich beschrieben. Nach einer Aushandlungsphase, also der Entscheidung für einen „Fall", kommt es zur Falldarstellung durch den Falleinbringer. Die übrigen Gruppenmitglieder sollten dabei nur kurze Verständnisfragen stellen, damit sie nicht ihre „eigene Geschichte" an den Fall „dranhängen" und auf diese Weise die Kommunikation verwirren. Darüber zu wachen ist Aufgabe der Supervisorin. Aus diesem Grunde hält sie sich mit Stellungnahmen zurück. Sie nimmt eine neutrale, eher am Prozess und weniger an den Inhalten orientierte Position der „freischwebenden Aufmerksamkeit" ein. Das ermöglicht dann die Fallbearbeitung durch die Gruppe. Diese wird umso erfolgreicher, je weniger strukturierend oder bewertend diskutiert wird und je mehr die Teilnehmer ihre spontanen Einfälle und Gefühle zum Fall äußern können. Es folgt die Rückmeldung des Falleinbringers darüber, was ihm die Kommentare der Gruppenmitglieder gebracht haben. Dann kann die nächste Fallbeschreibung beginnen. V. a. durch die Förderung spontaner Einfälle kommt es in der Mittelphase der Supervisionssitzung zur Freisetzung unbewussten Materials. Dabei wird der Resonanzeffekt oder Spiegelungseffekt genutzt. Bei der Schilderung des Ursprungsgeschehens „spiegeln" sich Situation, Dynamik, Prozesse oder Handlungsfehler des ursprünglichen Berufsfeldes wider, die man nach einer gemeinsamen Reflexion für konstruktive Strategien nutzen kann. Am Ende einer Fallschilderung sollte die rationale Betrachtung des Falles stehen sowie Gedanken zum „nächsten Schritt". Zur S. gehört auch der Austausch von Informationen oder die Weitergabe von Wissen; etwa für Supervisanden in der Ausbildung (z. B. Studierende, Pflegeschülerinnen). V. a. bei der S. von komplexen Arbeitseinheiten (Team, Organisation) ist es wichtig, dass vorher geklärt wird, wie der Auftrag an die Beratung lautet. Oftmals handelt es sich nämlich um einen „Dreieckskontrakt": Supervisor, Team, Geschäftsleitung. Dabei kann es zu Erfolgs- oder Misserfolgswünschen, verborgenen Zielen und „geheimen Aufträgen" kommen. Wenn Supervisorinnen diese verstehen und es vermeiden, sich auf „eine Seite" ziehen zu lassen, es ihnen gleichzeitig gelingt, diese Einflussfaktoren in den Prozess zurückzuspeisen, dann haben sie die Chance, etwas verändern zu können.

Varianten: Der Begriff organisationsinterne S. meint, dass eine Mitarbeiterin die S. für Kollegen anbietet. Diese Supervisorin kann als Angehörige des Teams oder an anderer Stelle in der Organisation tätig sein. Oft leiten Vorgesetzte die Fallbesprechungen. Das kommt häufig in den englischsprachigen Ländern vor (Vorgesetzten- oder organisationsinterne S.).

Dabei kommen selten Auseinandersetzungen zwischen Kollegen, Kritik an Vorgesetzten oder der Institution vor. Demgegenüber nutzt die organisationsexterne S. Chancen eines weitgehend sanktionsfreien Raumes. Dabei wird eine anderswo beschäftigte erfahrene SozArb auf Honorarbasis stundenweise für die Fallbesprechungen engagiert. Weil sie nicht in die Hierarchie, den Alltag sowie die internen Auseinandersetzungen der Institution eingebunden ist, können die Supervisanden ihr gegenüber und untereinander ein besseres Vertrauensverhältnis entwickeln. Vor- und Nachteile der internen bzw. externen S. liegen somit in unterschiedlichen Bereichen. Größere Einrichtungen, z. B. JÄ, Trägerverbände von Heimen oder psychiatrische Institutionen, haben eigene Stabsabteilungen zur Weiterbildung der Mitarbeiter. Oft sind dort auch Supervisorinnen tätig. Diese S. in Stabsfunktion hat den Vorteil, dass die Supervisorin die Klientelgruppen und Arbeitsprobleme des Personals besser kennt als Externe; andererseits ist sie nicht direkte Vorgesetzte oder Kollegin der Supervisanden.

Settings: Historisch betrachtet stand am Anfang der S. das Zwei-Personen-Setting der Einzelsupervision, etwa in der Ausbildung von SozArb oder in der Weiterbildung von Praktikern. Erweiterungen dieses Zweiersettings sind Rollenberatung, Leitungsberatung oder als spezielles Angebot für Sozialmanager das Coaching (Führungskräftes.). Leiter sind einsam und „leiden" oft unter dem Widerspruch zwischen sozialem Engagement und notwendigen Management-Aufgaben. Durch ihre Beziehungsdichte sind die Varianten des Zwei-Personen-Settings „psychotherapie-nahe". Die Gruppensupervision als Mehr-Personen-Setting findet v. a. in der Ausbildung für soziale und gesundheitliche Berufe statt, aber auch bei Praktikern, die in verschiedenen Einrichtungen oder Arbeitsfeldern tätig sind. Eine Variante der Gruppensupervision ist die Balint-Gruppe, das ist eine psychoanalytisch orientierte Gruppenarbeit zur Fallreflexion. Sie wird v. a. im medizinischen und psychotherapeutischen Bereich angeboten. Bei der Kollegialen Supervision, auch peer group supervision, Intervisionsgruppe oder Kollegensupervision *(Intervision)* genannt, handelt es sich um eine wechselseitige S. ohne formelle Leitungsperson. Sie ist dann erfolgreich, wenn die Teilnehmer über langjährige Berufserfahrungen verfügen und in der Lage sind, das Gruppengeschehen von Neid, Missgunst, Rivalitäten oder anderen Störungen frei zu halten. Bei allen diesen Varianten der Gruppensupervision wird nach Möglichkeit das Wissen und Können aus Gruppenarbeit, Gruppendynamik bzw. Gruppenpsychotherapie angewendet. Das ist auch bei der seit den 1990er Jahren häufigsten Form der S., der Teamsupervision, der Fall. Teammitglieder verstehen sich hinsichtlich ihrer Kompetenzen oft als „gleich", obwohl die Personen, ihre Professionen, Funktionen und Kompetenzen verschieden sind. Oft entwickeln *Teams* ihre eigene „Kultur" im Rahmen der Gesamtorganisation (Organisationskultur). Dazu gehören u. a. Umgangsformen, Gemeinschaftsideologie, Tabus, Mythen, Erfolgs- und *Kränkung*sgeschichten. Eine Teamsupervision ist nicht sinnvoll, wenn die Probleme des Teams eigentlich von anderen Instanzen verursacht sind *(Team)*. Sowohl für die Teamsupervision als auch für die folgenden supervisorischen Angebote benötigt man neben dem „Gruppenwissen" noch Kenntnisse und Fertigkeiten im Umgang mit Organisationen und Systemen *(Systemtheorie)*. Der Übergangsbereich zwischen Teamsupervision sowie den nachstehend genannten Settings ist inhaltlich und begrifflich diffus. Die meisten Probleme in Organisationen werden nicht durch Fehlverhalten einzelner Personen, sondern durch strukturelle Mängel in Kommunikation, Organisation und Leitung herbeigeführt. Statt S. wäre eine Beratung bzw. Weiterbildung von jeweils einigen Vertretern verschiedener Teams oder Abteilungen angebracht. Eventuell sollte man der gesamten Einrichtung eine Institutionssupervision anbieten. Darunter versteht man die Beratung von zentralen Mitgliedern, wie bspw. der Delegierten oder Leiter verschiedener Abteilungen. Auch die Hilfestellung für eine Querschnittsgruppe (bspw. Qualitätszirkel, Leiter verschiedener Stationen oder Abteilungen) innerhalb einer Einrichtung kann man als Institutionssupervision bezeichnen. Demgegenüber umfasst eine Organisationssupervision idealerweise alle Mitglieder der in einer Einrichtung vorhandenen Teams oder Abteilungen, etwa eines psychiatrischen Krankenhauses oder eines Erziehungsheimes.

Organisationsentwicklung (OE): Nicht selten ergibt sich die Notwendigkeit einer umfassenden Umstrukturierung einer Einrichtung *(Sozialmanagement)*. Diese beginnt am besten mit einer Untersuchung und Sammlung aller relevanten Daten, etwa einer Dokumentenanalyse, Befragung der Mitarbeiter, Kosten-Nutzen-Analyse sowie der Marktsituation. Ergebnis kann sein, dass ein JA, ein Heim oder ein Verband sich eigentlich langfristig umstrukturieren sollte. Um die Akzeptanz der Mitarbeiter zu erreichen, müssen diese befragt und beteiligt werden. Im Falle eines langfristigen Lernprozesses zur Veränderung von Institutionen unter möglichst hoher Unterstützung aller Beteiligten spricht man von OE. OE sollte nicht mit bloßer Effektivitätssteigerung verwechselt werden. Neben der Erhöhung der Leistungsfähigkeit einer Organisation (Effektivität) steht das gleichrangige Ziel, die Qualität der Arbeitsbeziehungen zu verbessern (Humanität). Die Erfahrungen von OE in Deutschland werden wie folgt beschrieben: (1) „Das wesentliche Wissen ist in jeder Organisation vorhanden, es muss nur nutzbar gemacht werden. (2) Organisationen bestehen im Wesentlichen aus koordiniertem menschlichem Verhalten. Dieses ist in Systeme (aus den Elementen: Menschen, Räume, Beziehungen u. a.) eingebettet". Man kann in Veränderungsprozessen nicht nur beim Wandel der Personen ansetzen, sondern man muss systemisch vorgehen, d. h. die organisatorischen Strukturen verstehen und/oder verändern, da diese Verhalten stützen oder erschweren. In der Praxis scheitern Organisationsentwicklungsprojekte oft, weil psychologisch orientierte Berater die ökonomische und administrative Seite vernachlässigen. Aber auch umgekehrt verhindert die zu geringe Berücksichtigung der Vorbehalte und Ängste der MitarbeiterInnen oft eine erfolgreiche OE.

Evaluierung: Die Ergebnisse der Wirkungsforschung von S. sind positiv bis sehr positiv. SozArb können durch S. ihre methodische wie theoretische Orientierung in der Alltagspraxis verbessern. Aus dem Alten- und Pflegebereich wird von erhöhter Pflegequalität und Arbeitszufriedenheit durch S. berichtet. In einem österreichischen Krankenhaus führte die S. zur Verringerung von Beschwerden der Patienten, zum Rückgang von Krankenständen und Versetzungsanträgen. Insgesamt scheinen die Supervisanden am meisten für sich persönlich, dann auf der kollegialen Ebene und zuletzt im Verhältnis zur Klientel gewonnen zu haben. S. wirkt somit in erster Linie positiv auf die SozArb in psychohygienischer Hinsicht; weniger stark auf die Klientenarbeit und kaum bezüglich des Organisationsgefüges. Trotzdem rechtfertigen diese Ergebnisse den verhältnismäßig geringen Kostenaufwand für die S. im Vergleich zu nachgewiesener Qualitätssteigerung und Kostenersparnis. Damit ist die fachgerecht durchgeführte S. Sozialer Arbeit auch eine Möglichkeit der Qualitätskontrolle und Qualitätssteigerung. S. ist allerdings kein Allheilmittel, kompensiert weder Personalmangel, verkrustete Verwaltungsstrukturen oder Rückbau des Sozialstaates.

Nando Belardi

Literatur

N. Belardi: Supervision für helfende Berufe, Freiburg i.Br. [3]2015 ♦ N. Belardi/L. Akün/B. Gregor/T. Pütz/ N. Neef/F. R. Sonnen: Beratung. Eine sozialpädagogische Einführung, Weinheim/München [6]2011 ♦ M. Drüge/K. Schleider: Supervision und Coaching in der Kinder- und Jugendhilfe, in: np 6/2013, 570–580 ♦ J. Fellermann/D. Rosenkranz: Aktuelle Marktdaten zu Supervision und Coaching in der Sozialen Arbeit, in: uj 4/2010, 170–174 ♦ M. Hege: Konzeptionsfragen der Supervision, in: Supervision 29/1996, 104–106 ♦ J. Merchel: Management in Organisationen der Sozialen Arbeit, Weinheim/Basel 2015 ♦ A. Schreyögg: Supervision. Ein integratives Modell, Wiesbaden [5]2010 ♦ H. Pühl (Hrsg.): Supervision und Organisationsentwicklung, Wiesbaden [3]2009.

Link

Deutsche Gesellschaft für Supervision e. V./DGSv, Köln (www.dgsv.de)

Systemtheorie

Unter dem Begriff S. firmieren inzwischen unterschiedliche theoretische Ansätze. Die derzeit am besten entfaltete S. in den Sozialwissenschaften ist die Niklas Luhmanns; es ist auch diejenige Theorie, die aktuell auf die Theorieentwicklung der *Sozialen Arbeit* den größten Einfluss ausübt. Diese Wirkung hat sich in drei Wellen vollzogen: Zunächst lassen sich Mitte der 1970er Jahre die ersten systemtheoretische Bestimmungsversuche der SozArb verzeichnen, denen Mitte der 1980er Jahre zwei umfangreichere Arbeiten folgten (Japp 1986; Olk 1986). Eine ausführliche Debatte hat sich jedoch erst ab Mitte der 1990er Jahre entwickelt, angestoßen durch eine Arbeit Baeckers (Baecker 1994; Merten 1997; Weber/Hillebrandt 1999; Bommes/Scherr 2000). Mit dem systemtheoretischen Ansatz war und ist zugleich eine gesellschaftstheoretische Bestimmung der SozArb in der modernen *Gesellschaft* verbunden.

Differenzierungsformen

Um eine solche Bestimmung der SozArb vornehmen zu können, bedarf es vorab einer genauen Bestimmung, was das Moderne der modernen Gesellschaft ausmacht. Dies lässt sich durch einen Vergleich der S. von T. Parsons mit der N. Luhmanns verdeutlichen. Während Parsons danach fragt, welche Strukturen eine Gesellschaft ausbildet, die für ihren Bestand unverzichtbar sind und welche Funktionen sie damit erfüllt (strukturell-funktionale Theorie), stellt Luhmann diese Frage genau umgekehrt: Welche Funktionen werden in der Gesellschaft bedient und welche Strukturen haben sich hierzu herausbildet (funktional-strukturelle Theorie). Dadurch wird es möglich, Strukturbildungen selbst zu problematisieren: So ist nach PISA innerhalb des Erziehungssystems (Funktion: Bildung) die Struktur zum Thema geworden: Einheitsschule, Drei- u. Mehrgliedrigkeit etc.

Gleichrangigkeit/Ungleichartigkeit

Nach Luhmann differenzieren sich in der modernen Gesellschaft eigenständige Funktionsbereiche aus, die sich auf die Erledigung einer Funktion für die gesamte Gesellschaft konzentrieren. So ist das Gesundheitssystem für die Regulierung von Gesundheit/Krankheit zuständig, das Rechtssystem für die Regulierung von Recht/Unrecht etc. Da jedes Teilsystem nur eine besondere Funktion wahrnimmt, entstehen folglich ungleichartige, aber gleichrangige Einheiten. Kein System ist (funktional gesehen) wichtiger als ein anderes, weil die moderne Gesellschaft auf keines dieser Systeme verzichten kann. Die sich daran anschießende brisante Frage lautet: Ist SozArb ein solches eigenständiges Funktionssystem der modernen Gesellschaft? Gegen die SozArb wird dabei geltend gemacht, dass sie kein eigenständiges Funktionssystem sein könne, weil sie in allen gesellschaftlichen Teilsystemen anzutreffen sei, es bestehe eine diffuse Allzuständigkeit (Stichweh 1994; Bommes/Scherr 2000). Die Verfechter einer Eigenständigkeit verweisen demgegenüber darauf, dass die SozArb überall anzutreffen sein müsse, weil sie ihre Funktion ja für die gesamte Gesellschaft wahrnehme; nur dann, wenn sie strukturell aus einem Bereich der Gesellschaft ausgeschlossen wäre, stünde ihre Autonomie in Frage. Worauf es ankommt, ist die Bestimmung ihrer gesellschaftlichen Funktion (Baecker 1994; Merten 1997).

Codierung
Soziale Systeme bilden und erhalten „sich durch Erzeugung und Erhaltung einer Differenz zur Umwelt, und sie benutzen ihre Grenzen zur Regulierung dieser Differenz" (Luhmann 1984, 35). Dieser Modus, mit dem diese Grenzziehung erfolgt, ist der Code eines Systems, z. B. ‚krank/nicht-krank' im Gesundheitssystem. Dieser Code schließt dritte Möglichkeiten aus, d. h. jemand ist entweder krank oder nicht krank, jemand zahlt oder zahlt nicht (Wirtschaftssystem). Es ist zwar denkbar, dass jemand mehr oder weniger zahlt, aber das ändert nichts an der grundsätzlichen Entscheidung, ob er überhaupt zahlt; ebenso verhält es sich beim Beispiel der Krankheit. Für das jeweilige System ist nunmehr entscheidend, dass es seine weitere Kommunikation immer nur an den positiven Wert anschließt; der negative Wert dient als sog. Reflexionswert, der verdeutlicht, dass jeder Sachverhalt prinzipiell auch anders sein (d. h. kontingent) könnte.

Für die SozArb stellt sich genau an dieser Stelle die Frage, wie denn – bei der Annahme, dass sie ein eigenständiges Funktionssystem bildet – ihr Code zu bestimmen ist. Hier liegen unterschiedliche Vorschläge vor: „helfen vs. nicht-helfen" (Baecker 1994, 95 ff.; Merten 1997, 97 ff.), „Fall vs. Nicht-Fall" (Fuchs 1997, 413 ff.), „bedürftig vs. nicht-bedürftig" (Weber/Hillebrandt 1999, 16) und „Anspruch vs. Nichtanspruch" (Maaß 2007, 81 ff.). Ein Einvernehmen darüber, welcher Code-Vorschlag sich als fruchtbarer erweist, besteht bisher noch nicht.

Komplexitätsreduktion/-steigerung
Die Ausdifferenzierung von funktionalen Teilsystemen hat weitreichende Konsequenzen. Einerseits erfolgt durch die Beschränkung auf eine Funktion eine dramatische Komplexitätsreduktion; das System lässt alles außer Acht, was nicht für seinen Code anschlussfähig ist. Das Rechtssystem konzentriert sich ausschließlich auf Rechtsprechung und nicht auf die Heilung von Kranken, das Medizinsystem ist ausschließlich für die Heilung von Kranken zuständig und nicht für die Vermittlung von Wissen (Bildungssystem). Diese Reduktion der Aufmerksamkeit ist zugleich die Voraussetzung für eine ebenso dramatische inhaltliche Komplexitätssteigerung (also: Spezialisierung).

Operative Schließung/Autopoiesis
Wenn Teilsysteme sich a) über ihren Code ausdifferenzieren und damit b) zugleich gegen die Umwelt abgrenzen sowie c) zu ihrem weiteren Prozessieren immer an den Positivwert anschließen, dann schließen sie sich auf diese Weise operativ. M. a. W.: „Ein codiertes System ist damit in gewisser Weise sich selbst ausgeliefert, und das heißt v. a.: dass es keine Gründe finden kann, seinen Code nicht anzuwenden …" (Luhmann 1992, 89). Hier liegt der entscheidende Grund für die hohe Dynamik moderner Gesellschaften. Die Medizin findet medizinisch keinen Grund, selbst bei hoffnungslosen Fällen nicht weiter zu heilen.

Dadurch, dass das System sich über seinen Code „selbst ausgeliefert ist", entsteht die Autopoiesis. Das heißt, dass das System sich über seinen Code bildet und zugleich intern darüber strukturiert, weil durch die operative Schließung eine Regulierung von außen nicht mehr möglich ist. „Autopoietische Systeme sind Systeme, die nicht nur ihre Strukturen, sondern auch die Elemente, aus denen sie bestehen, im Netzwerk eben dieser Elemente selbst erzeugen" (Luhmann 1997, 65). Autopoietische Systeme sind also über ihren Code selbsterzeugend und selbstregulierend.

Inklusion
Wenn alle Systeme je eine Funktion für die gesamte Gesellschaft erfüllen, dann stellt sich die Frage, wie die Individuen Zugang zu diesen Systemen finden. Dieser Vorgang heißt Inklusion und bedeutet die Teilnahme am jeweiligen System, allerdings nur mit den funktionsrelevanten Ausschnitten der Lebensführung. So ist es im Bildungssystem unwichtig, ob ein Mensch gut singen kann; für das erfolgreiche Passieren ist lediglich wichtig, ob die eingeforderten Wissensbestände vorhanden sind – oder auch nicht. Alle anderen Aspekte bleiben (theoretisch) außer Betracht.

An dieser Stelle entfachen sich die aktuellen Auseinandersetzungen um SozArb. Gegenwärtig wird kontrovers diskutiert, ob sie für Exklusionsvermeidung, Inklusionsvermittlung und/oder Exklusionsverwaltung zuständig ist (so Bommes/Scherr 2000; kritisch hierzu Merten 2001; zur Debatte: Merten/Scherr 2004).

Programmierung
Damit ein System unterscheiden kann, ob etwas dem positiven Wert seines Codes zugerechnet werden soll, muss es entscheidungsfähig gemacht werden. Es bedarf also eines Modus der Zuordnung und diese erfolgt über Programme, die eine spezifische Offenheit des Systems ermöglichen. Programmierung gibt die Bedingungen dafür an, wie die beiden Codewerte Sachverhalten zugeordnet werden. Über Programme wird das System für seine Umwelt geöffnet und dadurch die Möglichkeit eingebaut, externe Gegebenheiten in Betracht zu ziehen (Luhmann 1984, 432 f.). Da Programmierung nicht binär verfahren muss, ist es zugleich möglich, durch den binären Code ausgeschlossene dritte Möglichkeiten aufzunehmen. So lässt sich bspw. über Programme nicht nur festlegen, ob jemand arm ist, sondern ab welchem Einkommen – und diese Programmierung ist letztlich jederzeit änderbar; die Regelsätze des SGB XII liefert hierfür ein eindrückliches Beispiel. Das Verhältnis von Code und Programmierung lässt sich in dieser Perspektive mit den Begriffen konstant/variabel umschreiben (Luhmann 1997).

Organisation
Programme sind nicht irgendwo ungebunden, sondern sie manifestieren sich in Strukturen. Ein solcher struktureller Niederschlag erfolgt typischerweise (wenngleich nicht ausschließlich) in Form von Organisation(en). Sie repräsentieren in besonderer Weise das Verhältnis von Stabilität/Variabilität, aber auch das Verhältnis von Inklusion und Nicht-Inklusion, denn: „Funktionssysteme behandeln Inklusion, also Zugang für alle, als den Normalfall. Für Organisationen gilt das Gegenteil: sie schließen alle aus mit Ausnahme der hochselektiv ausgewählten Mitglieder. Dieser Unterschied ist als solcher funktionswichtig. Denn nur mit Hilfe der intern gebildeten Organisationen können Funktionssysteme ihre eigene Offenheit für alle regulieren und Personen so unterschiedlich behandeln, obwohl alle gleichen Zugang haben. Die Differenz der Systembildungsweisen ermöglicht es also, beides zugleich zu praktizieren: Inklusion und Exklusion" (Luhmann 1997, 844). Obwohl also alle funktionalen Teilsysteme für alle Menschen prinzipiell offen stehen, erfolgt eine „Schließung" (M. Weber) über Programmierung und Organisation.

Profession
Teilsysteme sind zwar für alle Menschen prinzipiell offen, aber nicht für alle Rollen. Systemtheoretisch wird eine strikte Differenz zwischen Leistungs- und Publikumsrolle vorgenommen. Jedes System erbringt seine Leistungen über eigens qualifiziertes Personal. Das ist genau die Schnittstelle, an der sich S. und Professionstheorie kreuzen, denn lt. Stichweh (1994) wird die Leistungserbringung durch eine Profession monopolisiert wahrgenommen. Insofern ergibt sich aus der systemtheoretischen Perspektive ein enger gesellschaftlicher Zusammenhang zwischen Profession und Gesellschaftsstruktur *(Professionalisierung).*

Normalisierung
Betrachtet man nunmehr die von Professionen zu erbringenden Leistungen für die Komplementärrolleninhaber *(Klient),* dann zeigt sich, dass aufgrund der prinzipiellen Offenheit des Systems diese Leistungen für alle Gesellschaftsmitglieder allen zugänglich sein müssen – sofern sie die in der Programmierung eingeforderten Konditionen erfüllen. Damit unterscheiden sich bspw. die von einem System SozArb zu erbringenden Leistungen unter funktionalen Gesichtspunkten nicht mehr von denen anderer Systeme, z. B. Medizin oder Recht. Genau dieser über die Inklusion für alle Gesellschaftsmitglieder offen gehaltene Anspruch auf Leistungen wird als (funktionale) Normalisierung bezeichnet. Es handelt sich dabei nicht um einen normativen Begriff, wie sich am Beispiel der Medizin deutlich machen lässt: Obgleich ihre Leistungen funktional normalisiert sind, also prinzipiell für alle Menschen offen stehen, sind ihre Wirkungen (z. B. operative Eingriffe) keineswegs immer angenehm oder ihre Voraussetzung (das Vorliegen einer Krankheit) positiv. Nicht anders verhält es sich mit den Leistungen der SozArb als gesellschaftliches Funktionssystem.

Roland Merten

Literatur
D. Baecker: Soziale Hilfe als Funktionssystem der Gesellschaft, in: Zeitschrift für Soziologie, 23. Jg., 1994, 93 ff. ◆ M. Bommes/A. Scherr: Soziologie der Sozialen Arbeit. Eine Einführung in Formen und Funktionen organisierter Hilfe, Weinheim 2000 ◆ P. Fuchs: Weder Herd noch Heimstatt – Weder Fall noch Nichtfall. Doppelte Differenzierung im Mittelalter und in der Moderne, in: Soziale Systeme, 3. Jg., 1997, 413 ff. ◆ K. P. Japp: Wie psychosoziale Dienste organisiert werden. Widersprüche und Auswege, Frankfurt/M./New York 1986 ◆ T. Kosselek/R. Merten: Systemtheorie und Soziale Arbeit, in: H.-U. Otto/H. Thiersch (Hrsg.): Handbuch Soziale Arbeit, München [5]2015, 1723–1730 ◆ H. Lamberts:

S

Systemtheoretische Grundlagen Sozialer Arbeit, Stuttgart 2010 ◆ H. Lamberts: Theorien der Sozialen Arbeit: Ein Kompendium und Vergleich, Stuttgart 2012 ◆ N. Luhmann: Soziale Systeme. Grundriss einer allgemeinen Theorie, Frankfurt/M. 1984 ◆ N. Luhmann: Beobachtungen der Moderne, Opladen 1992 ◆ N. Luhmann: Die Gesellschaft der Gesellschaft, Frankfurt/M. 1997 ◆ O. Maaß: Die Soziale Arbeit als Funktionssystem der Gesellschaft? Eine systemtheoretische Analyse, Jena (unv. Diss) 2007 ◆ R. Merten: Autonomie der Sozialen Arbeit. Zur Funktionsbestimmung als Disziplin und Profession, Weinheim/München 1997 ◆ R. Merten (Hrsg.): Systemtheorie Sozialer Arbeit. Neue Ansätze und veränderte Perspektiven, Opladen 2000 ◆ R. Merten: Inklusion/Exklusion und Soziale Arbeit. Überlegungen zur aktuellen Theoriedebatte zwischen Bestimmung und Destruktion, in: ZfE 2/2001, 173 ff. ◆ R. Merten/A. Scherr (Hrsg.): Inklusion und Exklusion in der Sozialen Arbeit, Wiesbaden 2004 ◆ T. Olk: Abschied vom Experten. Sozialarbeit auf dem Weg zu einer alternativen Professionalität, Weinheim/München 1986 ◆ A. Scherr: Systemtheorie und Differenzierungstheorie als Kritik. Weinheim/ Basel 2015 ◆ R. Stichweh: Wissenschaft, Universität, Professionen. Soziologische Analysen, Frankfurt/M. 1994 ◆ G. Weber/F. Hillebrandt: Soziale Hilfe – Ein Teilsystem der Gesellschaft? Wissenssoziologische und systemtheoretische Überlegungen, Opladen 1999.

T

Tageseinrichtungen für Kinder (Kindergarten)

Zum Begriff

Der Begriff „T. für Kinder" gilt als Oberbegriff für verschiedene Arten von Einrichtungen (Kindertagesstätten), in denen sich Kinder für einen Teil des Tages oder ganztags aufhalten; wobei die Ganztagsangebote in den letzten Jahren deutlich gestiegen sind und im Gegenzug die traditionellen ‚geteilten Öffnungszeiten' (Vor- und Nachmittagsbetreuung ohne Übermittagbetreuung) abgenommen haben. T. für Kinder gibt es als sog. offene Einrichtungen und als Einrichtungen mit einer Gruppenstruktur. In den offenen oder teiloffenen Einrichtungen werden Kinder nicht mehr in festen Gruppen betreut, d.h. es findet keine Trennung der Kinder nach Alters- oder Zielgruppen statt, so dass die Kinder sich in freigewählten Spielgruppen mit selbstgewählten Aktivitäten (häufig in sog. Funktionsräumen) befassen können. Allerdings überwiegen nach wie vor T. für Kinder mit einer festen Gruppenstruktur. Sie stellen laut amtlicher Kinder- und Jugendhilfestatistik einen Anteil von rd. 87 % an allen T. für Kinder (Stat. BA 2015). Während noch vor wenigen Jahren T. für bestimmte Altersgruppen überwogen, also Krippen für Kinder unter 3 Jahre *(Kinderkrippen)*, Kindergärten für Kinder im Alter von 3 Jahren bis zum Schulbesuch und *Kinderhorte* für Schulkinder, so überwiegen inzwischen die T. mit heterogenen Altersgruppen mit einem Anteil von 56 %. Auch im Hinblick auf die Konzeptionen der T. hat sich das Betreuungsangebot pluralisiert: Heute existieren klassische Kindergärten bspw. neben Familienzentren, Schulkinderhäusern oder integrativen T. für Kinder (d.h. Einrichtungen, in denen Kinder mit und ohne Behinderung gemeinsam betreut werden).

Zur Entwicklung

T. für Kinder sind ein traditionsreiches Feld deutscher *Sozialpolitik*. Sie sind seit ihrem Entstehen in der Mitte des 19. Jh. Begleiterscheinungen gesellschaftlicher Differenzierungsprozesse (Industrialisierung, Verstädterung), die zu einem Wandel des Familienlebens *(Familie)* und zu erhöhten Bildungsanforderungen geführt haben. Die Organisation und das Image von T. für Kinder lassen bis heute den caritativen Ursprung sozialer Hilfe erkennen. T. für Kinder sind Einrichtungen der JH, sie werden in öffentlicher und freier Trägerschaft betrieben. In Deutschland gab es 2015 zusammen 54 536 T. für Kinder, von denen ein Drittel von öffentlichen Trägern (Städte, Kreise oder Gemeinden) betrieben wurden. Privat-nichtgemeinnützig agierende Träger einschl. Betriebskindergärten stellen nur einen sehr geringen Anteil mit 3 % (1 611 T.). Somit werden 67 % aller T. für Kinder von Trägern der freien Jugendhilfe betrieben. Diese lassen sich in nicht-konfessionelle Wohlfahrtsverbände (DRK, DPW, AWO) und konfessionelle Wohlfahrtsverbände, Kirchen und sonstige Religionsgemeinschaften (EKD/Diakonie, Kath. Kirche/Caritas, Zentralwohlfahrtsstelle der Juden in Deutschland, sonstige Religionsgemeinschaften) sowie andere Träger untergliedern. Letztere machen einen Anteil von 14 % an allen T. für Kinder aus, während die nicht-konfessionellen Wohlfahrtsverbände einen Anteil von 16 % stellen. Die Gruppe der Träger mit einem religionsgebundenen Kontext führen 34 % aller T. für Kinder, wobei die beiden christlichen Kirchen sowie ihre Wohlfahrtsverbände 33,1 % aller T. betreiben und somit zugleich die größte Trägergruppe darstellen. In der zweiten Hälfte der 2000er Jahre hat eine starke Angleichung der Trägerstruktur zwischen den östlichen und westlichen BL stattgefunden. Der zentrale Unterschied ist noch, dass in den östlichen BL die Kirchen als Einrichtungsträger eine erheblich geringere Bedeutung als in den westlichen BL. haben.

Rechtsgrundlagen

T. für Kinder haben ihre rechtliche Grundlage im dritten Abschnitt des zweiten Kapitels des SGB VIII, in dem die Förderung von Kindern in Tageseinrichtungen und Kindertagespflege geregelt wird (§§ 22–26 SGB VIII). Nähere Inhalte und Umfang der Angebote und Leistungen liegen in der Verantwortung der Länder (§ 26 SGB VIII) und werden in den AG der BL festgelegt. Ziel ist die Schaffung eines bedarfsgerechten Angebots an T. für Kinder. Die institutionelle Kinderbetreuung Deutschlands bekam mit dem 1990/1991 in Kraft getretenen SGB VIII den rechtlichen Rahmen für *Erziehung, Bildung* und Betreuung in T. für Kinder, orientiert an den Bedürfnissen von Kindern und Familien und gedacht als bedarfsgerechte Unterstützungsleistung für Familien, die das Leben zwischen Beruf und Familie in vielfältigen Formen zu gestalten haben. 1996 wurde der lange umstrittene Rechtsanspruch auf einen Kindergartenplatz für Kinder ab dem dritten Lebensjahr durchgesetzt. Der Rechtsanspruch konnte allerdings nicht als kinder- und bildungspolitisches Anliegen im Rahmen der JH durchgesetzt werden, sondern erst als frauenpolitisches Zugeständnis (Begleitmaßnahme zur Neuregelung des § 218) realisiert werden. Der Rechtsanspruch auf einen Kindergartenplatz ist ein wichtiges Indiz dafür, dass unsere Gesellschaft dabei ist, für das Leben mit Kindern ein neues Verhältnis zwischen privater und öffentlicher Zuständigkeit zu definieren. Dies wird seit dem 12. Kinder- und Jugendbericht unter der Überschrift „Aufwachsen in öffentlicher Verantwortung" in der Fachwelt diskutiert. Unter diesen sich ändernden gesellschaftlichen Rahmenbedingungen ist es verständlich, dass in Westdeutschland der Betreuungsbedarf für unter 3-Jährige erheblich an Bedeutung gewonnen hat. Durch das Tagesbetreuungsausbaugesetz 2005 (TAG) und das Kinderförderungsgesetz 2008 (KifögG) wurden die rechtlichen Grundlagen den aktuellen Bedarfen angepasst. Insbes. durch das KiföG wurde der individuelle Rechtsanspruch auf einen Betreuungsplatz ab der Vollendung des ersten Lebensjahres eingeführt (ab August 2013). Für unter 1-Jährige gilt ein bedingter Rechtsanspruch, der v. a. an die Erwerbstätigkeit beider Elternteile bzw. an die Erwerbstätigkeit von *allein Erziehenden* geknüpft ist.

Gesellschaftlicher Stellenwert von Tageseinrichtungen für Kinder

Der Besuch einer T. für Kinder gehört mittlerweile selbstverständlich zum Aufwachsen von Kindern dazu (Rauschenbach 2011). 2015 besuchten 3,342 Mio. Kinder eine T. Die überwiegende Mehrzahl, nämlich 2,28 Mio. dieser Kinder ist im Alter von 3 Jahren bis zum Schuleintritt, besucht also den Kindergarten. Etwa 600 000 Kinder sind unter 3 Jahre alt und 468 000 im Schulalter (i. d. R. im Grundschulalter). Damit besuchen inzwischen 95 % der Kinder im Kindergartenalter eine T.; im Kern ist damit eine Vollversorgung erreicht. Dies ist umso erstaunlicher, weil allen Diskussionen um die Einführung eines Pflichtkindergartenjahres zum Trotz Angebote der Kindertagesbetreuung freiwillige Angebote sind. Keine andere ‚freiwillige' Bildungseinrichtung in Deutschland kann auf eine solche Erfolgsbilanz verweisen. Bei unter 3-Jährigen liegt die Inanspruchnahme mit einer starken Ost-West-Differenz bundesweit derzeit bei gut 28 %. Die Quote bei Schulkindern bis 10 Jahren liegt bei ca. 16 %. Allerdings werden Schulkinder mittlerweile verstärkt an Ganztagsgrundschulen (z. T. in Kooperation mit ‚ehemaligen' Horten) betreut.

Während sich also Bildung, Betreuung und Erziehung der Kinder von 3 Jahren bis zum Schuleintritt im Kindergarten zum Regelangebot entwickelt hat, befindet sich der U3-Ausbau auch nach der Einführung des Rechtsanspruchs ab der Vollendung des ersten Lebensjahres noch in vollem Gange. Im Jahr 2015 wurde in Westdeutschland eine Quote der Inanspruchnahme von 23,6 % und in Ostdeutschland von 46,8 % erreicht. Repräsentative Elternbefragungen des DJI weisen allerdings darauf hin, dass noch nicht alle Betreuungswünsche der Eltern erfüllt sind: Im Jahre 2015 ergab die Elternbefragung einen Betreuungswunsch für 39,5 % in Westdeutschland und für 57,7 % in Ostdeutschland.

Sehr unterschiedliche Strategien lassen sich derweil bei der Betreuung der Kinder im Schulalter beobachten: Während einige BL nach wie vor am ‚traditionellen' Hortangebot festhalten, häufig auch in Kooperation mit Schulen, haben sich andere BL – etwa NRW, Hamburg und Berlin – mehr und mehr von der Tagesbetreuung für diese Altersgruppe verabschiedet und auf die Ganztagsgrundschule ‚umgestellt' bzw. befinden sich noch in diesem Prozess.

Alles in allem zeigen allein diese Zahlen, dass der Kindertagesbetreuung in quantitativer Hinsicht ein hoher Stellenwert zukommt. Aber auch in qualitativer Hinsicht wird der Tagesbetreuung ein hoher Stellenwert eingeräumt. So stehen T. für Kinder nicht nur im Dienste der Vereinbarkeit von Familie und Beruf, sondern sollen zugleich jedes Kind individuell fördern und nicht zuletzt auch herkunftsbedingte soziale Ungleichheiten frühzeitig ausgleichen. Insbes. Kinder aus sozial benachteiligten Familien, Kinder mit Migrationshintergrund und Kinder mit Behinderung sind in den Fokus öffentlicher und fachlicher Debatten gerückt.

Konzeption und Bildungsanspruch

Als Reaktion auf das schlechte Abschneiden Deutschlands beim internationalen Schulleistungstest PISA gewann die Diskussion um den Bildungsauftrag der T. für Kinder wieder neue Fahrt. Grundlage der Bildungspläne der Länder, die in der zweiten Hälfte der 2000er Jahre entwickelt und eingeführt wurden, ist die gemeinsame Rahmenvereinbarung auf Bundesebene, die im Mai 2004 von der JMK und im Juni 2004 von der KMK beschlossen wurde. Ziel dieses Rahmenplans war es, frühkindliche Bildungsprozesse unabhängig vom „Engagement einzelner Personen in Kindertageseinrichtungen oder einzelner Träger (…) zu machen" und dadurch zur Umsetzung gleicher „Bildungs- und Lebenschancen" beizutragen (JMK/KMK 2004, 2). Zugleich war mit den Bildungsplänen ein Professionalisierungsprojekt für pädagogische Fachkräfte verbunden, das die bundesdeutsche Kindergartenlandschaft von ihrer konzeptionellen „Beliebigkeit" (Diskowsky 2014, S. 19) befreien und eine zu einem (Wieder-) Erstarken des Bildungsauftrags von T. beitragen sollte. Dabei wurde in dem Beschluss der JMK und KMK das Prinzip der ganzheitlichen Förderung betont, d. h. Bildung in T. sollte sich nicht an einzelnen Wissenschaftsdisziplinen orientieren, wie dies bspw. in Schulen überwiegend der Fall ist, sondern an Themenfeldern „kindlicher Neugierde". Als didaktisches Prinzip wird das projektförmige Lernen favorisiert. Die Lerninhalte sollen sich an der Lebenswelt der Kinder orientieren, an ihren Interessen anknüpfen sowie über Lernformen vermittelt werden, die selbst gesteuertes Lernen (Selbstbildung) fördern.

Der gemeinsame Rahmenplan nennt darüber hinaus sechs verschiedene Bildungsbereiche. Hierzu zählen: ‚Sprache, Schrift, Kommunikation', ‚Personale und soziale Entwicklung', ‚Mathematik, Naturwissenschaft, (Informations-)Technik', ‚Musische Bildung/Umgang mit Medien', ‚Körper, Bewegung und Gesundheit' sowie ‚Natur und kulturelle Umwelten'. Die Umsetzung der Rahmenpläne soll sich an den Fragestellungen und Interessen der Kinder als Ausdruck des kindlichen Bildungsinteresses orientieren bzw. diese zum Ausgangspunkt nehmen. Die Rahmenpläne haben das Ziel, in die Konzeption jeder Einrichtung Eingang zu finden, um somit Reflexions- und Kommunikationsprozesse in Gang zu setzen. Neben den Inhalten sieht der Rahmenplan auch die Durchführung systematischer Beobachtungs- und Dokumentationsverfahren kindlicher Entwicklungsprozesse durch die pädagogischen Fachkräfte vor. Dadurch sollen Stärken ausgebaut und Schwächen der Kinder kompensiert werden. Neben den Bildungsbereichen formuliert der Rahmenplan pädagogische Grundprinzipien, die sich auf die Rolle der Erzieherinnen und Erzieher als ‚Lern- und Entwicklungsbegleiter', auf die Beziehung zwischen Fachkräften und Eltern als Bildungs- und Erziehungspartnerschaft, auf die Zusammensetzung der Gruppe (v. a. in ihrer Bedeutung für *soziales Lernen*), auf die Gestaltung der Räume als anregungsreiches Lernumfeld sowie auf die Verortung der Einrichtungen im Gemeinwesen durch Kooperation und Vernetzung thematisieren *(Sozialraumorientierung)*. Einen besonderen Stellenwert in diesem Rahmenplan nimmt die Gestaltung des Übergangs von der T. in die Schule ein; diesem Thema wird ein eigener Abschnitt gewidmet.

Auf der Grundlage dieses Rahmenplans wurden dann in den Folgejahren auf Länderebene ausformulierte Bildungspläne vorgelegt. Diese Bildungspläne weisen sowohl von ihrem Umfang als auch von ihren Inhalten her große Unterschiede auf. Es finden sich aber auch Gemeinsamkeiten. Unterschiede beziehen sich etwa auf die Verbindlichkeit der Bildungspläne, die angesprochene Zielgruppe (Alter der Kinder), die konzeptionelle Grundlage (z. B. Orientierung am Situationsansatz, Orientierung an der Resilienzforschung) oder auf das Ausmaß der ‚Verschulung'. Auch die Entstehungskontexte der Bildungspläne unterscheiden sich von BL zu BL (z. B. in der Einbindung von Wissenschaftlern/Wissenschaftlerinnen und/oder Trägern). Weitestgehend Übereinstimmung herrschte in den Bildungsbereichen sowie im Einsatz von Beobachtungs- und Dokumentationsverfahren. Bei der Umsetzung der Bildungspläne wurde ein großer Fortbildungsbedarf der Fachkräfte deutlich, dem mit verschiedenen Fortbildungsmaßnahmen nach wie vor begegnet wird. Ein weiteres Problem lag in der breiten Umsetzung der Bildungspläne über die Pilot- bzw. Modell-Einrichtungen hinaus. Der Umfang (und die Verständlichkeit) einzelner Bildungspläne erschwerte den Fachkräften die Möglichkeit, sich in den Einrichtungen, d. h. sich in den jeweiligen Teams intensiv damit zu beschäftigen.

Knapp zehn Jahre nach ihrer Einführung haben die Bildungs- und Orientierungspläne in den T. einen großen Bekanntheitsgrad erreicht: Fast allen Leitungs- und Fachkräften ist der Inhalt des Bildungsprogramms ihres BL bekannt, eine systematische Einführung haben jedoch lediglich 60 % der Fachkräfte erfahren (vgl. Viernickel & Nentwig-Gesemann 2014, S. 4 f). Dies ist insofern bedeutsam, als dass eine solche Einführung Auswirkungen auf die Arbeit mit den Programmen in den Einrichtungen hat. Leitungs- und Fachkräfte mit einer systematischen Einführung in das Bildungsprogramm „fühlen sich besser auf die Arbeit mit dem Programm vorbereitet und sicherer im Umgang damit … (und sie) schreiben ihm im Vergleich zu den nicht-eingeführten Kolleg/innen einen höheren Einfluss auf die Ausgestaltung der pädagogischen Arbeit und die Weitierentwicklung der pädagogischen Konzeption zu." (ebd.). Als großes Innovationshemmnis bei der Implementierung der Bildungs- und Orientierungspläne erwies sich, dass mit deren Einführung keine Verbesserung der strukturellen Rahmenbedingungen einherging, so wird das „Umsetzungsdilemma", wie Viernickel und Nentwig-Gesemann es nennen, durch knappe personelle und zeitlicher Ressourcen (bspw. für die mittelbare pädagogische Arbeit) sowie eine fehlende Begleitung und Beratung bei der Umsetzung der Programme, verstärkt (ebd., S. 8). Alles in allem werden jedoch die Bildungspläne von Erzieherinnen und Erziehern, Eltern sowie der wissenschaftlichen und politischen Öffentlichkeit positiv bewertet.

Die Einführung der Bildungs- und Orientierungspläne bzw. der dort formulierten Bildungsbereiche wurde in einigen Bundesländern durch Evaluation flankiert. Laut Smidt und Schmidt zeichnen sich die vorliegenden Befunde aufgrund unterschiedlicher Untersuchungsziele, Designs und Inhalte durch große Heterogenität aus, so dass die Ergebnisse nur bedingt vergleichbar sind. Gleichwohl zeigt sich, dass die Einführung der Bildungspläne die pädagogische Praxis v. a. im Bereich der pädagogischen Angebote und der verwendeten Materialien beeinflusst hat. Darüber hinaus scheint ein besonderer Stellenwert in den einzelnen BL in den Bildungsbereichen „Sprache und Kommunikation" zu liegen, wohingegen die Bildungsbereiche naturwissenschaftliche und mathematische Vorläuferfähigkeiten eher ‚vernachlässigt' werden. Mehrheitlich berichten die Befragten Leitungs- und Fachkräfte jedoch, auch diesen Bildungsbereich in der Einrichtung umgesetzt zu haben. Ein großer Nachteil dieser Studien bezieht sich darauf, dass es sich i. d. R. um Befragungsstudien handelt. Um die Auswirkungen von Bildungsplänen auf die pädagogische Praxis zu untersuchen, wären jedoch systematische Beobachtungsstudien erforderlich. Alles in allem besteht also nach wie vor ein großer Forschungsbedarf im Hinblick auf die Effekte der Implementierung von Bildungsplänen in Kindertageseinrichtungen (vgl. Schmidt & Schmidt 2012).

Zur Versorgungslage

Der Kindergarten für die 3- bis 6-Jährigen hat sich in den letzten 40 Jahren von einem eher marginalen Angebot (Versorgungsgrad nach der Jugendhilfestatistik 1965 für die 3- bis unter 6-Jährigen Kinder 31,8 %) zu einem Angebot entwickelt, das inzwischen fast alle Kinder dieser Altersstufe erreicht. Die Versorgung der Kinder im Kindergarten beträgt am 1. 3. 2015 in Deutschland rd. 96 %. Die Betreuungsquote schwankt allerdings zwischen den BL (93,6 % in Bremen und 98,5 % im Saarland) und zwischen den einzelnen Altersjahrgängen der Kinder (Stat.BA 2015). Bei den 4- und 5-Jährigen liegt die Versorgungsquote etwas über dem Durchschnitt, so dass kaum noch ein Kind vor der Schule nicht den Kindergarten besucht. Bei den 3-Jährigen liegt die Quote inzwischen auch schon bei rd. 90 %. Hier gibt es kaum noch Nachholbedarf.

Der Kindergarten hat sich in der Zeit der Bildungsreform wie wohl kein anderer Bereich in seinem Selbstverständnis und in seiner Akzeptanz verändert. Er hat sich im Bewusstsein der Bevölkerung als wichtiger Sozialisationsort für Kinder durchgesetzt und nimmt bei unveränderter Zugehörigkeit zur JH als l. Stufe des Bildungswesens (Elementarbereich) inzwischen einen selbstverständlichen Platz unter den Institutionen ein, die den Lebenslauf der Kinder organisieren. Die Einschätzung, dass Kinder den Kindergarten brauchen, um hier erste Schritte in öffentliche Räume zu machen und dass sie mit der Erweiterung ihres sozialen Aktionsradius spezifische Fähigkeiten und Kompetenzen erwerben, die in der Familie so nicht vermittelt werden können, ist inzwischen Alltagswissen geworden, das Einstellung und Verhalten von Eltern strukturiert. Auf der Grundlage der amtlichen Kinder- und Jugendhilfestatistik wird seit 2006 jährlich erhoben, wie viele Kinder in welchem Alter T. für Kinder besuchen, wie viele Einrichtungen es gibt und wie viele pädagogische Fachkräfte in diesen Einrichtungen arbeiten. Im März 2015 wurden 2 228 Mio. Kinder im Alter von drei Jahren bis zum Schuleintritt betreut. Gegenüber dem Jahr 2006 ist die Anzahl um 100 000 Kinder zurückgegangen. Dies hängt damit zusammen, dass in den 2000er Jahren die Geburten in Westdeutschland zwischen 2000 und 2010 um mehr als 20 % zurückgegangen sind. Die freigewordenen Kapazitäten wurden in erster Linie für den Ausbau der Angebote für unter 3-Jährige eingesetzt. Nachdem ausreichende Plätze inzwischen zur Verfügung stehen, wird es zukünftig darum gehen, die Betreuungszeiten noch besser den Bedürfnissen der Eltern anzupassen. Wenn beide Eltern erwerbstätig sind bzw. der allein erziehende Elternteil erwerbstätig ist, sind die Eltern auf einen Ganztagsplatz angewiesen. Während in Ostdeutschland 77 % aller Kindergartenplätze mehr als 7 Stunden genutzt werden, liegt der Anteil in Westdeutschland erst bei 40 %.

Der Umfang der Angebote für unter 3-Jährige weist auch im Jahr 2015 noch immer erhebliche Diskrepanzen zwischen West- und Ostdeutschland auf. In Ostdeutschland einschließlich Berlin liegt die Besuchsquote bei 47 %, in Westdeutschland können nur 28 % der unter 3-Jährigen ein entsprechendes Angebot in T. und Kindertagespflege nutzen. Aufgrund der Änderungen der §§ 22 ff. SGB VIII durch das TAG und KiFöG wurden erhebliche Anstrengungen unternommen, um das Angebot auszuweiten. Zwischen 2006 und 2015 wurden in Westdeutschland (ohne Berlin) 340 610 Plätze geschaffen (282 541 in Einrichtungen 58 069 in Kindertagespflege). Allerdings hat die letzte Elternbefragungen im Rahmen des DJI-Survey „Aufwachsen in Deutschland: Alltagswelten (AID:A)" im Jahr 2015 ergeben, dass in Westdeutschland für ca. 39,5 % und in Ostdeutschland für ca. 57,7 % der unter 3-Jährigen Angebote von den Eltern gewünscht werden. Da sich nicht immer alle Betreuungswünsche der Eltern aus den unterschiedlichsten Gründen realisieren lassen, liegt die Bedarfsquote generell unterhalb der Elternwunschquote. Diese Bedarfsquote kann allerdings nicht landeseinheitlich bestimmt werden, da die kommunalen Rahmenbedingungen entscheidenden Einfluss auf die Realisierbarkeit des Elternwunsches haben wie z. B. die Höhe der kommunalen Gebühren, Erreichbarkeit und Art der Angebote.

Betreuungsangebote für Kinder im Schulalter sind inzwischen in einem Zusammenspiel von klassischen Angeboten des Hortes und der Ganztagsschule in gebundener und offener Form zu sehen. Analysen des nationalen Bildungsbericht, bei dem beide Angebotsformen gemeinsam betrachtet werden haben ergeben, dass in Westdeutschland im Jahr 2013 eine „gemeinsame" Quote von ca. 30 % und in Ostdeutschland von 70 bis 80 % bei den 6- bis unter 11-Jährigen erreicht wurde – aufgrund von Überschneidungen zwischen der KJH-Statistik und der Ganztagschulstatistik der KMK kann keine exakte Quote bestimmt werden. Insbes. in Westdeutschland ist für die nächsten Jahre noch von einer deutlichen Zunahme auszugehen. Diese Notwendigkeit kann daraus abgeleitet werden, dass sich die Eltern während der Kindergartenzeit auf ein öffentliches Betreuungsangebot eingestellt haben, das im Schulalter dann auch weiter fortgesetzt werden muss, v. a. auch um die aufgenommene Berufstätigkeit weiter zu ermöglichen.

Flexibilisierung des Angebots

Kindertagesbetreuung in der Trias von Erziehung, Bildung und Betreuung steht im Spannungsverhältnis zwischen dem Bildungsanspruch der Kinder, den Betreuungswünschen der Eltern und den institutionellen Rationalitäten der Einrichtungen (z. B. eine möglichst hohe Auslastungsquote). Da Kindertagesbetreuung eine wichtige Funktion für die Vereinbarkeit von Familie und Beruf erfüllt, steigt mit der Berufsorientierung von Frauen bzw. Müttern sowie den Veränderungen der Arbeitswelt, die sich schlaglichtartig mit den Begriffen Flexibilisierung von Arbeitszeitmodellen, Zunahme atypischer Beschäftigungszeiten, erhöhten Mobilitätsanforderungen an Erwerbstätige umreisen lassen, auch der Bedarf an flexibel gestaltbarer Kindertagesbetreuung. Die Betreuungswünsche der Eltern sind bezogen auf den Stundenumfang der Betreuung nicht nur außerordentlich heterogen, sie zeigen auch eine Abkehr von klassischen Betreuungszeiten. Bei der Elternbefragung des DJI aus dem Jahr 2014 stellte sich heraus, dass die elterlichen Wünsche zum Betreuungsumfang für unter 3-Jährige stark von den angebotenen bzw. buchbaren Angeboten abweichen (vgl. BMFSFJ 2015, S. 15). So wünschen z. B. in Westdeutschland die Eltern 32 % Ganztagsangebote, angeboten werden aber über 40 %. Die größte Differenz gibt es bei den kürzeren Betreuungszeiten. Gewünscht werden Halbtagsangebote von 41,5 % der Eltern, das Angebot hält aber nur 26 % bereit. In Ostdeutschland ist die Diskrepanz nicht so hoch, aber tendenziell haben zu wenige Angebote kürzere Betreuungszeiten. Wie kommt es nun zu dieser großen Diskrepanz? Eine Erklärung könnte sein, dass bei einem ‚Nachfragemarkt' – was auch für die Kindertagesbetreuung gilt – die Einrichtungen Kinder mit hohem Betreuungsbedarf ‚vorziehen'. Möglicherweise wird hier nicht nur der dringlichste Bedarf gesehen, der auch nur schwer über private Betreuungsarrangements gedeckt werden kann, sondern diese Betreuungswünsche entsprechen auch der vorherrschenden Zeitstruktur in den T. Bleibt zu fragen wie viel Flexibilisierung ein Kind verträgt? Verlässliche Beziehungen sowohl zwischen Erzieher/innen und Kindern als auch zwischen den Kindern, ein strukturierter, rhythmisierter und an Ritualen orientierter Tagesablauf, verlässliche Zeitstrukturen sowie Mindestbetreuungszeiten zur Sicherstellung der Eingewöhnung sind v. a. für die Jüngsten unverzichtbar. Bislang fehlt jedoch systematisch gewonnenes Wissen zu den ‚Mindeststandards' flexibler Betreuung. Konsens besteht darin, dass Rahmenbedingungen zu schaffen sind, die den pädagogischen Tagesablauf in Einrichtungen so organisieren, dass Spielräume für individuell wählbare Betreuungszeiten entstehen. Flexibilisierung heißt nicht, der Beliebigkeit Tür und Tor zu öffnen (Klinkhammer 2007). Zukünftig wird es also darum gehen, vor dem Hintergrund des Wohlbefindens der Kinder eine Balance zwischen heterogenen Elternwünschen und den Einrichtungs- bzw. Trägerinteressen zu finden.

Ausgaben für die Kindertagesbetreuung und neue Finanzierungsformen

Für T. wurden nach den Ergebnissen der Kinder- und Jugendhilfestatistik von öffentlichen Haushalten im Jahr 2014 zusammen 24,6 Mrd. Euro aufgewendet. Durch die Beiträge der Eltern und anderer Einnahmen wurden 1,73 Mrd. Euro der Ausgaben gedeckt. Für die öffentliche Hand verblieben somit reine Ausgaben in Höhe von 20,1 Mrd. Euro. Kurz nach der Einführung des SGB VIII im Jahr 1992 lag die Höhe der reinen Ausgaben noch bei 7 Mrd. Euro. Somit haben sich innerhalb von 22 Jahren die Ausgaben fast verdreifacht.

Die bisher übliche Finanzierung der Kinderbetreuung ist eine Bezuschussung der Einrichtungen je nach Zahl der Gruppen und je nach Betreuungsform. Sie setzt eine zentrale Angebotsplanung voraus, die nicht selten mit ihren Prognosewerten und den Planungszeiträumen an den real auftretenden kleinräumigen Nachfragen vorbeigeht. Elternbefragungen ergeben immer wieder, dass sich Eltern hier ein schnelleres und flexibleres Reagieren von T. für Kinder wünschen. Um dies zu ermöglichen, wurden in verschiedenen BL nun neue Steuerungsmodelle und Finanzierungssysteme eingeführt (z. B. im Stadtstaat Hamburg mit dem Kita-Gutscheinsystem, im Flächenstaat Bayern mit der Einführung eines neuen Finanzierungsmodells, in NRW die Landesbezuschussung durch eine „Kindpauschale", die sich am Alter, der Betreuungszeit und dem Gruppentyp orientiert). Bei den verschiedenen nachfrageorientierten Finanzierungsmodellen, die praktiziert werden, gibt es eine gemeinsame Grundidee: Nicht mehr die Einrichtung in einer festen Organisationsform wird mit öffentlichen Mitteln bezuschusst, sondern finanziert wird das einzelne Kind mit seinem individuellen Betreuungsbedarf. Die Eltern als Nutzer entscheiden, welche Einrichtung sie für ihr Kind wollen. Die Einrichtung erhält die Platzkosten für die Kinder erstattet, die tatsächlich bei ihnen betreut werden – eine Situation, in der die Einrichtungen selbst sehr daran interessiert sein müssen, das Angebot am Bedarf der Familien auszurichten. Diese Form der Finanzierung stärkt die Position der Eltern gegenüber den Einrichtungen: Wenn die Einrichtung nicht die Bedürfnisse und Wünsche der Eltern berücksichtigt, wechseln die Eltern die Einrichtung. Dieses System funktioniert allerdings nur dort, wo es auch entsprechende Auswahlmöglichkeiten gibt.

Für Träger und Beschäftigte der Einrichtungen bedeutet die Umstellung eine große Herausforderung. Waren die Einrichtungen bisher nur der Genehmigungsbehörde (LJÄ) und ihrem Träger Rechenschaft schuldig, müssen sie bei der auf das Kind bezogenen Finanzierung die Anforderungen der Nutzer in die Ausgestaltung des Angebotes aufnehmen. Werden die Anforderungen nicht beachtet, bleiben die Kinder aus und die Finanzierung ist nicht mehr gesichert. Die Einrichtungen sind dann auch gefordert, ihr Profil nach außen deutlich zu machen, denn wenn Eltern die Wahl haben, müssen die Einrichtungen neue kreative Angebotsformen (wie z. B. ungewohnte Betreuungszeiten, die Koordination eines Betreuungsensembles zwischen T. für Kinder und anderen Formen wie Tagesmüttern oder Nachbarschaftshilfen) entwickeln, die im bisherigen System weniger Realisierungschancen haben. Die Einrichtungen und Träger sind in diesem Finanzierungssystem erheblich höheren Risiken ausgesetzt, die vielfach an die Mitarbeiterinnen und Mitarbeiter weitergegeben werden. So kann es dazu kommen, dass die Anzahl der pädagogischen Fachkräfte und/oder der Stundenumfang der Beschäftigungsverhältnisse der Belegung von Jahr zu Jahr angepasst bzw. nur noch Jahresverträge angeboten werden. Mittelfristig muss es hier zu einer ausgewogenen Situation zwischen den Interessen der Eltern und der Einrichtungen kommen. Eine zu starke Flexibilisierung des Angebotes nur auf den Schultern der pädagogischen Fachkräfte würde dazu führen, dass das Arbeitsfeld an Attraktivität verliert, und es zunehmend schwieriger würde, geeignete Fachkräfte zu finden.

Pädagogische Fachkräfte und ihre Qualifikation

Laut amtlicher Kinder- und Jugendhilfestatistik arbeiteten zum Stichtag 1.3.2015 rund 550 000 Personen in T. für Kinder pädagogisch tätig, einschließlich der Einrichtungsleitung. Von diesen verfügt die überwiegende Zahl, nämlich bundesweit rund 67 % über eine einschlägige Fachschulausbildung i.d.R. als staatlich anerkannte Erzieherin bzw. als staatliche anerkannter Erzieher. Die zweitgrößte Berufsgruppe in T. für Kinder sind Kinderpfleger/innen bzw. Sozialassistent/innen mit einem Anteil von gut 13 %, allerdings ist diese Berufsgruppe v.a. in zwei BL bedeutsam: In Bayern sind sie mit einem Anteil von 36 % überproportional häufig vertreten; relevante Anteile sind im Saarland (18,3 %), in Hamburg (12,9 %), in Schleswig-Holstein (10,1 %) anzutreffen. In den anderen westlichen Ländern liegt der Anteil unter 10 % des pädagogischen Personals. Nach wie vor gering ist der Anteil der Fachkräfte, die auf Hochschulniveau ausgebildet worden sind. Die Akademisierungsbestrebungen der letzten Jahre, d.h. die Einführung von mittlerweile gut 70 Bachelor-Studiengängen im Bereich der frühen Kindheit seit Beginn der 2000er Jahre spiegelt sich nur geringfügig in der Personalstruktur der Kindergartenlandschaft wieder. So lag der Anteil hochschulausgebildeter Fachkräfte 2015 bei 5,4 %. Seit Anfang bzw. Mitte der 2000er Jahre existiert ein für die frühe Bildung in T. spezialisiertes akademisches Qualifikationsprofil, und zwar das der überwiegend an Fachhochschulen ausgebildeten Früh- und Kindheitspädagogen/innen. Diese Berufsgruppe stellt bislang jedoch mit einem Anteil von unter 1 % eine marginale Gruppe dar. Hochschulausgebildeten Fachkräfte – i.d.R. SozPäd/SozArb – sind jedoch überproportional häufig unter den Leiterinnen und Leitern von T. für Kinder zu finden. Dort stellen sie immerhin einen Anteil von gut 21 %. Abzuwarten bleibt also, inwiefern hochschulausgebildete Fachkräfte – insbes. die auf T. spezialisierten Früh- und Kindheitspädagogen – zukünftig ihren Weg in die Tagesbetreuung finden bzw. von diesem Arbeitsfeld ‚aufgenommen' werden *(Ausbildung, Ausbildungen/Soziale Berufe)*. Zu diesen pädagogisch tätigen Personen in T. für Kinder kommen noch rd. 5 000 Verwaltungskräfte sowie 87 000 Personen im hauswirtschaftlichen und technischen Bereich. Damit verdienen rd. 642 000 Personen ihren Lebensunterhalt im Bereich der T. für Kinder. Nach wie vor unterrepräsentiert sind Männer in der Tagesbetreuung: In T. für Kinder arbeiten 2015 lediglich 5,2 % Männer. Die Hoffnung, dass die Akademisierung zu einer Erhöhung des Männeranteils führt, hat sich derweil bislang nicht bestätigt.

Kirsten Fuchs-Rechlin/Matthias Schilling

Literatur

W. Bien/Th. Rauschenbach/B. Riedel: Wer betreut Deutschlands Kinder? Zu Stand und Defiziten der öffentlichen Kindertagesbetreuung, in: AGJ FORUM Jugendhilfe 4/2006 ◆ BMFSFJ (Hrsg.): OECD Early Childhood Policy Review 2002–2004. Hintergrundbericht Deutschland, Berlin 2004 ◆ BMFSFJ (Hrsg.): 5. Bericht zur Evaluation des Kinderförderungsgesetzes, Berlin 2015 ◆ Bundesjugendkuratorium: Bildung fängt vor der Schule an, Bonn 2004 ◆ DJI (Hrsg.): Orte für Kinder. Auf der Suche nach neuen Formen der Kinderbetreuung, München 1994 ◆ D. Diskowski: „Ja, mach' nur einen Plan …". Anmerkungen zu Chancen und Grenzen der Bildungspläne, in: TuP 9/2014, 19–21. D. Elschenbroich: Weltwissen der Siebenjährigen. Wie Kinder die Welt entdecken können, München 2001 ◆ K. Esch/E.K. Klaudy/S. Stöbe-Blossey: Bedarfsorientierte Kinderbetreuung. Gestaltungsfelder für die Kinder- und Jugendpolitik, Wiesbaden 2005 ◆ W.E. Fthenakis (Hrsg.): Elementarpädagogik nach PISA. Wie aus Kindertagesstätten Bildungseinrichtungen werden, Freiburg 2003 ◆ Gemeinsamer Rahmen der Länder für die frühe Bildung in Kindertageseinrichtungen. Beschluss der JMK v. 13./14.05.2004 und der KMK v. 03./04.06.2004 (www.kmk.org/Fruehe-Bildung-Kitas) ◆ K. Jurczyk u.a.: Von der Tagespflege zur Familienbetreuung. Zur Zukunft öffentlich regulierter Kinderbetreuung im Privathaushalt, Weinheim/Basel 2004 ◆ N. Klinkhammer: Flexibilität ermöglichen, Qualität sichern: Herausforderungen für die Veränderungen in der zeitlichen Angebotsstruktur von Kindertageseinrichtungen, in: K. Altgeld/E.K. Klaudy/S. Stöbe-Blossey, S.: Flexible Kinderbetreuung. Online Handbuch. Essen: Universität Duisburg-Essen 2007a (www.flexiblekinderbetreuung.de) ◆ KOMDAT Jugendhilfe: Themenheft zur Kindertagesbetreuung, H. 3/10 ◆ H.R. Leu/C. Preissing: Bedingungen und Formen der Pluralisierung des Angebots von Kindertageseinrichtungen, in: ZSE 2/2000, 132–148 ◆ Th. Rauschenbach: Der Bildungsauftrag des Kindergartens – Neubesinnung nach dem PISA-Schock, in: TuP 3/2002, 205 ff. • Th. Rauschenbach/I. Züchner/M. Schilling: Die Bedeutung der Kinder- und Jugendhilfe in Deutschland, in: J. Münder/R. Wiesner/T. Meysen (Hrsg.): Kinder- und Jugendhilferecht. Handbuch, Baden-Baden ^{2}2011, 40–66 • J. Reyer: Die Bildungsaufträge des Kindergartens, Geschichte und aktueller Status, Weinheim/München 2015 • Stat.BA: Statistiken der Kinder- und Jugendhilfe. Kinder und tätige Personen in Tageseinrichtungen und in öffentlich geförderter Kindertagespflege, Stand 01. 03. 2015. Wiesbaden 2015 • S. Viernickel/I. Nentwig-Gesemann: Bildungsprogramme als Orientierung, Korsett oder Zumutung? Ergebnisse aus dem Forschungsprojekt „Schlüssel zu guter Bildung, Erziehung und Betreuung", in: TuP 9/2014, 4–8 • W. Smidt/Th. Schmidt: Die Umsetzung frühpädagogischer Bildungspläne: eine Übersicht über empirische Studien, in: Zeitschrift für Sozialpädagogik, 10/2014.

Täter-Opfer-Ausgleich

Gesetzliche Grundlagen

Täter-Opfer-Ausgleich (TOA) ist ein Angebot an Geschädigte (Opfer) und Beschuldigte (Täter) die durch eine Straftat zwischen ihnen entstandenen Verletzungen und Konflikte mit Hilfe eines Vermittlers in einem mediativen Prozess *(Mediation)* gemeinsam zu bearbeiten und zu einer einvernehmlichen Regelung zu führen, die von allen Beteiligten akzeptiert wird und die geeignet ist, die Konfliktsituation beizulegen oder zumindest zu entschärfen. Der staatliche Strafanspruch wird zugunsten einer eigenverantwortlichen Bewältigungsarbeit aller Konfliktbetroffenen zurückgestellt, soweit und solange die Betroffenen zur Konfliktbearbeitung freiwillig bereit und in der Lage sind. TOA dient damit der „Wiedervergesellschaftung" von staatlicherseits kriminalisierten Konflikten (Straftaten). Er umfasst Schadenswiedergutmachung, Konfliktbearbeitung und Konfliktregelung. Die Betroffenen erhalten die Möglichkeit, entstandene Verletzungen und Konflikte selbst und direkt miteinander zu be- und verarbeiten und auszugleichen. Im Mittelpunkt des TOA stehen die Aufarbeitung der Tat, ihrer Begleitumstände und der Tatfolgen sowie die Vereinbarung von (zivilrechtlichen) Wiedergutmachungsleistungen der Täter an die Geschädigten.

Gesetzliche Grundlagen des TOA sind im *Jugendstrafrecht* seit dem 1. Gesetz zur Änd. des JGG vom 30. 8. 1990 die §§ 10 Abs. 1 Nr. 7, 15 Abs. 1 Nrn. 1, 2, 45 Abs. 2 S. 2 und 47 Abs. 1 S. 1 Nr. 3 JGG (Diversion) sowie im Erwachsenenstrafrecht seit 1994 § 46a StGB *(Strafrecht)* bzw. seit 2000 im Strafverfahrensrecht §§ 153a, b, 155a, b StPO (Gesetz vom 20. 12. 1999 zur strafverfahrensrechtlichen Verankerung des TOA: BGBl 1999, 2491).

Ziele und Einsatzmöglichkeiten

TOA zielt darauf ab, die Opferbelange ganzheitlich zur Geltung zu bringen. Er schließt die Bearbeitung von Ängsten, Wut, Ärger und anderer durch die Straftat entstandener psychischen Beeinträchtigungen ein. Das formalisierte Strafverfahren lässt hierfür regelmäßig keinen Raum. Täter sind gezwungen, sich intensiv mit ihrer Tat und ihren Tatfolgen beim Opfer auseinander zu setzen. Sie haben keine Möglichkeit, sich der Tatauseinandersetzung zu entziehen, wie dies oft im Strafverfahren durch Neutralisierungstechniken, wie z. B. Bagatellisierung oder Schuldprojektion auf das Opfer, geschehen kann. Sie erhalten so die Chance, intensiv das Unrecht ihrer Tat und die Wirkung der Tatfolgen nachzuvollziehen und eine konstruktive Konfliktbewältigung zu erleben. Ein erfolgreich abgeschlossener Tatausgleich erspart dem Opfer weitere Belastungen eines Strafprozesses und zusätzliche zivilrechtliche Auseinandersetzungen, z. B. um Schadensersatz oder Schmerzensgeld. Die Akzeptanz des TOA ist hoch. Über 75 % der Opfer und mehr als 90 % der Täter sind zu einem Ausgleichsversuch bereit. Opfer bewerten den TOA ganz überwiegend positiv, teilweise mit Zufriedenheitsquoten über 80 % Kritik wird v. a. dann geäußert, wenn die Vermittler nicht professionell empfunden werden und der Eindruck entsteht, dass statt der Wiedergutmachung und Konfliktregelung die strafrechtliche Erledigung bzw. die Erziehung/Resozialisierung des (jugendlichen) Beschuldigten im Vordergrund steht.

Der TOA ist insbesondere geeignet für Straftaten von leichter bis mittelschwerer Kriminalität, z. B. Beleidigung, Hausfriedensbruch, Körperverletzung, Diebstahl, Raub, Betrug, Sachbeschädigung, Unterschlagung. Bagatellfälle sowie Straftaten gegen die sexuelle Selbstbestimmung oder Verbrechen sind grundsätzlich nicht Gegenstände des TOA.

TOA setzt ein persönlich betroffenes Opfer voraus (deshalb fallen z. B. Kaufhausdiebstähle regelmäßig nicht unter TOA), einen klaren und von Täter eingeräumten Sachverhalt und die absolute freiwillige Teilnahme aller Betroffenen. TOA ist nicht geeignet, wenn therapeutische Hilfe vorrangig ist.

In den USA wird die Vermittlung in strafrechtlichen Konflikten in sog. „Victim Offender Reconciliation Programs" seit Mitte der 1970er Jahre, in Österreich als sog. außergerichtlicher Tatausgleich (ATA) seit Anfang der 1980er Jahre praktiziert. In Deutschland begann TOA 1985, zunächst im Jugendbereich mit einem Modellversuch der JGH in Braunschweig. Es folgten entsprechende Projekte in Reutlingen, Tübingen und Köln. Seit Anfang der 1990er Jahre gibt es TOA auch im Allgemeinen erwachsenen Strafrecht (u. a. LG-Bezirk Nürnberg-Fürth).

Tätigkeitsprofile

Das Tätigkeitsprofil des TOA ist mit den herkömmlichen Organisationsformen und Arbeitsweisen der JGH, der Straffälligenhilfe und der Opferhilfe nicht vereinbar. Professioneller TOA setzt einen eigenständigen Arbeitsbereich mit einer ausreichenden Zahl hierfür mindestens schwerpunktmäßig zuständiger, TOA qualifizierter Fachkräfte voraus. Für TOA ist eine allparteiliche, neutrale Klientenperspektive, in Form einer akzeptierenden, wertschätzenden und fördernden Haltung gegenüber allen Konfliktbeteiligten gefordert. Dies bedeutet v. a. für die Straffälligen- bzw. Opferhilfe, die sich lange als parteiliche Unterstützung benachteiligter Straffälliger oder von Opfern verstanden haben, ein Veränderung in der Arbeitsperspektive. Die bereits Anfang der 1990er Jahre in der sog. „Herbsteiner Erklärung" initiierten TOA-Standards sind allgemein akzeptierte RL für das berufliche Handeln im TOA. Ergänzend dazu forciert die BAG TOA die Entwicklung eines Gütesiegels sowie eines entsprechenden Akkreditierungsverfahrens für TOA- und Konfliktschlichtungsstellen. Der 63. Deutsche Juristentag 2000 in Leipzig beschloss, Ablauf und Verfahren des TOA gesetzlich zu regeln und dabei insbesondere Regelungen vorzusehen für das Schweigerecht des Beschuldigten, Verwertungsverbot beim Scheitern von TOA sowie die Qualitätssicherung der TOA-Stellen.

Perspektiven

TOA findet in einem hochsensiblen gesellschaftlichen Spannungsfeld zwischen JGH, Straffälligen-, Opferhilfe und Justiz/Gesellschaft mit ihrem staatlichen Strafanspruch statt. TOA hat langfristig nur dann den gewünschten Erfolg, wenn es den Einrichtungen und ihren Fachkräften gelingt, die Justiz von der Sinnhaftigkeit und der Notwendigkeit der Verlagerung strafrechtlicher Bewältigungsarbeit von TOA geeigneten Straftaten auf einen eigenverantwortlichen Tatausgleich durch die Betroffenen selbst zu überzeugen.

Dem entspricht die international geforderte Neuorientierung der kriminalrechtlichen Sozialkontrolle hin zu einem „restitutiven Paradigma" (restorative justice), das die Konfliktvermittlung und den Ausgleich der Konfliktbeteiligten in den Vordergrund stellt. Im europäischen Kontext ist dazu die Gründung eines „European Forum for Victim-Offender Mediation and Restorative Justice" durch 47 Vertreter aus 16 europäischen Ländern 2001 zu sehen. Generalziel des Forums ist die Entwicklung und Etablierung des TOA und anderer Bereiche der Restorative Justice (wieder gutmachender Justiz) in ganz Europa. Die Gründung der BAG TOA e. V. im Jahre 2001 sollte diese Gedanken in Deutschland vorantreiben.

Neue TOA-Projekte in Deutschland, z. B. gewaltfreie Konfliktbearbeitung in Schulen, in Stadtteilkonflikten, in familiären Gewaltkontexten, tragen dazu bei, eine sozial-konstruktive gesellschaftliche Streit- und Konfliktkultur aufzubauen bzw. einzuüben, die sozial gestaltend angelegt und dem Gedanken der Bürgernähe verpflichtet ist.

Die Nutzung vorhandener sozialraumorientierter, niederschwelliger Zugänge zur Konfliktregelung, unter strikter Sicherung der notwendigen Qualifikation, trägt dem Bedürfnis der Bürger nach Partizipation, Fairness und Sicherheit dabei erheblich Rechnung.

Professioneller und qualifizierter TOA muss sich im Fallbezug bewähren. Notwendig ist, dass neben das auf Allgemeingültigkeit und Nachprüfbarkeit zielende (wissenschaftliche) Wissen von und über die Wirkung von Interventionen, Verfahren und Techniken des TOA die (hermeneutische) Kompetenz des Fallverstehens tritt. Für den TOA mangelt es immer noch an Ergebnissen einer praxisorientierten Forschung, insbesondere auch in Bezug auf Erfolg und Akzeptanz v. a. durch die Justiz.

Roland Proksch

Literatur

BMJ (Hrsg.): Täter-Opfer-Ausgleich in Deutschland. Auswertung der bundesweiten Täter-Opfer-Ausgleichs-Statistik für die Jahrgänge 2011 und 2012, Berlin 2014 ◆ N. Bals: Der TOA bei häuslicher Gewalt: Vermittlung und Wiedergutmachung auf dem Prüfstand, Baden-Baden 2010 ◆ D. Dölling/J.-M. Jehle (Hg): Täter-Taten-Opfer. Grundlagenfragen und aktuelle Probleme der Kriminalität und ihrer Kontrolle, Mönchengladbach 2013 ◆ J. Kaspar: Wiedergutmachung und Mediation im Strafrecht. Münster 2004 ◆ G. Klocke: Entschuldigung und Entschuldigungsannahme im TOA, Frankfurt/M.

2013 • N. Richter, TOA und Schadenswiedergutmachung im Rahmen des § 46a StGB, Tübingen 2013 • T. Trenczek/B. Tammen/W. Behlert/A. von Boetticher: Grundzüge des Rechts. Studienbuch für soziale Berufe. München/Basel [4]2014 • TOA – Servicebüro (Hrsg.): Standards Täter-Opfer-Ausgleich. Köln [6]2009 • TOA-Servicesbüro (Hrsg.): Restorative justice. Der Versuch, das Unübersetzbare in Worte zu fassen. Köln 2011 • H. Zehr: Fairsöhnt: Restaurative Gerechtigkeit. Wie Täter und Opfer heil werden Schwarzenfeld 2010.

Link

BAGTOA – Bundesarbeitsgemeinschaft Täter-Opfer-Ausgleich (www.bag-toa.de)

Teamarbeit

T. beschreibt die Zusammenarbeit in einer Gruppe, in der unter Einsatz unterschiedlicher fachlicher und persönlicher Möglichkeiten der Mitglieder und bewusster Beachtung bestimmter Regeln auf ein gemeinsames Ziel hingearbeitet wird.

Die Zusammensetzung des Teams in fachlicher Hinsicht ist vom Arbeitsfeld und den zu erfüllenden Aufgaben abhängig. T. ist sowohl bei gleicher als auch bei unterschiedlicher Ausbildung möglich. Das Überspringen tief verankerter Professionsgrenzen kennzeichnet gelingende T.

Ergebnisse der Sozialforschung, hier insbesondere im Hinblick auf die Effektivität der Arbeit in sozialen Institutionen (Non-Profit-Bereich), aber auch in wirtschaftlichen Betrieben (Profit-Bereich), belegen, dass die Lösung komplexer Probleme und das Auffinden neuer Lösungen in Veränderungsprozessen in derartigen Gruppen besser geleistet werden kann, als in der getrennten Arbeit Einzelner. Die Vorteile der T. ergeben sich nicht nur aus einer Aneinanderreihung von Personen und Fähigkeiten, sondern auch durch Zeitgewinn bei der Integration von Wissen und Erfahrung und der Nutzbarmachung der zusätzlichen Kräfte und Möglichkeiten, die im Interaktionsprozess der Gruppe entstehen (Synergieeffekte).

Sozialpolitische Entwicklung

In der Sozialen Arbeit war T. zu Beginn der 1970er Jahre noch ein Pilotprojekt und stand unter „Ideologieverdacht". In den 1980er Jahren brauchten hierarchische Institutionen zwar T., verdächtigten sie aber häufig der subversiven Arbeit (Buchinger 1999). T. ging durch Phasen des Scheiterns und Gelingens als ausnahmsweise zugelassene Nothilfe in komplexen Problem- und Krisensituationen. T. war lange Zeit ein Kampfbegriff, der die Hierarchie erzittern ließ. Inzwischen gibt es kaum eine Organisation oder Unternehmung, die nicht auf multiprofessionelle Kooperation setzt, die nicht schneller und unmittelbarer koordinieren und steuern muss, die nicht Projekt orientiert und zielgenauer arbeiten will. Die Arbeitsfähigkeit von Teams ist – jedenfalls im Bereich der Wirtschaft – zu einem konstitutiven Erfolgsfaktor von Organisationen geworden (Wimmer 1998). Die Einsicht in dieses Strukturerfordernis hat allerdings die Fähigkeit, sie im Organisationsalltag auch praktisch umzusetzen, noch nicht ausreichend befördert.

Teamentwicklung und Führungsverantwortung in Gruppen und damit die Veränderung von immer noch hierarchisch geprägten Koordinations- und Steuerungsmustern sind inzwischen Gegenstand von Organisationsentwicklung und *Sozialmanagement.* Widerstände allein schon gegen den Begriff der T. gewinnen aber immer wieder die Oberhand entgegen der ganz praktischen Erfordernis sinnvoller Zusammenarbeit in einer Organisation, in der es mehr um die professionelle Steuerung der Kommunikation und um Prozesskompetenz als um die Absicherung von Einflusspositionen und Kästchendenken gehen muss.

Neue Strukturen, die allenthalben auf dem Reißbrett entworfen werden, lösen Fragen der strategischen Positionierung, der Definition von Geschäftsprozessen und Kosten- und Leistungsverantwortung, scheitern aber, wenn sie die Menschen in der Organisation – einschließlich und v.a. die Führungskräfte aller Ebenen – nicht mit auf die Reise nehmen (Doppler 2011).

Die Kunst, T. nicht als Allheilmittel in jeder Lebens- und Organisationslage einsetzen zu wollen, ist die andere Seite der Medaille, denn T. hat auch ihre Grenzen. Sie kann keine organisatorische Alternative zur Hierarchie sein, sondern muss gezielt als Arbeitsinstrument eingesetzt und mit den entsprechenden Rahmenbedingungen ausgestattet werden (Buchinger 1999, Voigt 1993).

Rahmenbedingungen

Neben einer klaren Zielorientierung gehört dazu als Voraussetzung die Möglichkeit der direkten Zusammenarbeit der Mitglieder im unmittelbaren sachlichen und persönlichen Austausch.

Das Team braucht Führung als Dienstleistungsfunktion für seine Leistungen, seine Regeln und seine Entwicklung.

Klare Funktions- und Rollenbestimmungen und ein erhebliches Maß an sozialer Kompetenz insbesondere für Kommunikationsprozesse sind wesentlichen Vorbedingungen für gute Arbeitserfolge. Auch wenn bestehende Mitarbeiterverhältnisse auf T. ausgerichtet werden sollen, müssen ihre Kommunikations- und Kooperationsprozesse bewusst und gemeinsam gestaltet werden.

Regelmäßige Teamsitzungen dienen nicht nur der Aufgabenerfüllung, sondern auch der Reflexion der Arbeitsformen; sie sind ebenso erforderlich wie möglichst viele alltägliche Kontakte innerhalb des Arbeitsbereiches, durch die Teamsitzungen entlastet werden. Sowohl inhaltsbezogene sachliche als auch persönliche Beziehungsaspekte müssen in der T. ausreichend berücksichtigt und wahrgenommen werden, um zu einer zufriedenstellenden und wirksamen gemeinsamen Arbeit zu kommen. Offene Kommunikation und die Aufdeckung von Beziehungsstörungen sind erforderlich. Zur Teamentwicklung sind anwendungsorientierte Kenntnisse in der Dynamik von Gruppen unerlässlich.

T. sollte regelmäßig von fachspezifischer sowie teambezogener *Supervision* gestützt werden. Eine solche Supervision ist grundsätzlich abschnittsweise und keinesfalls dauerhaft einzusetzen, um die Autonomie der Gruppe nicht zu gefährden und die Gefahr zu vermeiden, fehlende Leitungsfunktionen an die Supervisoren zu delegieren. Die Supervision als berufsbezogener Prozess bearbeitet die anstehenden Fragestellungen in institutioneller, interpersoneller und ggf. intrapsychischer Hinsicht.

T. stellt Anforderungen an die soziale Kompetenz der Einzelnen, z. B. ihre Flexibilität und Autonomiefähigkeit, ihre Verständnis- und Lernbereitschaft, ihre Kritikfähigkeit (im Geben und im Nehmen), die nur bei einem hohen Grad persönlicher Eigenständigkeit entwickelt werden können. So entsteht die Grundlage für die Fähigkeit der Gruppe zur Selbstorganisation.

Vor der Konstituierung eines Teams ist es erforderlich, dass die Mitglieder

- das Arbeitsfeld im Hinblick auf seine fachlichen und organisatorischen Möglichkeiten untersuchen;
- die Entscheidungskompetenz des Teams und der einzelnen Mitglieder auch im Hinblick auf die umgebende Institution und/oder die Stellen, mit denen zusammengearbeitet werden soll, feststellen und abgrenzen;
- die fachlichen und persönlichen Fähigkeiten der Mitglieder einschätzen und damit
- die Funktionsbestimmung vorbereiten.
- Die Arbeitsschritte sind also:
- Problemanalyse,
- Umfeldanalyse,
- Feststellung des Handlungsspielraums,
- Zielvereinbarung,
- Rollenaufteilung,
- Durchführung/Controlling.

Einsatzmöglichkeiten im Bereich der Sozialen Arbeit

Probleme in diesem Feld sind fast immer von hoher Komplexität und nur selten aus der Sicht eines Einzelnen zu lösen. Sie sind stark von gesellschaftlichen, kulturellen und persönlichen Prägungen bestimmt. Ihre Bearbeitung muss darauf eingehen und die Notwendigkeit und Möglichkeit von Veränderung und Wandel einbeziehen. Die Arbeit von SozArb/SozPäd bringt häufig eine erhebliche Machtausübung über Einzelne und Familien mit sich: Der starken Abhängigkeit der Betreuten sowohl in Erziehungs- und Pflegeeinrichtungen als auch im Bereich der ambulanten sozialen Hilfen kann durch die Zusammenarbeit im Team gegengesteuert werden. Selbsthilfeorientierung statt fürsorglicher Belagerung gelingt leichter aus einem Team heraus.

SozArb/SozPäd müssen davon ausgehen, dass ihre Arbeit nicht nur in Form von Beratung und Hilfsangeboten wahrgenommen wird, sondern dass sie entscheidenden Einfluss durch ihr eigenes Verhalten und die Art ihrer Kommunikation sowohl untereinander als auch in der Wechselwirkung mit Klienten und Betreuten ausüben. Die Chancen eines Teams liegen darin, sich hierin gegenseitig zu kontrollieren, zu entlasten und zu helfen, Vorurteilsbildungen einzuschränken, Machtmissbrauch zu vermeiden, Problemlösungen und Ideenfindungen auf eine nicht nur quantitativ, sondern auch qualitativ breitere Basis zu stellen und Konfliktsituationen angemessen zu bewältigen. Der Einsatz dieser besonderen Möglichkeiten der T. ist deshalb in fast allen Aufgabenbereichen der SozArb sinnvoll.

Beispielhafte Arbeitsfelder

In allen Bildungs- und Erziehungseinrichtungen ebenso wie in Einrichtungen für alte Menschen bezieht sich die Arbeit immer auf Gruppen von Kindern, Jugendlichen, Erwachsenen, die zusammenleben, während die Betreuer – z. B. im Schichtdienst – wechseln. Ein gemeinsames Konzept der Arbeit der Betreuer ist unerlässlich; die eigene Bezugsgruppe wirkt als Korrektiv und ermöglicht eine verschärfte Selbstwahrnehmung in der Gruppenarbeit. Bildungs- und Erziehungsziele der Einrichtungen in Richtung auf mehr Selbständigkeit und Kooperation können nur erreicht werden, wenn auch die Arbeitsbedingungen der Betreuer entsprechende Prozesse ermöglichen.

In Beratungsstellen und Verwaltungen, die soziale Dienste anbieten, findet die Arbeit zwar mit wechselnden und z. T. einzelnen Klienten statt, es kommt hier aber besonders auf die Durchschaubarkeit, die Ausschöpfung der Möglichkeiten des fachlichen und rechtlichen Rahmens und die eigene Qualitätskontrolle an. Dies kann im Team eher geleistet werden als in Einzelarbeit. Darüber hinaus bringt gelingende T. Veränderungsprozesse voran und hilft erheblich bei den notwendigen Vernetzungen mit anderen Stellen.

Internationale Vergleiche im Schulbereich zeigen erneut auf, dass die verfestigten Schulstrukturen in Deutschland die Zusammenarbeit von Schule und JH verhindern. Das fachliche Nebeneinander oder auch Gegeneinander könnte durch Kindbezogene T. aufgehoben werden, wenn Institutionen und Träger von der Spitze her einen solchen Wandel förderten *(Jugendhilfe und Schule)*.

Ein neues Arbeitsgebiet für SozArb/SozPäd hat sich im Bereich der sozialen *Stadtentwicklung* ergeben. Hier werden in Zukunft viel mehr interdisziplinäre Arbeitsteams sozialer und planender Berufe benötigt, die bereits in den Vorphasen der Aufstellung von Bebauungsplänen mit Investoren stadträumliche Gestaltungen abstimmen und so vorbeugend potenzielle soziale Konflikte vermindern. Hierzu gehören Fragen der behinderten- und kindgerechten Flächengestaltung ebenso wie Fragen der Verkehrswegeplanung oder des öffentlichen Personennahverkehrs. Als besonders gravierend für größere Siedlungsgebiete ergeben sich die Probleme bevölkerungsstruktureller Steuerung und der Begleitung von Besiedlungsprozessen.

Auch die Grundsatzbearbeitung im Bereich der – z. B. ministeriellen – Verwaltung kann erheblich von T. profitieren, wenn „Theoretiker" und „Praktiker" systematisch zusammenarbeiten und damit fundierte Entscheidungen und Vorschriften mit Praxisbezug ermöglichen.

In allen Bereichen ist eine nach Veränderung und Erneuerung strebende Projektentwicklung nur in T. möglich, weil sie ein besonderes Maß an Fachwissen, Ideenreichtum, kreativer Phantasie und Risikofähigkeit fördert.

Widerstände und Veränderungsmöglichkeiten

T. wird gerade im Sozialbereich oft nur als unverbindliche Möglichkeit zur Verminderung psychosozialer Spannungen und zur Erzielung größerer Effektivität zugelassen. Institutionen gehen den erforderlichen weiteren Schritt der Veränderung von Entscheidungsstrukturen und Machtgefügen häufig nicht. T. ist dann nur begrenzt effektiv und auf die Dauer unbefriedigend. Der Produkt- und Umsatzorientierte Profitbereich hat sich hier in den letzten Jahren viel deutlicher weiterentwickelt und Teams als besondere Leistungsträger in veränderten Organisationen als Entscheidungs- und Steuerungsinstrument eingesetzt.

Die Widerstände gegen T. sind nach wie vor in langjährig gewachsenen institutionellen Hierarchien zu beobachten. Im Zuge knapper werdender personeller und finanzieller Ressourcen sehen sich inzwischen aber viele Länder und Kommunen vor der Entscheidung, institutionelle Umstrukturierungen zu befördern. Gleiches gilt für die *Wohlfahrtsverbände* als Anbieter sozialer Versorgungsleistungen. Zudem fordern neue Aufgabenbereiche, wie z. B. die Schulentwicklung und Stadtentwicklung neue Qualifikationen von Institutionen und nicht mehr nur von ihren einzelnen Mitgliedern, deren „Teamfähigkeit" schon lange gefordert wird.

Es ist also zu hoffen, dass T. sich entsprechend dem großen Bedarf qualifiziert weiterentwickelt.

Ingrid Stahmer

Literatur

N. Belardi u. a.: Beratung. Eine sozialpädagogische Einführung, Weinheim/München ^{6}2011 ◆ K. Buchinger: Teamarbeit in Organisationen. Zur unaufhaltsamen Karriere eines Instruments, in: Gruppendynamik 1/1999, 7 ff. ◆ R. van Dick/M. A. West: Teamwork, Teamdiagnose, Teamentwicklung, Göttingen ^{2}2013 ◆ K. Doppler/H. Fuhrmann/B. Lebbe-Waschke/B. Vogt: Unternehmenswandel gegen Widerstände, Frankfurt/M. 2013 (E-Book) ◆ R. Erger ◆ Sozialmanagement: Teamarbeit und Teamentwicklung in sozialen Berufen, Berlin 2012 ◆ J. Merchel: Leiten in Einrichtungen der Sozialen Arbeit, München 2010 ◆ J. Merchel: Teamstrukturen und Leitung im ASD, in: J. Merchel: Handbuch Allgemeiner Sozialer Dienst/ASD, München 2015, 65–75 ◆ H. Pühl (Hrsg.): Handbuch der Supervision und Organisationsentwicklung, Wiesbaden ^{3}2009 ◆ T. Wintergerst: Autorität und Regeln: Prinzipien funktionierender Teamarbeit, in: sozialmagazin 2/2001, 25 ff.

T

Theorie der Sozialarbeit/ Sozialpädagogik

Annäherungen

Die Theoriediskussion der SozArb/SozPäd (im Folgenden, wie allgemein üblich, unter dem Titel *Soziale Arbeit* zusammengefasst) bietet ein widersprüchliches Bild. Zum einen werden Differenziertheit und Reichtum einer Szene betont, die sich seit den 1970er Jahren in vielfältigen, unterschiedlich profilierten Ansätzen und Diskursen darstelle, die Theoriediskussion könne als normalisiert verstanden werden, so wie die Situation der Sozialen Arbeit überhaupt. Solcher Einschätzung aber steht entgegen, dass andere die Situation als unbefriedigend verstehen; dem nicht zu bestreitenden Erfolg in der Sozialen Arbeit in der Praxis korrespondiere der defizitäre Zustand der Theoriediskussion. Ich will dies Gegeneinander von Einschätzungen nicht weiter verfolgen, sondern als Indiz einer Suchbewegung verstehen – in einem ganz zweifelsohne schwierigen Diskurs.

Zur Geschichte der Theoriediskussion

Die Theoriediskussion der Wissenschaft der Sozialen Arbeit bildet sich im Kontext der sich wandelnden Gesellschaftsformationen und der in ihnen sich entwickelnden Konzepte vom Menschen, der Definitionen von Lebensaufgaben, der Muster, in denen soziale Probleme wahrgenommen und definiert werden, und schließlich der gesellschaftlichen Reaktionen in Form von *Integration* und Ausgrenzung. Diese Diskussionen stehen in der Spannung von Kontrolle, Disziplinierung, Anpassungs- und Normalisierungszwängen auf der einen Seite und von Akzeptanz, Unterstützung, Beistand und Hilfen auf der anderen Seite.

Die heutige Theoriediskussion der Sozialen Arbeit beruht auf unterschiedlichen, historisch weit zurückreichenden Diskursen.

Im Mittelalter und bis in die Neuzeit nachwirkend war der Umgang mit *Armut* bestimmt durch die Praxis des Almosengebens: *Hilfe,* vor allem von Reichen und kirchlichen Orden, war caritativ mildtätig geprägte Versorgung und Unterstützung in der unmittelbaren Situation der Not, um Gnade vor Gott zu finden. Solche Hilfe wird dann zunehmend auch in kommunaler Verantwortung organisiert.

T

Der charakteristisch moderne Diskurs seit der *Aufklärung* sah den Menschen als selbstzuständig und verantwortlich in der Gestaltung seiner Verhältnisse und seines Lebens; man begegnete der Armut nicht durch Almosen, sondern setzte darauf, dass Menschen für sich selbst zuständig wurden. Nach den Arbeitszwängen und moralischen Nötigungen in den Arbeitshäusern entstand im Zeichen der Pädagogik der Klassik z. B. bei Pestalozzi das Konzept einer Sozialpädagogik im Horizont der Bildungstheorie. Verelendung wurde als gesellschaftlich bedingt verstanden; im Zeichen eines allgemeinen Bildungsanspruchs sollten alle Menschen befähigt werden, durch Erziehungs- und Lernhilfen in der Familie, im Gemeinwesen und in pädagogischen Institutionen die in ihnen angelegten Fähigkeiten von Kopf, Herz und Hand zu entwickeln und so sich als „Werk ihrer selbst" und im „Wohlwollen" den anderen gegenüber (Pestalozzi) zu erfahren und an der Veränderung der Verhältnisse mit zu wirken.

Im Umbruch zum Industriekapitalismus und der Entstehung des Proletariats dramatisieren sich die gesellschaftlichen Verwerfungen; das führt im 19. Jh. zur Entwicklung spezifischer Hilfen in Kommunen, Genossenschaften und Kirchen (oder kirchlich-konfessionellen Verbänden). Ihre Aktivitäten waren bestimmt durch den Widerstreit der Spannung von moralischen und gesellschaftlichen Erwartungen und dem Prinzip der Solidarität und der bürgerschaftlichen Selbsthilfe. Nach und neben Konzepten einer sozialpädagogisch orientierten Schule verfestigten sich die Systeme der kommunalen Armenfürsorge, und entstanden *Heimerziehung, Pflegekinderwesen,* Kleinkinderbewahranstalten, Kindergarten *(Tageseinrichtungen für Kinder)* und *Jugendarbeit.*

Die Situation der zunehmenden Entfremdung der Menschen im Produktions- und Konsumsystem, und die zunehmende Spaltung von System- und Sozialintegration führten im Übergang zum 20. Jh. dazu, dass in der Spannung von gesellschaftlichen Disziplinierungsinteressen und protestativer Macht der Arbeiter das Prinzip der *Solidarität* sich über die gesellschaftlichen Partialverantwortungen hinaus verallgemeinerte; als wesenswidriger Kompromiss des Kapitalismus an die sozialen Bewegungen wurden Ansprüche auf Unterstützung und Hilfe gesellschaftlich verbindlich gefasst, in Rechtsansprüchen kodifiziert und in Programmen der Hilfe zur Gestaltung von Verhältnissen und Lebensräumen in der *Sozialpolitik* und der Sozialen Arbeit konkretisiert.

Eine breite Diskussion sozialer Themen etablierte sich z. B. bei den Kathedersozialisten, in der Wirtschaftswissenschaft und in der Theologie; Konzepte der Sozialarbeit wurden ausgebaut auch im Kontext der Frauenbewegung, artikuliert in Methodenkonzepten und gemeinwesenorientierten Arbeitssettings als „Hilfe zur Kunst des Lebens" (Salomon): Eine Fürsorgewissenschaft entstand. Eine allgemeine Sozialpädagogik etablierte sich als Theorie des Sozialen – also als Theorie der Gestaltung sozialer Lebensformen als Gegengewicht zur zunehmenden Individualisierung und Isolierung der Menschen in der Entfremdung der Moderne (Natorp): daneben entstand, gleichsam als Zusammenfassung der unterschiedlichen Ansätze der vorausgehenden Zeit, das Konzept einer Sozialpädagogik als Bereichspädagogik im Zeichen des Jahrhunderts des Kindes und reformpädagogischer Ansätze (Nohl). Sozialpädagogik wird als eigenes Gesellschaftssystem im Gefüge der neuen und eigenständigen Erziehungs- und Bildungsaufgaben (und des *Jugendamtes*) außerhalb von *Familie* und Schule verstanden *(Sozialarbeit/Sozialpädagogik/Geschichte der Sozialarbeit/Sozialpädagogik)*.

Zur neueren Diskussion

Nach den Katastrophen und Entartungen in der Sozialpädagogik und Sozialarbeit im Nationalsozialismus *(Soziale Arbeit im Nationalsozialismus)* ergab sich in den beiden Teilen Deutschlands eine unterschiedliche Entwicklung. Auf die DDR in ihren eigenen Prämissen und Entwicklungen soll hier nicht eingegangen werden (vgl. *Soziale Arbeit in der DDR*); in der BRD ergibt sich nach 1960 – wohl auch bedingt durch die Notwendigkeit, Ausbildungen zu organisieren – die Konzentration dieser weitläufigen Diskussionen auf die Sozialarbeit und die Sozialpädagogik, und ihre Repräsentation in den Ausbildungsstätten *(Ausbildung, Ausbildungen)*. Die Arbeitskonzepte sind unterschiedlich akzentuiert, aber zunehmend einer sozialwissenschaftlichen, interdisziplinären Fundierung verpflichtet. Die Traditionen und Ansätze in den Fachschulen, in den Akademien und höheren Fachschulen/Fachhochschulen und in den Universitäten wachsen zusammen zum Konzept einer Wissenschaft von der Sozialen Arbeit. Nachdem in den späten 1960er und 1970er Jahren die Diskussion zunächst primär allgemein gesellschaftlich (gesellschaftskritisch, marxistisch) orientiert war, bezog sie sich danach auf die Probleme, die sich mit dem Ausbau und der Differenzierung der Sozialen Arbeit als soziale Dienstleistungen ergaben. Im Ausbau des modernen Hilfssystems im Zeichen des *Sozialstaat*spostulats und der zunehmenden Demokratisierung der Gesellschaft versteht sich Soziale Arbeit in den sich komplizierenden Gesellschafts- und Lebensverhältnissen als Dienstleistung in der Verbindung der traditionellen Aufgaben der besonderen Unterstützung in besonders belasteten Lebenslagen mit den neuen Aufgaben der Hilfe und Unterstützung in den normalen Belastungen und Krisen der Moderne. Als integraler Bestandteil moderner Infrastruktur wird sie ein Moment innerhalb der zunehmenden Vergesellschaftung der heutigen Aufgaben der Lebensbewältigung – eingebettet und vernetzt in Politik und Sozialpolitik im Prinzip der Einmischung *(Einmischungsstrategie)*.

Diese Entwicklung geht einher mit einer zunehmend differenzierten und vielgestaltigen theoretischen Diskussion. In ihr scheint es mir sinnvoll zu unterscheiden: Die Diskussionen der unterschiedlichen Sachfragen, also z. B. zu Lebenslagen von Menschen, zu Ätiologie und Erscheinung *abweichenden Verhaltens*, zu *Fallverstehen* oder zu Strukturmustern von Interventionen ergeben eine theoretische Diskussion im weiteren Sinn. Neben diesen Einzeldiskursen aber werden Fragen nach der Funktion und Gestalt der Sozialen Arbeit, nach ihrem Selbstverständnis als Wissenschaft und nach dem Zusammenhang von Einzeldiskursen in einem durchgehenden theoretischen oder thematischen Zugang erörtert. Das soll als theoretischer Diskurs im engeren Sinn als „Theoriediskurs der Sozialen Arbeit" verstanden werden. Diese Diskussion repräsentiert sich in unterschiedlichen, nebeneinander entwickelten Konzepten; es gibt für die Gegenwart nicht die eine Theorie der Sozialen Arbeit, sondern die Suchbewegungen in konkurrierenden Theorieansätzen; dieser Theorienpluralismus wird als Indiz der Normalisierung der Wissenschaftsdiskussion verstanden.

Kristallisationspunkte einer Theoriediskussion

In den unterschiedlichen Konzepten und quer zu ihnen hat sich in der jüngeren Diskussion ein Konsens herausgebildet, welche Themenbereiche für diese Theoriediskussion konstitutiv sind. Sie lassen sich als Topologie einer Theorie der Sozialen Arbeit (Thiersch/Rauschenbach 1984, Winkler 1988, Füssenhäuser/Thiersch 2015) verstehen, gleichsam als Kristallisationspunkte der Diskussion.

Zu dieser Topologie muss vorweg festgehalten werden, dass alle einzelnen Themenbereiche je eine historische, vergleichende und sozialethische Dimension haben und dass – gleichsam als Querschnittsaufgabe – ebenso durchgehend geschlechtsspezifische Fragen berücksichtigt werden müssen *(Ethik/Gender Mainstreaming)*.

- Theorie der Sozialen Arbeit sucht ihren Wissenschaftscharakter darzustellen, also ihr Erkenntnisinteresse und ihre wissenschaftstheoretischen Begründungen. Dem diente in der

T

letzten Zeit die Diskussion zu Abgrenzung und Übereinstimmung zwischen den unterschiedlichen Traditionslinien innerhalb der Sozialen Arbeit – fokussiert in der Frage nach der Notwendigkeit einer eigenständigen *Sozialarbeitswissenschaft* gegenüber einer weit gefassten Sozialpädagogik und parallel dazu die Explikation des Verhältnisses der Sozialen Arbeit zur *Erziehungswissenschaft.* Verhandelt werden ebenso die Bezüge zu Nachbarwissenschaften, – also der *Psychologie,* der *Soziologie,* der Ökonomie und neuerdings verstärkt wieder zur Philosophie/Sozialphilosophie und, zunehmend wichtiger werdend, zur Volks- und Betriebswirtschaftslehre.

- Die Klärung des Wissenschaftscharakters bezieht sich für Soziale Arbeit als pragmatische Wissenschaft vor allem auch auf die Klärung des Verhältnisses von Theorie und Praxis, von Disziplin- und Professionswissen und – in Analogie dazu – auf das Verhältnis von Professionstheorien, die eher an der Strukturierung des Arbeitsfeldes, und Disziplintheorien, die eher an der begrifflich-systematischen Fundierung des Arbeitsfeldes und der Wissenschaft orientiert sind. Gegenüber der Betonung der Praxisorientierung der Konzepte der Sozialarbeit und den so dezidierten Praxis- und Entwicklungsinteressen der 1970er und 1980er Jahre stand in den letzten Jahren die Klärung der Differenz der Wissensformen und einer neuen Vermittlung in der Unterschiedlichkeit der Zugänge, der unterschiedlichen Wissensformen im Vordergrund. Trotzdem ist es für Soziale Arbeit als pragmatischer Wissenschaft charakteristisch, dass ihre Theoriediskussion sich in beiden Zugängen darstellt und die Notwendigkeit und Chancen der gegenseitigen Herausforderung und Ergänzung betont und daran festhält, gegenüber Positionen, die die Theorie auf Disziplintheorie allein beziehen. Es geht um die Klärung der Unterschiede zwischen Grundlagenwissen, Professionswissen und Handlungswissen und ihre Relationierung *(Professionalisierung).*
- Soziale Arbeit versteht sich als empirisch orientierte, forschungsgestützte Wissenschaft. Die Frage, ob es eine eigene sozialpädagogische Forschung gibt, wird erörtert. Vor allem aber werden unterschiedliche Forschungszugänge – die qualitativ-hermeneutischen und ethnografischen und biografischen Methoden besonders in Einzelfallstudien auf der einen Seite und die quantitativen, repräsentativen sozialstatistischen Methoden auf der anderen Seite in ihren methodologischen Vorraussetzungen, in der Unterschiedlichkeit ihrer Leistungsfähigkeit und in den Möglichkeiten und Grenzen ihres Zusammenspiels diskutiert *(Forschung/Empirische Sozialforschung).* Das Forschungsprofil der Sozialen Arbeit wird erörtert, indem Export-, Import- und Eigenforschung unterschieden werden; die Bedeutung der Eigenforschung wird herausgestellt, weil sie sich auf das ureigene Gebiet der Sozialen Arbeit, auf das Geschehen und die Strukturen in der Sozialen Arbeit bezieht und in die primäre Zuständigkeit der Sozialen Arbeit fällt. Ebenso erörtert wird, dass Soziale Arbeit als pragmatische Wissenschaft neben der Grundlagenforschung auch auf Entwicklungs- und Begleitforschung angewiesen ist, die in ihren spezifischen Vorraussetzungen, Erträgen und Grenzen dargestellt und den anderen Forschungszugängen gegenüber nicht nachrangig gesehen wird – so sehr dies auch der Hierarchie in der allgemeinen Forschungsszene widerspricht.
- Theorie der Sozialen Arbeit erörtert die gesellschaftlichen und sozialen Funktionen der Sozialen Arbeit in Bezug auf die Modernisierung der Gesellschaft und das die Entwicklung bestimmende Prinzip der Spezialisierung und Arbeitsteilung, ebenso aber die Position der Sozialen Arbeit im Machtgefüge der gesellschaftlichen Interessen und den Ansprüchen des neuzeitlichen Projekts *sozialer Gerechtigkeit,* wie es sich im Gegeneinander von Hilfe und Kontrolle, von Normalisierung *(Normalität), Anpassung* und *Emanzipation* repräsentiert.
- Theorie der Sozialen Arbeit bestimmt den Gegenstand ihrer spezifischen Zuständigkeit im arbeitsteiligen System der modernen Hilfen, also ihre Aufgaben im Spektrum der unterschiedlichen Politiken im Sozialstaat, z.B der Sozialpolitik, der *Gesundheitspolitik,* der Arbeits-, Schul- und Ausbildungspolitik oder der Stadtgestaltungspolitik *(Stadterneuerung/Stadtentwicklungsplanung).* Sie erörtert v.a. auch die Erweiterung ihrer Aufgaben zum Bestandteil moderner Infrastruktur in der Spannung zwischen einer Beschränkung und Wiederbeschränkung auf die besonderen Belastungen in depravierten Lebenslagen und sozialen Problemen und damit einer Rückkehr in alte Zuständigkeiten und – im Gegenzug – einer Öffnung, die zu einer diffusen Allzuständigkeit verführen kann, in der sich die Konturen sozialpolitisch ausgewiesener Zuständigkeit verlieren.

T

- Theorie der Sozialen Arbeit erörtert die Definitionen, Lebenslagen und Lebensschwierigkeiten der AdressatInnen, also die Bedingungen der Produktion von Abweichung, Hilfsbedürftigkeit und Überforderung und Ansprüchen auf Hilfe und Unterstützung. Im Spannungsfeld besonderer Belastungen und der Belastungen in der schwierigen Normalität unserer Gesellschaft. Es geht zum einen um Fragen nach traditionellen und neuen Ungleichheiten, nach Prekariat und Exklusion in Bezug auf Geschlecht, Ethnie, *Generation,* aber auch Region oder neuerdings den Zugang zu Informationen *(Migration und Integration/Medien).* Es geht zum anderen und ebenso um die Probleme der Lebensbewältigung in der Zumutung und Überforderung in gesellschaftlichen Verhältnissen, die durch Individualisierung, Pluralisierung und Unübersichtlichkeit gekennzeichnet sind und unter dem Titel einer Risikogesellschaft verstanden werden können. Neue Aufgaben für die Soziale Arbeit werden deutlich sowohl in der Gestaltung des Sozialen (in der Familie, in der Altersgruppe, in den Geschlechtsrollen) ebenso wie in Bezug auf Lebensentwürfe zwischen Privatheit, Arbeit und Öffentlichkeit. Angesichts der Offenheit und Zumutungen der selbst verantworteten Lebensgestaltung stellen sich neue Fragen einer Zielorientierung zwischen Eigensinnigkeit und Verbindlichkeit, Fragen aber auch nach dem Verhältnis von Eigensinnigkeit, Verlässlichkeit und Bindungen im pädagogischen Arrangements.
- Theorie der Sozialen Arbeit verhandelt die Fragen der Institutionalisierung der Sozialen Arbeit, also Fragen der Organisationsstruktur, des Managements und der Zuständigkeitsverteilung. Sie erörtert Fragen des Verhältnisses von Verwaltung und pädagogischem Handeln und diskutiert vor allem Probleme, die in der organisationsbedingten Selbstreferentialität gegeben sind. Sie stehen in Spannung zu dem Dienstleistungscharakter einer Sozialen Arbeit, die sich von den Schwierigkeiten, Ressourcen und Erfahrungen der Lebenswelt der AdressatInnen her versteht. Sie rekonstruiert schließlich die Besonderheiten, die sich aus dem Subsidiaritätsprinzip ergeben und seine neue Bedeutung angesichts des neuen Ehrenamts, der neuen Träger und der zivilgesellschaftlichen Initiativen *(Bürgerschaftliches Engagement/Subsidiarität/Verwaltungsmodernisierung).*
- Theorie der Sozialen Arbeit verhandelt Fragen des sozialpädagogischen Handelns, also die Bestimmung des spezifischen Handlungstyps in der sozialen Arbeit im Unterschied zu anderen Professionalisierungstypen und darin die Bestimmung der Art, wie professionelles Handeln zwischen den unterschiedlichen Wissensformen des generellem Wissens, des Professionswissens und des konkreten Situationswissens vermittelt, sie mit und gegeneinander relationiert. Es geht darin auch um die Rekonstruktion der in allem unterstützenden und helfenden Handeln liegenden strukturellen Asymmetrie zwischen Vorgabe und Angewiesensein, also zwischen dem, der hilft und dem, der auf Hilfe angewiesen ist, und um die darin liegende Gefährdung zu Machtmissbrauch und Nötigung, zu Kolonialisierung und fürsorglicher Belagerung; es geht in dieser Struktur und gegen sie um die Notwendigkeit der Vermittlung in Formen der Verhandlung im Medium des Respekts in den Verhältnissen und der Öffnung zu neuen weiterführenden Optionen. Erörtert wird – nicht zuletzt – das Verhältnis des Grundmusters des sozialpädagogischern Handelns zu methodisch strukturierten speziellen Handlungsmustern und die Integration dieser vielfältigen Arbeitsmethoden und Verfahren in das sozialpädagogische Handlungsmuster *(Methoden Sozialer Arbeit/Methodisches Handeln).* Die Frage ist, wie Sensibilität für die Offenheit von Anfängen und das Risiko eines Handelns in nicht definitiv planbare, ungewisse Perspektiven, in die Unverfügbarkeit des Nicht-Wissen-Könnens hinein in verantwortbarer Deutlichkeit praktiziert werden kann: Es geht um strukturierte Offenheit, um Kasuistik als zentrales Medium sozialpädagogischen Handelns und um Reflexivität, in der die unterschiedlichen Aspekte im Handeln immer wieder kritisch-selbstkritisch transparent werden.

Diese Kristallisationspunkte werden in unterschiedlichen Theorie-Konzepten verhandelt, in unterschiedlicher Akzentuierung und Profilierung, unter je spezifischen methodischen oder thematischen Leitorientierungen. So gibt es etwa das bildungstheoretisch orientierte Konzept von Klaus Mollenhauer, das bildungs- und subjektorientierte Konzept Michael Winklers, das kritisch-bildungstheoretisch orientierte Konzept Heinz Sünkers, das professions- und dienstleistungsorientierte Konzept Hans-Uwe Ottos, das lebensweltorientierte Konzept von Thiersch, das am Bewältigungskonstrukt orientierte und sozialpolitisch fundierte Konzept Lothar Böhnischs, das ökologische Konzept Wolf Rainer Wendts. die systemtheoretischen Konzepte Heiko Kleves oder Helmut Willkes, das systemisch und menschenrechtsorientierte Konzept von Silvia Staub-Bernasconi. Eine solche Reihung einzelner Konzepte kann dazu verführen, einzelne Konzepte und Personen und ihre Stellung innerhalb eines breiteren Diskussionsgeflechts zu überpointieren. Ich will sie hier im Einzelnen nicht weiter verfolgen, aber festhalten, dass es im Feld der Akzente und Profilierungen in der Theoriediskussion zunehmend dringlich ist, die Anschlussstellen zwischen den Ansätzen und in den einzelnen Dimensionen des Diskurses, also die Übereinstimmungen, Parallelen und Korrespondenzen ebenso wie die Widersprüche und Unvereinbarkeiten deutlich zu machen. Ich will mich im Folgenden darauf beschränken, noch einige Probleme zu benennen, vor die sich die Theoriediskussion gegenwärtig und in den nächsten Jahren gestellt sieht.

Herausforderungen

Die Theoriediskussion hat sich bis zur Jahrtausendwende im Kontext des Ausbaus des Sozialstaats entwickelt. Die darin liegenden gesellschaftlichen Voraussetzungen aber haben sich seitdem grundlegend verschoben: die klassische Moderne wandelt sich in die zweite Moderne. Die Theoriediskussion sieht sich vor neuen Herausforderungen.

Die zweite Moderne steht im Zeichen von Unübersichtlichkeit, von Pluralisierung, Individualisierung, von Entgrenzung; eingespielte Abgrenzungen, Zuordnungen in den Ordnungen von Produktion, Konsum und Lebensgestaltung lösen sich auf, Wissen und Informationen werden im unserer Wissensgesellschaft allgemein erreichbar. Neue Gestaltungsfreiheiten ergeben sich, sie gehen aber einher mit der Fortexistenz alter Zwänge und einer neuen Beliebigkeit, die zu neuen Belastungen und Überforderungen in der Offenheit der Orientierung und der Notwendigkeit der Wahl eines eigenen Wegs führt.

In den Entgrenzungen bestimmt ein neuer Primat der Ökonomie die Verhältnisse; es bilden sich neue Spaltungen zwischen Reich und Arm und neue Zonen des Prekariats und der Exklusion; zugleich treiben Erwartungen an Leistung, Leistungsfähigkeit und Darstellung der Leistungsfähigkeit zu Konkurrenz; Stress, Unsicherheit und Angst dringen bis in die Mitte der Gesellschaft.

Neue Ansprüche an die Rationalität der Lebensgestaltung, an geplante Steuerung und Sozialtechnologien, an Effektivität und Effizienz und Kontrollen in prüfbaren und zählbaren Nachweisen bestimmen zunehmend die Gestaltung der gesellschaftlichen Verhältnisse.

Schließlich verbindet sich der dominante Neoliberalismus mit einem Neokonservativismus, der die Leistungserwartungen den gleichsam natürlichen Potentialen der *Selbsthilfe* und deren zivilgesellschaftlichen Ressourcen überantwortet und im Zeichen neuer moralisierender Ansprüche vom Einzelnen und den sozialen Gemeinschaften einfordert.

In dieser Situation ergeben sich in der Theoriediskussion unterschiedliche und konträre Ansätze, die zunehmend auch in einer neuen Öffnung zur internationalen Diskussion stehen.

Bedeutung und Tragweite der theoretischen Diskussion werden hinterfragt. Die bisherige Theoriediskussion erscheint unzulänglich – zumal sie weithin nur Programmatik oberhalb der realen Verhältnisse entworfen habe. Ein Neuanfang in einer empirische Vermessung des Bildes sei notwendig: es komme darauf an, theoretische Ansätze eher hintanzustellen (also mit gleichsam dünnen Annahmen zu arbeiten, wenn nicht sogar, sie auf sich beruhen zu lassen), um aus einer unbefangenen Analyse der Verhältnisse endlich eine reale Basis für Soziale Arbeit zu schaffen, es brauche z. B. vor allem neben den bisher dominierenden Einzelstudien harte Daten aus repräsentativer Sozialstatistik und Längsschnittforschungen. Die Forschungsintentionen des „what works“ zielen in die gleiche Richtung, wenn sie gleichsam vorraussetzungslos nach Wirkzusammenhängen fragen. (Diese Intentionen korrespondieren deutlich mit einem allgemeinen, vor allem auch in der schul- und ausbildungsbezogenen Bildungsforschung sich durchsetzenden Trend). Dass Soziale Arbeit ihren Selbstanspruch einer empiriegestützten Wissenschaft in einer strengeren Weise verstehen muss und einen Nachholbedarf an belastbaren Forschungsergebnissen einzulösen beginnt und weiter erbringen muss, ist evident. Es wird aber darauf insistiert, dass daneben die Frage nach dem Verhältnis von Theorie und Empirie neu erörtert werden muss, z. B. in einer Wiederaufnahme des Positivismusstreites aus den 1960er Jahren unter veränderten Modalitäten.

Hin zu neuer Theoriearbeit geht die Diskussion, wenn angesichts des Wandels der gesellschaftlichen Situation Intensivierung und Politisierung der theoretischen Diskussion verlangt wird. Angesichts des offenkundigen Faktums, dass die verfügbaren Theorieansätze überholt seien, brauche es einen prinzipiellen Neuansatz. Die bisherigen Prämissen der Sozialen Arbeit von Hilfsbedürftigkeit und Sozialstaatlichkeit und ihre daraus gewonnenen Definitions- und Handlungspraxen seien grundsätzlich zu hinterfragen, um sie aus einer radikal unbefangenen Beobachterperspektive von außen neu sehen zu können.

Eine andere Position sieht ebenfalls Soziale Arbeit in ihren historisch gewachsenen Prämissen radikal in Frage gestellt, versteht dies aber als Herausforderung, ihre Position gegen die Programmatik des Neoliberalismus und Neokonservativismus zu setzen und im Zusammenhang historischer und gesellschaftspolitischer Entwicklungen nachdrücklich und neu auszuweisen. Die Begründung der Sozialen Arbeit im Kontext des modernen Projekts Sozialer Gerechtigkeit, in der zunehmenden Demokratisierung und der Anerkennung aller in ihrem Status als Bürger verbindet sich mit der in der UNO repräsentierten Diskussion zu Menschen- und Kinderrechten und repräsentiert sich in Konzepten einer Sozialen Arbeit als Menschenrechtsprofession oder im Kontext des Capability Approach oder der Zugangsgerechtigkeit. Von hier aus wehrt sich Soziale Arbeit gegen eine Spaltung in eine Soziale Arbeit der Hilfe und Unterstützung und eine der Durchsetzung von Disziplinierung und Ordnung, sie versagt sich einer bloßen Exklusionsverwaltung und insistiert auf Inklusion. Sie besteht auf einer neuen Konkretisierung ihres Selbstverständnisses, Hilfen zur Lebensbewältigung als Vermittlung von Gerechtigkeit in der Konkretheit alltäglicher Lebensverhältnisse zu leisten, und zielt so auf eine neue und offensive Frage nach ihrer Identität.

Dieser Identitätsdiskurs wird auch herausgefordert in Bezug auf die zunehmende Bedeutung der methodischen und organisationellen Technologien; in der drängenden und notwendigen Anstrengung um Transparenz steht die theoretische Frage nach der Eigensinnigkeit der Sozialen Arbeit gegen die Fremdbestimmung der Technologien und ihre Indienstnahme für eine Soziale Arbeit der bloßen Anpassung an die Leistungsfähigkeit in den gegebenen Arbeits-, Konsum- und Lebenserwartungen.

Dieser Identitätsdiskurs ist auch herausgefordert angesichts der Tatsache, dass sich im Zeichen von Offenheit und Entgrenzung für die Soziale Arbeit neue Konstellationen in Kooperationen und Vernetzungen mit den anderen disziplinären und professionellen Arbeitszugängen im Feld des Sozialen ergeben.

In diesem Zusammenhang drängt sich neben der intensivierten Diskussion mit z. B. Psychiatrie und Justiz zunehmend die Frage der Beziehungen zum Ausbildungs- und Schulwesen in den Vordergrund, (in der sich dann auch die Frage nach dem Verhältnis zur Erziehungswissenschaft in neuer Weise konkretisiert). Ein neues Verständnis von *Bildung* – Bildung als Aneignung von Welt im Feld unterschiedlicher Zugänge des formalisierten, non formalen und informellen Lernens – ermöglicht eine neue Positionierung der Sozialen Arbeit im Feld des Bildungs- und Sozialwesens und gibt ihr Gelegenheit, ihre spezifischen Zugänge in der non formalisierten Bildung darzustellen; sie kann so auch ihre Offenheit ebenso zur informellen Bildung des Alltags und der lebensweltlichen sozialräumlichen Selbstzuständigkeiten wie zu den Institutionen der formalisierten Bildung ausweisen und darin ihre Potentiale zur Konstitution von Bildungslandschaften im Zeichen einer Ganztagsbildung deutlich machen.

Der Diskurs zur Identität ist schließlich herausgefordert im Kontext der Zivilgesellschaft. Wenn ihre Aktivitäten im Zeichen des Neokonservativismus und seiner Verklärung heutiger Lebensverhältnisse in Familien und Sozialräumen gegen die staatlich-gesellschaftliche Zuständigkeit für Soziale Probleme und Soziale Arbeit ausgespielt werden, insistiert Soziale Arbeit auf der notwendigen Professionalität von Hilfen, aber auf neuen Formen einer Unterstützung, Kooperation und Organisation im Zusammenspiel zwischen bürgerschaftlichen Aktivitäten und professionellen Möglichkeiten, damit sie ihre spezifischen Aufgaben als Anwalt sozialer Gerechtigkeit im Gefüge der vielfältigen Interessen und Engagements wahrnehmen kann. Eine solche Positionierung setzt voraus, dass das Verhältnis von wissenschaftlichen Wissen und Alltagswissen, von professionell spezifischen Tätigkeiten und alltagsbestimmten Tätigkeiten neu bestimmt wird, wie es sich im Zeichen der sich entgrenzenden Wissensformen und ihrer Auflösung traditioneller Grenzen und neuer Durchlässigkeiten in unserer Wissensgesellschaft bestimmt.

Hans Thiersch

Literatur

L. Böhnisch/W. Schröer/H. Thiersch: Sozialpädagogisches Denken, Weinheim/München 2005 ◆ E. Engelke/S. Borrmann/C. Spatscheck: Die Wissenschaft Soziale Arbeit, Freiburg i. Br. [4]2015 ◆ E. Engelke/S. Borrmann/C. Spatschek: Theorien der Sozialen Arbeit, Freiburg i.Br. [6]2014 ◆ C. Füssenhäuser: Theoriekonstruktion und Positionen der Sozialen Arbeit, in: H.-U. Otto/H. Thiersch (Hrsg.): Handbuch Soziale Arbeit, München [5]2015, 1755–1769 (mit weiteren Literaturhinweisen) ◆ C. Füssenhäuser/H. Thiersch: Theorie und Theoriegeschichte der Sozialen Arbeit, in: U.-U. Otto/

T

H. Thiersch (Hrsg.): Handbuch Soziale Arbeit, München ^{5}2015, 1741–1754 (mit weiteren Literaturhinweisen) ◆ F. Hamburger: Einführung in die Sozialpädagogik, Stuttgart ^{3}2011 ◆ F. Kessl/H.-U. Otto (Hrsg.): Soziale Arbeit ohne Wohlfahrtsstaat? Weinheim 2008 ◆ H. Lambers: Theorien der Sozialen Arbeit, Leverkusen ^{3}2016 ◆ C. W. Müller: Helfen und Erziehen. Soziale Arbeit im 20. Jahrhundert, Weinheim/Basel ^{2}2008 ◆ H. Thiersch: Lebensweltorientierte Soziale Arbeit. Weinheim/Basel ^{9}2014 ◆ H. Thiersch: Soziale Arbeit und Lebensweltorientierung, Bd. 1 Konzepte und Kontexte, Bd. 2 Gesammelte Aufsätze, beide Weinheim/München 2015 ◆ H. Thiersch/T. Rauschenbach.: Sozialpädagogik/Sozialarbeit: Theorie und Entwicklung, in: H. Eyferth/H.-U. Otto/H. Thiersch (Hrsg.): Handbuch Sozialarbeit/Sozialpädagogik, Neuwied ^{1}1984, 984–1016 ◆ W. Thole: Die Soziale Arbeit – Praxis, Theorie, Forschung und Ausbildung., in: W. Thole.: Grundriss Soziale Arbeit, Wiesbaden ^{4}2012, 19–70 (mit weiteren Literaturhinweisen) ◆ R. Treptow/H. Thiersch (Hrsg): Zur Identität der Sozialen Arbeit, Sonderheft Neue Praxis, Neuwied 2010 ◆ M. Winkler: Eine Theorie der Sozialpädagogik, Stuttgart 1988.

Theorie-Praxis-Transfer

Verhältnis von Wissenschaft und Praxis

Der Begriff des „Theorie-Praxis-Transfer" steht in der *Sozialen Arbeit* für das Ziel, eine handlungsbezogene Wissenschaft und ein wissenschaftlich (ab)geleitetes berufliches Handeln in wechselseitiger Durchdringung und gegenseitiger Befruchtung zu realisieren. Es geht also einerseits darum, zu klären, mit welchen Strategien und Methoden Praxisphänomene wissenschaftlich erforscht, aufgearbeitet und zu theoretisch begründeten Erklärungs- und Handlungsmodellen verdichtet werden können. Dabei interessiert die Frage, wie praktische Erfahrungen professioneller sozialer Arbeit für die theoretische Reflexion und Weiterentwicklung des Faches nutzbar gemacht werden können. Andererseits geht es darum zu analysieren, mit welchen Strategien und Methoden es gelingt, wissenschaftlich gewonnene Erfahrungen und Ergebnisse an die Praxis sozialer Arbeit zurückzukoppeln und für ihre Weiterentwicklung nutzbar zu machen. Hier lautet die Frage, welchen Beitrag Wissenschaft und wissenschaftliche Forschung zur Innovation sozialer Praxis leisten kann.

Indes, die Kluft zwischen den Welten des beruflichen Alltags der SozArb und des Wissenschaftssystems ist groß und das Verhältnis von Theorie und Praxis in diesem Feld in einer besonderen Weise problematisch (Hinte 2016, Schone 1995). Der Ausspruch: „Der Arroganz der Theoretiker entspricht die Ignoranz der Praktiker" (Moch 1993) kennzeichnet auch heute noch die durch Vorurteile und erlebten Habitus geprägten Distanzen und Barrieren zwischen den Angehörigen beider Gruppen.

Gründe hierfür liegen sowohl in der Überkomplexität lebenspraktischer Problemverdichtungen bei den AdressatInnen von SozArb als auch in der prinzipiell begrenzten Reichweite professioneller Interventionen. Daher „lässt sich professionelles Handeln in der Sozialen Arbeit nicht auf starre Regelbefolgung reduzieren. Es ist keine Anwendung von Wissen denkbar, sondern lediglich seine fall- und kontextbezogene Verwendung" (Dewe u. a. 1995, 12). Das bedeutet, eine – analog naturwissenschaftlich technischer Verfahren gedachte – gradlinige Transformation wissenschaftliche begründeten Regelwissens in praktisches Handeln ist in der SozArb ebenso wenig denkbar, wie eine geradlinige Weiterentwicklung der Theorie auf der Grundlage sich entwickelnder Praxis *(Methodisches Handeln).*

Dies ist umso bedauerlicher, als die ständig wachsende Komplexität von Lebens- und Problemlagen und die sich gegenläufig weiter verknappenden Ressourcen im Prinzip einen stetig steigenden Bedarf sowohl an Erklärungs- als auch an Handlungswissen erzeugen.

Das zugrunde gelegte Theorieverständnis von SozArb reduziert sich dabei keinesfalls auf die bloße Analyse- und Erklärungsebene, sondern ist wesentlich stärker auf die Probleme des Handelns selbst (Veränderungsperspektive) bezogen. SozArb ist eine „Theorie des Handelns" (Niemeyer schon 1992, 461). Als solche wirft sie von sich aus die Frage auf, wie die Theorie des sozialpädagogischen Handelns und das sozialpädagogische Handeln selbst anschlussfähig gemacht werden können *(Theorie der Sozialarbeit/Sozialpädagogik).*

Erforderlich ist die Konstruktion systematischer Übergänge zwischen den Bereichen der Wissenschaft und der beruflichen Alltagswelt von SozArb – als *Forschung* und als Theoriebildung von der Alltagswelt zur Wissenschaft und als Orientierung und Handlungsbegründung von der Wissenschaft zur beruflichen Alltagswelt. Instrumente (Brücken) der Gestaltung solcher Übergänge sind neben Aus-, Fort- und Weiterbildung u. a. Modellprojekte und Praxisforschung.

Modellprojekte in der SozArb haben die Aufgabe, im Rahmen exemplarischer Praxis theoretische

Überlegungen aufzugreifen und bestehende Methoden und Konzeptionen zielgerichtet weiter zu entwickeln und/oder neue Methoden und Konzeptionen zu erproben, um so Erkenntnisse über Bedingungen und Wirkungsweisen innovativer Wege zu erhalten („Soziale Arbeit als soziale Innovation": Maelicke 1987). Modellprojekte stellen ein spezifisches Instrument einer (vom politisch administrativen System gewollten) Innovationsförderung dar. Dabei ist es Aufgabe einer wissenschaftlichen Begleitung, sicherzustellen, dass der im Modellprojekt gesammelte Fundus an Erfahrungen nicht verloren geht, sondern im Rahmen von Transferüberlegungen weiterdiskutiert und sowohl für die Theoriebildung als auch für die Weiterentwicklung der Regelpraxis nutzbar gemacht wird.

Praxisforschung in der SozArb steht – wie schon der Begriff ausdrückt – im Spannungsfeld von Forschung und Praxis bzw. von Theorie und Praxis. Auf der einen Seite ist sie theorieverpflichtet, insofern als sie Ursachen sozialer Probleme als Auslöser beruflichen Handelns untersucht, auf der anderen Seite ist sie in doppelter Hinsicht auf Praxis orientiert, indem sie sowohl Fragen aus dem Gesamtkontext beruflichen Handelns bezieht, als auch als praxisorientierte Forschung auf Anwendung hin orientiert ist (Schone 1995, Munsch 2012) Ziel und Aufgabe der Praxisforschung ist es, eine wissenschaftliche Begründung der SozArb als Profession zu leisten. Durch die dialektische Vermittlung von Alltagshandeln und -reflexion, von Analyse und Veränderung von Innenperspektive und Außenperspektive, von Nähe und Distanzierung schafft sie sich einen Handlungsraum, in dem – zwar bezogen auf Praxis, aber befreit von unmittelbarem Entscheidungszwang – Entwicklungsprozesse analysiert werden können, die theorierelevant sind, und Aufklärungsprozesse initiiert werden können, die praxisrelevant sind. Das Entstehen (und Überleben) einer Vielzahl von Praxisforschungsinstitutionen (vgl. Anhang I, Abschnitt D) in den letzten zwei Jahrzehnten ist Zeugnis der anerkannten Notwendigkeit solcher Formen des Theorie-Praxis-Transfers (exemplarisch für den ISS e. V. Kreft 1997).

Reinhold Schone

Literatur

B. Dewe/W. Ferchhoff/A. Scherr/G. Stüwe: Professionelles soziales Handeln – Soziale Arbeit im Spannungsfeld zwischen Theorie und Praxis, Weinheim ²1995 • M. Heiner: Soziale Arbeit als Beruf. Fälle – Felder – Fähigkeiten. München ²2010 • W. Hinte: Doppeltes Mandat, Tripel Mandat, Menschenrechtsprofession – geht's auch eine Nummer kleiner? In: H. Kleve: Autonomie und Mündigkeit in der Sozialen Arbeit, Weinheim 2016 • D. Kreft: Praxisberatung und Praxisforschung im Wandel – am Beispiel des ISS, in: TuP 12/1997, 15–19 • B. Maelicke (Hrsg.): Soziale Arbeit als Soziale Innovation – Veränderungsbedarf und Innovationsstrategien, München 1987 • M. Moch: „Der Arroganz der Theoretiker entspricht die Ignoranz der Praktiker" – Zur Problematik der praxisbegleitenden Forschung, in: Materialien zur Heimerziehung (hrsg. IGfH), 1/2/1993 • Ch. Munsch: Praxisforschung in der Sozialen Arbeit, in: W. Thole (Hrsg.): Grundriss Sozialer Arbeit, Opladen ⁴2012, 1177–1189 • Ch. Niemeyer: Sozialpädagogik als Wissen und als Profession, in: np 6/1992, 455–471 • E. Schone/R. Schone: Vorwärts-Rückwärts-Seitwärts-Ran! Gedanken zum ‚Fortschritt' der Jugendhilfe im neuen Jahrhundert, in: uj 11+12/2015, 477–487 • R. Schone: Theorie-Praxis-Transfer in der Jugendhilfe – Sozialpädagogische Praxisforschung zwischen Analyse und Veränderung, Münster 1995 • H. von Spiegel: Methodisches Handeln in der Sozialen Arbeit. München ⁵2013.

Träger der Sozialen Arbeit

Öffentliche und freie Träger: Aktueller Stand

Zu den Steuerungsinstrumenten kommunalen und staatlichen Handelns gehören – neben dem Recht *(Rechtsquellen),* den Finanzen *(Finanzwesen, öffentliches, Finanzierung freier Träger der Sozialen Arbeit)* und der *Planung (Jugendhilfeplanung/Sozialplanung)* – auch die Organisationsvorgaben, d. h. die Festlegungen, wer in welchem Bereich und für welche Aufgaben zuständig ist. Entsprechend der föderalistischen Struktur der BRD ergibt sich daraus für die Aufgabenwahrnehmung (vollziehende Gewalt) zunächst eine Teilung zwischen Bund und Ländern (Art. 83 ff. GG); für Gemeinden und Gemeindeverbände besteht außerdem das Recht der kommunalen Selbstverwaltung, „alle Angelegenheiten der örtlichen Gemeinschaft im Rahmen der Gesetze in eigener Verantwortung zu regeln" (Art. 28 Abs. 2 GG). Diese allgemeinen Festlegungen gelten auch für die Sozialverwaltung *(Verwaltung, öffentliche).*

Allerdings mit der Besonderheit, dass die Aufgabenwahrnehmung in der *Sozialen Arbeit* nicht allein öffentlichen (hoheitlichen) Trägern auf kommunaler/staatlicher Ebene überantwortet ist, sondern freien Trägern ein eigenes Handlungs-

T

recht für diesen Bereich zugestanden wird (§§ 17 Abs. 3, 27 Abs. 2, 28 Abs. 2 *Sozialgesetzbuch*/SGB I, 3, 4 SGB VIII, § 5 SGB XII). So werden z. B. in den §§ 18 ff. SGB I nicht nur die möglichen Sozialleistungen aufgezählt, sondern zugleich die zuständigen Sozialleistungsträger genannt (z. B. für die Sozialhilfe § 28 Abs. 2: „zuständig sind die Kreise und kreisfreien Städte, die überörtlichen Träger der Sozialhilfe und für besondere Aufgaben die Gesundheitsämter; sie arbeiten mit den Trägern der freien Wohlfahrtspflege zusammen)".

Öffentliche Träger: Das sind die Gebietskörperschaften (auf der kommunalen Ebene: Kreise, kreisfreie Städte, kreisangehörige Gemeinden). Die Aufgaben werden dort in der *Kinder- und Jugendhilfe* von mehr als 560 *Jugendämtern,* in der *Alten-* und *Sozialhilfe* durch ca. 400 *Sozialämter* und zusätzlich von sog. Delegationsgemeinden landkreisangehöriger Gemeinden (nur ausnahmsweise durch selbständige Seniorenämter), in der *Gesundheitshilfe* durch rd. 400 kommunale oder staatliche *Gesundheitsämter* wahrgenommen. Oberhalb der kommunalen Ebene finden sich ebenfalls besondere Zuständigkeiten (in den Ländern z. B. in der Kinder- und Jugendhilfe die LJÄ als überörtliche Träger und die Obersten Landesjugendbehörden, in der Sozialhilfe die dort bestimmten überörtlichen Träger: §§ 69 ff. 82 SGB VIII, §§ 3, 99 SGB XII; s. auch Anhang I)).

Freie Träger: Sie sind private Organisationen (i. d. R. Vereine, GmbHs oder Stiftungen bürgerlichen Rechts: *Organisationsrecht*), die vorrangig in der *Alten-, Behinderten-, Gesundheits-, Kinder- und Jugend-* oder *Sozialhilfe* tätig sind; sie werden weiter unterschieden in privat-gemeinnützige und privat-gewerbliche Träger (letztere als Profit-Organisation).

Daraus ergibt sich folgendes Organisationsbild freier/privater Träger:

- privat-gemeinnützige Träger *(Jugend- und Wohlfahrtsverbände, Kirchen und Religionsgemeinschaften des öffentlichen Rechts,* selbstorganisierte/Selbsthilfe-Gruppen: *Selbsthilfe-/Selbstorganisation)* (zur Voraussetzung gemeinnützigen Handelns vgl. *Gemeinnützigkeit, steuerliche* und Münder u. a. 2013 § 74 Rz 13 und 37 ff. sowie § 75 Rz 11) und
- privat-gewerbliche Träger (die also in ihrer Gewinnerzielungsabsicht nicht durch das Gemeinnützigkeitsrecht begrenzt sind).

Alle Träger (seit langem die öffentlichen und die privat-gemeinnützigen, inzwischen auch die privat-gewerblichen) sind in der BRD hoch organisiert, nehmen wesentliche Aufgaben der SozArb wahr und sind entspr. einflussreich auf allen Ebenen kommunalen und staatlichen Handelns (*Arbeitsgemeinschaften;* exemplarisch für die Kinder- und Jugendhilfe bei Münder u. a. 2013, Vor § 69–71 Rz 1 ff., insbes. 6–14, im Übrigen *Anhang I* – Organisationen der Alten-, Behinderten-, Gesundheits-, Jugend- und Sozialhilfe in der BRD).

Statistische Angaben über die Träger der SozArb sind noch nicht hinreichend präzise. Nach der Gesamtstatistik der BAG Freie Wohlfahrtspflege gab es 2012 in Deutschland über 100 000 Einrichtungen und Dienste, in denen 3,7 Mio. Menschen (Plätze, Betten) betreut wurden. Den größten Anteil hat die KuJ mit 56 %, gefolgt von Alten- und Behindertenhilfe (je 14 %). Alle Wohlfahrtsverbände zusammen haben rd. 1,67 Mio. Beschäftigte (davon rd. 728T in Teilzeit). Die Gesamtstatistik wird alle 4 Jahre fortgeschrieben (die für 2016 liegt aktuell – 11/2016 – noch nicht vor, daher alle Zahlen nach BAG Freie Wohlfahrtspflege 2012).

Von der Subsidiarität über den Korporatismus zum Markt

Das Beziehungssystem zwischen den öffentlichen und den freien Trägern war viele Jahrzehnte heftig umstritten; es ging dabei immer aufs Neue darum, welche der beiden Trägergruppen zunächst handlungsberechtigt sei.

Subsidiaritätsstreit: So wird die Auseinandersetzung um Vorrang/Nachrang in der Jugend- und Sozialhilfe der 1960er Jahre bezeichnet. Sie erreichte ihren Höhepunkt, als 1961 in der 3. Wahlperiode des Dt.-BT die CDU/CSU mit ihrer damaligen absoluten Mehrheit in einem neuen BSHG und in einem novellierten JWG den Vorrang freier – und damit zugleich korrespondierend eine Funktionssperre für öffentliche Träger – normierte. Erst 1967 wurde dieser Streit durch eine Entscheidung des BVerfG (BVerfG 22, 180 ff.) (in der auf die Probleme der *Subsidiarität* nicht eingegangen wurde) „unter dem Gesichtspunkt der Praktikabilität und der Wirtschaftlichkeit" „Frieden stiftend und Interessen ausgleichend" beendet; seither wird stattdessen „die partnerschaftliche Zusammenarbeit" betont; heute in § 4 Abs. 1 SGB VIII gesetzlich vorgeschrieben (genauer bei Münder u. a. 2013 § 4 Rz 13 ff.; ebenso Wiesner 2015 bei § 4).

Korporatismus: Die Entscheidung des BVerfG von 1967 hat den alten Subsidiaritätsstreit been-

T

det und den Korporatismus gefestigt. Denn das BVerfG hat die umstrittenen Bestimmungen des BSHG und des JWG als verfassungsgemäß bezeichnet, weil sie lediglich „die durch Jahrzehnte bewährte Zusammenarbeit von Staat und freien Verbänden einforderten". Korporatismus deshalb, weil körperschaftliche Zusammenarbeit gemeint war, „das planvolle, aufeinander abgestimmte Ineinandergreifen von gesellschaftlichen Gruppen, hier der öffentlichen und freien Träger, zur Erreichung eines gemeinsamen Zieles" (Münder 1998, 41). Es sollte für die Kinder- und Jugendhilfe eben bei der „vernünftigen Aufgabenteilung" zwischen öffentlichen und traditionellen freien Trägern mit dem wichtigen Ziel möglichst wirtschaftlicher Verwendung knapper Mittel bleiben.

Diese Mischung aus abgemildertem Subsidiaritätsdenken und korporativer Zusammenarbeit führte zu einer Angebotsdominanz traditioneller privat-gemeinnütziger Groß-Organisationen, ohne dass aber die öffentlichen Träger sich dadurch bedroht fühlten: immerhin bis zu rd. ⅔ der Einrichtungen und des Personals werden noch heute von privat-gemeinnützigen Trägern unterhalten/beschäftigt und innerhalb der Gesamtgruppe dominieren die kirchlichen Träger (Münder/Trenczek 2015, Rz. 166–169).

„Das korporatistische Modell des Arrangements zwischen öffentlichen und freien Trägern war aus der Sicht der Betroffenen ein fürsorgliches Modell, sie waren nur Begünstigte, aber nicht Berechtigte. Das hat sich mit dem SGB VIII als einem Sozialleistungsgesetz, mit der Begründung von Rechtsansprüchen für Bürgerinnen und Bürger geändert. Jugendhilfe ist heute im SBG VIII primär als Leistungsrecht konzipiert" (Münder/Trenczek 2015, Rz. 177).

Wandel durch fachlichen Widerspruch

Dieses (fast geschlossene) korporatistische Trägersystem wird seit den 1970er Jahren durch unterschiedlichste Entwicklungen berührt und verändert:

- **Inhaltlich:** Weil sich durch nachhaltige sozioökonomische Veränderungen die Anforderungen gegenüber den öffentlichen Trägern und den – damals als Sozialkonzerne bezeichneten – privat-gemeinnützigen Groß-Organisationen der SozArb (gemeint waren v. a. die Wohlfahrts-, gelegentlich auch die Jugendverbände) deutlich veränderten, die häufig unbeweglich auf die Anforderungen reagierten, ihre Angebote und Dienste dem fachlichen Perspektivenwandel (z. B. wegen Arbeitslosigkeit, Wandel der Familienstrukturen, wegen der Tendenzen der Individualisierung und Pluralisierung u. a. m.) anzupassen (mit vielen Beispielen für dagegen entwickeltes neues Handeln in der Jugend- und Familienhilfe: Kreft/Lukas u. a. 1993).
- **Fachlich-organisatorisch:** Weil – alternativ zur herkömmlichen Organisation und Aufgabenwahrnehmung – selbstorganisierte Projekte/Initiativen und Selbsthilfegruppen entstanden: über selbstorganisiertes, autonomes Handeln in transparenten Strukturen wurde der Versuch gemacht, die herkömmliche Trennung von Lebenswelten, Ressorts und Arbeitsbereichen aufzuheben (als ganzheitlicher Ansatz etwa in Projekten „Arbeiten, Wohnen, Zusammenleben" seit 1978). Es wurde auf die Veränderung der internen Verkehrsformen gesetzt, auf allein effektives Handeln im üblichen Sinne sollte verzichtet werden, ideales Ziel war, statt „glatter Ergebnisse" in möglichst kurzer Zeit zwischen Projektmitarbeitern und Adressaten der Arbeit Konsens herbeizuführen. Mit ihren „Prinzipien von Basisdemokratie, Selbstverantwortung, Betroffenennähe, Ganzheitlichkeit, dem Selbstvertretungsanspruch" (Bloesy u. a. 1987, 87) unterschieden sie sich grundlegend von Organisation und Arbeit traditioneller privat-gemeinnütziger Träger *(Selbsthilfe/Selbstorganisation).*

Eine eigenständige übergreifende Organisation (also ein zeitweise durchaus geplanter „7. Wohlfahrtsverband") ist darüber nicht entstanden. Stattdessen haben sich inzwischen viele der Gruppen/Initiativen dem DPW angeschlossen (der diesem Zugang seine heutigen großen Mitgliederzahlen verdankt: 1980 = knapp 3000; aktuell über 10 000), d. h. sie sind damit wieder Teil der traditionellen Trägerorganisation. Aber ihre Innovationen wirkten damals und wirken bis heute nach, sie haben durchaus eine fachlich-organisatorische Modernisierung der SozArb in Gang gesetzt (genauer bei Müller 2008, 115 ff.: Die stürmischen 1970er Jahre).

Jedenfalls hatte seither die Konkurrenz der Träger eine fachliche Dimension mit der Forderung, den Zuschlag solle der Träger (Anbieter) erhalten, der das fachlich angemessenste Angebot präsentiert und der lebensweltorientiert und partizipativ *(Partizipation)* handelt (und eben keine Vergabe zur Sicherung von Bestand und Beständen korporativer Partner) – immer wieder auch als „Neue Subsidiarität" bezeichnet.

Und schließlich der **Wandel durch Ökonomisierung:** Der Übergang zum „Dienstleistungsmarkt Soziale Arbeit" *(Qualitätsentwicklung, Sozialmanagement, Sozialwirtschaft)* ist nicht so abrupt, wie gelegentlich behauptet. „Wirtschaftliche Verwendung knapper Mittel" (so bereits das BVerfG in seiner Subsidiaritätsentscheidung von 1967) und das Gebot, „der fachlich bessere Anbieter" solle stets den Zuschlag erhalten, gehören seit Jahrzehnten zum unverzichtbaren Wortschatz jedweder *Verwaltungsmodernisierung* (ein interessantes Zwischenfazit für diese Reformversuche bei Merchel 2008, 56 ff.).

Ein System wird verändert

Vor dem Hintergrund einer strukturellen Finanzkrise kommunaler/staatlicher Finanziers der SozArb wurde/wird gefordert, alle wohlfahrtsstaatlichen Sicherungsprogramme mit folgenden Tendenzen zu überprüfen:

- zur Grundversorgung und Deregulierung;
- zum Ersatz von Zuwendungen/Sozialsubventionen durch Kosten- und Leistungsvereinbarungen;
- zur Einführung von Wettbewerbselementen in die Förderung sozialer Dienstleistungen;
- Die Konkurrenz um Leistungen und Preise zwischen allen Typen von Anbietern zu fördern (inszenierter Wettbewerb).

Seit nunmehr 25 Jahren wird i. d. S. gehandelt und im Zuge der damit verbundenen Veränderungen auch das Verhältnis zwischen öffentlichen und freien Trägern der SozArb (bis zur teilweisen Auflösung alter Beziehungen) gewandelt. Zuerst in der Sozialhilfe (1993), inzwischen auch in SGB V – Gesetzliche Krankenversicherung –, im SGB XI – Soziale Pflegeversicherung – und seit 1. 1. 1999 auch im SGB VIII – Kinder- und Jugendhilfe, wird das Selbstkostendeckungsprinzip durch im Voraus (prospektiv) abgeschlossene Vereinbarungen ersetzt; es verschiebt sich die Finanzierung der Arbeit freier Träger von der traditionellen Zuwendungs- zur Entgelt-(Vereinbarungs-)Finanzierung (*Finanzierung freier Träger;* vgl. auch die Übersicht bei Münder u. a. 2013, Vor §§ 73–78 Rz 2 ff.). Das bürokratisch-kameralistisch gesteuerte korporatistische System löst sich auf in ein betriebswirtschaftlich gesteuertes, trägeroffenes System *(Kameralistik, Verwaltung, öffentliche, Sozialmanagement, Sozialwirtschaft).*

Eine Zusammenfassung

Wurde noch vor 30 Jahren von freien Trägern gesprochen, waren regelmäßig nur die Wohlfahrts- und Jugendverbände, die Kirchen und Religionsgemeinschaften des öffentlichen Rechts gemeint (also traditionsreiche – „bewährte" – gemeinnützige Träger, i. d. R. Großorganisationen). Inzwischen sind rechtlich und faktisch drei Trägergruppen Anbieter am „Markt der Sozialen Dienste": öffentliche Träger, privat-gemeinnützige Träger (mit den Untergruppen Wohlfahrts-, Jugendverbänden, Kirchen und Religionsgemeinschaften des öffentlichen Rechts, Selbsthilfe-/selbstorganisierte Gruppen, soweit sie sich nicht großen Trägern angeschlossen haben) sowie privat-gewerbliche Träger (heute zunehmend im VPK organisiert). Der frühere „Vorrang" privat-gemeinnütziger Träger wird systematisch abgebaut: so beispielsweise über § 78b SGB VIII, wo nur noch von „Träger der Einrichtung" gesprochen wird, d. h. „die §§ 78a ff. gelten für alle Einrichtungen in öffentlicher, privat-gemeinnütziger und privat-gewerblicher Trägerschaft" (Münder u. a. 2013 § 78b Rz 5)). Selbst für die im Kinder- und Jugendhilferecht immer noch fortbestehende Privilegierung privat-gemeinnütziger Träger (nur sie können z. B. anerkannt und dauerhaft gefördert werden: §§ 74, 75 SGB VIII) kann nicht eindeutig vorausgesagt werden, ob sie weiterhin mit anderem Bundesrecht oder Europarecht vereinbar ist (bleiben wird) (Münder u. a. 2013 § 75 Rz 3 ff.; Münder/Trenczek 2015, 14.4).).

„An die Stelle des klassischen dualen Systems von öffentlichen und frei-gemeinnützigen Trägern im Sozialsektor tritt so ein Mix von … öffentlichen Trägern, frei-gemeinnützigen und privat-kommerziellen Leistungsanbietern, die in einem Wettbewerb zueinander stehen und um Preise und Qualität konkurrieren" (Bauer/Dahme/Wohlfahrt 2010, 828).

Auch in diesem Bereich sind demnach die früheren „Eindeutigkeiten" aufgegeben.

Dieter Kreft

Literatur

BAG der Freien Wohlfahrtspflege: Einrichtungen und Dienste der Freien Wohlfahrtspflege. Gesamtstatistik (Stand 1. 1. 2012), Berlin 2012 ◆ R. Bauer/H.-J. Dahme/N. Wohlfahrt: Freie Träger, in: W. Thole (Hrsg.) Grundriss Soziale Arbeit. [4]2012, 813–829 ◆ S. Bloesy/D. Kreft: Sie fördert uns, sie fördert uns nicht … Erfahrungen und Probleme alternativer Projekte mit der Verwaltung, Berlin 1987 ◆ D. Kreft/H. Lukas u. a.: Perspektivenwandel der Jugendhilfe, 2 Bde., Frankfurt/M. [2]1993 ◆ C. W. Müller: Helfen und Erziehen. Soziale Arbeit im 20. Jahrhundert, Weinheim [2]2008 ◆ J. Merchel: Trägerstrukturen in der

T

Sozialen Arbeit. Eine Einführung, Weinheim/München ^{2}2008 • J. Münder: Von der Subsidiarität über den Korporatismus zum Markt, in: np 1/1998, 3–12 • J. Münder/T. Meysen/T. Trenczek.: Frankfurter Kommentar zum SGB VIII: Kinder- und Jugendhilfe, Baden-Baden ^{7}2013 • J. Münder/T. Trenczek: Kinder- und Jugendhilferecht. Baden-Baden ^{8}2015 • Wiesner u. a.: SGB VIII. Kinder- und Jugendhilfe. München ^{5}2015.

U

Unbegleitete minderjährige Flüchtlinge

Die KJH ist seit vielen Jahren (insbes. seit 1981) mit der Situation der Unbegleiteten minderjährigen Flüchtlinge/umF befasst. Waren es zunächst Kinder, die aus Staaten der Golfregion (v. a. Iran und Irak) angesichts der kriegerischen Situation Anfang der 1980er Jahre kamen, so hat sich bis heute das Bild deutlich verändert. Kinder fliehen von überall aus ihrer Heimat vor Krieg, wirtschaftlicher Not und Elend. „Flüchtlingskinder werden immer wieder Opfer von militärischen Angriffen, in die Armee oder bewaffnete Einheiten rekrutiert, Zwangsarbeit unterworfen, entführt, unvorschriftsmäßig adoptiert, physisch und/oder sexuell missbraucht, auch durch Folter, ausgebeutet, diskriminiert, verlassen und willkürlicher und unmenschlicher Freiheitsentziehung ausgesetzt. Viele Flüchtlingskinder sterben; viele andere erleiden nachhaltige physische und psychische Verletzungen" (UNHCR: Richtlinie 1995).

Mit den wachsenden Spannungen und Kriegen in zahlreichen Ländern ist das Thema „Unbegleitete minderjährige Flüchtlinge" auch zu einer immer größer werdenden Herausforderung für die Kinder- und Jugendhilfe geworden. Nicht nur weil ihre Zahl in jüngster Zeit enorm angestiegen ist, sondern auch, weil es v. a. um einen fachlich qualifizierten Umgang mit den besonderen Problemen und Herausforderungen geht, die die umF mitbringen.

Über die tatsächliche Zahl gibt es immer wieder Unklarheiten. Aktuell (11/2016) sind keine präzisen Angaben über die tatsächlich eingereiste Zahl umF möglich, denn es fehlt dazu an einer bundesweiten Statistik. Die Zahl der unbegleiteten minderjährigen Flüchtlinge betrug im Januar 2016 insgesamt 60 162. (PE Bundesverband unbegleitete minderjährige Flüchtlinge/BumF 29. 1. 2016). Gegenüber dem Jahr 2011 ist dies ein Anstieg um rd. 56 000 (Stand: 1/2016). Schätzungen gehen davon aus, dass sich ihre Zahl in nächster Zeit noch weiter erhöhen dürfte. Was die Altersverteilung betrifft, so ist der deutlich überwiegende Teil der umF zwischen 14 und 18 Jahren alt und überwiegend männlichen Geschlechts.

Die rechtliche Situation der umF ist sehr komplex und wurde immer wieder geändert bzw. neuen Erfordernissen angepasst. UmF leben zumeist nur geduldet in Deutschland und erhalten Leistungen nach dem Asylbewerberleistungsgesetz sowie dem Kinder- und Jugendhilfegesetz.

Im Kern handelt es sich um zwei Rechtsbereiche die den Aufenthalt regeln: das Kinder- und Jugendhilferecht und das Ausländerrecht. Für die umF ist das SGB VIII von ganz wesentlicher Bedeutung. Es regelt nicht nur das Recht auf Bildung und Erziehung (§ 1 SGB VIII) sondern sichert auch den Zugang zu den Förder-, den Hilfs- und den Unterstützungsangeboten. So gilt beispielsweise der Rechtsanspruch auf einen Platz in einer Kindertageseinrichtung (§ 24 SGB VIII) auch für umF.

Ebenso bedeutsam ist aber auf internationaler Ebene die 1989 von der UN beschlossene Kinderrechtskonvention mit ihren spezifischen, auch für Deutschland geltenden Regelungen zur Sicherung der Kinderrechte und des Kindeswohls. Aus dem Ausländerrecht ergeben sich, beispielsweise im Rahmen des Aufenthaltsgesetzes, nähere Regelungen für das Aufenthaltsrecht. Höherrangige rechtliche Regelungen auf der Ebene der EU enthalten ebenfalls Hinweise zum Umgang mit umF.

Mit dem „Gesetz zur Neubestimmung des Bleiberechts und der Aufenthaltsbeendigung" vom 17. 07. 2015 ist auch eine neue Regelung für minderjährige Flüchtlinge aufgenommen worden. Danach kann jeder junge Flüchtling bis zum 21. Lebensjahr einen Antrag auf Aufenthaltsgenehmigung stellen, wenn ein Schulbesuch von mindestens vier Jahren erfolgt ist oder er einen Schul- bzw. Berufsabschluss vorweisen kann (§ 25a Aufenthaltsgesetz).

Durch das „Gesetz zur Verbesserung der Unterbringung, Versorgung und Betreuung ausländischer Kinder und Jugendlicher" vom 28. Oktober 2015, in Kraft getreten am 1. 11. 2015, wurde eine Änderung der bundesweiten Umverteilung von umF vorgenommen. Damit sollen umF bereits bei ihrer Ankunft umverteilt werden, vorzugshalber in dem Bundesland, in dem sie angekommen sind, notfalls aber auch bundesweit. Das ist gegenüber bisheriger Regelungen eine deutliche Ausweitung und eine Reaktion auf die bisher starke Konzentration der umF auf einige wenige Bundesländer bzw. Kommunen. Zudem wurde das Mindestalter zur Begründung der Handlungsfähigkeit im Asylverfahren von 16 auf 18 Jahre angehoben. Damit gilt auch für ausländische Minderjährige, die bereits das 16. Lebensjahr vollendet haben, der Vorrang des Kinder- und Jugendhilferechts. Der Bund folgt damit Forderungen der Länder. Die Jugend- und Familienminister-/innen-Konferenz hatte mit ihrem Beschluss vom 21./22. Mai 2015 eine gesetzliche Regelung in dieser Richtung gefordert.

Im Gegensatz zu den Asylsuchenden nehmen umF nicht den Weg des offiziellen Asylverfahrens, sondern werden im Rahmen der KJH in Obhut genommen. Erst mit der Volljährigkeit wird ihr Antrag auf Asyl geprüft und entschieden. Alle Asylsuchenden werden zunächst in einer Erstaufnahmeeinrichtung (EAE) registriert. Dann erfolgt eine Verlegung in eine der zentralen Unterbringungseinrichtungen (ZUE) des Landes bzw. in Notunterkünfte der Länder. In einem weiteren Verfahren werden die UMF auf die Städte- und Gemeinden im jeweiligen Bundesland verteilt.

Ihre Aufnahme in Deutschland erfolgt nach einem vierstufigen Verfahren. Zunächst kommt es zu einer vorläufigen Inobhutnahme nach Paragraph 42 a SGB VIII. Nach der Meldung an das Bundesamt für Migration und Flüchtlinge/BAMF wird entschieden, ob der umF verteilt oder – aus Gründen des Kindeswohls – von der Verteilung ausgeschlossen wird. Nach der Meldung an das zuständige LJA über die OLJB erfolgt eine Zuweisung an ein geeignetes JA, welches dann einen Vormund bestellt und die endgültige Inobhutnahme vornimmt; verbunden mit einem Clearing-Verfahren nach Paragraph 42 b SGB VIII im Rahmen einer Hilfe zur Erziehung. Bereits bei der Erstaufnahme durch das aufnehmende JA kommt es aber im Kern schon auf eine fachliche Einschätzung der Situation des umF an. Dazu zählen z. B. die Feststellung des Alters, die Sicherung des Kindeswohls bezogen auf die Vertretbarkeit eines Verteilungsverfahren, die Frage nach möglichen verwandten Personen im In- oder im Ausland sowie eine Abklärung, ob eine gemeinsame Inobhutnahme mit anderen Jugendlichen oder ggf. Geschwistern möglich und vertretbar ist.

Neben den formalen Abläufen ist insbesondere die pädagogische Qualität im Umgang mit den umF von Bedeutung. Hier sind zwingend die allgemeinen Qualitätsmaßstäbe der Hilfen zur Erziehung anzulegen und zudem darüber hinaus die jeweilige besondere spezifische Situation der Kinder und Jugendlichen zu beachten. Dazu gehören v. a. zunächst die Sicherung der gesundheitlichen Situation und eine behutsame Einbindung in die Alltagsabläufe. Besonders herausfordernd werden die Beachtung der jeweiligen kulturellen Hintergründe der umF sowie ihre physische und psychische Stabilität (traumatische Erfahrungen etc.) sein. In der Praxis der aufnehmenden JÄ bzw. Einrichtungen werden zudem Strategien zur Überwindung von Sprachbarrieren, schulische Perspektiven sowie insbesondere auch Ansätze zur Freizeitgestaltung und Schaffung sozialer Kontakte entwickelt. Ganz besonders wichtig ist die Teilhabe dieser Kinder und Jugendlichen an der Bildungsförderung in der Schule und im außerschulischen Bereich. Denn auch für sie ist die Bildung ein zentraler Schlüssel für ihre Zukunftsperspektiven.

Trotz der Priorität der KJH für die umF ist immer wieder darauf zu drängen, dass die besondere Situation der umF auch eine besondere fachliche Qualität erfordert. Hier wird Kritik der Fachverbände- bzw. Institutionen (z. B. AGJ; Diakonie; LJÄ) laut, die auf die Einhaltung zentraler Kriterien zur Sicherung des Kindeswohls auch für diese Kinder und Jugendlichen drängen. Die KJH hat gerade auch für diese Kinder und Jugendlichen eine enorme Bedeutung für die Hilfe und Unterstützung. Aber es ist ebenso erforderlich, dass die Rahmenbedingungen für die Ausgestaltung der fachlichen Arbeit stimmen müssen. Unbegleitete minderjährige Flüchtlinge müssen mit ihren Fähigkeiten wahrgenommen und es muss ihnen eine faire Chance gegeben werden, sich optimal unter den für sie neuen und oftmals auch schwierigen Bedingungen behaupten und weiterentwickeln können (vgl. AGJ 2015; vgl. auch FORUM Jugendhilfe 1/2016). Angesichts der Tatsache, dass die Mehrzahl der umF bei ihrer Einreise bereits älter als 16 Jahre ist, oder deren Volljährigkeit sich bei der Altersfeststellung ergibt, kommt der Frage nach den Hilfeleistungen für junge Volljährige eine wachsende Bedeutung zu. Dies gilt auch für die jungen Flüchlinge die bei ihrer Einreise bereits volljährig sind. In Betracht kommen hier die Regelungen des Paragraphen 41 SGB VIII(Näheres hierzu: Wiesner 2016, in Jugendhilfe, S. 237 ff). So befanden sich im Januar 2016 7 721 ehemalige umF im Rahmen der Hilfen für junge Volljährige in der Zuständigkeit der Jugendhilfe(Bundesverband unbegleitete minderjährige Flüchtlinge/ BumF 29. 1. 2016).

Klaus Schäfer

U

Literatur

AGJ-Positionspapier: Kind ist Kind! Umsetzung der Kinderrechte für Kinder und Jugendliche nach ihrer Flucht, Berlin 2015 ◆ BAGLJÄ: Handlungsempfehlungen zum Umgang mit unbegleiteten minderjährigen Flüchtlingen, Köln 2014 ◆ BumF: Berlin, Pressemeldung vom 26.11.2015 ◆ BJK: Gesellschaftliche Verantwortung für junge Flüchtlinge, Berlin 2015 ◆ BumF: Kriterien und Anforderungen an Strukturen zur Aufnahme von umF, Berlin 2015 ◆ DBJR: Jugendverbandsarbeit mit jungen Flüchtlingen – eine Arbeitshilfe ◆ Berlin 2015 ◆ Bundesjugendkuratorium 2016: Kinder- und Jugendliche auf der Flucht. Menschen mit Ziel, Berlin, Januar 2016, http://bundesjugendkuratorium.de/assets/pdf/press/BJK_Stellungnahme_01_2016_kiJu_Flucht.pdf ◆ Diakonie Deutschland: Thema kompakt – Unbegleitete minderjährige Flüchtlinge, Berlin 2015 ◆ Kinderkommission des Bundestags: umF stehen unter Schutz, Berlin, Berlin 2015 ◆ FORUMJugendhilfe 1/2016: Schwerpunktheft Junge Flüchtlinge ◆ Ministerium für Inneres und Kommunales NRW/Ministerium für Familie, Kinder, Jugend, Kultur und Sport NRW: Handreichung zum Umgang mit unbegleiteten minderjährigen Flüchtlingen in Nordrhein-Westfalen, Düsseldorf 2013 ◆ UNHCR: Flüchtlingskinder: Richtlinie zu ihrem Schutz und ihrer Betreuung, Genf 1995 ◆ Wiesner, R.: Hilfe für junge volljährige Flüchtlinge, in Jugendhilfe 3/2016,, 237 245.

Links

Von Wiesner/Loos gibt es eine sog. Nachkommentierung zum Gesetz zur Verbesserung der Unterbringung, Versorgung und Betreuung ausländischer Kinder und Jugendlicher (unter: https//rsw.beck.de/cms/?toc=WiesnerSGB20);

H. Shah hat im September 2015 eine Broschüre: ‚Flüchtlingskinder und jugendliche Flüchtlinge in Schulen, Kindergärten und Freizeiteinrichtungen' (kann über diese Anschrift in Papier bestellt werden: http//www.unfallkasse-nrw.de/service/medieen/broschueren.html);

Newsletter ‚Rechtsfragen der Kinder- und Jugendhilfe' des LJA Westfalen-Lippe (nachrichten@lvl.org).

Unterhaltsrecht

Das *Familienrecht* (§§ 1297–1921 BGB) kennt den Ehegattenunterhalt (§§ 1360 ff., 1569 ff. BGB), den Verwandtschafts- bzw. Kindesunterhalt (§§ 1601 ff. BGB), den Unterhalt von nicht miteinander verheirateten Eltern aus Anlass der Geburt ihres gemeinsamen (nichtehelichen) Kindes (§ 1615l BGB) und den Lebenspartnerschaftsunterhalt (§ 5 LPartG).

Im Ehegattenunterhalt – und entsprechend im Lebenspartnerschaftsunterhalt – existieren 3 verschiedene Formen des Unterhalts: Unterhalt während bestehender Ehe (Familienunterhalt) (§§ 1360–1360b BGB), Unterhalt während der *Lebenspartnerschaft* (§ 7 L PartG), Unterhalt bei Getrenntleben (§§ 1361 BGB, § 12 LPartG), nachehelicher Unterhalt nach *Scheidung* (§§ 1569 ff. BGB) bzw. der nachpartnerschaftliche Unterhalt nach Aufhebung der Lebenspartnerschaft (§§ 16 LPartG).

Ehegatten-/Lebenspartnerschaftsunterhalt

Voraussetzung für den Ehegattenunterhalt ist, dass es sich um Eheleute handelt, die miteinander verheiratet sind bzw. waren, bei Verwandtschaftsunterhalt, dass sie Verwandte „in gerader Linie sind" (§ 1601 BGB, z. B. Kinder/Eltern/Großeltern und umgekehrt), beim Lebenspartnerschaftsunterhalt, dass eine Lebenspartnerschaft i. S. § 1 LPartG begründet wurde. Weitere und insoweit übereinstimmende zentrale Voraussetzung für jeden Unterhalt sind jeweils die Unterhaltsbedürftigkeit der Unterhaltsberechtigten (§§ 1361, 1577, 1602 BGB) und die Leistungsfähigkeit der Unterhaltspflichtigen (§§ 1581, 1603 BGB).

Ehegatten- und Lebenspartnerschaftsunterhalt werden rechtlich regelmäßig im Fall von Getrenntleben und Scheidung der Ehepartner/Aufhebung der Lebenspartnerschaft relevant. Während beim Getrenntleben der Eheleute bzw. der Lebenspartner das Gesetz gemäß §§ 1361 BGB, 12, 16 LPartG grundsätzlich von der Fortgeltung der während der Ehe/Lebenspartnerschaft bestehenden Unterhaltsgestaltung ausgegangen wird, ist der nacheheliche (Scheidungs-)Unterhalt bzw. nachpartnerschaftliche Unterhalt in §§ 1569–1586b BGB ausführlich (anders) geregelt.

Beim Ehegatten-, Verwandten und Kindesunterhalt ist der gesamte Lebensbedarf abzudecken (§§ 1578 Abs. 1, 1610 Abs. 2 BGB). Er umfasst beim Verwandten-/Kindesunterhalt auch die Kosten einer angemessenen Vorbildung zu einem Beruf, bei einer erziehungsbedürftigen Person auch die Kosten der Erziehung. Das Maß des Unterhaltes bestimmt sich beim Ehegattenunterhalt „nach den ehelichen Lebensverhältnissen" (§ 1578 Abs. 1 BGB), beim Verwandtenunterhalt „nach der Lebensstellung des Bedürftigen (angemessener Unterhalt)" (§ 1610 BGB).

Bei Lebenspartnerschaften kann im Fall ihres Getrenntlebens ein Lebenspartner vom anderen angemessenen Unterhalt „nach den Lebensverhältnissen und den Erwerbs- und Vermögensverhältnissen der Lebenspartner" verlangen (§ 12 LPartG).

Nach der Scheidung bzw. Aufhebung der Lebenspartnerschaft obliegt es zunächst grundsätzlich jedem Ehegatten/Lebenspartner, selbst für seinen Unterhalt zu sorgen und eine angemessene Erwerbstätigkeit auszuüben (§§ 1569, 1574 BGB, 16 LPartG). Nur wenn er/sie dazu nicht imstande ist, sieht das Gesetz Ausnahmen von diesem Grundsatz vor (§ 1577 BGB).

Betreuungsunterhalt

Die in der Praxis häufigste Ausnahme dazu dürfte der Unterhaltanspruch sein wegen der Pflege oder Erziehung eines gemeinschaftlichen Kindes (§ 1570 BGB). Bis zur Reform des Unterhaltsrechtes durch das UÄndG vom 21.12.2007 war hierfür ein „Altersphasenmodell" maßgeblich, keine Erwerbsobliegenheit bis zum 8. Lebensjahr, danach Teilzeitbeschäftigung bzw. Halbtagstätigkeit zumutbar. Der seit der Reform ab 1.1.2008 neu gefasste § 1570 BGB legt nunmehr fest, dass grundsätzlich (nur noch) bis zur Vollendung des 3. Lebensjahres eines Kindes ein genereller Anspruch auf Betreuungsunterhalt besteht. Dieser Anspruch ist allerdings aus Billigkeitserwägungen verlängerbar, insbesondere im Interesse des Kindes. Diese Regelungen gelten seit 1.1.2008 gemäß § 1615l BGB gleichermaßen für einen nichtehelichen kinderbetreuenden Elternteil (Mutter oder Vater). Damit ist der Betreuungsunterhalt, der im Interesse des Kindes geschuldet wird, grundsätzlich für Eltern einheitlich geregelt, gleichgültig, ob die Eltern verheiratet sind bzw. waren oder nicht.

Andere nacheheliche Unterhaltsansprüche

Weiter können nacheheliche/nachpartnerschaftliche Unterhaltsansprüche bestehen, wenn wegen Alters (§ 1571 BGB) oder Krankheit oder Gebrechen (§ 1572 BGB) eine Erwerbstätigkeit nicht mehr erwartet werden kann. Außerdem ist Unterhalt bis zur Erlangung einer angemessenen Erwerbstätigkeit (§ 1573 BGB) und bis zum Abschluss einer in Erwartung oder während der Ehe nicht aufgenommenen oder abgebrochenen Schul- oder Berufsausbildung (§ 1575 BGB) zu leisten. Ansonsten besteht ein Unterhaltsanspruch, soweit und solange aus sonstigen schwerwiegenden Gründen eine Erwerbstätigkeit nicht erwartet werden kann und die Versagung von Unterhalt grob unbillig wäre (§ 1576 BGB).

Ein bestehender Unterhaltsanspruch kann gemäß § 1579 BGB versagt, herabgesetzt oder zeitlich befristet werden, wenn die in § 1579 Nrn. 1–8 BGB genannten Voraussetzungen vorliegen.

Trennungs-, nachehelicher, nachpartnerschaftlicher, Verwandten- und Kindesunterhalt sind jeweils in Form einer Geldrente monatlich im Voraus zu leisten (§ 1585 BGB). Der Anspruch erlischt mit dem Tod, der Wiederheirat oder Begründung einer Lebenspartnerschaft des/der Berechtigten (§ 1586 BGB) bzw. des Verpflichteten (§ 1615 BGB).

Verwandtenunterhalt

Der Verwandtenunterhalt betrifft zwar insbesondere Unterhaltspflichten der Eltern gegenüber ihren Kindern. Er betrifft aber auch, und immer öfter, was häufig unterschätzt wird, Unterhaltspflichten von Kindern gegenüber ihren Eltern/Großeltern, sog. Elternunterhalt. Grundsätzlich sind (erwachsene) Kinder gemäß § 1601 BGB ihren Eltern/Großeltern gegenüber zum Unterhalt verpflichtet, sofern diese nicht (mehr) in der Lage sind, selbst für ihren Lebensunterhalt aufzukommen, ihre Kinder aber im Sinn des Gesetzes leistungsfähig sind. Diese Situation tritt z.B. ein, wenn (betagte) Eltern die Kosten für ein Alten- oder Pflegeheim nicht aufbringen können und auf Sozialhilfeleistungen angewiesen sind. Im Rahmen ihrer Leistungsfähigkeit müssen sich ihre Kinder anteilig, je nach ihrer individuellen Leistungsfähigkeit, dann an den Kosten beteiligen. Reichen deren eigene Einkünfte nicht aus, müssen sie notfalls auch Grundstücke oder sonstige Vermögenswerte verkaufen.

Die Unterhaltspflicht der Kinder kann auf eine Höhe begrenzt werden, die der Billigkeit entspricht, wenn der/die Unterhaltsberechtigte durch sittliches Verschulden bedürftig geworden ist, die eigene Unterhaltspflicht gegenüber dem Unterhaltspflichtigen gröblich vernachlässigt oder sich vorsätzlich einer schweren Verfehlung gegen den Unterhaltspflichtigen/einen nahen Angehörigen des Unterhaltspflichtigen schuldig gemacht. Sie entfällt ganz, wenn die Inanspruchnahme des Verpflichteten grob unbillig wäre (§ 1611 BGB).

Elternunterhalt kann, in Ausnahmefällen, auch verwirkt sein (§ 242 BGB), z.B. wenn Eltern ihr später auf Unterhalt in Anspruch genommenes Kind im Kleinkindalter bei den Großeltern zurückgelassen und sich dann nicht mehr in nennenswertem Umfang um dieses gekümmert hat.

Maßgeblich für die Berechnung des geschuldeten Unterhaltes ist das persönliche Nettoeinkommen der Unterhaltspflichtigen, ggf. abzüglich eigener Schulden, Zinsverpflichtungen, Mieten, Unterhaltsleistungen an die eigenen Kinder, Kosten einer angemessenen Altersvorsorge (§ 1603 BGB). Konkret zu zahlen ist als Unterhalt die Hälfte der Differenz zwischen dem Einkommen des unterhaltspflichtigen Kindes und seinem Mindestselbstbehalt gegenüber seinen Eltern von 1 500 Euro, zuzüglich weiterer 1 200 Euro für den Ehepartner (jeweils seit 1. 1. 2011).

Kindesbarunterhalt

Kindesunterhalt schulden Eltern ihren minderjährigen unverheirateten Kindern, soweit Kinder unterhaltsbedürftig und ihre Eltern unterhaltsfähig (leistungsfähig) sind (§§ 1602, 1603, 1611 BGB). Den minderjährigen unverheirateten Kindern stehen volljährige unverheiratete Kinder bis zur Vollendung ihres 21. Lebensjahres gleich, solange sie im Haushalt ihrer Eltern oder eines Elternteils leben und sie sich in der allgemeinen Schulausbildung befinden (§ 1603 Abs. 2 BGB). Die Unterhaltspflicht geht über das 18. bzw. 21. Lebensjahr hinaus, soweit die Kinder unterhaltsbedürftig und ihre Eltern leistungsfähig sind.

Unterhaltsrechtlich sind ehelich und nicht ehelich geborene Kindern durch das KindUG vom 1. 7. 1998 bzw. dem UÄndG vom 1. 1. 2008 gleichgestellt. Damit wurde der Verfassungsauftrag des Art. 6 Abs. 5 GG, nichtehelichen Kindern die gleichen Bedingungen zu schaffen wie den ehelichen, nach fast 60 Jahren insoweit erfüllt.

Der Kindesbarunterhalt bemisst sich seit dem 1. 1. 2008 nicht mehr als „Regelbetrag", sondern als Mindestunterhalt gemäß § 1612a BGB. Mit dem Gesetz zur Änderung des Unterhaltsrechts und des Unterhaltsverfahrensrechts (BT-Drs 18/5918; in Kraft seit 1. 1. 2016) orientiert sich der Mindestunterhaltes nicht mehr am steuerrechtlich geprägten Kinderfreibetrag gemäß § 32 Abs. 6 Satz 1 EStG, sondern am steuerfrei zu stellenden sächlichen Existenzminimum minderjähriger Kinder. Die Umsetzung erfolgt durch eine entsprechende Änderung des § 1612a BGB. Die Höhe des Mindestunterhalts wird durch eine vom BM der Justiz und für Verbraucherschutz zu erlassenden Rechtsverordnung geregelt.

Das vereinfachte Unterhaltsverfahren, §§ 249 ff. FamFG, bleibt grundsätzlich erhalten. Der Prozess ist „effizienter" und „anwenderfreundlicher" gestaltet worden (zum Anwendungsbereich des vereinfachten Verfahrens, zu den Einwendungen des Antragsgegners, zum Übergang in das streitige Verfahren und zum Formularzwang). Die Kindesunterhalt-Formularverordnung und das Gesetz über Gerichtskosten in Familiensachen wurden entsprechend angepasst. Zum Auslandsunterhaltsgesetz (AUG) sind vorwiegend technische Anpassungen erfolgt (Änderung der örtlichen Zuständigkeit der Familiengerichte).

Das Kindergeld (ab 1. 1. 2017 192 Euro für die ersten beiden Kinder, ab dem 3. Kind 198 Euro und ab dem 4. Kind 223 Euro) ist zur Deckung des Bedarfs des Kindes heranzuziehen, beim Minderjährigen hälftig, beim Volljährigen in voller Höhe bedarfsdeckend (§ 1612b BGB). Neben der kleinen Erhöhung des Kindergeldes ist vor Allem die Einführung des „IdNr-Kontrollverfahren Kindergeld" interessant. Ab 2016 wird das Kindergeld nur ausgezahlt, wenn die SteuerIdentifikationsnummer des Kindes vorliegt. Mit der Einführung dieses Verfahrens will der Gesetzgeber sicherstellen, dass es zu keinen Doppelzahlungen von Kindergeld kommt, da die steuerliche Identifikationsnummer individuell und einmalig für jeden Bürger vergeben wird.

Der Mindestunterhalt kann als statischer Festbetrag oder dynamisch festgesetzt werden. Er ist nach drei Altersstufen gegliedert, für minderjährige Kinder bis zur Vollendung des 6. Lebensjahres, vom 7. bis zur Vollendung des 12. Lebensjahres und vom 13. Lebensjahr an. Mit dem einheitlichen Mindestunterhalt wurde auch die bisherige Differenzierung bei den Unterhaltssätzen zwischen Kindern in den alten und neuen Bundesländern aufgehoben.

Die konkrete Berechnung von Ehegatten- und Kindesunterhalt erfolgt in der Praxis anhand von jährlich aktualisierten Tabellen (sog. Düsseldorfer Tabelle, Stand: 1. 1. 2016: www.olg-duesseldorf.nrw.de/Duesseldorfer Tabelle) bzw. unterhaltsrechtlichen Leitlinien (z. B. Unterhaltsrechtliche Leitlinien der Familiensenate in Süddeutschland, OLG Bamberg, Karlsruhe, München, Nürnberg, Stuttgart, Zweibrücken).

Dem Unterhaltspflichtigen muss in jedem Fall ein Betrag in Höhe des notwendigen bzw. angemessenen Eigenbedarfs (Selbstbehalt) verbleiben. Der notwendige Eigenbedarf gilt gegenüber minderjährigen unverheirateten und ihnen gleichgestellten Kindern und beträgt seit 1. 8. 2015 für nicht erwerbstätige Unterhaltspflichtige 880,00 Euro, für erwerbstätige Unterhaltspflichtige 1 080,00 Euro. Der angemessene Eigenbedarf gegenüber anderen volljährigen Kindern beträgt in der Regel mindestens 1 300,00 Euro. Darin ist eine Warmmiete von 480,00 € enthalten.

Für den Fall, dass der Unterhaltspflichtige außerstande ist, allen Unterhaltsberechtigten den Unterhalt zu leisten, hat das UÄndG seit 1. 1. 2008 in § 1609 BGB eine besondere Rangfolge von 1 bis 7 aufgestellt. Auf Rang eins stehen die minderjährigen nicht verheirateten und die im ihnen gleichgestellten privilegierten volljährigen Kinder, auf Rang 2 Eltern, die wegen Betreuung eines Kindes unterhaltsberechtigt sind oder im Fall der Scheidung wären sowie Ehegatten und geschiedene Ehegatten bei einer Ehe von langer Dauer.

Besondere Bedeutung kommt dieser Rangfolge immer dann zu, wenn der Unterhaltsschuldner auf Grund seines Einkommens nicht in der Lage ist, die Unterhaltsansprüche aller Unterhaltsberechtigten vollständig zu befriedigen. Die Neuregelung der Rangfolge kann (insbesondere wenn mehrere Kinder vorhanden sind) dazu führen, dass Eltern und Ehegatten und geschiedene Ehegatten weniger Unterhalt bekommen als zuvor oder keinen, da zuerst die vorrangigen Kindesunterhaltsansprüche zu befriedigen sind.

Häufig wird Unterhalt nicht oder nicht in ausreichendem Maß gezahlt. Diesen Mangel will das Unterhaltsvorschussgesetz mindern (in Kraft seit 1. 1. 1980, neu bekannt gemacht am 17. 7. 2007, zuletzt geändert durch Art. 9 des Gesetzes zur Anhebung des Grundfreibetrages des Kinderfreibetrages, des Kindesgeldes und des Kinderzuschlages vom 16. 7. 2015). Danach steht Kindern, die das 12. Lebensjahr noch nicht vollendet haben, mit ihrem allein stehenden Elternteil zusammenleben und nicht oder nicht regelmäßig Unterhalt vom anderen Elternteil erhalten, ein öffentlich-rechtlicher Anspruch auf Unterhaltsvorschussleistungen zu (Unterhalt in Höhe des Mindestbetrage nach § 1612a BGB). Die Höhe entspricht dem Mindestunterhalt nach § 1612a BGB unter Anrechnung des Kindergeldes (§ 2 UnterhVG). Der Unterhaltsvorschuss wird von den Unterhaltsvorschusskassen bei den JÄ gezahlt.

Das Unterhaltsvorschussgesetz soll zum 1. Januar 2017 dahingehend verändert werden, dass der Vorschuss bis zum 18. Lebensjahr und ohne die bisherige 72monatige Begrenzung gezahlt wird. Der DGStB forderte in einer ausführlichen Stellungnahme vom 14. November 2016 u. a. eine Verschiebung des Inkrafttretens, weil die JÄ zum sofortigen Vollzug außer Stande seien (www.dgstb.de) – Ende November 2016 ist dieser Konflikt noch nicht entschieden.

Im Bereich der EU hat die EG-Unterhaltsverordnung vom 18. 12. 2008 (EG Nr. 4/2009) Vorrang, die seit ihrem Wirksamwerden am 18. 7. 2011 die Durchsetzung von Unterhaltsansprüchen im EU-Ausland wesentlich erleichtert.

Roland Proksch

Literatur

D. Coester-Waltjen: Familienrecht: Ehe, Scheidung, Unterhalt, Versorgungsausgleich, Lebenspartnerschaft, Internationales Recht, Unterhaltstabellen. München 2011 ◆ K. S. Delerue: Unterhalt nach Trennung und Scheidung, Regensburg 2010 ◆ H. Heiß/B. Heiß: Die Höhe des Unterhalts von A–Z, München, [11]2012 ◆ P. Kern: Recht auf Unterhalt, Regensburg 2011 ◆ G. Lindemann-Hinz: Elternunterhalt. Das müssen Kinder für ihre Eltern zahlen, München [2]2013 ◆ J. Münder/R. Ernst/W. Behlert: Familienrecht, Eine sozialwissenschaftlich orientierte Darstellung, Baden-Baden [7]2013 ◆ J. Wabnitz: Grundkurs Familienrecht für die soziale Arbeit, München [4]2015 ◆ P. Wendl/H.-J. Dose: Das Unterhaltsrecht in der familiengerichtlichen Praxis, München [9]2015.

V

Verbraucherpolitik

Begriff

Unter V. ist die Gesamtheit der Ziele von Personen und Institutionen zu verstehen, die in organisierter Form Maßnahmen planen und durchsetzen, um Mitglieder von privaten Haushalten zu wirkungsvolleren Transformationen ihrer knappen Ressourcen entweder über Kommunikation oder durch das Setzen von Restriktionen zu befähigen bzw. zu veranlassen.

V. zielt auf die Verbesserung von Markttransparenz und versucht, einen Interessen- bzw. Machtausgleich zwischen Konsumenten und Produzenten zu erreichen. Zu den Methoden der V. gehören der Verbraucherschutz, die Organisation der Interessenvertretung von Verbraucher/innen, aber auch Instrumente wie die Verbraucherinformation und -beratung (kurzfristig) sowie Verbrauchererziehung, -bildung und -aufklärung (langfristig).

V. hat in den letzten Jahren eine politische Stärkung und Neuorientierung erfahren, was zweifellos in Zusammenhang mit immer erneuten Lebensmittelkrisen und -skandalen zu sehen ist. Mit der Ende 2000 erfolgten Umbenennung und Umstrukturierung des ehemaligen Bundeslandwirtschaftsministeriums in ein BM Ernährung, Landwirtschaft und Verbraucherschutz (BMELV) wurde der Stellenwert der V. aufgewertet und inhaltlich mit der „Agrarwende“ verbunden. Inzwischen ressortiert der Verbraucherschutz beim BMJ (und Verbraucherschutz).

Aufgaben

Aktuelle Schwerpunkte der V. in der BRD sind:

- Der vorsorgende Gesundheits- und Sicherheitsschutz in Gestalt der Festlegung von Qualitätsmindeststandards und eine weitgehende Normierung (z. B. Produktsicherheit, Etikettierung von Lebensmitteln und anderen Konsumgütern), aber auch eine Informationspolitik entlang der Prinzipien Vorsorge, Transparenz und Rückverfolgbarkeit.
- Der verbesserte rechtliche Schutz von wirtschaftlichen Interessen der Verbraucher/innen, was u. a. durch ein modernisiertes Verbraucherschutzrecht gewährleistet werden soll.
- Eine umfassende Verbraucherinformation, -beratung und -bildung, um die Konsumentensouveränität zu stärken, um kaufentscheidungsbedingte Wohlfahrtsverluste zu minimieren und um Informationsdefizite auszugleichen. So sind sämtliche öffentliche und öffentlich finanzierte Behörden, die Verbraucherschutzaufgaben wahrnehmen, durch das Verbraucherinformationsgesetz von 2008 verpflichtet, alle verfügbaren Informationen über Produkteigenschaften jedermann auf Anfrage mitzuteilen. Wird das unterlassen, kann die Pflichtverletzung geahndet werden. Zum 1. September 2012 trat eine Novelle des Verbraucherinformationsgesetzes in Kraft. Mit der Novellierung sollen Transparenz, Informations- und Auskunftsrechte der Verbraucher gestärkt werden. Eine Berufung auf Betriebs- oder Geschäftsgeheimnisse ist nicht mehr möglich, wenn das öffentliche Interesse überwiegt.

Perspektiven

Herausforderung der nächsten Jahre ist die Koordinierung verbraucherpolitischer Ziele und Maßnahmen zwischen EU, Bund und Ländern. Dabei ist es erforderlich, das Vorsorgeprinzip nicht allein auf gesundheitliche Risikovorsorge zu begrenzen, sondern i. S. einer nachhaltigen Gesellschaftsentwicklung durchzubuchstabieren. Dazu bedarf es einer ressortübergreifenden verbraucherpolitischen Arbeit, personell wie finanziell unabhängiger Interessenvertretungen der Verbraucher/innen und schließlich strategischer Bündnisse zwischen Verbrauchern und Anbietern, um eine strukturelle Widerständigkeit gegenüber jenen wirtschaftlichen Interessengruppen herzustellen, die versuchen, die Gesetzgebung bzw. deren Einhaltung einseitig zu beeinflussen.

Uta Meier-Gräwe

Literatur

BMJV: Verbraucherpolitischer Bericht 2016, Berlin 2016 ♦ G. Igl: Verbraucherschutz im Sozialrecht, Berlin u. a. O. 2011 ♦ Verbraucherpolitik zwischen Markt und Staat, DIW Vierteljahresheft zur Wirtschaftsforschung 3/2009.

Links

www.bmjv.de
www.eu-verbraucher.de/iwww.vzbv.de

Verfahrensbeistand

Einführung: Am 01. 07. 1998 ist das Kindschaftsrechtsreformgesetz in Kraft getreten, u. a. mit dem Ziel, die Rechte der Kinder (z. B. Recht auf Anhörung – § 50 B FGG, Widerspruchsrecht bei Festlegung des Aufenthaltsortes für das Kind durch die Eltern im Trennungs- und Scheidungsfall – § 1671 Abs. 2 Nr. 1 BGB) in Gerichtsverfahren vor dem FamG zu stärken und das Kindeswohl auf optimale Art und Weise zu fördern. Hierzu gehörte seit dieser Zeit auch die Bestellung eines Verfahrenspflegers (nach § 50 FGG) in besonders konfliktträchtigen und das Wohlergehen des Kindes gefährdenden Familienkonstellationen.

Das Rechtsinstitut der Verfahrenspflegschaft (V.) ist dann mit Inkrafttreten des FamFG am 1. September 2009 umbenannt worden. Der vom Gericht in diesen Angelegenheiten bestellte Personenkreis heißt seither Verfahrensbeistand (V.) (158 FamFG). Gleichzeitig hat die V. dadurch eine Neubewertung, Präzisierung, Ergänzung und eine Fundierung erfahren.

Verfahrensbeistand, was ist das?

Im internationalen Recht, beispielsweise in der UN-Kinderrechtekonvention (UNKRK) von 1989, ist bereits seit mehr als zwanzig Jahren in Art. 12 geregelt, dass die Vertragsstaaten jedem Kind, das fähig ist, sich eine eigene Meinung zu bilden, das Recht zusteht, diese Meinung in allen das Kind berührenden Angelegenheiten frei zu äußern. Zu diesem Zweck wird dem Kind insbesondere Gelegenheit gegeben, in allen das Kind berührenden Gerichts- und Verwaltungsverfahren entweder unmittelbar oder durch einen Vertreter oder eine geeignete Stelle im Einklang mit innerstaatlichen Verfahrensvorschriften gehört zu werden.

Kindesanhörung und Interessenvertretung des Kindes durch V. sind nach Auffassung des UN-Ausschusses für die Rechte des Kindes (§ 43 UNKRK) sinnvolle und geeignete Instrumente der Vertragsstaaten, um die in Art. 12 UNKRK gesetzlich geregelten Vorgaben zu erfüllen.

Nach Inkrafttreten des FamFG am 1. September 2009 gelten jetzt die Neuregelungen des FamFG für die Interessenvertretung des Kindes durch einen V. Für so sog. Altfälle, die vor dem 1. September 2009 beim FamG anhängig waren, gilt nach wie vor § 50 FGG bis zum Abschluss des Verfahrens weiter.

Der V., dem Kind also einen Interessenvertreter als ‚Anwalt des Kindes' beizuordnen, ist nunmehr in

- § 158 Abs. 1, 2 FamFG (V. – grundsätzlich bei allen strittigen Sorgerechts- und Umgangsregelungen);
- § 174 S. 1 FamFG (Abstammungssachen);
- § 191 S. 1 FamFG (Adoptionssachen) und in
- §§ 151 Nr. 6, 167 Abs. 1 S. 2, 317 Abs. 1 S. 1 FamFG (Unterbringungssachen) geregelt.

Die Beiordnung eines V. nach § 158 FamFG beinhaltet alle Verfahren, die sich auf die Lebensführung und Lebensstellung des Kindes oder Jugendlichen beziehen, soweit sie nicht nur das Vermögen betreffen (Vogel 2010, 44).

Erste Voraussetzung für die Bestellung eines V. ist ein anhängiges gerichtliches Verfahren, so dass nach wie vor kein Interessenvertreter des Kindes vor einem Gerichtsverfahren – etwa durch Bestellung im JA – oder nach Rechtskraft des Verfahrens zur Verfügung steht.

In § 158 Abs. 2 FamFG werden nicht abschließend alle Fallkonstellationen angeführt, da im Gesetzestext nur von „in der Regel" die Rede ist, so dass beispielsweise ein V. auch in Fällen häuslicher Gewalt, der Aufhebung der elterlichen Sorge nach § 1696 Abs. 1 BGB und in Fällen der Anordnung eines Umgangs gegen den Willen und Widerstand des Kindes oder Jugendlichen (Vogel 2010, 44) bestellt werden muss.

Der V. ist – anders als beispielsweise der vom Gericht bestellte Sachverständige – nach § 7 FamFG Beteiligter des Gerichtsverfahrens. Er hat volles Akteneinsichtsrecht. Zudem sind dem V. alle bei Gericht eingehenden Schriftsätze zuzustellen. Er hat an allen Gerichtshandlungen (Anhörungen, Beweisaufnahme) teilzunehmen. Er kann Anträge stellen und Rechtsmittel (Beschwerde) für das Kind oder den Jugendlichen einlegen. Da der Verfahrensbeistand eine eigene verfahrensrechtliche Stellung als Beteiligter innehat (§ 158 Abs. 3 Satz 2 FamFG), kann er auch nicht (anders als der Gutachter) wegen Besorgnis der Befangenheit abgelehnt werden.

Klargestellt hat der Gesetzgeber ferner, dass der V. die subjektiven und objektiven Interessen des Kindes oder Jugendlichen in das Verfahren einzubringen hat (§ 158 Abs. 4 FamFG).

Der V. hat somit den Willen des Kindes herauszuarbeiten und dem FamG mitzuteilen, zudem kann er Kindeswohlgesichtspunkte erörtern und in den Kontext des Willens des Kindes stellen. Hierbei handelt es sich um eine besonders schwierige Aufgabe, da diese ‚doppelte' Interessenwahrnehmung des Kindes die Gefahr eines ‚Parteiverrats' beinhalten kann. Der V. wird somit mit dem älteren und verständigen Kind sein Vorgehen besprechen, vordringlich in Kinderschutzverfahren.

Die Bestellung des V. endet mit der Rechtskraft der das Verfahren abschließenden Entscheidung oder mit einem sonstigen Abschluss des Verfahrens (z. B. Tod des Antragstellers, Einigung der Beteiligten, Rücknahme des Antrages – § 158 Abs. 6 Nr. 1 u. Nr. 2 FamFG).

Bestellpraxis im familiengerichtlichen Verfahren: Daten zur Bestellung eines V. nach § 158 FamFG veröffentlicht das Statistische Bundesamt jährlich (zuletzt: Statistisches Bundesamt 2010, Rechtspflege, Familiengerichte, Fachserie 10 Reihe 2.2). Diese zeigt auf, in wie vielen der jeweils in einem Jahr abgeschlossenen familiengerichtlichen Verfahren ein V. eingesetzt wurde.

Anzahl der erledigten Familiengerichtsverfahren mit Verfahrenspfleger/Verfahrensbeistandsbestellungen (letztere nach § 158 FamFG)

	Deutschland	Früheres Bundesgebiet	Neue Länder
1999	2544	1977	567
2009	14409	11575	2834
2013*	73078	Keine Angaben	Keine Angaben

* Statistisches Bundesamt 2014, Fachserie 10, Reihe 2.2, S. 33

Änderungen mit Inkrafttreten des FamFG: Im alten § 50 FGG gab es unterschiedliche Aufgabenschwerpunkte, die der V. wahrzunehmen hatte. Dieser Sachverhalt ist auch im neuen § 158 FamFG so geblieben, allerdings sind die Aufgaben ausdifferenziert und erweitert worden.

In § 158 FamFG sind

- die Voraussetzungen der Bestellung eines Verfahrensbeistandes (Abs. 1, 2),
- der Zeitpunkt der Bestellung (Abs. 3),
- das Absehen von der Bestellung sowie deren Aufhebung (Abs. 3),

V

- die Tätigkeiten des Verfahrensbeistandes (Abs. 4) sowie
- Vergütung (Abs. 7) geregelt worden.

Qualifikation des Verfahrensbeistandes und rechtliche Vorgaben: Im Wortlaut des § 158 Abs. 1 FamFG wird nun erstmalig die Geeignetheit des V. angeführt. Damit wird verdeutlicht, dass die Interessenvertretung eines Kindes oder Jugendlichen hohe Anforderungen an die fachliche und persönliche Befähigung des V. stellt.

Der Beruf des Juristen, des Psychologen oder Sozialarbeiters/Sozialpädagogen beinhaltet noch keine hinreichende Qualifikation. Der BVEB fordert seit Jahren nicht nur eine abgeschlossene juristische, pädagogische oder psychosoziale Ausbildung, sondern ebenso eine umfassende Zusatzqualifikation sowie die persönliche Eignung für die Arbeit mit Kindern (vgl. hierzu Balloff/Koritz 2016, 27.; Bode 2008; Salgo u. a., 2014, RdNr. 32 ff.).

Vom Verfahrensbeistand sind somit

- grundlegende Rechtskenntnisse auf den Gebieten des Familien-, Kindschafts- und Jugendrechts *(Familienrecht/Kinder- und Jugendhilferecht)*,
- Grundkenntnisse in der Entwicklungs-, Familienpsychologie, Familienrechts- und Kindschaftsrechtspsychologie *(Psychologie)*
- Kenntnisse über die professionelle Kommunikation mit Kindern
- Kenntnisse der Angebote öffentlicher und freier Träger der Kinder- und Jugendhilfe vor Ort zu erwarten *(Träger der Sozialen Arbeit)*.

§ 158 Abs. 3 Satz 1 FamFG legt eindeutig fest, dass der V. so früh wie möglich zu bestellen ist (Menne 2009, 69) und § 158 Abs. 3 Satz 3 FamFG sieht vor, dass (erst) in der Endentscheidung begründet werden muss, warum eine Bestellung nach diesen in Abs. 2 genannten Voraussetzungen unterblieb.

Inhaltliche Voraussetzungen bei der Bestellung eines Verfahrenbeistandes

Ein V. ist zu bestellen,

- wenn ein erheblicher Interessengegensatz zwischen dem Kind/Jugendlichen und dem/den gesetzlichem Vertreter(n) besteht. Ein Interessengegensatz liegt immer dann vor, wenn beispielsweise das FamG den gemeinsam sorgeberechtigten Eltern nach § 1629 Abs. 2 Satz 3 BGB i. V. m. § 1796 BGB die Vertretungsmacht entziehen würde (Balloff/Koritz 2016, 22). Das gilt auch bei erheblichen Umgangsstreitigkeiten der Eltern, die allerdings vorerst noch nicht einen Ausschluss oder eine erhebliche Einschränkung des Umgangs nach sich ziehen. Hierunter würden z. B. heftig streitende und Unvereinbarkeiten aufweisende Eltern fallen, die z. B. zu Fragen der Festlegung des Aufenthalts, der Wahrnehmung der Gesundheitsfürsorge, also Teilbereiche oder auch das gesamte des Sorge- und des Umgangsrecht keine Einigung finden;
- bei teilweiser oder vollständiger Entziehung der Personensorge nach §§ 1666, 1666a BGB; diese Verfahren beinhalten regelmäßig ein erhebliches Konfliktpotenzial und unterschiedliche Interessen, die für das Kind eine Vertretung durch eine unabhängige Person erforderlich machen. Das gilt für alle Fälle von Kindeswohlgefährdungen: Vernachlässigung, Misshandlung, sexueller Missbrauch, Suchtabhängigkeit der Eltern, schwere seelische Erkrankung der Eltern, delinquente Kinder etc.;
- bei möglichen Trennungen von (elterlichen) Bezugspersonen des Kindes: das Kind wohnt nach der Elterntrennung bei dem nicht sorgeberechtigten ehemaligen Ehemann der Mutter; nun will die Mutter als allein Sorgeberechtigte das Kind zu sich nehmen (§ 1632 S. 1 BGB);
- wenn sich zwei Frauen bzw. zwei Männer aus *eingetragener Lebenspartnerschaft* trennen und das Kind bei der Stiefmutter, der ehemaligen Lebenspartnerin der Mutter bzw. beim Stiefvater des ehemaligen Lebenspartners des Vaters bleibt. Will die leibliche Mutter bzw. der leibliche Vater das widerstrebende Kind zu sich nehmen kann es zu einer Verbleibensanordnung kommen (§ 1682 S. 2 BGB);
- bei Fragen zum Aufenthalt des Kindes und der Wegnahme des Kindes aus der Pflegefamilie *(Pflegekinderwesen)* mit dem Ziel der Rückführung in die Herkunftsfamilie (Verbleibensanordnung nach § 1632 Abs. 4);
- beim Ausschluss oder bei einer wesentlichen Einschränkung des Umgangsrechts (§ 1684 Abs. 4 BGB); hier hatte der Gesetzgeber bei wesentlichen Beschränkungen des Umgangs, diejenigen vor Augen, die nicht nur eine einmalige oder vorübergehende Einschränkung des Umgangsrechts nach sich ziehen (BT-Drs. 16/9733, 294).

Weiterhin wird kein Verfahrensbeistand bei unbegleiteten Flüchtlingskindern bestellt, sondern ein Vormund *(Vormundschaft)*, während in HKÜ-Fällen entführter Kinder nach Deutschland ein Verfahrensbeistand bestellt wird.

Nicht notwendig ist weiterhin die Bestellung eines V., wenn die Interessen des Kindes durch einen anderen geeigneten Verfahrensbevollmächtigten angemessen vertreten werden (§ 158 Abs. 5 FamFG – z. B. die Bestellung eines Rechtsanwaltes für das Kind durch einen Elternteil).

Problematisch ist nach wie vor, dass mit der Beauftragung eines Rechtsanwalts durch die gesetzlichen Vertreter des Kindes stets die Gefahr einer Instrumentalisierung der Tätigkeit des V. durch die Personensorgeberechtigten mit einhergeht. Die ausdrücklich benannte Angemessenheit der Vertretung ist somit sorgfältig zu prüfen.

Neu ist im Vergleich zum alten Recht, dass § 158 Abs. 3 S. 4 FamFG ausdrücklich die Möglichkeit der Aufhebung des Einsatzes des V. während des laufenden Gerichtsverfahrens vorsieht. Diese Änderung ist zu begrüßen, da eine Entbindung immer dann möglich sein muss, wenn der Verfahrensbeistand

- untätig bleibt,
- fachlich inkompetent ist (z. B. keine Kenntnisse von Rechten des Kindes im *Familiengerichtsverfahren* hat oder ihm auch Grundannahmen der Psychologie, wie Konzepte zu Fragen der Beziehungen, Bindungen oder des Willens des Kindes nicht bekannt sind),
- unzureichend vorgeht (z. B. es bei einer Aktenanalyse belässt, ohne mit dem Kind in Kontakt zu treten) oder
- es zwischen V. und Kind zu Unvereinbarkeiten kommt, die eine weitere Vertretung für das Kind unzumutbar machen.

Die gerichtliche Bestellung eines V. ist jedoch erst mit der Endentscheidung anfechtbar. Auf diese insgesamt in der Vergangenheit heftig debattierte Frage gibt § 158 Abs. 3 Satz 4 FamFG nun eine eindeutige Antwort: Die Bestellung eines V. oder auch die nicht erfolgte Bestellung sind nicht selbstständig anfechtbar.

Der V. ist neben dem FamG und dem JA ‚Hüter des Kindeswohls' (vgl. § 1697a BGB), der die Interessen des Kindes im Gerichtsverfahren wahrnimmt. Er kann allerdings nicht für und gegen das Kind rechtliche Willenserklärungen abgeben oder entgegennehmen (Musielak/Borth/Grandel 2015, § 158 FamFG, Rn 12 f.).

Aufgaben des Verfahrensbeistandes

Die konkrete Aufgabenbeschreibung des V. ist die wesentlichste Neufassung dieses Rechtsinstituts (vgl. § 158 Abs. 4 FamFG), die die Praxis seit Jahren nachdrücklich gefordert hat.

Zum Aufgabenkreis des V. gehört die Ermittlung der Interessen des Kindes und vordringlich die Herausarbeitung des Willens des Kindes. Somit ist der V. dem Interesse des Kindes auch unter dem Gesichtspunkt des Kindeswohls verpflichtet und nicht allein dem von diesem geäußerten Willen (BT-Drs. 16/6308, 239).

Aus juristischer, kindschaftsrechtlicher und entwicklungspsychologischer Sicht ist abzuwägen, ab wann ein Kind im Kontext elterlicher Fürsorge oder anderer betreuender Erwachsener verantwortungsvoll mit Hilfe eines Dritten – hier einem V. – seine Interessen, also seinen Wunsch und Willen formulieren kann, beispielsweise welches Ziel erreicht werden soll.

Zum verbalisierten Willen des Kindes gehört immer ein kognitiv und emotional voran geschalteter Erkenntnis- und Willensbildungsprozess des Kindes selbst. Erst diese machen es dem Kind möglich, mit Unterstützung der Erwachsenen einen Willen zu formulieren und dann mit deren Unterstützung umzusetzen. Dabei spielen das Alter und der Entwicklungsstand des Kindes eine bedeutsame Rolle.

Bei der Klärung, ab wann von einer subjektiven, autonomen Entscheidungskompetenz des Kindes ausgegangen werden kann, spielt die Analyse und Beachtung kindlicher Willensbildungsprozesse und die daraus erwachsende Wunsch- und Willenshaltung des Kindes eine herausragende Rolle. Der Wille des Kindes kann mit Dettenborn (2014) als die altersgemäß stabile und autonome Ausrichtung des Kindes auf erstrebte, persönlich bedeutsame Zielzustände verstanden werden. Aus entwicklungspsychologischer Sicht handelt es sich erst dann um einen erlebnisgestützten (freiwilligen) Willen des Kindes, wenn er durch Gründe ‚gebunden' ist. Unfreiwillig, z. B. durch äußeren Zwang entstanden, ist der Wille immer dann, wenn ein Kind oder Jugendlicher nicht anders hätte handeln können, obwohl es/er nach eigener Einsicht (Erfahrung) normalerweise anders gehandelt hätte (z. B. beim Vater wohnen zu wollen, dieses aber angesichts des entgegenstehenden Votums der Mutter nicht zu dürfen).

Zwar hat der V. den Kindeswillen in jedem Fall deutlich zu machen und in das Verfahren einzubringen, es steht ihm jedoch frei, darüber hinaus weitere Gesichtspunkte und auch etwaige Bedenken vorzutragen. Nun ist also klargestellt, dass der V. Kindeswille und Kindeswohl zu beachten hat, indem er in einem umfassenden Sinne im wohlverstandenen Interesse des Kindes tätig wird. Hier werden gerade bei älteren Kindern Konflikte auftreten können, die im Fall einer das Wohl des Kindes gefährdenden Willensäußerung mit großem Nachdruck ihr Ziel erreichen wollen, und hierzu den V. instruieren, z. B. Rückkehr in das nach wie vor gefährdende Elternhaus.

Als Beteiligter (§ 158 Abs. 3 S. 2 FamFG) hat der V. das Recht, Rechtsmittel im Interesse des Kindes einzulegen (§ 158 Abs. 4 S. 5 FamFG), also mit der Beschwerde in die nächste Instanz zu gehen (im Familiengerichtsverfahren ist die 2. Instanz das OLG). Ebenso beinhaltet die Beteiligteneigenschaft das Akteneinsichtsrecht und ein Antragsrecht (ausführlich hierzu Röchling 2009; Salgo/Zenz/Fegert u. a. 2014).

Nach wie vor entscheidet der V., ob er seine Stellungnahme schriftlich zu den Akten gibt oder mündlich im Anhörungstermin vorträgt.

§ 158 Abs. 6 FamFG regelt im gleichen Wortlaut wie bisher in § 50 Abs. 4 FGG, dass die Bestellung des V. mit Rechtskraft der das Verfahren abschließenden Entscheidung oder mit dem sonstigen Abschluss des Verfahrens endet, wobei allerdings der V. formal auch für das Rechtsmittelverfahren (Beschwerde zur nächsten Instanz = OLG) zuständig bleibt.

Der V. hat die Interessen des Kindes festzustellen (§ 158 Abs. 1 Abs. 4 S. 1 FamFG). Diese Klarstellung hat für ihn konkrete Aufgaben zur Folge (§ 158 Abs. 4 S. 2, 3 FamFG):

(1) Information des Kindes: Nach Satz 2 ist das Kind in geeigneter Weise über das Verfahren zu informieren. Diese Unterstützung benötigt das Kind für die „Wahrnehmung der eigenen Position" (BT-Drs. 16/6308, 240), so dass ihm der V. die Grundlage für die Artikulation seiner Interessen zu geben hat (Prenzlow 2011, 128–130).

(2) Gespräche mit den Eltern und Dritten: Nach Satz 3 sind Gespräche mit den Eltern und sonstigen Bezugspersonen des Kindes zu führen sowie das Mitwirken am Zustandekommen einer einvernehmlichen Regelung über den Verfahrensgegenstand, deren Notwendigkeit das Gericht begründen muss (BT-Drs. 16/9733, 294).

Diese Anmutung widerspricht dem Grundsatz einer unabhängigen Interessenvertretung. Darüber hinaus verkennt der Gesetzgeber, dass die Vertretung kindlicher Interessen nicht von einem umfassenden Verständnis seines Lebensumfeldes zu trennen ist (Hannemann/Stötzel 2009, 58). Dass dafür Gespräche mit den Eltern und weiteren Bezugspersonen unverzichtbar sind – auch, wenn sich ein Kind beispielsweise angesichts seines Alters noch nicht artikulieren kann – wird von den FamG meist anerkannt.

(3) Mitwirkung beim Herstellen von Einvernehmen: die Mitwirkung des V. beim Herstellen von Einvernehmen zwischen allen Beteiligten (z. B. Eltern untereinander und mit dem Kind) beinhaltet beispielsweise eine frühzeitige Teilnahme an den Gerichtsverfahren nach §§ 156, 157 FamFG, die u. a. im ersten Fall auf Hinwirken auf ein Einvernehmen oder im zweiten Fall auf die Abwendung einer Gefährdung konzentriert sind. Darüber hinaus hat der V. nur im Interesse des Kindes dem Einvernehmen der Eltern zuzustimmen.

Stimmt der V. dem Einvernehmen der Eltern im Interesse des Kindes nicht zu, muss das FamG im Wege der Amtsermittlungspflicht sich mit dessen Bedenken und Einwänden und/oder des bereits 14 Jahre alten Kindes auseinandersetzen.

(4) Mitwirken am Zustandekommen einer einvernehmlichen Regelung: das Mitwirken am Zustandekommen einer einvernehmlichen Regelung berührt einen wesentlichen Grundsatz des FamFG, Konflikte beizulegen und gemeinsam getragene Lösungen zu finden.

An diesen Grundsatz hat sich auch der V. zu halten, wenn er die Interessen des Kindes wahrzunehmen hat. Eine regelmäßige Beauftragung mit diesem erweiterten Aufgaben- und Wirkungskreis ist daher nachdrücklich zu fordern (Menne 2009, 68).

Das Mitwirken an einer einvernehmlichen Regelung über den Verfahrensgegenstand (§ 158 Abs. 4 S. 3 FamFG) beinhaltet allerdings keine *Psychotherapie,* psychologische Beratung, Paar- oder Familientherapie oder *Mediation* mit den Eltern, dem Kind oder anderen engen Bezugspersonen des Kindes, sondern lediglich ein Mitwirken im Kontext aller gerichtlichen und außergerichtlichen Maßnahmen zur Konfliktbeilegung. Die zahlreichen auf ein elterliches Einvernehmen zielenden und auszulegenden Vorschriften des neuen Familienverfahrensrechts (z. B. §§ 36 Abs. 1, 93 Abs. 1 Nr. 5, 156, 157 Abs. 1, 163 Abs. 2, 165 FamFG) müssen die Beteiligung von Kindern berücksichtigen, „denn niemanden trifft das Ergebnis elterlicher Übereinkunft so grundlegend wie sie" (Salgo 2010, 456) – wenn z. B. das Kind mit 14 Jahren zum Personenkreis der ‚Verfahrensfähigen' gehört. Verfahrensfähige Kinder ab 14 Jahren (§ 9 Abs. 1 Nr. 3 FamFG) können selbst Erklärungen im Familiengerichtsverfahren abgeben, soweit sie ein eigenes Recht geltend machen. In Frage kommen beispielsweise das Recht des Kindes auf Umgang mit jedem Elternteil (§ 1684 Abs. 1 S. 1 BGB) oder das Widerspruchsrecht des Kindes gegen die Übertragung der elterlichen Sorge auf einen Elternteil in einem Trennungs- oder Scheidungsfall (§ 1671 Abs. 2 Nr. 1 BGB).

Die Rechtsprechung schränkt das Aufgabengebiet in speziellen Fällen ein. So legte z. B. das OLG Saarbrücken (2011, ZKJ, 185) fest, dass es nicht zu den Aufgaben des V. gehört, den Willen der Eltern zu ermitteln. Hierfür bedürfe es insbesondere dann keiner Unterredung mit der Mutter, wenn der Wille des Kindes zum Ausdruck bringt, die Mutter zu favorisieren.

Vergütung

Zunächst steht dem V. mit seiner Bestellung und seinem Tätigwerden eine einmalige Fallpauschale in Höhe von 350 Euro zu. Erlegt das FamG dem V. den erweiterten Aufgabenkreis nach § 158 Abs. 4 S. 3 FamFG auf, erhöht sich die Fallpauschale auf 550 Euro. Hierzu gehören Gespräche mit den Eltern und weiteren Bezugspersonen und das Mitwirken am Zustandekommen einer einvernehmlichen Regelung über den Verfahrensgegenstand.

Dabei umfasst die Pauschalvergütung des V. nach § 158 Abs. 7 S. 4 FamFG sämtliche bei ihm in der jeweiligen Gerichtsinstanz entstandenen Aufwendungen, also beispielsweise auch die Fahrtkosten (OLG Rostock 2010). Im Fall der Weiterführung des Verfahrens vor den Rechtsmittelgerichten (z. B. OLG, BGH) entsteht ein erneuter Vergütungsanspruch. Der Anspruch wird allerdings nicht bereits durch die Einlegung eines Rechtsmittels (Beschwerde) ausgelöst, sondern hängt von der jeweiligen Wahrnehmung der Aufgabe nach § 158 Abs. 4 FamFG ab (Borth/Grandel/Musielak 2009, § 158 FamFG, RdNr. 17). Der V. muss somit tatsächlich erneut tätig werden.

Mittlerweile haben die OLG Frankfurt/M. (Beschluss vom 23. Dezember 2009 – 5 UF 316/09, 2010, 63), Stuttgart (Beschluss vom 21. Januar 2010 – 8 WF 14/10, 2010, 63) und Rostock (Beschluss vom 22.03.2010 – 10 WF 44/10, 2010, 255) entschieden und zuletzt auch der BGH in mehreren Beschlüssen (BGH, Beschluss vom 15.09.2010, ZKJ 1/2011, 33; BGH, Beschluss vom 15. XII ZB 209/10, 09.2010 – XII ZB 268/10, 3/2011, 100), dass der bestellte berufsmäßige V. für die Wahrnehmung seiner Aufgaben bei Geschwistern für jedes Kind die Fallpauschale nach § 158 FamFG Abs. 7 S. 2, 3 FamFG geltend machen kann, sofern er für mehrere Kinder bestellt worden ist und „in irgendeiner Weise im Kindesinteresse tätig geworden ist". Schon der Wortlaut, Sinn und Zweck des § 158 Abs. 1 FamFG zeige auf, dass für jedes Geschwisterkind eine Fallpauschale geltend gemacht werden kann (vgl. auch Salgo u. a. 2014).

Ausblick

(1) Verfahrenbeistand für jedes Kind in einer Geschwisterreihe? Das Gericht hat in jedem Einzelfall prüfen, ob die Bestellung eines V. für jedes Kind erforderlich ist. Ausgehend davon, dass das Gericht dem Kind nach § 158 Abs. 1 FamFG den V. zur Wahrnehmung seiner Interessen bestellt, bedürfen i. d. R. unterschiedliche Interessenlagen von Geschwisterkindern und verschiedene Lebenszusammenhänge (z. B. unterschiedliche Lebensorte, Entwicklungsphasen) auch einer eigenständigen Vertretung, die jeweils nach Abs. 7 einzeln zu vergüten ist (Willutzki 2009, 228).

(2) Ein Verfahrenbeistand für jedes Verfahren? Grundsätzlich ist für das Kind ein V. für jedes familiengerichtliche Verfahren zu bestellen, z. B. Sorgerechtsverfahren mit dem Ziel, den Aufenthalt des Kindes festzulegen, Gerichtsverfahren zur Regelung des Umgangs in gleicher Familiensache, Scheidungsverfahren (Hauptsacheverfahren), wenn es u. a. auch um Vermögensfragen für das Kind geht.

(3) Ein Verfahrensbeistand für jede Instanz? Nach § 158 FamFG Abs. 4 Satz 5 wird der V. ausdrücklich zur Vertretung im Rechtsmittelverfahren ermächtigt (der V. ist als Beteiligter des Verfahrens auch zur Beschwerde berechtigt). Dennoch muss sich die Wahrnehmung der kindlichen Interessen in der zweiten Instanz stets an der aktuellen Lebenssituation des Kindes orientieren, wodurch eine erneute Vergütungspauschale ausgelöst wird.

(4) Ergänzungspfleger oder Verfahrensbeistand? Klärungsbedarf besteht ferner zur Frage, wann dem Kind bei erheblichen Interessengegensätzen mit den Personensorgeberechtigten ein Ergänzungspfleger nach § 1909 BGB oder ‚nur' ein V. nach § 158 FamFG zu bestellen ist. Liegt beispielsweise ein erheblicher Interessengegensatz zwischen Kind und Personensorgeberechtigten vor, kommt eine Entziehung der Vertretungsmacht nach §§ 1629 BGB Abs. 2 S. 3, 1796 BGB in Betracht.

Da die Beteiligungs- und Verfahrensfähigkeit beschränkt geschäftsfähiger Kinder und Jugendlicher nach §§ 7 Abs. 2 Nr. 1, 9 FamFG erheblich gestärkt worden sind, kommt auch die Bestellung eines V. in Betracht. Nach dem Grundsatz der Verhältnismäßigkeit beinhaltet die Bestellung eines V. das mildere (Eingriffs-)Mittel, da er nicht gesetzlicher Vertreter des Kindes oder Jugendlichen (§ 158 Abs. 4 S. 6 FamFG) ist. Dagegen ist die Bestellung eines Ergänzungspflegers immer mit einem Eingriff in das elterliche Sorgerecht verbunden. Mithin sollte die Bestellung eines V. im kindschaftsrechtlichen Verfahren regelmäßig Vorrang vor der Anordnung einer Ergänzungspflegschaft haben (Menne, 2010, 37; OLG Koblenz 2010, 403).

Anderer Ansicht ist Schürmann (2009, 157 f.). Er führt aus, dass ein V. nur sehr begrenzt die Befugnisse und Interessen des Kindes wahrnehmen kann. Er ist – anders als der Ergänzungspfleger beispielsweise – nicht berechtigt für bzw. im Namen des Kindes Willenserklärungen abzugeben oder entgegenzunehmen. Alles in allem sei der V. kein im fremden Namen handelnder Verfahrensbevollmächtigter (Schürmann, 2009, 157). Liegt ein erheblicher Interessenkonflikt zwischen Kind und Eltern vor, lasse sich dieses Dilemma nur durch eine partielle Entziehung der elterlichen Sorge und die Bestellung eines Ergänzungspflegers lösen (§§ 1629 Abs. 2 S. 3, 1796, 1909 Abs. 1 BGB: Wer unter elterlicher Sorge oder unter Vormundschaft steht, erhält für Angelegenheiten, an deren Besorgung die Eltern oder der Vormund gehindert sind, einen Pfleger).

Auch hier wird künftig die Rechtsprechung Klärungen und eindeutige Festlegungen herbeiführen müssen.

Rainer Balloff

Literatur

R. Balloff: Interessenvertretung des Kindes (Verfahrensbeistand). In: W. Körner/G. Deegener (Hrsg.), Erfassung von Kindeswohlgefährdung in Theorie und Praxis Lengerich 2011, 83–99 ◆ R. Balloff/N. Koritz: Praxishandbuch für Verfahrensbeistände. Rechtliche und psychologische Schwerpunkte für den Anwalt des Kindes. Stuttgart ²2016 ◆ L. Bode: Praxishandbuch Anwalt des Kindes. Das Recht des Verfahrenspflegers. Berlin 2008 ◆ H. Dettenborn: Kindeswohl und Kindeswille. München ³2010 ◆ A. Hannemann/M. Stötzel: Die Verfahrenspflegschaft im deutschen Rechtssystem. In: ZKJ 2/2009, 58–67 ◆ M. Menne: Der Verfahrensbeistand im neuen FamFG. In: ZKJ 2/2009, 68–74 ◆ M. Menne: Anmerkung: Erste verfassungsrechtliche Entscheidung zum Fall pauschale des Verfahrensbeistands nach neuem Recht. In: ZKJ 2/2010, 71 ◆ T. Meysen/R. Balloff/F. Finke/E. Kindermann/B. Niepmann/I. Rakete-Dombek/M. Stötzel: Das Familienverfahrensrecht – FamFG. Praxiskommentar mit Einführung, Erläuterungen, Arbeitshilfen. Köln 2009 ◆ H.-J. Musielak/H. Borth/M. Grandel: Familiengerichtliches Verfahren 1. und 2. Buch, München ⁵2015 ◆ R. Prenzlow: Die kindgerechte Vermittlung der Aufgaben des Verfahrenbeistandes. In: ZKJ 4/2011, 128–130 ◆ W. Röchling: Handbuch Anwalt des Kindes. Verfahrensbeistandschaft und Umgangspflegschaft für Kinder und Jugendliche. München ²2009 ◆ L. Salgo: Mitwirkung am Zustandekommen einer einvernehmlichen Regelung: Aufgaben und Pflichten des Verfahrensbeistandes. In: Familie, Partnerschaft, Recht, 10/2010, 456–460 ◆ L. Salgo/G. Zenz/J. Fegert/A. Bauer/C. Weber/M. Zitelmann: Verfahrensbeistandschaft. Ein Handbuch für die Praxis. Köln ³2014 ◆ H. Schürmann: Stellung der Kinder im familiengerichtlichen Verfahren. In: Familienrecht und Familienverfahrensrecht, 1/2009, 153–158 ◆ H. Vogel: Der Verfahrensbeistand. In: Familie, Partnerschaft, Recht 1-2/2010, 43–46 ◆ S. Willutzki: Die Justiz wird's richten? In ZKJ 6/2009, 228–231.

Link

www.verfahrensbeistand-bag.de

Am 19. 4. 2015 hat die Mitgliederversammlung eine neue Satzung verabschiedet. Diese hat auch die Änderung des Namens zur Folge. Der neue Name lautet: Berufsverband für Verfahrensbeistände, Ergänzungspfleger und Berufsvormünder für Kinder und Jugendliche – BVEB e. V.

Verfassungsrecht

Bedeutung und Begriff

„Die Beamten können auch nicht immer mit dem Grundgesetz unterm Arm rumlaufen", sagte der ehemalige BM Hermann Höcherl im BT, als seinen Mitarbeitern verfassungswidriges Verhalten vorgeworfen wurde. Unterm Arm vielleicht nicht, wohl aber im Kopf müssen nicht nur die Polizisten, sondern auch die Mitarbeiter der sozialen Dienste das GG haben, denn das V bestimmt nicht nur die obersten Organisations- und Verfahrensprinzipien der Sozialen Arbeit, sondern regelt in den Grundrechten sowohl die Rechtsstellung der Mitarbeiter selber als auch die Rechte der Bürger, denen diese Arbeit gilt. V. ist Recht; daraus folgt für das Verhalten der Mitarbeiter, die im öffentlichen Dienst stehen: Es kann entweder als verfassungsgemäß und damit rechtmäßig oder als verfassungswidrig und damit rechtswidrig beurteilt werden. Insbesondere die Grundrechte binden die Mitarbeiter der sozialen Dienste nach Art. 1 Abs. 3 als „unmittelbar geltendes Recht" (die im Folgenden zit. Art. sind Art. des GG). Bürger, die meinen, durch Mitarbeiter der sozialen Dienste in ihren V. verletzt zu sein, können nach Art. 19 Abs. 4 die Gerichte anrufen *(Gerichtsbarkeit/Rechtsverwirklichung)*.

Das V. der BRD (im formellen Sinne) wird im GG vom 23. 5. 1949 geregelt; das V. der BL findet sich in den 16 Landesverfassungen. Das GG geht nach Art. 31 den Landesverfassungen vor; soweit die Landesverfassungen jedoch Grundrechte enthalten, die den Grundrechten des GG gleichen oder über sie hinausgehen, bleiben sie nach Art. 142 in Kraft. Da das GG dem Bund weitreichende Kompetenzen im Bereich des Sozialrechts eingeräumt hat (s. u.), spielt das Landes(verfassungs)recht allenfalls im Organisationsrecht eine gewisse Rolle. Andererseits gewinnt im Sozialrecht das internationale Recht, insbesondere das Europarecht eine zunehmende Bedeutung *(Sozialpolitik/Soziale Sicherung, europäische)*. Zum V. (im materiellen Sinne) gehören nämlich neben dem GG und den Landesverfassungen auch die sonstigen obersten Regeln des Staatslebens, insbesondere Regeln des internationalen Rechts, des Rechts der Europäischen Gemeinschaften (EG), des Wahlrechts u. a. m. Das EG-Recht, das insbesondere im EU-Vertrag von 1992 sowie durch die EU selber geregelt wird, geht dem nationalen V. vor. Das V. ist also im Wesentlichen dreigeschichtet und besteht aus dem EU-Recht, dem GG und den Landesverfassungen *(Rechtsquellen)*.

Das V. ist schwer verständlich, weil die Verfassungstexte i. d. R. zwar kurz und einprägsam sind, z. B. Art. 3 Abs. 1 („Alle Menschen sind vor dem Gesetz gleich"), ihre juristische Bedeutung aber weitgehend unklar ist. Der Sinn des V. erschließt sich deshalb am besten durch das Lesen von Gerichtsentscheidungen, insbesondere der Entscheidungen des BVerfG, denn diese Entscheidungen binden alle Verwaltungsbehörden, also auch die Behörden der SozArb. Es ist einmal gesagt worden: Das GG gilt so wie das BVerfG es auslegt. Wichtige Entscheidungen des BVerfG im Bereich der *Sozialpolitik* sind etwa: BVerfGE 22, 180 (BSHG und JWG); 40,121 (Pflege); 53, 224 (Ehescheidung); 74,163 (Gleichberechtigung); 82, 60 (Einkommensbesteuerung; Existenzminimum); 84, 212 (Aussperrung), Urteil vom 15. 7. 2015 (Betreuungsgeld).

Geschichte

Die Geschichte des modernen V. beginnt in Europa mit der Französischen Revolution und der Erklärung der Menschen- und Bürgerrechte von 1789. Nach einer Vielzahl von Landesverfassungen des 19. Jh. wurde in Deutschland 1871 die erste Reichsverfassung verabschiedet, die jedoch keine ausdrücklichen sozialrechtlichen Regelungen enthielt. Ganz anders die WRV von 1919, deren umfangreiche sozialpolitische Erklärungen Vorbildcharakter für viele spätere Verfassungen erhielten, insbesondere für die noch heute geltenden Landesverfassungen aus der Zeit vor 1949. In diesem Jahr wurden auch die erste Verfassung der DDR und das GG der BRD verabschiedet. Das GG wurde in der Zeit zwischen 1949 und 1989 35-mal geändert, so dass es heute ganz anders aussieht als 1949. Nach dem Beitritt der DDR zur BRD wurde das GG durch den *Einigungsvertrag* vom 31. 8. 1990 (BGBl. II S. 889) auf das Gebiet der ehemaligen DDR erstreckt. Der Auftrag des Einigungsvertrages, das GG aufgrund der deutschen Einigung zu ändern oder zu ergänzen, wurde auf der Grundlage der Vorschläge der Verfassungskommission des BT und des BR erfüllt. Die zahlreichen Anregungen, die sozialen Rechte im GG stärker zu verankern, die im GG von 1949 aufgrund seines vorläufigen Charakters nur schwach ausgeprägt waren (s. u.), wurden hierbei allerdings nicht berücksichtigt. Dies bleibt einer Verfassung vorbehalten, die das deutsche Volk nach Art. 146 irgendwann einmal in freier Entscheidung beschließen soll. Einstweilen hat der Verfassungsgeber 2006 die Föderalismusreform I beschlossen, die wesentliche Kompetenzverlagerungen vom Bund zu den Ländern, und zwar vor allem im Bildungswesen und weniger in der *Sozialpolitik* mit sich gebracht hat und die 2009 Föderalismusreform II, die eine „Schuldenbremse" einführte (Einzelheiten zur Föderalismusreform I bei Wilms 2007, Teil III, 293–311).

Das Grundgesetz

Das GG trifft Aussagen über

- die Staatsform der BRD (Art. 20) sowie die verfassungsrechtlichen Grundsätze der EU (Art. 23) und der deutschen Länder (Art. 28),
- die Staatsorganisation (Abschnitt II–Xa) sowie über
- die Grundrechte (Abschnitt I Art. 1–19).

Die Staatsform: Die BRD ist nach Art. 20 und 28 ein demokratischer und föderaler Rechts- und *Sozialstaat*. Es handelt sich hierbei nicht um eine politische Proklamation, sondern auch um eine rechtlich bindende Festlegung, die nach Art. 79 Abs. 3 sogar unabänderlich ist. Sie bedeutet, dass die Staatsgewalt in der BRD demokratisch legitimiert, d. h. auf freie und gleiche Wahlen zurückführbar sein muss, und dass sie zwischen Bund und Ländern geteilt wird. Sie bedeutet nicht, dass auch die Gesellschaft – die Wirtschaft, das Arbeitsleben, das Sozialwesen – nach demokratischen und föderalen Prinzipien organisiert sein muss, obwohl dies im Allgemeinen wie auch im Besonderen umstritten ist.

Der Rechtsstaatsbegriff bedeutet, dass die gesellschaftlichen Verhältnisse in der BRD rechtlich geregelt sind, d. h. dass sie allgemeinen Gesetzen folgen, über deren Einhaltung eine unabhängige Rechtsprechung wacht. Auch die SozArb steht unter einem Gesetzesvorbehalt (§ 31 SGB I), und auch die Entscheidungen im Bereich der SozArb unterliegen der gerichtlichen Kontrolle nach Maßgabe des Sozialgerichtsgesetzes und der VWGO.

Der Sozialstaatsbegriff bedeutet, dass der Staat für *soziale Gerechtigkeit* in der Gesellschaft sorgen muss, und zwar in dem Sinn, dass das Existenzminimum für jedermann gewährleistet ist *(Sozialhilfe),* dass die Befriedigung menschlicher Grundbedürfnisse (Versorgung, Verkehr, Kommunikation, Bildung) staatlich gesichert wird, und dass ein Ausgleich sozialer Unterschiede durch eine Umverteilung des Sozialproduktes, insbesondere im Wege der Sozialversicherung stattfindet *(Soziale Sicherung).* Die Ausgestaltung des Rechts- und Sozialstaates i.e. obliegt freilich dem Gesetzgeber, der dabei einen beträchtlichen Gestaltungsspielraum hat.

Die Staatsorganisation: Das GG regelt die Organisation der Staatsgewalt, und zwar einerseits die sog. horizontale Gewaltenteilung, d.h. die Verteilung der Macht auf Parlament, Regierung einschließlich Verwaltung und Rechtsprechung, der hier nicht weiter nachgegangen werden soll, und andererseits die sog. vertikale Gewaltenteilung, d.h. die Verteilung der Macht auf Bund, Länder und Gemeinden. Dies geschieht unterschiedlich für die Mächte der horizontalen Gewaltenteilung. Im Bereich der SozArb hat der Bund nach Art. 74 den Gesetzgebungsvorrang vor den Ländern im Bereich der „öffentlichen Fürsorge“ (Nr. 7) sowie der Sozialversicherung (Nr. 12). Während zur Sozialversicherung neben den klassischen Bereichen (Krankheit, Unfall, Alter bzw. Invalidität und Arbeitslosigkeit) auch Gesetze zum Familienlastenausgleich u.a. gehören, umfasst die „öffentliche Fürsorge“ alle Gesetze im Bereich der SozArb, insbesondere Gesetze für den Bereich der Sozialhilfe, der KJH und der Rehabilitation. Das GG legt die Bereiche öffentlicher SozArb nicht abschließend fest *(Soziale Arbeit).*

Der Bund hat von dieser Gesetzgebungskompetenz umfassend Gebrauch gemacht und ein Regelungswerk geschaffen, das nach und nach in das *Sozialgesetzbuch* integriert wurde (SGB I–XII). Die Ausführung des SGB überlässt das GG freilich grundsätzlich den Ländern (Art. 83 Abs. 1) nur in einigen Bereichen hat sich der Bund die Sozialverwaltung vorbehalten (Art. 87 Abs. 2 und 3), insbesondere im Bereich der Angestellten- und der Arbeitslosenversicherung (BfA, BA). Für den Bereich der SozArb ist entscheidend, dass Art. 28 Abs. 2 den Gemeinden und Gemeindeverbänden das Recht der Selbstverwaltung gewährleistet, d.h. dass die Kommunen insbesondere für die Sozial- und Jugendhilfe zuständig sind. Diese verfassungsrechtliche Garantie hat zu einem merkwürdigen und widerspruchsvollen Zustand geführt: Der Bund regelt durch Bundesgesetz (SGB VIII und SGB XII) das Recht der Sozial- und Jugendhilfe; die Länder können über die Durchführung dieser Gesetze bestimmen, die praktische Durchführung und v.a. die Finanzierung verbleibt dagegen den Kommunen, die nur über den Finanzausgleich die hierfür erforderlichen Finanzmittel erhalten können *(Finanzwesen, öffentliches).* Dies ist ein außerordentlich unbefriedigender Zustand, der durch die Föderalismusreform I insoweit geändert worden ist, als der Bund den Gemeinden und Gemeindeverbänden durch Bundesgesetz Aufgaben überhaupt nicht mehr übertragen darf.

Wenn sich die Bürger durch die Entscheidung der Behörden im Bereich des Sozialrechts in ihren Rechten verletzt fühlen, können sie nach Art. 19 Abs. 4 die Gerichte anrufen *(Gerichtsbarkeit).* Hierfür ist die Sozialgerichtsbarkeit geschaffen worden, für die nach Art. 95 auch ein oberstes Bundesgericht existiert (Bundessozialgericht). Die Zuständigkeit der Sozialgerichte ist durch das Sozialgerichtsgesetz jedoch auf die Bereiche der Sozialversicherung beschränkt worden, so dass der Bereich der SozArb der Verwaltungsgerichtsbarkeit überlassen blieb *(Gerichtsbarkeit).* Vor allen Gerichten gelten freilich die verfassungsrechtlichen Grundsätze der richterlichen Unabhängigkeit und der Verfahrensgerechtigkeit (Fairness) der Rechtspflege (Art. 92). Über allem wacht die Rechtsprechung des BVerfG (Art. 93).

Die Finanzierung der SozArb richtet sich nach den allgemeinen Regeln des GG für die Staatseinnahmen und -ausgaben. Dabei folgt die Ausgabenverantwortung nach Art. 104a Abs. 1 der Aufgabenverantwortung; die Aufgabenverantwortung setzt wiederum entsprechende Einnahmen voraus, die entweder aus eigenen Steuereinnahmen, aus Finanzausgleichsleistungen oder aus Kreditaufnahmen stammen (Art. 106, 107, 115). Da die Aufgaben der SozArb weitgehend kommunale Aufgaben sind, richtet sich ihre Finanzierung nach den kommunalen Einnahmen, die aus dem eigenen Steueraufkommen, aus dem kommunalen Anteil an den Gemeinschaftssteuern sowie aus dem kommunalen Finanzausgleich stammen (Art. 106). Die Ausgaben der Sozialversicherung werden dagegen grundsätzlich nicht aus dem Steueraufkommen, sondern durch die

Beiträge der Versicherten finanziert, die durch Bundesgesetze nach Art. 74 Nr. 12 geregelt werden *(Finanzwesen, öffentliches).*

Die Grundrechte

Allgemeines: Die Grundrechte sind Rechte der Bürger, grundsätzlich auch der ausländischen Mitbürger, gegenüber dem Staat; sie umschreiben gleichzeitig Grundzüge einer bestimmten Gesellschaftsordnung, die der Staat verwirklichen soll. Aufgrund dieser Rechte können die Bürger verlangen, dass der Staat in ihre Freiheiten und in ihr Eigentum nur eingreift, wenn dafür eine gesetzliche Grundlage besteht, und wenn dieser Eingriff aus Gemeinwohlgründen erforderlich ist und die Bürger nicht übermäßig belastet. Der Staat muss die Bürger auch gegen Dritte schützen, und zwar indem er Gesetze zu ihrem Schutz erlässt, z. B. die Strafgesetze *(Strafe),* oder indem er staatliche Leistungen zur Förderung der Bürger vorsieht, z. B. den *Familienleistungs- und Familienlastenausgleich.* Staatliche Leistungen sind im GG selbst nicht ausdrücklich vorgesehen, ihre Gewährung bleibt dem Gesetzgeber überlassen, der allerdings aufgrund der sozialen Grundrechte zur Gewährung bestimmter Leistungen verpflichtet ist, z. B. in Art. 6 Abs. 4 für die Mütter. Die Grundrechte geben den Bürgern auch das Recht zur Teilnahme an der politischen Willensbildung (Art. 5, 8, 9 Abs. 1 und 38 – Meinungs-, Versammlungs-, Vereins- und Wahlfreiheit) sowie an der Gestaltung der Arbeitsbedingungen (Art. 9 Abs. 3 – Koalitionsfreiheit: *Gewerkschaften*), und sie gewährleisten, dass Rechtsprechung und Verwaltung fair und bürgerfreundlich organisiert werden und arbeiten (z. B. durch Anhörungsrechte nach Art. 103 Abs. 1). Der Gleichheitssatz des Art. 3 verbietet, dass der Staat die Bürger aus Gründen des Geschlechtes, der Herkunft, des Glaubens oder der Politik benachteiligt; er muss insbesondere *Männer* und *Frauen* grundsätzlich gleich behandeln. Er darf Unterschiede immer nur dann machen, wenn es dafür gute Gründe gibt.

Die Grundrechte der SozArb: Die Grundrechte der SozArb stehen nicht wörtlich im GG, sondern sie können nur durch seine Auslegung herausgearbeitet werden; doch diese Aufgabe hat das BVerfG bereits weitgehend erfüllt. Es lassen sich 10 zusammenfassende Aussagen machen:

1) Der Mensch ist Subjekt sozialer Leistungen, nicht Objekt staatlicher Fürsorge. Während im autoritären Wohlfahrtsstaat früherer Zeiten *Armut, Krankheit, Obdachlosigkeit* usw. als Gefahr für die öffentliche Ordnung angesehen wurden, folgt aus Art. 1 Abs. 1, dass im demokratischen Sozialstaat die Bedürfnisse der Bürger Grundlage und Maßstab öffentlicher sozialer Leistungen sind. Niemand darf zu seinem Glück gezwungen werden; jedermann muss aber auch ein Recht auf das Existenzminimum haben, das durch die Sozialhilfe gesichert wird, deren Art und Umfang freilich von gesetzgeberischen Entscheidungen abhängig ist.
2) Daraus folgt, dass es ein Recht auf soziale Leistungen gibt und dass diese grundsätzlich nicht im Ermessen der staatlichen Verwaltung stehen. Der Gesetzgeber kann allerdings der Verwaltung ausdrücklich ein Ermessen einräumen (§ 39 SGB 1). Geld- und Zeitmangel sind deshalb kein Grund für die Verweigerung sozialer Leistungen.
3) Ob die Bürger soziale Leistungen in Anspruch nehmen wollen, ist grundsätzlich ihre Angelegenheit. Sie haben dabei allerdings ein Recht auf Auskunft und Beratung, das aus Art. 1 und 2 folgt und im allgemeinen Teil des SGB (§§ 14 und 15) sowie in den besonderen Teilen des SGB konkretisiert wird. Wird dieses Recht verletzt, so sind die Bürger ggf. durch Schadensersatz so zu stellen, als ob sie richtig beraten worden wären.
4) Wer soziale Leistungen beansprucht, muss seine persönliche und soziale Lage offenbaren; aus diesem Sachzwang folgt jedoch nicht die Aufgabe des Rechts der informationellen Selbstbestimmung (Art. 1 Abs. 1 und Art. 2 Abs. 1), also des Rechts auf den Schutz persönlicher Daten, und des Rechts auf den Schutz der persönlichen Sphäre, insbesondere des privaten Lebensbereichs (Art. 13; *Sozialdatenschutz*).
5) Werden soziale Leistungen in öffentlichen Einrichtungen erbracht, z. B. in Heimen, so ändert sich dadurch die Grundrechtslage der Betroffenen nicht. Kinder und Senioren, Kranke und Behinderte verlieren ihre Grundrechte nicht an der Schwelle des Heims. Dies gilt sowohl für die persönlichen Grundrechte (z. B. Glaubensfreiheit nach Art. 4) als auch für die politischen Grundrechte (z. B. Meinungsfreiheit nach Art. 5) und für die ökonomischen Grundrechte (z. B. Eigentums- und Berufsfreiheit nach Art. 12 und 14).
6) Der Gleichheitssatz, der dem Gesetzgeber eine grundlose Ungleichbehandlung nach Art. 3 Abs. 1 verbietet, gebietet gleichzeitig den Mitarbeitern der sozialen Dienste die strikte Gleichbehandlung aller Bürger. Jede Benach-

V

teiligung und Bevorzugung aus den in Art. 3 Abs. 3 genannten Gründen ist bei der Gewährung sozialer Leistungen ausgeschlossen. Da soziale Leistungen aber aufgrund der Subjektorientierung grundsätzlich nach Maßgabe der individuellen Lebenslage zu erbringen sind, muss das Verbot der Diskriminierung und Privilegierung ganz besonders sorgfältig beachtet werden.

7) Soziale Leistungen sollen so gewährt werden, dass sie aktuelle Bedürfnislagen nicht nur beseitigen, sondern dass sie einen Beitrag zur freien Entfaltung der Persönlichkeit und zur freien Berufswahl (Art. 2 Abs. 1 und Art. 12 Abs. 1) leisten. Art. 3 Abs. 2 gebietet nicht nur die Gleichberechtigung von Männern und Frauen, sondern angesichts der gesellschaftlichen Benachteiligung von *Frauen* darüber hinaus die Frauenförderung. SozArb ist aus diesen Gründen verfassungsrechtliche Entwicklungsarbeit.

8) Soziale Leistungen richten sich nicht nur an einzelne Bürger, sondern auch an soziale Gemeinschaften. Zu nennen sind hier an erster Stelle Ehe und Familie, deren Schutz und Förderung Art. 6 Abs. 1 gebietet; dies umfasst auch die Förderung der Kinderbetreuung und der JH. Doch auch andere Gemeinschaftsformen, die nach dem GG frei gebildet werden können, haben Anspruch auf die öffentliche Förderung im Rahmen der SozArb; dies gilt insbesondere für die Jugendgruppen, mögen sie nun fest organisiert oder locker gefasst sein.

9) SozArb ist nun aber nach dem GG nicht nur eine Angelegenheit der öffentlichen Träger. Die freien Träger sind vielmehr durch die Grundrechte im Bereich der SozArb geschützt. Dies gilt insbesondere für die kirchlichen Träger, deren soziale Tätigkeit nach Art. 4 Abs. 2 als Religionsausübung angesehen wird, dies gilt aber auch für die gewerkschaftlichen Träger, deren Arbeit als Förderung der Wirtschafts- und Arbeitsbedingungen nach Art. 9 Abs. 3 betrachtet wird, und es gilt schließlich für alle übrigen freien Träger, die sich in ihrer Tätigkeit auf die Vereinsfreiheit nach Art. 9 Abs. 1 berufen können *(Träger der Sozialen Arbeit, Gewerkschaften, Kirchen und Religionsgemeinschaften).*

10) SozArb ist entweder berufliche oder ehrenamtl. Arbeit. Als ehrenamtl. Arbeit wird sie – wie jedes Handeln – durch die allgemeine Handlungsfreiheit des Art. 2 Abs. 1 geschützt. Soweit sie dagegen als Beruf ausgeübt wird, kommt ihr der Schutz der Berufsfreiheit des Art. 12 Abs. 1 zu. Dies bedeutet, dass der Zugang zu den Berufen der SozArb allgemein offen steht, und dass die Berufsausübung einer gesetzlichen Regelung bedarf, die Liberalität und Professionalität sichert *(Bürgerschaftliches Engagement, Dienstrecht, Soziale Berufe).*

Kritische Würdigung

Das V. der BRD ist vielfach kritisiert worden, vielleicht in vielem zu Recht. Für den Bereich der SozArb lassen sich zwei Kritikpunkte hervorheben:

- Das GG ist die Verfassung einer bürgerlich-liberalen Demokratie; es vernachlässigt die soziale Dimension des V.
- Das GG ist die Verfassung einer Juristenzunft, die sie nach unverständlichen Regeln auslegt; der einfache Mann versteht es nicht, und deshalb bleibt die Verfassung ihm fremd.

Zum ersten Kritikpunkt lässt sich sagen, dass der Grundgesetzgeber in der Tat die Übernahme sozialpolitischer Programme, wie sie in der WV und in den frühen Landesverfassungen der Nachkriegszeit enthalten waren bzw. sind, vermieden hat. Die Entwicklung des V. der BRD im materiellen Sinne hat jedoch gezeigt, dass bestimmte Grundsätze des Sozialstaats Verfassungsrang erhalten haben und durch die Rechtsprechung und Literatur weiter konkretisiert worden sind. Die knappe Fassung des GG und ihre eher traditionelle Form haben andererseits eine rechtswissenschaftliche Bearbeitung des V. außerordentlich erleichtert. Dies scheint den zweiten Kritikpunkt zu rechtfertigen. Rechtsprechung und Literatur zum GG füllen in der Tat bereits eine ganze Bibliothek und sind dem Laien weitgehend unzugänglich geworden. Wenn man aber an die großen gesellschaftspolitischen Konflikte in der Geschichte der BRD denkt, so lässt sich durchaus feststellen, dass die Bürger die verfassungsrechtliche Bearbeitung dieser Konflikte weitgehend nachvollziehen, dass sie sie auch in verfassungsrechtlichen Kategorien formulieren, mögen sie die getroffenen Entscheidungen und Ergebnisse billigen oder missbilligen (z. B. Mitbestimmungs- oder Abtreibungsentscheidungen). Insofern haben die Bürger ihre Verfassung durchaus im Kopf – wenn auch nicht immer unter dem Arm.

Ingo Richter

Literatur

Zum GG im Allgemeinen:

1. Lehrbücher: E. Stein/G. Frank: Staatsrecht, Tübingen [21]2010 ◆ K. Stern: Das Staatsrecht der Bundesrepublik Deutschland, Bd. I–V, München

1980–2006 ◆ H. Wilms: Staatsrecht I. Staatsorganisation unter besonderer Berücksichtigung der Föderalismusreform, Stuttgart 2007.

2. Kommentare: H. D. Jarras/B. Pieroth: Grundgesetz für die Bundesrepublik Deutschland – Kommentar, München [14]2016 ◆ E. Denninger u. a. (Hrsg.): Kommentar zum Grundgesetz für die Bundesrepublik Deutschland – Reihe Alternativkommentare, 3 Bde, Neuwied/Frankfurt [3]2001.

3. Handbücher: E. Benda/W. Maihofer/H.-J. Vogel (Hrsg.): Handbuch des Verfassungsrechts der Bundesrepublik Deutschland, Berlin [2]1994 ◆ J. Isensee/P. Kirchhof (Hrsg.): Handbuch des Staatsrechts der Bundesrepublik Deutschland, Bd. I–X, Heidelberg 2003–2011.

4. Zur Rechtsprechung: C. Bumke/A. Vosskuhle: Casebook Verfassungsrecht, Tübingen [7]2015.

Zum Verfassungsrecht des Sozialstaats:
S. Gürbüz: Verfassungs- und Verwaltungsrecht für die Soziale Arbeit, München 2016 ◆ H. J. Papier: Der Einfluss des Verfassungsrechts auf das Sozialrecht, in: B. von Maydell u. a. (Hrsg.): Sozialrechtshandbuch, Baden-Baden [5]2012, 100–147.

Verträglichkeitsprüfungen, soziale

Mit dem Begriff der V. ist die Vorstellung verbunden, Auswirkungen von Vorhaben und Handlungen auf zusammenhängende Wirkungsfelder zu prüfen und bei Entscheidungen über Vorhaben diese präventiv berücksichtigen zu können. Ziel von V. ist es, im Rahmen von Planungs- und Entscheidungsprozessen einen Beitrag zur Milderung oder zum Ausschluss (möglicher) konflikthafter oder schädlicher Wirkungen zu leisten.

Die Entwicklung, die gesetzliche Normierung und die Durchführung von V. stellen, generell betrachtet, administrativ gestützte Steuerungs- und Konfliktregelungsversuche dar angesichts prekärer werdender Wechselwirkungen zwischen dem Handeln von Menschen und den sozialen, technischen und naturbezogenen (Lebens-)Verhältnissen. Die zunehmend dichter werdenden Beziehungskonstellationen dieser Verhältnisse verlangen mehrdimensionale und komplexe Methoden und Verfahren der Analyse, der Bewertung und der Entscheidungsvorbereitung. Hinsichtlich der auf die sozialen Lebensverhältnisse der Menschen bezogenen Dimensionen kann von verfassungsrechtlichen Grundorientierungen ausgehend, u. a. von den Prinzipien des Sozialstaates, eine Verpflichtung der Legislative begründet werden, ihre Einscheidungen so zu treffen, dass elementare soziale Ansprüche eingelöst, zumindest nicht verletzt oder beeinträchtigt werden.

Während mit V. als formalisierte und standardisierte Verfahren in sozialen Aufgabenfeldern unserer Gesellschaft weitgehend Neuland betreten wurde, sind in der Technik entsprechende Prüfungen, einschließlich der Festlegung und Normierung dazugehöriger Verfahren, seit Jahrzehnten bekannt. Es handelt sich dabei zum einen um Prüfungen innerhalb technischer Teilsysteme (z. B. Materialprüfungen), zum anderen um solche zwischen der Technik, den Betriebsabläufen und den Arbeitsfeldern und -bedingungen der Menschen (z. B. im Bereich der Arbeitssicherheit). Auswirkungen der industriegesellschaftlichen und technischen Entwicklung auf die Natur und damit auf das gesamte Ökosystem werden seit wenigen Jahren durch umweltrechtlich begründete Instrumente, u. a. durch das Gesetz über die Umweltverträglichkeitsprüfung (UVPG) zu steuern versucht. Ansätze sozialer V. finden sich in der städtebaulichen Planung in Form von vorbereitenden Untersuchungen und in der Erarbeitung von Sozialplänen (§ 141, 180 BauGB), um durch *Sozialplanung* negative Folgen für die in Sanierungsgebieten lebenden Bewohner vermeiden oder mildern zu können *(Baugesetzbuch)*.

Kinderfreundlichkeitsprüfung

Das *Kinder- und Jugendhilfegesetz* hat für den Bereich der KJH und der SozArb mit dem Auftrag, „positive Lebensbedingungen für junge Menschen und ihre Familien sowie eine kinder- und familienfreundliche Umwelt zu erhalten und zu schaffen" (§ 1 Abs. 3 Nr. 4 SGB VIII) und diesen Auftrag u. a. durch die *Jugendhilfeplanung* systematisch umzusetzen (§ 80 SGB VIII), der Diskussion über sozialverträgliche politische Steuerungen neue Impulse gegeben *(Einmischungsstrategie)*. Im Vordergrund der politischen und fachlichen Erörterungen stehen die in einigen Städten und Gemeinden angestrebten oder bereits eingeführten „Kinderfreundlichkeitsprüfungen" und die damit i. d. R. verbundenen Fragen nach tragfähigen Formen der Interessenvertretung für junge Menschen und nach deren *Partizipation* an Entscheidungsprozessen. Programmatisch geht es v. a. darum, kindgerechte Lebensbedingungen in allen relevanten Lebensbereichen einzufordern. I. S. einer kritischen, Öffentlichkeit herstellenden und aktivierenden Beobachtung gesellschaftlicher Prozesse arbeiten etwa die „Kinderkommission" des BT und Kinderbeauftragte in BL und Kommunen sowie verschiedentlich eingerichtete Ombudsstellen zur Wahrung von Kinderrechten. Fachlich wird durch die genannten Institutionen verstärkt versucht, Politikfolgenabschätzung im Hinblick auf die möglichen Auswirkungen auf die nachwachsende Generation einzufordern. Administrativgestaltungsorientiert wurden in einigen Kommunen Prüfkataloge entwickelt und Verfahren vereinbart, mit denen die Belange von Kindern bei kommunalen Planungen und Entscheidungen systematisch und nachvollziehbar Berücksichtigung finden sollen. Überwiegend beziehen sich diese „Kinderfreundlichkeitsprüfungen" auf städtebauliche und infrastrukturbezogene Bereiche, mithin auf die kindgerechte Gestaltung von Wohnbereichen, die Schaffung von angemessenen Frei-, Bewegungs- und Erlebnisräumen und die ausreichende Versorgung mit Einrichtungen der sozialen Infrastruktur. Erkennbar sind aber auch Bemühungen um eine Ausweitung auf alle Handlungsfelder der Kommune. Im Vergleich zu etablierten Prüfverfahren befinden sich die Zielsetzungen, die Methoden und die Verfahren seit Jahren in einem experimentellen Stadium. Ob der Begriff „Freundlichkeit" mehr als nur symbolische Wirkung entfalten kann oder ob mit dem Begriff „Verträglichkeit" und den damit inzwischen verbundenen technischen Prüfperspektiven die Anliegen besser gefördert werden können, muss sich noch erweisen. Inwieweit die Verstärkung rechtlicher Legitimation, etwa durch eine konsequente Umsetzung der UN-Kinderrechtskonvention Wirkungen entfaltet hat, lässt sich nicht eindeutig abschätzen.

Sozialverträglichkeit

Gefordert wird eine Übertragung des Prüfverfahrens auf weitere soziale Zielgruppen, z. B. auf Frauen *(Gender Mainstreaming)*, Familien und auf ältere Menschen. Wie detailliert Prüfverfahren besondere Aspekte (geschlechtsspezifische Lebenslagen, ethnische Herkunft u. a. m.) aufgreifen können, bedarf der Diskussion. Unstrittig sollte sein, dass diese Gesichtspunkte zumindest als analytische Größe Beachtung finden. Grundsätzlich kann allerdings die Frage aufgeworfen werden, ob kleinteilige Prüfverfahren, die in der Gefahr stehen, nur jeweils einzelne Bedürfnisse, Interessen und Anliegen zu thematisieren, sinnvollerweise und aus Gründen der Praktikabilität in komplexere sozialökologische Planungsansätze eingebunden werden müssen.

Soziale V. unterliegen noch stärker als technische und ökologische der gesellschaftspolitischen Überformung, zumal sie es vergleichsweise schwer haben, sich mit eigenen technischen Regelwerken vom tagespolitischen Druck abzukoppeln und Eigendynamik zu entwickeln. Es kommt mithin darauf an, die weitere Entfaltung sozialer V. mit politischen Interessen zu verknüpfen. Der Reifegrad sozialer V. wird u. a. daran gemessen werden müssen, ob qualitative und quantitative Daten und Informationen über mögliche, erwartbare oder bereits erkennbare Wirkungszusammenhänge (im kommunalen) Handlungsfeld verfügbar sind oder entwickelt werden können. In diesem Zusammenhang kommt der Sozialberichterstattung eine wichtige Funktion zu. Sozialraumanalysen und sozialräumlich ausgerichtete Konzepte sozialer Arbeit und Politik können für die konkreten Prüfungen zusätzliche Orientierungsrahmen liefern *(Sozialraum, Sozialraumorientierung)*.

Verfahrensorientiert ist v. a. eine enge instrumentelle Verbindung von Analyse, Bewertung und Entscheidung im politisch-administrativen System notwendig, damit die Sozialverträglichkeit ihrerseits, wie bereits jetzt die Rechtmäßigkeit oder die Wirtschaftlichkeit intern und extern zum Gegenstand der Prüfung öffentlicher Verwaltung werden kann.

Die Erwartungen an eine Verankerung von V. dürfen jedoch nicht zu hoch angesetzt werden, da die Steuerungskompetenzen bspw. im kommunalen Raum in den nächsten Jahren aufgrund enger bemessener Personalressourcen und geringer finanzieller Mittel eher abnehmen dürften. Generell deuten sich auch weitere Deregulierungen im gesamten Bereich öffentlicher Hände an. Konsequenterweise sollte man deshalb bei der Durchsetzung von Gestaltungszielen nicht nur auf formale Regelungen, sondern auf weitere Elemente der Partizipation, des zivilgesellschaftlichen Engagements und auf eine dauerhafte Mitwirkung intermediärer gesellschaftlicher Gruppen setzen.

Bruno W. Nikles

Literatur

Th. Arnold/W. Wüstendorfer: Untersuchung der Arbeitsweisen, Arbeitsbedingungen und Wirksamkeit von Kinderbeauftragten. Endbericht, hrsg. vom ISS, Frankfurt/M. (ISS-Aktuell 15/1993) ◆ Empfehlungen des Deutschen Vereins zur Sozialverträglichkeit als Bestandteil kommunaler Entwicklungsplanung, in: NDV 2001, 269–278 ◆ M. Liebel/V. Masing: Kinderinteressenvertretung in Deutschland, in: np 6/2013 497 ff. ◆ M. Liebel: Kinderinteressen: Zwischen

Paternalismus und Partizipation, Weinheim/München 2015 ♦ A. Lorz: Der Vorrang des Kindeswohls nach Art. 3 der UN-Kinderrechtskonvention i. d. deutschen Rechtsordnung, Gutachten 2002, erstattet für den Kinderbeauftragten des Landes NRW ♦ P. Mund: Ombudsschaft in der Kinder- und Jugendhilfe, in: NDV 4/2011 ♦ J. Reichenberger/C. Sedmak (Hrsg.): Sozialverträglichkeitsprüfung, Wiesbaden 2008 ♦ M. Riege (Hrsg.): Sozialraumanalyse, Opladen 2002 ♦ U. Urban-Stahl/n. Jann: Beschwerdeverfahren in Einrichtungen der Kinder- und Jugendhilfe, München 2014 ♦ R. Wiesner: SGB VII Kommentar, München [5]2015.

Verwaltung, öffentliche

„Von der Wiege bis zur Bahre – Formulare, Formulare“: Die öffentliche Verwaltung (öff. Verw.) begleitet den Bürger sein ganzes Leben lang, und dies in höchst unterschiedlicher und vielgestaltiger Form. Da ist die Finanzverwaltung als Betreiber der Steuergelder oder die Polizei als Helfer und Garant für Sicherheit und Ordnung *(Finanzwesen, öffentliches/Jugendhilfe und Polizei)*. Sie ist diejenige Behörde, die Zwang anwenden darf, von der Auflösung der Demonstration bis zur Festnahme von mutmaßlichen Straftätern *(Strafvollzug/Strafrecht, Strafe)*, von der zwangsweisen Unterbringung in der geschlossenen *Psychiatrie* bis zur Wegnahme eines Kindes aus der Obhut seiner Eltern. Aber auch die Gewährung von *Kindergeld*, die Zahlung von *Grundsicherung* und *Sozialhilfe*, die Übernahme der Heimkosten in einem Kinder- und Jugendheim, die Gewährung von Eingliederungshilfe und die Beratung scheidungswilliger Eltern *(Scheidung,Scheidungsfolgen)*, auch das ist ebenso öff. Verw. wie die *Planung* eines öffentlichen Kinderspielplatzes und die Subventionierung eines neuen Pflegeheims. Öff. Verw. ist vielgestaltig.

Begriffskonstruktionen

Weder die Umgangssprache verbindet mit dem Begriff Verwaltung einen klaren Sozialinhalt noch hat sich die Wissenschaft auf einen solchen einigen können. Verwaltung beinhaltet jedenfalls zwei Komponenten. Zum einen ist damit der Verwaltungsapparat gemeint, der die Gesetze ausführt und Entscheidungen trifft: eine Institution mit Verwaltungspersonal, Verwaltungsgebäude, Büros und Büroeinrichtungen usw. (institutioneller Verwaltungsbegriff). Zum anderen wird ein Vorgang beschrieben: der Ablauf in der Bearbeitung von Fällen, die Verwaltung von Vermögen, die Dokumentation des Verwaltungshandelns in Akten usw. (funktionaler Verwaltungsbegriff).

Verwaltungswissenschaft

Um öff. Verw. zu analysieren und zu verstehen, kann sowohl ein juristischer Zugang als auch ein politologischer, soziologischer, psychologischer oder ökonomischer gewählt werden. Als interdisziplinäre Wissenschaft umschreibt die Verwaltungswissenschaft den Verwaltungsapparat und sein Funktionieren sowie das Entstehen und die Wirkungen von Verwaltungshandeln aus diesen unterschiedlichen Blickwinkeln.

- Aus juristischer Sicht geht es um die Umsetzung der rechtlichen Normen durch die Verwaltung (rechtmäßig), Vollzugsdefizite und die Geeignetheit der Umsetzung, die gesetzlichen Ziele zu erreichen.
- Die Politikwissenschaft beschäftigt sich mit dem Zustandekommen der Programme in der Verwaltung, mit den Werten und Zielen, von denen sie ausgehen und mit der Zielerreichung.
- Unter soziologischen Gesichtspunkten werden die Erwartungen der Bürger an die Verwaltung und die Funktionen von Verwaltungshandeln außerhalb rechtlicher Programme untersucht. Es geht um die Frage, welche Normen von der Verwaltung in besonderer Weise Anwendung finden und welche nicht und wie es zu dieser Auswahl kommt.
- Psychologisch interessieren die *Interaktionen* zwischen Verwaltungsmitarbeitern und Bürgern, der Umgang von Verwaltungsmitarbeitern untereinander sowie organisationspsychologische Aspekte.
- Ökonomisch wird Verwaltungshandeln in Input-Output-Relationen auf ihre Effizienz und Effektivität hin beleuchtet.

Gesetzmäßigkeit der Verwaltung

Hauptaufgabe der öff. Verw. als Teil der Exekutive ist der Vollzug von Normen. Diese werden von der Legislative vorgegeben und ihre Umsetzung ist durch die Justiz überprüfbar (Gewaltenteilung). Konstitutives Wesenselement einer solchen demokratischen Grundordnung ist daher die Gesetzmäßigkeit der Verwaltung. Sie beinhaltet zum einen, dass die Verwaltung bei ihrem Handeln die gesetzlichen Vorgaben beachtet, soweit solche vorhanden sind (Vorrang des Gesetzes). Zum anderen darf sie nur dann in Grundrechte der Bürger eingreifen, wenn hierzu eine ausdrückliche gesetzliche Befugnis vorliegt (Vorbehalt des Gesetzes). Handelt die Verwaltung diesen Geboten zuwider, müssen die betroffenen Bürger die

V

Möglichkeit haben, dagegen im Wege des Rechtsschutzes vorgehen zu können (Art. 19 Abs. 4 GG: Rechtsschutzgarantie; *Rechtsquellen/Gerichtsbarkeit*).

Neben dem Gesetzesvollzug obliegt der öff. Verw. auch die Zuarbeit bei Gesetzgebungsvorhaben. Die Legislative greift hier auf die Sachnähe, den Sachverstand und die Fachkompetenz der Ministerialbürokratie bzw. der Ressortverwaltung zurück, um die Vielzahl der rechtlichen Materien sachangemessenen Regelungen zuführen zu können. Vor diesem Hintergrund erhält die Frage der demokratischen Legitimation der Verwaltungsspitze besondere Bedeutung. Die Bundes- und Landesregierungen leiten diese von den jeweiligen Parlamenten ab. In den Kommunalverfassungen wird die demokratische Rückbindung durch die Wahl der Bürgermeister bzw. Landräte, gewählter Gemeinde- bzw. Kreisräte sowie von diesen gewählten Dezernenten, Beigeordneten und Berufsmäßigen Stadträten gesichert.

Bürokratie

Tritt die öff. Verw. beim Vollzug von gesetzgeberischen Programmen und Vorgaben nun dem Bürger gegenüber, stellt sich die Frage nach dem „staatsbürgerlichen Gehorsam". Dieser ist Grundvoraussetzung für ein funktionierendes Gemeinwesen, wobei der Bürger nur zu einem gewissen Maß an regelkonformem Verhalten bereit sein wird, wenn die Autorität des Befehlenden überpersönlichen, formalisierten Regeln unterworfen ist. Dieser legale Herrschaftstyp (Max Weber) folgt dem Grundgedanken des form- und regelgebundenen Handelns: der Bürokratie.

Auf vollständige Verwirklichung ist der legale Herrschaftstyp zwar nicht angelegt, das Konstrukt macht jedoch deutlich, dass die Bürokratie zuerst einmal Sicherheit vermittelt und eine positive Errungenschaft für die Verwaltungstätigkeit ist:

- Das Handeln gebundener Verwaltung wird rational gesteuert und dadurch kalkulierbar.
- Durch eine Bindung an das bürokratische Regelwerk wird Willkür vorgebeugt und dem Grundsatz der Gleichbehandlung zur bestmöglichen Verwirklichung verholfen.
- Ein am Gesetz orientiertes Leistungssystem verhindert situations- und personenabhängige Privilegiensysteme.
- Die Bürokratie verhilft der demokratischen Grundordnung der Gewaltenteilung bei ihrer Durchsetzung in die Praxis und dient den legislativen Entscheidungsträgern bei der Kontrolle über die ordnungsgemäße Umsetzung ihrer Vorgaben.

Die Vorbehalte gegen bürokratisches Handeln kommen jedoch nicht von ungefähr. Sollen politische Programme durch öff. Verw. umgesetzt werden, ergibt sich die Notwendigkeit einer Kontrolle durch hierarchische Organisationsstrukturen. Für bestmögliche Steuerung der Umsetzung von Zielvorgaben von oben nach unten dienen am ehesten „Wenn-dann-Mechanismen". Diese Konditionalprogrammierung widerspricht jedoch in weiten Teilen dem Grundverständnis von *Sozialer Arbeit.* In ihr braucht es situationsgebundene, flexible, mitschwingende Entscheidungen für einen Obdachlosen *(Obdachlosenhilfe),* eine *Familie,* einen *Sozialraum.* Das Ziel, Hilfe zu leisten, ist an individuellen Bedürfnislagen auszurichten und mit den jeweils zur Verfügung stehenden Ressourcen zu gestalten (Finalprogrammierung). Sind Befehl und Gehorsam einziges Lenkungsmittel, so werden damit notwendige innovative und situative Entscheidungen gehemmt.

Verwaltungsmodernisierung

Um zum einen der Bürokratiekritik und zum anderen vor allen Dingen der tief greifenden Finanznot der öffentlichen Haushalte Rechnung zu tragen, hat in der Verwaltung seit Beginn der 1990er Jahre ein Paradigmenwechsel eingesetzt. Leitbild der Reformbemühungen war zu Beginn das Neue Steuerungsmodell der Kommunalen Gemeinschaftsstelle für Verwaltungsmanagement (KGSt). Mit der Einführung betriebswirtschaftlicher Begrifflichkeiten und Handlungslogiken wurde das Ziel verfolgt, eine Steigerung der Wirtschaftlichkeit der Verwaltung zu erreichen, ohne dass dies auf Kosten ihrer Rechtmäßigkeit ginge *(Verwaltungsmodernisierung).*

Grundgedanke des Neuen Steuerungsmodells ist die dezentrale Fach- und Ressourcenverantwortung. Diese beinhaltet eine Verlagerung der Finanzverantwortung auf die Fachämter oder noch kleinere Organisationseinheiten. Die *Kameralistik* wird abgelöst von einem System der Budgetierung. Gleichzeitig wird die Entscheidungsverantwortung soweit wie möglich dezentralisiert. Die Vorgaben der Politik sowie der Verwaltungsspitze werden durch Zielvereinbarungen und ein Berichtswesen gesichert (Kontraktmanagement). Das Personalmanagement ist nach diesem Modell geprägt von einem „empowerment" der Mitarbeiterschaft durch flache Aufbaustrukturen und teamorientierte Entscheidungspartizipation.

Das Selbstverständnis hat sich von einer amtsinternen Handlungsorientierung gewandelt zu einer kundenorientierten Outputorientierung. Es werden Produkte sowie Produktgruppen definiert und in Produktplänen erfasst. Damit gelingt, so die Idee, durch Erstellen von Kosten-Leistungs-Rechnungen sowie Kosten-Nutzen-Analysen die Transparenz zu steigern und das Qualitätsmanagement *(Qualitätsentwicklung)* zu optimieren. Adressat der Produkte des Dienstleistungsunternehmens Verwaltung sind die Bürger, an deren Bedürfnissen und Wünschen sich die Organisation ausrichten soll. Die soziale Demokratie soll gestärkt werden durch eine vermehrte Förderung von *Bürgerschaftlichem Engagement.*

Eine plakative Formulierung spricht im Zusammenhang mit der Beteiligung und der Einbeziehung von Bürgern in öffentliche Angelegenheiten von der Abkehr von der „Erledigungsverwaltung" und der Orientierung hin auf das Konzept der „Ermöglichungsverwaltung". Angesichts der zunehmenden Aufgaben, besonders im Bereich der Daseinsvorsorge und den anhaltend knappen finanziellen Mitteln der Kommunen stellen sich allenthalben Fragen, welche öffentlichen Angelegenheiten von der öffentlichen Verwaltung, in Kommune, Land und Bund wahrgenommen werden können und sollen. Die Strategie der Privatisierung (öffentlicher Nahverkehr, Krankenhäuser) setzt auf eine effizientere und kostengünstigere Aufgabenerfüllung durch Unternehmen und unter marktwirtschaftlichen Bedingungen, die Strategie der Bürgerbeteiligung setzt hingegen darauf, Bürger und Gruppierungen von Bürgern an Entscheidungsprozessen, aber auch an der Erfüllung öffentlicher Aufgaben zu beteiligen und sie in ihrer zivilgesellschaftlichen Bereitschaft zur Verantwortungsübernahme anzusprechen.

Die Befolgung des „Subsidiaritätsgrundsatzes" hat in der Übertragung öffentlicher Aufgaben im Bereich der sozialen Sicherung insbesondere an *Wohlfahrtsverbände* und Selbstverwaltungskörperschaften eine lange Tradition *(Subsidiarität).* Die damit verbundenen korporatistischen Strukturen zwischen öffentlicher Verwaltung und freien Trägern werden teilweise kritisch beäugt. Im Bereich der Arbeitsverwaltung (SGB II, SGB III) wurde ihnen durch die Hinwendung zur Anwendung des europäischen Wettbewerbsrecht und damit einem Beschaffungswesen, bei dem den Bürgern zuvor von der Verwaltung eingekaufte Angebote zugewiesen werden, der Boden entzogen *(Wettbewerb, europäischer).* Im Bereich sozialer Dienstleistungen der Jugend-, Sozial-, Eingliederungs- und Altenhilfe stellen die großen WFV weiterhin einen wichtigen Faktor im Bereich der *Sozialen Sicherung* und SozArb dar. Sie agieren ihrerseits teilweise nach ähnlichen Mustern, wie die öff. Verw. und gestalten ihre Angebote in Abstimmung mit dieser.

V

Verwaltungshandeln

Der öff. Verw. stehen für die Erfüllung ihrer Aufgaben unterschiedliche Handlungsformen zur Verfügung. Hierzu zählen der Verwaltungsakt, der Verwaltungsvertrag, das schlichte Verwaltungshandeln, Satzungen, RVO oder die Planung *(Rechtsquellen, Sozialplanung, Jugendhilfeplanung).*

Mit dem Verwaltungsakt (§ 31 SGB X) kann die Verwaltung gegenüber dem Bürger einseitig verbindliche Gebote oder Verbote aussprechen oder eine Leistungsgewährung regeln. Feststellungen in einem Verwaltungsakt sind – außer sie unterliegen schwer wiegenden Fehlern – rechtswirksam und werden bestandskräftig, wenn der Bürger sich nicht innerhalb einer bestimmten Frist dagegen wehrt. Je nach Wirkung für die Adressaten kann es sich um einen begünstigenden oder belastenden Verwaltungsakt handeln. Die Verwaltung kann zu ihrem Erlass verbindlich verpflichtet sein (gebundene Entscheidung) oder es kann ihr Entscheidungsspielraum zustehen (Ermessensentscheidung).

Beim öffentlich-rechtlichen Vertrag tritt die Verwaltung dem Bürger auf der Ebene der Gleichordnung gegenüber (§§ 53 ff. SGB X). Beispiele sind die Aushandlung von Versorgungsverträgen zwischen Krankenhausträger und Krankenkasse, die Pflegesatzvereinbarungen zwischen Pflegeheim und Pflegekasse oder die Leistungs- und Qualitätsvereinbarungen zwischen Träger der öffentlichen und freien KJH.

Nicht jedes Handeln der Verwaltung ist formalisiert. Bspw. die *Beratung,* die Erteilung von Auskünften oder die *Öffentlichkeitsarbeit* erfolgen informell. Es werden keine unmittelbaren Rechtsfolgen gesetzt. Man spricht von Realakten oder schlichtem Verwaltungshandeln.

Die Verwaltung kann aber auch selbst untergesetzliches Recht in Form von Satzungen oder RVO erlassen. Beitragssatzungen für Kindertagseinrichtungen oder Krankenkasse sind ebenso Beispiele wie Polizeiverordnungen zum Verbot von „Bettelei" oder „Landstreicherei".

Thomas Klie/Thomas Meysen

Literatur

H. Bossong: Sozialverwaltung. Ein Grundkurs für soziale Berufe, Weinheim/München [2]2010 ♦ Th. Klie/K. Maier/Th. Meysen: Verwaltungswissenschaft. Eine Einführung für Soziale Berufe, Freiburg i.Br. 1999 ♦

J. Merchel (Hrsg.): Handbuch Allgemeiner Sozialer Dienst (ASD), München [2]2015 ◆ E. Munro: The Munro Review of Child Protection: Final Report. A child-centred system, London 2011 ◆ F. Ortmann: Handlungsmuster in der Sozialverwaltung. Für Florian Tennstedt zur Vollendung des 65. Lebensjahres, in: np 4/2008, 385–399 ◆ J. Reinhardt: Grundkurs Sozialverwaltungsrecht für die Soziale Arbeit, München/Basel 2014 ◆ I. Sommer: Lehrbuch Sozialverwaltungsrecht, Weinheim/München [2]2015.

Verwaltungsmodernisierung

Begriff, Gegendstand, Entwicklungen

Verwaltungsreformen sind der Öffentlichen Verwaltung in Deutschland nichts Unbekanntes. Insbesondere in der Kommunalverwaltung haben immer wieder Reformprozesse stattgefunden: Gebietsreform, Funktionalreform, Bürgernähe, Stadtteilorientierung u. ä., all diese Stichworte stehen für Reformprozesse der Vergangenheit, welche die Verwaltung verändert und das Verwaltungshandeln nachhaltig beeinflusst haben. Auch die Kommunale Sozialverwaltung hat seit Ende der 1950er Jahre verschiedene Reformprozesse durchlaufen: seit den 70er-Jahren wurde eine Vielzahl von Modellprojekten zur Reorganisation der Sozialverwaltung gestartet, in denen es vor allem um die Behebung von Problemen wie die binnenorganisatorische Zersplitterung der Aufgabenerfüllung, die Trennung von Innen- und Außendienst, eine bessere Koordination und Kooperation zwischen Sozialverwaltung und *Wohlfahrtsverbänden* (Vernetzung), Dominanz der Einzelfallorientierung in den sozialen Diensten, mangelnde Prävention und Lebensweltorientierung der Sozialen Arbeit u. ä. ging. Die Reformprojekte der Vergangenheit haben in den Sozialverwaltungen zwar vielfach zu grundlegenden Organisationsreformen geführt, das Verwaltungshandeln aber nicht in gleichem Maße verändert, da die Reformen nur mangelhaft durch Maßnahmen der Personalentwicklung unterstützt wurden.

Seit Beginn der 1990er Jahre ist erneut eine Reformbewegung beobachtbar, die eine betriebswirtschaftlich basierte Modernisierung von Staat und Verwaltung zum Ziel hat (Blanke u. a. 2011, i. W. zitiert als Hb VerwR). In der Kommunalverwaltung ist diese Modernisierungsbewegung anfänglich als „Neues Steuerungsmodell" (NSM) bezeichnet worden. Die sog. betriebswirtschaftliche Modernisierung in der Verwaltung war von Anfang an immer schon mehr als bloß eine neue, rein technische Steuerungsphilosophie, was im Zuge des Sozialstaatsumbaus und -abbaus seit der Jahrtausendwende deutlicher hervortrat. Der Sozialstaatsumbau und die hierdurch generierten neuen Modernisierungsleitbilder für das Verwaltungshandeln (wie bspw. Bürgerkommune, Bürgerschaftliches Engagement, Inklusion, sorgende Gemeinschaften), haben schnell deutlich werden lassen, dass die „Verbetriebswirtschaftlichung" der Verwaltung (Grunow) durch Leitbilder wie Konzern Stadt und Strategisches Management nur den Auftakt für eine grundsätzliche Veränderung in Sachen Wohlfahrtsstaat und sozialstaatliches Verwaltungshandeln darstellten. Die betriebswirtschaftliche Modernisierung von Staat und Verwaltung ist ein Baustein der sog. Ökonomisierung von Staat und Gesellschaft (Pellizzari 2001), d. h. der Ausdehnung der Ordnungsprinzipien Markt und Wettbewerb auf alle Bereiche gesellschaftlichen Lebens (bspw. *öffentliche Verwaltung*, vorschulische Erziehung, *Bildung*, *Ausbildung*, Universitäten, Kultur, Gesundheit, *Soziale Arbeit* u. v. m.), mit dem Ziel, Effizienzdenken sowie die ökonomische Funktionalisierung (nicht nur in Form von Privatisierung und Kommerzialisierung) vormals nicht-wirtschaftlicher Sachverhalte zum prioritäten gesellschaftlichen Handlungsprinzip zu erheben (Boltanski/Chiapello 2006).

Grundzüge der betriebswirtschaftlichen Modernisierung

Das Neue Steuerungsmodell (KGSt-Bericht 5/1993) orientiert sich an Entwicklungen in Ländern mit angelsächsischer Staats- und Verwaltungstradition (Großbritannien Neuseeland, Australien, USA), die seit den 1980er-Jahren auch die Diskussion in Skandinavien wie in den Niederlanden dominieren und auch von der EU wie der OECD als Problemlösung für öffentliches Handeln favorisiert und promotet werden. International ist diese Entwicklung als New Public Management (NPM) bekannt geworden. In anderen deutschsprachigen Ländern wird das Anliegen des (New) Public Managements auch als Wirkungsorientierte Verwaltungsführung bezeichnet (Schedler/Proeller 2011).

Der betriebswirtschaftlichen Verwaltungsmodernisierung geht es vor allem darum, die Dominanz des klassischen Bürokratiemodells (hierarchische Aufbaustrukturen sowie regel- und verfahrensorientierte Ablaufprozesse des Verwaltungshandelns) zu brechen, das angesichts einer komplexer werdenden Umwelt und wachsenden Herausforderungen an die Verwaltung als Hemmnis für fehlende Innovationsfähigkeit und mangelnde Effizienz Öffentlicher Verwaltungen betrachtet wird. NPM ist kein geschlossenes Reformprojekt, lässt sich jedoch mit Maßnahmen wie Deregulierung, Privatisierung, Kommerzialisierung, Auslagerung und Verselbstständigung von Verwaltungsaufgaben, Einführung von Markt- und Wettbewerbselementen in das Verwaltungshandeln sowie die Einführung privatwirtschaftlicher Managementmethoden und betriebswirtschaftlicher Steuerungsinstrumente in die Öffentliche Verwaltung in Verbindung bringen (Hb VerwR). Dieser Prozess wird auch als „Verbetriebswirtschaftlichung" oder „Mikroökonomisierung" der Verwaltungen beschrieben, weil es um die Etablierung einer „neuen Unternehmenskultur" im öffentlichen Sektor geht (Osborne/Gaebler 1997). Verwaltungsmodernisierung im Sinne des NPM kann sowohl Bestandteil neoliberaler Rückbaustrategien zur Verschlankung von Staat und Verwaltung sein als auch sozialstaatlicher Umbaustrategien (Dritter Weg, Aktivierender Staat, Sorgende Gemeinschaften, Inklusion) zur Wiedererlangung staatlicher Handlungsfähigkeit angesichts von wachsendem Legitimationsprobleme, aber vor allem angesichts des Kostendrucks im Sozialbereich (Hb VerwR, Dahme/Wohlfahrt 2010).

Modernisierungslücken

In Deutschland wurde das NPM in dem Maße attraktiv, wie dem Verwaltungshandeln im internationalen Vergleich Modernisierungslücken attestiert wurden (Naschold/Bogumil 2000). Die Probleme der deutschen Verwaltung sind benannt worden als (Hb VerwR):

- Strategielücke: fehlendes Leitbild für mittel- und langfristige kommunale Entwicklungsziele und ein kommunales Gesamtkonzept; Entscheidungen orientieren sich an kurzfristigen und tagespolitischen Problemen und Ereignissen;
- Managementlücke: fehlende Anreize und fehlende Instrumente zur Leistungsverbesserung; fehlende Marktnähe der Fachebene und fehlende Möglichkeiten zur flexiblen Ressourcenumschichtung und Strukturanpassung;
- Attraktivitätslücke: sinkende Attraktivität der Öffentlichen Verwaltung für qualifiziertes und engagiertes Personal sowie fehlendes Personalmanagement;
- Legitimationslücke: mangelnde Kosten- und Leistungstransparenz sowie fehlende Instrumente zur Rechenschaftslegung über Effizienz, Zielereichung und Qualität öffentlicher Leistungen führen zu einer schwindenden Akzeptanz der Öffentlichen Verwaltung beim Bürger.

Binnenmodernisierung

Ziel der Binnenmodernisierung war anfänglich der Umbau der Verwaltung von einer Behörde zu einem Dienstleistungsunternehmen. Unter Rückgriff auf Konzepte des in der Privatwirtschaft erfolgreichen Lean Managements will das NSM verschiedene Ziele erreichen (Hb VerwR, Schedler/Proeller 2011):

- Schaffung von unternehmensähnlichen, dezentralen Führungs- und Organisationsstrukturen, die über Kontrakte gesteuert werden;
- Ersetzen der für Behörden typischen Inputsteuerung (die jährliche durch den Haushaltsplan erfolgte Zuteilung von Personal, Finanz- und Sachmitteln) durch eine Outputorientierte (ergebnisbezogene) Steuerung auf der Basis strategischer Ziele und Produktkataloge, eines Berichtswesens mit Leistungsindikatoren und vorgegebenen Budgets auf der Basis von Vereinbarungen (Kontrakten);
- Aktivierung der Verwaltungsmitarbeiter durch die Einführung von organisationsinternem Wettbewerb (Quasi-Märkten) und Kundenorientierung.

Zur Erreichung dieser strategischen Ziele der Verwaltungsmodernisierung enthält das NSM eine Vielzahl von strukturellen und prozessualen Elementen und Instrumenten.

Ziel 1 ist das **Kontraktmanagement:** Dies bezeichnet das Absprache- und Verhandlungsergebnis über Leistungsziele, Produkte und Ergebnisse zwischen Politik und Verwaltung sowie zwischen Verwaltungsspitze (Konzernleitung) und Fachbereichen wie auch zwischen Fachbereichsleitung und Mitarbeitern auf der Basis von Budgets; Kontraktmanagement ist demnach ein Steuerungs-, Planungs- und Controllinginstrument (KGSt-Bericht 4/1998).

Budgetierung: Budgets sind das im Haushaltsplan festgelegte Geldvolumen, das für die Erreichung der vereinbarten Ziele zur Verfügung steht; Budgets sollen flexibel einsetzbar sein und die Finanzverantwortung der Fachbereiche wie der Mitarbeiter stärken; Budgetierung dient der „Deckelung" von Kosten; die Mittelbegrenzung soll auch zu mehr Wirtschaftlichkeit beitragen (KGSt-Bericht 6/1993).

Dezentrale Fach- und Ressourcenverantwortung: Bedeutet die Übertragung von vormals zentral wahrgenommenen Zuständigkeiten einschließlich der Personal- und Finanzverantwortung (durch die sog. Querschnittsämter der Verwaltung wie Haupt-, Personal-, Liegenschaftsamt, Kämmerei) auf die Fachbereichs- bzw. Arbeitsebene; Entscheidungen über Produkte und Ressourcenverbrauch sollen auf der Ebene entschieden werden, auf der Kontakt zum Bürger oder Kunden besteht und Ergebnisse produziert werden; dieses Handlungsprinzip soll dazu beitragen, die Handlungsspielräume der operativen Ebene zu erweitern und die Aufmerksamkeit der Fachbereiche und Mitarbeiter auf die Leistungserstellung zu lenken; mit der dezentralen Fach- und Ressourcenverantwortung verbunden ist auch eine Ergebnisverantwortung der operativen Ebene (KGSt-Bericht 3/1996).

Zentrale Steuerungs- und Controllingfunktionen: Sie sollen sicherstellen, dass sich die autonomen Fachbereiche nicht verselbstständigen und von den „Konzernzielen" verabschieden, die im Kontrakt zwischen Politik und Verwaltungsspitze verbindlich festgeschrieben sind; ein zentraler Steuerungsdienst ist für die Koordination der Fachplanungen, die Analyse und das Monitoring der Leistungserstellung zuständig; das Controlling ist in diesem Sinne ein Instrument der organisatorischen Binnensteuerung; es dient der Unterstützung der Gesamtsteuerung der Verwaltung wie auch der strategischen Steuerung der operativen Ebene durch Information und Kontrolle der Zielereichung sowie der Kostenentwicklung (Ausgaben- und Einnahmenpolitik).

Ziel 2, die **Outputsteuerung** (später zur Outcome- oder Ergebnissteuerung erweitert), soll durch verschiedene Instrumente erreicht werden. Im Mittelpunkt stehen dabei

Produkte. Outputsteuerung geht davon aus, dass im „Dienstleistungsunternehmen Stadt" die Leistungen und Ergebnisse des Verwaltungshandelns im Mittelpunkt stehen; deshalb kommt der Produktbeschreibung ein zentraler Stellenwert zu; Produktbeschreibungen bestehen aus Produktdefinition, Leistungsumfang, Finanzen sowie insbesondere der Quantität und Qualität der damit verbundenen Zielerreichung; Produkte sollen zu einer überschaubaren Anzahl von Leistungspaketen zusammengefasst werden (Produktgruppen); Produkte sind die Leistungen, die sich vorrangig durch Leistungsmerkmale an der Schnittstelle zum Kunden definieren; nach dem NSM sind Produkte in einer dezentralisierten Organisationsstruktur alle Leistungen oder Gruppen von Leistungen, die von anderen außerhalb des Fachbereichs (z. B. anderen Fachbereichen, Kunden, Bürgern) bzw. der Betriebseinheit selbst benötigt und nachgefragt werden; jedem Produkt müssen eindeutig Kosten zurechenbar sein und die Produkte müssen einem Verantwortungsbereich zugeordnet werden können. (KGSt-Bericht 11/1995, 12/1997).

Weitere Instrumente der Outputsteuerung sind das **Betriebliches Rechnungswesen.** Damit Produkte und damit zusammenhängende Leistungen erfasst, verglichen und bewertet werden können, bedarf es eines auf Produkte abgestimmten Berichtswesens und einer entsprechenden Kostenrechnung; die Kosten- und Leistungsrechnung, ein Teilgebiet des innerbetrieblichen Rechnungswesens, wird auch zunehmend von Öffentlichen Verwaltungen benutzt um Daten zu Kosten und Leistungen zu erfassen; Ziel der Kosten-Leistungs-Rechnung ist die Gewinnung von Informationen zur Steuerung der Produkt-, Preis- und Absatzpolitik; Kosten-Leistungs-Rechnungen dienen der Evaluation und helfen bei der Frage, ob die richtigen Produkte für potenzielle Nutzer angeboten werden.

Qualitätsmanagement ist für Dienstleistungsunternehmen von besonderer Bedeutung, da flexibles Reagieren auf Kundenbedürfnisse unerlässlich ist; die klassische Qualitätskontrolle, die produzierte Leistungen im Nachhinein kontrolliert, ist als Qualitätssicherungsmethode für Dienstleistungsunternehmen ungeeignet, da eine Nachbesserung des Produkts oft nicht mehr möglich ist (uno-actu-Prinzip); Qualitätsmanagement ist im NSM deshalb prozessorientiert und weniger produktorientiert; im Rahmen von organisationaler Qualitätspolitik wird festgelegt, welche Qualitätsziele die Verwaltung verfolgt.

Das strategische Ziel, die Mitarbeiter durch mehr **Wettbewerb** und Kundenorientierung zu aktivieren *(Ziel 3)*, soll durch die Implementierung wettbewerbsorientierter Instrumente erreicht werden (Schedler/Proeller 2011):

Nicht-marktlicher *Wettbewerb:* Findet insbesondere durch Leistungsvergleiche statt; da die Verwaltung gewöhnlich eine Monopolstellung einnimmt, weil entweder hoheitliche Aufgaben wahrgenommen werden oder eine privatwirtschaftlich Leistungserstellung nicht lohnt, soll die Simulation von Wettbewerb durch Instrumente wie interkommunales Benchmarking, Preisvergleiche, Kennzahlsysteme, Kosten-Leistungs-Rechnung, Prämierung von best practice-

V

Beispielen u. ä. Anreize für effizientes Verhalten schaffen; nicht-marktliche Wettbewerbsformen (auch virtueller oder Wettbewerb durch Vergleich genannt) sollen Ineffizienzen aufdecken und zusätzliche Transparenz schaffen; die Verwaltung soll sich durch solche Instrumente zur „lernenden Organisation" weiterentwickeln.

Quasi-marktlicher *Wettbewerb:* Soll durch die Schaffung sog. Wettbewerbssurrogate entstehen; Kontraktmanagement mittels Leistungsvereinbarungen und Verantwortungsdelegation ist das wichtigste innerbetriebliche Instrument zur Inszenierung von Wettbewerb; diese Form des Wettbewerbes kann auch dazu genutzt werden, wie Bespiele aus anderen Ländern zeigen, dass durch interne Ausschreibung von Leistungen, Einrichtungen, die bislang regionale, quartiers- bzw. stadtteilbedingte Monopolstellungen einnahmen (z. B. öffentliche Schulen, Krankenhäuser) untereinander in Wettbewerb gesetzt werden; von Quasi-Märkten spricht man auch dort, wo administrativ organisierte Märkte für Dienstleistungen entstehen, deren Finanzierung die öffentlicher Hand übernehmen und wo ferner Staat und Verwaltung gesetzlich die Bereitstellung der Dienstleistungen sicherstellen muss (im Bereich der sozialen Dienste), die Leistung aber nicht länger selbst erbringen will (Wandel von der Leistungs- zur Gewährleistungsverwaltung).

Marktlicher Wettbewerb: Liegt dort vor, wo die Verwaltung durch öffentliche Ausschreibungen „Geschäftspartner" sucht, die Leistungen für den Eigenverbrauch der Verwaltung oder für deren Kunden erstellen; Geschäftspartner können private wie öffentliche Anbieter werden (bei öffentlichen Anbietern handelt es sich meistens um ausgegründete Unternehmen der Verwaltung); zur Ermittlung des wirtschaftlich günstigsten Angebotes können Kriterien wie Liefertermin, Preis, Qualität, Wirtschaftlichkeit, Betriebskosten, Kundenorientierung u. ä. in Anwendung kommen; wenn die Leistungserstellung für den Bürger im Anschluss an eine Ausschreibung an Dritte vergeben wird, spricht man von contracting out; werden Leistungen durch Dritte (durch Ausgründung von Verwaltungsaufgaben) für den Eigenverbrauch der Verwaltung erstellt, spricht man von outsourcing, was verwaltungsrechtlich auch als formelle Privatisierung bezeichnet wird.

Außenmodernisierung

Instrumente der Verwaltungsmodernisierung werden von Anfang an auch zur Steuerung der „Umwelt" der Verwaltung eingesetzt, d. h., zur Steuerung der strategischen Partner der Verwaltung, die entweder wichtige Zulieferaufgaben wahrnehmen oder mit der Durchführung öffentlicher Aufgaben beauftragt werden. Prozesse einer staatlich gesteuerten „Außenmodernisierung" sind verstärkt beobachtbar, seitdem der Sozialgesetzgeber in fast allen wichtigen Leistungsbereichen den Abschluss von Leistungsvereinbarungen (bzw. Leistungsverträgen) zwischen öffentlichen und freien/privaten Trägern sozialer Dienste vorgeschrieben hat (z. B. § 78a ff. SGB VIII, § 75 SGB XII, SGB II). Anwendung finden diese Instrumente auch zur Steuerung von Hilfesuchenden und *Klienten* (§ 15 SGB II Eingliederungsvereinbarung), die man in der Logik des NSM als Kunden bezeichnet. In fast allen Leistungsbereichen ist man auch dazu übergegangen, die Beauftragung privater/freier Träger von sozialen Diensten mittels Ausschreibeverfahren zu steuern, um auf diesem Wege (durch Wettbewerb) den wirtschaftlichsten Leistungserbringer zu ermitteln und mit diesem einen Leistungsvertrag zu schließen, bspw. Vereinbarungen über die Durchführung von Maßnahmen und ein entsprechendes Qualitätsmanagement. Durch das europäische Wettbewerbs- und Vergaberecht ist die wettbewerbliche Steuerung bei der Leistungsvergabe durch die Verwaltung zur Pflicht aller EU-Mitgliedsländer geworden *(Wettbewerb, europäischer)*. Die KGSt bezeichnet diese Form der Steuerung im Sozialbereich seit ihrem Bericht 12/1998 (ganz im Sinne des NPM) als Kontraktmanagement.

Strategisches Management: Wirkungs- und Ergebnissteuerung statt Outputsteuerung

Die betriebswirtschaftliche Modernisierung der Verwaltung wurde auf kommunaler Ebene insbesondere dahingehend kritisiert, dass die strikte Aufgabenteilung von Politik und Verwaltung im Modell des Kontraktmanagement häufig zu einem Politik- und Demokratiedefizit bei der Festlegung und Umsetzung von Zielen führt; Verwaltungsmodernisierung reduziert sich so leicht zu einer managerialistischen Reform im Interesse der Verwaltungsführung. Die Dominanz technokratischer Instrumente im Neuen Steuerungsmodell wie Controlling, Berichtswesen, Kennziffern u. ä. zeitigt neo-tayloristische Folgen und führen dazu, nur mess- und abrechenbare Verwaltungsleistungen in Zielvereinbarungen festzuschreiben und komplexere Probleme, auch beim Abschluss von Leistungsvereinbarung mit sozialen Diensten, zu vernachlässigen. Die KGSt hat angesichts realer

Umsetzungsdefizite wie auch zunehmender Kritik am Neuen Steuerungsmodell (Holtkamp 2008, Jann 2004) das Strategische Management zum neuen Ankerpunkt ihrer kommunalen Reformbemühungen gemacht. Strategisches Management soll die dysfunktionalen Folgen reiner outputorientierter Steuerung (Verselbständigungstendenzen, Qualitätsprobleme, Verlust des Gemeinwohlbezugs, Vernachlässigung „bösartiger" Probleme u. ä.) dadurch überwinden, dass auf der Basis eines normativen Managements Visionen und ein verbindliches kommunales Leitbild entwickelt wird, durch das sowohl strategische wie operative Ziele und eine langfristige Ergebnis- und Wirkungsorientierung für die Kommune gesteuert werden. Ergebnissteuerung im Rahmen eines strategischen Managements geschieht auch durch begleitende (indirekte) Kontextsteuerung, die sich durch produkt- und bereichsübergreifendes Handeln innerhalb der Verwaltung wie durch strategische Kooperationen zwischen öffentlichen und privaten Akteuren auszeichnet. Zentrale Aufgabenstellung des strategischen Managements ist die Beantwortung der Frage, welche Aufgaben öffentlich überhaupt wahrgenommen werden sollen und welche davon prioritär unter Berücksichtigung der zur Verfügung stehenden Ressourcen bearbeitet werden sollen. Strategisches Management setzt ein gut ausgebautes Planungs- und Analysepotenzial voraus, durch welches das strategische Controlling in die Lage versetzt wird, Zielbildung, Entwicklungsplanung, Programmformulierung, mittelfristige Fach- und Ressourcenplanung u. ä. auf der operativen Ebene zu steuern.

Da die Ergebnis- und Wirkungsziele eine zentrale Rolle spielen, soll Strategisches Management auf Ziele und Entwicklungsprojekte (Prioritätensetzung) ausgerichtet werden und der Gefahr einer bloß technokratischen Handhabung der betriebswirtschaftlichen Steuerungsinstrumente entgegen wirken. Das Konzept Strategisches Management (KGSt 8/2000) erhebt den Anspruch, für die lokale Politik, Verwaltung und andere gesellschaftlich relevante Akteure vor Ort Steuerungsaufgaben jenseits des rein betriebswirtschaftlichen Denkens zu formulieren und eine langfristige kommunale Gesamtstrategie entwickeln zu können. Strategisches Management hat deshalb auch eine Selektionsfunktion, vor allem weil es zur Beantwortung der Fragen beitragen soll, welche Aufgaben öffentlich (überhaupt noch) wahrgenommen und welche davon prioritär unter Berücksichtigung zur Verfügung stehender Ressourcen bearbeitet werden sollen. Durch diesen Effizienzbias versteht sich das Strategische Management als Fortentwicklung der betriebswirtschaftlichen Modernisierungsstrategie, stellt also – angesichts der attestierten Defizite des NSM – keinen völligen Neuanfang dar.

Die KGSt (8/2000, 12) formuliert vier Grundsätze des Strategischen Managements:

- Alles Handeln konsequent an den Herausforderungen und Erwartungen der örtlichen Gemeinschaft ausrichten.
- Die vielfältigen Aktivitäten der Verwaltung bündeln oder zumindest abstimmen.
- Eigenverantwortung und Flexibilität fördern.
- Für die Vielzahl von Einzelentscheidungen einen Rahmen bieten.

Die Entwicklung einer Gesamtstrategie benötigt ein klares Profil mit eindeutigen und handlungsleitenden Zielen, ohne dass hierdurch die Fähigkeit der dezentralen Verwaltungseinheiten zu flexiblem Handeln gefährdet wird. Ausgangspunkt für die Entwicklung von Gesamtstrategien sind Leitbilder, die sich mit den längerfristig gültigen Globalzielen einer Kommune sowie ihren Prinzipien, Normen und Spielregeln beschäftigen. Ein anderer Ausgangspunkt sind die (fast) überall vorhandenen kommunalen Entwicklungsplanungen, in denen es darum geht, die Entwicklung der Gemeinde nach politisch gesetzten Zielen und unter Berücksichtigung der sozialen, wirtschaftlichen, finanziellen und räumlichen Faktoren zu steuern.

Folgen für die Sozialplanung

Durch diese Entwicklung kommt es gegenwärtig auch zu einer Wiederbelebung der kommunalen *Sozialplanung,* die den Empfehlungen des Deutschen Vereins für öffentliche und private Fürsorge (DV) folgend, Aufgaben des Strategischen Managements und seiner Wirkungsorientierung übernimmt. Diese Weiterentwicklung der Sozialplanung zu einem Managementinstrument (Burmester 2011) wertet die kommunale Sozialplanung auf, instrumentalisiert sie aber auch gleichzeitig. Die ursprünglichen anwaltschaftlichen und beteiligungsorientierten Intentionen sowie die Gemeinwohlorientierung der Sozialplanung treten angesichts der Dominanz der letztendlich doch managerialistisch definierten Ziele in den Hintergrund, da die klassischen partizipatorischen Instrumente der Sozialplanung (Bürger- und Trägerbeteiligung, Sozialraum- und Ressourcenorientierung) dem Effizienzpostulat verpflichtet werden, wie dem KGSt-Bericht „Moderne Sozialplanung – ein Handbuch für Kommunen" zu entnehmen ist. Dort heißt es: „Moderne Sozialplanung ist Steuerungsunterstützung.

Sie analysiert die soziale Lage und Entwicklung im Sozialraum, in der Kommune und ihrem Umfeld. Sie formuliert unter Beteiligung der Betroffenen und der „Stakeholder" Vorschläge für Ziele und Kennzahlen kommunaler Sozialpolitik. Sie entwickelt innovative Produkte und Prozesse mit Blick auf deren Wirkung und den Ressourceneinsatz. Sie unterstützt die Verwaltungsführung, andere Fachressorts und die Politik im Sinne einer integrativen Planung unter dem Dach von Stadt-/Kreisentwicklungsplanung. Sie ist Grundlage einer ziel- und wirkungsorientierten *Sozialpolitik* sowie einer bedarfsgerechten sozialen Infrastruktur" (MAIS NRW, 2011, 38).

Neue Politische Steuerung in den Kommunen: Aktivierung der Zivilgesellschaft durch Dezentralisierungspolitik

Wie am Bespiel des Strategischen Managements gesehen, hat politische Steuerung und die Modernisierung der Verwaltung angesichts von knappen Ressourcen und wachsenden Aufgabenstellungen gegenwärtig Konjunktur. Auch die (immer noch laufenden) Umbauarbeiten am *Sozialstaat* stellen sowohl für die Verwaltungsorganisation wie das -handeln in den Kommunen eine große Herausforderung dar, die wiederum neue Modernisierungsprozesse mit sich bringen. Insbesondere die gegenwärtige Dezentralisierungspolitik (Dahme/Wohlfahrt 2010/2015), die herrschende Sozialstaatsprinzipien infrage stellt oder stark modifiziert, bringt neue Steuerungsprobleme und Modernisierungsprozesse in den Kommunen mit sich.

Dezentralisierungsprozesse werden unter verschiedenen Stichworten thematisiert: In der *Sozialen Arbeit* (insbesondere der *Kinder- und Jugendhilfe*) gibt es seit einiger Zeit eine Renaissance der sog. *Sozialraumorientierung,* hier werden Träger kommunal beauftragt im Rahmen von jährlichen Budgets auf bestimmten Interventionsfeldern alle im Sozialraum anfallenden Fälle zu bearbeiten und dabei die Prävention im Feld auch noch mit abzudecken. In der *Behindertenhilfe* wird im Namen der neuen *Inklusions*politik die stationäre Versorgung zugunsten ambulanter Hilfen, die mit bürgerschaftlichem Engagement und sozialen Netzwerken zusammen wirken, zurück gefahren. In der Bildungspolitik lässt sich ein Trend der Verlagerung zentraler Entscheidungen auf die regionale und lokale Ebene registrieren, mit der Zielsetzung, lokale „Bildungslandschaften" zu schaffen und die gesamte individuelle Lernbiographie („Lebensbegleitendes Lernen") dezentral zu steuern. Einbezogen werden dabei nicht nur die nachschulische Bildung, sondern auch das (berufsbezogene) Lernen von Anfang an: von der Schule und im Übergang von der Schule in Ausbildung bis hinein in das Arbeits- und Berufsleben (Bertelsmann Stiftung 2007/Kühnlein 2010). Die kommunalpolitische Aktivierung und Steuerung der Bürger und ihrer Vereinigungen in den Stadtteilen soll ferner auch zur Aufrechterhaltung von Infrastruktureinrichtungen beitragen (Schwimmbäder, Sportstätten, Parks), die auf Grund der schlechten städtischen Finanzlage gefährdet sind und sonst geschlossen werden müssten. Auch in der Politik der Inneren Sicherheit lassen sich Dezentralisierungstendenzen beobachten, die den Bürgern und zivilgesellschaftlichen Vereinigungen Aufgaben zusprechen, die vorsehen, ordnungs- und sicherheitspolitische Aufgaben dezentral zu planen und zu steuern: das reicht von der Straffälligenarbeit (Marks/Steffen 2008) bis hin zu lokalen Sicherheitspartnerschaften und Präventionsräten oder die sozialräumliche Bekämpfung von sog. „incivilities" (Häfele 2005), die Bürger und Bürgerinnen in die Pflicht nehmen wollen, bspw. durch Aufgaben wie Green Cops, Platzmeister, Gebietswachten (Eick 2009/2011). – Insgesamt muss man feststellen, dass durch die Dezentralisierungspolitik, die fast immer mit der Aktivierung der Zivilgesellschaft und deren Integration in kommunalpolitische Leistungsprozesse einhergeht, anspruchsvolle Steuerungsstrukturen und neue Formen des Verwaltungshandelns entstehen, die häufig aus einem Mix aus bildungs-, beschäftigungs- und ordnungspolitischen Aufgaben mit zusätzlich präventiver Orientierung bestehen.

In vielen Ländern ist eine explizite Politik der Kommunalisierung und Dezentralisierung staatlicher Aufgaben (Dahme/Wohlfahrt 2015, 193 ff.) registrierbar, was darauf hindeutet, dass die subnationale Ebene in allen OECD-Staaten politisch an Bedeutung gewinnt: Bislang genuin staatlich wahrgenommene Aufgaben (bei uns der Länder, andernorts der Bundesebene) werden auf die Kommunen (oder andere subnationale Akteure) delegiert und die Verteilung der weiterhin von oben (den Ländern) bereit gestellten Finanzmittel für diese Aufgaben an die örtlichen Träger und deren Kontrolle wird in diesem Zusammenhang ebenfalls nach unten (den Kommunen) übertragen. In der Arbeitsmarktpolitik hat sich bei uns dieser Dezentralisierungsgedanke und die dazu gehörige dezentrale Verteilung zentral bereit gestellter Ressourcen schon seit längerem durchgesetzt und zu einer ausgeprägten kommunalen Beschäftigungsförderung beigetragen (lange schon vor der sog. Hartz-Gesetzgebung). In der Arbeitsmarktpolitik wird besonders gut deutlich, dass Dezentralisierung und der Umbau der Sozialstaatlichkeit eng miteinander verbunden sind: denn durch Dezentralisierung der Arbeitsmarktpolitik (das gilt für die anderen genannten Fälle auch) soll die Rolle der Kommunen (z. B. in sog. territorialen Beschäftigungspakten) bei der Bearbeitung von Problemen neu gestaltet werden. Das Prinzip der lokalen Verantwortung scheint immer gleich: die Kommunalverwaltung aktiviert auf den jeweiligen Interventionsbereich bezogen die lokalen Gemeinschaften, die lösen sollen, was die Gesamtgesellschaft schon seit längerem nicht mehr schafft oder nicht angehen will. Nicht zufällig wird diese Entwicklung deshalb auch als fortschreitende De-Parlamentarisierung wahrgenommen.

Dezentralisierungsprozesse sind zuerst in der Arbeitsmarktpolitik von der EU ins Spiel gebracht und später auch als Strategie für andere Handlungsfelder propagiert worden. In der Lissabon-Erklärung wird das bekräftigt: „Im Einklang mit dem Subsidiaritätsprinzip wird nach einem völlig dezentralen Ansatz vorgegangen werden, so dass die Union, die Mitgliedstaaten, die regionalen und lokalen Ebenen sowie die Sozialpartner und die Bürgergesellschaften im Rahmen unterschiedlicher Formen von Partnerschaften aktiv mitwirken." Offene Koordinierung, experimentelle Governance, Regieren durch „Soft Law", so werden dezentralisierte Politikstrategien in der Wissenschaft umschrieben: die EU (oder ein sonstiger zentraler politischer Akteur) schafft nach diesem Politikmodell ‚Gelegenheitsstrukturen' und ermöglicht Koproduktionsprozesse für innovative Lösungen. Allerdings ist diese Form des Regierens durch Dezentralität immer damit verbunden, dass der das Netzwerk steuernde Staatenbund oder Nationalstaat (die EU und auf nationaler Ebene der Zentralstaat, auf lokaler Ebene die Kommune) Leitlinien, Ziele und einen Fahrplan zusammen mit den anderen Netzwerkakteuren erarbeitet, diese dann verbindlich vorgibt und auf dieser Grundlage die Umsetzung der dezentralen Aktionspläne einem zentralen Monitoring sowie einer Evaluation unterzieht, ein Sachverhalt der aus der Wirtschaft schon bekannt ist und dort Steuerung eines Zuliefernetzwerkes durch einen fokalen Akteur genannt wird.

Dezentralisierungspolitik und die daraus folgende Aktivierung der Zivilgesellschaft enthalten immer den Hinweis auf das vor Ort vorhandene Wissen und die sich daraus ergebenden lokalen Problemlösungskompetenzen, die den staatlichen Ebenen auf Grund der räumlichen Entfernung und mangelnder (globaler) Statistiken wie auch Planungs- und Steuerungsinstrumenten fehle. Ein anderes Argument scheint jedoch noch gewichtiger: politische Dezentralisierungsprozesse sind auch immer mit dem Hinweis verbunden, dass die Aktivierung der lokalen Stakeholdergesellschaft dazu beitragen soll, den als „überbordend" bzw. „überfordert" deklarierten (zentralen) Wohlfahrtsstaat zu entlasten. Spricht man über Dezentralisierung (sei es in der KJH oder in der Arbeitsmarktpolitik) dann schwingt darin auch immer (mal mehr, mal weniger manifest) der Verweis auf die Bedeutung der (lokalen) Zivilgesellschaft mit. Dezentralisierung und die Aktivierung der Bürger/innen wie der Zivilgesellschaft zur Mitarbeit an der Beseitigung oder Linderung sozialer Probleme (die aber gewöhnlich politisch gesetzten Zielen folgt), das sind zwei Seiten der gleichen Medaille.

Die in allen OECD-Staaten beobachtbaren Dezentralisierungstendenzen in der nationalen Politik (vgl. Grell 2008, Dingeldey/Rothgang 2009, Wollmann 2010, Kuhlmann u. a. 2011) führen notwendigerweise zum Aufbau managerieller Steuerungssysteme, denn wenn den Kommunen im Rahmen der Dezentralisierungspolitik neue Aufgaben gestellt werden, zu deren Bearbeitung lokales Wissen wie aber auch die Aktivierung lokaler Bündnisse und sozialer Netzwerke oder sonstiger lokaler Ressourcen notwendig sind, dann wächst der Kommune eine qualitativ neue Steuerungsfunktion zu. Diese Entwicklung ist hochgradig anschlussfähig an die ursprünglich in den 1990er-Jahren begonnene betriebswirtschaftliche Verwaltungsmodernisierung, denn der Managerialismus der betriebswirtschaftlichen Modernisierung nutzt die gleichen Strategien und Instrumente der Binnenmodernisierung für die strategische Steuerung der Kommunalpolitik wie der lokalen Stakeholder, mit zwei wesentlichen Erweiterungen: einerseits werden die Aufgaben der Informationsbeschaffung und -verarbeitung größer und komplexer, und anderseits umfasst politische Steuerung neuerdings auch Aufgaben der Netzwerksteuerung, in der es um die Schaffung einer Local Governance geht (Dahme/Wohlfahrt 2015).

Local Governance hat das Ziel, die Kommune und die örtlichen Akteure (ganz im Sinne der neu aktivierenden Sozialstaatlichkeit) zu mehr Eigenverantwortung zu aktivieren und Ansätze für eine eigenverantwortliche lokale Problembearbeitung zu generieren. Das Strategische Management in Kommunalverwaltungen kann Bestandteil der

Local Governance werden, ist aber auf jeden Fall deren Voraussetzung. Local Governance-Strategien (die gesamtstrategisch oder auch politkfeldbezogen angelegt sein können) sind Folge der Dezentralisierungspolitik und tragen dazu bei, dass das Lokale, das Gemeinwesen, der soziale Nahraum und davon abgeleitete Sachverhalte (wie bspw. bürgerschaftliches Engagement, Inklusion) eine politische Aufwertung erfahren und dadurch zu einem neuen Maßstab der Sozialpolitik werden: Sozialpolitik wird durch staatliche Rechtsetzung zu einer genuinen Aufgabe der subnationalen, substaatlichen Ebenen (im Fall der BRD: der Kommunen) erklärt, so wie jüngst in dem Vorschlag, die Höhe der Unterkunftskosten für Langzeitarbeitslose nicht mehr zentral zu reglementieren, sondern in die Eigenverantwortung der Kommunen zu übergeben.

Das von der KGSt entwickelte Konzept des Strategischen Managements impliziert diese neue, auf kommunaler Ebene angesiedelte Local-Governance-Strategie: „Steuern statt rudern", mit dieser Zielvorstellung ist das NPM ursprünglich angetreten. Der Umbau des Sozialstaates stellt neue Anforderungen an die Kommunalverwaltung. Aktivierende Sozialpolitik, Bürgergesellschaft und Bürgerkommune, Inklusion und sorgende Gemeinschaften, Kommunalisierung von Aufgaben, all diese Konzepte und Prozesse konfrontieren die Kommunalverwaltung nicht nur mit ökonomisch-betriebswirtschaftlichen Fragen, sondern fordern sie neuerdings auch heraus, neue sozial-, gesellschafts- wie gerechtigkeitspolitische Antworten auf die durch globale Entwicklungen verursachten lokalen Veränderungen und Transformationsprozesse zu entwickeln. Dass diese Probleme lokal bearbeitet und deren „Lösung" nicht mehr zentralstaatlich normiert werden, das ist eine politische Entscheidung, die mit dem sich neu entwickelnden Sozialstaatstypus zu tun hat. Dessen durchgehendes Credo, dass der Markt und die Eigenverantwortung zur Bearbeitung sozial- und gesellschaftspolitischer Probleme Vorrang genießen (sollen), spiegelt sich auch als Herausforderung lokaler politischer Steuerung und die Kommunalverwaltung wider. Eines zeichnet sich deutlich ab: in dem Maße, wie sich ein parteiübergreifender Konsens zum Um- und Abbau des Sozialstaates auf Bundesebene entwickelt, werden notwendig auf kommunaler Ebene (auf der Ebene der Lebenswelt des Bürgers) eigene, lokale sozial- und gesellschaftspolitische Leitbilder und Programme entwickelt und implementiert.

Kontingenz der Daseinsvorsorge: Folge der betriebswirtschaftlichen Verwaltungsmodernisierung und der sozialen Dezentralisierungspolitik

Strategisches Management und Dezentralisierungspolitik verstärken die aufgrund der unterschiedlichen Finanzausstattung der einzelnen Kommunen schon ausgeprägten materiellen und sonstigen lokalen und regionalen Ungleichheitsentwicklung. Käme es zu einer offenen Debatte über sog. „Mindeststandards" der Daseinsvorsorge, die es ansatzweise in einigen Politikbereichen schon gibt *(Sozialhilfe, Gesundheitspolitik)*, würde das grundgesetzliche Ziel der Gleichwertigkeit der Lebensverhältnisse sicherlich noch einmal eine Stufe niedriger gezont, d. h. auf eine politisch niedrigere Verantwortungsebene verlagert. Welche Ressourcen in welchem Umfang die kommunale Ebene in den Sozialräumen für sozial- und bildungspolitische, sozialintegrative, entwicklungs- oder sicherheitspolitische Maßnahmen aufwendet, bestimmt jetzt schon zunehmend die Zufälligkeit vorhandener lokaler Budgets und der aktivierbare Anteil an bürgerschaftlichen Ressourcen (sozialem Kapital). Diese Entwicklung lässt sich nur schwerlich als politische Steuerung rep. strategisches Management begreifen. Vielleicht sind die christdemokratischen „sorgenden Gemeinschaften" (das Gleiche gilt für das sozialdemokratische Konzept der „Bürgergesellschaft" und „Bürgerkommune"; Bogumil u. a. 2003) ja als das gedacht, was sie heute schon sind, zufällige lokale Konstellationen, durch die bestimmt wird, welches Versorgungsniveau in den jeweiligen Stadtteilen und Wohngebieten gewährleistet werden kann. Dezentralisierungspolitik produziert vor Ort Kontingenz in der Daseinsvorsorge (zufällige Beliebigkeit, die aufgrund der kommunalen Finanzsituation wie sonstiger lokaler Ressourcen immer ganz anders ausfallen kann), und das ist politisch gewollt. Dezentralisierungspolitik und Strategisches Management folgen dem zentralstaatlichen Willen, das Ideal der „Herstellung gleichwertiger Lebensverhältnisse" zugunsten dezentraler, heterogener Lösungen aufzugeben. Dezentralisierung ist zudem vereinbar mit dem vorherrschenden Modell kommunaler Standortkonkurrenz, dessen notwendige Ergänzung, weil sie die „Lösung" sozialer Probleme dorthin zurückverweist, wo sie ihren sichtbaren Ausdruck finden: in den Kommunen und letztlich bei den Betroffenen, die neben den immer zahlreicher werdenden Suppenküchen (Tafeln) auf ihre Selbstaktivierung verwiesen werden und so die zentralstaatlich gewollte Kontingenz selber produzieren.

Eine auf Kontingenz setzende kommunale (Sozial)Politik führt dazu, dass die Qualität der kommunalen Daseinsvorsorge in den Kommunen (noch stärker als bisher) auseinanderdriftet und die Gegensätze zwischen reichen und armen Gebietskörperschaften und Regionen sich verstärken. Das Ideal, durch Strategisches Management die Zufälligkeiten örtlich oder regional aktivierbarer Ressourcen zu beeinflussen und damit handlungsfähig zu bleiben, bekommt nicht nur ein neues Gewicht, es wird auch in Form des neuen Leitbilds Inklusion formuliert: *Inklusion* ist (gegenüber älteren sozialpolitischen Integrations-, Gleichheits- und Umverteilungsvorstellungen) das neue Ideal der Gestaltung von Sozialpolitik, kommt im Inklusionskonzept doch zum Ausdruck, dass „Teilhabe" an den jeweils vor Ort gestalteten und in der Verantwortung der gesellschaftlichen Akteure ausgestalteten Lebensbedingungen oberstes Ziel kommunaler sozialpolitischer Interventionen ist und weitergehende Ansprüche, wie die auf einen Ausgleich defizitärer Lebenssituationen, nicht mehr realistisch behauptet werden können. Die lokale Sozialpolitik und die kommunale Sozialverwaltung, die traditionell mit immer weniger Mitteln immer größere gesellschaftliche „Integrationsaufgaben" zu bewältigen hat, setzt deshalb konsequent darauf, dass durch stärkere „Vernetzung", „Integration und Bündelung" von Ressourcen, stärkere „Aktivierung" der lokalen Bevölkerung usw. eine kompensatorische Bewältigung sozialer und materieller Problemlagen möglich ist. Inklusion ist im Gegensatz zu Integration (die gesamtgesellschaftliche und nationalstaatliche Bezüge enthält und auf der Ausdifferenzierung von Hilfesystemen basiert) eine Strategie, die die Diversität lokaler Lebensverhältnisse und Problemlösungen akzeptiert, wenn nicht gar unter Wettbewerbsgesichtspunkten anstrebt, da man darin einen Motor sozialen Aufstiegs durch Anstrengung sieht. Wenn es im Rahmen von Dezentralisierungs- und Inklusionsstrategien verschiedene lokale, kontingente Lösungen gibt, ist das nicht Folge der Politik, sondern Folge mangelnder Sorge, ungenügendem Engagements der Bürger/innen oder unterschiedlich ausgeprägter Sorgekompetenz. Das „Dorf in der Stadt" (Heidelberger Modell sorgender Gemeinschaften) ist nur so gut wie die sorgende Gemeinschaft im „Dorf" – so die Subbotschaft der Dezentralisierungspolitik, die gleich schon die Schuldzuweisungen für das Scheitern dieser Strategie mitliefert: Kontingenz der Daseinsvorsorge ist nicht Folge der mit der betriebswirtschaftlichen Verwaltungsmodernisierung einsetzenden und sich ausdehnenden Effizienz- und Ökonomisierungspolitik und einer zielgerichteten Politik der knappen Ressourcen, sondern Folge mangelnder Eigenverantwortung von Bürger und Zivilgesellschaft.

Heinz-Jürgen Dahme/Norbert Wohlfahrt

Literatur

Bertelsmann Stiftung: Leitfaden lokales Übergangsmanagement. Gütersloh 2007 ♦ B. Blanke u. a. (Hrsg.): Handbuch zur Verwaltungsreform. Opladen ^{2}2001, ^{3}2005, ^{4}2011 (zit. als: Hb VerwR) ♦ J. Bogumil u. a.: Das Reformmodell Bürgerkommune, Berlin 2003 ♦ L. Boltanski/E. Chiapello: Der neue Geist des Kapitalismus. Konstanz 2006 ♦ M. Burmester: Sozialraumbezogene Sozialplanung und Sozialberichterstattung. In: H.-J. Dahme/N. Wohlfahrt:, Handbuch Kommunale Sozialpolitik. Wiesbaden 2011, 306–317 ♦ H.-J. Dahme/N. Wohlfahrt (Hrsg.): Regiert das Lokale das Soziale? Die Kommunalisierung und Dezentralisierung sozialer Dienste als sozialpolitische Reformstrategie. Baltmannsweiler 2010 ♦ H.-J. Dahme/N. Wohlfahrt (Hrsg.): Handbuch Kommunale Sozialpolitik. Wiesbaden 2011 ♦ H.-J. Dahme/N. Wohlfahrt.: Soziale Dienstleistungspolitik. Wiesbaden 2015 ♦ I. Dingeldey/H. Rothgang (Hrsg.): Governance Of Welfare State Reform. Cheltenham 2009 ♦ V. Eick: Neue lokale Sicherheitsregimes. In: Kurswechsel 3/2009, 47–56 ♦ V. Eick: Lokale Kriminal- und Sicherheitspolitik. In: Dahme/Wohlfahrt 2011,. 294–305 ♦ B. Grell: Workfare in den USA. Das Elend der US-amerikanischen Sozialhilfepolitik. Bielefeld 2008 ♦ J. Häfele: „Incivilities", Kriminalität und Kriminalpolitik. Aktuelle Tendenzen und Forschungsergebnisse. In: Neue Kriminalpolitik 18/2005, 104–109 ♦ I. Holtkamp: Das Scheitern des Neuen Steuerungsmodells. In: dms – der moderne Staat 2/2008,. 423–446 ♦ W. Jann u. a.: Status-Report Verwaltungsreform – eine Zwischenbilanz nach 10 Jahren. Berlin 2004 ♦ S. Kuhlmann u. a.: Dezentralisierung des Staates in Europa. Auswirkungen auf die kommunale Aufgabenerfüllung in Deutschland, Frankreich und Großbritannien, Wiesbaden 2011 ♦ G. Kühnlein: Die Regionalisierung der Bildungspolitik. In: Dahme./Wohlfahrt 2010, 101–112 ♦ E. Marks/W. Steffen : Engagierte Bürger – sichere Gesellschaft. Ausgewählte Beiträge des 13. Deutschen Präventionstages 2008 ♦ Ministerium für Arbeit, Integration und Soziales des Landes NRW: Moderne Sozialplanung. Ein Handbuch für Kommunen. Düsseldorf 2011 ♦ F. Naschold/J. Bogumil: Modernisierung des Staates. Opladen ^{2}2000 ♦ D. Osborne/

T. Gaebler: Der innovative Staat. Mit Unternehmergeist zur Verwaltung der Zukunft. Mannheim 1997 (engl.: Reinventing Government) ◆ A. Pelizzari: Die Ökonomisierung des Politischen, Konstanz 2001 ◆ K. Schedler/L. Proeller: New Public Management. Bern [5]2011 ◆ A. Wöhrle u. a.: Sozialmanagement. Eine Zwischenbilanz, Berlin 2017 ◆ H. Wollmann: Die subnationale Ebenen in Deutschland, Frankreich, UK/England, Italien und Schweden im Vergleich: zwischen institutioneller Beharrung und Dynamik. In: Dahme, H.-J./Wohlfahrt, N., Systemanalyse als politische Reformstrategie. Festschrift für Dieter Grunow. Wiesbaden 2010, 137–162.

Volljährigkeit

Nach der deutschen Rechtsordnung wird ein junger Mensch mit seinem 18. Geburtstag volljährig (§ 2 BGB). Die Volljährigkeit nach der Geburt ist vielleicht die markanteste, nicht aber die einzige Altersgrenze, bei deren Erreichen das Recht den jungen Menschen eine andere Stellung im Rechtsverkehr oder in der Gesellschaft einräumt. In den Gesetzen wird nur eher im Ausnahmefall an dynamische, entwicklungspsychologische Prozesse angeknüpft, sondern meist an das leicht bestimmbare Alter als formale Größe.

Die Subjektstellung beginnt mit der Zeugung. Ab diesem Zeitpunkt ist der Nasciturus eigener Träger von Grundrechten. Er durchlebt mit Ablauf der Fristen für einen Schwangerschaftsabbruch auch rechtlich einen Entwicklungsprozess. Mit der Geburt wird der Mensch rechtsfähig (§ 1 BGB), untersteht der elterlichen Sorge, kann Eigentum erwerben, erben oder adoptiert werden, einen Wohnsitz begründen, ist krankenzuversichern, muss bei einer Reise ins Ausland einen Pass mitführen usw. Im Alter von einem Jahr hat ein Kind Anspruch auf Förderung in Tagesbetreuung. Es wird mit sieben Jahren beschränkt geschäftsfähig und mit 14 zum Jugendlichen. Als solcher kann der 15-Jährige selbst Sozialleistungen beantragen (§ 36 Abs. 1 SGB I) und ist drei Jahre später endlich (oder schon) erwachsen – fast zumindest. Seine volle Strafrechtsmündigkeit erlangt er mit 21, mit Vollendung des 25. Lebensjahr zählt das Grundsicherungsrecht des SGB II den jungen Menschen nicht mehr zur Bedarfsgemeinschaft und erst mit 27 wird er endgültig aus dem Dunstkreis des Kinder- und Jugendhilferechts entlassen.

Handlungsfähigkeit

Wer das 7. Lebensjahr noch nicht vollendet hat, kann im Rechtsverkehr keine rechtsverbindlichen Erklärungen abgeben. Er ist geschäftsunfähig (§ 104 Nr. 1 BGB) und es müssen für ihn seine gesetzlichen Vertreter handeln. Schon ab dem 7. Geburtstag jedoch kann der Minderjährige zumindest beschränkt selbstständig handeln. Voraussetzung ist eine vorherige Einwilligung oder nachträgliche Genehmigung des Personensorgeberechtigten (§§ 107, 108 BGB). Bei Rechtsgeschäften, die dem Minderjährigen nur rechtliche Vorteile bringen (z. B. eine Schenkung), bedarf es nicht einmal einer Zustimmung (§ 107 BGB). Gleiches gilt für Kaufgeschäfte, die der Minderjährige mit seinem Taschengeld bestreitet, das ihm zur freien Verfügung überlassen wurde (§ 110 BGB).

Von der Geschäftsfähigkeit zu unterscheiden ist die Deliktsfähigkeit. Ein Minderjähriger ist dann deliktsfähig, wenn er für einen Schaden einzustehen hat, den er durch sein Handeln verursacht. Auch hier können bis zum 7. Geburtstag keine Pflichten begründet werden (§ 828 Abs. 1 BGB). Eine *Haftung* trifft allenfalls die Aufsichtspflichtigen, wenn sie ihre Aufsichtspflicht verletzen (§ 832 BGB). Ab dem Alter von 7 ist ein Minderjähriger für einen von ihm verursachten Schaden verantwortlich, wenn er die nötige Einsicht besitzt, dass sein Handeln widerrechtlich ist (§ 828 Abs. 3 BGB). Ob die Einsichtsfähigkeit vorliegt, richtet sich nach der individuellen Entwicklung des Kindes oder Jugendlichen und den Umständen des schädigenden Verhaltens *(Haftung).*

Die Handlungsfähigkeit von Minderjährigen umfasst auch die Ehemündigkeit. Sie tritt ebenfalls erst mit der Volljährigkeit ein, jedoch können Minderjährige von diesem Erfordernis ab dem Alter von 16 Jahren eine familiengerichtliche „Befreiung" beantragen (§ 1303 BGB). Die volle Religionsmündigkeit erlangt ein junger Mensch mit Vollendung des 14. Lebensjahrs. Von diesem Zeitpunkt an obliegt es allein seiner Entscheidung, welchem religiösen oder weltanschaulichen Bekenntnis er folgt (§§ 5 f. RelKErzG). Allerdings kann ein Minderjähriger schon mit 12 Jahren gegen seinen Willen nicht in einem anderen Bekenntnis als bisher erzogen werden und hat ab dem 10. Geburtstag Anhörungsrechte. Vorher entscheiden allein die sorgeberechtigten Eltern über die religiöse und weltanschauliche Erziehung ihres Kindes.

Kindschaftsverhältnis
Wegen der mangelnden oder beschränkten Fähigkeit, Rechtsgeschäfte abzuschließen und Verantwortung für ihr Handeln zu übernehmen, bedürfen Minderjährige jemanden, der sie beaufsichtigt und vertreten kann. Dies sind (im Regelfall) selbstverständlich die Eltern (vgl. Art. 6 Abs. 2 S. 1 GG). Sie haben die Pflicht und das Recht für das minderjährige Kind zu sorgen. Bei der Pflege und Erziehung berücksichtigen sie die wachsende Fähigkeit und das wachsende Bedürfnis ihres Kindes zu selbstständigem verantwortungsbewussten Handeln (§ 1626 Abs. 1 u. 2 BGB). Die Zuordnung eines Kindes zu seinen Eltern erfolgt bei der Mutter durch Geburt, beim Vater durch eine bestehende Ehe mit der Mutter, durch Anerkennung oder gerichtliche Feststellung (§§ 1591 f. BGB). Die Elternschaft kann jedoch auch Änd. unterliegen, z. B. bei erfolgreicher Anfechtung der Vaterschaft oder bei *Adoption* nach Einwilligung der (leiblichen) Eltern bzw. nach deren gerichtlicher Ersetzung. Die Rolle der Eltern als gesetzlicher Vertreter kann bei *Gefährdung* des Kindeswohls vollständig oder teilweise entzogen werden (§ 1666 Abs. 1 BGB). Bei tatsächlicher Verhinderung der Eltern an der Ausübung der Personen- oder Vermögenssorge kann diese auch ruhen (§§ 1673 f. BGB). Nach der Trennung kann sie einem Elternteil zur alleinigen Ausübung übertragen werden (§ 1671 BGB). In diesen Fällen wird dem Kind oder Jugendlichen ein *Vormund* oder Pfleger als Sorgeberechtigter an die Seite gestellt.

Die Eltern haben auch das Recht zur Namensbestimmung für ihr Kind. Allerdings bedürfen Namensänderungen ab Vollendung des fünften Lebensjahrs des Kindes für ihre Wirksamkeit dessen Einwilligung. Soll ein Kind einen später gewählten oder geänderten bzw. neuen Ehenamen annehmen, so kann es diesbezügliche Erklärungen ab dem Alter von 14 nur selbst abgeben (§ 1617c Abs. 1 S. 2 BGB).

Einem Kind steht gegenüber seinen Eltern ein Unterhaltsanspruch zu (§ 1601 BGB). Die Verpflichtung zum Unterhalt zwischen Verwandten in gerader Linie beschränkt sich allerdings nicht auf die Zeit der Minderjährigkeit. Jedoch sind Eltern ihren minderjährigen Kindern gegenüber vorrangig verpflichtet. Nach dem *Unterhaltsrecht* stehen den Minderjährigen sog. „privilegierte Volljährige" gleich, Kinder, die im Haushalt der Eltern leben und noch der allgemeinen Schulausbildung nachgehen (§ 1603 Abs. 2, § 1609 Nr. 1 BGB). Nach der Düsseldorfer Tabelle steigert sich der unterhaltsrechtliche Bedarf der Kinder mit wachsendem Alter. Sprünge in den Altersstufen treten ein mit Vollendung des 6., 12. und 18. Lebensjahrs.

Junge Menschen im SGB VIII und Strafrecht
Das *Kinder- und Jugendhilferecht* endlich hilft uns bei der Begriffsbestimmung gemäß den Entwicklungsstufen der jungen Menschen. Kinder sind demnach noch nicht 14 Jahre, Jugendliche sind 14, aber noch nicht 18 Jahre, junge Volljährige sind 18, aber noch nicht 27 Jahre alt (§ 7 Abs. 1 SGB VIII). Minderjährige sind nach dem SGB VIII nur ausnahmsweise selbstständige Adressaten von individualisierten Leistungen. Befinden sie sich in einer Not- oder Konfliktlage, haben sie Anspruch auf Beratung ohne Kenntnis der Personensorgeberechtigten, sofern eine Not- oder Konfliktlage vorliegt und durch die Mitteilung der Beratungszweck vereitelt würde (§ 8 Abs. 3 SGB VIII). Der Anspruch auf Förderung in Tageseinrichtungen und/oder in Kindertagespflege steht den Kindern ab Vollendung des ersten Lebensjahrs bis zum Eintritt in die Schule zu (§ 24 Abs. 2, Abs. 3 SGB VIII). Seelisch behinderte bzw. von einer solchen Behinderung bedrohte Kinder und Jugendliche sind Anspruchsinhaber in Bezug auf Leistungen der Eingliederungshilfe (§ 35a SGB VIII, § 53 Abs. 1 SGB VIII). Im Zuge der Vorbereitung einer großen Reform des SGB VIII wird in 2016 eine primäre Anspruchsinhaberschaft des Kindes oder Jugendlichen auf inklusive Leistungen zur Entwicklung, Erziehung und Teilhabe forciert. Im Übrigen sind Anspruchsinhaber die Personen- oder Erziehungsberechtigten. Mit Erreichen der statischen Altersgrenze von 18 Jahren tritt hier ein Wechsel der Befugnisse ein und wird der junge Volljährige persönlicher Adressat der Hilfe (§ 41 SGB VIII). Für die Kontinuität eines Hilfeprozesses ist diese, von der individuellen Entwicklung des jungen Menschen losgekoppelte Anknüpfung der Ansprüche auf Leistungen an die Volljährigkeit nicht selten ein Hindernis, *Vormundschaften* oder Sorgerechtspflegschaften enden von Heute auf Morgen, die Begleitung des jungen Menschen in seiner Persönlichkeitsentwicklung und auf seinem Weg zu einer eigenverantwortlichen Lebensführung erfährt allein wegen der rechtlichen Konsequenzen der Volljährigkeit Brüche. Die Prozesse des Übergangs bedürfen daher einer besonderen Vor- und Nachbereitung.

Die Strafrechtsmündigkeit tritt mit Vollendung des 14. Lebensjahrs ein. Vorher ist ein Minderjähriger nicht schuldfähig und kann strafrechtlich nicht verfolgt werden (§ 19 StGB). Für Jugendliche oder Heranwachsende findet das JGG Anwendung. Das *Jugendstrafrecht* versteht unter Heranwachsenden junge Menschen, die noch keine 21 Jahre alt sind (§ 1 Abs. 2 JGG). Auf sie wird das besondere Reaktionsinstrumentarium des JGG angewandt, wenn die Gesamtwürdigung der Persönlichkeit ergibt, dass der Heranwachsende zum Zeitpunkt der Begehung einer Straftat nach seiner „sittlichen und geistigen" Entwicklung noch einem Jugendlichen gleichsteht und es sich bei der Straftat ihrer Art, den Umständen und Beweggründen nach um eine Jugendverfehlung handelt (§ 105 Abs. 1 JGG).

Ausblick

An das Alter eines jungen Menschen rund um die Volljährigkeit werden zahlreiche weitere, hier nicht aufgezählte Rechtsfolgen geknüpft. Dass die Entwicklung jedes einzelnen Kindes oder Jugendlichen unterschiedlich verläuft, bedarf keiner besonderen Hervorhebung. Trotzdem bietet die Vollendung von bestimmten Lebensjahren eine leicht handhabbare Orientierung, die einer Einzelfallanalyse von geistiger und körperlicher Reife häufig vorzuziehen ist. Ausnahmen haben wir gesehen bei der Deliktsfähigkeit, bei der Achtung der wachsenden Selbstständigkeit im Zuge der Ausübung der Personensorge oder der Anwendung von Jugendstrafrecht auf Heranwachsende.

Eine angemessene Berücksichtigung des Bedürfnisses von jungen Menschen nach Eigenständigkeit und *Partizipation* erfolgt in der Rechtsordnung daher vorwiegend in Form einer *Evaluation* von durchschnittlicher oder üblicher Entwicklung. Es wird unterstellt, dass mit Erreichen eines bestimmten Alters gewisse Selbstständigkeit eingeräumt werden sollte oder nicht. Hierbei spielen gesellschaftliche Wertungen und deren Wandel eine maßgebliche Rolle. Als 1973 das Volljährigkeitsalter von 21 auf 18 herabgesetzt wurde, begegnete dies teilweise erheblicher Skepsis. Es wurden wissenschaftliche Studien erstellt. Heute provozieren Fragen wie „Sollte es vom Gesetz her erlaubt sein, dass 18- bis 21-Jährige einen Betrieb leiten?" in Anbetracht der zahlreichen erfolgreichen Unternehmen, die von Minderjährigen geleitet werden, eher ein amüsiertes Schmunzeln.

Die Diskussionen gehen daher heute auch in eine andere Richtung. Eine Ausweitung der eigenständigen Leistungsansprüche von Kinder und Jugendlichen, die Möglichkeit zur vertraulichen Beratung ohne Kenntnis der Personensorgeberechtigten werden in einem Atemzug mit der Aufnahme eines Kindergrundrechts im Grundgesetz und der Forderung nach einer weiteren Stärkung der Subjektstellung des Kindes genannt. Leicht vermischen sich in der Debatte Moral im Sinne eines: „Ist etwa jemand gegen Kinderrechte?", mit einer Komplexitätsreduktion durch Gegenüberstellung von Eltern- und Kinderrechten. Die Abhängigkeiten der Interessen des Kindes von den Beziehungen mit seinen Eltern und deren Verhalten legen indes eine Ablehnung jeder Polarisierung nahe.

Thomas Meysen

Literatur

P. C. Kunkel: Jugendhilferecht, Baden-Baden [8]2015 • J. Münder/R. Ernst/W. Behlert: Familienrecht, München [7]2013 • J. Münder/T. Trenczek/W. Behlert: Kinder- und Jugendhilferecht, Köln [8]2015 • F. Walper, Dreiecksverhältnisse, in: Zeitschrift für Kindschaftsrecht und Jugendhilfe (ZKJ) 2015, 336–341.

Vormundschaft, (Ergänzungs-)Pflegschaft

Stehen einem Kind oder Jugendlichen seine Eltern als Personensorgeberechtigte nicht zur Verfügung, übernimmt nach der rechtlichen Konzeption ein Vormund die Aufgabe der Interessenwahrnehmung (§§ 1773 ff. BGB). Sind die Eltern an der Ausübung von Teilbereichen der elterlichen Sorge gehindert, etwa weil ihnen vom FamG das Aufenthaltsbestimmungsrecht und das Antragsrecht auf *Hilfen zur Erziehung* entzogen wurde, so wird dem Kind oder Jugendlichen für diesen Bereich ein Ergänzungspfleger zur Seite gestellt (§§ 1909 ff. BGB).

Historisches Streiflicht

Die V. für Minderjährige ist eines der ältesten Rechtsinstitute unseres abendländischen Kulturkreises. Die väterlichen bzw. elterlichen Rechte und Pflichten werden auf Dritte übertragen. Deren Aufgabenwahrnehmung wird vom Gemeinwesen kontrolliert.

In Deutschland entwickelte sich im Laufe des 19. Jh. ein System, nach dem sich zunehmend (behördliche) Vertreter berufsmäßig im Rahmen von Generalvormundschaften um das Wohl mehrerer Mündel kümmerten. Den Berufsvormündern oblag nicht nur die Organisation und Überwachung der Erziehung der Kinder, sondern auch die Wahrung ihrer sonstigen Interessen. Diese Form der professionell organisierten Berufsvormundschaft besteht im Prinzip bis heute fort. Aus ihr rekrutierte sich das kommunale Organ des Gemeindewaisenrats aus dem sich ab 1910 die JÄ entwickelten, deren Errichtung 1922 im RJWG endgültig gesetzlich vorgeschrieben wurde. Aus der Berufsvormundschaft wurde die Amtsvormundschaft des JA.

Vormund/Pfleger als Elternersatz

Ist die Personensorge auf einen Vormund übertragen, hat dieser für die Person und das Vermögen seines Mündels zu sorgen und es bis zur Volljährigkeit zu vertreten (§ 1800 i. V. m. §§ 1631–1633 BGB). Dem Ergänzungspfleger obliegen diese Aufgaben für die Bereiche des Sorgerechts, auf die sich seine Bestellung erstreckt. Ist im Gesetz davon die Rede, dass der Vormund oder Pfleger an die Stelle der Eltern tritt, betrifft dies die Wahrnehmung der rechtlichen Vertretung im Sinne einer Vertrauensperson und eines persönlichen Organisators und Gewährleisters der Förderung des Kindes (§ 1800 S. 2 BGB).

Zu unterscheiden hiervon ist die psychosoziale und sozial-emotionale Elternrolle mit ihrer Familienfunktion. Es kann sein, dass ein Kind oder Jugendlicher seinen Vormund oder Pfleger in dieser Rolle sieht. Dies wird jedoch bei professionellen Vormündern und Pflegern im JA, in Vereinen oder als Berufsvormünder regelmäßig nicht der Fall sein. Ist ein Kind oder Jugendlicher bspw. in einer Pflegefamilie oder in einem Heim untergebracht, so fungieren die dortigen Betreuungspersonen als sozial-emotionaler Elternersatz *(Pflegekinderwesen).*

Das Gesetz will aber ausdrücklich auch beim Vormund oder Pfleger eine persönliche Beziehung zum Kind oder Jugendlichen (§ 1793 Abs. 1a BGB). Es verlangt zwar nicht, die Pflege und *Erziehung* des anvertrauten Kindes oder Jugendlichen selbst zu übernehmen. Der Vormund oder Pfleger hat aber Gewähr dafür zu tragen, dass das Kind oder der Jugendliche, dessen Interessen er vertritt, zu einer eigenverantwortlichen und gemeinschaftsfähigen Persönlichkeit erzogen wird und eine bestmögliche Förderung seiner Entwicklung erfährt. Er ist dafür (mit)verantwortlich, dass Entscheidungen für das Kind bzw. den Jugendlichen dessen Wohl dienen. Die gesetzlich geforderte Interessenvertretung kann somit nicht über den Kopf des Mündels hinweg und vom Schreibtisch aus erfolgen, sondern erfordert einen regelmäßigen, persönlichen Kontakt. Das Gesetz fordert seit 2011 „in der Regel" monatliche persönliche Kontakte in der „üblichen Umgebung" des Kindes oder Jugendlichen, es sei denn, im Einzelfall sind kürzere oder längere Besuchsabstände oder ein anderer Ort geboten (§ 1793 Abs. 1a Satz 2 BGB). Bei der Wahrnehmung der V. oder Ergänzungspflegschaft sind die wachsenden Fähigkeiten und das wachsende Bedürfnis des Kindes oder Jugendlichen zu berücksichtigen und, soweit es nach dem Entwicklungsstand angezeigt ist, sind Fragen der elterlichen Sorge mit ihm zu besprechen sowie ist Einvernehmen anzustreben (§ 1626 Abs. 2 i. V. m. § 1793 Abs. 1 Satz 2 BGB). Seiner Aufgabe kann der Vormund oder Pfleger daher nur unter Beteiligung des Kindes oder Jugendlichen gerecht werden *(Partizipation),* nur so kann bei Defiziten entsprechende Unterstützung organisiert, können Stärken sowie Begabungen gefördert und Neigungen berücksichtigt werden.

Einzelvormundschaft, Amtsvormundschaft, Vereinsvormundschaft

Steht ein geeigneter Einzelvormund oder -pfleger zur Verfügung, so ist dieser vorrangig vor dem JA zu bestellen (§ 1791b Abs. 1 S. 1 BGB). Die Einzelvormundschaft fristet jedoch ein Schattendasein. In der ganz überwiegenden Zahl der Fälle wird das JA zum Vormund oder Ergänzungspfleger bestellt. Nur wo sich ein Verein der Führung von V. verschrieben hat, müssen und werden dessen professionelle Vereinsvormünder vor dem JA bestellt. Als Einzelvormünder bestellte Vereinsvormünder werden über das Berufsvormündervergütungsgesetz (BVormVG) durch die Justizkasse vergütet. Haben Vereine eine Genehmigung zur Führung von Vereinsvormundschaften erwirkt (§ 54 SGB VIII), werden sie von den Trägern der öffentlichen KJH finanziert.

Im weit häufigsten Fall ist das JA Vormund oder Pfleger. Dieses überträgt die Aufgaben der gesetzlichen Vertretung einem seiner Mitarbeiter/innen (§ 55 Abs. 2 SGB VIII), die der Vormund weisungsfrei ausübt. Das Gesetz schreibt ab 5. Juli 2012 eine Fallzahlhöchstgrenze von 50 Vormundschaften/Pflegschaften pro Vollzeitstelle im JA vor (§ 55 Abs. 3 SGB VIII). Vor der Bestellung einer Fachkraft im JA sind die betroffenen Kinder und Jugendlichen zu hören. Werden für das Kind oder den Jugendlichen während einer V. (oder Pflegschaft) Leistungen der *Kinder- und Jugendhilfe* gewährt, ist der Vormund (oder Pfleger) als Personensorgeberechtigter anspruchsberechtigt. Der Amtsvormund tritt somit als Antragsteller beim JA als Sozialleistungsträger auf. Das damit verbundene Gegenüber und Miteinander stellt an die amtsinterne Organisation und Aufgabenverteilung besondere Anforderungen. Zwischen der Leistungsabteilung im *Allgemeinen Sozialdienst* und der Vormundschaftsabteilung ist organisatorisch und personell klar zu trennen.

Das Recht gibt insoweit keinen Spielraum. Werden die beiderseitigen und getrennten Aufgaben und Zuständigkeiten zur Kenntnis genommen und respektiert, so misst sich die Qualität einer Kooperation innerhalb des JA an der Interessenwahrnehmung für die betroffenen Kinder und Jugendlichen in diesem Zusammenspiel.

Aber nicht nur im Amt besteht ein gesteigertes Bedürfnis nach Abgrenzung, auch gegenüber den Betroffenen sowie den am Hilfeprozess beteiligten Institutionen muss das „doppelte JA" sich erklären. Hier gilt es mit dem entsprechenden Problembewusstsein ein auf die Adressaten abgestimmtes, methodisch geschultes Informationsinstrumentarium im JA vorzuhalten, das sowohl in der Amtsvormundschaft bzw. Amtspflegschaft als auch in den Sozialen Diensten beherrscht wird.

Gesetzliche Amtsvormundschaft

Die Zahl der minderjährigen Mütter hat sich nach zwischenzeitlichem Anstieg wieder deutlich reduziert. Bekommt eine Minderjährige ein Kind, so ist sie wegen ihrer beschränkten Geschäftsfähigkeit an der gesetzlichen Vertretung ihres Kindes gehindert. Daher ordnet § 1791c BGB an, dass ihrem Kind mit der Geburt automatisch das JA als gesetzlicher Amtsvormund zur Seite gestellt wird. Ausnahmen hiervon sieht das Gesetz nur vor, wenn die minderjährige Mutter verheiratet ist, ein Volljähriger vorgeburtlich die Vaterschaft anerkannt hat und eine Sorgeerklärung abgegeben wurde oder wenn eine andere Person vorgeburtlich als Vormund bestimmt wurde.

Da die minderjährige Mutter die Personensorge für ihr Kind ausübt und ihre Meinung insoweit auch Vorrang gegenüber der Meinung des Vormunds genießt (§ 1674 Abs. 2 BGB), muss sich auch die Rolle des gesetzlichen Amtsvormunds anders definieren als bei sonstigen V. für Minderjährige. Der Vormund hat hier neben der Vermögenssorge vor allen Dingen zwei Funktion zu erfüllen: Zum einen wacht er über das Kindeswohl („Wächterfunktion") und zum anderen unterstützt er die Mutter bei der Ausübung der Personensorge, etwa durch Wahrnehmung der gesetzlichen Vertretung.

Kontrolle des Vormunds bzw. Pflegers

Das VormG kontrolliert den Vormund bzw. Pfleger. Haben die Eltern nicht selbst einen Vormund benannt (§ 1776 BGB), obliegt dessen Auswahl dem VormG. Das JA prüft deren Eignung (§ 1779 Abs. 1 BGB) und schlägt seinerseits geeignete Personen vor (§ 53 Abs. 1 SGB VIII).

Der Vormund bzw. Pfleger führt sein Amt grundsätzlich selbstständig und in eigener Verantwortung. Ihm können hinsichtlich der Zweckmäßigkeit seiner Entscheidungen insbesondere keine Weisungen erteilt werden. Allerdings unterliegen die Vormünder und Pfleger – zumindest nach der gesetzlichen Intention – der ständigen Aufsicht durch das *Familiengericht,* insbesondere der Einhaltung der erforderlichen persönlichen Kontakte (§ 1837 Abs. 2 S. 1 BGB). Diesem haben sie jederzeit über die Führung der V. bzw. Pflegschaft und über die persönlichen Verhältnisse des Kindes oder Jugendlichen Auskunft zu erteilen, zumindest jedoch einmal jährlich hierüber Bericht zu erstatten (§§ 1839, 1840 BGB). In der Praxis findet eine solche Kontrolle durch die Rechtspfleger beim VormG jedoch nicht oder nur sehr oberflächlich statt. Dadurch sind insbesondere die Fachkräfte in den JÄ und deren Leitungen gefragt, bei der Wahrnehmung von Amtsvormundschaften und Amtspflegschaften ihrer Verantwortung gegenüber den Kindern und Jugendlichen gerecht zu werden. Sind Einzel- oder Vereinsvormünder bestellt, hat das JA diese mit Beratung und Unterstützung zu begleiten und dem VormG über das persönliche Ergehen und die Entwicklung des Kindes oder Jugendlichen Auskunft zu geben (§ 53 Abs. 3 SGB VIII).

Perspektiven der Vormundschaft

Die V. für Minderjährige ist seit Ende der 1990er Jahre in Bewegung geraten. Regional und überregional wurden Leistungsprofile für Vormünder erarbeitet. Auf bundesweiten Tagungen haben die Vormünder Thesen formuliert und sich Leitlinien für ihre Arbeit gegeben. Unter anderem wurde ein jährliches Zeitkontingent für jedes Kind bzw. jeden Jugendlichen von drei Arbeitstagen als Mindeststandard definiert, was eine Fallzahl von 50 V. oder Pflegschaften pro Fachkraft bedeutet, was nun Eingang ins Gesetz gefunden hat (§ 55 Abs. 2 Satz 4 SGB VIII). Auch die Diskussion um die fachliche Qualifikation ist Bewegung geraten. Neben den rechtlichen Kompetenzen erfordert die V. bzw. Pflegschaft im Schwerpunkt sozialpädagogische Kompetenzen. Da die Wahrnehmung traditionell überwiegend durch Verwaltungsfachkräfte erfolgte, ist hier ein gesteigerter Bedarf nach *Weiterbildung* erkannt und hat ein Umdenken eingesetzt, insbesondere auch, um den Anforderungen an die persönliche Förderung gerecht werden zu können. Auch der vor allem in den alten BL übliche Arbeitsplatzzuschnitt mit Mischarbeitsplätzen, bei denen Fachkräfte gleichzeitig mit der Führung von V./Pflegschaften und *Beistandschaften* betraut sind, ist in die Kritik geraten. Der Vormund bzw. Pfleger arbeitet mit Kindern, der Beistand berät und unterstützt Erwachsene.

Mit der Frage nach der Qualifizierung der Vormünder und Ergänzungspfleger ist, insbesondere im Kontext der Vertretung unbegleiteter minderjähriger Ausländer gleichzeitig die organisatorische und institutionelle Verortung der V. aufgegriffen worden. Träger der freien Wohlfahrtspflege *(Träger der Sozialen Arbeit)* sowie Rechtsanwälte sind gefragt und/oder bieten sich an als Alternative zum Amtsvormund. Von Seiten des JA wird dies teilweise dankbar aufgegriffen, teilweise kommt es zu Kompetenzgerangel. Im Zuge der bevorstehenden weiteren gesetzlichen Neuordnung im Zuge einer 2017 zu erwartenden zweiten Vormundschaftsrechtsreform ist insoweit mit einer weiteren Neujustierung zu rechnen. Der (teilweise) Einbezug von Pflegeeltern in die sorgerechtlichen Befugnisse soll ebenso gestärkt werden wie die Unabhängigkeit des (Amts-)Vormunds gegenüber dem JA als Sozialleistungsträger. Die Entwicklung der letzten Jahre hat kontinuierliche Fortschritte gebracht und in erfreulicher Weise gezeigt: Auch wenn die V. eines der ältesten Rechtsinstitute überhaupt sein mag, sie bewegt sich doch.

Thomas Meysen

Literatur

Deutsches Institut für Jugendhilfe und Familienrecht: Zur Umsetzung des Gesetzes zur Änderung der Vormundschafts- und Betreuungsrechts – erste Hinweise, Heidelberg 2011, www.dijuf.de ◆ dass.: Aufgaben und Rolle des gesetzlichen Amtsvormunds für Kinder minderjähriger Mütter, in: Das Jugendamt (JAmt) 1/2003, 11–14 ◆ Dresdener Erklärung: Die Zukunft der Amtsvormundschaften, in: Der Amtsvormund (DAVorm) 5/2000, Sp. 437–440 ◆ P. Hansbauer: Hauptlinien der Geschichte des Vormundschaftswesens für Minderjährige, in: P. Hansbauer (Hrsg.), Neue Wege in der Vormundschaft? Diskurse zu Geschichte, Struktur und Perspektiven der Vormundschaft, Münster 2002, 13–39 ◆ B. Hoffmann: Beistandschaft, Vormundschaft, Pflegschaft in: J. Münder/R. Wiesner/Th. Meysen (Hrsg.): Handbuch Kinder- und Jugendhilferecht, Baden-Baden [2]2011, 326–338 ◆ H. Katzenstein, Von der Sorge zur Verantwortung – die Vormundschaft ist in Bewegung, in: Das Jugendamt (JAmt) 2014, 606–610 ◆ H. Katzenstein, Vormund/in in Kontakt zum Kind zwischen Einzelfallorientierung und „Regelfall", in: Das Jugendamt (JAmt) 2013, 234–238 ◆ K. Laudien, Die Kontinuität des Gegenübers. Ethische und sozialisationstheoretische Aspekte im neuen Vormundschaftsgesetz, in Das Jugendamt (JAmt) 2012, 300–307 ◆ B. Veit, Was muss die große Reform der Vormundschaft noch bewegen?, in: Zeitschrift für das gesamte Familienrecht (FamRZ) 2012, 1841–1849.

W

Weiterbildung

Der Begriff: Klärungen und Abgrenzungen

Die Begriffe Fort- und Weiterbildung (W.) sowie *Erwachsenenbildung* werden häufig synonym verwandt, obwohl sie bisweilen ganz unterschiedliche Gegenstände markieren. Während der Begriff Fortbildung kurzfristige Bildungsmaßnahmen bezeichnet, deren Besuch zudem noch an bereits erworbene Qualifikationen anknüpft, bezeichnet W. i. d. R. berufsbegleitend und längerfristig angelegte, an erste Bildungs- und Ausbildungsphasen sich anschließende, curricular durchsystematisierte und mit einem Zertifikat abschließende Formen der Erweiterung, Vertiefung oder Ergänzung von Wissen und Fähigkeiten (Schulze-Krüdener 2002, 843 f.; Brandt/Nuissl 2009). Dem folgend definierte der Deutsche Bildungsrat (1970, 197) schon zu Beginn der 1970er Jahre W. als „die Fortsetzung oder Wiederaufnahme organisierten Lernens nach einer unterschiedlich ausgedehnten ersten Bildungsphase. W. löste in dieser Fassung den aus den 1920er Jahren stammenden Begriff Volksbildung ab und steht gegenwärtig aber weiterhin mit für den immer noch aktuellen und umfassenderen Begriff Erwachsenenbildung. Die Erwachsenenbildung wie die W. werden dem non-formalen Bildungssegment zugerechnet.

Diese klare definitorische Rahmung des Weiterbildungsbegriffs wird allerdings zuweilen erweitert, bspw. wenn mit ihm auch nicht berufsbezogene Qualifizierungsangebote oder Umschulungen bezeichnet werden. Gegenüber dem Begriff Erwachsenenbildung hat der Weiterbildungsbegriff den Vorteil, dass er auch Angebote, die an Jugendliche adressiert sind, mit einschließt. Der Terminus W. erweist sich allerdings dann als zu eng und damit als problematisch, wenn er auf „systematisch geplante, professionell organisierte Bildungsveranstaltungen" (Schulze-Krüdener 2002, 843) beschränkt bleibt und offene, selbstgesteuerte und informelle Bildungsarrangements – zu denken ist hier etwa an die *Super-*

vision, an *Beratung* und Coaching sowie an berufsbegleitendes, in den alltäglichen Arbeitsprozess eingewobenes Lernen – nicht mit einschließt. Trotz dieser Einschränkung ist festzuhalten, dass die W. sich neben Beratung und Therapie zu einem wesentlichen Element der individuellen, beruflichen wie privaten Biografie- und Identitätsentwicklung von Erwachsenen in modernen Gesellschaften entwickelt hat und für Erwachsene, die ihren primären Qualifikationsweg abgeschlossen haben, das wesentlichste Bildungsforum lebenslangen Lernens darstellt. Der Besuch von Weiterbildungsmaßnahmen ist Teil der „Normalbiografie" geworden.

Wissen als biografische Ressource

Wissen hat sich als wesentliche biografische Ressource wie auch als „Kapital" im letzten Drittel des letzten Jh. etabliert und steuert inzwischen neben den Faktoren Status und Geld gesellschaftliche Partizipationsmöglichkeiten und Teilhabechancen. Dies wird nicht nur durch den flächendeckenden Ausbau der Weiterbildungseinrichtungen und die Ausdifferenzierung des Angebots, sondern auch durch die wachsenden Teilnehmerzahlen an Weiterbildungsangeboten dokumentiert. Das BMBF geht davon aus, dass inzwischen zirka 42 % aller Männer und Frauen zwischen 19 und 64 Jahren, also ca. 20 Mio. Personen, im Verlauf ihres Lebens an Weiterbildungsveranstaltungen teilnehmen (BMBF 2011).

Die Bedeutung der W. und die darüber gesteuerte Rede von der Weiterbildungsgesellschaft (Arnold/Giesecke 1999) ist eingebettet in einen gesellschaftlichen Wandel der Vervielfältigung der Lernanlässe und Bildungsorte *(Bildung).* Ihre zunehmende gesellschaftliche wie subjektive Relevanz lässt sich jedoch nicht allein damit erklären, dass Wissen und Können im Zeitalter digitalisierter Kommunikation schneller veraltet. Basis des Bedeutungsgewinns der W. ist die zunehmende Komplexität sozialer Prozesse und die damit einhergehende Rationalisierung der Lebenspraxis in der sich differenzierenden Gesellschaft. Inzwischen wird unwidersprochen davon ausgegangen, dass der Erwerb von Bildung biografisch querverteilt erfolgt und keineswegs mehr ausschließlich im Kindes- und Jugendalter *(Kindheit/Jugend)* erworben wird.

Der Weiterbildungsmarkt

Vor diesem Hintergrund kann es nicht verwundern, dass sich ein erheblich ausdifferenzierter, relativ unüberschaubarer Arbeitsmarkt im Bereich W. herausgebildet hat, auf dem eine große Anzahl verschiedener Organisationen, Institutionen, Träger und Anbieter in Bezug auf unterschiedliche Zielgruppen, mit divergierenden Interessen, Programmen Ressourcen konkurrieren. Kennzeichen dieses Arbeitsmarktes in Bezug auf sozialpädagogische Weiterbildungsangebote ist, neben der Diffusität und Vielfalt der Angebote, der Formen, Träger und der thematischen Ausrichtungen, dass

- Aus-, Fort- und Weiterbildung nur in geringem Maße miteinander vernetzt sind,
- dass uneinheitliche Vorstellungen über die Qualität von den dort feilgebotenen Bildungsangeboten vorliegen, und dass
- Fort- und Weiterbildung „kein selbstverständlicher, verpflichtender Bestandteil der Dienstleistungsarbeit im sozialen Bereich" ist (Schulze-Krüdener 2002, 846).

Weiterbildung und Soziale Arbeit

Für die *Soziale Arbeit* stellt die W. ein Kernelement ihrer disziplinären wie professionellen Identität dar, gleichwohl für dieses gesellschaftliche Feld nur in wenigen Bereichen gesetzliche Regelungen zur Fort- und Weiterbildung vorliegen (§ 72 SGB VIII). Die AkteurInnen in der SozArb übernehmen im Feld der W. zum einen die Rolle von Nutzer/innen. Zum anderen kommt ihnen die Rolle als WeiterbildnerInnen selbst zu, also als Bildungsarbeiter/innen in Maßnahmen der W. bzw. der Erwachsenenbildung. Während noch Anfang der 1980er Jahre festgestellt wurde, dass einerseits Bildungsarbeit im Rahmen der Sozialen Arbeit und andererseits sozpäd. Aspekte beim organisierten Lernen kaum berücksichtigt wurden, zeigt sich für das neue Jh., dass sich die Grenzen zwischen W. und Sozialen Arbeit zunehmend aufgeweicht haben und vielfältige, nicht rückgängig zu machende Überschneidungen zu verzeichnen sind. Die weiteren Ausführungen hier konzentrieren sich, soweit sie die SozArb betreffen, auf W. für die hier mehr oder weniger professionell Tätigen.

Anbieter und Träger

Fort- und Weiterbildungen für die ehrenamtl., freiwillig Engagierten und hauptberuflichen MitarbeiterInnen in den Handlungsfeldern werden von HS, von öffentlichen Trägern, überregionalen Zusammenschlüssen und AG, intermediären Trägerorganisationen sowie von privatgewerblich organisierten Veranstaltern angeboten *(Träger der Sozialen Arbeit).* Darüber hinaus haben sich alternative Formen der W. herausgebildet, wo in Initiativen, Interessengemeinschaften u. Ä. weniger qualifikations-, sondern eher problembezogen W.en angeboten werden. Strukturell können die Weiterqualifizierungen nochmals nach ihrem Zertifizierungsniveau unterschieden werden. Hier kann zwischen Qualifizierungen

- an anwendungsorientierten Hochschulen und Universitäten im Rahmen der akademischen Erstausbildungen,
- über berufsbegleitende Studiengängen mit formalen Hochschulabschlüssen,
- über Ergänzungsstudiengänge mit formalen Abschlüssen,
- über duale Studienangeboten
- über Studienangebote ohne akademischen Abschluss,
- über den Besuch von eintägigen, ein- und mehrwöchigen bis hin zu den mehrjährigen Angeboten von Weiter- und Fortbildungsinstitutionen mit teilweise anerkannten Zertifikaten, aber auch
- Weiter- und Fortbildungsinstitutionen ohne Zertifizierung,
- über den Besuch von Tagungen, Seminaren und Kongressen,
- über „Vorort-Seminare", Praxisberatungen und der Supervision
- und den Fort- und Weiterbildungen im Rahmen der Kinder- und Jugendhilfeplanung

unterschieden werden.

Inhalte

Über die von den einzelnen Trägern und sonstigen Anbietern der W. für die MitarbeiterInnen der Sozialen Arbeit vermittelten Inhalte liegen keine zusammenfassenden Übersichten vor. In einer älteren Übersicht der BA werden die Weiterbildungsangebote im Feld der Sozialen Arbeit neun verschiedenen Bereichen zugeordnet. Genannt werden die Subkategorien „Sozialarbeit/Sozialpädagogik allgemein, *Supervision* und Praxisanleitung", „Gruppendynamik, -arbeit und -leitung", „*Beratung*" und der „Elementarerziehung", „*Jugend-*, Familien- und *Altenhilfe*", „*Heilpädagogik*", „*Heimerziehung*" und „Sonstige Lehrgänge".

Insgesamt hat sich der Weiterbildungsmarkt für die Soziale Arbeit in den zurückliegenden Jahrzehnten enorm verändert. Fanden sich unter den Fort- und Angeboten in den 1970er Jahren vornehmlich methodisch-handwerkliche, in Kursform offerierte Weiterbildungen, so gewinnen auf dem sozialpädagogischen Weiterbildungsmarkt ab Ende der 1970er Jahre bis zum Beginn der 1990er Jahre über eine längere Dauer konzipierte therapeutische und die individuellen methodisch-didaktischen *Handlungskompetenzen* sowie handlungsfeldbezogene W.- und Fortbildungsangebote auf der Zertifikationsebene an Bedeutung. In den Jahren bis zum neuen Jh. sollten dann die über gesellschaftskritische Handlungsmodelle, den „Psychoboom" und die „juristische" Welle ungelöst gebliebenen methodisch-handlungsfunktionalen, verwaltungsstrukturellen und steuerungstechnischen Uneindeutigkeiten der sozialpädagogischen Praxis über Weiterbildungen neu beantwortet werden. Gegenwärtig dominieren neben betriebswirtschaftlichen *(Sozialmanagement/Sozialwirtschaft)* Angeboten insbesondere zertifikatsbezogene Qualifizierungen, beispielsweise in Bezug auf das Handlungsfeld Kindeswohlgefährdung, den sozialpädagogischen Weiterbildungsmarkt.

Die Akteure im Feld der sozarb/sozpäd W. adressieren an diese ganz unterschiedliche Hoffnungen. Die Teilnehmer/innen wünschen sich von W. vornehmlich eine Erweiterung ihres Wissens und ihrer Fähigkeiten durch Information und Bildung bzw. durch Praxisreflexion und -beratung, auch um gegenüber Burnout-Phänomenen resistent zu bleiben. An W. wird auch die Hoffnung geknüpft, die Chancen auf dem Arbeitsmarkt zu verbessern oder sich einen internen beruflichen Aufstieg durch zusätzliche Zertifikate zu ermöglichen. Zuweilen werden von dem Besuch von W. auch vertiefende Erkenntnisse über Adressat/innen der SozArb, ihren Lebensverhältnissen und sozialkulturellen Orientierungen erhofft. Darüber hinaus sichert W. aus Perspektive der sozarb/sozpäd AkteurInnen die jeweils gängigen und geltenden kommunikativen professionellen Spielregeln und Sprachspiele ab (Thole 2005).

Aus Perspektive der institutionellen Anstellungsträger und Anbieter von SozArb wird an Fort- und Weiterbildungen die Hoffnung adressiert, die Erstausbildungen der Beschäftigten zu ergänzen, zu spezialisieren bzw. zu korrigieren, die fachlichen Standards durch Wissensaktualisierung zu stabilisieren, die nicht einschlägig qualifiziert Beschäftigten an den Wissenskanon der SozArb heranzuführen, den sozpäd Mitarbeitern neues Wissen und Können zur Neugestaltung der Praxis zu vermitteln, Burnout-Phänomene abzufedern und die MitarbeiterInnen zur kritischen Selbstreflexion anzuregen.

Weiterbildung als Professionalisierung

Im Kern erfüllt W. für und im Kontext der SozArb die Funktion, das der SozArb anscheinend immanente Professionalisierungsdefizit zu kompensieren und i. S. einer weiteren *Professionalisierung* innovativ zu wirken. Zumindest präsentiert W. den Teilnehmer/innen die Chance, Anschluss an die wissenschaftlichen, aber auch an die professions-, also berufs- und handlungsfeldbezogenen Entwicklungen zu finden. Die Möglichkeiten der W. als berufsbegleitende Qualifizierungsmöglichkeit dürfen allerdings nicht überschätzt werden. Die Befunde professionsbezogener Forschungen legen nahe, dass Fort- und W. diese Aufgabe nur ansatzweise erfüllen kann. Zumindest aus der Perspektive der Mitarbeiter/innen ist sie zwar grundlegend in die beruflichen Handlungsplanungen eingebunden und ihnen wird auch eine hohe, den Berufsalltag strukturierende und kritisch reflektierende Relevanz zugesprochen. Folgen wir den Befunden jedoch weiter, dann scheint W. als institutionelle, geplante Form nur in Teilen dazu beizutragen, die institutionelle Praxis der SozArb wissenschaftsorientiert abzusichern. In der Professionalisierungsforschung gilt weithin als gesichert, dass auch das über den Besuch von Weiterbildung erworbene Wissen und Können nicht ohne weiteres auch herangezogenen werden kann, die berufliche Praxis zu qualifizieren.

Herausforderungen

Zumindest fünf problematische Schattenseiten bzw. offene Problemstellen sind bezüglich der W. allgemein und der W. in Bezug auf die SozArb zu notieren:

- Erstens besteht für die W. kein einheitliches Berufsprofil. Personen mit den unterschiedlichsten akademischen Qualifikationsprofilen und Berufsabschlüssen sind als Weiterbildner/in tätig. W. als Motor der beruflichen Entwicklung und Professionalisierung verfügt i. d. S. selber über kein genuines professionelles Profil.
- Die einzelnen Weiterbildungseinrichtungen als bedeutende, zuweilen aber vernachlässigte Professionalisierungsagenturen (Dewe 2005, 854) haben zweitens das Problem einer relativ geringen Vernetzung innerhalb des Feldes von Fort- und Weiterbildung und mit den Institutionen der erstqualifizierenden Ausbildung auszubalancieren.
- Drittens belegen empirische Befunde zu den Teilnehmer/innen von Weiterbildungsveranstaltungen, dass insbesondere die Zugangsbarrieren gerade für diejenigen hoch sind, die die Teilnahme aus sozialpolitischer und professionsbezogener Sicht am dringendsten bräuchten (Arnold/Schüßler 2002). Je höher die bereits erworbene Qualifikation, desto höher scheint die Bereitschaft, aber auch der Druck zur W. und desto besser scheint möglicherweise auch das bereitgestellte Angebot zu sein.
- Viertens ist zukünftig davon auszugehen, dass W. – auch als berufliche W. – nicht mehr auf Grundlage von Freiwilligkeit zu realisieren ist. Infolge des wachsenden Konkurrenzdrucks auf dem Arbeitsmarkt sowie des zunehmenden Professionalisierungsdrucks wird W. zukünftig nicht mehr durchgängig nach dem Prinzip der Freiwilligkeit gestaltet werden können.
- Fünftens ist zu konstatieren, dass Formen der informellen beruflichen W. bzw. dem organisationskulturellen und selbständigem Lernen am Arbeitsplatz zunehmende Bedeutung zukommt (Arnold/Schüßler 2002, 119) und eine formale, wohldosierte Deinstitutionalisierung hierüber angefordert wird. Die Weiterbildungsinstitutionen scheinen gegenwärtig auf diese Entwicklung jedoch noch nicht ausreichend vorbereitet zu sein.

Insbesondere der zuletzt genannte Aspekt ist für die SozArb von besonderer Brisanz, auch weil die vorhandenen Ressourcen hier nicht planmäßig i. S. einer systematisch klugen Personal- und Organisationsentwicklung genutzt werden (Thole/Cloos 2000; Thole 2002). Die Ressourcen professionsbezogener W. für die Organisationsentwicklung werden jedoch in einer Gesellschaft, die sich auch über das Medien Wissen steuert, zunehmend wichtiger. W. kommt hier die Aufgabe zu, die individuelle Wissensarbeit als ein Prozess lebenslanger Bildung zu begleiten.

Perspektiven

So verstandene W. zentriert die Aufgaben, einmal erworbenes Wissen nicht als letzte Weisheiten zu deklarieren, sondern relevantes Wissen kontinuierlich zu revidieren sowie als erweiterungs- und verbesserungsfähig anzusehen. Gelingen kann dies allerdings nur, wenn damit auch kontinuierlich die Einsicht aktualisiert wird, das Wissen immer an Nicht-Wissen gekoppelt ist. Für die Weiterentwicklung der W. für und in der SozArb bedeutet dies, dass nicht nur wie bisher vorwiegend der Ausbau einer Infrastruktur von institutionell organisierten Weiterbildungsmaßnahmen vorangetrieben werden sollte, sondern eher informelle Formen des Lernens am Arbeitsplatz – unter anderem durch Teamarbeit, Supervision, Qualitätsmanagement, Evaluation und Coaching – sowie die neuen Möglichkeiten digitalen und virtuellen Informationsaustausches neu ausgelotet und systematisch in die Arbeitsabläufe eingebunden werden sollten. Insgesamt gewinnt die Fort- und Weiterbildung im Rahmen des Konzeptes des „Lebenslangen Lernens“ an Bedeutung – auch für die Professionellen der Sozialen Arbeit.

Peter Cloos/Werner Thole

Literatur

R. Arnold/W. Giesecke (Hrsg.): Die Weiterbildungsgesellschaft, Bd. 1 und 2, Neuwied/Kriftel 1999 ◆ R. Arnold/I. Schüßler: Weiterbildung im Beruf – Weiterbildung als Beruf, in: H.-U. Otto/Th. Rauschenbach/P. Vogel (Hrsg.): Erziehungswissenschaft: Professionalität und Kompetenz, Opladen 2002, 115 ff. ◆ BA: Fort- und Weiterbildung. Angebote im Netz, www. arbeitsamt.de/KURS/C vom 11. 11. 2002 ◆ BMBF (Hrsg.): Bildung und Forschung in Zahlen 2011, Berlin 2011 ◆ P. Brandt/E. Nuissl (Hrsg.): Porträt Weiterbildung Deutschland, Bonn 2009 ◆ Deutscher Bildungsrat (Hrsg.): Empfehlungen der Bildungskommission. Strukturplan für das Bildungswesen, Stuttgart 1970 ◆ J. Schulze-Krüdener/H.-G. Homfeldt: Professionalisierung der Sozialen Arbeit durch Weiterbildung. Begründung der wissenschaftlichen Weiterbildung für soziale Berufe im Horizont von beruflicher Erstausbildung und pädagogischer Tätigkeit, in: S. Müller u. a. (Hrsg.): Soziale Arbeit. Gesellschaftliche Bedingungen und professionelle Perspektiven, Neuwied/Kriftel 2000, S. 495 ff. ◆ W. Thole: Soziale Arbeit als Profession und Disziplin. Das sozialpädagogische Projekt in Praxis, Theorie, Forschung und Ausbildung – Versuch einer Standortbestimmung, in: W. Thole (Hrsg.): Grundriss Soziale Arbeit. Ein einführendes Handbuch, Wiesbaden [4]2012, 13 ff. ◆ W. Thole: „Wir können uns …“ Beobachtungen zum Feld der Fort- und Weiterbildung, in: W. Thole u. a. (Hrsg.): Professionalisierung und Studieren, Wiesbaden 2005, 127–148 ◆ W. Thole/P. Cloos: Soziale Arbeit als professionelle Dienstleistung. Zur „Transformation des beruflichen Handelns“ zwischen Ökonomie und eigenständiger Fachkultur, in: S. Müller u. a. (Hrsg.): Soziale Arbeit. Gesellschaftliche Bedingungen und professionelle Perspektiven, Neuwied/Kriftel 2000, 547 ff. ◆ W. Tippelt/A. v. Hippel (Hrsg.): Handbuch Erwachsenenbildung/Weiterbildung, Wiesbaden [5]2011.

Außerdem: Weiterbildungsberichte der Länder

Wertschätzung

Wertschätzung (W.) bezeichnet allgemein die positive Bewertung von Personen und ihrer Handlungen, von Werten und Normen sowie von Produkten, denen eine ästhetische, künstlerische Qualität zugesprochen wird *(Ästhetik, Kunst)*. Sozialwissenschaftlich enger gefasst verweist W. auf die begrifflichen Konnotationen soziales Prestige und soziale Anerkennung *(recognition)*. Soziales Prestige (lat. Blendwerke, Gaukeleien) bezeichnet die W., die einer Person in Bezug auf ihren sozialen Status bzw. ihr soziales Ansehen entgegengebracht wird *(Rolle, soziale)*. Soziales Prestige i. d. S. wird von politischen, kulturellen und ökonomischen Einfluss- und Kontrollmöglichkeiten gerahmt und ist abhängig von der eingenommenen Berufsposition, dem Bildungsniveau, steuert sich auch über die ausgefüllte gesellschaftliche Verantwortung und dokumentiert sich letztendlich in erfahrener Bewunderung und Ehrerbietung.

Wertschätzung und Anerkennung

Während das soziale Prestige den funktionalistischen Aspekt von W. betont, steht der Begriff soziale Anerkennung in der subjektorientierten, symbolisch-interaktionistischen soziologischen Tradition. Folgen wir W. I. Thomas, dann gehören die Wünsche nach neuen Erfahrungen, nach Antworten, nach Sicherheit und nach Anerkennung zu den sog. vier Wünschen menschlicher Existenz. Anthropologisch gesehen steht die soziale Anerkennung somit im Zentrum der Grundfragen menschlichen Zusammenlebens *(Anthropologie)*. Frühe gedankengeschichtliche Verweise hierzu lassen sich sowohl in den rechtsphilosophischen Entwürfen J. H. Fichtes und v. a. F. G. Hegels (Girndt 1990), aber auch im „dialogischen Prinzip“ des „Ich und du“ eines mystisch-religiös fundamentierten Existentialismus M. Bubers finden. In neuerer Zeit hat A. Honneth (1992) den Begriff der sozialen Anerkennung entscheidend weiterentwickelt, indem er ihn zur Grundlage einer Sozialtheorie vom „Kampf um Anerkennung“ wählte. Ausgehend von der hegelschen Idee einer auf der Grundlage gegenseitig bestätigter subjektiver Freiheitsbedürfnisse sittlich integrierten Gesellschaft und G. H. Meads Sozialisationstheorie der Rollenübernahme arbeitete A. Honneth drei fundamentale soziologische Anerkennungsbeziehungen heraus, die für den Verlauf der menschlichen Identitätsbildung von entscheidender Bedeutung sind: Die emphatische Anerkennung der Liebe bestätigt Individuen in ihrer konkreten Bedürfnisnatur, Rechte sichern die kognitive Anerkennung von Subjekten als selbstständig und moralisch urteilsfähige Personen und damit ihre Selbstachtung ab und *Solidarität* letztendlich drückt die soziale W. von Menschen hinsichtlich ihrer je besonderen Eigenschaften und Fähigkeiten aus. Den Anerkennungsformen stehen entsprechende Missachtungsformen entgegen, die für das betroffene Subjekt mit negativen Konsequenzen einhergehen und dessen Selbstbeziehung gefährden.

Auch im Kontext der Pädagogik *(Erziehungs-*

wissenschaft), insbesondere auch in der Sozialpädagogik, kommt der W. bzw. der Anerkennung eine Relevanz zu. In Diskussionen gaben u. a. E. Goffman – in seiner Untersuchung von Eingeschlossenen in psychiatrischen Anstalten – und M. Foucault – in seiner Archäologie des Gefängnisses – Anstöße, den Verlust von Selbstachtung auch als Folge der Verweigerung von sozialer Anerkennung zu sehen und als nicht unwesentliches *Sanktion*smittel zur Erzielung von Konformität zu identifizieren. So wie die Anwendung von körperlicher Gewalt, Formen der Entrechtung und Entwürdigung an die dunkelsten Seiten „schwarzer Pädagogik" erinnern, so öffnet eine sozialisationstheoretische Perspektive den Blick auf grundlegende bildungstheoretische Implikationen des Begriffs Anerkennung. Sie finden ihr Pendant in Ansätzen humanistisch ausgerichteter Päd., bspw. in H. Nohls „Pädagogischem Bezug", in der Akzeptanz des Kindes bei F. D. E. Schleiermacher, im „Recht des Kindes auf Achtung" bei J. Korczak oder in der „Kompromissgesinnung" S. Bernfelds (vgl. Soziale Passagen 2011).

Eine Variante der W. wird als „Achtsamkeit in der Sozialen Arbeit" diskutiert, als eine wichtige Grundhaltung und als ein Aspekt der „Dimension des Herzens" beschrieben (Pfeiffer-Schaupp 2011). M. Böwer spricht gar von dem „achtsamen Jugendamt" und sieht Ansatzpunkte im Kinderschutzhandeln aus der Rezeption des Achtsamkeitskonzeptes (Böwer 2008).

Anerkennung und Soziale Arbeit

Spielte der Begriff Anerkennung im Kontext der *Sozialen Arbeit* bspw. im Professionalisierungsdiskurs, im Kontext der Überlegungen zum „Doppelten Mandat" oder in dem Grundsatz der „Wahrung der lebenspraktischen Autonomie der AdressatInnen" eine Rolle, liegen inzwischen Ansätze vor, die den Begriff der sozialen Anerkennung explizit in den Mittelpunkt der Reflexionen rücken (Müller 1996; Hafeneger/Henkenborg/Scherr 2002; Schoneville/Thole 2013), indem sie hervorheben, dass „glaubhafte Anerkennung nur vermitteln kann, wer sein eigenes Anerkanntsein geltend macht und einigermaßen unerschütterlich vorauszusetzen vermag" (Müller 1996, 28). Für die *Soziale Arbeit* ist die angeregte Perspektive sowohl hinsichtlich ihrer theoretischen Verankerung als auch hinsichtlich ihrer empirischen Orientierung und der Entwicklung von Praxiskonzepten interessant und anschlussfähig. Wird diese Anregung aufgegriffen, dann konstituiert eine gelungene SozArb beispielsweise Anerkennung in Fällen und Situationen, in denen familiale und lebensweltliche Varianten der Hervorbringung von Anerkennung nicht mehr anzutreffen sind, so bspw. in den *Hilfen zur Erziehung* oder in sozialraumbezogenen und gemeinwesenorientierten Projekten *(Gemeinwesenarbeit/Sozialraumorientierung).* Und auch die Initiierung von Bildungsprozessen (Thole/Schoneville 2010), bspw. in der Pädagogik der Kindheit oder auch in der *Kinder- und Jugendarbeit,* kann erfolgreich ohne die Ermöglichung von Teilhabe und die Herstellung von Anerkennungsformen nicht qualitativ gut gelingen.

Ernst-Uwe Küster/Werner Thole

Literatur

M. Böwer: Das achtsame Jugendamt. Ansatzpunkte und Rezeption des Achtsamkeitskonzeptes im Kindeswohlschutzdiskurs. In: np 4/2008, 349–370 ♦ H. Girndt (Hrsg.): Selbstbehauptung und Anerkennung. Spinoza – Kant – Fichte – Hegel, Sankt Augustin 1990 ♦ B. Hafeneger/P. Henkenborg/A. Scherr (Hrsg.): Pädagogik der Anerkennung, Schwalbach 2013 ♦ A. Honneth: Kampf um Anerkennung. Zur moralischen Grammatik sozialer Konflikte, Frankfurt/M. [6]2010 ♦ J. B. Müller: Jugendliche brauchen Erwachsene, in: Brenner, Gerd/Hafeneger, Benno (Hrsg.): Pädagogik mit Jugendlichen. Bildungsansprüche, Wertevermittlung und Individualisierung, Weinheim/München 1996, 22–29 ♦ U. Pfeiffer-Schaupp: Achtsamkeit in der Sozialen Arbeit, in: sm 4/2011, 18–30 ♦ H. Schoneville/W. Thole: Anerkennung – ein unterschätzter Begriff in der Sozialen Arbeit? In: Soziale Passagen 2/2013, 133–145 ♦ W. Thole/H. Schoneville: Bildung und soziale Anerkennung. In U. Wilken/W. Thole (Hrsg.), Kulturen Sozialer Arbeit. Wiesbaden 2010, 75–88.

Wettbewerb, europäischer

Anwendbarkeit Europäischer Binnenmarkt- und Wettbewerbsregeln auf die Soziale Arbeit

Die Praktiker der *Sozialen Arbeit* in Deutschland debattieren seit geraumer Zeit darüber, inwieweit die wirtschaftsrechtlichen Regelungen der EU zu Binnenmarkt und Wettbewerb die Leistungserbringung im sozialen Bereich beeinflussen. Nach traditionellem deutschen Verständnis werden soziale Leistungen außerhalb der Steuerungsformen des Marktes nach dem Prinzip der Bedarfsdeckung erbracht und als nichtwirtschaftliche Tätigkeiten angesehen, für die beispielsweise Geldzuweisungen (Tagessätze, Zuwendungen etc.) adäquate Finanzierungsinstrumente sind.

Seit einigen Jahren aber vollziehen sich grundlegende Entwicklungen, die das System der sozialen Leistungserbringung nachhaltig ändern: Neben die traditionellen Leistungserbringer, den öffentlichen und den gemeinnützigen Einrichtungen, treten zunehmend private Unternehmen in Erscheinung, die dieselben Leistungen gewerblich anbieten. Diese Entwicklung war teilweise politisch erwünscht und wurde seit den 1990er Jahren in verschiedenen Gesetzesreformen forciert, so etwa 1995 bei der Einführung der Pflegeversicherung. Das bei guten Steuereinnahmen und Wirtschaftswachstum fragliche Argument der Knappheit öffentlicher Mittel verstärkte den Druck auf die bisher für Deutschland charakteristischen, korporatistisch geprägten Organisations- und Finanzierungsstrukturen für soziale Leistungen zu mehr Effizienz, höherer Qualität und Flexibilität *(Träger der Sozialen Arbeit, Sozialmanagement, Sozialwirtschaft)*. Und darüber hinaus hat der deutsche Gesetzgeber in den 1990er Jahren selbst marktorientierte Mechanismen ins Leistungserbringungsrecht eingeführt. Der Begriff des „Marktes“ ist dennoch mit Vorsicht zu verwenden, da im Sozial- und Gesundheitswesen Anbieter und Nachfrager nicht zufällig zusammenfinden, die Preise sich nicht nach Angebot und Nachfrage bilden und Nachfragermonopole in Form der öffentlichen Leistungsträger (Sozialversicherungen, Sozialbehörden etc.) bestehen. Da der Staat in Zusammenarbeit mit freigemeinnützigen und privatgewerblichen Anbietern seine Pflichten aus dem Sozialstaatsgebot des GG und den Sozialgesetzbüchern erfüllt, sind besondere Rahmenregeln notwendig, die es eher sinnvoll erscheinen lassen, von einem Sozialsystem mit wettbewerblichen Elementen (Schlüter) zu sprechen. Da viele Sachverhalte der Sozialsysteme zunehmend von im allgemeinen Wirtschafts- und Wettbewerbsrecht geschulten Richtern, Behörden und Wissenschaftlern beurteilt werden kommt es teilweise zu Friktionen, die im Nachhinein aufwändig korrigiert werden müssen. So war etwa das Berliner Kammergericht der Meinung, ein e. V. sei wirtschaftlich tätig, wenn er eine Kita betreibe. Dies würde dazu führen dass die wichtige und teilhabewirksame Form des Vereins für den sozialen Bereich künftig ausfällt und das Prinzip der verbandlichen Wohlfahrtspflege gegenüber zentralistisch geführten Konzernstrukturen weiter an Boden verliert. Das EU-Recht kommt ebenfalls aus der Tradition des „normalen“ Wirtschafts- und Wettbewerbsrechts und musste immer mühsam in eine Kompatibilität mit den Sozialleistungssystemen gebracht werden. Dass die EU-Begrifflichkeit soziale Dienste dem Unternehmens- und Marktbegriff des EU-Rechts zuordnet, ändert nichts daran, dass es sich um eigenständige Sozialsysteme mit eigenen Regeln handelt. Auch der EU-Begriff der „Dienstleistungen von allgemeinem wirtschaftlichen Interesse“ trifft schon sprachlich nicht das seit Jahrhunderten entwickelte deutsche Konzept der „Daseinsvorsorge“. Das EU-Ziel eines freien Binnenmarktes in Kombination mit der nationalen Kompetenz für die Sozialsysteme hat dazu geführt, dass EU- Wettbewerbsregeln mehr oder weniger ungeplant auch in die Sozialsysteme eingreifen. Daher wurden umfangreiche Ausnahmeregeln nötig. Das so entstandene Angebot sozialer Dienstleistungen, in dem unterschiedliche Wettbewerber ihre Leistungen gegen Entgelt anbieten, ist nicht auf Deutschland beschränkt, sondern hat in verschiedenen Bereichen bereits eine grenzübergreifende Dimension. Auch der wachsende, über die nationalen Grenzen hinausgehende Austausch von Wissen und Handlungsansätzen erleichtert es, in anderen Mitgliedstaaten tätig zu werden. Das führt zu verstärkter Konkurrenz vor Ort, eröffnet aber auch Chancen für die geographische Ausweitung des eigenen Tätigkeitsfelds. Obwohl die Kompetenzen für die Ausgestaltung des sozialen Bereichs noch immer weitgehend bei den Nationalstaaten liegen, gelten die Binnenmarkt- und Wettbewerbsbestimmungen der EU grundsätzlich auch für die sozialen grenzübergreifenden Wirtschaftstätigkeiten. Die Verbindlichkeit der diesbezüglichen europäischen Rechtsvorschriften für die Akteure in Deutschland resultiert aus dem Anwendungsvorrang des Rechts der EU vor dem nationalen Recht (vgl. ESF-Förderung und deutsches Recht, 11/12). Strukturen, Finanzierung und Verfahren der Leistungserbringung liegen – soweit relevantes EU-Recht existiert – nicht mehr allein im nationalstaatlichen Ermessen.

EU-Binnenmarkt: Der Europäische Binnenmarkt ist in Art. 3 des Vertrags über die EU verankert. Er umfasst „einen Raum ohne Binnengrenzen, in dem der freie Verkehr von Waren, Personen, Dienstleistungen und Kapital gemäß den Bestimmungen der Verträge gewährleistet ist“ (Art. 26 Abs. 2 Vertrag über die Arbeitsweise der Europäischen Union, AEUV). Sein Ausbau spielt eine Schlüsselrolle für die auf Wachstum und Beschäftigung ausgerichtete Strategie Europa 2020. Die vier Grundfreiheiten des Binnenmarktes schützen den Warenverkehr in der Union vor Beschränkungen (Art. 28 ff. AEUV), sichern den freien Personenverkehr und die Arbeitnehmerfreizügig-

W

keit (Art. 45ff. AEUV), verbieten Behinderungen für Dienstleistungsunternehmen, die ihren Sitz in einem anderen EU-Staat haben (Art. 56ff. AEUV), und untersagen jegliche Einschränkungen des Kapital- und Zahlungsverkehrs (Art. 63ff. AEUV). Die Dienstleistungsfreiheit wird ergänzt durch das Recht auf freie Niederlassung in der Union (Art. 49ff. AEUV). Es garantiert den Wirtschaftsteilnehmern, ihre Dienstleistungen durch die Gründung einer Niederlassung vor Ort auch längerfristig in einem anderen Mitgliedstaat erbringen zu können, und das zu den gleichen Bedingungen, wie die einheimischen Unternehmen. In die Verträge aufgenommen wurden inzwischen das Prinzip der „sozialen Marktwirtschaft" und eine Klausel zur sozialen Folgeabschätzung. Eine Beschränkung der Freiheiten ist außerdem in den im Vertrag ausdrücklich zugelassenen Ausnahmefällen möglich. Der Binnenmarkt soll die Potenziale eines von nationalen Parzellierungen befreiten großen Wirtschaftsraumes nutzbar machen, um die Wettbewerbsfähigkeit, das wirtschaftliche Wachstum und die Beschäftigung in der EU zu erhöhen sowie die EU-Position im globalen Wettbewerb zu verbessern. Dementsprechend verlangen bspw. die die Dienstleistungsfreiheit betreffenden Art. 56 und 57 AEUV in der Auslegung des Europäischen Gerichtshofs (EuGH) nicht nur, jegliche Diskriminierung der in anderen EU-Mitgliedstaaten ansässigen Dienstleistungserbringer aus Gründen der Staatsangehörigkeit zu beseitigen. Sie verlangen ebenso, alle Beschränkungen zu beseitigen, auch wenn sie unterschiedslos für einheimische Dienstleistungserbringer und solche aus dem EU-Ausland gelten, sofern sie geeignet sind, die Tätigkeit eines Dienstleistungserbringers aus dem EU-Ausland zu unterbinden, zu behindern oder auch nur weniger attraktiv zu machen (vgl. u.a. Urteil vom 12. Dezember 1996 in der Rechtssache C-3/95, Reisebüro Broede, Slg. 1996, I-6511, Rn 25). Die Richtlinie 2006/123/EG über Dienstleistungen im Binnenmarkt enthält hierzu konkretisierende, von den Mitgliedstaaten umzusetzende Bestimmungen, die jedoch nur für Teilbereiche der Sozialen Arbeit gelten. Auch die europäischen Vorgaben zum öffentlichen Auftragswesen sind darauf ausgerichtet, den Markt ohne Binnengrenzen durchzusetzen. So vereinheitlicht die Richtlinie 2004/18/EG über die Koordinierung der Auftragsvergabeverfahren die Verfahrensgrundzüge in allen EU-Staaten. Sie erleichtert den Marktzugang für ausländische Leistungsanbieter und sie verlangt transparente, nichtdiskriminierende und auf objektiven Kriterien beruhende Entscheidungswege, die gerichtlich nachprüfbar sein müssen. Inzwischen ist weitgehend geklärt, dass öffentliche Leistungsträger/Kostenträger des Sozial- und Gesundheitswesens nur dann Auftrags- und Vergaberecht anwenden müssen, wenn der deutsche Gesetzgeber ausnahmsweise solche Verfahren oder ein Auftragsverhältnis ausdrücklich vorsieht. Die Sozialgesetzbücher sehen als Regel keine Auftragsverhältnisse vor, sondern vertragliche Kooperationen oder Förderungen nach dem Zuwendungsrecht (z.B. § 54 SGB VIII). Regelfinanzierungen des sozialrechtlichen Dreiecks (Subsidiaritätsprinzip) in Form von Leistungs- und Entgeltverträgen (z.B. 78a ff. SGB VIII) beinhalten keine Aufträge und erfordern keine Ausschreibungen nach dem Vergaberecht.

EU-Wettbewerb: Die EU-Wettbewerbsregeln dienen dazu, den Binnenmarkt vor wettbewerbsverzerrend wirkenden und deshalb unzulässigen Beeinträchtigungen zu schützen, die durch staatliche Maßnahmen oder durch Unternehmen verursacht werden. Zu den Bestimmungen gehören die an den Staat gerichteten Beihilfevorschriften (Art. 107ff. AEUV), die das grundsätzliche Verbot von staatlichen Beihilfen an Unternehmen festschreiben, aber auch Ausnahmen ermöglichen. Beihilfen im Sinne des Art. 107 Absatz 1 AEUV sind unvereinbar mit dem Binnenmarkt, wenn sie von einem Mitgliedstaat oder auch lediglich von Dritten aus staatlichen Mitteln gleich welcher Art gewährt werden (z.B. Zuschüsse oder Steuervergünstigungen/*Gemeinnützigkeit, steuerliche*), sie nur bestimmte Unternehmen oder Produktionszweige begünstigen und somit selektiv wirken, sie den Wettbewerb verfälschen oder zu verfälschen drohen und sie den Handel einschließlich den Dienstleistungsverkehr zwischen den Mitgliedstaaten beeinträchtigen. Darüber hinaus zählen zu den EU-Wettbewerbsregularien das Verbot wettbewerbsbeschränkender Vereinbarungen zwischen Unternehmen und ebenso wirkender Beschlüsse von Unternehmensvereinigungen (Art. 101 AEUV), das Verbot des Missbrauchs marktbeherrschender Stellungen (Art. 102 AEUV) sowie die Kontrolle von Unternehmenszusammenschlüssen (Verordnung (EG) Nr. 139/2004 des Rates). Die Wettbewerbsregeln gelten sowohl für private als auch für öffentliche Unternehmen. Hauptdiskussionspunkt im Zusammenhang mit der Sozialen Arbeit sind die Beihilferegelungen.

Wirtschaftliche Tätigkeit: Die europäischen Binnenmarkt- und Wettbewerbsregeln finden nur

Anwendung auf Leistungen, bei denen es sich um wirtschaftliche Tätigkeiten handelt, die den Handel zwischen den Mitgliedstaaten und den innergemeinschaftlichen Wettbewerb betreffen könnten. Eine rechtssichere Definition für die Abgrenzung der wirtschaftlichen von den nichtwirtschaftlichen Tätigkeiten im sozialen Bereich war lange nicht vorhanden. Der für die Auslegung des europäischen Rechts zuständige EuGH fasst die Kategorie „wirtschaftliche Tätigkeit" in seiner Rechtsprechung sehr weit. Er zählt im Sinne des EU-Wettbewerbsrechts dazu jede Tätigkeit, die darin besteht, Güter oder Dienstleistungen auf einem bestimmten Markt anzubieten (vgl. Urteil vom 16.6.1987 in der Rechtssache 118/85, Kommission/Italien, Slg. 1987, 2599, Rn 7). Maßgeblich ist dabei bspw. nicht, ob soziale Zwecke verfolgt werden oder eine Gewinnerzielungsabsicht fehlt, da diese Merkmale einer Tätigkeit nicht automatisch ihren wirtschaftlichen Charakter nehmen könnten (vgl. Urteil vom 21.09.1999 in der Rechtssache C-115/97, Brentjens, Slg. 1999, I-06025, Rn 79).

Ebenso funktional wird der Unternehmensbegriff bestimmt. Es gilt jede Einheit als Unternehmen, die eine wirtschaftliche Tätigkeit ausübt, unabhängig von ihrer Rechtsform und der Art ihrer Finanzierung (vgl. Urteil vom 23.4.1991 in der Rechtssache C-41/90, Höfner und Elser, Slg. 1991, I-1979, Rn 21). Auch der Umstand, dass keine Gewinnerzielung bezweckt ist, beseitigt allein nicht die Unternehmenseigenschaft (vgl. Urteil vom 21.9.1999 in der Rechtssache C-67/96, Albany, Slg. 1999, I-5751, Rn 85). Das bedeutet, nach dem geltenden EU-Recht unterliegen auch die öffentliche Hand, die gemeinnützigen Einrichtungen und die Verbandsorganisationen, wenn sie wirtschaftliche Tätigkeiten ausüben, als Unternehmen den Wettbewerbsregeln, wie dem Beihilfeverbot oder dem Verbot wettbewerbsbeeinträchtigender Vereinbarungen/Beschlüsse von Unternehmen bzw. Unternehmensvereinigungen. Ausgenommen vom Geltungsbereich des Binnenmarkt- und Wettbewerbsrechts sind lediglich nichtwirtschaftliche Tätigkeiten, einschließlich der hoheitlichen Tätigkeiten, sowie wirtschaftliche Tätigkeiten ohne grenzüberschreitende Bedeutung.

Dienstleistungsbegriff: Von besonderem Interesse für die Soziale Arbeit ist der Dienstleistungsbegriff und die Frage, inwiefern für soziale Dienstleistungen die Binnenmarktfreiheiten gelten. Als Dienstleistungen im Sinne des Europäischen Binnenmarktes gelten nach den EU-Verträgen die Leistungen, die erstens i.d.R. gegen Entgelt erbracht werden und die zweitens nicht den Vorschriften über den freien Waren- und Kapitalverkehr und über die Freizügigkeit der Personen unterliegen; zu ihnen zählen insbes. gewerbliche, kaufmännische, handwerkliche und freiberufliche Tätigkeiten (Art. 57 AEUV). Diese eher allgemein gehaltene Festlegung wurde mangels einer umfassenden und anerkannten Definition ebenfalls durch die EuGH-Rechtsprechung konkretisiert. Danach schließt die bloße Zuordnung von Tätigkeiten zum Bereich der sozialen Sicherheit ihre Einordnung als Dienstleistungen im Sinne des Vertrags keineswegs aus (vgl. Urteil vom 28.4.1998 in der Rechtssache C-158/96, Kohl, Slg. 1998, I-1931, Rn 21). Somit sind auch die in Deutschland erbrachten sozialen Dienstleistungen von der EU-Binnenmarkt- und Wettbewerbsgesetzgebung betroffen, wenn sie die o.g. Kriterien erfüllen. In dem Maße, wie soziale Leistungen als wirtschaftliche Tätigkeiten einzustufen sind sowie die Möglichkeiten für den grenzüberschreitenden Dienstleistungsverkehr wachsen, unterliegt die Leistungserbringung mehr und mehr den auf unverzerrten Wettbewerb setzenden Vorgaben aus Brüssel. Das gleichberechtigte Auftreten ausländischer Konkurrenten, höhere Preistransparenz u.a. verlangen von den Leistungserbringern marktgerechte Handlungsansätze. Ebenso ändern sich die Rahmenbedingungen auch für die öffentliche Hand.

Ausnahme „Daseinsvorsorge": In der aktuellen Diskussion werden nicht zuletzt von deutscher Seite unter dem Stichwort „Daseinsvorsorge" bzw. „Dienstleistungen von allgemeinem wirtschaftlichem Interesse" Ausnahmen für soziale Dienstleistungen von den Gemeinschaftsbestimmungen gefordert, wenn die Leistungen und ihre Finanzierung schon dem gemeinschaftlichen Binnenmarkt- und Wettbewerbsrecht unterworfen werden. Das geschieht unter Hinweis darauf, dass im sozialen Bereich viele Aufgaben eben nicht über den Markt lösbar seien, insbes. hinsichtlich der notwendigen Qualität und der langfristigen Versorgungssicherheit. Die Daseinsvorsorge-Debatte hat in Europa seit den 1990er Jahren an Schwung gewonnen. Hierbei geht es darum, denjenigen Wirtschaftsbereichen, denen eine herausragende Bedeutung für die Versorgung der Bevölkerung beigemessen wird und in denen der Markt nur ein unzureichendes Angebot bereitstellt, einen besonderen Status im Hinblick auf die EU-Regeln zuzubilligen. Historisch bedingt sind die divergierenden Auffassungen der EU-Mitgliedstaaten zur inhaltlichen Abgrenzung und zu dem als notwendig erachteten Ausmaß der Dienstleistungen von allgemeinem wirtschaftlichem Interesse. Darin und in den ungleichen nationalstaatlichen Fortschritten bei der „Marktöffnung" der vorher oft abgeschotteten Bereiche liegen wesentliche Ursachen für die vehement geführte Diskussion, die massive wirtschaftliche Interessen berührt, überkommene national geprägte Leistungserbringungssysteme in Frage stellt und zu Teilen eine Neubestimmung des Verhältnisses von Staat und Markt verlangte.

Da aber die Regelverfahren zur Finanzierung sozialer Leistungen wie die Entgeltverträge und das Zuwendungsrecht weitgehend diskriminierungsfrei und transparent ausgestaltet sind und somit auch ausländischen Anbietern gleiche Chancen bieten, ergibt sich kein Veränderungsdruck, wie er zunächst befürchtet wurde. Heute werden in Art. 14 AEUV der Stellenwert der Dienste von allgemeinem wirtschaftlichem Interesse im Kontext der gemeinsamen Werte der EU und im Protokoll Nr. 26 zu den EU-Verträgen die Besonderheiten dieser Dienste gewürdigt. Das Konzept der EU war bislang sehr von den Erfahrungen bei der Liberalisierung solcher Bereiche wie Telekommunikation oder Post geprägt und weniger von der Spezifik des sozialen Bereichs. In dem „Weißbuch zu Dienstleistungen von allgemeinem Interesse" (Mai 2004) behandelte die EU-Kommission die Sozial- und Gesundheitsdienstleistungen im Vergleich zu den vorherigen Mitteilungen zur Daseinsvorsorge zwar deutlich ausführlicher, lieferte aber nur wenige Klarstellungen. In der Mitteilung von November 2007 kündigte sie weitere Schritte auch in Bezug auf Sozialdienstleistungen an. Der Rat der Europäischen Union forderte die Kommission in seinen Schlussfolgerungen zum Thema „Sozialdienstleistungen von allgemeinem Interesse: Herzstück der europäischen Sozialmodells" noch im Dezember 2010 auf, die EU-Vorschriften mit dem Ziel erhöhter Rechtssicherheit zu präzisieren und bessere Hilfestellungen zur Unterscheidung der wirtschaftlichen von den nichtwirtschaftlichen Diensten von allgemeinem Interesse zu geben.

Nach dem EU-Recht können für Unternehmen, die Dienstleistungen von allgemeinem wirtschaftlichem Interesse erbringen, Ausnahmen von den sonst geltenden Regelungen zugelassen werden. Allerdings sind die Grenzen dafür eng gezogen: den betreffenden Unternehmen sind diese Aufgaben offiziell zu übertragen, die Bestimmungen der EU-Verträge müssen der Aufgabenerfüllung tatsächlich und rechtlich entgegenstehen und die Ausnahmen dürfen das Interesse an einem funktionierenden Binnenmarkt nicht behindern. Bei der Auslegung des so gesetzten Handlungsrahmens gehen die Meinungen der Kommission und der Mitgliedstaaten immer wieder auseinander. Dann greift der EuGH ein. Mit dem sog. Altmark-Urteil hat der EuGH im Juli 2003 eine richtungweisende Entscheidung zum Verhältnis von Dienstleistungen von allgemeinem wirtschaftlichem Interesse einerseits und Beihilfevorschriften andererseits getroffen (vgl. Urteil vom 24. Juli 2003 in der Rechtssache C-280/00, Altmark-Trans, Slg. 2003, I-7747). Er stellte ein Leistungsaustauschverhältnis zwischen Staat und Unternehmen für den Fall fest, dass ein Unternehmen vom Staat einen finanziellen Ausgleich erhält als Gegenleistung für die mit der Erfüllung des Daseinsvorsorgeauftrags entstandenen und nicht anderweitig gedeckten Kosten. Der Gerichtshof charakterisiert solche Daseinsvorsorgeleistungen als wirtschaftliche Tätigkeit, die dem Binnenmarkt- und Wettbewerbsrecht unterliegen. Die hierfür geleisteten staatlichen Ausgleichzahlungen seien nur dann keine wettbewerbswidrigen Beihilfen, wenn sie alle vier von den Europarichtern im Altmark-Urteil definierten Voraussetzungen erfüllten:

- das Unternehmen muss tatsächlich mit den gemeinwirtschaftlichen Verpflichtungen betraut sein, die klar zu formulieren sind,
- die Parameter für den staatlichen Ausgleich sind zuvor objektiv und transparent aufzustellen,
- der Ausgleich darf höchstens gleich sein den Kosten der gemeinwirtschaftlichen Verpflichtungen (abzüglich Einnahmen, zuzüglich angemessener Gewinn),
- sofern die Auswahl des Unternehmens nicht in einem ordentlichen Vergabeverfahren erfolgt, ist die Ausgleichshöhe zu bestimmen anhand der einem durchschnittlich guten Unternehmen entstehenden Kosten, jedoch nicht anhand der spezifischen Erfüllungskosten des vom Staat tatsächlich betrauten Unternehmens.

Auf dieser Grundlage entwickelte die EU-Kommission das sog. Monti-Paket, in welchem sie die beihilferechtliche Behandlung der Dienstleistungen von allgemeinem wirtschaftlichem Interesse erläutert. Damit wollte man bestehende Handlungsunsicherheiten bei staatlichen Stellen und Unternehmen abbauen sowie administrative Abläufe vereinfachen. Im Kern geht es darum, staatliche Ausgleichzahlungen für erbrachte Daseinsvorsorgeleistungen bis zu einer gewissen Höhe von der europäischen Beihilfekontrolle zu befreien. Dem folgend bestimmte die Kommission in ihrer im November 2005 verabschiedeten Freistellungsentscheidung (2005/842/EG), dass eine Beihilfe dann als vereinbar mit dem Gemeinschaftsrecht gilt und deshalb von der Anmeldepflicht in Brüssel freigestellt ist, wenn sie für das betreffende Unternehmen höchstens 30 Mio. Euro pro Jahr beträgt. Allerdings muss die Jahresumsatzsumme dieses Unternehmens aus den beiden vorangegangenen Jahren unterhalb 100 Mio. Euro liegen. Unter diesen Voraussetzungen handelt es sich nach Auffassung der Kommission um eine zulässige Beihilfe, da sie wegen ihrer geringen Höhe nicht dem Interesse der Union zuwider laufen kann. Darüber hinaus bezieht sich die Freistellungsentscheidung u. a. auf Ausgleichzahlungen für Krankenhäuser sowie Flug- und Schiffsverbindungen. In dem ebenfalls zum Monti-Paket gehörenden Gemeinschaftsrahmen (2005/C 297/04) legt die Kommission dar, unter welchen Bedingungen die Ausgleichszahlungen für Dienstleistungen von allgemeinem wirtschaftlichem Interesse, die wegen ihres Umfangs nicht unter die Freistellungsregelung fallen, als vereinbar mit dem Gemeinschaftsrecht eingestuft werden können. Durch das Monti-Paket können die beihilferechtlichen Risiken für staatliche Zahlungen an Unternehmen im sozialen Bereich deutlich reduziert werden. Voraussetzung ist, dass es sich um Dienstleistungen von allgemeinem wirtschaftlichem Interesse handelt. D. h., es muss sich um wirtschaftliche Tätigkeiten handeln und diese müssen im Vergleich zu anderen Wirtschaftstätigkeiten besondere Merkmale aufweisen, die eine Bevorzugung der ausgewählten Marktteilnehmer im EU-Binnenmarkt rechtfertigen. In der Mitteilung 2012/C 8/02 hat die Kommission ausführlich zur Sonderstellung der Daseinsvorsorge im Beihilferecht Stellung genommen und die Anwendungsregeln präzisiert. Sie sieht die Daseinsvorsorge als Ausdruck europäischer Werte und als Instrumente für sozialen und territorialen Zusammenhalt. In einer Konsultation zum Beihilferecht wurden 2014 die Ausnahmeregeln für die Daseinsvorsorge bestätigt. Dabei sind auch auf Intervention von DGB und BAGFW wieder Kosten von Ausbildungsteilnehmern als beihilfefähige berücksichtigt worden.

Perspektiven: Die wesentlichen Konflikte zwischen Binnenmarktrecht und deutschem Sozialrecht sind in den letzten Jahren deutlich entschärft worden und die entsprechenden Signale sind nachhaltig in Brüssel angekommen. In den Regeln zu Ausschreibung und Vergabe befinden sich keine Pflichten, welche deutsche Stellen verpflichten, Finanzierungen in anderer Weise vorzunehmen, als sie durch das Sozialgesetzbuch vorgegeben sind. Die Allgemeine Gruppenfreistellungsverordnung (aktuell: AGVO Nr. 651/2014 v. 17. 6. 2014) stellt das deutsche Sozial- und Gesundheitswesen im Ergebnis von der Beihilfekontrolle frei. Sie stellt bestimmte soziale Aktivitäten von der Notifizierung/Anmeldepflicht frei (VO (EG) Nr. 994/98). Bereits tatbestandlich liegt keine Beihilfe vor, wenn ein Anbieter der Daseinsvorsorge innerhalb von drei Jahren nicht mehr als 500 000 Euro öffentlicher Gelder erhält (De Minimis-Regelung). Mit dem 1. 1. 2014 gilt die EU-Verordnung Nr. 1407/2013 v. 18. 12. 2013, die auf der Basis der Art. 107 und 108 AEUV erlassen wurde. Die vorher geltenden Regeln wurden bis auf eine weitreichende Änderung übernommen: Gemäß Art. 2 Abs. 2d der EU-VO 1407/2013 gelten nunmehr verbundene Unternehmen innerhalb eines EU-Landes als „ein einziges Unternehmen“ (vgl. auch Erwägungsgrund 4 in dieser VO). Die Verordnungen 1407/2013 und 1408/2013 gelten bis zum 31. 12. 2020.

Die schwellenwertunabhängige Freistellung von Ausgleichsleistungen für Dienstleistungen in allgemeinem wirtschaftlichem Interesse (DAWI) gilt nicht nur für den Krankenhaussektor, sondern nunmehr u. a. auch für den Bereich der Langzeitpflege sowie weitere im Rechtsakt aufgeführte Sozialdienstleistungen (Art. 2 Abs. 1 c).

Neben den genannten Ausnahmen sind u. U. auch nur lokal wirksame Subventionstatbestände (Orientierungshilfe KOM v. 29. 4. 2015) oder „bestehende Beihilfen“ freigestellt, die bereits vor den römischen Verträgen Vergünstigungen oder besondere Förderungen genossen, wie etwa die Jugendherbergen. Der deutsche Staat hat aber darauf zu achten, dass für die Förderung besonderer gemeinnütziger Ziele und von Zielen des SGB auch ausreichende gesetzliche Grundlagen bestehen und dass die geförderten Institutionen in der Praxis auch die Gemeinwohlziele etwa der Jugendarbeit des SGB VIII verfolgen. Die EU-Kommission will die Beihilfekontrolle zwar grundsätzlich nur auf Fälle besonders starker Auswirkungen auf den Binnenmarkt konzentrieren. Eine grundlegende Änderung im Unionsrecht dahingehend, dass Sozialleistungen wirtschaftlicher Art generell von den EU-Binnenmarkt- und Wettbewerbsbestimmungen künftig auszunehmen sind, ist aber auch aufgrund der Vielfalt der Sozialsysteme nicht in Sicht. Die aktuelle Diskussion dreht sich im Wesentlichen nicht mehr um die Frage ob, sondern darum, inwieweit und zu welchen Bedingungen Dienstleistungen in der Sozialen Arbeit den EU-Binnenmarkt- und Wettbewerbsvorschriften unterliegen. In Deutschland stärken die Leistungserbringer ihre Wettbewerbsfähigkeit, um ihre Positionen in der härter werdenden Konkurrenz zu verbessern.

Eine offene Frage betrifft den Bereich der *Gemeinnützigkeit.* Sie ist bisher kein Ausnahme-Kriterium des EU-Rechts von den Binnenmarktregeln. Ob Vergünstigungen zulässig sind, prüft das EU-Recht anhand der Frage, ob die öffentliche Hand sich so verhalten hat, wie ein marktwirtschaftlich handelnder Wirtschaftsbeteiligter sich in ähnlicher Lage verhalten hätte (EUGH v. 20.8.2008). Solche Kriterien erfassen natürlich nur schwer das demokratisch, gesellschaftspolitisch, teilhabetheoretisch und historisch verankerte Institut der Gemeinnützigkeit. Bisher wurden in den Vergünstigungen keine selektive Maßnahme und keine Beihilfe gesehen, wenn sie auf allgemeinen und abstrakten gesetzlichen Regeln beruhen. Dies dürfte im Ergebnis der zutreffende Ansatz auch für die Zukunft sein.

Die Forderung des Europäischen Wirtschafts- und Sozialausschusses (SOC 520) nach gemeinsamen Grundsätzen für Sozialsysteme, die Notwendigkeit einer stärkeren sozialen Gewichtung von Krisenmaßnahmen und die Ankündigung der Kommission im Jahr 2016, eine neue soziale Säule in der EU-Politik zu errichten, lassen erwarten, dass die soziale Dimension auch des Binnenmarktes künftig stärkeres Gewicht erhalten.

Bernd Schlüter
(bis zur 7. Auflage Manfred Schneider und Raul Skorubski)

Literatur

Social Policy in the European Union: state of play 2015, Eur. Trade Union Inst. 2015 ◆ Mitteilung der Kommission der Europäischen Gemeinschaften, KOM (2000) 580: Leistungen der Daseinsvorsoge in Europa ◆ DV: Stellungnahme des DV zu internationalen Freihandelsabkommen und sozialen Dienstleistungen v. 20.9.2014 (www.deutscher-verein.de/stellungnahmen) ◆ EU-kommission: Leitfaden zur Anwendung der Vorschriften der EU über staatliche Beihilfen … und insbes. auf Sozialdienstleistungen von allgemeinem Interesse v. 29.4.2013, SWD (2013)53 final/2 (www.ec.europa.de) ◆ J. Münder/A. von Boetticher ◆ Gemeinnützigkeit und Gemeinschaftsrecht. Vereinbarkeit der Gemeinnützigkeitsförderung mit dem europäischen Beihilferecht am Beispiel sozialer Dienstleistungen, in: BBJ CONSULT INFO I 2003 ◆ Mitteilung der Kommission KOM (2004) 374: Weißbuch zu Dienstleistungen von allgemeinem Interesse ◆ Der europäische Binnenmarkt und die Jugendhilfe in Deutschland – ein Überblick, in: BBJ CONSULT INFO IV 2007 ◆ Mitteilung der Kommission KOM (2007) 725: Dienstleistungen von allgemeinem Interesse unter Einschluss von Sozialdienstleistungen: Europas neues Engagement – Begleitdokument zu der Mitteilung „Ein Binnenmarkt für das Europa des 21. Jahrhunderts" ◆ T. Eyßzell: Beendet das neue EU-Vergaberecht die korporatistische Tradition kommunaler Sozialpolitik?, in: NDV 9/2015 ◆ Mitteilung der Kommission KOM (2011) 146: Sozialdienstleistungen von allgemeinem Interesse: Herzstück des europäischen Sozialmodells ◆ Schlussfolgerungen des Rates vom 6./7.12.2010 (Dokument Nr. 17566/10) ◆ B. Schlüter (Berichterstatter): Vorentwurf einer Stellungnahme der Fachgruppe Beschäftigung, Sozialfragen, Unionsbürgerschaft zum Thema „Grundsätze wirksamer und verlässlicher Sozialsysteme", Europ. Wirtschafts- und Sozialausschuss 2015 (SOC/520) B. Schlüter: Kinder- und Jugendhilfe zwischen Gemeinnützigkeit und Markt im grenzüberschreitenden Wettbewerb, in: FORUM Jugendhilfe 2/2009, 16–22.

Wissenschaftstheorien

Darüber, was unter Wissenschaft im Allgemeinen verstanden wird, gibt es unterschiedliche Auffassungen, die sich teilweise prinzipiell, teilweise lediglich graduell unterscheiden. Wissenschaft ist ein (begründetes, gesichertes) System von Erkenntnissen zu einem Sachverhalt in Form von Theorien, Hypothesen und Gesetzmäßigkeiten, die überprüfbar sein müssen. In der Suche nach Erkenntnis und „Verstehen" der Wirklichkeit sind W. eng mit Erkenntnistheorien verbunden. Ein zentrales Themengebiet von W. ist sowohl die kritische Prüfung als auch die Begründung solcher Auffassungen. Folgt man dem wissenschaftlichen Anspruch, systematisch zusammenhängenden Aussagen mit rationalen Begründungen intersubjektive Geltung zu verleihen, so ist die Frage, auf welche Art und Weise wissenschaftliche Aussagen zustande kommen, ein weiteres zentrales Gebiet der W.

Wissenschaftstheorien – Begriff und Problem

Metatheoretische Interessen: W. können verstanden werden als die Frage nach dem Selbstverständnis von Wissenschaft. Eine W. ist demnach die Selbstbeschreibung von Wissenschaft. W., die mit einem derart reflexiven Verständnis betrieben wird, lässt sich als Metatheorie der Wissenschaft, als Wissenschaft der Wissenschaft bezeichnen.

Schwerpunkte der Forschung sind hier wissenschaftshistorische und wissenschaftssoziologische Analysen sowie die kritische Auseinandersetzung mit der Selbstrechtfertigung von Wissenschaft.

Forschungspraktisch-instrumentelle Interessen: W. können als Frage nach den Verfahren von Wissenschaft verstanden werden. Dieses forschungspraktisch-instrumentelle Interesse geht der Frage nach, wie wissenschaftliches Wissen generiert wird. W., die mit diesem Vorverständnis betrieben werden, möchten erklären, wie Wissenschaft das erreicht, was sie für erfolgreiche Forschung hält. Es handelt sich im Kern also um methodologische Überlegungen. Hier wurden im 20. Jh. eine Vielzahl von Ansätzen entwickelt, die ihren Ursprung in einer historisch weiter zurückreichenden Unterscheidung zwischen verstehenden und erklärenden Wissenschaften haben.

Wissenschaftstheorie in der Sozialen Arbeit

Für die SozArb lassen sich wissenschaftstheoretische Reflexionen im Wesentlichen erst ab ihrer Installierung an HS feststellen. Obwohl seit Anfang des 20. Jh. Fragen der SozArb von einzelnen Personen an Universitäten bearbeitet wurden, kann man von einer erfolgreichen Implementierung der SozArb an HS letztlich erst ab 1969 sprechen mit der Einrichtung des Diplomstudiengangs Päd. und der Studienrichtung SozPäd an Universitäten und Pädagogischen Hochschulen bzw. ab 1970/71 mit der Höherstufung früherer „Höherer FS“ zu FHS mit Studiengängen für SozArb/SozPäd *(Ausbildung, Sozialarbeitswissenschaft, Theorie der Sozialarbeit/Sozialpädagogik).*

Theoriebildung: Der Schwerpunkt der wissenschaftstheoretischen Debatten in der SozArb liegt ganz eindeutig im Themenbereich der Selbstbeschreibung (Theoriebildung) sowie des eigenen Selbstverständnisses als Wissenschaft. Verlaufen die Theoriedebatten anfänglich noch in den geebneten Spuren wissenschaftstheoretischer Schulen (in Orientierung etwa an der Kritischen Theorie, des Kritischen Rationalismus, einer erfahrungswissenschaftlich aufgeklärten Hermeneutik oder auch materialistischer Theorien), so orientiert sich die jüngere Theoriebildung an postmodernen, systemtheoretischen oder konstruktivistischen Positionen. Ein neuerer wissenschaftstheoretisch begründeter Vorschlag, sich mit dem Charakter von SozPäd als Wissenschaft auseinander zu setzen, stammt von Dewe/Otto (2015). Sie zielen auf die Unterscheidung sozialpädagogischer Wissensformen und die Herausbildung einer kognitiven Identität der Disziplin (vgl. kritisch zusammenfassend zur Theoriediskussion Rauschenbach/Züchner 2002 und Lambers 2015).

Ein weiterer Strang der Selbstbeschreibung, der eher pragmatisch orientiert ist, dokumentiert sich in aktuellen Lexika, Hand- und Wörterbüchern.

Methodologie: Methodologische Fragestellungen und Auseinandersetzungen nehmen demgegenüber in der SozArb einen vergleichsweise spärlichen Raum ein. Darauf zielen Rauschenbach/Thole (1998), wenn sie die rhetorische Frage stellen, ob denn SozPäd ein Fach ohne Forschungskultur sei. Zwar verneinen sie diese Frage, konstatieren allerdings, dass ein forschungspraktischer take off der SozPäd erst seit wenigen Jahrzehnten und auch eher zögerlich vonstatten gehe. Gleichwohl mag dies mit ein Grund dafür sein, dass sozialpädagogische Forschung im Hinblick auf ihre methodologische Grundlagen einen pragmatischen Umgang mit den gängigen quantitativen wie qualitativen Methoden sozialwissenschaftlicher *empirischer Sozialforschung* pflegt. Vergleichsweise wenig entwickelt ist in diesem Kontext die historische Forschung, die erst in jüngster Zeit an Aufmerksamkeit gewinnt, allerdings ohne bislang methodologische Probleme konkret ins Auge zu fassen.

Aktuelle wissenschaftstheoretische Fragen in der Sozialen Arbeit

Sozialarbeitswissenschaft: Die v. a. in den 1990er Jahren intensiv geführte Debatte um die Entwicklung einer eigenständigen *Sozialarbeitswissenschaft* hat – neben ihren wissenschaftspolitischen Implikationen – die wissenschaftstheoretische Frage nach Genese und Status dieser Wissenschaft aufgeworfen. Offen und strittig blieb bislang sowohl ihr Verhältnis zur wissenschaftlichen SozPäd sowie zu anderen Sozialwissenschaften wie etwa *Soziologie* oder *Psychologie.*

Begriffsklärungen: Die Begriffe Sozialarbeit, Sozialpädagogik sowie *Soziale Arbeit* werden im fachwissenschaftlichen Diskurs sowohl synonym als auch mit unterschiedlicher Bedeutung benutzt. Eine systematische wissenschaftstheoretische Reflexion dieses Sachverhalts ist erst in Ansätzen und im Rückgriff auf historische Entwicklungen sichtbar (Merten 1998).

Disziplin und Profession: Die wie selbstverständlich in den fachwissenschaftlichen Diskurs der SozArb übernommene Differenz von Disziplin und Profession ist unter wissenschaftstheoretischen Gesichtspunkten noch nicht ausgelotet. Wechselwirkungen und Abhängigkeiten zwischen Disziplin und Profession sind in ihrer Konsequenz für SozArb als Wissenschaft erst in Ansätzen beschrieben (Gängler 2002).

Offen bleibt schließlich die Frage nach der wissenschaftstheoretischen Reflexion normativer Positionen innerhalb der Theoriebildung SozArb.

Hans Gängler

Literatur

B. Birgmeier/E. Mäkrel: Wissenschaftliche Grundlagen der Sozialen Arbeit, Schwalbach/Ts. 2011 ◆ B. Dewe/H.-U. Otto: Wissenschaftstheorie, in: H. Thiersch/H.-U. Otto (Hrsg.), Handbuch Sozialarbeit/Sozialpädagogik, München [5]2015, 1855 ff. ◆ V. Dreier: Elemente und Perspektiven der modernen Wissenschaftstheorie, Berlin 2016 ◆ H. Gängler: „Nicht ohne einander". Disziplin und Profession im Prozess der Formierung der Sozialen Arbeit als Wissenschaft, in: J. Schulze-Krüdener/H. G. Homfeldt/R. Merten (Hrsg.): Mehr Wissen – mehr Können?, Hohengehren 2002, 3–28 ◆ M. Költing/S. Borrmann/H. Effinger/S. Gahleitner: Soziale Wirklichkeiten in der Sozialen Arbeit wahrnehmen – analysieren – intervenieren, Leverkusen 2014 ◆ H. Lambers: Theorien der Sozialen Arbeit, München [2]2015 ◆ R. Merten (Hrsg.): Sozialarbeit – Sozialpädagogik – Soziale Arbeit. Begriffsbestimmungen in einem unübersichtlichen Feld, Freiburg i.Br. 1998 ◆ Th. Rauschenbach/W. Thole: Sozialpädagogische Forschung, Weinheim/München 1998 ◆ Th. Rauschenbach/I. Züchner: Theorie der Sozialen Arbeit, in: W. Thole: Grundriss Soziale Arbeit, Opladen [4]2012, 151 ff.

Wohlfahrtsverbände

Wohlfahrtsverbände als Spitzenverbände der freien Wohlfahrtspflege

W. gelten als staatlich anerkannte Spitzenverbände der „freien Wohlfahrtspflege", zu unterscheiden von der „öffentlichen Wohlfahrtspflege" durch hoheitliche, z.B. kommunale Leistungsträger *(Träger der Sozialen Arbeit, Verwaltung, öffentliche).* Sie werden auch als „private" oder „freigemeinnützige" Vereinigungen bezeichnet. Vergleichbare Zusammenschlüsse werden in der angloamerikanischen Literatur voluntary, nongovernmental oder non-profit organizations genannt und dem independent oder third sector (Dritter Sektor) zugerechnet. Der sog. ‚Dritte Sektor' bündelt neben dem ‚Ersten Sektor' (dem Markt) und dem ‚Zweiten Sektor (den staatlich/kommunal organisierten öffentlichen Diensten) alle zivilgesellschaftlich bedeutsamen Aktivitäten, also neben den Wohlfahrtsverbänden eine Vielzahl nichtstaatlicher, auf Freiwilligkeit und *Bürgerschaftlichem Engagement* basierende Organisationen, die ebenfalls soziale Ziele verfolgen: in Deutschland auch als Nonprofit- oder Intermediärer Sektor bezeichnet (Simsa u. a. 2013).

In Abgrenzung gegenüber der informellen Sphäre (u. a. *Familie, Netzwerke, soziale*) und den formellen Sektoren (Staat und Markt) gelten auch die WFV als intermediäre Hilfe- und Dienstleistungsorganisationen. In der BAG der Freien Wohlfahrtspflege (BAGFW) sind folgende Spitzenverbände vertreten: Arbeiterwohlfahrt (AWO), Deutscher Caritasverband (DCV), Der Paritätische – Gesamtverband (DPW), Deutsches Rotes Kreuz (DRK), Diakonisches Werk der Evangelischen Kirche in Deutschland (DW der EKD) – vormals: Innere Mission (IM) und Hilfswerk der Evangelischen Kirche in Deutschland (HW) – und Zentralwohlfahrtsstelle der Juden in Deutschland (ZWSt).

Als Spitzenverband weist ein W. folgende Merkmale auf: „Er muss seine Tätigkeit über das ganze Bundesgebiet erstrecken. Er muss sich grundsätzlich auf dem gesamten Gebiet der Wohlfahrtspflege betätigen *(Soziale Arbeit).* Er und die ihm angeschlossenen Organisationen und Einrichtungen müssen von der gleichen ideellen Zielsetzung getragen werden. Zwischen ihm und den angeschlossenen Organisationen muss eine organische Verbindung bestehen ... Er muss insgesamt und durch die Bedeutung der in ihm zusammengeschlossenen Organisationen und Einrichtungen die Gewähr für eine stetige, umfassende und fachlich qualifizierte Arbeit sowie für eine gesicherte Verwaltung bieten" (§ 1 der Satzung der BAGFW).

Die W. sind historisch gewachsen. Sie verfügen aufgrund ihrer Geschichte über ein ideologisches Selbstverständnis, das teilweise auf ihre weltanschauliche Herkunft zurückgeht, sowie über spezifische Strukturen, Organisationsformen und Finanzierungsweisen *(Finanzierung freier Träger der Sozialen Arbeit, Spenden).* Als Träger sozialregulativer Aktivitäten und Dienstleistungen sind sie auf den verschiedenen Gebieten der Reproduktion der Gesellschaft tätig. Sie nehmen die „intermediäre Funktion" der Vermittlung sich widersprechender Interessen und Logiken wahr.

W

Zur Entwicklung der Wohlfahrtsverbände

In der *Geschichte der Sozialarbeit/Sozialpädagogik* wurden die W. – meist in der Folge von politisch-ökonomischen Krisen oder militärischen Niederlagen – als institutionelle Zusammenfassung von z.T. schon lange auf lokaler und regionaler Ebene bestehenden Vereinigungen zum Zweck der gemeinsamen Interessenvertretung auf nationaler bzw. Reichsebene gegründet: In den Jahren der bürgerlichen Revolution 1848/49 der Centralausschuss für die innere Mission der Deutschen Evangelischen Kirche durch Johann Hinrich Wichern (1808–1881); 1897 der seit Mitte des 19. Jh. von katholischen Sozialpolitikern geforderte Caritas-Verband für das katholische Deutschland durch Lorenz Werthmann (1858–1921); die Zentralwohlfahrtsstelle der deutschen Juden 1917 während des 1. Weltkrieges; danach 1919 der Hauptausschuss für AWO als ein organisatorischer Teil der SPD durch Marie Juchacz (1879–1956); 1921 das Deutsche Rote Kreuz, das u.a. auf national-patriotische Gesellschaften, auf die in den Jahren zwischen 1863 und 1866 entstandenen Deutschen Vereine zur Pflege im Felde verwundeter Krieger und die Deutschen Frauenvereine vom Roten Kreuz sowie auf das 1869 gegründete Zentralkomitee der deutschen Landesvereine vom Roten Kreuz zurückreichte; 1920 die Vereinigung der freien privaten gemeinnützigen Kranken- und Pflegeanstalten Deutschlands, welche sich 1924 als Fünfter Wohlfahrtsverband konstituiert und 1930 zum Paritätischen Wohlfahrtsverband umbenannt hatte. In den 1920er Jahren bildeten die Spitzenverbände, mit Ausnahme des AW-Hauptausschusses der SPD, die Liga der Freien Wohlfahrtspflege. 1928 folgte als linker, kommunistisch orientierter Zusammenschluss die Bildung der Arbeitsgemeinschaft sozialpolitischer Organisationen (Arso), in der u.a. die Internationale Arbeiterhilfe (IAH), der Internationale Bund der Opfer von Krieg und Arbeit (IB), die Rote Hilfe (RH), der Rote Frauen- und Mädchen-Bund, der Kommunistische Jugendverband Deutschlands (KJVD), die KPD und sexualpolitische Organisationen vertreten waren.

Die Arso und ihre Mitgliedsorganisationen wurden nach der Nazi-Machtergreifung verboten und unterdrückt. Im Juli 1933 wurde auch die AW aufgelöst. Ihre Heime, Geschäftsstellen und Konten wurden beschlagnahmt und in die Verwaltung der Deutschen Arbeitsfront (DAF) übergeben. Gleichzeitig mit dem Verbot der Wohlfahrtsorganisation der Sozialdemokratie sowie der christlichen und kommunistischen Arbeiterbewegung wurde der jüdischen ZWSt die Anerkennung als Spitzenverband der Freien Wohlfahrtspflege entzogen. 1939 erfolgte die Zwangsauflösung der ZWSt durch Einverleibung in die von der NS-Regierung geschaffene Reichsvereinigung der Juden in Deutschland, deren Fürsorge-Abteilung 1943 ihre Arbeit einstellen musste. Auch der DPWV verlor 1933 die Eigenschaft als Spitzenverband. Er schloss sich zunächst korporativ der Nationalsozialistischen Volkswohlfahrt (NSV) an, um sich 1934 in die NSV aufzulösen. Im Verlauf der Kriegsvorbereitungen wurden beim DRK die Erste Hilfe und der Katastrophenschutz ausgebaut, während gleichzeitig die sozialen und Jugendaufgaben beschnitten wurden. 1937 unterstellte sich das DRK der Schirmherrschaft Adolf Hitlers. Mit Kriegsbeginn 1939 war die Transformation des DRK vom W. zum Kriegssanitätsdienst der Wehrmacht abgeschlossen *(Soziale Arbeit im Nationalsozialismus)*.

Nach dem 2. Weltkrieg 1945 erfolgte mit Billigung und Unterstützung der westlichen Besatzungsmächte zunächst die Wiedergründung des AWO-Hauptausschusses – nunmehr als parteipolitisch unabhängiger Verband, jedoch den Grundsätzen des demokratischen Sozialismus verpflichtet – und die „Neuorientierung" von DVC und Innere Mission/IM. Ebenfalls 1945 nahm die ZWSt die soziale Betreuung jüdischer Überlebender des Holocaust auf. 1945/46 kam es zur Bildung des Hilfswerks der EKD/HW, dessen Arbeit von ausländischen protestantischen Kirchen, v.a. von nordamerikanischen und skandinavischen, unterstützt wurde. 1957 wurde die Zusammenlegung von HW und IM zum heutigen DW eingeleitet und 1975 vollendet. 1948 konstituierte sich der DPW auf Bundesebene – auf Landesebene seit 1946 –, und 1950 wurde der Gesamtverband des DRK reorganisiert, nachdem es in der Nachkriegszeit zunächst in der russischen und später auch in der französischen Besatzungszone aufgelöst bzw. in der amerikanischen und der britischen Besatzungszone umorganisiert worden war. 1951 wurde das DRK von der westdeutschen BReg anerkannt, unter deren Verantwortung es seit 1956, außerhalb des eigentlichen Aufgabenbereichs als W., auch im ständigen Sanitätsdienst der Bundeswehr mitwirkt. Das 1946 in der sowjetischen Besatzungszone aufgelöste DRK wurde am 23.10.1952 als „DRK der DDR" wieder gegründet (zur Rolle der Verbändewohlfahrt in der SBZ/DDR s. *Soziale Arbeit in der DDR*).

Hilfetradition und Ideologie

Auf die weltanschauliche Herkunft der konfessionellen W. verweisend, ist das Prinzip der *Subsidia-*

W

rität, das im Verhältnis von W. und Staat letzterem eine nachrangig-unterstützende Rolle zuweist, von grundsätzlicher Bedeutung für das Selbstverständnis der deutschen W. Das spezifische Subsidiaritätsdenken der katholischen Soziallehre bestimmt insbesondere die Hilfeideologie des DCV *(Soziallehre, christliche).* Das DW versteht sich vom Inhalt und Ziel seines, aus der evangelischen Sozialethik begründeten „christlichen Liebesdienstes" her als Funktion und „Sozialgestalt" der Kirche mit der Aufgabensetzung, „die diakonisch-missionarische Arbeit zu planen und zu fördern und dadurch zu helfen, Christi Liebe in Wort und Tat zu verkünden". Im Unterschied zu den konfessionellen W. beruft sich das DRK auf Grundsätze wie Menschlichkeit, Unparteilichkeit, Neutralität, Unabhängigkeit, Freiwilligkeit, Einheit und Universalität. Der DPW anerkennt im Wesentlichen die Prinzipien des Humanismus, der Liberalität, der Parität und der Selbsthilfe. Die AWO pflegt aufgrund ihrer Entstehungsgeschichte und infolge ihrer Mitgliederzusammensetzung sozialdemokratische Reformhoffnungen *(Solidarität).* Die Rechtfertigung ideologischer Nuancen und der institutionellen Uneinheitlichkeit schöpfen die W. aus dem Grundsatz des Pluralismus und aus dem im Sozial- bzw. Kinder- und Jugendhilferecht verankerten „Wahlrecht der Hilfesuchenden". Eine Reihe von Problemen der W. wird aus der Diskrepanz begründet, die sich feststellen lässt im Verhältnis ihrer Grundsätze und ideologischen Wertorientierungen einerseits zu ihrer faktischen sozialpolitischen Funktion *(Sozialwirtschaft)* sowie zu den entsprechenden Strukturen und Organisationsformen *(Sozialmanagement)* andererseits. Außerdem wird das ideologische Selbstverständnis der W., ihre weltanschauliche Corporate Identity, u. a. durch das fachlich-professionelle Selbstverständnis ihrer Mitarbeiter *(Professionalisierung, Soziale Berufe)* z. T. überlagert, z. T. ersetzt.

Interessant zur Entwicklung der WFV ist ein Vergleich ihrer Selbstdarstellungen von 1990 (‚Die gesellschaftlichen Grundpositionen der WFV', in: TuP 3/1990) und dem Schwerpunktheft ‚Die Zukunft der freien Wohlfahrtspflege 2013' (in: Archiv für Wissenschaft und Praxis der sozialen Arbeit 2/2013).

Strukturen und Organisationsformen

Die W. weisen nach innen und außen vielfältige Strukturen auf. Die Binnenstruktur orientiert sich am System der regionalen und lokalen Verbandsgliederung (Landes-, Bezirks-, Kreis-, Stadtverbände) sowie am Prinzip der Fachlichkeit. Eine horizontale Verknüpfung der einzelnen W. erfolgt auf den verschiedenen Ebenen der Verbandsgliederung in *Arbeitsgemeinschaften,* zentral in der 1948 gegründeten AG der Spitzenverbände der Freien Wohlfahrtspflege, die 1962 in Bundesarbeitsgemeinschaft der Freien Wohlfahrtspflege (BAGFW) umbenannt wurde. Die Spitzenverbände sind ferner in überörtlichen Fachgremien (z. B. AGJ, Deutscher Verein für öffentliche und private Fürsorge) vertreten. Außerdem sind sie vertikal mit verschiedenen Organisationen der Europäischen und Internationalen Sozialarbeit verbunden (vgl. detailliert: *Anhang I/E-Europa*).

Mit Ausnahme der Basis, an der die W. eigentliche Mitgliederzusammenschlüsse von natürlichen und nur z. T. auch juristischen Personen bilden, sind die W. auf den übrigen Ebenen der Verbandsgliederung vornehmlich Vereinigungen von juristisch-vereinsrechtlicher Art *(Organisationsrecht).* Den Spitzenverbänden gehören ebenso Schwesternschaften (Schwesternschaft vom Roten Kreuz, Caritasschwesternschaft) und Krankenpflegeverbände an, wie auch Jugendorganisationen (z. B. Jugendwerk der AWO, Jugendrotkreuz, *Jugendverbände*), ferner eigenständige überregionale Wohlfahrtsorganisationen (u. a. Dt. Blindenbund, Dt. Krebshilfe, Dt. Studentenwerk, Bundeswehr-Sozialwerk, VdK, Pro Familia im DPW). Im DCV zusammengeschlossen sind neben den Diözesancaritasverbänden zentrale katholische Fachverbände (z. B. Sozialdienst kath. Frauen, Sozialdienst kath. Männer, Malteserhilfswerk), Vereinigungen katholischer Einrichtungen (z. B. Verband der kath. Altenhilfe, Verband kath. Tageseinrichtungen für Kinder, Kath. Krankenhausverband) und überdiözesan tätige caritative Ordensgemeinschaften. Mitglieder im DW sind die Evangelische Kirche in Deutschland (EKD), die Freikirchen (u. a. die Heilsarmee), frei- und gliedkirchliche Werke, Fachverbände, Vereinigungen, Einrichtungen, Mutterhäuser und Diakonissenanstalten. Zu den Mitgliedern des DPW gehören auf lokaler und Landesebene viele Selbsthilfegruppen, Initiativen und Projekte *(Selbsthilfe/ Selbstorganisation).* Die W. sind ferner Mitglieder im Deutschen Müttergenesungswerk. Sie sind in der Deutschen Krankenhausgesellschaft und der BAG der Werkstätten für behinderte Menschen mit vertreten.

Mitarbeiter (Beschäftigte)

Bei den W. sind 1 673 861 hauptamtl. MitarbeiterInnen beschäftigt, davon etwa 57 % (946 167) auf Teilzeitbasis. Als teilzeitbeschäftigt gilt, wer mit weniger als 100 % der tariflich vereinbarten Wochenarbeitszeit beschäftigt ist. Über die hauptamtlich Beschäftigten hinaus sind zahlreiche Mitarbeitende auf Honorarbasis oder in einem Ausbildungsverhältnis tätig (nach: BAGFW 2014). Das Beschäftigungsverhältnis basiert auf tarifvertraglichen Bestimmungen (AWO) und Arbeitsvertragsregelungen, die dem TVöD nachgebildet sind, allerdings immer wieder mit bes. Regelungen aufgrund der speziellen Position des einzelnen WFV. So gelten in den konfessionellen Einrichtungen für die Mitarbeitervertretung gesonderte arbeitsrechtliche Bedingungen. Während die MitarbeiterInnen in zahlreichen ständischen Berufsverbänden, von denen eine Reihe konfessionell ausgerichtet ist, zusammengeschlossen sind, ist der gewerkschaftliche Organisationsgrad *(Gewerkschaften)* gering. Die Zahl der Bürgerinnen und Bürger, die sich freiwillig und ehrenamtlich in der Freien Wohlfahrtspflege, ihren Hilfswerken und Initiativen sowie den ihnen angeschlossenen Selbsthilfegruppen sozial engagieren, wird auf 2.5 bis 3 Mio geschätzt (BAGFW 2014) (s. auch *Freiwilligendienste*).

Dienstleistungen

Die W. weisen ein breites Spektrum sozialregulativer Aktivitäten im Reproduktionsbereich auf: in der Kleinkind- und Vorschulerziehung *(Kinderhort, Kinderkrippe/n, Tageseinrichtungen für Kinder)*, in der *Jugendarbeit* und der *Heimerziehung*, im Krankenhauswesen *(Sozialdienst im Krankenhaus)* und der *Psychiatrie*, in der *Straffälligenhilfe*, der *Altenhilfe*, der *Behindertenhilfe*, in der SozArb mit Arbeitslosen *(Arbeitslosigkeit)*, *„Randgruppen"* und Minderheiten, *Trebegängern (Ausreißer)* und Wohnungslosen *(Obdachlosenhilfe, Wohnungslosenhilfe)*, mit Aussiedlern, Asylbewerbern, Migranten sowie ausländischen Arbeitern und deren Familien *(Aussiedlerinnen/Aussiedler/Ausländerinnen/Ausländer, Migration und Integration)*. Die Tätigkeiten der W. umfassen die verschiedensten Formen und *Methoden der Sozialarbeit/Sozialpädagogik*. Trotz zu beobachtender Ansätze einer arbeitsteiligen Spezialisierung – z.B. beim DRK durch die hauptsächliche Wahrnehmung von Aufgaben des Krankentransports, des Rettungs- und Suchdienstes – ergeben sich aus den vielfältigen Engagements und aus parallelen Aktivitäten Probleme des Managements *(Sozialmanagement)*, der Koordination und der *Planung*, z.B. auch im Bereich der *Jugendhilfeplanung*.

Einrichtungen und Dienste

Die von W. betriebenen Einrichtungen beziehen sich auf drei zu unterscheidende Arbeitsfelder: (a) Familienhilfe und -ersatz mit Angeboten familienpflegerischer *(Familienberatung)* und generationsspezifischer Dienste *(Altenhilfe, Kinder- und Jugendhilfe)*, (b) Soziale Gefährdetenhilfe, d.h. personenbezogene Angebote *(Gefährdung)* mit dem Ziel, soziale Integration oder Resozialisierung zu fördern; (c) Gesundheitswesen *(Gesundheitshilfe)*, *Behindertenhilfe* und *Rehabilitation und die Aus-*, Fort- und *Weiterbildung* (zusammen rd. 105 295 Einrichtungen und Dienste mit ca. 3,7 Mio. Plätzen/Betten (BAG 2014).

Theoriebildung und Forschung

Nach dem 2. Weltkrieg waren es die beiden christlichen Kirchen mit ihren W., die als erste auf die Massennotstände antworten konnten. In den westlichen Besatzungszonen wurden die übrigen W. aus der Zeit der WR, mit Ausnahme der kommunistischen, wieder zugelassen und gefördert. Sie waren bestrebt, ihre frühere Stellung wieder zu erlangen, zu festigen und auszubauen. Die westdeutsche Forschung sah in den W. zunächst keine gesonderte Verbandskategorie und ordnete sie in den 1950er Jahren den kirchlichen bzw. parteipolitischen Großverbänden zu. Erst allmählich wurde erkannt, dass sich die W. von Zusammenschlüssen privater Wohltätigkeit zur systematischen, großräumig organisierten „freien Wohlfahrtspflege" fortentwickelt hatten. In den 1960er Jahren wurden sie deshalb als Verbände im Sozialen Bereich eingestuft. Ihre Funktion wurde darin gesehen, organisiert die eigenen bzw. die sozialen Interessen ihrer *Klientinnen* und der Hilfebedürftigen gegenüber dem Staat zu vertreten und diesen dabei in seiner Umverteilungsfunktion anzusprechen. Die einzige empirische Untersuchung der sozialpolitischen Umverteilungsrolle der W. in jener Zeit scheiterte jedoch an Informationshürden seitens der W. Ein erster kritischer Versuch Ende der 1960er Jahre stellte die Legitimation der W.-Aktivitäten aufgrund materieller gesellschaftlicher Not in Frage und behauptete das Selbsterhaltungsinteresse der W. als treibendes Motiv. Im Gegensatz zur Position des „Etatozentrismus" in der Verbändeforschung (Bauer 1978), die das Verhältnis der Verbände zum Staat und ihren Einfluss auf ihn in den Mittelpunkt stellte, wurden Ende der 1970er Jahre die Interessen der von den W. betreuten „Klienten" thematisiert und die mediatisierende Funktion der W. theoretisch konzeptualisiert. Demnach kommt den W. die für den Bestand des *Sozialstaats* wichtige Aufgabe zu, kollektive Forderungen durch Partialisierung zu verhindern. Ein weiterer Strang der Forschung widmete sich unter dem Stichwort „Neokorporatismus" den wechselseitig institutionalisierten Beziehungen und der zunehmenden Arbeitsteilung zwischen staatlichen Organen und W. Die theoretische Kritik an den W. findet seit Beginn der 1980er Jahre öffentliche Resonanz und praktische Ergänzung. Letztere hatte v. a. in der Selbsthilfe-Bewegung ihren Ort: Diese verstand sich u. a. als Kritik an der „Domänenpolitik" der W, an den mangelnden Partizipationsmöglichkeiten und an der fehlenden Sensibilität der W. gegenüber neuen sozialen Problemen *(Selbsthilfe/Selbstorganisation).* In der Öffentlichkeit hat die Diskussion über die Krise des Sozialstaats die Frage nach der Leistungsfähigkeit der W. aufgeworfen, die sich u. a. aufgrund der *Professionalisierung* und der Abhängigkeit von staatlicher Planung und Finanzierung mit einer abnehmenden Akzeptanz seitens der Bevölkerung auseinander setzen mussten und müssen. Mit dem Popularitätsverlust einher ging eine Lockerung der Bindungen zwischen Wohlfahrtsarbeit und gesellschaftlichen Milieus im Umfeld der Kirchen und *Parteien.* Diese Situation verschärfte sich aufgrund eines neuen Finanzierungs- und Steuerungsregimes – verknüpft mit Forderungen nach mehr Wettbewerb und Effizienz sowie mit Konzepten des New Public Managements und der Public Private Partnership (*Verwaltungsmodernisierung* – von der Subsidiarität über den Korporatismus zum Markt, Münder 1998/Moos/Klug 2009 und Moos/Peters 2015) – und bildete für die W. den Anlass, ihren Status neu zu bestimmen. Ansatzpunkte dafür ergaben sich im Rahmen der gesellschaftlichen Diskurse über ihre Anwaltsfunktion gegen *Armut* und *Arbeitslosigkeit,* ihre Rolle als „Dienstleistungsunternehmen", als „Jobmaschine", als zivilgesellschaftliche Agenturen für das *Bürgerschaftliche Engagement.* Die W. sehen sich gegenwärtig einer Vielzahl von Herausforderungen gegenüber, die sich – ungeachtet ökonomischer und demografischer Faktoren im einzelstaatlichen Kontext – aus den sozioökonomischen Entwicklungen in der EU und den Folgen der Globalisierung ergeben.

Die Literaturlage zum Komplex Träger der Sozialen Arbeit insgesamt und der WFV in besonderem ist allerdings immer noch „als verhalten" zu kennzeichnen (Kreft 2015, 455). Nur Merchel 2008 und zuletzt Boeßenecker/Vilian 2013 habe aktuellere Gesamteinführungen vorgelegt.

Rudolph Bauer

Literatur

BAGFW (Hrsg.): Gesamtstatistik der Einrichtungen der Freien Wohlfahrtspflege, Stand 1. 1. 2012, Berlin 2014 ◆ R. Bauer: Wohlfahrtsverbände in der Bundesrepublik, Weinheim 1978 ◆ K.-H. Boeßenecker/M. Vilian: Spitzenverbände der Freien Wohlfahrtspflege in der BRD, Weinheim/Basel [2]2013 ◆ F. Boll/Th. Olk (Hrsg.): Selbsthilfe und Wohlfahrtsverbände, Freiburg 1986 ◆ R. G. Heinze (Hrsg.): Neue Subsidiarität. Leitidee für eine zukünftige Sozialpolitik? Opladen 1986 ◆ R. G. Heinze/Th. Olk: Die Wohlfahrtsverbände im System sozialer Dienstleistungsproduktion. Zur Entstehung und Struktur der bundesrepublikanischen Verbändewohlfahrt, in: Kölner Zeitschrift für Soziologie und Sozialpsychologie 1/1981, 94–114 ◆ S. Hering/K. Schilde (Hrsg.): Die Rote Hilfe, Opladen 2003 ◆ P. Herrmann (Ed./Hrsg.): European Services of General Interest/Europäische Daseinsvorsorge, Baden-Baden 2002 ◆ M. Jüster: Die verfehlte Modernisierung der Freien Wohlfahrtspflege, Baden-Baden 2015 ◆ D. Kreft: Wie geht es der Kinder- und Jugendhilfe? Eine Literaturrecherche, in: uj 11+12/2015, 450–463 ◆ J. Merchel: Trägerstrukturen in der Sozialen Arbeit. Eine Einführung, Weinheim/München [2]2008 ◆ G. Moos/W. Klug: Basiswissen Wohlfahrtsverbände, München 2009 ◆ G. Moos/A. Peters: BWL für soziale Berufe, München/Basel [2]2015 ◆J. Münder: Von der Subsidiarität über den Korporatismus zum Markt, in: np 3/1998, 3 ff. ◆ A. Ottnand/St. Wahl/M. Miegel: Zwischen Markt und Mildtätigkeit, München 2000 ◆ Th. Rauschenbach/Ch. Sachße/Th. Olk (Hrsg.): Von der Wertgemeinschaft zum Dienstleistungsunternehmen, Frankfurt/M. 1995 ◆ W. Reutter/P. Rütters (Hrsg.): Verbände und Verbandssysteme in Westeuropa, Opladen 2001 ◆ W. Seibel: Funktionaler Dilettantismus, Baden-Baden [2]1994 ◆ R. Simsa/M. Meyer/C. Badelt (Hrsg.): Handbuch Nonprofit-Organisationen, Stuttgart [5]2013 ◆ B. Steinäcker: Volkssolidarität. In: Sozialwirtschaft 2/2006, 13 ff.

Link

www.bagfw.de

Wohnen (Wohnungsversorgung, Wohnungspolitik)

Wohnen gehört zu den grundlegenden Bedürfnissen des Menschen, das Vorhandensein einer adäquaten Wohnung ist Voraussetzung für ein selbstbestimmtes, gelingendes Leben. Die Unverletzlichkeit der Wohnung ist ein Grundrecht (Art. 13 GG).

In vielen Bereichen der SozArb spielt die Versorgung mit angemessenem Wohnraum eine zentrale Rolle: Die Zielgruppe der SozArb ist tendenziell der „ärmere Teil“ der Bevölkerung, und für diesen stellt sich sehr oft die existenzielle Frage nach bezahlbarem Wohnraum. In vielen Handlungsfeldern und bei vielen Zielgruppen der SozArb wird dieses Thema daher immer wieder eine Rolle spielen. Kenntnisse über Wohnungspolitik, Mechanismen des Wohnungsmarktes, Instrumente der Wohnungsversorgung (Sozialwohnungsvergabe, *Wohngeld*) und lokale Strukturen (örtliche Wohnungsbauträger, Planungsprozesse) sind in der sozialarbeiterischen Praxis deshalb besonders wichtig.

Wohnbedarfe

Veränderungen in der Gesellschaft bewirken Veränderungen bei den Wohnbedarfen der Bevölkerung. Als erstes ist hier der demografische Wandel anzuführen, der schon jetzt zu einem steigenden Anteil älterer Menschen in der Bevölkerung führt. Maßnahmen für „altengerechtes Wohnen“, sei es der Erhalt der angestammten Wohnung so lange wie möglich, sei es die Schaffung neuer, seniorengerechter Wohnmodelle, spielen schon lange eine zentrale Rolle in der wohnungspolitischen und in der sozialpolitischen Diskussion. Aber auch andere gesellschaftliche Veränderungen führen zu veränderten Wohnbedarfen, z.B. neue Familienformen, die Tendenz zu Singlehaushalten und zunehmende berufliche Mobilität. Das betrifft v.a. qualitative Ansprüche an die Wohnungen (Größe, Zuschnitt, Ausstattung, Flexibilität).

Lange Zeit wurde angenommen, dass der Bedarf an Wohnungen in der BRD quantitativ in der überschaubaren Zukunft nicht nennenswert wachsen würde. Seit der Wiedervereinigung blieb die Bevölkerungszahl unverändert bei knapp über 80 Mio. Das ist seit kurzem komplett anders zu sehen: Die Verfestigung eines Bevölkerungsteils, der von *Armut* bedroht oder betroffen ist (in deutschen Großstädten ca. ein Fünftel der Bevölkerung und mehr) und enorme Migrationsprozesse (Zuwanderung von Flüchtlingen und Asylsuchenden) machen deutlich, dass der Bedarf an preiswerten Wohnungen, d.h. Wohnungen, die mit geringem Einkommen bezahlbar sind oder den Richtwerten der Kosten der Unterkunft nach dem SGB II und dem SGB XII entsprechen, in nächster Zukunft immens steigen wird. Die Befriedigung des Wohnbedarfs, nicht nur für die Flüchtlinge, die im Land bleiben werden, sondern für alle Angehörigen der unteren Einkommensgruppen, wird eine der größten gesellschaftlichen und politischen Herausforderungen der nächsten Dekade werden.

In diesem Zusammenhang ist auf eine deutliche räumliche Ungleichverteilung der Wohnbedarfe und der mit ihrer Befriedigung zusammenhängenden Probleme hinzuweisen: Es gibt nach wie vor große Unterschiede zwischen den neuen und den alten BL; während in den neuen BL in manchen Gebieten noch immer Wohnungsleerstände zu finden sind, gibt es in vielen Städten im Westen, v.a. in Großstädten und ihren Ballungsräumen, bereits Anzeichen von Wohnungsnot. Es sind v.a. preiswerte Wohnungen, die fehlen. Ein weiterer regionaler Unterschied besteht generell zwischen Städten und ländlichen Gebieten. Während in ländlichen Gebieten Wohneigentum vorherrscht und der Bedarf i.d.R. gut gedeckt ist, konzentrieren sich Probleme der Wohnungsversorgung in Deutschland auf die Städte, und hier insbes. auf den Mietwohnungsmarkt.

Wohnungspolitik

Wohnungspolitik ist Aufgabe des Bundes, der den gesetzlichen Rahmen dafür vorgibt (*Baugesetzbuch*, Wohnbauförderungsgesetz) und der Länder, die u.a. für die Verteilung und von (Bundes-)Fördermitteln zuständig sind. Eine große Rolle spielte die Wohnungspolitik naturgemäß in der Zeit des Wiederaufbaus nach dem 2. Weltkrieg und in der Zeit des „Wirtschaftswunders“ bis zum Beginn der 1980er Jahre. Dabei ist es der durchgängige Grundgedanke der deutschen Wohnungspolitik, die Wohnungsversorgung dem privatwirtschaftlich dominierten Markt zu überlassen, wohnungspolitische Instrumente sind denn auch vor allem Instrumente zur Beeinflussung von Marktbedingungen. Zur Förderung von Wohnungseigentum gibt es steuerliche Anreize; die Förderung von (preiswerten) Mietwohnungen lief klassischerweise über die öffentliche Objektförderung der Gestehungskosten (sozialer Wohnungsbau). Daneben treten die Instrumente der individuellen Subjektförderung (Wohngeld, Kosten der Unterkunft nach dem SGB II und dem SGB XII).

Nach den 1980er Jahren hat Wohnungspolitik in der BRD dramatisch an Bedeutung verloren, äußeres Zeichen dafür ist das Verschwinden des BMBau als eigenständiges Ressort seit 1999.

V.a. der öffentlich geförderte Wohnungsbau wurde in den letzten drei Dekaden massiv heruntergefahren, die Förderbedingungen wurden zunehmend unattraktiv. Dazu kam eine lang anhaltende Niedrigzinsphase auf dem Kapitalmarkt, die der öffentlichen Förderung für die meisten Wohnungsbauträger die Anreizwirkung vollends nahm. Infolge dieser Entwicklung entstanden kaum noch neue Sozialwohnungen, während der vorhandene Bestand zugleich rapide rückläufig war und ist, weil die Belegungsbindung – i. d. R. nach 40 Jahren – bei älteren Wohnungen ausläuft. In den letzten fünfzehn Jahren hat sich der Bestand an öffentlich geförderten, belegungsgebundenen Wohnungen in den Städten mehr als halbiert. Bis 2020 werden 3,1 Mio. Wohnungen aus der Sozialbindung gefallen sein.

Erst in jüngster Zeit wird von der Politik in Bund und Ländern das Problem einer anbrechenden Wohnungsnot für einkommensschwächere Gruppen erkannt und gegengesteuert. Im Koalitionsvertrag der großen Koalition wurden 2013 erste Maßnahmen festgeschrieben (Mietpreisbremse, Reform des Wohngelds, Wiederaufnahme von Stadterneuerungsprozessen) und inzwischen gesetzlich festgeschrieben. Die Zuwanderung von EU-Bürgern sowie die Aufnahme von mehr als 1 Mio. Flüchtlingen und Asylsuchenden 2015 beschleunigte die „Wiederbelebung" staatlicher Wohnungspolitik. In den BL werden aktuell zahlreiche Sonderprogramme aufgelegt, mit denen öffentlich geförderte Wohnungen schnell und in möglichst großer Zahl (mit einfachen Qualitätsanforderungen) entstehen sollen. Das Bundesinstitut für Bau-, Stadt und Raumforschung (BBSR) rechnet in einer Studie mit einem jährlichen Wohnungsbedarf von 272 Tsd. Wohnungen im Jahr bis 2020. Nach dem Kabinettsbeschluss im März 2016 sollen pro Jahr 358 000 neue Wohnungen entstehen, v. a. durch die Bereitstellung von Bauland, durch die Erleichterung von „Nachverdichtungen" in bestehenden Wohngebieten, durch steuerliche Anreize und die Vereinfachung von Bauvoschriften. Im sozialen Wohnungsbau sind 80 000 Wohungen geplant.

Wohnungsversorgung in den Städten

Angesichts der dargestellten Rahmenbedingungen von großem Bedarf an preiswertem Wohnraum in den Städten einerseits und einer gerade wiederbelebten staatlichen Wohnungspolitik andererseits stellt sich die Frage nach den Handlungsmöglichkeiten und Notwendigkeiten vor Ort, die sich daraus ergeben und in die sich die SozArb einmischen muss, wenn die Wohnungsversorgung einkommensschwacher Bevölkerungsgruppen gelingen soll *(Einmischungsstrategie).*

Kommunale und ehemals gemeinnützige Wohnungsunternehmen aktivieren

Es ist immer davon auszugehen, dass die Wohnungsversorgung hierzulande unter Marktbedingungen erfolgen muss. Um wenigstens als Akteur auf dem Markt vertreten zu sein und Steuerungs- und Einflussmöglichkeiten zu haben, gründeten deutsche Kommunen zum Teil schon in den 1920er Jahren des letzten Jh. und danach in der Wiederaufbauzeit nach dem 2. Weltkrieg, kommunale Wohnungsunternehmen. Diese kommunalen „Töchter" wurden lange Zeit eher nicht beachtet, zum Teil auch zur Sanierung der Stadtfinanzen privatisiert. Sie werden derzeit als Instrument einer gesteuerten, sozial verträglichen Wohnungsversorgung wiederentdeckt, ebenso wie die ehemals gemeinnützigen Wohnungsbaugesellschaften und Genossenschaften, die einen historischen sozialen Versorgungsauftrag hatten, der neuerlich wieder aufgegriffen werden kann. Es ist die Aufgabe der kommunalen Sozial- und Wohnungspolitik, Einfluss auf diese vorhandenen Bauträger auszuüben und Neubauprojekte auch im öffentlich geförderten Sektor anzustoßen. Auch die Möglichkeit, notwendige Infrastruktur im Wohnumfeld (Kindertagesstätten, Schulen, Begegnungsstätten) im Auftrag der Kommune zu schaffen, sollte dabei vorgesehen werden.

Neue Formen fördern

In den letzten Jahren haben sich neue Formen des sozial orientierten Wohnungsbaus entwickelt, z. B. wurden an manchen Orten neue Genossenschaften gegründet, die ein bestimmtes definiertes Ziel verwirklichen wollen (Mehrgenerationenwohnen, Wohnprojekte für Alleinerziehende, selbstbestimmtes Wohnen im Alter u. a. m.). Freie Baugruppen versuchen, Wohnungseigentum selbstbestimmt und zu erschwinglichen Preisen zu entwickeln. Diese und andere Formen sollten vor Ort unterstützt und gefördert werden, z. B. durch Beratung, Vermittlung von Grundstücken etc.

Bauleitplanung und Flächenmanagement

Die Stadtplanung kann und muss im Sinne der Schaffung von Wohnraum aktiviert werden, z. B. im Rahmen der Flächennutzungs- und Bebauungsplanung oder durch Ausweisen von Baugebieten nach § 34 BauGB. Dabei konkurriert das Interesse, Wohnraum zu schaffen, stets mit anderen, für die städtische Infrastruktur ebenfalls wichtigen Interessen wie Gewerbeansiedlung, Verkehr, Grünflächen. In diesem stadtplanerischen Aushandlungsprozess ist in der Vergangenheit das Thema Wohnen nicht immer angemessen berücksichtigt worden. Das wird sich – nicht zuletzt durch die Einmischung der Akteure der kommunalen Sozialpolitik – in den nächsten Jahren ändern.

Stadterneuerung wiederentdecken

Die öffentlich geförderte *Stadterneuerung,* z.B. Projekte der „Sozialen Stadt", ist ebenfalls im letzten Jahrzehnt weitgehend zum Erliegen gekommen, nicht zuletzt auch wegen stark zurückgefahrener Fördermittel in diesem Bereich. Auch hier zeichnet sich eine Wende ab, die BReg. plant eine Wiederbelebung von Stadterneuerungsprozessen.

Dabei ist allerdings darauf zu achten, dass Stadterneuerung nicht dazu führt, dass die Mieten *(Mietrecht)* in den betroffenen Quartieren nach aufwändiger Sanierung für die angestammte Bewohnerschaft nicht mehr finanzierbar sind (Gentrifizierung). Ziel der Stadterneuerung muss nicht nur die bauliche und strukturelle Erneuerung eines Quartiers sein, sondern auch der Erhalt einer gemischten Bevölkerungsstruktur im Quartier.

Programme für besondere Zielgruppen

Es gibt in allen Kommunen besondere Zielgruppen, die sich besonders schwer tun, auf dem freien, aber auch auf dem belegungsgebundenen Wohnungsmarkt eine angemessene Wohnung zu finden. Dazu zählen Menschen mit Behinderung, Senioren mit kleiner Rente, Alleinerziehende, kinderreiche Familien, Familien mit Migrationshintergrund und obdachlose Haushalte.

Die Schaffung vieler neuer, preiswerter Wohnungen mithilfe der skizzierten staatlichen und kommunalen wohnungspolitischen Maßnahmen würde es zwar diesen Gruppen auch erleichtern, Wohnraum zu finden.

Dennoch ist es sinnvoll, für bestimmte Zielgruppen Sonderprogramme aufzulegen, z.B. indem gezielt ein Anteil an barrierefreien Wohnungen in einem Bauprojekt vorgeschrieben wird, um Menschen mit Körperbehinderung versorgen zu können. Auch durch den Kauf von Belegungsrechten im Bestand eines Bauträgers könnte zur Wohnraumversorgung von einkommensschwachen Bevölkerungsgruppen beigetragen werden.

Dieter Maly

Literatur

DStT (Hrsg.): Wohnen in der Stadt – Zukunft sichern, Köln 2003 ◆ Deutsche Akademie für Städtebau und Landesplanung (Hrsg.): Stadt zum Wohnen – Wohnen in der Stadt, Berlin 1999 ◆ E.v. Einem (Hrsg.): Wohnen. Markt in Schieflage – Politik in Not, Berlin 2016 ◆ I. Flagge (Hrsg.): Geschichte des Wohnens 1945 – heute, Stuttgart 1999 ◆ Häußermann/W. Siebel: Soziologie des Wohnens, Weinheim/München 2000 ◆ S. Kofner, Wohnungsmarkt und Wohnungswirtschaft, Berlin 2004, Schader-Stiftung (Hrsg.): Wohnungspolitik in Deutschland. Positionen – Akteure – Instrumente, Darmstadt 2004.

Links

www.bmub.de
www.bbsr.de

Wohngeld

W. ist ein von Bund und Ländern je zur Hälfte getragener, staatlicher Zuschuss zu den Kosten für Wohnraum an diejenigen, die sich *Wohnen* aus eigenem Einkommen ohne finanzielle Unterstützung nicht oder nur eingeschränkt leisten können. W. dient der wirtschaftlichen Sicherung angemessenen und familiengerechten Wohnens. Rechtliche Grundlage ist das Wohngeldgesetz (WoGG) in der ursprünglichen Fassung vom 14.12.1970. Das WoGG wurde in den vergangenen Jahrzehnten allerdings mehrfach geändert, zuletzt im Rahmen einer großen Reform zum 01.01.2016.

Rechtsanspruch auf Wohngeld

Mieter von Wohnraum, das kann eine Wohnung oder auch nur ein Zimmer sein, haben einen Rechtsanspruch auf W. als Mietzuschuss, Eigentümer eines Hauses oder einer Wohnung auf W. als Lastenzuschuss, wenn der Eigentümer den Wohnraum selbst bewohnt. Ob und in welcher Höhe ein Anspruch auf W. besteht, ist von der Zahl der zum Haushalt gehörenden Familienmitglieder, von der Höhe des Gesamteinkommens und der Höhe der zuschussfähigen Miete bzw. Belastung abhängig.

Zu den zum Haushalt gehörenden Familienmitgliedern zählen neben Ehegatten und Kindern (einschließlich Adoptiv- und Pflegekinder) auch alle anderen Verwandten und Verschwägerten wie Geschwister, Onkel, Tanten, Großeltern und Schwiegereltern. Eine vorübergehende Abwesenheit eines Familienmitgliedes, z.B. durch einen Krankenhausaufenthalt oder durch die Aufnahme eines auswärtigen Studiums, hat keine Auswirkungen auf die Wohngeldleistung. Nicht dazu gehören Personen, die zwar in der gleichen Wohnung leben, aber nicht verwandt oder verschwägert sind, v.a. also Mitglieder in Wohngemeinschaften.

Durch die im Sozialrecht vorgenommen Änderungen (SGB II und SGB XII) kam es zum 1. 1. 2005 auch im W. zu tief greifenden Einschnitten (§ 7 WoGG). Für Empfänger von Transferleistungen (u. a. *Grundsicherung für Arbeitsuchende,* Sozialgeld, Grundsicherung im Alter und bei Erwerbsminderung, Grundleistungen nach dem Asylbewerberleistungsgesetz) ist der Anspruch auf W. ausgeschlossen ebenso wie der besondere Mietzuschuss (das sog. pauschalierte W.) für *Sozialhilfe*bezieher und Kriegsopfer abgeschafft wurde. Für diese Personengruppen werden Leistungen für Unterkunft und Heizung in der tatsächlichen Höhe (soweit diese angemessen ist) von den Kommunen erbracht. Dafür zuständig sind Jobcenter (SGB II) und Sozialämter (SGB XII).

Wohngeldhöhe

Die Berechnung der Wohngeldhöhe richtet sich nach dem Gesamteinkommen, d. h. nach dem Jahreseinkommen (§ 14WoGG) aller zum Haushalt zu rechnenden Familienmitglieder. Zur Berechnungsformel der Wohngeldhöhe gibt es im WoGG spezielle Vorschriften (§ 19 WoGG). Jahreseinkommen ist im Sinne des WoGG die Summe der positiven Einkünfte nach § 2, Abs. 1 und 2 des Einkommensteuergesetzes. Im Übrigen gibt es einen Katalog einzeln aufgeführter Einnahmen, die zusätzlich berücksichtigt werden. Vom Jahreseinkommen abgesetzt werden Pauschalbeträge für Sozialversicherungen und Steuern sowie Freibeträge für Familienmitglieder (Kinder) und besondere Personengruppen (schwer behinderte Familienmitglieder), gesetzliche Unterhaltsverpflichtungen werden ebenfalls berücksichtigt.

Das Berechnungsschema zum Wohngeldanspruch unterscheidet sich deutlich von dem für Leistungen nach SGB II oder SGB XII. Das führt nicht nur bei den Anspruchsberechtigten, sondern auch bei der notwendigen Abgrenzung zu anderen finanziellen Hilfen zu undurchsichtig und kompliziert erscheinenden Verfahren.

Die Höhe der zuschussfähigen Miete bezieht sich grundsätzlich auf die Kaltmiete einschließlich der Mietnebenkosten – aber v. a. ohne Kosten für die Heizung und Warmwasser. Die zuschussfähige Miete richtet sich nach der Zahl der Familienmitglieder und dem örtlichen Mietpreisniveau (Mietstufe).

Die Höhe des Lastenzuschusses bei Haus- oder Wohnungseigentümern richtet sich anstelle der Mieten nach den Haus- (v. a. Kapitalkosten wie Zins und Tilgung) und Bewirtschaftungskosten.

Um W. zu erhalten, bedarf es eines Antrags bei den örtlich zuständigen Wohngeldstellen. Die Bewilligung von W. erfolgt i. d. R. für ein Jahr und ist danach erneut zu beantragen. Erhebliche Änderungen des Einkommens oder der Familiensituation, die zu einer Erhöhung oder Verringerung des W. führen können, sind unverzüglich anzuzeigen.

Wichtigste Änderungen des Wohngeldes 2016

- Erhöhung der Wohngeldleistung
- Erhöhung der Miet- und Belastungshöchstbeträge
- Neuregelung des Freibetrags für Alleinerziehende
- Änderung des Taschengeldfreibetrags
- Veränderung des Wohngelds jetzt in Ein-Euro-Schritten
- Änderung des Freibetrags für Menschen mit Behinderung

Ingrid Mielenz

Literatur

BMVBS: Wohngeld- und Mietenbericht 2014, Berlin 2015 • BMAS: Soziale Sicherung im Überblick, Stand Januar 2015, Berlin 2015.

Link

www.bmvbs.de mit Informationen zum Wohngeld als PDF-Datei

Wohnungslosenhilfe

Begriff und Handlungsansätze

Wohnungslosenhilfe (WH) ist innerhalb der sozialen Dienste ein Teilbereich der *Obdachlosenhilfe.* Die Ansätze der WH. richten sich dabei an die spezifische Zielgruppe jener Menschen, die tatsächlich keine Verfügungsmöglichkeit über eigenen oder zugewiesenen Wohnraum haben. Beim Versuch, diese Zielgruppe zu beschreiben, stößt man auf eine ganze Reihe unterschiedlicher Begrifflichkeiten, die teilweise synonym gebraucht werden (Nichtsesshafte, allein stehende Wohnungslose), teilweise aber auch (subkulturell abgegrenzte) Untergruppen bezeichnen (Stadtstreicher, Treber, Sandler, Berber, Penner etc.).

Gemeinsames Merkmal aller Wohnungslosen ist, dass sie die Endphase eines Prozesses sozialer Desintegration erreicht haben – eines Prozesses mit zwar individuell unterschiedlichen Auslösern, Einflussgrößen und Verlaufsgeschwindigkeiten, aber eben mit dem Endergebnis der Wohnungslosigkeit. In ihrer idealtypischen, jedermann aus eigenem Augenschein bekannten Form ist Wohnungslosigkeit als „Leben auf der Straße“ zu beschreiben: Männer und Frauen jeder Altersgruppe, die, meist in Gruppen oder Grüppchen, die Tage in Parkanlagen oder Fußgängerzonen der Städte verbringen, ihre Habe oft in Plastiktüten mit sich führend, und die Nächte buchstäblich unter freiem Himmel, auf Parkbänken, Lüftungsschächten oder unter Brücken zubringen. Die BAG Wohnungslosenhilfe schätzte die Zahl der Wohnungslosen in ihrer Jahresschätzung 2004 bundesweit auf ca. 20 000 Personen. Die Tendenz ist nach vorübergehender Entspannung in den letzen 5 Jahren wieder stark steigend: Die BAG W ging für 2012 von 26 000, für 2014 schon von 39 000 betroffenen Personen in Deutschland aus.

Muster öffentlicher Reaktionen

Auf diese sichtbare Ausprägung der Wohnungslosigkeit folgen regelmäßig drei ebenso typische Reaktionsmuster der öffentlichen und veröffentlichten Meinung (und infolgedessen auch der Kommunalpolitik):

- die Abhandlung des Themas in Law-and-Order-Manier, d. h. mit Forderungen und Konzepten, das Stadtbild von „solchen Elementen“ zu befreien. Die Stammtischparole von den „Arbeitshäusern“, die man hierfür nur einzurichten brauche, wirkt bis hinein in die Kommunalparlamente.
- Daneben gibt es das genauso unstimmige und unreflektierte Gegenstück zu dieser Sichtweise, die romantisierende These vom „Clochard“, der das Leben außerhalb der bürgerlichen Gesellschaft freiwillig und bewusst gewählt hat und eine eigene Art von Würde in *Armut,* aber in Freiheit von allen Konventionen, gefunden hat.
- Zudem wiederholen sich jährlich zu Beginn der Kälteperiode in den seriösen Medien die Berichte über das Schicksal der Wohnungslosen im Winter, die Betroffenheit und nicht selten auch Hilfsbereitschaft (in Form von Spenden) hervorrufen sollen.

Eine weitergehende, analytische Beschäftigung mit dem Phänomen der Wohnungslosigkeit findet außerhalb der eng begrenzten Fachöffentlichkeit der WH. so gut wie nicht statt. Diese Fachöffentlichkeit (v. a. die mit WH. beschäftigten Mitarbeiter der Wohlfahrtsverbände) hat sich in der BAG und auf Länderebene in den LAGs Wohnungslosenhilfe organisiert und versucht auf diese Weise, fachpolitische Lobbyarbeit für die Wohnungslosen und die WH. zu leisten.

Ursachen und Bedingungen der Wohnungslosigkeit

Für die Entwicklung von Ansätzen der WH. bedarf es einer gründlichen Beschäftigung mit den Ursachen und Bedingungen, die zu Wohnungslosigkeit führen. Dabei ist zum einen zu berücksichtigen, dass Wohnungslosigkeit quasi eine „verschärfte“ Form der Obdachlosigkeit darstellt (und umgekehrt Obdachlosigkeit bekämpfte bzw. verhinderte Wohnungslosigkeit ist), zum anderen ist der Prozesscharakter der Wohnungslosen-„Karriere“ zu beachten und zu analysieren.

Bei dieser Sichtweise wird deutlich, dass Wohnungslosigkeit das Endprodukt der gleichen gesellschaftlichen (Fehl-)Entwicklungen ist, die auch Obdachlosigkeit bewirken: Wichtigste Einflussgröße ist die Lage auf dem Wohnungsmarkt; die Obdachlosenzahlen und damit auch die Wohnungslosenzahlen sind direkt abhängig von der Fähigkeit des Marktes, die Nachfrage nach preiswertem Wohnraum zu befriedigen. Die Vergangenheit hat erwiesen, dass in diesem Sektor des Wohnungsmarktes in der BRD fast durchgängig eine Unterversorgungssituation vorherrscht; Phasen der relativen Entspannung sind selten und immer nur von kurzer Dauer. (s. auch den Beitrag *Obdachlosenhilfe*)

Parallel zu diesen Bewegungen des Wohnungsmarktes findet in der BRD ein Ausgrenzungs- und Verarmungsprozess statt, der auf immer breitere Bevölkerungsschichten übergreift. Ein „Sockel“ von 5–10 % Transferleistungsbeziehern ist seit Mitte der 1980er Jahre „normal“, dazu kommt eine unbekannte Anzahl von Kleinrentnern und Beziehern kleiner Arbeitseinkommen, die durch Überschuldung oder zu hohe Wohnungskosten unter die Armutsgrenze gedrückt werden. Aktuelle Berechnungen der Städtestatistiker ergeben eine Quote 20–25 % der (Groß-)Stadtbevölkerung in der BRD, die von Armut bedroht oder betroffen sind *(Schuldner- und Insolvenzberatung).*

Die Verbindung des angespannten Wohnungsmarktes mit dem skizzierten Verarmungsprozess „produziert“ Obdachlosigkeit und stellt somit auch das Bedingungsgefüge für das Entstehen von Wohnungslosigkeit dar (Iben 1989).

Nun ist zu fragen, warum die Obdachlosenhilfe nicht „flächendeckend“ greift, d. h. warum nicht alle Obdachlosen mit Unterkünften versorgt werden können. Dies ist offensichtlich kein Mengenproblem – die zusätzlichen Betten, um alle Wohnungslosen unterzubringen, könnte die Obdachlosenhilfe ohne große Probleme beschaffen bzw. sie besitzt diese Kapazitäten i. d. R. bereits, in Form von Asylen bzw. Notunterkünften, die im Winter bei Frostperioden auch regelmäßig aktiviert werden, um das Erfrieren von Wohnungslosen „auf der Straße" zu verhindern. Seit Ende des letzten Jahrzehnts gibt es neben dieser „hausgemachten" Wohnungslosigkeit eine neue, „untypische" Erscheinungsform. Es geht um Gruppen von Arbeitsmigranten aus neuen EU-Ländern, die zwar Niederlassungsfreiheit, aber noch keine Arbeitserlaubnis in der BRD haben. Seit 2011/2012 sind es vor allem Bulgaren und Rumänen, darunter viele Angehörige der ethnischen Minderheit der Roma, die ohne jede soziale Absicherung einreisen und auf Arbeit hoffen. Nicht wenige davon setzen für ihre Unterbringung ganz bewusst auf Einrichtungen der WH. (Asyle, Wärmestuben), die dafür jedoch nicht gedacht sind. Lösungen für diese Zuwanderer müssen v.a. auf EU-Ebene gefunden werden.

Unzureichende Angebote und Hilfen

Das Spektrum der Ansätze der Obdachlosenhilfe scheint für die Gruppe der Wohnungslosen nicht problemadäquat zu sein. Hierfür werden meist die Wohnungslosen selbst verantwortlich gemacht: Sie seien psychisch und sozial soweit destabilisiert und desintegriert, zudem fast durchgängig schwer alkoholabhängig *(Alkoholismus),* so dass sie die auf Reintegration zielenden Angebote der Obdachlosenhilfe nicht wahrnehmen wollen und können. Die Konzepte der WH. beschränken sich dementsprechend oft auf das „klassische" Asyl als moralisch gebotene Überlebenshilfe. Diese Argumentation ist mit Sicherheit zu undifferenziert, weil sie die verschiedenen Prozessbedingungen der „Wohnungslosenkarrieren" nicht berücksichtigt. Alleinstehende werden z.B. nicht nur deshalb schneller zu Wohnungslosen, weil sie sozial isoliert sind, sondern auch wegen der Familienorientierung der Obdachlosenhilfe, die bei allein stehenden Männern oft gar nicht erst große Anstrengungen unternimmt (in den Genuss der vorbeugenden Obdachlosenhilfe kommen fast ausschließlich Familien, die Unterbringung erfolgt bei Familien i.d.R. in Wohnungen, bei Alleinstehenden in Pensionen oder gleich im Asyl).

Bei Befragungen bzw. Fallstudien unter Wohnungslosen wird außerdem oft eine weitgehende Unkenntnis der vorhandenen – auch präventiven – Hilfsansätze festgestellt: Es gibt immer wieder Fälle, in denen die Betroffenen aus ihrer bürgerlichen Existenz heraus durch biographische Brüche (Verlust des Partners und/oder des Arbeitsplatzes) quasi „im freien Fall" an allen sozialen Diensten vorbei „auf der Straße" landen. Schließlich ist zu fragen, ob das Angebot der WH. nicht – orientiert an der Befindlichkeit ihrer Klientel – entspr. niedrigschwellig gestaltet werden kann.

Der Mangel an Hilfen liegt also keineswegs nur daran, dass sich Wohnungslose nicht helfen lassen wollen oder können; er liegt auch an der nicht adäquaten Ausgestaltung der Hilfen.

Neue Wege

Die Anforderungen an eine sinnvolle und zielgerichtete WH. lassen sich aus diesen Erkenntnissen ableiten:

- Es könnte sich lohnen, eine „präventive WH." zu entwickeln i.d.S., dass sich die Obdachlosenhilfe (und „benachbarte" soziale Dienste bis hin zum ASD) mehr als bisher auch erwachsenen Alleinstehenden zuwenden, was freilich ein Kapazitätsproblem mit sich bringt.
- Ebenfalls präventiv würden alle Anstrengungen wirken, das Netz der sozialen Dienste bekannter, transparenter, bürgernäher und leichter zugänglich zu machen – wer noch nie mit dem ASD oder der Obdachlosenhilfe zu tun hatte, der weiß nicht nur nicht, wo er diese Dienste findet, er weiß u.U. gar nichts von ihrer Existenz.
- Das wichtigste Stichwort bei der Entwicklung von WH. dürfte die Niedrigschwelligkeit der Hilfen sein. Diese ist beim Standardangebot der WH., den Asylen, weitgehend gegeben. Allerdings gibt es auch im Asylbetrieb häufig offene oder unterschwellige Erwartungen an die Klienten, bestimmte Verhaltensregeln einzuhalten und weiterreichende Angebote anzunehmen (dauerhafter Aufenthalt, Teilnahme an der „Arbeitstherapie" usw.), die manches Mitglied der Wohnungslosenszene von der Institution Asyl abhalten.
- Asylangebote dürften bundesweit flächendeckend und in ausreichender Anzahl vorhanden sein bzw. leicht einzurichten sein. Die Übernachtungsmöglichkeit allein reicht aber nicht aus, wenn die WH. das Ziel verfolgt, nicht nur das Überleben ihrer Klientel zu sichern, sondern auch Lebensperspektiven zusammen mit den Betroffenen zu entwickeln. Dann müssen die Übernachtungsangebote verknüpft sein mit ebenso niedrigschwelligen Tagesaufenthaltsräumen (Wärmestuben) mit Essensversorgung und – idealerweise – hygienischer und medizinischer Grundversorgungsmöglichkeit.
- Weitere sinnvolle Ansätze, allerdings in der Praxis der WH. noch kaum realisiert, wären *Streetwork* im Wohnungslosenbereich und Tagesjobangebote auf freiwilliger Basis (ohne den

Sanktionscharakter der Arbeitstherapien). Modellprojekte auf diesem Gebiet sind z. B. die von Wohnungslosen selbst produzierten und vertriebenen zahlreichen Stadtmagazine (z. B. „Motz“ in Berlin, „Hinz und Kunzt“ in Hamburg, „Biss“ in München und „Straßenkreuzer“ in Nürnberg).

- Schließlich wäre es ein mit Sicherheit spannendes Projekt, das Selbsthilfe- und Selbstorganisationspotenzial der Wohnungslosenszene einmal auszuloten, z. B. indem man einer Gruppe von Wohnungslosen entspr. ausgestattete Räume überlässt und diese selbst die Art der Nutzung und die Regeln des Zusammenlebens bestimmen können.

Dieter Maly

Literatur

E. Blum: Wem gehört die Stadt? Armut und Obdachlosigkeit in den Metropolen, Basel 1998 ◆ R. Donner: … und segne, was du uns bescheret hast. Obdachlos in Deutschland, Berlin 1993 ◆ S. Gillich: Wohnungslos – eine Sache der Definition, in: sozialmagazin 11/2010 ◆ S. Gillich/R. Keicher: Suppe, Beratung, Politik. Anforderungen an eine moderne Wohungsnotfallhilfe, Berlin 2016 ◆ R. Lutz/B. Stickelmann: Weglaufen und ohne Obdach. Kinder und Jugendliche in besonderen Lebenslagen, Weinheim 1999 ◆ R. Lutz/T. Simon: Lehrbuch der Wohnungslosenhilfe, Weinheim/Basel ²2012 ◆ N. Nothbaum u. a.: Problemlagen der Hilfesuchenden in der Wohnungslosenhilfe, Stuttgart 2004 (Evang. Obdachlosenhilfe e. V.) ◆ N. Preusser: ObDach, Weinheim/Basel 1993.

Weitere Literatur bei *Obdachlosenhilfe*.

Link

www.bagw.de

Z

Zeit

Zeit als soziale Kategorie

Im unreflektierten Alltagsverständnis wird Z. meist als physikalische Größe bzw. astronomisch vorgegebene Naturkonstante begriffen, die durch Gestirnsbewegungen, Hell-Dunkel-Rhythmus usw. zustande kommt und der (veralteten) Newtonschen Definition entspricht: „Die absolute, wahre und mathematische Zeit verfließt an sich und vermöge ihrer Natur gleichförmig und ohne Beziehung auf irgend einen anderen Gegenstand.“ Davon abweichende menschliche Wahrnehmungen (wie etwa die Empfindung von Endlosigkeit oder des „Vergehen wie im Fluge“) werden meist nur psychologisch interpretiert. Doch bereits Aristoteles lehrte, dass Z. nur in Verbindung mit „Seele“ auftritt und ihre Phasen erst dem menschlichen Verstand verdankt, womit das Verhältnis von vermeintlich „objektiver“ und „subjektiver“ Z., zwischen Natur und Mensch, schon früh zum erkenntnistheoretischen Problem der Philosophie wurde.

Auf den sozialen Ursprung von Z. verwies erstmals der französische Soziologe E. Durkheim 1912; ausgeführt wurde das Konzept 1937 – also ein Vierteljahrhundert später – von Sorokin/Merton, erweitert und modifiziert dann wieder u. a. von Elias 1974. Danach ist Z. keine Naturkonstante, sondern eine gesellschaftliche Konvention, eine soziale Ordnungsleistung – eine „Erfindung“ des Menschen bzw. ein Modus der kognitiven Organisation zur Bewältigung des Lebens. Z. wird durch soziale Ereignisse strukturiert und in Relation zu diesen Bezugspunkten gemessen. Sie ist eine qualitative Kategorie, deren Wert von Optionen und Handlungschancen abhängt, damit von Faktoren wie Eignung, Gelegenheit, Kontinuität, Konstanz, Ähnlichkeit, Planbarkeit. Über diese werden abstrakt gleiche Zeitquanten (wie die 24 Stunden des Tages) in sich und für verschiedene Menschen qualitativ ungleich. Damit wird die Kategorie der astronomischen Z. als nur eines von verschiedenen Zeitkonzepten für den Bereich der Sozialwissenschaften fundamental unzulänglich.

Zwar wird z. T. weiterhin in theoretischen Diskussionen noch gefragt: Gibt es eine Z. sui generis, hat sich die physikalische Z. aus der sozialen abgespaltet oder die soziale aus der physikalischen? Doch 100 Jahre nach der Erschütterung der Newtonschen Zeitdefinition durch Einsteins Relativitätstheorie (wonach sich Z. in einem System verlangsamt, das sich mit konstanter Geschwindigkeit wegbewegt [1905]), tendiert die wissenschaftliche Diskussion weitgehend zur Überwindung des unfruchtbaren Subjekt-Objekt-Dualismus und der falschen Dichotomien zwischen Natur und Gesellschaft. So werden auch die unterschiedlichen Dimensionen von Z. bzw. Zeitverständnis (objektiv/subjektiv, zyklisch/linear, qualitativ/quantitativ) mittlerweile in ein Konzept von „Multitemporalität“ integriert (Nowotny 1993).

Weiterführende Impulse hierzu liefern insbesondere geschlechtersensible, sozioökologische und Raum-Zeit-Dimensionen thematisierende Diskussions- und Forschungsansätze der letzten Jahre (so im deutschen Sprachraum das Tutzinger Projekt „Ökologie der Zeit" mit zahlreichen Veröffentlichungen seit 1991, der AK Raumzeitpolitik der Akademie für Raumforschung und Landesplanung (ARL) 2002 sowie die Deutsche Gesellschaft für Zeitpolitik (gegründet 2002).

Zur Genese und Entwicklung von Zeitsystemen

Alle Zeitsysteme können auf die Notwendigkeit zur Synchronisation und Koordination des kollektiven Lebens zurückgeführt werden und haben ihre Ursprünge in kultischen Zeremonien und Ritualen, jahreszeitlichen Festen, Jagden, Kriegszügen, Märkten, Stammeskonferenzen usw. Reicht in sog. „einfachen Gesellschaften", für lokale Zwecke und kleine, eng verflochtene Gruppierungen ein qualitatives Zeitsystem aus („wenn die Sonne untergeht", „solange der Reis kocht"), wird für expandierende Interaktionen bei unterschiedlichem geographischen, sozialen und kulturellen Hintergrund eine Art „Zeit-Esperanto" (Sorokin/Merton) erforderlich. Diese Funktion erfüllt das abstrakte Bezugssystem der astronomischen bzw. kalendarischen Z. und schließlich die Zeitmessung durch Uhren. Mit wachsender Größe und Verdichtung des Beziehungsgeflechts von Handel und Produktion, mit Verstädterung und Differenzierung sozialer Subsysteme, damit zunehmenden Koordinations- und Konsenserfordernissen verengt sich das Zeitraster – und verknappt sich die Z. (Luhmann 1968).

Die Entstehung und Funktionsweise von Zeitsystemen (sowie das dazugehörige Zeitbewusstsein) folgt also nicht einer naturwüchsigen Gesetzlichkeit, sondern ist wesentlich das Ergebnis der sozialen Organisation der Arbeit. In einem konflikthaften sozialen Prozess, eng gekoppelt an den ökonomischen, technischen und sozialen Wandel zwischen Spätmittelalter und Neuzeit (Ausbau des Handelskapitals und Kreditwesens, Steigerung der Warenproduktion und des Warenverkehrs, Entwicklung von Arbeitsteilung, Industriekapitalismus, protestantischer Ethik) hat sich die heutige moderne Zeitordnung herausgebildet. Bedeutete die Industrialisierung die Ablösung von natürlichen Rhythmen und die Einführung von linearer Uhrzeit, abstraktem Zeitverständnis und Zeitdisziplin in die Arbeitswelt, erzeugten im 19. Jh. der Telegraph und die Eisenbahn bis dahin unbekannte Notwendigkeiten zu landesweiter Zeitkoordination, formen inzwischen die Globalisierung der Märkte und des Informationsaustausches mittels neuer IKT Zeiterfahrung und kollektives Zeitbewusstsein um (z. B. die durch elektronische Medien und Hochgeschwindigkeitsverkehrssysteme vermittelte Illusion des Schrumpfens von Z. und Raum). Lineares bzw. abstraktes Zeitverständnis, eindimensional auf Zeitökonomie bezogene Produktivitäts- und Effektivitätskriterien sowie durchgängige Ökonomisierung und Zweckrationalisierung von Z. scheinen sich dabei auf alle Lebensbereiche ausgedehnt und nachgerade verselbständigt zu haben. Der durch weltweite Vernetzung entstehende Druck auf die Standardisierung lokaler Z. in Richtung „Weltzeit" wird als „zeitliche Kolonisation" (nach der räumlichen) diskutiert: Lineare Zeitmuster stülpen sich über andere Zeitkonzepte, wobei die Metropolen bzw. die großen städtischen Ballungszentren die Taktgeber sind, die andere Regionen in ihren Sog ziehen, „zeitlich kolonisieren" und die Vielfalt lokaler Zeiten unterdrücken.

Zeitstrukturen als soziales Ordnungsprinzip

In das soziale Zeitgefüge einer Gesellschaft sind physikalische, kulturelle und biologische Zeit als Strukturdeterminanten und „Taktgeber" integriert. Ihr systematischer Zusammenhang und die Dominanz der sozialen Sinngebung wird schon an der kalendarischen Gliederung mit ihrer kulturellen Überformung deutlich (Kirchenjahr, Wochenstruktur, Gedenktage; Geschichte der Kalenderreformen usw.). Doch Zeitordnungen regeln praktisch alles: Bildungszeiten, Arbeitszeiten, Pausen, Ladenschlüsse, Krankenhausverweildauern, Kündigungs- und Verjährungsfristen, aber auch die Speisenfolge beim Essen und das Schritttempo in einem Trauerzug. Das heißt, Ereignisse werden nach Zeitpunkt bzw. Lage, Dauer, Abfolge und Häufigkeit (in der chronometrischen und chronologischen Dimension) durch Normen unterschiedlicher Verbindlichkeit (von Gesetzen bis zu Konventionen) geregelt. Z. als soziales Ordnungssystem manifestiert sich in der Verfestigung komplexer zeitbezogener Verhaltensmuster, die sich zu „Zeitinstitutionen" verdichten und ihrerseits dem Wandel unterworfen sind (z. B. Arbeitstag, -woche, -jahr; Regelstudienzeiten, Feiertage). So entstehen soziale Zeitstrukturen unterschiedlicher Rigidität und Dynamik.

Wie sich im – inzwischen problematisch gewordenen – Konzept der „Normalbiographie" verdichtet hatte, richten sich normative zeitliche

Erwartungen an Individuen nicht nur auf einzelne Aktionssequenzen oder Tagesstrukturen, sondern auch auf Lebensläufe bzw. Lebenszeit als Ganzes (von der Wiege bis zur Bahre, vom Schuleintritt zum Rentenalter). Wie alle Normen variieren auch Zeitnormen in Abhängigkeit von Geschlechts-, Schicht-, ethnischer und nationaler Zugehörigkeit, Sozialstatus, Lebensstil, Erziehung, Beruf, Alter usw. Aufgrund einer „latenten strukturellen Interdependenz von Zeitordnung, Sachordnung und Sozialordnung" (Luhmann 1968) und divergierender Anforderungen ergeben sich sehr unterschiedliche Zeitstrukturen mit kumulierenden Spielräumen und Restriktionen. Dabei korrelieren Status bzw. Macht mit Weite des Zeithorizonts und Freiheit von unmittelbarem Zeitdruck, werden Zeitordnungen durch Hierarchiebildung durchgesetzt, Termine und Fristen von oben nach unten diktiert, Entlastungsmöglichkeiten an Einkommen gebunden: Z. lässt sich kaufen (über Dienstleistungen vermittelt) und durch Simultannutzung („multitasking") vertiefen.

So verstärken Zeitordnungen soziale Differenzierung, Integration bzw. Segregation – zum einen durch kumulierende Privilegien hinsichtlich gesellschaftlicher Teilhabe (etwa bei individueller Zeitautonomie vor dem Hintergrund stabiler Zeitordnungen), zum anderen durch Marginalisierung bzw. Ausgrenzen und Abschneiden von Kommunikations- und Handlungschancen durch verloren gegangene oder gegenläufige Rhythmen (etwa bei Schicht- und Nachtarbeit).

Sozialer Wandel und Reorganisation der sozialen Zeitordnung

Etwa seit den 1980er Jahren werden die Zeitstrukturen unserer Gesellschaft gleichsam von zwei Seiten her „modernisiert": durch Deregulierung im Bereich von Erwerbsarbeit und durch Veränderung der Geschlechterrollen. Stichworte sind: Entkopplung von Arbeits- und Betriebszeiten, Verkürzung, Verlängerung und Flexibilisierung individueller Arbeitszeiten durch variantenreiche Arbeitszeitmodelle, Zunahme von Arbeitszeitlagen abends, nachts und am Wochenende. Hinzu kommen die Individualisierung, Diversifizierung und Entstandardisierung von Arbeitszeiten und Vertragsdauern in der biografischen Dimension, Phasen von Arbeitslosigkeit eingeschlossen. Diese Prozesse stehen für einen komplexen sozialen Wandel: schleichende Erosion des gemeinsamen Zeitkoordinatensystems für Arbeit, Regeneration, Sozialzeit; Abbau des „Normalarbeitsverhältnisses"; Ausdifferenzierung der „Normalbiographien".

Diese Trends sind seitens der Unternehmen Teil einer betriebswirtschaftlichen Optimierungsstrategie vor dem Hintergrund des internationalen Wettbewerbs („Marktrationale Strategien der Arbeitskraftnutzung"). Von Seiten der Erwerbstätigen korrespondiert die Flexibilisierung mit dem Wunsch und der Notwendigkeit nach individuellen Dispositionsspielräumen (Wertewandel), den hohen und weiter steigenden Erwerbsquoten von Frauen (insbesondere auch Müttern) und der zunehmenden Einforderung männlicher häuslicher Arbeitskapazität.

Zur Kostenseite dieser Dimension von Individualisierung (Beck 1986) gehören ein Qualitätswandel, häufig ein Qualitätsverlust von Z. – und paradoxerweise Zeitverknappung durch die unserem Wirtschaftssystem immanente „infinitesimale Verwertungslogik der Zeit" (Rinderspacher 1985; Momo!). Sie erzwingt die ständige Beschleunigung aller Prozesse, damit Rationalisierungsmaßnahmen sowie technische und soziale Innovationen, die minutiöse Zeitbewirtschaftung und Synchronisierung erfordern (z. B. „just in time"-Konzepte zur Vermeidung von Lagerhaltung; zeitabhängige Tarifgestaltung bei Verkehrs- und Kommunikationsmitteln oder Energieversorgung), wobei durch globale Vernetzung tendenziell rund um die Uhr Kooperations- und Kommunikationsbereitschaft erforderlich wird.

Die Auswirkungen reichen weit in den Alltag. Zum einen belasten die Folgen dysfunktionaler Entwicklungen das Zeitbudget: die Verkleinerung der Haushalte als kontraproduktiver Dekonzentrationsprozess, die Entwicklung zur „Selbstbedienungsgesellschaft" durch Überwälzung von Dienstleistungen auf Endverbraucher, der Qualifikationsdruck durch immer kürzere Produktionszyklen, die Verrechtlichung, Bürokratisierung, Therapeutisierung des Alltags, der erhöhte Mobilitätsdruck, die gestiegenen Wegezeiten u. a. m. Zum anderen ist das „Privatleben" unter Zeitdruck, Effizienz- und Rationalitätskriterien eingepasst in Arbeitszeiten der Partner, Schulzeiten der Kinder, Öffnungs- und Betriebszeiten der Dienstleistungsinfrastruktur, Frequenzen der Verkehrsmittel, Sendeschemata der Massenmedien usw., die zusammen mit Terminen, Fristen, Stichtagen und Verfallsdaten eine kleinteilige Überstrukturierung der Z. ergeben. Diese schafft als solche Zeitdruck und generiert ständig Konflikte mit zeitlichen Vorgaben und Präferenzen anderer Lebensbereiche und Interaktionspartner. Verschärft durch die Verunregelmäßigung gesellschaftlicher Zeitrhythmen (die gemeinsame Z. tendenziell zur knappen Ressource machen), ergeben sich daraus wachsende Koordinations- und Aushandlungszwänge als neue (und überwiegend die Frauen belastende) Anforderungen zur Integration des Alltags, die unter dem Stichwort „Lebensführung als Arbeit" rubriziert werden (Voß 1991; Jurczyk, Rerrich u. a. 1993; auch Hochschild 2002).

Relevanz für die Soziale Arbeit

Die Institutionen und Maßnahmen Sozialer Arbeit sind in vielfacher Hinsicht Teil der sozialen Zeitstrukturen und im Blick auf lebensphasenspezifische Probleme und Krisen organisiert *(Jugendhilfe, Altenhilfe).* Zu ihren Aufgaben gehören Einübung in Zeitkompetenz, Zeitdisziplin und Zeitregulierungsfähigkeiten als Teil der Sozialerziehung, „Freizeitangebote" sowie Kompensationsangebote für Menschen, deren Z. durch Strukturverlust entwertet wurde (Menschen in geschlossenen Institutionen und in „Warteschleifen" wie Asylbewerber, auch Arbeitslose). Spezifischer Qualität sind Arbeitszeitkonflikte personenbezogener Dienstleistungen im Erziehungs-, Sozial- und Pflegebereich (Schichtdienste; komplementäre Arbeitszeitlagen zu dominanten Schul- und Erwerbsarbeitszeitrhythmen, Pflegebemessungszeiten), deren Aufgabendefinition sich zeitökonomischer Rationalität entzieht.

Die Reorganisation der sozialen Zeitordnung hat sich auch als Dynamisierung der sozialen Dienste niedergeschlagen: in der Ergänzung der etablierten Institutionen und Organisationen durch fristige Interventionsformen, Projekte und Maßnahmen (z. B. Service-Gesellschaften, Selbsthilfeprojekte) mit den dazugehörigen befristeten Arbeitsverhältnissen. Sind diese Organisationsformen von Hilfe, Beratung, Intervention einerseits Ausdruck von Problemoffenheit, Flexibilität und Innovationsfähigkeit, so entsteht andererseits die Notwendigkeit, sie in langfristige Konzepte und Problemlösungsstrategien einzubinden, um Handlungs- und Planungsperspektiven für Klienten (hinsichtlich der Erwartbarkeit sozialer Dienstleistungen) und Mitarbeiter zu erhalten, soll das System SozArb die Deregulierungskosten nicht noch verstärken (Karsten 1991).

Die skizzierten Umbrüche sozialer Zeitstrukturen erhalten jedoch ihre größte Bedeutung für den Aufgabenbereich SozArb aus den Veränderungen der Lebenswelt. Diese verlangen nach einer Überprüfung und Modifikation bislang praktizierter Strategien der Arbeits- und Lebensorganisation nicht nur bei bisherigen Klienten sozialer Dienstleistungen. Als Hauptprobleme zeichnen sich ab bzw. lassen sich zusammenfassen:

- Zunehmende Prioritätskonflikte bei konkurrierenden Zeitanforderungen aus Lebenswelt und Beruf, die jeweilige aufwendige Aushandlungs-, Organisations- und Anpassungsprozesse um Arbeitsteilung erfordern (intrapersonal und zwischen den Geschlechtern und *Generationen*);
- zunehmende Friktionen beim notwendigen Wechsel von Zeitperspektiven bzw. misslingende Anpassung an „eigentlich" entgegengesetzte Zeitlogiken (z. B. zwischen Erwerbsarbeit mit der Prämisse Leistung, Effizienz, Zeitökonomie und dem Reproduktionsbereich als „Zuhause" mit der Prämisse Regeneration, Sozialbezug, Z. verlieren können);
- wachsender Aufwand für Organisation und Koordination des Alltags durch abnehmende Verbindlichkeit gemeinsamer Zeitkoordinaten (Arbeitszeiten, Öffnungszeiten der Dienstleistungsinfrastruktur, Feierabend, Wochenende) und erzwungene Mobilität;
- Erschwernis der Integration in außerfamiliale Zusammenhänge und Teilhabe an Öffentlichkeit (Vereinsleben, politische, religiöse, kulturelle, ehrenamtl. u. a. Aktivitäten, die „Zivilgesellschaft" konstituieren und Kopräsenz und längerfristig planbare disponible Z. voraussetzen), d. h. Vereinzelung und Ausdehnung des „Schichtarbeitssyndroms" durch Desynchronisation und Verknappung gemeinsamer Z.;
- weiteres Auseinanderdriften von Lebenslagen, Lebenskonzepten, Lebensphasen durch gestiegene Asynchronität in Lebenswelt und Beruf;
- Verlust langfristiger Handlungs- und Planungsperspektiven, Destabilisierung von Alltagsrhythmen, Lebensläufen, Erwerbsbiographien: Leben mit kurzfristigem Denken.

Da die Entstrukturierung von Z. individuell nur schwer kompensiert werden kann, kommen entsprechende Anforderungen auf die Sozialen Dienste zu, wobei die Notwendigkeit von flankierenden Maßnahmen und Konfliktmoderation im Spannungsfeld beruflicher/außerberuflicher Anforderungen sowie lokaler Zeitkonflikte eine Renaissance von *Gemeinwesenarbeit* als professioneller Mediation erwarten lassen. Dies gilt umso mehr, als die psychosoziale Problemlösungskapazität in Haushalten ohne Rückgriffsmöglichkeiten auf soziale Netze sehr begrenzt ist, durch steigende Mobilität (etwa infolge von Arbeitsmarktproblemen) nochmals reduziert wird und dabei regelmäßig die Bedürfnisse der Schwächsten unter Druck geraten (Kinder und Pflegebedürftige, Defamiliarisierung bzw. Zuwendungsdefizite).

Gestaltungsbedarf

Die zentralen Triebkräfte der Reorganisation der sozialen Zeitstrukturen (auch in Richtung auf eine kontinuierlich rund um die Uhr aktive Gesellschaft und die ständige Akzeleration des Lebens) sind Wirtschaft, Wissenschaft und Technologie. Bisher verläuft dieser Prozess weitgehend ungesteuert, verwaltet in zergliederten Teilzuständigkeiten unterschiedlichster Fachressorts, unter Nichtbeachtung genuin zeitlicher Chancen und Risiken der Entwicklung und allemal unter Externalisierung der Kosten auf die Lebenswelt.

Die kontraproduktiven Folgen dieser Entwicklung einschließlich der durch sie vorangetriebenen Verknappung von Z. sind mittlerweile durch zahlreiche empirische Studien belegt (Arbeitszeit-, Familien-, Frauen-, Kinder-, Biografie-, Stress-, Umwelt-, Verkehrs-, Raum-, Kommunal und andere einschlägige Forschungsgebiete mehr), die den grundlegenden theoretischen Problemanalysen der 1980er Jahre gefolgt sind (wenngleich diese Kontinuität nicht immer transparent ist).

Das gestiegene Problembewusstsein für die Zeitnöte des Alltags hat sich über einen (ursprünglich von Italien ausgehenden) europäischen Lernprozess in einem ersten großen Handlungsfeld niedergeschlagen: der Koordinierung kommunaler Zeiten im Aktionsforschungsprojekt „Eurexter", in dem seit 1996 Praktiker und Wissenschaftler zum Thema „Zeiten und Qualität der Stadt" in mittlerweile um die hundert Projekten vernetzt sind.

Doch die neuen Zeitkonflikte durchziehen alle Lebensbereiche, und der Problemdruck verlangt nach Gestaltung „an der Wurzel" und jenseits lokaler Dimensionen. So entstand die Frage – und damit Handlungsbedarf für ein neues Politikfeld –, wie und von welchen Akteuren Z. und Zeitstrukturen zu gestalten und welche Rahmenbedingungen vorzugeben (oder zu bewahren) sind, um nachhaltige, zukunftsfähige sozial- und umweltverträgliche Entwicklungen zu befördern. Dazu wären die derzeit eindimensional auf Zeitökonomie bezogenen Definitionen für Produktivität und Effizienz zu relativieren und durch das Einbeziehen von Kriterien wie Ressourcenschonung, sustainable development und „Zeitwohlstand vs. Güterwohlstand" weiterzuentwickeln (die Rücksicht auf Rhythmen und Eigenzeiten eingeschlossen). Darüber hinaus verweisen die Zeitkonflikte zwischen Frauen und Männern, zwischen Arbeitnehmern und Arbeitgebern auf die Überfälligkeit einer sozial- und geschlechtergerechten Modernisierung der gesellschaftlichen Zeitstrukturen. Voraussetzung für eine gelingende Vereinbarkeit von Arbeit und Leben wären eine Neudefinition der „Normalarbeitszeit" als regulative Bezugsgröße gemäß des Produktivitätszuwachses, der veränderten Geschlechterrollen und erhöhten Anforderungen im Erwerbs- und Reproduktionsbereich für beide Geschlechter (d. h. unter Orientierung an der Realität des adult worker und Aufgabe der Fiktion der „Hausfrauenehe"). Die Forderung nach Umverteilung von Erwerbsarbeit geht also weit über beschäftigungspolitische Gesichtspunkte unter aktuellem Arbeitsmarktdruck hinaus.

Zeitpolitik ist Gesellschaftspolitik. Die Entwicklung von Leitbildern muss über demokratisch legitimierte Aushandlungsprozesse und mit den einschlägigen Akteuren erfolgen (Parteien, Kirchen, Gewerkschaften, Verbänden usw.). Die Verständigung über Zeitkultur verlangt die Aktivierung der Bürgergesellschaft, macht Ziel- und Interessenkonflikte sichtbar, setzte Risikokommunikation voraus.

Indikatoren für Akzeptanz und Dringlichkeit eines solchen Programms sind der zunehmende Widerstand gegen die zeitökonomische Durchrationalisierung des Alltags (oft nur als hilfloses Ringen um quality time, simplify programme, work life balance), die ressourcenverschlingenden Dysfunktionalitäten von Beschleunigung und die sozialen Kosten von Deregulierung. V. a. aber sind es die Massenarbeitslosigkeit und die politischen Risiken eines weiteren Auseinanderdriftens von Partizipations- und Lebenschancen, die sich auch als „Enteignung von Zeit" niederschlagen und für demokratische Gesellschaften nicht hinzunehmen sind.

Christiane Müller-Wichmann

Literatur

B. Adam/K. A. Geißler/M. Held (Hrsg.): Die Nonstop-Gesellschaft und ihr Preis, Stuttgart 1998 ◆ R. Becker-Schmidt u. a.: Nicht wir haben die Minuten, die Minuten haben uns. Zeitprobleme und Zeiterfahrungen von Arbeitermüttern in Fabrik und Familie, Bonn 1982 ◆ BMFSJ: Zeit für Familie, 8. Familienbericht, Berlin 2011 ◆ Der Spiegel/Wissen: Mehr Zeit, 4/2010 ◆ N. Elias: Über die Zeit, Frankfurt/M. 2000 ◆ A. Demandt: Zeit. Eine Kulturgeschichte, Berlin 2015: E. Hatzelmann/M. Held: Zeitkompetenz: Die Zeit für sich gewinnen und Anregungen für den Weg zum Zeitwohlstand, Weinheim/Basel 2005 ◆ D. Henckel/M. Eberling (Hrsg.): Raumzeitpolitik, Opladen 2002 ◆ L. Heuwinkel: Zeitstrukturen, Zeitfolgen, Zeithandeln, Literaturbericht, in: SLR 60/2010 und Literaturbericht Zeitknappheit und Zeitstrukturen in der Beschleunigungsgesellschaft, in: SLR 68/2014 • R. Levine. Eine Landkarte der Zeit, München 2001 • U. Mückenberger: Metronome des Alltags. Betriebliche Zeitpolitiken, lokale Effekte, soziale Regulierung, Berlin 2004 • Ch. Müller-Wichmann: Zeitnot, Weinheim/Basel 1984 • H. Nowotny: Eigenzeit, Frankfurt/M. 2000 • H. Seifert (Hrsg.): Flexible Zeiten in der Arbeitswelt, Frankfurt/M./New York 2005 • TuP 4/2015: Themenschwerpunkt Familie und Zeit • R. Wendorff: Zeit und Kultur. Geschichte des Zeitbewusstseins in Europa, Wiesbaden 1981.

Literarisch: M. Ende: Momo, Stuttgart 1973 • K. A. Geißler: ZEIT. „Verweile doch, du bist so schön!", Weinheim/Berlin 2000 • S. Nadolny: Die Entdeckung der Langsamkeit, München/Zürich 2002 • R. Safranski: Zeit, was sie mit uns macht und was wir aus ihr machen, München 2015.

Link

www.zeitpolitik.de (Deutsche Gesellschaft für Zeitpolitik)

Zeugnisverweigerungsrecht

Das Z. ist das Recht einer Person, als Zeuge vor Gericht und vor Behörden einzelne Fragen nicht zu beantworten.

Der Begriff der Auskunftsverweigerung wird bei Anwendung der Zivilprozessordnung (ZPO) synonym verwendet. Die StPO unterscheidet das Z. vom Auskunftsverweigerungsrecht, das jeder Zeuge in Anspruch nehmen kann, wenn die Beantwortung einer Frage ihn selbst oder gesetzlich bestimmte Angehörige der Gefahr einer Verfolgung wegen einer Straftat oder einer Ordnungswidrigkeit aussetzen würde.

Das Z. ist für den Strafprozess einerseits und für die Verfahren in den übrigen Gerichtszweigen und vor den Verwaltungsbehörden andererseits unterschiedlich geregelt; daraus können sich für die SozArb Probleme ergeben.

Für das Strafverfahren einschließlich des Verfahrens nach dem JGG ist das Z. aus persönlichen Gründen in § 52 StPO, aus beruflichen Gründen in § 53 StPO und das Auskunftsverweigerungsrecht in § 55 StPO geregelt. Die ZPO regelt das Z. aus persönlichen und beruflichen Gründen in § 383 ZPO. Die Vorschriften der ZPO gelten in den übrigen Gerichtsverfahren und im Verwaltungsverfahren entspr.: in der freiwilligen Gerichtsbarkeit nach § 29 FamFG, im Verwaltungsgerichtsverfahren nach § 98 VwGO, im Sozialgerichtsverfahren nach § 118 SGG, im Arbeitsgerichtsverfahren nach § 46 ArbGG und im Sozialverwaltungsverfahren nach § 21 SGB X.

Der förmlich geladene Zeuge ist vor Gericht und vor Sozialbehörden zur Beantwortung von Fragen verpflichtet. Angehörige des öffentlichen Dienstes und der verfassten Kirchen (Kirchen und Religionsgemeinschaften) bedürfen für ihre Aussagen einer Aussagegenehmigung, §§ 54 StPO, 376 ZPO, 29 FamFG, 21 SGB X i. V. m. §§ 62 BundesbeamtenG, 3 TVöD *(Schweigepflicht).*

Im Zivilprozess und in den übrigen Verfahren, in denen die ZPO angewandt wird, besteht ein Z. aus persönlichen Gründen nach § 383 Abs. 1 Nr. 1–3 ZPO für den Verlobten, den Ehegatten, auch den geschiedenen, den Lebenspartner und für die im Gesetz näher bezeichneten Verwandten und Verschwägerten.

Nach § 383 Abs. 1 Nr. 4–6 ZPO genießen die Berufsgeheimnisträger ein Z., nämlich Geistliche, Journalisten und Personen, denen Tatsachen anvertraut sind, deren Geheimhaltung durch ihre Natur oder durch gesetzliche Vorschriften geboten ist. Hierzu zählen Personen, die wie staatlich anerkannte SozArb/SozPäd ein Berufsgeheimnis nach § 203 StGB zu wahren haben *(Schweigepflicht).* Soweit das Geheimnis nicht strafrechtlich geschützt ist, kann die Geheimhaltung von Tatsachen durch ihre Natur geboten sei, etwa die Wahrnehmungen einer Familienhelferin bei ihrer Tätigkeit in der Familie (OLG Hamm, FamRZ 1992, S. 201).

Ein Z. kann auch unmittelbar aus dem verfassungsrechtlichen Grundsatz der Verhältnismäßigkeit hergeleitet werden, um den Schutz einer Vertrauenssphäre zu gewährleisten

Das Z. wird aus sachlichen Gründen in § 384 ZPO ausgeweitet auf Fragen, deren Beantwortung den Zeugen selbst oder seinen im Gesetz näher bezeichneten Angehörigen der Gefahr einer Verfolgung wegen einer Straftat oder einer Ordnungswidrigkeit, der Verursachung eines vermögensrechtlichen Schadens oder Offenbarung eines Kunst- oder Gewerbegeheimnisses aussetzen würde.

Im Strafprozess verfügt der Zeuge über ein Z. aus persönlichen Gründen bzw. ein Auskunftsverweigerungsrecht nach §§ 52, 55 StPO wie im Zivilprozess, wenn der Beschuldigte ein ihm naher Verwandter ist, er sich selbst oder einen gesetzlich näher bezeichneten Angehöriger der Gefahr einer Verfolgung wegen einer Straftat oder einer Ordnungswidrigkeit aussetzen würde.

Ein Z. aus beruflichen Gründen steht ausschließlich den in § 53 StPO aufgezählten Angehörigen von Vertrauensberufen zu für Tatsachen, die ihnen in ihrer Eigenschaft u. a. als Seelsorger, Strafverteidiger, Rechtsanwalt, Notar, Arzt, Psychotherapeut, als Berater in einer staatlich anerkannten Sucht- oder Schwangerschaftskonfliktsberatungsstelle, als Parlamentarier oder als Journalist anvertraut oder sonst bekannt geworden ist.

Der Adressatenkreis des § 53 StPO deckt sich hinsichtlich der staatlich anerkannten SozArb/SozPäd nicht mit dem Adressatenkreis des § 203 StGB, der zur Wahrung des Berufsgeheimnisses verpflichtet ist. Trotz wiederholter Gesetzgebungsvorstöße ist die Deckungsgleichheit der Adressatenkreise nicht erreicht worden, so dass SozArb/SozPäd ein gesetzlich abgesichertes Z. im Strafprozess nicht zur Seite steht.

Die beruflich geschaffene Vertauenssphäre kann im Konfliktfall nur durch ein verfassungsrechtlich hergeleitetes, auf Kriterien der Verhältnismäßigkeit gestütztes Z. gewahrt werden (BVerfG, NDV 1972, 331). Dabei trägt allerdings der Zeuge das Risiko einer fehlerhaften Abwägung zwischen dem staatlichen Interesse an der Strafverfolgung und dem Schutz eines beruflichen Vertrauensverhältnisses. Daraus kann die Verhängung von Ordnungsgeld, ersatzweise Beugehaft folgen. Fälle der Verhängung relativ geringen Ordnungsgeldes sind bekannt geworden, nicht jedoch der Verhängung von Beugehaft.

Soweit das Z. reicht, besteht ein Verbot der Beschlagnahme von Gegenständen, die als Beweismittel in Betracht kommen, v. a. von Akten und Dateien (§ 97 StPO).

Das Z. entfällt, wenn der Zeuge von seiner *Schweigepflicht* wirksam entbunden worden ist, etwa durch Erklärung des Betroffenen (§§ 53 Abs. 2 StPO, 385 Abs. 2 ZPO). Soweit dem Zeugen ein Z. aus persönlichen Gründen zusteht, wird dieses von einer Entbindung von der Schweigepflicht nicht berührt.

Zur Wahrung des Sozialgeheimnisses besteht nach § 35 Abs. 3 SGB I keine Auskunfts- oder Zeugnispflicht und keine Pflicht zur Vorlegung oder Auslieferung von Schriftstücken, nicht automatisierter und automatisierter Dateien mit Sozialdaten *(Sozialdatenschutz)*. Die Vorschrift richtet sich unmittelbar an die öffentlichen Sozialleistungsträger nach § 12 SGB I und nur mittelbar an deren Bedienstete; sie ist von der Behörde bei deren Entscheidung über die Erteilung einer Aussagegenehmigung zu beachten.

Reiner Kühnel

Literatur

C. Ensslen: Zur Schweigepflicht von Sozialarbeitern und Sozialpädagogen im Strafverfahren, in: NDV 1999, 121–125 • R. Kühnel u. a.: Dienstrecht für die Soziale Arbeit, Weinheim/Basel 1985 • H. G. Papenheim u. a.: Verwaltungsrecht für die soziale Praxis, Frankfurt/M. [25]2015.

Link

H. Cornel, www.spinnenwerk.de/clearingstell/scripts/blatt1

Z

Anhang

Soziale Arbeit wird in Deutschland in einer (unüberschaubaren) Vielfalt von Institutionen, Organisationen, von Vereinen und diversen Zusammenschlüssen gestaltet und beeinflusst, die sich fach- und zielgruppenbezogen und/oder themenübergreifend überwiegend nach den Politikebenen Bund, Länder und Gemeinden strukturiert haben *(Träger der Sozialen Arbeit).* Weiterhin gehören wissenschaftliche Institute sowie internationale (v. a. europäische) Institutionen zur Sozialen Arbeit. Berichterstattungen, Dokumente, Zeitschriften und Veröffentlichungen zu den verschiedensten Themen vervollständigen das Bild. Im Folgenden werden (mit Bedacht ausgewählt) nur die wichtigsten Bundesorganisationen dargestellt, um eine grundsätzliche Orientierung zu ermöglichen. Auf die differenzierte Darstellung der in den Bundesländern für die Soziale Arbeit (i. w. S.) zuständigen Ministerien haben wir verzichtet, nicht nur weil sich diese in den verschiedenen Kapiteln mehrfach wiederholen würden, sondern auch weil wir davon ausgehen, dass die Anschriften ohne Mühen im Internet zu finden sind.

Sollte das Internet doch nicht zufriedenstellende Ergebnisse bringen, dann helfen garantiert die Bücher von A. Oeckl weiter, die als „Taschenbuch des Öffentlichen Lebens für Deutschland 2016/2017“ und für „Europa 2016/2017“ auch online verfügbar sind.

Ganz und gar unübersichtlich wird die Vielfalt Sozialer Arbeit auf kommunaler Ebene. Deshalb haben einige große Städte zur Orientierung Nachschlagwerke aufgelegt. Ein Beispiel für kommunale Vielfalt im Sozialen ist der „Stadtwegweiser Nürnberg“ (jetzt nur als Online-Version verfügbar) mit über 10 000 Adressen.

Inhalt

Anhang I: Organisationen und Institutionen der Alten-, Gesundheits-, Jugend- und Sozialhilfe in der Bundesrepublik 1116

A Arbeitsfelder übergreifende Organisationen und Institutionen 1116
1 Zuständige Bundesministerien 1116
2 Bundesamt für Migration und Flüchtlinge 1116
3 Bundesagentur für Arbeit 1116
4 Deutscher Städtetag 1116
5 Deutscher Städte- und Gemeindebund 1117
6 Deutscher Landkreistag 1117
7 BAG der freien Wohlfahrtspflege 1117
8 Deutscher Verein 1118
9 Familienorganisationen 1119
10 Frauenorganisationen 1119
11 Seniorenorganisationen 1120
12 Selbsthilfeorganisationen 1121
13 Sozialverband VdK 1122
14 Sozialverband Deutschland 1122
15 VPK Bundesverband 1122

B Fachspezifische Organisationen und Institutionen 1123
1 Altenhilfe 1123
2 Gesundheitshilfe 1124
3 Kinder- und Jugendhilfe 1127
4 Soziales/Sozialhilfe 1130

C Bibliotheken, Dokumentationen 1131

D Wissenschaftliche Institute/Beratungseinrichtungen 1133

E Europa 1138

Anhang II: Zeitschriften der Sozialen Arbeit 1141
1 Zeitschriften allgemein 1141
2 Altenhilfe 1143
3 Behindertenarbeit 1144
4 Beratung/Supervision 1144
5 Europa 1145
6 Familienhilfe/Familienrecht 1145
7 Frauenarbeit 1146
8 Kinder- und Jugendhilfe 1146
9 Migration 1147
10 Sozialverwaltung/Sozialrecht 1148
11 Sucht 1148
12 Gesundheit/Sozialmedizin 1149

Anhang III: Materialien zur Sozialen Arbeit 1150
1 Arbeitshilfen I (Berichte) 1150
2 Arbeitshilfen II (statistisches Material) 1154
3 Arbeitshilfen III (sonstige Quellen) 1154

Anhang IV: Soziale Arbeit im Internet 1156
1 Portale im Internet 1156
2 Linksammlungen und weitere Webadressen 1158

Anhang I
Organisationen und Institutionen der Alten-, Gesundheits-, Jugend- und Sozialhilfe in der Bundesrepublik

A. Arbeitsfelder übergreifende Organisationen und Institutionen

1. Zuständige Bundesministerien

1.1 Der Bundesminister für Familie, Senioren, Frauen und Jugend (BMFSFJ)
Rochusstr. 8–10, 53123 Bonn und Glinkastr. 24, 10117 Berlin, www.bmfsfj.de

2.2 Der Bundesminister für Gesundheit (BMG)
Rochussr. 1, 53123 Bonn und Friedrichstr. 108, 10117 Berlin, www.bmg.de

1.3 Der Bundesminister für Arbeit und Soziales (BMAS)
Wilhelmstr. 49, 10117 Berlin, www.bmas.de

1.4 Der Bundesminister für Bildung und Forschung (BMBF)
Heinemannstr.2, 53175 Bonn und Kapelle Ufer 1, 10117 Berlin, www.bmbf.de

2. Bundesamt für Migration und Flüchtlinge (BAMF)

Frankenstr. 210, 90461 Nürnberg, www.bamf.de
Das BAMF ist für alle Fragen von Migration und Integration zuständig, u. a. für die Durchführung von Asylverfahren, den Schutz von Flüchtlingen, Einbürgerung und Migrationsforschung sowie für die europäische und internationale Zusammenarbeit.

3. Bundesagentur für Arbeit (BA)

Regensburger Str. 104, 90478 Nürnberg, www.arbeitsagentur.de
Die wesentlichen Aufgaben der BA sind die Vermittlung von Arbeits- und Ausbildungsstellen, Berufsberatung, Förderung der Berufsausbildung, der berufliche Weiterbildung und der beruflichen Eingliederung von Menschen mit Behinderung sowie Entgeltersatzleistungen. Die BA gliedert sich in die Zentrale in Nürnberg, 10 Regionaldirektionen, 156 Agenturen für Arbeit und 600 Geschäftsstellen. BA und Kommunen betreiben Jobcenter als gemeinsame Einrichtung.

4. Deutscher Städtetag (DST)

Hausvogtteiplatz 1, 10117 Berlin, www.staedtetag.de
Im DST – gegründet 1905 in Berlin – haben sich über 5 500 Städte mit insgesamt 51 Mio. Einwohnern zusammengeschlossen. Der DStT ist der größte kommunale Spitzenverband, der die Interessen aller kreisfreien und der meisten kreisangehörigen Städte vertritt.

Der Deutsche Städtetag nimmt drei Aufgaben wahr:
- Er vertritt aktiv die kommunale Selbstverwaltung. Er nimmt die Interessen der Städte gegenüber BReg, BT, BR, EU und zahlreichen Organisationen wahr.
- Er berät seine Mitgliedsstädte und informiert sie über alle kommunal bedeutsamen Vorgänge und Entwicklungen.
- Er stellt den Erfahrungsaustausch zwischen seinen Mitgliedern her und fördert ihn in zahlreichen Gremien.

Neben der Hauptversammlung, dem Hauptausschuss und dem Präsidium sind die Fachausschüsse von besonderer Bedeutung, die für zahlreiche Fachgebiete der kommunalen Arbeit bestehen.

5. Deutscher Städte- und Gemeindebund (DStGB)

Marienstr. 6, 12207 Berlin, www.dstgb.de
Verband von in den Ländern der BRD bestehenden Vereinigungen kreisangehöriger Städte und Gemeinden. Zu den Einzelheiten wird auf die regelmäßig erscheinenden Geschäftsberichte des DStGB verwiesen.

6. Deutscher Landkreistag (DLT)

Lennéstr. 17, 10785 Berlin, www.landkreistag.de
Spitzenverband zur Wahrnehmung der besonderen Interessen der Landkreise der BRD auf der Bundesebene. Zu den Einzelheiten wird auf die regelmäßig erscheinenden Geschäftsberichte des DLT verwiesen.

Die Zusammenschlüsse zu 4.–6. bilden die **Bundesvereinigung der kommunalen Spitzenverbände** (die Federführung liegt beim DST) und die **Kommunale Gemeinschaftsstelle für Verwaltungsmanagement (KGSt).**

7. BAG der Freien Wohlfahrtspflege e. V. (BAGFW)

Oranienburger Str. 13–14, 10178 Berlin,
in der BAG sind die 6 Spitzenvereine der freien Wohlfahrtspflege zusammengeschlossen *(Wohlfahrtsverbände):*

7.1 Arbeiterwohlfahrt Bundesverband e. V.
Blücherstr. 62–64, 10961 Berlin, www.awo.org

7.2 Deutscher Caritasverband e. V.
Karlstr. 40, 79104 Freiburg i.Br., www.caritas.de

7.3 Deutscher Paritätischer Wohlfahrtsverband – Gesamtverband e. V.
Oranienburger Str. 13–14, 10178 Berlin, www.paritaet.org

5.4 Deutsches Rotes Kreuz
Carstennstr. 58, 12205 Berlin, www.drk.de

7.5 Diakonie Deutschland – Evangelischer Bundesverband
Caroline-Michaelis-Str. 1, 10115 Berlin,
www.diakonie.de

7.6 Zentralwohlfahrtsstelle der Juden in Deutschland e. V.

Hebelstr. 17, 60318 Frankfurt/M., www.zwst.org

Die Verbände der freien Wohlfahrtspflege sind regional gegliedert. Der BAG entsprechende Zusammenschlüsse finden sich auf der Landes- und z. T. auf der kommunalen Ebene.

8. Deutscher Verein für öffentliche und private Fürsorge e. V. (DV)

Michaelkirchstr. 17–18, 10179 Berlin, www.deutscher-verein.de

Der Deutsche Verein (DV) ist der zentrale Zusammenschluss der öffentlichen und freien Träger der Sozialen Arbeit in Deutschland. Der DV wurde 1880 auf Initiative des Deutschen Armenpflegerkongresses als „Deutscher Verein für Armenpflege und Wohltätigkeit“ gegründet. Die Umbenennung in die jetzige Bezeichnung erfolgte im Jahre 1919. Inzwischen gibt es den DV über 130 Jahre. Satzungszweck des DV ist es, einen Mittelpunkt für alle Bestrebungen auf dem Gebiet der Sozialen Arbeit zur Beeinflussung von Entwicklungen in der Sozialpolitik i. w. S. zu bilden. Der DV ist Forum für die Zusammenarbeit von Vertretern der Praxis, Ausbildung und Wissenschaft, der Exekutive und Legislative mit dem Ziel der Anregung, Koordinierung und Beeinflussung von Bestrebungen, Aktivitäten und Initiativen sowie der Fortentwicklung der sozialen Sicherung, insbesondere in den Bereichen Sozial-, Kinder-, Jugend- und Familienpolitik sowie Sozial-, Jugend- und Familienhilfe, Alten- und Gesundheitshilfe, Rehabilitation und Behindertenhilfe, Pflege, soziale Berufe und freiwilliges/ehrenamtliches soziales Engagement, Sozialplanung und Organisation sozialer Dienste in der BRD und in Europa.

Die wesentlichen Tätigkeitsfelder des DV sind die Erarbeitung von Empfehlungen und Gutachten zu den verschiedenen Themen Sozialer Arbeit, regelmäßige Information, Fort- und Weiterbildung sowie die Förderung der europäischen/internationalen Zusammenarbeit.

Der DV gibt u. a. monatlich den Nachrichtendienst des DV (NDV), zweimonatlich den Rechtssprechungsdienst (NDV-RD) und die Vierteljahresschrift „Archiv für Wissenschaft und Praxis der Sozialen Arbeit“ heraus. Das „Fachlexikon der Sozialen Arbeit“ des DV ist 2016 in 8. Auflage erschienen. Alle drei Jahre veranstaltet der DV den Deutschen Fürsorgetag, der 80. fand im Mai 2015 in Leipzig statt.

Weitere detaillierte Informationen finden sich in den jährlich erscheinenden Geschäftsberichten des DV (auch online verfügbar).

9. Familienorganisationen

9.1 Arbeitsgemeinschaft der Deutschen Familienorganisationen (AGF)
Coubiérestr. 12, 10787 Berlin, www.ag-familie.de

9.1.1 Deutscher Familienverband e. V.
Seelingstr. 58, 14059 Berlin, www.deutscher-familienverband.de

9.1.2 Evangelische Aktionsgemeinschaft Familie
Auguststr. 80, 10117 Berlin, www.eaf-bund.de

9.1.3 Familienbund der Katholiken – Bundesverband
Reinhardtstr. 13, 10117 Berlin, www.familienbund.org

9.1.4 Verband allein erziehender Mütter und Väter (VAMV) e. V.
Hasenheide 70, 10967 Berlin, www.vamv.de

9.2 Weitere Familienorganisationen

9.2.1 Bundesverband für Kindertagespflege e. V.
Baumschulenstr. 74, 12437 Berlin, www.bvkpt.de

9.2.2 BAG Elterninitiativen (BAGE) e. V.
Crellestr. 19/20, 10827 Berlin, ww.bage.de

9.2.3 BAG Selbsthilfegruppen Stieffamilien e. V.
Seligenstädter Str. 74–76, 63179 Obertshausen, www.stieffamilien.de

9.2.4 Bundesverband der Pflege- und Adoptivfamilien (PFAD) e. V.
Oranienburger Str.13 – 14, 10178 Berlin, www.pfad-bv.de

9.2.5 Arbeitskreis Neue Erziehung (ANE) e. V.
Hasenheide 54, 10967 Berlin, www.ane.de
Elternbriefe, Elternportal (www.a4K.de)

9.2.6 Deutscher Kinderschutzbund – Bundesverband e. V.
Schönebergerstr.15, 10963 Berlin, www.dksb.de

9.2.7 Pro Familia Bundesverband
Deutsche Gesellschaft für Familienplanung, Sexualpädagogik und Sexualberatung
Stresemannallee 3, 60596Frankfurt/M., www.profamlia.de

9.2.8 Selbsthilfeinitiativen Alleinerziehender (SHIA) e. V.
Rudolf-Schwarz-Str. 2, 10407 Berlin, www.shia.de
s. auch www.alleinerziehend-net.de (Kontakte und Foren für Alleinerziehende)

10. Frauenorganisationen

10.1 Deutscher Frauenrat
Axel-Springer-Str. 54a, 10117 Berlin, www.frauenrat.de
Lobby der Frauen – Bundesvereinigung deutscher Frauenverbände und Frauengruppen gemischter Verbände in Deutschland e. V.
Axel-Springer-Str. 54a, 10117 Berlin, www.frauenrat.de

10.2 Deutscher Frauenring e. V.
Brandenburgische Str. 22, 10707 Berlin, www.d-fr.de

10.3 Sozialdienst Katholischer Frauen (SkF) e. V.
Agnes-Niehaus-Str. 5, 44135 Dortmund, www.skf-zentrale.de
Grundidee des 1899 gegründeten SkF ist, dass es Not- und Konfliktsituationen gibt, von denen Frauen besonders betroffen sind und in denen Frauen anderen Frauen in besonderer Weise helfen können. Der SkF bietet Beratung in verschiedenen Bereichen Sozialer Arbeit, u. a. in der Kinder- und Jugendhilfe sowie für Frauen und Familien in besonderen Belastungssituationen.

10.4 Bundesverband der Frauengesundheitszentren in Deutschland (FFGZ) e. V.
Bamberger Str. 51, 10777 Berlin, www.frauengesundheitszentren.de

10.5 Hydra – Verein zur Förderung der beruflichen und kulturellen Bildung von weiblichen und männlichen Prostituierten e. V.
Köpenicker Str. 187/188, 10997 Berlin, www.hydra-berlin.de

10.6 Mütterzentren Bundesverband e. V.
Müggenkampstr. 30 A, 20257 Hamburg, www.muetterzentren-bv.de

10.7 BAG Feministischer Organisationen gegen Sexuelle Gewalt an Mädchen und Frauen (BAG FORSA) e. V.
Wriezener Str. 10/11, 13359 Berlin, www.bag-forsa.de

10.8 Zentrale Informationsstelle autonomer Frauenhäuser (ZIF)
Markt 4, 53111 Bonn, www.autonome-frauenhaeuser-zif.de

10.9 Deutscher Hausfrauen-Bund (DHB) – Netzwerk Haushalt Berufsverband der Haushaltsführenden e. V.
Oxfordstr. 10, 53113 Bonn, www.dhb-netzwerk-haushalt.de

10.10 Bundesweiter Koordinierungskreis gegen Menschenhandel e. V. (KOK) e. V.
Kurfürstenstr. 33, 10785 Berlin, www.kok-gegen-menschenhandel.de

10.11 Frauenhauskoordinierung (FHK) e. V.
Tucholskystr. 11, 10117 Berlin, www.frauenhauskoordinierung.de

11. Seniorenorganisationen

11.1 BAG der Senioren-Organisationen (BAGSO) e. V.
Bonngasse 10, 53111 Bonn, www.bagso.de
Die BAGSO tritt als Interessenvertretung der älteren Generationen in Deutschland v. a. dafür ein, dass jedem Menschen ein selbstbestimmtes Leben im Alter möglich ist und die dafür notwendigen Rahmenbedingungen geschaffen werden. Sie setzt sich dafür ein, dass auch alte Menschen die Chance haben, sich aktiv am gesellschaftlichen Leben zu beteiligen und sich das im öffentlichen Meinungsbild über „die Alten“ widerspiegelt. Die BAGSO ist derzeit Dachverband von über 111 bundesweit tätigen Verbänden, Vereinen und Initiativen, in denen sich über 13 Mio. ältere Menschen zusammengeschlossen haben. Sie führt alle drei Jahre den Deutschen Seniorentag (zuletzt im Juli 2015 in Frankfurt/M.) durch und gibt sechs Mal im Jahr die Zeitschrift „BAGSO-Nachrichten“ heraus.

11.2 BAG Seniorenbüros (BaS) e. V.
Graurheindorfer Str. 79, 53111 Bonn, www.seniorenbueros.de
Die BAG koordiniert bundesweit 350 Seniorenbüros in unterschiedlicher Trägerschaft mit den Arbeitsschwerpunkten bürgerschaftliches Engagement älterer Menschen, der Vermittlung von Hilfen und Förderung selbstbestimmten Wohnens im Alter.

11.3 Bundesverband Graue Panther e. V.
Lüderitzstr. 26, 13351 Berlin, www.graue-panther.de

11.4 EURAG – Deutschland Sektion im Bund der älteren Generation Europas
Geschäftsstelle im Seniorenbüro Hamburg, Steindamm87, 20099 Hamburg, www.eurag-deutschland.de

11.5 BAG der Landesseniorenvertretungen e. V.
Poststr. 7, 32649 Dörentrup, www.bag-lsv.de

11.6 Deutsche Seniorenpresse Arbeitsgemeinschaft (dsp) e. V.
Königsstr. 7, 90429Nürnberg, www.deutsche-seniorenpresse.de

11.7 Verein zur Förderung des Dialogs der Generationen e. V.
Burgschmietstr. 37, 90419 Nürnberg, www.magazin66.de
Der Verein gibt viermal im Jahr die Zeitschrift sechs+sechzig heraus, die über Themen der Seniorenarbeit informiert. Die Mitglieder des Vereins sind eine altersgemischte Gruppe von professionellen Journalisten, die noch im Berufsleben oder die bereits im Ruhestand sind. Das Magazin gibt es auch als Online-Version mit ständig aktuellen Berichten und Blogs unter www.magazin66.de

11.8 Omega – Mit dem Sterben leben e. V.
Dickkampstr. 12, 45879 Gelsenkirchen, www.omega-ev.de

11.9 Deutsche Hospiz- und PalliativStiftung
Aachener Str.5, 10713 Berlin, www.dhp-stiftung.de

12. Selbsthilfeorganisationen

12.1 BAG SELBSTHILFE von Menschen mit Behinderung und chronischer Erkrankung und ihren Angehörigen e. V.
Kirchfeldstr. 149, 40215 Düsseldorf, www.bag-selbsthilfe.de

12.2 Deutsche Arbeitsgemeinschaft Selbsthilfegruppen (DHG SHG) e. V.
Otto-Suhr-Allee 115, 10627 Berlin

12.3 Nationale Kontakt- und Informationsstelle zur Anregung und Unterstützung von Selbsthilfegruppen (NAKOS)
Otto-Suhr-Allee 115, 10585 Berlin, www.nakos.de
Zentrale Aufgabe der NAKOS ist es, Selbsthilfegruppen und an Selbsthilfe interessierte Bürgerinnen und Bürger aufzuklären, zu informieren und Kontakte zu vermitteln. Als Brückeninstitution vermittelt NAKOS zwischen Öffentlichkeit und Medien, Versorgungseinrichtungen, Verbänden und Politik, örtlichen Selbsthilfekontaktstellen, Selbsthilfegruppen, Selbsthilfeorganisationen und Selbsthilfegruppen-Interessierten. Träger ist die DAG Selbsthilfegruppen.

12.4 Anonyme Alkoholiker Interessengemeinschaft e. V.
Lotte-Branz-Str. 14, 80939 München, www.anonyme-alkoholiker.de

12.5 Deutsche Alzheimergesellschaft e. V. Selbsthilfe Demenz
Friedrichstr. 236, 10969 Berlin, www.deutsche-alzheimer.de

12.6 Bundesnetzwerk Bürgerschaftliches Engagement
Michaelkirchstr.17 – 18, 10179 Berlin, www.b-b-e.de
Mitglieder des Netzwerks sind die bundesweit für das bürgerschaftliche Engagement relevanten Akteure. Dazu zählen Trägerorganisationen, zivilgesellschaftliche Akteure der Freiwilligenarbeit und Selbsthilfe, Kirchen, Religions- und Weltanschauungsgemeinschaften, Bund, Länder und Kommunen, Wirtschaftsunternehmen und deren Zusammenschlüsse, Gewerkschaften und Medien.

12.7 BAG der Immigrationsverbände in der Bundesrepublik Deutschland (BAGIV) e. V.
Trierer Str.70, 53115 Bonn, www.bagiv.de
Die BAG wurde 1985 gegründet und ist der einzige bundesweite und multinationale Dachverband von Migrantenhilfsorganisationen
12.8 Bundeszuwanderungs- und Integrationsrat (B. Z. I.)
Frauenlobstr. 15 – 19, 55118 Mainz, www. bundesauslaenderbeirat.de
Der B. Z. I. hat sich 1998 als Ausländerbeirat gegründet. Er ist das gemeinsame Dach von ca.320 gewählten kommunalen Ausländerbeiräten und Ausländervertretungen in 12 Bundesländern.

13. Sozialverband VdK Deutschland e. V.

Michaelkirchstr.13, 10179, www.vdk.de
Der Sozialverband VdK (Verband der Kriegsbeschädigten, Kriegshinterbliebenen und Sozialrentner Deutschlands) vertritt die gesellschaftlichen, politischen und rechtlichen Interessen seiner Mitglieder (1,7 Mio.) gegenüber Staat und Regierung. Neben dem Bundesverband gliedert er sich in Landes-, Kreis- und Ortsverbände. Der VdK berät seine Mitglieder in allen sozialrechtlichen Fragen und nimmt aktiv Einfluss auf aktuelle Entwicklungen in der Renten-, Gesundheits- und Sozialpolitik.

14. Sozialverband Deutschland (SoVD) e. V.

Stralauer Str. 63, 10179 Berlin, www.sovd.de
Der SoVD ist regional gegliedert und als Dienstleistungsorganisation für seine Mitglieder tätig. Zu seinen Leistungen gehören Sozialberatung, Jugendarbeit, eigene Berufsförderwerke und sozialpolitische Interessenvertretung.

15. Bundesverband privater Träger der freien Kinder-, Jugend- und Sozialhilfe (VPK) e. V.

Mühlendamm 3, 10178 Berlin, www.vpk.de;

B Fachspezifische Organisationen und Institutionen

1. Altenhilfe

In Deutschland besteht keine gesetzlich festgelegte Organisationsstruktur für die Altenhilfe. Im Bund gibt es Zuständigkeiten in den Ministerien BMFSFJ, BMAS und BMG. In den Landesministerien finden sich eher selten Bezeichnungen, die eine eindeutige Zuständigkeit für ältere Menschen erkennen lassen. Zumeist findet sich diese in der Bezeichnung „Soziales". Auf kommunaler Ebene sind Seniorenämter eher selten. Hier nehmen Sozialämter diese Aufgaben wahr.

1.1 Deutscher Berufsverband für Pflegeberufe (DBfK) e. V.
Alt-Moabit 91, 10559 Berlin, www.dbfk.de
Der DBfK ist die berufliche Interessenvertretung der Gesundheits- und Krankenpflege, der Altenpflege und der Gesundheits- und Kinderkrankenpflege. Ziele und Aktivitäten werden im Aktionsprogramm 2020 beschrieben. Der DBfK gibt monatlich ein Pflegefachmagazin mit umfangreichen Themen heraus sowie einen Newsletter.

1.2 Deutscher Berufsverband für Altenpflege (DBVA) e. V.
Sonnenwall 15, 47051 Duisburg, www.dbva.de
Seine Aufgabe sieht er in der Wahrnehmung berufsständischer Interessen und der Einflussnahme auf politische Entscheidungen innerhalb der Bereiche Altenpflege/Altenarbeit. Er gibt eine eigene Zeitschrift und eine Schriftenreihe heraus, in denen Altersthemen aus wissenschaftlicher und praktischer Perspektive beleuchtet werden.

1.3 Deutscher Evangelischer Verband für Altenarbeit und ambulante pflegerische Dienste (DEVAP) e. V.
Invalidenstr. 29, 10115 Berlin, www.devap.de
Als e. V. besteht der Verband zwar erst seit 1973, doch reicht seine Geschichte schon bis in die 1920er Jahre zurück. Der Verband hat die Aufgabe, die Evangelische Altenhilfe zu fördern. Der Verband ist dem DW der Evangelischen Kirche in Deutschland als Fachverband angeschlossen.

1.4 Verband katholischer Altenhilfe in Deutschland (VKAD) e. V.
Karlstr. 40, 79104 Freiburg i.Br., www.verband-katholische-altenhilfe.de
Mitglieder des Verbands sind katholische Einrichtungen, Dienste und Ausbildungsstätten der Altenhilfe sowie Sozialstationen und ambulante Dienste. Der VKAD ist ein bundesweit tätiger und selbständiger Fachverband für die Altenhilfe innerhalb des Deutschen Caritasverbandes.

2. Gesundheitshilfe

Im Bund ist das BMG das für die Gesundheitshilfe zuständige Fachministerium (www.bmg.de). Die Tätigkeit des BMG konzentriert sich auf die Erarbeitung von Gesetzentwürfen, Richtlinien und Verwaltungsvorschriften sowie auf gesundheitliche Aufklärung, Patientenrechte und Gesundheitsforschung. Dazu gehören auch alle Fragen der Pflege und Pflegeversicherung genauso wie Fragen zu Drogen und Sucht und Rehabilitation. Weitere Akteure des Gesundheitswesens, wie z. B. Krankenkassen, Krankenhäuser, Ärzte, Apotheker sowie die Pharmaindustrie sind vielfältig (und einflussreich). Auf der Länderebene sind die Landesministerien als oberste Gesundheitsbehörden für die Aufgaben der Gesundheitshilfe zuständig, oft in Verbindung mit Fragen des Umwelt- und Verbraucherschutzes. Der Vorsitz der Gesundheitsministerkonferenz unter Beteiligung des BMG wechselt alle zwei Jahre. In den Kommunen sind i. d. R. kommunale oder staatliche Gesundheitsämter tätig.

2.1 Gesundheitsverwaltung, Akademien, gesundheitliche Aufklärung

2.1.1 Beauftragte der Bundesregierung für die Belange behinderter Menschen
Mauerstr. 53, 10117 Berlin, www.behiondertenbeauftragter.de

2.1.2 Drogenbeauftragte der Bundesregierung
Friedrichstr. 108, 10117 Berlin, www.drigenbeauftragte.de

2.1.3 Arbeitsgemeinschaft der obersten Landesgesundheitsbehörden (AOLG)
Wechselnder Vorsitz alle 2 Jahre. Befasst sich u. a. mit Fragen der Gesundheitsvor- und -fürsorge, der Versorgung der Bevölkerung auf dem Gebiet der Gesundheitsüberwachung und -betreuung sowie mit den Fragen der Aus- und Weiterbildung der im Gesundheitswesen tätigen Berufsgruppen.

2.1.4 Bundeszentrale für gesundheitliche Aufklärung (BzGA) e. V.
Maarweg 149 – 161, 50825, Köln, www.bzga.de
Schwerpunkte sind: Forschung und Öffentlichkeitsarbeit im Bereich der Gesundheitserziehung und gesundheitlichen Aufklärung, Veröffentlichungen u. a. zur Familienplanung, Beratung und Hilfen für werdende Mütter, zur Behindertenhilfe, der Alkohol- und Drogenberatung sowie der Aidsprophylaxe. Außerdem regelmäßige Fortbildungsangebote für sog. Multiplikatoren, u. a. für SozArb/SozPäd. Zeitschrift: Bundesgesundheitsblatt.

2.1.5 Akademie für öffentliches Gesundheitswesen
Kanzlerstr. 4, 40472 Düsseldorf, www.akademie-oegw.de
Schwerpunkt der Arbeit ist der Ausbildungs- und Weiterbildungsbereich für im Gesundheitswesen tätige Berufsgruppen, insbes. für den ÖGD, z. B. Ausbildung von Amtsärzten, von Sozialmedizinischen Assistenten und Fort- und Weiterbildungsangebote für SozArb/SozPäd im Gesundheitswesen. Zeitschrift: Blickpunkt öffentliche Gesundheit.

2.2 Krankenhausbereich

2.2.1 Deutsche Krankenhausgesellschaft (DKG) e. V.
Wegelystr. 3, 10623 Berlin, www.dkgev.de
Zusammenschluss der Krankenhausträger. Vertritt die Interessen der Krankenhäuser gegenüber Institutionen und Verbänden (z. B. Krankenkassen, Rentenversicherungsträgern). Befasst sich u. a. auch mit der Veränderung und Verbesserung von Krankenhausstrukturen und in diesem Zusammenhang mit der Frage des Einsatzes von SozArb/SozPäd im Krankenhaus. Zeitschrift: Das Krankenhaus.

2.2.2 Deutsche Vereinigung für Soziale Arbeit im Gesundheitswesen (DVSG) e. V.
Alt-Moabit 96, 10559 Berlin, www.dvsg.org
Die Fachvereinigung (1926 gegründet) hat sich die Aufgabe gestellt, insbesondere den inneren und äußeren Ausbau der Sozialdienste im Krankenhaus, in Pflegeeinrichtungen, in Hospizen und in Rehabilitationskliniken zu fördern. Sie bietet Einführungsseminare in die Arbeitsfelder der Sozialarbeit im Krankenhaus und in Rehabilitationskliniken an. Zeitschrift: FORUM sozialarbeit + gesundheit.

2.2.3 Aktionskomitee KIND IM KRANKENHAUS (AKIK) Bundesverband e. V.
Theobald-Christ-Str. 10, 60316 Frankfurt/M., www.akik.de
AKIK engagiert sich seit 1968 für Kinder und Jugendliche vor, während und nach einem Krankenhausaufenthalt und bietet Beratung und Betreuung der Eltern.

2.3.4 Deutsche Kinderkrebsstiftung
Adenauerallee 134, 53113 Bonn, www.kinderkrebsstiftung.de
Die Stiftung wird von betroffenen Eltern oder ehemaligen Patienten getragen. Neben Information und Beratung werden patientenorientierte Forschung, Elterngruppen und einige Elternhäuser sowie Nachsorgeprojekte gefördert.

2.3 Arbeitsgemeinschaft der Krankenkassenverbände
(Anschriften bei den jeweiligen örtlichen Krankenkassen)
Gem. § 207 SGB V haben die Krankenkassen Landesverbände zu bilden: z. B. den Landesverband der Orts-, der Betriebs- und Innungskrankenkassen. Die Landesverbände können sich zu einem Verband (Bundesverband) zusammenschließen. Krankenkassen werden zunehmend zum Arbeitsfeld für SozArb/SozPäd.

2.4 Suchtkrankenhilfe
Deutsche Hauptstelle für Suchtfragen (DHS) e. V.
Westenwall 4, 59065 Hamm, www.dhs.de
Zusammenschluss der Verbände, die auf dem Gebiet der Suchtkrankenhilfe arbeiten. Forschungs- und Öffentlichkeitsarbeit auf diesem Gebiet. Jährliche Durchführung einer wissenschaftlichen Arbeitstagung, auf dem Praktiker und Wissenschaftler zu aktuellen Fragen der Suchtkrankenberatung und -hilfe Stellung nehmen. Zeitschrift: Sucht.

2.5 Organisationen, Vereinigungen, Selbsthilfegruppen im Gesundheitswesen

Gerade im Gesundheitswesen gibt es Deutschland eine ungeheure Vielfalt von Vereinigungen und Selbsthilfegruppen der von einer Krankheit Betroffenen und ihrer Angehörigen. Die Zahl wird zwischen 70 000 und 100 000 Selbsthilfegruppen geschätzt.

Sie sind inzwischen anerkannte Partner im Gesundheitswesen und werden durch die Krankenkassen gefördert. Selbsthilfe von Menschen mit Behinderung sowie von Eltern und Angehörigen (z. B. die „Lebenshilfe“) ist in Ergänzung zu professioneller Hilfe ein wesentlicher Bestandteil der Behindertenhilfe. Selbsthilfevereinigungen sind mit wenigen Ausnahmen regional auf kommunaler Ebene tätig.

2.5.1 BAG der Integrationsämter und Hauptfürsorgestellen (BIH) GbR

Erzbergerstr. 119, 76133 Karlsruhe, www.integrationsämter.de

2.5.2 BAG Selbsthilfe von Menschen mit Behinderung und chronischer Erkrankung und ihren Angehörigen (BAG Selbsthilfe) e. V.

Kirchfeldstr. 149, 40215 Düsseldorf, www.bag-selbsthilfe.de

Zusammenschluss von Eltern-, Fach- und Selbsthilfeverbänden Behinderter und chronisch kranker Menschen und ihrer Angehörigen. Die BAG ist ein Interessenverband, der seine Anliegen bei allen in Frage kommenden Gremien, Verbänden und gegenüber der Öffentlichkeit vertritt.

Zeitschrift: Selbsthilfe. Erscheint vierteljährlich.

2.5.3 BAG für Rehabilitation (BAR)

Solmstr.18, 60486 Frankfurt/M., www.bar-frankfurt.de

Freiwilliger Zusammenschluss der Spitzenverbände der gesetzlichen Kranken-, Unfall-, Rentenversicherung, Kriegsopferfürsorge und Sozialhilfe, der BA, der BL, der Spitzenverbände der Sozialpartner sowie der Kassenärztlichen Bundesvereinigung zu dem Zweck, die Maßnahmen der medizinischen, schulischen (pädagogischen), beruflichen und sozialen Rehabilitation im Rahmen des geltenden Rechts zu koordinieren und zu fördern.

Zeitschriften: Reha-Info und Die Rehabilitation.

2.5.4 Bundesverband Deutscher Berufsförderungswerke (BV BFW) e. V.

Knobelsdorffstr. 92,14059 Berlin, www.bv-bfw.de

2.5.5 BAG der Werkstätten für behinderte Menschen (BAG/WfbM) e. V.

Sonnemannstr. 5, 60314 Frankfurt/M., www.bagwfbm.de

1975 gegründet, um die Interessen der in den Werkstätten tätigen Menschen mit Behinderung besser zu vertreten. Zeitschrift: Werkstatt-Dialog.

2.5.6 BAG Integrationsfirmen (BAR-IF)

Kommandantenstr. 80, 10117 Berlin, www.bag-if.de

2.5.7 Bundesvereinigung Lebenshilfe für Menschen mit geistiger Behinderung e. V.

Raiffeisenstr. 18, 35043 Marburg, www.lebenshilfe.de

Die Lebenshilfe (1958 gegründet) ist eine Selbsthilfevereinigung, Eltern-, Fach- und Trägerverband für Menschen mit geistiger Behinderung und ihre Familien. In der Bundesvereinigung haben sich 16 Landesverbände und 513 Orts- und Kreisvereinigungen organisiert. Zeitschrift: Lebenshilfe Zeitung.

2.5.8 **Interessenvertretung Selbstbestimmt Leben in Deutschland (ISL) e. V.**
Kantorweg 1, 13503 Berlin, www.isl-ev.de
Dachorganisation der von Betroffenen selbst betriebenen Beratungszentren für ein selbstbestimmtes Leben Behinderter.

2.5.8 **Deutsche AIDS-Hilfe e. V.**
Wilhelmstr. 138, 10963 Berlin, www.aidshilfe.de
Zeitschrift: DAH-DIREKT.

2.5.9 **Deutsche Alzheimer Gesellschaft (DAlzG) e. V.**
Friedrichstr. 236, 10969 Berlin, www.deutsche-alzheimer.de
Zeitschrift: Alzheimer-Info.

2.5.10 **Deutsche Behindertenhilfe – Aktion Mensch e. V.**
Heinemannstr.36, 53175 Bonn, www.aktion-mensch.de
Zeitschrift: Aktion Mensch. Das Magazin.

2.5.11 **Deutsche Krebsgesellschaft e. V.**
Kuno-Fischerstr.8, 14057 Berlin, www.krebsgesellschaft.de
Befasst sich mit Fragen der Krebsvor- und -nachsorge. Die Nachsorge der Krebskranken bekommt für SozArb/SozPäd als Arbeitsfeld eine immer größere Bedeutung. Zeitschrift: Forum.

2.5.12 **Deutscher Blinden- und Sehbehindertenverband (DBSV) e. V.**
Rungstr. 19, 10179 Berlin, www.dbsv.de
Zeitschrift: Die Gegenwart.

2.5.13 **Deutscher Gehörlosen-Bund e. V.**
Prenzlauer Allee 180, 10405 Berlin, www.gehoerlosen-bund.de

2.5.14 **Deutsches Down-Syndrom InfoCenter**
Hammerhöhe 3, 91207 Lauf, www.ds-infocenter.de
Zeitschrift: Leben mit Down-Syndrom.

3. Kinder- und Jugendhilfe

Auf der Bundesebene ist das BMFSFJ innerhalb der BReg. für die Kinder- und Jugendhilfe zuständig (www.bmfsfj.de). In den einzelnen Bundesländern finden sich die Zuständigkeiten für die Kinder- und Jugendhilfe als Oberste Landesjugendbehörden nach § 82 SGB VIII in sehr unterschiedlich bezeichneten Landesministerien. Die Länder sind für die Gestaltung der Kinder- und Jugendhilfe von zentraler Bedeutung. Neben ihrer Gesetzgebungskompetenz haben sie die Tätigkeit der öffentlichen und freien Jugendhilfe anzuregen und zu fördern sowie auf einen gleichmäßigen Ausbau der Einrichtungen und Angebote hinzuwirken. Die zuständigen Landesministerien tagen unter Beteiligung des BMFSFJ regelmäßig als Jugendministerkonferenz. Für die Wahrnehmung der Aufgaben nach dem SGB VIII errichtet jeder überörtliche Träger (die Länder) ein Landesjugendamt (§ 69 Abs. 3 SGB VIII). Örtliche Träger sind i. d. R. die kreisfreien Städte oder Landkreise, die Jugendämter errichten.

3.1 Zusammenschlüsse der Träger der öffentlichen Jugendhilfe

3.1.1 Arbeitsgemeinschaft der Obersten Landesjugendbehörden (OLJB)
Die OLJB bilden eine Arbeitsgemeinschaft, deren Vorsitz und Geschäftsführung alle zwei Jahre zwischen den Ländern wechseln.

3.1.2 BAG der Landesjugendämter (BAGLJÄ)
Rheinallee 97 -101, 55118 Mainz, www. bagljae.de
Die BAGLJÄ ist in der Kinder- und Jugendhilfe ein fachlich sehr einflussreicher Zusammenschluss. Die Geschäftsführung der BAGLJÄ nimmt das Landesjugendamt Rheinland-Pfalz wahr.

3.2 Organisationen und Zusammenschlüsse der freien Jugendhilfe

3.2.1 Spitzenverbände der Freien Wohlfahrtspflege mit ihren Untergliederungen
(s. A1 und Stichwörter: *Kirchen und Religionsgemeinschaften des öffentlichen Rechts* sowie *Wohlfahrtsverbände*)
Jugendverbände
(s. Stichwort: *Jugendverbände*)

3.2.2 Deutscher Bundesjugendring (DBJR)
Mühlendamm 3, 10178 Berlin, www.djbr.de
Im DBJR haben sich 27 Jugendverbände, 16 Landesjugendringe und 6 Anschlussverbände zusammengeschlossen. Die jeweils aktuellen Adressen und Links zu den einzelnen Mitgliedsorganisationen finden sich unter www.djbr.de. Der DJBR versteht sich als Interessenvertretung für Kinder und Jugendliche in Politik und Gesellschaft. Er repräsentiert die Belange junger Menschen gegenüber Parlament, Regierung und Öffentlichkeit und ist über Deutschland hinaus auch in Europa und international tätig mit dem Ziel, eine gerechte Teilhabe der jungen Generation zu ermöglichen..

3.2.3 Kirchen und sonstige Religionsgemeinschaften, die ebenfalls als Träger der freien Jugendhilfe anerkannt sind
(s. A1 und bei *Kirchen und Religionsgemeinschaften des öffentlichen Rechts* sowie *Wohlfahrtsverbände*)

3.3 Juristische Personen zur Förderung der Jugendwohlfahrt

3.3.1 Deutscher Verein für öffentliche und private Fürsorge e. V. (s. Teil A)

3.3.2 Arbeitsgemeinschaft für Kinder- und Jugendhilfe (AGJ)
Mühlendamm 3, 10178 Berlin, www.agj.de
Die AGJ ist der bundeszentrale Zusammenschluss, das Netzwerk und Forum von rd. 100 Trägern der freien und öffentlichen JH, die in sechs AGJ-Mitgliedergruppen zusammenarbeiten:
Jugendverbände und Landesjugendringe
Spitzenverbände der freien Wohlfahrtspflege
Fachorganisationen der Jugendhilfe
Oberste Jugendbehörden der Länder
BAG der LJÄ
Vereinigungen und Organisationen im Bereich Personal (Interessenvertretung) und Qualifikation (Aus-, Fort- und Weiterbildung) für die Jugendhilfe

Die AGJ versteht sich als ein träger- und handlungsfeldübergreifender Zusammenschluss im Interesse der Einheit der JH auf der Grundlage des SGB VIII. Sie ist Diskussionsforum für den kontinuierlichen fachlichen Erfahrungsaustausch, will die Interessen und fachlichen Positionen ihrer Mitgliedsorganisationen bündeln und verfasst gemeinsame Stellungnahmen zu aktuellen Themen. (www.jugendhilfeportal.de)

Neben der Arbeit in den Fachausschüssen, der Herausgabe der 4-mal jährlich erscheinenden Fachzeitschrift „Forum Jugendhilfe“ und anderen Publikationen nimmt die Durchführung von Fachtagungen und Kongressen einen breiten Raum in der Arbeit der AGJ ein. Alle drei Jahre wird der Deutsche Jugendhilfetag durchgeführt, der nächste im März 2017 in Düsseldorf. Alle zwei Jahre schreibt die AGJ den „Deutschen Jugendhilfepreis“ – Hermine Albers Preis – aus.

Die AGJ ist vielfältig international tätig und ist Rechtsträger der National Coalition für die Umsetzung der UN-Kinderrechtskonvention, in der über 90 bundesweit tätige Organisationen und Initiativen aus verschiedenen gesellschaftlichen Bereichen zusammengeschlossen sind.

3.3.3 **Arbeitsgemeinschaft für Erziehungshilfe (AFET) e. V. – Bundesvereinigung**
Georgstr.26, 30159 Hannover, www.afet-ev.de
Die AFET dient dem ständigen Erfahrungsaustausch von öffentlichen und freien Trägern der JH, die Aufgaben der Erziehungshilfe übernommen haben.

3.3.4 **Deutsche Vereinigung für Jugendgerichte und Jugendgerichtshilfe (DVJJ) e. V.**
Lützerodestr. 9, 30161 Hannover, www.dvjj.de

3.3.5 **Arbeitsgemeinschaft Deutscher Bewährungshelferinnen und Bewährungshelfer (ADB) e. V.**
Clara-Zetkin-Str.7, 14471 Potsdam, www.bewaehrungshilfe.de

3.3.6 **BAG für Kinder- und Jugendschutz (BAJ) e. V.**
Mühlendamm 3, 10178 Berlin, www.bag-jugendschutz.de

3.3.7 **Internationale Gesellschaft für erzieherische Hilfen (IGfH) – Sektion BRD**
Fédération Internationale des Communautés Educatives (FICE) e. V.
Beide: Galvanistr. 30, 60486 Frankfurt/M. www.igfh.de

3.3.8 **Bundeskonferenz für Erziehungsberatung e. V.**
Herrnstr. 53, 90763 Fürth, www.bke.de

3.3.9 **Bundesvereinigung kulturelle Kinder- und Jugendbildung (bkj) e. V.**
Küppelstein 34, 42857 Remscheid, www.bkj.de

3.3.10 **Deutscher Kinderschutzbund, Bundesverband (DKSB) e. V.**
Bundesgeschäftsstelle: Schöneberger Str. 15, 10963 Berlin, www.dksb.de
Arbeitsschwerpunkte: Lobby für Kinder, Kinder-Eltern-Telefon, Kinderschutzzentren, Elternkurse, Betreuter Umgang, Verfahrenspflegschaften.

3.3.11 **SOS-Kinderdorf e. V.**
Renatastr. 77, 80639 München, www.sos-kinderdorf.de
Der deutsche SOS-Kinderdorf-Verein engagiert sich seit 1955 für Kinder, Jugendliche und Familien. Dachverband ist der weltweit in 133 Ländern tätige SOS-Kinderdorf International.

3.3.12 Internationaler Bund (IB)

Valentin-Senger-Str. 5, 60389 Frankfurt/M. www.internationaler-bund.de

Der IB (1949 gegründet) ist mit seinen Vereinen und Gesellschaften einer der großen Träger der Kinder- und Jugendhilfe sowie der Bildungs- und Sozialarbeit. Er ist regional gegliedert und mehr als 700 Einrichtungen an 300 verschiedenen Orten tätig.

3.3.13 Christliches Jugenddorfwerk (CJD)

Teckstr. 23, 73061 Ebersbach, www.cjd.de

Das CJD ist 1949 gegründet worden. An 150 verschiedenen Standorten werden Ausbildung von Jugendlichen mit Lernbeeinträchtigungen, Integrationsberatung für jugendliche Migranten, Werkstätten für Menschen mit Behinderung und Hilfen für gefährdete Jugendliche angeboten.

3.3.14 Kooperationsverbund Jugendsozialarbeit

Chausseestr. 128/129, 10115 Berlin, www.jugendsozialarbeit.de

Im Kooperationsverbund haben sich nach der Auflösung der BAG JAW sieben Bundesorganisationen, die in der Jugendsozialarbeit tätig sind, zusammengeschlossen. Der Kooperationsverbund verfügt über eine Stabsstelle.

3.3.15 Verband der Kolpinghäuser (VKH) e. V.

Breite Str.10, 50667 Köln, www.kolpinghäuser.de

Der Träger ist im Bereich des Jugendwohnens tätig und verfügt über 220 Einrichtungen in Deutschland. Er unterstützt Jugendliche während ihrer Ausbildung außerhalb ihres Wohnortes mit Unterkunft, Verpflegung und sozialpädagogischer Begleitung.

3.3.16 Fachstelle für Internationale Jugendarbeit der Bundesrepublik Deutschland (IJAB) e. V.

Godesberger Allee 142 – 148, 53175 Bonn, www.ijab.de

Schwerpunkte der Arbeit des IJAB sind u. a. die internationale jugendpolitische Zusammenarbeit, internationale Kooperationsprojekte sowie die Förderung der Mobilität zu verschiedenen Themenschwerpunkten. Der IJAB (als Gemeinschaftsprojekt mit der AGJ) ist Träger des Fachkräfteportals, eine Informations- und Kommunikationsplattform. (www.jugendhilfeportal.de)

4. Soziales/Sozialhilfe

Im Bund ist das BMAS für die ganze Bandbreite der *Sozialen Sicherung* zuständig. Dazu gehören u. a. Arbeitsmarkt und Grundsicherung für Arbeitssuchende, Sozialhilfe, Arbeitsrecht, Arbeitsschutz, Ausbildung und berufliche Weiterbildung, Rentenversicherung und die Teilhabe behinderter Menschen sowie europäische und internationale Aktivitäten (www.bmas.de). Nach § 3 SGB XII wird *Sozialhilfe* von überörtlichen und örtlichen Trägern geleistet. Örtliche Träger der Sozialhilfe sind die kreisfreien Städte und Kreise, überörtliche Träger sind (je nach Landesrecht) die zuständigen Landesministerien (mit unterschiedlichen Bezeichnungen) oder höhere Kommunalverbände. Die Arbeits- und Sozialministerkonferenz findet unter jährlich wechselnder Federführung zwischen den zuständigen Landesministerien mit Beteiligung des BMAS statt.

4.1 Zusammenschlüsse öffentlicher Träger der Sozialhilfe

4.1.1 BAG der überörtlichen Träger der Sozialhilfe (BAGüS)

Warendorfer Str. 26–28, 48145 Münster, www.bagues.de

Nach dem SGB XII haben die überörtlichen Träger der Sozialhilfe wesentliche Aufgaben von überregionaler Bedeutung und/oder besonderer finanzieller Tragweite.

4.1.2 Konferenz der Obersten Landessozialbehörden

AG der für Sozialhilfe zuständigen Obersten Landesbehörden. Keine feste Geschäftsstelle. Veranstalter ist jeweils das ausrichtende Land.

4.1.3 BAG der Integrationsämter und Hauptfürsorgestellen (BHI)

Erzbergstr.119, 76133 Karlsruhe, www.integrationsämter.de

4.2 Freie Träger der Sozialhilfe

(s. A1 und *Kirchen und Religionsgemeinschaften des öffentlichen Rechts* sowie *Wohlfahrtsverbände*)

4.3 Sonstige nichtbehördliche Organisationen und Institutionen

4.3.1 Deutscher Verein für öffentliche und private Fürsorge (DV)

(s. Teil A)

4.3.2 Organisationen und Institutionen der Behindertenhilfe

(s. B 2.5)

4.3.3 BAG Wohnungslosenhilfe (BAG W) e. V.

Boyenstr.42, 10115 Berlin, www.bagw.de

1954 gegründet ist die BAG W eine bundesweite Arbeitsgemeinschaft sozialer Dienste und Einrichtungen für Menschen mit besonderen sozialen Schwierigkeiten.

4.3.4 Organisationen und Institutionen der Altenhilfe

(s. B 1)

C Bibliotheken, Dokumentationen

1. GESIS Leibniz Universität – Institut für Sozialwissenschaften

Unter Sachsenhausen 6 – 8, 50667 Köln (außerdem Standorte in Mannheim und Berlin), www.gesis.org

GESIS dokumentiert und archiviert für die BRD empirische Datensätze von sozialwissenschaftlichen Untersuchungen, bspw. sind Wohlfahrtssurveys, allgemeine Bevölkerungsumfragen der Sozialwissenschaften (ALLBUS), Beobachtung aktueller gesellschaftlicher Entwicklungen, Analysen des sozialen Wandels u. a. für die SozArb relevante empirische Untersuchungen verfügbar.

2. Deutsches Institut für Urbanistik (Difu)

Zimmermannstr. 13 – 15, 10969 Berlin, www.difu.de
Das Difu erfasst die in einem Datenbanksystem (DEMOS) die außerhalb der amtl. Statistik unternommenen Befragungen, die von Kommunen bzw. in deren Auftrag erarbeitet werden oder von kommunalem Interesse sind. In dieser Datenbank sind u. a. die Sachgruppen Bevölkerung, Bildung, Kultur, Gesundheit und Sozialwesen ausgewiesen.

3. Informationszentrum Sozialwissenschaften (IZ)

c/o Humboldt-Universität zu Berlin, Friedrichstr. 191–193, 10099 Berlin, www.clio-online.de und www. gesis.de
Das Informationszentrum Sozialwissenschaften stellt ein umfassendes Online-System für sozialwissenschaftliche Informationen im deutschsprachigen Raum zur Verfügung. In den beiden Datenbanken FORIS (Forschungsinformationssystem Sozialwissenschaften) und SOLIS (Sozialwissenschaftliches Literaturinformationssystem) ist auch jeweils das Fachgebiet Sozialwesen enthalten.

4. Deutsches Zentralinstitut für soziale Fragen (DZI)

Bernadottestr. 94, 14195 Berlin, www.dzi.de
Seit über 120 Jahren sammelt und dokumentiert das DZI Daten zur Sozialen Arbeit in Deutschland. Es verfügt über eine der größten Fachbibliotheken und umfangreiche Literaturdatenbank. Darüber hinaus bietet das DZI Spenderberatung an und informiert die Öffentlichkeit über die Seriosität von Spenderorganisationen (DZI-Spenden-Siegel).

5. Statistisches Bundesamt

Gustav-Stresemann-Ring 11, 65189 Wiesbaden, www.destatis.de
Allgemeiner statistischer Auskunftsdienst regelmäßig und als Sonderauswertungen zu allen relevanten sozialen Themen. Wichtigste Veröffentlichungen sind das Statistische Jahrbuch (zuletzt 2016) und der Sozialbericht für Deutschland (2016).

6. Deutsches Zentrum für Altersfragen (DZA) e. V.

Manfred-von-Richthofen-Str. 2, 12101 Berlin, www.dza.de
Zu den Aufgaben des DZA zählen u. a. die sozialgerontologische Forschung und Praxisberatung sowie die fachliche Unterstützung des BMFSFJ in Alternsfragen. So sind dort die Geschäftsstelle für die Erstellung der Altenberichte und der „Runde Tisch Pflege“ angesiedelt. Des Weiteren werden der Alterssurvey „Die zweite Lebenshälfte“ sowie europäische Forschungsprojekte umgesetzt. Ein Kernstück bilden die EDV-gestützten Literatur- und Datendokumentationen (gerostat, gerolit, gerolink) und die größte, öffentlich zugängliche Präsenzbibliothek zu Altersthemen in Deutschland. Zusätzlich verfügt das DZA über eine eigene Publikationsreihe „Beiträge zur sozialen Gerontologie, Sozialpoli-

tik und Versorgungsforschung" sowie über den periodisch erscheinenden „Informationsdienst Altersfragen".

7. Kuratorium Deutsche Altershilfe (KDA)

An der Pauluskirche 3, 50677 Köln, www.kda.de
Das KDA informiert in diversen Veröffentlichungen sowie in seinem vierteljährlich erscheinenden Fachmagazin „Pro Alter" fundiert über Neues zum Thema „Alter". Weiterhin werden in der Reihe „vorgestellt" Entwicklungen zur altengerechten Wohnungsanpassung, zur Aus- und Weiterbildung oder zu Organisationshilfsmitteln skizziert. In der Reihe „thema" erscheinen v. a. Erfahrungsberichte und Arbeitshilfen für die Praxis. Thema der KDA-Reihe „Architektur und Gerontologie" ist bspw. die „Planung humaner Pflegeheime". Die Buchreihe des KDA ist „forum", in der Studien, Dokumentationen, Praxisanleitungen und Gutachten erscheinen. Es steht ein umfangreicher Bibliotheksbestand zur Verfügung.

8. Landesinstitut für den öffentlichen Gesundheitsdienst (LÖGD) Nordrhein-Westfalen

Westerfelder Str. 35–37, 33611 Bielefeld, www.loegd.nrw.de
In das Landesinstitut wurde das ehemalige „Institut für Dokumentation und Information über Sozialmedizin und öffentliches Gesundheitswesen (IDIS)" integriert. Es werden Zeitschriftenaufsätze, Bücher und „Graue Literatur" aus dem Bereich Public Health einschließlich des öffentlichen Gesundheitswesens und der Sozialarbeit dokumentiert, die Bibliothek besitzt einen umfangreichen Bestand an Literatur zum Thema Public Health/Pflegewissenschaften und eine Sammlung kommunaler Gesundheitsberichte.

9. Informationsdienst der Arbeitsstelle Kinder- und Jugendhilfestatistik (Kom^Dat^)

TU Dortmund, Forschungsverbund DJI – TU, Vogelpothsweg 78, 44227 Dortmund, www.akjstat.tu-dortmund.de
Der Informationsdienst „Kommentierte Daten der Jugendhilfe" versteht sich als Schnittstelle zwischen amtlicher Kinder- und Jugendhilfestatistik sowie Praxis, Politik und Forschung. Zu unterschiedlichen Schwerpunktthemen erscheint der Informationsdienst dreimal jährlich mit Analysen und Auswertungen.

D Wissenschaftliche Institute/Beratungseinrichtungen

1. Arbeitsgemeinschaft Sozialwissenschaftlicher Institute (ASI) e. V.

Unter Sachsenhausen 6 – 8, 50667 Köln, www.asi-ev.de

2. Bundesinstitut für Berufsbildung (BiBB)

Robert-Schuman-Platz 3, 53175 Bonn, www.bibb.de

Das BiBB wurde 1970 auf der Grundlage des Berufsbildungsgesetzes gegründet. Schwerpunkte sind Forschung, Weiterentwicklung und Förderung in der nationalen und internationalen beruflichen Aus- und Weiterbildung. Das Institut ist eine Einrichtung des Bundes (BMBF) für Politik, Wissenschaft und Praxis zu allen Fragen der beruflichen Bildung. Es verfügt über die größte wissenschaftliche Spezialbibliothek zum Thema.

3. Institut für Arbeitsmarkt und Berufsforschung der Bundesanstalt für Arbeit (IAB)

Weddigenstr. 20–22, 90478 Nürnberg, www.iab.de

Das IAB wurde 1967 gegründet, seit 2009 ist es eine eigene Dienststelle der Bundesagentur für Arbeit, „ein quirliger Ort, dem das Korsett gleich zweier gesetzlicher Aufträge nicht zu eng geworden ist, dessen Themenvielfalt und Publikationen die Luft der Freiheit atmen, dessen Serviceleistungen in vielem ihrer Zeit voraus sind" (Selbstdarstellung IAB). Das IAB forscht, berät und publiziert zur Arbeitsförderung (SGB III) und zur Grundsicherung für Arbeitssuchende (SGB II).

4. Deutsches Institut für Urbanistik (Difu)

Zimmermannstr 13–15, 10969 Berlin, www.difu.de

Das Difu, 1973 gegründet, wird heute von rd. 130 Städten, Kommunalverbänden und Planungsgemeinschaften getragen, finanziert sich aber zu gut der Hälfte durch eigene Forschungseinnahmen. Es ist als größtes Stadtforschungsinstitut in Deutschland für die Städte ein wichtiger Partner bei der Identifizierung und Bewältigung vielfältiger und kommunaler Aufgaben. Das Difu stellt für Politik und Verwaltung der Städte Arbeits- und Entscheidungsgrundlagen zur Verfügung. Das Themenspektrum des Difu ist weit gefasst und wandelt sich entspr. den Anforderungen. Es reicht von der Stadt- und Regionalentwicklung über Umweltpolitik und Wirtschaftspolitik bis hin zur Kinder- und Jugendhilfe-, Familien-, Alten- und Migrationspolitik. Das Difu präsentiert die Ergebnisse seiner Forschungsarbeit v. a. durch Veröffentlichungen, Fortbildungsveranstaltungen, Informationsdatenbanken sowie das Internet.

5. Verein für Kommunalwissenschaften e. V. (VfK)

Hausvogteiplatz 1, 10117 Berlin, www.vfk.de

Der VfK wurde 1951 in Berlin vom DStT und dem Land Berlin zur Förderung von Wissenschaft, Forschung und Bildung im Bereich der breit gefassten Kommunalwissenschaften gegründet. Er ist Träger des Deutschen Instituts für Urbanistik (DIFU) und der Arbeitsgruppe Fachtagungen Jugendhilfe.

6. **Deutsche Gesellschaft für Geriatrie (DGG)**
Seumestr. 8, 10179 Berlin , www.dggeriatrie.de
Die DGG ist die wissenschaftliche Fachgesellschaft der Ärzte, die sich in der Medizin auf Prozesse des Alterns spezialisiert haben.

7. **Deutsche Gesellschaft für Gerontologie und Geriatrie (DGGG) e. V.**
Seumestr. 8, 10245, 10179 Berlin, www.dggg-online.de
Die DGGG unterstützt Gerontologen und Geriater und die in diesem Berufsfeld tätigen Berufsgruppen. Zeitschrift für Gerontologie und Geriatrie.

8. **Institut für Gerontologische Forschung (IGF) e. V.**
Torstr. 178, 10115 Berlin; www.igfberlin.de
Arbeitsbereiche: Praxisforschung in den Bereichen Hilfe- und Pflegebedürftigkeit; Gerontopsychiatrie, Vorruhestand; Aus-, Fort- und Weiterbildung.

9. **Deutsches Jugendinstitut (DJI) e. V.**
Nockherstr. 2, 81541 München, www.dji.de
Das DJI ist ein außeruniversitäres sozialwissenschaftliches Forschungsinstitut. Es untersucht die Lebenslagen von Kindern, Jugendlichen, Frauen, Männern und Familien sowie darauf bezogene staatliche und gesellschaftliche Hilfesysteme. Auf der Grundlage seiner Forschungsergebnisse berät das DJI Politik und Praxis der Jugend- und Familienhilfe. Das Spektrum der Forschungsstrategien und -methoden ist vielfältig: Dauerbeobachtung und Social Monitoring zum Wandel von Lebensverhältnissen, Studien zu aktuellen gesellschaftspolitischen Fragestellungen, Praxisbegleitung, Evaluation, Arbeitsstellen zur Politik- und Praxisberatung.
Das DJI hat eine regionale Arbeitsstelle in Halle. Träger des 1963 gegründeten Instituts ist ein gemeinnütziger Verein mit Mitgliedern aus Politik, Wissenschaft, Verbänden und Institutionen der Jugend- und Familienhilfe. Im Bereich der Forschung über Kinder, Jugendliche, Frauen und Familien ist das DJI das größte außeruniversitäre Forschungsinstitut in Deutschland. Der institutionelle Etat wird aus Mitteln des Bundes finanziert.

10. **Staatsinstitut für Frühpädagogik (IFP)**
Winzererstr.9, 80797 München, www.ifp.de
Das IFP in Bayern befasst sich mit Fragen der Bildung, Erziehung und Betreuung von Kindern in Tageseinrichtungen. Forschungsschwerpunkte sind Frühpädagogik, Kindheits- und Familienforschung, Entwicklungspsychologie und Soziales.

11. Deutsches Institut für Jugendhilfe und Familienrecht (DIJuF) e.V.

Poststr. 17, 69115 Heidelberg, www.dijuf.de
Vor 100 Jahren als Archiv Deutscher Berufsvormünder gegründet, sind heute nahezu alle Jugendämter Mitglied des Vereins und nehmen den umfassenden Service des Instituts in Anspruch: gutachterliche Rechtsberatung, Fortbildung und Information sowie durch die vom Verein herausgegebene Fachzeitschrift „Jugendamt“.

12. Institut des Rauhen Hauses für Soziale Praxis (ISP) gGmbH

Beim Rauhen Hause 21, 22111 Hamburg, www.rauhshaus.de/institut-fuer-soziale-praxis
Das ISP ist eine Forschungs- und Beratungseinrichtung, deren Aufgabe es ist, die Professionalisierung in der Sozialen Arbeit durch Entwicklung und Evaluation neuer Handlungskonzepte zu fördern. Arbeitsfelder sind die Kinder- und Jugendhilfe, Alten- und Behindertenhilfe.

13. Institut für Sozialarbeit und Sozialpädagogik (ISS) e.V.

Zeilweg 42, 60439 Frankfurt/M., www.iss-ffm.de
Das ISS ist ein Fach- und Forschungsinstitut im Arbeitsgebiet der Sozialpädagogik, der Sozialarbeit und der Sozialen Dienste. Es bietet bundesweit öffentlichen und freien Trägern der sozialen Arbeit folgende Leistungen an: Praxisforschung und Praxisberatung, Wissenschaftliche Begleitung/Evaluation von Modellversuchen und neuen Handlungsansätzen, Planungsberatung, Planerstellung, Gutachten und Expertisen, Organisations-/Personalentwicklung und -beratung, spezielle Qualifikationsangebote für leitende MitarbeiterInnen in Projekt- und Sozialmanagement, projekt-/institutionsbezogene sowie bundeszentrale Fort-/Weiterbildung, Expertentreffen und Fachtagungen, längerfristige berufsbegleitende Zusatzqualifikationen.
Das ISS wurde 1974 gegründet und 1991 in eine eigenständige juristische Person des privaten Rechts (ISS e.V.) umgewandelt. Bei unveränderter Verpflichtung zur bundesweiten Aufgabenwahrnehmung bietet das ISS Leistungen in folgenden Arbeitsfeldern an: Zivilgesellschaft, prekäre Lebenslagen und Integration, Jugendhilfe und Schule, Arbeitsmarkt und Leistungssysteme, Familie und Betreuung, Altenhilfe und Pflege, Qualifizierung und Weiterbildung.

14. Institut für soziale Arbeit (ISA) e.V.

Studtstr. 20, 48149 Münster, www.isa-muenster.de
Das ISA wurde 1979 in Münster/Westfalen gegründet. Mitglieder sind PraktikerInnen der Sozialen Arbeit ebenso wie MitarbeiterInnen von Trägerorganisationen. Gründungsidee war es, mit dem ISA eine Institution zu schaffen, in der Erfahrungen aus der Praxis der sozialen Arbeit mit Ergebnissen aus der Forschung verknüpft werden. Durch die Mitwirkung von Personen aus unterschiedlichen Arbeitsbereichen, die Unabhängigkeit von großen Trägerorgani-

sationen und die überschaubare Größe will das ISA Kontinuität sichern und gleichzeitig flexibel und schnell auf neue Entwicklungen in der Sozialen Arbeit reagieren.
Arbeitsschwerpunkte: Praxisforschung, Beratung, Programmentwicklung, Kongresse und Fortbildung.

15. Institut für soziale und kulturelle Arbeit (ISKA), private gGmbH

Gostenhofer Hauptstr. 61, 90443 Nürnberg, www.iska-nuernberg.de
Arbeitsbereiche: Sozialforschung, Organisationsentwicklung, Innovationsmanagement, Planung und Planungsberatung. Themengebiete: Kindertageseinrichtungen, Kindertagespflege, Bürgerschaftliches Engagement/Ehrenamt, Bürgerarbeit, Schuldner- und Insolvenzberatung, Kultur, Soziokultur, Interkultur, Mediation.

16. Stiftung Sozialpädagogisches Institut Berlin/SPI

Müllerstr. 74, 13349 Berlin, www.stiftung-spi.de
Das SPI ist eine rechtsfähige Stiftung des bürgerlichen Rechts mit einer Niederlassung in Brandenburg. Stifter ist die Arbeiterwohlfahrt Landesverband Berlin e. V. Das SPI verfolgt die Ziele der Arbeiterwohlfahrt und soll dazu beitragen, eine Gesellschaft zu entwickeln, in der sich jeder Mensch in Verantwortung für sich und das Gemeinwesen frei entfalten kann. Aufgaben des SPI sind im nationalen und internationalen Rahmen die aktive Teilnahme an der Lösung sozialer Probleme, die Weiterentwicklung von Theorie und Praxis, die Durchführung von Bundesmodellprojekten, die Ausbildung und Fortbildung von Praktikern der Sozialen Arbeit sowie die Förderung der Völkerverständigung.
Zur Erfüllung des Stiftungszwecks ist die Stiftung SPI in folgenden Geschäftsbereichen tätig: Fachschulen, Qualifizierung & Professionalisierung, Stadtentwicklung, Ausnahme & Regel, Soziale Räume & Projekte und Strategien sozialer Integration.

17. Verein zur Förderung der beruflichen und kulturellen Bildung von Jugendlichen und jungen Erwachsenen (BBJ) e. V., BBJ-Consult AG

Bessemerstr. 82, 12103 Berlin, www.bbj.de
Die BBJ Unternehmensgruppe hat ihren Ursprung in dem 1982 gegründeten gemeinnützigen „Verein zur Förderung der kulturellen und beruflichen Bildung von Jugendlichen und jungen Erwachsenen (BBJ) e. V.
BBJ konzentriert sich auf Dienstleistungen zur Umsetzung europäischer Politiken und Förderprogramme, insbes. in den Bereichen Arbeitsmarkt und Beschäftigung, berufliche Aus- und Weiterbildung, Jugend-, Sozial und Gesundheitspolitik, Struktur- und Regionalentwicklung. Die BBJ Unternehmen arbeiten hierbei national und international.

18. Wirtschafts- und Sozialwissenschaftliches Institut in der Hans-Boeckler-Stiftung (WSI)

Hans-Boeckler-Str. 39, 40046 Düsseldorf, www.boeckler.de
Das WSI konzentriert sich in seinen Forschungstätigkeiten auf die Schwerpunkte Arbeitsmarkt, soziale Sicherung und Tarifpolitik.

19. Deutsches Institut für Wirtschaftsforschung (DIW) e. V.

Mohrenstr. 15, 10117 Berlin, www.diw.de
In seiner wissenschaftlichen Arbeit bietet das DIW ein großes thematisches Spektrum, z. B. Bildung, Kultur, Non-Profit-Sektor, Soziales, Arbeit und Beschäftigung. Das DIW verfügt über eine der weltweit besten Datenquellen zur sozioökonomischen Lage in Deutschland, das Panel SOEP.
Periodika sind der DIW-Wochenbericht und Vierteljahresberichte zur Wirtschaftsforschung.

20. Bertelsmann Stiftung

Carl-Bertelsmann-Str. 26, 33311 Gütersloh, www.bertelsmann-stiftung.de
Die Bertelsmann Stiftung forscht und publiziert zu unterschiedlichen Themen. Für die SozArb sind relevant: Gesellschaft/Zivilgesellschaft/Bürgerbeteiligung/Inklusion, Bildung/Frühkindliche Bildung, Arbeit, Demographischer Wandel, Generationengerechtigkeit, Integration sowie junge Menschen und Familien.

E Europa

Europäische Union

Mehr als 70 % aller Regelungen im nationalen Bereich gehen zurück auf Vereinbarungen und Gesetze, die von europäischen Institutionen entwickelt und verabschiedet wurden. Landesprogramme in den Bereichen Bildung und Arbeitsmarkt werden z. T. zu mehr als 50 % aus europäischen Strukturfonds und sonstigen EU-Förderprogrammen finanziert.
Das Angebot zu europäischen Institutionen und Organisationen im Internet ist immens. Gute Überblicke bietet auch die Vertretung der EU in Deutschland (**www.eu-kommission.de**) und die Konferenz der Europaminister der Länder (**www.europaminister.de**) sowie die Homepage des ISS e. V. (**www.soziale-dienste-in europa.de**).

Europaserver

Der Europaserver ist die offizielle EU-homepage der Europäischen Kommission (**www.europa.eu.**). Er bietet Zugang zu allen europäischen Institutionen, zu den Politikbereichen der EU sowie zu vielen offiziellen Informationen und Dokumenten.
Eine übersichtliche Gliederung und eine Suchmaschine hilft, sich in dem umfangreichen Angebot zur gesuchten Information zurechtzufinden.

Für europäische Themen und Begrifflichkeiten, ist die Datenbank scadplus des Europaservers nützlich (**www.europa.eu/scadplus/query.de**). Sie bietet kurze, prägnante Darstellungen der Tätigkeiten der EU und Definitionen europäischer Begrifflichkeiten. Eine Zusammenfassung der EU-Gesetzgebung, der Rechtsvorschriften, Strategien und Tätigkeiten (u. a. Beschäftigung und Sozialpolitik, Bildung, Ausbildung und Jugend) wird unter **www.europa.eu/eurlex** angeboten.

EU-Kommission

Für Soziale Arbeit sind insbes. die Generaldirektionen Beschäftigung und Soziales sowie Bildung und Kultur von Interesse. Sie finden sich unter der Webadresse der EU-Kommission.

Auf der Homepage der Generaldirektion Beschäftigung und Soziales sind die unterschiedlichen Politikbereiche – von Migration über Beschäftigung und Senioren bis hin zu Armut und Ausgrenzung – zu finden; zur Bildung und Kultur gehören allgemeine und berufliche Bildung, lebenslanges Lernen, Kultur und Jugend. Hier finden sich z. B. auch das Zentrum für die berufliche Bildung in Europa (CEDEFOP) und Erasmus+ JUGEND IN AKTION, s. *Jugendpolitik in der EU*) und darüber hinaus politische Strategien, amtl. Dokumente wie Mitteilungen, Grün- und Weißbücher sowie der EU-Jugendbericht (September 2015), das Europäische Jugendportal, Förderprogramme und Ausschreibungen für die jeweiligen Politiken.

Die Ansprechpartner in den europäischen Institutionen sind über die Suchmaschine **www.europa.eu./whoiswho** zu finden.

Eurostat

Die wichtigste Aufgabe des statistischen Amtes der EU ist die Verarbeitung und Veröffentlichung statistischer Daten auf europäischer Ebene. Dabei werden die Daten der Mitgliedsstaaten methodisch konsolidiert und harmonisiert, damit sie vergleichbar sind. Eigene Daten erhebt Eurostat nicht (**www.ec.europa.eu/eurostat.de**).

Die Nichtregierungsorganisationen

Die europäischen Nichtregierungsorganisationen im sozialen Sektor haben sich in der „Sozialen Plattform" zusammengeschlossen. Die Homepage **www.socialplatform.org** gibt eine Kurzbeschreibung aller Mitgliedsorganisationen mit Link zu diesen Organisationen und die Stellungnahmen der Plattform zu Themen wie ziviler Dialog und soziale Dienste. Die Homepage von Solidar (**www.solidar.org**) bietet neben dem Überblick über die Organisation auch Stellungnahmen zu Fragen europäischer Sozialpolitik.

Das Europäische Armutsnetzwerk (EAPN, **www.eapn.org**) hat eine umfassende Datenbank zu allen Fragen, die mit der Bekämpfung von Armut und Ausgrenzung zu tun haben.

Förderprogramme

Zu Förderprogrammen der EU gibt es eine Reihe von Seiten, die bei der Suche nach dem geeigneten Programm weiterhelfen:

Zu empfehlen ist die, wenn auch kostenpflichtige Förderdatenbank EUFIS der BfS (**www.sozialbank.de**), die mit einer Suchmaschine – nach Themen, Zielgruppen sortiert – die Suche nach Programmen erleichtert.
Das Europäische Dokumentationszentrum der Universitätsbibliothek Mannheim bietet eine Vielzahl von Dokumenten zu europäischen Themen auch eine umfassende Information zu EU-Förderprogrammen (**www.uni-mannheim.de**).

Europarat

Im Europarat mit Sitz in Straßburg sind 47 Mitgliedsstaaten organisiert. Er arbeitet unabhängig von der EU und ist u. a. zuständig für das Europäische Jugendzentrum und das Europäische Jugendwerk (**www.coe.int**). Das Jugendwerk unterstützt jährlich etwa 300 Projekte von nationalen und internationalen Jugendorganisationen.

Rat der Gemeinden und Regionen Europas

Der Rat mit Sitz in Brüssel vermittelt vor allem Partnerschaften zwischen europäischen Gemeinden und Regionen, u. a. themen- und adressatenbezogene Zusammenarbeit, z. B. Schulpatenschaften (**www.rgre.de**).

Anhang II
Zeitschriften der Sozialen Arbeit

Als das Computerzeitalter begann, meinten viele, dass das nun das Ende von Zeitschriften (und Büchern) sei. Aber weit gefehlt. Zumindest der Fachmarkt an Zeitschriften hat sich in der Sozialen Arbeit zu einer unüberschaubaren Größe entwickelt. Beinahe jede Organisation (s. Teil A und B) gibt eigene Mitgliederbriefe, Newsletter oder auch Zeitschriften heraus. Im Folgenden (ohne Anspruch auf Vollständigkeit) werden (fast) nur Periodika von Verlagen dargestellt, sortiert nach Themenbereichen, Verlag und Internetadresse. Jede Zeitschrift ist mit der Verlagsadresse im Internet auffindbar, zumeist mit einem Inhaltsverzeichnis und weiterführenden Links zum Verlagsangebot.

1. Zeitschriften allgemein

Archiv für Wissenschaft und Praxis der sozialen Arbeit

DV, Berlin, www.deutscher-verein.de

Erscheint 4-mal jährlich. Forum für praxisorientierte Theorie des Deutschen Vereins.

Nachrichtendienst

DV, Berlin, www.deutscher-verein.de

Erscheint monatlich. Informationsdienst des DV mit Blick auf Träger Sozialer Arbeit; aktuelle Themen mit rechtlichen bzw. administrativen Schwerpunkten; vielleicht wichtigste Zeitschrift für kommunale und organisationsbezogene Soziale Arbeit.

Blätter der Wohlfahrtspflege

NOMOS Verlagsgesellschaft mbH & Co. KG, Baden-Baden, www.nomos.de

Erscheint 6-mal jährlich. Informiert über wichtige gesellschaftliche, soziale und rechtliche Entwicklungen sowie über fachliche Standards im Sozial- und Gesundheitswesen; versteht sich darüber hinaus als Organ der Deutschen Gesellschaft für Soziale Arbeit.

Der pädagogische Blick

BeltzJuventa, Weinheim, www.beltz.de

Erscheint 4-mal jährlich. Zeitschrift für Wissenschaft und Praxis in pädagogischen Berufen.

neue caritas

Deutscher Caritasverband, Freiburg, www.caritas.de

Erscheint 14-tägig. Fachzeitschrift des Deutschen Caritasverbandes für Soziales aus Politik, Praxis und Forschung. Neben Sozial- und Arbeitsrecht informierte die „neue caritas" über Kinder- und Jugendhilfe, Gesundheit, Behinderten- und Altenhilfe, Familienpolitik, Migration, Ehrenamt, Hilfe in besonderen Lebenslagen und internationale Hilfe.

Neue Praxis

Verlag neue praxis, Lahnstein, www.verlag-neue-praxis.de

Zeitschrift für Sozialarbeit, Sozialpädagogik und Sozialpolitik; Erscheint 6-mal jährlich. Zeitschrift für Theorieentwicklung und Fachdiskussion in der Sozialen Arbeit. Der Verlag ist auch Herausgeber der Sozialwissenschaftlichen Literatur Rundschau.

Forum Sozial

Deutscher Berufsverband für Sozialarbeit, Sozialpädagogik und Heilpädagogik e. V. Essen, www.dbsh.de

Erscheint 4-mal jährlich. Mitgliederzeitung mit Artikeln zu einem thematischen Schwerpunkt, Nachrichten und praxisrelevanten Tipps.

Sozial extra

Springer Verlag GmbH, Heidelberg

www.springer.com

Erscheint 6-mal jährlich. Praxisorientierte Zeitschrift mit Themenschwerpunkten, Hintergründen und Entwicklungen in der Sozialen Arbeit.

Soziale Arbeit

Deutsches Zentralinstitut für soziale Fragen (DZI), Berlin, www.dzi.de

Erscheint 11-mal jährlich. Die Fachzeitschrift hat sich zum Ziel gesetzt, die professionelle Entwicklung praxisbezogen und innovativ in den sozialen und sozialverwandten Arbeitsfeldern zu fördern.

Soziale Welt

NOMOS Verlagsgesellschaft, Baden-Baden, www.nomos.de

Erscheint 4-mal jährlich. Diese Zeitschrift bringt empirische und theoretische Arbeiten aus allen Bereichen des Faches zusammen und versucht auf diese Weise, die Entwicklung der Soziologie einerseits zu spiegeln und ihr andererseits auch neue Impulse zu geben.

Sozialmagazin

BeltzJuventa, www.beltz.de

Erscheint 6-mal jährlich (im neuen Format). Forum für alle sozialpolitischen Themen für Fragen der Sozialarbeiter und die Antworten aus Praxis und Wissenschaft.

Sozialwirtschaft

NOMOS Verlagsgesellschaft, Baden-Baden, www.nomos.de

Zeitschrift für Sozialmanagement.

Theorie und Praxis der Sozialen Arbeit
BeltzJuventa, Weinheim, www.beltz.de
Hrsg. Bundesverband der AWO e. V. Berlin, www.tup-online.de
Erscheint 11-mal jährlich, u. a. mit Stellungnahmen zu wichtigen sozial- und berufspolitischen Dokumenten und mit Kommentaren zur Sozialgesetzgebung.

Unsere Jugend
Ernst Reinhardt Verlag, München, www.reinhardt-verlag.de
Zeitschrift für Studium und Praxis der Sozialpädagogik. Erscheint 10-mal jährlich.

DJI- Impulse
Deutsches Jugendinstitut München (Hrsg), www.dji.de
Die Zeitschrift ist ein Forschungsmagazin, erscheint 4 mal im Jahr und informiert regelmäßig über Forschungsergebnisse des DJI und über relevante Themen aus den Forschungsbereichen Familie, Kindheit, Jugend, Migration, Bildung und Ausbildung. Außerdem gibt das DJI die Fachzeitschrift DISKURS heraus mit vielfältigen Themen, u. a. zur (frühkindlichen) Bildung, Inklusion und Gender.

Zeitschrift für Pädagogik
BeltzJuventa, Weinheim, www.beltz.de
Erscheint 6-mal jährlich. Forum der fachwissenschaftlichen Diskussion für allgemeine Pädagogik mit 1–2 Beiheften pro Jahr.

Zeitschrift für Sozialpädagogik
BeltzJuventa, Weinheim, www.beltz.de
Erscheint 4-mal jährlich. Erziehungswissenschaftliche Zeitung, die Sozialpädagogik als Wissenschaft und i. S. der Theorie des Handelns und der Praxis als Profession fördern will.

Zeitschrift für Soziologie der Erziehung und Sozialisation (ZSE)
BeltzJuventa, Weinheim, www.beltz.de
Erscheint 4-mal jährlich. Begleitet Entwicklungen in Kindheits- und Jugendforschung, Cultural Studies und der Methodik des kulturanalytischen Blicks. ZSE ist interdisziplinär und international orientiert.

2. Thema Altenhilfe

Altenheim
Vincentz Verlag, Hannover, www.vincentz.net
Erscheint monatlich. Praxisorientiert; Europas führende Fachzeitschrift für die Leitungskräfte der stationären und teilstationären Altenhilfe.

Altenpflege

Vincentz Verlag, Hannover; www.vincentz.net

Erscheint monatlich. Fachmagazin für die ambulante und stationäre Altenpflege.

Zeitschrift für Gerontologie und Geriatrie

Springer Verlag GmbH, Heidelberg, www.springer.com

Breites Themenspektrum, informiert über alle Entwicklungen in der Altersforschung..

3. Thema Behindertenarbeit

Behindertenpädagogik

Psychosozial Verlag, Gießen, www.psycho-sozial-verlag.de

Erscheint 4-mal jährlich. Auseinandersetzungen mit der Entwicklung in den Bereichen Gesundheit, Soziales, Bildung und Arbeit unter Bezug auf die Lebensrealität, Erziehung und Bildung als behindert und/oder psychisch krank geltender Kinder, Jugendlicher und Erwachsener.

Deutsche Behinderten Zeitschrift

Reha Verlag, Remagen, www.reha-verlag.de

Erscheint 6-mal jährlich. Diskussion der Probleme in der Alltagsbewältigung von behinderten Menschen.

Zeitschrift für Heilpädagogik

Ernst Reinhardt Verlag, München, www.reinhardt-verlag.de

Herausgeber ist der Verband Deutscher Sonderpädagogik e. V.

Erscheint monatlich.

Gemeinsam leben

BeltzJuventa, Weinheim, www.beltz.de

Zeitschrift für Inklusion, Organ der BAG Gemeinsam leben – Gemeinsam lernen. Erscheint 4-mal im Jahr.

4. Thema Beratung/Supervision

Familiendynamik

Klett-Cotta Verlag, Stuttgart, www.klett-cotta.de

Erscheint 4-mal jährlich. Fachzeitschrift für Familientherapie und systemische Therapie mit psychoanalytisch-systemischer Ausrichtung.

Supervision

Seit 2012 erscheint die Zeitschrift Supervision im Eigenverlag: Zeitschrift Supervision, Berlin, www.zeitschrift-supervision.de

Erscheint 4-mal jährlich. Älteste deutsche Fachzeitschrift für Supervision und berufsbezogene Beratung.

5. Thema Europa

European Journal of Social Work

Taylor & Francis Group Ltd., Oxford, Großbritannien, www.tandf.co.uk/journals

Erscheint 4-mal jährlich. Provides a forum for the social professions in all parts of Europe and beyond; it analyses and promotes European and international developments in social work, social policy, social service institutions and strategies for social change.

Sozialpädagogische Impulse

Hrsg.: Bundesinstitut für Sozialpädagogik, Baden, Österreich, www.sp-impulse.at

Fachzeitschrift zur Orientierung und Fortbildung im Bereich Sozialpädagogik in Österreich. Erscheint viermal jährlich.

SIO – Sozialarbeit in Österreich

Österreichischer Berufsverband der Sozialen Arbeit (OBDS)
(Hrsg.), Wien, www.sozialarbeit.at

Fachzeitschrift für Soziale Arbeit, Bildung und Politik.

SozialAktuell – Die Fachzeitschrift für Soziale Arbeit

AvenirSocial, Bern, Schweiz, www.avenirsocial.ch

Größte Fachzeitschrift für Soziale Arbeit in der Schweiz

6. Thema Familienhilfe/Familienrecht

Neue Zeitschrift für Familienrecht (NZFam)

Verlag C. H. Beck, München, www.beck.de

Fachzeitschrift für das gesamte Familienrecht, der Familiengerichtsbarkeit und der Familienrechtspsychologie. Ausführlicher Rechtsprechungsteil. Erscheint 2-mal monatlich.

Rechtspsychologie (RPsych)

NOMOS Verlag, Baden-Baden, www.nomos.de

RPsych behandelt alle relevanten Forschungsfragen, empirische Befunde und Erkenntnisse im Familienrecht und im Strafrecht sowie in der Kriminologie und der Sozialen Arbeit. Erscheint 4-mal im Jahr.

Das Jugendamt

NOMOS Verlag, Baden-Baden, www.nomos.de

Hrsg.: Deutsches Institut für Jugendhilfe und Familienrecht (DIJuF), Heidelberg, www.dijuf.de

Die Zeitschrift widmet sich den aktuellen Themen aus Jugendhilfe und Familienrecht. Erscheint 11-mal im Jahr.

Zeitschrift für Kindschaftsrecht und Jugendhilfe (ZKJ)
BundesanzeigerVerlag, Köln, www.bundesanzeiger-verlag.de
Erscheint monatlich. Praxisnahe Information zum Kindschafts-, Jugend- und Familienrecht.

Familie und Recht (FuR)
Hermann Luchterhand Verlag, Neuwied,
www.luchterhand. fachverlag.de
Erscheint monatlich. Darstellung von Problemen innerhalb des Familienrechts, Rechtsprechungsübersicht.

Zeitschrift für das gesamte Familienrecht (FamRZ)
Verlag Ernst & Werner Gieseking, Bielefeld, www.famrz.de
Erscheint monatlich. Ehe und Familie im privaten und öffentlichen Recht mit Betreuungsrecht, Erbrecht, Verfahrensrecht und Öffentlichem Recht.

7. Thema Frauen- und Mädchenarbeit

Betrifft Mädchen
BeltzJuventa, Weinheim, www.beltz.de
(Hrsg.): Landesarbeitsgemeinschaft Mädchenarbeit in NRW e. V.,
Erscheint 4-mal jährlich. Betrifft Mädchen ist die einzige bundesweit erscheinende Fachzeitschrift für Mädchenarbeit. Sie informiert über aktuelle Entwicklungen, Initiativen und Projekte von und für Mädchen und beleuchtet alle Felder der Jugendhilfe aus mädchenspezifischer Perspektive.

Feministische Studien (Zeitschrift für interdisziplinäre Frauen- und Geschlechterforschung)
Lucius & Lucius Verlag, Stuttgart, www.luciusverlag.de
Erscheint 2-mal jährlich. Offenes Forum für Fragen der Frauenforschung in verschiedenen Disziplinen; jede Ausgabe enthält Beiträge zu einem Schwerpunkt, dazu Diskussionen, Informationen und Rezensionen.

8. Thema Kinder- und Jugendhilfe/Jugendarbeit

Das Jugendamt
Zeitschrift für Jugendhilfe und Familienrecht (s. 6.)

AFET-Mitgliederrundbrief
Hrsg.: Arbeitsgemeinschaft für Erziehungshilfe (AFET) e. V., Bundesvereinigung, Hannover, www.afet-ev.de
Erscheint 4-mal jährlich. Aktuelle Themen und Fachdiskussionen.

Blickpunkt Jugendhilfe

Hrsg.: VPK Bundesverband der privaten Träger der Kinder-, Jugend- und Sozialhilfe, Berlin, www.vpk.de

Erscheint 5-mal jährlich im Eigenverlag

deutsche jugend

BeltzJuventa, Weinheim, www.beltz.de

Erscheint 11-mal jährlich. Informiert über Ereignisse und Entwicklung in Jugendpolitik, Jugendarbeit und Jugendhilfe und gibt Anregungen für die Praxis.

Forum Erziehungshilfen

BeltzJuventa, Weinheim, www.beltz.de

Hrsg.: Internationale Gesellschaft für erzieherische Hilfen (IGfH),

Erscheint 5-mal jährlich. Kommentare und Berichte zu aktuellen jugendpolitischen Themen, gute Balance von Theorie und Praxis.

Forum Jugendhilfe

Hrsg.: Arbeitsgemeinschaft für Kinder- und Jugendhilfe/AGJ in Berlin. Erscheint 4-mal jährlich im Eigenverlag. www.agj.de

Jugendhilfe

Verlag Wolters Kluwer, Köln, www.wolterskluwer.de

Erscheint 6-mal jährlich. Guter Gesamtüberblick mit aktuellen Schwerpunktthemen, Hintergrundwissen und Anregungen zur Weiterentwicklung der Praxis (Literatur, Tagungen, Seminare).

Zeitschrift für Jugendkriminalrecht und Jugendhilfe

Hrsg.: Deutsche Vereinigung für Jugendgerichte und Jugendgerichtshilfen (DVJJ) e. V., Hannover, www.dvjj.de

Erscheint 4-mal jährlich. Interdisziplinäre Fachzeitschrift zum Jugendstrafrecht und zur Arbeit der Jugendgerichtshilfe.

9. Thema Migration

Migration und Soziale Arbeit

BeltzJuventa, Weinheim, www.beltz.de

Hrsg.: Institut für Sozialarbeit und Sozialpädagogik e. V.,

Erscheint 3-mal jährlich, darunter ein Doppelheft. Geeignet für Pädagogen, soziale Berufe und Kommunalverwaltung – praxisorientiert mit guter Theorieanbindung; informiert über die spezifische Lebenssituation von MigrantInnen in der BRD und ihren besonderen Bedarf an sozialen Dienstleistungen.

10. Thema Sozialverwaltung/Sozialrecht

Die Sozialgerichtsbarkeit (SGb)
Erich Schmidt Verlag, Berlin, www.esv.de
Erscheint monatlich. Aktuelle Entwicklungen in der immer komplexer werdenden Materie Sozialrecht, Dokumentationen der höchstrichterlichen Rechtsprechung und innovative Aufsätze.

Neue Zeitschrift für Sozialrecht (NZS)
Verlag C. H. Beck, 80791 München, www.beck.de
Zweiwochenschrift. Sozialrechtliche Zeitschrift für die anwaltliche, betriebliche, behördliche und gerichtliche Praxis.

Vierteljahresschrift für Sozialrecht (VSSR)
Carl Heymanns Verlag, Köln, www.heymanns.com
Erscheint 5-mal jährlich. Berichtet über alle Zweige des Sozialversicherungsrechts, des sozialen Entschädigungsrechts und des Sozialhilferechts. Umfassende Abhandlungen und zahlreiche Rezensionen.

Betreuungsrechtliche Praxis (BtPRAX)
Bundesanzeiger Verlag, www.bundesanzeiger-verlag.de
Zeitschrift für soziale Arbeit, gutachterliche Tätigkeit und Rechtsanwendung in der Betreuung.

Zeitschrift für ausländisches und internationales Arbeits- und Sozialrecht (ZIAS)
C. F. Müller Verlag, Heidelberg, www.cfmueller.de
Hrsg.: Max-Planck-Institut für ausländisches und internationales Sozialrecht, Erscheint 4-mal jährlich. Forum für eingehende Studien und Informationen zum ausländischen und internationalen Arbeits- und Sozialrecht.

11. Thema Sucht

Abhängigkeiten
Hrsg.: Sucht Schweiz, Lausanne, www.suchtschweiz.ch
Erscheint 3-mal jährlich. Breites Spektrum von Theorie-Praxis Vermittlung; unterschiedliche thematische Schwerpunkte.

SuchtMagazin
SuchtMagazin, Bern, Schweiz, www.suchtmagazin.ch
Fachzeitschrift für Suchtarbeit und Suchtpolitik mit länderübergreifendem Focus im deutschsprachigen Raum in Europa. Berücksichtigung aktueller wissenschaftlicher Erkenntnisse und innovativer Arbeitsformen. Erscheint 6-mal im Jahr.

Akzeptanz
Hrsg.: akzept e. V., Bundesverband für akzeptierende Drogenarbeit und humane Drogenpolitik, Berlin, www.akzept.de
Zeitschrift für niedrigschwellige Drogenhilfe. Erscheint 2-mal jährlich.

12. Thema Gesundheit/Sozialmedizin

Das Gesundheitswesen

Georg Thieme Verlag, Stuttgart, www.thieme.de/gesundheitswesen
Zeitschrift für Sozialmedizin, Gesundheits-System-Forschung, Public Health, Education und öffentlichem Gesundheitsdienst (ÖGD) einschließlich Sozialarbeit und Medizinischer Dienst.

Die Rehabilitation

Georg Thieme Verlag, Stuttgart, www.thieme.de/reha,
Zeitschrift für alle Fragen der medizinischen, beruflichen, schulischen und sozialen Eingliederung. Organ der BAG für Rehabilitation Behinderter, wendet sich neben Ärzten und Krankenpflegepersonen besonders an Beschäftigungstherapeuten, Logopäden, Krankengymnasten, Arbeitstherapeuten, SozArb/SozPäd und Psychologen. Enthält Tagungsberichte und Buchbesprechungen.

FORUM sozialarbeit + gesundheit

Mitteilungsblatt der Deutschen Vereinigung für Sozialarbeit im Gesundheitswesen e. V. (DVSG), Berlin, www.dvsg.de
Die Zeitschrift enthält Aufsätze und Berichte zur Arbeit der DVSG, über die verschiedenen Arbeitsfelder der SozArb/SozPäd im Krankenhaus, in Rehabilitationskliniken und anderen Arbeitsfeldern des Gesundheitswesens. Informationen über sozialpolitische Entwicklungen und aus dem Bereich des Rechts für die Praxis, sowie Buchbesprechungen. Erscheint 4-mal jährlich.

Klinische Sozialarbeit

Hrsg. Deutsche Vereinigung für die Sozialarbeit im Gesundheitswesen e. V. in Kooperation mit der Zentralstelle für Klinische Sozialarbeit Coburg und der Deutschen Gesellschaft für Soziale Arbeit e. V., Weitramsdorf (b. Coburg), www.klinische-sozialarbeit.de
Erscheint 4-mal jährlich als Beilage in der Zeitschrift FORUM sozialarbeit + gesundheit.

Pflege und Gesellschaft

BeltzJuventa, Weinheim, www.beltz.de
Entstanden aus der Zusammenlegung der Zeitschrift Pflege & Gesellschaft der DG Pflegewissenschaft und des Pflegemagazins. Wissenschaftlicher Diskurs, Forschungsergebnisse, methodologische Auseinandersetzungen und innovative Ideen für die Praxis. Erscheint 4-mal im Jahr.

Pflegezeitschrift

Verlag W. Kohlhammer, Stuttgart, www.pflegezeitschrift.de
Zeitschrift für ambulante und stationäre Pflegedienste. Erscheint monatlich.

Psychiatrische Praxis

Georg Thieme Verlag, Stuttgart, www.thieme.de/psychiatrie-praxis.de
Zeitschrift für Sozialpsychiatrie, Klinische Psychiatrie, Public Mental Health. Sie versteht sich als Forum des Erfahrungsaustausches zwischen allen Berufsgruppen in den vielfältigen Aufgabenbereichen der Psychiatrie und verknüpft theoretische Erkenntnisse mit praktischen Erfordernissen.

Anhang III
Materialien zur Sozialen Arbeit

1. Arbeitshilfen I (Berichte)

1.1 Altenhilfe

Seit 1993 gibt die BReg (BMFSFJ) in unregelmäßigen Abständen Altenberichte heraus:

1. Altenbericht, BT-Drs. 12/5897/1993.
2. Altenbericht: Wohnen im Alter, BT-Drs. 13/9750/1998
3. Altenbericht: Alter und Gesellschaft, BT-Drs. 14/5322/2001
4. Altenbericht: Hochaltrige und Demenz, BT-Drs. 14/8822/2002
5. Altenbericht: Potenziale des Alters in Wirtschaft und Gesellschaft – Der Beitrag älterer Menschen zum Zusammenhalt der Generationen, BT-Drs. 16/2190/2005.
6. Altenbericht: Zur Lage der älteren Generation in Deutschland – Altersbilder in der Gesellschaft, BT-Drs.17/3815/2010.
7. Altenbericht: Sorge und Mitveranwortung in der Kommune – Aufbau und Sicherung zukunftsfähiger Gemeinschaften, BT-Drs 18/10210/2016.

Download der Altenberichte 3. bis 7. unter www.bmfsfj.de → Publikationen

Außerdem der 4. Familienbericht: Die Situation der älteren Menschen in der Familie, BT-Drs. 10/6145/1986 und der Schlussbericht der Enquetekommission: Demographischer Wandel. Herausforderungen unserer älter werdenden Gesellschaft an den Einzelnen und die Politik, BT-Drs. 14/8800/02.

Weitere Materialien unter:
BAG der Seniorenorganisationen (www.bagso.de),
Deutsches Zentrum für Altersfragen (www.dza.de),
Kuratorium Deutsche Altershilfe (www.kda.de),
weiterhin die Literatur zu den Stichworten *Altenarbeit, Altenhilfe* und *Altenpolitik.*

1.2 Berufliche Bildung

Das BMBF veröffentlicht jährlich einen Berufsbildungsbericht, der jeweils zum Stand, zur voraussichtlichen Entwicklung und zu den Perspektiven der beruflichen Bildung und Berufsbildungspolitik Auskunft gibt.

Der letzte Berufsbildungsbericht ist 2016 erschienen (Download: www.bmbf.de → Publikationen)

Auch die Berufsbildungsberichte aus den vorhergehenden Jahren stehen zum Download zur Verfügung.

Weiterhin die Literatur zu den Stichworten *Arbeit, Arbeitslosigkeit und Arbeitsmarkt, Berufliche Bildung, Berufsberatung, Jugendsozialarbeit.*

1.3 Familie

Die BReg wurde erstmalig 1965 durch Beschluss des Dt. BT beauftragt, einen Bericht über die Lage der Familien in der BRD zu erstatten. Dieser Auftrag wurde fortgeschrieben. Bislang sind folgende Familienberichte erschienen:

1. Familienbericht: Über die Lage der Familien in der BRD, BT-Drs. V/2532/1968
2. Familienbericht: Leistungen der Familie im Erziehungs- und Bildungsprozess, BT-Drs. 7/3502/1975
3. Familienbericht: Situation der Familie in der BRD, BT-Drs. 8/3120/1979
4. Familienbericht: Die Situation der älteren Menschen in der Familie, BT-Drs. 10/6145/1986
5. Familienbericht: Familie und Familienpolitik im geeinten Deutschland (Zukunft des Humanvermögens), BT-Drs. 12/7560/1994
6. Familienbericht: Familien ausländischer Herkunft in Deutschland: Leistungen – Belastungen – Herausforderungen. BT-Drs. 14/4357/2000
7. Familienbericht: Familie zwischen Flexibilität und Verlässlichkeit. Perspektiven einer lebenslaufbezogenen Familienpolitik, BT-Drs. 16/1360/2006
8. Familienbericht: Zeit für Familie. Familienzeitpolitik als Chance einer nachhaltigen Familienpolitik, BT-Drs. 12/5811/2012

Downloads der Familienberichte sowie weiterer Publikationen zu Familien in Deutschland unter: www.bmfsfj.de → Service → Publikationen

Weiterhin die Literatur zu den Stichworten *Familie, Frauen, Frauenhäuser, Kinderschutz, Kindheit, Jugend, Mädchen,* www.bmfsfj.de und www.familienhandbuch.de

1.4 Gesundheit

Aktion Psychisch Kranke/APK (Hrsg.): 25 Jahre Psychiatrie – Enquete, Bd. I und II, Bonn 2001, weitere Materialien unter www.psychiatrie.de/apk/

BAG für Rehabilitation (BAR): Gemeinsame Empfehlung „Sozialdienste", Dezember 2005, außerdem Arbeitshilfen für die Rehabilitation einzelner Patientengruppen unter www.bar-frankfurt.de/Arbeitshilfen/

BAG/WfBM (Hrsg.): bietet Publikationen und Materialien im Werkstatt : Dialog unter www.bagwfbm.de/wdg

BMAS: Berichte über die Lage der Menschen mit Behinderungen, Berlin 2005, 2009 und 2013.

BMAS: Nationaler Aktionsplan der Bundesregierung zur Umsetzung des Übereinkommens der Vereinten Nationen über die Rechte von Menschen mit Behinderung, „Unser Weg in eine inklusive Gesellschaft", Berlin September 2011 und 2016.

BMAS: Ratgeber für Menschen mit Behinderung, Stand Januar 2016.

Diese und weitere Materialien unter www.bmas.de

Die Drogenbeauftragte der BReg: Verschiedene Berichte zu Drogen und Sucht, zuletzt 2016 unter drogenbeauftragte.de

BMG, Robert-Koch-Institut und Stat. BA: jeweils zur Gesundheitsberichterstattung, einzelnen Themen, Zahlen und Fakten, z. B. auch über die Entwicklung der Pflegeversicherung.
www.bmg.bund.de
www.rki.de
www.destatis.de
BAG Selbsthilfe für behinderte Menschen und ihre Angehörigen: Jahresspiegel 2015, Mitgliedsverbände in der BAG Selbsthilfe
www.bag-selbsthilfe.de
BMFSFJ: 13. Kinder- und Jugendbericht, Mehr Chancen für gesundes Aufwachsen – Gesundheitsbezogene Prävention und Gesundheitsförderung in der Kinder- und Jugendhilfe (BT.-Drs. 16/12860/2009).

1.5 Jugend

Gemäß § 84 SGB VIII (früher: § 25 JWG) legt die BReg (BMFSFJ) in jeder Legislaturperiode einen Bericht über Bestrebungen und Leistungen der JH vor. Jeder dritte Bericht soll einen Überblick über die gesamte JH vermitteln. Bisher sind folgende Jugendberichte vorgelegt worden:
1. Jugendbericht: Die Lage der Jugend und die Bestrebungen auf dem Gebiet der Jugendhilfe in der BRD und Berlin (West), BT-Drs. 1V/3515/1965
2. Jugendbericht: Aus- und Fortbildung der Mitarbeiter in der Jugendhilfe und Jugend und Bundeswehr, BT-Drs. V/2453/1968
3. Jugendbericht: Aufgaben und Wirksamkeit der Jugendämter in der BRD, BT-Drs. Vl/3170/1972
4. Jugendbericht: Sozialisationsprobleme der arbeitenden Jugend in der BRD – Konsequenzen für Jugendhilfe und Jugendpolitik, BT-Drs. 8/2110/1978
5. Jugendbericht: Bestrebungen und Leistungen der Jugendhilfe, BT-Drs. 8/3685/1980
6. Jugendbericht: Verbesserung der Chancengleichheit von Mädchen in der BRD, BT-Drs. 10/1007/1984
7. Jugendbericht: Jugendhilfe und Familie – die Entwicklung familienunterstützender Leistungen der Jugendhilfe und ihre Perspektiven, BT-Drs. 10/6730/1986
8. Jugendbericht: Bericht über die Bestrebungen und Leistungen der Jugendhilfe (3. Bericht i. S. von § 25 JWG – Gesamtbericht), BT-Drs. 11/6576/1990
9. Jugendbericht: Bericht über die Situation der Kinder und Jugendlichen und die Entwicklung der Jugendhilfe in den neuen Bundesländern, BT-Drs. 13/70/1994
10. Kinder- und Jugendbericht: Bericht über die Lebenssituation von Kindern und die Leistungen der Kinderhilfen in Deutschland, BT-Drs. 13/11368/1998
11. Kinder- und Jugendbericht: Bericht über die Lebenssituation junger Menschen und die Leistungen der Kinder- und Jugendhilfe in Deutschland, BT-Drs. 14/8181/2002

12. Kinder- und Jugendbericht: Bericht über die Lebenssituation junger Menschen und die Leistungen der Kinder- und Jugendhilfe in Deutschland. Bildung, Betreuung und Erziehung vor und neben der Schule, BT-Drs.15/6014/2005
13. Kinder-und Jugendbericht: Mehr Chancen für gesundes Aufwachsen. Gesundheitsbezogene Prävention und Gesundheitsförderung in der Kinder- und Jugendhilfe, BT-Drs.16/12860/2009
14. Kinder- und Jugendbericht: Bericht über die Lebenssituation junger Menschen und die Leistungen der Kinder- und Jugendhilfe in Deutschland, BT-Drs: 17/12200/2013.
15. Kinder- und Jugendbericht: Zwischen Freiräumen, Familie, Ganztagsschule und virtuellen Welten, 2016, wird voraussichtl. 2017 veröffentlicht.
Download der Jugendberichte unter www.bmfsfj.de → Service → Publikationen → Jugendberichte
Weiterhin die Literatur zu den Stichwörtern *Jugend, Kinder- und Jugendhilfe, Kinder- und Jugendpolitik.*

1.6 Migration und Integration

Beauftragte der BReg für Migration, Flüchtlinge und Integration: Berichte 1–9 zur Lage der Ausländerinnen und Ausländer in der BRD, zuletzt Berlin 2014.
dies.: 1. und 2. Integrationsindikatorenbericht zur Lebenssituation von Personen mit Migrationshintergrund, Berlin 2008, 2012 und 2016
BAMF: Migrationsberichte seit 2001, zuletzt für 2016.
6. Familienbericht: Familien ausländischer Herkunft in Deutschland: Leistungen – Belastungen – Herausforderungen, BT-Drs. 14/664/00.
Weitere Materialien unter BMAF (www.bamf.de) und der Beauftragten für Migration, Flüchtlinge und Integration (www.integrationsbauftragte.de) sowie destatis (www.destatis.de).
Darüber hinaus die Literatur zu den Stichwörtern *Ausländerinnen/Ausländer, Flüchtlinge und Asylbewerber, Migration und Integration.*

1.7 Soziales

Die BReg legt regelmäßig Sozialberichte vor, die Parlament und Öffentlichkeit über Maßnahmen und Vorhaben der Sozial- und Gesellschaftspolitik informieren und in ihrem finanziellen Teil (Sozialbudget/*Soziale Sicherung*) einen Überblick über die Gesamtheit der sozialen Leistungen, ihre Finanzierung und die mittelfristigen Entwicklungen geben.
Der letzte Nationale Sozialbericht ist 2016 erschienen (Download unter: www.bmas.de → Publikationen), außerdem der Datenreport 2016 (www.destatis.de).
Seit 2001 veröffentlicht die BReg (BMAS) Berichte zu Armut und Reichtum in Deutschland:
Der 1. Armuts- und Reichtumsbericht zu Lebenslagen in Deutschland wurde 2001 vorgelegt (BT-Drs. 14/6171/2001.
Der 2. Armuts- und Reichtumsbericht erschien im Jahr 2005 (BT-Drs. 15/5015/2005).

Der 3. Armuts- und Reichtumsbericht wurde 2008 erstellt (BT-Drs. 16/9915).
Der 4. Armuts- und Reichtumsbericht wurde 2013 veröffentlicht, BT-Drs. 17/12650.
Der 5. Armuts- und Reichtumsbericht wird voraussichtlich erst 2017 vorliegen.
Download dieser Berichte unter www.bmas → Publikationen bzw. Berichte.
Alle 2 Jahre legt die BReg einen Bericht über die Höhe des Existenzminimums von Erwachsenen und Kindern vor, zuletzt 2015, download unter www.bmf.de
Weiterhin die Literatur zu den Stichworten *Altenarbeit, Altenhilfe, Altenpolitik, Armut, Behindertenhilfe, BSHG, Obdachlosenhilfe, Soziale Arbeit und Arbeitsimarkt, Sozialhilfe, sowie Soziale Sicherung* und *Wohnungslosenhilfe.*

Anmerkung: Aus den mittlerweile sehr vielfältigen und umfangreichen Informationsangeboten wurden in diesem Teil nahezu ausschließlich Berichte der BM bzw. der BReg zusammengestellt. Zu anderen Informationsquellen vgl. die jeweiligen Stichwörter, die in Anhang I (Organisationen) sowie die in Anhang II dargestellten www-Adressen zur Sozialen Arbeit.

Eine sorgfältig gepflegte Übersicht über Berichte und Dokumente zu sozialpolitischen Themen bietet die Universität Duisburg Essen unter sozialpolitik aktuell (www.sozialpolitik-aktuell.de).

2. Arbeitshilfen II, Statistisches Material

2.1 Statistisches Material bieten v. a. das Stat. BA (ww.destatis.de), die Bundesagentur für Arbeit (www.arbeitsagentur.de), Komdat (www.komdat.de) sowie das BAMF (www.bamf.de). Die Fachserien des Stat.BA, insbes. zur Bevölkerung und Erwerbstätigkeit, zum Gesundheitswesen und zu Sozialleistungen, informieren aktuell über den jeweiligen Themenbereich.

2.2 Statistisches Material, das auf Länder, Regionen und Kommunen bezogen ist, findet sich in den Informationsangeboten der Statistischen Landesämter, evtl. zusätzlich in Sozialerhebungen in den einzelnen Ländern sowie bei den kommunalen Spitzenverbänden auf Landesebene.

2.3 Die BAG der Freien Wohlfahrtspflege gibt in regelmäßigen Abständen eine „Gesamtstatistik der Einrichtungen der Freien Wohlfahrtspflege" heraus (www.bagfw.de).
S. auch *Sozialstatistiken*

3. Arbeitshilfen III, Sonstige Quellen

Regelmäßige Informationsquellen sind auch die Periodika der Sozialen Arbeit (vgl. Anhang II: Zeitschriften).
Die Zeitschriften

- Soziale Arbeit, hrsg. vom Deutschen Zentralinstitut für soziale Fragen/Berlin, enthält in jeder Ausgabe eine umfangreiche Zeitschriftenbibliographie der Sozialen Arbeit, die nach Themenbereichen geordnet ist;

- Sozialwissenschaftliche Literaturrundschau, Verlag neue praxis, Lahnstein, bietet in jährlich zwei Ausgaben einen umfassenden Überblick über den Literaturbestand der Sozialarbeit, Sozialpädagogik, Sozialpolitik.
- Rezensionen zur Literatur Sozialer Arbeit findet man auch unter www.socialnet.de → Rezensionen mit inzwischen fast 8 500 Buchbesprechungen.
- Die Deutsche Gesellschaft für Erziehungswissenschaft (DgFE) gibt seit einiger Zeit einen Überblick zu Fachzeitschriften der Sozialen Arbeit heraus, der regelmäßig fortgeschrieben wird (www.dgsainfo.de → Service → Zeitschriften Soziale Arbeit).

Zum Rechtsbereich *(Rechtsquellen der Sozialen Arbeit)* wird auf die im Nomos Verlag herausgegebene Textsammlung „Gesetze für die Soziale Arbeit“ (zuletzt die Ausgabe 2016/2017, auch online verfügbar), Baden-Baden 2016, verwiesen. Im Internet findet man alle Gesetze unter BMJ (www.gesetze-im-internet.de). Im Übrigen unterrichten die einschlägigen Fachzeitschriften (vgl. Anhang II) regelmäßig über neue Rechtsentwicklungen.

Anhang IV
Soziale Arbeit im Internet

Soziale Arbeit im Internet

Im Internet sind unterschiedlichste Einrichtungen und Einzelpersonen präsent, die sich mehr oder weniger der *Sozialen Arbeit* zuordnen lassen. Es gibt eine Vielzahl von Angeboten für die SozArb, ebenso wie verschiedenste Linksammlungen. Sucht man allerdings mit Hilfe von Suchmaschinen im Internet, dann erhält man möglicherweise sehr viele, häufig aber auch wenig brauchbare Treffer.

Portale können einen Ausweg aus dieser Situation bieten, da sie den Anspruch haben, ein Themengebiet für den Besucher aufzuschließen. Sozial-Portale sind deshalb gleichsam „Tore" in die Welt der SozArb, die hier vorrangig vorgestellt werden sollen.

Ergänzend dazu werden Bereiche und Linksammlungen angegeben, die ebenfalls eine Fülle von Informationen erschließen, die allerdings nicht so komfortabel und vollständig wie Portale sind, dennoch aber einen sehr guten Einstieg in relevante Themengebiete darstellen und gezielt zu den interessierenden Informationen hinführen können.

Eine der Eigenheiten der www.-Seiten ist es, dass sie vom Betreiber jederzeit wieder aus dem Netz genommen oder verändert werden können. Eine der Auswahlkriterien war es daher, nur die Seiten anzugeben, bei denen eine längerfristigere Präsenz im Internet und laufende Aktualisierungen angenommen werden können. Die nachfolgenden Verweise sind alphabetisch geordnet, beziehen sich auf deutschsprachige Seiten und wurden auf ihre Existenz getestet (Stand 2016). Es handelt sich dabei um eine Auswahl, die bei weitem nicht alle Verweise enthalten kann. Im Übrigen sei auf die Inhalte im gesamten Wörterbuch verwiesen, die ebenfalls immer wieder Links auf entsprechende Quellen, Materialien oder Einrichtungen angeben.

1. Portale im Internet

Info Sozial

Info Sozial ist ein Portal für die SozArb, das aktuelle Informationen für Personen in Sozialberufen anbieten möchte. Es werden Tagungen angekündigt, Weiterbildungsmöglichkeiten genannt, auf soziale Webseiten verlinkt, RSS-Feeds (aktuelle Nachrichten aus Arbeitsfeldern der Sozialen Arbeit) berichtet und bundesweite Adressen sozialer Einrichtungen gelistet u. a. m. Ein Archiv enthält Berichte, Diplomarbeiten, Materialien und Arbeiten aus dem Bereich SozArb.

Ein weiteres Projekt von Info Sozial ist es, Arbeitsplätze für Fach- und Führungskräfte des Sozial- und Gesundheitswesens anzubieten (www.stellenmarkt-sozial.de).

NETZ-SOZIAL, ist ein virtuelles Netzwerk zwischen Menschen in Sozialberufen (**www.netz-sozial.de**).

www.info-sozial.de

Fachkräfteportal der Kinder- und Jugendhilfe

Vom IJAB wird eine umfangreiche Seite zur Kinder- und Jugendhilfe in Deutschland bereitgestellt. Sie informiert über Neuigkeiten in diesem Bereich, gibt eine strukturierte Einführung, verweist auf Kinder- und jugendrelevante Gesetze und stellt in einer Datenbank die Strukturen und Institutionen der Kinder- und Jugendpolitik vor.

www.jugendhilfeportal.de

Socialnet

Socialnet ist eine kommerziell betriebene Informationsseite für die *Sozialwirtschaft*, die Softwarelösungen anbietet, ein Branchenbuch mit kommentierten Links aus dem sozialwirtschaftlichen Bereich enthält Materialien zu Non-Profit Organisationen und Sozialwirtschaft, bringt kurze Rezensionen über diese Bereiche und gibt die Möglichkeit, einen Newsletter zu abonnieren. Darüber hinaus ist socialnet in verschiedenen anderen Portalen aktiv, wie z. B. Tätigkeitsfeldern im Altenpflegebereich (www.Altenheimsozialarbeit.de), Frühpädagogik (www.ErzieherIn.de) Mädchenarbeit (www.maedchenarbeit.de) und einem Nachrichtenportal für das Sozial- und Gesundheitswesen (www.sozial.de).

www.socialnet.de

Sozialarbeit.de

Die 2015 neu gestaltete website „treffpunkt sozialarbeit" bietet Stellenanzeigen und Austauschmöglichkeiten.

www.sozialarbeit.de; www.sozialarbeitsnetz.de

Soziales Netz

Das „Soziale Netz – Soziale Arbeit im Internet" enthält eine umfangreiche, alphabetisch sortierte Themenliste der Sozialen Arbeit von „AIDS – Alleinerziehend" bis „Wohltätigkeit, Zivildienst", die direkt aufgerufen werden können. Zu jedem Thema werden Links und Literaturhinweise aufgeführt, u. a. auch Mail-Adressen von Ansprechpartnern und Verweise auf Newsgroups. Aktuelle Meldungen, allgemeine Informationen über die Soziale Arbeit und Verweise auf interaktive Möglichkeiten im Internet ergänzen das Angebot.

www.soziales-netz.de

Sozialinfo.ch

Für die Schweiz gibt Sozialinfo.ch viele Links und Materialien. Eine Stellenbörse, Aus- und Weiterbildungsangebote, Fachliteratur und Rechtsinformationen bilden hauptsächliche Themenbereiche. Auf dieser Seite steht ebenfalls ein Verzeichnis der in der Schweiz geschriebenen Diplomarbeiten *(Soziale Arbeit in der Schweiz).*

www.sozialinfo.ch

2. Linksammlungen und weitere Webadressen

Linksammlungen finden sich ebenfalls bei fast allen Anbietern von Informationen im Internet. Besonders verwiesen sei hier auf die nachfolgenden Quellen von Informationsseiten über die SozArb, die ihrerseits eine Fülle von relevanten Informationen und Materialien anbieten:

- Linkliste Sozialarbeit mit den unterschiedlichsten Verweisen auf Themenfelder, Portale u. v. m.
- Arbeitsfelder der SozArb in Deutschland nach Alphabet, Zielgruppen, und Indikation sowie eine Darstellung der SozArb in europäischen Ländern werden von der EFH Darmstadt zur Verfügung gestellt (**www.arbeitsfelder.de**) *(Soziale Arbeit in Europa).*
- Einrichtungen und Organisationen der SozArb bzw. der Wohlfahrtspflege, Verlage, Berufsverbände, Fachzeitschriften u. a. m. Die entsprechenden Internetadressen sind bereits an anderer Stelle im Wörterbuch angeführt (s. insbes. Anhang I). Auch der Aufruf der o. a. Portale führt häufig zu deren Webseiten.
- Webkataloge

In einem Webverzeichnis werden Links mit einer Kurzbeschreibung aufgenommen, die thematisch zu einem unterschiedenen Bereich passen und von zuständigen Redakteuren ausgewählt und betreut. Im Open Directory Projekt (**www.dmoz.org**) finden sich z. B. gute Webverweise für die SozArb: dmoz.de → Wissenschaft → Sozialwissenschaft → Erziehungswissenschaften → Sozialpädagogik.

Die Herausgeber

Dieter Kreft, Jg. 1936:
Ausbildungen: nach Berufsausbildung (Diplom-Verwaltungswirt F. H.) Studium der Rechts-, Wirtschafts- und Verwaltungswissenschaften (Diplom-Kameralist) und Zweitstudium der Erziehungswissenschaft (Diplom-Pädagoge).

Berufstätigkeiten: Nach Jahren in der Berliner Verwaltung, zuletzt der Volksbildungs-, Schul- und Hochschulverwaltung, von 1971–1981 Senatsdirektor (Staatssekretär) beim Senator für Familie, Jugend und Sport/Berlin. Anschließend fast zwei Jahrzehnte Leiter/Geschäftsführer sozialwissenschaftlicher Praxisforschungsinstitute in Berlin (Stiftung SPI), Nürnberg (ISKA gGmbH) und Frankfurt am Main (ISS e. V.). Danach freiberufliche Tätigkeiten als Fach- und Organisationsberater für öffentliche und private Träger der Sozialen Arbeit.

Honorarprofessor der Stiftung Leuphana Universität Lüneburg und Mitglied des Kuratoriums des SPI-Berlin.

Lebt und arbeitet in Nürnberg.

Ingrid Mielenz, Jg. 1945;
Ausbildungen: Studium der Soziologie, Volkswirtschaft, Betriebswirtschaft und des Arbeitsrechts (Diplom-Soziologin), 1972–1974 Regierungsreferendariat mit Staatsexamen.

Berufstätigkeiten: 1974–1986 Mitarbeiterin (seit 1977 Leitung) der Planungsgruppe beim Senator für Familie, Jugend und Sport/Berlin (Schwerpunkte: Kindertagesstätten-Entwicklungsplanung, Berufsausbildung für benachteiligte Jugendliche, Wohnen und Stadterneuerung als Aufgabenfelder der Jugendhilfe), 1987–2004 Berufsmäßige Stadträtin für Jugend, Familie und Soziales in Nürnberg, 15 Jahre Mitglied im Vorstand der AGJ und im Kuratorium des DJI (1999–2004 als Vorsitzende).

Hermine-Albers-Preis (Deutscher Jugendhilfepreis) 1984, Mitglied der Sachverständigenkommission zum 8. Jugendbericht 1990, Vorsitzende des Bundesjugendkuratoriums 1999–2004. Seither verschiedene ehrenamtliche Tätigkeiten, u. a. für das Magazin sechs+sechzig in Nürnberg und im Kuratorium des IB-Verbund Bayern.

Verzeichnis der Autorinnen und Autoren

Adam-Lauer, Gisela, Dr., Dipl.-Psychologin, zuletzt Prof. der Leuphana Universität Lüneburg (Psychotherapien); Fachberaterin für Pflegefamilien und Lehrtätigkeit am Institut für Weiterbildung in der Kranken- und Altenpflege

Aden-Grossmann, Wilma, Dr., Prof. em. für Sozialpädagogik der Universität Kassel (Anthroposophie/Montessori-Pädagogik)

Ahrbeck, Bernd, Dr.; Prof. für Verhaltensgestörtenpädagogik an der Humboldt-Universität zu Berlin/Kultur-, Sozial- und Bildungswissenschaftliche Fakultät (Inklusion)

Appelt, Hans-Jürgen, Dipl.-Sozialarbeiter und Supervisor (DGSv); Appelt Personalentwicklung; freiberuflich tätiger Supervisor, Paar-, Familien- und Betriebssozialberater (Betriebliche Sozialarbeit/Mobbing)

Bach, Rolf P., Ass. jur. und Sozialpädagoge; ehemaliger Leiter der Gemeinsamen Zentralen Adoptionsstelle – Zentrale Behörde für Auslandsadoptionen, Hamburg. Regierungsdirektor a. D. (Adoption)

Bäcker, Gerhard, Dr., Prof. em. für Soziologie, insbesondere praxisorientierte Sozialwissenschaften der Universität Duisburg-Essen (Soziale Sicherung)

Balloff, Rainer, Dr., Dipl.-Psychologe; 1972–2009 nach Studium der Rechtswissenschaft und Psychologie wiss. Mitarbeiter der FU Berlin/Leiter des AB Rechtspsychologie; derzeit GF des Instituts für Gericht und Familie sowie der Weiterbildungsakademie für Rechtspsychologie, Kindschafts- und Familienrecht in Berlin. Gerichtsgutachter, Durchführung von Mediation und Familientherapie (Familiengerichtsverfahren/Verfahrensbeistandschaft)

Bauer, Rudolph, Dr., Prof. em. der Universität Bremen/FB Human- und Gesundheitswissenschaften; lebt und arbeitet als Bildender Künstler, Dichter und Wissenschaftsautor in Bremen (Wohlfahrtsverbände)

Bäuerle, Wolfgang (1925–1982), war viele Jahre Heimerzieher, dann Leiter einer heilpädagogischen Abteilung in Hamburg, widmete sich als behandelnder Psychologe bei der Erziehungsberatung und als Supervisor in der Jugend- und Familienfürsorge im Rahmen der Jugendbehörde Hamburg der Therapie und Beratung, bevor er sich der Lehre und Forschung zuwandte. Er war Dozent und später Direktor des Sozialpädagogischen Instituts in Hamburg, arbeitete als Fachbereichsleiter der FH in Hamburg und seit 1976 als ordentlicher Professor an der Uni Bielefeld. Als Hauptreferent beim Bundesverband der Arbeiterwohlfahrt in Bonn half Wolfgang Bäuerle mit, das Institut für Sozialarbeit und Sozialpädagogik (ISS) zu gründen und aufzubauen: Er war von 1974 bis 1977 dessen erster Direktor und konnte in dieser Eigenschaft durch praxisnahe Forschung und institutionelle Beratung Innovationen im sozialen Bereich vorantreiben. Diesem Berufsweg entsprechend breit gefächert sind die Themen seiner Veröffentlichungen, die er hinterließ: zur Theorie der Elternbildung, zu Sozialarbeit und Gesellschaft, zu Reformen der Heimerziehung und eine Vielzahl von Aufsätzen, die zur Entwicklung einer Wissenschaft von der Sozialen Arbeit nach 1945 wesentlich beigetragen haben. Wolfgang Bäuerles Leben war bestimmt von dem Willen, Wissenschaft und soziale Praxis für die Belange sozial besonders benachteiligter Menschen einzusetzen, um deren Lebensbedingungen und Lebenschancen zu verbessern; er arbeitete bis zur 2. Auflage an diesem Wörterbuch mit. Wer mehr über sein Leben und Wirken wissen will: Wolfgang Bäuerle, in: Maier, Hugo (Hrsg.): Who ist who in der Sozialen Arbeit, Freiburg i.Br. 1998, 58 f. Neben Ilse Reichel-Koß ist ihm dieses Buch zur Erinnerung gewidmet.

Baumgartner, Edgar, Diplom-Sozialarbeiter. Prof. Dr. phil.. Leiter Institut Professionsforschung und -entwicklung der FHS Nordwestschweiz/HS für Soziale Arbeit, Olten (Soziale Arbeit in der Schweiz)

Becker-Lenz, Roland, Dr. phil. habil., Dipl.-Soziologe, Dipl.-Sozialarbeiter. Prof. für Soziale Arbeit an der FH Nordwestschweiz, Hochschule für Soziale Arbeit, Olten (Soziale Arbeit in der Schweiz)

Belardi, Nando, Dr. phil. habil.; Psychotherapeut (HPD) und Supervisor (DGSv). Prof. em. für Sozialpädagogik der TU Chemnitz; Gastprofessuren in Bozen/Brixen, Hongkong. Wolgograd und Chengdu (Beratung/Familienberatung/Supervision)

Bergdoll, Karin, Dipl.-Pädagogin, zuletzt Referatsleiterin bei der Senatsverwaltung für Wirtschaft, Arbeit und Frauen, Berlin, Mitgründerin und Vorstandsmitglied des Netzwerkes Frauengesundheit Berlin (Prostitution)

Bernitzke, Fred, Dr., Dipl. Psychologe; zuletzt Leiter einer berufsbildenden Schule mit sozial- und sonderpädagogischen Berufsausbildungen, Ludwigshafen *(Heil- und Sonderpädagogik)*

Birtsch, Vera, Dr., Dipl.-Psychologin, 1977–1992 wiss. Mitarbeiterin und Leiterin der Arbeitsbereiche ‚Jugend- und Familienhilfe' am Institut für Sozialarbeit und Sozialpädagogik in Frankfurt/M.; seit 1992 in leitenden Funktionen beim Senat der Freien und Hansestadt Hamburg, zuletzt bis Ende 2011 als Leiterin des Amtes für Arbeit und Integration in der Behörde für Arbeit, Soziales, Familie und Integration; freiberufliche Mediatorin und Beraterin (Fremdunterbringen/Heimerziehung)

Blandow, Jürgen, Dr., Prof. em. für Sozialpädagogik der Universität Bremen (Gefährdung/Pflegekinder)

Bluhm, Helmar, Dipl.-Sozialarbeiter, Mitarbeiter des Bayerischen Landesjugendamtes/zuständig für ‚Konfliktträchtige weltanschauliche Gruppen', München ((Sog.) Sekten und Psychogruppen)

Bock, Karin, Dr. phil. habil., Dipl.-Pädagogin, Prof. für Sozialpädagogik an der TU Dresden/Institut für Sozialpädagogik, Sozialarbeit und Wohlfahrstwissenschaften (Generationen)

Böhnisch, Lothar, Dr. habil., Dipl.-Soziologe, Prof. em. für Sozialisation der Lebensalter der TU Dresden; lehrt an der FU Bozen, Standort Brixen (Jungen/Normalität/Stadt-Land-Verhältnis)

Bohn, Irina, Ethnologin M. A. wiss. Mitarbeiterin am Institut für Sozialarbeit und Sozialpädagogik in Frankfurt/M. (Gender Mainstreaming/Mädchen)

Boogaart van den, Hilde, Dr., Kriminologin, Leiterin der Sozialtherapeutischen Abteilung der JVA Lübeck; Vorsitzende der BAG Frauenvollzug (Abweichendes Verhalten)

Bordt, Eva-Maria, Dipl.-Pädagogin, zuletzt Geschäftsführerin beim Frauenhauskoordinierung e. V., Berlin (Frauenhäuser)

Borsche, Sven, Ass. jur., bis 2007 Sekretär und Ltr. der Geschäftsstelle des Bundesjugendkuratoriums, Bonn; seither (bis Ende 2011) wiss. Mitarbeiter der AWO, BV e. V., Berlin: Mitglied der Koordinierungsgruppe der National Coalition für die Umsetzung der UN-Kinderrechtskonvention; lebt in Bonn (Bundesjugendkuratorium/Kinder- und Jugendplan des Bundes)

Bosshard, Marianne, Dr. med., Fachärztin für Psychiatrie und Psychotherapeutische Medizin, Psychoanalytikerin; Prof. i. R. der FH Köln/Fakultät für angewandte Sozialwissenschaften (Soziale Arbeit in der Psychiatrie)

Buchinger, Kurt, Dr., Prof. em. für Supervision und Organisationsberatung der Universität Kassel, FB Sozialwesen (Interaktion, soziale)

Burghardt-Plewig, Susanne, Richterin am Amtsgericht Berlin-Moabit a. D. (Strafrecht/Strafe)

Cloos, Peter, Dr. phil., Prof. der frühen Kindheit an der Stiftung Universität Hildesheim, Institut für Erziehungswissenschaft (Weiterbildung)

Cordes, Martin, Dr., zuletzt Prof. für Religionspädagogik der Ev. Fachhochschule Hannover (Religionspädagogik)

Dahme, Heinz-Jürgen, Dr., Prof. für Verwaltungswissenschaft i. R. der HS Magdeburg-Stendal/FB Sozial- und Gesundheitswesen (Verwaltungsmodernisierung)

Desens, Marc, Dr. jur. habil., Prof. für Öffentliches Recht, insbesondere Steuerrecht und öffentliches Wirtschaftsrecht an der Universität Leipzig (Gemeinnützigkeit, steuerliche)

Dettling, Warnfried, Dr., freier Autor, Berlin (Parteien)

Eloht, Vicco F. P., Dipl. Sozialadministrator und sozialpädagogischer Nanopsychologe, Mitbegründer der „Gesellschaft für Theorie und Praxis der Nürnberger Schule“ und Anwendungswissenschaftler des „Instituts für Vernetzungs- und Lebensweltpraxis“ (Nürnberger Schule)

Erath, Peter, Dr. päd., Prof. für Theorien der Sozialarbeit und Pädagogik an der Kath. Universität Eichstätt-Ingolstadt (Soziale Arbeit in Europa)

Ernst, Rüdiger, Prof. Dr. iur., Vorsitzender Richter am Kammergericht (3. Zivilsenat – zugleich Senat für Familiensachen). Mitglied der Kinderrechtekommission des Deutschen Familiengerichtstages; vormals Inhaber des Lehrstuhls für Bürgerliches Recht an der Ev. FH Berlin (Familienrecht)

Esser, Johannes, Dr., Dipl.-Pädagoge, Prof. für Erziehungswissenschaft i. R. der Leuphana Universität Lüneburg. Mitglied der AG Friedens- und Konfliktforschung, Augsburg (Friedenserziehung/Friedenspädagogik)

Fichtner, Otto, Verwaltungsjurist; Honorarprofessor der Universität Bremen; lebte und arbeitete bis zu seinem Tode am 8. Juli 2013 in Bremen; vgl. die Würdigung in uj 11+12/2013 (Einigungsvertrag)

Fickler-Stang, Ulrike, wiss. Mitarbeiterin am Institut für Rehabilitationswissenschaften der Kultur-, Sozial- und Bildungswissenschaftlichen Fakultät der Humboldt-Universität zu Berlin (Inklusion)

Flemming v., Helga, Dipl.-Pädagogin; lebt und arbeitet in Estepona/Spanien und Berlin (Altruismus/Angst)

Frank-Schinke, Alexandra, Juristin; Sozialamt der Stadt Nürnberg, Stabsstelle für kommunale Leistungen nach dem SGB II/Öffentlichkeitsarbeit (Mietrecht)

Friedrich-Hubert, Lena, Dipl.-Soziologin. Amt für Kinder, Jugendliche und Familien/Jugendamt/Stab Familienbildung der Stadt Nürnberg ((Familienbildung)

Fuchs-Rechlin, Kirsten, M. A., Dr. phil.; wiss. Mitarbeiterin im Forschungsverbund DJI/TU Dortmund/Fak. 12 in der Arbeitsstelle Kinder- und Jugendhilfestatistik (Tageseinrichtungen für Kinder)

Fülbier, Paul, Dipl.-Sozialarbeiter, Dipl.-Sozialwissenschaftler, Leiter des Fachbereiches Kinder, Jugend und Familie (Jugendamt) der Stadt Viersen (Jugendsozialarbeit)

Gängler, Hans, Dr. rer. soc. habil., Prof. für Sozialpädagogik einschl. ihrer Didaktik an der TU Dresden/Fakultät Erziehungswissenschaft (Wissenschaftstheorien)

Gerzer-Sass, Annemarie, Historikerin/Sozialwissenschaftlerin M. A.; zuletzt wiss. Referentin am DJI in der Abteilung für Familienpolitik; aktuell Leitung der Serviceagentur im Aktionsprogramm Mehrgenerationenhäuser des BMFSFJ (Familienselbsthilfe)

Gintzel, Ullrich, Dipl.-Sozialarbeiter, Dipl.-Pädagoge, Prof. i. R. für Soziale Arbeit der Ev. HS für Soziale Arbeit, Dresden; lebt und arbeitet in Breitenau bei Dresden (Partizipation)

Glaser, Hermann, Dr.; Kulturwissenschaftler und Publizist, war von 1964–1990 Kulturdezernent der Stadt Nürnberg. Honorarprofessor für Kulturvermittlung der TU Berlin; lebt und arbeitet in Rosstal bei Nürnberg (Aufklärung/Ethnologie/Informationsgesellschaft/Kulturarbeit, soziale)

Glaß, Christian, Dr. phil., Dipl.-Ökonom M. A., Hochschullehrer i. R. der Universität Bremen (Politische Bildung)

Gostomzyk, Johannes G., Prof. Dr. med.; zuletzt Leiter des Gesundheitsamtes der Stadt Augsburg, und bis 2013 Vorsitzender der Landeszentrale für Gesundheit in Bayern; Ehrenpräsident der Dt. Gesellschaft für Sozialmedizin und Prävention e. V. (Gesundheitsamt/Soziale Arbeit im öffentlichen Gesundheitsdienst)

Griese, Hartmut M., Dr. phil. habil., M. A., Prof. em. der Leibnitz-Universität Hannover, Institut für Soziologie und Sozialpsychologie (Jugendsoziologie/Rolle, soziale)

Hagemann-White, Carol, Dr. phil. habil, Prof. em. für Allgemeine Pädagogik/Frauenforschung der Universität Osnabrück (Gewalt in Familien/Sozialisation)

Halfar, Bernd, Dr. rer. pol., Prof. für Management in sozialen Einrichtungen/Organisationsentwicklung an der Kath. Universität Eichstätt-Ingolstadt/Fakultät für Soziale Arbeit; Partner der xit GmbH in Nürnberg (Finanzwesen, öffentliches/Kameralistik/Sozialwirtschaft)

Hardtmann, Gertrud, Dr. med., Prof. em. für Sozialpädagogik der TU Berlin/Institut für Sozialpädagogik; Fachärztin für Psychiatrie und Psychotherapie in Berlin (Psychiatrie/Suizid)

Harms, Gerd, Dr., Dipl.-Politologe, Dipl.-Pädagoge, zuletzt als Staatssekretär Bevollmächtigter des Landes Brandenburg beim Bund für Europaangelegenheiten (Erwachsenenbildung)

Heckmann, Wolfgang, Dr., Dipl.-Psychologe, war 1978–1986 Drogenbeauftragter des Landes Berlin (der erste in der BRD); 1987–1993 Wiss. Direktor im AIDS-Zentrum beim Bundesgesundheitsamt und dann von 1993–2014 Prof. an der HS Magdeburg-Stendal/FB Sozialwesen. Heute betreibt er dort die Oli-Lichtspiele (ein altes Kino), schreibt Kriminalromane und ist weiterhin Vorstandsmitglied der Stiftung SPI-Berlin (AIDS/Alkoholismus/Drogenabhängigkeit/Sucht)

Heitmann, Helmut, Dipl.-Pädagoge, Supervisor, Trainer und Berater in Berlin (Fan-Clubs)

Hengsbach, Friedhelm SJ, Dr. oec., Prof. em. der philosophisch-theologischen Hochschule St. Georgen in Frankfurt/M.; lebt seit 2008 in Ludwigshafen und gehört der Jesuitenkommunität im dortigen Heinrich Pech Haus an (Soziallehre, christliche)

Henkel, Gertrud A., Studium der Kunstgeschichte und Pädagogik, Dipl.-Pädagogin; lebt und arbeitet in Berlin (Kunst)

Hinte, Wolfgang, Dr. päd., Prof. für Sozialpädagogik an der Universität Essen-Duisburg, Fakultät für Bildungswissenschaften/Institut für Stadtentwicklung, sozialraumorientierte Arbeit und Beratung/ISSAB (Sozialraumorientierung)

Hollstein, Walter, Dr., ist Soziologe, war Journalist, Prof. in Berlin und Bremen. Lebt seit 2007 als freier Autor in Basel (Männer)

Holz, Gerda, Sozialarbeiterin (grad), (Politik-)Wissenschaftlerin am Institut für Sozialarbeit und Sozialpädagogik, Frankfurt/M. (Altenpolitik/Alter/Sterbebegleitung)

Hoppe, Birgit, Dr. phil., Dipl.-Psychologin, Vorstandsvorsitzende der Stiftung Sozialpädagogisches Institut Berlin (Altenhilfe, Altenarbeit/Pflege)

Hübner, Catharina, Rechtsanwältin in Berlin (Gerichtsbarkeit)

Jakob, Johannes, Abteilungsleiter Arbeitsmarktpolitik beim DGB in Berlin (Arbeitslosigkeit und Arbeitsmarkt)

Jansen, Lothar, Bildungsreferent bei Arbeit und Leben, Wuppertal (Bildungsurlaub)

Jordan, Erwin, Dr. phil. habil., Soziologe M. A.; zuletzt Akademischer Oberrat am Institut für Sozialpädagogik, Weiterbildung und empirische Pädagogik der Universität Münster. Vorstandsmitglied des Instituts für soziale Arbeit in Münster (Ausreißer und Trebegänger/Hilfe(n) zur Erziehung/Jugendarbeit/Kinder- und Jugendhilfe)

Jurczyk, Karin, Dipl.-Soziologin, Dr. phil. pol., Leiterin der Abteilung Familie und Familienpolitik am Deutschen Jugendinstitut, München (Familienpolitik)

Kammerer, Bernd, Dipl.-Sozialpädagoge, Soziologe M. A., Leiter der Abt. Kinder- und Jugendarbeit im Jugendamt der Stadt Nürnberg (Spielplätze)

Kapteina, Hartmut, Prof. em. für Musikpädagogik und Musiktherapie der Universität Siegen/FB Kunst und Musikpädagogik (Musik)

Karl, Fred, Dr., Prof. i. R. für Soziale Gerontologie der Universität Kassel/FB Sozialwesen (Gerontologie)

Keil, Annelie, Dr. Prof. em. für Sozialpädagogik und Gesundheitsforschung der Universität Bremen; lebt und arbeitet in Bremen (Körper)

Kessler, Rainer, Dr. jur., Prof. i. R. der HS RheinMain, Wiesbaden (Kirchen und Religionsgemeinschaften des öffentlichen Rechts)

Keupp, Heiner, Dr., Dipl.-Psychologe, Prof. em. der Ludwig-Maximilians-Uni/Department Psychologie, Sozialpsychologie, München (Empowerment/Psychologie)

Klie, Thomas, Dr. habil., Prof. für öffentliches Recht und Verwaltungswissenschaft an der Ev. HS Freiburg i.Br. und Rechtsanwalt; (Heimrecht/Verwaltung, öffentliche)

Klönne, Arno, Dr., Prof. em. für Soziologie der Uni Paderborn; lebte und arbeitete bis zu seinem Tode am 5. Juni 2015 in Paderborn (vgl. den Nachruf vieler Freunde unter www.papyrossa.de (Sozialdarwinismus)

Knieschewski, Elmar, Dr., Dipl.-Soziologe, Prof. i. R. der FH Münster, FB Sozialwesen (Klient)

Koch, Friedrich, Dr., Prof. em. für Allgemeine Erziehungswissenschaften der Uni Hamburg (Sexualität/Sexualpädagogik)

Körting, Ehrhart, Dr. rer. pol; Senator a. D., Rechtsanwalt in Berlin (Gerichtsbarkeit)

Kosubek, Siegfried, Dr. phil., Dipl.-Pädagoge, Dipl.-Sozialarbeiter, zuletzt Leiter der Volkshochschule Schloss Holte-Stukenbrock, Harsewinkel (Aussiedlerinnen/Aussiedler)

Krauß, E. Jürgen, Sozialarbeiter (grad), Dipl.-Supervisor; zuletzt wiss. Mitarbeiter der Uni Kassel (Methoden der Sozialen Arbeit)

Kreft, Dieter, Herausgeber; s. Hinweise S. 1159 (Arbeitsgemeinschaften/Handlungskompetenz/Jugendhilfeausschuss/Jugendhilfeplanung/Kommunale Spitzenverbände/Mitleid/Organisationsrecht/Rechtsquellen/Soziale Arbeit/Sozialraumorientierung/Sport/Träger der Sozialen Arbeit)

Kreidenweis, Helmut, Dipl.-Pädagoge, Dipl.-Sozialpädagoge (F. H.), Prof. für Sozialinformatik an der Kath. Universität Eichstätt-Ingolstadt; Vorstand des Fachverbandes IT in Sozialwirtschaft und Sozialverwaltung FINSOZ e. V., Inhaber der Beratungsfirma KI Consult, Augsburg (Sozialinformatik)

Krüger, Rolf, Dipl.-Sozialarbeiter, Lehrender Sozialarbeiter der Leuphana Uni Lüneburg/FB Sozialwesen i. R. (Finanzierung freier Träger der Sozialen Arbeit)

Kühnel, Reiner, Dr. jur., Prof. a. D. der FH Nordostniedersachsen in Lüneburg (Ausbildungsförderung/Dienstrecht/Sanktion/Schweigepflicht/Zeugnisverweigerungsrecht)

Küster, Ernst-Uwe, Dipl.-Sozialpädagoge, Dipl.-Pädagoge, wiss. Referent am DJI in München (Wertschätzung)

Kupferschmid, Peter, Dipl.-Volkswirt, Referatsleiter Grundsatzfragen des aktiven Alterns im BMFSFJ, Bonn (Freiwilligendienste)

Kuß, Alfred, Dr., Dipl.-Kaufmann, Prof. em. der FU Berlin, FB Wirtschaftswissenschaft/Institut für Marketing (Marktwirtschaft, soziale)

Lakies, Thomas, Studium der Rechtswissenschaft in Marburg und Berlin, Ass. jur; Richter am Arbeitsgericht in Berlin (Betriebserlaubnis)

Liegle, Ludwig, Dr. phil. habil., Prof. em. der Uni Tübingen/Institut für Erziehungswissenschaft; Mitglied (1992–1997 Vorsitzender) des Wiss. Beirates für Familienfragen beim BMFSFJ (Frühkindliche Entwicklung, Erziehung und Bildung)

Löhr, Rolf-Peter, Dr. jur., zuletzt Geschäftsführer des Vereins für Kommunalwissenschaften e. V. und stv. Institutsleiter des Difu in Berlin. Mitverfasser des Kommentars zum Baugesetzbuch im Beck-Verlag (Baugesetzbuch/Stadterneuerung)

Lüders, Christian, Dr., Ltr. der Abteilung Jugend und Jugendhilfe beim Deutschen Jugendinstitut in München (Polizei und Soziale Arbeit)

Lukas, Helmut, Dr. phil. habil., Dipl.-Soziologe, Prof. i. R. der FH Erfurt/Fakultät für Angewandte Sozialwissenschaften (Aktenführung/Anamnese/Empirische Sozialforschung/Gewalt/Prävention/Sozialraum)

Maelicke, Bernd, Dr. jur., bis 2006 Ministerialdirigent im Ministerium für Justiz, Frauen, Jugend und Familie des Landes Schleswig-Holstein in Kiel, Honorarprofessor der Leuphana Universität Lüneburg und Leiter des Deutschen Instituts für Sozialwirtschaft in Kiel (Strafvollzug)

Maly, Dieter, Dipl.-Sozialwirt, Leiter des Sozialamtes der Stadt Nürnberg (Obdachlosenhilfe/Sozialamt/Wohnen (Wohnungsversorgung, Wohnungspolitik)/Wohnungslosenhilfe)

Mehr, Barbara, Rechtsanwältin in Berlin (Mutterschutz)

Meier-Gräwe, Uta, Dr., Prof. für Wirtschaftslehre des Privathaushalts und Familienwissenschaft am Institut für Wirtschaftlehre des Haushalts und Verbrauchsforschung der Justus-Liebig-Universität in Gießen (Ökotrophologie/Verbraucherpolitik)

Menne, Klaus, Dipl.-Soziologe, zuletzt Geschäftsführer der Bundeskonferenz für Erziehungsberatung (Erziehungsberatung)

Mennemann, Hugo Sebastian, Dr., Dipl.-Pädagoge. 1998–2003 Leiter einer Pflege- und Wohnberatungsstelle in Ahlen/Westf.; 2003–2015 Prof. für Theorien und Konzepte der Sozialen Arbeit an der Kath. HS NRW, FB Sozialwesen, seit 2015 an der FH

Münster. Gründungs- und Vorstandsmitglied der Deutschen Gesellschaft für Care und Case Management (Krise/Krisenintervention)

Merchel, Joachim, Dr., Dipl.-Pädagoge, Prof. für Organisation und Management an der FH Münster/FB Sozialwesen (Qualitätsentwicklung/Sozialmanagement)

Merfeld, Mechthild, Dipl.-Soziologin, zuletzt Geschäftsführerin des Arbeitskreises deutscher Bildungsstätten e. V. und Geschäftsführerin des Bundesausschusses Politische Bildung, Berlin (Bildungsurlaub)

Merten, Roland, Dr. phil. habil.; Dipl.-Sozialpädagoge (F. H.), Diplom-Pädagoge, MA in Philosophie. Prof. für Sozialpädagogik an der Friedrich-Schiller-Universität Jena und Prof. associé der Université Luxembourg. Von 2009–2014 Staatssekretär im Ministerium für Bildung, Wissenschaft, Kultur des Landes Thüringen (Professionalisierung/Sozialarbeitswissenschaft/Systemtheorie)

Meysen, Thomas, Dr. jur., Fachlicher Leiter des Deutschen Instituts für Jugendhilfe und Familienrecht in Heidelberg (Beistandschaft/Haftung/Kinder- und Jugendhilfegesetz/Verwaltung, öffentliche/Volljährigkeit/Vormundschaft)

Mielenz, Ingrid, Herausgeberin; s. Hinweise S. 1159 (Ausländerinnen, Ausländer/Armut/Elterngeld und Elternzeit/Grundsicherung für Arbeitsuchende/Integration, soziale/Internationalität/Jugendhilfeplanung/Kindergeld/Konflikt, sozialer/Migration und Integration/Pflegeversicherung, soziale/Schwangerenberatung/Selbsthilfe, Selbstorganisation/Soziale Arbeit/Wohngeld)

Mimler, Hans, Stadtdirektor a. D., zuletzt Vors. des Gesamtpersonalrats der Stadtverwaltung Nürnberg (Personalvertretungsgesetz)

Möller-Lücking, Norbert, zuletzt Gewerkschaftssekretär beim DGB Bundesvorstand; lebt und arbeitet in Mühlheim a. d. R. (Gewerkschaften)

Mörsberger, Thomas, Ass. jur. 1993–2004 Leiter des LJA Baden und anschließend Justiziar beim Kommunalverband Jugend und Soziales in Stuttgart. Seit 1999 Vorsitzender des Deutschen Instituts für Jugendhilfe und Familienrecht e. V. (DIJuF) in Heidelberg; Rechtsanwalt in Lüneburg (Haftung)

Mückenberger, Ulrich, Dr. jur., Prof. em. für Arbeitsrecht und Europarecht der Uni Hamburg, Leiter der Forschungsstelle Zeitpolitik; Forschungsdirektor des Zentrums für Internationale Studien (Arbeit/Arbeitsschutz/Betriebsverfassungsgesetz/Jugendarbeitsschutz/Solidarität)

Müller, Burkhard, Dr. habil., Prof. em. für Sozialpädagogik der Uni Hildesheim; lebte und arbeitete bis zu seinem Tode am 23. Mai 2013 in Berlin; vgl. den Nachruf in np 4/2013, 397–402 (Hilfe)

Müller, C. Wolfgang, Dr., Dr. h. c.; Prof. em. für Erziehungswissenschaft der TU Berlin/Institut für Sozialpädagogik (Didaktik/Forschung/Gemeinwesenarbeit/Gruppenarbeit, soziale/Kränkung/Sozialarbeit, Sozialpädagogik/Soziales Lernen)

Müller-Wichmann, Christiane, Dr., Dipl.-Soziologin und Erziehungswissenschaftlerin mit Arbeitsschwerpunkten Zeit und Gesellschaft sowie Gleichstellungspolitik; lebt und arbeitet in Berlin (Zeit)

Münchmeier, Richard, Dr. rer. soc. habil., Prof. em. der FU Berlin, Studium der Musik und Theologie (mit anschl. Tätigkeit als Vikar); Zweitstudium der Soziologie, Psychologie und Sozialpädagogik; 1983–1995 wiss. Mitarbeiter des DJI (zuletzt Ltr. der Abt. Jugend und Jugendhilfeforschung). Seit 1995 Prof. für Sozialpädagogik der FU Berlin. Wiss. Leiter der 12. und 13. Shell Jugendstudie und u. a. bis 2005 stv. Vorsitzender des Bundesjugendkuratoriums (Einmischungsstrategie/Erziehung/Erziehungswissenschaft/Ethik/Geschichte der Sozialarbeit/Sozialpädagogik/Individuum/Kinder- und Jugendpolitik)

Nahrstedt, Wolfgang, Dr., Prof. em. der Uni Bielefeld/Fakultät für Pädagogik (AG Freizeitpädagogik, Kulturarbeit, Tourismuswissenschaft) (Freizeit/Freizeitpädagogik)

Nave-Herz, Rosemarie, Dr. Dr. h. c., Prof. em. für Soziologie der Carl-von-Ossietzky-Universität/Institut für Soziologie, Oldenburg (Familie/n)

Neudeck, Rupert, Dr., 23 Jahre humanitäre Arbeit mit und bei CAP ANAMUR/Deutsche Notärzte e. V.; zuletzt Vorsitzender des Friedenskorps Grünhelme e. V.; Rupert Neudeck ist am 31. Mai 2016 gestorben, er galt bis zuletzt als eine moralische Instanz (Entwicklungshilfe)

Neuer-Miebach, Therese, Dr. rer. pol., Dipl.-Soziologin, 1985–1998 Mitarbeiterin der Bundesvereinigung Lebenshilfe für Menschen mit geistiger Behinderung/Mitglied der Geschäftsführung. Seit 1998 Prof. an der FH Frankfurt/M./FB Soziale Arbeit und Gesundheit; bis 2008 Mitglied des Nationalen Ethikrates der Bundesregierung (Behindertenhilfe/Rehabilitation)

Nickel, Hans-Wolfgang, Dr., Prof. em. für Spiel- und Theaterpädagogik an der Universität der Künste, Berlin (Kinder- und Jugendtheater)

Nikles, Bruno, W., Dr. rer. soc., Prof. em. für Sozialplanung der Universität Duisburg-Essen. Vorsitzender der BAG Kinder- und Jugendschutz (Verträglichkeitsprüfungen, soziale)

Nowak, Jürgen, Dipl.-Volkswirt, Dr. phil. habil., Prof. em. für Soziale Ökonomie und Soziologie der Alice-Salomon-HS für Sozialarbeit und Sozialpädagogik in Berlin; Honorarprofessor der Moskauer Humanistischen Universität. Lebt und arbeitet (als aktiver Netzwerker) in Berlin (Netzwerke, soziale)

Oberloskamp, Helga, Dr. jur., Prof. i. R. der FH Köln, Fakultät für angewandte Sozialwissenschaften (Scheidung/Scheidungsfolgen)

Oelschlägel, Dieter, Dipl.-Pädagoge, Prof. i. R. für Methoden der Sozialarbeit/Erwachsenenbildung der Uni Duisburg-Essen (Emanzipation/Quartiersmanagement)

Olk, Thomas, Dr. habil., Prof. für Sozialpädagogik und Sozialpolitik an der Philosophischen Fakultät III/Erziehungswissenschaften der Martin-Luther-Universität Halle-Wittenberg (Bürgerschaftliches Engagement/Sozialstaat/Stigmatisierung, Etikettierung): Thomas Olk ist mitten im Prozess der 8. Auflage am 4. März 2016 verstorben. Mit ihm verlieren wir „eine Forschungspersönlichkeit, die die Disziplin Sozialpädagogik über Jahrzehnte entscheidend geprägt hat" (aus dem Nachruf von Johanna Mierendorff: www.magazin.uni-halle.de/19076/thomasolk)

Ortmann, Friedrich, Dr. sc. pol. habil., Prof. em. für Sozialplanung und Kommunale Sozialpolitik im FB Sozialwesen der Uni Kassel (Planung/Sozialplanung)

Pantucek-Eisenbacher, Peter, Dr. phil., Dipl.-Sozialarbeiter, Soziologe, Supervisor (ÖVS), Prof. an der FHS St. Pölten GmbH, Leiter Department Soziales/Master-Studiengang Soziale Arbeit (Soziale Arbeit in Österreich)

Petersen, Roger, Dr. rer. nat., Dipl.-Biochemiker, ADT Altona Diagnostic Technologies GmbH, Hamburg (Gentechnologie)

Plewig, Hans-Joachim, Dr. jur., Prof. für Strafrecht und Soziale Nachhaltigkeit an der Leuphana Universität Lüneburg/Institut für Ethik und transdisziplinäre Nachhaltigkeitsforschung und Richter am Landgericht Hamburg (Jugendgerichtshilfe/Jugendstrafrecht/Kriminologie)

Prölß, Reiner, Sozialpädagoge (grad.), Dipl.-Pädagoge, Berufsmäßiger Stadtrat für Jugend, Familie und Soziales der Stadt Nürnberg; bis 2006 Vorsitzender der Arbeitsgemeinschaft für Jugendhilfe (AGJ) (Jugendamt/Jugendhilfe und Schule/Kinderhort)

Proksch, Roland, Dr. jur., Brauer und Mälzer, seit 1982/1991 Prof. und bis 2007 Präsident der Ev. HS Nürnberg; Geschäftsführer des Instituts für soziale und kulturelle Arbeit, Nürnberg (Bewährungshilfe/Familiengericht/Gerichtshilfe/Kindesrecht/Mediation/Schuldner- und Insolvenzberatung/Sozialdatenschutz/Straffälligenhilfe/Täter-Opfer-Ausgleich/Unterhaltsrecht)

Puhl, Ria, Dr., Prof. an der Kath. Hochschule Nordrhein-Westfalen, Abteilung Köln/FB Sozialwesen (Öffentlichkeitsarbeit/Soziale Arbeit in Europa)

Rauschenbach, Harald, Jurist, zuletzt Leiter des Referats „Soziale Existenzsicherung" im Hess. Ministerium für Soziales und Integration, Wiesbaden (Schwerbehindertenrecht)

Rauschenbach, Thomas, Dr., Prof. für Sozialpädagogik an der Universität Dortmund/FB Erziehungswissenschaft und Soziologie sowie Direktor des Deutschen Jugendinstituts in München (Ausbildung, Ausbildungen/Bildung/Praktikum/Soziale Berufe)

Reichel-Koß, Ilse (1925–1993), Bauzeichnerin, Sozialarbeiterin, Gründungsmitglied der Berliner FALKEN 1945; Landesjugendpflegerin, 1965–1971 Jugendstadträtin in Berlin-Reinickendorf und von 1971–1981 Senatorin für Familie, Jugend und Sport in Berlin. Danach Abgeordnete im Berliner Parlament und bis zu ihrem Tode vielfältig sozial und sozialpolitisch engagiert, Ilse Reichel-Koß war – sich selbst in der Nachfolge ihres Vorbildes Ella Kay sehend – eine der wichtigen fachpolitischen Vertreterinnen moderner Sozialer Arbeit nach 1945. In ihren Handlungsorientierungen wie Parteiergreifen, Emanzipation, Chancengleichheit, Autonomie, Konfliktfähigkeit bleibt sie Vorbild für alle, die weiterhin Soziale Arbeit für Betroffene leisten wollen. Wer mehr über ihr Leben und Wirken wissen will: Ilse Reichel-Koß, in: Maier, Hugo (Hrsg.): Who ist who in der Sozialen Arbeit, Freiburg i. Br. 1998, 491 f. Sie hat bis zur 3. Auflage an diesem Wörterbuch mitgearbeitet. Neben Wolfgang Bäuerle ist ihr dieses Buch zur Erinnerung gewidmet.

Reimer, Sonja, Dr. jur.; bis 2013 Wiss. Assistentin an der Uni Bremen/FB Rechtswissenschaft, Institut für Gesundheits- und Medizinrecht. Rechtsanwältin in Gießen (Gesundheitsrecht)

Reinicke, Peter, Dr. phil., Bergmann, Dipl.-Sozialarbeiter, Dipl.-Pädagoge, Prof. i. R. der Ev. FH Berlin (Berufsverbände/Sozialdienst im Krankenhaus/Soziale Arbeit im Gesundheitswesen)

Reyer, Jürgen, Dr., em. Prof. der Uni Erfurt/Fakultät für Erziehungswissenschaft (Eugenik/Kinderkrippe)

Richter, Ingo, Dr. jur., Honorarprofessor der Uni Tübingen; lebt und arbeitet in Berlin (Arbeitsförderung/Familienleistungs- und -lastenausgleich/Verfassungsrecht)

Rolff, Hans-Günter, Dr., Prof. em. für Schulpädagogik der Uni Dortmund/Institut für Schulentwicklungsforschung. Consultant Professor der Shangai Normal University (Chancengleichheit)

Roscher, Falk, Dr. jur., Prof. em. der HS für Sozialwesen, Esslingen. Mitglied des FA Sozialrecht der BAG Wohnungslosenhilfe und Mitglied der Akkreditierungskommission bei AQUS (Rechtsverwirklichung)

Rosenbrock, Rolf, Dipl.-Kaufmann, Prof. Dr. rer. pol., habilitiert in Sozialwissenschaften. Zuletzt Leiter der Forschungsgruppe Public Health am Wissenschaftszentrum Berlin für Sozialforschung; seit 2012 ehrenamtlicher Vorsitzender des Paritätischen Wohlfahrtsverbandes – Gesamtverband – in Berlin (Gesundheitspolitik)

Sachße, Christoph, Dr. jur., Prof. em. für Geschichte und Theorie der Sozialen Arbeit der Universität Kassel/FB Sozialwesen; lebt und arbeitet in Frankfurt/M (Sozialpolitik/Subsidiarität)

Schäfer, Klaus, Dipl.-Sozialarbeiter, Dipl.-Pädagoge. Staatssekretär a. D. Honorarprofessor der Uni Bielefeld; lebt und arbeitet in Köln (Jugendverbände/Unbegleitete minderjährige Flüchtlinge)

Schäfer, Stephanie, Ass. jur., Mitarbeiterin beim Bundesamt für Migration und Flüchtlinge, Nürnberg (Ausländer- und Asylrecht)

Schäfer, Wolf, Politologe M. A.; Ltr. des Amtes für Stadtforschung und Statistik der Stadt Nürnberg (Bevölkerungsentwicklung)

Schäfers, Bernhard, Dr., Prof. em. der Universität Karlsruhe/Institut für Soziologie (Sozialstruktur)

Schefold, Dian, Dr. jur. habil., lehrte bis zu seiner Emeritierung am FB Rechtswissenschaft der Universität Bremen; lebt und arbeitet in Bremen (Jugendschutz)

Schefold, Werner, Dr. rer. soz. habil., Prof. em. der Universität der Bundeswehr, München . Lehrt Sozialpolitik und Soziale Arbeit an der Uni Bozen/Fakultät für Bildungswissenschaften (Gesellschaft/Klasse, Schicht, Milieu)

Schild, Hans-Joachim, Dipl.-Sozialpädagoge, viele Jahre Mitarbeiter (Program Officer) des Europarates in Straßburg: Directorate of Democratic Citizenship and Participation; seit 10/2016 Mitarbeiter des Instituts für Berufliche Bildung/Inbas GmbH, Offenbach u. a. O. (Berufliche Bildung)

Schilling, Matthias, Dipl.-Pädagoge, Dr. phil.; wiss. Mitarbeiter im Forschungsverbund DJI/TU Dortmund/Fakultät 12 in der Arbeitsstelle Kinder- und Jugendhilfestatistik (Tageseinrichtungen für Kinder)

Schimke, Hans-Jürgen, Dr. jur.. Prof. em. für Jugendhilfe-, Kindschafts- und Betreuungsrecht der Ev. FHS Rheinland-Westfalen-Lippe in Bochum; Bürgermeister a. D. der Gemeinde Laer (Betreuungsrecht)

Schlüter, Bernd, Dr. jur.; Prof. an der Kath. HS für Sozialwesen in Berlin. Rechtsanwalt in der Kanzlei Bernzen und Sonntag, Berlin. Mitglied im europäischen Wirtschafts- und Sozialausschuss. Ehemaliger Vorstand beim Diakonischen Werke der EKD (Sozialpolitik, Soziale Sicherung, europäische/Wettbewerb, europäischer)

Schober, Karen, Diplom-Soziologin. Bis 2008 Referatsleiterin Berufsorientierung und berufliche Beratung bei der Bundesagentur für Arbeit. Seit 2006 Vorsitzende Nationales Forum Beratung in Bildung, Beruf und Beschäftigung (Beratung für Bildung, Beruf und Beschäftigung/BBB-Beratung)

Schone, Reinhold, Dr., Dipl.-Pädagoge, Prof. für Organisation und Management in der Sozialen Arbeit der FH Münster/FB Soziales (Theorie-Praxis-Transfer)

Schrapper, Christian, Dr. phil., Sozialarbeiter (grad.), Prof. für Pädagogik mit dem Schwerpunkt Sozialpädagogik an der Universität Koblenz-Landau (Allgemeiner Sozialdienst/Diagnostik, sozialpädagogische, Fallverstehen)

Schröer, Wolfgang, Dr., Dipl.-Pädagoge, Prof. an der Stiftung Universität Hildesheim/FB Erziehungs- und Sozialwissenschaften, Institut für Sozial- und Organisationspädagogik (Gerechtigkeit, soziale)

Schutter, Sabina, Dr., Dipl.-Soziologin. 2005–2010 wiss. Referentin im BV allein erziehende Mütter und Väter; anschließend Grundsatzreferentin für Familienpolitik im DJI, München. Seit 9/2016 Prof. an der Hochschule Rosenheim (Allein Erziehende/Familienpolitik)

Seidenstücker, Bernd, Dr.. paed. habil., Dipl.-Pädagoge, 1984–1992 Assistent und Dozent im Wissenschaftsbereich Sozialpädagogik an der Humboldt-Uni zu Berlin; Prof. für Sozialpädagogik i. R. der FH Darmstadt; Privatdozent für Erziehungswissenschaften/Sozialpädagogik an der FU Berlin. Mitglied der Sachverständigenkommission des 14. Kinder- und Jugendhilfeberichtes (Soziale Arbeit in der DDR)

Siebel, Claudius, M. A.; Projektkoordinator bei Jugend für Europa/Service- und Transferstelle EU-Jugendstrategie (Jugendpolitik in der Europäischen Union)

Spiegel v., Hiltrud, Dr., Prof. i. R. der FH Münster (Evaluation/Methodisches Handeln in der Sozialen Arbeit)

Stahmer, Ingrid, Sozialarbeiterin (grad), Bürgermeisterin und Senatorin in Berlin 1989–1999; freiberufliche Beraterin und Coach für Gruppen und Führungskräfte; Honorarprofessorin der Alice-Salomon-HS in Berlin (Teamarbeit)

Steffan, Werner, Dr., Dipl.-Sozialwirt., Prof. für Sozialarbeit/Sozialpädagogik an der FH Potsdam (Intervision/Straßensozialarbeit,Streetwork)

Strasser, Johano, Dr. habil..; Politologe, Publizist, Schriftsteller. Ab 1995 Generalsekretär des PEN-Zentrums Deutschland, von 2002 – 2013 dessen Präsident; lebt und arbeitet in Berg am Starnberger See (Sozialismus, demokratischer)

Stüwe, Gerd, Dr., Dipl.-Soziologe/Sozialarbeiter (grad); Prof. an der FH Frankfurt/M./ FB Soziale Arbeit und Gesundheit (Erlebnispädagogik)

Sünker, Heinz, Dr., M. A., Prof. für Sozialpädagogik an der Bergischen Universität Wuppertal/Fakultät Bildungs- und Sozialwissenschaften (Soziale Arbeit im Nationalsozialismus)

Tennstedt, Florian, Dr., Prof. em. für Sozialpolitik und Sozialrecht der Uni Kassel/FB Sozialwesen (Sozialpolitik)

Thiersch, Hans, Dr. Dres. h. c.; Prof. em. für Erziehungswissenschaft der Universität Tübingen (Theorie der Sozialarbeit/Sozialpädagogik)

Thiesen, Peter, Dipl.-Sozialpädagoge; Dozent (Oberstudienrat) an der FS für Sozialpädagogik in Lübeck; Spieleentwickler und Schriftsteller (Spielen)

Thole, Werner, Dr. phil. habil., Dipl.-Sozialpädagoge und Dipl.-Pädagoge, Prof. für Jugend- und Erwachsenenbildung an der Universität Kassel/FB Humanwissenschaften (Anpassung/Jugend/Kindheit/Weiterbildung/Wertschätzung)

Trauernicht, Gitta, Dr., Soziologin und Erziehungswissenschaftlerin; verschiedene politische Ämter (Senatorin, Ministerin, MdL) in Hamburg und Schleswig-Holstein. Vorstandsmitglied von SOS-Kinderdorf e. V. (Frauen)

Trede, Wolfgang, Dipl.-Pädagoge, langjähriger Geschäftsführer der Internationalen Gesellschaft für erzieherische Hilfen; Leiter des Amtes für Jugend und Bildung des Landkreises Böblingen (Elternarbeit)

Trenk-Hinterberger, Peter, Dr. jur. habil.., Prof. em. der Universität Bamberg (Sozialgesetzbuch/Sozialhilfe)

Treptow, Rainer, Dr. habil., Dipl.-Pädagoge, Prof. für Erziehungswissenschaft/Schwerpunkt Sozialpädagogik/Institut für Erziehungswissenschaft an der Universität Tübingen (Ästhetik//Jugendarbeit, kulturelle)

Ullrich, Otto, Dr., Arbeitsschwerpunkte: Techniksoziologie, Geschichte der Industriekultur; lebte und arbeitete bis zu seinem Tode am 7. Januar 2015 in Berlin; vgl. die Würdigung in den IÖW news vom 15. 1. 2015 – www.ioew.de – (Soziologie)

Ulrich, Daniel F., nach Studium der Architektur, Stadt- und Landschaftsplanung an der GHS Kassel Referendariat und Tätigkeiten für staatliche Bauämter im Hochbau. Seit 2014 Berufsmäßiger Stadtrat (Planungs- und Baureferent) der Stadt Nürnberg. Mitglied im Präsidium des Deutschen Instituts für Normung (DIN) (Stadtentwicklungsplanung)

Vogel, Werner, Prof. Dr. med., zuletzt Chefarzt und ärztlicher Direktor des Ev. Krankenhauses Gesundbrunnen in Hofgeismar (Geriatrie)

Waller, Heiko, M. Sc., Dr. med. und Dr. phil., Prof. em. der Leuphana Universität in Lüneburg (Gesundheitshilfe/Sozialmedizin)

Weidner, Jens, Dr. , Dipl.-Psychologe, Prof. an der HS für Angewandte Wissenschaften Hamburg (Kriminologie und Erziehungswissenschaft), Anti-Aggressivitäts- und Managementtrainer (Anti-Aggressivitäts-Training/Coolness-Training)

Wendt, Wolf Rainer, Dr., Dipl.-Psychologe, Prof. i. R. der Berufsakademie in Stuttgart und Honorarprofessor der Universität Tübingen (Einzelfallhilfe/Sozialökologie)

Wicke, Hans-Georg, Dipl.-Sozialwissenschaftler, Leiter der deutschen Agentur ‚Jugend in Aktion' (Jugendpolitik in der Europäischen Union)

Wiesner, Reinhard, Dr. jur., Dr. h. c., Ministerialrat a. D. im BMFSFJ, Bonn und Honorarprofessor an der FU Berlin. Rechtsanwalt in der Kanzlei BernzenSonntag, Berlin (Elternrecht/Garantenpflicht)

Wilke, Burkhard, Dipl.-Volkswirt, Geschäftsführer und wiss. Leiter des Deutschen Zentralinstituts für soziale Fragen in Berlin (Spenden und Social Sponsoring)

Wohlfahrt, Norbert, Dr., Prof. für Sozialmanagement, Verwaltung und Organisation an der Ev. FH Rheinland-Westfalen-Lippe/FB Sozialarbeit (Verwaltungsmodernisierung)

Wolff, Reinhart, Dr. habil., Prof. i. R. der Alice-Salomon-HS Berlin; Kronberger Kreis für Dialogische QE e. V. (Antiautoritäre Erziehung/Kinderschutz)

Wüstendörfer, Werner, Dipl.-Sozialwirt, Dr., Prof. i. R. der TH Georg Simon Ohm/Fakultät Sozialwesen, Nürnberg (Armut, Sozialstatistiken, Anhang III Materialien sowie Anhang IV Soziale Arbeit im Internet)

Wulf, Christoph, Dr. phil habil., Prof. an der FU Berlin/FB Erziehungs- und Psychologie, Arbeitsbereich Anthropologie (Anthropologie)

Zacharias, Wolfgang, Prof. Dr. phil., Kunst-, Medien- und Kulturpädagoge i. R. des Kulturreferats der Stadt München; Pädagogische Aktion/Spielkultur e. V. (Medien (Medienkompetenz, Medienpädagogik, Multimediabildung))

Sachregister

A

Abenteuerspielplatz 974
Abschiebung 150
Abschiebungsverbot 143
Abweichendes Verhalten 43
Achtsamkeit 1086
Administrative Kompetenz 454
Adoption 46
Adoptionspflege 49
Adoptionsvermittlung 49
AIDS 50
Aktenführung 57
Aktivierender Sozialstaat 955
Aktivspielplätze 974
Alkoholabhängigkeit 59
Alkoholismus 58
Alkoholismus, Ursachen 61
Alkoholkranke, Typisierung 59
Allein Erziehende 62
Allgemeiner Sozialdienst 66
Altenarbeit 72
Altenhilfe 72, 82
Altenpflege 707
Altenpfleger/innen 137
Altenpolitik 78
Alter 85
Alternativbewegungen 803
Altersarmut 127
Altersmedizin 390
Altersstufen des Jugendgerichtsgesetzes 553
Altruismus 89
Ambulante und teilstationäre Hilfen 477
Amtspflichtverletzung 450
Amtsvormundschaft 1079
Anamnese 89
Andere Aufgaben der Jugendhilfe 580
Anerkennung 1085
Angst 91
Animationstheater 598
Anlässe der Heimerziehung 463
Annahme als Kind 46
Anonyme Geburt 793
Anpassung 92
Anthropologie 93
Anthroposophie 95
Anti-Aggressivitäts-Training 98
Antiautoritäre Erziehung 101
Antipädagogik 102, 281
Anwalt des Kindes 1052
Anwerbeabkommen 665
Äquivalenzprinzip 883
Arbeit 103
Arbeitsförderung (SGB II und SGB III) **109**
Arbeitsgemeinschaften 112
Arbeitsgerichtsbarkeit 395
Arbeitshilfen für methodisches Handeln 660
Arbeitslosengeld 111, 113
Arbeitslosengeld II 111, 440
Arbeitslosenversicherung 113
Arbeitslosigkeit 113
Arbeitslosigkeit in sozialen Berufen 874
Arbeitsmarkt 113
Arbeitsmarktpolitik 113
Arbeitsmarktreform 813
Arbeitsmigration 143, 667
Arbeitsrechtliche Konsequenzen bei Verletzung der Dienstpflicht 451
Arbeitsschutz 118
Arbeitsschwerpunkte der Mediation 642
Armenpflege 401, 811
Armut 122
Armut, Definitionen 122
Armutsberichterstattung 125
Armutsprävention 128
Arzneimittelrecht 424
Aspektdisziplin der Pädagogik 807
Assimilation 668
Ästhetik 130
Asylkompromiss 142
Asylsuchende 664
Asylverfahrensbeschleunigungsgesetz 144, 167
Aufklärung 131
Aufsichtspflicht 449, 1076
Aufsichtspflichtverletzung 448
Aufstiegsbafög 141
Aufsuchende Jugendsozialarbeit 549, 1002
Aufwachsen in öffentlicher Verantwortung 581, 877
Ausbildung/Ausbildungen 134
Ausbildungsförderung 140
Ausgleichsabgabe 796
Ausgrenzungs- und Verarmungsprozesse 1103
Auskunftsverweigerungsrecht 1110
Ausländerbeschäftigung 152
Ausländerinnen/Ausländer 151
Ausländer- und Asylrecht 142
Auslandsfreiwilligendienste 358
Ausreißer 159
Aussage- und Zeugnisverweigerungsrecht 826

Aussiedlerinnen/Aussiedler 160
Aussonderung (Weimarer Republik und NS-Staat) 67
Autopoiesis 1020
Autopoietische Systeme 618

B

Babyklappe 793
Bachelor-Studiengänge 138
Baugesetzbuch 162
Bauleitplanung 163
Bauliche Mindestanforderungen in Heimen 469
BBB-Beratung 180
Bedarfsdeckungsgrundsatz 444, 891
Bedingungsloses Grundeinkommen 956
Begrenzung der Datenweitergabe 824
Behaviorismus 755
Behindertenhilfe 167
Behinderungen 167
Beihilferecht, europäisches 1090
Beistandschaft 175
Benachteiligtenprogramm 189
Beratung 177
Beratung für Bildung, Beruf und Beschäftigung 180
Berufliche Bildung 187
Berufsausbildung 187
Berufsberatung 180
Berufsbildungsgesetz 187
Berufsbildungspolitik 190
Berufsethos 291
Berufsverbände 192
Berufsverbände für Mediation 641
Berufsvormundschaft 1078
Beschwerdeverfahren in der Kinder- und Jugendhilfe 198
Betreuungsgeld 1058
Betreuungsrecht 193
Betreuungsunterhalt 1048
Betriebliche Sozialarbeit 196
Betriebliches Rechnungswesen 1069
Betriebserlaubnis 198
Betriebsrat 200
Betriebsverfassungsgesetz 200
Bevölkerungsentwicklung 203
Bevölkerungsentwicklung in Deutschland bis 2060 205
Bevölkerungsexplosion 207
Bevölkerungsimplosion 207
Bevölkerungswissenschaft 203
Bewährung im Jugendstrafrecht 554
Bewährungshilfe 207
Bewusstseinsindustrie 603
Bewusstseinspsychologie 755
Bildung 211
Bildungsabschlüsse, berufsqualifizierende 137
Bildungsarmut 129
Bildungsberatung 180, 189
Bildungsfunktion der Kinder- und Jugendhilfe 584
Bildungsgutscheine 442
Bildungsmarkt 189
Bildungspolitische Debatte 533
Bildungs- und Teilhabepaket 127, 442, 813, 893
Bildungsurlaub 215
Bindung 901
Binnenmarkt, europäischer 1086
Binnenmodernisierung 1068
Biographieforschung 90
Biologische Psychologie 756
Biomedizinrecht 424
Biotechnologie 386
Bleiberecht 145
Bologna-Prozess 138
Bossing 672
Breiten- oder Wettkampfsport 979
Bricolage, biographische 501
Budgetfinanzierung 339
Budgetierung 1068
Bullying 672
Bundesausbildungsförderungsgesetz 141
Bundesfreiwilligendienst 356, 873
Bundesjugendkuratorium 217
Bundeskindergeldgesetz 565
Bundeskinderschutzgesetz 434, 578
Bundesprüfstelle für jugendgefährdende Medien 543
Bundessozialhilfegesetz 812, 889
Bundesteilhabegesetz 795
Bundesvertriebenengesetz 160
Bündnisse für Familie 324
Bürgerbeteiligung 163
Bürgerfreundlichkeit 508
Bürgergeld 956
Bürgergesellschaft 410, 1007
Bürgerschaftliches Engagement 218
Bürgerversicherung 885
Burnout 107
Bürokratie 1065

C

Capability Approach 270, 390
Case Management 249
Casework 248
Chancengerechtigkeit 223
Chancengleichheit 222
Charta der Grundrechte der EU 940
Coaching 1015
Codierung, auch sozialer Systeme 1020
community development 377
community organization 377
Coolness-Training 98
Coping 685

Coping-Strategien 625
Corporate Voluntarism 968
Crowdfunding 968
Cybermobbing 647

D

Darwinismus 822
Daseinsvorsorge 1089
Deliktsfähigkeit 1076
Demenz 75, 88
Demographie 203, 206
Demographische Entwicklung 204
Demographischer Wandel 78
Demographisches Szenario für Deutschland 204
Desoxyribonukleinsäure (DNA) 384
Deutsche Gesellschaft für internationale Zusammenarbeit 273
Deutscher Berufsverband für Soziale Arbeit 193
Deutscher Gewerkschaftsbund 437
Deutscher Landkreistag 614
Deutscher Olympischer Sportbund 979
Deutscher Städtetag 614
Deutscher Städte- und Gemeindebund 614
Deutsches Institut für Urbanistik 614
Deutsche Vereinigung für Soziale Arbeit im Gesundheitswesen 829
Devianz 43
Devianzpädagogik 621
Dezentrale Fach- und Ressourcenverantwortung 1068
Dezentralisierungspolitik 1072
Diagnosen in der Sozialen Arbeit 226
Diagnostik, sozialpädagogische 226
Didaktik 233
Dienstleistung 471
Dienstleistungsbegriff 1089
Dienstleistungsorientierung 508
Dienstleistungsunternehmen 1098
Dienstrecht 234
Digitale Arbeitswelt 440
Disziplin 737
Diversion 523, 553, 866
Doping im Sport 979
Doppeltes Mandat 653, 658
Doppeltes Mandat – Hilfe und Kontrolle 653
Doppik 564
Dritter Sektor 1094
Drogenabhängigkeit 236
Drogen, Klassifikation 236
Drogen und Soziale Arbeit 241
drug dependency 1009
Duales System 187
Dublin-III-Verordnung 144
Düsseldorfer Tabelle 63, 1049

E

Ehe 303
Ehegatten-/Lebenspartnerschaftsunterhalt 1047
Ehemündigkeit 1076
Eherecht 327
Ehrenamt 218
Einbürgerung 150
Ein-Eltern-Familie 62
Eingliederung in Arbeit 444
Eingliederungshilfe 170
Eingliederungshilfe für seelisch behinderte Kinder und Jugendliche 476
Eingliederungsvereinbarung 445
Eingriffe in das Elternrecht 257
Einheit der Jugendhilfe 406
Einheitsgewerkschaft 437
Einigungsvertrag 243
Einkommensarmut 127
Einmischungsstrategie 244
Einwanderung 151, 664
Einzelfallhilfe 247
Einzelvormundschaft 1079
Elberfelder System 67, 401
Elternarbeit 250
Elternbildung 321
Elterngeld 253
ElterngeldPlus 253
Elterninitiativen 330
Elternrecht 255
Elternzeit 253, 680
Emanzipation 258
Emanzipatorische Sexualerziehung 805
Embryopathische Indikation 385
Empirische Sozialforschung 261
Empirismus 132
Empowerment 268
Entfremdung 105
Entlassenenhilfe 996
Entmündigung 194
Entwicklungshilfe 271
Entwicklungspsychologie 756
Epidemiologie 918
Ergänzungspfleger 1078
Ergebnisqualität 764
Erhaltungssatzung 165
Erlaubnisvorbehalt von Einrichtungen der Kinder- und Jugendhilfe 198
Erlebnispädagogik 274
Ermittlung von Regelbedarfen 441
Ernährungswissenschaft 693
Erwachsenenbildung 277
Erwachsenenschutz 327
Erwerbsarbeit 103
Erwerbsfähigkeit 443
Erwerbstätigkeit 114

Erzieher/innen 137
Erzieher-Kind-Verhältnis 101
Erziehung 278
Erziehungsbeistand 478
Erziehungsberatung 282
Erziehungsberatung, fachliche Entwicklungen 283
Erziehungsgedanke im Jugendgerichtsgesetz 524, 552
Erziehungsgesetz 587
Erziehungsnotstand 401
Erziehungsstile 99
Erziehungsstrafvollzug 556
Erziehungswissenschaft 286
Erziehungswissenschaft, Leitwissenschaft für Sozialpädagogik 830
Erziehungswissenschaftler/innen 138
Etatozentrismus 1097
Ethik 291
Ethnologie 293
Etikettierung 994
Eugenik 295
EU-Jugendstrategie 540
Evaluation 298
Evolution 822
Existenzminimum 150
Exklusion 487

F

Fachkräfte 872
Fachleistungsstunde 340, 852
Fallbearbeitung in der Supervision 1017
Fallbesprechung 497
Fallverstehen 226
Familie 302
Familienberatung 305
Familienbildung 307, 321
Familiengericht 310
Familiengerichtsverfahren 312
Familienleistungs- und -lastenausgleich 316
Familiennachzug 148, 666
Familienpolitik 318
Familienrecht 324
Familienselbsthilfe 329
Familiensoziologie 319
Familientherapie 305
Familienverfahrensgesetz 310
Fan-Clubs 333
Fan-Projekte 336
Finanzausgleich zwischen Bund und Ländern 345
Finanzausgleich zwischen Ländern und Kommunen 345
Finanzgerichtsbarkeit 395
Finanzierung des Gesundheitswesens 418
Finanzierung freier Träger der Sozialen Arbeit 337
Finanzierungsquellen 339
Finanzwesen, öffentliches 343
Flächennutzungsplan 163
Flexibilisierung der Hilfe zur Erziehung 475
Flüchtlinge 142, 664
Flüchtlingshilfe 815
Flüchtlingskrise 907
Föderalismusreform I und II 505, 1058
Folgen von Trennung und Scheidung für Kinder 783
Fördern und Fordern 443
Förderschulen 458
Formale Bildung 213
Formen der Fremdunterbringung 363
Forschung 346
Fortbildung 187, 1081
Frauen 348
Frauenbeauftragte 351
Frauenbewegung 350, 402
Frauenförderpolitik 380
Frauenhandel 743
Frauenhäuser 353
Frauenmisshandlung 432
Frauenpolitik 350, 380
Freie Träger 1042
Freitod 1012
Freiwillige Gerichtsbarkeit 311
Freiwilligendienste 356
Freiwillige Selbstkontrolle 544
Freiwilliges Ökologisches Jahr 356
Freiwilliges Soziales Jahr 356
Freiwilliges Soziales Trainingsjahr 357
Freizeit 359
Freizeit- oder Jedermannsport 979
Freizeitpädagogik 359
Freizügigkeit 146
Fremdenfeindlichkeit 153
Fremdevaluation 298
Fremdunterbringung 363
Fremdunterbringung in Zahlen 365
Friedenserziehung 366
Friedenspädagogik 366
Frühe Hilfen 258, 284, 578
Früherziehung 458
Frühförderung 170, 457
Frühkindliche Entwicklung, Erziehung und Bildung 369
Führungsaufsicht 396
Fundraising 966, 967
Fürsorge 812
Fürsorgeerziehung 404
Fürsorgemodell 880
Fürsorge, soziale 930
Fürsorgliche Belagerung 269

G

Ganztagesschule 567
Garantenpflicht 372

Garantenstellung, strafrechtliche 450
Gebühren 344
Geburtenrückgang 304
Gefährdung 373
Geheimhaltungsgarantien 824
Geheimnis 794
Gemeindepädagogik 777
Gemeinnützigkeit 1092
Gemeinnützigkeit, steuerliche 375
Gemeinschaftscharta der sozialen Grundrechte von Arbeitnehmern 939
Gemeinwesenarbeit 377
Gender Mainstreaming 379
Generation(en) 382
Generationenvertrag 817
Genossenschaften 1100
Gentechnologie 384
Gentrifizierung 1101
Gerechtigkeit, soziale 388
Geriatrie 390
Gerichtsbarkeit 393
Gerichtshilfe 396
Geringfügige Beschäftigung 114
Gerontologie 86, 398
Gerontopsychiatrie 400
Gesamtverantwortung 505
Geschäftsfähigkeit 1076
Geschichte der Sozialarbeit/Sozialpädagogik 401
Geschichte der Sozialen Arbeit in Österreich 867
Geschlechterdifferenz 633
Geschlechtergerechtigkeit 351
Geschlechtsspezifische Sozialisation 903
Gesellschaft 407
Gesellschaftstheorien 408
Gesetzmäßigkeit der Verwaltung 1064
Gesetz über die Vereinheitlichung des Gesundheitswesens 412
Gestaltpsychologie 755
Gestalttherapie 760
Gesundheit 415
Gesundheitsamt 411
Gesundheitserziehung 418
Gesundheitsförderung 619
Gesundheitsfürsorge 413
Gesundheitshilfe 414
Gesundheitspflege 413
Gesundheitspolitik 417
Gesundheitsrecht 421
Gesundheitsreform 425
Gesundheitsselbsthilfegruppen 921
Gesundheitsversorgung 921
Gesundheitswesen 414
Gesundheitswissenschaften 416
Gewährleistungsverpflichtung durch öffentliche Jugendhilfeträger 589
Gewalt 426
Gewaltdefinitionen 426
Gewalt in Familien 430
Gewaltprävention 429
Gewaltschutzgesetz 355, 433
Gewerkschaften 435
Gleichgeschlechtliche Partnerschaften 326
Gleichstellungspolitik 380
Gleichstellung von ehelichen und nichtehelichen Kindern 326
Gleichstellung von Frauen und Männern 325, 379
GmbH 694
Großelterninitiativen 330
Großfamilie 304
Großpflegestellen 712
Grundgesetz 1057
Grundrechte 1057
Grundrechte der Sozialen Arbeit 1060
Grundsicherung für Arbeitsuchende 440
Grundsicherung im Alter und bei Erwerbsminderung 814, 894
Grundverpflichtungen der Kinder- und Jugendhilfe 583
Gruppenarbeit, soziale 447

H

Haftentscheidungs- und Haftvermeidungshilfe 397
Haftung 448
Haftungsrisiko 450
Haltungen 454
Handeln „nach den Regeln der Kunst“ 235
Handlungsfähigkeit 684
Handlungskompetenz 452
Hartz-Gesetze 441
Haushalt, öffentlicher 563
Heilberufsrecht 423
Heilpädagogik 97, 168
Heil- und Sonderpädagogik 455
Heimbegriff 466
Heimerziehung 462
Heimrecht 466
Helfersyndrom 577
Hilfe 470
Hilfebedürftigkeit 443
Hilfe für junge Volljährige 477
Hilfe in besonderen Lebenslagen 894
Hilfe(n) zur Erziehung 474
Hilfeplanung 476
Hilfe zum Lebensunterhalt 893
Hilfe zur Selbsthilfe 268, 802
Hippokratischer Eid in der Sozialen Arbeit 454
HIV 50
Hochaltrigkeit 88
Hooligans 334
Hort. *Siehe* Kinderhort

Hospizbewegung 992
Humangenetische Tests 386
Human Immunodeficiency Virus 50
Humanistische Psychologie 755
Humanistische Therapien 759
Humanökologie 923
Hurenbewegung 744

I

ICD-10 – Internationale Klassifikation der Krankheiten und verwandten Gesundheitsprobleme 748
Identitätsansatz 820
Individualisierung 501
Individualität 482
Individuum 481
Indizierung 543
Industriekapitalismus 1034
Infektionsrisiken und Schutz (HIV) 51
Infektionsschutzrecht 424
Informationelle Selbstbestimmung 824
Informationsgesellschaft 484
Informationstechnologie, Nutzung in der Sozialen Arbeit 897
Informelle Bildung 213
Informelles Lernen 188
Inklusion 486, 489
Inklusive Lösung im SGB VIII (in Planung) 591
Inobhutnahme 364, 480, 1046
Insolvenzberatung 784
Integrationsfachdienste 797
Integrationsfirmen 171, 797
Integrationskurse 155
Integration, soziale 489
Intensive sozialpädagogische Einzelbetreuung 478
Interaktion, soziale 490
Interkulturelle Kompetenz 157
Interkulturelle Öffnung 157
Intermediärer Sektor 1094
Internationales Familienrecht 328
Internationalität und Soziale Arbeit 494
Intervision 496

J

Jugend 499
Jugendamt 505
Jugendamt, besondere Stellung im familiengerichtlichen Verfahren 312
Jugendarbeit 512
Jugendarbeit auf dem Land. *Siehe* Stadt-Land-Verhältnis
Jugendarbeit, kulturelle 517
Jugendarbeitslosigkeit 116
Jugendarbeitsschutz 519
Jugendarmut 127
Jugendarrest 555
Jugendberichte 582
Jugendberufshilfe 405, 547
Jugendbewegung 402
Jugendgenerationen 382
Jugendgerichtsgesetz 521, 552
Jugendgerichtshilfe 521
Jugendhilfe 594
Jugendhilfeausschuss 525
Jugendhilfeplanung 527
Jugendhilferechtsreform 586
Jugendhilfe und Schule 531
Jugendmedienschutz 545
Jugendmigrationsdienste 548
Jugendphase 499
Jugendpolitik 244
Jugendpolitik in der Europäischen Union 539
Jugendschutz 542
Jugendsozialarbeit 546
Jugendsoziologie 549
Jugendstrafe 554
Jugendstrafrecht 552
Jugendstrafvollzug 555
Jugendverbände 557
Jugendverbände als Anwalt 558
Jugendwohnen 548
Junge Menschen im SGB VIII und Strafrecht 1077
Jungen 560
Juristische Personen 695

K

Kameralistik 563
Kameralistische Buchführung 564
Kant'sche Definition der Aufklärung 132
Kausalprinzip 882
Kinderarbeit 575
Kinderarmut 127
Kinderförderungsgesetz 574
Kinderfreundlichkeitsprüfung 1062
Kindergarten 1022
Kindergeld 565
Kinderhandel 47
Kinderhort 566
Kinderkrippen 571
Kinderpflegerinnen 137
Kinderpolitik 594
Kinderprostitution 743
Kinderrechte im Grundgesetz 600
Kinderschutz 575
Kindertagespflege 712
Kindertagesstätten 1022
Kinder- und Jugenderholung 515
Kinder- und Jugendhilfe 580
Kinder- und Jugendhilfegesetz 586
Kinder- und Jugendhilfeplanung. *Siehe* Jugendhilfeplanung

Kinder- und Jugendhilfe und Elternrecht 257
Kinder- und Jugendplan des Bundes 592
Kinder- und Jugendpolitik 594
Kinder- und Jugendtheater 598
Kinderzuschlag 441
Kindesgrundrechte 255
Kindesherausgabe 783
Kindesmisshandlung 433
Kindesrecht 600
Kindesvernachlässigung 374
Kindeswohlgefährdung 374
Kindheit 601
Kindheitsforschung 604
Kindheit, Sozialgeschichte 602
Kindheitspädagogen/innen 138
Kindschaftsrechtsreform 256
Kindschaftsverhältnis 1077
Kirchenpädagogik 777
Kirchen und Religionsgemeinschaften des öffentlichen Rechts 606
Klasse 608
Klassengesellschaft 608
Klassifikation der Drogen 236
Klient 612
Klientifizierung 292
Klimakatastrophe 907
Klimawandel 924
Klinische Sozialarbeit 415
Koedukation 280
Kognitive Psychologie 755
Kognitives Lernen 886
Koinstruktion 280
Kollegiale Praxisberatung 497
Kommunale Aufgabenwahrnehmung 590
Kommunale Gemeinschaftsstelle für Verwaltungsmanagement 614
Kommunales Optionsgesetz 445
Kommunale Spitzenverbände 613
Kommunikationsgesellschaft 484
Kommunitarismus 810
Kompensatorische Erziehung 280
Kompetenz, administrative 454
Kompetenz, kommunikative 453
Komplementarität 612
Komplexitätsreduktion 1020
Komplexitätssteigerung 1020
Konfliktmanagement 615
Konfliktregelungsverfahren 641
Konflikt, sozialer 614
Konfrontative Pädagogik 98
Können 453
Kontopfändungsschutz (P-Konto) 789
Kontraktmanagement 1068
Konzepte, Methoden, Verfahren der SozArb 831
Kooperative Gruppenberatung 497
Koproduktion 652, 658
Körper 615
Korporatismus 1042
Korruption im Sport 979
Krankenhausrecht 423
Krankenversicherung 419
Krankheit 417, 1009
Kränkung 620
Krebskrankheiten 834
Kriminalprävention 728
Kriminologie 621
Krise 623
Krisenbewältigung in der Praxis Sozialer Arbeit 626
Krisenintervention 623
Krisenpädagogik 626
Kritische Psychologie 756
Kritischer Kinderschutz 578
Kulturanthropologie 293
Kulturarbeit, soziale 627
Kulturelle Bildung 645
Kultur für alle 628
Kulturpädagogik 628
Kultur und Kunst 627
Kunde 612
Kundenorientierung 508
Kunst 630

L

Labeling approach 44
Langzeitarbeitslose 114
Leben mit Leib und Seele 617
Lebensbewältigung 685
Lebensgemeinschaften 327
Lebenslagen, soziale 609, 1037
Lebenslanges Lernen 188, 278
Lebenspartnerschaften, eingetragene 326, 866
Lebenspartnerschaftsrecht 328
Lebensweltansatz von SINUS 610
Lebenswelten, soziale 610
Lebensweltorientierung 475
Lebenswelt und Gesellschaft 409
Lebenswissenschaften, neue 296
Leihmutterschaft 47
Leistungen der Jugendhilfe 580
Leistungsansprüche im SGB VIII 589
Leistungsentgelte 340
Leitung in Sozialen Organisationen 916
Lernpsychologie 886

M

Mädchen 633
Managementbegriff 912
Management, Steuerungsbereiche 915
Männer 635
Männlichkeit 635, 637

Marktorientierung 597
Marktwirtschaftliche Ordnungen 639
Marktwirtschaft, soziale 638
Marxistisches Erbe 905
Masterstudiengänge 138
Mäzenatentum 967
Mediation 641
Medien 645
Medienbildung 645
Medienkompetenz 645
Medienpädagogik 645
Medizinischer Dienst 718
Meister-BaföG 141
Menschenrechte 389
Menschheitsanthropologie 294
Methodenprobleme der Erziehungswissenschaft 287
Methoden Sozialer Arbeit 651
Methodik 233
Methodisches Handeln in der Sozialen Arbeit 657
Mietrecht 662
Migration 126, 151, 867
Migrationssozialarbeit 154
Migrationssozialdienste 155
Migration und Integration 664
Milieu 608
Mindestlohn 439
Mindestlohngesetz 439
Mindestunterhalt 1049
Minijob 114
Mitbestimmung 201
Mitleid 670
Mitwirkung 201
Mitwirkung im familiengerichtlichen Verfahren nach § 50 SGB VIII 312
Mobbing 671
Mobile Jugendarbeit 1002, 1003
Modelle der Interessenvertretung für Kinder- und Jugendliche im kommunalen Raum 703
Modellprojekte 1040
Modernisierungslücken der Verwaltung 1068
Modernisierungsversuche in den Parteien 700
Montessori-Pädagogik 674
Multimedia 645
Multimediabildung 648
Multimorbidität 391
Mündel 195
Musik 676
Musikalische Jugendkulturen 676
Musikpädagogik 676
Musiktherapie 676
Muslimische Gemeinschaften 607
Mütterlichkeit 402
Mutterschaftsgeld 679
Mutterschutz 678
Mütterzentren 330

N

Nachhaltigkeit 924
Nachtwächterstaat 401
Narzissmus 620
Nasciturus 1076
Nationaler Integrationsplan 156
Nationales Zentrum Frühe Hilfen 578
Nationalsozialistische Volkswohlfahrt 839
Neokorporatismus 1098
Netzwerke, soziale 680
Netzwerkgesellschaft 484
Neue Armut 124
Neue Medien 646
Neues Steuerungsmodell 1065, 1067
Neue Subsidiarität 1007
Nichteheliche Lebensgemeinschaften 304, 320, 327, 866
Nichtregierungsorganisationen 868
Non-formale Bildung 213
Nonprofit-Sektor 1094
Normalarbeitsverhältnis 107
Normalisierung 1021
Normalisierungshandeln 685
Normalität 683
Nothilfefunktion 578
Nürnberger Schule 685

O

Obdachlosenhilfe 686
Obdachlosigkeit 1103
Offenbarung 794
Offenbarung eines Geheimnisses 794
Offensive Jugendhilfe 582
Öffentliche Träger 1042
Öffentlichkeitsarbeit 690
Öffentlich-rechtlicher Vertrag 1066
Ökologie 923
Ökonomisierung der Sozialen Arbeit 1044
Ökonomisierung von Staat und Gesellschaft 1067
Ökosozialer Ansatz 923
Ökotrophologie 693
Ombudsstellen 1063
Online-Beratung 284, 649, 793
Online-Communities 645
Online-Fundraising 967
Online-Sucht 647
Operative Schließung 1020
Opstapje 321
Ordentliche Gerichtsbarkeit 393
Organisationsentwicklung 1018, 1031
Organisationsrecht 694
Originalstoff-Vergabe 242
Outputsteuerung 1069

P

Pädagogische Fachkräfte 1028
Palliativmedizin 992
Parteien 696
Partizipation 700
Patchwork-Familien 302
Personalausstattung in Heimen 469
Personalrat 200, 704
Personalvertretungsgesetz 704
Personensorge 194
Persönliche Assistenz 171
Persönliches Budget 171, 775
Pflege 707
Pflegebedüftigkeitsbegriff, Neufassung 718
Pflegebedürftigkeit 74, 708, 718
Pflegeeinrichtungen 719
Pflege, häusliche 719
Pflegekinderwesen 712
Pflegestärkungsgesetz I, II, III 717
Pflegestützpunkte 709
Pflegeversicherung 73
Pflegeversicherung, soziale 717
Pflegewissenschaft 710
Pflegezeitgesetz 720
Pflegschaft 1078
PISA-Studien 886
Planung 720
Planungspraxis 723
Pluralisierung 501, 669
Politische Bildung 723
Politisches System in Österreich 865
Polizei und Soziale Arbeit 728
Präimplantationsdiagnostik (PID) 385, 791
Praktikum 731
Prävention 733
Prävention bei AIDS/HI-Virus 53
Prävention in ‚Lebenswelten' 418
Präventionsdilemma 418
Praxis des Almosengebens 1034
Praxisforschung 1041
Prekariat 1038
Prinzip der Aktenmäßigkeit 57
Prinzip Verantwortung 133
Probleme moderner Gesellschaft 409
Produkte 1069
Profession 737, 1021
Professionalisierung 737
Professionalisierungstheorien 738
Prostitution 740
Prostitutionsschutzgesetz 743
Prozessqualität 764
Psychiatrie 746
Psychiatrie, Entwicklungen seit 1945 850
Psychiatriereform 747
Psychische und Verhaltensstörungen nach JCD-10-9M (Kap. V) 748
Psychoanalyse 755
Psychoanalytische Therapien 759
Psychodrama 760
Psychogruppen 798
Psychologie 752
Psychotherapeutische Verfahren 759
Psychotherapie 177, 757, 758
Public Health 416

Q

Quadragesimo anno 1005
Qualifikationsprofile von Mediation 641
Qualität 763
Qualitätsanforderungen an die Arbeit eines ASD 70
Qualitätsdebatte in der Sozialen Arbeit 762
Qualitätsentwicklung 762
Qualitätsmanagement 764, 1069
Qualitätssicherung 764
Quartiere mit besonderem Entwicklungsbedarf 767
Quartiersmanagement 767
Querschnittspolitik 595

R

Rangordnung der Rechtsquellen 771
Rassenhygiene 295
Rationalismus 132
Räumungsklage 663
Rechtsberatung 773
Rechtsdienstleistungsgesetz 773
Rechtsquellen 770
Rechtsverwirklichung 772
Reform des Jugendhilferechts 582
Reformpädagogik 403
Regenbogenfamilien 302
Rehabilitation 774
Reinkarnation 96
Reintegration 149
Religionsmündigkeit 1076
Religionspädagogik 776
Remonstration 235
Resilienz 270
Resozialisierung als Ziel 1000
Ressortpolitik 595
Ressourcenaktivierung 248
Restschuldenbefreiung 786
Risikogesellschaft 410, 625
Rolle, männliche 636
Rolle, soziale 778
Rückkehrpolitik 148
Russlanddeutsche 162

S

Salutogenese 270, 415, 835
Sanktion 779
Scheidung 780
Scheidungsfolgen 780
Scheidungsverfahren 781
Schicht 608
Schichtmodelle 608
Schulbezogene Jugendhilfe 535
Schuldenbremse 1058
Schuldner- und Insolvenzberatung 784
Schule in Deutschland 531
Schulsozialarbeit 534
Schul- und Schullaufbahnberatung 181
Schulverweigerung 537
Schutzauftrag bei Kindeswohlgefährdung 578
Schwangerenberatung 791
Schwangerschaft 678
Schwangerschaftsabbruch 792
Schwangerschaftskonfliktgesetz 792
Schwangerschaftsuntersuchungen 385
Schweigepflicht 794
Schwerbehindertenrecht 795
Segregation 489
Sekten und Psychogruppen 798
Selbstbestimmungsrecht, kirchliches 608
Selbstbildung 370
Selbstevaluation 298, 300
Selbsthilfe 218, 329, 744
Selbsthilfe/Selbstorganisation 802
Selbstmord 1012
Selbstorganisation 218, 329
Selbstreflexion 293
Selbsttötung 1012
Selektionspolitik im NS-Staat 838
Sexualandragogik 806
Sexualerziehung 805
Sexualität 805
Sexualpädagogik 805
Sexuelle Bildung 807
Sexueller Missbrauch 434
Sinus-Milieus 610
Skatemobil 974
Social Media 899
Social Sponsoring 966
Social-Sponsoring 343
Solidarausgleich 882
Solidarität 808
Sorgerechtsregelung 781
Sozialamt 811
Sozialanthropologie 293
Sozialarbeiter/innen 138
Sozialarbeit/Sozialpädagogik 815
Sozialarbeitswissenschaft 819
Sozialberichterstattung 926, 958
Sozialbudget 881
Sozialdarwinismus 822
Sozialdatenschutz 824
Sozialdatenschutz durch private Träger 827
Sozialdienst im Krankenhaus 828
Soziale Arbeit 830
Soziale Arbeit als Menschenrechtsprofession 856
Soziale Arbeit als Oberbegriff sozialpädagogischen und sozialarbeiterischen Handelns 830
Soziale Arbeit auf dem Land. *Siehe* Stadt-Land-Verhältnis
Soziale Arbeit im Gesundheitswesen 833
Soziale Arbeit im Nationalsozialismus 837
Soziale Arbeit im öffentlichen Gesundheitsdienst 411
Soziale Arbeit in der DDR 841
Soziale Arbeit in der Psychiatrie 850
Soziale Arbeit in der Schweiz 854
Soziale Arbeit in Europa 862
Soziale Arbeit in Österreich 865
Soziale Arbeit mit Alkoholkranken 60
Soziale Arbeit und Sucht 1011
Soziale Berufe 871
Soziale Bewegungen 868
Soziale Brennpunkte 688
Soziale Gruppenarbeit 477
Soziale Hilfe im Strafvollzug 995
Soziale Kontrolle 471
Soziale Netzwerke 647
Soziale Sicherung 878
Soziale Sicherung in der Schweiz 854
Soziales Lernen 886
Soziale Stadt 246, 770, 985, 986, 987
Sozialethik, evangelische 908
Sozialfonds, europäischer 938
Sozialforschung 348
Sozialgeheimnis 824
Sozialgerichtsbarkeit 395
Sozialgesetzbuch 887
Sozialgesetzbuch VIII – Kinder- und Jugendhilfe 586
Sozialhilfe 889
Sozialhygiene 412
Sozialinformatik 896
Sozialisation 900
Sozialismus, demokratischer 904
Sozialität 483
Soziallehre, christliche 908
Soziallehre, katholische 908, 1004
Sozialleistungscharakter des SGB VIII 587
Sozialmanagement 911
Sozialmedizin 918
Sozialökologie 923
Sozialpädagogen/innen 138
Sozialpädagogik 816

Sozialpädagogische Dienstleistung 474
Sozialpädagogische Familienhilfe 306, 478
Sozialpädagogische Vollzeitpflege 712
Sozialpartnerschaft 865
Sozialplan 166, 987
Sozialplanung 925
Sozialpolitik 928
Sozialpolitik/Soziale Sicherung, europäische 935
Sozialpolitisches System in Österreich 865
Sozialpsychologie 756
Sozialraum 943
Sozialraumorientierung 944
Sozialrecht und Gesundheit 423
Sozialstaat 948
Sozialstatistiken 957
Sozialstruktur 960
Sozialtherapie 919
Sozialversicherung 881, 930, 949
Sozialverträglichkeit 1063
Sozialverwaltung 811
Sozialwirtschaft 962
Soziokultur 627
Soziologie 964
Soziotherapie 414
Spätaussiedler 160
Spenden 966
Spielen 969
Spielhöfe 977
Spielmobile 974
Spielplätze 973
Spielsucht 647, 972
Spitzen- oder Hochleistungssport 979
Spitzenverbände der freien Wohlfahrtspflege 1094
Sponsoring 967
Sport 978
Sport und Soziale Arbeit 980
Sportvereine und Kinder- und Jugendarbeit 981
Städtebauförderungsgesetz 986
Städtebaurecht 163
Stadtentwicklungsplanung 983
Stadtentwicklungspolitik 767
Stadterneuerung 986
Stadt-Land-Verhältnis 989
Stadt- und Humanökologie 923
Stalking 672
Stammzellen, embryonale 387
Standards der Kinder- und Jugendhilfe 582
Statistik 266
Sterbebegleitung 991
Sterbehilfe 991
Steuerbegünstigungen einer gemeinnützigen Körperschaft 376
Steuerbegünstigungen für Zuwendungen an eine gemeinnützige Körperschaft 376
Steuern 344
Steuerungssysteme sozialstaatlichen Handelns 831
Stiefelterngruppen 330
Stieffamilien 302
Stiefkindadoption 46
Stiftungen 694
Stigmatisierung 994
Stillgruppen 330
Straffälligenhilfe 995
Strafgerichtsbarkeit 393
Strafrechtliche Verantwortung 450
Strafrechtsmündigkeit 1076
Strafrecht/Strafe 997
Strafvollzug 1000
Straßenkinder 159
Straßensozialarbeit 1002
Strategisches Management 1070
Streetwork 1002
Stress 624
Strukturfonds, europäischer 938
Strukturierte Offenheit 653
Strukturmaximen 582
Strukturqualität 764
Studienberatung 183
Subsidiärer Schutz 142
Subsidiarität 1004
Subsidiarität in der EU 942
Sucht 1009
Suizid 1012
Sukzessivadoption 46
Supervision 1014
Systemtheorie 1019

T

Tageseinrichtungen für Kinder 1022
Tagesgruppe 478
Tarifeinheitsgesetz 439
Tarifpolitik 437
Täter-Opfer-Ausgleich 1029
Teamarbeit 1031
Technologiedefizit 653, 658
Teilmündigkeit 600
Teilzeitbeschäftigung 114
Tendenzschutz 235
Theaterpädagogik 599
Themenzentrierte Interaktion und Transaktionsanalyse 760
Theodizee 131
Theologie der Befreiung 670
Theorie der Sozialarbeit/Sozialpädagogik 1034
Theorie-Konzepte 1037
Theorie-Praxis-Transfer 1040
Theorie und Praxis 288
Topologie einer Theorie der Sozialen Arbeit 1035

Träger der Sozialen Arbeit 1041
Trägermedien 543
Träger öffentlicher Belange 164
Trebegänger 159
Trennung und Scheidung 283
Typologie von Abhängigkeiten 1010

U

Übergang vom Kindergarten zur Schule 536
Übergang von der Schule zur Arbeitswelt 537
Überschuldung 785
Übertragungsristiken des HI-Virus 51
Ultras 335
Umgangsrecht 65
Umgangsrechtsregelung 782
Umschulung 187
Umwelt 924
Unbegleitete minderjährige Flüchtlinge 1045
UN-Behindertenrechtskonvention 169
Ungleichheit 610
Ungleichheit, Faktoren 609
Ungleichheit von Gesundheitschancen 418
Unionsbürgerschaft 940
Unionsrecht, Kernbereiche 936
UN-Kinderrechtskonvention 600
Unterhaltsrecht 1047
Unterhaltsvorschussgesetz 64, 1050

V

Vaterschaft, Feststellung 175
Verantwortungsethik 292
Verantwortungspädagogik 430
Verbetriebswirtschaftlichung der Verwaltung 1067
Verbraucherinsolvenz 786
Verbraucherinsolvenzverfahren 784
Verbraucherpolitik 1050
Verbraucherschutz 1050
Verein 694
Vereinbarkeit von Familie und Beruf 254, 324, 351, 574
Vereinbarungen 340
Vereinsvormundschaft 1079
Vereinte Dienstleistungsgewerkschaft 437
Verfahrensbeistand 1051
Verfahren und Konzepte der sozialpädagogischen Diagnostik und des Fallverstehens 228
Verfassungsgerichtsbarkeit 396
Verfassungspatriotismus 668
Verfassungsrecht 1057
Verhaltenstherapie 760
Verhältnis von Praxis und Theorie 288
Verhältnis von Wissenschaft und Praxis 1040
Verlässliche Halbtagesschule 567
Vernachlässigung von Kindern 374
Vernetzung der Sozialen Dienste 682
Vernunft 132
Versicherungsmodell 880
Versicherungspflicht 882
Versicherungsprinzip 812
Versorgungsmodell 880
Versorgungsprinzip 812, 931
Verträge 340
Verträglichkeitsprüfungen, soziale 1062
Vertrauliche Geburt 793
Verwaltung, öffentliche 1064
Verwaltungsakt 1066
Verwaltungsgerichtsbarkeit 395
Verwaltungshandeln 1066
Verwaltungsmodernisierung 1067
Verwaltungsreform der Öffentlichen Verwaltung 1067
Verwaltungswissenschaft 1064
Verwandtenunterhalt 1048
Virealität 648
Virtuelle Welt 647
Visum-Politik 147
Völkerkunde 293
Volljährigkeit 1076
Vollzeitpflege 478, 712, 713
Vormundschaft 1078

W

Wachstum der sozialen Berufe 872
Wächteramt 600
Wächteramt, staatliches und Elternrecht 256
Waldorfpädagogik 97
Wandel der Parteienlandschaft 698
Wandel in den Parteien 699
Wandlungsprozesse in Deutschland nach 1989 849
Warnschuss 554
Web 2.0 899
Weimarer Republik, soziale/rechtliche Entwicklung 403
Weisungen nach Jugendgerichtsgesetz 553
Weiterbildung 1081
Weiterbildungsberatung 184
Weiterbildungsgesellschaft 1082
welfare mix 1007
Wellnessbewegung 361
Weltanschauungsgemeinschaften 608
Weltgesellschaft 410
Werkstätten für Menschen mit Behinderung 171, 798
Wertschätzung 1085
Wettbewerb 639, 1069
Wettbewerb, europäischer 1086
Wissen 453
Wissen als biografische Ressource 1082
Wissenschaftstheorien 1092
Wissensdiffusion 485
Wissensgesellschaft 484

Wohl des Kindes 600
Wohlfahrtsstaat 934, 948
Wohlfahrtsverbände 1094
Wohnen 1098
Wohngeld 1101
Wohnungslosenhilfe 1102
Wohnungsmarkt 689
Wohnungspolitik 1098
Wohnungsversorgung 1098
Writing Culture 294

Z

Zeit 1105
Zeugen Jehovas 607
Zeugnisverweigerungsrecht 1110
Zielkonflikte in der Kinder- und Jugendhilfe 583
Zivilgesellschaft 219, 410, 1007
Zuchtmittel nach Jugendgerichtsgesetz 553
Zuwanderung 151, 665, 687
Zuwendungen 339, 341
Zwangsadoption 48
Zweite Moderne 1038